STATS
Player Profiles
2002

STATS, Inc.

Published by STATS Publishing
A division of Sports Team Analysis & Tracking Systems, Inc.

Cover by Ryan Balock

Photos of Bret Boone by Otto Greule and Jeff Gross/Allsport
Photos of Curt Schilling by Larry Goren

© Copyright 2001 by STATS, Inc.

All rights reserved. No information contained in this book nor any part of this book may be used, reproduced or transmitted for commercial use in any form without express written consent of STATS, Inc., 8130 Lehigh Ave., Morton Grove, Illinois 60053. (847) 583-2100. STATS is a trademark of Sports Team Analysis and Tracking Systems, Inc.

First Edition: November, 2001

Printed in the United States of America

ISBN 1-884064-94-9

Welcome to the 21st Century

Welcome to the 21st century and say goodbye to papercuts forever with the new STATS Publishing Digital Editions. Now you can download your favorite STATS publications in an easy-to-use digital format.

Print out selected pages or the entire book an unlimited number of times! Preset bookmarks and page thumbnails jump you to any page or section instantly with the click of a mouse! Search for any player by name, team or position! STATS Digital Editions bring the numbers you love to life!

Get a jump on the competition! Now you can download your favorite STATS book up to two weeks prior to the printed version's release!

STATS Digital Editions are only $9.95!
For more information or to order,
call **1-800-63-STATS** or visit us at **www.stats.com**.

STATS Digital Publishing Lineup:

STATS Hockey Handbook 2001-02	**Available Now!**
STATS Pro Basketball Handbook 2001-02	**Available Now!**
STATS Major League Handbook 2002	**Available Now!**
STATS Minor League Handbook 2002	**Available Now!**
STATS Player Profiles 2002	**Available Now!**
The Scouting Notebook 2002	**Available in January**
STATS Minor League Scouting Notebook 2002	**Available in February**
STATS Baseball Scoreboard 2002	**Available in March**
STATS Pro Football Handbook 2002	**Available in April**
STATS Pro Football Sourcebook 2002	**Available in June**

Voice Your Choice in 2002

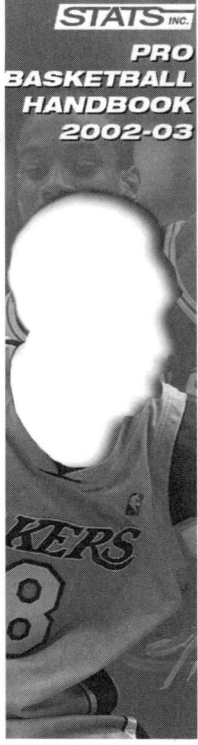
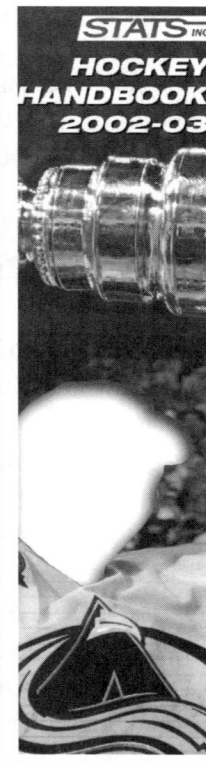

Beginning with the 2003 editions of the *STATS Major League Handbook*, we're going to let you, the fans, vote for the players you want to see on our covers.

Visit us at **www.stats.com/vote** for a web poll containing some of the best players in MLB today. Vote for your favorite and we'll put the winner on our 2003 cover!

Keep coming back to see how your vote stands up in a crowd. And keep an eye out for polls for upcoming STATS annuals covering all four major sports!

Now you can be directly involved with the making of your favorite STATS annuals.

www.stats.com

Acknowledgments

The process of putting together the 10th edition of *STATS Player Profiles* requires a heavy dose of teamwork, and we'd like to thank those people who contribute to this effort.

The STATS team is successfully anchored by President Alan Leib. Senior Vice President Steve Byrd steers our consumer and TV divisions, while Vice President Robert Schur directs our commercial divisions.

Tony Nistler manages the publications unit that produces this book and all of our other sports titles. Tony oversaw editorial responsibilities, with help from Thom Henninger, Taylor Bechtold and Norm DeNosaquo. Getting the numbers programmed appropriately fell into the hands of Tim Coletta, with help from Jim Henzler. Marc Carl manipulated the many columns and tables that are key to the book's design. Getting the word out about and fulfilling orders for *STATS Player Profiles* and other STATS publications require the hard work of Ryan Balock and Andy Degnan. Ryan designed this book's cover.

We couldn't publish this book without our Data Collection Department. Managing the collection of the numbers you'll find on these pages and in many of our other publications is Allan Spear. Special thanks go to Jeff Chernow, who oversees the accuracy of our major league baseball data.

Keeping STATS at the forefront of the sports information business on a daily basis are Jim Capuano, our Senior Vice President of Sales; Jeff Smith, who manages our technical operations; and Howard Lanin, who oversees our financial and administration areas.

Our Research Department for Fox Sports in Los Angeles is headed by Don Zminda, with help from Director of Operations Steve Vanderpool. Their team of sports researchers and technical staff provides many of the stats that are broadcast daily from the Fox Sports studios, as well as from remote pre- and postgame and live game telecasts on Fox and Fox Sports Net.

This book is dedicated to my parents, Steve and Barbara.
You've always supported me and put up with me and took me to games as a kid. And look where that got me: I couldn't be happier.
Thanks.

—Will McCleskey

Table of Contents

Introduction 1
2001 Player Profiles 2
2001 Team and League Profiles 491
2001 and Five-Year Leader Boards 515
Glossary 528
About STATS, Inc. 531

Introduction

So whaddya think? Will Barry Bonds' home-run record stand the test of time?

It's the same question many of us asked a few years ago, after Mark McGwire shattered the previous standard. Even though McGwire's 70 homers no longer top the all-time chart, that doesn't mean we won't be dissecting his 1998 season for quite some time. Likewise, regardless of what the future holds for Bonds' new mark, we're going to be staring with wonder at how he accomplished his feat for generations to come.

The 73 homers, 177 walks and .863 slugging percentage. . . you know all about those numbers. But did you realize that Bonds produced a 0.56 groundball-flyball ratio in 2001? That rate happened to be the lowest anyone generated last year, and provides an important clue regarding Bonds' longball prowess.

What about his .526 on-base percentage and .910 slugging percentage versus righthanded pitching? No one has come close to those gaudy averages since STATS first started tracking such breakdowns in 1987.

Wait, there's more. Opposing pitchers apparently would rather have had their teeth pulled than throw a strike to Bonds with runners in scoring position. He walked 71 times and produced a .650 on-base percentage in such situations. With two outs and runners in scoring position, Bonds' OBP was even better, at .684.

Those are only some of the nuggets you can mine from the 10th edition of *Player Profiles*. And the gems aren't limited to record-breaking sluggers. For instance, Juan Pierre may have cleared the fence just twice, but he hit .334 at Coors Field compared to .321 elsewhere. But then, that's nothing new, is it? Don't all Rockies perform better at home? Well, would you believe that only Vinny Castilla's 1999 home-minus-road split (.280/.269) is smaller than Pierre's in Rockies' history?

Or check out Bret Boone. As last year's *Player Profiles* related, Boone hit just .241 against lefthanded pitching between 1996 and 2000. But in 2001, he exploded to .444 versus southpaws, the second-best mark of the past 15 seasons (Jeff Bagwell, .457 in 1994).

In addition to fascinating tidbits like these that expose the peculiar characteristics of individual players, we've again included the breakdowns you've come to know and love for teams and leagues, as well as the usual plethora of leader boards. We've even added new sets of batting leader boards based upon OPS (on-base plus slugging percentage). Clearly, the book you're holding in your hands will provide not just a perpetual reference illuminating the brilliance of Bonds' awesome campaign, but an indispensable chronicle of the 2001 season in general.

—Jim Henzler

Andy Abad — Athletics
Age 29 – Bats Left

	Avg	G	AB	R	H	2B	3B	HR	RBI	BB	SO	HBP	GDP	SB	CS	OBP	SLG	IBB	SH	SF	#Pit	#P/PA	GB	FB	G/F
2001 Season	.000	1	1	0	0	0	0	0	0	0	0	0	0	0	0	.000	.000	0	0	0	2	2.00	0	1	0.00

2001 Season

	Avg	AB	H	2B	3B	HR	RBI	BB	SO	OBP	SLG		Avg	AB	H	2B	3B	HR	RBI	BB	SO	OBP	SLG
vs. Left	.000	0	0	0	0	0	0	0	0	.000	.000	Scoring Posn	.000	0	0	0	0	0	0	0	0	.000	.000
vs. Right	.000	1	0	0	0	0	0	0	0	.000	.000	Close & Late	.000	0	0	0	0	0	0	0	0	.000	.000

Jeff Abbott — Marlins
Age 29 – Bats Right

	Avg	G	AB	R	H	2B	3B	HR	RBI	BB	SO	HBP	GDP	SB	CS	OBP	SLG	IBB	SH	SF	#Pit	#P/PA	GB	FB	G/F
2001 Season	.262	28	42	5	11	3	0	0	5	3	7	1	1	0	0	.326	.333	0	0	0	170	3.70	18	12	1.50
Career (1997-2001)	.263	233	596	82	157	33	2	18	83	38	91	3	12	6	5	.307	.416	2	5	7	2319	3.56	239	166	1.44

2001 Season

	Avg	AB	H	2B	3B	HR	RBI	BB	SO	OBP	SLG		Avg	AB	H	2B	3B	HR	RBI	BB	SO	OBP	SLG
vs. Left	.333	12	4	2	0	0	1	0	3	.333	.500	Scoring Posn	.364	11	4	0	0	0	4	1	1	.462	.364
vs. Right	.233	30	7	1	0	0	4	3	4	.324	.267	Close & Late	.333	15	5	2	0	0	1	1	1	.375	.467

Career (1997-2001)

	Avg	AB	H	2B	3B	HR	RBI	BB	SO	OBP	SLG		Avg	AB	H	2B	3B	HR	RBI	BB	SO	OBP	SLG
vs. Left	.283	180	51	9	0	6	23	14	27	.332	.433	First Pitch	.293	82	24	4	0	5	18	0	0	.286	.524
vs. Right	.255	416	106	24	2	12	60	24	64	.297	.409	Ahead in Count	.366	131	48	8	0	8	31	24	0	.468	.611
Home	.257	265	68	12	2	6	38	21	41	.306	.385	Behind in Count	.189	281	53	12	2	1	17	0	83	.193	.256
Away	.269	331	89	21	0	12	45	17	50	.309	.441	Two Strikes	.184	267	49	13	1	2	21	14	91	.225	.262
Day	.232	177	41	13	0	6	23	16	34	.294	.407	Batting #7	.251	219	55	11	1	5	29	11	41	.286	.379
Night	.277	419	116	20	2	12	60	22	57	.313	.420	Batting #8	.298	171	51	12	0	6	23	14	21	.347	.474
Grass	.266	489	130	23	2	14	67	34	75	.312	.407	Other	.248	206	51	10	1	7	31	13	29	.295	.408
Turf	.252	107	27	10	0	4	16	4	16	.286	.458	March/April	.198	96	19	4	0	4	13	6	25	.243	.365
Pre-All Star	.255	275	70	16	1	9	39	21	51	.309	.418	May	.264	91	24	3	0	4	9	9	10	.337	.429
Post-All Star	.271	321	87	17	1	9	44	17	40	.306	.414	June	.317	82	26	8	1	1	17	6	16	.364	.476
Inning 1-6	.281	374	105	22	2	14	61	20	56	.315	.463	July	.296	54	16	2	0	0	5	6	16	.361	.333
Inning 7+	.234	222	52	11	0	4	22	18	35	.295	.338	August	.234	141	33	9	0	3	17	8	18	.279	.362
Scoring Posn	.234	167	39	8	2	2	57	14	30	.286	.341	Sept/Oct	.295	132	39	7	1	6	22	3	16	.307	.500
Close & Late	.186	97	18	5	0	1	11	7	14	.245	.268	vs. AL	.256	492	126	24	1	17	66	31	73	.299	.413
None on/out	.273	132	36	11	0	7	7	8	21	.314	.515	vs. NL	.298	104	31	9	1	1	17	7	18	.348	.433

Kurt Abbott — Braves
Age 33 – Bats Right

	Avg	G	AB	R	H	2B	3B	HR	RBI	BB	SO	HBP	GDP	SB	CS	OBP	SLG	IBB	SH	SF	#Pit	#P/PA	GB	FB	G/F
2001 Season	.222	6	9	0	2	0	0	0	0	0	3	0	0	1	0	.222	.222	0	0	0	41	4.56	3	3	1.00
Last Five Years	.261	352	898	124	234	55	6	25	107	56	244	4	16	10	5	.305	.419	5	9	5	3433	3.53	267	250	1.07

2001 Season

	Avg	AB	H	2B	3B	HR	RBI	BB	SO	OBP	SLG		Avg	AB	H	2B	3B	HR	RBI	BB	SO	OBP	SLG
vs. Left	.143	7	1	0	0	0	0	0	2	.143	.143	Scoring Posn	.000	0	0	0	0	0	0	0	0	.000	.000
vs. Right	.500	2	1	0	0	0	0	0	1	.500	.500	Close & Late	.333	3	1	0	0	0	0	0	2	.333	.333

Last Five Years

	Avg	AB	H	2B	3B	HR	RBI	BB	SO	OBP	SLG		Avg	AB	H	2B	3B	HR	RBI	BB	SO	OBP	SLG
vs. Left	.258	299	77	26	1	7	35	16	80	.293	.421	First Pitch	.324	139	45	9	1	7	28	4	0	.340	.554
vs. Right	.262	599	157	29	5	18	72	40	164	.311	.417	Ahead in Count	.389	175	68	20	2	6	33	28	0	.471	.629
Home	.288	452	130	31	6	13	60	26	128	.329	.469	Behind in Count	.174	436	76	19	3	6	29	0	206	.179	.273
Away	.233	446	104	24	0	12	47	30	116	.282	.368	Two Strikes	.142	431	61	14	1	7	23	24	244	.190	.227
Day	.229	349	80	21	3	6	32	16	109	.267	.358	Batting #2	.239	163	39	11	1	2	18	6	47	.273	.356
Night	.281	549	154	34	3	19	75	40	135	.329	.457	Batting #8	.208	207	43	3	1	7	23	18	62	.269	.333
Grass	.269	762	205	51	6	21	91	48	205	.314	.434	Other	.288	528	152	41	4	16	66	32	135	.330	.472
Turf	.213	136	29	4	0	4	16	8	39	.257	.331	March/April	.277	101	28	6	0	2	8	9	41	.333	.396
Pre-All Star	.259	532	138	30	4	15	62	35	154	.307	.415	May	.251	219	55	14	1	5	19	13	56	.296	.393
Post-All Star	.262	366	96	25	2	10	45	21	90	.303	.423	June	.217	152	33	6	3	6	23	13	49	.280	.414
Inning 1-6	.259	580	150	34	5	12	74	38	152	.307	.397	July	.268	153	41	12	0	4	20	7	28	.302	.425
Inning 7+	.264	318	84	21	1	13	33	18	92	.303	.459	August	.285	130	37	8	0	4	16	7	35	.326	.438
Scoring Posn	.290	224	65	13	2	9	83	26	62	.359	.487	Sept/Oct	.280	143	40	9	2	4	21	7	35	.311	.455
Close & Late	.269	160	43	9	1	8	17	8	44	.304	.488	vs. AL	.270	185	50	9	2	4	20	16	57	.330	.405
None on/out	.230	213	49	10	4	2	2	6	64	.255	.343	vs. NL	.258	713	184	46	4	21	87	40	187	.299	.422

Paul Abbott — Mariners
Age 34 – Pitches Right (flyball pitcher)

	ERA	W	L	Sv	G	GS	IP	BB	SO	Avg	H	2B	3B	HR	RBI	OBP	SLG	CG	ShO	Sup	QS	#P/S	SB	CS	GB	FB	G/F
2001 Season	4.25	17	4	0	28	27	163.0	87	118	.238	145	38	1	21	73	.338	.408	1	0	7.79	11	101	7	6	176	231	0.76
Last Five Years	4.04	35	14	0	92	65	439.1	209	308	.234	383	81	6	55	202	.323	.392	1	0	6.58	29	99	19	12	539	590	0.91

2001 Season

	ERA	W	L	Sv	G	GS	IP	H	HR	BB	SO		Avg	AB	H	2B	3B	HR	RBI	BB	SO	OBP	SLG
Home	2.90	8	1	0	12	11	71.1	49	8	37	53	vs. Left	.243	341	83	15	0	8	38	53	63	.348	.358
Away	5.30	9	3	0	16	16	91.2	96	13	50	65	vs. Right	.232	267	62	23	1	13	35	34	55	.326	.472
Day	3.74	6	0	0	7	7	45.2	38	6	21	35	Inning 1-6	.236	554	131	33	1	20	66	79	101	.336	.408
Night	4.45	11	4	0	21	20	117.1	107	15	66	83	Inning 7+	.259	54	14	5	0	1	7	8	17	.355	.407
Grass	3.98	15	3	0	25	24	147.0	126	20	81	108	None on	.227	353	80	21	0	13	13	48	69	.324	.397
Turf	6.75	2	1	0	3	3	16.0	19	1	6	10	Runners on	.255	255	65	17	1	8	60	39	49	.356	.424

2001 Season

	ERA	W	L	Sv	G	GS	IP	H	HR	BB	SO		Avg	AB	H	2B	3B	HR	RBI	BB	SO	OBP	SLG
April	6.23	0	0	0	1	1	4.1	5	0	2	1	Scoring Posn	.225	151	34	10	0	4	48	24	33	.330	.371
May	5.59	3	2	0	5	5	29.0	27	5	13	29	Close & Late	.250	4	1	1	0	0	2	2	3	.500	.500
June	3.34	4	0	0	5	5	32.1	26	1	14	17	None on/out	.180	150	27	6	0	4	4	22	23	.293	.300
July	3.58	3	0	0	6	6	37.2	34	4	14	27	vs. 1st Batr (relief)	.000	1	0	0	0	0	0	0	0	.000	.000
August	4.25	3	1	0	5	5	29.2	27	6	21	22	1st Inning Pitched	.240	104	25	7	0	4	15	9	18	.310	.423
Sept/Oct	4.50	4	1	0	6	5	30.0	26	5	23	22	First 75 Pitches	.242	438	106	31	1	16	55	61	81	.341	.427
Starter	4.30	17	4	0	27	27	161.0	144	21	86	118	Pitch 76-90	.185	81	15	0	0	3	9	10	13	.272	.296
Reliever	0.00	0	0	0	1	0	2.0	1	0	1	0	Pitch 91-105	.254	63	16	4	0	1	2	10	13	.356	.365
0-3 Days Rest (Start)	0.00	0	0	0	0	0	0.0	0	0	0	0	Pitch 106+	.308	26	8	3	0	1	7	6	11	.438	.538
4 Days Rest	3.86	10	0	0	14	14	86.1	71	10	43	65	First Pitch	.361	72	26	12	0	2	9	3	0	.403	.611
5+ Days Rest	4.82	7	4	0	13	13	74.2	73	11	43	53	Ahead in Count	.191	277	53	10	1	7	27	0	100	.196	.310
vs. AL	4.82	14	4	0	23	23	130.2	118	18	77	93	Behind in Count	.224	134	30	9	0	6	23	49	0	.428	.425
vs. NL	1.95	3	0	0	5	5	32.1	27	3	10	25	Two Strikes	.186	290	54	11	1	6	26	35	118	.275	.293
Pre-All Star	4.42	7	2	0	13	13	77.1	70	7	35	56	Pre-All Star	.240	292	70	22	0	7	37	35	56	.323	.387
Post-All Star	4.10	10	2	0	15	14	85.2	75	14	52	62	Post-All Star	.237	316	75	16	1	14	36	52	62	.351	.427

Last Five Years

	ERA	W	L	Sv	G	GS	IP	H	HR	BB	SO		Avg	AB	H	2B	3B	HR	RBI	BB	SO	OBP	SLG
Home	3.05	14	6	0	46	46	215.2	159	26	90	158	vs. Left	.236	906	214	41	4	22	103	131	183	.333	.363
Away	4.99	16	8	0	46	35	223.2	224	29	110	150	vs. Right	.231	731	169	40	2	33	99	78	125	.310	.427
Day	3.81	14	5	0	32	22	153.0	128	16	72	112	Inning 1-6	.237	1383	328	68	4	46	171	172	249	.324	.392
Night	4.16	21	9	0	60	43	285.2	255	39	137	196	Inning 7+	.217	254	55	13	2	9	31	37	59	.316	.390
Grass	3.84	29	13	0	79	55	377.1	318	46	186	262	None on	.223	940	210	50	3	33	33	122	171	.315	.388
Turf	5.23	6	1	0	13	10	62.0	65	9	23	46	Runners on	.248	697	173	31	3	22	169	87	137	.333	.396
March/April	6.75	0	0	0	8	1	20.0	25	4	6	12	Scoring Posn	.247	392	97	17	1	16	148	59	80	.343	.418
May	5.43	4	4	0	11	10	54.2	49	9	28	50	Close & Late	.129	70	9	1	1	1	8	17	16	.295	.214
June	2.90	7	0	0	11	11	68.1	52	6	27	40	None on/out	.228	404	92	19	0	15	15	59	63	.329	.386
July	3.63	6	2	0	22	12	94.1	80	11	40	68	vs. 1st Batr (relief)	.273	22	6	0	0	1	7	3	5	.346	.409
August	4.17	9	3	0	17	14	90.2	78	12	54	64	1st Inning Pitched	.239	327	78	17	1	10	48	36	72	.315	.388
Sept/Oct	3.80	9	5	0	23	17	111.1	99	13	54	74	First 75 Pitches	.236	1241	293	64	6	42	158	152	229	.322	.399
Starter	4.04	32	14	0	65	65	392.0	345	49	187	271	Pitch 76-90	.201	204	41	4	0	7	23	24	31	.286	.324
Reliever	3.99	3	0	0	27	0	47.1	38	6	22	37	Pitch 91-105	.237	135	32	7	0	4	10	22	29	.342	.378
0-3 Days Rest (Start)	3.60	1	0	0	1	1	5.0	3	1	1	5	Pitch 106+	.298	57	17	6	0	2	11	11	19	.420	.509
4 Days Rest	3.96	15	7	0	34	34	207.0	175	26	97	134	First Pitch	.342	184	63	20	2	6	29	7	0	.376	.571
5+ Days Rest	4.15	16	7	0	30	30	180.0	167	22	89	132	Ahead in Count	.180	745	134	23	3	15	63	0	261	.183	.279
vs. AL	4.33	30	14	0	79	57	380.2	332	50	192	265	Behind in Count	.273	373	102	22	0	17	59	116	0	.443	.469
vs. NL	2.15	5	0	0	13	8	58.2	51	5	17	43	Two Strikes	.169	752	127	21	3	16	65	86	308	.255	.269
Pre-All Star	4.28	12	5	0	38	26	174.2	154	22	78	131	Pre-All Star	.236	652	154	36	1	22	83	78	131	.318	.396
Post-All Star	3.88	23	9	0	54	39	264.2	229	33	131	177	Post-All Star	.232	985	229	45	5	33	119	131	177	.325	.389

Brent Abernathy — Devil Rays

Age 24 – Bats Right

	Avg	G	AB	R	H	2B	3B	HR	RBI	BB	SO	HBP	GDP	SB	CS	OBP	SLG	IBB	SH	SF	#Pit	#P/PA	GB	FB	G/F
2001 Season	.270	79	304	43	82	17	1	5	33	27	35	0	3	8	3	.328	.382	1	3	1	1184	3.53	109	105	1.04

2001 Season

	Avg	AB	H	2B	3B	HR	RBI	BB	SO	OBP	SLG		Avg	AB	H	2B	3B	HR	RBI	BB	SO	OBP	SLG
vs. Left	.320	75	24	8	1	2	7	6	9	.370	.533	First Pitch	.306	49	15	3	0	1	7	1	0	.314	.429
vs. Right	.253	229	58	9	0	3	26	21	26	.315	.332	Ahead in Count	.328	58	19	3	0	2	5	13	0	.451	.483
Home	.205	127	26	8	1	3	13	12	17	.271	.354	Behind in Count	.243	144	35	8	0	2	14	0	29	.243	.340
Away	.316	177	56	9	0	2	20	15	18	.370	.401	Two Strikes	.254	122	31	6	0	2	16	13	35	.326	.352
Day	.271	96	26	6	0	3	8	9	13	.330	.427	Batting #2	.255	192	49	9	0	3	24	18	22	.318	.349
Night	.269	208	56	11	1	2	25	18	22	.327	.361	Batting #8	.270	37	10	2	0	2	4	4	4	.341	.486
Grass	.319	141	45	6	0	1	17	13	12	.377	.383	Other	.307	75	23	6	1	0	5	5	9	.350	.413
Turf	.227	163	37	11	1	4	16	14	23	.287	.380	April	.000	0	0	0	0	0	0	0	0	.000	.000
Pre-All Star	.289	45	13	3	0	1	3	4	5	.347	.422	May	.000	0	0	0	0	0	0	0	0	.000	.000
Post-All Star	.266	259	69	14	1	4	30	23	30	.325	.375	June	.348	23	8	2	0	1	3	2	3	.400	.565
Inning 1-6	.268	213	57	9	1	4	22	19	27	.328	.376	July	.256	82	21	4	0	2	5	6	10	.307	.378
Inning 7+	.275	91	25	8	0	1	11	8	8	.330	.396	August	.290	100	29	7	0	1	15	10	11	.351	.390
Scoring Posn	.351	77	27	3	1	0	26	8	9	.407	.416	Sept/Oct	.242	99	24	4	1	1	10	9	11	.306	.333
Close & Late	.233	43	10	4	0	1	5	4	5	.298	.395	vs. AL	.261	268	70	14	1	4	30	25	32	.323	.366
None on/out	.294	68	20	5	0	2	2	5	6	.342	.456	vs. NL	.333	36	12	3	0	1	3	2	3	.368	.500

2001 By Position

Position	Avg	AB	H	2B	3B	HR	RBI	BB	SO	OBP	SLG	G	GS	Innings	PO	A	E	DP	Fld Pct	Rng Fctr	In Zone	Zone Outs	Zone Rtg	MLB Zone
As 2b	.270	304	82	17	1	5	33	27	35	.328	.382	79	78	680.2	150	209	7	56	.981	4.75	235	182	.774	.824

Bobby Abreu — Phillies

Age 28 – Bats Left

	Avg	G	AB	R	H	2B	3B	HR	RBI	BB	SO	HBP	GDP	SB	CS	OBP	SLG	IBB	SH	SF	#Pit	#P/PA	GB	FB	G/F
2001 Season	.289	162	588	118	170	48	4	31	110	106	137	1	13	36	14	.393	.543	11	0	9	2896	4.11	190	167	1.14
Last Five Years	.308	678	2395	429	737	164	33	96	382	420	547	6	44	117	43	.409	.524	42	4	20	11800	4.15	811	629	1.29

2001 Season

	Avg	AB	H	2B	3B	HR	RBI	BB	SO	OBP	SLG		Avg	AB	H	2B	3B	HR	RBI	BB	SO	OBP	SLG
vs. Left	.258	159	41	14	0	1	24	29	41	.366	.365	First Pitch	.426	47	20	4	1	2	10	11	0	.525	.681
vs. Right	.301	429	129	34	4	30	86	77	96	.404	.608	Ahead in Count	.414	128	53	17	1	12	36	48	0	.561	.844

3

2001 Season

	Avg	AB	H	2B	3B	HR	RBI	BB	SO	OBP	SLG		Avg	AB	H	2B	3B	HR	RBI	BB	SO	OBP	SLG
Home	.261	283	74	25	3	13	51	62	59	.394	.509	Behind in Count	.226	265	60	20	1	11	41	0	108	.227	.434
Away	.315	305	96	23	1	18	59	44	78	.393	.574	Two Strikes	.212	312	66	22	0	10	41	47	137	.315	.378
Day	.247	194	48	13	1	10	36	33	51	.354	.479	Batting #3	.298	410	122	30	3	25	76	77	87	.407	.568
Night	.310	394	122	35	3	21	74	73	86	.413	.574	Batting #4	.276	174	48	18	1	6	34	27	49	.364	.494
Grass	.298	258	77	18	1	13	38	38	69	.383	.527	Other	.000	4	0	0	0	0	0	2	1	.333	.000
Turf	.282	330	93	30	3	18	72	68	68	.401	.555	April	.247	89	22	7	1	5	15	13	26	.337	.517
Pre-All Star	.283	315	89	24	1	17	50	62	75	.394	.527	May	.267	101	27	9	0	3	13	19	18	.377	.446
Post-All Star	.297	273	81	24	3	14	48	45	62	.393	.560	June	.330	97	32	8	0	8	30	23	21	.455	.660
Inning 1-6	.284	419	119	33	3	19	81	61	86	.372	.513	July	.330	103	34	7	0	6	18	12	27	.397	.573
Inning 7+	.302	169	51	15	1	12	29	45	51	.440	.615	August	.260	96	25	8	1	3	18	23	27	.397	.458
Scoring Posn	.270	141	38	9	0	7	73	41	37	.414	.482	Sept/Oct	.294	102	30	9	2	6	16	16	18	.390	.598
Close & Late	.303	89	27	10	1	3	13	24	31	.436	.539	vs. AL	.299	67	20	4	0	3	11	15	20	.417	.493
None on/out	.328	131	43	13	2	8	8	18	23	.413	.641	vs. NL	.288	521	150	44	4	28	99	91	117	.390	.549

2001 By Position

Position	Avg	AB	H	2B	3B	HR	RBI	BB	SO	OBP	SLG	G	GS	Innings	PO	A	E	DP	Fld Pct	Rng Fctr	In Zone	Zone Outs	Zone Rtg	MLB Zone
As rf	.290	587	170	48	4	31	110	104	136	.392	.543	162	159	1411.1	308	11	8	4	.976	2.03	347	306	.882	.884

Last Five Years

	Avg	AB	H	2B	3B	HR	RBI	BB	SO	OBP	SLG		Avg	AB	H	2B	3B	HR	RBI	BB	SO	OBP	SLG
vs. Left	.271	572	155	36	4	4	72	88	155	.368	.369	First Pitch	.422	173	73	11	3	8	28	37	0	.523	.659
vs. Right	.319	1823	582	128	29	92	310	332	392	.422	.573	Ahead in Count	.449	544	244	69	9	42	144	197	0	.589	.840
Home	.308	1182	364	89	14	53	202	238	267	.423	.541	Behind in Count	.226	1109	251	59	10	27	121	0	442	.226	.371
Away	.308	1213	373	75	19	43	180	182	280	.395	.507	Two Strikes	.220	1280	282	57	13	23	134	186	547	.319	.339
Day	.305	724	221	48	11	29	125	108	152	.394	.522	Batting #3	.308	1254	386	89	20	54	204	232	263	.415	.540
Night	.309	1671	516	116	22	67	257	312	395	.416	.525	Batting #6	.307	476	146	30	4	18	72	76	122	.400	.500
Grass	.304	947	288	56	17	31	132	138	218	.391	.497	Other	.308	665	205	45	9	24	106	112	162	.405	.511
Turf	.310	1448	449	108	16	65	250	282	329	.421	.541	March/April	.300	397	119	28	5	12	55	58	92	.389	.486
Pre-All Star	.302	1320	398	93	16	48	205	223	300	.402	.505	May	.283	428	121	29	5	17	63	78	94	.391	.493
Post-All Star	.315	1075	339	71	17	48	197	247	295	.418	.547	June	.327	388	127	31	3	18	73	53	90	.408	.562
Inning 1-6	.319	1669	532	130	26	66	279	248	336	.405	.546	July	.313	393	123	23	6	14	59	64	87	.408	.509
Inning 7+	.282	726	205	34	7	30	103	172	211	.419	.472	August	.333	399	133	28	6	18	75	82	100	.442	.579
Scoring Posn	.318	548	174	37	5	24	268	162	125	.461	.535	Sept/Oct	.292	390	114	25	6	17	57	85	84	.415	.518
Close & Late	.273	388	106	21	3	9	46	94	117	.412	.412	vs. AL	.293	263	77	13	3	11	38	41	67	.386	.490
None on/out	.293	533	156	34	7	27	27	59	125	.367	.535	vs. NL	.310	2132	660	151	30	85	344	379	480	.412	.528

Jose Acevedo — Reds
Age 24 – Pitches Right

	ERA	W	L	Sv	G	GS	IP	BB	SO	Avg	H	2B	3B	HR	RBI	OBP	SLG	CG	ShO	Sup	QS	#P/S	SB	CS	GB	FB	G/F
2001 Season	5.44	5	7	0	18	18	96.0	34	68	.272	101	18	2	17	55	.336	.469	0	0	5.34	10	86	6	4	127	121	1.05

2001 Season

	ERA	W	L	Sv	G	GS	IP	H	HR	BB	SO		Avg	AB	H	2B	3B	HR	RBI	BB	SO	OBP	SLG
Home	5.00	3	3	0	8	8	45.0	48	9	12	33	vs. Left	.249	169	42	7	1	8	30	21	30	.337	.444
Away	5.82	2	4	0	10	10	51.0	53	8	22	35	vs. Right	.292	202	59	11	1	9	25	13	38	.335	.490
Starter	5.44	5	7	0	18	18	96.0	101	17	34	68	Scoring Posn	.368	76	28	2	1	5	40	11	12	.433	.618
Reliever	0.00	0	0	0	0	0	0.0	0	0	0	0	Close & Late	.417	12	5	2	0	1	2	2	1	.500	.833
0-3 Days Rest (Start)	0.00	0	0	0	0	0	0.0	0	0	0	0	None on/out	.250	96	24	5	0	1	1	6	17	.308	.333
4 Days Rest	8.69	2	4	0	9	9	39.1	54	10	14	25	First Pitch	.300	50	15	3	0	3	12	2	0	.333	.540
5+ Days Rest	3.18	3	3	0	9	9	56.2	47	7	20	43	Ahead in Count	.249	209	52	11	1	8	26	0	58	.256	.426
Pre-All Star	5.57	2	1	0	4	4	21.0	22	3	8	15	Behind in Count	.318	44	14	1	1	4	7	18	0	.508	.659
Post-All Star	5.40	3	6	0	14	14	75.0	79	14	26	53	Two Strikes	.211	194	41	9	1	7	24	14	68	.270	.376

Juan Acevedo — Marlins
Age 32 – Pitches Right

	ERA	W	L	Sv	G	GS	IP	BB	SO	Avg	H	2B	3B	HR	RBI	OBP	SLG	GF	IR	IRS	Hld	SvOp	SB	CS	GB	FB	G/F
2001 Season	4.18	2	5	0	59	0	60.1	35	47	.285	68	17	0	6	46	.376	.431	20	33	18	4	5	4	1	82	64	1.28
Last Five Years	4.07	22	24	19	246	23	391.1	165	239	.267	395	76	8	47	213	.343	.424	92	100	41	21	33	25	22	515	461	1.12

2001 Season

	ERA	W	L	Sv	G	GS	IP	H	HR	BB	SO		Avg	AB	H	2B	3B	HR	RBI	BB	SO	OBP	SLG
Home	3.19	2	2	0	33	0	36.2	42	3	16	31	vs. Left	.319	91	29	9	0	1	12	19	15	.441	.451
Away	5.70	0	3	0	26	0	23.2	26	3	19	16	vs. Right	.264	148	39	8	0	5	34	16	32	.333	.419
Starter	0.00	0	0	0	0	0	0.0	0	0	0	0	Scoring Posn	.291	86	25	7	0	3	42	17	17	.402	.477
Reliever	4.18	2	5	0	59	0	60.1	68	6	35	47	Close & Late	.384	73	28	7	0	4	28	11	15	.465	.644
0 Days Rest (Relief)	3.29	0	2	0	18	0	13.2	13	3	4	14	None on/out	.222	45	10	3	0	1	1	8	7	.340	.356
1 or 2 Days Rest	4.82	1	1	0	27	0	28.0	37	2	21	23	First Pitch	.406	32	13	1	0	3	12	8	0	.525	.719
3+ Days Rest	3.86	1	1	0	14	0	18.2	17	1	10	10	Ahead in Count	.222	126	28	11	0	1	11	0	40	.233	.333
Pre-All Star	3.68	0	1	0	27	0	22.0	22	3	11	20	Behind in Count	.364	44	16	4	0	2	16	13	0	.492	.591
Post-All Star	4.46	2	4	0	32	0	38.1	46	3	24	27	Two Strikes	.195	118	23	11	0	1	10	14	47	.284	.314

Last Five Years

	ERA	W	L	Sv	G	GS	IP	H	HR	BB	SO		Avg	AB	H	2B	3B	HR	RBI	BB	SO	OBP	SLG
Home	3.48	15	11	9	131	13	222.2	208	25	87	137	vs. Left	.290	625	181	37	6	17	75	83	94	.373	.450
Away	4.86	7	13	10	115	10	168.2	187	22	78	102	vs. Right	.250	856	214	39	2	30	138	82	145	.321	.405
Day	4.14	11	3	4	83	8	134.2	130	20	58	75	Inning 1-6	.266	654	174	35	4	19	92	78	109	.348	.419
Night	4.03	11	21	15	163	15	256.2	265	27	107	164	Inning 7+	.267	827	221	41	4	28	121	87	130	.338	.428

4

Terry Adams — Dodgers

Age 29 – Pitches Right (groundball pitcher)

Last Five Years (batting splits)

	ERA	W	L	Sv	G	GS	IP	H	HR	BB	SO		Avg	AB	H	2B	3B	HR	RBI	BB	SO	OBP	SLG
Grass	3.98	20	18	15	211	20	339.1	334	40	149	206	None on	.260	824	214	34	5	28	28	75	133	.324	.415
Turf	4.67	2	6	4	35	3	52.0	61	7	16	33	Runners on	.275	657	181	42	3	19	185	90	106	.364	.435
March/April	4.78	2	1	4	27	0	26.1	21	2	16	18	Scoring Posn	.270	407	110	23	2	13	165	68	75	.373	.432
May	4.92	2	3	1	35	4	60.1	63	7	31	35	Close & Late	.293	416	122	26	4	20	76	51	71	.375	.519
June	4.67	2	5	0	43	11	96.1	103	11	32	58	None on/out	.258	356	92	14	2	11	11	31	52	.320	.402
July	4.66	4	3	0	40	6	75.1	82	12	30	44	vs. 1st Batr (relief)	.264	201	53	9	1	8	10	19	27	.324	.438
August	2.91	5	5	4	47	0	58.2	61	7	26	32	1st Inning Pitched	.262	846	222	47	5	23	133	98	144	.339	.411
Sept/Oct	2.66	7	7	10	54	2	74.1	65	8	30	52	First 15 Pitches	.246	699	172	30	5	19	83	68	108	.312	.385
Starter	4.36	8	4	0	23	23	121.2	127	16	48	70	Pitch 16-30	.333	378	126	28	1	17	83	52	69	.417	.548
Reliever	3.94	14	20	19	223	0	269.2	268	31	117	169	Pitch 31-45	.203	182	37	9	0	3	19	15	24	.269	.302
0 Days Rest (Relief)	3.24	3	5	7	56	0	58.1	53	8	21	38	Pitch 46+	.270	222	60	9	2	8	28	30	38	.366	.437
1 or 2 Days Rest	4.29	8	12	9	112	0	136.1	147	16	57	81	First Pitch	.305	226	69	9	1	11	46	22	0	.366	.500
3+ Days Rest	3.84	3	3	3	55	0	75.0	68	7	39	50	Ahead in Count	.220	674	148	27	7	39	57	0	208	.225	.355
vs. AL	5.37	2	3	0	20	7	57.0	60	12	20	38	Behind in Count	.340	329	112	29	2	11	65	77	0	.463	.541
vs. NL	3.85	20	21	19	226	16	334.1	335	35	145	201	Two Strikes	.197	654	129	27	4	16	59	66	239	.273	.324
Pre-All Star	4.38	8	9	5	119	18	216.0	214	24	92	135	Pre-All Star	.265	808	214	37	7	24	121	92	135	.344	.417
Post-All Star	3.70	14	15	14	127	5	175.1	181	23	73	104	Post-All Star	.269	673	181	39	1	23	92	73	104	.342	.432

Pitching Summary

	ERA	W	L	Sv	G	GS	IP	BB	SO	Avg	H	2B	3B	HR	RBI	OBP	SLG	CG	ShO	Sup	QS	#P/S	SB	CS	GB	FB	G/F
2001 Season	4.33	12	8	0	43	22	166.1	54	141	.267	172	32	2	9	73	.326	.364	0	0	4.44	13	100	11	4	284	124	2.29
Last Five Years	4.19	33	36	34	298	22	462.1	202	391	.264	475	81	4	34	234	.339	.371	0	0	4.94	13	100	37	14	806	314	2.57

2001 Season

	ERA	W	L	Sv	G	GS	IP	H	HR	BB	SO		Avg	AB	H	2B	3B	HR	RBI	BB	SO	OBP	SLG
Home	3.46	6	3	0	18	10	78.0	62	5	19	66	vs. Left	.232	289	67	13	0	3	30	24	69	.293	.308
Away	5.09	6	5	0	25	12	88.1	110	4	35	75	vs. Right	.295	356	105	19	2	6	43	30	72	.353	.410
Day	5.28	2	3	0	11	6	44.1	45	2	16	41	Inning 1-6	.277	491	136	30	1	7	55	43	105	.339	.385
Night	3.98	10	5	0	32	16	122.0	127	7	38	100	Inning 7+	.234	154	36	2	1	2	18	11	36	.285	.299
Grass	4.35	12	7	0	40	21	157.1	166	7	52	132	None on	.255	361	92	17	1	5	5	27	77	.308	.349
Turf	4.00	0	1	0	3	1	9.0	6	2	2	9	Runners on	.282	284	80	15	1	4	68	27	64	.348	.384
April	1.13	2	1	0	10	0	16.0	9	1	3	17	Scoring Posn	.315	165	52	12	0	2	60	18	37	.386	.424
May	10.38	0	1	0	10	0	13.0	20	1	5	9	Close & Late	.210	105	22	0	1	2	9	7	23	.259	.286
June	5.02	1	0	0	6	5	28.2	30	0	12	29	None on/out	.255	157	40	9	1	2	2	14	34	.320	.363
July	4.12	4	1	0	6	6	39.1	43	3	7	28	vs. 1st Batr (relief)	.167	18	3	0	0	0	0	3	2	.286	.167
August	4.41	3	3	0	6	6	34.2	42	3	13	29	1st Inning Pitched	.244	164	40	8	1	2	17	15	42	.311	.341
Sept/Oct	3.12	2	2	0	5	5	34.2	28	1	14	29	First 75 Pitches	.275	495	136	25	2	8	51	38	109	.329	.382
Starter	4.16	10	6	0	22	22	136.1	143	7	46	114	Pitch 76-90	.233	73	17	4	0	1	12	10	16	.325	.329
Reliever	5.10	2	2	0	21	0	30.0	29	2	8	27	Pitch 91-105	.233	60	14	3	0	0	7	5	13	.303	.283
0-3 Days Rest (Start)	5.79	0	0	0	1	1	4.2	5	0	0	5	Pitch 106+	.294	17	5	0	0	0	3	1	3	.333	.294
4 Days Rest	4.05	9	5	0	17	17	106.2	117	6	37	90	First Pitch	.288	80	23	1	0	0	12	1	0	.296	.300
5+ Days Rest	4.32	1	1	0	4	4	25.0	21	1	9	19	Ahead in Count	.237	299	71	17	1	1	25	0	115	.243	.311
vs. AL	4.13	0	1	0	4	4	24.0	26	1	5	21	Behind in Count	.317	142	45	10	0	6	24	30	0	.439	.514
vs. NL	4.36	12	7	0	39	18	142.1	146	8	49	120	Two Strikes	.201	298	60	11	2	2	19	23	141	.263	.272
Pre-All Star	4.97	4	2	0	28	7	70.2	68	4	21	63	Pre-All Star	.246	276	68	9	2	4	35	21	63	.302	.337
Post-All Star	3.86	8	6	0	15	15	95.2	104	5	33	78	Post-All Star	.282	369	104	23	0	5	38	33	78	.344	.385

Last Five Years

	ERA	W	L	Sv	G	GS	IP	H	HR	BB	SO		Avg	AB	H	2B	3B	HR	RBI	BB	SO	OBP	SLG
Home	3.91	19	15	11	147	10	225.2	208	17	107	181	vs. Left	.235	809	190	38	1	10	83	99	195	.319	.321
Away	4.45	14	21	23	151	12	236.2	267	17	95	210	vs. Right	.289	987	285	43	3	24	151	103	196	.355	.411
Day	4.63	11	18	12	135	6	190.1	197	12	90	158	Inning 1-6	.274	573	157	33	1	8	67	48	125	.333	.377
Night	3.87	22	18	22	163	16	272.0	278	22	112	233	Inning 7+	.260	1223	318	48	3	26	167	154	266	.342	.368
Grass	4.15	31	31	23	258	21	410.0	418	29	178	343	None on	.242	955	231	42	3	17	17	95	211	.311	.346
Turf	4.47	2	5	11	40	1	52.1	57	5	24	48	Runners on	.290	841	244	39	1	17	217	107	180	.370	.400
March/April	1.17	4	4	3	45	0	69.0	46	5	15	61	Scoring Posn	.283	523	148	27	0	11	195	79	119	.375	.398
May	5.63	4	6	7	57	0	64.0	69	7	34	57	Close & Late	.257	770	198	30	3	15	108	104	170	.345	.362
June	4.38	7	5	4	46	5	74.0	84	3	38	69	None on/out	.277	419	116	18	2	11	11	47	85	.351	.408
July	4.38	7	4	6	52	6	88.1	98	8	31	58	vs. 1st Batr (relief)	.252	238	60	6	0	9	28	35	44	.348	.391
August	4.52	8	12	6	55	6	89.2	102	6	40	70	1st Inning Pitched	.264	1020	269	48	3	22	149	130	223	.347	.381
Sept/Oct	4.89	3	5	8	43	5	77.1	76	5	36	76	First 75 Pitches	.267	1646	439	74	4	33	212	186	359	.341	.377
Starter	4.16	10	6	0	22	22	136.1	143	7	46	114	Pitch 76-90	.233	73	17	4	0	1	12	10	16	.325	.329
Reliever	4.20	23	30	34	276	0	326.0	332	27	156	277	Pitch 91-105	.233	60	14	3	0	0	7	5	13	.303	.283
0-3 Days Rest (Start)	5.79	0	0	0	1	1	4.2	5	0	0	5	Pitch 106+	.294	17	5	0	0	0	3	1	3	.333	.294
4 Days Rest	4.05	9	5	0	17	17	106.2	117	6	37	90	First Pitch	.283	233	66	8	0	4	34	7	0	.304	.369
5+ Days Rest	4.32	1	1	0	4	4	25.0	21	1	9	19	Ahead in Count	.215	820	176	31	2	10	81	0	328	.216	.294
vs. AL	3.91	1	4	0	23	4	48.1	51	5	20	38	Behind in Count	.345	406	140	29	1	14	78	107	0	.481	.525
vs. NL	4.22	32	32	34	275	18	414.0	424	29	182	348	Two Strikes	.189	847	160	28	3	10	81	87	391	.266	.264
Pre-All Star	3.69	16	16	15	160	7	231.2	221	18	96	204	Pre-All Star	.249	886	221	32	2	18	113	96	204	.323	.351
Post-All Star	4.68	17	20	19	138	15	230.2	254	16	106	187	Post-All Star	.279	910	254	49	2	16	121	106	187	.355	.390

Benny Agbayani — Mets
Age 30 – Bats Right

	Avg	G	AB	R	H	2B	3B	HR	RBI	BB	SO	HBP	GDP	SB	CS	OBP	SLG	IBB	SH	SF	#Pit	#P/PA	GB	FB	G/F
2001 Season	.277	91	296	28	82	14	2	6	27	36	73	5	11	4	5	.364	.399	0	1	1	1411	4.16	95	77	1.23
Career (1998-2001)	.282	322	937	130	264	52	6	35	129	123	206	15	26	15	16	.372	.462	6	1	7	4339	4.00	316	269	1.17

2001 Season

	Avg	AB	H	2B	3B	HR	RBI	BB	SO	OBP	SLG		Avg	AB	H	2B	3B	HR	RBI	BB	SO	OBP	SLG
vs. Left	.333	72	24	2	2	3	9	12	17	.435	.542	First Pitch	.233	30	7	1	0	0	1	0	0	.233	.267
vs. Right	.259	224	58	12	0	3	18	24	56	.340	.353	Ahead in Count	.451	51	23	4	1	2	10	8	0	.541	.686
Home	.247	146	36	5	1	4	14	16	37	.329	.377	Behind in Count	.220	141	31	6	0	4	11	0	54	.236	.348
Away	.307	150	46	9	1	2	13	20	36	.397	.420	Two Strikes	.181	166	30	5	1	2	12	28	73	.306	.259
Day	.274	106	29	1	0	3	11	11	25	.353	.368	Batting #1	.320	122	39	6	1	2	11	18	26	.411	.434
Night	.279	190	53	13	2	3	16	25	48	.370	.416	Batting #6	.302	53	16	4	1	3	5	8	18	.403	.585
Grass	.263	247	65	10	2	5	23	33	62	.356	.381	Other	.223	121	27	4	0	1	11	10	29	.296	.281
Turf	.347	49	17	4	0	1	4	3	11	.407	.490	April	.308	39	12	1	0	2	5	9	11	.449	.487
Pre-All Star	.266	203	54	8	1	4	17	21	53	.344	.374	May	.246	69	17	6	1	0	4	6	19	.325	.362
Post-All Star	.301	93	28	6	1	2	10	15	20	.405	.452	June	.291	86	25	1	0	2	8	6	19	.337	.372
Inning 1-6	.271	207	56	11	2	5	20	28	49	.371	.415	July	.275	51	14	2	0	1	5	2	13	.315	.373
Inning 7+	.292	89	26	3	0	1	7	8	24	.347	.360	August	.275	51	14	4	1	1	5	12	11	.415	.451
Scoring Posn	.288	59	17	4	0	1	22	12	13	.419	.407	Sept/Oct	.000	0	0	0	0	0	0	1	0	1.000	.000
Close & Late	.356	45	16	2	0	0	5	4	9	.400	.400	vs. AL	.278	54	15	2	0	1	6	2	14	.304	.370
None on/out	.245	110	27	3	2	3	10	26	.320	.391	vs. NL	.277	242	67	12	2	5	21	34	59	.376	.405

2001 By Position

Position	Avg	AB	H	2B	3B	HR	RBI	BB	SO	OBP	SLG	G	GS	Innings	PO	A	E	DP	Fld Pct	Rng Fctr	In Zone	Zone Outs	Zone Rtg	MLB Zone
As lf	.277	289	80	14	2	6	27	35	71	.364	.401	84	82	631.2	123	1	6	0	.954	1.77	142	120	.845	.880

Career (1998-2001)

	Avg	AB	H	2B	3B	HR	RBI	BB	SO	OBP	SLG		Avg	AB	H	2B	3B	HR	RBI	BB	SO	OBP	SLG
vs. Left	.297	273	81	18	3	11	31	38	63	.388	.505	First Pitch	.337	89	30	9	0	3	16	6	0	.385	.539
vs. Right	.276	664	183	34	3	24	98	85	143	.365	.444	Ahead in Count	.444	180	80	14	3	14	40	49	0	.568	.789
Home	.275	459	126	22	3	23	71	59	93	.363	.486	Behind in Count	.210	458	96	16	2	14	47	0	167	.224	.345
Away	.289	478	138	30	3	12	58	64	113	.379	.439	Two Strikes	.180	479	86	15	3	11	43	68	206	.289	.292
Day	.276	341	94	15	1	15	48	38	74	.353	.457	Batting #1	.283	240	68	11	1	9	34	37	52	.382	.450
Night	.285	596	170	37	5	20	81	85	132	.382	.465	Batting #7	.286	273	78	17	2	16	38	29	59	.359	.538
Grass	.281	801	225	42	6	32	114	107	172	.372	.468	Other	.278	424	118	24	3	10	57	57	95	.373	.420
Turf	.287	136	39	10	0	3	15	16	34	.369	.426	March/April	.313	67	21	5	0	3	14	12	19	.425	.522
Pre-All Star	.282	496	140	19	4	22	67	61	116	.365	.470	May	.303	175	53	9	3	6	15	15	42	.365	.491
Post-All Star	.281	441	124	33	2	13	62	62	90	.379	.454	June	.287	188	54	0	1	6	12	33	24	41	.369	.505
Inning 1-6	.291	625	182	36	5	24	94	86	124	.384	.480	July	.270	222	60	10	2	3	26	25	43	.348	.374
Inning 7+	.263	312	82	16	1	11	35	37	82	.346	.426	August	.275	182	50	18	1	5	24	29	37	.389	.467
Scoring Posn	.286	248	71	18	1	5	97	44	49	.393	.427	Sept/Oct	.252	103	26	5	0	6	17	18	24	.358	.476
Close & Late	.257	148	38	7	0	3	15	18	39	.343	.365	vs. AL	.315	124	39	3	0	5	19	11	29	.372	.460
None on/out	.333	264	88	14	3	16	16	31	56	.413	.591	vs. NL	.277	813	225	49	6	30	110	112	177	.371	.462

Kurt Ainsworth — Giants
Age 23 – Pitches Right

	ERA	W	L	Sv	G	GS	IP	BB	SO	Avg	H	2B	3B	HR	RBI	OBP	SLG	GF	IR	IRS	Hld	SvOp	SB	CS	GB	FB	G/F
2001 Season	13.50	0	0	0	2	0	2.0	2	3	.333	3	0	0	1	3	.500	.667	2	0	0	0	0	0	0	2	2	1.00

2001 Season

	ERA	W	L	Sv	G	GS	IP	H	HR	BB	SO		Avg	AB	H	2B	3B	HR	RBI	BB	SO	OBP	SLG
Home	13.50	0	0	0	2	0	2.0	3	1	2	3	vs. Left	.250	4	1	0	0	0	0	0	2	.400	.250
Away	0.00	0	0	0	0	0	0.0	0	0	0	0	vs. Right	.400	5	2	0	0	1	3	2	1	.571	1.000

Israel Alcantara — Red Sox
Age 29 – Bats Right

	Avg	G	AB	R	H	2B	3B	HR	RBI	BB	SO	HBP	GDP	SB	CS	OBP	SLG	IBB	SH	SF	#Pit	#P/PA	GB	FB	G/F
2001 Season	.263	14	38	3	10	1	0	0	3	3	15	0	3	1	0	.317	.289	0	0	0	135	3.29	11	5	2.20
Career (2000-2001)	.277	35	83	12	23	2	0	4	10	6	20	0	3	1	0	.326	.446	0	0	0	318	3.57	26	21	1.24

2001 Season

	Avg	AB	H	2B	3B	HR	RBI	BB	SO	OBP	SLG		Avg	AB	H	2B	3B	HR	RBI	BB	SO	OBP	SLG
vs. Left	.091	11	1	1	0	0	1	1	5	.167	.182	Scoring Posn	.455	11	5	1	0	0	3	1	5	.500	.545
vs. Right	.333	27	9	0	0	0	2	2	8	.379	.333	Close & Late	.400	5	2	0	0	0	0	0	2	.400	.400

Cory Aldridge — Braves
Age 23 – Bats Left

	Avg	G	AB	R	H	2B	3B	HR	RBI	BB	SO	HBP	GDP	SB	CS	OBP	SLG	IBB	SH	SF	#Pit	#P/PA	GB	FB	G/F
2001 Season	.000	8	5	1	0	0	0	0	0	0	4	0	0	0	0	.000	.000	0	0	0	14	2.80	1	0	0.00

2001 Season

	Avg	AB	H	2B	3B	HR	RBI	BB	SO	OBP	SLG		Avg	AB	H	2B	3B	HR	RBI	BB	SO	OBP	SLG
vs. Left	.000	0	0	0	0	0	0	0	0	.000	.000	Scoring Posn	.000	1	0	0	0	0	0	0	1	.000	.000
vs. Right	.000	5	0	0	0	0	0	0	4	.000	.000	Close & Late	.000	0	0	0	0	0	0	0	0	.000	.000

Antonio Alfonseca — Marlins
Age 30 – Pitches Right (groundball pitcher)

	ERA	W	L	Sv	G	GS	IP	BB	SO	Avg	H	2B	3B	HR	RBI	OBP	SLG	GF	IR	IRS	Hld	SvOp	SB	CS	GB	FB	G/F
2001 Season	3.06	4	4	28	58	0	61.2	15	40	.281	68	4	1	6	25	.335	.380	52	5	2	0	34	3	0	115	57	2.02
Career (1997-2001)	3.77	18	24	102	274	0	305.2	111	198	.286	340	53	6	30	156	.351	.416	192	86	31	14	124	15	8	498	302	1.65

2001 Season

	ERA	W	L	Sv	G	GS	IP	H	HR	BB	SO		Avg	AB	H	2B	3B	HR	RBI	BB	SO	OBP	SLG
Home	3.34	2	3	17	31	0	32.1	38	3	6	17	vs. Left	.302	126	38	4	1	5	16	11	14	.355	.468
Away	2.76	2	1	11	27	0	29.1	30	3	6	23	vs. Right	.259	116	30	0	0	1	9	4	26	.312	.284
Starter	0.00	0	0	0	0	0	0.0	0	0	0	0	Scoring Posn	.280	50	14	1	0	2	20	3	5	.327	.420
Reliever	3.06	4	4	28	58	0	61.2	68	6	15	40	Close & Late	.276	163	45	3	1	5	18	11	29	.339	.399
0 Days Rest (Relief)	4.85	1	1	6	12	0	13.0	17	4	2	10	None on/out	.203	59	12	2	1	1	1	2	11	.230	.322
1 or 2 Days Rest	1.93	2	1	14	23	0	23.1	24	0	4	16	First Pitch	.333	45	15	0	0	1	7	2	0	.388	.400
3+ Days Rest	3.20	1	1	8	23	0	25.1	27	2	9	14	Ahead in Count	.208	125	26	2	1	1	8	0	36	.219	.264
Pre-All Star	2.52	3	2	17	35	0	35.2	36	3	12	26	Behind in Count	.333	39	13	0	0	4	7	8	0	.458	.641
Post-All Star	3.81	1	2	11	23	0	26.0	32	3	3	14	Two Strikes	.235	102	24	2	1	1	8	5	40	.275	.304

Career (1997-2001)

	ERA	W	L	Sv	G	GS	IP	H	HR	BB	SO		Avg	AB	H	2B	3B	HR	RBI	BB	SO	OBP	SLG
Home	3.48	9	11	53	148	0	175.2	178	18	59	112	vs. Left	.294	513	151	22	4	13	69	62	63	.369	.429
Away	4.15	9	13	49	126	0	130.0	162	12	52	86	vs. Right	.279	677	189	31	2	17	87	49	135	.338	.406
Day	2.82	4	6	36	89	0	95.2	90	7	36	61	Inning 1-6	.217	83	18	5	1	2	8	10	17	.301	.373
Night	4.20	14	18	66	185	0	210.0	250	23	75	137	Inning 7+	.291	1107	322	48	5	28	148	101	181	.355	.419
Grass	3.49	13	18	80	225	0	255.0	270	23	93	159	None on	.304	621	189	29	3	19	19	52	108	.366	.452
Turf	5.15	5	6	22	49	0	50.2	70	7	18	39	Runners on	.265	569	151	24	3	11	137	59	90	.336	.376
March/April	4.41	1	8	12	47	0	49.0	55	8	22	28	Scoring Posn	.272	327	89	12	3	6	120	44	52	.357	.382
May	4.99	3	4	15	43	0	48.2	53	9	21	29	Close & Late	.283	752	213	31	5	15	103	71	125	.352	.398
June	1.48	8	0	16	45	0	48.2	51	1	13	46	None on/out	.257	288	74	16	3	7	7	15	51	.296	.406
July	2.86	1	5	21	38	0	44.0	48	2	11	27	vs. 1st Batr (relief)	.269	253	68	14	3	6	22	18	38	.318	.419
August	4.07	2	5	18	47	0	55.1	68	3	21	32	1st Inning Pitched	.282	980	276	39	6	22	135	87	157	.345	.401
Sept/Oct	4.50	3	2	20	54	0	60.0	65	7	23	36	First 15 Pitches	.281	840	236	37	6	18	95	71	120	.343	.404
Starter	0.00	0	0	0	0	0	0.0	0	0	0	0	Pitch 16-30	.291	313	91	12	0	6	11	56	38	.370	.435
Reliever	3.77	18	24	102	274	0	305.2	340	30	111	198	Pitch 31-45	.313	32	10	3	0	0	3	2	9	.353	.406
0 Days Rest (Relief)	2.77	7	3	31	60	0	61.2	67	6	18	43	Pitch 46+	.600	5	3	1	0	1	2	0	1	.600	1.400
1 or 2 Days Rest	4.23	3	19	47	126	0	140.1	169	13	52	94	First Pitch	.356	208	74	6	1	6	36	22	0	.423	.481
3+ Days Rest	3.73	8	2	24	88	0	103.2	104	11	41	61	Ahead in Count	.217	599	130	22	3	9	54	0	179	.223	.309
vs. AL	0.92	4	1	13	33	0	39.1	45	0	12	34	Behind in Count	.352	193	68	11	2	12	31	54	0	.496	.617
vs. NL	4.19	14	23	89	241	0	266.1	295	30	99	164	Two Strikes	.213	511	109	23	3	6	53	35	198	.268	.305
Pre-All Star	3.66	12	13	51	148	0	160.0	178	19	60	109	Pre-All Star	.290	613	178	24	3	19	78	60	109	.361	.432
Post-All Star	3.89	6	11	51	126	0	145.2	162	11	51	89	Post-All Star	.281	577	162	29	3	11	78	51	89	.341	.399

Edgardo Alfonzo — Mets
Age 28 – Bats Right (flyball hitter)

	Avg	G	AB	R	H	2B	3B	HR	RBI	BB	SO	HBP	GDP	SB	CS	OBP	SLG	IBB	SH	SF	#Pit	#P/PA	GB	FB	G/F
2001 Season	.243	124	457	64	111	22	0	17	49	51	62	5	7	5	0	.322	.403	0	1	5	2122	4.09	121	209	0.58
Last Five Years	.294	727	2704	474	796	158	7	96	401	359	350	21	48	36	13	.378	.464	4	12	28	12575	4.03	814	1051	0.77

2001 Season

	Avg	AB	H	2B	3B	HR	RBI	BB	SO	OBP	SLG		Avg	AB	H	2B	3B	HR	RBI	BB	SO	OBP	SLG
vs. Left	.211	90	19	7	0	2	8	8	9	.277	.356	First Pitch	.242	33	8	1	0	1	1	0	0	.265	.364
vs. Right	.251	367	92	15	0	15	41	43	53	.333	.414	Ahead in Count	.243	111	27	4	0	6	14	19	0	.356	.441
Home	.229	218	50	8	0	6	22	30	34	.325	.349	Behind in Count	.221	217	48	11	0	7	22	0	48	.226	.369
Away	.255	239	61	14	0	11	27	21	28	.320	.452	Two Strikes	.210	224	47	7	0	5	19	32	62	.314	.308
Day	.212	146	31	5	0	5	13	15	27	.287	.349	Batting #2	.254	339	86	15	0	12	35	32	42	.324	.404
Night	.257	311	80	17	0	12	36	36	35	.339	.428	Batting #3	.235	85	20	4	0	5	12	16	16	.352	.459
Grass	.251	383	96	19	0	15	42	45	49	.333	.418	Other	.152	33	5	3	0	0	2	3	4	.216	.242
Turf	.203	74	15	3	0	2	7	6	13	.268	.324	April	.236	89	21	8	0	4	10	6	9	.292	.461
Pre-All Star	.233	219	51	14	0	9	25	23	31	.306	.420	May	.265	83	22	5	0	4	9	14	13	.371	.470
Post-All Star	.252	238	60	8	0	8	24	28	31	.337	.387	June	.259	27	7	1	0	1	5	1	4	.276	.407
Inning 1-6	.254	334	85	17	0	15	37	31	39	.324	.440	July	.164	73	12	2	0	1	4	11	11	.284	.233
Inning 7+	.211	123	26	5	0	2	12	20	23	.317	.301	August	.287	101	29	4	0	5	17	8	19	.339	.475
Scoring Posn	.250	108	27	5	0	4	33	16	21	.358	.407	Sept/Oct	.238	84	20	2	0	2	4	11	6	.326	.333
Close & Late	.190	63	12	3	0	1	10	10	15	.293	.286	vs. AL	.189	53	10	1	0	1	5	7	9	.290	.264
None on/out	.265	83	22	5	0	3	3	6	5	.315	.434	vs. NL	.250	404	101	21	0	16	44	44	53	.327	.421

2001 By Position

Position	Avg	AB	H	2B	3B	HR	RBI	BB	SO	OBP	SLG	G	GS	Innings	PO	A	E	DP	Fld Pct	Rng Fctr	In Zone	Zone Outs	Rtg	MLB Zone
As 2b	.242	455	110	21	0	17	48	51	62	.322	.400	122	119	1026.1	211	301	7	61	.987	4.49	336	274	.815	.824

Last Five Years

	Avg	AB	H	2B	3B	HR	RBI	BB	SO	OBP	SLG		Avg	AB	H	2B	3B	HR	RBI	BB	SO	OBP	SLG
vs. Left	.281	608	171	38	1	21	86	82	80	.366	.451	First Pitch	.323	201	65	11	0	6	31	1	0	.327	.468
vs. Right	.298	2096	625	120	6	75	315	277	270	.381	.469	Ahead in Count	.328	664	218	59	3	29	123	195	0	.451	.557
Home	.274	1287	353	65	2	42	182	197	170	.371	.426	Behind in Count	.252	1236	312	53	4	34	133	0	292	.258	.384
Away	.313	1417	443	93	5	54	219	162	180	.384	.500	Two Strikes	.241	1248	301	44	4	34	149	163	350	.332	.365
Day	.276	943	260	46	3	31	136	121	148	.360	.429	Batting #2	.299	1701	509	96	4	60	246	199	207	.374	.466
Night	.304	1761	536	112	4	65	265	238	202	.387	.483	Batting #3	.320	646	207	46	2	30	110	115	86	.422	.537
Grass	.294	2218	651	125	4	78	322	292	275	.376	.459	Other	.224	357	80	16	1	6	45	45	57	.311	.325
Turf	.298	486	145	33	3	18	79	67	75	.388	.490	March/April	.281	423	119	34	1	13	57	63	61	.374	.459

7

Last Five Years

	Avg	AB	H	2B	3B	HR	RBI	BB	SO	OBP	SLG		Avg	AB	H	2B	3B	HR	RBI	BB	SO	OBP	SLG
Pre-All Star	.291	1387	404	92	5	46	212	171	176	.368	.464	May	.310	435	135	28	2	18	69	52	51	.382	.508
Post-All Star	.298	1317	392	66	2	50	189	188	174	.388	.465	June	.297	391	116	20	2	10	66	44	44	.366	.435
Inning 1-6	.284	1905	541	111	6	70	272	229	238	.363	.459	July	.289	457	132	27	0	10	56	58	55	.370	.414
Inning 7+	.319	799	255	47	1	26	129	130	112	.412	.478	August	.329	516	170	26	1	27	103	67	69	.406	.541
Scoring Posn	.327	652	213	46	2	24	289	101	91	.407	.514	Sept/Oct	.257	482	124	23	1	18	50	75	70	.358	.421
Close & Late	.301	415	125	24	1	13	65	74	64	.406	.458	vs. AL	.279	297	83	15	1	8	35	34	41	.356	.418
None on/out	.289	536	155	32	1	19	19	62	66	.364	.459	vs. NL	.296	2407	713	143	6	88	366	325	309	.381	.470

Luis Alicea — Royals
Age 36 – Bats Both

	Avg	G	AB	R	H	2B	3B	HR	RBI	BB	SO	HBP	GDP	SB	CS	OBP	SLG	IBB	SH	SF	#Pit	#P/PA	GB	FB	G/F
2001 Season	.274	113	387	44	106	16	4	4	32	23	56	4	6	8	6	.320	.367	0	3	1	1506	3.60	140	114	1.23
Last Five Years	.269	549	1738	272	467	82	22	24	182	216	268	22	28	37	21	.354	.383	4	21	14	7538	3.75	576	571	1.01

2001 Season

	Avg	AB	H	2B	3B	HR	RBI	BB	SO	OBP	SLG		Avg	AB	H	2B	3B	HR	RBI	BB	SO	OBP	SLG
vs. Left	.253	83	21	2	0	0	3	4	6	.295	.277	First Pitch	.386	57	22	5	3	0	5	0	0	.386	.579
vs. Right	.280	304	85	14	4	4	29	19	50	.327	.391	Ahead in Count	.308	78	24	4	0	2	7	12	0	.396	.436
Home	.234	192	45	9	1	1	19	7	28	.267	.307	Behind in Count	.229	170	39	4	0	2	15	0	48	.247	.288
Away	.313	195	61	7	3	3	13	16	28	.371	.426	Two Strikes	.189	164	31	2	1	2	12	11	56	.257	.250
Day	.239	138	33	5	0	2	11	11	20	.309	.319	Batting #1	.272	195	53	10	0	0	13	11	23	.324	.323
Night	.293	249	73	11	4	2	21	12	36	.327	.394	Batting #8	.217	60	13	0	1	1	7	3	11	.254	.300
Grass	.266	361	96	15	3	4	31	18	54	.307	.357	Other	.303	132	40	6	3	3	12	9	22	.345	.462
Turf	.385	26	10	1	1	0	1	5	2	.484	.500	April	.188	48	9	0	0	0	0	2	9	.220	.188
Pre-All Star	.279	240	67	9	4	1	16	17	37	.328	.363	May	.287	87	25	2	4	0	6	8	17	.351	.402
Post-All Star	.265	147	39	7	0	3	16	6	19	.308	.374	June	.347	75	26	7	0	1	4	3	7	.372	.480
Inning 1-6	.275	247	68	10	2	0	16	15	32	.325	.332	July	.241	87	21	3	0	0	10	9	14	.327	.276
Inning 7+	.271	140	38	6	2	4	16	8	24	.313	.429	August	.298	47	14	2	0	1	5	1	4	.327	.404
Scoring Posn	.242	91	22	2	0	0	26	4	20	.271	.264	Sept/Oct	.256	43	11	2	0	2	7	0	5	.256	.442
Close & Late	.281	64	18	5	2	1	9	3	10	.319	.469	vs. AL	.264	345	91	13	4	3	25	18	52	.305	.351
None on/out	.200	115	23	5	1	0	0	10	15	.270	.261	vs. NL	.357	42	15	3	0	1	7	5	4	.438	.500

2001 By Position

Position	Avg	AB	H	2B	3B	HR	RBI	BB	SO	OBP	SLG	G	GS	Innings	PO	A	E	DP	Fld Pct	Rng Fctr	In Zone	Outs	Zone Rtg	MLB Zone
As DH	.307	75	23	3	1	2	10	5	13	.358	.453	22	18	—	—	—	—	—	—	—	—	—	—	—
As Pinch Hitter	.200	20	4	1	1	1	1	1	5	.238	.500	21	0	—	—	—	—	—	—	—	—	—	—	—
As 2b	.250	232	58	7	2	1	18	13	35	.297	.310	67	58	520.1	105	194	13	47	.958	5.17	220	180	.818	.824
As 3b	.359	64	23	6	0	1	4	4	4	.397	.500	18	15	138.0	12	24	1	3	.973	2.35	35	25	.714	.761

Last Five Years

	Avg	AB	H	2B	3B	HR	RBI	BB	SO	OBP	SLG		Avg	AB	H	2B	3B	HR	RBI	BB	SO	OBP	SLG
vs. Left	.279	412	115	22	2	3	33	46	39	.355	.364	First Pitch	.364	236	86	16	7	4	33	3	0	.372	.542
vs. Right	.265	1326	352	60	20	21	149	170	229	.354	.388	Ahead in Count	.316	446	141	28	10	9	58	108	0	.448	.484
Home	.267	814	217	45	8	9	93	99	131	.351	.371	Behind in Count	.205	709	145	19	3	5	50	0	230	.222	.261
Away	.271	924	250	37	14	16	89	117	137	.357	.393	Two Strikes	.192	715	137	18	4	8	56	105	268	.304	.262
Day	.276	490	135	22	7	5	41	75	71	.379	.380	Batting #1	.286	700	200	36	7	8	72	66	80	.350	.391
Night	.266	1248	332	60	15	19	141	141	197	.344	.384	Batting #8	.266	372	99	18	6	7	44	48	68	.352	.403
Grass	.262	1538	403	74	19	21	164	184	241	.345	.376	Other	.252	666	168	28	9	9	66	102	112	.355	.362
Turf	.320	200	64	8	3	3	18	32	27	.421	.435	March/April	.255	263	67	15	3	1	19	29	50	.333	.346
Pre-All Star	.281	1014	285	52	13	11	100	126	162	.367	.391	May	.307	348	107	20	8	3	44	44	53	.389	.437
Post-All Star	.251	724	182	30	9	13	82	90	106	.336	.372	June	.280	311	87	15	1	6	26	39	41	.370	.392
Inning 1-6	.271	1119	303	51	14	12	107	137	157	.356	.374	July	.240	308	74	13	5	4	43	38	48	.326	.354
Inning 7+	.265	619	164	31	8	12	75	79	111	.351	.399	August	.245	290	71	10	4	4	21	32	42	.326	.348
Scoring Posn	.262	404	106	18	4	5	150	62	65	.351	.364	Sept/Oct	.280	218	61	9	1	6	29	34	34	.375	.413
Close & Late	.258	287	74	15	5	3	38	31	49	.333	.376	vs. AL	.267	1527	408	71	19	21	158	187	236	.351	.380
None on/out	.259	517	134	28	8	5	5	62	69	.345	.373	vs. NL	.280	211	59	11	3	3	24	29	32	.377	.403

Chad Allen — Twins
Age 27 – Bats Right (groundball hitter)

	Avg	G	AB	R	H	2B	3B	HR	RBI	BB	SO	HBP	GDP	SB	CS	OBP	SLG	IBB	SH	SF	#Pit	#P/PA	GB	FB	G/F
2001 Season	.263	57	175	20	46	13	2	4	20	19	37	0	7	1	2	.333	.429	1	0	1	739	3.79	69	40	1.73
Career (1999-2001)	.275	209	706	91	194	37	5	14	73	59	140	3	18	15	11	.332	.401	2	1	4	2936	3.80	290	166	1.75

2001 Season

	Avg	AB	H	2B	3B	HR	RBI	BB	SO	OBP	SLG		Avg	AB	H	2B	3B	HR	RBI	BB	SO	OBP	SLG
vs. Left	.269	52	14	5	1	2	9	7	10	.356	.519	Scoring Posn	.196	51	10	2	0	1	14	7	9	.288	.294
vs. Right	.260	123	32	8	1	2	11	12	27	.324	.390	Close & Late	.486	35	17	2	0	3	6	6	7	.561	.800
Home	.267	75	20	4	0	1	7	13	11	.375	.360	None on/out	.361	36	13	6	0	1	1	4	7	.425	.611
Away	.260	100	26	9	2	3	13	6	26	.299	.480	Batting #5	.265	49	13	2	0	1	8	5	11	.327	.367
First Pitch	.130	23	3	1	1	0	1	0	0	.167	.261	Batting #6	.246	61	15	4	2	0	5	7	11	.324	.377
Ahead in Count	.457	46	21	5	0	3	13	12	0	.559	.761	Other	.277	65	18	7	0	3	7	7	15	.347	.523
Behind in Count	.213	75	16	6	1	0	3	0	30	.213	.320	Pre-All Star	.283	113	32	8	2	2	14	17	20	.374	.442
Two Strikes	.167	78	13	5	1	0	3	5	37	.226	.256	Post-All Star	.226	62	14	5	0	2	6	2	17	.250	.403

Career (1999-2001)

	Avg	AB	H	2B	3B	HR	RBI	BB	SO	OBP	SLG		Avg	AB	H	2B	3B	HR	RBI	BB	SO	OBP	SLG
vs. Left	.287	181	52	11	1	5	19	17	34	.347	.442	First Pitch	.304	92	28	3	1	3	13	2	0	.333	.457
vs. Right	.270	525	142	26	4	9	54	42	106	.326	.387	Ahead in Count	.408	174	71	12	1	7	27	33	0	.500	.609

Career (1999-2001)

	Avg	AB	H	2B	3B	HR	RBI	BB	SO	OBP	SLG		Avg	AB	H	2B	3B	HR	RBI	BB	SO	OBP	SLG
Home	.282	333	94	19	1	5	38	36	64	.354	.390	Behind in Count	.176	307	54	11	2	2	17	0	113	.178	.244
Away	.268	373	100	18	4	9	35	23	76	.311	.410	Two Strikes	.172	331	57	13	2	3	26	24	140	.228	.251
Day	.290	193	56	12	2	3	17	21	39	.358	.420	Batting #6	.237	249	59	13	3	4	23	21	46	.301	.361
Night	.269	513	138	25	3	11	56	38	101	.321	.394	Batting #7	.375	152	57	7	1	6	26	11	32	.418	.553
Grass	.267	322	86	13	4	9	32	22	69	.312	.416	Other	.256	305	78	17	1	4	24	27	62	.313	.357
Turf	.281	384	108	24	1	5	41	37	71	.347	.388	March/April	.237	97	23	2	1	3	10	9	17	.308	.371
Pre-All Star	.292	391	114	19	3	8	40	36	73	.353	.417	May	.299	137	41	8	1	2	13	14	25	.364	.416
Post-All Star	.254	315	80	18	2	6	33	23	67	.305	.381	June	.371	105	39	6	1	3	10	7	16	.407	.533
Inning 1-6	.249	482	120	25	2	9	52	36	87	.302	.365	July	.249	173	43	10	0	3	26	14	48	.309	.358
Inning 7+	.330	224	74	12	3	5	21	23	53	.394	.478	August	.217	115	25	6	2	1	8	7	22	.262	.330
Scoring Posn	.237	177	42	8	0	2	55	24	44	.325	.316	Sept/Oct	.291	79	23	5	0	2	6	8	12	.352	.430
Close & Late	.391	110	43	7	0	4	16	18	27	.481	.564	vs. AL	.273	611	167	34	4	10	64	54	121	.332	.391
None on/out	.303	165	50	13	1	3	3	8	25	.335	.448	vs. NL	.284	95	27	3	1	4	9	5	19	.327	.463

Armando Almanza — Marlins Age 29 – Pitches Left (flyball pitcher)

	ERA	W	L	Sv	G	GS	IP	BB	SO	Avg	H	2B	3B	HR	RBI	OBP	SLG	GF	IR	IRS	Hld	SvOp	SB	CS	GB	FB	G/F
2001 Season	4.83	2	2	0	52	0	41.0	26	45	.230	34	9	0	8	25	.339	.453	8	34	7	12	2	2	5	26	51	0.51
Career (1999-2001)	4.37	6	5	0	133	0	103.0	78	111	.218	80	22	1	12	62	.355	.381	18	116	31	28	6	7	9	74	127	0.58

2001 Season

	ERA	W	L	Sv	G	GS	IP	H	HR	BB	SO		Avg	AB	H	2B	3B	HR	RBI	BB	SO	OBP	SLG
Home	3.86	1	0	0	23	0	18.2	13	3	7	26	vs. Left	.210	62	13	3	0	2	8	13	21	.333	.355
Away	5.64	1	2	0	29	0	22.1	21	5	19	19	vs. Right	.244	86	21	6	0	6	17	13	24	.343	.523
Starter	0.00	0	0	0	0	0	0.0	0	0	0	0	Scoring Posn	.263	38	10	1	0	3	19	9	14	.380	.526
Reliever	4.83	2	2	0	52	0	41.0	34	8	26	45	Close & Late	.310	58	18	6	0	3	12	8	12	.394	.569
0 Days Rest (Relief)	3.29	0	1	0	14	0	13.2	7	2	12	15	None on/out	.275	40	11	2	0	4	4	3	14	.326	.625
1 or 2 Days Rest	8.49	0	1	0	19	0	11.2	19	3	7	12	First Pitch	.412	17	7	2	0	2	4	1	0	.421	.882
3+ Days Rest	3.45	2	0	0	19	0	15.2	8	3	7	18	Ahead in Count	.159	69	11	3	0	1	4	0	35	.159	.246
Pre-All Star	3.04	0	1	0	31	0	26.2	17	4	17	29	Behind in Count	.379	29	11	2	0	4	12	16	0	.587	.862
Post-All Star	8.16	2	1	0	21	0	14.1	17	4	9	16	Two Strikes	.116	86	10	4	0	0	6	9	45	.198	.163

Career (1999-2001)

	ERA	W	L	Sv	G	GS	IP	H	HR	BB	SO		Avg	AB	H	2B	3B	HR	RBI	BB	SO	OBP	SLG
Home	4.06	3	3	0	63	0	51.0	37	5	30	65	vs. Left	.179	145	26	7	1	3	19	40	50	.358	.303
Away	4.67	3	2	0	70	0	52.0	43	7	48	46	vs. Right	.243	222	54	15	0	9	43	38	61	.352	.432
Day	3.90	2	1	0	39	0	32.1	23	2	26	24	Inning 1-6	.175	40	7	1	0	2	5	6	18	.298	.350
Night	4.58	4	4	0	94	0	70.2	57	10	52	87	Inning 7+	.223	327	73	21	1	10	57	72	93	.361	.385
Grass	4.21	5	5	0	111	0	87.2	63	10	64	100	None on/out	.205	176	36	13	0	6	35	47	55	.336	.381
Turf	5.28	1	0	0	22	0	15.1	17	2	14	11	Runners on	.230	191	44	9	1	6	56	43	64	.370	.382
March/April	2.35	0	1	0	20	0	15.1	9	0	20	13	Scoring Posn	.238	130	31	4	1	5	51	31	47	.382	.400
May	2.12	0	0	0	21	0	17.0	7	2	9	22	Close & Late	.235	162	38	11	1	5	27	27	47	.340	.407
June	1.02	1	0	0	21	0	17.2	7	1	10	16	None on/out	.217	83	18	5	0	4	4	11	22	.309	.422
July	5.40	2	0	0	20	0	16.2	14	2	13	19	vs. 1st Batr (relief)	.288	111	32	8	0	7	21	23	33	.406	.550
August	6.23	2	4	0	37	0	30.1	32	6	20	35	1st Inning Pitched	.234	312	73	22	1	12	61	67	92	.369	.426
Sept/Oct	13.50	1	0	0	14	0	6.0	11	1	6	6	First 15 Pitches	.240	258	62	17	1	10	49	53	72	.370	.430
Starter	0.00	0	0	0	0	0	0.0	0	0	0	0	Pitch 16-30	.167	84	14	4	0	2	12	19	31	.318	.286
Reliever	4.37	6	5	0	133	0	103.0	80	12	78	111	Pitch 31-45	.167	24	4	1	0	0	1	6	8	.333	.208
0 Days Rest (Relief)	5.11	0	2	0	31	0	24.2	18	2	22	29	Pitch 46+	.000	1	0	0	0	0	0	0	0	.000	.000
1 or 2 Days Rest	4.25	4	2	0	64	0	48.2	43	6	39	51	First Pitch	.316	38	12	3	0	4	14	8	0	.438	.711
3+ Days Rest	3.94	2	1	0	38	0	29.2	19	4	17	31	Ahead in Count	.153	177	27	6	1	2	17	0	88	.152	.232
vs. AL	2.45	0	0	0	13	0	11.0	7	0	11	12	Behind in Count	.333	84	28	10	0	5	24	42	0	.550	.631
vs. NL	4.60	6	5	0	120	0	92.0	73	12	67	99	Two Strikes	.127	205	26	6	1	1	19	28	111	.232	.180
Pre-All Star	2.24	2	1	0	70	0	56.1	33	4	43	59	Pre-All Star	.173	191	33	8	0	4	20	43	59	.323	.277
Post-All Star	6.94	4	4	0	63	0	46.2	47	8	35	52	Post-All Star	.267	176	47	14	1	8	42	35	52	.388	.494

Carlos Almanzar — Yankees Age 28 – Pitches Right

	ERA	W	L	Sv	G	GS	IP	BB	SO	Avg	H	2B	3B	HR	RBI	OBP	SLG	GF	IR	IRS	Hld	SvOp	SB	CS	GB	FB	G/F
2001 Season	3.38	0	1	0	10	0	10.2	2	6	.333	14	2	0	2	15	.356	.524	7	13	11	0	2	0	0	12	16	0.75
Career (1997-2001)	5.23	6	9	0	129	0	149.2	51	116	.284	170	28	3	25	117	.346	.467	39	85	43	9	8	13	1	211	170	1.24

2001 Season

	ERA	W	L	Sv	G	GS	IP	H	HR	BB	SO		Avg	AB	H	2B	3B	HR	RBI	BB	SO	OBP	SLG
Home	2.70	0	0	0	6	0	6.2	10	1	2	5	vs. Left	.200	15	3	0	0	1	4	1	0	.250	.400
Away	4.50	0	1	0	4	0	4.0	4	1	0	1	vs. Right	.407	27	11	2	0	1	11	1	6	.414	.593

Career (1997-2001)

	ERA	W	L	Sv	G	GS	IP	H	HR	BB	SO		Avg	AB	H	2B	3B	HR	RBI	BB	SO	OBP	SLG
Home	4.93	3	4	0	61	0	65.2	70	13	21	53	vs. Left	.265	234	62	9	2	7	40	37	30	.369	.410
Away	5.46	3	5	0	68	0	84.0	100	12	30	63	vs. Right	.297	364	108	19	1	18	77	14	86	.330	.503
Day	5.17	0	3	0	37	0	38.1	47	6	9	28	Inning 1-6	.293	174	51	12	0	7	37	11	29	.335	.483
Night	5.25	6	6	0	92	0	111.1	123	17	42	88	Inning 7+	.281	424	119	16	3	18	80	40	87	.334	.460
Grass	5.94	6	7	0	100	0	110.2	136	16	42	82	None on	.281	302	85	11	2	11	11	19	61	.334	.440
Turf	3.23	0	2	0	29	0	39.0	34	7	9	34	Runners on	.287	296	85	17	1	14	106	32	55	.357	.493
March/April	4.89	1	1	0	30	0	38.2	36	5	9	36	Scoring Posn	.317	183	58	13	1	10	96	23	40	.390	.563
May	6.08	1	0	0	14	0	13.1	17	2	3	6	Close & Late	.314	121	38	5	2	8	38	10	30	.380	.587
June	4.33	0	3	0	22	0	27.0	28	5	9	21	None on/out	.228	127	29	5	0	4	9	27	.290	.362

Career (1997-2001)

	ERA	W	L	Sv	G	GS	IP	H	HR	BB	SO		Avg	AB	H	2B	3B	HR	RBI	BB	SO	OBP	SLG
July	7.23	0	0	0	14	0	18.2	21	2	9	8	vs. 1st Batr (relief)	.227	119	27	4	0	5	21	4	28	.266	.387
August	4.24	2	1	0	23	0	23.1	28	4	12	22	1st Inning Pitched	.266	440	117	17	1	17	96	36	87	.326	.425
Sept/Oct	5.65	2	4	0	26	0	28.2	40	7	9	23	First 15 Pitches	.276	388	107	15	0	16	73	26	73	.328	.438
Starter	0.00	0	0	0	0	0	0.0	0	0	0	0	Pitch 16-30	.265	162	43	6	3	9	36	20	34	.348	.506
Reliever	5.23	6	9	0	129	0	149.2	170	25	51	116	Pitch 31-45	.426	47	20	7	0	0	8	5	8	.491	.574
0 Days Rest (Relief)	3.41	3	2	0	28	0	31.2	29	3	9	24	Pitch 46+	.000	1	0	0	0	0	0	0	1	.000	.000
1 or 2 Days Rest	4.92	2	4	0	56	0	56.2	60	7	24	44	First Pitch	.310	84	26	6	0	3	18	5	0	.370	.488
3+ Days Rest	6.46	1	3	0	45	0	61.1	81	15	18	48	Ahead in Count	.215	284	61	7	2	9	40	0	109	.226	.349
vs. AL	4.98	2	4	0	42	0	47.0	53	7	17	36	Behind in Count	.425	127	54	11	0	11	40	26	0	.519	.772
vs. NL	5.35	4	5	0	87	0	102.2	117	18	34	80	Two Strikes	.194	263	51	6	2	6	37	20	116	.255	.300
Pre-All Star	4.75	2	4	0	70	0	83.1	87	12	23	65	Pre-All Star	.265	328	87	18	2	12	67	23	65	.322	.442
Post-All Star	5.83	4	5	0	59	0	66.1	83	13	28	51	Post-All Star	.307	270	83	10	1	13	50	28	51	.374	.496

Erick Almonte — Yankees
Age 24 – Bats Right

	Avg	G	AB	R	H	2B	3B	HR	RBI	BB	SO	HBP	GDP	SB	CS	OBP	SLG	IBB	SH	SF	#Pit	#P/PA	GB	FB	G/F
2001 Season	.500	8	4	0	2	1	0	0	0	0	1	0	0	2	0	.500	.750	0	0	0	10	2.50	1	1	1.00

2001 Season

	Avg	AB	H	2B	3B	HR	RBI	BB	SO	OBP	SLG		Avg	AB	H	2B	3B	HR	RBI	BB	SO	OBP	SLG
vs. Left	.000	1	0	0	0	0	0	0	0	.000	.000	Scoring Posn	.000	0	0	0	0	0	0	0	0	.000	.000
vs. Right	.667	3	2	1	0	0	0	0	1	.667	1.000	Close & Late	.000	0	0	0	0	0	0	0	0	.000	.000

Roberto Alomar — Indians
Age 34 – Bats Both

	Avg	G	AB	R	H	2B	3B	HR	RBI	BB	SO	HBP	GDP	SB	CS	OBP	SLG	IBB	SH	SF	#Pit	#P/PA	GB	FB	G/F
2001 Season	.336	157	575	113	193	34	12	20	100	80	71	4	9	30	6	.415	.541	5	9	9	2612	3.86	211	166	1.27
Last Five Years	.316	730	2748	512	867	173	20	91	425	342	362	22	62	133	24	.391	.492	17	42	40	12794	4.01	1054	781	1.35

2001 Season

	Avg	AB	H	2B	3B	HR	RBI	BB	SO	OBP	SLG		Avg	AB	H	2B	3B	HR	RBI	BB	SO	OBP	SLG
vs. Left	.279	154	43	7	2	7	23	17	28	.351	.487	First Pitch	.411	56	23	3	0	2	14	4	0	.415	.571
vs. Right	.356	421	150	27	10	13	77	63	43	.437	.561	Ahead in Count	.381	126	48	9	2	6	29	40	0	.524	.627
Home	.326	288	94	18	5	7	33	36	40	.404	.497	Behind in Count	.271	255	69	14	4	7	37	0	54	.280	.439
Away	.345	287	99	16	7	13	67	44	31	.425	.585	Two Strikes	.217	254	55	10	4	6	23	36	71	.317	.358
Day	.282	163	46	12	1	3	24	20	20	.361	.423	Batting #2	.400	5	2	0	0	0	1	0	1	.400	.400
Night	.357	412	147	22	11	17	76	60	51	.436	.587	Batting #3	.335	570	191	34	12	20	99	80	70	.415	.542
Grass	.334	521	174	31	10	17	85	74	66	.417	.530	Other	.000	0	0	0	0	0	0	0	0	.000	.000
Turf	.352	54	19	3	2	3	15	6	5	.397	.648	April	.291	86	25	3	0	1	12	10	13	.374	.360
Pre-All Star	.358	310	111	18	6	9	52	42	37	.431	.542	May	.370	100	37	8	2	1	14	10	11	.412	.520
Post-All Star	.309	265	82	16	6	11	48	38	34	.395	.540	June	.381	97	37	5	3	6	21	19	10	.475	.680
Inning 1-6	.344	424	146	23	8	15	67	51	45	.415	.542	July	.373	102	38	7	3	5	21	13	14	.448	.647
Inning 7+	.311	151	47	11	4	5	33	29	26	.413	.536	August	.278	97	27	6	3	3	18	16	13	.374	.495
Scoring Posn	.424	132	56	14	2	3	68	21	16	.479	.629	Sept/Oct	.312	93	29	5	1	4	14	12	10	.390	.516
Close & Late	.275	80	22	6	1	2	17	14	12	.379	.450	vs. AL	.340	515	175	31	12	15	89	66	63	.411	.534
None on/out	.298	114	34	6	2	2	15	14	.380	.439	vs. NL	.300	60	18	3	0	5	11	14	8	.440	.600

2001 By Position

Position	Avg	AB	H	2B	3B	HR	RBI	BB	SO	OBP	SLG	G	GS	Innings	PO	A	E	DP	Fld Pct	Rng Fctr	In Zone	Outs	Zone Rtg	MLB Zone
As 2b	.336	575	193	34	12	20	100	80	71	.415	.541	157	156	1324.0	268	423	5	88	.993	4.70	488	385	.789	.824

Last Five Years

	Avg	AB	H	2B	3B	HR	RBI	BB	SO	OBP	SLG		Avg	AB	H	2B	3B	HR	RBI	BB	SO	OBP	SLG
vs. Left	.301	730	220	47	3	23	89	72	128	.366	.468	First Pitch	.372	266	99	22	0	5	44	12	0	.395	.511
vs. Right	.321	2018	647	126	17	68	336	270	234	.399	.501	Ahead in Count	.375	542	203	40	4	25	109	186	0	.526	.601
Home	.325	1376	447	84	9	44	193	169	188	.397	.495	Behind in Count	.265	1306	346	77	7	36	159	0	292	.271	.417
Away	.306	1372	420	89	11	47	232	173	174	.384	.490	Two Strikes	.251	1380	346	74	8	37	153	144	362	.325	.396
Day	.298	801	239	56	2	26	118	113	116	.385	.471	Batting #1	.278	547	152	35	0	12	49	43	60	.332	.408
Night	.323	1947	628	117	18	65	307	229	246	.393	.501	Batting #3	.324	1658	538	108	18	62	301	236	239	.408	.524
Grass	.322	2362	760	147	17	78	365	293	310	.396	.497	Other	.326	543	177	30	2	17	75	63	63	.393	.483
Turf	.277	386	107	26	3	13	60	49	52	.358	.461	March/April	.281	420	118	17	1	14	51	51	60	.360	.426
Pre-All Star	.309	1564	483	89	13	46	219	198	203	.386	.471	May	.325	520	169	30	5	13	71	67	63	.398	.477
Post-All Star	.324	1184	384	84	7	45	206	144	159	.397	.521	June	.326	475	155	31	5	15	75	60	60	.405	.507
Inning 1-6	.321	1983	636	120	16	65	298	237	240	.392	.496	July	.309	433	134	32	5	18	74	50	60	.385	.531
Inning 7+	.302	765	231	53	4	26	127	105	122	.386	.484	August	.299	408	122	28	3	14	62	56	53	.385	.485
Scoring Posn	.335	686	230	50	3	18	304	107	108	.412	.496	Sept/Oct	.343	492	169	35	1	17	92	52	66	.401	.522
Close & Late	.278	370	103	19	1	10	59	53	68	.371	.416	vs. AL	.319	2429	775	150	19	79	374	299	314	.393	.494
None on/out	.308	642	198	42	3	23	23	54	74	.367	.491	vs. NL	.288	319	92	23	1	12	51	43	48	.371	.480

10

Sandy Alomar Jr. — White Sox
Age 36 – Bats Right

	Avg	G	AB	R	H	2B	3B	HR	RBI	BB	SO	HBP	GDP	SB	CS	OBP	SLG	IBB	SH	SF	#Pit	#P/PA	GB	FB	G/F
2001 Season	.245	70	220	17	54	8	1	4	21	12	17	2	6	1	2	.288	.345	1	3	2	706	2.95	107	66	1.62
Last Five Years	.280	446	1573	188	441	100	5	44	215	69	174	12	47	3	10	.313	.434	4	19	12	5518	3.27	651	477	1.36

2001 Season

	Avg	AB	H	2B	3B	HR	RBI	BB	SO	OBP	SLG		Avg	AB	H	2B	3B	HR	RBI	BB	SO	OBP	SLG
vs. Left	.273	44	12	0	0	2	7	1	4	.289	.409	Scoring Posn	.250	52	13	1	0	1	15	4	4	.317	.327
vs. Right	.239	176	42	8	1	2	14	11	13	.288	.330	Close & Late	.341	41	14	3	0	1	5	3	2	.386	.488
Home	.313	112	35	5	0	1	10	6	10	.350	.384	None on/out	.305	59	18	4	1	1	4	6	.349	.458
Away	.176	108	19	3	1	3	11	6	7	.224	.306	Batting #8	.260	127	33	4	0	2	13	5	10	.286	.339
First Pitch	.333	45	15	2	0	2	7	1	0	.375	.511	Batting #9	.229	48	11	3	1	0	4	3	6	.269	.333
Ahead in Count	.244	45	11	3	0	0	3	9	0	.357	.311	Other	.222	45	10	1	0	2	4	4	1	.314	.378
Behind in Count	.211	95	20	1	1	2	8	0	14	.211	.305	Pre-All Star	.243	185	45	7	1	2	17	10	15	.286	.324
Two Strikes	.151	73	11	2	0	0	5	2	17	.173	.178	Post-All Star	.257	35	9	1	0	2	4	2	2	.297	.457

Last Five Years

	Avg	AB	H	2B	3B	HR	RBI	BB	SO	OBP	SLG		Avg	AB	H	2B	3B	HR	RBI	BB	SO	OBP	SLG
vs. Left	.309	375	116	28	1	12	60	15	40	.334	.485	First Pitch	.351	259	91	20	2	8	36	2	0	.361	.537
vs. Right	.271	1198	325	72	4	32	155	54	134	.307	.418	Ahead in Count	.321	389	125	32	2	16	71	39	0	.384	.537
Home	.294	792	233	50	2	22	110	34	87	.323	.446	Behind in Count	.220	691	152	25	1	17	76	0	157	.222	.333
Away	.266	781	208	50	3	22	105	35	87	.304	.417	Two Strikes	.192	573	110	18	0	10	50	27	174	.234	.276
Day	.264	420	111	24	0	13	54	19	47	.293	.414	Batting #8	.268	448	120	28	1	11	52	19	54	.299	.408
Night	.286	1153	330	76	5	31	161	50	127	.321	.441	Batting #9	.295	451	133	26	2	15	69	22	49	.328	.461
Grass	.284	1361	386	85	3	36	172	62	143	.318	.430	Other	.279	674	188	46	2	18	94	28	71	.313	.433
Turf	.259	212	55	15	2	8	43	7	31	.281	.462	March/April	.303	277	84	17	0	11	48	14	26	.337	.484
Pre-All Star	.301	914	275	61	4	24	125	45	100	.337	.455	May	.290	293	85	16	1	8	40	14	33	.326	.433
Post-All Star	.252	659	166	39	1	20	90	24	74	.280	.405	June	.325	268	87	26	3	5	31	15	31	.368	.500
Inning 1-6	.266	1048	279	62	5	27	149	43	110	.298	.412	July	.236	250	59	13	0	4	23	10	34	.266	.336
Inning 7+	.309	525	162	38	0	17	66	26	64	.344	.478	August	.254	248	63	13	0	7	37	7	22	.278	.391
Scoring Posn	.276	428	118	27	0	13	168	29	49	.324	.430	Sept/Oct	.266	237	63	15	1	9	36	9	28	.293	.451
Close & Late	.291	237	69	20	0	5	31	12	29	.323	.439	vs. AL	.282	1350	381	83	5	38	185	61	142	.315	.436
None on/out	.271	380	103	24	3	7	7	11	39	.292	.405	vs. NL	.269	223	60	17	0	6	30	8	32	.305	.426

Moises Alou — Astros
Age 35 – Bats Right (flyball hitter)

	Avg	G	AB	R	H	2B	3B	HR	RBI	BB	SO	HBP	GDP	SB	CS	OBP	SLG	IBB	SH	SF	#Pit	#P/PA	GB	FB	G/F
2001 Season	.331	136	513	79	170	31	1	27	108	57	57	3	18	5	1	.396	.554	14	0	8	1881	3.24	175	175	1.00
Last Five Years	.321	571	2089	353	670	122	13	118	461	263	274	14	66	28	12	.395	.561	38	0	30	8172	3.41	686	772	0.89

2001 Season

	Avg	AB	H	2B	3B	HR	RBI	BB	SO	OBP	SLG		Avg	AB	H	2B	3B	HR	RBI	BB	SO	OBP	SLG
vs. Left	.424	99	42	6	1	5	21	11	6	.478	.657	First Pitch	.420	119	50	10	1	7	37	10	0	.462	.697
vs. Right	.309	414	128	25	0	22	87	46	51	.376	.529	Ahead in Count	.374	123	46	7	0	8	27	26	0	.474	.626
Home	.341	264	90	15	1	15	62	32	33	.409	.587	Behind in Count	.270	200	54	12	0	8	27	0	48	.278	.450
Away	.321	249	80	16	0	12	46	25	24	.381	.530	Two Strikes	.226	164	37	5	0	5	21	21	57	.316	.348
Day	.336	125	42	8	0	6	36	19	19	.430	.544	Batting #5	.330	512	169	31	1	27	106	57	57	.395	.553
Night	.330	388	128	23	1	21	72	38	38	.384	.557	Batting #9	1.000	1	1	0	0	0	2	0	0	1.000	1.000
Grass	.343	475	163	28	1	26	106	56	53	.410	.572	Other	.000	0	0	0	0	0	0	0	0	.000	.000
Turf	.184	38	7	3	0	1	2	1	4	.205	.342	April	.500	40	20	5	0	2	12	3	1	.523	.775
Pre-All Star	.362	287	104	18	1	18	65	22	26	.406	.620	May	.309	110	34	6	1	4	20	9	12	.358	.491
Post-All Star	.292	226	66	13	0	9	43	35	31	.384	.469	June	.369	103	38	5	0	12	25	8	10	.411	.767
Inning 1-6	.321	343	110	22	1	14	75	35	41	.381	.513	July	.356	101	36	7	0	3	17	12	17	.426	.515
Inning 7+	.353	170	60	9	0	13	33	22	16	.426	.635	August	.293	82	24	4	0	3	13	10	7	.375	.451
Scoring Posn	.323	158	51	8	0	5	80	33	27	.425	.468	Sept/Oct	.234	77	18	4	0	3	21	15	10	.351	.403
Close & Late	.395	76	30	2	0	6	20	16	8	.489	.658	vs. AL	.362	58	21	3	0	5	13	7	6	.418	.672
None on/out	.310	116	36	12	1	7	7	12	11	.375	.612	vs. NL	.327	455	149	28	1	22	95	50	51	.393	.538

2001 By Position

Position	Avg	AB	H	2B	3B	HR	RBI	BB	SO	OBP	SLG	G	GS	Innings	PO	A	E	DP	Fld Pct	Rng Fctr	In Zone	Zone Outs	Zone Rtg	MLB Zone
As rf	.328	494	162	31	1	25	104	55	55	.393	.547	130	130	1116.2	205	10	2	3	.991	1.73	229	194	.847	.884

Last Five Years

	Avg	AB	H	2B	3B	HR	RBI	BB	SO	OBP	SLG		Avg	AB	H	2B	3B	HR	RBI	BB	SO	OBP	SLG
vs. Left	.352	421	148	31	4	24	101	66	41	.435	.615	First Pitch	.417	427	178	36	5	33	125	29	0	.452	.756
vs. Right	.313	1668	522	91	9	94	360	197	233	.385	.547	Ahead in Count	.364	500	182	26	5	29	122	137	0	.497	.610
Home	.320	1023	327	65	10	63	248	145	121	.403	.587	Behind in Count	.248	808	200	43	3	37	124	0	222	.250	.446
Away	.322	1066	343	57	3	55	213	119	129	.388	.536	Two Strikes	.203	747	152	21	2	32	110	97	274	.295	.365
Day	.326	589	192	35	5	33	143	91	82	.416	.570	Batting #5	.326	1766	575	105	12	103	395	217	229	.398	.574
Night	.319	1500	478	87	8	85	318	172	192	.387	.553	Batting #6	.322	177	57	7	0	11	37	21	22	.391	.548
Grass	.326	1497	488	85	9	86	351	186	191	.398	.567	Other	.260	146	38	10	1	4	29	25	23	.368	.425
Turf	.307	592	182	37	4	32	110	77	83	.389	.546	March/April	.373	260	97	18	4	21	81	35	37	.440	.715
Pre-All Star	.329	1094	360	66	10	62	251	120	143	.394	.570	May	.307	349	107	25	4	10	61	47	49	.390	.487
Post-All Star	.312	995	310	56	3	56	210	143	131	.397	.543	June	.319	389	124	18	1	24	82	31	45	.366	.555
Inning 1-6	.330	1417	468	89	13	77	329	162	163	.397	.574	July	.318	374	119	19	3	24	77	46	67	.395	.578
Inning 7+	.301	672	202	33	0	41	132	101	111	.391	.515	August	.324	380	123	21	0	26	85	56	43	.409	.584
Scoring Posn	.331	626	207	38	7	31	342	127	79	.430	.562	Sept/Oct	.297	337	100	21	1	13	75	48	33	.381	.481
Close & Late	.296	334	99	12	0	18	62	61	59	.402	.494	vs. AL	.347	202	70	11	0	14	47	20	25	.397	.609
None on/out	.308	461	142	35	3	27	27	48	65	.376	.573	vs. NL	.318	1887	600	111	13	104	414	243	249	.395	.556

11

Brady Anderson — Orioles
Age 38 – Bats Left (flyball hitter)

	Avg	G	AB	R	H	2B	3B	HR	RBI	BB	SO	HBP	GDP	SB	CS	OBP	SLG	IBB	SH	SF	#Pit	#P/PA	GB	FB	G/F
2001 Season	.202	131	430	50	87	12	3	8	45	60	77	8	3	12	4	.311	.300	4	2	1	1992	3.98	146	149	0.98
Last Five Years	.257	706	2569	429	659	133	18	87	300	407	468	74	21	103	39	.372	.424	23	14	17	11819	3.84	793	891	0.89

2001 Season

	Avg	AB	H	2B	3B	HR	RBI	BB	SO	OBP	SLG		Avg	AB	H	2B	3B	HR	RBI	BB	SO	OBP	SLG
vs. Left	.185	81	15	3	0	2	11	13	20	.313	.296	First Pitch	.292	48	14	2	0	0	2	4	0	.352	.333
vs. Right	.206	349	72	9	3	6	34	47	57	.310	.301	Ahead in Count	.240	104	25	3	1	2	8	25	0	.392	.346
Home	.213	211	45	6	1	4	19	29	35	.317	.308	Behind in Count	.167	203	34	3	2	5	25	0	61	.184	.276
Away	.192	219	42	6	2	4	26	31	42	.305	.292	Two Strikes	.150	207	31	4	2	3	23	31	77	.270	.232
Day	.240	121	29	2	1	3	16	20	22	.352	.347	Batting #1	.196	357	70	10	3	7	36	49	58	.307	.300
Night	.188	309	58	10	2	5	29	40	55	.294	.282	Batting #7	.216	51	11	0	0	1	7	10	14	.339	.275
Grass	.207	362	75	9	1	6	33	47	61	.309	.287	Other	.273	22	6	2	0	0	2	1	5	.304	.364
Turf	.176	68	12	3	2	2	12	13	16	.317	.368	April	.194	98	19	3	0	2	9	11	13	.282	.286
Pre-All Star	.205	254	52	7	1	6	29	33	38	.306	.311	May	.181	72	13	2	0	1	3	13	9	.322	.250
Post-All Star	.199	176	35	5	2	2	16	27	39	.317	.284	June	.244	78	19	2	0	3	14	8	15	.302	.385
Inning 1-6	.217	300	65	9	3	7	35	38	50	.318	.337	July	.121	58	7	1	1	1	7	6	14	.239	.224
Inning 7+	.169	130	22	3	0	1	10	22	27	.294	.215	August	.232	56	13	2	2	0	3	12	9	.377	.339
Scoring Posn	.268	82	22	2	2	3	29	23	15	.440	.451	Sept/Oct	.235	68	16	2	0	1	9	10	17	.329	.309
Close & Late	.190	63	12	2	0	0	6	9	18	.292	.222	vs. AL	.203	384	78	12	2	7	36	54	67	.313	.299
None on/out	.194	170	33	5	1	2	2	17	26	.271	.271	vs. NL	.196	46	9	0	1	1	9	6	10	.288	.304

2001 By Position

Position	Avg	AB	H	2B	3B	HR	RBI	BB	SO	OBP	SLG	G	GS	Innings	PO	A	E	DP	Fld Pct	Rng Fctr	In Zone	Zone Outs	Zone Rtg	MLB Zone
As lf	.200	150	30	4	0	2	10	24	35	.316	.267	56	42	383.1	96	1	0	0	1.000	2.28	107	91	.850	.880
As rf	.202	247	50	8	3	5	31	30	38	.304	.320	66	62	543.0	126	7	3	4	.978	2.20	149	118	.792	.884

Last Five Years

	Avg	AB	H	2B	3B	HR	RBI	BB	SO	OBP	SLG		Avg	AB	H	2B	3B	HR	RBI	BB	SO	OBP	SLG
vs. Left	.237	646	153	32	5	17	80	92	149	.345	.381	First Pitch	.352	389	137	29	0	17	42	21	0	.394	.558
vs. Right	.263	1923	506	101	13	70	220	315	319	.381	.438	Ahead in Count	.321	611	196	37	6	33	95	218	0	.503	.563
Home	.242	1226	297	54	3	38	129	204	215	.363	.384	Behind in Count	.193	1064	205	48	8	21	92	0	382	.223	.312
Away	.270	1343	362	79	15	49	171	203	253	.380	.460	Two Strikes	.180	1159	209	44	8	24	102	168	468	.299	.294
Day	.259	765	198	38	3	28	99	125	143	.377	.426	Batting #1	.258	2217	571	112	18	76	263	347	398	.372	.427
Night	.256	1804	461	95	15	59	201	282	325	.370	.423	Batting #2	.287	188	54	14	0	7	18	35	28	.417	.473
Grass	.258	2159	556	107	11	70	242	350	369	.375	.415	Other	.207	164	34	7	0	4	19	25	42	.318	.323
Turf	.251	410	103	26	7	17	58	57	99	.352	.473	March/April	.251	395	99	18	2	10	47	60	65	.362	.382
Pre-All Star	.253	1429	361	67	11	45	176	216	246	.365	.409	May	.261	452	118	24	5	21	60	71	67	.378	.476
Post-All Star	.261	1140	298	66	7	42	124	191	222	.379	.442	June	.243	473	115	22	2	12	55	67	90	.349	.374
Inning 1-6	.261	1827	476	102	15	64	204	266	314	.370	.438	July	.260	420	109	19	4	11	50	67	77	.373	.402
Inning 7+	.247	742	183	31	3	23	96	141	154	.375	.389	August	.282	412	116	24	4	19	43	71	64	.398	.498
Scoring Posn	.257	490	126	21	9	10	202	119	92	.414	.398	Sept/Oct	.245	417	102	26	1	14	45	71	85	.359	.412
Close & Late	.228	334	76	14	0	9	46	69	81	.369	.350	vs. AL	.256	2247	576	116	15	80	258	359	407	.374	.428
None on/out	.252	1008	254	50	4	41	14	119	183	.344	.432	vs. NL	.258	322	83	17	3	7	42	48	61	.359	.394

Brian Anderson — Diamondbacks
Age 30 – Pitches Left (flyball pitcher)

	ERA	W	L	Sv	G	GS	IP	BB	SO	Avg	H	2B	3B	HR	RBI	OBP	SLG	CG	ShO	Sup	QS	#P/S	SB	CS	GB	FB	G/F
2001 Season	5.20	4	9	0	29	22	133.1	30	55	.295	156	33	3	25	79	.332	.510	1	0	4.12	9	81	7	5	185	192	0.96
Last Five Years	4.47	39	33	1	133	113	732.2	132	351	.281	802	136	17	127	355	.313	.474	7	2	4.95	59	87	28	26	982	1019	0.96

2001 Season

	ERA	W	L	Sv	G	GS	IP	H	HR	BB	SO		Avg	AB	H	2B	3B	HR	RBI	BB	SO	OBP	SLG
Home	6.65	2	4	0	15	12	65.0	86	15	15	25	vs. Left	.272	147	40	7	1	4	19	7	12	.308	.415
Away	3.82	2	5	0	14	10	68.1	70	10	15	30	vs. Right	.304	382	116	26	2	21	60	23	43	.341	.547
Starter	5.46	3	9	0	22	22	123.2	147	25	29	52	Scoring Posn	.365	104	38	11	1	4	52	8	11	.397	.606
Reliever	1.86	1	0	0	7	0	9.2	9	0	1	3	Close & Late	.353	34	12	3	1	2	6	0	7	.353	.676
0-3 Days Rest (Start)	3.00	0	0	0	1	1	6.0	8	0	1	3	None on/out	.278	144	40	5	0	10	10	5	15	.302	.521
4 Days Rest	6.27	3	5	0	13	13	74.2	97	16	20	30	First Pitch	.330	103	34	9	2	5	20	2	0	.340	.602
5+ Days Rest	4.40	0	4	0	8	8	43.0	42	9	8	19	Ahead in Count	.253	233	59	9	0	10	32	0	44	.255	.421
Pre-All Star	4.76	2	4	0	11	11	64.1	68	10	20	31	Behind in Count	.349	106	37	10	1	6	14	10	0	.398	.632
Post-All Star	5.61	2	5	0	18	11	69.0	88	15	10	24	Two Strikes	.230	196	45	8	0	8	26	18	55	.296	.393

Last Five Years

	ERA	W	L	Sv	G	GS	IP	H	HR	BB	SO		Avg	AB	H	2B	3B	HR	RBI	BB	SO	OBP	SLG
Home	4.22	21	17	1	71	61	403.0	440	66	61	189	vs. Left	.282	617	174	33	2	20	68	27	64	.314	.439
Away	4.78	18	16	0	62	52	329.2	362	61	71	162	vs. Right	.280	2239	628	103	15	107	287	105	287	.313	.483
Day	4.60	12	7	0	38	33	209.1	221	38	19	103	Inning 1-6	.278	2447	680	114	15	109	311	119	302	.311	.470
Night	4.42	27	26	1	95	80	523.1	581	89	93	248	Inning 7+	.298	409	122	22	2	18	44	13	49	.323	.494
Grass	4.33	35	29	1	120	102	666.2	725	111	120	315	None on	.268	1843	494	86	11	78	78	78	250	.299	.454
Turf	5.86	4	4	0	13	11	66.0	77	16	12	36	Runners on	.304	1013	308	50	6	49	277	54	101	.337	.510
March/April	5.75	2	5	1	18	11	76.2	92	19	12	38	Scoring Posn	.317	523	166	28	5	28	224	36	44	.356	.551
May	4.34	6	5	0	21	19	122.1	138	23	29	60	Close & Late	.305	200	61	7	1	10	23	3	29	.317	.500
June	4.46	10	4	0	22	22	133.1	141	20	26	74	None on/out	.273	790	216	35	6	33	33	25	97	.296	.458
July	4.26	6	9	0	22	22	148.0	163	25	18	75	vs. 1st Batr (relief)	.350	20	7	1	0	1	3	0	3	.350	.550
August	5.74	8	6	0	23	20	111.1	139	23	19	46	1st Inning Pitched	.280	504	141	21	2	24	70	32	60	.322	.460
Sept/Oct	3.13	7	4	0	27	19	141.0	129	17	28	58	First 75 Pitches	.276	2342	647	108	14	101	286	110	294	.309	.464
Starter	4.47	37	32	0	113	113	700.2	770	123	127	338	Pitch 76-90	.318	343	109	20	2	15	47	12	30	.342	.519
Reliever	4.50	2	1	1	20	0	32.0	32	4	5	13	Pitch 91-105	.285	137	39	8	1	9	19	7	21	.322	.555

	ERA	W	L	Sv	G	GS	IP	H	HR	BB	SO		Avg	AB	H	2B	3B	HR	RBI	BB	SO	OBP	SLG
0-3 Days Rest (Start)	1.54	1	0	0	2	2	11.2	13	0	1	4	Pitch 106+	.206	34	7	0	0	2	3	3	6	.270	.382
4 Days Rest	4.64	21	19	0	59	59	368.2	403	70	68	197	First Pitch	.364	536	195	33	4	31	104	11	0	.376	.614
5+ Days Rest	4.38	15	13	0	52	52	320.1	354	53	58	137	Ahead in Count	.215	1240	266	34	2	49	117	0	302	.218	.364
vs. AL	4.74	5	6	0	17	17	106.1	116	17	19	49	Behind in Count	.352	603	212	45	8	33	89	51	0	.399	.617
vs. NL	4.43	34	27	1	116	96	626.1	686	110	113	302	Two Strikes	.198	1124	223	30	2	38	99	70	351	.310	.330
Pre-All Star	4.70	21	16	1	69	60	384.2	433	71	74	205	Pre-All Star	.288	1506	433	67	11	71	200	74	205	.321	.488
Post-All Star	4.22	18	17	0	64	53	348.0	369	56	58	146	Post-All Star	.273	1350	369	69	6	56	155	58	146	.303	.458

Garret Anderson — Angels
Age 30 – Bats Left

	Avg	G	AB	R	H	2B	3B	HR	RBI	BB	SO	HBP	GDP	SB	CS	OBP	SLG	IBB	SH	SF	#Pit	#P/PA	GB	FB	G/F
2001 Season	.289	161	672	83	194	39	2	28	123	27	100	0	12	13	6	.314	.478	4	0	5	2372	3.37	227	208	1.09
Last Five Years	.295	787	3185	401	939	192	17	107	491	144	418	3	81	41	23	.323	.467	31	5	28	11293	3.36	1248	906	1.38

2001 Season

	Avg	AB	H	2B	3B	HR	RBI	BB	SO	OBP	SLG		Avg	AB	H	2B	3B	HR	RBI	BB	SO	OBP	SLG
vs. Left	.288	208	60	7	1	6	34	7	31	.312	.418	First Pitch	.425	120	51	11	0	7	38	3	0	.429	.692
vs. Right	.289	464	134	32	1	22	89	20	69	.315	.504	Ahead in Count	.370	135	50	9	0	7	30	13	0	.423	.593
Home	.315	336	106	23	0	13	73	11	36	.334	.500	Behind in Count	.221	299	66	11	2	10	35	0	89	.221	.371
Away	.262	336	88	16	2	15	50	16	64	.294	.455	Two Strikes	.178	275	49	5	2	10	31	11	100	.210	.320
Day	.286	182	52	10	0	9	29	9	35	.318	.489	Batting #4	.272	287	78	13	1	9	47	11	45	.298	.418
Night	.290	490	142	29	2	19	94	18	65	.313	.473	Batting #5	.288	271	78	13	0	15	54	10	39	.310	.502
Grass	.293	625	183	38	2	25	115	23	89	.316	.480	Other	.333	114	38	13	1	4	22	6	16	.364	.570
Turf	.234	47	11	1	0	3	8	4	11	.283	.447	April	.267	101	27	2	1	3	12	4	18	.295	.396
Pre-All Star	.279	362	101	12	1	15	62	15	52	.304	.442	May	.267	116	31	3	0	2	15	7	12	.302	.345
Post-All Star	.300	310	93	27	1	13	61	12	48	.326	.519	June	.297	111	33	6	0	7	26	6	16	.307	.541
Inning 1-6	.289	460	133	29	2	20	86	15	63	.308	.491	July	.267	116	31	9	0	6	22	2	20	.280	.500
Inning 7+	.288	212	61	10	0	8	37	12	37	.326	.448	August	.298	114	34	6	0	6	26	6	18	.333	.509
Scoring Posn	.296	199	59	15	0	5	88	9	34	.319	.447	Sept/Oct	.333	114	38	13	1	4	22	6	16	.364	.570
Close & Late	.310	100	31	5	0	5	22	7	19	.355	.510	vs. AL	.285	594	169	34	2	23	105	26	84	.312	.465
None on/out	.287	171	49	8	1	6	6	6	23	.311	.450	vs. NL	.321	78	25	5	0	5	18	1	16	.329	.577

2001 By Position

Position	Avg	AB	H	2B	3B	HR	RBI	BB	SO	OBP	SLG	G	GS	Innings	PO	A	E	DP	Fld Pct	Rng Fctr	In Zone	Outs	Zone Rtg	MLB Zone
As DH	.308	52	16	3	0	2	10	0	13	.308	.481	12	12											
As lf	.288	593	171	35	2	24	110	27	82	.317	.476	144	144	1251.2	294	9	2	0	.993	2.18	324	287	.886	.880
As cf	.259	27	7	1	0	2	3	0	5	.259	.519	12	5	56.0	19	0	0	0	1.000	3.05	19	18	.947	.892

Last Five Years

	Avg	AB	H	2B	3B	HR	RBI	BB	SO	OBP	SLG		Avg	AB	H	2B	3B	HR	RBI	BB	SO	OBP	SLG
vs. Left	.298	910	271	45	5	28	157	26	136	.315	.451	First Pitch	.369	515	190	43	3	22	108	27	0	.395	.592
vs. Right	.294	2275	668	147	12	79	334	118	282	.327	.473	Ahead in Count	.356	629	224	42	1	26	112	80	0	.427	.550
Home	.303	1599	484	97	10	52	250	57	193	.325	.473	Behind in Count	.232	1473	341	64	10	34	161	0	368	.230	.358
Away	.287	1586	455	95	7	55	241	87	225	.322	.460	Two Strikes	.209	1336	279	47	10	32	139	37	418	.230	.331
Day	.300	851	255	54	2	28	117	41	127	.329	.467	Batting #5	.289	1421	411	76	7	64	235	60	191	.316	.488
Night	.293	2334	684	138	15	79	374	103	291	.321	.467	Batting #6	.317	796	252	52	7	16	113	46	89	.351	.460
Grass	.297	2833	842	171	16	96	439	126	365	.325	.471	Other	.285	968	276	64	3	27	143	38	138	.311	.441
Turf	.276	352	97	21	1	11	52	18	53	.306	.435	March/April	.275	499	137	18	4	15	65	21	75	.300	.417
Pre-All Star	.285	1703	486	84	10	67	257	71	217	.311	.461	May	.285	548	156	26	3	21	82	22	67	.311	.458
Post-All Star	.306	1482	453	108	7	40	234	73	201	.337	.469	June	.279	512	143	28	3	22	85	15	55	.297	.475
Inning 1-6	.299	2174	649	132	14	84	362	93	271	.325	.488	July	.333	529	176	40	3	22	84	37	74	.374	.544
Inning 7+	.287	1011	290	60	3	22	129	51	147	.319	.420	August	.277	560	155	38	0	14	85	25	74	.310	.420
Scoring Posn	.285	897	256	59	6	25	370	62	131	.325	.448	Sept/Oct	.320	537	172	42	4	13	90	24	73	.345	.486
Close & Late	.282	496	140	24	1	12	69	28	82	.319	.407	vs. AL	.293	2811	823	174	16	91	439	128	366	.321	.463
None on/out	.308	751	231	51	4	23	23	25	89	.330	.478	vs. NL	.310	374	116	18	1	16	52	16	52	.341	.492

Jimmy Anderson — Pirates
Age 26 – Pitches Left (groundball pitcher)

	ERA	W	L	Sv	G	GS	IP	BB	SO	Avg	H	2B	3B	HR	RBI	OBP	SLG	CG	ShO	Sup	QS	#P/S	SB	CS	GB	FB	G/F
2001 Season	5.10	9	17	0	34	34	206.1	83	89	.287	232	40	4	15	106	.358	.402	1	0	4.10	17	92	33	4	428	169	2.53
Career (1999-2001)	5.07	16	29	0	74	64	379.2	157	175	.286	426	69	11	30	197	.359	.407	2	0	4.79	28	89	47	8	797	295	2.70

2001 Season

	ERA	W	L	Sv	G	GS	IP	H	HR	BB	SO		Avg	AB	H	2B	3B	HR	RBI	BB	SO	OBP	SLG
Home	4.26	6	8	0	19	19	118.1	126	7	42	52	vs. Left	.324	142	46	10	1	4	23	20	18	.424	.493
Away	6.24	3	9	0	15	15	88.0	106	8	41	37	vs. Right	.279	666	186	30	3	11	83	63	71	.343	.383
Day	4.81	1	5	0	8	8	48.2	51	4	17	18	Inning 1-6	.288	721	208	39	4	15	100	76	83	.361	.416
Night	5.19	8	12	0	26	26	157.2	181	11	66	71	Inning 7+	.276	87	24	1	0	0	6	7	6	.330	.287
Grass	4.93	9	15	0	31	31	191.2	208	13	77	84	None on	.278	443	123	20	3	7	7	31	50	.336	.384
Turf	7.36	0	2	0	3	3	14.2	24	2	6	5	Runners on	.299	365	109	20	1	8	99	52	39	.382	.425
April	2.76	2	1	0	5	5	29.1	34	0	11	19	Scoring Posn	.280	214	60	11	0	4	86	38	27	.380	.388
May	4.66	1	3	0	6	6	38.2	38	5	16	19	Close & Late	.389	36	14	1	0	0	2	1	1	.405	.417
June	5.87	1	3	0	5	5	30.2	36	2	10	15	None on/out	.280	208	64	12	0	4	4	12	26	.360	.423
July	6.00	2	3	0	6	6	33.0	45	2	13	8	vs. 1st Batr (relief)	.000	0	0	0	0	0	0	0	0	.000	.000
August	9.77	0	6	0	6	6	31.1	41	5	22	16	1st Inning Pitched	.295	139	41	7	1	4	23	17	16	.364	.446
Sept/Oct	2.49	3	1	0	6	6	43.1	38	1	11	12	First 75 Pitches	.292	614	179	37	4	12	88	67	69	.364	.423
Starter	5.10	9	17	0	34	34	206.1	232	15	83	89	Pitch 76-90	.270	111	30	1	0	2	9	3	11	.308	.333
Reliever	0.00	0	0	0	0	0	0.0	0	0	0	0	Pitch 91-105	.266	64	17	2	0	1	9	8	8	.347	.344

2001 Season

	ERA	W	L	Sv	G	GS	IP	H	HR	BB	SO		Avg	AB	H	2B	3B	HR	RBI	BB	SO	OBP	SLG
0-3 Days Rest (Start)	0.00	0	0	0	0	0	0.0	0	0	0	0	Pitch 106+	.316	19	6	0	0	0	1	5	1	.458	.316
4 Days Rest	5.26	5	10	0	19	19	116.1	131	12	47	48	First Pitch	.345	168	58	11	1	3	24	8	0	.383	.476
5+ Days Rest	4.90	4	7	0	15	15	90.0	101	3	36	41	Ahead in Count	.204	280	57	6	1	3	20	0	73	.210	.264
vs. AL	3.49	2	1	0	4	4	28.1	32	0	8	14	Behind in Count	.332	208	69	12	1	8	41	38	0	.434	.514
vs. NL	5.36	7	16	0	30	30	178.0	200	15	75	75	Two Strikes	.197	274	54	10	1	4	23	36	89	.294	.285
Pre-All Star	5.03	4	8	0	18	18	107.1	126	8	43	55	Pre-All Star	.295	427	126	16	3	8	54	43	55	.360	.403
Post-All Star	5.18	5	9	0	16	16	99.0	106	7	40	34	Post-All Star	.278	381	106	24	1	7	52	40	34	.356	.402

Career (1999-2001)

	ERA	W	L	Sv	G	GS	IP	H	HR	BB	SO		Avg	AB	H	2B	3B	HR	RBI	BB	SO	OBP	SLG
Home	3.96	11	16	0	39	35	218.1	220	15	79	110	vs. Left	.307	287	88	17	2	10	47	34	38	.398	.484
Away	6.58	5	13	0	35	29	161.1	206	15	78	65	vs. Right	.281	1203	338	52	9	20	150	123	137	.349	.389
Day	5.33	4	8	0	21	17	101.1	116	9	38	42	Inning 1-6	.291	1332	388	66	11	29	185	135	161	.362	.423
Night	4.98	12	21	0	53	47	278.1	310	21	119	133	Inning 7+	.241	158	38	3	0	1	12	22	14	.331	.278
Grass	5.37	11	18	0	46	43	249.2	288	20	104	108	None on	.280	789	221	32	5	15	15	71	91	.369	.390
Turf	4.50	5	11	0	28	21	130.0	138	10	53	67	Runners on	.292	701	205	37	6	15	182	86	84	.369	.427
March/April	3.46	3	1	0	9	9	52.0	59	2	18	34	Scoring Posn	.283	410	116	21	1	11	163	61	58	.371	.420
May	6.03	1	6	0	11	11	59.2	72	7	25	29	Close & Late	.309	68	21	2	0	1	7	8	4	.382	.382
June	5.40	1	5	0	7	7	41.2	44	3	17	21	None on/out	.319	376	120	20	1	7	7	30	39	.379	.434
July	4.11	4	3	0	12	10	65.2	73	2	27	23	vs. 1st Batr (relief)	.250	8	2	1	0	0	0	2	0	.400	.375
August	6.15	3	10	0	19	16	86.1	99	8	41	44	1st Inning Pitched	.315	295	93	16	3	6	54	37	33	.393	.451
Sept/Oct	4.84	4	4	0	16	11	74.1	79	8	29	24	First 75 Pitches	.297	1164	346	61	10	25	167	125	140	.369	.431
Starter	5.02	16	29	0	64	64	367.2	413	29	147	172	Pitch 76-90	.261	199	52	6	1	4	20	10	19	.310	.362
Reliever	6.75	0	0	0	10	0	12.0	13	1	10	3	Pitch 91-105	.207	92	19	2	0	1	9	15	14	.318	.261
0-3 Days Rest (Start)	5.40	1	0	0	1	1	5.0	5	0	3	5	Pitch 106+	.257	35	9	0	0	0	1	7	2	.381	.257
4 Days Rest	4.61	9	14	0	30	30	177.2	188	16	68	77	First Pitch	.350	277	97	20	2	7	40	10	0	.378	.513
5+ Days Rest	5.40	6	15	0	33	33	185.0	220	13	76	92	Ahead in Count	.205	526	108	13	3	7	47	0	148	.216	.281
vs. AL	3.06	2	2	0	5	5	35.1	35	1	10	17	Behind in Count	.324	414	134	18	3	12	69	82	0	.437	.469
vs. NL	5.28	14	27	0	69	59	344.1	391	30	147	158	Two Strikes	.202	511	103	14	3	7	44	63	175	.296	.282
Pre-All Star	5.28	6	13	0	32	30	172.0	207	13	72	90	Pre-All Star	.298	695	207	28	7	13	93	72	90	.366	.414
Post-All Star	4.90	10	16	0	42	34	207.2	219	17	85	85	Post-All Star	.275	795	219	41	4	17	104	85	85	.352	.401

Marlon Anderson — Phillies

Age 28 – Bats Left (groundball hitter)

	Avg	G	AB	R	H	2B	3B	HR	RBI	BB	SO	HBP	GDP	SB	CS	OBP	SLG	IBB	SH	SF	#Pit	#P/PA	GB	FB	G/F
2001 Season	.293	147	522	69	153	30	2	11	61	35	74	2	12	8	5	.337	.421	5	10	5	1999	3.48	232	123	1.89
Career (1998-2001)	.270	334	1179	131	318	67	7	18	134	72	163	4	23	25	9	.312	.384	6	14	8	4512	3.53	512	286	1.79

2001 Season

	Avg	AB	H	2B	3B	HR	RBI	BB	SO	OBP	SLG		Avg	AB	H	2B	3B	HR	RBI	BB	SO	OBP	SLG
vs. Left	.327	101	33	9	0	1	13	3	18	.349	.446	First Pitch	.381	84	32	7	0	1	14	4	0	.402	.500
vs. Right	.285	421	120	21	2	10	48	32	56	.334	.416	Ahead in Count	.327	110	36	5	0	8	18	16	0	.409	.591
Home	.283	269	76	18	0	7	28	22	48	.333	.428	Behind in Count	.234	252	59	11	2	1	19	0	71	.236	.306
Away	.304	253	77	12	2	4	33	13	26	.341	.415	Two Strikes	.209	244	51	15	1	0	14	15	74	.258	.279
Day	.321	156	50	8	1	3	14	11	20	.373	.442	Batting #2	.315	149	47	7	1	0	8	11	19	.370	.376
Night	.281	366	103	22	1	8	47	24	54	.322	.413	Batting #8	.284	148	42	10	0	7	26	14	21	.344	.493
Grass	.316	215	68	11	2	4	31	12	23	.349	.442	Other	.284	225	64	13	1	4	27	10	34	.310	.404
Turf	.277	307	85	19	0	7	30	23	51	.328	.407	April	.254	71	18	2	0	3	13	7	10	.316	.408
Pre-All Star	.267	266	71	15	1	8	42	20	36	.314	.421	May	.235	85	20	5	1	2	9	9	14	.305	.388
Post-All Star	.320	256	82	15	1	3	19	15	38	.361	.422	June	.317	82	26	7	0	3	18	4	11	.341	.512
Inning 1-6	.287	355	102	21	1	5	36	23	47	.330	.394	July	.317	82	26	5	0	2	4	4	9	.349	.451
Inning 7+	.305	167	51	9	1	6	25	12	27	.352	.479	August	.353	102	36	5	1	0	8	6	15	.389	.422
Scoring Posn	.279	129	36	6	1	0	41	15	23	.347	.341	Sept/Oct	.270	100	27	6	0	1	9	5	15	.302	.360
Close & Late	.341	88	30	3	0	5	17	5	13	.368	.545	vs. AL	.400	60	24	6	0	3	8	2	6	.413	.650
None on/out	.316	114	36	10	0	2	2	4	14	.339	.456	vs. NL	.279	462	129	24	2	8	53	33	68	.327	.392

2001 By Position

Position	Avg	AB	H	2B	3B	HR	RBI	BB	SO	OBP	SLG	G	GS	Innings	PO	A	E	DP	Fld Pct	Rng Fctr	In Zone	Zone Outs	Zone Rtg	MLB Zone
As 2b	.294	514	151	30	2	10	59	35	73	.338	.418	140	138	1210.2	270	387	12	86	.982	4.88	412	355	.862	.824

Career (1998-2001)

	Avg	AB	H	2B	3B	HR	RBI	BB	SO	OBP	SLG		Avg	AB	H	2B	3B	HR	RBI	BB	SO	OBP	SLG
vs. Left	.296	189	56	14	1	1	23	9	32	.330	.397	First Pitch	.383	188	72	15	2	2	28	4	0	.392	.516
vs. Right	.265	990	262	53	6	17	111	63	131	.309	.382	Ahead in Count	.326	239	78	16	1	10	36	38	0	.417	.527
Home	.283	636	180	44	2	13	74	41	100	.326	.420	Behind in Count	.205	560	115	20	4	4	47	0	147	.208	.277
Away	.254	543	138	23	5	5	60	31	63	.296	.343	Two Strikes	.205	542	111	28	3	2	44	29	163	.247	.279
Day	.285	340	97	17	2	5	35	18	49	.325	.391	Batting #2	.267	345	92	22	2	3	37	18	41	.307	.368
Night	.263	839	221	50	5	13	99	54	114	.307	.381	Batting #7	.276	445	123	24	5	4	49	26	69	.317	.380
Grass	.269	427	115	20	5	5	53	24	46	.307	.375	Other	.265	389	103	21	0	11	48	28	53	.311	.404
Turf	.270	752	203	47	2	13	81	48	117	.315	.390	March/April	.211	142	30	5	0	3	22	10	26	.261	.310
Pre-All Star	.258	524	135	31	2	12	79	31	70	.297	.393	May	.250	176	44	13	2	4	23	12	21	.296	.415
Post-All Star	.279	655	183	36	5	6	55	41	93	.324	.377	June	.289	152	44	11	0	4	27	7	26	.317	.441
Inning 1-6	.258	832	215	50	5	10	82	47	103	.299	.367	July	.310	155	48	10	1	4	15	11	18	.357	.465
Inning 7+	.297	347	103	17	2	8	52	25	60	.345	.427	August	.286	252	72	13	2	1	19	17	37	.333	.377
Scoring Posn	.279	298	83	15	2	4	107	23	52	.324	.383	Sept/Oct	.265	302	80	15	2	2	28	15	41	.297	.348
Close & Late	.291	172	50	5	0	5	27	9	33	.324	.407	vs. AL	.297	111	33	7	0	4	14	4	13	.319	.468
None on/out	.295	264	78	22	0	2	2	10	29	.326	.402	vs. NL	.267	1068	285	60	7	14	120	68	150	.311	.375

Matt Anderson — Tigers
Age 25 – Pitches Right

	ERA	W	L	Sv	G	GS	IP	BB	SO	Avg	H	2B	3B	HR	RBI	OBP	SLG	GF	IR	IRS	Hld	SvOp	SB	CS	GB	FB	G/F
2001 Season	4.82	3	1	22	62	0	56.0	18	52	.257	56	14	4	2	32	.311	.385	41	41	9	19	24	4	0	61	66	0.92
Career (1998-2001)	4.62	13	5	23	210	0	212.1	129	199	.241	188	35	8	21	138	.348	.387	87	144	54	27	31	14	7	240	239	1.00

2001 Season

	ERA	W	L	Sv	G	GS	IP	H	HR	BB	SO		Avg	AB	H	2B	3B	HR	RBI	BB	SO	OBP	SLG
Home	3.68	3	1	12	31	0	29.1	22	0	7	26	vs. Left	.291	110	32	10	4	0	22	8	27	.336	.455
Away	6.08	0	0	10	31	0	26.2	34	2	11	26	vs. Right	.222	108	24	4	0	2	10	10	25	.286	.315
Day	7.80	1	1	4	19	0	15.0	19	2	6	16	Inning 1-6	.000	3	0	0	0	0	0	0	2	.000	.000
Night	3.73	2	0	18	43	0	41.0	37	0	12	36	Inning 7+	.260	215	56	14	4	2	32	18	50	.315	.391
Grass	4.01	3	1	21	56	0	51.2	46	2	15	49	None on	.242	95	23	5	2	1	1	8	23	.301	.368
Turf	14.54	0	0	1	6	0	4.1	10	0	3	3	Runners on	.268	123	33	9	2	1	31	10	29	.319	.398
April	14.04	1	0	0	11	0	8.1	17	0	2	6	Scoring Posn	.264	87	23	8	0	1	28	7	21	.313	.391
May	1.46	1	0	1	12	0	12.1	7	0	2	9	Close & Late	.231	108	25	6	3	1	19	10	25	.294	.370
June	4.50	1	0	5	10	0	10.0	10	1	5	9	None on/out	.293	41	12	1	2	0	0	4	1	.356	.415
July	1.80	0	0	7	11	0	10.0	7	0	2	11	vs. 1st Batr (relief)	.236	55	13	0	1	1	4	7	13	.323	.327
August	4.50	0	0	4	9	0	8.0	7	1	3	9	1st Inning Pitched	.260	192	50	11	3	2	30	17	42	.318	.380
Sept/Oct	4.91	0	1	5	9	0	7.1	8	0	4	8	First 15 Pitches	.255	165	42	8	2	2	23	14	38	.309	.364
Starter	0.00	0	0	0	0	0	0.0	0	0	0	0	Pitch 16-30	.271	48	13	5	2	0	8	4	13	.327	.458
Reliever	4.82	3	1	22	62	0	56.0	56	2	18	52	Pitch 31-45	.200	5	1	1	0	0	1	0	1	.200	.400
0 Days Rest (Relief)	5.65	1	0	7	14	0	14.1	15	0	6	16	Pitch 46+	.000	0	0	0	0	0	0	0	0	.000	.000
1 or 2 Days Rest	3.51	1	0	12	29	0	25.2	20	0	9	19	First Pitch	.333	21	7	2	0	1	5	2	0	.375	.571
3+ Days Rest	6.19	1	1	3	19	0	16.0	21	2	3	17	Ahead in Count	.188	128	24	3	2	0	10	0	49	.186	.242
vs. AL	5.59	2	1	15	53	0	46.2	49	2	16	42	Behind in Count	.324	34	11	3	0	1	7	7	0	.439	.500
vs. NL	0.96	1	0	7	9	0	9.1	7	0	2	10	Two Strikes	.124	113	14	1	2	0	6	7	52	.175	.168
Pre-All Star	5.45	3	0	8	37	0	34.2	36	1	11	29	Pre-All Star	.265	136	36	11	1	1	18	11	29	.320	.382
Post-All Star	3.80	0	1	14	25	0	21.1	20	1	7	23	Post-All Star	.244	82	20	3	3	1	14	7	23	.297	.390

Career (1998-2001)

	ERA	W	L	Sv	G	GS	IP	H	HR	BB	SO		Avg	AB	H	2B	3B	HR	RBI	BB	SO	OBP	SLG
Home	5.04	9	3	13	111	0	110.2	98	9	72	105	vs. Left	.253	332	84	14	7	11	77	74	80	.389	.437
Away	4.16	4	2	10	99	0	101.2	90	12	57	94	vs. Right	.232	448	104	21	1	10	61	55	119	.315	.350
Day	4.93	5	5	4	70	0	73.0	69	11	43	72	Inning 1-6	.190	42	8	0	0	2	12	6	11	.300	.333
Night	4.46	8	0	19	140	0	139.1	119	10	86	127	Inning 7+	.244	738	180	35	8	19	126	123	188	.351	.390
Grass	4.69	11	5	22	183	0	184.1	165	18	118	176	None on	.212	382	81	12	3	5	50	101	.310	.298
Turf	4.18	2	0	1	27	0	28.0	23	3	11	23	Runners on	.269	398	107	23	5	16	133	79	98	.382	.472
March/April	6.37	3	0	0	32	0	29.2	31	0	15	31	Scoring Posn	.262	252	66	16	2	9	114	57	66	.384	.448
May	4.66	2	1	1	38	0	36.2	30	5	21	30	Close & Late	.232	298	69	13	5	7	51	42	73	.323	.379
June	4.97	3	1	5	24	0	25.1	22	4	12	28	None on/out	.221	163	36	3	3	3	3	20	45	.310	.331
July	2.08	1	1	7	38	0	39.0	30	2	23	29	vs. 1st Batr (relief)	.241	174	42	4	3	5	30	30	43	.353	.385
August	3.16	0	0	4	39	0	42.2	39	4	31	39	1st Inning Pitched	.248	622	154	28	7	15	121	102	152	.351	.387
Sept/Oct	7.15	4	2	6	39	0	39.0	36	6	27	42	First 15 Pitches	.250	515	129	23	6	14	90	82	126	.353	.400
Starter	0.00	0	0	0	0	0	0.0	0	0	0	0	Pitch 16-30	.217	212	46	9	2	5	39	42	58	.344	.349
Reliever	4.62	13	5	23	210	0	212.1	188	21	129	199	Pitch 31-45	.250	44	11	2	0	2	8	5	12	.340	.432
0 Days Rest (Relief)	2.84	6	2	7	43	0	44.1	37	1	25	43	Pitch 46+	.222	9	2	1	0	0	1	0	3	.222	.333
1 or 2 Days Rest	5.04	3	2	13	110	0	109.0	94	13	69	99	First Pitch	.429	70	30	5	0	3	21	8	0	.464	.629
3+ Days Rest	5.19	4	1	3	57	0	59.0	57	7	35	57	Ahead in Count	.166	422	70	10	3	7	42	0	178	.167	.254
vs. AL	4.96	10	5	16	188	0	188.2	172	19	121	174	Behind in Count	.357	143	51	8	2	7	44	75	0	.572	.587
vs. NL	1.90	3	0	7	22	0	23.2	16	2	8	25	Two Strikes	.139	439	61	9	3	5	38	44	199	.219	.207
Pre-All Star	4.85	8	2	8	105	0	104.0	93	9	56	96	Pre-All Star	.244	381	93	15	4	9	64	56	96	.337	.375
Post-All Star	4.40	5	3	15	105	0	108.1	95	12	73	103	Post-All Star	.238	399	95	20	4	12	74	73	103	.358	.398

Rick Ankiel — Cardinals
Age 22 – Pitches Left

	ERA	W	L	Sv	G	GS	IP	BB	SO	Avg	H	2B	3B	HR	RBI	OBP	SLG	CG	ShO	Sup	QS	#P/S	SB	CS	GB	FB	G/F
2001 Season	7.13	1	2	0	6	6	24.0	25	27	.275	25	6	0	7	17	.434	.571	0	0	7.13	0	86	1	1	25	30	0.83
Career (1999-2001)	3.84	12	10	1	46	41	232.0	129	260	.225	188	35	2	30	98	.332	.379	0	0	6.01	18	98	10	8	235	223	1.05

2001 Season

	ERA	W	L	Sv	G	GS	IP	H	HR	BB	SO		Avg	AB	H	2B	3B	HR	RBI	BB	SO	OBP	SLG
Home	7.30	0	1	0	3	3	12.1	14	4	14	11	vs. Left	.333	9	3	1	0	0	1	1	3	.400	.444
Away	6.94	1	1	0	3	3	11.2	11	3	11	16	vs. Right	.268	82	22	5	0	7	16	24	24	.438	.585

Career (1999-2001)

	ERA	W	L	Sv	G	GS	IP	H	HR	BB	SO		Avg	AB	H	2B	3B	HR	RBI	BB	SO	OBP	SLG
Home	3.56	7	3	1	26	22	129.0	97	17	75	148	vs. Left	.256	121	31	6	0	1	6	18	42	.372	.331
Away	4.19	5	7	0	20	19	103.0	91	13	54	112	vs. Right	.219	716	157	29	2	29	92	111	218	.325	.387
Day	3.91	3	2	1	15	12	69.0	54	12	40	79	Inning 1-6	.223	789	176	34	2	28	95	125	243	.333	.378
Night	3.81	9	8	0	31	29	163.0	134	18	89	181	Inning 7+	.250	48	12	1	0	2	3	4	17	.308	.396
Grass	3.44	11	7	1	40	35	201.2	151	26	115	228	None on	.229	477	109	17	2	21	21	69	158	.333	.405
Turf	6.53	1	3	0	6	6	30.1	37	4	14	32	Runners on	.219	360	79	18	0	9	77	60	102	.330	.344
March/April	3.83	4	3	0	9	8	42.1	31	9	37	40	Scoring Posn	.197	208	41	10	0	5	66	41	67	.323	.317
May	5.63	2	1	0	8	8	40.0	39	6	26	43	Close & Late	.222	27	6	0	0	1	1	2	10	.276	.333
June	2.89	1	1	0	5	5	28.0	25	4	15	30	None on/out	.233	210	49	5	0	10	10	39	70	.359	.400
July	6.35	1	3	0	4	4	22.2	21	4	8	32	vs. 1st Batr (relief)	.200	5	1	0	0	0	0	0	2	.200	.200
August	3.65	1	0	1	8	8	44.1	34	5	25	45	1st Inning Pitched	.204	162	33	6	0	5	14	18	58	.287	.333
Sept/Oct	2.14	3	2	0	12	8	54.2	38	2	18	70	First 75 Pitches	.219	627	137	28	2	21	67	90	198	.322	.370
Starter	3.96	12	10	0	41	41	225.0	185	30	127	249	Pitch 76-90	.261	111	29	6	0	3	13	21	30	.378	.396
Reliever	0.00	0	0	1	5	0	7.0	3	0	2	11	Pitch 91-105	.197	76	15	0	0	5	13	15	27	.330	.395

15

Career (1999-2001)

	ERA	W	L	Sv	G	GS	IP	H	HR	BB	SO		Avg	AB	H	2B	3B	HR	RBI	BB	SO	OBP	SLG
0-3 Days Rest (Start)	3.00	1	0	0	1	1	6.0	3	1	3	10	Pitch 106+	.304	23	7	1	0	1	5	3	5	.385	.478
4 Days Rest	3.24	5	3	0	17	17	97.1	80	13	47	110	First Pitch	.313	83	26	6	0	7	15	2	0	.337	.639
5+ Days Rest	4.59	6	7	0	23	23	121.2	102	16	77	129	Ahead in Count	.144	424	61	9	2	9	27	0	231	.148	.238
vs. AL	4.24	0	2	0	3	3	17.0	19	2	6	18	Behind in Count	.356	163	58	10	0	11	38	69	0	.546	.620
vs. NL	3.81	12	8	1	43	38	215.0	169	28	123	242	Two Strikes	.144	472	68	12	1	9	31	57	260	.239	.231
Pre-All Star	4.45	7	6	0	23	22	115.1	100	20	79	120	Pre-All Star	.239	418	100	19	0	20	57	79	120	.363	.428
Post-All Star	3.24	5	4	1	23	19	116.2	88	10	50	140	Post-All Star	.210	419	88	16	2	10	41	50	140	.299	.329

Kevin Appier — Mets
Age 34 – Pitches Right

	ERA	W	L	Sv	G	GS	IP	BB	SO	Avg	H	2B	3B	HR	RBI	OBP	SLG	CG	ShO	Sup	QS	#P/S	SB	CS	GB	FB	G/F
2001 Season	3.57	11	10	0	33	33	206.2	64	172	.237	181	37	7	22	83	.306	.390	1	1	4.09	22	100	22	8	254	213	1.19
Last Five Years	4.20	52	50	0	135	135	861.2	329	637	.257	847	183	15	99	389	.329	.412	7	3	5.22	76	104	69	34	1080	988	1.09

2001 Season

	ERA	W	L	Sv	G	GS	IP	H	HR	BB	SO		Avg	AB	H	2B	3B	HR	RBI	BB	SO	OBP	SLG
Home	3.62	4	5	0	16	16	104.1	87	14	37	92	vs. Left	.242	360	87	20	5	14	50	32	68	.312	.442
Away	3.52	7	5	0	17	17	102.1	94	8	27	80	vs. Right	.233	404	94	17	2	8	33	32	104	.300	.344
Day	3.36	5	5	0	15	15	96.1	86	13	34	80	Inning 1-6	.237	675	160	34	6	21	75	53	146	.303	.399
Night	3.75	6	5	0	18	18	110.1	95	9	30	92	Inning 7+	.236	89	21	3	1	1	8	11	26	.327	.326
Grass	3.87	9	10	0	31	31	190.2	173	22	60	160	None on	.233	476	111	16	4	17	17	33	111	.298	.391
Turf	0.00	2	0	0	2	2	16.0	8	0	4	12	Runners on	.243	288	70	21	3	5	66	31	61	.318	.389
April	4.55	2	2	0	5	5	29.2	35	3	10	20	Scoring Posn	.278	162	45	13	3	4	64	23	35	.354	.469
May	5.56	1	3	0	6	6	34.0	31	4	12	35	Close & Late	.203	64	13	2	0	0	5	10	18	.320	.234
June	3.34	1	3	0	5	5	32.1	25	3	10	29	None on/out	.226	208	47	7	1	8	8	8	51	.271	.385
July	2.41	1	2	0	6	6	37.1	27	2	9	32	vs. 1st Batr (relief)	.000	0	0	0	0	0	0	0	0	.000	.000
August	4.50	2	0	0	5	5	30.0	30	7	13	24	1st Inning Pitched	.217	120	26	7	0	2	12	8	25	.284	.325
Sept/Oct	1.87	4	0	0	6	6	43.1	33	3	10	32	First 75 Pitches	.230	540	124	23	3	17	51	38	123	.293	.378
Starter	3.57	11	10	0	33	33	206.2	181	22	64	172	Pitch 76-90	.296	108	32	8	3	4	21	15	20	.383	.537
Reliever	0.00	0	0	0	0	0	0.0	0	0	0	0	Pitch 91-105	.222	81	18	3	0	1	8	9	19	.308	.296
0-3 Days Rest (Start)	0.00	0	0	0	0	0	0.0	0	0	0	0	Pitch 106+	.200	35	7	3	1	0	3	2	10	.243	.343
4 Days Rest	3.65	5	3	0	15	15	98.2	78	12	29	81	First Pitch	.349	86	30	5	2	1	15	3	0	.383	.488
5+ Days Rest	3.50	6	7	0	18	18	108.0	103	10	35	91	Ahead in Count	.164	354	58	10	0	9	21	0	148	.186	.268
vs. AL	0.96	1	2	0	4	4	28.0	17	2	8	28	Behind in Count	.333	141	47	12	3	7	31	35	0	.461	.610
vs. NL	3.98	10	8	0	29	29	178.2	164	20	56	144	Two Strikes	.164	378	62	13	2	10	24	26	172	.234	.288
Pre-All Star	3.86	5	8	0	18	18	112.0	98	10	35	98	Pre-All Star	.234	418	98	21	5	10	46	35	98	.306	.380
Post-All Star	3.23	6	2	0	15	15	94.2	83	12	29	74	Post-All Star	.240	346	83	16	2	12	37	29	74	.306	.402

Last Five Years

	ERA	W	L	Sv	G	GS	IP	H	HR	BB	SO		Avg	AB	H	2B	3B	HR	RBI	BB	SO	OBP	SLG
Home	3.79	24	24	0	69	69	463.2	432	49	169	351	vs. Left	.275	1682	462	100	13	53	212	207	296	.357	.444
Away	4.68	28	26	0	66	66	398.0	415	50	160	286	vs. Right	.238	1615	385	83	2	46	177	122	341	.298	.378
Day	3.68	15	16	0	48	48	303.1	282	34	117	230	Inning 1-6	.256	2889	739	167	10	90	352	291	554	.329	.414
Night	4.48	37	34	0	87	87	558.1	565	65	212	407	Inning 7+	.265	408	108	16	5	9	37	38	83	.330	.395
Grass	4.26	44	48	0	124	124	791.2	792	92	308	587	None on	.258	1932	498	99	10	67	67	168	364	.324	.423
Turf	3.47	8	2	0	11	11	70.0	55	7	21	50	Runners on	.256	1365	349	84	5	32	322	161	273	.336	.395
March/April	3.78	10	7	0	21	21	135.2	135	16	53	94	Scoring Posn	.267	768	205	52	5	20	292	112	165	.355	.426
May	3.84	8	7	0	22	22	138.1	124	17	50	119	Close & Late	.271	236	64	8	2	5	26	22	50	.335	.386
June	4.36	7	9	0	21	21	138.1	132	13	52	92	None on/out	.261	855	223	48	6	29	29	63	157	.318	.433
July	4.08	4	13	0	23	23	154.1	154	16	58	112	vs. 1st Batr (relief)	.000	0	0	0	0	0	0	0	0	.000	.000
August	4.69	9	7	0	22	22	136.1	140	20	61	90	1st Inning Pitched	.245	503	123	32	0	13	61	50	113	.321	.386
Sept/Oct	4.42	14	7	0	26	26	158.2	162	17	55	130	First 75 Pitches	.247	2284	564	123	7	72	253	220	427	.319	.401
Starter	4.20	52	50	0	135	135	861.2	847	99	329	637	Pitch 76-90	.309	459	142	33	5	18	72	47	90	.374	.521
Reliever	0.00	0	0	0	0	0	0.0	0	0	0	0	Pitch 91-105	.269	360	97	18	1	7	46	40	72	.342	.383
0-3 Days Rest (Start)	0.00	0	0	0	0	0	0.0	0	0	0	0	Pitch 106+	.227	194	44	9	2	2	18	22	48	.311	.325
4 Days Rest	4.42	26	29	0	77	77	497.0	495	58	179	367	First Pitch	.302	407	123	24	3	12	59	13	0	.332	.464
5+ Days Rest	3.90	26	21	0	58	58	364.2	352	41	150	270	Ahead in Count	.199	1554	310	68	1	34	117	0	543	.210	.310
vs. AL	4.33	38	36	0	93	93	596.0	594	70	248	445	Behind in Count	.321	705	226	48	6	33	116	170	0	.449	.546
vs. NL	3.90	14	14	0	42	42	265.2	253	29	81	192	Two Strikes	.180	1532	276	70	4	30	115	146	637	.259	.290
Pre-All Star	3.92	27	26	0	71	71	464.0	433	51	172	344	Pre-All Star	.246	1758	433	86	9	51	190	172	344	.320	.392
Post-All Star	4.53	25	24	0	64	64	397.2	414	48	157	293	Post-All Star	.269	1539	414	97	6	48	199	157	293	.339	.433

Alex Arias — Padres
Age 34 – Bats Right (groundball hitter)

	Avg	G	AB	R	H	2B	3B	HR	RBI	BB	SO	HBP	GDP	SB	CS	OBP	SLG	IBB	SH	SF	#Pit	#P/PA	GB	FB	G/F
2001 Season	.226	70	137	19	31	9	0	2	12	17	22	1	3	1	0	.312	.336	1	1	2	621	3.93	57	40	1.43
Last Five Years	.262	388	865	109	227	48	1	10	102	94	111	12	23	6	3	.340	.355	12	10	8	3881	3.92	356	230	1.55

2001 Season

	Avg	AB	H	2B	3B	HR	RBI	BB	SO	OBP	SLG		Avg	AB	H	2B	3B	HR	RBI	BB	SO	OBP	SLG
vs. Left	.267	60	16	3	0	0	1	8	12	.362	.317	Scoring Posn	.308	26	8	3	0	0	10	5	4	.412	.423
vs. Right	.195	77	15	6	0	2	11	9	10	.273	.351	Close & Late	.208	24	5	2	0	0	4	3	2	.286	.292
Home	.208	53	11	3	0	0	4	6	10	.290	.264	None on/out	.273	33	9	3	0	0	0	6	5	.385	.545
Away	.238	84	20	6	0	2	8	11	12	.326	.381	Batting #7	.182	55	10	5	0	0	3	4	7	.237	.273
First Pitch	.200	10	2	1	0	0	1	0	.333	.300	Batting #8	.300	30	9	2	0	2	7	6	5	.405	.567
Ahead in Count	.281	32	9	4	0	1	5	0	.368	.500	Other	.231	52	12	2	0	0	2	7	10	.328	.269
Behind in Count	.212	66	14	3	0	1	6	0	17	.212	.303	Pre-All Star	.225	89	20	6	0	2	9	13	13	.317	.360
Two Strikes	.156	64	10	1	0	1	5	11	22	.276	.219	Post-All Star	.229	48	11	3	0	0	3	4	9	.302	.292

Last Five Years

	Avg	AB	H	2B	3B	HR	RBI	BB	SO	OBP	SLG		Avg	AB	H	2B	3B	HR	RBI	BB	SO	OBP	SLG
vs. Left	.244	254	62	13	0	2	18	43	35	.358	.319	First Pitch	.241	58	14	2	0	2	8	9	0	.371	.379
vs. Right	.270	611	165	35	1	8	84	51	76	.332	.370	Ahead in Count	.317	199	63	14	1	3	31	39	0	.426	.442
Home	.248	395	98	25	0	6	60	43	51	.330	.357	Behind in Count	.220	405	89	20	0	3	33	0	93	.232	.291
Away	.274	470	129	23	1	4	42	51	60	.349	.353	Two Strikes	.202	396	80	14	0	5	32	46	111	.292	.275
Day	.256	313	80	12	0	5	31	29	31	.323	.342	Batting #7	.232	151	35	12	0	1	16	17	19	.318	.331
Night	.266	552	147	36	1	5	71	65	80	.350	.362	Batting #8	.269	443	119	19	0	6	51	46	49	.339	.352
Grass	.259	456	118	21	0	4	40	48	57	.333	.331	Other	.269	271	73	17	1	3	35	31	43	.355	.373
Turf	.267	409	109	27	1	6	62	46	54	.348	.381	March/April	.240	121	29	6	0	1	18	14	14	.317	.314
Pre-All Star	.264	432	114	28	0	6	56	51	57	.341	.370	May	.257	105	27	6	0	2	9	8	19	.310	.371
Post-All Star	.261	433	113	20	1	4	46	43	54	.339	.339	June	.264	159	42	11	0	3	18	22	20	.355	.390
Inning 1-6	.256	477	122	29	0	4	50	50	55	.329	.342	July	.272	169	46	10	0	2	25	20	20	.359	.367
Inning 7+	.271	388	105	19	1	6	52	44	56	.354	.371	August	.235	149	35	4	0	2	14	17	17	.318	.302
Scoring Posn	.310	226	70	18	1	2	92	36	26	.401	.425	Sept/Oct	.296	162	48	11	1	0	18	13	21	.352	.377
Close & Late	.250	180	45	6	1	4	28	21	31	.330	.361	vs. AL	.298	94	28	10	0	0	13	9	12	.376	.404
None on/out	.248	214	53	13	0	4	4	24	30	.332	.364	vs. NL	.258	771	199	38	1	10	89	85	99	.336	.349

Tony Armas Jr. — Expos   Age 24 – Pitches Right

	ERA	W	L	Sv	G	GS	IP	BB	SO	Avg	H	2B	3B	HR	RBI	OBP	SLG	CG	ShO	Sup	QS	#P/S	SB	CS	GB	FB	G/F
2001 Season	4.03	9	14	0	34	34	196.2	91	176	.247	180	39	8	18	90	.336	.396	0	0	4.21	16	98	12	6	227	219	1.04
Career (1999-2001)	4.08	16	24	0	52	52	297.2	143	237	.239	262	62	9	28	131	.332	.389	0	0	4.29	24	95	17	8	367	336	1.09

2001 Season

	ERA	W	L	Sv	G	GS	IP	H	HR	BB	SO		Avg	AB	H	2B	3B	HR	RBI	BB	SO	OBP	SLG
Home	3.21	5	5	0	18	18	109.1	97	7	44	100	vs. Left	.273	322	88	20	6	9	39	46	66	.364	.457
Away	5.05	4	9	0	16	16	87.1	83	11	47	76	vs. Right	.226	407	92	19	2	9	51	45	110	.314	.349
Day	2.70	4	4	0	12	12	73.1	59	3	28	75	Inning 1-6	.249	687	171	37	8	18	89	88	168	.340	.405
Night	4.82	5	10	0	22	22	123.1	121	15	63	101	Inning 7+	.214	42	9	2	0	0	1	3	8	.267	.262
Grass	4.52	3	7	0	13	13	71.2	64	9	40	62	None on	.240	412	99	19	5	6	6	51	99	.333	.354
Turf	3.74	6	7	0	21	21	125.0	116	9	51	114	Runners on	.256	317	81	20	3	12	84	40	77	.341	.451
April	4.10	0	4	0	5	5	26.1	26	3	12	24	Scoring Posn	.254	169	43	9	0	7	66	24	46	.350	.432
May	2.33	5	1	0	6	6	38.2	25	3	15	34	Close & Late	.194	31	6	0	0	0	1	2	6	.242	.194
June	4.29	2	1	0	6	6	35.2	34	3	22	25	None on/out	.207	179	37	10	2	2	2	22	41	.304	.330
July	4.75	1	4	0	6	6	36.0	36	2	15	38	vs. 1st Batr (relief)	.000	0	0	0	0	0	0	0	0	.000	.000
August	3.93	1	2	0	6	6	36.2	34	5	14	38	1st Inning Pitched	.223	121	27	4	1	5	19	20	30	.333	.397
Sept/Oct	5.40	0	2	0	5	5	23.1	25	2	13	17	First 75 Pitches	.245	523	128	23	4	15	68	69	130	.339	.390
Starter	4.03	9	14	0	34	34	196.2	180	18	91	176	Pitch 76-90	.276	98	27	8	2	2	12	12	21	.357	.459
Reliever	0.00	0	0	0	0	0	0.0	0	0	0	0	Pitch 91-105	.194	67	13	5	0	1	6	7	14	.280	.313
0-3 Days Rest (Start)	0.00	0	0	0	0	0	0.0	0	0	0	0	Pitch 106+	.293	41	12	3	2	0	4	3	11	.341	.463
4 Days Rest	4.15	6	11	0	24	24	141.0	128	13	67	128	First Pitch	.362	116	42	8	5	2	25	5	0	.387	.595
5+ Days Rest	3.72	3	3	0	10	10	55.2	52	5	24	48	Ahead in Count	.177	333	59	12	1	4	28	0	141	.191	.255
vs. AL	2.39	1	1	0	4	4	26.1	24	0	12	27	Behind in Count	.291	127	37	7	2	2	14	39	0	.456	.441
vs. NL	4.28	8	13	0	30	30	170.1	156	18	79	149	Two Strikes	.191	383	73	16	2	5	34	47	176	.287	.282
Pre-All Star	3.91	7	8	0	19	19	112.2	98	9	54	96	Pre-All Star	.240	409	98	24	4	9	51	54	96	.335	.384
Post-All Star	4.18	2	6	0	15	15	84.0	82	9	37	80	Post-All Star	.256	320	82	15	4	9	39	37	80	.338	.413

Rolando Arrojo — Red Sox   Age 33 – Pitches Right (groundball pitcher)

	ERA	W	L	Sv	G	GS	IP	BB	SO	Avg	H	2B	3B	HR	RBI	OBP	SLG	GF	IR	IRS	Hld	SvOp	SB	CS	GB	FB	G/F
2001 Season	3.48	5	4	5	41	9	103.1	35	78	.230	88	22	0	8	56	.313	.350	11	24	15	3	7	8	1	163	95	1.72
Career (1998-2001)	4.50	36	39	5	129	97	618.2	228	461	.267	632	128	19	76	318	.345	.433	11	24	15	3	7	47	23	928	615	1.51

2001 Season

	ERA	W	L	Sv	G	GS	IP	H	HR	BB	SO		Avg	AB	H	2B	3B	HR	RBI	BB	SO	OBP	SLG
Home	2.90	3	2	4	23	4	62.0	55	4	22	54	vs. Left	.238	202	48	11	0	4	27	18	28	.311	.351
Away	4.35	2	2	1	18	5	41.1	33	4	13	24	vs. Right	.221	181	40	11	0	4	29	17	50	.314	.348
Starter	2.42	2	1	0	9	9	48.1	32	2	17	39	Scoring Posn	.255	102	26	9	0	3	48	13	15	.355	.431
Reliever	4.42	3	3	5	32	0	55.0	56	6	18	39	Close & Late	.320	75	24	5	0	2	16	7	10	.407	.467
0 Days Rest (Relief)	3.00	0	0	0	3	0	6.0	5	0	2	6	None on/out	.224	98	22	5	0	3	3	6	23	.283	.367
1 or 2 Days Rest	4.88	2	2	4	19	0	31.1	35	3	13	19	First Pitch	.320	50	16	4	0	0	8	4	0	.433	.400
3+ Days Rest	4.08	1	1	1	10	0	17.2	16	3	3	14	Ahead in Count	.180	189	34	8	0	2	12	0	66	.201	.254
Pre-All Star	3.56	2	2	5	30	3	65.2	61	4	21	44	Behind in Count	.270	63	17	3	0	5	21	14	0	.397	.556
Post-All Star	3.35	3	2	0	11	6	37.2	27	4	14	34	Two Strikes	.156	192	30	7	0	1	11	17	78	.236	.208

Career (1998-2001)

	ERA	W	L	Sv	G	GS	IP	H	HR	BB	SO		Avg	AB	H	2B	3B	HR	RBI	BB	SO	OBP	SLG
Home	5.10	15	21	4	70	51	326.1	369	46	112	255	vs. Left	.293	1249	366	84	12	49	183	135	201	.371	.497
Away	3.82	21	18	1	59	46	292.1	263	30	116	206	vs. Right	.238	1119	266	44	7	27	135	93	260	.316	.362
Day	4.24	12	12	1	42	33	204.0	185	26	79	152	Inning 1-6	.269	2031	547	106	18	70	283	200	393	.349	.443
Night	4.62	24	27	4	87	64	414.2	447	50	149	309	Inning 7+	.252	337	85	22	1	6	35	28	68	.321	.377
Grass	4.31	25	22	5	84	57	371.2	359	42	152	268	None on	.265	1349	358	69	12	44	44	126	274	.343	.432
Turf	4.77	11	17	0	45	40	247.0	273	34	76	193	Runners on	.269	1019	274	59	7	32	274	102	187	.347	.435
March/April	4.58	6	7	3	23	16	96.1	103	15	27	75	Scoring Posn	.256	586	150	30	1	19	231	73	113	.347	.408
May	6.07	6	7	1	23	14	89.0	107	13	40	85	Close & Late	.296	169	50	11	0	2	21	13	32	.362	.408
June	3.79	6	2	1	22	12	99.2	101	5	28	67	None on/out	.257	603	155	33	5	21	21	49	119	.326	.433
July	3.73	2	11	0	21	16	130.1	108	15	55	90	vs. 1st Batr (relief)	.300	30	9	2	0	2	11	2	6	.344	.567
August	3.92	7	6	0	18	18	108.0	109	14	38	73	1st Inning Pitched	.258	476	123	30	4	8	69	52	92	.350	.389

17

Career (1998-2001)

	ERA	W	L	Sv	G	GS	IP	H	HR	BB	SO		Avg	AB	H	2B	3B	HR	RBI	BB	SO	OBP	SLG
Sept/Oct	5.38	9	6	0	22	17	95.1	104	14	39	71	First 15 Pitches	.264	367	97	20	3	7	37	26	63	.337	.392
Starter	4.50	33	36	0	97	97	563.2	576	70	210	422	Pitch 16-30	.238	395	94	20	3	10	51	45	80	.322	.380
Reliever	4.42	3	3	5	32	0	55.0	56	6	18	39	Pitch 31-45	.295	386	114	15	1	14	52	37	89	.372	.448
0 Days Rest (Relief)	3.00	0	0	0	3	0	6.0	5	0	2	6	Pitch 46+	.268	1220	327	73	12	45	178	120	229	.346	.458
1 or 2 Days Rest	4.88	2	2	4	19	0	31.1	35	3	13	19	First Pitch	.348	351	122	28	2	18	71	10	0	.389	.593
3+ Days Rest	4.08	1	1	1	10	0	17.2	16	3	3	14	Ahead in Count	.217	1089	236	48	12	22	106	0	381	.238	.343
vs. AL	4.24	31	28	5	99	70	462.1	463	57	170	349	Behind in Count	.334	473	158	27	4	21	72	116	0	.469	.541
vs. NL	5.24	5	11	0	30	27	156.1	169	19	58	112	Two Strikes	.181	1103	200	43	9	21	99	102	461	.264	.294
Pre-All Star	4.59	19	18	5	73	46	317.2	338	37	106	248	Pre-All Star	.274	1233	338	66	10	37	172	106	248	.346	.434
Post-All Star	4.40	17	21	0	56	51	301.0	294	39	122	213	Post-All Star	.259	1135	294	62	9	39	146	122	213	.343	.433

Bronson Arroyo — Pirates   Age 25 – Pitches Right

	ERA	W	L	Sv	G	GS	IP	BB	SO	Avg	H	2B	3B	HR	RBI	OBP	SLG	CG	ShO	Sup	QS	#P/S	SB	CS	GB	FB	G/F
2001 Season	5.09	5	7	0	24	13	88.1	34	39	.289	99	24	2	12	49	.355	.477	1	0	4.58	2	77	4	2	133	112	1.19
Career (2000-2001)	5.68	7	13	0	44	25	160.0	70	89	.295	187	44	4	22	102	.369	.482	1	0	5.01	5	79	9	5	234	207	1.13

2001 Season

	ERA	W	L	Sv	G	GS	IP	H	HR	BB	SO		Avg	AB	H	2B	3B	HR	RBI	BB	SO	OBP	SLG
Home	6.18	2	3	0	10	6	39.1	48	7	12	15	vs. Left	.322	152	49	12	0	4	21	21	10	.401	.480
Away	4.22	3	4	0	14	7	49.0	51	5	22	24	vs. Right	.263	190	50	12	2	8	28	13	29	.316	.474
Starter	5.61	4	7	0	13	13	67.1	79	10	26	29	Scoring Posn	.280	93	26	6	1	2	37	14	13	.360	.430
Reliever	3.43	1	0	0	11	0	21.0	20	2	8	10	Close & Late	.200	10	2	2	0	0	1	1	1	.273	.400
0-3 Days Rest (Start)	5.63	1	1	0	2	2	8.0	12	1	3	5	None on/out	.265	83	22	6	0	4	4	10	8	.358	.482
4 Days Rest	5.87	0	2	0	2	2	7.2	10	0	5	1	First Pitch	.319	69	22	9	0	3	6	0	0	.347	.580
5+ Days Rest	5.57	3	4	0	9	9	51.2	57	9	18	23	Ahead in Count	.274	146	40	7	1	5	22	0	32	.283	.438
Pre-All Star	6.24	3	6	0	15	8	49.0	62	6	20	21	Behind in Count	.310	71	22	5	0	1	9	13	0	.412	.423
Post-All Star	3.66	2	1	0	9	5	39.1	37	6	14	18	Two Strikes	.260	127	33	4	2	4	18	18	39	.360	.417

Andy Ashby — Dodgers   Age 34 – Pitches Right (groundball pitcher)

	ERA	W	L	Sv	G	GS	IP	BB	SO	Avg	H	2B	3B	HR	RBI	OBP	SLG	CG	ShO	Sup	QS	#P/S	SB	CS	GB	FB	G/F
2001 Season	3.86	2	0	0	2	2	11.2	1	7	.292	14	1	0	2	5	.306	.438	0	0	9.26	0	85	1	1	26	10	2.60
Last Five Years	4.02	54	43	0	127	127	844.1	223	540	.266	864	159	11	97	376	.316	.411	14	5	4.94	73	96	87	36	1428	716	1.99

2001 Season

	ERA	W	L	Sv	G	GS	IP	H	HR	BB	SO		Avg	AB	H	2B	3B	HR	RBI	BB	SO	OBP	SLG
Home	5.40	1	0	0	1	1	6.2	7	1	0	3	vs. Left	.344	32	11	0	0	2	5	0	3	.344	.531
Away	1.80	1	0	0	1	1	5.0	7	1	0	4	vs. Right	.188	16	3	1	0	0	0	1	4	.235	.250

Last Five Years

	ERA	W	L	Sv	G	GS	IP	H	HR	BB	SO		Avg	AB	H	2B	3B	HR	RBI	BB	SO	OBP	SLG
Home	3.59	27	20	0	65	65	445.2	409	53	123	303	vs. Left	.282	1626	459	85	8	51	198	118	221	.332	.438
Away	4.49	27	23	0	62	62	398.2	455	44	100	237	vs. Right	.250	1623	405	74	3	46	178	105	319	.300	.384
Day	3.82	18	11	0	42	42	280.2	301	29	66	171	Inning 1-6	.264	2769	731	134	9	83	327	193	463	.315	.409
Night	4.12	36	32	0	85	85	563.2	563	68	157	369	Inning 7+	.277	480	133	25	2	14	49	30	77	.322	.425
Grass	3.81	46	33	0	103	103	695.0	690	81	175	445	None on	.265	1946	515	96	10	57	57	123	342	.313	.412
Turf	5.00	8	10	0	24	24	149.1	174	16	48	95	Runners on	.268	1303	349	63	1	40	319	100	198	.321	.410
March/April	3.08	12	5	0	23	23	155.0	134	15	49	96	Scoring Posn	.254	757	192	38	1	16	262	78	129	.324	.370
May	4.44	5	10	0	21	21	135.2	157	14	34	82	Close & Late	.273	275	75	16	1	6	27	16	49	.314	.404
June	3.91	8	5	0	17	17	117.1	118	12	39	79	None on/out	.271	845	229	48	4	25	25	60	137	.325	.426
July	3.10	13	5	0	22	22	154.0	140	15	33	101	vs. 1st Batr (relief)	.000	0	0	0	0	0	0	0	0	.000	.000
August	5.24	8	9	0	24	24	149.1	187	19	40	100	1st Inning Pitched	.258	488	126	21	2	12	59	35	79	.315	.383
Sept/Oct	4.47	8	9	0	20	20	133.0	128	22	28	82	First 75 Pitches	.262	2451	641	118	9	71	272	161	418	.311	.404
Starter	4.02	54	43	0	127	127	844.1	864	97	223	540	Pitch 76-90	.277	422	117	22	1	15	60	36	65	.332	.441
Reliever	0.00	0	0	0	0	0	0.0	0	0	0	0	Pitch 91-105	.284	278	79	14	1	7	34	19	41	.332	.417
0-3 Days Rest (Start)	7.50	0	1	0	1	1	6.0	8	1	1	3	Pitch 106+	.276	98	27	5	0	4	10	7	16	.324	.449
4 Days Rest	3.50	38	22	0	75	75	516.1	518	50	131	339	First Pitch	.309	534	165	28	3	12	74	13	0	.330	.440
5+ Days Rest	4.78	16	20	0	51	51	322.0	338	46	91	198	Ahead in Count	.216	1454	314	56	2	35	127	0	461	.220	.329
vs. AL	3.33	5	4	0	13	13	94.2	92	11	29	64	Behind in Count	.323	706	228	50	3	25	108	115	0	.417	.521
vs. NL	4.11	49	39	0	114	114	749.2	772	86	194	476	Two Strikes	.191	1327	253	46	4	28	107	95	540	.247	.295
Pre-All Star	3.63	29	21	0	67	67	456.0	449	46	130	279	Pre-All Star	.259	1731	449	76	7	46	189	130	279	.312	.391
Post-All Star	4.47	25	22	0	60	60	388.1	415	51	93	261	Post-All Star	.273	1518	415	83	4	51	187	93	261	.321	.434

Pedro Astacio — Astros   Age 32 – Pitches Right (groundball pitcher)

	ERA	W	L	Sv	G	GS	IP	BB	SO	Avg	H	2B	3B	HR	RBI	OBP	SLG	CG	ShO	Sup	QS	#P/S	SB	CS	GB	FB	G/F
2001 Season	5.09	8	14	0	26	26	169.2	54	144	.276	181	43	6	22	92	.341	.461	4	1	5.89	15	103	16	9	212	179	1.18
Last Five Years	5.16	62	58	0	160	157	1009.2	341	883	.279	1101	210	31	155	562	.344	.466	16	2	5.67	79	102	84	44	1453	968	1.50

2001 Season

	ERA	W	L	Sv	G	GS	IP	H	HR	BB	SO		Avg	AB	H	2B	3B	HR	RBI	BB	SO	OBP	SLG
Home	6.48	3	6	0	12	12	75.0	93	14	25	68	vs. Left	.286	304	87	21	4	10	43	32	62	.364	.480
Away	3.99	5	8	0	14	14	94.2	88	8	29	76	vs. Right	.268	351	94	22	2	12	49	22	82	.321	.444
Day	4.24	4	4	0	10	10	68.0	55	6	19	66	Inning 1-6	.279	566	158	37	6	20	83	49	129	.344	.472
Night	5.67	4	10	0	16	16	101.2	126	16	35	78	Inning 7+	.258	89	23	6	0	2	9	5	15	.323	.393
Grass	5.18	7	13	0	24	24	158.0	170	22	49	134	None on	.268	370	99	23	2	14	31	84	115	.341	.454
Turf	3.86	1	1	0	2	2	11.2	11	0	5	10	Runners on	.288	285	82	20	4	8	78	23	60	.342	.470

18

2001 Season

	ERA	W	L	Sv	G	GS	IP	H	HR	BB	SO		Avg	AB	H	2B	3B	HR	RBI	BB	SO	OBP	SLG
April	3.09	3	1	0	5	5	35.0	28	3	8	37	Scoring Posn	.287	157	45	12	3	5	66	18	43	.357	.497
May	6.95	1	4	0	6	6	33.2	37	8	16	35	Close & Late	.258	31	8	2	0	2	4	1	5	.343	.516
June	6.75	1	4	0	6	6	38.2	44	5	16	28	None on/out	.293	167	49	7	0	10	10	14	35	.372	.515
July	5.08	1	4	0	5	5	33.2	42	5	10	25	vs. 1st Batr (relief)	.000	0	0	0	0	0	0	0	0	.000	.000
August	3.14	2	1	0	4	4	28.2	30	1	4	19	1st Inning Pitched	.292	106	31	9	2	3	22	8	20	.356	.500
Sept/Oct	0.00	0	0	0	0	0	0.0	0	0	0	0	First 75 Pitches	.280	457	128	32	6	17	67	37	104	.341	.488
Starter	5.09	8	14	0	26	26	169.2	181	22	54	144	Pitch 76-90	.303	89	27	7	0	2	14	8	17	.373	.449
Reliever	0.00	0	0	0	0	0	0.0	0	0	0	0	Pitch 91-105	.200	70	14	2	0	2	7	3	16	.253	.314
0-3 Days Rest (Start)	11.12	0	1	0	1	1	5.2	7	0	4	4	Pitch 106+	.308	39	12	2	0	1	4	6	7	.413	.436
4 Days Rest	6.31	2	8	0	13	13	81.1	98	15	27	80	First Pitch	.341	82	28	11	1	3	19	3	0	.379	.610
5+ Days Rest	3.48	6	5	0	12	12	82.2	76	7	23	60	Ahead in Count	.190	316	60	13	2	8	30	0	122	.201	.320
vs. AL	5.57	0	3	0	3	3	21.0	28	2	7	16	Behind in Count	.401	142	57	8	3	6	27	29	0	.503	.613
vs. NL	5.02	8	11	0	23	23	148.2	153	20	47	128	Two Strikes	.164	305	50	11	3	8	27	22	144	.228	.298
Pre-All Star	5.18	6	9	0	18	18	116.1	112	16	42	107	Pre-All Star	.255	440	112	26	5	16	65	42	107	.331	.445
Post-All Star	4.89	2	5	0	8	8	53.1	69	6	12	37	Post-All Star	.321	215	69	17	1	6	27	12	37	.362	.493

Last Five Years

	ERA	W	L	Sv	G	GS	IP	H	HR	BB	SO		Avg	AB	H	2B	3B	HR	RBI	BB	SO	OBP	SLG
Home	6.52	27	27	0	77	75	461.1	571	88	168	393	vs. Left	.282	1824	514	108	17	71	259	205	384	.359	.476
Away	4.02	35	31	0	83	82	548.1	530	67	173	490	vs. Right	.277	2117	587	102	14	84	303	136	499	.332	.458
Day	5.18	25	23	0	62	61	387.2	399	56	136	351	Inning 1-6	.280	3352	938	181	26	134	501	303	754	.347	.469
Night	5.15	37	35	0	98	96	622.0	702	99	205	532	Inning 7+	.277	589	163	29	5	21	61	38	129	.327	.450
Grass	5.33	52	50	0	138	136	872.1	947	141	299	770	None on	.271	2284	619	120	14	93	93	184	535	.335	.458
Turf	4.06	10	8	0	22	21	137.1	154	14	42	113	Runners on	.291	1657	482	90	17	62	469	157	348	.357	.478
March/April	5.45	10	9	0	27	25	157.0	170	17	57	128	Scoring Posn	.291	929	270	52	11	32	383	110	216	.366	.474
May	4.88	11	14	0	30	30	199.0	217	34	69	183	Close & Late	.227	299	68	6	2	10	24	20	65	.289	.361
June	5.30	8	12	0	29	29	192.0	201	33	71	164	None on/out	.291	1019	297	60	5	45	45	74	210	.351	.493
July	5.19	12	11	0	27	27	178.2	196	30	63	146	vs. 1st Batr (relief)	.333	3	1	0	0	0	0	0	0	.333	.333
August	5.09	11	8	0	27	27	169.2	192	22	46	161	1st Inning Pitched	.324	652	211	43	6	26	119	59	125	.386	.528
Sept/Oct	5.08	10	4	0	20	19	113.1	125	19	35	101	First 75 Pitches	.279	2765	772	151	22	107	399	240	603	.344	.466
Starter	5.18	61	58	0	157	157	1004.1	1096	154	341	880	Pitch 76-90	.285	519	148	27	6	18	69	46	131	.353	.464
Reliever	1.69	1	0	0	3	0	5.1	5	1	0	3	Pitch 91-105	.256	395	101	18	1	19	60	31	92	.317	.451
0-3 Days Rest (Start)	7.57	3	6	0	11	11	63.0	82	9	29	54	Pitch 106+	.305	262	80	14	2	11	34	24	57	.368	.500
4 Days Rest	5.07	34	30	0	89	89	575.1	618	88	191	518	First Pitch	.348	555	193	44	6	24	106	10	0	.370	.578
5+ Days Rest	4.94	24	22	0	57	57	366.0	396	57	121	308	Ahead in Count	.177	1749	310	62	8	39	146	0	761	.191	.289
vs. AL	4.79	5	5	0	12	12	82.2	92	13	32	79	Behind in Count	.398	542	375	62	9	56	187	181	0	.496	.661
vs. NL	5.19	57	53	0	148	145	927.0	1009	142	309	804	Two Strikes	.162	1775	288	57	12	37	141	150	883	.236	.270
Pre-All Star	5.22	32	38	0	93	91	595.0	640	92	213	518	Pre-All Star	.277	2312	640	136	15	92	335	213	518	.347	.468
Post-All Star	5.08	30	20	0	67	66	414.2	461	63	128	365	Post-All Star	.283	1629	461	74	16	63	227	128	365	.341	.464

Justin Atchley — Reds

Age 28 – Pitches Left

	ERA	W	L	Sv	G	GS	IP	BB	SO	Avg	H	2B	3B	HR	RBI	OBP	SLG	GF	IR	IRS	Hld	SvOp	SB	CS	GB	FB	G/F
2001 Season	6.10	0	0	0	15	0	10.1	5	8	.286	12	1	0	4	11	.375	.595	2	12	4	2	0	0	21	11	1.91

2001 Season

	ERA	W	L	Sv	G	GS	IP	H	HR	BB	SO		Avg	AB	H	2B	3B	HR	RBI	BB	SO	OBP	SLG
Home	5.87	0	0	0	8	0	7.2	7	2	1	5	vs. Left	.350	20	7	1	0	3	10	2	5	.435	.850
Away	6.75	0	0	0	7	0	2.2	5	2	4	3	vs. Right	.227	22	5	0	0	1	1	3	3	.320	.364

Rich Aurilia — Giants

Age 30 – Bats Right (flyball hitter)

	Avg	G	AB	R	H	2B	3B	HR	RBI	BB	SO	HBP	GDP	SB	CS	OBP	SLG	IBB	SH	SF	#Pit	#P/PA	GB	FB	G/F
2001 Season	.324	156	636	114	206	37	5	37	97	47	83	0	14	1	3	.369	.572	2	3	3	2412	3.50	201	230	0.87
Last Five Years	.288	617	2218	319	639	119	10	93	324	183	321	7	51	8	12	.342	.477	10	16	16	8663	3.55	709	826	0.86

2001 Season

	Avg	AB	H	2B	3B	HR	RBI	BB	SO	OBP	SLG		Avg	AB	H	2B	3B	HR	RBI	BB	SO	OBP	SLG
vs. Left	.322	143	46	7	2	12	26	9	15	.359	.650	First Pitch	.421	114	48	10	1	11	23	2	0	.431	.816
vs. Right	.325	493	160	30	3	25	71	38	68	.371	.550	Ahead in Count	.390	146	57	10	1	14	34	20	0	.461	.760
Home	.351	305	107	21	3	15	46	25	32	.400	.587	Behind in Count	.239	255	61	12	3	7	22	0	70	.237	.392
Away	.299	331	99	16	2	22	51	22	51	.340	.559	Two Strikes	.226	243	55	8	2	7	20	25	83	.297	.362
Day	.356	205	73	13	2	14	34	16	27	.403	.644	Batting #2	.328	573	188	35	4	34	92	45	74	.375	.581
Night	.309	431	133	24	3	23	63	31	56	.353	.538	Batting #6	.226	31	7	0	1	2	4	2	4	.273	.484
Grass	.322	614	198	36	4	34	93	45	79	.367	.560	Other	.344	32	11	2	0	1	1	0	5	.344	.500
Turf	.364	22	8	1	1	3	4	2	4	.417	.909	April	.390	82	32	7	1	3	7	6	5	.432	.610
Pre-All Star	.356	337	120	24	4	12	38	24	36	.398	.558	May	.355	110	39	7	2	5	10	10	11	.408	.591
Post-All Star	.288	299	86	13	1	25	59	23	47	.336	.589	June	.321	109	35	9	0	4	16	4	17	.345	.514
Inning 1-6	.343	440	151	24	4	29	74	30	62	.384	.616	July	.308	117	36	3	1	9	24	8	18	.346	.581
Inning 7+	.281	196	55	12	1	8	23	17	21	.335	.474	August	.294	102	30	6	1	8	24	12	15	.365	.608
Scoring Posn	.263	137	36	5	0	6	48	9	24	.302	.431	Sept/Oct	.293	116	34	5	0	8	16	7	15	.333	.543
Close & Late	.216	97	21	3	1	6	13	8	7	.274	.454	vs. AL	.238	63	15	4	0	4	9	0	9	.234	.492
None on/out	.308	117	36	8	1	7	7	11	13	.367	.573	vs. NL	.333	573	191	33	5	33	88	47	74	.383	.581

2001 By Position

Position	Avg	AB	H	2B	3B	HR	RBI	BB	SO	OBP	SLG	G	GS	Innings	PO	A	E	DP	Fld Pct	Rng Fctr	In Zone	Zone Outs	Zone Rtg	MLB Zone
As ss	.325	627	204	37	5	36	96	47	81	.371	.573	149	146	1313.0	246	423	17	108	.975	4.59	452	397	.878	.839

19

Brad Ausmus — Astros

Age 33 – Bats Right

Last Five Years

	Avg	AB	H	2B	3B	HR	RBI	BB	SO	OBP	SLG		Avg	AB	H	2B	3B	HR	RBI	BB	SO	OBP	SLG
vs. Left	.295	563	166	33	3	31	94	53	62	.354	.529	First Pitch	.388	345	134	30	2	22	60	8	0	.399	.678
vs. Right	.286	1655	473	86	7	62	230	130	259	.338	.459	Ahead in Count	.331	519	172	28	2	29	92	87	0	.427	.561
Home	.291	1085	316	59	6	42	136	89	142	.345	.473	Behind in Count	.217	937	203	43	4	23	106	0	269	.218	.345
Away	.285	1133	323	60	4	51	188	94	179	.339	.480	Two Strikes	.206	904	186	31	5	26	94	87	321	.278	.337
Day	.301	861	259	49	4	37	133	69	125	.352	.496	Batting #2	.313	806	252	47	5	42	128	61	105	.360	.540
Night	.280	1357	380	70	6	56	191	114	196	.335	.464	Batting #7	.264	794	210	41	4	27	113	64	122	.318	.428
Grass	.291	2000	582	104	9	84	296	167	285	.345	.478	Other	.286	618	177	31	1	24	83	58	94	.348	.456
Turf	.261	218	57	15	1	9	28	16	36	.315	.463	March/April	.310	306	95	18	1	10	37	19	36	.352	.474
Pre-All Star	.307	1176	361	64	7	44	167	96	165	.358	.486	May	.297	377	112	20	4	16	54	46	46	.372	.499
Post-All Star	.267	1042	278	55	3	49	157	87	156	.323	.466	June	.292	383	112	24	1	14	56	22	65	.329	.470
Inning 1-6	.295	1511	445	83	8	69	234	122	225	.347	.497	July	.305	351	107	12	1	20	58	27	56	.352	.516
Inning 7+	.274	707	194	36	2	24	90	61	96	.331	.433	August	.254	401	102	23	2	14	57	34	56	.311	.426
Scoring Posn	.284	560	159	33	2	18	212	57	105	.343	.464	Sept/Oct	.278	400	111	22	1	19	62	35	62	.336	.480
Close & Late	.260	331	86	13	1	17	45	27	41	.316	.459	vs. AL	.282	202	57	10	0	13	28	10	28	.315	.525
None on/out	.277	477	132	22	2	21	21	37	62	.329	.463	vs. NL	.289	2016	582	109	10	80	296	173	293	.345	.472

	Avg	G	AB	R	H	2B	3B	HR	RBI	BB	SO	HBP	GDP	SB	CS	OBP	SLG	IBB	SH	SF	#Pit	#P/PA	GB	FB	G/F
2001 Season	.232	128	422	45	98	23	4	5	34	30	64	1	13	4	1	.284	.341	6	6	2	1618	3.51	146	144	1.01
Last Five Years	.262	663	2240	289	587	108	18	31	228	241	352	27	69	51	24	.339	.368	21	22	12	9472	3.73	836	626	1.34

2001 Season

	Avg	AB	H	2B	3B	HR	RBI	BB	SO	OBP	SLG		Avg	AB	H	2B	3B	HR	RBI	BB	SO	OBP	SLG
vs. Left	.186	70	13	3	0	2	6	12	11	.301	.314	First Pitch	.221	68	15	1	1	1	6	6	0	.284	.309
vs. Right	.241	352	85	20	4	3	28	18	53	.280	.347	Ahead in Count	.326	89	29	5	2	1	10	11	0	.406	.461
Home	.226	212	48	12	1	4	20	11	26	.267	.349	Behind in Count	.183	197	36	10	0	3	15	0	59	.182	.279
Away	.238	210	50	11	3	1	14	19	38	.300	.333	Two Strikes	.142	183	26	5	0	2	12	13	64	.197	.202
Day	.238	105	25	7	1	1	7	9	21	.302	.352	Batting #7	.181	72	13	3	0	0	6	7	8	.253	.222
Night	.230	317	73	16	3	4	27	21	43	.277	.338	Batting #8	.259	316	82	20	4	5	27	22	43	.309	.396
Grass	.235	405	95	22	3	5	32	29	59	.286	.341	Other	.088	34	3	0	0	0	1	1	13	.111	.088
Turf	.176	17	3	1	1	0	2	1	5	.222	.353	April	.182	77	14	4	0	0	6	7	11	.250	.234
Pre-All Star	.194	227	44	12	1	1	12	21	40	.261	.269	May	.250	72	18	4	0	1	2	3	12	.280	.347
Post-All Star	.277	195	54	11	3	4	22	9	24	.311	.426	June	.161	62	10	3	0	3	8	15	.257	.242
Inning 1-6	.223	291	65	15	3	5	21	25	46	.285	.347	July	.200	55	11	2	0	2	7	4	10	.250	.345
Inning 7+	.252	131	33	8	1	0	13	5	18	.279	.328	August	.313	80	25	7	3	1	12	3	6	.341	.513
Scoring Posn	.209	115	24	4	2	1	27	12	20	.279	.304	Sept/Oct	.263	76	20	3	0	1	4	5	10	.309	.342
Close & Late	.175	57	10	2	0	0	3	1	8	.190	.211	vs. AL	.115	26	3	1	0	0	2	2	8	.172	.154
None on/out	.206	107	22	6	0	2	2	6	12	.248	.318	vs. NL	.240	396	95	22	4	5	32	28	56	.291	.354

2001 By Position

Position	Avg	AB	H	2B	3B	HR	RBI	BB	SO	OBP	SLG	G	GS	Innings	PO	A	E	DP	Fld Pct	Rng Fctr	In Zone	Zone Outs	Zone Rtg	MLB Zone
As c	.232	422	98	23	4	5	34	30	64	.284	.341	127	120	1056.2	948	62	3	9	.997	—	—	—	—	—

Last Five Years

	Avg	AB	H	2B	3B	HR	RBI	BB	SO	OBP	SLG		Avg	AB	H	2B	3B	HR	RBI	BB	SO	OBP	SLG
vs. Left	.265	461	122	23	0	7	48	70	64	.363	.360	First Pitch	.281	374	105	13	4	6	38	17	0	.318	.385
vs. Right	.261	1779	465	85	18	24	180	171	288	.333	.370	Ahead in Count	.337	469	158	30	8	9	62	119	0	.473	.493
Home	.278	1095	304	57	9	15	117	128	146	.359	.387	Behind in Count	.216	990	214	43	4	10	83	0	298	.224	.294
Away	.247	1145	283	51	9	16	111	113	206	.321	.349	Two Strikes	.198	1032	204	40	2	9	77	105	352	.278	.266
Day	.259	606	157	27	4	7	61	72	111	.346	.351	Batting #2	.262	610	160	34	4	12	60	69	94	.348	.390
Night	.263	1634	430	81	14	24	167	169	241	.337	.374	Batting #8	.271	997	270	47	9	15	100	97	156	.340	.381
Grass	.255	1557	397	75	10	24	163	160	234	.331	.362	Other	.248	633	157	27	5	4	68	75	102	.329	.325
Turf	.278	683	190	33	8	7	65	81	118	.358	.381	March/April	.223	349	78	16	1	5	32	40	46	.310	.318
Pre-All Star	.248	1208	300	51	11	19	116	132	189	.328	.356	May	.277	379	105	16	5	29	35	57	.349	.380
Post-All Star	.278	1032	287	57	7	12	112	109	163	.353	.382	June	.249	374	93	14	3	9	46	42	68	.325	.374
Inning 1-6	.257	1505	387	74	12	17	133	160	224	.337	.356	July	.251	355	89	20	5	4	46	43	69	.336	.369
Inning 7+	.272	735	200	34	6	14	95	81	128	.345	.392	August	.303	406	123	25	4	39	34	54	.360	.409
Scoring Posn	.256	578	148	30	5	9	194	82	89	.353	.372	Sept/Oct	.263	377	99	17	2	4	36	47	58	.353	.350
Close & Late	.249	346	86	13	3	8	47	38	64	.323	.373	vs. AL	.264	952	251	46	9	15	100	115	142	.351	.378
None on/out	.259	522	135	22	5	8	8	48	87	.323	.366	vs. NL	.261	1288	336	62	9	16	128	126	210	.330	.360

Jeff Austin — Royals

Age 25 – Pitches Right

	ERA	W	L	Sv	G	GS	IP	BB	SO	Avg	H	2B	3B	HR	RBI	OBP	SLG	GF	IR	IRS	Hld	SvOp	SB	CS	GB	FB	G/F
2001 Season	5.54	0	0	0	21	0	26.0	14	27	.273	27	4	0	4	19	.362	.434	9	14	7	1	0	0	1	36	25	1.44

2001 Season

	ERA	W	L	Sv	G	GS	IP	H	HR	BB	SO		Avg	AB	H	2B	3B	HR	RBI	BB	SO	OBP	SLG
Home	6.06	0	0	0	12	0	16.1	18	2	7	14	vs. Left	.273	44	12	2	0	1	4	6	11	.360	.386
Away	4.66	0	0	0	9	0	9.2	9	2	7	13	vs. Right	.273	55	15	2	0	3	15	8	16	.364	.473

Bruce Aven — Dodgers

Age 30 – Bats Right

	Avg	G	AB	R	H	2B	3B	HR	RBI	BB	SO	HBP	GDP	SB	CS	OBP	SLG	IBB	SH	SF	#Pit	#P/PA	GB	FB	G/F
2001 Season	.333	21	24	3	8	2	0	1	2	0	5	2	0	0	0	.385	.542	0	0	0	93	3.58	3	10	0.30
Career (1997-2001)	.277	252	592	84	164	33	2	20	103	53	131	11	10	5	4	.344	.441	1	0	6	2377	3.59	195	176	1.11

2001 Season

	Avg	AB	H	2B	3B	HR	RBI	BB	SO	OBP	SLG		Avg	AB	H	2B	3B	HR	RBI	BB	SO	OBP	SLG
vs. Left	.222	9	2	0	0	0	0	0	1	.364	.222	Scoring Posn	.286	7	2	0	0	0	1	0	1	.444	.286
vs. Right	.400	15	6	2	0	1	2	0	4	.400	.733	Close & Late	.200	10	2	0	0	0	0	0	2	.200	.200

Career (1997-2001)

	Avg	AB	H	2B	3B	HR	RBI	BB	SO	OBP	SLG		Avg	AB	H	2B	3B	HR	RBI	BB	SO	OBP	SLG
vs. Left	.273	187	51	9	0	6	29	19	38	.352	.417	First Pitch	.380	108	41	8	0	8	30	1	0	.398	.676
vs. Right	.279	405	113	24	2	14	74	34	93	.341	.452	Ahead in Count	.416	125	52	6	2	8	32	19	0	.490	.688
Home	.271	292	79	15	2	8	46	28	61	.345	.418	Behind in Count	.164	262	43	10	0	2	27	0	109	.179	.225
Away	.283	300	85	18	0	12	57	25	70	.344	.463	Two Strikes	.160	262	42	12	0	3	31	33	131	.263	.240
Day	.261	165	43	9	0	7	24	17	38	.347	.442	Batting #3	.286	266	76	13	0	7	42	28	50	.367	.414
Night	.283	427	121	24	2	13	79	36	93	.343	.440	Batting #6	.265	102	27	8	0	3	11	3	20	.286	.431
Grass	.276	402	111	20	2	13	68	43	87	.357	.433	Other	.272	224	61	12	2	10	50	22	61	.341	.478
Turf	.279	190	53	13	0	7	35	10	44	.315	.458	March/April	.366	41	15	4	0	1	9	1	10	.364	.537
Pre-All Star	.299	308	92	18	2	11	67	22	69	.347	.477	May	.267	86	23	3	0	6	17	12	19	.364	.512
Post-All Star	.254	284	72	15	0	9	36	31	62	.342	.401	June	.300	150	45	9	2	4	33	5	32	.321	.467
Inning 1-6	.275	346	95	21	2	12	65	28	73	.338	.451	July	.308	104	32	10	0	0	15	8	19	.381	.404
Inning 7+	.280	246	69	12	0	8	38	25	58	.354	.427	August	.207	121	25	5	0	7	23	15	26	.300	.421
Scoring Posn	.277	177	49	10	1	8	82	19	49	.343	.480	Sept/Oct	.267	90	24	2	0	2	6	12	25	.353	.356
Close & Late	.269	134	36	4	0	3	16	12	33	.329	.366	vs. AL	.344	96	33	4	1	4	25	1	19	.354	.531
None on/out	.275	109	30	4	1	3	3	11	24	.352	.413	vs. NL	.264	496	131	29	1	16	78	52	112	.343	.423

Manny Aybar — Devil Rays

Age 27 – Pitches Right (flyball pitcher)

	ERA	W	L	Sv	G	GS	IP	H	BB	SO	Avg	H	2B	3B	HR	RBI	OBP	SLG	GF	IR	IRS	Hld	SvOp	SB	CS	GB	FB	G/F
2001 Season	6.35	2	1	0	17	1	22.2	17	16	.304	28	3	0	5	15	.420	.500	1	7	1	2	0	6	1	41	26	1.58
Career (1997-2001)	5.14	16	18	3	168	28	348.1	159	233	.268	362	76	11	43	194	.349	.437	44	59	15	15	6	30	11	433	454	0.95

2001 Season

	ERA	W	L	Sv	G	GS	IP	H	H	HR	BB	SO		Avg	AB	H	2B	3B	HR	RBI	BB	SO	OBP	SLG
Home	5.68	1	0	0	8	0	6.1	8	3	7	3	vs. Left	.268	41	11	1	0	2	10	7	7	.380	.439
Away	6.61	1	1	0	9	1	16.1	20	2	10	13	vs. Right	.333	51	17	2	0	3	5	10	9	.452	.549

Career (1997-2001)

	ERA	W	L	Sv	G	GS	IP	H	HR	BB	SO		Avg	AB	H	2B	3B	HR	RBI	BB	SO	OBP	SLG
Home	5.31	6	8	0	79	16	179.2	190	25	82	116	vs. Left	.267	587	157	30	7	17	85	89	95	.364	.429
Away	4.96	10	10	3	89	12	168.2	172	18	77	117	vs. Right	.269	762	205	46	4	26	109	70	138	.336	.442
Day	5.03	7	3	2	63	9	121.2	122	16	59	89	Inning 1-6	.282	862	243	52	8	26	129	101	138	.359	.451
Night	5.20	9	15	1	105	19	226.2	240	27	100	144	Inning 7+	.244	487	119	24	3	17	65	58	95	.330	.411
Grass	5.15	13	16	3	132	25	286.1	299	31	137	201	None on	.264	740	195	37	6	27	27	77	121	.340	.439
Turf	5.08	3	2	0	36	3	62.0	63	12	22	32	Runners on	.274	609	167	39	5	16	167	82	112	.358	.433
March/April	5.57	5	4	1	32	6	64.2	76	11	25	44	Scoring Posn	.280	378	106	25	4	9	143	56	72	.364	.439
May	6.46	1	3	1	30	3	54.1	57	5	33	35	Close & Late	.258	194	50	6	1	6	28	27	36	.356	.392
June	4.72	4	3	1	32	3	68.2	72	7	28	51	None on out	.263	334	88	14	2	13	13	36	57	.344	.434
July	4.85	0	2	1	17	0	26.0	28	3	11	17	vs. 1st Batr (relief)	.230	122	28	3	1	6	13	17	21	.329	.418
August	4.43	1	5	0	29	7	65.0	62	6	34	38	1st Inning Pitched	.263	574	151	27	6	23	99	72	101	.344	.451
Sept/Oct	4.91	5	1	0	28	9	69.2	67	11	28	48	First 15 Pitches	.264	477	126	23	4	22	63	48	71	.333	.468
Starter	5.61	8	11	0	28	28	146.0	158	15	72	96	Pitch 16-30	.249	354	88	19	2	6	49	41	71	.333	.364
Reliever	4.80	8	7	3	140	0	202.1	204	28	87	138	Pitch 31-45	.254	181	46	15	3	5	29	25	32	.349	.453
0 Days Rest (Relief)	5.47	1	1	0	32	0	49.1	51	7	20	35	Pitch 46+	.303	337	102	19	2	10	53	45	59	.386	.460
1 or 2 Days Rest	4.91	1	4	3	61	0	80.2	79	14	42	59	First Pitch	.343	198	68	9	3	11	38	3	0	.348	.586
3+ Days Rest	4.29	7	2	0	48	1	77.2	78	7	29	50	Ahead in Count	.200	600	120	25	4	11	55	0	194	.208	.310
vs. AL	7.28	2	3	1	16	4	38.1	52	3	18	32	Behind in Count	.330	321	106	31	2	17	62	98	0	.492	.598
vs. NL	4.88	14	15	2	152	24	310.0	310	40	141	201	Two Strikes	.168	577	97	16	3	6	45	57	233	.247	.237
Pre-All Star	5.30	10	11	2	101	12	200.1	214	24	91	136	Pre-All Star	.272	786	214	46	7	24	115	91	136	.349	.440
Post-All Star	4.93	6	7	1	67	16	148.0	148	19	68	97	Post-All Star	.263	563	148	30	4	19	79	68	97	.347	.432

Mike Bacsik — Indians

Age 24 – Pitches Left

	ERA	W	L	Sv	G	GS	IP	BB	SO	Avg	H	2B	3B	HR	RBI	OBP	SLG	GF	IR	IRS	Hld	SvOp	SB	CS	GB	FB	G/F
2001 Season	9.00	0	0	0	3	0	9.0	3	4	.325	13	1	1	0	13	.378	.400	0	7	4	0	0	0	0	17	15	1.13

2001 Season

	ERA	W	L	Sv	G	GS	IP	H	HR	BB	SO		Avg	AB	H	2B	3B	HR	RBI	BB	SO	OBP	SLG
Home	9.00	0	0	0	1	0	6.0	9	0	1	2	vs. Left	.167	12	2	0	1	0	6	1	1	.267	.333
Away	9.00	0	0	0	2	0	3.0	4	0	2	2	vs. Right	.393	28	11	1	0	0	7	2	3	.433	.429

Benito Baez — Marlins

Age 25 – Pitches Left (flyball pitcher)

	ERA	W	L	Sv	G	GS	IP	BB	SO	Avg	H	2B	3B	HR	RBI	OBP	SLG	GF	IR	IRS	Hld	SvOp	SB	CS	GB	FB	G/F
2001 Season	13.50	0	0	0	8	0	9.1	6	14	.449	22	4	1	3	17	.509	.755	3	5	4	0	0	1	0	10	11	0.91

2001 Season

	ERA	W	L	Sv	G	GS	IP	H	HR	BB	SO		Avg	AB	H	2B	3B	HR	RBI	BB	SO	OBP	SLG
Home	9.00	0	0	0	5	0	6.0	13	1	3	9	vs. Left	.471	17	8	1	0	0	3	1	3	.500	.529
Away	21.60	0	0	0	3	0	3.1	9	2	3	5	vs. Right	.438	32	14	3	1	3	14	5	11	.514	.875

21

Danys Baez — Indians
Age 24 – Pitches Right (flyball pitcher)

	ERA	W	L	Sv	G	GS	IP	BB	SO	Avg	H	2B	3B	HR	RBI	OBP	SLG	GF	IR	IRS	Hld	SvOp	SB	CS	GB	FB	G/F
2001 Season	2.50	5	3	0	43	0	50.1	20	52	.191	34	9	0	5	22	.282	.326	8	24	3	14	1	8	3	47	57	0.82

2001 Season

	ERA	W	L	Sv	G	GS	IP	H	HR	BB	SO		Avg	AB	H	2B	3B	HR	RBI	BB	SO	OBP	SLG
Home	2.45	3	3	0	21	0	22.0	16	3	10	22	vs. Left	.188	69	13	3	0	1	6	10	21	.291	.275
Away	2.54	2	0	0	22	0	28.1	18	2	10	30	vs. Right	.193	109	21	6	0	4	16	10	31	.276	.358
Starter	0.00	0	0	0	0	0	0.0	0	0	0	0	Scoring Posn	.255	47	12	0	0	3	20	8	15	.368	.447
Reliever	2.50	5	3	0	43	0	50.1	34	5	20	52	Close & Late	.163	92	15	2	0	4	10	10	31	.252	.315
0 Days Rest (Relief)	3.27	0	1	0	12	0	11.0	13	2	3	12	None on/out	.095	42	4	2	0	1	1	5	11	.191	.214
1 or 2 Days Rest	3.18	4	1	0	21	0	28.1	15	3	11	25	First Pitch	.059	17	1	0	0	0	2	4	0	.238	.059
3+ Days Rest	0.00	1	1	0	10	0	11.0	6	0	6	15	Ahead in Count	.150	80	12	3	0	1	8	0	35	.171	.225
Pre-All Star	0.00	0	0	0	5	0	7.0	6	0	7	9	Behind in Count	.241	29	7	1	0	2	5	8	0	.421	.483
Post-All Star	2.91	5	3	0	38	0	43.1	28	5	13	43	Two Strikes	.118	102	12	4	0	2	11	8	52	.195	.216

Jeff Bagwell — Astros
Age 34 – Bats Right (flyball hitter)

	Avg	G	AB	R	H	2B	3B	HR	RBI	BB	SO	HBP	GDP	SB	CS	OBP	SLG	IBB	SH	SF	#Pit	#P/PA	GB	FB	G/F
2001 Season	.288	161	600	126	173	43	4	39	130	106	135	6	20	11	3	.397	.568	5	0	5	2890	4.03	199	189	1.05
Last Five Years	.298	791	2858	654	853	188	8	205	634	598	590	55	81	100	37	.425	.585	67	0	32	14101	3.98	881	979	0.90

2001 Season

	Avg	AB	H	2B	3B	HR	RBI	BB	SO	OBP	SLG		Avg	AB	H	2B	3B	HR	RBI	BB	SO	OBP	SLG
vs. Left	.296	98	29	8	0	5	22	25	15	.439	.531	First Pitch	.363	80	29	9	1	6	18	2	0	.386	.725
vs. Right	.287	502	144	35	4	34	108	81	120	.389	.576	Ahead in Count	.364	121	44	10	1	10	37	60	0	.571	.711
Home	.306	301	92	25	2	21	72	52	69	.407	.611	Behind in Count	.225	262	59	17	2	12	41	0	99	.229	.443
Away	.271	299	81	18	2	18	58	54	66	.388	.525	Two Strikes	.216	305	66	15	1	17	50	44	135	.316	.439
Day	.329	152	50	11	0	12	38	36	33	.458	.638	Batting #1	1.000	1	1	1	0	0	0	0	0	1.000	2.000
Night	.275	448	123	32	4	27	92	70	102	.375	.545	Batting #3	.286	598	171	42	4	39	130	106	135	.396	.565
Grass	.289	564	163	41	4	36	119	102	127	.399	.567	Other	1.000	1	1	0	0	0	0	0	0	1.000	1.000
Turf	.278	36	10	2	0	3	11	4	8	.366	.583	April	.307	88	27	6	0	6	14	20	18	.431	.580
Pre-All Star	.269	327	88	18	1	21	68	56	72	.382	.523	May	.263	99	26	2	1	7	20	18	22	.397	.515
Post-All Star	.311	273	85	25	3	18	62	50	63	.416	.623	June	.257	105	27	8	0	6	20	15	21	.352	.505
Inning 1-6	.305	423	129	34	1	30	103	72	90	.407	.603	July	.333	111	37	9	1	9	36	9	26	.380	.676
Inning 7+	.249	177	44	9	3	9	27	34	45	.375	.486	August	.283	99	28	6	1	5	19	24	23	.424	.515
Scoring Posn	.344	151	52	12	1	14	95	36	28	.461	.715	Sept/Oct	.286	98	28	12	1	6	21	20	25	.403	.612
Close & Late	.193	83	16	5	2	1	8	16	27	.333	.337	vs. AL	.281	57	16	7	0	4	17	8	16	.364	.614
None on/out	.339	109	37	11	1	9	9	13	23	.424	.706	vs. NL	.289	543	157	36	4	35	113	98	119	.401	.564

2001 By Position

Position	Avg	AB	H	2B	3B	HR	RBI	BB	SO	OBP	SLG	G	GS	Innings	PO	A	E	DP	Fld Pct	Rng Fctr	In Zone	In Outs	Zone Rtg	MLB Zone
As 1b	.287	599	172	42	4	39	130	106	135	.397	.566	160	159	1414.2	1291	143	12	123	.992	—	280	237	.846	.850

Last Five Years

	Avg	AB	H	2B	3B	HR	RBI	BB	SO	OBP	SLG		Avg	AB	H	2B	3B	HR	RBI	BB	SO	OBP	SLG
vs. Left	.332	567	188	43	1	35	131	160	100	.476	.596	First Pitch	.415	354	147	39	1	34	115	46	0	.488	.819
vs. Right	.290	2291	665	145	7	170	503	438	490	.412	.582	Ahead in Count	.355	684	243	47	2	65	186	306	0	.554	.715
Home	.307	1376	422	99	5	103	326	293	286	.434	.610	Behind in Count	.240	1179	283	68	5	63	196	0	437	.252	.466
Away	.291	1482	431	89	3	102	308	305	304	.417	.557	Two Strikes	.215	1349	290	62	3	71	209	244	590	.342	.423
Day	.306	844	258	51	0	60	182	188	178	.436	.579	Batting #3	.294	2481	729	162	7	180	548	524	536	.423	.582
Night	.295	2014	595	137	8	145	452	410	412	.420	.587	Batting #4	.316	367	116	24	1	24	82	72	54	.431	.583
Grass	.303	1717	520	105	6	128	366	339	351	.422	.595	Other	.800	10	8	2	0	1	4	2	0	.833	1.300
Turf	.292	1141	333	83	2	77	268	259	239	.429	.571	March/April	.315	447	141	24	1	32	93	88	88	.431	.588
Pre-All Star	.294	1543	454	98	3	115	343	317	331	.420	.585	May	.277	451	125	35	2	32	97	98	109	.416	.576
Post-All Star	.303	1315	399	90	5	90	291	281	259	.431	.585	June	.287	505	145	35	0	37	108	103	107	.410	.576
Inning 1-6	.310	1992	618	145	3	150	478	389	390	.428	.612	July	.296	493	146	24	1	41	124	92	95	.413	.598
Inning 7+	.271	866	235	43	5	55	156	209	200	.419	.523	August	.302	503	152	32	2	34	108	120	99	.437	.577
Scoring Posn	.319	762	243	54	2	60	432	236	164	.476	.631	Sept/Oct	.314	459	144	38	1	29	104	97	92	.439	.595
Close & Late	.247	437	108	16	3	23	68	121	109	.417	.455	vs. AL	.297	256	76	18	0	24	66	52	56	.423	.648
None on/out	.329	553	182	42	2	47	47	87	94	.432	.667	vs. NL	.299	2602	777	170	8	181	568	546	534	.425	.579

Cory Bailey — Royals
Age 31 – Pitches Right (groundball pitcher)

	ERA	W	L	Sv	G	GS	IP	BB	SO	Avg	H	2B	3B	HR	RBI	OBP	SLG	GF	IR	IRS	Hld	SvOp	SB	CS	GB	FB	G/F
2001 Season	3.48	1	1	0	53	0	67.1	33	61	.234	57	6	1	2	30	.321	.303	13	35	10	12	1	4	1	116	38	3.05
Last Five Years	4.03	1	2	0	65	0	80.1	38	68	.250	74	7	2	5	42	.331	.338	18	44	12	12	1	5	1	135	57	2.37

2001 Season

	ERA	W	L	Sv	G	GS	IP	H	HR	BB	SO		Avg	AB	H	2B	3B	HR	RBI	BB	SO	OBP	SLG
Home	3.20	1	0	0	28	0	39.1	22	1	12	35	vs. Left	.164	116	19	4	0	0	9	21	34	.290	.198
Away	3.86	0	1	0	25	0	28.0	18	2	21	26	vs. Right	.297	128	38	2	1	3	21	12	27	.352	.398
Starter	0.00	0	0	0	0	0	0.0	0	0	0	0	Scoring Posn	.238	80	19	2	1	0	26	10	26	.312	.288
Reliever	3.48	1	1	0	53	0	67.1	57	3	33	61	Close & Late	.222	99	22	0	0	1	11	18	26	.336	.242
0 Days Rest (Relief)	2.61	0	0	0	8	0	10.1	9	0	5	10	None on/out	.245	53	13	3	0	0	5	11	.310	.302
1 or 2 Days Rest	4.50	1	1	0	27	0	32.0	30	1	15	31	First Pitch	.323	31	10	0	0	1	6	2	0	.353	.419
3+ Days Rest	2.52	0	0	0	18	0	25.0	18	2	13	20	Ahead in Count	.120	117	14	0	0	0	7	0	50	.119	.154
Pre-All Star	4.11	1	1	0	30	0	35.0	35	2	19	34	Behind in Count	.377	53	20	2	1	2	13	20	0	.541	.566
Post-All Star	2.78	0	0	0	23	0	32.1	22	1	20	37	Two Strikes	.143	119	17	3	0	0	8	11	61	.214	.168

22

Harold Baines — White Sox
Age 43 – Bats Left

	Avg	G	AB	R	H	2B	3B	HR	RBI	BB	SO	HBP	GDP	SB	CS	OBP	SLG	IBB	SH	SF	#Pit	#P/PA	GB	FB	G/F
2001 Season	.131	32	84	3	11	1	0	0	6	8	16	0	2	0	0	.202	.143	0	0	2	370	3.94	33	29	1.14
Last Five Years	.286	504	1542	186	441	72	1	61	272	185	216	1	53	1	3	.361	.453	25	0	10	6064	3.49	602	443	1.36

2001 Season

	Avg	AB	H	2B	3B	HR	RBI	BB	SO	OBP	SLG		Avg	AB	H	2B	3B	HR	RBI	BB	SO	OBP	SLG
vs. Left	.000	2	0	0	0	0	0	0	0	.000	.000	Scoring Posn	.211	19	4	1	0	0	6	2	5	.261	.263
vs. Right	.134	82	11	1	0	0	6	8	16	.207	.146	Close & Late	.000	18	0	0	0	0	0	3	8	.143	.000

Last Five Years

	Avg	AB	H	2B	3B	HR	RBI	BB	SO	OBP	SLG		Avg	AB	H	2B	3B	HR	RBI	BB	SO	OBP	SLG
vs. Left	.252	222	56	10	0	7	45	14	49	.296	.392	First Pitch	.346	309	107	14	0	19	61	20	0	.380	.576
vs. Right	.292	1320	385	62	1	54	227	171	167	.371	.463	Ahead in Count	.299	385	115	18	0	14	66	99	0	.440	.455
Home	.271	775	210	36	1	28	129	103	118	.355	.428	Behind in Count	.244	573	140	27	1	18	91	0	169	.245	.389
Away	.301	767	231	36	0	33	143	82	98	.366	.477	Two Strikes	.212	589	125	20	0	15	84	66	216	.290	.323
Day	.281	459	129	22	0	22	78	63	70	.364	.473	Batting #5	.279	853	238	40	0	36	143	104	113	.356	.453
Night	.288	1083	312	50	1	39	194	122	146	.360	.444	Batting #7	.262	183	48	5	0	8	24	27	29	.355	.421
Grass	.280	1343	376	66	1	53	222	161	187	.355	.449	Other	.306	506	155	27	1	17	105	54	74	.372	.464
Turf	.327	199	65	6	0	8	50	24	29	.397	.477	March/April	.269	290	78	9	0	10	41	31	46	.340	.403
Pre-All Star	.288	933	269	43	1	42	174	111	132	.362	.472	May	.280	336	94	21	1	14	64	33	44	.339	.473
Post-All Star	.282	609	172	29	0	19	98	74	84	.360	.424	June	.317	252	80	12	0	11	54	41	35	.412	.496
Inning 1-6	.286	1053	301	52	0	43	188	128	137	.361	.458	July	.319	210	67	9	0	13	33	23	35	.386	.548
Inning 7+	.286	489	140	20	1	18	84	57	79	.361	.442	August	.243	267	65	14	0	8	46	34	29	.328	.386
Scoring Posn	.319	432	138	27	0	17	215	74	61	.411	.500	Sept/Oct	.305	187	57	7	0	5	34	23	27	.380	.422
Close & Late	.268	250	67	12	1	9	52	29	52	.345	.432	vs. AL	.283	1425	403	66	1	55	255	170	205	.358	.446
None on/out	.291	358	104	20	0	13	13	30	44	.347	.455	vs. NL	.325	117	38	6	0	6	17	15	11	.398	.530

Paul Bako — Braves
Age 30 – Bats Left (groundball hitter)

	Avg	G	AB	R	H	2B	3B	HR	RBI	BB	SO	HBP	GDP	SB	CS	OBP	SLG	IBB	SH	SF	#Pit	#P/PA	GB	FB	G/F
2001 Season	.212	61	137	19	29	10	1	2	15	20	34	0	3	1	0	.312	.343	2	0	0	577	3.68	53	32	1.66
Career (1998-2001)	.247	311	878	76	217	46	4	9	82	96	237	1	16	3	2	.319	.339	19	5	8	3739	3.78	330	185	1.78

2001 Season

	Avg	AB	H	2B	3B	HR	RBI	BB	SO	OBP	SLG		Avg	AB	H	2B	3B	HR	RBI	BB	SO	OBP	SLG
vs. Left	.208	24	5	3	0	0	3	2	8	.269	.333	Scoring Posn	.152	33	5	3	1	0	13	8	9	.317	.303
vs. Right	.212	113	24	7	1	2	12	18	26	.321	.345	Close & Late	.071	14	1	0	0	0	1	6	.133	.071
Home	.241	79	19	8	1	0	12	14	18	.355	.367	None on/out	.222	36	8	2	0	0	0	4	6	.300	.278
Away	.172	58	10	2	0	2	3	6	16	.250	.310	Batting #7	.304	23	7	0	0	0	1	4	4	.407	.304
First Pitch	.300	20	6	1	0	1	2	2	0	.364	.500	Batting #8	.191	110	21	9	1	2	14	16	30	.294	.345
Ahead in Count	.281	32	9	4	0	0	5	9	0	.439	.406	Other	.250	4	1	1	0	0	0	0	0	.250	.500
Behind in Count	.141	71	10	3	1	1	4	0	32	.141	.239	Pre-All Star	.180	61	11	6	0	2	4	6	14	.254	.377
Two Strikes	.119	67	8	3	1	1	8	9	34	.224	.239	Post-All Star	.237	76	18	4	1	0	11	14	20	.356	.316

Career (1998-2001)

	Avg	AB	H	2B	3B	HR	RBI	BB	SO	OBP	SLG		Avg	AB	H	2B	3B	HR	RBI	BB	SO	OBP	SLG
vs. Left	.174	115	20	7	0	2	10	9	42	.240	.287	First Pitch	.327	110	36	5	0	2	8	13	0	.395	.427
vs. Right	.258	763	197	39	4	7	72	87	195	.331	.347	Ahead in Count	.342	158	54	12	1	2	27	41	0	.470	.468
Home	.243	445	108	22	2	6	53	51	131	.317	.342	Behind in Count	.197	472	93	20	2	5	32	0	217	.198	.280
Away	.252	433	109	24	2	3	29	45	106	.322	.337	Two Strikes	.172	482	83	19	3	3	32	40	237	.236	.243
Day	.251	211	53	11	1	0	21	16	57	.304	.313	Batting #7	.265	253	67	13	1	3	22	27	55	.332	.360
Night	.246	667	164	35	3	9	61	80	180	.324	.348	Batting #8	.251	569	143	31	3	6	57	67	169	.329	.348
Grass	.245	612	150	31	2	7	58	61	171	.312	.337	Other	.125	56	7	2	0	0	3	2	13	.155	.161
Turf	.252	266	67	15	2	2	24	35	66	.336	.346	March/April	.236	55	13	0	0	0	8	6	13	.306	.236
Pre-All Star	.260	420	109	27	1	5	39	53	122	.340	.364	May	.275	153	42	15	0	2	16	23	48	.369	.412
Post-All Star	.236	458	108	19	3	4	43	43	115	.300	.317	June	.259	174	45	10	1	3	13	18	50	.326	.379
Inning 1-6	.255	581	148	38	4	3	57	60	161	.322	.346	July	.244	176	43	8	2	2	15	21	39	.322	.347
Inning 7+	.232	297	69	8	0	6	25	36	76	.314	.320	August	.225	191	43	7	1	1	16	13	49	.272	.288
Scoring Posn	.178	225	40	7	2	1	69	46	71	.311	.240	Sept/Oct	.240	129	31	6	0	1	14	15	38	.319	.310
Close & Late	.278	133	37	1	0	3	19	21	35	.367	.353	vs. AL	.243	338	82	10	2	2	31	29	91	.298	.302
None on/out	.262	221	58	12	0	2	2	15	51	.309	.344	vs. NL	.250	540	135	36	2	7	51	67	146	.332	.363

James Baldwin — Dodgers
Age 30 – Pitches Right

	ERA	W	L	Sv	G	GS	IP	BB	SO	Avg	H	2B	3B	HR	RBI	OBP	SLG	CG	ShO	Sup	QS	#P/S	SB	CS	GB	FB	G/F
2001 Season	4.42	10	11	0	29	28	175.0	63	95	.281	191	32	2	25	89	.345	.444	2	1	4.68	15	98	10	7	233	212	1.10
Last Five Years	4.96	61	52	0	162	145	911.1	346	582	.274	976	201	17	130	482	.342	.449	7	2	5.64	69	99	58	32	1223	1123	1.09

2001 Season

	ERA	W	L	Sv	G	GS	IP	H	HR	BB	SO		Avg	AB	H	2B	3B	HR	RBI	BB	SO	OBP	SLG
Home	3.76	6	4	0	17	16	105.1	110	12	34	58	vs. Left	.260	319	83	16	1	14	49	31	52	.327	.448
Away	5.43	4	7	0	12	12	69.2	81	13	29	37	vs. Right	.299	361	108	16	1	11	40	32	43	.361	.440
Day	3.73	5	3	0	10	9	62.2	55	13	23	27	Inning 1-6	.290	611	177	32	2	20	83	56	88	.351	.447
Night	4.81	5	8	0	19	19	112.1	136	12	40	68	Inning 7+	.203	69	14	0	0	5	6	7	7	.286	.420
Grass	4.31	10	10	0	28	27	169.0	185	24	61	89	None on	.281	406	114	21	1	17	17	30	50	.338	.463
Turf	7.50	0	1	0	1	1	6.0	6	1	2	6	Runners on	.281	274	77	11	1	8	72	33	45	.354	.416
April	4.91	0	1	0	2	2	11.0	12	3	4	2	Scoring Posn	.270	159	43	8	1	2	57	20	32	.346	.371
May	2.95	2	2	0	6	6	39.2	40	5	12	11	Close & Late	.146	48	7	0	0	2	2	6	.196	.271
June	5.10	3	1	0	6	5	30.0	38	6	14	13	None on/out	.271	177	48	8	1	6	6	8	14	.306	.429

23

2001 Season

	ERA	W	L	Sv	G	GS	IP	H	HR	BB	SO		Avg	AB	H	2B	3B	HR	RBI	BB	SO	OBP	SLG
July	5.87	2	1	0	4	4	23.0	26	2	9	19	vs. 1st Batr (relief)	.000	1	0	0	0	0	0	0	0	.000	.000
August	4.59	2	2	0	5	5	33.1	32	4	10	30	1st Inning Pitched	.238	105	25	5	0	2	8	13	12	.325	.343
Sept/Oct	4.26	1	4	0	6	6	38.0	43	5	14	20	First 75 Pitches	.297	502	149	26	2	16	62	47	68	.357	.452
Starter	4.46	10	11	0	28	28	171.2	188	24	62	95	Pitch 76-90	.258	89	23	4	0	4	15	6	13	.316	.438
Reliever	2.70	0	0	0	1	0	3.1	3	1	1	0	Pitch 91-105	.226	62	14	2	0	3	9	5	11	.300	.403
0-3 Days Rest (Start)	11.25	0	1	0	1	1	4.0	10	1	2	2	Pitch 106+	.185	27	5	0	0	2	3	5	3	.313	.407
4 Days Rest	4.09	6	3	0	11	11	72.2	72	10	29	38	First Pitch	.283	92	26	6	1	1	11	1	0	.298	.402
5+ Days Rest	4.45	4	7	0	16	16	95.0	106	13	31	55	Ahead in Count	.240	329	79	11	0	11	29	0	79	.246	.374
vs. AL	4.65	6	5	0	14	14	81.1	94	14	32	31	Behind in Count	.356	132	47	6	0	10	28	41	0	.500	.629
vs. NL	4.23	4	6	0	15	14	93.2	97	11	31	64	Two Strikes	.215	316	68	11	0	11	35	21	95	.267	.354
Pre-All Star	4.70	5	5	0	15	14	84.1	98	14	31	29	Pre-All Star	.292	336	98	12	1	14	47	31	29	.355	.458
Post-All Star	4.17	5	6	0	14	14	90.2	93	11	32	66	Post-All Star	.270	344	93	20	1	11	42	32	66	.335	.430

Last Five Years

	ERA	W	L	Sv	G	GS	IP	H	HR	BB	SO		Avg	AB	H	2B	3B	HR	RBI	BB	SO	OBP	SLG
Home	5.22	25	28	0	84	72	457.1	492	65	165	291	vs. Left	.276	1830	505	110	7	63	250	199	317	.348	.447
Away	4.70	36	24	0	78	73	454.0	484	65	181	291	vs. Right	.272	1733	471	91	10	67	232	147	265	.335	.452
Day	5.76	22	21	0	63	56	346.2	373	63	155	215	Inning 1-6	.273	3119	850	182	12	109	421	299	519	.340	.443
Night	4.46	39	31	0	99	89	564.2	603	67	191	367	Inning 7+	.284	444	126	19	5	21	61	47	63	.356	.491
Grass	5.29	47	49	0	142	125	779.1	850	115	304	490	None on	.277	2076	575	120	11	83	83	176	310	.339	.465
Turf	3.00	14	3	0	20	20	132.0	126	15	42	92	Runners on	.270	1487	401	81	6	47	399	170	272	.345	.427
March/April	5.08	8	8	0	20	20	118.2	131	21	53	77	Scoring Posn	.273	857	234	51	5	28	344	112	168	.353	.442
May	4.96	9	10	0	34	26	179.2	194	22	73	92	Close & Late	.270	185	50	5	3	7	19	22	24	.351	.443
June	5.41	8	8	0	29	22	138.0	152	21	54	82	None on/out	.284	924	262	48	7	39	39	74	106	.340	.477
July	5.52	11	9	0	26	26	155.0	166	26	50	107	vs. 1st Batr (relief)	.667	15	10	3	0	1	5	0	0	.625	1.067
August	3.78	16	6	0	28	27	176.1	168	18	65	127	1st Inning Pitched	.280	622	174	42	4	20	101	80	109	.365	.457
Sept/Oct	5.26	9	11	0	25	24	143.2	165	22	51	97	First 75 Pitches	.276	2605	718	157	12	82	344	246	417	.341	.440
Starter	4.84	61	51	0	145	145	879.2	925	125	335	565	Pitch 76-90	.272	452	123	21	2	16	62	47	77	.347	.434
Reliever	8.24	0	1	0	17	0	31.2	51	5	11	17	Pitch 91-105	.275	364	100	15	2	22	57	26	62	.330	.508
0-3 Days Rest (Start)	6.39	1	3	0	5	5	25.1	35	7	6	20	Pitch 106+	.246	142	35	8	1	10	19	27	26	.368	.528
4 Days Rest	4.56	31	22	0	67	67	422.1	423	56	180	257	First Pitch	.346	482	167	42	5	21	87	7	0	.361	.585
5+ Days Rest	5.02	29	26	0	73	73	432.0	467	62	149	288	Ahead in Count	.219	1595	349	66	6	37	144	0	483	.225	.337
vs. AL	4.92	53	40	0	129	116	724.1	779	103	278	458	Behind in Count	.335	779	261	52	2	43	139	194	0	.469	.573
vs. NL	5.10	8	12	0	33	29	187.0	197	27	68	124	Two Strikes	.199	1602	318	64	4	39	152	145	582	.269	.316
Pre-All Star	5.39	29	30	0	92	77	484.2	538	75	199	280	Pre-All Star	.281	1918	538	112	11	75	285	199	280	.350	.468
Post-All Star	4.47	32	22	0	70	68	426.2	438	55	147	302	Post-All Star	.266	1645	438	89	6	55	197	147	302	.333	.428

John Bale — Orioles Age 28 – Pitches Left

	ERA	W	L	Sv	G	GS	IP	BB	SO	Avg	H	2B	3B	HR	RBI	OBP	SLG	GF	IR	IRS	Hld	SvOp	SB	CS	GB	FB	G/F
2001 Season	3.04	1	0	0	14	0	26.2	17	21	.194	18	4	0	2	13	.319	.301	3	20	4	2	0	3	2	34	28	1.21
Career (1999-2001)	5.01	1	0	0	17	0	32.1	22	31	.214	25	6	1	4	25	.345	.385	3	23	7	2	0	4	2	39	35	1.11

2001 Season

	ERA	W	L	Sv	G	GS	IP	H	HR	BB	SO		Avg	AB	H	2B	3B	HR	RBI	BB	SO	OBP	SLG
Home	2.08	1	0	0	7	0	17.1	9	2	8	10	vs. Left	.138	29	4	0	0	0	2	5	5	.257	.138
Away	4.82	0	0	0	7	0	9.1	9	0	9	11	vs. Right	.219	64	14	4	0	2	11	12	16	.346	.375

Grant Balfour — Twins Age 24 – Pitches Right

	ERA	W	L	Sv	G	GS	IP	BB	SO	Avg	H	2B	3B	HR	RBI	OBP	SLG	GF	IR	IRS	Hld	SvOp	SB	CS	GB	FB	G/F
2001 Season	13.50	0	0	0	2	0	2.2	3	2	.333	3	0	0	2	4	.462	1.000	1	2	0	0	0	0	0	2	4	0.50

2001 Season

	ERA	W	L	Sv	G	GS	IP	H	HR	BB	SO		Avg	AB	H	2B	3B	HR	RBI	BB	SO	OBP	SLG
Home	5.40	0	0	0	1	0	1.2	1	0	2	2	vs. Left	.667	3	2	0	0	1	2	3	0	.714	1.667
Away	27.00	0	0	0	1	0	1.0	2	2	1	0	vs. Right	.167	6	1	0	0	1	2	0	2	.167	.667

Willie Banks — Red Sox Age 33 – Pitches Right (groundball pitcher)

	ERA	W	L	Sv	G	GS	IP	BB	SO	Avg	H	2B	3B	HR	RBI	OBP	SLG	GF	IR	IRS	Hld	SvOp	SB	CS	GB	FB	G/F
2001 Season	0.84	0	0	0	5	0	10.2	4	10	.132	5	3	0	1	.214	.211	1	0	0	0	0	1	0	9	16	0.56
Last Five Years	3.81	5	3	1	52	1	82.2	47	58	.223	68	14	3	6	43	.331	.348	15	23	9	5	3	5	4	123	79	1.56

2001 Season

	ERA	W	L	Sv	G	GS	IP	H	HR	BB	SO		Avg	AB	H	2B	3B	HR	RBI	BB	SO	OBP	SLG
Home	0.00	0	0	0	2	0	4.0	0	0	0	2	vs. Left	.000	13	0	0	0	0	0	1	5	.071	.000
Away	1.35	0	0	0	3	0	6.2	5	0	4	8	vs. Right	.200	25	5	3	0	0	1	3	5	.286	.320

Rod Barajas — Diamondbacks Age 26 – Bats Right (flyball hitter)

	Avg	G	AB	R	H	2B	3B	HR	RBI	BB	SO	HBP	GDP	SB	CS	OBP	SLG	IBB	SH	SF	#Pit	#P/PA	GB	FB	G/F
2001 Season	.160	51	106	9	17	3	0	3	9	4	26	0	0	0	0	.191	.274	0	0	0	414	3.73	23	48	0.48
Career (1999-2001)	.178	61	135	13	24	4	0	5	15	5	31	0	0	0	0	.207	.319	0	1	0	508	3.58	30	61	0.49

2001 Season

	Avg	AB	H	2B	3B	HR	RBI	BB	SO	OBP	SLG		Avg	AB	H	2B	3B	HR	RBI	BB	SO	OBP	SLG
vs. Left	.214	28	6	3	0	0	2	1	7	.241	.321	Scoring Posn	.152	33	5	1	0	0	6	2	9	.200	.182
vs. Right	.141	78	11	0	0	3	7	3	19	.173	.256	Close & Late	.200	10	2	1	0	0	0	2	2	.333	.300

Lorenzo Barcelo — White Sox
Age 24 – Pitches Right (flyball pitcher)

	ERA	W	L	Sv	G	GS	IP	BB	SO	Avg	H	2B	3B	HR	RBI	OBP	SLG	GF	IR	IRS	Hld	SvOp	SB	CS	GB	FB	G/F
2001 Season	4.71	1	0	0	17	0	21.0	8	15	.282	24	6	3	1	16	.347	.459	3	17	5	1	0	1	0	29	24	1.21
Career (2000-2001)	4.05	5	2	0	39	1	60.0	17	41	.250	58	12	5	6	35	.302	.422	8	35	11	1	1	1	3	73	82	0.89

2001 Season

	ERA	W	L	Sv	G	GS	IP	H	HR	BB	SO		Avg	AB	H	2B	3B	HR	RBI	BB	SO	OBP	SLG
Home	4.66	0	0	0	7	0	9.2	11	0	3	9	vs. Left	.311	45	14	4	2	0	7	2	7	.333	.489
Away	4.76	1	0	0	10	0	11.1	13	1	5	6	vs. Right	.250	40	10	2	1	1	9	6	8	.362	.425

Glen Barker — Astros
Age 31 – Bats Both (groundball hitter)

	Avg	G	AB	R	H	2B	3B	HR	RBI	BB	SO	HBP	GDP	SB	CS	OBP	SLG	IBB	SH	SF	#Pit	#P/PA	GB	FB	G/F
2001 Season	.083	70	24	12	2	0	0	0	1	3	6	2	0	4	6	.233	.083	0	0	1	119	3.97	10	5	2.00
Career (1999-2001)	.232	235	164	53	38	4	1	3	18	21	48	4	0	30	18	.330	.323	0	6	2	772	3.92	57	33	1.73

2001 Season

	Avg	AB	H	2B	3B	HR	RBI	BB	SO	OBP	SLG		Avg	AB	H	2B	3B	HR	RBI	BB	SO	OBP	SLG
vs. Left	.167	12	2	0	0	0	0	2	3	.375	.167	Scoring Posn	.000	5	0	0	0	0	1	1	2	.143	.000
vs. Right	.000	12	0	0	0	0	1	1	3	.071	.000	Close & Late	.000	2	0	0	0	0	0	0	1	.500	.000

Andy Barkett — Pirates
Age 27 – Bats Left

	Avg	G	AB	R	H	2B	3B	HR	RBI	BB	SO	HBP	GDP	SB	CS	OBP	SLG	IBB	SH	SF	#Pit	#P/PA	GB	FB	G/F
2001 Season	.304	17	46	5	14	2	0	1	3	4	7	1	2	1	0	.373	.413	1	0	0	158	3.10	16	12	1.33

2001 Season

	Avg	AB	H	2B	3B	HR	RBI	BB	SO	OBP	SLG		Avg	AB	H	2B	3B	HR	RBI	BB	SO	OBP	SLG
vs. Left	.250	4	1	0	0	0	0	1	1	.400	.250	Scoring Posn	.182	11	2	0	0	0	2	2	1	.357	.182
vs. Right	.310	42	13	2	0	1	3	3	6	.370	.429	Close & Late	.571	7	4	0	0	1	2	1	0	.625	1.000

John Barnes — Rockies
Age 26 – Bats Right

	Avg	G	AB	R	H	2B	3B	HR	RBI	BB	SO	HBP	GDP	SB	CS	OBP	SLG	IBB	SH	SF	#Pit	#P/PA	GB	FB	G/F
2001 Season	.048	9	21	1	1	0	0	0	0	1	3	1	0	0	0	.130	.048	0	0	0	79	3.43	12	6	2.00
Career (2000-2001)	.241	20	58	6	14	4	0	0	2	3	9	3	3	0	1	.313	.310	0	0	0	234	3.66	24	16	1.50

2001 Season

	Avg	AB	H	2B	3B	HR	RBI	BB	SO	OBP	SLG		Avg	AB	H	2B	3B	HR	RBI	BB	SO	OBP	SLG
vs. Left	.167	6	1	0	0	0	0	1	1	.375	.167	Scoring Posn	.000	4	0	0	0	0	0	1	1	.200	.000
vs. Right	.000	15	0	0	0	0	0	0	2	.000	.000	Close & Late	.000	0	0	0	0	0	0	0	0	.000	.000

Larry Barnes — Angels
Age 27 – Bats Left

	Avg	G	AB	R	H	2B	3B	HR	RBI	BB	SO	HBP	GDP	SB	CS	OBP	SLG	IBB	SH	SF	#Pit	#P/PA	GB	FB	G/F
2001 Season	.100	16	40	2	4	0	0	1	2	1	9	0	1	0	0	.122	.175	0	0	0	132	3.22	12	14	0.86

2001 Season

	Avg	AB	H	2B	3B	HR	RBI	BB	SO	OBP	SLG		Avg	AB	H	2B	3B	HR	RBI	BB	SO	OBP	SLG
vs. Left	.000	5	0	0	0	0	0	1	.000	.000	Scoring Posn	.083	12	1	0	0	0	1	0	1	.083	.083
vs. Right	.114	35	4	0	0	1	2	1	8	.139	.200	Close & Late	.143	7	1	0	0	0	0	0	3	.143	.143

Michael Barrett — Expos
Age 25 – Bats Right (groundball hitter)

	Avg	G	AB	R	H	2B	3B	HR	RBI	BB	SO	HBP	GDP	SB	CS	OBP	SLG	IBB	SH	SF	#Pit	#P/PA	GB	FB	G/F
2001 Season	.250	132	472	42	118	33	2	6	38	25	54	2	14	2	1	.289	.367	2	4	3	1686	3.33	224	110	2.04
Career (1998-2001)	.259	355	1199	126	310	82	6	16	114	83	134	7	39	2	4	.309	.377	11	5	5	4326	3.33	516	321	1.61

2001 Season

	Avg	AB	H	2B	3B	HR	RBI	BB	SO	OBP	SLG		Avg	AB	H	2B	3B	HR	RBI	BB	SO	OBP	SLG
vs. Left	.254	122	31	13	2	0	5	2	10	.266	.393	First Pitch	.303	89	27	7	1	0	8	2	0	.326	.404
vs. Right	.249	350	87	20	0	6	33	23	44	.296	.357	Ahead in Count	.381	84	32	8	0	3	13	15	0	.470	.583
Home	.239	226	54	17	2	3	14	15	20	.290	.372	Behind in Count	.192	234	45	12	1	3	15	0	50	.194	.291
Away	.260	246	64	16	0	3	24	10	34	.288	.362	Two Strikes	.152	198	30	10	0	2	7	8	54	.187	.232
Day	.292	113	33	10	1	2	13	8	14	.333	.451	Batting #7	.222	203	45	12	1	2	21	4	25	.234	.320
Night	.237	359	85	23	1	4	25	17	40	.274	.340	Batting #8	.246	171	42	11	0	2	10	14	16	.309	.345
Grass	.242	211	51	13	0	2	17	7	28	.265	.332	Other	.316	98	31	10	1	2	7	7	13	.362	.500
Turf	.257	261	67	20	2	4	21	18	26	.307	.395	April	.187	75	14	1	0	1	5	4	10	.225	.240
Pre-All Star	.242	256	62	17	0	4	18	15	27	.286	.355	May	.276	76	21	7	0	2	4	10	4	.368	.447
Post-All Star	.259	216	56	16	2	2	20	10	27	.293	.380	June	.247	85	21	6	0	1	6	1	10	.256	.353
Inning 1-6	.248	298	74	23	2	5	24	19	36	.294	.389	July	.247	85	21	6	1	1	9	3	6	.273	.376
Inning 7+	.253	174	44	10	0	1	14	6	18	.280	.328	August	.284	81	23	7	0	0	9	6	9	.337	.370
Scoring Posn	.205	117	24	3	0	0	28	10	17	.267	.231	Sept/Oct	.257	70	18	6	1	1	5	1	15	.264	.414
Close & Late	.233	73	17	6	0	1	5	2	13	.253	.356	vs. AL	.250	64	16	3	1	1	8	1	7	.262	.375
None on/out	.218	119	26	7	1	0	6	12	.256	.294	vs. NL	.250	408	102	30	1	5	30	24	47	.293	.365

2001 By Position

Position	Avg	AB	H	2B	3B	HR	RBI	BB	SO	OBP	SLG	G	GS	Innings	PO	A	E	DP	Fld Pct	Rng Fctr	In Zone	Zone Outs	Zone Rtg	MLB Zone
As c	.247	470	116	33	2	6	38	25	54	.286	.364	131	129	1126.0	880	50	7	6	.993	—	—	—	—	—

25

Career (1998-2001)

	Avg	AB	H	2B	3B	HR	RBI	BB	SO	OBP	SLG		Avg	AB	H	2B	3B	HR	RBI	BB	SO	OBP	SLG
vs. Left	.231	324	75	27	4	2	24	16	32	.272	.358	First Pitch	.272	232	63	18	1	2	25	7	0	.302	.384
vs. Right	.269	875	235	55	2	14	90	67	102	.322	.384	Ahead in Count	.332	238	79	21	1	7	34	55	0	.456	.517
Home	.268	571	153	47	5	8	60	35	58	.313	.410	Behind in Count	.232	560	130	29	4	7	43	0	121	.236	.336
Away	.250	628	157	35	1	8	54	48	76	.305	.347	Two Strikes	.203	482	98	25	1	5	29	21	134	.239	.290
Day	.250	332	83	19	1	6	33	18	42	.288	.367	Batting #6	.277	368	102	30	1	6	33	26	48	.329	.413
Night	.262	867	227	63	5	10	81	65	92	.317	.381	Batting #7	.213	357	76	17	2	3	29	16	37	.247	.297
Grass	.238	475	113	22	1	5	37	34	54	.291	.320	Other	.278	474	132	35	3	7	52	41	49	.339	.409
Turf	.272	724	197	60	5	11	77	49	80	.321	.414	March/April	.248	206	51	9	1	5	25	14	24	.295	.374
Pre-All Star	.247	628	155	43	1	8	59	40	60	.296	.357	May	.245	184	45	17	0	2	10	20	10	.325	.370
Post-All Star	.271	571	155	39	5	8	55	43	74	.324	.399	June	.239	184	44	13	0	1	18	6	19	.271	.326
Inning 1-6	.250	775	194	58	5	7	63	64	86	.309	.365	July	.257	187	48	11	2	1	15	11	16	.298	.353
Inning 7+	.274	424	116	24	1	9	51	19	48	.310	.399	August	.291	213	62	17	2	2	25	15	29	.339	.418
Scoring Posn	.242	306	74	13	0	3	89	35	41	.319	.314	Sept/Oct	.267	225	60	15	1	5	21	17	36	.320	.409
Close & Late	.289	197	57	14	1	6	28	11	29	.333	.462	vs. AL	.244	127	31	5	2	1	13	5	16	.278	.339
None on/out	.276	308	85	19	3	3	3	16	30	.314	.386	vs. NL	.260	1072	279	77	4	15	101	78	118	.313	.382

Kimera Bartee — Rockies   Age 29 – Bats Right

	Avg	G	AB	H	2B	3B	HR	RBI	BB	SO	HBP	GDP	SB	CS	OBP	SLG	IBB	SH	SF	#Pit	#P/PA	GB	FB	G/F
2001 Season	.000	12	15	0	0	0	0	0	1	2	5	1	0	0	0	.158	.000	1	0	1	59	3.11	5	5	1.00
Last Five Years	.176	133	199	37	35	6	4	3	19	19	64	3	3	16	9	.256	.291	1	3	2	857	3.79	66	50	1.32

2001 Season

	Avg	AB	H	2B	3B	HR	RBI	BB	SO	OBP	SLG		Avg	AB	H	2B	3B	HR	RBI	BB	SO	OBP	SLG
vs. Left	.000	4	0	0	0	0	1	2	2	.286	.000	Scoring Posn	.000	5	0	0	0	0	1	2	3	.250	.000
vs. Right	.000	11	0	0	0	0	0	0	3	.083	.000	Close & Late	.000	1	0	0	0	0	0	1	.000	.000

Miguel Batista — Diamondbacks   Age 31 – Pitches Right

	ERA	W	L	Sv	G	GS	IP	BB	SO	Avg	H	2B	3B	HR	RBI	OBP	SLG	GF	IR	IRS	Hld	SvOp	SB	CS	GB	FB	G/F
2001 Season	3.36	11	8	0	48	18	139.1	60	90	.226	113	16	3	13	50	.320	.349	6	7	3	4	0	24	6	194	144	1.35
Last Five Years	4.71	24	32	1	172	63	510.2	244	341	.269	521	97	6	58	278	.354	.415	25	63	23	7	3	64	23	765	517	1.48

2001 Season

	ERA	W	L	Sv	G	GS	IP	H	HR	BB	SO		Avg	AB	H	2B	3B	HR	RBI	BB	SO	OBP	SLG
Home	4.27	5	5	0	28	9	71.2	65	10	26	50	vs. Left	.218	206	45	6	1	4	16	25	38	.306	.316
Away	2.39	6	3	0	20	9	67.2	48	3	34	40	vs. Right	.232	293	68	10	2	9	34	35	52	.329	.372
Starter	3.36	6	6	0	18	18	96.1	80	9	42	66	Scoring Posn	.223	112	25	0	2	3	34	17	23	.323	.313
Reliever	3.35	5	2	0	30	0	43.0	33	4	18	24	Close & Late	.224	76	17	3	0	3	8	11	13	.322	.382
0 Days Rest (Relief)	2.84	1	1	0	7	0	12.2	13	1	5	7	None on/out	.303	132	40	9	0	3	3	10	22	.370	.470
1 or 2 Days Rest	4.41	3	0	0	14	0	16.1	15	2	8	10	First Pitch	.323	62	20	3	0	5	11	1	0	.353	.613
3+ Days Rest	2.57	1	1	0	9	0	14.0	5	1	5	7	Ahead in Count	.168	244	41	6	1	1	13	0	75	.190	.213
Pre-All Star	3.56	4	5	0	29	8	73.1	61	6	34	44	Behind in Count	.241	83	20	3	1	3	10	31	0	.447	.410
Post-All Star	3.14	7	3	0	19	10	66.0	52	7	26	46	Two Strikes	.161	236	38	5	1	3	17	28	90	.263	.229

Last Five Years

	ERA	W	L	Sv	G	GS	IP	H	HR	BB	SO		Avg	AB	H	2B	3B	HR	RBI	BB	SO	OBP	SLG
Home	4.84	12	11	0	87	32	254.2	272	35	107	156	vs. Left	.291	857	249	43	3	21	104	133	129	.385	.421
Away	4.57	12	21	1	85	31	256.0	249	23	137	185	vs. Right	.251	1082	272	54	3	37	174	111	212	.329	.409
Day	4.38	8	6	0	43	20	139.2	127	14	85	89	Inning 1-6	.273	1514	414	81	5	47	231	201	269	.363	.427
Night	4.83	16	26	1	129	43	371.0	394	44	159	252	Inning 7+	.252	425	107	16	1	11	47	43	72	.323	.372
Grass	5.42	15	24	0	109	40	309.0	316	44	156	211	None on	.270	1061	287	59	1	35	35	131	179	.358	.427
Turf	3.61	9	8	1	63	23	201.2	205	14	88	130	Runners on	.267	878	234	38	5	23	243	113	162	.349	.400
March/April	5.05	3	2	0	26	7	76.2	80	8	38	51	Scoring Posn	.269	521	140	21	4	15	218	74	102	.352	.411
May	4.55	7	10	0	28	20	124.2	125	13	57	79	Close & Late	.247	162	40	7	0	4	22	24	29	.342	.364
June	5.74	4	8	0	36	11	89.1	97	10	44	62	None on/out	.268	473	127	29	1	11	11	50	75	.347	.404
July	5.21	2	4	0	22	4	46.2	54	7	24	27	vs. 1st Batr (relief)	.304	102	31	6	1	1	10	6	17	.349	.412
August	4.70	4	6	0	34	8	84.1	89	9	31	59	1st Inning Pitched	.312	647	202	39	4	22	133	88	107	.393	.487
Sept/Oct	3.34	4	2	1	26	13	89.0	76	11	50	63	First 15 Pitches	.303	472	143	28	3	13	53	50	67	.373	.458
Starter	4.41	16	24	0	63	63	343.0	335	38	165	235	Pitch 16-30	.294	422	124	20	1	22	105	53	72	.370	.502
Reliever	5.31	8	8	1	109	0	167.2	186	20	79	106	Pitch 31-45	.223	278	62	9	0	5	30	38	56	.325	.309
0 Days Rest (Relief)	6.43	1	1	0	23	0	28.0	41	3	12	18	Pitch 46+	.250	767	192	40	2	18	90	103	146	.344	.378
1 or 2 Days Rest	5.51	5	4	0	53	0	78.1	86	9	36	49	First Pitch	.364	247	90	13	0	14	48	7	0	.383	.587
3+ Days Rest	4.55	2	3	1	33	0	61.1	59	8	31	39	Ahead in Count	.209	900	188	36	3	20	104	0	280	.221	.322
vs. AL	6.17	5	7	0	30	13	97.2	106	18	51	57	Behind in Count	.342	409	140	30	1	13	69	133	0	.501	.516
vs. NL	4.36	19	25	1	142	50	413.0	415	40	193	284	Two Strikes	.189	883	167	34	3	21	100	103	341	.279	.306
Pre-All Star	5.16	14	22	0	98	39	307.0	327	34	147	202	Pre-All Star	.279	1174	327	65	4	34	179	147	202	.363	.428
Post-All Star	4.02	10	10	1	74	24	203.2	194	24	97	139	Post-All Star	.254	765	194	32	2	24	99	97	139	.341	.395

Tony Batista — Orioles   Age 28 – Bats Right (flyball hitter)

	Avg	G	AB	R	H	2B	3B	HR	RBI	BB	SO	HBP	GDP	SB	CS	OBP	SLG	IBB	SH	SF	#Pit	#P/PA	GB	FB	G/F
2001 Season	.238	156	579	70	138	27	6	25	87	32	113	4	9	5	2	.280	.435	1	0	7	2447	3.93	174	228	0.76
Last Five Years	.256	626	2199	311	563	115	11	119	360	137	413	21	51	17	9	.303	.481	6	6	21	9164	3.84	658	834	0.79

2001 Season

	Avg	AB	H	2B	3B	HR	RBI	BB	SO	OBP	SLG		Avg	AB	H	2B	3B	HR	RBI	BB	SO	OBP	SLG
vs. Left	.203	128	26	6	0	5	22	9	22	.257	.367	First Pitch	.362	47	17	5	1	3	10	1	0	.360	.702
vs. Right	.248	451	112	21	6	20	65	23	91	.286	.455	Ahead in Count	.351	148	52	9	4	7	37	12	0	.396	.608

26

2001 Season

	Avg	AB	H	2B	3B	HR	RBI	BB	SO	OBP	SLG		Avg	AB	H	2B	3B	HR	RBI	BB	SO	OBP	SLG
Home	.246	293	72	11	2	14	46	14	59	.278	.440	Behind in Count	.156	275	43	8	1	9	22	0	97	.165	.291
Away	.231	286	66	16	4	11	41	18	54	.282	.430	Two Strikes	.143	293	42	8	1	11	27	19	113	.201	.290
Day	.181	188	34	6	1	10	26	11	35	.230	.383	Batting #6	.231	294	68	11	5	13	42	16	66	.275	.435
Night	.266	391	104	21	5	15	61	21	78	.304	.460	Batting #7	.223	184	41	8	0	10	32	11	31	.266	.429
Grass	.245	371	91	19	4	12	44	20	64	.285	.415	Other	.287	101	29	8	1	2	13	5	16	.318	.446
Turf	.226	208	47	8	2	13	43	12	49	.271	.471	April	.186	102	19	3	1	7	18	6	25	.245	.441
Pre-All Star	.210	314	66	12	1	14	50	18	72	.259	.389	May	.250	112	28	4	0	6	21	3	33	.271	.446
Post-All Star	.272	265	72	15	5	11	37	14	41	.305	.491	June	.160	75	12	5	0	1	8	5	10	.220	.267
Inning 1-6	.230	370	85	17	3	17	57	23	66	.274	.430	July	.286	84	24	3	0	3	9	5	10	.315	.429
Inning 7+	.254	209	53	10	3	8	30	9	47	.290	.445	August	.227	97	22	3	3	5	16	8	16	.283	.474
Scoring Posn	.229	153	35	11	0	5	58	13	29	.286	.399	Sept/Oct	.303	109	33	9	2	3	15	5	19	.333	.505
Close & Late	.194	98	19	2	2	4	14	4	15	.238	.378	vs. AL	.245	527	129	25	6	24	84	28	104	.283	.452
None on/out	.264	140	37	4	3	7	7	8	21	.309	.486	vs. NL	.173	52	9	2	0	1	3	4	9	.246	.269

2001 By Position

Position	Avg	AB	H	2B	3B	HR	RBI	BB	SO	OBP	SLG	G	GS	Innings	PO	A	E	DP	Fld Pct	Rng Fctr	In Zone	Outs	Zone Rtg	MLB Zone
As DH	.283	120	34	4	1	7	23	12	17	.341	.508	33	32	—										
As 3b	.213	380	81	18	3	15	53	16	82	.250	.395	101	97	865.2	74	198	15	26	.948	2.83	286	213	.745	.761
As ss	.295	78	23	5	2	3	11	4	14	.329	.526	20	19	177.1	33	63	1	11	.990	4.87	80	65	.813	.839

Last Five Years

	Avg	AB	H	2B	3B	HR	RBI	BB	SO	OBP	SLG		Avg	AB	H	2B	3B	HR	RBI	BB	SO	OBP	SLG
vs. Left	.243	563	137	30	2	23	80	48	95	.305	.426	First Pitch	.311	228	71	12	1	20	60	4	0	.326	.636
vs. Right	.260	1636	426	85	9	96	280	89	318	.302	.499	Ahead in Count	.350	517	181	38	5	45	132	64	0	.422	.704
Home	.263	1110	292	55	4	58	169	74	208	.311	.477	Behind in Count	.200	1036	207	34	3	31	90	0	350	.207	.328
Away	.249	1089	271	60	7	61	191	63	205	.295	.485	Two Strikes	.178	1079	192	35	3	38	102	69	413	.232	.322
Day	.238	744	177	35	4	41	118	42	141	.285	.461	Batting #6	.261	829	216	41	6	53	149	48	160	.305	.516
Night	.265	1455	386	80	7	78	242	95	272	.312	.491	Batting #7	.248	432	107	23	0	26	81	26	75	.288	.481
Grass	.253	1322	335	68	6	60	200	80	237	.300	.459	Other	.256	938	240	51	5	40	130	63	178	.308	.449
Turf	.260	877	228	47	5	59	160	57	176	.308	.527	March/April	.232	366	85	19	1	19	57	21	69	.286	.445
Pre-All Star	.246	1078	265	47	3	60	186	71	203	.299	.462	May	.240	334	80	11	1	14	49	25	78	.295	.404
Post-All Star	.266	1121	298	68	8	59	174	66	210	.308	.499	June	.251	255	64	11	0	17	49	16	39	.299	.494
Inning 1-6	.241	1451	349	78	6	70	226	88	247	.286	.447	July	.261	398	104	18	1	26	70	27	67	.311	.508
Inning 7+	.286	748	214	37	5	49	134	49	166	.336	.545	August	.296	419	124	25	5	26	72	26	72	.335	.566
Scoring Posn	.274	598	164	41	0	36	253	49	105	.327	.523	Sept/Oct	.248	427	106	31	3	17	63	22	88	.285	.454
Close & Late	.275	346	95	17	4	18	56	24	76	.323	.503	vs. AL	.254	1624	413	87	9	88	273	94	322	.298	.482
None on/out	.267	491	131	23	4	29	29	35	80	.321	.507	vs. NL	.261	575	150	28	2	31	87	43	91	.318	.478

Rick Bauer — Orioles   Age 25 – Pitches Right (groundball pitcher)

	ERA	W	L	Sv	G	GS	IP	BB	SO	Avg	H	2B	3B	HR	RBI	OBP	SLG	CG	ShO	Sup	QS	#P/S	SB	CS	GB	FB	G/F
2001 Season	4.64	0	5	0	6	6	33.0	9	16	.265	35	6	0	7	21	.315	.470	0	0	2.18	3	92	4	1	57	37	1.54

2001 Season

	ERA	W	L	Sv	G	GS	IP	H	HR	BB	SO		Avg	AB	H	2B	3B	HR	RBI	BB	SO	OBP	SLG
Home	2.63	0	3	0	4	4	27.1	21	5	5	14	vs. Left	.254	59	15	2	0	4	10	4	4	.297	.492
Away	14.29	0	2	0	2	2	5.2	14	2	4	2	vs. Right	.274	73	20	4	0	3	11	5	12	.329	.452

Danny Bautista — Diamondbacks   Age 30 – Bats Right (groundball hitter)

	Avg	G	AB	R	H	2B	3B	HR	RBI	BB	SO	HBP	GDP	SB	CS	OBP	SLG	IBB	SH	SF	#Pit	#P/PA	GB	FB	G/F
2001 Season	.302	100	222	26	67	11	2	5	26	14	31	1	7	3	2	.346	.437	1	2	0	791	3.31	93	61	1.52
Last Five Years	.280	447	1025	143	287	55	12	27	135	55	156	6	30	15	4	.318	.436	6	11	9	3738	3.38	441	279	1.58

2001 Season

	Avg	AB	H	2B	3B	HR	RBI	BB	SO	OBP	SLG		Avg	AB	H	2B	3B	HR	RBI	BB	SO	OBP	SLG
vs. Left	.239	88	21	3	2	0	8	3	15	.264	.318	Scoring Posn	.357	56	20	4	1	0	18	2	8	.379	.464
vs. Right	.343	134	46	8	0	5	18	11	16	.397	.515	Close & Late	.250	44	11	2	0	1	6	2	4	.283	.364
Home	.328	122	40	7	1	0	10	8	18	.369	.402	None on/out	.254	59	15	1	0	2	2	1	10	.267	.373
Away	.270	100	27	4	1	5	16	6	13	.318	.480	Batting #2	.373	51	19	6	1	1	10	3	5	.407	.588
First Pitch	.394	33	13	1	0	2	8	0	0	.412	.606	Batting #4	.300	50	15	0	0	0	2	2	10	.327	.300
Ahead in Count	.321	56	18	8	0	1	6	8	0	.406	.518	Other	.273	121	33	5	1	4	14	9	16	.328	.430
Behind in Count	.269	104	28	2	1	2	7	0	29	.269	.365	Pre-All Star	.299	107	32	3	1	1	9	6	15	.336	.374
Two Strikes	.209	86	18	1	0	1	5	6	31	.261	.256	Post-All Star	.304	115	35	8	1	4	17	8	16	.355	.496

Last Five Years

	Avg	AB	H	2B	3B	HR	RBI	BB	SO	OBP	SLG		Avg	AB	H	2B	3B	HR	RBI	BB	SO	OBP	SLG
vs. Left	.260	430	112	21	5	8	42	27	70	.304	.388	First Pitch	.329	158	52	10	1	3	28	3	0	.341	.462
vs. Right	.294	595	175	34	7	19	93	28	86	.328	.471	Ahead in Count	.362	229	83	18	2	15	46	33	0	.437	.655
Home	.302	470	142	30	8	10	55	29	70	.341	.464	Behind in Count	.226	474	107	18	5	5	41	0	137	.232	.316
Away	.261	555	145	25	4	17	80	26	86	.298	.413	Two Strikes	.181	415	75	14	4	5	35	18	156	.216	.270
Day	.291	316	92	16	2	9	39	14	58	.325	.440	Batting #6	.269	197	53	7	1	8	25	12	22	.308	.406
Night	.275	709	195	39	10	18	96	41	98	.314	.434	Batting #7	.231	251	58	15	1	8	25	9	34	.262	.394
Grass	.284	849	241	44	10	25	111	41	123	.318	.448	Other	.305	577	176	33	10	13	85	34	100	.345	.464
Turf	.261	176	46	11	2	2	24	14	33	.318	.381	March/April	.225	80	18	4	1	2	10	3	15	.253	.375
Pre-All Star	.241	395	95	14	1	11	44	17	74	.269	.365	May	.241	87	21	3	0	3	13	6	16	.287	.379
Post-All Star	.305	630	192	41	11	16	91	38	82	.348	.481	June	.250	160	40	6	0	5	11	5	30	.271	.381
Inning 1-6	.278	564	157	26	9	12	74	35	78	.321	.420	July	.267	255	68	13	4	6	28	14	39	.307	.420
Inning 7+	.282	461	130	29	3	15	61	20	78	.313	.456	August	.318	223	71	13	2	7	38	19	32	.370	.489

27

	Avg	AB	H	2B	3B	HR	RBI	BB	SO	OBP	SLG		Avg	AB	H	2B	3B	HR	RBI	BB	SO	OBP	SLG
							Last Five Years																
Scoring Posn	.306	232	71	14	5	3	100	17	27	.349	.448	Sept/Oct	.314	220	69	16	5	4	35	8	24	.336	.486
Close & Late	.328	192	63	18	1	8	28	11	34	.369	.557	vs. AL	.260	104	27	3	0	2	9	8	20	.313	.346
None on/out	.296	243	72	13	2	10	10	9	42	.327	.490	vs. NL	.282	921	260	52	12	25	126	47	136	.318	.446

Rod Beck — Red Sox Age 33 – Pitches Right

	ERA	W	L	Sv	G	GS	IP	BB	SO	Avg	H	2B	3B	HR	RBI	OBP	SLG	GF	IR	IRS	Hld	SvOp	SB	CS	GB	FB	G/F
2001 Season	3.90	6	4	6	68	0	80.2	28	63	.252	77	13	1	15	42	.319	.448	28	21	7	15	11	6	3	105	82	1.28
Last Five Years	3.76	21	17	104	299	0	315.2	86	257	.257	314	55	7	40	159	.309	.412	199	90	29	27	132	24	6	406	349	1.16

2001 Season

	ERA	W	L	Sv	G	GS	IP	H	HR	BB	SO		Avg	AB	H	2B	3B	HR	RBI	BB	SO	OBP	SLG
Home	4.43	2	3	4	36	0	40.2	45	6	12	37	vs. Left	.213	141	30	6	0	7	16	20	33	.319	.404
Away	3.38	4	1	2	32	0	40.0	32	9	16	26	vs. Right	.285	165	47	7	1	8	26	8	30	.318	.485
Day	2.88	1	0	2	21	0	25.0	23	4	10	22	Inning 1-6	.000	0	0	0	0	0	0	0	0	.000	.000
Night	4.37	5	4	4	47	0	55.2	54	11	18	41	Inning 7+	.252	306	77	13	1	15	42	28	63	.319	.448
Grass	4.18	4	4	5	56	0	66.2	69	12	23	56	None on	.266	177	47	9	1	9	9	12	30	.323	.480
Turf	2.57	2	0	1	12	0	14.0	8	3	5	7	Runners on	.233	129	30	4	0	6	33	16	33	.313	.403
April	2.40	0	1	1	12	0	15.0	13	0	5	13	Scoring Posn	.222	81	18	3	0	3	26	14	24	.330	.370
May	2.84	1	1	1	10	0	12.2	14	3	1	7	Close & Late	.253	182	46	8	1	9	27	22	42	.335	.456
June	3.18	3	1	2	16	0	17.0	9	3	9	15	None on/out	.276	76	21	6	0	5	5	6	11	.329	.553
July	4.50	1	0	1	13	0	14.0	12	5	8	10	vs. 1st Batr (relief)	.258	62	16	5	0	3	6	5	10	.324	.484
August	6.35	1	1	0	12	0	17.0	22	4	3	14	1st Inning Pitched	.255	247	63	12	1	13	34	17	48	.306	.470
Sept/Oct	3.60	0	0	1	5	0	5.0	7	0	2	4	First 15 Pitches	.281	203	57	12	1	11	27	11	33	.321	.512
Starter	0.00	0	0	0	0	0	0.0	0	0	0	0	Pitch 16-30	.195	87	17	1	0	3	11	14	26	.307	.310
Reliever	3.90	6	4	6	68	0	80.2	77	15	28	63	Pitch 31-45	.188	16	3	0	0	1	4	3	4	.350	.375
0 Days Rest (Relief)	3.54	2	2	1	18	0	20.1	14	2	12	18	Pitch 46+	.000	0	0	0	0	0	0	0	0	.000	.000
1 or 2 Days Rest	4.54	3	2	4	35	0	41.2	41	8	12	35	First Pitch	.348	46	16	3	0	3	5	4	0	.400	.609
3+ Days Rest	2.89	1	0	1	15	0	18.2	22	5	4	10	Ahead in Count	.200	140	28	6	0	6	22	0	51	.210	.371
vs. AL	4.22	5	4	5	58	0	70.1	70	13	20	53	Behind in Count	.295	61	18	1	0	4	7	11	0	.397	.508
vs. NL	1.74	1	0	1	10	0	10.1	7	2	8	10	Two Strikes	.155	142	22	3	0	7	23	13	63	.241	.324
Pre-All Star	2.76	4	3	4	42	0	49.0	39	7	16	39	Pre-All Star	.219	178	39	7	1	7	21	16	39	.289	.388
Post-All Star	5.68	2	1	2	26	0	31.2	38	8	12	24	Post-All Star	.297	128	38	6	0	8	21	12	24	.359	.531

Last Five Years

	ERA	W	L	Sv	G	GS	IP	H	HR	BB	SO		Avg	AB	H	2B	3B	HR	RBI	BB	SO	OBP	SLG
Home	3.78	10	7	59	158	0	166.2	171	16	36	150	vs. Left	.247	572	141	21	3	17	64	49	111	.311	.383
Away	3.74	11	10	45	141	0	149.0	143	24	50	107	vs. Right	.267	649	173	34	4	23	95	37	146	.308	.438
Day	3.42	10	5	50	138	0	144.2	155	14	42	127	Inning 1-6	.154	13	2	0	0	0	2	5	4	.389	.154
Night	4.05	11	12	54	161	0	171.0	159	26	44	130	Inning 7+	.258	1208	312	55	7	40	157	81	253	.308	.415
Grass	3.80	17	14	88	256	0	270.1	273	33	74	229	None on	.261	674	176	24	6	25	25	33	127	.305	.426
Turf	3.57	4	3	16	43	0	45.1	41	7	12	28	Runners on	.252	547	138	31	1	15	134	53	130	.314	.395
March/April	4.11	1	4	25	46	0	46.0	52	4	12	39	Scoring Posn	.240	325	78	15	0	9	116	41	88	.317	.369
May	4.34	6	5	16	45	0	45.2	58	8	10	32	Close & Late	.258	763	197	32	2	26	112	58	173	.311	.408
June	2.91	4	2	14	46	0	46.1	35	6	9	41	None on/out	.251	291	73	14	0	12	12	17	47	.304	.423
July	3.71	1	0	20	44	0	43.2	36	7	15	31	vs. 1st Batr (relief)	.269	275	74	14	0	10	26	17	48	.320	.429
August	4.17	1	2	11	58	0	69.0	66	10	24	54	1st Inning Pitched	.258	1062	274	51	6	36	143	67	223	.304	.419
Sept/Oct	3.32	8	4	18	60	0	65.0	67	5	16	60	First 15 Pitches	.262	871	228	39	6	30	97	47	159	.303	.424
Starter	0.00	0	0	0	0	0	0.0	0	0	0	0	Pitch 16-30	.250	312	78	16	0	9	56	35	88	.327	.388
Reliever	3.76	21	17	104	299	0	315.2	314	40	86	257	Pitch 31-45	.222	36	8	0	1	1	6	4	9	.310	.361
0 Days Rest (Relief)	3.78	6	7	43	93	0	88.0	82	10	24	79	Pitch 46+	.000	2	0	0	0	0	0	0	1	.000	.000
1 or 2 Days Rest	3.59	12	8	45	138	0	153.0	150	17	39	124	First Pitch	.335	161	54	10	0	5	23	13	0	.388	.491
3+ Days Rest	4.10	3	2	16	68	0	74.2	82	13	23	54	Ahead in Count	.210	619	130	26	1	14	65	0	217	.216	.323
vs. AL	3.82	9	7	15	120	0	141.1	131	16	39	114	Behind in Count	.352	210	74	11	3	12	40	37	0	.446	.605
vs. NL	3.72	12	10	89	179	0	174.1	183	24	47	143	Two Strikes	.179	602	108	17	1	15	59	36	257	.234	.286
Pre-All Star	3.69	11	11	63	149	0	148.2	152	20	33	121	Pre-All Star	.265	574	152	24	4	20	77	33	121	.304	.425
Post-All Star	3.83	10	6	41	150	0	167.0	162	20	53	136	Post-All Star	.250	647	162	31	3	20	82	53	136	.314	.400

Josh Beckett — Marlins Age 22 – Pitches Right (flyball pitcher)

	ERA	W	L	Sv	G	GS	IP	BB	SO	Avg	H	2B	3B	HR	RBI	OBP	SLG	CG	ShO	Sup	QS	#P/S	SB	CS	GB	FB	G/F
2001 Season	1.50	2	2	0	4	4	24.0	11	24	.161	14	3	0	3	9	.263	.299	0	0	6.75	4	87	2	1	21	35	0.60

2001 Season

	ERA	W	L	Sv	G	GS	IP	H	HR	BB	SO		Avg	AB	H	2B	3B	HR	RBI	BB	SO	OBP	SLG
Home	0.75	2	0	0	2	2	12.0	4	1	6	10	vs. Left	.104	48	5	3	0	1	2	8	14	.246	.229
Away	2.25	0	2	0	2	2	12.0	10	2	5	14	vs. Right	.231	39	9	0	0	2	7	3	10	.286	.385

Joe Beimel — Pirates Age 25 – Pitches Left (groundball pitcher)

	ERA	W	L	Sv	G	GS	IP	BB	SO	Avg	H	2B	3B	HR	RBI	OBP	SLG	GF	IR	IRS	Hld	SvOp	SB	CS	GB	FB	G/F
2001 Season	5.23	7	11	0	42	15	115.1	49	58	.290	131	33	0	12	62	.366	.442	9	16	3	0	0	7	6	202	121	1.67

2001 Season

	ERA	W	L	Sv	G	GS	IP	H	HR	BB	SO		Avg	AB	H	2B	3B	HR	RBI	BB	SO	OBP	SLG
Home	4.97	3	4	0	22	6	58.0	69	6	21	31	vs. Left	.270	122	33	11	0	4	17	10	23	.336	.459
Away	5.49	4	7	0	20	9	57.1	62	6	28	27	vs. Right	.297	330	98	22	0	8	45	39	35	.377	.436

2001 Season

	ERA	W	L	Sv	G	GS	IP	H	HR	BB	SO		Avg	AB	H	2B	3B	HR	RBI	BB	SO	OBP	SLG
Starter	6.43	4	10	0	15	15	71.1	91	10	35	26	Scoring Posn	.331	121	40	10	0	4	48	22	17	.438	.512
Reliever	3.27	3	1	0	27	0	44.0	40	2	14	32	Close & Late	.269	26	7	1	0	0	2	2	7	.321	.308
0 Days Rest (Relief)	3.86	1	0	0	3	0	7.0	4	1	2	3	None on/out	.315	111	35	9	0	1	1	8	7	.372	.423
1 or 2 Days Rest	5.40	1	1	0	13	0	18.1	24	1	10	15	First Pitch	.205	73	15	2	0	1	9	3	0	.247	.274
3+ Days Rest	0.96	1	0	0	11	0	18.2	12	0	2	14	Ahead in Count	.233	189	44	10	0	4	22	0	50	.249	.349
Pre-All Star	4.65	4	4	0	23	7	62.0	69	4	26	33	Behind in Count	.417	96	40	10	0	4	18	22	0	.525	.646
Post-All Star	5.91	3	7	0	19	8	53.1	62	8	23	25	Two Strikes	.239	176	42	11	0	5	23	24	58	.340	.386

Kevin Beirne — Blue Jays
Age 28 – Pitches Right (flyball pitcher)

	ERA	W	L	Sv	G	GS	IP	BB	SO	Avg	H	2B	3B	HR	RBI	OBP	SLG	GF	IR	IRS	Hld	SvOp	SB	CS	GB	FB	G/F
2001 Season	12.86	0	0	0	5	0	7.0	6	5	.394	13	4	0	1	11	.487	.606	2	4	2	0	0	1	0	7	13	0.54
Career (2000-2001)	7.46	1	3	0	34	1	56.2	26	46	.283	63	12	2	10	44	.360	.489	10	25	12	0	1	4	2	56	92	0.61

2001 Season

	ERA	W	L	Sv	G	GS	IP	H	HR	BB	SO		Avg	AB	H	2B	3B	HR	RBI	BB	SO	OBP	SLG
Home	0.00	0	0	0	1	0	1.0	0	0	0	1	vs. Left	.077	13	1	1	0	0	4	2	4	.200	.154
Away	15.00	0	0	0	4	0	6.0	13	1	6	4	vs. Right	.600	20	12	3	0	1	7	4	1	.667	.900

Todd Belitz — Rockies
Age 26 – Pitches Left

	ERA	W	L	Sv	G	GS	IP	BB	SO	Avg	H	2B	3B	HR	RBI	OBP	SLG	GF	IR	IRS	Hld	SvOp	SB	CS	GB	FB	G/F
2001 Season	7.71	1	1	0	8	0	9.1	3	5	.250	9	3	0	2	7	.308	.500	3	6	0	0	0	0	0	11	10	1.10
Career (2000-2001)	6.39	1	1	0	13	0	12.2	7	8	.255	13	5	0	2	11	.345	.471	6	8	2	0	0	0	0	16	15	1.07

2001 Season

	ERA	W	L	Sv	G	GS	IP	H	HR	BB	SO		Avg	AB	H	2B	3B	HR	RBI	BB	SO	OBP	SLG
Home	9.45	1	1	0	5	0	6.2	6	2	3	5	vs. Left	.154	13	2	0	0	2	5	0	3	.154	.615
Away	3.38	0	0	0	3	0	2.2	3	0	0	0	vs. Right	.304	23	7	3	0	0	2	3	2	.385	.435

David Bell — Mariners
Age 29 – Bats Right (flyball hitter)

	Avg	G	AB	R	H	2B	3B	HR	RBI	BB	SO	HBP	GDP	SB	CS	OBP	SLG	IBB	SH	SF	#Pit	#P/PA	GB	FB	G/F
2001 Season	.260	135	470	62	122	28	0	15	64	28	59	3	8	2	1	.303	.415	1	5	4	1844	3.62	131	201	0.65
Last Five Years	.259	623	2092	268	541	120	8	58	250	165	308	13	39	12	12	.314	.407	7	17	21	8770	3.80	655	782	0.84

2001 Season

	Avg	AB	H	2B	3B	HR	RBI	BB	SO	OBP	SLG		Avg	AB	H	2B	3B	HR	RBI	BB	SO	OBP	SLG
vs. Left	.256	125	32	6	0	4	17	8	15	.307	.400	First Pitch	.263	76	20	2	0	3	10	1	0	.278	.408
vs. Right	.261	345	90	22	0	11	47	20	44	.302	.420	Ahead in Count	.313	96	30	10	0	2	18	19	0	.419	.479
Home	.257	226	58	16	0	7	27	9	32	.289	.420	Behind in Count	.208	212	44	9	0	5	20	0	49	.214	.321
Away	.262	244	64	12	0	8	37	19	27	.316	.410	Two Strikes	.230	204	47	12	0	7	24	8	59	.266	.392
Day	.203	123	25	6	0	7	14	4	17	.231	.423	Batting #7	.232	177	41	9	0	8	27	11	25	.278	.418
Night	.280	347	97	22	0	8	50	24	42	.328	.412	Batting #8	.266	203	54	14	0	5	22	15	25	.320	.409
Grass	.265	434	115	27	0	13	61	25	56	.308	.417	Other	.300	90	27	5	0	2	15	2	9	.315	.422
Turf	.194	36	7	1	0	2	3	3	3	.250	.389	May	.205	78	16	2	0	2	11	6	15	.256	.308
Pre-All Star	.261	268	70	15	0	9	44	17	32	.304	.418	May	.274	73	20	4	0	2	12	2	9	.289	.411
Post-All Star	.257	202	52	13	0	6	20	11	27	.301	.411	June	.261	88	23	6	0	3	14	8	7	.330	.432
Inning 1-6	.245	298	73	16	0	8	35	23	34	.302	.379	July	.263	99	26	5	0	4	13	4	12	.295	.434
Inning 7+	.285	172	49	12	0	7	29	5	25	.305	.477	August	.293	92	27	6	0	4	8	6	13	.343	.489
Scoring Posn	.305	128	39	9	0	2	47	13	14	.363	.422	Sept/Oct	.250	40	10	5	0	0	6	2	3	.286	.375
Close & Late	.316	76	24	6	0	5	12	0	13	.316	.592	vs. AL	.247	417	103	26	0	11	51	22	52	.287	.388
None on/out	.248	105	26	9	0	4	4	3	10	.275	.448	vs. NL	.358	53	19	2	0	4	13	6	7	.424	.623

2001 By Position

Position	Avg	AB	H	2B	3B	HR	RBI	BB	SO	OBP	SLG	G	GS	Innings	PO	A	E	DP	Fld Pct	Rng Fctr	In Zone	Zone Outs	Zone Rtg	MLB Zone
As 3b	.256	464	119	28	0	14	63	27	59	.299	.407	134	120	1128.0	92	257	14	21	.961	2.78	346	277	.801	.761

Last Five Years

	Avg	AB	H	2B	3B	HR	RBI	BB	SO	OBP	SLG		Avg	AB	H	2B	3B	HR	RBI	BB	SO	OBP	SLG
vs. Left	.256	515	132	25	2	14	55	44	77	.315	.394	First Pitch	.294	296	87	17	2	13	40	5	0	.306	.497
vs. Right	.259	1577	409	95	6	44	195	121	231	.314	.411	Ahead in Count	.323	470	152	45	2	19	70	90	0	.427	.549
Home	.260	1048	272	68	4	25	126	80	162	.313	.404	Behind in Count	.211	929	196	37	3	15	89	0	255	.219	.306
Away	.258	1044	269	52	4	33	124	85	146	.315	.410	Two Strikes	.207	986	204	45	4	15	91	70	308	.265	.306
Day	.239	612	146	39	1	20	70	59	106	.307	.404	Batting #7	.251	499	125	24	2	17	68	48	80	.319	.409
Night	.267	1480	395	81	7	38	180	106	202	.317	.408	Batting #8	.264	519	137	31	2	11	64	37	70	.314	.395
Grass	.260	1669	434	93	7	43	192	121	256	.311	.401	Other	.260	1074	279	65	4	30	118	80	158	.311	.412
Turf	.253	423	107	27	1	15	58	44	52	.325	.428	March/April	.199	271	54	10	0	10	31	19	46	.255	.347
Pre-All Star	.258	1122	289	61	4	36	155	91	159	.314	.415	May	.280	372	104	26	2	13	65	26	55	.322	.465
Post-All Star	.260	970	252	59	4	22	95	74	149	.314	.397	June	.262	359	94	18	1	8	42	35	46	.332	.384
Inning 1-6	.255	1395	356	80	6	34	155	115	192	.314	.394	July	.266	380	101	23	1	10	38	33	45	.327	.411
Inning 7+	.265	697	185	40	2	24	95	50	116	.314	.432	August	.252	353	89	18	4	8	30	27	62	.304	.394
Scoring Posn	.269	536	144	30	3	8	184	59	87	.334	.381	Sept/Oct	.277	357	99	25	0	9	44	25	54	.323	.423
Close & Late	.263	300	79	19	0	15	44	14	52	.293	.477	vs. AL	.259	1723	446	97	6	49	214	131	251	.313	.407
None on/out	.287	541	155	35	2	23	23	40	69	.342	.486	vs. NL	.257	369	95	23	2	9	36	34	57	.319	.404

Derek Bell — Pirates
Age 33 – Bats Right (groundball hitter)

	Avg	G	AB	R	H	2B	3B	HR	RBI	BB	SO	HBP	GDP	SB	CS	OBP	SLG	IBB	SH	SF	#Pit	#P/PA	GB	FB	G/F
2001 Season	.173	46	156	14	27	3	0	5	13	25	38	0	4	0	2	.287	.288	5	2	0	675	3.69	62	41	1.51
Last Five Years	.268	603	2334	340	626	126	6	72	327	231	512	26	68	54	22	.338	.420	9	4	20	9885	3.78	946	547	1.73

2001 Season

	Avg	AB	H	2B	3B	HR	RBI	BB	SO	OBP	SLG		Avg	AB	H	2B	3B	HR	RBI	BB	SO	OBP	SLG
vs. Left	.167	30	5	2	0	1	5	2	4	.219	.333	Scoring Posn	.158	38	6	1	0	1	8	8	8	.304	.263
vs. Right	.175	126	22	1	0	4	8	23	34	.302	.278	Close & Late	.182	22	4	0	0	0	1	2	6	.250	.182
Home	.167	72	12	0	0	4	9	12	14	.286	.333	None on/out	.229	35	8	0	0	2	2	4	8	.308	.400
Away	.179	84	15	3	0	1	4	13	24	.289	.250	Batting #2	.120	75	9	1	0	1	3	4	18	.165	.173
First Pitch	.267	30	8	0	0	1	2	5	0	.371	.367	Batting #8	.261	23	6	0	0	3	5	13	6	.528	.652
Ahead in Count	.219	32	7	1	0	1	3	9	0	.390	.344	Other	.207	58	12	2	0	1	5	8	14	.303	.293
Behind in Count	.172	64	11	2	0	3	8	0	27	.172	.344	Pre-All Star	.173	156	27	3	0	5	13	25	38	.287	.288
Two Strikes	.149	74	11	2	0	3	7	11	38	.259	.297	Post-All Star	.000	0	0	0	0	0	0	0	0	.000	.000

Last Five Years

	Avg	AB	H	2B	3B	HR	RBI	BB	SO	OBP	SLG		Avg	AB	H	2B	3B	HR	RBI	BB	SO	OBP	SLG
vs. Left	.262	527	138	29	2	13	76	48	100	.323	.398	First Pitch	.312	359	112	22	0	17	46	9	0	.333	.515
vs. Right	.270	1807	488	97	4	59	251	183	412	.343	.426	Ahead in Count	.356	522	186	36	3	22	106	107	0	.466	.563
Home	.285	1112	317	64	3	36	168	129	229	.363	.445	Behind in Count	.202	1013	205	48	1	19	100	0	408	.213	.308
Away	.253	1222	309	62	3	36	159	102	283	.315	.397	Two Strikes	.192	1118	215	46	2	18	124	115	512	.271	.285
Day	.273	677	185	46	1	22	97	75	148	.352	.442	Batting #2	.276	1225	338	74	4	42	178	111	270	.341	.480
Night	.266	1657	441	80	5	50	230	156	364	.333	.411	Batting #3	.308	400	123	23	2	14	67	33	71	.357	.480
Grass	.252	1223	308	60	3	37	159	117	274	.320	.397	Other	.233	709	165	29	0	16	82	87	171	.322	.341
Turf	.286	1111	318	66	3	35	168	114	238	.358	.446	March/April	.299	469	140	28	0	13	64	39	101	.352	.441
Pre-All Star	.276	1399	386	76	1	44	202	134	316	.341	.426	May	.222	392	87	18	1	10	44	38	95	.298	.349
Post-All Star	.257	935	240	50	5	28	125	97	196	.333	.411	June	.288	406	117	19	0	16	67	44	89	.357	.453
Inning 1-6	.266	1621	431	92	6	47	229	153	347	.333	.417	July	.283	414	117	26	0	13	67	43	86	.353	.440
Inning 7+	.273	713	195	34	0	25	98	78	165	.349	.426	August	.242	363	88	21	4	10	47	48	78	.333	.333
Scoring Posn	.249	634	158	39	4	13	237	97	150	.351	.385	Sept/Oct	.266	290	77	14	1	10	38	19	63	.321	.424
Close & Late	.279	377	105	15	0	12	53	45	79	.358	.414	vs. AL	.266	244	65	14	0	5	35	16	49	.307	.385
None on/out	.263	437	115	17	0	21	21	28	90	.315	.446	vs. NL	.268	2090	561	112	6	67	292	215	463	.342	.424

Jay Bell — Diamondbacks
Age 36 – Bats Right (flyball hitter)

	Avg	G	AB	R	H	2B	3B	HR	RBI	BB	SO	HBP	GDP	SB	CS	OBP	SLG	IBB	SH	SF	#Pit	#P/PA	GB	FB	G/F
2001 Season	.248	129	428	59	106	24	1	13	46	65	79	4	9	0	1	.349	.400	3	8	4	2171	4.27	143	146	0.98
Last Five Years	.271	737	2704	446	732	143	21	110	385	369	529	22	52	27	19	.359	.461	10	26	30	13274	4.21	822	934	0.88

2001 Season

	Avg	AB	H	2B	3B	HR	RBI	BB	SO	OBP	SLG		Avg	AB	H	2B	3B	HR	RBI	BB	SO	OBP	SLG
vs. Left	.224	116	26	6	0	3	12	18	23	.328	.353	First Pitch	.388	49	19	1	0	3	9	1	0	.412	.592
vs. Right	.256	312	80	18	1	10	34	47	56	.357	.417	Ahead in Count	.210	81	17	6	1	2	6	27	0	.407	.383
Home	.236	212	50	12	1	6	26	30	42	.337	.387	Behind in Count	.213	202	43	13	0	1	16	0	62	.216	.292
Away	.259	216	56	12	0	7	20	35	37	.361	.412	Two Strikes	.239	234	56	14	0	5	23	37	79	.343	.363
Day	.218	119	26	4	0	2	8	16	21	.312	.303	Batting #2	.248	307	76	12	0	11	36	42	50	.340	.394
Night	.259	309	80	20	1	11	38	49	58	.364	.437	Batting #4	.324	37	12	4	1	2	4	11	9	.479	.649
Grass	.251	415	104	24	1	12	43	65	78	.353	.400	Other	.214	84	18	8	0	0	6	12	20	.320	.310
Turf	.154	13	2	0	0	1	3	0	1	.214	.385	April	.351	74	26	6	0	4	17	15	12	.456	.595
Pre-All Star	.269	294	79	17	1	11	37	46	51	.370	.446	May	.227	110	25	5	0	3	9	7	19	.275	.355
Post-All Star	.201	134	27	7	0	2	9	19	28	.303	.299	June	.295	88	26	5	1	4	10	20	17	.436	.511
Inning 1-6	.255	298	76	17	1	11	37	44	52	.354	.430	July	.156	77	12	1	0	2	4	13	9	.275	.247
Inning 7+	.231	130	30	7	0	2	9	21	27	.338	.331	August	.143	35	5	2	0	0	3	4	12	.231	.200
Scoring Posn	.263	80	21	4	0	3	31	19	13	.400	.425	Sept/Oct	.273	44	12	5	0	0	3	6	10	.360	.386
Close & Late	.279	61	17	1	0	2	6	8	13	.362	.393	vs. AL	.185	54	10	2	0	1	3	7	12	.286	.278
None on/out	.287	87	25	6	1	1	9	16	.354	.414	vs. NL	.257	374	96	22	1	12	43	58	67	.358	.417

2001 By Position

Position	Avg	AB	H	2B	3B	HR	RBI	BB	SO	OBP	SLG	G	GS	Innings	PO	A	E	DP	Fld Pct	Rng Fctr	In Zone	Zone Outs	Zone Rtg	MLB Zone
As 2b	.264	284	75	16	1	10	34	41	50	.356	.433	80	78	664.0	153	168	2	43	.994	4.35	175	148	.846	.824
As 3b	.207	121	25	7	0	2	10	23	24	.347	.314	40	33	303.1	22	56	5	3	.940	2.31	88	58	.659	.761

Last Five Years

	Avg	AB	H	2B	3B	HR	RBI	BB	SO	OBP	SLG		Avg	AB	H	2B	3B	HR	RBI	BB	SO	OBP	SLG
vs. Left	.288	749	216	40	6	29	107	127	139	.393	.474	First Pitch	.333	231	77	16	3	16	50	5	0	.357	.636
vs. Right	.264	1955	516	103	15	81	278	242	390	.358	.456	Ahead in Count	.346	592	205	51	3	34	128	157	0	.506	.615
Home	.277	1343	372	79	14	57	213	178	236	.364	.484	Behind in Count	.224	1241	278	52	8	30	124	0	407	.228	.308
Away	.265	1361	360	64	7	53	172	191	293	.355	.439	Two Strikes	.214	1444	309	54	11	38	140	167	529	.297	.346
Day	.272	764	208	29	6	32	102	103	151	.359	.452	Batting #2	.271	1688	458	89	13	74	249	239	325	.362	.471
Night	.270	1940	524	114	15	78	283	266	378	.359	.465	Batting #3	.287	527	151	19	5	19	80	68	88	.368	.480
Grass	.271	2397	649	132	19	97	332	323	467	.358	.463	Other	.252	489	123	35	3	17	56	62	116	.342	.440
Turf	.270	307	83	11	2	13	53	46	62	.380	.446	March/April	.291	467	136	18	4	27	77	61	98	.371	.520
Pre-All Star	.267	1577	421	84	11	68	226	221	313	.358	.464	May	.273	512	140	33	2	17	66	82	89	.374	.445
Post-All Star	.276	1127	311	59	10	42	159	148	216	.362	.458	June	.246	459	113	23	3	22	69	66	99	.343	.453
Inning 1-6	.276	1881	520	107	16	81	279	246	347	.361	.480	July	.240	442	106	21	5	16	62	57	78	.330	.419
Inning 7+	.258	823	212	36	5	29	106	123	182	.355	.419	August	.267	431	115	22	1	12	47	55	64	.350	.416
Scoring Posn	.294	633	186	36	4	24	264	134	115	.410	.477	Sept/Oct	.310	393	122	25	4	16	64	48	81	.382	.517
Close & Late	.271	409	111	19	0	15	50	59	93	.361	.428	vs. AL	.278	715	199	35	6	32	116	72	125	.344	.478
None on/out	.265	521	138	25	4	20	20	60	96	.345	.443	vs. NL	.268	1989	533	108	15	78	269	297	404	.365	.455

Rob Bell — Rangers
Age 25 – Pitches Right (flyball pitcher)

	ERA	W	L	Sv	G	GS	IP	BB	SO	Avg	H	2B	3B	HR	RBI	OBP	SLG	CG	ShO	Sup	QS	#P/S	SB	CS	GB	FB	G/F
2001 Season	6.67	5	10	0	27	27	149.2	64	97	.300	176	47	3	32	106	.370	.554	0	0	5.17	6	90	15	10	174	208	0.84
Career (2000-2001)	5.87	12	18	0	53	53	290.0	137	209	.273	306	85	5	64	179	.353	.529	1	0	4.97	17	88	34	11	337	397	0.85

2001 Season

	ERA	W	L	Sv	G	GS	IP	H	HR	BB	SO		Avg	AB	H	2B	3B	HR	RBI	BB	SO	OBP	SLG
Home	5.87	4	5	0	15	15	92.0	101	16	35	55	vs. Left	.308	315	97	30	2	18	58	43	45	.386	.587
Away	7.96	1	5	0	12	12	57.2	75	16	29	42	vs. Right	.290	272	79	17	1	14	48	21	52	.351	.515
Starter	6.67	5	10	0	27	27	149.2	176	32	64	97	Scoring Posn	.326	138	45	10	1	4	66	17	18	.382	.500
Reliever	0.00	0	0	0	0	0	0.0	0	0	0	0	Close & Late	.250	36	9	7	0	0	3	4	6	.341	.444
0-3 Days Rest (Start)	0.00	0	0	0	0	0	0.0	0	0	0	0	None on/out	.283	152	43	13	0	6	6	15	27	.355	.487
4 Days Rest	7.99	3	4	0	13	13	65.1	86	21	25	37	First Pitch	.301	93	28	6	0	8	20	0	0	.303	.624
5+ Days Rest	5.66	2	6	0	14	14	84.1	90	11	39	60	Ahead in Count	.269	260	70	16	1	6	35	0	86	.273	.408
Pre-All Star	6.09	2	5	0	13	13	65.0	71	13	28	42	Behind in Count	.373	134	50	16	1	10	29	40	0	.517	.731
Post-All Star	7.12	3	5	0	14	14	84.2	105	19	36	55	Two Strikes	.217	240	52	13	1	5	26	24	97	.289	.342

Mark Bellhorn — Athletics
Age 27 – Bats Both

	Avg	G	AB	R	H	2B	3B	HR	RBI	BB	SO	HBP	GDP	SB	CS	OBP	SLG	IBB	SH	SF	#Pit	#P/PA	GB	FB	G/F
2001 Season	.135	38	74	11	10	1	2	1	4	7	37	0	1	0	0	.210	.243	0	1	0	344	4.20	12	19	0.63
Career (1997-2001)	.198	126	323	47	64	11	3	7	24	44	117	1	2	9	1	.296	.316	0	6	0	1595	4.26	84	77	1.09

2001 Season

	Avg	AB	H	2B	3B	HR	RBI	BB	SO	OBP	SLG		Avg	AB	H	2B	3B	HR	RBI	BB	SO	OBP	SLG
vs. Left	.118	17	2	0	1	1	4	8	.286	.412	Scoring Posn	.105	19	2	1	0	0	3	6	13	.320	.158
vs. Right	.140	57	8	1	1	0	3	3	29	.183	.193	Close & Late	.200	10	2	0	0	0	1	0	5	.200	.200

Ronnie Belliard — Brewers
Age 27 – Bats Right

	Avg	G	AB	R	H	2B	3B	HR	RBI	BB	SO	HBP	GDP	SB	CS	OBP	SLG	IBB	SH	SF	#Pit	#P/PA	GB	FB	G/F
2001 Season	.264	101	364	49	96	30	3	11	36	35	65	5	5	6	2	.335	.453	2	4	2	1490	3.63	130	101	1.29
Career (1998-2001)	.273	385	1397	213	382	89	16	27	148	181	208	8	33	16	12	.357	.418	6	14	13	6168	3.82	554	379	1.46

2001 Season

	Avg	AB	H	2B	3B	HR	RBI	BB	SO	OBP	SLG		Avg	AB	H	2B	3B	HR	RBI	BB	SO	OBP	SLG
vs. Left	.284	67	19	5	0	5	9	7	12	.360	.582	First Pitch	.353	51	18	5	0	3	7	1	0	.382	.627
vs. Right	.259	297	77	25	3	6	27	28	53	.329	.424	Ahead in Count	.281	64	18	10	0	2	10	23	0	.471	.531
Home	.262	202	53	17	2	7	22	11	39	.310	.470	Behind in Count	.193	187	36	8	3	2	11	0	58	.200	.299
Away	.265	162	43	13	1	4	14	24	26	.363	.432	Two Strikes	.212	179	38	6	2	6	14	11	65	.260	.369
Day	.266	128	34	14	0	1	13	11	22	.338	.398	Batting #1	.290	169	49	18	2	8	18	12	27	.348	.562
Night	.263	236	62	16	3	10	23	24	43	.333	.483	Batting #2	.236	89	21	4	0	1	5	12	15	.324	.315
Grass	.258	349	90	27	3	10	34	33	64	.329	.438	Other	.245	106	26	8	1	2	13	11	23	.325	.396
Turf	.400	15	6	3	0	1	2	2	1	.471	.800	April	.276	87	24	5	1	2	9	10	10	.347	.425
Pre-All Star	.262	263	69	21	2	4	22	32	44	.347	.403	May	.209	86	18	5	1	1	7	14	18	.324	.326
Post-All Star	.267	101	27	9	1	7	14	3	21	.302	.584	June	.284	67	19	7	0	1	4	8	9	.377	.433
Inning 1-6	.281	256	72	24	2	9	29	18	40	.333	.496	July	.344	93	32	11	1	6	15	2	17	.365	.677
Inning 7+	.222	108	24	6	1	2	7	17	25	.339	.352	August	.111	27	3	2	0	1	1	1	10	.172	.296
Scoring Posn	.311	61	19	8	1	0	23	8	14	.397	.475	Sept/Oct	.000	4	0	0	0	0	0	0	0	.000	.000
Close & Late	.200	50	10	3	0	0	1	5	9	.286	.260	vs. AL	.375	48	18	5	0	2	8	4	7	.434	.604
None on/out	.270	115	31	9	1	5	5	10	17	.333	.496	vs. NL	.247	316	78	25	3	9	28	31	58	.320	.430

2001 By Position

Position	Avg	AB	H	2B	3B	HR	RBI	BB	SO	OBP	SLG	G	GS	Innings	PO	A	E	DP	Fld Pct	Rng Fctr	In Zone	Outs	Zone Rtg	MLB Zone
As 2b	.267	359	96	30	3	11	36	35	64	.339	.460	96	93	826.2	213	290	5	66	.990	5.48	306	264	.863	.824

Career (1998-2001)

	Avg	AB	H	2B	3B	HR	RBI	BB	SO	OBP	SLG		Avg	AB	H	2B	3B	HR	RBI	BB	SO	OBP	SLG
vs. Left	.278	317	88	22	1	10	35	57	49	.388	.448	First Pitch	.315	165	52	13	0	5	23	2	0	.327	.485
vs. Right	.272	1080	294	67	15	17	113	124	159	.348	.409	Ahead in Count	.339	277	94	31	7	11	52	108	0	.519	.621
Home	.274	705	193	49	11	16	80	86	111	.354	.443	Behind in Count	.216	676	146	24	6	6	41	0	182	.220	.296
Away	.273	692	189	40	5	11	68	95	97	.360	.393	Two Strikes	.218	684	149	25	6	9	51	71	208	.292	.311
Day	.317	457	145	39	4	8	61	59	66	.396	.473	Batting #1	.271	580	157	41	8	11	51	68	93	.348	.426
Night	.252	940	237	50	12	19	87	122	142	.338	.391	Batting #2	.288	340	98	19	4	7	36	51	46	.381	.429
Grass	.264	1221	322	74	14	23	130	165	186	.352	.404	Other	.266	477	127	29	4	9	61	62	69	.351	.400
Turf	.341	176	60	15	2	4	18	16	22	.396	.517	March/April	.284	176	50	9	2	5	21	19	15	.357	.443
Pre-All Star	.287	792	227	53	8	14	80	113	115	.377	.427	May	.264	261	69	14	2	4	28	49	42	.382	.379
Post-All Star	.256	605	155	36	8	13	68	68	93	.330	.407	June	.315	260	82	21	3	5	20	41	38	.411	.477
Inning 1-6	.280	964	270	65	11	23	104	103	130	.349	.442	July	.262	294	77	22	6	7	36	23	49	.313	.449
Inning 7+	.259	433	112	24	5	4	44	78	78	.374	.365	August	.222	212	47	7	2	1	13	23	37	.300	.288
Scoring Posn	.320	291	93	27	3	7	119	58	51	.420	.491	Sept/Oct	.294	194	57	16	1	5	30	26	27	.374	.464
Close & Late	.273	216	59	11	1	1	24	31	36	.364	.347	vs. AL	.319	160	51	14	0	3	18	23	26	.405	.463
None on/out	.284	426	121	22	4	12	12	39	58	.350	.439	vs. NL	.268	1237	331	75	16	24	130	158	182	.351	.412

Clay Bellinger — Yankees

Age 33 – Bats Right (flyball hitter)

	Avg	G	AB	R	H	2B	3B	HR	RBI	BB	SO	HBP	GDP	SB	CS	OBP	SLG	IBB	SH	SF	#Pit	#P/PA	GB	FB	G/F
2001 Season	.160	51	81	12	13	1	1	5	12	4	23	1	2	1	2	.207	.383	0	1	1	356	4.05	15	36	0.42
Career (1999-2001)	.194	181	310	57	60	11	3	12	35	22	81	6	4	7	2	.258	.365	1	2	3	1312	3.83	72	120	0.60

2001 Season

	Avg	AB	H	2B	3B	HR	RBI	BB	SO	OBP	SLG		Avg	AB	H	2B	3B	HR	RBI	BB	SO	OBP	SLG
vs. Left	.261	23	6	0	1	2	6	0	5	.250	.609	Scoring Posn	.100	20	2	0	1	1	6	1	5	.136	.350
vs. Right	.121	58	7	1	0	3	6	4	18	.190	.293	Close & Late	.375	8	3	0	0	2	3	0	3	.375	1.125

Carlos Beltran — Royals

Age 25 – Bats Both

	Avg	G	AB	R	H	2B	3B	HR	RBI	BB	SO	HBP	GDP	SB	CS	OBP	SLG	IBB	SH	SF	#Pit	#P/PA	GB	FB	G/F
2001 Season	.306	155	617	106	189	32	12	24	101	52	120	5	7	31	1	.362	.514	2	1	5	2477	3.64	223	164	1.36
Career (1998-2001)	.287	423	1710	279	491	79	26	53	260	136	324	10	38	74	9	.340	.457	6	3	20	6570	3.50	637	456	1.40

2001 Season

	Avg	AB	H	2B	3B	HR	RBI	BB	SO	OBP	SLG		Avg	AB	H	2B	3B	HR	RBI	BB	SO	OBP	SLG
vs. Left	.315	168	53	10	2	4	17	15	29	.372	.470	First Pitch	.378	82	31	10	0	3	23	2	0	.404	.610
vs. Right	.303	449	136	22	10	20	84	37	91	.359	.530	Ahead in Count	.465	144	67	8	5	12	29	31	0	.563	.840
Home	.342	292	100	17	8	7	47	36	52	.416	.527	Behind in Count	.208	284	59	7	7	6	34	0	104	.207	.345
Away	.274	325	89	15	4	17	54	16	68	.310	.502	Two Strikes	.182	269	49	8	3	5	26	19	120	.235	.290
Day	.272	191	52	9	3	8	34	22	34	.344	.476	Batting #1	.248	141	35	4	3	3	17	7	29	.278	.383
Night	.322	426	137	23	9	16	67	30	86	.371	.531	Batting #3	.341	331	113	23	8	14	64	30	58	.402	.586
Grass	.316	545	172	28	11	23	95	48	108	.374	.534	Other	.283	145	41	5	1	7	20	15	33	.352	.476
Turf	.236	72	17	4	1	1	6	4	12	.269	.361	April	.275	102	28	2	1	2	9	11	20	.342	.373
Pre-All Star	.263	335	88	11	4	12	44	23	75	.310	.427	May	.252	103	26	4	2	3	14	4	23	.273	.417
Post-All Star	.358	282	101	21	8	12	57	29	45	.424	.617	June	.265	98	26	3	0	6	15	7	23	.318	.480
Inning 1-6	.312	426	133	22	10	17	68	38	82	.373	.531	July	.297	91	27	7	2	2	15	6	23	.347	.484
Inning 7+	.293	191	56	10	2	7	33	14	38	.338	.476	August	.373	110	41	7	4	3	18	15	9	.461	.591
Scoring Posn	.387	142	55	10	5	7	79	16	26	.436	.676	Sept/Oct	.363	113	41	9	3	8	30	9	22	.410	.708
Close & Late	.267	86	23	3	0	5	17	8	22	.326	.477	vs. AL	.304	549	167	26	12	21	88	47	102	.361	.510
None on/out	.314	140	44	7	1	3	3	10	25	.360	.457	vs. NL	.324	68	22	6	0	3	13	5	18	.373	.544

2001 By Position

Position	Avg	AB	H	2B	3B	HR	RBI	BB	SO	OBP	SLG	G	GS	Innings	PO	A	E	DP	Fld Pct	Rng Fctr	In Zone	Zone Outs	Zone Rtg	MLB Zone
As cf	.308	604	186	32	12	24	100	52	117	.365	.520	152	152	1324.0	404	14	5	6	.988	2.84	440	400	.909	.892

Career (1998-2001)

	Avg	AB	H	2B	3B	HR	RBI	BB	SO	OBP	SLG		Avg	AB	H	2B	3B	HR	RBI	BB	SO	OBP	SLG
vs. Left	.301	392	118	21	4	15	50	30	86	.350	.490	First Pitch	.350	283	99	20	2	5	60	6	0	.364	.488
vs. Right	.283	1318	373	58	22	38	210	106	238	.336	.447	Ahead in Count	.377	393	148	18	10	20	76	75	0	.474	.626
Home	.304	846	257	39	16	23	137	77	149	.361	.469	Behind in Count	.218	746	163	25	14	17	82	0	269	.220	.358
Away	.271	864	234	40	10	30	123	59	175	.318	.444	Two Strikes	.184	705	130	20	10	15	64	54	324	.243	.305
Day	.275	516	142	23	7	15	74	43	99	.326	.434	Batting #1	.282	457	129	23	6	11	61	23	94	.314	.431
Night	.292	1194	349	56	19	38	186	93	225	.345	.466	Batting #3	.299	720	215	35	13	25	125	63	132	.355	.488
Grass	.290	1512	439	67	23	49	233	124	282	.344	.462	Other	.276	533	147	21	7	17	74	50	98	.339	.437
Turf	.263	198	52	12	3	4	27	12	42	.305	.414	March/April	.266	290	77	11	2	6	34	21	55	.311	.379
Pre-All Star	.273	1008	275	46	11	30	135	74	199	.322	.430	May	.278	316	88	18	4	9	44	22	69	.324	.446
Post-All Star	.308	702	216	33	15	23	125	62	125	.364	.496	June	.277	310	86	10	4	13	43	26	55	.335	.461
Inning 1-6	.283	1176	333	50	19	38	170	91	232	.335	.455	July	.292	219	64	12	3	6	37	12	46	.329	.457
Inning 7+	.296	534	158	29	7	15	90	45	92	.350	.461	August	.301	219	66	8	4	8	33	23	30	.377	.484
Scoring Posn	.317	432	137	21	9	14	205	45	89	.369	.505	Sept/Oct	.309	356	110	20	9	11	69	32	69	.361	.508
Close & Late	.252	250	63	8	1	8	50	23	53	.312	.388	vs. AL	.285	1521	433	68	24	46	223	123	290	.338	.452
None on/out	.295	414	122	24	4	10	10	25	81	.335	.444	vs. NL	.307	189	58	11	2	7	37	13	34	.356	.497

Adrian Beltre — Dodgers

Age 23 – Bats Right

	Avg	G	AB	R	H	2B	3B	HR	RBI	BB	SO	HBP	GDP	SB	CS	OBP	SLG	IBB	SH	SF	#Pit	#P/PA	GB	FB	G/F
2001 Season	.265	126	475	59	126	22	4	13	60	28	82	5	9	13	4	.310	.411	1	2	5	1972	3.83	163	149	1.09
Career (1998-2001)	.270	493	1718	232	464	88	11	55	234	159	304	16	30	46	17	.335	.430	15	11	14	7232	3.77	600	544	1.10

2001 Season

	Avg	AB	H	2B	3B	HR	RBI	BB	SO	OBP	SLG		Avg	AB	H	2B	3B	HR	RBI	BB	SO	OBP	SLG
vs. Left	.265	98	26	6	0	3	15	10	13	.330	.418	First Pitch	.333	30	10	2	1	1	2	0	0	.355	.567
vs. Right	.265	377	100	16	4	10	45	18	69	.304	.408	Ahead in Count	.200	75	15	1	0	3	11	20	0	.357	.333
Home	.233	223	52	11	0	4	22	11	33	.278	.336	Behind in Count	.270	278	75	16	1	4	28	0	72	.280	.378
Away	.294	252	74	11	4	9	38	17	49	.338	.476	Two Strikes	.218	252	55	10	2	3	20	8	82	.251	.310
Day	.273	143	39	8	2	2	18	7	28	.305	.399	Batting #6	.260	173	45	6	2	5	25	10	28	.312	.405
Night	.262	332	87	14	2	11	42	21	54	.312	.416	Batting #7	.271	177	48	10	2	6	25	10	34	.311	.452
Grass	.269	453	122	21	4	13	60	26	76	.313	.419	Other	.264	125	33	6	0	2	10	8	20	.306	.360
Turf	.182	22	4	1	0	0	0	2	6	.250	.227	April	.000	0	0	0	0	0	0	0	0	.000	.000
Pre-All Star	.242	190	46	7	2	7	24	12	35	.291	.411	May	.203	64	13	0	1	2	6	4	16	.246	.328
Post-All Star	.281	285	80	15	2	6	36	16	47	.322	.411	June	.289	97	28	6	1	4	15	8	13	.355	.495
Inning 1-6	.287	303	87	17	2	9	37	20	55	.333	.446	July	.235	98	23	5	0	5	16	5	20	.264	.439
Inning 7+	.227	172	39	5	2	4	23	8	27	.268	.349	August	.304	115	35	7	0	1	9	7	15	.333	.391
Scoring Posn	.268	123	33	5	2	1	46	5	23	.291	.366	Sept/Oct	.267	101	27	4	2	1	14	4	18	.306	.376
Close & Late	.211	90	19	2	1	2	13	3	16	.250	.322	vs. AL	.218	55	12	3	0	2	6	1	9	.259	.382
None on/out	.290	138	40	10	2	2	6	21	.329	.435		vs. NL	.271	420	114	19	4	11	54	27	73	.316	.414

Marvin Benard — Giants
Age 32 – Bats Left

2001 By Position

Position	Avg	AB	H	2B	3B	HR	RBI	BB	SO	OBP	SLG		G	GS	Innings	PO	A	E	DP	Fld Pct	Rng Fctr	In Zone	Outs	Zone Rtg	MLB Zone
As 3b	.268	470	126	22	4	13	60	27	81	.312	.415		124	121	1080.0	99	215	16	18	.952	2.62	292	223	.764	.761

Career (1998-2001)

	Avg	AB	H	2B	3B	HR	RBI	BB	SO	OBP	SLG		Avg	AB	H	2B	3B	HR	RBI	BB	SO	OBP	SLG
vs. Left	.247	392	97	19	1	8	54	64	79	.351	.362	First Pitch	.342	158	54	11	3	5	23	12	0	.392	.544
vs. Right	.277	1326	367	69	10	47	180	95	225	.330	.450	Ahead in Count	.275	287	79	15	2	17	54	105	0	.469	.519
Home	.247	830	205	41	2	22	90	73	145	.316	.381	Behind in Count	.250	965	241	49	4	18	101	0	263	.257	.365
Away	.292	888	259	47	9	33	144	86	159	.353	.476	Two Strikes	.221	897	198	35	5	16	85	41	304	.260	.324
Day	.295	468	138	28	2	12	63	48	77	.364	.440	Batting #6	.290	531	154	29	2	19	79	50	90	.354	.460
Night	.261	1250	326	60	9	43	171	111	227	.324	.426	Batting #7	.272	749	204	38	5	26	106	66	136	.333	.441
Grass	.265	1533	407	77	10	48	208	138	262	.329	.423	Other	.242	438	106	21	4	10	49	43	78	.316	.377
Turf	.308	185	57	11	1	7	26	21	42	.382	.492	March/April	.313	163	51	14	2	3	25	25	31	.397	.479
Pre-All Star	.262	762	200	40	6	25	102	70	140	.327	.429	May	.244	242	59	10	3	8	34	16	52	.290	.409
Post-All Star	.276	956	264	48	5	30	132	89	164	.342	.431	June	.264	258	68	13	1	10	31	21	40	.329	.438
Inning 1-6	.281	1119	314	66	5	40	163	99	196	.342	.456	July	.246	374	92	17	1	10	52	25	73	.297	.377
Inning 7+	.250	599	150	22	6	15	71	60	108	.321	.382	August	.305	371	113	22	0	15	57	33	60	.361	.485
Scoring Posn	.271	446	121	18	4	13	177	46	85	.333	.417	Sept/Oct	.261	310	81	12	4	9	35	39	48	.344	.413
Close & Late	.197	299	59	9	2	7	38	30	67	.275	.311	vs. AL	.218	147	32	9	1	3	11	10	33	.281	.354
None on/out	.265	431	114	31	4	12	12	31	72	.324	.439	vs. NL	.275	1571	432	79	10	52	223	149	271	.340	.437

	Avg	G	AB	R	H	2B	3B	HR	RBI	BB	SO	HBP	GDP	SB	CS	OBP	SLG	IBB	SH	SF	#Pit	#P/PA	GB	FB	G/F
2001 Season	.265	129	392	70	104	19	2	15	44	29	66	4	3	10	5	.320	.439	2	1	3	1520	3.54	139	120	1.16
Last Five Years	.278	632	1914	326	532	107	14	47	212	194	328	20	17	73	31	.349	.422	5	8	8	8127	3.79	727	519	1.40

2001 Season

	Avg	AB	H	2B	3B	HR	RBI	BB	SO	OBP	SLG		Avg	AB	H	2B	3B	HR	RBI	BB	SO	OBP	SLG
vs. Left	.390	41	16	5	1	1	6	3	10	.422	.634	First Pitch	.404	47	19	3	1	2	6	2	0	.429	.638
vs. Right	.251	351	88	14	1	14	38	26	56	.308	.416	Ahead in Count	.370	81	30	5	0	2	14	16	0	.465	.506
Home	.245	196	48	12	2	3	19	16	38	.310	.372	Behind in Count	.205	190	39	9	1	5	13	0	58	.218	.342
Away	.286	196	56	7	0	12	25	13	28	.330	.505	Two Strikes	.150	173	26	8	1	6	14	11	66	.209	.312
Day	.283	138	39	7	1	5	17	11	26	.340	.457	Batting #1	.270	318	86	15	2	9	33	23	53	.322	.415
Night	.256	254	65	12	1	10	27	18	40	.309	.429	Batting #9	.179	28	5	2	0	1	4	3	9	.273	.357
Grass	.267	378	101	19	2	15	44	29	63	.324	.447	Other	.283	46	13	2	0	5	7	3	4	.340	.652
Turf	.214	14	3	0	0	0	0	0	3	.214	.214	April	.134	82	11	3	0	0	5	6	10	.193	.171
Pre-All Star	.210	214	45	9	2	5	22	20	37	.280	.341	May	.255	94	24	2	2	3	13	9	19	.327	.415
Post-All Star	.331	178	59	10	0	10	22	9	29	.370	.556	June	.290	31	9	4	0	1	2	3	7	.353	.516
Inning 1-6	.272	261	71	9	1	9	26	16	42	.318	.418	July	.333	48	16	2	0	4	9	5	7	.404	.625
Inning 7+	.252	131	33	10	1	6	18	13	24	.324	.481	August	.313	67	21	3	0	3	9	1	7	.333	.493
Scoring Posn	.291	79	23	4	0	2	27	6	13	.344	.418	Sept/Oct	.329	70	23	5	0	4	6	5	16	.368	.571
Close & Late	.213	61	13	2	0	3	9	4	14	.279	.393	vs. AL	.053	19	1	1	0	0	0	2	4	.182	.105
None on/out	.263	156	41	4	2	6	6	12	31	.324	.429	vs. NL	.276	373	103	18	2	15	44	27	62	.328	.456

2001 By Position

Position	Avg	AB	H	2B	3B	HR	RBI	BB	SO	OBP	SLG		G	GS	Innings	PO	A	E	DP	Fld Pct	Rng Fctr	In Zone	Outs	Zone Rtg	MLB Zone
As Pinch Hitter	.280	25	7	2	0	3	7	3	5	.367	.720		30	0	—										
As lf	.250	24	6	0	0	1	1	1	2	.308	.375		15	6	64.2	15	1	1	0	.941	2.23	17	14	.824	.880
As cf	.270	293	79	14	2	6	29	22	52	.322	.392		75	70	590.0	173	3	7	2	.962	2.68	194	170	.876	.892
As rf	.240	50	12	3	0	5	7	3	7	.291	.600		37	9	126.1	25	1	0	0	1.000	1.85	28	23	.821	.884

Last Five Years

	Avg	AB	H	2B	3B	HR	RBI	BB	SO	OBP	SLG		Avg	AB	H	2B	3B	HR	RBI	BB	SO	OBP	SLG
vs. Left	.259	309	80	14	1	5	26	24	71	.325	.359	First Pitch	.346	243	84	7	2	6	30	3	0	.357	.465
vs. Right	.282	1605	452	93	13	42	186	170	257	.354	.434	Ahead in Count	.370	392	145	34	1	15	73	107	0	.504	.577
Home	.273	941	257	53	10	20	102	102	172	.351	.414	Behind in Count	.232	900	209	53	9	11	65	0	280	.243	.348
Away	.283	973	275	54	4	27	110	92	156	.348	.430	Two Strikes	.198	899	178	47	7	15	66	84	328	.272	.316
Day	.276	830	229	46	5	18	96	85	164	.351	.408	Batting #1	.282	1629	460	94	14	40	176	175	276	.355	.431
Night	.280	1084	303	61	9	29	116	109	164	.348	.433	Batting #9	.250	108	27	6	0	2	15	9	23	.311	.361
Grass	.275	1722	473	92	13	45	193	171	294	.345	.422	Other	.254	177	45	7	0	5	21	10	29	.314	.379
Turf	.307	192	59	15	1	2	19	23	34	.384	.427	March/April	.247	291	72	15	1	4	29	29	45	.315	.347
Pre-All Star	.261	971	253	50	7	20	102	102	170	.335	.388	May	.229	340	78	11	4	4	30	37	72	.312	.321
Post-All Star	.296	943	279	57	7	27	110	92	158	.365	.457	June	.303	254	77	18	2	6	30	26	38	.372	.461
Inning 1-6	.289	1261	364	76	10	36	149	129	206	.359	.450	July	.288	278	80	13	1	13	38	24	49	.350	.482
Inning 7+	.257	653	168	31	4	11	63	65	122	.348	.368	August	.307	381	117	27	2	9	48	33	57	.364	.459
Scoring Posn	.284	437	124	24	2	8	155	55	69	.366	.403	Sept/Oct	.292	370	108	23	4	11	37	45	67	.367	.465
Close & Late	.236	301	71	7	0	5	33	27	68	.307	.309	vs. AL	.232	142	33	11	0	3	15	14	19	.310	.373
None on/out	.294	762	224	46	8	23	23	66	139	.355	.466	vs. NL	.282	1772	499	96	14	44	197	180	309	.352	.426

Alan Benes — Cardinals
Age 30 – Pitches Right

	ERA	W	L	Sv	G	GS	IP	BB	SO	Avg	H	2B	3B	HR	RBI	OBP	SLG	GF	IR	IRS	Hld	SvOp	SB	CS	GB	FB	G/F
2001 Season	7.36	2	0	0	9	1	14.2	12	10	.250	14	2	0	5	11	.382	.554	4	0	0	0	0	0	1	17	21	0.81
Last Five Years	3.73	13	11	0	64	24	224.1	103	198	.237	198	28	5	25	97	.324	.373	22	11	3	2	1	12	13	283	223	1.27

2001 Season

	ERA	W	L	Sv	G	GS	IP	H	HR	BB	SO		Avg	AB	H	2B	3B	HR	RBI	BB	SO	OBP	SLG
Home	4.91	1	0	0	3	1	7.1	5	1	7	7	vs. Left	.389	18	7	1	0	3	5	3	2	.476	.944
Away	9.82	1	0	0	6	0	7.1	9	4	5	3	vs. Right	.184	38	7	1	0	2	6	9	8	.340	.368

Last Five Years

	ERA	W	L	Sv	G	GS	IP	H	HR	BB	SO		Avg	AB	H	2B	3B	HR	RBI	BB	SO	OBP	SLG
Home	3.34	6	7	0	33	13	121.1	103	13	55	106	vs. Left	.247	389	96	15	4	15	46	52	87	.340	.422
Away	4.19	7	4	0	31	11	103.0	95	12	48	92	vs. Right	.229	445	102	13	1	10	51	51	111	.309	.330
Day	3.73	5	2	0	15	7	62.2	56	7	28	53	Inning 1-6	.232	561	130	19	3	14	61	62	143	.311	.351
Night	3.73	8	9	0	49	17	161.2	142	18	75	145	Inning 7+	.249	273	68	9	2	11	36	41	55	.350	.418
Grass	3.45	11	8	0	56	19	188.0	155	20	89	168	None on	.226	482	109	15	2	14	14	60	117	.316	.353
Turf	5.20	2	3	0	8	5	36.1	43	5	14	30	Runners on	.253	352	89	13	3	11	83	43	81	.335	.401
March/April	3.86	3	2	0	7	6	39.2	35	3	15	42	Scoring Posn	.246	175	43	4	2	5	66	30	40	.348	.377
May	2.68	2	2	0	10	5	43.2	31	2	18	39	Close & Late	.182	77	14	1	1	1	5	16	21	.323	.260
June	3.39	5	4	0	18	6	63.2	47	10	31	61	None on/out	.199	211	42	5	0	7	7	24	53	.284	.322
July	5.29	2	2	0	12	6	51.0	62	6	27	38	vs. 1st Batr (relief)	.172	29	5	0	0	2	3	10	4	.375	.379
August	3.00	0	0	0	6	0	9.0	7	1	7	2	1st Inning Pitched	.239	226	54	4	0	11	36	36	44	.343	.403
Sept/Oct	3.12	1	1	0	11	1	17.1	16	3	5	16	First 15 Pitches	.226	177	40	3	0	6	16	25	29	.322	.345
Starter	2.90	10	9	0	24	24	167.2	131	14	71	166	Pitch 16-30	.297	158	47	6	1	7	25	18	36	.373	.481
Reliever	6.19	3	2	0	40	0	56.2	67	11	32	32	Pitch 31-45	.245	106	26	5	0	1	10	15	28	.341	.321
0 Days Rest (Relief)	0.00	0	0	0	2	0	3.0	0	0	1	2	Pitch 46+	.216	393	85	14	4	11	46	45	105	.300	.356
1 or 2 Days Rest	8.66	2	0	0	14	0	17.2	27	7	11	9	First Pitch	.277	101	28	1	2	6	21	4	0	.318	.505
3+ Days Rest	5.50	1	2	0	24	0	36.0	40	4	20	21	Ahead in Count	.185	406	75	10	0	6	30	0	166	.188	.254
vs. AL	2.84	0	0	0	5	1	12.2	11	2	4	12	Behind in Count	.341	176	60	12	1	10	34	54	0	.496	.591
vs. NL	3.78	13	11	0	59	23	211.2	187	23	99	186	Two Strikes	.184	412	76	9	2	5	29	45	198	.264	.252
Pre-All Star	3.27	10	8	0	37	18	157.0	122	16	68	153	Pre-All Star	.216	565	122	15	3	16	58	68	153	.305	.338
Post-All Star	4.81	3	3	0	27	6	67.1	76	9	35	45	Post-All Star	.283	269	76	13	2	9	39	35	45	.362	.446

Andy Benes — Cardinals
Age 34 – Pitches Right

	ERA	W	L	Sv	G	GS	IP	BB	SO	Avg	H	2B	3B	HR	RBI	OBP	SLG	CG	ShO	Sup	QS	#P/S	SB	CS	GB	FB	G/F
2001 Season	7.38	7	7	0	27	19	107.1	61	78	.286	122	20	4	30	83	.380	.563	0	0	6.88	7	95	6	5	130	144	0.90
Last Five Years	4.57	56	48	0	150	138	880.0	346	695	.261	882	175	27	128	443	.331	.443	2	0	5.80	79	105	88	39	1110	1034	1.07

2001 Season

	ERA	W	L	Sv	G	GS	IP	H	HR	BB	SO		Avg	AB	H	2B	3B	HR	RBI	BB	SO	OBP	SLG
Home	5.71	6	2	0	14	11	63.0	58	14	36	48	vs. Left	.286	185	53	10	2	13	35	29	36	.381	.573
Away	9.74	1	5	0	13	8	44.1	64	16	25	30	vs. Right	.286	241	69	10	2	17	48	32	42	.379	.556
Starter	6.91	6	6	0	19	19	97.2	108	23	55	70	Scoring Posn	.323	93	30	5	2	3	48	23	20	.442	.516
Reliever	12.10	1	1	0	8	0	9.2	14	7	6	8	Close & Late	.438	16	7	1	0	3	5	5	2	.591	1.063
0-3 Days Rest (Start)	0.00	0	0	0	0	0	0.0	0	0	0	0	None on/out	.267	116	31	4	1	9	9	7	17	.325	.552
4 Days Rest	6.69	4	2	0	8	8	40.1	47	11	23	22	First Pitch	.419	43	18	5	1	2	13	0	0	.413	.721
5+ Days Rest	7.06	2	4	0	11	11	57.1	61	12	32	48	Ahead in Count	.211	180	38	5	1	13	31	0	58	.227	.467
Pre-All Star	6.95	6	7	0	18	17	89.1	103	24	46	62	Behind in Count	.333	102	34	6	1	8	22	31	0	.485	.647
Post-All Star	9.50	1	1	0	9	2	18.0	19	6	15	16	Two Strikes	.194	206	40	4	2	11	24	30	78	.298	.393

Last Five Years

	ERA	W	L	Sv	G	GS	IP	H	HR	BB	SO		Avg	AB	H	2B	3B	HR	RBI	BB	SO	OBP	SLG
Home	4.46	30	22	0	73	67	429.2	435	55	164	331	vs. Left	.263	1610	424	84	14	59	212	160	315	.330	.443
Away	4.68	26	26	0	77	71	450.1	447	73	182	364	vs. Right	.259	1768	458	91	13	69	231	186	380	.332	.442
Day	5.23	16	12	0	46	40	248.0	240	47	121	223	Inning 1-6	.254	2954	751	144	24	112	382	303	619	.325	.433
Night	4.31	40	36	0	104	98	632.0	642	81	225	472	Inning 7+	.309	424	131	31	3	16	61	43	76	.377	.509
Grass	4.90	48	42	0	126	115	724.0	750	113	290	567	None on	.257	2020	519	102	14	80	80	181	437	.321	.440
Turf	3.06	8	6	0	24	23	156.0	132	15	56	128	Runners on	.267	1358	363	73	13	48	363	165	258	.345	.446
March/April	5.76	8	6	0	22	21	125.0	129	28	65	87	Scoring Posn	.244	796	194	42	9	20	289	121	157	.338	.394
May	4.31	8	12	0	29	28	188.0	207	25	57	131	Close & Late	.287	195	56	15	1	9	31	23	46	.365	.451
June	4.57	14	9	0	28	28	181.2	177	27	59	170	None on/out	.261	881	230	52	8	30	30	65	190	.316	.440
July	5.19	7	9	0	26	24	142.1	150	23	76	130	vs. 1st Batr (relief)	.200	10	2	1	1	0	0	2	5	.333	.500
August	4.66	9	9	0	27	21	139.0	135	16	64	105	1st Inning Pitched	.255	550	140	26	6	26	89	76	123	.346	.465
Sept/Oct	2.67	10	3	0	18	15	104.1	84	9	25	72	First 75 Pitches	.261	2346	612	116	22	93	304	236	484	.330	.448
Starter	4.44	55	46	0	138	138	865.1	860	119	337	682	Pitch 76-90	.256	453	116	26	0	21	60	38	92	.317	.453
Reliever	12.27	1	2	0	12	0	14.2	22	9	9	13	Pitch 91-105	.248	355	88	19	3	9	45	32	69	.328	.394
0-3 Days Rest (Start)	6.75	1	1	0	2	2	12.0	18	0	4	10	Pitch 106+	.295	224	66	14	2	5	34	29	50	.376	.527
4 Days Rest	4.36	32	25	0	78	78	488.2	486	70	182	374	First Pitch	.349	439	153	33	4	23	74	6	0	.355	.599
5+ Days Rest	4.47	22	20	0	58	58	364.2	356	49	151	298	Ahead in Count	.186	1482	275	58	11	34	133	0	558	.193	.308
vs. AL	4.21	6	5	0	14	14	94.0	100	11	29	84	Behind in Count	.351	721	253	53	5	42	133	172	0	.472	.613
vs. NL	4.61	50	43	0	136	124	786.0	782	117	317	611	Two Strikes	.172	1633	281	44	13	37	157	168	695	.252	.283
Pre-All Star	4.94	32	30	0	87	85	532.1	559	88	205	432	Pre-All Star	.270	2067	559	113	16	88	287	205	432	.338	.468
Post-All Star	4.01	24	18	0	63	53	347.2	323	40	141	263	Post-All Star	.246	1311	323	62	11	40	156	141	263	.321	.402

34

Armando Benitez — Mets
Age 29 – Pitches Right (flyball pitcher)

	ERA	W	L	Sv	G	GS	IP	BB	SO	Avg	H	2B	3B	HR	RBI	OBP	SLG	GF	IR	IRS	Hld	SvOp	SB	CS	GB	FB	G/F
2001 Season	3.77	6	4	43	73	0	76.1	40	93	.214	59	8	0	12	32	.314	.373	64	13	2	0	46	11	1	63	85	0.74
Last Five Years	2.88	23	22	137	368	0	372.0	201	520	.180	235	33	7	43	157	.290	.314	254	168	47	40	156	60	6	244	392	0.62

2001 Season

	ERA	W	L	Sv	G	GS	IP	H	HR	BB	SO		Avg	AB	H	2B	3B	HR	RBI	BB	SO	OBP	SLG
Home	3.10	5	2	20	37	0	40.2	34	9	20	51	vs. Left	.212	113	24	5	0	4	11	28	40	.373	.363
Away	4.54	1	2	23	36	0	35.2	25	3	20	42	vs. Right	.215	163	35	3	0	8	21	12	53	.267	.380
Day	4.26	4	2	11	24	0	25.1	19	3	15	25	Inning 1-6	.000	0	0	0	0	0	0	0	0	.000	.000
Night	3.53	2	2	32	49	0	51.0	40	9	25	68	Inning 7+	.214	276	59	8	0	12	32	40	93	.314	.373
Grass	4.34	6	4	36	63	0	66.1	58	12	37	79	None on	.225	160	36	3	0	6	24	55	.326	.356
Turf	0.00	0	0	7	10	0	10.0	1	0	3	14	Runners on	.198	116	23	5	0	6	26	16	38	.299	.397
April	0.75	2	0	3	10	0	12.0	6	1	8	14	Scoring Posn	.212	66	14	4	0	5	24	14	22	.346	.500
May	7.36	1	2	5	11	0	11.0	16	5	3	14	Close & Late	.201	194	39	5	0	7	23	32	62	.316	.335
June	2.63	1	0	7	13	0	13.2	4	1	10	17	None on/out	.159	69	11	0	0	2	8	25	.247	.246
July	1.64	2	0	9	11	0	11.0	6	0	6	12	vs. 1st Batr (relief)	.123	65	8	1	0	1	2	8	28	.219	.185
August	4.70	0	0	10	15	0	15.1	14	4	7	18	1st Inning Pitched	.215	256	55	8	0	10	30	37	89	.315	.363
Sept/Oct	5.40	1	1	9	13	0	13.1	13	1	6	18	First 15 Pitches	.221	199	44	5	0	7	17	25	67	.310	.352
Starter	0.00	0	0	0	0	0	0.0	0	0	0	0	Pitch 16-30	.179	67	12	3	0	5	13	14	24	.321	.448
Reliever	3.77	6	4	43	73	0	76.1	59	12	40	93	Pitch 31-45	.333	9	3	0	0	0	2	1	1	.400	.333
0 Days Rest (Relief)	5.47	2	3	16	25	0	26.1	23	8	14	36	Pitch 46+	.000	1	0	0	0	0	0	0	1	.000	.000
1 or 2 Days Rest	2.14	4	1	18	31	0	33.2	18	2	17	35	First Pitch	.313	32	10	1	0	2	3	6	0	.421	.531
3+ Days Rest	4.41	0	0	9	17	0	16.1	18	2	9	22	Ahead in Count	.192	172	33	4	0	8	23	0	75	.191	.355
vs. AL	0.00	0	0	7	9	0	9.0	3	0	5	11	Behind in Count	.286	21	6	1	0	0	14	0	.583	.333
vs. NL	4.28	6	4	36	64	0	67.1	56	12	35	82	Two Strikes	.155	174	27	4	0	8	24	20	93	.241	.316
Pre-All Star	3.40	3	3	18	37	0	39.2	27	7	23	46	Pre-All Star	.191	141	27	3	0	7	16	23	46	.309	.362
Post-All Star	4.17	3	1	25	36	0	36.2	32	5	17	47	Post-All Star	.237	135	32	5	0	5	16	17	47	.320	.385

Last Five Years

	ERA	W	L	Sv	G	GS	IP	H	HR	BB	SO		Avg	AB	H	2B	3B	HR	RBI	BB	SO	OBP	SLG
Home	2.80	16	12	71	190	0	196.0	126	27	106	276	vs. Left	.179	542	97	17	4	14	62	126	215	.335	.303
Away	2.97	7	10	66	178	0	176.0	109	16	95	244	vs. Right	.180	766	138	16	3	29	95	75	305	.255	.322
Day	3.11	12	7	41	127	0	127.1	80	16	73	159	Inning 1-6	.000	0	0	0	0	0	0	0	0	.000	.000
Night	2.76	11	15	96	241	0	244.2	155	27	128	361	Inning 7+	.180	1308	235	33	7	43	157	201	520	.295	.314
Grass	2.97	21	19	118	314	0	317.2	203	40	178	437	None on	.189	693	131	16	3	21	21	103	270	.295	.312
Turf	2.32	2	3	19	54	0	54.1	32	3	23	83	Runners on	.169	615	104	17	4	22	136	98	250	.285	.317
March/April	3.26	4	4	18	59	0	60.2	34	9	44	86	Scoring Posn	.183	366	67	13	4	15	121	73	146	.319	.363
May	4.02	1	4	17	58	0	56.0	39	11	29	80	Close & Late	.176	828	146	18	5	23	105	141	337	.297	.293
June	2.69	2	5	15	69	0	73.2	45	9	38	97	None on/out	.190	290	55	7	0	10	10	48	104	.305	.317
July	1.23	6	1	33	59	0	58.1	31	0	33	81	vs. 1st Batr (relief)	.182	308	56	9	2	14	40	56	119	.308	.360
August	2.63	6	2	31	66	0	68.1	44	7	33	95	1st Inning Pitched	.183	1163	213	31	7	39	148	182	456	.295	.322
Sept/Oct	3.60	4	6	23	57	0	55.0	42	7	24	81	First 15 Pitches	.187	882	165	24	6	31	97	129	334	.292	.333
Starter	0.00	0	0	0	0	0	0.0	0	0	0	0	Pitch 16-30	.170	376	64	9	1	12	55	65	169	.294	.295
Reliever	2.88	23	22	137	368	0	372.0	235	43	201	520	Pitch 31-45	.140	43	6	0	0	0	5	7	13	.260	.140
0 Days Rest (Relief)	2.69	8	9	47	114	0	110.1	64	17	64	159	Pitch 46+	.000	7	0	0	0	0	0	0	4	.000	.000
1 or 2 Days Rest	2.89	10	10	59	172	0	177.1	108	18	99	239	First Pitch	.264	106	28	5	2	4	17	16	0	.360	.462
3+ Days Rest	3.09	5	3	31	66	0	84.1	63	8	38	122	Ahead in Count	.150	806	121	16	3	21	80	0	430	.153	.256
vs. AL	2.66	9	11	45	148	0	148.2	91	15	90	206	Behind in Count	.276	156	43	5	1	10	29	89	0	.538	.513
vs. NL	3.02	14	11	92	220	0	223.1	144	28	111	314	Two Strikes	.138	864	119	17	4	21	84	96	520	.225	.240
Pre-All Star	3.10	7	13	58	198	0	203.1	125	29	118	279	Pre-All Star	.177	708	125	15	5	29	90	118	279	.297	.335
Post-All Star	2.61	16	9	79	170	0	168.2	110	14	83	241	Post-All Star	.183	600	110	18	2	14	67	83	241	.282	.290

Gary Bennett — Rockies
Age 30 – Bats Right (groundball hitter)

	Avg	G	AB	R	H	2B	3B	HR	RBI	BB	SO	HBP	GDP	SB	CS	OBP	SLG	IBB	SH	SF	#Pit	P/PA	GB	FB	G/F
2001 Season	.244	46	131	15	32	6	1	2	10	12	24	1	1	0	0	.308	.351	4	2	2	528	3.57	45	30	1.50
Last Five Years	.256	122	324	34	83	15	1	5	39	34	55	3	9	0	0	.328	.355	4	2	5	1350	3.67	119	76	1.57

2001 Season

	Avg	AB	H	2B	3B	HR	RBI	BB	SO	OBP	SLG		Avg	AB	H	2B	3B	HR	RBI	BB	SO	OBP	SLG
vs. Left	.185	27	5	1	0	1	4	2	6	.233	.333	Scoring Posn	.152	33	5	1	1	0	8	8	7	.318	.242
vs. Right	.260	104	27	5	1	1	6	10	18	.328	.356	Close & Late	.200	30	6	0	0	0	0	2	8	.250	.200
Home	.250	60	15	3	1	2	6	5	8	.318	.433	None on/out	.258	31	8	2	0	0	0	5	.258	.323
Away	.239	71	17	3	0	0	4	7	16	.300	.282	Batting #7	.143	21	3	0	0	1	2	1	7	.174	.286
First Pitch	.316	19	6	1	0	2	3	2	0	.381	.684	Batting #8	.260	100	26	5	1	1	6	11	16	.336	.360
Ahead in Count	.367	30	11	1	0	0	2	6	0	.459	.400	Other	.300	10	3	1	0	0	2	0	1	.300	.400
Behind in Count	.177	62	11	2	1	0	2	0	20	.190	.242	Pre-All Star	.203	59	12	2	1	0	4	9	15	.304	.271
Two Strikes	.197	61	12	3	1	0	2	3	24	.246	.279	Post-All Star	.278	72	20	4	0	2	6	3	9	.312	.417

Joaquin Benoit — Rangers
Age 22 – Pitches Right

	ERA	W	L	Sv	G	GS	IP	BB	SO	Avg	H	2B	3B	HR	RBI	OBP	SLG	CG	ShO	Sup	QS	#P/S	SB	CS	GB	FB	G/F
2001 Season	10.80	0	0	0	1	1	5.0	3	4	.364	8	1	0	3	6	.423	.818	0	0	10.80	0	93	1	0	7	9	0.78

2001 Season

	ERA	W	L	Sv	G	GS	IP	H	HR	BB	SO		Avg	AB	H	2B	3B	HR	RBI	BB	SO	OBP	SLG
Home	10.80	0	0	0	1	1	5.0	8	3	3	4	vs. Left	.333	12	4	1	0	2	4	2	2	.400	.917
Away	0.00	0	0	0	0	0	0.0	0	0	0	0	vs. Right	.400	10	4	0	0	1	2	1	2	.455	.700

35

Jason Bere — Cubs
Age 31 – Pitches Right (flyball pitcher)

	ERA	W	L	Sv	G	GS	IP	BB	SO	Avg	H		2B	3B	HR	RBI	OBP	SLG	CG	ShO	Sup	QS	#P/S	SB	CS	GB	FB	G/F
2001 Season	4.31	11	11	0	32	32	188.0	77	175	.241	171		47	3	24	88	.314	.417	2	0	5.36	18	93	14	3	208	217	0.96
Last Five Years	5.17	38	32	0	113	105	580.0	311	469	.264	587		123	11	79	318	.355	.436	2	0	6.24	44	92	40	19	657	718	0.92

2001 Season

	ERA	W	L	Sv	G	GS	IP	H	HR	BB	SO		Avg	AB	H	2B	3B	HR	RBI	BB	SO	OBP	SLG
Home	4.27	5	5	0	16	16	92.2	80	12	42	94	vs. Left	.289	280	81	27	1	11	47	38	53	.375	.511
Away	4.34	6	6	0	16	16	95.1	91	12	35	81	vs. Right	.209	430	90	20	2	13	41	39	122	.272	.356
Day	3.53	7	6	0	20	20	119.2	100	13	51	123	Inning 1-6	.245	644	158	44	3	23	86	70	156	.318	.430
Night	5.66	4	5	0	12	12	68.1	71	11	26	52	Inning 7+	.197	66	13	3	0	1	2	7	19	.274	.288
Grass	4.23	10	11	0	31	31	183.0	166	23	74	172	None on	.235	446	105	32	1	14	14	34	112	.290	.406
Turf	7.20	1	0	0	1	1	5.0	5	1	3	3	Runners on	.250	264	66	15	2	10	74	43	63	.350	.436
April	3.60	3	0	0	4	4	25.0	19	2	10	26	Scoring Posn	.233	159	37	8	0	6	60	29	38	.344	.396
May	6.44	1	2	0	6	6	29.1	33	5	16	28	Close & Late	.185	27	5	1	0	0	1	3	9	.267	.222
June	3.24	1	2	0	5	5	33.1	31	3	12	22	None on/out	.199	186	37	10	0	5	5	15	40	.259	.333
July	3.03	2	1	0	5	5	32.2	25	4	7	37	vs. 1st Batr (relief)	.000	0	0	0	0	0	0	0	0	.000	.000
August	5.02	2	3	0	6	6	37.2	35	6	11	39	1st Inning Pitched	.290	131	38	10	1	7	26	14	37	.356	.542
Sept/Oct	4.50	2	3	0	6	6	30.0	28	4	21	23	First 75 Pitches	.236	542	128	36	3	17	68	56	138	.306	.408
Starter	4.31	11	11	0	32	32	188.0	171	24	77	175	Pitch 76-90	.250	96	24	6	0	3	11	9	15	.312	.406
Reliever	0.00	0	0	0	0	0	0.0	0	0	0	0	Pitch 91-105	.279	61	17	5	0	4	9	7	18	.353	.557
0-3 Days Rest (Start)	0.00	0	0	0	0	0	0.0	0	0	0	0	Pitch 106+	.182	11	2	0	0	0	0	5	4	.438	.182
4 Days Rest	4.40	5	7	0	16	16	100.1	83	18	43	88	First Pitch	.351	97	34	9	0	5	16	6	0	.385	.598
5+ Days Rest	4.21	6	4	0	16	16	87.2	88	6	34	87	Ahead in Count	.180	378	68	18	3	7	28	0	152	.181	.299
vs. AL	3.72	1	0	0	3	3	19.1	19	1	5	17	Behind in Count	.299	127	38	14	0	7	26	39	0	.458	.575
vs. NL	4.38	10	11	0	29	29	168.2	152	23	72	158	Two Strikes	.175	371	65	15	1	8	22	32	175	.242	.286
Pre-All Star	4.18	6	4	0	16	16	94.2	87	10	40	81	Pre-All Star	.245	355	87	24	1	10	42	40	81	.321	.403
Post-All Star	4.44	5	7	0	16	16	93.1	84	14	37	94	Post-All Star	.237	355	84	23	2	14	46	37	94	.306	.431

Last Five Years

	ERA	W	L	Sv	G	GS	IP	H	HR	BB	SO		Avg	AB	H	2B	3B	HR	RBI	BB	SO	OBP	SLG
Home	5.30	19	16	0	56	52	288.2	284	41	159	239	vs. Left	.286	990	283	69	6	28	146	153	196	.381	.453
Away	5.04	19	16	0	57	53	291.1	303	38	152	230	vs. Right	.246	1234	304	54	5	51	172	158	273	.333	.422
Day	4.42	17	14	0	48	48	273.0	250	34	137	237	Inning 1-6	.266	2052	545	115	10	72	298	288	429	.357	.437
Night	5.83	21	18	0	65	57	307.0	337	45	174	232	Inning 7+	.244	172	42	8	1	7	20	23	40	.333	.424
Grass	4.97	32	28	0	93	89	493.0	488	71	258	400	None on	.252	1277	322	75	5	47	47	159	279	.337	.429
Turf	6.31	6	4	0	20	16	87.0	99	8	53	69	Runners on	.280	947	265	48	6	32	271	152	190	.377	.445
March/April	4.47	7	5	0	19	19	102.2	104	10	65	85	Scoring Posn	.271	542	147	26	1	21	232	99	114	.378	.439
May	5.87	5	5	0	21	21	107.1	126	22	64	71	Close & Late	.195	41	8	1	0	1	2	4	15	.267	.293
June	6.03	4	7	0	20	16	94.0	94	12	55	76	None on/out	.247	563	139	32	3	19	19	70	102	.333	.416
July	3.99	4	2	0	11	10	65.1	61	10	22	66	vs. 1st Batr (relief)	.429	7	3	0	0	1	1	1	1	.500	.857
August	4.92	9	5	0	19	17	100.2	99	11	35	88	1st Inning Pitched	.295	447	132	26	1	20	93	79	109	.402	.492
Sept/Oct	5.32	9	8	0	23	22	110.0	103	14	70	83	First 75 Pitches	.269	1701	458	99	9	58	254	242	365	.361	.440
Starter	5.07	38	32	0	105	105	565.0	565	75	302	458	Pitch 76-90	.239	289	69	12	1	11	40	32	46	.314	.401
Reliever	9.00	0	0	0	8	0	15.0	22	4	9	11	Pitch 91-105	.273	176	48	10	1	9	19	23	42	.357	.494
0-3 Days Rest (Start)	0.00	0	0	0	0	0	0.0	0	0	0	0	Pitch 106+	.207	58	12	2	0	1	5	14	16	.356	.293
4 Days Rest	5.01	18	13	0	52	52	294.1	283	50	152	232	First Pitch	.342	313	107	20	1	14	53	12	0	.370	.546
5+ Days Rest	5.12	20	19	0	53	53	270.2	282	25	150	226	Ahead in Count	.185	1075	199	39	4	22	103	0	403	.189	.290
vs. AL	6.66	12	14	0	38	36	179.2	214	23	109	135	Behind in Count	.346	448	155	39	4	25	90	177	0	.529	.618
vs. NL	4.50	26	18	0	75	69	400.1	373	56	202	334	Two Strikes	.183	1112	204	34	2	26	93	122	366	.267	.288
Pre-All Star	5.32	18	17	0	64	59	326.1	346	48	193	253	Pre-All Star	.274	1261	346	73	4	48	185	193	253	.370	.453
Post-All Star	4.97	20	15	0	49	46	253.2	241	31	118	216	Post-All Star	.250	963	241	50	7	31	133	118	216	.334	.413

Dave Berg — Marlins
Age 31 – Bats Right (flyball hitter)

	Avg	G	AB	R	H	2B	3B	HR	RBI	BB	SO	HBP	GDP	SB	CS	OBP	SLG	IBB	SH	SF	#Pit	#P/PA	GB	FB	G/F
2001 Season	.242	82	215	26	52	12	1	4	16	14	39	2	3	0	1	.292	.363	0	2	2	946	4.03	56	83	0.67
Career (1998-2001)	.273	354	911	109	249	55	3	10	83	92	190	9	16	8	3	.343	.373	1	10	9	4096	3.97	264	277	0.95

2001 Season

	Avg	AB	H	2B	3B	HR	RBI	BB	SO	OBP	SLG		Avg	AB	H	2B	3B	HR	RBI	BB	SO	OBP	SLG
vs. Left	.211	57	12	2	0	0	2	3	11	.250	.246	Scoring Posn	.277	47	13	3	0	0	12	2	9	.308	.340
vs. Right	.253	158	40	10	1	4	14	11	28	.306	.405	Close & Late	.146	41	6	0	1	1	2	5	12	.234	.268
Home	.242	120	29	8	1	2	9	9	24	.303	.375	None on/out	.234	77	18	5	0	2	2	4	11	.280	.403
Away	.242	95	23	4	0	2	7	5	15	.277	.347	Batting #1	.262	107	28	6	1	2	6	10	11	.325	.393
First Pitch	.375	24	9	1	1	0	2	0	0	.375	.500	Batting #8	.263	38	10	4	0	0	4	0	9	.263	.368
Ahead in Count	.270	37	10	1	0	2	7	3	0	.317	.459	Other	.200	70	14	2	0	2	6	4	19	.253	.314
Behind in Count	.193	109	21	5	0	1	4	0	31	.205	.266	Pre-All Star	.205	88	18	3	0	3	7	2	18	.228	.341
Two Strikes	.180	111	20	6	0	2	5	11	39	.258	.288	Post-All Star	.268	127	34	9	1	1	9	12	21	.333	.378

Career (1998-2001)

	Avg	AB	H	2B	3B	HR	RBI	BB	SO	OBP	SLG		Avg	AB	H	2B	3B	HR	RBI	BB	SO	OBP	SLG
vs. Left	.254	272	69	16	1	2	21	24	60	.315	.342	First Pitch	.365	115	42	8	1	1	15	0	0	.376	.478
vs. Right	.282	639	180	39	2	8	62	68	130	.354	.387	Ahead in Count	.328	186	61	14	1	2	25	37	0	.432	.446
Home	.289	457	132	28	1	5	52	53	90	.365	.387	Behind in Count	.210	438	92	22	0	3	26	0	162	.217	.281
Away	.258	454	117	27	2	5	31	39	100	.320	.359	Two Strikes	.177	441	78	17	1	7	28	55	190	.272	.268
Day	.241	324	78	23	1	2	28	34	83	.318	.354	Batting #1	.249	249	62	16	1	4	17	41	.297	.369
Night	.291	587	171	32	2	8	55	58	107	.357	.394	Batting #8	.310	252	78	13	1	3	24	27	53	.384	.405
Grass	.281	726	204	42	3	6	70	79	149	.355	.372	Other	.266	410	109	26	1	3	42	48	96	.344	.356
Turf	.243	185	45	13	0	4	13	13	41	.291	.378	March/April	.233	86	20	5	1	2	5	11	17	.320	.384

Career (1998-2001)

	Avg	AB	H	2B	3B	HR	RBI	BB	SO	OBP	SLG		Avg	AB	H	2B	3B	HR	RBI	BB	SO	OBP	SLG
Pre-All Star	.260	420	109	23	2	5	35	40	88	.330	.360	May	.250	152	38	5	0	2	12	14	33	.321	.322
Post-All Star	.285	491	140	32	1	5	48	52	102	.353	.385	June	.298	141	42	12	1	1	15	9	27	.342	.418
Inning 1-6	.271	561	152	37	1	5	51	51	99	.334	.367	July	.260	150	39	10	0	0	13	15	41	.339	.327
Inning 7+	.277	350	97	18	2	5	32	41	91	.356	.383	August	.302	162	49	5	0	4	23	20	32	.373	.407
Scoring Posn	.295	200	59	8	0	2	68	27	44	.370	.365	Sept/Oct	.277	220	61	18	1	1	15	23	40	.341	.382
Close & Late	.260	192	50	6	1	1	21	25	53	.342	.318	vs. AL	.280	82	23	5	0	0	7	6	22	.344	.341
None on/out	.251	259	65	15	1	4	4	20	49	.307	.363	vs. NL	.273	829	226	50	3	10	76	86	168	.343	.376

Brandon Berger — Royals   Age 27 – Bats Right

	Avg	G	AB	R	H	2B	3B	HR	RBI	BB	SO	HBP	GDP	SB	CS	OBP	SLG	IBB	SH	SF	#Pit	#P/PA	GB	FB	G/F
2001 Season	.313	6	16	4	5	1	1	2	2	2	2	0	0	0	0	.389	.875	0	0	0	83	4.61	2	10	0.20

2001 Season

	Avg	AB	H	2B	3B	HR	RBI	BB	SO	OBP	SLG		Avg	AB	H	2B	3B	HR	RBI	BB	SO	OBP	SLG
vs. Left	.333	9	3	0	0	2	2	0	0	.333	1.000	Scoring Posn	.000	0	0	0	0	0	0	0	0	.000	.000
vs. Right	.286	7	2	1	1	0	0	2	2	.444	.714	Close & Late	.000	2	0	0	0	0	0	0	1	.000	.000

Peter Bergeron — Expos   Age 24 – Bats Left (groundball hitter)

	Avg	G	AB	R	H	2B	3B	HR	RBI	BB	SO	HBP	GDP	SB	CS	OBP	SLG	IBB	SH	SF	#Pit	#P/PA	GB	FB	G/F
2001 Season	.211	102	375	53	79	11	4	3	16	28	87	5	5	10	7	.275	.285	2	8	0	1554	3.74	158	80	1.98
Career (1999-2001)	.231	266	938	145	217	38	11	8	48	95	192	5	9	21	20	.305	.321	2	23	2	4003	3.77	412	197	2.09

2001 Season

	Avg	AB	H	2B	3B	HR	RBI	BB	SO	OBP	SLG		Avg	AB	H	2B	3B	HR	RBI	BB	SO	OBP	SLG
vs. Left	.250	80	20	5	2	1	2	8	22	.333	.400	First Pitch	.250	52	13	2	0	0	5	2	0	.291	.288
vs. Right	.200	295	59	6	2	2	14	20	65	.258	.254	Ahead in Count	.293	58	17	2	1	2	6	15	0	.446	.466
Home	.189	190	36	9	2	1	10	18	44	.267	.274	Behind in Count	.153	202	31	4	1	0	2	0	79	.162	.183
Away	.232	185	43	2	2	2	6	10	43	.283	.297	Two Strikes	.167	198	33	4	1	1	4	11	87	.214	.212
Day	.261	119	31	4	1	1	5	11	29	.323	.336	Batting #1	.239	289	69	11	2	3	14	22	63	.297	.322
Night	.188	256	48	7	3	2	11	17	58	.252	.262	Batting #8	.119	67	8	0	2	0	2	4	19	.203	.179
Grass	.219	146	32	2	1	2	5	8	33	.274	.288	Other	.105	19	2	0	0	0	0	2	5	.190	.105
Turf	.205	229	47	9	3	1	11	20	54	.275	.284	April	.121	66	8	1	0	1	7	20	.205	.182
Pre-All Star	.240	121	29	4	0	1	5	13	34	.319	.298	May	.000	0	0	0	0	0	0	0	0	.000	.000
Post-All Star	.197	254	50	7	4	2	11	15	53	.253	.280	June	.250	24	6	3	0	0	1	3	7	.357	.375
Inning 1-6	.227	269	61	7	3	3	12	19	66	.285	.309	July	.324	105	34	5	1	0	7	8	25	.377	.390
Inning 7+	.170	106	18	4	1	0	4	9	21	.248	.226	August	.198	101	20	2	1	2	4	5	17	.250	.297
Scoring Posn	.206	68	14	4	1	0	13	7	21	.289	.294	Sept/Oct	.139	79	11	0	2	0	3	5	18	.190	.190
Close & Late	.136	44	6	1	0	0	1	4	11	.208	.159	vs. AL	.410	39	16	1	0	0	2	4	13	.465	.436
None on/out	.261	142	37	6	1	0	0	9	32	.305	.317	vs. NL	.188	336	63	10	4	3	14	24	74	.252	.268

2001 By Position

Position	Avg	AB	H	2B	3B	HR	RBI	BB	SO	OBP	SLG	G	GS	Innings	PO	A	E	DP	Fld Pct	Rng Fctr	In Zone	Outs	Zone Rtg	MLB Zone
As cf	.211	374	79	11	4	3	16	28	87	.275	.286	101	97	846.2	220	6	1	1	.996	2.40	254	215	.846	.892

Career (1999-2001)

	Avg	AB	H	2B	3B	HR	RBI	BB	SO	OBP	SLG		Avg	AB	H	2B	3B	HR	RBI	BB	SO	OBP	SLG
vs. Left	.232	168	39	8	2	1	4	19	54	.317	.321	First Pitch	.292	144	42	6	1	1	15	2	0	.304	.368
vs. Right	.231	770	178	30	9	7	44	76	138	.302	.321	Ahead in Count	.317	189	60	15	3	6	22	45	0	.449	.524
Home	.212	453	96	18	6	4	24	55	90	.299	.305	Behind in Count	.165	437	72	10	3	0	8	0	166	.169	.201
Away	.249	485	121	20	5	4	24	40	102	.310	.336	Two Strikes	.164	450	74	9	4	1	9	48	192	.246	.209
Day	.246	281	69	16	3	1	10	34	64	.327	.335	Batting #1	.247	722	178	30	8	7	38	67	152	.311	.339
Night	.225	657	148	22	8	7	38	61	128	.295	.315	Batting #2	.255	98	25	6	1	1	6	16	12	.360	.367
Grass	.231	372	86	17	3	3	17	33	78	.299	.317	Other	.119	118	14	2	2	0	4	12	28	.218	.169
Turf	.231	566	131	21	8	5	31	62	114	.299	.323	March/April	.168	149	25	4	1	1	2	16	37	.248	.228
Pre-All Star	.234	406	95	18	3	4	19	42	85	.307	.323	May	.267	90	24	4	1	3	8	10	15	.340	.433
Post-All Star	.229	532	122	20	8	4	29	53	107	.303	.320	June	.257	113	29	3	1	0	0	10	22	.323	.354
Inning 1-6	.238	656	156	28	9	6	32	70	137	.304	.335	July	.288	184	53	8	1	0	12	21	42	.364	.342
Inning 7+	.216	282	61	10	2	2	16	25	55	.284	.287	August	.207	174	36	6	2	9	13	26	.268	.287
Scoring Posn	.194	160	31	7	1	2	37	20	39	.284	.288	Sept/Oct	.219	228	50	7	6	2	11	25	50	.295	.329
Close & Late	.180	111	20	2	1	0	6	10	21	.248	.216	vs. AL	.333	96	32	5	1	0	6	10	22	.396	.406
None on/out	.259	347	90	16	2	1	1	40	67	.336	.326	vs. NL	.220	842	185	33	10	8	42	85	170	.294	.311

Lance Berkman — Astros   Age 26 – Bats Both

	Avg	G	AB	R	H	2B	3B	HR	RBI	BB	SO	HBP	GDP	SB	CS	OBP	SLG	IBB	SH	SF	#Pit	#P/PA	GB	FB	G/F
2001 Season	.331	156	577	110	191	55	5	34	126	92	121	13	8	7	9	.430	.620	5	0	6	2662	3.87	186	182	1.02
Career (1999-2001)	.311	304	1023	196	318	85	6	59	208	160	215	14	18	12	.406	.579	6	0	14	4589	3.79	345	321	1.07

2001 Season

	Avg	AB	H	2B	3B	HR	RBI	BB	SO	OBP	SLG		Avg	AB	H	2B	3B	HR	RBI	BB	SO	OBP	SLG
vs. Left	.308	120	37	11	1	2	13	17	21	.400	.467	First Pitch	.352	108	38	10	0	8	26	2	0	.372	.667
vs. Right	.337	457	154	44	4	32	113	75	100	.437	.661	Ahead in Count	.480	125	60	16	1	10	33	42	0	.608	.864
Home	.336	277	93	29	3	13	56	46	60	.437	.603	Behind in Count	.225	218	49	16	1	8	32	0	91	.250	.417
Away	.327	300	98	26	2	21	70	46	61	.424	.637	Two Strikes	.208	264	55	16	4	8	35	48	121	.342	.390
Day	.322	146	47	11	1	7	32	29	32	.448	.555	Batting #4	.323	533	172	52	4	29	109	81	113	.419	.598
Night	.334	431	144	44	4	27	94	63	89	.424	.643	Batting #6	.389	18	7	1	1	2	6	9	4	.607	.889

37

2001 Season

	Avg	AB	H	2B	3B	HR	RBI	BB	SO	OBP	SLG		Avg	AB	H	2B	3B	HR	RBI	BB	SO	OBP	SLG
Grass	.327	544	178	52	4	32	112	88	115	.429	.614	Other	.462	26	12	2	0	3	11	2	4	.500	.885
Turf	.394	33	13	3	1	2	14	4	6	.459	.727	April	.322	87	28	5	1	6	15	18	19	.449	.609
Pre-All Star	.365	315	115	27	4	25	79	53	63	.466	.714	May	.378	90	34	8	2	8	27	22	16	.504	.778
Post-All Star	.290	262	76	28	1	9	47	39	58	.387	.508	June	.362	105	38	10	0	8	28	8	19	.420	.686
Inning 1-6	.336	387	130	41	3	22	89	60	78	.433	.628	July	.345	110	38	11	1	6	22	8	30	.390	.627
Inning 7+	.321	190	61	14	2	12	37	32	43	.424	.605	August	.259	85	22	7	1	3	12	17	13	.390	.471
Scoring Posn	.311	167	52	17	2	7	84	30	34	.418	.563	Sept/Oct	.310	100	31	14	0	3	22	19	24	.420	.540
Close & Late	.308	91	28	8	1	7	21	20	21	.432	.648	vs. AL	.368	57	21	4	0	4	15	2	13	.397	.649
None on/out	.327	150	49	10	1	13	13	23	33	.429	.667	vs. NL	.327	520	170	51	5	30	111	90	108	.434	.617

2001 By Position

Position	Avg	AB	H	2B	3B	HR	RBI	BB	SO	OBP	SLG	G	GS	Innings	PO	A	E	DP	Fld Pct	Rng Fctr	In Zone	Outs	Zone Rtg	MLB Zone
As lf	.324	423	137	40	3	20	78	63	94	.419	.574	128	111	1013.2	218	5	4	1	.982	1.98	242	206	.851	.880
As cf	.352	142	50	15	2	13	44	27	26	.462	.761	40	40	325.1	81	2	1	0	.988	2.30	96	80	.833	.892

Career (1999-2001)

	Avg	AB	H	2B	3B	HR	RBI	BB	SO	OBP	SLG		Avg	AB	H	2B	3B	HR	RBI	BB	SO	OBP	SLG
vs. Left	.265	211	56	15	2	4	24	35	46	.372	.412	First Pitch	.361	202	73	15	0	19	52	3	0	.373	.718
vs. Right	.323	812	262	70	4	55	184	125	169	.415	.622	Ahead in Count	.450	211	95	26	1	16	49	79	0	.597	.810
Home	.320	507	162	46	4	25	101	83	104	.418	.574	Behind in Count	.207	406	84	25	2	13	58	0	172	.222	.374
Away	.302	516	156	39	2	34	107	77	111	.395	.583	Two Strikes	.197	458	90	23	5	15	62	78	215	.319	.367
Day	.291	292	85	18	1	17	60	47	69	.394	.534	Batting #4	.326	709	231	67	4	44	148	110	150	.420	.618
Night	.319	731	233	67	5	42	148	113	146	.411	.596	Batting #6	.269	130	35	7	1	6	25	32	27	.415	.477
Grass	.312	888	277	74	5	54	174	141	187	.410	.589	Other	.283	184	52	11	1	9	35	18	38	.343	.500
Turf	.304	135	41	11	1	5	34	19	28	.382	.511	March/April	.315	89	28	5	1	6	15	18	20	.440	.596
Pre-All Star	.342	482	165	40	4	37	112	75	100	.437	.672	May	.354	144	51	10	2	13	44	28	27	.460	.722
Post-All Star	.283	541	153	45	2	22	96	85	115	.379	.495	June	.333	186	62	17	0	11	35	20	35	.406	.602
Inning 1-6	.312	674	210	59	4	36	141	105	126	.407	.571	July	.310	229	71	20	1	15	46	22	58	.368	.603
Inning 7+	.309	349	108	26	2	23	67	55	89	.404	.593	August	.255	188	48	12	2	7	31	38	32	.381	.452
Scoring Posn	.263	297	78	26	3	11	138	53	62	.370	.481	Sept/Oct	.310	187	58	21	0	7	37	34	43	.411	.535
Close & Late	.297	165	49	16	1	11	36	32	43	.407	.606	vs. AL	.304	125	38	9	0	7	24	8	27	.350	.544
None on/out	.315	257	81	22	1	19	19	33	56	.401	.630	vs. NL	.312	898	280	76	6	52	184	152	188	.413	.584

Adam Bernero — Tigers
Age 25 – Pitches Right (groundball pitcher)

	ERA	W	L	Sv	G	GS	IP	BB	SO	Avg	H	2B	3B	HR	RBI	OBP	SLG	GF	IR	IRS	Hld	SvOp	SB	CS	GB	FB	G/F
2001 Season	7.30	0	0	0	5	0	12.1	4	8	.260	13	5	0	4	13	.321	.600	4	4	1	0	0	0	0	19	12	1.58
Career (2000-2001)	5.01	0	1	0	17	4	46.2	17	28	.267	46	10	1	7	25	.333	.459	8	7	1	1	0	2	0	73	46	1.59

2001 Season

	ERA	W	L	Sv	G	GS	IP	H	HR	BB	SO		Avg	AB	H	2B	3B	HR	RBI	BB	SO	OBP	SLG
Home	8.31	0	0	0	2	0	4.1	3	1	1	4	vs. Left	.348	23	8	3	0	3	9	2	1	.400	.870
Away	6.75	0	0	0	3	0	8.0	10	3	3	4	vs. Right	.185	27	5	2	0	1	4	2	7	.258	.370

Angel Berroa — Royals
Age 22 – Bats Right

	Avg	G	AB	R	H	2B	3B	HR	RBI	BB	SO	HBP	GDP	SB	CS	OBP	SLG	IBB	SH	SF	#Pit	#P/PA	GB	FB	G/F
2001 Season	.302	15	53	8	16	2	0	0	4	3	10	0	2	2	0	.339	.340	0	0	0	224	4.00	19	12	1.58

2001 Season

	Avg	AB	H	2B	3B	HR	RBI	BB	SO	OBP	SLG		Avg	AB	H	2B	3B	HR	RBI	BB	SO	OBP	SLG
vs. Left	.400	15	6	1	0	0	2	1	1	.438	.467	Scoring Posn	.200	10	2	0	0	0	4	1	3	.273	.200
vs. Right	.263	38	10	1	0	0	2	2	9	.300	.289	Close & Late	.400	5	2	1	0	0	0	2	0	.571	.600

Wilson Betemit — Braves
Age 20 – Bats Both

	Avg	G	AB	R	H	2B	3B	HR	RBI	BB	SO	HBP	GDP	SB	CS	OBP	SLG	IBB	SH	SF	#Pit	#P/PA	GB	FB	G/F
2001 Season	.000	8	3	1	0	0	0	0	0	2	3	0	0	1	0	.400	.000	0	0	0	28	5.60	0	0	0.00

2001 Season

	Avg	AB	H	2B	3B	HR	RBI	BB	SO	OBP	SLG		Avg	AB	H	2B	3B	HR	RBI	BB	SO	OBP	SLG
vs. Left	.000	0	0	0	0	0	0	0	0	.000	.000	Scoring Posn	.000	0	0	0	0	0	0	0	0	.000	.000
vs. Right	.000	3	0	0	0	0	0	2	3	.400	.000	Close & Late	.000	1	0	0	0	0	0	1	1	.500	.000

Dante Bichette — Red Sox
Age 38 – Bats Right

	Avg	G	AB	R	H	2B	3B	HR	RBI	BB	SO	HBP	GDP	SB	CS	OBP	SLG	IBB	SH	SF	#Pit	#P/PA	GB	FB	G/F
2001 Season	.286	107	391	45	112	30	1	12	49	20	76	3	13	2	2	.325	.460	1	0	1	1422	3.43	130	109	1.19
Last Five Years	.306	725	2782	407	850	179	9	117	512	181	417	13	84	33	19	.347	.503	10	1	29	10774	3.58	927	919	1.01

2001 Season

	Avg	AB	H	2B	3B	HR	RBI	BB	SO	OBP	SLG		Avg	AB	H	2B	3B	HR	RBI	BB	SO	OBP	SLG
vs. Left	.339	112	38	6	0	2	12	10	23	.403	.446	First Pitch	.403	72	29	7	0	2	13	1	0	.411	.625
vs. Right	.265	279	74	24	1	10	37	10	53	.292	.466	Ahead in Count	.278	54	15	3	0	1	6	9	0	.375	.389
Home	.280	189	53	17	1	7	25	4	41	.299	.492	Behind in Count	.222	207	46	13	0	1	6	18	0	68	.233	.382
Away	.292	202	59	13	0	5	24	16	35	.348	.431	Two Strikes	.219	187	41	10	0	5	13	10	76	.263	.353
Day	.297	111	33	8	4	18	5	21	.339	.495		Batting #5	.289	342	99	28	1	11	43	19	64	.332	.474
Night	.282	280	79	22	0	8	31	15	55	.320	.446	Batting #6	.261	23	6	1	0	0	2	1	3	.292	.304

2001 Season

	Avg	AB	H	2B	3B	HR	RBI	BB	SO	OBP	SLG		Avg	AB	H	2B	3B	HR	RBI	BB	SO	OBP	SLG
Grass	.278	324	90	23	1	10	39	11	67	.308	.448	Other	.269	26	7	1	0	1	4	0	9	.269	.423
Turf	.328	67	22	7	0	2	10	9	9	.403	.522	April	.261	23	6	1	0	1	2	2	7	.320	.435
Pre-All Star	.333	204	68	20	1	8	33	12	41	.372	.559	May	.305	59	18	4	0	0	8	4	8	.354	.373
Post-All Star	.235	187	44	10	0	4	16	8	35	.274	.353	June	.400	90	36	12	1	6	19	4	21	.426	.756
Inning 1-6	.320	259	83	24	0	9	35	16	48	.365	.517	July	.227	88	20	6	0	3	11	4	15	.269	.398
Inning 7+	.220	132	29	6	1	3	14	4	28	.246	.348	August	.284	102	29	6	0	1	6	3	19	.311	.373
Scoring Posn	.255	110	28	6	1	4	38	9	22	.314	.436	Sept/Oct	.103	29	3	1	0	1	3	3	6	.188	.241
Close & Late	.224	67	15	2	0	1	7	1	17	.243	.299	vs. AL	.281	335	94	26	0	10	42	18	64	.322	.448
None on/out	.316	95	30	10	0	0	0	3	16	.343	.421	vs. NL	.321	56	18	4	1	2	7	2	12	.345	.536

2001 By Position

Position	Avg	AB	H	2B	3B	HR	RBI	BB	SO	OBP	SLG	G	GS	Innings	PO	A	E	DP	Fld Pct	Rng Fctr	In Zone	Zone Outs	Zone Rtg	MLB Zone
As DH	.268	179	48	15	1	9	32	7	27	.299	.514	46	44											
As lf	.338	148	50	11	0	3	11	6	30	.372	.473	37	37	310.2	60	4	2	1	.970	1.85	63	57	.905	.880
As rf	.236	55	13	4	0	0	5	7	12	.317	.309	16	15	117.0	20	0	2	0	.909	1.54	22	19	.864	.884

Last Five Years

	Avg	AB	H	2B	3B	HR	RBI	BB	SO	OBP	SLG		Avg	AB	H	2B	3B	HR	RBI	BB	SO	OBP	SLG
vs. Left	.299	723	216	37	1	30	130	67	106	.355	.477	First Pitch	.359	435	156	29	0	26	106	6	0	.368	.605
vs. Right	.308	2059	634	142	8	87	382	114	311	.345	.511	Ahead in Count	.368	506	186	35	2	39	138	108	0	.472	.676
Home	.333	1442	480	98	7	79	318	99	200	.373	.575	Behind in Count	.267	1367	365	83	4	35	189	0	526	.269	.410
Away	.276	1340	370	81	2	38	194	82	217	.319	.425	Two Strikes	.243	1266	308	72	4	33	158	67	417	.282	.385
Day	.313	1041	326	67	3	47	193	76	172	.359	.519	Batting #4	.312	1369	427	94	4	60	274	94	192	.355	.518
Night	.301	1741	524	112	6	70	319	105	245	.341	.493	Batting #5	.298	883	263	55	2	38	154	55	155	.340	.494
Grass	.314	2165	679	144	9	96	414	128	320	.351	.520	Other	.302	530	160	30	3	19	84	32	70	.341	.477
Turf	.277	617	171	35	2	21	98	53	97	.334	.442	March/April	.314	404	127	27	0	8	64	20	60	.345	.441
Pre-All Star	.308	1515	466	97	6	62	281	86	231	.343	.502	May	.276	463	128	23	2	18	84	35	82	.325	.451
Post-All Star	.303	1267	384	82	3	55	231	95	186	.352	.503	June	.344	511	176	40	4	32	113	25	73	.373	.626
Inning 1-6	.309	1931	596	132	1	87	363	130	283	.351	.513	July	.293	499	146	36	1	22	93	26	65	.330	.501
Inning 7+	.298	851	254	47	8	30	149	51	134	.338	.478	August	.331	499	165	33	2	16	94	40	71	.380	.501
Scoring Posn	.319	816	260	58	4	29	380	60	118	.356	.506	Sept/Oct	.266	406	108	20	0	21	64	35	66	.322	.470
Close & Late	.306	422	129	26	5	16	81	20	67	.339	.505	vs. AL	.295	657	194	43	2	28	102	33	113	.331	.495
None on/out	.304	624	190	45	2	22	22	46	85	.357	.489	vs. NL	.309	2125	656	136	7	89	410	148	304	.352	.505

Rocky Biddle — White Sox — Age 26 – Pitches Right

	ERA	W	L	Sv	G	GS	IP	BB	SO	Avg	H	2B	3B	HR	RBI	OBP	SLG	CG	ShO	Sup	QS	#P/S	SB	CS	GB	FB	G/F
2001 Season	5.39	7	8	0	30	21	128.2	52	85	.272	137	32	1	16	78	.347	.435	0	0	6.51	8	91	15	5	177	149	1.19
Career (2000-2001)	5.83	8	10	0	34	25	151.1	60	92	.280	168	38	2	21	101	.351	.456	0	0	7.02	8	92	17	6	210	183	1.15

2001 Season

	ERA	W	L	Sv	G	GS	IP	H	HR	BB	SO		Avg	AB	H	2B	3B	HR	RBI	BB	SO	OBP	SLG
Home	5.77	3	4	0	16	11	68.2	76	9	28	54	vs. Left	.270	274	74	17	0	9	48	24	43	.333	.431
Away	4.95	4	4	0	14	10	60.0	61	7	24	31	vs. Right	.274	230	63	15	1	7	30	28	42	.364	.439
Starter	5.54	4	7	0	21	21	113.2	120	13	46	79	Scoring Posn	.287	143	41	9	1	6	61	16	24	.356	.490
Reliever	4.20	3	1	0	9	0	15.0	17	3	6	6	Close & Late	.368	19	7	1	0	1	3	2	4	.455	.579
0-3 Days Rest (Start)	3.60	1	0	0	1	1	5.0	10	0	0	4	None on/out	.292	120	35	9	0	3	3	16	17	.388	.442
4 Days Rest	8.24	2	4	0	10	10	51.1	62	9	24	37	First Pitch	.228	79	18	4	0	3	12	2	0	.282	.392
5+ Days Rest	3.30	1	3	0	10	10	57.1	48	4	22	38	Ahead in Count	.219	215	47	7	0	5	16	0	71	.227	.321
Pre-All Star	4.91	1	5	0	17	15	84.1	84	8	33	59	Behind in Count	.363	102	37	10	0	5	30	21	0	.468	.608
Post-All Star	6.29	6	3	0	13	6	44.1	53	8	19	26	Two Strikes	.228	237	54	12	1	7	26	29	85	.316	.376

Nick Bierbrodt — Devil Rays — Age 24 – Pitches Left (flyball pitcher)

	ERA	W	L	Sv	G	GS	IP	BB	SO	Avg	H	2B	3B	HR	RBI	OBP	SLG	CG	ShO	Sup	QS	#P/S	SB	CS	GB	FB	G/F
2001 Season	5.55	5	6	0	16	16	84.1	39	73	.291	100	18	2	17	54	.368	.503	0	0	6.40	6	97	7	4	104	108	0.96

2001 Season

	ERA	W	L	Sv	G	GS	IP	H	HR	BB	SO		Avg	AB	H	2B	3B	HR	RBI	BB	SO	OBP	SLG
Home	5.58	4	3	0	10	10	50.0	60	8	20	46	vs. Left	.297	64	19	4	0	4	13	8	15	.375	.547
Away	5.50	1	3	0	6	6	34.1	40	9	19	27	vs. Right	.289	280	81	14	2	13	41	31	58	.366	.493
Starter	5.55	5	6	0	16	16	84.1	100	17	39	73	Scoring Posn	.287	94	27	6	0	6	37	8	23	.343	.543
Reliever	0.00	0	0	0	0	0	0.0	0	0	0	0	Close & Late	.000	0	0	0	0	0	0	0	0	.000	.000
0-3 Days Rest (Start)	0.00	0	0	0	0	0	0.0	0	0	0	0	None on/out	.350	80	28	5	1	2	2	12	15	.441	.513
4 Days Rest	4.66	2	3	0	7	7	38.2	45	9	15	30	First Pitch	.417	36	15	1	0	0	1	0	.436	.444
5+ Days Rest	6.31	3	3	0	9	9	45.2	55	8	24	43	Ahead in Count	.208	168	35	7	1	3	19	0	58	.216	.315
Pre-All Star	9.00	2	1	0	4	4	18.0	24	6	9	14	Behind in Count	.388	80	31	6	1	9	16	19	0	.505	.825
Post-All Star	4.61	3	5	0	12	12	66.1	76	11	30	59	Two Strikes	.191	178	34	8	0	2	19	73	.276	.270

Larry Bigbie — Orioles — Age 24 – Bats Left

	Avg	G	AB	R	H	2B	3B	HR	RBI	BB	SO	HBP	GDP	SB	CS	OBP	SLG	IBB	SH	SF	#Pit	#P/PA	GB	FB	G/F
2001 Season	.229	47	131	15	30	6	0	2	11	17	42	0	2	4	1	.318	.321	1	1	0	558	3.74	50	24	2.08

2001 Season

	Avg	AB	H	2B	3B	HR	RBI	BB	SO	OBP	SLG		Avg	AB	H	2B	3B	HR	RBI	BB	SO	OBP	SLG
vs. Left	.185	27	5	1	0	0	2	1	9	.214	.222	Scoring Posn	.212	33	7	2	0	0	7	4	15	.297	.273
vs. Right	.240	104	25	5	0	2	9	16	33	.342	.346	Close & Late	.176	17	3	0	0	0	1	2	5	.263	.176

2001 Season

	Avg	AB	H	2B	3B	HR	RBI	BB	SO	OBP	SLG		Avg	AB	H	2B	3B	HR	RBI	BB	SO	OBP	SLG
Home	.164	67	11	4	0	0	2	6	21	.233	.224	None on/out	.231	26	6	0	0	2	2	3	6	.310	.462
Away	.297	64	19	2	0	2	9	11	21	.400	.422	Batting #2	.228	57	13	4	0	1	4	10	18	.343	.351
First Pitch	.409	22	9	0	0	1	2	1	0	.435	.545	Batting #7	.219	32	7	0	0	1	3	5	9	.324	.313
Ahead in Count	.313	16	5	2	0	0	2	5	0	.476	.438	Other	.238	42	10	2	0	0	4	2	15	.273	.286
Behind in Count	.147	68	10	3	0	0	2	0	37	.147	.191	Pre-All Star	.174	23	4	1	0	0	1	0	6	.174	.217
Two Strikes	.116	69	8	2	0	0	2	11	42	.238	.145	Post-All Star	.241	108	26	5	0	2	10	17	36	.344	.343

Craig Biggio — Astros   Age 36 – Bats Right

	Avg	G	AB	R	H	2B	3B	HR	RBI	BB	SO	HBP	GDP	SB	CS	OBP	SLG	IBB	SH	SF	#Pit	#P/PA	GB	FB	G/F
2001 Season	.292	155	617	118	180	35	3	20	70	66	100	28	11	7	4	.382	.455	4	0	6	2528	3.53	237	189	1.25
Last Five Years	.300	738	2898	577	870	192	18	86	347	363	500	112	36	144	38	.395	.468	28	13	28	12324	3.61	1124	823	1.37

2001 Season

	Avg	AB	H	2B	3B	HR	RBI	BB	SO	OBP	SLG		Avg	AB	H	2B	3B	HR	RBI	BB	SO	OBP	SLG
vs. Left	.222	108	24	2	0	6	13	12	21	.331	.407	First Pitch	.388	85	33	5	0	6	16	3	0	.441	.659
vs. Right	.306	509	156	33	3	14	57	54	79	.393	.466	Ahead in Count	.309	110	34	7	1	7	18	38	0	.494	.582
Home	.316	301	95	24	3	10	31	36	42	.409	.515	Behind in Count	.256	305	78	10	2	6	29	0	83	.283	.361
Away	.269	316	85	11	0	10	39	30	58	.356	.399	Two Strikes	.239	272	65	11	1	3	16	25	100	.328	.320
Day	.281	139	39	7	1	3	10	19	22	.408	.410	Batting #1	.293	441	129	25	3	16	54	44	72	.378	.472
Night	.295	478	141	28	2	17	60	47	78	.374	.469	Batting #2	.295	173	51	10	0	4	16	22	28	.397	.422
Grass	.292	585	171	32	3	20	68	62	94	.384	.460	Other	.000	3	0	0	0	0	0	0	0	.000	.000
Turf	.281	32	9	3	0	0	2	4	6	.351	.375	April	.289	90	26	5	0	2	6	14	10	.418	.411
Pre-All Star	.301	332	100	18	1	14	38	31	49	.390	.488	May	.294	102	30	7	0	3	15	8	20	.351	.451
Post-All Star	.281	285	80	17	2	6	32	35	51	.373	.418	June	.330	106	35	5	1	8	15	7	16	.410	.623
Inning 1-6	.302	444	134	29	2	17	50	42	72	.390	.491	July	.318	110	35	8	0	3	13	7	16	.392	.473
Inning 7+	.266	173	46	6	1	3	20	24	28	.363	.364	August	.266	109	29	5	0	3	9	14	17	.360	.394
Scoring Posn	.388	98	38	5	0	2	47	19	10	.496	.500	Sept/Oct	.250	100	25	5	2	1	12	16	21	.347	.370
Close & Late	.234	77	18	3	0	2	12	15	16	.366	.351	vs. AL	.344	61	21	5	0	3	6	4	9	.412	.574
None on/out	.299	221	66	14	2	11	11	19	39	.387	.529	vs. NL	.286	556	159	30	3	17	64	62	91	.379	.442

2001 By Position

Position	Avg	AB	H	2B	3B	HR	RBI	BB	SO	OBP	SLG	G	GS	Innings	PO	A	E	DP	Fld Pct	Rng Fctr	In Zone	Zone Outs	Zone Rtg	MLB Zone
As 2b	.292	612	179	35	3	20	70	66	100	.382	.458	154	152	1344.2	280	389	11	86	.984	4.48	443	343	.774	.824

Last Five Years

	Avg	AB	H	2B	3B	HR	RBI	BB	SO	OBP	SLG		Avg	AB	H	2B	3B	HR	RBI	BB	SO	OBP	SLG
vs. Left	.296	601	178	43	3	20	72	100	92	.413	.478	First Pitch	.395	390	154	31	2	21	85	22	0	.459	.646
vs. Right	.301	2297	692	149	15	66	275	263	408	.391	.465	Ahead in Count	.384	476	183	45	5	24	85	201	0	.573	.651
Home	.302	1412	426	96	14	39	153	167	242	.396	.472	Behind in Count	.246	1450	357	76	7	24	116	0	415	.269	.358
Away	.299	1486	444	96	4	47	194	196	258	.395	.464	Two Strikes	.225	1340	302	63	5	20	86	140	500	.316	.325
Day	.296	822	243	59	3	25	89	97	141	.393	.466	Batting #1	.303	2496	757	175	15	76	306	317	431	.399	.477
Night	.302	2076	627	133	15	61	258	266	359	.396	.469	Batting #2	.290	390	113	17	3	10	40	45	66	.382	.426
Grass	.302	1619	489	101	9	51	197	211	275	.399	.470	Other	.000	12	0	0	0	0	1	1	3	.133	.000
Turf	.298	1279	351	91	9	35	150	152	225	.391	.465	March/April	.298	470	140	34	3	11	46	63	81	.395	.453
Pre-All Star	.296	1681	497	115	10	52	205	196	292	.389	.469	May	.286	539	154	40	4	16	76	65	101	.384	.464
Post-All Star	.306	1217	373	77	8	34	142	167	208	.404	.467	June	.309	524	162	30	2	19	67	51	82	.393	.483
Inning 1-6	.310	2059	639	154	14	67	247	245	332	.402	.496	July	.338	530	179	42	4	14	65	60	83	.415	.511
Inning 7+	.275	839	231	38	4	19	100	118	168	.379	.398	August	.283	449	127	25	0	16	52	59	73	.384	.445
Scoring Posn	.343	562	193	45	4	14	255	101	89	.449	.512	Sept/Oct	.280	386	108	21	5	10	41	65	80	.392	.438
Close & Late	.257	435	112	18	1	12	58	68	106	.375	.386	vs. AL	.364	286	104	16	3	10	39	24	38	.419	.545
None on/out	.299	1137	340	80	10	34	34	135	195	.394	.477	vs. NL	.293	2612	766	176	15	76	308	339	462	.393	.459

Willie Blair — Tigers   Age 36 – Pitches Right

	ERA	W	L	Sv	G	GS	IP	BB	SO	Avg	H	2B	3B	HR	RBI	OBP	SLG	GF	IR	IRS	Hld	SvOp	SB	CS	GB	FB	G/F
2001 Season	10.50	1	4	0	9	4	24.0	11	15	.369	38	13	1	3	26	.437	.602	1	3	2	0	0	3	0	41	25	1.64
Last Five Years	5.32	35	45	0	158	89	665.0	197	353	.292	766	160	19	101	374	.342	.483	19	51	20	2	2	40	23	953	821	1.16

2001 Season

	ERA	W	L	Sv	G	GS	IP	H	HR	BB	SO		Avg	AB	H	2B	3B	HR	RBI	BB	SO	OBP	SLG
Home	11.12	0	1	0	2	1	5.2	12	0	2	4	vs. Left	.333	45	15	4	0	2	18	6	5	.415	.556
Away	10.31	1	3	0	7	3	18.1	26	3	9	11	vs. Right	.397	58	23	9	1	1	8	5	10	.455	.638

Last Five Years

	ERA	W	L	Sv	G	GS	IP	H	HR	BB	SO		Avg	AB	H	2B	3B	HR	RBI	BB	SO	OBP	SLG
Home	4.79	18	17	0	72	40	321.1	365	44	85	165	vs. Left	.283	1271	360	77	9	44	171	117	161	.344	.462
Away	5.81	17	28	0	86	49	343.2	401	57	112	188	vs. Right	.300	1354	406	83	10	57	203	80	192	.340	.502
Day	4.89	16	14	0	59	32	245.0	267	38	78	123	Inning 1-6	.291	2149	625	130	14	85	323	163	284	.342	.483
Night	5.57	19	31	0	99	57	420.0	499	63	119	230	Inning 7+	.296	476	141	30	5	16	51	34	69	.343	.481
Grass	5.08	34	36	0	138	76	588.2	670	83	160	304	None on	.282	1552	438	98	12	48	48	103	211	.329	.454
Turf	7.19	1	9	0	20	13	76.1	96	18	37	49	Runners on	.306	1073	328	62	7	53	326	94	142	.360	.525
March/April	6.39	2	10	0	25	16	93.0	123	15	37	39	Scoring Posn	.301	617	186	40	3	33	271	70	89	.367	.536
May	5.68	6	6	0	20	11	88.2	116	33	43	Close & Late	.335	164	55	9	2	6	23	10	22	.371	.524
June	4.34	5	9	0	31	18	132.2	146	18	35	75	None on/out	.284	675	192	45	9	18	18	41	74	.328	.458
July	6.15	11	3	0	31	18	130.1	153	23	46	64	vs. 1st Batr (relief)	.406	64	26	2	2	3	13	3	8	.426	.641
August	4.68	5	7	0	29	14	125.0	149	16	26	72	1st Inning Pitched	.269	558	150	32	4	11	77	46	67	.324	.400
Sept/Oct	5.00	6	5	0	22	12	95.1	102	13	20	60	First 15 Pitches	.267	491	131	31	4	8	54	34	56	.315	.395

Last Five Years

	ERA	W	L	Sv	G	GS	IP	H	HR	BB	SO		Avg	AB	H	2B	3B	HR	RBI	BB	SO	OBP	SLG
Starter	5.55	30	39	0	89	89	530.1	619	84	156	282	Pitch 16-30	.290	479	139	28	3	22	79	38	68	.343	.499
Reliever	4.41	5	6	0	69	0	134.2	147	17	41	71	Pitch 31-45	.280	460	129	31	1	16	51	27	56	.320	.457
0 Days Rest (Relief)	3.31	1	0	0	12	0	16.1	16	4	3	6	Pitch 46+	.307	1195	367	70	11	55	190	98	173	.361	.522
1 or 2 Days Rest	3.74	2	3	0	19	0	45.2	51	5	15	31	First Pitch	.296	402	119	24	4	11	57	5	0	.307	.458
3+ Days Rest	5.08	2	3	0	38	0	72.2	80	8	23	34	Ahead in Count	.243	1076	262	55	5	29	107	0	298	.247	.385
vs. AL	5.46	25	22	0	103	55	420.0	498	63	115	220	Behind in Count	.351	641	225	54	7	37	136	98	0	.434	.630
vs. NL	5.07	10	23	0	55	34	245.0	268	38	82	133	Two Strikes	.226	1051	238	40	5	30	97	94	353	.293	.360
Pre-All Star	5.62	15	29	0	85	51	350.2	418	58	121	177	Pre-All Star	.300	1395	418	85	9	58	204	121	177	.358	.498
Post-All Star	4.98	20	16	0	73	38	314.1	348	43	76	176	Post-All Star	.283	1230	348	75	10	43	170	76	176	.324	.465

Casey Blake — Orioles — Age 28 – Bats Right (groundball hitter)

	Avg	G	AB	R	H	2B	3B	HR	RBI	BB	SO	HBP	GDP	SB	CS	OBP	SLG	IBB	SH	SF	#Pit	#P/PA	GB	FB	G/F
2001 Season	.243	19	37	3	9	1	0	1	4	4	12	0	0	3	0	.317	.351	1	0	0	171	4.17	14	7	2.00
Career (1999-2001)	.239	40	92	10	22	5	0	2	6	9	26	1	2	3	0	.311	.359	1	0	1	425	4.13	35	23	1.52

2001 Season

	Avg	AB	H	2B	3B	HR	RBI	BB	SO	OBP	SLG		Avg	AB	H	2B	3B	HR	RBI	BB	SO	OBP	SLG
vs. Left	.444	18	8	1	0	1	4	2	4	.500	.667	Scoring Posn	.375	8	3	0	0	1	4	1	1	.444	.750
vs. Right	.053	19	1	0	0	0	0	2	8	.143	.053	Close & Late	.167	6	1	0	0	0	0	1	3	.286	.167

Henry Blanco — Brewers — Age 30 – Bats Right (flyball hitter)

	Avg	G	AB	R	H	2B	3B	HR	RBI	BB	SO	HBP	GDP	SB	CS	OBP	SLG	IBB	SH	SF	#Pit	#P/PA	GB	FB	G/F
2001 Season	.210	104	314	33	66	18	3	6	31	34	72	2	10	3	1	.290	.344	6	5	2	1332	3.73	72	126	0.57
Career (1997-2001)	.226	288	866	93	196	54	6	20	91	104	171	3	23	4	5	.309	.372	13	8	8	3751	3.79	222	346	0.64

2001 Season

	Avg	AB	H	2B	3B	HR	RBI	BB	SO	OBP	SLG		Avg	AB	H	2B	3B	HR	RBI	BB	SO	OBP	SLG
vs. Left	.164	73	12	3	1	1	10	13	20	.284	.274	First Pitch	.200	60	12	5	0	1	7	2	0	.238	.333
vs. Right	.224	241	54	15	2	5	21	21	52	.292	.365	Ahead in Count	.326	46	15	3	1	1	6	23	0	.543	.500
Home	.210	157	33	9	1	4	11	19	38	.298	.357	Behind in Count	.124	145	18	4	1	3	10	0	58	.129	.228
Away	.210	157	33	9	2	2	20	15	34	.282	.331	Two Strikes	.162	167	27	9	1	3	13	9	72	.203	.281
Day	.202	104	21	8	1	1	10	14	23	.303	.327	Batting #8	.209	292	61	17	3	6	30	31	66	.287	.349
Night	.214	210	45	10	2	5	21	20	49	.283	.352	Batting #9	.278	18	5	1	0	0	1	2	5	.350	.333
Grass	.217	299	65	18	3	6	31	32	68	.296	.358	Other	.000	4	0	0	0	0	0	1	1	.200	.000
Turf	.067	15	1	0	0	0	0	2	4	.176	.067	April	.214	56	12	3	1	0	7	12	.323	.304
Pre-All Star	.202	173	35	9	3	2	13	18	39	.284	.324	May	.137	51	7	3	1	0	7	3	13	.182	.235
Post-All Star	.220	141	31	9	0	4	18	16	33	.297	.369	June	.250	56	14	2	1	2	6	5	12	.311	.429
Inning 1-6	.214	215	46	14	3	4	26	23	48	.290	.363	July	.270	37	10	2	0	1	4	5	8	.357	.405
Inning 7+	.202	99	20	4	0	2	5	11	24	.288	.303	August	.176	74	13	4	0	1	9	11	20	.279	.270
Scoring Posn	.183	82	15	6	0	0	24	14	19	.296	.256	Sept/Oct	.250	40	10	4	0	2	5	3	7	.302	.500
Close & Late	.167	36	6	2	0	0	1	1	6	.211	.222	vs. AL	.294	34	10	2	0	1	5	3	9	.351	.441
None on/out	.207	82	17	6	2	2	2	4	23	.244	.402	vs. NL	.200	280	56	16	3	5	26	31	63	.283	.332

2001 By Position

Position	Avg	AB	H	2B	3B	HR	RBI	BB	SO	OBP	SLG	G	GS	Innings	PO	A	E	DP	Fld Pct	Rng Fctr	In Zone	Zone Outs	Zone Rtg	MLB Zone
As c	.212	311	66	18	3	6	31	34	71	.292	.347	102	94	837.1	645	68	6	9	.992	—	—	—	—

Career (1997-2001)

	Avg	AB	H	2B	3B	HR	RBI	BB	SO	OBP	SLG		Avg	AB	H	2B	3B	HR	RBI	BB	SO	OBP	SLG
vs. Left	.226	235	53	14	2	6	31	32	41	.314	.379	First Pitch	.240	150	36	11	0	5	21	8	0	.282	.413
vs. Right	.227	631	143	40	4	14	60	72	130	.307	.369	Ahead in Count	.304	168	51	9	1	5	22	61	0	.485	.458
Home	.237	430	102	30	2	10	40	54	85	.321	.386	Behind in Count	.155	381	59	15	4	6	25	0	149	.157	.262
Away	.216	436	94	24	4	10	51	50	86	.297	.358	Two Strikes	.162	426	69	23	3	8	38	35	171	.224	.286
Day	.231	286	66	19	3	6	25	43	51	.330	.381	Batting #7	.217	83	18	4	1	1	9	10	12	.298	.325
Night	.224	580	130	35	3	14	66	61	120	.298	.367	Batting #8	.228	712	162	48	4	17	77	86	141	.311	.378
Grass	.232	789	183	52	6	18	83	94	155	.314	.381	Other	.225	71	16	2	1	2	5	8	18	.300	.366
Turf	.169	77	13	2	0	2	8	10	16	.243	.273	March/April	.235	81	19	3	1	1	2	11	17	.340	.333
Pre-All Star	.237	472	112	30	6	9	51	59	90	.322	.383	May	.210	195	41	12	2	4	31	25	38	.295	.354
Post-All Star	.213	394	84	24	0	11	40	45	81	.293	.358	June	.274	146	40	8	3	4	17	15	25	.342	.452
Inning 1-6	.233	576	134	39	6	13	60	67	105	.312	.389	July	.260	154	40	13	0	4	13	18	29	.335	.422
Inning 7+	.214	290	62	15	0	7	31	37	66	.302	.338	August	.189	206	39	12	0	3	19	25	48	.278	.291
Scoring Posn	.189	222	42	14	1	3	66	43	47	.311	.302	Sept/Oct	.202	84	17	6	0	4	9	10	14	.284	.417
Close & Late	.203	123	25	4	0	3	13	12	30	.277	.309	vs. AL	.277	83	23	7	1	2	6	9	15	.348	.458
None on/out	.221	217	48	11	3	7	7	22	41	.293	.396	vs. NL	.221	783	173	47	5	18	85	95	156	.305	.363

Matt Blank — Expos — Age 26 – Pitches Left

	ERA	W	L	Sv	G	GS	IP	BB	SO	Avg	H	2B	3B	HR	RBI	OBP	SLG	CG	ShO	Sup	QS	#P/S	SB	CS	GB	FB	G/F
2001 Season	5.16	2	2	0	5	4	22.2	13	11	.267	23	3	2	5	14	.369	.523	0	0	5.56	0	91	1	1	35	31	1.13
Career (2000-2001)	5.15	2	3	0	18	4	36.2	18	15	.252	35	5	2	6	19	.344	.446	0	0	4.91	0	91			58	51	1.14

2001 Season

	ERA	W	L	Sv	G	GS	IP	H	HR	BB	SO		Avg	AB	H	2B	3B	HR	RBI	BB	SO	OBP	SLG
Home	2.35	1	0	0	2	1	7.2	8	1	1	0	vs. Left	.267	15	4	0	0	0	1	2	4	.389	.267
Away	6.60	1	2	0	3	3	15.0	15	4	12	11	vs. Right	.268	71	19	3	2	5	13	11	7	.365	.577

41

Geoff Blum — Expos
Age 29 – Bats Both (flyball hitter)

	Avg	G	AB	R	H	2B	3B	HR	RBI	BB	SO	HBP	GDP	SB	CS	OBP	SLG	IBB	SH	SF	#Pit	#P/PA	GB	FB	G/F
2001 Season	.236	148	453	57	107	25	0	9	50	43	94	10	12	9	5	.313	.351	8	3	5	2033	3.96	144	142	1.01
Career (1999-2001)	.254	317	929	118	236	52	4	28	113	86	179	13	19	11	9	.323	.409	13	9	9	4173	3.99	289	304	0.95

2001 Season

	Avg	AB	H	2B	3B	HR	RBI	BB	SO	OBP	SLG		Avg	AB	H	2B	3B	HR	RBI	BB	SO	OBP	SLG
vs. Left	.263	99	26	6	0	4	11	12	17	.342	.444	First Pitch	.356	45	16	3	0	2	4	7	0	.463	.556
vs. Right	.229	354	81	19	0	5	39	31	77	.305	.325	Ahead in Count	.291	79	23	4	0	2	13	16	0	.418	.418
Home	.256	234	60	16	0	6	34	21	52	.326	.402	Behind in Count	.229	236	54	14	0	2	21	0	83	.244	.314
Away	.215	219	47	9	0	3	16	22	42	.300	.297	Two Strikes	.188	240	45	12	0	4	23	20	94	.260	.288
Day	.278	126	35	9	0	3	21	11	22	.343	.421	Batting #5	.215	93	20	3	0	2	9	6	21	.267	.312
Night	.220	327	72	16	0	6	29	32	72	.302	.324	Batting #6	.224	152	34	8	0	3	15	13	27	.287	.336
Grass	.219	183	40	8	0	3	13	19	34	.301	.311	Other	.255	208	53	14	0	4	26	24	46	.350	.380
Turf	.248	270	67	17	0	6	37	24	60	.321	.378	April	.167	42	7	0	0	1	4	5	11	.265	.238
Pre-All Star	.238	210	50	13	0	5	23	27	49	.340	.371	May	.297	74	22	5	0	2	6	8	15	.391	.446
Post-All Star	.235	243	57	12	0	4	27	16	45	.288	.333	June	.203	79	16	7	0	0	7	10	20	.292	.291
Inning 1-6	.214	290	62	12	0	5	32	23	62	.283	.307	July	.260	73	19	7	0	2	15	9	10	.364	.438
Inning 7+	.276	163	45	13	0	4	18	20	32	.365	.429	August	.247	89	22	3	0	3	9	5	18	.287	.382
Scoring Posn	.239	109	26	8	0	3	39	23	22	.367	.394	Sept/Oct	.219	96	21	3	0	1	9	6	20	.262	.281
Close & Late	.239	67	16	4	0	1	8	6	12	.293	.343	vs. AL	.204	49	10	5	0	0	7	7	11	.328	.306
None on/out	.271	118	32	9	0	2	2	6	22	.317	.398	vs. NL	.240	404	97	20	0	9	43	36	83	.311	.356

2001 By Position

Position	Avg	AB	H	2B	3B	HR	RBI	BB	SO	OBP	SLG	G	GS	Innings	PO	A	E	DP	Fld Pct	Rng Fctr	In Zone	Outs	Zone Rtg	MLB Zone
As 1b	.152	33	5	1	0	1	4	2	7	.200	.273	14	9	84.0	74	9	1	9	.988	—	20	17	.850	.850
As 2b	.288	66	19	7	0	0	4	8	15	.373	.394	25	17	165.2	39	47	1	5	.989	4.67	57	45	.789	.824
As 3b	.238	239	57	11	0	5	32	18	49	.302	.347	72	67	570.0	49	120	6	12	.966	2.67	183	130	.710	.761
As lf	.228	101	23	6	0	3	9	11	20	.322	.376	35	27	250.0	51	1	0	0	1.000	1.87	60	51	.850	.880

Career (1999-2001)

	Avg	AB	H	2B	3B	HR	RBI	BB	SO	OBP	SLG		Avg	AB	H	2B	3B	HR	RBI	BB	SO	OBP	SLG
vs. Left	.266	192	51	11	0	11	25	18	36	.329	.495	First Pitch	.357	84	30	7	2	6	12	12	0	.449	.702
vs. Right	.251	737	185	41	4	17	88	68	143	.322	.387	Ahead in Count	.313	176	55	12	1	6	32	38	0	.438	.494
Home	.275	440	121	33	2	11	58	44	87	.346	.434	Behind in Count	.228	470	107	24	1	7	43	0	156	.239	.302
Away	.235	489	115	19	2	17	55	42	92	.303	.387	Two Strikes	.213	488	104	21	0	10	45	36	179	.274	.318
Day	.275	276	76	18	2	8	39	29	42	.349	.442	Batting #6	.256	351	90	16	2	9	42	29	62	.314	.390
Night	.245	653	160	34	2	20	74	57	137	.312	.395	Batting #8	.259	143	37	7	1	7	17	29	38	.338	.483
Grass	.236	411	97	16	1	16	50	36	73	.303	.397	Other	.251	435	109	29	2	12	54	40	88	.325	.400
Turf	.268	518	139	36	3	12	63	50	106	.339	.419	March/April	.186	59	11	3	0	1	8	7	16	.275	.288
Pre-All Star	.240	304	73	20	0	7	34	40	67	.340	.375	May	.282	103	29	7	0	3	8	13	21	.380	.427
Post-All Star	.261	625	163	32	4	21	79	46	112	.314	.426	June	.231	121	28	9	0	1	12	16	26	.326	.331
Inning 1-6	.245	579	142	30	3	15	75	55	108	.316	.385	July	.288	139	40	8	1	5	27	11	24	.353	.468
Inning 7+	.269	350	94	22	1	13	38	31	71	.335	.449	August	.273	249	68	14	2	11	32	21	46	.330	.478
Scoring Posn	.242	227	55	16	1	7	84	39	45	.351	.414	Sept/Oct	.233	258	60	11	1	7	26	18	46	.281	.364
Close & Late	.238	147	35	8	1	5	17	15	31	.309	.408	vs. AL	.202	84	17	7	1	1	10	9	20	.296	.345
None on/out	.255	243	62	18	1	11	11	13	41	.298	.473	vs. NL	.259	845	219	45	3	27	103	77	159	.326	.415

Hiram Bocachica — Dodgers
Age 26 – Bats Right (flyball hitter)

	Avg	G	AB	R	H	2B	3B	HR	RBI	BB	SO	HBP	GDP	SB	CS	OBP	SLG	IBB	SH	SF	#Pit	#P/PA	GB	FB	G/F
2001 Season	.233	75	133	15	31	11	1	2	9	9	33	1	1	4	1	.287	.376	0	0	0	542	3.79	38	43	0.88
Career (2000-2001)	.238	83	143	17	34	11	1	2	9	9	35	1	1	4	1	.288	.371	0	0	0	587	3.84	41	46	0.89

2001 Season

	Avg	AB	H	2B	3B	HR	RBI	BB	SO	OBP	SLG		Avg	AB	H	2B	3B	HR	RBI	BB	SO	OBP	SLG
vs. Left	.260	50	13	4	0	1	4	5	9	.327	.400	Scoring Posn	.259	27	7	2	0	1	7	2	9	.333	.444
vs. Right	.217	83	18	7	1	1	5	4	24	.261	.361	Close & Late	.156	32	5	3	0	0	1	3	9	.229	.250
Home	.262	84	22	7	1	2	9	6	22	.311	.452	None on/out	.233	30	7	2	0	1	1	1	9	.258	.400
Away	.184	49	9	4	0	0	0	3	11	.245	.265	Batting #2	.222	45	10	4	0	0	2	3	11	.286	.311
First Pitch	.533	15	8	3	0	0	1	0	0	.533	.733	Batting #9	.133	30	4	3	0	0	1	2	10	.188	.233
Ahead in Count	.316	19	6	2	0	1	3	4	0	.435	.579	Other	.293	58	17	4	1	2	6	4	12	.339	.500
Behind in Count	.171	76	13	6	1	0	2	0	30	.182	.276	Pre-All Star	.246	118	29	10	1	2	9	7	28	.294	.398
Two Strikes	.125	72	9	4	1	0	2	5	33	.192	.208	Post-All Star	.133	15	2	1	0	0	0	2	5	.235	.200

Brian Boehringer — Giants
Age 32 – Pitches Right (flyball pitcher)

	ERA	W	L	Sv	G	GS	IP	BB	SO	Avg	H	2B	3B	HR	RBI	OBP	SLG	GF	IR	IRS	Hld	SvOp	SB	CS	GB	FB	G/F
2001 Season	3.65	0	4	2	51	0	69.0	29	60	.247	67	16	1	7	44	.327	.391	17	34	15	3	2	8	0	81	93	0.87
Last Five Years	3.65	14	16	2	181	15	303.1	151	253	.255	296	51	2	35	161	.342	.392	55	115	42	18	9	22	11	355	368	0.96

2001 Season

	ERA	W	L	Sv	G	GS	IP	H	HR	BB	SO		Avg	AB	H	2B	3B	HR	RBI	BB	SO	OBP	SLG
Home	4.88	0	1	0	19	0	24.0	31	3	11	16	vs. Left	.333	93	31	9	1	4	21	15	17	.418	.581
Away	3.00	0	3	2	32	0	45.0	36	4	18	44	vs. Right	.202	178	36	7	0	3	23	14	43	.276	.292
Starter	0.00	0	0	0	0	0	0.0	0	0	0	0	Scoring Posn	.325	83	27	6	0	3	38	14	19	.417	.506
Reliever	3.65	0	4	2	51	0	69.0	67	7	29	60	Close & Late	.216	51	11	5	0	2	10	7	11	.333	.431
0 Days Rest (Relief)	5.19	0	1	0	8	0	8.2	9	1	2	7	None on/out	.206	63	13	4	0	3	3	2	12	.231	.413
1 or 2 Days Rest	2.05	0	0	1	21	0	30.2	19	2	12	29	First Pitch	.438	32	14	7	0	2	10	5	0	.538	.844
3+ Days Rest	4.85	0	3	0	22	0	29.2	39	4	15	24	Ahead in Count	.175	143	25	3	1	1	14	0	50	.190	.231

2001 Season

	ERA	W	L	Sv	G	GS	IP	H	HR	BB	SO		Avg	AB	H	2B	3B	HR	RBI	BB	SO	OBP	SLG
Pre-All Star	3.35	0	2	1	24	0	37.2	39	3	12	36	Behind in Count	.436	39	17	5	0	3	15	12	0	.547	.795
Post-All Star	4.02	0	2	1	27	0	31.1	28	4	17	24	Two Strikes	.154	149	23	2	0	2	16	12	60	.230	.208

Last Five Years

	ERA	W	L	Sv	G	GS	IP	H	HR	BB	SO		Avg	AB	H	2B	3B	HR	RBI	BB	SO	OBP	SLG
Home	4.19	9	6	0	77	7	131.0	143	18	63	95	vs. Left	.249	450	112	19	2	10	56	75	84	.354	.367
Away	3.24	5	10	2	104	8	172.1	153	17	88	158	vs. Right	.258	712	184	32	0	25	105	76	169	.335	.409
Day	3.11	7	5	1	59	4	92.2	81	6	50	82	Inning 1-6	.265	509	135	17	1	13	61	55	91	.338	.379
Night	3.89	7	11	1	122	11	210.2	215	29	101	171	Inning 7+	.247	653	161	34	1	22	100	96	162	.346	.403
Grass	3.89	12	14	2	156	10	242.2	246	29	125	209	None on	.247	607	150	23	1	21	21	70	129	.330	.392
Turf	2.67	2	2	0	25	5	60.2	50	6	26	44	Runners on	.263	555	146	28	1	14	140	81	124	.355	.393
March/April	3.87	3	6	0	45	3	76.2	72	10	52	64	Scoring Posn	.259	316	82	13	0	10	124	58	81	.369	.396
May	2.48	6	2	1	38	0	54.1	57	5	21	64	Close & Late	.252	230	58	17	0	9	47	43	62	.375	.443
June	5.63	3	0	0	25	4	38.1	49	5	22	33	None on/out	.240	275	66	10	0	13	13	29	53	.315	.418
July	4.93	1	4	0	23	4	49.1	46	8	21	28	vs. 1st Batr (relief)	.267	146	39	9	0	10	29	18	35	.345	.534
August	3.13	0	3	0	22	4	46.0	52	3	16	29	1st Inning Pitched	.261	609	159	31	1	18	112	89	147	.355	.404
Sept/Oct	1.86	1	1	1	28	0	38.2	20	4	19	35	First 15 Pitches	.242	467	113	24	0	15	70	60	104	.328	.390
Starter	3.99	4	8	0	15	15	79.0	88	10	29	38	Pitch 16-30	.260	342	89	17	2	9	52	56	83	.367	.401
Reliever	3.53	10	8	2	166	0	224.1	208	25	122	215	Pitch 31-45	.222	162	36	3	0	3	21	12	42	.283	.296
0 Days Rest (Relief)	3.73	3	1	1	28	0	31.1	24	3	12	29	Pitch 46+	.304	191	58	7	0	8	18	23	24	.381	.466
1 or 2 Days Rest	2.66	3	2	1	70	0	91.1	80	11	57	89	First Pitch	.399	153	61	15	0	10	30	14	0	.456	.693
3+ Days Rest	4.25	4	5	0	68	0	101.2	104	11	53	97	Ahead in Count	.195	544	106	13	1	2	51	0	201	.203	.233
vs. AL	2.54	4	4	0	60	1	92.0	70	6	53	95	Behind in Count	.352	196	69	13	0	14	44	63	0	.502	.633
vs. NL	4.13	10	12	1	121	14	211.1	226	29	98	158	Two Strikes	.179	598	107	14	1	9	56	74	253	.276	.251
Pre-All Star	3.85	12	10	1	113	8	182.1	190	20	98	168	Pre-All Star	.267	711	190	31	1	20	99	98	165	.359	.398
Post-All Star	3.35	2	6	1	68	7	121.0	106	15	53	85	Post-All Star	.235	451	106	20	1	15	62	53	85	.316	.384

Tim Bogar — Dodgers
Age 35 – Bats Right

	Avg	G	AB	R	H	2B	3B	HR	RBI	BB	SO	HBP	GDP	SB	CS	OBP	SLG	IBB	SH	SF	#Pit	#P/PA	GB	FB	G/F
2001 Season	.333	12	12	4	4	5	2	0	2	2	2	1	0	0	0	0	.412	.867	0	0	0	63	3.71	2	9	0.22
Last Five Years	.220	404	1025	122	226	45	9	18	104	108	187	12	34	10	8	.299	.335	15	9	12	4207	3.61	396	299	1.32

2001 Season

	Avg	AB	H	2B	3B	HR	RBI	BB	SO	OBP	SLG		Avg	AB	H	2B	3B	HR	RBI	BB	SO	OBP	SLG
vs. Left	.333	9	3	2	0	1	1	1	1	.400	.889	Scoring Posn	.000	5	0	0	0	0	0	1	1	.167	.000
vs. Right	.333	6	2	0	0	1	1	1	0	.429	.833	Close & Late	.250	8	2	1	0	1	1	0	1	.250	.750

Last Five Years

	Avg	AB	H	2B	3B	HR	RBI	BB	SO	OBP	SLG		Avg	AB	H	2B	3B	HR	RBI	BB	SO	OBP	SLG
vs. Left	.248	303	75	14	2	6	37	39	50	.333	.366	First Pitch	.235	170	40	12	1	2	16	13	0	.293	.353
vs. Right	.209	722	151	31	7	12	67	69	137	.284	.321	Ahead in Count	.287	181	52	11	3	8	32	36	0	.405	.514
Home	.234	508	119	26	4	9	53	53	89	.316	.354	Behind in Count	.172	517	89	17	2	4	35	0	165	.181	.236
Away	.207	517	107	19	5	9	51	55	98	.283	.315	Two Strikes	.168	488	82	15	2	8	33	59	187	.264	.256
Day	.220	354	78	15	4	5	28	31	63	.289	.328	Batting #8	.221	757	167	36	6	9	77	77	138	.297	.320
Night	.221	671	148	30	5	13	76	77	124	.304	.338	Batting #9	.211	90	19	4	0	3	5	8	17	.273	.356
Grass	.220	522	115	24	3	10	56	54	96	.293	.335	Other	.225	178	40	5	3	6	22	23	32	.319	.388
Turf	.221	503	111	21	6	8	48	54	91	.305	.334	March/April	.185	146	27	5	2	2	16	21	21	.289	.288
Pre-All Star	.200	526	105	26	3	9	45	60	100	.285	.312	May	.198	162	32	10	1	1	14	13	34	.264	.290
Post-All Star	.242	499	121	19	6	9	59	48	87	.314	.359	June	.229	166	38	11	0	5	14	19	37	.306	.386
Inning 1-6	.229	659	151	27	4	14	70	77	116	.313	.346	July	.216	194	42	4	3	3	15	18	32	.297	.314
Inning 7+	.205	366	75	18	5	4	34	31	71	.272	.314	August	.239	234	56	7	3	4	30	24	45	.308	.346
Scoring Posn	.223	274	61	14	3	2	83	56	58	.350	.318	Sept/Oct	.252	123	31	8	0	3	15	13	18	.333	.390
Close & Late	.195	154	30	7	1	1	13	18	34	.282	.273	vs. AL	.224	98	22	3	1	3	9	8	20	.294	.367
None on/out	.218	257	56	15	1	7	14	44	.258	.366		vs. NL	.220	927	204	42	8	15	95	100	167	.300	.331

Brian Bohanon — Rockies
Age 33 – Pitches Left

	ERA	W	L	Sv	G	GS	IP	BB	SO	Avg	H	2B	3B	HR	RBI	OBP	SLG	CG	ShO	Sup	QS	#P/S	SB	CS	GB	FB	G/F
2001 Season	7.14	5	8	0	20	19	97.0	47	47	.323	127	26	2	20	71	.404	.552	0	0	5.29	7	85	7	5	127	131	0.97
Last Five Years	4.89	42	45	0	145	110	717.1	309	442	.275	760	153	19	96	388	.356	.448	7	2	5.48	50	96	63	25	1045	749	1.40

2001 Season

	ERA	W	L	Sv	G	GS	IP	H	HR	BB	SO		Avg	AB	H	2B	3B	HR	RBI	BB	SO	OBP	SLG
Home	9.00	2	6	0	13	13	61.0	92	15	38	34	vs. Left	.296	108	32	4	0	7	23	11	14	.382	.528
Away	4.00	3	2	0	7	6	36.0	35	5	9	13	vs. Right	.333	285	95	22	2	13	48	36	33	.412	.561
Starter	7.22	5	8	0	19	19	96.0	127	20	47	47	Scoring Posn	.382	102	39	7	1	5	53	17	10	.475	.618
Reliever	0.00	0	0	0	1	0	1.0	0	0	0	0	Close & Late	.200	5	1	0	0	0	0	1	0	.333	.200
0-3 Days Rest (Start)	1.59	1	0	0	1	1	5.2	5	0	2	4	None on/out	.299	97	29	5	0	4	4	12	9	.393	.474
4 Days Rest	7.41	2	3	0	7	7	34.0	42	6	20	18	First Pitch	.457	70	32	7	0	5	15	0	0	.465	.771
5+ Days Rest	7.67	2	5	0	11	11	56.1	80	14	25	25	Ahead in Count	.267	161	43	9	1	7	28	0	42	.289	.466
Pre-All Star	6.97	4	4	0	13	12	62.0	74	9	34	33	Behind in Count	.323	93	30	6	0	5	21	26	0	.471	.548
Post-All Star	7.46	1	4	0	7	7	35.0	53	11	13	14	Two Strikes	.286	154	44	8	2	7	29	21	47	.385	.500

Last Five Years

	ERA	W	L	Sv	G	GS	IP	H	HR	BB	SO		Avg	AB	H	2B	3B	HR	RBI	BB	SO	OBP	SLG
Home	6.02	21	22	0	76	58	365.0	438	62	163	231	vs. Left	.266	628	167	30	6	23	91	59	96	.344	.443
Away	3.73	21	23	0	69	52	352.1	322	34	146	211	vs. Right	.277	2137	593	123	13	73	297	250	346	.359	.450

43

Last Five Years

	ERA	W	L	Sv	G	GS	IP	H	HR	BB	SO		Avg	AB	H	2B	3B	HR	RBI	BB	SO	OBP	SLG
Day	4.98	10	12	0	51	34	224.0	246	31	89	139	Inning 1-6	.274	2418	663	134	17	80	350	277	390	.357	.443
Night	4.85	32	33	0	94	76	493.1	514	65	220	303	Inning 7+	.280	347	97	19	2	16	38	32	52	.347	.484
Grass	5.13	38	40	0	127	98	628.2	682	90	276	383	None on	.276	1526	421	85	10	53	53	166	245	.355	.449
Turf	3.25	4	5	0	18	12	88.2	78	6	33	59	Runners on	.274	1239	339	68	9	43	335	143	197	.357	.447
March/April	6.44	5	7	0	28	15	100.2	108	13	54	57	Scoring Posn	.285	708	202	38	7	19	275	101	124	.380	.439
May	3.69	8	5	0	22	11	92.2	81	9	38	49	Close & Late	.300	170	51	14	1	7	19	20	28	.380	.518
June	7.50	6	6	0	26	16	96.0	130	16	53	62	None on/out	.294	690	203	40	3	21	76	103	.375	.452
July	5.29	6	11	0	21	21	117.1	133	22	49	66	vs. 1st Batr (relief)	.194	31	6	1	0	2	8	3	7	.265	.419
August	3.41	9	9	0	27	26	169.0	166	20	54	120	1st Inning Pitched	.298	554	165	39	3	26	114	74	96	.388	.520
Sept/Oct	4.26	8	7	0	21	21	141.2	142	16	61	88	First 75 Pitches	.273	2062	562	118	13	67	293	250	334	.359	.440
Starter	5.04	39	41	0	110	110	657.0	710	92	283	399	Pitch 76-90	.288	344	99	16	4	14	58	27	52	.354	.480
Reliever	3.28	3	4	0	35	0	60.1	50	4	26	43	Pitch 91-105	.290	214	62	10	2	7	22	21	32	.354	.453
0-3 Days Rest (Start)	4.60	2	2	0	6	6	31.1	3	2	3	15	Pitch 106+	.255	145	37	9	0	8	15	11	24	.308	.483
4 Days Rest	4.71	20	18	0	53	53	319.1	336	42	137	194	First Pitch	.321	418	134	18	5	21	70	7	0	.343	.538
5+ Days Rest	5.44	17	20	0	51	51	306.1	341	47	131	180	Ahead in Count	.206	1077	222	37	2	24	108	0	365	.223	.311
vs. AL	7.54	2	3	0	11	7	45.1	62	16	14	32	Behind in Count	.339	731	248	55	7	33	134	166	0	.462	.569
vs. NL	4.71	40	42	0	134	103	672.0	698	80	295	410	Two Strikes	.209	1110	232	42	6	22	121	136	442	.302	.317
Pre-All Star	6.02	20	22	0	81	47	314.0	353	45	158	188	Pre-All Star	.288	1227	353	69	9	45	199	158	188	.377	.469
Post-All Star	4.02	22	23	0	64	63	403.1	407	51	151	254	Post-All Star	.265	1538	407	84	10	51	189	151	254	.338	.432

Barry Bonds — Giants

Age 37 – Bats Left (flyball hitter)

	Avg	G	AB	R	H	2B	3B	HR	RBI	BB	SO	HBP	GDP	SB	CS	OBP	SLG	IBB	SH	SF	#Pit	#P/PA	GB	FB	G/F
2001 Season	.328	153	476	129	156	32	2	73	137	177	93	9	5	13	3	.515	.863	35	0	2	2552	3.84	115	207	0.56
Last Five Years	.300	713	2395	592	718	150	20	233	549	642	411	31	45	104	28	.450	.671	129	1	23	11655	3.77	642	1020	0.63

2001 Season

	Avg	AB	H	2B	3B	HR	RBI	BB	SO	OBP	SLG		Avg	AB	H	2B	3B	HR	RBI	BB	SO	OBP	SLG
vs. Left	.312	141	44	9	1	17	34	44	34	.487	.752	First Pitch	.385	78	30	5	0	11	28	28	0	.542	.872
vs. Right	.334	335	112	23	1	56	103	133	59	.526	.910	Ahead in Count	.401	152	61	12	2	30	47	88	0	.627	1.099
Home	.335	224	75	19	0	37	71	80	46	.516	.915	Behind in Count	.233	133	31	7	0	15	30	0	61	.255	.624
Away	.321	252	81	13	2	36	66	97	47	.514	.817	Two Strikes	.200	180	36	6	0	16	33	61	93	.407	.500
Day	.320	153	49	15	0	26	48	42	32	.472	.829	Batting #3	.325	440	143	32	2	66	124	163	82	.513	.857
Night	.331	323	107	17	2	47	89	135	61	.533	.833	Batting #4	.344	32	11	0	0	6	12	13	10	.532	.906
Grass	.329	465	153	32	2	71	134	169	88	.512	.865	Other	.500	4	2	0	0	1	1	1	1	.600	1.250
Turf	.273	11	3	0	0	2	3	8	5	.600	.818	April	.240	75	18	5	0	11	22	13	15	.363	.747
Pre-All Star	.305	259	79	18	0	39	73	88	55	.487	.826	May	.369	84	31	5	0	17	30	31	24	.547	1.036
Post-All Star	.355	217	77	14	2	34	64	89	38	.547	.908	June	.297	74	22	3	0	11	19	34	15	.514	.784
Inning 1-6	.343	327	112	24	2	53	102	128	60	.530	.914	July	.302	86	26	10	1	6	15	30	11	.462	.651
Inning 7+	.295	149	44	8	0	20	35	49	33	.480	.752	August	.350	80	28	5	1	12	26	31	17	.536	.888
Scoring Posn	.382	89	34	11	0	13	59	71	20	.650	.944	Sept/Oct	.403	77	31	4	0	16	25	38	11	.600	1.078
Close & Late	.314	70	22	6	0	10	14	33	21	.547	.829	vs. AL	.271	48	13	2	0	5	6	16	10	.453	.625
None on/out	.340	94	32	7	1	17	17	20	15	.461	.979	vs. NL	.334	428	143	30	2	68	131	161	83	.522	.890

2001 By Position

Position	Avg	AB	H	2B	3B	HR	RBI	BB	SO	OBP	SLG	G	GS	Innings	PO	A	E	DP	Fld Pct	Rng Fctr	In Zone	Outs	Zone Rtg	MLB Zone
As lf	.333	454	151	31	2	71	135	168	86	.518	.879	143	141	1231.2	246	9	6	1	.977	1.86	267	244	.914	.880

Last Five Years

	Avg	AB	H	2B	3B	HR	RBI	BB	SO	OBP	SLG		Avg	AB	H	2B	3B	HR	RBI	BB	SO	OBP	SLG
vs. Left	.277	751	208	41	4	61	154	164	142	.412	.586	First Pitch	.377	371	140	29	3	40	108	97	0	.515	.795
vs. Right	.310	1644	510	109	16	172	395	478	269	.467	.710	Ahead in Count	.383	708	271	57	7	92	211	336	0	.580	.873
Home	.315	1151	362	77	11	123	297	300	201	.460	.725	Behind in Count	.205	774	159	37	6	47	119	0	294	.214	.451
Away	.286	1244	356	73	9	110	252	342	210	.441	.625	Two Strikes	.185	949	176	36	7	56	130	208	411	.335	.415
Day	.283	969	274	65	9	91	224	227	187	.422	.650	Batting #3	.300	2045	614	135	17	200	461	557	347	.452	.676
Night	.311	1426	444	85	11	142	325	415	224	.468	.685	Batting #4	.298	326	97	13	3	30	77	76	61	.434	.632
Grass	.301	2152	648	133	16	213	496	558	359	.447	.675	Other	.292	24	7	2	0	3	11	9	3	.485	.750
Turf	.288	243	70	17	4	20	53	84	52	.415	.638	March/April	.270	370	100	24	2	33	79	89	52	.415	.614
Pre-All Star	.290	1207	350	72	8	114	262	317	204	.441	.646	May	.341	349	119	23	2	41	95	96	72	.481	.771
Post-All Star	.310	1188	368	78	12	119	287	325	207	.459	.696	June	.275	404	111	18	2	35	75	111	68	.436	.589
Inning 1-6	.308	1702	524	108	17	177	427	441	274	.451	.703	July	.275	397	109	31	4	31	90	97	78	.423	.607
Inning 7+	.280	693	194	42	3	56	122	201	137	.447	.592	August	.316	459	145	28	3	47	112	128	82	.466	.697
Scoring Posn	.295	572	169	39	5	43	294	265	113	.510	.607	Sept/Oct	.322	416	134	26	7	46	98	121	59	.473	.750
Close & Late	.290	348	101	23	2	25	63	129	73	.485	.583	vs. AL	.284	229	65	13	1	21	39	60	45	.441	.624
None on/out	.274	467	128	36	4	49	49	81	77	.386	.683	vs. NL	.301	2166	653	137	19	212	510	582	366	.451	.676

Ricky Bones — Marlins

Age 33 – Pitches Right

	ERA	W	L	Sv	G	GS	IP	BB	SO	Avg	H	2B	3B	HR	RBI	OBP	SLG	GF	IR	IRS	Hld	SvOp	SB	CS	GB	FB	G/F
2001 Season	5.06	4	4	0	61	0	64.0	33	41	.286	71	12	5	7	46	.374	.460	19	38	12	6	0	0	2	68	1.35
Last Five Years	5.22	12	20	1	209	15	334.1	139	208	.303	406	61	13	36	217	.372	.449	55	147	50	20	9	29	9	533	361	1.48

2001 Season

	ERA	W	L	Sv	G	GS	IP	H	HR	BB	SO		Avg	AB	H	2B	3B	HR	RBI	BB	SO	OBP	SLG
Home	5.24	2	0	0	31	0	34.1	37	3	17	26	vs. Left	.269	104	28	3	2	2	15	15	17	.367	.394
Away	4.85	2	4	0	30	0	29.2	34	4	16	15	vs. Right	.299	144	43	9	3	5	31	18	24	.380	.507
Day	4.67	2	1	0	18	0	17.1	19	3	7	12	Inning 1-6	.343	67	23	6	1	2	20	5	12	.389	.552
Night	5.21	2	3	0	43	0	46.2	52	4	26	29	Inning 7+	.265	181	48	6	4	5	26	28	29	.369	.425

2001 Season

	ERA	W	L	Sv	G	GS	IP	H	HR	BB	SO		Avg	AB	H	2B	3B	HR	RBI	BB	SO	OBP	SLG
Grass	4.60	3	1	0	52	0	58.2	58	7	30	39	None on	.246	126	31	5	1	4	4	12	23	.317	.397
Turf	10.13	1	3	0	9	0	5.1	13	0	3	2	Runners on	.328	122	40	7	4	3	42	21	18	.429	.525
April	3.97	1	1	0	9	0	11.1	15	0	4	5	Scoring Posn	.342	79	27	5	3	3	40	16	15	.449	.595
May	0.79	0	0	0	10	0	11.1	7	0	5	8	Close & Late	.439	66	29	5	2	1	13	11	6	.513	.621
June	8.00	1	0	0	10	0	9.0	14	0	4	8	None on/out	.189	53	10	1	0	1	1	6	11	.271	.264
July	1.17	1	1	0	10	0	7.2	7	0	6	2	vs. 1st Batr (relief)	.259	58	15	3	1	1	6	3	12	.295	.397
August	8.79	0	1	0	12	0	14.1	16	6	10	9	1st Inning Pitched	.302	199	60	10	4	6	37	21	34	.373	.482
Sept/Oct	6.10	1	0	0	10	0	10.1	12	1	4	9	First 15 Pitches	.294	170	50	8	4	4	25	16	25	.363	.459
Starter	0.00	0	0	0	0	0	0.0	0	0	0	0	Pitch 16-30	.254	59	15	4	0	2	12	12	11	.375	.424
Reliever	5.06	4	4	0	61	0	64.0	71	7	33	41	Pitch 31-45	.333	18	6	0	1	1	9	5	5	.478	.611
0 Days Rest (Relief)	2.25	1	0	0	14	0	12.0	11	1	7	8	Pitch 46+	.000	1	0	0	0	0	0	0	0	.000	.000
1 or 2 Days Rest	8.04	1	2	0	28	0	28.0	44	6	19	17	First Pitch	.294	34	10	0	2	0	5	8	0	.442	.412
3+ Days Rest	3.00	3	0	0	19	0	24.0	16	0	7	16	Ahead in Count	.239	109	26	3	2	4	23	0	27	.250	.413
vs. AL	4.91	0	2	0	5	0	3.2	5	0	2	3	Behind in Count	.360	50	18	3	0	2	9	14	0	.492	.540
vs. NL	5.07	4	2	0	56	0	60.1	66	7	31	38	Two Strikes	.220	123	27	3	2	5	23	11	41	.287	.398
Pre-All Star	4.09	2	3	0	31	0	33.0	38	0	14	21	Pre-All Star	.290	131	38	9	2	0	23	14	21	.356	.389
Post-All Star	6.10	2	1	0	30	0	31.0	33	7	19	20	Post-All Star	.282	117	33	3	3	7	23	19	20	.393	.538

Last Five Years

	ERA	W	L	Sv	G	GS	IP	H	HR	BB	SO		Avg	AB	H	2B	3B	HR	RBI	BB	SO	OBP	SLG
Home	4.71	6	7	0	103	6	168.0	188	20	54	105	vs. Left	.314	566	178	26	5	17	92	62	69	.382	.468
Away	5.74	6	13	1	106	9	166.1	218	16	85	103	vs. Right	.295	772	228	35	8	19	125	77	139	.364	.435
Day	5.94	5	5	0	64	6	97.0	126	13	39	67	Inning 1-6	.330	645	213	32	5	18	133	63	94	.393	.479
Night	4.93	7	15	1	145	10	237.1	280	23	100	141	Inning 7+	.278	693	193	29	8	18	84	76	114	.352	.421
Grass	4.97	9	13	1	173	12	284.1	336	30	112	179	None on	.308	672	207	33	5	20	20	45	104	.358	.461
Turf	6.66	3	7	0	36	3	50.0	70	6	27	29	Runners on	.299	666	199	28	8	16	197	94	104	.384	.437
March/April	4.02	1	3	0	38	2	65.0	74	4	32	33	Scoring Posn	.287	429	123	15	6	10	179	71	71	.382	.420
May	4.03	0	0	0	22	0	29.0	33	2	11	21	Close & Late	.329	231	76	13	4	6	39	35	32	.412	.498
June	4.56	3	5	1	36	0	49.1	62	6	12	31	None on/out	.324	312	101	16	2	8	8	18	38	.366	.465
July	5.76	2	3	0	38	3	54.2	64	3	30	33	vs. 1st Batr (relief)	.305	174	53	8	2	6	36	15	26	.361	.477
August	6.07	2	4	0	40	7	83.0	101	16	35	52	1st Inning Pitched	.294	722	212	25	8	24	135	71	112	.362	.450
Sept/Oct	6.08	4	5	0	35	3	53.1	72	5	19	38	First 15 Pitches	.302	613	185	22	6	22	101	51	86	.360	.465
Starter	7.70	4	7	0	15	15	71.1	109	9	28	39	Pitch 16-30	.266	383	102	16	3	9	55	50	66	.348	.394
Reliever	4.55	8	13	1	194	0	263.0	297	27	111	169	Pitch 31-45	.344	163	56	13	3	2	26	21	25	.419	.497
0 Days Rest (Relief)	3.53	0	2	0	31	0	35.2	37	3	16	20	Pitch 46+	.352	179	63	10	1	3	35	17	31	.417	.469
1 or 2 Days Rest	5.12	3	9	0	88	0	114.1	149	16	47	75	First Pitch	.326	184	60	6	5	6	35	21	0	.395	.511
3+ Days Rest	4.30	5	2	1	75	0	113.0	111	8	48	74	Ahead in Count	.254	574	146	21	5	6	65	0	153	.264	.340
vs. AL	4.79	7	13	1	83	12	167.1	198	17	61	107	Behind in Count	.388	312	121	19	2	17	78	63	0	.490	.625
vs. NL	5.66	5	7	0	126	3	167.0	208	19	78	101	Two Strikes	.225	599	135	21	4	7	65	55	208	.294	.309
Pre-All Star	4.23	4	9	1	106	2	151.0	178	12	62	92	Pre-All Star	.292	609	178	27	8	12	88	62	92	.360	.422
Post-All Star	6.04	8	11	0	103	13	183.1	228	24	77	116	Post-All Star	.313	729	228	34	5	24	129	77	116	.381	.472

Bobby Bonilla — Cardinals

Age 39 – Bats Both (flyball hitter)

	Avg	G	AB	R	H	2B	3B	HR	RBI	BB	SO	HBP	GDP	SB	CS	OBP	SLG	IBB	SH	SF	#Pit	#P/PA	GB	FB	G/F
2001 Season	.213	93	174	17	37	7	0	5	21	23	53	1	4	1	1	.308	.339	3	0	0	775	3.91	43	52	0.83
Last Five Years	.257	520	1427	168	367	75	7	42	208	193	273	8	45	8	10	.345	.408	18	0	17	6282	3.82	452	476	0.95

2001 Season

	Avg	AB	H	2B	3B	HR	RBI	BB	SO	OBP	SLG		Avg	AB	H	2B	3B	HR	RBI	BB	SO	OBP	SLG
vs. Left	.232	69	16	4	0	3	13	3	19	.264	.420	Scoring Posn	.180	50	9	2	0	2	18	12	17	.339	.340
vs. Right	.200	105	21	3	0	2	8	20	34	.333	.286	Close & Late	.171	41	7	2	0	1	8	4	10	.244	.293
Home	.280	75	21	5	0	3	14	10	23	.365	.467	None on/out	.245	53	13	4	0	2	2	1	11	.259	.434
Away	.162	99	16	2	0	2	7	13	30	.265	.242	Batting #5	.250	44	11	4	0	1	7	6	12	.340	.409
First Pitch	.318	22	7	3	0	0	3	0	0	.400	.455	Batting #6	.173	52	9	1	0	1	4	9	18	.306	.250
Ahead in Count	.303	33	10	4	0	0	3	11	0	.477	.424	Other	.218	78	17	2	0	3	10	8	23	.291	.359
Behind in Count	.120	83	10	0	0	2	4	0	46	.120	.193	Pre-All Star	.210	119	25	4	0	5	17	17	37	.314	.370
Two Strikes	.140	93	13	0	0	3	11	9	53	.223	.237	Post-All Star	.218	55	12	3	0	0	4	6	16	.295	.273

Last Five Years

	Avg	AB	H	2B	3B	HR	RBI	BB	SO	OBP	SLG		Avg	AB	H	2B	3B	HR	RBI	BB	SO	OBP	SLG
vs. Left	.299	314	94	19	1	16	59	29	49	.358	.519	First Pitch	.267	217	58	18	0	6	30	13	0	.303	.433
vs. Right	.245	1113	273	56	6	26	149	164	224	.342	.376	Ahead in Count	.349	387	135	30	3	11	69	84	0	.461	.527
Home	.279	710	198	37	3	25	117	96	132	.363	.445	Behind in Count	.178	529	94	16	1	11	49	0	211	.181	.278
Away	.236	717	169	38	4	17	91	97	141	.327	.371	Two Strikes	.177	617	109	18	2	16	76	96	273	.290	.290
Day	.215	456	98	16	0	10	49	60	89	.303	.316	Batting #4	.247	497	123	20	3	14	74	61	79	.328	.384
Night	.277	971	269	59	7	32	159	133	184	.365	.451	Batting #6	.277	448	124	27	2	15	66	59	88	.362	.446
Grass	.257	1204	310	57	6	36	182	173	235	.350	.404	Other	.249	482	120	28	2	13	68	73	106	.348	.396
Turf	.256	223	57	18	1	6	26	20	38	.318	.426	March/April	.245	274	67	12	2	7	36	35	49	.332	.380
Pre-All Star	.253	889	225	49	5	25	129	111	167	.334	.404	May	.304	329	100	27	2	10	54	30	72	.372	.489
Post-All Star	.264	538	142	26	2	17	79	82	106	.358	.414	June	.187	225	42	7	1	6	30	33	45	.289	.307
Inning 1-6	.265	944	250	50	4	31	145	118	169	.346	.425	July	.284	197	56	11	1	6	34	31	40	.376	.442
Inning 7+	.242	483	117	25	3	11	63	75	104	.343	.375	August	.276	214	59	8	1	8	28	26	33	.355	.435
Scoring Posn	.243	424	103	16	3	13	166	80	82	.355	.387	Sept/Oct	.229	188	43	10	0	5	26	33	40	.342	.362
Close & Late	.248	254	63	13	2	7	42	40	58	.349	.398	vs. AL	.214	117	25	5	0	3	18	19	32	.319	.333
None on/out	.274	369	101	20	4	16	39	67	93	.343	.469	vs. NL	.261	1310	342	70	7	39	190	174	241	.348	.415

45

Aaron Boone — Reds

Age 29 – Bats Right (flyball hitter)

	Avg	G	AB	R	H	2B	3B	HR	RBI	BB	SO	HBP	GDP	SB	CS	OBP	SLG	IBB	SH	SF	#Pit	#P/PA	GB	FB	G/F
2001 Season	.294	103	381	54	112	26	2	14	62	29	71	8	9	6	3	.351	.483	1	3	6	1552	3.63	124	124	1.00
Career (1997-2001)	.284	400	1374	183	390	84	9	42	210	100	243	31	24	36	11	.342	.450	5	14	17	5432	3.53	444	459	0.97

2001 Season

	Avg	AB	H	2B	3B	HR	RBI	BB	SO	OBP	SLG		Avg	AB	H	2B	3B	HR	RBI	BB	SO	OBP	SLG
vs. Left	.306	98	30	8	0	5	16	14	18	.397	.541	First Pitch	.333	48	16	7	0	0	4	1	0	.347	.479
vs. Right	.290	283	82	18	2	9	46	15	53	.334	.463	Ahead in Count	.388	80	31	5	1	7	18	19	0	.500	.738
Home	.332	193	64	16	0	10	33	16	30	.390	.570	Behind in Count	.216	185	40	12	0	3	26	0	62	.237	.330
Away	.255	188	48	10	2	4	29	13	41	.311	.394	Two Strikes	.180	172	31	3	1	4	16	9	71	.241	.279
Day	.328	122	40	8	0	7	20	8	26	.368	.566	Batting #5	.307	280	86	21	1	9	42	21	48	.362	.486
Night	.278	259	72	18	2	7	42	21	45	.344	.444	Batting #6	.257	101	26	5	1	5	20	8	23	.322	.475
Grass	.294	371	109	24	2	14	59	28	68	.351	.482	Other	.000	0	0	0	0	0	0	0	0	.000	.000
Turf	.300	10	3	2	0	0	3	1	3	.364	.500	April	.287	94	27	1	2	3	15	3	18	.320	.436
Pre-All Star	.291	220	64	14	2	8	33	16	42	.346	.482	May	.275	40	11	4	0	2	6	6	8	.388	.525
Post-All Star	.298	161	48	12	0	6	29	13	29	.359	.484	June	.262	61	16	5	0	1	6	5	13	.313	.393
Inning 1-6	.302	252	76	19	2	11	49	17	41	.356	.524	July	.363	91	33	9	0	6	20	10	11	.423	.659
Inning 7+	.279	129	36	7	0	3	13	12	30	.343	.403	August	.255	51	13	4	0	2	10	3	13	.304	.451
Scoring Posn	.284	95	27	9	0	1	38	12	17	.368	.411	Sept/Oct	.273	44	12	3	0	0	5	2	8	.333	.341
Close & Late	.327	52	17	5	0	2	7	7	13	.407	.538	vs. AL	.371	35	13	4	0	2	7	3	9	.421	.657
None on/out	.250	108	27	3	0	6	6	8	19	.314	.444	vs. NL	.286	346	99	22	2	12	55	26	62	.345	.465

2001 By Position

Position	Avg	AB	H	2B	3B	HR	RBI	BB	SO	OBP	SLG	G	GS	Innings	PO	A	E	DP	Fld Pct	Rng Fctr	In Zone	Outs	Zone Rtg	MLB Zone
As 3b	.294	381	112	26	2	14	62	29	71	.351	.483	103	101	884.2	72	207	19	17	.936	2.84	292	223	.764	.761

Career (1997-2001)

	Avg	AB	H	2B	3B	HR	RBI	BB	SO	OBP	SLG		Avg	AB	H	2B	3B	HR	RBI	BB	SO	OBP	SLG
vs. Left	.263	320	84	23	0	8	37	34	60	.343	.409	First Pitch	.343	213	73	20	1	4	30	1	0	.350	.502
vs. Right	.290	1054	306	61	9	34	173	66	183	.342	.462	Ahead in Count	.362	315	114	18	3	14	70	57	0	.466	.571
Home	.290	693	201	46	0	24	116	50	122	.350	.460	Behind in Count	.221	616	136	33	4	17	70	0	213	.237	.370
Away	.278	681	189	38	9	18	94	50	121	.335	.439	Two Strikes	.185	578	107	23	5	13	54	41	243	.255	.310
Day	.297	482	143	26	2	19	73	32	89	.352	.477	Batting #6	.271	373	101	20	3	8	58	30	75	.337	.405
Night	.277	892	247	58	7	23	137	68	154	.337	.435	Batting #7	.281	384	108	25	1	10	50	23	65	.332	.430
Grass	.296	716	212	44	8	26	105	56	125	.357	.489	Other	.293	617	181	39	5	24	102	47	103	.352	.489
Turf	.271	658	178	40	1	16	105	44	118	.326	.407	March/April	.261	211	55	8	2	7	29	18	41	.336	.417
Pre-All Star	.282	727	205	44	6	24	101	57	126	.345	.458	May	.257	183	47	10	0	9	21	12	33	.313	.459
Post-All Star	.286	647	185	40	3	18	109	43	117	.339	.440	June	.285	253	72	21	3	3	31	21	46	.350	.427
Inning 1-6	.289	901	260	55	9	29	149	67	151	.348	.466	July	.355	211	75	12	2	10	42	15	26	.397	.573
Inning 7+	.275	473	130	29	0	13	61	33	92	.331	.419	August	.286	255	73	16	1	7	50	14	51	.333	.439
Scoring Posn	.281	356	100	24	1	10	158	40	57	.356	.438	Sept/Oct	.261	261	68	17	1	6	37	20	46	.320	.402
Close & Late	.310	210	65	12	0	7	36	20	40	.381	.467	vs. AL	.314	118	37	11	1	3	17	6	15	.359	.500
None on/out	.293	351	103	16	4	11	11	24	51	.349	.456	vs. NL	.281	1256	353	73	8	39	193	94	218	.341	.445

Bret Boone — Mariners

Age 33 – Bats Right

	Avg	G	AB	R	H	2B	3B	HR	RBI	BB	SO	HBP	GDP	SB	CS	OBP	SLG	IBB	SH	SF	#Pit	#P/PA	GB	FB	G/F
2001 Season	.331	158	623	118	206	37	3	37	141	40	110	9	11	5	5	.372	.578	5	5	13	2549	3.69	233	207	1.13
Last Five Years	.268	733	2720	397	729	156	8	107	419	230	524	27	67	38	27	.328	.449	19	27	31	11743	3.87	977	813	1.20

2001 Season

	Avg	AB	H	2B	3B	HR	RBI	BB	SO	OBP	SLG		Avg	AB	H	2B	3B	HR	RBI	BB	SO	OBP	SLG
vs. Left	.444	144	64	12	0	9	29	18	17	.497	.715	First Pitch	.325	80	26	5	2	7	19	3	0	.337	.700
vs. Right	.296	479	142	25	3	28	112	22	93	.333	.537	Ahead in Count	.437	119	52	8	1	11	39	22	0	.524	.798
Home	.322	307	99	18	2	19	74	19	60	.355	.580	Behind in Count	.294	309	91	14	0	10	49	0	94	.303	.437
Away	.339	316	107	19	1	18	67	21	50	.389	.576	Two Strikes	.271	303	82	14	0	9	48	15	110	.309	.406
Day	.328	192	63	11	1	14	53	9	35	.362	.615	Batting #3	.338	201	68	17	0	10	50	11	36	.377	.572
Night	.332	431	143	26	2	23	88	31	75	.377	.561	Batting #5	.322	373	120	19	3	21	78	25	65	.364	.558
Grass	.332	575	191	36	3	34	128	39	106	.373	.583	Other	.367	49	18	1	0	6	13	4	9	.415	.755
Turf	.313	48	15	1	0	3	13	1	4	.333	.521	April	.344	96	33	7	0	2	22	6	13	.374	.573
Pre-All Star	.324	340	110	18	2	22	84	22	57	.363	.582	May	.274	106	29	4	0	8	25	5	22	.310	.538
Post-All Star	.339	283	96	19	1	15	57	18	53	.384	.572	June	.368	106	39	5	2	10	28	8	18	.405	.736
Inning 1-6	.333	444	148	26	3	24	96	24	83	.366	.568	July	.324	108	35	9	0	4	21	6	15	.356	.519
Inning 7+	.324	179	58	11	0	13	45	16	27	.386	.603	August	.310	113	35	4	1	7	19	6	23	.350	.549
Scoring Posn	.302	202	61	12	1	8	102	21	33	.360	.490	Sept/Oct	.372	94	35	8	0	6	23	9	19	.423	.649
Close & Late	.347	75	26	4	0	4	18	6	12	.420	.560	vs. AL	.334	548	183	34	3	33	130	36	95	.376	.588
None on/out	.333	144	48	8	1	9	9	8	26	.373	.590	vs. NL	.307	75	23	3	0	4	11	4	15	.346	.507

2001 By Position

Position	Avg	AB	H	2B	3B	HR	RBI	BB	SO	OBP	SLG	G	GS	Innings	PO	A	E	DP	Fld Pct	Rng Fctr	In Zone	Outs	Zone Rtg	MLB Zone
As 2b	.333	612	204	37	3	36	138	40	107	.375	.580	156	152	1370.0	286	410	10	90	.986	4.57	435	373	.857	.824

Last Five Years

	Avg	AB	H	2B	3B	HR	RBI	BB	SO	OBP	SLG		Avg	AB	H	2B	3B	HR	RBI	BB	SO	OBP	SLG
vs. Left	.286	675	193	45	0	23	87	76	129	.358	.455	First Pitch	.337	255	86	20	2	16	61	13	0	.372	.620
vs. Right	.262	2045	536	111	8	84	332	154	395	.318	.447	Ahead in Count	.347	591	205	47	2	43	127	136	0	.467	.651
Home	.271	1338	363	79	3	53	208	116	254	.329	.454	Behind in Count	.216	1327	286	54	3	27	136	0	440	.221	.322
Away	.265	1382	366	77	5	54	211	114	270	.327	.445	Two Strikes	.205	1369	280	57	3	25	142	81	524	.252	.305

46

Last Five Years

	Avg	AB	H	2B	3B	HR	RBI	BB	SO	OBP	SLG		Avg	AB	H	2B	3B	HR	RBI	BB	SO	OBP	SLG
Day	.268	848	227	58	2	35	139	68	162	.326	.465	Batting #2	.252	604	152	37	1	20	63	47	109	.310	.416
Night	.268	1872	502	98	6	72	280	162	362	.329	.442	Batting #5	.271	771	209	38	4	36	133	78	140	.339	.471
Grass	.274	1839	504	101	8	75	289	161	361	.336	.460	Other	.274	1345	368	81	3	51	223	105	275	.329	.452
Turf	.255	881	225	55	0	32	130	69	163	.311	.427	March/April	.283	456	129	27	0	9	68	32	86	.329	.401
Pre-All Star	.267	1563	417	88	4	62	254	128	311	.325	.447	May	.258	516	133	27	1	27	85	44	101	.321	.471
Post-All Star	.270	1157	312	68	4	45	165	102	213	.332	.452	June	.271	447	121	27	3	17	73	39	89	.329	.459
Inning 1-6	.274	1858	509	109	6	72	294	147	349	.330	.455	July	.267	480	128	26	2	20	64	40	98	.326	.454
Inning 7+	.255	862	220	47	2	35	125	83	175	.323	.436	August	.268	481	129	31	2	16	72	44	90	.333	.441
Scoring Posn	.267	750	200	45	1	31	314	89	143	.335	.453	Sept/Oct	.262	340	89	18	0	18	57	31	60	.321	.474
Close & Late	.269	420	113	20	2	16	63	38	99	.334	.440	vs. AL	.292	751	219	41	3	37	148	54	141	.340	.502
None on/out	.248	601	149	28	2	23	23	37	119	.296	.416	vs. NL	.259	1969	510	115	5	70	271	176	383	.323	.429

Pedro Borbon — Blue Jays

Age 34 – Pitches Left (flyball pitcher)

	ERA	W	L	Sv	G	GS	IP	BB	SO	Avg	H	2B	3B	HR	RBI	OBP	SLG	GF	IR	IRS	Hld	SvOp	SB	CS	GB	FB	G/F
2001 Season	3.71	2	4	0	71	0	53.1	12	45	.244	48	12	4	8	36	.298	.467	14	59	19	13	5	10	2	67	63	1.06
Last Five Years	4.63	7	8	2	200	0	145.2	79	107	.242	132	32	4	18	100	.342	.415	31	137	47	40	8	20	3	175	199	0.88

2001 Season

	ERA	W	L	Sv	G	GS	IP	H	HR	BB	SO		Avg	AB	H	2B	3B	HR	RBI	BB	SO	OBP	SLG
Home	4.40	1	1	0	38	0	28.2	29	7	6	26	vs. Left	.182	99	18	6	2	2	19	6	36	.241	.343
Away	2.92	1	3	0	33	0	24.2	19	1	6	19	vs. Right	.306	98	30	6	2	6	17	6	9	.355	.592
Day	4.26	1	2	0	24	0	19.0	17	2	3	16	Inning 1-6	.263	38	10	4	1	1	10	1	4	.275	.500
Night	3.41	1	2	0	47	0	34.1	31	6	9	29	Inning 7+	.239	159	38	8	3	7	26	11	41	.303	.459
Grass	3.32	1	3	0	26	0	19.0	15	1	6	16	None on	.215	107	23	5	1	3	3	5	26	.276	.364
Turf	3.93	1	1	0	45	0	34.1	33	7	6	29	Runners on	.278	90	25	7	3	5	33	7	19	.323	.589
April	2.08	0	0	0	10	0	8.2	3	1	0	8	Scoring Posn	.258	62	16	5	3	3	27	6	11	.314	.581
May	5.40	0	2	0	13	0	10.0	11	2	3	6	Close & Late	.243	74	18	2	2	5	17	5	21	.305	.527
June	2.53	2	1	0	13	0	10.2	10	0	3	8	None on/out	.200	45	9	1	0	1	1	3	11	.294	.289
July	7.11	0	0	0	10	0	6.1	8	1	1	6	vs. 1st Batr (relief)	.246	65	16	5	1	2	17	4	20	.296	.446
August	3.27	0	1	0	12	0	11.0	10	2	3	13	1st Inning Pitched	.256	164	42	11	4	8	34	11	38	.307	.518
Sept/Oct	2.70	0	0	0	13	0	6.2	6	2	2	4	First 15 Pitches	.257	152	39	8	4	8	30	10	35	.309	.520
Starter	0.00	0	0	0	0	0	0.0	0	0	0	0	Pitch 16-30	.184	38	7	3	0	0	5	2	8	.256	.263
Reliever	3.71	2	4	0	71	0	53.1	48	8	12	45	Pitch 31-45	.333	6	2	1	0	0	1	0	2	.333	.500
0 Days Rest (Relief)	1.98	0	2	0	18	0	13.2	14	1	7	11	Pitch 46+	.000	1	0	0	0	0	0	0	0	.000	.000
1 or 2 Days Rest	4.67	0	2	0	35	0	27.0	24	5	4	21	First Pitch	.529	17	9	2	0	0	2	3	0	.571	.647
3+ Days Rest	3.55	2	0	0	18	0	12.2	10	2	1	13	Ahead in Count	.148	115	17	5	1	1	11	0	41	.168	.235
vs. AL	3.88	2	4	0	64	0	51.0	43	8	12	41	Behind in Count	.364	33	12	2	1	4	9	7	0	.488	.848
vs. NL	0.00	0	0	0	7	0	2.1	5	0	0	4	Two Strikes	.128	109	14	3	2	0	8	2	45	.158	.193
Pre-All Star	3.45	2	3	0	38	0	31.1	27	3	6	23	Pre-All Star	.239	113	27	6	4	3	20	6	23	.298	.442
Post-All Star	4.09	0	1	0	33	0	22.0	21	5	6	22	Post-All Star	.250	84	21	6	0	5	16	6	22	.297	.500

Last Five Years

	ERA	W	L	Sv	G	GS	IP	H	HR	BB	SO		Avg	AB	H	2B	3B	HR	RBI	BB	SO	OBP	SLG
Home	5.40	3	4	0	98	0	70.0	74	13	41	58	vs. Left	.182	275	50	11	2	6	43	47	78	.306	.302
Away	3.93	4	4	2	102	0	75.2	58	5	38	49	vs. Right	.304	270	82	21	2	12	57	32	29	.380	.530
Day	6.95	2	4	1	67	0	45.1	54	8	27	35	Inning 1-6	.294	68	20	4	1	2	19	6	6	.342	.471
Night	3.59	5	4	1	133	0	100.1	78	10	52	72	Inning 7+	.235	477	112	28	3	16	81	73	101	.342	.407
Grass	3.29	6	6	2	112	0	82.0	60	4	44	53	None on	.197	299	59	10	1	7	7	34	64	.294	.308
Turf	6.36	1	2	0	88	0	63.2	72	14	35	54	Runners on	.297	246	73	22	3	11	93	45	43	.395	.545
March/April	3.68	1	0	0	34	0	29.1	26	4	12	18	Scoring Posn	.280	150	42	13	3	7	80	32	23	.388	.547
May	3.14	1	3	0	37	0	28.2	19	3	11	21	Close & Late	.227	220	50	12	2	8	36	31	50	.331	.409
June	1.88	3	1	0	35	0	24.0	18	0	11	19	None on/out	.178	135	24	2	0	2	2	13	30	.275	.237
July	7.30	0	1	0	37	0	24.2	31	3	18	20	vs. 1st Batr (relief)	.253	170	43	8	1	6	37	23	38	.340	.418
August	5.47	1	2	1	34	0	26.1	24	5	16	22	1st Inning Pitched	.254	460	117	30	4	17	92	70	89	.354	.448
Sept/Oct	8.53	1	1	1	23	0	12.2	14	3	11	7	First 15 Pitches	.258	414	107	24	4	15	75	54	81	.346	.444
Starter	0.00	0	0	0	0	0	0.0	0	0	0	0	Pitch 16-30	.188	117	22	7	0	3	23	24	21	.338	.325
Reliever	4.63	7	8	2	200	0	145.2	132	18	79	107	Pitch 31-45	.231	13	3	1	0	0	2	1	5	.286	.308
0 Days Rest (Relief)	5.20	4	3	0	53	0	36.1	40	4	21	26	Pitch 46+	.000	1	0	0	0	0	0	0	0	.000	.000
1 or 2 Days Rest	3.82	0	4	0	99	0	77.2	63	9	40	52	First Pitch	.434	53	23	6	0	1	8	8	0	.500	.604
3+ Days Rest	5.97	3	1	2	48	0	31.2	29	5	18	29	Ahead in Count	.162	272	44	13	1	5	33	0	92	.174	.272
vs. AL	4.64	3	4	1	123	0	95.0	84	14	46	71	Behind in Count	.342	111	38	7	1	7	36	46	0	.540	.613
vs. NL	4.62	4	4	1	77	0	50.2	48	4	33	36	Two Strikes	.135	266	36	9	2	4	30	25	107	.213	.229
Pre-All Star	3.21	5	4	0	118	0	92.2	76	8	39	67	Pre-All Star	.225	338	76	17	4	8	55	39	67	.316	.370
Post-All Star	7.13	2	4	2	82	0	53.0	56	10	40	40	Post-All Star	.271	207	56	15	0	10	45	40	40	.383	.488

Pat Borders — Mariners

Age 39 – Bats Right (groundball hitter)

	Avg	G	AB	R	H	2B	3B	HR	RBI	BB	SO	HBP	GDP	SB	CS	OBP	SLG	IBB	SH	SF	#Pit	#P/PA	GB	FB	G/F
2001 Season	.500	5	6	1	3	0	0	0	0	0	1	0	0	0	0	.500	.500	0	1	0	22	3.14	3	0	0.00
Last Five Years	.270	126	359	33	97	13	2	5	27	20	73	4	8	0	5	.315	.359	0	3	1	1478	3.82	126	82	1.54

2001 Season

	Avg	AB	H	2B	3B	HR	RBI	BB	SO	OBP	SLG		Avg	AB	H	2B	3B	HR	RBI	BB	SO	OBP	SLG
vs. Left	.333	3	1	0	0	0	0	0	0	.333	.333	Scoring Posn	.000	1	0	0	0	0	0	0	0	.000	.000
vs. Right	.667	3	2	0	0	0	0	0	1	.667	.667	Close & Late	.000	0	0	0	0	0	0	0	0	.000	.000

Mike Bordick — Orioles

Age 36 – Bats Right

Last Five Years

	Avg	AB	H	2B	3B	HR	RBI	BB	SO	OBP	SLG		Avg	AB	H	2B	3B	HR	RBI	BB	SO	OBP	SLG
vs. Left	.264	87	23	4	1	1	6	5	20	.304	.368	First Pitch	.333	45	15	2	1	1	4	0	0	.348	.489
vs. Right	.272	272	74	9	1	4	21	15	53	.318	.357	Ahead in Count	.244	78	19	2	0	1	9	7	0	.310	.308
Home	.273	183	50	9	1	1	9	11	40	.325	.350	Behind in Count	.257	167	43	5	1	2	11	0	62	.266	.335
Away	.267	176	47	4	1	4	18	9	33	.305	.369	Two Strikes	.239	176	42	5	1	2	11	13	73	.295	.313
Day	.250	176	44	2	2	2	15	8	35	.289	.318	Batting #8	.245	257	63	8	2	2	15	16	59	.299	.315
Night	.290	183	53	11	0	3	12	12	38	.340	.399	Batting #9	.387	62	24	4	0	2	6	1	6	.397	.548
Grass	.269	297	80	12	1	4	23	16	66	.314	.357	Other	.250	40	10	1	0	1	6	3	8	.302	.350
Turf	.274	62	17	1	1	1	4	4	7	.318	.371	March/April	.276	58	16	3	0	2	6	1	13	.288	.431
Pre-All Star	.269	167	45	5	1	3	17	11	35	.317	.365	May	.234	47	11	1	0	1	4	4	12	.308	.319
Post-All Star	.271	192	52	8	1	2	10	9	38	.314	.354	June	.286	42	12	1	0	0	4	6	7	.367	.310
Inning 1-6	.271	236	64	7	2	2	17	12	46	.316	.343	July	.283	99	28	3	2	0	5	4	20	.324	.354
Inning 7+	.268	123	33	6	0	3	10	8	27	.313	.390	August	.292	48	14	2	0	0	2	9	.333	.333
Scoring Posn	.173	98	17	2	1	1	22	8	25	.255	.245	Sept/Oct	.246	65	16	3	0	2	8	3	12	.279	.385
Close & Late	.250	48	12	2	0	2	4	4	11	.308	.417	vs. AL	.268	317	85	12	1	4	22	17	71	.312	.350
None on/out	.263	95	25	3	0	1	1	5	22	.300	.326	vs. NL	.286	42	12	1	1	1	5	3	2	.340	.429

	Avg	G	AB	R	H	2B	3B	HR	RBI	BB	SO	HBP	GDP	SB	CS	OBP	SLG	IBB	SH	SF	#Pit	#P/PA	GB	FB	G/F
2001 Season	.249	58	229	32	57	13	0	7	30	17	36	6	4	9	3	.314	.397	1	2	3	1011	3.93	79	81	0.98
Last Five Years	.264	678	2417	327	639	126	10	57	284	192	368	26	81	38	22	.322	.396	3	41	26	9979	3.69	871	769	1.13

2001 Season

	Avg	AB	H	2B	3B	HR	RBI	BB	SO	OBP	SLG		Avg	AB	H	2B	3B	HR	RBI	BB	SO	OBP	SLG
vs. Left	.333	63	21	7	0	3	10	2	10	.362	.587	Scoring Posn	.255	51	13	4	0	0	21	6	5	.339	.333
vs. Right	.217	166	36	6	0	4	20	15	26	.296	.325	Close & Late	.310	29	9	3	0	1	2	4	2	.412	.517
Home	.207	116	24	8	0	2	15	6	27	.269	.328	None on/out	.237	38	9	2	0	3	3	4	7	.326	.526
Away	.292	113	33	5	0	5	15	11	9	.360	.469	Batting #2	.256	219	56	13	0	7	28	17	35	.324	.411
First Pitch	.381	21	8	2	0	1	5	0	0	.409	.619	Batting #3	.100	10	1	0	0	0	2	0	1	.091	.100
Ahead in Count	.195	41	8	2	0	2	8	10	0	.346	.390	Other	.000	1	0	0	0	0	0	0	0	.000	.000
Behind in Count	.211	109	23	4	0	2	7	0	28	.216	.303	Pre-All Star	.249	229	57	13	0	7	30	17	36	.314	.397
Two Strikes	.269	108	29	7	0	3	12	7	36	.314	.417	Post-All Star	.000	0	0	0	0	0	0	0	0	.000	.000

Last Five Years

	Avg	AB	H	2B	3B	HR	RBI	BB	SO	OBP	SLG		Avg	AB	H	2B	3B	HR	RBI	BB	SO	OBP	SLG
vs. Left	.274	591	162	39	1	16	76	51	69	.331	.425	First Pitch	.360	292	105	23	2	5	58	2	0	.359	.503
vs. Right	.261	1826	477	87	9	41	208	141	299	.319	.386	Ahead in Count	.315	530	167	34	0	22	80	106	0	.428	.504
Home	.252	1144	288	54	6	29	138	83	192	.307	.385	Behind in Count	.209	1091	228	41	7	12	79	0	319	.218	.292
Away	.276	1273	351	72	4	28	146	109	176	.336	.405	Two Strikes	.206	1060	218	38	8	18	77	84	368	.267	.308
Day	.262	762	200	43	2	19	84	64	116	.321	.399	Batting #2	.273	1084	296	59	7	26	125	90	174	.333	.412
Night	.265	1655	439	83	8	38	200	128	252	.323	.394	Batting #9	.259	1002	260	51	3	26	122	79	140	.316	.394
Grass	.262	2050	537	102	9	53	241	154	324	.317	.398	Other	.251	331	83	16	0	5	37	23	54	.304	.344
Turf	.278	367	102	24	1	4	43	38	44	.349	.381	March/April	.258	423	109	24	2	10	50	38	58	.317	.395
Pre-All Star	.262	1442	378	75	2	35	166	110	215	.318	.390	May	.257	470	121	27	0	12	57	31	73	.312	.391
Post-All Star	.268	975	261	51	8	22	118	82	153	.329	.404	June	.271	435	118	16	0	12	47	28	69	.317	.391
Inning 1-6	.263	1664	438	94	7	40	207	130	246	.320	.400	July	.268	366	98	14	3	6	33	32	54	.330	.372
Inning 7+	.267	753	201	32	3	17	77	62	122	.316	.385	August	.250	372	93	21	2	10	47	29	51	.308	.398
Scoring Posn	.247	586	145	29	4	6	208	59	100	.313	.341	Sept/Oct	.285	351	100	24	3	7	50	34	63	.349	.430
Close & Late	.270	345	93	9	2	7	32	20	53	.313	.368	vs. AL	.264	1929	509	106	9	47	234	161	292	.324	.401
None on/out	.289	505	146	29	0	19	19	37	76	.342	.459	vs. NL	.266	488	130	20	1	10	50	31	76	.314	.373

Dave Borkowski — Tigers

Age 25 – Pitches Right

	ERA	W	L	Sv	G	GS	IP	BB	SO	Avg	H	2B	3B	HR	RBI	OBP	SLG	GF	IR	IRS	Hld	SvOp	SB	CS	GB	FB	G/F
2001 Season	6.37	0	2	0	15	0	29.2	15	30	.261	30	3	0	5	23	.356	.417	7	9	4	0	0	2	0	25	41	0.61
Career (1999-2001)	6.93	2	9	0	34	13	111.2	62	81	.285	127	23	3	17	85	.378	.465	9	19	8	0	0	9	2	156	128	1.22

2001 Season

	ERA	W	L	Sv	G	GS	IP	H	HR	BB	SO		Avg	AB	H	2B	3B	HR	RBI	BB	SO	OBP	SLG
Home	8.56	0	0	0	7	0	13.2	14	2	9	13	vs. Left	.250	56	14	1	0	3	16	6	16	.323	.429
Away	4.50	0	2	0	8	0	16.0	16	3	6	17	vs. Right	.271	59	16	2	0	2	7	9	14	.384	.407

Toby Borland — Angels

Age 33 – Pitches Right

	ERA	W	L	Sv	G	GS	IP	BB	SO	Avg	H	2B	3B	HR	RBI	OBP	SLG	GF	IR	IRS	Hld	SvOp	SB	CS	GB	FB	G/F
2001 Season	10.80	0	1	0	2	0	3.1	1	0	.471	8	1	0	1	5	.500	.706	1	1	0	1	0	0	4	7	0.57
Last Five Years	7.14	0	2	1	24	0	29.0	27	17	.287	33	4	0	4	29	.434	.426	9	20	14	1	3	3	1	38	34	1.12

2001 Season

	ERA	W	L	Sv	G	GS	IP	H	HR	BB	SO		Avg	AB	H	2B	3B	HR	RBI	BB	SO	OBP	SLG
Home	0.00	0	0	0	0	0	0.0	0	0	0	0	vs. Left	.429	7	3	0	0	1	2	0	0	.429	.857
Away	10.80	0	1	0	2	0	3.1	8	1	1	0	vs. Right	.500	10	5	1	0	0	3	1	0	.545	.600

Joe Borowski — Cubs
Age 31 – Pitches Right (groundball pitcher)

	ERA	W	L	Sv	G	GS	IP	BB	SO	Avg	H	2B	3B	HR	RBI	OBP	SLG	CG	ShO	Sup	QS	#P/S	SB	CS	GB	FB	G/F
2001 Season	32.40	0	1	0	1	1	1.2	3	1	.667	6	1	0	1	6	.750	1.111	0	0	0.00	0	55	1	0	3	1	3.00
Last Five Years	6.03	3	4	0	30	1	37.1	27	16	.309	46	12	0	3	25	.415	.450	0	0	3.86	0	55	3	0	64	39	1.64

2001 Season

	ERA	W	L	Sv	G	GS	IP	H	HR	BB	SO		Avg	AB	H	2B	3B	HR	RBI	BB	SO	OBP	SLG
Home	32.40	0	1	0	1	1	1.2	6	1	3	1	vs. Left	.667	3	2	1	0	1	3	1	1	.750	2.000
Away	0.00	0	0	0	0	0	0.0	0	0	0	0	vs. Right	.667	6	4	0	0	0	3	2	0	.750	.667

Ricky Bottalico — Phillies
Age 32 – Pitches Right

	ERA	W	L	Sv	G	GS	IP	BB	SO	Avg	H	2B	3B	HR	RBI	OBP	SLG	GF	IR	IRS	Hld	SvOp	SB	CS	GB	FB	G/F
2001 Season	3.90	3	4	3	66	0	67.0	25	57	.241	58	15	2	11	44	.318	.456	18	41	15	22	7	2	2	65	78	0.83
Last Five Years	4.60	18	27	79	304	0	330.1	182	295	.261	328	77	7	45	199	.357	.440	197	114	42	34	106	15	15	380	358	1.06

2001 Season

	ERA	W	L	Sv	G	GS	IP	H	HR	BB	SO		Avg	AB	H	2B	3B	HR	RBI	BB	SO	OBP	SLG
Home	3.47	2	1	1	33	0	36.1	27	4	11	29	vs. Left	.282	85	24	7	0	3	12	16	17	.396	.471
Away	4.40	1	3	2	33	0	30.2	31	7	14	28	vs. Right	.218	156	34	8	2	8	32	9	40	.272	.449
Day	4.64	0	0	0	23	0	21.1	18	6	6	18	Inning 1-6	.231	26	6	1	0	3	9	3	4	.333	.615
Night	3.55	3	4	3	43	0	45.2	40	5	19	39	Inning 7+	.242	215	52	14	2	8	35	22	53	.316	.437
Grass	2.79	1	2	2	30	0	29.0	24	4	13	28	None on	.281	128	36	7	0	8	8	12	29	.352	.523
Turf	4.74	2	2	1	36	0	38.0	34	7	12	29	Runners on	.195	113	22	8	2	3	36	13	28	.280	.381
April	1.98	1	1	1	13	0	13.2	10	1	3	10	Scoring Posn	.230	61	14	4	2	3	33	8	11	.320	.508
May	2.60	1	2	1	14	0	17.1	14	1	7	17	Close & Late	.223	139	31	7	1	7	23	16	41	.304	.439
June	9.31	0	1	0	11	0	9.2	14	5	7	1	None on/out	.255	51	13	4	0	0	0	6	11	.345	.333
July	4.91	0	0	0	6	0	3.2	3	0	2	4	vs. 1st Batr (relief)	.200	60	12	4	2	0	10	4	16	.258	.333
August	4.61	0	0	1	12	0	13.2	12	2	5	14	1st Inning Pitched	.231	195	45	8	2	11	36	16	50	.298	.462
Sept/Oct	2.00	1	0	0	10	0	9.0	5	2	3	11	First 15 Pitches	.223	166	37	7	2	9	30	13	41	.293	.452
Starter	0.00	0	0	0	0	0	0.0	0	0	0	0	Pitch 16-30	.254	63	16	6	0	2	9	9	16	.333	.444
Reliever	3.90	3	4	3	66	0	67.0	58	11	25	57	Pitch 31-45	.417	12	5	2	0	0	5	3	0	.533	.583
0 Days Rest (Relief)	1.31	1	1	0	19	0	20.2	12	2	4	22	Pitch 46+	.000	0	0	0	0	0	0	0	0	.000	.000
1 or 2 Days Rest	4.99	1	2	3	30	0	30.2	30	6	11	24	First Pitch	.459	37	17	5	1	4	12	1	0	.512	.973
3+ Days Rest	5.17	1	1	0	17	0	15.2	16	3	10	11	Ahead in Count	.160	100	16	5	1	1	11	0	49	.160	.260
vs. AL	10.13	0	1	0	3	0	2.2	5	1	2	0	Behind in Count	.222	54	12	3	0	3	11	13	0	.371	.444
vs. NL	3.64	3	3	3	63	0	64.1	53	10	23	57	Two Strikes	.105	114	12	2	0	2	7	11	57	.184	.175
Pre-All Star	3.98	2	4	2	38	0	40.2	38	7	17	28	Pre-All Star	.262	145	38	10	1	7	28	17	28	.347	.490
Post-All Star	3.76	1	0	1	28	0	26.1	20	4	8	29	Post-All Star	.208	96	20	5	1	4	16	8	29	.271	.406

Last Five Years

	ERA	W	L	Sv	G	GS	IP	H	HR	BB	SO		Avg	AB	H	2B	3B	HR	RBI	BB	SO	OBP	SLG
Home	3.49	15	10	39	154	0	175.1	155	14	89	151	vs. Left	.283	540	153	38	4	17	84	90	113	.389	.463
Away	5.86	3	17	40	150	0	155.0	173	31	93	144	vs. Right	.243	719	175	39	3	28	115	92	182	.333	.423
Day	4.75	8	6	26	105	0	115.2	121	18	53	102	Inning 1-6	.250	32	8	2	1	3	12	5	5	.359	.656
Night	4.53	10	21	53	199	0	214.2	207	27	129	193	Inning 7+	.261	1227	320	75	6	42	187	177	290	.357	.434
Grass	4.84	13	18	47	178	0	195.1	206	31	107	173	None on	.260	635	165	37	4	25	25	95	138	.360	.449
Turf	4.27	5	9	32	126	0	135.0	122	14	75	122	Runners on	.261	624	163	40	3	20	174	87	157	.354	.431
March/April	3.27	5	4	13	50	0	55.0	44	8	27	54	Scoring Posn	.256	371	95	24	2	13	150	59	90	.361	.437
May	3.64	4	4	12	47	0	59.1	63	5	32	49	Close & Late	.252	733	185	34	3	28	129	122	189	.363	.422
June	5.84	3	6	9	44	0	49.1	52	7	30	33	None on/out	.251	283	71	16	2	10	10	34	63	.338	.428
July	3.34	1	1	15	52	0	56.2	55	5	24	46	vs. 1st Batr (relief)	.261	268	70	12	4	11	36	31	61	.343	.459
August	7.13	1	8	15	57	0	59.1	72	12	45	63	1st Inning Pitched	.267	1016	271	60	6	37	173	148	250	.363	.447
Sept/Oct	4.44	4	4	15	54	0	50.2	42	8	24	50	First 15 Pitches	.256	792	203	37	6	31	106	101	175	.345	.436
Starter	0.00	0	0	0	0	0	0.0	0	0	0	0	Pitch 16-30	.278	381	106	37	1	10	72	72	98	.394	.459
Reliever	4.60	18	27	79	304	0	330.1	328	45	182	295	Pitch 31-45	.205	83	17	3	0	4	20	7	21	.261	.386
0 Days Rest (Relief)	4.97	3	7	22	70	0	67.0	69	6	43	64	Pitch 46+	.667	3	2	0	0	0	1	2	1	.833	.667
1 or 2 Days Rest	4.29	5	14	46	147	0	163.2	167	25	83	136	First Pitch	.362	163	59	15	2	8	39	12	0	.420	.626
3+ Days Rest	4.88	10	6	11	87	0	99.2	92	14	56	95	Ahead in Count	.196	570	112	24	2	16	67	0	240	.201	.330
vs. AL	5.91	8	9	21	72	0	85.1	86	16	51	64	Behind in Count	.311	283	88	19	2	13	49	100	0	.491	.530
vs. NL	4.15	10	18	58	232	0	245.0	242	29	131	231	Two Strikes	.175	622	109	27	1	17	66	70	295	.261	.304
Pre-All Star	4.13	12	15	37	154	0	178.2	175	21	95	153	Pre-All Star	.260	673	175	38	5	21	97	87	153	.358	.425
Post-All Star	5.16	6	12	42	150	0	151.2	153	24	87	142	Post-All Star	.261	586	153	39	2	24	102	87	142	.356	.457

Kent Bottenfield — Astros
Age 33 – Pitches Right (flyball pitcher)

	ERA	W	L	Sv	G	GS	IP	BB	SO	Avg	H	2B	3B	HR	RBI	OBP	SLG	CG	ShO	Sup	QS	#P/S	SB	CS	GB	FB	G/F
2001 Season	6.40	2	5	0	13	9	52.0	16	39	.288	61	11	3	16	44	.338	.594	0	0	4.15	1	84	2	0	54	91	0.59
Last Five Years	4.64	34	31	7	181	86	631.2	274	441	.268	653	126	13	93	350	.343	.445	1	1	5.68	38	100	29	19	720	843	0.85

2001 Season

	ERA	W	L	Sv	G	GS	IP	H	HR	BB	SO		Avg	AB	H	2B	3B	HR	RBI	BB	SO	OBP	SLG
Home	6.14	0	3	1	7	5	29.1	37	8	9	20	vs. Left	.333	90	30	6	1	6	11	14	19	.398	.556
Away	6.75	2	2	0	6	4	22.2	24	8	7	19	vs. Right	.254	122	31	5	2	12	28	5	25	.290	.623

Last Five Years

	ERA	W	L	Sv	G	GS	IP	H	HR	BB	SO		Avg	AB	H	2B	3B	HR	RBI	BB	SO	OBP	SLG
Home	4.82	15	17	4	97	48	343.2	359	53	150	237	vs. Left	.269	1135	305	56	6	28	141	139	186	.349	.403
Away	4.44	19	14	3	84	38	288.0	294	40	124	204	vs. Right	.267	1301	348	70	7	65	209	135	255	.337	.482
Day	4.61	12	12	5	79	26	222.2	241	38	88	171	Inning 1-6	.269	1947	523	101	11	75	283	226	355	.345	.447
Night	4.67	22	19	2	102	60	409.0	412	55	186	270	Inning 7+	.266	489	130	25	2	18	67	48	86	.332	.436

49

	ERA	W	L	Sv	G	GS	IP	H	HR	BB	SO	Last Five Years	Avg	AB	H	2B	3B	HR	RBI	BB	SO	OBP	SLG
Grass	4.51	31	24	6	150	70	523.0	531	86	214	367	None on	.254	1425	362	71	8	54	54	130	266	.320	.429
Turf	5.30	3	7	1	31	16	108.2	122	7	60	74	Runners on	.288	1011	291	55	5	39	296	144	175	.372	.468
March/April	3.76	8	5	4	42	13	119.2	113	16	49	93	Scoring Posn	.278	579	161	30	2	13	228	95	122	.367	.404
May	5.69	7	9	0	38	16	117.0	146	21	49	90	Close & Late	.292	195	57	13	2	6	30	25	33	.374	.472
June	4.58	5	7	2	31	16	110.0	103	15	47	82	None on/out	.258	629	162	33	3	24	24	37	113	.303	.434
July	4.80	8	3	1	29	17	123.2	124	19	53	73	vs. 1st Batr (relief)	.299	87	26	3	0	6	20	5	17	.326	.540
August	4.31	4	7	0	27	18	123.1	131	14	58	71	1st Inning Pitched	.238	626	149	20	1	30	97	67	142	.311	.417
Sept/Oct	4.97	2	0	0	14	6	38.0	36	8	18	32	First 75 Pitches	.262	1886	494	93	7	71	256	203	360	.335	.432
Starter	4.73	31	26	0	86	86	504.2	527	74	224	331	Pitch 76-90	.289	273	79	18	2	13	50	26	49	.350	.513
Reliever	4.32	3	5	7	95	0	127.0	126	19	50	110	Pitch 91-105	.287	195	56	12	2	8	33	29	19	.379	.492
0-3 Days Rest (Start)	3.00	1	0	0	2	2	12.0	13	0	4	11	Pitch 106+	.293	82	24	3	2	1	11	16	13	.400	.415
4 Days Rest	4.88	16	15	0	50	50	295.0	309	40	130	191	First Pitch	.308	331	102	16	1	20	64	16	0	.342	.544
5+ Days Rest	4.60	14	11	0	34	34	197.2	205	34	90	129	Ahead in Count	.222	1086	241	44	5	23	105	0	364	.227	.335
vs. AL	5.76	5	12	0	27	24	145.1	156	28	67	92	Behind in Count	.330	524	173	34	4	27	106	117	0	.451	.565
vs. NL	4.31	29	19	7	154	62	486.1	497	65	207	349	Two Strikes	.202	1136	230	46	5	29	107	140	441	.291	.328
Pre-All Star	4.68	24	21	7	119	51	388.1	412	57	164	287	Pre-All Star	.274	1502	412	83	9	57	218	164	287	.346	.455
Post-All Star	4.59	10	10	0	62	35	243.1	241	36	110	154	Post-All Star	.258	934	241	43	4	36	132	110	154	.336	.428

Brian Bowles — Blue Jays — Age 25 – Pitches Right

	ERA	W	L	Sv	G	GS	IP	BB	SO	Avg	H	2B	3B	HR	RBI	OBP	SLG	GF	IR	IRS	Hld	SvOp	SB	CS	GB	FB	G/F
2001 Season	0.00	0	0	0	2	0	3.2	1	4	.286	4	0	0	0	0	.333	.286	0	0	0	0	0	0	0	4	3	1.33

2001 Season

	ERA	W	L	Sv	G	GS	IP	H	HR	BB	SO		Avg	AB	H	2B	3B	HR	RBI	BB	SO	OBP	SLG
Home	0.00	0	0	0	2	0	3.2	4	0	1	4	vs. Left	.200	5	1	0	0	0	0	0	1	.200	.200
Away	0.00	0	0	0	0	0	0.0	0	0	0	0	vs. Right	.333	9	3	0	0	0	0	1	3	.400	.333

Chad Bradford — Athletics — Age 27 – Pitches Right (groundball pitcher)

	ERA	W	L	Sv	G	GS	IP	BB	SO	H	HR	Avg	2B	3B	HR	RBI	OBP	SLG	GF	IR	IRS	Hld	SvOp	SB	CS	GB	FB	G/F
2001 Season	2.70	2	1	1	35	0	36.2	6	34	.281	41	4	1	6	21	.314	.445	19	34	13	4	5	1	75	24	3.13		
Career (1998-2001)	3.51	5	2	2	79	0	84.2	19	54	.269	90	13	1	7	44	.311	.377	32	63	18	15	7	7	2	191	50	3.82		

2001 Season

	ERA	W	L	Sv	G	GS	IP	H	HR	BB	SO		Avg	AB	H	2B	3B	HR	RBI	BB	SO	OBP	SLG
Home	2.41	2	0	1	15	0	18.2	18	1	3	21	vs. Left	.300	40	12	2	0	3	6	3	7	.349	.575
Away	3.00	0	1	0	20	0	18.0	23	5	3	13	vs. Right	.274	106	29	2	1	3	15	3	27	.300	.396
Starter	0.00	0	0	0	0	0	0.0	0	0	0	0	Scoring Posn	.326	43	14	1	0	2	16	2	10	.356	.488
Reliever	2.70	2	1	1	35	0	36.2	41	6	6	34	Close & Late	.421	19	8	1	1	2	8	1	5	.450	.895
0 Days Rest (Relief)	4.50	0	1	0	7	0	8.0	8	3	1	5	None on/out	.250	32	8	0	0	2	2	2	4	.294	.438
1 or 2 Days Rest	1.96	0	0	1	14	0	18.1	23	2	5	18	First Pitch	.471	17	8	0	0	1	2	0	0	.471	.647
3+ Days Rest	2.61	2	0	0	14	0	10.1	10	1	0	11	Ahead in Count	.225	71	16	2	1	2	13	0	26	.236	.366
Pre-All Star	2.79	2	1	1	25	0	29.0	35	6	6	24	Behind in Count	.400	30	12	0	0	3	6	2	0	.438	.700
Post-All Star	2.35	0	0	0	10	0	7.2	6	0	0	10	Two Strikes	.156	77	12	1	1	2	11	4	34	.207	.273

Milton Bradley — Indians — Age 24 – Bats Both (groundball hitter)

	Avg	G	AB	R	H	2B	3B	HR	RBI	BB	SO	HBP	GDP	SB	CS	OBP	SLG	IBB	SH	SF	#Pit	P/PA	GB	FB	G/F
2001 Season	.223	77	238	22	53	17	3	1	19	21	65	1	7	8	5	.288	.332	0	2	0	1019	3.89	91	48	1.90
Career (2000-2001)	.222	119	392	42	87	25	4	3	34	35	97	2	10	10	6	.288	.329	0	3	1	1656	3.82	149	85	1.75

2001 Season

	Avg	AB	H	2B	3B	HR	RBI	BB	SO	OBP	SLG		Avg	AB	H	2B	3B	HR	RBI	BB	SO	OBP	SLG
vs. Left	.156	64	10	4	2	0	5	6	25	.229	.281	Scoring Posn	.222	63	14	5	2	0	17	5	15	.279	.365
vs. Right	.247	174	43	13	1	1	14	15	40	.311	.351	Close & Late	.152	46	7	1	0	0	2	3	15	.204	.174
Home	.217	92	20	6	2	0	8	5	30	.258	.326	None on/out	.212	52	11	5	1	0	0	5	19	.281	.346
Away	.226	146	33	11	1	1	11	16	35	.307	.336	Batting #6	.270	74	20	8	0	1	8	6	19	.333	.419
First Pitch	.268	41	11	4	0	0	2	0	0	.268	.366	Batting #7	.246	61	15	5	1	0	6	7	17	.324	.361
Ahead in Count	.375	48	18	5	1	0	4	7	0	.464	.521	Other	.175	103	18	4	2	0	5	8	29	.234	.252
Behind in Count	.112	107	12	6	0	0	7	0	53	.112	.168	Pre-All Star	.223	220	49	16	3	1	19	19	62	.288	.336
Two Strikes	.119	118	14	4	1	0	7	14	65	.212	.169	Post-All Star	.222	18	4	1	0	0	0	2	3	.300	.278

Darren Bragg — Yankees — Age 32 – Bats Left (groundball hitter)

	Avg	G	AB	R	H	2B	3B	HR	RBI	BB	SO	HBP	GDP	SB	CS	OBP	SLG	IBB	SH	SF	#Pit	P/PA	GB	FB	G/F
2001 Season	.262	23	61	5	16	7	0	0	5	4	24	1	0	3	2	.318	.377	0	1	0	286	4.27	17	8	2.13
Last Five Years	.260	469	1405	175	366	90	7	26	166	168	333	13	40	25	12	.343	.389	7	15	11	6516	4.04	525	299	1.76

2001 Season

	Avg	AB	H	2B	3B	HR	RBI	BB	SO	OBP	SLG		Avg	AB	H	2B	3B	HR	RBI	BB	SO	OBP	SLG
vs. Left	.333	3	1	0	0	0	0	0	2	.333	.333	Scoring Posn	.571	7	4	1	0	0	5	1	2	.625	.714
vs. Right	.259	58	15	7	0	0	5	4	22	.317	.379	Close & Late	.091	11	1	1	0	0	0	0	2	.231	.182

Last Five Years

	Avg	AB	H	2B	3B	HR	RBI	BB	SO	OBP	SLG		Avg	AB	H	2B	3B	HR	RBI	BB	SO	OBP	SLG
vs. Left	.230	261	60	14	0	3	26	32	64	.319	.318	First Pitch	.393	163	64	14	2	1	24	3	0	.411	.521
vs. Right	.267	1144	306	76	7	23	140	136	269	.348	.406	Ahead in Count	.354	277	98	37	1	14	58	87	0	.504	.646

	Avg	AB	H	2B	3B	HR	RBI	BB	SO	OBP	SLG		Avg	AB	H	2B	3B	HR	RBI	BB	SO	OBP	SLG
												Last Five Years											
Home	.276	689	190	52	3	13	88	91	159	.364	.417	Behind in Count	.186	651	121	26	3	4	43	0	273	.194	.253
Away	.246	716	176	38	4	13	78	77	174	.321	.365	Two Strikes	.176	735	129	28	2	7	57	78	333	.257	.248
Day	.274	446	122	33	1	4	48	56	109	.354	.379	Batting #2	.241	311	75	17	3	5	35	29	66	.309	.363
Night	.254	959	244	57	6	22	118	112	224	.337	.395	Batting #9	.269	268	72	21	1	7	39	26	64	.332	.433
Grass	.261	1224	319	79	6	18	138	152	292	.346	.379	Other	.265	826	219	52	3	14	92	113	203	.358	.386
Turf	.260	181	47	11	1	8	28	16	41	.320	.464	March/April	.262	221	58	17	1	9	29	32	48	.355	.471
Pre-All Star	.264	937	247	64	4	19	118	117	228	.347	.401	May	.281	331	93	25	1	3	35	40	80	.363	.390
Post-All Star	.254	468	119	26	3	7	48	51	105	.334	.368	June	.232	298	69	15	2	6	40	31	78	.307	.356
Inning 1-6	.267	915	244	54	7	15	99	106	207	.345	.390	July	.278	259	72	18	2	6	37	43	54	.382	.432
Inning 7+	.249	490	122	36	0	11	67	62	126	.338	.390	August	.269	160	43	5	1	2	13	14	43	.337	.350
Scoring Posn	.289	360	104	21	1	10	139	58	89	.385	.436	Sept/Oct	.228	136	31	10	0	0	12	8	30	.269	.301
Close & Late	.236	233	55	16	0	3	35	28	63	.325	.343	vs. AL	.281	872	245	57	4	19	107	99	182	.359	.421
None on/out	.248	347	86	25	3	7	7	41	83	.332	.398	vs. NL	.227	533	121	33	3	7	59	69	151	.315	.340

Jeff Branson — Dodgers
Age 35 – Bats Left

	Avg	AB	H	R	H	2B	3B	HR	RBI	BB	SO	HBP	GDP	SB	CS	OBP	SLG	IBB	SH	SF	#Pit	#P/PA	GB	FB	G/F
2001 Season	.286	13	21	3	6	0	0	0	0	0	4	0	0	0	0	.286	.286	0	0	0	77	3.67	7	6	1.17
Last Five Years	.208	188	308	26	64	12	2	4	21	18	71	1	6	1	2	.252	.299	1	2	3	1262	3.80	98	92	1.07

2001 Season

	Avg	AB	H	2B	3B	HR	RBI	BB	SO	OBP	SLG		Avg	AB	H	2B	3B	HR	RBI	BB	SO	OBP	SLG
vs. Left	.000	2	0	0	0	0	0	0	0	.000	.000	Scoring Posn	.000	4	0	0	0	0	0	0	1	.000	.000
vs. Right	.316	19	6	0	0	0	0	0	4	.316	.316	Close & Late	.250	4	1	0	0	0	0	0	2	.250	.250

Jeff Brantley — Rangers
Age 38 – Pitches Right (flyball pitcher)

	ERA	W	L	Sv	G	GS	IP	BB	SO	Avg	H	2B	3B	HR	RBI	OBP	SLG	GF	IR	IRS	Hld	SvOp	SB	CS	GB	FB	G/F
2001 Season	5.14	0	1	0	18	0	21.0	9	11	.310	26	5	0	5	15	.372	.548	7	7	4	0	0	1	1	23	34	0.68
Last Five Years	5.07	4	16	43	144	0	147.1	71	143	.256	144	21	0	31	89	.341	.458	105	33	10	4	59	10	3	129	194	0.66

2001 Season

	ERA	W	L	Sv	G	GS	IP	H	HR	BB	SO		Avg	AB	H	2B	3B	HR	RBI	BB	SO	OBP	SLG
Home	5.73	0	1	0	10	0	11.0	17	3	4	8	vs. Left	.375	32	12	1	0	3	9	2	4	.412	.688
Away	4.50	0	0	0	8	0	10.0	9	2	5	3	vs. Right	.269	52	14	4	0	2	6	7	7	.350	.462

Last Five Years

	ERA	W	L	Sv	G	GS	IP	H	HR	BB	SO		Avg	AB	H	2B	3B	HR	RBI	BB	SO	OBP	SLG
Home	4.83	3	6	22	77	0	78.1	76	17	38	82	vs. Left	.257	237	61	6	0	11	46	41	59	.367	.422
Away	5.35	1	10	21	67	0	69.0	68	14	33	61	vs. Right	.255	326	83	15	0	20	43	30	84	.321	.485
Day	6.46	0	7	15	51	0	46.0	53	11	27	44	Inning 1-6	.200	5	1	0	0	1	3	0	2	.200	.800
Night	4.44	4	9	28	93	0	101.1	91	20	44	99	Inning 7+	.256	558	143	21	0	30	86	71	141	.342	.455
Grass	5.66	1	9	23	82	0	84.1	93	22	39	74	None on	.242	331	80	13	0	20	20	32	80	.312	.462
Turf	4.29	3	7	20	62	0	63.0	51	9	32	69	Runners on	.276	232	64	8	0	11	69	39	63	.377	.453
March/April	2.93	1	1	9	27	0	27.2	22	5	11	26	Scoring Posn	.279	122	34	4	0	7	53	33	33	.421	.484
May	5.92	1	4	9	38	0	38.0	41	8	23	29	Close & Late	.279	308	86	13	0	17	60	47	76	.376	.487
June	5.85	1	4	9	19	0	20.0	15	6	9	23	None on/out	.237	139	33	6	0	8	8	13	38	.307	.453
July	6.86	0	4	9	22	0	19.2	22	4	11	21	vs. 1st Batr (relief)	.260	131	34	5	0	9	4	13	37	.326	.504
August	3.08	0	3	5	23	0	26.1	21	3	7	31	1st Inning Pitched	.271	498	135	20	0	29	86	65	128	.357	.486
Sept/Oct	6.89	1	0	2	15	0	15.2	23	5	10	13	First 15 Pitches	.264	390	103	15	0	24	48	39	92	.332	.487
Starter	0.00	0	0	0	0	0	0.0	0	0	0	0	Pitch 16-30	.247	158	39	6	0	7	39	26	45	.356	.418
Reliever	5.07	4	16	43	144	0	147.1	144	31	71	143	Pitch 31-45	.133	15	2	0	0	0	2	6	6	.381	.133
0 Days Rest (Relief)	7.59	1	4	11	24	0	21.1	23	9	12	17	Pitch 46+	.000	0	0	0	0	0	0	0	0	.000	.000
1 or 2 Days Rest	5.14	2	9	16	68	0	70.0	79	14	32	91	First Pitch	.365	85	31	0	0	9	21	4	0	.389	.682
3+ Days Rest	4.02	1	3	16	52	0	56.0	42	8	27	35	Ahead in Count	.222	288	64	8	0	12	33	0	114	.231	.375
vs. AL	5.73	1	5	4	29	0	33.0	40	6	16	22	Behind in Count	.277	94	26	5	0	8	22	34	0	.458	.585
vs. NL	4.88	3	11	39	115	0	114.1	104	25	55	121	Two Strikes	.173	295	51	12	0	5	27	33	143	.263	.264
Pre-All Star	4.89	3	10	31	90	0	92.0	83	20	46	86	Pre-All Star	.239	347	83	10	0	20	55	46	86	.330	.441
Post-All Star	5.37	1	6	12	54	0	55.1	61	11	25	57	Post-All Star	.282	216	61	11	0	11	34	25	57	.358	.486

Russell Branyan — Indians
Age 26 – Bats Left (flyball hitter)

	Avg	G	AB	R	H	2B	3B	HR	RBI	BB	SO	HBP	GDP	SB	CS	OBP	SLG	IBB	SH	SF	#Pit	#P/PA	GB	FB	G/F
2001 Season	.232	113	315	48	73	16	2	20	54	38	132	3	2	1	1	.316	.486	1	0	5	1488	4.12	53	94	0.56
Career (1998-2001)	.231	192	550	84	127	25	4	37	98	63	229	8	4	1	1	.316	.493	2	0	6	2566	4.09	91	159	0.57

2001 Season

	Avg	AB	H	2B	3B	HR	RBI	BB	SO	OBP	SLG		Avg	AB	H	2B	3B	HR	RBI	BB	SO	OBP	SLG
vs. Left	.325	40	13	3	0	5	15	7	16	.451	.775	First Pitch	.406	32	13	2	0	2	8	0	0	.412	.656
vs. Right	.218	275	60	13	2	15	39	31	116	.294	.444	Ahead in Count	.523	44	23	8	0	9	19	17	0	.645	1.318
Home	.274	157	43	10	2	11	29	16	65	.337	.573	Behind in Count	.132	182	24	4	2	7	17	0	106	.141	.291
Away	.190	158	30	6	0	9	25	22	67	.295	.399	Two Strikes	.111	198	22	4	2	5	17	21	132	.197	.227
Day	.267	101	27	5	1	9	25	13	34	.345	.604	Batting #7	.174	46	8	1	0	2	3	8	25	.296	.326
Night	.215	214	46	11	1	11	29	25	98	.302	.430	Batting #8	.227	242	55	15	1	13	39	26	96	.302	.459
Grass	.225	285	64	13	2	17	46	35	119	.312	.463	Other	.370	27	10	0	1	5	12	4	11	.469	1.000
Turf	.300	30	9	3	0	3	8	3	13	.353	.700	April	.200	75	15	2	1	5	16	7	28	.274	.453
Pre-All Star	.231	216	50	13	2	13	39	26	87	.313	.491	May	.289	83	24	9	0	6	16	12	31	.375	.614
Post-All Star	.232	99	23	3	0	7	15	12	45	.321	.475	June	.190	42	8	1	0	1	2	4	21	.271	.405

51

2001 Season

	Avg	AB	H	2B	3B	HR	RBI	BB	SO	OBP	SLG		Avg	AB	H	2B	3B	HR	RBI	BB	SO	OBP	SLG
Inning 1-6	.240	204	49	13	1	13	39	23	81	.318	.505	July	.213	47	10	3	0	1	5	7	20	.304	.340
Inning 7+	.216	111	24	3	1	7	15	15	51	.313	.450	August	.167	30	5	0	0	1	1	3	16	.265	.267
Scoring Posn	.262	61	16	4	0	5	34	9	30	.342	.574	Sept/Oct	.289	38	11	1	0	5	12	5	16	.372	.711
Close & Late	.220	50	11	2	0	2	5	5	22	.291	.380	vs. AL	.231	286	66	14	1	20	53	34	118	.315	.497
None on/out	.179	78	14	3	0	5	5	10	29	.281	.410	vs. NL	.241	29	7	2	1	0	1	4	14	.324	.379

2001 By Position

Position	Avg	AB	H	2B	3B	HR	RBI	BB	SO	OBP	SLG	G	GS	Innings	PO	A	E	DP	Fld Pct	Rng Fctr	In Zone	Zone Outs	Zone Rtg	MLB Zone
As 3b	.250	204	51	12	1	15	39	23	81	.329	.539	72	55	511.2	39	108	11	8	.930	2.59	164	118	.720	.761
As lf	.224	85	19	4	1	5	15	12	37	.316	.471	31	25	208.0	38	3	3	0	.932	1.77	40	35	.875	.880

Leslie Brea — **Orioles**   Age 23 – Pitches Right (flyball pitcher)

	ERA	W	L	Sv	G	GS	IP	BB	SO	Avg	H	2B	3B	HR	RBI	OBP	SLG	GF	IR	IRS	Hld	SvOp	SB	CS	GB	FB	G/F
2001 Season	18.00	0	0	0	2	0	2.0	3	0	.545	6	0	0	2	8	.643	1.091	0	4	4	0	0	0	0	5	5	1.00
Career (2000-2001)	12.27	0	1	0	8	1	11.0	13	5	.375	18	2	0	3	21	.508	.604	3	7	7	0	0	3	0	18	19	0.95

2001 Season

	ERA	W	L	Sv	G	GS	IP	H	HR	BB	SO		Avg	AB	H	2B	3B	HR	RBI	BB	SO	OBP	SLG
Home	0.00	0	0	0	0	0	0.0	0	0	0	0	vs. Left	.667	6	4	0	0	2	7	2	0	.750	1.667
Away	18.00	0	0	0	2	0	2.0	6	2	3	0	vs. Right	.400	5	2	0	0	0	1	1	0	.500	.400

Chris Brock — **Phillies**   Age 32 – Pitches Right (flyball pitcher)

	ERA	W	L	Sv	G	GS	IP	BB	SO	Avg	H	2B	3B	HR	RBI	OBP	SLG	GF	IR	IRS	Hld	SvOp	SB	CS	GB	FB	G/F
2001 Season	4.13	3	0	0	24	0	32.2	15	26	.276	35	11	0	6	16	.359	.504	6	14	4	3	1	1	1	42	35	1.20
Career (1997-2001)	4.82	16	16	1	126	30	291.0	123	206	.272	309	61	10	50	158	.345	.475	28	49	12	19	4	19	8	366	391	0.94

2001 Season

	ERA	W	L	Sv	G	GS	IP	H	HR	BB	SO		Avg	AB	H	2B	3B	HR	RBI	BB	SO	OBP	SLG
Home	5.63	2	0	0	13	0	16.0	22	3	8	12	vs. Left	.373	51	19	4	0	2	8	6	9	.458	.569
Away	2.70	1	0	0	11	0	16.2	13	3	7	14	vs. Right	.211	76	16	7	0	4	8	9	17	.291	.461

Career (1997-2001)

	ERA	W	L	Sv	G	GS	IP	H	HR	BB	SO		Avg	AB	H	2B	3B	HR	RBI	BB	SO	OBP	SLG
Home	4.30	10	8	0	68	16	163.1	166	28	65	127	vs. Left	.290	518	150	30	2	15	69	71	80	.379	.442
Away	5.50	6	8	1	58	14	127.2	143	22	58	79	vs. Right	.256	620	159	31	8	35	89	52	126	.315	.502
Day	4.72	4	4	0	37	11	97.1	111	13	42	65	Inning 1-6	.271	770	209	43	5	30	111	80	142	.342	.457
Night	4.88	12	12	1	89	19	193.2	198	37	81	141	Inning 7+	.272	368	100	18	5	20	47	43	64	.350	.511
Grass	5.41	9	10	1	64	25	188.0	212	30	83	127	None on	.280	625	175	34	6	29	72	118	.357	.493
Turf	3.76	7	6	0	62	5	103.0	97	20	40	79	Runners on	.261	513	134	27	4	21	129	51	88	.329	.452
March/April	4.64	3	4	0	17	8	64.0	61	13	23	51	Scoring Posn	.235	293	69	16	3	8	98	37	59	.324	.392
May	3.55	4	4	0	24	7	63.1	66	10	27	38	Close & Late	.277	155	43	3	2	10	23	20	23	.365	.516
June	5.68	5	2	0	26	8	63.1	81	11	30	45	None on/out	.285	277	79	16	5	14	14	33	54	.363	.531
July	6.16	2	3	1	25	6	49.2	54	7	25	31	vs. 1st Batr (relief)	.289	83	24	3	0	4	10	11	12	.379	.470
August	3.91	2	1	0	16	0	23.0	24	4	9	15	1st Inning Pitched	.273	444	121	28	5	20	71	55	80	.355	.493
Sept/Oct	4.55	0	2	0	18	1	27.2	23	5	9	26	First 15 Pitches	.275	324	89	22	5	13	37	40	50	.354	.494
Starter	5.43	6	11	0	30	30	167.1	187	27	71	117	Pitch 16-30	.283	269	76	13	2	17	48	30	55	.361	.535
Reliever	4.00	10	5	1	96	0	123.2	122	23	52	89	Pitch 31-45	.226	159	36	5	3	6	17	7	31	.266	.409
0 Days Rest (Relief)	6.41	2	0	0	20	0	19.2	25	3	7	8	Pitch 46+	.280	386	108	21	0	14	56	46	70	.356	.443
1 or 2 Days Rest	4.25	4	4	1	44	0	55.0	57	14	27	41	First Pitch	.340	147	50	13	0	9	25	5	0	.368	.612
3+ Days Rest	2.76	4	1	0	32	0	49.0	40	6	18	40	Ahead in Count	.219	506	111	19	5	16	55	0	158	.227	.372
vs. AL	4.02	2	2	1	15	3	31.1	27	4	16	22	Behind in Count	.339	251	85	16	3	13	47	66	0	.470	.582
vs. NL	4.92	14	14	0	111	27	259.2	282	46	107	184	Two Strikes	.198	516	102	18	4	16	53	52	206	.341	.341
Pre-All Star	4.53	14	11	0	74	26	212.2	228	35	86	150	Pre-All Star	.274	831	228	44	5	35	104	86	150	.345	.466
Post-All Star	5.63	2	5	1	52	4	78.1	81	15	37	56	Post-All Star	.264	307	81	17	5	15	54	37	56	.344	.498

Rico Brogna — **Braves**   Age 32 – Bats Left

	Avg	G	AB	R	H	2B	3B	HR	RBI	BB	SO	HBP	GDP	SB	CS	OBP	SLG	IBB	SH	SF	#Pit	#P/PA	GB	FB	G/F
2001 Season	.248	72	206	15	51	9	0	3	21	14	46	1	9	3	1	.297	.335	1	1	1	823	3.69	75	60	1.25
Last Five Years	.261	611	2118	270	553	127	8	69	329	160	460	5	57	31	16	.312	.426	21	2	20	8536	3.70	736	566	1.30

2001 Season

	Avg	AB	H	2B	3B	HR	RBI	BB	SO	OBP	SLG		Avg	AB	H	2B	3B	HR	RBI	BB	SO	OBP	SLG
vs. Left	.278	18	5	1	0	1	3	3	6	.381	.500	Scoring Posn	.286	49	14	3	0	0	16	6	16	.357	.347
vs. Right	.245	188	46	8	0	2	18	11	40	.289	.319	Close & Late	.263	38	10	2	0	0	6	4	11	.326	.316
Home	.240	96	23	6	0	1	9	6	20	.291	.333	None on/out	.122	41	5	0	0	1	1	0	10	.143	.159
Away	.255	110	28	3	0	2	12	8	26	.303	.336	Batting #7	.192	73	14	0	0	0	5	2	15	.213	.219
First Pitch	.267	30	8	2	0	1	7	0	0	.267	.433	Batting #8	.288	66	19	6	0	2	10	5	15	.342	.470
Ahead in Count	.333	39	13	2	0	0	2	7	0	.435	.385	Other	.269	67	18	1	0	1	6	7	16	.338	.328
Behind in Count	.206	102	21	4	0	2	9	0	39	.212	.304	Pre-All Star	.245	204	50	9	0	3	21	14	46	.295	.333
Two Strikes	.149	94	14	2	0	1	5	7	46	.216	.202	Post-All Star	.500	2	1	0	0	0	0	0	0	.500	.500

Last Five Years

	Avg	AB	H	2B	3B	HR	RBI	BB	SO	OBP	SLG		Avg	AB	H	2B	3B	HR	RBI	BB	SO	OBP	SLG
vs. Left	.226	501	113	22	4	15	77	31	127	.273	.375	First Pitch	.343	283	97	22	1	8	71	17	0	.371	.512
vs. Right	.272	1617	440	105	4	54	252	129	333	.324	.442	Ahead in Count	.373	429	160	35	3	24	85	86	0	.475	.636

	Avg	AB	H	2B	3B	HR	RBI	BB	SO	OBP	SLG		Avg	AB	H	2B	3B	HR	RBI	BB	SO	OBP	SLG
							Last Five Years																
Home	.275	1006	277	63	6	37	172	87	222	.332	.460	Behind in Count	.195	1028	200	41	2	27	118	0	387	.196	.317
Away	.248	1112	276	64	2	32	157	73	238	.293	.396	Two Strikes	.176	1010	178	33	2	28	112	57	460	.221	.296
Day	.263	624	164	41	2	16	100	50	129	.318	.412	Batting #4	.278	724	201	46	3	27	124	62	154	.331	.461
Night	.260	1494	389	86	6	53	229	110	331	.309	.432	Batting #5	.269	835	225	50	5	30	142	61	183	.319	.449
Grass	.244	953	233	52	2	24	130	61	200	.289	.379	Other	.227	559	127	31	0	12	63	37	123	.275	.347
Turf	.275	1165	320	75	6	45	199	99	260	.330	.465	March/April	.258	426	110	35	1	13	64	35	91	.315	.437
Pre-All Star	.258	1246	322	83	7	37	188	100	268	.313	.425	May	.269	387	104	25	0	12	60	22	75	.309	.426
Post-All Star	.265	872	231	44	1	32	141	60	192	.310	.428	June	.253	344	87	17	5	8	50	27	82	.302	.401
Inning 1-6	.265	1430	379	91	8	47	220	103	292	.313	.438	July	.258	330	85	16	1	12	57	35	69	.324	.421
Inning 7+	.253	688	174	36	0	22	109	57	168	.309	.401	August	.278	331	92	19	1	12	62	21	82	.321	.450
Scoring Posn	.278	594	165	35	4	20	249	80	137	.355	.451	Sept/Oct	.250	300	75	15	0	12	36	20	61	.296	.420
Close & Late	.264	356	94	20	0	12	62	27	88	.312	.421	vs. AL	.230	261	60	16	3	5	38	23	61	.289	.372
None on/out	.263	518	136	30	1	23	23	27	110	.303	.458	vs. NL	.265	1857	493	111	5	64	291	137	399	.315	.434

Troy Brohawn — Diamondbacks
Age 29 – Pitches Left (flyball pitcher)

	ERA	W	L	Sv	G	GS	IP	BB	SO	Avg	H	2B	3B	HR	RBI	OBP	SLG	GF	IR	IRS	Hld	SvOp	SB	CS	GB	FB	G/F
2001 Season	4.93	2	3	1	59	0	49.1	23	30	.289	55	10	1	5	29	.362	.432	10	24	9	10	3	5	1	61	66	0.92

2001 Season

	ERA	W	L	Sv	G	GS	IP	H	HR	BB	SO		Avg	AB	H	2B	3B	HR	RBI	BB	SO	OBP	SLG
Home	5.68	2	1	1	29	0	25.1	31	5	12	14	vs. Left	.386	70	27	6	0	3	13	11	12	.476	.600
Away	4.13	0	2	0	30	0	24.0	24	0	11	16	vs. Right	.233	120	28	4	1	2	16	12	18	.294	.333
Starter	0.00	0	0	0	0	0	0.0	0	0	0	0	Scoring Posn	.277	47	13	4	1	0	22	7	7	.345	.404
Reliever	4.93	2	3	1	59	0	49.1	55	5	23	30	Close & Late	.288	73	21	3	0	4	14	10	15	.369	.493
0 Days Rest (Relief)	3.07	0	2	0	16	0	14.2	12	0	4	12	None on/out	.375	48	18	2	0	3	3	6	7	.455	.604
1 or 2 Days Rest	4.80	1	1	1	21	0	15.0	16	2	9	6	First Pitch	.423	26	11	2	0	1	7	2	0	.464	.615
3+ Days Rest	6.41	1	0	0	22	0	19.2	27	3	10	12	Ahead in Count	.259	81	21	3	0	1	11	0	24	.250	.333
Pre-All Star	4.40	2	3	1	31	0	30.2	33	2	15	18	Behind in Count	.442	43	19	5	1	2	8	10	0	.556	.744
Post-All Star	5.79	0	0	0	28	0	18.2	22	3	8	12	Two Strikes	.195	82	16	1	0	1	6	11	30	.287	.244

Scott Brosius — Yankees
Age 35 – Bats Right (flyball hitter)

	Avg	G	AB	R	H	2B	3B	HR	RBI	BB	SO	HBP	GDP	SB	CS	OBP	SLG	IBB	SH	SF	#Pit	#P/PA	GB	FB	G/F
2001 Season	.287	120	428	57	123	25	2	13	49	34	83	5	10	3	1	.343	.446	2	6	5	1723	3.60	131	135	0.97
Last Five Years	.254	669	2380	323	604	125	4	76	323	204	429	27	53	32	19	.317	.405	7	21	23	9851	3.71	741	802	0.92

2001 Season

	Avg	AB	H	2B	3B	HR	RBI	BB	SO	OBP	SLG		Avg	AB	H	2B	3B	HR	RBI	BB	SO	OBP	SLG
vs. Left	.256	78	20	2	0	6	13	13	18	.359	.513	First Pitch	.284	67	19	6	0	2	7	1	0	.300	.463
vs. Right	.294	350	103	23	2	7	36	21	65	.339	.431	Ahead in Count	.391	87	34	7	0	3	8	19	0	.495	.575
Home	.269	216	58	10	0	6	24	14	40	.312	.398	Behind in Count	.255	208	53	10	1	7	27	0	69	.265	.413
Away	.307	212	65	15	2	7	25	20	43	.374	.495	Two Strikes	.212	198	42	5	0	7	22	14	83	.269	.343
Day	.323	158	51	10	0	6	15	13	31	.377	.500	Batting #8	.278	176	49	12	0	3	15	13	35	.330	.398
Night	.267	270	72	15	2	7	34	21	52	.323	.415	Batting #9	.313	131	41	7	1	5	19	9	22	.355	.496
Grass	.304	365	111	20	2	12	42	30	73	.360	.468	Other	.273	121	33	6	1	5	15	12	26	.350	.463
Turf	.190	63	12	5	0	1	7	4	10	.246	.317	April	.327	98	32	4	1	2	12	6	17	.362	.449
Pre-All Star	.298	299	89	17	2	11	34	30	60	.362	.478	May	.300	90	27	8	0	4	8	7	19	.357	.522
Post-All Star	.264	129	34	8	0	2	15	4	23	.297	.372	June	.236	89	21	3	1	4	8	17	20	.358	.427
Inning 1-6	.310	277	86	19	1	8	32	19	46	.354	.473	July	.308	91	28	7	0	2	14	3	15	.333	.451
Inning 7+	.245	151	37	6	1	5	17	15	37	.324	.397	August	.500	2	1	1	0	0	0	0	1	.667	1.000
Scoring Posn	.253	99	25	4	1	0	31	10	19	.313	.313	Sept/Oct	.241	58	14	2	0	1	7	1	11	.250	.328
Close & Late	.286	77	22	3	1	5	13	10	18	.371	.545	vs. AL	.299	365	109	23	2	12	42	26	69	.349	.471
None on/out	.275	120	33	9	1	5	5	7	22	.320	.492	vs. NL	.222	63	14	2	0	1	7	8	14	.311	.302

2001 By Position

Position	Avg	AB	H	2B	3B	HR	RBI	BB	SO	OBP	SLG	G	GS	Innings	PO	A	E	DP	Fld Pct	Rng Fctr	In Zone	Zone Outs	Zone Rtg	MLB Zone
As 3b	.288	427	123	25	2	13	49	34	83	.344	.447	120	120	1076.2	81	238	22	21	.935	2.67	317	247	.779	.761

Last Five Years

	Avg	AB	H	2B	3B	HR	RBI	BB	SO	OBP	SLG		Avg	AB	H	2B	3B	HR	RBI	BB	SO	OBP	SLG
vs. Left	.247	534	132	28	0	31	94	55	102	.319	.474	First Pitch	.293	328	96	21	1	15	56	4	0	.319	.500
vs. Right	.256	1846	472	97	4	45	229	149	327	.316	.386	Ahead in Count	.334	482	161	39	1	26	95	102	0	.445	.581
Home	.251	1141	286	58	1	32	148	99	196	.314	.387	Behind in Count	.213	1144	244	45	3	23	113	0	351	.221	.315
Away	.257	1239	318	67	3	44	175	105	233	.320	.422	Two Strikes	.186	1107	206	35	0	21	96	98	429	.255	.275
Day	.254	866	220	46	3	33	120	72	150	.316	.424	Batting #8	.264	908	240	55	0	27	134	80	171	.330	.414
Night	.254	1514	384	79	3	43	203	132	279	.318	.395	Batting #9	.260	747	194	37	1	24	98	58	125	.316	.408
Grass	.254	2056	523	105	3	64	279	182	370	.319	.402	Other	.234	725	170	33	3	25	91	66	133	.302	.392
Turf	.250	324	81	20	1	12	44	22	59	.303	.429	March/April	.253	324	82	11	2	5	38	25	58	.306	.346
Pre-All Star	.264	1382	365	72	4	41	182	119	254	.325	.411	May	.257	471	121	30	1	14	57	41	83	.322	.414
Post-All Star	.239	998	239	53	0	35	141	85	175	.306	.398	June	.263	456	120	25	0	16	60	46	97	.332	.428
Inning 1-6	.264	1561	412	87	2	51	218	116	261	.319	.420	July	.275	454	125	23	0	16	69	35	67	.333	.432
Inning 7+	.234	819	192	38	2	25	105	88	168	.313	.379	August	.229	367	84	17	1	9	38	23	64	.305	.392
Scoring Posn	.259	626	162	26	1	21	248	67	118	.325	.404	Sept/Oct	.233	348	81	16	0	11	44	23	55	.282	.374
Close & Late	.244	349	85	13	2	15	51	39	75	.318	.421	vs. AL	.253	2048	519	112	4	67	278	172	367	.316	.410
None on/out	.270	581	157	38	0	24	24	44	94	.326	.466	vs. NL	.256	332	85	13	0	9	45	32	62	.322	.377

Jim Brower — Reds

Age 29 – Pitches Right

	ERA	W	L	Sv	G	GS	IP	BB	SO	Avg	H	2B	3B	HR	RBI	OBP	SLG	GF	IR	IRS	Hld	SvOp	SB	CS	GB	FB	G/F
2001 Season	3.97	7	10	1	46	10	129.1	60	94	.247	119	31	0	17	58	.335	.417	13	20	7	2	2	5	4	188	134	1.40
Career (1999-2001)	4.69	12	14	1	72	23	217.0	101	144	.269	226	49	0	36	112	.351	.455	15	32	11	2	2	18	8	321	249	1.29

2001 Season

	ERA	W	L	Sv	G	GS	IP	H	HR	BB	SO		Avg	AB	H	2B	3B	HR	RBI	BB	SO	OBP	SLG
Home	4.98	3	5	1	26	5	65.0	65	10	28	52	vs. Left	.272	206	56	12	0	7	25	32	25	.369	.432
Away	2.94	7	5	0	20	5	64.1	54	7	32	42	vs. Right	.228	276	63	19	0	10	33	28	69	.307	.406
Starter	6.02	4	3	0	10	10	49.1	62	11	20	33	Scoring Posn	.230	122	28	10	0	2	39	21	27	.336	.361
Reliever	2.70	3	7	1	36	0	80.0	57	6	40	61	Close & Late	.282	39	11	3	0	2	4	8	8	.404	.513
0 Days Rest (Relief)	1.42	1	0	0	6	0	12.2	8	0	4	10	None on/out	.268	127	34	5	0	9	9	11	30	.331	.520
1 or 2 Days Rest	1.88	1	2	0	13	0	28.2	20	4	14	26	First Pitch	.320	75	24	8	0	3	17	3	0	.342	.547
3+ Days Rest	3.72	1	5	1	17	0	38.2	29	2	22	25	Ahead in Count	.174	207	36	11	0	6	17	0	76	.189	.314
Pre-All Star	3.62	4	6	1	24	4	69.2	62	7	26	51	Behind in Count	.350	117	41	7	0	6	16	29	0	.476	.564
Post-All Star	4.37	3	4	0	22	6	59.2	57	10	34	43	Two Strikes	.157	216	34	10	0	6	16	27	94	.262	.287

Adrian Brown — Pirates

Age 28 – Bats Both (groundball hitter)

	Avg	G	AB	R	H	2B	3B	HR	RBI	BB	SO	HBP	GDP	SB	CS	OBP	SLG	IBB	SH	SF	#Pit	#P/PA	GB	FB	G/F
2001 Season	.194	8	31	3	6	0	0	1	2	3	3	0	1	2	1	.265	.290	0	0	0	107	3.15	16	8	2.00
Career (1997-2001)	.272	317	864	138	235	33	6	10	62	87	112	5	13	32	9	.341	.359	3	14	3	3593	3.69	446	148	3.01

2001 Season

	Avg	AB	H	2B	3B	HR	RBI	BB	SO	OBP	SLG		Avg	AB	H	2B	3B	HR	RBI	BB	SO	OBP	SLG
vs. Left	.000	3	0	0	0	0	0	0	0	.000	.000	Scoring Posn	.167	6	1	0	0	1	2	2	0	.375	.667
vs. Right	.214	28	6	0	0	1	2	3	3	.290	.321	Close & Late	.500	4	2	0	0	0	0	2	0	.667	.500

Career (1997-2001)

	Avg	AB	H	2B	3B	HR	RBI	BB	SO	OBP	SLG		Avg	AB	H	2B	3B	HR	RBI	BB	SO	OBP	SLG
vs. Left	.304	237	72	5	0	4	20	31	34	.384	.376	First Pitch	.363	80	29	2	0	0	8	1	0	.386	.388
vs. Right	.260	627	163	28	6	6	42	56	78	.324	.352	Ahead in Count	.341	176	60	6	1	6	26	50	0	.487	.489
Home	.274	380	104	14	4	4	28	42	65	.352	.363	Behind in Count	.239	418	100	15	4	3	23	0	97	.243	.316
Away	.271	484	131	19	2	6	34	45	47	.332	.355	Two Strikes	.211	384	81	16	5	3	15	36	112	.282	.302
Day	.275	291	80	12	1	4	17	28	28	.341	.364	Batting #1	.278	389	108	18	2	6	32	43	43	.349	.380
Night	.271	573	155	21	5	6	45	59	84	.341	.356	Batting #2	.258	299	77	10	1	1	14	21	35	.314	.308
Grass	.287	328	94	12	1	3	22	28	25	.342	.357	Other	.284	176	50	5	3	3	16	23	34	.368	.398
Turf	.263	536	141	21	5	7	40	59	87	.341	.360	March/April	.211	90	19	3	2	1	5	7	18	.268	.322
Pre-All Star	.246	346	85	15	4	5	28	32	46	.314	.335	May	.217	106	23	3	1	1	8	11	11	.297	.292
Post-All Star	.290	518	150	18	2	5	34	55	66	.359	.361	June	.261	119	31	6	1	1	12	11	14	.331	.353
Inning 1-6	.275	553	152	20	3	7	33	54	64	.343	.360	July	.313	64	20	3	0	2	4	6	9	.375	.453
Inning 7+	.267	311	83	13	3	3	29	33	48	.337	.357	August	.318	195	62	10	2	1	9	25	24	.395	.405
Scoring Posn	.231	182	42	4	0	2	51	23	22	.319	.326	Sept/Oct	.276	290	80	8	0	4	24	27	36	.339	.345
Close & Late	.281	160	45	9	1	2	16	23	28	.371	.388	vs. AL	.370	73	27	5	0	2	6	7	7	.432	.521
None on/out	.296	270	80	15	4	4	4	32	33	.371	.426	vs. NL	.263	791	208	28	6	8	56	80	105	.333	.344

Dee Brown — Royals

Age 24 – Bats Left (groundball hitter)

	Avg	G	AB	R	H	2B	3B	HR	RBI	BB	SO	HBP	GDP	SB	CS	OBP	SLG	IBB	SH	SF	#Pit	#P/PA	GB	FB	G/F
2001 Season	.245	106	380	39	93	19	0	7	40	22	81	1	12	5	3	.286	.350	4	1	2	1431	3.52	154	85	1.81
Career (1998-2001)	.229	138	433	46	99	20	0	7	44	27	98	1	12	5	3	.274	.323	4	1	2	1654	3.56	175	98	1.79

2001 Season

	Avg	AB	H	2B	3B	HR	RBI	BB	SO	OBP	SLG		Avg	AB	H	2B	3B	HR	RBI	BB	SO	OBP	SLG
vs. Left	.258	89	23	5	0	3	11	4	23	.295	.416	First Pitch	.200	50	10	2	0	0	2	4	0	.259	.240
vs. Right	.241	291	70	14	0	4	29	18	58	.284	.330	Ahead in Count	.368	68	25	8	0	4	13	7	0	.421	.662
Home	.282	188	53	13	0	4	16	10	32	.318	.415	Behind in Count	.218	211	46	9	0	3	18	0	73	.217	.303
Away	.208	192	40	6	0	3	24	12	49	.256	.286	Two Strikes	.185	189	35	7	0	1	15	11	81	.229	.238
Day	.261	115	30	6	0	2	9	7	20	.309	.365	Batting #6	.275	102	28	4	0	1	13	9	21	.333	.343
Night	.238	265	63	13	0	5	31	15	61	.277	.343	Batting #7	.246	179	44	10	0	4	16	5	34	.265	.369
Grass	.243	337	82	19	0	6	34	18	68	.282	.353	Other	.212	99	21	5	0	2	11	8	26	.275	.323
Turf	.256	43	11	0	0	1	6	4	13	.319	.326	April	.286	63	18	4	0	1	11	5	15	.338	.397
Pre-All Star	.277	184	51	9	0	5	27	12	42	.321	.408	May	.293	92	27	4	0	3	14	6	20	.337	.435
Post-All Star	.214	196	42	10	0	2	13	10	39	.254	.296	June	.207	29	6	1	0	1	2	1	7	.233	.345
Inning 1-6	.257	237	61	14	0	4	23	14	47	.300	.367	July	.133	15	2	0	0	0	0	0	4	.188	.133
Inning 7+	.224	143	32	5	0	3	17	8	34	.263	.322	August	.271	107	29	7	0	0	7	3	14	.288	.336
Scoring Posn	.295	105	31	3	0	2	32	10	19	.350	.381	Sept/Oct	.149	74	11	3	0	2	6	7	21	.220	.270
Close & Late	.131	61	8	3	0	1	4	2	22	.156	.230	vs. AL	.246	370	91	18	0	7	40	22	80	.289	.351
None on/out	.211	95	20	3	0	2	2	5	18	.250	.305	vs. NL	.200	10	2	1	0	0	0	0	1	.200	.300

2001 By Position

Position	Avg	AB	H	2B	3B	HR	RBI	BB	SO	OBP	SLG	G	GS	Innings	PO	A	E	DP	Fld Pct	Rng Fctr	In Zone	Zone Outs	Zone Rtg	MLB Zone
As DH	.263	80	21	3	0	4	14	3	12	.289	.413	20	20	—	—	—	—	—	—	—	—	—	—	—
As lf	.232	284	66	14	0	3	24	18	63	.279	.313	77	76	666.0	152	3	1	1	.994	2.09	160	146	.913	.880

Emil Brown — Padres
Age 27 – Bats Right

	Avg	G	AB	R	H	2B	3B	HR	RBI	BB	SO	HBP	GDP	SB	CS	OBP	SLG	IBB	SH	SF	#Pit	#P/PA	GB	FB	G/F
2001 Season	.190	74	137	21	26	4	1	3	13	16	49	2	2	12	4	.284	.299	1	0	0	598	3.86	37	37	1.00
Career (1997-2001)	.200	209	404	52	81	13	2	8	38	38	129	13	6	20	6	.289	.302	2	1	1	1764	3.86	122	99	1.23

2001 Season

	Avg	AB	H	2B	3B	HR	RBI	BB	SO	OBP	SLG		Avg	AB	H	2B	3B	HR	RBI	BB	SO	OBP	SLG
vs. Left	.098	41	4	0	0	1	3	8	16	.245	.171	Scoring Posn	.176	34	6	2	0	0	8	5	9	.282	.235
vs. Right	.229	96	22	4	1	2	10	8	33	.302	.354	Close & Late	.190	21	4	2	0	0	4	2	8	.261	.286
Home	.205	73	15	0	1	2	7	9	25	.310	.315	None on/out	.188	32	6	0	0	1	1	2	17	.257	.281
Away	.172	64	11	4	0	1	6	7	24	.254	.281	Batting #1	.200	25	5	0	1	0	2	2	9	.259	.280
First Pitch	.296	27	8	1	0	1	4	1	0	.345	.444	Batting #2	.231	52	12	3	0	3	9	7	15	.322	.462
Ahead in Count	.222	18	4	0	1	0	1	6	0	.417	.333	Other	.150	60	9	1	0	0	2	7	25	.261	.167
Behind in Count	.113	71	8	1	0	2	4	0	44	.113	.211	Pre-All Star	.203	123	25	4	1	3	13	15	42	.300	.325
Two Strikes	.117	77	9	1	0	2	5	9	49	.209	.208	Post-All Star	.071	14	1	0	0	0	0	1	7	.133	.071

Kevin Brown — Dodgers
Age 37 – Pitches Right (groundball pitcher)

	ERA	W	L	Sv	G	GS	IP	BB	SO	Avg	H	2B	3B	HR	RBI	OBP	SLG	CG	ShO	Sup	QS	#P/S	SB	CS	GB	FB	G/F
2001 Season	2.65	10	4	0	20	19	115.2	38	104	.224	94	14	0	8	32	.291	.314	1	0	4.36	10	93	8	3	177	69	2.57
Last Five Years	2.66	75	34	0	157	155	1092.1	259	1003	.228	924	148	15	66	335	.280	.320	24	7	4.59	117	105	71	26	1794	679	2.64

2001 Season

	ERA	W	L	Sv	G	GS	IP	H	HR	BB	SO		Avg	AB	H	2B	3B	HR	RBI	BB	SO	OBP	SLG
Home	2.43	4	2	0	11	10	63.0	48	4	28	62	vs. Left	.263	213	56	7	0	6	22	22	41	.335	.380
Away	2.91	6	2	0	9	9	52.2	46	4	10	42	vs. Right	.184	207	38	7	0	2	10	16	63	.246	.246
Starter	2.68	10	4	0	19	19	114.1	93	8	38	103	Scoring Posn	.238	84	20	4	0	1	23	10	19	.326	.321
Reliever	0.00	0	0	0	1	0	1.1	1	0	0	1	Close & Late	.300	20	6	2	0	2	4	3	6	.417	.700
0-3 Days Rest (Start)	9.00	0	0	0	1	1	5.0	8	1	1	7	None on/out	.265	113	30	6	0	3	3	12	26	.336	.398
4 Days Rest	1.61	7	1	0	10	10	61.1	47	1	22	47	First Pitch	.340	50	17	2	0	0	8	2	0	.389	.380
5+ Days Rest	3.38	3	3	0	8	8	48.0	38	6	15	49	Ahead in Count	.175	223	39	5	0	4	10	0	88	.175	.251
Pre-All Star	3.02	7	4	0	14	13	83.1	72	7	22	81	Behind in Count	.270	74	20	4	0	3	8	12	0	.372	.446
Post-All Star	1.67	3	0	0	6	6	32.1	22	1	16	23	Two Strikes	.171	210	36	5	0	2	9	24	104	.256	.224

Last Five Years

	ERA	W	L	Sv	G	GS	IP	H	HR	BB	SO		Avg	AB	H	2B	3B	HR	RBI	BB	SO	OBP	SLG
Home	2.12	36	15	0	78	76	560.0	426	34	127	522	vs. Left	.246	2024	497	88	9	25	175	162	405	.307	.335
Away	3.23	39	19	0	79	79	532.1	498	32	132	481	vs. Right	.210	2035	427	60	6	41	160	97	598	.254	.306
Day	2.72	24	9	0	48	47	341.0	285	18	80	302	Inning 1-6	.227	3351	761	113	10	52	275	218	854	.281	.313
Night	2.64	51	25	0	109	108	751.1	639	48	179	701	Inning 7+	.230	708	163	35	5	14	60	41	149	.279	.353
Grass	2.62	67	29	0	141	139	981.0	825	61	240	884	None on	.219	2507	550	92	10	34	34	145	629	.267	.305
Turf	2.99	8	5	0	16	16	111.1	99	5	19	119	Runners on	.241	1552	374	56	5	32	301	114	374	.301	.345
March/April	2.15	12	6	0	25	25	167.2	140	12	48	152	Scoring Posn	.226	869	196	32	4	16	260	72	222	.292	.327
May	2.90	13	7	0	31	31	220.1	192	15	52	203	Close & Late	.217	373	81	22	3	6	31	26	88	.273	.340
June	3.40	13	5	0	24	23	167.0	157	13	34	141	None on/out	.237	1076	255	43	7	15	15	51	244	.275	.332
July	3.35	13	7	0	26	25	174.2	147	12	45	178	vs. 1st Batr (relief)	.000	2	0	0	0	0	0	0	1	.000	.000
August	2.08	13	3	0	25	25	177.1	139	3	39	162	1st Inning Pitched	.251	601	151	20	1	11	58	44	135	.309	.343
Sept/Oct	2.09	11	6	0	26	26	185.1	149	11	41	167	First 75 Pitches	.235	2797	658	99	8	44	224	173	703	.286	.324
Starter	2.67	75	34	0	155	155	1090.0	923	66	259	999	Pitch 76-90	.194	552	107	20	4	9	40	32	139	.246	.293
Reliever	0.00	0	0	0	2	0	2.1	0	0	0	4	Pitch 91-105	.223	439	98	17	2	7	36	40	102	.297	.319
0-3 Days Rest (Start)	3.63	1	0	0	3	3	17.1	22	2	2	21	Pitch 106+	.225	271	61	12	1	6	35	14	59	.266	.343
4 Days Rest	2.46	55	20	0	109	109	790.2	642	34	176	703	First Pitch	.288	576	166	33	3	7	61	13	0	.323	.392
5+ Days Rest	3.19	19	14	0	43	43	282.0	259	30	81	275	Ahead in Count	.181	1996	362	53	6	23	113	0	844	.188	.248
vs. AL	3.64	7	3	0	14	14	99.0	92	10	27	84	Behind in Count	.312	751	234	37	2	26	102	113	0	.402	.470
vs. NL	2.56	68	31	0	143	141	993.1	832	56	232	919	Two Strikes	.155	1958	303	48	6	20	101	133	1003	.212	.216
Pre-All Star	2.85	42	20	0	88	86	603.2	529	45	145	546	Pre-All Star	.235	2252	529	85	11	45	196	145	546	.287	.342
Post-All Star	2.43	33	14	0	69	69	488.2	395	21	114	457	Post-All Star	.219	1807	395	63	4	21	139	114	457	.272	.293

Kevin Brown — Brewers
Age 29 – Bats Right (flyball hitter)

	Avg	G	AB	R	H	2B	3B	HR	RBI	BB	SO	HBP	GDP	SB	CS	OBP	SLG	IBB	SH	SF	#Pit	#P/PA	GB	FB	G/F
2001 Season	.209	17	43	7	9	0	1	4	12	2	18	1	1	0	0	.261	.535	0	0	0	186	4.04	8	12	0.67
Last Five Years	.261	80	184	29	48	12	2	7	30	12	57	3	2	0	0	.310	.462	0	3	4	743	3.61	45	61	0.74

2001 Season

	Avg	AB	H	2B	3B	HR	RBI	BB	SO	OBP	SLG		Avg	AB	H	2B	3B	HR	RBI	BB	SO	OBP	SLG
vs. Left	.235	17	4	0	1	1	7	0	8	.235	.529	Scoring Posn	.400	10	4	0	1	2	10	0	6	.400	1.200
vs. Right	.192	26	5	0	0	3	5	2	10	.276	.538	Close & Late	.200	5	1	0	0	1	1	0	3	.200	.800

Roosevelt Brown — Cubs
Age 26 – Bats Left (flyball hitter)

	Avg	G	AB	R	H	2B	3B	HR	RBI	BB	SO	HBP	GDP	SB	CS	OBP	SLG	IBB	SH	SF	#Pit	#P/PA	GB	FB	G/F
2001 Season	.265	39	83	13	22	6	1	4	22	7	12	1	3	0	0	.326	.506	0	0	1	316	3.43	31	23	1.35
Career (1999-2001)	.286	117	238	30	68	20	2	8	46	13	48	2	5	1	1	.323	.487	0	3	4	876	3.37	71	78	0.91

2001 Season

	Avg	AB	H	2B	3B	HR	RBI	BB	SO	OBP	SLG		Avg	AB	H	2B	3B	HR	RBI	BB	SO	OBP	SLG
vs. Left	.353	17	6	1	0	2	7	1	2	.389	.765	Scoring Posn	.406	32	13	4	1	2	19	2	5	.429	.781
vs. Right	.242	66	16	5	1	2	15	6	10	.311	.439	Close & Late	.118	17	2	1	0	0	0	4	.118	.176

Cliff Brumbaugh — Rockies
Age 28 – Bats Right

	Avg	G	AB	R	H	2B	3B	HR	RBI	BB	SO	HBP	GDP	SB	CS	OBP	SLG	IBB	SH	SF	#Pit	#P/PA	GB	FB	G/F
2001 Season	.217	21	46	6	10	2	0	1	4	3	14	0	3	0	1	.265	.326	0	0	0	180	3.67	9	14	0.64

2001 Season

	Avg	AB	H	2B	3B	HR	RBI	BB	SO	OBP	SLG		Avg	AB	H	2B	3B	HR	RBI	BB	SO	OBP	SLG
vs. Left	.265	34	9	2	0	1	4	2	9	.306	.412	Scoring Posn	.200	10	2	0	0	0	3	1	1	.273	.200
vs. Right	.083	12	1	0	0	0	0	1	5	.154	.083	Close & Late	.125	8	1	0	0	0	0	0	3	.125	.125

Brian Buchanan — Twins
Age 28 – Bats Right

	Avg	G	AB	R	H	2B	3B	HR	RBI	BB	SO	HBP	GDP	SB	CS	OBP	SLG	IBB	SH	SF	#Pit	#P/PA	GB	FB	G/F
2001 Season	.274	69	197	28	54	12	0	10	32	19	58	2	2	1	1	.342	.487	0	0	1	804	3.67	59	53	1.11
Career (2000-2001)	.262	99	279	38	73	15	0	11	40	27	80	3	5	1	3	.330	.434	0	0	3	1132	3.63	94	73	1.29

2001 Season

	Avg	AB	H	2B	3B	HR	RBI	BB	SO	OBP	SLG		Avg	AB	H	2B	3B	HR	RBI	BB	SO	OBP	SLG
vs. Left	.284	74	21	5	0	6	18	13	21	.404	.595	Scoring Posn	.224	58	13	3	0	2	22	6	24	.292	.379
vs. Right	.268	123	33	7	0	4	14	6	37	.300	.423	Close & Late	.143	28	4	0	0	1	2	2	11	.200	.250
Home	.347	95	33	4	0	7	21	9	27	.411	.611	None on/out	.289	45	13	2	0	2	2	4	13	.360	.467
Away	.206	102	21	8	0	3	11	10	31	.277	.373	Batting #4	.277	65	18	5	0	1	12	4	22	.329	.400
First Pitch	.500	34	17	4	0	2	7	0	0	.500	.794	Batting #7	.354	48	17	5	0	4	8	4	11	.404	.708
Ahead in Count	.412	34	14	4	0	4	12	10	0	.533	.882	Other	.226	84	19	2	0	5	12	11	25	.320	.429
Behind in Count	.150	100	15	3	0	3	8	0	52	.167	.270	Pre-All Star	.250	88	22	5	0	5	14	8	28	.316	.477
Two Strikes	.150	100	15	3	0	2	10	9	58	.227	.240	Post-All Star	.294	109	32	7	0	5	18	11	30	.364	.495

Mike Buddie — Brewers
Age 31 – Pitches Right (groundball pitcher)

	ERA	W	L	Sv	G	GS	IP	BB	SO	Avg	H	2B	3B	HR	RBI	OBP	SLG	GF	IR	IRS	Hld	SvOp	SB	CS	GB	FB	G/F
2001 Season	3.89	0	1	2	31	0	41.2	17	22	.225	34	8	2	2	19	.316	.344	7	18	3	2	2	1	4	71	37	1.92
Career (1998-2001)	4.73	4	2	2	62	2	91.1	31	48	.263	91	19	3	8	53	.333	.405	17	43	12	2	2	7	7	144	94	1.53

2001 Season

	ERA	W	L	Sv	G	GS	IP	H	HR	BB	SO		Avg	AB	H	2B	3B	HR	RBI	BB	SO	OBP	SLG
Home	3.48	0	0	1	14	0	20.2	13	2	7	11	vs. Left	.185	65	12	3	1	1	7	8	5	.280	.308
Away	4.29	0	1	1	17	0	21.0	21	0	10	11	vs. Right	.256	86	22	5	1	1	12	9	17	.343	.372
Starter	0.00	0	0	0	0	0	0.0	0	0	0	0	Scoring Posn	.262	42	11	2	2	1	18	9	9	.400	.476
Reliever	3.89	0	1	2	31	0	41.2	34	2	17	22	Close & Late	.000	12	0	0	0	0	0	0	2	.000	.000
0 Days Rest (Relief)	5.23	0	0	0	9	0	10.1	14	0	7	3	None on/out	.176	34	6	1	0	0	0	3	3	.263	.206
1 or 2 Days Rest	3.68	0	0	2	13	0	22.0	12	2	8	13	First Pitch	.130	23	3	2	0	0	0	2	0	.200	.217
3+ Days Rest	2.89	0	0	0	9	0	9.1	8	0	2	6	Ahead in Count	.266	64	17	2	1	1	11	0	16	.294	.375
Pre-All Star	0.00	0	0	1	5	0	10.0	6	0	4	9	Behind in Count	.200	35	7	2	0	1	4	8	0	.349	.343
Post-All Star	5.12	0	1	1	26	0	31.2	28	2	13	13	Two Strikes	.212	66	14	3	2	1	11	7	22	.307	.364

Mark Buehrle — White Sox
Age 23 – Pitches Left

	ERA	W	L	Sv	G	GS	IP	BB	SO	Avg	H	2B	3B	HR	RBI	OBP	SLG	CG	ShO	Sup	QS	#P/S	SB	CS	GB	FB	G/F
2001 Season	3.29	16	8	0	32	32	221.1	48	126	.230	188	40	4	24	77	.279	.377	4	2	5.57	20	104	6	6	298	271	1.10
Career (2000-2001)	3.47	20	9	0	60	35	272.2	67	163	.239	243	55	6	29	110	.292	.390	4	2	5.28	21	103	7	9	368	332	1.11

2001 Season

	ERA	W	L	Sv	G	GS	IP	H	HR	BB	SO		Avg	AB	H	2B	3B	HR	RBI	BB	SO	OBP	SLG
Home	3.43	7	5	0	16	16	112.2	92	14	26	63	vs. Left	.213	155	33	6	0	5	23	8	35	.268	.348
Away	3.15	9	3	0	16	16	108.2	96	10	22	63	vs. Right	.234	661	155	34	4	19	54	40	91	.281	.384
Day	3.45	3	1	0	9	9	60.0	50	8	10	46	Inning 1-6	.222	685	152	31	4	18	66	44	114	.276	.358
Night	3.24	13	7	0	23	23	161.1	138	16	38	80	Inning 7+	.275	131	36	9	0	6	11	4	12	.294	.481
Grass	3.15	14	7	0	29	29	203.0	164	23	44	112	None on	.239	527	126	27	2	17	28	83	.281	.395
Turf	4.91	2	1	0	3	3	18.1	24	1	4	14	Runners on	.215	289	62	13	2	7	60	20	43	.274	.346
April	5.52	1	3	0	5	5	31.0	27	5	12	25	Scoring Posn	.219	155	34	10	1	3	50	13	32	.290	.355
May	2.86	1	0	0	4	4	28.1	20	3	5	21	Close & Late	.404	47	19	4	0	3	5	3	2	.440	.681
June	2.08	4	1	0	6	6	43.1	35	1	6	23	None on/out	.251	223	56	11	2	7	7	13	40	.295	.413
July	2.88	2	2	0	5	5	34.1	31	3	10	25	vs. 1st Batr (relief)	.000	0	0	0	0	0	0	0	0	.000	.000
August	2.62	4	1	0	6	6	44.2	30	6	8	14	1st Inning Pitched	.200	115	23	1	2	4	15	8	22	.248	.348
Sept/Oct	4.31	4	1	0	6	6	39.2	45	6	7	18	First 75 Pitches	.225	581	131	24	4	14	55	32	96	.273	.353
Starter	3.29	16	8	0	32	32	221.1	188	24	48	126	Pitch 76-90	.215	107	23	8	0	5	9	7	12	.270	.430
Reliever	0.00	0	0	0	0	0	0.0	0	0	0	0	Pitch 91-105	.263	95	25	6	0	5	13	6	14	.304	.484
0-3 Days Rest (Start)	0.00	0	0	0	0	0	0.0	0	0	0	0	Pitch 106+	.273	33	9	2	0	0	0	3	4	.333	.333
4 Days Rest	3.30	7	2	0	15	15	101.0	84	11	22	57	First Pitch	.252	115	29	6	2	2	9	2	0	.277	.391
5+ Days Rest	3.29	9	6	0	17	17	120.1	104	13	26	69	Ahead in Count	.186	361	67	12	0	11	30	0	104	.198	.310
vs. AL	3.42	14	8	0	30	30	205.1	174	22	44	114	Behind in Count	.281	167	47	11	1	2	16	19	0	.355	.395
vs. NL	1.69	2	0	0	2	2	16.0	14	2	0	12	Two Strikes	.181	381	69	10	0	13	31	27	126	.240	.310
Pre-All Star	3.29	6	4	0	16	16	109.1	89	9	25	74	Pre-All Star	.220	405	89	22	3	9	35	25	74	.270	.356
Post-All Star	3.29	10	4	0	16	16	112.0	99	15	23	52	Post-All Star	.241	411	99	18	1	15	42	23	52	.287	.399

Damon Buford — Reds
Age 32 – Bats Right

	Avg	G	AB	R	H	2B	3B	HR	RBI	BB	SO	HBP	GDP	SB	CS	OBP	SLG	IBB	SH	SF	#Pit	#P/PA	GB	FB	G/F
2001 Season	.176	35	85	11	15	2	0	3	8	4	23	0	3	0	0	.213	.306	0	0	0	369	4.15	21	30	0.70
Last Five Years	.243	484	1459	200	354	67	9	42	175	124	341	14	30	36	20	.306	.387	4	8	9	6367	3.94	473	408	1.16

2001 Season

	Avg	AB	H	2B	3B	HR	RBI	BB	SO	OBP	SLG		Avg	AB	H	2B	3B	HR	RBI	BB	SO	OBP	SLG
vs. Left	.150	20	3	0	0	1	5	1	8	.190	.300	Scoring Posn	.176	17	3	0	0	0	5	2	7	.263	.176
vs. Right	.185	65	12	2	0	2	3	3	15	.221	.308	Close & Late	.214	14	3	0	0	0	1	0	3	.214	.214

Last Five Years

	Avg	AB	H	2B	3B	HR	RBI	BB	SO	OBP	SLG		Avg	AB	H	2B	3B	HR	RBI	BB	SO	OBP	SLG
vs. Left	.285	536	153	29	4	18	83	49	119	.346	.455	First Pitch	.300	110	33	8	1	2	22	3	0	.328	.445
vs. Right	.218	923	201	38	5	24	92	75	222	.283	.348	Ahead in Count	.361	346	125	21	4	19	53	65	0	.465	.610
Home	.254	712	181	33	5	20	91	63	172	.321	.399	Behind in Count	.170	730	124	26	2	13	61	0	288	.175	.264
Away	.232	747	173	34	4	22	84	61	169	.293	.376	Two Strikes	.169	738	125	24	3	17	71	56	341	.230	.279
Day	.246	606	149	27	4	24	80	54	148	.312	.422	Batting #7	.243	437	106	21	3	13	56	42	107	.317	.394
Night	.240	853	205	40	5	18	95	70	193	.302	.362	Batting #8	.235	370	87	16	1	13	41	24	88	.290	.389
Grass	.246	1247	307	57	6	36	150	100	288	.307	.388	Other	.247	652	161	30	5	16	78	58	146	.308	.382
Turf	.222	212	47	10	3	6	25	24	53	.303	.382	March/April	.224	308	69	16	1	7	34	30	81	.297	.351
Pre-All Star	.247	942	233	43	5	28	113	82	221	.312	.393	May	.271	280	76	12	4	11	31	20	69	.330	.461
Post-All Star	.234	517	121	24	4	14	62	42	120	.295	.377	June	.232	276	64	10	0	8	31	20	58	.284	.355
Inning 1-6	.251	957	240	50	4	25	121	83	218	.312	.390	July	.260	242	63	12	2	8	33	26	49	.332	.426
Inning 7+	.227	502	114	17	5	17	54	41	123	.296	.382	August	.249	177	44	10	1	4	22	11	45	.304	.384
Scoring Posn	.250	356	89	19	3	11	134	40	89	.325	.413	Sept/Oct	.216	176	38	7	1	4	24	17	39	.279	.335
Close & Late	.210	233	49	5	3	7	17	27	65	.300	.348	vs. AL	.237	794	188	39	6	19	94	63	181	.295	.373
None on/out	.275	346	95	19	3	12	12	26	77	.331	.451	vs. NL	.250	665	166	28	3	23	81	61	160	.319	.405

Jay Buhner — Mariners
Age 37 – Bats Right (flyball hitter)

	Avg	G	AB	R	H	2B	3B	HR	RBI	BB	SO	HBP	GDP	SB	CS	OBP	SLG	IBB	SH	SF	#Pit	#P/PA	GB	FB	G/F
2001 Season	.222	19	45	4	10	2	0	2	5	8	9	0	3	0	0	.340	.400	0	0	0	198	3.74	18	13	1.38
Last Five Years	.241	447	1459	228	351	58	3	97	279	293	453	15	44	0	2	.371	.484	6	2	8	7258	4.08	407	437	0.93

2001 Season

	Avg	AB	H	2B	3B	HR	RBI	BB	SO	OBP	SLG		Avg	AB	H	2B	3B	HR	RBI	BB	SO	OBP	SLG
vs. Left	.136	22	3	1	0	1	1	5	4	.296	.318	Scoring Posn	.176	17	3	0	0	1	3	3	5	.300	.353
vs. Right	.304	23	7	1	0	1	4	3	5	.385	.478	Close & Late	.000	4	0	0	0	0	0	2	2	.333	.000

Last Five Years

	Avg	AB	H	2B	3B	HR	RBI	BB	SO	OBP	SLG		Avg	AB	H	2B	3B	HR	RBI	BB	SO	OBP	SLG
vs. Left	.266	354	94	15	1	30	70	79	93	.402	.568	First Pitch	.353	184	65	11	0	10	28	5	0	.378	.576
vs. Right	.233	1105	257	43	2	67	209	214	360	.361	.457	Ahead in Count	.369	306	113	19	1	33	86	139	0	.560	.761
Home	.224	755	169	33	3	43	140	168	250	.372	.446	Behind in Count	.146	673	98	18	2	25	85	0	365	.159	.290
Away	.259	704	182	25	0	54	139	125	203	.370	.524	Two Strikes	.158	786	124	20	1	40	124	148	453	.297	.338
Day	.240	445	107	19	1	34	88	88	150	.368	.517	Batting #5	.221	524	116	24	2	28	82	104	174	.353	.435
Night	.241	1014	244	39	2	63	191	205	303	.373	.469	Batting #6	.250	824	206	31	0	63	176	169	258	.382	.517
Grass	.229	909	208	31	0	61	163	165	277	.351	.464	Other	.261	111	29	3	1	6	21	20	21	.378	.468
Turf	.260	550	143	27	3	36	116	128	176	.403	.516	March/April	.266	241	64	12	0	16	53	50	65	.391	.515
Pre-All Star	.246	682	168	24	1	47	148	148	184	.382	.491	May	.242	178	43	5	0	15	46	47	51	.404	.522
Post-All Star	.236	777	183	34	2	50	131	145	269	.361	.477	June	.216	218	47	5	1	14	39	38	58	.338	.440
Inning 1-6	.253	1019	258	40	2	69	207	195	302	.378	.500	July	.267	273	73	15	2	17	58	52	90	.385	.524
Inning 7+	.211	440	93	18	1	28	72	98	151	.357	.448	August	.233	288	67	12	0	17	43	45	102	.343	.451
Scoring Posn	.252	405	102	13	2	36	194	112	118	.414	.551	Sept/Oct	.218	261	57	9	0	18	40	61	87	.366	.460
Close & Late	.190	195	37	5	0	12	36	49	69	.358	.400	vs. AL	.247	1275	315	50	3	90	254	256	400	.377	.503
None on/out	.233	318	74	12	0	22	22	55	98	.351	.478	vs. NL	.196	184	36	8	0	7	25	37	53	.335	.353

Dave Burba — Indians
Age 35 – Pitches Right

	ERA	W	L	Sv	G	GS	IP	BB	SO	Avg	H	2B	3B	HR	RBI	OBP	SLG	CG	ShO	Sup	QS	#P/S	SB	CS	GB	FB	G/F
2001 Season	6.21	10	10	0	32	27	150.2	54	118	.306	188	47	3	16	102	.361	.470	1	0	6.75	11	88	17	2	196	177	1.11
Last Five Years	4.67	67	45	0	160	151	925.2	383	735	.269	965	204	18	117	463	.342	.434	4	0	5.89	77	100	79	29	1204	1038	1.16

2001 Season

	ERA	W	L	Sv	G	GS	IP	H	HR	BB	SO		Avg	AB	H	2B	3B	HR	RBI	BB	SO	OBP	SLG
Home	6.31	6	5	0	15	13	77.0	102	8	21	63	vs. Left	.359	301	108	28	3	10	54	28	53	.408	.571
Away	6.11	4	5	0	17	14	73.2	86	8	33	55	vs. Right	.255	314	80	19	0	6	48	26	65	.315	.373
Starter	6.54	10	10	0	27	27	137.2	179	15	51	104	Scoring Posn	.333	180	60	14	0	2	80	25	38	.401	.444
Reliever	2.77	0	0	0	5	0	13.0	9	1	3	14	Close & Late	.133	15	2	1	0	0	0	2	1	.235	.200
0-3 Days Rest (Start)	2.45	1	0	0	2	2	11.0	8	0	1	8	None on/out	.302	159	48	14	2	6	6	8	28	.335	.528
4 Days Rest	7.70	5	7	0	14	14	69.0	102	8	26	53	First Pitch	.438	80	35	8	1	4	18	2	0	.451	.713
5+ Days Rest	5.93	4	3	0	11	11	57.2	69	7	24	43	Ahead in Count	.223	264	59	14	0	6	42	0	95	.225	.345
Pre-All Star	6.45	8	6	0	17	17	90.2	120	11	32	69	Behind in Count	.404	146	59	17	1	4	27	25	0	.486	.616
Post-All Star	5.85	2	4	0	15	10	60.0	68	5	22	49	Two Strikes	.196	275	54	11	1	4	31	27	118	.273	.287

Last Five Years

	ERA	W	L	Sv	G	GS	IP	H	HR	BB	SO		Avg	AB	H	2B	3B	HR	RBI	BB	SO	OBP	SLG
Home	4.72	36	25	0	88	85	522.0	565	64	206	416	vs. Left	.274	1736	475	102	11	54	210	201	327	.352	.438
Away	4.59	31	20	0	72	66	403.2	400	53	177	319	vs. Right	.265	1851	490	102	7	63	253	182	408	.333	.429
Day	5.71	21	17	0	51	49	287.0	330	43	125	215	Inning 1-6	.271	3242	880	196	18	101	434	346	676	.344	.436
Night	4.20	46	28	0	109	102	638.2	635	74	258	520	Inning 7+	.246	345	85	8	0	16	29	37	59	.320	.409

57

Jamie Burke — Angels

Age 30 – Bats Right

	Avg	G	AB	R	H	2B	3B	HR	RBI	BB	SO	HBP	GDP	SB	CS	OBP	SLG	IBB	SH	SF	#Pit	#P/PA	GB	FB	G/F
2001 Season	.200	9	5	1	1	0	0	0	0	0	2	0	0	0	0	.200	.200	0	0	0	26	5.20	1	1	1.00

2001 Season

	Avg	AB	H	2B	3B	HR	RBI	BB	SO	OBP	SLG		Avg	AB	H	2B	3B	HR	RBI	BB	SO	OBP	SLG
vs. Left	.500	2	1	0	0	0	0	0	0	.500	.500	Scoring Posn	1.000	1	1	0	0	0	0	0	0	1.000	1.000
vs. Right	.000	3	0	0	0	0	0	0	2	.000	.000	Close & Late	.000	1	0	0	0	0	0	0	0	.000	.000

John Burkett — Braves

Age 37 – Pitches Right

	ERA	W	L	Sv	G	GS	IP	BB	SO	Avg	H	2B	3B	HR	RBI	OBP	SLG	CG	ShO	Sup	QS	#P/S	SB	CS	GB	FB	G/F
2001 Season	3.04	12	12	0	34	34	219.1	70	187	.230	187	42	4	17	76	.294	.354	1	0	4.14	22	96	13	9	276	232	1.19
Last Five Years	4.66	49	51	0	157	143	885.1	243	663	.285	1003	196	20	87	430	.333	.426	3	1	5.28	63	94	43	31	1282	943	1.36

2001 Season

	ERA	W	L	Sv	G	GS	IP	H	HR	BB	SO		Avg	AB	H	2B	3B	HR	RBI	BB	SO	OBP	SLG
Home	3.58	4	6	0	16	16	100.2	97	10	41	98	vs. Left	.223	367	82	14	3	9	32	39	88	.298	.351
Away	2.58	8	6	0	18	18	118.2	90	7	29	89	vs. Right	.235	446	105	28	1	8	44	31	99	.290	.357
Day	3.21	4	1	0	9	9	56.0	47	6	17	51	Inning 1-6	.231	731	169	36	4	15	72	64	171	.296	.353
Night	2.98	8	11	0	25	25	163.1	140	11	53	136	Inning 7+	.220	82	18	6	0	2	4	6	16	.273	.366
Grass	2.91	10	8	0	27	27	173.1	150	14	56	147	None on	.220	505	111	23	2	11	11	33	118	.273	.339
Turf	3.52	2	4	0	7	7	46.0	37	3	14	40	Runners on	.247	308	76	19	2	6	65	37	69	.325	.390
April	3.18	1	3	0	6	6	39.2	32	4	7	33	Scoring Posn	.217	166	36	10	0	2	50	32	33	.338	.313
May	2.76	2	1	0	5	5	32.2	33	3	11	31	Close & Late	.205	39	8	2	0	1	1	2	8	.244	.333
June	1.28	3	1	0	6	6	42.1	23	1	8	36	None on/out	.229	214	49	9	0	6	19	49	49	.298	.346
July	2.82	2	3	0	6	6	38.1	33	4	17	38	vs. 1st Batr (relief)	.000	0	0	0	0	0	0	0	0	.000	.000
August	3.62	3	1	0	6	6	37.1	34	3	12	30	1st Inning Pitched	.256	129	33	6	0	2	15	6	34	.295	.349
Sept/Oct	5.28	1	3	0	5	5	29.0	32	2	15	19	First 75 Pitches	.222	613	136	31	3	11	55	53	146	.287	.336
Starter	3.04	12	12	0	34	34	219.1	187	17	70	187	Pitch 76-90	.252	119	30	8	1	3	13	7	22	.297	.412
Reliever	0.00	0	0	0	0	0	0.0	0	0	0	0	Pitch 91-105	.290	69	20	3	0	3	7	7	16	.355	.464
0-3 Days Rest (Start)	0.00	0	0	0	0	0	0.0	0	0	0	0	Pitch 106+	.083	12	1	0	0	0	1	3	3	.267	.083
4 Days Rest	3.12	7	9	0	23	23	147.0	127	8	53	127	First Pitch	.299	127	38	12	0	1	16	9	0	.341	.417
5+ Days Rest	2.86	5	3	0	11	11	72.1	60	9	17	60	Ahead in Count	.142	366	52	13	0	7	23	0	160	.148	.235
vs. AL	2.84	1	2	0	4	4	25.1	23	2	14	20	Behind in Count	.331	178	59	13	3	6	21	33	0	.435	.539
vs. NL	3.06	11	10	0	30	30	194.0	164	15	56	167	Two Strikes	.141	375	53	12	0	6	21	28	187	.206	.171
Pre-All Star	2.49	6	6	0	19	19	126.2	101	9	34	110	Pre-All Star	.218	464	101	22	1	9	35	34	110	.273	.328
Post-All Star	3.79	6	6	0	15	15	92.2	86	8	36	77	Post-All Star	.246	349	86	20	3	8	41	36	77	.320	.390

Last Five Years

	ERA	W	L	Sv	G	GS	IP	H	HR	BB	SO		Avg	AB	H	2B	3B	HR	RBI	BB	SO	OBP	SLG
Home	5.44	21	26	0	77	72	427.0	529	55	123	316	vs. Left	.273	1683	459	73	16	41	184	131	345	.327	.408
Away	3.93	28	25	0	80	71	458.1	474	32	120	347	vs. Right	.296	1835	544	123	4	46	246	112	318	.340	.443
Day	3.98	17	11	0	42	39	246.2	251	24	67	198	Inning 1-6	.285	3155	900	175	18	78	400	222	605	.335	.426
Night	4.92	32	40	0	115	104	638.2	752	63	176	465	Inning 7+	.284	363	103	21	2	9	30	21	58	.322	.427
Grass	4.81	40	44	0	133	121	744.1	866	77	209	541	None on	.271	2056	557	106	12	48	48	108	395	.312	.404
Turf	3.83	9	7	0	24	22	141.0	137	10	34	122	Runners on	.305	1462	446	90	8	39	382	135	268	.361	.463
March/April	5.58	4	11	0	26	22	129.0	159	17	33	108	Scoring Posn	.303	800	242	49	2	26	330	102	149	.376	.466
May	5.48	10	5	0	25	23	141.1	175	20	48	106	Close & Late	.274	146	40	9	0	3	11	8	22	.312	.397
June	3.21	9	10	0	30	25	179.2	183	11	32	136	None on/out	.284	901	256	50	4	18	18	55	164	.330	.408
July	4.82	9	12	0	27	25	158.2	181	17	38	119	vs. 1st Batr (relief)	.308	13	4	3	0	1	4	1	3	.357	.769
August	5.12	6	7	0	24	23	128.1	153	10	43	92	1st Inning Pitched	.311	644	200	43	5	23	112	58	128	.369	.500
Sept/Oct	4.24	11	6	0	25	25	148.2	152	12	49	102	First 75 Pitches	.282	2668	752	146	15	63	320	194	518	.333	.419
Starter	4.68	48	49	0	143	143	852.2	969	82	236	640	Pitch 76-90	.289	450	130	29	1	13	67	24	73	.326	.444
Reliever	4.13	1	2	0	14	0	32.2	34	5	7	23	Pitch 91-105	.322	292	94	17	3	8	31	18	56	.363	.483
0-3 Days Rest (Start)	6.62	1	0	0	4	4	17.2	29	2	7	12	Pitch 106+	.250	108	27	4	1	3	12	7	16	.293	.389
4 Days Rest	3.72	29	25	0	73	73	466.2	480	35	116	357	First Pitch	.351	541	190	36	5	12	84	14	0	.368	.503
5+ Days Rest	5.79	18	24	0	66	66	368.1	460	45	113	271	Ahead in Count	.216	1511	326	59	3	28	130	0	562	.221	.314

	ERA	W	L	Sv	G	GS	IP	H	HR	BB	SO		Avg	AB	H	2B	3B	HR	RBI	BB	SO	OBP	SLG
Grass	4.67	51	33	0	121	115	707.1	753	87	290	552	None on	.256	2126	545	121	11	76	76	183	422	.319	.431
Turf	4.66	16	12	0	39	36	218.1	212	30	93	183	Runners on	.287	1461	420	83	7	41	387	200	313	.373	.438
March/April	4.81	13	7	0	25	25	147.2	145	18	72	135	Scoring Posn	.277	876	243	51	2	18	326	134	207	.370	.402
May	4.24	14	5	0	29	28	180.1	183	18	68	149	Close & Late	.208	159	33	4	0	4	10	17	29	.288	.308
June	6.26	9	12	0	26	26	146.2	173	28	71	104	None on/out	.260	939	244	54	6	35	35	65	169	.310	.442
July	4.94	7	12	0	29	28	175.0	185	23	69	138	vs. 1st Batr (relief)	.333	9	3	0	0	2	4	0	3	.333	1.000
August	3.90	8	4	0	24	19	122.1	131	12	56	95	1st Inning Pitched	.294	637	187	45	5	22	87	60	127	.358	.484
Sept/Oct	3.81	16	5	0	27	25	153.2	148	18	47	114	First 75 Pitches	.272	2577	700	158	15	81	317	268	536	.342	.439
Starter	4.72	66	45	0	151	151	904.2	949	114	379	714	Pitch 76-90	.274	468	128	27	2	11	64	52	84	.350	.410
Reliever	2.57	1	0	0	9	0	21.0	16	3	4	21	Pitch 91-105	.270	356	96	15	1	15	53	37	77	.342	.444
0-3 Days Rest (Start)	4.82	1	1	0	4	4	18.2	19	3	5	15	Pitch 106+	.220	186	41	4	0	10	29	26	38	.316	.403
4 Days Rest	4.68	41	26	0	86	86	538.1	555	71	209	418	First Pitch	.348	497	173	37	7	20	78	16	0	.368	.571
5+ Days Rest	4.76	24	18	0	61	61	347.2	375	40	165	281	Ahead in Count	.196	1547	303	63	3	32	146	0	592	.201	.303
vs. AL	4.74	49	33	0	117	112	689.0	730	87	285	551	Behind in Count	.366	809	296	62	6	40	147	169	0	.474	.606
vs. NL	4.45	18	12	0	43	39	236.2	235	30	98	184	Two Strikes	.176	1647	290	65	4	28	139	197	735	.267	.271
Pre-All Star	5.07	38	28	0	88	87	528.2	554	72	230	420	Pre-All Star	.271	2047	554	119	13	72	289	230	420	.346	.447
Post-All Star	4.13	29	17	0	72	64	397.0	411	45	153	315	Post-All Star	.267	1540	411	85	5	45	174	153	315	.336	.416

	ERA	W	L	Sv	G	GS	IP	H	HR	BB	SO	Last Five Years	Avg	AB	H	2B	3B	HR	RBI	BB	SO	OBP	SLG
vs. AL	5.43	26	34	0	89	84	503.2	627	58	130	355	Behind in Count	.370	782	289	65	11	29	129	113	0	.447	.592
vs. NL	3.63	23	17	0	68	59	381.2	376	29	113	308	Two Strikes	.194	1556	302	58	3	23	116	116	663	.254	.280
Pre-All Star	4.58	24	30	0	88	77	493.2	566	51	125	386	Pre-All Star	.287	1972	566	100	9	51	240	125	386	.331	.424
Post-All Star	4.76	25	21	0	69	66	391.2	437	36	118	277	Post-All Star	.283	1546	437	96	11	36	190	118	277	.336	.429

Morgan Burkhart — Red Sox
Age 30 – Bats Both (flyball hitter)

	Avg	G	AB	R	H	2B	3B	HR	RBI	BB	SO	HBP	GDP	SB	CS	OBP	SLG	IBB	SH	SF	#Pit	#P/PA	GB	FB	G/F
2001 Season	.182	11	33	3	6	1	0	1	4	1	11	0	1	0	0	.206	.303	0	0	0	134	3.94	10	7	1.43
Career (2000-2001)	.255	36	106	19	27	4	0	5	22	18	36	4	2	0	0	.380	.434	1	0	1	517	4.01	25	27	0.93

2001 Season

	Avg	AB	H	2B	3B	HR	RBI	BB	SO	OBP	SLG		Avg	AB	H	2B	3B	HR	RBI	BB	SO	OBP	SLG
vs. Left	.000	6	0	0	0	0	0	0	2	.000	.000	Scoring Posn	.300	10	3	1	0	0	3	0	3	.300	.400
vs. Right	.222	27	6	1	0	1	4	1	9	.250	.370	Close & Late	.000	2	0	0	0	0	0	1	1	.333	.000

Ellis Burks — Indians
Age 37 – Bats Right

	Avg	G	AB	R	H	2B	3B	HR	RBI	BB	SO	HBP	GDP	SB	CS	OBP	SLG	IBB	SH	SF	#Pit	#P/PA	GB	FB	G/F
2001 Season	.280	124	439	83	123	29	1	28	74	62	85	5	16	5	1	.369	.542	2	0	9	2037	3.96	156	141	1.11
Last Five Years	.297	627	2150	397	638	116	14	136	424	292	406	20	66	35	17	.381	.553	10	7	32	9645	3.85	812	650	1.25

2001 Season

	Avg	AB	H	2B	3B	HR	RBI	BB	SO	OBP	SLG		Avg	AB	H	2B	3B	HR	RBI	BB	SO	OBP	SLG
vs. Left	.245	110	27	5	0	9	17	14	20	.328	.536	First Pitch	.390	59	23	4	0	5	10	1	0	.400	.712
vs. Right	.292	329	96	24	1	19	57	48	65	.382	.544	Ahead in Count	.345	87	30	9	0	6	22	37	0	.547	.655
Home	.300	220	66	16	0	15	36	31	41	.384	.577	Behind in Count	.223	197	44	11	0	8	23	0	67	.227	.401
Away	.260	219	57	13	1	13	38	31	44	.354	.507	Two Strikes	.194	211	41	7	0	12	31	24	85	.272	.398
Day	.304	125	38	6	1	8	17	21	25	.403	.560	Batting #5	.242	161	39	11	0	9	23	27	28	.354	.478
Night	.271	314	85	23	0	20	57	41	60	.355	.535	Batting #6	.330	191	63	13	1	14	42	24	37	.395	.628
Grass	.276	395	109	24	0	25	62	55	76	.364	.527	Other	.241	87	21	5	0	5	9	11	20	.340	.471
Turf	.318	44	14	5	1	3	12	7	9	.415	.682	April	.300	80	24	9	0	2	11	10	9	.370	.488
Pre-All Star	.283	279	79	18	1	21	54	37	50	.364	.581	May	.321	78	25	4	1	9	27	8	15	.371	.744
Post-All Star	.275	160	44	11	0	7	20	25	35	.377	.475	June	.268	97	26	5	0	9	15	12	19	.357	.598
Inning 1-6	.312	308	96	23	0	23	65	39	53	.384	.610	July	.257	35	9	1	0	2	2	7	10	.395	.457
Inning 7+	.206	131	27	6	1	5	9	23	32	.335	.382	August	.226	84	19	5	0	1	5	8	17	.290	.321
Scoring Posn	.255	106	27	6	0	6	45	21	22	.362	.481	Sept/Oct	.308	65	20	5	0	5	14	17	15	.440	.615
Close & Late	.246	61	15	4	0	2	4	11	13	.387	.410	vs. AL	.284	391	111	26	1	26	69	57	74	.374	.555
None on/out	.361	97	35	9	1	10	10	10	15	.421	.784	vs. NL	.250	48	12	3	0	2	5	5	11	.327	.438

2001 By Position

Position	Avg	AB	H	2B	3B	HR	RBI	BB	SO	OBP	SLG	G	GS	Innings	PO	A	E	DP	Fld Pct	Rng Fctr	In Zone	Zone Outs	Zone Rtg	MLB Zone
As DH	.278	371	103	25	1	23	60	55	67	.365	.536	102	102	—	—	—	—	—	—	—	—	—	—	—
As lf	.293	58	17	4	0	5	13	5	15	.358	.621	18	17	129.2	21	2	0	0	1.000	1.60	29	21	.724	.880

Last Five Years

	Avg	AB	H	2B	3B	HR	RBI	BB	SO	OBP	SLG		Avg	AB	H	2B	3B	HR	RBI	BB	SO	OBP	SLG
vs. Left	.312	565	176	22	3	34	104	89	99	.402	.542	First Pitch	.397	277	110	18	2	28	62	8	0	.415	.780
vs. Right	.291	1585	462	94	11	102	320	203	307	.373	.558	Ahead in Count	.375	526	197	34	6	49	143	159	0	.518	.741
Home	.302	1065	322	56	8	73	223	143	203	.383	.576	Behind in Count	.228	912	208	46	3	34	128	0	323	.233	.397
Away	.291	1085	316	60	6	63	201	149	203	.378	.532	Two Strikes	.202	984	199	37	2	36	133	125	406	.292	.354
Day	.290	796	231	40	7	56	166	114	151	.382	.569	Batting #2	.296	649	192	35	5	44	111	78	123	.376	.569
Night	.301	1354	407	76	7	80	258	178	255	.380	.544	Batting #5	.289	730	211	38	4	42	148	103	137	.378	.525
Grass	.297	1839	547	95	12	119	365	257	345	.384	.556	Other	.305	771	235	43	5	50	165	111	146	.388	.568
Turf	.293	311	91	21	2	17	59	35	61	.364	.537	March/April	.281	388	109	21	2	22	75	48	65	.356	.515
Pre-All Star	.284	1213	345	70	9	75	235	166	228	.370	.542	May	.266	364	97	22	3	22	71	49	70	.356	.525
Post-All Star	.313	937	293	46	5	61	189	126	178	.395	.581	June	.300	380	114	23	3	26	77	49	73	.380	.582
Inning 1-6	.309	1520	470	86	9	103	334	198	267	.387	.581	July	.321	262	84	16	3	17	46	35	48	.407	.599
Inning 7+	.267	630	168	30	5	33	90	94	139	.366	.487	August	.310	406	126	20	1	25	76	50	82	.381	.549
Scoring Posn	.318	579	184	29	4	37	290	113	101	.419	.573	Sept/Oct	.309	350	108	14	2	24	79	61	68	.410	.566
Close & Late	.255	298	76	16	4	11	38	51	72	.373	.446	vs. AL	.288	559	161	33	3	32	88	68	106	.363	.530
None on/out	.339	442	150	31	7	35	35	39	77	.394	.679	vs. NL	.300	1591	477	83	11	104	336	224	300	.387	.562

A.J. Burnett — Marlins
Age 25 – Pitches Right

	ERA	W	L	Sv	G	GS	IP	BB	SO	Avg	H	2B	3B	HR	RBI	OBP	SLG	CG	ShO	Sup	QS	#P/S	SB	CS	GB	FB	G/F
2001 Season	4.05	11	12	0	27	27	173.1	83	128	.231	145	27	2	20	71	.323	.375	2	1	4.26	17	103	16	9	222	196	1.13
Career (1999-2001)	4.18	18	21	0	47	47	297.1	152	218	.240	262	53	8	31	125	.334	.389	2	1	4.54	26	103	29	17	399	328	1.22

2001 Season

	ERA	W	L	Sv	G	GS	IP	H	HR	BB	SO		Avg	AB	H	2B	3B	HR	RBI	BB	SO	OBP	SLG
Home	4.52	7	5	0	13	13	83.2	73	13	37	70	vs. Left	.247	324	80	15	1	5	26	40	63	.332	.346
Away	3.61	4	7	0	14	14	89.2	72	7	46	58	vs. Right	.213	305	65	12	1	15	45	43	65	.315	.407
Day	3.40	3	2	0	6	6	42.1	33	3	9	33	Inning 1-6	.231	546	126	23	2	18	66	71	115	.323	.379
Night	4.26	8	10	0	21	21	131.0	112	17	74	95	Inning 7+	.229	83	19	4	0	2	5	12	13	.326	.349
Grass	4.09	10	11	0	23	23	147.1	125	17	70	114	None on	.223	368	82	13	0	11	11	50	73	.321	.348
Turf	3.81	1	1	0	4	4	26.0	20	3	13	14	Runners on	.241	261	63	14	2	9	60	33	55	.327	.414

59

2001 Season

	ERA	W	L	Sv	G	GS	IP	H	HR	BB	SO		Avg	AB	H	2B	3B	HR	RBI	BB	SO	OBP	SLG
April	0.00	0	0	0	0	0	0.0	0	0	0	0	Scoring Posn	.212	137	29	5	0	4	44	21	31	.314	.336
May	2.16	3	2	0	5	5	33.1	25	1	22	22	Close & Late	.235	51	12	3	0	1	2	8	10	.339	.353
June	3.48	2	3	0	6	6	41.1	31	4	11	22	None on/out	.255	165	42	9	0	5	5	21	31	.346	.400
July	5.23	3	1	0	5	5	31.0	31	4	15	30	vs. 1st Batr (relief)	.000	0	0	0	0	0	0	0	0	.000	.000
August	7.39	1	4	0	5	5	28.0	31	7	22	21	1st Inning Pitched	.204	98	20	4	0	1	3	10	26	.282	.276
Sept/Oct	2.95	2	2	0	6	6	39.2	27	4	13	33	First 75 Pitches	.229	454	104	16	2	10	44	54	97	.317	.339
Starter	4.05	11	12	0	27	27	173.1	145	20	83	128	Pitch 76-90	.197	76	15	5	0	4	11	12	16	.308	.421
Reliever	0.00	0	0	0	0	0	0.0	0	0	0	0	Pitch 91-105	.270	63	17	5	0	4	10	9	7	.356	.540
0-3 Days Rest (Start)	0.00	0	0	0	0	0	0.0	0	0	0	0	Pitch 106+	.250	36	9	1	0	2	6	8	8	.378	.444
4 Days Rest	3.69	5	5	0	12	12	78.0	65	11	39	58	First Pitch	.222	90	20	1	1	3	12	2	0	.263	.356
5+ Days Rest	4.34	6	7	0	15	15	95.1	80	9	44	70	Ahead in Count	.199	282	56	13	0	5	17	0	111	.201	.298
vs. AL	3.13	4	0	0	5	5	37.1	23	3	14	27	Behind in Count	.301	133	40	9	1	7	24	44	0	.475	.526
vs. NL	4.30	7	12	0	22	22	136.0	122	17	69	101	Two Strikes	.177	293	52	9	1	6	20	37	128	.272	.276
Pre-All Star	3.10	5	5	0	12	12	81.1	64	6	38	50	Pre-All Star	.221	289	64	17	0	6	25	38	50	.316	.343
Post-All Star	4.89	6	7	0	15	15	92.0	81	14	45	78	Post-All Star	.238	340	81	10	2	14	46	45	78	.329	.403

Jeromy Burnitz — Brewers   Age 33 – Bats Left (flyball hitter)

	Avg	G	AB	R	H	2B	3B	HR	RBI	BB	SO	HBP	GDP	SB	CS	OBP	SLG	IBB	SH	SF	#Pit	P/PA	GB	FB	G/F
2001 Season	.251	154	562	104	141	32	4	34	100	80	150	5	8	0	4	.347	.504	9	0	4	2607	4.00	145	183	0.79
Last Five Years	.259	759	2696	459	697	159	17	163	511	415	664	44	48	40	28	.363	.511	41	4	26	12960	4.07	774	876	0.88

2001 Season

	Avg	AB	H	2B	3B	HR	RBI	BB	SO	OBP	SLG		Avg	AB	H	2B	3B	HR	RBI	BB	SO	OBP	SLG
vs. Left	.224	161	36	8	2	9	29	12	44	.288	.466	First Pitch	.297	74	22	4	0	8	23	8	0	.366	.676
vs. Right	.262	401	105	24	2	25	71	68	106	.369	.519	Ahead in Count	.394	109	43	7	3	10	28	36	0	.544	.789
Home	.219	274	60	9	2	16	47	35	73	.314	.442	Behind in Count	.162	272	44	12	1	9	28	0	123	.170	.313
Away	.281	288	81	23	2	18	53	45	77	.378	.563	Two Strikes	.171	304	52	18	1	10	34	36	150	.264	.336
Day	.246	187	46	9	0	13	42	30	48	.349	.503	Batting #3	.242	178	43	10	1	7	23	25	39	.333	.427
Night	.253	375	95	23	4	21	58	50	102	.346	.504	Batting #5	.270	215	58	10	1	16	36	31	59	.364	.549
Grass	.247	534	132	26	3	32	95	78	143	.346	.487	Other	.237	169	40	12	2	11	41	24	52	.340	.527
Turf	.321	28	9	6	1	2	5	2	7	.367	.821	April	.282	78	22	4	1	7	18	22	.417	.628
Pre-All Star	.246	284	70	16	3	18	61	50	87	.366	.514	May	.265	98	26	7	1	7	21	16	28	.379	.571
Post-All Star	.255	278	71	16	1	16	39	30	63	.327	.493	June	.227	88	20	5	1	4	20	13	32	.337	.443
Inning 1-6	.288	385	111	27	4	24	78	59	94	.384	.566	July	.190	84	16	2	0	4	7	7	16	.253	.357
Inning 7+	.169	177	30	5	0	10	22	21	56	.265	.367	August	.286	112	32	8	1	6	18	12	23	.354	.536
Scoring Posn	.274	135	37	11	1	6	61	21	27	.366	.504	Sept/Oct	.245	102	25	6	0	6	16	14	29	.333	.480
Close & Late	.173	75	13	1	0	3	8	7	17	.253	.307	vs. AL	.255	51	13	2	0	4	11	5	13	.328	.529
None on/out	.303	142	43	8	0	12	12	18	33	.389	.613	vs. NL	.250	511	128	30	4	30	89	75	137	.349	.501

2001 By Position

Position	Avg	AB	H	2B	3B	HR	RBI	BB	SO	OBP	SLG	G	GS	Innings	PO	A	E	DP	Fld Pct	Rng Fctr	In Zone	Zone Outs	Zone Rtg	MLB Zone
As rf	.251	561	141	32	4	34	100	80	149	.348	.504	153	152	1333.1	294	14	6	4	.981	2.08	321	290	.903	.884

Last Five Years

	Avg	AB	H	2B	3B	HR	RBI	BB	SO	OBP	SLG		Avg	AB	H	2B	3B	HR	RBI	BB	SO	OBP	SLG
vs. Left	.250	803	201	48	5	38	153	92	202	.341	.465	First Pitch	.335	325	109	20	2	36	107	31	0	.402	.742
vs. Right	.262	1893	496	111	12	125	358	323	462	.373	.531	Ahead in Count	.371	582	216	48	6	55	158	231	0	.547	.758
Home	.259	1307	339	64	13	75	266	201	315	.366	.500	Behind in Count	.179	1237	222	55	8	37	132	0	526	.193	.327
Away	.258	1389	358	95	4	88	245	214	349	.361	.522	Two Strikes	.177	1434	254	73	7	46	153	153	664	.262	.334
Day	.262	920	241	59	4	55	181	152	229	.371	.514	Batting #4	.245	948	232	59	4	60	200	145	249	.353	.505
Night	.257	1776	456	100	13	108	330	263	435	.360	.510	Batting #5	.262	826	216	44	5	53	164	114	210	.354	.519
Grass	.261	2356	616	129	15	142	456	360	583	.365	.510	Other	.270	922	249	56	8	50	147	156	205	.382	.511
Turf	.238	340	81	30	2	21	55	55	81	.355	.524	March/April	.280	389	109	26	3	30	80	70	103	.397	.594
Pre-All Star	.258	1486	383	94	10	92	282	242	377	.369	.520	May	.257	474	122	29	2	23	85	88	124	.382	.473
Post-All Star	.260	1210	314	65	7	71	229	173	287	.356	.501	June	.254	489	124	29	4	32	98	70	119	.353	.526
Inning 1-6	.275	1864	512	119	15	112	372	265	435	.370	.535	July	.212	411	87	21	2	26	64	50	96	.303	.462
Inning 7+	.222	832	185	40	2	51	139	150	229	.349	.459	August	.274	446	122	24	4	21	79	47	95	.347	.487
Scoring Posn	.255	740	189	55	4	35	334	127	154	.365	.482	Sept/Oct	.273	487	133	30	2	31	105	90	127	.387	.534
Close & Late	.234	398	93	19	1	23	76	87	116	.380	.460	vs. AL	.276	645	178	45	7	39	118	94	148	.372	.549
None on/out	.253	632	160	33	2	47	47	74	166	.338	.535	vs. NL	.253	2051	519	114	10	124	393	321	516	.361	.500

Pat Burrell — Phillies   Age 25 – Bats Right (flyball hitter)

	Avg	G	AB	R	H	2B	3B	HR	RBI	BB	SO	HBP	GDP	SB	CS	OBP	SLG	IBB	SH	SF	#Pit	P/PA	GB	FB	G/F
2001 Season	.258	155	539	70	139	29	2	27	89	70	162	5	12	2	1	.346	.469	4	0	4	2488	4.03	134	160	0.84
Career (2000-2001)	.259	266	947	127	245	56	3	45	168	133	301	6	17	2	1	.352	.467	9	0	6	4498	4.12	230	259	0.89

2001 Season

	Avg	AB	H	2B	3B	HR	RBI	BB	SO	OBP	SLG		Avg	AB	H	2B	3B	HR	RBI	BB	SO	OBP	SLG
vs. Left	.265	113	30	7	2	9	25	20	26	.375	.602	First Pitch	.396	53	21	7	0	2	6	6	0	.459	.642
vs. Right	.256	426	109	22	0	18	64	50	136	.338	.434	Ahead in Count	.342	111	38	6	1	10	30	25	0	.467	.685
Home	.232	263	61	11	1	10	44	31	89	.313	.395	Behind in Count	.198	252	50	10	1	8	28	0	123	.207	.341
Away	.283	276	78	18	1	17	45	39	73	.377	.540	Two Strikes	.170	288	49	8	1	13	38	38	162	.267	.340
Day	.222	180	40	6	2	8	24	23	63	.312	.411	Batting #5	.225	138	31	6	2	8	29	17	48	.316	.471
Night	.276	359	99	23	0	19	65	47	99	.363	.499	Batting #6	.270	252	68	15	0	12	39	28	73	.348	.472
Grass	.303	238	72	17	1	16	42	34	64	.396	.584	Other	.268	149	40	8	0	7	21	25	41	.371	.463

60

2001 Season

	Avg	AB	H	2B	3B	HR	RBI	BB	SO	OBP	SLG		Avg	AB	H	2B	3B	HR	RBI	BB	SO	OBP	SLG
Turf	.223	301	67	12	1	11	47	36	98	.306	.379	April	.281	89	25	4	0	3	10	8	36	.347	.427
Pre-All Star	.278	306	85	22	1	9	44	42	92	.367	.444	May	.341	91	31	11	1	3	17	15	26	.431	.582
Post-All Star	.232	233	54	7	1	18	45	28	70	.318	.502	June	.220	100	22	6	0	2	12	15	26	.325	.340
Inning 1-6	.267	345	92	18	2	20	59	50	101	.362	.504	July	.233	90	21	1	1	4	16	6	23	.286	.400
Inning 7+	.242	194	47	11	0	7	30	20	61	.316	.407	August	.242	91	22	4	0	9	22	15	29	.355	.582
Scoring Posn	.257	152	39	13	0	7	58	27	46	.364	.480	Sept/Oct	.231	78	18	3	0	6	12	11	22	.326	.500
Close & Late	.269	104	28	6	0	3	16	12	25	.345	.413	vs. AL	.221	68	15	2	1	2	8	10	20	.316	.368
None on/out	.246	130	32	3	1	7	7	20	37	.347	.446	vs. NL	.263	471	124	27	1	25	81	60	142	.351	.484

2001 By Position

Position	Avg	AB	H	2B	3B	HR	RBI	BB	SO	OBP	SLG	G	GS	Innings	PO	A	E	DP	Fld Pct	Rng Fctr	In Zone	Zone Outs	Zone Rtg	MLB Zone
As lf	.258	516	133	27	2	27	88	65	157	.344	.475	146	143	1250.2	226	18	7	2	.972	1.76	255	222	.871	.880

Career (2000-2001)

	Avg	AB	H	2B	3B	HR	RBI	BB	SO	OBP	SLG		Avg	AB	H	2B	3B	HR	RBI	BB	SO	OBP	SLG
vs. Left	.273	198	54	15	3	14	46	34	54	.377	.591	First Pitch	.362	94	34	9	0	4	12	7	0	.408	.585
vs. Right	.255	749	191	41	0	31	122	99	247	.345	.434	Ahead in Count	.353	190	67	16	1	15	53	52	0	.494	.684
Home	.247	465	115	30	1	17	82	65	155	.340	.426	Behind in Count	.190	462	88	21	2	15	62	0	234	.195	.342
Away	.270	482	130	26	2	28	86	68	146	.363	.506	Two Strikes	.171	533	91	19	2	19	77	73	301	.270	.321
Day	.248	298	74	17	2	9	47	38	105	.333	.409	Batting #5	.252	314	79	17	3	16	61	40	111	.339	.478
Night	.263	649	171	39	1	36	121	95	196	.360	.493	Batting #6	.266	421	112	28	0	21	77	55	129	.353	.482
Grass	.265	404	107	23	2	26	74	57	126	.359	.525	Other	.255	212	54	11	0	8	30	38	61	.366	.420
Turf	.254	543	138	33	1	19	94	76	175	.346	.424	March/April	.281	89	25	4	0	3	10	8	36	.347	.427
Pre-All Star	.273	462	126	35	2	15	77	62	149	.360	.455	May	.308	120	37	11	2	5	22	17	40	.393	.558
Post-All Star	.245	485	119	21	1	30	91	71	152	.343	.478	June	.244	197	48	14	0	6	32	27	60	.336	.406
Inning 1-6	.263	620	163	36	2	29	106	93	192	.360	.468	July	.240	179	43	9	1	8	35	20	56	.318	.436
Inning 7+	.251	327	82	20	1	16	62	40	109	.336	.465	August	.249	181	45	9	0	12	36	35	58	.372	.497
Scoring Posn	.280	286	80	23	1	11	118	52	89	.386	.483	Sept/Oct	.260	181	47	9	0	11	33	26	51	.351	.492
Close & Late	.259	170	44	9	1	7	31	21	53	.344	.447	vs. AL	.229	131	30	8	1	5	23	24	39	.346	.420
None on/out	.269	227	61	14	1	13	13	34	72	.366	.511	vs. NL	.263	816	215	48	2	40	145	109	262	.353	.474

Homer Bush — Blue Jays

Age 29 – Bats Right (groundball hitter)

	Avg	G	AB	R	H	2B	3B	HR	RBI	BB	SO	HBP	GDP	SB	CS	OBP	SLG	IBB	SH	SF	#Pit	#P/PA	GB	FB	G/F
2001 Season	.306	78	271	32	83	11	1	3	27	8	50	6	2	13	4	.336	.387	1	2	4	980	3.37	108	62	1.74
Career (1997-2001)	.293	337	1135	158	333	48	5	10	108	52	211	17	22	60	19	.332	.371	1	16	8	4286	3.49	503	224	2.25

2001 Season

	Avg	AB	H	2B	3B	HR	RBI	BB	SO	OBP	SLG		Avg	AB	H	2B	3B	HR	RBI	BB	SO	OBP	SLG
vs. Left	.283	60	17	4	0	0	3	2	10	.302	.350	Scoring Posn	.288	73	21	2	0	0	23	2	15	.300	.315
vs. Right	.313	211	66	7	1	3	24	6	40	.345	.398	Close & Late	.308	39	12	2	0	0	3	3	9	.386	.359
Home	.378	119	45	8	0	2	14	5	18	.406	.496	None on/out	.344	64	22	5	1	1	2	9	.391	.500
Away	.250	152	38	3	1	1	13	3	32	.280	.303	Batting #8	.471	51	24	5	0	2	6	4	5	.500	.686
First Pitch	.282	39	11	2	0	1	6	1	0	.293	.410	Batting #9	.277	173	48	4	1	1	14	3	32	.291	.329
Ahead in Count	.542	48	26	4	0	1	5	5	0	.585	.688	Other	.234	47	11	2	0	0	7	1	13	.308	.277
Behind in Count	.207	150	31	3	0	1	13	0	48	.223	.247	Pre-All Star	.372	121	45	7	0	2	15	5	21	.402	.479
Two Strikes	.191	136	26	3	0	0	9	2	50	.224	.213	Post-All Star	.253	150	38	4	1	1	12	3	29	.280	.313

Career (1997-2001)

	Avg	AB	H	2B	3B	HR	RBI	BB	SO	OBP	SLG		Avg	AB	H	2B	3B	HR	RBI	BB	SO	OBP	SLG
vs. Left	.325	194	63	13	0	1	20	11	34	.361	.407	First Pitch	.345	177	61	8	0	2	20	1	0	.354	.424
vs. Right	.287	941	270	35	5	9	88	41	177	.326	.363	Ahead in Count	.431	188	81	16	0	4	29	30	0	.505	.580
Home	.310	554	172	30	1	6	66	29	100	.350	.401	Behind in Count	.217	613	133	14	3	2	45	0	193	.232	.259
Away	.277	581	161	18	4	4	42	23	111	.314	.343	Two Strikes	.209	574	120	17	4	1	38	21	211	.248	.258
Day	.287	411	118	15	3	0	24	14	77	.318	.338	Batting #2	.245	363	89	8	2	0	23	18	72	.296	.278
Night	.297	724	215	33	2	10	84	38	134	.339	.390	Batting #9	.291	509	148	21	2	7	56	16	98	.315	.381
Grass	.278	474	132	14	3	4	37	21	96	.319	.346	Other	.365	263	96	19	1	3	29	18	50	.412	.479
Turf	.304	661	201	34	2	6	71	31	113	.341	.389	March/April	.214	112	24	5	0	0	5	7	27	.273	.259
Pre-All Star	.276	591	163	24	1	3	55	31	115	.320	.335	May	.305	177	54	7	0	1	19	10	34	.354	.362
Post-All Star	.313	544	170	24	4	7	53	21	96	.344	.410	June	.272	232	63	12	1	2	30	8	40	.302	.358
Inning 1-6	.300	746	224	32	4	6	76	33	124	.338	.378	July	.313	192	60	6	0	1	11	11	36	.354	.359
Inning 7+	.280	389	109	16	1	4	32	19	87	.320	.357	August	.283	233	66	9	2	5	22	5	38	.306	.403
Scoring Posn	.282	291	82	12	1	1	95	13	62	.307	.340	Sept/Oct	.349	189	66	9	2	1	21	11	36	.383	.434
Close & Late	.324	142	46	7	1	1	14	8	29	.374	.408	vs. AL	.291	992	289	43	5	8	93	46	188	.331	.369
None on/out	.314	277	87	14	3	5	5	18	50	.367	.440	vs. NL	.308	143	44	5	0	2	15	6	23	.333	.385

Brent Butler — Rockies

Age 24 – Bats Right

	Avg	G	AB	R	H	2B	3B	HR	RBI	BB	SO	HBP	GDP	SB	CS	OBP	SLG	IBB	SH	SF	#Pit	#P/PA	GB	FB	G/F
2001 Season	.244	53	119	17	29	7	1	1	14	7	1	4	1	1	.287	.345	0	2	2	400	3.05	51	35	1.46

2001 Season

	Avg	AB	H	2B	3B	HR	RBI	BB	SO	OBP	SLG		Avg	AB	H	2B	3B	HR	RBI	BB	SO	OBP	SLG
vs. Left	.205	39	8	2	0	0	4	4	3	.279	.256	Scoring Posn	.258	31	8	1	0	0	13	1	1	.265	.290
vs. Right	.263	80	21	5	1	1	10	3	4	.291	.388	Close & Late	.227	22	5	2	0	1	2	1	1	.261	.455
Home	.255	55	14	1	0	0	6	4	3	.317	.273	None on/out	.273	33	9	2	0	0	0	1	2	.314	.333
Away	.234	64	15	6	1	1	8	3	4	.261	.406	Batting #2	.227	44	10	6	0	0	4	2	1	.250	.364

61

2001 Season

	Avg	AB	H	2B	3B	HR	RBI	BB	SO	OBP	SLG		Avg	AB	H	2B	3B	HR	RBI	BB	SO	OBP	SLG
First Pitch	.364	22	8	2	1	0	4	0	0	.348	.545	Batting #8	.297	37	11	1	1	0	8	3	1	.366	.378
Ahead in Count	.250	36	9	2	0	0	2	6	0	.349	.306	Other	.211	38	8	0	0	1	2	2	5	.250	.289
Behind in Count	.189	37	7	3	0	0	3	0	6	.211	.270	Pre-All Star	.250	8	2	0	0	0	1	0	1	.250	.250
Two Strikes	.206	34	7	2	0	0	3	1	7	.229	.265	Post-All Star	.243	111	27	7	1	1	13	7	6	.289	.351

Paul Byrd — Royals
Age 31 – Pitches Right (flyball pitcher)

	ERA	W	L	Sv	G	GS	IP	BB	SO	Avg	H	2B	3B	HR	RBI	OBP	SLG	CG	ShO	Sup	QS	#P/S	SB	CS	GB	FB	G/F
2001 Season	4.44	6	7	0	19	16	103.1	26	52	.296	120	21	0	12	44	.337	.437	1	0	4.27	8	90	8	4	127	128	0.99
Last Five Years	4.74	32	33	0	108	75	496.0	177	287	.264	506	109	10	75	262	.332	.448	4	1	5.75	42	94	35	18	639	641	1.00

2001 Season

	ERA	W	L	Sv	G	GS	IP	H	HR	BB	SO		Avg	AB	H	2B	3B	HR	RBI	BB	SO	OBP	SLG
Home	6.89	1	6	0	9	9	47.0	67	10	13	22	vs. Left	.352	210	74	17	0	7	25	16	12	.396	.533
Away	2.40	5	1	0	10	7	56.1	53	2	13	30	vs. Right	.236	195	46	4	0	5	19	10	40	.273	.333
Starter	4.55	5	7	0	16	16	95.0	111	12	24	45	Scoring Posn	.228	101	23	4	0	5	37	7	17	.263	.416
Reliever	3.24	1	0	0	3	0	8.1	9	0	2	7	Close & Late	.294	17	5	0	0	0	1	1	3	.333	.294
0-3 Days Rest (Start)	0.00	0	0	0	0	0	0.0	0	0	0	0	None on/out	.324	102	33	7	0	2	2	10	9	.384	.451
4 Days Rest	4.14	3	4	0	9	9	50.0	63	6	13	19	First Pitch	.339	59	20	2	0	4	12	1	0	.339	.576
5+ Days Rest	5.00	2	3	0	7	7	45.0	48	6	11	26	Ahead in Count	.294	211	62	11	0	7	24	0	46	.298	.445
Pre-All Star	5.54	1	3	0	9	6	39.0	53	6	13	19	Behind in Count	.328	67	22	6	0	1	6	14	0	.434	.463
Post-All Star	3.78	5	4	0	10	10	64.1	67	6	13	33	Two Strikes	.278	180	50	7	0	5	20	11	52	.326	.400

Last Five Years

	ERA	W	L	Sv	G	GS	IP	H	HR	BB	SO		Avg	AB	H	2B	3B	HR	RBI	BB	SO	OBP	SLG
Home	5.41	18	18	0	58	40	254.1	264	46	96	153	vs. Left	.306	894	274	61	5	38	130	108	88	.382	.513
Away	4.02	14	15	0	50	35	241.2	242	29	81	134	vs. Right	.226	1025	232	48	5	37	132	69	199	.286	.391
Day	4.03	11	7	0	31	22	152.0	144	18	52	87	Inning 1-6	.264	1642	434	95	9	65	223	146	243	.331	.452
Night	5.05	21	26	0	77	53	344.0	362	57	125	200	Inning 7+	.260	277	72	14	1	10	39	31	44	.338	.426
Grass	4.63	15	18	0	62	36	248.2	266	34	94	144	None on	.257	1131	291	59	8	44	44	97	152	.323	.440
Turf	4.84	17	15	0	46	39	247.1	240	41	83	143	Runners on	.273	788	215	50	2	31	218	80	135	.344	.459
March/April	6.00	3	4	0	17	9	60.0	55	6	32	36	Scoring Posn	.274	457	125	29	1	23	194	58	80	.353	.492
May	5.47	6	5	0	20	11	79.0	73	16	27	51	Close & Late	.276	105	29	5	1	5	24	18	18	.388	.486
June	2.99	6	3	0	19	11	87.1	89	8	27	44	None on/out	.253	491	124	23	4	17	17	38	54	.313	.420
July	4.93	5	9	0	21	17	107.2	115	18	34	48	vs. 1st Batr (relief)	.222	27	6	1	1	1	3	6	5	.364	.444
August	3.89	7	6	0	15	13	88.0	94	13	21	55	1st Inning Pitched	.273	407	111	20	4	20	83	56	78	.372	.489
Sept/Oct	5.72	5	6	0	16	14	74.0	80	14	36	57	First 75 Pitches	.262	1495	392	82	8	61	199	134	222	.330	.450
Starter	4.58	28	31	0	75	75	449.2	463	68	150	255	Pitch 76-90	.248	218	54	13	2	6	28	21	31	.313	.408
Reliever	6.22	4	2	0	33	0	46.1	43	7	27	32	Pitch 91-105	.291	148	43	9	0	7	25	18	21	.369	.493
0-3 Days Rest (Start)	0.00	0	0	0	0	0	0.0	0	0	0	0	Pitch 106+	.293	58	17	5	0	1	10	4	13	.344	.431
4 Days Rest	4.41	14	16	0	39	39	237.0	258	33	78	120	First Pitch	.313	278	87	19	2	21	48	8	0	.345	.622
5+ Days Rest	4.78	14	15	0	36	36	212.2	205	35	72	135	Ahead in Count	.230	906	208	43	4	23	99	0	238	.238	.362
vs. AL	3.81	7	5	0	19	18	118.0	131	15	34	58	Behind in Count	.330	382	126	26	3	18	63	105	0	.474	.555
vs. NL	5.02	25	28	0	89	57	378.0	375	60	143	229	Two Strikes	.200	844	169	33	8	18	80	64	287	.261	.310
Pre-All Star	5.01	17	15	0	63	37	258.2	262	37	98	147	Pre-All Star	.261	1003	262	55	7	37	140	98	147	.332	.441
Post-All Star	4.44	15	18	0	45	38	237.1	244	38	79	140	Post-All Star	.266	916	244	54	3	38	122	79	140	.332	.456

Eric Byrnes — Athletics
Age 26 – Bats Right (flyball hitter)

	Avg	G	AB	R	H	2B	3B	HR	RBI	BB	SO	HBP	GDP	SB	CS	OBP	SLG	IBB	SH	SF	#Pit	#P/PA	GB	FB	G/F
2001 Season	.237	19	38	9	9	1	0	3	5	4	6	1	0	1	0	.326	.500	0	0	0	158	3.67	14	13	1.08
Career (2000-2001)	.250	29	48	14	12	1	0	3	5	4	7	2	0	3	1	.333	.458	0	0	0	197	3.65	16	18	0.89

2001 Season

	Avg	AB	H	2B	3B	HR	RBI	BB	SO	OBP	SLG		Avg	AB	H	2B	3B	HR	RBI	BB	SO	OBP	SLG
vs. Left	.269	26	7	1	0	2	3	2	3	.345	.538	Scoring Posn	.222	9	2	0	0	0	2	1	2	.300	.222
vs. Right	.167	12	2	0	0	1	2	2	3	.286	.417	Close & Late	.143	7	1	1	0	0	0	0	3	.143	.286

Jolbert Cabrera — Indians
Age 29 – Bats Right

	Avg	G	AB	R	H	2B	3B	HR	RBI	BB	SO	HBP	GDP	SB	CS	OBP	SLG	IBB	SH	SF	#Pit	#P/PA	GB	FB	G/F
2001 Season	.261	141	287	50	75	16	3	1	38	16	41	6	4	10	4	.312	.348	0	1	2	1133	3.63	107	82	1.30
Career (1998-2001)	.251	272	501	83	126	20	4	3	53	25	65	9	6	19	8	.297	.325	0	2	3	1918	3.55	189	144	1.31

2001 Season

	Avg	AB	H	2B	3B	HR	RBI	BB	SO	OBP	SLG		Avg	AB	H	2B	3B	HR	RBI	BB	SO	OBP	SLG
vs. Left	.257	109	28	6	2	0	17	4	18	.296	.349	Scoring Posn	.313	83	26	3	1	0	37	4	14	.359	.373
vs. Right	.264	178	47	10	1	1	21	12	23	.321	.348	Close & Late	.240	50	12	2	0	1	6	2	5	.278	.340
Home	.277	130	36	7	0	1	19	7	18	.329	.354	None on/out	.222	81	18	6	1	1	4	10	.259	.358
Away	.248	157	39	9	3	0	19	9	23	.298	.344	Batting #1	.316	95	30	7	1	0	9	2	12	.343	.411
First Pitch	.412	34	14	4	0	0	5	0	0	.429	.529	Batting #9	.258	66	17	4	1	1	16	6	8	.329	.394
Ahead in Count	.340	53	18	2	2	0	9	7	0	.410	.453	Other	.222	126	28	5	1	0	13	8	21	.281	.278
Behind in Count	.187	134	25	5	0	0	11	0	36	.210	.224	Pre-All Star	.277	141	39	6	2	0	17	10	16	.331	.348
Two Strikes	.209	129	27	5	1	1	11	9	41	.277	.287	Post-All Star	.247	146	36	10	1	1	21	6	25	.293	.349

Jose Cabrera — Braves

Age 30 – Pitches Right (flyball pitcher)

	ERA	W	L	Sv	G	GS	IP	BB	SO	Avg	H	2B	3B	HR	RBI	OBP	SLG	GF	IR	IRS	Hld	SvOp	SB	CS	GB	FB	G/F
2001 Season	2.88	7	4	2	55	0	59.1	25	43	.239	55	12	2	5	32	.315	.381	23	27	14	6	8	2	0	58	87	0.67
Career (1997-2001)	3.81	13	7	4	148	0	167.2	58	131	.254	160	39	5	19	106	.315	.422	63	78	38	19	13	8	1	165	249	0.66

2001 Season

	ERA	W	L	Sv	G	GS	IP	H	HR	BB	SO		Avg	AB	H	2B	3B	HR	RBI	BB	SO	OBP	SLG
Home	2.25	5	3	0	29	0	32.0	33	3	14	24	vs. Left	.247	89	22	5	1	4	20	13	18	.336	.461
Away	3.62	2	1	2	26	0	27.1	19	3	11	19	vs. Right	.233	129	30	7	1	1	12	12	25	.299	.326
Starter	0.00	0	0	0	0	0	0.0	0	0	0	0	Scoring Posn	.242	62	15	4	0	2	28	10	10	.321	.403
Reliever	2.88	7	4	2	55	0	59.1	52	5	25	43	Close & Late	.286	84	24	5	0	2	13	10	15	.350	.417
0 Days Rest (Relief)	1.35	2	1	1	15	0	13.1	9	1	4	12	None on/out	.212	52	11	4	0	2	4	14	.293	.404
1 or 2 Days Rest	3.38	4	2	1	19	0	21.1	18	1	11	18	First Pitch	.207	29	6	3	0	2	11	4	0	.286	.517
3+ Days Rest	3.28	1	1	0	21	0	24.2	25	3	10	13	Ahead in Count	.131	99	13	4	0	0	7	0	38	.144	.172
Pre-All Star	1.10	5	2	2	33	0	32.2	22	1	12	27	Behind in Count	.571	49	28	5	2	2	13	9	0	.627	.878
Post-All Star	5.06	2	2	0	22	0	26.2	30	4	13	16	Two Strikes	.120	100	12	3	0	1	7	12	43	.209	.180

Career (1997-2001)

	ERA	W	L	Sv	G	GS	IP	H	HR	BB	SO		Avg	AB	H	2B	3B	HR	RBI	BB	SO	OBP	SLG
Home	3.74	8	5	1	76	0	86.2	89	11	31	72	vs. Left	.255	271	69	17	3	10	53	31	66	.326	.450
Away	3.89	5	2	3	72	0	81.0	71	8	27	59	vs. Right	.253	360	91	22	2	9	53	27	65	.306	.400
Day	3.31	5	2	0	48	0	54.1	43	7	28	44	Inning 1-6	.193	83	16	5	1	0	12	5	19	.231	.277
Night	4.05	8	5	4	100	0	113.1	117	12	30	87	Inning 7+	.263	548	144	34	4	19	94	53	112	.327	.443
Grass	3.93	9	7	3	106	0	116.2	119	13	43	80	None on	.221	344	76	17	2	13	31	77	.291	.395
Turf	3.53	4	0	1	42	0	51.0	41	6	15	51	Runners on	.293	287	84	22	3	6	93	27	54	.341	.453
March/April	6.41	0	0	0	16	0	19.2	24	1	6	16	Scoring Posn	.283	187	53	15	2	5	88	21	34	.335	.465
May	2.63	3	2	0	30	0	27.1	30	4	10	14	Close & Late	.274	215	59	11	0	8	37	17	39	.325	.437
June	3.52	1	2	1	20	0	23.0	23	2	9	20	None on/out	.264	148	39	10	0	9	13	30	.331	.514
July	4.94	5	0	1	30	0	31.0	35	3	12	22	vs. 1st Batr (relief)	.301	133	40	11	0	7	25	8	24	.338	.541
August	3.03	3	3	1	22	0	29.2	22	2	11	25	1st Inning Pitched	.263	498	131	32	5	16	97	44	103	.318	.444
Sept/Oct	3.16	1	0	1	30	0	37.0	26	7	10	34	First 15 Pitches	.268	410	110	28	4	12	70	32	84	.316	.444
Starter	0.00	0	0	0	0	0	0.0	0	0	0	0	Pitch 16-30	.230	191	44	10	1	6	32	23	42	.317	.387
Reliever	3.81	13	7	4	148	0	167.2	160	19	58	131	Pitch 31-45	.185	27	5	1	0	1	3	3	5	.281	.333
0 Days Rest (Relief)	2.81	3	2	1	27	0	25.2	25	3	9	20	Pitch 46+	.333	3	1	0	0	0	1	0	0	.333	.333
1 or 2 Days Rest	4.60	5	3	2	65	0	72.1	80	8	24	58	First Pitch	.326	86	28	6	2	4	30	9	0	.373	.581
3+ Days Rest	3.36	5	2	1	56	0	69.2	55	8	25	53	Ahead in Count	.176	296	52	14	0	6	42	0	110	.184	.284
vs. AL	2.37	4	1	1	16	0	19.0	16	1	6	14	Behind in Count	.427	131	56	14	3	5	23	21	0	.497	.695
vs. NL	4.00	9	6	3	132	0	148.2	144	18	52	117	Two Strikes	.150	306	46	13	0	5	33	28	131	.221	.242
Pre-All Star	4.08	6	4	2	78	0	81.2	88	8	27	57	Pre-All Star	.279	315	88	23	3	8	54	27	57	.338	.448
Post-All Star	3.56	7	3	2	70	0	86.0	72	11	31	74	Post-All Star	.228	316	72	16	2	11	52	31	74	.291	.396

Orlando Cabrera — Expos

Age 27 – Bats Right

	Avg	G	AB	R	H	2B	3B	HR	RBI	BB	SO	HBP	GDP	SB	CS	OBP	SLG	IBB	SH	SF	#Pit	#P/PA	GB	FB	G/F
2001 Season	.276	162	626	64	173	41	6	14	96	43	54	4	15	19	7	.324	.428	5	4	7	2387	3.49	258	215	1.20
Career (1997-2001)	.262	486	1709	207	447	105	17	38	214	105	150	8	43	32	17	.306	.410	13	17	11	6338	3.43	729	560	1.30

2001 Season

	Avg	AB	H	2B	3B	HR	RBI	BB	SO	OBP	SLG		Avg	AB	H	2B	3B	HR	RBI	BB	SO	OBP	SLG
vs. Left	.268	153	41	8	1	4	26	14	12	.324	.412	First Pitch	.283	92	26	7	1	2	14	4	0	.306	.446
vs. Right	.279	473	132	33	5	10	70	29	42	.324	.433	Ahead in Count	.352	142	50	14	1	5	29	25	0	.452	.570
Home	.283	307	87	23	1	7	49	23	27	.336	.433	Behind in Count	.244	291	71	17	3	7	45	0	47	.248	.395
Away	.270	319	86	18	5	7	47	20	27	.311	.423	Two Strikes	.230	256	59	11	4	2	34	14	54	.273	.328
Day	.287	181	52	6	3	6	28	12	15	.332	.453	Batting #4	.299	184	55	16	1	6	37	12	17	.338	.495
Night	.272	445	121	35	3	8	68	31	39	.320	.418	Batting #5	.272	206	56	12	0	4	33	15	17	.321	.388
Grass	.261	268	70	14	5	4	41	15	22	.299	.407	Other	.263	236	62	13	5	4	26	16	20	.314	.411
Turf	.288	358	103	27	1	9	55	28	32	.342	.444	April	.267	90	24	4	3	2	13	8	8	.340	.444
Pre-All Star	.249	341	85	16	5	5	42	23	31	.298	.370	May	.272	114	31	8	2	1	10	7	11	.311	.404
Post-All Star	.309	285	88	25	1	9	54	20	23	.354	.498	June	.231	108	25	3	0	1	17	5	9	.261	.287
Inning 1-6	.273	422	115	24	5	10	62	29	34	.320	.424	July	.257	105	27	5	0	3	13	6	9	.310	.390
Inning 7+	.284	204	58	17	1	4	34	14	20	.332	.436	August	.276	98	27	8	1	3	20	9	8	.336	.469
Scoring Posn	.325	169	55	13	3	7	78	20	12	.368	.456	Sept/Oct	.351	111	39	13	0	4	23	6	9	.378	.577
Close & Late	.284	95	27	9	0	2	27	4	10	.313	.442	vs. AL	.236	72	17	2	0	3	13	4	8	.276	.389
None on/out	.256	168	43	7	1	5	5	13	15	.317	.399	vs. NL	.282	554	156	39	6	11	83	39	46	.329	.433

2001 By Position

Position	Avg	AB	H	2B	3B	HR	RBI	BB	SO	OBP	SLG	G	GS	Innings	PO	A	E	DP	Fld Pct	Rng Fctr	In Zone	Zone Outs	Zone Rtg	MLB Zone
As ss	.276	626	173	41	6	14	96	43	54	.324	.428	162	160	1406.2	246	514	11	106	.986	4.86	557	483	.867	.839

Career (1997-2001)

	Avg	AB	H	2B	3B	HR	RBI	BB	SO	OBP	SLG		Avg	AB	H	2B	3B	HR	RBI	BB	SO	OBP	SLG
vs. Left	.290	410	119	26	2	7	49	34	31	.341	.415	First Pitch	.245	278	68	13	2	5	34	9	0	.268	.360
vs. Right	.253	1299	328	79	15	31	165	71	119	.294	.408	Ahead in Count	.345	383	132	34	6	13	73	47	0	.417	.567
Home	.252	852	215	56	8	22	117	49	78	.293	.414	Behind in Count	.230	777	179	45	7	15	79	0	130	.234	.364
Away	.271	857	232	49	9	16	97	56	72	.317	.405	Two Strikes	.208	674	140	32	8	8	59	49	150	.264	.315
Day	.256	442	113	19	6	13	47	28	37	.303	.414	Batting #1	.245	314	77	17	6	6	24	17	22	.285	.395
Night	.264	1267	334	86	11	25	167	77	113	.306	.408	Batting #8	.271	494	134	29	4	13	69	27	36	.312	.425
Grass	.268	664	178	34	9	13	77	44	61	.314	.405	Other	.262	901	236	59	7	19	121	61	82	.309	.406
Turf	.257	1045	269	71	8	25	137	61	89	.300	.412	March/April	.266	252	67	17	3	5	30	10	25	.298	.417

63

Career (1997-2001)

	Avg	AB	H	2B	3B	HR	RBI	BB	SO	OBP	SLG		Avg	AB	H	2B	3B	HR	RBI	BB	SO	OBP	SLG
Pre-All Star	.255	937	239	54	10	18	107	50	77	.295	.392	May	.281	292	82	18	4	5	28	15	21	.319	.421
Post-All Star	.269	772	208	51	7	20	107	55	73	.318	.431	June	.220	286	63	16	1	4	33	18	21	.269	.325
Inning 1-6	.260	1158	301	69	11	26	146	73	93	.305	.406	July	.253	324	82	13	5	7	34	20	30	.295	.389
Inning 7+	.265	551	146	36	6	12	68	32	57	.307	.417	August	.279	262	73	14	2	8	40	22	25	.334	.439
Scoring Posn	.276	438	121	26	4	11	172	37	38	.328	.429	Sept/Oct	.273	293	80	27	2	9	49	20	28	.317	.471
Close & Late	.268	257	69	16	2	6	48	13	32	.303	.416	vs. AL	.222	180	40	6	1	6	22	10	17	.266	.367
None on/out	.247	457	113	23	3	8	8	30	41	.301	.363	vs. NL	.266	1529	407	99	16	32	192	95	133	.310	.415

Miguel Cairo — Cardinals — Age 28 – Bats Right

	Avg	G	AB	R	H	2B	3B	HR	RBI	BB	SO	HBP	GDP	SB	CS	OBP	SLG	IBB	SH	SF	#Pit	#P/PA	GB	FB	G/F
2001 Season	.295	93	156	25	46	8	1	3	16	18	23	0	4	2	1	.366	.417	1	7	1	751	4.13	59	38	1.55
Last Five Years	.277	498	1540	191	426	68	13	12	133	97	150	16	33	71	23	.324	.361	1	31	13	6193	3.65	617	437	1.41

2001 Season

	Avg	AB	H	2B	3B	HR	RBI	BB	SO	OBP	SLG		Avg	AB	H	2B	3B	HR	RBI	BB	SO	OBP	SLG
vs. Left	.409	44	18	4	1	1	6	2	6	.435	.614	Scoring Posn	.219	32	7	2	0	1	13	4	7	.297	.375
vs. Right	.250	112	28	4	0	2	10	16	17	.341	.339	Close & Late	.219	32	7	1	0	1	5	4	5	.297	.344
Home	.268	71	19	5	0	2	13	13	14	.376	.423	None on/out	.250	36	9	3	0	2	2	6	4	.357	.500
Away	.318	85	27	3	1	1	3	5	9	.356	.412	Batting #2	.378	37	14	5	0	0	4	4	6	.439	.514
First Pitch	.300	10	3	2	0	0	4	1	0	.333	.500	Batting #6	.278	36	10	0	0	0	3	1	4	.289	.278
Ahead in Count	.385	26	10	0	0	1	1	9	0	.543	.500	Other	.265	83	22	3	1	3	9	13	13	.365	.434
Behind in Count	.241	87	21	4	0	2	7	0	19	.241	.356	Pre-All Star	.281	96	27	3	0	1	3	13	16	.364	.344
Two Strikes	.239	88	21	4	1	2	10	8	23	.302	.375	Post-All Star	.317	60	19	5	1	2	13	5	7	.369	.533

Last Five Years

	Avg	AB	H	2B	3B	HR	RBI	BB	SO	OBP	SLG		Avg	AB	H	2B	3B	HR	RBI	BB	SO	OBP	SLG
vs. Left	.333	342	114	21	2	3	35	19	24	.371	.433	First Pitch	.369	198	73	15	1	4	34	1	0	.368	.515
vs. Right	.260	1198	312	47	11	9	98	78	126	.310	.341	Ahead in Count	.284	328	93	10	5	4	32	57	0	.390	.384
Home	.257	711	183	33	6	6	55	57	81	.318	.346	Behind in Count	.248	723	179	27	5	3	48	0	137	.256	.311
Away	.293	829	243	35	7	6	78	40	69	.328	.374	Two Strikes	.231	676	156	18	7	2	47	39	150	.280	.287
Day	.281	449	126	17	4	3	40	32	43	.333	.356	Batting #2	.283	449	127	28	1	3	44	25	44	.322	.370
Night	.275	1091	300	51	9	9	93	65	107	.319	.363	Batting #9	.274	325	89	16	3	3	32	22	26	.323	.369
Grass	.301	735	221	30	4	6	73	44	65	.342	.377	Other	.274	766	210	24	9	6	57	50	80	.325	.352
Turf	.255	805	205	38	9	6	60	53	85	.307	.347	March/April	.284	229	65	8	4	1	27	9	19	.311	.367
Pre-All Star	.281	825	232	31	9	6	72	52	87	.329	.374	May	.298	235	70	7	2	4	22	20	25	.359	.396
Post-All Star	.271	715	194	37	4	6	61	45	63	.317	.359	June	.280	268	75	13	2	0	17	18	32	.337	.343
Inning 1-6	.283	998	282	47	9	8	72	59	93	.327	.372	July	.281	281	79	11	3	5	30	20	30	.326	.395
Inning 7+	.266	542	144	21	4	4	61	38	57	.318	.341	August	.260	246	64	14	0	2	19	17	25	.312	.341
Scoring Posn	.278	306	85	14	2	3	116	26	39	.330	.366	Sept/Oct	.260	281	73	15	2	0	18	13	19	.293	.327
Close & Late	.271	258	70	11	2	1	33	20	28	.323	.341	vs. AL	.280	1197	335	51	11	8	106	69	106	.323	.361
None on/out	.281	438	123	21	6	5	27	34	.330	.390	vs. NL	.265	343	91	17	2	4	27	28	44	.326	.362

Mickey Callaway — Devil Rays — Age 27 – Pitches Right (groundball pitcher)

	ERA	W	L	Sv	G	GS	IP	BB	SO	Avg	H	2B	3B	HR	RBI	OBP	SLG	GF	IR	IRS	Hld	SvOp	SB	CS	GB	FB	G/F
2001 Season	7.20	0	0	0	2	0	5.0	2	2	.167	3	0	0	2	4	.250	.500	2	0	0	0	0	0	0	8	8	1.00
Career (1999-2001)	7.40	1	2	0	7	4	24.1	16	13	.324	33	5	1	4	17	.412	.510	2	2	0	0	0	0	1	49	30	1.63

2001 Season

	ERA	W	L	Sv	G	GS	IP	H	HR	BB	SO		Avg	AB	H	2B	3B	HR	RBI	BB	SO	OBP	SLG
Home	7.20	0	0	0	2	0	5.0	3	2	2	2	vs. Left	.125	8	1	0	0	1	1	1	0	.222	.500
Away	0.00	0	0	0	0	0	0.0	0	0	0	0	vs. Right	.200	10	2	0	0	1	3	1	2	.273	.500

Mike Cameron — Mariners — Age 29 – Bats Right (flyball hitter)

	Avg	G	AB	R	H	2B	3B	HR	RBI	BB	SO	HBP	GDP	SB	CS	OBP	SLG	IBB	SH	SF	#Pit	#P/PA	GB	FB	G/F
2001 Season	.267	150	540	99	144	30	5	25	110	69	155	10	13	34	5	.353	.480	3	1	13	2591	4.09	129	201	0.64
Last Five Years	.254	708	2400	404	609	126	26	87	352	319	639	36	41	146	37	.346	.437	6	16	30	11331	4.05	657	727	0.90

2001 Season

	Avg	AB	H	2B	3B	HR	RBI	BB	SO	OBP	SLG		Avg	AB	H	2B	3B	HR	RBI	BB	SO	OBP	SLG
vs. Left	.301	136	41	14	2	6	31	23	26	.388	.566	First Pitch	.281	57	16	2	0	2	12	2	0	.306	.421
vs. Right	.255	404	103	16	3	19	79	46	129	.340	.450	Ahead in Count	.376	109	41	7	2	13	46	20	0	.473	.835
Home	.220	259	57	13	1	7	36	34	79	.310	.359	Behind in Count	.227	255	58	16	2	7	36	0	123	.236	.388
Away	.310	281	87	17	4	18	74	35	76	.392	.591	Two Strikes	.180	294	53	13	2	6	35	47	155	.295	.299
Day	.297	185	55	13	4	7	40	14	49	.352	.524	Batting #5	.288	160	46	6	2	10	45	21	43	.370	.538
Night	.251	355	89	17	1	18	70	55	106	.353	.456	Batting #6	.237	219	52	16	1	8	35	25	68	.324	.429
Grass	.272	497	135	29	5	21	100	66	138	.357	.477	Other	.286	161	46	8	2	7	30	23	44	.374	.491
Turf	.209	43	9	1	0	4	10	3	17	.306	.512	April	.287	87	25	6	1	2	12	16	20	.390	.448
Pre-All Star	.277	289	80	20	5	15	58	37	78	.359	.536	May	.214	84	18	5	0	6	17	13	28	.316	.488
Post-All Star	.255	251	64	10	0	10	52	32	77	.346	.414	June	.311	90	28	6	0	6	23	5	24	.360	.622
Inning 1-6	.278	371	103	22	4	20	84	45	98	.357	.520	July	.209	86	18	4	0	3	16	11	25	.304	.407
Inning 7+	.243	169	41	8	1	5	26	24	57	.343	.391	August	.268	97	26	6	1	3	18	10	32	.345	.412
Scoring Posn	.289	149	43	7	1	11	84	24	49	.364	.570	Sept/Oct	.302	96	29	4	0	5	24	14	26	.377	.500
Close & Late	.253	75	19	3	1	3	15	8	26	.337	.440	vs. AL	.263	490	129	29	3	22	99	63	143	.350	.469
None on/out	.231	108	25	6	1	1	1	12	25	.314	.333	vs. NL	.300	50	15	1	2	3	11	6	12	.377	.580

2001 By Position

Position	Avg	AB	H	2B	3B	HR	RBI	BB	SO	OBP	SLG	G	GS	Innings	PO	A	E	DP	Fld Pct	Rng Fctr	In Zone	Outs	Zone Rtg	MLB Zone
As cf	.265	535	142	29	5	25	110	69	154	.352	.479	149	140	1272.1	411	8	6	2	.986	2.96	441	403	.914	.892

Last Five Years

	Avg	AB	H	2B	3B	HR	RBI	BB	SO	OBP	SLG		Avg	AB	H	2B	3B	HR	RBI	BB	SO	OBP	SLG
vs. Left	.266	567	151	38	5	17	86	93	122	.367	.474	First Pitch	.338	234	79	14	2	7	37	4	0	.361	.504
vs. Right	.250	1833	458	88	19	65	266	226	517	.339	.425	Ahead in Count	.349	541	189	38	10	36	131	136	0	.481	.656
Home	.250	1186	297	61	11	39	152	169	313	.347	.419	Behind in Count	.192	1091	209	47	10	21	108	0	505	.203	.311
Away	.257	1214	312	65	15	48	200	150	326	.345	.454	Two Strikes	.165	1240	205	45	9	23	116	179	639	.275	.272
Day	.273	796	217	48	8	30	121	101	200	.361	.466	Batting #2	.262	461	121	18	5	21	83	69	115	.359	.460
Night	.244	1604	392	78	18	57	231	218	439	.339	.422	Batting #6	.230	486	112	28	2	15	66	70	148	.337	.389
Grass	.251	1812	454	87	16	63	270	244	471	.343	.421	Other	.259	1453	376	80	19	51	203	180	376	.345	.445
Turf	.264	588	155	39	10	24	82	75	168	.356	.486	March/April	.259	313	81	18	4	9	42	42	88	.349	.428
Pre-All Star	.256	1265	324	70	16	47	186	160	347	.344	.448	May	.240	400	96	20	4	13	46	59	121	.341	.408
Post-All Star	.251	1135	285	56	10	40	166	159	292	.348	.424	June	.262	423	111	23	5	17	73	41	108	.336	.461
Inning 1-6	.260	1651	429	89	21	59	250	192	409	.343	.446	July	.248	444	110	25	5	16	64	52	97	.326	.435
Inning 7+	.240	749	180	37	5	28	102	127	230	.354	.415	August	.248	439	109	21	5	17	66	54	115	.339	.435
Scoring Posn	.254	610	155	36	4	23	263	106	179	.360	.439	Sept/Oct	.268	381	102	19	3	15	61	71	110	.379	.451
Close & Late	.242	314	76	15	4	13	54	56	100	.357	.439	vs. AL	.257	1676	430	88	15	60	267	228	444	.350	.434
None on/out	.262	599	157	26	6	21	21	57	142	.331	.431	vs. NL	.247	724	179	38	11	27	85	91	195	.337	.442

Ken Caminiti — Braves Age 39 – Bats Both

	Avg	G	AB	R	H	2B	3B	HR	RBI	BB	SO	HBP	GDP	SB	CS	OBP	SLG	IBB	SH	SF	#Pit	#P/PA	GB	FB	G/F
2001 Season	.228	118	356	36	81	17	1	15	41	43	85	2	7	0	1	.312	.407	3	0	3	1521	3.76	124	104	1.19
Last Five Years	.269	523	1775	302	477	98	2	98	314	282	406	13	39	26	7	.368	.492	27	0	27	8132	3.88	566	547	1.03

2001 Season

	Avg	AB	H	2B	3B	HR	RBI	BB	SO	OBP	SLG		Avg	AB	H	2B	3B	HR	RBI	BB	SO	OBP	SLG
vs. Left	.267	60	16	5	0	2	8	5	12	.328	.450	First Pitch	.305	59	18	4	0	3	11	3	0	.344	.525
vs. Right	.220	296	65	12	1	13	33	38	73	.309	.399	Ahead in Count	.321	84	27	8	1	3	9	23	0	.463	.548
Home	.162	179	29	3	1	5	16	19	51	.244	.274	Behind in Count	.145	159	23	2	0	6	12	0	70	.144	.270
Away	.294	177	52	14	0	10	25	24	34	.379	.542	Two Strikes	.132	167	22	1	0	7	16	17	85	.211	.263
Day	.237	76	18	7	0	1	5	6	20	.298	.368	Batting #5	.220	118	26	6	0	6	15	14	35	.301	.424
Night	.225	280	63	10	1	14	36	37	65	.316	.418	Batting #7	.220	100	22	6	0	2	10	11	19	.307	.340
Grass	.213	315	67	14	1	11	32	35	80	.293	.368	Other	.239	138	33	5	1	7	16	18	31	.325	.442
Turf	.341	41	14	3	0	4	9	8	5	.449	.707	April	.222	54	12	3	0	2	8	8	13	.317	.389
Pre-All Star	.239	197	47	9	1	9	25	23	42	.321	.431	May	.235	85	20	2	0	1	5	12	7	21	.298	.459
Post-All Star	.214	159	34	8	0	6	16	20	43	.300	.377	June	.239	46	11	3	0	2	5	7	7	.352	.435
Inning 1-6	.253	241	61	14	1	13	31	30	51	.336	.481	July	.288	66	19	5	0	5	9	8	10	.365	.561
Inning 7+	.174	115	20	3	0	2	10	13	34	.262	.252	August	.172	58	10	2	0	1	6	9	25	.279	.259
Scoring Posn	.250	92	23	4	0	2	26	19	25	.324	.359	Sept/Oct	.191	47	9	4	0	0	1	4	9	.255	.277
Close & Late	.153	59	9	1	0	0	1	7	21	.242	.169	vs. AL	.241	187	45	7	1	9	23	21	43	.318	.433
None on/out	.263	99	26	6	1	6	6	8	22	.318	.525	vs. NL	.213	169	36	10	0	6	18	22	42	.306	.379

2001 By Position

Position	Avg	AB	H	2B	3B	HR	RBI	BB	SO	OBP	SLG	G	GS	Innings	PO	A	E	DP	Fld Pct	Rng Fctr	In Zone	Outs	Zone Rtg	MLB Zone
As 1b	.226	106	24	4	0	6	15	15	32	.320	.434	33	33	247.2	240	14	6	19	.977	—	43	29	.674	.850
As 3b	.230	230	53	13	1	9	26	25	48	.309	.413	66	63	543.2	51	118	11	13	.939	2.80	180	131	.728	.761

Last Five Years

	Avg	AB	H	2B	3B	HR	RBI	BB	SO	OBP	SLG		Avg	AB	H	2B	3B	HR	RBI	BB	SO	OBP	SLG
vs. Left	.279	473	132	28	1	19	80	68	95	.370	.463	First Pitch	.368	285	105	27	0	15	56	17	0	.412	.621
vs. Right	.265	1302	345	70	1	79	234	214	311	.367	.502	Ahead in Count	.363	452	164	33	2	39	104	151	0	.514	.704
Home	.251	881	221	40	1	47	152	145	206	.353	.459	Behind in Count	.170	704	120	21	0	23	79	0	319	.174	.298
Away	.286	894	256	58	1	51	162	137	200	.383	.525	Two Strikes	.155	814	126	25	0	28	101	113	404	.259	.289
Day	.283	501	142	34	0	30	101	82	106	.383	.531	Batting #4	.285	1114	318	62	1	63	212	178	248	.382	.513
Night	.263	1274	335	64	2	68	213	200	300	.362	.476	Batting #5	.239	226	54	10	0	12	37	38	65	.348	.442
Grass	.253	1344	340	71	1	73	226	217	320	.357	.470	Other	.241	435	105	26	1	23	65	66	93	.342	.464
Turf	.318	431	137	27	1	25	88	65	86	.403	.559	March/April	.255	353	90	17	0	19	71	49	66	.341	.456
Pre-All Star	.271	998	270	58	1	44	170	146	215	.364	.463	May	.285	333	95	18	1	16	56	50	80	.381	.489
Post-All Star	.266	777	207	40	1	54	144	136	191	.374	.529	June	.262	275	72	17	0	9	41	41	64	.359	.422
Inning 1-6	.279	1225	342	63	2	73	225	196	257	.373	.513	July	.281	228	64	14	0	18	46	41	47	.392	.579
Inning 7+	.245	550	135	35	0	25	89	86	149	.346	.445	August	.268	313	84	14	0	22	56	51	81	.367	.524
Scoring Posn	.266	492	131	28	0	24	216	125	115	.405	.470	Sept/Oct	.264	273	72	18	1	15	49	50	68	.370	.502
Close & Late	.211	289	61	18	0	10	44	51	83	.327	.377	vs. AL	.269	301	81	19	1	12	39	43	74	.364	.458
None on/out	.290	455	132	29	1	30	30	51	98	.363	.556	vs. NL	.269	1474	396	79	1	86	275	239	332	.369	.499

Jose Canseco — White Sox Age 37 – Bats Right (flyball hitter)

	Avg	G	AB	R	H	2B	3B	HR	RBI	BB	SO	HBP	GDP	SB	CS	OBP	SLG	IBB	SH	SF	#Pit	#P/PA	GB	FB	G/F
2001 Season	.258	76	256	46	66	8	0	16	49	45	75	1	4	2	1	.366	.477	1	0	4	1249	4.08	62	85	0.73
Last Five Years	.251	546	1986	322	498	89	1	134	374	283	593	21	47	44	20	.347	.499	12	0	23	9455	4.09	475	659	0.72

2001 Season

	Avg	AB	H	2B	3B	HR	RBI	BB	SO	OBP	SLG		Avg	AB	H	2B	3B	HR	RBI	BB	SO	OBP	SLG
vs. Left	.273	66	18	1	0	9	22	14	18	.395	.697	Scoring Posn	.292	72	21	2	0	4	33	17	16	.409	.486
vs. Right	.253	190	48	7	0	7	27	31	57	.356	.400	Close & Late	.097	31	3	0	0	0	2	2	11	.152	.097

65

2001 Season

	Avg	AB	H	2B	3B	HR	RBI	BB	SO	OBP	SLG		Avg	AB	H	2B	3B	HR	RBI	BB	SO	OBP	SLG
Home	.264	129	34	4	0	9	24	27	42	.390	.504	None on/out	.211	71	15	3	0	1	1	14	22	.341	.296
Away	.252	127	32	4	0	7	25	18	33	.340	.449	Batting #4	.292	48	14	1	0	3	10	10	14	.407	.500
First Pitch	.444	27	12	0	0	2	4	0	0	.429	.667	Batting #5	.257	179	46	7	0	13	39	30	54	.362	.514
Ahead in Count	.356	45	16	4	0	4	16	26	0	.583	.711	Other	.207	29	6	0	0	0	0	5	7	.324	.207
Behind in Count	.174	144	25	2	0	6	17	0	67	.178	.313	Pre-All Star	.286	56	16	3	0	4	10	5	9	.344	.554
Two Strikes	.168	149	25	1	0	5	18	19	75	.263	.275	Post-All Star	.250	200	50	5	0	12	39	40	66	.371	.455

Last Five Years

	Avg	AB	H	2B	3B	HR	RBI	BB	SO	OBP	SLG		Avg	AB	H	2B	3B	HR	RBI	BB	SO	OBP	SLG
vs. Left	.254	452	115	19	0	40	110	75	143	.356	.562	First Pitch	.367	221	81	18	0	22	52	9	0	.397	.747
vs. Right	.250	1534	383	70	1	94	264	208	450	.344	.480	Ahead in Count	.365	384	140	27	1	42	119	122	0	.519	.768
Home	.241	921	222	40	0	62	184	134	276	.341	.486	Behind in Count	.182	980	178	24	0	42	120	0	465	.187	.335
Away	.259	1065	276	49	1	72	190	149	317	.352	.510	Two Strikes	.168	1119	188	29	0	42	129	152	593	.271	.307
Day	.235	629	148	22	1	45	122	86	196	.326	.488	Batting #3	.262	1150	301	52	1	84	224	138	334	.346	.528
Night	.258	1357	350	67	0	89	252	197	397	.356	.504	Batting #5	.244	446	109	25	0	28	84	85	143	.367	.489
Grass	.253	1192	301	48	1	76	220	193	363	.356	.486	Other	.226	390	88	12	0	22	66	60	116	.327	.426
Turf	.248	794	197	41	0	58	154	90	230	.331	.519	March/April	.252	393	99	18	0	27	63	41	101	.325	.504
Pre-All Star	.254	1128	287	53	1	84	204	149	317	.343	.527	May	.264	360	95	16	0	27	73	55	103	.363	.533
Post-All Star	.246	858	211	36	0	50	170	134	276	.352	.463	June	.245	298	73	17	1	23	55	43	92	.341	.540
Inning 1-6	.255	1365	348	56	0	99	278	208	406	.354	.514	July	.256	305	78	19	0	19	52	47	97	.363	.505
Inning 7+	.242	621	150	33	1	35	96	75	187	.330	.467	August	.261	299	78	13	0	20	72	56	90	.376	.505
Scoring Posn	.243	575	140	27	0	36	243	115	179	.360	.478	Sept/Oct	.227	331	75	6	0	18	59	41	110	.312	.408
Close & Late	.216	292	63	17	1	12	43	34	99	.301	.404	vs. AL	.247	1841	455	82	1	119	349	262	545	.343	.487
None on/out	.263	430	113	18	0	30	30	52	128	.348	.514	vs. NL	.297	145	43	7	0	15	25	21	48	.394	.655

Javier Cardona — *Tigers*   Age 26 – Bats Right (flyball hitter)

	Avg	G	AB	R	H	2B	3B	HR	RBI	BB	SO	HBP	GDP	SB	CS	OBP	SLG	IBB	SH	SF	#Pit	#P/PA	GB	FB	G/F
2001 Season	.260	46	96	10	25	8	0	1	10	2	12	1	2	0	1	.280	.375	0	2	1	343	3.36	28	37	0.76
Career (2000-2001)	.235	72	136	11	32	9	0	2	12	2	21	2	3	0	1	.254	.346	0	2	2	508	3.53	38	51	0.75

2001 Season

	Avg	AB	H	2B	3B	HR	RBI	BB	SO	OBP	SLG		Avg	AB	H	2B	3B	HR	RBI	BB	SO	OBP	SLG
vs. Left	.167	48	8	3	0	0	4	2	7	.196	.229	Scoring Posn	.179	28	5	2	0	0	7	1	7	.200	.250
vs. Right	.354	48	17	5	0	1	6	0	5	.367	.521	Close & Late	.300	10	3	1	0	0	0	0	2	.300	.400

Chris Carpenter — *Blue Jays*   Age 27 – Pitches Right (groundball pitcher)

	ERA	W	L	Sv	G	GS	IP	BB	SO	Avg	H	2B	3B	HR	RBI	OBP	SLG	CG	ShO	Sup	QS	#P/S	SB	CS	GB	FB	G/F
2001 Season	4.09	11	11	0	34	34	215.2	75	157	.274	229	45	7	29	94	.345	.449	3	2	5.43	17	97	8	8	335	203	1.65
Career (1997-2001)	4.79	45	45	0	139	122	797.1	304	567	.285	895	190	17	100	413	.353	.452	11	5	5.45	60	99	28	39	1227	787	1.56

2001 Season

	ERA	W	L	Sv	G	GS	IP	H	HR	BB	SO		Avg	AB	H	2B	3B	HR	RBI	BB	SO	OBP	SLG
Home	4.83	3	8	0	17	17	113.2	124	17	44	88	vs. Left	.288	400	115	30	4	13	45	45	67	.367	.480
Away	3.26	8	3	0	17	17	102.0	105	12	31	69	vs. Right	.262	435	114	15	3	16	49	30	90	.325	.421
Day	5.29	3	7	0	13	13	78.1	91	16	37	56	Inning 1-6	.270	727	196	41	7	26	81	66	133	.341	.453
Night	3.41	8	4	0	21	21	137.1	138	13	38	101	Inning 7+	.306	108	33	4	0	3	13	9	24	.372	.426
Grass	3.67	6	3	0	13	13	73.2	79	10	29	44	None on	.274	493	135	27	5	19	19	36	106	.332	.465
Turf	4.31	5	8	0	21	21	142.0	150	19	46	113	Runners on	.275	342	94	18	2	10	75	39	51	.363	.427
April	3.15	2	1	0	5	5	34.1	31	4	8	32	Scoring Posn	.229	192	44	7	0	4	57	33	34	.349	.328
May	4.20	3	1	0	6	6	40.2	46	6	16	29	Close & Late	.414	29	12	1	0	0	4	4	4	.500	.448
June	3.55	2	2	0	5	5	33.0	37	6	10	18	None on/out	.265	219	58	15	2	5	5	9	41	.309	.420
July	5.40	0	4	0	6	6	38.1	40	8	8	27	vs. 1st Batr (relief)	.000	0	0	0	0	0	0	0	0	.000	.000
August	5.23	1	3	0	6	6	31.0	41	4	23	18	1st Inning Pitched	.269	134	36	7	2	4	16	10	22	.333	.440
Sept/Oct	3.05	3	0	0	6	6	38.1	34	1	10	33	First 75 Pitches	.278	625	174	40	5	19	66	48	106	.340	.450
Starter	4.09	11	11	0	34	34	215.2	229	29	75	157	Pitch 76-90	.260	104	27	1	2	4	12	17	30	.384	.423
Reliever	0.00	0	0	0	0	0	0.0	0	0	0	0	Pitch 91-105	.243	74	18	2	0	3	9	8	12	.333	.392
0-3 Days Rest (Start)	0.00	0	0	0	0	0	0.0	0	0	0	0	Pitch 106+	.313	32	10	2	0	3	7	2	9	.343	.656
4 Days Rest	4.20	6	7	0	19	19	120.0	122	19	33	91	First Pitch	.244	135	33	4	1	4	12	5	0	.270	.378
5+ Days Rest	3.95	5	4	0	15	15	95.2	107	10	42	66	Ahead in Count	.209	392	82	19	3	3	23	0	147	.229	.296
vs. AL	4.16	10	9	0	29	29	181.2	193	24	65	134	Behind in Count	.399	178	71	14	2	15	41	38	0	.511	.753
vs. NL	3.71	1	2	0	5	5	34.0	36	5	10	23	Two Strikes	.184	365	67	20	3	2	14	32	157	.262	.271
Pre-All Star	3.99	7	5	0	18	18	121.2	129	20	37	92	Pre-All Star	.277	465	129	27	5	20	54	37	92	.343	.486
Post-All Star	4.21	4	6	0	16	16	94.0	100	9	38	65	Post-All Star	.270	370	100	18	2	9	40	38	65	.348	.403

Career (1997-2001)

	ERA	W	L	Sv	G	GS	IP	H	HR	BB	SO		Avg	AB	H	2B	3B	HR	RBI	BB	SO	OBP	SLG
Home	4.95	19	26	0	68	60	407.1	451	55	147	266	vs. Left	.289	1522	440	104	9	48	195	166	253	.362	.464
Away	4.62	26	19	0	71	62	390.0	444	45	157	301	vs. Right	.281	1617	455	86	8	52	218	138	314	.344	.441
Day	4.88	15	14	0	48	41	265.2	293	36	95	202	Inning 1-6	.288	2660	765	164	16	87	362	265	473	.357	.459
Night	4.74	30	31	0	91	81	531.2	602	64	209	365	Inning 7+	.271	479	130	26	1	13	51	39	94	.329	.411
Grass	4.80	20	16	0	58	50	309.1	351	39	135	226	None on	.280	1764	494	104	12	58	58	154	325	.343	.451
Turf	4.78	25	29	0	81	72	488.0	544	61	169	341	Runners on	.292	1375	401	86	5	42	355	150	242	.364	.432
March/April	3.77	7	5	0	20	16	112.1	96	14	41	83	Scoring Posn	.268	786	211	42	0	23	296	110	153	.357	.410
May	5.28	6	10	0	27	21	151.2	196	20	55	108	Close & Late	.272	173	47	10	1	2	14	15	28	.333	.376
June	4.97	9	5	0	18	18	105.0	130	16	42	63	None on/out	.281	787	221	49	4	22	22	70	129	.346	.437

Career (1997-2001)

	ERA	W	L	Sv	G	GS	IP	H	HR	BB	SO		Avg	AB	H	2B	3B	HR	RBI	BB	SO	OBP	SLG
July	5.84	5	11	0	24	23	141.2	161	19	47	101	vs. 1st Batr (relief)	.385	13	5	0	0	0	1	3	4	.500	.385
August	5.63	9	12	0	28	23	150.1	193	22	72	112	1st Inning Pitched	.283	534	151	28	4	15	77	70	100	.373	.434
Sept/Oct	2.90	9	2	0	22	21	136.1	119	9	47	100	First 75 Pitches	.291	2323	676	150	12	70	304	215	406	.356	.456
Starter	4.87	42	45	0	122	122	750.0	843	96	287	525	Pitch 76-90	.244	369	90	16	2	11	38	46	80	.333	.388
Reliever	3.42	3	0	0	17	0	47.1	52	4	17	42	Pitch 91-105	.296	297	88	16	3	12	42	27	52	.357	.492
0-3 Days Rest (Start)	0.00	0	0	0	0	0	0.0	0	0	0	0	Pitch 106+	.273	150	41	8	0	7	29	16	29	.341	.467
4 Days Rest	4.29	27	19	0	63	63	413.0	425	48	134	300	First Pitch	.319	486	155	26	1	11	60	7	0	.331	.444
5+ Days Rest	5.58	15	26	0	59	59	337.0	418	48	153	225	Ahead in Count	.204	1369	279	66	4	18	111	0	499	.215	.297
vs. AL	4.81	41	38	0	122	105	690.2	765	88	268	499	Behind in Count	.378	753	285	58	9	49	166	145	0	.478	.675
vs. NL	4.64	4	7	0	17	17	106.2	130	12	36	68	Two Strikes	.192	1353	260	67	5	21	95	152	567	.281	.296
Pre-All Star	4.75	25	22	0	72	62	417.0	473	58	150	290	Pre-All Star	.287	1647	473	104	12	58	214	150	290	.352	.471
Post-All Star	4.83	20	23	0	67	60	380.1	422	42	154	277	Post-All Star	.283	1492	422	86	5	42	199	154	277	.353	.432

Giovanni Carrara — Dodgers
Age 34 – Pitches Right

	ERA	W	L	Sv	G	GS	IP	BB	SO	Avg	H	2B	3B	HR	RBI	OBP	SLG	GF	IR	IRS	Hld	SvOp	SB	CS	GB	FB	G/F
2001 Season	3.16	6	1	0	47	3	85.1	24	70	.231	73	10	2	12	32	.287	.389	2	22	5	9	3	5	1	95	87	1.09
Last Five Years	4.79	6	3	0	57	5	109.0	41	90	.259	108	12	2	21	58	.327	.448	4	23	5	9	4	7	2	128	115	1.11

2001 Season

	ERA	W	L	Sv	G	GS	IP	H	HR	BB	SO		Avg	AB	H	2B	3B	HR	RBI	BB	SO	OBP	SLG
Home	3.04	1	1	0	23	3	50.1	44	8	17	38	vs. Left	.259	147	38	6	1	8	19	15	33	.327	.476
Away	3.34	5	0	0	24	0	35.0	29	4	7	32	vs. Right	.207	169	35	4	1	4	13	9	37	.250	.314
Starter	2.25	1	1	0	3	3	16.0	11	3	5	10	Scoring Posn	.217	69	15	2	0	1	16	8	21	.304	.290
Reliever	3.37	5	0	0	44	0	69.1	62	9	19	60	Close & Late	.267	75	20	3	0	1	4	7	18	.337	.347
0 Days Rest (Relief)	0.79	0	0	0	6	0	11.1	7	1	2	15	None on/out	.289	90	26	2	0	5	5	2	19	.304	.478
1 or 2 Days Rest	3.94	3	0	0	22	0	32.0	34	4	11	24	First Pitch	.238	42	10	1	0	1	3	3	0	.289	.333
3+ Days Rest	3.81	2	0	0	16	0	26.0	21	4	6	21	Ahead in Count	.248	165	41	8	2	5	17	0	52	.247	.412
Pre-All Star	3.51	1	1	0	18	2	33.1	30	3	10	27	Behind in Count	.163	43	7	1	0	2	3	9	0	.308	.326
Post-All Star	2.94	5	0	0	29	1	52.0	43	9	14	43	Two Strikes	.238	168	40	8	2	6	17	12	70	.289	.417

Hector Carrasco — Twins
Age 32 – Pitches Right

	ERA	W	L	Sv	G	GS	IP	BB	SO	Avg	H	2B	3B	HR	RBI	OBP	SLG	GF	IR	IRS	Hld	SvOp	SB	CS	GB	FB	G/F
2001 Season	4.64	4	3	1	56	0	73.2	30	70	.277	77	17	1	8	47	.344	.432	12	43	14	1	2	4	5	89	69	1.29
Last Five Years	4.59	17	20	4	293	1	349.0	158	291	.274	370	65	5	30	217	.352	.396	84	219	87	34	14	19	9	502	345	1.46

2001 Season

	ERA	W	L	Sv	G	GS	IP	H	HR	BB	SO		Avg	AB	H	2B	3B	HR	RBI	BB	SO	OBP	SLG
Home	4.12	2	1	0	30	0	43.2	39	5	14	43	vs. Left	.318	107	34	5	0	3	22	12	27	.383	.449
Away	5.40	2	2	1	26	0	30.0	38	3	16	27	vs. Right	.251	171	43	12	1	5	25	18	43	.319	.421
Starter	0.00	0	0	0	0	0	0.0	0	0	0	0	Scoring Posn	.271	96	26	4	0	4	40	12	22	.342	.478
Reliever	4.64	4	3	1	56	0	73.2	77	8	30	70	Close & Late	.382	68	26	6	0	4	17	11	18	.463	.647
0 Days Rest (Relief)	2.00	0	1	0	8	0	9.0	9	1	1	8	None on/out	.246	57	14	3	0	0	0	8	14	.338	.298
1 or 2 Days Rest	4.10	2	1	1	29	0	41.2	45	5	19	44	First Pitch	.300	40	12	4	0	2	10	3	0	.349	.550
3+ Days Rest	6.65	2	1	0	19	0	23.0	23	2	10	18	Ahead in Count	.226	133	30	6	1	2	20	0	57	.222	.331
Pre-All Star	6.23	3	3	1	30	0	39.0	45	6	21	42	Behind in Count	.346	52	18	6	0	1	7	15	0	.485	.519
Post-All Star	2.86	1	0	0	26	0	34.2	32	2	9	28	Two Strikes	.209	139	29	4	1	2	18	12	70	.272	.295

Last Five Years

	ERA	W	L	Sv	G	GS	IP	H	HR	BB	SO		Avg	AB	H	2B	3B	HR	RBI	BB	SO	OBP	SLG
Home	3.76	10	8	0	152	0	193.2	188	11	78	161	vs. Left	.291	515	150	24	2	15	99	63	110	.372	.433
Away	5.62	7	12	4	141	1	155.1	182	19	80	130	vs. Right	.263	835	220	41	3	15	118	95	181	.339	.374
Day	4.77	9	7	2	99	1	115.0	129	15	53	97	Inning 1-6	.241	352	85	19	1	6	62	42	84	.320	.352
Night	4.50	8	13	2	194	0	234.0	241	15	105	194	Inning 7+	.286	998	285	46	4	24	155	116	207	.363	.412
Grass	5.16	8	11	4	126	0	144.2	160	16	66	120	None on	.272	633	172	28	2	14	14	71	134	.350	.389
Turf	4.18	9	9	0	167	1	204.1	210	14	92	171	Runners on	.276	717	198	37	3	16	203	87	157	.353	.403
March/April	2.92	6	2	0	41	0	52.1	42	4	22	35	Scoring Posn	.282	450	127	22	1	10	186	62	102	.364	.402
May	3.20	0	4	2	48	0	59.0	62	5	34	56	Close & Late	.320	372	119	21	1	9	63	51	73	.407	.454
June	9.52	2	2	1	41	0	46.1	71	7	22	38	None on/out	.246	281	69	12	1	2	2	33	60	.327	.317
July	4.50	4	4	0	53	0	66.0	68	7	31	65	vs. 1st Batr (relief)	.265	260	69	12	0	4	42	27	53	.332	.358
August	3.59	1	4	1	60	0	72.2	66	5	28	61	1st Inning Pitched	.288	947	273	52	4	24	188	110	202	.363	.428
Sept/Oct	4.96	4	4	0	50	1	52.2	61	2	29	36	First 15 Pitches	.286	808	231	40	3	18	133	85	166	.355	.410
Starter	0.00	0	0	0	1	1	2.0	4	0	1	2	Pitch 16-30	.265	426	113	21	2	10	71	60	90	.357	.394
Reliever	4.62	17	20	4	292	0	347.0	366	30	157	289	Pitch 31-45	.250	104	26	4	0	2	13	12	32	.333	.346
0 Days Rest (Relief)	4.33	4	4	0	61	0	60.1	66	8	29	58	Pitch 46+	.000	12	0	0	0	0	0	1	3	.077	.000
1 or 2 Days Rest	3.90	10	11	3	160	0	201.0	204	16	98	152	First Pitch	.363	215	78	17	1	6	57	8	0	.399	.535
3+ Days Rest	6.51	3	5	0	71	0	85.2	96	5	42	79	Ahead in Count	.196	602	118	20	3	5	62	0	247	.200	.264
vs. AL	4.50	14	16	4	232	1	268.0	283	24	119	222	Behind in Count	.348	310	108	19	1	11	63	85	0	.486	.523
vs. NL	4.89	3	4	0	61	0	81.0	87	6	39	69	Two Strikes	.193	615	119	17	3	8	63	65	291	.271	.265
Pre-All Star	5.12	8	9	3	143	0	170.2	188	17	87	144	Pre-All Star	.278	677	188	35	2	17	119	87	144	.361	.411
Post-All Star	4.09	9	11	1	150	1	178.1	182	13	71	147	Post-All Star	.270	673	182	30	3	13	98	71	147	.343	.382

67

Raul Casanova — Brewers
Age 29 – Bats Both (groundball hitter)

	Avg	G	AB	R	H	2B	3B	HR	RBI	BB	SO	HBP	GDP	SB	CS	OBP	SLG	IBB	SH	SF	#Pit	#P/PA	GB	FB	G/F
2001 Season	.260	71	192	21	50	10	0	11	33	12	29	1	3	0	0	.303	.484	2	0	3	708	3.40	59	73	0.81
Last Five Years	.243	274	769	72	187	35	4	23	96	69	135	9	18	2	3	.311	.389	4	2	6	3058	3.58	315	193	1.63

2001 Season

	Avg	AB	H	2B	3B	HR	RBI	BB	SO	OBP	SLG		Avg	AB	H	2B	3B	HR	RBI	BB	SO	OBP	SLG
vs. Left	.333	15	5	0	0	1	4	3	5	.444	.533	Scoring Posn	.269	52	14	3	0	2	19	3	11	.293	.442
vs. Right	.254	177	45	10	0	10	29	9	24	.289	.480	Close & Late	.119	42	5	3	0	1	5	3	11	.174	.262
Home	.283	92	26	4	0	7	21	5	12	.320	.554	None on/out	.111	36	4	0	0	2	2	1	2	.135	.278
Away	.240	100	24	6	0	4	12	7	17	.287	.420	Batting #7	.318	22	7	2	0	2	6	3	2	.400	.682
First Pitch	.313	32	10	2	0	3	11	2	0	.333	.656	Batting #8	.256	125	32	4	0	7	23	7	15	.294	.456
Ahead in Count	.349	43	15	3	0	3	8	7	0	.440	.628	Other	.244	45	11	4	0	2	4	2	12	.277	.467
Behind in Count	.156	77	12	3	0	1	4	0	24	.167	.234	Pre-All Star	.294	136	40	7	0	9	29	11	16	.344	.544
Two Strikes	.205	78	16	2	0	4	7	3	29	.244	.385	Post-All Star	.179	56	10	3	0	2	4	1	13	.193	.339

Last Five Years

	Avg	AB	H	2B	3B	HR	RBI	BB	SO	OBP	SLG		Avg	AB	H	2B	3B	HR	RBI	BB	SO	OBP	SLG
vs. Left	.250	136	34	7	1	3	21	20	27	.354	.382	First Pitch	.288	125	36	9	0	7	31	4	0	.311	.528
vs. Right	.242	633	153	28	3	20	75	49	108	.301	.390	Ahead in Count	.326	172	56	12	2	7	30	41	0	.456	.558
Home	.246	382	94	15	4	17	63	33	65	.312	.440	Behind in Count	.165	316	52	6	1	4	22	0	115	.178	.228
Away	.240	387	93	20	0	6	34	36	70	.309	.339	Two Strikes	.161	322	52	6	0	7	23	24	135	.231	.245
Day	.213	240	51	12	2	5	18	18	48	.273	.342	Batting #7	.250	148	37	10	0	8	27	13	22	.313	.480
Night	.257	529	136	23	2	18	78	51	87	.327	.410	Batting #8	.244	508	124	20	4	10	60	47	80	.314	.358
Grass	.243	696	169	30	4	21	91	65	125	.311	.388	Other	.230	113	26	5	0	5	9	33	.293	.407
Turf	.247	73	18	5	0	2	5	4	10	.304	.397	March/April	.147	95	14	2	0	0	7	7	22	.210	.168
Pre-All Star	.262	405	106	18	1	17	58	31	66	.324	.437	May	.288	104	30	3	1	5	20	8	15	.348	.481
Post-All Star	.223	364	81	17	3	6	38	38	69	.296	.335	June	.311	161	50	12	0	8	21	12	20	.373	.534
Inning 1-6	.254	452	115	15	4	15	62	41	65	.321	.405	July	.240	171	41	7	0	5	18	15	31	.303	.368
Inning 7+	.227	317	72	20	0	8	34	28	70	.295	.306	August	.219	114	25	4	2	4	15	8	23	.270	.395
Scoring Posn	.225	204	46	8	2	6	71	20	52	.302	.373	Sept/Oct	.218	124	27	7	1	1	15	19	24	.317	.315
Close & Late	.200	145	29	14	0	2	12	15	37	.282	.338	vs. AL	.244	352	86	13	1	5	28	27	53	.306	.330
None on/out	.234	197	46	11	4	4	14	24	.288	.360	vs. NL	.242	417	101	22	3	18	68	42	82	.314	.439

Sean Casey — Reds
Age 27 – Bats Left (groundball hitter)

	Avg	G	AB	R	H	2B	3B	HR	RBI	BB	SO	HBP	GDP	SB	CS	OBP	SLG	IBB	SH	SF	#Pit	#P/PA	GB	FB	G/F
2001 Season	.310	145	533	69	165	40	0	13	89	43	63	9	16	3	1	.369	.458	8	0	3	1992	3.39	230	130	1.77
Career (1997-2001)	.311	531	1919	286	597	136	6	65	326	200	278	29	58	5	4	.382	.490	28	0	17	7669	3.54	785	460	1.71

2001 Season

	Avg	AB	H	2B	3B	HR	RBI	BB	SO	OBP	SLG		Avg	AB	H	2B	3B	HR	RBI	BB	SO	OBP	SLG
vs. Left	.276	156	43	11	0	2	22	9	23	.327	.385	First Pitch	.391	87	34	9	0	1	21	6	0	.429	.529
vs. Right	.324	377	122	29	0	11	67	34	40	.386	.488	Ahead in Count	.413	126	52	7	0	6	30	21	0	.497	.611
Home	.275	244	67	15	0	5	34	22	30	.348	.398	Behind in Count	.252	222	56	16	0	4	28	0	55	.265	.378
Away	.339	289	98	25	0	8	55	21	33	.387	.509	Two Strikes	.229	201	46	13	0	4	26	15	63	.295	.353
Day	.322	146	47	13	0	8	34	14	21	.400	.534	Batting #3	.319	452	144	35	0	12	76	39	55	.378	.476
Night	.305	387	118	27	0	5	55	29	42	.357	.413	Batting #5	.163	43	7	4	0	0	4	1	6	.217	.256
Grass	.307	501	154	35	0	12	82	41	62	.367	.449	Other	.368	38	14	1	0	1	9	3	2	.429	.474
Turf	.344	32	11	5	0	1	7	2	1	.400	.594	April	.341	82	28	6	0	4	23	9	13	.421	.561
Pre-All Star	.329	301	99	23	0	10	61	21	38	.387	.505	May	.330	91	30	9	0	3	18	4	10	.365	.527
Post-All Star	.284	232	66	17	0	3	28	22	25	.346	.397	June	.336	107	36	6	0	3	16	7	14	.383	.477
Inning 1-6	.324	370	120	29	0	10	62	23	41	.373	.484	July	.284	74	21	7	0	1	14	7	11	.365	.419
Inning 7+	.276	163	45	11	0	3	27	20	22	.360	.399	August	.330	115	38	11	0	2	13	8	11	.379	.478
Scoring Posn	.356	146	52	17	0	3	72	25	25	.452	.534	Sept/Oct	.188	64	12	1	0	0	5	8	8	.274	.203
Close & Late	.360	75	27	6	0	1	14	8	11	.429	.480	vs. AL	.217	46	10	3	0	0	7	3	8	.280	.283
None on/out	.367	109	40	7	0	4	4	7	9	.425	.541	vs. NL	.318	487	155	37	0	13	82	40	55	.377	.474

2001 By Position

Position	Avg	AB	H	2B	3B	HR	RBI	BB	SO	OBP	SLG	G	GS	Innings	PO	A	E	DP	Fld Pct	Rng Fctr	In Zone	Outs	Zone Rtg	MLB Zone
As 1b	.307	518	159	40	0	13	84	39	62	.364	.459	136	134	1127.0	1145	63	7	89	.994	—	200	175	.875	.850

Career (1997-2001)

	Avg	AB	H	2B	3B	HR	RBI	BB	SO	OBP	SLG		Avg	AB	H	2B	3B	HR	RBI	BB	SO	OBP	SLG
vs. Left	.262	477	125	26	2	12	77	45	97	.339	.400	First Pitch	.374	243	91	20	1	8	63	26	0	.440	.564
vs. Right	.327	1442	472	110	4	53	249	155	181	.396	.519	Ahead in Count	.422	490	207	44	1	25	113	109	0	.524	.669
Home	.297	938	279	58	3	28	156	108	132	.377	.455	Behind in Count	.220	823	181	43	1	18	96	0	241	.233	.340
Away	.324	981	318	78	3	37	170	92	146	.384	.523	Two Strikes	.206	768	158	37	1	16	94	64	278	.275	.319
Day	.323	606	196	41	1	21	115	74	101	.401	.498	Batting #3	.324	697	226	49	3	29	133	75	108	.395	.528
Night	.305	1313	401	95	4	44	211	126	177	.372	.486	Batting #4	.322	596	192	46	2	21	106	54	71	.384	.512
Grass	.318	1015	323	76	1	32	160	91	151	.382	.490	Other	.286	626	179	41	1	15	87	71	99	.364	.427
Turf	.303	904	274	60	5	33	166	109	127	.382	.490	March/April	.328	201	66	17	1	7	36	23	28	.404	.527
Pre-All Star	.313	942	295	61	2	32	150	88	133	.378	.484	May	.292	315	92	21	1	12	52	30	51	.357	.479
Post-All Star	.309	977	302	75	4	33	176	112	145	.384	.495	June	.331	326	108	17	0	11	49	24	44	.381	.485
Inning 1-6	.325	1328	431	102	5	46	233	120	171	.384	.513	July	.315	337	106	32	0	9	51	43	49	.377	.490
Inning 7+	.281	591	166	34	1	19	93	80	107	.376	.438	August	.315	381	120	30	2	9	69	38	47	.378	.475
Scoring Posn	.349	493	172	45	3	12	238	89	88	.441	.525	Sept/Oct	.292	359	105	19	2	17	69	42	59	.368	.499
Close & Late	.295	295	87	18	1	8	44	39	53	.386	.444	vs. AL	.273	187	51	8	0	3	24	15	28	.335	.364
None on/out	.332	397	132	24	1	17	33	52	.396	.526	vs. NL	.315	1732	546	128	6	62	302	185	250	.386	.503

Vinny Castilla — Astros
Age 34 – Bats Right

	Avg	G	AB	R	H	2B	3B	HR	RBI	BB	SO	HBP	GDP	SB	CS	OBP	SLG	IBB	SH	SF	#Pit	#P/PA	GB	FB	G/F
2001 Season	.260	146	538	69	140	34	1	25	91	35	108	4	22	1	4	.308	.467	3	0	4	1825	3.14	207	152	1.36
Last Five Years	.282	710	2741	376	774	120	9	150	492	186	421	22	87	11	22	.330	.497	29	0	25	9447	3.18	1121	799	1.40

2001 Season

	Avg	AB	H	2B	3B	HR	RBI	BB	SO	OBP	SLG		Avg	AB	H	2B	3B	HR	RBI	BB	SO	OBP	SLG
vs. Left	.253	79	20	4	0	4	9	9	17	.330	.456	First Pitch	.290	124	36	6	0	9	24	3	0	.311	.556
vs. Right	.261	459	120	30	1	21	82	26	91	.304	.468	Ahead in Count	.413	92	38	8	1	10	29	17	0	.500	.848
Home	.234	269	63	16	1	12	43	16	63	.279	.435	Behind in Count	.212	260	55	14	0	6	37	0	94	.212	.335
Away	.286	269	77	18	0	13	48	19	45	.337	.498	Two Strikes	.162	222	36	7	0	4	26	15	108	.215	.248
Day	.248	153	38	8	1	9	23	14	33	.315	.490	Batting #6	.214	112	24	5	0	3	13	6	23	.256	.339
Night	.265	385	102	26	0	16	68	21	75	.305	.457	Batting #7	.267	401	107	28	1	18	70	29	80	.320	.476
Grass	.269	458	123	29	1	22	81	34	91	.322	.480	Other	.360	25	9	1	0	4	8	0	5	.360	.880
Turf	.213	80	17	5	0	3	10	1	17	.222	.388	April	.192	73	14	5	0	1	7	3	19	.234	.301
Pre-All Star	.264	265	70	21	0	9	38	14	58	.302	.445	May	.274	73	20	7	0	2	7	2	13	.289	.452
Post-All Star	.256	273	70	13	1	16	53	21	50	.313	.487	June	.281	89	25	6	0	5	16	6	17	.326	.517
Inning 1-6	.281	360	101	24	0	21	71	24	72	.326	.522	July	.283	99	28	7	0	7	28	8	25	.339	.566
Inning 7+	.219	178	39	10	1	4	20	11	36	.271	.354	August	.253	99	25	5	0	7	17	8	18	.315	.515
Scoring Posn	.288	163	47	14	0	7	67	19	31	.351	.503	Sept/Oct	.267	105	28	4	1	3	16	8	16	.313	.410
Close & Late	.193	83	16	5	0	1	8	6	17	.256	.289	vs. AL	.224	147	33	9	0	3	19	7	35	.265	.347
None on/out	.267	116	31	10	0	8	8	6	23	.315	.560	vs. NL	.274	391	107	25	1	22	72	28	73	.324	.512

2001 By Position

Position	Avg	AB	H	2B	3B	HR	RBI	BB	SO	OBP	SLG	G	GS	Innings	PO	A	E	DP	Fld Pct	Rng Fctr	In Zone	Zone Outs	Rtg	MLB Zone
As 3b	.257	534	137	33	1	24	90	35	108	.305	.457	145	143	1263.0	108	275	17	23	.958	2.73	380	296	.779	.761

Last Five Years

	Avg	AB	H	2B	3B	HR	RBI	BB	SO	OBP	SLG		Avg	AB	H	2B	3B	HR	RBI	BB	SO	OBP	SLG
vs. Left	.285	618	176	22	3	35	100	55	82	.344	.500	First Pitch	.327	621	203	28	3	45	144	24	0	.353	.599
vs. Right	.282	2123	598	98	6	115	392	131	339	.326	.496	Ahead in Count	.378	555	210	28	3	59	150	105	0	.473	.759
Home	.293	1368	401	59	8	81	266	93	207	.339	.526	Behind in Count	.215	1178	253	46	1	32	142	0	371	.219	.337
Away	.272	1373	373	61	1	69	226	93	214	.321	.468	Two Strikes	.172	1042	179	29	2	26	117	56	421	.217	.278
Day	.282	997	281	36	3	58	169	79	164	.339	.498	Batting #5	.298	1016	303	42	3	64	197	71	137	.342	.534
Night	.283	1744	493	84	6	92	323	107	257	.325	.496	Batting #6	.280	977	274	41	2	52	167	67	150	.332	.486
Grass	.288	2177	628	94	8	128	415	157	343	.338	.515	Other	.263	748	197	37	4	34	128	48	134	.311	.460
Turf	.259	564	146	26	1	22	77	29	78	.301	.426	March/April	.296	419	124	20	0	28	86	36	58	.355	.544
Pre-All Star	.275	1515	416	66	6	81	268	101	225	.324	.486	May	.240	500	120	20	0	22	70	31	70	.287	.412
Post-All Star	.292	1226	358	54	3	69	224	85	196	.338	.510	June	.289	461	133	21	5	24	84	26	71	.329	.512
Inning 1-6	.293	1856	544	88	5	107	357	128	273	.342	.519	July	.292	483	141	21	2	32	94	22	82	.327	.542
Inning 7+	.260	885	230	32	4	43	135	58	148	.306	.451	August	.320	431	138	26	0	23	77	39	72	.377	.541
Scoring Posn	.296	746	221	36	2	35	329	100	119	.376	.491	Sept/Oct	.264	447	118	12	2	21	81	32	68	.311	.441
Close & Late	.272	423	115	13	2	20	69	33	74	.326	.454	vs. AL	.246	570	140	27	1	14	83	31	90	.288	.370
None on/out	.267	656	175	23	2	41	41	25	93	.300	.495	vs. NL	.292	2171	634	93	8	136	409	155	331	.341	.530

Alberto Castillo — Blue Jays
Age 32 – Bats Right (groundball hitter)

	Avg	G	AB	R	H	2B	3B	HR	RBI	BB	SO	HBP	GDP	SB	CS	OBP	SLG	IBB	SH	SF	#Pit	#P/PA	GB	FB	G/F
2001 Season	.198	66	131	9	26	4	0	1	4	7	30	3	2	1	1	.255	.252	0	5	0	556	3.81	47	35	1.34
Last Five Years	.226	298	713	60	161	24	0	8	65	70	147	6	15	1	4	.297	.293	1	20	8	3119	3.82	299	159	1.88

2001 Season

	Avg	AB	H	2B	3B	HR	RBI	BB	SO	OBP	SLG		Avg	AB	H	2B	3B	HR	RBI	BB	SO	OBP	SLG
vs. Left	.100	50	5	0	0	0	0	6	10	.196	.100	Scoring Posn	.107	28	3	1	0	0	3	3	5	.242	.143
vs. Right	.259	81	21	4	0	1	4	1	20	.294	.346	Close & Late	.111	9	1	0	0	0	0	1	4	.273	.111
Home	.235	68	16	1	0	0	1	5	14	.297	.250	None on/out	.257	35	9	2	0	0	0	2	8	.297	.314
Away	.159	63	10	3	0	1	3	2	16	.209	.254	Batting #8	.152	66	10	0	0	1	2	7	13	.233	.197
First Pitch	.444	18	8	0	0	0	0	0	0	.444	.444	Batting #9	.265	49	13	2	0	0	0	0	12	.308	.306
Ahead in Count	.227	22	5	1	0	0	3	0	0	.320	.273	Other	.188	16	3	2	0	0	2	0	5	.188	.313
Behind in Count	.123	65	8	1	0	0	3	0	26	.149	.138	Pre-All Star	.227	75	17	4	0	1	4	4	17	.293	.320
Two Strikes	.100	70	7	2	0	0	2	4	30	.171	.129	Post-All Star	.161	56	9	0	0	0	0	3	13	.203	.161

Last Five Years

	Avg	AB	H	2B	3B	HR	RBI	BB	SO	OBP	SLG		Avg	AB	H	2B	3B	HR	RBI	BB	SO	OBP	SLG
vs. Left	.171	251	43	3	0	1	6	42	54	.288	.195	First Pitch	.250	100	25	0	0	1	10	0	0	.252	.280
vs. Right	.255	462	118	21	0	7	59	28	93	.303	.346	Ahead in Count	.333	144	48	10	0	1	19	33	0	.448	.424
Home	.260	335	87	11	0	3	32	36	65	.332	.319	Behind in Count	.178	331	59	8	0	3	24	0	121	.185	.230
Away	.196	378	74	13	0	5	33	34	82	.266	.270	Two Strikes	.178	343	61	10	0	5	28	37	147	.261	.251
Day	.217	286	62	9	0	3	21	30	67	.292	.280	Batting #7	.246	334	82	15	0	5	36	54	66	.317	.335
Night	.232	427	99	15	0	5	44	40	80	.301	.302	Batting #8	.181	182	33	4	0	1	15	22	43	.267	.220
Grass	.239	456	109	16	0	6	47	49	92	.316	.314	Other	.234	197	46	5	0	2	14	14	35	.292	.289
Turf	.202	257	52	8	0	2	18	21	55	.263	.257	March/April	.236	110	26	3	0	1	6	12	17	.309	.291
Pre-All Star	.217	448	97	18	0	5	36	43	92	.290	.290	May	.197	127	25	7	0	3	9	14	25	.292	.323
Post-All Star	.242	265	64	6	0	3	29	27	55	.313	.298	June	.242	165	40	8	0	1	19	14	40	.299	.309
Inning 1-6	.236	501	118	18	0	4	47	49	96	.304	.295	July	.261	115	30	4	0	1	11	26	.325	.322
Inning 7+	.203	212	43	6	0	4	18	21	51	.283	.288	August	.238	101	24	1	0	2	14	6	15	.282	.307
Scoring Posn	.230	187	43	7	0	2	59	17	42	.290	.299	Sept/Oct	.168	95	16	1	0	0	6	8	13	24	.266	.179
Close & Late	.143	70	10	2	0	1	8	11	19	.274	.214	vs. AL	.189	296	56	8	0	2	26	26	55	.257	.247
None on/out	.212	165	35	4	0	3	3	12	36	.266	.291	vs. NL	.252	417	105	16	0	5	51	44	92	.326	.326

Carlos Castillo — Red Sox
Age 27 – Pitches Right (flyball pitcher)

	ERA	W	L	Sv	G	GS	IP	BB	SO	Avg	H	2B	3B	HR	RBI	OBP	SLG	GF	IR	IRS	Hld	SvOp	SB	CS	GB	FB	G/F
2001 Season	6.00	0	0	0	2	0	3.0	0	0	.273	3	0	0	0	1	2	.250	.545	1	2	0	0	0	3	0	2	4	0.50
Career (1997-2001)	5.04	10	7	1	111	6	210.2	82	130	.258	210	41	4	37	135	.326	.455	32	99	31	7	3	28	5	203	350	0.58

2001 Season

	ERA	W	L	Sv	G	GS	IP	H	HR	BB	SO		Avg	AB	H	2B	3B	HR	RBI	BB	SO	OBP	SLG
Home	9.00	0	0	0	1	0	1.0	1	1	0	0	vs. Left	.400	5	2	0	0	1	1	0	0	.400	1.000
Away	4.50	0	0	0	1	0	2.0	2	0	0	0	vs. Right	.167	6	1	0	0	0	1	0	0	.143	.167

Career (1997-2001)

	ERA	W	L	Sv	G	GS	IP	H	HR	BB	SO		Avg	AB	H	2B	3B	HR	RBI	BB	SO	OBP	SLG
Home	4.82	4	2	0	51	5	108.1	102	20	38	64	vs. Left	.283	364	103	18	1	19	61	36	60	.345	.495
Away	5.28	6	5	1	60	1	102.1	108	17	44	66	vs. Right	.238	450	107	23	3	18	74	46	70	.311	.422
Day	4.50	3	2	1	37	1	64.0	61	8	34	36	Inning 1-6	.265	449	119	25	1	17	80	36	61	.319	.439
Night	5.28	7	5	0	74	5	146.2	149	29	48	94	Inning 7+	.249	365	91	16	3	20	55	46	69	.335	.474
Grass	5.36	8	5	0	90	5	164.2	168	30	64	100	None on	.256	450	115	18	3	20	20	39	69	.320	.442
Turf	3.91	2	2	1	21	1	46.0	42	7	18	30	Runners on	.261	364	95	23	1	17	115	43	61	.333	.470
March/April	4.83	0	1	0	21	0	31.2	26	5	18	20	Scoring Posn	.269	216	58	17	1	9	96	26	34	.336	.481
May	5.46	1	3	0	16	1	31.1	31	5	18	28	Close & Late	.281	64	18	3	2	5	12	12	14	.392	.625
June	4.26	2	1	0	18	1	38.0	41	4	11	15	None on/out	.229	188	43	5	2	6	6	12	33	.282	.372
July	3.65	4	1	0	18	1	37.0	33	5	9	13	vs. 1st Batr (relief)	.234	94	22	6	0	6	23	9	13	.298	.489
August	6.80	2	1	0	21	3	46.1	53	12	18	35	1st Inning Pitched	.244	389	95	18	1	22	85	38	68	.311	.465
Sept/Oct	4.78	1	0	0	17	0	26.1	26	6	8	19	First 15 Pitches	.235	327	77	15	2	16	64	31	56	.302	.440
Starter	8.20	1	2	0	6	6	26.1	38	4	6	13	Pitch 16-30	.278	230	64	8	2	14	33	24	40	.350	.513
Reliever	4.59	9	5	1	105	0	184.1	172	33	76	117	Pitch 31-45	.284	148	42	10	0	4	25	12	16	.333	.432
0 Days Rest (Relief)	7.04	3	2	0	15	0	23.0	30	5	10	10	Pitch 46+	.248	109	27	8	0	3	13	15	18	.339	.404
1 or 2 Days Rest	5.16	2	3	0	48	0	75.0	67	16	32	60	First Pitch	.291	127	37	6	0	8	23	5	0	.324	.528
3+ Days Rest	3.44	4	0	1	42	0	86.1	75	12	34	47	Ahead in Count	.208	371	77	15	2	13	48	0	105	.210	.364
vs. AL	5.10	9	7	0	101	6	188.2	190	33	74	123	Behind in Count	.308	159	49	10	0	10	33	35	0	.420	.560
vs. NL	4.50	1	0	1	10	0	22.0	20	4	8	7	Two Strikes	.208	365	76	14	2	11	51	42	130	.292	.348
Pre-All Star	4.98	3	5	1	59	2	106.2	105	16	48	63	Pre-All Star	.259	406	105	26	2	16	67	48	63	.335	.451
Post-All Star	5.11	7	2	0	52	4	104.0	105	21	34	67	Post-All Star	.257	408	105	15	2	21	68	34	67	.316	.458

Frank Castillo — Red Sox
Age 33 – Pitches Right

	ERA	W	L	Sv	G	GS	IP	BB	SO	Avg	H	2B	3B	HR	RBI	OBP	SLG	CG	ShO	Sup	QS	#P/S	SB	CS	GB	FB	G/F
2001 Season	4.21	10	9	0	26	26	136.2	35	89	.260	138	32	2	14	63	.308	.407	0	0	4.87	9	86	27	6	173	155	1.12
Last Five Years	4.98	35	35	1	112	102	575.0	204	400	.276	620	134	13	74	294	.340	.446	0	0	5.62	38	91	64	34	730	703	1.04

2001 Season

	ERA	W	L	Sv	G	GS	IP	H	HR	BB	SO		Avg	AB	H	2B	3B	HR	RBI	BB	SO	OBP	SLG
Home	5.01	3	7	0	14	14	70.0	78	6	16	46	vs. Left	.249	257	64	15	1	7	28	25	50	.322	.397
Away	3.38	7	2	0	12	12	66.2	60	8	19	43	vs. Right	.270	274	74	17	1	7	35	10	39	.296	.416
Starter	4.21	10	9	0	26	26	136.2	138	14	35	89	Scoring Posn	.258	124	32	6	0	4	48	14	27	.329	.403
Reliever	0.00	0	0	0	0	0	0.0	0	0	0	0	Close & Late	.333	9	3	0	0	0	0	1	1	.333	.333
0-3 Days Rest (Start)	0.00	0	0	0	0	0	0.0	0	0	0	0	None on/out	.254	134	34	8	0	1	1	11	20	.315	.336
4 Days Rest	3.15	7	2	0	11	11	60.0	56	7	11	35	First Pitch	.324	74	24	7	0	2	9	2	0	.350	.500
5+ Days Rest	5.05	3	7	0	15	15	76.2	82	7	24	54	Ahead in Count	.201	268	54	11	1	3	17	0	82	.205	.284
Pre-All Star	4.35	7	5	0	16	16	78.2	81	6	23	46	Behind in Count	.310	87	27	6	0	6	21	11	0	.394	.586
Post-All Star	4.03	3	4	0	10	10	58.0	57	8	12	43	Two Strikes	.203	266	54	11	2	3	16	22	89	.266	.293

Last Five Years

	ERA	W	L	Sv	G	GS	IP	H	HR	BB	SO		Avg	AB	H	2B	3B	HR	RBI	BB	SO	OBP	SLG
Home	5.04	14	22	0	57	53	298.1	328	37	100	209	vs. Left	.253	1043	264	65	6	26	121	150	213	.349	.402
Away	4.91	21	13	1	55	49	276.2	292	37	104	191	vs. Right	.296	1204	356	69	7	48	173	54	187	.332	.484
Day	4.58	17	14	0	43	41	226.0	230	25	80	175	Inning 1-6	.278	2073	571	119	13	69	279	192	373	.344	.449
Night	5.23	18	21	1	69	61	349.0	390	49	124	225	Inning 7+	.258	190	49	15	0	5	15	12	27	.302	.416
Grass	4.92	26	27	1	86	77	444.2	488	57	153	300	None on	.271	1323	359	82	3	44	44	101	228	.328	.438
Turf	5.18	9	8	0	26	25	130.1	132	17	51	100	Runners on	.282	924	261	52	10	30	250	103	172	.357	.463
March/April	6.09	4	6	0	16	15	68.0	84	7	28	36	Scoring Posn	.282	529	149	32	6	20	213	78	105	.376	.478
May	5.43	6	11	0	22	22	121.0	135	15	49	101	Close & Late	.263	57	15	4	0	2	6	8	9	.343	.439
June	5.15	8	7	0	22	20	106.2	109	14	43	73	None on/out	.287	586	168	44	0	16	16	42	95	.338	.444
July	5.09	7	2	0	15	15	86.2	97	16	37	54	vs. 1st Batr (relief)	.222	9	2	1	0	0	2	0	2	.200	.333
August	3.86	5	6	0	19	16	102.2	105	14	22	73	1st Inning Pitched	.315	445	140	24	3	17	91	34	87	.363	.497
Sept/Oct	4.50	5	3	1	18	14	90.0	90	13	25	63	First 75 Pitches	.274	1735	476	98	12	54	222	150	316	.337	.438
Starter	5.11	35	35	0	102	102	549.1	602	72	198	384	Pitch 76-90	.268	284	76	13	0	10	41	29	40	.338	.419
Reliever	2.10	0	0	1	10	0	25.2	18	2	6	16	Pitch 91-105	.310	158	49	16	1	6	22	18	30	.380	.538
0-3 Days Rest (Start)	7.30	0	1	0	2	2	12.1	18	2	4	8	Pitch 106+	.271	70	19	7	0	4	9	7	14	.346	.543
4 Days Rest	5.20	20	14	0	53	53	278.2	299	41	109	189	First Pitch	.382	314	120	31	3	13	52	3	0	.389	.627
5+ Days Rest	4.91	15	20	1	47	47	258.0	285	29	85	187	Ahead in Count	.201	1055	212	41	2	20	74	0	355	.208	.300
vs. AL	4.58	21	21	1	73	64	371.0	376	47	124	260	Behind in Count	.360	431	155	31	3	29	103	110	0	.494	.647
vs. NL	5.69	14	14	0	39	38	204.0	244	27	80	140	Two Strikes	.186	1090	203	37	6	23	86	91	400	.252	.294
Pre-All Star	5.21	21	24	0	65	62	328.1	353	36	133	232	Pre-All Star	.274	1287	353	81	7	36	171	133	232	.347	.432
Post-All Star	4.67	14	11	1	47	40	246.2	267	38	71	168	Post-All Star	.278	960	267	53	6	38	123	71	168	.331	.465

Luis Castillo — Marlins
Age 26 – Bats Both (groundball hitter)

	Avg	G	AB	R	H	2B	3B	HR	RBI	BB	SO	HBP	GDP	SB	CS	OBP	SLG	IBB	SH	SF	#Pit	#P/PA	GB	FB	G/F
2001 Season	.263	134	537	76	141	16	10	2	45	67	90	1	6	33	16	.344	.341	0	4	3	2528	4.13	254	98	2.59
Last Five Years	.284	517	1979	301	562	67	19	5	108	261	347	2	27	164	65	.367	.345	0	21	6	9374	4.13	1049	240	4.37

2001 Season

	Avg	AB	H	2B	3B	HR	RBI	BB	SO	OBP	SLG		Avg	AB	H	2B	3B	HR	RBI	BB	SO	OBP	SLG
vs. Left	.281	128	36	6	4	2	16	17	18	.361	.438	First Pitch	.327	49	16	3	3	0	6	0	0	.327	.510
vs. Right	.257	409	105	10	6	0	29	50	72	.338	.311	Ahead in Count	.347	101	35	6	2	1	6	23	0	.464	.475
Home	.267	247	66	9	6	1	23	29	41	.345	.364	Behind in Count	.197	254	50	4	4	1	19	0	74	.195	.256
Away	.259	290	75	7	4	1	22	38	49	.342	.321	Two Strikes	.212	278	59	4	4	1	24	44	90	.321	.266
Day	.274	135	37	5	2	2	10	9	25	.322	.385	Batting #1	.265	532	141	16	10	2	45	67	90	.347	.344
Night	.259	402	104	11	8	0	35	58	65	.351	.326	Batting #9	.000	3	0	0	0	0	0	0	0	.000	.000
Grass	.274	460	126	15	7	2	38	51	79	.346	.350	Other	.000	2	0	0	0	0	0	0	0	.000	.000
Turf	.195	77	15	1	3	0	7	16	11	.330	.286	April	.215	93	20	2	2	1	6	17	19	.336	.312
Pre-All Star	.266	316	84	8	6	1	20	48	60	.362	.339	May	.250	112	28	2	2	0	3	12	20	.320	.304
Post-All Star	.258	221	57	8	4	1	25	19	30	.315	.344	June	.326	86	28	4	2	0	8	17	17	.442	.419
Inning 1-6	.266	379	101	11	5	1	30	42	69	.339	.330	July	.375	80	30	3	0	1	11	6	11	.414	.413
Inning 7+	.253	158	40	5	5	1	15	25	21	.355	.367	August	.221	113	25	4	2	1	11	10	13	.285	.319
Scoring Posn	.327	98	32	4	3	0	43	18	15	.420	.429	Sept/Oct	.189	53	10	1	2	0	6	5	10	.254	.283
Close & Late	.171	76	13	2	1	0	5	8	12	.250	.224	vs. AL	.339	56	19	1	1	0	7	9	12	.424	.393
None on/out	.280	232	65	8	4	1	5	30	29	.365	.362	vs. NL	.254	481	122	15	9	2	38	58	78	.334	.335

2001 By Position

Position	Avg	AB	H	2B	3B	HR	RBI	BB	SO	OBP	SLG	G	GS	Innings	PO	A	E	DP	Fld Pct	Rng Fctr	In Zone	Zone Outs	Zone Rtg	MLB Zone
As 2b	.263	536	141	16	10	2	45	67	90	.344	.341	133	131	1157.0	260	387	13	99	.980	5.03	403	339	.841	.824

Last Five Years

	Avg	AB	H	2B	3B	HR	RBI	BB	SO	OBP	SLG		Avg	AB	H	2B	3B	HR	RBI	BB	SO	OBP	SLG
vs. Left	.277	466	129	22	8	5	31	65	73	.363	.391	First Pitch	.357	210	75	8	4	0	19	0	0	.355	.433
vs. Right	.286	1513	433	45	11	0	77	196	274	.368	.330	Ahead in Count	.382	393	150	23	3	4	32	133	0	.537	.486
Home	.288	962	277	31	10	2	48	144	168	.381	.353	Behind in Count	.215	912	196	17	11	1	33	0	283	.215	.261
Away	.280	1017	285	30	9	3	60	117	179	.354	.336	Two Strikes	.218	1039	226	21	9	1	38	128	347	.304	.258
Day	.284	553	157	22	4	4	31	58	95	.352	.360	Batting #1	.292	1801	525	63	18	4	94	234	309	.372	.353
Night	.284	1426	405	45	15	1	77	203	252	.373	.339	Batting #8	.216	125	27	4	0	1	11	19	29	.324	.272
Grass	.283	1666	472	56	14	4	88	220	294	.366	.341	Other	.189	53	10	0	1	0	3	8	9	.295	.226
Turf	.288	313	90	11	5	1	20	41	53	.370	.364	March/April	.258	310	80	12	4	1	11	52	57	.365	.332
Pre-All Star	.291	1092	318	40	10	2	43	157	198	.380	.352	May	.313	336	105	15	2	0	9	38	61	.381	.369
Post-All Star	.275	887	244	27	9	3	65	104	149	.351	.336	June	.286	357	102	10	4	1	18	50	67	.373	.345
Inning 1-6	.292	1406	411	48	12	4	69	166	226	.367	.352	July	.325	314	102	12	1	0	25	39	45	.397	.369
Inning 7+	.264	573	151	19	7	1	39	95	121	.368	.326	August	.273	410	112	13	4	2	26	46	72	.348	.339
Scoring Posn	.255	373	95	7	4	0	100	67	77	.363	.295	Sept/Oct	.242	252	61	5	4	1	19	36	45	.336	.306
Close & Late	.251	287	72	9	1	0	19	41	69	.344	.289	vs. AL	.316	209	66	7	2	1	19	31	35	.401	.383
None on/out	.305	846	258	34	9	2	2	96	141	.377	.374	vs. NL	.280	1770	496	60	17	4	89	230	312	.363	.340

Juan Castro — Reds
Age 30 – Bats Right

	Avg	G	AB	R	H	2B	3B	HR	RBI	BB	SO	HBP	GDP	SB	CS	OBP	SLG	IBB	SH	SF	#Pit	#P/PA	GB	FB	G/F
2001 Season	.223	96	242	27	54	10	0	3	13	13	50	0	9	0	0	.261	.302	2	4	2	914	3.50	80	72	1.11
Last Five Years	.213	309	762	75	162	32	3	9	54	49	141	0	25	0	2	.258	.298	4	19	6	2794	3.34	288	212	1.36

2001 Season

	Avg	AB	H	2B	3B	HR	RBI	BB	SO	OBP	SLG		Avg	AB	H	2B	3B	HR	RBI	BB	SO	OBP	SLG
vs. Left	.246	57	14	2	0	0	3	5	10	.306	.281	Scoring Posn	.163	49	8	1	0	2	12	7	8	.259	.306
vs. Right	.216	185	40	8	0	3	10	8	40	.246	.308	Close & Late	.205	39	8	0	0	1	3	3	10	.262	.282
Home	.203	128	26	9	0	0	3	8	25	.250	.273	None on/out	.271	70	19	3	0	1	1	2	10	.292	.357
Away	.246	114	28	1	0	3	10	5	25	.273	.333	Batting #7	.250	60	15	1	0	2	4	3	10	.286	.367
First Pitch	.378	37	14	2	0	1	5	2	0	.400	.514	Batting #8	.235	119	28	9	0	0	5	6	19	.270	.311
Ahead in Count	.204	49	10	2	0	1	5	4	0	.259	.306	Other	.175	63	11	0	0	1	4	4	21	.221	.222
Behind in Count	.185	108	20	4	0	1	2	0	45	.185	.250	Pre-All Star	.201	144	29	3	0	1	7	7	36	.237	.243
Two Strikes	.123	106	13	3	0	0	1	7	50	.177	.151	Post-All Star	.255	98	25	7	0	2	6	6	14	.295	.388

Last Five Years

	Avg	AB	H	2B	3B	HR	RBI	BB	SO	OBP	SLG		Avg	AB	H	2B	3B	HR	RBI	BB	SO	OBP	SLG
vs. Left	.213	188	40	9	1	1	10	19	30	.284	.287	First Pitch	.298	131	39	7	0	2	11	3	0	.311	.397
vs. Right	.213	574	122	23	2	8	44	30	111	.250	.301	Ahead in Count	.242	165	40	6	1	2	16	18	0	.312	.327
Home	.216	389	84	21	2	1	25	20	77	.253	.288	Behind in Count	.150	334	50	9	1	3	16	0	129	.149	.210
Away	.209	373	78	11	1	8	29	64	77	.264	.308	Two Strikes	.118	297	35	8	1	1	10	28	141	.194	.162
Day	.247	255	63	12	1	4	20	18	41	.295	.349	Batting #2	.196	143	28	6	0	1	12	10	23	.247	.259
Night	.195	507	99	20	2	5	34	31	100	.242	.272	Batting #8	.228	381	87	20	3	4	26	25	70	.275	.328
Grass	.198	562	111	20	2	6	37	38	108	.246	.272	Other	.197	238	47	6	0	4	16	14	48	.238	.273
Turf	.255	200	51	12	1	3	17	11	33	.294	.370	March/April	.200	55	11	1	0	1	4	0	9	.196	.273
Pre-All Star	.202	362	73	12	2	4	26	23	75	.247	.279	May	.192	156	30	5	1	1	9	10	37	.241	.256
Post-All Star	.223	400	89	20	1	5	28	26	66	.268	.315	June	.220	123	27	6	1	2	11	10	24	.274	.333
Inning 1-6	.209	487	102	23	2	6	33	28	85	.251	.302	July	.223	139	31	8	1	0	14	13	21	.286	.295
Inning 7+	.218	275	60	9	1	3	21	21	56	.271	.291	August	.213	141	30	8	1	2	5	7	21	.248	.291
Scoring Posn	.212	170	36	5	1	4	46	15	33	.267	.324	Sept/Oct	.223	148	33	4	0	4	11	9	29	.268	.331
Close & Late	.207	116	24	3	0	2	10	7	25	.250	.284	vs. AL	.211	71	15	4	0	0	5	8	12	.284	.268
None on/out	.219	196	43	6	1	2	2	14	27	.271	.291	vs. NL	.213	691	147	28	3	9	49	41	129	.255	.301

Ramon Castro — Marlins
Age 26 – Bats Right (flyball hitter)

	Avg	G	AB	R	H	2B	3B	HR	RBI	BB	SO	HBP	GDP	SB	CS	OBP	SLG	IBB	SH	SF	#Pit	#P/PA	GB	FB	G/F
2001 Season	.182	7	11	0	2	0	0	0	1	1	1	0	0	0	0	.250	.182	0	0	0	40	3.33	3	7	0.43
Career (1999-2001)	.218	81	216	14	47	8	0	4	19	27	51	1	2	0	0	.304	.310	10	0	3	928	3.76	55	87	0.63

2001 Season

	Avg	AB	H	2B	3B	HR	RBI	BB	SO	OBP	SLG		Avg	AB	H	2B	3B	HR	RBI	BB	SO	OBP	SLG
vs. Left	1.000	2	2	0	0	0	1	0	0	1.000	1.000	Scoring Posn	1.000	1	1	0	0	0	1	1	0	1.000	1.000
vs. Right	.000	9	0	0	0	0	0	1	1	.100	.000	Close & Late	.333	3	1	0	0	0	1	1	0	.500	.333

Frank Catalanotto — Rangers
Age 28 – Bats Left

	Avg	G	AB	R	H	2B	3B	HR	RBI	BB	SO	HBP	GDP	SB	CS	OBP	SLG	IBB	SH	SF	#Pit	#P/PA	GB	FB	G/F
2001 Season	.330	133	463	77	153	31	5	11	54	39	55	8	5	15	5	.391	.490	3	1	1	1927	3.76	178	121	1.47
Career (1997-2001)	.301	438	1270	198	382	78	9	38	159	102	186	27	19	27	13	.362	.466	5	4	13	5283	3.73	461	381	1.21

2001 Season

	Avg	AB	H	2B	3B	HR	RBI	BB	SO	OBP	SLG		Avg	AB	H	2B	3B	HR	RBI	BB	SO	OBP	SLG
vs. Left	.326	46	15	2	1	0	4	5	8	.404	.413	First Pitch	.500	52	26	6	1	2	9	3	0	.544	.769
vs. Right	.331	417	138	29	4	11	50	34	47	.390	.499	Ahead in Count	.383	81	31	9	0	5	18	18	0	.495	.679
Home	.345	223	77	9	3	4	25	16	25	.402	.466	Behind in Count	.255	239	61	9	2	2	16	0	50	.269	.335
Away	.317	240	76	22	2	7	29	23	30	.382	.513	Two Strikes	.262	225	59	9	3	1	16	18	55	.327	.342
Day	.357	112	40	14	1	2	14	12	9	.433	.554	Batting #1	.337	332	112	22	3	7	37	27	41	.398	.485
Night	.322	351	113	17	4	9	40	27	46	.378	.470	Batting #6	.304	46	14	1	0	2	3	3	4	.360	.457
Grass	.342	409	140	28	4	10	47	33	47	.401	.504	Other	.318	85	27	8	2	2	14	9	10	.383	.529
Turf	.241	54	13	3	1	1	7	6	8	.323	.389	April	.286	42	12	3	0	2	7	2	7	.318	.500
Pre-All Star	.297	209	62	14	3	6	30	18	26	.364	.478	May	.316	57	18	5	2	2	7	4	1	.371	.579
Post-All Star	.358	254	91	17	2	5	24	21	29	.414	.500	June	.294	85	25	5	1	2	14	11	12	.388	.447
Inning 1-6	.343	315	108	25	3	7	37	24	37	.401	.508	July	.304	79	24	5	0	1	6	5	11	.353	.405
Inning 7+	.304	148	45	6	2	4	17	15	18	.372	.453	August	.431	109	47	9	1	3	15	9	16	.484	.615
Scoring Posn	.318	107	34	11	0	1	40	11	15	.383	.449	Sept/Oct	.297	91	27	4	1	1	5	8	8	.354	.396
Close & Late	.254	71	18	2	0	1	5	8	6	.329	.324	vs. AL	.329	398	131	28	4	10	48	33	41	.390	.495
None on/out	.333	171	57	10	4	6	6	11	20	.387	.544	vs. NL	.338	65	22	3	1	1	6	6	14	.403	.462

2001 By Position

Position	Avg	AB	H	2B	3B	HR	RBI	BB	SO	OBP	SLG	G	GS	Innings	PO	A	E	DP	Fld Pct	Rng Fctr	In Zone	Outs	Zone Rtg	MLB Zone
As Pinch Hitter	.316	19	6	2	1	0	4	5	2	.458	.526	25	0											
As 2b	.243	37	9	3	1	2	4	6	5	.349	.541	13	10	89.0	18	23	2	8	.953	4.15	31	19	.613	.824
As 3b	.308	26	8	2	0	1	5	0	5	.333	.500	11	6	53.0	6	17	1	0	.958	3.91	22	17	.773	.761
As lf	.326	313	102	22	2	6	35	25	38	.386	.466	78	72	647.1	168	2	1	0	.994	2.36	184	160	.870	.880
As rf	.400	50	20	2	1	2	6	3	3	.440	.600	15	14	113.0	19	0	0	0	1.000	1.51	19	17	.895	.884

Career (1997-2001)

	Avg	AB	H	2B	3B	HR	RBI	BB	SO	OBP	SLG		Avg	AB	H	2B	3B	HR	RBI	BB	SO	OBP	SLG
vs. Left	.301	103	31	6	1	0	15	13	17	.393	.379	First Pitch	.410	178	73	20	2	7	34	4	0	.423	.663
vs. Right	.301	1167	351	72	8	38	144	89	169	.359	.474	Ahead in Count	.359	234	84	19	0	13	42	51	0	.469	.607
Home	.300	657	197	28	6	19	72	48	101	.357	.447	Behind in Count	.230	625	144	24	4	12	58	0	166	.252	.339
Away	.302	613	185	50	3	19	87	54	85	.367	.486	Two Strikes	.240	600	144	24	5	11	56	47	186	.312	.352
Day	.313	358	112	25	3	9	43	32	47	.380	.475	Batting #1	.318	478	152	29	4	11	51	38	58	.382	.464
Night	.296	912	270	53	6	29	116	70	139	.355	.463	Batting #2	.285	239	68	18	1	6	24	24	41	.359	.444
Grass	.304	1107	337	65	8	34	135	89	157	.366	.470	Other	.293	553	162	31	4	21	84	40	87	.345	.477
Turf	.276	163	45	13	1	4	24	13	29	.333	.442	March/April	.345	119	41	11	1	4	20	10	20	.400	.555
Pre-All Star	.298	537	160	34	4	18	82	45	79	.363	.475	May	.302	179	54	8	2	7	27	12	17	.357	.486
Post-All Star	.303	733	222	45	5	20	77	57	107	.361	.460	June	.254	185	47	9	1	7	26	20	30	.340	.427
Inning 1-6	.311	807	251	53	5	26	104	70	113	.376	.486	July	.310	184	57	12	1	5	21	15	27	.366	.467
Inning 7+	.283	463	131	25	4	12	55	32	73	.337	.432	August	.342	325	111	25	3	10	40	18	43	.386	.529
Scoring Posn	.296	294	87	24	1	4	114	29	49	.364	.425	Sept/Oct	.259	278	72	13	1	5	25	27	49	.325	.367
Close & Late	.248	214	53	7	1	5	22	16	34	.306	.360	vs. AL	.302	1164	351	73	8	35	147	92	166	.362	.468
None on/out	.305	361	110	20	4	12	12	28	50	.365	.482	vs. NL	.292	106	31	5	1	3	12	10	20	.359	.443

Roger Cedeno — Tigers
Age 27 – Bats Both (groundball hitter)

	Avg	G	AB	R	H	2B	3B	HR	RBI	BB	SO	HBP	GDP	SB	CS	OBP	SLG	IBB	SH	SF	#Pit	#P/PA	GB	FB	G/F
2001 Season	.293	131	523	79	153	14	11	6	48	36	83	2	5	55	15	.337	.396	1	6	5	2051	3.59	234	93	2.52
Last Five Years	.287	545	1669	287	479	60	23	21	144	191	331	8	18	163	46	.361	.388	8	21	11	7069	3.72	704	312	2.26

2001 Season

	Avg	AB	H	2B	3B	HR	RBI	BB	SO	OBP	SLG		Avg	AB	H	2B	3B	HR	RBI	BB	SO	OBP	SLG
vs. Left	.282	142	40	3	4	3	14	8	31	.320	.423	First Pitch	.381	84	32	4	2	1	10	0	0	.376	.512
vs. Right	.297	381	113	11	7	3	34	28	52	.344	.386	Ahead in Count	.387	93	36	6	1	2	13	21	0	.500	.538
Home	.311	270	84	6	8	3	21	21	40	.361	.426	Behind in Count	.232	246	57	3	6	2	16	0	69	.233	.317
Away	.273	253	69	8	3	3	27	15	43	.311	.364	Two Strikes	.204	245	50	4	6	1	14	15	83	.252	.282
Day	.249	169	42	6	3	2	19	16	28	.312	.355	Batting #1	.294	520	153	14	11	6	48	35	83	.338	.398
Night	.314	354	111	8	8	4	29	20	55	.350	.415	Batting #8	.000	3	0	0	0	0	0	1	0	.250	.000
Grass	.295	484	143	12	9	6	45	35	76	.342	.395	Other	.000	0	0	0	0	0	0	0	0	.000	.000
Turf	.256	39	10	2	2	0	3	1	7	.275	.410	April	.171	70	12	0	0	0	3	7	11	.247	.171
Pre-All Star	.275	305	84	7	6	1	21	26	46	.330	.348	May	.322	118	38	4	5	1	11	12	20	.385	.466
Post-All Star	.317	218	69	7	5	5	27	10	37	.348	.463	June	.267	90	24	0	1	0	4	5	13	.309	.322
Inning 1-6	.307	375	115	12	7	4	29	27	53	.352	.408	July	.355	107	38	3	3	4	19	5	13	.377	.551
Inning 7+	.257	148	38	2	4	2	19	9	30	.300	.365	August	.311	103	32	3	2	0	8	6	19	.357	.379

2001 Season

	Avg	AB	H	2B	3B	HR	RBI	BB	SO	OBP	SLG		Avg	AB	H	2B	3B	HR	RBI	BB	SO	OBP	SLG
Scoring Posn	.318	110	35	1	3	2	43	11	20	.370	.436	Sept/Oct	.257	35	9	1	0	1	3	0	7	.250	.371
Close & Late	.324	68	22	1	2	0	10	3	11	.356	.397	vs. AL	.288	452	130	12	11	5	43	33	73	.335	.396
None on/out	.293	215	63	7	4	2	2	13	32	.336	.391	vs. NL	.324	71	23	2	0	1	5	3	10	.351	.394

2001 By Position

Position	Avg	AB	H	2B	3B	HR	RBI	BB	SO	OBP	SLG	G	GS	Innings	PO	A	E	DP	Fld Pct	Rng Fctr	In Zone	Outs	Zone Rtg	MLB Zone
As cf	.325	268	87	10	5	4	28	16	39	.362	.444	67	65	538.0	133	1	5	0	.964	2.24	161	134	.832	.892
As rf	.260	231	60	4	5	2	17	20	39	.319	.346	55	55	482.2	103	4	7	1	.939	2.00	115	103	.896	.884

Last Five Years

	Avg	AB	H	2B	3B	HR	RBI	BB	SO	OBP	SLG		Avg	AB	H	2B	3B	HR	RBI	BB	SO	OBP	SLG
vs. Left	.255	411	105	15	5	12	41	48	116	.335	.404	First Pitch	.363	245	89	17	3	5	29	6	0	.379	.518
vs. Right	.297	1258	374	45	18	9	103	143	215	.369	.383	Ahead in Count	.382	327	125	14	3	8	49	103	0	.528	.517
Home	.276	822	227	22	15	15	69	95	166	.362	.394	Behind in Count	.246	781	192	22	11	6	47	0	264	.248	.325
Away	.298	847	252	38	8	6	75	96	165	.370	.383	Two Strikes	.205	806	165	20	12	4	41	82	331	.279	.274
Day	.262	538	141	17	8	10	48	62	121	.339	.379	Batting #1	.291	990	288	29	15	15	82	83	184	.347	.396
Night	.299	1131	338	43	15	11	96	129	210	.371	.393	Batting #2	.268	299	80	11	2	4	25	54	55	.376	.358
Grass	.288	1432	412	44	20	21	123	164	279	.362	.390	Other	.292	380	111	20	6	2	37	54	92	.381	.392
Turf	.283	237	67	16	3	0	21	27	52	.356	.376	March/April	.197	208	41	5	2	1	15	33	39	.306	.255
Pre-All Star	.279	921	257	32	14	7	77	125	169	.366	.367	May	.316	367	116	12	7	5	34	53	70	.401	.428
Post-All Star	.297	748	222	28	9	14	67	66	162	.355	.414	June	.279	262	73	10	5	1	21	31	45	.357	.366
Inning 1-6	.291	1122	327	40	14	13	87	124	199	.362	.387	July	.312	285	89	16	6	9	36	23	56	.364	.474
Inning 7+	.278	547	152	20	9	8	57	67	132	.358	.391	August	.285	309	88	10	2	3	23	30	67	.352	.359
Scoring Posn	.273	362	99	6	5	7	123	58	85	.370	.376	Sept/Oct	.303	238	72	7	1	5	15	21	54	.356	.403
Close & Late	.245	253	62	6	4	2	26	28	64	.322	.332	vs. AL	.278	547	152	18	12	6	52	45	95	.334	.388
None on/out	.317	555	176	17	10	8	8	44	101	.368	.427	vs. NL	.291	1122	327	42	11	15	92	146	236	.374	.389

Shawn Chacon — *Rockies*   Age 24 – Pitches Right

	ERA	W	L	Sv	G	GS	IP	BB	SO	Avg	H	2B	3B	HR	RBI	OBP	SLG	CG	ShO	Sup	QS	#P/S	SB	CS	GB	FB	G/F
2001 Season	5.06	6	10	0	27	27	160.0	87	134	.260	157	37	6	26	89	.360	.469	0	0	5.34	14	100	14	4	195	162	1.20

2001 Season

	ERA	W	L	Sv	G	GS	IP	H	HR	BB	SO		Avg	AB	H	2B	3B	HR	RBI	BB	SO	OBP	SLG
Home	5.27	4	5	0	13	13	80.1	74	19	40	73	vs. Left	.261	253	66	13	3	9	38	45	59	.375	.443
Away	4.86	2	5	0	14	14	79.2	83	7	47	61	vs. Right	.259	352	91	24	3	17	51	42	75	.349	.489
Starter	5.06	6	10	0	27	27	160.0	157	26	87	134	Scoring Posn	.276	156	43	16	0	4	58	26	43	.376	.455
Reliever	0.00	0	0	0	0	0	0.0	0	0	0	0	Close & Late	.417	12	5	0	1	0	1	1	1	.462	.583
0-3 Days Rest (Start)	0.00	0	0	0	0	0	0.0	0	0	0	0	None on/out	.265	151	40	10	4	7	7	21	29	.369	.523
4 Days Rest	4.08	4	3	0	10	10	64.0	63	12	26	49	First Pitch	.339	59	20	2	1	5	14	8	0	.412	.661
5+ Days Rest	5.72	2	7	0	17	17	96.0	94	14	61	85	Ahead in Count	.203	305	62	15	4	7	25	0	113	.213	.348
Pre-All Star	6.27	4	5	0	13	13	74.2	77	13	35	71	Behind in Count	.331	142	47	12	0	9	26	43	0	.492	.606
Post-All Star	4.01	2	5	0	14	14	85.1	80	13	52	63	Two Strikes	.158	291	46	10	5	8	27	36	134	.252	.309

Norm Charlton — *Mariners*   Age 39 – Pitches Left

	ERA	W	L	Sv	G	GS	IP	BB	SO	Avg	H	2B	3B	HR	RBI	OBP	SLG	GF	IR	IRS	Hld	SvOp	SB	CS	GB	FB	G/F
2001 Season	3.02	4	2	1	44	0	47.2	11	48	.212	36	6	0	4	18	.274	.318	10	27	9	12	2	3	2	58	41	1.41
Last Five Years	5.56	11	14	16	208	0	218.2	133	196	.273	233	46	4	21	151	.375	.410	78	135	50	41	30	18	11	307	212	1.45

2001 Season

	ERA	W	L	Sv	G	GS	IP	H	HR	BB	SO		Avg	AB	H	2B	3B	HR	RBI	BB	SO	OBP	SLG
Home	1.90	1	1	1	21	0	23.2	14	1	5	19	vs. Left	.169	71	12	2	0	2	9	5	18	.253	.282
Away	4.13	3	1	0	23	0	24.0	22	3	6	29	vs. Right	.242	99	24	4	0	2	9	6	30	.290	.343
Starter	0.00	0	0	0	0	0	0.0	0	0	0	0	Scoring Posn	.222	45	10	2	0	1	14	4	18	.294	.333
Reliever	3.02	4	2	1	44	0	47.2	36	4	11	48	Close & Late	.182	66	12	1	0	2	8	9	21	.289	.288
0 Days Rest (Relief)	6.75	1	1	0	8	0	6.2	9	0	2	9	None on/out	.311	45	14	1	0	3	3	3	6	.354	.533
1 or 2 Days Rest	3.38	1	1	1	16	0	16.0	11	4	5	15	First Pitch	.333	24	8	0	0	1	2	0	0	.333	.458
3+ Days Rest	1.80	2	0	0	20	0	25.0	16	0	4	24	Ahead in Count	.095	74	7	0	0	0	1	0	39	.130	.095
Pre-All Star	3.86	2	1	1	22	0	25.2	21	3	6	27	Behind in Count	.389	36	14	3	0	3	10	6	0	.488	.722
Post-All Star	2.05	2	1	0	22	0	22.0	15	1	5	21	Two Strikes	.088	80	7	1	0	0	3	5	48	.169	.100

Last Five Years

	ERA	W	L	Sv	G	GS	IP	H	HR	BB	SO		Avg	AB	H	2B	3B	HR	RBI	BB	SO	OBP	SLG
Home	5.91	7	8	9	107	0	115.2	120	13	66	101	vs. Left	.264	292	77	14	1	6	62	43	61	.367	.380
Away	5.16	4	6	7	101	0	103.0	113	8	67	95	vs. Right	.278	561	156	32	3	15	89	90	135	.379	.426
Day	4.23	3	3	7	67	0	76.2	76	8	39	60	Inning 1-6	.284	88	25	5	0	1	23	17	22	.413	.375
Night	6.27	8	11	9	141	0	142.0	157	13	94	136	Inning 7+	.272	765	208	41	4	20	128	116	174	.371	.414
Grass	4.60	7	6	8	126	0	133.0	128	10	76	115	None on	.258	392	101	18	1	10	10	57	88	.358	.385
Turf	7.04	4	8	8	82	0	85.2	105	11	57	81	Runners on	.286	461	132	28	3	11	141	76	108	.390	.432
March/April	6.69	1	1	1	34	0	39.0	50	5	23	37	Scoring Posn	.277	296	82	21	3	8	134	59	75	.396	.449
May	6.94	2	4	3	35	0	35.0	40	4	23	28	Close & Late	.251	386	97	20	3	8	68	61	95	.357	.381
June	5.53	2	3	2	37	0	40.2	45	3	30	37	None on/out	.333	192	64	10	1	9	9	18	34	.390	.536
July	5.65	1	3	2	27	0	28.2	31	2	20	27	vs. 1st Batr (relief)	.298	181	54	7	1	6	25	26	33	.386	.448
August	3.44	1	0	1	35	0	36.2	25	2	20	37	1st Inning Pitched	.283	669	189	35	4	16	132	104	158	.383	.419
Sept/Oct	5.12	3	3	1	40	0	38.2	42	4	17	30	First 15 Pitches	.291	523	152	23	3	13	83	72	122	.380	.421
Starter	0.00	0	0	0	0	0	0.0	0	0	0	0	Pitch 16-30	.250	276	69	20	1	7	54	45	61	.360	.406
Reliever	5.56	11	14	16	208	0	218.2	233	21	133	196	Pitch 31-45	.231	52	12	3	0	1	0	14	16	.420	.346

Last Five Years

	ERA	W	L	Sv	G	GS	IP	H	HR	BB	SO		Avg	AB	H	2B	3B	HR	RBI	BB	SO	OBP	SLG
0 Days Rest (Relief)	8.47	3	5	5	39	0	34.0	45	4	27	27	Pitch 46+	.000	2	0	0	0	0	0	0	0	.000	.000
1 or 2 Days Rest	4.54	4	7	9	100	0	107.0	107	11	58	97	First Pitch	.315	111	35	4	1	3	21	1	0	.325	.450
3+ Days Rest	5.68	4	2	2	69	0	77.2	81	6	48	72	Ahead in Count	.207	358	74	16	2	8	48	0	159	.218	.330
vs. AL	5.73	10	12	14	170	0	171.1	194	19	101	163	Behind in Count	.361	205	74	14	1	8	47	81	0	.544	.556
vs. NL	4.94	1	2	2	38	0	47.1	39	2	32	33	Two Strikes	.176	376	66	14	1	9	52	51	196	.283	.290
Pre-All Star	6.33	6	9	12	112	0	122.1	142	13	80	112	Pre-All Star	.290	489	142	28	3	13	91	80	112	.391	.440
Post-All Star	4.58	5	5	4	96	0	96.1	91	8	53	84	Post-All Star	.250	364	91	18	1	8	60	53	84	.354	.371

Endy Chavez — Royals   Age 24 – Bats Left

	Avg	G	AB	R	H	2B	3B	HR	RBI	BB	SO	HBP	GDP	SB	CS	OBP	SLG	IBB	SH	SF	#Pit	#P/PA	GB	FB	G/F
2001 Season	.208	29	77	4	16	2	0	0	5	3	8	0	3	0	2	.238	.234	0	0	0	272	3.40	36	16	2.25

2001 Season

	Avg	AB	H	2B	3B	HR	RBI	BB	SO	OBP	SLG		Avg	AB	H	2B	3B	HR	RBI	BB	SO	OBP	SLG
vs. Left	.286	7	2	0	0	0	0	0	1	.286	.286	Scoring Posn	.385	13	5	0	0	0	4	0	2	.385	.385
vs. Right	.200	70	14	2	0	0	5	3	7	.233	.229	Close & Late	.375	8	3	0	0	0	1	1	2	.444	.375

Eric Chavez — Athletics   Age 24 – Bats Left

	Avg	G	AB	R	H	2B	3B	HR	RBI	BB	SO	HBP	GDP	SB	CS	OBP	SLG	IBB	SH	SF	#Pit	#P/PA	GB	FB	G/F
2001 Season	.288	151	552	91	159	43	0	32	114	41	99	4	7	8	2	.338	.540	9	0	7	2289	3.79	205	173	1.18
Career (1998-2001)	.275	435	1454	233	400	91	7	71	256	152	254	5	24	12	6	.343	.494	22	0	12	6136	3.78	532	479	1.11

2001 Season

	Avg	AB	H	2B	3B	HR	RBI	BB	SO	OBP	SLG		Avg	AB	H	2B	3B	HR	RBI	BB	SO	OBP	SLG
vs. Left	.257	183	47	8	0	7	35	10	39	.299	.415	First Pitch	.393	61	24	5	0	8	19	9	0	.458	.869
vs. Right	.304	369	112	35	0	25	79	31	60	.356	.602	Ahead in Count	.427	96	41	14	0	11	38	22	0	.516	.917
Home	.296	257	76	21	0	14	40	28	47	.366	.541	Behind in Count	.237	295	70	18	0	8	39	0	84	.239	.380
Away	.281	295	83	22	0	18	74	13	52	.312	.539	Two Strikes	.194	289	56	13	0	8	35	10	99	.223	.322
Day	.275	189	52	11	0	9	26	21	37	.344	.476	Batting #7	.288	177	51	15	0	10	31	16	31	.344	.542
Night	.295	363	107	32	0	23	88	20	62	.334	.573	Batting #8	.313	144	45	12	0	6	29	15	30	.384	.521
Grass	.289	499	144	38	0	31	104	39	92	.341	.551	Other	.273	231	63	16	0	16	54	10	38	.302	.550
Turf	.283	53	15	5	0	1	10	2	7	.304	.434	April	.247	93	23	8	0	4	14	9	27	.317	.462
Pre-All Star	.245	302	74	25	0	11	46	22	68	.301	.437	May	.297	101	30	11	0	2	11	7	20	.349	.465
Post-All Star	.340	250	85	18	0	21	68	19	31	.382	.664	June	.190	84	16	4	0	5	18	5	16	.250	.417
Inning 1-6	.287	376	108	31	0	19	64	24	66	.331	.521	July	.300	70	21	6	0	5	18	9	11	.370	.600
Inning 7+	.290	176	51	12	0	13	50	17	33	.352	.580	August	.297	101	30	7	0	6	22	4	8	.318	.545
Scoring Posn	.302	149	45	8	0	10	82	17	29	.366	.557	Sept/Oct	.379	103	39	7	0	10	31	7	17	.414	.738
Close & Late	.333	87	29	4	0	5	17	9	18	.402	.552	vs. AL	.299	502	150	41	0	30	105	40	91	.352	.560
None on/out	.341	132	45	13	0	8	8	9	24	.387	.621	vs. NL	.180	50	9	2	0	2	9	1	8	.189	.340

2001 By Position

Position	Avg	AB	H	2B	3B	HR	RBI	BB	SO	OBP	SLG	G	GS	Innings	PO	A	E	DP	Fld Pct	Rng Fctr	In Zone	Zone Outs	Zone Rtg	MLB Zone
As 3b	.289	544	157	42	0	32	114	41	98	.339	.542	149	146	1300.2	100	321	12	27	.972	2.91	408	341	.836	.761

Career (1998-2001)

	Avg	AB	H	2B	3B	HR	RBI	BB	SO	OBP	SLG		Avg	AB	H	2B	3B	HR	RBI	BB	SO	OBP	SLG
vs. Left	.227	357	81	15	2	10	54	26	79	.281	.364	First Pitch	.349	186	65	13	1	18	49	19	0	.403	.720
vs. Right	.291	1097	319	76	5	61	202	126	175	.363	.536	Ahead in Count	.345	290	100	30	2	22	69	87	0	.491	.690
Home	.280	690	193	47	5	37	113	82	116	.356	.523	Behind in Count	.236	725	171	36	0	19	94	0	223	.236	.364
Away	.271	764	207	44	2	34	143	70	138	.331	.467	Two Strikes	.203	714	145	31	1	18	85	46	254	.252	.325
Day	.284	522	148	28	1	26	83	63	96	.359	.490	Batting #7	.266	448	119	27	2	18	59	51	76	.338	.455
Night	.270	932	252	63	6	45	173	89	158	.334	.496	Batting #8	.296	679	201	43	5	34	125	80	120	.371	.524
Grass	.273	1311	358	81	7	68	233	144	233	.345	.501	Other	.245	327	80	21	0	19	72	21	58	.290	.483
Turf	.294	143	42	10	0	3	23	8	21	.327	.427	March/April	.259	247	64	19	2	7	30	28	54	.336	.437
Pre-All Star	.250	777	194	46	5	31	114	91	152	.329	.441	May	.255	243	62	15	2	9	31	29	45	.335	.444
Post-All Star	.304	677	206	45	2	40	142	61	102	.360	.554	June	.251	223	56	10	1	12	45	27	34	.335	.466
Inning 1-6	.277	961	266	64	7	44	163	100	160	.344	.495	July	.271	192	52	13	0	12	39	24	40	.347	.526
Inning 7+	.272	493	134	27	0	27	93	52	94	.342	.491	August	.311	264	82	20	1	15	51	16	36	.350	.564
Scoring Posn	.275	363	100	21	1	14	174	61	63	.372	.455	Sept/Oct	.295	285	84	14	1	16	60	28	45	.356	.519
Close & Late	.259	205	53	7	0	7	29	27	48	.348	.395	vs. AL	.280	1325	371	83	7	65	238	143	229	.350	.500
None on/out	.303	373	113	27	0	19	19	27	57	.353	.528	vs. NL	.225	129	29	8	0	6	18	9	25	.271	.426

Bruce Chen — Mets   Age 25 – Pitches Left (flyball pitcher)

	ERA	W	L	Sv	G	GS	IP	BB	SO	Avg	H	2B	3B	HR	RBI	OBP	SLG	CG	ShO	Sup	QS	#P/S	SB	CS	GB	FB	G/F
2001 Season	4.87	7	7	0	27	27	146.0	59	126	.259	146	37	7	29	81	.327	.504	0	0	5.30	9	91	10	7	134	215	0.62
Career (1998-2001)	4.30	18	13	0	84	53	351.1	141	300	.244	323	74	8	61	169	.317	.449	0	0	4.89	20	93	22	16	305	506	0.60

2001 Season

	ERA	W	L	Sv	G	GS	IP	H	HR	BB	SO		Avg	AB	H	2B	3B	HR	RBI	BB	SO	OBP	SLG
Home	3.51	4	4	0	12	12	74.1	63	12	32	63	vs. Left	.278	90	25	6	2	5	12	13	22	.369	.556
Away	6.28	3	3	0	15	15	71.2	83	17	27	63	vs. Right	.256	473	121	31	5	24	69	46	104	.319	.495
Starter	4.87	7	7	0	27	27	146.0	146	29	59	126	Scoring Posn	.237	114	27	8	0	7	50	21	26	.338	.491
Reliever	0.00	0	0	0	0	0	0.0	0	0	0	0	Close & Late	.286	21	6	1	1	0	2	3	2	.375	.429
0-3 Days Rest (Start)	0.00	0	0	0	0	0	0.0	0	0	0	0	None on/out	.250	148	37	9	2	5	5	13	32	.311	.439

2001 Season

	ERA	W	L	Sv	G	GS	IP	H	HR	BB	SO		Avg	AB	H	2B	3B	HR	RBI	BB	SO	OBP	SLG
4 Days Rest	4.78	5	2	0	12	12	64.0	61	13	30	54	First Pitch	.327	55	18	5	2	3	10	3	0	.350	.655
5+ Days Rest	4.94	2	5	0	15	15	82.0	85	16	29	72	Ahead in Count	.189	297	56	10	2	9	26	0	105	.189	.327
Pre-All Star	5.00	4	5	0	16	16	86.1	90	19	31	79	Behind in Count	.404	109	44	15	2	9	24	25	0	.515	.826
Post-All Star	4.68	3	2	0	11	11	59.2	56	10	28	47	Two Strikes	.167	288	48	9	3	8	23	31	126	.248	.302

Career (1998-2001)

	ERA	W	L	Sv	G	GS	IP	H	HR	BB	SO		Avg	AB	H	2B	3B	HR	RBI	BB	SO	OBP	SLG
Home	4.19	8	8	0	40	25	172.0	152	29	77	141	vs. Left	.248	258	64	12	3	11	29	61	.331	.446
Away	4.42	10	5	0	44	28	179.1	171	32	64	159	vs. Right	.243	1068	259	62	5	50	138	112	239	.313	.450
Day	3.52	5	4	0	25	14	102.1	87	13	36	90	Inning 1-6	.238	1124	267	59	7	53	144	108	268	.305	.444
Night	4.63	13	9	0	59	39	249.0	236	48	105	210	Inning 7+	.277	202	56	15	1	8	25	33	32	.378	.480
Grass	4.46	9	9	0	59	32	216.0	211	37	89	191	None on	.236	825	195	44	6	36	36	83	192	.308	.435
Turf	4.06	5	4	0	25	21	135.1	112	24	52	109	Runners on	.255	501	128	30	2	25	133	58	108	.330	.473
March/April	2.87	4	1	0	10	5	37.2	34	6	15	37	Scoring Posn	.215	265	57	14	0	14	101	43	63	.316	.426
May	5.40	1	2	0	12	6	43.1	40	10	19	34	Close & Late	.247	81	20	3	1	0	4	16	15	.367	.309
June	3.74	3	1	0	13	6	45.2	44	7	17	38	None on/out	.246	354	87	23	2	14	14	29	72	.306	.441
July	5.23	2	4	0	13	9	53.1	54	11	22	52	vs. 1st Batr (relief)	.148	27	4	3	0	0	0	4	4	.258	.259
August	4.29	5	2	0	15	11	79.2	63	13	35	63	1st Inning Pitched	.260	312	81	20	3	15	58	48	67	.358	.487
Sept/Oct	4.12	3	3	0	21	16	91.2	88	14	33	76	First 75 Pitches	.240	1048	252	60	4	48	132	115	256	.316	.443
Starter	4.43	13	13	0	53	53	300.2	280	54	112	256	Pitch 76-90	.253	150	38	9	3	9	24	16	26	.325	.533
Reliever	3.55	5	0	0	31	0	50.2	43	7	29	44	Pitch 91-105	.232	95	22	3	0	1	5	7	14	.284	.295
0-3 Days Rest (Start)	0.00	1	0	0	2	2	13.2	5	0	2	11	Pitch 106+	.333	33	11	2	1	3	8	3	4	.389	.727
4 Days Rest	4.61	7	7	0	24	24	138.2	131	26	58	111	First Pitch	.288	146	42	11	2	8	22	8	0	.323	.555
5+ Days Rest	4.67	5	6	0	27	27	148.1	144	28	52	134	Ahead in Count	.187	696	130	26	2	21	67	0	259	.188	.320
vs. AL	4.20	1	1	0	8	4	30.0	21	7	13	26	Behind in Count	.331	248	82	20	3	18	46	66	0	.470	.653
vs. NL	4.31	17	12	0	76	49	321.1	302	54	128	274	Two Strikes	.172	691	119	25	3	20	61	67	300	.248	.304
Pre-All Star	4.37	8	6	0	41	19	142.0	138	28	58	125	Pre-All Star	.250	551	138	37	6	28	75	58	125	.323	.492
Post-All Star	4.26	10	7	0	43	34	209.1	185	33	83	175	Post-All Star	.239	775	185	37	2	33	94	83	175	.312	.419

Scott Chiasson — Cubs
Age 24 – Pitches Right

	ERA	W	L	Sv	G	GS	IP	BB	SO	Avg	H	2B	3B	HR	RBI	OBP	SLG	GF	IR	IRS	Hld	SvOp	SB	CS	GB	FB	G/F
2001 Season	2.70	1	1	0	6	0	6.2	2	6	.200	5	0	0	2	2	.286	.440	3	1	0	1	0	0	0	10	8	1.25

2001 Season

	ERA	W	L	Sv	G	GS	IP	H	HR	BB	SO		Avg	AB	H	2B	3B	HR	RBI	BB	SO	OBP	SLG
Home	0.00	1	0	0	2	0	2.1	0	0	1	2	vs. Left	.333	9	3	0	0	2	2	1	2	.400	1.000
Away	4.15	0	1	0	4	0	4.1	5	2	1	4	vs. Right	.125	16	2	0	0	0	0	1	4	.222	.125

Randy Choate — Yankees
Age 26 – Pitches Left

	ERA	W	L	Sv	G	GS	IP	BB	SO	Avg	H	2B	3B	HR	RBI	OBP	SLG	GF	IR	IRS	Hld	SvOp	SB	CS	GB	FB	G/F
2001 Season	3.35	3	1	0	37	0	48.1	27	35	.202	34	13	0	0	14	.341	.280	13	19	4	3	0	2	1	64	50	1.28
Career (2000-2001)	3.72	3	2	0	59	0	65.1	35	47	.206	48	17	1	3	23	.332	.326	19	36	8	5	0	5	1	84	80	1.05

2001 Season

	ERA	W	L	Sv	G	GS	IP	H	HR	BB	SO		Avg	AB	H	2B	3B	HR	RBI	BB	SO	OBP	SLG
Home	3.95	1	1	0	22	0	27.1	20	0	16	19	vs. Left	.183	71	13	5	0	0	3	10	24	.318	.254
Away	2.57	2	0	0	15	0	21.0	14	0	11	16	vs. Right	.216	97	21	8	0	0	11	17	11	.358	.299
Starter	0.00	0	0	0	0	0	0.0	0	0	0	0	Scoring Posn	.234	47	11	5	0	0	13	7	13	.351	.340
Reliever	3.35	3	1	0	37	0	48.1	34	0	27	35	Close & Late	.250	16	4	0	0	0	3	5	.429	.250
0 Days Rest (Relief)	3.38	1	0	0	6	0	5.1	4	0	7	4	None on/out	.175	40	7	2	0	0	0	8	7	.313	.225
1 or 2 Days Rest	0.68	1	0	0	11	0	13.1	6	0	8	8	First Pitch	.368	19	7	2	0	0	1	2	0	.429	.474
3+ Days Rest	4.55	1	1	0	20	0	29.2	24	0	12	23	Ahead in Count	.161	87	14	7	0	0	7	0	28	.207	.241
Pre-All Star	3.04	2	1	0	20	0	23.2	11	0	13	24	Behind in Count	.297	37	11	3	0	0	5	13	0	.500	.378
Post-All Star	3.65	1	0	0	17	0	24.2	23	0	14	11	Two Strikes	.120	92	11	6	0	0	6	12	35	.236	.185

Bobby Chouinard — Rockies
Age 30 – Pitches Right

	ERA	W	L	Sv	G	GS	IP	BB	SO	Avg	H	2B	3B	HR	RBI	OBP	SLG	GF	IR	IRS	Hld	SvOp	SB	CS	GB	FB	G/F
2001 Season	8.22	0	0	0	8	0	7.2	1	5	.303	10	3	0	4	9	.324	.758	5	2	2	0	0	0	11	12	0.92
Last Five Years	3.84	7	6	1	98	2	122.0	33	78	.262	122	23	2	16	73	.308	.423	29	58	19	16	5	13	3	153	149	1.03

2001 Season

	ERA	W	L	Sv	G	GS	IP	H	HR	BB	SO		Avg	AB	H	2B	3B	HR	RBI	BB	SO	OBP	SLG
Home	8.31	0	0	0	5	0	4.1	5	3	1	2	vs. Left	.200	15	3	1	0	2	4	1	4	.250	.667
Away	8.10	0	0	0	3	0	3.1	5	1	0	3	vs. Right	.389	18	7	2	0	2	5	0	1	.389	.833

Last Five Years

	ERA	W	L	Sv	G	GS	IP	H	HR	BB	SO		Avg	AB	H	2B	3B	HR	RBI	BB	SO	OBP	SLG
Home	3.72	4	2	1	51	1	67.2	68	7	21	45	vs. Left	.272	180	49	11	1	7	27	12	36	.318	.461
Away	3.98	3	4	0	47	1	54.1	54	9	12	33	vs. Right	.255	286	73	12	1	9	46	21	42	.302	.399
Day	2.78	1	0	0	29	0	35.2	35	5	8	23	Inning 1-6	.292	72	21	4	1	2	17	7	6	.337	.458
Night	4.27	6	6	1	69	2	86.1	87	11	25	55	Inning 7+	.256	394	101	19	1	14	56	26	72	.302	.416
Grass	3.86	5	5	1	86	2	109.2	109	15	29	67	None on	.261	257	67	13	0	9	9	16	44	.307	.416
Turf	3.65	2	1	0	12	0	12.1	13	1	4	11	Runners on	.263	209	55	10	2	7	64	17	34	.309	.431
March/April	0.00	1	0	0	2	0	4.0	3	0	3	1	Scoring Posn	.274	117	32	6	1	3	52	17	14	.348	.419
May	7.00	0	0	0	7	0	9.0	14	3	1	6	Close & Late	.221	163	36	5	0	6	22	16	34	.291	.362
June	6.43	0	0	0	4	0	7.0	8	2	1	5	None on/out	.241	108	26	7	0	3	3	5	15	.281	.389

75

Last Five Years

	ERA	W	L	Sv	G	GS	IP	H	HR	BB	SO		Avg	AB	H	2B	3B	HR	RBI	BB	SO	OBP	SLG
July	3.08	3	3	0	27	0	38.0	31	3	12	26	vs. 1st Batr (relief)	.250	88	22	3	0	3	13	6	14	.302	.386
August	3.57	2	3	0	31	0	35.1	37	6	9	24	1st Inning Pitched	.241	323	78	13	1	11	54	27	50	.296	.390
Sept/Oct	4.08	1	0	1	27	2	28.2	29	2	7	16	First 15 Pitches	.246	281	69	11	0	9	38	24	39	.302	.381
Starter	6.00	0	0	0	2	2	6.0	7	0	2	1	Pitch 16-30	.299	144	43	8	2	7	31	7	31	.327	.528
Reliever	3.72	7	6	1	96	0	116.0	115	16	31	77	Pitch 31-45	.244	41	10	4	0	0	4	2	8	.279	.341
0 Days Rest (Relief)	3.51	1	1	0	19	0	25.2	16	3	9	16	Pitch 46+	.000	0	0	0	0	0	0	0	0	.000	.000
1 or 2 Days Rest	4.33	5	3	0	45	0	52.0	54	9	18	37	First Pitch	.309	68	21	4	2	0	12	6	0	.355	.426
3+ Days Rest	3.05	1	2	1	32	0	38.1	45	4	4	24	Ahead in Count	.226	212	48	11	0	7	32	0	71	.229	.377
vs. AL	4.63	0	1	0	7	0	11.2	10	2	2	7	Behind in Count	.280	100	28	6	0	5	17	21	0	.395	.490
vs. NL	3.75	7	5	1	91	2	110.1	112	14	31	71	Two Strikes	.213	207	44	10	0	7	26	6	78	.236	.362
Pre-All Star	4.60	2	0	0	18	0	29.1	34	6	7	19	Pre-All Star	.293	116	34	8	0	6	23	7	19	.331	.517
Post-All Star	3.59	5	6	1	80	2	92.2	88	10	26	59	Post-All Star	.251	350	88	15	2	10	50	26	59	.300	.391

McKay Christensen — Dodgers   Age 26 – Bats Left (groundball hitter)

	Avg	G	AB	R	H	2B	3B	HR	RBI	BB	SO	HBP	GDP	SB	CS	OBP	SLG	IBB	SH	SF	#Pit	#P/PA	GB	FB	G/F
2001 Season	.321	35	53	7	17	2	0	1	7	3	12	4	0	3	2	.400	.415	0	0	0	190	3.17	17	9	1.89
Career (1999-2001)	.248	95	125	21	31	3	0	2	14	9	25	5	1	6	4	.319	.320	0	1	2	496	3.49	41	27	1.52

2001 Season

	Avg	AB	H	2B	3B	HR	RBI	BB	SO	OBP	SLG		Avg	AB	H	2B	3B	HR	RBI	BB	SO	OBP	SLG
vs. Left	.667	6	4	1	0	0	4	1	1	.750	.833	Scoring Posn	.313	16	5	2	0	0	6	0	3	.313	.438
vs. Right	.277	47	13	1	0	1	3	2	11	.346	.362	Close & Late	.222	9	2	0	0	0	0	0	3	.300	.222

Ryan Christenson — Diamondbacks   Age 28 – Bats Right

	Avg	G	AB	R	H	2B	3B	HR	RBI	BB	SO	HBP	GDP	SB	CS	OBP	SLG	IBB	SH	SF	#Pit	#P/PA	GB	FB	G/F
2001 Season	.125	26	8	4	1	1	0	0	1	1	2	0	0	1	0	.222	.250	0	0	0	37	4.11	4	1	4.00
Career (1998-2001)	.237	370	775	132	184	37	5	13	83	94	199	3	8	14	13	.319	.348	0	22	8	3706	4.11	247	217	1.14

2001 Season

	Avg	AB	H	2B	3B	HR	RBI	BB	SO	OBP	SLG		Avg	AB	H	2B	3B	HR	RBI	BB	SO	OBP	SLG
vs. Left	.200	5	1	1	0	0	1	1	1	.333	.400	Scoring Posn	.333	3	1	1	0	0	1	0	1	.333	.667
vs. Right	.000	3	0	0	0	0	0	0	1	.000	.000	Close & Late	.000	3	0	0	0	0	0	1	2	.250	.000

Career (1998-2001)

	Avg	AB	H	2B	3B	HR	RBI	BB	SO	OBP	SLG		Avg	AB	H	2B	3B	HR	RBI	BB	SO	OBP	SLG
vs. Left	.246	260	64	14	1	6	32	44	58	.356	.377	First Pitch	.459	61	28	4	0	1	12	0	0	.446	.574
vs. Right	.233	515	120	23	4	7	51	50	141	.300	.334	Ahead in Count	.338	145	49	10	4	6	24	41	0	.479	.586
Home	.218	339	74	10	4	7	33	44	84	.308	.333	Behind in Count	.160	430	69	13	0	3	31	0	171	.163	.212
Away	.252	436	110	27	1	6	50	50	115	.329	.360	Two Strikes	.167	454	76	16	1	3	31	53	199	.254	.227
Day	.243	300	73	14	0	4	34	37	75	.323	.330	Batting #1	.206	199	41	8	2	2	18	31	45	.316	.296
Night	.234	475	111	23	5	9	49	57	124	.317	.360	Batting #9	.281	171	48	13	0	4	17	22	36	.364	.427
Grass	.237	670	159	29	5	11	67	82	173	.320	.345	Other	.235	405	95	16	3	7	48	41	118	.302	.341
Turf	.238	105	25	8	0	2	16	12	26	.316	.371	March/April	.259	85	22	3	0	2	7	11	22	.344	.365
Pre-All Star	.237	367	87	16	0	7	38	48	102	.326	.338	May	.162	74	12	2	0	1	6	11	18	.279	.230
Post-All Star	.238	408	97	21	5	6	45	46	97	.313	.358	June	.234	154	36	7	0	2	20	21	46	.320	.318
Inning 1-6	.231	515	119	27	3	7	55	66	131	.317	.336	July	.261	157	41	8	2	5	18	18	35	.339	.433
Inning 7+	.250	260	65	10	2	6	28	28	68	.324	.373	August	.247	166	41	6	2	1	15	14	41	.304	.325
Scoring Posn	.257	206	53	15	1	2	67	25	63	.326	.369	Sept/Oct	.230	139	32	11	1	2	17	19	37	.321	.367
Close & Late	.216	97	21	2	2	3	4	7	31	.280	.371	vs. AL	.241	668	161	32	4	9	70	77	170	.319	.341
None on/out	.227	194	44	10	2	5	5	22	45	.309	.376	vs. NL	.215	107	23	5	1	4	13	17	29	.323	.393

Jason Christiansen — Giants   Age 32 – Pitches Left

	ERA	W	L	Sv	G	GS	IP	BB	SO	Avg	H	2B	3B	HR	RBI	OBP	SLG	GF	IR	IRS	Hld	SvOp	SB	CS	FB	G/F
2001 Season	3.22	2	1	3	55	0	36.1	15	31	.225	29	3	0	5	22	.304	.364	11	36	11	11	4	0	1	45	32 1.41
Last Five Years	3.51	13	15	13	258	0	220.2	108	227	.228	184	38	1	14	107	.322	.329	75	155	44	63	25	7	9	259	206 1.26

2001 Season

	ERA	W	L	Sv	G	GS	IP	H	HR	BB	SO		Avg	AB	H	2B	3B	HR	RBI	BB	SO	OBP	SLG
Home	3.52	1	0	3	28	0	15.1	10	3	6	15	vs. Left	.254	59	15	2	0	2	9	11	14	.380	.390
Away	3.00	1	1	0	27	0	21.0	19	2	9	16	vs. Right	.200	70	14	1	0	3	13	4	17	.234	.343
Starter	0.00	0	0	0	0	0	0.0	0	0	0	0	Scoring Posn	.268	41	11	1	0	3	20	4	12	.313	.512
Reliever	3.22	2	1	3	55	0	36.1	29	5	15	31	Close & Late	.171	41	7	0	0	2	8	6	13	.271	.317
0 Days Rest (Relief)	3.38	1	1	3	15	0	10.2	6	3	4	10	None on/out	.200	30	6	1	0	1	1	5	5	.333	.333
1 or 2 Days Rest	2.93	1	0	0	24	0	15.1	17	1	8	14	First Pitch	.267	15	4	1	0	1	2	1	0	.294	.533
3+ Days Rest	3.48	0	0	0	16	0	10.1	6	1	3	7	Ahead in Count	.217	60	13	1	0	1	6	0	26	.213	.283
Pre-All Star	3.68	1	0	1	22	0	14.2	11	2	8	16	Behind in Count	.286	28	8	0	0	3	11	9	0	.459	.607
Post-All Star	2.91	1	1	2	33	0	21.2	18	3	7	15	Two Strikes	.167	66	11	0	0	1	3	5	31	.222	.212

Last Five Years

	ERA	W	L	Sv	G	GS	IP	H	HR	BB	SO		Avg	AB	H	2B	3B	HR	RBI	BB	SO	OBP	SLG
Home	3.15	9	6	9	128	0	105.2	83	5	44	114	vs. Left	.234	291	68	17	1	6	39	40	82	.334	.361
Away	3.83	4	9	4	130	0	115.0	101	9	64	113	vs. Right	.224	517	116	21	0	8	68	68	145	.323	.311
Day	4.16	3	9	4	95	0	80.0	72	5	52	76	Inning 1-6	.297	74	22	6	0	0	17	12	13	.386	.378
Night	3.14	10	6	9	163	0	140.2	112	9	56	151	Inning 7+	.221	734	162	32	1	14	90	96	214	.315	.324
Grass	3.64	4	8	6	146	0	108.2	101	10	57	108	None on	.221	416	92	18	1	9	9	48	118	.306	.334
Turf	3.38	9	7	7	112	0	112.0	83	4	51	119	Runners on	.235	392	92	20	0	5	98	60	109	.338	.324

Last Five Years

	ERA	W	L	Sv	G	GS	IP	H	HR	BB	SO		Avg	AB	H	2B	3B	HR	RBI	BB	SO	OBP	SLG
March/April	2.56	2	4	1	32	0	31.2	16	0	20	32	Scoring Posn	.253	245	62	19	0	4	96	47	73	.372	.380
May	1.39	1	2	2	34	0	32.1	20	1	14	35	Close & Late	.212	373	79	18	1	4	51	62	112	.323	.298
June	3.63	2	4	3	46	0	44.2	35	2	14	42	None on/out	.194	180	35	6	0	5	23	52	.289	.311
July	6.60	2	3	5	54	0	46.1	48	6	29	49	vs. 1st Batr (relief)	.201	229	46	7	0	3	20	24	75	.278	.271
August	3.72	5	2	2	43	0	36.1	43	3	14	42	1st Inning Pitched	.231	683	158	33	1	10	95	86	192	.320	.327
Sept/Oct	1.53	1	0	0	49	0	29.1	22	2	17	27	First 15 Pitches	.229	594	136	31	1	9	75	79	166	.322	.330
Starter	0.00	0	0	0	0	0	0.0	0	0	0	0	Pitch 16-30	.232	194	45	7	0	4	31	25	53	.326	.330
Reliever	3.51	13	15	13	258	0	220.2	184	14	108	227	Pitch 31-45	.167	18	3	0	0	1	1	4	6	.318	.333
0 Days Rest (Relief)	4.06	3	5	4	60	0	44.1	33	5	31	41	Pitch 46+	.000	2	0	0	0	0	0	0	2	.000	.000
1 or 2 Days Rest	3.27	9	8	5	125	0	110.0	94	6	53	119	First Pitch	.296	108	32	9	0	2	18	17	0	.394	.435
3+ Days Rest	3.53	1	2	4	73	0	66.1	57	3	24	67	Ahead in Count	.157	395	62	16	1	4	30	0	178	.163	.233
vs. AL	2.70	2	2	2	27	0	26.2	18	1	6	22	Behind in Count	.373	134	50	8	0	7	37	54	0	.550	.590
vs. NL	3.62	11	13	11	231	0	194.0	166	13	102	205	Two Strikes	.140	429	60	11	0	3	26	36	227	.211	.186
Pre-All Star	2.71	6	10	6	131	0	123.0	82	5	52	125	Pre-All Star	.189	434	82	22	1	5	44	52	125	.277	.279
Post-All Star	4.52	7	5	7	127	0	97.2	102	9	56	102	Post-All Star	.273	374	102	16	0	9	63	56	102	.372	.388

Tim Christman — Rockies
Age 27 – Pitches Left

	ERA	W	L	Sv	G	GS	IP	BB	SO	Avg	H	2B	3B	HR	RBI	OBP	SLG	GF	IR	IRS	Hld	SvOp	SB	CS	GB	FB	G/F
2001 Season	4.50	0	0	0	1	0	2.0	0	2	.143	1	0	0	1	1	.143	.571	1	0	0	0	0	0	0	4	1	4.00

2001 Season

	ERA	W	L	Sv	G	GS	IP	H	HR	BB	SO		Avg	AB	H	2B	3B	HR	RBI	BB	SO	OBP	SLG
Home	0.00	0	0	0	0	0	0.0	0	0	0	0	vs. Left	.000	3	0	0	0	0	0	0	0	.000	.000
Away	4.50	0	0	0	1	0	2.0	1	1	0	2	vs. Right	.250	4	1	0	0	1	1	0	2	.250	1.000

Alex Cintron — Diamondbacks
Age 23 – Bats Both

	Avg	G	AB	R	H	2B	3B	HR	RBI	BB	SO	HBP	GDP	SB	CS	OBP	SLG	IBB	SH	SF	#Pit	#P/PA	GB	FB	G/F
2001 Season	.286	8	7	0	2	0	1	0	0	0	0	0	0	0	0	.286	.571	0	0	0	21	3.00	2	4	0.50

2001 Season

	Avg	AB	H	2B	3B	HR	RBI	BB	SO	OBP	SLG		Avg	AB	H	2B	3B	HR	RBI	BB	SO	OBP	SLG
vs. Left	.000	1	0	0	0	0	0	0	0	.000	.000	Scoring Posn	.000	2	0	0	0	0	0	0	0	.000	.000
vs. Right	.333	6	2	0	1	0	0	0	0	.333	.667	Close & Late	1.000	1	1	0	1	0	0	0	0	1.000	3.000

Jeff Cirillo — Rockies
Age 32 – Bats Right

	Avg	G	AB	R	H	2B	3B	HR	RBI	BB	SO	HBP	GDP	SB	CS	OBP	SLG	IBB	SH	SF	#Pit	#P/PA	GB	FB	G/F
2001 Season	.313	138	528	72	165	26	4	17	83	43	63	5	15	12	2	.364	.473	6	1	9	2029	3.46	191	159	1.20
Last Five Years	.315	762	2917	452	919	191	10	67	436	324	380	34	88	36	17	.386	.456	17	14	33	12342	3.72	1076	841	1.28

2001 Season

	Avg	AB	H	2B	3B	HR	RBI	BB	SO	OBP	SLG		Avg	AB	H	2B	3B	HR	RBI	BB	SO	OBP	SLG
vs. Left	.264	121	32	6	1	0	13	12	21	.324	.331	First Pitch	.438	96	42	7	1	4	20	4	0	.461	.656
vs. Right	.327	407	133	20	3	17	70	31	42	.376	.516	Ahead in Count	.337	98	33	5	0	3	21	21	0	.443	.480
Home	.362	254	92	18	4	9	42	20	30	.404	.571	Behind in Count	.278	237	66	8	3	8	29	0	53	.280	.439
Away	.266	274	73	8	0	8	41	23	33	.327	.383	Two Strikes	.256	215	55	5	2	8	30	18	63	.315	.409
Day	.304	191	58	11	1	5	32	16	23	.358	.450	Batting #4	.343	143	49	6	0	5	25	8	23	.370	.490
Night	.318	337	107	15	3	12	51	27	40	.367	.487	Batting #5	.302	311	94	16	4	9	45	29	28	.362	.466
Grass	.314	510	160	26	4	16	79	42	59	.366	.475	Other	.297	74	22	4	0	3	13	6	12	.361	.473
Turf	.278	18	5	0	0	1	4	1	4	.316	.444	April	.295	78	23	4	0	5	18	6	7	.348	.538
Pre-All Star	.308	266	82	14	1	11	47	17	31	.356	.492	May	.232	56	13	4	0	3	11	4	8	.317	.464
Post-All Star	.317	262	83	12	3	6	36	26	32	.372	.454	June	.385	104	40	4	1	3	16	5	11	.409	.529
Inning 1-6	.289	374	108	16	3	12	61	28	43	.339	.444	July	.275	102	28	5	0	2	13	8	15	.324	.382
Inning 7+	.370	154	57	10	1	5	22	15	20	.423	.545	August	.325	83	27	7	1	1	7	12	11	.402	.470
Scoring Posn	.315	146	46	4	0	4	61	16	21	.366	.425	Sept/Oct	.324	105	34	2	2	3	18	8	11	.365	.467
Close & Late	.308	78	24	1	1	3	13	6	12	.350	.462	vs. AL	.093	43	4	0	0	0	2	3	7	.149	.093
None on/out	.328	116	38	3	2	7	7	9	12	.381	.569	vs. NL	.332	485	161	26	4	17	81	40	56	.383	.507

2001 By Position

Position	Avg	AB	H	2B	3B	HR	RBI	BB	SO	OBP	SLG	G	GS	Innings	PO	A	E	DP	Fld Pct	Rng Fctr	In Zone	Zone Outs	Zone Rtg	MLB Zone
As 3b	.313	527	165	26	4	17	83	43	63	.365	.474	137	137	1165.0	78	308	7	25	.982	2.98	374	315	.842	.761

Last Five Years

	Avg	AB	H	2B	3B	HR	RBI	BB	SO	OBP	SLG		Avg	AB	H	2B	3B	HR	RBI	BB	SO	OBP	SLG
vs. Left	.304	743	226	45	1	17	112	102	104	.391	.436	First Pitch	.391	350	137	29	3	11	82	13	0	.421	.586
vs. Right	.319	2174	693	146	9	50	324	222	276	.384	.463	Ahead in Count	.357	698	249	52	0	25	136	176	0	.483	.539
Home	.344	1463	503	99	8	36	245	174	172	.414	.496	Behind in Count	.270	1298	350	75	6	18	138	0	316	.274	.378
Away	.286	1454	416	92	2	31	191	150	208	.358	.416	Two Strikes	.257	1241	319	66	5	21	143	134	380	.331	.369
Day	.324	1031	334	67	3	23	160	123	132	.399	.462	Batting #2	.307	550	169	37	2	14	83	76	65	.401	.458
Night	.310	1886	585	124	7	44	276	201	248	.393	.453	Batting #3	.314	1227	385	80	2	24	163	125	183	.379	.441
Grass	.321	2543	816	165	10	60	396	296	308	.394	.464	Other	.320	1140	365	74	6	29	190	123	132	.386	.472
Turf	.275	374	103	26	0	7	40	28	72	.329	.401	March/April	.290	424	123	33	1	12	64	52	64	.385	.458
Pre-All Star	.314	1521	477	100	6	40	257	176	194	.388	.466	May	.305	446	136	29	1	12	84	61	60	.395	.455
Post-All Star	.317	1396	442	91	4	27	185	148	186	.384	.446	June	.355	507	180	33	4	13	89	41	60	.406	.513
Inning 1-6	.319	2032	649	132	8	50	317	204	247	.385	.466	July	.285	515	147	17	1	11	65	53	68	.354	.386
Inning 7+	.305	885	270	59	2	17	119	120	133	.389	.434	August	.321	499	160	42	1	6	61	54	71	.386	.445

77

	Avg	AB	H	2B	3B	HR	RBI	BB	SO	OBP	SLG		Avg	AB	H	2B	3B	HR	RBI	BB	SO	OBP	SLG
												Last Five Years											
Scoring Posn	.336	795	267	50	2	20	357	98	112	.400	.479	Sept/Oct	.329	526	173	37	3	13	73	51	69	.387	.481
Close & Late	.275	448	123	25	2	10	67	57	73	.359	.406	vs. AL	.284	729	207	46	3	10	93	76	94	.360	.396
None on/out	.294	581	171	43	3	14	14	65	69	.372	.451	vs. NL	.325	2188	712	145	7	57	343	248	286	.395	.476

Stubby Clapp — Cardinals   Age 29 – Bats Both

	Avg	G	AB	R	H	2B	3B	HR	RBI	BB	SO	HBP	GDP	SB	CS	OBP	SLG	IBB	SH	SF	#Pit	#P/PA	GB	FB	G/F
2001 Season	.200	23	25	0	5	2	0	0	1	7	0	0	0	0	0	.231	.280	0	0	0	87	3.35	8	4	2.00

2001 Season

	Avg	AB	H	2B	3B	HR	RBI	BB	SO	OBP	SLG		Avg	AB	H	2B	3B	HR	RBI	BB	SO	OBP	SLG
vs. Left	.000	2	0	0	0	0	0	0	0	.000	.000	Scoring Posn	.200	5	1	0	0	0	1	0	1	.200	.200
vs. Right	.217	23	5	2	0	0	1	1	7	.250	.304	Close & Late	.000	2	0	0	0	0	0	0	0	.000	.000

Brady Clark — Reds   Age 29 – Bats Right (flyball hitter)

	Avg	G	AB	R	H	2B	3B	HR	RBI	BB	SO	HBP	GDP	SB	CS	OBP	SLG	IBB	SH	SF	#Pit	#P/PA	GB	FB	G/F
2001 Season	.264	89	129	22	34	3	0	6	18	22	16	1	6	4	1	.373	.426	1	4	1	684	4.36	43	50	0.86
Career (2000-2001)	.264	100	140	23	37	4	0	6	20	22	18	1	6	4	1	.366	.421	1	4	1	723	4.30	49	51	0.96

2001 Season

	Avg	AB	H	2B	3B	HR	RBI	BB	SO	OBP	SLG		Avg	AB	H	2B	3B	HR	RBI	BB	SO	OBP	SLG
vs. Left	.279	43	12	1	0	2	5	8	5	.396	.442	Scoring Posn	.233	30	7	1	0	2	13	7	3	.368	.467
vs. Right	.256	86	22	2	0	4	13	14	11	.360	.419	Close & Late	.273	22	6	1	0	0	4	8	2	.452	.318
Home	.234	64	15	0	0	4	13	17	10	.402	.422	None on/out	.318	44	14	1	0	2	2	5	4	.388	.477
Away	.292	65	19	3	0	2	5	5	6	.338	.431	Batting #1	.300	30	9	0	0	3	5	4	1	.382	.600
First Pitch	.200	10	2	0	0	0	1	0	0	.273	.200	Batting #9	.349	43	15	1	0	2	9	7	6	.440	.512
Ahead in Count	.391	23	9	0	0	3	7	4	0	.481	.783	Other	.179	56	10	2	0	1	4	11	9	.319	.268
Behind in Count	.250	60	15	2	0	2	4	0	14	.262	.383	Pre-All Star	.341	41	14	0	0	4	11	6	3	.429	.634
Two Strikes	.211	71	15	1	0	3	8	17	16	.367	.352	Post-All Star	.227	88	20	3	0	2	7	16	13	.346	.330

Tony Clark — Tigers   Age 30 – Bats Both

	Avg	G	AB	R	H	2B	3B	HR	RBI	BB	SO	HBP	GDP	SB	CS	OBP	SLG	IBB	SH	SF	#Pit	#P/PA	GB	FB	G/F
2001 Season	.287	126	428	67	123	29	3	16	75	62	108	1	14	0	1	.374	.481	10	0	6	1990	4.00	165	81	2.04
Last Five Years	.282	645	2354	362	665	137	6	126	431	306	564	13	65	6	8	.366	.506	37	0	19	10419	3.87	839	572	1.47

2001 Season

	Avg	AB	H	2B	3B	HR	RBI	BB	SO	OBP	SLG		Avg	AB	H	2B	3B	HR	RBI	BB	SO	OBP	SLG
vs. Left	.321	140	45	10	1	7	28	14	27	.376	.557	First Pitch	.434	53	23	7	0	3	10	10	0	.531	.736
vs. Right	.271	288	78	19	2	9	47	48	81	.374	.444	Ahead in Count	.421	76	32	6	1	6	16	25	0	.564	.763
Home	.285	207	59	13	2	7	38	34	52	.384	.469	Behind in Count	.229	192	44	9	2	3	30	0	81	.223	.344
Away	.290	221	64	16	1	9	37	28	56	.365	.493	Two Strikes	.170	229	39	9	1	5	31	27	108	.255	.284
Day	.282	131	37	12	1	3	23	28	27	.401	.458	Batting #4	.278	360	100	22	3	12	62	47	93	.357	.456
Night	.290	297	86	17	2	13	52	34	81	.361	.492	Batting #5	.350	60	21	6	0	4	12	13	13	.466	.650
Grass	.283	392	111	26	2	15	69	60	97	.376	.474	Other	.250	8	2	1	0	0	1	2	3	.400	.375
Turf	.333	36	12	3	1	1	6	2	11	.395	.556	April	.333	78	26	6	0	4	17	11	19	.407	.564
Pre-All Star	.305	269	82	17	2	13	51	38	82	.388	.528	May	.274	84	23	5	1	2	15	14	27	.380	.429
Post-All Star	.258	159	41	12	1	3	24	24	26	.351	.403	June	.284	81	23	3	1	5	13	8	29	.344	.531
Inning 1-6	.298	299	93	23	3	11	60	42	58	.395	.520	July	.361	72	26	8	0	4	13	19	10	.495	.639
Inning 7+	.231	130	30	6	0	5	15	20	50	.327	.392	August	.210	81	17	4	0	1	8	15	15	.278	.259
Scoring Posn	.302	116	35	10	1	6	59	31	30	.431	.560	Sept/Oct	.250	32	8	3	1	1	4	2	8	.286	.500
Close & Late	.250	56	14	1	0	3	6	14	22	.400	.429	vs. AL	.274	376	103	27	3	10	61	51	95	.357	.441
None on/out	.308	117	36	7	2	5	5	11	30	.367	.530	vs. NL	.385	52	20	2	0	6	14	11	13	.492	.769

2001 By Position

Position	Avg	AB	H	2B	3B	HR	RBI	BB	SO	OBP	SLG	G	GS	Innings	PO	A	E	DP	Fld Pct	Rng Fctr	In Zone	Zone Outs	Zone Rtg	MLB Zone
As DH	.280	150	42	14	1	5	28	23	34	.371	.487	42	41	—	—	—	—	—	—	—	—	—	—	—
As 1b	.295	271	80	15	2	11	46	37	71	.377	.487	78	75	611.2	647	48	3	69	.996	—	120	102	.850	.850

Last Five Years

	Avg	AB	H	2B	3B	HR	RBI	BB	SO	OBP	SLG		Avg	AB	H	2B	3B	HR	RBI	BB	SO	OBP	SLG
vs. Left	.297	639	190	35	2	37	121	65	140	.359	.532	First Pitch	.415	311	129	30	1	26	71	30	0	.470	.768
vs. Right	.277	1715	475	102	4	89	310	241	424	.368	.497	Ahead in Count	.421	454	191	39	1	42	124	139	0	.555	.789
Home	.275	1127	310	58	4	61	215	166	293	.368	.496	Behind in Count	.201	1088	219	44	3	26	133	0	457	.204	.319
Away	.289	1227	355	79	2	65	216	140	271	.363	.516	Two Strikes	.172	1188	204	41	2	37	152	136	564	.258	.303
Day	.284	781	222	41	3	42	145	118	179	.378	.506	Batting #4	.278	1695	472	96	6	87	311	218	405	.360	.496
Night	.282	1573	443	96	3	84	286	188	385	.359	.507	Batting #5	.302	384	116	21	0	24	75	53	93	.387	.544
Grass	.281	2039	572	122	4	109	381	269	497	.364	.505	Other	.280	275	77	20	0	15	45	35	66	.368	.516
Turf	.295	315	93	15	2	17	50	37	67	.373	.517	March/April	.247	425	105	17	1	19	76	41	120	.311	.426
Pre-All Star	.276	1297	358	70	4	72	252	182	339	.365	.503	May	.270	348	94	19	1	19	67	59	88	.380	.494
Post-All Star	.290	1057	307	67	2	54	179	124	225	.363	.511	June	.316	405	128	28	1	30	93	62	100	.405	.612
Inning 1-6	.282	1636	462	95	6	80	288	203	373	.363	.494	July	.302	391	118	23	2	24	67	61	82	.397	.550
Inning 7+	.283	718	203	42	0	46	143	103	191	.372	.533	August	.266	413	110	21	1	16	63	41	95	.332	.438
Scoring Posn	.289	616	178	49	1	37	300	133	157	.409	.552	Sept/Oct	.296	372	110	29	1	18	65	44	79	.364	.524
Close & Late	.307	335	103	20	0	18	72	58	88	.409	.528	vs. AL	.279	2079	581	121	4	106	370	271	497	.363	.494
None on/out	.284	659	187	26	5	39	39	51	144	.337	.516	vs. NL	.305	275	84	16	2	20	61	35	67	.382	.596

Royce Clayton — White Sox
Age 32 – Bats Right (groundball hitter)

	Avg	G	AB	R	H	2B	3B	HR	RBI	BB	SO	HBP	GDP	SB	CS	OBP	SLG	IBB	SH	SF	#Pit	#P/PA	GB	FB	G/F
2001 Season	.263	135	433	62	114	21	4	9	60	33	72	3	16	10	7	.315	.393	2	9	7	1788	3.69	200	98	2.04
Last Five Years	.261	712	2528	365	661	133	21	55	280	200	456	16	78	83	41	.317	.396	9	38	23	10188	3.63	1066	583	1.83

2001 Season

	Avg	AB	H	2B	3B	HR	RBI	BB	SO	OBP	SLG		Avg	AB	H	2B	3B	HR	RBI	BB	SO	OBP	SLG
vs. Left	.333	102	34	10	2	2	12	13	19	.409	.529	First Pitch	.433	60	26	6	1	3	15	2	0	.431	.717
vs. Right	.242	331	80	11	2	7	48	20	53	.285	.350	Ahead in Count	.310	84	26	3	1	3	13	11	0	.388	.476
Home	.317	218	69	8	2	6	37	18	36	.368	.454	Behind in Count	.165	212	35	6	1	3	21	0	66	.172	.245
Away	.209	215	45	13	2	3	23	15	36	.261	.330	Two Strikes	.175	200	35	5	2	3	21	20	72	.253	.265
Day	.248	141	35	7	1	1	23	12	24	.306	.333	Batting #8	.277	231	64	14	2	7	39	18	42	.329	.446
Night	.271	292	79	14	3	8	37	21	48	.320	.421	Batting #9	.267	150	40	6	1	2	14	11	21	.321	.360
Grass	.277	393	109	19	4	8	57	31	60	.329	.407	Other	.192	52	10	1	1	0	7	4	9	.237	.250
Turf	.125	40	5	2	0	1	3	2	12	.167	.250	April	.125	56	7	1	1	0	8	3	12	.161	.179
Pre-All Star	.198	207	41	6	2	3	25	11	28	.242	.290	May	.104	48	5	1	0	0	2	4	5	.173	.125
Post-All Star	.323	226	73	15	2	6	35	22	44	.379	.487	June	.263	80	21	4	0	3	10	1	7	.289	.425
Inning 1-6	.265	287	76	16	4	6	44	20	43	.313	.411	July	.342	79	27	3	2	2	12	7	11	.386	.506
Inning 7+	.260	146	38	5	0	3	16	13	29	.319	.356	August	.282	78	22	4	1	3	8	9	12	.356	.474
Scoring Posn	.302	106	32	5	4	2	53	12	18	.357	.481	Sept/Oct	.348	92	32	8	0	1	20	9	19	.398	.467
Close & Late	.213	61	13	1	0	1	3	6	16	.284	.279	vs. AL	.271	377	102	18	2	9	55	31	67	.325	.401
None on/out	.313	96	30	5	0	3	3	8	15	.365	.458	vs. NL	.214	56	12	3	2	0	5	2	5	.241	.339

2001 By Position

Position	Avg	AB	H	2B	3B	HR	RBI	BB	SO	OBP	SLG	G	GS	Innings	PO	A	E	DP	Fld Pct	Rng Fctr	In Zone	Zone Outs	Zone Rtg	MLB Zone
As ss	.264	432	114	21	4	9	60	33	71	.316	.394	133	126	1117 1	196	367	7	74	.988	4.53	402	352	.876	.839

Last Five Years

	Avg	AB	H	2B	3B	HR	RBI	BB	SO	OBP	SLG		Avg	AB	H	2B	3B	HR	RBI	BB	SO	OBP	SLG
vs. Left	.277	588	163	41	5	18	79	62	118	.346	.456	First Pitch	.332	385	128	27	4	13	61	8	0	.349	.525
vs. Right	.257	1940	498	92	16	37	201	138	338	.308	.378	Ahead in Count	.309	517	160	36	6	16	68	95	0	.414	.495
Home	.280	1208	338	61	8	28	147	111	209	.343	.413	Behind in Count	.210	1161	244	45	7	15	94	0	390	.214	.300
Away	.245	1320	323	72	13	27	133	89	247	.293	.380	Two Strikes	.188	1138	214	36	7	17	102	97	456	.253	.277
Day	.268	709	190	41	2	14	82	55	127	.323	.391	Batting #8	.281	751	211	44	9	23	108	60	146	.335	.455
Night	.259	1819	471	92	19	41	198	145	329	.315	.398	Batting #9	.266	772	205	34	7	15	79	62	133	.324	.386
Grass	.266	2164	576	110	19	49	247	176	385	.323	.402	Other	.244	1005	245	55	5	17	93	78	177	.298	.359
Turf	.234	364	85	23	2	6	33	24	71	.279	.357	March/April	.207	401	83	24	2	5	36	36	63	.271	.314
Pre-All Star	.240	1284	308	61	8	28	139	101	222	.298	.365	May	.244	381	93	16	2	8	44	24	60	.285	.360
Post-All Star	.284	1244	353	72	13	27	141	99	234	.337	.428	June	.255	419	107	19	3	14	50	33	82	.317	.415
Inning 1-6	.265	1696	450	101	15	40	197	131	285	.320	.413	July	.265	427	113	23	5	9	41	31	84	.318	.405
Inning 7+	.254	832	211	32	6	15	83	69	171	.311	.361	August	.268	473	127	17	6	8	43	36	85	.320	.381
Scoring Posn	.246	618	152	36	9	11	222	78	115	.326	.387	Sept/Oct	.323	427	138	34	3	11	61	40	82	.377	.494
Close & Late	.266	380	101	14	4	4	32	32	83	.326	.355	vs. AL	.268	1491	399	72	12	36	174	114	269	.321	.404
None on/out	.247	695	172	37	5	16	54	54	185	.304	.384	vs. NL	.253	1037	262	61	9	19	106	86	187	.311	.384

Roger Clemens — Yankees
Age 39 – Pitches Right

	ERA	W	L	Sv	G	GS	IP	BB	SO	Avg	H	2B	3B	HR	RBI	OBP	SLG	CG	ShO	Sup	QS	#P/S	SB	CS	GB	FB	G/F
2001 Season	3.51	20	3	0	33	33	220.1	72	213	.246	205	192	14	85	398	.309	.375	0	0	6.58	21	109	34	6	297	201	1.48
Last Five Years	3.20	88	34	0	162	162	1111.0	402	1127	.229	947	192	14	85	398	.303	.344	16	7	5.36	108	113	106	40	1445	975	1.48

2001 Season

	ERA	W	L	Sv	G	GS	IP	H	HR	BB	SO		Avg	AB	H	2B	3B	HR	RBI	BB	SO	OBP	SLG
Home	3.10	10	1	0	14	14	98.2	83	9	26	98	vs. Left	.235	442	104	21	2	10	48	52	123	.315	.360
Away	3.85	10	2	0	19	19	121.2	122	10	46	115	vs. Right	.258	391	101	23	1	9	40	20	90	.300	.391
Day	3.78	10	1	0	15	15	97.2	90	11	38	92	Inning 1-6	.239	737	176	38	2	15	76	64	188	.302	.357
Night	3.30	10	2	0	18	18	122.2	115	8	34	121	Inning 7+	.302	96	29	6	1	4	12	8	25	.356	.510
Grass	3.54	17	2	0	27	27	183.0	174	18	53	174	None on	.232	499	116	26	2	12	12	38	127	.291	.365
Turf	3.38	3	1	0	6	6	37.1	31	1	19	39	Runners on	.266	334	89	18	1	7	76	34	86	.334	.389
April	4.35	3	0	0	6	6	41.1	37	3	14	31	Scoring Posn	.265	215	57	15	1	3	68	26	65	.344	.386
May	4.15	2	1	0	5	5	34.2	34	4	11	40	Close & Late	.289	38	11	1	1	1	4	6	10	.386	.447
June	2.38	6	0	0	6	6	41.2	39	3	12	45	None on/out	.243	222	54	10	2	6	6	14	58	.288	.387
July	3.52	4	0	0	5	5	30.2	29	5	9	31	vs. 1st Batr (relief)	.000	0	0	0	0	0	0	0	0	.000	.000
August	3.10	3	0	0	6	6	40.2	38	1	10	39	1st Inning Pitched	.186	113	21	7	0	1	14	12	30	.258	.274
Sept/Oct	3.73	2	2	0	5	5	31.1	28	3	16	27	First 75 Pitches	.239	549	131	30	2	10	60	53	143	.309	.355
Starter	3.51	20	3	0	33	33	220.1	205	19	72	213	Pitch 76-90	.303	122	37	7	0	4	19	5	25	.351	.459
Reliever	0.00	0	0	0	0	0	0.0	0	0	0	0	Pitch 91-105	.212	104	22	6	0	3	8	4	30	.241	.356
0-3 Days Rest (Start)	7.94	1	0	0	1	1	5.2	9	1	3	3	Pitch 106+	.259	58	15	1	1	2	7	6	15	.328	.414
4 Days Rest	3.01	10	2	0	18	18	119.2	101	9	45	117	First Pitch	.336	107	36	5	0	5	11	0	0	.345	.523
5+ Days Rest	3.88	9	1	0	14	14	95.0	95	9	24	93	Ahead in Count	.174	425	74	18	1	3	35	0	179	.181	.242
vs. AL	3.49	19	3	0	31	31	206.1	191	18	70	201	Behind in Count	.370	146	54	14	2	4	23	32	0	.480	.575
vs. NL	3.86	1	0	0	2	2	14.0	14	1	2	12	Two Strikes	.161	441	71	15	1	6	32	39	213	.233	.240
Pre-All Star	3.55	12	1	0	18	18	124.1	115	11	38	122	Pre-All Star	.244	472	115	24	3	11	50	38	122	.302	.377
Post-All Star	3.47	8	2	0	15	15	96.0	90	8	34	91	Post-All Star	.249	361	90	20	0	8	38	34	91	.317	.377

Last Five Years

	ERA	W	L	Sv	G	GS	IP	H	HR	BB	SO		Avg	AB	H	2B	3B	HR	RBI	BB	SO	OBP	SLG
Home	2.89	49	18	0	88	88	635.2	512	43	200	649	vs. Left	.220	2168	476	91	8	39	189	266	626	.309	.323
Away	3.62	39	16	0	74	74	475.1	435	42	202	478	vs. Right	.240	1966	471	101	6	46	209	136	501	.296	.367

Last Five Years

	ERA	W	L	Sv	G	GS	IP	H	HR	BB	SO		Avg	AB	H	2B	3B	HR	RBI	BB	SO	OBP	SLG
Day	3.08	27	10	0	56	56	382.1	298	28	139	397	Inning 1-6	.227	3456	783	160	9	72	343	347	941	.304	.341
Night	3.26	61	24	0	106	106	728.2	649	57	263	730	Inning 7+	.242	678	164	32	5	13	55	55	186	.300	.361
Grass	3.55	56	21	0	106	106	701.2	623	67	274	687	None on	.227	2442	554	112	10	51	51	221	661	.299	.344
Turf	2.59	32	13	0	56	56	409.1	324	18	128	440	Runners on	.232	1692	393	80	4	34	347	181	466	.309	.345
March/April	3.59	13	5	0	27	27	170.1	139	13	79	143	Scoring Posn	.214	1012	217	47	4	17	303	117	306	.297	.319
May	3.28	15	7	0	24	24	167.1	139	16	57	181	Close & Late	.223	337	75	13	2	7	29	32	98	.291	.335
June	3.66	16	5	0	26	26	169.2	176	16	57	181	None on/out	.233	1073	250	41	4	27	0	98	271	.304	.354
July	2.51	18	4	0	28	28	197.0	160	14	64	186	vs. 1st Batr (relief)	.000	0	0	0	0	0	0	0	0	.000	.000
August	2.54	16	2	0	29	29	216.1	172	10	69	221	1st Inning Pitched	.196	576	113	22	0	7	58	70	179	.288	.271
Sept/Oct	3.83	10	11	0	28	28	190.1	161	16	76	215	First 75 Pitches	.225	2599	586	123	7	53	244	262	718	.303	.339
Starter	3.20	88	34	0	162	162	1111.0	947	85	402	1127	Pitch 76-90	.240	546	131	25	2	15	54	49	140	.310	.375
Reliever	0.00	0	0	0	0	0	0.0	0	0	0	0	Pitch 91-105	.215	484	104	19	1	6	36	44	137	.283	.295
0-3 Days Rest (Start)	7.94	1	0	0	1	1	5.2	9	1	3	3	Pitch 106+	.250	505	126	25	4	11	64	47	132	.315	.380
4 Days Rest	3.12	51	24	0	99	99	693.0	579	56	244	726	First Pitch	.299	525	157	26	2	15	58	2	0	.311	.442
5+ Days Rest	3.27	36	10	0	62	62	412.1	359	28	155	398	Ahead in Count	.165	1998	330	63	5	20	130	0	926	.176	.232
vs. AL	2.98	80	26	0	143	143	982.2	800	71	360	1008	Behind in Count	.336	780	262	63	5	27	119	181	0	.461	.533
vs. NL	4.91	8	8	0	19	19	128.1	147	14	42	119	Two Strikes	.147	2175	319	70	5	20	128	219	1127	.230	.211
Pre-All Star	3.41	48	19	0	85	85	565.1	503	49	207	553	Pre-All Star	.236	2129	503	97	8	49	225	207	553	.309	.358
Post-All Star	2.99	40	15	0	77	77	545.2	444	36	195	574	Post-All Star	.221	2005	444	95	6	36	173	195	574	.297	.329

Matt Clement — Marlins

Age 27 – Pitches Right (groundball pitcher)

	ERA	W	L	Sv	G	GS	IP	BB	SO	Avg	H	2B	3B	HR	RBI	OBP	SLG	CG	ShO	Sup	QS	#P/S	SB	CS	GB	FB	G/F
2001 Season	5.05	9	10	0	31	31	169.1	85	134	.267	172	44	7	15	81	.365	.428	0	0	5.53	12	90	6	5	230	169	1.36
Career (1998-2001)	4.89	34	39	0	100	98	568.2	303	452	.263	571	119	10	55	281	.361	.403	0	0	5.22	45	96	24	15	869	492	1.77

2001 Season

	ERA	W	L	Sv	G	GS	IP	H	HR	BB	SO		Avg	AB	H	2B	3B	HR	RBI	BB	SO	OBP	SLG
Home	4.18	7	5	0	17	17	92.2	77	8	48	81	vs. Left	.286	325	93	19	4	6	38	44	45	.379	.425
Away	6.10	2	5	0	14	14	76.2	95	7	37	53	vs. Right	.248	318	79	25	3	9	43	41	89	.350	.431
Day	3.60	2	2	0	8	8	45.0	36	3	24	35	Inning 1-6	.260	596	155	40	7	13	75	83	125	.362	.416
Night	5.57	7	8	0	23	23	124.1	136	12	61	99	Inning 7+	.362	47	17	4	0	2	6	2	9	.400	.574
Grass	4.80	8	8	0	27	27	150.0	147	13	72	120	None on	.255	361	92	22	4	9	9	42	99	.342	.413
Turf	6.98	1	2	0	4	4	19.1	25	2	13	14	Runners on	.284	282	80	22	3	6	72	43	65	.392	.447
April	4.73	1	1	0	6	6	32.1	31	4	23	28	Scoring Posn	.283	173	49	14	3	4	66	28	38	.395	.468
May	6.10	1	3	0	5	5	31.0	29	3	12	22	Close & Late	.379	29	11	3	0	0	2	1	5	.400	.483
June	4.88	2	1	0	6	6	31.1	34	2	18	13	None on/out	.279	172	48	12	2	3	0	16	34	.344	.424
July	5.31	2	2	0	4	4	20.1	26	3	9	16	vs. 1st Batr (relief)	.000	0	0	0	0	0	0	0	0	.000	.000
August	4.82	2	2	0	6	6	37.1	37	2	13	43	1st Inning Pitched	.282	124	35	13	2	3	24	16	22	.366	.492
Sept/Oct	4.24	1	1	0	4	4	17.0	15	1	10	12	First 75 Pitches	.246	504	124	31	5	10	57	62	109	.341	.387
Starter	5.05	9	10	0	31	31	169.1	172	15	85	134	Pitch 76-90	.311	90	28	9	2	3	14	18	13	.436	.556
Reliever	0.00	0	0	0	0	0	0.0	0	0	0	0	Pitch 91-105	.378	45	17	2	0	2	9	5	12	.440	.556
0-3 Days Rest (Start)	0.00	0	0	0	0	0	0.0	0	0	0	0	Pitch 106+	.750	4	3	2	0	0	1	0	0	.800	1.250
4 Days Rest	5.40	3	6	0	16	16	83.1	88	9	46	62	First Pitch	.318	85	27	6	2	4	12	1	0	.376	.576
5+ Days Rest	4.71	6	4	0	15	15	86.0	84	6	39	72	Ahead in Count	.212	292	62	19	1	5	32	0	120	.224	.336
vs. AL	2.08	2	0	0	2	2	13.0	13	0	1	8	Behind in Count	.281	146	41	13	4	4	25	53	0	.473	.507
vs. NL	5.30	7	10	0	29	29	156.1	159	15	84	126	Two Strikes	.184	293	54	17	1	4	23	31	134	.269	.290
Pre-All Star	5.47	4	6	0	18	18	98.2	101	10	56	67	Pre-All Star	.272	371	101	24	3	10	57	56	67	.380	.434
Post-All Star	4.46	5	4	0	13	13	70.2	71	5	29	67	Post-All Star	.261	272	71	20	4	5	24	29	67	.342	.419

Career (1998-2001)

	ERA	W	L	Sv	G	GS	IP	H	HR	BB	SO		Avg	AB	H	2B	3B	HR	RBI	BB	SO	OBP	SLG
Home	3.85	22	18	0	53	53	320.0	282	29	157	263	vs. Left	.289	1074	310	63	7	31	174	155	158	.380	.447
Away	6.23	12	21	0	47	45	248.2	289	26	146	189	vs. Right	.237	1099	261	56	3	24	107	148	294	.343	.359
Day	5.32	8	11	0	28	29	150.2	149	17	85	120	Inning 1-6	.263	2013	530	112	9	50	267	280	417	.361	.402
Night	4.74	26	28	0	72	71	418.0	422	38	218	332	Inning 7+	.256	160	41	7	1	5	14	23	35	.360	.406
Grass	4.50	31	32	0	89	87	514.1	498	45	268	405	None on	.250	1165	291	63	6	26	26	161	221	.350	.381
Turf	8.61	3	7	0	11	11	54.1	73	10	35	47	Runners on	.278	1008	280	56	4	29	255	142	231	.374	.428
March/April	5.08	4	3	0	14	14	79.2	78	8	47	65	Scoring Posn	.270	588	159	34	4	18	226	90	146	.373	.434
May	4.31	4	9	0	17	17	104.1	97	9	51	74	Close & Late	.229	96	22	5	0	1	9	17	22	.345	.313
June	6.01	7	7	0	17	17	91.1	103	14	57	57	None on/out	.258	543	140	30	3	9	9	73	101	.350	.374
July	5.62	5	8	0	15	15	87.2	90	12	47	66	vs. 1st Batr (relief)	.000	2	0	0	0	0	0	0	2	.000	.000
August	4.42	6	6	0	18	18	112.0	114	6	47	101	1st Inning Pitched	.279	387	108	27	2	11	66	51	73	.367	.444
Sept/Oct	4.24	8	6	0	19	17	99.2	89	6	54	89	First 75 Pitches	.258	1615	416	86	7	37	199	214	343	.353	.388
Starter	4.86	33	39	0	98	98	566.2	567	55	303	449	Pitch 76-90	.256	324	83	16	2	9	45	49	58	.355	.401
Reliever	13.50	1	0	0	2	0	2.0	4	0	0	3	Pitch 91-105	.306	180	55	14	0	7	28	26	42	.406	.500
0-3 Days Rest (Start)	0.00	0	0	0	0	0	0.0	0	0	0	0	Pitch 106+	.315	54	17	3	1	2	9	14	9	.479	.519
4 Days Rest	4.88	18	22	0	56	56	326.2	327	31	178	241	First Pitch	.310	303	94	18	4	14	53	5	0	.354	.535
5+ Days Rest	4.84	15	16	0	42	42	240.0	240	24	125	208	Ahead in Count	.200	957	191	39	2	17	101	0	378	.205	.298
vs. AL	3.23	3	4	0	9	7	55.2	52	3	23	44	Behind in Count	.331	522	173	40	4	19	94	182	0	.506	.533
vs. NL	5.07	31	35	0	91	89	513.0	519	52	280	408	Two Strikes	.170	965	164	38	1	15	79	116	452	.265	.258
Pre-All Star	5.02	18	21	0	54	54	310.0	308	35	177	223	Pre-All Star	.260	1184	308	62	6	35	168	177	223	.365	.411
Post-All Star	4.73	16	18	0	46	44	258.2	263	20	126	229	Post-All Star	.266	989	263	57	4	20	113	126	229	.357	.392

Pasqual Coco — Blue Jays
Age 24 – Pitches Right (groundball pitcher)

	ERA	W	L	Sv	G	GS	IP	BB	SO	Avg	H	2B	3B	HR	RBI	OBP	SLG	GF	IR	IRS	Hld	SvOp	SB	CS	GB	FB	G/F
2001 Season	4.40	1	0	0	7	1	14.1	6	9	.226	12	2	0	0	5	.323	.264	3	0	0	0	0	2	0	25	15	1.67
Career (2000-2001)	5.40	1	0	0	8	2	18.1	11	11	.243	17	3	1	0	7	.365	.357	3	0	0	0	0	3	0	31	20	1.55

2001 Season

	ERA	W	L	Sv	G	GS	IP	H	HR	BB	SO		Avg	AB	H	2B	3B	HR	RBI	BB	SO	OBP	SLG
Home	1.50	1	0	0	4	0	6.0	2	0	3	4	vs. Left	.286	21	6	1	0	0	2	5	2	.423	.333
Away	6.48	0	0	0	3	1	8.1	10	0	3	5	vs. Right	.188	32	6	1	0	0	3	1	7	.250	.219

Tony Cogan — Royals
Age 25 – Pitches Left

	ERA	W	L	Sv	G	GS	IP	BB	SO	Avg	H	2B	3B	HR	RBI	OBP	SLG	GF	IR	IRS	Hld	SvOp	SB	CS	GB	FB	G/F
2001 Season	5.84	0	4	0	39	0	24.2	13	17	.320	32	3	2	7	22	.420	.600	7	29	10	6	2	1	0	39	27	1.44

2001 Season

	ERA	W	L	Sv	G	GS	IP	H	HR	BB	SO		Avg	AB	H	2B	3B	HR	RBI	BB	SO	OBP	SLG
Home	4.50	0	0	0	16	0	12.0	16	2	6	9	vs. Left	.259	54	14	1	0	5	11	9	14	.403	.556
Away	7.11	0	4	0	23	0	12.2	16	5	7	8	vs. Right	.391	46	18	2	2	2	11	4	3	.442	.652
Starter	0.00	0	0	0	0	0	0.0	0	0	0	0	Scoring Posn	.294	34	10	1	0	1	14	7	10	.444	.412
Reliever	5.84	0	4	0	39	0	24.2	32	7	13	17	Close & Late	.364	33	12	1	0	4	8	3	6	.432	.758
0 Days Rest (Relief)	2.57	0	2	0	12	0	7.0	5	0	5	4	None on/out	.292	24	7	0	1	2	2	0	3	.292	.625
1 or 2 Days Rest	6.97	0	1	0	14	0	10.1	15	3	4	8	First Pitch	.294	17	5	1	1	1	3	0	0	.333	.647
3+ Days Rest	7.36	0	1	0	13	0	7.1	12	4	4	5	Ahead in Count	.243	37	9	1	1	0	4	0	11	.282	.324
Pre-All Star	5.68	0	3	0	31	0	19.0	26	5	8	11	Behind in Count	.435	23	10	1	0	4	11	4	0	.500	1.000
Post-All Star	6.35	0	1	0	8	0	5.2	6	2	5	6	Two Strikes	.239	46	11	1	0	2	5	9	17	.397	.391

Dave Coggin — Phillies
Age 25 – Pitches Right (groundball pitcher)

	ERA	W	L	Sv	G	GS	IP	BB	SO	Avg	H	2B	3B	HR	RBI	OBP	SLG	CG	ShO	Sup	QS	#P/S	SB	CS	GB	FB	G/F
2001 Season	4.17	6	7	0	17	17	95.0	39	62	.272	99	19	1	7	39	.348	.387	0	0	3.32	10	89	2	3	157	80	1.96
Career (2000-2001)	4.43	8	7	0	22	22	122.0	51	79	.282	134	27	2	9	56	.357	.404	0	0	4.35	11	91	5	4	200	109	1.83

2001 Season

	ERA	W	L	Sv	G	GS	IP	H	HR	BB	SO		Avg	AB	H	2B	3B	HR	RBI	BB	SO	OBP	SLG
Home	4.04	2	3	0	9	9	49.0	46	3	25	32	vs. Left	.275	153	42	6	0	1	10	21	13	.373	.333
Away	4.30	4	4	0	8	8	46.0	53	4	30	vs. Right	.270	211	57	13	1	6	29	18	49	.329	.427
Starter	4.17	6	7	0	17	17	95.0	99	7	39	62	Scoring Posn	.289	90	26	2	0	3	33	13	16	.374	.411
Reliever	0.00	0	0	0	0	0	0.0	0	0	0	0	Close & Late	.364	22	8	0	0	3	3	2	.440	.364
0-3 Days Rest (Start)	0.00	0	0	0	0	0	0.0	0	0	0	0	None on/out	.239	92	22	3	0	2	2	7	14	.314	.337
4 Days Rest	5.64	0	4	0	6	6	30.1	42	3	18	15	First Pitch	.375	48	18	3	0	1	8	5	0	.436	.500
5+ Days Rest	3.48	6	3	0	11	11	64.2	57	4	21	47	Ahead in Count	.205	171	35	9	1	2	13	0	52	.217	.304
Pre-All Star	4.63	1	0	0	2	2	11.2	9	0	1	12	Behind in Count	.366	71	26	5	0	1	8	27	0	.540	.479
Post-All Star	4.10	5	7	0	15	15	83.1	90	7	38	50	Two Strikes	.196	163	32	8	0	2	14	7	62	.241	.282

Mike Colangelo — Padres
Age 25 – Bats Right

	Avg	G	AB	R	H	2B	3B	HR	RBI	BB	SO	HBP	GDP	SB	CS	OBP	SLG	IBB	SH	SF	#Pit	#P/PA	GB	FB	G/F
2001 Season	.242	50	91	10	22	3	3	2	8	8	30	1	3	0	0	.310	.407	0	0	0	409	4.09	23	21	1.10
Career (1999-2001)	.247	51	93	10	23	3	3	2	8	9	30	1	3	0	0	.320	.409	0	0	0	419	4.07	24	21	1.14

2001 Season

	Avg	AB	H	2B	3B	HR	RBI	BB	SO	OBP	SLG		Avg	AB	H	2B	3B	HR	RBI	BB	SO	OBP	SLG
vs. Left	.333	57	19	3	2	2	7	3	15	.367	.561	Scoring Posn	.174	23	4	0	1	0	4	0	8	.174	.261
vs. Right	.088	34	3	0	1	0	1	5	15	.225	.147	Close & Late	.400	15	6	0	1	1	2	2	5	.500	.733

Greg Colbrunn — Diamondbacks
Age 32 – Bats Right

	Avg	G	AB	R	H	2B	3B	HR	RBI	BB	SO	HBP	GDP	SB	CS	OBP	SLG	IBB	SH	SF	#Pit	#P/PA	GB	FB	G/F
2001 Season	.289	59	97	12	28	8	0	4	18	9	14	4	5	0	0	.373	.495	0	0	0	400	3.64	33	29	1.14
Last Five Years	.303	430	998	125	302	63	6	34	157	84	165	24	30	6	7	.368	.480	3	1	7	4088	3.67	346	327	1.06

2001 Season

	Avg	AB	H	2B	3B	HR	RBI	BB	SO	OBP	SLG		Avg	AB	H	2B	3B	HR	RBI	BB	SO	OBP	SLG
vs. Left	.235	34	8	4	0	2	4	3	7	.297	.529	Scoring Posn	.370	27	10	1	0	1	12	3	7	.452	.519
vs. Right	.317	63	20	4	0	2	14	6	7	.411	.476	Close & Late	.080	25	2	0	0	1	3	1	7	.179	.200

Last Five Years

	Avg	AB	H	2B	3B	HR	RBI	BB	SO	OBP	SLG		Avg	AB	H	2B	3B	HR	RBI	BB	SO	OBP	SLG
vs. Left	.299	502	150	25	6	19	76	44	96	.358	.486	First Pitch	.341	167	57	12	0	6	34	3	0	.364	.521
vs. Right	.306	496	152	38	0	15	81	40	69	.379	.474	Ahead in Count	.454	218	99	19	6	11	44	32	0	.530	.748
Home	.294	473	139	31	4	16	82	37	78	.354	.478	Behind in Count	.213	431	92	18	0	9	46	0	134	.232	.318
Away	.310	525	163	32	2	18	75	47	87	.382	.482	Two Strikes	.212	430	91	19	0	13	55	49	165	.304	.347
Day	.332	313	104	23	2	16	58	28	50	.403	.572	Batting #4	.329	210	69	13	1	11	34	27	28	.418	.552
Night	.289	685	198	40	4	18	99	56	115	.353	.438	Batting #6	.309	301	93	26	2	9	40	15	41	.356	.498
Grass	.305	770	235	48	6	27	124	67	114	.374	.488	Other	.287	487	140	24	3	14	83	42	96	.354	.435
Turf	.294	228	67	15	0	7	33	17	51	.351	.452	March/April	.306	193	59	13	2	7	27	23	26	.385	.503
Pre-All Star	.291	515	150	32	4	16	68	46	93	.362	.462	May	.278	162	45	11	0	4	18	11	35	.328	.420
Post-All Star	.315	483	152	31	2	18	89	38	72	.376	.499	June	.256	125	32	5	0	2	4	15	11	24	.354	.424
Inning 1-6	.305	610	186	38	6	23	94	52	96	.367	.500	July	.336	110	37	9	0	1	17	6	23	.371	.445
Inning 7+	.299	388	116	25	0	11	63	32	69	.371	.448	August	.361	180	65	12	1	10	49	14	23	.418	.606

	Avg	AB	H	2B	3B	HR	RBI	BB	SO	OBP	SLG	Last Five Years		Avg	AB	H	2B	3B	HR	RBI	BB	SO	OBP	SLG
Scoring Posn	.314	264	83	18	3	7	116	30	41	.392	.485	Sept/Oct		.281	228	64	13	1	8	31	19	34	.337	.452
Close & Late	.236	174	41	9	0	3	22	18	36	.333	.339	vs. AL		.268	272	73	17	0	7	31	13	51	.307	.408
None on/out	.335	215	72	14	1	13	13	16	36	.394	.591	vs. NL		.315	726	229	46	6	27	126	71	114	.390	.507

Michael Coleman — Yankees   Age 26 – Bats Right

	Avg	AB	G	H	2B	3B	HR	RBI	BB	SO	HBP	GDP	SB	CS	OBP	SLG	IBB	SH	SF	#Pit	#P/PA	FB	GB	G/F
2001 Season	.211	12	38	5	8	0	0	1	7	15	0	0	0	1	.205	.289	0	0	1	148	3.79	11	9	1.22
Career (1997-2001)	.194	22	67	8	13	1	0	1	9	26	0	0	1	1	.203	.254	0	1	1	248	3.54	17	17	1.00

2001 Season

	Avg	AB	H	2B	3B	HR	RBI	BB	SO	OBP	SLG		Avg	AB	H	2B	3B	HR	RBI	BB	SO	OBP	SLG
vs. Left	.063	16	1	0	0	0	2	0	9	.059	.063	Scoring Posn	.444	9	4	0	0	0	6	0	2	.400	.444
vs. Right	.318	22	7	0	0	1	5	0	6	.318	.455	Close & Late	.400	5	2	0	0	1	2	0	2	.400	1.000

Lou Collier — Brewers   Age 28 – Bats Right (groundball hitter)

	Avg	G	AB	R	H	2B	3B	HR	RBI	BB	SO	HBP	GDP	SB	CS	OBP	SLG	IBB	SH	SF	#Pit	#P/PA	FB	GB	G/F
2001 Season	.252	50	127	19	32	8	1	2	14	17	30	1	0	5	1	.340	.378	0	1	2	544	3.68	48	27	1.78
Career (1997-2001)	.242	266	665	79	161	31	7	7	74	69	147	7	12	11	5	.316	.341	6	5	10	2904	3.84	252	151	1.67

2001 Season

	Avg	AB	H	2B	3B	HR	RBI	BB	SO	OBP	SLG		Avg	AB	H	2B	3B	HR	RBI	BB	SO	OBP	SLG
vs. Left	.326	43	14	6	0	1	6	8	6	.434	.535	Scoring Posn	.323	31	10	2	1	1	13	5	9	.410	.548
vs. Right	.214	84	18	2	1	1	8	9	24	.287	.298	Close & Late	.167	12	2	1	0	1	2	4	2	.412	.500
Home	.232	56	13	1	1	1	8	10	11	.343	.339	None on/out	.200	40	8	2	0	1	1	6	8	.304	.325
Away	.268	71	19	7	0	1	6	7	19	.338	.408	Batting #1	.295	61	18	6	1	1	7	9	16	.380	.475
First Pitch	.375	24	9	2	0	0	4	0	0	.400	.458	Batting #6	.270	37	10	2	0	2	3	6	6	.325	.324
Ahead in Count	.417	24	10	4	1	1	6	7	0	.531	.792	Other	.138	29	4	0	0	1	5	5	8	.278	.241
Behind in Count	.154	65	10	1	0	1	3	0	28	.152	.215	Pre-All Star	.000	1	0	0	0	0	0	0	1	.000	.000
Two Strikes	.117	60	7	1	0	1	4	10	30	.239	.183	Post-All Star	.254	126	32	8	1	2	14	17	29	.342	.381

Career (1997-2001)

	Avg	AB	H	2B	3B	HR	RBI	BB	SO	OBP	SLG		Avg	AB	H	2B	3B	HR	RBI	BB	SO	OBP	SLG
vs. Left	.282	202	57	16	1	3	26	29	49	.370	.416	First Pitch	.352	91	32	4	1	1	16	1	0	.362	.451
vs. Right	.225	463	104	15	6	4	48	40	98	.290	.309	Ahead in Count	.347	98	34	11	2	2	16	37	0	.521	.561
Home	.228	303	69	11	4	4	41	40	64	.319	.330	Behind in Count	.189	370	70	7	2	2	32	0	130	.195	.253
Away	.254	362	92	20	3	3	33	29	83	.313	.351	Two Strikes	.162	359	58	12	1	2	23	31	147	.230	.217
Day	.204	191	39	8	2	2	28	15	55	.267	.298	Batting #1	.246	118	29	8	1	2	14	16	28	.331	.381
Night	.257	474	122	23	5	5	46	54	92	.335	.359	Batting #8	.246	333	82	11	5	2	35	33	73	.320	.327
Grass	.243	403	98	22	3	5	39	42	88	.316	.350	Other	.234	214	50	12	1	3	25	20	46	.300	.341
Turf	.240	262	63	9	4	2	35	27	59	.315	.328	March/April	.215	65	14	3	4	1	4	3	18	.261	.431
Pre-All Star	.245	261	64	14	4	3	33	19	61	.295	.364	May	.297	101	30	9	0	1	15	11	22	.359	.416
Post-All Star	.240	404	97	17	3	4	41	50	86	.328	.327	June	.239	71	17	2	0	0	10	3	13	.263	.268
Inning 1-6	.276	420	116	26	6	5	55	43	87	.346	.402	July	.196	92	18	2	0	1	12	7	23	.257	.250
Inning 7+	.184	245	45	5	1	2	19	26	60	.264	.237	August	.278	151	42	7	2	1	15	23	31	.382	.371
Scoring Posn	.266	184	49	11	3	2	66	25	38	.347	.391	Sept/Oct	.216	185	40	8	1	3	18	22	40	.297	.319
Close & Late	.211	95	20	2	0	1	5	14	23	.324	.263	vs. AL	.222	45	10	1	0	0	9	4	8	.280	.244
None on/out	.226	186	42	6	1	2	2	22	44	.308	.301	vs. NL	.244	620	151	30	7	7	65	65	139	.318	.348

Jesus Colome — Devil Rays   Age 22 – Pitches Right

	ERA	W	L	Sv	G	GS	IP	BB	SO	Avg	H	2B	3B	HR	RBI	OBP	SLG	GF	IR	IRS	Hld	SvOp	SB	CS	GB	FB	G/F
2001 Season	3.33	2	3	0	30	0	48.2	25	31	.208	37	9	0	8	26	.309	.393	9	22	8	6	0	6	0	71	52	1.37

2001 Season

	ERA	W	L	Sv	G	GS	IP	H	HR	BB	SO		Avg	AB	H	2B	3B	HR	RBI	BB	SO	OBP	SLG
Home	3.68	1	1	0	15	0	22.0	16	3	14	13	vs. Left	.186	70	13	4	0	1	7	13	12	.306	.286
Away	3.04	1	2	0	15	0	26.2	21	5	11	18	vs. Right	.222	108	24	5	0	7	19	12	19	.311	.463
Starter	0.00	0	0	0	0	0	0.0	0	0	0	0	Scoring Posn	.143	49	7	2	0	1	16	9	9	.267	.245
Reliever	3.33	2	3	0	30	0	48.2	37	8	25	31	Close & Late	.136	59	8	3	0	3	4	5	13	.203	.339
0 Days Rest (Relief)	1.93	0	0	0	4	0	4.2	1	1	2	3	None on/out	.122	41	5	1	0	1	1	6	8	.234	.220
1 or 2 Days Rest	4.87	1	2	0	12	0	20.1	19	3	10	17	First Pitch	.500	22	11	3	0	1	6	3	0	.538	.773
3+ Days Rest	2.28	1	1	0	14	0	23.2	17	4	13	11	Ahead in Count	.110	91	10	6	0	1	9	0	28	.128	.209
Pre-All Star	3.00	1	0	0	6	0	9.0	8	1	5	5	Behind in Count	.353	34	12	0	0	6	9	9	0	.488	.882
Post-All Star	3.40	1	3	0	24	0	39.2	29	7	20	26	Two Strikes	.111	90	10	5	0	1	9	12	31	.223	.200

Bartolo Colon — Indians   Age 27 – Pitches Right

	ERA	W	L	Sv	G	GS	IP	BB	SO	Avg	H	2B	3B	HR	RBI	OBP	SLG	CG	ShO	Sup	QS	#P/S	SB	CS	GB	FB	G/F
2001 Season	4.09	14	12	0	34	34	222.1	90	201	.261	220	41	4	26	95	.332	.412	1	0	5.10	19	107	7	5	282	245	1.15
Career (1997-2001)	4.09	65	41	0	146	144	913.1	388	798	.253	880	176	14	98	389	.331	.397	11	4	6.24	79	106	36	19	1211	922	1.31

2001 Season

	ERA	W	L	Sv	G	GS	IP	H	HR	BB	SO		Avg	AB	H	2B	3B	HR	RBI	BB	SO	OBP	SLG
Home	4.27	5	9	0	20	20	137.0	130	19	56	111	vs. Left	.278	446	124	20	3	17	58	59	105	.360	.453
Away	3.80	9	3	0	14	14	85.1	90	7	34	90	vs. Right	.242	397	96	21	1	9	37	31	96	.299	.368
Day	4.84	4	5	0	10	10	61.1	57	7	31	59	Inning 1-6	.257	723	186	34	3	23	82	75	180	.327	.408
Night	3.80	10	7	0	24	24	161.0	163	19	59	142	Inning 7+	.283	120	34	7	1	3	13	15	21	.362	.433

2001 Season

	ERA	W	L	Sv	G	GS	IP	H	HR	BB	SO		Avg	AB	H	2B	3B	HR	RBI	BB	SO	OBP	SLG
Grass	4.22	12	12	0	31	31	202.2	196	25	83	176	None on	.259	474	123	28	4	14	14	59	118	.343	.424
Turf	2.75	2	0	0	3	3	19.2	24	1	7	25	Runners on	.263	369	97	13	0	12	81	31	83	.319	.396
April	3.48	3	2	0	6	6	44.0	37	2	17	40	Scoring Posn	.257	191	49	7	0	6	65	17	47	.315	.387
May	4.98	1	3	0	5	5	34.1	34	6	12	25	Close & Late	.292	48	14	1	0	1	8	11	15	.379	.375
June	6.75	2	2	0	6	6	32.0	41	10	13	32	None on/out	.265	211	56	10	2	3	3	25	42	.346	.374
July	2.61	4	0	0	5	5	31.0	27	2	16	24	vs. 1st Batr (relief)	.000	0	0	0	0	0	0	0	0	.000	.000
August	3.25	1	3	0	6	6	44.1	43	4	14	44	1st Inning Pitched	.153	118	18	2	1	1	5	15	41	.254	.212
Sept/Oct	3.93	3	2	0	6	6	36.2	38	2	18	36	First 75 Pitches	.260	554	144	32	2	18	68	59	141	.332	.422
Starter	4.09	14	12	0	34	34	222.1	220	26	90	201	Pitch 76-90	.218	110	24	3	0	3	5	15	25	.317	.327
Reliever	0.00	0	0	0	0	0	0.0	0	0	0	0	Pitch 91-105	.269	93	25	5	1	3	10	9	19	.324	.441
0-3 Days Rest (Start)	33.75	0	1	0	1	1	1.1	4	0	4	2	Pitch 106+	.314	86	27	1	1	2	12	7	16	.362	.419
4 Days Rest	3.46	9	3	0	16	16	106.2	104	8	43	102	First Pitch	.400	105	42	9	0	4	21	2	0	.409	.600
5+ Days Rest	4.33	5	8	0	17	17	114.1	112	18	43	97	Ahead in Count	.215	390	84	15	4	9	38	0	156	.217	.344
vs. AL	4.38	12	12	0	31	31	203.1	207	25	83	185	Behind in Count	.296	186	55	11	0	8	24	42	0	.425	.484
vs. NL	0.95	2	0	0	3	3	19.0	13	1	7	16	Two Strikes	.188	405	76	12	2	11	36	46	201	.271	.309
Pre-All Star	4.81	6	7	0	18	18	118.0	116	19	48	101	Pre-All Star	.261	445	116	24	3	19	57	48	101	.334	.456
Post-All Star	3.28	8	5	0	16	16	104.1	104	7	42	100	Post-All Star	.261	398	104	17	1	7	38	42	100	.330	.362

Career (1997-2001)

	ERA	W	L	Sv	G	GS	IP	H	HR	BB	SO		Avg	AB	H	2B	3B	HR	RBI	BB	SO	OBP	SLG
Home	4.21	31	20	0	76	74	483.1	483	53	198	392	vs. Left	.265	1759	466	101	10	58	215	216	400	.345	.433
Away	3.96	34	21	0	70	70	430.0	397	45	190	406	vs. Right	.242	1713	414	75	4	40	174	172	398	.315	.360
Day	4.62	19	19	0	48	47	280.2	288	32	153	266	Inning 1-6	.255	3060	780	162	13	89	355	348	711	.333	.404
Night	3.86	46	22	0	98	97	632.2	592	66	235	532	Inning 7+	.243	412	100	14	1	9	34	40	87	.313	.347
Grass	4.14	56	35	0	127	125	796.0	778	90	334	684	None on	.254	1929	490	89	8	63	63	232	453	.337	.412
Turf	3.76	9	6	0	19	19	117.1	102	8	54	114	Runners on	.253	1543	390	77	6	35	326	156	345	.322	.378
March/April	4.23	9	6	0	22	22	125.2	126	12	60	120	Scoring Posn	.245	829	203	36	4	18	274	91	213	.318	.363
May	4.48	10	8	0	21	21	140.2	131	18	59	135	Close & Late	.250	188	47	3	0	4	19	19	47	.322	.330
June	4.32	9	7	0	24	24	154.1	141	24	57	126	None on/out	.270	880	238	41	4	31	31	102	176	.350	.432
July	3.62	14	8	0	26	26	171.1	167	22	71	132	vs. 1st Batr (relief)	.000	2	0	0	0	0	0	1	1	.000	.000
August	4.16	11	6	0	27	27	173.0	169	15	78	146	1st Inning Pitched	.213	539	115	23	4	5	61	71	158	.308	.299
Sept/Oct	3.82	12	6	0	26	24	148.1	146	7	63	139	First 75 Pitches	.254	2343	595	126	9	68	267	263	534	.331	.402
Starter	4.09	64	41	0	144	144	908.1	875	98	387	790	Pitch 76-90	.267	457	122	22	3	12	46	59	95	.354	.407
Reliever	3.60	1	0	0	2	0	5.0	5	0	1	8	Pitch 91-105	.255	381	97	22	1	11	49	39	92	.325	.404
0-3 Days Rest (Start)	33.75	0	1	0	1	1	1.1	4	0	4	2	Pitch 106+	.227	291	66	6	1	7	27	27	77	.294	.326
4 Days Rest	3.64	34	21	0	74	74	484.2	449	48	197	419	First Pitch	.334	437	146	33	0	10	60	12	0	.359	.478
5+ Days Rest	4.52	30	19	0	69	69	422.1	422	50	186	364	Ahead in Count	.204	1598	326	61	8	28	136	0	622	.207	.305
vs. AL	4.30	56	39	0	131	129	816.2	804	89	354	717	Behind in Count	.317	747	237	54	4	35	117	170	0	.445	.541
vs. NL	2.33	9	2	0	15	15	96.2	76	9	34	81	Two Strikes	.180	1688	303	55	6	32	129	206	798	.269	.276
Pre-All Star	4.30	32	21	0	73	73	458.1	436	59	192	412	Pre-All Star	.251	1740	436	88	6	59	204	192	412	.328	.410
Post-All Star	3.88	33	20	0	73	71	455.0	444	39	196	386	Post-All Star	.256	1732	444	88	8	39	185	196	386	.334	.384

David Cone — Red Sox

Age 39 – Pitches Right (flyball pitcher)

	ERA	W	L	Sv	G	GS	IP	BB	SO	Avg	H	2B	3B	HR	RBI	OBP	SLG	CG	ShO	Sup	QS	#P/S	SB	CS	GB	FB	G/F
2001 Season	4.31	9	7	0	25	25	135.2	57	115	.275	148	23	1	17	68	.351	.416	0	0	5.04	10	93	19	7	176	141	1.25
Last Five Years	4.07	57	43	0	146	145	886.2	374	843	.250	845	167	11	100	392	.332	.395	5	1	5.57	78	103	100	38	964	973	0.99

2001 Season

	ERA	W	L	Sv	G	GS	IP	H	HR	BB	SO		Avg	AB	H	2B	3B	HR	RBI	BB	SO	OBP	SLG
Home	3.69	5	2	0	11	11	63.1	67	8	24	57	vs. Left	.291	282	82	11	1	11	39	33	49	.378	.454
Away	4.85	4	5	0	14	14	72.1	81	9	33	58	vs. Right	.257	257	66	12	0	6	29	24	66	.322	.374
Starter	4.31	9	7	0	25	25	135.2	148	17	57	115	Scoring Posn	.221	140	31	7	0	4	47	22	40	.327	.357
Reliever	0.00	0	0	0	0	0	0.0	0	0	0	0	Close & Late	.263	19	5	2	0	0	1	3	4	.364	.368
0-3 Days Rest (Start)	0.00	0	0	0	0	0	0.0	0	0	0	0	None on/out	.296	135	40	3	0	3	3	9	21	.340	.385
4 Days Rest	3.04	5	1	0	12	12	71.0	73	8	27	62	First Pitch	.417	60	25	4	0	2	14	3	0	.456	.583
5+ Days Rest	5.71	4	6	0	13	13	64.2	75	9	30	53	Ahead in Count	.194	283	55	5	0	5	13	0	98	.196	.265
Pre-All Star	4.68	4	1	0	10	10	50.0	58	11	22	41	Behind in Count	.356	104	37	11	1	3	21	28	0	.496	.567
Post-All Star	4.10	5	6	0	15	15	85.2	90	6	35	74	Two Strikes	.204	269	55	5	0	8	23	26	115	.275	.312

Last Five Years

	ERA	W	L	Sv	G	GS	IP	H	HR	BB	SO		Avg	AB	H	2B	3B	HR	RBI	BB	SO	OBP	SLG
Home	3.33	30	17	0	72	71	451.2	397	46	173	461	vs. Left	.257	1760	453	81	9	60	221	230	403	.351	.416
Away	4.84	27	26	0	74	74	435.0	448	54	201	382	vs. Right	.243	1616	392	86	2	40	171	144	440	.309	.373
Day	3.70	19	17	0	56	56	350.1	324	39	130	360	Inning 1-6	.248	3030	751	145	9	89	360	337	750	.330	.390
Night	4.31	38	26	0	90	89	536.1	521	61	244	483	Inning 7+	.272	346	94	22	2	11	32	37	93	.346	.442
Grass	3.85	50	35	0	125	124	766.2	709	83	321	731	None on	.253	1944	492	101	8	56	56	197	471	.329	.400
Turf	5.47	7	8	0	21	21	120.0	136	17	53	112	Runners on	.247	1432	353	66	3	44	336	177	372	.335	.389
March/April	4.49	5	5	0	20	20	118.1	105	11	67	113	Scoring Posn	.233	833	194	37	1	26	286	124	240	.335	.373
May	3.61	10	7	0	26	26	162.0	160	15	62	140	Close & Late	.285	165	47	13	1	4	14	27	37	.392	.448
June	3.75	13	3	0	26	26	172.2	152	24	56	170	None on/out	.242	868	210	45	4	31	31	80	189	.310	.410
July	3.22	11	8	0	24	24	159.1	144	20	60	145	vs. 1st Batr (relief)	.000	0	0	0	0	0	0	1	0	1.000	.000
August	4.58	10	8	0	27	27	151.1	159	18	68	147	1st Inning Pitched	.232	544	126	32	2	17	63	66	144	.320	.392
Sept/Oct	5.20	4	12	0	23	22	123.0	125	12	61	128	First 75 Pitches	.244	2360	576	118	7	72	267	254	580	.325	.392
Starter	4.04	57	43	0	145	145	885.1	840	100	371	843	Pitch 76-90	.241	449	108	17	2	9	39	48	106	.317	.347
Reliever	27.00	0	0	0	1	0	1.1	5	0	3	0	Pitch 91-105	.288	354	102	16	1	12	54	38	95	.363	.441
0-3 Days Rest (Start)	0.00	0	0	0	0	0	0.0	0	0	0	0	Pitch 106+	.277	213	59	16	1	7	32	34	62	.376	.460

83

	ERA	W	L	Sv	G	GS	IP	H	HR	BB	SO		Avg	AB	H	2B	3B	HR	RBI	BB	SO	OBP	SLG
4 Days Rest	4.05	29	22	0	77	77	471.2	459	54	194	450	First Pitch	.351	373	131	26	1	18	66	9	0	.376	.571
5+ Days Rest	4.02	28	21	0	68	68	413.2	381	46	177	393	Ahead in Count	.199	1748	348	56	2	27	121	0	718	.212	.280
vs. AL	4.18	48	40	0	131	130	781.2	774	87	344	740	Behind in Count	.327	627	205	59	6	31	119	199	0	.486	.589
vs. NL	3.26	9	3	0	15	15	105.0	71	13	30	103	Two Strikes	.173	1765	306	54	2	26	113	166	843	.251	.260
Pre-All Star	3.86	34	18	0	78	78	492.0	460	57	200	455	Pre-All Star	.248	1857	460	96	5	57	206	200	455	.329	.397
Post-All Star	4.33	23	25	0	68	67	394.2	385	43	174	388	Post-All Star	.253	1519	385	71	6	43	186	174	388	.334	.393

Jeff Conine — Orioles
Age 36 – Bats Right (flyball hitter)

	Avg	G	AB	R	H	2B	3B	HR	RBI	BB	SO	HBP	GDP	SB	CS		OBP	SLG	IBB	SH	SF		#Pit	#P/PA	GB	FB	G/F
2001 Season	.311	139	524	75	163	23	2	14	97	64	75	5	12	12	8		.386	.443	6	0	8		2112	3.51	176	168	1.05
Last Five Years	.280	641	2091	258	585	113	6	65	322	213	325	14	57	21	14		.346	.433	11	1	27		8434	3.59	671	718	0.93

2001 Season

	Avg	AB	H	2B	3B	HR	RBI	BB	SO	OBP	SLG		Avg	AB	H	2B	3B	HR	RBI	BB	SO	OBP	SLG
vs. Left	.376	125	47	9	0	4	31	18	17	.451	.544	First Pitch	.388	129	50	2	0	5	25	6	0	.420	.519
vs. Right	.291	399	116	14	2	10	66	46	58	.365	.411	Ahead in Count	.363	91	33	6	0	2	17	23	0	.492	.495
Home	.323	229	74	10	1	5	43	34	32	.408	.441	Behind in Count	.236	220	52	8	1	5	34	0	64	.233	.350
Away	.302	295	89	13	1	9	54	30	43	.368	.444	Two Strikes	.222	203	45	9	1	5	35	35	75	.329	.350
Day	.346	153	53	8	0	4	28	18	22	.417	.477	Batting #3	.301	73	22	6	0	0	13	6	6	.349	.384
Night	.296	371	110	15	2	10	69	46	53	.373	.429	Batting #4	.318	431	137	17	2	13	80	56	65	.397	.457
Grass	.313	441	138	23	2	9	81	52	62	.384	.435	Other	.200	20	4	0	0	1	4	2	4	.273	.350
Turf	.301	83	25	0	0	5	16	12	13	.396	.482	April	.237	38	9	0	0	1	7	6	4	.333	.316
Pre-All Star	.314	242	76	8	1	9	48	29	41	.388	.467	May	.354	79	28	4	1	4	21	9	15	.422	.582
Post-All Star	.309	282	87	15	1	5	49	35	34	.384	.422	June	.333	111	37	3	0	4	18	13	20	.408	.468
Inning 1-6	.326	353	115	18	2	9	78	42	50	.395	.465	July	.283	92	26	7	0	1	9	10	15	.349	.391
Inning 7+	.281	171	48	5	0	5	19	22	25	.367	.398	August	.330	97	32	3	1	4	26	14	10	.420	.505
Scoring Posn	.400	140	56	8	1	9	87	27	21	.486	.664	Sept/Oct	.290	107	31	6	0	0	16	12	11	.352	.346
Close & Late	.254	71	18	1	0	1	8	15	11	.386	.310	vs. AL	.319	467	149	22	2	12	92	57	64	.394	.452
None on/out	.284	134	38	7	1	2	2	14	18	.356	.396	vs. NL	.246	57	14	1	0	2	5	7	11	.323	.368

2001 By Position

Position	Avg	AB	H	2B	3B	HR	RBI	BB	SO	OBP	SLG	G	GS	Innings	PO	A	E	DP	Fld Pct	Rng Fctr	In Zone	Zone Outs	Zone Rtg	MLB Zone
As DH	.154	39	6	0	0	0	4	8	9	.292	.154	12	11											
As 1b	.314	287	90	16	0	6	54	36	44	.387	.432	80	76	670.2	646	45	4	61	.994	—	130	108	.831	.850
As 3b	.375	64	24	1	1	3	13	6	7	.437	.563	17	16	145.0	15	24	0	0	1.000	2.42	32	27	.844	.761
As lf	.325	77	25	3	1	2	14	8	6	.386	.468	22	20	169.0	44	1	0	0	1.000	2.40	44	43	.977	.880
As rf	.316	57	18	3	0	3	12	5	9	.385	.526	16	14	119.0	41	1	0	0	1.000	3.18	43	40	.930	.884

Last Five Years

	Avg	AB	H	2B	3B	HR	RBI	BB	SO	OBP	SLG		Avg	AB	H	2B	3B	HR	RBI	BB	SO	OBP	SLG
vs. Left	.303	522	158	27	2	20	85	60	81	.373	.477	First Pitch	.349	413	144	21	0	15	75	7	0	.361	.508
vs. Right	.272	1569	427	86	4	45	237	153	244	.337	.418	Ahead in Count	.329	414	136	29	1	20	78	103	0	.459	.548
Home	.289	954	276	49	2	29	149	113	140	.364	.436	Behind in Count	.202	866	175	36	2	19	95	0	274	.204	.314
Away	.272	1137	309	64	4	36	173	100	185	.331	.430	Two Strikes	.191	845	161	36	2	21	101	103	325	.278	.312
Day	.299	680	203	32	3	20	106	60	102	.356	.443	Batting #5	.269	583	157	36	3	17	81	50	78	.332	.429
Night	.271	1411	382	81	3	45	216	153	223	.342	.428	Batting #6	.288	542	156	35	1	19	80	45	74	.338	.461
Grass	.284	1750	497	98	5	52	271	176	253	.349	.435	Other	.282	966	272	42	2	29	161	118	173	.359	.419
Turf	.258	341	88	15	1	13	51	37	72	.332	.422	March/April	.256	211	54	7	1	9	39	31	30	.351	.427
Pre-All Star	.276	1141	315	63	3	40	175	118	189	.343	.442	May	.282	419	118	28	2	13	67	39	78	.338	.451
Post-All Star	.284	950	270	50	3	25	147	95	136	.350	.422	June	.301	386	116	21	0	17	59	39	64	.367	.487
Inning 1-6	.280	1355	380	71	6	46	218	135	210	.343	.444	July	.275	371	102	23	0	6	36	37	57	.341	.385
Inning 7+	.279	736	205	42	0	19	104	78	115	.351	.413	August	.298	373	111	15	3	15	68	36	53	.365	.475
Scoring Posn	.310	551	171	41	1	16	254	93	90	.400	.475	Sept/Oct	.254	331	84	19	0	5	31	43	31	.311	.356
Close & Late	.280	346	97	20	0	7	52	43	59	.363	.399	vs. AL	.286	1533	439	94	5	38	241	141	218	.346	.429
None on/out	.289	492	142	22	4	19	19	40	71	.345	.465	vs. NL	.262	558	146	19	1	27	81	72	107	.346	.444

Jason Conti — Devil Rays
Age 27 – Bats Left

	Avg	G	AB	R	H	2B	3B	HR	RBI	BB	SO		HBP	GDP	SB	CS		OBP	SLG	IBB	SH	SF		#Pit	#P/PA	GB	FB	G/F
2001 Season	.250	5	4	1	1	0	0	0	1	2	0		0	0	0	0		.400	.250	0	0	0		19	3.80	2	0	0.00
Career (2000-2001)	.232	52	95	12	22	4	3	1	15	8	32		1	2	3	0		.298	.368	2	0	0		432	4.15	25	20	1.25

2001 Season

	Avg	AB	H	2B	3B	HR	RBI	BB	SO	OBP	SLG		Avg	AB	H	2B	3B	HR	RBI	BB	SO	OBP	SLG
vs. Left	.000	0	0	0	0	0	0	0	0	.000	.000	Scoring Posn	.000	1	0	0	0	0	0	0	1	.000	.000
vs. Right	.250	4	1	0	0	0	1	2	0	.400	.250	Close & Late	.000	3	0	0	0	0	0	1	2	.250	.000

Dennis Cook — Phillies
Age 39 – Pitches Left (flyball pitcher)

	ERA	W	L	Sv	G	GS	IP	BB	SO	Avg	H	2B	3B	HR	RBI	OBP	SLG	GF	IR	IRS	Hld	SvOp	SB	CS	GB	FB	G/F
2001 Season	4.53	1	1	0	62	0	45.2	14	38	.247	43	11	0	8	22	.309	.448	14	44	8	8	3	2	0	53	51	1.04
Last Five Years	3.93	26	15	6	333	0	298.0	127	301	.248	280	57	6	36	156	.329	.405	71	233	56	71		24	23	9	288	356 0.81

2001 Season

	ERA	W	L	Sv	G	GS	IP	H	HR	BB	SO		Avg	AB	H	2B	3B	HR	RBI	BB	SO	OBP	SLG
Home	8.69	0	1	0	31	0	19.2	28	6	9	15	vs. Left	.215	79	17	6	0	3	10	6	14	.276	.405
Away	1.38	1	0	0	31	0	26.0	15	2	5	23	vs. Right	.274	95	26	5	0	5	12	8	24	.337	.484

2001 Season

	ERA	W	L	Sv	G	GS	IP	H	HR	BB	SO		Avg	AB	H	2B	3B	HR	RBI	BB	SO	OBP	SLG
Day	2.50	1	0	0	24	0	18.0	16	3	5	16	Inning 1-6	.190	21	4	1	0	0	1	1	5	.227	.238
Night	5.86	0	1	0	38	0	27.2	27	5	9	22	Inning 7+	.255	153	39	10	0	8	21	13	33	.320	.477
Grass	4.84	1	1	0	44	0	35.1	35	7	11	30	None on	.267	90	24	5	0	4	4	6	16	.313	.456
Turf	3.48	0	0	0	18	0	10.1	8	1	3	8	Runners on	.226	84	19	6	0	4	18	8	22	.305	.440
April	0.00	1	0	0	11	0	9.0	3	0	2	6	Scoring Posn	.200	50	10	3	0	2	13	6	13	.293	.380
May	9.00	0	1	0	12	0	9.0	14	3	4	12	Close & Late	.288	73	21	5	0	4	12	7	16	.346	.521
June	5.40	0	0	0	12	0	10.0	7	1	3	6	None on/out	.275	40	11	4	0	2	2	0	5	.275	.525
July	2.16	0	0	0	9	0	8.1	4	2	1	10	vs. 1st Batr (relief)	.233	60	14	4	0	3	8	0	10	.242	.450
August	7.20	0	0	0	9	0	5.0	11	2	2	3	1st Inning Pitched	.242	161	39	10	0	8	21	13	38	.305	.453
Sept/Oct	4.15	0	0	0	9	0	4.1	4	0	2	1	First 15 Pitches	.257	140	36	10	0	8	20	11	31	.318	.500
Starter	0.00	0	0	0	0	0	0.0	0	0	0	0	Pitch 16-30	.194	31	6	1	0	0	2	3	7	.265	.226
Reliever	4.53	1	1	0	62	0	45.2	43	8	14	38	Pitch 31-45	.333	3	1	0	0	0	0	0	0	.333	.333
0 Days Rest (Relief)	6.23	1	0	0	16	0	13.0	16	2	6	11	Pitch 46+	.000	0	0	0	0	0	0	0	0	.000	.000
1 or 2 Days Rest	3.57	0	0	0	25	0	17.2	17	3	4	12	First Pitch	.476	21	10	0	0	1	2	3	0	.560	.619
3+ Days Rest	4.20	1	0	0	21	0	15.0	10	3	4	15	Ahead in Count	.146	82	12	3	0	4	9	0	32	.157	.329
vs. AL	5.14	0	0	0	7	0	7.0	3	1	3	5	Behind in Count	.378	37	14	5	0	3	10	7	0	.467	.757
vs. NL	4.42	1	1	0	55	0	38.2	40	7	11	33	Two Strikes	.148	81	12	3	0	3	6	4	38	.198	.296
Pre-All Star	4.88	1	1	0	38	0	31.1	26	6	9	25	Pre-All Star	.217	120	26	5	0	6	13	9	25	.277	.408
Post-All Star	3.77	0	0	0	24	0	14.1	17	2	5	13	Post-All Star	.315	54	17	6	0	2	9	5	13	.377	.537

Last Five Years

	ERA	W	L	Sv	G	GS	IP	H	HR	BB	SO		Avg	AB	H	2B	3B	HR	RBI	BB	SO	OBP	SLG
Home	4.47	14	9	3	164	0	147.0	149	23	61	158	vs. Left	.265	427	113	24	2	9	55	33	91	.323	.393
Away	3.40	12	6	3	169	0	151.0	131	13	66	143	vs. Right	.238	701	167	33	4	27	101	94	210	.333	.412
Day	4.50	11	7	1	119	0	106.0	109	15	55	107	Inning 1-6	.245	98	24	2	1	2	20	13	26	.336	.347
Night	3.61	15	8	5	214	0	192.0	171	21	72	194	Inning 7+	.249	1030	256	55	5	34	136	114	275	.329	.411
Grass	3.95	22	14	5	267	0	246.1	235	31	108	255	None on	.249	590	147	32	1	18	18	56	155	.317	.398
Turf	3.83	4	1	1	66	0	51.2	45	5	19	46	Runners on	.247	538	133	25	5	18	138	71	146	.342	.413
March/April	1.71	10	0	0	54	0	52.2	31	4	16	46	Scoring Posn	.230	331	76	14	1	12	118	55	97	.342	.387
May	5.80	2	6	0	56	0	45.0	60	8	21	48	Close & Late	.231	577	133	29	4	19	77	76	169	.326	.393
June	3.17	5	1	2	59	0	54.0	36	3	24	60	None on/out	.230	248	57	14	0	6	6	25	62	.300	.359
July	3.15	5	4	2	59	0	60.0	53	7	21	59	vs. 1st Batr (relief)	.235	298	70	11	2	12	46	28	72	.303	.406
August	6.26	4	3	2	53	0	46.0	54	7	24	49	1st Inning Pitched	.252	953	240	48	6	35	144	107	263	.333	.425
Sept/Oct	4.24	0	1	0	52	0	40.1	46	7	21	39	First 15 Pitches	.260	781	203	42	4	32	116	76	199	.332	.447
Starter	0.00	0	0	0	0	0	0.0	0	0	0	0	Pitch 16-30	.217	290	63	11	2	4	35	42	88	.319	.310
Reliever	3.93	26	15	6	333	0	298.0	280	36	127	301	Pitch 31-45	.212	52	11	4	0	0	1	7	13	.305	.288
0 Days Rest (Relief)	3.41	8	4	4	77	0	63.1	51	7	32	71	Pitch 46+	.600	5	3	0	0	0	4	2	1	.714	.600
1 or 2 Days Rest	3.76	13	7	1	164	0	150.2	148	18	56	143	First Pitch	.345	148	51	7	0	8	28	14	0	.417	.554
3+ Days Rest	4.61	5	4	1	92	0	84.0	81	11	39	87	Ahead in Count	.181	525	95	22	0	10	48	0	234	.186	.280
vs. AL	4.85	4	1	1	39	0	39.0	27	4	16	35	Behind in Count	.383	214	82	16	3	13	55	53	0	.502	.668
vs. NL	3.79	22	14	5	294	0	259.0	253	32	111	266	Two Strikes	.167	611	102	21	1	9	43	60	301	.243	.254
Pre-All Star	3.59	18	9	2	186	0	170.1	145	18	70	168	Pre-All Star	.232	625	145	26	5	18	78	70	168	.316	.376
Post-All Star	4.37	8	6	4	147	0	127.2	135	18	57	133	Post-All Star	.268	503	135	31	1	18	78	57	133	.346	.441

Mike Coolbaugh — Brewers
Age 30 – Bats Right

	Avg	G	AB	R	H	2B	3B	HR	RBI	BB	SO	HBP	GDP	SB	CS	OBP	SLG	IBB	SH	SF	#Pit	#P/PA	GB	FB	G/F
2001 Season	.200	39	70	10	14	6	0	2	7	5	16	2	3	0	0	.273	.371	0	0	0	278	3.61	26	20	1.30

2001 Season

	Avg	AB	H	2B	3B	HR	RBI	BB	SO	OBP	SLG		Avg	AB	H	2B	3B	HR	RBI	BB	SO	OBP	SLG
vs. Left	.294	34	10	5	0	1	6	1	5	.333	.529	Scoring Posn	.125	16	2	2	0	0	5	1	4	.222	.250
vs. Right	.111	36	4	1	0	1	1	4	11	.220	.222	Close & Late	.000	5	0	0	0	0	0	0	0	.000	.000

Ron Coomer — Cubs
Age 35 – Bats Right

	Avg	G	AB	R	H	2B	3B	HR	RBI	BB	SO	HBP	GDP	SB	CS	OBP	SLG	IBB	SH	SF	#Pit	#P/PA	GB	FB	G/F
2001 Season	.261	111	349	25	91	19	1	8	53	29	70	2	23	0	0	.316	.390	1	0	6	1409	3.65	121	105	1.15
Last Five Years	.275	655	2412	259	663	125	6	68	357	135	352	7	97	10	6	.312	.416	10	0	27	8774	3.40	967	732	1.32

2001 Season

	Avg	AB	H	2B	3B	HR	RBI	BB	SO	OBP	SLG		Avg	AB	H	2B	3B	HR	RBI	BB	SO	OBP	SLG
vs. Left	.292	96	28	5	0	4	17	8	18	.343	.469	First Pitch	.313	48	15	7	0	1	10	1	0	.346	.521
vs. Right	.249	253	63	14	1	4	36	21	52	.306	.360	Ahead in Count	.413	80	33	5	1	4	19	13	0	.474	.650
Home	.245	163	40	12	0	3	25	12	35	.297	.374	Behind in Count	.179	162	29	6	0	3	19	0	61	.178	.272
Away	.274	186	51	7	1	5	28	17	35	.333	.403	Two Strikes	.181	155	28	6	0	2	19	15	70	.251	.258
Day	.179	190	34	3	0	2	16	15	42	.234	.226	Batting #4	.250	92	23	4	0	2	14	8	23	.310	.359
Night	.358	159	57	16	1	6	37	14	28	.412	.585	Batting #5	.298	114	34	9	1	4	25	8	24	.333	.500
Grass	.261	349	91	19	1	8	53	29	70	.316	.390	Other	.238	143	34	6	0	2	14	13	23	.306	.322
Turf	.000	0	0	0	0	0	0	0	0	.000	.000	April	.267	15	4	0	0	1	0	5	2	.250	.267
Pre-All Star	.276	185	51	7	1	5	30	13	36	.323	.405	May	.352	54	19	3	0	1	11	2	11	.379	.463
Post-All Star	.244	164	40	12	0	3	23	16	34	.308	.372	June	.198	91	18	2	0	1	6	8	17	.263	.253
Inning 1-6	.275	236	65	16	1	6	35	21	43	.332	.428	July	.299	87	26	9	1	4	22	9	17	.357	.563
Inning 7+	.230	113	26	3	0	2	18	8	27	.282	.310	August	.250	76	19	4	0	1	8	5	16	.322	.342
Scoring Posn	.273	110	30	6	0	1	40	11	25	.323	.355	Sept/Oct	.192	26	5	1	0	1	5	2	4	.250	.346
Close & Late	.228	57	13	3	0	1	12	2	14	.250	.333	vs. AL	.245	53	13	0	1	2	11	6	12	.317	.396
None on/out	.288	80	23	5	0	2	2	4	21	.321	.425	vs. NL	.264	296	78	19	0	6	42	23	58	.316	.389

2001 By Position

Position	Avg	AB	H	2B	3B	HR	RBI	BB	SO	OBP	SLG	G	GS	Innings	PO	A	E	DP	Fld Pct	Rng Fctr	In Zone	Outs	Zone Rtg	MLB Zone
As 1b	.224	67	15	2	0	1	9	4	14	.274	.299	36	14	161.2	136	13	0	19	1.000	—	44	36	.818	.850
As 3b	.276	261	72	17	1	6	40	24	54	.334	.418	76	72	552.1	43	101	7	11	.954	2.35	146	111	.760	.761

Last Five Years

	Avg	AB	H	2B	3B	HR	RBI	BB	SO	OBP	SLG		Avg	AB	H	2B	3B	HR	RBI	BB	SO	OBP	SLG
vs. Left	.305	594	181	40	2	22	93	42	73	.348	.490	First Pitch	.312	382	119	21	2	11	74	8	0	.327	.463
vs. Right	.265	1818	482	85	4	46	264	93	279	.300	.392	Ahead in Count	.365	616	225	40	1	32	122	59	0	.418	.589
Home	.274	1183	324	75	3	22	172	64	171	.310	.398	Behind in Count	.220	1018	224	41	3	17	112	0	301	.219	.316
Away	.276	1229	339	50	3	46	185	71	181	.314	.434	Two Strikes	.203	930	189	36	2	11	90	68	352	.256	.282
Day	.230	807	186	33	2	21	114	43	140	.266	.354	Batting #4	.273	1044	285	58	2	26	153	63	155	.314	.407
Night	.297	1605	477	92	4	47	243	92	212	.335	.447	Batting #5	.283	742	210	36	3	21	109	36	108	.313	.425
Grass	.272	1187	323	54	2	44	184	77	188	.315	.432	Other	.268	626	168	31	1	21	95	36	89	.307	.422
Turf	.278	1225	340	71	4	24	173	58	164	.309	.401	March/April	.287	303	87	18	0	12	51	15	40	.321	.465
Pre-All Star	.279	1308	365	64	4	46	205	71	183	.317	.440	May	.300	430	129	21	1	17	71	21	58	.332	.472
Post-All Star	.270	1104	298	61	2	22	152	64	169	.306	.389	June	.258	446	115	19	2	12	58	29	66	.305	.390
Inning 1-6	.272	1609	438	90	4	47	247	94	217	.311	.421	July	.295	458	135	26	1	11	68	27	61	.332	.428
Inning 7+	.280	803	225	35	2	21	110	41	135	.314	.407	August	.272	445	121	21	2	9	59	25	71	.307	.389
Scoring Posn	.290	692	201	39	2	16	282	64	93	.340	.422	Sept/Oct	.230	330	76	20	0	7	50	18	56	.267	.355
Close & Late	.269	376	101	15	0	8	48	26	67	.314	.372	vs. AL	.280	1892	529	94	6	56	284	104	249	.316	.424
None on/out	.274	584	160	29	0	23	23	22	100	.304	.442	vs. NL	.258	520	134	31	0	12	73	31	103	.299	.387

Brian Cooper — Angels
Age 27 – Pitches Right (flyball pitcher)

	ERA	W	L	Sv	G	GS	IP	BB	SO	Avg	H	2B	3B	HR	RBI	OBP	SLG	GF	IR	IRS	Hld	SvOp	SB	CS	GB	FB	G/F
2001 Season	2.63	0	1	0	7	1	13.2	4	7	.200	10	1	0	2	5	.255	.340	5	4	0	0	0	0	0	13	26	0.50
Career (1999-2001)	5.33	5	10	0	27	21	128.1	57	58	.275	138	31	5	23	78	.353	.495	5	4	0	0	0	8	2	175	196	0.89

2001 Season

	ERA	W	L	Sv	G	GS	IP	H	HR	BB	SO		Avg	AB	H	2B	3B	HR	RBI	BB	SO	OBP	SLG
Home	2.84	0	1	0	6	1	12.2	10	2	4	7	vs. Left	.179	28	5	1	0	1	3	2	2	.233	.321
Away	0.00	0	0	0	1	0	1.0	0	0	0	0	vs. Right	.227	22	5	0	0	1	2	2	5	.280	.364

Rocky Coppinger — Brewers
Age 28 – Pitches Right (flyball pitcher)

	ERA	W	L	Sv	G	GS	IP	BB	SO	Avg	H	2B	3B	HR	RBI	OBP	SLG	GF	IR	IRS	Hld	SvOp	SB	CS	GB	FB	G/F
2001 Season	6.75	1	0	0	8	3	22.2	15	15	.282	24	6	2	5	17	.392	.576	2	0	0	1	0	1	2	14	38	0.37
Last Five Years	5.79	7	5	0	59	10	116.2	80	106	.268	121	19	3	23	72	.377	.476	23	22	9	10	2	23	6	111	163	0.68

2001 Season

	ERA	W	L	Sv	G	GS	IP	H	HR	BB	SO		Avg	AB	H	2B	3B	HR	RBI	BB	SO	OBP	SLG
Home	6.75	1	0	0	3	2	12.0	12	3	8	8	vs. Left	.280	25	7	3	1	0	2	11	3	.500	.480
Away	6.75	0	0	0	5	1	10.2	12	2	7	7	vs. Right	.283	60	17	3	1	5	15	4	12	.333	.617

Alex Cora — Dodgers
Age 26 – Bats Left (groundball hitter)

	Avg	G	AB	R	H	2B	3B	HR	RBI	BB	SO	HBP	GDP	SB	CS	OBP	SLG	IBB	SH	SF	#Pit	#P/PA	GB	FB	G/F
2001 Season	.217	134	405	38	88	18	3	4	29	31	58	8	16	0	2	.285	.306	6	3	2	1586	3.53	159	108	1.47
Career (1998-2001)	.220	283	821	80	181	37	10	8	64	59	123	17	23	4	3	.285	.319	10	11	4	3316	3.64	321	213	1.51

2001 Season

	Avg	AB	H	2B	3B	HR	RBI	BB	SO	OBP	SLG		Avg	AB	H	2B	3B	HR	RBI	BB	SO	OBP	SLG
vs. Left	.293	41	12	0	1	1	6	5	6	.383	.415	First Pitch	.329	70	23	6	3	1	12	4	0	.382	.543
vs. Right	.209	364	76	18	2	3	23	26	52	.273	.294	Ahead in Count	.254	63	16	3	0	3	11	7	0	.333	.444
Home	.201	194	39	5	2	2	14	15	30	.266	.278	Behind in Count	.162	210	34	7	0	0	5	0	53	.181	.195
Away	.232	211	49	13	1	2	15	16	28	.302	.332	Two Strikes	.129	178	23	2	0	0	5	20	58	.232	.140
Day	.189	127	24	5	1	1	9	7	21	.248	.268	Batting #1	.250	16	4	1	0	0	1	0	1	.294	.313
Night	.230	278	64	13	2	3	20	24	37	.301	.324	Batting #8	.214	369	79	17	3	4	26	30	55	.284	.309
Grass	.210	385	81	15	3	4	29	30	55	.277	.296	Other	.250	20	5	0	0	0	2	1	2	.286	.250
Turf	.350	20	7	3	0	0	2	1	3	.435	.500	April	.227	66	15	3	1	0	7	4	13	.278	.379
Pre-All Star	.209	230	48	6	3	4	21	11	38	.255	.313	May	.164	73	12	2	1	0	4	4	11	.215	.219
Post-All Star	.229	175	40	12	0	0	8	20	20	.322	.297	June	.250	80	20	1	0	3	10	2	12	.286	.375
Inning 1-6	.228	268	61	9	3	4	24	22	39	.300	.328	July	.321	53	17	6	0	0	4	6	7	.400	.434
Inning 7+	.197	137	27	9	0	0	5	9	19	.255	.263	August	.205	73	15	4	0	0	4	7	7	.301	.260
Scoring Posn	.256	78	20	3	0	1	24	14	8	.375	.333	Sept/Oct	.150	60	9	2	0	0	0	8	6	.250	.183
Close & Late	.208	72	15	5	0	0	2	3	7	.256	.278	vs. AL	.333	39	13	1	0	2	5	2	2	.381	.513
None on/out	.240	96	23	5	2	0	0	6	11	.284	.333	vs. NL	.205	366	75	17	3	2	24	29	56	.275	.284

2001 By Position

Position	Avg	AB	H	2B	3B	HR	RBI	BB	SO	OBP	SLG	G	GS	Innings	PO	A	E	DP	Fld Pct	Rng Fctr	In Zone	Outs	Zone Rtg	MLB Zone
As ss	.215	400	86	18	3	4	29	31	58	.283	.305	132	119	1062.2	178	328	20	63	.962	4.29	377	322	.854	.839

Career (1998-2001)

	Avg	AB	H	2B	3B	HR	RBI	BB	SO	OBP	SLG		Avg	AB	H	2B	3B	HR	RBI	BB	SO	OBP	SLG
vs. Left	.248	109	27	1	2	1	11	7	20	.311	.321	First Pitch	.286	119	34	7	4	3	20	8	0	.344	.487
vs. Right	.216	712	154	36	8	7	53	52	103	.281	.319	Ahead in Count	.279	136	38	9	2	4	20	23	0	.389	.463
Home	.212	392	83	11	7	4	26	33	58	.286	.306	Behind in Count	.170	435	74	16	2	1	18	0	111	.192	.223
Away	.228	429	98	26	3	4	38	26	65	.284	.331	Two Strikes	.147	388	57	10	2	1	13	28	123	.222	.191

Career (1998-2001)

	Avg	AB	H	2B	3B	HR	RBI	BB	SO	OBP	SLG		Avg	AB	H	2B	3B	HR	RBI	BB	SO	OBP	SLG
Day	.204	245	50	8	2	4	23	19	38	.274	.302	Batting #8	.227	674	153	32	8	8	57	52	106	.293	.334
Night	.227	576	131	29	8	4	41	40	85	.290	.326	Batting #9	.277	47	13	3	0	0	3	5	2	.370	.340
Grass	.215	787	169	34	9	8	56	58	117	.280	.311	Other	.150	100	15	2	2	0	4	2	15	.183	.210
Turf	.353	34	12	3	1	0	8	1	6	.405	.500	March/April	.227	66	15	3	2	1	7	4	13	.278	.379
Pre-All Star	.221	371	82	16	5	5	27	23	60	.280	.332	May	.209	110	23	5	1	0	7	6	13	.254	.273
Post-All Star	.220	450	99	21	5	3	37	36	63	.290	.309	June	.250	160	40	8	2	4	13	10	27	.314	.400
Inning 1-6	.217	540	117	21	6	7	49	42	83	.289	.317	July	.255	145	37	9	2	2	10	9	18	.310	.386
Inning 7+	.228	281	64	16	4	1	15	17	40	.277	.324	August	.238	168	40	5	2	0	16	12	23	.303	.292
Scoring Posn	.210	181	38	8	1	2	53	20	25	.297	.298	Sept/Oct	.151	172	26	7	1	1	11	18	29	.236	.221
Close & Late	.240	129	31	10	1	0	6	7	15	.293	.333	vs. AL	.296	81	24	5	1	2	6	7	6	.380	.457
None on/out	.257	202	52	11	5	2	2	14	25	.315	.391	vs. NL	.212	740	157	32	9	6	58	52	117	.274	.304

Francisco Cordero — Rangers   Age 24 – Pitches Right (flyball pitcher)

	ERA	W	L	Sv	G	GS	IP	BB	SO	Avg	H	2B	3B	HR	RBI	OBP	SLG	GF	IR	IRS	Hld	SvOp	SB	CS	GB	FB	G/F
2001 Season	3.86	0	1	0	3	0	2.1	2	1	.300	3	0	0	0	1	.417	.300	2	2	0	1	0	0	0	3	4	0.75
Career (1999-2001)	4.93	3	5	0	79	0	98.2	68	69	.285	109	23	4	13	75	.390	.469	19	88	29	11	3	6	2	111	133	0.83

2001 Season

	ERA	W	L	Sv	G	GS	IP	H	HR	BB	SO		Avg	AB	H	2B	3B	HR	RBI	BB	SO	OBP	SLG
Home	0.00	0	0	0	0	0	0.0	0	0	0	0	vs. Left	.500	4	2	0	0	0	1	2	0	.667	.500
Away	3.86	0	1	0	3	0	2.1	3	0	2	1	vs. Right	.167	6	1	0	0	0	0	0	1	.167	.167

Career (1999-2001)

	ERA	W	L	Sv	G	GS	IP	H	HR	BB	SO		Avg	AB	H	2B	3B	HR	RBI	BB	SO	OBP	SLG
Home	5.70	2	1	0	36	0	47.1	55	5	34	34	vs. Left	.279	147	41	8	1	5	25	53	30	.459	.449
Away	4.21	1	4	0	43	0	51.1	54	8	34	35	vs. Right	.289	235	68	15	3	8	50	15	39	.336	.481
Day	4.55	0	4	0	23	0	29.2	35	6	24	22	Inning 1-6	.268	127	34	7	0	3	27	22	19	.370	.394
Night	5.09	3	1	0	56	0	69.0	74	7	44	47	Inning 7+	.294	255	75	16	4	10	48	46	50	.400	.506
Grass	5.12	2	5	0	72	0	89.2	100	13	65	63	None on	.329	167	55	11	3	7	7	23	33	.420	.557
Turf	3.00	1	0	0	7	0	9.0	9	0	3	6	Runners on	.251	215	54	12	1	6	68	45	36	.369	.400
March/April	2.38	1	0	0	10	0	11.1	8	0	9	9	Scoring Posn	.265	155	41	10	1	4	63	29	25	.364	.419
May	2.30	1	0	0	11	0	15.2	14	2	9	10	Close & Late	.316	95	30	5	1	6	20	23	23	.442	.579
June	5.84	0	0	0	12	0	12.1	18	3	10	6	None on/out	.309	81	25	6	2	2	2	7	19	.371	.506
July	10.80	0	0	0	10	0	11.2	22	1	7	11	vs. 1st Batr (relief)	.200	70	14	3	0	2	19	5	12	.241	.329
August	4.13	1	0	0	18	0	24.0	23	3	16	19	1st Inning Pitched	.276	254	70	15	4	6	48	44	45	.378	.413
Sept/Oct	5.32	1	3	0	20	0	23.2	24	4	17	14	First 15 Pitches	.313	195	61	12	2	5	40	32	27	.403	.472
Starter	0.00	0	0	0	0	0	0.0	0	0	0	0	Pitch 16-30	.236	123	29	5	1	5	22	27	29	.378	.415
Reliever	4.93	3	5	0	79	0	98.2	109	13	68	69	Pitch 31-45	.315	54	17	5	1	2	11	9	8	.400	.556
0 Days Rest (Relief)	6.30	0	0	0	11	0	10.0	16	2	11	6	Pitch 46+	.200	10	2	1	0	1	2	0	5	.200	.600
1 or 2 Days Rest	3.95	2	1	0	43	0	54.2	57	5	34	35	First Pitch	.439	41	18	2	1	2	12	4	0	.479	.683
3+ Days Rest	6.09	1	3	0	25	0	34.0	36	6	23	28	Ahead in Count	.238	160	38	6	2	6	28	0	52	.238	.413
vs. AL	4.28	3	5	0	72	0	94.2	95	11	62	68	Behind in Count	.357	84	30	14	0	1	19	45	0	.575	.560
vs. NL	20.25	0	0	0	7	0	4.0	14	2	6	1	Two Strikes	.186	188	35	4	3	5	24	19	69	.262	.319
Pre-All Star	4.35	1	2	0	35	0	41.1	46	6	30	28	Pre-All Star	.280	164	46	8	1	6	30	30	28	.390	.451
Post-All Star	5.34	2	3	0	44	0	57.1	63	7	38	41	Post-All Star	.289	218	63	15	3	7	45	38	41	.390	.482

Wil Cordero — Indians   Age 30 – Bats Right

	Avg	G	AB	R	H	2B	3B	HR	RBI	BB	SO	HBP	GDP	SB	CS	OBP	SLG	IBB	SH	SF	#Pit	#P/PA	GB	FB	G/F
2001 Season	.250	89	268	30	67	11	1	4	21	22	50	4	8	0	0	.313	.343	2	2	3	1124	3.76	93	84	1.11
Last Five Years	.274	506	1869	269	513	105	11	59	242	122	351	24	51	6	6	.325	.437	10	3	14	7463	3.67	634	554	1.14

2001 Season

	Avg	AB	H	2B	3B	HR	RBI	BB	SO	OBP	SLG		Avg	AB	H	2B	3B	HR	RBI	BB	SO	OBP	SLG
vs. Left	.298	84	25	4	1	1	5	9	19	.381	.405	Scoring Posn	.164	67	11	2	0	1	17	11	16	.299	.239
vs. Right	.228	184	42	7	0	3	16	13	31	.280	.315	Close & Late	.216	37	8	0	1	1	5	4	9	.302	.351
Home	.242	120	29	6	0	2	4	10	20	.311	.342	None on/out	.221	68	15	0	1	1	1	3	10	.264	.294
Away	.257	148	38	5	1	2	17	12	30	.315	.345	Batting #6	.240	75	18	6	0	0	4	5	11	.288	.320
First Pitch	.419	31	13	1	0	2	2	0	0	.457	.452	Batting #7	.265	113	30	3	1	4	11	10	21	.333	.416
Ahead in Count	.232	56	13	4	0	1	8	7	0	.313	.357	Other	.238	80	19	2	0	0	6	7	18	.308	.263
Behind in Count	.220	123	27	3	1	2	5	0	44	.238	.309	Pre-All Star	.295	146	43	8	1	3	13	17	18	.376	.425
Two Strikes	.200	130	26	5	1	3	6	13	50	.276	.471	Post-All Star	.197	122	24	3	0	1	8	5	32	.235	.246

Last Five Years

	Avg	AB	H	2B	3B	HR	RBI	BB	SO	OBP	SLG		Avg	AB	H	2B	3B	HR	RBI	BB	SO	OBP	SLG
vs. Left	.290	542	157	36	4	18	66	41	99	.347	.470	First Pitch	.400	205	82	11	1	9	35	9	0	.426	.624
vs. Right	.268	1327	356	69	7	41	176	81	252	.315	.424	Ahead in Count	.339	422	143	39	2	22	75	46	0	.403	.597
Home	.273	909	248	48	4	29	104	56	157	.322	.430	Behind in Count	.196	874	171	22	6	16	78	0	302	.208	.289
Away	.276	960	265	57	7	30	138	66	194	.328	.444	Two Strikes	.188	858	161	28	5	20	78	67	351	.253	.302
Day	.276	606	167	37	2	23	91	40	118	.327	.457	Batting #5	.261	357	93	20	3	9	36	19	69	.301	.409
Night	.274	1263	346	68	9	36	151	82	233	.324	.428	Batting #6	.269	581	156	39	3	20	89	44	102	.329	.449
Grass	.268	1466	393	79	10	45	193	91	272	.316	.428	Other	.284	931	264	46	5	30	117	59	180	.331	.440
Turf	.298	403	120	26	1	14	49	31	79	.358	.471	March/April	.278	349	97	22	1	12	51	28	57	.341	.450
Pre-All Star	.288	1070	308	70	4	40	152	80	200	.344	.473	May	.319	386	123	26	2	16	55	28	78	.369	.521
Post-All Star	.257	799	205	35	7	19	90	42	151	.298	.389	June	.265	268	71	16	2	8	34	19	52	.321	.422
Inning 1-6	.277	1247	346	76	5	43	164	80	228	.326	.450	July	.245	310	76	13	1	12	40	13	59	.283	.410
Inning 7+	.268	622	167	29	6	16	78	42	123	.322	.412	August	.258	326	84	18	4	3	36	20	61	.299	.365

	Avg	AB	H	2B	3B	HR	RBI	BB	SO	OBP	SLG		Avg	AB	H	2B	3B	HR	RBI	BB	SO	OBP	SLG
												Last Five Years											
Scoring Posn	.267	514	137	33	6	14	182	49	110	.330	.436	Sept/Oct	.270	230	62	10	2	8	26	14	43	.316	.435
Close & Late	.301	299	90	10	3	11	43	25	60	.360	.465	vs. AL	.281	1443	405	80	8	43	185	97	265	.333	.437
None on/out	.281	417	117	20	4	17	17	15	67	.312	.470	vs. NL	.254	426	108	25	3	16	57	25	86	.297	.439

Marty Cordova — Indians Age 32 – Bats Right (groundball hitter)

	Avg	G	AB	R	H	2B	3B	HR	RBI	BB	SO	HBP	GDP	SB	CS	OBP	SLG	IBB	SH	SF	#Pit	#P/PA	GB	FB	G/F
2001 Season	.301	122	409	61	123	20	2	20	69	23	81	8	9	0	3	.348	.506	0	0	2	1575	3.56	151	109	1.39
Last Five Years	.269	530	1850	242	497	93	11	63	277	169	407	28	64	24	18	.336	.433	7	0	16	7709	3.73	718	475	1.51

2001 Season

	Avg	AB	H	2B	3B	HR	RBI	BB	SO	OBP	SLG		Avg	AB	H	2B	3B	HR	RBI	BB	SO	OBP	SLG
vs. Left	.333	108	36	4	0	7	17	7	19	.379	.565	First Pitch	.380	79	30	4	0	5	18	0	0	.375	.620
vs. Right	.289	301	87	16	2	13	52	16	62	.337	.485	Ahead in Count	.439	82	36	11	0	8	25	15	0	.545	.866
Home	.295	190	56	8	0	9	25	16	34	.358	.479	Behind in Count	.199	176	35	1	2	3	16	0	66	.217	.278
Away	.306	219	67	12	2	11	44	7	47	.339	.530	Two Strikes	.192	182	35	3	2	6	21	8	81	.241	.330
Day	.315	111	35	6	0	5	19	6	15	.364	.505	Batting #6	.303	155	47	11	0	2	20	9	29	.359	.413
Night	.295	298	88	14	2	15	50	17	66	.343	.507	Batting #7	.302	189	57	7	2	12	36	10	37	.340	.550
Grass	.306	359	110	15	1	20	59	23	75	.360	.521	Other	.292	65	19	2	0	6	13	4	15	.347	.600
Turf	.260	50	13	5	1	0	10	0	6	.260	.400	April	.409	44	18	2	0	4	13	3	6	.447	.727
Pre-All Star	.338	213	72	10	1	10	40	12	33	.379	.535	May	.354	96	34	5	0	5	18	3	13	.380	.563
Post-All Star	.260	196	51	10	1	10	29	11	48	.316	.474	June	.246	65	16	3	1	1	9	5	13	.310	.369
Inning 1-6	.300	277	83	8	2	16	47	14	45	.347	.516	July	.265	68	18	2	0	2	8	1	16	.282	.382
Inning 7+	.303	132	40	12	0	4	22	9	36	.352	.485	August	.329	79	26	6	0	5	15	7	21	.400	.595
Scoring Posn	.278	115	32	4	1	5	49	9	23	.336	.461	Sept/Oct	.193	57	11	2	1	3	6	4	12	.246	.421
Close & Late	.302	53	16	5	0	0	8	3	15	.362	.396	vs. AL	.309	382	118	19	2	20	66	22	79	.356	.526
None on/out	.359	92	33	6	0	4	4	3	14	.404	.554	vs. NL	.185	27	5	1	0	0	3	1	2	.241	.222

2001 By Position

	Avg	AB	H	2B	3B	HR	RBI	BB	SO	OBP	SLG	G	GS	Innings	PO	A	E	DP	Fld Pct	Rng Fctr	In Zone	Zone Outs	Rtg	MLB Zone
Position																								
As lf	.287	286	82	16	1	12	41	14	51	.328	.476	84	76	632.2	144	6	2	1	.987	2.13	163	139	.853	.806
As rf	.346	81	28	4	1	5	18	8	18	.426	.605	29	21	208.0	55	2	0	0	1.000	2.47	57	52	.912	.884

Last Five Years

	Avg	AB	H	2B	3B	HR	RBI	BB	SO	OBP	SLG		Avg	AB	H	2B	3B	HR	RBI	BB	SO	OBP	SLG
vs. Left	.262	466	122	22	2	21	72	61	101	.350	.453	First Pitch	.325	320	104	20	2	15	64	7	0	.345	.541
vs. Right	.271	1384	375	71	9	42	205	108	306	.332	.426	Ahead in Count	.355	332	118	25	2	21	80	78	0	.483	.633
Home	.277	901	250	42	5	31	137	94	194	.355	.438	Behind in Count	.201	816	164	25	6	9	76	0	323	.213	.279
Away	.260	949	247	51	6	32	140	75	213	.318	.428	Two Strikes	.194	868	168	30	6	17	91	84	407	.271	.301
Day	.266	518	138	27	4	13	77	46	109	.338	.402	Batting #4	.300	456	137	30	2	13	74	48	100	.372	.461
Night	.270	1332	359	66	9	50	200	123	298	.336	.445	Batting #7	.258	454	117	15	4	19	71	30	98	.308	.434
Grass	.273	917	250	44	4	37	138	77	199	.335	.450	Other	.259	940	243	48	5	31	132	91	209	.332	.419
Turf	.265	933	247	49	7	26	139	92	208	.338	.416	March/April	.290	262	76	16	1	8	45	35	45	.381	.450
Pre-All Star	.295	990	292	54	3	32	153	91	202	.361	.453	May	.324	312	101	17	1	13	48	19	72	.365	.510
Post-All Star	.238	860	205	39	8	31	124	78	205	.308	.403	June	.274	347	95	17	1	10	55	31	72	.343	.415
Inning 1-6	.262	1254	328	57	9	41	178	98	258	.324	.419	July	.224	326	73	12	1	12	48	23	78	.278	.377
Inning 7+	.284	596	169	36	2	22	99	71	149	.361	.461	August	.286	350	100	21	4	12	57	31	86	.353	.471
Scoring Posn	.263	502	132	26	3	15	203	51	112	.333	.416	Sept/Oct	.206	263	54	10	3	8	24	30	54	.292	.354
Close & Late	.286	266	76	17	1	7	45	36	63	.371	.436	vs. AL	.264	1634	431	79	10	59	246	153	362	.333	.433
None on/out	.274	431	118	20	2	15	15	36	86	.341	.434	vs. NL	.306	216	66	14	1	4	31	16	45	.360	.435

Mark Corey — Mets Age 27 – Pitches Right

	ERA	W	L	Sv	G	GS	IP	BB	SO	Avg	H	2B	3B	HR	RBI	OBP	SLG	GF	IR	IRS	Hld	SvOp	SB	CS	GB	FB	G/F
2001 Season	16.20	0	0	0	2	0	1.2	3	3	.500	5	0	0	0	4	.615	.500	0	2	2	0	0	0	0	3	2	1.50

2001 Season

	ERA	W	L	Sv	G	GS	IP	H	HR	BB	SO		Avg	AB	H	2B	3B	HR	RBI	BB	SO	OBP	SLG
Home	16.20	0	0	0	2	0	1.2	5	0	3	3	vs. Left	.000	1	0	0	0	0	1	2	0	.667	.000
Away	0.00	0	0	0	0	0	0.0	0	0	0	0	vs. Right	.556	9	5	0	0	0	3	1	3	.600	.556

Rheal Cormier — Phillies Age 35 – Pitches Left (groundball pitcher)

	ERA	W	L	Sv	G	GS	IP	BB	SO	Avg	H	2B	3B	HR	RBI	OBP	SLG	GF	IR	IRS	Hld	SvOp	SB	CS	GB	FB	G/F
2001 Season	4.21	5	6	1	60	0	51.1	17	37	.247	49	13	1	5	22	.320	.399	16	32	7	12	6	3	1	86	42	2.05
Last Five Years	4.39	10	10	1	185	1	184.1	53	119	.260	188	39	3	17	87	.316	.393	35	112	34	36	11	13	2	300	182	1.65

2001 Season

	ERA	W	L	Sv	G	GS	IP	H	HR	BB	SO		Avg	AB	H	2B	3B	HR	RBI	BB	SO	OBP	SLG
Home	2.77	2	0	0	27	0	26.0	16	1	8	23	vs. Left	.294	68	20	7	0	2	12	5	13	.368	.485
Away	5.68	3	6	1	33	0	25.1	33	4	9	14	vs. Right	.223	130	29	6	1	3	10	12	24	.294	.354
Day	6.11	0	3	1	21	0	17.2	20	2	12	13	Inning 1-6	.429	7	3	2	0	0	2	1	0	.500	.714
Night	3.21	5	3	0	39	0	33.2	29	3	5	24	Inning 7+	.241	191	46	11	1	5	20	16	37	.313	.387
Grass	4.71	2	4	1	27	0	21.0	27	3	6	11	None on	.221	113	25	6	1	4	4	5	23	.279	.398
Turf	3.86	3	2	0	33	0	30.1	22	2	11	26	Runners on	.282	85	24	7	0	1	18	12	14	.371	.400
April	3.38	1	0	0	9	0	5.1	7	0	1	1	Scoring Posn	.320	50	16	5	0	0	15	10	8	.433	.420
May	3.09	2	1	0	13	0	11.2	11	2	2	11	Close & Late	.256	117	30	7	1	3	16	9	24	.320	.410
June	2.53	1	1	0	12	0	10.2	11	1	6	12	None on/out	.176	51	9	4	0	0	1	1	11	.208	.255

2001 Season

	ERA	W	L	Sv	G	GS	IP	H	HR	BB	SO		Avg	AB	H	2B	3B	HR	RBI	BB	SO	OBP	SLG
July	6.30	1	4	0	10	0	10.0	10	3	2	5	vs. 1st Batr (relief)	.250	56	14	7	0	0	6	2	13	.288	.375
August	4.15	0	1	0	7	0	8.2	5	0	6	5	1st Inning Pitched	.243	169	41	11	0	3	20	15	32	.316	.361
Sept/Oct	7.20	0	0	0	9	0	5.0	5	1	0	3	First 15 Pitches	.247	154	38	11	1	3	17	11	26	.301	.390
Starter	0.00	0	0	0	0	0	0.0	0	0	0	0	Pitch 16-30	.250	44	11	2	0	2	5	6	11	.377	.432
Reliever	4.21	5	6	1	60	0	51.1	49	5	17	37	Pitch 31-45	.000	0	0	0	0	0	0	0	0	.000	.000
0 Days Rest (Relief)	9.26	2	3	0	15	0	11.2	18	0	7	13	Pitch 46+	.000	0	0	0	0	0	0	0	0	.000	.000
1 or 2 Days Rest	1.57	1	2	1	28	0	28.2	17	3	9	17	First Pitch	.385	39	15	4	1	2	6	4	0	.442	.692
3+ Days Rest	5.73	2	1	0	17	0	11.0	14	2	1	7	Ahead in Count	.184	87	16	5	0	1	5	0	31	.202	.276
vs. AL	2.45	1	1	0	10	0	11.0	9	1	2	8	Behind in Count	.324	37	12	3	0	2	6	5	0	.432	.568
vs. NL	4.69	4	5	1	50	0	40.1	40	4	15	29	Two Strikes	.161	87	14	3	0	0	5	8	37	.247	.195
Pre-All Star	2.64	5	1	1	37	0	30.2	30	1	9	27	Pre-All Star	.250	120	30	8	1	1	9	9	27	.318	.358
Post-All Star	6.53	0	5	0	23	0	20.2	19	4	8	10	Post-All Star	.244	78	19	5	0	4	13	8	10	.322	.462

Last Five Years

	ERA	W	L	Sv	G	GS	IP	H	HR	BB	SO		Avg	AB	H	2B	3B	HR	RBI	BB	SO	OBP	SLG
Home	4.75	4	3	0	90	1	89.0	93	6	26	61	vs. Left	.249	253	63	17	0	4	38	16	41	.304	.364
Away	4.06	6	7	1	95	0	95.1	95	11	27	58	vs. Right	.266	470	125	22	3	13	49	37	78	.323	.409
Day	4.98	2	6	1	68	1	68.2	67	9	26	41	Inning 1-6	.253	166	42	8	0	3	27	7	32	.298	.355
Night	4.05	8	4	0	117	0	115.2	121	8	27	78	Inning 7+	.262	557	146	31	3	14	60	46	87	.322	.404
Grass	4.14	6	6	1	135	0	132.2	140	12	36	82	None on	.253	392	99	17	2	11	11	20	66	.297	.390
Turf	5.05	4	4	0	50	1	51.2	48	5	17	37	Runners on	.269	331	89	22	1	6	76	33	53	.338	.396
March/April	5.00	1	1	0	27	1	27.0	25	3	7	19	Scoring Posn	.279	201	56	14	0	3	67	26	31	.362	.393
May	4.74	5	0	1	32	0	38.0	43	4	9	19	Close & Late	.261	295	77	15	1	7	33	27	52	.326	.390
June	2.97	1	2	0	34	0	30.1	27	4	13	27	None on/out	.224	174	39	8	0	3	3	6	32	.258	.322
July	3.71	1	4	0	31	0	34.0	32	4	4	15	vs. 1st Batr (relief)	.269	175	47	14	1	2	21	5	28	.290	.394
August	4.34	0	2	0	28	0	29.0	27	1	12	20	1st Inning Pitched	.273	556	152	32	2	12	77	39	94	.326	.403
Sept/Oct	5.88	2	1	0	33	0	26.0	24	1	8	19	First 15 Pitches	.278	508	141	27	3	13	66	32	75	.323	.419
Starter	33.75	0	1	0	1	1	1.1	4	1	1	0	Pitch 16-30	.208	178	37	9	0	2	16	19	40	.300	.292
Reliever	4.18	10	9	1	184	0	183.0	184	16	52	119	Pitch 31-45	.270	37	10	3	0	2	5	1	4	.289	.514
0 Days Rest (Relief)	4.86	3	4	0	38	0	37.0	34	1	13	32	Pitch 46+	.000	0	0	0	0	0	0	1	0	1.000	.000
1 or 2 Days Rest	4.34	4	3	1	89	0	93.1	93	7	26	53	First Pitch	.328	125	41	7	1	3	17	8	0	.375	.472
3+ Days Rest	3.42	3	2	0	57	0	52.2	57	8	13	34	Ahead in Count	.199	297	59	12	0	3	19	0	98	.211	.269
vs. AL	4.26	6	3	0	118	0	126.2	129	12	33	79	Behind in Count	.356	149	53	10	1	7	26	27	0	.458	.577
vs. NL	4.68	4	7	1	67	1	57.2	59	5	20	40	Two Strikes	.176	306	54	11	1	2	22	18	119	.230	.239
Pre-All Star	4.03	8	3	1	103	1	105.0	114	11	29	71	Pre-All Star	.269	424	114	22	2	11	51	29	71	.323	.408
Post-All Star	4.88	2	7	0	82	0	79.1	74	6	24	48	Post-All Star	.247	299	74	17	1	6	36	24	48	.307	.371

Nate Cornejo — Tigers Age 22 – Pitches Right (groundball pitcher)

	ERA	W	L	Sv	G	GS	IP	BB	SO	Avg	H	2B	3B	HR	RBI	OBP	SLG	CG	ShO	Sup	QS	#P/S	SB	CS	GB	FB	G/F
2001 Season	7.38	4	4	0	10	10	42.2	28	22	.344	63	12	2	10	35	.439	.596	0	0	6.12	2	83	3	2	75	42	1.79

2001 Season

	ERA	W	L	Sv	G	GS	IP	H	HR	BB	SO		Avg	AB	H	2B	3B	HR	RBI	BB	SO	OBP	SLG
Home	5.54	3	2	0	5	5	26.0	30	3	15	7	vs. Left	.381	97	37	7	1	9	19	20	10	.492	.753
Away	10.26	1	2	0	5	5	16.2	33	7	13	15	vs. Right	.302	86	26	5	1	1	16	8	12	.375	.419

Humberto Cota — Pirates Age 23 – Bats Right

	Avg	G	AB	R	H	2B	3B	HR	RBI	BB	SO	HBP	GDP	SB	CS	OBP	SLG	IBB	SH	SF	#Pit	#P/PA	GB	FB	G/F
2001 Season	.222	7	9	0	2	0	0	0	1	0	5	0	0	0	0	.222	.222	0	0	0	29	3.22	3	1	3.00

2001 Season

	Avg	AB	H	2B	3B	HR	RBI	BB	SO	OBP	SLG		Avg	AB	H	2B	3B	HR	RBI	BB	SO	OBP	SLG
vs. Left	.333	3	1	0	0	0	1	0	1	.333	.333	Scoring Posn	.250	4	1	0	0	0	1	0	2	.250	.250
vs. Right	.167	6	1	0	0	0	0	0	4	.167	.167	Close & Late	.000	2	0	0	0	0	0	0	1	.000	.000

Craig Counsell — Diamondbacks Age 31 – Bats Left (groundball hitter)

	Avg	G	AB	R	H	2B	3B	HR	RBI	BB	SO	HBP	GDP	SB	CS	OBP	SLG	IBB	SH	SF	#Pit	#P/PA	GB	FB	G/F
2001 Season	.275	141	458	76	126	22	3	4	38	61	76	2	9	6	3	.359	.362	3	6	6	2124	3.97	186	113	1.65
Last Five Years	.269	454	1283	186	345	65	11	11	116	164	182	11	25	14	12	.354	.362	12	23	11	5940	3.97	534	328	1.63

2001 Season

	Avg	AB	H	2B	3B	HR	RBI	BB	SO	OBP	SLG		Avg	AB	H	2B	3B	HR	RBI	BB	SO	OBP	SLG
vs. Left	.337	101	34	7	0	0	5	17	17	.425	.406	First Pitch	.433	30	13	3	0	0	5	3	0	.471	.533
vs. Right	.258	357	92	15	3	4	33	44	59	.339	.350	Ahead in Count	.368	87	32	7	1	3	12	39	0	.550	.575
Home	.299	244	73	15	3	4	24	33	30	.384	.434	Behind in Count	.221	249	55	11	1	1	11	0	63	.221	.285
Away	.248	214	53	7	0	0	14	28	46	.329	.280	Two Strikes	.220	246	54	10	1	1	12	19	76	.251	.280
Day	.194	139	27	6	1	0	11	17	29	.283	.252	Batting #1	.300	237	71	14	2	1	15	31	44	.377	.388
Night	.310	319	99	16	2	4	27	44	47	.391	.411	Batting #7	.253	87	22	6	0	2	16	16	13	.365	.391
Grass	.282	440	124	22	3	4	38	57	71	.362	.373	Other	.246	134	33	2	1	1	7	14	19	.320	.299
Turf	.111	18	2	0	0	0	0	4	5	.273	.111	April	.200	35	7	0	0	2	7	6	4	.349	.371
Pre-All Star	.264	220	58	6	1	4	17	32	32	.358	.355	May	.232	69	16	2	0	2	1	7	10	.303	.261
Post-All Star	.286	238	68	16	2	0	21	29	44	.359	.370	June	.341	91	31	4	1	2	14	17	10	.438	.473
Inning 1-6	.292	305	89	17	3	2	23	37	47	.368	.387	July	.265	83	22	5	1	0	4	7	19	.319	.349
Inning 7+	.242	153	37	5	0	2	15	24	29	.341	.314	August	.258	89	23	5	0	0	3	12	15	.343	.315
Scoring Posn	.295	88	26	4	1	0	33	20	12	.404	.364	Sept/Oct	.297	91	27	6	1	0	14	11	16	.369	.385

89

2001 Season

	Avg	AB	H	2B	3B	HR	RBI	BB	SO	OBP	SLG		Avg	AB	H	2B	3B	HR	RBI	BB	SO	OBP	SLG
Close & Late	.250	68	17	4	0	1	6	9	15	.333	.353	vs. AL	.250	44	11	0	0	0	5	3	8	.294	.250
None on/out	.335	167	56	12	1	3	3	20	24	.413	.473	vs. NL	.278	414	115	22	3	4	33	58	68	.366	.374

2001 By Position

Position	Avg	AB	H	2B	3B	HR	RBI	BB	SO	OBP	SLG	G	GS	Innings	PO	A	E	DP	Fld Pct	Rng Fctr	In Zone	Outs	Zone Rtg	MLB Zone
As 2b	.266	177	47	8	1	1	23	20	33	.338	.339	55	45	403.2	96	133	1	34	.996	5.11	133	113	.850	.824
As 3b	.207	92	19	3	0	1	5	12	12	.295	.272	38	22	240.0	27	58	2	4	.977	3.19	74	61	.824	.761
As ss	.309	181	56	11	2	2	10	24	31	.386	.425	58	46	415.1	70	124	5	31	.975	4.20	138	115	.833	.839

Last Five Years

	Avg	AB	H	2B	3B	HR	RBI	BB	SO	OBP	SLG		Avg	AB	H	2B	3B	HR	RBI	BB	SO	OBP	SLG
vs. Left	.290	221	64	12	2	0	16	22	34	.356	.362	First Pitch	.358	109	39	7	1	1	18	10	0	.405	.468
vs. Right	.265	1062	281	53	9	11	100	142	148	.354	.363	Ahead in Count	.322	270	87	17	3	6	27	106	0	.512	.474
Home	.269	655	176	29	8	7	64	84	91	.355	.369	Behind in Count	.224	646	145	29	6	3	44	0	159	.229	.302
Away	.269	628	169	36	3	4	52	80	91	.353	.355	Two Strikes	.226	665	150	31	5	4	52	48	182	.281	.305
Day	.212	391	83	16	4	2	36	47	62	.300	.289	Batting #1	.275	334	92	19	2	1	17	41	57	.353	.353
Night	.294	892	262	49	7	9	80	117	120	.377	.395	Batting #8	.265	441	117	22	4	3	45	56	50	.352	.354
Grass	.269	1106	298	56	9	9	99	144	164	.354	.361	Other	.268	508	136	24	5	7	54	67	75	.357	.376
Turf	.266	177	47	9	2	2	17	20	18	.353	.373	March/April	.270	148	40	5	2	3	17	29	19	.391	.392
Pre-All Star	.242	623	151	25	4	9	57	96	83	.345	.339	May	.178	180	32	7	1	0	11	25	28	.278	.228
Post-All Star	.294	660	194	40	7	2	59	68	99	.363	.385	June	.286	224	64	11	1	5	23	37	23	.385	.411
Inning 1-6	.272	834	227	45	9	7	78	101	110	.354	.373	July	.265	245	65	15	2	2	19	17	42	.314	.367
Inning 7+	.263	449	118	20	2	4	38	63	72	.355	.343	August	.304	247	75	12	4	1	25	29	34	.380	.397
Scoring Posn	.299	274	82	15	3	3	106	57	35	.410	.409	Sept/Oct	.289	239	69	15	1	0	21	27	36	.361	.360
Close & Late	.262	221	58	13	1	2	19	30	38	.352	.357	vs. AL	.252	151	38	8	1	2	16	16	21	.322	.358
None on/out	.281	399	112	23	5	4	4	45	55	.359	.393	vs. NL	.271	1132	307	57	10	9	100	148	161	.358	.363

Steve Cox — Devil Rays

Age 27 – Bats Left (groundball hitter)

	Avg	G	AB	R	H	2B	3B	HR	RBI	BB	SO	HBP	GDP	SB	CS	OBP	SLG	IBB	SH	SF	#Pit	#P/PA	GB	FB	G/F
2001 Season	.257	108	342	37	88	22	0	12	51	24	75	10	11	2	2	.323	.427	0	0	2	1422	3.76	129	78	1.65
Career (1999-2001)	.268	230	679	81	182	42	1	23	86	70	124	14	22	3	4	.347	.434	2	0	3	2882	3.76	267	169	1.58

2001 Season

	Avg	AB	H	2B	3B	HR	RBI	BB	SO	OBP	SLG		Avg	AB	H	2B	3B	HR	RBI	BB	SO	OBP	SLG
vs. Left	.232	69	16	3	0	0	10	6	21	.313	.275	First Pitch	.323	31	10	3	0	1	7	0	0	.333	.516
vs. Right	.264	273	72	19	0	12	41	18	54	.326	.465	Ahead in Count	.308	91	28	8	0	5	14	13	0	.406	.560
Home	.290	162	47	13	0	3	23	9	34	.337	.426	Behind in Count	.218	156	34	7	0	3	20	0	60	.245	.321
Away	.228	180	41	9	0	9	28	15	41	.310	.428	Two Strikes	.173	150	26	6	0	3	16	11	75	.242	.273
Day	.243	136	33	8	0	6	23	6	37	.288	.434	Batting #2	.297	111	33	8	0	3	16	3	28	.331	.450
Night	.267	206	55	14	0	6	28	18	38	.345	.422	Batting #4	.247	77	19	6	0	3	9	7	20	.330	.442
Grass	.215	158	34	8	0	7	22	14	36	.302	.399	Other	.234	154	36	8	0	6	26	14	27	.314	.403
Turf	.293	184	54	14	0	5	29	10	39	.342	.451	April	.264	53	14	4	0	1	4	2	13	.304	.396
Pre-All Star	.243	169	41	10	0	6	26	8	39	.287	.408	May	.167	30	5	1	0	2	7	4	5	.265	.400
Post-All Star	.272	173	47	12	0	6	25	16	36	.355	.445	June	.212	52	11	3	0	2	9	1	14	.250	.385
Inning 1-6	.262	221	58	12	0	11	41	14	46	.327	.466	July	.327	55	18	5	0	2	9	4	11	.393	.527
Inning 7+	.248	121	30	10	0	1	10	10	29	.316	.355	August	.220	50	11	2	0	0	6	1	6	.278	.260
Scoring Posn	.216	97	21	6	0	3	36	9	18	.304	.371	Sept/Oct	.284	102	29	7	0	5	16	12	26	.357	.500
Close & Late	.213	61	13	4	0	0	3	6	19	.284	.279	vs. AL	.259	324	84	22	0	12	51	24	70	.328	.438
None on/out	.257	70	18	3	0	3	3	2	20	.298	.443	vs. NL	.222	18	4	0	0	0	0	0	5	.222	.222

2001 By Position

Position	Avg	AB	H	2B	3B	HR	RBI	BB	SO	OBP	SLG	G	GS	Innings	PO	A	E	DP	Fld Pct	Rng Fctr	In Zone	Outs	Zone Rtg	MLB Zone
As 1b	.251	283	71	18	0	11	46	20	61	.318	.431	78	71	641.0	569	48	1	64	.998	—	118	99	.839	.850

Career (1999-2001)

	Avg	AB	H	2B	3B	HR	RBI	BB	SO	OBP	SLG		Avg	AB	H	2B	3B	HR	RBI	BB	SO	OBP	SLG
vs. Left	.238	126	30	7	0	3	17	17	34	.338	.365	First Pitch	.293	75	22	5	0	1	8	1	0	.316	.400
vs. Right	.275	553	152	35	1	20	69	53	90	.350	.450	Ahead in Count	.339	186	63	14	0	9	27	35	0	.446	.559
Home	.297	344	102	25	0	10	41	39	61	.374	.456	Behind in Count	.219	288	63	15	1	7	34	0	97	.242	.351
Away	.239	335	80	17	1	13	45	31	63	.319	.412	Two Strikes	.178	276	49	12	0	8	26	34	124	.278	.319
Day	.265	245	65	17	0	9	34	24	53	.338	.445	Batting #2	.302	182	55	14	0	6	26	12	40	.360	.478
Night	.270	434	117	25	1	14	52	46	71	.352	.429	Batting #3	.275	167	46	12	0	5	16	18	30	.356	.437
Grass	.236	292	69	15	1	11	38	29	52	.319	.408	Other	.245	330	81	16	1	12	44	40	54	.336	.409
Turf	.292	387	113	27	0	12	48	41	72	.368	.455	March/April	.258	66	17	4	0	1	5	6	14	.329	.364
Pre-All Star	.264	269	71	14	0	10	39	27	50	.339	.428	May	.258	62	16	1	0	5	12	7	10	.333	.516
Post-All Star	.271	410	111	28	1	13	47	43	74	.353	.439	June	.257	101	26	7	0	3	15	10	17	.333	.416
Inning 1-6	.265	456	121	26	1	19	68	41	80	.339	.452	July	.288	132	38	8	0	4	17	15	21	.392	.468
Inning 7+	.274	223	61	16	0	4	18	29	44	.365	.399	August	.266	124	33	8	1	2	14	12	19	.348	.395
Scoring Posn	.213	169	36	9	0	5	58	23	33	.317	.355	Sept/Oct	.270	215	58	14	0	8	23	20	43	.331	.447
Close & Late	.250	112	28	8	0	2	10	17	23	.349	.375	vs. AL	.264	633	167	38	1	22	84	63	114	.342	.431
None on/out	.293	147	43	11	1	6	6	10	25	.350	.503	vs. NL	.326	46	15	4	0	1	2	7	10	.415	.478

Tim Crabtree — Rangers Age 32 – Pitches Right (groundball pitcher)

	ERA	W	L	Sv	G	GS	IP	BB	SO	Avg	H	2B	3B	HR	RBI	OBP	SLG	GF	IR	IRS	Hld	SvOp	SB	CS	GB	FB	G/F
2001 Season	6.56	0	5	4	21	0	23.1	14	16	.385	37	9	0	3	21	.456	.573	14	12	7	0	6	0	1	44	20	2.20
Last Five Years	4.70	16	17	8	258	0	294.2	115	210	.296	345	57	7	24	192	.360	.419	93	207	77	43	24	13	14	507	251	2.02

2001 Season

	ERA	W	L	Sv	G	GS	IP	H	HR	BB	SO		Avg	AB	H	2B	3B	HR	RBI	BB	SO	OBP	SLG
Home	7.59	0	2	2	10	0	10.2	21	3	3	9	vs. Left	.438	32	14	3	0	0	7	8	5	.524	.531
Away	5.68	0	3	2	11	0	12.2	16	0	11	7	vs. Right	.359	64	23	6	0	3	14	6	11	.417	.594

Last Five Years

	ERA	W	L	Sv	G	GS	IP	H	HR	BB	SO		Avg	AB	H	2B	3B	HR	RBI	BB	SO	OBP	SLG
Home	5.42	10	8	5	131	0	151.0	176	13	54	102	vs. Left	.290	449	130	24	2	8	81	55	74	.360	.405
Away	3.95	6	9	3	127	0	143.2	169	11	61	108	vs. Right	.301	715	215	33	5	16	111	60	136	.359	.428
Day	5.54	4	3	3	71	0	78.0	101	4	29	63	Inning 1-6	.294	170	50	8	1	3	44	17	35	.357	.406
Night	4.40	12	14	5	187	0	216.2	244	20	86	147	Inning 7+	.297	994	295	49	6	21	148	98	175	.360	.422
Grass	4.60	13	15	6	211	0	246.1	280	21	96	174	None on	.302	547	165	28	4	16	16	38	104	.350	.455
Turf	5.21	3	2	2	47	0	48.1	65	3	19	36	Runners on	.292	617	180	29	3	8	176	77	106	.367	.387
March/April	5.93	2	2	5	43	0	44.0	48	2	17	29	Scoring Posn	.281	417	117	20	2	4	161	52	80	.352	.367
May	5.71	6	4	1	55	0	63.0	92	6	27	42	Close & Late	.318	399	127	20	0	8	62	53	62	.401	.429
June	4.40	2	6	0	39	0	45.0	55	3	17	34	None on/out	.368	247	91	17	3	6	6	16	36	.411	.534
July	4.58	1	2	0	33	0	39.1	46	4	17	24	vs. 1st Batr (relief)	.329	225	74	12	2	7	42	23	37	.397	.493
August	3.15	2	2	1	46	0	54.1	54	2	22	38	1st Inning Pitched	.302	854	258	43	4	19	161	83	145	.365	.429
Sept/Oct	4.41	3	1	1	42	0	49.0	50	7	15	43	First 15 Pitches	.302	685	207	35	5	14	113	60	110	.361	.429
Starter	0.00	0	0	0	0	0	0.0	0	0	0	0	Pitch 16-30	.285	382	109	18	1	8	62	44	79	.357	.401
Reliever	4.70	16	17	8	258	0	294.2	345	24	115	210	Pitch 31-45	.317	82	26	3	0	2	15	10	18	.379	.427
0 Days Rest (Relief)	3.86	2	3	1	51	0	53.2	75	4	15	39	Pitch 46+	.200	15	3	1	1	0	2	1	3	.250	.400
1 or 2 Days Rest	4.77	9	8	3	130	0	154.2	166	12	59	116	First Pitch	.405	158	64	10	0	7	31	14	0	.451	.601
3+ Days Rest	5.11	5	6	4	77	0	86.1	104	8	41	55	Ahead in Count	.256	566	145	26	4	5	70	0	181	.259	.343
vs. AL	4.83	15	13	7	228	0	260.2	308	21	102	185	Behind in Count	.332	211	70	9	1	7	45	52	0	.458	.483
vs. NL	3.71	1	4	1	30	0	34.0	37	3	13	25	Two Strikes	.234	556	130	26	4	5	61	49	210	.297	.322
Pre-All Star	5.28	10	13	6	148	0	163.2	212	13	64	112	Pre-All Star	.323	657	212	37	5	13	121	64	112	.384	.454
Post-All Star	3.98	6	4	2	110	0	131.0	133	11	51	98	Post-All Star	.262	507	133	20	2	11	71	51	98	.328	.375

Paxton Crawford — Red Sox Age 24 – Pitches Right

	ERA	W	L	Sv	G	GS	IP	BB	SO	Avg	H	2B	3B	HR	RBI	OBP	SLG	CG	ShO	Sup	QS	#P/S	SB	CS	GB	FB	G/F
2001 Season	4.75	3	0	0	8	7	36.0	13	25	.276	40	4	0	3	19	.342	.366	0	0	5.50	4	84	3	0	61	35	1.74
Career (2000-2001)	4.15	5	1	0	15	11	65.0	26	42	.261	65	7	0	3	32	.335	.325	0	0	5.26	6	85	7	1	91	75	1.21

2001 Season

	ERA	W	L	Sv	G	GS	IP	H	HR	BB	SO		Avg	AB	H	2B	3B	HR	RBI	BB	SO	OBP	SLG
Home	6.56	2	0	0	6	5	23.1	29	3	11	16	vs. Left	.286	77	22	3	0	1	8	9	9	.368	.364
Away	1.42	1	0	0	2	2	12.2	11	0	2	9	vs. Right	.265	68	18	1	0	2	11	4	16	.311	.368

Joe Crede — White Sox Age 24 – Bats Right (flyball hitter)

	Avg	G	AB	R	H	2B	3B	HR	RBI	BB	SO	HBP	GDP	SB	CS	OBP	SLG	IBB	SH	SF	#Pit	#P/PA	GB	FB	G/F
2001 Season	.220	17	50	1	11	1	1	0	7	3	11	1	1	1	0	.273	.280	0	0	1	194	3.53	17	18	0.94
Career (2000-2001)	.250	24	64	3	16	2	1	0	10	3	14	1	1	1	0	.286	.313	0	0	2	243	3.47	19	25	0.76

2001 Season

	Avg	AB	H	2B	3B	HR	RBI	BB	SO	OBP	SLG		Avg	AB	H	2B	3B	HR	RBI	BB	SO	OBP	SLG
vs. Left	.333	15	5	0	1	0	3	1	5	.375	.467	Scoring Posn	.385	13	5	0	1	0	7	3	2	.471	.538
vs. Right	.171	35	6	1	0	0	4	2	6	.231	.200	Close & Late	.143	7	1	0	0	0	2	0	2	.143	.143

Doug Creek — Devil Rays Age 33 – Pitches Left (flyball pitcher)

	ERA	W	L	Sv	G	GS	IP	BB	SO	Avg	H	2B	3B	HR	RBI	OBP	SLG	IR	IRS	Hld	SvOp	SB	CS	GB	FB	G/F
2001 Season	4.31	2	5	0	66	0	62.2	49	66	.230	51	11	0	7	37	.374	.374	16	54	20	15	3	6	4	52	77	0.68
Last Five Years	4.92	4	10	1	117	3	142.2	110	159	.230	118	26	2	19	87	.367	.399	26	87	32	17	6	13	8	108	183	0.59

2001 Season

	ERA	W	L	Sv	G	GS	IP	H	HR	BB	SO		Avg	AB	H	2B	3B	HR	RBI	BB	SO	OBP	SLG
Home	3.79	0	3	0	39	0	38.0	31	4	25	43	vs. Left	.198	86	17	2	0	2	13	15	25	.327	.291
Away	5.11	2	2	0	27	0	24.2	20	3	24	23	vs. Right	.250	136	34	9	0	5	24	34	41	.402	.426
Day	6.31	1	4	0	25	0	25.2	28	3	22	22	Inning 1-6	.125	32	4	0	0	0	3	6	9	.282	.125
Night	2.92	1	1	0	41	0	37.0	23	4	27	44	Inning 7+	.247	190	47	11	0	7	34	43	57	.389	.416
Grass	4.19	2	2	0	21	0	19.1	15	2	20	19	None on	.226	106	24	7	0	3	3	19	36	.359	.377
Turf	4.36	0	3	0	45	0	43.1	36	5	29	47	Runners on	.233	116	27	4	0	4	34	30	30	.387	.371
April	2.84	1	0	0	11	0	12.2	9	2	5	14	Scoring Posn	.260	73	19	2	0	2	29	22	17	.424	.370
May	3.86	0	1	0	10	0	11.2	14	2	8	6	Close & Late	.227	66	15	5	0	2	10	17	21	.381	.394
June	4.97	1	1	0	13	0	12.2	11	3	11	13	None on/out	.271	48	13	4	0	1	1	8	19	.386	.417
July	5.00	0	0	0	10	0	9.0	8	0	8	13	vs. 1st Batr (relief)	.180	50	9	2	0	1	6	13	14	.364	.280
August	2.89	0	0	0	13	0	9.1	5	0	6	11	1st Inning Pitched	.213	164	35	7	0	4	30	40	50	.368	.329
Sept/Oct	7.36	0	3	0	9	0	7.1	6	0	11	9	First 15 Pitches	.238	126	30	7	0	5	23	30	37	.388	.413
Starter	0.00	0	0	0	0	0	0.0	0	0	0	0	Pitch 16-30	.188	69	13	3	0	1	10	15	20	.337	.275
Reliever	4.31	2	5	0	66	0	62.2	51	7	49	66	Pitch 31-45	.350	20	7	0	0	1	3	4	7	.480	.500
0 Days Rest (Relief)	3.00	0	1	0	15	0	12.0	9	1	8	12	Pitch 46+	.143	7	1	1	0	0	1	0	2	.143	.286
1 or 2 Days Rest	2.93	1	3	0	33	0	30.2	20	2	27	37	First Pitch	.200	25	5	1	0	0	3	4	0	.333	.240
3+ Days Rest	7.20	1	1	0	18	0	20.0	22	4	14	17	Ahead in Count	.193	119	23	3	0	3	18	0	56	.210	.294

91

2001 Season

	ERA	W	L	Sv	G	GS	IP	H	HR	BB	SO		Avg	AB	H	2B	3B	HR	RBI	BB	SO	OBP	SLG
vs. AL	4.07	2	5	0	58	0	55.1	43	6	46	56	Behind in Count	.325	40	13	2	0	3	9	22	0	.556	.600
vs. NL	6.14	0	0	0	8	0	7.1	8	1	3	10	Two Strikes	.177	130	23	4	0	4	21	23	66	.306	.300
Pre-All Star	3.63	2	2	0	37	0	39.2	34	7	24	37	Pre-All Star	.245	139	34	7	0	7	23	24	37	.363	.446
Post-All Star	5.48	0	3	0	29	0	23.0	17	0	25	29	Post-All Star	.205	83	17	4	0	0	14	25	29	.391	.253

Cesar Crespo — Padres — Age 23 – Bats Both

	Avg	G	AB	R	H	2B	3B	HR	RBI	BB	SO	HBP	GDP	SB	CS	OBP	SLG	IBB	SH	SF	#Pit	#P/PA	GB	FB	G/F
2001 Season	.209	55	153	27	32	6	0	4	12	25	50	0	2	6	2	.320	.327	0	1	0	682	3.81	44	36	1.22

2001 Season

	Avg	AB	H	2B	3B	HR	RBI	BB	SO	OBP	SLG		Avg	AB	H	2B	3B	HR	RBI	BB	SO	OBP	SLG
vs. Left	.160	25	4	1	0	0	1	5	9	.300	.200	Scoring Posn	.147	34	5	0	0	0	6	7	14	.293	.147
vs. Right	.219	128	28	5	0	4	11	20	41	.324	.352	Close & Late	.087	23	2	0	0	0	6	9	9	.276	.087
Home	.188	85	16	2	0	0	0	13	25	.296	.224	None on/out	.275	40	11	4	0	0	0	6	12	.370	.375
Away	.235	68	16	3	0	4	12	12	25	.350	.456	Batting #1	.306	36	11	2	0	1	3	8	8	.432	.444
First Pitch	.278	18	5	0	0	0	1	0	0	.278	.278	Batting #7	.143	49	7	2	0	0	2	7	15	.250	.184
Ahead in Count	.406	32	13	3	0	3	6	15	0	.596	.781	Other	.206	68	14	0	0	3	7	10	27	.308	.368
Behind in Count	.091	77	7	1	0	0	0	0	43	.091	.104	Pre-All Star	.224	85	19	2	0	1	5	15	24	.340	.282
Two Strikes	.110	82	9	2	0	2	10	50	0	.207	.134	Post-All Star	.191	68	13	4	0	3	7	10	26	.295	.382

Felipe Crespo — Phillies — Age 29 – Bats Both

	Avg	G	AB	R	H	2B	3B	HR	RBI	BB	SO	HBP	GDP	SB	CS	OBP	SLG	IBB	SH	SF	#Pit	#P/PA	GB	FB	G/F
2001 Season	.187	73	107	9	20	4	1	4	15	11	34	2	2	1	1	.266	.355	1	1	4	459	3.67	28	38	0.74
Last Five Years	.253	240	396	40	100	18	4	10	64	38	88	8	7	8	6	.324	.394	4	8	9	1632	3.56	140	119	1.18

2001 Season

	Avg	AB	H	2B	3B	HR	RBI	BB	SO	OBP	SLG		Avg	AB	H	2B	3B	HR	RBI	BB	SO	OBP	SLG
vs. Left	.176	17	3	1	0	0	2	2	6	.250	.235	Scoring Posn	.138	29	4	0	0	1	11	3	12	.237	.241
vs. Right	.189	90	17	3	1	4	13	9	28	.269	.378	Close & Late	.273	44	12	2	1	2	5	6	12	.360	.500
Home	.283	46	13	3	1	4	10	9	7	.404	.652	None on/out	.375	24	9	2	1	2	2	7	7	.423	.792
Away	.115	61	7	1	0	0	5	2	27	.149	.131	Batting #6	.244	41	10	0	1	2	9	1	13	.244	.439
First Pitch	.182	11	2	0	0	1	6	1	0	.267	.455	Batting #9	.125	32	4	2	0	0	2	7	9	.282	.188
Ahead in Count	.300	20	6	2	1	1	3	5	0	.444	.650	Other	.176	34	6	2	0	2	4	3	12	.275	.412
Behind in Count	.174	46	8	2	0	2	5	0	25	.170	.348	Pre-All Star	.218	55	12	0	0	4	10	5	23	.297	.436
Two Strikes	.132	53	7	1	0	1	5	5	34	.203	.208	Post-All Star	.154	52	8	4	1	0	5	6	11	.233	.269

Last Five Years

	Avg	AB	H	2B	3B	HR	RBI	BB	SO	OBP	SLG		Avg	AB	H	2B	3B	HR	RBI	BB	SO	OBP	SLG
vs. Left	.208	72	15	2	1	2	12	8	20	.280	.347	First Pitch	.293	58	17	2	0	2	14	3	0	.348	.431
vs. Right	.262	324	85	16	3	8	52	30	68	.333	.404	Ahead in Count	.321	78	25	6	2	3	16	21	0	.466	.654
Home	.258	155	40	5	1	5	27	23	27	.364	.400	Behind in Count	.199	176	35	7	1	2	15	0	74	.203	.284
Away	.249	241	60	13	3	5	37	15	61	.295	.390	Two Strikes	.169	177	30	3	2	1	12	14	88	.236	.226
Day	.244	164	40	8	1	7	32	16	34	.314	.433	Batting #6	.259	81	21	2	1	4	18	3	19	.293	.457
Night	.259	232	60	10	3	3	32	22	54	.331	.366	Batting #9	.254	67	17	3	0	2	13	11	15	.359	.388
Grass	.250	272	68	11	1	8	47	20	63	.307	.386	Other	.250	248	62	13	3	4	33	24	54	.324	.375
Turf	.258	124	32	7	3	2	17	18	25	.358	.411	March/April	.280	50	14	1	0	1	12	4	8	.339	.360
Pre-All Star	.258	229	59	9	2	6	36	19	58	.327	.393	May	.279	43	12	1	0	1	8	4	9	.360	.372
Post-All Star	.246	167	41	9	2	4	28	19	30	.319	.395	June	.234	94	22	5	2	2	10	6	29	.284	.394
Inning 1-6	.237	173	41	10	1	4	29	13	32	.297	.376	July	.237	76	18	5	0	2	9	19	19	.333	.382
Inning 7+	.265	223	59	8	3	6	35	25	56	.344	.408	August	.193	57	11	4	1	1	9	6	14	.273	.351
Scoring Posn	.271	118	32	5	0	3	53	19	32	.336	.390	Sept/Oct	.303	76	23	2	1	3	16	9	9	.368	.474
Close & Late	.288	118	34	4	1	3	17	13	30	.364	.415	vs. AL	.261	161	42	7	2	2	22	14	35	.320	.366
None on/out	.228	101	23	5	1	3	6	23	.271	.386	vs. NL	.247	235	58	11	2	8	42	24	53	.326	.413

Jack Cressend — Twins — Age 27 – Pitches Right (groundball pitcher)

	ERA	W	L	Sv	G	GS	IP	BB	SO	Avg	H	2B	3B	HR	RBI	OBP	SLG	GF	IR	IRS	Hld	SvOp	SB	CS	GB	FB	G/F
2001 Season	3.67	3	2	0	44	0	56.1	16	40	.237	50	11	2	6	25	.291	.393	9	31	10	5	2	5	0	89	57	1.56
Career (2000-2001)	3.99	3	2	0	55	0	70.0	22	46	.263	70	14	3	6	37	.320	.406	13	41	16	5	2	5	0	111	69	1.61

2001 Season

	ERA	W	L	Sv	G	GS	IP	H	HR	BB	SO		Avg	AB	H	2B	3B	HR	RBI	BB	SO	OBP	SLG
Home	6.15	1	2	0	22	0	26.1	37	5	7	17	vs. Left	.294	85	25	3	1	4	14	6	16	.333	.494
Away	1.50	2	0	0	22	0	30.0	13	1	9	23	vs. Right	.198	126	25	8	1	2	11	10	24	.263	.325
Starter	0.00	0	0	0	0	0	0.0	0	0	0	0	Scoring Posn	.196	56	11	2	1	0	16	6	9	.266	.268
Reliever	3.67	3	2	0	44	0	56.1	50	6	16	40	Close & Late	.276	29	8	2	1	0	8	3	4	.364	.414
0 Days Rest (Relief)	5.40	1	0	0	7	0	10.0	7	1	3	8	None on/out	.365	52	19	3	1	4	4	4	11	.411	.692
1 or 2 Days Rest	4.38	2	2	0	20	0	24.2	24	4	9	19	First Pitch	.313	32	10	2	0	3	3	0	0	.313	.656
3+ Days Rest	2.08	0	0	0	17	0	21.2	19	1	4	13	Ahead in Count	.212	113	24	3	1	1	9	0	33	.212	.283
Pre-All Star	3.70	2	1	0	19	0	24.1	19	2	9	12	Behind in Count	.281	32	9	4	0	2	11	6	0	.375	.594
Post-All Star	3.66	1	1	0	25	0	32.0	31	4	7	28	Two Strikes	.164	110	18	2	0	1	7	10	40	.233	.209

D.T. Cromer — Reds
Age 31 – Bats Left

	Avg	G	AB	R	H	2B	3B	HR	RBI	BB	SO	HBP	GDP	SB	CS	OBP	SLG	IBB	SH	SF	#Pit	#P/PA	GB	FB	G/F
2001 Season	.281	50	57	7	16	3	0	5	12	3	19	0	0	0	0	.302	.596	0	0	3	224	3.56	18	16	1.13
Career (2000-2001)	.308	85	104	14	32	7	0	7	20	4	33	1	0	0	0	.327	.577	1	1	4	409	3.59	33	26	1.27

2001 Season

	Avg	AB	H	2B	3B	HR	RBI	BB	SO	OBP	SLG		Avg	AB	H	2B	3B	HR	RBI	BB	SO	OBP	SLG
vs. Left	.000	0	0	0	0	0	0	0	0	.000	.000	Scoring Posn	.182	22	4	0	0	1	6	2	7	.222	.318
vs. Right	.281	57	16	3	0	5	12	3	19	.302	.596	Close & Late	.300	10	3	0	0	1	4	0	4	.250	.600

Deivi Cruz — Tigers
Age 26 – Bats Right

	Avg	G	AB	R	H	2B	3B	HR	RBI	BB	SO	HBP	GDP	SB	CS	OBP	SLG	IBB	SH	SF	#Pit	#P/PA	GB	FB	G/F
2001 Season	.256	110	414	39	106	28	1	7	52	17	46	4	13	4	1	.291	.379	0	1	2	1405	3.21	167	126	1.33
Career (1997-2001)	.271	703	2405	258	652	157	9	37	277	69	256	15	68	12	19	.293	.390	2	42	19	8129	3.19	1000	670	1.49

2001 Season

	Avg	AB	H	2B	3B	HR	RBI	BB	SO	OBP	SLG		Avg	AB	H	2B	3B	HR	RBI	BB	SO	OBP	SLG
vs. Left	.223	112	25	7	0	2	14	7	10	.267	.339	First Pitch	.299	67	20	8	0	2	12	0	0	.290	.507
vs. Right	.268	302	81	21	1	5	38	10	36	.300	.394	Ahead in Count	.258	89	23	5	0	4	17	12	0	.353	.449
Home	.273	198	54	12	0	2	29	8	19	.301	.364	Behind in Count	.237	198	47	11	1	1	17	0	42	.245	.318
Away	.241	216	52	16	1	5	23	9	27	.281	.394	Two Strikes	.216	153	33	8	1	1	11	5	46	.241	.301
Day	.294	136	40	12	1	4	20	4	11	.329	.485	Batting #6	.259	143	37	14	1	1	19	5	13	.285	.392
Night	.237	278	66	16	0	3	32	13	35	.272	.327	Batting #7	.252	127	32	6	0	4	19	9	14	.307	.394
Grass	.257	389	100	26	1	7	51	17	45	.294	.383	Other	.257	144	37	8	0	2	14	3	19	.282	.354
Turf	.240	25	6	2	0	0	1	0	1	.240	.320	April	.215	79	17	5	0	1	10	2	7	.232	.316
Pre-All Star	.248	210	52	17	1	2	24	5	20	.271	.367	May	.279	104	29	10	1	1	11	3	9	.306	.423
Post-All Star	.265	204	54	11	0	5	28	12	26	.311	.392	June	.222	27	6	2	0	0	3	0	4	.250	.296
Inning 1-6	.245	274	67	18	1	3	35	10	30	.277	.350	July	.326	46	15	3	0	1	8	3	7	.367	.457
Inning 7+	.279	140	39	10	0	4	17	7	16	.318	.436	August	.223	94	21	5	0	1	8	4	13	.263	.309
Scoring Posn	.294	102	30	10	0	3	44	6	9	.333	.480	Sept/Oct	.281	64	18	3	0	3	12	5	6	.329	.469
Close & Late	.221	68	15	2	0	1	8	3	9	.254	.294	vs. AL	.256	414	106	28	1	7	52	17	46	.291	.379
None on/out	.241	116	28	9	0	2	2	2	12	.273	.371	vs. NL	.000	0	0	0	0	0	0	0	0	.000	.000

2001 By Position

Position	Avg	AB	H	2B	3B	HR	RBI	BB	SO	OBP	SLG	G	GS	Innings	PO	A	E	DP	Fld Pct	Rng Fctr	In Zone	Zone Outs	Zone Rtg	MLB Zone
As ss	.253	395	100	26	1	7	52	17	43	.289	.377	109	102	920.2	157	292	17	69	.964	4.39	320	255	.797	.839

Career (1997-2001)

	Avg	AB	H	2B	3B	HR	RBI	BB	SO	OBP	SLG		Avg	AB	H	2B	3B	HR	RBI	BB	SO	OBP	SLG
vs. Left	.284	559	159	38	1	10	74	25	53	.316	.410	First Pitch	.323	353	114	34	0	9	49	2	0	.321	.496
vs. Right	.267	1846	493	119	8	27	203	44	203	.286	.384	Ahead in Count	.307	538	165	40	2	14	77	51	0	.365	.467
Home	.272	1166	317	66	7	17	135	41	129	.297	.384	Behind in Count	.237	1132	268	61	4	9	112	0	241	.242	.322
Away	.270	1239	335	91	2	20	142	28	127	.290	.395	Two Strikes	.221	914	202	48	4	5	73	16	256	.239	.299
Day	.265	777	206	59	2	14	93	22	72	.288	.400	Batting #8	.283	314	89	23	1	8	38	9	39	.313	.439
Night	.274	1628	446	98	7	23	184	47	184	.295	.385	Batting #9	.264	1405	371	77	5	12	136	40	151	.284	.352
Grass	.268	2087	559	126	9	32	234	64	221	.291	.383	Other	.280	686	192	57	3	17	103	20	66	.303	.446
Turf	.292	318	93	31	0	5	43	5	35	.307	.437	March/April	.222	311	69	23	0	2	23	8	30	.241	.315
Pre-All Star	.255	1171	299	75	4	13	114	33	120	.277	.360	May	.270	415	112	30	2	2	41	11	41	.292	.366
Post-All Star	.286	1234	353	82	5	24	163	36	136	.309	.419	June	.259	359	93	14	2	7	39	11	41	.283	.368
Inning 1-6	.274	1605	440	111	7	25	197	44	172	.296	.399	July	.284	391	111	26	1	7	51	13	41	.310	.409
Inning 7+	.265	800	212	46	2	12	80	25	84	.295	.373	August	.271	487	132	36	1	6	48	14	50	.294	.386
Scoring Posn	.283	587	166	38	1	12	226	30	54	.313	.412	Sept/Oct	.305	442	135	28	3	13	75	12	53	.320	.471
Close & Late	.229	345	79	17	0	5	46	9	39	.249	.322	vs. AL	.271	2161	586	147	9	31	251	63	235	.294	.391
None on/out	.253	596	151	38	2	9	9	9	59	.272	.369	vs. NL	.270	244	66	10	0	6	26	6	21	.291	.385

Jacob Cruz — Rockies
Age 29 – Bats Left (groundball hitter)

	Avg	G	AB	R	H	2B	3B	HR	RBI	BB	SO	HBP	GDP	SB	CS	OBP	SLG	IBB	SH	SF	#Pit	#P/PA	GB	FB	G/F
2001 Season	.215	72	144	19	31	5	0	4	18	15	50	4	4	0	4	.303	.333	0	1	2	664	4.00	46	30	1.53
Last Five Years	.245	135	290	39	71	14	1	7	43	28	74	6	11	1	6	.319	.372	0	2	5	1287	3.89	114	60	1.90

2001 Season

	Avg	AB	H	2B	3B	HR	RBI	BB	SO	OBP	SLG		Avg	AB	H	2B	3B	HR	RBI	BB	SO	OBP	SLG
vs. Left	.300	10	3	0	0	0	2	3	3	.429	.300	Scoring Posn	.175	40	7	1	0	1	13	7	15	.327	.275
vs. Right	.209	134	28	5	0	4	16	12	47	.291	.336	Close & Late	.100	20	2	0	0	0	0	4	9	.250	.100
Home	.169	77	13	1	0	2	8	10	27	.267	.260	None on/out	.225	40	9	3	0	1	1	2	14	.279	.375
Away	.269	67	18	4	0	2	10	5	23	.347	.418	Batting #1	.211	38	8	3	0	6	4	11	.286	.526
First Pitch	.471	17	8	0	0	1	3	0	0	.500	.647	Batting #7	.217	46	10	1	0	0	3	5	17	.339	.239
Ahead in Count	.467	15	7	1	0	3	7	8	0	.652	1.133	Other	.217	60	13	1	0	1	9	6	22	.284	.283
Behind in Count	.114	79	9	2	0	0	4	0	39	.125	.139	Pre-All Star	.225	120	27	4	0	3	16	13	41	.317	.333
Two Strikes	.149	87	13	3	0	0	6	7	50	.219	.184	Post-All Star	.167	24	4	1	0	1	2	2	9	.231	.333

Jose Cruz — Blue Jays
Age 28 – Bats Both

	Avg	G	AB	R	H	2B	3B	HR	RBI	BB	SO	HBP	GDP	SB	CS	OBP	SLG	IBB	SH	SF	#Pit	#P/PA	GB	FB	G/F
2001 Season	.274	146	577	92	158	38	4	34	88	45	138	1	8	32	5	.326	.530	4	2	2	2359	3.76	178	176	1.01
Career (1997-2001)	.253	623	2276	360	575	122	16	116	319	278	574	3	30	79	20	.333	.473	17	6	14	9663	3.75	702	678	1.04

2001 Season

	Avg	AB	H	2B	3B	HR	RBI	BB	SO	OBP	SLG		Avg	AB	H	2B	3B	HR	RBI	BB	SO	OBP	SLG
vs. Left	.290	138	40	11	0	8	23	13	31	.355	.543	First Pitch	.376	85	32	7	1	7	13	4	0	.404	.729
vs. Right	.269	439	118	27	4	26	65	32	107	.317	.526	Ahead in Count	.402	117	47	15	1	9	22	19	0	.489	.778
Home	.271	291	79	16	1	15	47	26	66	.331	.488	Behind in Count	.176	273	48	9	1	11	34	0	122	.175	.337
Away	.276	286	79	22	3	19	41	19	72	.321	.573	Two Strikes	.194	278	54	9	2	11	32	22	138	.252	.360
Day	.250	192	48	13	0	8	26	16	42	.308	.443	Batting #1	.240	229	55	15	0	16	28	14	52	.284	.515
Night	.286	385	110	25	4	26	62	29	96	.336	.574	Batting #5	.306	121	37	7	2	10	29	10	32	.361	.645
Grass	.250	200	50	11	2	13	26	17	54	.309	.520	Other	.291	227	66	16	2	8	31	21	54	.349	.485
Turf	.286	377	108	27	2	21	62	28	84	.336	.536	April	.316	95	30	1	1	6	18	7	19	.369	.537
Pre-All Star	.295	278	82	16	4	11	44	27	72	.358	.500	May	.237	59	14	5	0	1	6	3	22	.274	.373
Post-All Star	.254	299	76	22	0	23	44	18	66	.296	.559	June	.261	92	24	6	2	2	11	12	28	.343	.435
Inning 1-6	.296	392	116	30	3	27	65	30	96	.345	.594	July	.292	113	33	11	1	5	17	9	25	.344	.540
Inning 7+	.227	185	42	8	1	7	23	15	42	.287	.395	August	.232	112	26	8	0	12	17	5	24	.265	.625
Scoring Posn	.219	128	28	7	2	4	46	22	37	.333	.398	Sept/Oct	.292	106	31	7	0	8	19	9	20	.345	.585
Close & Late	.289	97	28	4	0	6	14	7	21	.343	.515	vs. AL	.273	510	139	30	4	32	80	38	121	.324	.535
None on/out	.256	164	42	12	0	8	8	10	37	.299	.476	vs. NL	.284	67	19	8	0	2	8	7	17	.347	.493

2001 By Position

Position	Avg	AB	H	2B	3B	HR	RBI	BB	SO	OBP	SLG	G	GS	Innings	PO	A	E	DP	Fld Pct	Rng Fctr	In Zone	Zone Outs	Zone Rtg	MLB Zone
As lf	.359	39	14	4	0	5	12	2	6	.390	.846	14	9	88.1	16	0	0	0	1.000	1.63	18	15	.833	.880
As cf	.266	534	142	34	4	28	75	42	131	.320	.502	133	132	1168.1	270	5	3	1	.989	2.12	304	265	.872	.892

Career (1997-2001)

	Avg	AB	H	2B	3B	HR	RBI	BB	SO	OBP	SLG		Avg	AB	H	2B	3B	HR	RBI	BB	SO	OBP	SLG
vs. Left	.282	567	160	40	3	22	76	66	108	.357	.480	First Pitch	.380	353	134	25	3	31	73	14	0	.401	.731
vs. Right	.243	1709	415	82	13	94	243	212	466	.325	.471	Ahead in Count	.349	476	166	41	5	33	88	135	0	.490	.664
Home	.259	1129	292	64	7	53	173	154	272	.347	.469	Behind in Count	.163	1006	164	31	3	30	92	0	475	.164	.269
Away	.247	1147	283	58	9	63	146	124	302	.319	.478	Two Strikes	.155	1072	166	33	5	28	92	128	574	.245	.273
Day	.244	765	187	40	6	38	110	90	196	.322	.461	Batting #1	.255	388	99	21	0	26	54	35	91	.315	.510
Night	.257	1511	388	82	10	78	209	188	378	.338	.479	Batting #7	.238	408	97	18	3	22	55	49	89	.318	.458
Grass	.235	880	207	40	8	45	105	103	233	.314	.452	Other	.256	1480	379	83	13	68	210	194	394	.341	.468
Turf	.264	1396	368	82	8	71	214	175	341	.345	.486	March/April	.247	356	88	8	4	18	52	54	82	.345	.444
Pre-All Star	.248	1146	284	53	11	52	155	151	283	.334	.449	May	.236	309	73	16	2	12	38	40	87	.323	.417
Post-All Star	.258	1130	291	69	5	64	164	127	291	.331	.497	June	.240	391	94	20	4	15	49	45	97	.317	.427
Inning 1-6	.258	1535	396	95	7	83	224	191	374	.339	.491	July	.261	357	93	27	3	17	51	36	84	.327	.496
Inning 7+	.242	741	179	27	9	33	95	87	200	.321	.436	August	.280	432	121	26	1	32	73	49	95	.352	.567
Scoring Posn	.237	545	129	22	6	22	187	107	158	.355	.420	Sept/Oct	.246	431	106	25	2	22	59	54	129	.328	.466
Close & Late	.249	338	84	10	4	13	41	38	102	.327	.417	vs. AL	.252	2001	504	103	15	103	284	240	496	.331	.473
None on/out	.263	574	151	39	6	23	23	57	134	.330	.472	vs. NL	.258	275	71	19	1	13	35	38	78	.347	.476

Juan Cruz — Cubs
Age 21 – Pitches Right (groundball pitcher)

	ERA	W	L	Sv	G	GS	IP	BB	SO	Avg	H	2B	3B	HR	RBI	OBP	SLG	CG	ShO	Sup	QS	#P/S	SB	CS	GB	FB	G/F
2001 Season	3.22	3	1	0	8	8	44.2	17	39	.244	40	6	0	4	15	.322	.354	0	0	5.64	4	85	3	4	62	41	1.51

2001 Season

	ERA	W	L	Sv	G	GS	IP	H	HR	BB	SO		Avg	AB	H	2B	3B	HR	RBI	BB	SO	OBP	SLG
Home	2.82	1	1	0	4	4	22.1	16	2	8	26	vs. Left	.324	71	23	4	0	3	10	10	16	.415	.507
Away	3.63	2	0	0	4	4	22.1	24	2	9	13	vs. Right	.183	93	17	2	0	1	5	7	23	.248	.237

Nelson Cruz — Astros
Age 29 – Pitches Right

	ERA	W	L	Sv	G	GS	IP	BB	SO	Avg	H	2B	3B	HR	RBI	OBP	SLG	GF	IR	IRS	Hld	SvOp	SB	CS	GB	FB	G/F
2001 Season	4.15	4	3	2	66	0	82.1	24	75	.237	72	13	3	11	45	.310	.408	16	31	11	10	4	4	6	87	106	0.82
Career (1997-2001)	4.70	10	12	2	141	6	216.1	69	178	.259	214	40	4	32	129	.324	.433	43	94	39	22	5	12	9	263	250	1.05

2001 Season

	ERA	W	L	Sv	G	GS	IP	H	HR	BB	SO		Avg	AB	H	2B	3B	HR	RBI	BB	SO	OBP	SLG
Home	2.74	3	1	0	37	0	46.0	33	3	13	43	vs. Left	.273	132	36	4	2	5	22	9	29	.340	.447
Away	5.94	0	2	2	29	0	36.1	39	8	11	32	vs. Right	.209	172	36	9	1	6	23	15	46	.286	.378
Day	4.15	1	0	0	18	0	17.1	19	5	5	18	Inning 1-6	.194	103	20	3	0	5	17	8	26	.270	.369
Night	4.15	2	3	2	48	0	65.0	53	6	19	57	Inning 7+	.259	201	52	10	3	6	28	16	49	.330	.428
Grass	4.02	3	3	2	64	0	80.2	70	10	24	74	None on	.226	168	38	4	2	3	3	13	39	.301	.327
Turf	10.80	0	0	0	2	0	1.2	2	1	0	1	Runners on	.250	136	34	9	1	8	42	11	36	.320	.507
April	2.63	0	0	0	11	0	13.2	11	3	1	8	Scoring Posn	.269	78	21	4	1	7	38	7	21	.337	.615
May	4.60	0	1	1	11	0	15.2	14	2	6	17	Close & Late	.238	63	15	2	2	2	9	4	17	.314	.429
June	4.20	1	0	0	12	0	15.0	11	3	2	13	None on/out	.264	72	19	3	2	2	2	9	15	.346	.444
July	2.84	1	0	1	11	0	12.2	9	1	6	14	vs. 1st Batr (relief)	.226	62	14	4	1	3	7	4	14	.273	.468
August	4.70	1	1	0	11	0	15.1	14	2	5	16	1st Inning Pitched	.200	215	43	8	3	3	8	18	61	.279	.372
Sept/Oct	6.30	0	1	0	10	0	10.0	13	0	4	7	First 15 Pitches	.209	182	38	9	1	7	24	11	44	.273	.385
Starter	0.00	0	0	0	0	0	0.0	0	0	0	0	Pitch 16-30	.272	103	28	2	2	4	20	10	27	.347	.495
Reliever	4.15	3	3	2	66	0	82.1	72	11	24	75	Pitch 31-45	.294	17	5	1	0	0	1	3	4	.429	.353
0 Days Rest (Relief)	2.45	1	1	0	8	0	11.0	9	1	4	11	Pitch 46+	.500	2	1	1	0	0	0	0	0	.500	1.000

2001 Season

	ERA	W	L	Sv	G	GS	IP	H	HR	BB	SO		Avg	AB	H	2B	3B	HR	RBI	BB	SO	OBP	SLG
1 or 2 Days Rest	4.25	0	2	1	40	0	48.2	42	4	14	42	First Pitch	.317	41	13	0	0	2	8	2	0	.341	.463
3+ Days Rest	4.76	2	0	1	18	0	22.2	21	6	6	22	Ahead in Count	.163	153	25	8	1	2	17	0	64	.204	.268
vs. AL	3.27	1	0	1	8	0	11.0	7	2	4	11	Behind in Count	.438	48	21	2	1	6	14	10	0	.534	.896
vs. NL	4.29	2	3	1	58	0	71.1	65	9	20	64	Two Strikes	.131	153	20	5	1	0	8	12	75	.221	.176
Pre-All Star	3.94	1	1	2	37	0	48.0	41	9	10	42	Pre-All Star	.233	176	41	8	1	9	27	10	42	.297	.443
Post-All Star	4.46	2	2	0	29	0	34.1	31	2	14	33	Post-All Star	.242	128	31	5	2	2	18	14	33	.327	.359

Career (1997-2001)

	ERA	W	L	Sv	G	GS	IP	H	HR	BB	SO		Avg	AB	H	2B	3B	HR	RBI	BB	SO	OBP	SLG
Home	3.80	7	6	0	77	4	113.2	101	10	37	93	vs. Left	.267	378	101	17	2	18	55	28	66	.327	.466
Away	5.70	3	6	2	64	2	102.2	113	22	32	85	vs. Right	.252	449	113	23	2	14	74	41	112	.322	.405
Day	5.40	2	2	0	40	2	48.1	56	11	19	43	Inning 1-6	.244	357	87	14	1	15	59	30	72	.312	.415
Night	4.50	8	10	2	101	4	168.0	158	21	50	135	Inning 7+	.270	470	127	26	3	17	70	39	106	.334	.447
Grass	4.52	10	11	2	130	5	191.1	188	25	59	159	None on	.249	449	112	17	3	18	18	34	96	.315	.421
Turf	6.12	0	1	0	11	1	25.0	26	7	10	19	Runners on	.270	378	102	23	1	14	111	35	82	.335	.447
March/April	2.63	0	0	0	11	0	13.2	11	3	1	8	Scoring Posn	.265	230	61	11	1	11	100	24	48	.335	.465
May	4.22	0	1	1	14	0	21.1	18	2	10	20	Close & Late	.284	162	46	8	2	5	27	17	47	.364	.451
June	5.14	4	1	0	21	4	42.0	43	7	11	29	None on/out	.271	192	52	9	3	9	9	17	43	.340	.490
July	3.59	3	2	1	27	2	52.2	46	6	12	45	vs. 1st Batr (relief)	.246	122	30	10	1	4	23	11	24	.304	.443
August	5.96	3	5	0	35	0	51.1	57	11	19	44	1st Inning Pitched	.221	452	100	21	2	15	76	40	112	.290	.376
Sept/Oct	5.09	0	3	0	33	0	35.1	39	3	16	32	First 15 Pitches	.226	393	89	21	1	12	61	27	92	.281	.377
Starter	7.47	2	3	0	6	6	31.1	42	6	10	19	Pitch 16-30	.288	243	70	7	3	16	42	22	53	.357	.539
Reliever	4.23	8	9	2	135	0	185.0	172	26	59	159	Pitch 31-45	.226	84	19	5	0	2	10	10	20	.330	.357
0 Days Rest (Relief)	3.96	3	2	0	20	0	25.0	23	2	14	23	Pitch 46+	.336	107	36	7	0	2	16	10	13	.400	.458
1 or 2 Days Rest	4.15	1	4	1	64	0	89.0	77	11	23	68	First Pitch	.320	100	32	2	0	4	20	6	0	.351	.460
3+ Days Rest	4.44	4	3	1	51	0	71.0	72	13	22	68	Ahead in Count	.199	408	81	18	2	7	41	0	152	.220	.304
vs. AL	5.33	6	8	1	74	4	121.2	130	22	42	92	Behind in Count	.387	163	63	11	1	14	44	32	0	.482	.724
vs. NL	3.90	4	4	1	67	2	94.2	84	10	27	86	Two Strikes	.178	409	73	13	2	5	35	31	178	.252	.257
Pre-All Star	4.56	5	4	2	53	2	98.2	96	15	26	76	Pre-All Star	.256	375	96	17	2	15	55	26	76	.319	.432
Post-All Star	4.82	5	8	0	88	0	117.2	118	17	43	102	Post-All Star	.261	452	118	23	2	17	74	43	102	.329	.434

Darwin Cubillan — Expos
Age 27 – Pitches Right

	ERA	W	L	Sv	G	GS	IP	BB	SO	Avg	H	2B	3B	HR	RBI	OBP	SLG	GF	IR	IRS	Hld	SvOp	SB	CS	GB	FB	G/F
2001 Season	4.10	0	0	0	29	0	26.1	12	19	.295	31	10	0	1	16	.358	.419	11	8	6	1	0	1	3	37	36	1.03
Career (2000-2001)	7.09	1	0	0	49	0	59.2	37	46	.335	83	23	0	10	53	.414	.548	17	22	12	1	0	1	3	83	82	1.01

2001 Season

	ERA	W	L	Sv	G	GS	IP	H	HR	BB	SO		Avg	AB	H	2B	3B	HR	RBI	BB	SO	OBP	SLG
Home	2.55	0	0	0	19	0	17.2	20	0	9	12	vs. Left	.333	39	13	6	0	1	11	5	4	.383	.564
Away	7.27	0	0	0	10	0	8.2	11	1	3	7	vs. Right	.273	66	18	4	0	0	5	7	15	.342	.333
Starter	0.00	0	0	0	0	0	0.0	0	0	0	0	Scoring Posn	.286	35	10	4	0	1	14	5	5	.349	.486
Reliever	4.10	0	0	0	29	0	26.1	31	1	12	19	Close & Late	.600	5	3	2	0	0	1	0	0	.500	1.000
0 Days Rest (Relief)	5.06	0	0	0	5	0	5.1	6	0	4	6	None on/out	.273	22	6	2	0	0	0	3	4	.360	.364
1 or 2 Days Rest	0.00	0	0	0	10	0	8.2	6	0	2	7	First Pitch	.556	9	5	2	0	0	4	0	0	.500	.778
3+ Days Rest	6.57	0	0	0	14	0	12.1	19	1	6	6	Ahead in Count	.200	50	10	2	0	0	0	0	15	.200	.240
Pre-All Star	4.85	0	0	0	13	0	13.0	13	1	5	8	Behind in Count	.407	27	11	4	0	0	1	6	0	.500	.556
Post-All Star	3.38	0	0	0	16	0	13.1	18	0	7	11	Two Strikes	.208	53	11	4	0	1	9	6	19	.283	.340

Mike Cuddyer — Twins
Age 23 – Bats Right

	Avg	G	AB	R	H	2B	3B	HR	RBI	BB	SO	HBP	GDP	SB	CS	OBP	SLG	IBB	SH	SF	#Pit	#P/PA	GB	FB	G/F
2001 Season	.222	8	18	1	4	2	0	0	1	2	6	0	1	1	0	.300	.333	0	0	0	84	4.20	4	6	0.67

2001 Season

	Avg	AB	H	2B	3B	HR	RBI	BB	SO	OBP	SLG		Avg	AB	H	2B	3B	HR	RBI	BB	SO	OBP	SLG
vs. Left	.214	14	3	2	0	0	1	2	5	.313	.357	Scoring Posn	.200	5	1	0	0	0	0	2	2	.429	.200
vs. Right	.250	4	1	0	0	0	0	0	1	.250	.250	Close & Late	.500	2	1	0	0	0	0	0	1	.500	1.000

Midre Cummings — Diamondbacks
Age 30 – Bats Left

	Avg	G	AB	R	H	2B	3B	HR	RBI	BB	SO	HBP	GDP	SB	CS	OBP	SLG	IBB	SH	SF	#Pit	#P/PA	GB	FB	G/F
2001 Season	.300	20	20	1	6	1	0	0	1	0	4	0	2	0	0	.286	.350	0	0	1	92	4.38	8	6	1.33
Last Five Years	.272	316	698	86	190	41	6	14	80	68	114	6	12	7	6	.340	.408	1	4	4	2990	3.83	268	181	1.48

2001 Season

	Avg	AB	H	2B	3B	HR	RBI	BB	SO	OBP	SLG		Avg	AB	H	2B	3B	HR	RBI	BB	SO	OBP	SLG
vs. Left	.000	0	0	0	0	0	0	0	0	.000	.000	Scoring Posn	.333	3	1	0	0	0	1	0	1	.250	.333
vs. Right	.300	20	6	1	0	0	4	0	4	.286	.350	Close & Late	.375	8	3	1	0	0	0	0	2	.333	.500

Last Five Years

	Avg	AB	H	2B	3B	HR	RBI	BB	SO	OBP	SLG		Avg	AB	H	2B	3B	HR	RBI	BB	SO	OBP	SLG
vs. Left	.293	82	24	4	0	1	10	9	14	.378	.378	First Pitch	.330	88	29	5	1	3	9	0	0	.326	.511
vs. Right	.269	616	166	37	6	13	70	59	100	.337	.412	Ahead in Count	.367	139	51	9	2	6	25	32	0	.480	.590
Home	.300	343	103	21	2	10	50	39	57	.375	.461	Behind in Count	.206	359	74	20	2	2	29	0	100	.212	.290
Away	.245	355	87	20	4	4	30	29	57	.305	.358	Two Strikes	.187	337	63	17	2	4	26	36	114	.267	.285
Day	.279	262	73	18	4	2	21	17	42	.329	.401	Batting #1	.294	214	63	15	4	1	21	26	32	.368	.416
Night	.268	436	117	23	2	12	59	51	72	.347	.413	Batting #3	.219	114	25	5	0	2	9	7	18	.264	.316

Last Five Years

	Avg	AB	H	2B	3B	HR	RBI	BB	SO	OBP	SLG		Avg	AB	H	2B	3B	HR	RBI	BB	SO	OBP	SLG
Grass	.280	353	99	22	3	6	31	31	58	.339	.411	Other	.276	370	102	21	2	11	50	35	64	.346	.432
Turf	.264	345	91	19	3	8	49	37	56	.341	.406	March/April	.244	86	21	7	1	2	9	6	16	.293	.419
Pre-All Star	.262	302	79	20	2	8	32	19	51	.314	.421	May	.309	97	30	5	1	5	15	8	16	.374	.536
Post-All Star	.280	396	111	21	4	6	48	49	63	.359	.399	June	.210	81	17	5	0	1	5	3	11	.247	.309
Inning 1-6	.271	399	108	24	4	6	31	40	53	.342	.396	July	.299	137	41	8	1	2	14	17	23	.386	.416
Inning 7+	.274	299	82	17	2	8	49	28	61	.338	.425	August	.295	122	36	7	0	2	16	8	16	.336	.402
Scoring Posn	.242	186	45	7	2	1	61	28	32	.347	.317	Sept/Oct	.257	175	45	9	3	2	21	26	32	.350	.377
Close & Late	.322	149	48	8	1	5	32	19	32	.394	.490	vs. AL	.264	348	92	13	0	10	45	37	45	.338	.388
None on/out	.271	207	56	16	2	4	4	19	37	.338	.425	vs. NL	.280	350	98	28	6	4	35	31	69	.343	.429

Will Cunnane — Brewers

Age 28 – Pitches Right (groundball pitcher)

	ERA	W	L	Sv	G	GS	IP	BB	SO	Avg	H	2B	3B	HR	RBI	OBP	SLG	GF	IR	IRS	Hld	SvOp	SB	CS	GB	FB	G/F
2001 Season	5.40	0	3	0	31	1	51.2	22	37	.320	66	14	2	6	33	.390	.495	6	17	8	1	0	3	2	72	56	1.29
Career (1997-2001)	5.35	9	8	0	139	12	215.1	105	173	.296	253	39	6	28	138	.377	.454	29	84	28	11	2	20	14	320	196	1.63

2001 Season

	ERA	W	L	Sv	G	GS	IP	H	HR	BB	SO		Avg	AB	H	2B	3B	HR	RBI	BB	SO	OBP	SLG
Home	4.50	0	1	0	21	0	34.0	43	5	12	23	vs. Left	.295	78	23	6	0	2	10	14	20	.409	.449
Away	7.13	0	2	0	10	1	17.2	23	1	10	14	vs. Right	.336	128	43	8	2	4	23	8	17	.377	.523
Starter	13.50	0	1	0	1	1	4.0	7	1	1	4	Scoring Posn	.277	65	18	4	0	1	24	10	14	.377	.385
Reliever	4.72	0	2	0	30	0	47.2	59	5	21	33	Close & Late	.364	22	8	2	0	0	0	4	5	.462	.455
0 Days Rest (Relief)	5.59	0	0	0	6	0	9.2	14	2	3	6	None on/out	.320	50	16	2	0	2	2	2	5	.358	.480
1 or 2 Days Rest	3.94	0	1	0	10	0	16.0	19	0	9	10	First Pitch	.367	30	11	2	0	2	11	6	0	.486	.633
3+ Days Rest	4.91	0	0	0	14	0	22.0	26	3	9	17	Ahead in Count	.258	97	25	5	2	2	14	0	35	.263	.412
Pre-All Star	5.74	0	3	0	26	1	42.1	52	3	20	26	Behind in Count	.429	42	18	4	0	1	5	11	0	.547	.595
Post-All Star	3.86	0	0	0	5	0	9.1	14	3	2	11	Two Strikes	.247	93	23	4	2	3	12	5	37	.293	.430

Career (1997-2001)

	ERA	W	L	Sv	G	GS	IP	H	HR	BB	SO		Avg	AB	H	2B	3B	HR	RBI	BB	SO	OBP	SLG
Home	3.98	3	3	0	77	2	106.1	114	17	42	86	vs. Left	.293	358	105	19	3	9	53	59	73	.394	.439
Away	6.69	6	5	0	62	10	109.0	139	11	63	87	vs. Right	.298	496	148	20	3	19	85	46	100	.365	.466
Day	4.71	4	1	0	44	2	65.0	68	8	31	55	Inning 1-6	.307	501	154	21	4	17	95	61	101	.388	.467
Night	5.63	5	7	0	95	10	150.1	185	20	74	118	Inning 7+	.280	353	99	18	2	11	43	44	72	.363	.436
Grass	5.50	7	7	0	119	10	183.1	223	26	85	143	None on	.271	457	124	17	2	15	15	43	91	.339	.416
Turf	4.50	2	1	0	20	2	32.0	30	2	20	30	Runners on	.325	397	129	22	4	13	123	62	82	.418	.499
March/April	3.99	1	2	0	27	0	29.1	28	2	18	26	Scoring Posn	.314	245	77	11	4	7	106	48	54	.430	.478
May	7.25	3	1	0	17	2	36.0	47	3	19	27	Close & Late	.289	83	24	5	0	3	10	11	22	.379	.458
June	6.21	2	3	0	28	7	62.1	79	12	27	42	None on/out	.245	204	50	10	0	8	8	14	34	.303	.412
July	2.59	2	0	0	31	0	41.2	41	5	13	37	vs. 1st Batr (relief)	.235	115	27	3	0	4	15	12	33	.307	.365
August	6.17	1	2	0	18	1	23.1	30	5	15	22	1st Inning Pitched	.282	464	131	19	3	14	88	62	109	.371	.427
Sept/Oct	5.96	0	0	0	18	2	22.2	28	1	13	19	First 15 Pitches	.292	367	107	15	1	11	59	48	78	.377	.428
Starter	8.54	2	4	0	12	12	51.2	73	11	31	36	Pitch 16-30	.249	241	60	14	2	5	32	28	54	.330	.386
Reliever	4.34	7	4	0	127	0	163.2	180	17	74	137	Pitch 31-45	.291	110	32	4	2	4	17	11	23	.361	.473
0 Days Rest (Relief)	5.23	0	0	0	19	0	20.2	28	2	10	20	Pitch 46+	.397	136	54	6	1	8	30	18	18	.474	.632
1 or 2 Days Rest	4.26	6	3	0	63	0	86.2	93	7	36	76	First Pitch	.368	95	35	4	0	7	26	9	0	.444	.632
3+ Days Rest	4.15	1	1	0	45	0	56.1	59	8	28	41	Ahead in Count	.219	384	84	15	3	5	43	0	141	.222	.313
vs. AL	8.17	1	0	0	17	2	25.1	43	7	14	17	Behind in Count	.423	208	88	13	3	12	49	47	0	.529	.688
vs. NL	4.97	8	8	0	122	10	190.0	210	21	91	156	Two Strikes	.197	411	81	15	2	5	38	49	173	.287	.280
Pre-All Star	5.65	6	6	0	83	9	143.1	165	19	70	107	Pre-All Star	.296	557	165	26	4	19	92	70	107	.381	.460
Post-All Star	4.75	3	2	0	56	3	72.0	88	9	35	66	Post-All Star	.296	297	88	13	2	9	46	35	66	.371	.444

Chad Curtis — Rangers

Age 33 – Bats Right

	Avg	G	AB	R	H	2B	3B	HR	RBI	BB	SO	HBP	GDP	SB	CS	OBP	SLG	IBB	SH	SF	#Pit	#P/PA	GB	FB	G/F
2001 Season	.252	38	115	24	29	3	0	3	10	14	21	1	3	7	1	.338	.357	0	0	0	501	3.85	33	39	0.85
Last Five Years	.263	508	1450	247	381	77	3	41	193	212	266	17	39	51	19	.359	.405	4	9	21	6606	3.87	507	446	1.14

2001 Season

	Avg	AB	H	2B	3B	HR	RBI	BB	SO	OBP	SLG		Avg	AB	H	2B	3B	HR	RBI	BB	SO	OBP	SLG
vs. Left	.191	47	9	1	0	0	2	7	7	.309	.213	Scoring Posn	.333	24	8	1	0	0	4	4	2	.448	.375
vs. Right	.294	68	20	2	0	3	8	7	14	.360	.456	Close & Late	.214	14	3	0	0	0	0	2	3	.313	.214
Home	.288	59	17	1	0	1	6	9	12	.391	.356	None on/out	.226	31	7	1	0	1	1	6	6	.351	.355
Away	.214	56	12	2	0	2	4	5	9	.279	.357	Batting #1	.231	26	6	0	0	0	1	3	5	.310	.231
First Pitch	.235	17	4	0	0	0	0	0	0	.235	.235	Batting #8	.333	45	15	3	0	3	7	6	5	.423	.600
Ahead in Count	.273	22	6	3	0	2	5	8	0	.467	.682	Other	.182	44	8	0	0	0	2	5	11	.265	.182
Behind in Count	.241	58	14	0	0	1	4	0	15	.254	.293	Pre-All Star	.318	66	21	3	0	3	9	6	11	.384	.500
Two Strikes	.224	58	13	0	0	1	3	6	21	.305	.276	Post-All Star	.163	49	8	0	0	0	1	8	10	.281	.163

Last Five Years

	Avg	AB	H	2B	3B	HR	RBI	BB	SO	OBP	SLG		Avg	AB	H	2B	3B	HR	RBI	BB	SO	OBP	SLG
vs. Left	.282	479	135	30	2	15	68	80	84	.386	.447	First Pitch	.335	203	68	9	1	5	25	2	0	.341	.645
vs. Right	.253	971	246	47	1	26	125	132	182	.345	.384	Ahead in Count	.372	312	116	31	1	17	67	113	0	.530	.641
Home	.275	659	181	39	0	16	95	113	132	.383	.407	Behind in Count	.174	665	116	20	1	12	56	0	215	.187	.262
Away	.253	791	200	38	3	25	98	99	134	.338	.403	Two Strikes	.170	699	119	19	1	13	58	97	266	.280	.256
Day	.271	451	122	25	0	16	64	73	79	.373	.432	Batting #7	.296	470	139	25	1	16	82	76	78	.398	.455
Night	.259	999	259	52	3	25	129	139	187	.352	.392	Batting #8	.238	320	76	11	0	8	30	53	51	.346	.347

	Avg	AB	H	2B	3B	HR	RBI	BB	SO	OBP	SLG		Avg	AB	H	2B	3B	HR	RBI	BB	SO	OBP	SLG
					Last Five Years																			
Grass	.260	1240	322	64	1	33	165	194	229	.362	.393	Other	.252	660	166	41	2	17	81	83	137	.336	.397
Turf	.281	210	59	13	2	8	28	18	37	.341	.476	March/April	.281	253	71	15	0	15	47	39	54	.376	.518
Pre-All Star	.254	765	194	38	2	27	109	121	141	.356	.414	May	.249	241	60	7	1	6	31	49	38	.379	.361
Post-All Star	.273	685	187	39	1	14	84	91	125	.362	.394	June	.237	211	50	13	1	5	22	39	.304	.373
Inning 1-6	.256	927	237	51	3	27	126	132	169	.350	.405	July	.277	235	65	19	0	3	34	39	31	.379	.396
Inning 7+	.275	523	144	26	0	14	67	80	97	.374	.405	August	.268	287	77	16	0	8	30	38	57	.358	.408
Scoring Posn	.266	402	107	17	0	7	144	66	76	.360	.361	Sept/Oct	.260	223	58	7	1	4	29	25	47	.339	.354
Close & Late	.278	205	57	9	0	7	26	27	38	.373	.424	vs. AL	.271	1259	341	66	2	34	169	193	226	.370	.407
None on/out	.255	341	87	23	1	12	12	44	57	.344	.434	vs. NL	.209	191	40	11	1	7	24	19	40	.280	.387

Jack Cust — Diamondbacks — Age 23 – Bats Left

	Avg	G	AB	R	H	2B	3B	HR	RBI	BB	SO	HBP	GDP	SB	CS	OBP	SLG	IBB	SH	SF	#Pit	#P/PA	GB	FB	G/F
2001 Season	.500	3	2	0	1	0	0	0	1	0	0	0	0	0	0	.667	.500	0	0	0	11	3.67	1	0	0.00

2001 Season

	Avg	AB	H	2B	3B	HR	RBI	BB	SO	OBP	SLG		Avg	AB	H	2B	3B	HR	RBI	BB	SO	OBP	SLG
vs. Left	.000	0	0	0	0	0	0	0	0	.000	.000	Scoring Posn	.000	0	0	0	0	0	0	0	0	.000	.000
vs. Right	.500	2	1	0	0	0	1	0	.667	.500	Close & Late	.000	0	0	0	0	0	0	0	0	.000	.000

Omar Daal — Phillies — Age 30 – Pitches Left

	ERA	W	L	Sv	G	GS	IP	BB	SO	Avg	H	2B	3B	HR	RBI	OBP	SLG	CG	ShO	Sup	QS	#P/S	SB	CS	GB	FB	G/F
2001 Season	4.46	13	7	0	32	32	185.2	56	107	.273	199	43	8	26	86	.327	.462	0	0	5.77	16	89	3	2	267	228	1.17
Last Five Years	4.46	43	50	1	171	118	787.1	279	527	.271	823	166	18	92	386	.335	.428	5	2	4.82	66	96	17	30	1176	849	1.39

2001 Season

	ERA	W	L	Sv	G	GS	IP	H	HR	BB	SO		Avg	AB	H	2B	3B	HR	RBI	BB	SO	OBP	SLG
Home	4.35	7	5	0	16	16	93.0	100	12	25	61	vs. Left	.214	126	27	5	2	4	11	24	.286	.381
Away	4.56	6	2	0	16	16	92.2	99	14	31	46	vs. Right	.286	602	172	38	6	22	74	45	83	.336	.478
Day	5.40	3	2	0	9	9	46.2	58	8	11	26	Inning 1-6	.273	678	185	38	5	25	83	55	99	.329	.454
Night	4.14	10	5	0	23	23	139.0	141	18	45	81	Inning 7+	.280	50	14	5	3	1	3	1	8	.302	.560
Grass	3.99	6	1	0	13	13	79.0	76	12	26	39	None on	.276	439	121	26	7	18	18	28	60	.322	.490
Turf	4.81	7	6	0	19	19	106.2	123	14	30	68	Runners on	.270	289	78	17	1	8	68	28	47	.335	.419
April	3.68	2	0	0	5	5	29.1	28	5	9	18	Scoring Posn	.278	151	42	9	0	2	49	20	28	.363	.377
May	3.63	4	0	0	6	6	39.2	34	5	6	20	Close & Late	.242	33	8	3	2	0	1	1	7	.286	.455
June	7.53	3	2	0	6	6	28.2	45	5	11	17	None on/out	.323	201	65	15	3	14	14	8	20	.352	.637
July	3.69	1	1	0	5	5	31.2	33	4	11	15	vs. 1st Batr (relief)	.000	0	0	0	0	0	0	0	0	.000	.000
August	5.72	2	2	0	5	5	28.1	36	5	12	14	1st Inning Pitched	.256	129	33	9	2	2	14	9	17	.309	.403
Sept/Oct	2.89	1	2	0	5	5	28.0	23	2	7	23	First 75 Pitches	.269	606	163	34	5	25	76	38	91	.314	.465
Starter	4.46	13	7	0	32	32	185.2	199	26	56	107	Pitch 76-90	.321	81	26	6	1	1	9	9	10	.398	.457
Reliever	0.00	0	0	0	0	0	0.0	0	0	0	0	Pitch 91-105	.212	33	7	1	2	0	1	5	4	.308	.364
0-3 Days Rest (Start)	0.00	0	0	0	0	0	0.0	0	0	0	0	Pitch 106+	.375	8	3	2	0	0	4	2	.583	.625
4 Days Rest	6.75	5	4	0	13	13	69.1	103	11	20	33	First Pitch	.327	113	37	3	2	11	18	3	0	.345	.681
5+ Days Rest	3.09	8	3	0	19	19	116.1	96	15	36	74	Ahead in Count	.227	353	80	23	3	8	42	0	87	.231	.377
vs. AL	3.28	2	0	0	4	4	24.2	24	4	10	13	Behind in Count	.341	135	46	9	2	3	12	31	0	.467	.504
vs. NL	4.64	11	7	0	28	28	161.0	175	22	46	94	Two Strikes	.192	313	60	14	3	7	36	22	107	.247	.323
Pre-All Star	4.69	9	2	0	18	18	103.2	113	17	29	60	Pre-All Star	.275	411	113	23	4	17	53	29	60	.326	.474
Post-All Star	4.17	4	5	0	14	14	82.0	86	9	27	47	Post-All Star	.271	317	86	20	4	9	33	27	47	.330	.445

Last Five Years

	ERA	W	L	Sv	G	GS	IP	H	HR	BB	SO		Avg	AB	H	2B	3B	HR	RBI	BB	SO	OBP	SLG
Home	4.60	21	28	0	85	59	391.1	399	44	138	268	vs. Left	.263	578	152	30	3	15	86	47	116	.323	.403
Away	4.32	22	22	1	86	59	396.0	424	48	141	259	vs. Right	.272	2464	671	136	15	77	300	232	411	.337	.433
Day	5.80	10	16	1	50	32	204.2	246	27	87	113	Inning 1-6	.267	2602	696	143	13	82	336	245	452	.333	.427
Night	3.99	33	34	0	121	86	582.2	577	65	192	414	Inning 7+	.289	440	127	23	5	10	50	34	75	.343	.432
Grass	4.31	31	33	1	105	80	523.2	524	60	197	341	None on	.262	1783	468	86	16	54	54	134	313	.318	.421
Turf	4.74	12	17	0	66	38	263.2	299	32	82	186	Runners on	.282	1259	355	78	2	38	332	145	214	.357	.438
March/April	4.28	4	5	1	35	15	117.2	112	15	49	66	Scoring Posn	.291	685	199	48	0	18	278	97	131	.377	.439
May	4.39	11	9	0	34	22	147.2	150	16	48	83	Close & Late	.295	237	70	9	3	5	28	16	45	.344	.422
June	6.26	7	5	0	25	19	113.2	143	16	46	84	None on/out	.278	792	220	42	9	25	25	45	128	.318	.448
July	4.49	6	7	0	27	17	120.1	127	14	46	85	vs. 1st Batr (relief)	.378	45	17	0	0	2	14	7	11	.462	.511
August	4.34	7	13	0	24	21	141.0	147	12	47	103	1st Inning Pitched	.301	621	187	39	3	16	107	69	101	.373	.451
Sept/Oct	3.37	8	11	0	26	24	147.0	144	19	43	106	First 75 Pitches	.271	2370	643	132	13	74	304	204	415	.332	.432
Starter	4.16	42	46	0	118	118	729.2	736	84	252	490	Pitch 76-90	.279	351	98	17	2	9	42	35	59	.348	.416
Reliever	8.27	1	4	1	53	0	57.2	87	8	27	37	Pitch 91-105	.217	226	49	10	3	6	26	24	40	.294	.367
0-3 Days Rest (Start)	5.00	0	0	0	2	2	9.0	6	1	6	8	Pitch 106+	.347	95	33	7	0	3	14	16	13	.442	.516
4 Days Rest	4.96	19	25	0	57	57	346.1	398	50	123	213	First Pitch	.330	452	149	25	2	20	72	22	0	.357	.527
5+ Days Rest	3.39	23	21	0	59	59	374.1	332	33	123	269	Ahead in Count	.210	1331	279	68	5	28	142	0	435	.216	.331
vs. AL	4.10	5	3	0	21	13	90.0	97	13	32	66	Behind in Count	.345	684	236	45	7	28	113	138	0	.457	.554
vs. NL	4.50	38	47	1	150	105	697.1	726	79	247	461	Two Strikes	.194	1317	256	60	5	25	122	119	527	.263	.304
Pre-All Star	4.91	23	22	1	102	61	414.0	440	52	154	262	Pre-All Star	.274	1604	440	88	9	52	220	154	262	.341	.438
Post-All Star	3.95	20	28	0	69	57	373.1	383	40	125	265	Post-All Star	.266	1438	383	78	9	40	166	125	265	.327	.417

Jeff D'Amico — Brewers

Age 26 – Pitches Right (flyball pitcher)

	ERA	W	L	Sv	G	GS	IP	BB	SO	Avg	H	2B	3B	HR	RBI	OBP	SLG	CG	ShO	Sup	QS	#P/S	SB	CS	GB	FB	G/F
2001 Season	6.08	2	4	0	10	10	47.1	16	32	.306	60	17	2	11	36	.360	.582	0	0	6.85	3	78	2	1	48	80	0.60
Last Five Years	3.92	23	18	0	57	56	346.1	105	228	.258	343	70	8	50	161	.318	.436	2	2	4.65	30	95	10	13	414	456	0.91

2001 Season

	ERA	W	L	Sv	G	GS	IP	H	HR	BB	SO		Avg	AB	H	2B	3B	HR	RBI	BB	SO	OBP	SLG
Home	5.19	1	0	0	3	3	17.1	19	5	5	14	vs. Left	.333	75	25	7	0	5	15	11	9	.419	.627
Away	6.60	1	4	0	7	7	30.0	41	6	11	18	vs. Right	.289	121	35	10	2	6	21	5	23	.320	.554

Last Five Years

	ERA	W	L	Sv	G	GS	IP	H	HR	BB	SO		Avg	AB	H	2B	3B	HR	RBI	BB	SO	OBP	SLG
Home	3.67	13	7	0	29	28	181.1	184	27	53	117	vs. Left	.267	589	157	32	5	25	85	60	80	.334	.465
Away	4.20	10	11	0	28	28	165.0	159	23	52	111	vs. Right	.252	739	186	38	3	25	76	45	148	.305	.413
Day	4.72	6	11	0	21	20	116.1	130	21	40	80	Inning 1-6	.264	1189	314	67	8	44	153	96	210	.324	.445
Night	3.52	17	7	0	36	36	230.0	213	29	65	148	Inning 7+	.209	139	29	3	0	6	8	9	18	.262	.360
Grass	3.92	22	15	0	51	50	307.1	312	44	95	202	None on	.253	807	204	39	6	29	29	56	131	.306	.424
Turf	3.92	1	3	0	6	6	39.0	31	6	10	26	Runners on	.267	521	139	31	2	21	132	49	97	.336	.455
March/April	5.11	1	2	0	7	7	37.0	39	6	20	21	Scoring Posn	.270	285	77	15	1	17	117	30	62	.339	.509
May	3.48	4	4	0	10	10	62.0	53	8	27	40	Close & Late	.207	87	18	3	0	3	5	6	12	.258	.345
June	3.59	4	2	0	7	7	47.2	45	4	9	29	None on/out	.282	355	100	20	2	16	16	18	41	.320	.485
July	2.11	7	1	0	9	9	64.0	51	8	16	35	vs. 1st Batr (relief)	.000	1	0	0	0	0	0	0	0	.000	.000
August	3.03	3	1	0	5	5	38.2	34	3	6	27	1st Inning Pitched	.266	222	59	11	0	8	29	29	50	.346	.423
Sept/Oct	5.47	4	8	0	19	18	97.0	121	21	27	76	First 75 Pitches	.271	1006	273	58	7	39	123	75	175	.328	.459
Starter	3.94	23	18	0	56	56	345.1	342	50	105	227	Pitch 76-90	.240	175	42	4	1	9	29	13	31	.291	.429
Reliever	0.00	0	0	0	1	0	1.0	1	0	0	1	Pitch 91-105	.217	115	25	8	0	2	9	14	16	.313	.339
0-3 Days Rest (Start)	0.00	0	0	0	0	0	0.0	0	0	0	0	Pitch 106+	.094	32	3	0	0	0	3	4	4	.171	.094
4 Days Rest	3.83	14	13	0	33	33	209.0	219	33	62	135	First Pitch	.307	176	54	10	1	7	29	9	0	.346	.494
5+ Days Rest	4.09	9	5	0	23	23	136.1	123	17	43	92	Ahead in Count	.209	631	132	25	6	12	41	0	195	.220	.325
vs. AL	4.96	8	8	0	22	22	127.0	136	27	43	90	Behind in Count	.345	278	96	21	1	20	55	69	0	.470	.644
vs. NL	3.32	15	10	0	35	34	219.1	207	23	62	138	Two Strikes	.179	610	109	26	4	12	43	27	228	.221	.293
Pre-All Star	3.84	11	9	0	27	27	166.1	156	21	60	103	Pre-All Star	.248	628	156	29	4	21	78	60	103	.321	.408
Post-All Star	4.00	12	9	0	30	29	180.0	187	29	45	125	Post-All Star	.267	700	187	41	4	29	83	45	125	.315	.461

Johnny Damon — Athletics

Age 28 – Bats Left

	Avg	G	AB	R	H	2B	3B	HR	RBI	BB	SO	HBP	GDP	SB	CS	OBP	SLG	IBB	SH	SF	#Pit	#P/PA	GB	FB	G/F
2001 Season	.256	155	644	108	165	34	4	9	49	61	70	5	7	27	12	.324	.363	1	5	4	2801	3.90	236	205	1.15
Last Five Years	.289	766	2996	519	866	157	41	65	328	293	334	16	34	151	49	.353	.434	16	25	24	12466	3.72	1177	864	1.36

2001 Season

	Avg	AB	H	2B	3B	HR	RBI	BB	SO	OBP	SLG		Avg	AB	H	2B	3B	HR	RBI	BB	SO	OBP	SLG
vs. Left	.265	211	56	11	1	3	21	18	25	.325	.370	First Pitch	.167	36	6	2	0	1	2	0	0	.189	.306
vs. Right	.252	433	109	23	3	6	28	43	45	.323	.360	Ahead in Count	.299	127	38	8	1	2	17	36	0	.455	.425
Home	.247	300	74	13	2	2	20	38	39	.333	.323	Behind in Count	.233	326	76	15	3	5	22	0	55	.236	.344
Away	.265	344	91	21	2	7	29	23	31	.315	.398	Two Strikes	.219	302	66	17	3	3	16	25	70	.279	.325
Day	.199	226	45	7	2	3	19	26	32	.285	.288	Batting #1	.257	643	165	34	4	9	49	61	69	.324	.364
Night	.287	418	120	27	2	6	30	35	38	.345	.404	Batting #8	.000	1	0	0	0	0	0	0	1	.000	.000
Grass	.251	582	146	32	2	7	42	57	64	.322	.349	Other	.000	0	0	0	0	0	0	0	0	.000	.000
Turf	.306	62	19	2	2	2	7	4	6	.333	.500	April	.211	109	23	5	0	1	9	8	10	.265	.284
Pre-All Star	.239	356	85	19	1	7	35	31	36	.301	.357	May	.222	108	24	3	0	3	12	15	11	.310	.333
Post-All Star	.278	288	80	15	3	2	14	30	34	.351	.372	June	.255	110	28	7	1	1	11	6	11	.305	.364
Inning 1-6	.274	463	127	29	3	7	37	39	43	.331	.395	July	.286	105	30	8	1	2	4	12	11	.364	.438
Inning 7+	.210	181	38	5	1	2	12	22	27	.306	.282	August	.308	130	40	8	1	1	9	6	14	.341	.408
Scoring Posn	.279	136	38	6	0	4	41	19	12	.363	.412	Sept/Oct	.244	82	20	3	1	1	4	14	13	.354	.341
Close & Late	.217	83	18	4	1	1	11	12	14	.330	.325	vs. AL	.257	576	148	25	4	7	46	53	57	.321	.351
None on/out	.265	257	68	15	3	0	0	24	31	.330	.346	vs. NL	.250	68	17	9	0	2	3	8	13	.346	.471

2001 By Position

Position	Avg	AB	H	2B	3B	HR	RBI	BB	SO	OBP	SLG	G	GS	Innings	PO	A	E	DP	Fld Pct	Rng Fctr	In Zone	Zone Outs	Zone Rtg	MLB Zone
As lf	.228	263	60	11	0	3	21	24	26	.297	.304	67	64	562.0	131	1	3	1	.978	2.11	131	120	.916	.880
As cf	.283	360	102	22	4	5	24	33	39	.348	.408	86	84	744.1	209	2	0	0	1.000	2.55	214	200	.935	.892

Last Five Years

	Avg	AB	H	2B	3B	HR	RBI	BB	SO	OBP	SLG		Avg	AB	H	2B	3B	HR	RBI	BB	SO	OBP	SLG
vs. Left	.288	831	239	42	4	13	95	70	99	.345	.395	First Pitch	.317	278	88	17	7	7	48	13	0	.351	.504
vs. Right	.290	2165	627	115	37	52	233	223	235	.357	.449	Ahead in Count	.335	647	217	43	11	27	112	172	0	.472	.561
Home	.293	1467	430	72	28	31	164	170	160	.366	.444	Behind in Count	.251	1405	353	61	13	20	98	0	294	.254	.356
Away	.285	1529	436	85	13	34	164	123	174	.340	.424	Two Strikes	.219	1319	289	51	11	14	77	107	334	.280	.306
Day	.244	914	223	46	4	19	86	97	134	.317	.365	Batting #1	.288	2212	638	124	27	50	228	212	241	.351	.437
Night	.309	2082	643	111	37	46	242	196	200	.369	.464	Batting #3	.305	331	101	22	6	7	46	36	35	.377	.471
Grass	.290	2574	746	136	36	54	279	268	281	.357	.434	Other	.280	453	127	11	8	8	54	45	58	.347	.393
Turf	.284	422	120	21	5	11	49	25	53	.327	.436	March/April	.242	429	104	22	5	4	34	41	63	.305	.345
Pre-All Star	.278	1601	445	78	20	36	173	164	180	.345	.419	May	.301	519	156	18	8	19	72	49	57	.357	.476
Post-All Star	.302	1395	421	79	21	29	155	129	154	.362	.451	June	.280	514	144	32	6	8	49	54	60	.352	.412
Inning 1-6	.295	2092	618	120	28	45	219	198	217	.356	.444	July	.307	508	156	29	5	13	60	57	48	.380	.461
Inning 7+	.274	904	248	37	13	20	109	95	117	.346	.410	August	.302	597	180	39	7	11	61	44	66	.350	.461
Scoring Posn	.302	646	195	34	10	13	247	91	62	.378	.446	Sept/Oct	.294	429	126	17	10	10	52	48	58	.363	.450
Close & Late	.259	425	110	18	6	6	62	56	55	.346	.372	vs. AL	.289	2617	756	128	38	56	295	254	278	.352	.431
None on/out	.295	1051	310	54	13	25	25	95	120	.356	.442	vs. NL	.290	379	110	29	3	9	33	39	56	.363	.454

Vic Darensbourg — Marlins
Age 31 – Pitches Left (flyball pitcher)

	ERA	W	L	Sv	G	GS	IP	BB	SO	Avg	H	2B	3B	HR	REI	OBP	SLG	GF	IR	IRS	Hld	SvOp	SB	CS	GB	FB	G/F
2001 Season	4.25	1	2	1	58	0	48.2	10	33	.277	52	13	1	4	30	.313	.420	19	39	14	11	3	1	0	63	61	1.03
Career (1998-2001)	4.74	6	13	2	229	0	216.1	89	182	.262	215	47	5	19	126	.335	.401	51	168	45	37	7	16	6	233	287	0.81

2001 Season

	ERA	W	L	Sv	G	GS	IP	H	HR	BB	SO		Avg	AB	H	2B	3B	HR	RBI	BB	SO	OBP	SLG
Home	2.63	1	1	1	27	0	24.0	20	2	3	24	vs. Left	.294	85	25	10	1	3	23	1	18	.299	.541
Away	5.84	0	1	0	31	0	24.2	32	2	7	9	vs. Right	.262	103	27	3	0	1	7	9	15	.325	.320
Starter	0.00	0	0	0	0	0	0.0	0	0	0	0	Scoring Posn	.291	55	16	3	1	1	23	7	8	.359	.436
Reliever	4.25	1	2	1	58	0	48.2	52	4	10	33	Close & Late	.261	69	18	6	0	1	8	3	14	.288	.391
0 Days Rest (Relief)	4.15	0	1	1	11	0	8.2	9	1	2	6	None on/out	.378	45	17	4	0	1	0	0	6	.391	.533
1 or 2 Days Rest	3.12	1	1	0	30	0	26.0	27	3	4	18	First Pitch	.345	29	10	3	1	1	11	6	0	.459	.621
3+ Days Rest	6.43	0	0	0	17	0	14.0	16	0	4	9	Ahead in Count	.216	102	22	6	0	2	14	0	30	.216	.333
Pre-All Star	4.40	0	0	0	32	0	28.2	29	1	4	19	Behind in Count	.516	31	16	3	0	1	3	3	0	.559	.710
Post-All Star	4.05	1	2	1	26	0	20.0	23	3	6	14	Two Strikes	.193	88	17	4	0	2	14	1	33	.202	.307

Career (1998-2001)

	ERA	W	L	Sv	G	GS	IP	H	HR	BB	SO		Avg	AB	H	2B	3B	HR	RBI	BB	SO	OBP	SLG
Home	4.10	4	7	2	116	0	123.0	110	11	43	125	vs. Left	.224	343	77	19	4	7	53	34	90	.297	.364
Away	5.59	2	6	0	113	0	93.1	105	8	46	57	vs. Right	.289	478	138	28	1	12	73	55	92	.362	.427
Day	3.32	2	3	1	62	0	57.0	49	4	15	56	Inning 1-6	.231	234	54	9	3	5	36	21	61	.291	.359
Night	5.25	4	10	1	167	0	159.1	166	15	74	126	Inning 7+	.274	587	161	38	2	14	90	68	121	.352	.417
Grass	4.45	5	12	2	194	0	184.0	176	16	73	158	None on	.266	433	115	25	2	10	10	33	101	.321	.402
Turf	6.40	1	1	0	35	0	32.1	39	3	16	24	Runners on	.258	388	100	22	3	9	116	56	81	.350	.399
March/April	4.99	1	2	0	47	0	39.2	37	3	27	34	Scoring Posn	.259	243	63	11	3	5	102	38	51	.355	.391
May	5.82	0	5	0	45	0	38.2	46	2	11	31	Close & Late	.302	222	67	15	0	7	37	33	49	.388	.464
June	5.14	2	0	0	41	0	42.0	41	5	14	31	None on/out	.297	195	58	11	1	7	7	15	50	.354	.472
July	4.46	1	2	1	34	0	42.1	39	4	10	31	vs. 1st Batr (relief)	.251	191	48	7	2	5	33	27	49	.345	.387
August	4.08	1	3	0	27	0	28.2	26	4	14	30	1st Inning Pitched	.264	594	157	31	4	17	109	72	135	.346	.416
Sept/Oct	3.24	1	1	1	35	0	25.0	26	1	13	25	First 15 Pitches	.280	508	142	26	4	16	96	55	113	.351	.441
Starter	0.00	0	0	0	0	0	0.0	0	0	0	0	Pitch 16-30	.219	219	48	12	1	2	16	22	52	.293	.311
Reliever	4.74	6	13	2	229	0	216.1	215	19	89	182	Pitch 31-45	.281	64	18	7	0	1	12	11	12	.377	.438
0 Days Rest (Relief)	4.62	1	6	1	57	0	48.2	43	5	24	46	Pitch 46+	.233	30	7	2	0	0	2	1	5	.258	.300
1 or 2 Days Rest	4.83	2	3	0	94	0	78.1	88	9	33	61	First Pitch	.313	115	36	7	1	3	29	13	0	.376	.470
3+ Days Rest	4.74	3	4	1	78	0	89.1	84	5	32	75	Ahead in Count	.223	430	96	25	4	9	54	0	144	.232	.363
vs. AL	5.04	1	1	1	28	0	25.0	27	1	6	12	Behind in Count	.405	116	47	8	0	5	23	37	0	.535	.603
vs. NL	4.70	5	12	1	201	0	191.1	188	18	83	170	Two Strikes	.181	426	77	19	3	7	45	39	182	.256	.289
Pre-All Star	5.13	4	7	0	142	0	131.2	131	10	56	102	Pre-All Star	.263	499	131	28	5	10	75	56	102	.339	.399
Post-All Star	4.15	2	6	2	87	0	84.2	84	9	33	80	Post-All Star	.261	322	84	19	0	9	51	33	80	.330	.404

Mike Darr — Padres
Age 26 – Bats Left (groundball hitter)

	Avg	G	AB	R	H	2B	3B	HR	RBI	BB	SO	HBP	GDP	SB	CS	OBP	SLG	IBB	SH	SF	#Pit	#P/PA	GB	FB	G/F
2001 Season	.277	105	289	36	80	13	1	2	34	39	72	1	8	6	2	.363	.349	3	0	2	1313	3.97	109	55	1.98
Career (1999-2001)	.273	188	542	63	148	28	5	5	67	67	135	1	18	17	4	.353	.371	4	0	2	2404	3.93	203	101	2.01

2001 Season

	Avg	AB	H	2B	3B	HR	RBI	BB	SO	OBP	SLG		Avg	AB	H	2B	3B	HR	RBI	BB	SO	OBP	SLG
vs. Left	.329	73	24	5	0	0	10	9	15	.398	.397	First Pitch	.447	38	17	3	0	1	5	3	0	.488	.605
vs. Right	.259	216	56	8	1	2	24	30	57	.351	.333	Ahead in Count	.360	50	18	3	0	0	9	14	0	.492	.420
Home	.265	151	40	8	0	2	18	22	40	.358	.358	Behind in Count	.200	135	27	3	0	0	9	0	55	.206	.222
Away	.290	138	40	5	1	0	16	17	32	.367	.341	Two Strikes	.193	145	28	4	1	1	14	22	72	.304	.255
Day	.357	98	35	3	0	1	12	10	18	.422	.418	Batting #2	.317	60	19	4	1	0	5	3	11	.354	.417
Night	.236	191	45	10	1	1	22	29	54	.333	.314	Batting #5	.227	150	34	7	0	0	17	20	41	.318	.273
Grass	.278	288	80	13	1	2	34	39	71	.364	.351	Other	.342	79	27	2	0	2	12	16	20	.448	.443
Turf	.000	1	0	0	0	0	0	0	1	.000	.000	April	.338	71	24	4	0	0	10	9	20	.413	.394
Pre-All Star	.296	189	56	8	0	0	25	30	51	.391	.339	May	.214	14	3	0	0	0	1	2	7	.313	.214
Post-All Star	.240	100	24	5	1	2	9	9	21	.306	.370	June	.307	88	27	3	0	0	12	15	18	.404	.341
Inning 1-6	.272	195	53	8	1	0	26	21	44	.342	.323	July	.185	65	12	3	0	0	4	8	18	.274	.231
Inning 7+	.287	94	27	5	0	2	8	18	28	.402	.404	August	.271	48	13	3	1	1	6	3	8	.321	.438
Scoring Posn	.259	81	21	6	0	0	29	20	20	.398	.333	Sept/Oct	.333	3	1	0	0	1	1	2	1	.600	1.333
Close & Late	.273	44	12	2	0	2	6	12	14	.429	.455	vs. AL	.171	35	6	0	0	0	2	8	5	.326	.171
None on/out	.255	55	14	1	0	1	1	5	15	.317	.327	vs. NL	.291	254	74	13	1	2	32	31	67	.368	.374

2001 By Position

Position	Avg	AB	H	2B	3B	HR	RBI	BB	SO	OBP	SLG	G	GS	Innings	PO	A	E	DP	Fld Pct	Rng Fctr	In Zone	Zone Outs	Zone Rtg	MLB Zone
As cf	.308	91	28	8	1	0	13	10	22	.379	.418	29	24	203.0	63	2	0	0	1.000	2.88	67	61	.910	.892
As rf	.254	177	45	4	0	1	19	27	41	.351	.294	69	45	437.2	108	4	2	2	.982	2.30	114	106	.930	.884

Brian Daubach — Red Sox
Age 30 – Bats Left (flyball hitter)

	Avg	G	AB	R	H	2B	3B	HR	RBI	BB	SO	HBP	GDP	SB	CS	OBP	SLG	IBB	SH	SF	#Pit	#P/PA	GB	FB	G/F
2001 Season	.263	122	407	54	107	28	3	22	71	53	108	5	10	1	0	.350	.509	7	1	6	1881	3.99	109	123	0.89
Career (1998-2001)	.266	384	1298	170	345	94	8	64	223	134	335	15	21	2	2	.339	.498	9	1	10	5760	3.95	357	370	0.96

2001 Season

	Avg	AB	H	2B	3B	HR	RBI	BB	SO	OBP	SLG		Avg	AB	H	2B	3B	HR	RBI	BB	SO	OBP	SLG
vs. Left	.169	59	10	3	0	3	9	7	20	.279	.373	First Pitch	.309	55	17	4	1	5	15	3	0	.339	.691
vs. Right	.279	348	97	25	3	19	62	46	88	.362	.532	Ahead in Count	.429	70	30	8	1	5	16	19	0	.538	.786

99

2001 Season

	Avg	AB	H	2B	3B	HR	RBI	BB	SO	OBP	SLG		Avg	AB	H	2B	3B	HR	RBI	BB	SO	OBP	SLG
Home	.251	199	50	13	1	11	34	29	63	.348	.492	Behind in Count	.185	216	40	12	0	5	20	0	93	.204	.310
Away	.274	208	57	15	2	11	37	24	45	.353	.524	Two Strikes	.189	222	42	11	1	9	30	31	108	.300	.369
Day	.191	115	22	7	0	6	17	21	34	.319	.409	Batting #6	.279	129	36	7	1	7	24	25	32	.395	.512
Night	.291	292	85	21	3	16	54	32	74	.363	.548	Batting #8	.274	124	34	8	2	10	25	10	37	.331	.613
Grass	.239	318	76	21	2	14	44	45	93	.337	.450	Other	.240	154	37	13	0	5	22	18	39	.326	.422
Turf	.348	89	31	7	1	8	27	8	15	.400	.719	April	.237	76	18	6	0	7	19	7	24	.302	.592
Pre-All Star	.273	238	65	14	3	14	45	25	69	.341	.534	May	.280	50	14	3	1	1	3	5	15	.345	.440
Post-All Star	.249	169	42	14	0	8	26	28	39	.363	.473	June	.302	86	26	5	2	4	16	10	25	.370	.547
Inning 1-6	.247	275	68	19	2	14	51	32	72	.326	.484	July	.244	78	19	3	0	5	14	16	13	.392	.474
Inning 7+	.295	132	39	9	1	8	20	21	36	.400	.561	August	.258	31	8	2	0	1	2	3	8	.324	.419
Scoring Posn	.224	107	24	10	1	5	44	21	28	.336	.477	Sept/Oct	.256	86	22	9	0	4	17	12	23	.343	.500
Close & Late	.281	57	16	6	1	2	8	11	20	.406	.526	vs. AL	.262	363	95	25	3	20	61	44	97	.343	.512
None on/out	.305	95	29	8	1	5	5	13	26	.400	.568	vs. NL	.273	44	12	3	0	2	10	9	11	.407	.477

2001 By Position

Position	Avg	AB	H	2B	3B	HR	RBI	BB	SO	OBP	SLG	G	GS	Innings	PO	A	E	DP	Fld Pct	Rng Fctr	In Zone	Zone Outs	Zone Rtg	MLB Zone
As 1b	.255	349	89	20	3	18	57	48	95	.349	.484	106	99	905.1	839	75	11	71	.988	—	188	159	.846	.850

Career (1998-2001)

	Avg	AB	H	2B	3B	HR	RBI	BB	SO	OBP	SLG		Avg	AB	H	2B	3B	HR	RBI	BB	SO	OBP	SLG
vs. Left	.214	206	44	12	0	7	29	20	57	.296	.374	First Pitch	.352	193	68	20	1	14	54	5	0	.379	.684
vs. Right	.276	1092	301	82	8	57	194	114	278	.347	.522	Ahead in Count	.369	252	93	25	3	20	56	54	0	.478	.730
Home	.276	626	173	46	3	32	123	72	170	.355	.513	Behind in Count	.182	603	110	31	1	14	65	0	276	.194	.307
Away	.256	672	172	48	5	32	100	62	165	.324	.485	Two Strikes	.191	671	128	38	2	18	84	75	335	.279	.334
Day	.242	429	104	30	2	16	61	47	116	.320	.434	Batting #3	.276	515	142	46	3	23	84	52	134	.345	.511
Night	.277	869	241	64	6	48	162	87	219	.348	.530	Batting #6	.247	198	49	10	2	8	29	31	49	.352	.439
Grass	.260	1103	287	78	6	52	180	117	291	.336	.483	Other	.263	585	154	38	3	33	110	51	152	.329	.508
Turf	.297	195	58	16	2	12	43	17	44	.358	.585	March/April	.296	152	45	15	1	11	36	20	40	.371	.625
Pre-All Star	.281	686	193	49	7	37	130	71	178	.350	.535	May	.286	227	65	16	2	10	35	16	60	.337	.507
Post-All Star	.248	612	152	45	1	27	93	63	157	.327	.458	June	.264	235	62	16	3	13	43	28	64	.346	.523
Inning 1-6	.265	892	236	63	7	42	146	94	218	.338	.492	July	.272	239	65	14	1	10	39	24	56	.351	.464
Inning 7+	.268	406	109	31	1	22	77	40	117	.341	.512	August	.281	224	63	18	1	13	42	23	43	.353	.545
Scoring Posn	.271	350	95	30	2	18	151	49	93	.360	.523	Sept/Oct	.204	221	45	15	0	7	28	23	72	.280	.367
Close & Late	.234	184	43	14	1	8	36	19	62	.314	.451	vs. AL	.267	1136	303	84	7	56	188	118	287	.338	.501
None on/out	.279	290	81	25	2	13	13	26	67	.345	.514	vs. NL	.259	162	42	10	1	8	35	16	48	.344	.481

Jeff DaVanon — **Angels** Age 28 – Bats Both (flyball hitter)

	Avg	G	AB	R	H	2B	3B	HR	RBI	BB	SO	HBP	GDP	SB	CS	OBP	SLG	IBB	SH	SF	#Pit	#P/PA	GB	FB	G/F
2001 Season	.193	40	88	7	17	2	1	5	9	11	29	0	1	1	3	.280	.409	0	0	1	390	3.90	22	25	0.88
Career (1999-2001)	.194	47	108	11	21	2	2	6	13	13	36	0	1	1	4	.279	.417	0	0	1	487	3.99	28	30	0.93

2001 Season

	Avg	AB	H	2B	3B	HR	RBI	BB	SO	OBP	SLG		Avg	AB	H	2B	3B	HR	RBI	BB	SO	OBP	SLG
vs. Left	.280	25	7	0	0	2	2	4	9	.379	.520	Scoring Posn	.059	17	1	1	0	0	3	2	8	.150	.118
vs. Right	.159	63	10	2	1	3	7	7	20	.239	.365	Close & Late	.091	11	1	0	0	0	0	2	5	.231	.091

Joe Davenport — **Rockies** Age 26 – Pitches Right (groundball pitcher)

	ERA	W	L	Sv	G	GS	IP	BB	SO	Avg	H	2B	3B	HR	RBI	OBP	SLG	GF	IR	IRS	Hld	SvOp	SB	CS	GB	FB	G/F
2001 Season	3.48	0	0	0	7	0	10.1	7	8	.222	8	0	0	1	7	.349	.306	3	3	2	0	0	0	0	16	5	3.20
Career (1999-2001)	3.00	0	0	0	10	0	12.0	9	8	.220	9	0	0	1	7	.360	.293	5	7	2	0	0	1	0	20	5	4.00

2001 Season

	ERA	W	L	Sv	G	GS	IP	H	HR	BB	SO		Avg	AB	H	2B	3B	HR	RBI	BB	SO	OBP	SLG
Home	4.76	0	0	0	4	0	5.2	5	0	3	4	vs. Left	.211	19	4	0	0	0	5	1	4	.250	.211
Away	1.93	0	0	0	3	0	4.2	3	1	4	4	vs. Right	.235	17	4	0	0	1	2	6	4	.435	.412

Tom Davey — **Padres** Age 28 – Pitches Right (groundball pitcher)

	ERA	W	L	Sv	G	GS	IP	BB	SO	Avg	H	2B	3B	HR	RBI	OBP	SLG	GF	IR	IRS	Hld	SvOp	SB	CS	GB	FB	G/F
2001 Season	4.50	2	4	0	39	0	38.0	17	37	.272	41	6	1	3	15	.349	.384	8	19	5	12	4	6	3	59	26	2.27
Career (1999-2001)	4.20	6	6	1	95	0	115.2	59	102	.257	115	22	3	8	54	.353	.374	25	55	21	18	6	11	7	173	100	1.73

2001 Season

	ERA	W	L	Sv	G	GS	IP	H	HR	BB	SO		Avg	AB	H	2B	3B	HR	RBI	BB	SO	OBP	SLG
Home	2.29	2	0	0	18	0	19.2	14	1	10	21	vs. Left	.290	62	18	4	1	0	5	13	11	.413	.387
Away	6.87	0	4	0	21	0	18.1	27	2	7	16	vs. Right	.258	89	23	2	0	3	10	4	26	.298	.382
Starter	0.00	0	0	0	0	0	0.0	0	0	0	0	Scoring Posn	.220	41	9	0	0	1	10	6	15	.319	.293
Reliever	4.50	2	4	0	39	0	38.0	41	3	17	37	Close & Late	.329	73	24	4	1	3	10	9	16	.402	.534
0 Days Rest (Relief)	8.44	1	0	0	9	0	5.1	10	1	2	4	None on/out	.242	33	8	0	1	1	1	6	7	.359	.394
1 or 2 Days Rest	5.51	0	3	0	15	0	16.1	15	1	7	13	First Pitch	.545	22	12	2	0	0	5	3	0	.600	.636
3+ Days Rest	2.20	1	1	0	15	0	16.1	16	1	8	20	Ahead in Count	.185	81	15	1	0	1	5	0	31	.195	.235
Pre-All Star	3.74	2	3	0	35	0	33.2	37	2	15	35	Behind in Count	.417	24	10	2	1	1	4	10	0	.588	.708
Post-All Star	10.38	0	1	0	4	0	4.1	4	1	2	2	Two Strikes	.079	76	6	0	0	0	1	4	37	.136	.079

Ben Davis — Padres
Age 25 – Bats Both

	Avg	G	AB	R	H	2B	3B	HR	RBI	BB	SO	HBP	GDP	SB	CS	OBP	SLG	IBB	SH	SF	#Pit	#P/PA	GB	FB	G/F
2001 Season	.239	138	448	56	107	20	0	11	57	66	112	4	13	4	4	.337	.357	5	1	7	1984	3.77	147	122	1.20
Career (1998-2001)	.238	258	845	97	201	40	1	19	101	105	217	4	24	7	6	.322	.355	9	4	10	3650	3.77	281	216	1.30

2001 Season

	Avg	AB	H	2B	3B	HR	RBI	BB	SO	OBP	SLG		Avg	AB	H	2B	3B	HR	RBI	BB	SO	OBP	SLG
vs. Left	.241	108	26	5	0	5	16	16	31	.344	.426	First Pitch	.333	66	22	4	0	2	9	4	0	.366	.485
vs. Right	.238	340	81	15	0	6	41	50	81	.335	.335	Ahead in Count	.278	97	27	7	0	3	13	39	0	.475	.443
Home	.229	214	49	5	0	3	22	32	53	.329	.294	Behind in Count	.178	202	36	5	0	4	24	0	86	.188	.262
Away	.248	234	58	15	0	8	35	34	59	.344	.415	Two Strikes	.170	212	36	4	0	5	27	23	112	.263	.259
Day	.246	130	32	3	0	5	24	20	30	.344	.385	Batting #6	.251	171	43	9	0	4	24	23	44	.338	.374
Night	.236	318	75	17	0	6	33	46	82	.334	.346	Batting #7	.243	173	42	7	0	5	23	30	44	.354	.370
Grass	.235	425	100	20	0	10	55	63	110	.335	.353	Other	.212	104	22	4	0	2	10	13	24	.305	.308
Turf	.304	23	7	0	0	1	2	3	2	.385	.435	April	.308	52	16	3	0	2	12	15	13	.464	.481
Pre-All Star	.276	250	69	12	0	7	39	46	58	.391	.408	May	.272	92	25	3	0	2	12	13	16	.368	.370
Post-All Star	.192	198	38	8	0	4	18	20	54	.265	.293	June	.264	91	24	6	0	3	15	15	26	.367	.429
Inning 1-6	.246	285	70	13	0	7	41	49	72	.356	.365	July	.190	63	12	3	0	0	6	10	17	.297	.238
Inning 7+	.227	163	37	7	0	4	16	17	40	.303	.344	August	.190	79	15	2	0	2	8	9	19	.275	.291
Scoring Posn	.274	117	32	5	0	3	49	25	29	.387	.393	Sept/Oct	.211	71	15	3	0	2	4	6	21	.250	.338
Close & Late	.231	78	18	4	0	1	6	7	21	.299	.321	vs. AL	.217	46	10	2	0	1	6	6	12	.302	.326
None on/out	.276	105	29	4	0	3	3	16	23	.372	.400	vs. NL	.241	402	97	18	0	10	51	60	100	.341	.361

2001 By Position

Position	Avg	AB	H	2B	3B	HR	RBI	BB	SO	OBP	SLG	G	GS	Innings	PO	A	E	DP	Fld Pct	Rng Fctr	In Zone	Zone Outs	Zone Rtg	MLB Zone
As c	.242	442	107	20	0	11	57	64	108	.338	.362	135	122	1076.2	845	60	9	14	.990	—	—	—	—	—

Career (1998-2001)

	Avg	AB	H	2B	3B	HR	RBI	BB	SO	OBP	SLG		Avg	AB	H	2B	3B	HR	RBI	BB	SO	OBP	SLG
vs. Left	.232	211	49	12	0	8	32	30	58	.331	.403	First Pitch	.306	124	38	8	1	3	18	7	0	.341	.460
vs. Right	.240	634	152	28	1	11	69	75	159	.319	.339	Ahead in Count	.278	187	52	12	0	5	23	59	0	.446	.422
Home	.251	415	104	15	1	5	38	54	106	.337	.328	Behind in Count	.180	384	69	10	0	6	36	0	178	.185	.253
Away	.226	430	97	25	0	14	63	51	111	.307	.381	Two Strikes	.177	413	73	13	0	8	44	39	217	.253	.266
Day	.264	254	67	10	0	8	43	27	65	.330	.398	Batting #6	.235	260	61	14	0	6	31	32	77	.318	.358
Night	.227	591	134	30	1	11	58	78	152	.318	.337	Batting #7	.238	374	89	20	1	8	50	48	92	.323	.361
Grass	.239	765	183	37	1	18	93	97	198	.325	.361	Other	.242	211	51	6	0	5	20	25	48	.324	.341
Turf	.225	80	18	3	0	1	8	8	19	.292	.300	March/April	.250	68	17	3	0	2	12	16	20	.395	.382
Pre-All Star	.266	334	89	17	0	7	47	51	79	.366	.380	May	.272	92	25	3	0	2	12	13	16	.368	.370
Post-All Star	.219	511	112	23	1	12	54	54	138	.291	.339	June	.254	114	29	7	0	3	17	18	31	.356	.395
Inning 1-6	.230	535	123	24	1	14	71	78	140	.327	.357	July	.263	190	50	11	0	4	20	16	49	.316	.384
Inning 7+	.252	310	78	16	0	5	30	27	77	.311	.352	August	.185	195	36	10	0	2	19	17	53	.250	.267
Scoring Posn	.243	222	54	12	0	4	81	44	59	.357	.351	Sept/Oct	.237	186	44	6	1	6	17	25	48	.325	.376
Close & Late	.237	152	36	7	0	1	11	8	42	.274	.303	vs. AL	.222	90	20	3	0	3	10	9	26	.287	.356
None on/out	.250	192	48	8	0	7	7	21	45	.324	.401	vs. NL	.240	755	181	37	1	16	91	96	191	.326	.355

Doug Davis — Rangers
Age 26 – Pitches Left

	ERA	W	L	Sv	G	GS	IP	BB	SO	Avg	H	2B	3B	HR	RBI	OBP	SLG	CG	ShO	Sup	QS	#P/S	SB	CS	GB	FB	G/F
2001 Season	4.45	11	10	0	30	30	186.0	69	115	.295	220	42	8	14	92	.354	.429	1	0	6.00	17	102	6	11	258	206	1.25
Career (1999-2001)	5.04	18	16	0	62	43	287.1	127	184	.298	341	62	9	31	165	.368	.449	2	0	5.92	23	103	9	14	397	323	1.23

2001 Season

	ERA	W	L	Sv	G	GS	IP	H	HR	BB	SO		Avg	AB	H	2B	3B	HR	RBI	BB	SO	OBP	SLG
Home	4.42	5	5	0	13	13	77.1	90	3	28	47	vs. Left	.307	166	51	12	2	3	20	12	21	.350	.458
Away	4.47	6	5	0	17	17	108.2	130	11	41	68	vs. Right	.291	580	169	30	6	11	72	57	94	.356	.421
Day	6.75	1	2	0	4	4	21.1	32	1	9	Inning 1-6	.290	675	196	40	6	13	85	62	104	.349	.425
Night	4.15	10	8	0	26	26	164.2	188	13	59	106	Inning 7+	.338	71	24	2	2	1	7	7	11	.400	.465
Grass	4.53	10	10	0	28	28	172.2	203	12	63	106	None on	.290	393	114	20	3	8	8	37	56	.356	.417
Turf	3.38	1	0	0	2	2	13.1	17	2	6	9	Runners on	.300	353	106	22	5	6	84	32	59	.353	.442
April	6.49	2	2	0	5	5	26.1	36	5	13	16	Scoring Posn	.285	193	55	9	2	1	65	26	37	.360	.368
May	7.71	0	3	0	3	3	14.0	26	0	7	4	Close & Late	.380	50	19	2	1	1	7	3	7	.418	.520
June	2.62	1	1	0	5	5	34.1	31	2	13	24	None on/out	.320	181	58	8	3	3	3	16	27	.382	.448
July	3.15	2	1	0	6	6	40.0	47	1	16	30	vs. 1st Batr (relief)	.000	0	0	0	0	0	0	0	0	.000	.000
August	3.44	3	1	0	5	5	34.0	37	2	9	14	1st Inning Pitched	.250	116	29	11	3	1	12	6	15	.290	.422
Sept/Oct	5.79	3	2	0	6	6	37.1	43	4	11	27	First 75 Pitches	.299	536	160	32	6	8	63	46	76	.354	.425
Starter	4.45	11	10	0	30	30	186.0	220	14	69	115	Pitch 76-90	.255	98	25	7	0	1	15	9	18	.315	.357
Reliever	0.00	0	0	0	0	0	0.0	0	0	0	0	Pitch 91-105	.354	79	28	2	1	3	10	10	17	.424	.519
0-3 Days Rest (Start)	0.00	0	0	0	0	0	0.0	0	0	0	0	Pitch 106+	.212	33	7	1	1	2	4	4	4	.297	.485
4 Days Rest	4.44	4	4	0	13	13	81.0	91	7	34	49	First Pitch	.398	98	39	7	0	3	17	1	0	.396	.561
5+ Days Rest	4.46	7	6	0	17	17	105.0	129	7	35	66	Ahead in Count	.231	346	80	16	3	3	29	0	99	.234	.321
vs. AL	4.61	10	9	0	26	26	160.0	191	13	61	92	Behind in Count	.352	162	57	9	3	5	24	31	0	.456	.537
vs. NL	3.46	1	1	0	4	4	26.0	29	1	8	23	Two Strikes	.194	314	61	18	2	2	27	37	115	.282	.283
Pre-All Star	4.98	4	6	0	15	15	86.2	106	8	41	53	Pre-All Star	.301	352	106	16	4	8	46	41	53	.376	.438
Post-All Star	3.99	7	4	0	15	15	99.1	114	6	28	62	Post-All Star	.289	394	114	26	4	6	46	28	62	.334	.421

Eric Davis — Giants
Age 40 – Bats Right (groundball hitter)

	Avg	G	AB	R	H	2B	3B	HR	RBI	BB	SO	HBP	GDP	SB	CS	OBP	SLG	IBB	SH	SF	#Pit	#P/PA	GB	FB	G/F
2001 Season	.205	74	156	17	32	7	3	4	22	13	38	1	4	1	1	.269	.365	0	0	1	614	3.59	58	41	1.41
Last Five Years	.292	397	1211	192	354	70	6	51	206	137	302	9	27	20	12	.365	.486	1	0	14	5373	3.92	454	274	1.66

2001 Season

	Avg	AB	H	2B	3B	HR	RBI	BB	SO	OBP	SLG		Avg	AB	H	2B	3B	HR	RBI	BB	SO	OBP	SLG
vs. Left	.267	75	20	4	1	3	10	6	19	.325	.467	Scoring Posn	.173	52	9	3	0	2	19	5	15	.254	.346
vs. Right	.148	81	12	3	2	1	12	7	19	.216	.272	Close & Late	.192	26	5	1	0	0	2	2	7	.250	.231
Home	.213	75	16	5	2	3	12	4	22	.263	.453	None on/out	.323	31	10	1	2	1	1	1	5	.344	.581
Away	.198	81	16	2	1	1	10	9	16	.275	.284	Batting #5	.095	42	4	0	1	1	2	6	16	.220	.214
First Pitch	.364	22	8	1	1	1	4	0	0	.364	.636	Batting #6	.239	71	17	4	1	2	12	5	12	.289	.408
Ahead in Count	.219	32	7	3	0	0	6	6	0	.342	.313	Other	.256	43	11	3	1	1	8	2	10	.289	.442
Behind in Count	.132	68	9	1	1	1	7	0	30	.143	.221	Pre-All Star	.200	80	16	4	1	1	9	7	20	.261	.313
Two Strikes	.143	70	10	2	1	1	5	7	38	.228	.243	Post-All Star	.211	76	16	3	2	3	13	6	18	.277	.421

Last Five Years

	Avg	AB	H	2B	3B	HR	RBI	BB	SO	OBP	SLG		Avg	AB	H	2B	3B	HR	RBI	BB	SO	OBP	SLG
vs. Left	.323	446	144	31	1	21	73	51	106	.393	.538	First Pitch	.391	115	45	9	1	5	15	0	0	.393	.617
vs. Right	.275	765	210	39	5	30	133	86	196	.348	.456	Ahead in Count	.369	268	99	25	1	12	63	83	0	.513	.604
Home	.298	625	186	43	4	30	115	62	142	.362	.523	Behind in Count	.221	551	122	19	2	16	60	0	235	.226	.350
Away	.287	586	168	27	2	21	91	75	160	.368	.447	Two Strikes	.208	612	127	24	3	14	74	54	302	.274	.325
Day	.283	420	119	21	3	22	77	59	108	.367	.505	Batting #3	.329	416	137	31	1	26	78	34	106	.378	.596
Night	.297	791	235	49	3	29	129	78	194	.363	.477	Batting #4	.307	231	71	12	1	6	40	26	61	.378	.446
Grass	.295	1063	314	61	5	46	187	117	256	.366	.492	Other	.259	564	146	27	4	19	88	77	135	.350	.422
Turf	.270	148	40	9	1	5	19	20	46	.355	.446	March/April	.291	268	78	13	3	11	37	30	65	.362	.485
Pre-All Star	.277	755	209	47	4	30	116	96	187	.360	.469	May	.268	269	72	21	1	13	39	36	71	.355	.498
Post-All Star	.318	456	145	23	2	21	90	41	115	.372	.515	June	.278	169	47	12	0	6	27	28	41	.385	.456
Inning 1-6	.302	819	247	52	3	36	149	92	188	.373	.504	July	.342	199	68	7	1	12	48	15	49	.384	.568
Inning 7+	.273	392	107	18	3	15	57	45	114	.348	.449	August	.291	151	44	10	0	4	18	11	36	.344	.437
Scoring Posn	.301	355	107	20	1	12	153	47	85	.376	.465	Sept/Oct	.290	155	45	7	1	5	27	17	40	.356	.445
Close & Late	.317	180	57	9	2	8	31	19	54	.382	.522	vs. AL	.322	640	206	41	1	36	126	62	165	.381	.558
None on/out	.325	243	79	9	3	11	11	22	58	.386	.523	vs. NL	.259	571	148	29	5	15	80	75	137	.347	.406

Kane Davis — Rockies
Age 27 – Pitches Right (groundball pitcher)

	ERA	W	L	Sv	G	GS	IP	BB	SO	Avg	H	2B	3B	HR	RBI	OBP	SLG	GF	IR	IRS	Hld	SvOp	SB	CS	GB	FB	G/F
2001 Season	4.35	2	4	0	57	0	68.1	32	47	.252	66	15	2	11	33	.331	.450	6	25	11	9	5	6	0	116	74	1.57
Career (2000-2001)	5.83	2	7	0	65	2	83.1	45	51	.280	93	19	3	15	51	.367	.491	7	25	11	9	5	7	0	151	93	1.62

2001 Season

	ERA	W	L	Sv	G	GS	IP	H	HR	BB	SO		Avg	AB	H	2B	3B	HR	RBI	BB	SO	OBP	SLG
Home	5.12	0	2	0	31	0	38.2	40	7	20	21	vs. Left	.337	95	32	8	1	7	15	12	12	.404	.663
Away	3.34	2	2	0	26	0	29.2	26	4	12	26	vs. Right	.204	167	34	7	1	4	18	20	35	.289	.329
Starter	0.00	0	0	0	0	0	0.0	0	0	0	0	Scoring Posn	.206	68	14	5	0	3	24	13	15	.318	.412
Reliever	4.35	2	4	0	57	0	68.1	66	11	32	47	Close & Late	.318	66	21	2	0	3	6	4	16	.366	.485
0 Days Rest (Relief)	1.17	1	0	0	8	0	7.2	6	0	4	5	None on/out	.277	65	18	2	2	4	4	4	7	.329	.554
1 or 2 Days Rest	5.80	0	3	0	34	0	40.1	45	10	17	26	First Pitch	.128	39	5	1	0	1	3	3	0	.209	.231
3+ Days Rest	2.66	1	1	0	15	0	20.1	15	1	11	16	Ahead in Count	.208	120	25	2	2	8	0	39	.207	.308
Pre-All Star	4.36	0	3	0	36	0	43.1	48	4	23	30	Behind in Count	.431	58	25	8	0	5	16	17	0	.538	.828
Post-All Star	4.32	2	1	0	21	0	25.0	18	7	9	17	Two Strikes	.171	111	19	3	1	2	6	12	47	.250	.270

Lance Davis — Reds
Age 25 – Pitches Left (flyball pitcher)

	ERA	W	L	Sv	G	GS	IP	BB	SO	Avg	H	2B	3B	HR	RBI	OBP	SLG	CG	ShO	Sup	QS	#P/S	SB	CS	GB	FB	G/F
2001 Season	4.74	8	4	0	20	20	106.1	34	53	.294	124	28	3	12	54	.348	.460	1	0	5.50	9	86	5	4	130	141	0.92

2001 Season

	ERA	W	L	Sv	G	GS	IP	H	HR	BB	SO		Avg	AB	H	2B	3B	HR	RBI	BB	SO	OBP	SLG
Home	4.58	3	3	0	10	10	55.0	66	6	17	25	vs. Left	.267	86	23	4	2	3	16	5	8	.308	.465
Away	4.91	5	1	0	10	10	51.1	58	6	17	28	vs. Right	.301	336	101	24	1	9	38	29	45	.358	.458
Starter	4.74	8	4	0	20	20	106.1	124	12	34	53	Scoring Posn	.343	99	34	10	2	2	39	6	12	.387	.525
Reliever	0.00	0	0	0	0	0	0.0	0	0	0	0	Close & Late	.190	21	4	1	0	0	0	3	0	.292	.238
0-3 Days Rest (Start)	0.00	0	0	0	0	0	0.0	0	0	0	0	None on/out	.267	105	28	6	1	2	2	10	10	.330	.400
4 Days Rest	6.91	3	4	0	12	12	54.2	77	10	16	20	First Pitch	.434	53	23	5	0	1	7	0	0	.434	.585
5+ Days Rest	2.44	5	0	0	8	8	51.2	47	2	18	33	Ahead in Count	.234	197	46	10	3	7	23	0	44	.237	.421
Pre-All Star	9.30	1	1	0	5	5	20.1	34	6	7	11	Behind in Count	.391	92	36	10	0	3	14	21	0	.504	.598
Post-All Star	3.66	7	3	0	15	15	86.0	90	6	27	42	Two Strikes	.213	188	40	6	2	6	21	13	53	.267	.362

Russ Davis — Giants
Age 32 – Bats Right (flyball hitter)

	Avg	G	AB	R	H	2B	3B	HR	RBI	BB	SO	HBP	GDP	SB	CS	OBP	SLG	IBB	SH	SF	#Pit	#P/PA	GB	FB	G/F
2001 Season	.257	53	167	16	43	13	1	7	17	17	49	1	5	1	0	.326	.473	2	2	2	708	3.75	31	55	0.56
Last Five Years	.259	517	1701	223	440	94	4	77	245	119	423	13	40	14	11	.309	.454	6	14	16	7002	3.76	443	569	0.78

2001 Season

	Avg	AB	H	2B	3B	HR	RBI	BB	SO	OBP	SLG		Avg	AB	H	2B	3B	HR	RBI	BB	SO	OBP	SLG
vs. Left	.293	41	12	2	0	2	3	7	7	.388	.537	Scoring Posn	.098	41	4	2	0	0	6	8	19	.235	.146
vs. Right	.246	126	31	11	1	5	14	10	42	.304	.468	Close & Late	.273	22	6	2	0	0	0	2	11	.333	.364
Home	.288	80	23	9	1	1	7	11	24	.372	.463	None on/out	.333	36	12	4	0	0	0	6	6	.429	.444
Away	.230	87	20	4	0	6	10	6	25	.280	.483	Batting #6	.269	78	21	9	0	1	5	7	23	.326	.423

102

2001 Season

	Avg	AB	H	2B	3B	HR	RBI	BB	SO	OBP	SLG		Avg	AB	H	2B	3B	HR	RBI	BB	SO	OBP	SLG
First Pitch	.381	21	8	5	0	0	2	1	0	.409	.619	Batting #7	.203	59	12	2	0	4	9	9	17	.314	.441
Ahead in Count	.481	27	13	3	0	2	5	9	0	.595	.815	Other	.333	30	10	2	1	2	3	1	9	.355	.667
Behind in Count	.149	87	13	4	0	2	5	0	42	.157	.264	Pre-All Star	.257	167	43	13	1	7	17	17	49	.326	.473
Two Strikes	.124	89	11	4	0	2	5	7	49	.186	.236	Post-All Star	.000	0	0	0	0	0	0	0	0	.000	.000

Last Five Years

	Avg	AB	H	2B	3B	HR	RBI	BB	SO	OBP	SLG		Avg	AB	H	2B	3B	HR	RBI	BB	SO	OBP	SLG
vs. Left	.284	462	131	27	0	24	72	35	88	.335	.498	First Pitch	.413	252	104	27	1	24	75	3	0	.417	.813
vs. Right	.249	1239	309	67	4	53	173	84	335	.300	.438	Ahead in Count	.390	364	142	29	0	29	79	50	0	.463	.709
Home	.272	817	222	50	3	36	128	58	194	.322	.472	Behind in Count	.156	762	119	23	1	12	55	0	341	.159	.236
Away	.247	884	218	44	1	41	117	61	229	.297	.438	Two Strikes	.141	825	116	26	1	13	54	66	423	.206	.222
Day	.256	546	140	26	0	30	82	43	127	.310	.469	Batting #7	.231	563	130	27	0	27	83	45	143	.289	.423
Night	.260	1155	300	68	4	47	163	76	296	.309	.448	Batting #8	.278	533	148	37	2	23	84	26	139	.314	.484
Grass	.256	999	256	52	2	39	128	71	251	.307	.429	Other	.268	605	162	30	2	27	78	48	141	.325	.458
Turf	.262	702	184	42	2	38	117	48	172	.313	.490	March/April	.281	345	97	25	0	19	62	22	93	.331	.519
Pre-All Star	.266	1077	287	63	2	53	155	77	269	.319	.476	May	.260	335	87	19	1	14	41	35	70	.329	.448
Post-All Star	.245	624	153	31	2	24	90	42	154	.293	.417	June	.246	329	81	16	1	15	39	13	93	.274	.438
Inning 1-6	.267	1138	304	65	4	46	166	79	255	.317	.453	July	.272	246	67	13	1	11	49	16	58	.320	.467
Inning 7+	.242	563	136	29	0	31	79	40	168	.294	.458	August	.219	292	64	15	0	12	35	23	70	.277	.394
Scoring Posn	.251	434	109	26	1	16	161	40	113	.311	.426	Sept/Oct	.286	154	44	6	1	6	19	10	39	.331	.455
Close & Late	.238	248	59	11	0	13	36	15	77	.278	.440	vs. AL	.260	1212	315	66	3	51	178	85	306	.310	.446
None on/out	.266	398	106	25	0	20	20	36	99	.332	.480	vs. NL	.256	489	125	28	1	26	67	34	117	.308	.476

Mike DeJean — Brewers

Age 31 – Pitches Right

	ERA	W	L	Sv	G	GS	IP	BB	SO	Avg	H	2B	3B	HR	RBI	OBP	SLG	GF	IR	IRS	Hld	SvOp	SB	CS	GB	FB	G/F
2001 Season	2.77	4	2	2	75	0	84.1	39	68	.236	75	16	1	4	39	.332	.330	19	38	17	8	4	10	3	120	85	1.41
Career (1997-2001)	4.41	18	11	6	299	1	340.2	149	198	.279	364	71	10	34	193	.356	.427	76	142	51	48	19	37	14	540	368	1.47

2001 Season

	ERA	W	L	Sv	G	GS	IP	H	HR	BB	SO		Avg	AB	H	2B	3B	HR	RBI	BB	SO	OBP	SLG
Home	2.47	3	0	1	41	0	47.1	44	3	23	35	vs. Left	.227	132	30	9	1	1	20	18	34	.329	.333
Away	3.16	1	2	1	34	0	37.0	31	1	16	33	vs. Right	.242	186	45	7	0	3	19	21	34	.335	.328
Day	3.71	1	1	2	21	0	26.2	26	2	11	19	Inning 1-6	.085	47	4	3	0	0	6	5	13	.170	.149
Night	2.34	3	1	0	54	0	57.2	49	2	28	49	Inning 7+	.262	271	71	13	1	4	33	34	55	.360	.362
Grass	2.78	4	1	2	72	0	81.0	72	4	37	65	None on	.258	159	41	4	0	3	3	15	35	.330	.340
Turf	2.70	0	1	0	3	0	3.1	3	0	2	3	Runners on	.214	159	34	12	1	1	36	24	33	.335	.321
April	4.15	2	0	0	10	0	8.2	11	2	4	6	Scoring Posn	.200	95	19	7	1	0	31	20	19	.355	.295
May	1.20	0	1	1	12	0	15.0	12	0	9	11	Close & Late	.276	98	27	7	1	1	15	10	16	.342	.398
June	0.53	0	0	0	13	0	17.0	9	0	5	13	None on/out	.316	79	25	3	0	3	3	4	15	.357	.468
July	3.18	1	0	0	15	0	17.0	15	1	6	16	vs. 1st Batr (relief)	.284	67	19	5	0	2	10	5	16	.333	.448
August	5.93	1	1	0	13	0	13.2	17	1	9	12	1st Inning Pitched	.229	249	57	15	1	3	36	33	57	.336	.333
Sept/Oct	2.77	0	0	0	12	0	13.0	11	0	6	10	First 15 Pitches	.252	206	52	11	1	3	23	23	41	.342	.359
Starter	0.00	0	0	0	0	0	0.0	0	0	0	0	Pitch 16-30	.198	96	19	5	0	1	16	16	25	.325	.281
Reliever	2.77	4	2	2	75	0	84.1	75	4	39	68	Pitch 31-45	.308	13	4	0	0	0	0	0	1	.308	.308
0 Days Rest (Relief)	0.65	2	0	2	23	0	27.2	20	0	14	24	Pitch 46+	.000	3	0	0	0	0	0	0	1	.000	.000
1 or 2 Days Rest	3.69	2	2	0	35	0	39.0	38	2	16	31	First Pitch	.364	44	16	2	1	0	10	5	0	.444	.455
3+ Days Rest	4.08	0	0	0	17	0	17.2	17	2	9	13	Ahead in Count	.157	140	22	3	0	2	8	0	57	.175	.221
vs. AL	0.82	0	0	0	8	0	11.0	6	0	2	11	Behind in Count	.328	67	22	5	0	1	10	19	0	.477	.448
vs. NL	3.07	4	2	2	67	0	73.1	69	4	37	57	Two Strikes	.135	155	21	4	0	3	11	15	68	.220	.219
Pre-All Star	1.93	3	1	1	40	0	46.2	40	3	21	33	Pre-All Star	.230	174	40	8	0	3	17	21	33	.325	.328
Post-All Star	3.82	1	1	1	35	0	37.2	35	1	18	35	Post-All Star	.243	144	35	8	1	1	22	18	35	.341	.333

Career (1997-2001)

	ERA	W	L	Sv	G	GS	IP	H	HR	BB	SO		Avg	AB	H	2B	3B	HR	RBI	BB	SO	OBP	SLG
Home	4.63	14	4	2	163	0	194.1	221	25	73	104	vs. Left	.291	553	161	34	6	14	96	72	85	.373	.450
Away	4.12	4	7	4	136	0	146.1	143	9	76	94	vs. Right	.270	752	203	37	4	20	97	77	113	.344	.410
Day	5.89	7	5	4	97	0	107.0	124	13	51	69	Inning 1-6	.226	257	58	18	3	6	41	20	47	.284	.389
Night	3.74	11	6	2	202	1	233.2	240	21	98	129	Inning 7+	.292	1048	306	53	7	28	152	129	151	.373	.436
Grass	4.51	17	8	5	266	0	303.1	327	33	128	180	None on	.273	692	189	30	6	23	23	68	110	.342	.434
Turf	3.62	1	3	1	33	0	37.1	37	1	21	18	Runners on	.285	613	175	41	4	11	170	81	88	.372	.419
March/April	6.27	3	1	0	32	0	33.0	49	6	17	15	Scoring Posn	.290	379	110	25	3	3	144	68	50	.396	.396
May	2.84	2	3	2	57	0	73.0	73	5	37	40	Close & Late	.272	378	103	22	4	9	58	54	51	.367	.423
June	2.88	6	1	0	62	0	78.0	69	7	27	41	None on/out	.287	314	90	16	4	7	7	21	52	.335	.430
July	4.71	4	1	1	55	0	63.0	58	8	27	40	vs. 1st Batr (relief)	.276	268	74	16	2	5	31	22	43	.328	.407
August	6.47	2	2	2	47	0	48.2	66	5	20	32	1st Inning Pitched	.276	985	272	56	9	22	156	116	151	.354	.418
Sept/Oct	5.60	1	3	1	46	0	45.0	49	3	21	30	First 15 Pitches	.281	852	239	44	9	20	113	83	121	.348	.424
Starter	3.00	0	0	0	1	1	3.0	3	0	2	0	Pitch 16-30	.264	382	101	24	0	13	68	59	64	.368	.429
Reliever	4.42	18	11	6	298	0	337.2	361	34	147	198	Pitch 31-45	.344	64	22	3	1	1	10	6	12	.394	.469
0 Days Rest (Relief)	2.77	4	2	3	75	0	84.1	81	7	43	44	Pitch 46+	.286	7	2	0	0	0	2	1	1	.375	.286
1 or 2 Days Rest	5.48	6	4	3	150	0	174.0	202	20	70	103	First Pitch	.305	190	58	10	3	5	36	19	0	.377	.468
3+ Days Rest	3.86	5	3	0	73	0	79.1	78	7	34	51	Ahead in Count	.198	560	111	22	3	8	48	0	173	.206	.291
vs. AL	2.44	3	0	0	33	0	44.1	32	4	16	31	Behind in Count	.380	303	115	24	2	14	60	64	0	.488	.611
vs. NL	4.71	15	11	6	266	1	296.1	332	30	133	167	Two Strikes	.195	554	108	24	2	11	55	65	198	.282	.305
Pre-All Star	3.56	14	6	2	169	1	205.0	213	22	89	107	Pre-All Star	.277	770	213	40	4	22	105	89	107	.355	.425
Post-All Star	5.71	4	5	4	130	0	135.2	151	12	60	91	Post-All Star	.282	535	151	31	6	12	88	60	91	.358	.430

103

Tomas de la Rosa — Expos
Age 24 – Bats Right

	Avg	G	AB	R	H	2B	3B	HR	RBI	BB	SO	HBP	GDP	SB	CS	OBP	SLG	IBB	SH	SF	#Pit	#P/PA	GB	FB	G/F
2001 Season	.000	1	1	0	0	0	0	0	0	0	0	0	0	0	0	.000	.000	0	0	0	2	2.00	1	0	0.00
Career (2000-2001)	.284	33	67	7	19	3	1	2	9	7	11	1	2	2	1	.360	.448	0	3	0	279	3.58	27	19	1.42

2001 Season

	Avg	AB	H	2B	3B	HR	RBI	BB	SO	OBP	SLG		Avg	AB	H	2B	3B	HR	RBI	BB	SO	OBP	SLG
vs. Left	.000	1	0	0	0	0	0	0	0	.000	.000	Scoring Posn	.000	1	0	0	0	0	0	0	0	.000	.000
vs. Right	.000	0	0	0	0	0	0	0	0	.000	.000	Close & Late	.000	0	0	0	0	0	0	0	0	.000	.000

Carlos Delgado — Blue Jays
Age 30 – Bats Left (flyball hitter)

	Avg	G	AB	R	H	2B	3B	HR	RBI	BB	SO	HBP	GDP	SB	CS	OBP	SLG	IBB	SH	SF	#Pit	#P/PA	GB	FB	G/F
2001 Season	.279	162	574	102	160	31	1	39	102	111	136	16	9	3	0	.408	.540	22	0	3	2801	3.98	183	164	1.12
Last Five Years	.290	771	2765	503	803	212	6	192	579	457	653	65	46	7	5	.400	.580	69	0	24	13388	4.04	803	865	0.93

2001 Season

	Avg	AB	H	2B	3B	HR	RBI	BB	SO	OBP	SLG		Avg	AB	H	2B	3B	HR	RBI	BB	SO	OBP	SLG
vs. Left	.246	171	42	8	0	8	31	22	35	.338	.433	First Pitch	.435	62	27	4	0	9	23	14	0	.538	.935
vs. Right	.293	403	118	23	1	31	71	89	101	.435	.586	Ahead in Count	.390	123	48	7	0	12	26	57	0	.594	.740
Home	.246	281	69	14	1	13	42	57	66	.387	.441	Behind in Count	.188	272	51	13	1	10	30	0	113	.208	.353
Away	.311	293	91	17	0	26	60	54	70	.428	.635	Two Strikes	.181	293	53	13	1	12	35	40	136	.288	.355
Day	.278	205	57	15	1	10	31	33	51	.388	.507	Batting #3	.185	54	10	2	0	1	3	5	19	.279	.278
Night	.279	369	103	16	0	29	71	78	85	.418	.558	Batting #4	.288	520	150	29	1	38	99	105	117	.419	.567
Grass	.315	219	69	13	0	20	46	43	52	.434	.648	Other	.000	0	0	0	0	0	1	0	1.000	.000
Turf	.256	355	91	18	1	19	56	68	84	.392	.473	April	.293	82	24	3	0	10	22	26	18	.478	.695
Pre-All Star	.253	308	78	11	0	24	59	66	80	.401	.523	May	.226	106	24	3	0	7	13	16	35	.333	.453
Post-All Star	.308	266	82	20	1	15	43	45	56	.416	.560	June	.253	95	24	5	0	5	19	18	22	.383	.463
Inning 1-6	.274	391	107	21	1	23	70	80	94	.408	.509	July	.241	87	21	2	0	6	13	18	18	.400	.471
Inning 7+	.290	183	53	10	0	16	32	31	42	.406	.607	August	.374	107	40	9	0	10	23	14	19	.447	.738
Scoring Posn	.273	150	41	7	0	9	62	54	33	.477	.500	Sept/Oct	.278	97	27	9	1	1	12	19	24	.397	.423
Close & Late	.250	100	25	3	0	6	15	15	32	.359	.440	vs. AL	.282	518	146	29	1	36	92	95	125	.403	.550
None on/out	.305	151	46	5	0	14	14	20	33	.397	.616	vs. NL	.250	56	14	2	0	3	10	16	11	.447	.446

2001 By Position

Position	Avg	AB	H	2B	3B	HR	RBI	BB	SO	OBP	SLG	G	GS	Innings	PO	A	E	DP	Fld Pct	Rng Fctr	In Zone	Outs	Zone Rtg	MLB Zone
As 1b	.279	574	160	31	1	39	102	110	136	.407	.540	161	161	1438.2	1519	103	9	166	.994	—	282	238	.844	.850

Last Five Years

	Avg	AB	H	2B	3B	HR	RBI	BB	SO	OBP	SLG		Avg	AB	H	2B	3B	HR	RBI	BB	SO	OBP	SLG
vs. Left	.288	800	230	65	3	33	155	105	191	.381	.500	First Pitch	.396	270	107	24	1	28	83	46	0	.499	.804
vs. Right	.292	1965	573	147	3	159	424	352	462	.408	.612	Ahead in Count	.397	627	249	67	0	72	188	231	0	.561	.848
Home	.291	1363	396	117	4	97	288	231	318	.403	.596	Behind in Count	.218	1274	278	79	3	48	191	0	512	.235	.398
Away	.290	1402	407	95	2	95	291	226	335	.398	.564	Two Strikes	.207	1449	300	82	5	60	202	179	653	.303	.395
Day	.290	944	274	79	3	59	210	151	235	.398	.568	Batting #4	.298	2255	671	174	4	163	496	392	530	.411	.595
Night	.290	1821	529	133	3	133	369	306	418	.401	.585	Batting #5	.283	318	90	30	2	22	57	43	68	.377	.597
Grass	.289	1100	318	79	2	68	228	179	261	.397	.550	Other	.219	192	42	8	0	7	26	22	55	.307	.370
Turf	.291	1665	485	133	4	124	351	278	392	.402	.599	March/April	.295	346	102	19	0	29	82	67	81	.423	.601
Pre-All Star	.286	1480	424	106	3	106	316	247	382	.397	.579	May	.290	513	149	45	2	31	95	70	142	.381	.567
Post-All Star	.295	1285	379	106	3	86	263	210	271	.403	.583	June	.274	492	135	31	1	35	99	81	126	.384	.555
Inning 1-6	.292	1890	551	147	4	130	424	312	438	.401	.580	July	.279	463	129	37	1	32	100	83	116	.401	.570
Inning 7+	.288	875	252	65	2	62	155	145	215	.399	.575	August	.327	517	169	46	1	43	137	69	94	.413	.669
Scoring Posn	.298	794	237	57	2	54	401	179	184	.430	.579	Sept/Oct	.274	434	119	34	1	22	66	87	94	.400	.509
Close & Late	.268	410	110	21	0	27	77	73	116	.389	.517	vs. AL	.292	2438	711	187	5	163	498	396	568	.399	.573
None on/out	.309	718	222	60	1	64	64	95	153	.401	.663	vs. NL	.281	327	92	25	1	29	81	61	85	.411	.630

Wilson Delgado — Royals
Age 26 – Bats Both (groundball hitter)

	Avg	G	AB	R	H	2B	3B	HR	RBI	BB	SO	HBP	GDP	SB	CS	OBP	SLG	IBB	SH	SF	#Pit	#P/PA	GB	FB	G/F
2001 Season	.120	14	25	1	3	0	0	0	1	3	10	0	1	0	0	.214	.120	0	2	0	99	3.54	7	6	1.17
Last Five Years	.235	131	243	31	57	6	1	1	16	20	50	1	5	3	1	.293	.280	0	2	2	984	3.67	114	49	2.33

2001 Season

	Avg	AB	H	2B	3B	HR	RBI	BB	SO	OBP	SLG		Avg	AB	H	2B	3B	HR	RBI	BB	SO	OBP	SLG
vs. Left	.000	1	0	0	0	0	0	0	0	.000	.000	Scoring Posn	.000	9	0	0	0	0	1	0	3	.000	.000
vs. Right	.125	24	3	0	0	0	1	3	10	.222	.125	Close & Late	.000	3	0	0	0	0	0	0	2	1	.400	.000

David Dellucci — Diamondbacks
Age 28 – Bats Left (groundball hitter)

	Avg	G	AB	R	H	2B	3B	HR	RBI	BB	SO	HBP	GDP	SB	CS	OBP	SLG	IBB	SH	SF	#Pit	#P/PA	GB	FB	G/F
2001 Season	.276	115	217	28	60	10	2	10	40	22	52	2	2	1	0	.349	.479	1	0	1	926	3.84	84	46	1.83
Career (1997-2001)	.283	353	819	103	232	40	15	17	111	74	195	9	14	7	8	.349	.431	7	0	1	3282	3.63	333	161	2.07

2001 Season

	Avg	AB	H	2B	3B	HR	RBI	BB	SO	OBP	SLG		Avg	AB	H	2B	3B	HR	RBI	BB	SO	OBP	SLG
vs. Left	.231	26	6	0	0	0	4	0	9	.231	.231	Scoring Posn	.298	57	17	2	1	4	30	12	13	.420	.579
vs. Right	.283	191	54	10	2	10	36	22	43	.363	.513	Close & Late	.321	53	17	1	0	5	15	7	16	.400	.623
Home	.278	90	25	2	0	5	19	9	24	.350	.467	None on/out	.250	60	15	2	0	2	2	19	.297	.383
Away	.276	127	35	8	2	5	21	13	28	.348	.488	Batting #7	.308	65	20	4	1	3	12	6	14	.375	.538
First Pitch	.367	30	11	1	0	1	6	4	0	.441	.500	Batting #9	.279	43	12	1	0	2	9	3	13	.326	.442
Ahead in Count	.447	47	21	3	2	4	12	11	0	.552	.851	Other	.257	109	28	5	1	5	19	13	25	.341	.459

2001 Season

	Avg	AB	H	2B	3B	HR	RBI	BB	SO	OBP	SLG		Avg	AB	H	2B	3B	HR	RBI	BB	SO	OBP	SLG
Behind in Count	.208	101	21	4	0	4	17	0	42	.223	.366	Pre-All Star	.297	128	38	5	2	7	25	9	29	.353	.531
Two Strikes	.173	110	19	4	0	5	21	7	52	.229	.345	Post-All Star	.247	89	22	5	0	3	15	13	23	.343	.404

Career (1997-2001)

	Avg	AB	H	2B	3B	HR	RBI	BB	SO	OBP	SLG		Avg	AB	H	2B	3B	HR	RBI	BB	SO	OBP	SLG
vs. Left	.259	143	37	8	2	1	18	6	39	.298	.364	First Pitch	.350	140	49	4	6	1	20	6	0	.377	.486
vs. Right	.288	676	195	32	13	16	93	68	156	.359	.445	Ahead in Count	.429	161	69	12	3	7	32	39	0	.547	.671
Home	.271	380	103	15	6	6	56	33	89	.333	.389	Behind in Count	.183	377	69	17	6	5	35	0	168	.193	.300
Away	.294	439	129	25	9	11	55	41	106	.362	.467	Two Strikes	.171	386	66	18	3	8	41	29	195	.234	.295
Day	.246	232	57	9	4	9	29	19	58	.314	.435	Batting #5	.273	216	59	15	5	5	32	20	49	.335	.458
Night	.298	587	175	31	11	8	82	55	137	.363	.429	Batting #7	.270	148	40	8	4	4	23	14	32	.349	.459
Grass	.283	709	201	36	12	16	104	67	166	.352	.436	Other	.292	455	133	17	6	8	56	40	114	.355	.409
Turf	.282	110	31	4	3	1	7	7	29	.331	.400	March/April	.388	49	19	3	1	2	11	6	11	.474	.612
Pre-All Star	.300	454	136	27	8	14	72	45	100	.371	.487	May	.309	152	47	11	2	6	25	18	32	.384	.526
Post-All Star	.263	365	96	13	7	3	39	29	95	.321	.362	June	.268	205	55	11	4	5	29	17	48	.333	.434
Inning 1-6	.275	484	133	26	11	9	60	39	105	.335	.430	July	.305	187	57	7	2	4	26	16	44	.363	.428
Inning 7+	.296	335	99	14	4	8	51	35	90	.369	.433	August	.220	91	20	3	2	0	8	8	26	.297	.297
Scoring Posn	.306	206	63	12	4	5	85	26	56	.390	.476	Sept/Oct	.252	135	34	5	4	0	12	9	34	.299	.348
Close & Late	.256	164	42	5	0	5	29	20	51	.348	.378	vs. AL	.283	138	39	8	1	2	15	15	32	.361	.399
None on/out	.268	198	53	9	3	3	16	55	.335	.389	vs. NL	.283	681	193	32	14	15	96	59	163	.346	.438

Valerio de los Santos — Brewers

Age 26 – Pitches Left (flyball pitcher)

	ERA	W	L	Sv	G	GS	IP	BB	SO	Avg	H	2B	3B	HR	RBI	OBP	SLG	GF	IR	IRS	Hld	SvOp	SB	CS	GB	FB	G/F
2001 Season	9.00	0	0	0	1	0	1.0	1	1	.250	1	0	0	0	0	.400	.250	0	0	0	0	0	0	0	3	0	0.00
Career (1998-2001)	4.82	2	4	0	87	2	104.2	43	94	.243	96	18	2	20	66	.320	.451	21	64	17	9	1	3	1	104	146	0.71

2001 Season

	ERA	W	L	Sv	G	GS	IP	H	HR	BB	SO		Avg	AB	H	2B	3B	HR	RBI	BB	SO	OBP	SLG
Home	0.00	0	0	0	0	0	0.0	0	0	0	0	vs. Left	.000	0	0	0	0	0	0	0	0	.000	.000
Away	9.00	0	0	0	1	0	1.0	1	0	1	1	vs. Right	.250	4	1	0	0	0	0	1	1	.400	.250

Career (1998-2001)

	ERA	W	L	Sv	G	GS	IP	H	HR	BB	SO		Avg	AB	H	2B	3B	HR	RBI	BB	SO	OBP	SLG
Home	3.90	2	2	0	47	0	55.1	45	5	24	46	vs. Left	.259	135	35	9	1	5	20	11	35	.318	.452
Away	5.84	0	2	0	40	2	49.1	51	15	19	48	vs. Right	.235	260	61	9	1	15	46	32	59	.321	.450
Day	8.84	0	3	0	32	1	37.2	54	12	21	32	Inning 1-6	.272	158	43	9	1	8	34	22	31	.363	.494
Night	2.55	2	1	0	55	1	67.0	42	8	22	62	Inning 7+	.224	237	53	9	1	12	32	21	63	.290	.422
Grass	5.32	2	4	0	74	1	86.1	81	16	42	76	None on	.208	236	49	8	1	14	14	18	61	.270	.428
Turf	2.45	0	0	0	13	1	18.1	15	4	1	18	Runners on	.296	159	47	10	1	6	52	25	33	.389	.484
March/April	6.29	0	2	0	15	2	24.1	27	7	17	20	Scoring Posn	.305	95	29	6	0	5	48	15	24	.396	.526
May	8.04	0	1	0	14	0	15.2	21	2	9	13	Close & Late	.255	55	14	1	0	3	14	10	12	.369	.436
June	3.60	1	0	0	12	0	10.0	7	4	3	11	None on/out	.204	93	19	4	0	5	5	7	17	.267	.409
July	5.73	0	1	0	9	0	11.0	11	1	6	11	vs. 1st Batr (relief)	.243	74	18	5	1	2	15	10	13	.333	.419
August	2.49	0	0	0	19	0	21.2	15	1	6	23	1st Inning Pitched	.261	268	70	14	2	13	51	28	69	.334	.474
Sept/Oct	3.27	1	0	0	18	0	22.0	15	5	2	16	First 15 Pitches	.243	230	56	11	1	10	37	22	58	.314	.430
Starter	9.35	0	1	0	2	2	8.2	11	6	3	4	Pitch 16-30	.227	110	25	5	1	6	22	13	24	.309	.455
Reliever	4.41	2	3	0	85	0	96.0	85	14	40	90	Pitch 31-45	.265	34	9	2	0	0	3	4	8	.342	.324
0 Days Rest (Relief)	7.36	1	1	0	19	0	18.1	21	3	14	15	Pitch 46+	.286	21	6	0	0	0	4	4	4	.400	.857
1 or 2 Days Rest	4.15	1	1	0	40	0	39.0	37	7	13	42	First Pitch	.333	45	15	1	0	3	11	5	0	.412	.556
3+ Days Rest	3.26	0	1	0	26	0	38.2	27	4	13	33	Ahead in Count	.172	174	30	3	2	5	21	0	84	.177	.299
vs. AL	3.86	0	1	0	7	0	7.0	7	1	3	5	Behind in Count	.319	94	30	9	0	9	18	25	0	.462	.702
vs. NL	4.88	2	3	0	80	2	97.2	89	19	40	89	Two Strikes	.173	197	34	4	2	6	31	13	94	.226	.305
Pre-All Star	6.53	1	4	0	43	2	51.0	58	13	32	45	Pre-All Star	.284	204	58	11	1	13	46	32	45	.385	.539
Post-All Star	3.19	1	0	0	44	0	53.2	38	7	11	49	Post-All Star	.199	191	38	7	1	7	20	11	49	.243	.356

Ryan Dempster — Marlins

Age 25 – Pitches Right

	ERA	W	L	Sv	G	GS	IP	BB	SO	Avg	H	2B	3B	HR	RBI	OBP	SLG	CG	ShO	Sup	QS	#P/S	SB	CS	GB	FB	G/F
2001 Season	4.94	15	12	0	34	34	211.1	112	171	.269	218	50	8	21	108	.362	.428	2	1	5.92	19	105	10	7	280	230	1.22
Career (1998-2001)	4.62	37	35	0	106	103	639.1	340	541	.264	646	117	19	78	307	.358	.426	4	2	4.84	54	102	33	22	821	686	1.20

2001 Season

	ERA	W	L	Sv	G	GS	IP	H	HR	BB	SO		Avg	AB	H	2B	3B	HR	RBI	BB	SO	OBP	SLG
Home	5.24	7	4	0	15	15	89.1	102	11	51	87	vs. Left	.270	382	103	27	4	11	57	63	74	.375	.448
Away	4.72	8	8	0	19	19	122.0	116	10	61	84	vs. Right	.269	428	115	23	4	10	51	49	97	.350	.411
Day	3.74	6	3	0	12	12	79.1	83	7	32	67	Inning 1-6	.266	707	188	43	8	19	99	99	154	.360	.430
Night	5.66	9	9	0	22	22	132.0	135	14	80	104	Inning 7+	.291	103	30	7	0	2	9	13	17	.376	.417
Grass	5.25	12	11	0	28	28	169.2	180	19	97	150	None on	.251	466	117	29	4	14	14	49	93	.330	.421
Turf	3.67	3	1	0	6	6	41.2	38	2	15	21	Runners on	.294	344	101	21	4	7	94	63	78	.402	.439
April	4.91	2	3	0	6	6	36.2	34	2	20	26	Scoring Posn	.278	227	63	12	4	3	84	41	53	.385	.405
May	5.70	3	3	0	6	6	36.1	41	6	24	33	Close & Late	.324	37	12	2	0	1	5	6	10	.419	.459
June	4.25	3	2	0	5	5	36.0	41	3	15	32	None on/out	.225	204	46	11	2	5	5	17	39	.291	.373
July	1.61	1	1	0	6	6	44.2	34	0	20	37	vs. 1st Batr (relief)	.000	0	0	0	0	0	0	0	0	.000	.000
August	6.98	2	2	0	5	5	29.2	33	6	16	20	1st Inning Pitched	.314	140	44	8	0	8	31	28	33	.427	.543
Sept/Oct	8.04	1	1	0	6	6	28.0	35	4	17	23	First 75 Pitches	.270	552	149	36	5	18	79	76	114	.362	.451
Starter	4.94	15	12	0	34	34	211.1	218	21	112	171	Pitch 76-90	.314	105	33	6	1	1	14	16	16	.419	.419
Reliever	0.00	0	0	0	0	0	0.0	0	0	0	0	Pitch 91-105	.239	92	22	4	2	1	10	13	21	.333	.359

105

2001 Season

	ERA	W	L	Sv	G	GS	IP	H	HR	BB	SO		Avg	AB	H	2B	3B	HR	RBI	BB	SO	OBP	SLG
0-3 Days Rest (Start)	0.00	0	0	0	0	0	0.0	0	0	0	0	Pitch 106+	.230	61	14	4	0	1	5	7	20	.309	.344
4 Days Rest	3.64	9	5	0	16	16	106.1	103	10	47	86	First Pitch	.343	134	46	12	3	4	19	2	0	.367	.567
5+ Days Rest	6.26	6	7	0	18	18	105.0	115	11	65	85	Ahead in Count	.206	364	75	15	2	3	29	0	139	.216	.283
vs. AL	3.58	2	1	0	4	4	27.2	29	2	10	23	Behind in Count	.375	176	66	16	2	11	38	62	0	.531	.676
vs. NL	5.15	13	11	0	30	30	183.2	189	19	102	148	Two Strikes	.182	373	68	16	2	7	34	48	171	.280	.252
Pre-All Star	4.29	10	8	0	19	19	126.0	124	11	64	99	Pre-All Star	.260	477	124	32	5	11	58	64	99	.352	.417
Post-All Star	5.91	5	4	0	15	15	85.1	94	10	48	72	Post-All Star	.282	333	94	18	3	10	50	48	72	.377	.444

Career (1998-2001)

	ERA	W	L	Sv	G	GS	IP	H	HR	BB	SO		Avg	AB	H	2B	3B	HR	RBI	BB	SO	OBP	SLG
Home	4.26	18	10	0	50	48	295.2	278	31	164	273	vs. Left	.275	1122	309	59	6	43	145	186	226	.380	.454
Away	4.92	19	25	0	56	55	343.2	368	47	176	268	vs. Right	.255	1323	337	65	13	35	162	154	315	.338	.403
Day	3.94	12	7	0	32	32	205.2	199	25	96	170	Inning 1-6	.265	2141	568	111	17	72	287	305	488	.360	.434
Night	4.94	25	28	0	74	71	433.2	447	53	244	371	Inning 7+	.257	304	78	13	2	6	20	35	53	.341	.372
Grass	4.87	27	30	0	87	85	515.1	523	71	292	451	None on	.264	1354	357	66	10	51	51	172	282	.353	.440
Turf	3.56	10	5	0	19	18	124.0	123	7	48	90	Runners on	.265	1091	289	58	9	27	256	168	259	.364	.409
March/April	4.02	3	5	0	11	11	69.1	64	4	33	61	Scoring Posn	.251	642	161	37	8	11	217	112	152	.359	.385
May	4.87	10	5	0	18	16	101.2	111	15	55	92	Close & Late	.268	142	38	5	1	2	11	13	25	.329	.359
June	4.07	8	8	0	21	21	130.1	124	16	68	99	None on/out	.267	622	166	30	4	25	25	66	120	.343	.449
July	5.36	5	10	0	22	21	127.2	139	17	70	109	vs. 1st Batr (relief)	.500	2	1	0	0	0	2	0	0	.333	.500
August	4.43	6	3	0	16	16	101.2	97	12	54	85	1st Inning Pitched	.293	416	122	23	3	16	78	81	96	.408	.478
Sept/Oct	4.72	5	4	0	18	18	108.2	111	14	60	95	First 75 Pitches	.260	1702	442	91	12	56	218	240	394	.355	.426
Starter	4.53	37	35	0	103	103	633.1	634	77	337	538	Pitch 76-90	.304	306	93	16	2	9	42	43	51	.397	.458
Reliever	13.50	0	0	0	3	0	6.0	12	1	3	3	Pitch 91-105	.261	268	70	11	5	7	29	36	56	.352	.418
0-3 Days Rest (Start)	0.00	0	0	0	0	0	0.0	0	0	0	0	Pitch 106+	.243	169	41	6	0	6	18	21	40	.330	.385
4 Days Rest	4.07	19	11	0	43	43	271.2	269	29	135	234	First Pitch	.344	395	136	27	3	20	58	6	0	.361	.580
5+ Days Rest	4.88	18	24	0	60	60	361.2	365	48	202	304	Ahead in Count	.181	1074	194	32	5	11	80	0	463	.187	.250
vs. AL	5.40	3	6	0	13	13	76.2	81	15	31	65	Behind in Count	.364	552	201	49	5	34	107	184	0	.525	.656
vs. NL	4.51	34	29	0	93	90	562.2	565	63	309	476	Two Strikes	.157	1093	172	31	6	12	90	149	541	.230	.230
Pre-All Star	4.41	24	21	0	57	55	342.2	340	40	180	285	Pre-All Star	.261	1303	340	68	10	40	159	180	285	.356	.421
Post-All Star	4.85	13	14	0	49	48	296.2	306	38	160	256	Post-All Star	.268	1142	306	56	9	38	148	160	256	.360	.433

Mark DeRosa — Braves

Age 27 – Bats Right (groundball hitter)

	Avg	G	AB	R	H	2B	3B	HR	RBI	BB	SO	HBP	GDP	SB	CS	OBP	SLG	IBB	SH	SF	#Pit	#P/PA	GB	FB	G/F
2001 Season	.287	66	164	27	47	8	0	3	20	12	19	5	3	2	1	.350	.390	6	1	2	575	3.13	81	39	2.08
Career (1998-2001)	.277	100	188	38	52	9	0	3	23	14	23	5	3	2	1	.340	.372	6	1	2	662	3.15	90	47	1.91

2001 Season

	Avg	AB	H	2B	3B	HR	RBI	BB	SO	OBP	SLG		Avg	AB	H	2B	3B	HR	RBI	BB	SO	OBP	SLG
vs. Left	.417	36	15	3	0	2	5	2	1	.462	.667	Scoring Posn	.357	28	10	3	0	1	17	7	5	.487	.571
vs. Right	.250	128	32	5	0	1	15	10	18	.319	.313	Close & Late	.240	25	6	0	0	1	2	1	6	.296	.360
Home	.296	108	32	5	0	3	15	5	10	.339	.426	None on/out	.348	46	16	2	0	2	2	2	6	.388	.522
Away	.268	56	15	3	0	0	5	7	9	.368	.321	Batting #7	.296	27	8	1	0	0	5	0	3	.296	.333
First Pitch	.313	32	10	3	0	0	1	5	0	.421	.406	Batting #8	.280	107	30	5	0	3	12	8	13	.339	.411
Ahead in Count	.414	29	12	2	0	3	11	2	0	.469	.793	Other	.300	30	9	2	0	0	3	4	3	.421	.367
Behind in Count	.232	82	19	3	0	0	4	0	18	.250	.268	Pre-All Star	.420	50	21	2	0	0	6	4	3	.492	.460
Two Strikes	.194	62	12	3	0	0	4	5	19	.271	.242	Post-All Star	.228	114	26	6	0	3	14	8	16	.282	.360

Delino DeShields — Cubs

Age 33 – Bats Left (groundball hitter)

	Avg	G	AB	R	H	2B	3B	HR	RBI	BB	SO	HBP	GDP	SB	CS	OBP	SLG	IBB	SH	SF	#Pit	#P/PA	GB	FB	G/F
2001 Season	.234	126	351	55	82	17	5	5	37	59	77	1	8	23	2	.344	.353	1	4	2	1653	3.96	135	83	1.63
Last Five Years	.280	640	2234	351	626	118	34	39	259	276	344	6	40	152	44	.358	.416	6	23	22	9752	3.81	930	564	1.65

2001 Season

	Avg	AB	H	2B	3B	HR	RBI	BB	SO	OBP	SLG		Avg	AB	H	2B	3B	HR	RBI	BB	SO	OBP	SLG
vs. Left	.183	82	15	3	1	0	6	16	21	.316	.244	First Pitch	.300	50	15	1	3	2	10	1	0	.327	.560
vs. Right	.249	269	67	14	4	5	31	43	56	.352	.387	Ahead in Count	.244	82	20	3	2	2	6	25	0	.417	.402
Home	.224	183	41	11	2	3	19	32	38	.336	.355	Behind in Count	.208	154	32	10	0	1	17	0	62	.206	.292
Away	.244	168	41	6	3	2	18	27	39	.352	.351	Two Strikes	.183	164	30	8	0	1	12	33	77	.318	.250
Day	.260	150	39	9	2	3	15	27	28	.371	.407	Batting #2	.244	82	20	4	2	1	5	11	17	.333	.378
Night	.214	201	43	8	3	2	22	32	49	.323	.313	Batting #3	.211	147	31	7	2	2	21	24	32	.324	.327
Grass	.221	312	69	14	5	3	27	55	70	.336	.327	Other	.254	122	31	6	1	2	11	24	28	.374	.369
Turf	.333	39	13	3	0	2	10	4	7	.409	.564	April	.224	85	19	3	2	2	12	18	20	.356	.376
Pre-All Star	.202	193	39	9	2	3	22	32	43	.317	.316	May	.181	72	13	5	0	0	7	9	11	.280	.250
Post-All Star	.272	158	43	8	3	2	15	27	34	.376	.399	June	.161	31	5	0	0	1	2	4	11	.257	.258
Inning 1-6	.235	238	56	10	3	5	23	44	50	.354	.366	July	.288	66	19	5	1	1	6	9	17	.373	.439
Inning 7+	.230	113	26	7	2	0	14	15	27	.320	.327	August	.246	61	15	1	1	1	7	10	11	.347	.344
Scoring Posn	.212	99	21	8	1	0	29	17	31	.322	.313	Sept/Oct	.306	36	11	3	1	0	3	9	7	.444	.444
Close & Late	.210	62	13	3	1	0	9	8	13	.300	.290	vs. AL	.212	193	41	11	2	3	23	33	42	.329	.337
None on/out	.231	95	22	1	1	0	0	16	13	.303	.277	vs. NL	.259	158	41	6	3	2	14	26	35	.362	.373

2001 By Position

Position	Avg	AB	H	2B	3B	HR	RBI	BB	SO	OBP	SLG	G	GS	Innings	PO	A	E	DP	Fld Pct	Rng Fctr	In Zone	Zone Outs	Zone Rtg	MLB Zone
As Pinch Hitter	.444	18	8	2	0	1	2	5	3	.565	.722	24	0											
As 2b	.250	32	8	1	0	1	5	6	6	.359	.344	16	8	83.2	28	21	0	1	1.000	5.27	25	23	.920	.824
As lf	.212	259	55	11	3	3	23	43	60	.326	.313	79	72	619.0	126	3	4	0	.970	1.88	145	126	.869	.880

Last Five Years

	Avg	AB	H	2B	3B	HR	RBI	BB	SO	OBP	SLG		Avg	AB	H	2B	3B	HR	RBI	BB	SO	OBP	SLG
vs. Left	.272	496	135	25	9	4	57	61	82	.353	.383	First Pitch	.375	323	121	26	9	5	56	5	0	.381	.557
vs. Right	.283	1738	491	93	25	35	202	215	262	.359	.425	Ahead in Count	.357	561	200	36	13	19	88	143	0	.484	.569
Home	.273	1074	293	49	14	20	130	146	156	.358	.400	Behind in Count	.206	848	175	33	6	4	75	0	261	.207	.274
Away	.287	1160	333	69	20	19	129	130	188	.357	.430	Two Strikes	.190	960	182	32	5	11	82	128	344	.284	.268
Day	.291	749	218	42	11	20	102	94	99	.367	.457	Batting #1	.264	750	198	33	13	10	70	79	106	.333	.383
Night	.275	1485	408	76	23	19	157	182	245	.353	.395	Batting #2	.314	582	183	36	11	10	64	71	85	.388	.466
Grass	.281	1881	528	102	24	29	223	241	285	.361	.407	Other	.272	902	245	49	10	19	125	126	153	.359	.411
Turf	.278	353	98	16	10	10	36	35	59	.340	.465	March/April	.274	387	106	20	10	5	48	54	60	.362	.416
Pre-All Star	.281	1267	356	72	19	18	134	159	196	.360	.410	May	.279	444	124	29	5	8	48	53	73	.353	.421
Post-All Star	.279	967	270	46	15	21	125	117	148	.355	.423	June	.289	374	108	21	4	5	36	45	51	.366	.406
Inning 1-6	.290	1571	455	82	27	29	178	163	221	.355	.432	July	.286	283	81	12	2	8	30	35	43	.360	.428
Inning 7+	.258	663	171	36	7	10	81	113	123	.363	.379	August	.267	431	115	17	8	9	51	49	75	.341	.406
Scoring Posn	.295	499	147	29	9	10	213	79	93	.379	.449	Sept/Oct	.292	315	92	19	5	4	46	40	42	.370	.422
Close & Late	.272	346	94	13	5	7	51	59	66	.375	.399	vs. AL	.268	1062	285	62	10	17	135	141	178	.353	.394
None on/out	.268	630	169	24	12	11	11	69	94	.342	.397	vs. NL	.291	1172	341	56	24	22	124	135	166	.362	.436

Elmer Dessens — Reds
Age 30 – Pitches Right (groundball pitcher)

	ERA	W	L	Sv	G	GS	IP	BB	SO	Avg	H	2B	3B	HR	RBI	OBP	SLG	CG	ShO	Sup	QS	#P/S	SB	CS	GB	FB	G/F
2001 Season	4.48	10	14	0	34	34	205.0	56	128	.279	221	33	0	32	92	.325	.442	1	1	4.00	19	94	13	15	298	235	1.27
Last Five Years	4.58	23	25	1	120	55	430.1	124	258	.288	483	91	4	52	207	.336	.440	2	1	4.91	29	93	20	19	684	443	1.54

2001 Season

	ERA	W	L	Sv	G	GS	IP	H	HR	BB	SO		Avg	AB	H	2B	3B	HR	RBI	BB	SO	OBP	SLG
Home	3.74	6	8	0	19	19	120.1	115	18	38	77	vs. Left	.325	369	120	14	0	18	43	24	45	.363	.509
Away	5.53	4	6	0	15	15	84.2	106	14	18	51	vs. Right	.239	422	101	19	0	14	49	32	83	.293	.384
Day	4.48	5	5	0	11	11	64.1	77	11	19	36	Inning 1-6	.275	745	205	32	0	31	90	53	124	.322	.443
Night	4.48	5	9	0	23	23	140.2	144	21	37	92	Inning 7+	.348	46	16	1	0	1	2	3	4	.380	.435
Grass	4.32	10	13	0	33	33	200.0	209	31	56	125	None on/out	.267	495	132	19	0	21	21	37	87	.318	.432
Turf	10.80	0	1	0	1	1	5.0	12	1	0	3	Runners on	.301	296	89	14	0	11	71	19	41	.337	.459
April	4.40	2	1	0	5	5	28.2	32	6	9	12	Scoring Posn	.322	152	49	10	0	4	56	11	26	.353	.467
May	4.91	2	1	0	5	5	29.1	37	4	6	29	Close & Late	.438	16	7	1	0	1	2	2	1	.474	.688
June	3.65	2	2	0	6	6	37.0	30	7	12	22	None on/out	.288	215	62	7	0	11	11	13	33	.329	.474
July	4.50	1	4	0	6	6	40.0	41	5	7	28	vs. 1st Batr (relief)	.000	0	0	0	0	0	0	0	0	.000	.000
August	5.45	2	3	0	6	6	34.2	41	6	12	16	1st Inning Pitched	.252	127	32	6	0	3	11	6	24	.284	.370
Sept/Oct	4.08	1	3	0	6	6	35.1	40	4	10	21	First 75 Pitches	.274	614	168	23	0	27	70	43	101	.320	.443
Starter	4.48	10	14	0	34	34	205.0	221	32	56	128	Pitch 76-90	.318	107	34	7	0	4	13	6	18	.351	.495
Reliever	0.00	0	0	0	0	0	0.0	0	0	0	0	Pitch 91-105	.224	58	13	1	0	1	7	5	8	.281	.293
0-3 Days Rest (Start)	0.00	0	0	0	0	0	0.0	0	0	0	0	Pitch 106+	.500	12	6	2	0	0	2	2	1	.571	.667
4 Days Rest	4.71	5	10	0	19	19	116.2	127	20	31	70	First Pitch	.353	119	42	3	0	4	17	1	0	.355	.479
5+ Days Rest	4.18	5	4	0	15	15	88.1	94	12	25	58	Ahead in Count	.227	352	80	13	0	11	31	0	109	.227	.358
vs. AL	8.00	0	3	0	3	3	18.0	25	4	2	9	Behind in Count	.329	173	57	8	0	12	33	27	0	.416	.584
vs. NL	4.14	10	11	0	31	31	187.0	196	28	54	119	Two Strikes	.205	361	74	13	0	10	26	28	128	.262	.324
Pre-All Star	4.58	6	6	0	18	18	106.0	119	20	28	73	Pre-All Star	.286	416	119	21	0	20	53	28	73	.329	.481
Post-All Star	4.36	4	8	0	16	16	99.0	102	12	28	55	Post-All Star	.272	375	102	12	0	12	39	28	55	.321	.400

Last Five Years

	ERA	W	L	Sv	G	GS	IP	H	HR	BB	SO		Avg	AB	H	2B	3B	HR	RBI	BB	SO	OBP	SLG
Home	3.99	11	14	1	62	29	230.1	240	24	72	148	vs. Left	.320	746	239	46	3	28	102	56	85	.365	.503
Away	5.26	12	11	0	58	26	200.0	243	28	52	110	vs. Right	.262	932	244	45	1	24	105	68	173	.312	.389
Day	4.39	10	9	0	38	20	151.2	167	20	45	86	Inning 1-6	.282	1347	380	73	2	46	167	100	213	.330	.442
Night	4.68	13	16	1	82	35	278.2	316	32	79	172	Inning 7+	.311	331	103	18	2	6	40	24	45	.357	.432
Grass	4.37	16	17	0	62	41	284.1	304	42	79	167	None on/out	.283	976	276	53	3	34	34	74	156	.335	.448
Turf	4.99	7	8	1	58	14	146.0	179	10	45	91	Runners on	.295	702	207	38	1	18	173	50	102	.337	.429
March/April	5.20	2	2	0	13	5	36.1	46	7	10	19	Scoring Posn	.281	399	112	23	1	8	147	34	64	.326	.404
May	5.54	3	2	1	20	5	50.1	69	5	12	46	Close & Late	.321	112	36	6	1	1	11	10	15	.376	.420
June	2.90	3	3	1	27	7	80.2	73	11	25	52	None on/out	.292	435	127	27	2	16	16	29	59	.338	.474
July	5.00	6	4	0	24	10	86.1	97	7	21	50	vs. 1st Batr (relief)	.274	62	17	2	1	0	2	2	5	.297	.339
August	5.57	3	8	0	17	12	76.0	93	11	27	40	1st Inning Pitched	.293	437	128	23	3	10	55	25	69	.332	.428
Sept/Oct	4.11	6	7	0	19	16	100.2	105	11	29	51	First 75 Pitches	.282	1384	390	71	4	44	166	97	222	.328	.434
Starter	4.58	20	23	0	55	55	336.1	369	44	98	192	Pitch 76-90	.328	183	60	13	0	7	27	17	24	.381	.514
Reliever	4.60	3	2	1	65	0	94.0	114	8	26	66	Pitch 91-105	.258	93	24	3	0	1	11	7	10	.314	.323
0-3 Days Rest (Start)	6.23	1	0	0	2	2	13.0	15	1	7	6	Pitch 106+	.500	18	9	4	0	0	3	3	2	.571	.722
4 Days Rest	4.77	10	14	0	28	28	171.2	191	26	48	96	First Pitch	.356	267	95	15	0	8	44	9	0	.375	.502
5+ Days Rest	4.21	9	9	0	25	25	151.2	163	17	43	90	Ahead in Count	.239	731	175	32	1	17	68	0	224	.240	.356
vs. AL	5.62	1	4	0	14	4	41.2	49	7	10	22	Behind in Count	.319	364	116	21	1	19	63	66	0	.420	.538
vs. NL	4.47	22	21	1	106	51	388.2	434	45	114	236	Two Strikes	.215	713	153	29	1	14	57	49	258	.266	.317
Pre-All Star	4.38	9	8	1	67	19	187.0	218	27	50	133	Pre-All Star	.295	740	218	40	1	27	96	50	133	.338	.461
Post-All Star	4.73	14	17	0	53	36	243.1	265	25	74	125	Post-All Star	.283	938	265	51	3	25	111	74	125	.334	.423

Matt DeWitt — Blue Jays
Age 24 – Pitches Right

	ERA	W	L	Sv	G	GS	IP	BB	SO	Avg	H	2B	3B	HR	RBI	OBP	SLG	GF	IR	IRS	Hld	SvOp	SB	CS	GB	FB	G/F
2001 Season	3.79	0	2	0	16	0	19.0	10	13	.293	22	7	0	2	9	.384	.467	9	11	4	0	0	2	0	23	22	1.05
Career (2000-2001)	5.79	1	2	0	24	0	32.2	19	19	.318	42	12	0	6	28	.416	.545	13	19	11	0	0	2	0	45	40	1.13

2001 Season

	ERA	W	L	Sv	G	GS	IP	H	HR	BB	SO		Avg	AB	H	2B	3B	HR	RBI	BB	SO	OBP	SLG
Home	3.86	0	0	0	8	0	9.1	14	1	1	5	vs. Left	.273	33	9	2	0	1	2	6	6	.385	.424
Away	3.72	0	2	0	8	0	9.2	8	1	9	8	vs. Right	.310	42	13	5	0	1	7	4	7	.383	.500

Einar Diaz — Indians
Age 29 – Bats Right

	Avg	G	AB	R	H	2B	3B	HR	RBI	BB	SO	HBP	GDP	SB	CS	OBP	SLG	IBB	SH	SF	#Pit	#P/PA	GB	FB	G/F
2001 Season	.277	134	437	54	121	34	1	4	56	17	44	16	11	1	2	.328	.387	0	8	0	1533	3.21	168	143	1.17
Last Five Years	.274	350	1134	135	311	71	4	13	123	54	118	31	30	16	8	.324	.378	0	20	4	4101	3.30	449	362	1.24

2001 Season

	Avg	AB	H	2B	3B	HR	RBI	BB	SO	OBP	SLG		Avg	AB	H	2B	3B	HR	RBI	BB	SO	OBP	SLG
vs. Left	.196	112	22	7	1	0	9	4	12	.244	.277	First Pitch	.366	71	26	9	0	1	10	0	0	.384	.535
vs. Right	.305	325	99	27	0	4	47	13	32	.356	.425	Ahead in Count	.319	69	22	8	0	3	12	14	0	.440	.565
Home	.286	206	59	21	0	0	27	10	24	.341	.388	Behind in Count	.234	218	51	13	0	0	21	0	42	.268	.294
Away	.268	231	62	13	1	4	29	7	20	.316	.385	Two Strikes	.244	164	40	8	0	0	20	3	44	.295	.293
Day	.296	115	34	8	0	1	17	4	12	.347	.391	Batting #8	.313	80	25	9	0	0	8	6	5	.375	.425
Night	.270	322	87	26	1	3	39	13	32	.321	.385	Batting #9	.273	333	91	24	1	4	44	11	36	.322	.387
Grass	.285	390	111	31	1	4	50	16	40	.334	.400	Other	.208	24	5	1	0	0	4	0	3	.240	.250
Turf	.213	47	10	3	0	0	6	1	4	.275	.277	April	.300	50	15	6	0	1	8	3	5	.386	.480
Pre-All Star	.316	228	72	21	0	3	38	13	22	.376	.447	May	.333	66	22	8	0	1	9	3	4	.389	.500
Post-All Star	.234	209	49	13	1	1	18	4	22	.273	.321	June	.299	87	26	5	0	1	15	5	10	.344	.391
Inning 1-6	.244	283	69	20	0	2	35	13	28	.305	.336	July	.266	79	21	6	0	0	12	3	5	.326	.342
Inning 7+	.338	154	52	14	1	2	21	4	16	.370	.481	August	.231	78	18	3	1	0	8	3	11	.286	.295
Scoring Posn	.327	113	37	10	0	0	47	5	7	.387	.416	Sept/Oct	.247	77	19	6	0	1	4	0	9	.247	.364
Close & Late	.314	70	22	6	0	0	8	3	9	.368	.400	vs. AL	.278	378	105	32	1	4	47	16	39	.333	.399
None on/out	.287	108	31	9	0	1	1	3	9	.325	.398	vs. NL	.271	59	16	2	0	0	9	1	5	.295	.305

2001 By Position

Position	Avg	AB	H	2B	3B	HR	RBI	BB	SO	OBP	SLG	G	GS	Innings	PO	A	E	DP	Fld Pct	Rng Fctr	In Zone	Zone Outs	Zone Rtg	MLB Zone
As c	.276	434	120	34	1	4	56	17	43	.328	.387	134	126	1114.2	959	93	8	11	.992					

Last Five Years

	Avg	AB	H	2B	3B	HR	RBI	BB	SO	OBP	SLG		Avg	AB	H	2B	3B	HR	RBI	BB	SO	OBP	SLG
vs. Left	.213	282	60	15	1	2	23	13	35	.266	.294	First Pitch	.312	154	48	11	1	1	14	0	0	.321	.416
vs. Right	.295	852	251	56	3	11	100	41	83	.343	.406	Ahead in Count	.323	217	70	20	1	4	26	43	0	.439	.479
Home	.287	526	151	38	1	5	56	21	62	.332	.392	Behind in Count	.226	552	125	26	0	4	47	0	108	.253	.293
Away	.263	608	160	33	3	8	67	33	56	.317	.367	Two Strikes	.218	418	91	19	0	4	45	11	118	.261	.292
Day	.261	333	87	21	1	7	40	11	42	.307	.393	Batting #8	.271	210	57	15	1	2	26	15	17	.330	.381
Night	.280	801	224	50	3	6	83	43	76	.331	.372	Batting #9	.277	894	248	55	3	11	93	39	98	.325	.383
Grass	.278	954	265	59	3	12	99	46	101	.328	.384	Other	.200	30	6	1	0	0	4	0	3	.250	.233
Turf	.256	180	46	12	1	1	24	8	17	.304	.350	March/April	.309	136	42	17	1	2	19	5	15	.361	.493
Pre-All Star	.289	592	171	41	1	8	75	24	61	.335	.402	May	.281	196	55	16	0	5	25	5	16	.321	.439
Post-All Star	.258	542	140	30	3	5	48	30	57	.311	.352	June	.283	198	56	6	0	1	23	11	22	.333	.328
Inning 1-6	.272	747	203	48	3	7	85	32	80	.319	.372	July	.265	181	48	10	1	0	19	10	15	.321	.331
Inning 7+	.279	387	108	23	1	6	38	22	38	.333	.390	August	.249	193	48	9	1	2	19	13	23	.310	.337
Scoring Posn	.296	284	84	18	0	4	104	17	29	.352	.401	Sept/Oct	.270	230	62	13	1	3	18	10	27	.305	.374
Close & Late	.252	159	40	10	0	1	16	14	18	.337	.333	vs. AL	.276	1010	279	69	4	13	110	48	106	.326	.391
None on/out	.280	268	75	20	2	3	3	10	22	.323	.403	vs. NL	.258	124	32	2	0	0	13	6	12	.308	.274

R.A. Dickey — Rangers
Age 27 – Pitches Right (flyball pitcher)

	ERA	W	L	Sv	G	GS	IP	BB	SO	Avg	H	2B	3B	HR	RBI	OBP	SLG	GF	IR	IRS	Hld	SvOp	SB	CS	GB	FB	G/F
2001 Season	6.75	0	1	0	4	0	12.0	7	4	.283	13	6	0	3	11	.377	.609	1	4	3	0	0	1	2	15	17	0.88

2001 Season

	ERA	W	L	Sv	G	GS	IP	H	HR	BB	SO		Avg	AB	H	2B	3B	HR	RBI	BB	SO	OBP	SLG
Home	6.30	0	1	0	3	0	10.0	11	2	5	4	vs. Left	.158	19	3	1	0	0	2	1	3	.200	.211
Away	9.00	0	0	0	1	0	2.0	2	1	2	0	vs. Right	.370	27	10	5	0	3	9	6	1	.485	.889

Mike DiFelice — Diamondbacks
Age 33 – Bats Right

	Avg	G	AB	R	H	2B	3B	HR	RBI	BB	SO	HBP	GDP	SB	CS	OBP	SLG	IBB	SH	SF	#Pit	#P/PA	GB	FB	G/F
2001 Season	.188	60	170	14	32	5	1	2	10	8	49	4	3	1	1	.239	.265	0	3	2	699	3.74	48	53	0.91
Last Five Years	.240	348	1061	91	255	51	6	21	109	62	229	11	35	2	2	.287	.359	0	17	8	4333	3.74	388	268	1.45

2001 Season

	Avg	AB	H	2B	3B	HR	RBI	BB	SO	OBP	SLG		Avg	AB	H	2B	3B	HR	RBI	BB	SO	OBP	SLG
vs. Left	.151	53	8	1	0	0	4	2	14	.190	.170	Scoring Posn	.143	35	5	0	0	0	7	1	12	.200	.143
vs. Right	.205	117	24	4	1	2	6	6	35	.262	.308	Close & Late	.235	17	4	1	1	0	1	1	6	.333	.412
Home	.186	97	18	2	1	0	8	4	32	.236	.227	None on/out	.282	39	11	3	1	2	2	1	12	.333	.564
Away	.192	73	14	3	0	2	2	4	17	.244	.315	Batting #7	.179	67	12	3	0	1	6	4	19	.240	.269
First Pitch	.261	23	6	1	0	0	3	0	0	.250	.304	Batting #8	.191	94	18	2	1	1	4	4	27	.232	.266
Ahead in Count	.321	28	9	0	1	2	2	4	0	.406	.607	Other	.222	9	2	0	0	0	0	0	3	.300	.222

	Avg	AB	H	2B	3B	HR	RBI	BB	SO	OBP	SLG		Avg	AB	H	2B	3B	HR	RBI	BB	SO	OBP	SLG
							2001 Season																
Behind in Count	.110	91	10	2	0	0	4	0	40	.137	.132	Pre-All Star	.206	136	28	5	1	2	9	8	37	.257	.301
Two Strikes	.096	94	9	2	0	0	4	4	49	.150	.117	Post-All Star	.118	34	4	0	0	0	1	0	12	.167	.118
							Last Five Years																
	Avg	AB	H	2B	3B	HR	RBI	BB	SO	OBP	SLG		Avg	AB	H	2B	3B	HR	RBI	BB	SO	OBP	SLG
vs. Left	.236	267	63	9	2	5	32	15	59	.277	.341	First Pitch	.316	152	48	7	1	4	26	0	0	.318	.454
vs. Right	.242	794	192	42	4	16	77	47	170	.291	.365	Ahead in Count	.304	168	51	13	2	4	20	32	0	.414	.476
Home	.229	516	118	24	4	11	57	36	115	.284	.355	Behind in Count	.188	558	105	18	2	12	45	0	191	.197	.292
Away	.251	545	137	27	2	10	52	26	114	.290	.363	Two Strikes	.173	560	97	19	1	11	45	30	229	.222	.270
Day	.252	436	110	19	4	10	35	22	107	.295	.383	Batting #7	.247	485	120	21	3	8	42	34	107	.301	.353
Night	.232	625	145	32	2	11	74	40	122	.282	.342	Batting #8	.226	368	83	21	3	7	44	22	77	.272	.356
Grass	.251	534	134	24	2	9	48	29	119	.294	.354	Other	.250	208	52	9	0	6	23	6	45	.281	.380
Turf	.230	527	121	27	4	12	61	33	110	.281	.364	March/April	.250	104	26	6	1	3	14	8	20	.307	.413
Pre-All Star	.235	587	138	29	5	13	62	38	133	.285	.368	May	.240	175	42	8	1	2	10	8	30	.280	.331
Post-All Star	.247	474	117	22	1	8	47	24	96	.290	.348	June	.224	250	56	11	3	7	28	19	72	.283	.376
Inning 1-6	.223	722	161	35	2	13	61	48	154	.276	.331	July	.242	190	46	9	0	2	17	10	37	.286	.321
Inning 7+	.277	339	94	16	4	8	48	14	75	.312	.419	August	.231	195	45	11	1	5	22	9	45	.271	.374
Scoring Posn	.241	241	58	11	1	4	83	24	49	.310	.344	Sept/Oct	.272	147	40	6	2	2	18	8	25	.310	.354
Close & Late	.239	155	37	9	2	3	25	9	36	.296	.381	vs. AL	.251	685	172	37	3	16	74	38	132	.295	.384
None on/out	.274	252	69	15	1	10	10	10	46	.309	.460	vs. NL	.221	376	83	14	3	5	35	24	97	.273	.314

Craig Dingman — Rockies   Age 28 – Pitches Right

	ERA	W	L	Sv	G	GS	IP	BB	SO	Avg	H	2B	3B	HR	RBI	OBP	SLG	GF	IR	IRS	Hld	SvOp	SB	CS	GB	FB	G/F
2001 Season	13.50	0	0	1	7	0	7.1	3	2	.355	11	2	0	4	13	.444	.806	4	6	5	0	1	1	1	10	13	0.77
Career (2000-2001)	9.33	0	0	1	17	0	18.1	6	10	.367	29	4	0	5	26	.425	.608	8	19	10	0	1	2	1	26	26	1.00

									2001 Season									
	ERA	W	L	Sv	G	GS	IP	H	HR	BB	SO		Avg	AB	H	2B	3B	HR	RBI	BB	SO	OBP	SLG
Home	18.00	0	0	0	4	0	4.0	7	2	2	1	vs. Left	.273	11	3	2	0	0	3	1	2	.333	.455
Away	8.10	0	0	1	3	0	3.1	4	2	1	1	vs. Right	.400	20	8	0	0	4	10	2	0	.500	1.000

Chris Donnels — Dodgers   Age 36 – Bats Left (groundball hitter)

	Avg	G	AB	R	H	2B	3B	HR	RBI	BB	SO	HBP	GDP	SB	CS	OBP	SLG	IBB	SH	SF	#Pit	P/PA	GB	FB	G/F
2001 Season	.170	66	88	8	15	2	0	3	8	12	25	1	2	0	0	.277	.295	2	0	0	403	3.99	32	17	1.88
Last Five Years	.205	93	122	16	25	5	0	7	17	18	32	1	5	0	0	.310	.418	3	0	1	558	3.93	46	26	1.77

									2001 Season										
	Avg	AB	H	2B	3B	HR	RBI	BB	SO	OBP	SLG		Avg	AB	H	2B	3B	HR	RBI	BB	SO	OBP	SLG
vs. Left	.333	3	1	0	0	0	0	1	.333	.333	Scoring Posn	.118	17	2	1	0	0	5	4	5	.318	.176
vs. Right	.165	85	14	2	0	3	8	12	24	.276	.294	Close & Late	.150	20	3	1	0	0	1	7	5	.370	.200

Octavio Dotel — Astros   Age 26 – Pitches Right (flyball pitcher)

	ERA	W	L	Sv	G	GS	IP	BB	SO	Avg	H	2B	3B	HR	RBI	OBP	SLG	GF	IR	IRS	Hld	SvOp	SB	CS	GB	FB	G/F
2001 Season	2.66	7	5	2	61	4	105.0	47	145	.205	79	15	2	5	35	.294	.294	20	19	10	14	4	5	4	85	108	0.79
Career (1999-2001)	4.48	18	15	2	130	34	315.1	157	372	.235	275	59	8	43	159	.329	.409	46	52	21	14	4	27	32	13	258	391	0.66

										2001 Season									
	ERA	W	L	Sv	G	GS	IP	H	HR	BB	SO		Avg	AB	H	2B	3B	HR	RBI	BB	SO	OBP	SLG
Home	1.70	3	2	2	31	2	58.1	38	3	19	80	vs. Left	.238	172	41	6	0	1	16	29	67	.347	.291
Away	3.86	4	3	0	30	2	46.2	41	2	28	65	vs. Right	.178	213	38	9	2	4	19	18	78	.248	.296
Day	2.95	2	3	1	22	1	36.2	29	2	20	49	Inning 1-6	.262	107	28	5	1	2	12	17	27	.357	.383
Night	2.50	5	2	1	39	3	68.1	50	3	27	96	Inning 7+	.183	278	51	10	1	3	23	30	118	.268	.259
Grass	2.78	7	5	2	58	4	100.1	73	5	46	139	None on	.182	220	40	7	1	3	3	25	89	.271	.264
Turf	0.00	0	0	0	3	0	4.2	6	0	1	6	Runners on	.236	165	39	8	1	2	32	22	56	.323	.333
April	5.82	1	2	0	4	3	17.0	19	1	12	15	Scoring Posn	.186	97	18	3	1	1	29	15	39	.289	.268
May	2.57	1	0	1	11	1	21.0	18	1	9	21	Close & Late	.189	159	30	7	0	1	9	21	68	.291	.252
June	2.37	4	1	1	12	0	19.0	18	1	4	26	None on/out	.168	95	16	4	0	1	1	11	38	.255	.242
July	0.47	0	0	0	12	0	19.1	6	0	6	31	vs. 1st Batr (relief)	.212	52	11	4	0	1	6	5	18	.281	.346
August	0.00	0	1	0	11	0	14.1	7	0	4	23	1st Inning Pitched	.185	211	39	8	1	2	23	24	85	.272	.261
Sept/Oct	5.02	1	1	0	11	0	14.1	11	2	12	26	First 15 Pitches	.200	160	32	8	0	1	15	15	59	.275	.269
Starter	5.57	1	2	0	4	4	21.0	24	2	14	17	Pitch 16-30	.148	135	20	3	1	2	10	15	61	.232	.230
Reliever	1.93	6	3	2	57	0	84.0	55	3	33	128	Pitch 31-45	.340	50	17	3	0	1	7	9	14	.441	.460
0 Days Rest (Relief)	1.50	2	0	0	10	0	12.0	9	0	5	14	Pitch 46+	.250	40	10	1	1	1	3	8	11	.375	.400
1 or 2 Days Rest	2.19	4	3	2	33	0	53.1	34	2	24	84	First Pitch	.381	42	16	5	1	0	8	1	0	.386	.548
3+ Days Rest	1.45	0	0	0	14	0	18.2	12	1	4	30	Ahead in Count	.149	235	35	7	0	3	16	0	125	.149	.217
vs. AL	3.00	1	0	0	6	0	9.0	5	0	5	10	Behind in Count	.392	51	20	2	1	2	8	25	0	.590	.588
vs. NL	2.63	6	5	2	55	4	96.0	74	5	42	135	Two Strikes	.121	240	29	3	0	2	13	21	145	.192	.158
Pre-All Star	3.22	5	4	1	31	4	64.1	56	3	30	75	Pre-All Star	.235	238	56	12	1	3	24	30	75	.319	.332
Post-All Star	1.77	2	1	1	30	0	40.2	23	2	17	70	Post-All Star	.156	147	23	3	1	2	11	17	70	.253	.231

										Career (1999-2001)									
	ERA	W	L	Sv	G	GS	IP	H	HR	BB	SO		Avg	AB	H	2B	3B	HR	RBI	BB	SO	OBP	SLG
Home	3.43	7	5	2	67	15	162.2	138	21	71	194	vs. Left	.249	526	131	25	4	15	69	89	175	.357	.397
Away	5.60	11	10	0	63	19	152.2	137	22	86	178	vs. Right	.224	644	144	34	4	28	90	68	197	.306	.419
Day	4.75	5	5	7	44	9	91.0	91	13	51	109	Inning 1-6	.252	722	182	39	5	30	103	102	190	.348	.445
Night	4.37	13	10	11	86	25	224.1	184	30	106	263	Inning 7+	.208	448	93	20	3	13	56	55	182	.299	.353

109

Career (1999-2001)

	ERA	W	L	Sv	G	GS	IP	H	HR	BB	SO		Avg	AB	H	2B	3B	HR	RBI	BB	SO	OBP	SLG
Grass	4.64	16	13	16	118	32	291.0	256	40	146	344	None on	.230	665	153	32	5	25	25	85	214	.325	.406
Turf	2.59	2	2	2	12	2	24.1	19	3	11	28	Runners on	.242	505	122	27	3	18	134	72	158	.336	.414
March/April	5.36	1	4	0	9	7	42.0	47	6	25	41	Scoring Posn	.224	308	69	13	2	10	114	44	102	.315	.377
May	4.25	1	2	0	17	7	55.0	48	7	30	54	Close & Late	.224	295	66	15	1	10	40	44	120	.327	.383
June	5.09	4	4	1	18	6	53.0	59	9	17	62	None on/out	.239	289	69	15	2	13	13	44	89	.345	.439
July	3.54	4	0	3	27	6	61.0	39	6	25	77	vs. 1st Batr (relief)	.185	81	15	5	1	2	14	11	30	.281	.346
August	3.14	3	0	8	27	5	57.1	36	7	23	76	1st Inning Pitched	.207	440	91	16	3	14	69	68	169	.314	.352
Sept/Oct	6.13	5	5	6	32	3	47.0	46	8	37	62	First 15 Pitches	.212	321	68	13	2	10	37	43	116	.308	.358
Starter	5.61	9	9	0	34	34	191.0	189	33	99	188	Pitch 16-30	.189	280	53	9	1	7	32	34	107	.280	.304
Reliever	2.75	9	6	18	96	0	124.1	86	10	58	184	Pitch 31-45	.270	148	40	10	0	6	23	26	42	.383	.459
0 Days Rest (Relief)	3.05	3	0	5	19	0	20.2	17	3	8	25	Pitch 46+	.271	421	114	27	5	20	67	54	107	.359	.501
1 or 2 Days Rest	2.86	5	5	9	51	0	72.1	49	5	39	112	First Pitch	.385	130	50	14	1	8	31	4	0	.410	.692
3+ Days Rest	2.30	1	1	4	26	0	31.1	20	2	11	47	Ahead in Count	.186	681	127	25	4	19	68	0	321	.191	.319
vs. AL	3.47	2	1	1	10	2	23.1	18	3	10	24	Behind in Count	.341	167	57	11	2	8	31	91	0	.566	.575
vs. NL	4.56	16	14	17	120	32	292.0	257	40	147	348	Two Strikes	.163	701	114	20	1	19	67	62	372	.234	.275
Pre-All Star	4.83	7	10	2	53	23	175.1	174	24	87	184	Pre-All Star	.262	664	174	38	4	24	92	87	184	.348	.440
Post-All Star	4.05	11	5	16	77	11	140.0	101	19	70	188	Post-All Star	.200	506	101	21	4	19	67	70	188	.305	.370

Sean Douglass — Orioles
Age 23 – Pitches Right

	ERA	W	L	Sv	G	GS	IP	BB	SO	Avg	H	2B	3B	HR	RBI	OBP	SLG	CG	ShO	Sup	QS	#P/S	SB	CS	GB	FB	G/F
2001 Season	5.31	2	1	0	4	4	20.1	11	17	.259	21	6	0	3	11	.351	.444	0	0	7.08	1	94	1	0	25	23	1.09

2001 Season

	ERA	W	L	Sv	G	GS	IP	H	HR	BB	SO		Avg	AB	H	2B	3B	HR	RBI	BB	SO	OBP	SLG
Home	6.00	1	1	0	3	3	15.0	18	2	9	13	vs. Left	.316	38	12	3	0	2	6	8	5	.426	.553
Away	3.38	1	0	0	1	1	5.1	3	1	2	4	vs. Right	.209	43	9	3	0	1	5	3	12	.277	.349

Kelly Dransfeldt — Rangers
Age 27 – Bats Right (groundball hitter)

	Avg	G	AB	R	H	2B	3B	HR	RBI	BB	SO	HBP	GDP	SB	CS	OBP	SLG	IBB	SH	SF	#Pit	#P/PA	GB	F	G/F
2001 Season	.000	4	3	0	0	0	0	0	0	0	0	0	0	0	0	.000	.000	0	0	0	7	2.33	2	1	2.00
Career (1999-2001)	.159	36	82	5	13	3	0	1	7	4	26	0	2	0	0	.198	.232	0	1	0	328	3.77	29	19	1.53

2001 Season

	Avg	AB	H	2B	3B	HR	RBI	BB	SO	OBP	SLG		Avg	AB	H	2B	3B	HR	RBI	BB	SO	OBP	SLG
vs. Left	.000	2	0	0	0	0	0	0	0	.000	.000	Scoring Posn	.000	0	0	0	0	0	0	0	0	.000	.000
vs. Right	.000	1	0	0	0	0	0	0	0	.000	.000	Close & Late	.000	0	0	0	0	0	0	0	0	.000	.000

Darren Dreifort — Dodgers
Age 30 – Pitches Right (groundball pitcher)

	ERA	W	L	Sv	G	GS	IP	BB	SO	Avg	H	2B	3B	HR	RBI	OBP	SLG	CG	ShO	Sup	QS	#P/S	SB	CS	GB	FB	G/F
2001 Season	5.13	4	7	0	16	16	94.2	47	91	.251	89	17	0	11	60	.348	.393	0	0	5.32	6	95	6	6	124	81	1.53
Last Five Years	4.29	42	43	4	158	103	709.0	301	626	.247	657	132	11	77	336	.331	.392	3	3	5.60	43	96	64	33	1022	553	1.85

2001 Season

	ERA	W	L	Sv	G	GS	IP	H	HR	BB	SO		Avg	AB	H	2B	3B	HR	RBI	BB	SO	OBP	SLG
Home	5.14	2	3	0	8	8	49.0	49	6	23	48	vs. Left	.294	163	48	11	0	7	36	30	44	.414	.491
Away	5.12	2	4	0	8	8	45.2	40	5	24	43	vs. Right	.215	191	41	6	0	4	24	17	47	.286	.309
Starter	5.13	4	7	0	16	16	94.2	89	11	47	91	Scoring Posn	.322	90	29	7	0	2	44	12	26	.415	.467
Reliever	0.00	0	0	0	0	0	0.0	0	0	0	0	Close & Late	.250	20	5	2	0	1	4	3	5	.375	.500
0-3 Days Rest (Start)	0.00	0	0	0	0	0	0.0	0	0	0	0	None on/out	.239	92	22	4	0	2	2	11	22	.327	.348
4 Days Rest	6.52	2	3	0	7	7	38.2	39	4	24	34	First Pitch	.404	52	21	5	0	1	15	0	0	.426	.558
5+ Days Rest	4.18	2	4	0	9	9	56.0	50	7	23	57	Ahead in Count	.171	175	30	5	0	2	17	0	76	.176	.234
Pre-All Star	5.13	4	7	0	16	16	94.2	89	11	47	91	Behind in Count	.354	65	23	2	0	6	16	28	0	.553	.662
Post-All Star	0.00	0	0	0	0	0	0.0	0	0	0	0	Two Strikes	.138	167	23	6	0	1	10	19	91	.230	.192

Last Five Years

	ERA	W	L	Sv	G	GS	IP	H	HR	BB	SO		Avg	AB	H	2B	3B	HR	RBI	BB	SO	OBP	SLG
Home	4.62	23	21	2	80	55	378.0	352	48	161	342	vs. Left	.269	1286	346	73	10	42	182	163	294	.357	.439
Away	3.92	19	22	2	78	48	331.0	305	29	140	284	vs. Right	.227	1373	311	59	1	35	154	138	332	.305	.347
Day	4.56	10	15	1	44	29	187.1	189	22	80	180	Inning 1-6	.247	2247	556	106	8	67	295	248	531	.329	.391
Night	4.19	32	28	3	114	74	521.2	468	55	221	446	Inning 7+	.245	412	101	26	3	10	41	53	95	.337	.396
Grass	4.41	34	39	3	139	92	627.0	585	70	270	546	None on	.233	1562	364	78	6	41	168	384	.314	.369
Turf	3.40	8	4	1	19	11	82.0	72	7	31	80	Runners on	.267	1097	293	54	5	36	295	133	242	.353	.424
March/April	3.64	6	4	1	31	16	113.2	85	11	58	92	Scoring Posn	.256	681	174	35	3	17	245	93	161	.352	.391
May	4.51	9	8	0	26	21	135.2	131	13	49	114	Close & Late	.272	206	56	18	1	3	20	35	49	.381	.413
June	5.60	6	14	0	28	23	144.2	154	19	71	122	None on/out	.244	680	166	30	2	23	23	72	170	.324	.396
July	4.05	8	8	0	26	16	117.2	104	13	40	120	vs. 1st Batr (relief)	.152	46	7	3	0	0	5	8	14	.278	.217
August	3.79	8	6	2	26	17	123.1	122	13	49	115	1st Inning Pitched	.240	554	133	26	2	13	78	72	148	.333	.365
Sept/Oct	3.53	5	3	1	21	10	74.0	61	8	34	63	First 75 Pitches	.238	2063	492	102	6	51	245	224	494	.321	.368
Starter	4.55	37	41	0	103	103	629.1	603	74	265	548	Pitch 76-90	.272	346	94	16	4	13	42	41	66	.349	.454
Reliever	2.26	5	2	4	55	0	79.2	54	3	36	78	Pitch 91-105	.293	205	60	13	1	11	40	29	53	.392	.527
0-3 Days Rest (Start)	6.75	1	1	0	3	3	16.0	18	3	5	16	Pitch 106+	.244	45	11	1	0	2	9	7	13	.358	.400
4 Days Rest	4.72	17	24	0	56	56	343.0	338	42	142	286	First Pitch	.344	387	133	29	1	18	82	5	0	.361	.563
5+ Days Rest	4.19	19	16	0	44	44	270.1	247	29	118	246	Ahead in Count	.162	1225	198	34	3	14	85	0	535	.172	.229
vs. AL	5.90	7	3	1	14	9	61.0	71	8	27	55	Behind in Count	.364	591	215	42	5	31	108	173	0	.508	.609
vs. NL	4.14	35	40	3	144	94	648.0	586	69	274	571	Two Strikes	.158	1228	194	37	5	17	87	123	626	.241	.238

Ryan Drese — Indians
Age 26 – Pitches Right (groundball pitcher)

Last Five Years

	ERA	W	L	Sv	G	GS	IP	H	HR	BB	SO		Avg	AB	H	2B	3B	HR	RBI	BB	SO	OBP	SLG
Pre-All Star	4.73	23	29	1	92	65	426.1	411	46	190	361	Pre-All Star	.255	1609	411	89	7	46	222	190	361	.341	.405
Post-All Star	3.63	19	14	3	66	38	282.2	246	31	111	265	Post-All Star	.234	1050	246	43	4	31	114	111	265	.314	.371

2001 Season

	ERA	W	L	Sv	G	GS	IP	BB	SO	Avg	H	2B	3B	HR	RBI	OBP	SLG	GF	IR	IRS	Hld	SvOp	SB	CS	GB	FB	G/F
2001 Season	3.44	1	2	0	9	4	36.2	15	24	.242	32	7	1	2	12	.324	.356	2	1	0	0	0	2	3	66	25	2.64

2001 Season

	ERA	W	L	Sv	G	GS	IP	H	HR	BB	SO		Avg	AB	H	2B	3B	HR	RBI	BB	SO	OBP	SLG
Home	3.71	0	1	0	4	2	17.0	15	1	6	11	vs. Left	.288	59	17	4	1	1	7	8	11	.382	.441
Away	3.20	1	1	0	5	2	19.2	17	1	9	13	vs. Right	.205	73	15	3	0	1	5	7	13	.275	.288

J.D. Drew — Cardinals
Age 26 – Bats Left

	Avg	G	AB	R	H	2B	3B	HR	RBI	BB	SO	HBP	GDP	SB	CS	OBP	SLG	IBB	SH	SF	#Pit	#P/PA	GB	FB	G/F
2001 Season	.323	109	375	80	121	18	5	27	73	57	75	4	6	13	3	.414	.613	4	3	4	1607	3.63	129	109	1.18
Career (1998-2001)	.291	362	1186	234	345	54	14	63	182	178	261	16	17	49	15	.388	.519	8	11	9	5269	3.76	368	350	1.05

2001 Season

	Avg	AB	H	2B	3B	HR	RBI	BB	SO	OBP	SLG		Avg	AB	H	2B	3B	HR	RBI	BB	SO	OBP	SLG
vs. Left	.289	83	24	5	3	3	17	10	18	.371	.530	First Pitch	.413	63	26	2	2	4	17	3	0	.444	.698
vs. Right	.332	292	97	13	2	24	56	47	57	.426	.637	Ahead in Count	.494	85	42	8	0	12	25	39	0	.656	1.012
Home	.333	174	58	9	2	15	37	24	36	.419	.667	Behind in Count	.164	146	24	3	1	6	15	0	55	.163	.322
Away	.313	201	63	9	3	12	36	33	39	.409	.567	Two Strikes	.185	168	31	4	2	8	24	15	75	.250	.375
Day	.373	126	47	7	2	13	28	27	26	.487	.770	Batting #3	.368	204	75	12	2	10	33	28	31	.447	.593
Night	.297	249	74	11	3	14	45	30	49	.372	.534	Batting #5	.302	63	19	4	1	6	15	8	12	.380	.683
Grass	.323	362	117	15	5	26	71	56	73	.415	.608	Other	.250	108	27	2	2	11	25	21	32	.373	.611
Turf	.308	13	4	3	0	1	2	1	2	.357	.769	April	.258	66	17	0	0	8	14	15	22	.393	.621
Pre-All Star	.330	218	72	9	3	21	49	34	48	.426	.688	May	.366	101	37	8	1	10	26	14	16	.443	.762
Post-All Star	.312	157	49	9	2	6	24	23	27	.396	.510	June	.353	51	18	1	2	3	9	5	10	.441	.627
Inning 1-6	.320	266	85	15	4	18	52	37	47	.408	.609	July	.500	4	2	0	1	0	2	0	1	.500	1.000
Inning 7+	.330	109	36	3	1	9	21	20	28	.427	.624	August	.333	54	18	3	1	3	8	6	7	.400	.593
Scoring Posn	.337	98	33	5	2	5	42	20	19	.434	.582	Sept/Oct	.293	99	29	6	0	3	14	17	19	.390	.444
Close & Late	.333	36	12	0	1	3	8	8	10	.455	.639	vs. AL	.435	23	10	1	0	1	4	0	3	.480	.609
None on/out	.311	74	23	2	0	4	4	7	18	.386	.505	vs. NL	.315	352	111	17	5	26	69	57	72	.410	.614

2001 By Position

Position	Avg	AB	H	2B	3B	HR	RBI	BB	SO	OBP	SLG	G	GS	Innings	PO	A	E	DP	Fld Pct	Rng Fctr	In Zone	Outs	Zone Rtg	MLB Zone
As cf	.283	46	13	2	1	3	10	4	12	.370	.565	20	13	116.1	26	3	1	0	.967	2.24	29	25	.862	.892
As rf	.331	326	108	16	4	24	62	53	61	.424	.626	97	91	780.1	183	4	5	1	.974	2.16	193	180	.933	.884

Career (1998-2001)

	Avg	AB	H	2B	3B	HR	RBI	BB	SO	OBP	SLG		Avg	AB	H	2B	3B	HR	RBI	BB	SO	OBP	SLG
vs. Left	.275	273	75	12	5	10	36	28	67	.361	.465	First Pitch	.365	192	70	7	3	7	28	7	0	.393	.542
vs. Right	.296	913	270	42	9	53	146	150	194	.396	.536	Ahead in Count	.463	246	114	17	5	25	65	103	0	.626	.878
Home	.308	598	184	29	7	35	99	90	131	.401	.555	Behind in Count	.182	488	89	14	4	18	51	0	200	.189	.338
Away	.274	588	161	25	7	28	83	88	130	.375	.483	Two Strikes	.174	553	96	22	3	19	62	68	261	.266	.327
Day	.303	400	121	15	4	26	65	71	89	.414	.555	Batting #2	.271	358	97	15	5	13	33	65	74	.389	.450
Night	.285	786	224	39	10	37	117	107	172	.374	.501	Batting #3	.358	212	76	12	2	11	34	29	33	.439	.590
Grass	.294	1023	301	43	11	57	163	154	215	.391	.525	Other	.279	616	172	27	7	39	115	84	154	.370	.536
Turf	.270	163	44	11	3	6	19	24	46	.370	.485	March/April	.272	162	44	4	2	14	35	32	49	.394	.580
Pre-All Star	.293	556	163	22	8	40	105	81	144	.391	.577	June	.330	194	64	15	2	12	37	26	46	.414	.613
Post-All Star	.289	630	182	32	6	23	77	97	117	.385	.468	June	.268	142	38	2	3	9	24	16	37	.366	.514
Inning 1-6	.309	820	253	41	11	45	132	112	160	.399	.550	July	.321	137	44	8	2	10	22	17	28	.391	.628
Inning 7+	.251	366	92	13	3	18	50	66	101	.363	.451	August	.284	236	67	7	3	6	22	40	38	.391	.415
Scoring Posn	.312	263	82	10	3	15	112	49	63	.415	.544	Sept/Oct	.279	315	88	18	2	12	42	47	63	.369	.463
Close & Late	.233	146	34	4	1	5	19	30	44	.362	.377	vs. AL	.321	81	26	5	0	5	14	5	19	.371	.568
None on/out	.282	277	78	16	4	9	32	63	.362	.466	vs. NL	.289	1105	319	49	14	58	168	173	242	.389	.516

Tim Drew — Indians
Age 23 – Pitches Right

	ERA	W	L	Sv	G	GS	IP	BB	SO	Avg	H	2B	3B	HR	RBI	OBP	SLG	CG	ShO	Sup	QS	#P/S	SB	CS	GB	FB	G/F
2001 Season	7.97	0	2	0	8	6	35.0	16	15	.340	51	10	0	9	37	.413	.587	0	0	7.71	1	75	4	1	52	55	0.95
Career (2000-2001)	8.39	1	2	0	11	9	44.0	24	20	.358	68	13	0	10	47	.435	.584	0	0	9.00	1	74	5	3	72	64	1.13

2001 Season

	ERA	W	L	Sv	G	GS	IP	H	HR	BB	SO		Avg	AB	H	2B	3B	HR	RBI	BB	SO	OBP	SLG
Home	9.00	0	1	0	4	3	18.0	26	5	8	6	vs. Left	.362	58	21	3	0	4	16	11	4	.472	.621
Away	6.88	0	1	0	4	3	17.0	25	4	8	9	vs. Right	.326	92	30	7	0	5	21	5	11	.370	.565

111

Rob Ducey — Expos
Age 37 – Bats Left (flyball hitter)

	Avg	G	AB	R	H	2B	3B	HR	RBI	BB	SO	HBP	GDP	SB	CS	OBP	SLG	IBB	SH	SF	#Pit	#P/PA	GB	FB	G/F
2001 Season	.233	57	73	10	17	3	0	3	12	16	25	1	0	0	1	.374	.397	0	2	1	376	4.04	19	21	0.90
Last Five Years	.243	451	786	120	191	51	7	27	104	114	223	10	9	10	8	.344	.429	4	2	7	3853	4.19	210	239	0.88

2001 Season

	Avg	AB	H	2B	3B	HR	RBI	BB	SO	OBP	SLG		Avg	AB	H	2B	3B	HR	RBI	BB	SO	OBP	SLG
vs. Left	.000	3	0	0	0	0	0	2	1	.400	.000	Scoring Posn	.333	18	6	0	0	1	10	6	2	.480	.500
vs. Right	.243	70	17	3	0	3	12	14	24	.372	.414	Close & Late	.133	15	2	1	0	1	1	8	5	.435	.400

Last Five Years

	Avg	AB	H	2B	3B	HR	RBI	BB	SO	OBP	SLG		Avg	AB	H	2B	3B	HR	RBI	BB	SO	OBP	SLG
vs. Left	.104	48	5	2	0	0	4	6	23	.204	.146	First Pitch	.246	69	17	5	1	4	14	2	0	.270	.522
vs. Right	.252	738	186	49	7	27	100	108	200	.352	.447	Ahead in Count	.366	161	59	18	2	7	31	62	0	.537	.634
Home	.262	386	101	29	2	11	59	49	107	.352	.433	Behind in Count	.172	389	67	14	3	11	40	0	183	.186	.308
Away	.225	400	90	22	5	16	45	65	116	.335	.425	Two Strikes	.176	455	80	21	3	11	40	49	223	.263	.308
Day	.255	274	70	20	3	10	30	37	75	.347	.460	Batting #7	.211	128	27	4	0	4	17	19	36	.320	.336
Night	.236	512	121	31	4	17	74	77	148	.342	.412	Batting #9	.213	239	51	14	3	4	23	33	59	.319	.347
Grass	.230	309	71	17	4	13	34	51	90	.340	.437	Other	.270	419	113	33	4	19	64	62	128	.365	.504
Turf	.252	477	120	34	3	14	70	63	133	.346	.423	March/April	.250	80	20	2	0	3	13	7	27	.318	.388
Pre-All Star	.234	471	110	30	5	17	69	68	134	.339	.427	May	.246	183	45	12	2	7	24	27	45	.352	.448
Post-All Star	.257	315	81	21	2	10	35	46	89	.350	.432	June	.231	160	37	16	3	4	18	30	46	.361	.444
Inning 1-6	.261	433	113	38	4	18	68	63	104	.360	.492	July	.206	131	27	7	0	3	22	16	41	.297	.328
Inning 7+	.221	353	78	13	3	9	36	51	119	.324	.351	August	.297	118	35	7	1	7	18	23	25	.413	.551
Scoring Posn	.252	206	52	11	3	9	81	43	54	.381	.466	Sept/Oct	.237	114	27	7	1	3	9	11	39	.297	.395
Close & Late	.196	153	30	7	0	5	11	26	55	.315	.340	vs. AL	.241	381	92	31	3	12	46	45	102	.331	.433
None on/out	.260	208	54	17	2	8	8	22	62	.339	.476	vs. NL	.244	405	99	20	4	15	58	69	121	.355	.425

Justin Duchscherer — Rangers
Age 24 – Pitches Right (groundball pitcher)

	ERA	W	L	Sv	G	GS	IP	BB	SO	Avg	H	2B	3B	HR	RBI	OBP	SLG	GF	IR	IRS	Hld	SvOp	SB	CS	GB	FB	G/F
2001 Season	12.27	1	1	0	5	2	14.2	4	11	.353	24	3	2	5	18	.421	.676	1	1	0	0	0	5	0	30	11	2.73

2001 Season

	ERA	W	L	Sv	G	GS	IP	H	HR	BB	SO		Avg	AB	H	2B	3B	HR	RBI	BB	SO	OBP	SLG
Home	10.95	1	1	0	3	2	12.1	19	4	2	9	vs. Left	.375	40	15	0	1	4	10	1	6	.432	.725
Away	19.29	0	0	0	2	0	2.1	5	1	2	2	vs. Right	.321	28	9	3	1	1	8	3	5	.406	.607

Brandon Duckworth — Phillies
Age 26 – Pitches Right (groundball pitcher)

	ERA	W	L	Sv	G	GS	IP	BB	SO	Avg	H	2B	3B	HR	RBI	OBP	SLG	CG	ShO	Sup	QS	#P/S	SB	CS	GB	FB	G/F
2001 Season	3.52	3	2	0	11	11	69.0	29	40	.234	57	18	1	2	25	.326	.340	0	0	4.04	8	101	1	2	105	60	1.75

2001 Season

	ERA	W	L	Sv	G	GS	IP	H	HR	BB	SO		Avg	AB	H	2B	3B	HR	RBI	BB	SO	OBP	SLG
Home	2.03	2	0	0	6	6	40.0	25	1	15	26	vs. Left	.256	90	23	6	1	1	10	16	16	.376	.378
Away	5.59	1	2	0	5	5	29.0	32	1	14	14	vs. Right	.221	154	34	12	0	1	15	13	24	.295	.318
Starter	3.52	3	2	0	11	11	69.0	57	2	29	40	Scoring Posn	.347	49	17	5	0	1	23	10	9	.453	.510
Reliever	0.00	0	0	0	0	0	0.0	0	0	0	0	Close & Late	.368	19	7	0	0	0	2	2	1	.478	.368
0-3 Days Rest (Start)	0.00	0	0	0	0	0	0.0	0	0	0	0	None on/out	.221	68	15	7	1	0	0	4	11	.274	.353
4 Days Rest	3.30	1	2	0	7	7	43.2	36	1	18	25	First Pitch	.267	30	8	2	0	0	3	4	0	.353	.333
5+ Days Rest	3.91	2	0	0	4	4	25.1	21	1	11	15	Ahead in Count	.161	112	18	6	0	2	10	0	30	.193	.268
Pre-All Star	0.00	0	0	0	0	0	0.0	0	0	0	0	Behind in Count	.360	50	18	6	1	0	5	14	0	.508	.520
Post-All Star	3.52	3	2	0	11	11	69.0	57	2	29	40	Two Strikes	.179	117	21	6	0	2	14	11	40	.276	.282

Courtney Duncan — Cubs
Age 27 – Pitches Right (flyball pitcher)

	ERA	W	L	Sv	G	GS	IP	BB	SO	Avg	H	2B	3B	HR	RBI	OBP	SLG	GF	IR	IRS	Hld	SvOp	SB	CS	GB	FB	G/F
2001 Season	5.06	3	3	0	36	0	42.2	25	49	.259	42	7	1	5	22	.359	.407	15	15	4	7	2	7	2	33	51	0.65

2001 Season

	ERA	W	L	Sv	G	GS	IP	H	HR	BB	SO		Avg	AB	H	2B	3B	HR	RBI	BB	SO	OBP	SLG
Home	2.87	2	0	0	15	0	15.2	11	1	11	17	vs. Left	.286	56	16	3	0	2	9	11	15	.414	.446
Away	6.33	1	3	0	21	0	27.0	31	4	14	32	vs. Right	.245	106	26	4	1	3	13	14	34	.328	.387
Starter	0.00	0	0	0	0	0	0.0	0	0	0	0	Scoring Posn	.350	40	14	2	0	2	18	9	11	.442	.550
Reliever	5.06	3	3	0	36	0	42.2	42	5	25	49	Close & Late	.283	46	13	3	0	3	11	12	14	.424	.543
0 Days Rest (Relief)	4.50	0	0	0	7	0	8.0	10	0	5	9	None on/out	.244	45	11	2	0	1	1	3	12	.292	.356
1 or 2 Days Rest	9.49	0	2	0	14	0	12.1	12	2	10	9	First Pitch	.308	13	4	1	0	0	3	1	0	.333	.385
3+ Days Rest	2.82	3	1	0	15	0	22.1	20	3	10	31	Ahead in Count	.222	90	20	3	1	3	10	0	39	.228	.378
Pre-All Star	3.34	3	2	0	30	0	35.0	23	2	21	42	Behind in Count	.300	30	9	3	0	1	5	11	0	.488	.500
Post-All Star	12.91	0	1	0	6	0	7.2	19	3	4	7	Two Strikes	.159	88	14	2	0	2	5	13	49	.275	.250

Adam Dunn — Reds
Age 22 – Bats Left

	Avg	G	AB	R	H	2B	3B	HR	RBI	BB	SO	HBP	GDP	SB	CS	OBP	SLG	IBB	SH	SF	#Pit	#P/PA	GB	FB	G/F
2001 Season	.262	66	244	54	64	18	1	19	43	38	74	4	4	4	2	.371	.578	2	0	0	1177	4.12	63	79	0.80

2001 Season

	Avg	AB	H	2B	3B	HR	RBI	BB	SO	OBP	SLG		Avg	AB	H	2B	3B	HR	RBI	BB	SO	OBP	SLG
vs. Left	.282	71	20	4	0	6	14	8	23	.370	.592	Scoring Posn	.203	64	13	6	0	3	21	13	22	.338	.438
vs. Right	.254	173	44	14	1	13	29	30	51	.371	.572	Close & Late	.240	25	6	1	0	2	3	6	8	.387	.520

	Avg	AB	H	2B	3B	HR	RBI	BB	SO	OBP	SLG		Avg	AB	H	2B	3B	HR	RBI	BB	SO	OBP	SLG
Home	.213	108	23	8	0	8	19	19	39	.341	.509	None on/out	.352	54	19	6	1	3	3	4	11	.407	.667
Away	.301	136	41	10	1	11	24	19	35	.395	.632	Batting #2	.259	166	43	11	1	11	32	25	49	.359	.536
First Pitch	.464	28	13	4	0	6	9	2	0	.500	1.250	Batting #6	.333	27	9	2	0	3	5	4	6	.438	.741
Ahead in Count	.347	49	17	3	1	6	18	17	0	.515	.816	None on/out	.235	51	12	5	0	5	6	9	19	.371	.627
Behind in Count	.174	115	20	10	0	3	10	0	61	.195	.339	Pre-All Star	.000	0	0	0	0	0	0	0	0	.000	.000
Two Strikes	.157	134	21	9	0	5	13	19	74	.271	.336	Post-All Star	.262	244	64	18	1	19	43	38	74	.371	.578

Shawon Dunston — Giants Age 39 – Bats Right

	Avg	G	AB	R	H	2B	3B	HR	RBI	BB	SO	HBP	GDP	SB	CS	OBP	SLG	IBB	SH	SF	#Pit	#P/PA	GB	FB	G/F
2001 Season	.280	88	186	26	52	10	3	9	25	2	32	2	2	3	1	.293	.511	0	2	1	651	3.37	58	65	0.89
Last Five Years	.281	520	1342	196	377	67	16	46	186	24	221	17	33	57	18	.299	.458	0	15	13	4650	3.30	422	421	1.00

2001 Season

	Avg	AB	H	2B	3B	HR	RBI	BB	SO	OBP	SLG		Avg	AB	H	2B	3B	HR	RBI	BB	SO	OBP	SLG
vs. Left	.318	88	28	7	2	6	17	0	11	.326	.648	Scoring Posn	.234	47	11	2	2	1	14	0	11	.229	.426
vs. Right	.245	98	24	3	1	3	8	2	21	.265	.388	Close & Late	.238	42	10	1	1	2	5	0	11	.273	.452
Home	.289	83	24	3	2	3	7	2	14	.302	.482	None on/out	.245	53	13	1	0	3	3	0	6	.259	.434
Away	.272	103	28	7	1	6	18	0	18	.286	.534	Batting #1	.253	79	20	5	2	3	6	2	13	.280	.481
First Pitch	.280	25	7	1	0	3	5	0	0	.308	.680	Batting #6	.261	46	12	2	1	3	11	0	7	.261	.543
Ahead in Count	.387	31	12	3	1	1	7	2	0	.412	.645	Other	.328	61	20	3	0	3	10	0	12	.333	.525
Behind in Count	.265	98	26	4	2	4	6	0	29	.265	.469	Pre-All Star	.276	116	32	7	2	3	10	1	18	.286	.448
Two Strikes	.218	87	19	4	0	3	9	0	32	.218	.368	Post-All Star	.286	70	20	3	1	6	15	1	14	.306	.614

Last Five Years

	Avg	AB	H	2B	3B	HR	RBI	BB	SO	OBP	SLG		Avg	AB	H	2B	3B	HR	RBI	BB	SO	OBP	SLG
vs. Left	.274	468	128	28	3	19	71	10	66	.292	.468	First Pitch	.404	178	72	10	2	13	50	0	0	.419	.702
vs. Right	.285	874	249	39	13	27	115	14	155	.303	.452	Ahead in Count	.322	289	93	18	6	15	55	19	0	.366	.581
Home	.303	654	198	28	8	25	92	11	112	.317	.485	Behind in Count	.216	666	144	28	2	13	51	0	204	.220	.323
Away	.260	688	179	39	8	21	94	13	109	.283	.432	Two Strikes	.181	570	103	19	2	10	40	5	221	.191	.274
Day	.280	564	158	24	5	18	74	10	94	.301	.436	Batting #2	.281	256	72	9	4	5	19	6	33	.301	.406
Night	.281	778	219	43	11	28	112	14	127	.299	.473	Batting #6	.315	340	107	19	8	11	65	3	60	.322	.515
Grass	.275	1128	310	53	13	36	144	22	189	.294	.441	Other	.265	746	198	39	4	30	102	15	128	.289	.449
Turf	.313	214	67	14	3	10	42	2	32	.326	.547	March/April	.256	262	67	15	4	6	28	11	33	.289	.412
Pre-All Star	.284	740	210	41	11	22	97	18	107	.306	.458	May	.298	262	78	12	6	6	34	3	33	.311	.458
Post-All Star	.277	602	167	26	5	24	89	6	114	.291	.457	June	.304	161	49	13	0	7	26	4	34	.327	.516
Inning 1-6	.284	837	238	50	9	29	126	15	120	.300	.470	July	.261	238	62	9	2	12	35	2	36	.275	.466
Inning 7+	.275	505	139	17	7	17	60	9	101	.298	.438	August	.255	239	61	6	2	5	29	3	53	.271	.360
Scoring Posn	.292	339	99	12	7	13	145	3	54	.289	.484	Sept/Oct	.333	180	60	12	2	10	34	1	32	.342	.589
Close & Late	.266	237	63	9	2	5	20	6	54	.289	.384	vs. AL	.257	237	61	16	3	8	32	8	31	.283	.451
None on/out	.292	336	98	18	3	14	14	7	47	.320	.488	vs. NL	.286	1105	316	51	13	38	154	16	190	.303	.459

Todd Dunwoody — Cubs Age 27 – Bats Left

	Avg	G	AB	R	H	2B	3B	HR	RBI	BB	SO	HBP	GDP	SB	CS	OBP	SLG	IBB	SH	SF	#Pit	#P/PA	GB	FB	G/F
2001 Season	.213	33	61	6	13	4	0	1	3	3	14	0	0	0	1	.250	.328	0	0	0	225	3.52	18	19	0.95
Career (1997-2001)	.234	293	909	98	213	48	12	11	81	51	231	7	12	13	6	.278	.350	0	5	7	3567	3.64	297	251	1.18

2001 Season

	Avg	AB	H	2B	3B	HR	RBI	BB	SO	OBP	SLG		Avg	AB	H	2B	3B	HR	RBI	BB	SO	OBP	SLG
vs. Left	.250	8	2	1	0	0	0	0	4	.250	.375	Scoring Posn	.000	14	0	0	0	0	1	0	3	.000	.000
vs. Right	.208	53	11	3	0	1	3	3	10	.250	.321	Close & Late	.308	13	4	2	0	0	1	1	4	.357	.462

Career (1997-2001)

	Avg	AB	H	2B	3B	HR	RBI	BB	SO	OBP	SLG		Avg	AB	H	2B	3B	HR	RBI	BB	SO	OBP	SLG
vs. Left	.217	129	28	3	0	3	15	6	52	.271	.310	First Pitch	.252	115	29	5	2	1	15	0	0	.256	.357
vs. Right	.237	780	185	45	12	8	66	45	179	.279	.356	Ahead in Count	.369	157	58	13	3	2	21	27	0	.462	.529
Home	.274	441	121	21	8	4	38	22	102	.306	.385	Behind in Count	.175	485	85	17	5	6	28	0	215	.182	.268
Away	.197	468	92	27	4	7	43	30	129	.253	.316	Two Strikes	.164	469	77	18	6	7	29	24	231	.206	.273
Day	.247	296	73	19	2	7	22	20	67	.301	.395	Batting #1	.249	397	99	25	7	5	27	16	107	.285	.385
Night	.228	613	140	29	10	4	59	31	164	.267	.328	Batting #7	.189	180	34	10	1	3	19	8	43	.226	.306
Grass	.240	763	183	34	10	10	66	40	191	.281	.350	Other	.241	332	80	13	4	3	35	27	81	.298	.331
Turf	.205	146	30	14	2	1	15	11	40	.264	.349	March/April	.234	77	18	2	1	0	10	8	19	.306	.286
Pre-All Star	.232	452	105	21	7	6	34	26	120	.281	.350	May	.245	151	37	8	4	2	13	5	34	.283	.391
Post-All Star	.236	457	108	27	5	5	47	25	111	.276	.350	June	.230	191	44	10	2	4	9	12	55	.282	.366
Inning 1-6	.249	579	144	34	9	6	51	30	127	.288	.370	July	.216	167	36	10	1	0	16	7	44	.242	.287
Inning 7+	.209	330	69	14	3	5	30	21	104	.261	.315	August	.249	213	53	11	3	4	25	11	55	.283	.385
Scoring Posn	.220	209	46	10	2	0	54	11	56	.274	.287	Sept/Oct	.227	110	25	7	1	1	8	8	24	.292	.336
Close & Late	.220	177	39	10	2	4	3	18	10	51	.265	.350	vs. AL	.227	225	51	12	1	1	20	8	56	.250	.302
None on/out	.249	305	76	17	6	2	8	8	11	75	.282	.423	vs. NL	.237	684	162	36	11	10	61	43	175	.287	.365

Erubiel Durazo — Diamondbacks
Age 28 – Bats Left

	Avg	G	AB	R	H	2B	3B	HR	RBI	BB	SO	HBP	GDP	SB	CS	OBP	SLG	IBB	SH	SF	#Pit	#P/PA	GB	FB	G/F
2001 Season	.269	92	175	34	47	11	0	12	38	28	49	2	1	0	0	.372	.537	1	0	2	776	3.75	56	51	1.10
Career (1999-2001)	.285	211	526	100	150	26	2	31	101	88	135	4	5	2	1	.387	.519	4	0	7	2442	3.91	168	154	1.09

2001 Season

	Avg	AB	H	2B	3B	HR	RBI	BB	SO	OBP	SLG		Avg	AB	H	2B	3B	HR	RBI	BB	SO	OBP	SLG
vs. Left	.188	32	6	2	0	0	2	3	12	.257	.250	Scoring Posn	.259	54	14	3	0	3	22	6	12	.344	.481
vs. Right	.287	143	41	9	0	12	36	25	37	.395	.601	Close & Late	.220	50	11	2	0	2	9	2	17	.250	.380
Home	.258	89	23	5	0	4	16	12	24	.346	.449	None on/out	.235	34	8	1	0	1	1	6	9	.350	.353
Away	.279	86	24	6	0	8	22	16	25	.398	.628	Batting #4	.303	33	10	0	0	5	11	6	9	.400	.758
First Pitch	.259	27	7	2	0	2	6	1	0	.286	.556	Batting #5	.256	78	20	6	0	2	11	17	16	.402	.410
Ahead in Count	.385	39	15	4	0	4	10	16	0	.564	.795	Other	.266	64	17	5	0	5	16	5	24	.314	.578
Behind in Count	.230	87	20	3	0	5	18	0	42	.233	.437	Pre-All Star	.273	121	33	8	0	10	32	15	32	.353	.587
Two Strikes	.186	86	16	3	0	5	13	11	49	.290	.395	Post-All Star	.259	54	14	3	0	2	6	13	17	.412	.426

Career (1999-2001)

	Avg	AB	H	2B	3B	HR	RBI	BB	SO	OBP	SLG		Avg	AB	H	2B	3B	HR	RBI	BB	SO	OBP	SLG
vs. Left	.236	72	17	3	0	3	11	14	20	.352	.403	First Pitch	.316	76	24	3	0	6	16	2	0	.329	.592
vs. Right	.293	454	133	23	2	28	90	74	115	.393	.537	Ahead in Count	.442	113	50	11	2	13	34	51	0	.612	.920
Home	.279	265	74	15	2	11	45	46	65	.385	.475	Behind in Count	.189	243	46	7	0	8	36	0	117	.195	.317
Away	.291	261	76	11	0	20	56	42	70	.390	.563	Two Strikes	.172	261	45	7	0	8	30	35	135	.274	.291
Day	.310	168	52	7	1	14	40	28	50	.410	.613	Batting #4	.293	181	53	6	1	14	40	35	38	.402	.569
Night	.274	358	98	19	1	17	61	60	85	.376	.475	Batting #5	.263	186	49	10	1	6	24	32	49	.377	.425
Grass	.281	474	133	23	2	27	93	81	123	.386	.508	Other	.302	159	48	10	0	11	37	21	48	.383	.572
Turf	.327	52	17	3	0	4	8	7	12	.400	.615	March/April	.348	92	32	5	0	8	23	15	18	.431	.663
Pre-All Star	.274	266	73	14	0	17	59	43	61	.376	.519	May	.235	102	24	5	0	4	18	18	25	.355	.402
Post-All Star	.296	260	77	12	2	14	42	45	74	.399	.519	June	.250	68	17	4	0	5	18	10	14	.350	.529
Inning 1-6	.301	326	98	18	2	20	68	59	69	.408	.552	July	.250	80	20	5	0	2	8	11	26	.344	.388
Inning 7+	.260	200	52	8	0	11	33	29	66	.352	.465	August	.256	90	23	1	0	6	12	14	31	.355	.467
Scoring Posn	.289	142	41	7	1	10	71	20	30	.393	.563	Sept/Oct	.362	94	34	6	2	6	22	20	21	.470	.660
Close & Late	.242	99	24	2	0	5	19	13	37	.330	.414	vs. AL	.268	41	11	3	0	2	8	8	11	.373	.488
None on/out	.306	124	38	8	0	6	6	21	33	.407	.516	vs. NL	.287	485	139	23	2	29	93	80	124	.389	.522

Chad Durbin — Royals
Age 24 – Pitches Right

	ERA	W	L	Sv	G	GS	IP	BB	SO	Avg	H	2B	3B	HR	RBI	OBP	SLG	CG	ShO	Sup	QS	#P/S	SB	CS	GB	FB	G/F
2001 Season	4.93	9	16	0	29	29	179.0	58	95	.288	201	35	4	26	97	.349	.461	2	0	4.12	16	101	11	7	247	225	1.10
Career (1999-2001)	5.82	11	21	0	46	45	253.2	102	135	.291	293	56	5	40	155	.359	.475	2	0	5.29	21	95	16	7	348	331	1.05

2001 Season

	ERA	W	L	Sv	G	GS	IP	H	HR	BB	SO		Avg	AB	H	2B	3B	HR	RBI	BB	SO	OBP	SLG
Home	4.27	7	8	0	17	17	109.2	113	17	38	54	vs. Left	.279	366	102	24	1	7	38	24	49	.327	.407
Away	5.97	2	8	0	12	12	69.1	88	9	20	41	vs. Right	.298	332	99	11	3	19	59	34	46	.371	.521
Day	5.01	3	6	0	9	9	55.2	67	8	13	30	Inning 1-6	.293	594	174	32	4	24	90	50	76	.355	.481
Night	4.89	6	10	0	20	20	123.1	134	18	45	65	Inning 7+	.260	104	27	3	0	2	7	8	19	.313	.346
Grass	4.88	8	16	0	27	27	167.2	185	26	55	88	None on	.274	405	111	23	2	14	14	31	54	.332	.444
Turf	5.56	1	0	0	2	2	11.1	16	0	3	7	Runners on	.307	293	90	12	2	12	83	27	41	.371	.485
April	0.00	0	0	0	0	0	0.0	0	0	0	0	Scoring Posn	.327	156	51	5	2	8	71	20	25	.398	.538
May	5.20	3	3	0	6	6	36.1	42	4	13	20	Close & Late	.232	56	13	2	0	2	7	7	12	.317	.268
June	3.66	3	3	0	6	6	39.1	40	7	11	18	None on/out	.302	192	58	11	2	7	7	7	29	.330	.490
July	4.82	1	3	0	6	6	37.1	39	3	9	22	vs. 1st Batr (relief)	.000	0	0	0	0	0	0	0	0	.000	.000
August	4.54	0	4	0	6	6	37.2	45	5	15	16	1st Inning Pitched	.240	104	25	7	1	5	14	8	13	.302	.471
Sept/Oct	6.99	2	3	0	5	5	28.1	35	7	10	19	First 75 Pitches	.293	508	149	28	3	23	78	40	68	.354	.496
Starter	4.93	9	16	0	29	29	179.0	201	26	58	95	Pitch 76-90	.253	75	19	4	1	1	10	7	9	.318	.373
Reliever	0.00	0	0	0	0	0	0.0	0	0	0	0	Pitch 91-105	.274	73	20	1	0	0	3	9	9	.349	.288
0-3 Days Rest (Start)	0.00	0	0	0	0	0	0.0	0	0	0	0	Pitch 106+	.310	42	13	2	0	2	6	2	9	.341	.500
4 Days Rest	4.28	6	11	0	19	19	124.0	129	15	34	66	First Pitch	.306	108	33	7	1	2	10	0	0	.321	.444
5+ Days Rest	6.38	3	5	0	10	10	55.0	72	11	24	29	Ahead in Count	.273	278	76	16	2	6	30	0	71	.285	.472
vs. AL	5.15	8	15	0	26	26	159.0	181	24	55	83	Behind in Count	.358	148	53	8	1	9	32	29	0	.462	.608
vs. NL	3.15	1	1	0	3	3	20.0	20	2	3	12	Two Strikes	.221	299	66	14	2	9	36	29	95	.296	.371
Pre-All Star	5.38	6	8	0	14	14	82.0	95	12	27	41	Pre-All Star	.295	322	95	15	2	12	47	27	41	.358	.466
Post-All Star	4.55	3	8	0	15	15	97.0	106	14	31	54	Post-All Star	.282	376	106	20	2	14	50	31	54	.341	.457

Ray Durham — White Sox
Age 30 – Bats Both

	Avg	G	AB	R	H	2B	3B	HR	RBI	BB	SO	HBP	GDP	SB	CS	OBP	SLG	IBB	SH	SF	#Pit	#P/PA	GB	FB	G/F
2001 Season	.267	152	611	104	163	42	10	20	65	64	110	4	10	23	10	.337	.466	3	6	6	2822	4.08	210	193	1.09
Last Five Years	.280	769	3106	566	869	169	40	80	320	346	521	27	51	151	59	.354	.437	7	22	27	14087	3.99	1200	812	1.48

2001 Season

	Avg	AB	H	2B	3B	HR	RBI	BB	SO	OBP	SLG		Avg	AB	H	2B	3B	HR	RBI	BB	SO	OBP	SLG
vs. Left	.259	143	37	7	4	6	19	14	30	.327	.490	First Pitch	.217	46	10	5	0	1	4	0	0	.217	.391
vs. Right	.269	468	126	35	6	14	46	50	80	.340	.459	Ahead in Count	.388	160	62	11	6	9	24	31	0	.487	.700
Home	.246	284	70	18	5	9	26	42	54	.342	.440	Behind in Count	.197	284	56	18	1	4	17	0	90	.205	.310
Away	.284	327	93	24	5	11	39	22	56	.332	.489	Two Strikes	.178	309	55	19	2	5	20	32	110	.261	.301
Day	.230	174	40	9	2	2	11	14	32	.297	.339	Batting #1	.262	511	134	35	10	16	50	53	87	.333	.464
Night	.281	437	123	33	8	18	54	50	78	.353	.517	Batting #3	.299	97	29	7	0	4	15	10	23	.364	.495

2001 Season

	Avg	AB	H	2B	3B	HR	RBI	BB	SO	OBP	SLG		Avg	AB	H	2B	3B	HR	RBI	BB	SO	OBP	SLG
Grass	.268	548	147	37	10	15	56	61	100	.341	.454	Other	.000	3	0	0	0	0	0	1	0	.250	.000
Turf	.254	63	16	5	0	5	9	3	10	.299	.571	April	.228	92	21	3	2	1	4	12	15	.314	.337
Pre-All Star	.251	319	80	21	2	11	34	34	58	.325	.433	May	.327	98	32	10	0	6	17	7	16	.374	.612
Post-All Star	.284	292	83	21	8	9	31	30	52	.351	.503	June	.206	97	20	8	0	3	9	12	23	.300	.381
Inning 1-6	.284	437	124	32	9	17	51	37	78	.339	.515	July	.279	111	31	6	1	2	8	12	22	.357	.405
Inning 7+	.224	174	39	10	1	3	14	27	32	.333	.345	August	.272	103	28	7	3	6	11	9	19	.330	.573
Scoring Posn	.261	115	30	6	2	4	41	21	22	.368	.452	Sept/Oct	.282	110	31	8	4	2	16	12	15	.344	.482
Close & Late	.207	82	17	4	0	1	9	15	20	.333	.293	vs. AL	.270	541	146	39	9	19	58	56	88	.340	.481
None on/out	.251	231	58	18	3	7	7	16	36	.305	.446	vs. NL	.243	70	17	3	1	1	7	8	22	.316	.357

2001 By Position

Position	Avg	AB	H	2B	3B	HR	RBI	BB	SO	OBP	SLG	G	GS	Innings	PO	A	E	DP	Fld Pct	Rng Fctr	In Zone	Outs	Zone Rtg	MLB Zone
As 2b	.268	604	162	42	10	19	64	64	110	.339	.465	150	148	1294.1	280	446	10	88	.986	5.05	494	405	.820	.824

Last Five Years

	Avg	AB	H	2B	3B	HR	RBI	BB	SO	OBP	SLG		Avg	AB	H	2B	3B	HR	RBI	BB	SO	OBP	SLG
vs. Left	.265	756	200	27	11	22	77	66	133	.326	.417	First Pitch	.343	248	85	18	2	5	26	2	0	.352	.492
vs. Right	.285	2350	669	142	29	58	243	280	388	.363	.444	Ahead in Count	.350	805	282	40	18	38	115	199	0	.478	.586
Home	.276	1463	404	74	20	34	152	196	224	.363	.424	Behind in Count	.226	1422	321	70	13	14	89	0	435	.235	.323
Away	.283	1643	465	95	20	46	168	150	297	.346	.449	Two Strikes	.214	1548	332	75	15	28	125	144	521	.287	.337
Day	.285	969	276	56	16	15	90	112	158	.363	.422	Batting #1	.279	2713	758	150	37	74	276	300	455	.354	.444
Night	.277	2137	593	113	24	65	230	234	363	.350	.444	Batting #2	.285	165	47	7	1	2	17	20	24	.360	.376
Grass	.279	2699	752	141	33	68	288	307	443	.354	.431	Other	.281	228	64	12	2	4	27	26	42	.357	.404
Turf	.287	407	117	28	7	12	32	39	78	.358	.479	March/April	.277	466	129	20	10	13	58	63	86	.364	.446
Pre-All Star	.273	1697	464	95	25	45	179	184	294	.347	.438	May	.272	533	145	33	7	17	62	48	87	.335	.456
Post-All Star	.287	1409	405	74	15	35	141	162	227	.363	.436	June	.277	542	150	30	7	13	46	59	98	.349	.430
Inning 1-6	.284	2226	632	129	29	61	221	233	366	.353	.450	July	.276	536	148	32	3	13	54	63	94	.356	.420
Inning 7+	.269	880	237	40	11	19	99	113	155	.357	.405	August	.296	557	165	29	6	15	48	67	82	.371	.451
Scoring Posn	.256	636	163	40	5	14	229	126	119	.372	.401	Sept/Oct	.280	472	132	25	7	9	52	46	74	.345	.419
Close & Late	.260	404	105	13	4	11	50	65	83	.367	.394	vs. AL	.277	2714	753	150	36	70	288	305	444	.353	.437
None on/out	.287	1179	338	60	17	31	31	93	190	.343	.445	vs. NL	.296	392	116	19	4	10	32	41	77	.366	.441

Mike Duvall — Twins

Age 27 – Pitches Left (groundball pitcher)

	ERA	W	L	Sv	G	GS	IP	BB	SO	Avg	H	2B	3B	HR	RBI	OBP	SLG	GF	IR	IRS	Hld	SvOp	SB	CS	GB	FB	G/F
2001 Season	7.71	0	0	0	8	0	4.2	2	4	.368	7	0	0	1	4	.409	.526	0	5	2	0	1	0	0	7	4	1.75
Career (1998-2001)	4.76	1	1	0	53	0	51.0	32	23	.307	62	16	4	6	47	.403	.515	7	55	23	1	2	1	0	89	56	1.59

2001 Season

	ERA	W	L	Sv	G	GS	IP	H	HR	BB	SO		Avg	AB	H	2B	3B	HR	RBI	BB	SO	OBP	SLG
Home	3.86	0	0	0	4	0	2.1	3	0	2	1	vs. Left	.400	10	4	0	0	1	4	1	4	.417	.700
Away	11.57	0	0	0	4	0	2.1	4	1	0	3	vs. Right	.333	9	3	0	0	0	0	1	0	.400	.333

Jermaine Dye — Athletics

Age 28 – Bats Right

	Avg	G	AB	R	H	2B	3B	HR	RBI	BB	SO	HBP	GDP	SB	CS	OBP	SLG	IBB	SH	SF	#Pit	#P/PA	GB	FB	G/F
2001 Season	.282	158	599	91	169	31	1	26	106	57	112	7	8	9	1	.346	.467	6	1	11	2639	3.91	213	173	1.23
Last Five Years	.286	608	2285	344	653	135	12	98	388	212	427	13	51	15	8	.346	.484	18	2	28	9620	3.79	815	661	1.23

2001 Season

	Avg	AB	H	2B	3B	HR	RBI	BB	SO	OBP	SLG		Avg	AB	H	2B	3B	HR	RBI	BB	SO	OBP	SLG
vs. Left	.293	164	48	7	0	4	28	23	31	.379	.409	First Pitch	.358	67	24	3	0	4	10	6	0	.423	.582
vs. Right	.278	435	121	24	1	22	78	34	81	.332	.490	Ahead in Count	.331	136	45	5	0	5	30	24	0	.423	.478
Home	.263	312	82	11	0	16	50	32	57	.331	.452	Behind in Count	.243	272	66	13	1	12	38	0	93	.252	.430
Away	.303	287	87	20	1	10	56	25	55	.361	.484	Two Strikes	.227	291	66	16	1	10	40	27	112	.299	.392
Day	.268	220	59	14	0	10	39	17	42	.324	.468	Batting #4	.289	454	131	25	1	21	90	45	84	.352	.487
Night	.290	379	110	17	1	16	67	40	70	.358	.467	Batting #5	.254	134	34	5	0	4	13	10	26	.313	.381
Grass	.285	529	151	27	0	24	92	49	93	.348	.473	Other	.364	11	4	1	0	1	3	2	2	.462	.727
Turf	.257	70	18	4	1	2	14	8	19	.329	.429	April	.244	90	22	6	0	4	13	5	18	.299	.444
Pre-All Star	.280	321	90	12	0	12	42	29	59	.345	.430	May	.337	101	34	3	0	2	16	12	18	.402	.426
Post-All Star	.284	278	79	19	1	14	64	28	53	.347	.511	June	.267	101	27	3	0	5	9	7	19	.315	.446
Inning 1-6	.303	432	131	28	1	19	86	34	71	.351	.505	July	.245	98	24	3	0	3	15	6	16	.297	.367
Inning 7+	.228	167	38	3	0	7	20	23	41	.332	.371	August	.330	106	35	5	1	7	32	18	16	.425	.594
Scoring Posn	.277	177	49	10	0	9	84	23	35	.350	.486	Sept/Oct	.262	103	27	11	0	5	21	9	25	.316	.515
Close & Late	.157	70	11	0	0	1	5	8	23	.263	.200	vs. AL	.279	535	149	27	1	23	98	50	99	.342	.462
None on/out	.248	137	34	9	0	4	4	14	25	.322	.401	vs. NL	.313	64	20	4	0	3	8	7	13	.378	.516

2001 By Position

Position	Avg	AB	H	2B	3B	HR	RBI	BB	SO	OBP	SLG	G	GS	Innings	PO	A	E	DP	Fld Pct	Rng Fctr	In Zone	Outs	Zone Rtg	MLB Zone
As rf	.284	577	164	31	1	24	102	56	107	.349	.466	153	152	1334.0	271	13	6	1	.979	1.92	293	269	.918	.884

Last Five Years

	Avg	AB	H	2B	3B	HR	RBI	BB	SO	OBP	SLG		Avg	AB	H	2B	3B	HR	RBI	BB	SO	OBP	SLG
vs. Left	.291	525	153	28	4	21	84	52	85	.355	.480	First Pitch	.362	307	111	27	5	14	57	14	0	.395	.619
vs. Right	.284	1760	500	107	8	77	304	160	342	.343	.485	Ahead in Count	.376	457	172	30	2	24	105	111	0	.493	.608
Home	.292	1146	335	66	8	52	185	111	205	.355	.500	Behind in Count	.225	1049	236	51	3	32	129	0	358	.227	.371
Away	.279	1139	318	69	4	46	203	101	222	.337	.468	Two Strikes	.206	1081	223	54	4	27	122	87	427	.267	.339

	Avg	AB	H	2B	3B	HR	RBI	BB	SO	OBP	SLG		Avg	AB	H	2B	3B	HR	RBI	BB	SO	OBP	SLG
Day	.298	708	211	53	3	34	128	58	124	.352	.525	Batting #4	.305	1201	366	84	3	58	240	130	214	.372	.525
Night	.280	1577	442	82	9	64	260	154	303	.343	.465	Batting #5	.260	484	126	23	6	21	81	43	90	.320	.463
Grass	.288	1997	576	118	11	88	341	185	366	.348	.491	Other	.268	600	161	28	3	19	67	39	123	.313	.420
Turf	.267	288	77	17	1	10	47	27	61	.331	.438	March/April	.294	303	89	24	2	21	61	28	60	.357	.594
Pre-All Star	.282	1209	341	63	5	55	197	110	229	.341	.479	May	.291	382	111	16	2	13	57	37	80	.351	.445
Post-All Star	.290	1076	312	72	7	43	191	102	198	.351	.490	June	.259	409	106	21	0	12	55	37	69	.319	.399
Inning 1-6	.301	1569	473	101	11	73	299	130	263	.353	.519	July	.299	321	96	14	4	18	65	15	50	.332	.536
Inning 7+	.251	716	180	34	1	25	89	82	164	.331	.406	August	.281	470	132	22	4	21	83	48	86	.347	.479
Scoring Posn	.255	652	166	36	0	21	268	88	122	.335	.406	Sept/Oct	.298	400	119	38	0	13	67	44	82	.365	.490
Close & Late	.196	342	67	8	0	9	39	42	90	.286	.298	vs. AL	.284	1981	563	112	12	86	337	183	366	.344	.483
None on/out	.292	562	164	36	2	24	24	36	99	.336	.491	vs. NL	.296	304	90	23	0	12	51	29	61	.356	.490

Damion Easley — Tigers
Age 32 – Bats Right

	Avg	G	AB	R	H	2B	3B	HR	RBI	BB	SO	HBP	GDP	SB	CS	OBP	SLG	IBB	SH	SF	#Pit	#P/PA	GB	FB	G/F
2001 Season	.250	154	585	77	146	27	7	11	65	52	90	13	10	10	5	.323	.376	3	4	4	2354	3.58	241	166	1.45
Last Five Years	.262	735	2719	417	712	159	15	94	360	265	507	75	62	77	30	.342	.435	11	14	18	11415	3.69	1024	747	1.37

2001 Season

	Avg	AB	H	2B	3B	HR	RBI	BB	SO	OBP	SLG		Avg	AB	H	2B	3B	HR	RBI	BB	SO	OBP	SLG
vs. Left	.236	148	35	9	4	2	17	17	17	.320	.392	First Pitch	.294	85	25	5	3	4	14	3	0	.330	.565
vs. Right	.254	437	111	18	3	9	48	35	73	.324	.371	Ahead in Count	.260	131	34	10	1	3	16	29	0	.391	.420
Home	.254	279	71	11	5	4	33	25	33	.329	.373	Behind in Count	.191	257	49	6	3	3	26	0	80	.216	.272
Away	.245	306	75	16	2	7	32	27	57	.317	.379	Two Strikes	.211	256	54	8	3	3	26	20	90	.280	.301
Day	.238	193	46	12	2	3	15	14	25	.297	.368	Batting #2	.214	393	84	15	7	3	41	36	63	.293	.310
Night	.255	392	100	15	5	8	50	38	65	.335	.380	Batting #7	.356	90	32	5	0	3	10	5	15	.408	.511
Grass	.250	528	132	23	7	9	60	47	84	.324	.371	Other	.294	102	30	7	0	5	14	11	12	.365	.510
Turf	.246	57	14	4	0	2	5	5	6	.306	.421	April	.193	83	16	4	2	0	5	9	16	.295	.289
Pre-All Star	.281	299	84	17	4	6	33	31	41	.358	.425	May	.352	91	32	6	0	5	13	9	13	.412	.582
Post-All Star	.217	286	62	10	3	5	32	21	49	.285	.325	June	.313	96	30	7	1	1	12	10	11	.389	.438
Inning 1-6	.244	405	99	19	4	8	44	38	61	.321	.370	July	.191	110	21	2	4	1	15	6	13	.250	.309
Inning 7+	.261	180	47	8	3	3	21	14	29	.327	.389	August	.222	99	22	2	0	4	10	9	16	.300	.364
Scoring Posn	.252	155	39	8	4	2	50	21	25	.341	.394	Sept/Oct	.236	106	25	6	0	0	10	9	21	.291	.292
Close & Late	.240	75	18	2	0	1	6	9	9	.337	.307	vs. AL	.252	512	129	24	6	10	60	46	80	.323	.381
None on/out	.262	122	32	6	0	2	2	8	21	.333	.361	vs. NL	.233	73	17	3	1	1	5	6	10	.317	.342

2001 By Position

Position	Avg	AB	H	2B	3B	HR	RBI	BB	SO	OBP	SLG	G	GS	Innings	PO	A	E	DP	Fld Pct	Rng Fctr	In Zone	Zone Outs	Zone Rtg	MLB Zone
As 2b	.250	585	146	27	7	11	65	52	90	.323	.376	153	153	1329.1	279	496	14	113	.982	5.25	543	438	.807	.824

Last Five Years

	Avg	AB	H	2B	3B	HR	RBI	BB	SO	OBP	SLG		Avg	AB	H	2B	3B	HR	RBI	BB	SO	OBP	SLG
vs. Left	.263	640	168	40	5	20	72	66	100	.341	.434	First Pitch	.313	335	105	27	4	22	69	9	0	.354	.615
vs. Right	.262	2079	544	119	10	74	288	199	407	.342	.435	Ahead in Count	.331	601	199	49	3	32	93	137	0	.454	.582
Home	.271	1313	356	71	8	52	187	122	231	.349	.456	Behind in Count	.206	1258	259	49	6	25	125	0	433	.232	.314
Away	.253	1406	356	88	7	42	173	143	276	.336	.415	Two Strikes	.194	1233	239	49	6	22	114	119	507	.280	.297
Day	.248	894	222	57	2	33	121	99	171	.338	.427	Batting #2	.247	928	229	55	10	19	116	95	164	.329	.389
Night	.268	1825	490	102	13	61	239	166	336	.344	.439	Batting #6	.257	537	138	29	2	28	79	49	109	.348	.475
Grass	.260	2349	610	129	13	79	308	231	443	.341	.427	Other	.275	1254	345	75	3	47	165	121	234	.349	.452
Turf	.276	370	102	30	2	15	52	34	64	.347	.489	March/April	.259	374	97	23	3	14	43	31	81	.331	.449
Pre-All Star	.270	1388	375	81	8	54	190	137	255	.352	.457	May	.283	396	112	26	2	19	69	50	71	.380	.503
Post-All Star	.253	1331	337	78	7	40	170	128	252	.331	.412	June	.269	480	129	24	2	16	61	42	86	.345	.427
Inning 1-6	.251	1854	466	109	8	60	237	179	331	.333	.416	July	.249	498	124	33	6	14	57	44	94	.318	.424
Inning 7+	.284	865	246	50	7	34	123	86	176	.362	.476	August	.265	475	126	28	1	18	64	60	79	.362	.442
Scoring Posn	.251	689	173	38	6	21	257	100	136	.354	.415	Sept/Oct	.250	496	124	25	1	13	66	38	96	.307	.383
Close & Late	.282	380	107	17	2	14	53	47	83	.374	.447	vs. AL	.260	2355	612	142	12	81	313	234	437	.342	.434
None on/out	.273	640	175	31	2	23	23	56	110	.351	.436	vs. NL	.275	364	100	17	3	13	47	31	70	.338	.445

Adam Eaton — Padres
Age 24 – Pitches Right

	ERA	W	L	Sv	G	GS	IP	BB	SO	Avg	H	2B	3B	HR	RBI	OBP	SLG	CG	ShO	Sup	QS	#P/S	SB	CS	GB	FB	G/F
2001 Season	4.32	8	5	0	17	17	116.2	40	109	.241	108	22	1	20	58	.308	.428	2	0	5.25	8	108	2	4	126	129	0.98
Career (2000-2001)	4.22	15	9	0	39	39	251.2	101	199	.251	242	48	5	34	115	.325	.417	2	0	5.51	20	103	9	8	314	272	1.15

2001 Season

	ERA	W	L	Sv	G	GS	IP	H	HR	BB	SO		Avg	AB	H	2B	3B	HR	RBI	BB	SO	OBP	SLG
Home	4.30	2	5	0	10	10	69.0	66	12	21	68	vs. Left	.260	235	61	15	0	9	28	18	53	.320	.438
Away	4.34	6	0	0	7	7	47.2	42	8	19	41	vs. Right	.220	214	47	7	1	11	30	22	56	.295	.416
Starter	4.32	8	5	0	17	17	116.2	108	20	40	109	Scoring Posn	.230	100	23	3	0	5	38	11	23	.301	.410
Reliever	0.00	0	0	0	0	0	0.0	0	0	0	0	Close & Late	.174	23	4	0	0	1	2	2	7	.240	.304
0-3 Days Rest (Start)	0.00	0	0	0	0	0	0.0	0	0	0	0	None on/out	.193	119	23	3	1	2	5	27	.226	.286
4 Days Rest	3.93	4	3	0	7	7	52.2	43	9	13	47	First Pitch	.321	53	17	5	0	2	8	1	0	.333	.528
5+ Days Rest	4.64	4	2	0	10	10	64.0	65	11	27	62	Ahead in Count	.210	224	47	8	0	6	23	0	91	.220	.326
Pre-All Star	4.32	8	5	0	17	17	116.2	108	20	40	109	Behind in Count	.356	101	36	8	0	10	20	0	.455	.752
Post-All Star	0.00	0	0	0	0	0	0.0	0	0	0	0	Two Strikes	.129	202	26	4	0	5	17	19	109	.214	.223

Angel Echevarria — Brewers
Age 31 – Bats Right

	Avg	G	AB	R	H	2B	3B	HR	RBI	BB	SO	HBP	GDP	SB	CS	OBP	SLG	IBB	SH	SF	#Pit	#P/PA	GB	FB	G/F
2001 Season	.256	75	133	12	34	11	0	5	13	8	29	3	2	0	1	.310	.451	0	0	1	509	3.51	41	44	0.93
Last Five Years	.274	252	424	54	116	25	0	18	63	36	82	8	18	1	4	.341	.460	0	0	1	1763	3.76	150	125	1.20

2001 Season

	Avg	AB	H	2B	3B	HR	RBI	BB	SO	OBP	SLG		Avg	AB	H	2B	3B	HR	RBI	BB	SO	OBP	SLG
vs. Left	.341	44	15	7	0	2	6	3	5	.396	.636	Scoring Posn	.147	34	5	3	0	1	8	3	10	.250	.324
vs. Right	.213	89	19	4	0	3	7	5	24	.268	.360	Close & Late	.292	24	7	3	0	0	2	1	8	.346	.417
Home	.320	75	24	9	0	3	6	6	18	.386	.560	None on/out	.242	33	8	2	0	1	1	0	4	.242	.394
Away	.172	58	10	2	0	2	7	2	11	.210	.310	Batting #5	.341	41	14	4	0	0	2	1	11	.357	.439
First Pitch	.357	14	5	2	0	1	4	0	0	.400	.714	Batting #6	.281	32	9	3	0	1	3	5	6	.378	.469
Ahead in Count	.351	37	13	4	0	3	5	5	0	.429	.703	Other	.183	60	11	4	0	4	8	2	12	.242	.450
Behind in Count	.172	58	10	4	0	1	2	0	26	.200	.293	Pre-All Star	.275	69	19	5	0	3	9	2	12	.301	.478
Two Strikes	.161	56	9	3	0	2	3	3	29	.230	.214	Post-All Star	.234	64	15	6	0	2	4	6	17	.319	.422

David Eckstein — Angels
Age 27 – Bats Right

	Avg	G	AB	R	H	2B	3B	HR	RBI	BB	SO	HBP	GDP	SB	CS	OBP	SLG	IBB	SH	SF	#Pit	#P/PA	GB	FB	G/F
2001 Season	.285	153	582	82	166	26	2	4	41	43	60	21	11	29	4	.355	.357	0	16	2	2551	3.84	235	149	1.58

2001 Season

	Avg	AB	H	2B	3B	HR	RBI	BB	SO	OBP	SLG		Avg	AB	H	2B	3B	HR	RBI	BB	SO	OBP	SLG
vs. Left	.303	165	50	8	0	3	15	13	10	.372	.406	First Pitch	.333	45	15	2	0	0	4	0	0	.388	.378
vs. Right	.278	417	116	18	2	1	26	30	50	.348	.338	Ahead in Count	.405	79	32	5	1	0	11	24	0	.564	.494
Home	.265	287	76	11	2	3	20	24	36	.344	.348	Behind in Count	.262	309	81	15	0	2	15	0	50	.280	.330
Away	.305	295	90	15	0	1	21	19	24	.366	.366	Two Strikes	.210	291	61	10	1	3	13	19	60	.274	.282
Day	.241	145	35	4	0	0	4	16	14	.337	.269	Batting #1	.288	445	128	21	1	3	32	35	41	.357	.360
Night	.300	437	131	22	2	4	37	27	46	.361	.387	Batting #2	.233	103	24	3	1	0	6	4	14	.301	.282
Grass	.281	541	152	25	2	4	41	38	57	.349	.357	Other	.412	34	14	2	0	1	3	4	5	.487	.559
Turf	.341	41	14	1	0	0	0	5	3	.426	.366	April	.313	64	20	3	0	1	5	4	9	.389	.406
Pre-All Star	.277	307	85	13	0	3	22	26	35	.355	.349	May	.270	111	30	1	0	1	10	12	14	.367	.306
Post-All Star	.295	275	81	13	2	1	19	17	25	.354	.367	June	.305	105	32	7	0	1	6	9	9	.373	.400
Inning 1-6	.272	415	113	18	0	2	19	33	40	.346	.330	July	.239	92	22	6	1	0	2	4	9	.286	.326
Inning 7+	.317	167	53	8	2	2	22	10	20	.378	.425	August	.360	114	41	6	0	1	13	9	6	.413	.439
Scoring Posn	.254	122	31	4	1	1	36	2	20	.285	.328	Sept/Oct	.219	96	21	3	1	0	5	5	13	.257	.271
Close & Late	.368	76	28	3	1	0	11	6	5	.435	.447	vs. AL	.284	517	147	18	2	4	39	38	57	.354	.350
None on/out	.298	198	59	11	0	1	1	18	14	.374	.369	vs. NL	.292	65	19	8	0	0	2	5	3	.361	.415

2001 By Position

Position	Avg	AB	H	2B	3B	HR	RBI	BB	SO	OBP	SLG	G	GS	Innings	PO	A	E	DP	Fld Pct	Rng Fctr	In Zone	Zone Outs	Rtg	MLB Zone
As DH	.232	56	13	1	0	0	5	6	8	.338	.250	14	14	—										
As 2b	.320	50	16	3	0	1	5	3	7	.370	.440	14	14	116.0	21	34	3	9	.948	4.27	38	32	.842	.824
As ss	.287	474	136	22	2	3	31	34	45	.355	.361	126	118	1051.1	178	332	15	66	.971	4.37	368	313	.851	.839

Jim Edmonds — Cardinals
Age 32 – Bats Left

	Avg	G	AB	R	H	2B	3B	HR	RBI	BB	SO	HBP	GDP	SB	CS	OBP	SLG	IBB	SH	SF	#Pit	#P/PA	GB	FB	G/F
2001 Season	.304	150	500	95	152	38	1	30	110	93	136	4	8	5	5	.410	.564	12	1	10	2480	4.08	146	137	1.07
Last Five Years	.295	644	2330	455	688	149	4	128	412	341	542	15	40	32	24	.385	.527	27	3	25	10982	4.05	707	682	1.04

2001 Season

	Avg	AB	H	2B	3B	HR	RBI	BB	SO	OBP	SLG		Avg	AB	H	2B	3B	HR	RBI	BB	SO	OBP	SLG
vs. Left	.246	122	30	8	0	3	19	22	36	.354	.385	First Pitch	.394	66	26	8	0	6	27	10	0	.468	.788
vs. Right	.323	378	122	30	1	27	91	71	100	.428	.622	Ahead in Count	.455	88	40	12	0	8	21	45	0	.630	.864
Home	.313	246	77	18	1	16	61	48	59	.421	.589	Behind in Count	.226	226	51	11	0	9	37	0	96	.227	.394
Away	.295	254	75	20	0	14	49	45	77	.399	.539	Two Strikes	.201	268	54	11	1	7	29	38	136	.298	.328
Day	.294	177	52	11	0	10	40	35	52	.404	.525	Batting #3	.293	249	73	19	1	12	49	40	71	.383	.522
Night	.310	323	100	27	1	20	70	58	84	.414	.585	Batting #5	.335	224	75	18	0	18	59	45	56	.449	.656
Grass	.312	481	150	38	1	29	109	92	126	.419	.576	Other	.148	27	4	1	0	0	2	8	9	.343	.185
Turf	.105	19	2	0	0	1	1	1	10	.150	.263	April	.400	70	28	6	1	5	21	7	16	.443	.729
Pre-All Star	.292	257	75	20	1	13	48	45	70	.394	.529	May	.230	87	20	6	0	3	9	21	29	.384	.402
Post-All Star	.317	243	77	18	0	17	62	48	66	.427	.601	June	.254	71	18	4	0	5	14	14	19	.375	.521
Inning 1-6	.307	358	110	29	1	23	90	64	94	.409	.587	July	.253	87	22	5	0	1	11	15	25	.352	.345
Inning 7+	.296	142	42	9	0	7	20	29	42	.414	.507	August	.327	98	32	11	0	9	32	14	28	.412	.714
Scoring Posn	.336	137	46	10	1	8	75	32	33	.442	.599	Sept/Oct	.368	87	32	6	0	7	23	22	19	.495	.678
Close & Late	.262	61	16	4	0	1	7	12	17	.378	.377	vs. AL	.194	31	6	1	0	0	3	10	6	.372	.226
None on/out	.333	105	35	8	0	6	6	20	30	.440	.590	vs. NL	.311	469	146	37	1	30	107	83	130	.413	.586

2001 By Position

Position	Avg	AB	H	2B	3B	HR	RBI	BB	SO	OBP	SLG	G	GS	Innings	PO	A	E	DP	Fld Pct	Rng Fctr	In Zone	Zone Outs	Rtg	MLB Zone
As cf	.309	492	152	38	1	30	110	90	134	.413	.573	147	140	1214.2	311	12	6	1	.982	2.39	340	300	.882	.892

Last Five Years

	Avg	AB	H	2B	3B	HR	RBI	BB	SO	OBP	SLG		Avg	AB	H	2B	3B	HR	RBI	BB	SO	OBP	SLG
vs. Left	.259	675	175	29	0	24	101	91	187	.344	.409	First Pitch	.389	301	117	33	0	18	72	20	0	.425	.678
vs. Right	.310	1655	513	120	4	104	311	250	355	.401	.572	Ahead in Count	.398	465	185	32	0	45	114	179	0	.562	.757
Home	.297	1140	339	71	3	64	216	186	255	.395	.533	Behind in Count	.231	1034	239	50	1	31	124	0	413	.234	.371
Away	.293	1190	349	78	1	64	196	155	287	.376	.522	Two Strikes	.225	1215	273	62	3	43	142	141	542	.304	.387

Last Five Years

	Avg	AB	H	2B	3B	HR	RBI	BB	SO	OBP	SLG		Avg	AB	H	2B	3B	HR	RBI	BB	SO	OBP	SLG
Day	.276	731	202	39	0	41	140	112	185	.371	.498	Batting #3	.286	1084	310	67	2	63	196	157	282	.374	.526
Night	.304	1599	486	110	4	87	272	229	357	.392	.541	Batting #5	.323	493	159	37	1	27	102	81	110	.420	.566
Grass	.290	2081	604	131	4	114	374	307	475	.381	.521	Other	.291	753	219	45	1	38	114	103	150	.378	.505
Turf	.337	249	84	18	0	14	38	34	67	.416	.578	March/April	.340	324	110	24	1	20	74	48	67	.417	.605
Pre-All Star	.310	1163	361	77	2	67	206	160	264	.394	.553	May	.320	391	125	30	0	25	64	58	98	.410	.588
Post-All Star	.280	1167	327	72	2	61	206	181	278	.376	.502	June	.279	362	101	16	1	17	51	45	76	.361	.470
Inning 1-6	.311	1650	513	112	3	100	325	232	357	.396	.564	July	.268	366	98	22	0	15	56	51	89	.358	.451
Inning 7+	.257	680	175	37	1	28	87	109	185	.360	.438	August	.272	438	119	33	1	25	82	56	101	.357	.523
Scoring Posn	.285	599	171	35	1	27	262	125	150	.399	.482	Sept/Oct	.301	449	135	24	1	26	85	83	111	.407	.532
Close & Late	.265	321	85	19	1	10	40	45	84	.351	.424	vs. AL	.291	1250	364	83	2	53	190	148	237	.365	.488
None on/out	.308	507	156	39	0	35	35	62	119	.385	.592	vs. NL	.300	1080	324	66	2	75	222	193	305	.407	.573

Joey Eischen — Expos
Age 32 – Pitches Left (groundball pitcher)

	ERA	W	L	Sv	G	GS	IP	BB	SO	Avg	H	2B	3B	HR	RBI	OBP	SLG	GF	IR	IRS	Hld	SvOp	SB	CS	FB	G/F
2001 Season	4.85	0	1	0	24	0	29.2	16	19	.257	29	5	1	4	20	.354	.425	7	13	5	2	2	3	0	53	28 1.89
Last Five Years	4.94	0	1	0	25	0	31.0	17	21	.261	31	7	1	4	22	.358	.437	7	14	6	2	2	3	0	53	30 1.77

2001 Season

	ERA	W	L	Sv	G	GS	IP	H	HR	BB	SO		Avg	AB	H	2B	3B	HR	RBI	BB	SO	OBP	SLG
Home	2.37	0	0	0	14	0	19.0	13	0	6	10	vs. Left	.231	39	9	1	0	1	6	4	11	.302	.333
Away	9.28	0	1	0	10	0	10.2	16	4	10	9	vs. Right	.270	74	20	4	1	3	14	12	8	.379	.473

Scott Elarton — Rockies
Age 26 – Pitches Right (flyball pitcher)

	ERA	W	L	Sv	G	GS	IP	BB	SO	Avg	H	2B	3B	HR	RBI	OBP	SLG	CG	ShO	Sup	QS	#P/S	SB	CS	GB	FB	G/F
2001 Season	7.06	4	10	0	24	24	132.2	59	87	.280	146	17	0	34	94	.359	.509	0	0	5.43	0	95	9	3	175	179 0.98
Career (1998-2001)	4.91	32	23	3	124	71	506.1	206	395	.255	495	99	6	76	275	.329	.429	2	0	5.95	30	99	20	7	566	674 0.84

2001 Season

	ERA	W	L	Sv	G	GS	IP	H	HR	BB	SO		Avg	AB	H	2B	3B	HR	RBI	BB	SO	OBP	SLG
Home	7.43	2	4	0	12	12	66.2	72	18	31	52	vs. Left	.252	266	67	6	0	17	44	36	57	.339	.466
Away	6.68	2	6	0	12	12	66.0	74	16	28	35	vs. Right	.310	255	79	11	0	17	50	23	30	.380	.553
Starter	7.06	4	10	0	24	24	132.2	146	34	59	87	Scoring Posn	.337	98	33	3	0	7	55	22	16	.455	.582
Reliever	0.00	0	0	0	0	0	0.0	0	0	0	0	Close & Late	.364	11	4	1	0	1	3	1	1	.417	.727
0-3 Days Rest (Start)	0.00	0	0	0	0	0	0.0	0	0	0	0	None on/out	.259	139	36	7	0	7	7	11	28	.327	.460
4 Days Rest	7.86	0	7	0	12	12	63.0	73	15	28	38	First Pitch	.418	67	28	5	0	6	16	2	0	.437	.761
5+ Days Rest	6.33	4	3	0	12	12	69.2	73	19	31	49	Ahead in Count	.235	272	64	4	0	12	36	0	70	.249	.382
Pre-All Star	6.92	4	8	0	19	19	105.1	120	24	45	72	Behind in Count	.337	92	31	5	0	9	22	32	0	.508	.685
Post-All Star	7.57	0	2	0	5	5	27.1	26	10	14	15	Two Strikes	.226	265	60	0	0	14	41	25	87	.300	.400

Career (1998-2001)

	ERA	W	L	Sv	G	GS	IP	H	HR	BB	SO		Avg	AB	H	2B	3B	HR	RBI	BB	SO	OBP	SLG
Home	4.98	18	11	1	64	35	262.0	242	42	99	226	vs. Left	.248	929	230	45	2	40	124	130	209	.340	.429
Away	4.83	14	12	2	60	36	244.1	253	34	107	169	vs. Right	.261	1015	265	54	4	36	151	76	186	.319	.429
Day	4.43	15	4	0	39	26	183.0	176	30	66	136	Inning 1-6	.268	1524	408	84	4	66	235	161	292	.340	.458
Night	5.18	17	19	2	85	45	323.1	319	46	140	259	Inning 7+	.207	420	87	15	2	10	40	45	103	.289	.324
Grass	5.54	19	16	1	73	53	344.0	356	63	142	245	None on	.235	1144	269	48	3	47	47	106	244	.306	.406
Turf	3.56	13	7	2	51	18	162.0	139	13	64	150	Runners on	.283	800	226	51	3	29	228	100	151	.361	.463
March/April	5.12	5	3	1	15	8	58.0	59	8	29	51	Scoring Posn	.261	444	116	26	3	15	184	76	94	.364	.435
May	5.67	5	3	0	21	11	74.2	83	13	33	52	Close & Late	.184	206	38	8	2	6	24	15	52	.247	.330
June	6.56	5	7	0	24	13	93.1	99	20	33	74	None on/out	.237	503	119	25	2	23	23	40	107	.298	.431
July	3.63	4	2	1	22	14	86.2	77	10	31	59	vs. 1st Batr (relief)	.109	46	5	0	1	0	0	6	14	.212	.152
August	3.12	8	1	1	19	10	89.1	77	6	30	75	1st Inning Pitched	.231	454	105	21	1	19	69	45	97	.306	.412
Sept/Oct	5.35	5	7	0	23	15	104.1	98	19	50	84	First 75 Pitches	.258	1478	382	76	5	60	209	151	308	.330	.438
Starter	5.37	25	20	0	71	71	422.1	443	69	175	305	Pitch 76-90	.257	214	55	12	0	6	32	27	33	.341	.397
Reliever	2.57	7	3	3	53	0	84.0	52	7	31	90	Pitch 91-105	.232	155	36	6	0	9	24	12	34	.300	.445
0-3 Days Rest (Start)	4.50	0	1	0	1	1	4.0	4	0	2	1	Pitch 106+	.227	97	22	5	1	1	10	16	20	.336	.330
4 Days Rest	5.85	12	12	0	39	39	224.2	243	38	89	154	First Pitch	.343	239	82	14	2	9	44	3	0	.348	.531
5+ Days Rest	4.83	13	7	0	31	31	193.2	196	31	84	150	Ahead in Count	.215	980	211	42	2	26	100	0	338	.225	.342
vs. AL	4.39	4	2	0	12	8	53.1	47	11	20	54	Behind in Count	.307	368	113	24	0	26	69	118	0	.474	.584
vs. NL	4.97	28	21	3	112	63	453.0	448	65	186	341	Two Strikes	.193	958	185	39	1	26	109	85	395	.265	.317
Pre-All Star	5.71	17	14	1	67	38	253.2	271	45	106	203	Pre-All Star	.271	999	271	47	5	45	158	106	203	.345	.463
Post-All Star	4.10	15	9	2	57	33	252.2	224	31	100	192	Post-All Star	.237	945	224	52	1	31	117	100	192	.313	.393

Cal Eldred — White Sox
Age 34 – Pitches Right (flyball pitcher)

	ERA	W	L	Sv	G	GS	IP	BB	SO	Avg	H	2B	3B	HR	RBI	OBP	SLG	CG	ShO	Sup	QS	#P/S	SB	CS	GB	FB	G/F
2001 Season	13.50	0	1	0	2	2	6.0	3	6	.429	12	2	0	1	9	.529	.607	0	0	6.00	0	59	0	0	9	7 1.29
Last Five Years	5.38	29	34	0	99	94	535.0	258	371	.277	580	115	16	77	293	.360	.457	3	2	5.45	37	97	46	21	653	680 0.96

2001 Season

	ERA	W	L	Sv	G	GS	IP	H	HR	BB	SO		Avg	AB	H	2B	3B	HR	RBI	BB	SO	OBP	SLG
Home	4.50	0	0	0	1	1	2.0	3	0	3	3	vs. Left	.444	18	8	1	0	1	8	3	6	.583	.667
Away	18.00	0	1	0	1	1	4.0	9	1	3	3	vs. Right	.400	10	4	1	0	0	1	0	0	.400	.500

Last Five Years

	ERA	W	L	Sv	G	GS	IP	H	HR	BB	SO		Avg	AB	H	2B	3B	HR	RBI	BB	SO	OBP	SLG
Home	5.58	16	15	0	46	44	242.0	263	38	112	164	vs. Left	.272	1053	286	63	11	31	135	129	209	.357	.441
Away	5.22	13	19	0	53	50	293.0	317	39	146	207	vs. Right	.282	1044	294	52	5	46	158	129	162	.362	.473

Last Five Years

	ERA	W	L	Sv	G	GS	IP	H	HR	BB	SO		Avg	AB	H	2B	3B	HR	RBI	BB	SO	OBP	SLG
Day	5.98	7	13	0	36	33	177.2	205	23	97	139	Inning 1-6	.278	1951	543	106	14	74	287	241	347	.361	.461
Night	5.09	22	21	0	63	61	357.1	375	54	161	232	Inning 7+	.253	146	37	9	2	3	6	17	24	.335	.404
Grass	5.56	26	27	0	83	79	445.0	499	70	211	312	None on	.279	1157	323	65	13	46	46	130	185	.358	.477
Turf	4.50	3	7	0	16	15	90.0	81	7	47	59	Runners on	.273	940	257	50	3	31	247	128	186	.362	.432
March/April	4.40	5	4	0	20	20	110.1	109	7	58	81	Scoring Posn	.273	539	147	32	3	10	199	95	119	.379	.399
May	5.29	7	11	0	23	23	134.1	164	26	55	89	Close & Late	.247	73	18	4	1	0	1	5	12	.295	.329
June	5.84	10	6	0	22	19	114.0	127	18	59	77	None on/out	.295	525	155	35	9	18	18	54	73	.368	.499
July	6.43	3	5	0	14	13	70.0	71	10	35	50	vs. 1st Batr (relief)	.000	4	0	0	0	0	0	1	2	.200	.000
August	5.88	1	4	0	10	10	56.2	56	9	30	42	1st Inning Pitched	.253	375	95	24	3	18	55	65	72	.366	.477
Sept/Oct	4.71	3	4	0	10	9	49.2	53	7	21	32	First 75 Pitches	.289	1551	448	89	11	58	225	183	271	.367	.473
Starter	5.34	29	34	0	94	94	527.2	573	75	252	364	Pitch 76-90	.246	297	73	9	3	12	40	33	47	.330	.418
Reliever	8.59	0	0	0	5	0	7.1	7	2	6	7	Pitch 91-105	.247	178	44	13	2	4	23	28	34	.349	.410
0-3 Days Rest (Start)	0.00	0	0	0	0	0	0.0	0	0	0	0	Pitch 106+	.211	71	15	4	0	3	5	14	19	.341	.394
4 Days Rest	5.29	19	23	0	62	62	357.0	390	55	163	247	First Pitch	.301	266	80	13	4	8	36	3	0	.327	.470
5+ Days Rest	5.43	10	11	0	32	32	170.2	183	20	89	117	Ahead in Count	.212	952	202	39	6	20	77	0	303	.220	.329
vs. AL	5.13	25	18	0	55	55	317.2	330	42	141	221	Behind in Count	.357	473	169	37	4	29	105	134	0	.499	.636
vs. NL	5.76	4	16	0	44	39	217.1	250	35	117	150	Two Strikes	.199	960	191	40	3	22	84	121	371	.294	.316
Pre-All Star	5.46	23	22	0	70	66	381.0	425	55	184	263	Pre-All Star	.284	1498	425	86	13	55	218	184	263	.366	.469
Post-All Star	5.20	6	12	0	29	28	154.0	155	22	74	108	Post-All Star	.259	599	155	29	3	22	75	74	108	.345	.427

Robert Ellis — Diamondbacks Age 31 – Pitches Right

	ERA	W	L	Sv	G	GS	IP	BB	SO	Avg	H	2B	3B	HR	RBI	OBP	SLG	CG	ShO	Sup	QS	#P/S	SB	CS	GB	FB	G/F
2001 Season	5.77	6	5	0	19	17	92.0	34	41	.293	106	17	0	12	58	.354	.439	0	0	5.67	8	78	6	3	150	120	1.25

2001 Season

	ERA	W	L	Sv	G	GS	IP	H	HR	BB	SO		Avg	AB	H	2B	3B	HR	RBI	BB	SO	OBP	SLG
Home	4.23	3	0	0	7	6	38.1	36	3	13	15	vs. Left	.263	167	44	5	0	6	25	22	15	.345	.401
Away	6.88	3	5	0	12	11	53.2	70	9	21	26	vs. Right	.318	195	62	12	0	6	33	12	26	.362	.472
Starter	5.56	6	5	0	17	17	89.0	101	11	32	36	Scoring Posn	.292	96	28	4	0	1	44	9	15	.348	.365
Reliever	12.00	0	0	0	2	0	3.0	5	1	2	5	Close & Late	.333	9	3	2	0	0	1	0	1	.333	.556
0-3 Days Rest (Start)	7.71	0	1	0	2	2	9.1	9	0	4	4	None on/out	.276	87	24	2	0	4	4	10	12	.357	.437
4 Days Rest	7.49	4	2	0	7	7	33.2	46	6	10	13	First Pitch	.319	72	23	5	0	2	14	2	0	.329	.472
5+ Days Rest	3.72	2	2	0	8	8	46.0	46	5	18	19	Ahead in Count	.243	152	37	7	0	4	22	0	38	.255	.368
Pre-All Star	5.13	6	3	0	15	15	80.2	88	9	28	31	Behind in Count	.429	77	33	3	0	4	18	18	0	.526	.623
Post-All Star	10.32	0	2	0	4	2	11.1	18	3	6	10	Two Strikes	.197	132	26	6	0	4	7	14	41	.285	.288

Alan Embree — White Sox Age 32 – Pitches Left (flyball pitcher)

	ERA	W	L	Sv	G	GS	IP	BB	SO	Avg	H	2B	3B	HR	RBI	OBP	SLG	GF	IR	IRS	Hld	SvOp	SB	CS	GB	FB	G/F
2001 Season	7.33	1	4	0	61	0	54.0	17	59	.297	65	12	2	14	48	.347	.562	17	42	12	9	3	4	2	58	68	0.85
Last Five Years	4.53	14	14	3	313	0	272.1	111	249	.254	84	2	32	157	.330	.399	82	204	59	68	14	28	9	293	335	0.87

2001 Season

	ERA	W	L	Sv	G	GS	IP	H	HR	BB	SO		Avg	AB	H	2B	3B	HR	RBI	BB	SO	OBP	SLG
Home	6.68	0	1	0	31	0	32.1	40	8	9	36	vs. Left	.220	91	20	5	1	2	17	8	31	.286	.363
Away	8.31	1	3	0	30	0	21.2	25	6	8	23	vs. Right	.352	128	45	7	1	12	31	9	28	.392	.703
Day	18.62	0	2	0	12	0	9.2	24	6	7	12	Inning 1-6	.256	39	10	2	1	1	6	4	12	.304	.436
Night	4.87	1	2	0	49	0	44.1	41	8	10	47	Inning 7+	.306	180	55	10	1	13	42	13	47	.357	.589
Grass	7.52	1	4	0	58	0	52.2	65	14	17	56	None on	.295	112	33	5	2	8	8	4	28	.331	.589
Turf	0.00	0	0	0	3	0	1.1	0	0	0	3	Runners on	.299	107	32	7	0	6	40	13	31	.362	.533
April	13.06	0	1	0	12	0	10.1	21	3	6	15	Scoring Posn	.318	66	21	3	0	4	34	10	16	.386	.545
May	8.53	0	0	0	5	0	6.1	9	4	2	5	Close & Late	.293	41	12	3	1	2	10	4	9	.362	.561
June	8.31	0	1	0	6	0	4.1	5	0	2	5	None on/out	.327	49	16	4	2	3	3	3	12	.377	.673
July	9.00	0	1	0	8	0	6.0	9	2	3	10	vs. 1st Batr (relief)	.269	52	14	1	2	3	10	6	18	.344	.538
August	4.97	1	0	0	14	0	12.2	10	1	2	5	1st Inning Pitched	.330	179	59	11	2	12	44	15	44	.379	.615
Sept/Oct	3.77	0	1	0	16	0	14.1	11	4	2	18	First 15 Pitches	.320	147	47	9	2	10	32	11	36	.364	.612
Starter	0.00	0	0	0	0	0	0.0	0	0	0	0	Pitch 16-30	.266	64	17	3	0	4	14	5	19	.324	.500
Reliever	7.33	1	4	0	61	0	54.0	65	14	17	59	Pitch 31-45	.125	8	1	0	0	0	0	0	4	.222	.125
0 Days Rest (Relief)	3.45	0	0	0	16	0	15.2	13	2	1	14	Pitch 46+	.000	0	0	0	0	0	0	0	0	.000	.000
1 or 2 Days Rest	10.59	1	4	0	33	0	26.1	40	8	14	28	First Pitch	.483	29	14	2	0	4	11	0	0	.469	.966
3+ Days Rest	5.25	0	0	0	12	0	12.0	12	4	2	17	Ahead in Count	.198	106	21	5	0	4	19	0	46	.216	.358
vs. AL	5.03	1	2	0	39	0	34.0	31	7	7	34	Behind in Count	.378	37	14	4	1	4	11	7	0	.467	.865
vs. NL	11.25	0	2	0	22	0	20.0	34	7	10	25	Two Strikes	.183	115	21	3	1	4	17	9	59	.250	.330
Pre-All Star	10.96	0	2	0	25	0	23.0	40	8	11	29	Pre-All Star	.377	106	40	7	1	8	30	11	29	.434	.689
Post-All Star	4.65	1	2	0	36	0	31.0	25	6	6	30	Post-All Star	.221	113	25	5	1	6	18	6	30	.260	.442

Last Five Years

	ERA	W	L	Sv	G	GS	IP	H	HR	BB	SO		Avg	AB	H	2B	3B	HR	RBI	BB	SO	OBP	SLG
Home	3.87	8	5	3	162	0	153.2	136	16	54	154	vs. Left	.242	422	102	15	1	12	76	46	112	.318	.367
Away	5.38	6	9	0	151	0	118.2	125	16	57	95	vs. Right	.263	604	159	33	1	20	81	65	137	.338	.421
Day	5.84	5	6	1	104	0	89.1	88	14	45	94	Inning 1-6	.253	120	31	6	1	5	20	14	34	.331	.450
Night	3.89	9	8	2	209	0	183.0	173	18	66	155	Inning 7+	.254	906	230	42	1	27	137	97	215	.330	.392
Grass	4.71	11	14	3	274	0	240.2	232	29	99	223	None on	.252	511	129	28	2	18	18	60	124	.340	.421
Turf	3.13	3	0	0	39	0	31.2	29	3	12	26	Runners on	.256	515	132	20	0	14	139	51	125	.320	.377
March/April	6.42	3	2	0	47	0	40.2	48	6	21	42	Scoring Posn	.261	299	78	6	0	9	120	36	70	.330	.371
May	3.94	0	0	1	51	0	45.2	45	6	20	45	Close & Late	.250	396	99	15	1	11	62	45	95	.327	.376
June	5.64	3	3	0	50	0	44.2	51	6	18	42	None on/out	.309	233	72	17	2	8	8	30	56	.397	.502

119

Juan Encarnacion — Tigers

Age 26 – Bats Right

Last Five Years

	ERA	W	L	Sv	G	GS	IP	H	HR	BB	SO		Avg	AB	H	2B	3B	HR	RBI	BB	SO	OBP	SLG
July	4.39	4	2	1	45	0	41.0	37	4	18	42	vs. 1st Batr (relief)	.263	266	70	14	2	9	44	32	68	.343	.432
August	2.79	3	0	0	61	0	51.2	40	3	14	30	1st Inning Pitched	.264	860	227	42	2	28	146	99	194	.342	.415
Sept/Oct	4.44	1	7	1	59	0	48.2	40	7	20	48	First 15 Pitches	.262	724	190	35	2	22	104	75	157	.334	.407
Starter	0.00	0	0	0	0	0	0.0	0	0	0	0	Pitch 16-30	.236	254	60	10	0	8	47	31	74	.324	.370
Reliever	4.53	14	14	3	313	0	272.1	261	32	111	249	Pitch 31-45	.205	39	8	3	0	0	2	5	14	.295	.282
0 Days Rest (Relief)	3.76	5	2	0	74	0	64.2	58	7	24	60	Pitch 46+	.333	9	3	0	0	2	4	0	4	.333	1.000
1 or 2 Days Rest	5.27	6	9	1	156	0	138.1	149	19	55	126	First Pitch	.414	133	55	10	0	6	30	7	0	.434	.624
3+ Days Rest	3.76	3	3	2	83	0	69.1	54	6	32	63	Ahead in Count	.170	493	84	14	0	10	52	0	212	.185	.260
vs. AL	5.69	3	4	0	62	0	55.1	59	9	19	50	Behind in Count	.299	201	60	12	1	11	37	50	0	.430	.532
vs. NL	4.23	11	10	3	251	0	217.0	202	23	92	199	Two Strikes	.173	515	89	11	1	10	56	54	249	.259	.256
Pre-All Star	5.18	7	5	1	157	0	140.2	151	19	62	139	Pre-All Star	.276	547	151	29	1	19	93	62	139	.352	.437
Post-All Star	3.83	7	9	2	156	0	131.2	110	13	49	110	Post-All Star	.230	479	110	19	1	13	64	49	110	.305	.355

	Avg	G	AB	R	H	2B	3B	HR	RBI	BB	SO	HBP	GDP	SB	CS	OBP	SLG	IBB	SH	SF	#Pit	#P/PA	GB	FB	G/F
2001 Season	.242	120	417	52	101	19	7	12	52	25	93	6	9	9	5	.292	.408	1	5	4	1656	3.62	133	120	1.11
Career (1997-2001)	.269	444	1670	222	450	84	24	53	224	78	339	25	39	68	26	.310	.444	3	12	13	6396	3.56	601	436	1.38

2001 Season

	Avg	AB	H	2B	3B	HR	RBI	BB	SO	OBP	SLG		Avg	AB	H	2B	3B	HR	RBI	BB	SO	OBP	SLG
vs. Left	.259	116	30	6	0	4	14	2	26	.277	.414	First Pitch	.259	58	15	4	1	2	8	0	0	.267	.466
vs. Right	.236	301	71	13	7	8	38	23	67	.297	.405	Ahead in Count	.354	82	29	8	2	5	24	14	0	.454	.683
Home	.239	205	49	6	6	4	25	10	38	.281	.385	Behind in Count	.196	214	42	4	3	3	11	0	81	.204	.285
Away	.245	212	52	13	1	8	27	15	55	.303	.429	Two Strikes	.147	204	30	4	3	1	9	11	93	.194	.211
Day	.232	138	32	5	1	3	16	10	32	.289	.348	Batting #7	.255	200	51	11	5	4	32	13	49	.303	.420
Night	.247	279	69	14	6	9	36	15	61	.293	.437	Batting #8	.243	74	18	4	0	4	9	5	15	.305	.459
Grass	.249	385	96	17	6	11	46	24	85	.299	.410	Other	.224	143	32	4	2	4	11	7	29	.270	.364
Turf	.156	32	5	2	1	1	6	1	8	.206	.375	April	.231	78	18	0	3	2	9	6	15	.302	.385
Pre-All Star	.258	271	70	12	5	10	44	21	52	.318	.450	May	.258	97	25	6	1	4	19	8	27	.311	.464
Post-All Star	.212	146	31	7	2	2	8	4	41	.242	.329	June	.293	75	22	5	1	3	12	5	8	.341	.507
Inning 1-6	.220	273	60	11	3	8	28	16	62	.271	.370	July	.218	87	19	2	2	2	10	4	18	.263	.356
Inning 7+	.285	144	41	8	4	4	24	9	31	.331	.479	August	.224	76	17	6	0	1	2	2	24	.253	.342
Scoring Posn	.191	110	21	5	2	2	40	12	26	.273	.327	Sept/Oct	.000	4	0	0	0	0	0	0	1	.000	.000
Close & Late	.391	64	25	3	1	3	14	4	13	.414	.609	vs. AL	.251	379	95	18	7	12	45	24	83	.302	.430
None on/out	.235	98	23	3	3	4	5	24		.449		vs. NL	.158	38	6	1	0	0	7	1	10	.190	.184

2001 By Position

Position	Avg	AB	H	2B	3B	HR	RBI	BB	SO	OBP	SLG	G	GS	Innings	PO	A	E	DP	Fld Pct	Rng Fctr	In Zone	Zone Outs	Zone Rtg	MLB Zone
As cf	.255	196	50	7	4	6	29	16	43	.316	.423	56	52	474.1	125	2	4	0	.969	2.41	141	126	.894	.892
As rf	.231	216	50	12	3	5	21	9	48	.272	.384	63	62	529.0	121	3	2	0	.984	2.11	126	117	.929	.884

Career (1997-2001)

	Avg	AB	H	2B	3B	HR	RBI	BB	SO	OBP	SLG		Avg	AB	H	2B	3B	HR	RBI	BB	SO	OBP	SLG
vs. Left	.276	391	108	16	5	17	63	18	82	.316	.473	First Pitch	.335	239	80	17	5	13	50	2	0	.347	.611
vs. Right	.267	1279	342	68	19	36	161	60	257	.308	.435	Ahead in Count	.349	332	116	24	8	14	65	44	0	.426	.596
Home	.246	792	195	32	17	19	102	34	160	.288	.402	Behind in Count	.209	813	170	31	7	18	65	0	291	.220	.331
Away	.290	878	255	52	7	34	122	44	179	.329	.482	Two Strikes	.185	771	143	30	7	13	55	32	339	.226	.293
Day	.282	528	149	33	6	16	74	31	110	.330	.458	Batting #3	.252	333	84	8	6	8	34	12	72	.291	.384
Night	.264	1142	301	51	18	37	150	47	229	.300	.437	Batting #7	.255	459	117	23	9	12	73	24	104	.300	.423
Grass	.271	1450	393	68	20	45	192	69	288	.312	.439	Other	.284	878	249	53	9	33	117	42	163	.322	.477
Turf	.259	220	57	16	4	8	32	9	51	.293	.477	March/April	.290	245	71	6	3	9	28	13	48	.333	.449
Pre-All Star	.277	838	232	38	12	26	114	46	149	.322	.444	May	.281	260	73	16	4	6	40	14	47	.318	.442
Post-All Star	.262	832	218	46	12	27	110	32	190	.298	.444	June	.269	249	67	10	4	9	35	13	45	.320	.450
Inning 1-6	.256	1119	286	55	13	40	153	55	224	.300	.435	July	.238	261	62	13	6	7	31	12	51	.277	.414
Inning 7+	.298	551	164	29	11	13	71	23	115	.329	.461	August	.271	343	93	20	2	12	53	11	75	.301	.446
Scoring Posn	.246	403	99	21	7	12	168	31	94	.300	.422	Sept/Oct	.269	312	84	19	5	10	37	15	73	.308	.423
Close & Late	.346	231	80	11	3	7	36	9	48	.366	.511	vs. AL	.277	1482	410	77	22	49	204	68	298	.315	.457
None on/out	.278	399	111	23	8	15	15	18	72	.321	.489	vs. NL	.213	188	40	7	2	4	20	10	41	.267	.335

Mario Encarnacion — Rockies

Age 24 – Bats Right

	Avg	G	AB	R	H	2B	3B	HR	RBI	BB	SO	HBP	GDP	SB	CS	OBP	SLG	IBB	SH	SF	#Pit	#P/PA	GB	FB	G/F
2001 Season	.226	20	62	3	14	1	0	0	3	5	14	0	3	2	1	.284	.242	0	0	0	253	3.78	31	8	3.88

2001 Season

	Avg	AB	H	2B	3B	HR	RBI	BB	SO	OBP	SLG		Avg	AB	H	2B	3B	HR	RBI	BB	SO	OBP	SLG
vs. Left	.364	11	4	0	0	0	0	0	1	.364	.364	Scoring Posn	.143	14	2	0	0	0	3	2	4	.250	.143
vs. Right	.196	51	10	1	0	0	3	5	13	.268	.216	Close & Late	.125	8	1	0	0	0	1	2	1	.300	.125

Todd Erdos — Red Sox
Age 28 – Pitches Right

	ERA	W	L	Sv	G	GS	IP	BB	SO	Avg	H	2B	3B	HR	RBI	OBP	SLG	GF	IR	IRS	Hld	SvOp	SB	CS	GB	FB	G/F
2001 Season	4.96	0	0	0	10	0	16.1	8	7	.263	15	2	0	2	11	.366	.404	3	8	5	1	0	0	1	17	20	0.85
Career (1997-2001)	5.57	2	0	2	63	0	93.2	45	58	.283	105	19	1	12	74	.372	.437	21	48	23	2	3	5	1	125	122	1.02

2001 Season

	ERA	W	L	Sv	G	GS	IP	H	HR	BB	SO		Avg	AB	H	2B	3B	HR	RBI	BB	SO	OBP	SLG
Home	4.26	0	0	0	5	0	6.1	5	1	4	4	vs. Left	.267	30	8	2	0	1	7	2	3	.324	.433
Away	5.40	0	0	0	5	0	10.0	10	1	4	3	vs. Right	.259	27	7	0	0	1	4	6	4	.405	.370

Darin Erstad — Angels
Age 28 – Bats Left

	Avg	G	AB	R	H	2B	3B	HR	RBI	BB	SO	HBP	GDP	SB	CS	OBP	SLG	IBB	SH	SF	#Pit	#P/PA	GB	FB	G/F
2001 Season	.258	157	631	89	163	35	1	9	63	62	113	10	8	24	10	.331	.360	7	1	7	2732	3.82	270	162	1.67
Last Five Years	.293	728	2968	477	871	169	19	82	375	267	459	22	39	108	39	.354	.446	30	11	23	12392	3.76	1172	796	1.47

2001 Season

	Avg	AB	H	2B	3B	HR	RBI	BB	SO	OBP	SLG		Avg	AB	H	2B	3B	HR	RBI	BB	SO	OBP	SLG
vs. Left	.204	196	40	11	0	2	20	12	34	.268	.291	First Pitch	.286	49	14	2	0	0	4	6	0	.386	.327
vs. Right	.283	435	123	24	1	7	43	50	79	.359	.391	Ahead in Count	.352	125	44	17	0	2	19	38	0	.506	.536
Home	.276	323	89	21	0	3	30	26	54	.334	.368	Behind in Count	.208	331	69	12	1	3	22	0	100	.218	.278
Away	.240	308	74	14	1	6	33	36	59	.328	.351	Two Strikes	.186	311	58	9	0	4	24	18	113	.238	.254
Day	.286	161	46	7	0	4	22	15	27	.350	.404	Batting #2	.295	285	84	15	1	5	32	27	41	.358	.407
Night	.249	470	117	28	1	5	41	47	86	.325	.345	Batting #3	.207	174	36	6	0	3	19	18	37	.298	.293
Grass	.256	587	150	33	1	8	57	59	103	.331	.356	Other	.250	172	43	14	0	1	12	17	35	.319	.349
Turf	.295	44	13	2	0	1	6	3	10	.333	.409	April	.242	91	22	7	0	0	9	7	18	.303	.341
Pre-All Star	.279	344	96	19	1	7	43	33	62	.351	.401	May	.299	117	35	7	0	3	17	9	15	.351	.436
Post-All Star	.233	287	67	16	0	2	20	29	51	.307	.310	June	.311	106	33	5	0	2	12	11	23	.392	.415
Inning 1-6	.259	451	117	27	0	6	42	40	79	.327	.359	July	.194	103	20	3	0	3	11	14	19	.300	.311
Inning 7+	.256	180	46	8	1	3	21	22	34	.341	.361	August	.246	118	29	5	0	0	10	9	16	.305	.288
Scoring Posn	.224	156	35	6	0	4	53	22	27	.312	.340	Sept/Oct	.250	96	24	8	0	1	4	12	22	.330	.365
Close & Late	.303	89	27	4	0	2	15	15	17	.411	.416	vs. AL	.251	561	141	33	1	6	49	52	103	.321	.346
None on/out	.271	144	39	8	0	2	2	11	21	.344	.368	vs. NL	.314	70	22	2	0	3	14	10	10	.407	.471

2001 By Position

Position	Avg	AB	H	2B	3B	HR	RBI	BB	SO	OBP	SLG	G	GS	Innings	PO	A	E	DP	Fld Pct	Rng Fctr	In Zone	Outs	Zone Rtg	MLB Zone
As 1b	.281	32	9	3	0	0	0	3	7	.343	.375	12	7	71.1	64	7	0	8	1.000	—	13	13	1.000	.850
As cf	.264	584	154	32	1	9	63	56	100	.335	.368	146	146	1269.1	399	10	1	3	.998	2.90	427	393	.920	.892

Last Five Years

	Avg	AB	H	2B	3B	HR	RBI	BB	SO	OBP	SLG		Avg	AB	H	2B	3B	HR	RBI	BB	SO	OBP	SLG
vs. Left	.277	889	246	46	4	31	133	59	154	.329	.442	First Pitch	.329	213	70	9	1	11	43	23	0	.397	.535
vs. Right	.301	2079	625	123	15	51	242	208	325	.364	.448	Ahead in Count	.365	699	255	62	7	24	124	165	0	.486	.577
Home	.312	1509	471	96	8	38	197	124	226	.364	.462	Behind in Count	.243	1455	353	62	7	28	118	0	407	.247	.353
Away	.274	1459	400	73	11	44	178	143	233	.343	.430	Two Strikes	.221	1370	303	55	7	27	113	79	459	.266	.331
Day	.295	784	231	48	3	24	91	81	118	.360	.455	Batting #1	.307	1799	553	106	14	57	238	156	268	.363	.477
Night	.293	2184	640	121	16	58	284	186	341	.351	.443	Batting #2	.292	603	176	36	5	14	69	56	90	.357	.438
Grass	.295	2652	783	154	18	70	338	233	410	.353	.446	Other	.251	566	142	27	0	11	68	55	101	.321	.357
Turf	.278	316	88	15	1	12	37	34	49	.357	.446	March/April	.326	475	155	38	3	12	62	54	61	.396	.495
Pre-All Star	.311	1735	539	106	10	59	242	151	257	.369	.485	May	.281	573	161	28	4	23	81	40	84	.329	.464
Post-All Star	.269	1233	332	63	9	23	133	116	202	.332	.391	June	.318	537	171	27	3	17	72	40	87	.374	.475
Inning 1-6	.294	2091	615	124	14	54	251	170	317	.348	.446	July	.275	550	151	32	3	12	63	53	94	.339	.409
Inning 7+	.292	877	256	45	5	28	124	97	142	.367	.450	August	.286	441	126	24	3	7	50	37	66	.343	.401
Scoring Posn	.297	670	199	36	2	17	284	87	108	.372	.433	Sept/Oct	.273	392	107	20	3	11	47	43	67	.342	.423
Close & Late	.314	436	137	19	4	18	73	47	68	.383	.500	vs. AL	.285	2574	734	140	16	65	318	234	408	.346	.428
None on/out	.279	945	264	54	9	29	29	58	139	.326	.448	vs. NL	.348	394	137	29	3	17	57	33	51	.401	.566

Alex Escobar — Mets
Age 23 – Bats Right

	Avg	G	AB	R	H	2B	3B	HR	RBI	BB	SO	HBP	GDP	SB	CS	OBP	SLG	IBB	SH	SF	#Pit	#P/PA	GB	FB	G/F
2001 Season	.200	18	50	3	10	1	0	3	8	3	19	0	1	1	0	.245	.400	0	0	0	196	3.70	12	16	0.75

2001 Season

	Avg	AB	H	2B	3B	HR	RBI	BB	SO	OBP	SLG		Avg	AB	H	2B	3B	HR	RBI	BB	SO	OBP	SLG
vs. Left	.167	18	3	0	0	1	1	2	8	.250	.333	Scoring Posn	.286	14	4	1	0	1	6	1	5	.333	.571
vs. Right	.219	32	7	1	0	2	7	1	11	.242	.438	Close & Late	.000	2	0	0	0	0	0	2	2	.500	.000

Kelvim Escobar — Blue Jays
Age 26 – Pitches Right

	ERA	W	L	Sv	G	GS	IP	BB	SO	Avg	H	2B	3B	HR	RBI	OBP	SLG	GF	IR	IRS	Hld	SvOp	SB	CS	GB	FB	G/F
2001 Season	3.50	6	8	0	59	11	126.0	52	121	.204	93	24	1	8	43	.267	.314	15	18	6	13	0	18	1	163	120	1.36
Career (1997-2001)	4.71	40	39	16	184	75	590.2	272	500	.257	582	138	7	59	291	.338	.402	50	38	15	22	21	71	16	749	663	1.13

2001 Season

	ERA	W	L	Sv	G	GS	IP	H	HR	BB	SO		Avg	AB	H	2B	3B	HR	RBI	BB	SO	OBP	SLG
Home	2.82	3	5	0	35	7	76.2	54	3	28	75	vs. Left	.203	217	44	14	1	6	23	28	57	.293	.359
Away	4.56	3	3	0	24	4	49.1	39	5	24	46	vs. Right	.206	238	49	10	0	2	20	24	64	.282	.273
Starter	3.18	4	4	0	11	11	68.0	53	3	25	60	Scoring Posn	.204	98	20	7	1	2	35	21	27	.331	.357
Reliever	3.88	2	4	0	48	0	58.0	40	5	27	61	Close & Late	.216	88	19	4	0	0	9	14	24	.317	.261
0 Days Rest (Relief)	5.11	0	1	0	10	0	12.1	10	1	6	12	None on/out	.197	122	24	6	0	1	1	5	30	.228	.270

121

2001 Season

	ERA	W	L	Sv	G	GS	IP	H	HR	BB	SO		Avg	AB	H	2B	3B	HR	RBI	BB	SO	OBP	SLG
1 or 2 Days Rest	3.06	1	1	0	27	0	35.1	24	3	15	36	First Pitch	.346	52	18	4	1	1	9	4	0	.390	.519
3+ Days Rest	5.23	1	2	0	11	0	10.1	6	1	6	13	Ahead in Count	.149	228	34	6	0	3	11	0	99	.153	.215
Pre-All Star	4.89	0	4	0	40	0	46.0	37	5	22	44	Behind in Count	.341	91	31	13	0	4	19	29	0	.492	.615
Post-All Star	2.70	6	4	0	19	11	80.0	56	3	30	77	Two Strikes	.119	236	28	4	0	3	9	19	121	.188	.174

Career (1997-2001)

	ERA	W	L	Sv	G	GS	IP	H	HR	BB	SO		Avg	AB	H	2B	3B	HR	RBI	BB	SO	OBP	SLG
Home	3.78	20	18	9	95	37	312.0	297	19	128	254	vs. Left	.256	1112	285	68	3	34	152	149	257	.344	.415
Away	5.75	20	21	7	89	38	278.2	285	40	144	246	vs. Right	.257	1155	297	70	4	25	139	123	243	.332	.390
Day	4.73	9	12	3	56	22	169.1	177	18	81	154	Inning 1-6	.256	1612	413	101	5	45	222	196	333	.339	.409
Night	4.70	31	27	13	128	53	421.1	405	41	191	346	Inning 7+	.258	655	169	37	2	14	69	76	167	.336	.385
Grass	4.99	14	15	7	67	26	209.1	197	26	108	185	None on	.246	1291	318	82	3	31	31	137	296	.323	.387
Turf	4.56	26	24	9	117	49	381.1	385	33	164	315	Runners on	.270	976	264	56	4	28	260	135	204	.357	.422
March/April	5.24	4	4	0	29	10	80.2	96	11	32	67	Scoring Posn	.271	568	154	34	2	16	221	100	121	.374	.423
May	6.31	5	9	0	28	11	82.2	88	11	52	61	Close & Late	.247	295	73	14	2	3	32	42	80	.340	.339
June	5.40	6	6	0	24	11	88.1	99	9	35	67	None on/out	.252	568	143	33	3	8	8	49	110	.313	.363
July	4.04	6	5	5	30	12	100.1	77	7	52	85	vs. 1st Batr (relief)	.186	97	18	3	0	1	8	12	31	.275	.247
August	3.60	9	5	5	33	16	122.1	104	10	56	109	1st Inning Pitched	.250	656	164	29	4	22	109	93	183	.343	.407
Sept/Oct	4.41	10	10	6	40	15	116.1	118	11	45	111	First 15 Pitches	.254	507	129	22	2	17	60	61	124	.334	.406
Starter	4.78	31	30	0	75	75	457.2	462	44	209	355	Pitch 16-30	.270	423	114	27	2	16	69	46	108	.343	.456
Reliever	4.47	9	9	16	109	0	133.0	120	15	63	145	Pitch 31-45	.224	303	68	13	3	3	30	42	77	.318	.317
0 Days Rest (Relief)	4.88	2	4	7	24	0	27.2	23	2	12	30	Pitch 46+	.262	1034	271	76	0	23	132	123	191	.343	.402
1 or 2 Days Rest	4.06	2	2	5	49	0	64.1	61	9	25	65	First Pitch	.354	280	99	30	1	10	47	9	0	.374	.575
3+ Days Rest	4.83	5	3	4	36	0	41.0	36	4	26	50	Ahead in Count	.182	966	176	35	0	13	73	0	405	.187	.259
vs. AL	4.73	37	37	14	161	68	527.1	522	54	249	448	Behind in Count	.339	549	186	52	4	22	113	149	0	.475	.568
vs. NL	4.55	3	2	2	23	7	63.1	60	5	23	52	Two Strikes	.182	1079	196	36	2	20	87	114	500	.262	.274
Pre-All Star	5.60	17	20	0	90	36	281.1	316	34	135	217	Pre-All Star	.285	1109	316	67	3	34	166	135	217	.365	.443
Post-All Star	3.90	23	19	16	94	39	309.1	266	25	137	283	Post-All Star	.230	1158	266	71	4	25	125	137	283	.312	.363

Bobby Estalella — Yankees

Age 27 – Bats Right (flyball hitter)

	Avg	G	AB	R	H	2B	3B	HR	RBI	BB	SO	HBP	GDP	SB	CS	OBP	SLG	IBB	SH	SF	#Pit	#P/PA	GB	FB	G/F
2001 Season	.196	32	97	12	19	5	1	3	10	12	30	2	2	0	0	.297	.361	2	0	0	417	3.76	21	33	0.64
Last Five Years	.219	207	608	84	133	34	5	29	93	93	185	5	12	3	1	.324	.434	11	0	6	2809	3.95	156	196	0.80

2001 Season

	Avg	AB	H	2B	3B	HR	RBI	BB	SO	OBP	SLG		Avg	AB	H	2B	3B	HR	RBI	BB	SO	OBP	SLG
vs. Left	.222	18	4	1	0	0	2	4	3	.364	.278	Scoring Posn	.250	20	5	2	0	1	8	5	6	.400	.500
vs. Right	.190	79	15	4	1	3	8	8	27	.281	.380	Close & Late	.273	11	3	1	0	0	0	0	5	.273	.364

Last Five Years

	Avg	AB	H	2B	3B	HR	RBI	BB	SO	OBP	SLG		Avg	AB	H	2B	3B	HR	RBI	BB	SO	OBP	SLG
vs. Left	.204	147	30	10	2	4	23	28	46	.328	.381	First Pitch	.407	91	37	11	1	3	19	7	0	.446	.648
vs. Right	.223	461	103	24	3	25	70	65	139	.323	.451	Ahead in Count	.346	107	37	12	3	12	31	36	0	.510	.850
Home	.228	303	69	20	2	12	46	50	98	.340	.426	Behind in Count	.158	292	46	8	0	11	33	0	140	.167	.298
Away	.210	305	64	14	3	17	47	43	87	.309	.443	Two Strikes	.129	334	43	8	1	10	31	50	185	.246	.249
Day	.225	200	45	11	1	9	28	34	70	.333	.425	Batting #7	.250	120	30	5	0	11	25	11	35	.308	.567
Night	.216	408	88	23	4	20	65	59	115	.320	.439	Batting #8	.222	378	84	24	4	17	53	67	118	.344	.442
Grass	.221	448	99	28	4	19	67	75	134	.336	.429	Other	.173	110	19	5	1	1	15	15	32	.273	.264
Turf	.213	160	34	6	1	10	26	18	51	.291	.450	March/April	.266	79	21	7	0	4	10	11	28	.363	.506
Pre-All Star	.249	265	66	19	3	12	45	42	71	.352	.479	May	.262	103	27	7	1	5	21	14	23	.350	.495
Post-All Star	.195	343	67	15	2	17	48	51	114	.303	.399	June	.250	64	16	3	2	3	12	15	14	.388	.500
Inning 1-6	.226	402	91	23	3	20	72	62	122	.331	.448	July	.178	73	13	5	1	3	11	10	17	.279	.397
Inning 7+	.204	206	42	11	2	9	21	31	63	.311	.408	August	.170	135	23	4	0	5	16	17	47	.269	.311
Scoring Posn	.233	163	38	11	1	9	69	33	52	.355	.479	Sept/Oct	.214	154	33	8	1	9	23	26	56	.326	.455
Close & Late	.222	90	20	5	0	6	11	10	30	.300	.478	vs. AL	.167	42	7	2	0	0	6	5	11	.265	.214
None on/out	.203	143	29	10	0	6	6	17	43	.296	.399	vs. NL	.223	566	126	32	5	29	87	88	174	.329	.451

Shawn Estes — Giants

Age 29 – Pitches Left (groundball pitcher)

	ERA	W	L	Sv	G	GS	IP	BB	SO	Avg	H	2B	3B	HR	RBI	OBP	SLG	CG	ShO	Sup	QS	#P/S	SB	CS	GB	FB	G/F
2001 Season	4.02	9	8	0	27	27	159.0	77	109	.253	151	39	3	11	63	.339	.384	0	0	4.36	16	93	14	4	240	146	1.64
Last Five Years	4.26	61	42	0	146	146	902.2	477	721	.257	866	157	13	69	382	.352	.373	9	6	5.97	74	103	59	35	1386	758	1.83

2001 Season

	ERA	W	L	Sv	G	GS	IP	H	HR	BB	SO		Avg	AB	H	2B	3B	HR	RBI	BB	SO	OBP	SLG
Home	3.15	7	2	0	15	15	91.1	82	0	38	63	vs. Left	.227	154	35	6	1	2	12	13	33	.288	.318
Away	5.19	2	6	0	12	12	67.2	69	11	39	46	vs. Right	.262	443	116	33	2	9	51	64	76	.355	.406
Starter	4.02	9	8	0	27	27	159.0	151	11	77	109	Scoring Posn	.240	154	37	3	0	1	43	27	40	.344	.279
Reliever	0.00	0	0	0	0	0	0.0	0	0	0	0	Close & Late	.083	36	3	1	0	0	0	4	8	.175	.111
0-3 Days Rest (Start)	0.00	0	0	0	0	0	0.0	0	0	0	0	None on/out	.209	148	31	11	0	2	2	15	16	.291	.324
4 Days Rest	3.22	3	3	0	11	11	72.2	61	5	30	50	First Pitch	.256	90	23	2	1	2	9	2	0	.271	.367
5+ Days Rest	4.69	6	5	0	16	16	86.1	90	6	47	59	Ahead in Count	.211	242	51	10	0	4	18	0	84	.220	.302
Pre-All Star	3.51	7	3	0	16	16	100.0	91	7	42	62	Behind in Count	.294	143	42	11	3	3	24	46	0	.456	.462
Post-All Star	4.88	2	5	0	11	11	59.0	60	4	35	47	Two Strikes	.167	245	41	14	0	6	16	29	109	.263	.249

Last Five Years

	ERA	W	L	Sv	G	GS	IP	H	HR	BB	SO		Avg	AB	H	2B	3B	HR	RBI	BB	SO	OBP	SLG
Home	3.04	40	15	0	72	72	474.0	405	25	222	399	vs. Left	.241	632	152	28	3	10	69	84	126	.340	.342
Away	5.61	21	27	0	74	74	428.2	461	44	255	322	vs. Right	.261	2733	714	129	10	59	313	393	595	.355	.381

Last Five Years

	ERA	W	L	Sv	G	GS	IP	H	HR	BB	SO		Avg	AB	H	2B	3B	HR	RBI	BB	SO	OBP	SLG
Day	4.17	32	17	0	62	62	377.1	367	24	230	313	Inning 1-6	.263	2978	782	144	12	63	361	419	629	.356	.382
Night	4.32	29	25	0	84	84	525.1	499	45	247	408	Inning 7+	.217	387	84	13	1	6	21	58	92	.321	.302
Grass	4.22	55	37	0	129	129	800.1	770	62	420	635	None on	.256	1886	483	82	5	42	42	232	411	.341	.372
Turf	4.57	6	5	0	17	17	102.1	96	7	57	86	Runners on	.259	1479	383	75	8	27	340	245	310	.365	.375
March/April	4.66	9	8	0	22	22	129.1	127	12	80	112	Scoring Posn	.253	841	213	40	3	18	302	166	197	.373	.372
May	3.23	12	7	0	27	27	173.0	151	11	81	131	Close & Late	.177	186	33	7	1	0	6	29	52	.292	.226
June	3.45	14	4	0	27	27	182.2	152	12	94	132	None on/out	.258	858	221	46	1	15	15	94	157	.335	.366
July	4.63	11	7	0	24	24	147.2	163	12	81	105	vs. 1st Batr (relief)	.000	0	0	0	0	0	0	0	0	.000	.000
August	4.60	8	5	0	21	21	131.0	130	10	63	110	1st Inning Pitched	.300	573	172	32	3	17	92	76	108	.384	.455
Sept/Oct	5.50	7	11	0	25	25	139.0	143	12	71	131	First 75 Pitches	.261	2378	621	117	10	50	275	315	487	.350	.382
Starter	4.26	61	42	0	146	146	902.2	866	69	477	721	Pitch 76-90	.263	457	120	21	1	7	44	72	97	.363	.359
Reliever	0.00	0	0	0	0	0	0.0	0	0	0	0	Pitch 91-105	.224	353	79	12	0	8	40	47	81	.322	.326
0-3 Days Rest (Start)	0.00	0	0	0	0	0	0.0	0	0	0	0	Pitch 106+	.260	177	46	7	2	4	23	43	56	.406	.390
4 Days Rest	4.34	33	21	0	76	76	473.1	455	37	246	373	First Pitch	.309	457	141	13	1	14	62	11	0	.326	.433
5+ Days Rest	4.18	27	21	0	69	69	423.2	407	32	227	344	Ahead in Count	.171	1433	245	40	2	18	106	0	589	.177	.239
vs. AL	4.68	5	5	0	14	14	92.1	86	9	56	67	Behind in Count	.357	814	291	58	7	22	134	269	0	.516	.527
vs. NL	4.21	56	37	0	132	132	810.1	780	60	421	654	Two Strikes	.164	1527	250	52	3	18	117	197	721	.262	.237
Pre-All Star	3.75	40	20	0	84	84	530.1	490	38	284	412	Pre-All Star	.251	1956	490	88	6	38	198	284	412	.348	.360
Post-All Star	4.98	21	22	0	62	62	372.1	376	31	193	309	Post-All Star	.267	1409	376	69	7	31	184	193	309	.358	.392

Horacio Estrada — Rockies   Age 26 – Pitches Left (flyball pitcher)

	ERA	W	L	Sv	G	GS	IP	BB	SO	Avg	H	2B	3B	HR	RBI	CBP	SLG	GF	IR	IRS	Hld	SvOp	SB	CS	GB	FB	G/F
2001 Season	14.54	1	1	0	4	0	4.1	1	4	.400	8	3	0	1	7	.455	.700	2	2	2	0	0	0	0	7	5	1.40
Career (1999-2001)	7.50	4	1	0	15	4	36.0	25	22	.316	48	15	2	10	32	.420	.638	6	5	5	0	0	1	1	44	62	0.71

2001 Season

	ERA	W	L	Sv	G	GS	IP	H	HR	BB	SO		Avg	AB	H	2B	3B	HR	RBI	BB	SO	OBP	SLG
Home	14.54	1	1	0	4	0	4.1	8	1	1	4	vs. Left	.300	10	3	1	0	0	3	0	3	.300	.400
Away	0.00	0	0	0	0	0	0.0	0	0	0	0	vs. Right	.500	10	5	2	0	1	4	1	1	.583	1.000

Johnny Estrada — Phillies   Age 26 – Bats Both

	Avg	G	AB	R	H	2B	3B	HR	RBI	BB	SO	HBP	GDP	SB	CS	OBP	SLG	IBB	SH	SF	#Pit	#P/PA	GB	FB	G/F
2001 Season	.228	89	298	26	68	15	0	8	37	16	32	4	15	0	0	.273	.359	6	2	4	1001	3.09	119	88	1.35

2001 Season

	Avg	AB	H	2B	3B	HR	RBI	BB	SO	OBP	SLG		Avg	AB	H	2B	3B	HR	RBI	BB	SO	OBP	SLG
vs. Left	.218	55	12	2	0	3	7	1	5	.232	.418	Scoring Posn	.297	64	19	5	0	2	30	9	7	.372	.469
vs. Right	.230	243	56	13	0	5	30	15	27	.282	.346	Close & Late	.188	48	9	0	0	2	4	3	4	.250	.313
Home	.227	154	35	10	0	7	18	7	18	.267	.429	None on/out	.177	79	14	4	0	3	3	2	7	.198	.342
Away	.229	144	33	5	0	1	19	9	14	.280	.285	Batting #7	.348	66	23	5	0	4	15	2	8	.371	.606
First Pitch	.296	54	16	4	0	2	9	5	0	.355	.481	Batting #8	.186	215	40	8	0	3	19	13	23	.240	.265
Ahead in Count	.381	42	16	3	0	1	9	9	0	.481	.524	Other	.294	17	5	2	0	1	3	1	1	.316	.588
Behind in Count	.154	156	24	5	0	3	7	0	30	.165	.244	Pre-All Star	.269	145	39	8	0	3	22	6	14	.301	.386
Two Strikes	.128	117	15	3	0	3	5	2	32	.157	.231	Post-All Star	.190	153	29	7	0	5	15	10	18	.247	.333

Tony Eusebio — Astros   Age 35 – Bats Right (groundball hitter)

	Avg	G	AB	R	H	2B	3B	HR	RBI	BB	SO	HBP	GDP	SB	CS	OBP	SLG	IBB	SH	SF	#Pit	#P/PA	GB	FB	G/F
2001 Season	.253	59	154	16	39	8	0	5	14	17	34	2	3	0	0	.339	.403	3	0	0	665	3.82	54	42	1.29
Last Five Years	.268	362	1041	96	279	49	1	18	134	119	204	12	31	1	1	.349	.369	12	0	4	4412	3.75	444	234	1.90

2001 Season

	Avg	AB	H	2B	3B	HR	RBI	BB	SO	OBP	SLG		Avg	AB	H	2B	3B	HR	RBI	BB	SO	OBP	SLG
vs. Left	.243	37	9	4	0	1	6	1	7	.263	.432	Scoring Posn	.222	27	6	0	0	1	8	6	5	.400	.407
vs. Right	.256	117	30	4	0	4	8	16	27	.360	.393	Close & Late	.185	27	5	0	0	1	2	1	5	.214	.296
Home	.288	73	21	4	0	3	10	9	16	.381	.466	None on/out	.300	40	12	4	0	1	1	1	10	.317	.475
Away	.222	81	18	4	0	2	4	8	18	.300	.346	Batting #7	.267	30	8	1	0	1	4	3	7	.333	.400
First Pitch	.563	16	9	0	0	1	2	3	0	.650	.750	Batting #8	.230	100	23	6	0	3	8	13	23	.336	.380
Ahead in Count	.333	45	15	4	0	2	3	7	0	.423	.556	Other	.333	24	8	1	0	1	2	1	4	.360	.500
Behind in Count	.143	70	10	2	0	1	5	0	31	.143	.214	Pre-All Star	.279	86	24	5	0	4	11	5	20	.340	.477
Two Strikes	.125	72	9	3	0	1	6	7	34	.222	.208	Post-All Star	.221	68	15	3	0	1	3	12	14	.338	.309

Last Five Years

	Avg	AB	H	2B	3B	HR	RBI	BB	SO	OBP	SLG		Avg	AB	H	2B	3B	HR	RBI	BB	SO	OBP	SLG
vs. Left	.290	307	89	17	0	8	46	34	66	.361	.423	First Pitch	.466	133	62	2	0	2	26	10	0	.503	.526
vs. Right	.259	734	190	32	1	10	88	85	138	.344	.346	Ahead in Count	.355	256	91	18	0	8	37	70	0	.492	.520
Home	.264	497	131	22	1	8	66	67	88	.360	.360	Behind in Count	.175	479	84	20	0	3	42	0	171	.187	.236
Away	.272	544	148	27	0	10	68	52	116	.338	.377	Two Strikes	.151	491	74	18	1	2	43	39	204	.224	.204
Day	.235	366	86	16	1	7	44	43	83	.318	.342	Batting #7	.280	668	187	28	1	7	95	71	127	.352	.356
Night	.286	675	193	33	0	11	90	76	121	.365	.384	Batting #8	.259	220	57	14	0	8	24	28	47	.356	.432
Grass	.271	573	155	27	0	14	75	59	122	.344	.391	Other	.229	153	35	7	0	3	15	20	30	.322	.333
Turf	.265	468	124	22	1	4	59	60	82	.354	.342	March/April	.231	156	36	6	0	1	20	21	29	.324	.288
Pre-All Star	.251	586	147	22	1	9	65	72	117	.340	.338	May	.251	171	43	5	0	3	16	29	37	.369	.333
Post-All Star	.290	455	132	27	0	9	69	47	87	.360	.409	June	.269	216	58	9	1	5	28	20	45	.338	.389
Inning 1-6	.286	668	191	34	1	11	84	73	124	.360	.389	July	.295	173	51	6	0	1	19	14	32	.351	.416
Inning 7+	.236	373	88	15	0	7	50	46	80	.329	.332	August	.298	181	54	16	0	3	27	19	32	.369	.436

	Avg	AB	H	2B	3B	HR	RBI	BB	SO	OBP	SLG	Last Five Years	Avg	AB	H	2B	3B	HR	RBI	BB	SO	OBP	SLG
Scoring Posn	.263	304	80	8	1	1	105	56	58	.382	.306	Sept/Oct	.257	144	37	7	0	1	24	16	29	.337	.326
Close & Late	.224	183	41	6	0	3	23	27	44	.333	.306	vs. AL	.348	92	32	6	1	3	11	7	19	.394	.533
None on/out	.284	236	67	17	0	5	5	17	40	.337	.419	vs. NL	.260	949	247	43	0	15	123	112	185	.344	.353

Adam Everett — Astros   Age 25 – Bats Right

	Avg	G	AB	R	H	2B	3B	HR	RBI	BB	SO	HBP	GDP	SB	CS	OBP	SLG	IBB	SH	SF	#Pit	#P/PA	GB	FB	G/F
2001 Season	.000	9	3	1	0	0	0	0	0	0	1	0	0	1	0	.000	.000	0	0	0	13	4.33	0	2	0.00

2001 Season

	Avg	AB	H	2B	3B	HR	RBI	BB	SO	OBP	SLG		Avg	AB	H	2B	3B	HR	RBI	BB	SO	OBP	SLG
vs. Left	.000	0	0	0	0	0	0	0	0	.000	.000	Scoring Posn	.000	0	0	0	0	0	0	0	0	.000	.000
vs. Right	.000	3	0	0	0	0	0	0	1	.000	.000	Close & Late	.000	0	0	0	0	0	0	0	0	.000	.000

Carl Everett — Red Sox   Age 31 – Bats Both

	Avg	G	AB	R	H	2B	3B	HR	RBI	BB	SO	HBP	GDP	SB	CS	OBP	SLG	IBB	SH	SF	#Pit	#P/PA	GB	FB	G/F
2001 Season	.257	102	409	61	105	24	4	14	58	27	104	13	3	9	2	.323	.438	3	0	5	1675	3.73	122	108	1.13
Last Five Years	.287	637	2279	359	653	151	18	102	407	205	515	42	26	78	34	.354	.503	18	8	17	9505	3.73	712	679	1.05

2001 Season

	Avg	AB	H	2B	3B	HR	RBI	BB	SO	OBP	SLG		Avg	AB	H	2B	3B	HR	RBI	BB	SO	OBP	SLG
vs. Left	.197	132	26	5	1	3	12	3	32	.237	.318	First Pitch	.359	64	23	6	1	5	18	3	0	.423	.719
vs. Right	.285	277	79	19	3	11	46	24	72	.361	.495	Ahead in Count	.400	50	20	4	1	4	13	13	0	.531	.760
Home	.314	204	64	16	2	6	38	15	42	.375	.500	Behind in Count	.212	222	47	11	2	3	28	0	85	.229	.320
Away	.200	205	41	8	2	8	20	12	62	.271	.376	Two Strikes	.170	224	38	10	1	2	16	11	104	.222	.250
Day	.289	114	33	6	1	6	17	10	27	.347	.518	Batting #3	.273	319	87	21	4	11	47	21	80	.333	.467
Night	.244	295	72	18	3	8	41	17	77	.314	.407	Batting #5	.214	42	9	1	0	2	7	3	7	.283	.381
Grass	.255	353	90	21	3	11	50	25	90	.322	.425	Other	.188	48	9	2	0	1	4	3	17	.291	.292
Turf	.268	56	15	3	1	3	8	2	14	.328	.518	April	.313	96	30	5	2	4	18	12	25	.405	.531
Pre-All Star	.284	282	80	18	4	9	42	19	71	.344	.472	May	.287	108	31	8	1	1	8	2	24	.313	.407
Post-All Star	.197	127	25	6	0	5	16	8	33	.277	.362	June	.244	78	19	5	1	4	16	5	22	.306	.487
Inning 1-6	.255	278	71	16	2	10	43	14	71	.315	.435	July	.000	11	0	0	0	0	0	0	6	.083	.000
Inning 7+	.260	131	34	8	2	4	15	13	33	.340	.443	August	.207	92	19	5	0	5	13	6	24	.284	.424
Scoring Posn	.286	98	28	6	1	5	43	10	22	.386	.520	Sept/Oct	.250	24	6	1	0	0	3	2	6	.333	.292
Close & Late	.242	66	16	4	1	2	7	7	22	.324	.424	vs. AL	.257	373	96	22	4	13	52	24	95	.324	.442
None on/out	.156	77	12	3	2	4	4	4	25	.198	.403	vs. NL	.250	36	9	2	0	1	6	3	9	.308	.389

2001 By Position

Position	Avg	AB	H	2B	3B	HR	RBI	BB	SO	OBP	SLG	G	GS	Innings	PO	A	E	DP	Fld Pct	Rng Fctr	In Zone	Outs	Zone Rtg	MLB Zone
As cf	.270	341	92	22	4	13	52	22	82	.331	.472	84	83	744.0	168	4	5	1	.972	2.08	185	165	.892	.892

Last Five Years

	Avg	AB	H	2B	3B	HR	RBI	BB	SO	OBP	SLG		Avg	AB	H	2B	3B	HR	RBI	BB	SO	OBP	SLG
vs. Left	.271	564	153	29	1	16	79	28	116	.326	.411	First Pitch	.365	345	126	31	4	25	83	14	0	.409	.696
vs. Right	.292	1715	500	122	17	86	328	177	399	.363	.533	Ahead in Count	.436	388	169	35	5	33	104	106	0	.554	.807
Home	.298	1115	332	88	9	50	211	107	249	.368	.527	Behind in Count	.209	1154	241	60	6	23	122	0	436	.221	.331
Away	.276	1164	321	63	9	52	196	98	266	.340	.479	Two Strikes	.199	1159	231	56	7	28	130	85	515	.261	.332
Day	.299	733	219	47	3	38	143	59	156	.355	.527	Batting #3	.275	564	155	37	8	21	85	44	129	.337	.480
Night	.281	1546	434	104	15	64	264	146	359	.353	.492	Batting #6	.315	591	186	49	4	29	124	59	125	.381	.558
Grass	.282	1531	431	100	10	71	274	137	348	.349	.499	Other	.278	1124	312	65	6	52	198	102	261	.348	.485
Turf	.297	748	222	51	8	31	133	68	167	.363	.511	March/April	.303	373	113	20	4	18	70	35	90	.372	.523
Pre-All Star	.308	1364	420	89	13	61	256	122	309	.373	.526	May	.287	414	119	26	2	14	69	35	100	.350	.461
Post-All Star	.255	915	233	62	5	41	151	83	206	.325	.468	June	.320	466	149	35	4	25	101	42	106	.386	.573
Inning 1-6	.284	1506	428	94	11	69	263	124	336	.349	.499	July	.279	305	85	21	4	11	47	25	69	.339	.482
Inning 7+	.291	773	225	57	7	33	144	81	179	.364	.511	August	.264	417	110	30	2	24	78	33	69	.328	.518
Scoring Posn	.302	593	179	46	6	27	300	74	130	.386	.536	Sept/Oct	.253	304	77	19	2	10	42	35	81	.331	.467
Close & Late	.275	396	109	29	3	17	80	45	101	.354	.492	vs. AL	.293	941	276	63	8	49	177	81	213	.360	.533
None on/out	.267	539	144	30	4	33	33	38	121	.326	.521	vs. NL	.282	1338	377	88	10	53	230	124	302	.350	.481

Scott Eyre — Blue Jays   Age 30 – Pitches Left (flyball pitcher)

	ERA	W	L	Sv	G	GS	IP	BB	SO	Avg	H	2B	3B	HR	RBI	OBP	SLG	GF	IR	IRS	Hld	SvOp	SB	CS	GB	FB	G/F
2001 Season	3.45	1	2	2	17	0	15.2	7	16	.263	15	5	0	1	9	.348	.404	5	13	3	3	3	0	3	11	19	0.58
Career (1997-2001)	5.50	10	16	2	95	29	227.1	129	158	.287	258	44	6	45	154	.377	.499	26	43	16	4	3	19	19	275	321	0.86

2001 Season

	ERA	W	L	Sv	G	GS	IP	H	HR	BB	SO		Avg	AB	H	2B	3B	HR	RBI	BB	SO	OBP	SLG
Home	1.42	0	0	0	6	0	6.1	5	1	3	7	vs. Left	.192	26	5	0	0	1	2	3	8	.300	.308
Away	4.82	1	2	2	11	0	9.1	10	0	4	9	vs. Right	.323	31	10	5	0	0	7	4	8	.389	.484

Career (1997-2001)

	ERA	W	L	Sv	G	GS	IP	H	HR	BB	SO		Avg	AB	H	2B	3B	HR	RBI	BB	SO	OBP	SLG
Home	4.13	7	3	0	47	15	113.1	119	15	62	71	vs. Left	.289	246	71	13	2	12	51	41	32	.394	.504
Away	6.87	3	13	2	48	14	114.0	139	30	67	87	vs. Right	.286	653	187	31	4	33	103	88	126	.370	.498
Day	5.04	2	5	1	38	9	91.0	93	16	39	54	Inning 1-6	.280	674	189	30	4	41	118	104	117	.378	.519
Night	5.81	8	11	1	57	20	136.1	165	29	90	104	Inning 7+	.307	225	69	14	2	4	36	25	41	.374	.440
Grass	5.36	10	11	1	76	23	184.2	206	33	99	122	None on	.272	486	132	24	3	25	25	69	83	.362	.488
Turf	6.12	0	5	1	19	6	42.2	52	12	30	36	Runners on	.305	413	126	20	3	20	129	60	75	.393	.513

Career (1997-2001)

	ERA	W	L	Sv	G	GS	IP	H	HR	BB	SO		Avg	AB	H	2B	3B	HR	RBI	BB	SO	OBP	SLG
March/April	4.96	2	4	0	15	6	45.1	47	10	27	35	Scoring Posn	.298	238	71	10	2	9	103	41	38	.397	.471
May	5.52	0	2	0	9	5	29.1	36	5	23	20	Close & Late	.288	73	21	4	1	0	11	9	17	.369	.370
June	8.80	0	2	0	10	4	30.2	46	11	14	21	None on/out	.283	223	63	12	1	14	14	28	36	.363	.534
July	4.15	1	0	0	13	0	13.0	13	1	9	5	vs. 1st Batr (relief)	.356	59	21	6	2	0	8	6	12	.424	.525
August	5.02	3	4	0	26	9	61.0	64	13	40	38	1st Inning Pitched	.299	318	95	22	5	6	60	47	67	.384	.456
Sept/Oct	4.88	4	4	2	22	5	48.0	52	5	16	39	First 15 Pitches	.311	219	68	15	3	4	32	34	46	.401	.461
Starter	5.47	6	11	0	29	29	151.1	158	34	88	102	Pitch 16-30	.266	188	50	10	1	9	34	32	31	.371	.473
Reliever	5.57	4	5	2	66	0	76.0	100	11	41	56	Pitch 31-45	.299	137	41	5	1	4	24	24	23	.411	.438
0 Days Rest (Relief)	0.77	1	0	0	12	0	11.2	9	1	5	11	Pitch 46+	.279	355	99	14	1	28	64	39	58	.351	.561
1 or 2 Days Rest	8.88	0	1	2	23	0	25.1	33	7	16	19	First Pitch	.346	107	37	7	1	6	25	4	0	.372	.598
3+ Days Rest	4.85	3	4	0	31	0	39.0	58	3	20	26	Ahead in Count	.253	368	93	8	1	12	46	0	121	.260	.378
vs. AL	5.31	9	13	2	86	24	195.0	218	38	115	132	Behind in Count	.307	215	66	14	1	18	47	67	0	.463	.633
vs. NL	6.68	1	3	0	9	5	32.1	40	7	14	26	Two Strikes	.236	420	99	15	4	13	59	58	158	.332	.383
Pre-All Star	6.32	2	8	0	38	15	109.2	136	26	67	79	Pre-All Star	.304	447	136	22	4	26	88	67	79	.396	.546
Post-All Star	4.74	8	8	2	57	14	117.2	122	19	62	79	Post-All Star	.270	452	122	22	2	19	66	62	79	.358	.454

Jorge Fabregas — Angels
Age 32 – Bats Left

	Avg	G	AB	R	H	2B	3B	HR	RBI	BB	SO	HBP	GDP	SB	CS	OBP	SLG	IBB	SH	SF	#Pit	#P/PA	GB	FB	G/F
2001 Season	.223	53	148	9	33	4	2	2	16	3	15	0	5	0	0	.235	.318	0	4	2	482	3.07	56	52	1.08
Last Five Years	.233	375	1064	86	248	33	5	17	125	65	131	4	35	2	1	.277	.321	8	17	13	3832	3.29	419	328	1.28

2001 Season

	Avg	AB	H	2B	3B	HR	RBI	BB	SO	OBP	SLG		Avg	AB	H	2B	3B	HR	RBI	BB	SO	OBP	SLG
vs. Left	.143	7	1	0	0	0	0	0	3	.143	.143	Scoring Posn	.200	40	8	0	1	1	15	1	9	.209	.325
vs. Right	.227	141	32	4	2	2	16	3	12	.240	.326	Close & Late	.286	21	6	2	0	0	2	0	1	.286	.381
Home	.209	67	14	2	1	0	5	1	4	.217	.269	None on/out	.263	38	10	0	1	1	1	0	3	.263	.395
Away	.235	81	19	2	1	2	11	2	11	.250	.358	Batting #7	.222	27	6	0	0	2	4	0	2	.222	.444
First Pitch	.259	27	7	0	1	1	9	0	0	.250	.444	Batting #8	.214	112	24	2	2	0	11	3	12	.231	.268
Ahead in Count	.244	45	11	1	0	0	4	3	0	.286	.267	Other	.333	9	3	2	0	0	1	0	1	.333	.556
Behind in Count	.200	55	11	3	1	0	1	0	14	.200	.291	Pre-All Star	.207	92	19	1	1	1	9	3	8	.227	.272
Two Strikes	.208	48	10	2	1	0	1	0	15	.208	.292	Post-All Star	.250	56	14	3	1	1	7	0	7	.250	.393

Last Five Years

	Avg	AB	H	2B	3B	HR	RBI	BB	SO	OBP	SLG		Avg	AB	H	2B	3B	HR	RBI	BB	SO	OBP	SLG
vs. Left	.259	112	29	2	1	1	15	8	21	.303	.321	First Pitch	.283	166	47	3	2	3	27	7	0	.307	.380
vs. Right	.230	952	219	31	4	16	110	57	110	.273	.321	Ahead in Count	.268	314	84	14	1	7	43	31	0	.328	.385
Home	.239	506	121	20	1	4	57	35	43	.287	.306	Behind in Count	.170	405	69	8	2	4	28	0	116	.177	.230
Away	.228	558	127	13	4	13	68	30	88	.267	.335	Two Strikes	.197	370	73	8	2	5	38	27	131	.257	.270
Day	.233	300	70	7	3	2	33	23	39	.287	.297	Batting #7	.257	311	80	6	1	9	44	19	35	.296	.370
Night	.233	764	178	26	2	15	92	42	92	.272	.321	Batting #8	.224	505	113	16	3	5	57	34	50	.272	.297
Grass	.237	914	217	29	4	16	108	60	100	.284	.330	Other	.222	248	55	11	1	3	24	12	46	.262	.310
Turf	.207	150	31	4	1	1	17	5	31	.232	.267	March/April	.197	178	35	5	0	2	19	18	19	.264	.258
Pre-All Star	.222	644	143	18	3	11	83	47	73	.275	.311	May	.208	212	44	5	1	4	26	17	25	.264	.297
Post-All Star	.250	420	105	15	2	6	42	18	58	.280	.338	June	.260	192	50	4	2	2	25	9	21	.294	.333
Inning 1-6	.244	672	164	27	5	11	82	41	76	.286	.348	July	.235	196	46	9	0	5	24	9	31	.272	.357
Inning 7+	.214	392	84	6	0	6	43	24	55	.260	.276	August	.253	154	39	7	1	3	22	11	19	.299	.370
Scoring Posn	.231	277	64	7	2	5	109	26	45	.287	.325	Sept/Oct	.258	132	34	3	1	1	9	1	16	.265	.318
Close & Late	.211	180	38	3	0	5	24	12	24	.260	.311	vs. AL	.253	566	143	18	4	9	74	22	62	.279	.346
None on/out	.244	254	62	12	2	5	5	6	29	.264	.366	vs. NL	.211	498	105	15	1	8	51	43	69	.274	.293

Kyle Farnsworth — Cubs
Age 26 – Pitches Right (flyball pitcher)

	ERA	W	L	Sv	G	GS	IP	BB	SO	Avg	H	2B	3B	HR	RBI	OBP	SLG	GF	IR	IRS	Hld	SvOp	SB	CS	GB	FB	G/F
2001 Season	2.74	4	6	2	76	0	82.0	29	107	.213	65	15	1	8	24	.282	.348	24	28	6	24	3	7	3	69	93	0.74
Career (1999-2001)	4.76	11	24	3	149	26	289.0	131	251	.261	295	50	4	50	161	.340	.445	33	59	21	30	9	29	10	329	366	0.90

2001 Season

	ERA	W	L	Sv	G	GS	IP	H	HR	BB	SO		Avg	AB	H	2B	3B	HR	RBI	BB	SO	OBP	SLG
Home	2.47	3	4	2	43	0	43.2	36	3	19	58	vs. Left	.223	121	27	7	0	3	7	13	36	.299	.355
Away	3.05	1	2	0	33	0	38.1	29	5	10	49	vs. Right	.207	184	38	8	1	5	17	16	71	.271	.342
Day	2.54	1	3	2	41	0	39.0	37	4	17	55	Inning 1-6	.000	2	0	0	0	0	0	0	1	1.000	.000
Night	2.93	3	3	0	35	0	43.0	28	4	12	52	Inning 7+	.215	303	65	15	1	8	24	29	106	.284	.350
Grass	2.73	4	6	2	74	0	79.0	62	7	27	102	None on	.222	176	39	7	1	6	6	17	52	.294	.375
Turf	3.00	0	0	0	2	0	3.0	3	1	2	5	Runners on	.202	129	26	8	0	2	18	12	55	.266	.310
April	1.98	0	0	0	12	0	13.2	18	1	5	19	Scoring Posn	.110	73	8	3	0	0	12	10	38	.212	.151
May	3.75	0	1	0	13	0	12.0	9	3	3	23	Close & Late	.227	194	44	10	1	6	20	16	71	.286	.381
June	5.06	0	2	0	12	0	10.2	8	0	6	17	None on/out	.200	70	14	5	0	0	0	7	23	.273	.271
July	1.72	1	0	0	15	0	15.2	4	1	4	15	vs. 1st Batr (relief)	.197	66	13	4	0	1	3	9	21	.289	.303
August	0.56	3	0	0	11	0	16.0	11	0	5	18	1st Inning Pitched	.205	244	50	12	1	6	18	24	89	.277	.336
Sept/Oct	4.50	0	3	2	13	0	14.0	15	3	6	15	First 15 Pitches	.204	196	40	9	1	5	12	15	68	.263	.337
Starter	0.00	0	0	0	0	0	0.0	0	0	0	0	Pitch 16-30	.242	91	22	5	0	2	9	13	31	.333	.396
Reliever	2.74	4	6	2	76	0	82.0	65	8	29	107	Pitch 31-45	.167	18	3	1	0	0	3	1	8	.211	.222
0 Days Rest (Relief)	2.63	0	1	0	16	0	13.2	15	0	5	19	Pitch 46+	.000	0	0	0	0	0	0	0	0	.000	.000
1 or 2 Days Rest	2.48	3	4	2	48	0	54.1	40	7	17	67	First Pitch	.361	36	13	1	3	8	2	0	0	.395	.750
3+ Days Rest	3.86	1	1	0	12	0	14.0	10	1	7	21	Ahead in Count	.156	173	27	4	0	1	5	0	91	.160	.197
vs. AL	1.00	0	0	0	9	0	9.0	2	0	2	10	Behind in Count	.371	35	13	5	0	1	6	9	0	.489	.600
vs. NL	2.96	4	6	2	67	0	73.0	63	8	27	97	Two Strikes	.142	190	27	4	0	3	5	18	107	.216	.211

125

2001 Season

	ERA	W	L	Sv	G	GS	IP	H	HR	BB	SO		Avg	AB	H	2B	3B	HR	RBI	BB	SO	OBP	SLG
Pre-All Star	3.00	0	3	0	42	0	42.0	36	4	14	65	Pre-All Star	.224	161	36	8	0	4	12	14	65	.290	.348
Post-All Star	2.47	4	3	2	34	0	40.0	29	4	15	42	Post-All Star	.201	144	29	7	1	4	12	15	42	.273	.347

Career (1999-2001)

	ERA	W	L	Sv	G	GS	IP	H	HR	BB	SO		Avg	AB	H	2B	3B	HR	RBI	BB	SO	OBP	SLG
Home	4.09	5	12	3	83	14	162.2	162	22	71	140	vs. Left	.257	459	118	19	1	22	64	54	88	.336	.447
Away	5.63	6	12	0	66	12	126.1	133	28	60	111	vs. Right	.264	671	177	31	3	28	97	77	163	.343	.444
Day	4.66	5	14	3	85	17	170.0	186	27	70	150	Inning 1-6	.272	629	171	25	2	32	103	72	107	.350	.471
Night	4.92	6	10	0	64	9	119.0	109	23	61	101	Inning 7+	.248	501	124	25	2	18	58	59	144	.327	.413
Grass	4.80	9	23	3	138	23	266.0	272	46	113	230	None on	.273	612	167	30	2	28	28	71	136	.352	.466
Turf	4.30	2	1	0	11	3	23.0	23	4	18	21	Runners on	.247	518	128	20	2	22	133	60	115	.325	.421
March/April	5.92	2	3	0	22	6	51.2	70	10	24	50	Scoring Posn	.240	308	74	10	1	11	105	45	76	.333	.386
May	6.49	1	3	0	29	5	51.1	56	12	30	44	Close & Late	.257	268	69	15	2	9	38	33	82	.339	.429
June	7.71	0	4	0	18	4	32.2	43	8	16	29	None on/out	.252	262	66	13	1	7	7	37	49	.349	.389
July	3.16	1	2	1	23	1	31.1	23	4	7	25	vs. 1st Batr (relief)	.238	105	25	7	0	4	15	14	27	.328	.419
August	3.11	4	5	0	28	5	63.2	49	7	27	48	1st Inning Pitched	.253	509	129	22	2	21	74	57	145	.328	.428
Sept/Oct	3.24	3	7	2	29	5	58.1	54	9	27	55	First 15 Pitches	.261	391	102	19	2	13	45	41	104	.331	.419
Starter	5.81	6	11	0	26	26	144.0	163	32	64	86	Pitch 16-30	.254	256	65	10	0	14	40	33	74	.340	.457
Reliever	3.72	5	13	3	123	0	145.0	132	18	67	165	Pitch 31-45	.239	142	34	5	1	5	19	15	33	.316	.394
0 Days Rest (Relief)	4.50	0	3	0	20	0	16.0	21	1	9	19	Pitch 46+	.276	341	94	16	1	18	57	42	40	.359	.487
1 or 2 Days Rest	3.90	4	8	2	80	0	94.2	86	13	41	109	First Pitch	.336	140	47	10	1	9	33	8	0	.377	.614
3+ Days Rest	2.88	1	2	1	23	0	34.1	25	4	17	37	Ahead in Count	.209	536	112	16	1	17	42	0	206	.213	.338
vs. AL	0.60	0	0	0	10	0	15.0	6	0	3	13	Behind in Count	.322	230	74	16	0	9	47	73	0	.482	.509
vs. NL	4.99	11	24	3	139	26	274.0	289	50	128	238	Two Strikes	.168	564	95	12	2	17	41	50	251	.240	.287
Pre-All Star	6.67	3	11	0	75	16	141.2	177	32	70	130	Pre-All Star	.303	585	177	32	3	32	106	70	130	.380	.532
Post-All Star	2.93	8	13	3	74	10	147.1	118	18	61	121	Post-All Star	.217	545	118	18	1	18	55	61	121	.296	.352

Sal Fasano — Rockies   Age 30 – Bats Right (flyball hitter)

	Avg	G	AB	R	H	2B	3B	HR	RBI	BB	SO	HBP	GDP	SB	CS	OBP	SLG	IBB	SH	SF	#Pit	#P/PA	GB	FB	G/F
2001 Season	.200	39	85	12	17	5	0	3	9	5	31	4	3	0	0	.277	.365	0	2	0	349	3.64	22	23	0.96
Last Five Years	.219	201	525	69	115	25	0	24	76	37	163	30	12	1	1	.305	.404	1	5	4	2263	3.77	138	171	0.81

2001 Season

	Avg	AB	H	2B	3B	HR	RBI	BB	SO	OBP	SLG		Avg	AB	H	2B	3B	HR	RBI	BB	SO	OBP	SLG
vs. Left	.261	23	6	1	0	1	4	2	10	.370	.435	Scoring Posn	.308	13	4	2	0	1	7	2	3	.471	.692
vs. Right	.177	62	11	4	0	2	5	3	21	.239	.339	Close & Late	.200	5	1	0	0	0	0	0	2	.200	.200

Last Five Years

	Avg	AB	H	2B	3B	HR	RBI	BB	SO	OBP	SLG		Avg	AB	H	2B	3B	HR	RBI	BB	SO	OBP	SLG
vs. Left	.201	134	27	7	0	6	20	7	42	.273	.388	First Pitch	.308	52	16	5	0	4	11	0	0	.400	.635
vs. Right	.225	391	88	18	0	18	56	30	121	.316	.409	Ahead in Count	.253	87	22	6	0	2	13	21	0	.405	.391
Home	.226	235	53	12	0	13	39	12	65	.298	.443	Behind in Count	.187	299	56	11	0	11	41	0	138	.220	.334
Away	.214	290	62	13	0	11	37	25	98	.311	.372	Two Strikes	.174	311	54	10	0	14	39	16	163	.233	.347
Day	.214	168	36	8	0	9	23	10	58	.314	.423	Batting #8	.231	264	61	12	0	15	45	23	72	.328	.447
Night	.221	357	79	17	0	15	53	27	105	.301	.395	Batting #9	.207	217	45	11	0	8	26	12	75	.284	.369
Grass	.214	472	101	24	0	20	66	34	142	.300	.392	Other	.205	44	9	2	0	1	5	2	16	.271	.318
Turf	.264	53	14	1	0	4	10	3	21	.350	.509	March/April	.137	51	7	1	0	0	2	6	19	.237	.157
Pre-All Star	.198	263	52	11	0	6	21	19	82	.276	.308	May	.148	81	12	2	0	1	8	8	25	.247	.210
Post-All Star	.240	262	63	14	0	18	55	18	81	.334	.500	June	.243	107	26	5	0	4	10	4	33	.296	.402
Inning 1-6	.243	382	93	19	0	18	60	24	107	.312	.435	July	.247	85	21	6	0	5	19	3	17	.326	.494
Inning 7+	.154	143	22	6	0	6	16	13	56	.289	.322	August	.223	112	25	5	0	8	18	7	44	.307	.482
Scoring Posn	.264	121	32	6	0	5	50	16	41	.380	.438	Sept/Oct	.270	89	24	6	0	6	22	9	25	.340	.539
Close & Late	.162	37	6	1	0	1	4	7	15	.367	.270	vs. AL	.208	395	82	19	0	17	59	30	119	.299	.385
None on/out	.203	143	29	5	0	9	9	5	47	.265	.427	vs. NL	.254	130	33	6	0	7	17	7	44	.326	.462

Jeff Fassero — Cubs   Age 39 – Pitches Left

	ERA	W	L	Sv	G	GS	IP	BB	SO	Avg	H	2B	3B	HR	RBI	OBP	SLG	GF	IR	IRS	Hld	SvOp	SB	CS	GB	FB	G/F
2001 Season	3.42	4	4	12	82	0	73.2	29	79	.235	66	11	0	6	40	.293	.356	30	40	13	25	17	3	1	94	63	1.49
Last Five Years	4.56	46	47	12	224	117	819.0	306	655	.272	876	192	10	111	434	.336	.441	36	56	23	32	17	83	34	1156	876	1.32

2001 Season

	ERA	W	L	Sv	G	GS	IP	H	HR	BB	SO		Avg	AB	H	2B	3B	HR	RBI	BB	SO	OBP	SLG
Home	3.43	3	2	6	47	0	42.0	37	3	11	43	vs. Left	.247	97	24	3	0	3	12	9	30	.308	.371
Away	3.41	1	2	6	35	0	31.2	29	3	12	36	vs. Right	.228	184	42	13	0	3	28	14	49	.285	.348
Day	4.31	3	3	10	55	0	48.0	48	6	15	56	Inning 1-6	.000	12	0	0	0	0	1	0	7	.000	.000
Night	1.75	1	1	2	27	0	25.2	18	0	8	23	Inning 7+	.245	269	66	16	0	6	39	23	72	.305	.372
Grass	3.57	4	4	9	79	0	70.2	64	6	23	76	None on	.215	149	32	9	0	2	2	9	41	.259	.315
Turf	0.00	0	0	3	3	0	3.0	2	0	0	3	Runners on	.258	132	34	7	0	4	38	14	38	.329	.402
April	6.08	0	2	9	16	0	13.1	14	2	5	15	Scoring Posn	.268	82	22	6	0	2	33	12	27	.354	.415
May	0.00	0	0	1	13	0	10.1	2	0	5	10	Close & Late	.269	160	43	9	0	5	31	15	39	.330	.419
June	1.50	1	0	1	15	0	12.0	14	1	3	14	None on/out	.220	59	13	2	0	0	0	5	16	.281	.254
July	1.26	3	0	0	14	0	14.1	10	0	4	15	vs. 1st Batr (relief)	.243	74	18	4	0	1	10	6	19	.305	.338
August	7.62	0	2	0	13	0	13.0	17	1	4	17	1st Inning Pitched	.246	260	64	16	0	6	40	19	75	.298	.372
Sept/Oct	3.38	0	0	1	11	0	10.2	9	2	4	10	First 15 Pitches	.241	212	51	13	0	4	27	15	58	.291	.358
Starter	0.00	0	0	0	0	0	0.0	0	0	0	0	Pitch 16-30	.210	62	13	2	0	2	10	7	20	.290	.339
Reliever	3.42	4	4	12	82	0	73.2	66	6	23	79	Pitch 31-45	.333	6	2	1	0	0	3	1	1	.429	.500

	ERA	W	L	Sv	G	GS	IP	H	HR	BB	SO	2001 Season	Avg	AB	H	2B	3B	HR	RBI	BB	SO	OBP	SLG
0 Days Rest (Relief)	2.78	2	1	8	26	0	22.2	22	2	3	28	Pitch 46+	.000	1	0	0	0	0	0	0	0	.000	.000
1 or 2 Days Rest	5.05	1	3	3	42	0	35.2	37	4	12	35	First Pitch	.429	35	15	4	0	0	4	5	0	.488	.543
3+ Days Rest	0.59	1	0	1	14	0	15.1	7	0	8	16	Ahead in Count	.190	153	29	7	0	1	15	0	64	.195	.255
vs. AL	0.00	1	0	1	10	0	10.0	10	0	1	12	Behind in Count	.333	42	14	2	0	4	12	10	0	.453	.667
vs. NL	3.96	3	4	11	72	0	63.2	56	6	22	67	Two Strikes	.149	148	22	9	0	1	16	8	79	.197	.230
Pre-All Star	2.47	1	2	11	48	0	40.0	33	3	12	46	Pre-All Star	.219	151	33	8	0	3	16	12	46	.280	.331
Post-All Star	4.54	3	2	1	34	0	33.2	33	3	11	33	Post-All Star	.254	130	33	8	0	3	24	11	33	.308	.385

	ERA	W	L	Sv	G	GS	IP	H	HR	BB	SO	Last Five Years	Avg	AB	H	2B	3B	HR	RBI	BB	SO	OBP	SLG
Home	4.50	24	22	6	115	57	403.2	418	53	149	331	vs. Left	.267	688	184	30	4	12	74	58	152	.331	.375
Away	4.62	22	25	6	109	60	415.1	458	58	157	324	vs. Right	.273	2533	692	162	6	99	360	248	503	.337	.459
Day	3.76	16	13	10	101	35	282.1	289	31	100	224	Inning 1-6	.267	2497	666	137	6	88	316	234	504	.329	.432
Night	4.98	30	34	2	123	82	536.2	587	80	206	431	Inning 7+	.290	724	210	55	4	23	118	72	151	.359	.472
Grass	4.51	28	31	9	168	68	495.0	547	64	188	367	None on	.262	1847	484	108	5	57	57	154	337	.323	.419
Turf	4.64	18	16	3	56	49	324.0	329	47	118	258	Runners on	.285	1374	392	84	5	54	377	152	318	.353	.472
March/April	4.58	8	7	9	36	20	135.2	147	22	55	93	Scoring Posn	.276	797	220	52	3	22	301	118	204	.361	.432
May	4.53	10	6	1	36	23	151.0	165	17	51	110	Close & Late	.287	369	106	25	2	15	72	45	77	.366	.488
June	4.94	6	8	1	37	19	129.1	145	19	54	102	None on/out	.263	821	216	43	2	26	26	60	130	.316	.415
July	4.68	10	10	0	36	21	142.1	153	20	54	125	vs. 1st Batr (relief)	.232	99	23	6	0	2	18	6	23	.280	.354
August	5.77	5	14	0	39	20	142.0	175	20	56	123	1st Inning Pitched	.254	788	200	38	1	23	113	71	180	.315	.392
Sept/Oct	2.58	7	2	1	40	14	118.2	91	13	36	102	First 15 Pitches	.253	649	164	37	1	17	73	47	126	.304	.391
Starter	4.59	42	41	0	117	117	717.2	778	101	270	549	Pitch 16-30	.242	505	122	21	0	15	57	52	125	.313	.372
Reliever	4.35	4	6	12	107	0	101.1	98	10	36	106	Pitch 31-45	.301	438	132	38	0	14	60	33	95	.349	.484
0 Days Rest (Relief)	2.28	2	1	8	31	0	27.2	25	2	4	35	Pitch 46+	.281	1629	458	96	9	65	244	174	309	.352	.471
1 or 2 Days Rest	5.25	1	4	3	54	0	48.0	49	8	17	47	First Pitch	.367	452	166	44	2	9	69	15	0	.383	.533
3+ Days Rest	4.91	1	1	1	22	0	25.2	24	0	15	24	Ahead in Count	.191	1459	279	49	3	33	135	0	545	.197	.297
vs. AL	4.42	40	34	1	135	101	665.1	713	86	239	509	Behind in Count	.366	688	252	56	3	42	134	146	0	.473	.640
vs. NL	5.15	6	13	11	89	16	153.2	163	25	67	146	Two Strikes	.174	1479	257	51	3	38	144	145	655	.252	.289
Pre-All Star	4.70	26	24	11	120	68	449.2	496	65	174	341	Pre-All Star	.280	1773	496	103	5	65	249	174	341	.345	.453
Post-All Star	4.39	20	23	1	104	49	369.1	380	46	132	314	Post-All Star	.262	1448	380	89	5	46	185	132	314	.325	.426

Carlos Febles — Royals
Age 26 – Bats Right (groundball hitter)

	Avg	G	AB	R	H	2B	3B	HR	RBI	BB	SO	HBP	GDP	SB	CS	OBP	SLG	IBB	SH	SF	#Pit	#P/PA	GB	FB	G/F
2001 Season	.236	79	292	45	69	9	2	8	25	22	58	1	7	5	2	.291	.363	0	1	1	1195	3.77	125	65	1.92
Career (1998-2001)	.254	313	1109	180	282	44	14	20	109	109	204	20	33	44	13	.331	.373	1	26	5	4835	3.81	492	200	2.46

2001 Season

	Avg	AB	H	2B	3B	HR	RBI	BB	SO	OBP	SLG		Avg	AB	H	2B	3B	HR	RBI	BB	SO	OBP	SLG
vs. Left	.226	93	21	3	0	2	6	9	19	.294	.323	Scoring Posn	.254	59	15	1	0	2	15	8	10	.338	.373
vs. Right	.241	199	48	6	2	6	19	13	39	.290	.382	Close & Late	.114	35	4	1	0	1	2	2	8	.162	.229
Home	.265	155	41	3	1	6	15	17	33	.335	.413	None on/out	.252	107	27	4	1	1	1	7	27	.304	.336
Away	.204	137	28	6	1	2	10	5	25	.238	.307	Batting #1	.241	237	57	5	1	8	21	20	45	.302	.371
First Pitch	.207	29	6	2	0	1	4	0	0	.207	.379	Batting #9	.231	39	9	3	1	0	2	1	10	.250	.359
Ahead in Count	.364	66	24	3	1	5	11	8	0	.440	.667	Other	.188	16	3	1	0	0	2	1	3	.222	.250
Behind in Count	.185	130	24	1	1	1	4	0	46	.185	.231	Pre-All Star	.200	80	16	3	1	0	5	6	24	.253	.263
Two Strikes	.165	133	22	1	1	1	5	14	58	.245	.211	Post-All Star	.250	212	53	6	1	8	20	16	34	.306	.401

Career (1998-2001)

	Avg	AB	H	2B	3B	HR	RBI	BB	SO	OBP	SLG		Avg	AB	H	2B	3B	HR	RBI	BB	SO	OBP	SLG
vs. Left	.260	288	75	14	2	4	30	53	.331	.365	First Pitch	.310	113	35	4	0	1	14	1	0	.328	.372
vs. Right	.252	821	207	30	12	16	79	79	151	.330	.376	Ahead in Count	.352	256	90	18	4	8	34	45	0	.456	.547
Home	.267	546	146	17	9	13	64	58	104	.346	.403	Behind in Count	.196	510	100	13	7	8	36	0	169	.207	.296
Away	.242	563	136	27	5	7	45	51	100	.315	.345	Two Strikes	.181	515	93	15	5	6	34	63	204	.276	.264
Day	.243	334	81	14	3	1	28	37	61	.326	.311	Batting #1	.226	327	74	9	2	8	29	31	68	.296	.339
Night	.259	775	201	30	11	19	81	72	143	.333	.400	Batting #2	.241	361	87	12	2	8	32	36	61	.328	.352
Grass	.247	973	240	35	11	19	95	93	182	.322	.364	Other	.287	421	121	23	10	4	48	42	75	.359	.418
Turf	.309	136	42	9	3	1	14	16	22	.391	.441	March/April	.265	204	54	11	2	3	19	21	32	.343	.382
Pre-All Star	.268	563	151	32	7	8	56	60	104	.346	.393	May	.311	190	59	13	3	4	21	18	29	.379	.474
Post-All Star	.240	546	131	12	7	12	53	49	100	.315	.353	June	.221	145	32	6	2	1	16	20	38	.318	.310
Inning 1-6	.251	765	192	32	7	15	70	71	144	.327	.370	July	.252	131	33	3	2	1	10	13	23	.329	.328
Inning 7+	.262	344	90	12	7	5	39	38	60	.339	.381	August	.252	206	52	5	3	8	22	18	34	.330	.422
Scoring Posn	.275	284	78	5	4	6	86	40	55	.372	.384	Sept/Oct	.223	233	52	6	2	3	21	19	48	.281	.305
Close & Late	.233	146	34	4	1	4	20	19	29	.323	.356	vs. AL	.259	1008	261	42	13	20	97	97	180	.334	.386
None on/out	.269	290	78	15	3	5	5	18	54	.321	.393	vs. NL	.208	101	21	2	1	0	12	12	24	.299	.248

Pedro Feliz — Giants
Age 25 – Bats Right

	Avg	G	AB	R	H	2B	3B	HR	RBI	BB	SO	HBP	GDP	SB	CS	OBP	SLG	IBB	SH	SF	#Pit	#P/PA	GB	FB	G/F
2001 Season	.227	94	220	23	50	9	1	7	22	10	50	2	5	2	1	.264	.373	2	3	3	803	3.37	73	65	1.12
Career (2000-2001)	.229	102	227	24	52	9	1	7	22	10	51	2	5	2	1	.264	.370	2	3	3	828	3.38	79	65	1.22

2001 Season

	Avg	AB	H	2B	3B	HR	RBI	BB	SO	OBP	SLG		Avg	AB	H	2B	3B	HR	RBI	BB	SO	OBP	SLG
vs. Left	.397	58	23	5	1	3	13	3	9	.413	.672	Scoring Posn	.184	49	9	2	0	1	16	4	11	.232	.286
vs. Right	.167	162	27	4	0	4	9	7	41	.209	.265	Close & Late	.243	37	9	3	0	0	6	2	11	.275	.324
Home	.226	106	24	4	0	3	10	5	18	.259	.349	None on/out	.274	62	17	2	0	2	3	2	12	.308	.452
Away	.228	114	26	5	1	4	12	5	32	.268	.395	Batting #7	.258	31	8	0	0	1	3	1	6	.303	.355

127

2001 Season

	Avg	AB	H	2B	3B	HR	RBI	BB	SO	OBP	SLG		Avg	AB	H	2B	3B	HR	RBI	BB	SO	OBP	SLG
First Pitch	.294	34	10	2	0	2	7	1	0	.297	.529	Batting #8	.243	144	35	7	0	5	16	6	33	.275	.396
Ahead in Count	.317	41	13	3	1	2	5	4	0	.391	.585	Other	.156	45	7	2	1	1	3	3	11	.204	.311
Behind in Count	.140	100	14	2	0	3	6	0	42	.139	.250	Pre-All Star	.206	107	22	3	0	3	11	4	26	.237	.318
Two Strikes	.120	100	12	2	0	2	3	5	50	.160	.200	Post-All Star	.248	113	28	6	1	4	11	6	24	.289	.425

Jared Fernandez — Reds

Age 30 – Pitches Right

	ERA	W	L	Sv	G	GS	IP	BB	SO	Avg	H	2B	3B	HR	RBI	OBP	SLG	GF	IR	IRS	Hld	SvOp	SB	CS	GB	FB	G/F
2001 Season	4.38	0	1	0	5	2	12.1	6	5	.265	13	3	0	1	6	.368	.388	2	0	0	0	0	2	2	20	15	1.33

2001 Season

	ERA	W	L	Sv	G	GS	IP	H	HR	BB	SO		Avg	AB	H	2B	3B	HR	RBI	BB	SO	OBP	SLG
Home	0.00	0	0	0	3	0	5.0	4	0	0	5	vs. Left	.276	29	8	2	0	0	3	3	3	.344	.345
Away	7.36	0	1	0	2	2	7.1	9	1	6	0	vs. Right	.250	20	5	1	0	1	3	3	2	.400	.450

Jose Fernandez — Angels

Age 27 – Bats Right (flyball hitter)

	Avg	G	AB	R	H	2B	3B	HR	RBI	BB	SO	HBP	GDP	SB	CS	OBP	SLG	IBB	SH	SF	#Pit	#P/PA	GB	FB	G/F
2001 Season	.080	13	25	1	2	1	0	0	0	2	10	0	0	0	1	.148	.120	0	0	0	117	4.33	3	10	0.30
Career (1999-2001)	.143	21	49	1	7	3	0	0	1	3	17	0	1	0	1	.192	.204	0	0	0	211	4.06	11	14	0.79

2001 Season

	Avg	AB	H	2B	3B	HR	RBI	BB	SO	OBP	SLG		Avg	AB	H	2B	3B	HR	RBI	BB	SO	OBP	SLG
vs. Left	.056	18	1	1	0	0	0	1	6	.105	.111	Scoring Posn	.000	6	0	0	0	0	0	0	3	.000	.000
vs. Right	.143	7	1	0	0	0	0	1	4	.250	.143	Close & Late	.000	2	0	0	0	0	0	1	2	.333	.000

Osvaldo Fernandez — Reds

Age 33 – Pitches Right (groundball pitcher)

	ERA	W	L	Sv	G	GS	IP	BB	SO	Avg	H	2B	3B	HR	RBI	OBP	SLG	CG	ShO	Sup	QS	#P/S	SB	CS	GB	FB	G/F
2001 Season	6.92	5	6	0	20	14	79.1	33	35	.316	103	29	1	8	56	.376	.485	0	0	5.67	5	82	0	3	141	79	1.78
Last Five Years	5.18	12	13	0	46	39	215.1	79	102	.289	246	62	3	23	121	.348	.450	1	0	4.68	18	82	6	11	350	228	1.54

2001 Season

	ERA	W	L	Sv	G	GS	IP	H	HR	BB	SO		Avg	AB	H	2B	3B	HR	RBI	BB	SO	OBP	SLG
Home	8.10	2	2	0	7	6	30.0	40	1	13	14	vs. Left	.310	113	35	11	0	3	19	16	14	.395	.487
Away	6.20	3	4	0	13	8	49.1	63	7	20	21	vs. Right	.319	213	68	18	1	5	37	17	21	.365	.484
Starter	6.91	5	6	0	14	14	69.0	91	7	31	29	Scoring Posn	.306	98	30	6	0	4	50	16	11	.393	.490
Reliever	6.97	0	0	0	6	0	10.1	12	1	2	6	Close & Late	.455	11	5	0	0	0	2	1	1	.500	.455
0-3 Days Rest (Start)	0.00	0	0	0	0	0	0.0	0	0	0	0	None on/out	.405	84	34	11	0	2	2	1	9	.412	.607
4 Days Rest	11.12	2	4	0	7	7	28.1	50	6	20	12	First Pitch	.453	53	24	4	1	2	9	3	0	.482	.679
5+ Days Rest	3.98	3	2	0	7	7	40.2	41	1	11	17	Ahead in Count	.279	136	38	14	0	2	18	0	28	.279	.426
Pre-All Star	6.91	5	6	0	14	14	69.0	91	7	31	29	Behind in Count	.257	70	18	4	0	1	16	19	0	.407	.357
Post-All Star	6.97	0	0	0	6	0	10.1	12	1	2	6	Two Strikes	.204	137	28	8	0	5	20	11	35	.264	.372

Tony Fernandez — Blue Jays

Age 40 – Bats Both

	Avg	G	AB	R	H	2B	3B	HR	RBI	BB	SO	HBP	GDP	SB	CS	OBP	SLG	IBB	SH	SF	#Pit	#P/PA	GB	FB	G/F
2001 Season	.293	76	123	11	36	4	0	2	15	8	17	1	3	1	3	.338	.374	0	1	1	479	3.57	52	34	1.53
Last Five Years	.311	476	1503	210	468	102	3	28	206	152	179	24	35	26	24	.380	.439	16	10	14	5894	3.46	596	406	1.47

2001 Season

	Avg	AB	H	2B	3B	HR	RBI	BB	SO	OBP	SLG		Avg	AB	H	2B	3B	HR	RBI	BB	SO	OBP	SLG
vs. Left	.298	47	14	2	0	2	9	2	5	.327	.468	Scoring Posn	.361	36	13	1	0	1	13	4	4	.415	.472
vs. Right	.289	76	22	2	0	0	6	6	12	.345	.316	Close & Late	.268	41	11	2	0	0	5	1	6	.295	.317
Home	.333	60	20	1	0	1	9	3	9	.375	.400	None on/out	.361	36	13	1	0	0	0	1	7	.378	.389
Away	.254	63	16	3	0	1	6	5	8	.304	.349	Batting #1	.303	33	10	0	0	0	1	2	5	.343	.303
First Pitch	.320	25	8	1	0	1	2	0	0	.320	.480	Batting #9	.261	23	6	2	0	0	4	4	3	.379	.348
Ahead in Count	.300	20	6	0	0	0	2	3	0	.391	.300	Other	.299	67	20	2	0	2	10	2	9	.319	.418
Behind in Count	.180	50	9	2	0	0	2	0	14	.180	.220	Pre-All Star	.296	81	24	2	0	1	5	7	11	.352	.358
Two Strikes	.226	53	12	2	0	1	9	5	17	.288	.321	Post-All Star	.286	42	12	2	0	1	10	1	6	.311	.405

Last Five Years

	Avg	AB	H	2B	3B	HR	RBI	BB	SO	OBP	SLG		Avg	AB	H	2B	3B	HR	RBI	BB	SO	OBP	SLG
vs. Left	.354	435	154	36	2	10	70	27	33	.391	.515	First Pitch	.342	304	104	21	0	4	31	16	0	.380	.451
vs. Right	.294	1068	314	66	1	18	136	125	146	.377	.408	Ahead in Count	.354	359	127	33	1	9	64	72	0	.459	.526
Home	.330	722	238	51	2	17	121	72	74	.394	.476	Behind in Count	.247	578	143	31	2	7	67	0	159	.263	.344
Away	.294	781	230	51	1	11	85	80	105	.368	.405	Two Strikes	.244	557	136	28	2	8	79	64	179	.331	.345
Day	.363	433	157	38	2	6	62	53	48	.436	.501	Batting #5	.326	442	144	37	0	5	73	69	58	.424	.443
Night	.291	1070	311	64	1	22	144	99	131	.357	.414	Batting #6	.314	373	117	27	1	7	53	40	36	.386	.448
Grass	.292	791	231	45	2	14	87	71	99	.357	.407	Other	.301	688	207	38	2	16	80	43	85	.347	.432
Turf	.333	712	237	57	1	14	119	81	80	.406	.475	March/April	.300	253	76	19	0	2	30	31	33	.388	.399
Pre-All Star	.317	816	259	62	0	15	122	84	97	.390	.449	May	.316	285	90	22	0	7	45	24	30	.379	.467
Post-All Star	.304	687	209	40	3	13	84	68	82	.368	.428	June	.337	208	70	12	0	6	32	22	27	.409	.481
Inning 1-6	.315	1006	317	64	2	21	135	99	108	.382	.445	July	.295	264	78	19	1	3	35	19	29	.351	.409
Inning 7+	.304	497	151	38	1	7	71	53	71	.377	.427	August	.284	257	73	20	1	2	26	31	34	.360	.393
Scoring Posn	.359	396	142	35	2	2	169	56	51	.430	.472	Sept/Oct	.343	236	81	10	1	8	38	25	26	.402	.496
Close & Late	.325	240	78	19	0	2	38	31	33	.406	.429	vs. AL	.309	1259	389	91	3	22	172	131	143	.380	.438
None on/out	.304	372	113	24	0	7	7	31	49	.360	.425	vs. NL	.324	244	79	11	0	6	34	21	36	.381	.443

Mike Fetters — Pirates
Age 37 – Pitches Right (groundball pitcher)

	ERA	W	L	Sv	G	GS	IP	BB	SO	Avg	H	2B	3B	HR	RBI	OBP	SLG	GF	IR	IRS	Hld	SvOp	SB	CS	GB	FB	G/F
2001 Season	5.51	3	2	9	54	0	47.1	26	37	.259	49	8	3	7	34	.356	.444	21	19	7	14	12	7	0	61	60	1.02
Last Five Years	4.27	13	17	25	243	0	257.1	131	204	.250	243	43	13	28	150	.342	.407	99	119	45	49	42	7	400	229	1.75

2001 Season

	ERA	W	L	Sv	G	GS	IP	H	HR	BB	SO		Avg	AB	H	2B	3B	HR	RBI	BB	SO	OBP	SLG
Home	6.53	2	1	4	24	0	20.2	21	3	15	21	vs. Left	.247	85	21	2	1	5	17	13	13	.343	.471
Away	4.72	1	1	5	30	0	26.2	28	4	11	16	vs. Right	.269	104	28	6	2	2	17	13	24	.366	.423
Starter	0.00	0	0	0	0	0	0.0	0	0	0	0	Scoring Posn	.247	73	18	3	1	4	30	10	16	.326	.479
Reliever	5.51	3	2	9	54	0	47.1	49	7	26	37	Close & Late	.212	104	22	2	2	3	15	14	26	.306	.356
0 Days Rest (Relief)	1.35	0	0	3	8	0	6.2	7	0	6	7	None on/out	.316	38	12	1	1	3	3	7	5	.435	.632
1 or 2 Days Rest	5.63	2	1	3	20	0	16.0	17	3	8	11	First Pitch	.367	30	11	1	1	3	7	1	0	.375	.767
3+ Days Rest	6.57	1	1	3	26	0	24.2	25	4	12	19	Ahead in Count	.135	89	12	2	1	1	9	0	34	.161	.213
Pre-All Star	6.46	2	1	1	27	0	23.2	25	5	11	22	Behind in Count	.429	35	15	4	0	2	10	18	0	.630	.714
Post-All Star	4.56	1	1	8	27	0	23.2	24	2	15	15	Two Strikes	.135	89	12	2	2	1	9	7	37	.212	.236

Last Five Years

	ERA	W	L	Sv	G	GS	IP	H	HR	BB	SO		Avg	AB	H	2B	3B	HR	RBI	BB	SO	OBP	SLG
Home	4.04	8	5	13	123	0	129.1	114	12	72	100	vs. Left	.267	450	120	24	6	17	73	51	76	.340	.460
Away	4.50	5	12	12	120	0	128.0	129	16	59	104	vs. Right	.236	522	123	19	7	11	77	80	128	.344	.362
Day	4.50	6	5	7	78	0	82.0	84	8	41	56	Inning 1-6	.233	60	14	2	1	4	15	10	17	.343	.500
Night	4.16	7	12	18	165	0	175.1	159	20	90	148	Inning 7+	.251	912	229	41	12	24	135	121	187	.342	.401
Grass	4.25	13	14	23	215	0	224.2	213	23	115	176	None on	.226	477	108	21	5	17	17	69	100	.330	.398
Turf	4.41	0	3	2	28	0	32.2	30	5	16	28	Runners on	.273	495	135	22	8	11	133	62	104	.354	.416
March/April	3.62	2	0	0	30	0	32.1	23	3	17	29	Scoring Posn	.249	325	81	13	6	9	124	44	71	.336	.409
May	4.96	3	4	2	43	0	45.1	42	5	26	33	Close & Late	.250	468	117	20	7	13	75	66	95	.341	.406
June	3.38	2	3	4	43	0	42.2	41	3	16	38	None on/out	.236	208	49	8	1	9	9	36	42	.356	.413
July	4.89	1	4	9	43	0	42.1	44	7	20	35	vs. 1st Batr (relief)	.261	207	54	6	3	8	30	32	45	.363	.435
August	3.62	3	4	7	44	0	49.2	45	6	22	35	1st Inning Pitched	.246	814	200	31	11	23	127	105	174	.336	.396
Sept/Oct	5.00	2	2	3	40	0	45.0	48	4	30	34	First 15 Pitches	.256	637	163	28	8	22	89	78	123	.339	.429
Starter	0.00	0	0	0	0	0	0.0	0	0	0	0	Pitch 16-30	.233	287	67	11	5	6	49	45	73	.342	.369
Reliever	4.27	13	17	25	243	0	257.1	243	28	131	204	Pitch 31-45	.300	40	12	3	0	0	12	7	6	.417	.375
0 Days Rest (Relief)	2.64	0	6	9	40	0	44.1	36	2	20	27	Pitch 46+	.125	8	1	1	0	0	0	1	2	.222	.250
1 or 2 Days Rest	4.45	10	5	10	116	0	119.1	113	11	63	109	First Pitch	.301	136	41	10	1	5	22	7	0	.336	.500
3+ Days Rest	4.80	3	6	6	87	0	93.2	94	15	48	73	Ahead in Count	.171	432	74	8	4	10	48	0	176	.181	.278
vs. AL	4.27	4	11	12	130	0	149.2	142	13	78	121	Behind in Count	.350	220	77	14	6	9	43	73	0	.514	.591
vs. NL	4.26	9	6	13	113	0	107.2	101	15	53	83	Two Strikes	.158	455	72	10	5	11	57	51	204	.249	.275
Pre-All Star	4.38	8	8	8	125	0	127.1	118	13	63	107	Pre-All Star	.245	481	118	20	4	13	76	63	107	.335	.385
Post-All Star	4.15	5	9	17	118	0	130.0	125	15	68	97	Post-All Star	.255	491	125	23	9	15	74	68	97	.349	.430

Robert Fick — Tigers
Age 28 – Bats Left (flyball hitter)

	Avg	G	AB	R	H	2B	3B	HR	RBI	BB	SO	HBP	GDP	SB	CS	OBP	SLG	IBB	SH	SF	#Pit	#P/PA	GB	FB	G/F
2001 Season	.272	124	401	62	109	21	2	19	61	39	62	4	10	0	3	.339	.476	3	0	4	1773	3.96	133	137	0.97
Career (1998-2001)	.266	212	627	92	167	29	4	28	100	70	114	5	16	4	4	.341	.459	5	0	7	2857	4.03	193	213	0.91

2001 Season

	Avg	AB	H	2B	3B	HR	RBI	BB	SO	OBP	SLG		Avg	AB	H	2B	3B	HR	RBI	BB	SO	OBP	SLG
vs. Left	.237	76	18	5	0	2	9	9	23	.344	.382	First Pitch	.415	41	17	2	0	2	10	2	0	.455	.610
vs. Right	.280	325	91	16	2	17	52	30	39	.338	.498	Ahead in Count	.370	92	34	8	1	6	22	22	0	.483	.674
Home	.265	200	53	9	2	8	29	23	24	.344	.450	Behind in Count	.191	178	34	5	1	3	12	0	47	.202	.281
Away	.279	201	56	12	0	11	32	16	38	.335	.502	Two Strikes	.226	195	44	8	1	8	23	15	62	.288	.400
Day	.250	132	33	5	2	7	21	13	19	.313	.477	Batting #4	.256	90	23	4	0	4	15	14	15	.355	.433
Night	.283	269	76	16	0	12	40	26	43	.352	.476	Batting #5	.264	144	38	6	1	8	18	10	23	.314	.486
Grass	.269	364	98	21	2	18	55	36	55	.340	.486	Other	.287	167	48	11	1	7	28	15	24	.351	.491
Turf	.297	37	11	0	0	1	6	3	7	.333	.378	April	.410	39	16	4	0	3	9	2	8	.452	.744
Pre-All Star	.307	205	63	13	0	14	39	20	34	.370	.576	May	.311	61	19	4	0	3	14	5	12	.358	.525
Post-All Star	.235	196	46	8	2	5	22	19	28	.308	.372	June	.253	83	21	4	0	6	9	7	10	.311	.518
Inning 1-6	.269	264	71	12	0	16	49	25	37	.331	.496	July	.315	89	28	6	1	5	19	12	16	.408	.573
Inning 7+	.277	137	38	9	2	3	12	14	25	.355	.438	August	.157	83	13	3	0	1	5	5	12	.211	.229
Scoring Posn	.234	124	29	5	0	3	39	9	27	.277	.347	Sept/Oct	.261	46	12	0	1	5	8	4	.357	.370
Close & Late	.288	66	19	4	0	1	7	10	14	.397	.394	vs. AL	.271	343	93	19	2	15	51	31	53	.335	.469
None on/out	.273	88	24	7	1	2	2	9	12	.347	.443	vs. NL	.276	58	16	2	0	4	10	8	9	.364	.517

2001 By Position

Position	Avg	AB	H	2B	3B	HR	RBI	BB	SO	OBP	SLG	G	GS	Innings	PO	A	E	DP	Fld Pct	Rng Fctr	In Zone	Zone Outs	Zone Rtg	MLB Zone
As c	.272	268	73	16	1	12	39	25	39	.339	.474	78	69	595.1	412	26	6	3	.986	—	—	—	—	—
As 1b	.290	69	20	4	0	5	13	4	13	.338	.565	26	18	156.2	169	12	1	10	.995	—	40	37	.925	.850

Luis Figueroa — Mets
Age 28 – Bats Both

	Avg	G	AB	R	H	2B	3B	HR	RBI	BB	SO	HBP	GDP	SB	CS	OBP	SLG	IBB	SH	SF	#Pit	#P/PA	GB	FB	G/F
2001 Season	.000	4	2	0	0	0	0	0	0	0	0	0	0	0	0	.000	.000	0	0	0	4	2.00	0	2	0.00

2001 Season

	Avg	AB	H	2B	3B	HR	RBI	BB	SO	OBP	SLG		Avg	AB	H	2B	3B	HR	RBI	BB	SO	OBP	SLG
vs. Left	.000	1	0	0	0	0	0	0	0	.000	.000	Scoring Posn	.000	0	0	0	0	0	0	0	0	.000	.000
vs. Right	.000	1	0	0	0	0	0	0	0	.000	.000	Close & Late	.000	0	0	0	0	0	0	0	0	.000	.000

Nelson Figueroa — Phillies
Age 28 – Pitches Right

	ERA	W	L	Sv	G	GS	IP	BB	SO	Avg	H	2B	3B	HR	RBI	OBP	SLG	CG	ShO	Sup	QS	#P/S	SB	CS	GB	FB	G/F
2001 Season	3.94	4	5	0	19	13	89.0	37	61	.275	95	22	3	8	35	.357	.426	0	0	4.85	6	94	7	2	129	90	1.43
Career (2000-2001)	4.47	4	6	0	22	16	104.2	42	68	.277	112	26	3	12	47	.353	.444	0	0	4.90	6	92	8	4	153	110	1.39

2001 Season

	ERA	W	L	Sv	G	GS	IP	H	HR	BB	SO		Avg	AB	H	2B	3B	HR	RBI	BB	SO	OBP	SLG
Home	3.92	3	3	0	12	8	57.1	66	6	25	40	vs. Left	.333	129	43	12	0	4	15	19	21	.423	.519
Away	3.98	1	2	0	7	5	31.2	29	2	12	21	vs. Right	.241	216	52	10	3	4	20	18	40	.317	.370
Starter	3.82	4	5	0	13	13	77.2	82	8	33	49	Scoring Posn	.250	88	22	6	2	0	22	12	20	.353	.364
Reliever	4.76	0	0	0	6	0	11.1	13	0	4	12	Close & Late	.467	15	7	2	0	0	3	1	3	.500	.600
0-3 Days Rest (Start)	0.00	0	0	0	0	0	0.0	0	0	0	0	None on/out	.172	87	15	2	0	2	2	8	13	.242	.264
4 Days Rest	3.30	2	2	0	7	7	43.2	48	4	13	19	First Pitch	.436	55	24	8	0	2	9	2	0	.475	.691
5+ Days Rest	4.50	2	3	0	6	6	34.0	34	4	20	30	Ahead in Count	.223	166	37	7	2	2	10	0	57	.246	.325
Pre-All Star	2.05	1	1	0	4	3	22.0	20	2	10	20	Behind in Count	.342	73	25	6	1	3	11	12	0	.435	.575
Post-All Star	4.57	3	4	0	15	10	67.0	75	6	27	41	Two Strikes	.187	150	28	7	1	1	12	23	61	.307	.267

Jeremy Fikac — Padres
Age 27 – Pitches Right

	ERA	W	L	Sv	G	GS	IP	BB	SO	Avg	H	2B	3B	HR	RBI	OBP	SLG	GF	IR	IRS	Hld	SvOp	SB	CS	GB	FB	G/F
2001 Season	1.37	2	0	0	23	0	26.1	5	19	.165	15	1	1	2	8	.216	.264	5	21	4	6	2	0	0	38	26	1.46

2001 Season

	ERA	W	L	Sv	G	GS	IP	H	HR	BB	SO		Avg	AB	H	2B	3B	HR	RBI	BB	SO	OBP	SLG
Home	2.19	1	0	0	9	0	12.1	5	2	2	11	vs. Left	.000	27	0	0	0	0	0	4	8	.129	.000
Away	0.64	1	0	0	14	0	14.0	10	0	3	8	vs. Right	.234	64	15	1	1	2	8	1	11	.258	.375

Bob File — Blue Jays
Age 25 – Pitches Right (groundball pitcher)

	ERA	W	L	Sv	G	GS	IP	BB	SO	Avg	H	2B	3B	HR	RBI	OBP	SLG	GF	IR	IRS	Hld	SvOp	SB	CS	GB	FB	G/F
2001 Season	3.27	5	3	0	60	0	74.1	29	38	.220	57	10	0	6	33	.314	.328	18	44	9	6	2	9	2	115	66	1.74

2001 Season

	ERA	W	L	Sv	G	GS	IP	H	HR	BB	SO		Avg	AB	H	2B	3B	HR	RBI	BB	SO	OBP	SLG
Home	3.37	3	2	0	29	0	34.2	23	1	12	20	vs. Left	.242	95	23	3	0	3	12	19	8	.379	.368
Away	3.18	2	1	0	31	0	39.2	34	5	17	18	vs. Right	.207	164	34	7	0	3	21	10	30	.272	.305
Day	3.55	1	0	0	19	0	25.1	19	2	12	13	Inning 1-6	.174	69	12	3	0	1	3	3	11	.208	.261
Night	3.12	4	3	0	41	0	49.0	38	4	17	25	Inning 7+	.237	190	45	7	0	5	30	26	27	.348	.353
Grass	3.27	2	1	0	26	0	33.0	29	4	16	15	None on	.192	146	28	6	0	3	3	15	28	.276	.295
Turf	3.27	3	2	0	34	0	41.1	28	2	13	23	Runners on	.257	113	29	4	0	3	30	14	10	.361	.372
April	2.08	1	1	0	2	0	4.1	5	0	1	4	Scoring Posn	.270	74	20	4	0	2	28	13	5	.396	.405
May	1.72	0	0	0	9	0	15.2	7	0	7	6	Close & Late	.303	89	27	3	0	4	20	15	11	.421	.472
June	1.13	2	0	0	14	0	16.0	8	0	6	10	None on	.268	56	15	2	0	3	3	8	10	.369	.464
July	6.06	0	1	0	12	0	16.1	16	3	9	8	vs. 1st Batr (relief)	.260	50	13	6	0	1	5	8	6	.383	.440
August	3.09	0	0	0	10	0	11.2	9	2	4	5	1st Inning Pitched	.227	176	40	9	0	4	28	20	24	.325	.347
Sept/Oct	5.23	2	1	0	13	0	10.1	12	1	2	5	First 15 Pitches	.226	164	37	8	0	4	19	19	22	.323	.348
Starter	0.00	0	0	0	0	0	0.0	0	0	0	0	Pitch 16-30	.205	83	17	2	0	2	13	9	14	.290	.301
Reliever	3.27	5	3	0	60	0	74.1	57	6	29	38	Pitch 31-45	.111	9	1	0	0	0	0	1	2	.273	.111
0 Days Rest (Relief)	4.67	2	0	0	14	0	17.1	14	2	6	12	Pitch 46+	.667	3	2	0	0	0	1	0	0	.667	.667
1 or 2 Days Rest	3.98	2	2	0	27	0	31.2	28	4	14	16	First Pitch	.158	38	6	0	0	0	6	0	0	.289	.158
3+ Days Rest	1.42	1	1	0	19	0	25.1	15	0	9	10	Ahead in Count	.130	115	15	3	0	3	10	0	34	.165	.235
vs. AL	3.00	4	3	0	52	0	66.0	50	5	24	34	Behind in Count	.400	55	22	5	0	1	13	12	0	.515	.545
vs. NL	5.40	1	0	0	8	0	8.1	7	1	5	4	Two Strikes	.159	113	18	2	0	4	13	11	38	.244	.283
Pre-All Star	1.74	3	1	0	28	0	41.1	22	0	17	24	Pre-All Star	.162	136	22	5	0	2	12	17	24	.272	.199
Post-All Star	5.18	2	2	0	32	0	33.0	35	6	12	14	Post-All Star	.285	123	35	5	0	6	21	12	14	.362	.472

Chuck Finley — Indians
Age 39 – Pitches Left

	ERA	W	L	Sv	G	GS	IP	BB	SO	Avg	H	2B	3B	HR	RBI	OBP	SLG	CG	ShO	Sup	QS	#P/S	SB	CS	GB	FB	G/F
2001 Season	5.54	8	7	0	22	22	113.2	35	96	.291	131	34	2	14	66	.341	.469	1	0	6.49	9	83	7	7	163	118	1.38
Last Five Years	4.22	60	44	0	148	148	932.1	404	852	.254	901	178	10	100	405	.333	.395	9	2	5.58	77	106	75	50	1263	861	1.47

2001 Season

	ERA	W	L	Sv	G	GS	IP	H	HR	BB	SO		Avg	AB	H	2B	3B	HR	RBI	BB	SO	OBP	SLG
Home	3.62	4	0	0	9	9	54.2	56	7	15	51	vs. Left	.250	72	18	8	0	6	8	18	25	.321	.361
Away	7.32	4	7	0	13	13	59.0	75	7	20	45	vs. Right	.299	378	113	26	2	14	60	27	78	.345	.489
Starter	5.54	8	7	0	22	22	113.2	131	14	35	96	Scoring Posn	.375	104	39	8	1	6	54	13	25	.431	.644
Reliever	0.00	0	0	0	0	0	0.0	0	0	0	0	Close & Late	.304	23	7	3	0	0	2	3	5	.385	.435
0-3 Days Rest (Start)	0.00	0	0	0	0	0	0.0	0	0	0	0	None on/out	.264	121	32	10	0	2	8	2	8	.315	.397
4 Days Rest	7.83	3	5	0	10	10	43.2	62	6	13	37	First Pitch	.382	68	26	7	0	4	16	0	0	.382	.662
5+ Days Rest	4.11	5	2	0	12	12	70.0	69	8	22	59	Ahead in Count	.222	194	43	11	0	4	21	0	80	.224	.340
Pre-All Star	6.45	4	4	0	13	13	67.0	87	12	17	63	Behind in Count	.344	96	33	9	2	4	12	12	0	.409	.542
Post-All Star	4.24	4	3	0	9	9	46.2	44	2	18	33	Two Strikes	.177	203	36	11	0	3	17	23	96	.261	.276

Last Five Years

	ERA	W	L	Sv	G	GS	IP	H	HR	BB	SO		Avg	AB	H	2B	3B	HR	RBI	BB	SO	OBP	SLG
Home	3.40	31	13	0	70	70	466.1	414	46	186	441	vs. Left	.238	646	154	28	2	13	60	86	171	.332	.348
Away	5.04	29	31	0	78	78	466.0	487	54	218	411	vs. Right	.258	2895	747	150	8	87	345	318	681	.333	.406
Day	3.31	19	11	0	40	40	258.2	220	21	114	244	Inning 1-6	.256	3098	794	156	8	95	372	348	755	.333	.404
Night	4.57	41	33	0	108	108	673.2	681	79	290	608	Inning 7+	.242	443	107	22	2	5	33	56	97	.333	.334

Last Five Years

	ERA	W	L	Sv	G	GS	IP	H	HR	BB	SO		Avg	AB	H	2B	3B	HR	RBI	BB	SO	OBP	SLG
Grass	4.17	53	37	0	129	129	812.0	789	88	349	734	None on	.256	2048	525	110	7	55	55	212	464	.330	.397
Turf	4.56	7	7	0	19	19	120.1	112	12	55	118	Runners on	.252	1493	376	68	3	45	350	192	388	.336	.392
March/April	3.80	9	5	0	23	23	151.2	127	18	62	143	Scoring Posn	.265	789	209	38	2	22	295	135	216	.370	.402
May	4.71	10	14	0	30	30	189.1	197	17	69	192	Close & Late	.209	268	56	14	0	4	28	32	67	.302	.306
June	5.42	6	8	0	24	24	146.0	157	27	70	131	None on/out	.275	922	254	47	4	27	27	88	185	.343	.423
July	3.87	11	6	0	24	24	151.1	150	15	72	140	vs. 1st Batr (relief)	.000	0	0	0	0	0	0	0	0	.000	.000
August	3.66	10	6	0	25	25	152.1	144	12	72	144	1st Inning Pitched	.228	536	122	28	1	13	64	89	135	.335	.356
Sept/Oct	3.75	14	5	0	22	22	141.2	126	11	59	122	First 75 Pitches	.255	2391	610	121	7	66	272	263	583	.330	.394
Starter	4.22	60	44	0	148	148	932.1	901	100	404	852	Pitch 76-90	.259	478	124	19	1	16	51	52	107	.337	.404
Reliever	0.00	0	0	0	0	0	0.0	0	0	0	0	Pitch 91-105	.280	400	112	29	0	12	50	43	94	.354	.443
0-3 Days Rest (Start)	4.96	6	1	0	10	10	61.2	60	8	25	54	Pitch 106+	.202	272	55	9	2	6	32	46	68	.324	.316
4 Days Rest	4.08	32	30	0	85	85	545.1	526	60	223	503	First Pitch	.352	514	181	38	2	21	75	5	0	.358	.556
5+ Days Rest	4.32	22	13	0	53	53	325.1	315	32	156	295	Ahead in Count	.179	1560	279	49	1	20	102	0	692	.185	.250
vs. AL	4.27	52	41	0	131	131	818.0	799	87	350	765	Behind in Count	.342	731	250	50	6	37	138	196	0	.480	.579
vs. NL	3.86	8	3	0	17	17	114.1	102	13	54	87	Two Strikes	.165	1771	292	60	0	26	133	203	852	.254	.243
Pre-All Star	4.55	29	29	0	84	84	533.2	526	67	221	509	Pre-All Star	.257	2047	526	112	5	67	261	221	509	.332	.415
Post-All Star	3.77	31	15	0	64	64	398.2	375	33	183	343	Post-All Star	.251	1494	375	66	5	33	144	183	343	.335	.368

Steve Finley — Diamondbacks — Age 37 – Bats Left

	Avg	G	AB	R	H	2B	3B	HR	RBI	BB	SO	HBP	GDP	SB	CS	OBP	SLG	IBB	SH	SF	#Pit	#P/PA	GB	FB	G/F
2001 Season	.275	140	495	66	136	27	4	14	73	47	67	1	8	11	7	.337	.430	9	2	3	2044	3.73	188	177	1.06
Last Five Years	.265	750	2803	459	743	152	30	125	431	263	443	18	40	58	23	.329	.474	25	11	28	11351	3.63	1013	968	1.05

2001 Season

	Avg	AB	H	2B	3B	HR	RBI	BB	SO	OBP	SLG		Avg	AB	H	2B	3B	HR	RBI	BB	SO	OBP	SLG
vs. Left	.235	102	24	7	0	2	18	7	16	.288	.363	First Pitch	.356	45	16	6	0	1	13	6	0	.442	.556
vs. Right	.285	393	112	20	4	12	55	40	51	.349	.448	Ahead in Count	.312	109	34	6	3	5	21	25	0	.434	.560
Home	.284	243	69	12	3	8	42	23	26	.343	.457	Behind in Count	.238	248	59	12	1	6	29	0	59	.238	.367
Away	.266	252	67	15	1	6	31	24	41	.331	.405	Two Strikes	.199	226	45	11	1	7	29	15	67	.249	.350
Day	.308	133	41	8	2	6	19	19	19	.399	.534	Batting #6	.344	195	67	12	2	6	29	17	20	.395	.518
Night	.262	362	95	19	2	8	54	28	48	.313	.392	Batting #7	.270	137	37	12	0	5	22	11	11	.322	.467
Grass	.273	472	129	27	4	14	73	46	61	.337	.436	Other	.196	163	32	3	2	3	22	19	30	.280	.294
Turf	.304	23	7	0	0	0	0	1	6	.333	.304	April	.200	85	17	2	1	1	10	10	17	.284	.282
Pre-All Star	.233	283	66	11	1	5	33	26	40	.299	.332	May	.247	85	21	5	0	1	6	13	11	.354	.341
Post-All Star	.330	212	70	16	3	9	40	21	27	.387	.561	June	.260	100	26	4	0	3	17	3	10	.279	.390
Inning 1-6	.286	325	93	18	2	9	50	35	41	.354	.437	July	.343	67	23	3	0	3	9	5	7	.389	.522
Inning 7+	.253	170	43	9	2	5	23	12	26	.304	.418	August	.284	81	23	6	0	1	5	10	11	.363	.395
Scoring Posn	.278	133	37	9	2	5	58	19	16	.365	.489	Sept/Oct	.338	77	26	7	3	5	26	6	11	.376	.701
Close & Late	.238	84	20	5	0	1	6	7	15	.293	.333	vs. AL	.361	36	13	3	0	2	8	3	4	.400	.611
None on/out	.298	124	37	5	0	3	3	10	17	.351	.411	vs. NL	.268	459	123	24	4	12	65	44	63	.332	.416

2001 By Position

Position	Avg	AB	H	2B	3B	HR	RBI	BB	SO	OBP	SLG	G	GS	Innings	PO	A	E	DP	Fld Pct	Rng Fctr	In Zone	Outs	Zone Rtg	MLB Zone
As cf	.273	483	132	27	4	14	72	45	65	.335	.433	131	124	1110.2	300	6	2	3	.994	2.48	338	292	.864	.892

Last Five Years

	Avg	AB	H	2B	3B	HR	RBI	BB	SO	OBP	SLG		Avg	AB	H	2B	3B	HR	RBI	BB	SO	OBP	SLG
vs. Left	.242	797	193	36	6	30	122	55	135	.302	.415	First Pitch	.350	363	127	29	6	19	80	20	0	.387	.620
vs. Right	.274	2006	550	116	24	95	309	208	308	.340	.498	Ahead in Count	.315	629	198	42	9	40	123	149	0	.442	.601
Home	.259	1349	350	72	10	55	208	141	204	.330	.450	Behind in Count	.211	1275	269	50	7	42	159	0	381	.216	.360
Away	.270	1454	393	80	20	70	223	122	239	.328	.497	Two Strikes	.185	1196	221	43	9	36	135	93	443	.248	.326
Day	.278	828	230	52	12	39	122	78	123	.341	.511	Batting #2	.265	597	158	33	6	21	71	45	105	.318	.446
Night	.260	1975	513	100	18	86	309	185	320	.324	.459	Batting #5	.267	877	234	42	9	56	166	97	155	.341	.527
Grass	.265	2415	641	130	26	106	372	235	373	.331	.470	Other	.264	1329	351	77	15	48	194	121	183	.326	.453
Turf	.263	388	102	22	7	19	59	28	70	.314	.503	March/April	.236	433	102	23	3	18	62	38	68	.300	.427
Pre-All Star	.263	1554	409	88	15	69	258	141	235	.327	.472	May	.289	501	145	30	5	22	92	46	81	.351	.501
Post-All Star	.267	1249	334	64	15	56	173	122	208	.332	.475	June	.266	504	134	30	4	21	83	43	73	.325	.466
Inning 1-6	.277	1892	525	117	23	92	305	181	298	.340	.510	July	.257	436	112	20	6	21	64	42	70	.324	.475
Inning 7+	.239	911	218	35	7	33	126	82	145	.305	.402	August	.256	493	126	19	6	19	53	58	82	.332	.434
Scoring Posn	.249	700	174	36	10	36	298	80	122	.317	.483	Sept/Oct	.284	436	124	30	6	24	77	36	69	.339	.546
Close & Late	.240	459	110	17	3	13	59	42	77	.308	.375	vs. AL	.262	248	65	17	2	12	44	25	36	.332	.492
None on/out	.264	678	179	41	4	24	24	61	99	.327	.442	vs. NL	.265	2555	678	135	28	113	387	238	407	.329	.473

Tony Fiore — Twins — Age 30 – Pitches Right (groundball pitcher)

	ERA	W	L	Sv	G	GS	IP	BB	SO	Avg	H	2B	3B	HR	RBI	OBP	SLG	GF	IR	IRS	Hld	SvOp	SB	CS	GB	FB	G/F
2001 Season	5.59	0	1	0	7	0	9.2	3	8	.243		3	0	0	6	.317	.324	5	1	1	0	0	0	1	18	8	2.25
Career (2000-2001)	7.30	1	2	0	18	0	24.2	12	16	.300		9	3	0	19	.391	.420	8	8	2	0	1	3	1	48	24	2.00

2001 Season

	ERA	W	L	Sv	G	GS	IP	H	HR	BB	SO		Avg	AB	H	2B	3B	HR	RBI	BB	SO	OBP	SLG
Home	13.50	0	0	0	1	0	1.1	3	0	1	3	vs. Left	.176	17	3	1	0	0	2	0	6	.222	.235
Away	4.32	0	1	0	6	0	8.1	6	0	2	5	vs. Right	.300	20	6	2	0	0	4	3	2	.391	.400

John Flaherty — Devil Rays
Age 34 – Bats Right

	Avg	G	AB	R	H	2B	3B	HR	RBI	BB	SO	HBP	GDP	SB	CS	OBP	SLG	IBB	SH	SF	#Pit	#P/PA	GB	FB	G/F
2001 Season	.238	78	248	20	59	17	1	4	29	10	33	1	9	1	0	.269	.363	1	5	1	877	3.31	81	98	0.83
Last Five Years	.256	524	1831	168	469	83	2	40	209	104	262	8	54	5	11	.296	.369	10	14	18	6592	3.34	631	620	1.02

2001 Season

	Avg	AB	H	2B	3B	HR	RBI	BB	SO	OBP	SLG		Avg	AB	H	2B	3B	HR	RBI	BB	SO	OBP	SLG
vs. Left	.286	35	10	3	0	1	4	2	4	.324	.457	Scoring Posn	.288	59	17	5	1	0	22	6	10	.348	.407
vs. Right	.230	213	49	14	1	3	25	8	29	.260	.347	Close & Late	.235	34	8	2	0	3	6	3	4	.297	.559
Home	.248	109	27	11	1	3	15	5	12	.278	.450	None on/out	.260	50	13	4	0	1	1	2	6	.288	.400
Away	.230	139	32	6	0	1	14	5	21	.262	.295	Batting #7	.306	49	15	5	1	2	7	1	10	.320	.571
First Pitch	.270	37	10	3	0	3	5	1	0	.289	.595	Batting #8	.243	140	34	7	0	1	14	7	13	.277	.314
Ahead in Count	.288	52	15	4	0	0	5	8	0	.383	.365	Other	.169	59	10	5	0	1	8	2	10	.210	.305
Behind in Count	.204	113	23	8	1	1	9	0	30	.204	.319	Pre-All Star	.237	169	40	10	0	1	15	6	18	.261	.314
Two Strikes	.214	98	21	6	1	1	12	1	33	.222	.327	Post-All Star	.241	79	19	7	1	3	14	4	15	.286	.468

Last Five Years

	Avg	AB	H	2B	3B	HR	RBI	BB	SO	OBP	SLG		Avg	AB	H	2B	3B	HR	RBI	BB	SO	OBP	SLG
vs. Left	.241	336	81	20	0	6	26	26	40	.295	.354	First Pitch	.296	314	93	15	0	13	44	9	0	.312	.468
vs. Right	.260	1495	388	63	2	34	183	78	222	.297	.373	Ahead in Count	.297	437	130	26	1	14	56	57	0	.377	.458
Home	.253	878	222	50	2	18	95	42	122	.287	.376	Behind in Count	.211	790	167	28	1	8	64	0	236	.214	.280
Away	.259	953	247	33	0	22	114	62	140	.305	.363	Two Strikes	.194	710	138	23	1	8	56	38	262	.236	.263
Day	.257	483	124	23	2	14	58	38	61	.308	.400	Batting #7	.251	590	148	26	1	17	72	39	87	.296	.375
Night	.256	1348	345	60	0	26	151	66	201	.292	.358	Batting #8	.250	632	158	26	1	6	56	35	88	.288	.332
Grass	.268	922	247	36	1	23	93	58	137	.311	.384	Other	.268	609	163	31	0	15	81	30	87	.306	.392
Turf	.244	909	222	47	1	17	116	46	125	.281	.354	March/April	.247	340	84	16	0	6	41	24	44	.299	.354
Pre-All Star	.249	1051	262	48	0	21	120	62	141	.291	.355	May	.240	346	83	14	0	11	48	18	41	.276	.376
Post-All Star	.265	780	207	35	2	19	89	42	121	.304	.388	June	.272	276	75	15	0	2	21	15	42	.307	.348
Inning 1-6	.264	1219	322	59	2	25	144	63	162	.300	.377	July	.254	307	78	15	1	4	33	17	50	.294	.349
Inning 7+	.240	612	147	24	0	15	65	41	100	.289	.353	August	.273	326	89	19	1	9	39	18	51	.312	.420
Scoring Posn	.253	474	120	18	2	8	163	42	86	.306	.350	Sept/Oct	.254	236	60	4	0	8	27	12	34	.290	.373
Close & Late	.232	263	61	8	0	7	34	17	48	.276	.342	vs. AL	.253	1294	328	58	2	31	155	62	183	.289	.373
None on/out	.268	425	114	23	0	10	10	20	53	.303	.393	vs. NL	.263	537	141	25	0	9	54	42	79	.315	.359

Darrin Fletcher — Blue Jays
Age 35 – Bats Left (flyball hitter)

	Avg	G	AB	R	H	2B	3B	HR	RBI	BB	SO	HBP	GDP	SB	CS	OBP	SLG	IBB	SH	SF	#Pit	#P/PA	GB	FB	G/F
2001 Season	.226	134	416	36	94	20	0	11	56	24	43	6	18	0	1	.274	.353	4	1	6	1584	3.50	147	160	0.92
Last Five Years	.279	591	1961	203	548	108	3	75	301	112	209	28	67	2	2	.324	.452	17	2	23	7281	3.42	665	746	0.89

2001 Season

	Avg	AB	H	2B	3B	HR	RBI	BB	SO	OBP	SLG		Avg	AB	H	2B	3B	HR	RBI	BB	SO	OBP	SLG
vs. Left	.162	74	12	3	0	3	8	6	10	.229	.324	First Pitch	.262	61	16	7	0	1	12	2	0	.303	.426
vs. Right	.240	342	82	17	0	8	48	18	33	.285	.360	Ahead in Count	.197	117	23	2	0	5	15	11	0	.267	.342
Home	.228	206	47	11	0	7	33	10	20	.263	.383	Behind in Count	.194	160	31	7	0	4	20	0	41	.207	.313
Away	.224	210	47	9	0	4	23	14	23	.285	.324	Two Strikes	.196	148	29	7	0	2	16	11	43	.259	.284
Day	.211	133	28	4	0	4	21	10	16	.262	.331	Batting #7	.203	118	24	7	0	1	14	9	16	.267	.288
Night	.233	283	66	16	0	7	35	14	27	.281	.364	Batting #8	.237	291	69	13	0	10	42	14	26	.276	.385
Grass	.253	158	40	8	0	4	20	12	14	.314	.380	Other	.143	7	1	0	0	0	0	1	1	.333	.143
Turf	.209	258	54	12	0	7	36	12	29	.250	.337	April	.195	77	15	4	0	0	9	6	8	.253	.247
Pre-All Star	.200	235	47	12	0	5	33	15	24	.251	.315	May	.241	79	19	5	0	3	9	5	4	.294	.418
Post-All Star	.260	181	47	8	0	6	23	9	19	.305	.403	June	.197	61	12	3	0	2	13	2	5	.231	.344
Inning 1-6	.225	271	61	17	0	8	38	13	23	.270	.376	July	.238	63	15	2	0	2	8	6	10	.315	.365
Inning 7+	.228	145	33	3	0	3	18	11	20	.283	.310	August	.250	80	20	3	0	2	9	3	6	.282	.363
Scoring Posn	.260	96	25	7	0	2	41	11	5	.336	.396	Sept/Oct	.232	56	13	3	0	2	8	2	8	.250	.393
Close & Late	.307	75	23	3	0	2	10	8	12	.381	.427	vs. AL	.233	382	89	19	0	11	53	23	39	.280	.369
None on/out	.198	106	21	5	0	3	3	15	4	.227	.330	vs. NL	.147	34	5	1	0	0	3	1	4	.211	.176

2001 By Position

Position	Avg	AB	H	2B	3B	HR	RBI	BB	SO	OBP	SLG	G	GS	Innings	PO	A	E	DP	Fld Pct	Rng Fctr	In Zone	Zone Outs	Zone Rtg	MLB Zone
As c	.227	405	92	20	0	11	55	24	43	.275	.358	129	114	1021.0	720	41	4	8	.995	—	—	—	—	—

Last Five Years

	Avg	AB	H	2B	3B	HR	RBI	BB	SO	OBP	SLG		Avg	AB	H	2B	3B	HR	RBI	BB	SO	OBP	SLG
vs. Left	.240	366	88	19	1	16	69	28	57	.310	.429	First Pitch	.289	315	91	28	0	11	52	11	0	.318	.483
vs. Right	.288	1595	460	89	2	59	232	84	152	.327	.458	Ahead in Count	.305	512	156	32	2	20	73	59	0	.379	.492
Home	.283	965	273	53	0	40	159	57	97	.330	.462	Behind in Count	.239	790	189	29	1	32	123	0	177	.250	.400
Away	.276	996	275	55	3	35	142	55	112	.318	.443	Two Strikes	.225	711	160	27	1	20	88	42	209	.278	.350
Day	.288	597	172	28	1	22	95	34	66	.328	.449	Batting #7	.290	727	211	37	3	33	113	38	75	.332	.480
Night	.276	1364	376	80	2	53	206	78	143	.322	.454	Batting #8	.269	483	130	28	1	14	71	26	50	.308	.418
Grass	.268	753	202	39	2	29	109	42	79	.310	.441	Other	.276	751	207	43	1	28	117	48	84	.326	.461
Turf	.286	1208	346	69	1	46	192	70	130	.333	.459	March/April	.255	333	85	18	1	8	54	17	27	.301	.387
Pre-All Star	.281	976	274	57	3	39	169	61	90	.329	.465	May	.318	292	93	19	2	18	55	17	28	.357	.582
Post-All Star	.278	985	274	51	0	36	132	51	119	.319	.440	June	.277	256	71	17	0	12	49	16	23	.325	.484
Inning 1-6	.289	1310	379	80	2	53	203	62	122	.327	.475	July	.258	337	87	14	0	9	35	23	37	.317	.380
Inning 7+	.260	651	169	28	1	22	98	50	87	.318	.407	August	.271	399	108	25	0	17	65	16	44	.303	.461
Scoring Posn	.295	502	148	31	1	17	217	46	54	.358	.462	Sept/Oct	.302	344	104	15	0	11	43	23	50	.347	.442
Close & Late	.279	312	87	13	0	12	54	28	50	.347	.436	vs. AL	.275	1512	416	82	2	51	222	85	165	.317	.433
None on/out	.263	453	119	23	1	18	18	20	50	.298	.437	vs. NL	.294	449	132	26	1	24	79	27	44	.347	.517

Bryce Florie — Tigers
Age 32 – Pitches Right (groundball pitcher)

	ERA	W	L	Sv	G	GS	IP	BB	SO	Avg	H	2B	3B	HR	RBI	OBP	SLG	GF	IR	IRS	Hld	SvOp	SB	CS	GB	FB	G/F
2001 Season	11.42	0	1	0	7	0	8.2	7	7	.316	12	3	1	9	.422	.526	1	6	0	0	0	1	0	20	5	4.00
Last Five Years	4.79	16	19	1	151	29	347.1	162	256	.280	378	64	11	34	203	.359	.419	37	114	44	8	3	25	11	662	215	3.08

2001 Season

	ERA	W	L	Sv	G	GS	IP	H	HR	BB	SO		Avg	AB	H	2B	3B	HR	RBI	BB	SO	OBP	SLG
Home	2.08	0	0	0	2	0	4.1	2	0	0		vs. Left	.278	18	5	1	0	0	3	0	2	.278	.333
Away	20.77	0	1	0	5	0	4.1	10	1	7	5	vs. Right	.350	20	7	2	1	1	6	7	5	.519	.700

Last Five Years

	ERA	W	L	Sv	G	GS	IP	H	HR	BB	SO		Avg	AB	H	2B	3B	HR	RBI	BB	SO	OBP	SLG
Home	3.94	8	7	0	71	14	169.0	178	15	73	135	vs. Left	.297	632	188	33	5	18	93	94	104	.389	.451
Away	5.60	8	12	1	80	15	178.1	200	19	89	121	vs. Right	.264	719	190	31	6	16	110	68	152	.331	.391
Day	4.28	7	1	0	49	8	109.1	118	11	45	83	Inning 1-6	.274	870	238	40	9	21	128	104	157	.352	.413
Night	5.03	9	18	1	102	21	238.0	260	23	117	173	Inning 7+	.291	481	140	24	2	13	75	58	99	.371	.430
Grass	4.56	15	17	0	130	29	322.0	338	31	154	240	None on	.267	737	197	30	7	21	21	63	144	.329	.412
Turf	7.82	1	2	1	21	0	25.1	40	3	8	16	Runners on	.295	614	181	34	4	13	182	99	112	.391	.427
March/April	4.45	2	1	0	23	0	32.1	37	2	19	34	Scoring Posn	.297	387	115	23	2	9	169	71	74	.398	.437
May	4.84	3	1	0	25	2	44.2	45	7	15	34	Close & Late	.364	121	44	10	2	7	34	25	20	.476	.653
June	5.67	2	7	0	28	6	60.1	78	7	37	26	None on/out	.281	320	90	19	2	13	13	29	52	.343	.475
July	3.86	2	3	1	34	4	74.2	81	3	35	53	vs. 1st Batr (relief)	.297	118	35	8	0	4	22	3	25	.320	.466
August	5.89	3	7	0	27	11	88.2	95	10	39	71	1st Inning Pitched	.309	530	164	30	4	15	122	62	96	.382	.466
Sept/Oct	3.28	4	0	0	14	6	46.2	42	5	17	38	First 15 Pitches	.301	445	134	26	3	11	77	45	77	.364	.447
Starter	4.44	9	11	0	29	29	156.0	161	15	70	111	Pitch 16-30	.255	357	91	13	2	9	58	44	77	.342	.378
Reliever	5.08	7	8	1	122	0	191.1	217	19	92	145	Pitch 31-45	.308	198	61	6	1	6	26	26	37	.394	.439
0 Days Rest (Relief)	4.15	1	2	0	19	0	26.0	21	4	11	9	Pitch 46+	.262	351	92	19	5	8	42	47	65	.348	.413
1 or 2 Days Rest	5.66	2	5	1	54	0	76.1	98	11	37	60	First Pitch	.322	183	59	9	0	3	32	19	0	.396	.421
3+ Days Rest	4.85	1	2	0	49	0	89.0	98	4	44	76	Ahead in Count	.232	556	129	20	4	8	61	0	203	.235	.326
vs. AL	4.75	15	18	1	132	26	312.2	342	32	145	231	Behind in Count	.291	337	98	17	5	16	69	87	0	.435	.513
vs. NL	5.19	1	1	0	19	3	34.2	36	2	17	25	Two Strikes	.226	589	133	22	4	11	71	56	256	.294	.333
Pre-All Star	4.99	7	9	1	89	8	155.0	183	17	77	106	Pre-All Star	.293	625	183	33	4	17	100	77	106	.372	.440
Post-All Star	4.63	9	10	0	62	21	192.1	195	17	85	150	Post-All Star	.269	726	195	31	7	17	103	85	150	.347	.401

Cliff Floyd — Marlins
Age 29 – Bats Left (flyball hitter)

	Avg	G	AB	R	H	2B	3B	HR	RBI	BB	SO	HBP	GDP	SB	CS	OBP	SLG	IBB	SH	SF	#Pit	#P/PA	GB	FB	G/F
2001 Season	.317	149	555	123	176	44	4	31	103	59	101	9	9	18	3	.390	.578	19	0	5	2014	3.20	175	192	0.91
Last Five Years	.295	553	1951	343	576	147	9	92	352	210	375	25	34	80	28	.368	.521	36	1	20	7755	3.51	631	646	0.98

2001 Season

	Avg	AB	H	2B	3B	HR	RBI	BB	SO	OBP	SLG		Avg	AB	H	2B	3B	HR	RBI	BB	SO	OBP	SLG
vs. Left	.311	148	46	9	2	9	34	11	32	.376	.581	First Pitch	.441	118	52	14	1	7	20	18	0	.528	.754
vs. Right	.319	407	130	35	2	22	69	48	69	.394	.577	Ahead in Count	.407	123	50	14	2	12	38	15	0	.468	.846
Home	.336	259	87	25	2	16	47	33	48	.414	.633	Behind in Count	.197	229	45	11	1	6	23	0	91	.209	.332
Away	.301	296	89	19	2	15	56	26	53	.368	.521	Two Strikes	.194	211	41	10	0	6	21	26	101	.292	.327
Day	.248	141	35	8	3	4	20	21	35	.363	.433	Batting #3	.318	551	175	44	3	31	100	58	98	.389	.577
Night	.341	414	141	36	1	27	83	38	66	.399	.628	Batting #9	.000	3	0	0	0	0	0	0	3	.000	.000
Grass	.307	459	141	38	4	26	83	51	86	.385	.577	Other	1.000	1	1	0	1	0	3	1	0	1.000	3.000
Turf	.365	96	35	6	0	5	20	8	15	.411	.583	April	.322	87	28	3	0	6	19	12	14	.412	.563
Pre-All Star	.342	313	107	23	1	21	70	34	53	.414	.623	May	.337	101	34	6	1	9	23	11	20	.422	.683
Post-All Star	.285	242	69	21	3	10	33	25	48	.358	.521	June	.347	95	33	11	0	6	26	10	14	.410	.653
Inning 1-6	.305	397	121	36	0	21	74	37	71	.374	.554	July	.371	89	33	9	1	7	20	7	16	.410	.730
Inning 7+	.348	158	55	8	4	10	29	22	30	.429	.639	August	.255	94	24	10	0	1	7	5	19	.297	.394
Scoring Posn	.324	142	46	10	1	14	79	33	23	.451	.704	Sept/Oct	.270	89	24	5	2	2	8	14	18	.369	.438
Close & Late	.333	84	28	5	1	4	14	11	16	.417	.595	vs. AL	.394	71	28	5	1	5	18	5	13	.429	.704
None on/out	.364	99	36	6	1	5	5	2	16	.382	.596	vs. NL	.306	484	148	39	3	26	85	54	88	.384	.560

2001 By Position

Position	Avg	AB	H	2B	3B	HR	RBI	BB	SO	OBP	SLG	G	GS	Innings	PO	A	E	DP	Fld Pct	Rng Fctr	In Zone	Zone Outs	Rtg	MLB Zone
As lf	.322	541	174	44	4	30	99	55	96	.391	.584	142	140	1212.0	269	8	8	2	.972	2.06	298	258	.866	.880

Last Five Years

	Avg	AB	H	2B	3B	HR	RBI	BB	SO	OBP	SLG		Avg	AB	H	2B	3B	HR	RBI	BB	SO	OBP	SLG
vs. Left	.319	504	161	37	4	21	96	31	113	.368	.534	First Pitch	.391	335	131	39	2	18	81	34	0	.456	.681
vs. Right	.287	1447	415	110	5	71	256	179	262	.367	.517	Ahead in Count	.336	423	142	39	3	24	84	81	0	.440	.612
Home	.286	937	268	77	5	45	167	109	186	.363	.520	Behind in Count	.230	835	192	44	3	28	105	0	321	.239	.390
Away	.304	1014	308	70	4	47	185	101	189	.372	.520	Two Strikes	.204	830	169	42	1	28	113	95	375	.292	.358
Day	.278	536	149	36	5	24	97	73	120	.372	.498	Batting #3	.310	1273	395	97	4	67	250	144	237	.385	.551
Night	.302	1415	427	111	4	68	255	137	255	.366	.530	Batting #5	.274	350	96	27	3	12	60	18	57	.311	.471
Grass	.294	1597	469	116	9	81	293	183	312	.370	.530	Other	.259	328	85	23	2	13	42	48	81	.355	.460
Turf	.302	354	107	31	0	11	59	27	63	.356	.483	March/April	.253	288	73	10	0	17	48	48	61	.363	.465
Pre-All Star	.290	1180	342	78	6	60	224	144	227	.372	.515	May	.315	432	136	32	2	26	88	51	88	.393	.579
Post-All Star	.304	771	234	69	5	32	128	66	148	.361	.530	June	.288	378	109	29	2	16	78	41	58	.365	.503
Inning 1-6	.296	1352	400	111	4	60	254	132	239	.363	.517	July	.307	280	86	23	2	12	50	17	53	.344	.532
Inning 7+	.294	599	176	36	5	32	98	78	136	.379	.531	August	.274	197	54	20	1	4	18	13	38	.313	.447
Scoring Posn	.301	534	161	36	1	30	155	94	109	.400	.541	Sept/Oct	.314	376	118	33	2	17	70	40	77	.378	.548
Close & Late	.310	345	107	22	2	17	61	43	75	.390	.533	vs. AL	.328	244	80	19	2	11	54	29	39	.403	.557
None on/out	.314	405	127	30	1	20	20	29	70	.362	.541	vs. NL	.291	1707	496	128	7	81	298	181	336	.363	.516

Josh Fogg — White Sox
Age 25 – Pitches Right

	ERA	W	L	Sv	G	GS	IP	BB	SO	Avg	H	2B	3B	HR	RBI	OBP	SLG	GF	IR	IRS	Hld	SvOp	SB	CS	GB	FB	G/F
2001 Season	2.03	0	0	0	11	0	13.1	3	17	.208	10	4	0	0	4	.264	.292	4	5	1	2	0	1	1	14	11	1.27

2001 Season

	ERA	W	L	Sv	G	GS	IP	H	HR	BB	SO		Avg	AB	H	2B	3B	HR	RBI	BB	SO	OBP	SLG
Home	2.70	0	0	0	7	0	6.2	6	0	1	9	vs. Left	.214	14	3	2	0	0	2	1	6	.313	.357
Away	1.35	0	0	0	4	0	6.2	4	0	2	8	vs. Right	.206	34	7	2	0	0	2	2	11	.243	.265

P.J. Forbes — Phillies
Age 34 – Bats Right

	Avg	G	AB	R	H	2B	3B	HR	RBI	BB	SO	HBP	GDP	SB	CS	OBP	SLG	IBB	SH	SF	#Pit	#P/PA	GB	FB	G/F
2001 Season	.286	3	7	1	2	0	0	0	1	0	2	0	0	0	0	.286	.286	0	0	0	25	3.57	4	1	4.00
Career (1998-2001)	.176	12	17	1	3	0	0	0	3	0	2	0	0	0	0	.176	.176	0	0	0	59	3.47	11	3	3.67

2001 Season

	Avg	AB	H	2B	3B	HR	RBI	BB	SO	OBP	SLG		Avg	AB	H	2B	3B	HR	RBI	BB	SO	OBP	SLG
vs. Left	.333	3	1	0	0	0	0	0	0	.333	.333	Scoring Posn	.000	1	0	0	0	0	1	0	0	.000	.000
vs. Right	.250	4	1	0	0	0	1	0	2	.250	.250	Close & Late	.000	0	0	0	0	0	0	0	0	.000	.000

Brook Fordyce — Orioles
Age 32 – Bats Right

	Avg	G	AB	R	H	2B	3B	HR	RBI	BB	SO	HBP	GDP	SB	CS	OBP	SLG	IBB	SH	SF	#Pit	#P/PA	GB	FB	G/F
2001 Season	.209	95	292	30	61	18	0	5	19	21	56	3	7	1	2	.268	.322	1	3	1	1183	3.70	105	87	1.21
Last Five Years	.263	397	1169	122	308	75	2	32	139	78	197	10	18	5	3	.313	.413	5	9	9	4588	3.60	409	358	1.14

2001 Season

	Avg	AB	H	2B	3B	HR	RBI	BB	SO	OBP	SLG		Avg	AB	H	2B	3B	HR	RBI	BB	SO	OBP	SLG
vs. Left	.282	71	20	9	0	1	7	4	6	.320	.451	Scoring Posn	.088	68	6	2	0	0	9	6	15	.160	.118
vs. Right	.186	221	41	9	0	4	12	17	50	.252	.281	Close & Late	.220	41	9	3	0	0	1	0	8	.220	.293
Home	.180	139	25	5	0	0	2	11	22	.248	.216	None on/out	.203	64	13	4	0	0	3	3	10	.250	.266
Away	.235	153	36	13	0	5	17	10	34	.287	.418	Batting #8	.221	240	53	15	0	5	18	18	45	.282	.346
First Pitch	.314	35	11	5	0	1	4	1	0	.333	.543	Batting #9	.188	32	6	1	0	1	0	6	.188	.219
Ahead in Count	.281	57	16	5	0	1	5	10	0	.400	.421	Other	.100	20	2	2	0	0	0	3	5	.217	.200
Behind in Count	.153	144	22	5	0	0	4	0	50	.159	.188	Pre-All Star	.206	194	40	11	0	3	10	14	36	.263	.309
Two Strikes	.142	134	19	5	0	1	5	10	56	.207	.201	Post-All Star	.214	98	21	7	0	2	9	7	20	.278	.347

Last Five Years

	Avg	AB	H	2B	3B	HR	RBI	BB	SO	OBP	SLG		Avg	AB	H	2B	3B	HR	RBI	BB	SO	OBP	SLG
vs. Left	.301	332	100	23	0	13	54	24	40	.348	.488	First Pitch	.343	198	68	20	0	6	20	3	0	.356	.535
vs. Right	.249	837	208	52	2	19	85	54	157	.299	.384	Ahead in Count	.371	248	92	21	1	10	45	40	0	.461	.585
Home	.249	558	139	32	1	17	57	37	94	.299	.401	Behind in Count	.179	521	93	21	0	8	40	0	174	.181	.265
Away	.277	611	169	43	1	15	82	41	103	.325	.424	Two Strikes	.179	509	91	20	0	8	43	35	197	.234	.265
Day	.234	376	88	23	0	7	33	20	72	.277	.351	Batting #8	.240	504	121	29	0	12	50	38	95	.297	.369
Night	.277	793	220	52	2	25	106	58	125	.329	.443	Batting #9	.294	385	113	27	2	11	52	18	58	.330	.460
Grass	.272	895	243	61	2	25	112	58	155	.319	.428	Other	.264	280	74	19	0	9	37	22	44	.318	.429
Turf	.237	274	65	14	0	7	27	20	42	.293	.365	March/April	.197	157	31	10	0	1	10	12	25	.256	.280
Pre-All Star	.249	618	154	37	1	13	65	37	112	.295	.375	May	.291	179	52	11	0	5	26	13	30	.345	.436
Post-All Star	.279	551	154	38	1	19	74	41	85	.332	.456	June	.263	232	61	15	1	6	24	10	44	.294	.414
Inning 1-6	.269	762	205	48	2	25	94	56	124	.321	.436	July	.250	160	40	7	1	4	17	12	34	.310	.381
Inning 7+	.253	407	103	27	0	7	45	22	73	.297	.371	August	.278	216	60	17	0	7	31	19	24	.333	.454
Scoring Posn	.218	293	64	16	0	5	93	34	64	.296	.324	Sept/Oct	.284	225	64	15	0	9	31	12	40	.322	.471
Close & Late	.247	182	45	13	0	0	17	7	39	.280	.319	vs. AL	.285	853	243	56	2	28	113	51	143	.330	.454
None on/out	.257	269	69	17	0	6	6	12	35	.296	.387	vs. NL	.206	316	65	19	0	4	26	27	54	.267	.304

Casey Fossum — Red Sox
Age 24 – Pitches Left

	ERA	W	L	Sv	G	GS	IP	BB	SO	Avg	H	2B	3B	HR	RBI	OBP	SLG	CG	ShO	Sup	QS	#P/S	SB	CS	GB	FB	G/F
2001 Season	4.87	3	2	0	13	7	44.1	20	26	.259	44	9	2	4	22	.355	.406	0	0	7.11	0	87	4	0	63	52	1.21

2001 Season

	ERA	W	L	Sv	G	GS	IP	H	HR	BB	SO		Avg	AB	H	2B	3B	HR	RBI	BB	SO	OBP	SLG
Home	4.01	3	0	0	8	4	24.2	19	2	10	14	vs. Left	.188	32	6	1	0	0	3	8	4	.357	.219
Away	5.95	0	2	0	5	3	19.2	25	2	10	12	vs. Right	.275	138	38	8	2	4	19	12	22	.355	.449

Kevin Foster — Rangers
Age 33 – Pitches Right (flyball pitcher)

	ERA	W	L	Sv	G	GS	IP	BB	SO	Avg	H	2B	3B	HR	RBI	OBP	SLG	GF	IR	IRS	Hld	SvOp	SB	CS	GB	FB	G/F
2001 Season	6.62	0	1	0	9	0	17.2	10	16	.309	21	0	4	2	14	.415	.515	3	5	1	0	0	1	15	22	0.68
Last Five Years	5.06	10	8	0	38	25	167.1	78	137	.267	170	33	4	30	89	.347	.473	4	7	2	0	0	22	7	159	243	0.65

2001 Season

	ERA	W	L	Sv	G	GS	IP	H	HR	BB	SO		Avg	AB	H	2B	3B	HR	RBI	BB	SO	OBP	SLG
Home	11.25	0	1	0	5	0	8.0	13	1	7	8	vs. Left	.290	31	9	0	3	2	6	4	6	.371	.677
Away	2.79	0	0	0	4	0	9.2	8	1	3	8	vs. Right	.324	37	12	0	1	0	8	6	10	.447	.378

Kris Foster — Orioles
Age 27 – Pitches Right

	ERA	W	L	Sv	G	GS	IP	BB	SO	Avg	H	2B	3B	HR	RBI	OBP	SLG	GF	IR	IRS	Hld	SvOp	SB	CS	GB	FB	G/F
2001 Season	2.70	0	0	0	7	0	10.0	8	8	.231	9	1	0	1	3	.362	.333	0	2	0	0	0	0	0	18	8	2.25

2001 Season

	ERA	W	L	Sv	G	GS	IP	H	HR	BB	SO		Avg	AB	H	2B	3B	HR	RBI	BB	SO	OBP	SLG
Home	4.15	0	0	0	3	0	4.1	3	1	4	3	vs. Left	.217	23	5	1	0	1	1	2	5	.280	.391
Away	1.59	0	0	0	4	0	5.2	6	0	4	5	vs. Right	.250	16	4	0	0	0	2	6	3	.455	.250

Keith Foulke — White Sox
Age 29 – Pitches Right (flyball pitcher)

	ERA	W	L	Sv	G	GS	IP	BB	SO	Avg	H	2B	3B	HR	RB	OBP	SLG	GF	IR	IRS	Hld	SvOp	SB	CS	GB	FB	G/F
2001 Season	2.33	4	9	42	72	0	81.0	22	75	.199	57	7	1	3	31	.274	.261	69	26	10	0	45	3	1	67	102	0.66
Career (1997-2001)	3.44	17	20	89	292	8	413.0	108	400	.219	334	60	8	45	169	.279	.358	181	124	29	43	105	20	12	390	508	0.77

2001 Season

	ERA	W	L	Sv	G	GS	IP	H	HR	BB	SO		Avg	AB	H	2B	3B	HR	RBI	BB	SO	OBP	SLG
Home	1.24	4	5	23	37	0	43.2	26	1	12	41	vs. Left	.212	156	33	4	1	3	18	15	42	.283	.308
Away	3.62	0	4	19	35	0	37.1	31	2	10	34	vs. Right	.183	131	24	3	0	0	13	7	33	.262	.206
Day	3.00	0	4	11	23	0	27.0	19	2	4	20	Inning 1-6	.000	0	0	0	0	0	0	0	0	.000	.000
Night	2.00	4	5	31	49	0	54.0	38	1	18	55	Inning 7+	.199	287	57	7	1	3	31	22	75	.274	.261
Grass	1.83	4	8	38	65	0	73.2	47	3	21	66	None on	.182	165	30	5	0	2	2	9	39	.246	.248
Turf	7.36	0	1	4	7	0	7.1	10	0	1	9	Runners on	.221	122	27	2	1	1	29	13	36	.309	.279
April	1.80	1	2	4	10	0	15.0	8	1	6	14	Scoring Posn	.233	73	17	1	1	1	28	9	23	.329	.315
May	2.13	0	1	5	11	0	12.2	10	0	4	11	Close & Late	.175	212	37	5	1	3	25	20	60	.257	.250
June	4.30	1	2	8	14	0	14.2	14	0	2	9	None on/out	.181	72	13	4	0	0	1	5	15	.224	.236
July	1.64	1	1	7	11	0	11.0	7	1	3	14	vs. 1st Batr (relief)	.136	66	9	4	0	0	6	5	15	.197	.197
August	1.69	0	1	12	16	0	16.0	9	0	5	13	1st Inning Pitched	.183	240	44	6	1	2	23	18	66	.255	.242
Sept/Oct	2.31	1	2	6	10	0	11.2	9	1	2	14	First 15 Pitches	.213	207	44	7	0	2	20	15	52	.285	.275
Starter	0.00	0	0	0	0	0	0.0	0	0	0	0	Pitch 16-30	.145	69	10	0	1	1	10	4	20	.211	.217
Reliever	2.33	4	9	42	72	0	81.0	57	3	22	75	Pitch 31-45	.273	11	3	0	0	0	1	3	3	.429	.273
0 Days Rest (Relief)	2.05	1	4	19	26	0	26.1	17	1	9	23	Pitch 46+	.000	0	0	0	0	0	0	0	0	.000	.000
1 or 2 Days Rest	3.14	2	3	13	25	0	28.2	23	1	9	30	First Pitch	.409	44	18	2	0	1	6	1	0	.422	.523
3+ Days Rest	1.73	1	2	10	21	0	26.0	17	1	4	22	Ahead in Count	.166	169	28	4	0	0	16	0	67	.194	.189
vs. AL	2.54	3	8	36	62	0	71.0	52	3	21	65	Behind in Count	.179	39	7	0	1	2	7	10	0	.365	.385
vs. NL	0.90	1	1	6	10	0	10.0	5	0	1	10	Two Strikes	.124	153	19	2	0	0	11	11	75	.212	.137
Pre-All Star	2.64	3	5	18	38	0	44.1	34	1	14	37	Pre-All Star	.215	158	34	6	1	1	21	14	37	.302	.285
Post-All Star	1.96	1	4	24	34	0	36.2	23	2	8	38	Post-All Star	.178	129	23	1	0	2	10	8	38	.237	.233

Career (1997-2001)

	ERA	W	L	Sv	G	GS	IP	H	HR	BB	SO		Avg	AB	H	2B	3B	HR	RBI	BB	SO	OBP	SLG
Home	2.96	13	9	43	149	2	218.2	164	19	45	208	vs. Left	.237	738	175	31	4	25	85	57	210	.293	.392
Away	3.98	4	11	46	143	6	194.1	170	26	63	192	vs. Right	.202	786	159	29	4	20	84	51	190	.266	.326
Day	3.53	4	6	25	99	1	135.0	115	15	32	125	Inning 1-6	.287	230	66	8	2	10	32	22	46	.357	.470
Night	3.40	13	14	64	193	7	278.0	219	30	76	275	Inning 7+	.207	1294	268	52	6	35	137	86	354	.265	.338
Grass	3.22	16	17	75	255	6	363.2	285	36	91	350	None on	.208	903	188	42	4	19	19	44	241	.253	.267
Turf	5.11	1	3	14	37	2	49.1	49	9	17	50	Runners on	.235	621	146	18	4	26	150	64	159	.315	.403
March/April	1.76	3	2	7	41	0	56.1	35	4	18	52	Scoring Posn	.231	368	85	9	3	15	125	50	99	.331	.394
May	4.01	0	2	13	47	1	74.0	58	9	24	72	Close & Late	.201	791	159	29	4	21	85	57	223	.260	.327
June	5.61	2	5	17	52	3	77.0	81	14	17	76	None on/out	.238	370	88	22	3	7	7	15	82	.279	.370
July	4.03	4	5	12	51	4	73.2	70	7	23	67	vs. 1st Batr (relief)	.211	265	56	13	3	6	20	13	64	.256	.351
August	2.42	4	4	21	57	0	74.1	50	6	17	68	1st Inning Pitched	.215	1004	216	36	5	27	114	66	271	.274	.342
Sept/Oct	2.03	4	2	19	44	0	57.2	40	5	9	65	First 15 Pitches	.222	857	190	34	4	20	77	51	207	.274	.341
Starter	6.99	1	4	0	8	8	37.1	50	8	15	28	Pitch 16-30	.184	451	83	15	1	19	61	31	141	.244	.348
Reliever	3.09	16	16	89	284	0	375.2	284	37	93	372	Pitch 31-45	.246	130	32	4	1	2	18	15	37	.338	.338
0 Days Rest (Relief)	1.31	2	4	37	66	0	75.1	43	2	19	65	Pitch 46+	.337	86	29	7	2	4	13	11	15	.412	.605
1 or 2 Days Rest	3.38	9	8	37	138	0	186.1	152	26	46	207	First Pitch	.327	226	74	14	2	7	28	10	0	.354	.500
3+ Days Rest	3.79	5	4	15	80	0	114.0	89	9	28	100	Ahead in Count	.162	821	133	25	3	9	53	0	344	.176	.233
vs. AL	2.81	14	14	76	240	1	323.1	244	32	78	322	Behind in Count	.300	230	69	13	2	22	55	46	0	.421	.661
vs. NL	5.72	3	6	13	52	7	89.2	90	13	30	78	Two Strikes	.143	828	118	21	3	9	51	52	400	.206	.208
Pre-All Star	3.88	7	10	38	155	5	229.2	195	30	66	220	Pre-All Star	.229	853	195	35	6	30	111	66	220	.294	.389
Post-All Star	2.90	10	10	51	137	3	183.1	139	15	42	180	Post-All Star	.207	671	139	25	2	15	58	42	180	.260	.317

Andy Fox — Marlins
Age 31 – Bats Left

	Avg	G	AB	R	H	2B	3B	HR	RBI	BB	SO	HBP	GDP	SB	CS	OBP	SLG	IBB	SH	SF	#Pit	#P/PA	GB	FB	G/F
2001 Season	.185	54	81	8	15	0	1	3	7	15	17	2	2	1	0	.327	.321	1	0	0	390	3.98	33	21	1.57
Last Five Years	.254	414	1138	151	289	42	11	22	105	120	237	32	11	31	13	.341	.368	15	3	4	4750	3.66	434	296	1.47

2001 Season

	Avg	AB	H	2B	3B	HR	RBI	BB	SO	OBP	SLG		Avg	AB	H	2B	3B	HR	RBI	BB	SO	OBP	SLG
vs. Left	.000	4	0	0	0	0	1	2	.200	.000		Scoring Posn	.125	16	2	0	0	1	5	3	4	.263	.313
vs. Right	.195	77	15	0	1	3	7	14	15	.333	.338		Close & Late	.208	24	5	0	0	0	1	7	5	.387	.208

Last Five Years

	Avg	AB	H	2B	3B	HR	RBI	BB	SO	OBP	SLG		Avg	AB	H	2B	3B	HR	RBI	BB	SO	OBP	SLG
vs. Left	.266	173	46	9	1	0	21	18	41	.354	.329	First Pitch	.388	178	69	9	2	3	31	11	0	.441	.511
vs. Right	.252	965	243	33	10	22	84	102	196	.339	.375	Ahead in Count	.299	254	76	12	5	6	23	63	0	.438	.457
Home	.272	566	154	24	3	14	56	62	115	.359	.399	Behind in Count	.173	508	88	16	4	23	0	194	0	.204	.236
Away	.236	572	135	18	8	8	49	58	122	.323	.337	Two Strikes	.146	506	74	14	2	6	27	46	237	.242	.217

135

Last Five Years

	Avg	AB	H	2B	3B	HR	RBI	BB	SO	OBP	SLG		Avg	AB	H	2B	3B	HR	RBI	BB	SO	OBP	SLG
Day	.255	321	82	12	3	4	26	40	70	.364	.349	Batting #1	.279	441	123	20	6	7	42	37	80	.357	.399
Night	.253	817	207	30	8	18	79	80	167	.331	.376	Batting #8	.244	316	77	12	2	9	40	37	63	.332	.380
Grass	.259	945	245	38	9	19	94	96	197	.344	.379	Other	.234	381	89	10	3	6	23	46	94	.330	.323
Turf	.228	193	44	4	2	3	11	24	40	.326	.316	March/April	.211	95	20	2	1	1	6	9	27	.286	.284
Pre-All Star	.257	526	135	18	4	13	54	49	116	.336	.380	May	.294	180	53	7	2	4	22	14	34	.354	.422
Post-All Star	.252	612	154	24	7	9	51	71	121	.345	.358	June	.230	191	44	6	1	6	20	15	37	.313	.366
Inning 1-6	.258	721	186	28	5	14	67	78	133	.345	.369	July	.283	198	56	7	1	3	20	22	44	.368	.374
Inning 7+	.247	417	103	14	6	8	38	42	104	.333	.367	August	.262	267	70	12	3	5	26	33	53	.353	.386
Scoring Posn	.262	233	61	10	5	4	84	46	56	.397	.399	Sept/Oct	.222	207	46	8	3	3	11	27	42	.326	.333
Close & Late	.225	209	47	4	1	3	16	22	58	.312	.297	vs. AL	.237	131	31	4	0	3	12	17	31	.338	.336
None on/out	.245	351	86	12	4	5	5	38	54	.336	.345	vs. NL	.256	1007	258	38	11	19	93	103	206	.341	.372

Chad Fox — Brewers   Age 31 – Pitches Right

	ERA	W	L	Sv	G	GS	IP	BB	SO	Avg	H	2B	3B	HR	RBI	OBP	SLG	GF	IR	IRS	Hld	SvOp	SB	CS	GB	FB	G/F
2001 Season	1.89	5	2	2	65	0	66.2	36	80	.181	44	8	1	6	22	.298	.296	9	34	12	20	4	6	1	62	65	0.95
Career (1997-2001)	3.25	6	7	2	150	0	157.2	76	184	.228	135	22	4	15	66	.322	.354	31	74	20	48	7	16	4	172	156	1.10

2001 Season

	ERA	W	L	Sv	G	GS	IP	H	HR	BB	SO		Avg	AB	H	2B	3B	HR	RBI	BB	SO	OBP	SLG
Home	1.78	3	0	2	32	0	35.1	23	4	20	42	vs. Left	.158	101	16	3	1	3	15	15	34	.274	.297
Away	2.01	2	2	0	33	0	31.1	21	2	16	38	vs. Right	.197	142	28	5	0	3	13	21	46	.315	.296
Day	2.70	1	0	0	19	0	16.2	13	0	13	19	Inning 1-6	.219	32	7	2	0	2	10	7	12	.375	.469
Night	1.62	4	2	2	46	0	50.0	31	6	23	61	Inning 7+	.175	211	37	6	1	4	12	29	68	.286	.270
Grass	2.03	5	2	2	62	0	62.0	42	6	36	73	None on	.185	135	25	4	1	5	5	16	40	.286	.341
Turf	0.00	0	0	0	3	0	4.2	2	0	0	7	Runners on	.176	108	19	4	0	1	17	20	40	.313	.241
April	0.00	1	0	0	5	0	6.1	5	0	1	9	Scoring Posn	.129	70	9	2	0	1	16	15	27	.287	.200
May	2.57	0	0	0	13	0	14.0	12	1	3	15	Close & Late	.164	116	19	3	1	2	5	16	40	.271	.259
June	1.93	1	1	0	11	0	9.1	7	0	4	15	None on/out	.131	61	8	2	0	2	2	3	14	.172	.262
July	3.97	0	0	0	11	0	11.1	11	2	15	13	vs. 1st Batr (relief)	.169	59	10	2	0	2	9	5	16	.231	.305
August	0.57	0	0	1	14	0	15.2	5	1	8	21	1st Inning Pitched	.171	199	34	8	1	4	20	25	66	.278	.281
Sept/Oct	1.80	3	1	1	11	0	10.0	4	2	5	7	First 15 Pitches	.193	161	31	8	1	4	20	19	48	.288	.329
Starter	0.00	0	0	0	0	0	0.0	0	0	0	0	Pitch 16-30	.151	73	11	0	0	2	2	14	30	.303	.233
Reliever	1.89	5	2	2	65	0	66.2	44	6	36	80	Pitch 31-45	.222	9	2	0	0	0	0	3	2	.417	.222
0 Days Rest (Relief)	1.59	0	0	0	13	0	11.1	5	0	7	13	Pitch 46+	.000	0	0	0	0	0	0	0	0	.000	.000
1 or 2 Days Rest	1.67	5	1	1	35	0	37.2	23	3	22	45	First Pitch	.296	27	8	1	0	1	3	5	0	.424	.444
3+ Days Rest	2.55	0	0	1	17	0	17.2	16	3	7	22	Ahead in Count	.116	138	16	4	1	1	5	0	62	.128	.181
vs. AL	5.40	1	1	0	8	0	6.2	8	1	5	10	Behind in Count	.412	34	14	2	0	2	9	13	0	.574	.647
vs. NL	1.50	4	1	2	57	0	60.0	36	5	31	70	Two Strikes	.103	145	15	3	1	1	3	18	80	.211	.159
Pre-All Star	1.59	2	1	0	33	0	34.0	28	1	13	42	Pre-All Star	.217	129	28	3	0	1	8	13	42	.308	.264
Post-All Star	2.20	3	1	2	32	0	32.2	16	5	23	38	Post-All Star	.140	114	16	5	1	5	14	23	38	.288	.333

Career (1997-2001)

	ERA	W	L	Sv	G	GS	IP	H	BB	SO		Avg	AB	H	2B	3B	HR	RBI	BB	SO	OBP	SLG
Home	2.88	4	3	2	74	0	81.1	64	6	41	83	vs. Left	.197	228	45	10	2	7	23	35	81	.307	.351
Away	3.66	2	4	0	76	0	76.1	71	9	35	101	vs. Right	.247	365	90	12	2	8	43	41	103	.332	.356
Day	2.32	2	2	0	52	0	50.1	48	4	20	57	Inning 1-6	.218	55	12	2	0	3	11	8	21	.328	.418
Night	3.69	4	5	2	98	0	107.1	87	11	54	127	Inning 7+	.229	538	123	20	4	12	55	68	163	.321	.348
Grass	3.43	6	6	2	130	0	136.1	115	14	71	152	None on	.231	316	73	12	2	11	11	35	94	.314	.386
Turf	2.11	0	1	0	20	0	21.1	20	1	5	32	Runners on	.224	277	62	10	2	4	55	41	90	.331	.318
March/April	2.51	1	0	0	24	0	32.1	28	2	9	50	Scoring Posn	.216	171	37	7	2	2	50	28	63	.335	.316
May	5.12	0	0	0	18	0	19.1	22	1	10	21	Close & Late	.231	321	74	12	2	6	30	35	99	.308	.336
June	1.93	1	1	0	11	0	9.1	7	0	4	15	None on/out	.186	140	26	4	0	7	7	10	33	.240	.364
July	3.90	0	0	0	31	0	32.1	30	4	18	31	vs. 1st Batr (relief)	.195	133	26	4	1	8	21	15	36	.275	.421
August	3.35	0	3	1	36	0	37.2	27	4	21	43	1st Inning Pitched	.217	480	104	16	4	11	56	60	153	.311	.335
Sept/Oct	2.36	4	2	1	30	0	26.2	21	4	14	24	First 15 Pitches	.232	392	91	14	4	11	45	44	112	.314	.372
Starter	0.00	0	0	0	0	0	0.0	0	0	0	0	Pitch 16-30	.212	179	38	7	0	4	19	25	64	.322	.318
Reliever	3.25	6	7	2	150	0	157.2	135	15	76	184	Pitch 31-45	.273	22	6	1	0	0	2	7	8	.448	.318
0 Days Rest (Relief)	4.39	0	4	0	29	0	26.2	24	0	17	30	Pitch 46+	.000	0	0	0	0	0	0	0	0	.000	.000
1 or 2 Days Rest	2.63	6	2	1	77	0	82.0	64	9	39	95	First Pitch	.366	71	26	2	2	4	12	5	0	.416	.620
3+ Days Rest	3.67	0	1	1	44	0	49.0	47	6	20	59	Ahead in Count	.131	306	40	9	1	2	13	0	149	.136	.186
vs. AL	3.86	1	1	0	11	0	9.1	9	1	6	12	Behind in Count	.427	103	44	9	1	7	30	38	0	.582	.738
vs. NL	3.22	5	6	2	139	0	148.1	126	14	70	172	Two Strikes	.132	334	44	8	1	1	14	33	184	.218	.171
Pre-All Star	2.94	2	2	0	60	0	67.1	61	3	28	90	Pre-All Star	.237	257	61	8	2	3	26	28	90	.324	.319
Post-All Star	3.49	4	5	2	90	0	90.1	74	12	48	94	Post-All Star	.237	336	74	14	2	12	40	48	94	.320	.381

John Franco — Mets   Age 41 – Pitches Left (groundball pitcher)

	ERA	W	L	Sv	G	GS	IP	BB	SO	Avg	H	2B	3B	HR	RBI	OBP	SLG	GF	IR	IRS	Hld	SvOp	SB	CS	GB	FB	G/F
2001 Season	4.05	6	2	2	58	0	53.1	19	50	.264	55	7	1	8	30	.330	.423	16	18	8	17	7	2	1	79	49	1.61
Last Five Years	3.31	16	19	99	286	0	274.1	113	259	.247	256	39	4	22	112	.325	.356	171	87	24	38	120	23	3	419	196	2.14

2001 Season

	ERA	W	L	Sv	G	GS	IP	H	HR	BB	SO		Avg	AB	H	2B	3B	HR	RBI	BB	SO	OBP	SLG
Home	5.26	1	1	2	28	0	25.2	28	2	8	26	vs. Left	.236	55	13	2	0	1	10	2	11	.276	.327
Away	2.93	5	1	0	30	0	27.2	27	6	11	24	vs. Right	.275	153	42	5	1	7	20	17	39	.349	.458
Starter	0.00	0	0	0	0	0	0.0	0	0	0	0	Scoring Posn	.259	54	14	3	0	2	22	8	15	.359	.426
Reliever	4.05	6	2	2	58	0	53.1	55	8	19	50	Close & Late	.267	150	40	2	1	6	22	15	36	.339	.413

2001 Season

	ERA	W	L	Sv	G	GS	IP	H	HR	BB	SO		Avg	AB	H	2B	3B	HR	RBI	BB	SO	OBP	SLG
0 Days Rest (Relief)	3.86	0	1	1	7	0	7.0	5	2	1	5	None on/out	.208	48	10	1	0	1	1	4	16	.269	.292
1 or 2 Days Rest	3.26	2	1	1	32	0	30.1	23	5	13	30	First Pitch	.462	26	12	1	1	3	7	2	0	.500	.923
3+ Days Rest	5.63	4	0	0	19	0	16.0	27	1	5	15	Ahead in Count	.189	95	18	1	0	3	10	0	46	.204	.295
Pre-All Star	3.21	4	1	2	35	0	33.2	35	3	8	30	Behind in Count	.327	49	16	3	0	1	6	12	0	.459	.449
Post-All Star	5.49	2	1	0	23	0	19.2	20	5	11	20	Two Strikes	.141	99	14	1	0	2	7	5	50	.189	.212

Last Five Years

	ERA	W	L	Sv	G	GS	IP	H	HR	BB	SO		Avg	AB	H	2B	3B	HR	RBI	BB	SO	OBP	SLG
Home	3.82	7	9	46	143	0	136.2	134	7	54	137	vs. Left	.271	251	68	7	0	1	23	18	57	.331	.311
Away	2.81	9	10	53	143	0	137.2	122	15	59	122	vs. Right	.239	786	188	32	4	21	89	95	202	.323	.370
Day	3.70	4	7	40	108	0	104.2	96	13	50	95	Inning 1-6	.000	4	0	0	0	0	0	0	1	.000	.000
Night	3.08	12	12	59	178	0	169.2	160	9	63	164	Inning 7+	.248	1033	256	39	4	22	112	113	258	.326	.357
Grass	3.45	12	17	78	235	0	224.2	222	18	93	210	None on/out	.240	574	138	20	2	12	12	40	148	.296	.345
Turf	2.72	4	2	21	51	0	49.2	34	4	20	49	Runners on	.255	463	118	19	2	10	100	73	111	.358	.369
March/April	2.96	1	1	19	49	0	51.2	43	6	15	48	Scoring Posn	.236	284	67	7	1	7	90	60	76	.370	.342
May	3.27	2	3	24	57	0	55.0	58	3	21	58	Close & Late	.252	741	187	20	4	13	88	88	184	.337	.343
June	2.98	4	4	18	52	0	48.1	40	1	14	39	None on/out	.271	258	70	12	0	6	6	15	68	.314	.388
July	4.91	4	6	12	44	0	44.0	44	5	15	40	vs. 1st Batr (relief)	.271	269	73	12	0	6	17	15	69	.310	.383
August	1.36	2	2	15	41	0	39.2	33	1	22	37	1st Inning Pitched	.247	975	241	38	3	22	107	105	246	.323	.360
Sept/Oct	4.54	3	3	11	43	0	35.2	38	6	26	37	First 15 Pitches	.258	782	202	34	2	20	76	71	188	.325	.384
Starter	0.00	0	0	0	0	0	0.0	0	0	0	0	Pitch 16-30	.201	239	48	5	1	2	29	40	68	.319	.255
Reliever	3.31	16	19	99	286	0	274.1	256	22	113	259	Pitch 31-45	.375	16	6	0	1	0	7	2	3	.421	.500
0 Days Rest (Relief)	3.79	2	4	33	69	0	61.2	65	5	25	60	Pitch 46+	.000	0	0	0	0	0	0	0	0	.000	.000
1 or 2 Days Rest	3.17	8	13	46	126	0	127.2	105	11	56	118	First Pitch	.389	131	51	7	2	4	22	13	0	.446	.565
3+ Days Rest	3.18	6	2	20	91	0	85.0	86	6	32	81	Ahead in Count	.162	468	76	6	0	5	32	0	217	.175	.207
vs. AL	0.94	3	2	8	30	0	28.2	16	0	10	23	Behind in Count	.284	225	64	13	1	10	35	58	0	.428	.484
vs. NL	3.59	13	17	91	256	0	245.2	240	22	103	236	Two Strikes	.173	527	91	13	1	6	34	41	259	.240	.235
Pre-All Star	3.13	8	9	62	169	0	167.0	148	10	56	151	Pre-All Star	.240	617	148	24	0	10	57	56	151	.311	.327
Post-All Star	3.61	8	10	37	117	0	107.1	108	12	57	108	Post-All Star	.257	420	108	15	4	12	55	57	108	.346	.398

Julio Franco — Braves   Age 40 – Bats Right (groundball hitter)

	Avg	G	AB	R	H	2B	3B	HR	RBI	BB	SO	HBP	GDP	SB	CS	OBP	SLG	IBB	SH	SF	#Pit	#P/PA	GB	FB	G/F
2001 Season	.300	25	90	13	27	4	0	3	11	10	20	1	3	0	0	.376	.444	1	0	0	389	3.85	29	26	1.12
Last Five Years	.274	146	521	81	143	20	1	10	55	79	137	2	20	15	6	.370	.374	5	1	4	2525	4.16	220	77	2.86

2001 Season

	Avg	AB	H	2B	3B	HR	RBI	BB	SO	OBP	SLG		Avg	AB	H	2B	3B	HR	RBI	BB	SO	OBP	SLG
vs. Left	.400	25	10	0	0	1	5	3	3	.464	.520	Scoring Posn	.438	16	7	2	0	0	8	3	2	.526	.563
vs. Right	.262	65	17	4	0	2	6	7	17	.342	.415	Close & Late	.286	14	4	0	0	0	2	3	3	.412	.286

Last Five Years

	Avg	AB	H	2B	3B	HR	RBI	BB	SO	OBP	SLG		Avg	AB	H	2B	3B	HR	RBI	BB	SO	OBP	SLG
vs. Left	.277	137	38	3	0	1	14	29	36	.399	.321	First Pitch	.412	34	14	5	0	2	4	4	0	.474	.735
vs. Right	.273	384	105	17	1	9	41	50	101	.358	.393	Ahead in Count	.410	105	43	3	0	4	14	32	0	.540	.552
Home	.271	258	70	6	1	7	31	50	70	.386	.384	Behind in Count	.207	280	58	8	0	1	21	0	117	.211	.246
Away	.278	263	73	14	0	3	24	29	67	.353	.365	Two Strikes	.160	281	45	6	1	3	18	43	137	.274	.221
Day	.283	152	43	6	0	2	16	36	41	.420	.362	Batting #2	.276	181	50	12	0	3	19	18	44	.345	.392
Night	.271	369	100	14	1	8	39	43	96	.347	.379	Batting #4	.237	152	36	3	0	5	22	31	44	.362	.355
Grass	.274	446	122	19	1	8	48	69	121	.358	.374	Other	.303	188	57	5	1	2	14	30	49	.399	.372
Turf	.280	75	21	1	0	2	7	10	16	.379	.373	March/April	.333	81	27	3	0	1	10	15	20	.438	.407
Pre-All Star	.288	260	75	13	0	2	21	36	67	.375	.362	May	.330	91	30	7	0	1	7	10	19	.396	.440
Post-All Star	.261	261	68	7	1	8	34	43	70	.365	.387	June	.220	82	18	3	0	0	4	10	26	.304	.256
Inning 1-6	.279	358	100	16	0	6	38	52	89	.374	.374	July	.200	35	7	0	1	1	4	3	10	.263	.343
Inning 7+	.264	163	43	4	1	4	17	27	48	.368	.374	August	.288	59	17	3	0	3	11	12	13	.403	.492
Scoring Posn	.305	128	39	8	0	3	47	27	38	.415	.438	Sept/Oct	.254	173	44	4	0	4	19	29	49	.359	.347
Close & Late	.292	72	21	0	0	0	5	18	18	.433	.292	vs. AL	.274	354	97	12	1	6	37	54	95	.367	.364
None on/out	.295	112	33	5	0	1	3	16	25	.383	.420	vs. NL	.275	167	46	8	0	4	18	25	42	.376	.395

Ryan Franklin — Mariners   Age 29 – Pitches Right (flyball pitcher)

	ERA	W	L	Sv	G	GS	IP	BB	SO	Avg	H	2B	3B	HR	RBI	OBP	SLG	GF	IR	IRS	Hld	SvOp	SB	CS	GB	FB	G/F
2001 Season	3.56	5	1	0	38	0	78.1	24	60	.250	76	12	1	13	36	.311	.424	14	17	5	5	1	5	2	76	122	0.62
Career (1999-2001)	3.71	5	1	0	44	0	89.2	32	66	.249	86	16	1	15	42	.319	.431	16	18	5	6	1	5	2	88	141	0.62

2001 Season

	ERA	W	L	Sv	G	GS	IP	H	HR	BB	SO		Avg	AB	H	2B	3B	HR	RBI	BB	SO	OBP	SLG
Home	3.22	3	0	0	17	0	36.1	37	5	6	31	vs. Left	.276	127	35	5	1	8	18	18	19	.366	.520
Away	3.86	2	1	0	21	0	42.0	39	8	18	29	vs. Right	.232	177	41	7	0	5	18	6	41	.270	.356
Starter	0.00	0	0	0	0	0	0.0	0	0	0	0	Scoring Posn	.231	65	15	3	0	2	20	9	9	.325	.369
Reliever	3.56	5	1	0	38	0	78.1	76	13	24	60	Close & Late	.229	35	8	2	0	1	4	6	9	.341	.371
0 Days Rest (Relief)	0.00	0	0	0	1	0	2.0	2	0	0	1	None on/out	.240	75	18	2	1	6	6	5	15	.288	.533
1 or 2 Days Rest	3.14	3	1	0	11	0	28.2	26	4	7	26	First Pitch	.333	42	14	6	1	1	8	4	0	.391	.595
3+ Days Rest	3.97	2	0	0	26	0	47.2	48	9	17	33	Ahead in Count	.229	170	39	3	0	7	14	0	49	.241	.371
Pre-All Star	3.61	4	1	0	23	0	57.1	57	11	16	46	Behind in Count	.356	45	16	3	0	5	10	4	0	.420	.756
Post-All Star	3.43	1	0	0	15	0	21.0	19	2	8	14	Two Strikes	.191	152	29	2	0	3	11	16	60	.269	.263

137

Wayne Franklin — Astros
Age 28 – Pitches Left (flyball pitcher)

	ERA	W	L	Sv	G	GS	IP	BB	SO	Avg	H	2B	3B	HR	RBI	OBP	SLG	GF	IR	IRS	Hld	SvOp	SB	CS	GB	FB	G/F
2001 Season	6.75	0	0	0	11	0	12.0	9	9	.333	17	1	0	4	9	.433	.588	3	6	1	1	0	0	0	15	19	0.79
Career (2000-2001)	5.94	0	0	0	36	0	33.1	21	30	.301	41	6	0	6	23	.405	.478	7	22	5	9	0	2	0	38	45	0.84

2001 Season

	ERA	W	L	Sv	G	GS	IP	H	HR	BB	SO		Avg	AB	H	2B	3B	HR	RBI	BB	SO	OBP	SLG
Home	5.40	0	0	0	6	0	8.1	11	2	8	4	vs. Left	.412	17	7	0	0	1	2	2	4	.474	.588
Away	9.82	0	0	0	5	0	3.2	6	2	1	5	vs. Right	.294	34	10	1	0	3	7	7	5	.415	.588

John Frascatore — Blue Jays
Age 32 – Pitches Right

	ERA	W	L	Sv	G	GS	IP	BB	SO	Avg	H	2B	3B	HR	RBI	OBP	SLG	GF	IR	IRS	Hld	SvOp	SB	CS	GB	FB	G/F
2001 Season	2.20	1	0	0	12	0	16.1	4	9	.246	16	2	0	4	5	.290	.462	2	9	1	1	0	1	0	24	21	1.14
Last Five Years	3.84	19	15	1	259	0	335.0	127	183	.268	345	62	5	45	187	.339	.428	73	170	59	40	15	38	7	520	365	1.42

2001 Season

	ERA	W	L	Sv	G	GS	IP	H	HR	BB	SO		Avg	AB	H	2B	3B	HR	RBI	BB	SO	OBP	SLG
Home	1.69	1	0	0	9	0	10.2	8	2	3	5	vs. Left	.238	21	5	0	0	0	0	2	3	.304	.238
Away	3.18	0	0	0	3	0	5.2	8	2	1	4	vs. Right	.250	44	11	2	0	4	5	2	6	.283	.568

Last Five Years

	ERA	W	L	Sv	G	GS	IP	H	HR	BB	SO		Avg	AB	H	2B	3B	HR	RBI	BB	SO	OBP	SLG
Home	3.95	11	3	0	131	0	164.0	160	21	55	82	vs. Left	.254	504	128	29	1	11	63	63	62	.340	.381
Away	3.74	8	12	1	128	0	171.0	185	24	72	101	vs. Right	.276	785	217	33	4	34	124	64	121	.338	.459
Day	3.44	3	4	0	80	0	96.2	95	10	41	59	Inning 1-6	.232	341	79	16	2	13	49	27	56	.298	.405
Night	4.00	16	11	1	179	0	238.1	250	35	86	124	Inning 7+	.281	948	266	46	3	32	138	100	127	.353	.437
Grass	3.67	11	12	1	174	0	228.1	236	34	88	128	None on	.288	663	191	34	2	32	32	56	80	.353	.490
Turf	4.22	8	3	0	85	0	106.2	109	11	39	55	Runners on	.246	626	154	28	3	13	155	71	103	.325	.363
March/April	5.26	2	5	0	52	0	65.0	79	11	31	41	Scoring Posn	.229	402	92	21	2	8	138	57	71	.324	.351
May	3.06	4	3	0	45	0	64.2	51	9	16	36	Close & Late	.275	408	112	23	1	10	61	50	57	.360	.409
June	4.50	3	2	0	38	0	54.0	68	3	26	32	None on/out	.264	295	78	12	1	17	17	23	31	.328	.485
July	4.02	5	2	0	47	0	56.0	57	7	22	23	vs. 1st Batr (relief)	.234	231	54	8	1	10	31	17	26	.300	.407
August	2.28	3	0	0	42	0	51.1	45	7	19	26	1st Inning Pitched	.265	834	221	37	3	27	137	84	129	.336	.414
Sept/Oct	3.68	2	3	1	35	0	44.0	45	8	13	25	First 15 Pitches	.276	733	202	31	1	28	105	66	98	.341	.435
Starter	0.00	0	0	0	0	0	0.0	0	0	0	0	Pitch 16-30	.257	448	115	24	4	15	67	48	69	.330	.429
Reliever	3.84	19	15	1	259	0	335.0	345	45	127	183	Pitch 31-45	.255	98	25	6	0	2	14	13	14	.360	.378
0 Days Rest (Relief)	3.92	6	5	0	52	0	64.1	64	10	23	31	Pitch 46+	.300	10	3	1	0	0	1	0	2	.300	.400
1 or 2 Days Rest	3.61	11	5	0	133	0	174.1	182	24	64	99	First Pitch	.282	206	58	10	0	6	29	16	0	.343	.417
3+ Days Rest	4.20	2	5	0	74	0	96.1	99	11	40	53	Ahead in Count	.230	592	136	25	2	15	63	0	155	.233	.355
vs. AL	4.39	9	4	1	106	0	127.0	148	23	49	66	Behind in Count	.328	274	90	17	1	17	58	65	0	.458	.584
vs. NL	3.50	10	11	0	153	0	208.0	197	22	78	117	Two Strikes	.204	534	109	24	3	8	56	46	183	.270	.305
Pre-All Star	4.25	10	11	0	148	0	195.0	213	26	79	111	Pre-All Star	.280	761	213	43	5	26	117	79	111	.354	.452
Post-All Star	3.28	9	4	1	111	0	140.0	132	19	48	72	Post-All Star	.250	528	132	19	0	19	70	48	72	.316	.394

Ryan Freel — Blue Jays
Age 26 – Bats Right

	Avg	G	AB	R	H	2B	3B	HR	RBI	BB	SO	HBP	GDP	SB	CS	OBP	SLG	IBB	SH	SF	#Pit	#P/PA	GB	FB	G/F
2001 Season	.273	9	22	1	6	1	0	0	3	1	4	1	0	2	1	.333	.318	0	0	0	90	3.75	8	6	1.33

2001 Season

	Avg	AB	H	2B	3B	HR	RBI	BB	SO	OBP	SLG		Avg	AB	H	2B	3B	HR	RBI	BB	SO	OBP	SLG
vs. Left	.250	4	1	0	0	0	0	0	3	.250	.250	Scoring Posn	.200	5	1	1	0	0	3	0	1	.200	.400
vs. Right	.278	18	5	1	0	0	3	1	1	.350	.333	Close & Late	.000	0	0	0	0	0	0	0	0	.000	.000

Jeff Frye — Blue Jays
Age 35 – Bats Right (groundball hitter)

	Avg	G	AB	R	H	2B	3B	HR	RBI	BB	SO	HBP	GDP	SB	CS	OBP	SLG	IBB	SH	SF	#Pit	#P/PA	GB	FB	G/F
2001 Season	.246	74	175	24	43	6	1	2	15	12	18	3	2	2	1	.305	.326	0	4	0	761	3.92	70	47	1.49
Last Five Years	.295	348	1019	143	301	64	3	7	94	89	127	8	24	28	14	.353	.385	2	12	10	4554	4.00	427	239	1.79

2001 Season

	Avg	AB	H	2B	3B	HR	RBI	BB	SO	OBP	SLG		Avg	AB	H	2B	3B	HR	RBI	BB	SO	OBP	SLG
vs. Left	.278	36	10	2	1	1	1	4	.377	.472	Scoring Posn	.222	36	8	2	0	1	13	0	6	.263	.361
vs. Right	.237	139	33	4	0	1	14	11	14	.303	.288	Close & Late	.242	33	8	1	0	1	3	4	4	.359	.364
Home	.277	101	28	6	1	2	10	6	10	.324	.416	None on/out	.264	53	14	4	0	1	1	4	4	.316	.396
Away	.203	74	15	0	0	0	5	6	8	.280	.203	Batting #2	.261	23	6	1	0	0	2	0	1	.320	.304
First Pitch	.200	15	3	1	0	1	2	0	0	.200	.467	Batting #9	.229	118	27	5	1	2	9	8	13	.278	.339
Ahead in Count	.314	35	11	1	1	0	3	4	0	.385	.400	Other	.294	34	10	0	0	0	4	4	4	.385	.294
Behind in Count	.213	94	20	3	0	0	3	0	16	.249	.245	Pre-All Star	.205	117	24	3	0	1	9	11	14	.285	.256
Two Strikes	.195	87	17	2	1	0	9	8	18	.278	.253	Post-All Star	.328	58	19	3	1	1	6	1	4	.350	.466

Last Five Years

	Avg	AB	H	2B	3B	HR	RBI	BB	SO	OBP	SLG		Avg	AB	H	2B	3B	HR	RBI	BB	SO	OBP	SLG
vs. Left	.326	301	98	1	3	25	26	48	.377	.449	First Pitch	.400	55	22	4	0	1	5	2	0	.431	.527
vs. Right	.283	718	203	38	2	4	69	63	79	.343	.358	Ahead in Count	.359	245	88	24	2	1	26	56	0	.475	.486
Home	.321	498	160	35	1	5	46	40	64	.372	.426	Behind in Count	.234	483	113	22	1	1	34	0	111	.241	.290
Away	.271	521	141	29	2	2	48	49	63	.345	.345	Two Strikes	.243	506	123	22	1	4	49	31	127	.289	.314
Day	.310	358	111	20	0	3	34	24	50	.356	.391	Batting #2	.262	252	66	14	0	1	19	22	34	.329	.329
Night	.287	661	190	44	3	4	60	65	77	.352	.381	Batting #9	.289	256	74	19	3	25	17	31	.333	.406

	Avg	AB	H	2B	3B	HR	RBI	BB	SO	OBP	SLG		Avg	AB	H	2B	3B	HR	RBI	BB	SO	OBP	SLG
Grass	.302	771	233	54	2	4	68	66	98	.358	.393	Other	.315	511	161	31	2	3	50	50	62	.375	.401
Turf	.274	248	68	10	1	3	26	23	29	.339	.359	March/April	.266	139	37	3	0	1	12	12	15	.329	.309
Pre-All Star	.262	565	148	22	1	4	48	61	70	.336	.326	May	.244	164	40	7	0	0	12	20	21	.330	.287
Post-All Star	.337	454	153	42	2	3	46	28	57	.376	.458	June	.254	213	54	11	0	2	17	24	28	.331	.333
Inning 1-6	.296	641	190	40	1	4	55	50	78	.348	.381	July	.328	186	61	14	1	2	21	14	23	.375	.446
Inning 7+	.294	378	111	24	2	3	39	39	49	.363	.392	August	.304	181	55	15	1	1	17	12	26	.347	.414
Scoring Posn	.294	245	72	16	0	1	81	28	36	.362	.371	Sept/Oct	.397	136	54	14	1	1	15	7	14	.428	.537
Close & Late	.284	176	50	8	2	2	19	23	25	.374	.386	vs. AL	.288	780	225	46	3	6	85	71	94	.349	.378
None on/out	.311	267	83	20	0	2	2	24	26	.372	.408	vs. NL	.318	239	76	18	0	1	9	18	33	.367	.406

Travis Fryman — Indians   Age 33 – Bats Right (flyball hitter)

	Avg	G	AB	R	H	2B	3B	HR	RBI	BB	SO	HBP	GDP	SB	CS	OBP	SLG	IBB	SH	SF	#Pit	#P/PA	GB	FB	G/F
2001 Season	.263	98	334	34	88	15	0	3	38	30	63	3	8	1	2	.327	.335	1	0	3	1472	3.98	110	98	1.12
Last Five Years	.284	638	2382	336	677	129	11	85	390	218	469	13	63	30	15	.344	.455	9	0	30	10198	3.86	724	754	0.96

2001 Season

	Avg	AB	H	2B	3B	HR	RBI	BB	SO	OBP	SLG		Avg	AB	H	2B	3B	HR	RBI	BB	SO	OBP	SLG
vs. Left	.257	74	19	2	0	0	3	12	10	.356	.284	First Pitch	.317	41	13	1	0	0	5	0	0	.317	.341
vs. Right	.265	260	69	13	0	3	35	18	53	.318	.350	Ahead in Count	.371	62	23	4	0	0	10	14	0	.481	.435
Home	.256	160	41	7	0	3	19	16	30	.333	.356	Behind in Count	.220	173	38	8	0	3	16	0	50	.230	.318
Away	.270	174	47	8	0	0	19	14	33	.321	.316	Two Strikes	.192	177	34	7	0	3	19	16	63	.268	.282
Day	.253	83	21	5	0	1	12	6	21	.303	.349	Batting #7	.279	165	46	8	0	2	21	16	32	.341	.364
Night	.267	251	67	10	0	2	26	24	42	.335	.331	Batting #8	.265	113	30	5	0	1	14	8	20	.320	.336
Grass	.262	294	77	13	0	3	34	24	50	.322	.330	Other	.214	56	12	2	0	0	3	6	11	.302	.250
Turf	.275	40	11	2	0	0	4	6	13	.362	.325	April	.000	0	0	0	0	0	0	0	0	.000	.000
Pre-All Star	.272	103	28	3	0	0	6	14	18	.364	.301	May	.000	0	0	0	0	0	0	0	0	.000	.000
Post-All Star	.260	231	60	12	0	3	32	16	45	.310	.351	June	.310	84	26	3	0	0	6	13	14	.408	.345
Inning 1-6	.300	233	70	13	0	1	28	17	40	.349	.369	July	.213	75	16	5	0	0	7	8	18	.289	.280
Inning 7+	.178	101	18	2	0	2	10	13	23	.280	.257	August	.260	96	25	3	0	2	12	2	12	.275	.354
Scoring Posn	.306	85	26	4	0	1	36	9	17	.361	.388	Sept/Oct	.266	79	21	4	0	1	13	7	19	.326	.354
Close & Late	.154	52	8	0	0	0	4	4	11	.241	.154	vs. AL	.254	280	71	11	0	3	29	25	53	.316	.325
None on/out	.263	80	21	5	0	0	0	3	15	.289	.325	vs. NL	.315	54	17	4	0	0	9	5	10	.383	.389

2001 By Position

Position	Avg	AB	H	2B	3B	HR	RBI	BB	SO	OBP	SLG	G	GS	Innings	PO	A	E	DP	Fld Pct	Rng Fctr	In Zone	Zone Outs	Zone Rtg	MLB Zone
As 3b	.266	327	87	14	0	3	38	29	60	.329	.336	96	94	791.0	65	137	12	14	.944	2.30	207	148	.715	.761

Last Five Years

	Avg	AB	H	2B	3B	HR	RBI	BB	SO	OBP	SLG		Avg	AB	H	2B	3B	HR	RBI	BB	SO	OBP	SLG
vs. Left	.292	545	159	27	2	15	71	79	101	.378	.431	First Pitch	.379	298	113	17	1	17	65	4	0	.386	.614
vs. Right	.282	1837	518	102	9	70	319	139	368	.333	.462	Ahead in Count	.379	517	196	43	5	24	106	107	0	.480	.621
Home	.283	1174	332	62	5	47	210	110	234	.343	.464	Behind in Count	.220	1096	241	46	4	30	136	0	384	.223	.351
Away	.286	1208	345	67	6	38	180	108	235	.344	.445	Two Strikes	.200	1159	232	46	3	33	145	107	469	.270	.330
Day	.268	801	215	49	3	27	137	58	167	.316	.438	Batting #3	.268	492	132	23	3	19	86	45	100	.329	.443
Night	.292	1581	462	80	8	58	253	160	282	.357	.463	Batting #7	.303	631	191	38	3	14	96	50	125	.356	.439
Grass	.286	2104	601	108	11	81	352	186	403	.344	.463	Other	.281	1259	354	68	5	52	208	123	244	.343	.467
Turf	.273	278	76	21	0	4	38	32	66	.343	.392	March/April	.264	356	94	22	3	15	61	48	78	.351	.469
Pre-All Star	.289	1253	362	67	9	48	203	130	252	.357	.472	May	.291	409	119	18	2	17	77	32	82	.343	.469
Post-All Star	.279	1129	315	62	2	37	187	88	217	.329	.436	June	.305	390	119	20	3	13	48	41	73	.374	.472
Inning 1-6	.300	1641	493	100	8	60	288	145	286	.355	.481	July	.263	373	98	27	1	13	62	38	74	.326	.445
Inning 7+	.248	741	184	29	3	25	102	73	183	.318	.397	August	.289	391	113	17	0	13	77	31	70	.339	.432
Scoring Posn	.304	674	205	35	3	23	305	75	146	.364	.467	Sept/Oct	.289	463	134	25	2	14	65	28	92	.329	.443
Close & Late	.227	362	82	10	1	11	43	27	99	.285	.351	vs. AL	.281	2114	595	112	10	77	341	193	416	.340	.453
None on/out	.281	531	149	27	3	29	29	31	100	.320	.507	vs. NL	.306	268	82	17	1	8	49	25	53	.368	.466

Brian Fuentes — Mariners   Age 26 – Pitches Left

	ERA	W	L	Sv	G	GS	IP	BB	SO	Avg	H	2B	3B	HR	REI	OBP	SLG	GF	IR	IRS	Hld	SvOp	SB	CS	GB	FB	G/F
2001 Season	4.63	1	1	0	10	0	11.2	8	10	.171	6	1	0	2	10	.362	.371	3	12	4	1	0	1	13	9	1.44	

2001 Season

	ERA	W	L	Sv	G	GS	IP	H	HR	BB	SO		Avg	AB	H	2B	3B	HR	RBI	BB	SO	OBP	SLG
Home	1.80	0	1	0	6	0	5.0	1	0	4	5	vs. Left	.111	18	2	0	0	0	3	7	4	.429	.111
Away	6.75	1	0	0	4	0	6.2	5	2	4	5	vs. Right	.235	17	4	1	0	2	7	1	6	.263	.647

Brad Fullmer — Blue Jays   Age 27 – Bats Left (flyball hitter)

	Avg	G	AB	R	H	2B	3B	HR	RBI	BB	SO	HBP	GDP	SB	CS	OBP	SLG	IBB	SH	SF	#Pit	#P/PA	GB	FB	G/F
2001 Season	.274	146	522	71	143	31	2	18	83	38	88	6	13	5	2	.326	.444	8	0	7	1918	3.35	163	188	0.87
Career (1997-2001)	.280	538	1896	247	531	140	7	75	315	131	268	17	53	16	12	.329	.480	22	0	17	6863	3.33	649	652	1.00

2001 Season

	Avg	AB	H	2B	3B	HR	RBI	BB	SO	OBP	SLG		Avg	AB	H	2B	3B	HR	RBI	BB	SO	OBP	SLG
vs. Left	.202	119	24	4	0	2	18	3	29	.233	.286	First Pitch	.367	98	36	6	0	4	21	7	0	.413	.531
vs. Right	.295	403	119	27	2	16	65	35	63	.354	.491	Ahead in Count	.300	110	33	10	0	6	20	16	0	.386	.555
Home	.275	262	72	15	0	8	45	24	48	.337	.424	Behind in Count	.217	226	49	12	1	5	25	0	77	.227	.345
Away	.273	260	71	16	2	10	38	14	40	.315	.465	Two Strikes	.177	203	36	9	1	5	23	15	88	.239	.305

139

2001 Season

	Avg	AB	H	2B	3B	HR	RBI	BB	SO	OBP	SLG		Avg	AB	H	2B	3B	HR	RBI	BB	SO	OBP	SLG
Day	.278	162	45	13	0	5	26	21	25	.357	.451	Batting #5	.261	238	62	16	1	7	40	18	42	.318	.424
Night	.272	360	98	18	2	13	57	17	63	.312	.442	Batting #6	.286	266	76	15	0	11	42	20	45	.337	.466
Grass	.254	209	53	10	2	9	29	13	34	.304	.450	Other	.278	18	5	0	1	0	1	0	1	.278	.389
Turf	.288	313	90	21	0	9	54	25	54	.341	.441	April	.288	104	30	4	0	2	23	7	22	.327	.385
Pre-All Star	.275	316	87	23	1	10	53	19	54	.318	.449	May	.287	94	27	10	1	5	15	6	15	.350	.574
Post-All Star	.272	206	56	8	1	8	30	19	34	.339	.437	June	.222	90	20	6	0	2	8	5	12	.260	.356
Inning 1-6	.302	348	105	26	1	12	64	22	61	.348	.486	July	.257	74	19	3	0	2	8	7	17	.313	.378
Inning 7+	.218	174	38	5	1	6	19	16	27	.283	.362	August	.323	93	30	4	0	6	21	9	14	.390	.559
Scoring Posn	.274	146	40	10	0	6	68	22	19	.365	.466	Sept/Oct	.254	67	17	4	1	1	8	4	8	.292	.388
Close & Late	.195	87	17	3	1	1	5	8	16	.263	.287	vs. AL	.274	482	132	29	2	16	74	33	79	.326	.442
None on/out	.323	124	40	9	0	5	5	7	20	.359	.516	vs. NL	.275	40	11	2	0	2	9	5	9	.333	.475

2001 By Position

Position	Avg	AB	H	2B	3B	HR	RBI	BB	SO	OBP	SLG	G	GS	Innings	PO	A	E	DP	Fld Pct	Rng Fctr	In Zone	Zone Outs	Zone Rtg	MLB Zone
As DH	.276	508	140	31	1	18	82	38	87	.329	.447	135	135	—	—	—	—	—	—	—	—	—	—	—

Career (1997-2001)

	Avg	AB	H	2B	3B	HR	RBI	BB	SO	OBP	SLG		Avg	AB	H	2B	3B	HR	RBI	BB	SO	OBP	SLG
vs. Left	.223	363	81	21	1	11	61	19	66	.271	.377	First Pitch	.386	342	132	25	2	15	80	18	0	.415	.602
vs. Right	.294	1533	450	119	6	64	254	112	202	.343	.504	Ahead in Count	.297	454	135	43	3	28	86	69	0	.389	.590
Home	.272	973	265	77	2	32	153	66	139	.322	.454	Behind in Count	.212	794	168	45	1	23	95	0	240	.223	.358
Away	.288	923	266	63	5	43	162	65	129	.337	.507	Two Strikes	.190	707	134	36	1	17	79	44	268	.244	.377
Day	.290	576	167	50	2	23	89	43	75	.340	.503	Batting #5	.285	1079	308	80	5	47	196	76	149	.335	.500
Night	.276	1320	364	90	5	52	226	88	193	.325	.470	Batting #6	.273	396	108	24	0	16	56	30	60	.324	.455
Grass	.282	728	205	47	3	33	120	54	97	.334	.490	Other	.273	421	115	36	2	12	63	25	59	.319	.454
Turf	.279	1168	326	93	4	42	195	77	171	.327	.473	March/April	.295	329	97	28	1	10	62	30	56	.358	.477
Pre-All Star	.281	983	276	86	4	33	156	67	153	.330	.477	May	.266	305	81	34	2	10	42	21	47	.319	.489
Post-All Star	.279	913	255	54	3	42	159	64	115	.329	.483	June	.282	280	79	21	1	12	41	14	41	.316	.493
Inning 1-6	.296	1289	382	100	5	54	236	82	170	.343	.507	July	.284	282	80	12	2	14	49	14	43	.313	.489
Inning 7+	.245	607	149	40	2	21	79	49	98	.302	.422	August	.307	381	117	26	0	18	75	31	45	.363	.517
Scoring Posn	.300	526	158	36	2	30	250	63	70	.374	.548	Sept/Oct	.241	319	77	19	1	11	46	21	36	.289	.411
Close & Late	.245	274	67	17	2	4	27	27	44	.311	.365	vs. AL	.288	1015	292	68	3	51	192	64	160	.334	.511
None on/out	.265	427	113	33	0	15	15	23	65	.305	.447	vs. NL	.271	881	239	72	4	24	123	67	108	.324	.444

Aaron Fultz — Giants

Age 28 – Pitches Left

	ERA	W	L	Sv	G	GS	IP	BB	SO	Avg	H	2B	3B	HR	RBI	OBP	SLG	GF	IR	IRS	Hld	SvOp	SB	CS	GB	FB	G/F
2001 Season	4.56	3	1	1	66	0	71.0	21	67	.259	70	17	9	38	.311	.430	17	43	8	12	2	2	0	83	74	1.12
Career (2000-2001)	4.62	8	3	2	124	0	140.1	49	129	.261	137	33	2	17	82	.323	.429	35	85	25	19	5	4	1	177	134	1.32

2001 Season

	ERA	W	L	Sv	G	GS	IP	H	HR	BB	SO		Avg	AB	H	2B	3B	HR	RBI	BB	SO	OBP	SLG
Home	5.14	2	0	1	32	0	35.0	34	6	10	35	vs. Left	.237	114	27	6	0	2	17	5	28	.266	.342
Away	4.00	1	1	0	34	0	36.0	36	3	11	32	vs. Right	.276	156	43	11	1	7	21	16	39	.343	.494
Day	4.91	1	0	0	21	0	18.1	20	4	6	18	Inning 1-6	.246	57	14	3	0	2	11	2	14	.262	.404
Night	4.44	2	1	1	45	0	52.2	50	5	15	49	Inning 7+	.263	213	56	14	1	7	27	19	53	.323	.437
Grass	4.15	3	0	1	64	0	69.1	66	9	18	67	None on	.259	135	35	9	1	5	5	8	36	.306	.452
Turf	21.60	0	1	0	2	0	1.2	4	0	3	0	Runners on	.259	135	35	8	0	4	33	13	31	.316	.407
April	5.27	2	0	0	10	0	13.2	18	3	4	7	Scoring Posn	.232	82	19	1	0	3	29	11	21	.309	.354
May	4.02	0	1	1	13	0	15.2	12	0	7	22	Close & Late	.191	68	13	2	1	0	5	4	18	.240	.250
June	3.86	0	0	0	11	0	11.2	13	1	0	9	None on/out	.333	66	22	6	0	4	4	3	13	.362	.606
July	0.79	0	0	0	11	0	11.1	6	0	2	7	vs. 1st Batr (relief)	.222	63	14	4	0	2	6	1	17	.227	.381
August	8.38	0	0	0	11	0	9.2	13	3	7	10	1st Inning Pitched	.242	198	48	13	1	7	30	19	48	.306	.424
Sept/Oct	6.00	1	0	0	10	0	9.0	8	2	1	12	First 15 Pitches	.241	174	42	9	1	6	21	12	42	.288	.408
Starter	0.00	0	0	0	0	0	0.0	0	0	0	0	Pitch 16-30	.291	86	25	8	0	2	15	9	23	.358	.453
Reliever	4.56	3	1	1	66	0	71.0	70	9	21	67	Pitch 31-45	.300	10	3	0	0	1	2	0	2	.300	.600
0 Days Rest (Relief)	2.18	1	0	0	19	0	20.2	20	0	8	19	Pitch 46+	.000	0	0	0	0	0	0	0	0	.000	.000
1 or 2 Days Rest	4.01	1	0	1	30	0	33.2	28	5	6	35	First Pitch	.327	55	18	2	0	3	10	2	0	.351	.527
3+ Days Rest	8.64	1	1	0	17	0	16.2	22	4	7	13	Ahead in Count	.164	116	19	6	0	2	6	0	61	.169	.267
vs. AL	1.50	0	0	0	5	0	6.0	3	0	0	4	Behind in Count	.378	45	17	7	0	3	14	8	0	.446	.733
vs. NL	4.85	3	1	1	61	0	65.0	67	9	21	63	Two Strikes	.171	129	22	6	1	3	7	11	67	.241	.302
Pre-All Star	4.15	2	1	1	37	0	43.1	44	4	13	39	Pre-All Star	.265	166	44	11	1	4	23	13	39	.315	.416
Post-All Star	5.20	1	0	0	29	0	27.2	26	5	8	28	Post-All Star	.250	104	26	6	0	5	15	8	28	.304	.452

Rafael Furcal — Braves

Age 21 – Bats Both (groundball hitter)

	Avg	G	AB	R	H	2B	3B	HR	RBI	BB	SO	HBP	GDP	SB	CS	OBP	SLG	IBB	SH	SF	#Pit	#P/PA	GB	FB	G/F
2001 Season	.275	79	324	39	89	19	0	4	30	24	56	1	5	22	6	.321	.370	1	4	6	1347	3.75	138	76	1.82
Career (2000-2001)	.286	210	779	126	223	39	4	8	67	97	136	4	7	62	20	.365	.377	1	13	8	3571	3.96	331	162	2.04

2001 Season

	Avg	AB	H	2B	3B	HR	RBI	BB	SO	OBP	SLG		Avg	AB	H	2B	3B	HR	RBI	BB	SO	OBP	SLG
vs. Left	.349	83	29	6	0	2	9	5	17	.382	.494	First Pitch	.359	39	14	2	0	1	4	0	0	.350	.487
vs. Right	.249	241	60	13	0	2	21	19	39	.301	.328	Ahead in Count	.355	62	22	8	0	0	9	14	0	.462	.484
Home	.293	140	41	7	0	3	14	8	23	.329	.407	Behind in Count	.235	153	36	5	0	1	10	0	50	.239	.288
Away	.261	184	48	12	0	1	16	16	33	.316	.342	Two Strikes	.186	156	29	4	0	2	5	10	56	.234	.250

2001 Season

	Avg	AB	H	2B	3B	HR	RBI	BB	SO	OBP	SLG		Avg	AB	H	2B	3B	HR	RBI	BB	SO	OBP	SLG
Day	.304	92	28	5	0	1	9	5	17	.333	.391	Batting #1	.241	199	48	10	0	2	19	18	37	.297	.322
Night	.263	232	61	14	0	3	21	19	39	.316	.362	Batting #2	.320	100	32	7	0	1	8	4	15	.349	.420
Grass	.286	269	77	14	0	4	28	20	44	.331	.383	Other	.360	25	9	2	0	1	3	2	4	.407	.560
Turf	.218	55	12	5	0	0	2	4	12	.271	.309	April	.245	106	26	7	0	1	12	8	21	.286	.340
Pre-All Star	.275	324	89	19	0	4	30	24	56	.321	.370	May	.248	105	26	5	0	3	6	4	16	.275	.381
Post-All Star	.000	0	0	0	0	0	0	0	0	.000	.000	June	.358	95	34	6	0	0	9	7	16	.404	.421
Inning 1-6	.272	228	62	14	0	2	12	12	33	.305	.360	July	.167	18	3	1	0	0	3	5	3	.348	.222
Inning 7+	.281	96	27	5	0	2	18	12	23	.358	.396	August	.000	0	0	0	0	0	0	0	0	.000	.000
Scoring Posn	.299	67	20	2	0	0	24	6	8	.329	.328	Sept/Oct	.000	0	0	0	0	0	0	0	0	.000	.000
Close & Late	.306	49	15	4	0	2	10	5	10	.370	.510	vs. AL	.321	28	9	2	0	0	3	4	5	.412	.393
None on/out	.276	116	32	8	0	3	3	7	18	.317	.422	vs. NL	.270	296	80	17	0	4	27	20	51	.312	.368

2001 By Position

Position	Avg	AB	H	2B	3B	HR	RBI	BB	SO	OBP	SLG	G	GS	Innings	PO	A	E	DP	Fld Pct	Rng Fctr	In Zone	Outs	Zone Rtg	MLB Zone
As ss	.275	324	89	19	0	4	30	24	56	.321	.370	79	79	694.1	126	224	11	49	.970	4.54	244	202	.828	.839

Career (2000-2001)

	Avg	AB	H	2B	3B	HR	RBI	BB	SO	OBP	SLG		Avg	AB	H	2B	3B	HR	RBI	BB	SO	OBP	SLG
vs. Left	.296	179	53	9	0	2	14	20	36	.368	.380	First Pitch	.374	91	34	7	0	1	11	0	0	.370	.484
vs. Right	.283	600	170	30	4	6	53	77	100	.364	.377	Ahead in Count	.373	158	59	12	2	1	19	59	0	.536	.494
Home	.321	374	120	19	3	4	33	43	62	.391	.420	Behind in Count	.235	362	85	10	0	4	21	0	116	.243	.296
Away	.254	405	103	20	1	4	34	54	74	.341	.338	Two Strikes	.216	399	86	13	1	5	21	38	136	.287	.291
Day	.283	240	68	9	2	3	20	25	46	.354	.375	Batting #1	.274	533	146	25	3	6	50	77	96	.363	.366
Night	.288	539	155	30	2	5	47	72	90	.370	.378	Batting #8	.318	110	35	5	1	0	7	10	19	.375	.382
Grass	.285	664	189	31	4	7	58	89	115	.368	.375	Other	.309	136	42	9	0	2	10	10	21	.362	.419
Turf	.296	115	34	8	0	1	9	8	21	.347	.391	March/April	.260	150	39	8	1	1	14	15	28	.318	.347
Pre-All Star	.285	492	140	29	2	4	42	50	83	.349	.376	May	.280	193	54	10	1	3	14	17	28	.338	.389
Post-All Star	.289	287	83	10	2	4	25	47	53	.391	.380	June	.341	129	44	10	0	0	11	13	23	.407	.419
Inning 1-6	.293	556	163	30	4	5	38	55	86	.355	.388	July	.268	82	22	2	1	0	9	15	15	.381	.317
Inning 7+	.269	223	60	9	0	3	29	42	50	.387	.350	August	.256	117	30	5	0	8	16	21	.346	.299
Scoring Posn	.268	183	49	8	0	1	57	20	29	.327	.328	Sept/Oct	.315	108	34	4	1	4	11	21	21	.426	.481
Close & Late	.308	107	33	7	0	3	18	18	19	.414	.458	vs. AL	.284	81	23	5	0	0	9	7	13	.352	.346
None on/out	.308	279	86	17	1	5	5	33	42	.381	.430	vs. NL	.287	698	200	34	4	8	58	90	123	.366	.381

Mike Fyhrie — Athletics   Age 32 – Pitches Right

	ERA	W	L	Sv	G	GS	IP	BB	SO	Avg	H	2B	3B	HR	RBI	OBP	SLG	GF	IR	IRS	Hld	SvOp	SB	CS	GB	FB	G/F
2001 Season	3.15	0	2	0	18	0	20.0	8	11	.247	18	0	0	1	4	.321	.288	5	8	1	5	0	1	0	28	19	1.47
Last Five Years	3.62	0	6	0	66	7	124.1	44	80	.273	133	22	1	13	59	.331	.402	17	45	17	8	0	4	1	156	155	1.01

2001 Season

	ERA	W	L	Sv	G	GS	IP	H	HR	BB	SO		Avg	AB	H	2B	3B	HR	RBI	BB	SO	OBP	SLG
Home	5.91	0	2	0	10	0	10.2	14	1	6	5	vs. Left	.310	29	9	0	0	0	1	2	1	.355	.310
Away	0.00	0	0	0	8	0	9.1	4	0	2	6	vs. Right	.205	44	9	0	0	1	3	6	10	.300	.273

Eric Gagne — Dodgers   Age 26 – Pitches Right (flyball pitcher)

	ERA	W	L	Sv	G	GS	IP	BB	SO	Avg	H	2B	3B	HR	RBI	OBP	SLG	CG	ShO	Sup	QS	#P/S	SB	CS	GB	FB	G/F
2001 Season	4.75	6	7	0	33	24	151.2	46	130	.251	144	37	3	24	91	.320	.452	0	0	5.34	12	94	10	6	150	207	0.72
Career (1999-2001)	4.61	11	14	0	58	48	283.0	121	239	.251	268	64	4	47	157	.334	.450	0	0	5.41	24	96	31	9	279	383	0.73

2001 Season

	ERA	W	L	Sv	G	GS	IP	H	HR	BB	SO		Avg	AB	H	2B	3B	HR	RBI	BB	SO	OBP	SLG
Home	3.69	2	4	0	16	11	70.2	73	8	21	59	vs. Left	.256	277	71	22	1	11	46	15	54	.311	.462
Away	5.67	4	3	0	17	13	81.0	71	16	25	71	vs. Right	.247	296	73	15	2	13	45	31	76	.328	.443
Starter	4.92	5	6	0	24	24	137.1	133	21	42	120	Scoring Posn	.239	138	33	8	0	8	66	16	40	.331	.471
Reliever	3.14	1	1	0	9	0	14.1	11	3	4	10	Close & Late	.290	31	9	3	0	1	5	4	8	.371	.484
0-3 Days Rest (Start)	0.00	0	0	0	0	0	0.0	0	0	0	0	None on/out	.278	144	40	10	1	5	5	11	27	.350	.465
4 Days Rest	4.44	3	3	0	13	13	81.0	77	10	23	64	First Pitch	.377	77	29	10	2	6	25	1	0	.393	.792
5+ Days Rest	5.59	2	2	0	11	11	56.1	56	11	19	56	Ahead in Count	.171	281	48	11	0	7	19	0	115	.184	.285
Pre-All Star	5.42	1	4	0	17	13	78.0	81	13	17	68	Behind in Count	.365	104	38	9	1	8	28	27	0	.511	.702
Post-All Star	4.03	5	3	0	16	11	73.2	63	11	29	62	Two Strikes	.165	291	48	12	0	5	22	18	130	.222	.241

Andres Galarraga — Giants   Age 41 – Bats Right

	Avg	G	AB	R	H	2B	3B	HR	RBI	BB	SO	HBP	GDP	SB	CS	OBP	SLG	IBB	SH	SF	#Pit	#P/PA	GB	FB	G/F
2001 Season	.256	121	399	50	102	28	1	17	69	31	117	12	12	1	3	.326	.459	2	0	3	1682	3.78	119	119	1.00
Last Five Years	.298	569	2048	340	611	111	6	130	430	184	530	71	51	26	22	.374	.549	20	0	12	8630	3.73	675	514	1.31

2001 Season

	Avg	AB	H	2B	3B	HR	RBI	BB	SO	OBP	SLG		Avg	AB	H	2B	3B	HR	RBI	BB	SO	OBP	SLG
vs. Left	.268	112	30	9	1	7	24	12	30	.336	.554	First Pitch	.226	53	12	4	0	1	6	2	0	.259	.358
vs. Right	.251	287	72	19	0	10	45	19	87	.322	.422	Ahead in Count	.457	81	37	10	0	11	29	7	0	.511	.988
Home	.259	189	49	18	1	8	31	16	57	.335	.492	Behind in Count	.175	194	34	5	1	3	19	0	98	.204	.258
Away	.252	210	53	10	0	9	38	15	60	.318	.429	Two Strikes	.159	201	32	10	1	2	18	22	117	.262	.249
Day	.190	121	23	7	0	3	12	6	43	.252	.322	Batting #5	.249	181	45	12	0	8	35	15	53	.313	.448
Night	.284	278	79	21	1	14	57	25	74	.357	.518	Batting #6	.295	122	36	13	0	6	20	11	33	.379	.549

141

2001 Season

	Avg	AB	H	2B	3B	HR	RBI	BB	SO	OBP	SLG		Avg	AB	H	2B	3B	HR	RBI	BB	SO	OBP	SLG
Grass	.259	371	96	27	1	13	61	29	109	.327	.442	Other	.219	96	21	3	1	3	14	5	31	.279	.365
Turf	.214	28	6	1	0	4	8	2	8	.313	.679	April	.272	92	25	7	0	5	17	8	26	.362	.511
Pre-All Star	.233	223	52	15	0	8	30	18	65	.315	.408	May	.174	92	16	5	0	3	8	5	25	.240	.326
Post-All Star	.284	176	50	13	1	9	39	13	52	.340	.523	June	.194	31	6	0	0	0	3	4	13	.297	.194
Inning 1-6	.281	267	75	23	0	11	48	18	70	.348	.491	July	.345	55	19	8	1	3	18	2	12	.379	.691
Inning 7+	.205	132	27	5	1	6	21	13	47	.281	.394	August	.262	61	16	2	0	4	14	6	18	.329	.492
Scoring Posn	.298	121	36	10	1	4	51	15	42	.385	.496	Sept/Oct	.294	68	20	6	0	2	9	6	23	.351	.471
Close & Late	.219	64	14	1	1	6	15	5	21	.286	.547	vs. AL	.225	222	50	15	0	8	29	18	65	.308	.401
None on/out	.196	102	20	6	0	4	4	9	29	.261	.373	vs. NL	.294	177	52	13	1	9	40	13	52	.349	.531

2001 By Position

Position	Avg	AB	H	2B	3B	HR	RBI	BB	SO	OBP	SLG	G	GS	Innings	PO	A	E	DP	Fld Pct	Rng Fctr	In Zone	Zone Outs	Zone Rtg	MLB Zone
As DH	.257	144	37	11	0	6	24	12	37	.335	.458	39	38	—	—	—	—	—	—	—	—	—	—	—
As 1b	.252	238	60	17	1	11	43	18	74	.320	.471	66	61	542.2	483	29	6	64	.988	—	78	60	.769	.850

Last Five Years

	Avg	AB	H	2B	3B	HR	RBI	BB	SO	OBP	SLG		Avg	AB	H	2B	3B	HR	RBI	BB	SO	OBP	SLG
vs. Left	.320	490	157	31	1	32	107	57	99	.396	.584	First Pitch	.389	283	110	21	2	19	87	19	0	.450	.678
vs. Right	.291	1558	454	80	5	98	323	127	431	.367	.538	Ahead in Count	.417	458	191	39	0	46	134	66	0	.499	.803
Home	.313	962	301	66	1	59	216	97	248	.391	.568	Behind in Count	.207	939	194	27	2	39	124	0	450	.231	.364
Away	.285	1086	310	45	5	71	214	87	282	.359	.532	Two Strikes	.182	982	179	31	2	36	126	99	530	.273	.328
Day	.292	702	205	31	2	42	144	56	193	.364	.521	Batting #4	.298	1444	431	67	6	94	303	137	368	.379	.548
Night	.302	1346	406	80	4	88	286	128	337	.379	.563	Batting #5	.309	401	124	27	0	8	95	32	103	.369	.586
Grass	.302	1723	520	99	5	110	372	152	449	.375	.557	Other	.276	203	56	17	0	8	32	15	59	.351	.478
Turf	.280	325	91	12	1	20	58	32	81	.371	.508	March/April	.307	348	107	16	0	30	88	39	83	.398	.612
Pre-All Star	.293	1156	339	59	3	78	248	108	284	.373	.552	May	.295	414	122	26	1	25	87	35	95	.360	.543
Post-All Star	.305	892	272	52	3	52	182	76	246	.375	.545	June	.290	321	93	12	2	21	67	25	81	.361	.536
Inning 1-6	.300	1419	425	82	5	91	306	128	343	.374	.557	July	.278	316	88	16	2	17	58	32	94	.368	.503
Inning 7+	.296	629	186	29	1	39	124	56	187	.374	.531	August	.313	345	108	17	0	25	81	28	86	.380	.580
Scoring Posn	.287	627	180	36	3	36	301	86	188	.386	.526	Sept/Oct	.306	304	93	24	1	12	49	25	91	.365	.510
Close & Late	.308	263	81	9	1	21	64	27	85	.399	.589	vs. AL	.267	397	106	25	0	23	67	27	107	.337	.504
None on/out	.296	500	148	22	2	30	30	39	121	.360	.528	vs. NL	.306	1651	505	86	6	107	363	157	423	.383	.560

Gus Gandarillas — Brewers
Age 30 – Pitches Right

	ERA	W	L	Sv	G	GS	IP	BB	SO	Avg	H	2B	3B	HR	RBI	OBP	SLG	GF	IR	IRS	Hld	SvOp	SB	CS	GB	FB	G/F
2001 Season	5.49	0	0	0	16	0	19.2	10	7	.321	25	2	1	2	16	.398	.449	6	4	3	0	0	2	0	30	24	1.25

2001 Season

	ERA	W	L	Sv	G	GS	IP	H	HR	BB	SO		Avg	AB	H	2B	3B	HR	RBI	BB	SO	OBP	SLG
Home	1.08	0	0	0	7	0	8.1	7	0	4	1	vs. Left	.343	35	12	0	0	2	10	5	3	.425	.514
Away	8.74	0	0	0	9	0	11.1	18	2	6	6	vs. Right	.302	43	13	2	1	0	6	5	4	.375	.395

Ron Gant — Athletics
Age 37 – Bats Right (flyball hitter)

	Avg	G	AB	R	H	2B	3B	HR	RBI	BB	SO	HBP	GDP	SB	CS	OBP	SLG	IBB	SH	SF	#Pit	#P/PA	GB	FB	G/F
2001 Season	.258	93	252	46	65	13	3	10	35	35	80	0	0	5	1	.345	.452	2	2	3	1198	4.10	70	70	1.00
Last Five Years	.246	614	2078	350	512	97	16	96	295	285	537	5	21	46	8	.337	.447	8	3	13	9642	4.04	610	643	0.95

2001 Season

	Avg	AB	H	2B	3B	HR	RBI	BB	SO	OBP	SLG		Avg	AB	H	2B	3B	HR	RBI	BB	SO	OBP	SLG
vs. Left	.270	100	27	4	3	4	14	19	32	.380	.490	Scoring Posn	.189	74	14	3	1	3	25	18	30	.337	.378
vs. Right	.250	152	38	9	0	6	21	16	48	.320	.428	Close & Late	.286	28	8	1	1	0	3	3	10	.355	.393
Home	.286	140	40	7	1	7	23	16	38	.354	.500	None on/out	.267	60	16	4	0	3	3	7	14	.343	.483
Away	.223	112	25	6	2	3	12	19	42	.333	.393	Batting #6	.224	58	13	3	1	2	7	9	17	.324	.414
First Pitch	.385	26	10	3	0	2	5	0	0	.370	.731	Batting #7	.278	97	27	5	0	4	13	12	35	.355	.454
Ahead in Count	.409	44	18	6	2	4	13	17	0	.574	.909	Other	.258	97	25	5	2	4	15	14	28	.348	.474
Behind in Count	.188	133	25	3	0	3	12	0	64	.185	.278	Pre-All Star	.256	180	46	8	3	8	23	24	58	.340	.467
Two Strikes	.154	149	23	3	0	1	7	18	80	.244	.195	Post-All Star	.264	72	19	5	0	2	12	11	22	.357	.417

Last Five Years

	Avg	AB	H	2B	3B	HR	RBI	BB	SO	OBP	SLG		Avg	AB	H	2B	3B	HR	RBI	BB	SO	OBP	SLG
vs. Left	.274	581	159	25	8	29	89	103	139	.382	.494	First Pitch	.356	278	99	24	0	17	46	4	0	.368	.626
vs. Right	.236	1497	353	72	8	67	206	182	398	.319	.429	Ahead in Count	.323	400	129	27	5	29	81	148	0	.504	.633
Home	.250	1008	252	41	11	52	155	145	259	.344	.467	Behind in Count	.180	951	171	29	3	27	94	0	401	.180	.302
Away	.243	1070	260	56	5	44	140	140	278	.330	.428	Two Strikes	.168	1103	185	25	4	30	100	133	537	.258	.279
Day	.247	596	147	31	4	22	84	97	143	.351	.423	Batting #2	.268	852	228	42	9	35	118	102	200	.346	.461
Night	.246	1482	365	66	12	74	211	188	394	.331	.457	Batting #5	.246	548	135	27	2	26	77	79	139	.342	.445
Grass	.241	1390	335	59	10	66	191	185	372	.330	.440	Other	.220	678	149	28	5	35	100	104	198	.322	.431
Turf	.257	688	177	38	6	30	104	100	165	.351	.461	March/April	.213	348	74	18	1	16	48	47	102	.303	.408
Pre-All Star	.242	1234	299	57	14	55	157	154	322	.327	.445	May	.226	420	95	16	5	22	52	47	110	.306	.445
Post-All Star	.252	844	213	40	2	41	138	131	215	.351	.450	June	.284	377	107	16	5	17	50	49	89	.367	.488
Inning 1-6	.237	1392	330	63	12	66	196	199	359	.332	.442	July	.234	337	79	15	3	15	47	42	84	.320	.430
Inning 7+	.265	686	182	34	4	30	99	86	178	.347	.458	August	.252	330	83	21	1	15	49	59	84	.362	.458
Scoring Posn	.230	539	124	23	8	20	191	111	151	.356	.414	Sept/Oct	.278	266	74	11	1	11	39	41	68	.374	.451
Close & Late	.235	353	83	20	2	15	53	51	103	.333	.431	vs. AL	.261	318	83	17	3	18	59	49	80	.357	.503
None on/out	.227	498	113	18	1	19	19	46	125	.292	.382	vs. NL	.244	1760	429	80	13	78	236	236	457	.333	.437

Rich Garces — Red Sox
Age 31 – Pitches Right

	ERA	W	L	Sv	G	GS	IP	BB	SO	Avg	H	2B	3B	HR	RBI	OBP	SLG	GF	IR	IRS	Hld	SvOp	SB	CS	GB	FB	G/F
2001 Season	3.90	6	1	1	62	0	67.0	25	51	.219	55	15	4	6	36	.299	.382	5	41	15	17	2	13	0	78	76	1.03
Last Five Years	3.24	20	5	5	198	0	242.0	102	199	.215	194	44	5	22	112	.299	.349	33	129	45	43	15	40	4	276	267	1.03

2001 Season

	ERA	W	L	Sv	G	GS	IP	H	HR	BB	SO		Avg	AB	H	2B	3B	HR	RBI	BB	SO	OBP	SLG
Home	3.86	3	1	0	32	0	35.0	29	4	13	24	vs. Left	.188	101	19	2	2	1	10	14	19	.291	.277
Away	3.94	3	0	1	30	0	32.0	26	2	12	27	vs. Right	.240	150	36	13	2	5	26	11	32	.305	.453
Day	3.15	1	0	0	20	0	20.0	17	1	11	15	Inning 1-6	.274	62	17	4	1	2	17	10	11	.387	.468
Night	4.21	5	1	1	42	0	47.0	38	5	14	36	Inning 7+	.201	189	38	11	3	4	19	15	40	.267	.354
Grass	4.39	4	1	1	53	0	55.1	49	6	21	41	None on	.205	146	30	6	3	4	4	8	29	.252	.370
Turf	1.54	2	0	0	9	0	11.2	6	0	4	10	Runners on	.238	105	25	9	1	2	32	17	22	.357	.400
April	0.68	1	0	0	9	0	13.1	4	1	2	12	Scoring Posn	.241	79	19	7	1	1	28	14	18	.371	.392
May	6.57	0	0	0	11	0	12.1	14	0	6	11	Close & Late	.190	105	20	5	1	3	9	8	16	.261	.343
June	1.80	1	0	0	11	0	10.0	7	2	3	5	None on/out	.164	55	9	2	1	2	2	2	10	.207	.345
July	3.09	1	1	0	9	0	11.2	9	1	4	10	vs. 1st Batr (relief)	.232	56	13	6	1	2	12	4	13	.306	.482
August	1.29	3	0	0	13	0	14.0	9	1	5	12	1st Inning Pitched	.219	192	42	13	2	5	33	20	39	.304	.385
Sept/Oct	17.47	0	0	1	9	0	5.2	12	1	5	1	First 15 Pitches	.221	172	38	11	2	5	28	13	34	.289	.395
Starter	0.00	0	0	0	0	0	0.0	0	0	0	0	Pitch 16-30	.222	72	16	3	2	1	5	12	15	.333	.361
Reliever	3.90	6	1	1	62	0	67.0	55	6	25	51	Pitch 31-45	.143	7	1	1	0	0	3	0	2	.143	.286
0 Days Rest (Relief)	1.80	0	0	1	5	0	5.0	6	0	2	2	Pitch 46+	.000	0	0	0	0	0	0	0	0	.000	.000
1 or 2 Days Rest	2.51	6	1	0	40	0	46.2	33	4	13	39	First Pitch	.304	23	7	3	0	1	6	1	0	.333	.565
3+ Days Rest	8.80	0	0	0	13	0	15.1	16	2	10	10	Ahead in Count	.140	129	18	6	1	1	9	0	40	.140	.225
vs. AL	4.42	6	1	1	55	0	59.0	53	6	22	47	Behind in Count	.333	57	19	4	1	4	14	10	0	.435	.649
vs. NL	0.00	0	0	0	7	0	8.0	2	0	3	4	Two Strikes	.153	131	20	5	2	1	12	14	51	.240	.244
Pre-All Star	3.03	2	0	0	31	0	35.2	25	3	11	28	Pre-All Star	.188	133	25	5	1	3	15	11	28	.265	.308
Post-All Star	4.88	4	1	1	31	0	31.1	30	3	14	23	Post-All Star	.254	118	30	10	3	3	21	14	23	.336	.466

Last Five Years

	ERA	W	L	Sv	G	GS	IP	H	HR	BB	SO		Avg	AB	H	2B	3B	HR	RBI	BB	SO	OBP	SLG
Home	3.14	11	4	2	101	0	126.0	98	9	52	116	vs. Left	.212	382	81	18	3	7	50	51	65	.305	.330
Away	3.34	9	1	3	97	0	116.0	96	13	50	83	vs. Right	.218	519	113	26	2	15	62	51	134	.294	.362
Day	3.36	6	1	1	61	0	72.1	57	6	33	68	Inning 1-6	.222	230	51	10	2	7	44	33	59	.326	.374
Night	3.18	14	4	4	137	0	169.2	137	16	69	131	Inning 7+	.213	671	143	34	3	15	68	69	140	.289	.340
Grass	3.30	18	5	5	176	0	213.0	172	19	87	172	None on	.207	498	103	23	3	14	43	104	.273	.349
Turf	2.79	2	0	0	22	0	29.0	22	3	15	27	Runners on	.226	403	91	21	2	8	98	59	95	.328	.347
March/April	2.53	0	0	0	22	0	32.0	19	4	13	33	Scoring Posn	.205	273	56	14	2	6	90	50	65	.329	.337
May	3.02	1	1	2	42	0	56.2	44	1	22	54	Close & Late	.205	307	63	15	1	8	29	34	51	.289	.339
June	2.61	3	0	0	37	0	41.1	32	5	15	28	None on/out	.210	205	43	14	1	7	7	17	38	.274	.390
July	3.80	4	2	0	34	0	45.0	37	6	17	34	vs. 1st Batr (relief)	.237	173	41	8	1	8	30	20	37	.323	.434
August	2.27	8	1	1	35	0	39.2	31	2	21	28	1st Inning Pitched	.221	643	142	30	3	20	98	72	134	.303	.370
Sept/Oct	5.93	2	1	2	28	0	27.1	31	4	14	22	First 15 Pitches	.230	543	125	26	3	19	78	48	110	.296	.394
Starter	0.00	0	0	0	0	0	0.0	0	0	0	0	Pitch 16-30	.192	287	55	13	2	2	23	45	67	.305	.272
Reliever	3.24	20	5	5	198	0	242.0	194	22	102	199	Pitch 31-45	.193	57	11	4	0	1	9	7	15	.288	.316
0 Days Rest (Relief)	2.38	0	0	1	27	0	22.2	21	1	14	19	Pitch 46+	.214	14	3	1	0	0	2	2	7	.294	.286
1 or 2 Days Rest	2.69	15	3	3	120	0	147.1	113	12	51	127	First Pitch	.306	98	30	11	0	2	14	8	0	.352	.480
3+ Days Rest	4.63	5	2	1	51	0	72.0	60	9	37	53	Ahead in Count	.161	446	72	16	1	3	24	0	165	.168	.222
vs. AL	3.41	18	5	5	170	0	208.2	171	19	90	180	Behind in Count	.287	181	52	10	2	11	44	0	.424	.547
vs. NL	2.16	2	0	0	28	0	33.1	23	3	12	19	Two Strikes	.165	485	80	15	2	6	36	50	199	.247	.241
Pre-All Star	2.91	6	1	2	106	0	136.0	100	11	54	119	Pre-All Star	.200	500	100	20	2	11	61	54	119	.282	.314
Post-All Star	3.65	14	4	3	92	0	106.0	94	11	48	80	Post-All Star	.234	401	94	24	3	11	51	48	80	.319	.392

Freddy Garcia — Mariners
Age 25 – Pitches Right

	ERA	W	L	Sv	G	GS	IP	BB	SO	Avg	H	2B	3B	HR	RBI	OBP	SLG	CG	ShO	Sup	QS	#P/S	SB	CS	GB	FB	G/F
2001 Season	3.05	18	6	0	34	34	238.2	69	163	.225	199	47	5	16	79	.283	.344	4	3	5.28	24	104	18	2	357	246	1.45
Career (1999-2001)	3.60	44	19	0	88	87	564.1	223	412	.242	516	113	11	50	212	.318	.376	6	4	5.69	51	104	56	11	814	599	1.36

2001 Season

	ERA	W	L	Sv	G	GS	IP	H	HR	BB	SO		Avg	AB	H	2B	3B	HR	RBI	BB	SO	OBP	SLG
Home	3.02	9	4	0	17	17	119.1	103	9	38	76	vs. Left	.242	475	115	33	5	10	37	52	79	.317	.396
Away	3.09	9	2	0	17	17	119.1	96	7	31	87	vs. Right	.205	409	84	14	0	6	42	17	84	.243	.284
Day	3.64	6	1	0	13	13	89.0	81	9	32	56	Inning 1-6	.225	733	165	42	4	15	73	58	142	.284	.355
Night	2.71	12	5	0	21	21	149.2	118	7	37	107	Inning 7+	.225	151	34	5	1	1	6	11	21	.280	.291
Grass	2.90	17	6	0	31	31	220.2	178	15	63	151	None on	.220	559	123	30	3	12	12	31	98	.265	.349
Turf	5.00	1	0	0	3	3	18.0	21	1	6	12	Runners on	.234	325	76	17	2	4	67	38	65	.314	.335
April	3.43	3	0	0	6	6	39.1	29	2	18	26	Scoring Posn	.216	199	43	14	1	3	62	23	44	.297	.342
May	4.65	2	0	0	5	5	31.0	30	3	12	16	Close & Late	.254	59	15	2	1	0	3	5	10	.318	.322
June	3.25	3	1	0	5	5	36.0	29	3	11	25	None on/out	.229	240	55	10	0	6	6	11	40	.269	.346
July	2.35	4	2	0	6	6	46.0	38	2	6	19	vs. 1st Batr (relief)	.000	0	0	0	0	0	0	0	0	.000	.000
August	2.70	3	2	0	6	6	43.1	48	2	10	37	1st Inning Pitched	.227	128	29	6	1	3	14	11	22	.288	.359
Sept/Oct	2.51	3	1	0	6	6	43.0	25	4	12	40	First 75 Pitches	.224	634	147	34	3	14	56	45	118	.279	.353
Starter	3.05	18	6	0	34	34	238.2	199	16	69	163	Pitch 76-90	.214	117	25	5	1	4	12	10	25	.277	.299
Reliever	0.00	0	0	0	0	0	0.0	0	0	0	0	Pitch 91-105	.227	88	20	3	0	1	7	6	11	.271	.295
0-3 Days Rest (Start)	0.00	0	0	0	0	0	0.0	0	0	0	0	Pitch 106+	.267	45	12	5	1	0	4	8	7	.377	.422
4 Days Rest	2.86	9	5	0	19	19	138.2	119	11	32	88	First Pitch	.361	133	48	9	1	1	14	3	0	.370	.466
5+ Days Rest	3.33	9	1	0	15	15	100.0	80	5	37	75	Ahead in Count	.166	397	66	18	2	8	27	0	138	.168	.282

143

2001 Season

	ERA	W	L	Sv	G	GS	IP	H	HR	BB	SO		Avg	AB	H	2B	3B	HR	RBI	BB	SO	OBP	SLG
vs. AL	3.24	15	5	0	30	30	208.1	182	14	62	145	Behind in Count	.278	180	50	11	2	4	26	34	0	.389	.428
vs. NL	1.78	3	1	0	4	4	30.1	17	2	7	18	Two Strikes	.153	399	61	17	2	9	32	32	163	.219	.273
Pre-All Star	3.18	10	1	0	18	18	124.1	100	8	44	74	Pre-All Star	.220	454	100	26	1	8	42	44	74	.292	.335
Post-All Star	2.91	8	5	0	16	16	114.1	99	8	25	89	Post-All Star	.230	430	99	21	4	8	37	25	89	.274	.353

Career (1999-2001)

	ERA	W	L	Sv	G	GS	IP	H	HR	BB	SO		Avg	AB	H	2B	3B	HR	RBI	BB	SO	OBP	SLG
Home	3.61	23	13	0	45	45	286.1	265	27	117	205	vs. Left	.253	1145	290	64	9	34	116	145	202	.338	.414
Away	3.59	21	6	0	43	42	278.0	251	23	106	207	vs. Right	.230	983	226	49	2	16	96	78	210	.293	.333
Day	3.73	15	6	0	32	32	207.1	192	24	89	134	Inning 1-6	.242	1836	444	99	8	44	194	194	376	.317	.376
Night	3.53	29	13	0	56	55	357.0	324	26	134	278	Inning 7+	.247	292	72	14	3	6	18	29	36	.320	.377
Grass	3.36	33	15	0	70	69	463.2	405	40	177	345	None on	.253	1214	307	71	5	36	36	116	218	.323	.409
Turf	4.74	11	4	0	18	18	100.2	111	10	46	67	Runners on	.229	914	209	42	6	14	176	107	194	.311	.334
March/April	4.26	8	1	0	15	15	88.2	88	10	39	60	Scoring Posn	.213	541	115	29	3	11	162	78	126	.312	.338
May	4.76	5	1	0	10	10	56.2	59	6	23	30	Close & Late	.278	151	42	9	3	3	13	17	17	.360	.437
June	3.89	6	4	0	11	11	71.2	64	5	31	51	None on/out	.278	554	154	33	2	17	17	45	91	.339	.437
July	3.61	6	4	0	16	16	107.1	93	8	38	71	vs. 1st Batr (relief)	.000	1	0	0	0	0	0	0	0	.000	.000
August	3.03	8	6	0	18	17	118.2	112	8	42	99	1st Inning Pitched	.253	340	86	23	2	9	47	39	69	.332	.412
Sept/Oct	2.97	11	3	0	18	18	121.1	100	13	50	101	First 75 Pitches	.244	1499	366	84	6	36	153	150	298	.316	.380
Starter	3.62	44	19	0	87	87	561.1	515	50	222	410	Pitch 76-90	.224	286	64	13	1	9	29	29	56	.299	.371
Reliever	0.00	0	0	0	1	0	3.0	1	0	1	2	Pitch 91-105	.239	201	48	6	1	4	18	30	32	.343	.338
0-3 Days Rest (Start)	6.75	0	1	0	2	2	12.0	13	1	7	6	Pitch 106+	.268	142	38	10	3	1	12	14	26	.338	.401
4 Days Rest	3.24	27	12	0	50	50	333.2	293	31	121	226	First Pitch	.314	277	87	17	1	5	35	9	0	.334	.437
5+ Days Rest	4.05	17	6	0	35	35	215.2	209	18	94	178	Ahead in Count	.179	909	163	38	3	18	65	0	342	.184	.287
vs. AL	3.77	39	16	0	77	76	491.1	465	46	192	355	Behind in Count	.305	492	150	30	4	12	64	114	0	.433	.455
vs. NL	2.47	5	3	0	11	11	73.0	51	4	31	57	Two Strikes	.175	973	170	37	3	21	76	100	412	.256	.284
Pre-All Star	4.25	21	7	0	41	41	249.2	240	23	110	166	Pre-All Star	.253	950	240	59	5	23	107	110	166	.334	.398
Post-All Star	3.09	23	12	0	47	46	314.2	276	27	113	246	Post-All Star	.234	1178	276	54	6	27	105	113	246	.304	.359

Jesse Garcia — Braves
Age 28 – Bats Right (groundball hitter)

	Avg	G	AB	R	H	2B	3B	HR	RBI	BB	SO	HBP	GDP	SB	CS	OBP	SLG	IBB	SH	SF	#Pit	#P/PA	GB	FB	G/F
2001 Season	.200	22	5	3	1	0	0	0	0	0	1	0	0	6	2	.200	.200	0	1	0	13	2.17	1	1	1.00
Career (1999-2001)	.157	53	51	11	8	0	0	2	2	4	6	0	1	6	2	.218	.275	0	4	0	160	2.71	24	14	1.71

2001 Season

	Avg	AB	H	2B	3B	HR	RBI	BB	SO	OBP	SLG		Avg	AB	H	2B	3B	HR	RBI	BB	SO	OBP	SLG
vs. Left	.000	0	0	0	0	0	0	0	0	.000	.000	Scoring Posn	.000	1	0	0	0	0	0	0	0	.000	.000
vs. Right	.200	5	1	0	0	0	0	0	1	.200	.200	Close & Late	.000	1	0	0	0	0	0	0	0	.000	.000

Karim Garcia — Indians
Age 26 – Bats Left

	Avg	G	AB	R	H	2B	3B	HR	RBI	BB	SO	HBP	GDP	SB	CS	OBP	SLG	IBB	SH	SF	#Pit	#P/PA	GB	FB	G/F
2001 Season	.311	20	45	8	14	3	0	5	9	3	13	1	1	0	0	.360	.711	0	0	1	157	3.14	15	13	1.15
Last Five Years	.224	260	738	91	165	23	11	29	92	47	182	1	10	7	8	.269	.402	3	0	6	2687	3.39	261	206	1.27

2001 Season

	Avg	AB	H	2B	3B	HR	RBI	BB	SO	OBP	SLG		Avg	AB	H	2B	3B	HR	RBI	BB	SO	OBP	SLG
vs. Left	.500	4	2	0	0	2	3	0	2	.500	2.000	Scoring Posn	.385	13	5	0	0	2	6	2	4	.438	.846
vs. Right	.293	41	12	3	0	3	6	3	11	.348	.585	Close & Late	.143	7	1	0	0	1	2	0	3	.125	.571

Last Five Years

	Avg	AB	H	2B	3B	HR	RBI	BB	SO	OBP	SLG		Avg	AB	H	2B	3B	HR	RBI	BB	SO	OBP	SLG
vs. Left	.295	88	26	4	4	3	18	6	24	.340	.534	First Pitch	.258	163	42	2	6	6	20	3	0	.268	.454
vs. Right	.214	650	139	19	7	26	74	41	158	.259	.385	Ahead in Count	.314	137	43	8	1	8	21	17	0	.394	.562
Home	.198	369	73	8	6	9	27	24	85	.246	.325	Behind in Count	.160	337	54	9	2	7	30	0	155	.158	.261
Away	.249	369	92	15	5	20	65	23	97	.292	.480	Two Strikes	.143	336	48	8	3	6	22	27	182	.206	.238
Day	.212	226	48	3	5	5	25	12	67	.249	.336	Batting #6	.210	176	37	6	2	8	27	12	51	.261	.403
Night	.229	512	117	20	6	24	67	35	115	.278	.432	Batting #7	.231	260	60	10	5	10	29	19	62	.283	.423
Grass	.225	614	138	19	10	22	71	42	140	.273	.396	Other	.225	302	68	7	4	11	36	16	69	.262	.384
Turf	.218	124	27	4	1	7	21	5	42	.241	.435	March/April	.188	117	22	2	1	4	11	5	30	.220	.325
Pre-All Star	.201	339	68	9	4	9	37	21	91	.245	.330	May	.227	44	10	2	0	1	1	0	11	.227	.341
Post-All Star	.243	399	97	14	7	20	55	26	91	.290	.464	June	.203	153	31	4	2	4	23	14	44	.266	.333
Inning 1-6	.242	472	114	15	8	20	65	34	110	.292	.434	July	.236	106	25	5	4	3	11	8	30	.287	.443
Inning 7+	.192	266	51	8	3	9	27	13	72	.227	.346	August	.239	113	27	0	3	3	16	8	21	.289	.372
Scoring Posn	.211	180	38	4	3	8	64	13	53	.256	.400	Sept/Oct	.244	205	50	10	1	14	30	12	46	.283	.507
Close & Late	.144	111	16	2	1	4	10	3	33	.164	.288	vs. AL	.239	402	96	14	5	19	49	28	95	.289	.440
None on/out	.240	183	44	8	3	6	9	9	43	.276	.415	vs. NL	.205	336	69	9	6	10	43	19	87	.245	.357

Nomar Garciaparra — Red Sox
Age 28 – Bats Right

	Avg	G	AB	R	H	2B	3B	HR	RBI	BB	SO	HBP	GDP	SB	CS	OBP	SLG	IBB	SH	SF	#Pit	#P/PA	GB	FB	G/F
2001 Season	.289	21	83	13	24	3	0	4	8	7	9	1	1	0	1	.352	.470	0	0	0	289	3.18	27	31	0.87
Last Five Years	.335	592	2432	453	815	177	26	117	428	187	252	25	49	53	21	.385	.574	30	2	25	8603	3.22	897	752	1.19

2001 Season

	Avg	AB	H	2B	3B	HR	RBI	BB	SO	OBP	SLG		Avg	AB	H	2B	3B	HR	RBI	BB	SO	OBP	SLG
vs. Left	.313	16	5	1	0	0	0	3	0	.450	.375	Scoring Posn	.500	12	6	1	0	0	4	4	1	.625	.583
vs. Right	.284	67	19	2	0	4	8	4	9	.324	.493	Close & Late	.300	10	3	1	0	0	2	1	1	.364	.400

Last Five Years

	Avg	AB	H	2B	3B	HR	RBI	BB	SO	OBP	SLG		Avg	AB	H	2B	3B	HR	RBI	BB	SO	OBP	SLG
vs. Left	.333	604	201	47	6	31	120	62	68	.395	.584	First Pitch	.411	518	213	44	6	25	89	24	0	.442	.664
vs. Right	.336	1828	614	130	20	86	308	125	184	.381	.570	Ahead in Count	.353	561	198	37	7	41	115	115	0	.462	.663
Home	.340	1244	423	101	15	52	235	105	136	.391	.571	Behind in Count	.288	945	272	57	8	32	139	0	215	.292	.467
Away	.330	1188	392	76	11	65	193	82	116	.378	.577	Two Strikes	.273	825	225	52	7	24	120	48	252	.316	.440
Day	.330	782	258	44	9	38	158	60	91	.377	.555	Batting #1	.304	839	255	50	15	36	126	44	108	.343	.528
Night	.338	1650	557	133	17	79	270	127	161	.388	.582	Batting #4	.360	1082	389	81	7	59	215	105	96	.417	.611
Grass	.336	2128	715	155	25	98	377	175	218	.388	.570	Other	.335	511	171	46	4	22	87	38	48	.384	.569
Turf	.329	304	100	22	1	19	51	12	34	.361	.595	March/April	.327	376	123	19	5	12	59	28	50	.377	.500
Pre-All Star	.336	1184	398	89	15	52	212	94	129	.386	.568	May	.290	283	82	19	5	11	56	23	29	.344	.509
Post-All Star	.334	1248	417	88	11	65	216	93	123	.383	.579	June	.370	440	163	44	5	22	76	33	42	.417	.643
Inning 1-6	.328	1693	556	119	14	90	302	131	164	.379	.575	July	.347	412	143	30	6	28	80	28	48	.390	.653
Inning 7+	.350	739	259	58	12	27	126	56	88	.399	.571	August	.327	504	165	35	1	21	78	49	48	.388	.526
Scoring Posn	.345	612	211	37	9	29	301	86	75	.415	.577	Sept/Oct	.333	417	139	30	4	23	79	26	35	.376	.590
Close & Late	.358	358	128	27	4	14	67	33	45	.413	.573	vs. AL	.339	2141	726	153	24	103	386	163	224	.388	.577
None on/out	.345	727	251	55	8	34	34	35	65	.380	.583	vs. NL	.306	291	89	24	2	14	42	24	28	.358	.546

Mark Gardner — Giants
Age 40 – Pitches Right (flyball pitcher)

	ERA	W	L	Sv	G	GS	IP	BB	SO	Avg	H	2B	3B	HR	RBI	OBP	SLG	CG	ShO	Sup	QS	#P/S	SB	CS	GB	FB	G/F
2001 Season	5.40	5	5	0	23	15	91.2	34	53	.263	93	19	4	17	52	.330	.484	0	0	4.91	6	93	8	5	102	143	0.71
Last Five Years	4.78	46	38	0	145	119	772.0	255	518	.265	781	140	26	117	395	.325	.449	7	3	5.25	61	99	52	40	915	1072	0.85

2001 Season

	ERA	W	L	Sv	G	GS	IP	H	HR	BB	SO		Avg	AB	H	2B	3B	HR	RBI	BB	SO	OBP	SLG
Home	4.53	3	2	0	13	8	49.2	49	6	13	25	vs. Left	.290	176	51	11	2	8	25	22	23	.365	.511
Away	6.43	2	3	0	10	7	42.0	44	11	21	28	vs. Right	.237	177	42	8	2	9	27	12	30	.293	.458
Starter	5.56	4	5	0	15	15	81.0	81	16	31	46	Scoring Posn	.299	87	26	4	0	4	33	10	20	.356	.483
Reliever	4.22	1	0	0	8	0	10.2	12	1	3	7	Close & Late	.000	12	0	0	0	0	0	1	3	.077	.000
0-3 Days Rest (Start)	17.18	0	1	0	1	1	3.2	8	3	1	3	None on/out	.286	91	26	5	1	5	5	8	9	.356	.527
4 Days Rest	2.45	2	1	0	5	5	33.0	20	5	8	16	First Pitch	.359	39	14	2	0	4	12	2	0	.381	.718
5+ Days Rest	6.90	2	3	0	9	9	44.1	53	8	22	27	Ahead in Count	.213	174	37	6	0	6	16	0	46	.223	.351
Pre-All Star	5.55	4	5	0	17	15	86.0	85	17	32	50	Behind in Count	.319	72	23	7	2	4	14	15	0	.437	.639
Post-All Star	3.18	1	0	0	6	0	5.2	8	0	2	3	Two Strikes	.225	173	39	8	1	7	16	17	53	.304	.405

Last Five Years

	ERA	W	L	Sv	G	GS	IP	H	HR	BB	SO		Avg	AB	H	2B	3B	HR	RBI	BB	SO	OBP	SLG
Home	4.55	24	16	0	71	60	383.1	394	52	119	263	vs. Left	.291	1349	392	66	13	48	160	139	231	.357	.466
Away	5.00	22	22	0	74	59	388.2	387	65	136	255	vs. Right	.243	1603	389	74	13	69	235	116	287	.297	.434
Day	4.81	17	14	0	57	47	293.2	304	46	93	199	Inning 1-6	.269	2600	699	125	23	103	367	237	452	.331	.453
Night	4.76	29	24	0	88	72	478.1	477	71	162	319	Inning 7+	.233	352	82	15	3	14	28	18	66	.271	.412
Grass	4.73	41	32	0	125	100	653.0	675	97	213	435	None on/out	.261	1801	470	85	16	68	68	133	296	.316	.439
Turf	5.07	5	6	0	20	19	119.0	106	20	42	83	Runners on	.270	1151	311	55	10	49	327	122	222	.337	.463
March/April	6.39	6	8	0	23	19	111.1	138	27	30	87	Scoring Posn	.266	661	176	25	5	29	264	84	142	.340	.451
May	4.29	8	4	0	26	23	147.0	138	26	58	83	Close & Late	.261	153	40	7	3	7	14	5	31	.288	.484
June	5.43	11	10	0	28	23	155.2	162	21	68	101	None on/out	.274	782	214	35	7	34	34	59	122	.329	.467
July	4.25	8	5	0	22	22	137.2	126	14	35	99	vs. 1st Batr (relief)	.304	23	7	0	0	1	3	2	3	.385	.435
August	4.23	7	5	0	22	19	127.2	125	21	35	89	1st Inning Pitched	.319	580	185	31	2	25	115	58	91	.384	.509
Sept/Oct	4.08	6	6	0	24	13	92.2	92	8	29	59	First 75 Pitches	.278	2165	601	108	18	91	319	185	384	.335	.470
Starter	4.75	43	35	0	119	119	722.0	718	111	231	487	Pitch 76-90	.238	378	90	18	2	13	37	35	61	.305	.399
Reliever	5.22	3	3	0	26	0	50.0	63	6	24	31	Pitch 91-105	.212	273	58	9	3	9	25	23	51	.276	.366
0-3 Days Rest (Start)	4.06	3	2	0	5	5	31.0	26	5	6	23	Pitch 106+	.235	136	32	5	3	4	14	12	22	.307	.404
4 Days Rest	4.43	22	19	0	55	55	351.1	351	54	102	235	First Pitch	.298	396	118	29	4	17	64	12	0	.321	.520
5+ Days Rest	5.14	18	20	0	59	59	339.2	341	52	123	229	Ahead in Count	.214	1392	298	46	7	33	121	0	426	.219	.328
vs. AL	4.16	6	3	0	12	11	75.2	66	8	26	38	Behind in Count	.346	573	198	34	10	42	116	137	0	.465	.660
vs. NL	4.85	40	35	0	133	108	696.1	715	109	229	480	Two Strikes	.206	1435	295	45	11	40	137	105	518	.264	.336
Pre-All Star	5.23	28	24	0	84	72	451.0	477	76	165	298	Pre-All Star	.273	1747	477	91	15	76	258	165	298	.338	.473
Post-All Star	4.15	18	14	0	61	47	321.0	304	41	90	220	Post-All Star	.252	1205	304	49	11	41	137	90	220	.305	.413

Jon Garland — White Sox
Age 22 – Pitches Right

	ERA	W	L	Sv	G	GS	IP	BB	SO	Avg	H	2B	3B	HR	RBI	OBP	SLG	GF	IR	IRS	Hld	SvOp	SB	CS	GB	FB	G/F
2001 Season	3.69	6	7	1	35	16	117.0	55	61	.277	123	17	1	16	53	.358	.428	8	14	3	2	1	5	5	173	116	1.49
Career (2000-2001)	4.72	10	15	1	50	29	186.2	95	103	.283	205	42	2	26	105	.367	.454	9	14	3	3	1	10	9	274	188	1.46

2001 Season

	ERA	W	L	Sv	G	GS	IP	H	HR	BB	SO		Avg	AB	H	2B	3B	HR	RBI	BB	SO	OBP	SLG
Home	4.28	3	3	0	18	8	54.2	59	10	28	28	vs. Left	.276	217	60	9	0	6	21	30	22	.369	.401
Away	3.18	3	4	1	17	8	62.1	64	6	27	33	vs. Right	.278	227	63	8	1	10	32	25	39	.348	.454
Starter	4.03	4	6	0	16	16	82.0	98	12	38	41	Scoring Posn	.229	118	27	3	0	3	34	15	22	.319	.331
Reliever	2.88	2	1	1	19	0	34.1	25	4	17	20	Close & Late	.174	23	4	2	0	0	0	5	5	.321	.261
0 Days Rest (Relief)	1.42	0	0	1	3	0	6.1	4	1	2	5	None on/out	.280	118	33	3	0	5	5	8	16	.325	.432
1 or 2 Days Rest	3.38	1	0	0	9	0	13.1	11	2	5	5	First Pitch	.400	50	20	1	0	1	8	1	0	.400	.480
3+ Days Rest	3.07	1	1	0	7	0	14.2	10	1	7	10	Ahead in Count	215	181	39	7	1	5	18	0	48	.223	.348
Pre-All Star	3.95	3	3	0	18	5	43.1	43	8	18	25	Behind in Count	.375	112	42	5	0	7	17	32	0	.510	.607
Post-All Star	3.54	3	4	1	17	11	73.2	80	8	37	36	Two Strikes	.200	195	39	4	1	6	19	22	61	.288	.323

Chris George — Royals
Age 22 – Pitches Left (flyball pitcher)

	ERA	W	L	Sv	G	GS	IP	BB	SO	Avg	H	2B	3B	HR	RBI	OBP	SLG	CG	ShO	Sup	QS	#P/S	SB	CS	GB	FB	G/F
2001 Season	5.59	4	8	0	13	13	74.0	18	32	.288	83	21	3	14	43	.326	.528	1	0	5.47	6	89	5	1	89	103	0.86

2001 Season

	ERA	W	L	Sv	G	GS	IP	H	HR	BB	SO		Avg	AB	H	2B	3B	HR	RBI	BB	SO	OBP	SLG
Home	6.75	2	4	0	7	7	37.1	50	8	6	20	vs. Left	.222	54	12	3	1	3	11	3	5	.254	.481
Away	4.42	2	4	0	6	6	36.2	33	6	12	12	vs. Right	.303	234	71	18	2	11	32	15	27	.343	.538
Starter	5.59	4	8	0	13	13	74.0	83	14	18	32	Scoring Posn	.314	70	22	5	1	4	32	7	7	.358	.586
Reliever	0.00	0	0	0	0	0	0.0	0	0	0	0	Close & Late	.133	15	2	1	0	0	1	0	1	.125	.200
0-3 Days Rest (Start)	0.00	0	0	0	0	0	0.0	0	0	0	0	None on/out	.366	82	30	9	1	5	5	2	9	.381	.683
4 Days Rest	7.18	1	4	0	6	6	31.1	45	7	4	19	First Pitch	.273	33	9	2	0	0	4	0	0	.265	.333
5+ Days Rest	4.43	3	4	0	7	7	42.2	38	7	14	13	Ahead in Count	.303	142	43	10	2	9	24	0	27	.301	.592
Pre-All Star	0.00	0	0	0	0	0	0.0	0	0	0	0	Behind in Count	.297	64	19	6	0	3	9	9	0	.384	.531
Post-All Star	5.59	4	8	0	13	13	74.0	83	14	18	32	Two Strikes	.250	136	34	6	3	5	16	9	32	.297	.449

Jason Giambi — Athletics
Age 31 – Bats Left (flyball hitter)

	Avg	G	AB	R	H	2B	3B	HR	RBI	BB	SO	HBP	GDP	SB	CS	OBP	SLG	IBB	SH	SF	#Pit	#P/PA	GB	FB	G/F
2001 Season	.342	154	520	109	178	47	2	38	120	129	83	13	17	2	0	.477	.660	24	0	9	2643	3.94	147	198	0.74
Last Five Years	.315	759	2686	490	847	181	6	161	571	507	476	40	64	7	4	.426	.567	46	0	42	13084	4.00	757	988	0.77

2001 Season

	Avg	AB	H	2B	3B	HR	RBI	BB	SO	OBP	SLG		Avg	AB	H	2B	3B	HR	RBI	BB	SO	OBP	SLG
vs. Left	.333	189	63	11	1	11	40	33	31	.451	.577	First Pitch	.500	50	25	6	0	7	16	20	0	.649	1.040
vs. Right	.347	331	115	36	1	27	80	96	52	.491	.707	Ahead in Count	.404	114	46	13	1	11	39	74	0	.629	.825
Home	.349	258	90	17	0	27	61	57	37	.474	.729	Behind in Count	.278	241	67	15	1	12	39	0	66	.291	.498
Away	.336	262	88	30	2	11	59	72	46	.480	.592	Two Strikes	.271	255	69	17	1	14	42	35	83	.361	.510
Day	.317	199	63	15	0	18	42	36	31	.426	.663	Batting #3	.352	455	160	43	1	36	112	123	71	.492	.688
Night	.358	321	115	32	2	20	78	93	52	.506	.657	Batting #4	.277	65	18	4	1	2	8	6	12	.356	.462
Grass	.335	463	155	39	2	37	111	117	75	.475	.667	Other	.000	0	0	0	0	0	0	0	0	.000	.000
Turf	.404	57	23	8	0	1	9	12	8	.493	.596	April	.350	80	28	7	0	6	19	26	15	.518	.663
Pre-All Star	.322	283	91	25	1	19	60	71	49	.463	.618	May	.384	99	38	11	0	7	25	24	15	.504	.707
Post-All Star	.367	237	87	22	1	19	60	58	34	.493	.709	June	.262	84	22	6	1	6	16	21	15	.420	.571
Inning 1-6	.345	368	127	30	2	28	96	93	54	.480	.666	July	.300	90	27	6	1	5	16	10	14	.382	.556
Inning 7+	.336	152	51	17	0	10	24	36	29	.469	.645	August	.370	92	34	8	0	8	25	29	12	.520	.717
Scoring Posn	.354	113	40	12	0	7	72	51	14	.531	.646	Sept/Oct	.387	75	29	9	0	6	19	19	12	.505	.747
Close & Late	.355	76	27	8	0	5	15	16	18	.468	.658	vs. AL	.349	458	160	44	1	33	108	122	69	.491	.666
None on/out	.310	100	31	9	1	7	7	11	13	.389	.630	vs. NL	.290	62	18	3	1	5	12	7	14	.361	.613

2001 By Position

Position	Avg	AB	H	2B	3B	HR	RBI	BB	SO	OBP	SLG	G	GS	Innings	PO	A	E	DP	Fld Pct	Rng Fctr	In Zone	Zone Outs	Zone Rtg	MLB Zone
As DH	.316	57	18	6	0	6	12	9	6	.443	.737	17	17	—	—	—	—	—	—	—	—	—	—	—
As 1b	.346	462	160	41	2	32	108	117	74	.482	.652	136	136	1176.1	1224	76	11	107	.992	—	232	203	.875	.850

Last Five Years

	Avg	AB	H	2B	3B	HR	RBI	BB	SO	OBP	SLG		Avg	AB	H	2B	3B	HR	RBI	BB	SO	OBP	SLG
vs. Left	.298	878	262	49	1	40	165	133	164	.401	.493	First Pitch	.420	286	120	24	0	25	81	37	0	.493	.766
vs. Right	.324	1808	585	132	5	121	406	374	312	.437	.603	Ahead in Count	.396	626	248	61	1	54	183	286	0	.577	.756
Home	.329	1324	435	81	3	93	287	246	232	.438	.605	Behind in Count	.244	1181	288	47	3	45	176	0	381	.252	.403
Away	.302	1362	412	100	3	68	284	261	244	.413	.530	Two Strikes	.231	1297	300	56	4	54	192	184	476	.330	.406
Day	.320	1054	337	72	2	74	233	178	176	.418	.602	Batting #3	.326	1651	539	110	4	110	375	375	298	.453	.598
Night	.313	1632	510	109	4	87	338	329	300	.431	.544	Batting #5	.288	545	157	33	0	29	105	72	101	.371	.508
Grass	.312	2365	738	154	6	144	497	452	426	.425	.565	Other	.308	490	151	38	2	22	91	60	77	.386	.529
Turf	.340	321	109	27	0	17	74	55	50	.430	.583	March/April	.305	439	134	21	1	29	98	72	81	.402	.556
Pre-All Star	.303	1438	435	96	3	78	284	266	260	.413	.536	May	.304	474	144	35	1	21	92	97	86	.423	.515
Post-All Star	.330	1248	412	85	3	83	287	241	216	.440	.586	June	.314	408	128	37	1	24	82	82	76	.435	.586
Inning 1-6	.318	1904	605	136	5	119	435	344	330	.423	.582	July	.300	456	137	27	2	24	84	74	80	.399	.526
Inning 7+	.309	782	242	45	1	42	136	163	146	.432	.531	August	.318	453	144	34	0	27	103	99	72	.444	.572
Scoring Posn	.319	686	219	47	0	48	396	185	147	.450	.595	Sept/Oct	.351	456	160	27	1	36	112	83	87	.447	.651
Close & Late	.319	345	110	13	0	18	63	72	66	.443	.513	vs. AL	.318	2387	760	157	5	144	511	455	423	.429	.569
None on/out	.311	562	175	38	1	34	34	71	80	.393	.564	vs. NL	.291	299	87	24	1	17	60	52	53	.396	.548

Jeremy Giambi — Athletics
Age 27 – Bats Left

	Avg	G	AB	R	H	2B	3B	HR	RBI	BB	SO	HBP	GDP	SB	CS	OBP	SLG	IBB	SH	SF	#Pit	#P/PA	GB	FB	G/F
2001 Season	.283	124	371	64	105	26	0	12	57	63	85	4	13	0	1	.391	.450	1	3	2	1931	4.36	118	109	1.08
Career (1998-2001)	.272	336	977	146	266	53	3	27	149	146	220	10	30	0	2	.369	.416	8	7	11	4672	4.06	320	274	1.17

2001 Season

	Avg	AB	H	2B	3B	HR	RBI	BB	SO	OBP	SLG		Avg	AB	H	2B	3B	HR	RBI	BB	SO	OBP	SLG
vs. Left	.250	72	18	3	0	3	10	12	22	.379	.417	First Pitch	.282	39	11	2	0	1	4	1	0	.300	.410
vs. Right	.291	299	87	23	0	9	47	51	61	.394	.458	Ahead in Count	.472	72	34	9	0	7	22	23	0	.600	.889
Home	.266	192	51	17	0	5	26	28	42	.365	.432	Behind in Count	.244	180	44	13	0	3	21	0	69	.259	.367
Away	.302	179	54	9	0	7	31	35	41	.417	.469	Two Strikes	.223	211	47	13	0	3	22	39	83	.350	.327
Day	.213	127	27	5	0	3	15	28	23	.358	.323	Batting #2	.242	128	31	12	0	4	16	23	27	.366	.430
Night	.320	244	78	21	0	9	42	35	60	.409	.516	Batting #3	.366	71	26	5	0	1	16	14	14	.465	.479
Grass	.262	343	90	23	0	11	44	58	78	.373	.426	Other	.279	172	48	9	0	7	25	26	42	.378	.453
Turf	.536	28	15	3	0	1	13	5	5	.606	.750	April	.182	44	8	1	0	1	4	5	12	.265	.273

2001 Season

	Avg	AB	H	2B	3B	HR	RBI	BB	SO	OBP	SLG		Avg	AB	H	2B	3B	HR	RBI	BB	SO	OBP	SLG
Pre-All Star	.291	165	48	9	0	4	19	23	39	.377	.418	May	.400	35	14	2	0	0	3	2	7	.447	.457
Post-All Star	.277	206	57	17	0	8	38	40	44	.402	.476	June	.295	61	18	4	0	3	10	14	15	.421	.508
Inning 1-6	.275	251	69	17	0	9	41	48	56	.395	.450	July	.327	98	32	8	0	2	18	15	20	.412	.469
Inning 7+	.300	120	36	9	0	3	16	15	27	.382	.450	August	.262	84	22	7	0	5	14	11	17	.361	.524
Scoring Posn	.290	100	29	8	0	0	40	17	24	.392	.370	Sept/Oct	.224	49	11	4	0	1	8	16	12	.415	.367
Close & Late	.267	60	16	3	0	1	10	5	13	.333	.367	vs. AL	.276	315	87	23	0	11	48	57	72	.394	.454
None on/out	.282	78	22	4	0	5	5	11	20	.378	.526	vs. NL	.321	56	18	3	0	1	9	6	11	.375	.429

2001 By Position

Position	Avg	AB	H	2B	3B	HR	RBI	BB	SO	OBP	SLG	G	GS	Innings	PO	A	E	DP	Fld Pct	Rng Fctr	In Zone	Outs	Zone Rtg	MLB Zone
As DH	.278	198	55	16	0	6	33	37	42	.399	.449	61	55	—	—	—	—	—	—	—	—	—	—	—
As Pinch Hitter	.250	16	4	2	0	1	6	3	3	.368	.563	20	0	—	—	—	—	—	—	—	—	—	—	—
As 1b	.346	26	9	3	0	2	5	6	5	.469	.692	10	8	69.0	74	2	2	6	.974	—	10	9	.900	.850
As lf	.313	32	10	1	0	1	4	7	6	.425	.438	11	9	81.0	9	1	3	0	.769	1.11	15	9	.600	.880
As rf	.282	103	29	4	0	3	12	12	28	.359	.408	37	31	272.2	40	0	0	0	1.000	1.32	47	40	.851	.884

Career (1998-2001)

	Avg	AB	H	2B	3B	HR	RBI	BB	SO	OBP	SLG		Avg	AB	H	2B	3B	HR	RBI	BB	SO	OBP	SLG
vs. Left	.262	191	50	7	0	8	36	28	52	.364	.424	First Pitch	.278	126	35	8	1	2	15	8	0	.319	.405
vs. Right	.275	786	216	46	3	19	113	118	168	.370	.413	Ahead in Count	.442	208	92	22	1	10	51	65	0	.573	.702
Home	.278	518	144	32	3	10	77	76	115	.375	.409	Behind in Count	.207	449	93	17	1	9	54	0	181	.217	.310
Away	.266	459	122	21	0	17	72	70	105	.362	.423	Two Strikes	.211	512	108	21	1	10	56	73	220	.312	.314
Day	.227	344	78	12	1	6	40	55	79	.340	.320	Batting #6	.307	218	67	7	1	4	32	26	44	.389	.404
Night	.297	633	188	41	2	21	109	91	141	.385	.468	Batting #7	.239	213	51	9	0	7	29	38	51	.355	.380
Grass	.268	897	240	49	3	24	131	133	204	.365	.409	Other	.271	546	148	37	2	16	88	82	125	.366	.434
Turf	.325	80	26	4	0	3	18	13	16	.415	.488	March/April	.181	72	13	1	1	1	6	7	20	.250	.264
Pre-All Star	.283	424	120	17	1	12	67	60	98	.372	.413	May	.315	108	34	4	0	4	20	14	20	.400	.463
Post-All Star	.264	553	146	36	2	15	82	86	122	.367	.418	June	.295	166	49	8	0	4	28	33	39	.410	.416
Inning 1-6	.283	628	178	34	3	17	102	101	123	.384	.428	July	.280	225	63	12	1	6	37	28	56	.361	.422
Inning 7+	.252	349	88	19	0	10	47	45	97	.341	.393	August	.250	204	51	12	0	6	25	22	39	.330	.397
Scoring Posn	.278	277	77	16	1	5	118	47	68	.378	.397	Sept/Oct	.277	202	56	16	1	6	33	42	46	.400	.455
Close & Late	.228	167	38	8	0	4	28	17	52	.305	.347	vs. AL	.272	858	233	48	3	23	129	129	190	.369	.415
None on/out	.299	221	66	11	1	10	10	26	43	.378	.493	vs. NL	.277	119	33	5	0	4	20	17	30	.367	.420

Jay Gibbons — Orioles

Age 25 – Bats Left

	Avg	G	AB	R	H	2B	3B	HR	RBI	BB	SO	HBP	GDP	SB	CS	OBP	SLG	IBB	SH	SF	#Pit	#P/PA	GB	FB	G/F
2001 Season	.236	73	225	27	53	10	0	15	36	17	39	4	7	0	1	.301	.480	0	0	0	877	3.57	77	78	0.99

2001 Season

	Avg	AB	H	2B	3B	HR	RBI	BB	SO	OBP	SLG		Avg	AB	H	2B	3B	HR	RBI	BB	SO	OBP	SLG
vs. Left	.370	27	10	2	0	2	5	2	5	.414	.667	Scoring Posn	.176	68	12	3	0	4	22	6	7	.263	.397
vs. Right	.217	198	43	8	0	13	31	15	34	.286	.455	Close & Late	.200	30	6	2	0	1	3	4	6	.294	.367
Home	.217	106	23	4	0	9	15	6	21	.272	.509	None on/out	.325	40	13	1	0	4	4	3	8	.372	.650
Away	.252	119	30	6	0	6	21	11	18	.326	.454	Batting #5	.200	110	22	5	0	7	17	10	20	.279	.436
First Pitch	.310	42	13	2	0	3	7	0	0	.310	.571	Batting #7	.320	50	16	3	0	4	11	1	10	.358	.620
Ahead in Count	.238	42	10	0	0	4	8	7	0	.347	.524	Other	.231	65	15	2	0	4	8	6	9	.296	.446
Behind in Count	.196	102	20	4	0	7	14	0	36	.226	.441	Pre-All Star	.235	166	39	6	0	11	27	14	31	.310	.470
Two Strikes	.186	97	18	4	0	5	11	10	39	.275	.381	Post-All Star	.237	59	14	4	0	4	9	3	8	.274	.508

Benji Gil — Angels

Age 29 – Bats Right

	Avg	G	AB	R	H	2B	3B	HR	RBI	BB	SO	HBP	GDP	SB	CS	OBP	SLG	IBB	SH	SF	#Pit	#P/PA	GB	FB	G/F
2001 Season	.296	104	260	33	77	15	4	8	39	14	57	0	6	3	4	.330	.477	0	2	2	1017	3.66	94	65	1.45
Last Five Years	.251	324	878	96	220	42	7	19	93	61	212	6	16	14	12	.301	.379	0	13	8	3611	3.74	304	217	1.40

2001 Season

	Avg	AB	H	2B	3B	HR	RBI	BB	SO	OBP	SLG		Avg	AB	H	2B	3B	HR	RBI	BB	SO	OBP	SLG
vs. Left	.294	143	42	7	2	4	15	9	24	.336	.455	Scoring Posn	.269	67	18	7	0	1	28	7	20	.329	.418
vs. Right	.299	117	35	8	2	4	24	5	33	.323	.504	Close & Late	.158	38	6	0	2	1	3	0	11	.158	.342
Home	.246	122	30	3	0	6	20	6	29	.279	.418	None on/out	.281	64	18	2	3	1	1	1	10	.292	.453
Away	.341	138	47	12	4	2	19	8	28	.374	.529	Batting #7	.415	41	17	5	1	3	9	1	11	.419	.805
First Pitch	.484	31	15	1	0	2	9	0	0	.469	.710	Batting #9	.322	143	46	8	3	4	23	7	31	.351	.503
Ahead in Count	.313	48	15	4	2	2	10	6	0	.389	.604	Other	.184	76	14	2	0	1	7	6	15	.244	.250
Behind in Count	.220	132	29	5	2	2	15	0	45	.218	.333	Pre-All Star	.331	151	50	11	2	5	23	7	25	.358	.530
Two Strikes	.173	127	22	5	2	1	10	8	57	.221	.268	Post-All Star	.248	109	27	4	2	3	16	7	32	.291	.404

Last Five Years

	Avg	AB	H	2B	3B	HR	RBI	BB	SO	OBP	SLG		Avg	AB	H	2B	3B	HR	RBI	BB	SO	OBP	SLG
vs. Left	.285	330	94	18	5	7	26	30	63	.348	.433	First Pitch	.327	110	36	4	0	2	16	0	0	.328	.418
vs. Right	.230	548	126	24	2	12	67	31	149	.272	.347	Ahead in Count	.329	164	54	14	4	5	26	25	0	.411	.555
Home	.247	434	107	21	1	13	48	31	110	.296	.389	Behind in Count	.184	430	79	15	2	7	30	0	176	.189	.277
Away	.255	444	113	21	6	6	45	30	102	.306	.369	Two Strikes	.140	428	60	11	3	5	25	36	212	.212	.215
Day	.274	223	61	10	2	4	27	15	53	.321	.390	Batting #2	.300	90	27	4	1	4	8	6	17	.351	.500
Night	.243	655	159	32	5	15	66	46	159	.295	.376	Batting #9	.248	650	161	30	4	11	67	46	166	.298	.357
Grass	.255	764	195	36	6	19	82	54	178	.303	.393	Other	.232	138	32	8	2	4	18	9	29	.282	.406
Turf	.219	114	25	6	1	0	11	7	34	.288	.289	March/April	.271	177	48	11	1	2	21	6	42	.303	.379
Pre-All Star	.255	545	139	33	3	11	56	41	121	.308	.387	May	.212	179	38	10	0	3	17	19	45	.284	.318
Post-All Star	.243	333	81	9	4	8	37	20	91	.290	.366	June	.301	136	41	8	2	4	15	11	20	.349	.478

	Avg	AB	H	2B	3B	HR	RBI	BB	SO	OBP	SLG		Avg	AB	H	2B	3B	HR	RBI	BB	SO	OBP	SLG
Inning 1-6	.263	608	160	32	5	18	70	47	142	.319	.421	July	.262	130	34	7	1	7	15	8	35	.309	.492
Inning 7+	.222	270	60	10	2	1	23	14	70	.260	.285	August	.238	164	39	3	2	2	20	11	38	.291	.317
Scoring Posn	.207	222	46	8	0	3	68	23	74	.281	.284	Sept/Oct	.217	92	20	3	1	1	5	6	32	.270	.304
Close & Late	.163	104	17	2	2	1	10	4	28	.193	.250	vs. AL	.248	774	192	36	6	13	77	57	189	.302	.360
None on/out	.273	216	59	14	3	4	4	9	39	.305	.421	vs. NL	.269	104	28	6	1	6	16	4	23	.294	.519

Geronimo Gil — Orioles   Age 26 – Bats Right

	Avg	G	AB	R	H	2B	3B	HR	RBI	BB	SO	HBP	GDP	SB	CS	OBP	SLG	IBB	SH	SF	#Pit	#P/PA	GB	FB	G/F
2001 Season	.293	17	58	3	17	2	0	0	6	5	7	2	1	0	0	.369	.328	0	1	0	232	3.52	23	15	1.53

2001 Season

	Avg	AB	H	2B	3B	HR	RBI	BB	SO	OBP	SLG		Avg	AB	H	2B	3B	HR	RBI	BB	SO	OBP	SLG
vs. Left	.571	7	4	1	0	0	3	0	1	.571	.714	Scoring Posn	.444	9	4	1	0	0	6	3	0	.583	.556
vs. Right	.255	51	13	1	0	0	3	5	6	.345	.275	Close & Late	.667	6	4	0	0	0	0	2	0	.800	.667

Brian Giles — Pirates   Age 31 – Bats Left (flyball hitter)

	Avg	G	AB	R	H	2B	3B	HR	RBI	BB	SO	HBP	GDP	SB	CS	OBP	SLG	IBB	SH	SF	#Pit	#P/PA	GB	FB	G/F
2001 Season	.309	160	576	116	178	37	7	37	95	90	67	4	10	13	6	.404	.590	14	0	4	2414	3.58	197	223	0.88
Last Five Years	.299	699	2383	454	713	141	20	144	460	435	341	18	56	48	16	.407	.556	44	4	30	10810	3.77	798	876	0.91

2001 Season

	Avg	AB	H	2B	3B	HR	RBI	BB	SO	OBP	SLG		Avg	AB	H	2B	3B	HR	RBI	BB	SO	OBP	SLG
vs. Left	.267	135	36	9	0	4	16	17	14	.353	.422	First Pitch	.364	107	39	8	0	14	30	13	0	.430	.832
vs. Right	.322	441	142	28	7	33	79	73	53	.419	.642	Ahead in Count	.379	145	55	13	3	8	27	47	0	.526	.676
Home	.338	296	100	26	3	18	52	41	33	.420	.628	Behind in Count	.232	203	47	9	3	10	23	0	50	.246	.453
Away	.279	280	78	11	4	19	43	49	34	.387	.550	Two Strikes	.230	213	49	12	3	8	24	30	67	.331	.427
Day	.337	163	55	10	2	9	27	30	20	.441	.589	Batting #3	.328	244	80	15	3	15	38	44	29	.433	.598
Night	.298	413	123	27	5	28	68	60	47	.388	.591	Batting #4	.295	332	98	22	4	22	57	46	38	.382	.584
Grass	.306	540	165	35	5	33	86	89	63	.404	.572	Other	.000	0	0	0	0	0	0	0	0	.000	.000
Turf	.361	36	13	2	2	4	9	1	4	.395	.861	April	.250	84	21	5	1	4	12	8	8	.309	.476
Pre-All Star	.335	325	109	27	3	21	55	36	32	.402	.631	May	.362	105	38	9	1	6	9	12	13	.437	.638
Post-All Star	.275	251	69	10	4	16	40	54	35	.406	.538	June	.356	104	37	11	1	8	27	13	7	.424	.712
Inning 1-6	.305	419	128	29	5	23	69	55	45	.387	.563	July	.333	96	32	5	1	7	18	14	11	.420	.625
Inning 7+	.318	157	50	8	2	14	26	35	22	.444	.662	August	.245	94	23	4	2	6	12	16	21	.355	.521
Scoring Posn	.311	135	42	8	3	10	63	41	21	.464	.637	Sept/Oct	.290	93	27	3	1	6	17	27	7	.450	.538
Close & Late	.358	67	24	4	2	6	13	14	9	.471	.746	vs. AL	.333	60	20	4	1	5	14	3	8	.359	.683
None on/out	.363	135	49	12	2	7	7	14	14	.427	.637	vs. NL	.306	516	158	33	6	32	81	87	59	.408	.579

2001 By Position

Position	Avg	AB	H	2B	3B	HR	RBI	BB	SO	OBP	SLG	G	GS	Innings	PO	A	E	DP	Fld Pct	Rng Fctr	In Zone	Outs	Zone Rtg	MLB Zone
As lf	.302	364	110	20	3	23	55	66	43	.411	.563	124	102	918.0	199	6	7	2	.967	2.01	229	195	.852	.880
As cf	.321	212	68	17	4	14	40	24	24	.390	.637	61	57	441.1	108	1	3	0	.973	2.22	127	105	.827	.892

Last Five Years

	Avg	AB	H	2B	3B	HR	RBI	BB	SO	OBP	SLG		Avg	AB	H	2B	3B	HR	RBI	BB	SO	OBP	SLG
vs. Left	.284	571	162	28	4	19	84	95	91	.387	.447	First Pitch	.367	376	138	29	4	32	91	36	0	.421	.721
vs. Right	.304	1812	551	113	16	125	376	340	250	.413	.591	Ahead in Count	.363	623	226	48	7	47	147	242	0	.537	.689
Home	.313	1197	375	79	12	75	241	230	164	.423	.587	Behind in Count	.235	918	216	33	6	38	129	0	268	.214	.408
Away	.285	1186	338	62	8	69	219	205	177	.391	.525	Two Strikes	.227	987	224	42	6	39	144	156	341	.334	.400
Day	.309	724	224	42	5	47	159	148	104	.426	.576	Batting #3	.321	1040	334	67	10	68	211	197	145	.428	.601
Night	.295	1659	489	99	15	97	301	287	237	.398	.548	Batting #4	.298	658	196	44	7	43	129	107	77	.398	.582
Grass	.292	1573	459	93	9	91	286	280	230	.397	.536	Other	.267	685	183	30	3	33	120	131	119	.383	.464
Turf	.314	810	254	48	11	53	174	155	111	.425	.596	March/April	.288	347	100	21	2	25	72	68	60	.400	.576
Pre-All Star	.305	1237	377	84	9	79	243	201	173	.401	.579	May	.299	441	132	29	3	26	80	69	61	.397	.556
Post-All Star	.293	1146	336	57	11	65	217	234	168	.413	.532	June	.315	333	105	24	3	22	71	49	38	.406	.604
Inning 1-6	.304	1656	503	105	16	102	325	286	228	.405	.571	July	.310	416	129	25	2	22	79	77	51	.415	.538
Inning 7+	.289	727	210	36	4	42	135	149	113	.410	.523	August	.284	472	134	25	7	32	92	84	80	.392	.570
Scoring Posn	.301	628	189	38	5	34	308	161	100	.431	.540	Sept/Oct	.302	374	113	17	3	17	66	88	71	.432	.500
Close & Late	.287	345	99	24	2	16	69	75	58	.413	.507	vs. AL	.276	812	224	41	4	41	148	153	137	.390	.488
None on/out	.321	535	172	35	7	36	36	81	69	.416	.615	vs. NL	.311	1571	489	100	16	103	312	282	204	.415	.592

Marcus Giles — Braves   Age 24 – Bats Right

	Avg	G	AB	R	H	2B	3B	HR	RBI	BB	SO	HBP	GDP	SB	CS	OBP	SLG	IBB	SH	SF	#Pit	#P/PA	GB	FB	G/F
2001 Season	.262	68	244	36	64	10	2	9	31	28	37	0	8	2	5	.338	.430	0	1	0	1054	3.86	106	68	1.56

2001 Season

	Avg	AB	H	2B	3B	HR	RBI	BB	SO	OBP	SLG		Avg	AB	H	2B	3B	HR	RBI	BB	SO	OBP	SLG
vs. Left	.286	49	14	2	0	2	8	7	10	.375	.449	Scoring Posn	.352	54	19	3	0	4	24	5	4	.407	.630
vs. Right	.256	195	50	8	2	7	23	21	27	.329	.426	Close & Late	.189	37	7	3	0	1	7	2	7	.231	.351
Home	.280	125	35	5	2	5	20	15	19	.357	.472	None on/out	.283	92	26	4	1	2	2	13	17	.371	.413
Away	.244	119	29	5	0	4	11	13	18	.318	.378	Batting #1	.260	231	60	10	2	8	27	27	36	.337	.424
First Pitch	.313	32	10	2	0	2	6	0	0	.313	.563	Batting #8	.333	6	2	0	0	1	4	1	0	.429	.833
Ahead in Count	.333	45	15	1	0	3	9	10	0	.455	.556	Other	.286	7	2	0	0	0	0	0	1	.286	.286
Behind in Count	.192	125	24	4	2	1	5	0	34	.192	.280	Pre-All Star	.308	13	4	0	0	1	4	1	1	.357	.538
Two Strikes	.223	121	27	6	1	2	14	18	37	.324	.339	Post-All Star	.260	231	60	10	2	8	27	27	36	.337	.424

Bernard Gilkey — Braves
Age 35 – Bats Right (flyball hitter)

	Avg	G	AB	R	H	2B	3B	HR	RBI	BB	SO	HBP	GDP	SB	CS	OBP	SLG	IBB	SH	SF	#Pit	#P/PA	GB	FB	G/F
2001 Season	.274	69	106	8	29	6	0	2	14	11	31	1	4	0	1	.339	.387	0	0	3	505	4.17	24	34	0.71
Last Five Years	.245	493	1357	179	332	74	3	36	179	170	292	17	39	18	17	.331	.383	6	4	24	6046	3.85	431	433	1.00

2001 Season

	Avg	AB	H	2B	3B	HR	RBI	BB	SO	OBP	SLG		Avg	AB	H	2B	3B	HR	RBI	BB	SO	OBP	SLG
vs. Left	.268	56	15	2	0	2	9	8	14	.358	.411	Scoring Posn	.200	25	5	1	0	0	11	3	6	.258	.240
vs. Right	.280	50	14	4	0	0	5	3	17	.315	.360	Close & Late	.167	24	4	2	0	0	2	2	8	.231	.250

Last Five Years

	Avg	AB	H	2B	3B	HR	RBI	BB	SO	OBP	SLG		Avg	AB	H	2B	3B	HR	RBI	BB	SO	OBP	SLG
vs. Left	.256	504	129	33	2	18	81	73	84	.353	.437	First Pitch	.309	194	60	16	0	3	30	6	0	.337	.438
vs. Right	.238	853	203	41	1	18	98	97	208	.318	.352	Ahead in Count	.303	330	100	19	1	20	70	82	0	.436	.548
Home	.242	633	153	31	1	15	82	84	131	.332	.365	Behind in Count	.197	553	109	24	0	7	43	0	225	.207	.278
Away	.247	724	179	43	2	21	97	86	161	.331	.399	Two Strikes	.158	613	97	22	0	8	43	82	292	.263	.233
Day	.252	460	116	27	0	18	75	52	94	.328	.428	Batting #2	.234	256	60	9	0	7	19	27	59	.320	.352
Night	.241	897	216	47	3	18	104	118	198	.333	.360	Batting #5	.252	258	65	16	1	7	40	41	55	.360	.403
Grass	.241	1157	279	57	3	30	149	144	242	.327	.373	Other	.246	843	207	49	2	22	120	102	178	.325	.387
Turf	.265	200	53	17	0	6	30	26	50	.355	.440	March/April	.261	234	61	13	0	8	38	32	46	.351	.419
Pre-All Star	.232	753	175	40	2	20	100	98	167	.322	.371	May	.225	236	53	12	1	6	25	29	53	.315	.360
Post-All Star	.260	604	157	34	1	16	79	72	125	.343	.399	June	.212	222	47	10	1	4	25	31	54	.305	.320
Inning 1-6	.258	861	222	53	3	26	107	112	168	.345	.417	July	.251	235	59	10	1	8	36	29	49	.332	.404
Inning 7+	.222	496	110	21	0	10	72	58	124	.306	.325	August	.242	273	66	14	0	5	25	31	47	.319	.348
Scoring Posn	.254	342	87	18	1	8	138	56	73	.354	.383	Sept/Oct	.293	157	46	15	0	5	30	18	45	.377	.484
Close & Late	.222	239	53	10	0	3	31	37	56	.336	.301	vs. AL	.229	227	52	13	1	6	35	30	47	.323	.374
None on/out	.236	309	73	20	1	8	8	34	76	.312	.385	vs. NL	.248	1130	280	61	2	30	144	140	245	.333	.385

Keith Ginter — Astros
Age 26 – Bats Right

	Avg	G	AB	R	H	2B	3B	HR	RBI	BB	SO	HBP	GDP	SB	CS	OBP	SLG	IBB	SH	SF	#Pit	#P/PA	GB	FB	G/F
2001 Season	.000	1	1	0	0	0	0	0	0	0	0	0	0	0	0	.000	.000	0	0	0	3	3.00	0	1	0.00
Career (2000-2001)	.222	6	9	3	2	0	0	1	3	1	3	0	0	0	0	.273	.556	0	0	1	44	4.00	1	5	0.20

2001 Season

	Avg	AB	H	2B	3B	HR	RBI	BB	SO	OBP	SLG		Avg	AB	H	2B	3B	HR	RBI	BB	SO	OBP	SLG
vs. Left	.000	1	0	0	0	0	0	0	0	.000	.000	Scoring Posn	.000	0	0	0	0	0	0	0	0	.000	.000
vs. Right	.000	0	0	0	0	0	0	0	0	.000	.000	Close & Late	.000	0	0	0	0	0	0	0	0	.000	.000

Matt Ginter — White Sox
Age 24 – Pitches Right (flyball pitcher)

	ERA	W	L	Sv	G	GS	IP	BB	SO	Avg	H	2B	3B	HR	RBI	OBP	SLG	GF	IR	IRS	Hld	SvOp	SB	CS	GB	FB	G/F
2001 Season	5.22	1	0	0	20	0	39.2	14	24	.238	34	7	0	2	21	.329	.329	7	16	7	0	0	2	1	50	49	1.02
Career (2000-2001)	6.80	2	0	0	27	0	49.0	21	30	.278	52	10	0	7	37	.365	.444	10	18	9	0	1	2	1	64	66	0.97

2001 Season

	ERA	W	L	Sv	G	GS	IP	H	HR	BB	SO		Avg	AB	H	2B	3B	HR	RBI	BB	SO	OBP	SLG
Home	4.50	0	0	0	11	0	20.0	18	1	6	11	vs. Left	.215	65	14	4	0	0	9	9	9	.321	.277
Away	5.95	1	0	0	9	0	19.2	16	1	8	13	vs. Right	.256	78	20	3	0	2	12	5	15	.337	.372

Charles Gipson — Mariners
Age 29 – Bats Right (groundball hitter)

	Avg	G	AB	R	H	2B	3B	HR	RBI	BB	SO	HBP	GDP	SB	CS	OBP	SLG	IBB	SH	SF	#Pit	#P/PA	GB	FB	G/F
2001 Season	.219	94	64	16	14	2	2	0	5	4	20	2	2	1	1	.282	.313	0	1	1	231	3.21	32	5	6.40
Career (1998-2001)	.237	252	224	50	53	9	5	0	19	19	51	4	5	8	9	.306	.321	1	3	1	924	3.68	95	38	2.50

2001 Season

	Avg	AB	H	2B	3B	HR	RBI	BB	SO	OBP	SLG		Avg	AB	H	2B	3B	HR	RBI	BB	SO	OBP	SLG
vs. Left	.143	35	5	0	2	0	2	3	11	.225	.257	Scoring Posn	.190	21	4	1	0	0	5	0	9	.182	.238
vs. Right	.310	29	9	2	0	0	3	1	9	.355	.379	Close & Late	.000	3	0	0	0	0	0	0	2	.000	.000

Joe Girardi — Cubs
Age 37 – Bats Right (groundball hitter)

	Avg	G	AB	R	H	2B	3B	HR	RBI	BB	SO	HBP	GDP	SB	CS	OBP	SLG	IBB	SH	SF	#Pit	#P/PA	GB	FB	G/F
2001 Season	.253	78	229	22	58	10	1	3	25	21	50	0	2	0	1	.315	.345	4	2	1	894	3.53	99	48	2.06
Last Five Years	.264	439	1453	161	384	75	8	15	173	103	228	7	55	9	9	.314	.358	9	29	9	5329	3.33	673	293	2.30

2001 Season

	Avg	AB	H	2B	3B	HR	RBI	BB	SO	OBP	SLG		Avg	AB	H	2B	3B	HR	RBI	BB	SO	OBP	SLG
vs. Left	.263	57	15	3	1	1	6	9	10	.358	.404	Scoring Posn	.367	49	18	4	0	0	19	9	11	.458	.449
vs. Right	.250	172	43	7	0	2	19	12	40	.299	.326	Close & Late	.188	48	9	2	0	0	3	4	12	.245	.229
Home	.257	101	26	6	1	1	16	11	25	.327	.366	None on/out	.221	68	15	3	0	1	1	2	17	.243	.309
Away	.250	128	32	4	0	2	9	10	25	.304	.328	Batting #7	.161	31	5	1	0	0	5	4	9	.250	.258
First Pitch	.405	42	17	1	0	0	2	2	0	.432	.429	Batting #8	.287	164	47	8	0	3	20	15	32	.346	.390
Ahead in Count	.310	29	9	1	0	1	8	14	0	.523	.448	Other	.176	34	6	1	0	0	2	9	.222	.206
Behind in Count	.179	112	20	7	1	0	9	0	47	.179	.259	Pre-All Star	.212	132	28	7	0	1	10	13	28	.283	.288
Two Strikes	.126	119	15	5	0	0	9	4	50	.154	.168	Post-All Star	.309	97	30	3	1	2	15	8	22	.358	.423

Last Five Years

	Avg	AB	H	2B	3B	HR	RBI	BB	SO	OBP	SLG		Avg	AB	H	2B	3B	HR	RBI	BB	SO	OBP	SLG
vs. Left	.228	369	84	15	1	3	34	42	51	.306	.298	First Pitch	.343	300	103	18	1	2	35	5	0	.356	.430
vs. Right	.277	1084	300	60	7	12	139	61	177	.317	.378	Ahead in Count	.333	303	101	20	2	7	59	59	0	.440	.482

Last Five Years

	Avg	AB	H	2B	3B	HR	RBI	BB	SO	OBP	SLG		Avg	AB	H	2B	3B	HR	RBI	BB	SO	OBP	SLG
Home	.258	728	188	38	2	8	88	51	121	.306	.349	Behind in Count	.174	593	103	21	5	1	38	0	207	.178	.231
Away	.270	725	196	37	6	7	85	52	107	.322	.367	Two Strikes	.151	581	88	17	2	4	43	38	228	.206	.208
Day	.268	664	178	44	2	4	70	51	120	.321	.358	Batting #8	.288	580	167	29	3	8	70	47	98	.346	.390
Night	.261	789	206	31	6	11	103	52	108	.309	.357	Batting #9	.254	639	162	34	4	6	78	36	92	.292	.347
Grass	.263	1250	329	67	6	13	150	92	191	.316	.358	Other	.235	234	55	12	1	1	25	20	38	.296	.308
Turf	.271	203	55	8	2	2	23	11	37	.304	.360	March/April	.238	231	55	14	0	1	25	19	41	.294	.312
Pre-All Star	.257	810	208	42	2	8	87	64	120	.313	.343	May	.247	235	58	9	1	5	33	10	29	.282	.357
Post-All Star	.274	643	176	33	6	7	86	39	108	.315	.376	June	.270	267	72	14	1	2	25	31	35	.346	.352
Inning 1-6	.267	955	255	44	3	9	129	68	135	.317	.348	July	.257	265	68	8	3	3	30	16	45	.300	.343
Inning 7+	.259	498	129	31	5	6	44	35	93	.309	.378	August	.324	262	85	20	3	3	43	19	32	.370	.458
Scoring Posn	.321	368	118	29	3	1	144	45	55	.389	.424	Sept/Oct	.238	193	46	10	0	1	17	8	46	.267	.306
Close & Late	.244	225	55	12	1	1	15	15	42	.295	.320	vs. AL	.257	809	208	46	5	7	95	45	116	.297	.352
None on/out	.258	349	90	16	3	5	5	15	61	.294	.364	vs. NL	.273	644	176	29	3	8	78	58	112	.336	.365

Doug Glanville — Phillies

Age 31 – Bats Right

	Avg	G	AB	R	H	2B	3B	HR	RBI	BB	SO	HBP	GDP	SB	CS	OBP	SLG	IBB	SH	SF	#Pit	#P/PA	GB	FB	G/F
2001 Season	.262	153	634	74	166	24	3	14	55	19	91	4	7	28	6	.285	.375	1	10	7	2405	3.57	226	193	1.17
Last Five Years	.287	761	3051	449	876	139	27	45	264	164	384	19	43	135	33	.325	.395	4	41	25	11653	3.53	1219	828	1.47

2001 Season

	Avg	AB	H	2B	3B	HR	RBI	BB	SO	OBP	SLG		Avg	AB	H	2B	3B	HR	RBI	BB	SO	OBP	SLG
vs. Left	.290	131	38	6	0	5	14	9	15	.340	.450	First Pitch	.349	63	22	3	0	2	9	1	0	.364	.492
vs. Right	.254	503	128	18	3	9	41	10	76	.270	.356	Ahead in Count	.266	109	29	7	1	5	15	13	0	.336	.486
Home	.284	306	87	14	2	6	28	11	39	.311	.402	Behind in Count	.228	351	80	9	0	2	20	0	83	.232	.271
Away	.241	328	79	10	1	8	27	8	52	.260	.351	Two Strikes	.199	297	59	6	1	4	17	5	91	.219	.266
Day	.250	192	48	7	0	5	20	5	27	.271	.365	Batting #1	.264	409	108	18	2	10	35	13	62	.288	.391
Night	.267	442	118	17	3	9	35	14	64	.290	.380	Batting #2	.271	96	26	2	1	3	9	2	9	.287	.406
Grass	.249	277	69	9	1	7	25	5	42	.263	.365	Other	.248	129	32	4	0	1	11	4	20	.272	.302
Turf	.272	357	97	15	2	7	30	14	49	.301	.384	April	.242	99	24	5	0	3	9	3	17	.269	.384
Pre-All Star	.277	357	99	13	2	11	33	11	54	.300	.417	May	.291	110	32	1	1	7	12	5	19	.319	.509
Post-All Star	.242	277	67	11	1	3	22	8	37	.265	.321	June	.272	114	31	6	1	1	10	3	12	.294	.368
Inning 1-6	.276	439	121	18	3	12	38	16	60	.300	.412	July	.250	108	27	6	0	0	8	3	17	.268	.306
Inning 7+	.231	195	45	6	0	2	17	3	31	.250	.292	August	.269	104	28	5	0	2	9	1	15	.280	.375
Scoring Posn	.244	135	33	6	0	1	40	5	24	.259	.311	Sept/Oct	.242	99	24	1	1	1	7	4	11	.267	.303
Close & Late	.206	102	21	1	0	1	9	1	18	.215	.245	vs. AL	.310	84	26	6	0	0	11	2	9	.333	.381
None on/out	.280	225	63	7	2	9	8	5	21	.299	.436	vs. NL	.255	550	140	18	3	14	44	17	82	.277	.375

2001 By Position

Position	Avg	AB	H	2B	3B	HR	RBI	BB	SO	OBP	SLG	G	GS	Innings	PO	A	E	DP	Fld Pct	Rng Fctr	In Zone	Outs	Zone Rtg	MLB Zone
As cf	.263	630	166	24	3	14	55	19	90	.286	.378	150	147	1310.2	413	8	4	3	.991	2.89	449	398	.886	.892

Last Five Years

	Avg	AB	H	2B	3B	HR	RBI	BB	SO	OBP	SLG		Avg	AB	H	2B	3B	HR	RBI	BB	SO	OBP	SLG
vs. Left	.262	728	191	30	1	13	66	54	77	.316	.360	First Pitch	.366	322	118	19	3	7	50	4	0	.379	.509
vs. Right	.295	2323	685	109	26	32	198	110	307	.328	.406	Ahead in Count	.315	520	164	33	6	17	62	116	0	.438	.500
Home	.295	1504	443	68	20	19	136	100	187	.340	.404	Behind in Count	.250	1584	396	50	12	10	93	0	350	.250	.316
Away	.280	1547	433	71	7	26	128	64	197	.310	.385	Two Strikes	.225	1333	300	39	6	10	73	44	384	.255	.286
Day	.298	991	295	48	6	22	86	62	112	.341	.425	Batting #1	.293	2406	705	116	22	39	204	138	306	.333	.408
Night	.282	2060	581	91	21	23	178	102	272	.317	.380	Batting #2	.271	469	127	17	5	4	40	19	52	.299	.354
Grass	.292	1413	412	64	8	22	124	64	164	.323	.395	Other	.250	176	44	6	0	2	20	7	26	.280	.318
Turf	.283	1638	464	75	19	23	140	100	220	.327	.394	March/April	.268	433	116	19	2	8	47	27	53	.312	.376
Pre-All Star	.295	1619	478	74	15	30	155	95	202	.335	.415	May	.315	511	161	18	8	14	50	37	69	.360	.464
Post-All Star	.278	1432	398	65	12	15	109	69	182	.313	.372	June	.282	510	144	31	4	6	45	26	53	.317	.394
Inning 1-6	.287	2117	608	108	19	34	172	108	248	.322	.404	July	.302	563	170	30	4	6	45	26	71	.336	.401
Inning 7+	.287	934	268	31	8	11	92	56	136	.331	.373	August	.298	537	160	24	2	7	40	30	74	.340	.389
Scoring Posn	.274	628	172	31	2	7	210	45	90	.316	.363	Sept/Oct	.252	497	125	17	7	4	37	18	64	.276	.338
Close & Late	.271	484	131	11	4	4	46	26	86	.310	.335	vs. AL	.331	357	118	27	4	6	39	16	39	.361	.479
None on/out	.296	1164	344	58	9	22	22	47	125	.327	.418	vs. NL	.281	2694	758	112	23	39	225	148	345	.320	.383

Troy Glaus — Angels

Age 25 – Bats Right (flyball hitter)

	Avg	G	AB	R	H	2B	3B	HR	RBI	BB	SO	HBP	GDP	SB	CS	OBP	SLG	IBB	SH	SF	#Pit	#P/PA	GB	FB	G/F
2001 Season	.250	161	588	100	147	38	2	41	108	107	158	6	16	10	3	.367	.531	7	0	7	2853	4.03	157	206	0.76
Career (1998-2001)	.254	522	1867	324	475	113	3	118	312	305	515	14	42	30	15	.361	.508	14	0	13	8981	4.08	475	609	0.78

2001 Season

	Avg	AB	H	2B	3B	HR	RBI	BB	SO	OBP	SLG		Avg	AB	H	2B	3B	HR	RBI	BB	SO	OBP	SLG
vs. Left	.252	151	38	9	2	9	25	41	32	.407	.517	First Pitch	.288	59	17	3	0	3	9	4	0	.348	.492
vs. Right	.249	437	109	29	0	32	83	66	126	.352	.535	Ahead in Count	.388	116	45	10	1	12	33	57	0	.586	.802
Home	.253	281	71	15	1	22	62	59	74	.379	.548	Behind in Count	.191	288	55	19	0	14	41	0	122	.197	.403
Away	.248	307	76	21	1	19	46	48	84	.356	.515	Two Strikes	.168	303	51	15	0	15	40	46	158	.279	.373
Day	.228	162	37	12	1	10	31	25	45	.333	.500	Batting #3	.246	195	48	16	1	17	40	40	60	.372	.600
Night	.258	426	110	26	1	31	77	82	113	.380	.542	Batting #4	.222	243	54	11	1	14	40	44	67	.344	.449
Grass	.250	540	135	35	2	39	102	103	145	.371	.539	Other	.300	150	45	11	0	10	28	23	31	.399	.573
Turf	.250	48	12	3	0	2	6	4	13	.321	.438	April	.228	92	21	4	0	6	14	12	25	.318	.467
Pre-All Star	.247	320	79	21	0	22	54	55	78	.359	.519	May	.333	105	35	13	0	8	24	17	22	.427	.686
Post-All Star	.254	268	68	17	2	19	54	52	80	.377	.545	June	.189	90	17	4	0	7	14	23	19	.351	.467

150

2001 Season

	Avg	AB	H	2B	3B	HR	RBI	BB	SO	OBP	SLG		Avg	AB	H	2B	3B	HR	RBI	BB	SO	OBP	SLG
Inning 1-6	.253	407	103	31	1	29	78	71	109	.366	.548	July	.221	104	23	3	0	6	18	15	35	.322	.423
Inning 7+	.243	181	44	7	1	12	30	36	49	.369	.492	August	.194	108	21	7	1	8	14	15	34	.296	.500
Scoring Posn	.253	158	40	12	1	10	62	43	49	.405	.532	Sept/Oct	.337	89	30	7	1	6	24	25	23	.478	.640
Close & Late	.234	94	22	4	0	6	16	20	30	.365	.468	vs. AL	.263	525	138	36	2	40	104	90	139	.372	.568
None on/out	.228	123	28	9	0	5	5	14	31	.317	.423	vs. NL	.143	63	9	2	0	1	4	17	19	.329	.222

2001 By Position

Position	Avg	AB	H	2B	3B	HR	RBI	BB	SO	OBP	SLG	G	GS	Innings	PO	A	E	DP	Fld Pct	Rng Fctr	In Zone	Zone Outs	Zone Rtg	MLB Zone
As 3b	.252	580	146	38	2	41	107	105	157	.368	.536	159	158	1391.2	103	286	19	21	.953	2.52	414	307	.742	.761

Career (1998-2001)

	Avg	AB	H	2B	3B	HR	RBI	BB	SO	OBP	SLG		Avg	AB	H	2B	3B	HR	RBI	BB	SO	OBP	SLG
vs. Left	.280	429	120	35	2	31	78	98	95	.412	.587	First Pitch	.316	193	61	7	0	15	43	10	0	.357	.585
vs. Right	.247	1438	355	78	1	87	234	207	420	.345	.484	Ahead in Count	.366	369	135	32	1	35	93	155	0	.553	.743
Home	.251	883	222	52	1	58	168	151	238	.361	.510	Behind in Count	.197	921	181	51	1	41	105	0	414	.201	.388
Away	.257	984	253	61	2	60	144	154	277	.361	.506	Two Strikes	.173	1009	175	49	2	40	107	140	515	.275	.345
Day	.234	521	122	26	2	33	86	76	155	.335	.482	Batting #5	.248	327	81	18	1	20	50	51	84	.354	.492
Night	.262	1346	353	87	1	85	226	229	360	.371	.518	Batting #6	.263	737	194	50	0	49	115	120	202	.370	.531
Grass	.253	1660	420	100	3	109	290	287	454	.365	.514	Other	.249	803	200	45	2	49	147	134	229	.356	.493
Turf	.266	207	55	13	0	9	22	18	61	.327	.459	March/April	.295	268	79	27	0	18	49	40	68	.392	.597
Pre-All Star	.258	916	236	62	0	62	154	141	242	.360	.528	May	.271	288	78	22	0	18	43	47	80	.374	.525
Post-All Star	.251	951	239	51	3	56	158	164	273	.362	.488	June	.223	265	59	11	0	19	43	39	67	.324	.479
Inning 1-6	.257	1263	324	78	1	82	221	214	333	.366	.515	July	.220	291	64	9	1	20	48	45	87	.328	.464
Inning 7+	.250	604	151	35	2	36	91	91	182	.350	.493	August	.246	402	99	23	1	23	67	62	114	.346	.480
Scoring Posn	.259	487	126	38	1	30	194	105	166	.388	.505	Sept/Oct	.272	353	96	21	1	20	62	72	99	.393	.507
Close & Late	.250	304	76	18	1	16	42	45	103	.347	.474	vs. AL	.255	1674	427	106	2	104	277	269	462	.360	.507
None on/out	.233	443	103	26	0	28	28	55	112	.323	.481	vs. NL	.249	193	48	7	1	14	35	36	53	.369	.513

Tom Glavine — Braves

Age 36 – Pitches Left (groundball pitcher)

	ERA	W	L	Sv	G	GS	IP	BB	SO	Avg	H	2B	3B	HR	RBI	OBP	SLG	CG	ShO	Sup	QS	#P/S	SB	CS	GB	FB	G/F
2001 Season	3.57	16	7	0	35	35	219.1	97	116	.261	213	32	1	24	81	.338	.390	1	1	4.88	21	97	10	11	306	265	1.15
Last Five Years	3.30	85	40	0	171	171	1163.2	398	715	.251	1093	166	12	99	410	.314	.363	16	8	5.17	118	96	51	38	1737	1154	1.51

2001 Season

	ERA	W	L	Sv	G	GS	IP	H	HR	BB	SO		Avg	AB	H	2B	3B	HR	RBI	BB	SO	OBP	SLG
Home	3.46	6	3	0	16	16	104.0	97	9	44	56	vs. Left	.253	182	46	12	0	5	20	14	27	.303	.401
Away	3.67	10	4	0	19	19	115.1	116	15	53	60	vs. Right	.263	635	167	20	1	19	61	83	89	.347	.385
Day	3.69	5	2	0	12	12	75.2	68	13	30	42	Inning 1-6	.249	726	181	30	1	22	75	88	105	.329	.384
Night	3.51	11	5	0	23	23	143.2	145	11	67	74	Inning 7+	.352	91	32	2	0	2	6	9	11	.406	.440
Grass	3.58	14	6	0	31	31	193.1	189	23	81	103	None on/out	.277	491	136	19	0	17	17	46	77	.340	.420
Turf	3.46	2	1	0	4	4	26.0	24	1	16	13	Runners on	.236	326	77	13	1	7	64	51	39	.334	.347
April	3.49	4	1	0	6	6	38.2	31	4	24	24	Scoring Posn	.216	171	37	5	1	4	55	35	23	.340	.327
May	5.34	1	2	0	5	5	30.1	32	6	11	20	Close & Late	.358	53	19	0	0	2	6	7	5	.426	.472
June	5.88	1	2	0	6	6	33.2	47	6	23	18	None on/out	.266	214	57	10	0	5	5	20	29	.332	.383
July	1.91	4	0	0	6	6	37.2	30	1	12	12	vs. 1st Batr (relief)	.000	0	0	0	0	0	0	0	0	.000	.000
August	3.15	2	2	0	6	6	40.0	37	3	13	18	1st Inning Pitched	.242	128	31	5	1	4	14	17	13	.329	.391
Sept/Oct	2.31	4	0	0	6	6	39.0	36	4	14	20	First 75 Pitches	.253	604	153	26	1	19	59	64	88	.322	.394
Starter	3.57	16	7	0	35	35	219.1	213	24	97	116	Pitch 76-90	.277	101	28	3	0	1	11	16	15	.381	.337
Reliever	0.00	0	0	0	0	0	0.0	0	0	0	0	Pitch 91-105	.279	86	24	3	0	3	7	13	7	.370	.419
0-3 Days Rest (Start)	0.00	0	0	0	0	0	0.0	0	0	0	0	Pitch 106+	.308	26	8	0	0	1	4	6	4	.400	.423
4 Days Rest	3.23	15	5	0	26	26	161.2	155	17	68	88	First Pitch	.423	123	52	12	0	5	16	8	0	.451	.642
5+ Days Rest	4.53	1	2	0	9	9	57.2	58	7	29	28	Ahead in Count	.197	319	63	7	1	4	23	0	102	.198	.263
vs. AL	3.91	2	2	0	4	4	23.0	19	3	15	15	Behind in Count	.285	228	65	7	0	12	29	52	0	.418	.474
vs. NL	3.53	14	5	0	31	31	196.1	194	21	82	101	Two Strikes	.178	337	60	9	1	3	23	37	116	.257	.237
Pre-All Star	4.55	7	5	0	19	19	112.2	116	16	60	69	Pre-All Star	.273	425	116	18	0	16	52	60	69	.360	.428
Post-All Star	2.53	9	2	0	16	16	106.2	97	8	37	47	Post-All Star	.247	392	97	14	1	8	29	37	47	.313	.349

Last Five Years

	ERA	W	L	Sv	G	GS	IP	H	HR	BB	SO		Avg	AB	H	2B	3B	HR	RBI	BB	SO	OBP	SLG
Home	3.13	39	16	0	82	82	558.2	520	40	199	344	vs. Left	.249	963	240	38	3	21	89	65	146	.299	.360
Away	3.47	46	24	0	89	89	605.0	573	59	199	371	vs. Right	.252	3387	853	128	9	78	321	333	569	.319	.364
Day	3.17	25	10	0	54	54	368.2	328	37	106	223	Inning 1-6	.252	3692	930	150	10	87	373	352	609	.317	.369
Night	3.36	60	30	0	117	117	795.0	765	62	292	492	Inning 7+	.248	658	163	16	2	12	37	46	106	.298	.333
Grass	3.32	71	33	0	143	143	971.0	919	83	333	598	None on	.259	2618	679	112	5	64	64	182	413	.308	.379
Turf	3.22	14	7	0	28	28	192.2	174	16	65	117	Runners on	.239	1732	414	54	7	35	346	216	302	.322	.339
March/April	2.57	18	4	0	28	28	196.1	162	12	64	124	Scoring Posn	.241	909	219	26	5	15	289	154	174	.345	.330
May	4.42	9	11	0	27	27	175.0	177	22	66	124	Close & Late	.246	346	85	8	0	6	26	27	65	.303	.321
June	3.90	11	9	0	29	29	196.1	204	18	85	115	None on/out	.270	1145	309	54	0	27	27	79	159	.319	.388
July	3.26	14	5	0	29	29	199.0	201	9	54	105	vs. 1st Batr (relief)	.000	0	0	0	0	0	0	0	0	.000	.000
August	3.43	15	6	0	30	30	207.1	179	20	79	119	1st Inning Pitched	.264	648	171	27	1	15	76	77	91	.344	.378
Sept/Oct	2.33	14	6	0	28	28	189.2	176	16	50	128	First 75 Pitches	.252	744	128	8	72	286	258	490	.313	.374
Starter	3.30	85	40	0	171	171	1163.2	1093	99	398	715	Pitch 76-90	.260	577	150	13	2	12	58	64	96	.332	.352
Reliever	0.00	0	0	0	0	0	0.0	0	0	0	0	Pitch 91-105	.236	499	118	14	1	9	33	49	76	.307	.323
0-3 Days Rest (Start)	1.00	0	0	0	1	1	9.0	6	1	7	6	Pitch 106+	.251	323	81	1	1	6	33	27	53	.309	.347
4 Days Rest	3.12	69	25	0	124	124	844.0	792	71	283	517	First Pitch	.352	593	209	36	3	17	66	19	0	.368	.509
5+ Days Rest	3.85	16	15	0	46	46	310.2	295	27	114	192	Ahead in Count	.171	1777	304	39	2	17	98	0	601	.176	.224

Gary Glover — White Sox
Age 25 – Pitches Right

Last Five Years

	ERA	W	L	Sv	G	GS	IP	H	HR	BB	SO		Avg	AB	H	2B	3B	HR	RBI	BB	SO	OBP	SLG
vs. AL	3.12	8	4	0	19	19	132.2	123	11	53	73	Behind in Count	.315	1069	337	45	5	43	149	212	0	.426	.487
vs. NL	3.33	77	36	0	152	152	1031.0	970	88	345	642	Two Strikes	.166	1913	318	53	3	27	123	167	715	.235	.239
Pre-All Star	3.49	44	25	0	93	93	632.1	603	56	229	391	Pre-All Star	.256	2359	603	92	5	56	232	229	391	.322	.370
Post-All Star	3.08	41	15	0	78	78	531.1	490	43	169	324	Post-All Star	.246	1991	490	74	7	43	178	169	324	.305	.355

	ERA	W	L	Sv	G	GS	IP	BB	SO	Avg	H	2B	3B	HR	RBI	OBP	SLG	GF	IR	IRS	Hld	SvOp	SB	CS	GB	FB	G/F
2001 Season	4.93	5	5	0	46	11	100.1	32	63	.252	98	19	2	16	63	.314	.434	10	33	11	7	1	4	3	136	118	1.15
Career (1999-2001)	4.88	5	5	0	47	11	101.1	33	63	.251	98	19	2	16	63	.314	.432	11	33	11	7	1	4	3	136	120	1.13

2001 Season

	ERA	W	L	Sv	G	GS	IP	H	HR	BB	SO		Avg	AB	H	2B	3B	HR	RBI	BB	SO	OBP	SLG
Home	5.08	2	4	0	23	4	51.1	48	10	13	27	vs. Left	.237	207	49	8	1	7	26	20	34	.310	.386
Away	4.78	3	1	0	23	7	49.0	50	6	19	36	vs. Right	.269	182	49	11	1	9	37	12	29	.318	.489
Starter	5.21	2	4	0	11	11	57.0	56	11	16	37	Scoring Posn	.312	93	29	2	0	5	48	12	14	.394	.495
Reliever	4.57	3	1	0	35	0	43.1	42	5	16	26	Close & Late	.235	81	19	3	0	3	12	2	11	.250	.383
0 Days Rest (Relief)	3.86	0	0	0	2	0	2.1	1	1	2	0	None on/out	.276	98	27	7	2	5	5	5	15	.311	.541
1 or 2 Days Rest	3.50	3	1	0	28	0	36.0	32	3	8	21	First Pitch	.319	47	15	2	0	4	13	1	0	.327	.617
3+ Days Rest	12.60	0	0	0	5	0	5.0	9	1	6	5	Ahead in Count	.205	195	40	9	1	5	20	0	54	.217	.338
Pre-All Star	6.67	3	1	0	24	0	27.0	32	3	14	22	Behind in Count	.307	75	23	3	1	5	22	18	0	.442	.573
Post-All Star	4.30	2	4	0	22	11	73.1	66	13	18	41	Two Strikes	.192	198	38	8	1	3	16	13	63	.249	.288

Ryan Glynn — Rangers
Age 27 – Pitches Right

	ERA	W	L	Sv	G	GS	IP	BB	SO	Avg	H	2B	3B	HR	RBI	OBP	SLG	CG	ShO	Sup	QS	#P/S	SB	CS	GB	FB	G/F
2001 Season	7.04	1	5	0	12	9	46.0	26	15	.309	59	11	2	7	34	.388	.497	0	0	3.52	2	79	2	1	63	65	0.97
Career (1999-2001)	6.42	8	16	0	41	35	189.1	102	87	.303	237	42	6	32	134	.385	.496	0	0	5.04	10	89	3	4	279	243	1.15

2001 Season

	ERA	W	L	Sv	G	GS	IP	H	HR	BB	SO		Avg	AB	H	2B	3B	HR	RBI	BB	SO	OBP	SLG
Home	6.08	1	2	0	6	5	23.2	29	5	10	8	vs. Left	.360	89	32	7	2	1	16	18	6	.463	.517
Away	8.06	0	3	0	6	4	22.1	30	2	16	7	vs. Right	.265	102	27	4	0	6	18	8	9	.315	.480

Wayne Gomes — Giants
Age 29 – Pitches Right (groundball pitcher)

	ERA	W	L	Sv	G	GS	IP	BB	SO	Avg	H	2B	3B	HR	RBI	OBP	SLG	GF	IR	IRS	Hld	SvOp	SB	CS	GB	FB	G/F
2001 Season	5.29	6	3	1	55	0	63.0	29	52	.294	72	13	4	7	39	.366	.465	16	27	11	10	5	3	1	85	68	1.25
Career (1997-2001)	4.60	29	21	28	301	0	346.2	179	269	.267	353	59	8	31	179	.356	.394	129	134	39	39	49	34	7	569	299	1.90

2001 Season

	ERA	W	L	Sv	G	GS	IP	H	HR	BB	SO		Avg	AB	H	2B	3B	HR	RBI	BB	SO	OBP	SLG
Home	5.61	4	2	1	31	0	33.2	43	4	14	28	vs. Left	.319	91	29	3	3	5	26	14	13	.398	.582
Away	4.91	2	1	0	24	0	29.1	29	3	15	24	vs. Right	.279	154	43	10	1	2	13	15	39	.345	.396
Starter	0.00	0	0	0	0	0	0.0	0	0	0	0	Scoring Posn	.250	72	18	3	2	1	27	13	21	.348	.389
Reliever	5.29	6	3	1	55	0	63.0	72	7	29	52	Close & Late	.298	104	31	7	1	2	17	11	17	.356	.442
0 Days Rest (Relief)	2.61	1	1	1	10	0	10.1	13	1	3	5	None on/out	.271	59	16	2	1	1	1	6	10	.338	.390
1 or 2 Days Rest	5.91	2	2	0	27	0	32.0	37	3	22	27	First Pitch	.308	39	12	2	2	0	4	6	0	.391	.462
3+ Days Rest	5.66	3	0	0	18	0	20.2	22	3	4	20	Ahead in Count	.233	116	27	7	2	4	18	0	41	.235	.431
Pre-All Star	3.76	4	2	1	35	0	40.2	41	2	20	33	Behind in Count	.383	47	18	2	0	1	7	13	0	.508	.489
Post-All Star	8.06	2	1	0	20	0	22.1	31	5	9	19	Two Strikes	.150	107	16	5	1	2	11	10	52	.220	.271

Career (1997-2001)

	ERA	W	L	Sv	G	GS	IP	H	HR	BB	SO		Avg	AB	H	2B	3B	HR	RBI	BB	SO	OBP	SLG
Home	4.61	17	12	14	160	0	183.1	192	18	85	151	vs. Left	.287	527	151	22	5	11	88	82	82	.384	.410
Away	4.57	12	9	14	141	0	163.1	161	13	94	118	vs. Right	.254	796	202	37	3	20	91	97	187	.336	.383
Day	3.84	8	4	8	93	0	105.1	96	6	52	92	Inning 1-6	.277	159	44	5	3	4	33	22	34	.366	.421
Night	4.92	21	17	20	208	0	241.1	257	25	127	177	Inning 7+	.265	1164	309	54	5	27	146	157	235	.354	.390
Grass	4.70	9	7	12	119	0	134.0	133	11	75	109	None on	.274	656	180	29	2	17	17	75	129	.353	.402
Turf	4.53	20	14	16	182	0	212.2	220	20	104	160	Runners on	.259	667	173	30	6	14	162	104	140	.358	.385
March/April	3.00	4	2	6	48	0	60.0	50	5	22	46	Scoring Posn	.231	424	98	19	4	6	140	78	93	.349	.337
May	4.25	6	4	5	52	0	59.1	59	7	25	45	Close & Late	.268	641	172	27	1	14	85	91	129	.361	.379
June	3.54	6	4	7	56	0	61.0	68	2	31	51	None on/out	.315	295	93	18	2	7	7	43	47	.404	.471
July	3.84	6	1	5	47	0	58.2	51	5	24	43	vs. 1st Batr (relief)	.281	260	73	13	1	7	24	37	45	.368	.419
August	7.50	3	7	4	50	0	60.0	70	6	46	44	1st Inning Pitched	.260	1023	266	44	7	22	141	144	198	.351	.381
Sept/Oct	5.66	4	3	1	48	0	47.2	55	6	31	40	First 15 Pitches	.258	856	221	37	5	21	97	103	152	.337	.387
Starter	0.00	0	0	0	0	0	0.0	0	0	0	0	Pitch 16-30	.289	401	116	18	3	8	69	65	98	.391	.409
Reliever	4.60	29	21	28	301	0	346.2	353	31	179	269	Pitch 31-45	.258	62	16	4	0	2	13	11	18	.385	.419
0 Days Rest (Relief)	3.09	13	7	14	87	0	99.0	88	3	49	80	Pitch 46+	.000	4	0	0	0	0	0	0	1	.000	.000
1 or 2 Days Rest	5.94	11	5	10	138	0	157.2	174	17	91	125	First Pitch	.343	175	60	11	3	6	35	14	0	.387	.543
3+ Days Rest	3.90	5	1	4	76	0	90.0	91	11	35	64	Ahead in Count	.235	612	144	31	3	11	57	0	217	.238	.350
vs. AL	5.04	3	2	1	30	0	30.1	36	3	16	25	Behind in Count	.315	311	98	13	1	10	58	104	0	.486	.460
vs. NL	4.55	26	19	27	271	0	316.1	317	28	163	244	Two Strikes	.189	588	111	25	3	5	44	61	269	.266	.267
Pre-All Star	3.55	18	10	20	172	0	198.0	190	15	82	153	Pre-All Star	.255	745	190	30	4	15	90	82	153	.329	.366
Post-All Star	5.99	11	11	8	129	0	148.2	163	16	97	116	Post-All Star	.282	578	163	29	4	16	89	97	116	.388	.429

Chris Gomez — Devil Rays
Age 31 – Bats Right

	Avg	G	AB	R	H	2B	3B	HR	RBI	BB	SO	HBP	GDP	SB	CS	OBP	SLG	IBB	SH	SF	#Pit	#P/PA	GB	FB	G/F
2001 Season	.259	98	301	37	78	19	0	8	43	17	38	2	9	4	0	.298	.402	0	6	5	1188	3.59	108	103	1.05
Last Five Years	.257	502	1560	178	401	78	6	18	154	155	293	13	43	11	3	.327	.349	11	19	13	6615	3.75	553	389	1.42

2001 Season

	Avg	AB	H	2B	3B	HR	RBI	BB	SO	OBP	SLG		Avg	AB	H	2B	3B	HR	RBI	BB	SO	OBP	SLG
vs. Left	.243	74	18	5	0	1	5	3	10	.273	.351	First Pitch	.209	43	9	4	0	2	9	0	0	.222	.442
vs. Right	.264	227	60	14	0	7	38	14	28	.306	.419	Ahead in Count	.328	58	19	2	0	3	11	8	0	.403	.517
Home	.267	146	39	12	0	5	22	11	15	.319	.452	Behind in Count	.237	135	32	5	0	1	15	0	33	.234	.296
Away	.252	155	39	7	0	3	21	6	23	.279	.355	Two Strikes	.197	137	27	5	0	0	9	9	38	.243	.234
Day	.265	113	30	9	0	2	12	5	12	.292	.398	Batting #8	.225	142	32	8	0	1	13	12	16	.285	.303
Night	.255	188	48	10	0	6	31	12	26	.302	.404	Batting #9	.286	105	30	9	0	3	17	2	14	.306	.457
Grass	.227	176	40	7	0	3	18	10	25	.262	.318	Other	.296	54	16	2	0	4	13	3	8	.322	.556
Turf	.304	125	38	12	0	5	25	7	13	.351	.520	April	.111	36	4	1	0	0	3	5	8	.209	.139
Pre-All Star	.188	112	21	3	0	0	7	9	14	.244	.214	May	.306	36	11	1	0	0	3	2	2	.342	.333
Post-All Star	.302	189	57	16	0	8	36	8	24	.332	.513	June	.150	40	6	1	0	0	1	2	4	.190	.175
Inning 1-6	.262	195	51	12	0	4	31	13	21	.308	.375	July	.318	22	7	1	0	3	7	0	5	.292	.773
Inning 7+	.255	106	27	7	0	4	12	4	17	.279	.434	August	.306	85	26	5	0	4	15	5	6	.348	.506
Scoring Posn	.225	71	16	4	0	3	34	6	8	.277	.408	Sept/Oct	.293	82	24	10	0	1	14	3	13	.318	.451
Close & Late	.302	53	16	2	0	2	9	1	9	.309	.453	vs. AL	.288	208	60	16	0	8	36	10	25	.333	.481
None on/out	.306	72	22	5	0	1	1	2	6	.324	.417	vs. NL	.194	93	18	3	0	0	7	7	13	.245	.226

2001 By Position

Position	Avg	AB	H	2B	3B	HR	RBI	BB	SO	OBP	SLG	G	GS	Innings	PO	A	E	DP	Fld Pct	Rng Fctr	In Zone	Zone Outs	Zone Rtg	MLB Zone
As ss	.259	282	73	19	0	8	41	16	36	.298	.411	94	83	731.1	111	189	13	43	.958	3.69	226	182	.805	.839

Last Five Years

	Avg	AB	H	2B	3B	HR	RBI	BB	SO	OBP	SLG		Avg	AB	H	2B	3B	HR	RBI	BB	SO	OBP	SLG
vs. Left	.277	393	109	21	1	4	40	48	65	.358	.366	First Pitch	.306	216	66	12	2	2	31	8	0	.335	.407
vs. Right	.250	1167	292	57	5	14	114	107	228	.316	.344	Ahead in Count	.324	373	121	22	0	8	51	74	0	.432	.448
Home	.266	766	204	40	1	11	73	74	141	.333	.364	Behind in Count	.187	679	127	19	2	3	40	0	244	.196	.234
Away	.248	794	197	38	5	7	81	81	152	.321	.335	Two Strikes	.187	713	133	27	3	4	47	73	293	.265	.245
Day	.268	500	134	26	1	5	41	43	92	.326	.354	Batting #7	.256	344	88	11	1	7	45	30	72	.324	.355
Night	.252	1060	267	52	5	13	113	112	201	.327	.347	Batting #8	.254	970	246	48	5	8	81	105	182	.328	.338
Grass	.256	1248	320	57	6	13	114	125	239	.325	.343	Other	.272	246	67	19	0	3	28	20	39	.328	.386
Turf	.260	312	81	21	0	5	40	30	54	.334	.375	March/April	.226	261	59	13	0	2	22	29	67	.299	.299
Pre-All Star	.241	842	203	37	3	7	73	83	165	.315	.317	May	.253	296	75	13	1	1	19	28	50	.322	.314
Post-All Star	.276	718	198	41	3	11	81	72	128	.341	.387	June	.240	250	60	9	2	3	27	19	42	.304	.328
Inning 1-6	.256	1046	268	54	2	14	112	95	193	.320	.352	July	.256	180	46	8	1	4	25	20	40	.349	.378
Inning 7+	.259	514	133	24	4	4	42	60	100	.340	.344	August	.276	326	90	16	1	6	35	33	53	.343	.387
Scoring Posn	.219	374	82	14	3	4	124	68	86	.334	.305	Sept/Oct	.287	247	71	19	1	2	26	20	41	.340	.397
Close & Late	.271	247	67	11	3	2	26	29	54	.346	.364	vs. AL	.268	310	83	19	1	9	47	21	42	.319	.423
None on/out	.277	408	113	22	1	4	4	26	61	.323	.365	vs. NL	.254	1250	318	59	5	9	107	134	251	.329	.331

Alex Gonzalez — Marlins
Age 25 – Bats Right (flyball hitter)

	Avg	G	AB	R	H	2B	3B	HR	RBI	BB	SO	HBP	GDP	SB	CS	OBP	SLG	IBB	SH	SF	#Pit	#P/PA	GB	FB	G/F
2001 Season	.250	145	515	57	129	36	1	9	48	30	107	10	13	2	2	.303	.377	6	3	1	1922	3.43	150	173	0.87
Career (1998-2001)	.242	415	1546	184	374	83	13	33	156	67	327	25	35	12	8	.283	.376	6	11	8	5774	3.48	460	504	0.91

2001 Season

	Avg	AB	H	2B	3B	HR	RBI	BB	SO	OBP	SLG		Avg	AB	H	2B	3B	HR	RBI	BB	SO	OBP	SLG
vs. Left	.235	115	27	9	0	2	11	5	24	.267	.365	First Pitch	.355	93	33	8	0	1	10	4	0	.423	.473
vs. Right	.255	400	102	27	1	7	37	25	83	.313	.380	Ahead in Count	.297	64	19	5	1	3	7	12	0	.408	.547
Home	.231	234	54	12	1	5	21	14	51	.296	.355	Behind in Count	.200	290	58	15	0	4	25	0	94	.207	.293
Away	.267	281	75	24	0	4	27	16	56	.309	.395	Two Strikes	.179	252	45	10	0	4	17	13	107	.218	.266
Day	.208	125	26	11	0	1	13	7	23	.263	.320	Batting #2	.280	125	35	9	0	1	14	2	28	.321	.376
Night	.264	390	103	25	1	8	35	23	84	.316	.395	Batting #8	.236	348	82	21	1	8	28	28	74	.297	.371
Grass	.234	431	101	25	1	8	39	26	95	.291	.353	Other	.286	42	12	6	0	0	6	0	5	.302	.429
Turf	.333	84	28	11	0	1	9	4	12	.364	.500	April	.307	75	23	8	0	1	5	12	9	.409	.453
Pre-All Star	.246	289	71	21	1	4	26	23	58	.314	.367	May	.207	92	19	4	0	2	7	9	23	.284	.315
Post-All Star	.257	226	58	15	0	5	22	7	49	.288	.389	June	.232	99	23	7	1	1	13	2	23	.276	.354
Inning 1-6	.238	332	79	24	1	5	34	23	63	.296	.361	July	.325	83	27	5	0	3	13	1	16	.341	.494
Inning 7+	.273	183	50	12	0	4	14	7	44	.316	.404	August	.225	102	23	9	0	1	6	3	23	.250	.343
Scoring Posn	.290	107	31	13	1	2	40	15	25	.383	.486	Sept/Oct	.219	64	14	3	0	1	4	3	13	.250	.313
Close & Late	.209	86	18	4	0	1	8	3	25	.266	.291	vs. AL	.343	70	24	8	1	3	19	1	11	.370	.614
None on/out	.257	109	28	11	0	3	3	4	19	.289	.440	vs. NL	.236	445	105	28	0	6	29	29	96	.293	.339

2001 By Position

Position	Avg	AB	H	2B	3B	HR	RBI	BB	SO	OBP	SLG	G	GS	Innings	PO	A	E	DP	Fld Pct	Rng Fctr	In Zone	Zone Outs	Zone Rtg	MLB Zone
As ss	.251	513	129	36	1	9	48	30	105	.304	.378	142	139	1220.1	219	396	26	101	.959	4.54	433	368	.850	.839

Career (1998-2001)

	Avg	AB	H	2B	3B	HR	RBI	BB	SO	OBP	SLG		Avg	AB	H	2B	3B	HR	RBI	BB	SO	OBP	SLG
vs. Left	.231	350	81	22	1	8	35	15	86	.264	.369	First Pitch	.319	235	75	12	1	5	30	4	0	.361	.443
vs. Right	.245	1196	293	61	12	25	121	52	241	.289	.377	Ahead in Count	.356	284	84	23	7	12	35	32	0	.431	.665
Home	.223	746	166	33	8	18	75	34	151	.270	.361	Behind in Count	.179	858	154	31	2	13	66	0	299	.187	.266
Away	.260	800	208	50	5	15	81	33	176	.296	.391	Two Strikes	.156	765	119	20	1	10	49	30	327	.190	.224

153

	Avg	AB	H	2B	3B	HR	RBI	BB	SO	OBP	SLG		Avg	AB	H	2B	3B	HR	RBI	BB	SO	OBP	SLG
												Career (1998-2001)											
Day	.229	397	91	21	3	7	40	16	94	.267	.350	Batting #2	.258	841	217	45	10	18	89	32	173	.298	.400
Night	.246	1149	283	62	10	26	116	51	233	.289	.386	Batting #8	.228	412	94	24	2	9	32	32	93	.287	.362
Grass	.238	1296	308	63	11	28	124	56	275	.279	.368	Other	.215	293	63	14	1	6	35	3	61	.233	.331
Turf	.264	250	66	20	2	5	32	11	52	.303	.420	March/April	.245	261	64	16	4	3	21	24	33	.313	.372
Pre-All Star	.244	890	217	51	10	17	92	43	174	.290	.381	May	.225	307	69	15	0	7	22	11	72	.259	.342
Post-All Star	.239	656	157	32	3	16	64	24	153	.273	.370	June	.262	248	65	16	5	6	42	8	51	.309	.440
Inning 1-6	.238	1040	248	55	6	21	107	52	206	.282	.363	July	.273	242	66	12	3	5	32	2	52	.287	.409
Inning 7+	.249	506	126	28	7	12	49	15	121	.285	.403	August	.232	190	44	12	0	4	16	9	45	.275	.358
Scoring Posn	.263	357	94	22	4	10	125	32	84	.331	.431	Sept/Oct	.221	298	66	12	1	8	23	13	74	.255	.349
Close & Late	.216	227	49	9	3	4	22	6	61	.262	.335	vs. AL	.277	184	51	16	2	3	31	6	31	.311	.435
None on/out	.233	317	74	19	2	8	8	9	58	.259	.382	vs. NL	.237	1362	323	67	11	30	125	61	296	.279	.369

Alex Gonzalez — Blue Jays   Age 29 – Bats Right

	Avg	G	AB	R	H	2B	3B	HR	RBI	BB	SO	HBP	GDP	SB	CS	OBP	SLG	IBB	SH	SF	#Pit	#P/PA	GB	FB	G/F
2001 Season	.253	154	636	79	161	25	5	17	76	43	149	7	16	18	11	.303	.388	0	7	10	2657	3.78	228	150	1.52
Last Five Years	.250	617	2311	285	577	120	10	59	243	164	500	25	56	62	29	.304	.387	2	47	16	9375	3.66	824	601	1.37

2001 Season

	Avg	AB	H	2B	3B	HR	RBI	BB	SO	OBP	SLG		Avg	AB	H	2B	3B	HR	RBI	BB	SO	OBP	SLG
vs. Left	.336	122	41	5	0	4	13	11	18	.396	.475	First Pitch	.341	88	30	6	0	2	10	0	0	.348	.477
vs. Right	.233	514	120	20	5	13	63	32	131	.281	.368	Ahead in Count	.317	123	39	3	2	7	28	20	0	.408	.545
Home	.266	319	85	9	3	9	44	22	80	.320	.398	Behind in Count	.212	297	63	13	3	3	22	0	122	.220	.306
Away	.240	317	76	16	2	8	32	21	69	.286	.379	Two Strikes	.199	322	64	11	2	7	27	23	149	.258	.311
Day	.197	218	43	7	3	4	19	15	63	.252	.312	Batting #2	.254	568	144	23	3	17	71	40	129	.306	.394
Night	.282	418	118	18	2	13	57	28	86	.330	.428	Batting #6	.208	48	10	1	2	0	3	2	14	.240	.313
Grass	.235	234	55	11	1	7	23	17	52	.285	.380	Other	.350	20	7	1	0	0	2	1	6	.364	.400
Turf	.264	402	106	14	4	10	53	26	97	.314	.393	April	.267	101	27	5	0	1	12	7	19	.319	.347
Pre-All Star	.253	348	88	16	2	7	47	19	80	.296	.371	May	.229	118	27	5	1	5	19	7	25	.268	.398
Post-All Star	.253	288	73	9	3	10	29	24	69	.312	.410	June	.284	95	27	5	0	1	12	4	25	.327	.368
Inning 1-6	.244	430	105	14	3	9	44	33	99	.298	.353	July	.236	110	26	3	4	4	13	5	28	.267	.445
Inning 7+	.272	206	56	11	2	8	32	10	50	.314	.461	August	.250	116	29	4	1	2	8	6	23	.293	.353
Scoring Posn	.253	170	43	8	3	5	60	10	38	.294	.424	Sept/Oct	.260	96	25	3	0	4	12	14	29	.348	.417
Close & Late	.220	100	22	6	0	3	12	4	24	.275	.370	vs. AL	.252	560	141	21	3	16	68	39	132	.302	.386
None on/out	.256	117	30	5	2	3	3	6	28	.310	.410	vs. NL	.263	76	20	4	2	1	8	4	17	.309	.401

2001 By Position

Position	Avg	AB	H	2B	3B	HR	RBI	BB	SO	OBP	SLG	G	GS	Innings	PO	A	E	DP	Fld Pct	Rng Fctr	In Zone	Zone Outs	Zone Rtg	MLB Zone
As ss	.253	636	161	25	5	17	76	43	149	.303	.388	154	153	1374.1	249	509	10	120	.987	4.96	525	464	.884	.839

Last Five Years

	Avg	AB	H	2B	3B	HR	RBI	BB	SO	OBP	SLG		Avg	AB	H	2B	3B	HR	RBI	BB	SO	OBP	SLG
vs. Left	.274	536	147	31	2	14	48	41	90	.327	.418	First Pitch	.323	347	112	25	0	13	45	2	0	.331	.507
vs. Right	.242	1775	430	89	8	45	195	123	410	.298	.377	Ahead in Count	.303	476	144	21	3	24	74	92	0	.416	.511
Home	.252	1146	289	55	7	26	123	80	246	.309	.380	Behind in Count	.208	1069	222	48	6	12	84	0	422	.214	.297
Away	.247	1165	288	65	3	33	120	84	254	.300	.393	Two Strikes	.188	1125	212	47	5	15	78	70	500	.241	.279
Day	.238	769	183	38	4	16	80	54	182	.296	.360	Batting #2	.254	966	245	46	5	27	119	78	211	.313	.395
Night	.256	1542	394	82	6	43	163	110	318	.309	.400	Batting #9	.261	767	200	41	2	21	67	54	157	.315	.402
Grass	.239	913	218	49	2	27	89	62	204	.289	.386	Other	.228	578	132	33	3	11	57	32	132	.275	.353
Turf	.257	1398	359	71	8	32	154	102	296	.315	.388	March/April	.255	455	116	26	1	6	43	32	78	.314	.356
Pre-All Star	.250	1378	344	77	4	32	152	85	285	.299	.381	May	.240	483	116	26	0	13	49	36	96	.292	.375
Post-All Star	.250	933	233	43	6	27	91	79	215	.313	.395	June	.271	361	98	21	1	12	49	11	83	.302	.435
Inning 1-6	.249	1544	384	79	7	35	163	103	320	.299	.377	July	.223	319	71	17	4	8	32	27	81	.282	.376
Inning 7+	.252	767	193	41	3	24	80	61	180	.315	.407	August	.297	357	106	16	4	10	35	23	71	.351	.448
Scoring Posn	.233	613	143	39	3	13	180	50	148	.294	.370	Sept/Oct	.208	336	70	14	0	10	35	19	91	.283	.339
Close & Late	.228	356	81	17	1	14	39	24	95	.287	.399	vs. AL	.251	2078	521	106	7	53	212	153	451	.307	.385
None on/out	.259	498	129	26	5	12	12	25	100	.298	.404	vs. NL	.240	233	56	14	3	6	31	11	49	.282	.403

Dicky Gonzalez — Mets   Age 23 – Pitches Right

	ERA	W	L	Sv	G	GS	IP	BB	SO	Avg	H	2B	3B	HR	RBI	OBP	SLG	GF	IR	IRS	Hld	SvOp	SB	CS	GB	FB	G/F
2001 Season	4.88	3	2	0	16	7	59.0	17	31	.306	72	12	1	4	35	.347	.417	2	10	6	1	0	12	1	89	78	1.14

2001 Season

	ERA	W	L	Sv	G	GS	IP	H	HR	BB	SO		Avg	AB	H	2B	3B	HR	RBI	BB	SO	OBP	SLG
Home	5.71	0	0	0	7	2	17.1	27	2	8	11	vs. Left	.365	96	35	4	1	2	18	8	10	.411	.490
Away	4.54	3	2	0	9	5	41.2	45	2	9	20	vs. Right	.266	139	37	8	0	2	17	9	21	.303	.367

Juan Gonzalez — Indians   Age 32 – Bats Right (flyball hitter)

	Avg	G	AB	R	H	2B	3B	HR	RBI	BB	SO	HBP	GDP	SB	CS	OBP	SLG	IBB	SH	SF	#Pit	#P/PA	GB	FB	G/F
2001 Season	.325	140	532	97	173	34	1	35	140	41	94	6	18	1	0	.370	.590	5	0	16	2183	3.67	163	184	0.89
Last Five Years	.312	686	2694	477	840	174	9	183	623	203	516	21	73	7	6	.358	.587	31	0	50	10650	3.59	764	961	0.80

2001 Season

	Avg	AB	H	2B	3B	HR	RBI	BB	SO	OBP	SLG		Avg	AB	H	2B	3B	HR	RBI	BB	SO	OBP	SLG
vs. Left	.368	117	43	6	0	10	35	11	18	.417	.675	First Pitch	.278	54	15	2	0	2	16	5	0	.313	.426
vs. Right	.313	415	130	28	1	25	105	30	76	.356	.566	Ahead in Count	.485	130	63	15	0	17	57	17	0	.530	.992

2001 Season

	Avg	AB	H	2B	3B	HR	RBI	BB	SO	OBP	SLG		Avg	AB	H	2B	3B	HR	RBI	BB	SO	OBP	SLG
Home	.329	255	84	18	0	22	74	18	51	.374	.659	Behind in Count	.246	236	58	13	1	7	39	0	74	.254	.398
Away	.321	277	89	16	1	13	66	23	43	.366	.527	Two Strikes	.240	233	56	6	1	11	39	19	94	.297	.416
Day	.397	151	60	9	1	11	37	12	26	.439	.689	Total	.325	532	173	34	1	35	140	41	94	.370	.590
Night	.297	381	113	25	0	24	103	29	68	.343	.551	Batting #4	.325	532	173	34	1	35	140	41	94	.370	.590
Grass	.331	477	158	31	1	32	129	38	83	.376	.602	Other	.000	0	0	0	0	0	0	0	0	.000	.000
Turf	.273	55	15	3	0	3	11	3	11	.317	.491	April	.387	93	36	10	0	8	26	6	19	.416	.753
Pre-All Star	.347	308	107	21	0	23	83	25	49	.391	.640	May	.307	101	31	6	0	5	22	8	18	.351	.515
Post-All Star	.295	224	66	13	1	12	57	16	45	.340	.522	June	.333	93	31	2	0	8	24	7	8	.375	.613
Inning 1-6	.322	385	124	23	1	25	104	23	62	.352	.582	July	.356	73	26	7	1	6	23	12	12	.455	.726
Inning 7+	.333	147	49	11	0	10	36	18	32	.414	.612	August	.319	91	29	3	0	4	22	5	17	.350	.484
Scoring Posn	.335	158	53	14	1	8	100	23	26	.398	.589	Sept/Oct	.247	81	20	6	0	4	23	3	20	.264	.469
Close & Late	.271	70	19	4	0	5	21	11	16	.373	.543	vs. AL	.325	477	155	29	0	31	126	33	86	.365	.581
None on/out	.302	116	35	4	0	5	5	7	16	.341	.466	vs. NL	.327	55	18	5	1	4	14	8	8	.409	.673

2001 By Position

Position	Avg	AB	H	2B	3B	HR	RBI	BB	SO	OBP	SLG	G	GS	Innings	PO	A	E	DP	Fld Pct	Rng Fctr	In Zone	Zone Outs	Zone Rtg	MLB Zone
As DH	.392	79	31	4	0	8	33	8	15	.440	.747	21	21	—	—	—	—	—	—	—	—	—	—	—
As rf	.313	453	142	30	1	27	107	33	79	.357	.563	119	119	981.0	214	10	3	3	.987	2.06	223	202	.906	.884

Last Five Years

	Avg	AB	H	2B	3B	HR	RBI	BB	SO	OBP	SLG		Avg	AB	H	2B	3B	HR	RBI	BB	SO	OBP	SLG
vs. Left	.343	648	222	37	1	51	157	66	113	.402	.639	First Pitch	.383	313	120	27	0	30	107	27	0	.422	.757
vs. Right	.302	2046	618	137	8	132	466	137	403	.344	.570	Ahead in Count	.405	657	266	50	3	74	209	93	0	.472	.828
Home	.313	1282	401	91	4	83	299	108	225	.366	.584	Behind in Count	.250	1226	307	70	5	47	198	0	428	.256	.431
Away	.311	1412	439	83	5	100	324	95	291	.352	.589	Two Strikes	.204	1191	243	48	3	42	167	83	516	.257	.355
Day	.298	667	199	34	3	42	140	57	127	.351	.547	Batting #3	.250	4	1	0	0	0	0	0	1	.250	.250
Night	.316	2027	641	140	6	141	483	146	389	.361	.588	Batting #4	.312	2688	839	174	9	183	623	203	515	.359	.588
Grass	.315	2345	738	147	9	161	548	186	450	.363	.591	Other	.000	2	0	0	0	0	0	0	0	.000	.000
Turf	.292	349	102	27	0	22	75	17	66	.324	.559	March/April	.325	357	116	30	0	21	86	23	72	.360	.585
Pre-All Star	.304	1478	449	92	4	106	361	104	281	.347	.587	May	.296	504	149	36	1	40	129	35	90	.344	.609
Post-All Star	.322	1216	391	82	5	77	262	99	235	.372	.587	June	.287	516	148	20	3	37	112	35	101	.331	.552
Inning 1-6	.318	1920	610	127	8	131	461	132	336	.359	.597	July	.319	367	117	27	1	22	90	40	62	.382	.578
Inning 7+	.297	774	230	47	1	52	162	71	180	.357	.562	August	.325	508	165	26	2	31	114	40	100	.373	.567
Scoring Posn	.303	804	244	51	3	47	419	99	160	.366	.550	Sept/Oct	.328	442	145	35	2	32	92	30	91	.367	.633
Close & Late	.291	350	102	26	1	23	85	37	82	.359	.569	vs. AL	.312	2400	748	159	6	161	556	171	456	.356	.584
None on/out	.314	646	203	44	1	46	46	34	120	.352	.599	vs. NL	.313	294	92	15	3	22	67	32	60	.377	.609

Luis Gonzalez — Diamondbacks

Age 34 – Bats Left (flyball hitter)

	Avg	G	AB	R	H	2B	3B	HR	RBI	BB	SO	HBP	GDP	SB	CS	OBP	SLG	IBB	SH	SF	#Pit	#P/PA	GB	FB	G/F
2001 Season	.325	162	609	128	198	36	7	57	142	100	83	14	14	1	1	.429	.688	24	0	5	2691	3.70	190	243	0.78
Last Five Years	.301	783	2938	508	884	194	20	147	506	372	360	46	60	34	24	.384	.531	50	3	35	12265	3.61	1042	1072	0.97

2001 Season

	Avg	AB	H	2B	3B	HR	RBI	BB	SO	OBP	SLG		Avg	AB	H	2B	3B	HR	RBI	BB	SO	OBP	SLG
vs. Left	.312	186	58	13	0	15	42	26	32	.414	.624	First Pitch	.371	62	23	3	0	7	17	22	0	.534	.758
vs. Right	.331	423	140	23	7	42	100	74	51	.435	.716	Ahead in Count	.382	173	66	10	4	23	56	44	0	.502	.884
Home	.342	301	103	16	3	26	66	42	43	.434	.674	Behind in Count	.295	275	81	15	2	22	53	0	72	.313	.560
Away	.308	308	95	20	4	31	76	58	40	.424	.701	Two Strikes	.241	249	60	11	1	16	41	34	83	.352	.486
Day	.305	177	54	13	1	11	35	35	27	.431	.576	Batting #3	.326	608	198	36	7	57	142	100	82	.429	.689
Night	.333	432	144	23	6	46	107	65	56	.427	.734	Batting #9	.000	1	0	0	0	0	0	0	1	.000	.000
Grass	.329	584	192	35	6	54	137	95	80	.431	.689	Other	.000	0	0	0	0	0	0	0	0	.000	.000
Turf	.240	25	6	1	1	3	5	5	3	.367	.720	April	.315	92	29	4	1	13	27	12	19	.422	.804
Pre-All Star	.355	330	117	16	4	35	86	46	48	.443	.745	May	.339	109	37	4	2	7	16	16	11	.429	.606
Post-All Star	.290	279	81	20	3	22	56	54	35	.412	.620	June	.417	103	43	7	1	12	35	16	11	.496	.854
Inning 1-6	.340	424	144	25	6	38	99	62	53	.433	.696	July	.310	100	31	5	2	9	24	11	15	.391	.670
Inning 7+	.292	185	54	11	1	19	43	38	30	.419	.670	August	.313	99	31	8	0	10	21	25	13	.465	.697
Scoring Posn	.346	136	47	11	0	15	80	41	21	.497	.757	Sept/Oct	.255	106	27	8	1	6	19	20	14	.367	.519
Close & Late	.275	80	22	7	0	7	10	21	13	.433	.550	vs. AL	.404	52	21	3	0	7	16	9	7	.516	.865
None on/out	.225	102	23	5	0	8	8	13	13	.336	.510	vs. NL	.318	557	177	33	7	50	126	91	76	.420	.671

2001 By Position

Position	Avg	AB	H	2B	3B	HR	RBI	BB	SO	OBP	SLG	G	GS	Innings	PO	A	E	DP	Fld Pct	Rng Fctr	In Zone	Zone Outs	Zone Rtg	MLB Zone
As lf	.326	608	198	36	7	57	142	100	82	.429	.689	161	161	1416.2	280	8	0	1	1.000	1.83	298	265	.889	.880

Last Five Years

	Avg	AB	H	2B	3B	HR	RBI	BB	SO	OBP	SLG		Avg	AB	H	2B	3B	HR	RBI	BB	SO	OBP	SLG
vs. Left	.286	811	232	48	4	30	133	97	135	.376	.466	First Pitch	.354	395	140	34	3	25	81	43	0	.421	.646
vs. Right	.307	2127	652	146	16	117	373	275	225	.387	.552	Ahead in Count	.341	886	302	74	7	55	181	194	0	.457	.626
Home	.301	1432	431	93	11	69	236	171	174	.382	.526	Behind in Count	.261	1144	299	54	4	45	159	0	305	.276	.434
Away	.301	1506	453	101	9	78	270	201	186	.386	.535	Two Strikes	.233	1099	256	44	5	39	153	135	360	.328	.389
Day	.279	847	236	57	1	39	151	117	111	.374	.486	Batting #3	.322	1775	571	125	13	107	354	234	227	.405	.588
Night	.310	2091	648	137	19	108	355	255	249	.388	.547	Batting #5	.255	458	117	29	4	21	65	56	43	.341	.474
Grass	.300	2343	702	151	16	122	408	288	292	.382	.534	Other	.278	705	196	40	3	19	87	82	90	.357	.424
Turf	.306	595	182	43	4	25	98	84	68	.393	.518	March/April	.297	411	122	29	3	29	75	58	57	.391	.594
Pre-All Star	.323	1587	512	107	12	81	274	203	200	.403	.558	May	.336	515	173	37	6	18	82	74	56	.421	.536
Post-All Star	.275	1351	372	87	8	66	232	169	160	.361	.498	June	.328	519	170	31	2	26	89	76	45	.397	.545

155

Last Five Years

	Avg	AB	H	2B	3B	HR	RBI	BB	SO	OBP	SLG		Avg	AB	H	2B	3B	HR	RBI	BB	SO	OBP	SLG
Inning 1-6	.304	2018	614	134	13	98	355	234	222	.381	.529	July	.300	510	153	32	4	27	92	59	71	.375	.537
Inning 7+	.293	920	270	60	7	49	151	138	138	.391	.534	August	.266	516	137	35	2	27	81	70	57	.360	.498
Scoring Posn	.300	730	219	48	2	32	335	137	91	.406	.503	Sept/Oct	.276	467	129	30	3	20	87	56	55	.348	.482
Close & Late	.305	440	134	32	3	20	74	80	67	.415	.527	vs. AL	.275	713	196	41	5	33	105	75	85	.351	.485
None on/out	.268	626	168	37	6	37	37	67	88	.349	.524	vs. NL	.309	2225	688	153	15	114	401	297	275	.394	.545

Raul Gonzalez — Reds — Age 28 – Bats Right

	Avg	G	AB	R	H	2B	3B	HR	RBI	BB	SO	HBP	GDP	SB	CS	OBP	SLG	IBB	SH	SF	#Pit	#P/PA	GB	FB	G/F
2001 Season	.214	11	14	0	3	0	0	0	0	1	3	0	0	0	0	.267	.214	0	0	0	47	3.13	6	3	2.00
Career (2000-2001)	.188	14	16	0	3	0	0	0	0	1	5	0	0	0	0	.235	.188	0	0	0	56	3.29	6	3	2.00

2001 Season

	Avg	AB	H	2B	3B	HR	RBI	BB	SO	OBP	SLG		Avg	AB	H	2B	3B	HR	RBI	BB	SO	OBP	SLG
vs. Left	.250	8	2	0	0	0	0	1	.250	.250	Scoring Posn	.000	2	0	0	0	0	0	0	1	.000	.000
vs. Right	.167	6	1	0	0	0	0	1	2	.286	.167	Close & Late	.667	3	2	0	0	0	0	0	1	.667	.667

Wiki Gonzalez — Padres — Age 28 – Bats Right

	Avg	G	AB	R	H	2B	3B	HR	RBI	BB	SO	HBP	GDP	SB	CS	OBP	SLG	IBB	SH	SF	#Pit	#P/PA	GB	FB	G/F
2001 Season	.275	64	160	16	44	6	0	8	27	11	28	4	3	2	0	.335	.463	1	0	1	650	3.69	63	44	1.43
Career (1999-2001)	.249	189	527	48	131	23	2	16	69	42	67	8	13	3	2	.313	.391	5	1	2	2056	3.54	216	149	1.45

2001 Season

	Avg	AB	H	2B	3B	HR	RBI	BB	SO	OBP	SLG		Avg	AB	H	2B	3B	HR	RBI	BB	SO	OBP	SLG
vs. Left	.345	58	20	4	0	5	16	6	10	.406	.672	Scoring Posn	.288	52	15	3	0	3	20	6	11	.356	.519
vs. Right	.235	102	24	2	0	3	11	5	18	.295	.343	Close & Late	.185	27	5	1	0	0	2	1	6	.214	.222
Home	.225	80	18	2	0	5	12	3	14	.267	.438	None on/out	.316	38	12	1	0	3	3	2	6	.381	.579
Away	.325	80	26	4	0	3	15	8	14	.400	.488	Batting #6	.297	64	19	6	0	3	10	2	10	.338	.531
First Pitch	.158	19	3	0	0	0	1	1	0	.227	.158	Batting #7	.356	45	16	2	0	2	6	4	8	.420	.489
Ahead in Count	.425	40	17	3	0	6	12	2	0	.452	.950	Other	.176	51	9	0	0	3	11	5	10	.259	.353
Behind in Count	.235	85	20	3	0	2	14	0	24	.261	.341	Pre-All Star	.292	72	21	5	0	5	17	3	12	.325	.569
Two Strikes	.228	79	18	3	0	2	13	8	28	.315	.342	Post-All Star	.261	88	23	1	0	3	10	8	16	.343	.375

Career (1999-2001)

	Avg	AB	H	2B	3B	HR	RBI	BB	SO	OBP	SLG		Avg	AB	H	2B	3B	HR	RBI	BB	SO	OBP	SLG
vs. Left	.271	181	49	11	0	7	28	15	24	.330	.448	First Pitch	.250	64	16	2	1	2	8	4	0	.319	.406
vs. Right	.237	346	82	12	2	9	41	27	43	.304	.361	Ahead in Count	.279	154	43	8	0	10	27	17	0	.355	.526
Home	.230	269	62	9	2	7	31	18	37	.285	.357	Behind in Count	.223	229	51	10	0	3	26	0	58	.236	.306
Away	.267	258	69	14	0	9	38	24	30	.340	.426	Two Strikes	.205	220	45	8	0	3	26	21	67	.279	.282
Day	.256	211	54	9	1	9	37	12	26	.305	.436	Batting #6	.257	202	52	11	1	6	27	9	22	.302	.411
Night	.244	316	77	14	1	7	32	30	41	.317	.361	Batting #7	.270	137	37	5	0	2	10	11	18	.338	.350
Grass	.242	487	118	22	2	16	65	39	65	.308	.394	Other	.223	188	42	7	1	8	32	22	27	.305	.399
Turf	.325	40	13	1	0	0	4	3	2	.364	.350	March/April	.282	85	24	6	0	2	14	7	15	.347	.424
Pre-All Star	.264	201	53	13	0	8	32	15	28	.321	.448	May	.264	53	14	5	0	3	7	1	4	.278	.528
Post-All Star	.239	326	78	10	2	8	37	27	39	.307	.356	June	.276	29	8	0	0	1	5	5	4	.382	.379
Inning 1-6	.269	324	87	17	0	7	42	25	40	.326	.386	July	.177	96	17	3	0	2	9	7	14	.252	.271
Inning 7+	.217	203	44	6	2	9	27	17	27	.292	.399	August	.319	135	43	6	1	2	17	15	12	.391	.422
Scoring Posn	.210	157	33	4	0	3	47	20	23	.300	.293	Sept/Oct	.194	129	25	3	1	6	17	7	18	.235	.372
Close & Late	.216	97	21	3	2	4	13	10	14	.296	.412	vs. AL	.162	37	6	1	0	1	7	5	4	.279	.270
None on/out	.270	122	33	7	0	5	5	6	13	.315	.451	vs. NL	.255	490	125	22	2	15	62	37	63	.315	.400

Tom Goodwin — Dodgers — Age 33 – Bats Left (groundball hitter)

	Avg	G	AB	R	H	2B	3B	HR	RBI	BB	SO	HBP	GDP	SB	CS	OBP	SLG	IBB	SH	SF	#Pit	#P/PA	GB	FB	G/F
2001 Season	.231	105	286	51	66	8	5	4	22	23	58	0	3	22	8	.286	.336	0	1	2	1166	3.74	118	69	1.71
Last Five Years	.264	665	2313	400	610	70	29	17	185	248	414	6	26	204	65	.335	.341	3	34	15	9666	3.69	980	477	2.05

2001 Season

	Avg	AB	H	2B	3B	HR	RBI	BB	SO	OBP	SLG		Avg	AB	H	2B	3B	HR	RBI	BB	SO	OBP	SLG
vs. Left	.250	32	8	2	1	1	4	1	7	.265	.469	Scoring Posn	.295	44	13	2	1	0	16	1	12	.298	.386
vs. Right	.228	254	58	6	4	3	18	22	51	.289	.319	Close & Late	.225	40	9	0	0	0	4	4	10	.289	.225
Home	.215	130	28	3	3	1	10	14	25	.290	.308	None on/out	.243	103	25	3	1	3	3	8	14	.297	.379
Away	.244	156	38	5	2	3	12	9	33	.283	.359	Batting #1	.225	209	47	5	5	3	19	16	37	.278	.340
First Pitch	.257	35	9	1	1	0	4	0	0	.257	.343	Batting #2	.294	51	15	2	0	1	3	5	10	.357	.392
Ahead in Count	.288	66	19	1	2	2	7	10	0	.382	.455	Other	.154	26	4	1	0	0	0	2	11	.214	.192
Behind in Count	.169	136	23	3	1	0	5	0	49	.169	.206	Pre-All Star	.247	223	55	8	5	3	17	17	38	.299	.368
Two Strikes	.174	144	25	5	1	2	7	13	58	.242	.264	Post-All Star	.175	63	11	0	0	1	5	6	20	.243	.222

Last Five Years

	Avg	AB	H	2B	3B	HR	RBI	BB	SO	OBP	SLG		Avg	AB	H	2B	3B	HR	RBI	BB	SO	OBP	SLG
vs. Left	.292	439	128	14	5	3	33	32	91	.338	.367	First Pitch	.340	306	104	10	6	1	39	2	0	.344	.422
vs. Right	.257	1874	482	56	24	14	152	216	323	.334	.335	Ahead in Count	.343	543	186	23	9	10	74	141	0	.475	.473
Home	.274	1111	304	32	13	8	100	117	198	.342	.347	Behind in Count	.201	1060	213	22	11	1	46	0	356	.204	.245
Away	.255	1202	306	38	16	9	85	131	216	.328	.335	Two Strikes	.182	1068	194	23	10	2	36	105	414	.257	.228
Day	.277	618	171	22	9	2	51	63	111	.343	.351	Batting #1	.260	1684	438	50	23	12	140	200	315	.338	.338
Night	.259	1695	439	48	20	15	134	185	303	.332	.337	Batting #2	.273	289	79	10	2	3	20	18	44	.316	.353
Grass	.263	2054	540	65	24	14	167	214	367	.332	.338	Other	.274	340	93	10	4	2	25	30	55	.335	.344
Turf	.270	259	70	5	5	3	18	34	47	.356	.363	March/April	.247	397	98	7	9	3	29	43	66	.321	.332

156

Last Five Years

	Avg	AB	H	2B	3B	HR	RBI	BB	SO	OBP	SLG		Avg	AB	H	2B	3B	HR	RBI	BB	SO	OBP	SLG
Pre-All Star	.269	1318	354	37	21	10	98	141	242	.340	.351	May	.289	461	133	14	7	5	36	54	83	.363	.382
Post-All Star	.257	995	256	33	8	7	87	107	172	.328	.328	June	.297	380	113	13	3	2	28	38	74	.364	.363
Inning 1-6	.269	1622	437	56	21	13	127	180	287	.342	.354	July	.198	273	54	8	3	2	22	30	49	.275	.271
Inning 7+	.250	691	173	14	8	4	58	68	127	.317	.311	August	.236	394	93	14	1	3	33	41	78	.308	.292
Scoring Posn	.273	461	126	18	4	5	162	51	91	.338	.362	Sept/Oct	.292	408	119	14	6	3	37	42	64	.355	.377
Close & Late	.260	300	78	6	3	1	26	33	54	.331	.310	vs. AL	.270	1368	370	45	14	8	108	154	224	.344	.341
None on/out	.273	813	222	28	6	6	6	93	132	.349	.344	vs. NL	.254	945	240	25	15	9	77	94	190	.321	.341

Flash Gordon — Cubs

Age 34 – Pitches Right (groundball pitcher)

	ERA	W	L	Sv	G	GS	IP	BB	SO	Avg	H	2B	3B	HR	RBI	OBP	SLG	GF	IR	IRS	Hld	SvOp	SB	CS	GB	FB	G/F
2001 Season	3.38	1	2	27	47	0	45.1	16	67	.188	32	8	0	4	18	.262	.306	40	4	3	0	31	6	0	41	39	1.05
Last Five Years	3.54	14	18	95	183	25	325.0	131	328	.214	259	50	3	18	135	.292	.304	140	57	13	1	104	40	7	431	270	1.60

2001 Season

	ERA	W	L	Sv	G	GS	IP	H	HR	BB	SO		Avg	AB	H	2B	3B	HR	RBI	BB	SO	OBP	SLG
Home	2.93	1	0	15	28	0	27.2	15	2	9	39	vs. Left	.188	69	13	3	0	1	5	8	20	.273	.275
Away	4.08	0	2	12	19	0	17.2	17	2	7	28	vs. Right	.188	101	19	5	0	3	13	8	47	.255	.327
Starter	0.00	0	0	0	0	0	0.0	0	0	0	0	Scoring Posn	.417	24	10	2	0	1	14	3	8	.481	.625
Reliever	3.38	1	2	27	47	0	45.1	32	4	16	67	Close & Late	.173	110	19	4	0	2	14	11	44	.254	.264
0 Days Rest (Relief)	4.22	0	0	7	12	0	10.2	7	1	8	14	None on/out	.156	45	7	1	0	1	1	3	15	.208	.244
1 or 2 Days Rest	2.25	1	1	12	20	0	20.2	13	2	4	31	First Pitch	.235	17	4	2	0	1	3	1	0	.278	.529
3+ Days Rest	4.30	0	1	8	15	0	14.2	12	1	4	22	Ahead in Count	.137	102	14	2	0	1	7	0	59	.146	.186
Pre-All Star	2.96	1	0	15	26	0	24.1	15	2	8	41	Behind in Count	.348	23	8	3	0	1	4	7	0	.500	.609
Post-All Star	3.86	0	2	12	21	0	21.0	17	2	8	26	Two Strikes	.142	106	15	2	0	1	9	8	67	.202	.189

Last Five Years

	ERA	W	L	Sv	G	GS	IP	H	HR	BB	SO		Avg	AB	H	2B	3B	HR	RBI	BB	SO	OBP	SLG
Home	3.55	10	9	48	100	16	190.1	157	9	74	191	vs. Left	.219	631	138	26	2	4	60	74	156	.302	.285
Away	3.54	4	9	47	83	9	134.2	102	9	57	137	vs. Right	.208	582	121	24	1	14	75	57	172	.280	.325
Day	3.66	6	8	42	81	9	125.1	102	6	60	112	Inning 1-6	.228	530	121	23	2	7	61	56	118	.304	.319
Night	3.47	8	10	53	102	16	199.2	157	12	71	216	Inning 7+	.202	683	138	27	1	11	74	75	210	.282	.293
Grass	3.61	13	17	86	165	24	296.2	245	18	117	295	None on	.204	680	139	30	1	7	7	67	182	.276	.282
Turf	2.86	1	1	9	18	1	28.1	14	0	14	33	Runners on	.225	533	120	20	2	11	128	64	146	.311	.332
March/April	2.74	4	4	12	25	5	49.1	37	3	19	41	Scoring Posn	.251	311	78	15	2	5	116	50	84	.354	.360
May	3.29	3	2	24	40	5	68.1	51	2	31	82	Close & Late	.197	456	90	16	0	8	55	53	137	.284	.285
June	3.59	3	3	12	32	6	67.2	56	3	24	57	None on/out	.191	299	57	13	0	3	3	25	76	.253	.264
July	4.33	1	4	14	27	6	62.1	57	4	26	57	vs. 1st Batr (relief)	.133	143	19	4	0	1	5	14	44	.209	.182
August	2.17	2	1	17	32	3	49.2	35	2	18	50	1st Inning Pitched	.199	623	124	21	1	11	75	71	205	.283	.289
Sept/Oct	6.18	1	4	16	27	0	27.2	23	4	13	41	First 15 Pitches	.192	474	91	13	1	8	35	48	139	.267	.274
Starter	3.59	6	9	0	25	25	165.1	144	9	66	134	Pitch 16-30	.196	250	49	12	1	3	42	37	91	.303	.288
Reliever	3.49	8	9	95	158	0	159.2	115	9	65	194	Pitch 31-45	.279	104	29	8	0	1	13	7	23	.321	.385
0 Days Rest (Relief)	2.56	2	3	29	41	0	38.2	27	2	18	44	Pitch 46+	.234	385	90	17	1	6	45	39	75	.306	.330
1 or 2 Days Rest	3.75	6	2	43	72	0	74.1	53	3	31	94	First Pitch	.322	121	39	9	0	4	22	5	0	.354	.496
3+ Days Rest	3.86	0	4	23	45	0	46.2	35	4	10	56	Ahead in Count	.134	634	85	16	1	3	37	0	286	.136	.177
vs. AL	3.13	13	13	68	127	22	256.0	199	13	97	239	Behind in Count	.336	220	74	12	2	6	43	62	0	.481	.491
vs. NL	5.09	1	5	27	56	3	69.0	60	5	34	89	Two Strikes	.132	652	86	16	1	5	40	64	328	.210	.183
Pre-All Star	3.22	10	10	51	102	17	198.2	151	9	83	193	Pre-All Star	.206	734	151	34	3	9	55	83	193	.287	.297
Post-All Star	4.06	4	8	44	81	8	126.1	108	9	48	135	Post-All Star	.225	479	108	16	0	9	59	48	135	.299	.319

Mark Grace — Diamondbacks

Age 38 – Bats Left

	Avg	G	AB	R	H	2B	3B	HR	RBI	BB	SO	HBP	GDP	SB	CS	OBP	SLG	IBB	SH	SF	#Pit	#P/PA	GB	FB	G/F
2001 Season	.298	145	476	66	142	31	2	15	78	67	36	4	7	1	0	.386	.466	6	1	5	2015	3.64	191	166	1.15
Last Five Years	.304	758	2729	427	829	187	16	72	418	426	209	17	63	11	17	.396	.463	33	4	38	11857	3.69	1067	849	1.26

2001 Season

	Avg	AB	H	2B	3B	HR	RBI	BB	SO	OBP	SLG		Avg	AB	H	2B	3B	HR	RBI	BB	SO	OBP	SLG
vs. Left	.295	149	44	10	1	2	26	17	14	.367	.416	First Pitch	.274	73	20	4	0	3	16	6	0	.329	.452
vs. Right	.300	327	98	21	1	13	52	50	22	.394	.489	Ahead in Count	.365	126	46	11	0	6	28	33	0	.488	.611
Home	.295	220	65	16	1	6	41	37	16	.398	.459	Behind in Count	.231	173	40	10	0	2	13	0	30	.243	.324
Away	.301	256	77	15	1	9	37	30	20	.375	.473	Two Strikes	.294	177	52	11	1	4	22	28	36	.396	.435
Day	.310	129	40	7	1	5	26	18	10	.393	.496	Batting #4	.317	161	51	12	0	4	26	22	8	.395	.466
Night	.294	347	102	24	1	10	52	49	26	.383	.455	Batting #5	.294	255	75	17	2	10	43	39	21	.391	.494
Grass	.307	450	138	30	2	15	77	64	33	.394	.482	Other	.267	60	16	2	0	1	9	6	7	.338	.350
Turf	.154	26	4	1	0	0	1	3	3	.241	.192	April	.280	75	21	3	0	1	2	10	9	.372	.427
Pre-All Star	.319	248	79	17	1	9	46	38	20	.411	.504	May	.345	87	30	8	0	6	23	16	4	.442	.644
Post-All Star	.276	228	63	14	1	6	32	29	16	.358	.425	June	.362	58	21	4	0	1	10	12	4	.466	.483
Inning 1-6	.317	312	99	21	2	12	57	52	23	.418	.513	July	.278	90	25	6	1	3	11	9	7	.343	.467
Inning 7+	.262	164	43	10	0	3	21	15	13	.320	.378	August	.289	90	26	5	0	1	17	12	5	.365	.378
Scoring Posn	.310	129	40	7	2	5	62	24	11	.409	.512	Sept/Oct	.250	76	19	5	0	2	7	8	5	.329	.395
Close & Late	.280	82	23	5	0	3	16	7	6	.333	.451	vs. AL	.340	47	16	4	0	1	6	7	2	.407	.489
None on/out	.333	126	42	11	0	5	5	15	14	.404	.540	vs. NL	.294	429	126	27	2	14	74	65	30	.388	.464

2001 By Position

Position	Avg	AB	H	2B	3B	HR	RBI	BB	SO	OBP	SLG	G	GS	Innings	PO	A	E	DP	Fld Pct	Rng Fctr	In Zone	Zone Outs	Zone Rtg	MLB Zone
As 1b	.295	468	138	31	2	15	74	66	35	.384	.466	135	127	1111.0	997	62	5	99	.995	—	184	153	.832	.850

157

	Avg	AB	H	2B	3B	HR	RBI	BB	SO	OBP	SLG		Avg	AB	H	2B	3B	HR	RBI	BB	SO	OBP	SLG
vs. Left	.301	825	248	52	3	19	123	103	75	.379	.440	First Pitch	.297	394	117	25	2	9	60	25	0	.337	.439
vs. Right	.305	1904	581	135	13	53	295	323	134	.403	.473	Ahead in Count	.344	820	282	72	7	31	155	264	0	.498	.562
Home	.322	1337	431	103	7	30	215	235	92	.422	.477	Behind in Count	.257	926	238	48	3	15	110	0	158	.263	.364
Away	.286	1392	398	84	9	42	203	191	117	.371	.450	Two Strikes	.248	953	236	51	3	17	117	137	209	.344	.361
Day	.319	1390	443	94	11	36	226	225	114	.412	.480	Batting #3	.293	1162	341	66	6	26	152	168	94	.382	.428
Night	.288	1339	386	93	5	36	192	201	95	.380	.446	Batting #4	.318	1208	384	96	7	35	206	201	84	.411	.496
Grass	.309	2314	715	160	14	63	368	367	167	.402	.472	Other	.290	359	104	25	3	11	60	57	31	.392	.462
Turf	.275	415	114	27	2	9	50	59	42	.364	.414	March/April	.301	402	121	16	3	11	56	72	33	.405	.438
Pre-All Star	.315	1413	445	88	6	44	223	235	102	.412	.479	May	.326	436	142	29	0	22	89	69	27	.415	.544
Post-All Star	.292	1316	384	99	10	28	195	191	107	.379	.446	June	.321	446	143	38	3	9	55	79	29	.419	.482
Inning 1-6	.311	1855	577	129	12	54	303	290	137	.402	.481	July	.314	468	147	33	1	11	74	65	33	.394	.459
Inning 7+	.288	874	252	58	4	18	115	136	72	.384	.426	August	.299	515	154	37	5	8	75	71	43	.383	.437
Scoring Posn	.320	694	222	48	6	13	319	148	53	.421	.463	Sept/Oct	.264	462	122	34	4	11	69	70	44	.357	.426
Close & Late	.305	420	128	25	2	12	75	73	34	.406	.460	vs. AL	.321	249	80	15	3	6	34	36	22	.401	.478
None on/out	.297	640	190	48	5	18	18	86	47	.384	.472	vs. NL	.302	2480	749	172	13	66	384	390	187	.396	.462

Tony Graffanino — White Sox
Age 30 – Bats Right

	Avg	G	AB	R	H	2B	3B	HR	RBI	BB	SO	HBP	GDP	SB	CS	OBP	SLG	IBB	SH	SF	#Pit	#P/PA	GB	FB	G/F
2001 Season	.303	74	145	23	44	9	0	2	15	16	29	1	4	4	1	.370	.407	0	4	3	616	3.64	55	33	1.67
Last Five Years	.261	392	918	141	240	47	7	19	93	97	192	7	17	21	15	.333	.390	1	11	10	3947	3.78	292	283	1.03

2001 Season

	Avg	AB	H	2B	3B	HR	RBI	BB	SO	OBP	SLG		Avg	AB	H	2B	3B	HR	RBI	BB	SO	OBP	SLG
vs. Left	.319	47	15	4	0	1	6	8	6	.418	.468	Scoring Posn	.200	35	7	0	0	0	12	1	7	.205	.200
vs. Right	.296	98	29	5	0	1	9	8	23	.345	.378	Close & Late	.258	31	8	1	0	1	5	3	9	.314	.387
Home	.247	77	19	6	0	1	8	8	22	.318	.364	None on/out	.324	37	12	5	0	0	0	3	6	.375	.459
Away	.368	68	25	3	0	1	7	8	7	.429	.456	Batting #1	.283	46	13	3	0	0	3	2	10	.306	.348
First Pitch	.467	15	7	1	0	0	2	0	0	.438	.533	Batting #2	.195	41	8	3	0	0	2	7	9	.300	.268
Ahead in Count	.290	31	9	2	0	1	3	7	0	.410	.452	Other	.397	58	23	3	0	2	10	7	10	.470	.552
Behind in Count	.209	67	14	2	0	0	4	0	24	.217	.239	Pre-All Star	.262	84	22	5	0	2	6	11	17	.347	.345
Two Strikes	.210	62	13	2	0	1	4	9	29	.310	.290	Post-All Star	.361	61	22	4	0	0	9	5	12	.403	.426

Last Five Years

	Avg	AB	H	2B	3B	HR	RBI	BB	SO	OBP	SLG		Avg	AB	H	2B	3B	HR	RBI	BB	SO	OBP	SLG
vs. Left	.245	330	81	22	2	8	34	49	62	.342	.397	First Pitch	.369	103	38	6	1	3	15	1	0	.374	.534
vs. Right	.270	588	159	25	5	11	59	48	130	.328	.386	Ahead in Count	.294	201	59	15	0	7	18	53	0	.436	.473
Home	.237	438	104	22	3	10	43	52	103	.320	.370	Behind in Count	.181	420	76	11	4	4	31	0	160	.186	.255
Away	.283	480	136	25	4	9	50	45	89	.346	.408	Two Strikes	.166	439	73	12	6	6	41	43	192	.242	.262
Day	.231	308	71	12	2	7	28	39	71	.315	.351	Batting #2	.286	273	78	13	2	6	36	39	49	.373	.414
Night	.277	610	169	35	5	12	65	58	121	.343	.410	Batting #8	.234	333	78	14	0	10	32	31	75	.300	.366
Grass	.273	700	191	37	6	17	73	77	144	.345	.416	Other	.269	312	84	20	5	3	25	27	68	.332	.394
Turf	.225	218	49	10	1	2	20	20	48	.299	.307	March/April	.262	103	27	6	0	1	4	8	21	.327	.350
Pre-All Star	.259	347	90	21	1	6	28	37	74	.332	.378	May	.303	76	23	5	0	1	7	11	16	.389	.408
Post-All Star	.263	571	150	26	6	13	65	60	118	.334	.398	June	.222	153	34	7	1	4	15	17	36	.297	.359
Inning 1-6	.270	563	152	30	3	16	63	62	114	.341	.419	July	.300	110	33	8	1	4	13	12	18	.363	.500
Inning 7+	.248	355	88	17	4	3	30	35	78	.322	.344	August	.238	248	59	9	2	6	27	22	54	.300	.363
Scoring Posn	.256	211	54	6	4	4	73	24	48	.318	.379	Sept/Oct	.281	228	64	12	3	7	27	27	47	.359	.399
Close & Late	.210	138	29	6	2	2	13	38	.286	.326	vs. AL	.285	449	128	22	4	7	50	51	84	.361	.399
None on/out	.255	231	59	11	0	8	8	22	50	.325	.407	vs. NL	.239	469	112	25	3	12	43	46	108	.307	.382

Danny Graves — Reds
Age 28 – Pitches Right (groundball pitcher)

	ERA	W	L	Sv	G	GS	IP	BB	SO	Avg	H	2B	3B	HR	RBI	OBP	SLG	GF	IR	IRS	Hld	SvOp	SB	CS	GB	FB	G/F
2001 Season	4.15	6	5	32	66	0	80.1	18	49	.268	83	19	2	7	46	.314	.410	54	37	9	0	39	4	1	143	72	1.99
Last Five Years	3.39	26	18	97	284	0	390.0	157	226	.256	371	69	7	33	191	.330	.381	205	176	54	7	118	24	6	703	311	2.26

2001 Season

	ERA	W	L	Sv	G	GS	IP	H	HR	BB	SO		Avg	AB	H	2B	3B	HR	RBI	BB	SO	OBP	SLG
Home	6.21	3	4	10	32	0	37.2	53	5	8	25	vs. Left	.301	133	40	8	0	5	27	11	18	.363	.474
Away	2.32	3	1	22	34	0	42.2	30	2	10	24	vs. Right	.243	177	43	11	2	2	19	7	31	.277	.362
Day	1.67	2	1	9	23	0	32.1	30	0	6	19	Inning 1-6	.250	16	4	0	0	1	2	1	4	.294	.438
Night	5.81	4	4	23	43	0	48.0	53	7	12	30	Inning 7+	.269	294	79	19	2	6	44	17	45	.315	.408
Grass	4.15	6	5	30	63	0	78.0	78	7	18	47	None on	.238	164	39	10	1	3	3	6	24	.277	.366
Turf	3.86	0	0	2	3	0	2.1	5	0	0	2	Runners on	.301	146	44	9	1	4	43	12	25	.354	.459
April	0.00	0	0	8	12	0	13.1	4	0	2	7	Scoring Posn	.278	97	27	6	0	4	41	12	14	.357	.464
May	7.94	2	2	3	9	0	11.1	19	2	4	3	Close & Late	.292	212	62	13	1	4	35	12	27	.332	.420
June	5.14	0	0	5	11	0	14.0	10	1	4	9	None on/out	.209	67	14	5	1	2	3	10	.254	.403
July	2.20	2	0	2	11	0	16.1	14	1	2	10	vs. 1st Batr (relief)	.200	60	12	4	0	0	5	4	12	.273	.300
August	6.75	1	2	4	11	0	12.0	22	3	3	10	1st Inning Pitched	.257	237	61	11	1	2	35	13	35	.306	.338
Sept/Oct	4.05	1	1	10	12	0	13.1	14	0	3	10	First 15 Pitches	.249	209	52	8	1	1	9	8	30	.288	.311
Starter	0.00	0	0	0	0	0	0.0	0	0	0	0	Pitch 16-30	.322	90	29	11	1	5	26	7	17	.367	.633
Reliever	4.15	6	5	32	66	0	80.1	83	7	18	49	Pitch 31-45	.182	11	2	0	0	1	2	3	2	.357	.455
0 Days Rest (Relief)	4.26	1	1	7	18	0	19.0	20	0	8	7	Pitch 46+	.000	0	0	0	0	0	0	0	0	.000	.000
1 or 2 Days Rest	4.54	3	1	13	27	0	35.2	39	5	7	24	First Pitch	.224	49	11	2	0	0	5	4	0	.278	.265
3+ Days Rest	3.51	2	1	8	21	0	25.2	24	2	3	18	Ahead in Count	.236	157	37	10	1	1	13	0	47	.250	.331
vs. AL	1.29	1	0	1	5	0	7.0	6	0	2	1	Behind in Count	.358	53	19	5	1	1	15	8	0	.444	.547
vs. NL	4.42	5	5	31	61	0	73.1	77	7	16	48	Two Strikes	.227	141	32	9	1	3	16	6	49	.268	.369

2001 Season

	ERA	W	L	Sv	G	GS	IP	H	HR	BB	SO		Avg	AB	H	2B	3B	HR	RBI	BB	SO	OBP	SLG
Pre-All Star	4.01	2	2	16	35	0	42.2	36	3	10	20	Pre-All Star	.226	159	36	8	0	3	24	10	20	.289	.333
Post-All Star	4.30	4	3	16	31	0	37.2	47	4	8	29	Post-All Star	.311	151	47	11	2	4	22	8	29	.342	.490

Last Five Years

	ERA	W	L	Sv	G	GS	IP	H	HR	BB	SO		Avg	AB	H	2B	3B	HR	RBI	BB	SO	OBP	SLG
Home	4.20	15	13	42	149	0	197.1	215	18	89	113	vs. Left	.258	651	168	33	1	17	87	68	86	.328	.390
Away	2.57	11	5	55	135	0	192.2	156	15	60	113	vs. Right	.254	799	203	36	6	16	104	89	140	.331	.374
Day	2.99	12	7	33	107	0	147.2	129	13	56	80	Inning 1-6	.254	118	30	3	2	1	19	18	23	.345	.339
Night	3.64	14	11	64	177	0	242.1	242	20	101	146	Inning 7+	.256	1332	341	66	5	32	172	139	203	.329	.385
Grass	3.42	13	8	56	145	0	202.2	187	20	72	115	None on	.254	740	188	37	3	20	20	68	114	.324	.393
Turf	3.36	13	10	41	139	0	187.1	184	13	85	111	Runners on	.258	710	183	32	4	13	171	89	112	.337	.369
March/April	2.18	4	3	15	36	0	45.1	28	1	20	27	Scoring Posn	.232	461	107	22	1	7	149	74	74	.333	.330
May	3.28	10	2	10	43	0	71.1	58	7	24	43	Close & Late	.246	806	198	34	3	16	108	82	127	.315	.355
June	3.76	3	1	13	54	0	76.2	79	5	30	50	None on/out	.242	322	78	17	1	7	7	30	50	.315	.366
July	3.29	6	3	15	49	0	65.2	66	9	30	30	vs. 1st Batr (relief)	.266	256	68	13	2	3	27	22	52	.330	.367
August	3.90	2	7	15	50	0	64.2	75	7	27	31	1st Inning Pitched	.254	982	249	41	5	17	142	101	155	.324	.357
Sept/Oct	3.53	1	2	29	52	0	66.1	65	4	26	45	First 15 Pitches	.261	874	228	36	5	15	104	76	125	.321	.365
Starter	0.00	0	0	0	0	0	0.0	0	0	0	0	Pitch 16-30	.247	445	110	27	6	16	72	56	76	.333	.425
Reliever	3.39	26	18	97	284	0	390.0	371	33	157	226	Pitch 31-45	.222	99	22	4	0	1	11	22	23	.364	.293
0 Days Rest (Relief)	3.07	7	9	29	82	0	111.1	97	5	52	65	Pitch 46+	.344	32	11	2	0	1	4	3	2	.417	.500
1 or 2 Days Rest	3.12	14	6	46	130	0	173.0	156	16	68	100	First Pitch	.295	261	77	14	0	7	36	13	0	.325	.429
3+ Days Rest	4.17	5	3	22	72	0	105.2	118	12	37	61	Ahead in Count	.201	613	123	19	6	9	55	0	205	.207	.295
vs. AL	3.27	3	1	6	35	0	52.1	57	3	30	20	Behind in Count	.352	321	113	25	1	8	68	86	0	.487	.511
vs. NL	3.41	23	17	91	249	0	337.2	314	30	127	206	Two Strikes	.185	579	107	17	2	12	56	57	226	.258	.283
Pre-All Star	3.18	19	6	42	147	0	209.2	182	14	84	125	Pre-All Star	.236	771	182	32	3	14	94	84	125	.315	.340
Post-All Star	3.64	7	12	55	137	0	180.1	189	19	73	101	Post-All Star	.278	679	189	37	4	19	97	73	101	.347	.429

Craig Grebeck — **Red Sox** Age 37 – Bats Right

	Avg	G	AB	R	H	2B	3B	HR	RBI	BB	SO	HBP	GDP	SB	CS	OBP	SLG	IBB	SH	SF	#Pit	#P/PA	GB	FB	G/F
2001 Season	.049	23	41	1	2	1	0	0	2	2	9	0	0	0	0	.093	.073	0	0	0	153	3.56	15	14	1.07
Last Five Years	.274	288	822	102	225	53	2	6	68	89	108	8	23	2	3	.348	.365	1	17	5	3596	3.82	324	221	1.47

2001 Season

	Avg	AB	H	2B	3B	HR	RBI	BB	SO	OBP	SLG		Avg	AB	H	2B	3B	HR	RBI	BB	SO	OBP	SLG
vs. Left	.125	8	1	1	0	0	0	1	2	.222	.250	Scoring Posn	.071	14	1	0	0	0	2	0	2	.071	.071
vs. Right	.030	33	1	0	0	0	2	1	7	.059	.030	Close & Late	.000	6	0	0	0	0	0	0	0	.000	.000

Last Five Years

	Avg	AB	H	2B	3B	HR	RBI	BB	SO	OBP	SLG		Avg	AB	H	2B	3B	HR	RBI	BB	SO	OBP	SLG
vs. Left	.270	282	76	19	0	3	24	25	36	.327	.369	First Pitch	.282	103	29	8	0	0	9	1	0	.288	.359
vs. Right	.276	540	149	34	2	3	44	64	72	.359	.363	Ahead in Count	.335	185	62	20	0	3	23	46	0	.466	.492
Home	.277	408	113	26	2	5	43	46	46	.352	.387	Behind in Count	.239	380	91	14	1	1	18	0	85	.249	.289
Away	.271	414	112	27	0	1	25	43	62	.345	.343	Two Strikes	.217	382	83	17	1	2	42	108	302	.283
Day	.289	301	87	18	2	3	32	30	45	.358	.392	Batting #2	.321	277	89	17	0	3	21	29	35	.389	.415
Night	.265	521	138	35	0	3	36	59	63	.343	.349	Batting #8	.268	325	87	22	1	0	25	29	44	.329	.342
Grass	.251	390	98	23	0	2	24	44	63	.334	.326	Other	.223	220	49	14	1	3	22	31	29	.327	.336
Turf	.294	432	127	30	2	4	44	45	45	.362	.400	March/April	.237	118	28	7	0	3	13	15	16	.326	.373
Pre-All Star	.284	454	129	30	1	6	40	50	60	.357	.394	May	.290	138	40	9	1	3	15	14	24	.357	.435
Post-All Star	.261	368	96	23	1	0	28	39	48	.338	.329	June	.293	167	49	12	0	0	11	16	19	.357	.365
Inning 1-6	.276	526	145	38	1	4	47	56	60	.342	.375	July	.295	122	36	8	0	0	6	18	9	.396	.361
Inning 7+	.270	296	80	15	1	2	21	36	48	.359	.348	August	.281	153	43	9	0	0	12	10	20	.327	.340
Scoring Posn	.295	200	59	13	1	0	57	25	21	.373	.370	Sept/Oct	.234	124	29	8	1	0	11	16	20	.326	.315
Close & Late	.285	123	35	5	1	0	10	14	24	.364	.341	vs. AL	.273	717	196	47	2	6	62	73	96	.345	.370
None on/out	.265	196	52	10	0	2	2	16	27	.330	.347	vs. NL	.276	105	29	6	0	0	6	16	12	.374	.333

Shawn Green — **Dodgers** Age 29 – Bats Left

	Avg	G	AB	R	H	2B	3B	HR	RBI	BB	SO	HBP	GDP	SB	CS	OBP	SLG	IBB	SH	SF	#Pit	#P/PA	GB	FB	G/F
2001 Season	.297	161	619	121	184	31	4	49	125	72	107	5	10	20	4	.372	.598	10	0	5	2500	3.57	234	184	1.27
Last Five Years	.288	769	2902	516	836	175	16	166	500	314	586	30	51	113	31	.361	.531	29	2	23	12374	3.78	1079	768	1.40

2001 Season

	Avg	AB	H	2B	3B	HR	RBI	BB	SO	OBP	SLG		Avg	AB	H	2B	3B	HR	RBI	BB	SO	OBP	SLG
vs. Left	.298	171	51	9	2	10	27	16	33	.360	.550	First Pitch	.355	93	33	9	1	5	18	8	0	.406	.634
vs. Right	.297	448	133	22	2	39	98	56	74	.377	.616	Ahead in Count	.408	142	58	12	1	16	40	32	0	.517	.845
Home	.304	299	91	16	3	19	51	39	53	.385	.569	Behind in Count	.220	295	65	6	2	20	48	0	89	.224	.458
Away	.291	320	93	15	1	30	74	33	54	.360	.625	Two Strikes	.180	284	51	4	0	16	40	31	107	.263	.363
Day	.267	172	46	10	1	11	32	25	30	.365	.529	Batting #3	.323	263	85	15	3	21	52	25	42	.387	.643
Night	.309	447	138	21	3	38	93	47	77	.375	.624	Batting #4	.289	291	84	13	1	27	70	39	55	.372	.619
Grass	.297	599	178	31	4	47	119	67	103	.370	.598	Other	.231	65	15	3	0	1	3	8	10	.315	.323
Turf	.300	20	6	0	0	2	6	5	4	.440	.600	April	.301	93	28	5	0	6	19	10	18	.365	.548
Pre-All Star	.289	336	97	18	1	20	64	36	57	.358	.527	May	.252	103	26	6	1	5	20	15	20	.347	.476
Post-All Star	.307	283	87	13	3	29	61	35	50	.389	.682	June	.327	110	36	6	0	10	22	9	17	.385	.627
Inning 1-6	.294	428	126	20	3	36	93	49	69	.366	.607	July	.255	106	27	5	0	10	22	8	21	.308	.585
Inning 7+	.304	191	58	11	1	13	32	23	38	.385	.576	August	.340	106	36	4	1	12	26	15	14	.418	.736
Scoring Posn	.331	145	48	5	1	10	69	33	32	.443	.586	Sept/Oct	.307	101	31	5	2	7	16	15	17	.397	.604
Close & Late	.293	99	29	5	1	6	17	12	24	.375	.545	vs. AL	.258	62	16	4	0	2	7	5	9	.313	.419
None on/out	.299	147	44	9	1	12	12	7	21	.331	.619	vs. NL	.302	557	168	27	4	47	118	67	98	.379	.618

159

2001 By Position

Position	Avg	AB	H	2B	3B	HR	RBI	BB	SO	OBP	SLG	G	GS	Innings	PO	A	E	DP	Fld Pct	Rng Fctr	In Zone	Outs	Zone Rtg	MLB Zone
As rf	.296	614	182	31	4	49	124	70	106	.370	.599	159	159	1402.2	310	8	6	0	.981	2.04	336	303	.902	.884

Last Five Years

	Avg	AB	H	2B	3B	HR	RBI	BB	SO	OBP	SLG		Avg	AB	H	2B	3B	HR	RBI	BB	SO	OBP	SLG
vs. Left	.267	793	212	48	2	30	128	72	189	.335	.446	First Pitch	.362	428	155	33	3	35	95	22	0	.389	.699
vs. Right	.296	2109	624	127	14	136	372	242	397	.371	.563	Ahead in Count	.403	668	269	54	6	56	155	147	0	.508	.753
Home	.289	1399	405	90	8	85	257	157	284	.365	.548	Behind in Count	.212	1264	268	56	5	45	151	0	458	.221	.371
Away	.287	1503	431	85	8	81	243	157	302	.357	.516	Two Strikes	.184	1351	249	52	3	43	163	144	586	.269	.323
Day	.287	905	260	57	7	56	163	95	190	.358	.551	Batting #3	.292	1177	344	76	3	74	216	127	216	.369	.551
Night	.288	1997	576	118	9	110	337	219	396	.362	.522	Batting #4	.281	659	185	44	5	44	100	130	.375	.563
Grass	.289	1835	531	113	10	100	298	202	347	.362	.525	Other	.288	1066	307	55	8	48	144	87	240	.343	.490
Turf	.286	1067	305	62	6	66	202	112	239	.359	.541	March/April	.287	439	126	29	0	29	76	48	89	.360	.551
Pre-All Star	.295	1463	431	93	4	81	253	157	286	.374	.530	May	.296	439	130	33	2	21	86	60	88	.390	.524
Post-All Star	.281	1439	405	82	12	85	247	137	300	.347	.532	June	.308	454	140	26	2	23	76	48	84	.376	.526
Inning 1-6	.296	1988	588	129	9	116	360	202	387	.363	.545	July	.261	494	129	23	2	37	94	49	114	.330	.540
Inning 7+	.271	914	248	46	7	50	140	112	199	.356	.501	August	.295	569	168	36	4	34	98	50	113	.353	.552
Scoring Posn	.283	750	212	37	4	37	318	128	173	.383	.491	Sept/Oct	.282	507	143	28	6	22	70	59	98	.356	.491
Close & Late	.275	466	128	22	2	27	79	60	102	.360	.504	vs. AL	.288	1607	463	99	7	84	259	154	344	.353	.515
None on/out	.272	626	170	40	1	39	39	37	123	.317	.526	vs. NL	.288	1295	373	76	9	82	241	160	242	.370	.551

Steve Green — Angels
Age 24 – Pitches Right

	ERA	W	L	Sv	G	GS	IP	BB	SO	Avg	H	2B	3B	HR	RBI	OBP	SLG	CG	ShO	Sup	QS	#P/S	SB	CS	GB	FB	G/F
2001 Season	3.00	0	0	0	1	1	6.0	6	4	.190	4	0	0	0	1	.370	.190	0	0	3.00	1	99	0	0	5	8	0.63

2001 Season

	ERA	W	L	Sv	G	GS	IP	H	HR	BB	SO		Avg	AB	H	2B	3B	HR	RBI	BB	SO	OBP	SLG
Home	0.00	0	0	0	0	0	0.0	0	0	0	0	vs. Left	.273	11	3	0	0	0	0	4	3	.467	.273
Away	3.00	0	0	0	1	1	6.0	4	0	6	4	vs. Right	.100	10	1	0	0	0	1	2	1	.250	.100

Todd Greene — Yankees
Age 31 – Bats Right (flyball hitter)

	Avg	G	AB	R	H	2B	3B	HR	RBI	BB	SO	HBP	GDP	SB	CS	OBP	SLG	IBB	SH	SF	#Pit	#P/PA	GB	FB	G/F
2001 Season	.208	35	96	9	20	4	0	1	11	3	21	1	3	0	0	.240	.281	0	0	0	324	3.24	30	38	0.79
Last Five Years	.247	229	697	83	172	36	0	30	94	29	147	4	16	3	4	.280	.428	1	0	2	2452	3.35	207	240	0.86

2001 Season

	Avg	AB	H	2B	3B	HR	RBI	BB	SO	OBP	SLG		Avg	AB	H	2B	3B	HR	RBI	BB	SO	OBP	SLG
vs. Left	.250	16	4	1	0	0	1	3	2	.368	.313	Scoring Posn	.226	31	7	2	0	1	11	2	9	.273	.387
vs. Right	.200	80	16	3	0	1	10	0	19	.210	.275	Close & Late	.077	13	1	0	0	0	0	0	3	.077	.077

Last Five Years

	Avg	AB	H	2B	3B	HR	RBI	BB	SO	OBP	SLG		Avg	AB	H	2B	3B	HR	RBI	BB	SO	OBP	SLG
vs. Left	.251	235	59	17	0	7	33	15	43	.296	.413	First Pitch	.324	136	44	5	0	9	24	1	0	.336	.559
vs. Right	.245	462	113	19	0	23	61	14	104	.272	.435	Ahead in Count	.321	131	42	10	0	8	20	12	0	.378	.580
Home	.224	330	74	14	0	15	40	20	74	.272	.403	Behind in Count	.176	346	61	15	0	8	36	0	153	.181	.289
Away	.267	367	98	22	0	15	54	9	73	.288	.450	Two Strikes	.171	322	55	17	0	6	31	16	147	.214	.280
Day	.250	216	54	12	0	8	20	8	37	.283	.417	Batting #6	.233	159	37	4	0	6	13	9	44	.274	.371
Night	.245	481	118	24	0	22	74	21	110	.279	.432	Batting #7	.290	155	45	10	0	8	28	5	27	.315	.510
Grass	.246	593	146	26	0	28	84	24	130	.279	.432	Other	.235	383	90	22	0	16	53	15	76	.269	.418
Turf	.250	104	26	10	0	2	10	5	17	.284	.404	March/April	.205	73	15	3	0	4	16	5	14	.266	.411
Pre-All Star	.244	303	74	18	0	14	42	13	59	.283	.442	May	.316	79	25	7	0	7	10	4	18	.353	.671
Post-All Star	.249	394	98	18	0	16	52	16	88	.277	.416	June	.222	117	26	6	0	3	13	4	19	.260	.350
Inning 1-6	.271	462	125	22	0	24	69	17	95	.299	.474	July	.304	112	34	4	0	6	21	5	27	.333	.500
Inning 7+	.200	235	47	14	0	6	25	12	52	.244	.336	August	.260	200	52	9	0	7	23	8	39	.287	.410
Scoring Posn	.223	202	45	12	0	7	67	10	57	.260	.386	Sept/Oct	.172	116	20	7	0	3	11	3	30	.193	.310
Close & Late	.253	99	25	6	0	2	11	3	21	.275	.374	vs. AL	.245	632	155	32	0	29	88	26	134	.278	.434
None on/out	.336	152	51	8	0	11	11	7	24	.369	.605	vs. NL	.262	65	17	4	0	1	6	3	13	.304	.369

Rusty Greer — Rangers
Age 33 – Bats Left

	Avg	G	AB	R	H	2B	3B	HR	RBI	BB	SO	HBP	GDP	SB	CS	OBP	SLG	IBB	SH	SF	#Pit	#P/PA	GB	FB	G/F
2001 Season	.273	62	245	38	67	23	0	7	29	27	32	1	5	1	2	.342	.453	1	1	5	1160	4.16	96	68	1.41
Last Five Years	.304	626	2394	429	727	171	14	77	390	337	340	16	65	18	14	.389	.483	9	2	26	11279	4.06	890	681	1.31

2001 Season

	Avg	AB	H	2B	3B	HR	RBI	BB	SO	OBP	SLG		Avg	AB	H	2B	3B	HR	RBI	BB	SO	OBP	SLG
vs. Left	.233	60	14	5	0	1	10	3	10	.262	.367	Scoring Posn	.302	53	16	4	0	2	24	11	10	.391	.491
vs. Right	.286	185	53	18	0	6	19	24	22	.366	.481	Close & Late	.184	38	7	2	0	0	3	6	7	.289	.237
Home	.246	114	28	8	0	2	15	17	17	.336	.368	None on/out	.305	105	32	13	0	2	2	10	11	.371	.486
Away	.298	131	39	15	0	5	14	10	15	.347	.527	Batting #1	.277	242	67	23	0	7	29	27	31	.345	.459
First Pitch	.207	29	6	0	0	1	7	1	0	.226	.310	Batting #4	.000	2	0	0	0	0	0	0	0	.000	.000
Ahead in Count	.400	45	18	4	0	2	7	14	0	.541	.622	Other	.000	1	0	0	0	0	0	0	1	.000	.000
Behind in Count	.178	107	19	8	0	2	7	0	28	.173	.308	Pre-All Star	.273	245	67	23	0	7	29	27	32	.342	.453
Two Strikes	.226	133	30	14	0	2	9	12	32	.286	.376	Post-All Star	.000	0	0	0	0	0	0	0	0	.000	.000

Last Five Years

	Avg	AB	H	2B	3B	HR	RBI	BB	SO	OBP	SLG		Avg	AB	H	2B	3B	HR	RBI	BB	SO	OBP	SLG
vs. Left	.294	635	187	41	4	16	98	85	97	.381	.447	First Pitch	.274	252	69	18	1	8	58	8	0	.298	.448
vs. Right	.307	1759	540	130	10	61	292	252	243	.392	.496	Ahead in Count	.367	605	222	46	6	24	125	180	0	.509	.582
Home	.326	1156	377	82	11	41	209	182	157	.418	.522	Behind in Count	.252	943	238	57	3	21	105	0	260	.257	.386
Away	.283	1238	350	89	3	36	181	155	183	.362	.447	Two Strikes	.253	1104	279	74	5	27	134	149	340	.341	.402
Day	.308	542	167	30	2	15	80	70	84	.388	.454	Batting #1	.269	249	67	23	0	7	29	27	33	.337	.446
Night	.302	1852	560	141	12	62	310	267	256	.390	.492	Batting #3	.309	1872	578	127	12	65	324	274	266	.398	.494
Grass	.304	2095	637	141	14	70	340	299	295	.391	.485	Other	.300	273	82	21	2	5	37	36	41	.379	.447
Turf	.301	299	90	30	0	7	50	38	45	.381	.472	March/April	.290	396	115	35	2	10	67	58	58	.378	.465
Pre-All Star	.289	1368	395	100	8	37	202	198	204	.378	.455	May	.281	430	121	26	4	14	68	60	67	.369	.458
Post-All Star	.324	1026	332	71	6	40	188	139	136	.406	.521	June	.299	455	136	34	2	10	56	64	70	.384	.448
Inning 1-6	.308	1686	520	124	7	56	275	232	231	.392	.490	July	.304	359	109	24	1	10	57	64	42	.413	.460
Inning 7+	.292	708	207	47	7	21	115	105	109	.384	.468	August	.351	453	159	28	4	23	92	62	62	.432	.583
Scoring Posn	.308	668	206	41	5	25	309	120	100	.406	.497	Sept/Oct	.289	301	87	24	1	10	50	29	41	.345	.475
Close & Late	.292	329	96	25	2	8	48	56	57	.393	.453	vs. AL	.306	2098	641	146	13	71	348	295	288	.391	.489
None on/out	.301	475	143	41	2	17	17	61	59	.384	.503	vs. NL	.291	296	86	25	1	6	42	42	52	.380	.443

Ben Grieve — Devil Rays
Age 26 – Bats Left (groundball hitter)

	Avg	G	AB	R	H	2B	3B	HR	RBI	BB	SO	HBP	GDP	SB	CS	OBP	SLG	IBB	SH	SF	#Pit	#P/PA	GB	FB	G/F
2001 Season	.264	154	542	72	143	30	2	11	72	87	159	8	13	7	1	.372	.387	2	0	2	2589	4.05	207	97	2.13
Career (1997-2001)	.276	639	2298	350	635	138	5	87	375	321	545	29	81	16	3	.371	.454	10	1	9	10521	3.96	875	505	1.73

2001 Season

	Avg	AB	H	2B	3B	HR	RBI	BB	SO	OBP	SLG		Avg	AB	H	2B	3B	HR	RBI	BB	SO	OBP	SLG
vs. Left	.293	150	44	9	2	3	27	22	51	.399	.440	First Pitch	.450	60	27	5	1	2	15	2	0	.469	.667
vs. Right	.253	392	99	21	0	8	45	65	108	.362	.367	Ahead in Count	.423	137	58	15	0	6	33	45	0	.563	.664
Home	.269	253	68	19	1	5	30	45	79	.384	.411	Behind in Count	.163	245	40	4	1	1	14	0	127	.177	.200
Away	.260	289	75	11	1	6	42	42	80	.362	.367	Two Strikes	.117	283	33	6	0	1	13	40	159	.233	.148
Day	.219	192	42	7	0	3	12	36	59	.353	.302	Batting #3	.277	159	44	9	0	3	16	26	40	.382	.390
Night	.289	350	101	23	2	8	60	51	100	.383	.434	Batting #5	.200	125	25	4	1	4	18	19	33	.315	.344
Grass	.266	241	64	10	1	5	36	27	62	.352	.378	Other	.287	258	74	17	1	4	38	42	86	.394	.407
Turf	.262	301	79	20	1	6	36	60	97	.388	.395	April	.190	84	16	4	1	1	8	16	22	.333	.298
Pre-All Star	.240	288	69	14	2	6	34	47	87	.345	.365	May	.316	98	31	7	0	2	12	16	27	.412	.449
Post-All Star	.291	254	74	16	0	5	38	43	72	.403	.413	June	.223	94	21	3	1	3	14	10	33	.302	.372
Inning 1-6	.274	372	102	23	1	6	44	56	100	.376	.390	July	.258	66	17	1	0	2	13	13	22	.395	.364
Inning 7+	.241	170	41	7	1	5	28	31	59	.365	.382	August	.230	100	23	7	0	1	9	20	27	.361	.330
Scoring Posn	.273	143	39	6	2	5	60	35	40	.424	.448	Sept/Oct	.350	100	35	8	0	2	16	12	28	.420	.490
Close & Late	.167	72	12	4	0	2	8	14	31	.310	.306	vs. AL	.265	491	130	28	1	9	62	79	143	.374	.381
None on/out	.246	118	29	8	0	3	3	15	35	.331	.390	vs. NL	.255	51	13	2	1	2	10	8	16	.356	.451

2001 By Position

Position	Avg	AB	H	2B	3B	HR	RBI	BB	SO	OBP	SLG	G	GS	Innings	PO	A	E	DP	Fld Pct	Rng Fctr	In Zone	Zone Outs	Zone Rtg	MLB Zone
As DH	.353	119	42	7	0	5	24	14	28	.442	.538	32	32											
As lf	.261	199	52	10	4	3	21	35	59	.378	.357	56	56	471.2	123	4	1	0	.992	2.42	138	121	.877	.880
As rf	.221	222	49	13	2	3	27	38	70	.333	.338	64	62	540.2	117	0	3	0	.975	1.95	130	116	.892	.884

Career (1997-2001)

	Avg	AB	H	2B	3B	HR	RBI	BB	SO	OBP	SLG		Avg	AB	H	2B	3B	HR	RBI	BB	SO	OBP	SLG
vs. Left	.254	704	179	42	2	23	127	88	200	.343	.418	First Pitch	.416	255	106	19	2	18	69	9	0	.451	.718
vs. Right	.286	1594	456	96	3	64	248	233	345	.383	.471	Ahead in Count	.388	629	244	59	1	34	141	170	0	.518	.647
Home	.257	1125	289	62	3	39	165	140	266	.345	.421	Behind in Count	.183	968	177	33	2	17	97	0	433	.192	.274
Away	.295	1173	346	76	2	48	210	181	279	.395	.486	Two Strikes	.166	1084	180	37	1	22	101	142	545	.267	.263
Day	.260	858	223	46	1	28	122	135	199	.367	.414	Batting #3	.287	809	232	49	2	29	129	130	179	.394	.460
Night	.286	1440	412	92	4	59	253	186	346	.373	.478	Batting #5	.279	483	135	28	1	19	79	65	118	.366	.457
Grass	.279	1789	499	105	4	71	307	231	387	.368	.461	Other	.267	1001	267	61	2	39	167	126	248	.353	.449
Turf	.267	509	136	33	1	16	68	90	158	.380	.430	March/April	.240	346	83	20	3	8	46	44	84	.338	.384
Pre-All Star	.279	1200	335	73	5	45	192	154	269	.367	.461	May	.305	390	119	30	1	12	60	48	75	.385	.479
Post-All Star	.273	1098	300	65	0	42	183	167	276	.375	.447	June	.296	372	110	18	2	12	73	50	89	.382	.527
Inning 1-6	.278	1592	442	99	3	59	262	227	351	.373	.455	July	.246	329	81	15	0	13	48	62	79	.371	.410
Inning 7+	.273	706	193	39	2	28	113	94	194	.365	.453	August	.274	394	108	27	0	15	64	61	101	.379	.457
Scoring Posn	.287	641	184	41	2	26	277	122	151	.405	.479	Sept/Oct	.287	467	134	28	0	17	84	56	117	.364	.456
Close & Late	.244	299	73	13	1	12	40	44	91	.349	.415	vs. AL	.274	2083	570	120	4	78	334	282	500	.367	.447
None on/out	.264	477	126	29	2	16	16	49	108	.339	.434	vs. NL	.302	215	65	18	1	9	41	39	45	.410	.521

Ken Griffey Jr. — Reds
Age 32 – Bats Left (flyball hitter)

	Avg	G	AB	R	H	2B	3B	HR	RBI	BB	SO	HBP	GDP	SB	CS	OBP	SLG	IBB	SH	SF	#Pit	#P/PA	GB	FB	G/F
2001 Season	.286	111	364	57	104	20	2	22	65	44	72	4	8	2	0	.365	.533	6	1	6	1565	3.75	109	118	0.92
Last Five Years	.287	734	2731	525	783	135	14	222	610	381	539	35	49	67	20	.377	.590	74	1	30	12016	3.78	760	1026	0.74

2001 Season

	Avg	AB	H	2B	3B	HR	RBI	BB	SO	OBP	SLG		Avg	AB	H	2B	3B	HR	RBI	BB	SO	OBP	SLG
vs. Left	.254	126	32	6	1	5	22	12	24	.326	.437	First Pitch	.519	52	27	6	0	3	13	4	0	.544	.808
vs. Right	.303	238	72	14	1	17	43	32	48	.386	.584	Ahead in Count	.306	85	26	6	0	8	26	27	0	.474	.659
Home	.326	184	60	12	0	12	37	20	33	.390	.587	Behind in Count	.184	163	30	5	2	5	14	0	60	.199	.331
Away	.244	180	44	8	2	10	28	24	39	.340	.478	Two Strikes	.156	167	26	3	2	7	18	13	72	.227	.323

161

2001 Season

	Avg	AB	H	2B	3B	HR	RBI	BB	SO	OBP	SLG		Avg	AB	H	2B	3B	HR	RBI	BB	SO	OBP	SLG
Day	.280	118	33	9	0	5	20	14	27	.348	.483	Batting #3	.297	347	103	19	2	22	64	40	67	.372	.553
Night	.289	246	71	11	2	17	45	30	45	.374	.557	Batting #9	.000	7	0	0	0	0	0	3	2	.300	.000
Grass	.287	331	95	19	2	20	59	41	65	.367	.538	Other	.100	10	1	1	0	0	1	1	3	.231	.200
Turf	.273	33	9	1	0	2	6	3	7	.351	.485	April	.000	12	0	0	0	0	0	3	5	.250	.000
Pre-All Star	.227	88	20	4	0	4	12	14	18	.343	.409	May	.000	0	0	0	0	0	0	0	0	.000	.000
Post-All Star	.304	276	84	16	2	18	53	30	54	.373	.572	June	.340	53	18	4	0	4	11	8	7	.426	.642
Inning 1-6	.294	238	70	13	0	15	41	34	44	.385	.538	July	.247	89	22	3	2	4	10	12	22	.343	.461
Inning 7+	.270	126	34	7	2	7	24	10	28	.326	.524	August	.327	110	36	4	0	11	29	12	17	.390	.664
Scoring Posn	.310	87	27	5	0	3	40	15	22	.402	.471	Sept/Oct	.280	100	28	9	0	3	15	9	21	.336	.460
Close & Late	.309	68	21	5	2	2	14	5	15	.360	.529	vs. AL	.250	32	8	0	0	3	7	4	7	.359	.531
None on/out	.220	82	18	2	1	5	5	9	16	.297	.451	vs. NL	.289	332	96	20	2	19	58	40	65	.366	.533

2001 By Position

Position	Avg	AB	H	2B	3B	HR	RBI	BB	SO	OBP	SLG	G	GS	Innings	PO	A	E	DP	Fld Pct	Rng Fctr	In Zone	Zone Outs	Zone Rtg	MLB Zone
As cf	.297	343	102	19	2	22	65	39	65	.369	.557	90	90	757.0	195	1	3	0	.985	2.33	209	185	.885	.892

Last Five Years

	Avg	AB	H	2B	3B	HR	RBI	BB	SO	OBP	SLG		Avg	AB	H	2B	3B	HR	RBI	BB	SO	OBP	SLG
vs. Left	.264	821	217	30	4	59	167	79	183	.336	.526	First Pitch	.371	388	144	16	4	29	95	57	0	.460	.657
vs. Right	.296	1910	566	105	10	163	443	302	356	.394	.618	Ahead in Count	.348	643	224	40	5	66	186	188	0	.495	.734
Home	.299	1339	400	72	6	118	324	187	245	.386	.626	Behind in Count	.230	1172	270	50	4	74	204	0	415	.237	.469
Away	.275	1392	383	63	8	104	286	194	294	.369	.556	Two Strikes	.195	1253	244	51	4	77	201	134	539	.277	.426
Day	.276	879	243	35	3	83	227	131	171	.371	.606	Batting #3	.288	2701	778	133	14	221	607	375	530	.378	.593
Night	.292	1852	540	100	11	139	383	250	368	.380	.583	Batting #9	.222	9	2	0	0	1	1	3	2	.417	.556
Grass	.279	1461	407	72	8	102	283	213	296	.376	.548	Other	.143	21	3	2	0	0	2	3	7	.269	.238
Turf	.296	1270	376	63	6	120	327	168	243	.380	.607	March/April	.272	393	107	13	2	40	105	62	78	.375	.621
Pre-All Star	.286	1390	397	64	6	126	328	218	272	.386	.612	May	.293	417	122	21	1	37	93	67	75	.394	.614
Post-All Star	.288	1341	386	71	8	96	282	163	267	.368	.567	June	.290	445	129	24	2	42	100	76	90	.394	.636
Inning 1-6	.293	1927	564	93	7	166	454	265	373	.382	.607	July	.285	491	140	27	6	28	98	60	108	.368	.536
Inning 7+	.272	804	219	42	7	56	156	116	166	.366	.551	August	.304	553	168	26	2	39	116	55	97	.369	.570
Scoring Posn	.311	697	217	42	5	54	374	130	150	.410	.618	Sept/Oct	.271	432	117	24	1	36	98	61	91	.362	.581
Close & Late	.284	377	107	17	5	26	87	65	81	.390	.562	vs. AL	.286	1705	488	79	7	146	394	223	320	.373	.598
None on/out	.263	498	131	23	3	30	30	60	80	.348	.502	vs. NL	.288	1026	295	56	7	76	216	158	219	.385	.578

Jason Grilli — Marlins
Age 25 – Pitches Right (flyball pitcher)

	ERA	W	L	Sv	G	GS	IP	BB	SO	Avg	H	2B	3B	HR	RBI	OBP	SLG	CG	ShO	Sup	QS	#P/S	SB	CS	GB	FB	G/F
2001 Season	6.08	2	2	0	6	5	26.2	11	17	.297	30	3	0	6	14	.377	.505	0	0	4.72	1	79	0	1	26	36	0.72
Career (2000-2001)	5.94	3	2	0	7	6	33.1	13	20	.315	41	5	0	6	18	.395	.492	0	0	5.13	1	84	1	1	41	42	0.98

2001 Season

	ERA	W	L	Sv	G	GS	IP	H	HR	BB	SO		Avg	AB	H	2B	3B	HR	RBI	BB	SO	OBP	SLG
Home	3.57	1	1	0	4	3	17.2	15	3	9	8	vs. Left	.276	58	16	2	0	3	7	9	11	.373	.466
Away	11.00	1	1	0	2	2	9.0	15	3	2	9	vs. Right	.326	43	14	1	0	3	7	2	6	.383	.558

Jason Grimsley — Royals
Age 34 – Pitches Right (groundball pitcher)

	ERA	W	L	Sv	G	GS	IP	BB	SO	Avg	H	2B	3B	HR	RBI	OBP	SLG	GF	IR	IRS	Hld	SvOp	SB	CS	GB	FB	G/F
2001 Season	3.02	1	5	0	73	0	80.1	28	61	.241	71	10	0	8	35	.311	.357	24	37	10	26	7	8	6	145	44	3.30
Last Five Years	3.97	11	9	2	191	4	251.2	110	163	.249	237	47	1	25	137	.330	.379	67	127	40	38	15	16	7	451	200	2.26

2001 Season

	ERA	W	L	Sv	G	GS	IP	H	HR	BB	SO		Avg	AB	H	2B	3B	HR	RBI	BB	SO	OBP	SLG
Home	1.58	1	1	0	37	0	40.0	34	2	12	34	vs. Left	.261	161	42	4	0	4	15	16	21	.328	.360
Away	4.46	0	4	0	36	0	40.1	37	6	16	27	vs. Right	.218	133	29	6	0	4	20	12	40	.291	.353
Day	5.84	0	2	0	22	0	24.2	22	4	12	9	Inning 1-6	.000	0	0	0	0	0	0	0	0	.000	.000
Night	1.78	1	3	0	51	0	55.2	49	4	16	52	Inning 7+	.241	294	71	10	0	8	35	28	61	.311	.357
Grass	2.60	1	4	0	65	0	72.2	61	6	24	58	None on	.239	155	37	4	0	4	4	14	31	.306	.342
Turf	7.04	0	1	0	8	0	7.2	10	2	4	3	Runners on	.245	139	34	6	0	4	31	14	30	.316	.374
April	3.12	0	1	0	13	0	17.1	11	1	6	9	Scoring Posn	.218	78	17	1	0	3	26	10	16	.303	.346
May	1.26	0	1	0	12	0	14.1	12	2	4	10	Close & Late	.276	170	47	7	0	5	25	15	31	.340	.406
June	2.57	0	1	0	14	0	14.0	11	2	3	9	None on/out	.167	66	11	0	0	3	3	5	10	.225	.303
July	7.71	0	2	0	10	0	7.0	9	0	1	8	vs. 1st Batr (relief)	.174	69	12	1	0	3	7	4	15	.219	.319
August	3.14	1	0	0	13	0	14.1	14	1	6	16	1st Inning Pitched	.249	245	61	10	0	8	35	21	51	.312	.388
Sept/Oct	2.70	0	0	0	11	0	13.1	14	2	8	9	First 15 Pitches	.236	203	48	7	0	8	24	18	38	.304	.389
Starter	0.00	0	0	0	0	0	0.0	0	0	0	0	Pitch 16-30	.256	78	20	3	0	0	11	8	18	.326	.295
Reliever	3.02	1	5	0	73	0	80.1	71	8	28	61	Pitch 31-45	.231	13	3	0	0	0	0	2	5	.333	.231
0 Days Rest (Relief)	3.27	1	0	0	21	0	22.0	20	2	9	14	Pitch 46+	.000	0	0	0	0	0	0	0	0	.000	.000
1 or 2 Days Rest	1.35	1	0	0	35	0	40.0	30	3	11	32	First Pitch	.366	41	15	5	0	1	5	3	0	.422	.561
3+ Days Rest	6.38	0	3	0	17	0	18.1	21	3	8	15	Ahead in Count	.190	137	26	1	0	2	14	0	51	.190	.241
vs. AL	2.78	1	4	0	62	0	71.1	58	7	28	53	Behind in Count	.298	57	17	2	0	4	20	0	0	.481	.544
vs. NL	5.00	0	1	0	11	0	9.0	13	1	0	8	Two Strikes	.191	136	26	2	0	2	17	0	61	.220	.272
Pre-All Star	2.25	1	3	0	42	0	48.0	35	5	13	31	Pre-All Star	.206	170	35	6	0	5	19	13	31	.266	.329
Post-All Star	4.18	1	2	0	31	0	32.1	36	3	15	30	Post-All Star	.290	124	36	4	0	3	16	15	30	.369	.395

	ERA	W	L	Sv	G	GS	IP	H	HR	BB	SO		Avg	AB	H	2B	3B	HR	RBI	BB	SO	OBP	SLG
Home	3.77	7	2	2	102	2	138.1	123	14	54	87	vs. Left	.224	437	98	16	1	11	57	46	61	.299	.341
Away	4.21	4	7	0	89	2	113.1	114	11	56	76	vs. Right	.269	516	139	31	0	14	80	64	102	.356	.411
Day	3.62	6	4	2	69	2	104.1	85	10	41	59	Inning 1-6	.248	226	56	11	0	7	33	22	38	.321	.389
Night	4.21	5	5	0	122	2	147.1	152	15	69	104	Inning 7+	.249	727	181	36	1	18	104	88	125	.333	.376
Grass	3.70	9	7	2	166	2	216.1	201	21	90	142	None on	.252	496	125	28	1	12	12	41	88	.317	.385
Turf	5.60	2	2	0	25	2	35.1	36	4	20	21	Runners on	.245	457	112	19	0	13	125	69	75	.344	.372
March/April	3.35	1	1	0	25	1	37.2	30	4	9	24	Scoring Posn	.236	296	70	10	0	9	113	49	48	.337	.361
May	1.72	4	1	0	36	1	57.2	41	4	16	42	Close & Late	.257	268	69	12	0	5	42	37	42	.353	.358
June	4.83	3	4	0	37	2	50.1	54	5	30	26	None on/out	.193	212	41	11	0	6	6	15	35	.253	.330
July	6.56	2	2	1	32	0	35.2	35	4	17	19	vs. 1st Batr (relief)	.207	169	35	8	0	4	20	16	34	.280	.325
August	4.54	1	1	0	32	0	35.2	40	4	18	32	1st Inning Pitched	.241	626	151	29	1	15	100	75	120	.324	.363
Sept/Oct	3.89	0	0	1	29	0	34.2	37	4	20	20	First 15 Pitches	.236	542	128	25	1	15	74	61	94	.320	.369
Starter	5.19	1	0	0	4	4	17.1	21	3	7	11	Pitch 16-30	.263	293	77	17	0	7	49	35	49	.337	.392
Reliever	3.88	10	9	2	187	0	234.1	216	22	103	152	Pitch 31-45	.260	77	20	3	0	2	9	11	14	.367	.377
0 Days Rest (Relief)	4.82	1	2	0	41	0	46.2	44	4	23	26	Pitch 46+	.293	41	12	2	0	1	5	3	6	.341	.415
1 or 2 Days Rest	3.57	6	1	1	92	0	118.1	108	12	52	77	First Pitch	.294	153	45	8	1	2	22	8	0	.337	.399
3+ Days Rest	3.76	3	6	1	54	0	69.1	64	6	28	49	Ahead in Count	.208	403	84	20	0	6	46	0	141	.213	.303
vs. AL	3.90	9	6	1	163	3	216.2	205	21	95	144	Behind in Count	.300	227	68	11	0	14	48	73	0	.476	.533
vs. NL	4.37	2	3	1	28	1	35.0	32	4	15	19	Two Strikes	.192	390	75	16	0	7	51	29	163	.249	.287
Pre-All Star	3.50	9	6	0	108	4	156.2	137	15	61	99	Pre-All Star	.234	586	137	25	0	15	77	61	99	.310	.353
Post-All Star	4.74	2	3	2	83	0	95.0	100	10	49	64	Post-All Star	.272	367	100	22	1	10	60	49	64	.362	.420

Marquis Grissom — Dodgers

Age 35 – Bats Right

	Avg	G	AB	R	H	2B	3B	HR	RBI	BB	SO	HBP	GDP	SB	CS	OBP	SLG	IBB	SH	SF	#Pit	#P/PA	GB	FB	G/F
2001 Season	.221	135	448	56	99	17	1	21	60	16	107	2	12	7	5	.250	.404	0	0	2	1774	3.79	165	126	1.31
Last Five Years	.254	721	2746	346	698	117	11	77	331	171	482	10	57	86	42	.298	.389	9	14	22	10703	3.61	1080	779	1.39

2001 Season

	Avg	AB	H	2B	3B	HR	RBI	BB	SO	OBP	SLG		Avg	AB	H	2B	3B	HR	RBI	BB	SO	OBP	SLG
vs. Left	.254	134	34	7	1	8	17	2	35	.270	.500	First Pitch	.321	53	17	2	0	2	7	0	0	.321	.472
vs. Right	.207	314	65	10	0	13	43	14	72	.242	.363	Ahead in Count	.281	89	25	7	1	3	12	10	0	.354	.483
Home	.221	231	51	9	0	9	27	10	59	.252	.377	Behind in Count	.164	220	36	4	0	9	22	0	88	.167	.305
Away	.221	217	48	8	1	12	33	6	48	.248	.433	Two Strikes	.157	223	35	5	0	11	20	6	107	.179	.327
Day	.244	135	33	5	0	7	18	5	26	.270	.437	Batting #1	.227	128	29	4	0	6	16	1	31	.233	.398
Night	.211	313	66	12	1	14	42	11	81	.242	.390	Batting #7	.214	145	31	7	1	5	21	12	40	.277	.379
Grass	.221	434	96	17	1	21	60	16	101	.251	.410	Other	.223	175	39	6	0	10	23	3	36	.239	.429
Turf	.214	14	3	0	0	0	0	0	6	.214	.214	April	.250	60	15	3	0	3	7	0	14	.250	.450
Pre-All Star	.263	236	62	12	1	15	43	3	48	.271	.513	May	.343	67	23	3	1	7	17	1	14	.353	.731
Post-All Star	.175	212	37	5	0	6	17	13	59	.228	.283	June	.200	90	18	3	0	4	14	2	16	.215	.367
Inning 1-6	.234	278	65	14	1	15	41	10	66	.265	.453	July	.196	51	10	4	0	2	6	0	10	.212	.392
Inning 7+	.200	170	34	3	0	6	19	5	41	.226	.324	August	.188	85	16	1	0	4	11	10	27	.278	.341
Scoring Posn	.243	107	26	2	1	5	40	8	29	.297	.421	Sept/Oct	.179	95	17	3	0	1	5	3	26	.204	.242
Close & Late	.167	90	15	2	0	1	10	3	29	.194	.222	vs. AL	.128	47	6	1	0	0	1	1	9	.146	.149
None on/out	.257	140	36	11	0	6	6	2	30	.268	.464	vs. NL	.232	401	93	16	1	21	59	15	98	.262	.434

2001 By Position

Position	Avg	AB	H	2B	3B	HR	RBI	BB	SO	OBP	SLG	G	GS	Innings	PO	A	E	DP	Fld Pct	Rng Fctr	In Zone	Zone Outs	Zone Rtg	MLB Zone
As Pinch Hitter	.190	21	4	0	0	2	4	0	7	.190	.476	21	0											
As lf	.258	62	16	3	0	5	13	1	10	.266	.548	26	15	145.2	32	0	0	0	1.000	1.98	35	31	.886	.880
As cf	.217	346	75	14	1	14	41	15	87	.253	.384	95	83	765.1	192	6	0	2	1.000	2.33	207	187	.903	.892

Last Five Years

	Avg	AB	H	2B	3B	HR	RBI	BB	SO	OBP	SLG		Avg	AB	H	2B	3B	HR	RBI	BB	SO	OBP	SLG
vs. Left	.280	718	201	39	4	22	91	48	126	.324	.437	First Pitch	.341	390	133	20	3	12	58	5	0	.351	.500
vs. Right	.245	2028	497	78	7	55	240	123	356	.289	.372	Ahead in Count	.299	653	195	26	4	26	107	79	0	.371	.470
Home	.251	1337	336	62	3	29	142	94	231	.300	.367	Behind in Count	.205	1190	244	39	3	22	101	0	401	.205	.298
Away	.257	1409	362	55	8	48	189	77	251	.296	.410	Two Strikes	.187	1166	218	39	3	21	98	87	482	.244	.280
Day	.266	896	238	41	0	30	120	62	146	.315	.412	Batting #1	.249	862	215	40	6	26	91	56	139	.297	.400
Night	.249	1850	460	76	11	47	211	109	336	.290	.378	Batting #6	.258	590	152	22	2	14	73	45	100	.309	.373
Grass	.251	2369	594	98	8	67	285	148	415	.295	.384	Other	.256	1294	331	55	3	37	167	70	243	.294	.389
Turf	.276	377	104	19	3	10	46	23	67	.320	.422	March/April	.248	407	101	25	3	8	40	22	64	.288	.383
Pre-All Star	.269	1444	388	67	4	40	201	80	245	.306	.404	May	.273	410	112	18	1	11	66	27	74	.318	.402
Post-All Star	.238	1302	310	50	7	37	130	91	237	.289	.373	June	.290	487	141	19	0	17	75	26	77	.322	.433
Inning 1-6	.260	1834	476	87	9	55	218	108	311	.302	.407	July	.231	467	108	18	1	17	57	29	88	.276	.338
Inning 7+	.243	912	222	30	2	22	113	63	171	.291	.353	August	.221	470	104	13	6	10	43	34	92	.277	.338
Scoring Posn	.277	664	184	34	2	20	257	68	129	.339	.425	Sept/Oct	.261	505	132	24	0	19	50	33	87	.307	.422
Close & Late	.233	442	103	12	1	11	60	39	92	.295	.339	vs. AL	.250	689	172	28	6	16	89	51	115	.302	.377
None on/out	.246	783	193	39	4	27	27	44	113	.287	.410	vs. NL	.256	2057	526	89	5	61	242	120	367	.297	.393

Buddy Groom — Orioles
Age 36 – Pitches Left (groundball pitcher)

	ERA	W	L	Sv	G	GS	IP	BB	SO	Avg	H	2B	3B	HR	RBI	OBP	SLG	GF	IR	IRS	Hld	SvOp	SB	CS	GB	FB	G/F
2001 Season	3.55	1	4	11	70	0	66.0	9	54	.252	64	14	3	4	27	.279	.378	35	50	9	16	13	1	2	104	61	1.70
Last Five Years	4.54	15	12	18	369	0	293.1	92	211	.273	312	55	6	23	164	.326	.393	75	324	81	98	38	19	12	473	291	1.63

2001 Season

	ERA	W	L	Sv	G	GS	IP	H	HR	BB	SO		Avg	AB	H	2B	3B	HR	RBI	BB	SO	OBP	SLG
Home	2.83	1	3	6	36	0	35.0	29	2	4	29	vs. Left	.194	103	20	3	1	3	12	2	27	.208	.330
Away	4.35	0	1	5	34	0	31.0	35	2	5	25	vs. Right	.291	151	44	11	2	1	15	7	27	.327	.411
Day	0.98	0	1	1	19	0	18.1	15	1	0	17	Inning 1-6	.000	0	0	0	0	0	0	0	0	.000	.000
Night	4.53	1	3	10	51	0	47.2	49	3	9	37	Inning 7+	.252	254	64	14	3	4	27	9	54	.279	.378
Grass	3.09	1	4	11	60	0	55.1	52	3	7	46	None on	.281	128	36	5	3	2	5	33	.313	.414
Turf	5.91	0	0	0	10	0	10.2	12	1	2	8	Runners on	.222	126	28	9	0	2	25	4	21	.244	.341
April	4.05	1	0	1	9	0	6.2	6	0	1	6	Scoring Posn	.224	76	17	7	0	1	23	2	10	.241	.355
May	4.82	0	0	0	11	0	9.1	8	2	2	10	Close & Late	.255	141	36	8	2	2	17	2	21	.266	.383
June	2.19	0	2	4	11	0	12.1	7	0	2	10	None on/out	.255	55	14	0	2	0	0	1	16	.281	.295
July	2.03	0	1	5	13	0	13.1	13	2	3	7	vs. 1st Batr (relief)	.239	67	16	2	2	0	4	1	16	.257	.328
August	4.26	0	1	0	12	0	12.2	14	0	1	8	1st Inning Pitched	.256	219	56	12	3	4	25	7	46	.281	.393
Sept/Oct	4.63	0	1	0	14	0	11.2	16	0	0	13	First 15 Pitches	.263	198	52	9	3	2	16	4	37	.279	.369
Starter	0.00	0	0	0	0	0	0.0	0	0	0	0	Pitch 16-30	.222	54	12	5	0	2	11	5	15	.288	.426
Reliever	3.55	1	4	11	70	0	66.0	64	4	9	54	Pitch 31-45	.000	2	0	0	0	0	0	0	2	.000	.000
0 Days Rest (Relief)	3.50	0	1	3	18	0	18.0	18	2	1	13	Pitch 46+	.000	0	0	0	0	0	0	0	0	.000	.000
1 or 2 Days Rest	3.03	1	2	6	37	0	35.2	36	2	7	29	First Pitch	.243	37	9	1	0	1	4	0	0	.243	.351
3+ Days Rest	5.11	0	1	2	15	0	12.1	10	0	1	12	Ahead in Count	.215	135	29	7	2	0	7	0	49	.221	.296
vs. AL	3.60	1	2	7	60	0	55.0	54	2	6	44	Behind in Count	.297	37	11	3	1	2	10	5	0	.372	.551
vs. NL	3.27	0	2	4	10	0	11.0	10	2	3	10	Two Strikes	.191	131	25	8	1	0	7	4	54	.221	.267
Pre-All Star	3.48	1	3	6	36	0	33.2	28	3	6	29	Pre-All Star	.222	126	28	6	2	3	15	6	29	.263	.373
Post-All Star	3.62	0	1	5	34	0	32.1	36	1	3	25	Post-All Star	.281	128	36	8	1	1	12	3	25	.295	.383

Last Five Years

	ERA	W	L	Sv	G	GS	IP	H	HR	BB	SO		Avg	AB	H	2B	3B	HR	RBI	BB	SO	OBP	SLG
Home	4.32	6	5	8	190	0	150.0	150	13	48	110	vs. Left	.223	525	117	19	1	10	67	35	115	.271	.320
Away	4.77	9	7	10	179	0	143.1	162	10	44	101	vs. Right	.317	616	195	36	5	13	97	57	96	.372	.455
Day	4.07	4	4	4	136	0	104.0	100	10	31	69	Inning 1-6	.298	161	48	3	0	3	26	11	30	.337	.404
Night	4.80	11	8	14	233	0	189.1	212	13	61	142	Inning 7+	.269	980	264	47	6	20	138	81	181	.324	.391
Grass	4.55	14	9	18	321	0	251.0	259	20	80	183	None on	.291	540	157	24	5	14	14	36	104	.336	.431
Turf	4.46	1	3	0	48	0	42.1	53	3	12	28	Runners on	.258	601	155	31	1	9	150	56	107	.317	.358
March/April	3.66	4	2	3	57	0	46.2	44	1	15	34	Scoring Posn	.270	363	98	18	1	7	140	42	65	.337	.383
May	5.98	4	3	0	62	0	46.2	57	6	14	31	Close & Late	.273	472	129	19	3	10	77	40	74	.327	.390
June	5.98	2	3	8	56	0	46.2	52	3	19	30	None on/out	.280	246	69	8	4	5	5	12	41	.317	.407
July	2.86	1	3	6	71	0	56.2	46	5	15	39	vs. 1st Batr (relief)	.255	341	87	15	3	4	49	21	66	.298	.352
August	3.20	4	0	1	60	0	50.2	47	4	14	39	1st Inning Pitched	.274	943	258	44	6	22	151	75	183	.325	.403
Sept/Oct	6.07	0	1	0	63	0	46.0	66	4	15	38	First 15 Pitches	.279	850	237	38	6	18	121	63	151	.326	.401
Starter	0.00	0	0	0	0	0	0.0	0	0	0	0	Pitch 16-30	.269	249	67	17	0	5	39	24	52	.335	.398
Reliever	4.54	15	12	18	369	0	293.1	312	23	92	211	Pitch 31-45	.211	38	8	0	0	0	3	3	7	.268	.211
0 Days Rest (Relief)	4.66	3	2	6	105	0	75.1	78	7	16	55	Pitch 46+	.000	4	0	0	0	0	1	2	1	.286	.000
1 or 2 Days Rest	4.62	11	8	10	189	0	159.2	168	13	59	113	First Pitch	.306	160	49	6	1	4	27	0	0	.333	.431
3+ Days Rest	4.17	1	2	2	75	0	58.1	66	3	17	43	Ahead in Count	.221	561	124	22	4	5	50	0	183	.224	.301
vs. AL	4.70	14	8	12	324	0	251.0	272	19	76	188	Behind in Count	.362	207	75	17	1	8	55	38	0	.452	.570
vs. NL	3.61	1	4	6	45	0	42.1	40	4	16	23	Two Strikes	.211	564	119	24	2	7	53	46	211	.274	.298
Pre-All Star	4.86	10	9	13	196	0	157.1	164	11	52	106	Pre-All Star	.274	599	164	30	4	11	90	52	106	.330	.392
Post-All Star	4.17	5	3	5	173	0	136.0	148	12	40	105	Post-All Star	.273	542	148	25	2	12	74	40	105	.321	.393

Mark Grudzielanek — Dodgers
Age 32 – Bats Right (groundball hitter)

	Avg	G	AB	R	H	2B	3B	HR	RBI	BB	SO	HBP	GDP	SB	CS	OBP	SLG	IBB	SH	SF	#Pit	#P/PA	GB	FB	G/F
2001 Season	.271	133	539	83	146	21	3	13	55	28	83	11	9	4	4	.317	.393	0	3	5	2067	3.53	213	143	1.49
Last Five Years	.282	716	2882	394	814	154	18	41	263	153	378	51	69	65	27	.328	.391	3	18	21	10970	3.51	1224	732	1.67

2001 Season

	Avg	AB	H	2B	3B	HR	RBI	BB	SO	OBP	SLG		Avg	AB	H	2B	3B	HR	RBI	BB	SO	OBP	SLG
vs. Left	.295	122	36	5	1	6	14	5	18	.326	.500	First Pitch	.314	86	27	5	1	7	20	0	0	.344	.640
vs. Right	.264	417	110	16	2	7	41	23	65	.315	.362	Ahead in Count	.328	116	38	7	0	3	9	7	0	.366	.466
Home	.245	265	65	7	1	8	29	8	37	.275	.370	Behind in Count	.227	256	58	6	1	3	17	0	74	.242	.293
Away	.296	274	81	14	2	5	26	20	46	.356	.416	Two Strikes	.191	235	45	4	2	0	10	21	83	.266	.226
Day	.234	145	34	9	0	1	16	11	25	.294	.317	Batting #2	.263	471	124	17	2	12	43	22	76	.308	.384
Night	.284	394	112	12	3	12	39	17	58	.326	.421	Batting #3	.345	55	19	4	0	1	12	5	6	.400	.473
Grass	.269	517	139	19	3	13	54	28	75	.317	.393	Other	.231	13	3	0	1	0	0	1	2	.286	.385
Turf	.318	22	7	2	0	0	1	0	8	.318	.409	April	.305	82	25	2	1	5	12	2	15	.337	.537
Pre-All Star	.300	267	80	11	1	8	35	19	45	.354	.438	May	.323	99	32	5	0	2	12	10	15	.396	.434
Post-All Star	.243	272	66	10	2	5	20	9	38	.281	.349	June	.283	60	17	2	0	1	9	5	11	.338	.367
Inning 1-6	.280	386	108	16	2	10	39	14	53	.313	.409	July	.221	104	23	3	2	1	12	3	14	.261	.317
Inning 7+	.248	153	38	5	1	3	16	14	30	.328	.353	August	.273	99	27	5	0	1	3	4	16	.314	.354
Scoring Posn	.333	90	30	5	0	1	35	13	13	.404	.422	Sept/Oct	.232	95	22	4	0	3	8	4	12	.260	.368
Close & Late	.296	81	24	3	1	3	12	9	21	.383	.469	vs. AL	.195	41	8	1	0	2	0	9	.195	.220
None on/out	.228	114	26	3	1	1	2	23	.273	.298	vs. NL	.277	498	138	20	3	13	53	28	74	.327	.408

2001 By Position

Position	Avg	AB	H	2B	3B	HR	RBI	BB	SO	OBP	SLG	G	GS	Innings	PO	A	E	DP	Fld Pct	Rng Fctr	In Zone	Zone Outs	Zone Rtg	MLB Zone
As 2b	.271	539	146	21	3	13	55	28	83	.317	.393	133	131	1159.1	245	359	10	75	.984	4.69	406	334	.823	.824

Last Five Years

	Avg	AB	H	2B	3B	HR	RBI	BB	SO	OBP	SLG		Avg	AB	H	2B	3B	HR	RBI	BB	SO	OBP	SLG
vs. Left	.283	710	201	39	4	14	67	50	92	.331	.408	First Pitch	.333	424	141	32	5	12	55	2	0	.360	.517
vs. Right	.282	2172	613	115	14	27	196	103	286	.327	.385	Ahead in Count	.333	663	221	47	5	13	75	82	0	.408	.478
Home	.287	1413	406	75	5	22	129	67	188	.329	.394	Behind in Count	.243	1319	320	49	6	12	90	49	6	.253	.316
Away	.278	1469	408	79	13	19	134	86	190	.326	.388	Two Strikes	.214	1200	257	39	5	7	70	69	378	.265	.273
Day	.275	824	227	46	3	12	84	45	104	.319	.382	Batting #1	.253	641	162	39	3	5	47	27	83	.294	.346
Night	.285	2058	587	108	15	29	179	108	274	.331	.395	Batting #2	.286	1533	438	69	11	28	131	91	215	.335	.400
Grass	.287	1987	570	96	14	36	192	118	252	.335	.404	Other	.302	708	214	46	4	8	85	35	80	.341	.412
Turf	.273	895	244	58	4	5	71	35	126	.311	.363	March/April	.270	459	124	22	2	12	40	18	61	.306	.405
Pre-All Star	.286	1474	422	76	7	23	140	87	204	.338	.394	May	.296	531	157	21	4	6	46	37	64	.358	.384
Post-All Star	.278	1408	392	78	11	18	123	66	174	.317	.388	June	.286	385	110	24	1	3	37	24	60	.337	.377
Inning 1-6	.285	2023	576	110	12	30	179	96	244	.325	.395	July	.293	444	130	31	4	7	54	25	59	.336	.428
Inning 7+	.277	859	238	44	6	11	84	57	134	.334	.381	August	.278	558	155	30	4	3	34	24	60	.316	.362
Scoring Posn	.261	625	163	31	4	7	208	67	84	.333	.357	Sept/Oct	.273	505	138	26	3	10	52	25	74	.305	.396
Close & Late	.287	457	131	23	2	8	57	28	81	.341	.398	vs. AL	.262	214	56	12	1	3	24	10	36	.303	.369
None on/out	.294	724	213	41	6	7	7	23	104	.329	.396	vs. NL	.284	2668	758	142	17	38	239	143	342	.330	.393

Eddie Guardado — Twins

Age 31 – Pitches Left (flyball pitcher)

	ERA	W	L	Sv	G	GS	IP	BB	SO	Avg	H	2B	3B	HR	RBI	OBP	SLG	GF	IR	IRS	Hld	SvOp	SB	CS	GB	FB	G/F
2001 Season	3.51	7	1	12	67	0	66.2	23	67	.197	47	11	0	5	27	.268	.307	26	52	10	14	14	1	0	56	88	0.64
Last Five Years	4.06	19	15	24	348	0	288.0	118	276	.235	250	52	7	42	176	.311	.415	107	289	84	66	34	12	4	243	410	0.59

2001 Season

	ERA	W	L	Sv	G	GS	IP	H	HR	BB	SO		Avg	AB	H	2B	3B	HR	RBI	BB	SO	OBP	SLG
Home	3.90	5	0	4	33	0	30.0	22	1	11	36	vs. Left	.167	90	15	3	0	1	8	3	29	.191	.233
Away	3.19	2	1	8	34	0	36.2	25	4	12	31	vs. Right	.216	148	32	8	0	4	19	20	38	.310	.351
Day	3.32	4	1	3	21	0	21.2	11	1	14	Inning 1-6	.000	5	0	0	0	0	0	0	1	.000	.000
Night	3.60	3	0	9	46	0	45.0	36	4	12	53	Inning 7+	.202	233	47	11	0	5	27	23	66	.273	.313
Grass	3.58	2	1	8	32	0	32.2	25	4	9	30	None on	.202	114	23	5	0	2	2	12	38	.278	.298
Turf	3.44	5	0	4	35	0	34.0	22	1	14	37	Runners on	.194	124	24	6	0	3	25	11	29	.259	.315
April	9.35	1	0	0	7	0	8.2	11	1	3	8	Scoring Posn	.145	83	12	4	0	2	22	7	20	.213	.265
May	1.88	3	0	0	13	0	14.1	10	1	6	12	Close & Late	.182	143	26	7	0	1	12	12	40	.245	.252
June	2.45	1	0	3	8	0	7.1	3	0	4	9	None on/out	.196	46	9	1	0	0	0	9	16	.327	.217
July	2.61	1	0	0	10	0	10.1	10	1	3	12	vs. 1st Batr (relief)	.143	56	8	2	0	0	0	5	8	.242	.179
August	2.45	0	0	1	16	0	14.2	5	1	6	15	1st Inning Pitched	.161	180	29	5	0	2	19	17	54	.234	.222
Sept/Oct	3.97	1	1	8	13	0	11.1	8	1	1	11	First 15 Pitches	.172	151	26	5	0	1	15	15	46	.247	.225
Starter	0.00	0	0	0	0	0	0.0	0	0	0	0	Pitch 16-30	.270	74	20	5	0	4	12	6	19	.325	.500
Reliever	3.51	7	1	12	67	0	66.2	47	5	23	67	Pitch 31-45	.077	13	1	1	0	0	2	2	2	.200	.154
0 Days Rest (Relief)	3.50	5	1	2	21	0	18.0	10	1	8	22	Pitch 46+	.000	0	0	0	0	0	0	0	0	.000	.000
1 or 2 Days Rest	3.94	0	0	7	31	0	32.0	27	2	13	28	First Pitch	.227	22	5	1	0	1	4	3	0	.346	.409
3+ Days Rest	2.70	2	0	3	15	0	16.2	10	2	2	17	Ahead in Count	.142	134	19	6	0	1	11	0	53	.140	.209
vs. AL	3.47	6	1	12	64	0	62.1	43	4	22	61	Behind in Count	.265	34	9	2	0	0	2	12	0	.457	.324
vs. NL	4.15	1	0	0	3	0	4.1	4	1	1	6	Two Strikes	.102	137	14	4	0	2	6	8	67	.151	.175
Pre-All Star	3.71	6	0	3	31	0	34.0	27	2	14	33	Pre-All Star	.216	125	27	7	0	2	16	14	33	.296	.320
Post-All Star	3.31	1	1	9	36	0	32.2	20	3	9	34	Post-All Star	.177	113	20	4	0	3	11	9	34	.236	.292

Last Five Years

	ERA	W	L	Sv	G	GS	IP	H	HR	BB	SO		Avg	AB	H	2B	3B	HR	RBI	BB	SO	OBP	SLG
Home	4.42	12	5	9	177	0	142.2	129	21	65	146	vs. Left	.216	453	98	27	1	17	75	38	136	.275	.393
Away	3.72	7	10	15	171	0	145.1	121	21	53	130	vs. Right	.249	611	152	25	6	25	101	80	140	.338	.432
Day	3.62	8	5	6	116	0	104.1	83	16	41	81	Inning 1-6	.111	45	5	1	0	2	7	1	12	.128	.267
Night	4.31	11	10	18	232	0	183.2	167	26	77	195	Inning 7+	.240	1019	245	51	7	40	169	117	264	.319	.422
Grass	3.76	6	8	12	141	0	117.1	98	20	42	104	None on	.228	509	116	23	2	23	58	58	137	.308	.417
Turf	4.27	13	7	12	207	0	170.2	152	22	76	172	Runners on	.241	555	134	29	5	19	153	60	139	.314	.414
March/April	5.89	5	3	1	57	0	47.1	52	7	21	46	Scoring Posn	.252	349	88	18	4	13	137	40	84	.323	.438
May	2.74	5	2	1	57	0	42.2	33	7	20	46	Close & Late	.202	504	102	23	5	17	71	50	147	.274	.369
June	2.19	1	2	5	43	0	37.0	22	5	12	45	None on/out	.235	217	51	10	2	8	8	28	53	.322	.410
July	3.78	3	2	4	58	0	52.1	47	7	19	53	vs. 1st Batr (relief)	.195	302	59	19	1	6	45	32	88	.268	.325
August	4.47	0	2	4	70	0	56.1	46	8	26	36	1st Inning Pitched	.229	891	204	44	5	29	148	100	235	.308	.387
Sept/Oct	4.64	5	4	9	63	0	52.1	50	8	20	50	First 15 Pitches	.228	753	172	40	4	27	118	79	199	.303	.400
Starter	0.00	0	0	0	0	0	0.0	0	0	0	0	Pitch 16-30	.261	272	71	10	2	13	49	35	71	.342	.456
Reliever	4.06	19	15	24	348	0	288.0	250	42	118	276	Pitch 31-45	.189	37	7	2	1	2	9	3	5	.250	.459
0 Days Rest (Relief)	3.68	10	9	10	118	0	93.0	73	14	30	87	Pitch 46+	.000	2	0	0	0	0	0	1	1	.333	.000
1 or 2 Days Rest	5.03	1	3	10	149	0	118.0	125	17	50	109	First Pitch	.304	112	34	7	0	8	31	13	0	.386	.580
3+ Days Rest	3.04	8	3	4	81	0	77.0	52	11	35	80	Ahead in Count	.186	596	111	22	3	11	59	0	238	.186	.289
vs. AL	4.10	17	13	21	312	0	259.0	226	37	109	243	Behind in Count	.316	158	50	13	1	12	43	51	0	.483	.639
vs. NL	3.72	2	2	3	36	0	29.0	24	5	9	33	Two Strikes	.155	612	95	16	5	9	47	54	276	.224	.242
Pre-All Star	3.87	14	8	7	175	0	144.1	124	23	58	153	Pre-All Star	.233	533	124	27	3	23	94	58	153	.310	.424
Post-All Star	4.26	5	7	17	173	0	143.2	126	19	60	123	Post-All Star	.237	531	126	25	4	19	82	60	123	.313	.407

Vladimir Guerrero — Expos

Age 26 – Bats Right

	Avg	G	AB	R	H	2B	3B	HR	RBI	BB	SO	HBP	GDP	SB	CS	OBP	SLG	IBB	SH	SF	#Pit	#P/PA	GB	FB	G/F
2001 Season	.307	159	599	107	184	45	4	34	108	60	88	9	24	37	16	.377	.566	24	0	3	2133	3.18	242	174	1.39
Last Five Years	.320	722	2728	462	874	169	29	169	511	234	358	38	83	74	46	.380	.589	76	0	17	9434	3.13	1093	814	1.34

2001 Season

	Avg	AB	H	2B	3B	HR	RBI	BB	SO	OBP	SLG		Avg	AB	H	2B	3B	HR	RBI	BB	SO	OBP	SLG
vs. Left	.319	135	43	11	2	8	27	25	17	.420	.607	First Pitch	.395	124	49	10	1	14	38	20	0	.487	.831
vs. Right	.304	464	141	34	2	26	81	35	71	.363	.554	Ahead in Count	.322	121	39	12	1	6	23	26	0	.446	.587
Home	.338	299	101	27	2	21	70	33	42	.410	.652	Behind in Count	.249	257	64	14	1	11	35	0	77	.254	.440
Away	.277	300	83	18	2	13	38	27	46	.343	.480	Two Strikes	.210	233	49	13	2	8	23	14	88	.264	.386
Day	.279	172	48	10	0	8	30	19	23	.365	.477	Batting #3	.313	403	126	28	2	24	78	40	58	.381	.571
Night	.319	427	136	35	4	26	78	41	65	.382	.602	Batting #4	.296	196	58	17	2	10	30	20	30	.368	.556
Grass	.270	256	69	14	2	10	32	19	42	.324	.457	Other	.000	0	0	0	0	0	0	0	0	.000	.000
Turf	.335	343	115	31	2	24	76	41	46	.415	.647	April	.282	85	24	7	0	2	10	11	13	.378	.435
Pre-All Star	.327	327	107	27	3	21	67	32	45	.393	.621	May	.287	108	31	9	2	7	19	9	17	.345	.602
Post-All Star	.283	272	77	18	1	13	41	28	43	.358	.500	June	.381	105	40	9	1	9	27	9	15	.430	.743
Inning 1-6	.308	425	131	28	3	26	79	38	61	.371	.572	July	.360	100	36	7	0	10	22	12	12	.443	.730
Inning 7+	.305	174	53	17	1	8	29	22	27	.391	.552	August	.272	103	28	7	0	4	17	6	10	.324	.456
Scoring Posn	.311	148	46	12	1	10	75	35	16	.439	.608	Sept/Oct	.255	98	25	6	1	2	13	13	21	.336	.398
Close & Late	.302	86	26	10	0	4	11	17	15	.419	.558	vs. AL	.348	69	24	6	0	5	9	9	10	.430	.652
None on/out	.315	127	40	8	0	7	7	9	19	.374	.543	vs. NL	.302	530	160	39	4	29	99	51	78	.370	.555

2001 By Position

Position	Avg	AB	H	2B	3B	HR	RBI	BB	SO	OBP	SLG	G	GS	Innings	PO	A	E	DP	Fld Pct	Rng Fctr	In Zone	Outs	Zone Rtg	MLB Zone
As rf	.307	599	184	45	4	34	108	60	88	.377	.566	158	158	1368.1	320	15	12	5	.965	2.20	332	305	.919	.884

Last Five Years

	Avg	AB	H	2B	3B	HR	RBI	BB	SO	OBP	SLG		Avg	AB	H	2B	3B	HR	RBI	BB	SO	OBP	SLG
vs. Left	.326	617	201	36	7	41	115	72	88	.398	.606	First Pitch	.387	573	222	39	7	59	160	62	0	.451	.789
vs. Right	.319	2111	673	133	22	128	396	162	270	.374	.585	Ahead in Count	.379	528	200	44	6	44	124	114	0	.491	.735
Home	.329	1391	458	94	14	93	282	113	184	.384	.618	Behind in Count	.268	1239	332	63	12	46	168	0	319	.277	.450
Away	.311	1337	416	75	15	76	229	121	174	.375	.560	Two Strikes	.233	1038	242	47	15	26	108	58	358	.278	.382
Day	.303	798	242	48	7	41	125	70	101	.368	.535	Batting #3	.309	889	275	54	9	47	145	62	127	.362	.549
Night	.327	1930	632	121	22	128	386	164	257	.385	.612	Batting #4	.324	1589	515	99	19	112	330	148	204	.387	.622
Grass	.301	1030	310	55	13	50	163	89	141	.363	.525	Other	.336	250	84	16	1	10	36	24	27	.399	.528
Turf	.332	1698	564	114	16	119	348	145	217	.390	.628	March/April	.318	333	106	18	4	17	63	37	46	.401	.550
Pre-All Star	.324	1456	472	91	20	82	279	129	192	.384	.583	May	.299	521	156	35	4	29	88	39	77	.350	.549
Post-All Star	.316	1272	402	78	9	87	232	105	166	.375	.597	June	.344	462	159	32	10	28	95	40	61	.398	.639
Inning 1-6	.322	1918	618	115	17	128	382	146	248	.375	.600	July	.339	431	146	29	2	31	85	41	35	.401	.631
Inning 7+	.316	810	256	54	12	41	129	88	110	.390	.564	August	.308	539	166	34	5	34	96	38	69	.361	.579
Scoring Posn	.328	689	226	37	7	38	326	125	98	.430	.567	Sept/Oct	.319	442	141	21	4	30	84	39	70	.377	.588
Close & Late	.316	408	129	26	4	17	59	57	56	.404	.525	vs. AL	.312	298	93	22	4	21	57	25	37	.369	.624
None on/out	.319	630	201	31	8	36	36	38	78	.364	.565	vs. NL	.321	2430	781	147	25	148	454	209	321	.381	.585

Wilton Guerrero — Reds

Age 27 – Bats Both (groundball hitter)

	Avg	G	AB	R	H	2B	3B	HR	RBI	BB	SO	HBP	GDP	SB	CS	OBP	SLG	IBB	SH	SF	#Pit	#P/PA	GB	FB	G/F
2001 Season	.338	60	142	16	48	5	1	1	8	3	17	0	1	5	2	.352	.408	0	2	0	485	3.30	72	25	2.88
Last Five Years	.289	546	1504	177	435	51	28	11	121	57	211	3	22	34	16	.315	.382	1	37	6	5438	3.38	701	301	2.33

2001 Season

	Avg	AB	H	2B	3B	HR	RBI	BB	SO	OBP	SLG		Avg	AB	H	2B	3B	HR	RBI	BB	SO	OBP	SLG
vs. Left	.250	48	12	1	0	1	4	1	6	.265	.333	Scoring Posn	.333	30	10	2	0	1	8	0	4	.333	.500
vs. Right	.383	94	36	4	1	0	4	2	11	.396	.447	Close & Late	.346	26	9	1	0	1	4	1	3	.370	.500
Home	.385	78	30	4	0	1	6	1	11	.392	.474	None on/out	.343	35	12	1	1	0	0	2	2	.378	.429
Away	.281	64	18	1	1	0	2	2	6	.303	.328	Batting #1	.342	38	13	3	1	0	2	2	3	.375	.474
First Pitch	.480	25	12	1	1	0	1	0	0	.480	.600	Batting #2	.345	55	19	0	0	1	3	0	8	.345	.400
Ahead in Count	.259	27	7	2	0	0	2	0	3	.310	.333	Other	.327	49	16	2	0	0	3	1	6	.340	.367
Behind in Count	.310	71	22	1	0	0	4	0	13	.310	.324	Pre-All Star	.154	13	2	0	0	0	0	0	1	.154	.154
Two Strikes	.283	60	17	1	0	0	1	1	17	.295	.300	Post-All Star	.357	129	46	5	1	1	8	3	16	.371	.434

Last Five Years

	Avg	AB	H	2B	3B	HR	RBI	BB	SO	OBP	SLG		Avg	AB	H	2B	3B	HR	RBI	BB	SO	OBP	SLG
vs. Left	.287	425	122	14	7	8	41	11	58	.305	.409	First Pitch	.388	209	81	6	8	1	22	1	0	.394	.507
vs. Right	.290	1079	313	37	21	3	80	46	153	.319	.372	Ahead in Count	.304	257	78	10	6	1	25	40	0	.395	.401
Home	.290	690	200	24	14	5	55	24	87	.314	.387	Behind in Count	.251	785	197	26	7	6	47	0	189	.252	.325
Away	.289	814	235	27	14	6	66	33	124	.317	.378	Two Strikes	.222	670	149	15	7	2	38	16	211	.240	.275
Day	.300	460	138	11	9	3	34	17	71	.324	.383	Batting #1	.280	599	168	25	12	4	39	21	88	.305	.382
Night	.284	1044	297	40	19	8	87	40	140	.311	.382	Batting #2	.293	458	134	9	9	4	37	11	66	.311	.378
Grass	.294	940	276	31	18	7	65	32	140	.318	.387	Other	.298	447	133	17	7	3	45	25	57	.333	.387
Turf	.282	564	159	20	10	4	56	25	71	.311	.374	March/April	.247	215	53	12	5	1	20	10	32	.281	.363
Pre-All Star	.270	644	174	23	12	3	51	23	91	.295	.357	May	.283	173	49	4	4	1	13	4	25	.300	.370
Post-All Star	.303	860	261	28	16	8	70	34	120	.330	.401	June	.293	174	51	6	2	1	17	7	23	.319	.368
Inning 1-6	.293	964	282	32	21	8	76	33	136	.316	.394	July	.300	303	91	7	4	1	14	7	39	.318	.360
Inning 7+	.283	540	153	19	7	3	45	24	75	.314	.361	August	.309	320	99	12	7	2	28	15	49	.339	.409
Scoring Posn	.293	324	95	9	11	3	106	14	41	.317	.417	Sept/Oct	.288	319	92	10	6	5	29	14	43	.318	.407
Close & Late	.278	259	72	9	5	1	29	11	39	.308	.363	vs. AL	.287	143	41	2	0	1	8	4	24	.304	.322
None on/out	.305	453	138	23	8	1	1	22	81	.338	.397	vs. NL	.289	1361	394	49	28	10	113	53	187	.316	.389

Carlos Guillen — Mariners
Age 26 – Bats Both

	Avg	G	AB	R	H	2B	3B	HR	RBI	BB	SO	HBP	GDP	SB	CS	OBP	SLG	IBB	SH	SF	#Pit	#P/PA	GB	FB	G/F
2001 Season	.259	140	456	72	118	21	4	5	53	53	89	1	9	4	1	.333	.355	0	7	6	2005	3.83	163	125	1.30
Career (1998-2001)	.259	245	802	128	208	37	7	13	103	85	157	3	16	9	7	.329	.372	0	15	9	3507	3.84	287	230	1.25

2001 Season

	Avg	AB	H	2B	3B	HR	RBI	BB	SO	OBP	SLG		Avg	AB	H	2B	3B	HR	RBI	BB	SO	OBP	SLG
vs. Left	.295	139	41	5	1	3	16	11	27	.351	.410	First Pitch	.340	47	16	6	1	1	12	0	0	.333	.574
vs. Right	.243	317	77	16	3	2	37	42	62	.326	.331	Ahead in Count	.286	105	30	3	1	1	11	30	0	.441	.362
Home	.286	213	61	10	2	2	21	23	40	.351	.380	Behind in Count	.210	224	47	6	2	3	19	0	73	.211	.295
Away	.235	243	57	11	2	3	32	30	49	.318	.333	Two Strikes	.205	215	44	5	1	2	16	23	89	.285	.265
Day	.290	138	40	5	1	1	11	18	29	.369	.362	Batting #7	.144	146	21	6	0	0	17	14	34	.212	.185
Night	.245	318	78	16	3	4	42	35	60	.318	.352	Batting #9	.304	135	41	9	1	1	13	14	29	.369	.407
Grass	.259	424	110	18	4	5	48	48	83	.332	.356	Other	.320	175	56	6	3	4	23	25	26	.406	.457
Turf	.250	32	8	3	0	0	5	5	6	.351	.344	April	.185	81	15	3	1	1	10	12	16	.290	.284
Pre-All Star	.245	278	68	13	1	4	38	30	56	.314	.342	May	.297	91	27	5	0	0	13	12	16	.375	.352
Post-All Star	.281	178	50	8	3	1	15	23	33	.363	.376	June	.232	82	19	3	0	3	14	5	19	.267	.378
Inning 1-6	.283	297	84	13	1	4	36	35	56	.354	.374	July	.312	77	24	6	1	0	6	9	16	.379	.416
Inning 7+	.214	159	34	8	3	1	17	18	33	.294	.321	August	.179	84	15	2	1	0	8	14	.247	.226
Scoring Posn	.265	117	31	4	1	2	46	17	21	.348	.368	Sept/Oct	.439	41	18	2	1	1	4	7	8	.531	.610
Close & Late	.197	66	13	4	0	1	4	6	15	.264	.303	vs. AL	.247	397	98	17	4	4	45	47	79	.326	.340
None on/out	.235	102	24	7	0	1	11	19	.310	.333	vs. NL	.339	59	20	4	0	1	8	6	10	.382	.458

2001 By Position

Position	Avg	AB	H	2B	3B	HR	RBI	BB	SO	OBP	SLG	G	GS	Innings	PO	A	E	DP	Fld Pct	Rng Fctr	In Zone	Zone Outs	Zone Rtg	MLB Zone
As ss	.260	447	116	20	4	5	53	53	86	.335	.356	137	123	1120.0	187	313	10	75	.980	4.02	355	303	.854	.839

Career (1998-2001)

	Avg	AB	H	2B	3B	HR	RBI	BB	SO	OBP	SLG		Avg	AB	H	2B	3B	HR	RBI	BB	SO	OBP	SLG
vs. Left	.296	203	60	7	1	4	25	14	39	.344	.399	First Pitch	.307	75	23	8	2	1	18	0	0	.308	.507
vs. Right	.247	599	148	30	6	9	78	71	118	.325	.362	Ahead in Count	.309	188	58	9	2	3	23	48	0	.445	.426
Home	.274	376	103	16	2	6	44	36	78	.337	.375	Behind in Count	.213	389	83	12	3	5	35	0	130	.215	.298
Away	.246	426	105	21	5	7	59	49	79	.323	.369	Two Strikes	.199	381	76	10	2	6	38	37	157	.273	.283
Day	.272	250	68	10	3	4	26	27	54	.341	.384	Batting #7	.183	229	42	12	1	3	28	24	48	.259	.284
Night	.254	552	140	27	4	9	77	58	103	.324	.366	Batting #9	.275	218	60	14	2	2	25	24	55	.347	.385
Grass	.260	716	186	31	7	12	88	73	136	.327	.373	Other	.299	355	106	11	4	8	50	37	54	.364	.420
Turf	.256	86	22	6	0	1	15	12	21	.343	.360	March/April	.163	135	22	4	1	2	15	17	34	.257	.252
Pre-All Star	.220	372	82	14	1	5	47	40	84	.295	.304	May	.269	119	32	5	0	0	16	16	24	.353	.311
Post-All Star	.293	430	126	23	6	8	56	45	73	.359	.430	June	.232	82	19	3	0	3	14	5	19	.267	.378
Inning 1-6	.276	537	148	22	4	10	69	53	100	.338	.387	July	.303	145	44	9	1	1	13	16	26	.374	.400
Inning 7+	.226	265	60	15	3	3	34	32	57	.313	.340	August	.267	176	47	7	3	3	26	16	25	.321	.392
Scoring Posn	.307	202	62	12	2	5	90	26	33	.377	.460	Sept/Oct	.303	145	44	9	2	4	19	15	29	.377	.476
Close & Late	.211	95	20	5	0	1	5	12	19	.299	.295	vs. AL	.254	712	181	33	7	12	94	75	144	.325	.371
None on/out	.262	183	48	9	0	4	4	25	35	.354	.377	vs. NL	.300	90	27	4	0	1	9	10	13	.365	.378

Jose Guillen — Devil Rays
Age 26 – Bats Right (groundball hitter)

	Avg	G	AB	R	H	2B	3B	HR	RBI	BB	SO	HBP	GDP	SB	CS	OBP	SLG	IBB	SH	SF	#Pit	#P/PA	GB	FB	G/F
2001 Season	.274	41	135	14	37	5	0	3	11	6	26	3	2	2	3	.317	.378	2	0	1	481	3.32	62	33	1.88
Career (1997-2001)	.263	529	1810	214	476	95	12	44	237	82	336	37	47	10	11	.307	.402	5	4	10	6713	3.45	783	448	1.75

2001 Season

	Avg	AB	H	2B	3B	HR	RBI	BB	SO	OBP	SLG		Avg	AB	H	2B	3B	HR	RBI	BB	SO	OBP	SLG
vs. Left	.375	24	9	1	0	1	2	1	7	.400	.542	Scoring Posn	.243	37	9	1	0	1	9	2	12	.293	.351
vs. Right	.252	111	28	4	0	2	9	5	19	.300	.342	Close & Late	.211	19	4	0	0	0	1	2	2	.286	.211
Home	.250	68	17	3	0	0	5	15	.311	.294	None on/out	.385	26	10	2	0	0	3	2	.467	.462
Away	.299	67	20	2	0	3	8	1	11	.324	.463	Batting #6	.294	51	15	3	0	1	2	1	11	.321	.412
First Pitch	.450	20	9	2	0	2	3	2	0	.500	.850	Batting #7	.282	71	20	2	0	2	8	4	12	.333	.394
Ahead in Count	.375	24	9	1	0	1	4	1	0	.400	.542	Other	.154	13	2	0	0	0	1	1	3	.214	.154
Behind in Count	.164	67	11	2	0	0	3	0	25	.186	.194	Pre-All Star	.252	103	26	1	0	1	7	2	17	.278	.291
Two Strikes	.148	54	8	2	0	0	2	3	26	.233	.185	Post-All Star	.344	32	11	4	0	2	4	4	9	.432	.656

Career (1997-2001)

	Avg	AB	H	2B	3B	HR	RBI	BB	SO	OBP	SLG		Avg	AB	H	2B	3B	HR	RBI	BB	SO	OBP	SLG
vs. Left	.267	420	112	26	1	16	59	26	85	.313	.448	First Pitch	.333	282	94	16	3	11	39	4	0	.354	.528
vs. Right	.262	1390	364	69	11	28	178	56	251	.305	.388	Ahead in Count	.350	323	113	26	4	18	82	40	0	.426	.622
Home	.273	926	253	53	7	21	123	40	171	.313	.414	Behind in Count	.209	907	190	37	5	8	77	0	300	.226	.288
Away	.252	884	223	42	5	23	114	42	165	.301	.389	Two Strikes	.187	808	151	31	4	5	71	38	336	.238	.254
Day	.272	504	137	26	1	15	73	25	96	.322	.417	Batting #6	.280	446	125	31	3	8	49	15	86	.312	.417
Night	.260	1306	339	69	11	29	164	57	240	.301	.396	Batting #7	.266	796	212	33	5	21	103	36	141	.309	.399
Grass	.254	674	171	36	1	20	94	31	121	.301	.399	Other	.245	568	139	31	4	15	85	31	109	.299	.393
Turf	.268	1136	305	59	11	24	143	51	215	.310	.403	March/April	.266	244	65	10	1	5	23	13	42	.304	.377
Pre-All Star	.270	971	262	50	9	23	120	46	166	.310	.411	May	.291	340	99	21	2	7	39	12	55	.327	.426
Post-All Star	.255	839	214	45	3	21	117	39	170	.303	.391	June	.248	330	82	18	5	10	47	15	59	.295	.424
Inning 1-6	.266	1175	312	61	8	30	161	56	222	.314	.408	July	.281	221	62	14	1	4	30	8	36	.312	.407
Inning 7+	.258	635	164	34	4	14	76	26	114	.294	.391	August	.256	355	91	16	2	7	48	13	70	.296	.372
Scoring Posn	.245	519	127	23	4	12	181	28	105	.291	.374	Sept/Oct	.241	320	77	16	1	11	50	21	74	.293	.400
Close & Late	.220	309	68	10	3	3	27	15	54	.261	.301	vs. AL	.257	684	176	37	5	17	74	35	134	.312	.401
None on/out	.300	390	117	24	1	8	8	21	66	.345	.428	vs. NL	.266	1126	300	58	7	27	163	47	202	.304	.402

Mike Gulan — Marlins
Age 31 – Bats Right

	Avg	G	AB	R	H	2B	3B	HR	RBI	BB	SO	HBP	GDP	SB	CS	OBP	SLG	IBB	SH	SF	#Pit	#P/PA	GB	FB	G/F
2001 Season	.000	6	6	1	0	0	0	0	0	2	2	0	0	0	0	.250	.000	0	0	0	38	4.75	0	3	0.00
Career (1997-2001)	.000	11	15	3	0	0	0	0	1	3	7	0	0	0	0	.167	.000	0	0	0	87	4.83	2	4	0.50

2001 Season

	Avg	AB	H	2B	3B	HR	RBI	BB	SO	OBP	SLG		Avg	AB	H	2B	3B	HR	RBI	BB	SO	OBP	SLG
vs. Left	.000	3	0	0	0	0	0	0	2	.000	.000	Scoring Posn	.000	1	0	0	0	0	0	0	1	.000	.000
vs. Right	.000	3	0	0	0	0	0	2	0	.400	.000	Close & Late	.000	0	0	0	0	0	0	0	0	.000	.000

Mark Guthrie — Athletics
Age 36 – Pitches Left

	ERA	W	L	Sv	G	GS	IP	BB	SO	Avg	H	2B	3B	HR	RBI	OBP	SLG	GF	IR	IRS	Hld	SvOp	SB	CS	GB	FB	G/F
2001 Season	4.47	6	2	1	54	0	52.1	20	52	.249	49	7	1	7	26	.326	.401	11	43	7	12	3	3	4	58	55	1.05
Last Five Years	4.71	13	16	4	302	0	305.2	135	247	.261	303	52	4	40	185	.340	.417	70	198	61	57	14	28	21	394	339	1.16

2001 Season

	ERA	W	L	Sv	G	GS	IP	H	BB	SO		Avg	AB	H	2B	3B	HR	RBI	BB	SO	OBP	SLG
Home	3.99	3	1	0	29	0	29.1	28	5	14	32	vs. Left	.259	85	22	4	1	9	11	24	.350	.365
Away	5.09	3	1	1	25	0	23.0	21	2	6	20	vs. Right	.241	112	27	3	0	6	17	9	28	.306	.429
Starter	0.00	0	0	0	0	0	0.0	0	0	0	0	Scoring Posn	.224	49	11	1	0	1	17	8	11	.339	.306
Reliever	4.47	6	2	1	54	0	52.1	49	7	20	52	Close & Late	.245	53	13	1	0	1	5	10	10	.379	.321
0 Days Rest (Relief)	9.00	3	2	0	9	0	8.0	11	2	2	11	None on/out	.244	41	10	2	1	0	0	3	11	.295	.341
1 or 2 Days Rest	3.86	0	0	0	23	0	25.2	25	4	11	27	First Pitch	.550	20	11	1	0	4	8	1	0	.565	1.200
3+ Days Rest	3.38	3	0	1	22	0	18.2	13	1	7	14	Ahead in Count	.223	94	21	3	1	0	7	0	40	.235	.277
Pre-All Star	4.55	6	1	1	31	0	31.2	31	4	12	35	Behind in Count	.255	47	12	1	0	3	9	11	0	.407	.468
Post-All Star	4.35	0	1	0	23	0	20.2	18	3	8	17	Two Strikes	.144	97	14	1	1	0	5	4	52	.220	.175

Last Five Years

	ERA	W	L	Sv	G	GS	IP	H	HR	BB	SO		Avg	AB	H	2B	3B	HR	RBI	BB	SO	OBP	SLG
Home	3.89	7	9	2	151	0	155.0	136	16	65	133	vs. Left	.276	434	120	21	1	9	59	42	98	.344	.392
Away	5.56	6	7	2	151	0	150.2	167	24	70	114	vs. Right	.252	725	183	31	3	31	126	93	149	.338	.432
Day	5.69	4	9	1	120	0	118.2	141	19	55	103	Inning 1-6	.244	197	48	9	2	10	44	25	42	.328	.462
Night	4.09	9	7	3	182	0	187.0	162	21	80	144	Inning 7+	.265	962	255	43	2	30	141	110	205	.343	.407
Grass	4.41	10	12	3	229	0	236.2	232	31	99	187	None on	.258	620	160	30	2	18	18	59	133	.327	.400
Turf	5.74	3	4	2	73	0	69.0	71	9	36	60	Runners on	.265	539	143	22	2	22	167	76	114	.355	.436
March/April	3.17	4	2	0	59	0	59.2	42	6	21	45	Scoring Posn	.262	344	90	14	2	14	147	56	68	.360	.436
May	4.47	3	4	1	59	0	48.1	51	5	25	46	Close & Late	.291	340	99	13	0	14	71	53	71	.384	.453
June	4.15	4	3	2	59	0	60.2	61	10	28	51	None on/out	.263	278	73	17	2	6	6	24	57	.321	.403
July	6.89	2	2	0	44	0	49.2	68	7	19	34	vs. 1st Batr (relief)	.279	262	73	15	1	6	41	33	56	.353	.412
August	3.61	0	2	1	43	0	52.1	49	3	26	45	1st Inning Pitched	.268	884	237	39	3	32	158	118	175	.352	.428
Sept/Oct	7.20	0	3	0	38	0	35.0	32	9	16	26	First 15 Pitches	.265	754	200	32	2	29	129	97	145	.348	.428
Starter	0.00	0	0	0	0	0	0.0	0	0	0	0	Pitch 16-30	.240	312	75	15	1	6	37	30	80	.311	.353
Reliever	4.71	13	16	4	302	0	305.2	303	40	135	247	Pitch 31-45	.308	78	24	3	1	4	17	8	19	.386	.526
0 Days Rest (Relief)	5.46	3	6	0	65	0	59.1	69	9	27	49	Pitch 46+	.267	15	4	2	0	1	2	0	3	.313	.600
1 or 2 Days Rest	4.33	7	8	1	153	0	158.0	149	20	61	129	First Pitch	.441	145	64	8	0	10	36	15	0	.488	.703
3+ Days Rest	4.89	3	2	3	84	0	88.1	85	11	47	69	Ahead in Count	.200	514	103	14	1	8	63	0	195	.210	.278
vs. AL	4.88	6	4	3	149	0	145.2	150	22	66	127	Behind in Count	.337	276	93	20	1	19	64	71	0	.471	.623
vs. NL	4.56	7	12	1	153	0	160.0	153	18	69	120	Two Strikes	.155	543	84	11	1	8	56	48	247	.231	.223
Pre-All Star	4.10	11	9	3	189	0	182.1	174	22	79	151	Pre-All Star	.255	683	174	29	1	22	105	79	151	.331	.397
Post-All Star	5.62	2	7	1	113	0	123.1	129	18	56	96	Post-All Star	.271	476	129	23	3	18	80	56	96	.354	.445

Ricky Gutierrez — Cubs
Age 32 – Bats Right (groundball hitter)

	Avg	G	AB	R	H	2B	3B	HR	RBI	BB	SO	HBP	GDP	SB	CS	OBP	SLG	IBB	SH	SF	#Pit	#P/PA	GB	FB	G/F
2001 Season	.290	147	528	76	153	23	3	10	66	40	56	10	13	4	3	.345	.402	0	17	11	2044	3.37	255	120	2.13
Last Five Years	.272	600	2039	270	554	87	17	27	227	218	293	28	69	32	19	.347	.371	11	39	23	8505	3.62	999	410	2.44

2001 Season

	Avg	AB	H	2B	3B	HR	RBI	BB	SO	OBP	SLG		Avg	AB	H	2B	3B	HR	RBI	BB	SO	OBP	SLG
vs. Left	.258	124	32	3	0	2	10	7	10	.306	.331	First Pitch	.268	97	26	5	1	2	20	0	0	.301	.402
vs. Right	.300	404	121	20	3	8	56	33	46	.356	.423	Ahead in Count	.400	95	38	7	1	3	19	26	0	.512	.589
Home	.296	267	79	10	1	7	38	28	29	.365	.419	Behind in Count	.245	237	58	4	1	4	14	0	49	.258	.321
Away	.284	261	74	13	2	3	28	12	27	.323	.383	Two Strikes	.213	211	45	4	1	4	13	14	56	.265	.299
Day	.294	289	85	11	1	8	44	25	27	.355	.422	Batting #2	.322	230	74	9	2	6	31	16	27	.374	.457
Night	.285	239	68	12	2	2	22	15	29	.332	.377	Batting #6	.281	210	59	11	1	4	32	14	20	.328	.400
Grass	.291	509	148	21	3	10	65	37	55	.344	.403	Other	.227	88	20	3	0	0	3	10	9	.310	.261
Turf	.263	19	5	2	0	0	1	3	1	.364	.368	April	.233	73	17	5	0	2	12	7	7	.289	.384
Pre-All Star	.280	268	75	11	1	8	34	25	28	.344	.418	May	.318	88	28	3	0	2	8	11	8	.408	.420
Post-All Star	.300	260	78	12	2	2	32	15	28	.345	.385	June	.304	79	24	2	1	3	11	7	9	.364	.468
Inning 1-6	.301	372	112	18	3	8	45	28	33	.353	.430	July	.277	94	26	5	0	2	10	4	10	.306	.394
Inning 7+	.263	156	41	5	0	2	21	12	23	.326	.333	August	.282	103	29	4	2	0	8	7	12	.356	.359
Scoring Posn	.292	130	38	4	0	4	57	17	20	.368	.435	Sept/Oct	.319	91	29	4	0	1	17	4	10	.333	.396
Close & Late	.308	78	24	4	0	2	15	6	14	.374	.436	vs. AL	.375	48	18	3	0	4	11	0	3	.375	.688
None on/out	.297	111	33	6	1	2	2	7	10	.345	.423	vs. NL	.281	480	135	20	3	6	55	40	53	.342	.373

2001 By Position

Position	Avg	AB	H	2B	3B	HR	RBI	BB	SO	OBP	SLG	G	GS	Innings	PO	A	E	DP	Fld Pct	Rng Fctr	In Zone	Zone Outs	Zone Rtg	MLB Zone
As ss	.290	525	152	23	3	10	65	40	56	.344	.402	144	140	1224.1	173	360	16	67	.971	3.92	407	343	.843	.839

168

Last Five Years

	Avg	AB	H	2B	3B	HR	RBI	BB	SO	OBP	SLG		Avg	AB	H	2B	3B	HR	RBI	BB	SO	OBP	SLG
vs. Left	.300	480	144	24	4	4	55	49	58	.365	.392	First Pitch	.296	321	95	20	4	5	41	9	0	.328	.430
vs. Right	.263	1559	410	63	13	23	172	169	235	.341	.364	Ahead in Count	.331	375	124	19	4	6	54	122	0	.491	.451
Home	.272	993	270	39	8	16	112	113	143	.353	.376	Behind in Count	.229	927	212	27	4	9	75	0	246	.239	.296
Away	.272	1046	284	48	9	11	115	105	150	.341	.366	Two Strikes	.204	902	184	24	6	11	79	87	293	.277	.280
Day	.291	850	247	38	5	16	105	95	102	.363	.404	Batting #2	.276	796	220	32	6	17	94	89	109	.355	.396
Night	.258	1189	307	49	12	11	122	123	191	.335	.347	Batting #7	.278	396	110	22	5	3	41	39	63	.346	.381
Grass	.285	1272	363	49	8	25	146	124	170	.352	.395	Other	.264	847	224	33	6	7	92	90	121	.339	.342
Turf	.249	767	191	38	9	2	81	94	123	.338	.330	March/April	.323	288	93	19	2	6	42	34	32	.388	.465
Pre-All Star	.279	980	273	44	5	17	109	109	131	.356	.386	May	.290	290	84	14	0	6	31	37	44	.383	.400
Post-All Star	.265	1059	281	43	12	10	118	109	162	.338	.357	June	.246	297	73	9	2	4	29	33	45	.327	.330
Inning 1-6	.290	1383	401	65	14	20	152	132	191	.356	.401	July	.252	353	89	11	3	4	36	29	44	.308	.334
Inning 7+	.233	656	153	22	3	7	75	86	102	.327	.308	August	.272	389	106	17	4	4	39	45	59	.358	.368
Scoring Posn	.263	536	141	24	5	6	193	87	90	.365	.360	Sept/Oct	.258	422	109	17	6	3	50	40	69	.322	.348
Close & Late	.218	349	76	12	1	4	44	54	67	.328	.292	vs. AL	.301	143	43	6	0	4	21	11	17	.350	.427
None on/out	.271	439	119	21	5	10	10	40	50	.339	.410	vs. NL	.270	1896	511	81	17	23	206	207	276	.346	.367

Cristian Guzman — Twins
Age 24 – Bats Both (groundball hitter)

	Avg	G	AB	R	H	2B	3B	HR	RBI	BB	SO	HBP	GDP	SB	CS	OBP	SLG	IBB	SH	SF	#Pit	#P/PA	GB	FB	G/F
2001 Season	.302	118	493	80	149	28	14	10	51	21	78	5	6	25	8	.337	.477	0	8	0	1808	3.43	205	124	1.65
Career (1999-2001)	.259	405	1544	216	400	65	37	19	131	89	269	10	16	62	25	.302	.386	1	22	8	5743	3.43	697	333	2.09

2001 Season

	Avg	AB	H	2B	3B	HR	RBI	BB	SO	OBP	SLG		Avg	AB	H	2B	3B	HR	RBI	BB	SO	OBP	SLG
vs. Left	.312	125	39	10	6	2	9	3	23	.338	.536	First Pitch	.371	89	33	3	6	3	16	0	0	.378	.640
vs. Right	.299	368	110	18	8	8	42	18	55	.337	.457	Ahead in Count	.350	100	35	7	0	1	4	16	0	.440	.450
Home	.291	261	76	15	7	7	30	11	41	.327	.483	Behind in Count	.245	220	54	10	4	3	21	0	63	.252	.368
Away	.315	232	73	13	7	3	21	10	37	.348	.470	Two Strikes	.223	206	46	10	3	3	22	5	78	.249	.345
Day	.243	144	35	7	7	3	14	7	26	.278	.451	Batting #1	.279	197	55	12	8	4	13	12	30	.327	.482
Night	.327	349	114	21	7	7	37	14	52	.361	.487	Batting #2	.320	294	94	16	6	6	38	9	46	.346	.476
Grass	.315	232	73	13	7	3	21	10	37	.348	.470	Other	.000	2	0	0	0	0	0	0	2	.000	.000
Turf	.291	261	76	15	7	7	30	11	41	.327	.483	April	.300	80	24	5	6	3	6	5	8	.349	.625
Pre-All Star	.308	347	107	22	13	7	34	16	55	.346	.507	May	.265	113	30	7	2	1	7	5	21	.303	.389
Post-All Star	.288	146	42	6	1	3	17	5	23	.316	.404	June	.347	121	42	6	2	3	18	6	23	.383	.504
Inning 1-6	.276	351	97	18	10	9	35	14	53	.312	.462	July	.324	37	12	4	3	0	3	0	5	.342	.595
Inning 7+	.366	142	52	10	4	1	16	7	25	.400	.514	August	.316	57	18	3	0	0	8	4	9	.371	.368
Scoring Posn	.294	119	35	8	2	2	42	7	18	.344	.445	Sept/Oct	.271	85	23	3	1	3	9	1	12	.279	.435
Close & Late	.467	75	35	6	3	2	0	8	2	14	.481	.600	vs. AL	.290	442	128	24	12	8	48	19	65	.326	.452
None on/out	.245	147	36	6	3	6	5	5	4	24	.270	.469	vs. NL	.412	51	21	4	2	2	3	2	13	.434	.686

2001 By Position

Position	Avg	AB	H	2B	3B	HR	RBI	BB	SO	OBP	SLG	G	GS	Innings	PO	A	E	DP	Fld Pct	Rng Fctr	In Zone	Zone Outs	Zone Rtg	MLB Zone
As ss	.303	491	149	28	14	10	51	21	76	.337	.479	118	115	1015.0	165	327	21	58	.959	4.36	398	322	.809	.839

Career (1999-2001)

	Avg	AB	H	2B	3B	HR	RBI	BB	SO	OBP	SLG		Avg	AB	H	2B	3B	HR	RBI	BB	SO	OBP	SLG
vs. Left	.265	412	109	26	12	7	36	13	71	.291	.437	First Pitch	.337	264	89	12	10	4	34	0	0	.341	.504
vs. Right	.257	1132	291	39	25	12	95	76	198	.306	.367	Ahead in Count	.301	312	94	10	9	6	30	64	0	.420	.449
Home	.278	798	222	39	21	11	76	43	133	.317	.421	Behind in Count	.193	710	137	26	10	4	39	0	233	.197	.275
Away	.239	746	178	26	16	8	55	46	136	.286	.349	Two Strikes	.185	669	124	26	5	5	40	25	269	.219	.262
Day	.236	437	103	22	11	6	34	28	88	.281	.378	Batting #1	.268	462	124	21	20	6	30	27	73	.310	.439
Night	.268	1107	297	43	26	13	97	61	181	.310	.389	Batting #2	.269	777	209	36	16	12	81	46	129	.314	.403
Grass	.248	644	160	21	14	5	48	37	117	.293	.348	Other	.220	305	67	8	1	1	20	16	67	.259	.262
Turf	.267	900	240	44	23	14	83	52	152	.309	.413	March/April	.276	239	66	13	9	4	18	15	34	.320	.456
Pre-All Star	.269	915	246	43	26	14	83	55	145	.314	.419	May	.238	282	67	12	6	5	17	22	46	.296	.376
Post-All Star	.245	629	154	22	11	5	48	34	124	.286	.339	June	.275	295	81	11	8	4	38	13	56	.310	.407
Inning 1-6	.247	1089	269	44	26	12	87	60	197	.290	.368	July	.291	234	68	12	5	2	19	16	37	.336	.410
Inning 7+	.288	455	131	21	11	7	44	29	72	.331	.429	August	.286	231	66	9	7	1	22	16	44	.333	.398
Scoring Posn	.244	377	92	16	8	2	108	19	75	.280	.345	Sept/Oct	.198	263	52	8	2	3	17	7	49	.221	.278
Close & Late	.338	198	67	11	6	3	23	14	35	.379	.500	vs. AL	.253	1386	350	59	32	16	119	80	239	.296	.376
None on/out	.238	412	98	16	14	8	8	21	76	.276	.403	vs. NL	.316	158	50	6	5	3	12	9	30	.357	.475

Edwards Guzman — Giants
Age 25 – Bats Left

	Avg	G	AB	R	H	2B	3B	HR	RBI	BB	SO	HBP	GDP	SB	CS	OBP	SLG	IBB	SH	SF	#Pit	#P/PA	GB	FB	G/F
2001 Season	.243	61	115	8	28	6	0	3	7	5	16	0	2	0	0	.273	.374	2	0	1	384	3.17	45	35	1.29
Career (1999-2001)	.215	75	130	8	28	6	0	3	7	5	20	0	2	0	0	.243	.331	2	1	1	426	3.11	51	39	1.31

2001 Season

	Avg	AB	H	2B	3B	HR	RBI	BB	SO	OBP	SLG		Avg	AB	H	2B	3B	HR	RBI	BB	SO	OBP	SLG
vs. Left	.111	9	1	0	0	0	0	0	5	.111	.111	Scoring Posn	.148	27	4	1	0	0	4	3	6	.226	.185
vs. Right	.255	106	27	6	0	3	7	5	16	.286	.396	Close & Late	.133	30	4	0	0	0	2	1	6	.156	.133

169

Geraldo Guzman — Diamondbacks
Age 29 – Pitches Right (flyball pitcher)

	ERA	W	L	Sv	G	GS	IP	BB	SO	Avg	H	2B	3B	HR	RBI	OBP	SLG	GF	IR	IRS	Hld	SvOp	SB	CS	GB	FB	G/F
2001 Season	2.89	0	0	0	4	0	9.1	3	4	.206	7	0	0	2	4	.270	.382	0	1	1	0	0	0	0	17	8	2.13
Career (2000-2001)	5.04	5	4	0	17	10	69.2	25	56	.275	73	8	0	10	35	.341	.419	0	1	1	0	1	3	1	80	89	0.90

2001 Season

	ERA	W	L	Sv	G	GS	IP	H	HR	BB	SO		Avg	AB	H	2B	3B	HR	RBI	BB	SO	OBP	SLG
Home	6.75	0	0	0	1	0	4.0	5	2	1	2	vs. Left	.273	11	3	0	0	1	3	2	1	.385	.545
Away	0.00	0	0	0	3	0	5.1	2	0	2	2	vs. Right	.174	23	4	0	0	1	1	1	3	.208	.304

Tony Gwynn — Padres
Age 42 – Bats Left

	Avg	G	AB	R	H	2B	3B	HR	RBI	BB	SO	HBP	GDP	SB	CS	OBP	SLG	IBB	SH	SF	#Pit	#P/PA	GB	FB	G/F
2001 Season	.324	71	102	5	33	9	1	1	17	10	9	0	1	0	0	.384	.461	1	0	0	420	3.75	37	29	1.28
Last Five Years	.343	494	1693	243	581	132	3	45	284	126	73	7	46	23	9	.385	.504	26	1	27	6039	3.26	709	508	1.40

2001 Season

	Avg	AB	H	2B	3B	HR	RBI	BB	SO	OBP	SLG		Avg	AB	H	2B	3B	HR	RBI	BB	SO	OBP	SLG
vs. Left	.440	25	11	5	0	1	12	5	2	.533	.760	Scoring Posn	.344	32	11	3	0	0	13	5	2	.432	.438
vs. Right	.286	77	22	4	1	0	5	5	7	.329	.364	Close & Late	.304	23	7	1	0	0	6	4	5	.407	.348

Last Five Years

	Avg	AB	H	2B	3B	HR	RBI	BB	SO	OBP	SLG		Avg	AB	H	2B	3B	HR	RBI	BB	SO	OBP	SLG
vs. Left	.345	524	181	39	1	22	114	36	28	.385	.550	First Pitch	.366	276	101	30	0	13	80	21	0	.407	.616
vs. Right	.342	1169	400	93	2	23	170	90	45	.385	.484	Ahead in Count	.363	487	177	44	1	14	82	71	0	.440	.544
Home	.346	816	282	64	3	19	143	54	41	.381	.501	Behind in Count	.320	631	202	41	1	13	87	0	62	.317	.450
Away	.341	877	299	68	0	26	141	72	32	.389	.507	Two Strikes	.312	506	158	32	2	12	72	32	73	.352	.455
Day	.342	562	192	40	0	12	102	35	31	.377	.477	Batting #2	.343	536	184	37	1	14	67	35	22	.383	.494
Night	.344	1131	389	92	3	33	182	91	42	.390	.518	Batting #3	.347	1070	371	88	2	30	197	82	38	.389	.517
Grass	.340	1403	477	107	2	36	241	104	62	.383	.496	Other	.299	87	26	7	0	1	20	9	13	.354	.414
Turf	.359	290	104	25	1	9	43	22	11	.396	.545	March/April	.351	362	127	15	2	11	62	27	16	.393	.494
Pre-All Star	.354	956	338	70	2	24	159	80	37	.399	.506	May	.365	293	107	28	0	9	48	22	10	.401	.553
Post-All Star	.330	737	243	62	1	21	125	46	36	.366	.502	June	.340	256	87	24	0	4	44	24	8	.394	.480
Inning 1-6	.343	1212	416	99	2	26	181	79	48	.381	.493	July	.323	260	84	22	1	6	45	23	15	.373	.485
Inning 7+	.343	481	165	33	1	19	103	47	25	.395	.534	August	.347	242	84	22	0	6	41	18	10	.385	.512
Scoring Posn	.391	409	160	30	2	19	232	52	20	.439	.614	Sept/Oct	.329	280	92	21	0	9	44	12	14	.359	.500
Close & Late	.347	265	92	18	1	10	70	33	18	.407	.536	vs. AL	.314	156	49	13	0	1	16	14	12	.370	.417
None on/out	.351	308	108	27	0	6	6	16	11	.385	.497	vs. NL	.346	1537	532	119	3	44	268	112	61	.387	.513

Luther Hackman — Cardinals
Age 27 – Pitches Right (flyball pitcher)

	ERA	W	L	Sv	G	GS	IP	BB	SO	Avg	H	2B	3B	HR	RBI	OBP	SLG	GF	IR	IRS	Hld	SvOp	SB	CS	GB	FB	G/F
2001 Season	4.29	1	2	1	35	0	35.2	14	24	.212	28	11	0	7	15	.297	.455	8	20	1	5	3	0	1	41	52	0.79
Career (1999-2001)	6.46	2	4	1	41	3	54.1	30	34	.274	58	13	2	12	36	.371	.524	8	20	1	5	3	2	2	62	87	0.71

2001 Season

	ERA	W	L	Sv	G	GS	IP	H	HR	BB	SO		Avg	AB	H	2B	3B	HR	RBI	BB	SO	OBP	SLG
Home	4.82	0	0	0	20	0	18.2	15	5	10	12	vs. Left	.308	39	12	5	0	3	5	4	3	.386	.667
Away	3.71	1	2	1	15	0	17.0	13	2	4	12	vs. Right	.172	93	16	6	0	4	10	10	21	.260	.366
Starter	0.00	0	0	0	0	0	0.0	0	0	0	0	Scoring Posn	.093	43	4	3	0	1	6	6	8	.220	.233
Reliever	4.29	1	2	1	35	0	35.2	28	7	14	24	Close & Late	.184	38	7	4	0	1	4	5	4	.311	.368
0 Days Rest (Relief)	6.48	0	0	0	11	0	8.1	9	3	7	4	None on/out	.313	32	10	5	0	2	2	4	5	.389	.656
1 or 2 Days Rest	1.35	1	0	1	13	0	13.1	6	1	1	10	First Pitch	.227	22	5	3	0	1	2	0	0	.261	.500
3+ Days Rest	5.79	0	2	0	11	0	14.0	13	3	6	10	Ahead in Count	.179	56	10	4	0	1	3	0	19	.193	.304
Pre-All Star	5.06	0	0	0	3	0	5.1	5	2	2	4	Behind in Count	.333	30	10	1	0	5	9	9	0	.487	.867
Post-All Star	4.15	1	2	1	32	0	30.1	23	5	12	20	Two Strikes	.122	49	6	2	0	1	1	5	24	.204	.224

Jerry Hairston Jr. — Orioles
Age 26 – Bats Right

	Avg	G	AB	R	H	2B	3B	HR	RBI	BB	SO	HBP	GDP	SB	CS	OBP	SLG	IBB	SH	SF	#Pit	#P/PA	GB	FB	G/F
2001 Season	.233	159	532	63	124	25	5	8	47	44	73	13	12	29	11	.305	.344	0	9	4	2327	3.87	189	178	1.06
Career (1998-2001)	.243	264	894	118	217	42	6	17	83	76	120	22	22	46	20	.316	.360	0	18	4	3943	3.89	334	281	1.19

2001 Season

	Avg	AB	H	2B	3B	HR	RBI	BB	SO	OBP	SLG		Avg	AB	H	2B	3B	HR	RBI	BB	SO	OBP	SLG
vs. Left	.290	124	36	7	4	2	14	13	12	.364	.460	First Pitch	.375	56	21	0	1	0	5	0	0	.397	.411
vs. Right	.216	408	88	18	1	6	33	31	61	.287	.309	Ahead in Count	.265	102	27	7	1	5	15	23	0	.409	.500
Home	.291	244	71	15	4	5	28	25	31	.372	.447	Behind in Count	.175	274	48	11	1	1	14	0	65	.194	.234
Away	.184	288	53	10	1	3	19	19	42	.247	.257	Two Strikes	.150	266	40	7	1	1	12	21	73	.228	.195
Day	.269	156	42	8	3	2	15	21	20	.375	.397	Batting #1	.187	91	17	5	0	1	8	8	11	.250	.275
Night	.218	376	82	17	2	6	32	23	53	.274	.322	Batting #9	.248	399	99	18	4	6	36	29	54	.313	.358
Grass	.245	440	108	22	4	7	42	37	62	.318	.361	Other	.190	42	8	2	1	1	3	7	8	.346	.357
Turf	.174	92	16	3	1	1	5	7	11	.245	.261	April	.190	84	16	3	0	1	5	6	11	.258	.262
Pre-All Star	.266	301	80	13	4	4	33	22	35	.323	.375	May	.312	93	29	7	1	2	18	5	6	.347	.473
Post-All Star	.190	231	44	12	1	4	14	22	38	.282	.303	June	.310	100	31	3	3	1	7	6	10	.355	.430
Inning 1-6	.240	350	84	18	4	5	28	27	52	.306	.357	July	.163	86	14	2	1	1	6	9	11	.265	.244
Inning 7+	.220	182	40	7	1	3	19	17	21	.304	.319	August	.235	85	20	6	0	1	8	6	14	.320	.341
Scoring Posn	.229	118	27	4	0	2	38	15	14	.336	.314	Sept/Oct	.167	84	14	4	0	2	6	12	21	.255	.286
Close & Late	.241	83	20	4	0	3	11	2	11	.292	.398	vs. AL	.234	470	110	25	3	8	43	41	60	.309	.351
None on/out	.226	155	35	6	3	1	1	8	25	.277	.323	vs. NL	.226	62	14	0	2	0	4	3	13	.273	.290

2001 By Position

Position	Avg	AB	H	2B	3B	HR	RBI	BB	SO	OBP	SLG	G	GS	Innings	PO	A	E	DP	Fld Pct	Rng Fctr	In Zone	Zone Outs	Zone Rtg	MLB Zone
As 2b	.233	532	124	25	5	8	47	44	73	.305	.344	156	154	1343.1	326	458	19	93	.976	5.25	492	413	.839	.824

Career (1998-2001)

	Avg	AB	H	2B	3B	HR	RBI	BB	SO	OBP	SLG		Avg	AB	H	2B	3B	HR	RBI	BB	SO	OBP	SLG
vs. Left	.281	199	56	11	5	4	23	18	23	.345	.447	First Pitch	.345	87	30	0	1	1	11	0	0	.374	.402
vs. Right	.232	695	161	31	1	13	60	58	97	.308	.335	Ahead in Count	.281	192	54	12	1	9	23	43	0	.418	.495
Home	.267	446	119	23	5	8	48	40	57	.343	.395	Behind in Count	.194	439	85	17	1	3	28	0	106	.216	.257
Away	.219	448	98	19	1	9	35	36	63	.290	.326	Two Strikes	.186	441	82	16	1	5	30	33	120	.259	.261
Day	.274	277	76	14	3	3	23	30	38	.367	.379	Batting #8	.255	149	38	9	1	2	12	13	22	.323	.369
Night	.229	617	141	28	3	14	60	46	82	.292	.352	Batting #9	.244	422	103	18	4	8	38	30	58	.308	.363
Grass	.239	754	180	34	5	13	69	65	104	.315	.349	Other	.235	323	76	15	1	7	33	33	40	.324	.353
Turf	.264	140	37	8	1	4	14	11	16	.325	.421	March/April	.190	84	16	3	0	1	5	6	11	.258	.262
Pre-All Star	.276	359	99	19	5	6	38	25	44	.331	.407	May	.312	93	29	7	1	2	18	5	6	.347	.473
Post-All Star	.221	535	118	23	1	11	45	51	76	.307	.329	June	.314	118	37	5	3	1	7	7	17	.357	.432
Inning 1-6	.245	605	148	28	5	13	56	47	83	.312	.372	July	.205	151	31	6	2	3	13	12	21	.281	.331
Inning 7+	.239	289	69	14	1	4	27	29	37	.325	.336	August	.250	156	39	7	0	5	16	15	21	.333	.391
Scoring Posn	.243	206	50	7	0	4	65	18	30	.322	.335	Sept/Oct	.223	292	65	14	0	5	24	31	44	.297	.322
Close & Late	.244	127	31	6	0	3	16	7	24	.309	.362	vs. AL	.244	798	195	41	4	16	75	72	101	.322	.366
None on/out	.249	245	61	13	4	5	5	20	32	.319	.396	vs. NL	.229	96	22	1	2	1	8	4	19	.267	.313

John Halama — **Mariners**   Age 30 – Pitches Left

	ERA	W	L	Sv	G	GS	IP	BB	SO	Avg	H	2B	3B	HR	RBI	OBP	SLG	CG	ShO	Sup	QS	#P/S	SB	CS	GB	FB	G/F
2001 Season	4.73	10	7	0	31	17	110.1	26	50	.296	132	18	1	18	59	.340	.462	0	0	5.87	6	77	3	2	182	141	1.29
Career (1998-2001)	4.74	36	27	0	105	77	488.1	151	263	.295	568	122	8	57	244	.348	.456	2	2	5.77	28	88	15	16	732	584	1.25

2001 Season

	ERA	W	L	Sv	G	GS	IP	H	HR	BB	SO		Avg	AB	H	2B	3B	HR	RBI	BB	SO	OBP	SLG
Home	4.50	6	7	0	18	10	68.0	81	12	16	27	vs. Left	.357	129	46	5	0	7	17	12	9	.435	.558
Away	5.10	4	0	0	13	7	42.1	51	6	10	23	vs. Right	.271	317	86	13	1	11	42	14	41	.299	.423
Starter	5.78	6	6	0	17	17	81.0	111	16	20	44	Scoring Posn	.333	75	25	4	0	3	36	7	12	.393	.507
Reliever	1.84	4	1	0	14	0	29.1	21	2	6	6	Close & Late	.288	52	15	3	0	0	3	3	3	.327	.346
0-3 Days Rest (Start)	1.69	1	0	0	1	1	5.1	9	2	0	3	None on/out	.339	118	40	7	0	4	4	5	13	.376	.500
4 Days Rest	5.45	2	1	0	7	7	33.0	49	7	11	18	First Pitch	.313	64	20	3	0	3	11	0	0	.323	.500
5+ Days Rest	6.54	3	5	0	9	9	42.2	59	9	7	23	Ahead in Count	.250	192	48	5	1	6	16	0	43	.266	.380
Pre-All Star	5.42	6	5	0	16	16	78.0	105	13	18	43	Behind in Count	.347	121	42	6	0	6	20	12	0	.406	.545
Post-All Star	3.06	4	2	0	15	1	32.1	27	5	8	7	Two Strikes	.230	161	37	5	0	5	9	14	50	.302	.354

Career (1998-2001)

	ERA	W	L	Sv	G	GS	IP	H	HR	BB	SO		Avg	AB	H	2B	3B	HR	RBI	BB	SO	OBP	SLG
Home	4.35	21	17	0	57	40	273.0	302	33	72	157	vs. Left	.323	493	159	35	0	16	68	51	80	.395	.491
Away	5.22	15	10	0	48	37	215.1	266	24	79	106	vs. Right	.286	1431	409	87	8	41	176	100	183	.331	.444
Day	4.62	10	9	0	32	22	138.1	166	17	46	80	Inning 1-6	.299	1630	487	104	8	49	217	134	235	.353	.463
Night	4.78	26	18	0	73	55	350.0	402	40	105	183	Inning 7+	.276	294	81	18	0	8	27	17	28	.318	.418
Grass	4.84	28	23	0	82	65	398.0	462	53	118	198	None on/out	.279	1118	312	63	6	29	29	84	151	.335	.424
Turf	4.28	8	4	0	23	12	90.1	106	4	33	65	Runners on	.318	806	256	59	2	28	215	67	112	.365	.500
March/April	5.23	6	4	0	22	14	86.0	98	6	31	55	Scoring Posn	.305	413	126	29	0	12	173	48	69	.367	.462
May	4.17	8	3	0	19	13	86.1	86	6	29	41	Close & Late	.255	153	39	7	0	3	9	10	14	.301	.359
June	4.90	6	5	0	17	17	93.2	131	13	31	63	None on/out	.297	492	146	29	3	14	14	40	68	.357	.453
July	4.77	5	2	0	12	10	61.0	79	7	18	33	vs. 1st Batr (relief)	.192	26	5	3	0	0	3	2	6	.250	.308
August	4.86	7	4	0	18	11	87.0	83	15	25	37	1st Inning Pitched	.272	401	109	26	0	8	45	37	57	.335	.397
Sept/Oct	4.44	4	9	0	17	12	75.0	91	10	17	34	First 75 Pitches	.287	1577	453	93	7	49	193	132	211	.343	.448
Starter	4.96	30	24	0	77	77	432.0	521	53	136	239	Pitch 76-90	.349	215	75	17	1	5	38	12	35	.385	.507
Reliever	3.04	6	3	0	28	0	56.1	47	4	15	24	Pitch 91-105	.325	114	37	10	0	2	10	4	14	.347	.465
0-3 Days Rest (Start)	4.32	1	0	0	3	3	16.2	20	2	5	12	Pitch 106+	.167	18	3	2	0	1	3	3	3	.318	.444
4 Days Rest	4.05	16	9	0	38	38	222.0	254	24	73	126	First Pitch	.294	279	82	19	0	9	50	2	0	.298	.459
5+ Days Rest	6.05	13	15	0	36	36	193.1	247	27	58	101	Ahead in Count	.237	793	188	31	2	20	80	0	230	.246	.357
vs. AL	4.58	32	22	0	89	61	403.0	456	50	123	212	Behind in Count	.365	512	187	48	4	17	65	79	0	.449	.574
vs. NL	5.48	4	5	0	16	16	85.1	112	7	28	51	Two Strikes	.227	730	166	36	1	18	65	70	263	.302	.353
Pre-All Star	4.51	22	12	0	61	47	287.2	334	25	96	171	Pre-All Star	.296	1129	334	73	5	25	141	96	175	.354	.436
Post-All Star	5.07	14	15	0	44	30	200.2	234	32	55	92	Post-All Star	.294	795	234	49	3	32	103	55	92	.340	.484

Toby Hall — **Devil Rays**   Age 26 – Bats Right (flyball hitter)

	Avg	G	AB	R	H	2B	3B	HR	RBI	BB	SO	HBP	GDP	SB	CS	OBP	SLG	IBB	SH	SF	#Pit	#P/PA	GB	FB	G/F
2001 Season	.298	49	188	28	56	16	0	4	30	4	16	3	5	2	2	.321	.447	0	0	1	629	3.21	67	70	0.96
Career (2000-2001)	.290	53	200	29	58	16	0	5	31	5	16	3	5	2	2	.316	.445	0	0	1	674	3.22	72	75	0.96

2001 Season

	Avg	AB	H	2B	3B	HR	RBI	BB	SO	OBP	SLG		Avg	AB	H	2B	3B	HR	RBI	BB	SO	OBP	SLG
vs. Left	.298	47	14	6	0	0	4	1	3	.340	.426	Scoring Posn	.303	66	20	6	0	2	27	3	4	.347	.485
vs. Right	.298	141	42	10	0	4	26	3	13	.315	.454	Close & Late	.267	30	8	2	0	0	7	0	4	.267	.333
Home	.344	96	33	10	0	1	17	2	8	.373	.479	None on/out	.326	46	15	4	0	1	1	0	3	.340	.478
Away	.250	92	23	6	0	3	13	2	8	.271	.413	Batting #4	.321	28	9	0	0	1	6	1	1	.345	.429
First Pitch	.414	29	12	2	0	5	0	0	.414	.586	Batting #5	.304	138	42	15	0	2	21	3	11	.322	.457
Ahead in Count	.379	29	11	2	0	1	8	2	0	.438	.552	Other	.227	22	5	1	0	1	3	0	2	.292	.409
Behind in Count	.247	97	24	9	0	1	14	0	16	.253	.371	Pre-All Star	.000	0	0	0	0	0	0	0	0	.000	.000
Two Strikes	.263	80	21	8	0	1	13	2	16	.289	.400	Post-All Star	.298	188	56	16	0	4	30	4	16	.321	.447

171

Roy Halladay — Blue Jays
Age 25 – Pitches Right (groundball pitcher)

	ERA	W	L	Sv	G	GS	IP	BB	SO	Avg	H	2B	3B	HR	RBI	OBP	SLG	CG	ShO	Sup	QS	#P/S	SB	CS	GB	FB	G/F
2001 Season	3.16	5	3	0	17	16	105.1	25	96	.241	97	26	0	3	36	.287	.328	1	1	4.02	13	93	14	3	182	71	2.56
Career (1998-2001)	4.95	18	17	1	74	49	336.1	148	235	.277	369	77	6	38	187	.351	.430	3	2	5.08	27	95	28	9	539	337	1.60

2001 Season

	ERA	W	L	Sv	G	GS	IP	H	HR	BB	SO		Avg	AB	H	2B	3B	HR	RBI	BB	SO	OBP	SLG
Home	3.15	3	0	0	7	6	45.2	38	0	7	45	vs. Left	.228	202	46	11	0	2	23	12	45	.270	.312
Away	3.17	2	3	0	10	10	59.2	59	3	18	51	vs. Right	.255	200	51	15	0	1	13	13	51	.304	.345
Starter	2.71	5	3	0	16	16	103.0	91	3	22	95	Scoring Posn	.283	92	26	5	0	0	28	9	19	.343	.337
Reliever	23.14	0	0	0	1	0	2.1	6	0	3	1	Close & Late	.294	17	5	2	0	0	2	2	4	.368	.412
0-3 Days Rest (Start)	0.00	0	0	0	0	0	0.0	0	0	0	0	None on/out	.173	104	18	4	0	1	1	4	23	.211	.240
4 Days Rest	3.33	1	2	0	9	9	51.1	50	2	15	54	First Pitch	.391	46	18	3	0	1	7	0	0	.391	.522
5+ Days Rest	2.09	4	1	0	7	7	51.2	41	1	7	41	Ahead in Count	.195	226	44	9	0	1	15	0	83	.195	.248
Pre-All Star	9.72	0	0	0	2	1	8.1	14	0	3	11	Behind in Count	.306	62	19	9	0	1	10	11	0	.411	.500
Post-All Star	2.60	5	3	0	15	15	97.0	83	3	22	85	Two Strikes	.149	202	30	6	0	0	6	14	96	.203	.178

Career (1998-2001)

	ERA	W	L	Sv	G	GS	IP	H	HR	BB	SO		Avg	AB	H	2B	3B	HR	RBI	BB	SO	OBP	SLG
Home	4.40	14	7	0	37	26	186.0	189	16	74	132	vs. Left	.277	672	186	36	3	19	96	86	112	.359	.424
Away	5.63	4	10	1	37	23	150.1	180	22	74	103	vs. Right	.278	659	183	41	3	19	91	62	123	.342	.436
Day	4.53	8	7	0	27	21	135.0	140	15	63	99	Inning 1-6	.279	1145	319	68	6	35	166	127	208	.352	.440
Night	5.23	10	10	1	47	28	201.1	229	23	85	136	Inning 7+	.269	186	50	9	0	3	21	21	27	.341	.366
Grass	6.07	3	9	0	29	20	123.0	152	20	63	83	None on	.266	748	199	42	2	23	23	65	136	.327	.420
Turf	4.30	15	8	1	45	29	213.1	217	18	85	152	Runners on	.292	583	170	35	4	15	164	83	99	.379	.443
March/April	7.98	4	5	1	12	9	53.0	71	8	30	24	Scoring Posn	.302	344	104	24	3	8	145	55	60	.395	.459
May	6.21	2	1	0	7	6	33.1	51	4	17	19	Close & Late	.310	58	18	2	0	1	4	10	11	.412	.397
June	5.05	3	2	0	10	5	35.2	35	5	24	16	None on/out	.270	333	90	17	1	9	9	25	59	.323	.408
July	5.57	3	4	0	18	7	63.0	73	6	33	54	vs. 1st Batr (relief)	.421	19	8	2	0	0	7	4	2	.542	.526
August	4.61	3	2	0	12	9	66.1	70	9	23	49	1st Inning Pitched	.290	293	85	18	1	5	52	30	44	.362	.410
Sept/Oct	2.33	3	3	0	15	13	85.0	69	6	21	73	First 75 Pitches	.270	1076	290	64	4	32	154	110	191	.339	.426
Starter	4.95	15	15	0	49	49	282.0	306	33	117	211	Pitch 76-90	.313	144	45	10	0	2	17	19	28	.390	.424
Reliever	4.97	3	2	1	25	0	54.1	63	5	31	24	Pitch 91-105	.311	90	28	2	2	4	13	14	15	.406	.511
0-3 Days Rest (Start)	10.24	0	2	0	2	2	9.2	17	4	10	4	Pitch 106+	.286	21	6	1	0	0	3	5	1	.423	.333
4 Days Rest	5.91	6	9	0	26	26	140.0	169	15	68	106	First Pitch	.326	175	57	8	0	6	30	1	0	.331	.474
5+ Days Rest	3.54	9	4	0	21	21	132.1	120	14	45	95	Ahead in Count	.228	606	138	27	2	9	52	0	200	.232	.323
vs. AL	4.95	16	15	1	67	45	305.1	332	32	138	209	Behind in Count	.362	304	110	29	2	13	66	76	0	.483	.599
vs. NL	4.94	2	2	0	7	4	31.0	37	6	10	26	Two Strikes	.213	591	126	22	3	11	54	71	235	.300	.316
Pre-All Star	6.67	9	8	1	35	22	145.2	186	18	82	79	Pre-All Star	.312	596	186	39	5	18	105	82	79	.394	.485
Post-All Star	3.63	9	9	0	39	27	190.2	183	20	66	156	Post-All Star	.249	735	183	38	1	20	82	66	156	.314	.385

Shane Halter — Tigers
Age 32 – Bats Right

	Avg	G	AB	R	H	2B	3B	HR	RBI	BB	SO	HBP	GDP	SB	CS	OBP	SLG	IBB	SH	SF	#Pit	#P/PA	GB	SO	G/F
2001 Season	.284	136	450	53	128	32	7	12	65	37	100	7	14	3	3	.344	.467	2	7	6	1895	3.74	138	129	1.07
Career (1997-2001)	.265	408	1015	112	269	61	10	19	115	73	215	11	23	14	13	.318	.401	2	28	10	4263	3.75	329	279	1.18

2001 Season

	Avg	AB	H	2B	3B	HR	RBI	BB	SO	OBP	SLG		Avg	AB	H	2B	3B	HR	RBI	BB	SO	OBP	SLG
vs. Left	.291	127	37	10	2	3	10	5	24	.318	.472	First Pitch	.323	62	20	7	0	0	9	1	0	.328	.435
vs. Right	.282	323	91	22	5	9	55	32	76	.353	.464	Ahead in Count	.481	79	38	9	4	7	25	19	0	.574	.962
Home	.296	226	67	15	6	4	37	15	51	.347	.469	Behind in Count	.173	214	37	10	2	2	15	0	88	.186	.266
Away	.272	224	61	17	1	8	28	22	49	.341	.464	Two Strikes	.170	218	37	11	3	1	15	17	100	.238	.261
Day	.252	159	40	10	0	2	17	16	33	.331	.352	Batting #6	.250	144	36	10	1	2	19	8	33	.304	.375
Night	.302	291	88	22	7	10	48	21	67	.351	.529	Batting #8	.274	146	40	10	3	2	18	11	29	.325	.425
Grass	.282	411	116	29	7	11	63	32	94	.338	.467	Other	.325	160	52	12	3	8	28	18	38	.396	.588
Turf	.308	39	12	3	0	1	2	5	6	.400	.462	April	.233	43	10	3	0	0	4	4	6	.313	.302
Pre-All Star	.330	176	58	13	3	3	23	11	41	.378	.489	May	.269	26	7	2	0	0	1	1	8	.296	.346
Post-All Star	.255	274	70	19	4	9	42	26	59	.322	.453	June	.338	80	27	6	3	3	12	6	20	.386	.600
Inning 1-6	.283	293	83	18	7	6	37	25	60	.349	.454	July	.330	100	33	8	0	2	16	6	24	.375	.470
Inning 7+	.287	157	45	14	0	6	28	12	40	.335	.490	August	.214	103	22	6	3	4	15	5	25	.250	.447
Scoring Posn	.314	118	37	10	1	4	51	18	30	.400	.517	Sept/Oct	.296	98	29	7	1	3	17	15	17	.383	.480
Close & Late	.305	59	18	3	0	3	9	6	14	.368	.508	vs. AL	.275	386	106	23	6	12	58	29	81	.331	.459
None on/out	.288	104	30	4	2	4	4	5	19	.327	.481	vs. NL	.344	64	22	9	1	0	7	8	19	.419	.516

2001 By Position

Position	Avg	AB	H	2B	3B	HR	RBI	BB	SO	OBP	SLG		G	GS	Innings	PO	A	E	DP	Fld Pct	Rng Fctr	In Zone	Zone Outs	Zone Rtg	MLB Zone
As 3b	.268	220	59	16	3	6	39	19	44	.328	.445		74	60	549.1	57	150	17	12	.924	3.39	204	161	.789	.761
As ss	.320	203	65	16	4	5	23	18	45	.384	.512		62	60	508.2	97	169	9	46	.967	4.71	198	159	.803	.839

Career (1997-2001)

	Avg	AB	H	2B	3B	HR	RBI	BB	SO	OBP	SLG		Avg	AB	H	2B	3B	HR	RBI	BB	SO	OBP	SLG
vs. Left	.295	356	105	24	4	10	37	17	82	.329	.469	First Pitch	.321	134	43	13	1	2	19	1	0	.321	.478
vs. Right	.249	659	164	37	6	9	78	56	133	.313	.364	Ahead in Count	.348	181	63	19	5	8	35	49	0	.485	.641
Home	.264	469	124	26	6	5	57	38	95	.324	.377	Behind in Count	.191	497	95	16	3	3	35	0	191	.199	.254
Away	.266	546	145	35	4	14	58	35	120	.313	.421	Two Strikes	.179	509	91	19	4	2	31	23	215	.222	.244
Day	.252	330	83	15	2	4	36	30	64	.322	.345	Batting #8	.260	262	68	15	3	2	27	17	53	.307	.374
Night	.272	685	186	46	8	15	79	43	151	.317	.428	Batting #9	.244	246	60	10	3	4	27	19	39	.300	.358
Grass	.264	884	233	51	10	14	103	63	184	.316	.391	Other	.278	507	141	36	4	12	61	37	125	.333	.436
Turf	.275	131	36	10	0	5	12	10	31	.331	.466	March/April	.252	123	31	7	0	2	11	12	21	.328	.358

Career (1997-2001)

	Avg	AB	H	2B	3B	HR	RBI	BB	SO	OBP	SLG		Avg	AB	H	2B	3B	HR	RBI	BB	SO	OBP	SLG
Pre-All Star	.283	495	140	31	3	6	43	32	105	.333	.394	May	.264	144	38	11	0	1	8	5	34	.289	.361
Post-All Star	.248	520	129	30	7	13	72	41	110	.305	.408	June	.295	176	52	9	3	3	17	14	38	.352	.432
Inning 1-6	.252	658	166	33	9	10	68	49	130	.310	.375	July	.286	196	56	15	1	3	30	9	42	.319	.418
Inning 7+	.289	357	103	28	1	9	47	24	85	.334	.448	August	.214	206	44	8	4	7	26	9	51	.250	.393
Scoring Posn	.239	247	59	14	3	4	87	29	67	.320	.368	Sept/Oct	.282	170	48	11	2	3	23	24	29	.367	.424
Close & Late	.293	133	39	9	1	4	18	14	33	.364	.466	vs. AL	.255	874	223	45	9	18	97	61	187	.308	.389
None on/out	.271	251	68	13	2	8	8	11	42	.304	.434	vs. NL	.326	141	46	16	1	1	18	12	28	.382	.475

Darryl Hamilton — Rockies
Age 37 – Bats Left (groundball hitter)

	Avg	G	AB	R	H	2B	3B	HR	RBI	BB	SO	HBP	GDP	SB	CS	OBP	SLG	IBB	SH	SF	#Pit	#P/PA	GB	FB	G/F
2001 Season	.214	52	126	15	27	7	1	1	5	19	20	2	2	3	1	.322	.310	3	2	2	578	3.83	38	47	0.81
Last Five Years	.291	514	1757	290	512	81	12	22	150	233	213	7	23	39	28	.375	.389	5	23	9	8002	3.94	733	454	1.61

2001 Season

	Avg	AB	H	2B	3B	HR	RBI	BB	SO	OBP	SLG		Avg	AB	H	2B	3B	HR	RBI	BB	SO	OBP	SLG
vs. Left	.267	15	4	0	0	1	1	3	3	.421	.467	Scoring Posn	.150	20	3	0	0	0	3	5	2	.345	.150
vs. Right	.207	111	23	7	1	0	4	16	17	.308	.288	Close & Late	.208	24	5	2	0	0	2	5	5	.367	.292
Home	.242	62	15	4	1	1	3	6	11	.320	.387	None on/out	.282	39	11	3	0	0	0	7	6	.391	.359
Away	.188	64	12	3	0	0	2	13	9	.316	.234	Batting #1	.114	35	4	2	1	0	1	3	7	.179	.229
First Pitch	.188	16	3	1	0	0	1	3	0	.300	.250	Batting #7	.233	30	7	1	0	0	1	4	4	.333	.267
Ahead in Count	.308	26	8	2	1	1	1	9	0	.486	.577	Other	.262	61	16	4	0	1	3	12	9	.392	.377
Behind in Count	.161	56	9	2	0	0	1	0	17	.172	.196	Pre-All Star	.214	126	27	7	1	1	5	19	20	.322	.310
Two Strikes	.148	54	8	3	0	0	0	7	20	.258	.204	Post-All Star	.000	0	0	0	0	0	0	0	0	.000	.000

Last Five Years

	Avg	AB	H	2B	3B	HR	RBI	BB	SO	OBP	SLG		Avg	AB	H	2B	3B	HR	RBI	BB	SO	OBP	SLG
vs. Left	.288	431	124	15	2	6	38	43	64	.356	.374	First Pitch	.377	175	66	11	3	3	29	5	0	.397	.526
vs. Right	.293	1326	388	66	10	16	112	190	149	.381	.394	Ahead in Count	.342	377	129	18	3	11	50	120	0	.500	.493
Home	.295	827	244	39	4	10	67	118	98	.384	.388	Behind in Count	.244	804	196	31	5	4	41	0	175	.244	.310
Away	.288	930	268	42	8	12	83	115	115	.366	.389	Two Strikes	.227	790	179	31	5	6	47	108	213	.320	.301
Day	.287	641	184	37	6	5	51	92	81	.377	.387	Batting #1	.291	1332	387	61	10	15	114	167	157	.369	.385
Night	.294	1116	328	64	6	17	99	141	132	.374	.390	Batting #6	.318	151	48	9	1	3	18	21	20	.405	.450
Grass	.298	1451	433	68	11	20	122	204	172	.386	.402	Other	.281	274	77	11	1	4	18	45	36	.386	.372
Turf	.258	306	79	13	1	2	28	29	41	.320	.327	March/April	.242	264	64	8	2	2	17	32	37	.320	.311
Pre-All Star	.280	949	266	41	8	7	67	117	118	.359	.362	May	.270	259	70	9	0	1	16	34	36	.356	.317
Post-All Star	.304	808	246	40	4	15	83	116	95	.394	.420	June	.312	353	110	20	6	4	32	42	42	.384	.436
Inning 1-6	.303	1227	372	57	7	14	90	147	132	.378	.395	July	.316	244	77	16	1	2	12	46	18	.428	.414
Inning 7+	.264	530	140	24	5	8	60	86	81	.368	.374	August	.287	349	100	17	2	7	30	38	41	.356	.407
Scoring Posn	.302	354	107	15	3	7	127	60	38	.399	.421	Sept/Oct	.316	288	91	11	1	6	43	41	39	.403	.424
Close & Late	.293	273	80	16	2	3	32	44	41	.393	.399	vs. AL	.266	154	41	7	2	1	10	18	21	.343	.357
None on/out	.302	683	206	33	5	5	5	79	83	.376	.387	vs. NL	.294	1603	471	74	10	21	140	215	192	.378	.392

Joey Hamilton — Reds
Age 31 – Pitches Right (groundball pitcher)

	ERA	W	L	Sv	G	GS	IP	BB	SO	Avg	H	2B	3B	HR	RBI	OBP	SLG	CG	ShO	Sup	QS	#P/S	SB	CS	GB	FB	G/F
2001 Season	5.93	6	10	0	26	26	139.2	44	92	.338	193	44	4	20	90	.384	.534	0	0	5.16	7	89	5	6	222	147	1.51
Last Five Years	4.89	40	39	0	119	113	680.2	270	434	.286	758	156	21	73	355	.356	.444	1	0	4.42	53	95	35	31	1055	655	1.61

2001 Season

	ERA	W	L	Sv	G	GS	IP	H	HR	BB	SO		Avg	AB	H	2B	3B	HR	RBI	BB	SO	OBP	SLG
Home	6.42	3	7	0	17	17	95.1	134	13	33	64	vs. Left	.348	287	100	21	1	11	42	23	36	.391	.544
Away	4.87	3	3	0	9	9	44.1	59	7	11	28	vs. Right	.327	284	93	23	3	9	48	21	56	.377	.525
Starter	5.93	6	10	0	26	26	139.2	193	20	44	92	Scoring Posn	.323	155	50	12	2	8	74	17	24	.379	.581
Reliever	0.00	0	0	0	0	0	0.0	0	0	0	0	Close & Late	.438	16	7	1	0	0	2	1	2	.471	.500
0-3 Days Rest (Start)	0.00	0	0	0	0	0	0.0	0	0	0	0	None on/out	.379	145	55	15	0	6	6	8	21	.412	.607
4 Days Rest	6.35	3	4	0	14	14	72.1	108	8	26	42	First Pitch	.462	78	36	9	0	5	25	1	0	.451	.769
5+ Days Rest	5.48	3	6	0	12	12	67.1	85	12	18	50	Ahead in Count	.257	261	67	13	2	4	19	0	73	.262	.368
Pre-All Star	5.51	4	6	0	18	18	101.1	138	14	33	70	Behind in Count	.440	116	51	15	1	6	24	23	0	.529	.741
Post-All Star	7.04	2	4	0	8	8	38.1	55	6	11	22	Two Strikes	.221	253	56	13	1	6	26	20	92	.281	.352

Last Five Years

	ERA	W	L	Sv	G	GS	IP	H	HR	BB	SO		Avg	AB	H	2B	3B	HR	RBI	BB	SO	OBP	SLG
Home	4.93	17	24	0	66	62	386.2	426	43	154	277	vs. Left	.311	1314	409	92	15	39	175	130	192	.375	.493
Away	4.84	23	15	0	53	51	294.0	332	30	116	157	vs. Right	.262	1332	349	64	6	34	180	140	242	.337	.396
Day	4.36	12	11	0	40	37	231.0	230	27	89	160	Inning 1-6	.286	2379	680	142	19	65	322	243	388	.355	.443
Night	5.16	28	28	0	79	76	449.2	528	46	181	274	Inning 7+	.292	267	78	14	2	8	33	27	46	.360	.449
Grass	4.54	24	22	0	69	66	406.2	428	49	164	266	None on	.284	1483	421	89	14	43	42	131	258	.348	.444
Turf	5.42	16	17	0	50	47	274.0	330	24	106	168	Runners on	.290	1163	337	67	10	31	313	139	176	.365	.445
March/April	5.59	4	5	0	18	18	104.2	130	11	48	71	Scoring Posn	.284	670	190	39	7	17	273	98	101	.370	.439
May	5.72	4	8	0	17	14	85.0	101	10	39	65	Close & Late	.297	155	46	6	1	5	20	18	27	.370	.445
June	5.28	6	7	0	24	23	139.2	163	14	61	79	None on/out	.299	666	199	49	7	20	20	61	93	.363	.483
July	4.49	11	3	0	21	20	128.1	139	13	43	85	vs. 1st Batr (relief)	.200	5	1	1	0	0	1	0	1	.167	.400
August	4.27	10	5	0	20	20	122.1	118	13	37	74	1st Inning Pitched	.305	462	141	34	4	11	77	78	70	.406	.468
Sept/Oct	4.20	5	8	0	19	18	100.2	107	12	42	60	First 75 Pitches	.286	1949	557	112	18	54	255	210	301	.359	.445
Starter	4.89	39	39	0	113	113	672.1	751	73	267	429	Pitch 76-90	.286	371	106	25	0	14	58	26	61	.334	.466
Reliever	5.40	1	0	0	6	0	8.1	7	0	3	5	Pitch 91-105	.309	243	75	13	3	2	30	25	49	.377	.412
0-3 Days Rest (Start)	6.75	0	1	0	1	1	5.1	6	1	2	1	Pitch 106+	.241	83	20	6	0	3	12	9	23	.323	.422

	ERA	W	L	Sv	G	GS	IP	H	HR	BB	SO		Avg	AB	H	2B	3B	HR	RBI	BB	SO	OBP	SLG
4 Days Rest	4.70	25	23	0	69	69	425.0	463	44	169	261	First Pitch	.375	403	151	32	1	16	82	9	0	.392	.578
5+ Days Rest	5.17	14	15	0	43	43	242.0	282	28	96	167	Ahead in Count	.221	1166	258	50	6	18	97	0	350	.231	.321
vs. AL	6.22	12	18	0	49	45	244.2	317	38	88	147	Behind in Count	.378	548	207	47	8	23	94	142	0	.504	.619
vs. NL	4.15	28	21	0	70	68	436.0	441	35	182	287	Two Strikes	.191	1137	217	43	4	18	101	119	434	.273	.283
Pre-All Star	5.49	17	23	0	65	60	360.2	432	41	161	237	Pre-All Star	.303	1425	432	90	11	41	206	161	237	.375	.468
Post-All Star	4.22	23	16	0	54	53	320.0	326	32	109	197	Post-All Star	.267	1221	326	66	10	32	149	109	197	.333	.416

Jeffrey Hammonds — Brewers

Age 31 – Bats Right (flyball hitter)

	Avg	G	AB	R	H	2B	3B	HR	RBI	BB	SO	HBP	GDP	SB	CS	OBP	SLG	IBB	SH	SF	#Pit	#P/PA	GB	FB	G/F
2001 Season	.247	49	174	20	43	11	1	6	21	14	42	4	2	5	3	.314	.425	1	0	2	730	3.76	50	51	0.98
Last Five Years	.288	501	1544	278	445	83	8	70	262	156	318	16	25	45	20	.356	.488	7	7	15	6410	3.69	456	512	0.89

2001 Season

	Avg	AB	H	2B	3B	HR	RBI	BB	SO	OBP	SLG		Avg	AB	H	2B	3B	HR	RBI	BB	SO	OBP	SLG
vs. Left	.237	38	9	2	0	0	2	3	7	.293	.289	Scoring Posn	.355	31	11	3	0	1	16	7	6	.463	.548
vs. Right	.250	136	34	9	1	6	19	11	35	.320	.463	Close & Late	.231	26	6	2	0	1	5	3	7	.310	.423
Home	.216	88	19	3	0	3	11	9	25	.293	.352	None on/out	.213	47	10	3	0	3	3	2	11	.245	.468
Away	.279	86	24	8	1	3	10	5	17	.337	.500	Batting #3	.171	35	6	1	0	0	1	2	15	.231	.200
First Pitch	.321	28	9	1	1	2	3	0	0	.345	.643	Batting #6	.260	100	26	9	0	2	12	10	19	.345	.410
Ahead in Count	.321	28	9	3	0	0	3	8	0	.486	.429	Other	.282	39	11	1	1	4	8	2	8	.310	.410
Behind in Count	.207	87	18	5	0	3	9	0	35	.211	.368	Pre-All Star	.247	174	43	11	1	6	21	14	42	.314	.425
Two Strikes	.165	91	15	7	0	3	11	6	42	.220	.341	Post-All Star	.000	0	0	0	0	0	0	0	0	.000	.000

Last Five Years

	Avg	AB	H	2B	3B	HR	RBI	BB	SO	OBP	SLG		Avg	AB	H	2B	3B	HR	RBI	BB	SO	OBP	SLG
vs. Left	.298	520	155	29	4	25	85	50	103	.360	.513	First Pitch	.407	236	96	13	2	16	50	5	0	.424	.682
vs. Right	.283	1024	290	54	4	45	177	106	215	.355	.476	Ahead in Count	.346	315	109	17	1	23	64	66	0	.459	.625
Home	.294	720	212	29	3	32	131	88	147	.372	.476	Behind in Count	.220	667	147	28	5	19	84	0	248	.226	.363
Away	.283	824	233	54	5	38	131	68	171	.343	.499	Two Strikes	.197	686	135	24	3	22	89	85	318	.288	.337
Day	.292	524	153	30	4	28	89	47	117	.353	.525	Batting #5	.311	270	84	11	2	17	72	27	55	.374	.556
Night	.286	1020	292	53	4	42	173	109	201	.358	.470	Batting #6	.306	422	129	28	1	17	68	31	80	.362	.498
Grass	.289	1180	341	61	7	57	208	114	248	.355	.497	Other	.272	852	232	44	5	36	122	98	183	.348	.462
Turf	.286	364	104	22	1	13	54	42	70	.361	.459	March/April	.249	253	63	14	0	8	31	26	61	.325	.399
Pre-All Star	.285	910	259	55	4	46	168	89	199	.353	.505	May	.272	316	86	17	3	20	71	35	70	.352	.535
Post-All Star	.293	634	186	28	4	24	94	67	119	.362	.464	June	.347	248	86	16	0	13	52	25	45	.401	.569
Inning 1-6	.287	1024	294	57	4	49	171	103	206	.356	.494	July	.290	262	76	16	3	12	39	15	55	.331	.511
Inning 7+	.290	520	151	26	4	21	91	53	112	.358	.477	August	.309	265	82	12	2	9	46	27	49	.373	.472
Scoring Posn	.282	418	118	23	2	11	174	67	83	.379	.426	Sept/Oct	.260	200	52	8	0	8	23	28	38	.352	.420
Close & Late	.272	239	65	12	2	13	47	28	58	.347	.502	vs. AL	.285	554	158	38	4	27	94	62	106	.359	.514
None on/out	.263	338	89	16	3	17	17	26	70	.320	.479	vs. NL	.290	990	287	45	4	43	168	94	212	.355	.474

Mike Hampton — Rockies

Age 29 – Pitches Left (groundball pitcher)

	ERA	W	L	Sv	G	GS	IP	BB	SO	Avg	H	2B	3B	HR	RBI	OBP	SLG	CG	ShO	Sup	QS	#P/S	SB	CS	GB	FB	G/F
2001 Season	5.41	14	13	0	32	32	203.0	85	122	.296	236	46	6	31	121	.367	.486	2	1	7.09	12	103	2	10	338	193	1.75
Last Five Years	3.69	77	44	0	165	165	1094.1	443	726	.262	1080	188	18	87	442	.335	.380	16	7	5.91	99	103	32	40	1897	816	2.32

2001 Season

	ERA	W	L	Sv	G	GS	IP	H	HR	BB	SO		Avg	AB	H	2B	3B	HR	RBI	BB	SO	OBP	SLG
Home	5.77	8	6	0	15	15	93.2	111	15	48	53	vs. Left	.346	159	55	11	1	8	35	16	17	.407	.579
Away	5.10	6	7	0	17	17	109.1	125	16	37	69	vs. Right	.284	638	181	35	5	23	86	69	105	.357	.462
Day	4.87	5	1	0	10	10	64.2	78	9	23	39	Inning 1-6	.293	694	203	39	5	29	106	71	109	.361	.488
Night	5.66	9	12	0	22	22	138.1	158	22	62	83	Inning 7+	.320	103	33	7	1	2	15	14	13	.408	.466
Grass	5.41	14	13	0	32	32	203.0	236	31	85	122	None on	.300	446	134	24	3	17	17	43	71	.366	.482
Turf	0.00	0	0	0	0	0	0.0	0	0	0	0	Runners on	.291	351	102	22	3	14	104	42	51	.369	.490
April	2.97	3	0	0	5	5	33.1	31	3	12	22	Scoring Posn	.246	199	49	14	1	3	76	34	30	.358	.372
May	2.45	4	2	0	6	6	44.0	43	1	12	24	Close & Late	.395	38	15	3	0	1	10	5	2	.477	.553
June	6.37	2	2	0	5	5	29.2	39	4	17	15	None on/out	.290	200	58	11	2	7	7	19	30	.360	.470
July	8.91	1	4	0	6	6	34.1	53	10	15	17	vs. 1st Batr (relief)	.000	0	0	0	0	0	0	0	0	.000	.000
August	5.93	2	2	0	5	5	30.1	35	7	13	20	1st Inning Pitched	.288	125	36	8	0	3	20	15	23	.375	.424
Sept/Oct	6.89	1	3	0	5	5	31.1	35	6	16	24	First 75 Pitches	.285	557	159	32	4	21	74	61	96	.360	.470
Starter	5.41	14	13	0	32	32	203.0	236	31	85	122	Pitch 76-90	.319	116	37	7	1	7	27	6	11	.350	.578
Reliever	0.00	0	0	0	0	0	0.0	0	0	0	0	Pitch 91-105	.276	87	24	3	0	2	9	9	10	.357	.379
0-3 Days Rest (Start)	0.00	0	0	0	0	0	0.0	0	0	0	0	Pitch 106+	.432	37	16	4	1	1	11	9	5	.532	.676
4 Days Rest	5.83	6	7	0	16	16	100.1	125	15	47	64	First Pitch	.362	130	47	10	1	7	24	6	0	.394	.615
5+ Days Rest	5.00	8	6	0	16	16	102.2	111	16	38	58	Ahead in Count	.251	351	88	14	1	11	40	0	91	.258	.390
vs. AL	10.80	0	2	0	2	2	10.0	21	5	5	6	Behind in Count	.363	157	57	14	0	9	33	47	0	.505	.624
vs. NL	5.13	14	11	0	30	30	193.0	215	26	80	116	Two Strikes	.223	354	79	14	3	9	42	32	122	.292	.356
Pre-All Star	4.02	9	5	0	18	18	121.0	134	10	47	67	Pre-All Star	.286	468	134	28	4	10	56	47	67	.354	.427
Post-All Star	7.46	5	8	0	14	14	82.0	102	21	38	55	Post-All Star	.310	329	102	18	2	21	65	38	55	.385	.568

Last Five Years

	ERA	W	L	Sv	G	GS	IP	H	HR	BB	SO		Avg	AB	H	2B	3B	HR	RBI	BB	SO	OBP	SLG
Home	3.12	45	17	0	82	82	571.0	522	38	226	402	vs. Left	.272	766	208	38	4	18	97	69	123	.337	.402
Away	4.32	32	27	0	83	83	523.1	558	49	217	324	vs. Right	.260	3352	872	150	14	69	345	374	603	.335	.375
Day	3.47	23	11	0	51	51	342.0	329	28	129	230	Inning 1-6	.258	3470	895	160	15	78	384	379	627	.332	.380
Night	3.80	54	33	0	114	114	751.2	751	59	314	496	Inning 7+	.285	648	185	28	3	9	58	64	99	.352	.380

Last Five Years

	ERA	W	L	Sv	G	GS	IP	H	HR	BB	SO		Avg	AB	H	2B	3B	HR	RBI	BB	SO	OBP	SLG
Grass	4.20	41	32	0	99	99	634.1	663	59	267	387	None on	.267	2311	617	98	11	51	51	228	413	.336	.385
Turf	2.99	36	12	0	66	66	460.0	417	28	176	339	Runners on	.256	1807	463	90	7	36	391	215	313	.335	.374
March/April	4.33	12	8	0	28	28	172.1	184	13	79	112	Scoring Posn	.238	977	233	47	3	16	331	149	192	.334	.342
May	2.56	15	6	0	29	29	200.2	183	8	68	128	Close & Late	.289	294	85	14	1	6	34	28	43	.356	.405
June	4.32	10	8	0	25	25	158.1	162	11	76	100	None on/out	.295	1056	312	55	4	32	32	106	162	.365	.446
July	4.56	14	8	0	27	27	185.1	206	24	53	106	vs. 1st Batr (relief)	.000	0	0	0	0	0	0	0	0	.000	.000
August	3.51	13	5	0	28	28	190.0	173	19	87	135	1st Inning Pitched	.251	601	151	26	2	8	66	76	108	.342	.341
Sept/Oct	3.12	13	9	0	28	28	187.2	172	12	80	145	First 75 Pitches	.256	2868	735	130	12	57	289	309	527	.331	.370
Starter	3.69	77	44	0	165	165	1094.1	1080	87	443	726	Pitch 76-90	.296	592	175	28	4	24	85	52	79	.351	.478
Reliever	0.00	0	0	0	0	0	0.0	0	0	0	0	Pitch 91-105	.239	431	103	18	0	3	36	48	77	.318	.302
0-3 Days Rest (Start)	2.84	2	0	0	3	3	19.0	18	1	7	23	Pitch 106+	.295	227	67	12	2	3	32	34	43	.383	.405
4 Days Rest	3.71	48	22	0	99	99	667.1	671	49	265	450	First Pitch	.310	639	198	40	1	17	85	12	0	.325	.455
5+ Days Rest	3.71	27	22	0	63	63	408.0	391	37	171	253	Ahead in Count	.228	1730	395	61	7	30	158	0	582	.233	.324
vs. AL	4.47	7	6	0	13	13	88.2	109	9	31	49	Behind in Count	.315	966	304	58	4	24	125	268	0	.461	.458
vs. NL	3.62	70	38	0	152	152	1005.2	971	78	412	677	Two Strikes	.199	1738	345	55	9	27	152	163	726	.271	.287
Pre-All Star	3.69	41	24	0	90	90	583.2	598	37	240	373	Pre-All Star	.271	2205	598	109	14	37	245	240	373	.344	.384
Post-All Star	3.70	36	20	0	75	75	510.2	482	50	203	353	Post-All Star	.252	1913	482	79	4	50	197	203	353	.326	.376

Dave Hansen — Dodgers
Age 33 – Bats Left (groundball hitter)

	Avg	G	AB	R	H	2B	3B	HR	RBI	BB	SO	HBP	GDP	SB	CS	OBP	SLG	IBB	SH	SF	#Pit	#P/PA	GB	FB	G/F
2001 Season	.236	92	140	13	33	10	0	2	20	32	29	0	3	0	1	.371	.350	5	0	3	724	4.14	51	40	1.28
Last Five Years	.274	384	519	64	142	32	5	15	84	115	113	3	8	1	4	.405	.441	6	2	5	2758	4.28	192	122	1.57

2001 Season

	Avg	AB	H	2B	3B	HR	RBI	BB	SO	OBP	SLG		Avg	AB	H	2B	3B	HR	RBI	BB	SO	OBP	SLG
vs. Left	.100	10	1	0	0	1	3	1	4	.182	.400	Scoring Posn	.216	37	8	4	0	1	19	12	7	.385	.405
vs. Right	.246	130	32	10	0	1	17	31	25	.384	.346	Close & Late	.282	39	11	6	0	1	8	11	8	.431	.513
Home	.203	64	13	6	0	1	5	16	13	.363	.344	None on/out	.231	39	9	3	0	0	0	3	12	.286	.308
Away	.263	76	20	4	0	1	15	16	16	.379	.355	Batting #6	.265	68	18	3	0	2	13	17	9	.407	.397
First Pitch	.000	7	0	0	0	0	1	4	0	.333	.000	Batting #9	.216	37	8	5	0	0	4	11	10	.388	.351
Ahead in Count	.238	42	10	2	0	0	6	16	0	.448	.286	Other	.200	35	7	2	0	0	3	4	10	.275	.257
Behind in Count	.263	57	15	6	0	1	10	0	20	.254	.421	Pre-All Star	.250	88	22	7	0	1	9	22	21	.396	.364
Two Strikes	.200	65	13	4	0	0	5	12	29	.316	.262	Post-All Star	.212	52	11	3	0	1	11	10	8	.328	.327

Last Five Years

	Avg	AB	H	2B	3B	HR	RBI	BB	SO	OBP	SLG		Avg	AB	H	2B	3B	HR	RBI	BB	SO	OBP	SLG
vs. Left	.175	40	7	3	0	1	8	5	14	.298	.325	First Pitch	.308	52	16	3	1	3	16	5	0	.362	.577
vs. Right	.282	479	135	29	5	14	76	110	99	.413	.451	Ahead in Count	.321	106	34	10	1	2	22	67	0	.584	.491
Home	.258	229	59	11	2	8	27	45	46	.384	.428	Behind in Count	.228	224	51	9	1	4	25	0	88	.235	.330
Away	.286	290	83	21	3	7	57	70	67	.421	.452	Two Strikes	.230	278	64	13	1	6	27	43	113	.335	.349
Day	.309	188	58	15	2	3	23	43	41	.438	.457	Batting #6	.279	136	38	7	1	3	26	35	22	.431	.412
Night	.254	331	84	17	3	12	61	72	72	.386	.432	Batting #9	.248	165	41	15	2	8	29	35	42	.381	.509
Grass	.279	459	128	26	5	13	68	101	99	.409	.442	Other	.289	218	63	10	2	4	29	45	49	.406	.408
Turf	.233	60	14	6	0	2	16	14	14	.373	.433	March/April	.417	48	20	5	1	3	10	12	7	.541	.750
Pre-All Star	.282	333	94	25	2	8	47	75	71	.416	.441	May	.256	117	30	7	1	2	13	30	24	.412	.385
Post-All Star	.258	186	48	7	3	7	37	40	42	.384	.441	June	.271	129	35	10	0	3	18	29	30	.406	.419
Inning 1-6	.261	241	63	10	2	4	32	54	54	.398	.369	July	.239	88	21	5	0	2	17	16	22	.352	.364
Inning 7+	.284	278	79	22	3	11	52	61	66	.411	.504	August	.278	72	20	2	2	2	12	14	16	.391	.444
Scoring Posn	.252	139	35	9	2	6	71	45	29	.429	.475	Sept/Oct	.246	65	16	3	1	3	14	14	14	.370	.462
Close & Late	.306	144	44	13	3	8	35	33	36	.430	.604	vs. AL	.183	71	13	4	0	0	9	18	22	.344	.239
None on/out	.262	122	32	8	2	2	25	31	.388	.410		vs. NL	.288	448	129	28	5	15	75	97	91	.415	.473

Pete Harnisch — Reds
Age 35 – Pitches Right (flyball pitcher)

	ERA	W	L	Sv	G	GS	IP	BB	SO	Avg	H	2B	3B	HR	RBI	OBP	SLG	CG	ShO	Sup	QS	#P/S	SB	CS	GB	FB	G/F
2001 Season	6.37	1	3	0	7	7	35.1	17	17	.318	48	14	0	9	28	.384	.589	0	0	5.35	1	86	1	1	65	52	1.25
Last Five Years	4.09	40	28	0	104	102	613.1	207	387	.254	595	146	14	87	269	.315	.439	7	4	5.50	52	92	29	16	770	774	0.99

2001 Season

	ERA	W	L	Sv	G	GS	IP	H	HR	BB	SO		Avg	AB	H	2B	3B	HR	RBI	BB	SO	OBP	SLG
Home	7.80	0	2	0	3	3	15.0	21	7	7	5	vs. Left	.227	66	15	6	0	2	12	11	3	.329	.409
Away	5.31	1	1	0	4	4	20.1	27	2	10	12	vs. Right	.388	85	33	8	0	7	16	6	14	.430	.729

Last Five Years

	ERA	W	L	Sv	G	GS	IP	H	HR	BB	SO		Avg	AB	H	2B	3B	HR	RBI	BB	SO	OBP	SLG
Home	4.61	16	16	0	49	47	283.0	279	44	109	188	vs. Left	.250	1078	270	65	8	37	121	115	149	.321	.429
Away	3.65	24	12	0	55	55	330.1	316	43	98	199	vs. Right	.256	1268	325	81	6	50	148	92	238	.311	.448
Day	4.67	14	10	0	37	37	208.1	207	33	74	133	Inning 1-6	.259	2127	551	141	12	78	258	187	351	.320	.447
Night	3.80	26	18	0	67	65	405.0	388	54	133	254	Inning 7+	.201	219	44	5	2	9	11	20	36	.268	.365
Grass	3.96	21	10	0	50	48	286.2	287	42	99	165	None on	.250	1450	363	91	6	62	62	112	232	.309	.450
Turf	4.22	19	18	0	54	54	326.2	308	45	108	222	Runners on	.259	896	232	55	8	25	207	95	155	.326	.422
March/April	4.90	5	7	0	17	17	123.0	121	21	45	70	Scoring Posn	.245	507	124	31	5	15	178	69	94	.327	.414
May	4.25	5	6	0	15	15	89.0	96	16	27	50	Close & Late	.220	100	22	2	0	6	6	19	.264	.420
June	3.00	6	3	0	12	12	69.0	58	6	27	59	None on/out	.273	638	174	43	2	40	40	40	94	.319	.534
July	3.65	5	3	0	15	15	93.2	95	17	32	49	vs. 1st Batr (relief)	.000	2	0	0	0	0	0	0	0	.000	.000
August	4.64	9	5	0	22	21	132.0	130	12	44	89	1st Inning Pitched	.263	403	106	27	0	14	45	35	62	.322	.434
Sept/Oct	3.46	10	4	0	19	18	106.2	95	15	32	65	First 75 Pitches	.258	1831	473	125	8	66	209	149	308	.316	.443

175

	ERA	W	L	Sv	G	GS	IP	H	HR	BB	SO		Avg	AB	H	2B	3B	HR	RBI	BB	SO	OBP	SLG
						Last Five Years																	
Starter	4.08	40	28	0	102	102	611.1	594	87	203	385	Pitch 76-90	.239	297	71	12	3	13	37	30	39	.305	.431
Reliever	9.00	0	0	0	2	0	2.0	1	0	4	2	Pitch 91-105	.244	168	41	7	3	7	21	22	27	.332	.446
0-3 Days Rest (Start)	7.00	1	1	0	2	2	9.0	10	3	8	8	Pitch 106+	.200	50	10	2	0	1	2	6	13	.286	.300
4 Days Rest	4.02	22	13	0	52	52	311.0	293	42	97	200	First Pitch	.288	365	105	23	1	15	48	4	0	.298	.479
5+ Days Rest	4.05	17	14	0	48	48	291.1	291	42	98	177	Ahead in Count	.200	1099	220	53	6	27	92	0	327	.206	.333
vs. AL	4.63	3	2	0	10	9	46.2	45	7	25	39	Behind in Count	.333	483	161	37	3	29	79	110	0	.453	.602
vs. NL	4.05	37	26	0	94	93	566.2	550	80	182	348	Two Strikes	.186	1047	195	45	8	26	84	93	387	.257	.319
Pre-All Star	4.15	18	17	0	52	52	305.2	301	48	108	192	Pre-All Star	.256	1176	301	78	6	48	140	108	192	.318	.455
Post-All Star	4.04	22	11	0	52	50	307.2	294	39	99	195	Post-All Star	.251	1170	294	68	8	39	129	99	195	.312	.423

Travis Harper — Devil Rays
Age 26 – Pitches Right (flyball pitcher)

	ERA	W	L	Sv	G	GS	IP	BB	SO	Avg	H	2B	3B	HR	RBI	OBP	SLG	CG	ShO	Sup	QS	#P/S	SB	CS	GB	FB	G/F
2001 Season	7.71	0	2	0	2	2	7.0	3	2	.455	15	4	0	5	11	.500	1.030	0	0	2.57	0	71	1	0	11	11	1.00
Career (2000-2001)	5.31	1	4	0	8	7	39.0	18	16	.288	45	9	1	10	27	.364	.551	1	1	3.69	2	90	4	1	47	61	0.77

2001 Season

	ERA	W	L	Sv	G	GS	IP	H	HR	BB	SO		Avg	AB	H	2B	3B	HR	RBI	BB	SO	OBP	SLG
Home	9.00	0	1	0	1	1	2.0	4	3	3	1	vs. Left	.500	20	10	4	0	3	7	2	0	.545	1.150
Away	7.20	0	1	0	1	1	5.0	11	2	0	1	vs. Right	.385	13	5	0	0	2	4	1	2	.429	.846

Lenny Harris — Mets
Age 37 – Bats Left (groundball hitter)

	Avg	G	AB	R	H	2B	3B	HR	RBI	BB	SO	HBP	GDP	SB	CS	OBP	SLG	IBB	SH	SF	#Pit	#P/PA	GB	FB	G/F
2001 Season	.222	110	135	12	30	5	1	0	9	8	9	0	3	3	2	.266	.274	0	0	0	476	3.33	71	33	2.15
Last Five Years	.267	584	1073	122	286	53	6	14	110	69	77	4	40	28	12	.311	.366	6	9	10	3733	3.20	538	295	1.82

2001 Season

	Avg	AB	H	2B	3B	HR	RBI	BB	SO	OBP	SLG		Avg	AB	H	2B	3B	HR	RBI	BB	SO	OBP	SLG
vs. Left	.000	2	0	0	0	0	0	0	0	.000	.000	Scoring Posn	.241	29	7	0	0	0	8	1	0	.267	.241
vs. Right	.226	133	30	5	1	0	9	8	9	.270	.278	Close & Late	.283	46	13	2	1	0	8	4	3	.340	.370
Home	.227	66	15	3	1	0	4	4	4	.271	.303	None on/out	.200	40	8	0	1	0	0	1	0	.220	.250
Away	.217	69	15	2	0	0	5	4	5	.260	.246	Batting #5	.150	20	3	0	0	0	1	1	1	.190	.150
First Pitch	.136	22	3	0	0	0	2	0	0	.136	.136	Batting #9	.237	59	14	4	0	0	5	4	3	.286	.339
Ahead in Count	.286	42	12	4	0	0	4	5	0	.362	.381	Other	.232	56	13	1	0	0	4	3	5	.271	.250
Behind in Count	.188	48	9	1	0	0	0	0	5	.188	.208	Pre-All Star	.220	91	20	2	1	0	6	7	5	.276	.264
Two Strikes	.159	44	7	0	0	0	3	9	0	.213	.159	Post-All Star	.227	44	10	3	0	0	3	1	4	.244	.295

Last Five Years

	Avg	AB	H	2B	3B	HR	RBI	BB	SO	OBP	SLG		Avg	AB	H	2B	3B	HR	RBI	BB	SO	OBP	SLG
vs. Left	.259	81	21	1	0	1	8	2	6	.286	.309	First Pitch	.318	192	61	13	1	2	25	5	0	.333	.427
vs. Right	.267	992	265	52	6	13	102	67	71	.313	.371	Ahead in Count	.271	314	85	20	1	5	36	47	0	.362	.389
Home	.274	511	140	33	2	7	49	27	34	.310	.387	Behind in Count	.264	387	102	16	3	6	39	0	66	.267	.367
Away	.260	562	146	20	4	7	61	42	43	.311	.347	Two Strikes	.246	345	85	14	2	2	29	17	77	.284	.316
Day	.273	422	115	23	2	5	48	35	20	.330	.372	Batting #2	.218	188	41	8	1	2	17	7	14	.246	.303
Night	.263	651	171	30	4	9	62	34	57	.298	.363	Batting #9	.261	234	61	16	1	0	23	14	17	.304	.338
Grass	.263	745	196	34	2	10	82	37	59	.297	.354	Other	.283	651	184	29	4	12	70	48	46	.331	.395
Turf	.274	328	90	19	4	4	28	32	18	.340	.393	March/April	.210	186	39	4	1	2	7	8	10	.240	.258
Pre-All Star	.244	577	141	25	3	4	57	35	37	.283	.319	May	.270	196	53	11	2	2	14	11	15	.308	.378
Post-All Star	.292	496	145	28	3	10	53	34	40	.338	.421	June	.257	167	43	8	0	1	14	7	7	.287	.323
Inning 1-6	.265	547	145	31	2	9	59	34	36	.307	.378	July	.271	170	46	10	2	2	19	19	10	.340	.388
Inning 7+	.268	526	141	22	4	5	51	35	41	.314	.354	August	.270	189	51	12	0	5	14	10	16	.310	.413
Scoring Posn	.263	251	66	12	0	2	90	26	21	.325	.335	Sept/Oct	.327	165	54	8	1	3	22	14	14	.379	.442
Close & Late	.243	268	65	8	3	3	33	19	24	.297	.328	vs. AL	.241	83	20	4	1	1	11	7	9	.300	.349
None on/out	.272	272	74	13	1	6	6	15	14	.310	.393	vs. NL	.269	990	266	49	5	13	99	62	68	.311	.368

Willie Harris — Orioles
Age 24 – Bats Left

	Avg	G	AB	R	H	2B	3B	HR	RBI	BB	SO	HBP	GDP	SB	CS	OBP	SLG	IBB	SH	SF	#Pit	#P/PA	GB	FB	G/F
2001 Season	.125	9	24	3	3	1	0	0	0	0	7	0	0	0	0	.125	.167	0	1	0	86	3.44	10	4	2.50

2001 Season

	Avg	AB	H	2B	3B	HR	RBI	BB	SO	OBP	SLG		Avg	AB	H	2B	3B	HR	RBI	BB	SO	OBP	SLG
vs. Left	.000	2	0	0	0	0	0	0	0	.000	.000	Scoring Posn	.000	3	0	0	0	0	0	0	1	.000	.000
vs. Right	.136	22	3	1	0	0	0	0	7	.136	.182	Close & Late	.000	2	0	0	0	0	0	0	0	.000	.000

Ken Harvey — Royals
Age 24 – Bats Right

	Avg	G	AB	R	H	2B	3B	HR	RBI	BB	SO	HBP	GDP	SB	CS	OBP	SLG	IBB	SH	SF	#Pit	#P/PA	GB	FB	G/F
2001 Season	.250	4	12	1	3	1	0	0	2	0	4	0	1	0	1	.250	.333	0	0	0	45	3.75	4	1	4.00

2001 Season

	Avg	AB	H	2B	3B	HR	RBI	BB	SO	OBP	SLG		Avg	AB	H	2B	3B	HR	RBI	BB	SO	OBP	SLG
vs. Left	.286	7	2	0	0	0	0	0	2	.286	.286	Scoring Posn	.333	3	1	1	0	0	2	0	1	.333	.667
vs. Right	.200	5	1	1	0	0	2	0	2	.200	.400	Close & Late	.000	0	0	0	0	0	0	0	0	.000	.000

Chad Harville — Athletics
Age 25 – Pitches Right (flyball pitcher)

	ERA	W	L	Sv	G	GS	IP	BB	SO	Avg	H	2B	3B	HR	RBI	OBP	SLG	GF	IR	IRS	Hld	SvOp	SB	CS	GB	FB	G/F
2001 Season	0.00	0	0	0	3	0	3.0	0	2	.182	2	0	0	0	0	.182	.182	1	0	0	1	0	0	0	4	4	1.00
Career (1999-2001)	5.71	0	2	0	18	0	17.1	10	17	.290	20	6	0	2	7	.375	.464	9	8	2	1	0	2	1	16	21	0.76

2001 Season

	ERA	W	L	Sv	G	GS	IP	H	HR	BB	SO		Avg	AB	H	2B	3B	HR	RBI	BB	SO	OBP	SLG
Home	0.00	0	0	0	1	0	1.0	2	0	0	0	vs. Left	.125	8	1	0	0	0	0	0	1	.125	.125
Away	0.00	0	0	0	2	0	2.0	0	0	0	2	vs. Right	.333	3	1	0	0	0	0	0	1	.333	.333

Shigetoshi Hasegawa — Angels
Age 33 – Pitches Right

	ERA	W	L	Sv	G	GS	IP	BB	SO	Avg	H	2B	3B	HR	RBI	OBP	SLG	GF	IR	IRS	Hld	SvOp	SB	CS	GB	FB	G/F
2001 Season	4.04	5	6	0	46	0	55.2	20	41	.248	52	11	1	5	28	.316	.381	10	18	8	12	6	1	0	72	56	1.29
Career (1997-2001)	3.85	30	27	16	287	8	442.1	170	300	.262	436	92	5	58	231	.331	.428	99	198	61	50	37	13	9	553	523	1.06

2001 Season

	ERA	W	L	Sv	G	GS	IP	H	HR	BB	SO		Avg	AB	H	2B	3B	HR	RBI	BB	SO	OBP	SLG
Home	3.33	3	2	0	22	0	27.0	21	1	8	17	vs. Left	.221	95	21	6	1	1	9	13	18	.318	.337
Away	4.71	2	4	0	24	0	28.2	31	4	12	24	vs. Right	.270	115	31	5	0	4	19	7	23	.315	.417
Starter	0.00	0	0	0	0	0	0.0	0	0	0	0	Scoring Posn	.232	56	13	5	0	0	21	13	13	.375	.321
Reliever	4.04	5	6	0	46	0	55.2	52	5	20	41	Close & Late	.246	126	31	9	1	3	23	16	27	.338	.405
0 Days Rest (Relief)	4.70	1	2	0	6	0	7.2	8	2	5	9	None on/out	.288	52	15	2	0	4	4	4	12	.339	.558
1 or 2 Days Rest	5.67	1	4	0	24	0	27.0	28	2	11	16	First Pitch	.258	31	8	2	0	1	7	2	0	.303	.419
3+ Days Rest	1.71	3	0	0	16	0	21.0	16	1	4	16	Ahead in Count	.158	95	15	3	0	1	8	0	37	.175	.221
Pre-All Star	4.32	2	4	0	22	0	25.0	29	3	13	20	Behind in Count	.278	36	10	3	0	1	3	8	0	.400	.444
Post-All Star	3.82	3	2	0	24	0	30.2	23	2	7	21	Two Strikes	.211	109	23	4	0	2	13	10	41	.283	.303

Career (1997-2001)

	ERA	W	L	Sv	G	GS	IP	H	HR	BB	SO		Avg	AB	H	2B	3B	HR	RBI	BB	SO	OBP	SLG
Home	3.96	15	12	7	141	5	231.2	226	34	81	155	vs. Left	.248	701	174	40	2	18	83	80	131	.325	.388
Away	3.72	15	15	9	146	3	210.2	210	24	89	145	vs. Right	.272	964	262	52	3	40	148	90	169	.335	.456
Day	4.11	6	11	5	74	2	116.0	121	15	50	84	Inning 1-6	.270	460	124	25	1	18	66	47	92	.334	.446
Night	3.75	24	16	11	213	6	326.1	315	43	120	216	Inning 7+	.259	1205	312	67	4	40	165	123	208	.329	.421
Grass	3.78	27	25	14	258	8	399.2	391	53	151	269	None on	.265	905	240	51	3	36	36	79	167	.328	.448
Turf	4.43	3	2	2	29	0	42.2	45	5	19	31	Runners on	.258	760	196	41	2	22	195	91	133	.333	.404
March/April	7.28	3	4	0	42	1	55.2	82	13	30	45	Scoring Posn	.253	454	115	30	2	11	169	69	82	.341	.401
May	3.15	7	4	2	51	3	91.1	86	11	24	51	Close & Late	.257	631	162	40	2	19	102	74	116	.337	.417
June	3.48	3	4	1	46	0	72.1	69	8	35	51	None on/out	.254	393	100	22	1	14	14	22	69	.299	.422
July	2.71	5	4	2	50	1	76.1	60	13	33	51	vs. 1st Batr (relief)	.242	244	59	10	0	9	33	25	43	.310	.393
August	2.17	4	4	6	50	0	70.2	58	4	23	41	1st Inning Pitched	.257	954	245	47	3	31	157	114	182	.335	.410
Sept/Oct	5.21	8	7	5	48	3	76.0	81	9	25	62	First 15 Pitches	.252	771	194	36	3	25	103	79	126	.321	.403
Starter	7.18	0	4	0	8	8	36.1	55	8	12	27	Pitch 16-30	.251	518	130	23	1	22	82	58	104	.328	.427
Reliever	3.55	30	23	16	279	0	406.0	381	50	158	273	Pitch 31-45	.289	211	61	19	1	5	21	20	40	.352	.460
0 Days Rest (Relief)	3.84	6	5	4	49	0	65.2	58	10	25	58	Pitch 46+	.309	165	51	14	0	6	25	13	30	.358	.503
1 or 2 Days Rest	3.82	12	13	8	139	0	205.0	191	26	69	129	First Pitch	.292	219	64	13	0	9	30	16	0	.340	.475
3+ Days Rest	2.99	12	5	4	91	0	135.1	132	14	56	104	Ahead in Count	.199	717	143	26	2	11	54	0	245	.209	.287
vs. AL	3.88	29	23	16	251	7	385.1	385	51	144	255	Behind in Count	.336	345	116	29	1	22	75	75	0	.447	.617
vs. NL	3.63	1	4	0	36	1	57.0	51	7	26	45	Two Strikes	.196	817	160	34	3	16	82	79	300	.271	.304
Pre-All Star	4.21	13	14	3	152	5	241.1	258	38	98	163	Pre-All Star	.279	925	258	49	3	38	139	98	163	.346	.462
Post-All Star	3.40	17	13	13	135	3	201.0	178	20	72	137	Post-All Star	.241	740	178	43	2	20	92	72	137	.312	.385

Bill Haselman — Rangers
Age 36 – Bats Right

	Avg	G	AB	R	H	2B	3B	HR	RBI	BB	SO	HBP	GDP	SB	CS	OBP	SLG	IBB	SH	SF	#Pit	#P/PA	GB	FB	G/F
2001 Season	.285	47	130	12	37	6	0	3	25	8	27	1	5	0	1	.331	.400	0	1	0	508	3.63	50	33	1.52
Last Five Years	.271	264	783	81	212	53	0	25	108	51	150	4	20	2	4	.317	.434	3	2	5	2999	3.55	295	209	1.41

2001 Season

	Avg	AB	H	2B	3B	HR	RBI	BB	SO	OBP	SLG		Avg	AB	H	2B	3B	HR	RBI	BB	SO	OBP	SLG
vs. Left	.318	44	14	2	0	2	7	2	8	.348	.500	Scoring Posn	.356	45	16	3	0	1	22	4	7	.420	.489
vs. Right	.267	86	23	4	0	1	18	6	19	.323	.349	Close & Late	.231	13	3	0	0	0	0	1	0	.231	.231
Home	.321	78	25	5	0	2	14	5	17	.361	.462	None on/out	.185	27	5	0	0	1	1	1	7	.214	.296
Away	.231	52	12	1	0	1	11	3	10	.286	.308	Batting #7	.300	20	6	0	0	1	2	2	3	.391	.450
First Pitch	.400	15	6	1	0	1	5	0	0	.400	.667	Batting #8	.240	75	18	5	0	1	14	4	17	.278	.347
Ahead in Count	.290	31	9	0	0	1	6	3	0	.371	.387	Other	.371	35	13	1	0	1	9	2	7	.405	.486
Behind in Count	.254	67	17	4	0	1	11	0	23	.254	.358	Pre-All Star	.286	14	4	1	0	0	3	0	4	.286	.357
Two Strikes	.186	59	11	3	0	0	8	5	27	.250	.237	Post-All Star	.284	116	33	5	0	3	22	8	23	.336	.405

Last Five Years

	Avg	AB	H	2B	3B	HR	RBI	BB	SO	OBP	SLG		Avg	AB	H	2B	3B	HR	RBI	BB	SO	OBP	SLG
vs. Left	.304	257	78	20	0	10	37	19	42	.349	.498	First Pitch	.390	118	46	10	0	7	27	3	0	.398	.653
vs. Right	.255	526	134	33	0	15	71	32	108	.301	.403	Ahead in Count	.290	207	60	14	0	8	34	29	0	.380	.473
Home	.311	405	126	32	0	14	61	28	74	.354	.494	Behind in Count	.223	328	73	20	0	6	28	0	119	.230	.338
Away	.228	378	86	21	0	11	47	23	76	.277	.370	Two Strikes	.182	336	61	16	0	4	25	19	150	.229	.265
Day	.277	249	69	21	0	7	38	17	44	.320	.446	Batting #7	.274	230	63	17	0	9	36	15	40	.323	.465
Night	.268	534	143	32	0	18	70	34	106	.315	.429	Batting #8	.265	355	94	25	0	12	49	25	72	.314	.437
Grass	.270	689	186	46	0	21	96	46	140	.317	.428	Other	.278	198	55	11	0	4	23	11	38	.314	.394
Turf	.277	94	26	7	0	4	12	5	10	.317	.479	March/April	.282	117	33	10	0	3	19	14	23	.356	.444
Pre-All Star	.272	345	94	24	0	10	45	22	74	.316	.429	May	.284	109	31	10	0	3	11	4	25	.313	.459
Post-All Star	.269	438	118	29	0	15	63	29	76	.317	.438	June	.255	94	24	3	0	3	10	3	21	.278	.383

Scott Hatteberg — Red Sox

Age 32 – Bats Left

Last Five Years

	Avg	AB	H	2B	3B	HR	RBI	BB	SO	OBP	SLG		Avg	AB	H	2B	3B	HR	RBI	BB	SO	OBP	SLG
Inning 1-6	.278	522	145	38	0	14	76	36	102	.327	.431	July	.267	101	27	7	0	3	19	3	14	.286	.426
Inning 7+	.257	261	67	15	0	11	32	15	48	.295	.441	August	.255	196	50	9	0	8	27	13	36	.302	.423
Scoring Posn	.277	213	59	15	0	4	75	22	42	.340	.404	Sept/Oct	.283	166	47	14	0	5	22	14	31	.346	.458
Close & Late	.218	101	22	6	0	0	7	8	24	.275	.277	vs. AL	.283	718	203	51	0	22	101	50	135	.331	.446
None on/out	.274	186	51	9	0	7	7	8	36	.308	.435	vs. NL	.138	65	9	2	0	3	7	1	15	.152	.308

	Avg	G	AB	R	H	2B	3B	HR	RBI	BB	SO	HBP	GDP	SB	CS	OBP	SLG	IBB	SH	SF	#Pit	#P/PA	GB	FB	G/F
2001 Season	.245	94	278	34	68	19	0	3	25	33	26	4	7	1	1	.332	.345	0	0	1	1292	4.09	116	75	1.55
Last Five Years	.268	442	1297	159	347	85	2	34	159	172	207	12	39	1	3	.357	.415	8	3	8	6064	4.06	485	345	1.41

2001 Season

	Avg	AB	H	2B	3B	HR	RBI	BB	SO	OBP	SLG		Avg	AB	H	2B	3B	HR	RBI	BB	SO	OBP	SLG
vs. Left	.176	51	9	2	0	1	4	5	8	.263	.275	Scoring Posn	.250	56	14	4	0	2	21	10	5	.368	.429
vs. Right	.260	227	59	17	0	2	21	28	18	.347	.361	Close & Late	.220	50	11	3	0	1	5	9	4	.333	.340
Home	.235	136	32	9	0	2	12	13	14	.311	.346	None on/out	.183	60	11	6	0	1	1	7	6	.269	.333
Away	.254	142	36	10	0	1	13	20	12	.352	.345	Batting #2	.306	98	30	8	0	1	9	11	2	.382	.418
First Pitch	.125	16	2	0	0	0	1	0	0	.125	.125	Batting #8	.239	67	16	5	0	0	2	8	10	.333	.313
Ahead in Count	.338	68	23	9	0	3	16	22	0	.505	.603	Other	.195	113	22	6	0	2	14	14	14	.289	.301
Behind in Count	.214	126	27	7	0	0	5	0	22	.231	.270	Pre-All Star	.230	139	32	11	0	1	13	13	16	.303	.331
Two Strikes	.217	138	30	8	0	0	7	11	26	.288	.275	Post-All Star	.259	139	36	8	0	2	12	20	10	.360	.360

Last Five Years

	Avg	AB	H	2B	3B	HR	RBI	BB	SO	OBP	SLG		Avg	AB	H	2B	3B	HR	RBI	BB	SO	OBP	SLG
vs. Left	.213	230	49	12	1	2	30	32	45	.318	.300	First Pitch	.316	95	30	8	0	3	14	6	0	.369	.495
vs. Right	.279	1067	298	73	1	32	129	140	162	.365	.440	Ahead in Count	.361	319	115	33	0	20	73	100	0	.511	.652
Home	.275	636	175	41	1	14	77	79	108	.359	.409	Behind in Count	.196	592	116	23	1	2	26	0	173	.205	.248
Away	.260	661	172	44	1	20	82	93	99	.355	.421	Two Strikes	.206	649	134	29	1	6	51	66	207	.285	.282
Day	.248	383	95	21	0	8	37	48	57	.339	.371	Batting #7	.254	480	122	32	2	12	63	55	86	.333	.404
Night	.276	914	252	64	1	26	122	124	150	.364	.433	Batting #8	.283	311	88	23	0	6	35	47	66	.380	.415
Grass	.269	1062	286	69	1	27	123	140	169	.358	.412	Other	.271	506	137	30	0	16	61	70	55	.364	.425
Turf	.260	235	61	16	1	7	36	32	38	.352	.426	March/April	.259	135	35	10	0	4	17	18	25	.353	.422
Pre-All Star	.258	608	157	40	1	18	78	77	91	.347	.416	May	.213	160	34	6	0	6	20	18	23	.296	.363
Post-All Star	.276	689	190	45	1	16	81	95	116	.365	.414	June	.298	235	70	20	1	6	29	32	38	.387	.468
Inning 1-6	.266	847	225	57	0	25	111	102	129	.346	.424	July	.267	281	75	17	1	9	34	40	41	.361	.431
Inning 7+	.271	450	122	28	1	9	48	70	78	.376	.398	August	.283	237	67	16	0	4	27	34	38	.372	.401
Scoring Posn	.241	320	77	15	0	11	123	60	64	.361	.391	Sept/Oct	.265	249	66	13	0	5	32	30	42	.343	.390
Close & Late	.272	217	59	11	0	3	16	44	34	.400	.364	vs. AL	.273	1137	310	74	1	31	143	153	171	.362	.421
None on/out	.297	316	94	18	1	10	10	38	42	.376	.487	vs. NL	.231	160	37	11	1	3	16	19	36	.321	.369

LaTroy Hawkins — Twins

Age 29 – Pitches Right

	ERA	W	L	Sv	G	GS	IP	BB	SO	Avg	H	2B	3B	HR	RBI	OBP	SLG	GF	IR	IRS	Hld	SvOp	SB	CS	GB	FB	G/F
2001 Season	5.96	1	5	28	62	0	51.1	39	36	.291	59	10	0	3	43	.401	.384	51	27	15	1	37	4	1	77	66	1.17
Last Five Years	5.55	26	50	42	214	86	607.0	239	361	.303	743	137	13	85	367	.365	.473	89	60	21	8	51	42	18	915	759	1.21

2001 Season

	ERA	W	L	Sv	G	GS	IP	H	HR	BB	SO		Avg	AB	H	2B	3B	HR	RBI	BB	SO	OBP	SLG
Home	4.70	1	1	17	33	0	30.2	33	2	19	22	vs. Left	.276	98	27	4	0	1	17	21	25	.402	.347
Away	7.84	0	4	11	29	0	20.2	26	1	20	14	vs. Right	.305	105	32	6	0	2	26	18	11	.400	.419
Day	4.05	0	1	8	19	0	13.1	12	1	11	11	Inning 1-6	.000	0	0	0	0	0	0	0	0	.000	.000
Night	6.63	1	4	20	43	0	38.0	47	2	28	25	Inning 7+	.291	203	59	10	0	3	43	39	36	.401	.384
Grass	7.65	0	3	11	28	0	20.0	25	0	19	14	None on	.235	85	20	0	0	2	2	19	15	.381	.306
Turf	4.88	1	2	17	34	0	31.1	34	3	20	22	Runners on	.331	118	39	10	0	1	41	20	21	.415	.441
April	1.80	0	0	8	12	0	10.0	7	0	10	6	Scoring Posn	.329	70	23	7	0	1	39	17	11	.440	.471
May	5.40	1	0	6	11	0	10.0	12	0	4	12	Close & Late	.278	133	37	9	0	2	33	24	28	.385	.391
June	2.79	0	1	5	11	0	9.2	6	0	8	7	None out	.225	40	9	0	0	1	1	7	8	.354	.300
July	6.23	0	1	7	12	0	8.2	10	0	4	3	vs. 1st Batr (relief)	.235	51	12	2	0	0	5	10	10	.371	.275
August	15.43	0	1	2	10	0	7.0	16	2	8	5	1st Inning Pitched	.286	196	56	9	0	3	41	37	36	.395	.378
Sept/Oct	7.50	0	2	0	6	0	6.0	8	1	5	3	First 15 Pitches	.321	156	50	8	0	3	31	24	22	.408	.429
Starter	0.00	0	0	0	0	0	0.0	0	0	0	0	Pitch 16-30	.196	46	9	2	0	0	12	15	14	.387	.239
Reliever	5.96	1	5	28	62	0	51.1	59	3	39	36	Pitch 31-45	.000	1	0	0	0	0	0	0	0	.000	.000
0 Days Rest (Relief)	3.09	1	2	10	14	0	11.2	13	0	8	11	Pitch 46+	.000	0	0	0	0	0	0	0	0	.000	.000
1 or 2 Days Rest	7.36	0	3	16	32	0	25.2	32	1	24	17	First Pitch	.480	25	12	2	0	2	8	2	0	.500	.800
3+ Days Rest	5.79	0	0	2	16	0	14.0	14	2	7	8	Ahead in Count	.198	96	19	3	0	0	15	0	33	.204	.229
vs. AL	6.55	1	5	23	56	0	45.1	56	3	39	32	Behind in Count	.356	45	16	3	0	1	13	26	0	.575	.489
vs. NL	1.50	0	0	5	6	0	6.0	3	0	0	4	Two Strikes	.194	98	19	3	0	0	14	11	36	.279	.224
Pre-All Star	3.48	1	2	23	39	0	33.2	29	0	24	27	Pre-All Star	.232	125	29	3	0	1	17	24	27	.353	.256
Post-All Star	10.70	0	3	5	23	0	17.2	30	3	15	9	Post-All Star	.385	78	30	7	0	3	26	15	9	.479	.590

Last Five Years

	ERA	W	L	Sv	G	GS	IP	H	HR	BB	SO		Avg	AB	H	2B	3B	HR	RBI	BB	SO	OBP	SLG
Home	5.63	14	24	23	111	44	316.2	397	44	128	189	vs. Left	.305	1196	365	73	9	50	195	148	189	.379	.507
Away	5.46	12	26	19	103	42	290.1	346	41	111	172	vs. Right	.300	1258	378	64	4	35	172	91	172	.350	.441
Day	5.22	10	15	12	63	25	172.1	202	24	57	106	Inning 1-6	.307	1830	562	102	10	67	273	161	261	.363	.484
Night	5.67	16	35	30	151	61	434.2	541	61	182	255	Inning 7+	.290	624	181	35	3	18	94	78	100	.369	.442

178

	ERA	W	L	Sv	G	GS	IP	H	HR	BB	SO	Last Five Years	Avg	AB	H	2B	3B	HR	RBI	BB	SO	OBP	SLG
Grass	5.65	12	21	17	87	34	240.2	294	32	89	143	None on	.289	1317	381	64	8	40	40	139	191	.360	.441
Turf	5.48	14	29	25	127	52	366.1	449	53	150	218	Runners on	.318	1137	362	73	5	45	327	100	170	.369	.510
March/April	6.55	1	8	8	31	11	79.2	96	7	43	41	Scoring Posn	.273	660	180	40	2	19	258	67	113	.332	.426
May	5.05	6	5	8	33	11	98.0	109	13	26	67	Close & Late	.287	338	97	20	2	7	54	48	58	.374	.420
June	4.98	5	8	6	37	14	97.2	120	11	37	60	None on/out	.289	595	172	28	3	15	15	56	86	.352	.422
July	5.20	8	6	11	40	16	105.2	121	16	48	57	vs. 1st Batr (relief)	.259	112	29	3	0	0	7	15	21	.352	.286
August	5.68	4	11	4	40	18	120.1	161	23	44	76	1st Inning Pitched	.277	745	206	28	0	17	111	99	136	.359	.383
Sept/Oct	5.96	2	12	5	33	16	105.2	136	15	41	60	First 15 Pitches	.276	565	156	19	0	10	54	71	94	.356	.363
Starter	5.90	23	40	0	86	86	468.0	599	75	168	266	Pitch 16-30	.294	449	132	27	1	11	73	48	86	.362	.432
Reliever	4.34	3	10	42	128	0	139.0	144	10	71	95	Pitch 31-45	.336	348	117	23	4	17	62	31	40	.394	.572
0 Days Rest (Relief)	2.70	1	2	14	26	0	23.1	25	1	11	17	Pitch 46+	.310	1092	338	68	8	47	178	89	141	.361	.516
1 or 2 Days Rest	4.23	2	7	23	69	0	78.2	78	6	47	56	First Pitch	.370	324	120	24	3	17	56	4	0	.377	.620
3+ Days Rest	5.59	0	1	5	33	0	37.0	41	3	13	22	Ahead in Count	.237	1100	261	44	2	18	114	0	310	.240	.330
vs. AL	5.75	22	44	34	187	74	533.1	660	78	216	319	Behind in Count	.370	583	216	37	4	32	125	133	0	.483	.612
vs. NL	4.03	4	6	8	27	12	73.2	83	7	23	42	Two Strikes	.237	1092	259	47	4	21	117	102	361	.305	.345
Pre-All Star	5.55	14	24	27	115	41	308.1	367	36	124	185	Pre-All Star	.297	1236	367	75	9	36	179	124	185	.362	.460
Post-All Star	5.54	12	26	15	99	45	298.2	376	49	115	176	Post-All Star	.309	1218	376	62	4	49	188	115	176	.367	.487

Charlie Hayes — Astros
Age 37 – Bats Right

	Avg	G	AB	R	H	2B	3B	HR	RBI	BB	SO	HBP	GDP	SB	CS	OBP	SLG	IBB	SH	SF	#Pit	#P/PA	GB	FB	G/F
2001 Season	.200	31	50	4	10	2	0	0	4	7	16	0	1	0	0	.293	.240	1	0	1	222	3.83	16	16	1.00
Last Five Years	.250	458	1366	161	342	52	1	38	213	171	268	3	37	9	5	.332	.373	7	1	16	5988	3.84	453	428	1.06

2001 Season

	Avg	AB	H	2B	3B	HR	RBI	BB	SO	OBP	SLG		Avg	AB	H	2B	3B	HR	RBI	BB	SO	OBP	SLG
vs. Left	.267	15	4	1	0	0	1	3	2	.389	.333	Scoring Posn	.333	12	4	2	0	0	4	1	4	.357	.500
vs. Right	.171	35	6	1	0	0	3	4	14	.250	.200	Close & Late	.111	9	1	0	0	0	2	2	2	.250	.111

Last Five Years

	Avg	AB	H	2B	3B	HR	RBI	BB	SO	OBP	SLG		Avg	AB	H	2B	3B	HR	RBI	BB	SO	OBP	SLG
vs. Left	.278	514	143	26	0	21	93	70	76	.363	.451	First Pitch	.307	205	63	7	0	2	26	5	0	.327	.371
vs. Right	.234	852	199	26	1	17	120	101	192	.312	.326	Ahead in Count	.332	307	102	17	1	13	63	80	0	.468	.521
Home	.250	663	166	31	1	16	94	85	124	.334	.373	Behind in Count	.205	594	122	18	0	17	78	0	202	.203	.322
Away	.250	703	176	21	0	22	119	86	144	.330	.374	Two Strikes	.175	647	113	17	0	14	82	86	268	.268	.266
Day	.273	528	144	23	1	18	90	74	108	.360	.422	Batting #5	.260	366	95	10	1	8	55	49	74	.344	.358
Night	.236	838	198	29	0	20	123	97	160	.314	.342	Batting #6	.242	393	95	18	0	12	61	32	74	.297	.379
Grass	.254	1142	290	44	1	33	179	146	216	.336	.381	Other	.250	607	152	24	0	18	97	90	120	.345	.379
Turf	.232	224	52	8	0	5	34	25	52	.308	.335	March/April	.227	185	42	7	1	7	34	34	36	.345	.389
Pre-All Star	.253	779	197	36	1	19	127	113	166	.346	.375	May	.250	276	69	11	0	5	38	38	60	.340	.344
Post-All Star	.247	587	145	16	0	19	86	58	102	.312	.371	June	.276	261	72	15	0	6	47	35	61	.358	.402
Inning 1-6	.240	879	211	33	1	26	132	105	164	.318	.369	July	.281	249	70	10	0	7	40	22	44	.338	.406
Inning 7+	.269	487	131	19	0	12	81	66	104	.356	.382	August	.223	256	57	7	0	10	37	31	46	.304	.367
Scoring Posn	.248	416	103	14	1	12	168	69	82	.345	.373	Sept/Oct	.230	139	32	2	0	3	17	11	21	.283	.309
Close & Late	.267	247	66	10	0	10	60	34	50	.351	.429	vs. AL	.261	402	105	20	0	13	58	49	86	.339	.408
None on/out	.230	313	72	11	0	6	6	29	61	.295	.323	vs. NL	.246	964	237	32	1	25	155	122	182	.328	.359

Jimmy Haynes — Brewers
Age 29 – Pitches Right

	ERA	W	L	Sv	G	GS	IP	BB	SO	Avg	H	2B	3B	HR	RBI	OBP	SLG	CG	ShO	Sup	QS	#P/S	SB	CS	GB	FB	G/F
2001 Season	4.85	8	17	0	31	29	172.2	78	112	.279	182	31	7	20	89	.356	.440	0	0	3.75	16	91	12	6	272	160	1.70
Last Five Years	5.26	41	57	0	140	133	781.2	386	492	.287	871	168	17	94	431	.368	.446	1	4	4.87	60	98	42	27	1105	904	1.22

2001 Season

	ERA	W	L	Sv	G	GS	IP	H	HR	BB	SO		Avg	AB	H	2B	3B	HR	RBI	BB	SO	OBP	SLG
Home	4.93	4	8	0	14	14	80.1	92	10	42	51	vs. Left	.259	247	64	10	3	11	35	38	41	.359	.457
Away	4.78	4	9	0	17	15	92.1	90	10	36	61	vs. Right	.291	405	118	21	4	9	54	40	71	.355	.430
Day	6.53	2	8	0	12	11	60.2	64	7	27	45	Inning 1-6	.277	596	165	27	7	17	81	72	104	.355	.431
Night	3.94	6	9	0	19	18	112.0	118	13	51	67	Inning 7+	.304	56	17	4	0	3	8	6	8	.365	.536
Grass	5.08	7	16	0	29	27	157.2	167	20	76	96	None on	.289	377	109	19	2	12	32	73	.348	.446
Turf	2.40	1	1	0	2	2	15.0	15	0	2	16	Runners on	.265	275	73	12	5	8	77	46	39	.367	.433
April	6.33	2	2	0	5	5	27.0	31	6	15	10	Scoring Posn	.247	150	37	5	3	5	65	41	26	.400	.433
May	3.00	3	3	0	6	6	42.0	38	2	10	33	Close & Late	.269	26	7	2	0	1	5	4	2	.355	.462
June	5.00	0	4	0	6	6	36.0	41	4	22	25	None on/out	.313	163	51	10	0	3	3	18	30	.388	.429
July	5.85	2	4	0	6	6	32.1	34	7	13	14	vs. 1st Batr (relief)	.500	2	1	0	0	0	1	0	0	.500	.500
August	2.57	1	2	0	5	5	28.0	25	0	9	19	1st Inning Pitched	.250	112	28	5	2	0	14	18	23	.358	.330
Sept/Oct	13.50	0	2	0	3	1	7.1	13	1	9	4	First 75 Pitches	.277	509	141	24	7	14	67	61	88	.356	.434
Starter	4.57	8	16	0	29	29	169.1	174	19	74	111	Pitch 76-90	.321	81	26	5	0	4	14	9	9	.389	.531
Reliever	18.90	0	1	0	2	0	3.1	8	1	4	1	Pitch 91-105	.267	45	12	2	0	0	6	8	8	.364	.311
0-3 Days Rest (Start)	3.86	0	1	0	1	1	7.0	4	0	5	10	Pitch 106+	.176	17	3	0	0	0	2	0	7	.176	.529
4 Days Rest	5.06	5	12	0	19	19	106.2	121	12	45	72	First Pitch	.385	96	37	5	0	5	21	11	0	.440	.594
5+ Days Rest	3.72	3	3	0	9	9	55.2	49	7	24	29	Ahead in Count	.241	303	73	16	4	7	37	0	97	.248	.389
vs. AL	6.04	0	3	0	4	4	22.1	24	7	13	18	Behind in Count	.321	131	42	6	1	5	21	34	0	.455	.496
vs. NL	4.67	8	14	0	27	25	150.1	158	13	65	94	Two Strikes	.183	290	53	10	3	8	34	31	112	.264	.321
Pre-All Star	4.81	6	10	0	19	19	116.0	124	12	51	76	Pre-All Star	.281	442	124	18	6	12	58	51	76	.356	.430
Post-All Star	4.92	2	7	0	12	10	56.2	58	8	27	36	Post-All Star	.276	210	58	13	1	8	31	27	36	.357	.462

Last Five Years

	ERA	W	L	Sv	G	GS	IP	H	HR	BB	SO		Avg	AB	H	2B	3B	HR	RBI	BB	SO	OBP	SLG
Home	5.51	18	30	0	70	68	392.1	449	51	201	249	vs. Left	.291	1414	411	79	7	40	181	211	212	.382	.441
Away	5.02	23	27	0	70	65	389.1	422	43	185	243	vs. Right	.283	1623	460	89	10	54	250	175	280	.355	.450
Day	5.20	20	23	0	59	56	335.2	357	42	154	220	Inning 1-6	.283	2778	787	151	17	76	392	355	457	.372	.432
Night	5.31	21	34	0	81	77	446.0	514	52	232	272	Inning 7+	.324	259	84	17	0	18	39	31	35	.395	.598
Grass	5.55	32	51	0	124	117	677.1	770	84	350	421	None on	.291	1616	471	87	7	56	56	202	271	.373	.458
Turf	3.36	9	6	0	16	16	104.1	101	10	36	71	Runners on	.281	1421	400	81	10	38	375	184	221	.362	.433
March/April	5.24	7	8	0	21	21	125.1	135	18	63	55	Scoring Posn	.269	769	207	43	3	22	322	128	125	.366	.419
May	4.13	10	7	0	23	23	141.2	143	15	55	91	Close & Late	.296	108	32	6	0	8	16	13	12	.374	.574
June	4.32	6	10	0	22	21	131.1	133	13	68	83	None on/out	.314	741	233	48	3	20	20	104	116	.404	.468
July	5.26	7	12	0	25	25	142.0	158	18	74	85	vs. 1st Batr (relief)	.800	5	4	1	0	0	2	2	0	.857	1.000
August	5.63	8	10	0	27	25	139.0	163	15	66	97	1st Inning Pitched	.273	528	144	24	2	11	73	84	93	.372	.388
Sept/Oct	7.56	3	10	0	22	18	102.1	139	15	60	81	First 75 Pitches	.282	2205	621	118	15	59	299	296	372	.367	.429
Starter	5.10	41	56	0	133	133	771.1	851	89	373	487	Pitch 76-90	.300	397	119	19	0	18	59	43	46	.371	.484
Reliever	17.42	0	1	0	7	0	10.1	20	5	13	5	Pitch 91-105	.310	303	94	24	2	10	45	33	45	.379	.502
0-3 Days Rest (Start)	2.76	2	2	0	5	5	29.1	20	1	15	25	Pitch 106+	.280	132	37	7	0	7	28	14	29	.345	.492
4 Days Rest	5.27	24	36	0	81	81	469.2	526	58	226	292	First Pitch	.396	407	161	30	1	15	83	22	0	.425	.585
5+ Days Rest	5.06	15	18	0	47	47	272.1	305	30	132	170	Ahead in Count	.221	1322	292	67	7	21	117	0	412	.227	.330
vs. AL	5.54	20	28	0	74	70	402.2	454	55	205	283	Behind in Count	.354	721	255	47	4	37	138	197	0	.486	.584
vs. NL	4.96	21	29	0	66	63	379.0	417	39	181	209	Two Strikes	.203	1372	279	60	7	30	147	165	492	.292	.323
Pre-All Star	4.50	27	27	0	74	73	450.0	455	50	211	254	Pre-All Star	.268	1697	455	85	9	50	210	211	254	.350	.417
Post-All Star	6.30	14	30	0	66	60	331.2	416	44	175	238	Post-All Star	.310	1340	416	83	8	44	221	175	238	.390	.483

Rick Helling — Rangers

Age 31 – Pitches Right (flyball pitcher)

	ERA	W	L	Sv	G	GS	IP	BB	SO	Avg	H	2B	3B	HR	RBI	OBP	SLG	CG	ShO	Sup	QS	#P/S	SB	CS	GB	FB	G/F
2001 Season	5.17	12	11	0	34	34	215.2	63	256	.297	256	68	10	38	122	.344	.532	2	1	6.05	15	106	7	13	245	302	0.81
Last Five Years	4.69	66	51	0	178	153	999.1	394	694	.264	1013	248	32	152	505	.333	.465	9	3	5.55	73	106	55	57	979	1481	0.66

2001 Season

	ERA	W	L	Sv	G	GS	IP	H	HR	BB	SO		Avg	AB	H	2B	3B	HR	RBI	BB	SO	OBP	SLG
Home	3.78	9	2	0	18	18	116.2	130	13	34	80	vs. Left	.296	469	139	32	8	19	64	37	90	.346	.520
Away	6.82	3	9	0	16	16	99.0	126	25	29	74	vs. Right	.298	392	117	36	2	19	58	26	64	.342	.546
Day	5.73	3	2	0	8	8	48.2	64	14	17	40	Inning 1-6	.297	768	228	62	8	34	112	53	144	.342	.531
Night	5.01	9	6	0	26	26	167.0	192	24	46	114	Inning 7+	.301	93	28	6	2	4	10	10	10	.365	.538
Grass	5.22	11	10	0	32	32	201.2	241	35	60	145	None on	.308	506	156	47	6	20	20	29	95	.349	.543
Turf	4.50	1	1	0	2	2	14.0	15	3	3	9	Runners on	.282	355	100	21	4	18	102	34	59	.338	.515
April	8.07	1	4	0	6	6	32.1	46	8	12	31	Scoring Posn	.273	187	51	11	1	8	74	25	37	.345	.471
May	4.85	2	2	0	6	6	39.0	49	5	16	20	Close & Late	.243	37	9	3	1	1	4	3	5	.300	.459
June	3.97	2	1	0	5	5	34.0	43	5	11	27	None on/out	.324	222	72	26	1	8	8	12	36	.362	.559
July	3.67	3	1	0	6	6	41.2	38	5	7	25	vs. 1st Batr (relief)	.000	0	0	0	0	0	0	0	0	.000	.000
August	5.80	2	1	0	6	6	35.2	44	9	10	29	1st Inning Pitched	.248	129	32	9	1	8	25	15	25	.324	.519
Sept/Oct	5.18	2	2	0	5	5	33.0	36	6	7	22	First 75 Pitches	.302	596	180	51	6	31	92	40	114	.347	.564
Starter	5.17	12	11	0	34	34	215.2	256	38	63	154	Pitch 76-90	.284	116	33	10	1	2	15	4	19	.303	.440
Reliever	0.00	0	0	0	0	0	0.0	0	0	0	0	Pitch 91-105	.322	90	29	5	0	3	9	12	8	.394	.478
0-3 Days Rest (Start)	0.00	0	0	0	0	0	0.0	0	0	0	0	Pitch 106+	.237	59	14	2	3	2	6	7	13	.313	.475
4 Days Rest	4.19	7	5	0	18	18	118.0	142	16	31	77	First Pitch	.358	95	34	10	0	9	24	2	0	.370	.747
5+ Days Rest	6.36	5	6	0	16	16	97.2	114	22	32	77	Ahead in Count	.232	392	91	25	3	7	33	0	127	.234	.365
vs. AL	5.07	10	10	0	30	30	191.2	229	32	57	130	Behind in Count	.405	185	75	18	2	18	44	30	0	.484	.816
vs. NL	6.00	2	1	0	4	4	24.0	27	6	6	24	Two Strikes	.205	405	83	24	4	6	25	31	154	.263	.328
Pre-All Star	5.54	5	8	0	19	19	117.0	152	19	42	84	Pre-All Star	.319	476	152	41	4	19	72	42	84	.373	.542
Post-All Star	4.74	7	3	0	15	15	98.2	104	19	21	70	Post-All Star	.270	385	104	27	6	19	50	21	70	.308	.519

Last Five Years

	ERA	W	L	Sv	G	GS	IP	H	HR	BB	SO		Avg	AB	H	2B	3B	HR	RBI	BB	SO	OBP	SLG
Home	4.51	35	19	0	85	74	470.2	492	65	184	320	vs. Left	.258	1966	507	122	20	80	252	237	391	.338	.462
Away	4.85	31	32	0	93	79	528.2	521	87	210	374	vs. Right	.271	1864	506	126	12	72	253	157	303	.329	.468
Day	5.01	12	16	0	40	31	208.1	223	37	79	152	Inning 1-6	.265	3293	872	221	27	124	430	326	604	.332	.461
Night	4.61	54	35	0	138	122	791.0	790	115	315	542	Inning 7+	.263	537	141	27	5	28	75	68	90	.344	.488
Grass	4.87	56	44	0	157	135	863.2	897	137	348	597	None on	.266	2289	609	157	21	92	92	210	411	.331	.474
Turf	3.58	10	7	0	21	18	135.2	116	15	46	97	Runners on	.262	1541	404	91	11	60	413	184	283	.336	.452
March/April	4.78	10	9	0	32	22	148.2	151	25	52	106	Scoring Posn	.249	847	211	51	7	24	323	135	178	.341	.411
May	4.51	13	9	0	27	26	169.2	175	22	71	90	Close & Late	.274	215	59	12	2	14	42	29	33	.361	.544
June	4.41	9	12	0	29	28	175.2	187	24	81	134	None on/out	.294	1018	299	92	10	40	40	77	174	.346	.522
July	4.26	11	4	0	32	23	164.2	154	21	61	97	vs. 1st Batr (relief)	.190	21	4	0	0	0	3	2	3	.240	.190
August	3.96	11	5	0	30	26	177.1	166	30	63	142	1st Inning Pitched	.251	650	163	38	6	28	94	91	123	.343	.457
Sept/Oct	6.34	12	12	0	28	28	163.1	180	30	66	125	First 75 Pitches	.265	2627	695	181	19	100	337	271	493	.335	.462
Starter	4.80	66	49	0	153	153	958.2	990	148	375	665	Pitch 76-90	.252	497	125	27	3	17	73	37	85	.300	.421
Reliever	2.21	0	2	0	25	0	40.2	23	4	19	29	Pitch 91-105	.288	385	111	22	6	15	53	51	60	.366	.494
0-3 Days Rest (Start)	1.80	3	0	0	3	3	20.0	11	1	10	13	Pitch 106+	.255	321	82	18	4	20	42	35	56	.327	.523
4 Days Rest	4.82	45	30	0	97	97	612.0	648	92	238	420	First Pitch	.307	482	148	35	5	33	90	14	0	.328	.606
5+ Days Rest	4.93	18	19	0	53	53	326.2	331	55	127	232	Ahead in Count	.215	1652	356	89	12	26	124	0	569	.222	.331
vs. AL	4.85	57	40	0	131	128	814.2	852	125	311	553	Behind in Count	.328	861	282	62	6	64	171	172	0	.432	.636
vs. NL	4.00	9	11	0	47	25	184.2	161	27	83	141	Two Strikes	.206	1828	376	96	15	27	132	208	694	.290	.319
Pre-All Star	4.61	34	31	0	97	83	536.1	559	75	227	357	Pre-All Star	.270	2072	559	142	15	75	271	227	357	.342	.461
Post-All Star	4.78	32	20	0	81	70	463.0	454	77	167	337	Post-All Star	.258	1758	454	106	17	77	234	167	337	.323	.469

180

Wes Helms — Braves
Age 26 – Bats Right (flyball hitter)

	Avg	G	AB	R	H	2B	3B	HR	RBI	BB	SO	HBP	GDP	SB	CS	OBP	SLG	IBB	SH	SF	#Pit	#P/PA	GB	FB	G/F
2001 Season	.222	100	216	28	48	10	3	10	36	21	56	1	3	1	1	.293	.435	2	0	1	901	3.77	51	78	0.65
Career (1998-2001)	.226	113	234	30	53	11	3	11	38	21	62	1	3	1	1	.292	.440	2	0	1	952	3.70	56	83	0.67

2001 Season

	Avg	AB	H	2B	3B	HR	RBI	BB	SO	OBP	SLG		Avg	AB	H	2B	3B	HR	RBI	BB	SO	OBP	SLG
vs. Left	.203	79	16	5	1	5	13	6	22	.267	.481	Scoring Posn	.267	60	16	4	1	3	24	7	19	.338	.517
vs. Right	.234	137	32	5	2	5	23	15	34	.307	.409	Close & Late	.162	37	6	2	0	1	3	4	12	.244	.297
Home	.235	119	28	6	2	6	22	6	29	.278	.471	None on/out	.184	49	9	3	0	0	0	5	16	.259	.245
Away	.206	97	20	4	1	4	14	15	27	.310	.392	Batting #7	.246	69	17	3	2	4	17	3	16	.278	.522
First Pitch	.182	33	6	0	0	1	4	2	0	.229	.273	Batting #8	.250	56	14	5	0	3	9	8	14	.344	.500
Ahead in Count	.325	40	13	1	2	4	13	7	0	.417	.750	Other	.187	91	17	2	1	3	10	10	26	.272	.330
Behind in Count	.130	100	13	3	0	1	4	0	49	.139	.190	Pre-All Star	.217	143	31	8	2	5	19	11	36	.276	.406
Two Strikes	.170	112	19	6	1	5	19	12	56	.250	.375	Post-All Star	.233	73	17	2	1	5	17	10	20	.325	.493

Todd Helton — Rockies
Age 28 – Bats Left

	Avg	G	AB	R	H	2B	3B	HR	RBI	BB	SO	HBP	GDP	SB	CS	OBP	SLG	IBB	SH	SF	#Pit	#P/PA	GB	FB	G/F
2001 Season	.336	159	587	132	197	54	2	49	146	98	104	5	14	7	5	.432	.685	15	1	5	2824	4.05	179	187	0.96
Career (1997-2001)	.334	665	2368	475	791	191	11	156	514	330	307	21	56	22	18	.416	.622	48	2	24	10648	3.88	833	766	1.09

2001 Season

	Avg	AB	H	2B	3B	HR	RBI	BB	SO	OBP	SLG		Avg	AB	H	2B	3B	HR	RBI	BB	SO	OBP	SLG
vs. Left	.290	169	49	13	1	7	27	23	37	.378	.503	First Pitch	.394	66	26	6	1	5	23	10	0	.481	.742
vs. Right	.354	418	148	41	1	42	119	75	67	.453	.758	Ahead in Count	.418	141	59	16	1	16	47	55	0	.581	.887
Home	.384	297	114	31	2	27	84	52	47	.478	.774	Behind in Count	.265	257	68	20	0	18	48	0	75	.272	.553
Away	.286	290	83	23	0	22	62	46	57	.383	.593	Two Strikes	.273	286	78	24	0	18	51	33	104	.351	.545
Day	.329	222	73	21	0	16	52	36	42	.424	.640	Batting #4	.347	435	151	42	2	39	118	67	72	.435	.722
Night	.340	365	124	33	2	33	94	62	62	.436	.712	Batting #5	.277	83	23	4	0	3	8	10	14	.362	.434
Grass	.334	560	187	54	2	49	142	94	97	.431	.700	Other	.333	69	23	8	0	7	20	21	18	.484	.754
Turf	.370	27	10	0	0	0	4	4	7	.455	.370	April	.274	84	23	4	0	8	23	19	12	.410	.607
Pre-All Star	.314	315	99	30	1	26	84	59	49	.426	.663	May	.370	108	40	14	0	9	36	25	17	.485	.750
Post-All Star	.360	272	98	24	1	23	62	39	55	.438	.710	June	.313	99	31	9	0	8	22	10	17	.387	.646
Inning 1-6	.336	414	139	36	2	38	118	66	63	.429	.708	July	.321	81	26	7	1	8	17	18	16	.450	.728
Inning 7+	.335	173	58	18	0	11	28	32	41	.437	.630	August	.389	108	42	10	0	8	25	7	21	.422	.704
Scoring Posn	.360	172	62	16	1	15	99	42	30	.477	.727	Sept/Oct	.327	107	35	10	1	8	23	19	21	.422	.664
Close & Late	.337	86	29	5	0	7	15	15	24	.431	.640	vs. AL	.357	28	10	3	1	1	5	8	5	.538	.643
None on/out	.300	140	42	15	0	9	9	17	29	.388	.600	vs. NL	.335	559	187	51	1	48	141	90	99	.425	.687

2001 By Position

Position	Avg	AB	H	2B	3B	HR	RBI	BB	SO	OBP	SLG	G	GS	Innings	PO	A	E	DP	Fld Pct	Rng Fctr	In Zone	Zone Outs	Zone Rtg	MLB Zone
As 1b	.337	585	197	54	2	49	146	98	102	.433	.687	157	157	1370.0	1303	119	2	139	.999	—	242	216	.893	.850

Career (1997-2001)

	Avg	AB	H	2B	3B	HR	RBI	BB	SO	OBP	SLG		Avg	AB	H	2B	3B	HR	RBI	BB	SO	OBP	SLG
vs. Left	.288	597	172	40	3	23	107	81	90	.381	.481	First Pitch	.387	341	132	32	3	21	79	37	0	.454	.683
vs. Right	.350	1771	619	151	8	133	407	249	217	.428	.669	Ahead in Count	.406	544	221	51	3	54	160	183	0	.551	.809
Home	.375	1220	458	105	9	93	316	182	131	.456	.705	Behind in Count	.287	992	285	67	4	47	166	0	229	.291	.505
Away	.290	1148	333	86	2	63	198	148	176	.373	.533	Two Strikes	.272	1097	298	78	3	51	184	110	307	.339	.488
Day	.336	902	303	72	4	60	192	126	127	.418	.624	Batting #4	.365	695	254	66	3	61	194	127	107	.461	.732
Night	.333	1466	488	119	7	96	322	204	180	.416	.620	Batting #6	.318	696	221	52	4	35	125	76	73	.389	.555
Grass	.333	2086	695	172	11	136	458	292	266	.415	.622	Other	.323	977	316	73	4	60	195	127	127	.402	.591
Turf	.340	282	96	19	0	20	56	38	41	.424	.621	March/April	.278	327	91	25	2	17	73	52	47	.378	.523
Pre-All Star	.318	1184	376	94	6	76	255	179	158	.410	.600	May	.371	375	139	31	1	33	93	69	44	.467	.723
Post-All Star	.351	1184	415	97	5	80	259	151	149	.423	.644	June	.308	364	112	28	2	22	79	44	56	.387	.577
Inning 1-6	.348	1604	558	137	7	113	375	211	187	.424	.653	July	.316	373	118	29	1	22	60	48	38	.399	.576
Inning 7+	.305	764	233	54	4	43	139	119	120	.400	.555	August	.394	500	197	52	1	31	120	48	61	.445	.688
Scoring Posn	.356	641	228	54	2	52	369	144	98	.462	.690	Sept/Oct	.312	429	134	26	4	31	89	69	61	.404	.608
Close & Late	.305	344	105	17	2	24	74	63	61	.414	.576	vs. AL	.263	156	41	10	1	7	29	26	19	.382	.474
None on/out	.299	568	170	53	4	34	58	74	98	.368	.586	vs. NL	.339	2212	750	181	10	149	485	304	288	.419	.632

Rickey Henderson — Padres
Age 43 – Bats Right

	Avg	G	AB	R	H	2B	3B	HR	RBI	BB	SO	HBP	GDP	SB	CS	OBP	SLG	IBB	SH	SF	#Pit	#P/PA	GB	FB	G/F
2001 Season	.227	123	379	70	86	17	3	8	42	81	84	3	8	25	7	.366	.351	0	0	2	2036	4.38	127	112	1.13
Last Five Years	.252	639	2182	419	550	91	6	46	207	466	440	20	38	209	53	.386	.363	4	7	14	11721	4.36	724	641	1.13

2001 Season

	Avg	AB	H	2B	3B	HR	RBI	BB	SO	OBP	SLG		Avg	AB	H	2B	3B	HR	RBI	BB	SO	OBP	SLG
vs. Left	.210	124	26	6	0	2	18	33	21	.377	.306	First Pitch	.406	32	13	3	1	1	4	0	0	.406	.656
vs. Right	.235	255	60	11	3	6	24	48	63	.359	.373	Ahead in Count	.300	90	27	7	0	5	12	38	0	.508	.544
Home	.198	182	36	8	3	2	12	35	44	.329	.308	Behind in Count	.199	176	35	4	1	2	22	0	68	.210	.267
Away	.254	197	50	9	0	6	30	46	40	.398	.391	Two Strikes	.160	206	33	7	1	1	22	43	84	.306	.218
Day	.188	112	21	3	1	4	11	24	24	.336	.339	Batting #1	.229	362	83	17	3	7	41	76	80	.366	.351
Night	.243	267	65	14	2	4	31	57	60	.378	.356	Batting #9	.231	13	3	0	0	1	1	5	3	.444	.462
Grass	.224	366	82	17	3	7	39	76	82	.361	.344	Other	.000	4	0	0	0	0	0	0	1	.000	.000
Turf	.308	13	4	0	0	1	3	5	2	.474	.538	April	.231	39	9	0	0	1	3	4	5	.333	.359
Pre-All Star	.223	220	49	6	3	5	21	46	56	.361	.345	May	.258	89	23	3	1	4	10	22	28	.402	.449
Post-All Star	.233	159	37	11	0	3	21	35	28	.372	.358	June	.164	73	12	3	0	0	6	16	18	.315	.205

181

2001 Season

	Avg	AB	H	2B	3B	HR	RBI	BB	SO	OBP	SLG		Avg	AB	H	2B	3B	HR	RBI	BB	SO	OBP	SLG
Inning 1-6	.229	271	62	14	2	6	32	54	59	.360	.362	July	.231	52	12	0	1	0	6	10	11	.355	.269
Inning 7+	.222	108	24	3	1	2	10	27	25	.380	.324	August	.185	54	10	2	0	2	7	15	16	.362	.333
Scoring Posn	.260	77	20	3	0	1	31	23	18	.427	.338	Sept/Oct	.278	72	20	9	0	1	10	14	8	.391	.444
Close & Late	.192	52	10	1	0	0	4	12	14	.348	.212	vs. AL	.239	46	11	0	0	0	7	6	12	.327	.239
None on/out	.234	167	39	11	2	2	2	23	39	.333	.359	vs. NL	.225	333	75	17	3	8	35	75	72	.370	.366

2001 By Position

Position	Avg	AB	H	2B	3B	HR	RBI	BB	SO	OBP	SLG	G	GS	Innings	PO	A	E	DP	Fld Pct	Rng Fctr	In Zone	Outs	Zone Rtg	MLB Zone
As If	.229	367	84	17	3	8	42	78	81	.367	.357	104	98	812.2	157	5	3	2	.982	1.79	165	149	.903	.880

Last Five Years

	Avg	AB	H	2B	3B	HR	RBI	BB	SO	OBP	SLG		Avg	AB	H	2B	3B	HR	RBI	BB	SO	OBP	SLG
vs. Left	.255	552	141	29	0	17	61	151	109	.418	.400	First Pitch	.375	184	69	13	1	8	29	1	0	.386	.587
vs. Right	.251	1630	409	62	6	29	146	315	331	.375	.350	Ahead in Count	.310	477	148	38	0	18	69	243	0	.541	.503
Home	.231	1050	243	36	3	17	88	222	211	.368	.320	Behind in Count	.200	974	195	21	4	7	61	0	349	.210	.252
Away	.271	1132	307	55	3	29	119	244	229	.403	.402	Two Strikes	.208	1227	255	31	4	14	91	222	440	.333	.274
Day	.250	725	181	27	3	18	70	149	140	.383	.370	Batting #1	.253	2140	541	90	6	44	202	450	426	.385	.362
Night	.253	1457	369	64	3	28	137	317	300	.388	.359	Batting #9	.296	27	8	1	0	2	4	11	8	.513	.556
Grass	.253	1911	484	79	6	37	184	397	385	.384	.359	Other	.067	15	1	0	0	0	1	5	6	.333	.067
Turf	.244	271	66	12	0	9	23	69	55	.400	.387	March/April	.223	323	72	12	1	7	26	72	58	.370	.331
Pre-All Star	.251	1154	290	42	4	28	115	253	246	.388	.367	May	.248	290	72	6	2	8	20	63	69	.382	.366
Post-All Star	.253	1028	260	49	2	18	92	213	194	.384	.357	June	.265	415	110	18	0	10	54	99	85	.406	.381
Inning 1-6	.254	1564	397	68	3	31	142	325	307	.385	.361	July	.272	401	109	18	2	6	40	82	93	.399	.372
Inning 7+	.248	618	153	23	3	15	65	141	133	.390	.367	August	.270	385	104	16	0	9	36	92	73	.411	.382
Scoring Posn	.262	413	108	17	0	6	157	122	91	.425	.346	Sept/Oct	.226	368	83	21	1	6	31	58	62	.333	.337
Close & Late	.241	299	72	9	2	5	28	73	73	.393	.334	vs. AL	.238	1008	240	33	2	21	100	203	205	.369	.337
None on/out	.233	906	211	36	5	24	24	165	187	.356	.363	vs. NL	.264	1174	310	58	4	25	107	263	235	.401	.384

Doug Henry — Royals

Age 38 – Pitches Right (flyball pitcher)

	ERA	W	L	Sv	G	GS	IP	BB	SO	Avg	H	2B	3B	HR	RBI	OBP	SLG	GF	IR	IRS	Hld	SvOp	SB	CS	GB	FB	G/F
2001 Season	6.07	2	2	0	53	0	75.2	45	57	.262	75	21	2	14	54	.365	.497	20	31	12	3	2	7	1	89	91	0.98
Last Five Years	4.44	20	16	8	294	0	336.1	194	283	.243	302	61	7	48	187	.347	.419	108	160	48	49	21	34	10	368	416	0.88

2001 Season

	ERA	W	L	Sv	G	GS	IP	H	HR	BB	SO		Avg	AB	H	2B	3B	HR	RBI	BB	SO	OBP	SLG
Home	6.75	2	1	0	28	0	45.1	50	10	26	37	vs. Left	.277	137	38	14	2	8	24	21	22	.371	.584
Away	5.04	0	1	0	25	0	30.1	25	4	19	20	vs. Right	.248	149	37	7	0	6	30	24	35	.360	.416
Starter	0.00	0	0	0	0	0	0.0	0	0	0	0	Scoring Posn	.255	98	25	8	0	5	42	14	17	.345	.490
Reliever	6.07	2	2	0	53	0	75.2	75	14	45	57	Close & Late	.243	37	9	2	0	1	7	11	10	.420	.378
0 Days Rest (Relief)	11.57	0	1	0	8	0	9.1	16	2	7	8	None on/out	.323	62	20	6	2	3	3	15	12	.468	.629
1 or 2 Days Rest	5.34	0	1	0	22	0	32.0	29	8	21	30	First Pitch	.415	41	17	6	0	5	16	0	0	.405	.927
3+ Days Rest	5.24	2	0	0	23	0	34.1	30	4	17	19	Ahead in Count	.205	127	26	10	1	4	14	0	45	.217	.394
Pre-All Star	6.07	2	0	0	29	0	46.0	48	11	26	33	Behind in Count	.290	62	18	2	1	4	14	25	0	.483	.548
Post-All Star	6.07	0	2	0	24	0	29.2	27	3	19	24	Two Strikes	.177	124	22	9	1	2	13	20	57	.306	.315

Last Five Years

	ERA	W	L	Sv	G	GS	IP	H	HR	BB	SO		Avg	AB	H	2B	3B	HR	RBI	BB	SO	OBP	SLG
Home	4.02	14	4	1	154	0	183.2	164	27	91	161	vs. Left	.240	521	125	30	4	22	77	94	126	.358	.440
Away	4.95	6	12	7	140	0	152.2	138	21	103	122	vs. Right	.245	723	177	31	3	26	110	100	157	.339	.404
Day	4.66	4	6	3	101	0	114.0	112	14	68	93	Inning 1-6	.268	149	40	9	3	7	34	21	28	.353	.510
Night	4.33	16	10	5	193	0	222.1	190	34	126	190	Inning 7+	.239	1095	262	52	4	41	153	173	255	.347	.406
Grass	5.14	14	13	3	207	0	238.1	221	39	151	191	None on	.250	625	156	31	5	23	23	100	148	.358	.426
Turf	2.76	6	3	5	87	0	98.0	81	9	43	92	Runners on	.236	619	146	30	2	25	164	94	135	.336	.412
March/April	4.50	4	3	1	49	0	62.0	54	14	30	55	Scoring Posn	.236	373	88	22	2	16	143	69	82	.349	.434
May	4.16	3	3	1	51	0	62.2	58	11	29	53	Close & Late	.247	462	114	22	0	16	73	76	107	.351	.398
June	4.81	2	2	2	40	0	43.0	44	7	26	39	None on/out	.292	281	82	16	3	10	10	44	64	.397	.477
July	4.50	5	2	1	47	0	54.0	38	8	38	41	vs. 1st Batr (relief)	.273	256	70	12	1	13	39	34	55	.358	.480
August	4.59	5	3	1	57	0	64.2	62	6	38	54	1st Inning Pitched	.244	932	227	42	3	38	148	152	222	.351	.417
Sept/Oct	4.14	1	3	2	50	0	50.0	46	2	33	41	First 15 Pitches	.238	743	177	30	3	29	96	113	158	.341	.404
Starter	0.00	0	0	0	0	0	0.0	0	0	0	0	Pitch 16-30	.244	402	98	24	1	13	65	67	104	.354	.405
Reliever	4.44	20	16	8	294	0	336.1	302	48	194	283	Pitch 31-45	.309	81	25	7	3	5	24	12	18	.406	.654
0 Days Rest (Relief)	7.17	6	3	1	50	0	47.2	67	7	33	43	Pitch 46+	.111	18	2	0	0	1	2	2	3	.200	.278
1 or 2 Days Rest	4.24	11	11	5	159	0	182.2	160	30	108	148	First Pitch	.331	157	52	10	0	9	29	10	0	.372	.567
3+ Days Rest	3.57	3	2	2	85	0	106.0	94	11	53	92	Ahead in Count	.184	564	104	29	2	10	57	0	235	.191	.296
vs. AL	5.23	2	3	1	67	0	84.1	76	10	51	72	Behind in Count	.307	261	80	12	5	18	59	101	0	.495	.598
vs. NL	4.18	18	13	7	227	0	252.0	226	38	143	211	Two Strikes	.159	579	92	22	2	9	53	83	283	.269	.250
Pre-All Star	4.37	9	8	4	150	0	185.1	165	35	92	156	Pre-All Star	.240	687	165	28	4	35	109	92	156	.332	.445
Post-All Star	4.53	11	8	4	144	0	151.0	137	13	102	127	Post-All Star	.246	557	137	33	3	13	78	102	127	.365	.386

Pat Hentgen — Orioles
Age 33 – Pitches Right

	ERA	W	L	Sv	G	GS	IP	BB	SO	Avg	H	2B	3B	HR	RBI	OBP	SLG	CG	ShO	Sup	QS	#P/S	SB	CS	GB	FB	G/F
2001 Season	3.47	2	3	0	9	9	62.1	19	33	.221	51	10	2	7	25	.279	.372	1	0	3.47	7	106	4	3	85	74	1.15
Last Five Years	4.43	55	48	0	140	140	897.1	313	523	.272	939	177	21	122	436	.333	.441	12	4	5.49	72	102	59	45	1276	1062	1.20

2001 Season

	ERA	W	L	Sv	G	GS	IP	H	HR	BB	SO		Avg	AB	H	2B	3B	HR	RBI	BB	SO	OBP	SLG
Home	2.97	1	2	0	5	5	36.1	27	4	9	24	vs. Left	.178	129	23	5	1	4	13	11	21	.241	.326
Away	4.15	1	1	0	4	4	26.0	24	3	10	9	vs. Right	.275	102	28	5	1	3	12	8	12	.327	.431
Starter	3.47	2	3	0	9	9	62.1	51	7	19	33	Scoring Posn	.222	36	8	3	0	0	14	7	3	.341	.306
Reliever	0.00	0	0	0	0	0	0.0	0	0	0	0	Close & Late	.273	22	6	0	0	2	3	1	3	.304	.545
0-3 Days Rest (Start)	0.00	0	0	0	0	0	0.0	0	0	0	0	None on/out	.190	63	12	2	1	2	2	3	9	.227	.349
4 Days Rest	4.74	0	2	0	4	4	24.2	27	2	9	11	First Pitch	.324	34	11	3	0	2	5	1	0	.343	.588
5+ Days Rest	2.63	2	1	0	5	5	37.2	24	5	10	22	Ahead in Count	.176	102	18	2	2	2	11	0	27	.175	.294
Pre-All Star	3.47	2	3	0	9	9	62.1	51	7	19	33	Behind in Count	.294	51	15	3	0	3	8	6	0	.368	.529
Post-All Star	0.00	0	0	0	0	0	0.0	0	0	0	0	Two Strikes	.155	110	17	2	2	2	9	12	33	.236	.264

Last Five Years

	ERA	W	L	Sv	G	GS	IP	H	HR	BB	SO		Avg	AB	H	2B	3B	HR	RBI	BB	SO	OBP	SLG
Home	4.51	24	25	0	67	67	438.2	458	71	141	251	vs. Left	.263	1736	457	87	16	56	221	176	263	.333	.429
Away	4.36	31	23	0	73	73	458.2	481	51	172	272	vs. Right	.280	1719	482	90	5	66	215	137	260	.332	.454
Day	4.39	17	15	0	46	46	299.0	302	40	105	192	Inning 1-6	.265	3013	798	153	17	101	376	276	461	.326	.427
Night	4.45	38	33	0	94	94	598.1	637	82	208	331	Inning 7+	.319	442	141	24	4	21	60	37	62	.376	.534
Grass	4.64	28	28	0	76	76	473.2	503	62	183	285	None on	.270	2057	556	109	9	68	68	153	314	.324	.431
Turf	4.21	27	20	0	64	64	423.2	436	60	130	238	Runners on	.274	1398	383	68	12	54	368	160	209	.345	.456
March/April	4.72	9	9	0	28	28	179.1	185	28	46	93	Scoring Posn	.277	766	212	39	7	32	307	105	121	.355	.471
May	3.75	13	8	0	27	27	175.1	157	16	75	115	Close & Late	.322	230	74	13	1	12	32	20	36	.379	.543
June	4.54	8	7	0	22	22	142.2	155	21	47	76	None on/out	.280	898	251	43	6	30	30	63	124	.330	.441
July	5.04	6	9	0	20	20	126.2	153	23	46	71	vs. 1st Batr (relief)	.000	0	0	0	0	0	0	0	0	.000	.000
August	4.14	13	8	0	23	23	147.2	152	17	52	86	1st Inning Pitched	.292	559	163	22	2	20	83	66	78	.366	.445
Sept/Oct	4.58	6	7	0	20	20	125.2	137	17	47	82	First 75 Pitches	.261	2431	635	120	13	76	272	219	378	.322	.415
Starter	4.43	55	48	0	140	140	897.1	939	122	313	523	Pitch 76-90	.315	473	149	31	4	27	78	40	74	.368	.569
Reliever	0.00	0	0	0	0	0	0.0	0	0	0	0	Pitch 91-105	.273	355	97	15	2	12	52	34	43	.338	.428
0-3 Days Rest (Start)	0.00	1	0	0	1	1	5.0	2	0	3	2	Pitch 106+	.296	196	58	11	2	7	34	20	28	.367	.480
4 Days Rest	4.68	30	31	0	80	80	515.0	557	76	175	295	First Pitch	.312	525	164	31	3	25	89	7	0	.320	.526
5+ Days Rest	4.15	24	17	0	59	59	377.1	380	46	135	226	Ahead in Count	.233	1506	351	61	9	37	164	0	428	.237	.359
vs. AL	4.35	38	31	0	96	96	627.0	656	88	207	359	Behind in Count	.332	757	251	52	5	40	117	158	0	.444	.572
vs. NL	4.63	17	17	0	44	44	270.1	283	34	106	164	Two Strikes	.209	1523	319	50	9	29	130	147	523	.281	.311
Pre-All Star	4.45	33	26	0	83	83	531.2	538	73	180	302	Pre-All Star	.265	2029	538	99	10	73	259	180	302	.326	.432
Post-All Star	4.41	22	22	0	57	57	365.2	401	49	133	221	Post-All Star	.281	1426	401	78	11	49	177	133	221	.343	.454

Felix Heredia — Cubs
Age 26 – Pitches Left (flyball pitcher)

	ERA	W	L	Sv	G	GS	IP	BB	SO	Avg	H	2B	3B	HR	RBI	OBP	SLG	GF	IR	IRS	Hld	SvOp	SB	CS	GB	FB	G/F
2001 Season	6.17	2	2	0	48	0	35.0	16	28	.315	45	10	2	6	31	.384	.538	9	39	13	8	3	7	1	40	49	0.82
Last Five Years	4.93	20	12	5	318	2	261.0	142	238	.256	257	57	8	24	176	.351	.401	76	267	83	56	21	17	8	298	310	0.96

2001 Season

	ERA	W	L	Sv	G	GS	IP	H	HR	BB	SO		Avg	AB	H	2B	3B	HR	RBI	BB	SO	OBP	SLG
Home	6.94	0	0	0	20	0	11.2	12	1	8	9	vs. Left	.292	65	19	5	0	3	16	5	17	.347	.508
Away	5.79	2	2	0	28	0	23.1	33	5	8	19	vs. Right	.333	78	26	5	2	3	15	11	11	.416	.564
Starter	0.00	0	0	0	0	0	0.0	0	0	0	0	Scoring Posn	.358	53	19	4	2	3	27	6	9	.413	.679
Reliever	6.17	2	2	0	48	0	35.0	45	6	16	28	Close & Late	.250	24	6	2	0	1	6	6	5	.375	.458
0 Days Rest (Relief)	4.50	1	0	0	13	0	10.0	12	1	2	5	None on/out	.250	28	7	2	0	0	0	6	9	.300	.321
1 or 2 Days Rest	8.31	1	2	0	20	0	13.0	17	4	10	13	First Pitch	.565	23	13	2	0	2	7	1	0	.600	.913
3+ Days Rest	5.25	0	0	0	15	0	12.0	16	1	4	10	Ahead in Count	.250	60	15	5	0	1	6	0	22	.258	.383
Pre-All Star	4.82	2	1	0	37	0	28.0	29	5	13	25	Behind in Count	.320	25	8	2	1	1	7	10	0	.500	.600
Post-All Star	11.57	0	1	0	11	0	7.0	16	1	3	3	Two Strikes	.266	64	17	6	1	1	13	5	28	.319	.438

Last Five Years

	ERA	W	L	Sv	G	GS	IP	H	HR	BB	SO		Avg	AB	H	2B	3B	HR	RBI	BB	SO	OBP	SLG
Home	4.60	11	3	5	163	2	135.0	120	9	79	113	vs. Left	.223	417	93	22	4	8	71	44	123	.306	.353
Away	5.29	9	9	0	155	0	126.0	137	15	63	125	vs. Right	.280	585	164	35	4	16	105	98	115	.382	.436
Day	5.05	10	6	3	168	1	133.2	131	15	78	106	Inning 1-6	.289	201	58	16	2	6	53	29	42	.382	.478
Night	4.81	10	6	2	150	1	127.1	126	9	64	132	Inning 7+	.248	801	199	41	6	18	123	113	196	.343	.382
Grass	5.10	17	10	5	277	2	224.1	217	20	124	198	None on	.230	487	112	27	4	8	8	58	124	.318	.351
Turf	3.93	3	2	0	41	0	36.2	40	4	18	40	Runners on	.282	515	145	30	4	16	168	84	114	.380	.449
March/April	4.45	3	2	1	57	2	56.2	33	3	33	42	Scoring Posn	.285	340	97	21	4	9	154	62	79	.389	.459
May	5.64	4	1	2	54	0	44.2	51	6	25	45	Close & Late	.227	365	83	17	4	9	61	49	91	.321	.370
June	3.83	4	3	0	59	0	49.1	39	4	23	42	None on/out	.218	220	48	12	1	3	3	22	50	.295	.323
July	5.40	4	2	1	44	0	33.1	34	2	10	32	vs. 1st Batr (relief)	.227	273	62	17	1	6	50	36	62	.321	.363
August	5.62	2	3	0	57	0	41.2	49	5	20	37	1st Inning Pitched	.251	808	203	44	7	18	151	113	194	.345	.390
Sept/Oct	5.09	3	1	1	47	0	35.1	39	6	21	40	First 15 Pitches	.261	675	176	43	5	16	117	87	148	.348	.410
Starter	8.38	0	2	0	2	2	9.2	16	1	4	9	Pitch 16-30	.237	249	59	8	3	4	45	42	71	.348	.341
Reliever	4.80	20	10	5	316	0	251.1	241	23	138	229	Pitch 31-45	.217	46	10	2	0	3	7	11	12	.368	.457
0 Days Rest (Relief)	3.13	5	2	2	92	0	72.0	59	5	29	55	Pitch 46+	.375	32	12	4	0	1	9	7	2	.417	.594
1 or 2 Days Rest	7.06	9	7	1	142	0	108.1	122	15	79	106	First Pitch	.370	119	44	8	2	5	28	8	0	.426	.597
3+ Days Rest	3.04	6	1	2	82	0	71.0	60	3	30	68	Ahead in Count	.215	506	109	21	1	6	59	0	197	.219	.296
vs. AL	3.08	2	1	0	30	0	26.1	15	0	15	28	Behind in Count	.271	181	49	15	1	5	47	73	0	.477	.448
vs. NL	5.14	18	11	5	288	2	234.2	242	24	127	210	Two Strikes	.188	521	98	22	3	5	60	238	.273	.271

183

	ERA	W	L	Sv	G	GS	IP	H	HR	BB	SO		Avg	AB	H	2B	3B	HR	RBI	BB	SO	OBP	SLG
												Last Five Years											
Pre-All Star	4.67	12	7	3	181	2	162.0	146	13	87	141	Pre-All Star	.240	609	146	26	6	13	90	87	141	.337	.366
Post-All Star	5.36	8	5	2	137	0	99.0	111	11	55	97	Post-All Star	.282	393	111	31	2	11	86	55	97	.373	.455

Gil Heredia — Athletics
Age 36 – Pitches Right (groundball pitcher)

	ERA	W	L	Sv	G	GS	IP	BB	SO	Avg	H	2B	3B	HR	RBI	OBP	SLG	CG	ShO	Sup	QS	#P/S	SB	CS	GB	FB	G/F
2001 Season	5.58	7	8	0	24	18	109.2	29	48	.316	144	23	2	27	66	.357	.554	0	0	6.07	8	81	6	3	178	140	1.27
Last Five Years	4.55	38	30	0	97	89	551.1	132	293	.285	629	140	10	77	267	.328	.462	3	0	6.02	51	89	29	22	927	614	1.51

2001 Season

	ERA	W	L	Sv	G	GS	IP	H	HR	BB	SO		Avg	AB	H	2B	3B	HR	RBI	BB	SO	OBP	SLG
Home	5.04	4	5	0	12	11	64.1	76	15	20	23	vs. Left	.291	234	68	15	1	8	23	17	20	.336	.466
Away	6.35	3	3	0	12	7	45.1	68	12	9	25	vs. Right	.344	221	76	8	1	19	43	12	28	.380	.647
Starter	5.84	6	8	0	18	18	98.2	132	24	29	42	Scoring Posn	.265	98	26	3	0	5	36	10	13	.327	.449
Reliever	3.27	1	0	0	6	0	11.0	12	3	0	6	Close & Late	.429	14	6	1	1	2	5	1	0	.467	1.071
0-3 Days Rest (Start)	0.00	0	0	0	0	0	0.0	0	0	0	0	None on/out	.370	119	44	10	1	6	6	7	11	.405	.622
4 Days Rest	8.70	1	4	0	6	6	30.0	47	12	8	13	First Pitch	.290	100	29	3	0	5	13	2	0	.301	.470
5+ Days Rest	4.59	5	4	0	12	12	68.2	85	12	21	29	Ahead in Count	.276	181	50	8	2	8	15	0	37	.275	.475
Pre-All Star	6.23	4	7	0	15	15	82.1	109	21	28	36	Behind in Count	.359	92	33	7	0	10	28	11	0	.429	.761
Post-All Star	3.62	3	1	0	9	3	27.1	35	6	1	12	Two Strikes	.260	150	39	8	1	8	18	16	48	.327	.487

Last Five Years

	ERA	W	L	Sv	G	GS	IP	H	HR	BB	SO		Avg	AB	H	2B	3B	HR	RBI	BB	SO	OBP	SLG
Home	4.62	14	19	0	46	45	276.2	311	41	75	133	vs. Left	.272	1121	305	70	6	29	113	87	157	.325	.423
Away	4.49	24	11	0	51	44	274.2	318	36	57	160	vs. Right	.298	1089	324	70	4	48	154	45	136	.332	.501
Day	5.02	12	16	0	36	33	200.2	252	30	47	96	Inning 1-6	.273	1968	537	121	9	65	236	126	270	.321	.443
Night	4.29	26	14	0	61	56	350.2	377	47	85	197	Inning 7+	.380	242	92	19	1	12	31	6	23	.395	.616
Grass	4.55	32	27	0	84	78	482.1	558	71	117	251	None on	.283	1368	387	77	8	49	49	53	189	.312	.458
Turf	4.57	6	3	0	13	11	69.0	71	6	15	42	Runners on	.287	842	242	63	2	28	218	79	104	.353	.467
March/April	5.00	4	7	0	15	15	86.1	101	15	34	58	Scoring Posn	.276	486	134	35	2	14	176	51	63	.348	.442
May	5.04	9	5	0	16	16	94.2	115	10	22	36	Close & Late	.365	104	38	8	1	5	17	2	8	.377	.606
June	5.53	3	5	0	15	15	86.1	92	15	23	46	None on/out	.292	593	173	34	5	22	22	21	89	.316	.477
July	3.72	10	3	0	15	15	92.0	110	14	18	42	vs. 1st Batr (relief)	.250	8	2	0	0	1	2	0	0	.250	.429
August	4.28	7	2	0	18	12	88.1	96	7	18	42	1st Inning Pitched	.289	394	114	24	2	13	54	31	48	.347	.459
Sept/Oct	3.91	5	8	0	18	16	103.2	115	16	17	69	First 75 Pitches	.277	1788	496	109	10	61	212	109	232	.323	.452
Starter	4.60	36	30	0	89	89	537.2	614	74	131	287	Pitch 76-90	.299	264	79	20	0	8	32	16	43	.340	.466
Reliever	2.63	2	0	0	8	0	13.2	15	3	1	6	Pitch 91-105	.351	134	47	11	0	6	20	6	16	.379	.567
0-3 Days Rest (Start)	0.00	0	0	0	0	0	0.0	0	0	0	0	Pitch 106+	.292	24	7	0	0	2	3	1	2	.320	.542
4 Days Rest	5.18	13	17	0	41	41	243.1	298	39	61	122	First Pitch	.334	428	143	28	2	18	71	10	0	.353	.535
5+ Days Rest	4.13	23	13	0	48	48	294.1	316	35	70	165	Ahead in Count	.232	922	214	55	4	21	69	0	244	.239	.369
vs. AL	4.81	32	28	0	87	79	488.2	566	70	118	265	Behind in Count	.310	448	139	23	3	20	73	54	0	.383	.509
vs. NL	2.59	6	2	0	10	10	62.2	63	7	14	28	Two Strikes	.206	840	173	55	2	20	69	68	293	.272	.348
Pre-All Star	5.13	18	19	0	51	51	294.2	353	43	87	149	Pre-All Star	.294	1200	353	80	5	43	159	87	149	.347	.477
Post-All Star	3.89	20	11	0	46	38	256.2	276	34	45	144	Post-All Star	.273	1010	276	60	5	34	108	45	144	.306	.444

Matt Herges — Dodgers
Age 32 – Pitches Right (groundball pitcher)

	ERA	W	L	Sv	G	GS	IP	BB	SO	Avg	H	2B	3B	HR	RBI	OBP	SLG	GF	IR	IRS	Hld	SvOp	SB	CS	GB	FB	G/F
2001 Season	3.44	9	8	1	75	0	99.1	46	76	.259	97	23	1	8	47	.350	.390	22	36	13	15	8	3	7	142	90	1.58
Career (1999-2001)	3.38	20	13	2	151	4	234.1	94	169	.254	221	43	4	20	115	.335	.382	48	80	30	20	13	10	14	337	213	1.58

2001 Season

	ERA	W	L	Sv	G	GS	IP	H	HR	BB	SO		Avg	AB	H	2B	3B	HR	RBI	BB	SO	OBP	SLG
Home	2.72	6	2	0	37	0	53.0	40	3	26	42	vs. Left	.280	168	47	8	1	6	24	34	31	.403	.446
Away	4.27	3	6	1	38	0	46.1	57	5	20	34	vs. Right	.243	206	50	15	0	2	23	12	45	.302	.345
Day	1.78	3	2	0	22	0	30.1	29	0	13	25	Inning 1-6	.111	36	4	0	0	1	1	4	7	.220	.194
Night	4.17	6	6	1	53	0	69.0	68	8	33	51	Inning 7+	.275	338	93	23	1	7	46	42	69	.364	.411
Grass	3.24	9	8	1	72	0	97.1	89	7	45	75	None on	.252	206	52	11	0	6	6	15	42	.309	.373
Turf	13.50	0	0	0	3	0	2.0	8	1	1	1	Runners on	.268	168	45	12	1	2	41	31	34	.394	.387
April	2.16	1	1	0	10	0	16.2	13	2	5	14	Scoring Posn	.280	93	26	4	0	1	35	26	18	.449	.355
May	4.61	1	3	0	10	0	13.2	17	0	5	7	Close & Late	.285	214	61	14	1	2	29	28	45	.375	.388
June	3.63	3	2	0	15	0	22.1	19	1	14	16	None on/out	.244	90	22	5	0	4	4	6	17	.292	.433
July	4.34	3	2	1	14	0	18.2	22	3	10	13	vs. 1st Batr (relief)	.304	69	21	7	0	3	8	4	13	.360	.536
August	3.65	0	0	0	13	0	12.1	12	2	7	14	1st Inning Pitched	.267	251	67	18	0	6	35	29	51	.353	.410
Sept/Oct	2.30	1	0	0	13	0	15.2	14	0	5	12	First 15 Pitches	.280	211	59	14	0	6	27	19	40	.347	.431
Starter	0.00	0	0	0	0	0	0.0	0	0	0	0	Pitch 16-30	.218	133	29	8	0	2	11	19	26	.331	.323
Reliever	3.44	9	8	1	75	0	99.1	97	8	46	76	Pitch 31-45	.300	30	9	1	1	0	9	8	10	.447	.400
0 Days Rest (Relief)	5.24	3	2	0	20	0	22.1	25	3	11	17	Pitch 46+	.000	0	0	0	0	0	0	0	0	.000	.000
1 or 2 Days Rest	2.95	6	6	1	42	0	58.0	53	3	26	40	First Pitch	.333	36	12	1	0	1	4	9	0	.489	.528
3+ Days Rest	2.84	0	0	0	13	0	19.0	19	2	9	19	Ahead in Count	.169	177	30	9	0	3	13	0	64	.178	.220
vs. AL	1.88	2	1	0	9	0	14.1	9	1	7	13	Behind in Count	.379	87	33	5	1	4	16	19	0	.486	.598
vs. NL	3.71	7	7	1	66	0	85.0	88	7	39	63	Two Strikes	.169	178	30	6	0	1	16	19	76	.251	.219
Pre-All Star	3.43	7	6	0	38	0	57.2	52	4	27	39	Pre-All Star	.242	215	52	10	1	4	23	27	39	.328	.353
Post-All Star	3.46	2	2	1	37	0	41.2	45	4	19	37	Post-All Star	.283	159	45	13	0	4	24	19	37	.380	.440

Career (1999-2001)

	ERA	W	L	Sv	G	GS	IP	H	HR	BB	SO		Avg	AB	H	2B	3B	HR	RBI	BB	SO	OBP	SLG
Home	2.82	11	5	0	74	2	118.0	100	10	52	89	vs. Left	.270	374	101	16	2	13	54	58	66	.368	.428
Away	3.95	9	8	2	77	2	116.1	121	10	42	80	vs. Right	.242	496	120	27	2	7	61	36	103	.308	.347
Day	2.65	3	2	1	46	1	71.1	68	2	21	51	Inning 1-6	.253	257	65	8	1	5	42	27	47	.330	.350
Night	3.70	17	11	1	105	3	163.0	153	18	73	118	Inning 7+	.254	613	156	35	3	15	73	67	122	.337	.395
Grass	3.44	18	13	2	138	4	214.1	201	18	88	158	None on	.251	467	117	21	1	15	15	35	86	.308	.396
Turf	2.70	2	0	0	13	0	20.0	20	2	6	11	Runners on	.258	403	104	22	3	5	100	59	83	.363	.365
March/April	1.14	2	1	0	20	0	31.2	18	2	8	25	Scoring Posn	.265	249	66	12	2	3	91	47	53	.393	.365
May	5.40	3	3	0	21	0	31.2	43	2	14	26	Close & Late	.279	323	90	18	2	7	45	39	70	.365	.412
June	3.62	5	2	0	25	0	37.1	30	2	22	30	None on/out	.278	205	57	9	1	10	10	15	33	.330	.478
July	3.48	5	2	1	25	0	33.2	36	6	15	26	vs. 1st Batr (relief)	.336	134	45	14	1	7	20	9	24	.390	.612
August	4.32	1	3	0	26	4	50.0	51	3	21	35	1st Inning Pitched	.257	510	131	32	2	13	76	56	97	.339	.404
Sept/Oct	2.34	4	2	1	34	0	50.1	40	5	14	27	First 15 Pitches	.274	424	116	26	2	12	56	35	73	.338	.429
Starter	5.48	0	3	0	4	4	23.0	24	1	12	11	Pitch 16-30	.226	287	65	13	0	4	27	35	58	.319	.314
Reliever	3.15	20	10	2	147	0	211.1	197	19	82	158	Pitch 31-45	.276	98	27	2	2	4	25	14	25	.363	.459
0 Days Rest (Relief)	4.37	6	3	0	29	0	35.0	36	4	20	26	Pitch 46+	.213	61	13	2	0	0	7	10	13	.338	.246
1 or 2 Days Rest	3.13	13	7	1	86	0	118.0	111	12	45	85	First Pitch	.270	111	30	8	0	2	13	11	0	.349	.396
3+ Days Rest	2.47	1	0	1	32	0	58.1	50	3	17	47	Ahead in Count	.191	404	77	17	1	1	36	0	145	.201	.245
vs. AL	2.57	3	1	0	15	0	21.0	16	2	12	20	Behind in Count	.341	205	70	12	2	11	38	40	0	.448	.580
vs. NL	3.46	17	12	2	136	4	213.1	205	18	82	149	Two Strikes	.180	410	74	12	1	2	34	43	169	.265	.229
Pre-All Star	3.35	13	6	0	73	0	110.0	97	8	50	90	Pre-All Star	.238	408	97	18	1	8	50	50	90	.326	.346
Post-All Star	3.40	7	7	2	78	4	124.1	124	12	44	79	Post-All Star	.268	462	124	25	3	12	65	44	79	.342	.413

Chad Hermansen — Pirates

Age 24 – Bats Right (flyball hitter)

	Avg	G	AB	R	H	2B	3B	HR	RBI	BB	SO	HBP	GDP	SB	CS	OBP	SLG	IBB	SH	SF	#Pit	#P/PA	GB	FB	G/F
2001 Season	.164	22	55	5	9	1	0	2	5	1	18	0	0	0	1	.179	.291	0	0	0	197	3.52	13	19	0.68
Career (1999-2001)	.193	74	223	22	43	8	1	5	14	14	74	1	3	2	3	.243	.305	1	3	1	905	3.74	53	62	0.85

2001 Season

	Avg	AB	H	2B	3B	HR	RBI	BB	SO	OBP	SLG		Avg	AB	H	2B	3B	HR	RBI	BB	SO	OBP	SLG
vs. Left	.167	18	3	0	0	1	1	0	6	.167	.333	Scoring Posn	.071	14	1	0	0	1	4	0	5	.071	.286
vs. Right	.162	37	6	1	0	1	4	1	12	.184	.270	Close & Late	.200	10	2	0	0	1	3	0	3	.200	.500

Dustin Hermanson — Cardinals

Age 29 – Pitches Right

	ERA	W	L	Sv	G	GS	IP	BB	SO	Avg	H	2B	3B	HR	RBI	OBP	SLG	CG	ShO	Sup	QS	#P/S	SB	CS	FB	GB	G/F
2001 Season	4.45	14	13	0	33	33	192.1	73	123	.264	195	53	3	34	93	.335	.481	0	0	5.66	20	96	7	7	255	223	1.14
Last Five Years	4.07	57	60	4	169	155	952.0	339	652	.261	943	211	16	116	438	.326	.424	4	2	4.85	86	93	55	34	1247	1086	1.15

2001 Season

	ERA	W	L	Sv	G	GS	IP	H	HR	BB	SO		Avg	AB	H	2B	3B	HR	RBI	BB	SO	OBP	SLG
Home	4.46	8	7	0	18	18	103.0	93	21	41	76	vs. Left	.276	304	84	22	2	21	48	36	61	.360	.569
Away	4.43	6	6	0	15	15	89.1	102	13	32	47	vs. Right	.255	436	111	31	1	13	45	37	62	.317	.420
Day	3.43	5	4	0	14	14	84.0	78	11	32	55	Inning 1-6	.258	677	175	49	3	28	83	67	114	.332	.464
Night	5.23	9	9	0	19	19	108.1	117	23	41	68	Inning 7+	.317	63	20	4	0	6	10	6	9	.377	.667
Grass	4.56	13	13	0	32	32	185.1	190	33	70	123	None on	.257	447	115	31	2	24	24	40	78	.327	.497
Turf	1.29	1	0	0	1	1	7.0	5	1	3	0	Runners on	.273	293	80	22	1	10	69	33	45	.348	.457
April	6.04	1	1	0	5	5	28.1	29	8	12	16	Scoring Posn	.227	176	40	12	1	4	54	25	30	.324	.375
May	3.86	4	2	0	6	6	37.1	38	3	12	15	Close & Late	.375	40	15	2	0	5	8	6	4	.457	.800
June	7.99	1	4	0	5	5	23.2	27	6	14	17	None on/out	.225	191	43	12	1	9	9	16	32	.299	.440
July	1.98	3	1	0	6	6	41.0	32	4	11	40	vs. 1st Batr (relief)	.000	0	0	0	0	0	0	0	0	.000	.000
August	4.25	3	2	0	5	5	29.2	34	6	14	15	1st Inning Pitched	.338	136	46	11	2	9	20	19	20	.430	.647
Sept/Oct	4.45	2	3	0	6	6	32.1	35	7	10	20	First 75 Pitches	.271	542	147	43	3	21	68	57	88	.347	.478
Starter	4.45	14	13	0	33	33	192.1	195	34	73	123	Pitch 76-90	.243	107	26	4	0	7	14	7	16	.296	.477
Reliever	0.00	0	0	0	0	0	0.0	0	0	0	0	Pitch 91-105	.261	69	18	5	0	5	9	8	14	.338	.551
0-3 Days Rest (Start)	0.00	0	0	0	0	0	0.0	0	0	0	0	Pitch 106+	.182	22	4	1	0	1	2	1	5	.217	.364
4 Days Rest	4.68	6	9	0	17	17	102.0	102	24	39	63	First Pitch	.355	107	38	16	1	5	17	2	0	.373	.664
5+ Days Rest	4.18	8	4	0	16	16	90.1	93	10	34	60	Ahead in Count	.218	331	72	15	0	14	31	0	104	.227	.390
vs. AL	2.00	2	0	0	3	3	18.0	17	0	4	12	Behind in Count	.290	162	47	15	1	5	17	36	0	.418	.488
vs. NL	4.70	12	13	0	30	30	174.1	178	34	69	111	Two Strikes	.200	335	67	10	1	14	38	35	123	.282	.361
Pre-All Star	5.19	6	7	0	18	18	102.1	108	17	39	60	Pre-All Star	.273	396	108	30	2	17	57	39	60	.343	.487
Post-All Star	3.60	8	6	0	15	15	90.0	87	17	34	63	Post-All Star	.253	344	87	23	1	17	36	34	63	.326	.474

Last Five Years

	ERA	W	L	Sv	G	GS	IP	H	HR	BB	SO		Avg	AB	H	2B	3B	HR	RBI	BB	SO	OBP	SLG
Home	4.32	30	32	3	85	77	481.2	474	58	174	344	vs. Left	.268	1622	434	97	6	66	218	186	277	.345	.457
Away	3.83	27	28	1	84	78	470.1	469	58	165	308	vs. Right	.255	1994	509	114	10	50	220	153	375	.310	.398
Day	3.90	16	20	0	58	55	332.1	306	38	122	226	Inning 1-6	.257	3177	818	200	11	94	385	312	580	.325	.416
Night	4.17	41	40	4	111	100	619.2	637	78	217	426	Inning 7+	.285	439	125	11	5	22	53	27	72	.329	.483
Grass	3.82	28	27	1	77	74	438.0	425	63	159	295	None on	.252	2158	544	122	6	75	75	182	403	.315	.424
Turf	4.29	29	33	3	92	81	514.0	518	53	180	357	Runners on	.274	1458	399	89	4	41	363	157	249	.342	.425
March/April	3.77	8	7	0	26	22	140.2	123	18	49	99	Scoring Posn	.265	869	230	54	2	24	310	111	151	.341	.414
May	5.35	9	10	4	32	23	143.0	151	22	59	95	Close & Late	.275	189	52	4	1	9	23	17	25	.337	.450
June	4.82	6	12	0	25	25	132.2	142	19	54	92	None on/out	.244	949	232	58	6	29	29	64	161	.298	.410
July	4.37	9	12	0	29	28	169.0	186	19	51	131	vs. 1st Batr (relief)	.333	12	4	0	0	1	2	4	2	.429	.833
August	3.21	14	7	0	27	27	179.1	152	19	52	116	1st Inning Pitched	.252	616	155	32	5	20	75	87	110	.348	.417
Sept/Oct	3.36	10	12	0	30	30	187.1	189	19	54	119	First 75 Pitches	.253	2733	692	167	11	68	296	263	509	.320	.397

185

Last Five Years

	ERA	W	L	Sv	G	GS	IP	H	HR	BB	SO		Avg	AB	H	2B	3B	HR	RBI	BB	SO	OBP	SLG
Starter	4.05	55	60	0	155	155	930.0	921	112	328	626	Pitch 76-90	.298	486	145	24	1	31	83	44	73	.358	.543
Reliever	4.91	2	0	4	14	0	22.0	22	4	11	26	Pitch 91-105	.241	274	66	14	1	14	40	27	52	.311	.453
0-3 Days Rest (Start)	0.00	0	0	0	0	0	0.0	0	0	0	0	Pitch 106+	.325	123	40	6	3	3	19	5	18	.354	.496
4 Days Rest	4.36	30	39	0	89	89	538.1	551	73	192	345	First Pitch	.345	585	202	45	2	19	73	14	0	.361	.526
5+ Days Rest	3.63	25	21	0	66	66	391.2	370	39	136	281	Ahead in Count	.206	1683	347	78	8	39	151	0	556	.211	.332
vs. AL	5.34	6	6	0	17	17	89.1	111	15	36	62	Behind in Count	.318	705	224	58	1	30	123	162	0	.443	.530
vs. NL	3.94	51	54	4	152	138	862.2	832	101	303	590	Two Strikes	.180	1630	293	65	6	35	146	163	652	.257	.291
Pre-All Star	4.77	24	32	4	92	78	460.1	475	65	178	315	Pre-All Star	.268	1774	475	118	10	65	245	178	315	.337	.455
Post-All Star	3.42	33	28	0	77	77	491.2	468	51	161	337	Post-All Star	.254	1842	468	93	6	51	193	161	337	.315	.394

Adrian Hernandez — Yankees
Age 27 – Pitches Right

	ERA	W	L	Sv	G	GS	IP	BB	SO	Avg	H	2B	3B	HR	RBI	OBP	SLG	CG	ShO	Sup	QS	#P/S	SB	CS	GB	FB	G/F
2001 Season	3.68	0	3	0	6	3	22.0	10	10	.190	15	1	0	7	9	.297	.468	0	0	2.45	1	86	1	2	30	30	1.00

2001 Season

	ERA	W	L	Sv	G	GS	IP	H	HR	BB	SO		Avg	AB	H	2B	3B	HR	RBI	BB	SO	OBP	SLG
Home	5.40	0	1	0	3	1	8.1	7	3	5	3	vs. Left	.205	39	8	0	0	4	5	6	1	.326	.513
Away	2.63	0	2	0	3	2	13.2	8	4	5	7	vs. Right	.175	40	7	1	0	3	4	4	9	.267	.425

Alex Hernandez — Pirates
Age 25 – Bats Left

	Avg	G	AB	R	H	2B	3B	HR	RBI	BB	SO	HBP	GDP	SB	CS	OBP	SLG	IBB	SH	SF	#Pit	#P/PA	GB	FB	G/F
2001 Season	.091	7	11	0	1	0	0	0	0	2	0	1	0	0	0	.091	.091	0	0	0	29	2.64	7	2	3.50
Career (2000-2001)	.183	27	71	4	13	3	0	1	5	0	15	0	1	1	1	.183	.268	0	0	0	247	3.48	27	21	1.29

2001 Season

	Avg	AB	H	2B	3B	HR	RBI	BB	SO	OBP	SLG		Avg	AB	H	2B	3B	HR	RBI	BB	SO	OBP	SLG
vs. Left	1.000	1	1	0	0	0	0	0	0	1.000	1.000	Scoring Posn	.000	5	0	0	0	0	0	0	2	.000	.000
vs. Right	.000	10	0	0	0	0	0	2	.000	.000		Close & Late	.000	1	0	0	0	0	0	0	0	.000	.000

Carlos Hernandez — Astros
Age 22 – Pitches Left (flyball pitcher)

	ERA	W	L	Sv	G	GS	IP	BB	SO	Avg	H	2B	3B	HR	RBI	OBP	SLG	CG	ShO	Sup	QS	#P/S	SB	CS	GB	FB	G/F
2001 Season	1.02	1	0	0	3	3	17.2	7	17	.177	11	2	0	1	2	.261	.258	0	0	3.06	2	92	0	0	18	25	0.72

2001 Season

	ERA	W	L	Sv	G	GS	IP	H	HR	BB	SO		Avg	AB	H	2B	3B	HR	RBI	BB	SO	OBP	SLG
Home	1.54	1	0	0	2	2	11.2	6	1	5	10	vs. Left	.235	17	4	2	0	1	2	2	1	.316	.529
Away	0.00	0	0	0	1	1	6.0	5	0	2	7	vs. Right	.156	45	7	0	0	0	0	5	16	.240	.156

Jose Hernandez — Brewers
Age 32 – Bats Right (groundball hitter)

	Avg	G	AB	R	H	2B	3B	HR	RBI	BB	SO	HBP	GDP	SB	CS	OBP	SLG	IBB	SH	SF	#Pit	#P/PA	GB	FB	G/F
2001 Season	.249	152	542	67	135	26	2	25	78	39	185	2	9	5	4	.300	.443	8	5	4	2326	3.93	166	116	1.43
Last Five Years	.255	693	2167	306	553	99	17	85	300	186	637	14	48	25	25	.317	.434	22	10	11	9444	3.95	737	456	1.62

2001 Season

	Avg	AB	H	2B	3B	HR	RBI	BB	SO	OBP	SLG		Avg	AB	H	2B	3B	HR	RBI	BB	SO	OBP	SLG
vs. Left	.339	109	37	7	1	11	26	12	36	.410	.725	First Pitch	.346	52	18	6	0	1	5	8	0	.426	.519
vs. Right	.226	433	98	19	1	14	52	27	149	.271	.372	Ahead in Count	.407	91	37	7	1	10	24	19	0	.509	.835
Home	.233	258	60	14	0	9	35	13	101	.270	.391	Behind in Count	.195	282	55	9	0	8	35	0	143	.197	.312
Away	.264	284	75	12	2	16	43	26	84	.326	.489	Two Strikes	.149	316	47	5	1	7	30	12	185	.182	.237
Day	.295	190	56	11	1	12	30	12	60	.337	.553	Batting #6	.239	230	55	10	1	11	29	19	76	.295	.435
Night	.224	352	79	15	1	13	48	27	125	.281	.384	Batting #7	.253	281	71	14	1	12	44	19	97	.303	.438
Grass	.248	516	128	24	2	25	76	37	175	.299	.448	Other	.290	31	9	2	0	2	5	1	12	.313	.548
Turf	.269	26	7	2	0	0	2	2	10	.321	.346	April	.268	82	22	2	1	7	19	4	27	.302	.573
Pre-All Star	.268	298	80	15	1	17	45	18	97	.310	.497	May	.287	94	27	7	0	2	11	10	30	.356	.426
Post-All Star	.225	244	55	11	1	8	33	21	88	.288	.377	June	.237	93	22	3	0	5	9	3	28	.260	.430
Inning 1-6	.266	357	95	18	2	20	63	29	116	.321	.496	July	.210	81	17	3	0	3	7	3	29	.244	.358
Inning 7+	.216	185	40	8	0	5	15	10	69	.259	.341	August	.262	107	28	7	1	3	20	10	40	.317	.430
Scoring Posn	.291	127	37	7	1	6	55	16	44	.361	.504	Sept/Oct	.224	85	19	4	0	5	12	9	31	.298	.447
Close & Late	.234	77	18	4	0	2	9	4	23	.268	.364	vs. AL	.188	48	9	0	0	0	1	1	17	.204	.188
None on/out	.259	139	36	5	0	6	5	42	.285	.424		vs. NL	.255	494	126	26	2	25	78	38	168	.309	.468

2001 By Position

Position	Avg	AB	H	2B	3B	HR	RBI	BB	SO	OBP	SLG	G	GS	Innings	PO	A	E	DP	Fld Pct	Rng Fctr	In Zone	Zone Outs	Zone Rtg	MLB Zone
As ss	.248	537	133	26	2	24	76	39	184	.299	.438	150	146	1286.0	204	427	18	90	.972	4.42	480	409	.852	.839

Last Five Years

	Avg	AB	H	2B	3B	HR	RBI	BB	SO	OBP	SLG		Avg	AB	H	2B	3B	HR	RBI	BB	SO	OBP	SLG
vs. Left	.271	631	171	32	9	33	96	69	172	.344	.507	First Pitch	.293	181	53	12	0	5	15	16	0	.358	.442
vs. Right	.249	1536	382	67	8	52	204	117	465	.305	.404	Ahead in Count	.406	463	188	34	10	40	110	93	0	.506	.772
Home	.260	1013	263	50	7	38	150	92	323	.323	.435	Behind in Count	.181	1107	200	35	5	20	107	0	524	.185	.276
Away	.251	1154	290	49	10	47	150	94	336	.311	.433	Two Strikes	.159	1199	191	29	5	19	105	76	637	.210	.239
Day	.267	930	248	47	7	47	147	87	257	.331	.484	Batting #6	.263	734	193	37	3	28	102	66	228	.323	.436
Night	.247	1237	305	52	10	38	153	99	380	.306	.397	Batting #7	.271	750	203	33	6	32	115	57	223	.324	.459

Last Five Years

	Avg	AB	H	2B	3B	HR	RBI	BB	SO	OBP	SLG		Avg	AB	H	2B	3B	HR	RBI	BB	SO	OBP	SLG
Grass	.254	1852	471	80	14	77	263	167	548	.318	.437	Other	.230	683	157	29	8	25	83	63	186	.302	.406
Turf	.260	315	82	19	3	8	37	19	89	.307	.416	March/April	.223	278	62	8	2	11	38	22	84	.289	.385
Pre-All Star	.267	1210	323	58	11	55	173	101	360	.329	.469	May	.286	427	122	19	5	19	68	38	122	.349	.487
Post-All Star	.240	957	230	41	6	30	127	85	277	.301	.390	June	.253	379	96	24	3	16	42	30	115	.312	.459
Inning 1-6	.259	1384	359	65	9	62	209	122	385	.322	.454	July	.261	372	97	13	1	17	58	34	111	.324	.438
Inning 7+	.248	783	194	34	8	23	91	64	252	.307	.400	August	.276	352	97	19	2	12	54	32	110	.332	.443
Scoring Posn	.269	535	144	25	4	20	207	67	144	.347	.443	Sept/Oct	.220	359	79	16	4	10	40	30	95	.279	.370
Close & Late	.248	375	93	9	5	11	41	35	122	.313	.387	vs. AL	.218	216	47	9	0	6	21	21	68	.286	.343
None on/out	.235	514	121	21	6	19	19	37	154	.292	.411	vs. NL	.259	1951	506	90	17	79	279	165	569	.320	.444

Livan Hernandez — Giants   Age 27 – Pitches Right

	ERA	W	L	Sv	G	GS	IP	BB	SO	Avg	H	2B	3B	HR	RBI	OBP	SLG	CG	ShO	Sup	QS	#P/S	SB	CS	GB	FB	G/F
2001 Season	5.24	13	15	0	34	34	226.2	85	138	.297	266	50	10	24	134	.356	.456	2	0	4.61	12	108	6	6	330	256	1.29
Last Five Years	4.44	57	53	0	147	147	997.0	376	681	.281	1093	201	29	111	484	.344	.433	18	2	5.15	71	112	39	34	1402	1145	1.22

2001 Season

	ERA	W	L	Sv	G	GS	IP	H	HR	BB	SO		Avg	AB	H	2B	3B	HR	RBI	BB	SO	OBP	SLG
Home	5.13	6	9	0	19	19	124.2	153	5	46	87	vs. Left	.299	425	127	23	7	10	67	56	57	.381	.456
Away	5.38	7	6	0	15	15	102.0	113	19	39	51	vs. Right	.296	470	139	27	3	14	67	29	81	.332	.455
Day	4.97	5	6	0	13	13	87.0	105	5	30	60	Inning 1-6	.293	764	224	44	6	18	112	71	122	.352	.437
Night	5.41	8	9	0	21	21	139.2	161	19	55	78	Inning 7+	.321	131	42	6	4	6	22	14	16	.378	.565
Grass	5.31	12	15	0	32	32	211.2	253	23	81	129	None on/out	.278	500	139	29	5	14	14	33	80	.325	.440
Turf	4.20	1	0	0	2	2	15.0	13	1	4	9	Runners on	.322	395	127	21	5	10	120	52	58	.391	.476
April	7.83	1	4	0	6	6	33.1	50	6	11	19	Scoring Posn	.354	226	80	11	2	4	101	35	35	.423	.473
May	5.98	2	4	0	6	6	40.2	53	5	12	24	Close & Late	.268	82	22	2	2	3	10	12	12	.354	.451
June	5.30	3	2	0	5	5	37.1	40	6	16	24	None on/out	.320	231	74	15	3	7	7	13	39	.359	.502
July	4.65	3	1	0	6	6	40.2	44	3	20	29	vs. 1st Batr (relief)	.000	0	0	0	0	0	0	0	0	.000	.000
August	3.75	2	2	0	5	5	36.0	32	3	12	21	1st Inning Pitched	.329	146	48	16	2	3	28	12	15	.381	.527
Sept/Oct	4.19	2	2	0	6	6	38.2	47	1	14	21	First 75 Pitches	.292	603	176	34	5	16	85	54	103	.351	.444
Starter	5.24	13	15	0	34	34	226.2	266	24	85	138	Pitch 76-90	.327	107	35	8	1	1	14	9	18	.367	.449
Reliever	0.00	0	0	0	0	0	0.0	0	0	0	0	Pitch 91-105	.320	103	33	5	2	4	20	10	9	.377	.524
0-3 Days Rest (Start)	0.00	0	0	0	0	0	0.0	0	0	0	0	Pitch 106+	.268	82	22	3	2	3	15	12	8	.351	.463
4 Days Rest	5.52	5	10	0	18	18	117.1	142	16	49	70	First Pitch	.336	119	40	5	1	3	25	5	0	.362	.471
5+ Days Rest	4.94	8	5	0	16	16	109.1	124	8	36	68	Ahead in Count	.234	397	93	17	4	8	37	0	114	.234	.358
vs. AL	5.16	2	1	0	3	3	22.2	24	3	10	15	Behind in Count	.355	186	66	17	3	6	33	44	0	.476	.575
vs. NL	5.25	11	14	0	31	31	204.0	242	21	75	123	Two Strikes	.212	392	83	13	2	10	44	36	138	.276	.332
Pre-All Star	6.07	6	11	0	19	19	126.0	156	19	45	83	Pre-All Star	.306	510	156	28	5	19	85	45	83	.359	.492
Post-All Star	4.20	7	4	0	15	15	100.2	110	5	40	55	Post-All Star	.286	385	110	22	5	5	49	40	55	.351	.408

Last Five Years

	ERA	W	L	Sv	G	GS	IP	H	HR	BB	SO		Avg	AB	H	2B	3B	HR	RBI	BB	SO	OBP	SLG
Home	4.21	33	29	0	76	76	534.2	555	49	197	368	vs. Left	.281	1801	506	96	17	52	227	216	287	.358	.440
Away	4.71	24	24	0	71	71	462.1	538	62	179	313	vs. Right	.281	2091	587	105	12	59	257	160	394	.331	.427
Day	4.58	21	19	0	56	56	383.1	424	38	145	269	Inning 1-6	.276	3230	890	170	20	87	406	319	601	.341	.421
Night	4.36	36	34	0	91	91	613.2	669	73	231	412	Inning 7+	.307	662	203	31	9	24	78	57	80	.360	.489
Grass	4.37	53	49	0	133	133	912.1	1000	97	344	620	None on/out	.279	2212	617	116	15	68	68	184	380	.337	.437
Turf	5.21	4	4	0	14	14	84.2	93	14	32	61	Runners on	.283	1680	476	85	14	43	416	192	301	.353	.427
March/April	6.03	4	13	0	22	22	134.1	173	20	54	97	Scoring Posn	.279	910	254	41	9	22	351	141	194	.366	.416
May	3.74	9	7	0	23	23	166.0	190	17	50	114	Close & Late	.274	347	95	14	6	8	44	40	42	.345	.418
June	5.20	9	8	0	23	23	162.2	190	19	73	114	None on/out	.273	995	272	52	6	32	32	76	147	.326	.434
July	3.91	16	7	0	26	26	184.0	177	23	68	131	vs. 1st Batr (relief)	.000	0	0	0	0	0	0	0	0	.000	.000
August	3.98	12	9	0	27	27	185.1	176	16	72	136	1st Inning Pitched	.268	567	152	39	4	13	75	54	105	.335	.420
Sept/Oct	4.21	7	9	0	26	26	164.2	187	16	59	89	First 75 Pitches	.273	2499	682	129	15	63	280	231	459	.335	.412
Starter	4.44	57	53	0	147	147	997.0	1093	111	376	681	Pitch 76-90	.310	477	148	26	5	17	81	49	84	.371	.493
Reliever	0.00	0	0	0	0	0	0.0	0	0	0	0	Pitch 91-105	.287	436	125	25	3	17	61	44	75	.351	.475
0-3 Days Rest (Start)	18.90	0	1	0	1	1	3.1	5	0	4	6	Pitch 106+	.288	480	138	21	6	14	62	52	63	.355	.444
4 Days Rest	4.25	25	27	0	71	71	483.0	520	59	180	355	First Pitch	.340	494	168	25	5	13	73	19	0	.362	.490
5+ Days Rest	4.53	32	25	0	75	75	510.2	568	52	192	320	Ahead in Count	.217	1742	378	72	13	24	135	0	552	.220	.315
vs. AL	4.73	8	4	0	16	16	116.0	128	16	45	83	Behind in Count	.369	850	314	71	8	45	161	184	0	.481	.631
vs. NL	4.40	49	49	0	131	131	881.0	965	95	331	598	Two Strikes	.194	1787	347	54	11	32	149	173	681	.266	.290
Pre-All Star	4.74	27	30	0	76	76	520.2	615	61	195	371	Pre-All Star	.296	2078	615	112	17	61	273	195	371	.356	.454
Post-All Star	4.12	30	23	0	71	71	476.1	478	50	181	310	Post-All Star	.264	1814	478	89	12	50	211	181	310	.330	.408

Orlando Hernandez — Yankees   Age 32 – Pitches Right (flyball pitcher)

	ERA	W	L	Sv	G	GS	IP	BB	SO	Avg	H	2B	3B	HR	RBI	OBP	SLG	CG	ShO	Sup	QS	#P/S	SB	CS	GB	FB	G/F
2001 Season	4.85	4	7	0	17	16	94.2	42	77	.248	90	15	1	19	46	.333	.452	0	0	3.61	5	100	15	2	94	144	0.65
Career (1998-2001)	4.13	45	33	0	100	99	645.2	232	506	.237	576	118	13	88	285	.308	.406	8	2	5.31	58	106	60	26	668	865	0.77

2001 Season

	ERA	W	L	Sv	G	GS	IP	H	HR	BB	SO		Avg	AB	H	2B	3B	HR	RBI	BB	SO	OBP	SLG
Home	5.06	1	3	0	6	6	32.0	29	6	19	26	vs. Left	.278	194	54	8	1	12	28	30	44	.384	.515
Away	4.74	3	4	0	11	10	62.2	61	13	23	51	vs. Right	.213	169	36	7	0	7	18	12	33	.268	.379
Starter	5.06	3	7	0	16	16	90.2	89	19	40	73	Scoring Posn	.171	76	13	3	0	2	19	15	20	.309	.289
Reliever	0.00	1	0	0	1	0	4.0	1	0	2	4	Close & Late	.214	28	6	1	0	1	2	8	5	.290	.357

2001 Season

	ERA	W	L	Sv	G	GS	IP	H	HR	BB	SO		Avg	AB	H	2B	3B	HR	RBI	BB	SO	OBP	SLG
0-3 Days Rest (Start)	0.00	0	0	0	0	0	0.0	0	0	0	0	None on/out	.240	96	23	3	1	5	5	6	14	.298	.448
4 Days Rest	6.37	0	2	0	5	5	29.2	33	7	7	25	First Pitch	.383	47	18	3	1	4	8	1	0	.408	.745
5+ Days Rest	4.43	3	5	0	11	11	61.0	56	12	33	48	Ahead in Count	.178	180	32	3	0	3	9	0	66	.185	.244
Pre-All Star	5.14	0	5	0	9	9	49.0	54	12	23	42	Behind in Count	.352	54	19	6	0	4	10	20	0	.533	.685
Post-All Star	4.53	4	2	0	8	7	45.2	36	7	19	35	Two Strikes	.147	190	28	3	0	4	14	21	77	.238	.226

Career (1998-2001)

	ERA	W	L	Sv	G	GS	IP	H	HR	BB	SO		Avg	AB	H	2B	3B	HR	RBI	BB	SO	OBP	SLG
Home	4.07	20	16	0	43	43	274.0	237	38	103	220	vs. Left	.276	1303	359	69	7	55	179	148	194	.354	.466
Away	4.17	25	17	0	57	56	371.2	339	50	129	286	vs. Right	.193	1123	217	49	6	33	106	84	312	.252	.336
Day	4.34	17	10	0	32	31	201.1	174	30	77	173	Inning 1-6	.242	2076	502	105	8	80	259	210	430	.315	.416
Night	4.03	28	23	0	68	68	444.1	402	58	155	333	Inning 7+	.211	350	74	13	5	8	26	22	76	.261	.346
Grass	4.32	37	29	0	87	87	558.0	516	75	209	442	None on	.230	1498	345	62	9	53	53	123	304	.296	.390
Turf	2.87	8	4	0	13	12	87.2	60	13	23	64	Runners on	.249	928	231	56	4	35	232	109	202	.326	.431
March/April	4.13	7	4	0	15	15	93.2	82	14	34	88	Scoring Posn	.235	523	123	32	3	14	180	73	120	.323	.388
May	5.09	2	10	0	15	15	93.2	95	19	36	61	Close & Late	.213	164	35	8	3	2	12	14	39	.276	.335
June	3.17	8	4	0	14	14	93.2	75	5	36	72	None on/out	.249	643	160	30	6	27	27	50	139	.309	.440
July	4.84	8	3	0	13	13	83.2	90	15	25	64	vs. 1st Batr (relief)	.000	1	0	0	0	0	0	0	0	.000	.000
August	4.61	8	6	0	19	19	121.0	106	18	45	102	1st Inning Pitched	.238	370	88	23	0	13	67	51	75	.330	.405
Sept/Oct	3.38	12	6	0	24	23	160.0	128	17	56	119	First 75 Pitches	.245	1642	403	81	5	70	199	153	343	.314	.429
Starter	4.15	44	33	0	99	99	641.2	575	88	230	502	Pitch 76-90	.251	303	76	19	4	11	42	32	62	.322	.449
Reliever	0.00	1	0	0	1	0	4.0	1	0	2	4	Pitch 91-105	.205	244	50	9	3	2	20	34	53	.309	.291
0-3 Days Rest (Start)	3.00	1	0	0	1	1	6.0	7	0	2	7	Pitch 106+	.198	237	47	9	1	5	24	13	48	.244	.308
4 Days Rest	4.37	21	20	0	53	53	346.1	299	48	122	279	First Pitch	.302	295	89	14	3	16	45	3	0	.314	.532
5+ Days Rest	3.92	22	13	0	45	45	289.1	269	40	106	216	Ahead in Count	.168	1138	191	34	3	17	73	0	413	.172	.248
vs. AL	4.21	39	31	0	90	89	579.0	521	81	205	452	Behind in Count	.297	468	139	35	1	29	78	103	0	.426	.562
vs. NL	3.38	6	2	0	10	10	66.2	55	7	27	54	Two Strikes	.158	1164	184	38	4	22	90	126	506	.242	.254
Pre-All Star	3.97	21	18	0	49	49	317.1	279	41	117	244	Pre-All Star	.233	1200	279	54	6	41	136	117	244	.306	.390
Post-All Star	4.28	24	15	0	51	50	328.1	297	47	115	262	Post-All Star	.242	1226	297	64	7	47	149	115	262	.310	.421

Ramon Hernandez — Athletics
Age 26 – Bats Right

	Avg	G	AB	R	H	2B	3B	HR	RBI	BB	SO	HBP	GDP	SB	CS	OBP	SLG	IBB	SH	SF	#Pit	#P/PA	GB	FB	G/F
2001 Season	.254	136	453	55	115	25	0	15	60	37	68	6	10	1	1	.316	.408	3	9	4	1877	3.69	177	122	1.45
Career (1999-2001)	.252	319	1008	120	254	51	0	32	143	93	143	14	29	3	1	.321	.398	4	20	11	4278	3.73	403	302	1.33

2001 Season

	Avg	AB	H	2B	3B	HR	RBI	BB	SO	OBP	SLG		Avg	AB	H	2B	3B	HR	RBI	BB	SO	OBP	SLG
vs. Left	.241	162	39	8	0	5	16	16	22	.311	.383	First Pitch	.299	67	20	5	0	6	10	2	0	.314	.642
vs. Right	.261	291	76	17	0	10	44	21	46	.319	.423	Ahead in Count	.276	105	29	9	0	7	20	16	0	.366	.562
Home	.284	222	63	17	0	5	36	15	33	.335	.428	Behind in Count	.205	205	42	5	0	1	20	0	59	.215	.244
Away	.225	231	52	8	0	10	24	22	35	.298	.390	Two Strikes	.222	203	45	6	0	1	16	19	68	.298	.266
Day	.216	139	30	4	0	4	22	10	27	.272	.331	Batting #8	.277	159	44	11	0	8	26	8	28	.308	.497
Night	.271	314	85	21	0	11	38	27	41	.335	.443	Batting #9	.242	207	50	11	0	4	26	23	31	.326	.353
Grass	.260	411	107	25	0	15	57	36	63	.327	.431	Other	.241	87	21	3	0	3	8	6	9	.305	.379
Turf	.190	42	8	0	0	0	3	1	5	.205	.190	April	.241	87	21	6	0	1	8	7	11	.305	.345
Pre-All Star	.224	250	56	11	0	4	26	22	32	.297	.316	May	.233	73	17	2	0	1	6	5	8	.296	.301
Post-All Star	.291	203	59	14	0	11	34	15	36	.334	.522	June	.213	75	16	2	0	2	12	8	11	.302	.320
Inning 1-6	.265	306	81	20	0	11	49	16	40	.304	.438	July	.333	60	20	5	0	2	12	7	7	.397	.517
Inning 7+	.231	147	34	5	0	4	11	21	28	.339	.347	August	.244	82	20	7	0	4	12	6	17	.303	.476
Scoring Posn	.241	116	28	6	0	3	42	9	21	.308	.371	Sept/Oct	.276	76	21	3	0	5	10	4	14	.309	.513
Close & Late	.217	69	15	1	0	3	6	8	14	.316	.362	vs. AL	.253	407	103	23	0	13	53	31	63	.311	.435
None on/out	.255	98	25	10	0	2	2	6	11	.298	.418	vs. NL	.261	46	12	2	0	2	7	6	5	.358	.435

2001 By Position

Position	Avg	AB	H	2B	3B	HR	RBI	BB	SO	OBP	SLG	G	GS	Innings	PO	A	E	DP	Fld Pct	Rng Fctr	In Zone	Zone Outs	Zone Rtg	MLB Zone
As c	.250	448	112	25	0	15	59	37	67	.313	.406	135	127	1131.2	907	70	11	15	.989	—	—	—	—	—

Career (1999-2001)

	Avg	AB	H	2B	3B	HR	RBI	BB	SO	OBP	SLG		Avg	AB	H	2B	3B	HR	RBI	BB	SO	OBP	SLG
vs. Left	.257	311	80	19	0	12	45	41	41	.342	.434	First Pitch	.285	144	41	9	0	8	24	3	0	.295	.514
vs. Right	.250	697	174	32	0	20	98	52	102	.311	.382	Ahead in Count	.283	237	67	20	0	13	45	50	0	.405	.532
Home	.267	509	136	31	0	13	85	43	71	.326	.405	Behind in Count	.224	441	99	14	0	7	53	0	125	.237	.304
Away	.236	499	118	20	0	19	58	50	72	.316	.391	Two Strikes	.208	462	96	14	0	7	44	40	143	.282	.284
Day	.220	354	78	13	0	9	51	26	53	.279	.333	Batting #8	.262	229	60	16	0	9	30	16	44	.310	.450
Night	.269	654	176	38	0	23	92	67	90	.342	.433	Batting #9	.254	531	135	27	0	13	80	49	72	.327	.379
Grass	.255	917	234	49	0	32	136	87	132	.325	.413	Other	.238	248	59	8	0	10	33	28	27	.317	.431
Turf	.220	91	20	2	0	0	7	6	11	.273	.242	March/April	.211	142	30	8	0	3	15	12	20	.274	.331
Pre-All Star	.240	505	121	19	0	14	65	54	69	.318	.360	May	.278	151	42	6	0	4	17	16	21	.353	.397
Post-All Star	.264	503	133	32	0	18	78	39	74	.323	.435	June	.250	148	37	4	0	6	29	15	19	.325	.399
Inning 1-6	.250	673	168	36	0	21	104	50	94	.304	.397	July	.249	189	47	7	0	8	32	23	25	.330	.413
Inning 7+	.257	335	86	15	0	11	39	43	49	.352	.400	August	.235	170	40	15	0	5	18	7	28	.278	.412
Scoring Posn	.278	263	73	18	0	9	109	25	40	.342	.449	Sept/Oct	.279	208	58	11	0	6	32	20	30	.338	.476
Close & Late	.284	141	40	8	0	6	21	19	23	.386	.468	vs. AL	.259	891	231	47	0	28	128	81	127	.326	.406
None on/out	.211	232	49	15	0	3	3	17	32	.268	.315	vs. NL	.197	117	23	4	0	4	15	12	16	.280	.333

Roberto Hernandez — Royals
Age 37 – Pitches Right (groundball pitcher)

	ERA	W	L	Sv	G	GS	IP	BB	SO	Avg	H	2B	3B	HR	RBI	OBP	SLG	GF	IR	IRS	Hld	SvOp	SB	CS	GB	FB	G/F
2001 Season	4.12	5	6	28	63	0	67.2	26	46	.266	69	9	1	7	33	.336	.390	55	13	3	0	34	10	1	97	71	1.37
Last Five Years	3.34	23	25	160	344	0	366.1	161	313	.244	335	42	4	29	166	.328	.344	287	115	34	10	195	37	11	545	332	1.64

2001 Season

	ERA	W	L	Sv	G	GS	IP	H	HR	BB	SO		Avg	AB	H	2B	3B	HR	RBI	BB	SO	OBP	SLG
Home	3.79	5	2	14	36	0	40.1	40	3	13	27	vs. Left	.299	137	41	6	0	4	17	15	31	.368	.431
Away	4.61	0	4	14	27	0	27.1	29	4	13	19	vs. Right	.230	122	28	3	1	3	16	11	15	.299	.344
Day	3.72	0	2	9	17	0	19.1	18	1	8	14	Inning 1-6	.000	0	0	0	0	0	0	0	0	.000	.000
Night	4.28	5	4	19	46	0	48.1	51	6	18	32	Inning 7+	.266	259	69	9	1	7	33	26	46	.336	.390
Grass	3.47	5	4	25	57	0	62.1	57	6	21	43	None on	.270	137	37	1	0	6	6	14	26	.338	.409
Turf	11.81	0	2	3	6	0	5.1	12	1	5	3	Runners on	.262	122	32	8	1	1	27	12	20	.333	.369
April	8.25	0	2	6	12	0	12.0	18	2	5	7	Scoring Posn	.250	76	19	3	1	1	25	9	13	.337	.355
May	2.53	1	0	2	9	0	10.2	7	2	6	12	Close & Late	.273	154	42	7	1	4	20	16	29	.345	.409
June	2.45	1	0	6	10	0	11.0	10	2	3	8	None on/out	.271	59	16	1	0	1	1	7	13	.348	.339
July	3.60	1	1	4	8	0	10.0	10	0	4	6	vs. 1st Batr (relief)	.298	57	17	1	0	1	3	6	11	.365	.368
August	1.69	0	1	5	11	0	10.2	9	0	0	4	1st Inning Pitched	.263	232	61	9	1	6	30	24	41	.335	.388
Sept/Oct	5.40	2	2	5	13	0	13.1	15	1	8	9	First 15 Pitches	.249	197	49	7	1	6	17	17	36	.312	.386
Starter	0.00	0	0	0	0	0	0.0	0	0	0	0	Pitch 16-30	.322	59	19	2	0	1	15	8	9	.403	.407
Reliever	4.12	5	6	28	63	0	67.2	69	7	26	46	Pitch 31-45	.333	3	1	0	0	0	1	1	1	.500	.333
0 Days Rest (Relief)	3.12	0	1	12	16	0	17.1	20	1	7	12	Pitch 46+	.000	0	0	0	0	0	0	0	0	.000	.000
1 or 2 Days Rest	3.80	1	3	10	21	0	23.2	19	3	7	17	First Pitch	.283	46	13	1	0	2	4	3	0	.327	.435
3+ Days Rest	5.06	4	2	6	26	0	26.2	30	3	12	17	Ahead in Count	.220	123	27	3	0	2	16	0	41	.226	.293
vs. AL	4.63	5	6	22	55	0	58.1	62	6	24	41	Behind in Count	.250	52	13	3	0	1	6	9	0	.361	.365
vs. NL	0.96	0	0	6	8	0	9.1	7	1	2	5	Two Strikes	.225	120	27	2	0	2	13	14	46	.311	.292
Pre-All Star	4.21	2	2	15	33	0	36.1	37	6	15	28	Pre-All Star	.268	138	37	3	1	6	18	15	28	.344	.435
Post-All Star	4.02	3	4	13	30	0	31.1	32	1	11	18	Post-All Star	.264	121	32	6	0	1	15	11	18	.326	.339

Last Five Years

	ERA	W	L	Sv	G	GS	IP	H	HR	BB	SO		Avg	AB	H	2B	3B	HR	RBI	BB	SO	OBP	SLG
Home	3.70	14	14	81	184	0	197.0	185	16	77	173	vs. Left	.247	705	174	24	2	12	81	93	182	.334	.338
Away	2.92	9	11	79	160	0	169.1	150	13	84	140	vs. Right	.241	669	161	18	2	17	85	68	131	.321	.350
Day	3.62	6	11	49	109	0	119.1	103	8	51	104	Inning 1-6	.000	1	0	0	0	0	0	0	1	.000	.000
Night	3.21	17	14	111	235	0	247.0	232	21	110	209	Inning 7+	.244	1373	335	42	4	29	166	161	312	.328	.344
Grass	2.75	15	8	91	193	0	209.2	176	14	95	179	None on	.264	685	181	19	0	19	19	79	146	.345	.375
Turf	4.14	8	17	69	151	0	156.2	159	15	66	134	Runners on	.224	689	154	23	4	10	147	82	167	.310	.312
March/April	4.99	2	7	21	55	0	57.2	64	8	28	41	Scoring Posn	.236	424	100	10	3	6	132	60	113	.333	.316
May	4.76	3	3	27	57	0	62.1	59	7	30	59	Close & Late	.248	919	228	30	4	19	127	106	216	.330	.351
June	1.34	4	0	34	52	0	67.0	47	2	32	53	None on/out	.279	308	86	11	0	7	7	36	65	.355	.383
July	3.44	3	4	30	53	0	55.0	51	4	19	52	vs. 1st Batr (relief)	.264	307	81	10	0	6	15	37	63	.343	.355
August	2.31	4	4	27	60	0	66.1	52	4	23	53	1st Inning Pitched	.245	1218	298	37	3	24	147	139	274	.327	.339
Sept/Oct	3.57	7	7	21	57	0	58.0	62	4	29	55	First 15 Pitches	.249	951	237	30	3	23	88	100	194	.326	.360
Starter	0.00	0	0	0	0	0	0.0	0	0	0	0	Pitch 16-30	.240	383	92	11	0	5	68	50	108	.330	.308
Reliever	3.34	23	25	160	344	0	366.1	335	29	161	313	Pitch 31-45	.154	39	6	1	1	1	10	11	10	.346	.308
0 Days Rest (Relief)	2.49	5	4	58	90	0	90.1	77	4	43	78	Pitch 46+	.000	1	0	0	0	0	0	0	1	.000	.000
1 or 2 Days Rest	3.83	8	16	74	160	0	176.1	170	14	76	159	First Pitch	.249	197	49	5	0	4	24	11	0	.269	.355
3+ Days Rest	3.25	10	5	28	94	0	99.2	88	11	44	76	Ahead in Count	.204	671	137	16	3	7	68	0	271	.216	.268
vs. AL	3.62	17	22	135	284	0	298.1	279	25	134	255	Behind in Count	.291	251	73	10	0	7	32	70	0	.449	.414
vs. NL	2.12	6	3	25	60	0	68.0	56	4	27	58	Two Strikes	.180	707	127	16	3	10	68	80	313	.269	.308
Pre-All Star	3.73	10	12	90	188	0	202.2	193	21	94	169	Pre-All Star	.253	762	193	23	3	21	104	94	169	.339	.371
Post-All Star	2.86	13	13	70	156	0	163.2	142	8	67	144	Post-All Star	.232	612	142	21	1	8	62	67	144	.314	.309

Junior Herndon — Padres
Age 23 – Pitches Right (groundball pitcher)

	ERA	W	L	Sv	G	GS	IP	BB	SO	Avg	H	2B	3B	HR	RBI	OBP	SLG	CG	ShO	Sup	QS	#P/S	SB	CS	GB	FB	G/F
2001 Season	6.33	2	6	0	12	8	42.2	25	14	.322	55	15	0	5	27	.417	.497	0	0	2.74	3	85	5	2	79	48	1.65

2001 Season

	ERA	W	L	Sv	G	GS	IP	H	HR	BB	SO		Avg	AB	H	2B	3B	HR	RBI	BB	SO	OBP	SLG
Home	2.73	1	3	0	6	5	26.1	25	1	14	7	vs. Left	.383	60	23	7	0	2	12	16	6	.519	.600
Away	12.12	1	3	0	6	3	16.1	30	4	11	7	vs. Right	.288	111	32	8	0	3	15	9	8	.352	.441

Phil Hiatt — Dodgers
Age 33 – Bats Right (flyball hitter)

	Avg	G	AB	R	H	2B	3B	HR	RBI	BB	SO	HBP	GDP	SB	CS	OBP	SLG	IBB	SH	SF	#Pit	#P/PA	GB	FB	G/F
2001 Season	.240	30	50	6	12	3	0	2	6	3	19	0	0	0	0	.283	.420	1	0	0	190	3.58	11	13	0.85

2001 Season

	Avg	AB	H	2B	3B	HR	RBI	BB	SO	OBP	SLG		Avg	AB	H	2B	3B	HR	RBI	BB	SO	OBP	SLG
vs. Left	.333	27	9	2	0	1	5	2	10	.379	.519	Scoring Posn	.267	15	4	1	0	0	3	1	6	.313	.333
vs. Right	.130	23	3	1	0	1	1	1	9	.167	.304	Close & Late	.167	12	2	0	0	0	0	1	5	.231	.167

Richard Hidalgo — Astros

Age 26 – Bats Right (flyball hitter)

	Avg	G	AB	R	H	2B	3B	HR	RBI	BB	SO	HBP	GDP	SB	CS	OBP	SLG	IBB	SH	SF	#Pit	#P/PA	GB	FB	G/F
2001 Season	.275	146	512	70	141	29	3	19	80	54	107	16	15	3	5	.356	.455	3	0	11	2125	3.58	140	194	0.72
Career (1997-2001)	.282	500	1726	276	486	116	8	87	299	187	345	44	38	28	19	.361	.509	8	0	29	7495	3.77	485	666	0.73

2001 Season

	Avg	AB	H	2B	3B	HR	RBI	BB	SO	OBP	SLG		Avg	AB	H	2B	3B	HR	RBI	BB	SO	OBP	SLG
vs. Left	.286	105	30	7	1	3	18	10	19	.353	.457	First Pitch	.442	86	38	7	0	10	23	2	0	.453	.872
vs. Right	.273	407	111	22	2	16	62	44	88	.357	.455	Ahead in Count	.328	116	38	12	0	4	20	23	0	.448	.534
Home	.287	251	72	13	3	13	49	32	52	.383	.518	Behind in Count	.189	227	43	6	1	4	25	0	92	.210	.278
Away	.264	261	69	16	0	6	31	22	55	.329	.395	Two Strikes	.168	214	36	6	2	3	20	28	107	.278	.257
Day	.250	152	38	9	2	5	29	14	35	.333	.434	Batting #5	.268	71	19	5	1	4	15	6	15	.341	.535
Night	.286	360	103	20	1	14	51	40	72	.365	.464	Batting #6	.280	350	98	20	2	11	51	42	70	.367	.443
Grass	.283	492	139	29	3	18	77	50	102	.359	.463	Other	.264	91	24	4	0	4	22	4	22	.320	.440
Turf	.100	20	2	0	0	1	3	4	5	.280	.250	April	.319	91	29	7	1	6	22	5	23	.373	.615
Pre-All Star	.268	272	73	14	1	13	49	30	66	.349	.471	May	.225	80	18	2	0	3	11	10	19	.315	.363
Post-All Star	.283	240	68	15	2	6	31	24	41	.364	.438	June	.288	73	21	5	0	4	13	8	14	.364	.521
Inning 1-6	.294	327	96	20	3	11	51	39	64	.376	.474	July	.258	89	23	4	1	1	9	15	23	.380	.360
Inning 7+	.243	185	45	9	0	8	29	15	43	.319	.422	August	.292	89	26	5	1	2	15	6	10	.354	.438
Scoring Posn	.250	148	37	10	2	3	54	26	26	.365	.405	Sept/Oct	.267	90	24	6	0	3	10	10	18	.333	.433
Close & Late	.194	93	18	2	0	4	16	7	19	.267	.344	vs. AL	.229	48	11	1	0	0	4	5	12	.304	.271
None on/out	.310	116	36	8	1	3	9	29		.375	.474	vs. NL	.280	464	130	28	3	19	76	49	95	.361	.476

2001 By Position

Position	Avg	AB	H	2B	3B	HR	RBI	BB	SO	OBP	SLG	G	GS	Innings	PO	A	E	DP	Fld Pct	Rng Fctr	In Zone	Zone Outs	Zone Rtg	MLB Zone
As lf	.203	59	12	2	0	1	5	7	16	.294	.288	23	16	147.2	36	4	0	1	1.000	2.44	38	35	.921	.880
As cf	.286	433	124	27	3	18	72	44	86	.363	.487	128	117	1009.1	279	8	3	3	.990	2.56	306	271	.886	.892
As rf	.294	17	5	0	0	0	3	2	4	.409	.294	37	4	78.0	17	0	0	0	1.000	1.96	17	17	1.000	.884

Career (1997-2001)

	Avg	AB	H	2B	3B	HR	RBI	BB	SO	OBP	SLG		Avg	AB	H	2B	3B	HR	RBI	BB	SO	OBP	SLG
vs. Left	.299	422	126	36	2	13	59	44	77	.370	.486	First Pitch	.392	222	87	20	1	16	57	6	0	.412	.707
vs. Right	.276	1304	360	80	6	74	240	143	268	.358	.517	Ahead in Count	.357	414	148	40	0	32	91	98	0	.480	.686
Home	.279	850	237	66	8	37	153	110	172	.371	.506	Behind in Count	.202	774	156	33	3	23	81	0	290	.223	.341
Away	.284	876	249	50	0	50	146	77	173	.351	.513	Two Strikes	.191	799	153	38	5	21	93	82	345	.277	.330
Day	.271	536	145	29	2	35	101	52	121	.346	.528	Batting #5	.270	378	102	27	1	24	71	48	75	.362	.537
Night	.287	1190	341	87	6	52	198	135	224	.368	.501	Batting #6	.286	942	269	56	5	46	163	96	189	.360	.502
Grass	.287	1211	347	79	6	64	217	123	233	.371	.520	Other	.283	406	115	33	2	17	81	43	81	.362	.500
Turf	.270	515	139	37	2	23	82	64	106	.356	.483	March/April	.269	305	82	22	1	18	65	24	72	.340	.525
Pre-All Star	.268	979	262	63	3	52	176	106	209	.348	.497	May	.276	341	94	23	2	17	54	38	62	.355	.504
Post-All Star	.300	747	224	53	5	35	123	81	136	.378	.525	June	.271	240	65	14	0	13	43	29	51	.352	.492
Inning 1-6	.298	1153	344	80	8	64	223	122	219	.372	.548	July	.238	282	67	13	1	12	39	43	56	.350	.418
Inning 7+	.248	573	142	36	0	23	76	65	126	.339	.431	August	.266	263	70	13	2	9	40	21	44	.330	.433
Scoring Posn	.254	500	127	37	5	13	201	69	100	.351	.426	Sept/Oct	.366	295	108	31	2	18	58	32	51	.422	.668
Close & Late	.211	256	54	14	0	8	35	34	59	.318	.359	vs. AL	.244	160	39	8	0	7	26	16	34	.321	.425
None on/out	.303	396	120	28	2	25	25	42	82	.383	.586	vs. NL	.285	1566	447	108	8	80	273	171	311	.365	.518

Bobby Higginson — Tigers

Age 31 – Bats Left (flyball hitter)

	Avg	G	AB	R	H	2B	3B	HR	RBI	BB	SO	HBP	GDP	SB	CS	OBP	SLG	IBB	SH	SF	#Pit	#P/PA	GB	FB	G/F
2001 Season	.277	147	541	84	150	28	6	17	71	80	65	2	8	20	12	.367	.445	3	1	9	2495	3.94	166	224	0.74
Last Five Years	.283	711	2673	425	756	157	19	111	405	351	416	15	41	54	31	.367	.480	15	3	22	12047	3.93	802	962	0.83

2001 Season

	Avg	AB	H	2B	3B	HR	RBI	BB	SO	OBP	SLG		Avg	AB	H	2B	3B	HR	RBI	BB	SO	OBP	SLG
vs. Left	.293	164	48	11	3	8	25	29	31	.396	.543	First Pitch	.274	73	20	5	0	2	8	2	0	.295	.425
vs. Right	.271	377	102	17	3	9	46	51	34	.354	.403	Ahead in Count	.324	145	47	10	0	6	24	37	0	.455	.517
Home	.317	265	84	16	6	7	29	44	34	.409	.502	Behind in Count	.230	209	48	8	3	6	24	0	50	.227	.383
Away	.239	276	66	12	0	10	42	36	31	.326	.391	Two Strikes	.219	233	51	6	4	8	25	41	65	.335	.382
Day	.303	188	57	11	2	5	22	34	19	.408	.463	Total	.277	541	150	28	6	17	71	80	65	.367	.445
Night	.263	353	93	17	4	12	49	46	46	.345	.436	Batting #3	.277	541	150	28	6	17	71	80	65	.367	.445
Grass	.286	490	140	27	6	14	64	74	54	.376	.451	Other	.000	0	0	0	0	0	0	0	0	.000	.000
Turf	.196	51	10	1	0	3	7	6	11	.273	.392	April	.268	82	22	5	0	4	12	16	10	.380	.476
Pre-All Star	.286	259	74	16	2	9	39	48	30	.391	.467	May	.323	62	20	4	1	2	8	13	6	.434	.516
Post-All Star	.270	282	76	12	4	8	32	32	35	.344	.426	June	.302	86	26	5	0	3	15	17	8	.410	.465
Inning 1-6	.284	387	110	21	4	13	57	52	41	.367	.460	July	.266	109	29	6	3	3	21	8	17	.317	.459
Inning 7+	.260	154	40	7	2	4	14	28	24	.368	.409	August	.280	100	28	5	2	0	6	11	11	.351	.370
Scoring Posn	.282	142	40	7	2	4	57	35	22	.403	.444	Sept/Oct	.245	102	25	3	0	5	9	15	13	.342	.422
Close & Late	.290	69	20	4	2	3	9	15	14	.412	.536	vs. AL	.273	472	129	24	5	14	59	72	57	.366	.434
None on/out	.392	102	40	9	3	4	4	12	9	.456	.618	vs. NL	.304	69	21	4	1	3	12	8	8	.377	.522

2001 By Position

Position	Avg	AB	H	2B	3B	HR	RBI	BB	SO	OBP	SLG	G	GS	Innings	PO	A	E	DP	Fld Pct	Rng Fctr	In Zone	Zone Outs	Zone Rtg	MLB Zone
As lf	.281	524	147	27	5	17	68	79	62	.373	.448	142	142	1215.1	321	10	8	1	.976	2.45	334	308	.922	.880

Last Five Years

	Avg	AB	H	2B	3B	HR	RBI	BB	SO	OBP	SLG		Avg	AB	H	2B	3B	HR	RBI	BB	SO	OBP	SLG
vs. Left	.281	773	217	40	8	27	122	102	151	.366	.458	First Pitch	.313	294	92	17	0	12	48	12	0	.343	.493
vs. Right	.284	1900	539	117	11	84	283	249	265	.367	.489	Ahead in Count	.354	748	265	67	6	55	175	178	0	.476	.680

Last Five Years	Avg	AB	H	2B	3B	HR	RBI	BB	SO	OBP	SLG		Avg	AB	H	2B	3B	HR	RBI	BB	SO	OBP	SLG
Home	.306	1284	393	79	13	53	217	195	188	.397	.512	Behind in Count	.230	1069	246	45	6	25	116	0	325	.235	.354
Away	.261	1389	363	78	6	58	188	156	228	.337	.451	Two Strikes	.218	1177	256	46	9	29	116	161	416	.313	.346
Day	.289	909	263	56	5	39	143	137	141	.385	.491	Batting #2	.281	349	98	21	5	15	53	42	55	.360	.499
Night	.279	1764	493	101	14	72	262	214	275	.357	.475	Batting #3	.290	1834	532	110	12	74	272	247	285	.374	.484
Grass	.286	2296	657	135	15	94	358	316	353	.373	.481	Other	.257	490	126	26	2	22	80	62	76	.341	.453
Turf	.263	377	99	22	4	17	47	35	63	.325	.477	March/April	.274	419	115	28	1	14	51	71	67	.380	.446
Pre-All Star	.283	1437	406	89	8	65	222	216	222	.377	.491	May	.284	447	127	31	2	21	78	60	70	.370	.503
Post-All Star	.283	1236	350	68	11	46	183	135	194	.354	.468	June	.289	426	123	21	3	25	69	68	63	.388	.528
Inning 1-6	.291	1888	549	124	12	80	299	225	266	.367	.496	July	.292	490	143	38	5	18	86	51	68	.358	.500
Inning 7+	.264	785	207	33	7	31	106	126	150	.366	.442	August	.276	468	129	19	7	14	58	52	75	.349	.436
Scoring Posn	.292	705	206	42	6	34	301	126	138	.392	.513	Sept/Oct	.281	423	119	20	1	19	63	49	73	.356	.468
Close & Late	.280	372	104	13	4	18	53	54	75	.371	.481	vs. AL	.282	2332	658	138	17	96	351	303	367	.365	.479
None on/out	.279	481	134	29	6	18	18	56	70	.359	.476	vs. NL	.287	341	98	19	2	15	54	48	49	.375	.487

Erik Hiljus — Athletics

Age 29 – Pitches Right (flyball pitcher)

	ERA	W	L	Sv	G	GS	IP	BB	SO	Avg	H	2B	3B	HR	RBI	OBP	SLG	CG	ShO	Sup	QS	#P/S	SB	CS	GB	FB	G/F
2001 Season	3.41	5	0	0	16	11	66.0	21	67	.263	70	13	1	7	32	.316	.398	0	0	10.09	2	84	12	1	59	102	0.58
Career (1999-2001)	3.79	5	0	0	25	11	78.1	27	70	.265	82	15	2	10	44	.322	.423	0	0	9.08	2	84	12	1	75	122	0.61

2001 Season	ERA	W	L	Sv	G	GS	IP	H	HR	BB	SO		Avg	AB	H	2B	3B	HR	RBI	BB	SO	OBP	SLG
Home	3.00	2	0	0	8	4	30.0	31	4	7	31	vs. Left	.248	145	36	7	1	3	15	12	28	.306	.372
Away	3.75	3	0	0	8	7	36.0	39	3	14	36	vs. Right	.281	121	34	6	0	4	17	9	39	.328	.430
Starter	3.95	5	0	0	11	11	57.0	61	7	17	55	Scoring Posn	.300	70	21	4	1	2	25	7	21	.359	.471
Reliever	0.00	0	0	0	5	0	9.0	9	0	4	12	Close & Late	.250	4	1	0	0	0	1	1	2	.400	.250
0-3 Days Rest (Start)	0.00	0	0	0	0	0	0.0	0	0	0	0	None on/out	.221	68	15	3	0	3	3	4	12	.264	.397
4 Days Rest	4.20	0	0	0	3	3	15.0	12	2	5	14	First Pitch	.520	25	13	3	1	4	9	0	0	.520	1.200
5+ Days Rest	3.86	5	0	0	8	8	42.0	49	5	12	41	Ahead in Count	.207	135	28	6	0	2	17	0	61	.206	.296
Pre-All Star	2.25	1	0	0	2	1	8.0	7	0	2	10	Behind in Count	.390	59	23	4	0	1	6	13	0	.500	.508
Post-All Star	3.57	4	0	0	14	10	58.0	63	7	19	57	Two Strikes	.165	133	22	5	0	0	11	8	67	.211	.203

Glenallen Hill — Angels

Age 37 – Bats Right

	Avg	G	AB	R	H	2B	3B	HR	RBI	BB	SO	HBP	GDP	SB	CS	OBP	SLG	IBB	SH	SF	#Pit	#P/PA	GB	FB	G/F
2001 Season	.136	16	66	4	9	0	0	1	2	0	20	0	3	0	0	.136	.182	0	0	0	215	3.26	20	17	1.18
Last Five Years	.283	469	1407	202	398	71	8	79	235	88	323	8	40	13	7	.326	.513	5	0	12	5432	3.59	479	412	1.16

2001 Season	Avg	AB	H	2B	3B	HR	RBI	BB	SO	OBP	SLG		Avg	AB	H	2B	3B	HR	RBI	BB	SO	OBP	SLG
vs. Left	.214	28	6	0	0	1	1	0	7	.214	.321	Scoring Posn	.071	14	1	0	0	0	1	0	3	.071	.071
vs. Right	.079	38	3	0	0	0	1	0	13	.079	.079	Close & Late	.118	17	2	0	0	0	0	0	6	.118	.118

Last Five Years	Avg	AB	H	2B	3B	HR	RBI	BB	SO	OBP	SLG		Avg	AB	H	2B	3B	HR	RBI	BB	SO	OBP	SLG
vs. Left	.307	515	158	20	2	28	80	36	114	.351	.517	First Pitch	.328	256	84	17	3	16	50	3	0	.328	.605
vs. Right	.269	892	240	51	6	51	155	52	209	.312	.511	Ahead in Count	.379	280	106	18	4	34	77	40	0	.455	.836
Home	.288	636	183	27	2	43	118	51	145	.341	.539	Behind in Count	.216	631	136	26	1	17	68	0	267	.220	.341
Away	.279	771	215	44	6	36	117	37	178	.313	.492	Two Strikes	.206	660	136	25	1	17	74	44	323	.260	.324
Day	.287	631	181	25	4	38	122	50	154	.337	.520	Batting #5	.303	432	131	12	2	26	67	43	113	.364	.521
Night	.280	776	217	46	4	41	113	38	169	.317	.508	Batting #6	.264	481	127	28	2	26	67	19	105	.295	.493
Grass	.273	1067	291	51	6	57	170	69	258	.318	.492	Other	.283	494	140	31	4	27	101	26	105	.321	.526
Turf	.315	340	107	20	2	22	65	19	65	.352	.579	March/April	.294	323	95	19	3	16	53	20	75	.333	.520
Pre-All Star	.268	891	239	47	8	45	142	40	202	.301	.490	May	.236	237	56	10	1	13	36	13	48	.277	.451
Post-All Star	.308	516	159	24	0	34	93	48	121	.368	.552	June	.276	254	70	16	3	13	42	7	61	.294	.516
Inning 1-6	.294	923	271	48	6	53	148	51	199	.332	.531	July	.262	210	55	8	1	10	32	7	53	.289	.452
Inning 7+	.262	484	127	23	2	26	87	37	124	.316	.479	August	.343	207	71	11	0	16	49	24	44	.414	.628
Scoring Posn	.271	380	103	14	1	11	143	35	83	.331	.400	Sept/Oct	.290	176	51	7	0	11	23	17	42	.350	.517
Close & Late	.266	256	68	13	1	10	54	19	68	.319	.441	vs. AL	.270	537	145	25	1	33	78	24	114	.304	.505
None on/out	.314	309	97	19	2	22	22	18	67	.352	.602	vs. NL	.291	870	253	46	7	46	157	64	209	.339	.518

Ken Hill — Red Sox

Age 36 – Pitches Right

	ERA	W	L	Sv	G	GS	IP	BB	SO	Avg	H	2B	3B	HR	RBI	OBP	SLG	GF	IR	IRS	Hld	SvOp	SB	CS	GB	FB	G/F
2001 Season	12.27	0	1	0	5	0	7.1	5	2	.333	10	2	1	4	11	.444	.867	1	4	1	0	1	1	0	11	13	0.85
Last Five Years	5.22	27	38	0	99	89	510.1	282	291	.288	563	109	12	59	275	.376	.446	3	7	2	1	1	75	34	748	564	1.33

2001 Season	ERA	W	L	Sv	G	GS	IP	H	HR	BB	SO		Avg	AB	H	2B	3B	HR	RBI	BB	SO	OBP	SLG
Home	23.14	0	1	0	2	0	2.1	5	4	1	0	vs. Left	.333	18	6	2	1	1	6	2	1	.400	.722
Away	7.20	0	0	0	3	0	5.0	5	0	4	2	vs. Right	.333	12	4	0	0	3	5	3	1	.500	1.083

Last Five Years	ERA	W	L	Sv	G	GS	IP	H	HR	BB	SO		Avg	AB	H	2B	3B	HR	RBI	BB	SO	OBP	SLG
Home	4.83	13	21	0	51	47	277.2	316	35	147	163	vs. Left	.278	1004	279	64	3	29	142	165	134	.376	.434
Away	5.69	14	17	0	48	42	232.2	247	24	135	128	vs. Right	.298	952	284	45	9	30	133	117	157	.376	.459
Day	5.28	5	10	0	23	21	116.0	143	15	67	76	Inning 1-6	.290	1743	505	94	10	50	251	243	261	.375	.441
Night	5.20	22	28	0	76	68	394.1	420	44	215	215	Inning 7+	.272	213	58	15	2	9	24	39	30	.387	.488
Grass	4.82	22	30	0	83	76	440.2	483	46	239	252	None on	.291	1079	314	60	4	40	40	145	147	.380	.465
Turf	7.75	5	8	0	16	13	69.2	80	13	43	39	Runners on	.284	877	249	49	8	19	235	137	144	.373	.423

Last Five Years

	ERA	W	L	Sv	G	GS	IP	H	HR	BB	SO		Avg	AB	H	2B	3B	HR	RBI	BB	SO	OBP	SLG
March/April	4.59	10	8	0	28	23	143.0	144	19	77	83	Scoring Posn	.281	530	149	33	5	12	215	98	91	.379	.430
May	6.52	5	7	0	15	15	77.1	96	7	55	46	Close & Late	.286	91	26	6	0	3	11	26	19	.449	.451
June	5.59	4	8	0	15	15	83.2	100	16	33	42	None on/out	.312	506	158	30	2	16	16	50	64	.377	.474
July	6.10	3	7	0	15	15	79.2	101	8	55	60	vs. 1st Batr (relief)	.375	8	3	0	1	1	3	1	0	.400	1.000
August	6.00	3	6	0	13	12	66.0	81	7	33	29	1st Inning Pitched	.264	360	95	17	2	10	56	64	59	.379	.406
Sept/Oct	2.52	2	2	0	13	9	60.2	41	2	29	31	First 15 Pitches	.262	271	71	13	3	7	22	37	40	.359	.410
Starter	5.10	27	37	0	89	89	497.2	549	55	270	288	Pitch 16-30	.301	306	92	16	1	12	54	52	53	.402	.477
Reliever	9.95	0	1	0	10	0	12.2	14	4	12	3	Pitch 31-45	.323	300	97	21	1	9	47	38	37	.397	.490
0 Days Rest (Relief)	0.00	0	0	0	0	0	0.0	0	0	0	0	Pitch 46+	.281	1079	303	59	7	31	152	155	161	.368	.435
1 or 2 Days Rest	12.71	0	0	0	5	0	5.2	8	1	7	1	First Pitch	.350	277	97	23	2	9	50	5	0	.356	.545
3+ Days Rest	7.71	0	1	0	5	0	7.0	6	3	5	2	Ahead in Count	.218	798	174	30	4	12	78	0	231	.226	.311
vs. AL	5.35	23	34	0	87	77	439.0	486	45	254	241	Behind in Count	.359	463	166	32	3	23	77	165	0	.520	.590
vs. NL	4.42	4	4	0	12	12	71.1	77	14	28	50	Two Strikes	.211	844	178	30	6	15	89	112	291	.305	.314
Pre-All Star	5.43	21	24	0	61	56	318.0	360	44	176	178	Pre-All Star	.293	1229	360	64	10	44	182	176	178	.381	.469
Post-All Star	4.87	6	14	0	38	33	192.1	203	15	106	113	Post-All Star	.279	727	203	45	2	15	93	106	113	.368	.409

Shea Hillenbrand — Red Sox
Age 26 – Bats Right

	Avg	G	AB	R	H	2B	3B	HR	RBI	BB	SO	HBP	GDP	SB	CS	OBP	SLG	IBB	SH	SF	#Pit	#P/PA	GB	FB	G/F
2001 Season	.263	139	468	52	123	20	2	12	49	13	61	7	12	3	4	.291	.391	3	1	4	1595	3.24	201	130	1.55

2001 Season

	Avg	AB	H	2B	3B	HR	RBI	BB	SO	OBP	SLG		Avg	AB	H	2B	3B	HR	RBI	BB	SO	OBP	SLG
vs. Left	.227	132	30	5	1	2	13	4	19	.257	.326	First Pitch	.256	78	20	3	0	3	16	3	0	.282	.410
vs. Right	.277	336	93	15	1	10	36	9	42	.304	.417	Ahead in Count	.306	98	30	6	0	2	12	6	0	.349	.429
Home	.246	244	60	10	1	5	26	6	42	.271	.357	Behind in Count	.235	221	52	7	1	3	13	0	58	.246	.317
Away	.281	224	63	10	1	7	23	7	19	.312	.429	Two Strikes	.197	178	35	3	1	2	8	4	61	.227	.258
Day	.272	136	37	6	2	4	15	4	20	.292	.434	Batting #6	.174	86	15	3	0	0	10	1	7	.200	.209
Night	.259	332	86	14	0	8	34	9	41	.290	.373	Batting #7	.295	268	79	15	2	4	24	9	42	.327	.410
Grass	.256	403	103	19	2	9	37	12	58	.285	.380	Other	.254	114	29	2	0	8	15	3	12	.271	.482
Turf	.308	65	20	1	0	3	12	1	3	.324	.462	April	.343	99	34	9	1	2	11	1	11	.356	.515
Pre-All Star	.262	279	73	13	2	7	29	6	33	.280	.398	May	.228	101	23	1	1	2	10	1	12	.235	.317
Post-All Star	.265	189	50	7	0	5	20	7	28	.305	.381	June	.206	68	14	3	0	2	7	3	9	.243	.338
Inning 1-6	.245	306	75	13	2	8	32	8	39	.274	.379	July	.333	42	14	0	0	3	8	2	3	.364	.548
Inning 7+	.296	162	48	7	0	4	17	5	22	.322	.414	August	.274	73	20	5	0	1	8	6	13	.345	.384
Scoring Posn	.220	127	28	6	0	0	33	4	16	.237	.268	Sept/Oct	.212	85	18	2	0	2	5	0	13	.212	.306
Close & Late	.289	76	22	4	0	2	10	3	12	.313	.421	vs. AL	.272	437	119	20	2	12	46	10	56	.296	.410
None on/out	.174	92	16	2	0	4	1	12	.183	.326	vs. NL	.129	31	4	0	0	0	3	3	5	.222	.129

2001 By Position

Position	Avg	AB	H	2B	3B	HR	RBI	BB	SO	OBP	SLG	G	GS	Innings	PO	A	E	DP	Fld Pct	Rng Fctr	In Zone	Zone Outs	Zone Rtg	MLB Zone
As 3b	.261	444	116	20	2	11	45	11	58	.288	.390	129	116	1053.0	88	200	18	16	.941	2.46	290	217	.748	.761

A.J. Hinch — Royals
Age 28 – Bats Right

	Avg	G	AB	R	H	2B	3B	HR	RBI	BB	SO	HBP	GDP	SB	CS	OBP	SLG	IBB	SH	SF	#Pit	#P/PA	GB	FB	G/F
2001 Season	.157	45	121	10	19	3	0	6	15	8	26	3	5	1	1	.226	.331	1	1	1	506	3.78	42	41	1.02
Career (1998-2001)	.213	247	671	71	143	17	1	22	74	50	157	9	15	10	3	.273	.340	1	23	9	2896	3.80	230	206	1.12

2001 Season

	Avg	AB	H	2B	3B	HR	RBI	BB	SO	OBP	SLG		Avg	AB	H	2B	3B	HR	RBI	BB	SO	OBP	SLG
vs. Left	.194	36	7	2	0	1	3	1	7	.237	.333	Scoring Posn	.129	31	4	1	0	1	8	3	8	.200	.258
vs. Right	.141	85	12	1	0	5	12	7	23	.221	.329	Close & Late	.222	9	2	0	0	0	0	2	0	.417	.222
Home	.157	70	11	0	0	4	10	3	11	.211	.329	None on/out	.192	26	5	0	0	3	3	2	5	.276	.538
Away	.157	51	8	3	0	2	5	5	15	.246	.333	Batting #8	.127	63	8	2	0	3	8	3	16	.176	.302
First Pitch	.083	12	1	0	0	0	0	0	0	.083	.083	Batting #9	.220	50	11	1	0	3	6	4	8	.304	.420
Ahead in Count	.231	26	6	1	0	3	8	4	0	.333	.615	Other	.000	8	0	0	0	0	1	1	2	.111	.000
Behind in Count	.119	59	7	1	0	1	3	0	24	.161	.186	Pre-All Star	.160	119	19	3	0	6	15	8	25	.229	.336
Two Strikes	.109	55	6	0	0	1	1	4	26	.210	.164	Post-All Star	.000	2	0	0	0	0	0	0	1	.000	.000

Career (1998-2001)

	Avg	AB	H	2B	3B	HR	RBI	BB	SO	OBP	SLG		Avg	AB	H	2B	3B	HR	RBI	BB	SO	OBP	SLG
vs. Left	.211	180	38	7	0	5	14	7	29	.241	.333	First Pitch	.227	66	15	1	0	2	8	0	0	.232	.333
vs. Right	.214	491	105	10	1	17	60	43	128	.285	.342	Ahead in Count	.283	113	32	4	0	7	25	26	0	.417	.504
Home	.211	327	69	8	0	11	35	24	66	.276	.336	Behind in Count	.156	353	55	6	1	6	24	0	139	.167	.229
Away	.215	344	74	9	1	11	39	26	91	.271	.343	Two Strikes	.152	355	54	6	1	9	25	24	157	.211	.251
Day	.251	279	70	8	1	11	37	19	54	.305	.405	Batting #8	.179	156	28	2	1	4	17	6	46	.220	.282
Night	.186	392	73	9	0	11	37	31	103	.251	.293	Batting #9	.230	413	95	13	0	15	49	35	85	.296	.370
Grass	.208	577	120	14	1	18	60	39	134	.264	.329	Other	.196	102	20	2	0	3	8	9	26	.259	.304
Turf	.245	94	23	3	0	4	14	11	23	.327	.404	March/April	.208	149	31	1	1	5	17	8	44	.258	.322
Pre-All Star	.207	454	94	8	1	14	44	29	103	.263	.322	May	.197	142	28	4	0	4	14	9	28	.258	.310
Post-All Star	.226	217	49	9	0	8	30	21	54	.295	.378	June	.211	142	30	1	1	5	11	9	26	.261	.338
Inning 1-6	.231	471	109	11	1	19	57	31	111	.284	.380	July	.197	66	13	3	0	2	5	0	8	.213	.289	.247
Inning 7+	.170	200	34	6	0	3	17	19	46	.248	.245	August	.276	105	29	4	0	6	19	10	29	.336	.486
Scoring Posn	.189	159	30	2	0	3	49	16	46	.258	.258	Sept/Oct	.179	67	12	3	0	2	7	6	17	.250	.313
Close & Late	.174	69	12	1	0	0	4	5	16	.240	.188	vs. AL	.212	605	128	16	0	20	68	47	142	.274	.337
None on/out	.213	150	32	4	0	6	6	10	26	.267	.373	vs. NL	.227	66	15	1	1	2	6	3	15	.271	.364

192

Brett Hinchliffe — Mets
Age 27 – Pitches Right (flyball pitcher)

	ERA	W	L	Sv	G	GS	IP	BB	SO	Avg	H	2B	3B	HR	RBI	OBP	SLG	CG	ShO	Sup	QS	#P/S	SB	CS	GB	FB	G/F
2001 Season	36.00	0	1	0	1	1	2.0	1	2	.643	9	1	0	2	7	.688	1.143	0	0	4.50	0	60	0	0	5	2	2.50
Career (1999-2001)	10.22	0	5	0	14	5	34.1	23	16	.347	51	11	0	12	34	.451	.667	0	0	6.82	0	76	1	1	51	52	0.98

2001 Season

	ERA	W	L	Sv	G	GS	IP	H	HR	BB	SO		Avg	AB	H	2B	3B	HR	RBI	BB	SO	OBP	SLG
Home	0.00	0	0	0	0	0	0.0	0	0	0	0	vs. Left	.625	8	5	1	0	1	6	1	2	.700	1.125
Away	36.00	0	1	0	1	1	2.0	9	2	1	2	vs. Right	.667	6	4	0	0	1	1	0	0	.667	1.167

Sterling Hitchcock — Yankees
Age 31 – Pitches Left

	ERA	W	L	Sv	G	GS	IP	BB	SO	Avg	H	2B	3B	HR	RBI	OBP	SLG	CG	ShO	Sup	QS	#P/S	SB	CS	GB	FB	G/F
2001 Season	5.63	6	5	0	13	12	70.1	21	43	.304	89	21	2	6	40	.352	.451	1	0	7.42	6	91	10	0	98	98	1.00
Last Five Years	4.56	38	43	1	128	111	679.0	226	562	.265	701	136	20	100	331	.327	.445	5	1	5.35	56	97	82	21	849	795	1.07

2001 Season

	ERA	W	L	Sv	G	GS	IP	H	BB	SO		Avg	AB	H	2B	3B	HR	RBI	BB	SO	OBP	SLG
Home	3.55	5	2	0	7	7	45.2	46	3	8	31	vs. Left	.370	73	27	6	0	4	14	7	10	.429	.616
Away	9.49	1	3	0	6	5	24.2	43	3	13	12	vs. Right	.282	220	62	15	2	2	26	14	33	.325	.395
Starter	5.37	6	5	0	12	12	68.2	87	6	20	42	Scoring Posn	.321	78	25	6	0	0	30	5	12	.352	.397
Reliever	16.20	0	0	0	1	0	1.2	2	0	1	1	Close & Late	.333	9	3	1	0	0	0	1	0	.400	.444
0-3 Days Rest (Start)	0.00	0	0	0	0	0	0.0	0	0	0	0	None on/out	.319	72	23	6	0	2	2	2	11	.355	.472
4 Days Rest	7.36	1	3	0	5	5	25.2	39	2	11	9	First Pitch	.365	52	19	7	0	1	7	0	0	.365	.558
5+ Days Rest	4.19	5	2	0	7	7	43.0	48	4	9	33	Ahead in Count	.237	118	28	8	0	6	0	42	.242	.322
Pre-All Star	1.29	1	0	0	1	1	7.0	5	0	0	5	Behind in Count	.290	69	20	2	0	2	13	8	0	.375	.406
Post-All Star	6.11	5	5	0	12	11	63.1	84	6	21	38	Two Strikes	.185	108	20	5	2	1	9	13	43	.272	.296

Last Five Years

	ERA	W	L	Sv	G	GS	IP	H	HR	BB	SO		Avg	AB	H	2B	3B	HR	RBI	BB	SO	OBP	SLG
Home	3.39	24	16	1	59	52	337.0	288	42	95	301	vs. Left	.280	554	155	31	7	22	68	38	112	.343	.480
Away	5.71	14	27	0	69	59	342.0	413	58	131	261	vs. Right	.261	2090	546	105	13	78	263	188	450	.323	.436
Day	5.34	12	13	0	38	34	199.0	215	34	70	156	Inning 1-6	.268	2376	636	124	19	94	307	205	513	.330	.455
Night	4.24	26	30	1	90	77	480.0	486	66	156	406	Inning 7+	.243	268	65	12	1	6	24	21	49	.303	.362
Grass	4.22	32	35	1	103	92	570.0	574	81	179	476	None on	.274	1566	429	79	11	63	63	184	319	.328	.459
Turf	6.36	6	8	0	25	19	109.0	127	19	47	86	Runners on	.252	1078	272	57	9	37	268	112	243	.325	.425
March/April	4.58	3	6	1	31	17	114.0	112	14	48	106	Scoring Posn	.250	591	148	37	2	15	210	76	150	.335	.396
May	4.66	8	10	0	22	22	131.1	133	22	44	105	Close & Late	.250	104	26	4	0	0	9	13	20	.344	.288
June	2.90	5	2	0	12	12	77.2	67	13	22	74	None on/out	.288	692	199	35	4	33	33	46	113	.341	.493
July	4.43	7	7	0	19	19	113.2	123	17	41	89	vs. 1st Batr (relief)	.286	14	4	1	0	0	1	1	5	.375	.357
August	4.99	12	8	0	24	24	144.1	160	22	29	113	1st Inning Pitched	.275	477	131	30	6	18	72	53	104	.354	.476
Sept/Oct	5.23	3	10	0	20	17	98.0	106	12	42	75	First 75 Pitches	.264	1963	518	104	17	74	236	155	420	.321	.447
Starter	4.55	38	43	0	111	111	665.1	686	100	222	550	Pitch 76-90	.273	352	96	16	3	13	52	38	77	.352	.446
Reliever	5.27	0	0	1	17	0	13.2	15	0	4	12	Pitch 91-105	.281	224	63	9	0	8	29	20	46	.345	.429
0-3 Days Rest (Start)	4.13	2	2	0	5	5	28.1	27	5	8	24	Pitch 106+	.229	105	24	7	0	5	14	13	19	.314	.438
4 Days Rest	4.63	18	27	0	62	62	383.0	400	60	131	324	First Pitch	.349	341	119	29	5	12	50	7	0	.371	.569
5+ Days Rest	4.46	18	14	0	44	44	254.0	259	35	83	202	Ahead in Count	.186	1151	214	42	8	14	74	0	470	.194	.273
vs. AL	4.90	8	6	0	19	18	108.1	116	12	38	76	Behind in Count	.351	627	220	40	1	48	129	123	0	.458	.648
vs. NL	4.49	30	37	1	109	93	570.2	585	88	188	486	Two Strikes	.166	1231	204	34	7	19	77	96	562	.230	.251
Pre-All Star	4.27	19	19	1	70	56	354.1	347	53	124	302	Pre-All Star	.255	1363	347	66	9	53	161	124	302	.321	.433
Post-All Star	4.88	19	24	0	58	55	324.2	354	47	102	260	Post-All Star	.276	1281	354	70	11	47	170	102	260	.333	.458

Denny Hocking — Twins
Age 32 – Bats Both

	Avg	G	AB	R	H	2B	3B	HR	RBI	BB	SO	HBP	GDP	SB	CS	OBP	SLG	IBB	SH	SF	#Pit	#P/PA	GB	FB	G/F
2001 Season	.251	112	327	34	82	16	2	3	25	29	67	2	7	6	1	.315	.339	1	4	1	1462	4.03	118	88	1.34
Last Five Years	.261	607	1537	193	401	76	13	19	153	133	293	6	27	29	19	.319	.364	4	23	15	6643	3.88	579	412	1.41

2001 Season

	Avg	AB	H	2B	3B	HR	RBI	BB	SO	OBP	SLG		Avg	AB	H	2B	3B	HR	RBI	BB	SO	OBP	SLG
vs. Left	.222	81	18	6	0	0	3	9	20	.300	.296	First Pitch	.250	36	9	0	0	0	0	1	0	.270	.250
vs. Right	.260	246	64	10	2	3	22	20	47	.320	.354	Ahead in Count	.358	67	24	7	1	3	12	15	0	.476	.627
Home	.272	147	40	6	1	1	10	16	28	.348	.347	Behind in Count	.180	161	29	5	0	0	4	0	58	.180	.211
Away	.233	180	42	10	1	2	15	13	39	.287	.333	Two Strikes	.182	176	32	7	1	0	9	13	67	.238	.233
Day	.250	124	31	8	0	1	15	12	18	.324	.339	Batting #2	.232	164	38	7	1	1	14	18	29	.314	.305
Night	.251	203	51	8	2	2	10	17	49	.309	.340	Batting #8	.308	52	16	0	0	1	2	1	14	.321	.365
Grass	.227	154	35	10	1	2	14	12	35	.286	.344	Other	.252	111	28	9	1	1	9	10	24	.314	.378
Turf	.272	173	47	6	1	1	11	17	32	.340	.335	April	.200	40	8	3	0	0	7	2	9	.233	.275
Pre-All Star	.261	153	40	11	2	1	17	15	28	.329	.379	May	.327	55	18	5	1	0	9	6	6	.431	.455
Post-All Star	.241	174	42	5	0	2	8	14	39	.302	.305	June	.240	50	12	2	1	1	4	4	13	.296	.380
Inning 1-6	.273	205	56	10	0	2	9	17	34	.332	.351	July	.154	65	10	2	0	1	1	9	15	.267	.231
Inning 7+	.213	122	26	6	2	1	16	12	33	.287	.320	August	.264	72	19	2	1	0	0	4	14	.303	.278
Scoring Posn	.197	71	14	4	2	0	19	17	21	.348	.310	Sept/Oct	.333	45	15	3	0	1	6	1	10	.348	.467
Close & Late	.246	65	16	5	2	1	12	7	15	.315	.431	vs. AL	.261	299	78	15	2	3	25	24	59	.319	.355
None on/out	.234	77	18	3	0	1	4	9	.272	.312	vs. NL	.143	28	4	1	0	0	0	5	8	.273	.179

2001 By Position

Position	Avg	AB	H	2B	3B	HR	RBI	BB	SO	OBP	SLG	G	GS	Innings	PO	A	E	DP	Fld Pct	Rng Fctr	In Zone	Outs	Zone Rtg	MLB Zone
As DH	.310	29	9	2	2	0	5	5	3	.412	.517	10	6	—	—	—	—	—	—	—	—	—	—	—
As Pinch Hitter	.167	24	4	0	1	1	6	3	8	.250	.375	29	0	—	—	—	—	—	—	—	—	—	—	—
As 1b	.190	21	4	0	0	0	1	1	3	.227	.190	11	6	55.1	47	6	0	3	1.000	—	14	13	.929	.850
As 2b	.303	33	10	1	0	0	1	3	7	.378	.333	17	8	82.0	23	24	1	6	.979	5.16	26	21	.808	.824
As ss	.246	167	41	7	0	1	7	12	35	.300	.305	47	41	368.1	65	111	3	26	.983	4.30	131	102	.779	.839

Last Five Years

	Avg	AB	H	2B	3B	HR	RBI	BB	SO	OBP	SLG		Avg	AB	H	2B	3B	HR	RBI	BB	SO	OBP	SLG
vs. Left	.249	461	115	22	3	6	52	49	97	.320	.349	First Pitch	.328	177	58	7	2	3	16	3	0	.337	.441
vs. Right	.266	1076	286	54	10	13	101	84	196	.319	.371	Ahead in Count	.340	341	116	30	6	9	47	71	0	.451	.543
Home	.260	695	181	29	5	5	70	62	136	.319	.338	Behind in Count	.215	755	162	27	4	5	62	0	250	.216	.281
Away	.261	842	220	47	8	14	83	71	157	.320	.386	Two Strikes	.196	772	151	24	4	5	67	59	293	.251	.256
Day	.278	518	144	28	4	12	67	38	92	.330	.417	Batting #1	.272	345	94	21	3	6	35	25	52	.321	.403
Night	.252	1019	257	48	9	7	86	95	201	.314	.338	Batting #2	.255	628	160	35	5	6	62	57	115	.314	.355
Grass	.264	690	182	38	7	14	76	62	125	.325	.400	Other	.261	564	147	20	5	7	56	51	126	.322	.351
Turf	.259	847	219	38	6	5	77	71	168	.314	.335	March/April	.245	200	49	14	1	3	27	22	35	.320	.370
Pre-All Star	.264	751	198	44	6	6	86	72	148	.328	.362	May	.263	266	70	13	4	1	25	29	49	.337	.353
Post-All Star	.258	786	203	32	7	13	67	61	145	.311	.366	June	.284	204	58	13	1	2	24	16	42	.335	.387
Inning 1-6	.265	939	249	49	6	11	95	78	175	.320	.365	July	.259	282	73	12	0	4	21	23	58	.315	.344
Inning 7+	.254	598	152	27	7	8	58	55	118	.319	.363	August	.253	285	72	8	2	5	27	21	58	.304	.347
Scoring Posn	.274	361	99	19	3	4	125	54	79	.357	.377	Sept/Oct	.263	300	79	16	5	4	29	22	51	.311	.390
Close & Late	.222	284	63	9	5	2	29	27	67	.288	.310	vs. AL	.265	1362	361	69	12	16	135	123	252	.326	.369
None on/out	.232	405	94	17	3	7	7	27	69	.282	.341	vs. NL	.229	175	40	7	1	3	18	10	41	.266	.331

Trevor Hoffman — Padres

Age 34 – Pitches Right (flyball pitcher)

	ERA	W	L	Sv	G	GS	IP	BB	SO	Avg	H	2B	3B	HR	RBI	OBP	SLG	GF	IR	IRS	Hld	SvOp	SB	CS	GB	FB	G/F
2001 Season	3.43	3	4	43	62	0	60.1	21	63	.216	48	6	0	10	31	.285	.378	55	34	7	0	46	2	0	55	73	0.75
Last Five Years	2.51	19	20	216	332	0	354.1	92	418	.200	257	41	9	33	136	.253	.324	288	146	32	0	237	19	6	333	353	0.94

2001 Season

	ERA	W	L	Sv	G	GS	IP	H	HR	BB	SO		Avg	AB	H	2B	3B	HR	RBI	BB	SO	OBP	SLG
Home	3.64	3	4	19	30	0	29.2	18	3	8	33	vs. Left	.214	98	21	1	0	5	9	11	36	.291	.378
Away	3.23	0	0	24	32	0	30.2	30	7	13	30	vs. Right	.218	124	27	5	0	5	22	10	27	.279	.379
Day	4.12	0	1	15	21	0	19.2	18	3	10	24	Inning 1-6	.000	0	0	0	0	0	0	0	0	.000	.000
Night	3.10	3	3	28	41	0	40.2	30	4	11	39	Inning 7+	.216	222	48	6	0	10	31	21	63	.285	.378
Grass	3.49	3	4	42	61	0	59.1	48	10	20	62	None on	.216	134	29	3	0	7	7	10	38	.271	.396
Turf	0.00	0	0	1	1	0	1.0	0	0	1	1	Runners on	.216	88	19	3	0	3	24	11	25	.304	.352
April	3.48	2	1	2	10	0	10.1	7	1	4	9	Scoring Posn	.250	52	13	3	0	1	20	8	16	.339	.365
May	4.76	0	1	9	11	0	11.1	12	3	5	13	Close & Late	.209	177	37	5	0	6	22	17	49	.279	.339
June	5.40	0	1	5	9	0	8.1	10	2	3	10	None on/out	.207	59	14	1	0	6	6	3	12	.274	.559
July	0.00	0	0	8	9	0	7.0	2	0	2	12	vs. 1st Batr (relief)	.241	58	14	1	0	5	7	4	19	.290	.517
August	0.00	0	0	10	10	0	10.0	3	0	2	8	1st Inning Pitched	.217	203	44	6	0	9	28	21	59	.291	.379
Sept/Oct	5.40	1	1	9	13	0	13.1	14	4	5	11	First 15 Pitches	.216	167	36	6	0	8	20	17	46	.290	.395
Starter	0.00	0	0	0	0	0	0.0	0	0	0	0	Pitch 16-30	.226	53	12	0	0	2	11	4	17	.276	.340
Reliever	3.43	3	4	43	62	0	60.1	48	10	21	63	Pitch 31-45	.000	2	0	0	0	0	0	0	0	.000	.000
0 Days Rest (Relief)	2.93	1	0	9	15	0	15.1	12	2	7	13	Pitch 46+	.000	0	0	0	0	0	0	0	0	.000	.000
1 or 2 Days Rest	4.01	2	2	20	26	0	24.2	20	6	9	27	First Pitch	.167	30	5	2	0	0	3	2	0	.219	.233
3+ Days Rest	3.10	0	2	14	21	0	20.1	16	2	5	23	Ahead in Count	.182	132	24	0	2	6	15	0	57	.179	.333
vs. AL	0.00	0	0	4	5	0	3.1	2	0	3	6	Behind in Count	.267	30	8	2	0	1	5	8	0	.436	.433
vs. NL	3.63	3	4	39	57	0	57.0	46	10	18	57	Two Strikes	.171	123	21	2	0	4	12	11	63	.235	.285
Pre-All Star	4.31	2	3	18	32	0	31.1	29	6	12	36	Pre-All Star	.240	121	29	2	0	6	21	12	36	.311	.405
Post-All Star	2.48	1	1	25	30	0	29.0	19	4	9	27	Post-All Star	.188	101	19	4	0	4	10	9	27	.252	.347

Last Five Years

	ERA	W	L	Sv	G	GS	IP	H	HR	BB	SO		Avg	AB	H	2B	3B	HR	RBI	BB	SO	OBP	SLG
Home	2.35	14	12	112	178	0	191.2	138	18	32	254	vs. Left	.195	615	120	18	5	11	59	50	222	.255	.294
Away	2.71	5	8	104	154	0	162.2	119	15	60	164	vs. Right	.205	667	137	23	4	22	77	42	196	.251	.351
Day	2.94	9	8	70	111	0	119.1	89	14	39	144	Inning 1-6	.000	0	0	0	0	0	0	0	0	.000	.000
Night	2.30	10	12	146	221	0	235.0	168	19	53	274	Inning 7+	.200	1282	257	41	9	33	136	92	418	.253	.324
Grass	2.60	17	19	190	294	0	311.2	230	32	78	370	None on	.198	773	153	27	3	18	18	39	264	.255	.310
Turf	1.90	2	1	26	38	0	42.2	27	1	14	48	Runners on	.204	509	104	14	6	15	118	53	154	.275	.344
March/April	2.77	4	5	19	48	0	52.0	43	4	15	58	Scoring Posn	.210	309	65	10	5	8	101	44	90	.299	.353
May	2.96	2	3	35	51	0	54.2	43	6	13	67	Close & Late	.191	1005	192	31	6	24	112	75	324	.245	.305
June	4.11	3	3	40	62	0	61.1	56	9	21	76	None on/out	.211	323	68	15	1	13	11	10	99	.239	.384
July	2.37	3	3	41	57	0	57.0	37	5	15	73	vs. 1st Batr (relief)	.203	316	64	13	3	11	21	13	105	.236	.367
August	1.30	5	3	43	61	0	69.0	38	3	12	83	1st Inning Pitched	.205	1130	232	39	8	31	128	77	363	.255	.336
Sept/Oct	1.79	2	3	38	53	0	60.1	40	6	16	61	First 15 Pitches	.211	942	199	35	7	26	87	53	288	.253	.346
Starter	0.00	0	0	0	0	0	0.0	0	0	0	0	Pitch 16-30	.169	307	52	6	2	7	48	33	118	.247	.270
Reliever	2.51	19	20	216	332	0	354.1	257	33	92	418	Pitch 31-45	.200	30	6	0	0	0	1	6	10	.333	.200
0 Days Rest (Relief)	2.11	6	7	72	94	0	98.0	66	9	18	117	Pitch 46+	.000	3	0	0	0	0	0	0	2	.000	.000
1 or 2 Days Rest	2.78	11	12	91	137	0	145.2	120	16	35	173	First Pitch	.245	147	36	3	2	3	22	11	0	.294	.354
3+ Days Rest	2.52	4	6	53	101	0	110.2	71	8	38	128	Ahead in Count	.153	740	113	17	2	16	50	0	370	.153	.246
vs. AL	3.82	1	1	20	32	0	33.0	25	4	15	41	Behind in Count	.305	190	58	16	3	6	31	34	0	.412	.516
vs. NL	2.38	18	19	196	300	0	321.1	232	29	77	377	Two Strikes	.137	736	101	15	2	14	47	47	418	.188	.220
Pre-All Star	3.33	9	12	102	174	0	181.1	152	21	52	222	Pre-All Star	.224	678	152	24	4	21	89	52	222	.280	.364
Post-All Star	1.66	10	8	114	158	0	173.0	105	12	40	196	Post-All Star	.174	604	105	17	5	12	47	40	196	.223	.278

Todd Hollandsworth — Rockies
Age 29 – Bats Left (groundball hitter)

	Avg	G	AB	R	H	2B	3B	HR	RBI	BB	SO	HBP	GDP	SB	CS	OBP	SLG	IBB	SH	SF	#Pit	#P/PA	GB	FB	G/F
2001 Season	.368	33	117	21	43	15	1	6	19	8	20	0	1	5	0	.408	.667	2	0	0	447	3.58	47	28	1.68
Last Five Years	.276	423	1277	203	352	73	9	41	149	99	282	3	21	37	17	.328	.443	8	4	4	5133	3.70	476	299	1.59

2001 Season

	Avg	AB	H	2B	3B	HR	RBI	BB	SO	OBP	SLG		Avg	AB	H	2B	3B	HR	RBI	BB	SO	OBP	SLG
vs. Left	.158	19	3	0	0	1	3	1	5	.200	.316	Scoring Posn	.200	30	6	4	0	1	11	5	6	.314	.433
vs. Right	.408	98	40	15	1	5	16	7	15	.448	.735	Close & Late	.571	14	8	1	0	3	7	0	4	.571	1.286
Home	.400	70	28	11	0	3	13	4	12	.432	.686	None on/out	.345	29	10	4	1	0	0	0	7	.345	.552
Away	.319	47	15	4	1	3	6	4	8	.373	.638	Batting #5	.444	9	4	0	0	3	7	0	2	.444	1.444
First Pitch	.412	17	7	3	0	1	5	2	0	.474	.765	Batting #6	.375	104	39	15	1	3	12	8	17	.420	.625
Ahead in Count	.368	19	7	2	0	2	7	5	0	.500	.789	Other	.000	4	0	0	0	0	0	0	1	.000	.000
Behind in Count	.361	61	22	7	0	3	6	0	16	.361	.623	Pre-All Star	.368	117	43	15	1	6	19	8	20	.408	.667
Two Strikes	.364	55	20	8	0	2	4	1	20	.375	.618	Post-All Star	.000	0	0	0	0	0	0	0	0	.000	.000

Last Five Years

	Avg	AB	H	2B	3B	HR	RBI	BB	SO	OBP	SLG		Avg	AB	H	2B	3B	HR	RBI	BB	SO	OBP	SLG
vs. Left	.281	185	52	5	0	5	27	8	52	.309	.389	First Pitch	.250	152	38	9	2	4	17	5	0	.283	.414
vs. Right	.275	1092	300	68	9	36	122	91	230	.331	.452	Ahead in Count	.399	218	87	19	0	12	53	63	0	.530	.651
Home	.279	653	182	44	1	23	82	47	139	.327	.455	Behind in Count	.226	682	154	27	4	13	44	0	241	.226	.334
Away	.272	624	170	29	8	18	67	52	143	.329	.431	Two Strikes	.200	651	130	23	4	12	34	31	282	.237	.303
Day	.296	415	123	20	5	13	52	40	98	.361	.463	Batting #1	.261	287	75	18	1	9	30	27	57	.325	.425
Night	.266	862	229	53	4	28	97	59	184	.312	.434	Batting #6	.309	304	94	23	2	7	33	21	55	.353	.467
Grass	.276	1108	306	63	7	36	126	81	247	.326	.443	Other	.267	686	183	32	6	25	86	51	170	.319	.440
Turf	.272	169	46	10	2	5	23	18	35	.342	.444	March/April	.279	312	87	22	5	9	39	21	77	.325	.468
Pre-All Star	.267	819	219	51	8	20	83	66	183	.331	.422	May	.268	317	85	19	3	7	31	22	64	.318	.413
Post-All Star	.290	458	133	22	1	21	66	33	99	.337	.480	June	.250	140	35	7	0	4	13	12	27	.309	.386
Inning 1-6	.286	804	230	53	6	28	100	68	158	.342	.471	July	.271	181	49	8	1	6	23	22	44	.345	.425
Inning 7+	.258	473	122	20	3	13	49	31	124	.304	.395	August	.271	140	38	7	0	4	21	8	27	.311	.407
Scoring Posn	.232	319	74	14	3	7	101	31	82	.297	.361	Sept/Oct	.310	187	58	10	0	11	22	14	43	.358	.540
Close & Late	.265	226	60	8	1	6	26	19	57	.324	.389	vs. AL	.226	62	14	3	0	1	2	9	12	.324	.323
None on/out	.277	339	94	23	2	8	8	24	67	.325	.428	vs. NL	.278	1215	338	70	9	40	147	90	270	.329	.449

Dave Hollins — Indians
Age 36 – Bats Both (groundball hitter)

	Avg	G	AB	R	H	2B	3B	HR	RBI	BB	SO	HBP	GDP	SB	CS	OBP	SLG	IBB	SH	SF	#Pit	#P/PA	GB	FB	G/F
2001 Season	.200	2	5	0	1	0	0	0	0	1	2	0	0	0	0	.333	.200	0	1	0	23	3.29	1	1	1.00
Last Five Years	.266	279	1039	173	276	50	4	29	130	112	217	15	19	27	9	.344	.405	4	4	7	4317	3.67	401	257	1.56

2001 Season

	Avg	AB	H	2B	3B	HR	RBI	BB	SO	OBP	SLG		Avg	AB	H	2B	3B	HR	RBI	BB	SO	OBP	SLG
vs. Left	.333	3	1	0	0	0	0	0	1	.333	.333	Scoring Posn	.000	1	0	0	0	0	0	0	0	.000	.000
vs. Right	.000	2	0	0	0	0	0	1	1	.333	.000	Close & Late	.000	0	0	0	0	0	0	0	0	.000	.000

Last Five Years

	Avg	AB	H	2B	3B	HR	RBI	BB	SO	OBP	SLG		Avg	AB	H	2B	3B	HR	RBI	BB	SO	OBP	SLG
vs. Left	.294	313	92	15	0	11	37	33	80	.368	.447	First Pitch	.307	189	58	9	2	5	34	3	0	.328	.455
vs. Right	.253	726	184	35	4	18	93	79	137	.333	.387	Ahead in Count	.395	190	75	11	1	11	33	60	0	.538	.637
Home	.287	543	156	27	2	20	86	57	108	.362	.455	Behind in Count	.204	480	98	21	1	6	34	0	184	.217	.290
Away	.242	496	120	23	2	9	44	55	109	.324	.351	Two Strikes	.176	477	84	16	1	9	43	49	217	.265	.270
Day	.214	271	58	10	0	8	29	29	51	.301	.339	Batting #2	.240	246	59	14	0	6	25	29	42	.330	.370
Night	.284	768	218	40	4	21	101	83	166	.351	.428	Batting #3	.267	454	121	20	2	13	65	48	104	.345	.405
Grass	.274	882	242	44	4	26	117	92	181	.351	.422	Other	.283	339	96	16	2	10	40	35	71	.352	.431
Turf	.217	157	34	6	0	3	13	20	36	.302	.312	March/April	.262	225	59	8	1	5	24	20	48	.335	.373
Pre-All Star	.264	696	184	29	3	22	83	73	144	.344	.409	May	.266	222	59	8	0	10	30	23	38	.335	.455
Post-All Star	.268	343	92	21	1	7	47	39	73	.344	.397	June	.257	214	55	12	0	5	19	25	54	.347	.383
Inning 1-6	.275	732	201	39	2	23	95	75	159	.350	.428	July	.270	163	44	8	0	3	25	25	29	.375	.374
Inning 7+	.244	307	75	11	2	6	35	37	58	.330	.352	August	.252	123	31	11	1	3	21	10	33	.313	.431
Scoring Posn	.228	281	64	14	2	7	100	45	57	.335	.367	Sept/Oct	.304	92	28	3	0	3	11	9	15	.359	.435
Close & Late	.278	151	42	11	1	2	21	23	28	.380	.404	vs. AL	.265	872	231	43	4	24	112	94	182	.343	.406
None on/out	.241	191	46	3	0	3	3	15	38	.313	.304	vs. NL	.269	167	45	7	0	5	18	18	35	.344	.401

Chris Holt — Tigers
Age 30 – Pitches Right (groundball pitcher)

	ERA	W	L	Sv	G	GS	IP	BB	SO	Avg	H	2B	3B	HR	RBI	OBP	SLG	CG	ShO	Sup	QS	#P/S	SB	CS	GB	FB	G/F
2001 Season	5.77	7	9	0	30	22	151.1	57	80	.319	197	38	7	18	87	.381	.491	1	0	4.76	8	99	15	6	249	155	1.61
Last Five Years	4.76	28	50	1	129	112	732.0	250	426	.296	848	154	20	69	364	.355	.435	4	1	4.75	57	98	53	35	1268	671	1.89

2001 Season

	ERA	W	L	Sv	G	GS	IP	H	HR	BB	SO		Avg	AB	H	2B	3B	HR	RBI	BB	SO	OBP	SLG
Home	6.59	2	7	0	17	13	83.1	111	8	41	39	vs. Left	.317	309	98	19	6	12	49	31	38	.384	.534
Away	4.76	5	2	0	13	9	68.0	86	10	16	41	vs. Right	.321	308	99	19	1	6	38	26	42	.378	.448
Starter	6.09	7	9	0	22	22	127.0	165	16	46	67	Scoring Posn	.265	166	44	10	3	6	66	22	25	.355	.470
Reliever	4.07	0	0	0	8	0	24.1	32	2	11	13	Close & Late	.188	16	3	0	0	0	1	0	2	.188	.188
0-3 Days Rest (Start)	2.00	1	0	0	1	1	9.0	9	0	4	2	None on/out	.355	155	55	11	2	5	5	13	16	.408	.548
4 Days Rest	5.77	3	6	0	10	10	57.2	74	4	24	29	First Pitch	.405	79	32	5	1	5	17	3	0	.429	.684
5+ Days Rest	7.01	3	3	0	11	11	60.1	82	12	22	36	Ahead in Count	.250	268	67	9	2	7	25	0	68	.266	.377
Pre-All Star	5.84	6	7	0	18	17	103.1	130	13	38	59	Behind in Count	.375	160	60	14	3	5	30	31	0	.469	.594
Post-All Star	5.63	1	2	0	12	5	48.0	67	5	19	21	Two Strikes	.260	254	66	13	2	4	21	23	80	.333	.374

195

Last Five Years

	ERA	W	L	Sv	G	GS	IP	H	HR	BB	SO		Avg	AB	H	2B	3B	HR	RBI	BB	SO	OBP	SLG
Home	4.57	13	29	0	69	63	413.1	461	31	146	266	vs. Left	.315	1387	437	90	13	41	203	142	181	.379	.487
Away	5.00	15	21	1	60	49	318.2	387	38	104	160	vs. Right	.277	1482	411	64	7	28	161	108	245	.332	.387
Day	5.01	11	18	0	46	40	257.0	335	25	84	156	Inning 1-6	.289	2490	720	136	17	61	323	215	387	.350	.431
Night	4.62	17	32	1	83	72	475.0	513	44	166	270	Inning 7+	.338	379	128	18	3	8	41	35	39	.392	.464
Grass	5.32	17	27	1	77	64	423.0	511	47	162	232	None on	.291	1614	470	87	10	35	35	130	237	.349	.423
Turf	3.99	11	23	0	52	48	309.0	337	22	88	194	Runners on	.301	1255	378	67	10	34	329	120	189	.363	.452
March/April	5.65	5	10	0	19	18	113.0	134	13	31	65	Scoring Posn	.288	720	207	40	8	19	285	80	122	.354	.444
May	4.54	6	10	0	24	22	136.2	165	11	58	90	Close & Late	.320	147	47	7	0	3	18	15	17	.382	.429
June	4.68	6	8	1	21	21	134.2	161	16	47	74	None on/out	.301	722	217	29	3	14	14	68	97	.368	.407
July	4.77	3	9	1	21	19	117.0	140	8	33	73	vs. 1st Batr (relief)	.353	17	6	0	1	1	3	0	2	.353	.647
August	3.60	4	6	0	21	17	127.1	127	8	39	60	1st Inning Pitched	.306	490	150	22	1	12	72	58	80	.383	.429
Sept/Oct	5.57	4	7	0	23	15	103.1	121	13	42	64	First 75 Pitches	.294	2148	632	110	14	54	276	191	328	.355	.434
Starter	4.76	28	49	0	112	112	697.1	808	67	235	404	Pitch 76-90	.324	386	125	24	3	12	54	29	48	.373	.495
Reliever	4.67	0	1	1	17	0	34.2	40	2	15	22	Pitch 91-105	.223	233	52	8	3	3	21	19	38	.292	.322
0-3 Days Rest (Start)	3.31	3	1	0	5	5	35.1	40	1	6	19	Pitch 106+	.382	102	39	12	0	0	13	11	12	.429	.500
4 Days Rest	5.35	12	29	0	57	57	346.1	436	32	128	195	First Pitch	.400	445	178	30	5	12	73	5	0	.416	.571
5+ Days Rest	4.28	13	19	0	50	50	315.2	332	34	101	190	Ahead in Count	.214	1214	260	39	6	22	108	0	364	.224	.311
vs. AL	4.66	8	8	1	33	24	175.2	207	16	64	99	Behind in Count	.359	694	249	55	6	23	114	145	0	.463	.555
vs. NL	4.79	20	42	0	96	88	556.1	641	53	186	327	Two Strikes	.194	1188	231	40	7	20	106	100	426	.263	.290
Pre-All Star	5.06	17	31	1	71	66	414.1	498	42	143	253	Pre-All Star	.303	1641	498	101	10	42	216	143	253	.364	.454
Post-All Star	4.36	11	19	0	58	46	317.2	350	27	107	173	Post-All Star	.285	1228	350	53	10	27	148	107	173	.344	.410

Mike Holtz — Angels

Age 29 – Pitches Left (groundball pitcher)

	ERA	W	L	Sv	G	GS	IP	BB	SO	Avg	H	2B	3B	HR	RBI	OBP	SLG	GF	IR	IRS	Hld	SvOp	SB	CS	GB	FB	G/F
2001 Season	4.86	1	2	0	63	0	37.0	15	38	.274	40	14	1	5	27	.348	.486	11	50	13	15	1	6	0	57	28	2.04
Last Five Years	4.91	11	15	3	271	0	174.0	78	164	.268	179	43	1	19	112	.349	.421	46	238	58	53	11	18	8	249	152	1.64

2001 Season

	ERA	W	L	Sv	G	GS	IP	H	HR	BB	SO		Avg	AB	H	2B	3B	HR	RBI	BB	SO	OBP	SLG
Home	4.19	1	0	0	32	0	19.1	21	3	6	23	vs. Left	.313	80	25	8	1	2	15	7	20	.378	.513
Away	5.60	0	2	0	31	0	17.2	19	2	9	15	vs. Right	.227	66	15	6	0	3	12	8	18	.311	.455
Day	3.86	0	0	0	19	0	9.1	10	0	5	10	Inning 1-6	.267	15	4	1	0	0	3	1	4	.313	.333
Night	5.20	1	2	0	44	0	27.2	30	5	10	28	Inning 7+	.275	131	36	13	1	5	24	14	34	.351	.504
Grass	5.14	1	2	0	59	0	35.0	39	5	14	37	None on	.243	70	17	6	1	2	2	4	18	.293	.443
Turf	0.00	0	0	0	4	0	2.0	1	0	1	1	Runners on	.303	76	23	8	0	3	25	11	20	.393	.526
April	1.86	0	0	0	11	0	9.2	6	0	3	15	Scoring Posn	.278	54	15	6	0	1	20	11	15	.403	.444
May	18.00	0	0	0	5	0	3.0	7	1	1	5	Close & Late	.250	52	13	3	1	3	7	6	12	.350	.519
June	0.00	0	0	0	12	0	6.2	2	0	0	8	None on/out	.258	31	8	3	1	1	1	2	9	.303	.516
July	7.71	0	0	0	10	0	4.2	8	2	3	1	vs. 1st Batr (relief)	.296	54	16	6	1	2	11	7	17	.381	.556
August	3.38	0	1	0	12	0	8.0	9	1	4	5	1st Inning Pitched	.272	136	37	12	1	5	26	14	34	.346	.485
Sept/Oct	9.00	1	1	0	13	0	5.0	8	1	4	4	First 15 Pitches	.263	118	31	9	1	3	18	14	30	.348	.432
Starter	0.00	0	0	0	0	0	0.0	0	0	0	0	Pitch 16-30	.320	25	8	4	0	2	8	1	7	.346	.720
Reliever	4.86	1	2	0	63	0	37.0	40	5	15	38	Pitch 31-45	.333	3	1	1	0	0	1	0	1	.333	.667
0 Days Rest (Relief)	2.25	1	0	0	23	0	12.0	11	4	4	5	Pitch 46+	.000	0	0	0	0	0	0	0	0	.000	.000
1 or 2 Days Rest	4.38	0	1	0	24	0	12.1	11	0	8	10	First Pitch	.533	15	8	3	0	2	8	4	0	.632	1.133
3+ Days Rest	7.82	0	1	0	16	0	12.2	18	1	3	13	Ahead in Count	.153	72	11	4	0	1	3	0	29	.153	.236
vs. AL	4.64	1	2	0	54	0	33.0	35	3	14	34	Behind in Count	.385	26	10	4	0	1	7	5	0	.469	.654
vs. NL	6.75	0	0	0	9	0	4.0	5	2	1	4	Two Strikes	.107	75	8	3	1	2	6	6	38	.183	.253
Pre-All Star	3.98	0	0	0	31	0	20.1	17	2	6	28	Pre-All Star	.227	75	17	9	0	2	12	6	28	.289	.427
Post-All Star	5.94	1	2	0	32	0	16.2	23	3	9	10	Post-All Star	.324	71	23	5	1	3	15	9	10	.407	.549

Last Five Years

	ERA	W	L	Sv	G	GS	IP	H	HR	BB	SO		Avg	AB	H	2B	3B	HR	RBI	BB	SO	OBP	SLG
Home	5.18	8	4	1	140	0	92.0	102	10	41	89	vs. Left	.253	376	95	23	1	7	59	41	107	.330	.375
Away	4.61	3	11	2	131	0	82.0	77	9	37	75	vs. Right	.288	292	84	20	0	12	53	37	57	.372	.479
Day	5.09	1	4	0	77	0	46.0	45	5	23	39	Inning 1-6	.254	59	15	2	0	3	13	7	13	.328	.441
Night	4.85	10	11	3	194	0	128.0	134	14	55	125	Inning 7+	.269	609	164	41	1	16	99	71	151	.351	.419
Grass	5.17	11	15	3	245	0	158.1	162	19	74	151	None on	.267	322	86	19	1	10	10	28	81	.335	.425
Turf	2.30	0	0	0	26	0	15.2	17	0	4	13	Runners on	.269	346	93	24	0	9	102	50	83	.360	.416
March/April	1.72	5	1	0	45	0	36.2	24	0	17	38	Scoring Posn	.261	226	59	17	0	3	87	37	54	.364	.376
May	8.53	0	2	1	37	0	19.0	31	3	8	17	Close & Late	.272	268	73	14	1	9	44	30	59	.349	.433
June	4.94	0	2	0	44	0	27.1	28	2	14	27	None on/out	.264	159	42	7	1	6	6	12	39	.328	.434
July	3.69	2	3	2	51	0	31.2	29	5	10	27	vs. 1st Batr (relief)	.262	237	62	16	1	5	41	25	54	.337	.401
August	6.35	1	3	0	47	0	34.0	40	5	15	33	1st Inning Pitched	.267	589	157	37	1	17	103	71	136	.349	.419
Sept/Oct	6.39	3	4	0	47	0	25.1	27	4	14	22	First 15 Pitches	.264	512	135	31	1	14	80	62	116	.349	.410
Starter	0.00	0	0	0	0	0	0.0	0	0	0	0	Pitch 16-30	.288	139	40	9	0	5	27	13	42	.348	.460
Reliever	4.91	11	15	3	271	0	174.0	179	19	78	164	Pitch 31-45	.250	16	4	3	0	0	5	3	5	.368	.438
0 Days Rest (Relief)	4.05	4	4	1	83	0	46.2	46	9	19	55	Pitch 46+	.000	1	0	0	0	0	0	1	0	.000	.000
1 or 2 Days Rest	4.61	3	8	2	111	0	70.1	74	4	34	62	First Pitch	.377	69	26	7	0	3	17	10	0	.457	.609
3+ Days Rest	6.00	4	3	0	77	0	57.0	59	6	25	47	Ahead in Count	.178	298	53	13	1	6	36	0	128	.180	.289
vs. AL	5.15	11	14	3	235	0	152.0	161	15	72	142	Behind in Count	.353	150	53	15	0	8	35	42	0	.490	.613
vs. NL	3.27	0	1	0	36	0	22.0	18	4	6	22	Two Strikes	.161	335	54	14	1	9	37	26	164	.226	.253
Pre-All Star	4.22	5	5	1	140	0	91.2	91	7	42	92	Pre-All Star	.259	351	91	24	0	7	47	42	92	.344	.387
Post-All Star	5.68	6	10	2	131	0	82.1	88	12	36	72	Post-All Star	.278	317	88	19	1	12	65	36	72	.354	.457

Paul Hoover — Devil Rays
Age 26 – Bats Right

	Avg	G	AB	R	H	2B	3B	HR	RBI	BB	SO	HBP	GDP	SB	CS	OBP	SLG	IBB	SH	SF	#Pit	#P/PA	GB	FB	G/F
2001 Season	.250	3	4	1	1	0	0	0	0	0	1	0	0	0	0	.250	.250	0	0	0	12	3.00	1	1	1.00

2001 Season

	Avg	AB	H	2B	3B	HR	RBI	BB	SO	OBP	SLG		Avg	AB	H	2B	3B	HR	RBI	BB	SO	OBP	SLG
vs. Left	.000	0	0	0	0	0	0	0	0	.000	.000	Scoring Posn	.000	1	0	0	0	0	0	0	0	.000	.000
vs. Right	.250	4	1	0	0	0	0	1	.250	.250	Close & Late	.000	1	0	0	0	0	0	0	0	.000	.000

Tyler Houston — Brewers
Age 31 – Bats Left

	Avg	G	AB	R	H	2B	3B	HR	RBI	BB	SO	HBP	GDP	SB	CS	OBP	SLG	IBB	SH	SF	#Pit	#P/PA	GB	FB	G/F
2001 Season	.289	75	235	36	68	7	0	12	38	18	62	1	3	0	0	.343	.472	1	2	0	911	3.56	69	55	1.25
Last Five Years	.254	456	1246	135	317	49	2	51	172	88	300	1	33	6	4	.303	.420	10	8	4	4764	3.53	408	308	1.32

2001 Season

	Avg	AB	H	2B	3B	HR	RBI	BB	SO	OBP	SLG		Avg	AB	H	2B	3B	HR	RBI	BB	SO	OBP	SLG
vs. Left	.280	25	7	0	0	2	5	2	9	.357	.520	Scoring Posn	.392	51	20	2	0	4	27	5	12	.456	.667
vs. Right	.290	210	61	7	0	10	33	16	53	.341	.467	Close & Late	.184	38	7	1	0	3	4	5	13	.295	.447
Home	.297	111	33	3	0	6	21	9	23	.350	.486	None on/out	.200	55	11	1	0	1	1	3	15	.241	.273
Away	.282	124	35	4	0	6	17	9	39	.336	.460	Batting #2	.313	83	26	3	0	3	10	6	19	.360	.458
First Pitch	.512	41	21	5	0	2	12	0	0	.512	.780	Batting #6	.269	108	29	2	0	7	20	6	35	.313	.481
Ahead in Count	.380	50	19	2	0	5	12	9	0	.475	.720	Other	.295	44	13	2	0	2	8	6	8	.380	.477
Behind in Count	.180	111	20	0	0	3	9	0	56	.180	.261	Pre-All Star	.303	218	66	7	0	12	36	16	55	.353	.500
Two Strikes	.176	108	19	0	0	3	8	9	62	.246	.259	Post-All Star	.118	17	2	0	0	0	2	2	7	.211	.118

Last Five Years

	Avg	AB	H	2B	3B	HR	RBI	BB	SO	OBP	SLG		Avg	AB	H	2B	3B	HR	RBI	BB	SO	OBP	SLG
vs. Left	.222	108	24	4	0	5	17	9	36	.288	.398	First Pitch	.357	235	84	18	0	10	37	9	0	.381	.562
vs. Right	.257	1138	293	45	2	46	155	79	264	.305	.422	Ahead in Count	.363	237	86	14	1	19	57	39	0	.453	.671
Home	.239	581	139	20	0	18	94	45	140	.292	.373	Behind in Count	.169	556	94	7	1	11	45	0	264	.168	.245
Away	.268	665	178	29	0	33	93	43	160	.313	.460	Two Strikes	.150	574	86	8	1	13	42	40	300	.206	.235
Day	.265	550	146	20	2	22	77	38	136	.311	.429	Batting #6	.271	439	119	19	0	26	69	29	115	.317	.492
Night	.246	696	171	29	0	29	95	50	164	.297	.412	Batting #7	.245	347	85	12	2	12	47	17	75	.279	.395
Grass	.257	1082	278	42	2	44	147	79	262	.307	.421	Other	.246	460	113	18	0	13	56	42	110	.308	.370
Turf	.238	164	39	7	0	7	25	9	38	.277	.409	March/April	.259	189	49	3	1	8	35	10	38	.295	.413
Pre-All Star	.275	690	190	25	1	36	113	50	154	.324	.471	May	.308	201	62	14	0	8	34	11	38	.343	.498
Post-All Star	.228	556	127	24	1	15	59	38	146	.277	.356	June	.262	202	53	6	0	13	30	22	49	.338	.485
Inning 1-6	.275	799	220	31	1	36	122	55	174	.321	.452	July	.226	274	62	11	0	10	24	19	72	.276	.376
Inning 7+	.217	447	97	18	1	15	50	33	126	.272	.362	August	.226	208	47	9	1	6	26	15	58	.277	.365
Scoring Posn	.282	284	80	16	1	14	120	34	68	.356	.493	Sept/Oct	.256	172	44	6	0	6	23	11	45	.301	.395
Close & Late	.182	220	40	7	0	8	26	19	67	.250	.323	vs. AL	.276	163	45	6	0	10	24	12	43	.330	.497
None on/out	.212	302	64	13	0	10	10	13	76	.244	.354	vs. NL	.251	1083	272	43	2	41	148	76	257	.299	.408

Bob Howry — White Sox
Age 28 – Pitches Right (flyball pitcher)

	ERA	W	L	Sv	G	GS	IP	BB	SO	Avg	H	2B	3B	HR	RBI	OBP	SLG	GF	IR	IRS	Hld	SvOp	SB	CS	GB	FB	G/F
2001 Season	4.69	4	5	5	69	0	78.2	30	64	.279	85	14	4	11	52	.348	.459	23	37	18	21	11	4	2	93	95	0.98
Career (1998-2001)	3.71	11	15	49	247	0	271.2	116	255	.234	234	38	7	32	132	.319	.382	121	111	37	55	68	15	9	276	310	0.89

2001 Season

	ERA	W	L	Sv	G	GS	IP	H	HR	BB	SO		Avg	AB	H	2B	3B	HR	RBI	BB	SO	OBP	SLG
Home	4.89	4	3	3	38	0	46.0	50	6	18	39	vs. Left	.306	147	45	9	3	6	28	14	30	.366	.531
Away	4.41	0	2	2	31	0	32.2	35	5	12	25	vs. Right	.253	158	40	5	1	5	24	16	34	.331	.392
Day	4.98	1	3	2	18	0	21.2	26	3	9	14	Inning 1-6	.231	13	3	0	0	0	1	1	1	.286	.231
Night	4.58	3	2	3	51	0	57.0	59	8	21	50	Inning 7+	.281	292	82	14	4	11	51	29	63	.351	.469
Grass	4.68	4	5	5	62	0	73.0	76	10	29	60	None on	.262	149	39	6	2	6	6	13	31	.333	.450
Turf	4.76	0	0	0	7	0	5.2	9	1	1	4	Runners on	.295	156	46	8	2	5	46	17	33	.362	.468
April	3.48	0	0	0	9	0	10.1	12	0	4	8	Scoring Posn	.297	101	30	6	1	5	44	15	21	.383	.525
May	6.00	2	2	1	10	0	9.0	10	1	4	6	Close & Late	.315	178	56	9	3	5	35	18	38	.375	.483
June	2.12	1	0	2	14	0	17.0	13	2	5	19	None on/out	.297	64	19	3	2	2	2	4	9	.357	.500
July	7.80	0	1	1	10	0	15.0	18	4	6	13	vs. 1st Batr (relief)	.306	62	19	3	1	4	11	5	6	.368	.581
August	3.86	1	2	1	12	0	14.0	15	5	1	11	1st Inning Pitched	.296	243	72	11	4	9	23	49	60	.360	.486
Sept/Oct	5.40	0	0	0	14	0	13.1	17	3	6	7	First 15 Pitches	.323	195	63	10	4	7	35	20	33	.393	.523
Starter	0.00	0	0	0	0	0	0.0	0	0	0	0	Pitch 16-30	.214	84	18	3	0	3	13	8	24	.277	.357
Reliever	4.69	4	5	5	69	0	78.2	85	11	30	64	Pitch 31-45	.160	25	4	1	0	1	4	2	7	.250	.320
0 Days Rest (Relief)	2.37	1	0	2	18	0	19.0	24	3	6	17	Pitch 46+	.000	1	0	0	0	0	0	0	0	.000	.000
1 or 2 Days Rest	4.62	3	2	2	32	0	39.0	41	4	15	29	First Pitch	.325	40	13	2	0	3	6	7	0	.426	.600
3+ Days Rest	6.97	0	3	1	19	0	20.2	20	4	9	18	Ahead in Count	.219	155	34	7	1	2	21	0	53	.231	.316
vs. AL	4.37	4	4	4	62	0	70.0	77	10	26	53	Behind in Count	.346	52	18	2	2	3	13	14	0	.485	.635
vs. NL	7.27	0	1	1	7	0	8.2	8	1	4	11	Two Strikes	.201	159	32	8	2	2	15	9	64	.256	.314
Pre-All Star	4.58	3	3	3	35	0	39.1	39	4	15	37	Pre-All Star	.264	148	39	5	4	4	22	15	37	.335	.432
Post-All Star	4.81	1	2	2	34	0	39.1	46	7	15	27	Post-All Star	.293	157	46	9	0	7	30	15	27	.360	.484

Career (1998-2001)

	ERA	W	L	Sv	G	GS	IP	H	HR	BB	SO		Avg	AB	H	2B	3B	HR	RBI	BB	SO	OBP	SLG
Home	4.19	7	8	25	127	0	139.2	123	19	56	133	vs. Left	.223	488	109	18	4	15	64	62	137	.309	.369
Away	3.20	4	7	24	120	0	132.0	111	13	60	122	vs. Right	.245	511	125	20	3	17	68	54	118	.328	.395
Day	3.96	2	7	21	72	0	77.0	64	7	41	61	Inning 1-6	.200	25	5	1	0	0	1	3	3	.286	.240
Night	3.61	9	8	28	175	0	194.1	170	25	75	194	Inning 7+	.235	974	229	37	7	32	131	113	252	.320	.386

197

Career (1998-2001)

	ERA	W	L	Sv	G	GS	IP	H	HR	BB	SO		Avg	AB	H	2B	3B	HR	RBI	BB	SO	OBP	SLG
Grass	3.73	11	12	45	214	0	238.2	202	27	102	220	None on	.232	530	123	23	3	17	17	58	127	.313	.383
Turf	3.55	0	3	4	33	0	33.0	32	5	14	35	Runners on	.237	469	111	15	4	15	115	58	128	.325	.382
March/April	3.72	0	0	7	28	0	29.0	25	3	12	26	Scoring Posn	.231	277	64	10	2	10	101	43	74	.333	.390
May	6.04	3	4	3	32	0	28.1	33	2	20	27	Close & Late	.234	602	141	19	5	16	86	76	158	.323	.362
June	2.28	2	0	10	43	0	51.1	36	4	22	59	None on/out	.222	225	50	10	2	5	5	20	48	.291	.351
July	4.07	1	4	5	43	0	55.1	44	7	17	54	vs. 1st Batr (relief)	.226	217	49	11	1	6	23	23	47	.298	.369
August	3.61	5	6	10	54	0	57.1	47	10	24	48	1st Inning Pitched	.241	825	199	32	7	28	121	94	211	.323	.399
Sept/Oct	3.58	0	1	14	47	0	50.1	49	6	21	41	First 15 Pitches	.248	625	155	26	6	16	74	77	145	.336	.386
Starter	0.00	0	0	0	0	0	0.0	0	0	0	0	Pitch 16-30	.208	317	66	9	1	14	49	31	94	.282	.375
Reliever	3.71	11	15	49	247	0	271.2	234	32	116	255	Pitch 31-45	.232	56	13	3	0	2	9	8	16	.338	.393
0 Days Rest (Relief)	4.66	3	7	17	57	0	56.0	58	9	26	47	Pitch 46+	.000	1	0	0	0	0	0	0	0	.000	.000
1 or 2 Days Rest	2.85	8	4	28	130	0	148.2	117	13	56	143	First Pitch	.333	123	41	8	0	8	22	13	0	.393	.593
3+ Days Rest	4.84	0	4	4	60	0	67.0	59	10	34	65	Ahead in Count	.194	505	98	17	3	9	53	0	203	.208	.293
vs. AL	3.72	10	14	45	217	0	237.1	207	29	99	217	Behind in Count	.282	174	49	5	2	9	32	58	0	.460	.489
vs. NL	3.67	1	1	4	30	0	34.1	27	3	17	38	Two Strikes	.158	549	87	17	3	9	40	45	255	.233	.250
Pre-All Star	4.08	6	6	20	116	0	123.2	110	11	60	127	Pre-All Star	.242	454	110	18	5	11	53	60	127	.335	.377
Post-All Star	3.41	5	9	29	131	0	148.0	124	21	56	128	Post-All Star	.228	545	124	20	2	21	79	56	128	.305	.387

Mike Hubbard — Rangers   Age 31 – Bats Right (groundball hitter)

	Avg	G	AB	R	H	2B	3B	HR	RBI	BB	SO	HBP	GDP	SB	CS	OBP	SLG	IBB	SH	SF	#Pit	#P/PA	GB	FB	G/F
2001 Season	.273	5	11	1	3	1	0	1	1	0	4	0	0	0	0	.273	.636	0	0	0	36	3.27	1	3	0.33
Last Five Years	.183	68	131	8	24	2	0	3	6	2	43	1	2	0	0	.201	.267	1	0	0	459	3.43	38	25	1.52

2001 Season

	Avg	AB	H	2B	3B	HR	RBI	BB	SO	OBP	SLG		Avg	AB	H	2B	3B	HR	RBI	BB	SO	OBP	SLG
vs. Left	.286	7	2	0	0	1	1	0	2	.286	.714	Scoring Posn	.000	1	0	0	0	0	0	0	0	.000	.000
vs. Right	.250	4	1	1	0	0	0	0	2	.250	.500	Close & Late	.000	3	0	0	0	0	0	0	1	.000	.000

Trenidad Hubbard — Cubs   Age 36 – Bats Right

	Avg	G	AB	R	H	2B	3B	HR	RBI	BB	SO	HBP	GDP	SB	CS	OBP	SLG	IBB	SH	SF	#Pit	#P/PA	GB	FB	G/F
2001 Season	.250	5	12	2	3	0	1	0	0	0	2	0	0	0	0	.250	.417	0	0	0	40	3.33	6	3	2.00
Last Five Years	.272	280	445	75	121	17	4	9	37	43	98	4	10	19	10	.339	.389	1	7	4	1957	3.89	143	114	1.25

2001 Season

	Avg	AB	H	2B	3B	HR	RBI	BB	SO	OBP	SLG		Avg	AB	H	2B	3B	HR	RBI	BB	SO	OBP	SLG
vs. Left	.143	7	1	0	0	0	0	0	1	.143	.143	Scoring Posn	.000	4	0	0	0	0	0	0	1	.000	.000
vs. Right	.400	5	2	0	1	0	0	0	1	.400	.800	Close & Late	.000	1	0	0	0	0	0	0	0	.000	.000

Last Five Years

	Avg	AB	H	2B	3B	HR	RBI	BB	SO	OBP	SLG		Avg	AB	H	2B	3B	HR	RBI	BB	SO	OBP	SLG
vs. Left	.297	192	57	8	1	5	17	19	46	.360	.427	First Pitch	.262	61	16	3	0	0	2	1	0	.274	.311
vs. Right	.253	253	64	9	3	4	20	24	52	.323	.360	Ahead in Count	.474	76	36	4	1	5	19	23	0	.587	.750
Home	.293	239	70	10	3	2	17	15	49	.335	.385	Behind in Count	.194	216	42	8	2	1	9	0	78	.201	.264
Away	.248	206	51	7	1	7	20	28	49	.343	.393	Two Strikes	.186	231	43	6	3	3	11	19	98	.248	.277
Day	.278	144	40	6	3	5	18	14	34	.352	.465	Batting #2	.314	153	48	6	0	3	18	9	34	.353	.412
Night	.269	301	81	11	1	4	19	29	64	.332	.352	Batting #7	.247	77	19	2	2	2	6	12	19	.352	.403
Grass	.276	391	108	15	4	9	33	37	85	.339	.404	Other	.251	215	54	9	2	4	13	22	45	.324	.367
Turf	.241	54	13	2	0	0	4	6	13	.333	.278	March/April	.226	53	12	2	0	3	8	8	12	.323	.434
Pre-All Star	.275	218	60	10	2	4	21	23	50	.347	.394	May	.243	74	18	2	2	1	3	8	15	.325	.365
Post-All Star	.269	227	61	7	2	5	16	20	48	.331	.383	June	.302	63	19	3	0	0	3	6	17	.362	.349
Inning 1-6	.270	237	64	11	2	5	21	15	52	.314	.397	July	.325	80	26	4	0	1	11	5	16	.356	.413
Inning 7+	.274	208	57	6	2	4	16	28	46	.366	.380	August	.295	88	26	4	2	2	5	8	19	.367	.455
Scoring Posn	.243	103	25	1	0	1	27	14	25	.322	.282	Sept/Oct	.230	87	20	2	0	2	7	8	19	.292	.322
Close & Late	.234	94	22	3	0	1	6	12	24	.321	.298	vs. AL	.312	77	24	4	2	0	7	3	11	.333	.416
None on/out	.292	120	35	7	2	2	6	22	.325	.433	vs. NL	.264	368	97	13	2	9	30	40	87	.340	.383

Ken Huckaby — Diamondbacks   Age 31 – Bats Right

	Avg	G	AB	R	H	2B	3B	HR	RBI	BB	SO	HBP	GDP	SB	CS	OBP	SLG	IBB	SH	SF	#Pit	#P/PA	GB	FB	G/F
2001 Season	.000	1	1	0	0	0	0	0	0	0	1	0	0	0	0	.000	.000	0	0	0	5	5.00	0	0	0.00

2001 Season

	Avg	AB	H	2B	3B	HR	RBI	BB	SO	OBP	SLG		Avg	AB	H	2B	3B	HR	RBI	BB	SO	OBP	SLG
vs. Left	.000	0	0	0	0	0	0	0	0	.000	.000	Scoring Posn	.000	0	0	0	0	0	0	0	0	.000	.000
vs. Right	.000	1	0	0	0	0	0	0	1	.000	.000	Close & Late	.000	1	0	0	0	0	0	0	1	.000	.000

Tim Hudson — Athletics   Age 26 – Pitches Right (groundball pitcher)

	ERA	W	L	Sv	G	GS	IP	BB	SO	Avg	H	2B	3B	HR	RBI	OBP	SLG	CG	ShO	Sup	QS	#P/S	SB	CS	GB	FB	G/F
2001 Season	3.37	18	9	0	35	35	235.0	71	181	.245	216	31	1	20	91	.303	.350	3	0	5.25	25	103	24	7	407	180	2.26
Career (1999-2001)	3.61	49	17	0	88	88	573.2	215	482	.236	506	87	6	52	225	.309	.356	6	2	6.31	55	102	62	15	957	440	2.18

2001 Season

	ERA	W	L	Sv	G	GS	IP	H	HR	BB	SO		Avg	AB	H	2B	3B	HR	RBI	BB	SO	OBP	SLG
Home	3.42	7	4	0	15	15	108.0	93	8	23	89	vs. Left	.256	461	118	23	1	11	48	37	87	.314	.382
Away	3.33	11	5	0	20	20	127.0	123	12	48	92	vs. Right	.232	422	98	8	0	9	43	34	94	.290	.315

2001 Season

	ERA	W	L	Sv	G	GS	IP	H	HR	BB	SO		Avg	AB	H	2B	3B	HR	RBI	BB	SO	OBP	SLG
Day	4.76	3	6	0	13	13	85.0	83	12	30	65	Inning 1-6	.245	748	183	26	1	18	82	64	152	.305	.354
Night	2.58	15	3	0	22	22	150.0	133	8	41	116	Inning 7+	.244	135	33	5	0	2	9	7	29	.292	.326
Grass	3.49	16	9	0	31	31	208.2	197	18	63	157	None on	.241	543	131	13	0	11	11	36	114	.293	.326
Turf	2.39	2	0	0	4	4	26.1	19	2	8	24	Runners on	.250	340	85	18	1	9	80	35	67	.317	.388
April	6.35	2	3	0	6	6	34.0	38	6	17	29	Scoring Posn	.237	186	44	10	0	7	70	24	41	.315	.403
May	2.18	3	0	0	6	6	45.1	31	3	12	35	Close & Late	.205	78	16	2	0	0	2	3	21	.253	.231
June	2.08	3	2	0	5	5	34.2	26	1	13	30	None on/out	.236	237	56	8	0	5	5	10	47	.273	.333
July	2.70	4	1	0	6	6	43.1	34	2	7	32	vs. 1st Batr (relief)	.000	0	0	0	0	0	0	0	0	.000	.000
August	3.66	3	1	0	6	6	39.1	45	4	13	25	1st Inning Pitched	.206	126	26	4	1	1	9	6	19	.241	.278
Sept/Oct	3.76	3	2	0	6	6	38.1	42	4	9	30	First 75 Pitches	.243	633	154	22	1	17	69	50	129	.298	.362
Starter	3.37	18	9	0	35	35	235.0	216	20	71	181	Pitch 76-90	.274	113	31	6	0	2	8	10	27	.336	.381
Reliever	0.00	0	0	0	0	0	0.0	0	0	0	0	Pitch 91-105	.222	108	24	2	0	1	10	6	18	.280	.269
0-3 Days Rest (Start)	0.00	0	0	0	0	0	0.0	0	0	0	0	Pitch 106+	.241	29	7	1	0	0	4	5	7	.353	.276
4 Days Rest	3.17	12	7	0	22	22	150.2	131	13	43	113	First Pitch	.282	124	35	8	0	6	19	4	0	.302	.492
5+ Days Rest	3.74	6	2	0	13	13	84.1	85	7	28	68	Ahead in Count	.200	409	82	11	0	6	32	0	153	.206	.271
vs. AL	3.52	15	8	0	31	31	207.0	193	18	63	156	Behind in Count	.318	179	57	7	0	4	18	34	0	.423	.425
vs. NL	2.25	3	1	0	4	4	28.0	23	2	8	25	Two Strikes	.173	400	69	10	0	8	32	33	181	.237	.258
Pre-All Star	3.02	9	5	0	19	19	131.0	107	10	42	106	Pre-All Star	.223	480	107	20	0	10	44	42	106	.285	.327
Post-All Star	3.81	9	4	0	16	16	104.0	109	10	29	75	Post-All Star	.270	403	109	11	1	10	47	29	75	.324	.377

Career (1999-2001)

	ERA	W	L	Sv	G	GS	IP	H	HR	BB	SO		Avg	AB	H	2B	3B	HR	RBI	BB	SO	OBP	SLG
Home	3.47	24	6	0	42	42	290.1	235	27	97	242	vs. Left	.242	1146	277	57	3	32	124	112	232	.310	.380
Away	3.75	25	11	0	46	46	283.1	271	25	118	240	vs. Right	.230	994	229	30	3	20	101	103	250	.307	.327
Day	3.89	17	8	0	35	35	229.0	214	22	84	183	Inning 1-6	.237	1835	435	72	6	46	206	187	417	.310	.358
Night	3.42	32	9	0	53	53	344.2	292	30	131	299	Inning 7+	.233	305	71	15	0	6	19	28	65	.301	.341
Grass	3.82	41	17	0	77	77	496.2	445	49	194	405	None on	.230	1333	306	41	2	32	32	103	294	.290	.335
Turf	2.22	8	0	0	11	11	77.0	61	3	21	77	Runners on	.248	807	200	46	4	20	193	112	188	.338	.389
March/April	5.85	5	5	0	12	12	64.2	63	9	34	61	Scoring Posn	.228	443	101	25	1	15	170	82	115	.342	.391
May	2.78	6	0	0	11	11	77.2	58	7	33	63	Close & Late	.189	148	28	7	0	2	6	13	36	.264	.277
June	2.97	9	3	0	15	15	100.0	86	11	37	91	None on/out	.231	576	133	19	2	14	14	32	110	.277	.344
July	3.04	9	2	0	16	16	112.1	90	7	36	89	vs. 1st Batr (relief)	.000	0	0	0	0	0	0	0	0	.000	.000
August	5.33	8	4	0	17	17	103.0	110	12	42	80	1st Inning Pitched	.254	339	86	17	2	9	45	28	75	.309	.395
Sept/Oct	2.48	12	3	0	17	17	116.0	99	6	33	98	First 75 Pitches	.234	1545	361	60	6	42	155	143	355	.300	.362
Starter	3.61	49	17	0	88	88	573.2	506	52	215	482	Pitch 76-90	.261	268	70	13	0	4	24	35	57	.353	.354
Reliever	0.00	0	0	0	0	0	0.0	0	0	0	0	Pitch 91-105	.214	243	52	6	0	4	22	23	52	.290	.288
0-3 Days Rest (Start)	0.00	0	0	0	0	0	0.0	0	0	0	0	Pitch 106+	.274	84	23	8	0	2	14	14	18	.378	.440
4 Days Rest	3.26	29	11	0	50	50	337.0	271	27	120	285	First Pitch	.301	312	94	19	1	13	50	9	0	.324	.494
5+ Days Rest	4.11	20	6	0	38	38	236.2	235	25	95	197	Ahead in Count	.185	958	177	32	1	12	63	0	397	.192	.258
vs. AL	3.73	44	16	0	77	77	499.2	444	45	186	404	Behind in Count	.312	446	139	25	3	13	56	111	0	.446	.469
vs. NL	2.80	5	1	0	11	11	74.0	62	7	29	78	Two Strikes	.160	999	160	32	0	17	69	95	482	.235	.243
Pre-All Star	3.34	24	8	0	44	44	288.0	239	27	116	254	Pre-All Star	.227	1053	239	46	3	27	107	116	254	.305	.353
Post-All Star	3.88	25	9	0	44	44	285.2	267	25	99	228	Post-All Star	.246	1087	267	41	3	25	118	99	228	.313	.358

Aubrey Huff — Devil Rays

Age 25 – Bats Left (groundball hitter)

	Avg	G	AB	R	H	2B	3B	HR	RBI	BB	SO	HBP	GDP	SB	CS	OBP	SLG	IBB	SH	SF	#Pit	#P/PA	GB	FB	G/F
2001 Season	.248	111	411	42	102	25	1	8	45	23	72	1	8	1	3	.288	.372	2	0	1	1571	3.62	188	92	2.04
Career (2000-2001)	.257	150	533	54	137	32	1	12	59	28	90	1		1	3	.295	.388	3	0	1	2010	3.57	242	127	1.91

2001 Season

	Avg	AB	H	2B	3B	HR	RBI	BB	SO	OBP	SLG		Avg	AB	H	2B	3B	HR	RBI	BB	SO	OBP	SLG
vs. Left	.172	87	15	1	1	1	14	4	21	.209	.241	First Pitch	.346	52	18	6	1	1	9	2	0	.370	.558
vs. Right	.269	324	87	24	0	7	31	19	51	.309	.407	Ahead in Count	.303	89	27	6	0	5	14	13	0	.392	.539
Home	.198	192	38	10	0	5	16	12	34	.245	.328	Behind in Count	.187	209	39	9	0	2	18	0	67	.187	.258
Away	.292	219	64	15	1	3	29	11	38	.326	.411	Two Strikes	.193	197	38	8	0	2	16	8	72	.224	.264
Day	.221	149	33	10	0	1	11	5	29	.247	.309	Batting #6	.265	204	54	13	1	5	19	13	30	.309	.412
Night	.263	262	69	15	1	7	34	18	43	.311	.408	Batting #7	.258	124	32	10	0	2	18	3	25	.276	.387
Grass	.275	178	49	16	1	3	23	10	32	.314	.393	Other	.193	83	16	2	0	1	8	7	17	.256	.253
Turf	.227	233	53	15	0	5	22	13	40	.268	.356	April	.107	28	3	1	0	1	2	0	7	.107	.250
Pre-All Star	.237	215	51	13	1	4	18	15	40	.287	.363	May	.253	83	21	6	0	1	3	3	15	.279	.361
Post-All Star	.260	196	51	12	0	4	27	8	32	.289	.383	June	.301	83	25	5	1	2	13	9	13	.370	.458
Inning 1-6	.291	278	81	23	0	5	25	16	46	.330	.428	July	.188	69	13	1	0	1	4	7	12	.263	.246
Inning 7+	.158	133	21	2	1	3	20	7	26	.200	.256	August	.267	75	20	7	0	1	11	3	15	.295	.400
Scoring Posn	.267	105	28	7	0	1	34	6	24	.306	.362	Sept/Oct	.274	73	20	5	0	2	12	1	10	.284	.425
Close & Late	.250	52	13	1	1	1	7	5	11	.316	.365	vs. AL	.261	352	92	23	1	8	41	18	59	.297	.401
None on/out	.283	113	32	7	0	2	2	4	17	.308	.398	vs. NL	.169	59	10	2	0	0	4	5	13	.234	.203

2001 By Position

Position	Avg	AB	H	2B	3B	HR	RBI	BB	SO	OBP	SLG	G	GS	Innings	PO	A	E	DP	Fld Pct	Rng Fctr	In Zone	Zone Outs	Zone Rtg	MLB Zone
As DH	.273	77	21	5	0	2	11	1	11	.282	.416	20	20	—	—	—	—	—	—	—	35	27	.771	.850
As 1b	.197	66	13	4	0	1	9	2	14	.221	.303	19	17	153.0	129	15	5	13	.966	—	35	27	.731	.761
As 3b	.255	267	68	16	1	5	25	20	47	.307	.378	73	71	614.0	41	126	15	13	.918	2.45	171	125	.731	.761

199

Todd Hundley — Cubs
Age 33 – Bats Both (flyball hitter)

	Avg	G	AB	R	H	2B	3B	HR	RBI	BB	SO	HBP	GDP	SB	CS	OBP	SLG	IBB	SH	SF	#Pit	#P/PA	GB	FB	G/F
2001 Season	.187	79	246	23	46	10	0	12	31	25	89	3	7	0	0	.268	.374	0	0	2	1145	4.15	63	68	0.93
Last Five Years	.235	468	1462	207	343	65	2	93	254	213	442	13	27	6	5	.334	.473	25	2	17	7273	4.26	375	474	0.79

2001 Season

	Avg	AB	H	2B	3B	HR	RBI	BB	SO	OBP	SLG		Avg	AB	H	2B	3B	HR	RBI	BB	SO	OBP	SLG
vs. Left	.292	24	7	3	0	0	5	2	11	.370	.417	Scoring Posn	.175	63	11	2	0	2	18	5	27	.229	.302
vs. Right	.176	222	39	7	0	12	26	23	78	.257	.369	Close & Late	.275	40	11	1	0	4	9	2	17	.302	.600
Home	.212	118	25	8	0	4	16	15	42	.307	.381	None on/out	.195	41	8	2	0	2	2	6	15	.313	.390
Away	.164	128	21	2	0	8	15	10	47	.230	.367	Batting #6	.209	67	14	3	0	6	11	5	25	.270	.522
First Pitch	.250	24	6	0	0	5	5	0	0	.280	.875	Batting #7	.133	83	11	3	0	1	3	12	30	.258	.205
Ahead in Count	.278	54	15	6	0	3	11	16	0	.437	.556	Other	.219	96	21	4	0	5	17	8	34	.276	.417
Behind in Count	.129	132	17	2	0	4	9	0	74	.135	.235	Pre-All Star	.179	156	28	6	0	4	19	15	53	.259	.295
Two Strikes	.120	150	18	4	0	1	6	9	89	.175	.167	Post-All Star	.200	90	18	6	0	8	12	10	36	.284	.511

Last Five Years

	Avg	AB	H	2B	3B	HR	RBI	BB	SO	OBP	SLG		Avg	AB	H	2B	3B	HR	RBI	BB	SO	OBP	SLG
vs. Left	.196	270	53	14	0	7	41	49	103	.321	.326	First Pitch	.317	104	33	3	0	15	30	18	0	.416	.779
vs. Right	.243	1192	290	51	2	86	213	164	339	.337	.506	Ahead in Count	.337	347	117	28	0	33	84	112	0	.499	.703
Home	.237	680	161	28	1	39	110	89	211	.327	.453	Behind in Count	.170	706	120	16	2	29	85	0	342	.174	.322
Away	.233	782	182	37	1	54	144	124	231	.339	.490	Two Strikes	.145	840	122	22	2	29	89	83	442	.224	.280
Day	.253	475	120	18	0	37	89	76	152	.358	.524	Batting #4	.247	465	115	24	2	30	90	88	133	.368	.501
Night	.226	987	223	47	2	56	165	137	290	.322	.448	Batting #6	.292	318	93	16	0	29	72	46	85	.383	.616
Grass	.231	1284	296	59	1	77	217	174	393	.324	.458	Other	.199	679	135	25	0	34	92	79	224	.286	.386
Turf	.264	178	47	6	1	16	37	39	49	.396	.579	March/April	.228	254	58	10	0	15	45	36	65	.327	.445
Pre-All Star	.260	762	198	42	1	52	143	116	209	.358	.522	May	.278	288	80	19	1	20	65	41	74	.364	.559
Post-All Star	.207	700	145	23	1	41	111	97	233	.307	.419	June	.253	170	43	9	0	14	23	32	57	.371	.553
Inning 1-6	.227	1000	227	49	1	66	181	142	303	.327	.476	July	.237	194	46	10	0	9	37	28	63	.345	.428
Inning 7+	.251	462	116	16	1	27	73	71	139	.348	.465	August	.199	322	64	11	1	18	50	52	105	.312	.407
Scoring Posn	.234	406	95	23	0	25	166	77	131	.352	.475	Sept/Oct	.222	234	52	6	0	17	34	24	78	.292	.466
Close & Late	.233	245	57	5	0	18	44	42	79	.346	.473	vs. AL	.233	90	21	4	0	1	8	13	29	.337	.311
None on/out	.250	328	82	15	1	27	27	42	99	.337	.549	vs. NL	.235	1372	322	61	2	92	246	200	413	.334	.483

Brian Hunter — Phillies
Age 31 – Bats Right (groundball hitter)

	Avg	G	AB	R	H	2B	3B	HR	RBI	BB	SO	HBP	GDP	SB	CS	OBP	SLG	IBB	SH	SF	#Pit	#P/PA	GB	FB	G/F
2001 Season	.276	83	145	22	40	6	0	2	16	16	25	0	3	14	3	.344	.359	0	3	2	674	4.06	57	41	1.39
Last Five Years	.256	630	2177	327	557	82	17	15	145	182	371	6	34	194	44	.313	.330	1	22	16	9123	3.80	947	473	2.00

2001 Season

	Avg	AB	H	2B	3B	HR	RBI	BB	SO	OBP	SLG		Avg	AB	H	2B	3B	HR	RBI	BB	SO	OBP	SLG
vs. Left	.232	56	13	2	0	1	3	5	11	.295	.321	Scoring Posn	.343	35	12	2	0	1	15	3	5	.375	.486
vs. Right	.303	89	27	4	0	1	13	11	15	.373	.382	Close & Late	.185	27	5	2	0	0	4	8	7	.361	.259
Home	.312	77	24	3	0	2	11	9	15	.384	.429	None on/out	.292	48	14	2	0	1	1	6	8	.370	.396
Away	.235	68	16	3	0	0	5	7	10	.299	.279	Batting #6	.367	30	11	1	0	0	5	2	5	.406	.400
First Pitch	.400	15	6	1	0	0	3	0	0	.400	.467	Batting #9	.265	34	9	2	0	1	6	4	10	.325	.412
Ahead in Count	.368	19	7	1	0	0	2	9	0	.571	.421	Other	.247	81	20	3	0	1	5	10	10	.330	.321
Behind in Count	.221	86	19	2	0	0	6	0	24	.218	.244	Pre-All Star	.267	60	16	2	0	2	10	11	13	.375	.400
Two Strikes	.227	88	20	3	0	1	7	7	25	.281	.295	Post-All Star	.282	85	24	4	0	0	6	5	12	.319	.329

Last Five Years

	Avg	AB	H	2B	3B	HR	RBI	BB	SO	OBP	SLG		Avg	AB	H	2B	3B	HR	RBI	BB	SO	OBP	SLG
vs. Left	.240	559	134	22	3	3	23	51	81	.302	.306	First Pitch	.337	243	82	11	4	2	17	0	0	.339	.440
vs. Right	.261	1618	423	60	14	12	122	131	290	.317	.338	Ahead in Count	.352	392	138	28	5	6	37	95	0	.475	.495
Home	.262	1034	271	38	11	6	70	106	179	.330	.338	Behind in Count	.202	1122	227	30	7	2	63	0	318	.204	.247
Away	.250	1143	286	44	6	9	75	76	192	.297	.323	Two Strikes	.203	1109	225	28	3	3	68	87	371	.261	.242
Day	.278	762	212	28	7	4	51	71	135	.340	.349	Batting #1	.255	1872	478	70	17	12	117	153	310	.311	.330
Night	.244	1415	345	54	10	11	94	111	236	.298	.319	Batting #9	.225	138	31	4	0	1	8	15	31	.299	.275
Grass	.259	1748	453	68	15	10	112	149	294	.317	.332	Other	.287	167	48	8	0	2	20	14	30	.341	.371
Turf	.242	429	104	14	2	5	33	33	77	.294	.319	March/April	.268	325	87	11	2	5	20	28	61	.328	.360
Pre-All Star	.265	1184	314	42	12	12	95	103	204	.324	.351	May	.270	356	96	10	5	3	35	39	56	.343	.351
Post-All Star	.245	993	243	40	5	3	50	79	167	.299	.304	June	.241	394	95	18	4	2	23	32	66	.299	.322
Inning 1-6	.270	1515	409	59	13	10	107	113	250	.321	.352	July	.268	395	106	12	2	4	34	25	60	.308	.338
Inning 7+	.224	662	148	23	4	2	38	69	121	.295	.279	August	.243	375	91	18	1	1	18	39	61	.314	.304
Scoring Posn	.281	427	120	17	4	2	129	50	74	.346	.344	Sept/Oct	.247	332	82	13	3	0	15	19	67	.286	.304
Close & Late	.191	304	58	12	1	1	17	33	71	.269	.247	vs. AL	.254	1609	409	61	15	14	116	126	274	.308	.337
None on/out	.249	873	217	30	8	6	67	168	.306	.322	vs. NL	.261	568	148	21	2	1	29	56	97	.327	.310

Torii Hunter — Twins
Age 26 – Bats Right

	Avg	G	AB	R	H	2B	3B	HR	RBI	BB	SO	HBP	GDP	SB	CS	OBP	SLG	IBB	SH	SF	#Pit	#P/PA	GB	FB	G/F
2001 Season	.261	148	564	82	147	32	5	27	92	29	125	8	12	9	6	.306	.479	0	1	1	2163	3.59	206	152	1.36
Career (1997-2001)	.264	389	1301	178	343	64	14	41	173	75	271	16	35	23	16	.310	.429	3	2	8	4916	3.51	507	344	1.47

2001 Season

	Avg	AB	H	2B	3B	HR	RBI	BB	SO	OBP	SLG		Avg	AB	H	2B	3B	HR	RBI	BB	SO	OBP	SLG
vs. Left	.256	125	32	8	1	6	19	9	38	.316	.480	First Pitch	.344	61	21	5	0	3	8	0	0	.339	.574
vs. Right	.262	439	115	24	4	21	73	20	87	.303	.478	Ahead in Count	.324	111	36	6	3	9	29	16	0	.409	.676
Home	.248	278	69	20	2	13	49	6	76	.273	.475	Behind in Count	.226	296	67	15	2	10	41	0	114	.242	.392
Away	.273	286	78	12	3	14	43	23	49	.335	.483	Two Strikes	.207	266	55	13	2	10	34	13	125	.257	.383

200

2001 Season

	Avg	AB	H	2B	3B	HR	RBI	BB	SO	OBP	SLG		Avg	AB	H	2B	3B	HR	RBI	BB	SO	OBP	SLG
Day	.261	180	47	10	0	11	30	7	58	.302	.500	Batting #5	.229	140	32	9	1	5	18	11	33	.299	.414
Night	.260	384	100	22	5	16	62	22	87	.307	.469	Batting #6	.253	253	64	12	1	13	50	12	52	.294	.434
Grass	.278	263	73	11	3	12	41	22	42	.343	.479	Other	.298	171	51	11	3	9	24	6	42	.330	.556
Turf	.246	301	74	21	2	15	51	7	83	.272	.478	April	.225	40	9	2	0	1	6	2	8	.262	.350
Pre-All Star	.253	288	73	19	2	13	48	11	65	.288	.469	May	.275	102	28	6	1	6	20	5	23	.321	.529
Post-All Star	.268	276	74	13	3	14	44	18	60	.323	.489	June	.237	114	27	6	0	5	17	3	24	.263	.421
Inning 1-6	.272	371	101	21	3	18	65	17	70	.316	.491	July	.265	102	27	7	2	5	15	3	25	.306	.520
Inning 7+	.238	193	46	11	2	9	27	12	55	.286	.456	August	.213	108	23	3	0	5	13	6	28	.252	.380
Scoring Posn	.265	166	44	12	2	6	65	9	41	.317	.470	Sept/Oct	.337	98	33	8	2	5	21	10	17	.398	.612
Close & Late	.259	85	22	5	2	6	15	5	22	.300	.576	vs. AL	.263	499	131	26	4	21	76	28	111	.308	.457
None on/out	.216	134	29	4	2	4	4	12	27	.291	.366	vs. NL	.246	65	16	6	1	6	16	1	14	.290	.646

2001 By Position

Position	Avg	AB	H	2B	3B	HR	RBI	BB	SO	OBP	SLG	G	GS	Innings	PO	A	E	DP	Fld Pct	Rng Fctr	In Zone	Zone Outs	Zone Rtg	MLB Zone
As cf	.261	563	147	32	5	27	92	29	125	.306	.480	147	147	1295.1	460	14	4	3	.992	3.29	488	441	.904	.892

Career (1997-2001)

	Avg	AB	H	2B	3B	HR	RBI	BB	SO	OBP	SLG		Avg	AB	H	2B	3B	HR	RBI	BB	SO	OBP	SLG
vs. Left	.268	325	87	13	4	10	42	24	74	.322	.425	First Pitch	.279	172	48	9	0	6	25	2	0	.292	.436
vs. Right	.262	976	256	51	10	31	131	51	197	.306	.430	Ahead in Count	.326	242	79	14	7	12	46	29	0	.403	.591
Home	.255	624	159	33	9	19	89	25	152	.289	.428	Behind in Count	.238	669	159	31	6	16	76	0	245	.247	.374
Away	.272	677	184	31	5	22	84	50	119	.329	.430	Two Strikes	.214	597	128	22	6	14	57	44	271	.276	.342
Day	.248	411	102	20	4	13	50	22	89	.294	.411	Batting #6	.260	338	88	16	1	14	65	15	66	.299	.438
Night	.271	890	241	44	10	28	123	53	182	.317	.437	Batting #7	.292	284	83	12	4	9	35	19	61	.340	.458
Grass	.275	590	162	27	5	19	78	44	99	.333	.434	Other	.253	679	172	36	9	18	73	41	144	.303	.412
Turf	.255	711	181	37	9	22	95	31	172	.290	.425	March/April	.224	205	46	8	4	4	28	16	42	.281	.361
Pre-All Star	.236	683	161	31	7	19	81	37	148	.280	.385	May	.237	257	61	11	2	6	25	14	59	.280	.366
Post-All Star	.294	618	182	33	7	22	92	38	123	.343	.477	June	.241	174	42	7	0	7	21	4	36	.269	.402
Inning 1-6	.272	885	241	48	8	30	122	45	172	.313	.446	July	.261	165	43	10	2	8	23	8	34	.315	.491
Inning 7+	.245	416	102	16	6	11	51	30	99	.305	.392	August	.276	246	68	8	0	8	33	18	52	.325	.407
Scoring Posn	.267	367	98	21	5	9	128	25	84	.318	.425	Sept/Oct	.327	254	83	20	6	8	43	15	48	.364	.547
Close & Late	.258	186	48	7	4	7	28	13	38	.313	.452	vs. AL	.263	1189	313	56	13	33	153	72	252	.310	.415
None on/out	.241	315	76	12	6	8	8	19	67	.291	.394	vs. NL	.268	112	30	8	1	8	20	3	19	.305	.571

Chad Hutchinson — Cardinals

Age 25 – Pitches Right

	ERA	W	L	Sv	G	GS	IP	BB	SO	Avg	H	2B	3B	HR	RBI	OBP	SLG	GF	IR	IRS	Hld	SvOp	SB	CS	GB	FB	G/F
2001 Season	24.75	0	0	0	3	0	4.0	6	2	.450	9	2	1	3	12	.593	1.100	0	3	2	0	0	0	0	6	5	1.20

2001 Season

	ERA	W	L	Sv	G	GS	IP	H	HR	BB	SO		Avg	AB	H	2B	3B	HR	RBI	BB	SO	OBP	SLG
Home	48.60	0	0	0	2	0	1.2	6	2	4	0	vs. Left	.462	13	6	1	1	2	7	1	1	.500	1.154
Away	7.71	0	0	0	1	0	2.1	3	1	2	2	vs. Right	.429	7	3	1	0	1	5	5	1	.692	1.000

Adam Hyzdu — Pirates

Age 30 – Bats Right (flyball hitter)

	Avg	G	AB	R	H	2B	3B	HR	RBI	BB	SO	HBP	GDP	SB	CS	OBP	SLG	IBB	SH	SF	#Pit	#P/PA	GB	FB	G/F
2001 Season	.208	51	72	7	15	1	0	5	9	4	18	1	0	1	0	.260	.431	0	0	0	265	3.44	22	24	0.92
Career (2000-2001)	.244	63	90	9	22	3	0	6	13	4	22	1	1	1	0	.284	.478	0	0	0	346	3.64	28	30	0.93

2001 Season

	Avg	AB	H	2B	3B	HR	RBI	BB	SO	OBP	SLG		Avg	AB	H	2B	3B	HR	RBI	BB	SO	OBP	SLG
vs. Left	.167	24	4	0	0	3	6	1	4	.200	.542	Scoring Posn	.150	20	3	0	0	1	4	2	5	.227	.300
vs. Right	.229	48	11	1	0	2	3	3	14	.288	.375	Close & Late	.111	18	2	0	0	0	1	1	7	.158	.111

Raul Ibanez — Royals

Age 30 – Bats Left

	Avg	G	AB	R	H	2B	3B	HR	RBI	BB	SO	HBP	GDP	SB	CS	OBP	SLG	IBB	SH	SF	#Pit	#P/PA	GB	FB	G/F
2001 Season	.280	104	279	44	78	11	5	13	54	32	51	0	6	0	2	.353	.495	2	0	3	1234	3.96	95	92	1.03
Last Five Years	.257	331	752	103	193	33	7	27	112	68	136	1	15	7	3	.318	.427	4	0	3	3139	3.81	254	249	1.02

2001 Season

	Avg	AB	H	2B	3B	HR	RBI	BB	SO	OBP	SLG		Avg	AB	H	2B	3B	HR	RBI	BB	SO	OBP	SLG
vs. Left	.200	20	4	0	1	1	5	4	5	.333	.450	Scoring Posn	.359	78	28	4	2	3	39	9	14	.420	.577
vs. Right	.286	259	74	11	4	12	49	28	46	.354	.498	Close & Late	.182	44	8	2	2	1	4	8	8	.308	.386
Home	.261	138	36	4	1	5	24	13	22	.322	.413	None on/out	.192	78	15	1	3	3	3	5	18	.241	.397
Away	.298	141	42	7	4	8	30	19	29	.381	.574	Batting #5	.272	151	41	8	5	6	31	14	29	.331	.510
First Pitch	.500	24	12	0	2	1	13	0	0	.480	.792	Batting #6	.465	43	20	3	0	5	14	9	7	.558	.884
Ahead in Count	.338	68	23	4	1	5	19	19	0	.483	.647	Other	.200	85	17	0	0	2	9	9	15	.277	.271
Behind in Count	.200	125	25	4	1	3	11	0	41	.320	.320	Pre-All Star	.263	95	25	0	0	5	19	12	16	.346	.421
Two Strikes	.192	125	24	3	0	5	11	13	51	.268	.336	Post-All Star	.288	184	53	11	5	8	35	20	35	.356	.533

Last Five Years

	Avg	AB	H	2B	3B	HR	RBI	BB	SO	OBP	SLG		Avg	AB	H	2B	3B	HR	RBI	BB	SO	OBP	SLG
vs. Left	.231	65	15	3	1	2	8	10	15	.342	.400	First Pitch	.356	90	32	4	2	3	23	1	0	.355	.544
vs. Right	.259	687	178	30	6	25	104	58	121	.316	.429	Ahead in Count	.297	155	46	11	3	9	36	45	0	.455	.581
Home	.251	351	85	9	1	12	49	30	62	.322	.376	Behind in Count	.207	352	73	13	1	8	31	0	115	.209	.318
Away	.269	401	108	24	6	15	63	38	74	.332	.471	Two Strikes	.193	358	69	11	0	12	31	22	136	.241	.324
Day	.234	269	63	11	4	10	42	24	52	.298	.416	Batting #5	.256	238	61	11	5	8	40	20	51	.312	.445
Night	.269	483	130	22	3	17	70	44	84	.329	.433	Batting #7	.263	175	46	9	1	5	18	14	29	.321	.411

Last Five Years

	Avg	AB	H	2B	3B	HR	RBI	BB	SO	OBP	SLG		Avg	AB	H	2B	3B	HR	RBI	BB	SO	OBP	SLG
Grass	.256	618	158	25	7	24	92	63	106	.324	.435	Other	.254	339	86	13	1	14	54	34	56	.321	.422
Turf	.261	134	35	8	0	3	20	5	30	.288	.388	March/April	.274	62	17	1	0	1	8	5	12	.328	.339
Pre-All Star	.265	249	66	9	0	6	34	27	38	.337	.373	May	.167	54	9	3	0	0	5	3	10	.211	.222
Post-All Star	.252	503	127	24	7	21	78	41	98	.308	.453	June	.289	90	26	3	0	3	16	12	14	.373	.422
Inning 1-6	.271	457	124	18	3	21	79	38	84	.325	.462	July	.297	118	35	5	1	5	16	18	14	.394	.483
Inning 7+	.234	295	69	15	4	6	33	30	52	.307	.373	August	.220	186	41	11	2	10	39	15	27	.277	.462
Scoring Posn	.285	221	63	12	2	6	83	20	42	.340	.439	Sept/Oct	.269	242	65	10	4	8	28	15	59	.309	.442
Close & Late	.202	129	26	7	3	3	13	14	23	.285	.372	vs. AL	.260	700	182	32	7	24	103	61	134	.319	.420
None on/out	.228	202	46	6	4	10	10	14	35	.278	.446	vs. NL	.212	52	11	1	0	3	9	7	2	.305	.404

Brandon Inge — Tigers   Age 25 – Bats Right

	Avg	G	AB	R	H	2B	3B	HR	RBI	BB	SO	HBP	GDP	SB	CS	OBP	SLG	IBB	SH	SF	#Pit	#P/PA	GB	FB	G/F
2001 Season	.180	79	189	13	34	11	0	0	15	9	41	0	2	1	4	.215	.238	0	2	2	753	3.73	65	55	1.18

2001 Season

	Avg	AB	H	2B	3B	HR	RBI	BB	SO	OBP	SLG		Avg	AB	H	2B	3B	HR	RBI	BB	SO	OBP	SLG
vs. Left	.218	55	12	3	0	0	6	5	12	.283	.273	Scoring Posn	.153	59	9	1	0	0	14	4	14	.200	.169
vs. Right	.164	134	22	8	0	0	9	4	29	.186	.224	Close & Late	.056	18	1	1	0	0	0	1	3	.105	.111
Home	.148	88	13	3	0	0	7	18	.208	.182	None on/out	.132	53	7	4	0	0	0	3	12	.179	.208
Away	.208	101	21	8	0	0	7	2	23	.221	.287	Batting #8	.286	7	2	0	0	0	3	2	3	.444	.286
First Pitch	.125	24	3	0	0	0	2	0	0	.120	.125	Batting #9	.177	175	31	11	0	0	11	7	36	.207	.240
Ahead in Count	.289	45	13	3	0	0	5	4	0	.340	.356	Other	.143	7	1	0	0	0	1	0	2	.143	.143
Behind in Count	.128	86	11	3	0	0	8	0	33	.128	.163	Pre-All Star	.211	133	28	9	0	0	13	9	24	.259	.278
Two Strikes	.129	93	12	5	0	0	6	5	41	.173	.183	Post-All Star	.107	56	6	2	0	0	2	0	17	.105	.143

Hideki Irabu — Expos   Age 33 – Pitches Right (flyball pitcher)

	ERA	W	L	Sv	G	GS	IP	BB	SO	Avg	H	2B	3B	HR	RBI	OBP	SLG	CG	ShO	Sup	QS	#P/S	SB	CS	GB	FB	G/F
2001 Season	4.86	0	2	0	3	3	16.2	3	18	.314	22	4	0	3	8	.338	.500	0	0	2.70	1	96	4	1	22	23	0.96
Career (1997-2001)	5.09	31	27	0	88	78	467.0	159	375	.271	496	78	11	80	248	.333	.457	4	2	6.49	40	91	60	17	547	582	0.94

2001 Season

	ERA	W	L	Sv	G	GS	IP	H	HR	BB	SO		Avg	AB	H	2B	3B	HR	RBI	BB	SO	OBP	SLG
Home	3.27	0	1	0	2	2	11.0	15	2	3	13	vs. Left	.333	39	13	2	0	2	6	2	5	.357	.538
Away	7.94	0	1	0	1	1	5.2	7	1	0	5	vs. Right	.290	31	9	2	0	1	2	1	13	.313	.452

Career (1997-2001)

	ERA	W	L	Sv	G	GS	IP	H	HR	BB	SO		Avg	AB	H	2B	3B	HR	RBI	BB	SO	OBP	SLG
Home	5.34	16	15	0	44	39	229.1	251	42	88	180	vs. Left	.276	942	260	43	3	50	136	95	191	.343	.487
Away	4.85	15	12	0	44	39	237.2	245	38	71	195	vs. Right	.266	887	236	35	8	30	112	64	184	.321	.425
Day	7.02	8	11	0	29	25	127.0	164	22	48	109	Inning 1-6	.270	1625	439	68	11	69	222	143	330	.333	.453
Night	4.37	23	16	0	59	53	340.0	332	58	111	266	Inning 7+	.279	204	57	10	0	11	26	16	45	.330	.490
Grass	5.31	22	23	0	68	59	359.1	378	62	132	274	None on	.275	1073	295	47	9	56	56	98	215	.343	.492
Turf	4.35	9	4	0	20	19	107.2	118	18	27	101	Runners on	.266	756	201	31	2	24	192	61	160	.318	.407
March/April	4.72	1	2	0	11	7	47.2	52	6	11	45	Scoring Posn	.263	422	111	18	1	12	162	41	91	.321	.396
May	4.63	7	6	0	18	18	103.0	112	15	36	73	Close & Late	.415	53	22	3	0	6	14	4	12	.448	.811
June	4.15	4	4	0	11	11	65.0	62	13	19	47	None on/out	.311	492	153	26	5	38	38	41	89	.372	.616
July	4.54	10	4	0	17	17	107.0	104	18	35	78	vs. 1st Batr (relief)	.222	9	2	1	0	0	0	1	3	.300	.333
August	6.90	5	5	0	14	14	75.2	94	13	29	58	1st Inning Pitched	.267	326	87	11	2	7	44	45	77	.358	.377
Sept/Oct	5.77	4	6	0	17	11	68.2	72	15	29	74	First 75 Pitches	.270	1416	383	58	10	61	196	126	301	.333	.455
Starter	5.03	31	26	0	78	78	444.0	471	77	153	345	Pitch 76-90	.252	218	55	11	1	12	27	15	34	.307	.477
Reliever	6.26	0	1	0	10	0	23.0	25	3	6	30	Pitch 91-105	.336	149	50	8	0	5	19	13	27	.390	.490
0-3 Days Rest (Start)	0.00	0	0	0	0	0	0.0	0	0	0	0	Pitch 106+	.174	46	8	1	0	2	6	5	13	.255	.326
4 Days Rest	5.52	17	12	0	36	36	205.1	221	35	78	153	First Pitch	.396	225	89	15	3	9	36	1	0	.414	.609
5+ Days Rest	4.60	14	14	0	42	42	238.2	250	42	75	192	Ahead in Count	.211	837	177	29	2	23	78	0	316	.217	.333
vs. AL	4.67	27	19	0	67	57	358.2	353	60	127	287	Behind in Count	.322	456	147	25	5	40	99	88	0	.429	.662
vs. NL	6.48	4	8	0	21	21	108.1	143	20	32	88	Two Strikes	.197	844	166	24	2	18	78	70	375	.261	.294
Pre-All Star	4.44	14	12	0	44	40	241.0	247	37	75	183	Pre-All Star	.266	929	247	37	8	37	110	75	183	.325	.442
Post-All Star	5.77	17	15	0	44	38	226.0	249	43	84	192	Post-All Star	.277	900	249	41	3	43	138	84	192	.341	.472

Jason Isringhausen — Athletics   Age 29 – Pitches Right

	ERA	W	L	Sv	G	GS	IP	BB	SO	Avg	H	2B	3B	HR	RBI	OBP	SLG	GF	IR	IRS	Hld	SvOp	SB	CS	GB	FB	G/F
2001 Season	2.65	4	3	34	65	0	71.1	23	74	.203	54	15	1	5	28	.266	.323	54	13	6	0	43	9	0	81	76	1.07
Last Five Years	4.18	13	13	76	170	11	234.2	111	207	.250	225	42	5	23	119	.336	.385	131	44	16	0	92	30	2	302	245	1.23

2001 Season

	ERA	W	L	Sv	G	GS	IP	H	HR	BB	SO		Avg	AB	H	2B	3B	HR	RBI	BB	SO	OBP	SLG
Home	2.05	3	2	17	35	0	44.0	30	3	15	46	vs. Left	.240	154	37	8	0	3	13	14	38	.304	.351
Away	3.62	1	1	17	30	0	27.1	24	2	8	28	vs. Right	.152	112	17	7	1	2	15	9	36	.213	.286
Day	1.93	2	0	13	25	0	28.0	17	1	10	25	Inning 1-6	.000	0	0	0	0	0	0	0	0	.000	.000
Night	3.12	2	3	21	40	0	43.1	37	4	13	49	Inning 7+	.203	266	54	15	1	5	28	23	74	.266	.323
Grass	1.99	4	2	32	60	0	68.0	46	3	22	71	None on	.196	153	30	10	0	3	9	38	.241	.320
Turf	16.20	0	1	2	5	0	3.1	8	2	1	3	Runners on	.212	113	24	5	1	2	25	14	36	.297	.327
April	0.00	0	0	4	9	0	8.1	3	0	2	9	Scoring Posn	.213	80	17	5	1	2	25	12	28	.312	.375
May	6.08	1	1	5	13	0	13.1	20	2	6	13	Close & Late	.217	180	39	9	0	4	26	18	55	.286	.333
June	1.50	1	1	6	10	0	12.0	6	1	2	16	None on/out	.215	65	14	7	0	1	3	15	.250	.369

	ERA	W	L	Sv	G	GS	IP	H	HR	BB	SO	2001 Season	Avg	AB	H	2B	3B	HR	RBI	BB	SO	OBP	SLG
July	2.19	2	0	4	10	0	12.1	6	0	6	14	vs. 1st Batr (relief)	.258	62	16	8	0	1	6	3	11	.292	.435
August	4.15	0	1	7	12	0	13.0	13	2	4	12	1st Inning Pitched	.186	221	41	13	1	3	23	23	60	.261	.294
Sept/Oct	0.73	0	0	8	11	0	12.1	6	0	3	10	First 15 Pitches	.220	173	38	12	0	3	18	16	42	.284	.341
Starter	0.00	0	0	0	0	0	0.0	0	0	0	0	Pitch 1-6	.165	79	13	3	1	2	10	7	27	.233	.304
Reliever	2.65	4	3	34	65	0	71.1	54	5	23	74	Pitch 31-45	.214	14	3	0	0	0	0	0	5	.214	.214
0 Days Rest (Relief)	2.40	1	1	9	15	0	15.0	14	0	5	19	Pitch 46+	.000	0	0	0	0	0	0	0	0	.000	.000
1 or 2 Days Rest	3.73	1	2	16	30	0	31.1	28	4	12	31	First Pitch	.240	25	6	2	0	1	2	3	0	.310	.440
3+ Days Rest	1.44	2	0	9	20	0	25.0	12	1	6	24	Ahead in Count	.167	144	24	7	0	1	15	0	66	.167	.236
vs. AL	3.06	4	3	29	58	0	61.2	52	5	21	60	Behind in Count	.273	44	12	4	0	2	7	11	0	.418	.500
vs. NL	0.00	0	0	5	7	0	9.2	2	0	2	14	Two Strikes	.159	151	24	6	1	1	12	9	74	.206	.232
Pre-All Star	2.63	2	2	17	35	0	37.2	31	3	10	45	Pre-All Star	.217	143	31	11	0	3	14	10	45	.266	.357
Post-All Star	2.67	2	1	17	30	0	33.2	23	2	13	29	Post-All Star	.187	123	23	4	1	2	14	13	29	.265	.285

	ERA	W	L	Sv	G	GS	IP	H	HR	BB	SO	Last Five Years	Avg	AB	H	2B	3B	HR	RBI	BB	SO	OBP	SLG
Home	2.90	10	3	39	92	7	139.2	114	8	65	127	vs. Left	.254	489	124	18	2	13	55	60	106	.339	.378
Away	6.06	3	10	37	78	4	95.0	111	15	46	80	vs. Right	.246	410	101	24	3	10	64	51	101	.332	.393
Day	3.57	6	2	28	64	4	88.1	79	7	44	64	Inning 1-6	.300	233	70	11	4	9	45	43	49	.411	.498
Night	4.55	7	11	48	106	7	146.1	146	16	67	143	Inning 7+	.233	666	155	31	1	14	74	68	158	.307	.345
Grass	3.86	13	11	69	153	9	207.2	194	16	99	181	None on	.234	495	116	25	2	14	14	53	109	.310	.378
Turf	6.67	0	2	7	17	2	27.0	31	7	12	26	Runners on	.270	404	109	17	3	9	105	58	98	.366	.394
March/April	0.96	1	0	8	19	0	18.2	14	1	5	18	Scoring Posn	.261	257	67	14	2	5	94	49	64	.383	.389
May	5.85	2	4	12	26	1	32.1	44	5	15	34	Close & Late	.227	384	87	17	0	10	57	42	99	.305	.349
June	4.17	3	2	14	24	4	41.0	28	5	19	38	None on/out	.229	218	50	14	2	9	9	20	42	.297	.436
July	3.95	2	2	9	30	0	41.0	38	3	18	34	vs. 1st Batr (relief)	.218	147	32	11	0	4	13	12	26	.277	.374
August	4.60	3	2	12	35	1	43.0	54	5	24	32	1st Inning Pitched	.227	604	137	29	2	15	79	69	143	.309	.356
Sept/Oct	4.14	1	3	21	36	5	58.2	47	4	30	51	First 15 Pitches	.231	463	107	23	1	10	44	48	98	.305	.350
Starter	7.45	3	4	0	11	11	54.1	65	9	38	48	Pitch 16-30	.249	249	62	11	1	8	42	26	65	.325	.398
Reliever	3.19	10	9	76	159	0	180.1	160	14	73	159	Pitch 31-45	.275	69	19	4	3	1	8	9	19	.359	.464
0 Days Rest (Relief)	3.38	3	3	18	30	0	32.0	33	1	14	34	Pitch 46+	.314	118	37	4	0	4	25	28	25	.447	.449
1 or 2 Days Rest	2.67	4	3	40	78	0	84.1	72	12	25	75	First Pitch	.349	106	37	8	1	6	20	10	0	.402	.613
3+ Days Rest	3.80	3	3	18	51	0	64.0	55	1	34	50	Ahead in Count	.184	452	83	21	0	4	42	0	174	.191	.257
vs. AL	3.02	10	7	65	139	2	161.0	141	13	76	144	Behind in Count	.339	168	57	6	2	8	33	52	0	.495	.542
vs. NL	6.72	3	6	11	31	9	73.2	84	10	35	63	Two Strikes	.181	470	85	20	1	6	43	48	207	.261	.266
Pre-All Star	3.67	7	6	37	78	5	105.1	95	11	43	104	Pre-All Star	.238	400	95	21	3	11	47	43	104	.314	.388
Post-All Star	4.59	6	7	39	92	6	129.1	130	12	68	103	Post-All Star	.261	499	130	21	2	12	72	68	103	.353	.383

Cesar Izturis — *Blue Jays*   Age 22 – Bats Both

	Avg	G	AB	R	H	2B	3B	HR	RBI	BB	SO	HBP	GDP	SB	CS	OBP	SLG	IBB	SH	SF	#Pit	#P/PA	GB	FB	G/F
2001 Season	.269	46	134	19	36	6	2	2	9	2	15	0	8	1	.279	.388	0	4	0	403	2.88	57	36	1.58

	Avg	AB	H	2B	3B	HR	RBI	BB	SO	OBP	SLG	2001 Season	Avg	AB	H	2B	3B	HR	RBI	BB	SO	OBP	SLG
vs. Left	.200	30	6	1	0	0	2	0	3	.200	.233	Scoring Posn	.308	26	8	2	0	1	6	0	2	.308	.500
vs. Right	.288	104	30	5	2	2	7	2	12	.302	.433	Close & Late	.067	15	1	0	0	0	0	1	4	.125	.067
Home	.319	72	23	5	1	1	6	0	9	.319	.458	None on/out	.360	25	9	3	0	0	0	1	5	.385	.480
Away	.210	62	13	1	1	1	3	2	6	.234	.306	Batting #8	.250	32	8	1	1	0	3	1	3	.273	.344
First Pitch	.400	35	14	3	1	0	5	0	0	.400	.543	Batting #9	.283	99	28	5	1	2	6	0	12	.283	.414
Ahead in Count	.227	22	5	0	0	2	1	0	.261	.364	Other	.000	3	0	0	0	0	0	0	0	.250	.000
Behind in Count	.213	61	13	2	1	0	0	13	.213	.279	Pre-All Star	.313	48	15	3	1	1	4	1	2	.327	.479
Two Strikes	.178	45	8	2	1	0	0	1	15	.196	.267	Post-All Star	.244	86	21	3	1	1	5	1	13	.253	.337

Damian Jackson — *Padres*   Age 28 – Bats Right (flyball hitter)

	Avg	G	AB	R	H	2B	3B	HR	RBI	BB	SO	HBP	GDP	SB	CS	OBP	SLG	IBB	SH	SF	#Pit	#P/PA	GB	FB	G/F
2001 Season	.241	122	440	67	106	21	6	4	38	44	128	6	6	23	6	.316	.343	2	2	3	2059	4.16	114	121	0.94
Last Five Years	.242	426	1372	203	332	75	15	20	123	169	353	13	16	89	23	.329	.362	8	7	9	6325	4.03	345	426	0.81

	Avg	AB	H	2B	3B	HR	RBI	BB	SO	OBP	SLG	2001 Season	Avg	AB	H	2B	3B	HR	RBI	BB	SO	OBP	SLG
vs. Left	.319	113	36	6	1	1	12	15	30	.392	.416	First Pitch	.348	46	16	2	0	0	5	1	0	.375	.391
vs. Right	.214	327	70	15	5	3	26	29	98	.289	.318	Ahead in Count	.373	67	25	5	0	2	11	18	0	.511	.537
Home	.233	219	51	12	3	1	15	18	70	.296	.329	Behind in Count	.188	240	45	9	4	2	14	0	102	.193	.258
Away	.249	221	55	9	3	3	23	26	58	.336	.357	Two Strikes	.174	270	47	10	5	2	16	25	128	.248	.270
Day	.257	144	37	9	2	1	14	14	37	.325	.368	Batting #1	.232	164	38	9	2	0	8	17	49	.314	.348
Night	.233	296	69	12	4	3	24	30	91	.312	.331	Batting #7	.265	117	31	5	1	0	10	11	35	.338	.325
Grass	.236	428	101	20	6	3	35	42	126	.311	.332	Other	.233	159	37	7	3	2	10	16	44	.303	.352
Turf	.417	12	5	1	0	1	3	2	2	.500	.750	April	.283	99	28	7	2	1	0	9	10	25	.354	.394
Pre-All Star	.276	196	54	12	3	1	17	19	53	.345	.383	May	.205	39	8	2	0	0	2	4	15	.295	.256
Post-All Star	.213	244	52	9	3	3	21	25	75	.293	.311	June	.281	32	9	1	0	1	3	2	9	.324	.375
Inning 1-6	.272	301	82	13	5	4	28	36	81	.358	.389	July	.229	96	22	6	1	2	11	11	32	.327	.375
Inning 7+	.173	139	24	8	1	0	10	8	47	.221	.245	August	.206	97	20	1	0	1	11	11	25	.284	.299
Scoring Posn	.227	97	22	4	1	2	31	10	25	.297	.351	Sept/Oct	.247	77	19	4	1	0	3	6	22	.301	.325
Close & Late	.157	51	8	1	1	0	2	4	21	.232	.216	vs. AL	.273	22	6	1	0	1	5	3	5	.385	.455
None on/out	.220	127	28	1	1	1	11	31	.298	.291	vs. NL	.239	418	100	20	6	3	33	41	123	.313	.337

2001 By Position

Position	Avg	AB	H	2B	3B	HR	RBI	BB	SO	OBP	SLG	G	GS	Innings	PO	A	E	DP	Fld Pct	Rng Fctr	In Zone	Zone Outs	Zone Rtg	MLB Zone
As 2b	.239	427	102	20	5	4	37	43	124	.315	.337	118	115	1001.2	241	323	8	68	.986	5.07	345	298	.864	.824

Last Five Years

	Avg	AB	H	2B	3B	HR	RBI	BB	SO	OBP	SLG		Avg	AB	H	2B	3B	HR	RBI	BB	SO	OBP	SLG
vs. Left	.245	367	90	19	1	5	25	57	93	.344	.343	First Pitch	.383	149	57	12	2	4	22	5	0	.409	.570
vs. Right	.241	1005	242	56	14	15	98	112	260	.323	.369	Ahead in Count	.315	279	88	22	2	10	41	81	0	.469	.516
Home	.255	664	169	39	6	12	58	79	170	.336	.386	Behind in Count	.188	682	128	27	3	5	39	0	290	.192	.258
Away	.230	708	163	36	9	8	65	90	183	.323	.340	Two Strikes	.167	761	127	25	8	5	42	82	353	.251	.240
Day	.240	466	112	20	4	8	48	50	108	.317	.352	Batting #1	.254	437	111	30	4	5	45	52	102	.339	.375
Night	.243	906	220	55	11	12	75	119	245	.335	.368	Batting #8	.234	457	107	20	7	10	45	60	114	.323	.374
Grass	.240	1184	284	63	11	16	94	140	312	.324	.352	Other	.238	478	114	25	4	5	33	57	137	.325	.339
Turf	.255	188	48	12	4	4	29	29	41	.356	.426	March/April	.287	237	68	19	3	2	21	27	65	.362	.418
Pre-All Star	.256	680	174	42	7	10	58	92	175	.346	.382	May	.219	178	39	9	1	4	19	24	52	.316	.348
Post-All Star	.228	692	158	33	8	10	65	77	178	.312	.342	June	.250	188	47	9	3	2	11	30	44	.352	.362
Inning 1-6	.248	926	230	44	11	16	86	114	225	.334	.371	July	.200	245	49	12	2	4	21	24	65	.282	.314
Inning 7+	.229	446	102	31	4	4	37	55	128	.318	.343	August	.237	232	55	7	4	5	26	29	57	.331	.366
Scoring Posn	.223	310	69	11	5	4	91	51	82	.326	.329	Sept/Oct	.253	292	74	19	2	3	25	35	70	.330	.363
Close & Late	.214	196	42	13	1	1	12	30	61	.326	.306	vs. AL	.229	109	25	9	1	1	10	16	23	.333	.358
None on/out	.243	387	94	22	2	6	6	52	81	.342	.357	vs. NL	.243	1263	307	66	14	19	113	153	330	.328	.363

Mike Jackson — Astros
Age 37 – Pitches Right

	ERA	W	L	Sv	G	GS	IP	BB	SO	Avg	H	2B	3B	HR	RBI	OBP	SLG	GF	IR	IRS	Hld	SvOp	SB	CS	GB	FB	G/F
2001 Season	4.70	5	3	4	67	0	69.0	22	46	.260	68	9	0	14	38	.319	.454	16	21	7	19	9	2	3	87	90	0.97
Last Five Years	3.42	11	13	98	279	0	276.2	90	230	.226	230	35	1	32	107	.295	.357	176	91	21	34	114	10	7	329	287	1.15

2001 Season

	ERA	W	L	Sv	G	GS	IP	H	HR	BB	SO		Avg	AB	H	2B	3B	HR	RBI	BB	SO	OBP	SLG
Home	6.06	0	2	1	32	0	32.2	37	8	11	32	vs. Left	.294	119	35	5	0	7	18	18	18	.387	.513
Away	3.47	5	1	3	35	0	36.1	31	6	11	14	vs. Right	.231	143	33	4	0	7	20	4	28	.258	.406
Day	3.12	0	0	1	17	0	17.1	14	1	6	10	Inning 1-6	.167	6	1	0	0	1	1	0	0	.167	.667
Night	5.23	5	3	3	50	0	51.2	54	13	16	36	Inning 7+	.262	256	67	9	0	13	37	22	46	.323	.449
Grass	5.09	4	3	4	62	0	63.2	65	14	20	46	None on	.268	149	40	7	0	8	8	10	26	.319	.477
Turf	0.00	1	0	0	5	0	5.1	3	0	2	0	Runners on	.248	113	28	2	0	6	30	12	20	.320	.425
April	5.40	0	0	0	9	0	10.0	8	2	7	10	Scoring Posn	.246	65	16	0	0	4	25	9	12	.338	.431
May	1.32	1	1	0	12	0	13.2	9	1	3	2	Close & Late	.250	140	35	3	0	5	17	11	28	.307	.379
June	6.30	0	0	4	11	0	10.0	12	4	2	4	None on/out	.328	67	22	3	0	5	5	4	13	.375	.597
July	4.76	1	0	0	11	0	11.1	8	2	2	9	vs. 1st Batr (relief)	.317	63	20	3	0	4	9	2	11	.343	.556
August	4.05	2	1	0	11	0	13.1	16	1	4	7	1st Inning Pitched	.238	223	53	8	0	13	34	17	41	.295	.448
Sept/Oct	7.59	1	1	0	13	0	10.2	15	4	4	10	First 15 Pitches	.228	202	46	8	0	9	21	12	32	.276	.401
Starter	0.00	0	0	0	0	0	0.0	0	0	0	0	Pitch 16-30	.351	57	20	1	0	5	17	10	14	.441	.632
Reliever	4.70	5	3	4	67	0	69.0	68	14	22	46	Pitch 31-45	.667	3	2	0	0	0	0	0	0	.667	.667
0 Days Rest (Relief)	5.40	1	1	1	12	0	11.2	16	1	2	8	Pitch 46+	.000	0	0	0	0	0	0	0	0	.000	.000
1 or 2 Days Rest	4.50	4	2	2	36	0	38.0	34	8	10	27	First Pitch	.273	44	12	2	0	2	8	2	0	.304	.455
3+ Days Rest	4.66	0	0	1	19	0	19.1	18	5	10	11	Ahead in Count	.183	115	21	3	0	1	5	0	43	.190	.235
vs. AL	2.08	1	0	3	6	0	4.1	1	1	0	6	Behind in Count	.368	57	21	7	0	7	19	11	0	.471	.754
vs. NL	4.87	4	3	1	61	0	64.2	67	13	22	40	Two Strikes	.171	105	18	4	0	3	7	9	46	.241	.295
Pre-All Star	3.62	2	1	4	36	0	37.1	30	7	12	22	Pre-All Star	.224	134	30	6	0	7	17	12	22	.295	.425
Post-All Star	5.97	3	2	0	31	0	31.2	38	7	10	24	Post-All Star	.297	128	38	3	0	7	21	10	24	.345	.484

Last Five Years

	ERA	W	L	Sv	G	GS	IP	H	HR	BB	SO		Avg	AB	H	2B	3B	HR	RBI	BB	SO	OBP	SLG
Home	3.99	5	8	45	137	0	137.2	120	18	55	134	vs. Left	.262	466	122	24	1	10	47	59	77	.349	.382
Away	2.85	6	5	53	142	0	139.0	110	14	35	96	vs. Right	.196	550	108	11	0	22	60	31	153	.247	.336
Day	3.08	3	1	27	80	0	79.0	66	6	28	63	Inning 1-6	.188	16	3	0	0	1	2	3	1	.316	.375
Night	3.55	8	12	71	199	0	197.2	164	26	62	167	Inning 7+	.227	1000	227	35	1	31	105	87	229	.295	.357
Grass	3.75	10	12	82	240	0	237.1	211	30	83	201	None on	.235	571	134	23	1	18	18	51	119	.304	.373
Turf	1.37	1	1	16	39	0	39.1	19	2	7	29	Runners on	.216	445	96	12	0	14	89	39	111	.284	.337
March/April	3.69	0	2	17	47	0	46.1	31	3	23	36	Scoring Posn	.208	245	51	6	0	7	71	27	65	.290	.318
May	3.30	1	2	11	45	0	46.1	40	8	10	31	Close & Late	.223	600	134	19	1	14	58	53	153	.292	.328
June	2.91	2	1	17	48	0	46.1	43	6	12	42	None on/out	.247	243	60	7	0	10	10	19	53	.309	.399
July	2.83	5	3	22	47	0	47.2	28	5	11	44	vs. 1st Batr (relief)	.227	264	60	7	0	10	20	11	61	.265	.367
August	3.67	2	3	17	48	0	49.0	46	2	20	41	1st Inning Pitched	.224	908	203	34	1	31	99	70	205	.285	.366
Sept/Oct	4.17	1	2	14	47	0	41.0	42	8	14	36	First 15 Pitches	.223	780	174	30	1	25	68	54	160	.281	.360
Starter	0.00	0	0	0	0	0	0.0	0	0	0	0	Pitch 16-30	.241	220	53	5	0	7	37	33	65	.341	.359
Reliever	3.42	11	13	98	279	0	276.2	230	32	90	230	Pitch 31-45	.188	16	3	0	0	0	2	3	7	.316	.188
0 Days Rest (Relief)	2.61	3	4	34	73	0	72.1	62	7	22	69	Pitch 46+	.000	0	0	0	0	0	0	0	0	.000	.000
1 or 2 Days Rest	4.06	6	7	45	137	0	137.1	120	20	43	112	First Pitch	.225	151	34	4	0	6	24	7	0	.264	.371
3+ Days Rest	2.96	2	2	19	69	0	67.0	48	5	25	49	Ahead in Count	.172	506	87	15	0	6	32	0	205	.186	.237
vs. AL	3.07	4	9	85	188	0	182.0	142	18	58	157	Behind in Count	.360	172	62	8	0	14	38	41	0	.481	.651
vs. NL	4.09	7	4	13	91	0	94.2	88	14	32	73	Two Strikes	.154	500	77	13	0	8	32	41	330	.224	.228
Pre-All Star	3.11	6	5	53	152	0	153.1	120	17	48	121	Pre-All Star	.216	555	120	21	1	17	57	48	121	.283	.350
Post-All Star	3.79	5	8	45	127	0	123.1	110	15	42	109	Post-All Star	.239	461	110	14	0	15	50	42	109	.310	.367

204

Ryan Jackson — Tigers
Age 30 – Bats Left (groundball hitter)

	Avg	G	AB	R	H	2B	3B	HR	RBI	BB	SO	HBP	GDP	SB	CS	OBP	SLG	IBB	SH	SF	#Pit	#P/PA	GB	FB	G/F
2001 Season	.212	79	118	19	25	4	2	2	11	5	26	1	1	3	1	.250	.331	0	2	0	403	3.20	45	28	1.61
Career (1998-2001)	.238	222	446	49	106	22	3	7	52	31	118	3	7	7	5	.290	.348	0	4	3	1726	3.54	163	105	1.55

2001 Season

	Avg	AB	H	2B	3B	HR	RBI	BB	SO	OBP	SLG		Avg	AB	H	2B	3B	HR	RBI	BB	SO	OBP	SLG
vs. Left	.267	15	4	1	0	0	2	1	3	.313	.333	Scoring Posn	.241	29	7	2	1	1	9	0	11	.267	.483
vs. Right	.204	103	21	3	2	2	9	4	23	.241	.330	Close & Late	.389	18	7	2	0	1	3	2	4	.450	.667
Home	.206	63	13	2	2	1	6	3	12	.242	.349	None on/out	.182	22	4	0	1	0	0	2	0	.250	.273
Away	.218	55	12	2	0	1	5	2	14	.259	.309	Batting #7	.174	23	4	1	1	0	2	0	5	.174	.304
First Pitch	.400	30	12	2	1	1	6	0	0	.400	.633	Batting #9	.212	33	7	0	0	0	1	1	9	.235	.212
Ahead in Count	.179	28	5	0	0	1	1	3	0	.258	.286	Other	.226	62	14	3	1	2	8	4	12	.284	.403
Behind in Count	.102	49	5	2	0	0	3	0	24	.120	.143	Pre-All Star	.230	87	20	4	2	2	10	3	13	.264	.391
Two Strikes	.024	41	1	0	0	0	0	2	26	.091	.024	Post-All Star	.161	31	5	0	0	0	1	2	13	.212	.161

Career (1998-2001)

	Avg	AB	H	2B	3B	HR	RBI	BB	SO	OBP	SLG		Avg	AB	H	2B	3B	HR	RBI	BB	SO	OBP	SLG
vs. Left	.302	63	19	3	0	0	6	5	17	.362	.349	First Pitch	.388	80	31	8	1	2	10	0	0	.395	.588
vs. Right	.227	383	87	19	3	7	46	26	101	.278	.347	Ahead in Count	.289	90	26	6	0	3	17	18	0	.405	.456
Home	.239	226	54	13	2	4	31	18	53	.294	.367	Behind in Count	.161	217	35	7	0	2	21	0	104	.164	.221
Away	.236	220	52	9	1	3	21	13	65	.285	.327	Two Strikes	.119	210	25	5	1	2	15	13	118	.174	.181
Day	.244	156	38	9	0	1	11	11	42	.296	.321	Batting #6	.195	82	16	4	0	3	16	8	18	.264	.354
Night	.234	290	68	13	3	6	41	20	76	.287	.362	Batting #9	.231	91	21	3	0	0	4	2	30	.253	.264
Grass	.229	375	86	17	3	5	44	25	96	.277	.331	Other	.253	273	69	15	3	4	32	21	70	.310	.374
Turf	.282	71	20	5	0	2	8	6	22	.354	.437	March/April	.250	64	16	1	1	0	5	5	14	.304	.297
Pre-All Star	.231	229	53	10	3	5	28	14	49	.278	.367	May	.317	63	20	6	1	3	14	3	13	.353	.587
Post-All Star	.244	217	53	12	0	2	24	17	69	.303	.327	June	.161	87	14	3	1	1	6	6	19	.215	.253
Inning 1-6	.246	281	69	13	3	5	40	18	70	.288	.367	July	.288	59	17	3	0	1	8	4	19	.333	.390
Inning 7+	.224	165	37	9	0	2	12	13	48	.293	.315	August	.227	97	22	5	0	1	11	8	29	.299	.309
Scoring Posn	.257	113	29	6	2	2	43	5	37	.293	.398	Sept/Oct	.224	76	17	4	0	1	8	5	24	.265	.316
Close & Late	.179	78	14	2	0	2	4	8	26	.256	.282	vs. AL	.215	200	43	8	1	1	18	14	50	.271	.280
None on/out	.194	98	19	7	1	2	2	7	24	.248	.347	vs. NL	.256	246	63	14	2	6	34	17	68	.306	.402

John Jaha — Athletics
Age 36 – Bats Right

	Avg	G	AB	R	H	2B	3B	HR	RBI	BB	SO	HBP	GDP	SB	CS	OBP	SLG	IBB	SH	SF	#Pit	#P/PA	GB	FB	G/F
2001 Season	.089	12	45	2	4	3	0	0	8	6	15	0	3	0	0	.192	.156	0	0	1	222	4.27	13	11	1.18
Last Five Years	.237	306	977	163	232	40	1	54	188	214	288	21	32	5	3	.383	.446	6	0	8	5292	4.34	333	252	1.32

2001 Season

	Avg	AB	H	2B	3B	HR	RBI	BB	SO	OBP	SLG		Avg	AB	H	2B	3B	HR	RBI	BB	SO	OBP	SLG
vs. Left	.059	17	1	1	0	0	3	2	6	.158	.118	Scoring Posn	.286	14	4	3	0	0	8	3	2	.389	.500
vs. Right	.107	28	3	2	0	0	5	4	9	.212	.179	Close & Late	.000	6	0	0	0	0	0	1	3	.143	.000

Last Five Years

	Avg	AB	H	2B	3B	HR	RBI	BB	SO	OBP	SLG		Avg	AB	H	2B	3B	HR	RBI	BB	SO	OBP	SLG
vs. Left	.267	288	77	14	0	19	56	69	75	.411	.514	First Pitch	.306	85	26	4	0	11	28	5	0	.362	.741
vs. Right	.225	689	155	26	1	35	132	145	213	.371	.418	Ahead in Count	.368	163	60	12	0	13	47	109	0	.621	.681
Home	.226	470	106	23	0	21	91	116	142	.383	.409	Behind in Count	.177	485	86	15	1	18	58	0	215	.189	.324
Away	.249	507	126	17	1	33	97	98	146	.383	.481	Two Strikes	.174	585	102	16	0	22	85	100	288	.301	.315
Day	.238	361	86	10	0	27	69	61	113	.350	.490	Batting #4	.243	734	178	30	0	44	146	158	215	.385	.463
Night	.237	616	146	30	1	27	119	153	175	.396	.420	Batting #5	.240	129	31	7	0	7	22	21	38	.349	.457
Grass	.239	808	193	34	0	46	152	188	236	.391	.452	Other	.202	114	23	3	1	3	20	35	35	.404	.325
Turf	.231	169	39	6	1	8	36	26	52	.340	.420	March/April	.273	231	63	11	1	14	43	46	70	.399	.511
Pre-All Star	.237	670	159	28	1	38	127	136	188	.373	.452	May	.222	153	34	9	0	8	31	26	39	.337	.438
Post-All Star	.238	307	73	12	0	16	61	78	100	.403	.433	June	.216	227	49	6	0	13	42	54	59	.373	.414
Inning 1-6	.245	693	170	36	1	37	141	132	191	.377	.460	July	.231	160	37	6	0	10	30	30	55	.371	.456
Inning 7+	.218	284	62	4	0	17	47	82	97	.403	.412	August	.226	115	26	5	0	5	21	35	36	.405	.400
Scoring Posn	.236	305	72	11	0	18	140	86	89	.402	.456	Sept/Oct	.253	91	23	3	0	4	21	23	29	.404	.418
Close & Late	.229	131	30	2	0	9	27	48	43	.446	.450	vs. AL	.242	744	180	31	0	46	148	152	215	.378	.469
None on/out	.227	229	52	11	0	11	11	36	61	.342	.419	vs. NL	.223	233	52	9	1	8	40	62	73	.398	.373

Mike James — Cardinals
Age 34 – Pitches Right (groundball pitcher)

	ERA	W	L	Sv	G	GS	IP	BB	SO	Avg	H	2B	3B	HR	RBI	OBP	SLG	GF	IR	IRS	Hld	SvOp	SB	CS	GB	FB	G/F
2001 Season	5.21	1	2	0	40	0	38.0	17	26	.293	43	10	3	5	32	.382	.503	11	31	13	4	0	3	0	78	28	2.79
Last Five Years	3.96	8	9	9	160	0	166.0	76	136	.260	162	31	6	15	92	.352	.402	46	104	37	30	18	11	7	253	149	1.70

2001 Season

	ERA	W	L	Sv	G	GS	IP	H	HR	BB	SO		Avg	AB	H	2B	3B	HR	RBI	BB	SO	OBP	SLG
Home	3.42	1	2	0	22	0	23.2	19	1	11	15	vs. Left	.268	41	11	2	0	4	13	6	7	.375	.610
Away	8.16	0	0	0	18	0	14.1	24	4	6	11	vs. Right	.302	106	32	8	3	1	19	11	19	.385	.462
Starter	0.00	0	0	0	0	0	0.0	0	0	0	0	Scoring Posn	.302	53	16	3	2	1	24	8	11	.415	.491
Reliever	5.21	1	2	0	40	0	38.0	43	5	17	26	Close & Late	.200	25	5	2	0	0	2	7	6	.412	.280
0 Days Rest (Relief)	5.40	0	1	0	9	0	8.1	11	2	4	5	None on/out	.276	29	8	1	0	1	1	5	5	.400	.414
1 or 2 Days Rest	3.86	1	1	0	17	0	18.2	19	1	8	13	First Pitch	.353	17	6	0	1	2	8	2	0	.500	.824
3+ Days Rest	7.36	0	0	0	14	0	11.0	13	2	5	8	Ahead in Count	.215	79	17	4	1	1	9	0	23	.225	.329
Pre-All Star	5.71	1	2	0	35	0	34.2	42	5	17	24	Behind in Count	.542	24	13	4	1	1	8	7	0	.656	.917
Post-All Star	0.00	0	0	0	5	0	3.1	1	0	0	2	Two Strikes	.186	70	13	6	2	1	8	8	26	.278	.257

Last Five Years

	ERA	W	L	Sv	G	GS	IP	H	HR	BB	SO		Avg	AB	H	2B	3B	HR	RBI	BB	SO	OBP	SLG
Home	2.80	7	5	3	84	0	90.0	73	6	31	70	vs. Left	.267	221	59	16	1	7	35	43	49	.386	.443
Away	5.33	1	4	6	76	0	76.0	89	9	45	66	vs. Right	.257	401	103	15	5	8	57	33	87	.331	.379
Day	3.71	3	6	3	60	0	60.2	54	7	32	50	Inning 1-6	.227	132	30	3	2	2	24	14	26	.299	.326
Night	4.10	5	3	6	100	0	105.1	108	8	44	86	Inning 7+	.269	490	132	28	4	13	68	62	110	.365	.422
Grass	4.00	8	7	8	146	0	153.0	152	14	69	122	None on	.255	326	83	15	3	9	9	34	80	.338	.402
Turf	3.46	0	2	1	14	0	13.0	10	1	7	14	Runners on	.267	296	79	16	3	6	83	42	56	.366	.402
March/April	3.13	3	5	3	41	0	46.0	43	4	20	35	Scoring Posn	.266	188	50	9	2	1	68	31	39	.376	.351
May	5.74	0	0	4	31	0	31.1	35	6	20	31	Close & Late	.258	260	67	12	1	5	34	31	59	.357	.369
June	4.32	2	0	0	25	0	25.0	29	1	11	16	None on/out	.270	141	38	5	0	5	14	37	.348	.411
July	7.47	0	2	1	16	0	15.2	20	2	8	13	vs. 1st Batr (relief)	.228	145	33	3	2	2	19	9	34	.285	.317
August	1.90	1	1	1	22	0	23.2	19	2	5	18	1st Inning Pitched	.263	490	129	25	5	13	85	58	108	.351	.414
Sept/Oct	2.59	2	1	0	25	0	24.1	16	0	12	23	First 15 Pitches	.262	428	112	21	4	15	68	45	91	.342	.435
Starter	0.00	0	0	0	0	0	0.0	0	0	0	0	Pitch 16-30	.267	172	46	8	2	0	22	29	41	.385	.337
Reliever	3.96	8	9	9	160	0	166.0	162	15	76	136	Pitch 31-45	.100	20	2	1	0	0	1	2	4	.182	.150
0 Days Rest (Relief)	4.35	2	3	2	28	0	31.0	35	2	12	17	Pitch 46+	1.000	2	2	1	0	0	1	0	0	1.000	1.500
1 or 2 Days Rest	3.24	4	4	7	81	0	83.1	77	6	41	76	First Pitch	.267	75	20	5	1	3	15	8	0	.360	.480
3+ Days Rest	4.88	2	2	0	51	0	51.2	50	7	23	43	Ahead in Count	.200	315	63	10	2	6	33	0	115	.217	.302
vs. AL	4.15	4	5	6	63	0	69.1	65	3	34	61	Behind in Count	.377	122	46	10	3	5	23	38	0	.528	.631
vs. NL	3.82	4	4	3	97	0	96.2	97	12	42	75	Two Strikes	.182	314	57	9	1	4	33	30	136	.261	.255
Pre-All Star	4.51	5	5	7	103	0	107.2	114	12	55	86	Pre-All Star	.277	411	114	25	6	12	68	55	86	.371	.455
Post-All Star	2.93	3	4	2	57	0	58.1	48	3	21	50	Post-All Star	.227	211	48	6	0	3	24	21	50	.313	.299

Kevin Jarvis — Padres
Age 32 – Pitches Right

	ERA	W	L	Sv	G	GS	IP	BB	SO	Avg	H	2B	3B	HR	RBI	OBP	SLG	CG	ShO	Sup	QS	#P/S	SB	CS	GB	FB	G/F
2001 Season	4.79	12	11	0	32	32	193.1	49	133	.254	189	45	8	37	94	.303	.485	1		5.77	14	89	8	8	248	223	1.11
Last Five Years	5.88	15	20	1	92	57	390.1	117	252	.290	454	110	12	86	248	.342	.540	1		5.63	22	87	26	14	536	477	1.12

2001 Season

	ERA	W	L	Sv	G	GS	IP	H	HR	BB	SO		Avg	AB	H	2B	3B	HR	RBI	BB	SO	OBP	SLG
Home	4.17	6	5	0	16	16	101.1	87	19	25	75	vs. Left	.259	317	82	17	4	19	48	17	51	.298	.517
Away	5.48	6	6	0	16	16	92.0	102	18	24	58	vs. Right	.251	427	107	28	4	18	46	32	82	.307	.461
Day	4.75	5	2	0	11	11	66.1	64	15	15	41	Inning 1-6	.256	683	175	41	8	35	91	45	125	.305	.493
Night	4.82	7	9	0	21	21	127.0	125	22	34	92	Inning 7+	.230	61	14	4	0	2	3	4	8	.277	.393
Grass	4.91	11	10	0	30	30	179.2	178	35	47	122	None on	.233	493	115	30	5	23	23	24	89	.274	.454
Turf	3.29	1	1	0	2	2	13.2	11	2	2	11	Runners on	.295	251	74	15	3	14	71	25	44	.356	.546
April	5.65	1	2	0	5	5	28.2	34	5	7	27	Scoring Posn	.243	152	37	8	2	7	52	18	34	.320	.461
May	3.82	2	2	0	6	6	37.2	29	6	9	25	Close & Late	.261	23	6	3	0	0	1	1	4	.292	.391
June	6.03	1	3	0	6	6	34.1	37	9	6	23	None on/out	.226	199	45	15	3	7	7	8	40	.263	.437
July	5.59	4	1	0	5	5	29.0	31	6	9	19	vs. 1st Batr (relief)	.000	0	0	0	0	0	0	0	0	.000	.000
August	3.40	3	1	0	6	6	39.2	34	5	14	27	1st Inning Pitched	.264	125	33	5	2	10	22	5	19	.290	.576
Sept/Oct	4.88	1	2	0	4	4	24.0	24	6	4	12	First 75 Pitches	.260	605	157	38	7	29	80	35	108	.302	.489
Starter	4.79	12	11	0	32	32	193.1	189	37	49	133	Pitch 76-90	.253	91	23	4	1	6	11	9	14	.320	.516
Reliever	0.00	0	0	0	0	0	0.0	0	0	0	0	Pitch 91-105	.162	37	6	2	0	1	2	5	11	.279	.297
0-3 Days Rest (Start)	0.00	0	0	0	0	0	0.0	0	0	0	0	Pitch 106+	.273	11	3	1	0	1	1	0	0	.273	.636
4 Days Rest	4.64	5	6	0	16	16	99.0	103	18	19	71	First Pitch	.339	115	39	12	3	6	20	4	0	.361	.652
5+ Days Rest	4.96	7	5	0	16	16	94.1	86	19	30	62	Ahead in Count	.178	359	64	13	3	13	32	0	117	.184	.334
vs. AL	5.00	1	1	0	3	3	18.0	19	6	5	11	Behind in Count	.355	152	54	14	3	10	26	23	0	.441	.684
vs. NL	4.77	11	10	0	29	29	175.1	170	31	44	122	Two Strikes	.156	334	52	10	1	12	29	22	133	.213	.299
Pre-All Star	4.98	5	7	0	18	18	106.2	105	21	24	79	Pre-All Star	.257	409	105	28	4	21	56	24	79	.298	.499
Post-All Star	4.57	7	4	0	14	14	86.2	84	16	25	54	Post-All Star	.251	335	84	17	4	16	38	25	54	.309	.469

Last Five Years

	ERA	W	L	Sv	G	GS	IP	H	HR	BB	SO		Avg	AB	H	2B	3B	HR	RBI	BB	SO	OBP	SLG
Home	5.52	7	7	1	49	29	207.0	238	45	61	141	vs. Left	.307	683	210	53	5	41	119	46	101	.353	.580
Away	6.28	8	13	0	43	28	183.1	216	37	56	111	vs. Right	.276	884	244	57	7	45	129	71	151	.333	.509
Day	4.98	7	3	1	34	20	146.1	150	32	39	89	Inning 1-6	.291	1391	405	101	12	81	234	103	220	.343	.556
Night	6.42	8	17	0	58	37	244.0	304	54	78	163	Inning 7+	.278	176	49	9	0	5	14	14	32	.335	.415
Grass	5.74	14	16	0	79	50	341.2	397	75	99	215	None on	.269	960	258	67	7	52	52	55	155	.312	.516
Turf	6.84	1	4	1	13	7	48.2	57	11	18	37	Runners on	.323	607	196	43	5	34	196	62	97	.386	.578
March/April	7.19	2	4	1	18	7	61.1	84	13	18	48	Scoring Posn	.298	379	113	22	4	19	151	45	68	.372	.520
May	5.94	2	2	0	16	11	69.2	69	17	25	40	Close & Late	.265	49	13	4	0	0	4	5	9	.345	.449
June	6.59	2	5	0	16	12	68.1	91	18	12	46	None on/out	.284	409	116	33	5	27	27	19	69	.320	.587
July	5.97	4	3	0	12	11	63.1	81	12	23	39	vs. 1st Batr (relief)	.367	30	11	2	0	2	6	4	3	.457	.633
August	3.70	3	3	0	12	8	58.1	59	10	20	40	1st Inning Pitched	.310	368	114	27	4	23	78	29	51	.361	.582
Sept/Oct	5.71	2	3	0	18	8	69.1	70	16	19	39	First 75 Pitches	.292	1341	392	96	10	70	215	96	214	.342	.545
Starter	5.58	15	19	0	57	57	322.1	363	69	89	205	Pitch 76-90	.309	152	47	11	2	12	27	14	21	.371	.645
Reliever	7.28	0	1	1	35	0	68.0	91	17	28	47	Pitch 91-105	.186	59	11	2	0	3	5	7	17	.284	.373
0-3 Days Rest (Start)	3.00	0	1	0	1	1	6.0	7	1	2	5	Pitch 106+	.267	15	4	1	0	1	1	0	0	.267	.533
4 Days Rest	5.42	6	9	0	30	30	172.2	204	35	42	107	First Pitch	.379	235	89	22	4	16	52	6	0	.404	.711
5+ Days Rest	5.89	9	9	0	26	26	143.2	152	33	45	95	Ahead in Count	.214	734	157	36	4	30	92	0	216	.216	.396
vs. AL	8.74	1	6	0	30	12	90.2	145	30	36	64	Behind in Count	.362	345	125	33	3	23	66	67	0	.466	.675
vs. NL	5.02	14	14	1	62	45	299.2	309	56	81	188	Two Strikes	.193	684	132	33	4	28	77	44	252	.244	.376
Pre-All Star	6.51	7	12	1	53	33	215.2	264	50	63	146	Pre-All Star	.301	876	264	65	5	50	144	63	146	.352	.558
Post-All Star	5.10	8	8	0	39	24	174.2	190	36	54	106	Post-All Star	.275	691	190	45	7	36	104	54	106	.329	.517

Stan Javier — Mariners
Age 38 – Bats Both (groundball hitter)

	Avg	G	AB	R	H	2B	3B	HR	RBI	BB	SO	HBP	GDP	SB	CS	OBP	SLG	IBB	SH	SF	#Pit	#P/PA	GB	FB	G/F
2001 Season	.292	89	281	44	82	14	1	4	33	36	47	2	8	11	1	.375	.391	1	3	1	1228	3.80	123	62	1.98
Last Five Years	.286	603	1877	298	536	80	17	24	206	237	307	9	39	77	19	.365	.385	12	21	17	8121	3.76	790	426	1.85

2001 Season

	Avg	AB	H	2B	3B	HR	RBI	BB	SO	OBP	SLG		Avg	AB	H	2B	3B	HR	RBI	BB	SO	OBP	SLG
vs. Left	.326	89	29	6	0	0	9	14	10	.423	.393	Scoring Posn	.316	98	31	5	1	1	27	11	9	.382	.418
vs. Right	.276	192	53	8	1	4	24	22	37	.352	.391	Close & Late	.234	47	11	0	0	1	0	2	5	7	.308	.234
Home	.281	139	39	6	0	2	15	16	21	.363	.367	None on/out	.286	56	16	2	0	0	0	6	15	.355	.321
Away	.303	142	43	8	1	2	18	20	26	.387	.415	Batting #2	.258	124	32	4	0	3	17	19	18	.361	.363
First Pitch	.400	35	14	1	0	0	5	1	0	.405	.429	Batting #7	.297	64	19	5	1	1	10	7	12	.361	.453
Ahead in Count	.400	55	22	1	0	4	12	12	0	.515	.636	Other	.333	93	31	5	0	0	6	10	17	.404	.387
Behind in Count	.248	133	33	12	0	0	14	0	40	.254	.338	Pre-All Star	.237	139	33	6	0	2	15	22	26	.344	.324
Two Strikes	.193	135	26	9	1	0	10	23	47	.314	.274	Post-All Star	.345	142	49	8	1	2	18	14	21	.408	.458

Last Five Years

	Avg	AB	H	2B	3B	HR	RBI	BB	SO	OBP	SLG		Avg	AB	H	2B	3B	HR	RBI	BB	SO	OBP	SLG
vs. Left	.293	491	144	22	0	5	55	83	86	.368	.369	First Pitch	.374	297	111	12	2	5	53	8	0	.384	.478
vs. Right	.283	1386	392	58	17	19	160	182	224	.365	.390	Ahead in Count	.385	377	145	21	6	14	63	123	0	.534	.584
Home	.289	903	261	34	7	16	104	116	150	.371	.395	Behind in Count	.209	809	169	34	5	2	55	0	242	.213	.271
Away	.282	974	275	46	10	8	102	121	157	.360	.375	Two Strikes	.187	863	161	33	4	3	52	106	307	.278	.244
Day	.291	829	241	36	6	12	90	83	137	.356	.392	Batting #2	.297	411	122	22	6	5	35	51	63	.375	.416
Night	.281	1048	295	44	11	12	116	154	170	.373	.379	Batting #6	.280	553	155	19	2	5	68	65	89	.354	.349
Grass	.290	1564	454	62	13	23	173	205	252	.373	.391	Other	.284	913	259	39	9	14	103	121	155	.368	.392
Turf	.262	313	82	18	4	1	33	32	55	.326	.355	March/April	.280	286	80	14	5	3	36	39	39	.367	.409
Pre-All Star	.279	1080	301	49	11	14	115	133	181	.359	.383	May	.251	354	89	17	4	2	31	43	64	.337	.339
Post-All Star	.295	797	235	31	6	10	91	104	126	.375	.386	June	.297	347	103	13	3	7	39	40	61	.368	.412
Inning 1-6	.302	1207	365	57	13	16	132	148	189	.378	.411	July	.301	312	94	14	0	4	39	38	50	.377	.385
Inning 7+	.255	670	171	23	4	8	74	89	118	.342	.337	August	.282	280	79	8	1	2	30	42	45	.372	.339
Scoring Posn	.291	498	145	23	7	6	178	83	70	.384	.402	Sept/Oct	.305	298	91	14	5	4	31	35	48	.375	.426
Close & Late	.260	335	87	10	2	3	39	46	64	.347	.328	vs. AL	.297	713	212	39	6	11	87	85	116	.371	.415
None on/out	.282	447	126	20	4	8	8	55	95	.361	.398	vs. NL	.278	1164	324	41	11	13	119	152	191	.362	.366

Geoff Jenkins — Brewers
Age 27 – Bats Left

	Avg	G	AB	R	H	2B	3B	HR	RBI	BB	SO	HBP	GDP	SB	CS	OBP	SLG	IBB	SH	SF	#Pit	#P/PA	GB	FB	G/F
2001 Season	.264	105	397	60	105	21	1	20	63	36	120	8	11	4	2	.334	.474	7	0	5	1630	3.65	114	104	1.10
Career (1998-2001)	.284	459	1618	263	460	112	9	84	267	124	403	32	37	21	7	.345	.520	24	3	11	6431	3.60	520	419	1.24

2001 Season

	Avg	AB	H	2B	3B	HR	RBI	BB	SO	OBP	SLG		Avg	AB	H	2B	3B	HR	RBI	BB	SO	OBP	SLG
vs. Left	.316	114	36	8	0	6	21	5	35	.365	.544	First Pitch	.313	64	20	1	0	2	12	6	0	.382	.422
vs. Right	.244	283	69	13	1	14	42	31	85	.322	.445	Ahead in Count	.356	45	16	2	0	2	6	11	0	.500	.533
Home	.278	198	55	14	1	11	36	18	59	.336	.525	Behind in Count	.217	212	46	12	1	8	24	0	101	.223	.396
Away	.251	199	50	7	0	9	27	18	61	.332	.422	Two Strikes	.196	219	43	12	1	12	31	18	120	.264	.425
Day	.292	130	38	7	1	8	28	15	44	.375	.546	Batting #3	.243	334	81	13	0	19	55	30	101	.313	.452
Night	.251	267	67	14	0	12	35	21	76	.313	.438	Batting #5	.256	43	11	5	1	0	4	3	14	.319	.419
Grass	.264	397	105	21	1	20	63	36	120	.334	.474	Other	.650	20	13	3	0	1	4	3	5	.680	.950
Turf	.000	0	0	0	0	0	0	0	0	.000	.000	April	.348	89	31	9	0	9	23	11	27	.416	.685
Pre-All Star	.278	245	68	11	0	13	41	26	66	.356	.482	May	.304	46	14	4	0	1	6	3	14	.360	.457
Post-All Star	.243	152	37	10	1	7	22	10	54	.298	.461	June	.224	85	19	2	0	3	8	10	16	.327	.353
Inning 1-6	.262	282	74	16	0	13	46	26	86	.335	.457	July	.161	62	10	3	0	0	2	11	5	21	.236	.306
Inning 7+	.270	115	31	5	1	7	17	10	34	.331	.513	August	.333	12	4	3	0	0	1	0	2	.333	.583
Scoring Posn	.286	105	30	5	0	5	43	15	33	.370	.476	Sept/Oct	.262	103	27	6	1	5	14	7	40	.306	.485
Close & Late	.157	51	8	0	1	1	3	5	20	.246	.255	vs. AL	.246	57	14	2	0	4	10	7	13	.348	.491
None on/out	.257	74	19	3	1	6	6	8	22	.337	.568	vs. NL	.268	340	91	19	1	16	53	29	107	.332	.471

2001 By Position

Position	Avg	AB	H	2B	3B	HR	RBI	BB	SO	OBP	SLG	G	GS	Innings	PO	A	E	DP	Fld Pct	Rng Fctr	In Zone	Zone Outs	Zone Rtg	MLB Zone
As lf	.263	396	104	21	1	20	62	36	120	.333	.472	104	104	897.1	210	8	3	2	.986	2.19	219	203	.927	.880

Career (1998-2001)

	Avg	AB	H	2B	3B	HR	RBI	BB	SO	OBP	SLG		Avg	AB	H	2B	3B	HR	RBI	BB	SO	OBP	SLG
vs. Left	.277	364	101	25	2	13	62	18	103	.336	.464	First Pitch	.363	284	103	19	1	16	54	20	0	.411	.606
vs. Right	.286	1254	359	87	7	71	205	106	300	.348	.537	Ahead in Count	.402	259	104	24	4	21	59	45	0	.502	.768
Home	.283	784	222	54	6	40	127	65	177	.349	.520	Behind in Count	.207	796	165	42	2	26	96	0	346	.220	.363
Away	.285	834	238	58	3	44	140	59	226	.342	.520	Two Strikes	.192	817	157	44	3	27	91	58	403	.255	.353
Day	.317	539	171	44	2	30	103	49	127	.382	.573	Batting #3	.275	708	195	44	4	42	115	58	202	.343	.527
Night	.268	1079	289	68	7	54	164	75	276	.326	.494	Batting #5	.267	236	63	21	2	9	39	13	59	.310	.487
Grass	.284	1438	408	101	9	73	230	112	353	.347	.519	Other	.300	674	202	47	3	33	113	53	142	.359	.525
Turf	.289	180	52	11	0	11	37	12	50	.333	.533	March/April	.324	247	80	13	0	23	55	20	62	.376	.656
Pre-All Star	.284	848	241	53	2	47	148	68	208	.343	.518	May	.311	222	69	19	1	12	36	17	49	.368	.568
Post-All Star	.284	770	219	59	7	37	119	56	195	.347	.523	June	.242	289	70	16	0	9	37	19	77	.315	.391
Inning 1-6	.294	1119	329	86	5	59	185	80	273	.349	.538	July	.270	248	67	17	4	11	51	18	65	.333	.504
Inning 7+	.263	499	131	26	4	25	82	44	130	.336	.481	August	.317	281	89	25	2	13	35	9	64	.353	.559
Scoring Posn	.269	431	116	26	5	19	176	49	147	.347	.525	Sept/Oct	.257	331	85	22	2	16	53	41	106	.329	.470
Close & Late	.241	245	59	14	3	9	34	22	70	.321	.433	vs. AL	.266	192	51	13	1	11	40	17	40	.333	.516
None on/out	.317	350	111	27	2	26	22	69	.364	.629	vs. NL	.287	1426	409	99	8	73	227	107	363	.347	.521

Jason Jennings — Rockies
Age 23 – Pitches Right (groundball pitcher)

	ERA	W	L	Sv	G	GS	IP	BB	SO	Avg	H	2B	3B	HR	RBI	OBP	SLG	CG	ShO	Sup	QS	#P/S	SB	CS	GB	FB	G/F
2001 Season	4.58	4	1	0	7	7	39.1	19	26	.276	42	14	1	2	16	.358	.421	1	1	7.32	4	90	1	1	62	39	1.59

2001 Season

	ERA	W	L	Sv	G	GS	IP	H	HR	BB	SO		Avg	AB	H	2B	3B	HR	RBI	BB	SO	OBP	SLG
Home	14.14	0	1	0	2	2	7.0	16	0	5	4	vs. Left	.310	71	22	6	1	1	7	10	10	.390	.465
Away	2.51	4	0	0	5	5	32.1	26	2	14	22	vs. Right	.247	81	20	8	0	1	9	9	16	.330	.383

Robin Jennings — Reds
Age 30 – Bats Left (flyball hitter)

	Avg	G	AB	R	H	2B	3B	HR	RBI	BB	SO	HBP	GDP	SB	CS	OBP	SLG	IBB	SH	SF	#Pit	#P/PA	GB	FB	G/F
2001 Season	.265	48	132	14	35	8	2	3	18	7	18	0	0	0	0	.300	.424	1	0	1	495	3.54	49	48	1.02
Last Five Years	.252	62	155	15	39	9	2	3	20	7	22	0	0	0	0	.280	.394	1	0	2	582	3.55	52	61	0.85

2001 Season

	Avg	AB	H	2B	3B	HR	RBI	BB	SO	OBP	SLG		Avg	AB	H	2B	3B	HR	RBI	BB	SO	OBP	SLG
vs. Left	.125	24	3	0	0	1	5	2	5	.192	.250	Scoring Posn	.250	36	9	2	2	2	17	1	6	.263	.583
vs. Right	.296	108	32	8	2	2	13	5	13	.325	.463	Close & Late	.250	16	4	0	0	0	0	2	2	.333	.250
Home	.303	76	23	3	1	2	13	5	8	.341	.447	None on/out	.294	34	10	3	0	1	1	2	4	.333	.471
Away	.214	56	12	5	1	1	5	2	10	.241	.393	Batting #6	.273	44	12	1	1	3	11	2	5	.304	.545
First Pitch	.263	19	5	1	0	0	0	0	0	.263	.316	Batting #8	.258	31	8	3	0	0	3	1	5	.281	.355
Ahead in Count	.357	28	10	3	1	0	8	4	0	.424	.536	Other	.263	57	15	4	1	0	4	4	8	.306	.368
Behind in Count	.217	60	13	1	1	2	8	0	15	.217	.367	Pre-All Star	.250	52	13	3	0	0	4	2	6	.273	.308
Two Strikes	.224	58	13	1	1	2	8	3	18	.262	.379	Post-All Star	.275	80	22	5	2	3	14	5	12	.318	.500

Marcus Jensen — Rangers
Age 29 – Bats Both

	Avg	G	AB	R	H	2B	3B	HR	RBI	BB	SO	HBP	GDP	SB	CS	OBP	SLG	IBB	SH	SF	#Pit	#P/PA	GB	FB	G/F
2001 Season	.172	12	29	0	5	1	0	0	2	0	10	0	1	0	0	.172	.207	0	0	0	123	4.24	7	8	0.88
Last Five Years	.190	120	289	27	55	15	1	5	21	38	88	0	7	0	1	.284	.301	2	3	0	1323	4.01	93	67	1.39

2001 Season

	Avg	AB	H	2B	3B	HR	RBI	BB	SO	OBP	SLG		Avg	AB	H	2B	3B	HR	RBI	BB	SO	OBP	SLG
vs. Left	.167	6	1	0	0	0	0	0	2	.167	.167	Scoring Posn	.154	13	2	1	0	0	2	0	4	.154	.231
vs. Right	.174	23	4	1	0	0	2	0	8	.174	.217	Close & Late	.000	3	0	0	0	0	0	0	3	.000	.000

Ryan Jensen — Giants
Age 26 – Pitches Right

	ERA	W	L	Sv	G	GS	IP	BB	SO	Avg	H	2B	3B	HR	RBI	OBP	SLG	CG	ShO	Sup	QS	#P/S	SB	CS	GB	FB	G/F
2001 Season	4.25	1	2	0	10	7	42.1	25	26	.268	44	6	2	5	20	.378	.421	0	0	5.31	2	87	6	4	59	49	1.20

2001 Season

	ERA	W	L	Sv	G	GS	IP	H	HR	BB	SO		Avg	AB	H	2B	3B	HR	RBI	BB	SO	OBP	SLG
Home	4.71	0	1	0	5	3	21.0	20	3	13	14	vs. Left	.338	68	23	3	1	1	10	18	9	.489	.456
Away	3.80	1	1	0	5	4	21.1	24	2	12	12	vs. Right	.219	96	21	3	1	4	10	7	17	.286	.396

Derek Jeter — Yankees
Age 28 – Bats Right (groundball hitter)

	Avg	G	AB	R	H	2B	3B	HR	RBI	BB	SO	HBP	GDP	SB	CS	OBP	SLG	IBB	SH	SF	#Pit	#P/PA	GB	FB	G/F
2001 Season	.311	150	614	110	191	35	3	21	74	56	99	10	13	27	3	.377	.480	3	5	1	2527	3.68	270	138	1.96
Last Five Years	.322	764	3114	606	1004	159	31	89	403	346	558	49	66	121	33	.397	.479	13	22	15	13512	3.81	1350	621	2.17

2001 Season

	Avg	AB	H	2B	3B	HR	RBI	BB	SO	OBP	SLG		Avg	AB	H	2B	3B	HR	RBI	BB	SO	OBP	SLG
vs. Left	.333	123	41	9	0	5	14	12	23	.397	.528	First Pitch	.437	87	38	8	1	7	12	2	0	.462	.793
vs. Right	.305	491	150	26	3	16	60	44	76	.372	.468	Ahead in Count	.409	137	56	11	1	8	29	35	0	.529	.679
Home	.330	288	95	20	1	13	38	28	48	.399	.542	Behind in Count	.250	268	67	12	1	5	25	0	73	.260	.358
Away	.294	326	96	15	2	8	36	28	51	.358	.426	Two Strikes	.173	266	46	10	1	4	20	19	99	.235	.263
Day	.290	221	64	9	0	6	26	18	42	.360	.412	Batting #1	.324	105	34	8	0	5	11	5	20	.360	.543
Night	.323	393	127	26	3	15	48	38	57	.387	.519	Batting #2	.302	484	146	23	3	15	61	46	74	.371	.455
Grass	.319	520	166	30	3	19	64	43	80	.380	.498	Other	.440	25	11	4	0	1	2	5	5	.548	.720
Turf	.266	94	25	5	0	2	10	13	19	.361	.383	April	.292	96	28	3	1	0	12	10	11	.355	.344
Pre-All Star	.294	343	101	15	3	8	42	38	56	.369	.426	May	.333	102	34	8	0	4	13	17	16	.433	.529
Post-All Star	.332	271	90	20	0	13	32	18	43	.389	.550	June	.245	110	27	2	1	2	13	10	23	.320	.336
Inning 1-6	.320	428	137	21	1	16	47	38	63	.384	.486	July	.345	116	40	8	1	4	12	9	18	.411	.534
Inning 7+	.290	186	54	14	2	5	27	18	36	.362	.468	August	.361	119	43	8	0	8	15	6	17	.402	.630
Scoring Posn	.326	132	43	5	2	1	48	19	26	.419	.417	Sept/Oct	.268	71	19	6	0	3	9	4	10	.307	.479
Close & Late	.273	99	27	8	0	1	14	12	26	.363	.384	vs. AL	.321	542	174	32	1	19	66	46	86	.381	.489
None on/out	.333	141	47	14	0	8	5	22	46	.365	.603	vs. NL	.236	72	17	3	2	2	8	10	13	.353	.417

2001 By Position

Position	Avg	AB	H	2B	3B	HR	RBI	BB	SO	OBP	SLG	G	GS	Innings	PO	A	E	DP	Fld Pct	Rng Fctr	In Zone	Outs	Zone Rtg	MLB Zone
As ss	.311	614	191	35	3	21	74	56	99	.377	.480	150	150	1312.1	212	343	15	68	.974	3.81	426	336	.789	.839

Last Five Years

	Avg	AB	H	2B	3B	HR	RBI	BB	SO	OBP	SLG		Avg	AB	H	2B	3B	HR	RBI	BB	SO	OBP	SLG
vs. Left	.329	711	234	40	7	25	96	79	113	.400	.511	First Pitch	.403	461	186	36	8	19	71	12	0	.427	.640
vs. Right	.320	2403	770	119	24	64	307	267	445	.396	.470	Ahead in Count	.395	664	262	41	10	28	122	147	0	.505	.613
Home	.323	1525	492	76	14	50	212	174	272	.398	.489	Behind in Count	.273	1342	367	56	10	26	123	0	419	.287	.388
Away	.322	1589	512	83	17	39	191	172	286	.396	.469	Two Strikes	.237	1429	339	52	10	23	122	187	558	.335	.336

Last Five Years

	Avg	AB	H	2B	3B	HR	RBI	BB	SO	OBP	SLG		Avg	AB	H	2B	3B	HR	RBI	BB	SO	OBP	SLG
Day	.316	1114	352	59	8	25	146	107	202	.383	.451	Batting #1	.334	628	210	36	6	12	67	73	119	.410	.468
Night	.326	2000	652	100	23	64	257	239	356	.405	.495	Batting #2	.321	2283	733	112	24	73	312	247	406	.394	.487
Grass	.327	2666	871	131	27	83	360	300	471	.402	.489	Other	.300	203	61	11	1	4	24	26	33	.395	.424
Turf	.297	448	133	28	4	6	43	46	87	.369	.417	March/April	.312	481	150	22	10	12	61	59	86	.391	.474
Pre-All Star	.318	1622	515	78	24	45	219	170	293	.388	.478	May	.320	493	158	25	6	16	69	57	83	.397	.493
Post-All Star	.328	1492	489	81	7	44	184	176	265	.407	.480	June	.318	484	154	20	6	11	69	42	92	.380	.452
Inning 1-6	.334	2225	744	109	22	72	284	224	351	.400	.500	July	.330	563	186	29	4	17	67	48	96	.391	.487
Inning 7+	.292	889	260	50	9	17	119	122	207	.389	.426	August	.328	597	196	37	1	20	79	72	103	.409	.494
Scoring Posn	.309	721	223	32	6	16	297	127	148	.415	.437	Sept/Oct	.323	496	160	26	4	13	58	68	98	.405	.470
Close & Late	.306	409	125	20	3	11	64	62	102	.408	.450	vs. AL	.324	2743	888	142	27	80	356	309	484	.399	.483
None on/out	.340	724	246	53	11	21	21	53	115	.390	.530	vs. NL	.313	371	116	17	4	9	47	37	74	.381	.453

D'Angelo Jimenez — Padres
Age 24 – Bats Both (groundball hitter)

	Avg	G	AB	R	H	2B	3B	HR	RBI	BB	SO	HBP	GDP	SB	CS	OBP	SLG	IBB	SH	SF	#Pit	#P/PA	GB	FB	G/F
2001 Season	.276	86	308	45	85	19	0	3	33	39	68	0	9	2	3	.355	.367	4	0	2	1414	4.05	113	75	1.51
Career (1999-2001)	.284	93	328	48	93	21	0	3	37	42	72	0	9	2	3	.363	.375	4	0	2	1511	4.06	119	79	1.51

2001 Season

	Avg	AB	H	2B	3B	HR	RBI	BB	SO	OBP	SLG		Avg	AB	H	2B	3B	HR	RBI	BB	SO	OBP	SLG
vs. Left	.241	87	21	5	0	0	9	10	19	.320	.299	First Pitch	.370	46	17	2	0	0	5	3	0	.408	.413
vs. Right	.290	221	64	14	0	3	24	29	49	.369	.394	Ahead in Count	.283	53	15	3	0	0	5	15	0	.435	.340
Home	.243	140	34	10	0	2	12	17	37	.323	.357	Behind in Count	.234	137	32	10	0	2	13	0	50	.232	.350
Away	.304	168	51	9	0	1	21	22	31	.382	.375	Two Strikes	.224	156	35	11	0	2	18	21	68	.315	.333
Day	.294	85	25	5	0	1	13	9	20	.358	.388	Batting #2	.300	90	27	5	0	2	11	11	23	.373	.422
Night	.269	223	60	14	0	2	20	30	48	.354	.359	Batting #8	.260	150	39	10	0	1	15	19	27	.343	.347
Grass	.268	298	80	19	0	3	32	38	68	.349	.362	Other	.279	68	19	4	0	0	7	9	18	.359	.338
Turf	.500	10	5	0	0	0	1	1	0	.545	.500	April	.000	0	0	0	0	0	0	0	0	.000	.000
Pre-All Star	.268	41	11	5	0	1	6	6	10	.354	.463	May	.000	0	0	0	0	0	0	0	0	.000	.000
Post-All Star	.277	267	74	14	0	2	27	33	58	.355	.352	June	.318	22	7	4	0	0	4	5	5	.423	.500
Inning 1-6	.284	208	59	12	0	1	21	29	42	.368	.356	July	.205	78	16	3	0	1	10	8	20	.273	.282
Inning 7+	.260	100	26	7	0	2	12	10	26	.327	.390	August	.303	99	30	6	0	0	10	15	15	.395	.364
Scoring Posn	.292	72	21	6	0	0	28	17	18	.418	.375	Sept/Oct	.294	109	32	6	0	2	10	12	28	.364	.404
Close & Late	.325	40	13	2	0	0	8	4	9	.386	.375	vs. AL	.235	17	4	1	0	0	2	2	2	.300	.294
None on/out	.267	86	23	7	0	1	1	7	15	.323	.384	vs. NL	.278	291	81	18	0	3	31	37	66	.359	.371

2001 By Position

Position	Avg	AB	H	2B	3B	HR	RBI	BB	SO	OBP	SLG	G	GS	Innings	PO	A	E	DP	Fld Pct	Rng Fctr	In Zone	Zone Outs	Zone Rtg	MLB Zone
As ss	.277	307	85	19	0	3	33	39	67	.356	.368	85	84	740.2	130	255	21	47	.948	4.68	316	251	.794	.839

Jose Jimenez — Rockies
Age 28 – Pitches Right (groundball pitcher)

	ERA	W	L	Sv	G	GS	IP	BB	SO	Avg	H	2B	3B	HR	RBI	OBP	SLG	GF	IR	IRS	Hld	SvOp	SB	CS	GB	FB	G/F
2001 Season	4.09	6	1	17	56	0	55.0	22	37	.264	56	13	0	6	31	.332	.410	49	26	8	0	22	3	0	97	32	3.03
Career (1998-2001)	4.73	19	17	41	161	31	310.0	129	206	.264	314	59	2	26	159	.341	.383	104	52	18	2	53	12	11	575	212	2.71

2001 Season

	ERA	W	L	Sv	G	GS	IP	H	HR	BB	SO		Avg	AB	H	2B	3B	HR	RBI	BB	SO	OBP	SLG
Home	4.89	5	1	9	34	0	35.0	39	4	14	22	vs. Left	.255	94	24	7	0	4	19	10	16	.327	.457
Away	2.70	1	0	8	22	0	20.0	17	2	8	15	vs. Right	.271	118	32	6	0	2	12	12	21	.336	.373
Starter	0.00	0	0	0	0	0	0.0	0	0	0	0	Scoring Posn	.257	70	18	7	0	2	22	10	13	.346	.357
Reliever	4.09	6	1	17	56	0	55.0	56	6	22	37	Close & Late	.234	107	25	6	0	3	20	15	16	.325	.374
0 Days Rest (Relief)	3.68	2	1	6	13	0	14.2	11	3	5	8	None on/out	.229	48	11	1	0	2	2	5	12	.302	.375
1 or 2 Days Rest	3.60	4	0	10	27	0	25.0	27	1	10	14	First Pitch	.387	31	12	3	0	2	7	3	0	.441	.677
3+ Days Rest	5.28	0	0	1	16	0	15.1	18	2	7	15	Ahead in Count	.219	105	23	4	0	3	7	0	28	.219	.343
Pre-All Star	4.14	4	1	12	37	0	37.0	37	4	16	20	Behind in Count	.356	45	16	4	0	1	12	13	0	.500	.511
Post-All Star	4.00	2	0	5	19	0	18.0	19	2	6	17	Two Strikes	.158	95	15	3	0	2	6	6	37	.208	.253

Career (1998-2001)

	ERA	W	L	Sv	G	GS	IP	H	HR	BB	SO		Avg	AB	H	2B	3B	HR	RBI	BB	SO	OBP	SLG
Home	5.58	13	8	18	94	15	161.1	177	18	67	104	vs. Left	.283	533	151	32	1	17	90	71	87	.369	.443
Away	3.81	6	9	23	67	16	148.2	137	8	62	102	vs. Right	.248	656	163	27	1	9	69	58	119	.316	.334
Day	5.00	5	4	14	61	8	93.2	100	9	38	62	Inning 1-6	.269	635	171	34	2	15	89	68	110	.347	.400
Night	4.62	14	13	27	100	23	216.1	214	17	91	144	Inning 7+	.258	554	143	25	0	11	70	61	96	.333	.363
Grass	4.99	18	13	34	145	25	261.2	276	24	107	167	None on	.247	649	160	27	0	12	12	62	107	.320	.344
Turf	3.35	1	4	7	16	6	48.1	38	2	22	39	Runners on	.285	540	154	32	2	14	147	67	99	.364	.430
March/April	5.14	6	1	9	29	4	49.0	55	6	16	30	Scoring Posn	.260	323	84	22	0	5	51	51	58	.355	.375
May	6.44	0	5	10	26	6	50.1	61	4	24	30	Close & Late	.243	313	76	12	0	7	41	38	52	.326	.348
June	4.67	6	3	6	29	4	61.2	55	3	24	37	None on/out	.247	292	72	16	0	5	5	24	52	.308	.353
July	3.55	2	2	4	21	5	45.2	34	6	21	36	vs. 1st Batr (relief)	.237	527	125	28	1	8	0	4	10	12	.308	.407
August	4.28	2	4	4	26	4	40.0	41	3	20	28	1st Inning Pitched	.274	572	157	31	0	14	81	58	92	.343	.402
Sept/Oct	4.26	3	2	8	30	6	63.1	68	4	24	37	First 15 Pitches	.279	458	128	23	0	12	55	44	70	.343	.408
Starter	5.47	8	13	0	31	31	179.1	189	16	75	121	Pitch 16-30	.248	222	55	12	1	4	35	24	39	.325	.455
Reliever	3.72	11	4	41	130	0	130.2	125	10	54	85	Pitch 31-45	.215	130	28	3	0	5	19	14	30	.297	.354
0 Days Rest (Relief)	2.25	3	1	14	35	0	36.0	24	5	13	23	Pitch 46+	.272	379	103	21	1	5	50	40	67	.361	.372
1 or 2 Days Rest	3.98	5	2	21	58	0	54.2	63	2	22	31	First Pitch	.348	164	57	11	0	9	34	10	0	.390	.579
3+ Days Rest	4.69	3	1	6	37	0	40.1	38	3	19	31	Ahead in Count	.218	556	121	26	1	6	48	0	163	.227	.300

209

	ERA	W	L	Sv	G	GS	IP	H	HR	BB	SO		Avg	AB	H	2B	3B	HR	RBI	BB	SO	OBP	SLG
vs. AL	5.01	0	1	1	8	3	23.1	26	3	7	14	Behind in Count	.309	262	81	11	1	7	48	67	0	.449	.439
vs. NL	4.71	19	16	40	153	28	286.2	288	23	122	192	Two Strikes	.187	530	99	21	1	6	47	52	206	.267	.264
Pre-All Star	4.90	13	10	27	91	18	182.0	181	13	72	119	Pre-All Star	.260	695	181	37	2	13	90	72	119	.332	.376
Post-All Star	4.50	6	7	14	70	13	128.0	133	13	57	87	Post-All Star	.269	494	133	22	0	13	69	57	87	.352	.393

Brett Jodie — Padres   Age 25 – Pitches Right

	ERA	W	L	Sv	G	GS	IP	BB	SO	Avg	H	2B	3B	HR	RBI	OBP	SLG	GF	IR	IRS	Hld	SvOp	SB	CS	GB	FB	G/F
2001 Season	6.39	0	2	0	8	3	25.1	13	13	.274	26	0	0	10	17	.361	.589	0	0	0	0	0	3	2	35	30	1.17

2001 Season

	ERA	W	L	Sv	G	GS	IP	H	HR	BB	SO		Avg	AB	H	2B	3B	HR	RBI	BB	SO	OBP	SLG
Home	8.35	0	2	0	6	2	18.1	23	9	9	11	vs. Left	.314	35	11	0	0	4	6	6	6	.415	.657
Away	1.29	0	0	0	2	1	7.0	3	1	4	2	vs. Right	.250	60	15	0	0	6	11	7	7	.328	.550

Adam Johnson — Twins   Age 22 – Pitches Right (flyball pitcher)

	ERA	W	L	Sv	G	GS	IP	BB	SO	Avg	H	2B	3B	HR	RBI	OBP	SLG	CG	ShO	Sup	QS	#P/S	SB	CS	GB	FB	G/F
2001 Season	8.28	1	2	0	7	4	25.0	13	17	.323	32	7	0	6	22	.424	.576	0	0	5.04	1	103	6	3	23	41	0.56

2001 Season

	ERA	W	L	Sv	G	GS	IP	H	HR	BB	SO		Avg	AB	H	2B	3B	HR	RBI	BB	SO	OBP	SLG
Home	13.50	0	1	0	1	1	3.1	6	1	2	3	vs. Left	.321	53	17	3	0	4	13	8	10	.419	.604
Away	7.48	1	1	0	6	3	21.2	26	5	11	14	vs. Right	.326	46	15	4	0	2	9	5	7	.429	.543

Brian Johnson — Dodgers   Age 34 – Bats Right

	Avg	G	AB	R	H	2B	3B	HR	RBI	BB	SO	HBP	GDP	SB	CS	OBP	SLG	IBB	SH	SF	#Pit	#P/PA	GB	FB	G/F
2001 Season	.250	3	4	0	1	0	0	0	1	0	1	0	0	0	0	.250	.250	0	0	0	13	3.25	3	0	0.00
Last Five Years	.241	285	872	87	210	34	4	35	116	60	172	7	28	1	3	.293	.409	12	11	7	3358	3.51	318	251	1.27

2001 Season

	Avg	AB	H	2B	3B	HR	RBI	BB	SO	OBP	SLG		Avg	AB	H	2B	3B	HR	RBI	BB	SO	OBP	SLG
vs. Left	.333	3	1	0	0	0	1	0	1	.333	.333	Scoring Posn	.500	2	1	0	0	0	1	0	0	.500	.500
vs. Right	.000	1	0	0	0	0	0	0	0	.000	.000	Close & Late	.000	0	0	0	0	0	0	0	0	.000	.000

Last Five Years

	Avg	AB	H	2B	3B	HR	RBI	BB	SO	OBP	SLG		Avg	AB	H	2B	3B	HR	RBI	BB	SO	OBP	SLG
vs. Left	.231	295	68	13	2	12	38	26	55	.291	.410	First Pitch	.293	133	39	5	0	6	18	10	0	.342	.466
vs. Right	.246	577	142	21	2	23	78	34	117	.294	.409	Ahead in Count	.333	165	55	9	1	9	31	36	0	.448	.564
Home	.261	445	116	20	3	21	66	24	92	.305	.461	Behind in Count	.184	424	78	12	2	16	50	0	145	.188	.335
Away	.220	427	94	14	1	14	50	36	80	.281	.356	Two Strikes	.152	402	61	8	3	12	40	14	172	.185	.276
Day	.260	384	100	15	1	17	52	33	66	.323	.438	Batting #7	.294	194	57	9	1	7	25	8	34	.320	.459
Night	.225	488	110	19	3	18	64	27	106	.268	.387	Batting #8	.234	606	142	23	3	26	84	44	119	.291	.411
Grass	.243	680	165	26	3	25	87	48	134	.297	.400	Other	.153	72	11	2	0	2	7	8	19	.238	.264
Turf	.234	192	45	8	1	10	29	12	38	.278	.443	March/April	.203	217	44	7	0	6	24	8	44	.229	.318
Pre-All Star	.236	535	126	19	1	19	74	30	109	.277	.381	May	.239	163	39	6	1	8	32	9	31	.277	.436
Post-All Star	.249	337	84	15	3	16	42	30	63	.317	.454	June	.274	135	37	6	0	4	14	10	32	.327	.407
Inning 1-6	.249	554	138	23	3	22	85	43	98	.305	.421	July	.289	76	22	3	0	6	12	8	10	.365	.566
Inning 7+	.226	318	72	11	1	13	31	17	74	.271	.390	August	.242	149	36	7	1	4	15	11	26	.302	.383
Scoring Posn	.211	228	48	9	0	5	75	26	56	.297	.316	Sept/Oct	.242	132	32	5	2	7	19	14	29	.318	.470
Close & Late	.258	159	41	7	1	7	18	5	40	.292	.447	vs. AL	.241	291	70	11	1	6	40	13	54	.273	.347
None on/out	.269	201	54	9	1	17	17	12	39	.313	.577	vs. NL	.241	581	140	23	3	29	76	47	118	.303	.441

Charles Johnson — Marlins   Age 30 – Bats Right (flyball hitter)

	Avg	G	AB	R	H	2B	3B	HR	RBI	BB	SO	HBP	GDP	SB	CS	OBP	SLG	IBB	SH	SF	#Pit	#P/PA	GB	FB	G/F
2001 Season	.259	128	451	51	117	32	0	18	75	38	133	4	8	0	0	.321	.450	2	0	3	1831	3.69	120	127	0.94
Last Five Years	.256	648	2173	272	556	119	2	103	341	250	584	13	54	2	4	.335	.455	11	8	12	9395	3.83	628	643	0.98

2001 Season

	Avg	AB	H	2B	3B	HR	RBI	BB	SO	OBP	SLG		Avg	AB	H	2B	3B	HR	RBI	BB	SO	OBP	SLG
vs. Left	.245	53	13	3	0	1	3	9	21	.355	.358	First Pitch	.355	76	27	12	0	3	15	1	0	.367	.632
vs. Right	.261	398	104	29	0	17	72	29	112	.316	.462	Ahead in Count	.416	89	37	6	0	8	25	20	0	.518	.753
Home	.238	214	51	14	0	5	26	20	65	.301	.374	Behind in Count	.144	209	30	6	0	6	23	0	112	.152	.258
Away	.278	237	66	18	0	13	49	18	68	.338	.519	Two Strikes	.122	221	27	6	0	5	24	17	133	.188	.217
Day	.269	67	18	5	0	6	20	6	20	.320	.612	Batting #6	.260	192	50	16	0	9	30	21	62	.343	.484
Night	.258	384	99	27	0	12	55	32	113	.321	.422	Batting #7	.251	227	57	14	0	6	37	11	62	.285	.392
Grass	.259	378	98	25	0	13	58	30	112	.318	.429	Other	.313	32	10	2	0	3	8	6	9	.421	.656
Turf	.260	73	19	7	0	5	17	8	21	.333	.562	April	.333	75	25	8	0	9	20	7	29	.390	.600
Pre-All Star	.285	256	73	21	0	16	56	27	78	.359	.555	May	.299	87	26	3	0	2	19	7	28	.365	.460
Post-All Star	.226	195	44	11	0	2	19	11	55	.268	.313	June	.203	74	15	6	0	2	10	13	15	.326	.365
Inning 1-6	.263	289	76	26	0	11	51	23	82	.320	.467	July	.270	63	17	4	0	3	11	3	20	.303	.476
Inning 7+	.253	162	41	6	0	7	24	15	51	.322	.420	August	.308	78	24	6	0	3	10	3	20	.337	.423
Scoring Posn	.310	116	36	12	0	4	53	13	35	.376	.517	Sept/Oct	.135	74	10	3	0	0	5	5	22	.188	.176
Close & Late	.253	87	22	3	0	4	14	8	26	.323	.425	vs. AL	.163	49	8	2	0	1	4	7	10	.281	.265
None on/out	.232	112	26	7	0	6	6	10	30	.295	.455	vs. NL	.271	402	109	30	0	17	71	31	123	.326	.473

2001 By Position

Position	Avg	AB	H	2B	3B	HR	RBI	BB	SO	OBP	SLG	G	GS	Innings	PO	A	E	DP	Fld Pct	Rng Fctr	In Zone	Outs	Zone Rtg	MLB Zone
As c	.260	443	115	32	0	16	69	38	128	.322	.440	125	120	1061.0	846	62	4	15	.996	—	—	—	—	—

Last Five Years

	Avg	AB	H	2B	3B	HR	RBI	BB	SO	OBP	SLG		Avg	AB	H	2B	3B	HR	RBI	BB	SO	OBP	SLG
vs. Left	.280	403	113	20	1	18	58	51	110	.361	.469	First Pitch	.299	301	90	25	0	12	44	9	0	.319	.502
vs. Right	.250	1770	443	99	1	85	283	199	474	.328	.451	Ahead in Count	.357	454	162	29	1	35	106	106	0	.475	.656
Home	.259	1064	276	53	0	53	164	137	274	.346	.459	Behind in Count	.194	1019	198	40	1	37	119	0	486	.200	.344
Away	.252	1109	280	66	2	50	177	113	310	.324	.451	Two Strikes	.171	1076	184	40	1	35	119	135	584	.268	.308
Day	.250	505	126	27	0	28	85	58	125	.327	.469	Batting #7	.233	790	184	38	0	28	113	79	218	.304	.387
Night	.258	1668	430	92	2	75	256	192	459	.337	.450	Batting #8	.240	662	159	35	1	31	94	83	172	.327	.437
Grass	.252	1829	460	91	1	86	280	215	483	.333	.443	Other	.295	721	213	46	1	44	134	88	194	.374	.545
Turf	.279	344	96	28	1	17	61	35	101	.346	.515	March/April	.253	332	84	22	0	23	66	38	93	.330	.527
Pre-All Star	.257	1205	310	70	1	66	199	140	322	.337	.481	May	.265	393	104	20	0	19	57	44	97	.342	.461
Post-All Star	.254	968	246	49	1	37	142	110	262	.332	.421	June	.247	381	94	20	1	18	55	43	108	.324	.446
Inning 1-6	.261	1415	369	84	1	66	221	169	368	.343	.461	July	.264	352	93	25	0	18	64	41	94	.345	.489
Inning 7+	.247	758	187	35	1	37	120	81	216	.320	.442	August	.263	377	99	16	0	13	53	48	97	.346	.408
Scoring Posn	.264	579	153	40	0	23	226	91	179	.361	.453	Sept/Oct	.243	338	82	16	1	12	46	36	95	.315	.402
Close & Late	.234	397	93	13	1	18	64	35	113	.295	.408	vs. AL	.278	889	247	49	1	45	148	103	233	.355	.487
None on/out	.254	519	132	19	0	30	30	57	118	.329	.464	vs. NL	.241	1284	309	70	1	58	193	147	351	.320	.432

Jason Johnson — Orioles   Age 28 – Pitches Right (flyball pitcher)

	ERA	W	L	Sv	G	GS	IP	BB	SO	Avg	H	2B	3B	HR	RBI	OBP	SLG	CG	ShO	Sup	QS	#P/S	SB	CS	GB	FB	G/F
2001 Season	4.09	10	12	0	32	32	196.0	77	114	.257	194	44	5	28	97	.334	.440	2	0	4.41	15	102	34	19	273	250	1.09
Career (1997-2001)	5.29	21	34	0	95	79	485.0	221	303	.272	517	111	10	76	282	.352	.461	2	0	4.81	32	98	72	31	607	650	0.93

2001 Season

	ERA	W	L	Sv	G	GS	IP	H	HR	BB	SO		Avg	AB	H	2B	3B	HR	RBI	BB	SO	OBP	SLG
Home	2.97	7	4	0	16	16	103.0	97	10	34	56	vs. Left	.263	373	98	24	2	16	46	43	57	.341	.466
Away	5.32	3	8	0	16	16	93.0	97	18	43	58	vs. Right	.252	381	96	20	3	12	51	34	57	.327	.415
Day	3.91	2	4	0	8	8	46.0	50	8	16	20	Inning 1-6	.251	672	169	37	5	26	85	68	104	.329	.438
Night	4.14	8	8	0	24	24	150.0	144	20	61	94	Inning 7+	.305	82	25	7	0	2	12	9	10	.376	.463
Grass	3.81	10	10	0	28	28	172.1	170	21	69	98	None on	.271	432	117	30	1	18	18	44	68	.348	.470
Turf	6.08	0	2	0	4	4	23.2	24	7	8	16	Runners on	.239	322	77	14	4	10	79	33	46	.316	.401
April	4.67	1	2	0	5	5	27.0	30	2	11	15	Scoring Posn	.221	190	42	7	4	3	62	22	32	.303	.347
May	2.58	3	1	0	6	6	38.1	33	5	9	20	Close & Late	.286	35	10	0	0	2	5	4	6	.350	.457
June	3.78	2	2	0	5	5	33.1	27	6	9	17	None on/out	.251	195	49	10	0	10	10	19	30	.324	.456
July	1.91	3	1	0	5	5	33.0	27	3	13	21	vs. 1st Batr (relief)	.000	0	0	0	0	0	0	0	0	.000	.000
August	5.60	1	4	0	6	6	35.1	43	4	17	20	1st Inning Pitched	.202	124	25	4	3	6	18	14	29	.298	.427
Sept/Oct	6.52	0	2	0	5	5	29.0	34	8	18	21	First 75 Pitches	.237	545	129	30	4	19	63	49	91	.310	.411
Starter	4.09	10	12	0	32	32	196.0	194	28	77	114	Pitch 76-90	.302	96	29	9	0	4	8	17	7	.412	.521
Reliever	0.00	0	0	0	0	0	0.0	0	0	0	0	Pitch 91-105	.301	73	22	1	1	4	7	11	10	.384	.507
0-3 Days Rest (Start)	0.00	0	0	0	0	0	0.0	0	0	0	0	Pitch 106+	.350	40	14	4	0	1	9	1	6	.366	.525
4 Days Rest	4.00	5	6	0	16	16	99.0	96	12	39	49	First Pitch	.316	114	36	7	1	7	25	3	0	.328	.579
5+ Days Rest	4.18	5	6	0	16	16	97.0	98	16	38	65	Ahead in Count	.238	349	83	24	2	8	30	0	90	.257	.387
vs. AL	4.27	8	11	0	28	28	170.2	174	26	66	97	Behind in Count	.271	170	46	8	1	9	26	38	0	.398	.488
vs. NL	2.84	2	1	0	4	4	25.1	20	2	11	17	Two Strikes	.227	348	79	21	3	8	34	36	114	.312	.374
Pre-All Star	3.22	8	5	0	18	18	111.2	101	13	35	58	Pre-All Star	.242	417	101	24	2	13	44	35	58	.310	.403
Post-All Star	5.23	2	7	0	14	14	84.1	93	15	42	56	Post-All Star	.276	337	93	20	3	15	53	42	56	.363	.487

Career (1997-2001)

	ERA	W	L	Sv	G	GS	IP	H	HR	BB	SO		Avg	AB	H	2B	3B	HR	RBI	BB	SO	OBP	SLG
Home	4.97	9	17	0	45	38	235.1	250	35	99	147	vs. Left	.264	927	245	55	6	38	134	116	154	.348	.460
Away	5.59	12	17	0	50	41	249.2	267	41	122	156	vs. Right	.280	972	272	56	4	38	148	105	149	.357	.463
Day	4.80	9	11	0	32	24	153.2	158	30	66	97	Inning 1-6	.268	1723	462	101	9	67	257	203	275	.350	.454
Night	5.51	12	23	0	63	55	331.1	359	46	155	206	Inning 7+	.313	176	55	10	1	9	25	18	28	.376	.534
Grass	4.90	18	24	0	72	61	387.2	394	54	187	242	None on	.272	1063	289	65	5	43	43	117	167	.351	.464
Turf	6.84	3	10	0	23	18	97.1	123	22	34	61	Runners on	.273	836	228	46	5	33	239	104	136	.354	.458
March/April	4.35	2	3	0	9	9	49.2	55	5	25	30	Scoring Posn	.261	509	133	26	4	17	198	72	95	.350	.428
May	4.25	4	6	0	18	17	95.1	95	16	31	56	Close & Late	.246	65	16	1	0	2	5	6	12	.306	.354
June	6.33	3	9	0	21	19	108.0	120	18	42	67	None on/out	.257	478	123	27	2	16	16	48	74	.331	.423
July	4.00	4	6	0	13	12	72.0	64	8	42	46	vs. 1st Batr (relief)	.462	13	6	0	0	3	8	3	2	.563	1.154
August	6.55	5	7	0	19	16	92.0	111	16	41	59	1st Inning Pitched	.237	355	84	12	3	14	56	43	76	.324	.406
Sept/Oct	5.43	3	3	0	15	9	68.0	72	13	40	45	First 75 Pitches	.259	1399	363	84	8	53	203	159	231	.340	.445
Starter	5.17	20	32	0	79	79	445.2	467	68	201	276	Pitch 76-90	.310	239	74	15	1	10	30	32	27	.395	.506
Reliever	6.64	1	2	0	16	0	39.1	50	8	20	27	Pitch 91-105	.307	166	51	5	1	10	30	26	29	.400	.530
0-3 Days Rest (Start)	6.23	0	2	0	2	2	13.0	15	2	4	7	Pitch 106+	.305	95	29	7	0	3	19	4	16	.330	.474
4 Days Rest	5.22	12	17	0	43	43	244.2	253	40	110	150	First Pitch	.346	231	80	18	2	16	69	4	0	.355	.649
5+ Days Rest	5.03	7	13	0	34	34	188.0	199	26	87	119	Ahead in Count	.230	884	203	47	5	22	93	0	255	.242	.369
vs. AL	5.34	19	30	0	83	69	424.1	454	70	194	263	Behind in Count	.306	435	133	27	2	27	74	113	0	.446	.563
vs. NL	4.90	2	4	0	12	10	60.2	63	6	27	40	Two Strikes	.230	896	206	45	6	21	101	104	303	.316	.364
Pre-All Star	5.07	11	21	0	55	51	289.1	304	44	120	173	Pre-All Star	.272	1119	304	69	4	44	120	173	0	.347	.458
Post-All Star	5.61	10	13	0	40	28	195.2	213	32	101	130	Post-All Star	.273	780	213	42	6	32	120	101	130	.360	.465

211

Jonathan Johnson — Diamondbacks
Age 27 – Pitches Right (flyball pitcher)

	ERA	W	L	Sv	G	GS	IP	BB	SO	Avg	H	2B	3B	HR	RBI	OBP	SLG	GF	IR	IRS	Hld	SvOp	SB	CS	GB	FB	G/F
2001 Season	9.58	0	0	0	5	0	10.1	7	11	.317	13	5	0	2	11	.404	.585	2	1	1	0	0	0	0	9	18	0.50
Career (1998-2001)	7.71	1	1	0	22	1	46.2	33	40	.319	61	15	1	5	45	.427	.487	5	18	10	0	0	7	0	58	60	0.97

2001 Season

	ERA	W	L	Sv	G	GS	IP	H	HR	BB	SO		Avg	AB	H	2B	3B	HR	RBI	BB	SO	OBP	SLG
Home	11.25	0	0	0	2	0	4.0	7	1	4	4	vs. Left	.235	17	4	0	0	0	3	5	4	.409	.235
Away	8.53	0	0	0	3	0	6.1	6	1	3	7	vs. Right	.375	24	9	5	0	2	8	2	7	.400	.833

Mark Johnson — White Sox
Age 26 – Bats Left (flyball hitter)

	Avg	G	AB	R	H	2B	3B	HR	RBI	BB	SO	HBP	GDP	SB	CS	OBP	SLG	IBB	SH	SF	#Pit	#P/PA	GB	FB	G/F
2001 Season	.249	61	173	21	43	6	1	5	18	23	31	2	5	2	1	.338	.382	1	10	3	823	3.90	46	60	0.77
Career (1998-2001)	.227	216	616	79	140	28	3	12	58	87	137	5	10	8	4	.325	.341	1	21	5	2901	3.95	181	196	0.92

2001 Season

	Avg	AB	H	2B	3B	HR	RBI	BB	SO	OBP	SLG		Avg	AB	H	2B	3B	HR	RBI	BB	SO	OBP	SLG
vs. Left	.179	28	5	0	0	0	1	3	10	.250	.179	Scoring Posn	.268	41	11	2	1	1	14	10	12	.389	.439
vs. Right	.262	145	38	6	1	5	17	20	21	.355	.421	Close & Late	.200	15	3	0	0	0	1	3	6	.333	.200
Home	.247	85	21	3	0	2	9	14	17	.360	.353	None on/out	.275	40	11	1	0	1	1	6	5	.396	.375
Away	.250	88	22	3	1	3	9	9	14	.317	.409	Batting #8	.214	42	9	1	0	1	2	7	9	.340	.310
First Pitch	.353	17	6	0	0	1	1	0		.389	.529	Batting #9	.260	131	34	5	1	4	16	16	22	.338	.405
Ahead in Count	.326	43	14	2	0	3	9	13	0	.466	.581	Other	.000	0	0	0	0	0	0	0	0	.000	.000
Behind in Count	.200	80	16	4	1	0	7	0	24	.217	.275	Pre-All Star	.292	24	7	0	1	3	1	1		.320	.500
Two Strikes	.203	79	16	3	0	1	6	9	31	.289	.278	Post-All Star	.242	149	36	6	0	4	15	22	30	.341	.362

Career (1998-2001)

	Avg	AB	H	2B	3B	HR	RBI	BB	SO	OBP	SLG		Avg	AB	H	2B	3B	HR	RBI	BB	SO	OBP	SLG
vs. Left	.202	89	18	3	0	1	6	11	31	.287	.270	First Pitch	.339	62	21	3	2	1	3	1	0	.364	.500
vs. Right	.231	527	122	25	3	11	52	76	106	.332	.353	Ahead in Count	.294	126	37	4	0	5	21	46	0	.477	.444
Home	.225	307	69	10	1	6	32	46	62	.327	.322	Behind in Count	.177	271	48	14	1	3	24	0	102	.182	.269
Away	.230	309	71	18	2	6	26	41	75	.324	.359	Two Strikes	.145	304	44	12	0	5	21	40	137	.246	.234
Day	.231	229	53	9	2	3	20	37	42	.340	.328	Batting #8	.191	141	27	5	0	3	10	21	40	.301	.291
Night	.225	387	87	19	1	9	38	50	95	.317	.349	Batting #9	.241	460	111	23	3	9	48	64	92	.336	.363
Grass	.230	544	125	21	2	12	55	78	117	.328	.342	Other	.133	15	2	0	0	0	0	2	5	.235	.133
Turf	.208	72	15	7	1	0	3	9	20	.310	.333	March/April	.203	74	15	4	0	1	6	9	14	.298	.297
Pre-All Star	.216	273	59	12	1	8	30	37	61	.313	.355	May	.200	70	14	3	0	2	6	10	16	.309	.329
Post-All Star	.236	343	81	16	2	4	28	50	76	.335	.329	June	.239	92	22	4	1	2	12	13	22	.330	.370
Inning 1-6	.242	413	100	20	1	10	44	57	83	.338	.368	July	.233	120	28	6	0	4	11	21	29	.348	.383
Inning 7+	.197	203	40	8	2	2	14	30	54	.299	.286	August	.213	141	30	5	0	0	6	17	28	.306	.248
Scoring Posn	.195	164	32	5	2	4	49	34	45	.325	.323	Sept/Oct	.261	119	31	6	2	3	17	17	28	.348	.420
Close & Late	.217	69	15	1	1	0	7	8	21	.299	.261	vs. AL	.230	551	127	25	3	9	54	75	121	.325	.336
None on/out	.248	145	36	5	0	2	2	15	25	.335	.324	vs. NL	.200	65	13	3	0	3	4	12	16	.325	.385

Mark Johnson — Mets
Age 34 – Bats Left (flyball hitter)

	Avg	G	AB	R	H	2B	3B	HR	RBI	BB	SO	HBP	GDP	SB	CS	OBP	SLG	IBB	SH	SF	#Pit	#P/PA	GB	FB	G/F
2001 Season	.254	71	118	17	30	6	1	6	23	16	31	0	0	0	2	.338	.475	1	0	2	540	3.97	27	45	0.60
Last Five Years	.220	180	373	50	82	16	1	11	58	64	124	2	3	1	3	.333	.357	2	0	5	1849	4.16	85	116	0.73

2001 Season

	Avg	AB	H	2B	3B	HR	RBI	BB	SO	OBP	SLG		Avg	AB	H	2B	3B	HR	RBI	BB	SO	OBP	SLG
vs. Left	.000	8	0	0	0	0	0	5		.000	.000	Scoring Posn	.216	37	8	2	1	2	17	5	10	.295	.486
vs. Right	.273	110	30	6	1	6	23	16	26	.359	.509	Close & Late	.241	29	7	1	0	0	5	3	6	.313	.276
Home	.196	56	11	3	0	2	9	14		.299	.357	None on/out	.182	22	4	0	0	2	2	4	7	.308	.455
Away	.306	62	19	3	1	4	16	7	17	.377	.581	Batting #4	.185	27	5	1	0	2	5	3	6	.258	.444
First Pitch	.313	16	5	0	0	4	9	1	0	.333	1.063	Batting #5	.259	27	7	2	0	2	6	3	6	.323	.556
Ahead in Count	.346	26	9	3	0	1	4	6	0	.469	.577	Other	.281	64	18	3	1	2	12	10	19	.378	.453
Behind in Count	.188	48	9	1	0	1	0	5	0	23	.184	.229	Pre-All Star	.255	47	12	1	0	2	7	8	15	.364	.404
Two Strikes	.155	58	9	1	0	6	9	31	.265	.207	Post-All Star	.254	71	18	5	1	4	16	8	16	.321	.521

Mike Johnson — Rangers
Age 26 – Pitches Right (flyball pitcher)

	ERA	W	L	Sv	G	GS	IP	BB	SO	Avg	H	2B	3B	HR	RBI	OBP	SLG	GF	IR	IRS	Hld	SvOp	SB	CS	GB	FB	G/F
2001 Season	4.76	0	0	0	10	0	11.1	4	10	.295	13	4	0	3	5	.380	.591	0	2	0	2	2	0	0	14	11	1.27
Career (1997-2001)	6.85	7	14	2	81	32	218.0	103	147	.290	254	47	1	47	160	.371	.507	10	32	11	2	4	26	6	279	292	0.96

2001 Season

	ERA	W	L	Sv	G	GS	IP	H	HR	BB	SO		Avg	AB	H	2B	3B	HR	RBI	BB	SO	OBP	SLG
Home	6.35	0	0	0	5	0	5.2	7	2	1	5	vs. Left	.286	14	4	2	0	0	0	1	2	.375	.429
Away	3.18	0	0	0	5	0	5.2	6	1	3	5	vs. Right	.300	30	9	2	0	3	5	3	8	.382	.667

Career (1997-2001)

	ERA	W	L	Sv	G	GS	IP	H	HR	BB	SO		Avg	AB	H	2B	3B	HR	RBI	BB	SO	OBP	SLG
Home	6.37	4	5	2	42	13	107.1	123	55	62	vs. Left	.317	419	133	21	1	22	81	51	58	.394	.530
Away	7.32	3	9	0	39	19	110.2	132	24	48	85	vs. Right	.265	456	121	26	0	25	79	52	89	.350	.487
Day	4.48	3	3	2	29	11	90.1	100	11	36	51	Inning 1-6	.288	701	202	39	1	40	132	79	119	.365	.518
Night	8.53	4	11	0	52	21	127.2	154	36	67	96	Inning 7+	.299	174	52	8	0	7	28	24	28	.396	.466
Grass	6.94	2	8	2	42	17	119.1	148	27	50	87	None on	.302	467	141	26	0	26	62	40	77	.363	.525
Turf	6.75	5	6	0	39	15	98.2	106	20	53	60	Runners on	.277	408	113	21	1	21	134	63	70	.379	.488

Career (1997-2001)

	ERA	W	L	Sv	G	GS	IP	H	HR	BB	SO		Avg	AB	H	2B	3B	HR	RBI	BB	SO	OBP	SLG
March/April	3.72	0	0	1	13	0	19.1	19	4	5	16	Scoring Posn	.268	246	66	10	1	13	112	46	47	.390	.476
May	6.86	1	1	1	16	5	39.1	47	9	13	23	Close & Late	.250	20	5	2	0	2	3	3	3	.348	.650
June	7.67	2	4	0	10	5	31.2	40	9	20	27	None on/out	.336	214	72	13	0	12	12	20	33	.401	.565
July	8.02	2	3	0	9	6	33.2	44	7	15	21	vs. 1st Batr (relief)	.250	40	10	4	0	3	9	8	8	.367	.575
August	7.06	1	3	0	16	9	51.0	59	12	31	30	1st Inning Pitched	.268	298	80	17	0	14	60	38	58	.360	.466
Sept/Oct	6.49	1	3	0	17	7	43.0	45	6	19	30	First 15 Pitches	.285	235	67	13	0	9	30	26	43	.363	.455
Starter	8.21	6	14	0	32	32	136.0	167	33	72	87	Pitch 16-30	.250	212	53	12	0	8	38	29	31	.356	.420
Reliever	4.61	1	0	2	49	0	82.0	87	14	31	60	Pitch 31-45	.290	162	47	5	0	13	36	17	35	.358	.562
0 Days Rest (Relief)	4.82	0	0	0	8	0	9.1	6	2	2	6	Pitch 46+	.327	266	87	17	1	17	56	31	38	.399	.590
1 or 2 Days Rest	3.82	0	0	1	20	0	30.2	33	4	12	28	First Pitch	.358	123	44	6	0	7	22	6	0	.388	.577
3+ Days Rest	5.14	1	0	1	21	0	42.0	48	8	17	26	Ahead in Count	.208	370	77	13	1	13	50	0	122	.222	.354
vs. AL	7.21	1	3	2	19	7	53.2	65	13	24	34	Behind in Count	.373	209	78	19	0	15	52	56	0	.506	.679
vs. NL	6.74	6	11	0	62	25	164.1	189	34	79	113	Two Strikes	.216	394	85	14	0	19	66	41	147	.296	.396
Pre-All Star	6.88	4	6	2	43	13	103.1	122	25	46	80	Pre-All Star	.293	417	122	27	0	25	77	46	80	.373	.537
Post-All Star	6.83	3	8	0	38	19	114.2	132	22	57	67	Post-All Star	.288	458	132	20	1	22	83	57	67	.370	.480

Nick Johnson — Yankees   Age 23 – Bats Left

	Avg	G	AB	R	H	2B	3B	HR	RBI	BB	SO	HBP	GDP	SB	CS	OBP	SLG	IBB	SH	SF	#Pit	#P/PA	GB	FB	G/F
2001 Season	.194	23	67	6	13	2	0	2	8	7	15	4	3	0	0	.308	.313	0	0	0	310	3.97	26	18	1.44

2001 Season

	Avg	AB	H	2B	3B	HR	RBI	BB	SO	OBP	SLG		Avg	AB	H	2B	3B	HR	RBI	BB	SO	OBP	SLG
vs. Left	.389	18	7	2	0	0	4	2	3	.476	.500	Scoring Posn	.188	16	3	1	0	0	5	3	7	.350	.250
vs. Right	.122	49	6	0	0	2	4	5	12	.246	.245	Close & Late	.250	12	3	1	0	0	2	2	2	.400	.333

Randy Johnson — Diamondbacks   Age 38 – Pitches Left

	ERA	W	L	Sv	G	GS	IP	BB	SO	Avg	H	2B	3B	HR	RBI	OBP	SLG	CG	ShO	Sup	QS	#P/S	SB	CS	GB	FB	G/F
2001 Season	2.49	21	6	0	35	34	249.2	71	372	.203	181	33	2	19	64	.274	.309	3	2	5.34	27	117	19	15	223	188	1.19
Last Five Years	2.64	96	37	0	169	167	1227.1	380	1703	.211	940	176	10	115	371	.281	.333	38	15	5.04	125	118	131	83	1198	1004	1.19

2001 Season

	ERA	W	L	Sv	G	GS	IP	H	HR	BB	SO		Avg	AB	H	2B	3B	HR	RBI	BB	SO	OBP	SLG
Home	2.54	12	3	0	18	18	131.1	99	10	31	192	vs. Left	.196	107	21	5	0	1	13	9	32	.306	.271
Away	2.43	9	3	0	17	16	118.1	82	9	40	180	vs. Right	.204	783	160	28	2	18	51	62	340	.270	.314
Day	2.92	5	2	0	11	11	74.0	58	7	29	115	Inning 1-6	.194	726	141	28	2	14	49	56	309	.265	.296
Night	2.31	16	4	0	24	23	175.2	123	12	42	257	Inning 7+	.244	164	40	5	0	5	15	15	63	.315	.366
Grass	2.52	21	6	0	34	33	242.2	179	18	67	361	None on	.202	555	112	17	2	14	14	43	237	.275	.315
Turf	1.29	0	0	0	1	1	7.0	2	1	4	11	Runners on	.206	335	69	16	0	5	50	28	135	.273	.299
April	4.03	3	3	0	6	6	44.2	38	7	11	61	Scoring Posn	.178	180	32	10	0	2	43	20	90	.264	.267
May	1.54	2	1	0	6	6	41.0	21	1	16	62	Close & Late	.214	84	18	2	0	4	11	9	36	.299	.381
June	2.41	5	1	0	6	6	41.0	35	4	13	66	None on/out	.205	239	49	9	1	8	19	107	.278	.351	
July	2.04	3	0	0	5	4	35.1	20	3	8	62	vs. 1st Batr (relief)	.000	1	0	0	0	0	0	0	1	.000	.000
August	1.81	5	1	0	6	6	44.2	33	1	10	61	1st Inning Pitched	.242	128	31	8	0	2	7	14	47	.324	.352
Sept/Oct	2.93	3	0	0	6	6	43.0	34	3	13	60	First 75 Pitches	.192	558	107	22	1	12	32	41	238	.258	.299
Starter	2.56	20	6	0	34	34	242.2	180	19	70	356	Pitch 76-90	.221	113	25	4	0	0	6	48	.273	.257	
Reliever	0.00	1	0	0	1	0	7.0	1	0	1	16	Pitch 91-105	.223	103	23	4	1	3	9	12	36	.319	.369
0-3 Days Rest (Start)	0.00	0	0	0	0	0	0.0	0	0	0	0	Pitch 106+	.224	116	26	3	0	4	15	12	50	.311	.353
4 Days Rest	2.61	15	6	0	28	28	200.1	147	17	57	294	First Pitch	.330	91	30	5	0	3	9	1	0	.361	.484
5+ Days Rest	2.34	5	0	0	6	6	42.1	33	2	13	62	Ahead in Count	.143	526	75	11	1	6	26	0	316	.158	.202
vs. AL	3.21	1	0	0	2	2	14.0	14	1	3	18	Behind in Count	.336	122	41	6	0	6	16	33	0	.478	.533
vs. NL	2.44	20	6	0	33	32	235.2	167	18	68	354	Two Strikes	.139	575	80	15	2	7	26	37	372	.203	.209
Pre-All Star	2.71	11	5	0	19	19	132.2	98	13	42	202	Pre-All Star	.206	476	98	16	0	13	38	42	202	.284	.321
Post-All Star	2.23	10	1	0	16	15	117.0	83	6	29	170	Post-All Star	.200	414	83	17	2	6	26	29	170	.264	.295

Last Five Years

	ERA	W	L	Sv	G	GS	IP	H	HR	BB	SO		Avg	AB	H	2B	3B	HR	RBI	BB	SO	OBP	SLG
Home	2.59	52	17	0	86	85	635.1	490	55	182	900	vs. Left	.192	437	84	13	1	5	32	41	166	.290	.261
Away	2.69	44	20	0	83	82	592.0	450	60	198	803	vs. Right	.213	4011	856	163	9	110	339	339	1537	.280	.341
Day	2.93	27	8	0	53	52	378.0	280	34	149	558	Inning 1-6	.207	3537	731	152	7	92	299	302	1385	.277	.332
Night	2.51	69	29	0	116	115	849.1	660	81	231	1145	Inning 7+	.229	911	209	24	3	23	72	78	318	.298	.338
Grass	2.79	68	28	0	121	120	870.2	681	89	272	1200	None on	.212	2754	583	107	5	72	72	242	1059	.283	.333
Turf	2.27	28	9	0	48	47	356.2	259	26	108	503	Runners on	.211	1694	357	69	5	43	299	138	644	.278	.334
March/April	3.26	15	5	0	29	29	204.1	153	24	70	275	Scoring Posn	.200	942	188	42	3	26	251	78	399	.269	.333
May	2.77	17	6	0	30	30	218.0	165	19	67	293	Close & Late	.239	524	125	17	2	14	48	43	192	.304	.359
June	2.55	17	10	0	29	29	215.2	167	21	61	308	None on/out	.206	1167	240	52	1	32	32	100	440	.276	.334
July	2.64	13	8	0	27	26	204.1	152	20	67	297	vs. 1st Batr (relief)	.000	2	0	0	0	0	0	0	2	.000	.000
August	1.89	18	6	0	28	28	204.2	151	12	59	280	1st Inning Pitched	.219	612	134	35	1	18	50	61	245	.294	.368
Sept/Oct	2.74	16	7	0	26	25	180.1	152	16	56	250	First 75 Pitches	.200	2706	540	116	5	63	192	225	1071	.267	.316
Starter	2.66	94	37	0	167	167	1218.1	937	115	379	1684	Pitch 76-90	.216	550	119	23	1	13	48	42	209	.283	.333
Reliever	0.00	2	0	0	2	0	9.0	3	0	1	19	Pitch 91-105	.243	527	128	20	1	19	61	51	177	.319	.393
0-3 Days Rest (Start)	0.00	0	0	0	0	0	0.0	0	0	0	0	Pitch 106+	.230	665	153	17	3	20	70	62	246	.306	.355
4 Days Rest	2.60	72	27	0	126	126	921.2	708	81	287	1269	First Pitch	.345	449	155	28	3	20	66	7	0	.368	.555
5+ Days Rest	2.85	22	10	0	41	41	296.2	229	34	92	415	Ahead in Count	.145	2587	374	70	4	41	143	0	1463	.155	.222
vs. AL	3.13	29	13	0	55	54	385.1	305	38	141	529	Behind in Count	.338	707	239	51	1	37	105	206	0	.487	.570
vs. NL	2.42	67	24	0	114	113	842.0	635	77	239	1174	Two Strikes	.134	2723	366	70	5	39	138	167	1703	.192	.207

Last Five Years

	ERA	W	L	Sv	G	GS	IP	H	HR	BB	SO		Avg	AB	H	2B	3B	HR	RBI	BB	SO	OBP	SLG
Pre-All Star	2.91	53	24	0	95	95	687.0	520	73	219	949	Pre-All Star	.210	2477	520	97	5	73	224	219	949	.283	.342
Post-All Star	2.30	43	13	0	74	72	540.1	420	42	161	754	Post-All Star	.213	1971	420	79	5	42	147	161	754	.278	.322

Russ Johnson — Devil Rays   Age 29 – Bats Right

	Avg	G	AB	R	H	2B	3B	HR	RBI	BB	SO	HBP	GDP	SB	CS	OBP	SLG	IBB	SH	SF	#Pit	#P/PA	GB	FB	G/F
2001 Season	.294	85	248	32	73	19	2	4	33	34	57	1	2	2	2	.380	.435	0	4	1	1216	4.22	74	75	0.99
Career (1997-2001)	.273	297	707	97	193	39	2	13	85	88	147	3	15	11	8	.354	.389	0	13	5	3304	4.05	228	203	1.12

2001 Season

	Avg	AB	H	2B	3B	HR	RBI	BB	SO	OBP	SLG		Avg	AB	H	2B	3B	HR	RBI	BB	SO	OBP	SLG
vs. Left	.261	69	18	6	0	1	6	14	13	.386	.391	Scoring Posn	.373	59	22	7	1	1	27	8	14	.449	.576
vs. Right	.307	179	55	13	2	3	27	20	44	.378	.453	Close & Late	.318	44	14	1	1	1	9	5	9	.388	.455
Home	.362	116	42	11	1	1	16	18	27	.452	.500	None on/out	.317	60	19	5	0	2	2	8	12	.397	.500
Away	.235	132	31	8	1	3	17	16	30	.315	.379	Batting #2	.262	107	28	4	2	3	16	16	26	.358	.421
First Pitch	.545	22	12	4	0	0	4	0	0	.545	.727	Batting #5	.333	42	14	4	0	0	4	5	10	.404	.429
Ahead in Count	.404	52	21	7	1	1	7	10	0	.492	.635	Other	.313	99	31	11	0	1	13	13	21	.395	.455
Behind in Count	.164	116	19	2	0	1	7	0	49	.171	.207	Pre-All Star	.275	167	46	10	2	3	22	25	42	.370	.413
Two Strikes	.184	136	25	4	1	2	13	24	57	.311	.272	Post-All Star	.333	81	27	9	0	1	11	9	15	.402	.481

Career (1997-2001)

	Avg	AB	H	2B	3B	HR	RBI	BB	SO	OBP	SLG		Avg	AB	H	2B	3B	HR	RBI	BB	SO	OBP	SLG
vs. Left	.270	241	65	13	0	4	26	36	38	.361	.373	First Pitch	.365	74	27	4	0	0	7	0	0	.365	.419
vs. Right	.275	466	128	26	2	9	59	52	109	.350	.397	Ahead in Count	.360	178	64	18	1	4	28	36	0	.463	.539
Home	.302	324	98	20	1	7	39	46	67	.391	.435	Behind in Count	.182	302	55	6	0	4	23	0	118	.186	.242
Away	.248	383	95	19	1	6	46	42	80	.321	.350	Two Strikes	.175	349	61	11	1	5	31	52	147	.282	.255
Day	.277	249	69	17	0	5	32	32	50	.358	.406	Batting #2	.285	249	71	11	2	7	34	31	45	.364	.430
Night	.271	458	124	22	2	8	53	56	97	.351	.380	Batting #7	.265	136	36	9	0	2	14	14	30	.336	.375
Grass	.233	331	77	16	1	2	33	32	68	.301	.305	Other	.267	322	86	19	0	4	37	43	70	.353	.363
Turf	.309	376	116	23	1	11	52	56	79	.398	.463	March/April	.269	119	32	5	0	4	16	15	32	.351	.412
Pre-All Star	.251	350	88	17	2	6	44	51	85	.346	.363	May	.226	115	26	4	2	0	7	17	27	.326	.296
Post-All Star	.294	357	105	22	0	7	41	37	62	.362	.415	June	.258	97	25	6	0	2	19	14	22	.348	.381
Inning 1-6	.287	429	123	29	1	8	52	48	84	.358	.415	July	.267	101	27	8	0	2	7	14	16	.357	.406
Inning 7+	.252	278	70	10	1	5	33	40	63	.348	.349	August	.318	170	54	10	0	2	21	17	29	.378	.412
Scoring Posn	.311	177	55	9	1	2	70	26	43	.395	.407	Sept/Oct	.276	105	29	6	0	3	15	11	21	.347	.419
Close & Late	.243	140	34	3	1	3	22	17	42	.327	.343	vs. AL	.284	409	116	26	2	7	47	53	82	.367	.408
None on/out	.331	160	53	14	0	5	5	15	28	.392	.513	vs. NL	.258	298	77	13	0	6	38	35	65	.335	.362

Andruw Jones — Braves   Age 25 – Bats Right

	Avg	G	AB	R	H	2B	3B	HR	RBI	BB	SO	HBP	GDP	SB	CS	OBP	SLG	IBB	SH	SF	#Pit	#P/PA	GB	FB	G/F
2001 Season	.251	161	625	104	157	25	2	34	104	56	142	3	10	11	4	.312	.461	3	0	9	2666	3.85	217	195	1.11
Last Five Years	.269	796	2854	472	769	147	22	145	452	287	581	29	55	103	37	.340	.489	24	6	23	11742	3.67	1004	851	1.18

2001 Season

	Avg	AB	H	2B	3B	HR	RBI	BB	SO	OBP	SLG		Avg	AB	H	2B	3B	HR	RBI	BB	SO	OBP	SLG
vs. Left	.252	111	28	4	0	5	16	8	26	.303	.423	First Pitch	.241	87	21	7	0	6	18	2	0	.264	.529
vs. Right	.251	514	129	21	2	29	88	48	116	.314	.469	Ahead in Count	.319	113	36	3	0	10	28	29	0	.451	.611
Home	.248	310	77	14	0	16	49	22	63	.298	.448	Behind in Count	.224	308	69	14	2	12	41	0	111	.222	.399
Away	.254	315	80	11	2	18	55	34	79	.325	.473	Two Strikes	.206	340	70	10	2	12	39	24	142	.255	.353
Day	.293	181	53	9	0	11	33	17	45	.353	.525	Batting #3	.244	258	63	11	1	11	44	21	53	.299	.422
Night	.234	444	104	16	2	23	71	39	97	.294	.435	Batting #6	.253	190	48	6	1	12	31	20	51	.321	.484
Grass	.249	539	134	20	1	29	91	44	116	.305	.451	Other	.260	177	46	8	0	11	29	15	38	.320	.492
Turf	.267	86	23	5	1	5	13	12	26	.350	.523	April	.290	100	29	3	0	7	11	12	12	.363	.530
Pre-All Star	.275	349	96	17	1	19	58	31	70	.332	.493	May	.280	107	30	7	0	7	17	6	23	.319	.542
Post-All Star	.221	276	61	8	1	15	46	25	72	.287	.420	June	.268	112	30	7	1	4	25	11	25	.328	.455
Inning 1-6	.264	436	115	21	1	27	82	34	95	.317	.502	July	.200	105	21	3	0	5	13	7	25	.250	.371
Inning 7+	.222	189	42	4	1	7	22	22	47	.299	.365	August	.202	104	21	4	0	4	16	11	26	.291	.356
Scoring Posn	.286	147	42	5	1	5	66	26	27	.380	.435	Sept/Oct	.268	97	26	1	1	7	22	9	31	.318	.515
Close & Late	.258	93	24	2	1	4	14	11	22	.333	.430	vs. NL	.254	71	18	3	0	4	18	7	15	.309	.465
None on/out	.297	138	41	5	1	12	12	6	25	.326	.609	vs. NL	.251	554	139	22	2	30	86	49	127	.312	.460

2001 By Position

Position	Avg	AB	H	2B	3B	HR	RBI	BB	SO	OBP	SLG	G	GS	Innings	PO	A	E	DP	Fld Pct	Rng Fctr	In Zone	Zone Outs	Zone Rtg	MLB Zone
As cf	.251	625	157	25	2	34	104	56	142	.312	.461	161	161	1435.1	461	10	6	6	.987	2.95	493	439	.890	.892

Last Five Years

	Avg	AB	H	2B	3B	HR	RBI	BB	SO	OBP	SLG		Avg	AB	H	2B	3B	HR	RBI	BB	SO	OBP	SLG
vs. Left	.287	666	191	33	7	34	99	83	136	.370	.511	First Pitch	.347	476	165	39	5	34	102	16	0	.375	.664
vs. Right	.264	2188	578	114	15	111	353	204	445	.331	.482	Ahead in Count	.338	568	192	33	5	44	132	147	0	.472	.646
Home	.262	1384	362	70	9	62	202	143	278	.334	.460	Behind in Count	.201	1290	259	56	7	37	129	0	472	.207	.341
Away	.277	1470	407	77	13	83	250	144	303	.345	.516	Two Strikes	.179	1361	244	44	5	34	112	123	581	.250	.294
Day	.269	839	226	44	9	43	131	80	189	.336	.497	Batting #2	.290	742	215	39	6	46	119	67	125	.353	.544
Night	.269	2015	543	103	13	102	321	207	392	.341	.485	Batting #6	.254	782	199	45	5	31	119	68	188	.333	.444
Grass	.267	2357	629	117	18	111	355	242	481	.339	.473	Other	.267	1330	355	63	11	68	214	132	288	.337	.484
Turf	.282	497	140	30	4	34	97	45	100	.344	.563	March/April	.264	421	111	17	3	23	60	51	75	.345	.482
Pre-All Star	.280	1533	429	77	15	77	237	156	315	.350	.500	May	.296	453	134	25	4	23	68	46	93	.369	.521
Post-All Star	.257	1321	340	70	7	68	215	131	266	.328	.475	June	.293	502	147	27	7	25	86	50	108	.359	.524

Last Five Years

	Avg	AB	H	2B	3B	HR	RBI	BB	SO	OBP	SLG
Inning 1-6	.274	1933	530	111	13	100	317	179	377	.341	.500
Inning 7+	.260	921	239	36	9	45	135	108	204	.338	.465
Scoring Posn	.267	754	201	36	4	29	293	107	142	.355	.440
Close & Late	.272	404	110	16	3	18	68	69	89	.378	.460
None on/out	.277	624	173	32	7	37	37	47	124	.331	.529

	Avg	AB	H	2B	3B	HR	RBI	BB	SO	OBP	SLG
July	.241	527	127	29	2	26	82	43	112	.299	.452
August	.267	490	131	27	2	24	84	57	85	.348	.478
Sept/Oct	.258	461	119	22	4	24	72	40	108	.317	.479
vs. AL	.270	318	86	20	3	13	54	29	70	.328	.475
vs. NL	.269	2536	683	127	19	132	398	258	511	.341	.491

Bobby Jones — Padres

Age 32 – Pitches Right

	ERA	W	L	Sv	G	GS	IP	BB	SO	Avg	H	2B	3B	HR	RBI	OBP	SLG	CG	ShO	Sup	QS	#P/S	SB	CS	GB	FB	G/F
2001 Season	5.12	8	19	0	33	33	195.0	38	113	.305	250	42	6	37	127	.335	.506	1	0	4.43	18	95	22	8	306	236	1.30
Last Five Years	4.52	46	46	0	132	129	797.2	214	469	.275	859	180	19	112	412	.323	.452	4	1	5.04	74	96	78	29	1118	934	1.20

2001 Season

	ERA	W	L	Sv	G	GS	IP	H	HR	BB	SO
Home	4.20	3	11	0	16	16	100.2	121	18	24	60
Away	6.11	5	8	0	17	17	94.1	129	19	14	53
Day	5.43	3	3	0	10	10	58.0	73	10	11	34
Night	4.99	5	16	0	23	23	137.0	177	27	27	79
Grass	5.03	7	18	0	31	31	182.1	233	34	36	103
Turf	6.39	1	1	0	2	2	12.2	17	3	2	10
April	3.55	0	3	0	5	5	33.0	30	6	6	20
May	2.83	2	4	0	6	6	41.1	42	4	6	27
June	5.04	2	3	0	5	5	30.1	49	5	7	14
July	6.27	2	3	0	6	6	33.0	44	8	5	20
August	6.43	2	3	0	6	6	35.0	49	9	4	20
Sept/Oct	8.06	0	3	0	5	5	22.1	36	5	10	12
Starter	5.12	8	19	0	33	33	195.0	250	37	38	113
Reliever	0.00	0	0	0	0	0	0.0	0	0	0	0
0-3 Days Rest (Start)	0.00	0	0	0	0	0	0.0	0	0	0	0
4 Days Rest	5.09	6	8	0	18	18	106.0	143	21	18	56
5+ Days Rest	5.16	2	11	0	15	15	89.0	107	16	20	57
vs. AL	6.26	1	2	0	4	4	23.0	33	3	5	10
vs. NL	4.97	7	17	0	29	29	172.0	217	34	33	103
Pre-All Star	4.02	4	12	0	18	18	116.1	136	18	22	70
Post-All Star	6.75	4	7	0	15	15	78.2	114	19	16	43

	Avg	AB	H	2B	3B	HR	RBI	BB	SO	OBP	SLG
vs. Left	.281	310	87	14	2	15	49	22	40	.326	.484
vs. Right	.320	510	163	28	4	22	78	16	73	.341	.520
Inning 1-6	.308	741	228	38	6	36	120	31	104	.335	.521
Inning 7+	.278	79	22	4	0	1	7	7	9	.337	.367
None on	.304	454	138	26	3	17	17	18	69	.332	.487
Runners on	.306	366	112	16	3	20	110	20	44	.339	.530
Scoring Posn	.284	211	60	9	3	9	84	15	26	.322	.483
Close & Late	.314	35	11	2	0	1	4	1	7	.333	.457
None on/out	.358	212	76	12	2	12	12	7	25	.382	.604
vs. 1st Batr (relief)	.000	0	0	0	0	0	0	0	0	.000	.000
1st Inning Pitched	.306	134	41	10	1	7	25	9	24	.354	.552
First 75 Pitches	.304	615	187	30	5	29	100	25	87	.331	.511
Pitch 76-90	.317	104	33	7	0	6	14	6	15	.357	.558
Pitch 91-105	.301	83	25	5	0	2	12	4	10	.330	.434
Pitch 106+	.278	18	5	0	1	0	1	3	1	.381	.389
First Pitch	.326	129	42	8	0	8	20	3	0	.343	.574
Ahead in Count	.251	410	103	10	4	12	39	0	103	.254	.383
Behind in Count	.400	140	56	12	1	10	39	18	0	.469	.714
Two Strikes	.238	391	93	11	3	11	33	17	113	.273	.366
Pre-All Star	.284	479	136	23	2	18	65	22	70	.314	.453
Post-All Star	.334	341	114	19	4	19	62	16	43	.366	.581

Last Five Years

	ERA	W	L	Sv	G	GS	IP	H	HR	BB	SO
Home	4.10	21	26	0	66	64	412.2	417	49	113	252
Away	4.98	25	20	0	66	65	385.0	442	63	101	217
Day	4.94	15	13	0	44	44	262.1	284	41	71	143
Night	4.32	31	33	0	88	85	535.1	575	71	143	326
Grass	4.36	39	40	0	113	110	689.0	741	94	183	401
Turf	5.55	7	6	0	19	19	108.2	118	18	31	68
March/April	4.01	8	9	0	24	24	146.0	135	13	38	79
May	4.09	11	7	0	23	23	147.1	150	17	35	89
June	4.67	9	9	0	19	19	121.1	144	18	32	71
July	4.48	5	8	0	24	24	146.2	156	25	37	106
August	5.22	8	6	0	20	20	122.1	160	24	26	54
Sept/Oct	4.89	5	7	0	22	19	114.0	114	15	46	70
Starter	4.53	46	46	0	129	129	791.0	853	112	212	463
Reliever	4.05	0	0	0	3	0	6.2	6	0	2	6
0-3 Days Rest (Start)	4.50	1	0	0	2	2	14.0	14	2	4	10
4 Days Rest	4.58	24	21	0	61	61	367.2	404	61	106	208
5+ Days Rest	4.49	21	25	0	66	66	409.1	435	49	102	245
vs. AL	6.09	4	9	0	15	15	88.2	109	19	28	48
vs. NL	4.33	42	37	0	117	114	709.0	750	93	186	421
Pre-All Star	4.26	29	29	0	73	73	458.1	471	57	114	266
Post-All Star	4.88	17	17	0	59	56	339.1	388	55	100	203

	Avg	AB	H	2B	3B	HR	RBI	BB	SO	OBP	SLG
vs. Left	.257	1412	363	80	7	55	199	116	227	.314	.441
vs. Right	.290	1713	496	100	12	57	213	98	242	.330	.462
Inning 1-6	.282	2774	782	160	19	101	382	186	419	.328	.463
Inning 7+	.219	351	77	20	0	11	30	28	50	.278	.370
None on	.267	1850	494	103	8	66	66	112	289	.313	.438
Runners on	.286	1275	365	77	11	46	346	102	180	.336	.472
Scoring Posn	.282	742	209	43	9	23	282	74	112	.337	.457
Close & Late	.212	156	33	9	0	4	13	9	26	.255	.346
None on/out	.279	816	228	51	6	31	31	41	119	.318	.471
vs. 1st Batr (relief)	.000	3	0	0	0	0	0	0	2	.000	.000
1st Inning Pitched	.293	519	152	36	3	21	84	48	89	.356	.495
First 75 Pitches	.282	2273	641	127	16	85	309	152	347	.329	.464
Pitch 76-90	.293	409	120	29	1	16	55	30	57	.341	.487
Pitch 91-105	.240	313	75	20	1	8	39	22	41	.288	.387
Pitch 106+	.177	130	23	4	1	3	9	10	24	.241	.292
First Pitch	.333	412	137	27	7	17	60	9	0	.348	.556
Ahead in Count	.219	1515	332	57	5	35	134	0	412	.224	.333
Behind in Count	.359	619	222	56	2	40	129	92	0	.440	.649
Two Strikes	.202	1470	297	55	5	28	115	112	469	.262	.303
Pre-All Star	.266	1774	471	92	12	57	221	114	266	.311	.427
Post-All Star	.287	1351	388	88	7	55	191	100	203	.338	.485

Chipper Jones — Braves

Age 30 – Bats Both

	Avg	G	AB	R	H	2B	3B	HR	RBI	BB	SO	HBP	GDP	SB	CS	OBP	SLG	IBB	SH	SF	#Pit	#P/PA	GB	FB	G/F
2001 Season	.330	159	572	113	189	33	5	38	102	98	82	2	13	9	10	.427	.605	20	0	5	2315	3.42	218	173	1.26
Last Five Years	.313	789	2916	570	914	182	15	174	541	491	421	7	83	84	31	.409	.565	57	1	35	12367	3.58	1118	854	1.31

2001 Season

	Avg	AB	H	2B	3B	HR	RBI	BB	SO	OBP	SLG
vs. Left	.376	109	41	5	2	8	27	19	11	.462	.679
vs. Right	.320	463	148	28	3	30	75	79	71	.418	.587
Home	.310	277	86	12	2	19	43	42	40	.401	.574
Away	.349	295	103	21	3	19	59	56	42	.450	.634
Day	.323	161	52	8	1	12	31	24	26	.404	.609
Night	.333	411	137	25	4	26	71	74	56	.436	.603
Grass	.320	491	157	26	4	35	87	80	71	.413	.603
Turf	.395	81	32	7	1	3	15	18	11	.505	.617
Pre-All Star	.308	305	94	16	3	25	65	59	44	.416	.626
Post-All Star	.356	267	95	17	2	13	37	39	38	.440	.581

	Avg	AB	H	2B	3B	HR	RBI	BB	SO	OBP	SLG
First Pitch	.321	106	34	4	0	7	20	13	0	.382	.557
Ahead in Count	.377	159	60	10	2	14	31	54	0	.537	.730
Behind in Count	.291	203	59	11	1	11	29	0	70	.294	.517
Two Strikes	.217	203	44	8	1	10	28	31	82	.323	.414
Batting #3	.347	334	116	21	2	20	54	57	51	.443	.602
Batting #4	.309	236	73	12	3	18	48	41	31	.407	.614
Other	.000	2	0	0	0	0	0	0	0	.000	.000
April	.356	90	32	4	0	7	23	19	9	.459	.633
May	.188	85	16	3	0	7	14	16	20	.317	.471
June	.362	105	38	8	3	7	22	20	13	.457	.695

2001 Season

	Avg	AB	H	2B	3B	HR	RBI	BB	SO	OBP	SLG		Avg	AB	H	2B	3B	HR	RBI	BB	SO	OBP	SLG
Inning 1-6	.319	398	127	23	3	26	74	64	60	.412	.588	July	.323	96	31	7	0	9	18	12	13	.394	.677
Inning 7+	.356	174	62	10	2	12	28	34	22	.460	.644	August	.320	103	33	5	1	2	10	16	15	.412	.447
Scoring Posn	.319	113	36	8	1	7	61	40	16	.484	.593	Sept/Oct	.419	93	39	6	1	6	15	15	12	.500	.699
Close & Late	.310	84	26	3	1	4	10	18	11	.429	.512	vs. AL	.308	65	20	3	0	7	12	11	11	.408	.677
None on/out	.317	139	44	10	1	12	12	5	18	.340	.662	vs. NL	.333	507	169	30	5	31	90	87	71	.429	.596

2001 By Position

Position	Avg	AB	H	2B	3B	HR	RBI	BB	SO	OBP	SLG	G	GS	Innings	PO	A	E	DP	Fld Pct	Rng Fctr	In Zone	Zone Outs	Zone Rtg	MLB Zone
As 3b	.329	538	177	31	5	37	101	94	78	.426	.612	149	148	1297.0	75	233	18	12	.945	2.14	309	238	.770	.761

Last Five Years

	Avg	AB	H	2B	3B	HR	RBI	BB	SO	OBP	SLG		Avg	AB	H	2B	3B	HR	RBI	BB	SO	OBP	SLG
vs. Left	.327	758	248	52	3	38	134	110	132	.410	.554	First Pitch	.331	537	178	33	3	28	99	37	0	.371	.561
vs. Right	.309	2158	666	130	12	136	407	381	289	.409	.569	Ahead in Count	.398	819	326	67	6	76	210	267	0	.542	.773
Home	.327	1438	470	96	5	86	277	240	193	.420	.580	Behind in Count	.238	998	238	49	3	40	130	0	332	.238	.414
Away	.300	1478	444	86	10	88	264	251	228	.399	.551	Two Strikes	.208	1068	222	47	1	31	117	186	421	.324	.341
Day	.303	826	250	51	6	51	155	149	128	.402	.564	Batting #3	.316	2619	827	168	12	154	486	440	383	.411	.565
Night	.318	2090	664	131	9	123	386	342	293	.412	.566	Batting #4	.292	284	83	12	3	20	55	50	38	.395	.567
Grass	.314	2414	757	143	11	146	451	405	346	.409	.563	Other	.308	13	4	2	0	0	0	1	0	.357	.462
Turf	.313	502	157	39	4	28	90	86	75	.412	.574	March/April	.327	456	149	27	1	28	105	71	62	.412	.575
Pre-All Star	.311	1590	495	99	7	103	328	269	238	.407	.577	May	.267	494	132	26	1	30	84	87	78	.376	.506
Post-All Star	.316	1326	419	83	8	71	213	222	183	.412	.551	June	.321	508	163	38	4	27	102	84	87	.413	.571
Inning 1-6	.310	2043	634	132	12	122	388	340	296	.405	.566	July	.349	476	166	36	3	37	99	89	56	.448	.670
Inning 7+	.321	873	280	50	3	52	153	151	125	.419	.564	August	.297	536	159	30	5	24	80	79	77	.384	.506
Scoring Posn	.295	748	221	46	2	40	364	175	111	.415	.523	Sept/Oct	.325	446	145	25	1	28	71	81	61	.424	.574
Close & Late	.321	386	124	20	1	18	72	78	60	.431	.518	vs. AL	.294	313	92	18	2	21	54	51	50	.388	.565
None on/out	.330	575	190	45	1	47	47	75	72	.408	.657	vs. NL	.316	2603	822	164	13	153	487	440	371	.412	.565

Jacque Jones — Twins

Age 27 – Bats Left (groundball hitter)

	Avg	G	AB	R	H	2B	3B	HR	RBI	BB	SO	HBP	GDP	SB	CS	OBP	SLG	IBB	SH	SF	#Pit	#P/PA	GB	FB	G/F
2001 Season	.276	149	475	57	131	25	0	14	49	39	92	3	10	12	9	.335	.417	2	2	0	1826	3.51	208	98	2.12
Career (1999-2001)	.283	398	1320	177	373	75	7	42	169	82	266	7	34	22	18	.327	.445	7	4	3	4998	3.52	555	286	1.94

2001 Season

	Avg	AB	H	2B	3B	HR	RBI	BB	SO	OBP	SLG		Avg	AB	H	2B	3B	HR	RBI	BB	SO	OBP	SLG
vs. Left	.182	55	10	1	0	0	3	2	17	.224	.200	First Pitch	.411	95	39	6	0	5	11	1	0	.417	.632
vs. Right	.288	420	121	24	0	14	46	37	75	.349	.445	Ahead in Count	.356	90	32	6	0	5	17	15	0	.448	.589
Home	.257	226	58	11	0	5	17	15	46	.303	.372	Behind in Count	.195	210	41	8	0	1	13	0	75	.199	.248
Away	.293	249	73	14	0	9	32	24	46	.362	.458	Two Strikes	.170	206	35	7	0	1	12	22	92	.253	.218
Day	.310	155	48	9	0	3	16	15	26	.374	.426	Batting #1	.252	123	31	7	0	2	7	14	27	.333	.358
Night	.259	320	83	16	0	11	33	24	66	.315	.413	Batting #7	.290	183	53	7	0	7	29	20	37	.363	.443
Grass	.286	227	65	12	0	9	32	23	43	.357	.458	Other	.278	169	47	11	0	5	13	5	28	.303	.432
Turf	.266	248	66	13	0	5	17	16	49	.313	.379	April	.226	84	19	6	0	1	5	4	15	.270	.333
Pre-All Star	.254	276	70	15	0	6	28	18	59	.304	.373	May	.304	79	24	2	0	1	9	9	20	.382	.367
Post-All Star	.307	199	61	10	0	8	21	21	33	.376	.477	June	.217	92	20	3	0	3	11	5	24	.258	.359
Inning 1-6	.249	313	78	15	0	8	35	29	62	.317	.374	July	.324	68	22	6	0	4	12	3	8	.361	.588
Inning 7+	.327	162	53	10	0	6	14	10	30	.370	.500	August	.309	81	25	6	0	5	11	17	.391	.383
Scoring Posn	.228	123	28	6	0	2	33	10	26	.291	.325	Sept/Oct	.296	71	21	1	0	5	7	7	10	.359	.521
Close & Late	.423	71	30	5	0	0	4	6	14	.468	.493	vs. AL	.273	421	115	24	0	9	34	36	85	.335	.394
None on/out	.320	128	41	7	0	5	5	11	20	.379	.470	vs. NL	.296	54	16	1	0	5	15	3	7	.333	.593

2001 By Position

Position	Avg	AB	H	2B	3B	HR	RBI	BB	SO	OBP	SLG	G	GS	Innings	PO	A	E	DP	Fld Pct	Rng Fctr	In Zone	Zone Outs	Zone Rtg	MLB Zone
As lf	.273	450	123	24	0	13	48	39	86	.334	.413	137	121	1076.0	276	8	5	0	.983	2.38	293	262	.894	.880

Career (1999-2001)

	Avg	AB	H	2B	3B	HR	RBI	BB	SO	OBP	SLG		Avg	AB	H	2B	3B	HR	RBI	BB	SO	OBP	SLG
vs. Left	.212	165	35	5	0	2	19	6	40	.246	.279	First Pitch	.396	227	90	15	2	10	37	6	0	.412	.612
vs. Right	.293	1155	338	70	7	40	150	76	226	.339	.469	Ahead in Count	.370	243	90	20	1	15	59	26	0	.428	.646
Home	.270	644	174	37	3	21	83	37	137	.310	.435	Behind in Count	.211	621	131	26	1	9	46	0	232	.216	.300
Away	.294	676	199	38	4	21	86	45	129	.343	.456	Two Strikes	.183	602	110	19	4	7	43	49	266	.247	.262
Day	.284	402	114	26	2	10	46	22	81	.321	.433	Batting #1	.268	489	131	28	3	14	55	31	97	.315	.423
Night	.282	918	259	49	5	32	123	60	185	.330	.451	Batting #8	.268	343	92	18	1	10	42	17	68	.305	.414
Grass	.293	570	167	32	3	18	75	40	109	.344	.454	Other	.307	488	150	29	3	18	72	34	101	.355	.490
Turf	.275	750	206	43	4	24	94	42	157	.314	.439	March/April	.268	157	42	11	0	4	15	6	28	.299	.414
Pre-All Star	.277	687	190	37	4	21	86	35	138	.315	.434	May	.305	167	51	8	0	5	23	14	38	.363	.431
Post-All Star	.289	633	183	38	3	21	83	47	128	.341	.458	June	.265	272	72	12	3	8	36	12	57	.299	.419
Inning 1-6	.276	871	240	43	6	29	123	59	173	.326	.439	July	.311	228	71	13	1	11	34	14	45	.354	.522
Inning 7+	.296	449	133	32	1	13	46	23	93	.330	.459	August	.256	262	67	17	1	4	24	14	50	.295	.374
Scoring Posn	.261	337	88	18	2	10	125	24	83	.310	.415	Sept/Oct	.299	234	70	16	2	10	37	22	48	.359	.513
Close & Late	.347	196	68	12	1	2	19	18	42	.400	.449	vs. AL	.282	1166	329	70	6	33	144	73	236	.327	.437
None on/out	.316	408	129	26	1	17	17	22	64	.356	.510	vs. NL	.286	154	44	5	1	9	25	9	30	.329	.506

Terry Jones — Expos
Age 31 – Bats Both (groundball hitter)

	Avg	G	AB	R	H	2B	3B	HR	RBI	BB	SO	HBP	GDP	SB	CS	OBP	SLG	IBB	SH	SF	#Pit	#P/PA	GB	FB	G/F
2001 Season	.260	30	77	8	20	5	0	0	2	2	11	0	2	3	0	.278	.325	0	0	0	302	3.82	41	12	3.42
Last Five Years	.240	215	520	72	125	21	5	1	33	36	103	0	7	27	8	.290	.306	2	18	0	2012	3.51	226	104	2.17

2001 Season

	Avg	AB	H	2B	3B	HR	RBI	BB	SO	OBP	SLG		Avg	AB	H	2B	3B	HR	RBI	BB	SO	OBP	SLG
vs. Left	.276	29	8	3	0	0	2	2	5	.323	.379	Scoring Posn	.200	15	3	0	0	0	2	1	3	.250	.200
vs. Right	.250	48	12	2	0	0	0	0	6	.250	.292	Close & Late	.143	14	2	1	0	0	0	0	3	.143	.214

Last Five Years

	Avg	AB	H	2B	3B	HR	RBI	BB	SO	OBP	SLG		Avg	AB	H	2B	3B	HR	RBI	BB	SO	OBP	SLG
vs. Left	.225	151	34	9	1	1	11	13	25	.287	.318	First Pitch	.382	68	26	2	3	1	8	2	0	.400	.544
vs. Right	.247	369	91	12	4	0	22	23	78	.291	.301	Ahead in Count	.290	107	31	7	0	0	12	20	0	.402	.355
Home	.230	222	51	7	1	1	16	18	44	.288	.284	Behind in Count	.189	270	51	8	2	0	10	0	94	.189	.233
Away	.248	298	74	14	4	0	17	18	59	.291	.322	Two Strikes	.167	234	39	8	1	0	6	14	103	.214	.209
Day	.201	144	29	7	1	1	14	6	35	.233	.285	Batting #1	.215	200	43	7	2	0	9	10	42	.252	.270
Night	.255	376	96	14	4	0	19	30	68	.310	.314	Batting #2	.235	183	43	6	2	0	6	13	39	.286	.290
Grass	.252	254	64	9	3	0	13	15	52	.294	.311	Other	.285	137	39	8	1	1	18	13	22	.347	.380
Turf	.229	266	61	12	2	1	20	21	51	.286	.301	March/April	.182	11	2	1	0	0	0	2	6	.308	.273
Pre-All Star	.240	121	29	5	1	0	10	6	22	.276	.298	May	.190	21	4	0	0	0	2	0	1	.190	.190
Post-All Star	.241	399	96	16	4	1	23	30	81	.294	.308	June	.250	44	11	2	0	0	3	2	7	.283	.295
Inning 1-6	.256	336	86	13	4	1	23	21	67	.300	.327	July	.277	137	38	5	4	0	10	7	26	.313	.372
Inning 7+	.212	184	39	8	1	0	10	15	36	.271	.266	August	.246	138	34	3	0	1	11	11	30	.302	.290
Scoring Posn	.254	114	29	5	1	0	29	9	19	.309	.316	Sept/Oct	.213	169	36	10	1	0	7	14	33	.273	.284
Close & Late	.197	76	15	3	0	0	5	4	15	.238	.237	vs. AL	.303	76	23	4	1	0	7	3	13	.329	.382
None on/out	.247	162	40	8	2	1	1	14	36	.307	.340	vs. NL	.230	444	102	17	4	1	26	33	90	.283	.293

Todd Jones — Twins
Age 34 – Pitches Right (groundball pitcher)

	ERA	W	L	Sv	G	GS	IP	BB	SO	Avg	H	2B	3B	HR	RBI	OBP	SLG	GF	IR	IRS	Hld	SvOp	SB	CS	GB	FB	G/F
2001 Season	4.24	5	5	13	69	0	68.0	29	54	.312	87	15	1	9	43	.373	.470	36	29	13	10	21	4	0	123	56	2.20
Last Five Years	3.91	17	21	144	334	0	331.2	160	312	.266	336	49	4	32	171	.347	.387	262	120	37	15	170	18	5	481	255	1.89

2001 Season

	ERA	W	L	Sv	G	GS	IP	H	HR	BB	SO		Avg	AB	H	2B	3B	HR	RBI	BB	SO	OBP	SLG
Home	4.25	5	2	7	37	0	36.0	50	4	15	25	vs. Left	.325	123	40	7	0	5	24	12	22	.382	.504
Away	4.22	0	3	6	32	0	32.0	37	5	14	29	vs. Right	.301	156	47	8	1	4	19	17	32	.366	.442
Day	7.31	1	3	4	18	0	16.0	15	4	12	15	Inning 1-6	.333	3	1	0	0	0	0	0	1	.333	.333
Night	3.29	4	2	9	51	0	52.0	72	5	17	39	Inning 7+	.312	276	86	15	1	9	43	29	53	.373	.471
Grass	4.39	4	5	11	52	0	55.1	68	7	24	39	None on	.321	137	44	8	1	6	6	11	29	.372	.526
Turf	3.55	1	0	2	17	0	12.2	19	2	5	15	Runners on	.303	142	43	7	0	3	37	18	25	.374	.415
April	7.56	2	2	5	10	0	8.1	9	2	8	4	Scoring Posn	.337	86	29	4	0	3	36	13	12	.412	.488
May	4.09	2	1	5	12	0	11.0	19	2	3	9	Close & Late	.312	154	48	7	0	6	32	24	27	.398	.474
June	5.65	1	2	1	12	0	14.1	18	0	4	11	None on/out	.290	62	18	6	0	3	3	5	14	.343	.532
July	2.40	1	0	1	11	0	15.0	14	2	7	15	vs. 1st Batr (relief)	.333	63	21	5	0	4	11	6	9	.391	.603
August	2.08	1	0	2	14	0	13.0	17	0	4	10	1st Inning Pitched	.297	232	69	14	1	7	37	24	45	.359	.457
Sept/Oct	5.68	0	0	0	10	0	6.1	10	3	3	5	Pitch 1-15	.302	192	58	10	1	6	23	18	37	.358	.458
Starter	0.00	0	0	0	0	0	0.0	0	0	0	0	Pitch 16-30	.311	74	23	5	0	3	18	11	16	.395	.500
Reliever	4.24	5	5	13	69	0	68.0	87	9	29	54	Pitch 31-45	.462	13	6	0	0	0	2	0	1	.462	.462
0 Days Rest (Relief)	4.61	2	1	6	17	0	13.2	17	3	5	7	Pitch 46+	.000	0	0	0	0	0	0	0	0	.000	.000
1 or 2 Days Rest	3.48	3	1	3	31	0	33.2	46	5	13	27	First Pitch	.543	35	19	5	0	2	6	1	0	.541	.857
3+ Days Rest	5.23	0	3	4	21	0	20.2	24	1	11	18	Ahead in Count	.234	141	33	4	0	0	12	0	40	.232	.262
vs. AL	4.68	4	5	13	60	0	57.2	80	8	25	45	Behind in Count	.392	51	20	4	1	5	17	16	0	.529	.804
vs. NL	1.74	1	0	0	9	0	10.1	7	1	4	9	Two Strikes	.180	139	25	4	0	0	12	12	54	.243	.209
Pre-All Star	5.03	4	5	11	39	0	39.1	49	5	18	31	Pre-All Star	.304	161	49	8	1	5	24	18	31	.370	.460
Post-All Star	3.14	1	0	2	30	0	28.2	38	4	11	23	Post-All Star	.322	118	38	7	0	4	19	11	23	.377	.483

Last Five Years

	ERA	W	L	Sv	G	GS	IP	H	HR	BB	SO		Avg	AB	H	2B	3B	HR	RBI	BB	SO	OBP	SLG
Home	4.22	12	11	72	172	0	168.2	173	15	84	138	vs. Left	.279	634	177	25	3	19	95	82	148	.359	.418
Away	3.59	5	10	72	162	0	163.0	163	17	76	174	vs. Right	.253	628	159	24	1	13	76	78	164	.336	.357
Day	4.24	4	7	53	120	0	114.2	115	10	53	113	Inning 1-6	.333	3	1	0	0	0	0	0	1	.333	.333
Night	3.73	13	14	91	214	0	217.0	221	21	107	199	Inning 7+	.266	1259	335	49	4	32	171	160	311	.347	.388
Grass	4.02	16	17	121	276	0	279.2	272	29	138	252	None on	.279	612	171	24	3	17	17	73	155	.359	.412
Turf	3.29	4	4	23	58	0	52.0	64	3	22	60	Runners on	.254	650	165	25	1	15	154	87	157	.337	.365
March/April	4.88	1	5	18	51	0	48.0	52	4	36	39	Scoring Posn	.251	378	95	16	1	10	139	63	92	.346	.378
May	4.47	2	3	28	55	0	50.1	58	5	21	40	Close & Late	.261	819	214	26	3	18	125	114	207	.349	.366
June	4.47	2	6	19	53	0	54.1	50	5	29	51	None on/out	.268	280	75	17	1	9	9	31	74	.343	.432
July	2.87	3	4	27	56	0	62.2	57	5	28	67	vs. 1st Batr (relief)	.278	299	83	16	2	10	28	33	74	.347	.445
August	2.79	2	1	25	59	0	58.0	57	4	19	57	1st Inning Pitched	.265	1145	303	46	4	30	159	143	282	.344	.390
Sept/Oct	4.32	7	2	27	60	0	58.1	62	9	27	58	First 15 Pitches	.275	867	238	35	4	20	84	92	204	.344	.393
Starter	0.00	0	0	0	0	0	0.0	0	0	0	0	Pitch 16-30	.244	344	84	13	0	11	80	65	96	.358	.378
Reliever	3.91	17	21	144	334	0	331.2	336	32	160	312	Pitch 31-45	.286	49	14	1	0	1	7	2	11	.327	.367
0 Days Rest (Relief)	3.39	9	5	56	90	0	90.1	80	8	36	89	Pitch 46+	.000	2	0	0	0	0	0	1	1	.333	.000
1 or 2 Days Rest	4.19	8	7	60	148	0	152.2	161	17	83	133	First Pitch	.381	139	53	11	1	3	25	9	0	.420	.540
3+ Days Rest	3.96	0	9	28	96	0	88.2	95	7	41	90	Ahead in Count	.198	661	131	19	1	1	55	0	260	.201	.253
vs. AL	3.94	15	17	129	292	0	287.2	297	28	141	268	Behind in Count	.375	240	90	11	1	16	59	64	0	.532	.629
vs. NL	3.68	2	4	15	42	0	44.0	39	4	19	44	Two Strikes	.173	700	121	17	0	7	53	67	312	.246	.227
Pre-All Star	4.23	6	15	74	179	0	174.2	176	15	96	156	Pre-All Star	.266	661	176	28	3	15	95	96	156	.357	.386
Post-All Star	3.55	11	6	70	155	0	157.0	160	17	64	156	Post-All Star	.266	601	160	21	1	17	76	64	156	.337	.389

Brian Jordan — Braves

Age 35 – Bats Right

	Avg	G	AB	R	H	2B	3B	HR	RBI	BB	SO	HBP	GDP	SB	CS	OBP	SLG	IBB	SH	SF	#Pit	#P/PA	GB	FB	G/F
2001 Season	.295	148	560	82	165	32	3	25	97	31	88	6	18	3	2	.334	.496	3	0	8	2050	3.39	193	183	1.05
Last Five Years	.287	631	2334	370	669	125	14	90	390	170	336	35	61	49	18	.341	.468	8	0	26	8762	3.42	859	745	1.15

2001 Season

	Avg	AB	H	2B	3B	HR	RBI	BB	SO	OBP	SLG		Avg	AB	H	2B	3B	HR	RBI	BB	SO	OBP	SLG
vs. Left	.292	113	33	8	0	8	31	9	18	.350	.575	First Pitch	.431	102	44	9	2	7	24	1	0	.431	.765
vs. Right	.295	447	132	24	3	17	66	22	70	.330	.477	Ahead in Count	.372	121	45	6	0	8	29	18	0	.454	.620
Home	.322	273	88	17	1	14	48	11	39	.352	.546	Behind in Count	.204	245	50	13	0	7	29	0	75	.209	.343
Away	.268	287	77	15	2	11	49	20	49	.317	.449	Two Strikes	.161	218	35	11	0	4	18	12	88	.203	.266
Day	.344	160	55	12	1	12	38	5	25	.369	.656	Batting #4	.291	306	89	18	3	15	54	16	47	.328	.516
Night	.275	400	110	20	2	13	59	26	63	.320	.433	Batting #5	.285	214	61	11	0	8	37	13	34	.330	.449
Grass	.297	471	140	29	2	22	79	26	75	.335	.507	Other	.375	40	15	3	0	2	6	2	7	.395	.600
Turf	.281	89	25	3	1	3	18	5	13	.326	.438	April	.250	92	23	6	1	3	11	4	13	.286	.435
Pre-All Star	.284	299	85	21	1	11	50	19	44	.329	.472	May	.292	89	26	8	0	2	11	5	13	.320	.449
Post-All Star	.307	261	80	11	2	14	47	12	44	.339	.525	June	.281	89	25	5	0	3	19	10	12	.360	.438
Inning 1-6	.288	389	112	22	2	15	64	20	53	.324	.470	July	.316	95	30	3	0	8	25	1	17	.327	.600
Inning 7+	.310	171	53	10	1	10	33	11	35	.356	.556	August	.349	86	30	3	0	4	12	5	14	.385	.523
Scoring Posn	.288	153	44	11	0	9	71	17	30	.354	.536	Sept/Oct	.284	109	31	7	2	5	19	6	19	.322	.523
Close & Late	.305	82	25	6	1	5	19	5	18	.348	.585	vs. AL	.344	64	22	3	0	3	11	4	10	.377	.571
None on/out	.318	132	42	5	0	7	7	6	19	.357	.515	vs. NL	.288	496	143	29	3	22	86	27	78	.328	.492

2001 By Position

Position	Avg	AB	H	2B	3B	HR	RBI	BB	SO	OBP	SLG	G	GS	Innings	PO	A	E	DP	Fld Pct	Rng Fctr	In Zone	Zone Outs	Zone Rtg	MLB Zone
As rf	.297	549	163	32	3	25	95	30	83	.336	.503	144	141	1234.1	319	11	3	2	.991	2.41	339	307	.906	.884

Last Five Years

	Avg	AB	H	2B	3B	HR	RBI	BB	SO	OBP	SLG		Avg	AB	H	2B	3B	HR	RBI	BB	SO	OBP	SLG
vs. Left	.340	535	182	49	3	25	119	43	74	.389	.583	First Pitch	.406	463	188	39	3	27	94	6	0	.416	.678
vs. Right	.271	1799	487	76	11	65	271	127	262	.326	.434	Ahead in Count	.338	497	168	32	4	32	119	97	0	.446	.612
Home	.301	1138	342	62	9	41	199	75	141	.347	.479	Behind in Count	.210	960	202	35	3	15	107	0	285	.225	.300
Away	.273	1196	327	63	5	49	191	95	195	.335	.457	Two Strikes	.190	914	174	30	2	12	90	67	336	.254	.267
Day	.304	681	207	35	3	35	135	43	87	.355	.518	Batting #4	.286	1363	390	71	9	51	233	97	188	.340	.464
Night	.279	1653	462	90	11	55	255	127	249	.335	.447	Batting #5	.305	583	178	31	3	27	108	41	90	.354	.508
Grass	.291	1953	568	105	13	80	335	144	278	.345	.481	Other	.260	388	101	23	2	12	49	32	58	.325	.423
Turf	.265	381	101	20	1	10	55	26	58	.317	.402	March/April	.296	385	114	24	4	13	59	29	55	.356	.481
Pre-All Star	.299	1321	395	76	6	50	236	96	180	.354	.493	May	.325	378	123	24	1	21	73	22	50	.360	.561
Post-All Star	.270	1013	274	49	8	34	154	74	156	.324	.435	June	.277	433	120	20	1	16	83	35	56	.339	.439
Inning 1-6	.290	1618	470	92	8	58	266	108	210	.342	.465	July	.273	366	100	18	3	15	62	23	55	.320	.462
Inning 7+	.278	716	199	33	6	32	124	62	126	.338	.475	August	.284	409	116	21	0	16	57	34	57	.342	.452
Scoring Posn	.295	672	198	38	3	27	295	74	98	.365	.481	Sept/Oct	.264	363	96	18	5	9	56	27	63	.316	.416
Close & Late	.274	347	95	16	3	18	61	34	61	.343	.493	vs. AL	.283	269	76	14	0	8	46	12	33	.313	.424
None on/out	.296	537	159	31	1	24	24	28	69	.340	.492	vs. NL	.287	2065	593	111	14	82	344	158	303	.344	.474

Kevin Jordan — Phillies

Age 32 – Bats Right

	Avg	G	AB	R	H	2B	3B	HR	RBI	BB	SO	HBP	GDP	SB	CS	OBP	SLG	IBB	SH	SF	#Pit	#P/PA	GB	FB	G/F
2001 Season	.239	68	113	9	27	5	0	1	13	14	21	0	1	0	0	.323	.310	2	0	0	474	3.73	54	21	2.57
Last Five Years	.258	493	1224	117	316	59	5	18	157	66	152	9	34	0	2	.299	.359	4	0	10	4780	3.65	506	348	1.45

2001 Season

	Avg	AB	H	2B	3B	HR	RBI	BB	SO	OBP	SLG		Avg	AB	H	2B	3B	HR	RBI	BB	SO	OBP	SLG
vs. Left	.234	47	11	3	0	0	4	5	9	.308	.298	Scoring Posn	.324	37	12	1	0	1	13	2	4	.359	.432
vs. Right	.242	66	16	2	0	1	9	9	12	.333	.318	Close & Late	.174	23	4	0	0	0	0	4	5	.296	.174
Home	.234	47	11	3	0	1	10	3	12	.280	.340	None on/out	.261	23	6	2	0	0	0	4	3	.370	.348
Away	.242	66	16	2	0	0	3	11	9	.351	.273	Batting #7	.259	27	7	2	0	0	4	2	7	.310	.333
First Pitch	.600	10	6	0	0	0	4	2	0	.667	.600	Batting #9	.206	34	7	0	0	1	5	5	7	.308	.294
Ahead in Count	.300	20	6	2	0	1	6	8	0	.500	.550	Other	.250	52	13	3	0	0	4	7	7	.339	.308
Behind in Count	.121	58	7	1	0	0	3	0	19	.121	.138	Pre-All Star	.250	68	17	4	0	1	10	11	9	.354	.353
Two Strikes	.170	53	9	1	0	0	3	4	21	.228	.189	Post-All Star	.222	45	10	1	0	0	3	3	12	.271	.244

Last Five Years

	Avg	AB	H	2B	3B	HR	RBI	BB	SO	OBP	SLG		Avg	AB	H	2B	3B	HR	RBI	BB	SO	OBP	SLG
vs. Left	.244	439	107	29	1	7	61	22	56	.278	.362	First Pitch	.398	88	35	7	1	3	23	4	0	.426	.602
vs. Right	.266	785	209	30	4	11	96	44	96	.310	.357	Ahead in Count	.315	308	97	18	0	6	49	32	0	.380	.432
Home	.254	630	160	34	3	10	79	35	80	.294	.365	Behind in Count	.202	598	121	18	2	5	50	0	132	.206	.264
Away	.263	594	156	25	2	8	78	31	72	.304	.352	Two Strikes	.202	525	106	22	3	5	56	30	152	.245	.269
Day	.290	465	135	28	2	7	55	20	44	.318	.404	Batting #4	.275	258	71	9	2	5	47	11	19	.305	.384
Night	.238	759	181	31	3	11	102	46	108	.287	.331	Batting #6	.227	264	60	15	0	1	26	20	22	.290	.295
Grass	.257	479	123	19	0	5	56	26	59	.299	.328	Other	.264	702	185	35	3	12	84	35	111	.300	.373
Turf	.259	745	193	40	5	13	101	40	93	.298	.379	March/April	.264	106	28	6	0	2	11	5	22	.304	.377
Pre-All Star	.269	579	156	34	2	8	63	36	72	.313	.377	May	.288	212	61	11	2	3	26	16	21	.335	.401
Post-All Star	.248	645	160	25	3	10	94	30	80	.286	.343	June	.246	211	52	15	0	3	24	12	27	.288	.360
Inning 1-6	.269	706	190	39	4	10	101	32	74	.303	.378	July	.286	182	52	11	2	0	21	9	18	.319	.368
Inning 7+	.243	518	126	20	1	8	56	34	78	.293	.332	August	.246	232	57	4	1	5	30	11	30	.280	.336
Scoring Posn	.263	395	104	19	2	5	135	23	52	.300	.359	Sept/Oct	.235	281	66	12	0	5	45	13	36	.265	.349
Close & Late	.232	271	63	8	1	4	29	23	46	.299	.314	vs. AL	.250	140	35	8	0	1	16	5	17	.286	.329
None on/out	.290	238	69	12	0	4	4	14	22	.337	.391	vs. NL	.259	1084	281	51	5	17	141	61	135	.300	.363

Wally Joyner — Angels
Age 40 – Bats Left

	Avg	G	AB	R	H	2B	3B	HR	RBI	BB	SO	HBP	GDP	SB	CS	OBP	SLG	IBB	SH	SF	#Pit	#P/PA	GB	FB	G/F
2001 Season	.243	53	148	14	36	5	1	3	14	13	18	0	3	1	1	.304	.351	0	0	0	570	3.54	58	44	1.32
Last Five Years	.289	548	1589	189	459	90	6	38	252	204	198	6	38	5	9	.368	.425	22	0	20	6568	3.61	562	519	1.08

2001 Season

	Avg	AB	H	2B	3B	HR	RBI	BB	SO	OBP	SLG		Avg	AB	H	2B	3B	HR	RBI	BB	SO	OBP	SLG
vs. Left	.000	11	0	0	0	0	0	1	0	.083	.000	Scoring Posn	.261	46	12	1	0	1	11	5	8	.333	.348
vs. Right	.263	137	36	5	1	3	14	12	18	.322	.380	Close & Late	.154	26	4	1	0	0	0	1	2	.185	.192
Home	.278	72	20	3	1	0	4	5	6	.325	.347	None on/out	.241	29	7	2	1	0	0	2	3	.290	.379
Away	.211	76	16	2	0	3	10	8	12	.286	.355	Batting #2	.160	25	4	0	0	0	2	2	4	.222	.160
First Pitch	.448	29	13	2	0	1	0	0	.448	.517	Batting #6	.211	76	16	3	1	0	4	4	8	.250	.276
Ahead in Count	.316	38	12	3	0	1	6	7	0	.422	.474	Other	.340	47	16	2	0	3	8	7	6	.426	.574
Behind in Count	.158	57	9	0	1	2	7	0	13	.158	.298	Pre-All Star	.243	148	36	5	1	3	14	13	18	.304	.351
Two Strikes	.111	54	6	0	1	0	4	6	18	.200	.148	Post-All Star	.000	0	0	0	0	0	0	0	0	.000	.000

Last Five Years

	Avg	AB	H	2B	3B	HR	RBI	BB	SO	OBP	SLG		Avg	AB	H	2B	3B	HR	RBI	BB	SO	OBP	SLG
vs. Left	.266	301	80	13	2	9	52	30	39	.332	.412	First Pitch	.363	278	101	18	1	6	47	12	0	.389	.500
vs. Right	.294	1288	379	77	4	29	200	174	159	.376	.428	Ahead in Count	.353	428	151	32	0	13	88	110	0	.477	.519
Home	.294	770	226	43	3	14	112	91	96	.366	.412	Behind in Count	.215	594	128	21	4	15	73	0	160	.219	.340
Away	.284	819	233	47	3	24	140	113	102	.370	.437	Two Strikes	.203	605	123	25	4	12	71	81	198	.299	.317
Day	.296	513	152	30	3	11	78	67	62	.375	.431	Batting #4	.283	346	98	23	1	9	64	49	44	.370	.434
Night	.285	1076	307	60	3	27	174	137	136	.364	.422	Batting #5	.297	770	229	50	3	21	141	98	93	.375	.452
Grass	.297	1317	391	73	5	32	211	167	155	.374	.433	Other	.279	473	132	17	2	8	47	57	61	.354	.374
Turf	.250	272	68	17	1	6	41	37	43	.337	.386	March/April	.277	271	75	12	0	7	39	35	37	.356	.399
Pre-All Star	.285	899	256	52	4	21	145	122	117	.368	.422	May	.273	289	79	17	2	7	42	37	32	.357	.419
Post-All Star	.294	690	203	38	2	17	107	82	81	.368	.429	June	.297	259	77	16	2	5	51	41	39	.388	.432
Inning 1-6	.295	1032	304	58	5	30	182	137	126	.375	.440	July	.320	294	94	22	1	9	53	36	34	.391	.493
Inning 7+	.278	557	155	32	5	8	70	67	72	.355	.397	August	.287	275	79	15	1	4	37	26	28	.346	.393
Scoring Posn	.340	444	151	34	3	9	204	78	58	.426	.491	Sept/Oct	.274	201	55	8	0	6	30	29	28	.368	.403
Close & Late	.283	286	81	13	1	4	36	33	32	.355	.378	vs. AL	.311	296	92	13	1	7	40	30	37	.374	.432
None on/out	.247	396	98	18	3	11	11	31	52	.305	.391	vs. NL	.284	1293	367	77	5	31	212	174	161	.366	.423

Mike Judd — Rangers
Age 27 – Pitches Right (flyball pitcher)

	ERA	W	L	Sv	G	GS	IP	BB	SO	Avg	H	2B	3B	HR	RBI	OBP	SLG	GF	IR	IRS	Hld	SvOp	SB	CS	GB	FB	G/F
2001 Season	5.28	1	1	0	12	3	29.0	15	16	.288	34	4	1	4	20	.365	.441	3	7	2	0	0	3	1	45	39	1.15
Career (1997-2001)	7.20	4	3	0	28	8	75.0	39	61	.300	91	9	1	14	65	.384	.475	6	11	5	0	0	16	2	92	103	0.89

2001 Season

	ERA	W	L	Sv	G	GS	IP	H	HR	BB	SO		Avg	AB	H	2B	3B	HR	RBI	BB	SO	OBP	SLG
Home	6.35	0	0	0	8	1	17.0	21	3	6	9	vs. Left	.258	66	17	3	0	4	13	7	10	.324	.485
Away	3.75	1	1	0	4	2	12.0	13	1	9	7	vs. Right	.327	52	17	1	1	0	7	8	6	.413	.385

Jorge Julio — Orioles
Age 23 – Pitches Right

	ERA	W	L	Sv	G	GS	IP	BB	SO	Avg	H	2B	3B	HR	RBI	OBP	SLG	GF	IR	IRS	Hld	SvOp	SB	CS	GB	FB	G/F
2001 Season	3.80	1	1	0	18	0	21.1	9	22	.287	25	4	4	2	17	.361	.494	8	10	5	3	1	5	0	25	21	1.19

2001 Season

	ERA	W	L	Sv	G	GS	IP	H	HR	BB	SO		Avg	AB	H	2B	3B	HR	RBI	BB	SO	OBP	SLG
Home	6.75	0	0	0	8	0	9.1	15	1	6	9	vs. Left	.290	31	9	0	3	1	7	5	3	.405	.581
Away	1.50	1	1	0	10	0	12.0	10	1	3	13	vs. Right	.286	56	16	4	1	1	10	4	19	.333	.446

David Justice — Yankees
Age 36 – Bats Left

	Avg	G	AB	R	H	2B	3B	HR	RBI	BB	SO	HBP	GDP	SB	CS	OBP	SLG	IBB	SH	SF	#Pit	#P/PA	GB	FB	G/F
2001 Season	.241	111	381	58	92	16	1	18	51	54	83	0	6	1	2	.333	.430	5	0	4	1736	3.95	134	112	1.20
Last Five Years	.287	675	2369	400	679	135	5	134	446	381	441	3	54	16	14	.382	.518	37	0	28	11058	3.97	794	713	1.11

2001 Season

	Avg	AB	H	2B	3B	HR	RBI	BB	SO	OBP	SLG		Avg	AB	H	2B	3B	HR	RBI	BB	SO	OBP	SLG
vs. Left	.214	112	24	2	0	7	17	10	34	.274	.420	First Pitch	.404	47	19	3	0	7	13	4	0	.442	.915
vs. Right	.253	269	68	14	1	11	34	44	49	.356	.435	Ahead in Count	.273	88	24	5	0	4	13	23	0	.416	.466
Home	.223	175	39	7	0	8	25	31	44	.335	.400	Behind in Count	.158	177	28	4	0	1	9	0	71	.158	.198
Away	.257	206	53	9	1	10	26	23	39	.330	.456	Two Strikes	.183	191	35	7	1	3	14	27	83	.284	.277
Day	.227	154	35	7	0	6	14	18	32	.305	.390	Batting #5	.277	112	31	4	1	6	20	20	29	.386	.491
Night	.251	227	57	9	1	12	37	36	51	.351	.458	Batting #6	.225	102	23	6	0	2	8	12	27	.302	.343
Grass	.228	325	74	13	1	12	38	48	73	.324	.385	Other	.228	167	38	6	0	10	23	22	27	.314	.443
Turf	.321	56	18	3	0	6	13	6	10	.387	.696	April	.261	92	24	4	0	4	14	11	17	.337	.435
Pre-All Star	.246	224	55	12	0	10	30	27	46	.323	.433	May	.247	89	22	5	0	5	13	10	21	.319	.404
Post-All Star	.236	157	37	4	1	8	21	27	37	.346	.427	June	.190	42	8	2	0	3	6	7	8	.306	.452
Inning 1-6	.250	264	66	10	1	15	41	40	50	.344	.466	July	1.000	1	1	1	0	0	0	0	0	1.000	2.000
Inning 7+	.222	117	26	6	0	3	10	14	33	.305	.350	August	.264	91	24	1	1	7	18	17	18	.376	.527
Scoring Posn	.194	93	18	2	0	4	32	24	18	.347	.344	Sept/Oct	.197	66	13	0	0	3	10	19	27	.303	.288
Close & Late	.161	62	10	2	0	1	1	10	16	.278	.242	vs. AL	.245	363	89	14	1	18	50	52	78	.337	.438
None on/out	.314	86	27	3	0	6	6	10	19	.385	.593	vs. NL	.167	18	3	2	0	0	1	2	5	.250	.278

2001 By Position

Position	Avg	AB	H	2B	3B	HR	RBI	BB	SO	OBP	SLG	G	GS	Innings	PO	A	E	DP	Fld Pct	Rng Fctr	In Zone	Outs	Zone Rtg	MLB Zone
As DH	.228	298	68	12	1	16	43	43	70	.323	.436	85	85	—										
As lf	.294	51	15	4	0	2	7	7	5	.373	.490	16	14	122.1	36	4	1	1	.976	2.94	40	36	.900	.880
As rf	.300	30	9	0	0	0	1	3	8	.364	.300	11	8	67.0	13	0	0	0	1.000	1.75	14	13	.929	.884

Last Five Years

	Avg	AB	H	2B	3B	HR	RBI	BB	SO	OBP	SLG		Avg	AB	H	2B	3B	HR	RBI	BB	SO	OBP	SLG
vs. Left	.267	648	173	37	0	41	125	64	151	.331	.514	First Pitch	.301	246	74	15	1	23	58	31	0	.377	.650
vs. Right	.294	1721	506	98	5	93	321	317	290	.400	.519	Ahead in Count	.371	579	215	51	2	45	144	180	0	.513	.699
Home	.291	1169	340	56	1	67	233	194	203	.388	.512	Behind in Count	.232	1052	244	47	1	32	142	0	358	.232	.370
Away	.283	1200	339	79	4	67	213	187	238	.376	.523	Two Strikes	.214	1125	241	48	2	29	127	170	441	.316	.338
Day	.270	797	215	45	2	39	132	122	136	.364	.478	Batting #3	.265	604	160	39	1	32	103	90	114	.356	.492
Night	.295	1572	464	90	3	95	314	259	305	.392	.538	Batting #5	.320	950	304	56	3	61	202	155	168	.412	.578
Grass	.283	2022	573	106	4	113	380	329	375	.380	.507	Other	.264	815	215	40	1	41	141	136	159	.367	.466
Turf	.305	347	106	29	1	21	66	52	66	.393	.576	March/April	.302	388	117	29	1	23	76	64	59	.395	.559
Pre-All Star	.284	1299	369	77	2	78	255	195	230	.374	.527	May	.300	464	139	27	0	31	100	56	88	.372	.558
Post-All Star	.290	1070	310	58	3	56	191	186	211	.392	.507	June	.247	380	94	15	1	21	58	60	74	.346	.458
Inning 1-6	.293	1615	473	92	4	102	322	276	290	.392	.544	July	.322	304	98	20	1	14	59	49	61	.414	.533
Inning 7+	.273	754	206	43	1	32	124	105	151	.360	.460	August	.299	442	132	25	1	28	92	86	74	.412	.550
Scoring Posn	.283	646	183	36	1	32	304	155	128	.408	.491	Sept/Oct	.253	391	99	19	1	17	61	66	85	.357	.437
Close & Late	.272	360	98	18	1	19	63	58	78	.368	.486	vs. AL	.285	2103	600	120	5	116	394	338	390	.381	.513
None on/out	.270	555	150	27	1	37	37	66	97	.348	.523	vs. NL	.297	266	79	15	0	18	52	43	51	.389	.556

Gabe Kapler — Rangers
Age 26 – Bats Right

	Avg	G	AB	R	H	2B	3B	HR	RBI	BB	SO	HBP	GDP	SB	CS	OBP	SLG	IBB	SH	SF	#Pit	#P/PA	GB	FB	G/F
2001 Season	.267	134	483	77	129	29	1	17	72	61	70	3	10	23	6	.348	.437	2	2	7	2155	3.88	167	165	1.01
Career (1998-2001)	.270	387	1368	199	370	83	7	49	187	146	205	5	29	44	15	.340	.449	4	8	14	5822	3.78	488	445	1.10

2001 Season

	Avg	AB	H	2B	3B	HR	RBI	BB	SO	OBP	SLG		Avg	AB	H	2B	3B	HR	RBI	BB	SO	OBP	SLG
vs. Left	.269	119	32	6	0	7	18	13	13	.336	.496	First Pitch	.305	59	18	2	0	1	7	2	0	.323	.390
vs. Right	.266	364	97	23	1	10	54	48	57	.352	.418	Ahead in Count	.387	111	43	12	0	8	23	31	0	.517	.712
Home	.266	252	67	16	1	11	36	33	31	.352	.468	Behind in Count	.191	230	44	10	0	4	26	0	62	.197	.287
Away	.268	231	62	13	0	6	36	28	39	.345	.403	Two Strikes	.192	219	42	9	0	6	31	28	70	.285	.315
Day	.383	94	36	9	0	6	22	11	10	.431	.670	Batting #6	.288	212	61	13	1	10	32	28	30	.373	.500
Night	.239	389	93	20	1	11	50	50	60	.328	.380	Batting #7	.241	83	20	7	0	2	16	12	12	.323	.398
Grass	.261	440	115	26	1	16	68	53	65	.340	.434	Other	.255	188	48	9	0	5	24	21	28	.332	.383
Turf	.326	43	14	3	0	1	4	8	5	.431	.465	April	.381	21	8	1	0	1	5	2	2	.435	.571
Pre-All Star	.249	237	59	14	0	10	37	33	40	.338	.435	May	.316	95	30	9	0	6	18	20	11	.431	.600
Post-All Star	.285	246	70	15	1	7	35	28	30	.358	.439	June	.158	95	15	3	0	3	12	8	22	.226	.274
Inning 1-6	.259	328	85	21	1	12	47	37	42	.332	.439	July	.222	90	20	3	0	0	9	10	12	.297	.256
Inning 7+	.284	155	44	8	0	5	25	24	28	.383	.432	August	.290	93	27	8	1	3	16	13	13	.378	.495
Scoring Posn	.269	130	35	12	0	3	52	16	13	.338	.431	Sept/Oct	.326	89	29	5	0	4	12	8	10	.381	.517
Close & Late	.329	73	24	5	0	3	13	12	14	.430	.521	vs. AL	.271	420	114	27	1	16	64	55	59	.355	.455
None on/out	.330	115	38	7	0	7	7	10	13	.384	.574	vs. NL	.238	63	15	2	0	1	8	6	11	.304	.317

2001 By Position

Position	Avg	AB	H	2B	3B	HR	RBI	BB	SO	OBP	SLG	G	GS	Innings	PO	A	E	DP	Fld Pct	Rng Fctr	In Zone	Outs	Zone Rtg	MLB Zone
As cf	.268	478	128	29	1	17	71	59	69	.347	.439	133	130	1156.1	345	8	1	3	.997	2.75	390	339	.869	.892

Career (1998-2001)

	Avg	AB	H	2B	3B	HR	RBI	BB	SO	OBP	SLG		Avg	AB	H	2B	3B	HR	RBI	BB	SO	OBP	SLG
vs. Left	.278	299	83	15	2	16	42	30	41	.340	.502	First Pitch	.281	167	47	5	0	4	16	4	0	.297	.383
vs. Right	.268	1069	287	68	5	33	145	116	164	.340	.434	Ahead in Count	.375	352	132	26	2	25	63	78	0	.484	.673
Home	.286	700	200	48	6	34	111	73	86	.352	.517	Behind in Count	.203	612	124	34	3	11	70	0	171	.206	.322
Away	.254	668	170	35	1	15	76	73	119	.327	.377	Two Strikes	.200	591	118	32	2	13	76	64	205	.279	.327
Day	.273	362	99	20	2	15	50	35	57	.335	.464	Batting #6	.262	347	91	17	1	15	47	43	57	.345	.447
Night	.269	1006	271	63	5	34	137	111	148	.342	.443	Batting #7	.266	354	94	22	1	13	51	37	54	.330	.444
Grass	.269	1195	321	74	7	45	172	124	175	.337	.455	Other	.277	667	185	44	5	21	89	66	94	.342	.453
Turf	.283	173	49	9	0	4	15	22	30	.362	.405	March/April	.227	119	27	6	0	5	20	12	20	.298	.403
Pre-All Star	.246	643	158	37	1	26	87	72	105	.321	.428	May	.295	193	57	13	1	11	31	30	26	.391	.544
Post-All Star	.292	725	212	46	6	23	100	74	100	.357	.468	June	.203	251	51	12	0	10	30	20	48	.262	.371
Inning 1-6	.273	916	250	60	6	31	130	97	125	.340	.453	July	.269	264	71	15	1	6	27	29	36	.338	.402
Inning 7+	.265	452	120	23	1	18	57	49	80	.339	.440	August	.292	253	74	22	4	6	40	27	40	.362	.482
Scoring Posn	.253	367	93	26	1	8	131	47	51	.332	.395	Sept/Oct	.313	288	90	15	1	11	39	28	35	.370	.486
Close & Late	.271	192	52	7	1	9	28	24	41	.352	.458	vs. AL	.275	1212	333	77	7	48	177	128	174	.343	.469
None on/out	.320	306	98	25	4	16	16	29	35	.379	.585	vs. NL	.237	156	37	6	0	1	10	18	31	.316	.295

Jason Karnuth — Cardinals
Age 26 – Pitches Right

	ERA	W	L	Sv	G	GS	IP	BB	SO	Avg	H	2B	3B	HR	RBI	OBP	SLG	GF	IR	IRS	Hld	SvOp	SB	CS	GB	FB	G/F
2001 Season	1.80	0	0	0	4	0	5.0	4	1	.316	6	2	0	1	2	.458	.579	1	3	1	0	0	0	0	6	9	0.67

2001 Season

	ERA	W	L	Sv	G	GS	IP	H	HR	BB	SO		Avg	AB	H	2B	3B	HR	RBI	BB	SO	OBP	SLG
Home	0.00	0	0	0	2	0	2.2	2	0	1	0	vs. Left	.429	7	3	0	0	1	2	0	.556	.857
Away	3.86	0	0	0	2	0	2.1	4	1	3	1	vs. Right	.250	12	3	2	0	0	1	2	1	.400	.417

Eric Karros — Dodgers
Age 34 – Bats Right (flyball hitter)

	Avg	G	AB	R	H	2B	3B	HR	RBI	BB	SO	HBP	GDP	SB	CS	OBP	SLG	IBB	SH	SF	#Pit	#P/PA	GB	FB	G/F
2001 Season	.235	121	438	42	103	22	0	15	63	41	101	3	15	3	1	.303	.388	2	0	3	1838	3.79	129	136	0.95
Last Five Years	.271	730	2735	345	742	139	1	134	472	265	551	14	68	37	18	.335	.470	7	0	37	11585	3.80	790	945	0.84

2001 Season

	Avg	AB	H	2B	3B	HR	BB	SO	OBP	SLG		Avg	AB	H	2B	3B	HR	RBI	BB	SO	OBP	SLG
vs. Left	.255	94	24	6	0	6	17	9	.317	.511	First Pitch	.344	61	21	6	0	4	10	1	0	.359	.639
vs. Right	.230	344	79	16	0	9	46	32	76	.299	.355	Ahead in Count	.293	82	24	7	0	4	15	17	0	.410	.524
Home	.234	201	47	10	0	7	23	29	53	.338	.388	Behind in Count	.172	215	37	5	0	3	24	0	89	.179	.237
Away	.236	237	56	12	0	8	40	12	48	.271	.388	Two Strikes	.147	211	31	6	0	3	24	23	101	.236	.218
Day	.141	128	18	1	0	3	12	8	31	.196	.219	Batting #5	.219	247	54	8	0	8	43	23	51	.291	.348
Night	.274	310	85	21	0	12	51	33	70	.346	.458	Batting #6	.256	133	34	11	0	4	14	11	34	.310	.429
Grass	.239	419	100	22	0	15	61	39	96	.306	.399	Other	.259	58	15	3	0	3	6	7	16	.338	.466
Turf	.158	19	3	0	0	0	2	2	5	.238	.158	April	.239	88	21	3	0	4	9	7	20	.295	.409
Pre-All Star	.252	214	54	9	0	8	36	18	43	.311	.407	May	.222	63	14	4	0	1	15	6	13	.282	.333
Post-All Star	.219	224	49	13	0	7	27	23	58	.296	.371	June	.297	37	11	2	0	2	8	2	5	.350	.514
Inning 1-6	.234	304	71	14	0	12	42	25	76	.293	.398	July	.230	87	20	1	0	3	13	11	18	.330	.345
Inning 7+	.239	134	32	8	0	3	21	16	25	.325	.366	August	.207	87	18	7	0	4	8	4	27	.242	.425
Scoring Posn	.260	123	32	4	0	2	45	12	23	.324	.341	Sept/Oct	.250	76	19	5	0	1	10	11	18	.341	.355
Close & Late	.227	66	15	4	0	2	15	10	13	.329	.379	vs. AL	.313	32	10	1	0	1	4	1	7	.333	.438
None on/out	.212	99	21	5	0	5	5	8	23	.284	.414	vs. NL	.229	406	93	21	0	14	59	40	94	.301	.384

2001 By Position

Position	Avg	AB	H	2B	3B	HR	RBI	BB	SO	OBP	SLG	G	GS	Innings	PO	A	E	DP	Fld Pct	Rng Fctr	In Zone	Zone Outs	Zone Rtg	MLB Zone
As 1b	.236	436	103	22	0	15	63	41	99	.304	.390	119	118	1018.1	964	71	4	82	.996	—	194	158	.814	.850

Last Five Years

	Avg	AB	H	2B	3B	HR	RBI	BB	SO	OBP	SLG		Avg	AB	H	2B	3B	HR	RBI	BB	SO	OBP	SLG
vs. Left	.274	634	174	33	0	32	113	83	118	.356	.478	First Pitch	.352	392	138	29	0	14	68	6	0	.355	.533
vs. Right	.270	2101	568	106	1	102	359	182	433	.328	.467	Ahead in Count	.365	545	199	39	1	57	163	143	0	.494	.754
Home	.268	1311	351	64	0	62	214	145	268	.339	.458	Behind in Count	.208	1248	260	43	0	35	155	0	457	.211	.327
Away	.275	1424	391	75	1	72	258	120	283	.331	.480	Two Strikes	.191	1308	250	49	0	34	142	116	551	.260	.307
Day	.300	727	218	37	0	45	134	86	155	.374	.536	Batting #4	.284	1225	348	64	0	61	223	114	239	.343	.486
Night	.261	2008	524	102	1	89	338	179	396	.320	.446	Batting #5	.251	1100	276	48	0	58	197	120	224	.325	.453
Grass	.272	2370	644	120	0	121	410	245	477	.338	.476	Other	.288	410	118	27	1	15	52	31	88	.337	.468
Turf	.268	365	98	19	1	13	62	20	74	.308	.433	March/April	.248	367	91	18	0	16	58	41	76	.329	.428
Pre-All Star	.274	1391	381	73	1	78	254	149	277	.345	.496	May	.260	453	118	23	1	18	72	48	95	.327	.435
Post-All Star	.269	1344	361	66	0	56	218	116	274	.324	.443	June	.296	439	130	27	0	33	95	43	80	.361	.583
Inning 1-6	.271	1877	508	95	1	89	310	177	354	.332	.465	July	.281	487	137	20	0	32	101	56	92	.355	.520
Inning 7+	.273	858	234	44	0	45	162	88	197	.340	.481	August	.259	529	137	29	0	22	83	36	125	.302	.439
Scoring Posn	.265	766	203	43	0	34	338	98	162	.338	.454	Sept/Oct	.280	460	129	22	0	13	63	41	83	.334	.413
Close & Late	.254	445	113	18	0	26	94	56	98	.334	.470	vs. AL	.287	258	74	13	0	23	50	21	48	.337	.605
None on/out	.267	651	174	28	0	36	36	51	126	.323	.476	vs. NL	.270	2477	668	126	1	111	422	244	503	.334	.456

Steve Karsay — Braves
Age 30 – Pitches Right (groundball pitcher)

	ERA	W	L	Sv	G	GS	IP	BB	SO	Avg	H	2B	3B	HR	RBI	OBP	SLG	GF	IR	IRS	Hld	SvOp	SB	CS	GB	FB	G/F
2001 Season	2.35	3	5	8	74	0	88.0	25	83	.228	73	12	1	5	26	.283	.319	29	19	3	12	12	8	1	129	62	2.08
Last Five Years	4.09	21	30	29	231	28	400.1	133	322	.271	420	83	13	39	202	.332	.417	92	92	33	34	44	29	7	625	380	1.64

2001 Season

	ERA	W	L	Sv	G	GS	IP	H	HR	BB	SO		Avg	AB	H	2B	3B	HR	RBI	BB	SO	OBP	SLG
Home	1.52	0	2	3	36	0	41.1	32	1	12	36	vs. Left	.257	148	38	6	0	2	8	14	42	.321	.338
Away	3.09	3	3	5	38	0	46.2	41	4	13	47	vs. Right	.203	172	35	6	1	3	18	11	41	.250	.302
Day	2.16	1	1	4	21	0	25.0	17	0	4	21	Inning 1-6	.000	4	0	0	0	0	0	0	0	.000	.000
Night	2.43	2	4	4	53	0	63.0	56	5	21	62	Inning 7+	.231	316	73	12	1	5	26	25	81	.286	.323
Grass	2.72	2	5	7	65	0	76.0	70	5	21	73	None on	.231	195	45	6	1	4	12	48	.275	.333
Turf	0.00	1	0	1	9	0	12.0	3	0	4	10	Runners on	.224	125	28	6	0	1	22	13	35	.294	.296
April	0.00	0	0	0	10	0	14.0	3	0	4	11	Scoring Posn	.219	64	14	4	0	0	18	13	18	.333	.281
May	2.08	0	0	1	12	0	17.1	19	0	2	20	Close & Late	.256	176	45	8	1	4	18	19	48	.325	.381
June	1.02	0	1	1	13	0	17.2	9	1	6	16	None on/out	.253	83	21	3	1	0	0	3	16	.279	.313
July	3.38	1	1	2	10	0	10.2	9	3	1	8	vs. 1st Batr (relief)	.232	69	16	2	0	1	3	3	15	.260	.304
August	2.87	0	2	4	15	0	15.2	18	0	4	18	1st Inning Pitched	.207	246	51	7	0	5	21	17	66	.257	.297
Sept/Oct	5.68	2	1	0	14	0	12.2	15	1	8	10	First 15 Pitches	.204	216	44	6	0	4	14	15	57	.251	.287
Starter	0.00	0	0	0	0	0	0	0	0	0	0	Pitch 16-30	.290	93	27	5	1	1	10	10	22	.365	.398
Reliever	2.35	3	5	8	74	0	88.0	73	5	25	83	Pitch 31-45	.200	10	2	1	0	0	2	0	4	.200	.300
0 Days Rest (Relief)	3.22	1	2	0	20	0	22.1	18	3	4	21	Pitch 46+	.000	1	0	0	0	0	0	0	0	.000	.000
1 or 2 Days Rest	2.09	2	2	6	40	0	47.1	38	1	17	43	First Pitch	.317	41	13	2	1	1	7	9	0	.423	.488
3+ Days Rest	1.96	0	1	2	14	0	18.1	17	1	4	19	Ahead in Count	.189	180	34	6	0	2	9	0	76	.193	.256
vs. AL	1.49	1	1	2	31	0	42.1	29	3	7	43	Behind in Count	.294	51	15	2	0	2	6	5	0	.379	.451
vs. NL	3.15	2	4	6	43	0	45.2	44	2	18	40	Two Strikes	.165	164	27	6	0	1	5	9	83	.213	.220
Pre-All Star	1.39	1	1	2	38	0	51.2	34	3	12	49	Pre-All Star	.189	180	34	7	0	3	11	12	49	.237	.278
Post-All Star	3.72	2	4	6	36	0	36.1	39	2	13	34	Post-All Star	.279	140	39	5	1	2	15	13	34	.340	.371

Last Five Years

	ERA	W	L	Sv	G	GS	IP	H	HR	BB	SO		Avg	AB	H	2B	3B	HR	RBI	BB	SO	OBP	SLG
Home	3.67	8	14	12	118	15	208.1	215	14	67	167	vs. Left	.259	760	197	47	9	23	96	82	172	.335	.436
Away	4.55	13	16	17	113	13	192.0	205	25	66	155	vs. Right	.282	790	223	36	4	16	106	51	150	.329	.399

Last Five Years

	ERA	W	L	Sv	G	GS	IP	H	HR	BB	SO		Avg	AB	H	2B	3B	HR	RBI	BB	SO	OBP	SLG
Day	4.00	4	11	14	73	12	137.1	152	14	34	116	Inning 1-6	.289	688	199	52	6	24	105	56	119	.345	.487
Night	4.14	17	19	15	158	16	263.0	268	25	99	206	Inning 7+	.256	862	221	31	7	15	97	77	203	.322	.361
Grass	4.22	16	28	22	200	25	343.2	369	34	114	278	None on	.270	877	237	48	8	25	25	56	192	.318	.429
Turf	3.34	5	2	7	31	3	56.2	51	5	19	44	Runners on	.272	673	183	35	5	14	177	77	130	.349	.401
March/April	2.14	3	3	4	36	5	71.1	64	3	15	63	Scoring Posn	.264	397	105	24	3	7	153	64	72	.365	.393
May	4.34	2	6	7	43	6	85.0	88	9	21	78	Close & Late	.284	462	131	19	6	11	71	56	108	.362	.422
June	3.44	5	4	8	42	6	83.2	74	10	39	65	None on/out	.280	389	109	23	5	9	9	14	76	.312	.434
July	6.66	3	6	5	29	6	50.0	72	7	16	34	vs. 1st Batr (relief)	.283	191	54	9	1	4	22	7	38	.312	.403
August	3.78	5	6	4	42	5	69.0	72	6	28	52	1st Inning Pitched	.260	810	211	30	6	14	107	69	186	.319	.364
Sept/Oct	5.66	3	5	1	39	0	41.1	50	4	14	30	First 15 Pitches	.267	675	180	26	6	11	71	50	150	.318	.372
Starter	5.49	5	13	0	28	28	152.1	184	24	53	101	Pitch 16-30	.255	357	91	19	3	10	45	36	82	.324	.409
Reliever	3.23	16	17	29	203	0	248.0	236	15	80	221	Pitch 31-45	.271	144	39	9	1	4	25	18	31	.354	.431
0 Days Rest (Relief)	3.47	5	6	9	53	0	59.2	56	6	19	48	Pitch 46+	.294	374	110	29	3	14	61	29	59	.357	.500
1 or 2 Days Rest	2.81	9	6	15	101	0	128.0	107	4	47	119	First Pitch	.344	212	73	16	2	7	35	18	0	.398	.538
3+ Days Rest	3.88	2	5	5	49	0	60.1	73	5	14	54	Ahead in Count	.219	734	161	26	3	12	69	0	287	.228	.312
vs. AL	4.36	18	26	15	174	26	326.1	348	36	103	265	Behind in Count	.318	365	116	24	3	12	58	52	0	.402	.479
vs. NL	2.92	3	4	14	57	2	74.0	72	3	30	57	Two Strikes	.194	726	141	30	6	11	69	63	322	.262	.298
Pre-All Star	3.71	11	15	20	129	18	252.0	246	26	78	214	Pre-All Star	.256	961	246	51	7	26	115	78	214	.316	.405
Post-All Star	4.73	10	15	9	102	10	148.1	174	13	55	108	Post-All Star	.295	589	174	32	6	13	87	55	108	.358	.436

Randy Keisler — Yankees

Age 26 – Pitches Left (flyball pitcher)

	ERA	W	L	Sv	G	GS	IP	BB	SO	Avg	H	2B	3B	HR	RBI	OBP	SLG	CG	ShO	Sup	QS	#P/S	SB	CS	GB	FB	G/F
2001 Season	6.22	1	2	0	10	10	50.2	34	36	.259	52	5	3	12	31	.364	.493	0	0	6.75	3	93	13	2	60	67	0.90
Career (2000-2001)	7.19	2	2	0	14	11	61.1	42	42	.278	68	10	3	13	41	.382	.502	0	0	6.16	3	91	13	4	70	83	0.84

2001 Season

	ERA	W	L	Sv	G	GS	IP	H	HR	BB	SO		Avg	AB	H	2B	3B	HR	RBI	BB	SO	OBP	SLG
Home	5.93	1	0	0	5	5	27.1	27	4	14	11	vs. Left	.250	36	9	2	0	3	7	4	6	.325	.556
Away	6.56	0	2	0	5	5	23.1	25	8	20	25	vs. Right	.261	165	43	3	3	9	24	30	30	.372	.479

Jason Kendall — Pirates

Age 28 – Bats Right

	Avg	G	AB	R	H	2B	3B	HR	RBI	BB	SO	HBP	GDP	SB	CS	OBP	SLG	IBB	SH	SF	#Pit	#P/PA	GB	FB	G/F
2001 Season	.266	157	606	84	161	22	2	10	53	44	48	20	18	13	14	.335	.358	4	0	2	2520	3.75	256	214	1.20
Last Five Years	.305	680	2486	423	757	147	18	52	276	261	263	109	56	101	40	.391	.441	15	4	23	11035	3.83	1013	755	1.34

2001 Season

	Avg	AB	H	2B	3B	HR	RBI	BB	SO	OBP	SLG		Avg	AB	H	2B	3B	HR	RBI	BB	SO	OBP	SLG
vs. Left	.279	111	31	6	2	4	15	6	8	.328	.477	First Pitch	.340	47	16	2	0	1	6	3	0	.392	.447
vs. Right	.263	495	130	16	0	6	38	38	40	.336	.331	Ahead in Count	.378	127	48	7	1	3	17	28	0	.503	.520
Home	.297	293	87	10	2	3	28	25	20	.373	.375	Behind in Count	.239	293	70	12	1	4	23	0	38	.268	.328
Away	.236	313	74	12	0	7	25	19	28	.297	.342	Two Strikes	.197	259	51	7	4	4	18	13	48	.261	.278
Day	.247	166	41	6	1	4	18	4	11	.284	.367	Batting #1	.252	242	61	10	2	2	16	23	23	.330	.335
Night	.273	440	120	16	1	6	35	40	37	.353	.355	Batting #3	.274	201	55	6	0	5	25	11	14	.330	.378
Grass	.273	567	155	22	2	10	52	42	45	.344	.372	Other	.276	163	45	6	0	3	12	10	11	.348	.368
Turf	.154	39	6	0	0	0	1	2	3	.195	.154	April	.282	78	22	3	0	2	7	9	8	.391	.397
Pre-All Star	.257	339	87	12	2	4	32	27	30	.332	.354	May	.261	115	30	5	2	2	10	10	8	.325	.391
Post-All Star	.277	267	74	10	0	6	21	17	18	.339	.382	June	.239	113	27	4	0	1	11	6	11	.306	.274
Inning 1-6	.257	428	110	13	1	8	41	32	34	.326	.348	July	.228	101	23	4	0	1	10	4	6	.259	.297
Inning 7+	.287	178	51	9	1	2	12	12	14	.357	.382	August	.337	101	34	4	0	5	10	6	6	.396	.525
Scoring Posn	.255	110	28	3	0	2	41	18	12	.400	.336	Sept/Oct	.255	98	25	2	0	0	5	9	9	.318	.276
Close & Late	.256	78	20	3	1	1	9	6	7	.344	.359	vs. AL	.159	63	10	2	0	0	7	3	5	.194	.190
None on/out	.223	184	41	10	1	2	2	10	25	.321	.321	vs. NL	.278	543	151	20	2	10	46	41	43	.350	.378

2001 By Position

Position	Avg	AB	H	2B	3B	HR	RBI	BB	SO	OBP	SLG	G	GS	Innings	PO	A	E	DP	Fld Pct	Rng Fctr	In Zone	Zone Outs	Zone Rtg	MLB Zone
As c	.277	495	137	20	2	9	43	38	43	.349	.380	133	127	1093.0	739	52	12	7	.985	—	—	—	—	—
As lf	.250	76	19	1	0	1	8	3	3	.296	.303	18	18	147.0	30	0	3	0	.909	1.84	34	29	.853	.880
As rf	.156	32	5	1	0	0	2	3	2	.229	.188	10	9	67.1	17	1	2	0	.900	2.41	17	16	.941	.884

Last Five Years

	Avg	AB	H	2B	3B	HR	RBI	BB	SO	OBP	SLG		Avg	AB	H	2B	3B	HR	RBI	BB	SO	OBP	SLG
vs. Left	.317	527	167	43	4	18	68	57	54	.393	.516	First Pitch	.392	212	83	14	1	7	26	12	0	.451	.566
vs. Right	.301	1959	590	104	14	34	208	204	209	.391	.421	Ahead in Count	.365	545	206	41	4	21	88	168	0	.511	.563
Home	.310	1220	378	80	10	26	145	137	121	.396	.456	Behind in Count	.267	1173	313	62	10	14	106	0	220	.303	.373
Away	.299	1266	379	67	8	26	131	124	142	.387	.427	Two Strikes	.242	1096	265	55	9	13	93	81	263	.326	.344
Day	.294	666	196	42	5	16	78	67	71	.383	.444	Batting #2	.309	632	195	37	7	17	66	64	75	.386	.470
Night	.308	1820	561	105	13	36	198	194	192	.394	.440	Batting #3	.300	704	211	36	8	13	89	80	67	.395	.415
Grass	.295	1270	375	55	7	23	130	114	123	.379	.404	Other	.305	1150	351	74	8	22	121	117	121	.392	.441
Turf	.314	1216	382	92	11	29	146	147	140	.404	.479	March/April	.303	413	125	24	2	6	37	43	41	.393	.414
Pre-All Star	.302	1482	447	81	16	26	169	164	161	.394	.430	May	.341	499	170	35	9	11	73	63	50	.434	.514
Post-All Star	.309	1004	310	66	2	26	107	97	102	.387	.456	June	.272	459	125	19	2	8	46	50	55	.369	.375
Inning 1-6	.302	1723	521	110	14	36	184	180	168	.387	.445	July	.296	375	111	21	3	7	41	32	56	.367	.424
Inning 7+	.309	763	236	37	4	16	92	81	95	.402	.431	August	.317	385	122	20	2	16	50	34	41	.389	.504
Scoring Posn	.270	564	152	30	5	6	202	92	79	.388	.372	Sept/Oct	.292	356	104	28	4	4	29	39	38	.376	.404
Close & Late	.310	361	112	20	2	6	52	46	54	.417	.427	vs. AL	.239	230	55	9	0	4	19	23	23	.331	.330
None on/out	.301	579	174	37	3	10	10	56	48	.385	.427	vs. NL	.311	2256	702	138	18	48	257	238	240	.398	.452

Adam Kennedy — Angels
Age 26 – Bats Left (flyball hitter)

	Avg	G	AB	R	H	2B	3B	HR	RBI	BB	SO	HBP	GDP	SB	CS	OBP	SLG	IBB	SH	SF	#Pit	#P/PA	GB	FB	G/F
2001 Season	.270	137	478	48	129	25	3	6	40	27	71	11	7	12	7	.318	.372	3	7	9	2005	3.77	146	173	0.84
Career (1999-2001)	.267	326	1178	142	314	68	15	16	128	58	152	16	18	34	16	.306	.390	8	16	15	4607	3.59	373	427	0.87

2001 Season

	Avg	AB	H	2B	3B	HR	RBI	BB	SO	OBP	SLG		Avg	AB	H	2B	3B	HR	RBI	BB	SO	OBP	SLG
vs. Left	.242	99	24	5	0	0	5	6	16	.309	.293	First Pitch	.377	53	20	6	0	0	8	3	0	.433	.491
vs. Right	.277	379	105	20	3	6	35	21	55	.320	.393	Ahead in Count	.306	85	26	3	1	4	13	10	0	.370	.506
Home	.300	233	70	9	3	4	21	18	37	.357	.416	Behind in Count	.259	243	63	11	2	2	15	0	61	.271	.346
Away	.241	245	59	16	0	2	19	9	34	.281	.331	Two Strikes	.244	238	58	9	1	1	8	14	71	.298	.303
Day	.303	132	40	13	0	0	11	4	14	.326	.402	Batting #2	.310	129	40	8	1	1	9	7	18	.362	.411
Night	.257	346	89	12	3	6	29	23	57	.315	.361	Batting #7	.255	165	42	11	0	2	15	9	27	.303	.358
Grass	.270	433	117	20	3	6	36	25	66	.322	.372	Other	.255	184	47	6	2	3	16	11	26	.302	.359
Turf	.267	45	12	5	0	0	4	2	5	.280	.378	April	.256	43	11	1	2	1	4	3	5	.298	.442
Pre-All Star	.304	260	79	14	2	4	22	20	31	.361	.419	May	.310	87	27	6	0	2	10	9	7	.378	.448
Post-All Star	.229	218	50	11	1	2	18	7	40	.266	.317	June	.294	102	30	6	0	1	6	8	15	.368	.382
Inning 1-6	.298	312	93	18	1	6	30	16	44	.342	.420	July	.302	86	26	3	1	0	6	3	16	.330	.360
Inning 7+	.217	166	36	7	2	0	10	11	27	.273	.283	August	.247	81	20	6	0	2	10	4	16	.297	.395
Scoring Posn	.190	100	19	6	0	2	32	9	14	.262	.310	Sept/Oct	.190	79	15	3	0	0	4	0	12	.183	.228
Close & Late	.238	84	20	3	2	0	6	5	14	.280	.321	vs. AL	.263	415	109	21	2	6	36	25	61	.313	.366
None on/out	.219	114	25	8	1	0	0	4	19	.246	.307	vs. NL	.317	63	20	4	1	0	4	2	10	.353	.413

2001 By Position

Position	Avg	AB	H	2B	3B	HR	RBI	BB	SO	OBP	SLG	G	GS	Innings	PO	A	E	DP	Fld Pct	Rng Fctr	In Zone	Zone Outs	Zone Rtg	MLB Zone
As 2b	.273	458	125	24	3	6	38	26	64	.322	.378	131	123	1102.2	236	376	10	64	.984	5.00	400	355	.888	.824

Career (1999-2001)

	Avg	AB	H	2B	3B	HR	RBI	BB	SO	OBP	SLG		Avg	AB	H	2B	3B	HR	RBI	BB	SO	OBP	SLG
vs. Left	.261	253	66	14	2	0	25	13	36	.312	.332	First Pitch	.353	139	49	15	3	2	25	7	0	.392	.547
vs. Right	.268	925	248	54	13	16	103	45	116	.305	.406	Ahead in Count	.313	240	75	14	4	7	36	28	0	.378	.492
Home	.299	578	173	33	8	12	65	36	72	.344	.446	Behind in Count	.241	572	138	25	7	5	45	0	131	.251	.336
Away	.235	600	141	35	7	4	63	22	80	.269	.337	Two Strikes	.230	543	125	23	5	4	40	23	152	.270	.313
Day	.272	320	87	28	4	1	31	14	36	.308	.394	Batting #2	.264	363	96	21	4	4	36	19	45	.308	.377
Night	.265	858	227	40	11	15	97	44	116	.305	.389	Batting #8	.277	357	99	15	7	6	44	19	42	.318	.409
Grass	.269	1043	281	59	13	15	108	52	137	.311	.394	Other	.260	458	119	32	4	6	48	20	65	.296	.386
Turf	.244	135	33	9	2	1	20	6	15	.272	.363	March/April	.301	153	46	10	4	4	24	13	18	.357	.497
Pre-All Star	.292	595	174	34	7	10	62	39	72	.341	.424	May	.246	191	47	9	1	2	15	11	19	.289	.335
Post-All Star	.240	583	140	34	8	6	66	19	80	.270	.357	June	.321	190	61	11	2	2	17	15	27	.384	.432
Inning 1-6	.277	775	215	47	9	15	94	34	99	.314	.419	July	.287	188	54	9	4	3	15	5	32	.308	.426
Inning 7+	.246	403	99	21	6	1	34	24	53	.292	.335	August	.226	199	45	12	2	4	28	8	30	.269	.367
Scoring Posn	.241	286	69	14	5	6	106	20	37	.288	.388	Sept/Oct	.237	257	61	17	2	1	29	6	26	.250	.331
Close & Late	.256	203	52	9	5	1	20	13	26	.303	.365	vs. AL	.262	946	248	50	12	14	101	49	123	.303	.385
None on/out	.257	261	67	18	6	1	1	10	34	.284	.383	vs. NL	.284	232	66	18	3	2	27	9	29	.320	.414

Joe Kennedy — Devil Rays
Age 23 – Pitches Left (flyball pitcher)

	ERA	W	L	Sv	G	GS	IP	BB	SO	Avg	H	2B	3B	HR	RBI	OBP	SLG	CG	ShO	Sup	QS	#P/S	SB	CS	GB	FB	G/F
2001 Season	4.44	7	8	0	20	20	117.2	34	78	.269	122	29	3	16	59	.321	.452	0	0	4.51	12	95	7	6	149	153	0.97

2001 Season

	ERA	W	L	Sv	G	GS	IP	H	HR	BB	SO		Avg	AB	H	2B	3B	HR	RBI	BB	SO	OBP	SLG
Home	3.25	4	2	0	9	9	55.1	57	6	14	36	vs. Left	.225	89	20	3	0	3	12	8	16	.286	.360
Away	5.49	3	6	0	11	11	62.1	65	10	20	42	vs. Right	.279	365	102	26	3	13	47	26	62	.329	.474
Starter	4.44	7	8	0	20	20	117.2	122	16	34	78	Scoring Posn	.214	112	24	6	1	3	38	6	26	.250	.366
Reliever	0.00	0	0	0	0	0	0.0	0	0	0	0	Close & Late	.000	2	0	0	0	0	0	1	0	.333	.000
0-3 Days Rest (Start)	0.00	0	0	0	0	0	0.0	0	0	0	0	None on/out	.257	113	29	9	0	3	3	12	15	.328	.416
4 Days Rest	4.50	3	5	0	9	9	54.0	57	6	10	42	First Pitch	.339	62	21	4	0	3	8	0	0	.339	.548
5+ Days Rest	4.38	4	3	0	11	11	63.2	65	10	24	36	Ahead in Count	.216	204	44	10	1	7	26	0	68	.223	.377
Pre-All Star	3.98	3	2	0	7	7	40.2	40	2	12	27	Behind in Count	.350	100	35	8	2	2	12	14	0	.426	.530
Post-All Star	4.68	4	6	0	13	13	77.0	82	14	22	51	Two Strikes	.194	211	41	9	0	6	26	20	78	.265	.322

Jeff Kent — Giants
Age 34 – Bats Right (flyball hitter)

	Avg	G	AB	R	H	2B	3B	HR	RBI	BB	SO	HBP	GDP	SB	CS	OBP	SLG	IBB	SH	SF	#Pit	#P/PA	GB	FB	G/F
2001 Season	.298	159	607	84	181	49	6	22	106	65	96	11	11	7	6	.369	.507	4	0	13	2537	3.65	201	214	0.94
Last Five Years	.294	748	2811	468	826	205	20	138	581	312	558	47	70	52	28	.368	.528	23	1	50	11877	3.69	808	1041	0.78

2001 Season

	Avg	AB	H	2B	3B	HR	RBI	BB	SO	OBP	SLG		Avg	AB	H	2B	3B	HR	RBI	BB	SO	OBP	SLG
vs. Left	.295	129	38	13	1	3	22	22	23	.401	.481	First Pitch	.340	94	32	7	2	4	22	4	0	.375	.585
vs. Right	.299	478	143	36	5	19	84	43	73	.360	.515	Ahead in Count	.419	148	62	19	3	7	43	33	0	.516	.730
Home	.290	286	83	24	3	8	45	40	42	.385	.479	Behind in Count	.211	246	52	16	1	6	22	0	78	.223	.358
Away	.305	321	98	25	3	14	61	25	54	.355	.533	Two Strikes	.185	243	45	11	1	6	20	28	96	.282	.313
Day	.323	201	65	20	2	7	38	26	33	.403	.547	Batting #3	.233	43	10	2	0	0	5	8	7	.358	.279
Night	.286	406	116	29	4	15	68	39	63	.352	.488	Batting #4	.302	550	166	44	6	22	100	56	84	.368	.524
Grass	.299	581	174	46	5	20	102	64	91	.371	.499	Other	.357	14	5	3	0	0	1	1	3	.438	.571
Turf	.269	26	7	3	1	2	4	1	5	.321	.692	April	.250	88	22	8	0	4	15	6	16	.292	.477
Pre-All Star	.297	327	97	24	5	12	64	40	57	.373	.511	May	.278	108	30	9	1	4	24	15	21	.362	.491
Post-All Star	.300	280	84	25	1	10	42	25	39	.365	.504	June	.365	96	35	5	2	3	19	16	15	.462	.552

223

2001 Season

	Avg	AB	H	2B	3B	HR	RBI	BB	SO	OBP	SLG		Avg	AB	H	2B	3B	HR	RBI	BB	SO	OBP	SLG
Inning 1-6	.307	423	130	35	5	18	87	42	69	.368	.541	July	.273	99	27	7	2	3	16	6	12	.324	.475
Inning 7+	.277	184	51	14	1	4	19	23	27	.372	.429	August	.313	112	35	7	1	4	11	10	15	.373	.500
Scoring Posn	.268	168	45	14	2	6	82	21	35	.343	.482	Sept/Oct	.308	104	32	13	0	4	21	12	17	.376	.548
Close & Late	.270	89	24	8	1	2	10	11	18	.359	.449	vs. AL	.308	52	16	2	1	1	9	9	8	.413	.442
None on/out	.289	142	41	13	2	5	5	7	19	.331	.514	vs. NL	.297	555	165	47	5	21	97	56	88	.365	.514

2001 By Position

Position	Avg	AB	H	2B	3B	HR	RBI	BB	SO	OBP	SLG	G	GS	Innings	PO	A	E	DP	Fld Pct	Rng Fctr	In Zone	Zone Outs	Zone Rtg	MLB Zone
As 1b	.253	87	22	4	1	0	9	13	13	.356	.322	30	22	213.1	193	14	2	19	.990	—	42	35	.833	.850
As 2b	.306	519	159	45	5	22	97	52	82	.372	.539	140	134	1171.0	269	390	9	91	.987	5.06	406	347	.855	.824

Last Five Years

	Avg	AB	H	2B	3B	HR	RBI	BB	SO	OBP	SLG		Avg	AB	H	2B	3B	HR	RBI	BB	SO	OBP	SLG
vs. Left	.275	680	187	51	7	25	125	106	121	.374	.481	First Pitch	.345	417	144	32	4	25	101	19	0	.381	.621
vs. Right	.300	2131	639	154	13	113	456	206	437	.366	.543	Ahead in Count	.374	644	241	69	5	45	191	158	0	.493	.707
Home	.281	1340	377	93	8	63	267	156	269	.360	.504	Behind in Count	.228	1236	282	66	7	35	158	0	463	.235	.378
Away	.305	1471	449	112	12	75	314	156	289	.375	.551	Two Strikes	.196	1243	244	53	6	42	177	134	558	.281	.350
Day	.308	1176	362	98	5	55	238	137	237	.385	.540	Batting #4	.300	2431	730	177	20	121	511	278	468	.375	.539
Night	.284	1635	464	107	15	83	343	175	321	.356	.520	Batting #5	.236	233	55	16	0	13	53	17	53	.297	.472
Grass	.292	2465	721	175	16	120	507	277	486	.367	.523	Other	.279	147	41	12	0	4	17	17	37	.355	.442
Turf	.303	346	105	30	4	18	74	35	72	.373	.569	March/April	.265	446	118	43	2	19	90	49	108	.335	.498
Pre-All Star	.301	1528	460	121	13	73	322	172	313	.375	.541	May	.298	533	159	33	5	25	106	57	102	.368	.520
Post-All Star	.285	1283	366	84	7	65	259	140	245	.360	.514	June	.344	427	147	37	4	22	100	52	82	.423	.604
Inning 1-6	.304	1964	597	153	16	102	408	207	372	.372	.554	July	.234	431	101	20	3	21	77	40	81	.303	.441
Inning 7+	.270	847	229	52	4	36	143	105	186	.358	.469	August	.335	474	159	32	2	27	96	56	80	.407	.582
Scoring Posn	.307	895	275	72	5	46	448	140	202	.397	.553	Sept/Oct	.284	500	142	40	4	24	112	58	105	.362	.524
Close & Late	.268	433	116	25	2	17	83	51	101	.351	.453	vs. AL	.322	230	74	19	1	12	46	26	45	.390	.570
None on/out	.273	648	177	37	11	34	34	46	113	.326	.522	vs. NL	.291	2581	752	186	19	126	535	286	513	.366	.525

Bobby Kielty — Twins   Age 25 – Bats Both

	Avg	G	AB	R	H	2B	3B	HR	RBI	BB	SO	HBP	GDP	SB	CS	OBP	SLG	IBB	SH	SF	#Pit	#P/PA	GB	FB	G/F
2001 Season	.250	37	104	8	26	8	0	2	14	8	25	1	2	3	0	.297	.385	2	0	5	421	3.57	31	33	0.94

2001 Season

	Avg	AB	H	2B	3B	HR	RBI	BB	SO	OBP	SLG		Avg	AB	H	2B	3B	HR	RBI	BB	SO	OBP	SLG
vs. Left	.333	45	15	6	0	1	5	5	4	.396	.533	Scoring Posn	.174	23	4	0	0	0	8	4	7	.250	.174
vs. Right	.186	59	11	2	0	1	9	3	21	.215	.271	Close & Late	.263	19	5	2	0	0	3	1	7	.273	.368

Brooks Kieschnick — Rockies   Age 30 – Bats Left

	Avg	G	AB	R	H	2B	3B	HR	RBI	BB	SO	HBP	GDP	SB	CS	OBP	SLG	IBB	SH	SF	#Pit	#P/PA	GB	FB	G/F
2001 Season	.238	35	42	5	10	2	1	3	9	3	13	0	1	0	0	.289	.548	0	0	0	176	3.91	10	11	0.91
Last Five Years	.194	88	144	14	28	4	1	7	21	16	39	0	3	1	0	.275	.382	0	0	0	648	4.05	45	40	1.13

2001 Season

	Avg	AB	H	2B	3B	HR	RBI	BB	SO	OBP	SLG		Avg	AB	H	2B	3B	HR	RBI	BB	SO	OBP	SLG
vs. Left	.000	3	0	0	0	0	0	2	.000	.000	Scoring Posn	.308	13	4	1	0	1	7	1	3	.357	.615
vs. Right	.256	39	10	2	1	3	9	3	11	.310	.590	Close & Late	.333	12	4	0	0	2	5	2	2	.429	.833

Darryl Kile — Cardinals   Age 33 – Pitches Right

	ERA	W	L	Sv	G	GS	IP	BB	SO	Avg	H	2B	3B	HR	RBI	OBP	SLG	CG	ShO	Sup	QS	#P/S	SB	CS	GB	FB	G/F
2001 Season	3.09	16	11	0	34	34	227.1	65	179	.265	228	38	4	22	73	.322	.394	2	1	4.55	22	99	4	7	295	237	1.24
Last Five Years	4.16	76	57	0	170	169	1136.1	422	850	.263	1133	207	30	135	508	.333	.419	18	7	5.21	99	104	58	31	1552	1189	1.31

2001 Season

	ERA	W	L	Sv	G	GS	IP	H	HR	BB	SO		Avg	AB	H	2B	3B	HR	RBI	BB	SO	OBP	SLG
Home	2.68	7	5	0	15	15	104.0	102	11	28	90	vs. Left	.279	380	106	20	1	11	41	30	75	.337	.424
Away	3.43	9	6	0	19	19	123.1	126	11	37	89	vs. Right	.253	482	122	18	3	11	32	35	104	.311	.371
Day	3.79	5	3	0	11	11	71.1	78	12	22	45	Inning 1-6	.259	754	195	30	4	18	63	60	160	.320	.381
Night	2.77	11	8	0	23	23	156.0	150	10	43	134	Inning 7+	.306	108	33	8	0	4	10	5	19	.342	.491
Grass	3.17	15	11	0	33	33	218.1	224	22	64	174	None on	.269	513	138	26	4	13	13	30	109	.318	.411
Turf	1.00	1	0	0	1	1	9.0	4	0	1	5	Runners on	.258	349	90	12	0	9	60	32	70	.328	.370
April	3.60	4	2	0	6	6	40.0	43	6	14	27	Scoring Posn	.210	186	39	6	0	3	44	20	50	.296	.290
May	2.52	3	1	0	5	5	35.2	37	4	6	32	Close & Late	.306	49	15	2	0	1	3	3	5	.358	.408
June	4.05	1	3	0	6	6	40.0	43	5	11	30	None on/out	.288	226	65	10	2	6	6	12	44	.332	.429
July	2.14	2	1	0	5	5	33.2	31	2	8	24	vs. 1st Batr (relief)	.000	0	0	0	0	0	0	0	0	.000	.000
August	2.14	3	2	0	6	6	42.0	35	1	14	29	1st Inning Pitched	.234	124	29	5	1	4	7	7	24	.280	.387
Sept/Oct	4.00	3	2	0	6	6	36.0	39	4	12	37	First 75 Pitches	.273	638	174	27	4	16	56	46	139	.329	.403
Starter	3.09	16	11	0	34	34	227.1	228	22	65	179	Pitch 76-90	.225	111	25	4	0	2	8	10	18	.293	.315
Reliever	0.00	0	0	0	0	0	0.0	0	0	0	0	Pitch 91-105	.293	82	24	6	0	3	7	7	16	.348	.476
0-3 Days Rest (Start)	0.00	0	0	0	0	0	0.0	0	0	0	0	Pitch 106+	.161	31	5	1	0	1	2	2	6	.235	.290
4 Days Rest	2.49	10	5	0	19	19	130.0	124	13	36	95	First Pitch	.331	139	46	8	2	5	22	2	0	.340	.525
5+ Days Rest	3.88	6	6	0	15	15	97.1	104	9	29	84	Ahead in Count	.214	429	92	19	0	8	26	0	149	.225	.315
vs. AL	4.91	1	2	0	3	3	18.1	24	0	7	12	Behind in Count	.364	154	56	5	1	8	19	32	0	.484	.565
vs. NL	2.93	15	9	0	31	31	209.0	204	22	58	167	Two Strikes	.172	389	67	11	0	5	17	31	179	.244	.239
Pre-All Star	3.35	9	6	0	18	18	123.2	129	16	31	97	Pre-All Star	.277	465	129	24	4	16	41	31	97	.333	.449
Post-All Star	2.78	7	5	0	16	16	103.2	99	6	34	82	Post-All Star	.249	397	99	14	0	6	34	82	.309	.330

Last Five Years

	ERA	W	L	Sv	G	GS	IP	H	HR	BB	SO		Avg	AB	H	2B	3B	HR	RBI	BB	SO	OBP	SLG
Home	4.33	38	25	0	82	82	559.1	563	79	180	453	vs. Left	.273	2108	575	114	13	61	257	224	396	.343	.426
Away	3.99	38	32	0	88	87	577.0	570	56	242	397	vs. Right	.254	2196	558	93	17	74	251	198	454	.323	.413
Day	4.05	30	20	0	66	65	446.2	427	58	166	308	Inning 1-6	.264	3618	954	164	25	114	437	372	720	.336	.417
Night	4.23	46	37	0	104	104	689.2	706	77	256	542	Inning 7+	.261	686	179	43	5	21	71	50	130	.316	.430
Grass	4.39	53	46	0	130	129	859.2	877	111	325	617	None on	.261	2501	653	125	20	78	78	223	510	.326	.421
Turf	3.45	23	11	0	40	40	276.2	256	24	97	233	Runners on	.266	1803	480	82	10	57	430	199	340	.342	.418
March/April	4.28	15	10	0	30	30	197.2	187	22	81	133	Scoring Posn	.247	1012	250	55	6	29	360	137	228	.336	.399
May	3.28	14	7	0	27	27	184.0	176	21	81	140	Close & Late	.268	358	96	20	3	13	42	26	67	.325	.450
June	4.20	8	11	0	29	29	195.0	195	26	76	139	None on/out	.289	1108	320	54	11	37	37	99	204	.353	.458
July	4.49	14	11	0	31	30	196.1	204	26	57	147	vs. 1st Batr (relief)	.000	1	0	0	0	0	0	0	0	.000	.000
August	4.55	12	10	0	28	28	193.2	219	23	62	151	1st Inning Pitched	.269	648	174	38	5	20	83	65	120	.338	.435
Sept/Oct	4.08	13	8	0	25	25	169.2	152	17	65	140	First 75 Pitches	.266	2980	794	137	21	93	349	286	582	.334	.420
Starter	4.16	76	57	0	169	169	1134.1	1132	134	421	848	Pitch 76-90	.249	551	137	23	4	20	64	53	120	.319	.414
Reliever	4.50	0	0	0	1	0	2.0	1	1	1	2	Pitch 91-105	.274	471	129	33	3	16	62	57	88	.356	.459
0-3 Days Rest (Start)	6.58	4	5	0	9	9	53.1	73	12	20	36	Pitch 106+	.242	302	73	14	2	6	33	26	60	.310	.361
4 Days Rest	3.66	51	26	0	98	98	679.1	638	72	256	508	First Pitch	.321	641	206	44	7	23	98	8	0	.333	.520
5+ Days Rest	4.68	21	26	0	62	62	401.2	421	50	145	304	Ahead in Count	.204	1934	394	71	11	43	157	0	728	.211	.319
vs. AL	5.36	3	8	0	14	14	89.0	100	14	33	72	Behind in Count	.330	1009	333	56	5	51	164	227	0	.454	.547
vs. NL	4.06	73	49	0	156	155	1047.1	1033	121	389	778	Two Strikes	.177	1906	337	55	8	36	142	187	850	.255	.271
Pre-All Star	4.12	40	32	0	95	94	627.2	615	82	255	462	Pre-All Star	.260	2365	615	107	20	82	276	255	462	.338	.426
Post-All Star	4.21	36	25	0	75	75	508.2	518	53	167	388	Post-All Star	.267	1939	518	100	10	53	232	167	388	.327	.411

Byung-Hyun Kim — Diamondbacks   Age 23 – Pitches Right

	ERA	W	L	Sv	G	GS	IP	BB	SO	Avg	H	2B	3B	HR	RBI	OBP	SLG	GF	IR	IRS	Hld	SvOp	SB	CS	GB	FB	G/F
2001 Season	2.94	5	6	19	78	0	98.0	44	113	.173	58	10	1	10	30	.284	.299	44	25	6	11	23	9	4	92	86	1.07
Career (1999-2001)	3.72	12	14	34	164	1	196.0	110	255	.188	130	21	4	21	81	.318	.322	84	65	15	19	47	33	10	183	169	1.08

2001 Season

	ERA	W	L	Sv	G	GS	IP	H	HR	BB	SO		Avg	AB	H	2B	3B	HR	RBI	BB	SO	OBP	SLG
Home	3.55	2	2	12	41	0	50.2	34	5	22	52	vs. Left	.199	156	31	4	0	8	15	20	46	.306	.378
Away	2.28	3	4	7	37	0	47.1	24	5	22	61	vs. Right	.151	179	27	6	1	2	15	24	67	.266	.229
Day	2.48	3	3	6	25	0	36.1	17	4	15	53	Inning 1-6	.435	23	10	2	0	1	10	0	4	.435	.652
Night	3.21	2	3	13	53	0	61.2	41	6	29	60	Inning 7+	.154	312	48	8	1	9	20	44	109	.275	.272
Grass	3.05	3	6	18	73	0	91.1	56	10	41	106	None on	.151	205	31	7	0	5	5	22	76	.253	.259
Turf	1.35	2	0	1	5	0	6.2	2	0	3	7	Runners on	.208	130	27	3	1	5	25	22	37	.331	.362
April	5.54	1	1	0	11	0	13.0	10	1	7	19	Scoring Posn	.174	69	12	1	0	1	16	17	23	.337	.232
May	1.89	1	0	2	14	0	19.0	7	0	14	23	Close & Late	.170	194	33	7	0	7	14	28	66	.297	.314
June	3.72	1	1	2	14	0	19.1	18	2	4	23	None on/out	.213	89	19	5	0	4	4	4	28	.271	.404
July	1.23	0	1	4	11	0	14.2	4	1	9	24	vs. 1st Batr (relief)	.194	72	14	2	0	3	8	2	24	.237	.347
August	1.08	1	0	7	14	0	16.2	8	1	2	19	1st Inning Pitched	.170	241	41	6	1	8	26	31	79	.278	.303
Sept/Oct	4.70	1	3	4	14	0	15.1	11	5	8	5	First 15 Pitches	.166	199	33	4	0	7	15	20	60	.259	.291
Starter	0.00	0	0	0	0	0	0.0	0	0	0	0	Pitch 16-30	.207	111	23	6	1	3	15	21	37	.343	.360
Reliever	2.94	5	6	19	78	0	98.0	58	10	44	113	Pitch 31-45	.053	19	1	0	0	0	0	3	11	.182	.053
0 Days Rest (Relief)	1.05	3	2	8	24	0	25.2	11	3	6	24	Pitch 46+	.167	6	1	0	0	0	0	0	5	.286	.167
1 or 2 Days Rest	3.59	1	4	9	41	0	57.2	38	6	29	69	First Pitch	.423	26	11	1	0	4	7	3	0	.516	.923
3+ Days Rest	3.68	1	0	2	13	0	14.2	9	1	9	20	Ahead in Count	.113	177	20	4	1	2	9	0	89	.137	.181
vs. AL	0.00	0	0	2	6	0	9.1	5	0	2	14	Behind in Count	.222	63	14	4	0	2	9	23	0	.437	.381
vs. NL	3.25	5	6	17	72	0	88.2	53	10	42	99	Two Strikes	.092	196	18	3	1	2	10	18	113	.180	.148
Pre-All Star	3.09	3	2	5	42	0	58.1	36	3	28	78	Pre-All Star	.181	199	36	7	0	3	16	28	78	.297	.261
Post-All Star	2.72	2	4	14	36	0	39.2	22	7	16	35	Post-All Star	.162	136	22	3	1	7	14	16	35	.265	.353

Career (1999-2001)

	ERA	W	L	Sv	G	GS	IP	H	HR	BB	SO		Avg	AB	H	2B	3B	HR	RBI	BB	SO	OBP	SLG
Home	3.64	6	3	22	85	0	101.1	69	7	47	129	vs. Left	.221	303	67	9	1	12	38	51	92	.354	.376
Away	3.80	6	11	12	79	1	94.2	61	14	63	126	vs. Right	.163	387	63	12	3	9	43	59	163	.288	.279
Day	3.20	4	7	10	49	0	64.2	33	5	34	95	Inning 1-6	.389	36	14	3	0	3	14	4	7	.450	.722
Night	3.97	8	7	24	115	1	131.1	97	16	76	160	Inning 7+	.177	654	116	18	4	18	67	106	248	.311	.300
Grass	3.86	8	13	33	147	1	172.1	113	19	96	222	None on	.158	393	62	13	1	9	9	54	154	.280	.265
Turf	2.66	4	1	1	17	0	23.2	17	2	14	33	Runners on	.229	297	68	8	3	12	72	56	101	.364	.397
March/April	4.13	1	2	1	18	0	24.0	18	1	15	33	Scoring Posn	.206	180	37	6	2	4	55	46	70	.373	.328
May	2.04	3	1	8	28	0	35.1	16	1	17	58	Close & Late	.195	406	79	13	3	13	47	68	157	.331	.337
June	2.98	1	2	8	37	0	45.1	35	5	13	60	None on/out	.196	168	33	10	1	5	5	19	52	.297	.357
July	4.59	0	5	6	29	0	33.1	18	2	29	44	vs. 1st Batr (relief)	.199	141	28	6	1	6	15	14	50	.292	.383
August	1.84	2	0	7	23	0	29.1	15	3	9	36	1st Inning Pitched	.180	499	90	14	4	16	63	70	185	.300	.321
Sept/Oct	7.53	5	6	4	29	1	28.2	28	9	27	24	First 75 Pitches	.181	408	74	11	2	13	40	48	142	.287	.314
Starter	15.43	0	0	0	1	1	2.1	4	2	4	2	Pitch 16-30	.199	216	43	9	2	5	30	46	81	.354	.329
Reliever	3.58	12	14	34	163	0	193.2	126	19	106	253	Pitch 31-45	.176	51	9	0	0	1	7	15	23	.364	.235
0 Days Rest (Relief)	1.29	4	4	10	33	0	35.0	15	3	11	45	Pitch 46+	.267	15	4	1	0	2	4	1	5	.389	.733
1 or 2 Days Rest	4.37	5	9	20	95	0	117.1	85	14	70	152	First Pitch	.357	56	20	1	0	5	13	7	0	.455	.643
3+ Days Rest	3.27	3	1	4	35	0	41.1	26	2	25	56	Ahead in Count	.108	380	41	8	2	5	21	0	204	.137	.179
vs. AL	3.80	0	3	4	18	0	21.1	14	2	12	25	Behind in Count	.333	117	39	6	2	9	31	60	0	.564	.650
vs. NL	3.71	12	11	30	146	1	174.2	116	19	98	230	Two Strikes	.092	413	38	8	1	3	23	43	255	.196	.138
Pre-All Star	2.93	5	6	20	95	0	119.2	75	8	55	171	Pre-All Star	.181	414	75	13	1	8	40	55	171	.295	.275
Post-All Star	4.95	7	8	14	69	1	76.1	55	13	55	84	Post-All Star	.199	276	55	8	3	13	41	55	84	.349	.391

Sun-Woo Kim — Red Sox
Age 24 – Pitches Right

	ERA	W	L	Sv	G	GS	IP	BB	SO	Avg	H	2B	3B	HR	RBI	OBP	SLG	GF	IR	IRS	Hld	SvOp	SB	CS	GB	FB	G/F
2001 Season	5.83	0	2	0	20	2	41.2	21	27	.312	54	14	1	1	23	.399	.422	7	7	4	1	0	7	1	59	46	1.28

2001 Season

	ERA	W	L	Sv	G	GS	IP	H	HR	BB	SO		Avg	AB	H	2B	3B	HR	RBI	BB	SO	OBP	SLG
Home	7.31	0	1	0	8	0	16.0	21	1	10	14	vs. Left	.293	92	27	10	0	1	13	10	14	.375	.435
Away	4.91	0	1	0	12	2	25.2	33	0	11	13	vs. Right	.333	81	27	4	1	0	10	11	13	.426	.407

Ray King — Brewers
Age 28 – Pitches Left (groundball pitcher)

	ERA	W	L	Sv	G	GS	IP	BB	SO	Avg	H	2B	3B	HR	RBI	OBP	SLG	GF	IR	IRS	Hld	SvOp	SB	CS	GB	FB	G/F
2001 Season	3.60	0	4	1	82	0	55.0	25	49	.241	49	13	3	5	34	.325	.409	19	77	20	18	4	5	0	80	46	1.74
Career (1999-2001)	3.15	3	6	1	128	0	94.1	45	73	.229	78	19	3	8	49	.320	.372	27	105	26	25	5	5	1	139	83	1.67

2001 Season

	ERA	W	L	Sv	G	GS	IP	H	HR	BB	SO		Avg	AB	H	2B	3B	HR	RBI	BB	SO	OBP	SLG
Home	2.93	0	2	0	43	0	30.2	24	2	7	30	vs. Left	.210	105	22	5	0	1	17	7	25	.257	.286
Away	4.44	0	2	1	39	0	24.1	25	3	18	19	vs. Right	.276	98	27	8	3	4	17	18	24	.390	.541
Day	4.50	0	0	0	25	0	18.0	18	3	9	17	Inning 1-6	.364	11	4	0	1	0	4	2	1	.429	.545
Night	3.16	0	4	1	57	0	37.0	31	2	16	32	Inning 7+	.234	192	45	13	2	5	30	23	48	.318	.401
Grass	3.64	0	4	1	81	0	54.1	48	5	25	47	None on	.247	93	23	9	0	1	1	8	25	.314	.376
Turf	0.00	0	0	0	1	0	0.2	1	0	0	2	Runners on	.236	110	26	4	3	4	33	17	24	.333	.436
April	5.59	0	0	0	13	0	9.2	9	1	7	9	Scoring Posn	.271	70	19	4	3	2	29	11	12	.361	.500
May	1.69	0	0	0	15	0	10.2	6	1	4	15	Close & Late	.311	74	23	6	2	3	20	13	16	.409	.568
June	4.15	0	1	1	12	0	8.2	8	2	2	5	None on/out	.238	42	10	6	0	1	1	3	10	.289	.452
July	2.84	0	1	0	13	0	6.1	7	0	1	4	vs. 1st Batr (relief)	.216	74	16	4	2	2	15	7	14	.284	.405
August	6.00	0	2	0	14	0	9.0	8	1	8	9	1st Inning Pitched	.235	187	44	10	3	5	33	23	45	.319	.401
Sept/Oct	1.69	0	0	0	15	0	10.2	11	0	3	7	First 15 Pitches	.244	172	42	12	3	4	29	21	39	.327	.419
Starter	0.00	0	0	0	0	0	0.0	0	0	0	0	Pitch 16-30	.241	29	7	1	0	1	5	3	9	.313	.379
Reliever	3.60	0	4	1	82	0	55.0	49	5	25	49	Pitch 31-45	.000	2	0	0	0	0	0	1	1	.333	.000
0 Days Rest (Relief)	3.15	0	2	1	30	0	20.0	19	2	6	19	Pitch 46+	.000	0	0	0	0	0	0	0	0	.000	.000
1 or 2 Days Rest	2.92	0	2	0	38	0	24.2	21	0	16	24	First Pitch	.276	29	8	4	0	0	5	7	0	.417	.414
3+ Days Rest	6.10	0	0	0	14	0	10.1	9	3	3	6	Ahead in Count	.189	95	18	4	1	1	8	0	38	.196	.284
vs. AL	9.00	0	1	0	6	0	3.0	3	1	3	2	Behind in Count	.308	39	12	2	0	3	9	12	0	.471	.590
vs. NL	3.29	0	3	1	76	0	52.0	46	4	24	47	Two Strikes	.186	102	19	3	1	2	12	6	49	.229	.294
Pre-All Star	3.41	0	1	1	44	0	31.2	24	4	14	30	Pre-All Star	.207	116	24	5	1	4	17	14	30	.298	.371
Post-All Star	3.86	0	3	0	38	0	23.1	25	1	11	19	Post-All Star	.287	87	25	8	2	1	17	11	19	.360	.460

Gene Kingsale — Mariners
Age 25 – Bats Both (groundball hitter)

	Avg	G	AB	R	H	2B	3B	HR	RBI	BB	SO	HBP	GDP	SB	CS	OBP	SLG	IBB	SH	SF	#Pit	#P/PA	GB	FB	G/F
2001 Season	.263	13	19	4	5	0	0	0	1	2	4	1	1	3	1	.364	.263	0	0	0	82	3.73	9	2	4.50
Last Five Years	.242	78	194	27	47	4	1	0	17	9	32	3	8	5	6	.284	.273	0	2	2	747	3.56	81	43	1.88

2001 Season

	Avg	AB	H	2B	3B	HR	RBI	BB	SO	OBP	SLG		Avg	AB	H	2B	3B	HR	RBI	BB	SO	OBP	SLG
vs. Left	.000	5	0	0	0	0	1	3	.167	.000	Scoring Posn	.333	3	1	0	0	0	1	0	1	.333	.333
vs. Right	.357	14	5	0	0	0	1	1	1	.438	.357	Close & Late	.000	2	0	0	0	0	0	1	.000	.000

Mike Kinkade — Orioles
Age 29 – Bats Right

	Avg	G	AB	R	H	2B	3B	HR	RBI	BB	SO	HBP	GDP	SB	CS	OBP	SLG	IBB	SH	SF	#Pit	#P/PA	GB	FB	G/F
2001 Season	.275	61	160	19	44	5	0	4	16	14	31	3	8	2	1	.345	.381	0	0	0	623	3.52	52	45	1.16
Career (1998-2001)	.258	97	217	24	56	8	1	6	23	17	41	6	9	3	1	.329	.387	0	0	0	841	3.50	78	59	1.32

2001 Season

	Avg	AB	H	2B	3B	HR	RBI	BB	SO	OBP	SLG		Avg	AB	H	2B	3B	HR	RBI	BB	SO	OBP	SLG
vs. Left	.284	88	25	4	0	3	11	9	18	.364	.432	Scoring Posn	.196	46	9	1	0	0	11	5	10	.302	.217
vs. Right	.264	72	19	1	0	1	5	5	13	.319	.319	Close & Late	.174	23	4	0	0	0	1	2	6	.296	.174
Home	.261	69	18	2	0	2	10	6	14	.338	.377	None on/out	.293	41	12	0	0	2	2	3	7	.341	.439
Away	.286	91	26	3	0	2	6	8	17	.350	.385	Batting #5	.273	55	15	0	0	1	7	6	7	.344	.327
First Pitch	.375	16	6	1	0	1	1	0	0	.412	.625	Batting #6	.238	42	10	4	0	0	4	3	9	.304	.333
Ahead in Count	.421	38	16	3	0	1	7	8	0	.532	.579	Other	.302	63	19	1	0	3	5	5	15	.371	.460
Behind in Count	.167	84	14	0	0	1	4	0	28	.167	.202	Pre-All Star	.273	110	30	2	0	4	13	8	23	.333	.400
Two Strikes	.155	71	11	1	0	0	2	6	31	.231	.169	Post-All Star	.280	50	14	3	0	0	3	6	8	.368	.340

Ryan Klesko — Padres
Age 31 – Bats Left

	Avg	G	AB	R	H	2B	3B	HR	RBI	BB	SO	HBP	GDP	SB	CS	OBP	SLG	IBB	SH	SF	#Pit	#P/PA	GB	FB	G/F
2001 Season	.286	146	538	105	154	34	6	30	113	88	89	3	16	23	4	.384	.539	7	0	9	2340	3.67	186	186	0.97
Last Five Years	.280	696	2330	384	653	147	17	119	439	336	435	13	53	60	20	.370	.511	34	1	26	9829	3.63	796	712	1.12

2001 Season

	Avg	AB	H	2B	3B	HR	RBI	BB	SO	OBP	SLG		Avg	AB	H	2B	3B	HR	RBI	BB	SO	OBP	SLG
vs. Left	.256	164	42	13	0	4	20	20	35	.344	.409	First Pitch	.309	97	30	7	1	5	20	7	0	.349	.557
vs. Right	.299	374	112	21	6	26	93	68	54	.400	.596	Ahead in Count	.306	111	34	8	0	6	22	40	0	.490	.541
Home	.242	256	62	11	3	15	52	49	48	.365	.484	Behind in Count	.244	217	53	12	4	8	36	0	72	.244	.447
Away	.326	282	92	23	3	15	61	39	41	.402	.589	Two Strikes	.253	233	59	12	1	9	15	46	41	89	.363	.506

2001 Season

	Avg	AB	H	2B	3B	HR	RBI	BB	SO	OBP	SLG		Avg	AB	H	2B	3B	HR	RBI	BB	SO	OBP	SLG
Day	.281	167	47	11	2	9	37	32	31	.396	.533	Batting #3	.290	521	151	34	6	29	110	87	82	.389	.545
Night	.288	371	107	23	4	21	76	56	58	.378	.542	Batting #4	.111	9	1	0	0	0	1	0	2	.111	.111
Grass	.290	517	150	33	6	30	108	86	87	.389	.551	Other	.250	8	2	0	0	1	2	1	5	.333	.625
Turf	.190	21	4	1	0	0	5	2	2	.261	.238	April	.247	81	20	4	0	3	11	17	16	.384	.407
Pre-All Star	.297	313	93	22	4	17	75	59	50	.406	.556	May	.354	99	35	8	1	11	40	23	14	.464	.788
Post-All Star	.271	225	61	12	2	13	38	29	39	.351	.516	June	.284	109	31	9	2	3	17	14	16	.368	.486
Inning 1-6	.288	375	108	22	4	20	79	60	59	.382	.528	July	.291	79	23	3	1	3	17	13	10	.389	.468
Inning 7+	.282	163	46	12	2	10	34	28	30	.389	.564	August	.314	105	33	7	1	7	22	14	20	.385	.600
Scoring Posn	.333	135	45	12	3	8	83	33	20	.444	.644	Sept/Oct	.185	65	12	3	1	3	6	7	13	.264	.400
Close & Late	.282	78	22	9	0	5	20	12	16	.374	.590	vs. AL	.259	54	14	5	1	1	10	5	7	.328	.444
None on/out	.330	97	32	3	2	6	12	12	13	.409	.588	vs. NL	.289	484	140	29	5	29	103	83	82	.390	.550

2001 By Position

Position	Avg	AB	H	2B	3B	HR	RBI	BB	SO	OBP	SLG	G	GS	Innings	PO	A	E	DP	Fld Pct	Rng Fctr	In Zone	Outs	Zone Rtg	MLB Zone
As 1b	.287	536	154	34	6	30	113	88	87	.385	.541	145	143	1240.0	1135	84	11	92	.991	—	225	184	.818	.850

Last Five Years

	Avg	AB	H	2B	3B	HR	RBI	BB	SO	OBP	SLG		Avg	AB	H	2B	3B	HR	RBI	BB	SO	OBP	SLG
vs. Left	.224	501	112	25	3	10	61	62	125	.315	.345	First Pitch	.323	418	135	38	5	22	88	32	0	.367	.596
vs. Right	.296	1829	541	122	14	109	378	274	310	.385	.557	Ahead in Count	.361	549	198	39	4	40	138	151	0	.499	.665
Home	.273	1170	319	65	9	54	214	172	218	.366	.482	Behind in Count	.221	904	200	48	6	29	113	0	347	.225	.384
Away	.288	1160	334	82	8	65	225	164	217	.375	.541	Two Strikes	.191	968	185	39	3	30	110	152	435	.301	.331
Day	.266	677	180	41	4	36	129	114	137	.372	.498	Batting #3	.283	912	258	55	8	49	176	159	148	.387	.522
Night	.286	1653	473	106	13	83	310	222	298	.370	.517	Batting #5	.293	1071	314	79	6	60	213	126	203	.369	.546
Grass	.282	2039	575	127	17	104	388	289	382	.370	.514	Other	.233	347	81	13	3	10	50	51	84	.331	.375
Turf	.268	291	78	20	0	15	51	47	53	.371	.491	March/April	.250	372	93	21	2	16	72	43	64	.325	.446
Pre-All Star	.292	1309	382	88	11	76	275	177	239	.375	.550	May	.302	417	126	27	4	30	95	62	80	.391	.602
Post-All Star	.265	1021	271	59	6	43	164	159	196	.365	.461	June	.301	422	127	31	3	22	78	56	78	.384	.545
Inning 1-6	.296	1667	494	116	12	90	335	225	287	.379	.542	July	.306	372	114	26	2	23	82	55	67	.397	.573
Inning 7+	.240	663	159	31	5	29	104	111	148	.349	.433	August	.268	406	109	26	4	13	58	61	79	.363	.448
Scoring Posn	.294	609	179	43	4	30	300	127	127	.406	.525	Sept/Oct	.246	341	84	16	2	15	54	59	67	.357	.437
Close & Late	.221	330	73	16	0	13	57	60	82	.340	.388	vs. AL	.315	232	73	14	1	14	48	25	47	.383	.565
None on/out	.290	517	150	30	5	27	27	61	82	.366	.524	vs. NL	.276	2098	580	133	16	105	391	311	388	.369	.505

Steve Kline — Cardinals

Age 29 – Pitches Left (groundball pitcher)

	ERA	W	L	Sv	G	GS	IP	BB	SO	Avg	H	2B	3B	HR	RBI	OBP	SLG	GF	IR	IRS	Hld	SvOp	SB	CS	GB	FB	G/F
2001 Season	1.80	3	3	9	89	0	75.0	29	54	.203	53	11	2	3	24	.288	.295	26	64	15	17	10	4	0	104	61	1.70
Career (1997-2001)	3.41	18	22	24	378	1	351.1	153	300	.251	332	60	9	33	166	.333	.385	111	251	71	68	35	26	7	538	277	1.94

2001 Season

	ERA	W	L	Sv	G	GS	IP	H	HR	BB	SO		Avg	AB	H	2B	3B	HR	RBI	BB	SO	OBP	SLG
Home	1.26	2	1	6	48	0	43.0	27	1	15	32	vs. Left	.149	101	15	0	0	0	10	14	28	.250	.149
Away	2.53	1	2	3	41	0	32.0	26	3	14	22	vs. Right	.238	160	38	11	2	3	14	15	26	.313	.388
Day	2.35	0	2	5	38	0	30.2	24	1	13	24	Inning 1-6	.000	1	0	0	0	0	1	0	0	.000	.000
Night	1.42	3	1	4	51	0	44.1	29	2	16	30	Inning 7+	.204	260	53	11	2	3	23	29	54	.290	.296
Grass	1.61	3	3	9	85	0	72.2	50	2	26	50	None on	.197	137	27	8	0	2	9	11	25	.262	.299
Turf	7.71	0	0	0	4	0	2.1	3	1	3	4	Runners on	.210	124	26	3	2	1	22	18	29	.313	.290
April	1.93	0	1	2	14	0	14.0	8	0	6	7	Scoring Posn	.224	76	17	3	0	0	18	16	19	.360	.263
May	1.93	1	0	0	13	0	9.1	9	1	3	7	Close & Late	.244	123	30	4	1	0	11	17	31	.340	.293
June	2.77	1	0	1	19	0	13.0	8	0	7	10	None on/out	.186	59	11	1	0	2	2	7	13	.284	.305
July	1.20	1	1	3	14	0	15.0	8	0	2	16	vs. 1st Batr (relief)	.243	74	18	2	0	3	11	9	20	.322	.392
August	0.00	0	1	0	16	0	13.2	11	0	7	9	1st Inning Pitched	.210	229	48	10	2	3	24	26	49	.295	.310
Sept/Oct	3.60	0	0	2	13	0	10.0	9	2	4	5	First 15 Pitches	.194	211	41	8	1	3	19	23	43	.280	.284
Starter	0.00	0	0	0	0	0	0.0	0	0	0	0	Pitch 16-30	.250	48	12	3	1	0	5	5	11	.321	.354
Reliever	1.80	3	3	9	89	0	75.0	53	3	29	54	Pitch 31-45	.000	2	0	0	0	0	0	1	0	.333	.000
0 Days Rest (Relief)	1.59	1	1	3	36	0	28.1	19	0	12	18	Pitch 46+	.000	0	0	0	0	0	0	0	0	.000	.000
1 or 2 Days Rest	1.98	1	2	4	42	0	36.1	26	2	13	28	First Pitch	.175	40	7	0	0	0	5	5	0	.286	.225
3+ Days Rest	1.74	1	0	2	11	0	10.1	8	1	4	8	Ahead in Count	.151	119	18	7	1	0	8	0	43	.157	.227
vs. AL	0.00	0	1	0	9	0	8.2	5	0	3	12	Behind in Count	.279	61	17	1	0	2	8	10	5	.375	.393
vs. NL	2.04	2	3	8	80	0	66.1	48	3	26	42	Two Strikes	.125	120	15	7	0	1	7	14	54	.213	.208
Pre-All Star	2.45	1	3	2	50	0	40.1	30	1	16	31	Pre-All Star	.208	144	30	9	1	1	13	16	31	.293	.306
Post-All Star	1.04	2	0	7	39	0	34.2	23	2	13	23	Post-All Star	.197	117	23	2	1	2	11	13	23	.281	.282

Career (1997-2001)

	ERA	W	L	Sv	G	GS	IP	H	HR	BB	SO		Avg	AB	H	2B	3B	HR	RBI	BB	SO	OBP	SLG
Home	2.91	6	9	15	193	1	182.1	166	6	75	164	vs. Left	.219	474	104	11	4	7	65	52	154	.304	.304
Away	3.94	6	13	9	185	0	169.0	166	28	78	136	vs. Right	.269	848	228	49	5	26	101	101	146	.349	.430
Day	3.92	3	9	10	122	1	133.0	127	12	58	106	Inning 1-6	.288	132	38	5	1	6	30	13	20	.354	.477
Night	3.09	15	13	14	256	0	218.1	205	21	95	194	Inning 7+	.247	1190	294	55	8	27	136	140	280	.331	.375
Grass	3.19	8	13	12	203	1	180.1	163	23	82	146	None on	.243	699	170	31	2	20	20	64	158	.315	.379
Turf	3.63	10	9	12	175	0	171.0	169	10	71	154	Runners on	.260	623	162	29	7	13	146	89	142	.353	.392
March/April	2.61	4	3	3	55	0	62.0	54	3	29	49	Scoring Posn	.252	357	90	16	5	9	130	69	88	.372	.401
May	3.68	3	0	6	62	1	51.1	51	7	25	45	Close & Late	.253	597	151	27	5	9	77	85	158	.350	.360
June	3.23	1	3	8	60	0	55.2	50	4	20	39	None on/out	.229	310	71	11	0	8	8	27	70	.305	.342
July	3.36	3	3	1	60	0	56.1	56	5	24	55	vs. 1st Batr (relief)	.275	334	92	11	3	10	61	31	80	.339	.443
August	3.36	4	5	5	79	0	75.0	71	5	33	76	1st Inning Pitched	.260	1062	276	49	7	29	154	115	243	.335	.401

227

	ERA	W	L	Sv	G	GS	IP	H	HR	BB	SO	Career (1997-2001)	Avg	AB	H	2B	3B	HR	RBI	BB	SO	OBP	SLG
Sept/Oct	4.41	3	4	2	62	0	51.0	50	9	22	36	First 15 Pitches	.254	981	249	42	6	26	127	93	215	.322	.388
Starter	10.80	0	1	0	1	1	1.2	3	1	4	2	Pitch 16-30	.245	277	68	17	2	5	34	51	74	.370	.375
Reliever	3.37	18	21	24	377	0	349.2	329	32	149	298	Pitch 31-45	.213	47	10	0	0	1	3	8	10	.327	.277
0 Days Rest (Relief)	2.08	7	5	11	131	0	112.1	84	4	51	94	Pitch 46+	.294	17	5	1	1	1	2	1	1	.333	.647
1 or 2 Days Rest	4.02	8	13	10	197	0	183.2	184	21	80	167	First Pitch	.303	208	63	6	3	6	27	21	0	.374	.447
3+ Days Rest	3.86	3	3	3	49	0	53.2	61	7	18	37	Ahead in Count	.172	615	106	24	1	7	53	0	254	.181	.249
vs. AL	3.12	5	2	6	59	1	66.1	75	9	23	51	Behind in Count	.377	300	113	17	4	13	60	80	0	.506	.590
vs. NL	3.47	13	20	18	319	0	285.0	257	24	130	249	Two Strikes	.145	612	89	22	1	10	49	52	300	.217	.234
Pre-All Star	3.17	9	11	13	196	1	190.0	178	17	79	158	Pre-All Star	.249	716	178	35	3	17	82	79	158	.326	.377
Post-All Star	3.68	9	11	11	182	0	161.1	154	16	74	142	Post-All Star	.254	606	154	25	6	16	84	74	142	.341	.394

Brandon Knight — Yankees
Age 26 – Pitches Right (flyball pitcher)

	ERA	W	L	Sv	G	GS	IP	BB	SO	Avg	H	2B	3B	HR	RBI	OBP	SLG	GF	IR	IRS	Hld	SvOp	SB	CS	GB	FB	G/F
2001 Season	10.13	0	0	0	4	0	10.2	3	7	.367	18	3	0	5	15	.404	.735	2	4	3	0	0	1	0	11	20	0.55

2001 Season

	ERA	W	L	Sv	G	GS	IP	H	HR	BB	SO		Avg	AB	H	2B	3B	HR	RBI	BB	SO	OBP	SLG
Home	8.68	0	0	0	3	0	9.1	13	5	3	4	vs. Left	.400	15	6	1	0	2	5	3	2	.500	.867
Away	20.25	0	0	0	1	0	1.1	5	0	0	3	vs. Right	.353	34	12	2	0	3	10	0	5	.353	.676

Chuck Knoblauch — Yankees
Age 33 – Bats Right

	Avg	G	AB	R	H	2B	3B	HR	RBI	BB	SO	HBP	GDP	SB	CS	OBP	SLG	IBB	SH	SF	#Pit	#P/PA	GB	FB	G/F
2001 Season	.250	137	521	66	130	20	3	9	44	58	73	14	10	38	9	.339	.351	1	5	2	2370	3.95	194	161	1.20
Last Five Years	.276	695	2738	495	757	129	23	58	260	347	329	78	47	174	47	.371	.404	8	11	20	12710	3.98	990	910	1.09

2001 Season

	Avg	AB	H	2B	3B	HR	RBI	BB	SO	OBP	SLG		Avg	AB	H	2B	3B	HR	RBI	BB	SO	OBP	SLG
vs. Left	.253	99	25	3	2	3	11	16	12	.362	.414	First Pitch	.275	51	14	2	0	0	3	1	0	.327	.314
vs. Right	.249	422	105	17	1	6	33	42	61	.334	.336	Ahead in Count	.330	106	35	7	1	5	21	27	0	.475	.557
Home	.255	255	65	12	2	6	22	28	37	.346	.388	Behind in Count	.220	246	54	7	2	1	11	0	61	.241	.276
Away	.244	266	65	8	1	3	22	30	36	.333	.316	Two Strikes	.177	237	42	8	0	3	12	30	73	.280	.249
Day	.260	196	51	7	1	5	23	25	29	.361	.383	Batting #1	.246	504	124	18	3	9	42	56	71	.336	.347
Night	.243	325	79	13	2	4	21	33	44	.326	.332	Batting #2	.375	8	3	1	0	0	1	1	0	.444	.500
Grass	.248	440	109	18	3	9	42	44	64	.333	.364	Other	.333	9	3	1	0	0	1	1	2	.455	.444
Turf	.259	81	21	2	0	0	2	14	9	.375	.284	April	.333	114	38	6	0	2	9	13	13	.406	.439
Pre-All Star	.252	333	84	15	2	4	29	32	48	.332	.345	May	.194	93	18	2	1	1	10	8	12	.299	.269
Post-All Star	.245	188	46	5	1	5	15	26	25	.352	.362	June	.211	95	20	5	1	0	4	9	16	.286	.284
Inning 1-6	.244	365	89	13	2	6	25	37	56	.330	.340	July	.281	96	27	4	1	2	12	13	16	.377	.406
Inning 7+	.263	156	41	7	1	3	19	21	17	.361	.378	August	.196	56	11	3	0	2	3	6	11	.286	.357
Scoring Posn	.260	96	25	4	1	1	31	14	16	.376	.354	Sept/Oct	.239	67	16	0	0	2	6	9	5	.329	.328
Close & Late	.268	82	22	4	0	1	8	15	11	.390	.354	vs. AL	.247	469	116	20	3	9	42	48	65	.333	.360
None on/out	.203	217	44	8	0	2	2	25	32	.291	.267	vs. NL	.269	52	14	0	0	0	2	10	8	.391	.269

2001 By Position

Position	Avg	AB	H	2B	3B	HR	RBI	BB	SO	OBP	SLG	G	GS	Innings	PO	A	E	DP	Fld Pct	Rng Fctr	In Zone	Outs	Zone Rtg	MLB Zone
As DH	.250	92	23	5	1	2	15	12	20	.366	.391	24	22	—										
As lf	.245	424	104	14	2	7	27	45	52	.329	.337	108	104	890.0	171	8	2	4	.989	1.81	198	169	.854	.880

Last Five Years

	Avg	AB	H	2B	3B	HR	RBI	BB	SO	OBP	SLG		Avg	AB	H	2B	3B	HR	RBI	BB	SO	OBP	SLG
vs. Left	.259	584	151	29	7	15	64	89	63	.361	.409	First Pitch	.319	229	73	10	0	6	33	6	0	.361	.441
vs. Right	.281	2154	606	100	16	43	196	258	266	.374	.403	Ahead in Count	.311	549	171	33	6	15	82	176	0	.483	.475
Home	.289	1326	383	69	12	29	118	165	159	.386	.425	Behind in Count	.252	1339	338	59	9	21	92	0	268	.275	.357
Away	.265	1412	374	60	11	29	142	182	170	.358	.385	Two Strikes	.228	1268	289	51	10	20	86	165	329	.332	.331
Day	.288	910	262	55	6	20	90	126	117	.391	.427	Batting #1	.276	2710	749	127	23	58	258	343	327	.371	.404
Night	.271	1828	495	74	17	38	170	221	212	.354	.392	Batting #2	.273	11	3	1	0	0	1	0	.385	.364
Grass	.276	2069	571	99	16	52	212	259	237	.371	.415	Other	.294	17	5	1	0	0	1	3	2	.429	.353
Turf	.278	669	186	30	7	6	48	88	92	.372	.371	March/April	.286	458	131	19	4	8	43	71	51	.395	.397
Pre-All Star	.272	1526	415	79	10	22	139	203	176	.372	.380	May	.254	473	120	24	3	8	48	59	47	.355	.368
Post-All Star	.282	1212	342	50	13	36	121	144	153	.371	.434	June	.274	464	127	26	2	2	33	59	60	.367	.351
Inning 1-6	.274	1983	544	92	16	49	181	235	242	.365	.411	July	.277	459	127	23	5	16	60	59	62	.372	.453
Inning 7+	.282	755	213	37	7	9	79	112	87	.388	.385	August	.302	431	130	20	5	18	47	37	58	.365	.497
Scoring Posn	.280	546	153	12	8	12	198	94	87	.395	.397	Sept/Oct	.269	453	122	17	4	6	29	62	51	.365	.364
Close & Late	.262	340	89	14	1	3	37	60	42	.383	.335	vs. AL	.279	2412	672	116	20	54	237	297	291	.371	.410
None on/out	.265	1115	295	52	7	26	26	133	117	.356	.394	vs. NL	.261	326	85	13	3	4	23	50	38	.374	.356

Randy Knorr — Expos
Age 33 – Bats Right (groundball hitter)

	Avg	G	AB	R	H	2B	3B	HR	RBI	BB	SO	HBP	GDP	SB	CS	OBP	SLG	IBB	SH	SF	#Pit	#P/PA	GB	FB	G/F
2001 Season	.220	34	91	13	20	2	0	3	10	8	22	1	4	0	0	.287	.341	0	2	1	361	3.50	41	22	1.86
Last Five Years	.226	81	212	25	48	9	1	8	24	10	45	1	5	0	0	.262	.392	0	5	2	819	3.56	92	52	1.77

2001 Season

	Avg	AB	H	2B	3B	HR	RBI	BB	SO	OBP	SLG		Avg	AB	H	2B	3B	HR	RBI	BB	SO	OBP	SLG
vs. Left	.103	29	3	1	0	0	2	5	7	.235	.138	Scoring Posn	.316	19	6	2	0	0	6	4	3	.417	.421
vs. Right	.274	62	17	1	0	3	8	3	15	.313	.435	Close & Late	.125	8	1	0	0	0	0	1	2	.222	.125

Eric Knott — Diamondbacks
Age 27 – Pitches Left

	ERA	W	L	Sv	G	GS	IP	BB	SO	Avg	H	2B	3B	HR	RBI	OBP	SLG	GF	IR	IRS	Hld	SvOp	SB	CS	GB	FB	G/F
2001 Season	1.93	0	1	0	3	1	4.2	0	4	.348	8	2	0	0	6	.400	.435	0	1	0	0	0	0	0	9	3	3.00

2001 Season

	ERA	W	L	Sv	G	GS	IP	H	HR	BB	SO		Avg	AB	H	2B	3B	HR	RBI	BB	SO	OBP	SLG
Home	0.00	0	0	0	0	0	0.0	0	0	0	0	vs. Left	.333	6	2	0	0	0	2	0	0	.429	.333
Away	1.93	0	1	0	3	1	4.2	8	0	0	4	vs. Right	.353	17	6	2	0	0	4	0	4	.389	.471

Gary Knotts — Marlins
Age 25 – Pitches Right

	ERA	W	L	Sv	G	GS	IP	BB	SO	Avg	H	2B	3B	HR	RBI	OBP	SLG	CG	ShO	Sup	QS	#P/S	SB	CS	GB	FB	G/F
2001 Season	6.00	0	1	0	2	1	6.0	1	9	.280	7	2	0	1	4	.357	.480	0	0	3.00	0	94	0	0	7	6	1.17

2001 Season

	ERA	W	L	Sv	G	GS	IP	H	HR	BB	SO		Avg	AB	H	2B	3B	HR	RBI	BB	SO	OBP	SLG
Home	0.00	0	0	0	0	0	0.0	0	0	0	0	vs. Left	.375	8	3	0	0	1	2	0	2	.375	.750
Away	6.00	0	1	0	2	1	6.0	7	1	1	9	vs. Right	.235	17	4	2	0	0	2	1	7	.350	.353

Billy Koch — Blue Jays
Age 27 – Pitches Right (groundball pitcher)

	ERA	W	L	Sv	G	GS	IP	BB	SO	Avg	H	2B	3B	HR	RBI	OBP	SLG	GF	IR	IRS	Hld	SvOp	SB	CS	GB	FB	G/F
2001 Season	4.80	2	5	36	69	0	69.1	33	55	.265	69	12	0	7	39	.356	.392	56	14	2	0	44	7	0	99	73	1.36
Career (1999-2001)	3.57	11	13	100	193	0	211.2	81	172	.254	202	41	1	18	94	.329	.376	166	44	13	0	117	18	3	313	195	1.61

2001 Season

	ERA	W	L	Sv	G	GS	IP	H	HR	BB	SO		Avg	AB	H	2B	3B	HR	RBI	BB	SO	OBP	SLG
Home	6.87	2	5	15	37	0	38.0	40	5	22	31	vs. Left	.289	121	35	4	0	5	19	20	27	.390	.446
Away	2.30	0	0	21	32	0	31.1	29	2	11	24	vs. Right	.245	139	34	8	0	2	20	13	28	.325	.345
Day	7.43	0	2	9	22	0	23.0	29	3	17	16	Inning 1-6	.000	0	0	0	0	0	0	0	0	.000	.000
Night	3.50	2	3	27	47	0	46.1	40	4	16	39	Inning 7+	.265	260	69	12	0	7	39	33	55	.356	.392
Grass	2.95	0	0	15	22	0	21.1	21	2	8	16	None on	.254	134	34	7	0	4	4	13	32	.338	.396
Turf	5.63	2	5	21	47	0	48.0	48	5	25	39	Runners on	.278	126	35	5	0	3	35	20	23	.375	.389
April	4.15	0	1	7	12	0	13.0	12	3	5	9	Scoring Posn	.244	78	19	4	0	2	32	15	13	.364	.372
May	5.91	0	0	3	10	0	10.2	12	0	5	6	Close & Late	.272	180	49	9	0	6	31	26	36	.371	.422
June	1.69	1	1	5	11	0	10.2	8	0	2	10	None on/out	.274	62	17	4	0	2	2	8	13	.366	.435
July	6.52	0	1	6	10	0	9.2	13	1	6	7	vs. 1st Batr (relief)	.286	63	18	5	0	2	4	5	11	.348	.460
August	7.30	1	1	9	14	0	12.1	14	1	7	9	1st Inning Pitched	.279	247	69	12	0	7	39	31	51	.368	.413
Sept/Oct	3.46	0	1	6	12	0	13.0	10	2	8	14	First 15 Pitches	.268	194	52	8	0	5	14	21	38	.351	.387
Starter	0.00	0	0	0	0	0	0.0	0	0	0	0	Pitch 16-30	.276	58	16	4	0	2	22	11	15	.389	.448
Reliever	4.80	2	5	36	69	0	69.1	69	7	33	55	Pitch 31-45	.125	8	1	0	0	0	3	1	2	.222	.125
0 Days Rest (Relief)	2.77	0	2	11	14	0	13.0	10	0	6	14	Pitch 46+	.000	0	0	0	0	0	0	0	0	.000	.000
1 or 2 Days Rest	6.75	1	1	17	36	0	37.1	46	6	19	29	First Pitch	.308	39	12	2	0	1	6	7	0	.417	.436
3+ Days Rest	2.37	1	2	8	19	0	19.0	13	1	8	12	Ahead in Count	.206	131	27	4	0	4	20	0	48	.219	.328
vs. AL	4.79	1	5	34	62	0	62.0	64	6	31	48	Behind in Count	.404	47	19	3	0	2	10	9	0	.509	.596
vs. NL	4.91	1	0	2	7	0	7.1	5	1	2	7	Two Strikes	.184	125	23	5	0	4	21	17	55	.286	.320
Pre-All Star	4.86	1	2	16	36	0	37.0	39	4	14	25	Pre-All Star	.271	144	39	9	0	4	21	14	25	.346	.417
Post-All Star	4.73	1	3	20	33	0	32.1	30	3	19	30	Post-All Star	.259	116	30	3	0	3	18	19	30	.369	.362

Career (1999-2001)

	ERA	W	L	Sv	G	GS	IP	H	HR	BB	SO		Avg	AB	H	2B	3B	HR	RBI	BB	SO	OBP	SLG
Home	4.81	10	8	45	101	0	110.1	111	11	48	91	vs. Left	.252	381	96	16	1	10	45	41	85	.329	.378
Away	2.22	1	5	55	92	0	101.1	91	7	33	81	vs. Right	.255	415	106	25	0	8	49	40	87	.329	.373
Day	5.21	6	5	24	68	0	74.1	83	8	37	57	Inning 1-6	.000	3	0	0	0	0	0	0	1	.000	.000
Night	2.69	5	8	76	125	0	137.1	119	10	44	115	Inning 7+	.255	793	202	41	1	18	94	81	171	.330	.377
Grass	2.58	1	5	46	73	0	80.1	75	7	27	60	None on	.255	436	111	23	1	11	11	37	107	.320	.388
Turf	4.18	10	8	54	120	0	131.1	127	11	54	112	Runners on	.253	360	91	18	0	7	83	44	65	.340	.361
March/April	4.07	1	1	12	22	0	24.1	27	3	7	15	Scoring Posn	.226	226	51	13	0	3	73	33	39	.331	.323
May	3.83	2	0	12	32	0	40.0	41	2	15	30	Close & Late	.253	550	139	27	0	14	72	59	116	.331	.378
June	1.37	2	2	17	33	0	39.1	29	2	15	41	None on/out	.234	192	45	10	0	4	4	18	47	.303	.349
July	3.28	1	2	24	33	0	35.2	35	2	14	25	vs. 1st Batr (relief)	.256	180	46	14	0	4	12	12	40	.306	.400
August	4.50	2	4	23	38	0	36.0	35	4	11	30	1st Inning Pitched	.260	691	180	37	1	15	87	72	146	.336	.382
Sept/Oct	4.71	3	4	12	35	0	36.1	35	5	19	31	First 15 Pitches	.261	556	145	31	0	12	46	56	112	.335	.381
Starter	0.00	0	0	0	0	0	0.0	0	0	0	0	Pitch 16-30	.231	208	48	8	1	5	40	20	54	.303	.351
Reliever	3.57	11	13	100	193	0	211.2	202	18	81	172	Pitch 31-45	.290	31	9	2	0	1	8	5	6	.405	.452
0 Days Rest (Relief)	1.58	2	2	34	45	0	45.2	37	1	19	41	Pitch 46+	.000	1	0	0	0	0	0	0	0	.000	.000
1 or 2 Days Rest	4.70	4	6	50	89	0	97.2	99	12	37	75	First Pitch	.346	104	36	8	0	4	16	15	0	.430	.538
3+ Days Rest	3.29	5	5	16	59	0	68.1	66	5	25	56	Ahead in Count	.197	406	80	16	1	6	39	0	150	.205	.286
vs. AL	3.57	8	11	93	173	0	186.1	181	14	74	147	Behind in Count	.367	139	51	9	0	6	29	28	0	.480	.561
vs. NL	3.55	3	2	7	20	0	25.1	21	4	7	25	Two Strikes	.164	390	64	13	1	7	36	38	172	.242	.256
Pre-All Star	3.01	5	3	50	98	0	116.2	109	8	40	97	Pre-All Star	.248	440	109	27	1	8	40	40	97	.315	.368
Post-All Star	4.26	6	10	50	95	0	95.0	93	10	41	75	Post-All Star	.261	356	93	14	0	10	46	41	75	.346	.385

229

Ryan Kohlmeier — Orioles
Age 25 – Pitches Right (flyball pitcher)

	ERA	W	L	Sv	G	GS	IP	BB	SO	Avg	H	2B	3B	HR	RBI	OBP	SLG	GF	IR	IRS	Hld	SvOp	SB	CS	GB	FB	G/F
2001 Season	7.30	1	2	6	34	1	40.2	19	29	.291	48	7	1	13	31	.371	.582	21	8	1	3	10	3	1	31	75	0.41
Career (2000-2001)	5.37	1	3	19	59	1	67.0	34	46	.291	78	12	2	14	42	.374	.507	43	10	3	3	24	5	1	56	111	0.50

2001 Season

	ERA	W	L	Sv	G	GS	IP	H	HR	BB	SO		Avg	AB	H	2B	3B	HR	RBI	BB	SO	OBP	SLG
Home	4.64	1	1	3	17	1	21.1	17	6	7	15	vs. Left	.395	81	32	5	0	8	18	9	8	.462	.753
Away	10.24	0	1	3	17	0	19.1	31	7	12	14	vs. Right	.190	84	16	2	1	5	13	10	21	.284	.417
Starter	7.71	0	1	0	1	1	4.2	6	2	1	2	Scoring Posn	.325	40	13	3	0	4	19	8	9	.438	.700
Reliever	7.25	1	1	6	33	0	36.0	42	11	18	27	Close & Late	.239	71	17	2	1	6	11	12	17	.365	.549
0 Days Rest (Relief)	14.54	0	0	2	5	0	4.1	8	3	5	4	None on/out	.341	41	14	3	0	3	3	4	8	.413	.634
1 or 2 Days Rest	8.44	0	0	2	13	0	16.0	18	7	7	17	First Pitch	.500	22	11	2	0	2	6	2	0	.560	.864
3+ Days Rest	4.02	1	1	2	15	0	15.2	16	1	6	6	Ahead in Count	.220	82	18	3	0	4	8	0	22	.229	.402
Pre-All Star	8.37	1	0	6	25	0	23.2	29	10	13	19	Behind in Count	.308	39	12	1	1	3	10	7	0	.413	.615
Post-All Star	5.82	0	2	0	9	1	17.0	19	3	6	10	Two Strikes	.214	70	15	4	0	3	8	10	29	.321	.400

Brandon Kolb — Brewers
Age 28 – Pitches Right (groundball pitcher)

	ERA	W	L	Sv	G	GS	IP	BB	SO	Avg	H	2B	3B	HR	RBI	OBP	SLG	GF	IR	IRS	Hld	SvOp	SB	CS	GB	FB	G/F
2001 Season	13.03	0	0	0	10	0	9.2	8	8	.372	16	2	2	6	15	.453	.930	3	0	0	0	0	1	0	16	15	1.07
Career (2000-2001)	7.99	0	1	0	21	0	23.2	19	20	.330	32	5	3	6	25	.429	.629	8	12	3	0	1	1	0	41	24	1.71

2001 Season

	ERA	W	L	Sv	G	GS	IP	H	HR	BB	SO		Avg	AB	H	2B	3B	HR	RBI	BB	SO	OBP	SLG
Home	0.00	0	0	0	1	0	0.2	1	0	0	1	vs. Left	.313	16	5	0	0	2	5	2	6	.368	.688
Away	14.00	0	0	0	9	0	9.0	15	6	8	7	vs. Right	.407	27	11	2	2	4	10	6	2	.500	1.074

Danny Kolb — Rangers
Age 27 – Pitches Right (groundball pitcher)

	ERA	W	L	Sv	G	GS	IP	BB	SO	Avg	H	2B	3B	HR	RBI	OBP	SLG	GF	IR	IRS	Hld	SvOp	SB	CS	GB	FB	G/F
2001 Season	4.70	0	0	0	17	0	15.1	10	15	.259	15	1	0	2	9	.362	.379	1	3	2	7	0	2	0	23	9	2.56
Career (1999-2001)	5.55	2	1	0	34	0	47.0	27	30	.283	53	5	0	4	25	.373	.374	7	12	4	7	0	2	0	95	33	2.88

2001 Season

	ERA	W	L	Sv	G	GS	IP	H	HR	BB	SO		Avg	AB	H	2B	3B	HR	RBI	BB	SO	OBP	SLG
Home	5.40	0	0	0	10	0	8.1	7	1	6	9	vs. Left	.261	23	6	0	0	1	6	3	4	.333	.391
Away	3.86	0	0	0	7	0	7.0	8	1	4	6	vs. Right	.257	35	9	1	0	1	3	7	11	.381	.371

Paul Konerko — White Sox
Age 26 – Bats Right

	Avg	G	AB	R	H	2B	3B	HR	RBI	BB	SO	HBP	GDP	SB	CS	OBP	SLG	IBB	SH	SF	#Pit	#P/PA	GB	FB	G/F
2001 Season	.282	156	582	92	164	35	0	32	99	54	89	9	17	1	0	.349	.507	6	0	5	2365	3.64	211	191	1.10
Career (1997-2001)	.282	522	1843	268	519	101	5	84	306	163	271	24	69	3	1	.345	.479	6	1	16	7756	3.79	672	590	1.14

2001 Season

	Avg	AB	H	2B	3B	HR	RBI	BB	SO	OBP	SLG		Avg	AB	H	2B	3B	HR	RBI	BB	SO	OBP	SLG
vs. Left	.297	111	33	11	0	5	21	9	14	.344	.532	First Pitch	.294	68	20	3	0	3	9	4	0	.338	.471
vs. Right	.278	471	131	24	0	27	78	45	75	.350	.501	Ahead in Count	.317	142	45	12	0	12	39	29	0	.434	.655
Home	.298	289	86	17	0	19	56	29	41	.365	.554	Behind in Count	.255	274	70	15	0	11	34	0	69	.259	.431
Away	.266	293	78	18	0	13	43	25	48	.333	.461	Two Strikes	.224	254	57	11	0	7	31	21	89	.290	.350
Day	.315	168	53	14	0	14	48	20	25	.402	.649	Batting #4	.284	215	61	13	0	9	35	22	29	.350	.470
Night	.268	414	111	21	0	18	51	34	64	.327	.449	Batting #5	.285	214	61	17	0	13	39	13	33	.330	.547
Grass	.277	527	146	32	0	28	92	50	81	.345	.497	Other	.275	153	42	5	0	10	25	19	27	.373	.503
Turf	.327	55	18	3	0	4	7	4	8	.393	.600	April	.333	87	29	8	0	5	14	6	15	.376	.598
Pre-All Star	.281	295	83	15	0	17	47	27	52	.352	.505	May	.152	92	14	4	0	3	10	9	22	.240	.293
Post-All Star	.282	287	81	20	0	15	52	27	37	.347	.509	June	.356	87	31	3	0	8	21	12	14	.452	.667
Inning 1-6	.274	401	110	25	0	22	67	35	56	.340	.501	July	.258	97	25	4	0	6	16	8	14	.321	.485
Inning 7+	.298	181	54	10	0	10	32	19	33	.369	.519	August	.327	107	35	14	0	5	22	9	6	.378	.598
Scoring Posn	.267	150	40	11	0	8	67	17	22	.347	.500	Sept/Oct	.268	112	30	2	0	5	16	10	18	.325	.420
Close & Late	.291	79	23	4	0	3	12	9	15	.374	.456	vs. AL	.287	520	149	32	0	27	85	49	75	.353	.504
None on/out	.302	139	42	6	0	12	12	11	26	.353	.604	vs. NL	.242	62	15	3	0	5	14	5	14	.314	.532

2001 By Position

Position	Avg	AB	H	2B	3B	HR	RBI	BB	SO	OBP	SLG		G	GS	Innings	PO	A	E	DP	Fld Pct	Rng Fctr	In Zone	Outs	Zone Rtg	MLB Zone
As DH	.293	41	12	2	0	1	3	4	10	.370	.415		11	11											
As 1b	.281	540	152	33	0	31	96	50	79	.348	.515		144	144	1260.1	1276	90	8	120	.994	—	224	191	.853	.850

Career (1997-2001)

	Avg	AB	H	2B	3B	HR	RBI	BB	SO	OBP	SLG		Avg	AB	H	2B	3B	HR	RBI	BB	SO	OBP	SLG
vs. Left	.303	393	119	25	2	14	81	28	50	.347	.483	First Pitch	.315	184	58	10	1	9	38	4	0	.345	.527
vs. Right	.276	1450	400	76	3	70	225	135	221	.345	.477	Ahead in Count	.351	467	164	38	1	32	121	90	0	.456	.642
Home	.299	887	265	53	1	47	156	84	128	.363	.520	Behind in Count	.240	837	201	36	2	27	95	0	221	.247	.385
Away	.266	956	254	48	4	37	150	79	143	.329	.440	Two Strikes	.216	835	180	29	2	24	91	69	271	.281	.341
Day	.284	566	161	35	2	16	90	54	76	.354	.491	Batting #5	.284	813	231	58	1	36	141	57	120	.338	.491
Night	.280	1277	358	66	3	58	197	109	195	.341	.473	Batting #6	.283	449	127	17	3	22	72	40	76	.349	.481
Grass	.280	1602	449	87	4	73	261	143	234	.344	.476	Other	.277	581	161	26	1	26	93	66	75	.352	.460
Turf	.290	241	70	14	1	11	45	20	37	.354	.494	March/April	.280	311	87	21	0	12	42	22	53	.335	.463
Pre-All Star	.277	967	268	48	2	44	149	78	155	.338	.467	May	.197	254	50	11	2	9	27	19	49	.260	.362
Post-All Star	.287	876	251	53	3	40	157	85	116	.352	.491	June	.316	316	100	14	0	18	66	31	42	.384	.532

	Avg	AB	H	2B	3B	HR	RBI	BB	SO	OBP	SLG		Avg	AB	H	2B	3B	HR	RBI	BB	SO	OBP	SLG
						Career (1997-2001)																	
Inning 1-6	.279	1227	342	69	4	56	202	118	174	.349	.478	July	.301	335	101	14	2	18	55	28	47	.359	.516
Inning 7+	.287	616	177	32	1	28	104	45	97	.337	.479	August	.294	293	86	24	0	15	60	28	32	.356	.529
Scoring Posn	.270	508	137	33	2	20	216	56	74	.347	.461	Sept/Oct	.284	334	95	17	1	12	56	35	48	.348	.449
Close & Late	.260	269	70	6	1	10	34	24	46	.325	.401	vs. AL	.287	1507	433	86	5	71	258	135	213	.351	.492
None on/out	.311	454	141	24	1	27	27	33	75	.359	.546	vs. NL	.256	336	86	15	0	13	48	28	58	.320	.417

Mike Koplove — Diamondbacks
Age 25 – Pitches Right (groundball pitcher)

	ERA	W	L	Sv	G	GS	IP	BB	SO	Avg	H	2B	3B	HR	RBI	OBP	SLG	GF	IR	IRS	Hld	SvOp	SB	CS	GB	FB	G/F
2001 Season	3.60	0	1	0	9	0	10.0	9	14	.211	8	2	0	1	7	.388	.342	1	5	3	1	0	0	0	12	7	1.71

										2001 Season								
	ERA	W	L	Sv	G	GS	IP	H	HR	BB	SO		Avg	AB	H	2B	3B	HR	RBI	BB	SO	OBP	SLG
Home	3.60	0	0	0	4	0	5.0	3	1	5	4	vs. Left	.250	12	3	0	0	1	4	2	2	.357	.500
Away	3.60	0	1	0	5	0	5.0	5	0	4	10	vs. Right	.192	26	5	2	0	0	3	7	12	.400	.269

Corey Koskie — Twins
Age 29 – Bats Left

	Avg	G	AB	R	H	2B	3B	HR	RBI	BB	SO	HBP	GDP	SB	CS	OBP	SLG	IBB	SH	SF	#Pit	#P/PA	GB	FB	G/F
2001 Season	.276	153	562	100	155	37	2	26	103	68	118	12	16	27	6	.362	.488	9	0	7	2461	3.79	197	170	1.16
Career (1998-2001)	.289	427	1407	223	407	90	6	47	228	187	304	21	33	36	14	.378	.462	20	3	13	6173	3.78	493	390	1.26

2001 Season

	Avg	AB	H	2B	3B	HR	RBI	BB	SO	OBP	SLG		Avg	AB	H	2B	3B	HR	RBI	BB	SO	OBP	SLG
vs. Left	.242	165	40	10	0	6	25	12	37	.312	.412	First Pitch	.453	95	43	12	1	7	31	6	0	.486	.821
vs. Right	.290	397	115	27	2	20	78	56	81	.382	.519	Ahead in Count	.304	102	31	5	1	7	23	24	0	.442	.578
Home	.287	265	76	22	0	11	50	40	54	.396	.494	Behind in Count	.183	235	43	11	0	8	29	0	88	.206	.332
Away	.266	297	79	15	2	15	53	28	64	.330	.481	Two Strikes	.166	271	45	11	0	7	28	38	118	.281	.284
Day	.291	179	52	19	0	8	34	24	39	.378	.531	Batting #3	.276	58	16	3	0	1	5	9	15	.391	.379
Night	.269	383	103	18	2	18	69	44	79	.355	.467	Batting #4	.270	400	108	24	2	21	82	42	80	.345	.498
Grass	.269	271	73	15	2	14	51	24	56	.330	.494	Other	.298	104	31	10	0	4	16	17	23	.408	.510
Turf	.282	291	82	22	0	12	52	44	62	.390	.481	April	.307	88	27	4	0	4	18	7	14	.361	.489
Pre-All Star	.259	293	76	19	1	12	55	38	55	.354	.454	May	.200	95	19	6	0	3	10	13	17	.303	.358
Post-All Star	.294	269	79	18	1	14	48	30	63	.371	.524	June	.271	85	23	8	0	1	16	14	19	.387	.400
Inning 1-6	.281	392	110	29	2	19	74	49	77	.351	.510	July	.351	94	33	9	1	8	22	11	19	.426	.723
Inning 7+	.265	170	45	8	0	7	29	19	41	.342	.435	August	.255	102	26	5	0	7	21	12	24	.345	.510
Scoring Posn	.260	177	46	14	0	7	75	24	41	.349	.458	Sept/Oct	.276	98	27	5	1	3	16	11	25	.342	.439
Close & Late	.278	79	22	3	0	4	17	9	20	.352	.468	vs. AL	.274	511	140	32	2	23	91	63	106	.360	.479
None on/out	.229	144	33	12	2	6	6	17	30	.327	.465	vs. NL	.294	51	15	5	0	3	12	5	12	.381	.569

2001 By Position

Position	Avg	AB	H	2B	3B	HR	RBI	BB	SO	OBP	SLG	G	GS	Innings	PO	A	E	DP	Fld Pct	Rng Fctr	In Zone	Zone Outs	Zone Rtg	MLB Zone
As 3b	.280	553	155	37	2	26	103	66	117	.365	.495	150	147	1308.0	95	306	15	19	.964	2.76	407	333	.818	.761

Career (1998-2001)

	Avg	AB	H	2B	3B	HR	RBI	BB	SO	OBP	SLG		Avg	AB	H	2B	3B	HR	RBI	BB	SO	OBP	SLG
vs. Left	.275	305	84	15	0	7	44	30	75	.352	.393	First Pitch	.429	231	99	21	1	11	60	11	0	.462	.671
vs. Right	.293	1102	323	75	6	40	184	157	229	.385	.481	Ahead in Count	.351	299	105	24	3	18	67	80	0	.488	.632
Home	.299	669	200	52	3	17	111	108	146	.404	.462	Behind in Count	.191	586	112	27	1	12	65	0	245	.208	.302
Away	.280	738	207	38	3	30	117	79	158	.353	.462	Two Strikes	.176	654	115	24	1	11	57	95	304	.289	.266
Day	.270	444	120	33	0	14	68	54	101	.353	.439	Batting #4	.266	413	110	25	2	21	83	48	84	.348	.489
Night	.298	963	287	57	6	33	160	133	203	.389	.472	Batting #6	.283	346	98	25	0	9	45	44	76	.363	.434
Grass	.281	633	178	36	2	24	101	63	134	.350	.458	Other	.307	648	199	40	4	17	100	95	144	.404	.460
Turf	.296	774	229	54	4	23	127	124	170	.399	.465	March/April	.302	212	64	13	2	6	37	19	40	.361	.467
Pre-All Star	.289	733	212	45	5	25	129	91	143	.374	.467	May	.218	193	42	11	1	5	24	30	44	.330	.363
Post-All Star	.289	674	195	45	1	22	99	96	161	.382	.457	June	.315	248	78	14	0	7	45	32	43	.399	.456
Inning 1-6	.284	969	275	59	6	34	165	122	193	.370	.462	July	.338	219	74	19	2	12	47	35	51	.431	.607
Inning 7+	.301	438	132	31	0	13	63	65	111	.394	.461	August	.281	249	70	17	0	10	39	32	48	.368	.470
Scoring Posn	.284	423	120	27	3	12	174	64	99	.377	.447	Sept/Oct	.276	286	79	16	1	7	36	39	78	.360	.413
Close & Late	.266	199	53	11	0	5	28	33	56	.370	.397	vs. AL	.284	1263	359	83	5	41	202	170	274	.374	.455
None on/out	.244	320	78	24	3	8	8	40	61	.339	.413	vs. NL	.333	144	48	7	1	6	26	17	30	.408	.521

Mark Kotsay — Padres
Age 26 – Bats Left

	Avg	G	AB	R	H	2B	3B	HR	RBI	BB	SO	HBP	GDP	SB	CS	OBP	SLG	IBB	SH	SF	#Pit	#P/PA	GB	FB	G/F
2001 Season	.291	119	406	67	118	29	1	10	58	48	58	1	2	11	13	5	.366	.441	1	1	3	1763	3.83	149	112	1.33
Career (1997-2001)	.282	587	2061	288	581	109	23	41	237	157	222	3	57	52	25	.331	.417	10	13	19	7733	3.43	817	618	1.32

2001 Season

	Avg	AB	H	2B	3B	HR	RBI	BB	SO	OBP	SLG		Avg	AB	H	2B	3B	HR	RBI	BB	SO	OBP	SLG
vs. Left	.215	107	23	6	0	2	20	13	14	.298	.327	First Pitch	.379	66	25	6	0	4	20	1	0	.388	.652
vs. Right	.318	299	95	23	1	8	38	35	44	.391	.482	Ahead in Count	.227	75	17	2	0	2	4	24	0	.416	.333
Home	.317	180	57	13	0	3	21	31	28	.415	.439	Behind in Count	.277	184	51	17	1	3	25	0	45	.278	.429
Away	.270	226	61	16	1	7	37	17	30	.324	.442	Two Strikes	.253	190	48	13	0	4	25	23	58	.333	.384
Day	.252	107	27	7	0	1	12	17	19	.357	.346	Batting #2	.290	397	115	29	1	10	58	45	57	.362	.443
Night	.304	299	91	22	1	9	46	31	39	.369	.475	Batting #9	.667	3	2	0	0	0	0	1	0	.750	.667
Grass	.293	379	111	26	1	8	49	47	57	.371	.430	Other	.167	6	1	0	0	0	0	2	1	.375	.167
Turf	.259	27	7	3	0	2	9	1	1	.286	.593	April	.139	36	5	1	0	1	5	8	.244	.250

231

2001 Season

	Avg	AB	H	2B	3B	HR	RBI	BB	SO	OBP	SLG		Avg	AB	H	2B	3B	HR	RBI	BB	SO	OBP	SLG
Pre-All Star	.294	255	75	17	0	6	34	31	36	.372	.431	May	.333	105	35	9	0	2	13	11	15	.397	.476
Post-All Star	.285	151	43	12	1	4	24	17	22	.355	.457	June	.280	93	26	6	0	3	15	11	11	.361	.441
Inning 1-6	.289	284	82	19	1	9	41	30	35	.360	.458	July	.357	84	30	8	1	1	15	10	13	.426	.512
Inning 7+	.295	122	36	10	0	1	17	18	23	.380	.402	August	.260	77	20	5	0	3	10	9	11	.341	.442
Scoring Posn	.313	99	31	8	1	3	46	15	15	.398	.505	Sept/Oct	.182	11	2	0	0	0	0	1	2	.250	.182
Close & Late	.236	55	13	1	0	0	4	12	13	.373	.255	vs. AL	.347	49	17	4	0	1	6	7	5	.429	.490
None on/out	.296	71	21	5	0	1	1	7	9	.367	.408	vs. NL	.283	357	101	25	1	9	52	41	53	.357	.434

2001 By Position

Position	Avg	AB	H	2B	3B	HR	RBI	BB	SO	OBP	SLG	G	GS	Innings	PO	A	E	DP	Fld Pct	Rng Fctr	In Zone	Outs	Zone Rtg	MLB Zone
As cf	.296	399	118	29	1	10	58	44	57	.366	.449	106	98	862.0	269	4	4	1	.986	2.85	292	263	.901	.892

Career (1997-2001)

	Avg	AB	H	2B	3B	HR	RBI	BB	SO	OBP	SLG		Avg	AB	H	2B	3B	HR	RBI	BB	SO	OBP	SLG
vs. Left	.264	432	114	15	10	7	59	28	59	.307	.394	First Pitch	.335	433	145	28	5	12	65	8	0	.344	.506
vs. Right	.287	1629	467	94	13	34	178	129	163	.337	.423	Ahead in Count	.299	482	144	31	5	14	68	93	0	.407	.471
Home	.280	1000	280	48	12	18	109	102	118	.344	.406	Behind in Count	.243	791	192	35	8	11	73	0	188	.243	.349
Away	.284	1061	301	61	11	23	128	55	104	.318	.421	Two Strikes	.227	785	178	30	9	12	71	56	222	.278	.334
Day	.274	584	160	33	3	13	73	45	62	.326	.408	Batting #2	.292	818	239	56	5	18	104	76	89	.351	.439
Night	.285	1477	421	76	20	28	164	112	160	.333	.420	Batting #3	.270	652	176	27	9	11	69	38	72	.309	.390
Grass	.278	1721	478	86	18	34	192	144	194	.332	.408	Other	.281	591	166	26	9	12	64	43	61	.326	.416
Turf	.303	340	103	23	5	7	45	13	28	.327	.462	March/April	.270	296	80	16	1	7	35	26	35	.324	.402
Pre-All Star	.286	1134	324	65	10	24	128	92	122	.338	.424	May	.277	383	106	21	7	6	36	32	43	.332	.415
Post-All Star	.277	927	257	44	13	17	109	65	100	.322	.408	June	.301	352	106	23	2	9	45	27	34	.352	.455
Inning 1-6	.283	1398	396	71	15	31	169	91	125	.325	.422	July	.271	425	115	24	3	5	50	27	49	.311	.376
Inning 7+	.279	663	185	38	8	10	68	66	97	.342	.406	August	.260	350	91	12	4	9	37	24	30	.306	.394
Scoring Posn	.251	502	126	28	3	9	172	59	67	.321	.373	Sept/Oct	.325	255	83	13	6	5	34	21	31	.374	.482
Close & Late	.269	335	90	12	4	7	35	43	56	.352	.391	vs. AL	.295	237	70	15	1	4	23	18	21	.341	.418
None on/out	.270	429	116	20	6	8	8	24	44	.311	.401	vs. NL	.280	1824	511	94	22	37	214	139	201	.329	.417

Chad Kreuter — Dodgers   Age 37 – Bats Both

	Avg	G	AB	R	H	2B	3B	HR	RBI	BB	SO	HBP	GDP	SB	CS	OBP	SLG	IBB	SH	SF	#Pit	#P/PA	GB	FB	G/F
2001 Season	.215	73	191	21	41	11	1	6	17	41	52	1	5	0	0	.355	.377	2	0	1	967	4.13	61	53	1.15
Last Five Years	.237	445	1234	136	292	58	4	24	134	191	280	12	42	2	3	.343	.348	4	10	5	5727	3.94	423	303	1.40

2001 Season

	Avg	AB	H	2B	3B	HR	RBI	BB	SO	OBP	SLG		Avg	AB	H	2B	3B	HR	RBI	BB	SO	OBP	SLG
vs. Left	.192	52	10	3	0	3	6	11	11	.333	.423	Scoring Posn	.139	36	5	2	0	2	10	10	11	.319	.361
vs. Right	.223	139	31	8	1	3	11	30	41	.363	.360	Close & Late	.216	37	8	1	0	1	2	7	14	.341	.324
Home	.200	80	16	4	0	4	11	27	23	.404	.400	None on/out	.283	46	13	3	0	1	1	4	12	.353	.413
Away	.225	111	25	7	1	2	6	14	29	.312	.360	Batting #7	.194	98	19	4	0	1	6	24	29	.355	.265
First Pitch	.333	27	9	1	1	1	4	2	0	.400	.556	Batting #8	.246	69	17	7	0	4	7	13	13	.366	.522
Ahead in Count	.421	38	16	5	0	4	9	23	0	.629	.868	Other	.208	24	5	0	1	1	4	4	10	.321	.417
Behind in Count	.108	83	9	2	0	0	1	0	41	.108	.133	Pre-All Star	.254	130	33	10	1	2	8	30	33	.395	.392
Two Strikes	.130	100	13	5	0	1	3	16	52	.250	.210	Post-All Star	.131	61	8	1	0	4	9	11	19	.264	.344

Last Five Years

	Avg	AB	H	2B	3B	HR	RBI	BB	SO	OBP	SLG		Avg	AB	H	2B	3B	HR	RBI	BB	SO	OBP	SLG
vs. Left	.253	277	70	14	0	12	32	45	59	.359	.433	First Pitch	.337	166	56	7	1	2	21	3	0	.358	.428
vs. Right	.232	957	222	44	4	12	102	146	221	.339	.324	Ahead in Count	.346	298	103	24	1	9	48	92	0	.499	.523
Home	.226	584	132	30	2	15	71	109	138	.351	.361	Behind in Count	.157	517	81	13	1	5	32	0	237	.166	.215
Away	.246	650	160	28	2	9	63	82	142	.336	.337	Two Strikes	.152	584	89	18	2	11	51	96	280	.275	.247
Day	.221	408	90	15	1	5	36	56	103	.315	.299	Batting #7	.251	582	146	33	0	9	63	101	131	.367	.354
Night	.245	826	202	43	3	19	98	135	177	.357	.373	Batting #8	.227	423	96	15	2	9	36	49	93	.309	.336
Grass	.238	1083	258	53	4	22	121	172	243	.346	.355	Other	.218	229	50	10	2	6	35	41	56	.343	.358
Turf	.225	151	34	5	0	2	13	19	37	.324	.298	March/April	.208	154	32	10	1	2	13	34	35	.353	.325
Pre-All Star	.262	710	186	39	3	14	81	134	142	.383	.385	May	.292	240	70	13	1	6	35	38	39	.394	.429
Post-All Star	.202	524	106	19	1	10	53	57	138	.285	.300	June	.286	262	75	15	1	5	30	55	55	.414	.408
Inning 1-6	.252	789	199	38	3	19	90	117	158	.354	.380	July	.201	204	41	8	0	3	15	26	47	.293	.284
Inning 7+	.209	445	93	20	1	5	44	74	122	.325	.292	August	.187	214	40	8	1	2	22	21	48	.263	.262
Scoring Posn	.215	317	68	14	1	4	103	52	76	.328	.303	Sept/Oct	.213	160	34	4	0	6	19	17	56	.296	.350
Close & Late	.202	208	42	8	0	1	17	34	70	.317	.255	vs. AL	.236	758	179	33	3	13	85	102	165	.331	.339
None on/out	.251	295	74	19	1	6	6	37	64	.340	.383	vs. NL	.237	476	113	25	1	11	49	89	115	.361	.363

Tim Laker — Indians   Age 32 – Bats Right (flyball hitter)

	Avg	G	AB	R	H	2B	3B	HR	RBI	BB	SO	HBP	GDP	SB	CS	OBP	SLG	IBB	SH	SF	#Pit	#P/PA	GB	FB	G/F
2001 Season	.182	16	33	5	6	0	0	1	5	6	8	0	1	0	0	.308	.273	0	1	0	139	3.47	12	11	1.09
Last Five Years	.224	65	85	6	19	2	0	1	8	10	23	0	2	0	1	.299	.306	0	2	2	386	3.90	23	28	0.82

2001 Season

	Avg	AB	H	2B	3B	HR	RBI	BB	SO	OBP	SLG		Avg	AB	H	2B	3B	HR	RBI	BB	SO	OBP	SLG
vs. Left	.125	8	1	0	0	0	1	3	.222	.125		Scoring Posn	.200	10	2	0	0	0	3	1	3	.273	.200
vs. Right	.200	25	5	0	0	1	4	5	5	.333	.320	Close & Late	.111	9	1	0	0	0	0	0	2	.111	.111

232

Mike Lamb — Rangers
Age 26 – Bats Left

	Avg	G	AB	R	H	2B	3B	HR	RBI	BB	SO	HBP	GDP	SB	CS	OBP	SLG	IBB	SH	SF	#Pit	#P/PA	GB	FB	G/F
2001 Season	.306	76	284	42	87	18	0	4	35	14	27	5	6	2	1	.348	.412	1	1	2	1030	3.37	112	77	1.45
Career (2000-2001)	.288	214	777	107	224	43	2	10	82	48	87	9	16	2	3	.335	.387	7	6	4	2894	3.43	315	221	1.43

2001 Season

	Avg	AB	H	2B	3B	HR	RBI	BB	SO	OBP	SLG		Avg	AB	H	2B	3B	HR	RBI	BB	SO	OBP	SLG
vs. Left	.300	50	15	0	0	2	5	2	7	.364	.420	Scoring Posn	.364	66	24	4	0	1	27	5	6	.397	.470
vs. Right	.308	234	72	18	0	2	30	12	20	.344	.410	Close & Late	.255	47	12	3	0	0	4	0	5	.286	.319
Home	.318	151	48	11	0	1	25	10	12	.360	.411	None on/out	.286	70	20	3	0	3	3	1	6	.306	.457
Away	.293	133	39	7	0	3	10	4	15	.333	.414	Batting #2	.231	91	21	4	0	1	13	3	8	.265	.308
First Pitch	.512	43	22	8	0	0	7	1	0	.533	.698	Batting #7	.317	82	26	4	0	2	7	3	6	.364	.439
Ahead in Count	.325	77	25	5	0	1	13	9	0	.395	.429	Other	.360	111	40	10	0	1	15	8	13	.403	.477
Behind in Count	.250	124	31	4	0	3	11	0	25	.271	.355	Pre-All Star	.319	69	22	5	0	1	8	3	8	.347	.435
Two Strikes	.227	110	25	4	0	2	11	4	27	.271	.318	Post-All Star	.302	215	65	13	0	3	27	11	19	.348	.405

Career (2000-2001)

	Avg	AB	H	2B	3B	HR	RBI	BB	SO	OBP	SLG		Avg	AB	H	2B	3B	HR	RBI	BB	SO	OBP	SLG
vs. Left	.291	134	39	4	0	3	15	11	18	.362	.388	First Pitch	.380	121	46	10	2	1	14	7	0	.423	.521
vs. Right	.288	643	185	39	2	7	67	37	69	.329	.387	Ahead in Count	.320	203	65	15	0	2	28	26	0	.397	.424
Home	.300	380	114	24	1	5	51	26	40	.351	.408	Behind in Count	.247	336	83	14	0	6	31	0	80	.259	.342
Away	.277	397	110	19	1	5	31	22	47	.320	.368	Two Strikes	.247	308	76	10	0	4	26	15	87	.287	.318
Day	.311	164	51	10	2	2	20	6	18	.347	.433	Batting #7	.259	316	82	15	2	4	17	17	38	.307	.358
Night	.282	613	173	33	0	8	62	42	69	.332	.375	Batting #8	.326	261	85	17	0	4	34	23	30	.383	.437
Grass	.283	681	193	35	2	7	74	43	78	.332	.372	Other	.285	200	57	11	0	2	24	8	19	.316	.370
Turf	.323	96	31	8	0	3	8	5	9	.356	.500	March/April	.150	20	3	1	0	0	0	2	4	.227	.200
Pre-All Star	.299	301	90	23	1	5	36	24	40	.353	.432	May	.333	99	33	9	1	3	18	8	8	.385	.535
Post-All Star	.282	476	134	20	1	5	46	24	47	.324	.359	June	.244	127	31	8	0	0	9	9	23	.292	.307
Inning 1-6	.297	502	149	33	1	6	57	37	54	.350	.402	July	.339	183	62	9	0	3	23	10	18	.383	.437
Inning 7+	.273	275	75	10	1	4	25	11	33	.308	.360	August	.283	191	54	12	1	4	24	12	24	.335	.419
Scoring Posn	.274	186	51	7	1	1	63	24	18	.350	.339	Sept/Oct	.261	157	41	4	0	0	8	7	10	.293	.287
Close & Late	.246	130	32	5	0	0	9	5	16	.290	.285	vs. AL	.289	686	198	39	2	10	76	42	74	.335	.395
None on/out	.305	187	57	13	0	5	5	5	21	.330	.455	vs. NL	.286	91	26	4	0	0	6	6	13	.337	.330

Tom Lampkin — Mariners
Age 38 – Bats Left

	Avg	G	AB	R	H	2B	3B	HR	RBI	BB	SO	HBP	GDP	SB	CS	OBP	SLG	IBB	SH	SF	#Pit	#P/PA	GB	FB	G/F
2001 Season	.225	79	204	28	46	10	0	5	22	18	41	7	4	1	0	.309	.348	1	1	1	900	3.90	75	67	1.12
Last Five Years	.248	392	958	125	238	47	5	34	129	92	152	26	26	7	6	.329	.414	13	7	7	4087	3.75	368	299	1.23

2001 Season

	Avg	AB	H	2B	3B	HR	RBI	BB	SO	OBP	SLG		Avg	AB	H	2B	3B	HR	RBI	BB	SO	OBP	SLG
vs. Left	.130	23	3	0	0	0	1	2	7	.259	.130	Scoring Posn	.255	47	12	5	0	0	16	7	4	.379	.362
vs. Right	.238	181	43	10	0	5	21	16	34	.315	.376	Close & Late	.353	34	12	1	0	1	4	7	9	.500	.471
Home	.208	106	22	7	0	1	13	8	20	.280	.302	None on/out	.240	50	12	2	0	1	1	1	11	.296	.340
Away	.245	98	24	3	0	4	9	10	21	.339	.398	Batting #7	.194	62	12	3	0	1	8	8	14	.286	.290
First Pitch	.267	15	4	0	0	1	1	1	0	.353	.467	Batting #8	.244	90	22	4	0	4	8	8	18	.330	.422
Ahead in Count	.238	42	10	2	0	1	8	12	0	.411	.357	Other	.231	52	12	3	0	0	6	2	9	.298	.288
Behind in Count	.218	110	24	4	0	1	6	0	31	.282	.282	Pre-All Star	.221	122	27	5	0	5	12	15	23	.324	.385
Two Strikes	.194	103	20	4	0	1	6	5	41	.239	.262	Post-All Star	.232	82	19	5	0	0	10	3	18	.284	.293

Last Five Years

	Avg	AB	H	2B	3B	HR	RBI	BB	SO	OBP	SLG		Avg	AB	H	2B	3B	HR	RBI	BB	SO	OBP	SLG
vs. Left	.179	134	24	2	0	1	11	15	33	.286	.216	First Pitch	.289	128	37	5	2	4	14	6	0	.352	.453
vs. Right	.260	824	214	45	5	33	118	77	119	.336	.447	Ahead in Count	.272	217	59	10	0	13	46	55	0	.417	.498
Home	.240	471	113	27	1	15	66	55	75	.330	.397	Behind in Count	.233	425	99	20	3	8	42	0	119	.254	.351
Away	.257	487	125	20	4	19	63	37	77	.327	.431	Two Strikes	.199	438	87	18	3	8	36	30	152	.257	.308
Day	.263	353	93	18	3	12	46	34	69	.347	.433	Batting #7	.251	343	86	12	2	13	46	38	59	.330	.411
Night	.240	605	145	29	2	22	83	58	83	.318	.403	Batting #8	.256	328	84	19	2	14	47	40	53	.358	.454
Grass	.257	775	199	38	4	28	110	81	123	.342	.425	Other	.237	287	68	16	1	7	36	14	40	.292	.373
Turf	.213	183	39	9	1	6	19	11	29	.270	.372	March/April	.272	228	62	9	2	9	34	17	35	.329	.447
Pre-All Star	.246	627	154	31	4	25	87	59	92	.327	.427	May	.190	195	37	10	0	6	17	14	28	.258	.333
Post-All Star	.254	331	84	16	1	9	42	33	60	.332	.390	June	.274	175	48	10	2	8	32	26	28	.379	.491
Inning 1-6	.254	598	152	32	3	23	86	57	93	.331	.433	July	.269	104	28	6	1	3	12	14	15	.367	.433
Inning 7+	.239	360	86	15	2	11	43	35	59	.325	.383	August	.250	140	35	7	0	4	14	12	24	.323	.386
Scoring Posn	.250	240	60	17	1	6	91	33	29	.360	.404	Sept/Oct	.241	116	28	5	0	4	20	9	22	.302	.388
Close & Late	.254	189	48	7	1	5	29	16	30	.336	.381	vs. AL	.259	483	125	23	0	21	73	37	87	.330	.437
None on/out	.240	229	55	8	2	10	10	15	29	.312	.424	vs. NL	.238	475	113	24	5	13	56	55	65	.328	.392

Ray Lankford — Padres
Age 35 – Bats Left (flyball hitter)

	Avg	G	AB	R	H	2B	3B	HR	RBI	BB	SO	HBP	GDP	SB	CS	OBP	SLG	IBB	SH	SF	#Pit	#P/PA	GB	FB	G/F
2001 Season	.252	131	389	58	98	28	4	19	58	62	145	4	6	10	2	.358	.491	9	1	3	1872	4.08	82	102	0.80
Last Five Years	.281	668	2201	396	619	149	12	122	354	362	679	14	31	76	20	.383	.526	28	1	20	10986	4.23	558	589	0.95

2001 Season

	Avg	AB	H	2B	3B	HR	RBI	BB	SO	OBP	SLG		Avg	AB	H	2B	3B	HR	RBI	BB	SO	OBP	SLG
vs. Left	.194	62	12	2	0	3	7	7	31	.275	.371	First Pitch	.409	44	18	8	0	4	14	6	0	.481	.864
vs. Right	.263	327	86	26	4	16	51	55	114	.373	.514	Ahead in Count	.377	69	26	5	0	5	17	26	0	.542	.667
Home	.221	190	42	12	0	10	30	27	75	.324	.442	Behind in Count	.162	197	32	7	3	6	17	0	117	.170	.320
Away	.281	199	56	16	4	9	28	35	70	.390	.538	Two Strikes	.140	222	31	10	3	2	15	30	145	.247	.239

233

2001 Season

	Avg	AB	H	2B	3B	HR	RBI	BB	SO	OBP	SLG		Avg	AB	H	2B	3B	HR	RBI	BB	SO	OBP	SLG
Day	.230	126	29	6	3	4	17	22	51	.340	.421	Batting #5	.269	145	39	9	2	5	16	17	48	.354	.462
Night	.262	263	69	22	1	15	41	40	94	.367	.525	Batting #6	.211	142	30	10	1	5	18	21	60	.313	.401
Grass	.251	374	94	27	4	18	57	61	140	.360	.489	Other	.284	102	29	9	1	9	24	24	37	.422	.657
Turf	.267	15	4	1	0	1	1	1	5	.313	.533	April	.258	66	17	3	2	4	10	11	28	.372	.545
Pre-All Star	.237	228	54	17	3	14	35	43	91	.360	.522	May	.272	81	22	8	0	7	16	14	30	.375	.630
Post-All Star	.273	161	44	11	1	5	23	19	54	.355	.447	June	.179	67	12	6	0	3	9	12	28	.309	.403
Inning 1-6	.256	262	67	20	3	12	38	41	95	.356	.492	July	.220	50	11	1	1	4	7	19	.310	.340
Inning 7+	.244	127	31	8	1	7	20	21	50	.362	.488	August	.301	73	22	7	1	2	9	10	26	.393	.507
Scoring Posn	.239	92	22	2	2	4	34	21	43	.381	.435	Sept/Oct	.269	52	14	3	0	2	10	8	14	.367	.442
Close & Late	.188	48	9	2	1	2	7	13	18	.375	.396	vs. AL	.263	38	10	1	1	1	4	9	14	.396	.421
None on/out	.263	118	31	10	0	7	7	10	40	.326	.525	vs. NL	.251	351	88	27	3	18	54	53	131	.354	.499

2001 By Position

Position	Avg	AB	H	2B	3B	HR	RBI	BB	SO	OBP	SLG	G	GS	Innings	PO	A	E	DP	Fld Pct	Rng Fctr	In Zone	Zone Outs	Zone Rtg	MLB Zone
As lf	.254	327	83	23	4	17	47	53	125	.360	.505	106	96	826.1	167	6	6	1	.966	1.88	187	163	.872	.880
As cf	.261	46	12	4	0	2	11	7	15	.358	.478	16	12	112.2	31	0	0	0	1.000	2.48	33	31	.939	.892

Last Five Years

	Avg	AB	H	2B	3B	HR	RBI	BB	SO	OBP	SLG		Avg	AB	H	2B	3B	HR	RBI	BB	SO	OBP	SLG
vs. Left	.241	526	127	26	3	25	98	69	185	.333	.445	First Pitch	.451	204	92	25	0	21	55	19	0	.496	.882
vs. Right	.294	1675	492	123	9	97	291	293	494	.398	.552	Ahead in Count	.401	404	162	34	1	38	107	157	0	.562	.772
Home	.288	1131	326	81	6	66	212	167	344	.380	.546	Behind in Count	.212	1117	237	57	6	40	134	0	544	.217	.381
Away	.274	1070	293	68	6	56	177	195	335	.386	.506	Two Strikes	.182	1289	235	59	7	34	147	186	679	.287	.318
Day	.262	669	175	45	3	25	102	131	225	.379	.450	Batting #4	.305	870	265	62	5	46	169	135	240	.398	.546
Night	.290	1532	444	104	9	97	287	231	454	.385	.559	Batting #5	.264	424	112	24	4	22	58	71	143	.369	.495
Grass	.281	1939	545	136	12	106	341	313	588	.381	.528	Other	.267	907	242	63	3	54	162	156	296	.375	.521
Turf	.282	262	74	13	0	16	48	49	91	.396	.578	March/April	.296	240	71	15	2	12	39	40	76	.397	.525
Pre-All Star	.280	1152	323	81	5	68	207	189	342	.382	.536	May	.296	433	128	31	0	34	91	69	121	.393	.603
Post-All Star	.282	1049	296	68	7	54	182	173	337	.384	.515	June	.245	400	98	27	2	18	65	61	123	.343	.458
Inning 1-6	.284	1485	421	105	9	80	255	257	454	.389	.528	July	.282	365	103	25	4	20	70	56	121	.373	.537
Inning 7+	.277	716	198	44	3	42	134	105	225	.371	.522	August	.292	432	126	30	3	17	64	68	126	.391	.493
Scoring Posn	.260	577	150	33	4	26	250	132	202	.391	.466	Sept/Oct	.281	331	93	21	1	21	60	68	112	.403	.541
Close & Late	.260	381	99	20	3	17	59	63	120	.367	.462	vs. AL	.263	198	52	14	3	4	28	34	54	.368	.424
None on/out	.296	531	157	42	2	31	31	72	165	.382	.557	vs. NL	.283	2003	567	135	9	118	361	328	625	.385	.536

Mike Lansing — Red Sox   Age 34 – Bats Right

	Avg	G	AB	R	H	2B	3B	HR	RBI	BB	SO	HBP	GDP	SB	CS	OBP	SLG	IBB	SH	SF	#Pit	#P/PA	GB	FB	G/F
2001 Season	.250	106	352	45	88	23	0	8	34	22	50	1	7	3	3	.294	.384	1	4	3	1342	3.51	150	96	1.56
Last Five Years	.267	577	2157	300	576	134	10	55	245	151	327	12	57	34	13	.317	.415	9	21	13	8404	3.57	838	616	1.36

2001 Season

	Avg	AB	H	2B	3B	HR	RBI	BB	SO	OBP	SLG		Avg	AB	H	2B	3B	HR	RBI	BB	SO	OBP	SLG
vs. Left	.271	107	29	7	0	2	6	5	16	.307	.393	First Pitch	.365	52	19	4	0	2	5	1	0	.370	.558
vs. Right	.241	245	59	16	0	6	28	17	34	.288	.380	Ahead in Count	.276	98	27	8	0	4	13	8	0	.330	.480
Home	.269	182	49	10	0	5	22	7	19	.298	.407	Behind in Count	.201	139	28	9	0	1	10	0	42	.207	.288
Away	.229	170	39	13	0	3	12	15	31	.289	.359	Two Strikes	.162	136	22	6	0	0	5	13	50	.240	.206
Day	.213	94	20	4	0	3	5	7	12	.267	.351	Batting #8	.247	77	19	5	0	2	13	8	12	.318	.390
Night	.264	258	68	19	0	5	29	15	38	.303	.395	Batting #9	.234	141	33	10	0	3	12	9	18	.276	.369
Grass	.244	307	75	19	0	8	32	17	43	.284	.384	Other	.269	134	36	8	0	3	9	5	20	.298	.396
Turf	.289	45	13	4	0	0	2	5	7	.360	.378	April	.229	48	11	1	0	1	3	2	3	.260	.313
Pre-All Star	.219	183	40	12	0	1	11	13	26	.271	.301	May	.224	58	13	6	0	0	6	3	12	.254	.328
Post-All Star	.284	169	48	11	0	7	23	9	24	.318	.473	June	.206	63	13	4	0	0	6	10	.286	.270
Inning 1-6	.258	233	60	14	0	6	25	17	26	.304	.371	July	.349	63	22	5	0	3	8	5	6	.397	.571
Inning 7+	.235	119	28	9	0	2	9	5	24	.272	.361	August	.258	97	25	7	0	4	15	5	15	.291	.454
Scoring Posn	.198	86	17	7	0	1	24	10	18	.273	.314	Sept/Oct	.174	23	4	0	0	0	1	1	4	.208	.174
Close & Late	.254	59	15	6	0	0	5	4	12	.302	.373	vs. AL	.250	296	74	20	0	7	30	18	40	.290	.389
None on/out	.304	92	28	8	0	4	4	3	10	.326	.522	vs. NL	.250	56	14	3	0	1	4	4	10	.311	.357

2001 By Position

Position	Avg	AB	H	2B	3B	HR	RBI	BB	SO	OBP	SLG	G	GS	Innings	PO	A	E	DP	Fld Pct	Rng Fctr	In Zone	Zone Outs	Zone Rtg	MLB Zone
As 2b	.204	93	19	6	0	2	14	3	14	.224	.333	31	26	235.2	53	75	4	15	.970	4.89	92	71	.772	.824
As ss	.266	256	68	17	0	6	20	18	35	.315	.402	76	71	621.0	108	172	10	37	.966	4.06	197	161	.817	.839

Last Five Years

	Avg	AB	H	2B	3B	HR	RBI	BB	SO	OBP	SLG		Avg	AB	H	2B	3B	HR	RBI	BB	SO	OBP	SLG
vs. Left	.268	553	148	35	1	13	52	43	83	.322	.405	First Pitch	.328	308	101	20	2	8	29	6	0	.341	.484
vs. Right	.267	1604	428	99	9	42	193	108	244	.315	.418	Ahead in Count	.351	556	195	44	1	23	85	82	0	.415	.558
Home	.297	1017	302	69	7	34	145	71	136	.345	.479	Behind in Count	.191	889	170	41	4	15	76	0	274	.196	.297
Away	.240	1140	274	65	3	21	100	80	191	.291	.358	Two Strikes	.167	873	146	35	5	12	65	63	327	.227	.260
Day	.258	699	180	36	6	14	73	52	99	.310	.408	Batting #2	.271	1172	318	75	7	37	134	85	176	.322	.442
Night	.272	1458	396	98	4	31	152	99	228	.320	.408	Batting #7	.284	429	122	30	1	11	53	30	65	.340	.436
Grass	.270	1591	429	87	8	41	186	109	236	.318	.412	Other	.245	556	136	29	2	7	58	36	86	.289	.342
Turf	.260	566	147	47	2	14	59	42	91	.314	.424	March/April	.276	470	113	19	0	11	48	29	52	.324	.402
Pre-All Star	.264	1310	346	77	6	32	137	97	192	.316	.405	May	.263	437	115	29	4	12	39	32	72	.324	.430
Post-All Star	.272	847	230	57	4	23	108	54	135	.317	.430	June	.264	368	97	22	2	9	40	25	53	.315	.408
Inning 1-6	.280	1500	420	93	9	42	182	103	209	.327	.438	July	.294	347	102	25	3	6	32	20	41	.332	.435
Inning 7+	.237	657	156	41	1	13	63	48	118	.295	.362	August	.268	370	99	23	1	8	49	23	61	.313	.400

234

	Avg	AB	H	2B	3B	HR	RBI	BB	SO	OBP	SLG		Avg	AB	H	2B	3B	HR	RBI	BB	SO	OBP	SLG
												Last Five Years											
Scoring Posn	.258	504	130	31	2	11	176	59	87	.333	.393	Sept/Oct	.222	225	50	16	0	9	30	15	48	.276	.413
Close & Late	.251	339	85	20	1	5	36	28	61	.313	.360	vs. AL	.236	590	139	31	1	9	53	32	89	.273	.337
None on/out	.270	456	123	32	4	9	9	25	61	.309	.417	vs. NL	.279	1567	437	103	9	46	192	119	238	.333	.444

Barry Larkin — Reds Age 38 – Bats Right

	Avg	G	AB	R	H	2B	3B	HR	RBI	BB	SO	HBP	GDP	SB	CS	OBP	SLG	IBB	SH	SF	#Pit	#P/PA	GB	FB	G/F
2001 Season	.256	45	156	29	40	12	0	2	17	27	25	2	2	3	2	.373	.372	2	0	0	740	4.00	64	45	1.42
Last Five Years	.302	526	1897	335	572	119	22	46	225	294	206	10	39	87	22	.397	.460	18	12	8	8465	3.81	777	533	1.46

2001 Season

	Avg	AB	H	2B	3B	HR	RBI	BB	SO	OBP	SLG		Avg	AB	H	2B	3B	HR	RBI	BB	SO	OBP	SLG
vs. Left	.333	39	13	3	0	1	6	9	10	.458	.487	Scoring Posn	.276	29	8	3	0	1	14	8	6	.432	.483
vs. Right	.231	117	27	9	0	1	11	18	15	.343	.333	Close & Late	.241	29	7	2	0	0	0	6	5	.371	.310
Home	.238	80	19	5	0	1	11	16	13	.365	.338	None on/out	.274	62	17	4	0	1	1	7	8	.357	.387
Away	.276	76	21	7	0	1	6	11	12	.382	.408	Batting #1	.286	112	32	10	0	1	14	19	15	.394	.402
First Pitch	.417	12	5	2	0	0	2	2	0	.533	.583	Batting #2	.222	36	8	2	0	1	3	7	6	.364	.361
Ahead in Count	.308	39	12	4	0	1	6	14	0	.491	.487	Other	.000	8	0	0	0	0	0	1	4	.111	.000
Behind in Count	.203	74	15	4	0	1	7	0	18	.213	.297	Pre-All Star	.256	156	40	12	0	2	17	27	25	.373	.372
Two Strikes	.158	76	12	2	0	0	2	11	25	.264	.184	Post-All Star	.000	0	0	0	0	0	0	0	0	.000	.000

Last Five Years

	Avg	AB	H	2B	3B	HR	RBI	BB	SO	OBP	SLG		Avg	AB	H	2B	3B	HR	RBI	BB	SO	OBP	SLG
vs. Left	.302	431	130	34	4	15	63	81	45	.412	.503	First Pitch	.353	156	55	15	1	2	30	14	0	.420	.500
vs. Right	.302	1466	442	85	18	31	162	213	161	.392	.447	Ahead in Count	.336	527	177	37	3	23	83	180	0	.504	.548
Home	.320	902	289	66	14	22	120	175	96	.431	.498	Behind in Count	.260	820	213	38	13	15	70	0	165	.262	.393
Away	.284	995	283	53	8	24	105	119	110	.363	.426	Two Strikes	.220	795	175	28	13	9	58	99	206	.308	.322
Day	.293	656	192	42	7	14	70	114	67	.401	.442	Batting #2	.307	794	244	51	7	29	92	114	76	.397	.499
Night	.306	1241	380	77	15	32	155	180	139	.394	.470	Batting #3	.272	496	135	26	9	8	58	83	66	.375	.409
Grass	.289	858	248	46	7	23	96	110	95	.373	.439	Other	.318	607	193	42	6	9	75	97	62	.414	.451
Turf	.312	1039	324	73	15	23	129	184	111	.416	.477	March/April	.266	365	97	21	2	9	52	73	41	.391	.408
Pre-All Star	.299	1203	360	78	11	29	149	185	129	.394	.455	May	.306	376	115	27	3	9	50	53	40	.393	.465
Post-All Star	.305	694	212	41	11	17	76	109	77	.401	.470	June	.326	380	124	23	6	11	44	39	39	.389	.505
Inning 1-6	.310	1357	421	92	13	35	158	183	138	.394	.475	July	.306	284	87	18	4	6	29	53	36	.415	.461
Inning 7+	.280	540	151	27	9	11	67	111	68	.402	.424	August	.302	315	95	22	6	5	33	43	29	.388	.457
Scoring Posn	.276	475	131	28	4	9	161	112	56	.410	.408	Sept/Oct	.305	177	54	8	1	6	17	33	21	.415	.463
Close & Late	.270	293	79	14	5	2	28	62	42	.397	.372	vs. AL	.337	178	60	12	4	2	13	29	12	.428	.483
None on/out	.303	429	130	31	5	10	10	54	39	.385	.469	vs. NL	.298	1719	512	107	18	44	212	265	194	.393	.458

Brandon Larson — Reds Age 26 – Bats Right

	Avg	G	AB	R	H	2B	3B	HR	RBI	BB	SO	HBP	GDP	SB	CS	OBP	SLG	IBB	SH	SF	#Pit	#P/PA	GB	FB	G/F
2001 Season	.121	14	33	2	4	2	0	0	2	10	0	1	0	0	.171	.182	0	0	0	124	3.54	11	12	0.92

2001 Season

	Avg	AB	H	2B	3B	HR	RBI	BB	SO	OBP	SLG		Avg	AB	H	2B	3B	HR	RBI	BB	SO	OBP	SLG
vs. Left	.250	4	1	1	0	0	0	0	1	.250	.500	Scoring Posn	.111	9	1	0	0	0	1	1	2	.200	.111
vs. Right	.103	29	3	1	0	0	1	2	9	.161	.138	Close & Late	.000	6	0	0	0	0	0	0	4	.000	.000

Jason LaRue — Reds Age 28 – Bats Right

	Avg	G	AB	R	H	2B	3B	HR	RBI	BB	SO	HBP	GDP	SB	CS	OBP	SLG	IBB	SH	SF	#Pit	#P/PA	GB	FB	G/F
2001 Season	.236	121	364	39	86	21	2	12	43	27	106	15	9	11	3	3	.303	.404	4	1	2	1464	3.63	100	104	0.96
Career (1999-2001)	.232	188	552	63	128	31	2	20	65	43	157	15	16	7	4	.304	.404	7	1	2	2256	3.68	166	154	1.08

2001 Season

	Avg	AB	H	2B	3B	HR	RBI	BB	SO	OBP	SLG		Avg	AB	H	2B	3B	HR	RBI	BB	SO	OBP	SLG
vs. Left	.267	86	23	5	2	1	9	4	17	.312	.407	First Pitch	.431	51	22	4	1	7	17	3	0	.463	.961
vs. Right	.227	278	63	16	0	11	34	23	89	.301	.403	Ahead in Count	.381	63	24	8	1	1	15	7	0	.438	.587
Home	.215	177	38	10	1	3	16	14	53	.294	.333	Behind in Count	.159	201	32	7	0	3	10	0	91	.188	.239
Away	.257	187	48	11	1	9	27	13	53	.312	.471	Two Strikes	.118	195	23	5	0	3	8	17	106	.207	.190
Day	.232	95	22	5	1	5	15	11	32	.330	.463	Batting #7	.236	161	38	9	0	6	21	8	47	.287	.404
Night	.238	269	64	16	1	7	28	16	74	.294	.383	Batting #8	.230	122	28	7	1	4	13	14	39	.321	.402
Grass	.237	350	83	20	2	10	40	26	103	.306	.391	Other	.247	81	20	5	1	2	9	5	20	.307	.407
Turf	.214	14	3	1	0	2	3	1	3	.333	.714	April	.333	39	13	3	1	2	8	8	14	.438	.615
Pre-All Star	.223	184	41	11	1	7	27	16	54	.286	.408	May	.207	58	12	4	0	2	7	5	13	.270	.379
Post-All Star	.250	180	45	10	1	5	16	11	52	.322	.400	June	.194	72	14	4	0	2	10	3	22	.237	.333
Inning 1-6	.247	235	58	13	1	8	30	19	58	.308	.413	July	.290	69	20	4	0	1	7	3	19	.333	.391
Inning 7+	.217	129	28	8	1	4	13	8	48	.277	.388	August	.227	75	17	3	0	5	7	5	22	.310	.467
Scoring Posn	.209	91	19	2	0	2	31	16	32	.327	.297	Sept/Oct	.196	51	10	3	1	0	4	3	16	.241	.294
Close & Late	.159	63	10	3	1	0	4	2	29	.197	.238	vs. AL	.297	37	11	2	0	1	3	2	12	.357	.432
None on/out	.316	76	24	6	0	4	4	3	18	.366	.553	vs. NL	.229	327	75	19	2	11	40	25	94	.297	.401

2001 By Position

Position	Avg	AB	H	2B	3B	HR	RBI	BB	SO	OBP	SLG	G	GS	Innings	PO	A	E	DP	Fld Pct	Rng Fctr	In Zone	Outs	Zone Rtg	MLB Zone
As c	.228	342	78	17	1	12	41	26	102	.296	.389	107	95	841.0	569	75	6	8	.991					

235

Chris Latham — Blue Jays — Age 29 – Bats Both

	Avg	G	AB	R	H	2B	3B	HR	RBI	BB	SO	HBP	GDP	SB	CS	OBP	SLG	IBB	SH	SF	#Pit	#P/PA	GB	FB	G/F
2001 Season	.274	43	73	12	20	3	1	2	10	10	28	1	1	4	1	.369	.425	1	0	0	345	4.11	21	13	1.62
Career (1997-2001)	.194	106	211	31	41	5	1	3	19	23	85	1	1	8	3	.274	.270	1	1	2	959	4.03	58	41	1.41

2001 Season

	Avg	AB	H	2B	3B	HR	RBI	BB	SO	OBP	SLG		Avg	AB	H	2B	3B	HR	RBI	BB	SO	OBP	SLG
vs. Left	.240	25	6	0	0	1	3	7	6	.406	.360	Scoring Posn	.318	22	7	1	0	1	9	3	6	.400	.500
vs. Right	.292	48	14	3	1	1	7	3	22	.346	.458	Close & Late	.200	20	4	1	0	0	4	1	11	.238	.250

Brian Lawrence — Padres — Age 26 – Pitches Right (groundball pitcher)

	ERA	W	L	Sv	G	GS	IP	BB	SO	Avg	H	2B	3B	HR	RBI	OBP	SLG	CG	ShO	Sup	QS	#P/S	SB	CS	GB	FB	G/F
2001 Season	3.45	5	5	0	27	15	114.2	34	84	.244	107	16	5	10	49	.304	.372	1	0	3.77	10	93	7	5	201	83	2.42

2001 Season

	ERA	W	L	Sv	G	GS	IP	H	HR	BB	SO		Avg	AB	H	2B	3B	HR	RBI	BB	SO	OBP	SLG
Home	4.07	0	4	0	16	8	59.2	63	6	23	48	vs. Left	.281	196	55	10	3	9	26	17	32	.347	.500
Away	2.78	5	1	0	11	7	55.0	44	4	11	36	vs. Right	.215	242	52	6	2	1	23	17	52	.269	.269
Starter	3.23	5	5	0	15	15	97.2	89	8	27	72	Scoring Posn	.262	103	27	2	1	2	36	14	24	.347	.359
Reliever	4.76	0	0	0	12	0	17.0	18	2	7	12	Close & Late	.154	26	4	1	0	0	0	1	2	.214	.192
0-3 Days Rest (Start)	2.45	1	0	0	1	1	7.1	4	1	1	7	None on/out	.287	115	33	7	2	0	0	3	21	.311	.383
4 Days Rest	4.58	2	1	0	6	6	37.1	34	4	13	29	First Pitch	.281	57	16	4	1	2	14	5	0	.354	.491
5+ Days Rest	2.38	2	4	0	8	8	53.0	51	3	13	36	Ahead in Count	.174	201	35	6	3	2	11	0	69	.172	.264
Pre-All Star	4.31	1	0	0	14	2	31.1	29	3	9	25	Behind in Count	.324	102	33	5	1	3	16	23	0	.448	.480
Post-All Star	3.13	4	5	0	13	13	83.1	78	7	25	59	Two Strikes	.112	188	21	2	1	3	8	6	84	.139	.181

Matt Lawton — Mets — Age 30 – Bats Left (groundball hitter)

	Avg	G	AB	R	H	2B	3B	HR	RBI	BB	SO	HBP	GDP	SB	CS	OBP	SLG	IBB	SH	SF	#Pit	#P/PA	GB	FB	G/F
2001 Season	.277	151	559	95	155	36	1	13	64	85	80	11	16	29	8	.382	.415	6	0	2	2557	3.89	260	144	1.81
Last Five Years	.275	719	2543	402	700	163	12	68	343	395	330	49	54	101	31	.381	.429	30	1	19	11344	3.77	1126	730	1.54

2001 Season

	Avg	AB	H	2B	3B	HR	RBI	BB	SO	OBP	SLG		Avg	AB	H	2B	3B	HR	RBI	BB	SO	OBP	SLG
vs. Left	.244	123	30	6	0	1	12	14	20	.340	.317	First Pitch	.410	61	25	6	0	2	11	5	0	.471	.607
vs. Right	.287	436	125	30	1	12	52	71	60	.393	.443	Ahead in Count	.309	149	46	10	0	5	21	51	0	.480	.477
Home	.285	270	77	19	0	5	34	43	38	.393	.411	Behind in Count	.229	236	54	13	0	5	19	0	64	.254	.347
Away	.270	289	78	17	1	8	30	42	42	.372	.419	Two Strikes	.244	250	61	15	0	4	22	29	80	.341	.352
Day	.281	171	48	11	0	5	18	30	21	.403	.433	Batting #1	.261	245	64	17	1	7	25	30	34	.363	.424
Night	.276	388	107	25	1	8	46	55	59	.373	.407	Batting #3	.260	219	57	9	0	5	27	41	34	.379	.370
Grass	.261	360	94	21	1	9	33	44	54	.351	.400	Other	.358	95	34	10	0	1	12	14	12	.440	.495
Turf	.307	199	61	15	0	4	31	41	26	.433	.442	April	.260	73	19	3	0	2	7	24	12	.444	.384
Pre-All Star	.325	317	103	23	0	10	50	56	40	.426	.492	May	.292	106	31	6	0	1	12	13	13	.367	.377
Post-All Star	.215	242	52	13	1	3	14	29	40	.324	.314	June	.336	107	36	9	0	3	21	13	14	.408	.505
Inning 1-6	.270	385	104	21	0	7	40	56	56	.369	.379	July	.266	94	25	7	0	4	11	14	8	.373	.468
Inning 7+	.293	174	51	15	1	6	24	29	24	.410	.494	August	.247	93	23	6	0	2	7	11	19	.358	.376
Scoring Posn	.298	131	39	11	1	1	49	34	20	.453	.420	Sept/Oct	.244	86	21	5	1	1	6	10	14	.323	.360
Close & Late	.330	88	29	6	0	5	16	14	13	.439	.568	vs. AL	.288	309	89	20	0	7	39	57	40	.402	.421
None on/out	.236	157	37	6	0	3	3	23	22	.341	.331	vs. NL	.264	250	66	16	1	6	25	28	40	.357	.408

2001 By Position

Position	Avg	AB	H	2B	3B	HR	RBI	BB	SO	OBP	SLG	G	GS	Innings	PO	A	E	DP	Fld Pct	Rng Fctr	In Zone	Zone Outs	Zone Rtg	MLB Zone
As rf	.278	526	146	34	1	13	61	78	79	.381	.420	142	136	1210.1	289	3	4	2	.986	2.17	309	275	.890	.884

Last Five Years

	Avg	AB	H	2B	3B	HR	RBI	BB	SO	OBP	SLG		Avg	AB	H	2B	3B	HR	RBI	BB	SO	OBP	SLG
vs. Left	.276	601	166	31	2	12	90	71	78	.365	.394	First Pitch	.335	400	134	31	1	16	71	25	0	.384	.538
vs. Right	.275	1942	534	132	10	56	253	324	252	.385	.440	Ahead in Count	.327	683	223	54	2	25	123	235	0	.496	.521
Home	.285	1254	358	91	8	34	180	216	169	.399	.452	Behind in Count	.214	933	200	46	4	16	88	0	254	.239	.324
Away	.265	1289	342	72	4	34	163	179	161	.362	.407	Two Strikes	.202	1039	210	47	6	16	88	135	330	.305	.305
Day	.267	784	209	45	3	18	94	128	108	.372	.401	Batting #2	.306	320	98	24	2	12	56	54	45	.407	.506
Night	.279	1759	491	118	9	50	249	267	222	.381	.442	Batting #3	.289	1113	322	74	6	25	155	183	131	.395	.434
Grass	.257	1137	292	58	4	37	145	149	148	.348	.391	Other	.252	1110	280	65	4	31	132	158	154	.358	.402
Turf	.290	1406	408	105	8	39	206	250	181	.405	.459	March/April	.296	442	131	34	1	12	69	77	56	.405	.459
Pre-All Star	.292	1402	410	102	8	37	207	219	179	.392	.456	May	.253	474	120	30	4	7	57	69	63	.354	.378
Post-All Star	.254	1141	290	61	4	31	136	176	151	.367	.396	June	.321	383	123	28	2	13	58	59	48	.411	.507
Inning 1-6	.271	1718	465	109	7	39	208	276	217	.382	.410	July	.280	389	109	27	3	8	50	54	49	.381	.427
Inning 7+	.285	825	235	54	5	29	135	119	113	.382	.468	August	.264	417	110	23	0	14	55	71	55	.382	.420
Scoring Posn	.284	644	183	43	5	14	264	145	74	.419	.432	Sept/Oct	.244	438	107	21	2	14	54	65	56	.348	.397
Close & Late	.314	408	128	25	2	14	77	61	51	.410	.488	vs. AL	.271	2084	565	132	9	54	286	332	266	.378	.421
None on/out	.266	556	148	30	2	17	17	83	74	.371	.419	vs. NL	.294	459	135	31	3	14	57	63	64	.394	.466

Jalal Leach — Giants

Age 33 – Bats Left

	Avg	G	AB	R	H	2B	3B	HR	RBI	BB	SO	HBP	GDP	SB	CS	OBP	SLG	IBB	SH	SF	#Pit	#P/PA	GB	FB	G/F
2001 Season	.100	8	10	0	1	0	0	0	1	2	3	0	0	0	0	.250	.100	0	0	0	48	4.00	3	2	1.50

2001 Season

	Avg	AB	H	2B	3B	HR	RBI	BB	SO	OBP	SLG		Avg	AB	H	2B	3B	HR	RBI	BB	SO	OBP	SLG
vs. Left	.000	0	0	0	0	0	0	0	0	.000	.000	Scoring Posn	.250	4	1	0	0	0	1	1	2	.400	.250
vs. Right	.100	10	1	0	0	0	1	2	3	.250	.100	Close & Late	.000	2	0	0	0	0	0	0	1	.000	.000

Matt LeCroy — Twins

Age 26 – Bats Right (flyball hitter)

	Avg	G	AB	R	H	2B	3B	HR	RBI	BB	SO	HBP	GDP	SB	CS	OBP	SLG	IBB	SH	SF	#Pit	#P/PA	GB	FB	G/F
2001 Season	.425	15	40	6	17	5	0	3	12	0	8	1	0	0	1	.429	.775	0	0	1	139	3.31	14	11	1.27
Career (2000-2001)	.222	71	207	24	46	15	0	8	29	17	46	3	6	0	1	.286	.411	2	1	4	846	3.65	56	74	0.76

2001 Season

	Avg	AB	H	2B	3B	HR	RBI	BB	SO	OBP	SLG		Avg	AB	H	2B	3B	HR	RBI	BB	SO	OBP	SLG
vs. Left	.375	24	9	2	0	3	6	0	6	.375	.833	Scoring Posn	.500	14	7	3	0	1	10	0	2	.467	.929
vs. Right	.500	16	8	3	0	0	6	0	2	.500	.688	Close & Late	.200	5	1	0	0	0	1	0	2	.167	.200

Ricky Ledee — Rangers

Age 28 – Bats Left

	Avg	G	AB	R	H	2B	3B	HR	RBI	BB	SO	HBP	GDP	SB	CS	OBP	SLG	IBB	SH	SF	#Pit	#P/PA	GB	FB	G/F
2001 Season	.231	78	242	33	56	21	1	2	36	23	58	3	3	3	3	.303	.351	0	1	3	1019	3.75	75	67	1.12
Career (1998-2001)	.245	345	1038	150	254	58	13	25	165	117	258	5	23	23	13	.322	.398	9	1	9	4540	3.88	326	302	1.08

2001 Season

	Avg	AB	H	2B	3B	HR	RBI	BB	SO	OBP	SLG		Avg	AB	H	2B	3B	HR	RBI	BB	SO	OBP	SLG
vs. Left	.267	30	8	4	0	0	10	5	8	.371	.400	Scoring Posn	.284	74	21	8	1	1	33	7	17	.333	.459
vs. Right	.226	212	48	17	1	2	26	18	50	.292	.344	Close & Late	.225	40	9	3	0	0	5	7	9	.360	.300
Home	.256	121	31	6	1	1	20	10	29	.321	.347	None on/out	.127	55	7	1	0	0	0	3	12	.200	.145
Away	.207	121	25	15	0	1	16	13	29	.285	.355	Batting #7	.191	89	17	5	0	1	13	9	24	.277	.281
First Pitch	.250	40	10	4	0	0	2	0	0	.250	.350	Batting #8	.268	56	15	5	0	1	7	7	16	.349	.411
Ahead in Count	.289	45	13	5	0	1	9	14	0	.450	.467	Other	.247	97	24	11	1	0	16	7	18	.299	.381
Behind in Count	.168	113	19	9	0	0	11	0	48	.181	.248	Pre-All Star	.214	70	15	2	1	0	10	5	15	.263	.271
Two Strikes	.155	116	18	6	1	0	14	9	58	.227	.224	Post-All Star	.238	172	41	19	0	2	26	18	43	.318	.384

Career (1998-2001)

	Avg	AB	H	2B	3B	HR	RBI	BB	SO	OBP	SLG		Avg	AB	H	2B	3B	HR	RBI	BB	SO	OBP	SLG
vs. Left	.250	164	41	8	1	5	29	17	51	.322	.402	First Pitch	.293	147	43	8	3	7	32	8	0	.327	.531
vs. Right	.244	874	213	50	12	20	136	100	207	.322	.397	Ahead in Count	.329	207	68	15	3	8	42	53	0	.464	.546
Home	.246	501	123	23	7	11	77	61	102	.330	.385	Behind in Count	.197	473	93	25	5	6	50	0	210	.200	.309
Away	.244	537	131	35	6	14	88	56	156	.314	.410	Two Strikes	.170	518	88	19	6	6	58	56	258	.253	.264
Day	.222	325	72	20	4	9	45	32	87	.292	.391	Batting #6	.240	250	60	17	3	3	44	32	46	.328	.368
Night	.255	713	182	38	9	16	120	85	171	.335	.401	Batting #7	.241	352	85	19	5	13	58	39	104	.318	.435
Grass	.242	905	219	48	10	23	147	106	219	.322	.393	Other	.250	436	109	22	5	9	63	46	108	.321	.385
Turf	.263	133	35	10	3	2	18	11	39	.317	.429	March/April	.165	79	13	5	0	0	8	10	21	.256	.228
Pre-All Star	.238	395	94	17	4	11	60	44	88	.313	.385	May	.278	97	27	3	1	4	16	12	21	.360	.454
Post-All Star	.249	643	160	41	9	14	105	73	170	.327	.406	June	.258	132	34	5	0	4	22	13	29	.320	.386
Inning 1-6	.236	690	163	38	9	18	116	78	177	.313	.396	July	.265	219	58	15	4	7	35	19	52	.322	.466
Inning 7+	.261	348	91	20	4	7	49	39	81	.338	.402	August	.252	266	67	19	2	6	49	36	69	.345	.406
Scoring Posn	.302	315	95	20	7	12	143	40	85	.371	.524	Sept/Oct	.224	245	55	11	6	4	35	27	66	.299	.367
Close & Late	.252	151	38	9	2	4	23	20	32	.345	.417	vs. AL	.246	921	227	55	12	20	147	110	228	.328	.397
None on/out	.207	242	50	11	2	5	5	22	55	.278	.331	vs. NL	.231	117	27	3	1	5	18	7	30	.272	.402

Carlos Lee — White Sox

Age 26 – Bats Right

	Avg	G	AB	R	H	2B	3B	HR	RBI	BB	SO	HBP	GDP	SB	CS	OBP	SLG	IBB	SH	SF	#Pit	#P/PA	GB	FB	G/F
2001 Season	.269	150	558	75	150	33	3	24	84	38	85	6	15	17	7	.321	.468	2	1	2	2183	3.61	194	197	0.98
Career (1999-2001)	.287	429	1622	248	466	94	7	64	260	89	251	13	43	34	13	.327	.472	3	3	14	6389	3.67	577	533	1.08

2001 Season

	Avg	AB	H	2B	3B	HR	RBI	BB	SO	OBP	SLG		Avg	AB	H	2B	3B	HR	RBI	BB	SO	OBP	SLG
vs. Left	.243	115	28	6	0	2	12	10	14	.302	.348	First Pitch	.293	92	27	10	0	2	11	2	0	.305	.467
vs. Right	.275	443	122	27	3	22	72	28	71	.326	.499	Ahead in Count	.417	115	48	11	1	11	29	21	0	.504	.817
Home	.258	271	70	14	2	12	41	23	37	.324	.458	Behind in Count	.198	262	52	10	2	4	27	0	69	.213	.298
Away	.279	287	80	19	1	12	43	15	48	.318	.477	Two Strikes	.173	249	43	7	2	5	23	15	85	.234	.277
Day	.268	168	45	11	1	11	32	13	24	.330	.542	Batting #3	.275	189	52	16	1	13	39	10	33	.324	.577
Night	.269	390	105	22	2	13	52	25	61	.317	.436	Batting #6	.271	199	54	9	2	6	20	13	25	.321	.427
Grass	.264	512	135	26	3	23	78	35	80	.317	.461	Other	.259	170	44	8	0	5	25	15	27	.319	.394
Turf	.326	46	15	7	0	1	6	3	5	.367	.543	April	.305	82	25	3	2	2	8	5	13	.367	.463
Pre-All Star	.306	291	89	20	2	15	52	15	42	.344	.543	May	.322	87	28	8	0	4	15	3	12	.344	.552
Post-All Star	.228	267	61	13	1	9	32	23	43	.297	.386	June	.289	97	28	6	0	7	23	2	13	.310	.567
Inning 1-6	.261	383	100	20	1	16	50	31	61	.324	.444	July	.255	98	25	8	1	6	20	8	20	.327	.541
Inning 7+	.286	175	50	13	2	8	34	7	24	.315	.520	August	.236	106	25	3	0	3	12	9	19	.302	.349
Scoring Posn	.281	146	41	10	1	8	58	15	27	.355	.527	Sept/Oct	.216	88	19	5	0	2	6	8	8	.278	.341
Close & Late	.321	84	27	5	2	5	22	3	9	.341	.607	vs. AL	.263	487	128	27	3	18	65	33	69	.314	.441
None on/out	.241	116	28	2	1	4	4	5	13	.273	.379	vs. NL	.310	71	22	6	0	6	19	5	16	.367	.648

2001 By Position

Position	Avg	AB	H	2B	3B	HR	RBI	BB	SO	OBP	SLG	G	GS	Innings	PO	A	E	DP	Fld Pct	Rng Fctr	In Zone	Outs	Zone Rtg	MLB Zone
As DH	.286	63	18	1	0	3	14	3	10	.318	.444	17	15	—										
As lf	.267	491	131	32	3	21	69	35	74	.322	.473	130	129	1048.0	241	9	8	0	.969	2.15	275	238	.865	.880

Career (1999-2001)

	Avg	AB	H	2B	3B	HR	RBI	BB	SO	OBP	SLG		Avg	AB	H	2B	3B	HR	RBI	BB	SO	OBP	SLG
vs. Left	.288	306	88	17	0	9	39	18	50	.324	.431	First Pitch	.384	224	86	24	0	8	36	2	0	.391	.598
vs. Right	.287	1316	378	77	7	55	221	71	201	.327	.482	Ahead in Count	.347	320	111	25	1	24	86	54	0	.432	.656
Home	.282	793	224	41	4	34	131	49	120	.330	.473	Behind in Count	.235	803	189	35	3	20	99	0	214	.244	.361
Away	.292	829	242	53	3	30	129	40	131	.324	.472	Two Strikes	.209	761	159	30	5	15	76	33	251	.250	.321
Day	.286	493	141	33	2	19	88	33	86	.336	.477	Batting #5	.290	544	158	28	1	13	75	25	86	.320	.417
Night	.288	1129	325	61	5	45	172	56	165	.323	.470	Batting #7	.312	481	150	32	1	22	90	26	73	.350	.520
Grass	.289	1443	417	79	6	59	230	81	224	.331	.475	Other	.265	597	158	34	5	29	95	38	92	.315	.484
Turf	.274	179	49	15	1	5	30	8	27	.297	.453	March/April	.308	156	48	8	2	6	29	17	25	.381	.500
Pre-All Star	.301	816	246	51	5	30	150	40	119	.338	.509	May	.280	250	70	16	0	15	50	12	36	.317	.524
Post-All Star	.273	806	220	43	2	28	110	49	132	.315	.435	June	.298	309	92	20	2	10	50	8	45	.324	.472
Inning 1-6	.272	1111	302	67	4	37	169	70	186	.318	.439	July	.310	300	93	19	2	13	50	16	52	.347	.517
Inning 7+	.321	511	164	27	3	27	91	19	65	.346	.544	August	.277	314	87	17	0	10	46	18	50	.318	.427
Scoring Posn	.283	448	127	31	1	20	199	31	84	.329	.491	Sept/Oct	.259	293	76	14	1	10	35	18	43	.298	.416
Close & Late	.323	217	70	10	3	12	43	9	31	.346	.562	vs. AL	.282	1415	399	79	5	53	218	78	217	.322	.457
None on/out	.305	357	109	17	1	15	15	16	49	.337	.485	vs. NL	.324	207	67	15	2	11	42	11	34	.359	.575

David Lee — Padres

Age 29 – Pitches Right (flyball pitcher)

	ERA	W	L	Sv	G	GS	IP	BB	SO	Avg	H	2B	3B	HR	RBI	OBP	SLG	GF	IR	IRS	Hld	SvOp	SB	CS	FB	G/F
2001 Season	3.70	1	0	0	41	0	48.2	27	42	.278	52	12	0	6	24	.385	.439	11	24	8	4	0	2	4	47	57	0.82
Career (1999-2001)	4.09	4	2	1	84	0	103.1	62	86	.270	105	21	1	13	50	.383	.429	25	50	14	7	1	14	8	90	143	0.63

2001 Season

	ERA	W	L	Sv	G	GS	IP	H	HR	BB	SO		Avg	AB	H	2B	3B	HR	RBI	BB	SO	OBP	SLG
Home	2.89	1	0	0	23	0	28.0	24	4	15	22	vs. Left	.222	81	18	6	0	5	14	12	23	.326	.481
Away	4.79	0	0	0	18	0	20.2	28	2	12	20	vs. Right	.321	106	34	6	0	1	10	15	19	.429	.406
Starter	0.00	0	0	0	0	0	0.0	0	0	0	0	Scoring Posn	.172	64	11	3	0	2	18	11	14	.308	.313
Reliever	3.70	1	0	0	41	0	48.2	52	6	27	42	Close & Late	.222	18	4	1	0	1	2	2	2	.333	.444
0 Days Rest (Relief)	10.80	0	0	0	4	0	3.1	8	1	1	3	None on/out	.341	41	14	5	0	1	1	2	12	.386	.537
1 or 2 Days Rest	3.82	0	0	0	24	0	30.2	31	5	18	20	First Pitch	.182	22	4	0	0	0	2	1	0	.250	.182
3+ Days Rest	1.84	1	0	0	13	0	14.2	13	0	8	19	Ahead in Count	.264	87	23	5	0	3	11	0	35	.270	.425
Pre-All Star	2.81	0	0	0	25	0	32.0	31	4	15	27	Behind in Count	.333	39	13	3	0	1	5	11	0	.500	.487
Post-All Star	5.40	1	0	0	16	0	16.2	21	2	12	15	Two Strikes	.214	98	21	8	2	2	10	15	42	.330	.357

Derrek Lee — Marlins

Age 26 – Bats Right

	Avg	G	AB	R	H	2B	3B	HR	RBI	BB	SO	HBP	GDP	SB	CS	OBP	SLG	IBB	SH	SF	#Pit	#P/PA	GB	FB	G/F
2001 Season	.282	158	561	83	158	37	4	21	75	50	126	8	18	4	2	.346	.474	1	0	6	2407	3.85	170	173	0.98
Career (1997-2001)	.259	549	1764	245	457	96	9	72	243	186	463	22	48	11	8	.335	.446	9	0	11	7931	4.00	529	496	1.07

2001 Season

	Avg	AB	H	2B	3B	HR	RBI	BB	SO	OBP	SLG		Avg	AB	H	2B	3B	HR	RBI	BB	SO	OBP	SLG
vs. Left	.310	116	36	11	0	6	14	15	26	.394	.560	First Pitch	.366	71	26	9	1	3	14	1	0	.400	.648
vs. Right	.274	445	122	26	4	15	61	35	100	.333	.452	Ahead in Count	.333	120	40	3	2	8	24	29	0	.464	.592
Home	.265	253	67	12	2	8	30	29	59	.349	.423	Behind in Count	.235	264	62	17	1	6	24	0	102	.242	.375
Away	.295	308	91	25	2	13	45	21	67	.342	.516	Two Strikes	.234	290	68	19	1	6	24	25	126	.284	.390
Day	.279	154	43	9	2	5	26	11	33	.333	.461	Batting #6	.317	164	52	14	2	10	32	9	31	.354	.610
Night	.283	407	115	28	2	16	49	39	93	.350	.479	Batting #7	.246	175	43	6	1	8	25	22	43	.332	.429
Grass	.278	460	128	26	2	17	57	44	100	.346	.454	Other	.284	222	63	17	1	3	18	19	52	.351	.410
Turf	.297	101	30	11	2	4	18	6	26	.343	.564	April	.167	84	14	3	0	3	8	7	24	.239	.310
Pre-All Star	.248	290	72	16	3	11	39	27	67	.321	.434	May	.270	89	24	5	1	2	11	5	22	.320	.416
Post-All Star	.317	271	86	21	1	10	36	23	59	.372	.513	June	.300	90	27	6	1	4	13	12	15	.390	.522
Inning 1-6	.278	374	104	22	3	15	59	33	81	.340	.473	July	.270	89	24	4	2	5	18	5	22	.305	.528
Inning 7+	.289	187	54	15	1	6	17	45	.357	.476	August	.330	109	36	13	0	4	8	9	23	.383	.560
Scoring Posn	.299	134	40	9	1	4	47	17	37	.371	.470	Sept/Oct	.330	100	33	6	0	3	17	12	20	.395	.480
Close & Late	.344	96	33	9	1	5	11	9	24	.406	.615	vs. AL	.250	60	15	3	3	2	11	6	15	.333	.500
None on/out	.235	115	27	8	1	5	5	9	25	.302	.452	vs. NL	.285	501	143	34	1	19	64	44	111	.347	.471

2001 By Position

Position	Avg	AB	H	2B	3B	HR	RBI	BB	SO	OBP	SLG	G	GS	Innings	PO	A	E	DP	Fld Pct	Rng Fctr	In Zone	Outs	Zone Rtg	MLB Zone
As 1b	.281	558	157	37	4	20	73	49	125	.344	.470	156	146	1309.2	1271	114	8	142	.994	—	266	231	.868	.850

Career (1997-2001)

	Avg	AB	H	2B	3B	HR	RBI	BB	SO	OBP	SLG		Avg	AB	H	2B	3B	HR	RBI	BB	SO	OBP	SLG
vs. Left	.249	410	102	28	1	18	50	54	123	.340	.454	First Pitch	.333	180	60	19	3	10	43	8	0	.378	.639
vs. Right	.262	1354	355	68	8	54	193	132	340	.334	.444	Ahead in Count	.349	370	129	20	3	23	79	106	0	.496	.605
Home	.249	807	201	39	5	21	97	94	223	.333	.388	Behind in Count	.192	861	165	37	2	20	72	0	382	.199	.309
Away	.268	957	256	57	4	51	146	92	240	.337	.495	Two Strikes	.199	964	192	41	8	26	79	72	463	.258	.329
Day	.258	512	132	21	3	22	84	57	141	.334	.439	Batting #6	.269	874	235	49	6	42	139	91	227	.344	.483
Night	.260	1252	325	75	6	50	159	129	322	.336	.449	Batting #7	.230	252	58	8	1	10	31	35	62	.324	.389
Grass	.253	1432	363	71	7	48	177	155	379	.332	.413	Other	.257	638	164	39	2	20	73	60	174	.328	.418
Turf	.283	332	94	25	2	24	66	31	84	.351	.587	March/April	.217	277	60	12	1	15	45	43	87	.326	.430

238

	Avg	AB	H	2B	3B	HR	RBI	BB	SO	OBP	SLG		Avg	AB	H	2B	3B	HR	RBI	BB	SO	OBP	SLG
						Career (1997-2001)																	
Pre-All Star	.233	920	214	43	4	41	128	113	259	.322	.422	May	.215	340	73	11	1	9	29	26	105	.278	.324
Post-All Star	.288	844	243	53	5	31	115	73	204	.350	.473	June	.271	240	65	15	1	13	40	32	50	.363	.504
Inning 1-6	.257	1134	291	62	5	45	172	107	283	.325	.439	July	.299	264	79	19	4	13	45	22	64	.359	.549
Inning 7+	.263	630	166	34	4	27	71	79	180	.354	.459	August	.298	305	91	24	1	10	36	30	64	.365	.482
Scoring Posn	.255	478	122	26	3	19	170	71	144	.350	.441	Sept/Oct	.263	338	89	15	1	13	48	33	93	.331	.429
Close & Late	.304	326	99	20	3	15	42	41	92	.389	.521	vs. AL	.267	165	44	14	3	7	29	13	37	.328	.515
None on/out	.253	419	106	19	1	21	21	35	106	.320	.453	vs. NL	.258	1599	413	82	6	65	214	173	426	.336	.439

Travis Lee — Phillies   Age 27 – Bats Left

	Avg	G	AB	R	H	2B	3B	HR	RBI	BB	SO	HBP	GDP	SB	CS	OBP	SLG	IBB	SH	SF	#Pit	#P/PA	GB	FB	G/F
2001 Season	.258	157	555	75	143	34	2	20	90	71	109	4	15	3	4	.341	.434	5	1	9	2380	3.72	197	162	1.22
Career (1998-2001)	.252	551	1896	256	478	94	7	60	266	261	361	6	50	36	9	.342	.404	15	1	15	8075	3.71	750	521	1.44

2001 Season

	Avg	AB	H	2B	3B	HR	RBI	BB	SO	OBP	SLG		Avg	AB	H	2B	3B	HR	RBI	BB	SO	OBP	SLG
vs. Left	.265	132	35	5	0	6	28	12	30	.324	.439	First Pitch	.364	88	32	12	1	3	15	5	0	.384	.625
vs. Right	.255	423	108	29	2	14	62	59	79	.346	.433	Ahead in Count	.381	126	48	9	0	12	36	35	0	.509	.738
Home	.257	280	72	18	0	11	45	35	47	.342	.439	Behind in Count	.147	224	33	5	0	3	17	0	83	.158	.210
Away	.258	275	71	16	2	9	45	36	62	.341	.429	Two Strikes	.160	238	38	9	1	4	23	31	109	.256	.256
Day	.280	168	47	11	1	6	28	24	34	.365	.464	Batting #5	.231	295	68	19	2	8	43	30	51	.303	.390
Night	.248	387	96	23	1	14	62	47	75	.330	.421	Batting #6	.317	199	63	13	0	10	41	29	38	.402	.533
Grass	.262	229	60	11	2	8	39	26	52	.333	.432	Other	.197	61	12	2	0	2	6	12	20	.320	.328
Turf	.255	326	83	23	0	12	51	45	57	.347	.436	April	.263	80	21	3	0	3	10	19	22	.404	.413
Pre-All Star	.278	302	84	20	1	14	53	43	56	.366	.490	May	.279	86	24	6	0	6	18	15	11	.388	.558
Post-All Star	.233	253	59	14	1	6	37	28	53	.311	.368	June	.252	107	27	8	1	3	19	7	17	.291	.430
Inning 1-6	.254	370	94	25	1	13	62	41	64	.325	.432	July	.297	101	30	7	1	3	15	7	17	.348	.475
Inning 7+	.265	185	49	9	1	7	28	30	45	.373	.438	August	.234	94	22	7	0	1	17	9	23	.302	.340
Scoring Posn	.258	155	40	11	1	6	70	23	31	.337	.435	Sept/Oct	.218	87	19	3	0	4	11	14	19	.324	.391
Close & Late	.261	92	24	5	0	4	13	16	21	.376	.446	vs. AL	.274	73	20	5	0	4	12	3	13	.309	.507
None on/out	.254	114	29	5	1	4	4	15	26	.351	.421	vs. NL	.255	482	123	29	2	16	78	68	96	.346	.423

2001 By Position

Position	Avg	AB	H	2B	3B	HR	RBI	BB	SO	OBP	SLG	G	GS	Innings	PO	A	E	DP	Fld Pct	Rng Fctr	In Zone	Zone Outs	Rtg	MLB Zone
As 1b	.257	553	142	34	2	20	87	69	109	.339	.434	156	150	1351.2	1332	75	6	121	.996	—	231	207	.896	.850

Career (1998-2001)

	Avg	AB	H	2B	3B	HR	RBI	BB	SO	OBP	SLG		Avg	AB	H	2B	3B	HR	RBI	BB	SO	OBP	SLG
vs. Left	.236	487	115	19	1	13	74	44	107	.298	.359	First Pitch	.362	318	115	30	2	11	59	15	0	.387	.572
vs. Right	.258	1409	363	75	6	47	192	217	254	.356	.419	Ahead in Count	.301	435	131	23	2	23	80	134	0	.461	.522
Home	.265	947	251	46	4	32	150	138	172	.358	.423	Behind in Count	.171	765	131	21	0	16	64	0	285	.175	.261
Away	.239	949	227	48	3	28	116	123	189	.326	.385	Two Strikes	.162	814	132	24	2	14	69	112	361	.264	.248
Day	.231	510	118	26	1	13	65	72	98	.326	.363	Batting #5	.240	570	137	36	4	11	82	75	96	.331	.375
Night	.260	1386	360	68	6	47	201	189	263	.348	.419	Batting #6	.267	558	149	28	0	22	86	80	101	.358	.435
Grass	.259	1294	335	56	7	44	194	166	244	.341	.415	Other	.250	768	192	30	3	27	98	106	164	.339	.402
Turf	.238	602	143	38	0	16	72	95	117	.343	.380	March/April	.260	342	89	13	0	15	45	53	72	.357	.430
Pre-All Star	.266	1161	309	59	4	48	185	154	214	.350	.448	May	.251	342	86	18	1	14	61	47	66	.342	.433
Post-All Star	.230	735	169	35	3	12	81	107	147	.329	.335	June	.290	359	104	23	3	16	62	38	55	.354	.504
Inning 1-6	.247	1257	310	66	5	43	189	169	226	.335	.410	July	.242	297	72	13	2	6	37	37	50	.328	.360
Inning 7+	.263	639	168	28	2	17	77	92	135	.356	.393	August	.213	282	60	16	0	2	32	39	65	.311	.291
Scoring Posn	.232	525	122	25	1	15	199	100	115	.348	.370	Sept/Oct	.245	274	67	11	1	7	29	47	53	.353	.369
Close & Late	.259	301	78	13	1	10	38	55	69	.374	.409	vs. AL	.283	205	58	11	0	10	32	21	30	.351	.483
None on/out	.250	372	93	15	2	15	15	50	70	.344	.422	vs. NL	.248	1691	420	83	7	50	234	240	331	.341	.394

Al Leiter — Mets   Age 36 – Pitches Left

	ERA	W	L	Sv	G	GS	IP	BB	SO	Avg	H	2B	3B	HR	RBI	OBP	SLG	CG	ShO	Sup	QS	#P/S	SB	CS	GB	FB	G/F
2001 Season	3.31	11	11	0	29	29	187.1	46	142	.252	178	34	6	18	78	.299	.393	0	0	4.13	23	104	17	5	238	226	1.05
Last Five Years	3.49	68	46	0	147	147	952.0	377	810	.240	847	175	23	77	375	.320	.368	7	4	4.78	97	109	88	46	1174	988	1.19

2001 Season

	ERA	W	L	Sv	G	GS	IP	H	HR	BB	SO		Avg	AB	H	2B	3B	HR	RBI	BB	SO	OBP	SLG
Home	2.72	8	3	0	14	14	96.0	83	5	20	79	vs. Left	.254	114	29	9	1	2	11	3	24	.277	.404
Away	3.94	3	8	0	15	15	91.1	95	13	26	63	vs. Right	.251	593	149	25	5	16	67	43	118	.303	.391
Day	2.75	1	4	0	11	11	75.1	70	7	16	54	Inning 1-6	.258	633	163	30	6	15	73	37	120	.300	.395
Night	3.70	10	7	0	18	18	112.0	108	11	30	88	Inning 7+	.203	74	15	4	0	3	5	9	22	.289	.378
Grass	3.26	9	9	0	24	24	157.1	148	13	37	122	None on	.243	432	105	17	5	12	12	28	94	.294	.389
Turf	3.60	2	2	0	5	5	30.0	30	5	9	20	Runners on	.265	275	73	17	1	6	66	18	48	.307	.400
April	5.87	0	3	0	4	4	23.0	28	3	1	22	Scoring Posn	.231	156	36	10	1	3	56	12	31	.280	.365
May	2.50	2	0	0	3	3	18.0	17	2	3	14	Close & Late	.200	55	11	4	0	2	4	5	17	.267	.382
June	2.52	2	4	0	6	6	39.1	35	4	15	27	None on/out	.192	182	35	5	1	4	4	11	41	.242	.297
July	2.51	2	1	0	5	5	32.1	37	4	8	26	vs. 1st Batr (relief)	.000	0	0	0	0	0	0	0	0	.000	.000
August	3.27	4	2	0	6	6	41.1	37	5	2	12	1st Inning Pitched	.294	119	35	5	1	1	15	6	24	.328	.378
Sept/Oct	3.78	1	1	0	5	5	33.1	24	3	11	23	First 75 Pitches	.267	498	133	24	5	12	60	28	90	.307	.408
Starter	3.31	11	11	0	29	29	187.1	178	18	46	142	Pitch 76-90	.213	89	19	3	1	1	7	2	23	.268	.303
Reliever	0.00	0	0	0	0	0	0.0	0	0	0	0	Pitch 91-105	.197	76	15	3	0	3	7	5	19	.256	.355
0-3 Days Rest (Start)	0.00	0	0	0	0	0	0.0	0	0	0	0	Pitch 106+	.250	44	11	4	0	2	4	6	10	.340	.477

239

2001 Season

	ERA	W	L	Sv	G	GS	IP	H	HR	BB	SO		Avg	AB	H	2B	3B	HR	RBI	BB	SO	OBP	SLG
4 Days Rest	2.69	7	3	0	12	12	80.1	75	7	21	62	First Pitch	.303	89	27	6	0	2	15	2	0	.312	.438
5+ Days Rest	3.79	4	8	0	17	17	107.0	103	11	25	80	Ahead in Count	.197	320	63	15	2	3	19	0	112	.204	.284
vs. AL	2.87	2	3	0	5	5	31.1	31	4	10	24	Behind in Count	.311	148	46	8	3	6	29	22	0	.399	.527
vs. NL	3.40	9	8	0	24	24	156.0	147	14	36	118	Two Strikes	.191	346	66	13	2	5	18	22	142	.240	.283
Pre-All Star	3.59	4	8	0	14	14	85.1	88	10	19	66	Pre-All Star	.261	337	88	17	2	10	45	19	66	.303	.412
Post-All Star	3.09	7	3	0	15	15	102.0	90	8	27	76	Post-All Star	.243	370	90	17	4	8	33	27	76	.295	.376

Last Five Years

	ERA	W	L	Sv	G	GS	IP	H	HR	BB	SO		Avg	AB	H	2B	3B	HR	RBI	BB	SO	OBP	SLG
Home	2.90	39	16	0	71	71	481.2	407	29	169	409	vs. Left	.222	591	131	33	7	9	58	52	150	.294	.347
Away	4.09	29	30	0	76	76	471.0	440	48	208	401	vs. Right	.244	2936	716	142	16	68	317	325	660	.325	.373
Day	3.51	20	18	0	49	49	317.2	287	25	104	283	Inning 1-6	.241	3106	748	158	20	65	342	331	703	.320	.367
Night	3.47	48	28	0	98	98	635.0	560	52	273	527	Inning 7+	.235	421	99	17	3	12	33	46	107	.314	.375
Grass	3.49	55	39	0	119	119	776.1	696	58	299	664	None on	.239	2022	483	96	17	50	50	214	474	.318	.377
Turf	3.47	13	7	0	28	28	176.1	151	19	78	146	Runners on	.242	1505	364	79	6	27	325	163	336	.321	.356
March/April	4.05	9	8	0	25	25	153.1	149	15	61	131	Scoring Posn	.245	836	205	47	5	15	285	109	198	.335	.367
May	4.15	9	7	0	20	20	130.0	120	14	41	117	Close & Late	.228	254	58	14	2	9	22	29	68	.306	.406
June	2.75	18	7	0	27	27	176.2	151	9	76	150	None on/out	.235	891	209	38	6	26	26	100	206	.320	.378
July	3.21	8	7	0	22	22	143.0	129	15	59	132	vs. 1st Batr (relief)	.000	0	0	0	0	0	0	0	0	.000	.000
August	3.53	12	10	0	27	27	178.2	157	14	74	158	1st Inning Pitched	.242	546	132	26	1	7	64	62	134	.331	.332
Sept/Oct	3.42	12	7	0	26	26	171.0	141	10	66	122	First 75 Pitches	.237	2352	558	110	14	43	232	251	533	.318	.351
Starter	3.49	68	46	0	147	147	952.2	847	77	377	810	Pitch 76-90	.268	463	124	29	5	12	65	42	103	.327	.430
Reliever	0.00	0	0	0	0	0	0.0	0	0	0	0	Pitch 91-105	.226	399	90	20	2	14	45	44	94	.311	.391
0-3 Days Rest (Start)	0.00	0	0	0	0	0	0.0	0	0	0	0	Pitch 106+	.240	313	75	16	2	8	33	40	80	.327	.380
4 Days Rest	3.55	31	16	0	61	61	383.0	346	27	166	352	First Pitch	.320	428	137	33	1	10	71	12	0	.355	.472
5+ Days Rest	3.44	37	30	0	86	86	569.2	501	50	211	458	Ahead in Count	.182	1551	283	58	10	17	102	0	636	.191	.266
vs. AL	3.27	10	8	0	21	21	132.0	120	10	62	100	Behind in Count	.286	740	212	46	8	22	109	176	0	.426	.459
vs. NL	3.52	58	38	0	126	126	820.2	727	67	315	710	Two Strikes	.173	1740	301	60	12	26	115	189	810	.257	.266
Pre-All Star	3.59	38	26	0	78	78	498.1	457	42	198	429	Pre-All Star	.245	1868	457	89	13	42	206	198	429	.325	.374
Post-All Star	3.37	30	20	0	69	69	454.1	390	35	179	381	Post-All Star	.235	1659	390	86	10	35	169	179	381	.314	.362

Mark Leiter — Brewers
Age 39 – Pitches Right

	ERA	W	L	Sv	G	GS	IP	BB	SO	Avg	H	2B	3B	HR	RBI	OBP	SLG	GF	IR	IRS	Hld	SvOp	SB	CS	GB	FB	G/F
2001 Season	3.75	2	1	0	20	3	36.0	8	26	.232	32	6	0	6	16	.284	.406	3	3	2	1	0	1	1	48	43	1.12
Last Five Years	4.84	19	23	23	122	34	308.2	119	259	.265	317	82	8	39	179	.339	.446	53	23	13	2	35	22	9	406	327	1.24

2001 Season

	ERA	W	L	Sv	G	GS	IP	H	HR	BB	SO		Avg	AB	H	2B	3B	HR	RBI	BB	SO	OBP	SLG
Home	2.20	0	1	0	9	2	16.1	10	3	1	12	vs. Left	.226	53	12	2	0	2	6	4	10	.293	.377
Away	5.03	2	0	0	11	1	19.2	22	3	7	14	vs. Right	.235	85	20	4	0	4	10	4	16	.278	.424

Last Five Years

	ERA	W	L	Sv	G	GS	IP	H	HR	BB	SO		Avg	AB	H	2B	3B	HR	RBI	BB	SO	OBP	SLG
Home	4.25	8	10	12	60	17	154.2	153	16	42	126	vs. Left	.287	578	166	40	6	23	96	72	102	.367	.497
Away	5.44	11	13	11	62	17	154.0	164	23	77	133	vs. Right	.245	616	151	42	2	16	83	47	157	.310	.398
Day	4.80	6	5	6	37	9	80.2	84	8	39	73	Inning 1-6	.282	752	212	56	5	26	122	65	149	.345	.473
Night	4.86	13	18	17	85	25	228.0	233	31	80	186	Inning 7+	.238	442	105	26	3	13	57	54	110	.329	.398
Grass	4.47	9	9	8	58	14	131.0	122	18	59	113	None on	.261	686	179	51	3	19	19	58	159	.323	.427
Turf	5.12	10	14	15	64	20	177.2	195	21	60	146	Runners on	.272	508	138	31	5	20	160	61	100	.358	.470
March/April	3.15	4	3	1	25	7	65.2	56	6	23	51	Scoring Posn	.275	309	85	18	3	10	135	50	64	.379	.450
May	5.40	3	5	9	24	8	58.1	60	8	25	38	Close & Late	.238	227	54	7	1	6	36	42	62	.371	.357
June	5.35	0	3	5	14	4	33.2	41	4	11	22	None on/out	.224	294	66	16	0	8	8	29	61	.298	.361
July	8.10	5	3	5	16	5	36.2	43	9	23	38	vs. 1st Batr (relief)	.200	80	16	5	0	0	5	6	17	.273	.263
August	4.06	5	2	2	19	6	57.2	64	5	19	54	1st Inning Pitched	.251	439	110	31	1	14	72	52	94	.338	.421
Sept/Oct	4.61	2	4	1	24	4	56.2	53	7	18	56	First 15 Pitches	.265	355	94	29	0	9	43	38	72	.346	.423
Starter	5.44	11	18	0	34	34	195.1	223	27	65	170	Pitch 16-30	.243	243	59	10	2	11	42	31	49	.336	.436
Reliever	3.81	8	5	23	88	0	113.1	94	12	54	102	Pitch 31-45	.204	162	33	7	0	4	13	11	53	.266	.321
0 Days Rest (Relief)	3.28	3	1	8	21	0	24.2	24	1	13	25	Pitch 46+	.302	434	131	36	6	15	81	39	85	.361	.516
1 or 2 Days Rest	3.78	4	3	9	40	0	50.0	42	4	22	39	First Pitch	.321	212	68	20	1	6	38	8	0	.356	.509
3+ Days Rest	4.19	1	1	6	27	0	38.2	28	7	19	38	Ahead in Count	.167	510	85	18	4	7	31	0	215	.181	.259
vs. AL	6.10	0	3	4	11	2	20.2	26	2	10	19	Behind in Count	.398	221	88	25	2	15	61	59	0	.521	.733
vs. NL	4.75	19	20	19	111	32	288.0	291	37	109	240	Two Strikes	.165	546	90	19	4	8	41	52	259	.240	.258
Pre-All Star	4.77	7	12	17	67	20	166.0	172	20	61	121	Pre-All Star	.268	642	172	52	1	20	96	61	121	.337	.445
Post-All Star	4.92	12	11	6	55	14	142.2	145	19	58	138	Post-All Star	.263	552	145	30	7	19	83	58	138	.341	.446

Curtis Leskanic — Brewers
Age 34 – Pitches Right

	ERA	W	L	Sv	G	GS	IP	BB	SO	Avg	H	2B	3B	HR	RBI	OBP	SLG	GF	IR	IRS	Hld	SvOp	SB	CS	GB	FB	G/F
2001 Season	3.63	2	6	17	70	0	69.1	31	64	.241	63	13	1	11	30	.327	.425	58	10	1	2	24	3	3	82	81	1.01
Last Five Years	4.21	27	15	33	327	0	365.2	195	324	.251	342	70	4	24	195	.347	.409	145	134	40	39	49	15	13	504	352	1.43

2001 Season

	ERA	W	L	Sv	G	GS	IP	H	HR	BB	SO		Avg	AB	H	2B	3B	HR	RBI	BB	SO	OBP	SLG
Home	4.50	1	2	10	37	0	36.0	32	8	11	34	vs. Left	.275	102	28	6	1	2	9	17	19	.383	.412
Away	2.70	1	4	7	33	0	33.1	31	3	20	30	vs. Right	.220	159	35	7	0	9	21	14	45	.287	.434
Day	1.27	0	0	10	30	0	28.1	16	3	14	28	Inning 1-6	.000	0	0	0	0	0	0	0	0	.000	.000
Night	5.27	2	6	7	40	0	41.0	47	8	17	36	Inning 7+	.241	261	63	13	1	11	30	31	64	.327	.425

2001 Season

	ERA	W	L	Sv	G	GS	IP	H	HR	BB	SO		Avg	AB	H	2B	3B	HR	RBI	BB	SO	OBP	SLG
Grass	3.80	1	6	17	67	0	66.1	58	11	30	62	None on	.242	149	36	8	0	8	8	16	38	.319	.456
Turf	0.00	1	0	0	3	0	3.0	5	0	1	2	Runners on	.241	112	27	5	1	3	22	15	26	.336	.384
April	6.94	0	2	2	11	0	11.2	14	5	5	14	Scoring Posn	.157	70	11	2	1	2	19	13	20	.298	.300
May	0.00	2	0	3	10	0	10.0	4	0	1	11	Close & Late	.300	130	39	8	1	5	22	18	27	.389	.492
June	3.14	0	1	6	14	0	14.1	9	2	6	10	None on/out	.250	64	16	3	0	4	4	6	16	.324	.484
July	3.18	0	1	0	12	0	11.1	11	3	7	10	vs. 1st Batr (relief)	.238	63	15	3	0	4	4	6	15	.314	.476
August	5.02	0	1	4	15	0	14.1	17	1	9	11	1st Inning Pitched	.230	243	56	12	1	9	24	26	60	.310	.399
Sept/Oct	2.35	0	1	2	8	0	7.2	8	0	3	8	First 15 Pitches	.245	196	48	11	0	8	15	20	44	.318	.423
Starter	0.00	0	0	0	0	0	0.0	0	0	0	0	Pitch 16-30	.193	57	11	1	1	2	9	10	16	.313	.351
Reliever	3.63	2	6	17	70	0	69.1	63	11	31	64	Pitch 31-45	.500	8	4	1	0	1	6	1	4	.600	1.000
0 Days Rest (Relief)	3.43	1	2	8	19	0	21.0	17	3	10	24	Pitch 46+	.000	0	0	0	0	0	0	0	0	.000	.000
1 or 2 Days Rest	3.60	0	3	7	32	0	30.0	32	6	14	28	First Pitch	.303	33	10	3	0	2	5	4	0	.378	.576
3+ Days Rest	3.93	1	1	2	19	0	18.1	14	2	7	12	Ahead in Count	.194	134	26	5	1	2	9	0	58	.206	.291
vs. AL	4.32	0	1	2	9	0	8.1	5	2	0	7	Behind in Count	.255	51	13	1	0	5	9	13	0	.406	.569
vs. NL	3.54	2	5	15	61	0	61.0	58	9	31	57	Two Strikes	.184	136	25	7	1	2	10	13	64	.260	.294
Pre-All Star	3.54	2	4	11	40	0	40.2	33	8	17	39	Pre-All Star	.220	150	33	4	0	8	17	17	39	.308	.407
Post-All Star	3.77	0	2	6	30	0	28.2	30	3	14	25	Post-All Star	.270	111	30	9	1	3	13	14	25	.352	.450

Last Five Years

	ERA	W	L	Sv	G	GS	IP	H	HR	BB	SO		Avg	AB	H	2B	3B	HR	RBI	BB	SO	OBP	SLG
Home	4.67	16	7	19	175	0	200.1	198	25	100	172	vs. Left	.286	531	152	34	5	16	89	95	116	.393	.460
Away	3.65	11	8	14	152	0	165.1	144	17	95	152	vs. Right	.228	832	190	36	5	26	106	100	208	.316	.377
Day	3.61	10	2	14	117	0	124.2	110	9	74	113	Inning 1-6	.244	225	55	17	1	5	40	34	59	.343	.396
Night	4.52	17	13	19	210	0	241.0	232	33	121	211	Inning 7+	.252	1138	287	53	9	37	155	161	265	.348	.412
Grass	4.25	22	15	31	293	0	324.1	307	35	185	289	None on	.248	707	175	36	4	18	18	88	174	.335	.386
Turf	3.92	5	0	2	34	0	41.1	35	7	10	35	Runners on	.255	656	167	34	6	24	177	107	150	.359	.414
March/April	6.08	1	6	3	50	0	53.1	58	12	33	58	Scoring Posn	.228	412	94	21	3	11	144	80	100	.350	.374
May	3.12	5	1	3	39	0	49.0	34	2	21	42	Close & Late	.242	541	131	26	5	13	78	82	123	.346	.381
June	3.61	4	2	8	65	0	72.1	65	9	40	67	None on/out	.250	312	78	14	3	7	7	29	67	.318	.381
July	4.10	4	2	2	57	0	63.2	62	8	35	41	vs. 1st Batr (relief)	.244	291	71	12	4	7	27	33	68	.325	.385
August	4.32	5	2	10	62	0	75.0	74	6	35	65	1st Inning Pitched	.247	1075	265	53	10	34	160	158	260	.344	.409
Sept/Oct	4.13	8	2	7	54	0	52.1	49	5	31	51	First 15 Pitches	.256	882	226	46	9	24	104	107	194	.339	.410
Starter	0.00	0	0	0	0	0	0.0	0	0	0	0	Pitch 16-30	.235	378	89	17	1	15	70	75	107	.364	.405
Reliever	4.21	27	15	33	327	0	365.2	342	42	195	324	Pitch 31-45	.221	86	19	4	0	3	17	11	19	.316	.372
0 Days Rest (Relief)	3.01	7	3	15	79	0	80.2	62	9	38	81	Pitch 46+	.471	17	8	3	0	0	4	2	4	.526	.647
1 or 2 Days Rest	5.00	13	11	14	174	0	199.2	210	28	117	171	First Pitch	.305	154	47	12	0	5	23	13	0	.357	.481
3+ Days Rest	3.48	7	1	4	74	0	85.1	70	5	40	72	Ahead in Count	.192	626	120	25	4	12	59	0	267	.199	.302
vs. AL	5.06	1	1	2	32	0	32.0	34	5	17	27	Behind in Count	.352	335	118	19	4	15	74	113	0	.515	.567
vs. NL	4.13	26	14	31	295	0	333.2	308	37	178	297	Two Strikes	.168	642	108	22	3	17	69	68	324	.250	.291
Pre-All Star	4.24	10	10	14	170	0	193.1	179	25	106	178	Pre-All Star	.250	716	179	39	4	25	99	106	178	.350	.420
Post-All Star	4.18	17	5	19	157	0	172.1	163	17	89	146	Post-All Star	.252	647	163	31	6	17	96	89	146	.343	.397

Al Levine — Angels

Age 34 – Pitches Right (groundball pitcher)

	ERA	W	L	Sv	G	GS	IP	BB	SO	Avg	H	2B	3B	HR	RBI	OBP	SLG	GF	IR	IRS	Hld	SvOp	SB	CS	GB	FB	G/F
2001 Season	2.38	8	10	2	64	1	75.2	28	40	.257	71	11	7	38	.325	.380	21	39	19	17	6	2	6	118	65	1.82
Last Five Years	3.77	14	18	4	220	7	341.1	138	160	.269	348	69	7	40	179	.338	.425	62	162	59	28	10	17	16	563	343	1.64

2001 Season

	ERA	W	L	Sv	G	GS	IP	H	HR	BB	SO		Avg	AB	H	2B	3B	HR	RBI	BB	SO	OBP	SLG
Home	1.88	6	4	1	33	0	43.0	34	3	11	25	vs. Left	.288	132	38	7	1	5	16	14	12	.358	.470
Away	3.03	2	6	1	31	1	32.2	37	4	17	15	vs. Right	.229	144	33	4	0	2	22	14	28	.294	.299
Day	3.24	4	4	0	17	0	16.2	16	3	6	4	Inning 1-6	.297	37	11	2	0	2	7	2	5	.333	.514
Night	2.14	4	6	2	47	1	59.0	55	4	22	36	Inning 7+	.251	239	60	9	1	5	31	26	35	.324	.360
Grass	2.20	7	8	2	57	1	69.2	65	6	24	37	None on	.217	152	33	5	0	4	4	16	29	.292	.329
Turf	4.50	1	2	0	7	0	6.0	6	1	4	3	Runners on	.306	124	38	6	1	3	34	12	11	.364	.444
April	0.77	0	1	0	8	0	11.2	7	0	2	12	Scoring Posn	.277	83	23	4	1	2	32	11	10	.350	.422
May	4.74	2	3	0	14	1	19.0	21	3	5	10	Close & Late	.278	187	52	6	1	5	27	24	28	.356	.401
June	0.00	2	0	0	9	0	10.2	6	0	3	6	None on/out	.234	64	15	1	0	2	2	4	9	.279	.344
July	0.71	1	1	1	11	0	12.2	7	0	5	4	vs. 1st Batr (relief)	.259	58	15	2	0	1	8	3	7	.286	.345
August	4.05	2	3	1	13	0	13.1	18	2	6	7	1st Inning Pitched	.262	206	54	7	1	4	31	20	23	.322	.364
Sept/Oct	2.16	1	2	0	9	0	8.1	12	2	7	1	First 15 Pitches	.261	180	47	7	0	3	27	17	20	.318	.350
Starter	9.00	0	0	0	1	1	3.0	4	2	1	1	Pitch 16-30	.153	72	11	0	1	1	5	8	17	.244	.222
Reliever	2.11	8	10	2	63	0	72.2	67	5	27	39	Pitch 31-45	.619	21	13	4	0	3	6	1	2	.652	1.238
0 Days Rest (Relief)	3.38	2	3	0	12	0	10.2	11	1	6	4	Pitch 46+	.000	3	0	0	0	0	0	2	1	.400	.000
1 or 2 Days Rest	1.94	5	6	2	37	0	46.1	35	3	18	25	First Pitch	.200	30	6	0	0	1	4	4	0	.306	.300
3+ Days Rest	1.72	1	1	0	14	0	15.2	21	1	3	10	Ahead in Count	.209	115	24	5	0	2	10	0	30	.207	.304
vs. AL	2.55	5	10	2	56	1	67.0	65	7	26	37	Behind in Count	.408	76	31	4	0	4	17	12	0	.478	.618
vs. NL	1.04	3	0	0	8	0	8.2	6	0	2	3	Two Strikes	.186	118	22	5	1	1	8	12	40	.260	.271
Pre-All Star	2.15	4	4	0	34	1	46.0	35	3	11	31	Pre-All Star	.220	159	35	2	1	3	14	11	31	.270	.346
Post-All Star	2.73	4	6	2	30	0	29.2	36	4	17	9	Post-All Star	.308	117	36	9	0	4	24	17	9	.394	.427

Last Five Years

	ERA	W	L	Sv	G	GS	IP	H	HR	BB	SO		Avg	AB	H	2B	3B	HR	RBI	BB	SO	OBP	SLG
Home	3.49	10	6	2	110	3	188.0	185	21	62	97	vs. Left	.270	552	149	37	3	20	77	68	54	.349	.457
Away	4.11	4	12	2	110	4	153.1	163	19	76	63	vs. Right	.267	744	199	32	4	20	102	70	106	.331	.402
Day	4.01	6	6	0	63	1	83.0	80	15	39	39	Inning 1-6	.269	558	150	34	2	15	84	57	66	.336	.418
Night	3.69	8	12	4	157	6	258.1	268	25	99	121	Inning 7+	.268	738	198	35	5	25	95	81	94	.340	.431

241

Last Five Years

	ERA	W	L	Sv	G	GS	IP	H	HR	BB	SO		Avg	AB	H	2B	3B	HR	RBI	BB	SO	OBP	SLG
Grass	3.63	13	16	3	193	6	307.2	314	35	125	143	None on	.276	692	191	42	5	29	29	66	95	.343	.477
Turf	5.08	1	2	1	27	1	33.2	34	5	13	17	Runners on	.260	604	157	27	2	11	150	72	65	.334	.366
March/April	2.86	2	2	0	37	0	56.2	47	4	23	37	Scoring Posn	.247	393	97	17	2	6	131	57	56	.331	.346
May	3.91	4	5	1	46	2	71.1	77	8	24	31	Close & Late	.272	342	93	17	4	8	42	53	50	.367	.415
June	4.22	2	0	1	33	0	53.1	53	7	18	22	None on/out	.266	301	80	14	0	13	13	27	37	.330	.442
July	2.86	2	5	1	32	0	44.0	38	5	16	19	vs. 1st Batr (relief)	.272	191	52	11	1	5	28	15	27	.321	.419
August	4.01	3	4	1	31	0	49.1	52	7	20	18	1st Inning Pitched	.277	728	202	36	4	26	130	77	90	.344	.445
Sept/Oct	4.46	1	2	0	41	5	66.2	81	9	37	33	First 15 Pitches	.257	618	159	27	3	17	92	58	70	.317	.393
Starter	5.68	0	0	0	7	7	25.1	32	2	15	13	Pitch 16-30	.281	392	110	20	3	18	56	49	60	.367	.485
Reliever	3.62	14	18	4	213	0	316.0	316	38	123	147	Pitch 31-45	.311	193	60	16	1	4	24	16	21	.360	.466
0 Days Rest (Relief)	4.46	4	6	0	32	0	36.1	48	6	14	15	Pitch 46+	.204	93	19	6	0	1	7	15	9	.312	.301
1 or 2 Days Rest	3.68	7	10	2	104	0	154.0	137	23	67	68	First Pitch	.310	171	53	6	2	4	27	13	0	.360	.439
3+ Days Rest	3.29	3	2	2	77	0	125.2	131	9	42	64	Ahead in Count	.211	465	98	21	3	8	45	0	131	.215	.323
vs. AL	3.71	10	16	4	195	7	310.1	314	36	126	151	Behind in Count	.319	383	122	25	1	19	65	72	0	.421	*.538
vs. NL	4.35	4	2	0	25	0	31.0	34	4	12	9	Two Strikes	.223	511	114	25	3	10	49	53	160	.297	.342
Pre-All Star	3.45	8	7	2	125	2	201.0	189	21	72	100	Pre-All Star	.255	742	189	41	2	21	91	72	100	.318	.400
Post-All Star	4.23	6	11	2	95	5	140.1	159	19	66	60	Post-All Star	.287	554	159	28	5	19	88	66	60	.365	.458

Jesse Levis — Brewers
Age 34 – Bats Left (groundball hitter)

	Avg	G	AB	R	H	2B	3B	HR	RBI	BB	SO	HBP	GDP	SB	CS	OBP	SLG	IBB	SH	SF	#Pit	#P/PA	GB	FB	G/F
2001 Season	.242	12	33	6	8	2	0	0	3	3	7	0	1	0	0	.306	.303	0	0	0	111	3.08	17	5	3.40
Last Five Years	.277	143	296	29	82	9	0	1	29	35	36	4	9	2	0	.358	.318	2	7	3	1245	3.61	139	67	2.07

2001 Season

	Avg	AB	H	2B	3B	HR	RBI	BB	SO	OBP	SLG		Avg	AB	H	2B	3B	HR	RBI	BB	SO	OBP	SLG
vs. Left	.000	8	0	0	0	0	1	1	0	.111	.000	Scoring Posn	.222	9	2	1	0	0	3	0	3	.222	.333
vs. Right	.320	25	8	2	0	0	2	2	7	.370	.400	Close & Late	.000	2	0	0	0	0	0	0	0	.000	.000

Allen Levrault — Brewers
Age 24 – Pitches Right

	ERA	W	L	Sv	G	GS	IP	BB	SO	Avg	H	2B	3B	HR	RBI	OBP	SLG	CG	ShO	Sup	QS	#P/S	SB	CS	GB	FB	G/F
2001 Season	6.06	6	10	0	32	20	130.2	59	80	.281	146	22	4	27	79	.359	.494	1	0	5.44	5	90	8	2	172	170	1.01
Career (2000-2001)	5.93	6	11	0	37	21	142.2	66	89	.278	156	23	4	27	86	.358	.477	1	0	5.43	6	90	10	2	183	181	1.01

2001 Season

	ERA	W	L	Sv	G	GS	IP	H	HR	BB	SO		Avg	AB	H	2B	3B	HR	RBI	BB	SO	OBP	SLG
Home	5.95	4	5	0	14	9	62.0	71	16	34	29	vs. Left	.270	222	60	15	1	10	27	34	26	.365	.482
Away	6.16	2	5	0	18	11	68.2	75	11	25	51	vs. Right	.289	298	86	7	3	17	52	25	54	.355	.503
Starter	6.04	5	10	0	20	20	104.1	121	21	47	63	Scoring Posn	.286	119	34	6	2	5	51	21	22	.390	.496
Reliever	6.15	1	0	0	12	0	26.1	25	6	12	17	Close & Late	.500	2	1	0	0	0	0	2	0	.750	.500
0-3 Days Rest (Start)	3.60	0	0	0	1	1	5.0	6	0	5	4	None on/out	.254	130	33	5	0	5	5	13	23	.326	.408
4 Days Rest	6.75	4	5	0	10	10	52.0	64	12	22	29	First Pitch	.311	74	23	7	2	5	11	6	0	.366	.662
5+ Days Rest	5.51	1	5	0	9	9	47.1	51	9	20	30	Ahead in Count	.249	257	64	6	0	14	29	0	69	.266	.436
Pre-All Star	5.18	3	3	0	14	9	57.1	66	15	24	39	Behind in Count	.371	97	36	7	2	5	23	26	0	.496	.639
Post-All Star	6.75	3	7	0	18	11	73.1	80	12	35	41	Two Strikes	.213	253	54	6	0	12	23	27	80	.297	.379

Darren Lewis — Red Sox
Age 34 – Bats Right (groundball hitter)

	Avg	G	AB	R	H	2B	3B	HR	RBI	BB	SO	HBP	GDP	SB	CS	OBP	SLG	IBB	SH	SF	#Pit	#P/PA	GB	FB	G/F
2001 Season	.280	82	164	18	46	9	1	1	12	8	25	3	2	5	5	.326	.366	0	5	0	598	3.32	56	45	1.24
Last Five Years	.257	576	1643	242	422	64	11	14	147	162	236	19	24	74	38	.329	.335	0	36	9	6928	3.70	705	362	1.95

2001 Season

	Avg	AB	H	2B	3B	HR	RBI	BB	SO	OBP	SLG		Avg	AB	H	2B	3B	HR	RBI	BB	SO	OBP	SLG
vs. Left	.309	81	25	8	0	0	5	1	9	.317	.407	Scoring Posn	.300	40	12	3	0	1	12	2	8	.364	.450
vs. Right	.253	83	21	1	1	1	7	7	16	.333	.325	Close & Late	.167	18	3	2	0	0	1	1	8	.286	.278
Home	.302	86	26	4	1	0	5	5	12	.341	.372	None on/out	.302	43	13	3	1	0	0	2	7	.348	.419
Away	.256	78	20	5	0	1	7	3	13	.310	.359	Batting #2	.293	41	12	0	0	0	2	4	5	.370	.293
First Pitch	.444	27	12	2	0	0	4	0	0	.444	.519	Batting #9	.300	60	18	6	0	0	5	2	5	.344	.400
Ahead in Count	.233	30	7	2	0	0	1	2	0	.281	.300	Other	.254	63	16	3	1	1	5	2	11	.277	.381
Behind in Count	.205	78	16	4	1	0	3	0	23	.235	.282	Pre-All Star	.267	90	24	5	1	1	9	2	13	.283	.378
Two Strikes	.206	68	14	4	0	0	2	6	25	.280	.265	Post-All Star	.297	74	22	4	0	0	3	6	12	.373	.351

Last Five Years

	Avg	AB	H	2B	3B	HR	RBI	BB	SO	OBP	SLG		Avg	AB	H	2B	3B	HR	RBI	BB	SO	OBP	SLG
vs. Left	.279	560	156	26	2	5	46	51	62	.343	.359	First Pitch	.340	256	87	10	1	3	31	0	0	.346	.422
vs. Right	.246	1083	266	38	9	9	101	111	174	.322	.322	Ahead in Count	.274	299	82	13	2	2	23	85	0	.436	.351
Home	.264	791	209	33	5	6	69	84	113	.340	.341	Behind in Count	.205	750	154	24	2	4	59	0	202	.218	.259
Away	.250	852	213	31	6	8	78	78	123	.319	.329	Two Strikes	.193	751	145	27	6	6	59	77	236	.275	.269
Day	.221	566	125	20	3	3	45	52	85	.295	.283	Batting #1	.258	687	177	28	5	7	72	79	98	.339	.344
Night	.276	1077	297	44	8	11	102	110	151	.347	.362	Batting #8	.267	296	79	10	3	1	20	26	41	.327	.331
Grass	.255	1405	358	54	10	12	124	136	197	.326	.333	Other	.252	660	166	26	3	6	55	57	97	.319	.327
Turf	.269	238	64	10	1	2	23	26	39	.348	.345	March/April	.229	218	50	6	2	1	15	27	29	.323	.317
Pre-All Star	.267	832	222	32	6	8	75	84	111	.340	.349	May	.319	270	86	17	1	2	26	25	36	.383	.411
Post-All Star	.247	811	200	32	5	6	72	78	125	.318	.321	June	.237	270	64	8	2	2	19	28	35	.313	.304
Inning 1-6	.254	1148	292	38	9	9	106	102	151	.321	.327	July	.257	272	70	8	3	3	38	20	41	.314	.342
Inning 7+	.263	495	130	26	2	5	41	60	85	.347	.354	August	.245	278	68	13	2	2	22	28	36	.315	.327

	Avg	AB	H	2B	3B	HR	RBI	BB	SO	OBP	SLG	Last Five Years	Avg	AB	H	2B	3B	HR	RBI	BB	SO	OBP	SLG
Scoring Posn	.258	411	106	16	3	5	131	42	62	.332	.348	Sept/Oct	.251	335	84	12	1	2	27	34	59	.320	.310
Close & Late	.254	201	51	10	2	3	16	24	47	.341	.368	vs. AL	.252	1412	356	58	9	13	126	138	202	.325	.334
None on/out	.254	484	123	16	4	2	2	52	74	.333	.316	vs. NL	.286	231	66	6	2	1	21	24	34	.355	.342

Mark Lewis — *Indians*   Age 32 – Bats Right

	Avg	G	AB	R	H	2B	3B	HR	RBI	BB	SO	HBP	GDP	SB	CS	OBP	SLG	IBB	SH	SF	#Pit	#P/PA	GB	FB	G/F
2001 Season	.077	6	13	1	1	0	0	0	0	0	4	0	0	0	0	.077	.077	0	0	0	50	3.85	3	5	0.60
Last Five Years	.253	436	1227	141	311	69	8	27	148	91	235	8	39	13	7	.306	.389	5	7	14	4832	3.59	431	363	1.19

2001 Season

	Avg	AB	H	2B	3B	HR	RBI	BB	SO	OBP	SLG		Avg	AB	H	2B	3B	HR	RBI	BB	SO	OBP	SLG
vs. Left	.091	11	1	0	0	0	0	0	3	.091	.091	Scoring Posn	.000	2	0	0	0	0	0	0	1	.000	.000
vs. Right	.000	2	0	0	0	0	0	1	.000	.000	Close & Late	.000	1	0	0	0	0	0	0	1	.000	.000

Last Five Years

	Avg	AB	H	2B	3B	HR	RBI	BB	SO	OBP	SLG		Avg	AB	H	2B	3B	HR	RBI	BB	SO	OBP	SLG
vs. Left	.267	389	104	23	5	2	38	38	68	.332	.368	First Pitch	.327	205	67	13	2	7	32	4	0	.333	.512
vs. Right	.247	838	207	46	3	25	110	53	167	.294	.399	Ahead in Count	.322	304	98	29	2	9	45	38	0	.397	.520
Home	.254	571	145	34	6	11	75	45	106	.311	.392	Behind in Count	.171	498	85	18	0	5	43	0	209	.175	.237
Away	.253	656	166	35	2	16	73	46	129	.302	.386	Two Strikes	.179	531	95	15	1	8	51	48	235	.247	.256
Day	.249	422	105	29	0	8	52	34	69	.312	.374	Batting #6	.262	351	92	18	4	10	54	33	67	.321	.422
Night	.256	805	206	40	8	19	96	57	166	.303	.396	Batting #7	.234	401	94	19	2	7	33	26	74	.287	.344
Grass	.256	708	181	34	5	16	85	50	133	.307	.386	Other	.263	475	125	32	2	10	61	32	94	.310	.402
Turf	.250	519	130	35	3	11	63	41	102	.304	.393	March/April	.238	172	41	10	1	4	20	13	35	.292	.378
Pre-All Star	.248	701	174	40	4	16	81	52	126	.302	.385	May	.207	270	56	15	0	6	26	19	42	.264	.330
Post-All Star	.260	526	137	29	4	11	67	39	109	.311	.394	June	.289	197	57	13	1	4	26	16	35	.342	.426
Inning 1-6	.238	757	180	34	5	15	89	59	143	.294	.355	July	.290	221	64	12	3	7	31	13	40	.329	.466
Inning 7+	.279	470	131	35	3	12	59	32	92	.326	.443	August	.230	200	46	10	2	5	26	16	47	.284	.375
Scoring Posn	.263	323	85	18	2	8	120	31	65	.326	.406	Sept/Oct	.281	167	47	9	1	1	19	14	36	.341	.365
Close & Late	.307	225	69	19	2	5	32	19	44	.360	.476	vs. AL	.271	255	69	17	2	6	41	22	48	.331	.424
None on/out	.264	284	75	20	2	6	6	18	41	.308	.412	vs. NL	.249	972	242	52	6	21	107	69	187	.299	.380

Cory Lidle — *Athletics*   Age 30 – Pitches Right (groundball pitcher)

	ERA	W	L	Sv	G	GS	IP	BB	SO	Avg	H	2B	3B	HR	RBI	OBP	SLG	CG	ShO	Sup	QS	#P/S	SB	CS	GB	FB	G/F
2001 Season	3.59	13	6	0	29	29	188.0	47	118	.242	170	27	4	23	74	.299	.390	1	0	5.70	17	94	14	11	307	170	1.81
Career (1997-2001)	4.00	25	14	2	119	43	371.1	98	238	.265	378	62	8	43	178	.318	.410	1	0	6.06	21	88	26	15	654	299	2.19

2001 Season

	ERA	W	L	Sv	G	GS	IP	H	HR	BB	SO		Avg	AB	H	2B	3B	HR	RBI	BB	SO	OBP	SLG
Home	4.03	8	5	0	18	18	114.0	107	18	32	67	vs. Left	.213	380	81	10	2	14	32	29	58	.277	.361
Away	2.92	5	1	0	11	11	74.0	63	5	15	51	vs. Right	.276	322	89	17	2	9	42	18	60	.325	.425
Day	3.19	8	0	0	12	12	79.0	68	8	17	50	Inning 1-6	.252	623	157	23	3	21	69	37	107	.304	.400
Night	3.88	5	6	0	17	17	109.0	102	15	30	68	Inning 7+	.165	79	13	4	1	2	5	10	11	.258	.316
Grass	3.56	11	6	0	27	27	174.2	156	22	45	109	None on	.240	442	106	18	3	15	15	25	77	.290	.396
Turf	4.05	2	0	0	2	2	13.1	14	1	2	9	Runners on	.246	260	64	9	1	8	59	22	41	.314	.381
April	4.96	0	1	0	3	3	16.1	18	3	6	11	Scoring Posn	.281	139	39	3	1	5	49	20	25	.384	.424
May	5.55	0	3	0	6	6	35.2	33	6	14	26	Close & Late	.135	37	5	0	1	3	5	7	.238	.270
June	3.48	1	0	0	5	5	31.0	32	8	4	22	None on/out	.265	185	49	9	0	7	7	14	27	.323	.427
July	2.65	4	1	0	5	5	34.0	30	2	8	16	vs. 1st Batr (relief)	.000	0	0	0	0	0	0	0	0	.000	.000
August	3.07	4	1	0	6	6	41.0	34	2	8	24	1st Inning Pitched	.206	107	22	2	0	6	12	5	13	.267	.393
Sept/Oct	2.40	4	0	0	4	4	30.0	23	2	7	19	First 75 Pitches	.252	548	138	22	2	18	62	30	97	.301	.398
Starter	3.59	13	6	0	29	29	188.0	170	23	47	118	Pitch 76-90	.238	105	25	3	2	5	10	12	14	.322	.448
Reliever	0.00	0	0	0	0	0	0.0	0	0	0	0	Pitch 91-105	.152	46	7	2	0	0	2	5	7	.235	.196
0-3 Days Rest (Start)	0.00	0	0	0	0	0	0.0	0	0	0	0	Pitch 106+	.000	3	0	0	0	0	0	0	0	.000	.000
4 Days Rest	3.26	7	3	0	14	14	91.0	85	9	18	50	First Pitch	.342	111	38	8	0	5	16	5	0	.371	.550
5+ Days Rest	3.90	6	3	0	15	15	97.0	85	14	29	68	Ahead in Count	.177	310	55	7	0	6	24	0	96	.185	.254
vs. AL	3.80	12	6	0	26	26	168.0	161	21	38	104	Behind in Count	.285	151	43	8	4	7	21	19	0	.372	.530
vs. NL	1.80	1	0	0	3	3	20.0	9	2	5	14	Two Strikes	.170	305	52	9	0	5	24	23	118	.235	.249
Pre-All Star	4.27	2	4	0	15	15	90.2	88	17	24	52	Pre-All Star	.256	344	88	14	3	17	42	24	64	.316	.462
Post-All Star	2.96	11	2	0	14	14	97.1	82	6	23	54	Post-All Star	.229	358	82	13	1	6	32	23	54	.282	.321

Career (1997-2001)

	ERA	W	L	Sv	G	GS	IP	H	HR	BB	SO		Avg	AB	H	2B	3B	HR	RBI	BB	SO	OBP	SLG
Home	4.76	11	10	1	60	26	208.0	222	26	58	126	vs. Left	.259	711	184	26	6	28	87	54	101	.314	.430
Away	3.03	14	4	1	59	17	163.1	156	17	40	112	vs. Right	.271	715	194	36	2	15	91	44	137	.323	.390
Day	4.74	11	5	2	46	19	148.0	164	15	34	96	Inning 1-6	.270	1063	287	48	4	34	144	67	180	.321	.419
Night	3.51	14	9	0	73	24	223.1	214	28	64	142	Inning 7+	.251	363	91	14	4	9	34	31	58	.309	.386
Grass	3.73	19	9	2	86	31	272.2	259	32	67	176	None on	.249	848	211	36	6	23	46	147	.293	.387
Turf	4.74	6	5	0	33	12	98.2	119	6	31	62	Runners on	.289	578	167	26	2	20	155	52	91	.353	.445
March/April	5.94	0	1	0	4	3	16.2	20	3	6	11	Scoring Posn	.308	334	103	11	1	13	131	46	55	.398	.464
May	4.09	3	4	0	22	7	70.1	72	8	22	54	Close & Late	.228	149	34	4	2	3	13	18	24	.311	.342
June	5.31	2	3	1	22	12	78.0	97	16	14	56	None on/out	.269	360	97	16	1	12	12	25	48	.320	.419
July	3.53	5	2	0	19	6	51.0	50	5	16	25	vs. 1st Batr (relief)	.373	67	25	4	0	4	13	7	14	.434	.612
August	3.55	6	2	1	28	6	78.2	75	6	18	48	1st Inning Pitched	.265	419	111	17	1	15	58	30	67	.322	.418
Sept/Oct	2.93	9	2	0	24	9	76.2	64	5	22	44	First 75 Pitches	.269	1233	332	53	6	34	152	76	211	.318	.405

Career (1997-2001)

	ERA	W	L	Sv	G	GS	IP	H	HR	BB	SO		Avg	AB	H	2B	3B	HR	RBI	BB	SO	OBP	SLG
Starter	4.19	17	11	0	43	43	253.2	249	33	67	156	Pitch 76-90	.273	132	36	6	2	8	22	15	18	.356	.530
Reliever	3.59	8	3	2	76	0	117.2	129	10	31	82	Pitch 91-105	.179	56	10	3	0	1	4	7	8	.270	.286
0-3 Days Rest (Start)	6.00	0	1	0	1	1	3.0	6	0	0	2	Pitch 106+	.000	5	0	0	0	0	0	0	1	.000	.000
4 Days Rest	3.74	9	5	0	22	22	130.0	126	13	31	74	First Pitch	.359	223	80	14	0	9	40	11	0	.390	.543
5+ Days Rest	4.62	8	5	0	20	20	120.2	117	20	36	80	Ahead in Count	.195	616	120	19	1	12	57	0	202	.202	.287
vs. AL	4.33	17	12	1	65	36	270.0	282	35	65	173	Behind in Count	.320	319	102	19	6	12	48	43	0	.403	.530
vs. NL	3.11	8	2	1	54	7	101.1	96	8	33	65	Two Strikes	.190	615	117	21	1	13	59	44	238	.250	.291
Pre-All Star	4.87	6	9	1	54	24	179.1	204	30	44	130	Pre-All Star	.288	709	204	32	5	30	101	44	130	.336	.474
Post-All Star	3.19	19	5	1	65	19	192.0	174	13	54	108	Post-All Star	.243	717	174	30	3	13	77	54	108	.301	.347

Jon Lieber — Cubs
Age 32 – Pitches Right

	ERA	W	L	Sv	G	GS	IP	BB	SO	Avg	H	2B	3B	HR	RBI	OBP	SLG	CG	ShO	Sup	QS	#P/S	SB	CS	GB	FB	G/F
2001 Season	3.80	20	6	0	34	34	232.1	41	148	.255	226	47	4	25	97	.290	.401	5	1	5.81	22	96	2	7	334	249	1.34
Last Five Years	4.17	61	56	1	162	160	1046.0	232	824	.264	1075	194	29	135	487	.304	.425	17	3	4.90	91	96	39	26	1526	1039	1.47

2001 Season

	ERA	W	L	Sv	G	GS	IP	H	HR	BB	SO		Avg	AB	H	2B	3B	HR	RBI	BB	SO	OBP	SLG
Home	3.39	12	1	0	17	17	122.0	111	14	17	83	vs. Left	.298	403	120	27	2	15	52	25	52	.341	.486
Away	4.24	8	5	0	17	17	110.1	115	11	24	65	vs. Right	.219	485	106	20	2	10	45	16	96	.247	.330
Day	3.11	12	4	0	20	20	141.2	138	13	24	96	Inning 1-6	.259	761	197	39	4	23	87	36	128	.293	.411
Night	4.86	8	2	0	14	14	90.2	88	12	17	52	Inning 7+	.228	127	29	8	0	2	10	5	20	.269	.339
Grass	3.81	20	5	0	33	33	224.1	222	25	39	142	None on	.262	541	142	27	4	11	11	20	92	.295	.388
Turf	3.38	0	1	0	1	1	8.0	4	0	2	6	Runners on	.242	347	84	20	0	14	86	21	56	.282	.421
April	2.92	2	1	0	5	5	37.0	29	3	9	30	Scoring Posn	.223	166	37	10	0	7	69	15	31	.277	.410
May	2.98	3	2	0	6	6	42.1	35	2	8	23	Close & Late	.220	50	11	2	0	0	4	1	7	.250	.260
June	3.82	4	1	0	5	5	35.1	37	4	3	25	None on/out	.293	239	70	16	2	7	7	6	42	.316	.464
July	4.21	5	0	0	6	6	36.1	44	3	6	19	vs. 1st Batr (relief)	.000	0	0	0	0	0	0	0	0	.000	.000
August	3.35	3	0	0	6	6	45.2	42	6	3	27	1st Inning Pitched	.207	121	25	4	2	3	8	8	22	.265	.347
Sept/Oct	5.80	3	1	0	6	6	35.2	39	7	12	24	First 75 Pitches	.260	685	178	37	4	21	73	32	114	.294	.418
Starter	3.80	20	6	0	34	34	232.1	226	25	41	148	Pitch 76-90	.250	120	30	2	0	3	15	4	13	.278	.342
Reliever	0.00	0	0	0	0	0	0.0	0	0	0	0	Pitch 91-105	.206	68	14	7	0	0	5	3	17	.260	.309
0-3 Days Rest (Start)	0.00	0	0	0	0	0	0.0	0	0	0	0	Pitch 106+	.267	15	4	1	0	1	4	2	4	.353	.533
4 Days Rest	4.28	9	4	0	18	18	120.0	130	17	16	72	First Pitch	.337	163	55	12	0	7	25	4	0	.349	.540
5+ Days Rest	3.28	11	2	0	16	16	112.1	96	8	25	76	Ahead in Count	.177	413	73	11	2	7	27	0	131	.189	.264
vs. AL	4.23	3	1	0	4	4	27.2	33	3	2	16	Behind in Count	.331	160	53	10	1	4	17	17	0	.393	.481
vs. NL	3.74	17	5	0	30	30	204.2	193	22	39	132	Two Strikes	.176	397	70	11	2	8	32	20	148	.223	.275
Pre-All Star	3.42	11	4	0	18	18	126.1	116	10	21	85	Pre-All Star	.242	480	116	27	3	10	48	21	85	.272	.373
Post-All Star	4.25	9	2	0	16	16	106.0	110	15	20	63	Post-All Star	.270	408	110	20	1	15	49	20	63	.311	.434

Last Five Years

	ERA	W	L	Sv	G	GS	IP	H	HR	BB	SO		Avg	AB	H	2B	3B	HR	RBI	BB	SO	OBP	SLG
Home	3.88	31	25	0	77	77	529.0	509	67	106	457	vs. Left	.305	1892	577	106	21	83	270	148	314	.355	.515
Away	4.47	30	31	1	85	83	517.0	566	68	126	367	vs. Right	.228	2183	498	88	8	52	217	84	510	.259	.347
Day	3.41	29	19	0	71	69	483.1	462	53	105	393	Inning 1-6	.272	3521	957	173	26	121	451	202	720	.311	.439
Night	4.83	32	37	1	91	91	562.2	613	82	127	431	Inning 7+	.213	554	118	21	3	14	36	30	104	.260	.338
Grass	4.25	42	37	1	114	113	740.2	771	102	161	564	None on	.266	2483	660	107	19	77	77	115	513	.302	.417
Turf	3.98	19	19	0	48	47	305.1	304	33	71	260	Runners on	.261	1592	415	87	10	58	410	117	313	.308	.437
March/April	3.68	8	9	0	25	25	168.2	162	19	41	131	Scoring Posn	.254	823	209	54	5	25	327	77	172	.309	.423
May	3.96	11	12	0	28	28	188.2	183	25	46	145	Close & Late	.212	302	64	11	1	8	22	15	56	.254	.334
June	3.57	12	9	0	28	28	186.2	194	18	42	132	None on/out	.278	1084	301	53	11	38	38	41	210	.305	.452
July	3.97	15	6	0	28	28	174.2	191	16	38	142	vs. 1st Batr (relief)	.000	2	0	0	0	0	0	0	1	.000	.000
August	4.76	8	9	1	28	27	174.0	189	22	35	143	1st Inning Pitched	.263	624	164	33	14	11	76	39	133	.307	.413
Sept/Oct	5.28	7	11	0	25	24	153.1	156	35	30	131	First 75 Pitches	.270	3059	826	155	23	101	371	157	635	.306	.435
Starter	4.18	61	56	0	160	160	1043.2	1075	135	232	822	Pitch 76-90	.268	527	141	16	2	21	63	39	84	.322	.425
Reliever	0.00	0	0	1	2	0	2.1	0	0	0	2	Pitch 91-105	.236	356	84	19	2	9	35	26	73	.290	.376
0-3 Days Rest (Start)	3.15	1	1	0	3	3	20.0	13	2	6	23	Pitch 106+	.180	133	24	4	2	4	18	10	32	.243	.331
4 Days Rest	4.29	33	31	0	89	89	581.2	614	81	117	452	First Pitch	.350	682	239	38	2	31	122	19	0	.362	.548
5+ Days Rest	4.09	27	24	0	68	68	442.0	448	52	109	347	Ahead in Count	.191	1921	366	61	15	38	140	0	716	.197	.297
vs. AL	3.59	8	5	0	17	17	117.2	127	16	23	93	Behind in Count	.344	750	258	46	5	32	144	134	112	0	.425	.587
vs. NL	4.25	53	51	1	145	143	928.1	948	119	209	731	Two Strikes	.169	1874	316	60	10	32	125	101	824	.216	.263
Pre-All Star	3.63	38	30	0	89	89	599.2	590	65	140	460	Pre-All Star	.255	2317	590	116	14	65	254	140	460	.296	.401
Post-All Star	4.90	23	26	1	73	71	446.1	485	70	92	364	Post-All Star	.276	1758	485	78	15	70	233	92	364	.315	.457

Mike Lieberthal — Phillies
Age 30 – Bats Right (flyball hitter)

	Avg	G	AB	R	H	2B	3B	HR	RBI	BB	SO	HBP	GDP	SB	CS	OBP	SLG	IBB	SH	SF	#Pit	#P/PA	GB	FB	G/F
2001 Season	.231	34	121	21	28	8	0	2	11	12	21	3	2	0	0	.316	.347	2	0	0	492	3.62	32	47	0.68
Last Five Years	.269	507	1788	258	481	113	5	76	300	157	280	31	43	7	5	.335	.465	14	1	23	7276	3.64	578	636	0.91

2001 Season

	Avg	AB	H	2B	3B	HR	RBI	BB	SO	OBP	SLG		Avg	AB	H	2B	3B	HR	RBI	BB	SO	OBP	SLG
vs. Left	.417	24	10	3	0	0	4	4	2	.500	.542	Scoring Posn	.233	30	7	3	0	0	7	5	2	.343	.333
vs. Right	.186	97	18	5	0	2	7	8	19	.269	.299	Close & Late	.278	18	5	1	0	0	4	7	3	.480	.333
Home	.245	53	13	6	0	0	5	3	8	.298	.358	None on/out	.294	34	10	2	0	0	0	2	4	.385	.353
Away	.221	68	15	2	0	2	6	9	13	.329	.338	Batting #5	.216	102	22	5	0	1	6	8	17	.286	.294
First Pitch	.083	24	2	0	0	0	1	0	0	.120	.083	Batting #7	.278	18	5	2	0	1	3	4	4	.435	.556
Ahead in Count	.308	26	8	3	0	1	6	0	0	.455	.423	Other	1.000	1	1	1	0	0	0	2	0	0	1.000	2.000

2001 Season	Avg	AB	H	2B	3B	HR	RBI	BB	SO	OBP	SLG		Avg	AB	H	2B	3B	HR	RBI	BB	SO	OBP	SLG
Behind in Count	.237	59	14	4	0	2	9	0	18	.262	.407	Pre-All Star	.231	121	28	8	0	2	11	12	21	.316	.347
Two Strikes	.196	56	11	3	0	1	7	5	21	.286	.304	Post-All Star	.000	0	0	0	0	0	0	0	0	.000	.000

Last Five Years	Avg	AB	H	2B	3B	HR	RBI	BB	SO	OBP	SLG		Avg	AB	H	2B	3B	HR	RBI	BB	SO	OBP	SLG
vs. Left	.327	397	130	30	0	21	85	51	44	.407	.562	First Pitch	.302	295	89	15	1	20	65	9	0	.330	.563
vs. Right	.252	1391	351	83	5	55	215	106	236	.313	.438	Ahead in Count	.315	394	124	31	0	25	86	79	0	.434	.584
Home	.255	860	219	58	2	34	146	88	149	.328	.445	Behind in Count	.200	781	156	43	0	14	82	0	234	.213	.309
Away	.282	928	262	55	3	42	154	69	131	.341	.484	Two Strikes	.226	792	179	45	1	22	106	68	280	.294	.369
Day	.288	472	136	29	2	24	92	46	80	.361	.511	Batting #5	.245	625	153	44	1	17	92	49	94	.309	.400
Night	.262	1316	345	84	3	52	208	111	200	.325	.449	Batting #6	.284	496	141	26	1	28	87	47	81	.350	.510
Grass	.298	711	212	46	2	34	119	59	103	.359	.512	Other	.280	667	187	43	3	31	121	61	105	.347	.493
Turf	.250	1077	269	67	3	42	181	98	177	.319	.435	March/April	.241	390	94	19	1	13	58	31	67	.305	.395
Pre-All Star	.270	1179	318	83	3	53	201	98	189	.333	.480	May	.263	384	101	23	1	16	51	29	56	.322	.453
Post-All Star	.268	609	163	30	2	23	99	59	91	.338	.437	June	.297	310	92	28	1	19	67	29	49	.360	.577
Inning 1-6	.270	1207	326	81	4	51	212	94	179	.331	.471	July	.336	262	88	25	1	11	52	26	43	.403	.565
Inning 7+	.267	581	155	32	1	25	88	63	101	.343	.454	August	.239	255	61	6	0	12	48	20	38	.299	.404
Scoring Posn	.279	509	142	34	1	26	230	60	80	.351	.503	Sept/Oct	.241	187	45	12	1	5	24	22	27	.321	.396
Close & Late	.255	306	78	11	0	11	53	33	58	.330	.399	vs. AL	.307	199	61	24	0	10	47	24	32	.386	.578
None on/out	.267	430	115	30	1	20	20	23	60	.320	.481	vs. NL	.264	1589	420	89	5	66	253	133	248	.328	.451

Jeff Liefer — White Sox

Age 27 – Bats Left

	Avg	G	AB	R	H	2B	3B	HR	RBI	BB	SO	HBP	GDP	SB	CS	OBP	SLG	IBB	SH	SF	#Pit	#P/PA	GB	FB	G/F
2001 Season	.256	83	254	36	65	13	0	18	39	20	69	2	6	0	1	.313	.520	1	1	2	1056	3.78	68	79	0.86
Career (1999-2001)	.251	133	378	44	95	20	1	18	53	28	101	2	9	2	1	.304	.452	1	1	3	1523	3.70	116	105	1.10

2001 Season	Avg	AB	H	2B	3B	HR	RBI	BB	SO	OBP	SLG		Avg	AB	H	2B	3B	HR	RBI	BB	SO	OBP	SLG
vs. Left	.105	19	2	1	0	0	0	0	10	.150	.158	Scoring Posn	.238	63	15	3	0	3	20	4	16	.275	.429
vs. Right	.268	235	63	12	0	18	39	20	59	.326	.549	Close & Late	.212	33	7	1	0	2	5	5	10	.316	.424
Home	.271	133	36	8	0	10	23	7	36	.312	.556	None on/out	.250	60	15	4	0	6	6	3	14	.286	.617
Away	.240	121	29	5	0	8	16	13	33	.314	.479	Batting #5	.212	66	14	2	0	4	9	10	14	.312	.424
First Pitch	.459	37	17	1	0	4	8	0	0	.474	.811	Batting #6	.282	110	31	6	0	9	19	5	31	.316	.582
Ahead in Count	.370	46	17	7	0	3	7	5	0	.431	.717	Other	.256	78	20	5	0	5	11	5	24	.310	.513
Behind in Count	.141	128	18	4	0	7	13	0	61	.147	.336	Pre-All Star	.254	138	35	9	0	9	17	5	39	.285	.514
Two Strikes	.156	128	20	4	0	9	19	15	69	.241	.398	Post-All Star	.259	116	30	4	0	9	22	15	30	.343	.526

Kerry Ligtenberg — Braves

Age 31 – Pitches Right (flyball pitcher)

	ERA	W	L	Sv	G	GS	IP	BB	SO	Avg	H	2B	3B	HR	RBI	OBP	SLG	GF	IR	IRS	Hld	SvOp	SB	CS	GB	FB	G/F
2001 Season	3.02	3	3	1	53	0	59.2	30	56	.226	50	9	0	4	20	.316	.321	24	12	3	0	2	15	0	66	73	0.90
Career (1997-2001)	3.06	9	8	44	202	0	200.0	82	205	.213	156	30	1	21	77	.291	.343	108	84	24	23	51	31	1	198	224	0.88

2001 Season	ERA	W	L	Sv	G	GS	IP	H	HR	BB	SO		Avg	AB	H	2B	3B	HR	RBI	BB	SO	OBP	SLG
Home	3.23	1	2	0	26	0	30.2	27	3	10	28	vs. Left	.241	87	21	4	0	2	7	18	18	.371	.356
Away	2.79	2	1	1	27	0	29.0	23	1	20	28	vs. Right	.216	134	29	5	0	2	13	12	38	.277	.299
Starter	0.00	0	0	0	0	0	0.0	0	0	0	0	Scoring Posn	.190	63	12	1	0	0	13	13	21	.321	.206
Reliever	3.02	3	3	1	53	0	59.2	50	4	30	56	Close & Late	.320	25	8	1	0	1	6	6	4	.452	.480
0 Days Rest (Relief)	2.08	1	1	0	9	0	8.2	7	1	3	11	None on/out	.173	52	9	2	0	1	1	8	11	.283	.269
1 or 2 Days Rest	3.52	1	0	0	20	0	23.0	20	1	15	18	First Pitch	.280	25	7	0	0	2	6	4	0	.379	.520
3+ Days Rest	2.89	1	2	1	24	0	28.0	23	2	12	27	Ahead in Count	.195	128	25	5	0	0	7	0	52	.192	.234
Pre-All Star	4.25	1	2	1	28	0	29.2	29	2	18	27	Behind in Count	.346	26	9	2	0	0	3	13	0	.564	.423
Post-All Star	1.80	2	1	0	25	0	30.0	21	2	12	29	Two Strikes	.156	122	19	4	0	1	4	12	56	.231	.213

Career (1997-2001)	ERA	W	L	Sv	G	GS	IP	H	HR	BB	SO		Avg	AB	H	2B	3B	HR	RBI	BB	SO	OBP	SLG
Home	2.99	5	3	21	105	0	108.1	90	11	36	112	vs. Left	.205	297	61	11	0	7	26	42	76	.303	.313
Away	3.14	4	5	23	97	0	91.2	66	10	46	93	vs. Right	.218	435	95	19	1	14	51	40	129	.282	.363
Day	2.83	3	3	10	57	0	60.1	45	7	23	67	Inning 1-6	.184	76	14	2	0	1	5	3	22	.213	.250
Night	3.16	6	5	34	145	0	139.2	111	14	59	138	Inning 7+	.216	656	142	28	1	20	72	79	183	.299	.354
Grass	3.09	7	5	36	168	0	168.2	127	19	73	169	None on	.219	425	93	16	1	14	14	35	121	.278	.360
Turf	2.87	2	3	8	34	0	31.1	29	2	9	36	Runners on	.205	307	63	14	0	7	63	47	84	.307	.319
March/April	6.46	2	4	3	26	0	23.2	21	3	22	20	Scoring Posn	.196	199	39	7	0	4	55	39	59	.322	.291
May	3.81	3	1	7	29	0	28.1	26	3	11	32	Close & Late	.207	271	56	7	1	7	41	43	72	.314	.317
June	3.38	1	0	4	35	0	37.1	30	4	13	48	None on/out	.150	180	27	5	0	5	5	14	51	.211	.261
July	0.94	0	0	10	30	0	28.2	21	1	9	22	vs. 1st Batr (relief)	.180	183	33	4	0	6	19	17	49	.248	.301
August	3.46	0	3	13	38	0	39.0	36	6	13	38	1st Inning Pitched	.209	659	138	28	1	17	68	70	189	.284	.332
Sept/Oct	1.47	3	0	7	44	0	43.0	22	4	14	45	First 15 Pitches	.214	523	112	18	1	17	48	51	138	.282	.350
Starter	0.00	0	0	0	0	0	0.0	0	0	0	0	Pitch 16-30	.212	193	41	12	0	3	25	28	64	.311	.321
Reliever	3.06	9	8	44	202	0	200.0	156	21	82	205	Pitch 31-45	.188	16	3	0	0	1	4	3	3	.316	.375
0 Days Rest (Relief)	3.28	4	2	15	51	0	46.2	39	5	19	46	Pitch 46+	.000	0	0	0	0	0	0	0	0	.000	.000
1 or 2 Days Rest	3.02	3	3	18	88	0	89.1	65	9	34	96	First Pitch	.289	76	22	2	0	4	10	10	0	.372	.474
3+ Days Rest	2.95	2	3	11	63	0	64.0	52	7	29	63	Ahead in Count	.182	412	75	17	0	8	40	0	175	.180	.282
vs. AL	2.36	0	0	2	23	0	26.2	21	4	8	34	Behind in Count	.293	92	27	6	1	3	8	36	0	.492	.478
vs. NL	3.17	9	8	42	179	0	173.1	135	17	74	171	Two Strikes	.140	437	61	12	0	8	37	35	205	.203	.222
Pre-All Star	4.01	6	5	17	99	0	98.2	87	10	48	105	Pre-All Star	.235	370	87	19	0	10	42	48	105	.322	.368
Post-All Star	2.13	3	3	27	103	0	101.1	69	11	34	100	Post-All Star	.191	362	69	11	1	11	35	34	100	.258	.318

Ted Lilly — Yankees
Age 26 – Pitches Left (flyball pitcher)

	ERA	W	L	Sv	G	GS	IP	BB	SO	Avg	H	2B	3B	HR	RBI	OBP	SLG	CG	ShO	Sup	QS	#P/S	SB	CS	GB	FB	G/F
2001 Season	5.37	5	6	0	26	21	120.2	51	112	.267	126	29	2	20	70	.344	.464	0	0	4.62	7	90	23	8	125	168	0.74
Career (1999-2001)	5.73	5	7	0	42	24	152.1	65	151	.272	164	41	2	28	98	.349	.486	0	0	4.25	8	90	25	9	153	214	0.71

2001 Season

	ERA	W	L	Sv	G	GS	IP	H	HR	BB	SO		Avg	AB	H	2B	3B	HR	RBI	BB	SO	OBP	SLG
Home	4.68	3	3	0	15	12	75.0	72	13	28	71	vs. Left	.229	105	24	3	1	2	9	8	28	.303	.333
Away	6.50	2	3	0	11	9	45.2	54	7	23	41	vs. Right	.278	367	102	26	1	18	61	43	84	.356	.501
Starter	5.63	4	6	0	21	21	104.0	111	17	48	97	Scoring Posn	.254	114	29	7	1	5	49	16	36	.343	.465
Reliever	3.78	1	0	0	5	0	16.2	15	3	3	15	Close & Late	.375	24	9	2	0	2	3	2	7	.423	.708
0-3 Days Rest (Start)	0.00	0	0	0	0	0	0.0	0	0	0	0	None on/out	.246	122	30	9	0	8	8	16	24	.338	.516
4 Days Rest	5.93	1	3	0	9	9	44.0	43	10	29	32	First Pitch	.318	44	14	1	0	2	8	0	0	.340	.477
5+ Days Rest	5.40	3	3	0	12	12	60.0	68	7	19	65	Ahead in Count	.237	249	59	13	1	7	24	0	90	.246	.382
Pre-All Star	4.73	3	1	0	14	13	70.1	66	9	30	70	Behind in Count	.346	81	28	6	0	8	18	25	0	.495	.716
Post-All Star	6.26	2	5	0	12	8	50.1	60	11	21	42	Two Strikes	.225	262	59	16	1	8	33	26	112	.297	.385

Jose Lima — Tigers
Age 29 – Pitches Right

	ERA	W	L	Sv	G	GS	IP	BB	SO	Avg	H	2B	3B	HR	RBI	OBP	SLG	CG	ShO	Sup	QS	#P/S	SB	CS	GB	FB	G/F
2001 Season	5.54	6	12	0	32	27	165.2	38	84	.299	197	27	7	35	106	.342	.521	2	0	4.40	11	88	15	4	237	227	1.04
Last Five Years	4.76	51	52	2	185	129	916.2	198	627	.280	1012	184	30	156	486	.319	.477	8	1	5.25	71	98	57	24	1238	1163	1.06

2001 Season

	ERA	W	L	Sv	G	GS	IP	H	HR	BB	SO		Avg	AB	H	2B	3B	HR	RBI	BB	SO	OBP	SLG
Home	5.92	4	6	0	18	15	92.2	114	17	26	58	vs. Left	.301	302	91	13	5	20	50	20	28	.347	.576
Away	5.05	2	6	0	14	12	73.0	83	18	12	26	vs. Right	.298	356	106	14	2	15	56	18	56	.337	.475
Day	7.62	0	8	0	11	10	56.2	72	16	11	34	Inning 1-6	.303	564	171	26	6	30	95	35	69	.347	.530
Night	4.46	6	4	0	21	17	109.0	125	19	27	50	Inning 7+	.277	94	26	1	1	5	11	3	15	.306	.468
Grass	5.55	6	10	0	30	25	154.0	186	33	36	80	None on	.288	416	120	14	5	19	19	15	51	.323	.483
Turf	5.40	0	2	0	2	2	11.2	11	2	2	4	Runners on	.318	242	77	13	2	16	87	23	33	.372	.587
April	8.42	1	1	0	6	5	25.2	40	4	9	22	Scoring Posn	.323	133	43	8	1	8	66	11	21	.365	.579
May	5.57	0	1	0	4	4	21.0	28	6	5	15	Close & Late	.318	44	14	1	1	3	7	2	4	.348	.591
June	5.68	0	0	0	5	1	12.2	16	3	3	5	None on/out	.300	180	54	6	2	8	8	8	24	.337	.489
July	4.15	3	2	0	6	6	39.0	39	9	6	17	vs. 1st Batr (relief)	.200	5	1	0	0	0	0	0	0	.200	.200
August	5.90	1	3	0	5	5	29.0	34	7	5	9	1st Inning Pitched	.303	132	40	3	1	7	25	9	22	.361	.500
Sept/Oct	4.70	1	5	0	6	6	38.1	40	6	10	16	First 75 Pitches	.298	524	156	22	6	28	84	32	69	.343	.523
Starter	5.40	6	12	0	27	27	156.2	183	33	36	77	Pitch 76-90	.317	82	26	4	1	5	16	5	8	.355	.573
Reliever	8.00	0	0	0	5	0	9.0	14	2	2	7	Pitch 91-105	.319	47	15	1	0	2	6	1	7	.340	.468
0-3 Days Rest (Start)	6.35	0	0	0	1	1	5.2	9	2	1	2	Pitch 106+	.000	5	0	0	0	0	0	0	0	.000	.000
4 Days Rest	6.31	2	6	0	10	10	55.2	69	10	15	30	First Pitch	.349	86	30	8	1	7	23	2	0	.374	.709
5+ Days Rest	4.81	4	6	0	16	16	95.1	105	21	20	45	Ahead in Count	.221	321	71	6	4	5	27	0	71	.230	.312
vs. AL	4.54	5	9	0	18	16	107.0	114	19	22	38	Behind in Count	.380	137	52	9	1	14	36	18	0	.450	.766
vs. NL	7.36	1	3	0	14	11	58.2	83	16	16	46	Two Strikes	.220	286	63	3	4	5	21	18	84	.270	.311
Pre-All Star	6.91	2	2	0	17	12	70.1	99	16	19	46	Pre-All Star	.343	289	99	11	3	16	56	19	46	.388	.567
Post-All Star	4.53	4	10	0	15	15	95.1	98	19	19	38	Post-All Star	.266	369	98	16	4	19	50	19	38	.305	.485

Last Five Years

	ERA	W	L	Sv	G	GS	IP	H	HR	BB	SO		Avg	AB	H	2B	3B	HR	RBI	BB	SO	OBP	SLG
Home	4.41	27	25	1	90	66	473.2	501	69	112	359	vs. Left	.297	1654	491	89	22	73	228	111	227	.340	.510
Away	5.14	24	27	1	95	63	443.0	511	87	86	268	vs. Right	.266	1957	521	95	8	83	258	87	400	.301	.450
Day	5.28	10	15	0	48	34	228.1	269	43	46	177	Inning 1-6	.281	2956	830	143	22	137	416	168	505	.320	.483
Night	4.59	41	37	2	137	95	688.1	743	113	152	450	Inning 7+	.278	655	182	41	8	19	70	30	122	.314	.452
Grass	5.65	28	32	1	105	78	522.1	634	110	128	322	None on	.276	2249	621	114	14	99	99	87	384	.308	.471
Turf	3.58	23	20	1	80	51	394.1	378	46	70	305	Runners on	.287	1362	391	70	16	57	387	111	243	.337	.488
March/April	5.52	9	8	0	28	20	132.0	161	23	37	101	Scoring Posn	.267	763	204	41	10	30	312	72	140	.322	.465
May	4.41	7	8	0	36	22	161.1	183	29	36	109	Close & Late	.290	307	89	17	5	8	36	20	54	.339	.456
June	4.63	5	9	1	34	17	145.2	165	21	26	99	None on/out	.285	957	273	60	6	42	42	37	154	.317	.492
July	4.29	11	7	0	29	23	165.2	171	25	25	113	vs. 1st Batr (relief)	.280	50	14	2	1	2	14	2	12	.309	.480
August	4.78	11	9	1	31	23	160.0	166	31	36	102	1st Inning Pitched	.278	695	193	22	6	33	121	63	125	.339	.469
Sept/Oct	5.09	8	11	0	27	24	152.0	166	27	38	103	First 75 Pitches	.283	2719	769	125	21	122	374	150	472	.322	.479
Starter	4.67	50	46	0	129	129	834.2	919	145	181	557	Pitch 76-90	.282	436	123	28	5	21	55	25	65	.322	.514
Reliever	5.71	1	6	2	56	0	82.0	93	11	17	70	Pitch 91-105	.254	323	82	22	2	11	44	18	63	.291	.437
0-3 Days Rest (Start)	3.41	3	1	0	5	5	31.2	34	5	9	24	Pitch 106+	.286	133	38	9	2	2	13	5	27	.321	.429
4 Days Rest	4.57	25	24	0	68	68	459.0	507	77	100	313	First Pitch	.373	510	190	42	6	30	99	9	0	.384	.655
5+ Days Rest	4.92	22	21	0	56	56	344.0	378	63	72	220	Ahead in Count	.216	1820	394	62	14	42	155	0	548	.222	.335
vs. AL	4.30	9	13	0	33	26	190.1	199	31	34	108	Behind in Count	.346	647	224	37	4	49	130	99	0	.428	.643
vs. NL	4.88	42	39	2	152	103	726.1	813	125	164	519	Two Strikes	.203	1673	340	52	13	38	140	90	627	.247	.318
Pre-All Star	4.92	25	28	1	108	67	490.1	569	83	110	351	Pre-All Star	.290	1963	569	109	13	83	275	110	351	.329	.485
Post-All Star	4.58	26	24	1	77	62	426.1	443	73	88	276	Post-All Star	.269	1648	443	75	17	73	211	88	276	.308	.468

Mike Lincoln — Pirates
Age 27 – Pitches Right

	ERA	W	L	Sv	G	GS	IP	BB	SO	Avg	H	2B	3B	HR	RBI	OBP	SLG	GF	IR	IRS	Hld	SvOp	SB	CS	GB	FB	G/F
2001 Season	2.68	2	1	0	31	0	40.1	11	24	.225	34	11	0	3	19	.293	.358	5	21	8	7	2	0	1	65	46	1.41
Career (1999-2001)	6.23	5	14	0	57	19	137.1	50	66	.306	172	40	4	24	94	.365	.519	6	21	8	8	2	2	4	240	173	1.39

2001 Season

	ERA	W	L	Sv	G	GS	IP	H	HR	BB	SO		Avg	AB	H	2B	3B	HR	RBI	BB	SO	OBP	SLG
Home	1.88	1	0	0	16	0	24.0	19	0	6	11	vs. Left	.196	51	10	4	0	0	7	4	10	.268	.275
Away	3.86	1	1	0	15	0	16.1	15	3	5	13	vs. Right	.240	100	24	7	0	3	12	7	14	.306	.400
Starter	0.00	0	0	0	0	0	0.0	0	0	0	0	Scoring Posn	.250	40	10	3	0	0	15	5	6	.340	.325
Reliever	2.68	2	1	0	31	0	40.1	34	3	11	24	Close & Late	.226	53	12	5	0	2	7	4	10	.305	.434
0 Days Rest (Relief)	1.08	0	0	0	5	0	8.1	5	1	1	3	None on/out	.176	34	6	1	0	0	0	2	6	.243	.206
1 or 2 Days Rest	2.45	2	1	0	18	0	22.0	17	2	3	15	First Pitch	.261	23	6	1	0	0	2	0	0	.292	.304
3+ Days Rest	4.50	0	0	0	8	0	10.0	12	0	7	6	Ahead in Count	.173	75	13	7	0	1	7	0	21	.195	.307
Pre-All Star	1.00	0	0	0	6	0	9.0	6	1	0	5	Behind in Count	.192	26	5	1	0	1	4	8	0	.389	.346
Post-All Star	3.16	2	1	0	25	0	31.1	28	2	11	19	Two Strikes	.208	72	15	8	0	1	10	3	24	.260	.361

Scott Linebrink — Astros
Age 25 – Pitches Right (flyball pitcher)

	ERA	W	L	Sv	G	GS	IP	BB	SO	Avg	H	2B	3B	HR	RBI	OBP	SLG	GF	IR	IRS	Hld	SvOp	SB	CS	GB	FB	G/F
2001 Season	2.61	0	0	0	9	0	10.1	6	9	.176	6	3	0	0	4	.326	.265	2	5	1	0	0	0	1	7	15	0.47
Career (2000-2001)	4.43	0	0	0	20	0	22.1	14	15	.279	24	5	0	4	15	.406	.477	6	11	4	0	0	1	1	22	35	0.63

2001 Season

	ERA	W	L	Sv	G	GS	IP	H	HR	BB	SO		Avg	AB	H	2B	3B	HR	RBI	BB	SO	OBP	SLG
Home	3.68	0	0	0	7	0	7.1	5	0	6	5	vs. Left	.067	15	1	0	0	0	2	3	4	.211	.067
Away	0.00	0	0	0	2	0	3.0	1	0	0	4	vs. Right	.263	19	5	3	0	0	2	3	5	.417	.421

Felipe Lira — Phillies
Age 30 – Pitches Right

	ERA	W	L	Sv	G	GS	IP	BB	SO	Avg	H	2B	3B	HR	RBI	OBP	SLG	GF	IR	IRS	Hld	SvOp	SB	CS	GB	FB	G/F
2001 Season	12.60	0	0	0	4	0	5.0	2	3	.440	11	2	0	1	6	.481	.640	1	2	1	0	0	3	0	13	4	3.25
Last Five Years	6.02	11	19	0	94	25	236.1	100	146	.308	301	63	7	37	170	.374	.501	15	66	29	3	0	34	5	376	265	1.42

2001 Season

	ERA	W	L	Sv	G	GS	IP	H	HR	BB	SO		Avg	AB	H	2B	3B	HR	RBI	BB	SO	OBP	SLG
Home	15.00	0	0	0	3	0	3.0	7	0	1	2	vs. Left	.222	9	2	0	0	0	0	0	1	.222	.222
Away	9.00	0	0	0	1	0	2.0	4	1	1	1	vs. Right	.563	16	9	2	0	1	6	2	2	.611	.875

Last Five Years

	ERA	W	L	Sv	G	GS	IP	H	HR	BB	SO		Avg	AB	H	2B	3B	HR	RBI	BB	SO	OBP	SLG
Home	5.03	7	9	0	43	14	125.1	137	21	62	86	vs. Left	.299	435	130	35	2	19	79	45	54	.367	.520
Away	7.14	4	10	0	51	11	111.0	164	16	38	60	vs. Right	.316	541	171	28	5	18	91	55	92	.379	.486
Day	8.33	2	6	0	28	9	67.0	100	13	35	34	Inning 1-6	.306	735	225	48	5	31	138	78	114	.373	.512
Night	5.10	9	13	0	66	16	169.1	201	24	65	112	Inning 7+	.315	241	76	15	2	6	32	22	32	.376	.469
Grass	6.40	5	11	0	49	17	143.1	188	24	61	84	None on	.311	495	154	30	3	23	23	46	73	.373	.523
Turf	5.42	6	8	0	45	8	93.0	113	13	39	62	Runners on	.306	481	147	33	4	14	147	54	73	.374	.474
March/April	8.46	1	2	0	12	2	22.1	33	5	14	13	Scoring Posn	.298	295	88	20	3	8	129	42	46	.377	.468
May	5.12	4	0	0	23	5	63.1	80	12	18	54	Close & Late	.362	47	17	1	0	3	10	10	3	.475	.574
June	4.50	2	2	0	19	5	48.0	47	8	27	31	None on/out	.300	230	69	11	2	12	12	16	29	.351	.522
July	6.33	1	4	0	18	4	42.2	54	5	16	18	vs. 1st Batr (relief)	.288	59	17	4	1	3	17	7	8	.362	.542
August	6.11	1	5	0	10	4	28.0	44	3	13	10	1st Inning Pitched	.283	350	99	23	2	14	72	36	53	.351	.480
Sept/Oct	7.88	2	6	0	12	5	32.0	43	4	12	20	First 15 Pitches	.294	282	83	17	2	11	51	26	34	.354	.486
Starter	6.37	5	15	0	25	25	123.0	153	20	59	80	Pitch 16-30	.329	252	83	20	1	8	41	18	46	.376	.512
Reliever	5.64	6	4	0	69	0	113.1	148	17	41	66	Pitch 31-45	.293	150	44	6	1	6	24	19	21	.374	.467
0 Days Rest (Relief)	4.79	1	0	0	13	0	20.2	22	1	8	17	Pitch 46+	.312	292	91	20	3	12	54	37	45	.390	.524
1 or 2 Days Rest	3.92	3	1	0	29	0	43.2	49	4	15	14	First Pitch	.368	144	53	13	0	3	25	7	0	.397	.521
3+ Days Rest	7.53	2	3	0	27	0	49.0	77	12	18	33	Ahead in Count	.257	420	108	18	4	12	59	0	123	.264	.405
vs. AL	6.51	8	12	0	43	17	131.1	171	27	65	90	Behind in Count	.403	231	93	21	2	17	61	55	0	.509	.732
vs. NL	5.40	3	7	0	51	8	105.0	130	10	35	56	Two Strikes	.235	421	99	17	3	13	55	37	146	.305	.382
Pre-All Star	5.48	8	5	0	60	13	151.0	178	26	62	105	Pre-All Star	.287	621	178	36	4	26	100	62	105	.352	.483
Post-All Star	6.96	3	14	0	34	12	85.1	123	11	38	41	Post-All Star	.346	355	123	27	3	11	70	38	41	.410	.532

Mark Little — Rockies
Age 29 – Bats Right (groundball hitter)

	Avg	G	AB	R	H	2B	3B	HR	RBI	BB	SO	HBP	GDP	SB	CS	OBP	SLG	IBB	SH	SF	#Pit	#P/PA	GB	FB	G/F
2001 Season	.341	51	85	18	29	6	0	3	13	1	20	4	0	5	2	.378	.518	1	0	0	309	3.43	34	18	1.89
Career (1998-2001)	.309	58	97	18	30	6	0	3	13	3	25	4	0	6	2	.356	.464	1	1	0	374	3.56	37	19	1.95

2001 Season

	Avg	AB	H	2B	3B	HR	RBI	BB	SO	OBP	SLG		Avg	AB	H	2B	3B	HR	RBI	BB	SO	OBP	SLG
vs. Left	.326	43	14	1	0	2	7	1	9	.370	.488	Scoring Posn	.316	19	6	1	0	1	10	1	6	.381	.526
vs. Right	.357	42	15	5	0	1	6	0	11	.386	.548	Close & Late	.273	11	3	0	0	0	2	0	3	.273	.273

Graeme Lloyd — Expos

Age 35 – Pitches Left (groundball pitcher)

	ERA	W	L	Sv	G	GS	IP	BB	SO	Avg	H	2B	3B	HR	RBI	OBP	SLG	GF	IR	IRS	Hld	SvOp	SB	CS	GB	FB	G/F
2001 Season	4.35	9	5	1	84	0	70.1	21	44	.272	74	19	2	6	35	.336	.423	28	38	9	11	3	9	1	128	63	2.03
Last Five Years	3.46	18	9	5	254	0	229.0	70	137	.257	223	46	4	26	119	.319	.409	78	172	43	44	15	19	3	362	218	1.66

2001 Season

	ERA	W	L	Sv	G	GS	IP	H	HR	BB	SO		Avg	AB	H	2B	3B	HR	RBI	BB	SO	OBP	SLG
Home	5.84	4	4	1	45	0	37.0	45	4	10	25	vs. Left	.252	103	26	3	2	3	17	10	17	.339	.408
Away	2.70	5	1	0	39	0	33.1	29	2	11	19	vs. Right	.284	169	48	16	0	3	18	11	27	.333	.432
Day	3.18	2	1	0	22	0	17.0	16	1	6	14	Inning 1-6	.333	9	3	0	0	1	3	2	1	.500	.667
Night	4.72	7	4	1	62	0	53.1	58	5	15	30	Inning 7+	.270	263	71	19	2	5	32	19	43	.329	.414
Grass	3.08	4	1	0	32	0	26.1	26	2	8	16	None on	.281	146	41	12	2	4	4	11	23	.344	.473
Turf	5.11	5	4	1	52	0	44.0	48	4	13	28	Runners on	.262	126	33	7	0	2	31	10	21	.326	.365
April	0.84	2	0	0	11	0	10.2	8	1	1	2	Scoring Posn	.280	75	21	5	0	0	26	8	14	.364	.347
May	6.00	1	1	1	17	0	12.0	11	0	7	7	Close & Late	.292	113	33	9	0	4	19	6	15	.333	.478
June	1.29	2	0	0	14	0	14.0	8	0	4	10	None on/out	.286	63	18	4	2	1	1	3	7	.338	.460
July	5.27	2	2	0	16	0	13.2	17	3	4	6	vs. 1st Batr (relief)	.286	77	22	4	2	2	8	5	9	.345	.468
August	8.00	1	1	0	13	0	9.0	15	2	1	12	1st Inning Pitched	.269	253	68	18	2	6	35	21	40	.337	.427
Sept/Oct	5.73	1	1	0	13	0	11.0	15	0	4	7	First 15 Pitches	.281	221	62	17	2	5	25	15	37	.340	.443
Starter	0.00	0	0	0	0	0	0.0	0	0	0	0	Pitch 16-30	.235	51	12	2	0	1	10	6	7	.316	.333
Reliever	4.35	9	5	1	84	0	70.1	74	6	21	44	Pitch 31-45	.000	0	0	0	0	0	0	0	0	.000	.000
0 Days Rest (Relief)	7.23	2	4	1	28	0	18.2	25	3	6	13	Pitch 46+	.000	0	0	0	0	0	0	0	0	.000	.000
1 or 2 Days Rest	2.83	5	1	0	43	0	41.1	38	3	12	25	First Pitch	.415	53	22	7	2	0	12	2	0	.458	.623
3+ Days Rest	5.23	2	0	0	13	0	10.1	11	0	3	6	Ahead in Count	.208	101	21	4	0	2	5	0	36	.223	.307
vs. AL	3.48	2	1	0	9	0	10.1	9	1	5	6	Behind in Count	.254	63	16	2	0	3	8	9	0	.347	.429
vs. NL	4.50	7	4	1	75	0	60.0	65	5	16	38	Two Strikes	.239	109	26	6	0	3	12	10	44	.314	.376
Pre-All Star	2.34	7	1	1	46	0	42.1	28	1	13	22	Pre-All Star	.189	148	28	7	1	1	9	13	22	.267	.270
Post-All Star	7.39	2	4	0	38	0	28.0	46	5	8	22	Post-All Star	.371	124	46	12	1	5	26	8	22	.419	.605

Last Five Years

	ERA	W	L	Sv	G	GS	IP	H	HR	BB	SO		Avg	AB	H	2B	3B	HR	RBI	BB	SO	OBP	SLG
Home	3.25	8	5	4	126	0	116.1	111	11	28	73	vs. Left	.250	360	90	13	3	15	56	23	67	.303	.428
Away	3.67	10	4	1	128	0	112.2	112	15	42	64	vs. Right	.262	508	133	33	1	11	63	47	70	.330	.396
Day	3.30	4	2	2	84	0	73.2	85	7	24	46	Inning 1-6	.238	63	15	3	0	2	14	4	13	.296	.381
Night	3.53	14	7	3	170	0	155.1	138	19	46	91	Inning 7+	.258	805	208	43	4	24	105	66	124	.321	.411
Grass	3.02	8	3	2	140	0	128.0	127	16	41	76	None on	.261	460	120	23	2	12	12	29	77	.315	.402
Turf	4.01	10	6	3	114	0	101.0	96	10	29	61	Runners on	.252	408	103	23	1	14	107	41	60	.323	.417
March/April	1.67	5	2	3	39	0	37.2	32	5	8	16	Scoring Posn	.214	238	51	13	0	4	83	36	39	.317	.319
May	4.25	2	2	0	40	0	36.0	36	3	16	17	Close & Late	.255	318	81	14	1	14	53	26	53	.318	.437
June	3.00	4	0	0	41	0	39.0	29	3	11	32	None on/out	.289	194	56	6	3	4	4	13	31	.352	.412
July	3.44	3	3	0	42	0	36.2	38	5	7	19	vs. 1st Batr (relief)	.262	225	59	8	3	7	32	20	34	.332	.418
August	3.27	2	1	0	44	0	44.0	44	4	15	32	1st Inning Pitched	.259	718	186	39	4	23	109	60	113	.323	.421
Sept/Oct	5.30	2	1	0	48	0	35.2	44	6	13	21	First 15 Pitches	.262	645	169	35	4	18	79	46	104	.319	.412
Starter	0.00	0	0	0	0	0	0.0	0	0	0	0	Pitch 16-30	.267	191	51	9	0	8	37	21	23	.341	.440
Reliever	3.46	18	9	5	254	0	229.0	223	26	70	137	Pitch 31-45	.111	27	3	2	0	0	3	3	9	.200	.185
0 Days Rest (Relief)	4.72	3	6	3	68	0	53.1	51	8	20	33	Pitch 46+	.000	5	0	0	0	0	0	0	1	.000	.000
1 or 2 Days Rest	2.79	10	3	0	120	0	116.0	107	12	39	72	First Pitch	.377	130	49	12	2	9	42	14	0	.447	.708
3+ Days Rest	3.62	5	0	2	66	0	59.2	65	6	11	32	Ahead in Count	.175	365	64	13	1	8	26	0	114	.187	.282
vs. AL	3.22	11	3	3	157	0	148.1	143	20	50	83	Behind in Count	.316	225	71	14	1	6	27	26	0	.383	.467
vs. NL	3.90	7	6	2	97	0	80.2	80	6	20	54	Two Strikes	.179	363	65	12	0	7	33	29	137	.248	.270
Pre-All Star	2.75	14	5	5	131	0	124.1	104	11	38	72	Pre-All Star	.227	459	104	21	2	11	47	38	72	.290	.353
Post-All Star	4.30	4	4	0	123	0	104.2	119	15	32	65	Post-All Star	.291	409	119	25	2	15	72	32	65	.351	.472

Esteban Loaiza — Blue Jays

Age 30 – Pitches Right

	ERA	W	L	Sv	G	GS	IP	BB	SO	Avg	H	2B	3B	HR	RBI	OBP	SLG	CG	ShO	Sup	QS	#P/S	SB	CS	GB	FB	G/F
2001 Season	5.02	11	11	0	36	30	190.0	40	110	.307	239	49	3	27	97	.347	.482	1	1	6.02	15	96	10	7	307	226	1.36
Last Five Years	4.68	50	51	1	168	136	877.0	245	554	.290	1008	189	19	111	436	.341	.451	4	2	5.16	72	95	53	31	1334	957	1.39

2001 Season

	ERA	W	L	Sv	G	GS	IP	H	HR	BB	SO		Avg	AB	H	2B	3B	HR	RBI	BB	SO	OBP	SLG
Home	5.25	8	5	0	17	16	96.0	128	13	22	51	vs. Left	.329	380	125	24	1	9	38	24	46	.379	.468
Away	4.79	3	6	0	19	14	94.0	111	14	18	59	vs. Right	.286	398	114	25	2	18	59	16	64	.315	.495
Day	6.23	3	4	0	10	8	47.2	63	4	16	28	Inning 1-6	.304	688	209	42	3	26	91	36	101	.345	.487
Night	4.62	8	7	0	26	22	142.1	176	23	24	82	Inning 7+	.333	90	30	7	0	1	6	4	9	.362	.444
Grass	4.41	3	4	0	15	12	81.2	92	11	16	54	None on	.334	434	145	33	2	12	12	20	60	.370	.502
Turf	5.48	8	7	0	21	18	108.1	147	16	24	56	Runners on	.273	344	94	16	1	15	85	20	50	.317	.456
April	2.77	4	1	0	6	6	39.0	43	1	8	31	Scoring Posn	.237	194	46	6	1	6	61	13	30	.290	.371
May	7.12	0	4	0	6	6	36.2	49	8	13	25	Close & Late	.343	35	12	4	0	0	1	7	7	.361	.457
June	5.87	1	3	0	5	5	30.2	37	4	7	15	None on/out	.287	195	56	14	0	4	4	10	22	.332	.421
July	5.48	2	1	0	7	4	23.0	29	4	6	13	vs. 1st Batr (relief)	.333	6	2	0	0	0	1	0	1	.333	.333
August	5.81	2	2	0	5	5	31.0	48	8	2	11	1st Inning Pitched	.355	152	54	11	0	7	27	13	23	.418	.566
Sept/Oct	3.34	2	0	0	7	4	29.2	33	2	4	15	First 75 Pitches	.309	582	180	38	3	17	70	31	81	.350	.473
Starter	5.08	11	11	0	30	30	180.2	228	27	39	107	Pitch 76-90	.323	99	32	6	0	6	13	4	12	.356	.566
Reliever	3.86	0	0	0	6	0	9.1	11	0	1	3	Pitch 91-105	.250	68	17	3	0	3	7	2	13	.268	.426
0-3 Days Rest (Start)	2.65	2	0	0	3	3	17.0	19	1	2	10	Pitch 106+	.345	29	10	2	0	1	7	3	4	.424	.517
4 Days Rest	5.73	4	7	0	14	14	81.2	97	12	26	54	First Pitch	.408	103	42	8	0	6	23	1	0	.421	.660
5+ Days Rest	4.94	5	4	0	13	13	82.0	112	14	11	42	Ahead in Count	.261	379	99	21	1	13	37	0	88	.264	.425

2001 Season

	ERA	W	L	Sv	G	GS	IP	H	HR	BB	SO		Avg	AB	H	2B	3B	HR	RBI	BB	SO	OBP	SLG
vs. AL	4.76	11	9	0	31	28	175.2	220	26	35	107	Behind in Count	.356	149	53	11	1	6	21	22	0	.439	.564
vs. NL	8.16	0	2	0	5	2	14.1	19	1	5	3	Two Strikes	.227	335	76	16	1	6	22	17	110	.265	.334
Pre-All Star	5.60	5	9	0	19	18	107.2	136	14	31	71	Pre-All Star	.305	446	136	29	3	14	60	31	71	.356	.478
Post-All Star	4.26	6	2	0	17	12	82.1	103	13	9	39	Post-All Star	.310	332	103	20	0	13	37	9	39	.333	.488

Last Five Years

	ERA	W	L	Sv	G	GS	IP	H	HR	BB	SO		Avg	AB	H	2B	3B	HR	RBI	BB	SO	OBP	SLG
Home	4.74	29	22	1	84	66	437.0	495	60	121	273	vs. Left	.293	1755	515	101	5	46	192	160	245	.357	.435
Away	4.62	21	29	0	84	70	440.0	513	51	124	281	vs. Right	.286	1722	493	88	14	65	244	85	309	.324	.467
Day	4.74	13	13	0	44	33	214.2	244	26	68	154	Inning 1-6	.291	3038	883	157	17	95	389	216	489	.342	.447
Night	4.66	37	38	1	124	103	662.1	764	85	177	400	Inning 7+	.285	439	125	32	2	16	47	29	65	.330	.476
Grass	4.57	28	25	1	94	74	492.0	561	64	137	326	None on	.297	1954	581	109	9	68	135	308	.348	.467
Turf	4.82	22	26	0	74	62	385.0	447	47	108	228	Runners on	.280	1523	427	80	10	43	368	110	246	.331	.431
March/April	3.34	8	3	0	27	20	145.1	148	13	38	97	Scoring Posn	.262	831	218	38	5	22	299	70	146	.318	.400
May	6.20	5	10	0	29	24	151.0	195	25	48	94	Close & Late	.316	190	60	14	1	5	19	15	32	.364	.479
June	5.33	7	9	1	23	17	109.2	135	13	29	70	None on/out	.305	896	273	47	3	32	32	58	126	.351	.471
July	5.10	10	9	0	30	20	127.0	145	15	39	88	vs. 1st Batr (relief)	.125	32	4	1	0	0	0	0	7	.125	.156
August	4.20	13	8	0	30	29	182.0	217	28	53	105	1st Inning Pitched	.278	640	178	30	3	23	85	45	114	.330	.442
Sept/Oct	4.22	7	12	0	29	26	162.0	168	17	38	100	First 75 Pitches	.286	2631	753	143	15	76	329	188	432	.339	.439
Starter	4.71	47	50	0	136	136	816.1	948	107	227	513	Pitch 76-90	.317	445	141	24	1	19	57	30	53	.360	.503
Reliever	4.30	3	1	1	32	0	60.2	60	4	18	41	Pitch 91-105	.293	283	83	16	3	13	38	17	54	.332	.509
0-3 Days Rest (Start)	4.50	3	0	0	6	6	32.0	42	3	6	20	Pitch 106+	.263	118	31	6	0	3	12	10	15	.326	.390
4 Days Rest	4.89	29	26	0	70	70	412.0	476	61	124	279	First Pitch	.361	510	184	29	3	25	100	13	0	.381	.576
5+ Days Rest	4.52	15	24	0	60	60	372.1	430	43	97	214	Ahead in Count	.240	1595	383	79	8	37	155	0	454	.245	.369
vs. AL	4.72	35	32	1	107	88	574.0	670	81	148	382	Behind in Count	.365	690	252	43	3	32	107	121	0	.459	.575
vs. NL	4.60	15	19	0	61	48	303.0	338	30	97	172	Two Strikes	.216	1506	326	65	7	23	117	111	554	.274	.315
Pre-All Star	4.98	22	24	1	89	65	431.2	507	55	125	280	Pre-All Star	.295	1720	507	104	13	55	227	125	280	.346	.466
Post-All Star	4.39	28	27	0	79	71	445.1	501	56	120	274	Post-All Star	.285	1757	501	85	6	56	209	120	274	.336	.436

Keith Lockhart — Braves   Age 37 – Bats Left

	Avg	G	AB	R	H	2B	3B	HR	RBI	BB	SO	HBP	GDP	SB	CS	OBP	SLG	IBB	SH	SF	#Pit	#P/PA	GB	FB	G/F
2001 Season	.219	104	178	17	39	6	0	3	12	16	22	2	1	1	2	.289	.303	1	2	1	711	3.57	63	68	0.93
Last Five Years	.256	530	1127	144	289	47	7	21	134	107	125	5	19	10	6	.320	.366	8	12	15	4405	3.48	410	394	1.04

2001 Season

	Avg	AB	H	2B	3B	HR	RBI	BB	SO	OBP	SLG		Avg	AB	H	2B	3B	HR	RBI	BB	SO	OBP	SLG
vs. Left	.111	9	1	0	0	0	0	2	1	.333	.111	Scoring Posn	.188	32	6	1	0	1	9	7	3	.325	.313
vs. Right	.225	169	38	6	0	3	12	14	21	.286	.314	Close & Late	.297	37	11	4	0	0	3	7	8	.409	.405
Home	.212	99	21	4	0	0	3	11	10	.295	.253	None on/out	.207	58	12	1	0	2	2	4	9	.258	.328
Away	.228	79	18	2	0	3	9	5	12	.282	.367	Batting #1	.185	65	12	0	0	3	6	2	7	.229	.323
First Pitch	.200	25	5	1	0	0	0	1	0	.231	.240	Batting #9	.293	41	12	4	0	0	3	4	5	.356	.390
Ahead in Count	.344	32	11	2	0	2	5	8	0	.488	.594	Other	.208	72	15	2	0	0	3	10	10	.305	.236
Behind in Count	.172	93	16	2	0	1	4	0	20	.179	.226	Pre-All Star	.256	86	22	2	0	1	5	10	8	.340	.314
Two Strikes	.134	82	11	3	0	4	7	22	0	.171	.171	Post-All Star	.185	92	17	4	0	2	7	6	14	.240	.293

Last Five Years

	Avg	AB	H	2B	3B	HR	RBI	BB	SO	OBP	SLG		Avg	AB	H	2B	3B	HR	RBI	BB	SO	OBP	SLG
vs. Left	.273	99	27	6	2	1	13	16	16	.363	.404	First Pitch	.305	174	53	9	0	1	12	7	0	.328	.374
vs. Right	.255	1028	262	41	5	20	121	94	112	.316	.363	Ahead in Count	.306	245	75	13	4	11	49	65	0	.448	.527
Home	.260	551	143	26	3	8	58	48	60	.317	.361	Behind in Count	.211	521	110	16	1	6	50	0	110	.214	.280
Away	.253	576	146	21	4	13	76	59	68	.322	.372	Two Strikes	.194	464	90	13	3	5	48	35	128	.252	.267
Day	.280	346	97	10	2	9	54	41	40	.359	.404	Batting #2	.255	487	124	22	2	11	47	38	55	.308	.374
Night	.246	781	192	37	5	12	80	66	88	.302	.352	Batting #8	.307	179	55	6	2	2	20	25	17	.386	.397
Grass	.254	918	233	37	5	16	102	85	107	.315	.357	Other	.239	461	110	19	3	8	67	44	56	.305	.345
Turf	.268	209	56	10	2	5	32	22	21	.340	.407	March/April	.298	141	42	10	1	3	23	15	13	.363	.447
Pre-All Star	.255	592	151	31	3	13	72	55	56	.318	.383	May	.235	200	47	7	1	5	17	19	18	.299	.355
Post-All Star	.258	535	138	16	4	8	62	52	72	.322	.348	June	.254	189	48	11	1	3	26	15	14	.311	.370
Inning 1-6	.254	678	172	23	3	14	70	56	59	.307	.358	July	.230	226	52	10	1	4	22	20	29	.294	.336
Inning 7+	.261	449	117	24	4	7	64	51	69	.338	.379	August	.286	203	58	6	2	3	21	18	24	.347	.379
Scoring Posn	.270	267	72	14	1	6	111	41	30	.354	.397	Sept/Oct	.250	168	42	3	1	3	25	20	30	.321	.333
Close & Late	.275	204	56	11	0	3	25	22	37	.345	.373	vs. AL	.276	163	45	7	1	4	21	13	18	.333	.405
None on/out	.209	254	53	10	2	7	7	22	28	.274	.346	vs. NL	.253	964	244	40	6	17	113	94	110	.318	.360

Paul Lo Duca — Dodgers   Age 30 – Bats Right

	Avg	G	AB	R	H	2B	3B	HR	RBI	BB	SO	HBP	GDP	SB	CS	OBP	SLG	IBB	SH	SF	#Pit	#P/PA	GB	FB	G/F
2001 Season	.320	125	460	71	147	28	0	25	90	39	30	6	11	2	4	.374	.543	2	5	9	1847	3.56	175	162	1.08
Career (1998-2001)	.298	201	634	90	189	32	0	30	110	55	48	8	16	3	8	.355	.491	6	8	13	2530	3.52	245	223	1.10

2001 Season

	Avg	AB	H	2B	3B	HR	RBI	BB	SO	OBP	SLG		Avg	AB	H	2B	3B	HR	RBI	BB	SO	OBP	SLG
vs. Left	.411	112	46	9	0	7	28	8	7	.437	.679	First Pitch	.390	59	23	5	0	5	18	1	0	.403	.729
vs. Right	.290	348	101	19	0	18	62	31	23	.353	.500	Ahead in Count	.400	147	44	13	0	13	34	24	0	.504	.873
Home	.335	218	73	17	0	11	40	18	18	.387	.564	Behind in Count	.260	204	53	4	0	4	23	0	26	.269	.338
Away	.306	242	74	11	0	14	50	21	12	.362	.525	Two Strikes	.242	186	45	6	0	4	27	14	30	.301	.339
Day	.291	134	39	5	0	7	25	13	11	.366	.485	Batting #1	.328	189	62	8	0	14	34	15	10	.378	.593
Night	.331	326	108	23	0	18	65	26	19	.377	.567	Batting #5	.295	183	54	11	0	7	39	19	10	.362	.470

249

2001 Season

	Avg	AB	H	2B	3B	HR	RBI	BB	SO	OBP	SLG		Avg	AB	H	2B	3B	HR	RBI	BB	SO	OBP	SLG
Grass	.323	449	145	28	0	25	86	38	29	.377	.552	Other	.352	88	31	9	0	4	17	5	10	.389	.591
Turf	.182	11	2	0	0	0	4	1	1	.231	.182	April	.368	38	14	4	0	2	8	1	5	.400	.632
Pre-All Star	.346	205	71	13	0	14	45	11	14	.384	.615	May	.395	38	15	1	0	3	9	3	2	.429	.658
Post-All Star	.298	255	76	15	0	11	45	28	16	.366	.486	June	.317	104	33	7	0	6	22	6	5	.363	.558
Inning 1-6	.331	317	105	20	0	14	53	26	22	.378	.527	July	.323	93	30	5	0	6	13	8	5	.375	.570
Inning 7+	.294	143	42	8	0	11	37	13	8	.364	.580	August	.327	101	33	7	0	3	16	7	7	.364	.485
Scoring Posn	.379	103	39	6	0	7	66	14	9	.434	.641	Sept/Oct	.256	86	22	4	0	5	22	14	6	.350	.477
Close & Late	.271	70	19	4	0	4	16	9	7	.381	.500	vs. AL	.281	57	16	2	0	3	12	4	3	.328	.474
None on/out	.344	151	52	7	0	11	11	12	8	.396	.609	vs. NL	.325	403	131	26	0	22	78	35	27	.380	.553

2001 By Position

Position	Avg	AB	H	2B	3B	HR	RBI	BB	SO	OBP	SLG	G	GS	Innings	PO	A	E	DP	Fld Pct	Rng Fctr	In Zone	Zone Outs	Zone Rtg	MLB Zone
As c	.335	349	117	22	0	20	72	31	22	.391	.570	99	91	801.1	643	53	6	8	.991	—	—	—	—	—
As 1b	.297	91	27	6	0	5	17	7	5	.343	.527	33	22	212.2	185	17	2	17	.990	—	40	34	.850	.850

Carlton Loewer — Padres
Age 28 – Pitches Right (groundball pitcher)

	ERA	W	L	Sv	G	GS	IP	BB	SO	Avg	H	2B	3B	HR	RBI	OBP	SLG	CG	ShO	Sup	QS	#P/S	SB	CS	GB	FB	G/F
2001 Season	24.92	0	2	0	2	2	4.1	3	1	.520	13	5	1	2	11	.571	1.040	0	0	0.00	0	53	1	0	12	5	2.40
Career (1998-2001)	6.06	9	16	0	43	36	216.2	68	107	.308	267	59	6	29	139	.355	.490	3	1	4.74	15	92	18	7	389	210	1.85

2001 Season

	ERA	W	L	Sv	G	GS	IP	H	HR	BB	SO		Avg	AB	H	2B	3B	HR	RBI	BB	SO	OBP	SLG
Home	27.00	0	1	0	1	1	2.0	7	0	1	0	vs. Left	.500	16	8	4	1	2	9	2	0	.556	1.250
Away	23.14	0	1	0	1	1	2.1	6	2	2	1	vs. Right	.556	9	5	1	0	0	2	1	1	.600	.667

Career (1998-2001)

	ERA	W	L	Sv	G	GS	IP	H	HR	BB	SO		Avg	AB	H	2B	3B	HR	RBI	BB	SO	OBP	SLG
Home	5.24	6	7	0	20	19	115.0	131	12	37	69	vs. Left	.324	395	128	33	5	11	63	28	42	.363	.516
Away	6.99	3	9	0	23	17	101.2	136	17	31	38	vs. Right	.294	472	139	26	1	18	76	40	65	.349	.468
Day	5.64	5	4	0	11	11	68.2	74	13	13	38	Inning 1-6	.300	757	227	53	4	26	127	63	100	.351	.483
Night	6.26	4	12	0	32	25	148.0	193	16	55	69	Inning 7+	.364	110	40	6	2	3	12	5	7	.385	.536
Grass	8.12	2	10	0	19	14	78.2	111	15	25	33	None on	.301	499	150	28	6	16	16	36	62	.348	.477
Turf	4.89	7	6	0	24	22	138.0	156	14	43	74	Runners on	.318	368	117	31	0	13	123	32	45	.365	.508
March/April	5.23	1	2	0	5	5	32.2	38	1	2	19	Scoring Posn	.371	205	76	20	0	8	108	18	26	.402	.520
May	5.45	1	3	0	6	6	38.0	44	5	16	25	Close & Late	.261	46	12	1	0	2	4	2	6	.286	.413
June	8.92	2	3	0	7	7	38.1	48	7	12	18	None on/out	.344	224	77	16	4	8	8	14	31	.382	.558
July	6.30	3	2	0	6	6	30.0	42	6	7	15	vs. 1st Batr (relief)	.286	7	2	0	0	2	7	0	0	.286	1.143
August	5.55	1	3	0	6	6	35.2	47	6	13	17	1st Inning Pitched	.259	162	42	5	1	4	25	14	20	.317	.377
Sept/Oct	4.93	1	3	0	13	6	42.0	48	4	18	13	First 75 Pitches	.294	670	197	45	5	21	106	59	85	.348	.470
Starter	6.07	9	15	0	36	36	209.0	259	27	63	106	Pitch 76-90	.353	102	36	9	0	3	17	4	12	.370	.529
Reliever	5.87	0	1	0	7	0	7.2	8	2	5	1	Pitch 91-105	.286	63	18	4	1	3	12	3	8	.324	.524
0-3 Days Rest (Start)	3.60	0	0	0	1	1	5.0	7	0	3	4	Pitch 106+	.500	32	16	1	0	2	4	2	2	.529	.719
4 Days Rest	6.30	5	8	0	20	20	120.0	145	19	42	61	First Pitch	.406	138	56	15	0	6	31	1	0	.401	.645
5+ Days Rest	5.89	4	7	0	15	15	84.0	107	8	18	41	Ahead in Count	.253	375	95	17	3	10	52	0	99	.253	.392
vs. AL	12.49	1	3	0	5	5	22.1	36	5	10	7	Behind in Count	.341	208	71	14	3	9	36	41	0	.443	.567
vs. NL	5.33	8	13	0	38	31	194.1	231	24	58	100	Two Strikes	.240	358	86	16	3	9	48	26	107	.289	.377
Pre-All Star	6.44	5	8	0	19	19	116.0	137	15	30	66	Pre-All Star	.301	455	137	26	5	15	74	30	66	.338	.479
Post-All Star	5.63	4	8	0	24	17	100.2	130	14	38	41	Post-All Star	.316	412	130	33	1	14	65	38	41	.373	.502

James Lofton — Red Sox
Age 28 – Bats Both

	Avg	G	AB	R	H	2B	3B	HR	RBI	BB	SO	HBP	GDP	SB	CS	OBP	SLG	IBB	SH	SF	#Pit	#P/PA	GB	FB	G/F
2001 Season	.192	8	26	1	5	1	0	0	1	4	0	1	2	1	.214	.231	0	0	1	95	3.39	8	11	0.73	

2001 Season

	Avg	AB	H	2B	3B	HR	RBI	BB	SO	OBP	SLG		Avg	AB	H	2B	3B	HR	RBI	BB	SO	OBP	SLG
vs. Left	.000	2	0	0	0	0	0	0	0	.000	.000	Scoring Posn	.000	5	0	0	0	0	1	1	2	.143	.000
vs. Right	.208	24	5	1	0	0	1	4	.231	.250	Close & Late	.000	5	0	0	0	0	0	0	1	.000	.000	

Kenny Lofton — Indians
Age 35 – Bats Left

	Avg	G	AB	R	H	2B	3B	HR	RBI	BB	SO	HBP	GDP	SB	CS	OBP	SLG	IBB	SH	SF	#Pit	#P/PA	GB	FB	G/F
2001 Season	.261	133	517	91	135	21	4	14	66	47	69	2	8	16	8	.322	.398	1	5	5	2084	3.62	180	161	1.12
Last Five Years	.290	666	2618	499	759	123	27	53	290	356	388	16	42	152	51	.375	.418	12	21	27	11759	3.87	944	703	1.34

2001 Season

	Avg	AB	H	2B	3B	HR	RBI	BB	SO	OBP	SLG		Avg	AB	H	2B	3B	HR	RBI	BB	SO	OBP	SLG
vs. Left	.246	118	29	5	0	2	13	8	22	.297	.339	First Pitch	.282	78	22	3	2	3	14	1	0	.284	.487
vs. Right	.266	399	106	16	4	12	53	39	47	.330	.416	Ahead in Count	.296	142	42	6	0	2	19	20	0	.378	.380
Home	.262	282	74	13	3	9	38	24	40	.321	.426	Behind in Count	.223	117	26	9	1	4	23	0	61	.225	.332
Away	.260	235	61	8	1	5	28	23	29	.323	.366	Two Strikes	.204	196	40	8	1	5	16	26	69	.300	.332
Day	.222	153	34	3	2	5	22	12	34	.275	.366	Batting #1	.261	501	131	20	4	12	59	44	67	.321	.389
Night	.277	364	101	18	2	9	44	35	35	.342	.412	Batting #7	.143	7	1	0	0	1	2	1	1	.250	.571
Grass	.259	463	120	19	4	14	62	41	62	.320	.408	Other	.333	9	3	1	0	1	5	2	1	.455	.778
Turf	.278	54	15	2	0	0	4	6	7	.344	.315	April	.288	59	17	2	0	0	5	7	4	.364	.322
Pre-All Star	.237	241	57	8	2	5	28	22	28	.302	.349	May	.255	51	13	1	0	0	6	4	8	.304	.314
Post-All Star	.283	276	78	13	2	9	38	25	41	.340	.442	June	.221	95	21	0	0	4	11	9	9	.302	.379

2001 Season

	Avg	AB	H	2B	3B	HR	RBI	BB	SO	OBP	SLG		Avg	AB	H	2B	3B	HR	RBI	BB	SO	OBP	SLG
Inning 1-6	.247	384	95	13	2	12	46	28	49	.298	.385	July	.216	111	24	4	1	3	14	5	20	.256	.351
Inning 7+	.301	133	40	8	2	2	20	19	20	.387	.436	August	.337	104	35	5	2	4	15	15	15	.417	.538
Scoring Posn	.311	103	32	6	1	2	47	9	10	.356	.447	Sept/Oct	.258	97	25	6	0	3	15	6	13	.292	.412
Close & Late	.339	62	21	3	2	1	12	7	11	.406	.500	vs. AL	.270	440	119	19	3	11	54	41	55	.332	.402
None on/out	.245	200	49	7	2	3	3	21	31	.317	.345	vs. NL	.208	77	16	2	1	3	12	6	14	.265	.377

2001 By Position

Position	Avg	AB	H	2B	3B	HR	RBI	BB	SO	OBP	SLG	G	GS	Innings	PO	A	E	DP	Fld Pct	Rng Fctr	In Zone	Zone Outs	Zone Rtg	MLB Zone
As cf	.259	513	133	20	4	13	63	46	69	.320	.390	130	123	1076.2	310	3	6	0	.981	2.62	320	295	.922	.892

Last Five Years

	Avg	AB	H	2B	3B	HR	RBI	BB	SO	OBP	SLG		Avg	AB	H	2B	3B	HR	RBI	BB	SO	OBP	SLG
vs. Left	.277	697	193	30	4	10	82	96	131	.366	.374	First Pitch	.328	299	98	12	4	7	47	9	0	.350	.465
vs. Right	.295	1921	566	93	23	43	208	260	257	.378	.434	Ahead in Count	.356	666	237	46	8	16	94	172	0	.484	.521
Home	.292	1344	392	56	14	29	154	193	195	.380	.419	Behind in Count	.237	1101	261	40	10	14	89	0	323	.240	.330
Away	.288	1274	367	67	13	24	136	163	193	.369	.418	Two Strikes	.221	1156	255	40	11	20	94	175	388	.324	.326
Day	.288	781	225	31	8	23	89	104	137	.371	.437	Batting #1	.288	2556	735	118	25	50	272	342	381	.372	.412
Night	.291	1837	534	92	19	30	201	252	251	.377	.410	Batting #8	.421	38	16	3	2	1	12	11	5	.540	.684
Grass	.291	2255	656	103	23	51	261	308	324	.376	.425	Other	.333	24	8	2	0	2	6	3	2	.414	.667
Turf	.284	363	103	20	4	2	29	48	64	.370	.377	March/April	.331	420	139	19	7	7	50	52	60	.403	.460
Pre-All Star	.288	1434	413	59	17	28	161	196	209	.374	.411	May	.282	429	121	18	4	7	49	66	68	.375	.392
Post-All Star	.292	1184	346	64	10	25	129	160	179	.375	.427	June	.262	462	121	15	3	12	46	60	59	.353	.385
Inning 1-6	.292	1885	551	92	19	42	208	260	266	.378	.428	July	.263	400	105	16	6	7	39	49	71	.344	.385
Inning 7+	.284	733	208	31	8	11	82	96	122	.366	.393	August	.330	452	149	31	5	13	57	61	57	.408	.507
Scoring Posn	.301	561	169	28	5	10	223	77	88	.375	.422	Sept/Oct	.273	455	124	24	2	7	49	68	73	.363	.380
Close & Late	.310	345	107	12	5	5	49	48	61	.396	.417	vs. AL	.281	1886	530	96	19	41	219	255	267	.367	.417
None on/out	.299	1029	308	51	7	22	22	152	153	.392	.427	vs. NL	.313	732	229	27	8	12	71	101	121	.396	.421

Kyle Lohse — Twins
Age 23 – Pitches Right (flyball pitcher)

	ERA	W	L	Sv	G	GS	IP	BB	SO	Avg	H	2B	3B	HR	RBI	OBP	SLG	CG	ShO	Sup	QS	#P/S	SB	CS	GB	FB	G/F
2001 Season	5.68	4	7	0	19	16	90.1	29	64	.284	102	18	5	16	56	.347	.496	0	0	5.18	4	88	10	2	113	127	0.89

2001 Season

	ERA	W	L	Sv	G	GS	IP	H	HR	BB	SO		Avg	AB	H	2B	3B	HR	RBI	BB	SO	OBP	SLG
Home	4.60	2	2	0	9	8	45.0	47	3	13	37	vs. Left	.348	181	63	10	4	9	32	17	29	.415	.597
Away	6.75	2	5	0	10	8	45.1	55	13	16	27	vs. Right	.219	178	39	8	1	7	24	12	35	.276	.393
Starter	5.87	4	7	0	16	16	84.1	99	15	26	56	Scoring Posn	.299	67	20	5	0	2	31	9	14	.366	.463
Reliever	3.00	0	0	0	3	0	6.0	3	0	3	8	Close & Late	.667	6	4	2	0	1	2	0	1	.667	1.500
0-3 Days Rest (Start)	13.50	0	0	0	1	1	2.2	7	1	1	4	None on/out	.232	95	22	4	1	4	4	5	13	.284	.421
4 Days Rest	5.54	4	6	0	11	11	63.1	68	11	20	36	First Pitch	.273	44	12	2	1	0	5	0	0	.283	.364
5+ Days Rest	5.89	0	1	0	4	4	18.1	24	3	5	16	Ahead in Count	.217	166	36	5	3	3	20	0	56	.238	.337
Pre-All Star	4.74	2	0	0	4	4	24.2	24	3	3	17	Behind in Count	.429	77	33	9	0	9	17	17	0	.531	.896
Post-All Star	6.03	2	7	0	15	12	65.2	78	12	26	47	Two Strikes	.222	171	38	5	3	5	24	12	64	.278	.374

Rich Loiselle — Pirates
Age 30 – Pitches Right (groundball pitcher)

	ERA	W	L	Sv	G	GS	IP	BB	SO	Avg	H	2B	3B	HR	RBI	OBP	SLG	GF	IR	IRS	Hld	SvOp	SB	CS	GB	FB	G/F
2001 Season	11.50	0	1	1	18	0	18.0	17	9	.359	28	6	1	3	24	.495	.577	9	5	4	1	1	3	0	42	12	3.50
Last Five Years	4.51	8	18	49	197	0	203.1	116	169	.275	219	39	5	19	135	.373	.408	129	74	39	17	69	14	8	369	147	2.51

2001 Season

	ERA	W	L	Sv	G	GS	IP	H	HR	BB	SO		Avg	AB	H	2B	3B	HR	RBI	BB	SO	OBP	SLG
Home	14.04	0	1	1	10	0	8.1	15	3	9	4	vs. Left	.429	35	15	5	0	3	15	9	3	.565	.829
Away	9.31	0	0	0	8	0	9.2	13	0	8	5	vs. Right	.302	43	13	1	1	0	9	8	6	.434	.372

Last Five Years

	ERA	W	L	Sv	G	GS	IP	H	HR	BB	SO		Avg	AB	H	2B	3B	HR	RBI	BB	SO	OBP	SLG
Home	4.02	4	8	26	99	0	100.2	102	10	49	96	vs. Left	.294	306	90	21	3	6	52	56	61	.385	.441
Away	5.00	4	10	23	98	0	102.2	117	9	67	73	vs. Right	.263	490	129	18	2	13	83	60	108	.352	.388
Day	5.15	3	5	12	61	0	64.2	78	7	43	52	Inning 1-6	.362	58	21	5	1	2	24	11	8	.459	.586
Night	4.22	5	13	37	136	0	138.2	141	12	73	117	Inning 7+	.268	738	198	34	4	17	111	105	161	.366	.394
Grass	6.34	1	8	19	81	0	82.1	99	9	63	57	None on	.272	364	99	20	1	12	12	48	81	.366	.431
Turf	3.27	7	10	30	116	0	121.0	124	10	53	112	Runners on	.278	432	120	19	4	7	123	68	88	.379	.389
March/April	4.26	3	3	5	33	0	38.0	44	3	21	35	Scoring Posn	.296	257	76	14	3	2	109	54	50	.419	.397
May	4.15	2	4	10	28	0	30.1	32	2	17	21	Close & Late	.268	463	124	18	2	11	72	57	104	.352	.387
June	5.54	1	2	5	34	0	37.1	42	4	24	28	None on/out	.256	168	43	9	0	5	5	23	37	.356	.399
July	4.94	0	3	10	25	0	27.1	26	2	14	23	vs. 1st Batr (relief)	.243	173	42	9	1	3	17	21	25	.325	.358
August	3.45	0	1	11	34	0	28.2	30	4	15	27	1st Inning Pitched	.274	674	185	32	4	16	120	100	146	.375	.405
Sept/Oct	4.54	3	3	8	43	0	41.2	45	4	25	35	First 15 Pitches	.282	522	147	27	3	14	79	72	106	.376	.425
Starter	0.00	0	0	0	0	0	0.0	0	0	0	0	Pitch 16-30	.273	231	63	9	2	4	48	38	48	.380	.381
Reliever	4.51	8	18	49	197	0	203.1	219	19	116	169	Pitch 31-45	.175	40	7	3	0	1	7	6	15	.277	.325
0 Days Rest (Relief)	5.45	1	4	11	43	0	39.2	47	7	24	33	Pitch 46+	.667	3	2	0	0	1	0	0	.667	.667
1 or 2 Days Rest	3.83	5	10	25	99	0	103.1	102	5	57	86	First Pitch	.328	116	38	6	0	2	23	18	0	.418	.431
3+ Days Rest	5.07	2	4	13	55	0	60.1	70	7	35	50	Ahead in Count	.218	403	88	15	2	8	51	0	151	.236	.325
vs. AL	3.77	0	0	6	15	0	14.1	14	2	6	9	Behind in Count	.364	140	51	8	3	7	43	56	0	.545	.614
vs. NL	4.57	8	18	43	182	0	189.0	205	17	110	160	Two Strikes	.195	395	77	16	1	8	47	41	169	.276	.301
Pre-All Star	4.94	5	12	24	103	0	113.0	128	9	67	86	Pre-All Star	.286	448	128	24	3	9	81	67	86	.384	.413
Post-All Star	3.99	3	6	25	94	0	90.1	91	10	49	83	Post-All Star	.261	348	91	15	2	10	54	49	83	.359	.402

Terrence Long — Athletics
Age 26 – Bats Left

	Avg	G	AB	R	H	2B	3B	HR	RBI	BB	SO	HBP	GDP	SB	CS	OBP	SLG	IBB	SH	SF	#Pit	#P/PA	GB	FB	G/F
2001 Season	.283	162	629	90	178	37	4	12	85	52	103	0	17	9	3	.335	.412	8	0	6	2508	3.65	231	172	1.34
Career (1999-2001)	.285	303	1216	194	346	71	8	30	165	95	182	1	36	14	3	.335	.430	9	0	9	4900	3.71	459	344	1.33

2001 Season

	Avg	AB	H	2B	3B	HR	RBI	BB	SO	OBP	SLG		Avg	AB	H	2B	3B	HR	RBI	BB	SO	OBP	SLG
vs. Left	.278	227	63	10	0	4	30	16	45	.322	.374	First Pitch	.359	64	23	4	1	1	9	6	0	.397	.500
vs. Right	.286	402	115	27	4	8	55	36	58	.342	.433	Ahead in Count	.367	150	55	13	1	5	29	20	0	.436	.567
Home	.265	298	79	14	1	6	37	34	56	.336	.379	Behind in Count	.188	292	55	9	1	3	24	0	95	.188	.257
Away	.299	331	99	23	3	6	48	18	47	.333	.441	Two Strikes	.179	280	50	8	1	3	25	26	103	.248	.246
Day	.289	235	68	15	1	5	34	21	38	.344	.426	Batting #5	.246	211	52	18	2	1	27	14	34	.292	.365
Night	.279	394	110	22	3	7	51	31	65	.329	.404	Batting #6	.349	172	60	12	1	4	25	19	29	.409	.500
Grass	.283	569	161	34	4	11	76	49	93	.338	.415	Other	.268	246	66	7	1	7	33	19	40	.317	.390
Turf	.283	60	17	3	0	1	9	3	10	.308	.383	April	.326	95	31	5	1	4	12	11	17	.396	.526
Pre-All Star	.272	338	92	16	1	9	44	29	56	.327	.405	May	.261	115	30	5	0	2	19	6	15	.290	.357
Post-All Star	.296	291	86	21	3	3	41	23	47	.344	.419	June	.250	100	25	5	0	3	12	7	17	.299	.390
Inning 1-6	.277	429	119	20	2	11	63	28	61	.317	.410	July	.276	105	29	12	0	0	10	11	28	.342	.390
Inning 7+	.295	200	59	17	2	1	22	24	42	.371	.415	August	.298	114	34	6	2	1	19	12	11	.365	.412
Scoring Posn	.287	167	48	11	0	1	63	23	29	.362	.371	Sept/Oct	.290	100	29	4	1	2	13	5	15	.318	.410
Close & Late	.299	87	26	11	2	0	12	12	16	.384	.471	vs. AL	.294	557	164	33	4	10	77	47	86	.346	.422
None on/out	.304	148	45	9	2	4	4	7	24	.335	.473	vs. NL	.194	72	14	4	0	2	8	5	17	.244	.333

2001 By Position

Position	Avg	AB	H	2B	3B	HR	RBI	BB	SO	OBP	SLG	G	GS	Innings	PO	A	E	DP	Fld Pct	Rng Fctr	In Zone	Outs	Zone Rtg	MLB Zone
As lf	.286	234	67	10	3	3	34	18	34	.335	.393	62	60	539.2	109	3	3	2	.974	1.87	124	107	.863	.880
As cf	.266	290	77	15	1	8	37	22	47	.314	.407	74	72	650.0	163	1	3	1	.982	2.27	175	162	.926	.892
As rf	.324	102	33	12	0	1	13	11	22	.386	.471	28	26	235.2	60	1	1	0	.984	2.33	64	57	.891	.884

Career (1999-2001)

	Avg	AB	H	2B	3B	HR	RBI	BB	SO	OBP	SLG		Avg	AB	H	2B	3B	HR	RBI	BB	SO	OBP	SLG
vs. Left	.271	398	108	23	1	5	41	25	75	.314	.372	First Pitch	.327	113	37	5	1	3	15	7	0	.358	.469
vs. Right	.291	818	238	48	7	25	124	70	111	.345	.458	Ahead in Count	.362	276	100	23	3	12	62	41	0	.439	.598
Home	.271	576	156	31	3	15	74	52	94	.330	.413	Behind in Count	.217	577	125	22	2	9	51	0	165	.217	.308
Away	.297	640	190	40	5	15	91	43	88	.339	.445	Two Strikes	.195	548	107	17	2	10	55	47	182	.258	.288
Day	.287	453	130	23	1	12	63	39	65	.341	.422	Batting #1	.282	517	146	28	1	17	74	40	66	.333	.439
Night	.283	763	216	48	7	18	102	56	117	.331	.435	Batting #5	.258	221	57	19	3	1	27	14	36	.301	.385
Grass	.279	1086	303	62	8	27	147	90	163	.333	.425	Other	.299	478	143	24	4	12	64	41	80	.351	.441
Turf	.331	130	43	9	0	3	18	5	19	.348	.469	March/April	.306	124	38	7	1	5	16	11	21	.365	.500
Pre-All Star	.270	599	162	34	2	18	81	58	90	.333	.424	May	.254	224	57	11	1	7	40	18	28	.305	.406
Post-All Star	.298	617	184	37	6	12	84	37	92	.336	.436	June	.278	198	55	10	0	6	23	23	30	.353	.419
Inning 1-6	.286	840	240	41	5	25	123	61	110	.332	.436	July	.277	206	57	21	0	2	20	14	41	.321	.408
Inning 7+	.282	376	106	30	3	5	42	34	72	.341	.418	August	.306	229	70	10	5	4	30	17	29	.354	.445
Scoring Posn	.318	280	89	18	2	4	121	34	42	.383	.439	Sept/Oct	.294	235	69	12	1	6	36	12	33	.324	.430
Close & Late	.276	156	43	16	2	0	23	16	29	.341	.404	vs. AL	.292	1080	315	65	8	26	154	87	155	.343	.439
None on/out	.277	364	101	22	4	8	28	47	.329	.426	vs. NL	.228	136	31	6	0	4	11	8	27	.269	.360

Braden Looper — Marlins
Age 27 – Pitches Right (groundball pitcher)

	ERA	W	L	Sv	G	GS	IP	BB	SO	Avg	H	2B	3B	HR	RBI	OBP	SLG	GF	IR	IRS	Hld	SvOp	SB	CS	GB	FB	G/F
2001 Season	3.55	3	3	3	71	0	71.0	30	52	.242	63	9	1	8	34	.322	.377	21	24	10	16	6	6	5	108	64	1.69
Career (1998-2001)	3.93	11	8	5	220	0	224.2	98	135	.271	235	34	2	19	144	.347	.381	69	133	55	42	17	16	10	409	195	2.10

2001 Season

	ERA	W	L	Sv	G	GS	IP	H	HR	BB	SO		Avg	AB	H	2B	3B	HR	RBI	BB	SO	OBP	SLG
Home	4.98	1	1	1	34	0	34.1	35	6	13	29	vs. Left	.250	112	28	3	1	6	15	11	18	.320	.455
Away	2.21	2	2	2	37	0	36.2	28	2	17	23	vs. Right	.236	148	35	6	0	2	19	19	34	.324	.318
Day	5.59	1	0	1	20	0	19.1	24	3	12	9	Inning 1-6	.200	5	1	1	0	0	2	0	0	.200	.400
Night	2.79	2	3	2	51	0	51.2	39	5	18	43	Inning 7+	.243	255	62	8	1	8	32	30	52	.324	.376
Grass	3.75	3	2	3	59	0	57.2	52	7	26	47	None on	.240	150	36	6	0	4	14	34	30	.305	.360
Turf	2.70	0	1	0	12	0	13.1	11	1	4	5	Runners on	.245	110	27	3	4	30	16	18	.344	.400
April	3.86	1	1	0	11	0	14.0	12	2	1	8	Scoring Posn	.209	67	14	2	1	2	25	9	10	.309	.358
May	4.09	0	1	1	13	0	11.0	6	2	8	10	Close & Late	.189	122	23	3	0	2	11	20	28	.303	.262
June	6.23	2	1	0	10	0	8.2	12	1	0	4	None on/out	.283	60	17	1	0	1	1	4	11	.328	.350
July	6.10	0	0	0	12	0	10.1	9	2	8	14	vs. 1st Batr (relief)	.303	66	20	2	0	1	7	5	13	.352	.379
August	1.35	0	0	0	13	0	13.1	14	0	5	9	1st Inning Pitched	.265	234	62	9	1	8	34	30	46	.349	.415
Sept/Oct	1.32	0	0	2	12	0	13.2	10	1	8	7	First 15 Pitches	.269	186	50	8	1	5	19	17	36	.325	.392
Starter	0.00	0	0	0	0	0	0.0	0	0	0	0	Pitch 16-30	.194	67	13	1	1	3	15	13	14	.341	.373
Reliever	3.55	3	3	3	71	0	71.0	63	8	30	52	Pitch 31-45	.000	7	0	0	0	0	0	0	2	.000	.000
0 Days Rest (Relief)	2.77	0	1	0	14	0	13.0	10	1	7	14	Pitch 46+	.000	0	0	0	0	0	0	0	0	.000	.000
1 or 2 Days Rest	3.98	2	1	1	41	0	40.2	40	4	19	26	First Pitch	.400	30	12	4	0	1	6	2	0	.424	.633
3+ Days Rest	3.12	1	1	2	16	0	17.1	13	3	4	12	Ahead in Count	.198	106	21	2	0	6	15	0	41	.206	.387
vs. AL	1.69	0	0	0	6	0	5.1	4	0	0	6	Behind in Count	.263	57	15	1	0	1	6	10	0	.373	.333
vs. NL	3.70	3	3	3	65	0	65.2	59	8	30	46	Two Strikes	.143	126	18	1	1	6	15	18	52	.252	.310
Pre-All Star	4.54	3	3	1	37	0	35.2	32	5	12	24	Pre-All Star	.244	131	32	3	1	5	22	12	24	.303	.397
Post-All Star	2.55	0	0	2	34	0	35.1	31	3	18	28	Post-All Star	.240	129	31	6	0	3	12	18	28	.340	.357

Career (1998-2001)

	ERA	W	L	Sv	G	GS	IP	H	HR	BB	SO		Avg	AB	H	2B	3B	HR	RBI	BB	SO	OBP	SLG
Home	4.19	7	3	1	113	0	120.1	134	11	50	72	vs. Left	.321	333	107	15	2	13	61	43	54	.401	.495
Away	3.62	4	5	4	107	0	104.1	101	8	48	63	vs. Right	.240	534	128	19	0	6	83	55	81	.312	.309
Day	3.93	4	3	2	60	0	66.1	61	10	25	43	Inning 1-6	.217	69	15	4	0	1	9	3	12	.250	.319
Night	3.92	7	5	3	160	0	158.1	174	9	73	92	Inning 7+	.276	798	220	30	2	18	135	95	123	.354	.386
Grass	3.93	10	6	3	185	0	192.1	202	16	84	116	None on	.246	419	103	20	1	7	7	47	77	.328	.348
Turf	3.90	1	2	2	35	0	32.1	33	3	14	19	Runners on	.295	448	132	14	1	12	137	51	58	.364	.411
March/April	2.91	1	2	0	39	0	46.1	36	5	13	26	Scoring Posn	.261	291	76	9	1	6	123	33	39	.331	.361
May	4.54	0	3	1	37	0	37.2	39	5	28	26	Close & Late	.265	351	93	14	0	7	60	54	59	.360	.365
June	3.75	5	1	1	37	0	36.0	43	2	7	18	None on/out	.275	182	50	9	0	2	2	19	24	.353	.357
July	5.45	2	0	0	33	0	34.2	39	4	19	24	vs. 1st Batr (relief)	.284	197	56	7	0	3	33	21	30	.355	.365
August	3.09	1	0	1	37	0	35.0	40	1	14	19	1st Inning Pitched	.280	707	198	27	1	17	128	77	109	.353	.393
Sept/Oct	4.11	2	2	2	37	0	35.0	38	2	17	22	First 15 Pitches	.277	593	164	23	0	13	88	60	87	.346	.381
Starter	0.00	0	0	0	0	0	0.0	0	0	0	0	Pitch 16-30	.265	245	65	10	2	6	51	34	44	.353	.396
Reliever	3.93	11	8	5	220	0	224.2	235	19	98	135	Pitch 31-45	.207	29	6	1	0	0	5	4	4	.303	.241
0 Days Rest (Relief)	2.80	3	1	1	48	0	45.0	43	7	20	29	Pitch 46+	.000	0	0	0	0	0	0	0	0	.000	.000
1 or 2 Days Rest	3.99	6	6	1	127	0	133.0	144	8	59	78	First Pitch	.336	131	44	9	0	2	24	10	0	.389	.450
3+ Days Rest	4.82	2	1	3	45	0	46.2	48	4	19	28	Ahead in Count	.230	357	82	12	0	13	56	0	114	.235	.373
vs. AL	4.79	3	0	0	22	0	20.2	28	0	8	15	Behind in Count	.310	200	62	7	1	3	32	52	0	.449	.400
vs. NL	3.84	8	8	5	198	0	204.0	207	19	90	120	Two Strikes	.217	374	81	10	1	13	62	36	135	.285	.353
Pre-All Star	3.69	7	6	2	122	0	129.1	126	12	55	73	Pre-All Star	.256	492	126	21	2	12	78	55	73	.333	.380
Post-All Star	4.25	4	2	3	98	0	95.1	109	7	43	62	Post-All Star	.291	375	109	13	0	7	66	43	62	.364	.381

Albie Lopez — Diamondbacks

Age 30 – Pitches Right (groundbrall pitcher)

	ERA	W	L	Sv	G	GS	IP	BB	SO	Avg	H	2B	3B	HR	RBI	OBP	SLG	CG	ShO	Sup	QS	#P/S	SB	CS	GB	FB	G/F
2001 Season	4.81	9	19	0	33	33	205.2	75	136	.281	226	48	2	26	113	.343	.443	3	3	3.81	15	97	20	9	304	240	1.27
Last Five Years	4.56	33	45	4	220	63	611.1	241	394	.279	665	119	9	76	341	.347	.433	7	4	4.53	28	98	54	22	967	636	1.52

2001 Season

	ERA	W	L	Sv	G	GS	IP	H	HR	BB	SO		Avg	AB	H	2B	3B	HR	RBI	BB	SO	OBP	SLG
Home	4.49	4	9	0	16	16	102.1	110	16	34	71	vs. Left	.299	365	109	22	1	13	44	51	58	.383	.471
Away	5.14	5	10	0	17	17	103.1	116	10	41	65	vs. Right	.267	439	117	26	1	13	69	24	78	.308	.419
Day	5.09	3	8	0	12	12	76.0	85	8	32	45	Inning 1-6	.283	707	200	41	1	25	106	68	122	.346	.450
Night	4.65	6	11	0	21	21	129.2	141	18	43	91	Inning 7+	.268	97	26	7	1	1	7	7	14	.324	.392
Grass	4.58	6	11	0	20	20	125.2	132	15	42	89	None on	.281	456	128	33	2	14	14	37	77	.337	.454
Turf	5.18	3	8	0	13	13	80.0	94	11	33	47	Runners on	.282	348	98	15	0	12	99	38	59	.351	.428
April	2.60	3	2	0	6	6	45.0	39	2	21	28	Scoring Posn	.283	205	58	11	0	5	83	23	33	.350	.410
May	9.45	0	4	0	5	5	26.2	41	6	11	14	Close & Late	.315	54	17	5	1	1	5	5	7	.383	.500
June	6.91	0	4	0	5	5	27.1	44	5	14	14	None on/out	.293	205	60	16	2	5	5	15	32	.341	.463
July	5.52	2	3	0	5	5	31.0	38	5	8	16	vs. 1st Batr (relief)	.000	0	0	0	0	0	0	0	0	.000	.000
August	2.14	3	3	0	6	6	42.0	30	3	10	31	1st Inning Pitched	.280	132	37	7	0	2	17	11	28	.336	.379
Sept/Oct	5.08	1	3	0	6	6	33.2	34	5	11	33	First 75 Pitches	.276	590	163	29	1	17	73	53	102	.338	.415
Starter	4.81	9	19	0	33	33	205.2	226	26	75	136	Pitch 76-90	.327	104	34	10	1	6	23	10	17	.379	.615
Reliever	0.00	0	0	0	0	0	0.0	0	0	0	0	Pitch 91-105	.230	74	17	6	0	1	10	5	13	.275	.351
0-3 Days Rest (Start)	0.00	0	0	0	0	0	0.0	0	0	0	0	Pitch 106+	.333	36	12	3	0	2	7	7	4	.455	.583
4 Days Rest	3.87	6	11	0	22	22	139.2	133	12	53	96	First Pitch	.331	130	43	9	0	4	17	2	0	.343	.492
5+ Days Rest	6.82	3	8	0	11	11	66.0	93	14	22	40	Ahead in Count	.209	368	77	18	1	10	37	0	120	.210	.345
vs. AL	5.83	3	10	0	16	16	100.1	117	14	45	54	Behind in Count	.423	168	71	18	1	8	44	43	0	.542	.685
vs. NL	3.84	6	9	0	17	17	105.1	109	12	30	82	Two Strikes	.174	350	61	13	1	10	36	30	136	.239	.303
Pre-All Star	5.61	4	11	0	18	18	112.1	138	14	50	61	Pre-All Star	.302	457	138	31	1	14	75	50	61	.374	.466
Post-All Star	3.86	5	8	0	15	15	93.1	88	12	25	75	Post-All Star	.254	347	88	17	1	12	38	25	75	.301	.412

Last Five Years

	ERA	W	L	Sv	G	GS	IP	H	HR	BB	SO		Avg	AB	H	2B	3B	HR	RBI	BB	SO	OBP	SLG
Home	4.01	20	20	1	115	31	321.1	331	40	116	208	vs. Left	.294	1091	321	57	3	36	152	140	166	.374	.451
Away	5.18	13	25	3	105	32	290.0	334	36	125	186	vs. Right	.267	1289	344	62	6	40	189	101	228	.322	.417
Day	4.52	11	15	0	64	21	185.1	196	22	67	120	Inning 1-6	.290	1517	440	79	7	48	227	155	238	.356	.446
Night	4.58	22	30	4	156	42	426.0	469	54	174	274	Inning 7+	.261	863	225	40	2	28	114	86	156	.330	.409
Grass	4.85	13	24	2	104	35	302.1	331	40	122	204	None on	.269	1329	357	67	5	44	44	114	227	.331	.426
Turf	4.28	20	21	2	116	28	309.0	334	36	119	190	Runners on	.293	1051	308	52	4	32	297	127	167	.366	.441
March/April	4.43	4	6	0	42	8	105.2	118	10	63	56	Scoring Posn	.295	620	183	34	2	17	256	93	94	.380	.439
May	6.21	4	9	2	33	9	79.2	93	12	32	47	Close & Late	.278	428	119	25	2	17	64	51	75	.360	.465
June	5.02	6	7	0	33	11	95.0	125	13	39	68	None on/out	.279	594	166	30	4	25	25	45	89	.334	.470
July	4.04	9	6	0	35	11	104.2	109	12	32	57	vs. 1st Batr (relief)	.298	141	42	4	0	5	30	12	17	.353	.433
August	3.02	6	6	1	33	12	116.1	95	12	32	79	1st Inning Pitched	.275	774	213	30	3	18	102	74	143	.338	.391
Sept/Oct	5.24	4	11	0	44	12	110.0	125	17	43	87	First 75 Pitches	.281	1967	552	88	8	59	273	195	336	.347	.423
Starter	4.57	20	30	0	63	63	392.0	428	49	147	237	Pitch 76-90	.316	193	61	16	1	8	37	22	26	.381	.534
Reliever	4.55	13	15	4	157	0	219.1	237	27	94	157	Pitch 91-105	.243	144	35	10	0	6	23	12	23	.299	.428
0-3 Days Rest (Start)	1.80	1	0	0	2	2	10.0	7	1	3	7	Pitch 106+	.224	76	17	5	0	3	12	9	4	.337	.408
4 Days Rest	3.90	13	17	0	38	38	247.0	240	27	86	153	First Pitch	.340	347	118	20	0	12	55	13	0	.365	.501
5+ Days Rest	6.00	6	13	0	23	23	135.0	181	21	58	77	Ahead in Count	.226	1074	242	43	4	20	102	0	340	.230	.330
vs. AL	4.80	21	35	4	182	42	453.2	501	56	197	272	Behind in Count	.350	526	184	37	5	33	123	132	0	.477	.627
vs. NL	3.88	12	10	0	38	21	157.2	164	20	44	122	Two Strikes	.206	1037	214	38	4	24	105	96	394	.277	.320
Pre-All Star	5.17	17	24	2	121	32	315.0	375	38	148	193	Pre-All Star	.298	1258	375	68	2	38	199	148	193	.375	.446
Post-All Star	3.92	16	21	2	99	31	296.1	290	38	93	201	Post-All Star	.258	1122	290	51	7	38	142	93	201	.314	.418

Felipe Lopez — Blue Jays
Age 22 – Bats Both

	Avg	G	AB	R	H	2B	3B	HR	RBI	BB	SO	HBP	GDP	SB	CS	OBP	SLG	IBB	SH	SF	#Pit	#P/PA	GB	FB	G/F
2001 Season	.260	49	177	21	46	5	4	5	23	12	39	0	2	4	3	.304	.418	1	1	2	691	3.60	63	51	1.24

2001 Season

	Avg	AB	H	2B	3B	HR	RBI	BB	SO	OBP	SLG		Avg	AB	H	2B	3B	HR	RBI	BB	SO	OBP	SLG
vs. Left	.293	58	17	1	2	3	10	1	9	.305	.534	Scoring Posn	.356	45	16	2	3	1	17	3	7	.380	.600
vs. Right	.244	119	29	4	2	2	13	11	30	.303	.361	Close & Late	.200	30	6	0	1	0	3	3	9	.273	.267
Home	.296	71	21	1	1	3	10	5	13	.338	.465	None on/out	.200	40	8	1	1	1	3	11	.256	.350
Away	.236	106	25	4	3	2	13	7	26	.281	.387	Batting #6	.333	18	6	0	0	0	2	2	4	.381	.333
First Pitch	.393	28	11	2	1	2	8	0	0	.367	.750	Batting #7	.262	149	39	4	4	5	21	9	31	.302	.443
Ahead in Count	.273	22	6	0	1	1	3	9	0	.484	.500	Other	.100	10	1	1	0	0	0	1	4	.182	.200
Behind in Count	.189	95	18	3	1	1	10	0	35	.189	.274	Pre-All Star	.000	0	0	0	0	0	0	0	0	.000	.000
Two Strikes	.211	90	19	3	1	1	6	3	39	.237	.300	Post-All Star	.260	177	46	5	4	5	23	12	39	.304	.418

Javy Lopez — Braves
Age 31 – Bats Right (groundball hitter)

	Avg	G	AB	R	H	2B	3B	HR	RBI	BB	SO	HBP	GDP	SB	CS	OBP	SLG	IBB	SH	SF	#Pit	#P/PA	GB	FB	G/F
2001 Season	.267	128	438	45	117	16	1	17	66	28	82	10	12	1	0	.322	.425	3	1	5	1635	3.39	175	126	1.39
Last Five Years	.287	583	2068	264	594	104	5	109	374	153	370	28	69	7	7	.341	.500	19	3	22	7754	3.41	834	549	1.52

2001 Season

	Avg	AB	H	2B	3B	HR	RBI	BB	SO	OBP	SLG		Avg	AB	H	2B	3B	HR	RBI	BB	SO	OBP	SLG
vs. Left	.212	85	18	1	0	5	11	10	23	.299	.400	First Pitch	.261	69	18	2	0	5	13	2	0	.316	.507
vs. Right	.280	353	99	15	1	12	55	18	59	.328	.431	Ahead in Count	.340	94	32	3	0	7	16	15	0	.427	.596
Home	.283	198	56	7	1	10	34	11	32	.329	.480	Behind in Count	.208	202	42	8	0	4	28	0	73	.225	.307
Away	.254	240	61	9	0	7	32	17	50	.317	.379	Two Strikes	.202	183	37	5	0	3	20	11	82	.264	.279
Day	.250	136	34	4	0	6	22	12	27	.313	.412	Batting #6	.274	146	40	5	1	5	22	12	32	.325	.425
Night	.275	302	83	12	1	11	44	16	55	.326	.430	Batting #7	.275	240	66	9	0	11	39	14	36	.332	.450
Grass	.268	380	102	13	1	15	59	23	71	.319	.426	Other	.212	52	11	2	0	1	5	2	14	.268	.308
Turf	.259	58	15	3	0	2	7	5	11	.343	.414	April	.217	83	18	3	0	2	6	5	10	.278	.325
Pre-All Star	.251	263	66	8	1	9	35	17	46	.307	.392	May	.288	73	21	4	1	3	9	3	17	.321	.493
Post-All Star	.291	175	51	8	0	8	31	11	36	.345	.474	June	.247	85	21	1	0	4	17	8	14	.316	.400
Inning 1-6	.278	284	79	10	1	10	46	15	58	.325	.426	July	.231	65	15	2	0	1	6	3	11	.275	.308
Inning 7+	.247	154	38	6	0	7	20	13	24	.318	.422	August	.278	79	22	5	0	4	14	3	14	.314	.494
Scoring Posn	.277	119	33	1	0	5	49	13	29	.355	.412	Sept/Oct	.377	53	20	1	0	3	14	6	16	.460	.660
Close & Late	.310	71	22	3	0	4	13	6	14	.380	.521	vs. AL	.203	59	12	0	1	0	6	5	8	.266	.271
None on/out	.253	91	23	3	0	2	2	6	10	.320	.352	vs. NL	.277	379	105	15	0	16	60	23	74	.331	.449

2001 By Position

Position	Avg	AB	H	2B	3B	HR	RBI	BB	SO	OBP	SLG	G	GS	Innings	PO	A	E	DP	Fld Pct	Rng Fctr	In Zone	Zone Outs	Zone Rtg	MLB Zone
As c	.265	430	114	16	1	17	63	26	81	.318	.426	127	115	1026.0	826	50	10	7	.989	—	—	—	—

Last Five Years

	Avg	AB	H	2B	3B	HR	RBI	BB	SO	OBP	SLG		Avg	AB	H	2B	3B	HR	RBI	BB	SO	OBP	SLG
vs. Left	.283	445	126	16	2	26	79	42	80	.344	.503	First Pitch	.355	380	135	23	0	23	70	15	0	.389	.597
vs. Right	.288	1623	468	88	3	83	295	111	290	.340	.500	Ahead in Count	.333	409	136	22	1	35	95	69	0	.427	.648
Home	.281	963	271	42	3	52	183	78	184	.340	.493	Behind in Count	.235	937	220	41	2	38	144	0	321	.246	.404
Away	.292	1105	323	62	2	57	191	75	186	.343	.507	Two Strikes	.195	867	169	30	2	21	99	69	370	.262	.307
Day	.288	608	175	39	1	30	111	42	124	.337	.503	Batting #5	.295	465	137	27	1	30	92	32	84	.347	.551
Night	.287	1460	419	65	4	79	263	111	246	.343	.499	Batting #6	.289	1094	316	57	4	56	193	88	204	.344	.502
Grass	.285	1716	489	82	5	85	312	120	307	.336	.487	Other	.277	509	141	20	0	23	89	33	82	.332	.452
Turf	.298	352	105	22	0	24	62	33	63	.366	.565	March/April	.280	379	106	21	0	23	68	32	67	.339	.517
Pre-All Star	.294	1243	366	68	3	65	219	95	221	.349	.511	May	.293	406	119	22	2	16	63	27	74	.339	.475
Post-All Star	.276	825	228	36	2	44	155	58	149	.329	.485	June	.293	382	112	22	1	22	71	34	65	.357	.529
Inning 1-6	.288	1373	396	69	4	74	246	84	243	.334	.506	July	.290	307	89	14	0	16	59	13	52	.320	.492
Inning 7+	.285	695	198	35	1	35	128	69	127	.355	.489	August	.265	328	87	12	0	22	61	17	60	.315	.503
Scoring Posn	.298	571	170	28	2	31	267	62	112	.365	.517	Sept/Oct	.305	266	81	13	0	12	52	30	52	.377	.481
Close & Late	.289	315	91	14	0	14	57	29	60	.357	.467	vs. AL	.300	267	80	18	0	12	47	20	40	.354	.502
None on/out	.284	486	138	21	1	29	29	33	72	.338	.510	vs. NL	.285	1801	514	86	5	97	327	133	330	.339	.500

Luis Lopez — Brewers
Age 31 – Bats Both

	Avg	G	AB	R	H	2B	3B	HR	RBI	BB	SO	HBP	GDP	SB	CS	OBP	SLG	IBB	SH	SF	#Pit	#P/PA	GB	FB	G/F
2001 Season	.270	92	222	22	60	8	3	4	18	14	44	5	6	0	1	.326	.387	2	5	1	829	3.36	83	61	1.36
Last Five Years	.257	433	971	113	250	51	6	15	99	67	214	21	21	6	10	.317	.369	8	19	6	3772	3.48	341	251	1.36

2001 Season

	Avg	AB	H	2B	3B	HR	RBI	BB	SO	OBP	SLG		Avg	AB	H	2B	3B	HR	RBI	BB	SO	OBP	SLG
vs. Left	.184	38	7	1	1	0	4	0	8	.184	.263	Scoring Posn	.250	44	11	3	0	2	15	4	10	.333	.455
vs. Right	.288	184	53	7	2	4	14	14	36	.353	.413	Close & Late	.250	32	8	1	0	0	1	3	5	.333	.281
Home	.235	102	24	1	2	2	7	7	17	.295	.343	None on/out	.283	53	15	2	1	0	0	4	7	.333	.358
Away	.300	120	36	7	1	2	11	7	27	.354	.425	Batting #2	.294	34	10	1	2	1	3	5	8	.405	.529
First Pitch	.378	45	17	3	0	0	1	0	0	.404	.444	Batting #7	.319	116	37	4	1	3	13	6	16	.352	.448
Ahead in Count	.366	41	15	1	1	2	9	9	0	.480	.585	Other	.181	72	13	3	0	0	2	3	20	.244	.222
Behind in Count	.178	101	18	3	1	0	2	0	39	.210	.228	Pre-All Star	.225	80	18	2	0	1	5	2	18	.250	.288
Two Strikes	.156	90	14	1	0	0	5	4	44	.214	.200	Post-All Star	.296	142	42	6	3	3	13	12	26	.367	.444

	Avg	AB	H	2B	3B	HR	RBI	BB	SO	OBP	SLG		Avg	AB	H	2B	3B	HR	RBI	BB	SO	OBP	SLG
vs. Left	.228	246	56	11	2	5	24	9	38	.270	.350	First Pitch	.344	160	55	8	1	2	19	5	0	.375	.444
vs. Right	.268	725	194	40	4	10	75	58	176	.333	.375	Ahead in Count	.341	211	72	17	2	7	41	36	0	.436	.540
Home	.219	517	113	18	4	8	54	36	121	.284	.315	Behind in Count	.178	437	78	18	1	2	23	0	187	.203	.238
Away	.302	454	137	33	2	7	45	31	93	.356	.430	Two Strikes	.154	423	65	13	1	3	21	26	214	.219	.210
Day	.274	401	110	20	3	7	47	30	94	.336	.392	Batting #7	.257	284	73	10	1	6	28	19	52	.308	.363
Night	.246	570	140	31	3	8	52	37	120	.304	.353	Batting #8	.273	278	76	20	1	4	34	17	66	.331	.396
Grass	.253	853	216	41	5	15	88	51	190	.307	.366	Other	.247	409	101	21	4	5	37	31	96	.314	.355
Turf	.288	118	34	10	1	0	11	16	24	.384	.390	March/April	.320	100	32	10	1	1	12	9	21	.373	.470
Pre-All Star	.260	458	119	26	2	5	38	37	112	.331	.358	May	.165	121	20	1	0	2	10	9	37	.246	.223
Post-All Star	.255	513	131	25	4	10	61	30	102	.305	.378	June	.265	166	44	9	1	2	13	12	38	.344	.367
Inning 1-6	.267	528	141	27	3	8	55	27	101	.316	.375	July	.274	186	51	11	0	0	13	13	39	.328	.333
Inning 7+	.246	443	109	24	3	7	44	40	113	.319	.361	August	.245	229	56	13	3	5	26	12	45	.296	.393
Scoring Posn	.264	246	65	17	3	4	84	26	55	.335	.407	Sept/Oct	.278	169	47	7	1	5	25	12	34	.326	.420
Close & Late	.229	214	49	11	0	3	21	23	60	.313	.322	vs. AL	.253	95	24	7	0	1	9	7	21	.314	.358
None on/out	.218	229	50	10	1	3	3	14	56	.275	.310	vs. NL	.258	876	226	44	6	14	90	60	193	.318	.370

Luis Lopez — Blue Jays
Age 28 – Bats Right

	Avg	G	AB	R	H	2B	3B	HR	RBI	BB	SO	HBP	GDP	SB	CS	OBP	SLG	IBB	SH	SF	#Pit	#P/PA	GB	FB	G/F
2001 Season	.244	41	119	10	29	4	0	3	10	8	16	0	10	0	0	.291	.353	1	1	0	474	3.70	47	34	1.38

2001 Season

	Avg	AB	H	2B	3B	HR	RBI	BB	SO	OBP	SLG		Avg	AB	H	2B	3B	HR	RBI	BB	SO	OBP	SLG
vs. Left	.194	36	7	2	0	1	3	2	8	.237	.333	Scoring Posn	.296	27	8	1	0	0	7	3	2	.367	.333
vs. Right	.265	83	22	2	0	2	7	6	8	.315	.361	Close & Late	.143	14	2	0	0	0	1	4	2	.333	.143
Home	.182	55	10	1	0	2	6	6	9	.262	.309	None on/out	.240	25	6	2	0	0	0	2	3	.296	.320
Away	.297	64	19	3	0	1	4	2	7	.318	.391	Batting #7	.182	44	8	0	0	2	4	4	8	.250	.318
First Pitch	.500	16	8	2	0	1	2	1	0	.529	.813	Batting #8	.462	26	12	2	0	1	3	2	2	.500	.654
Ahead in Count	.200	30	6	1	0	0	1	4	0	.294	.233	Other	.184	49	9	2	0	0	3	2	6	.216	.224
Behind in Count	.218	55	12	1	0	1	6	0	14	.218	.291	Pre-All Star	.366	41	15	2	0	2	6	4	4	.422	.561
Two Strikes	.260	50	13	1	0	2	6	3	16	.302	.400	Post-All Star	.179	78	14	2	0	1	4	4	12	.220	.244

Mendy Lopez — Pirates
Age 27 – Bats Right

	Avg	G	AB	R	H	2B	3B	HR	RBI	BB	SO	HBP	GDP	SB	CS	OBP	SLG	IBB	SH	SF	#Pit	#P/PA	GB	FB	G/F
2001 Season	.241	32	58	8	14	3	1	1	7	6	20	1	0	0	0	.318	.379	1	0	1	271	4.11	19	18	1.06
Career (1998-2001)	.251	117	287	28	72	13	4	2	25	19	66	3	6	5	2	.302	.345	1	5	2	1228	3.89	94	78	1.21

2001 Season

	Avg	AB	H	2B	3B	HR	RBI	BB	SO	OBP	SLG		Avg	AB	H	2B	3B	HR	RBI	BB	SO	OBP	SLG
vs. Left	.250	24	6	2	1	0	1	1	7	.280	.417	Scoring Posn	.188	16	3	0	0	1	6	1	5	.263	.375
vs. Right	.235	34	8	1	0	1	6	5	13	.341	.353	Close & Late	.000	6	0	0	0	0	0	0	3	.143	.000

Mark Loretta — Brewers
Age 30 – Bats Right

	Avg	G	AB	R	H	2B	3B	HR	RBI	BB	SO	HBP	GDP	SB	CS	OBP	SLG	IBB	SH	SF	#Pit	#P/PA	GB	FB	G/F
2001 Season	.289	102	384	40	111	14	2	4	29	28	46	7	6	1	2	.346	.352	0	7	3	1616	3.77	129	108	1.19
Last Five Years	.293	618	2175	293	637	115	13	25	237	206	250	27	58	19	17	.358	.392	6	33	24	9505	3.86	807	611	1.32

2001 Season

	Avg	AB	H	2B	3B	HR	RBI	BB	SO	OBP	SLG		Avg	AB	H	2B	3B	HR	RBI	BB	SO	OBP	SLG
vs. Left	.313	96	30	4	1	0	6	7	9	.362	.375	First Pitch	.378	45	17	3	0	1	6	0	0	.378	.511
vs. Right	.281	288	81	10	1	2	23	21	37	.341	.344	Ahead in Count	.348	69	24	4	0	0	6	18	0	.489	.406
Home	.307	176	54	10	0	0	16	23	16	.364	.364	Behind in Count	.249	193	48	2	1	0	10	0	41	.259	.269
Away	.274	208	57	4	2	2	17	12	23	.320	.341	Two Strikes	.247	182	45	5	1	1	15	10	46	.298	.302
Day	.330	112	37	8	1	1	8	10	10	.395	.446	Batting #2	.289	370	107	13	2	2	29	28	43	.348	.351
Night	.272	272	74	6	1	1	21	18	36	.313	.313	Batting #8	.429	7	3	0	0	0	0	0	0	.429	.429
Grass	.288	371	107	14	2	1	28	27	42	.346	.345	Other	.143	7	1	1	0	0	0	0	1	.143	.286
Turf	.308	13	4	0	0	1	1	1	4	.357	.538	April	.000	0	0	0	0	0	0	0	0	.000	.000
Pre-All Star	.278	162	45	6	0	0	10	10	20	.338	.315	May	.366	41	15	1	0	0	4	3	6	.409	.390
Post-All Star	.297	222	66	8	2	2	19	18	26	.359	.378	June	.253	95	24	2	0	0	5	6	11	.305	.274
Inning 1-6	.283	269	76	9	1	1	17	19	34	.338	.335	July	.313	83	26	4	0	0	6	5	10	.356	.361
Inning 7+	.304	115	35	5	1	1	12	9	12	.365	.391	August	.289	97	28	5	2	2	9	9	12	.361	.443
Scoring Posn	.286	84	24	2	0	0	22	12	10	.382	.310	Sept/Oct	.265	68	18	2	0	0	5	5	7	.333	.294
Close & Late	.286	56	16	3	0	0	6	3	6	.333	.339	vs. AL	.208	48	10	0	0	0	3	4	10	.259	.208
None on/out	.324	71	23	2	0	0	0	6	11	.392	.352	vs. NL	.301	336	101	14	2	2	26	24	36	.359	.372

2001 By Position

Position	Avg	AB	H	2B	3B	HR	RBI	BB	SO	OBP	SLG	G	GS	Innings	PO	A	E	DP	Fld Pct	Rng Fctr	In Zone	Zone Outs	Zone Rtg	MLB Zone
As 2b	.299	201	60	11	2	2	16	17	22	.363	.403	52	52	424.1	115	144	2	31	.992	5.49	162	132	.815	.824
As 3b	.295	139	41	2	0	0	12	11	16	.351	.309	39	35	309.1	16	54	5	0	.933	2.04	78	53	.679	.761

Last Five Years

	Avg	AB	H	2B	3B	HR	RBI	BB	SO	OBP	SLG		Avg	AB	H	2B	3B	HR	RBI	BB	SO	OBP	SLG
vs. Left	.307	615	189	35	3	3	64	76	64	.385	.392	First Pitch	.394	246	97	23	2	6	36	4	0	.403	.577
vs. Right	.287	1560	448	78	10	22	173	130	186	.347	.392	Ahead in Count	.355	392	139	33	3	9	75	128	0	.507	.523
Home	.309	1044	323	66	6	10	117	118	117	.385	.413	Behind in Count	.246	1070	263	37	5	5	74	0	216	.255	.304
Away	.278	1131	314	49	7	15	120	88	133	.332	.373	Two Strikes	.244	1033	252	41	5	7	82	74	250	.303	.314

255

Last Five Years

	Avg	AB	H	2B	3B	HR	RBI	BB	SO	OBP	SLG		Avg	AB	H	2B	3B	HR	RBI	BB	SO	OBP	SLG
Day	.297	757	225	39	3	12	81	60	77	.352	.404	Batting #1	.300	440	132	28	4	4	49	41	54	.366	.409
Night	.291	1418	412	76	10	13	156	146	173	.361	.386	Batting #2	.287	1231	353	58	5	13	107	105	134	.348	.374
Grass	.297	1908	566	96	12	19	210	189	218	.364	.389	Other	.302	504	152	29	4	8	81	60	62	.374	.423
Turf	.266	267	71	19	1	6	27	17	32	.311	.412	March/April	.247	263	65	16	1	3	24	30	31	.323	.350
Pre-All Star	.298	1108	330	58	5	14	134	105	135	.361	.397	May	.316	399	126	16	0	7	58	36	53	.377	.410
Post-All Star	.288	1067	307	57	8	11	103	101	115	.354	.387	June	.340	350	119	22	4	4	47	36	40	.403	.460
Inning 1-6	.299	1483	444	80	10	17	154	138	161	.360	.401	July	.297	317	94	16	1	3	27	21	42	.345	.382
Inning 7+	.279	692	193	35	3	8	83	68	89	.353	.373	August	.262	428	112	21	5	6	40	45	39	.337	.376
Scoring Posn	.307	499	153	27	4	5	194	59	57	.376	.407	Sept/Oct	.289	418	121	24	2	2	41	38	45	.350	.371
Close & Late	.258	345	89	18	1	2	38	38	47	.345	.333	vs. AL	.290	513	149	22	7	7	64	49	73	.347	.402
None on/out	.289	505	146	28	1	6	6	53	68	.365	.384	vs. NL	.294	1662	488	93	6	18	173	157	177	.361	.389

Derek Lowe — Red Sox
Age 29 – Pitches Right (groundball pitcher)

	ERA	W	L	Sv	G	GS	IP	BB	SO	Avg	H	2B	3B	HR	RBI	OBP	SLG	GF	IR	IRS	Hld	SvOp	SB	CS	GB	FB	G/F
2001 Season	3.53	5	10	24	67	3	91.2	29	82	.283	103	16	1	7	39	.343	.390	50	27	9	4	30	17	2	175	49	3.57
Career (1997-2001)	3.64	20	32	85	298	22	484.1	141	370	.257	477	93	6	36	216	.314	.372	155	131	44	39	108	53	10	911	279	3.27

2001 Season

	ERA	W	L	Sv	G	GS	IP	H	HR	BB	SO		Avg	AB	H	2B	3B	HR	RBI	BB	SO	OBP	SLG
Home	2.79	2	4	14	36	2	51.2	55	4	16	43	vs. Left	.317	180	57	11	1	3	20	17	37	.380	.439
Away	4.50	3	6	10	31	1	40.0	48	3	13	39	vs. Right	.250	184	46	5	0	4	19	12	45	.307	.342
Day	3.57	1	3	9	20	0	22.2	27	4	5	24	Inning 1-6	.219	64	14	1	0	0	0	2	18	.254	.234
Night	3.52	4	7	15	47	3	69.0	76	3	24	58	Inning 7+	.297	300	89	15	1	7	39	27	64	.361	.423
Grass	3.30	3	9	17	54	2	71.0	77	7	25	63	None on	.324	185	60	9	0	5	5	9	38	.362	.454
Turf	4.35	2	1	7	13	1	20.2	26	0	4	19	Runners on	.240	179	43	7	1	2	34	20	44	.325	.324
April	6.75	1	4	3	9	0	13.1	20	4	6	9	Scoring Posn	.254	118	30	6	1	1	32	20	29	.369	.347
May	2.81	1	1	2	12	0	16.0	14	0	5	13	Close & Late	.310	213	66	10	0	6	31	22	46	.383	.441
June	2.55	1	1	9	13	0	17.2	18	0	5	13	None on/out	.326	89	29	6	0	2	2	5	14	.362	.461
July	5.27	1	2	7	14	0	13.2	19	2	7	15	vs. 1st Batr (relief)	.254	59	15	3	0	1	3	2	9	.302	.356
August	3.18	0	2	3	13	0	11.1	16	1	4	14	1st Inning Pitched	.294	248	73	12	1	5	32	17	53	.348	.411
Sept/Oct	1.83	1	0	0	6	3	19.2	16	0	2	18	First 15 Pitches	.306	206	63	11	1	6	24	12	41	.354	.456
Starter	1.13	1	0	0	3	3	16.0	12	0	2	15	Pitch 16-30	.255	102	26	6	0	0	0	13	25	.339	.294
Reliever	4.04	4	10	24	64	0	75.2	91	7	27	67	Pitch 31-45	.222	27	6	0	0	0	0	2	10	.300	.222
0 Days Rest (Relief)	4.40	1	3	7	17	0	14.1	20	1	9	9	Pitch 46+	.276	29	8	1	0	1	3	2	6	.323	.414
1 or 2 Days Rest	5.35	1	6	12	31	0	37.0	53	5	13	34	First Pitch	.275	40	11	3	1	1	7	9	0	.400	.475
3+ Days Rest	1.85	2	1	5	16	0	24.1	18	1	5	24	Ahead in Count	.271	188	51	9	0	5	18	0	71	.283	.399
vs. AL	3.51	5	10	16	58	3	82.0	91	6	25	73	Behind in Count	.357	70	25	4	0	1	7	10	0	.444	.457
vs. NL	3.72	0	0	8	9	0	9.2	12	1	4	9	Two Strikes	.236	178	42	4	0	3	12	10	82	.288	.309
Pre-All Star	3.71	4	6	15	38	0	51.0	56	4	19	39	Pre-All Star	.276	203	56	11	1	4	23	19	39	.342	.399
Post-All Star	3.32	1	4	9	29	3	40.2	47	3	10	43	Post-All Star	.292	161	47	5	0	3	16	10	43	.345	.379

Career (1997-2001)

	ERA	W	L	Sv	G	GS	IP	H	HR	BB	SO		Avg	AB	H	2B	3B	HR	RBI	BB	SO	OBP	SLG
Home	3.53	15	15	39	153	11	239.1	240	18	67	178	vs. Left	.288	877	253	58	4	20	108	87	138	.354	.432
Away	3.75	5	17	46	145	11	245.0	237	18	74	192	vs. Right	.229	978	224	35	2	16	108	54	232	.278	.318
Day	3.41	6	10	23	99	6	155.2	149	14	45	127	Inning 1-6	.270	604	163	30	1	16	86	51	107	.331	.402
Night	3.75	14	22	62	199	16	328.2	328	22	96	243	Inning 7+	.251	1251	314	63	5	20	130	90	263	.306	.357
Grass	3.15	17	24	74	247	13	379.2	361	22	107	278	None on	.277	987	273	52	1	23	23	65	193	.326	.401
Turf	5.42	3	8	11	51	9	104.2	116	14	34	92	Runners on	.235	868	204	41	5	13	193	76	177	.301	.339
March/April	3.75	2	9	9	40	2	72.0	65	10	23	54	Scoring Posn	.244	537	131	32	4	7	177	63	117	.323	.358
May	4.17	2	4	9	48	4	73.1	76	5	25	54	Close & Late	.258	802	207	39	3	14	100	63	164	.318	.367
June	4.05	3	8	17	51	11	113.1	110	12	40	72	None on/out	.289	443	128	29	0	10	10	29	77	.333	.422
July	5.35	4	4	17	53	2	74.0	86	6	19	62	vs. 1st Batr (relief)	.282	255	72	14	0	4	21	14	42	.327	.384
August	2.20	7	2	17	49	0	65.1	63	1	15	59	1st Inning Pitched	.254	1060	269	55	5	16	127	69	211	.304	.360
Sept/Oct	2.19	2	5	16	57	3	86.1	74	2	19	69	First 15 Pitches	.262	935	245	53	3	14	94	51	166	.305	.370
Starter	5.95	3	10	0	22	22	107.1	119	14	41	74	Pitch 16-30	.241	494	119	18	2	7	59	52	115	.317	.328
Reliever	2.98	17	22	85	276	0	377.0	358	22	100	296	Pitch 31-45	.256	203	52	12	1	5	25	15	44	.317	.399
0 Days Rest (Relief)	4.22	3	5	29	68	0	70.2	81	5	27	52	Pitch 46+	.274	223	61	10	0	10	38	23	45	.344	.453
1 or 2 Days Rest	3.00	10	12	44	144	0	200.2	195	11	52	154	First Pitch	.289	235	68	14	2	6	39	19	0	.303	.443
3+ Days Rest	2.12	4	5	12	64	0	106.0	82	6	21	90	Ahead in Count	.199	871	173	38	1	12	73	0	320	.207	.286
vs. AL	3.46	19	28	72	263	16	419.1	405	29	116	325	Behind in Count	.355	406	144	32	1	12	66	59	0	.439	.527
vs. NL	4.85	1	4	13	35	6	65.0	72	7	25	45	Two Strikes	.184	837	154	29	2	12	66	63	370	.248	.266
Pre-All Star	4.02	8	21	38	156	18	280.0	271	28	96	196	Pre-All Star	.253	1072	271	54	4	28	135	96	196	.319	.389
Post-All Star	3.13	12	11	47	142	4	204.1	206	8	45	174	Post-All Star	.263	783	206	39	2	8	81	45	174	.308	.349

Sean Lowe — White Sox
Age 31 – Pitches Right

	ERA	W	L	Sv	G	GS	IP	BB	SO	Avg	H	2B	3B	HR	RBI	OBP	SLG	GF	IR	IRS	Hld	SvOp	SB	CS	GB	FB	G/F
2001 Season	3.61	9	4	3	45	11	127.0	32	71	.256	123	25	3	12	53	.308	.396	9	26	7	3	3	14	3	193	133	1.45
Career (1997-2001)	4.56	17	11	3	169	21	316.0	132	196	.257	329	45	7	35	173	.350	.427	33	132	40	15	6	25	10	478	325	1.47

2001 Season

	ERA	W	L	Sv	G	GS	IP	H	HR	BB	SO		Avg	AB	H	2B	3B	HR	RBI	BB	SO	OBP	SLG
Home	4.26	5	2	1	22	6	61.1	70	8	14	27	vs. Left	.281	235	66	13	3	5	26	16	35	.328	.426
Away	3.02	4	2	2	23	5	65.2	53	4	18	44	vs. Right	.233	245	57	12	0	7	27	16	36	.289	.367

2001 Season

	ERA	W	L	Sv	G	GS	IP	H	HR	BB	SO		Avg	AB	H	2B	3B	HR	RBI	BB	SO	OBP	SLG
Starter	4.46	4	4	0	11	11	66.2	76	8	12	36	Scoring Posn	.233	120	28	10	0	1	39	14	15	.308	.342
Reliever	2.69	5	0	3	34	0	60.1	47	4	20	35	Close & Late	.200	30	6	2	0	0	4	5	6	.306	.267
0 Days Rest (Relief)	5.06	3	0	0	7	0	10.2	14	3	3	3	None on/out	.288	125	36	8	0	3	3	6	15	.326	.424
1 or 2 Days Rest	0.40	1	0	2	13	0	22.2	12	0	5	12	First Pitch	.313	64	20	4	0	2	10	2	0	.333	.469
3+ Days Rest	3.67	1	0	1	14	0	27.0	21	1	12	20	Ahead in Count	.232	211	49	9	2	3	19	0	64	.252	.336
Pre-All Star	2.52	4	1	2	24	2	53.2	44	3	15	24	Behind in Count	.280	107	30	6	0	4	14	19	0	.380	.449
Post-All Star	4.42	5	3	1	21	9	73.1	79	9	17	47	Two Strikes	.240	208	50	9	3	4	20	11	71	.286	.370

Career (1997-2001)

	ERA	W	L	Sv	G	GS	IP	H	HR	BB	SO		Avg	AB	H	2B	3B	HR	RBI	BB	SO	OBP	SLG
Home	4.90	9	5	1	81	9	150.2	167	22	58	92	vs. Left	.304	527	160	34	5	16	83	78	78	.388	.478
Away	4.25	8	6	2	88	12	165.1	162	13	74	104	vs. Right	.252	671	169	33	0	19	90	54	118	.319	.386
Day	4.01	7	3	2	59	8	121.1	127	7	47	76	Inning 1-6	.282	734	207	36	4	23	116	81	116	.358	.436
Night	4.90	10	8	1	110	13	194.2	202	28	85	120	Inning 7+	.263	464	122	31	1	12	57	51	80	.338	.412
Grass	4.64	16	11	3	150	20	283.0	294	34	118	175	None on	.282	618	174	34	3	20	20	63	107	.354	.443
Turf	3.82	1	0	0	19	1	33.0	35	1	14	21	Runners on	.267	580	155	33	2	15	153	69	89	.347	.409
March/April	2.21	3	0	0	24	0	36.2	31	1	16	31	Scoring Posn	.259	359	93	21	1	9	137	52	52	.349	.398
May	4.85	2	2	1	28	1	42.2	47	4	21	29	Close & Late	.297	91	27	5	0	3	19	16	16	.394	.451
June	4.94	3	2	1	38	0	47.1	49	6	26	24	None on/out	.314	283	89	15	1	10	10	32	41	.388	.481
July	3.41	4	3	0	24	6	63.1	56	8	16	34	vs. 1st Batr (relief)	.315	124	39	5	0	9	29	17	22	.389	.573
August	6.43	0	2	0	20	7	56.0	78	9	24	37	1st Inning Pitched	.278	525	146	32	2	16	96	66	83	.358	.438
Sept/Oct	4.89	5	2	1	35	7	70.0	68	7	29	41	First 15 Pitches	.297	462	137	29	1	17	75	56	69	.375	.474
Starter	5.50	5	7	0	21	21	100.1	124	14	34	60	Pitch 16-30	.270	296	80	15	2	7	40	38	46	.358	.405
Reliever	4.08	12	4	3	148	0	209.2	205	21	98	136	Pitch 31-45	.235	170	40	10	0	2	20	14	42	.303	.329
0 Days Rest (Relief)	4.14	5	1	0	28	0	37.0	34	7	16	25	Pitch 46+	.267	270	72	13	2	9	38	24	39	.327	.470
1 or 2 Days Rest	3.94	4	1	2	70	0	93.2	94	7	44	68	First Pitch	.324	136	44	7	1	5	31	4	0	.362	.500
3+ Days Rest	4.22	3	2	1	50	0	79.0	77	7	38	45	Ahead in Count	.223	503	112	23	3	7	50	0	167	.236	.322
vs. AL	4.44	14	6	3	137	15	257.1	264	30	109	172	Behind in Count	.318	286	91	16	0	12	56	85	0	.466	.500
vs. NL	5.06	3	5	0	32	6	58.2	65	5	23	24	Two Strikes	.209	535	112	20	4	9	51	43	196	.271	.312
Pre-All Star	3.87	10	5	2	97	3	148.2	148	13	65	90	Pre-All Star	.265	559	148	34	1	13	77	65	90	.345	.399
Post-All Star	5.16	7	6	1	72	18	167.1	181	22	67	106	Post-All Star	.283	639	181	33	4	22	96	67	106	.355	.451

Mike Lowell — Marlins
Age 28 – Bats Right (flyball hitter)

	Avg	AB	H	R	H	2B	3B	HR	RBI	BB	SO	HBP	GDP	SB	CS	OBP	SLG	IBB	SH	SF	#Pit	#P/PA	GB	FB	G/F
2001 Season	.283	146	551	65	156	37	0	18	100	43	79	10	9	1	2	.340	.448	3	0	10	2223	3.62	144	223	0.65
Career (1998-2001)	.271	391	1382	171	375	90	0	52	238	123	224	24	21	5	4	.336	.449	8	0	26	5748	3.69	367	550	0.67

2001 Season

	Avg	AB	H	2B	3B	HR	RBI	BB	SO	OBP	SLG		Avg	AB	H	2B	3B	HR	RBI	BB	SO	OBP	SLG
vs. Left	.283	127	36	6	0	4	18	6	16	.313	.425	First Pitch	.348	66	23	5	0	4	23	3	0	.382	.606
vs. Right	.283	424	120	31	0	14	82	37	63	.348	.455	Ahead in Count	.316	136	43	11	0	6	28	30	0	.432	.529
Home	.316	269	85	21	0	12	62	23	40	.368	.528	Behind in Count	.254	244	62	17	0	2	48	0	61	.273	.348
Away	.252	282	71	16	0	6	38	20	39	.314	.372	Two Strikes	.243	243	59	14	0	4	34	10	79	.275	.350
Day	.294	153	45	12	0	4	26	8	24	.335	.451	Batting #4	.290	224	65	11	0	5	36	15	34	.340	.406
Night	.279	398	111	25	0	14	74	35	55	.342	.447	Batting #5	.280	325	91	26	0	13	64	28	44	.342	.480
Grass	.286	462	132	31	0	16	85	35	63	.339	.457	Other	.000	2	0	0	0	0	0	0	1	.000	.000
Turf	.270	89	24	6	0	2	15	8	16	.347	.404	April	.302	86	26	12	0	3	24	7	12	.354	.547
Pre-All Star	.285	281	80	22	0	11	62	25	39	.350	.480	May	.250	60	15	3	0	2	9	6	10	.329	.400
Post-All Star	.281	270	76	15	0	7	38	18	40	.330	.415	June	.291	110	32	7	0	6	24	8	12	.344	.518
Inning 1-6	.296	365	108	23	0	12	78	33	48	.358	.458	July	.290	93	27	4	0	2	15	8	14	.358	.398
Inning 7+	.258	186	48	14	0	6	22	10	31	.303	.430	August	.299	107	32	6	0	2	13	5	18	.325	.411
Scoring Posn	.339	165	56	12	0	6	84	20	25	.399	.521	Sept/Oct	.253	95	24	5	0	3	15	9	13	.317	.400
Close & Late	.244	90	22	2	0	2	8	7	19	.299	.333	vs. AL	.314	70	22	4	0	4	21	5	9	.372	.543
None on/out	.281	135	38	10	0	6	6	6	17	.326	.489	vs. NL	.279	481	134	33	0	14	79	38	70	.336	.435

2001 By Position

Position	Avg	AB	H	2B	3B	HR	RBI	BB	SO	OBP	SLG	G	GS	Innings	PO	A	E	DP	Fld Pct	Rng Fctr	In Zone	Zone Outs	Zone Rtg	MLB Zone
As 3b	.284	549	156	37	0	18	100	43	78	.342	.450	144	142	1250.2	108	261	9	35	.976	2.66	351	272	.775	.761

Career (1998-2001)

	Avg	AB	H	2B	3B	HR	RBI	BB	SO	OBP	SLG		Avg	AB	H	2B	3B	HR	RBI	BB	SO	OBP	SLG
vs. Left	.268	310	83	13	0	15	48	27	47	.323	.455	First Pitch	.314	156	49	11	0	11	52	4	0	.327	.596
vs. Right	.272	1072	292	77	0	37	190	96	177	.339	.448	Ahead in Count	.343	327	112	34	0	20	74	81	0	.469	.630
Home	.284	666	189	48	0	30	128	72	108	.351	.491	Behind in Count	.224	630	141	29	0	10	69	0	183	.241	.317
Away	.260	716	186	42	0	22	110	51	116	.321	.411	Two Strikes	.224	616	138	27	0	11	80	38	224	.274	.321
Day	.299	388	116	22	0	14	74	31	65	.352	.464	Batting #4	.286	241	69	11	0	7	44	17	38	.337	.419
Night	.261	994	259	68	0	38	164	92	159	.329	.444	Batting #5	.275	824	227	64	0	34	148	80	118	.344	.477
Grass	.275	1133	312	71	0	47	207	105	182	.341	.462	Other	.249	317	79	15	0	11	46	26	68	.314	.401
Turf	.253	249	63	19	0	5	31	18	42	.310	.390	March/April	.310	184	57	21	0	8	48	14	26	.356	.554
Pre-All Star	.267	640	171	44	0	25	118	60	108	.334	.453	May	.184	125	23	6	0	4	16	8	24	.237	.328
Post-All Star	.275	742	204	46	0	27	120	63	116	.337	.446	June	.270	248	67	12	0	12	44	25	41	.340	.476
Inning 1-6	.281	909	255	65	0	29	167	88	131	.341	.448	July	.281	256	72	11	0	7	36	34	38	.373	.406
Inning 7+	.254	473	120	25	0	23	71	35	93	.311	.452	August	.290	283	82	23	0	10	44	21	49	.341	.477
Scoring Posn	.298	389	116	26	0	17	188	55	57	.376	.496	Sept/Oct	.259	286	74	14	0	11	50	21	46	.305	.423
Close & Late	.249	229	57	5	0	12	39	16	48	.303	.428	vs. AL	.281	199	56	7	0	8	37	17	31	.342	.462
None on/out	.293	345	101	25	0	13	13	19	53	.341	.478	vs. NL	.270	1183	319	78	0	44	201	106	193	.335	.447

Julio Lugo — Astros
Age 26 – Bats Right

	Avg	G	AB	R	H	2B	3B	HR	RBI	BB	SO	HBP	GDP	SB	CS	OBP	SLG	IBB	SH	SF	#Pit	#P/PA	GB	FB	G/F
2001 Season	.263	140	513	93	135	20	3	10	37	46	116	5	7	12	11	.326	.372	0	15	7	2238	3.82	169	141	1.20
Career (2000-2001)	.272	256	933	171	254	42	8	20	77	83	209	9	16	34	20	.335	.399	0	18	8	4016	3.82	324	243	1.33

2001 Season

	Avg	AB	H	2B	3B	HR	RBI	BB	SO	OBP	SLG		Avg	AB	H	2B	3B	HR	RBI	BB	SO	OBP	SLG
vs. Left	.299	107	32	6	0	1	3	8	19	.348	.383	First Pitch	.392	74	29	5	2	2	7	0	0	.395	.595
vs. Right	.254	406	103	14	3	9	34	38	97	.320	.369	Ahead in Count	.260	96	25	4	0	3	10	22	0	.388	.396
Home	.268	269	72	12	0	6	21	26	65	.332	.379	Behind in Count	.186	236	44	8	1	1	9	0	99	.195	.242
Away	.258	244	63	8	3	4	16	20	51	.319	.365	Two Strikes	.191	267	51	11	0	4	12	24	116	.266	.277
Day	.259	158	41	7	1	3	9	9	33	.306	.373	Batting #1	.291	189	55	6	2	8	18	14	41	.340	.471
Night	.265	355	94	13	2	7	28	37	83	.334	.372	Batting #2	.251	295	74	14	1	2	19	30	67	.321	.325
Grass	.256	497	127	18	3	9	35	45	114	.319	.358	Other	.207	29	6	0	0	0	0	2	8	.281	.207
Turf	.500	16	8	2	0	1	2	1	2	.529	.813	April	.288	80	23	1	1	5	10	7	18	.345	.513
Pre-All Star	.282	287	81	10	2	10	25	23	65	.336	.436	May	.243	107	26	4	0	3	7	6	27	.278	.364
Post-All Star	.239	226	54	10	1	0	12	23	51	.312	.292	June	.276	76	21	4	0	3	7	16	.345	.329
Inning 1-6	.292	363	106	14	3	9	32	27	77	.341	.421	July	.273	99	27	6	1	2	9	18	.336	.414
Inning 7+	.193	150	29	6	0	1	5	19	39	.291	.253	August	.230	74	17	2	1	0	4	6	20	.289	.284
Scoring Posn	.202	94	19	2	1	1	25	9	14	.255	.277	Sept/Oct	.273	77	21	3	0	0	4	11	17	.364	.312
Close & Late	.169	65	11	2	0	0	1	6	16	.247	.200	vs. AL	.250	36	9	1	0	0	2	5	6	.349	.278
None on/out	.284	134	38	3	1	2	2	14	29	.356	.366	vs. NL	.264	477	126	19	3	10	35	41	110	.324	.379

2001 By Position

Position	Avg	AB	H	2B	3B	HR	RBI	BB	SO	OBP	SLG	G	GS	Innings	PO	A	E	DP	Fld Pct	Rng Fctr	In Zone	Outs	Zone Rtg	MLB Zone
As ss	.265	501	133	20	3	10	37	44	112	.326	.377	133	124	1096.0	211	373	22	74	.964	4.80	401	345	.860	.839

Career (2000-2001)

	Avg	AB	H	2B	3B	HR	RBI	BB	SO	OBP	SLG		Avg	AB	H	2B	3B	HR	RBI	BB	SO	OBP	SLG
vs. Left	.268	220	59	11	1	2	11	18	44	.324	.355	First Pitch	.375	128	48	6	3	7	17	0	0	.377	.633
vs. Right	.273	713	195	31	7	18	66	65	165	.338	.412	Ahead in Count	.368	182	67	6	0	6	24	42	0	.482	.533
Home	.270	488	132	24	5	12	45	49	114	.339	.414	Behind in Count	.185	437	81	18	1	3	24	0	181	.193	.252
Away	.274	445	122	18	3	8	32	34	95	.330	.382	Two Strikes	.186	478	89	24	1	6	25	41	209	.259	.278
Day	.311	286	89	15	3	7	19	17	61	.357	.458	Batting #1	.295	386	114	18	4	13	36	35	81	.358	.464
Night	.255	647	165	27	5	13	58	66	148	.326	.372	Batting #2	.258	418	108	18	3	5	33	38	93	.322	.352
Grass	.266	856	228	37	8	16	71	77	194	.331	.384	Other	.248	129	32	6	1	2	8	10	35	.307	.357
Turf	.338	77	26	5	0	4	6	6	15	.386	.558	March/April	.291	86	25	1	1	5	11	9	.358	.500
Pre-All Star	.280	400	112	18	2	11	34	34	95	.336	.418	May	.244	119	29	5	0	3	8	8	29	.287	.361
Post-All Star	.266	533	142	24	6	9	43	49	114	.334	.385	June	.290	145	42	9	0	1	10	13	31	.350	.372
Inning 1-6	.284	647	184	28	7	18	62	49	135	.338	.433	July	.255	192	49	9	2	3	15	14	.308	.370
Inning 7+	.245	286	70	14	1	2	15	34	74	.328	.322	August	.242	194	47	9	2	3	15	18	45	.313	.356
Scoring Posn	.207	188	39	6	2	3	53	13	42	.252	.309	Sept/Oct	.315	197	62	9	3	5	18	21	44	.381	.467
Close & Late	.226	115	26	4	1	0	5	13	28	.308	.278	vs. AL	.237	76	18	5	0	0	3	9	14	.322	.303
None on/out	.263	259	68	11	2	5	5	30	53	.346	.378	vs. NL	.275	857	236	37	8	20	74	74	195	.336	.407

Mark Lukasiewicz — Angels
Age 29 – Pitches Left (flyball pitcher)

	ERA	W	L	Sv	G	GS	IP	BB	SO	Avg	H	2B	3B	HR	RBI	OBP	SLG	GF	IR	IRS	Hld	SvOp	SB	CS	GB	FB	G/F
2001 Season	6.04	0	2	0	24	0	22.1	9	25	.247	21	3	0	6	20	.330	.494	11	21	7	0	0	3	1	23	25	0.92

2001 Season

	ERA	W	L	Sv	G	GS	IP	H	HR	BB	SO		Avg	AB	H	2B	3B	HR	RBI	BB	SO	OBP	SLG
Home	8.16	0	1	0	14	0	14.1	18	5	5	16	vs. Left	.278	36	10	1	0	1	8	4	9	.350	.389
Away	2.25	0	1	0	10	0	8.0	3	1	4	9	vs. Right	.224	49	11	2	0	5	12	5	16	.316	.571

Fernando Lunar — Orioles
Age 25 – Bats Right (groundball hitter)

	Avg	G	AB	R	H	2B	3B	HR	RBI	BB	SO	HBP	GDP	SB	CS	OBP	SLG	IBB	SH	SF	#Pit	#P/PA	GB	FB	G/F
2001 Season	.246	64	167	8	41	7	0	0	16	7	32	3	8	0	0	.287	.287	0	2	1	573	3.18	82	33	2.48
Career (2000-2001)	.224	95	237	13	53	8	0	0	22	10	51	7	10	0	2	.275	.257	1	2	1	849	3.30	111	46	2.41

2001 Season

	Avg	AB	H	2B	3B	HR	RBI	BB	SO	OBP	SLG		Avg	AB	H	2B	3B	HR	RBI	BB	SO	OBP	SLG
vs. Left	.192	52	10	0	0	0	3	1	8	.204	.192	Scoring Posn	.191	47	9	2	0	0	16	2	10	.250	.234
vs. Right	.270	115	31	7	0	0	13	6	24	.323	.330	Close & Late	.217	23	5	1	0	0	5	1	9	.269	.261
Home	.256	82	21	4	0	0	4	3	17	.287	.305	None on/out	.227	44	10	2	0	0	0	0	11	.227	.273
Away	.235	85	20	3	0	0	12	4	15	.286	.271	Batting #8	.263	137	36	6	0	0	11	6	24	.303	.307
First Pitch	.258	31	8	1	0	0	1	0	0	.258	.290	Batting #9	.200	25	5	1	0	0	5	1	7	.222	.240
Ahead in Count	.333	30	10	2	0	0	4	3	0	.429	.400	Other	.000	5	0	0	0	0	0	0	1	.167	.000
Behind in Count	.178	90	16	4	0	0	8	0	31	.185	.222	Pre-All Star	.286	77	22	4	0	0	11	3	13	.325	.338
Two Strikes	.143	70	10	4	0	0	7	4	32	.197	.200	Post-All Star	.211	90	19	3	0	0	5	4	19	.253	.244

David Lundquist — Padres

Age 29 – Pitches Right (flyball pitcher)

	ERA	W	L	Sv	G	GS	IP	BB	SO	Avg	H	2B	3B	HR	RBI	OBP	SLG	GF	IR	IRS	Hld	SvOp	SB	CS	GB	FB	G/F
2001 Season	5.95	0	1	0	17	0	19.2	7	19	.260	20	6	1	1	12	.326	.403	9	7	2	0	1	0	2	20	22	0.91
Career (1999-2001)	7.34	1	2	0	34	0	41.2	19	37	.289	48	12	1	4	30	.363	.446	16	17	6	0	1	2	3	37	56	0.66

2001 Season

	ERA	W	L	Sv	G	GS	IP	H	HR	BB	SO		Avg	AB	H	2B	3B	HR	RBI	BB	SO	OBP	SLG
Home	2.70	0	0	0	7	0	6.2	7	0	2	6	vs. Left	.241	29	7	2	1	0	4	2	7	.290	.379
Away	7.62	0	1	0	10	0	13.0	13	1	5	13	vs. Right	.271	48	13	4	0	1	8	5	12	.345	.417

Brandon Lyon — Blue Jays

Age 22 – Pitches Right

	ERA	W	L	Sv	G	GS	IP	BB	SO	Avg	H	2B	3B	HR	RBI	OBP	SLG	CG	ShO	Sup	QS	#P/S	SB	CS	GB	FB	G/F
2001 Season	4.29	5	4	0	11	11	63.0	15	35	.266	63	17	1	6	27	.305	.422	0	0	4.14	7	83	4	1	87	76	1.14

2001 Season

	ERA	W	L	Sv	G	GS	IP	H	HR	BB	SO		Avg	AB	H	2B	3B	HR	RBI	BB	SO	OBP	SLG
Home	4.15	2	3	0	5	5	30.1	26	4	7	21	vs. Left	.289	128	37	10	1	1	12	11	14	.336	.406
Away	4.41	3	1	0	6	6	32.2	37	2	8	14	vs. Right	.239	109	26	7	0	5	15	4	21	.267	.440
Starter	4.29	5	4	0	11	11	63.0	63	6	15	35	Scoring Posn	.246	57	14	6	0	1	22	3	9	.258	.404
Reliever	0.00	0	0	0	0	0	0.0	0	0	0	0	Close & Late	.214	14	3	0	0	0	0	1	1	.313	.214
0-3 Days Rest (Start)	0.00	0	0	0	0	0	0.0	0	0	0	0	None on/out	.338	65	22	5	1	2	2	4	6	.386	.538
4 Days Rest	3.91	2	1	0	4	4	23.0	23	3	5	17	First Pitch	.395	38	15	5	0	2	12	0	0	.375	.684
5+ Days Rest	4.50	3	3	0	7	7	40.0	40	3	10	18	Ahead in Count	.186	102	19	3	0	2	3	0	30	.192	.275
Pre-All Star	0.00	0	0	0	0	0	0.0	0	0	0	0	Behind in Count	.296	54	16	7	1	1	6	6	0	.355	.519
Post-All Star	4.29	5	4	0	11	11	63.0	63	6	15	35	Two Strikes	.146	96	14	2	0	1	3	9	35	.226	.198

John Mabry — Marlins

Age 31 – Bats Left

	Avg	G	AB	R	H	2B	3B	HR	RBI	BB	SO	HBP	GDP	SB	CS	OBP	SLG	IBB	SH	SF	#Pit	#P/PA	GB	FB	G/F
2001 Season	.208	87	154	14	32	7	0	6	20	13	46	5	6	1	0	.287	.370	1	0	2	653	3.75	46	45	1.02
Last Five Years	.251	527	1407	164	353	75	0	37	167	117	328	11	33	3	5	.312	.383	17	7	8	5597	3.61	493	351	1.40

2001 Season

	Avg	AB	H	2B	3B	HR	RBI	BB	SO	OBP	SLG		Avg	AB	H	2B	3B	HR	RBI	BB	SO	OBP	SLG
vs. Left	.214	14	3	0	0	0	2	2	4	.353	.214	Scoring Posn	.205	44	9	3	0	1	15	4	7	.275	.341
vs. Right	.207	140	29	7	0	6	18	11	42	.280	.386	Close & Late	.229	35	8	1	0	1	4	7	12	.364	.343
Home	.183	60	11	2	0	2	6	4	17	.254	.317	None on/out	.152	33	5	1	0	0	0	1	14	.243	.182
Away	.223	94	21	5	0	4	14	9	29	.308	.404	Batting #6	.146	41	6	2	0	1	3	3	12	.222	.268
First Pitch	.407	27	11	3	0	1	5	1	0	.467	.630	Batting #9	.118	34	4	0	0	0	1	2	13	.184	.118
Ahead in Count	.154	26	4	1	0	2	3	7	0	.324	.423	Other	.278	79	22	5	0	5	16	8	21	.363	.532
Behind in Count	.158	76	12	2	0	1	6	0	40	.190	.224	Pre-All Star	.208	77	16	3	0	3	8	6	23	.287	.364
Two Strikes	.163	80	13	2	0	3	7	5	46	.230	.300	Post-All Star	.208	77	16	4	0	3	12	7	23	.287	.377

Last Five Years

	Avg	AB	H	2B	3B	HR	RBI	BB	SO	OBP	SLG		Avg	AB	H	2B	3B	HR	RBI	BB	SO	OBP	SLG
vs. Left	.218	239	52	10	0	0	24	12	66	.261	.259	First Pitch	.371	232	86	18	0	9	40	57	0	.408	.565
vs. Right	.258	1168	301	65	0	37	143	105	262	.322	.408	Ahead in Count	.327	254	83	21	0	9	29	57	0	.454	.516
Home	.237	662	157	39	0	19	78	64	158	.310	.382	Behind in Count	.173	681	118	26	0	9	60	0	282	.179	.251
Away	.263	745	196	36	0	18	89	53	170	.313	.384	Two Strikes	.164	681	112	24	0	11	63	46	328	.220	.248
Day	.272	482	131	27	0	12	55	33	99	.325	.402	Batting #5	.255	341	87	10	0	11	49	31	70	.317	.381
Night	.240	925	222	48	0	25	112	84	229	.305	.373	Batting #6	.261	532	139	34	0	14	63	43	123	.320	.404
Grass	.248	1106	274	59	0	31	139	101	266	.314	.385	Other	.238	534	127	31	0	12	50	43	135	.300	.363
Turf	.262	301	79	16	0	6	28	16	62	.303	.375	March/April	.243	214	52	7	0	10	29	21	49	.314	.416
Pre-All Star	.259	861	223	43	0	23	105	89	192	.327	.389	May	.273	260	71	10	0	3	36	22	56	.331	.346
Post-All Star	.238	546	130	32	0	14	62	34	136	.287	.374	June	.285	309	88	23	0	8	34	34	64	.359	.437
Inning 1-6	.263	912	240	47	0	28	110	67	197	.315	.407	July	.245	274	67	13	0	3	19	19	63	.297	.325
Inning 7+	.228	495	113	28	0	9	57	50	131	.306	.339	August	.230	217	50	14	0	9	29	13	57	.276	.419
Scoring Posn	.243	362	88	21	0	9	126	57	86	.349	.376	Sept/Oct	.188	133	25	8	0	4	20	8	39	.238	.338
Close & Late	.210	238	50	13	0	2	18	33	64	.315	.290	vs. AL	.250	416	104	23	0	16	50	33	95	.308	.421
None on/out	.251	347	87	14	0	9	9	13	68	.284	.369	vs. NL	.251	991	249	52	0	21	117	84	233	.313	.367

Mike MacDougal — Royals

Age 25 – Pitches Right (groundball pitcher)

	ERA	W	L	Sv	G	GS	IP	BB	SO	Avg	H	2B	3B	HR	RBI	OBP	SLG	CG	ShO	Sup	QS	#P/S	SB	CS	GB	FB	G/F
2001 Season	4.70	1	1	0	3	3	15.1	4	7	.290	18	3	3	2	8	.343	.532	0	0	4.70	1	87	0	0	35	10	3.50

2001 Season

	ERA	W	L	Sv	G	GS	IP	H	HR	BB	SO		Avg	AB	H	2B	3B	HR	RBI	BB	SO	OBP	SLG
Home	4.09	1	1	0	2	2	11.0	12	1	3	6	vs. Left	.333	33	11	1	2	1	4	3	2	.405	.576
Away	6.23	0	0	0	1	1	4.1	6	1	1	1	vs. Right	.241	29	7	2	1	1	4	1	5	.267	.483

Robert Machado — Cubs
Age 29 – Bats Right

	Avg	G	AB	R	H	2B	3B	HR	RBI	BB	SO	HBP	GDP	SB	CS	OBP	SLG	IBB	SH	SF	#Pit	#P/PA	GB	FB	G/F
2001 Season	.222	52	135	13	30	10	0	2	13	7	26	1	4	0	0	.266	.341	3	3	0	494	3.38	47	37	1.27
Last Five Years	.212	121	297	33	63	17	1	6	31	18	64	1	7	0	0	.259	.337	3	7	0	1093	3.38	97	86	1.13

2001 Season

	Avg	AB	H	2B	3B	HR	RBI	BB	SO	OBP	SLG		Avg	AB	H	2B	3B	HR	RBI	BB	SO	OBP	SLG
vs. Left	.278	54	15	7	0	1	7	1	10	.304	.463	Scoring Posn	.275	40	11	5	0	1	12	5	5	.356	.475
vs. Right	.185	81	15	3	0	1	6	6	16	.241	.259	Close & Late	.185	27	5	1	0	1	4	0	6	.185	.333
Home	.237	76	18	7	0	2	8	1	16	.247	.408	None on/out	.194	36	7	2	0	1	1	0	5	.216	.333
Away	.203	59	12	3	0	0	5	6	10	.288	.254	Batting #7	.292	24	7	1	0	1	2	0	4	.292	.458
First Pitch	.273	22	6	1	0	2	4	1	0	.304	.591	Batting #8	.200	95	19	8	0	1	8	6	20	.255	.316
Ahead in Count	.222	27	6	0	0	0	2	5	0	.344	.222	Other	.250	16	4	1	0	0	3	1	2	.294	.313
Behind in Count	.246	65	16	8	0	0	6	0	23	.258	.369	Pre-All Star	.300	30	9	3	0	1	3	2	5	.364	.500
Two Strikes	.210	62	13	6	0	0	5	1	26	.234	.306	Post-All Star	.200	105	21	7	0	1	10	5	21	.236	.295

Jose Macias — Tigers
Age 28 – Bats Both (groundball hitter)

	Avg	G	AB	R	H	2B	3B	HR	RBI	BB	SO	HBP	GDP	SB	CS	OBP	SLG	IBB	SH	SF	#Pit	#P/PA	GB	FB	G/F
2001 Season	.268	137	488	62	131	24	6	8	51	32	54	3	7	21	6	.316	.391	0	8	3	1856	3.48	210	130	1.62
Career (1999-2001)	.265	215	665	89	176	27	11	11	77	50	79	4	10	23	6	.319	.388	0	12	3	2590	3.53	270	179	1.51

2001 Season

	Avg	AB	H	2B	3B	HR	RBI	BB	SO	OBP	SLG		Avg	AB	H	2B	3B	HR	RBI	BB	SO	OBP	SLG
vs. Left	.238	126	30	7	2	0	4	3	7	.262	.325	First Pitch	.376	85	32	3	1	2	13	0	0	.372	.506
vs. Right	.279	362	101	17	4	8	47	29	47	.333	.414	Ahead in Count	.293	92	27	4	1	3	14	17	0	.400	.457
Home	.261	241	63	13	4	7	30	14	24	.301	.436	Behind in Count	.212	236	50	13	3	3	17	0	48	.222	.331
Away	.275	247	68	11	2	1	21	18	30	.330	.348	Two Strikes	.174	207	36	9	1	1	8	15	54	.240	.242
Day	.284	162	46	7	1	4	23	9	11	.324	.414	Batting #1	.282	142	40	7	2	3	8	9	9	.329	.423
Night	.261	326	85	17	5	4	28	23	43	.312	.380	Batting #2	.256	203	52	11	3	0	22	13	23	.305	.340
Grass	.264	435	115	21	5	8	44	28	47	.311	.391	Other	.273	143	39	6	1	5	21	10	22	.318	.434
Turf	.302	53	16	3	1	0	7	4	7	.351	.396	April	.355	62	22	4	1	4	8	4	7	.394	.645
Pre-All Star	.296	267	79	15	3	5	28	14	32	.327	.431	May	.276	105	29	4	1	0	12	6	13	.310	.333
Post-All Star	.235	221	52	9	3	3	23	18	22	.302	.344	June	.256	78	20	5	0	0	4	2	8	.275	.321
Inning 1-6	.264	326	86	14	6	7	42	24	30	.316	.408	July	.302	63	19	4	1	2	11	4	11	.338	.492
Inning 7+	.278	162	45	10	0	1	9	8	24	.314	.358	August	.172	64	11	3	2	1	9	5	9	.254	.328
Scoring Posn	.264	121	32	5	2	1	39	8	18	.313	.364	Sept/Oct	.259	116	30	4	1	1	7	11	6	.323	.336
Close & Late	.224	67	15	2	0	1	5	1	13	.243	.299	vs. AL	.268	426	114	21	6	7	44	29	45	.317	.394
None on/out	.336	107	36	9	2	4	4	10	6	.393	.570	vs. NL	.274	62	17	3	0	1	7	3	9	.303	.371

2001 By Position

Position	Avg	AB	H	2B	3B	HR	RBI	BB	SO	OBP	SLG	G	GS	Innings	PO	A	E	DP	Fld Pct	Rng Fctr	In Zone	Outs	Zone Rtg	MLB Zone
As 2b	.196	46	9	2	1	1	6	0	2	.213	.348	18	9	99.0	25	31	0	3	1.000	5.09	39	35	.897	.824
As 3b	.274	329	90	18	3	6	38	23	41	.320	.401	89	83	735.0	68	187	12	23	.955	3.12	255	194	.761	.761
As cf	.241	83	20	3	1	0	2	8	7	.315	.301	22	20	174.0	58	1	0	0	1.000	3.05	61	55	.902	.892

Rob Mackowiak — Pirates
Age 26 – Bats Left

	Avg	G	AB	R	H	2B	3B	HR	RBI	BB	SO	HBP	GDP	SB	CS	OBP	SLG	IBB	SH	SF	#Pit	#P/PA	GB	FB	G/F
2001 Season	.266	83	214	30	57	15	2	4	21	15	52	3	3	4	3	.319	.411	5	2	3	856	3.61	73	58	1.26

2001 Season

	Avg	AB	H	2B	3B	HR	RBI	BB	SO	OBP	SLG		Avg	AB	H	2B	3B	HR	RBI	BB	SO	OBP	SLG
vs. Left	.167	6	1	0	0	0	1	1	3	.286	.167	Scoring Posn	.220	50	11	1	0	0	13	6	12	.323	.240
vs. Right	.269	208	56	15	2	4	20	14	49	.320	.418	Close & Late	.310	29	9	1	1	1	5	4	7	.417	.517
Home	.319	116	37	10	1	3	12	6	26	.352	.500	None on/out	.365	52	19	4	0	0	2	12	6	.400	.442
Away	.204	98	20	5	1	1	9	9	26	.282	.306	Batting #7	.295	61	18	3	1	3	7	5	13	.348	.525
First Pitch	.406	32	13	3	1	0	3	4	0	.459	.563	Batting #8	.302	43	13	5	1	0	4	3	12	.340	.465
Ahead in Count	.536	28	15	5	0	1	7	3	0	.563	.821	Other	.236	110	26	7	0	1	10	7	27	.295	.327
Behind in Count	.168	125	21	4	0	2	8	0	48	.181	.248	Pre-All Star	.286	98	28	9	1	2	12	11	22	.369	.459
Two Strikes	.178	107	19	6	1	2	8	7	52	.241	.308	Post-All Star	.250	116	29	6	1	2	9	4	30	.274	.371

Scott MacRae — Reds
Age 27 – Pitches Right

	ERA	W	L	Sv	G	GS	IP	BB	SO	Avg	H	2B	3B	HR	RBI	OBP	SLG	GF	IR	IRS	Hld	SvOp	SB	CS	GB	FB	G/F
2001 Season	4.02	0	1	0	24	0	31.1	8	18	.266	33	9	1	0	14	.316	.355	7	13	2	1	0	1	0	44	35	1.26

2001 Season

	ERA	W	L	Sv	G	GS	IP	H	HR	BB	SO		Avg	AB	H	2B	3B	HR	RBI	BB	SO	OBP	SLG
Home	3.93	0	0	0	14	0	18.1	20	0	5	10	vs. Left	.304	46	14	5	1	0	6	4	7	.360	.457
Away	4.15	0	1	0	10	0	13.0	13	0	3	8	vs. Right	.244	78	19	4	0	0	8	4	11	.291	.295

Greg Maddux — Braves
Age 36 – Pitches Right (groundball pitcher)

	ERA	W	L	Sv	G	GS	IP	BB	SO	Avg	H	2B	3B	HR	RBI	OBP	SLG	CG	ShO	Sup	QS	#P/S	SB	CS	GB	FB	G/F
2001 Season	3.05	17	11	0	34	34	233.0	27	173	.253	220	34	4	20	77	.278	.370	3	3	4.29	24	87	24	14	360	196	1.84
Last Five Years	2.79	92	42	0	169	169	1185.1	171	880	.248	1104	173	13	77	384	.279	.344	27	13	5.06	122	91	125	50	2029	844	2.40

2001 Season

	ERA	W	L	Sv	G	GS	IP	H	HR	BB	SO		Avg	AB	H	2B	3B	HR	RBI	BB	SO	OBP	SLG
Home	2.78	10	4	0	18	18	136.0	124	11	16	111	vs. Left	.264	401	106	21	2	11	40	13	91	.285	.409
Away	3.43	7	7	0	16	16	97.0	96	9	11	62	vs. Right	.243	469	114	13	2	9	37	14	82	.271	.337
Day	3.47	2	4	0	8	8	57.0	62	4	11	50	Inning 1-6	.263	741	195	29	4	18	68	26	142	.290	.386
Night	2.91	15	7	0	26	26	176.0	158	16	16	123	Inning 7+	.194	129	25	5	0	2	9	1	31	.205	.279
Grass	3.09	14	9	0	29	29	198.0	187	17	27	149	None on	.234	582	136	22	3	14	14	9	116	.249	.354
Turf	2.83	3	2	0	5	5	35.0	33	3	0	24	Runners on	.292	288	84	12	1	6	63	18	57	.330	.403
April	2.48	2	2	0	5	5	32.2	25	2	1	24	Scoring Posn	.241	174	42	6	1	2	53	18	40	.306	.322
May	2.54	2	3	0	6	6	46.0	44	2	11	44	Close & Late	.164	67	11	2	0	1	3	0	18	.164	.239
June	2.13	5	0	0	6	6	42.1	38	3	6	35	None on/out	.268	239	64	11	2	5	5	2	50	.274	.393
July	2.82	5	0	0	5	5	38.1	37	2	0	26	vs. 1st Batr (relief)	.000	0	0	0	0	0	0	0	0	.000	.000
August	4.08	3	2	0	6	6	39.2	43	5	3	25	1st Inning Pitched	.294	126	37	8	1	3	19	9	27	.336	.444
Sept/Oct	4.50	0	4	0	6	6	34.0	33	6	6	19	First 75 Pitches	.267	708	189	30	4	18	62	24	139	.293	.397
Starter	3.05	17	11	0	34	34	233.0	220	20	27	173	Pitch 76-90	.196	112	22	4	0	1	13	3	19	.220	.259
Reliever	0.00	0	0	0	0	0	0.0	0	0	0	0	Pitch 91-105	.214	42	9	0	0	1	1	0	12	.214	.286
0-3 Days Rest (Start)	0.00	0	0	0	0	0	0.0	0	0	0	0	Pitch 106+	.000	8	0	0	0	0	1	0	3	.000	.000
4 Days Rest	3.17	11	9	0	25	25	170.1	161	16	20	128	First Pitch	.366	172	63	11	1	4	23	0	0	.391	.512
5+ Days Rest	2.73	6	2	0	9	9	62.2	59	4	7	45	Ahead in Count	.169	415	70	12	1	4	21	0	152	.177	.231
vs. AL	2.64	3	0	0	4	4	30.2	28	2	5	20	Behind in Count	.358	148	53	10	1	7	19	12	0	.401	.581
vs. NL	3.11	14	11	0	30	30	202.1	192	18	22	153	Two Strikes	.138	370	51	7	1	4	13	7	173	.156	.195
Pre-All Star	2.41	10	5	0	18	18	127.0	114	7	18	108	Pre-All Star	.244	468	114	18	3	7	34	18	108	.274	.340
Post-All Star	3.82	7	6	0	16	16	106.0	106	13	9	65	Post-All Star	.264	402	106	16	1	13	43	9	65	.282	.405

Last Five Years

	ERA	W	L	Sv	G	GS	IP	H	HR	BB	SO		Avg	AB	H	2B	3B	HR	RBI	BB	SO	OBP	SLG
Home	2.54	52	20	0	91	91	669.0	607	45	93	491	vs. Left	.253	2023	512	84	7	40	191	96	442	.289	.361
Away	3.12	40	22	0	78	78	516.1	497	32	78	389	vs. Right	.243	2437	592	89	6	37	193	75	438	.270	.330
Day	2.89	30	11	0	50	50	352.0	321	22	64	250	Inning 1-6	.256	3744	958	145	13	65	341	144	717	.287	.354
Night	2.75	62	31	0	119	119	833.1	783	55	107	630	Inning 7+	.204	716	146	28	0	12	43	27	163	.237	.293
Grass	2.88	77	38	0	145	145	1019.2	970	70	149	740	None on	.241	2831	683	110	10	46	46	64	565	.263	.336
Turf	2.28	15	4	0	24	24	165.2	134	7	22	140	Runners on	.258	1629	421	63	3	31	338	107	315	.304	.358
March/April	2.27	15	5	0	27	27	186.0	170	9	11	133	Scoring Posn	.244	939	229	27	3	18	299	94	211	.311	.337
May	2.65	13	7	0	30	30	214.1	208	15	40	169	Close & Late	.201	389	78	15	0	4	21	18	103	.237	.270
June	2.89	18	5	0	28	28	205.1	184	12	31	167	None on/out	.255	1199	306	55	6	23	23	21	231	.272	.369
July	2.56	20	7	0	28	28	203.2	173	11	27	134	vs. 1st Batr (relief)	.000	0	0	0	0	0	0	0	0	.000	.000
August	3.30	16	6	0	29	29	196.1	205	17	24	140	1st Inning Pitched	.280	654	183	34	1	14	77	43	135	.323	.399
Sept/Oct	3.11	10	12	0	27	27	179.2	164	13	30	137	First 75 Pitches	.254	3568	906	142	11	69	315	131	684	.283	.358
Starter	2.79	92	42	0	169	169	1185.1	1104	77	171	880	Pitch 76-90	.229	559	128	21	1	6	49	20	114	.262	.302
Reliever	0.00	0	0	0	0	0	0.0	0	0	0	0	Pitch 91-105	.218	271	59	8	1	2	13	15	68	.259	.277
0-3 Days Rest (Start)	1.80	4	1	0	6	6	45.0	34	2	5	26	Pitch 106+	.177	62	11	2	0	0	7	5	14	.250	.210
4 Days Rest	2.69	61	23	0	114	114	807.1	730	61	107	605	First Pitch	.311	851	265	42	2	21	93	29	0	.335	.439
5+ Days Rest	3.19	27	18	0	49	49	333.0	340	14	59	249	Ahead in Count	.185	2124	393	64	5	14	118	0	787	.194	.240
vs. AL	3.20	13	3	0	20	20	146.1	150	7	20	106	Behind in Count	.329	778	256	50	1	25	106	75	0	.385	.492
vs. NL	2.74	79	39	0	149	149	1039.0	954	70	151	774	Two Strikes	.149	1877	279	44	4	12	97	67	880	.182	.196
Pre-All Star	2.58	53	18	0	93	93	658.2	601	39	96	504	Pre-All Star	.243	2470	601	98	9	39	200	96	504	.275	.338
Post-All Star	3.06	39	24	0	76	76	526.2	503	38	75	376	Post-All Star	.253	1990	503	75	4	38	184	75	376	.283	.352

Calvin Maduro — Orioles
Age 27 – Pitches Right (flyball pitcher)

	ERA	W	L	Sv	G	GS	IP	BB	SO	Avg	H	2B	3B	HR	RBI	OBP	SLG	CG	ShO	Sup	QS	#P/S	SB	CS	GB	FB	G/F
2001 Season	4.23	5	6	0	22	12	93.2	36	51	.240	83	12	1	10	41	.319	.367	0	0	3.94	8	91	7	2	125	119	1.05
Last Five Years	6.03	8	13	0	52	27	188.0	93	100	.271	195	38	7	30	118	.359	.468	0	0	3.97	12	92	12	5	235	271	0.87

2001 Season

	ERA	W	L	Sv	G	GS	IP	H	HR	BB	SO		Avg	AB	H	2B	3B	HR	RBI	BB	SO	OBP	SLG
Home	3.48	2	3	0	9	5	44.0	33	4	18	26	vs. Left	.261	180	47	7	1	5	22	20	18	.338	.394
Away	4.89	3	3	0	13	7	49.2	50	6	18	25	vs. Right	.217	166	36	5	0	5	19	16	18	.297	.337
Starter	4.57	5	4	0	12	12	69.0	61	7	26	39	Scoring Posn	.284	74	21	4	0	2	29	12	15	.384	.419
Reliever	3.28	0	2	0	10	0	24.2	22	3	10	12	Close & Late	.235	17	4	2	0	0	3	4	2	.381	.353
0-3 Days Rest (Start)	3.86	0	1	0	1	1	7.0	6	0	3	4	None on/out	.272	92	25	6	1	3	3	6	10	.330	.457
4 Days Rest	5.29	3	1	0	6	6	34.0	30	4	14	20	First Pitch	.227	44	10	2	0	0	3	0	0	.244	.273
5+ Days Rest	3.86	2	2	0	5	5	28.0	25	3	9	15	Ahead in Count	.219	169	37	3	0	3	18	0	42	.228	.290
Pre-All Star	4.58	0	2	0	7	2	17.2	18	3	9	8	Behind in Count	.265	68	18	5	1	4	11	15	0	.405	.544
Post-All Star	4.14	5	4	0	15	12	76.0	65	7	27	43	Two Strikes	.156	160	25	0	0	3	13	21	51	.258	.213

Dave Magadan — Padres
Age 39 – Bats Left (groundball hitter)

	Avg	G	AB	R	H	2B	3B	HR	RBI	BB	SO	HBP	GDP	SB	CS	OBP	SLG	IBB	SH	SF	#Pit	#P/PA	GB	FB	G/F
2001 Season	.250	91	128	12	32	7	0	1	12	12	20	1	1	0	0	.317	.328	0	0	1	597	4.20	50	32	1.56
Last Five Years	.285	465	888	95	253	44	2	10	106	152	131	3	27	2	4	.387	.373	5	4	12	4537	4.28	329	209	1.57

2001 Season

	Avg	AB	H	2B	3B	HR	RBI	BB	SO	OBP	SLG		Avg	AB	H	2B	3B	HR	RBI	BB	SO	OBP	SLG
vs. Left	.308	13	4	2	0	0	3	1	1	.357	.462	Scoring Posn	.154	39	6	2	0	0	10	6	6	.261	.205
vs. Right	.243	115	28	5	0	1	9	11	19	.313	.313	Close & Late	.250	32	8	2	0	0	1	4	5	.333	.313
Home	.217	60	13	3	0	0	3	9	12	.319	.267	None on/out	.350	40	14	2	0	1	1	0	6	.350	.475
Away	.279	68	19	4	0	1	9	3	8	.315	.382	Batting #4	.216	51	11	2	0	0	5	3	8	.259	.255
First Pitch	.100	10	1	1	0	0	1	0	0	.100	.200	Batting #9	.229	35	8	2	0	0	2	5	6	.341	.286
Ahead in Count	.296	27	8	1	0	1	2	7	0	.441	.444	Other	.310	42	13	3	0	1	5	4	6	.362	.452
Behind in Count	.212	52	11	1	0	0	5	0	15	.226	.231	Pre-All Star	.265	83	22	6	0	0	8	10	12	.347	.337
Two Strikes	.206	68	14	1	0	0	4	5	20	.270	.221	Post-All Star	.222	45	10	1	0	1	4	2	8	.255	.311

Last Five Years

	Avg	AB	H	2B	3B	HR	RBI	BB	SO	OBP	SLG		Avg	AB	H	2B	3B	HR	RBI	BB	SO	OBP	SLG
vs. Left	.219	128	28	4	0	0	16	28	18	.357	.250	First Pitch	.288	66	19	2	0	0	8	4	0	.333	.318
vs. Right	.296	760	225	40	2	10	90	124	113	.392	.393	Ahead in Count	.341	173	59	13	1	3	27	74	0	.530	.480
Home	.286	426	122	20	1	4	49	83	54	.399	.366	Behind in Count	.237	389	92	12	0	2	26	0	102	.239	.283
Away	.284	462	131	24	1	6	57	69	77	.375	.379	Two Strikes	.234	465	109	18	1	3	35	74	131	.341	.299
Day	.292	339	99	15	1	2	39	64	46	.404	.360	Batting #2	.298	178	53	7	0	0	14	27	20	.393	.337
Night	.281	549	154	29	1	8	67	88	85	.376	.381	Batting #6	.271	155	42	7	0	2	13	37	24	.412	.355
Grass	.281	787	221	40	2	10	95	139	115	.387	.375	Other	.285	555	158	30	2	8	79	88	87	.377	.389
Turf	.317	101	32	4	0	0	11	13	16	.388	.356	March/April	.304	181	55	8	0	1	18	23	27	.380	.365
Pre-All Star	.274	554	152	30	0	6	59	83	74	.367	.361	May	.295	190	56	14	0	3	24	27	22	.384	.416
Post-All Star	.302	334	101	14	2	4	47	69	57	.417	.392	June	.210	143	30	8	0	1	12	23	21	.316	.287
Inning 1-6	.290	487	141	31	1	6	60	87	71	.393	.394	July	.280	125	35	4	0	3	18	23	17	.393	.384
Inning 7+	.279	401	112	13	1	4	46	65	60	.379	.347	August	.346	130	45	5	2	1	15	26	25	.449	.438
Scoring Posn	.236	246	58	14	0	2	90	55	43	.363	.317	Sept/Oct	.269	119	32	5	0	1	19	30	19	.408	.336
Close & Late	.285	214	61	7	0	0	25	36	33	.386	.318	vs. AL	.287	397	114	18	0	5	43	65	59	.387	.370
None on/out	.313	208	65	8	2	3	3	20	29	.373	.413	vs. NL	.283	491	139	26	2	5	63	87	72	.386	.375

Wendell Magee — Tigers
Age 29 – Bats Right

	Avg	G	AB	R	H	2B	3B	HR	RBI	BB	SO	HBP	GDP	SB	CS	OBP	SLG	IBB	SH	SF	#Pit	#P/PA	GB	FB	G/F
2001 Season	.213	90	207	26	44	11	4	5	17	23	44	1	8	3	0	.293	.377	1	1	1	887	3.81	80	57	1.40
Last Five Years	.243	251	597	77	145	26	7	16	73	50	107	1	28	5	4	.301	.390	2	1	4	2465	3.77	218	178	1.22

2001 Season

	Avg	AB	H	2B	3B	HR	RBI	BB	SO	OBP	SLG		Avg	AB	H	2B	3B	HR	RBI	BB	SO	OBP	SLG
vs. Left	.237	97	23	5	1	5	12	12	17	.321	.464	Scoring Posn	.152	46	7	0	2	1	12	10	9	.310	.304
vs. Right	.191	110	21	6	3	0	5	11	27	.268	.300	Close & Late	.189	37	7	2	0	0	4	2	9	.231	.297
Home	.272	114	31	8	3	3	12	14	16	.349	.474	None on/out	.229	48	11	4	1	1	1	5	9	.302	.417
Away	.140	93	13	3	1	2	5	9	28	.223	.258	Batting #3	.184	49	9	2	0	1	1	6	11	.275	.286
First Pitch	.217	23	5	2	0	1	1	1	0	.250	.435	Batting #8	.238	42	10	2	0	2	7	1	6	.256	.381
Ahead in Count	.415	41	17	1	3	1	10	9	0	.520	.659	Other	.216	116	25	7	2	2	4	9	16	27	.313	.414
Behind in Count	.137	102	14	6	0	2	5	0	37	.136	.255	Pre-All Star	.250	92	23	5	3	2	12	12	16	.333	.435
Two Strikes	.127	102	13	7	0	1	2	13	44	.224	.225	Post-All Star	.183	115	21	6	1	3	5	11	28	.260	.330

Last Five Years

	Avg	AB	H	2B	3B	HR	RBI	BB	SO	OBP	SLG		Avg	AB	H	2B	3B	HR	RBI	BB	SO	OBP	SLG
vs. Left	.252	286	72	11	3	9	41	20	46	.298	.406	First Pitch	.281	64	18	3	2	2	9	1	0	.288	.484
vs. Right	.235	311	73	15	4	7	32	30	61	.303	.376	Ahead in Count	.389	131	51	6	3	8	33	27	0	.494	.664
Home	.266	289	77	15	6	6	33	27	43	.326	.422	Behind in Count	.182	286	52	10	1	3	21	0	90	.181	.255
Away	.221	308	68	11	1	10	40	23	64	.276	.360	Two Strikes	.176	290	51	11	1	3	19	22	107	.233	.252
Day	.246	167	41	8	2	7	25	21	33	.330	.443	Batting #6	.234	145	34	3	1	2	15	10	29	.284	.310
Night	.242	430	104	18	5	9	48	29	74	.289	.370	Batting #7	.204	157	32	4	0	3	16	16	30	.277	.287
Grass	.257	439	113	20	6	15	56	43	75	.324	.433	Other	.268	295	79	19	6	11	42	24	48	.322	.485
Turf	.203	158	32	6	1	1	17	7	32	.234	.272	March/April	.266	128	34	6	2	3	16	11	17	.317	.414
Pre-All Star	.240	283	68	10	4	8	36	25	47	.299	.389	May	.239	88	21	4	2	2	8	9	16	.309	.398
Post-All Star	.245	314	77	16	3	8	37	25	60	.302	.392	June	.153	59	9	0	0	3	8	5	13	.219	.305
Inning 1-6	.255	372	95	16	5	9	51	31	67	.311	.398	July	.323	62	20	3	0	1	9	5	10	.354	.419
Inning 7+	.222	225	50	10	2	7	22	19	40	.283	.378	August	.244	90	22	5	2	2	10	8	16	.306	.389
Scoring Posn	.283	152	43	3	4	4	56	17	26	.351	.434	Sept/Oct	.229	170	39	8	2	5	22	14	35	.286	.388
Close & Late	.206	102	21	3	1	3	10	4	20	.236	.343	vs. AL	.241	365	88	14	6	12	46	29	68	.297	.411
None on/out	.245	143	35	11	2	2	2	11	24	.299	.392	vs. NL	.246	232	57	12	1	4	27	21	39	.306	.358

Mike Magnante — Athletics
Age 37 – Pitches Left

	ERA	W	L	Sv	G	GS	IP	BB	SO	Avg	H	2B	3B	HR	RBI	OBP	SLG	GF	IR	IRS	Hld	SvOp	SB	CS	GB	FB	G/F
2001 Season	2.77	3	1	0	65	0	55.1	13	23	.244	50	6	0	7	24	.287	.377	10	52	11	18	1	0	2	80	77	1.04
Last Five Years	3.48	16	12	3	261	0	263.2	98	166	.262	263	48	2	16	131	.329	.362	63	210	58	42	16	16	12	392	286	1.37

2001 Season

	ERA	W	L	Sv	G	GS	IP	H	HR	BB	SO		Avg	AB	H	2B	3B	HR	RBI	BB	SO	OBP	SLG
Home	3.18	1	0	0	31	0	28.1	29	4	2	13	vs. Left	.230	87	20	4	0	1	6	6	11	.287	.310
Away	2.33	2	1	0	34	0	27.0	21	3	11	10	vs. Right	.254	118	30	2	0	6	18	7	12	.287	.424
Day	4.34	2	0	0	23	0	18.2	15	1	5	7	Inning 1-6	.154	39	6	1	0	3	9	4	5	.244	.410
Night	1.96	1	1	0	42	0	36.2	35	6	8	16	Inning 7+	.265	166	44	5	0	4	15	9	18	.298	.367

262

2001 Season

	ERA	W	L	Sv	G	GS	IP	H	HR	BB	SO		Avg	AB	H	2B	3B	HR	RBI	BB	SO	OBP	SLG
Grass	2.49	3	1	0	57	0	50.2	45	6	11	22	None on	.231	121	28	2	0	6	6	5	11	.262	.397
Turf	5.79	0	0	0	8	0	4.2	5	1	2	1	Runners on	.262	84	22	4	0	1	18	8	12	.320	.345
April	2.38	0	0	0	9	0	11.1	8	2	1	4	Scoring Posn	.167	48	8	3	0	1	18	6	8	.241	.292
May	3.38	0	0	0	12	0	5.1	10	1	3	3	Close & Late	.175	80	14	4	0	0	6	6	12	.230	.225
June	3.27	0	1	0	12	0	11.0	8	2	4	6	None on/out	.180	50	9	0	0	1	1	3	5	.226	.240
July	2.16	0	0	0	8	0	8.1	10	0	1	2	vs. 1st Batr (relief)	.241	58	14	2	0	1	10	6	9	.308	.328
August	0.73	2	0	0	15	0	12.1	6	0	2	4	1st Inning Pitched	.247	162	40	5	0	4	18	12	20	.295	.352
Sept/Oct	6.43	1	0	0	9	0	7.0	8	2	2	4	First 15 Pitches	.260	150	39	6	0	3	17	12	16	.311	.360
Starter	0.00	0	0	0	0	0	0.0	0	0	0	0	Pitch 16-30	.209	43	9	0	0	4	4	1	6	.227	.488
Reliever	2.77	3	1	0	65	0	55.1	50	7	13	23	Pitch 31-45	.167	6	1	0	0	0	1	0	1	.143	.167
0 Days Rest (Relief)	3.48	0	0	0	14	0	10.1	6	2	2	2	Pitch 46+	.167	6	1	0	0	0	2	0	0	.250	.167
1 or 2 Days Rest	2.08	3	1	0	36	0	30.1	25	3	9	17	First Pitch	.273	33	9	0	0	1	1	3	0	.333	.364
3+ Days Rest	3.68	0	0	0	15	0	14.2	19	2	2	4	Ahead in Count	.175	97	17	2	0	0	2	0	22	.182	.196
vs. AL	3.04	3	1	0	59	0	50.1	46	7	12	19	Behind in Count	.382	34	13	4	0	3	13	5	0	.439	.765
vs. NL	0.00	0	0	0	6	0	5.0	4	0	1	4	Two Strikes	.184	98	18	2	0	3	6	5	23	.221	.296
Pre-All Star	2.76	0	1	0	35	0	29.1	26	5	8	13	Pre-All Star	.236	110	26	1	0	5	14	8	13	.287	.382
Post-All Star	2.77	3	0	0	30	0	26.0	24	2	5	10	Post-All Star	.253	95	24	5	0	2	10	5	10	.287	.368

Last Five Years

	ERA	W	L	Sv	G	GS	IP	H	HR	BB	SO		Avg	AB	H	2B	3B	HR	RBI	BB	SO	OBP	SLG
Home	2.79	5	3	1	118	0	126.0	116	7	36	75	vs. Left	.231	373	86	11	0	5	38	39	44	.311	.300
Away	4.12	11	9	2	143	0	137.2	147	9	62	91	vs. Right	.281	631	177	37	2	11	93	59	122	.340	.398
Day	3.09	6	4	2	90	0	81.2	78	4	35	57	Inning 1-6	.252	234	59	17	0	4	43	26	35	.323	.376
Night	3.66	10	8	1	171	0	182.0	185	12	63	109	Inning 7+	.265	770	204	31	2	12	88	72	131	.331	.357
Grass	3.90	9	9	2	188	0	182.1	192	14	68	106	None on	.270	515	139	22	1	9	9	34	74	.320	.369
Turf	2.55	7	3	1	73	0	81.1	71	2	30	60	Runners on	.254	489	124	26	1	7	122	64	92	.339	.354
March/April	3.02	3	2	0	38	0	44.2	38	4	12	23	Scoring Posn	.225	311	70	16	0	7	116	49	63	.324	.344
May	6.92	0	1	0	36	0	26.0	42	2	18	21	Close & Late	.282	365	103	19	1	7	61	40	55	.356	.397
June	5.01	4	3	1	43	0	50.1	52	3	22	33	None on/out	.242	227	55	8	1	1	1	16	36	.301	.300
July	2.19	3	2	2	49	0	53.1	46	2	15	30	vs. 1st Batr (relief)	.232	224	52	8	0	3	39	27	33	.317	.308
August	1.97	4	2	0	53	0	50.1	43	1	17	33	1st Inning Pitched	.259	722	187	31	1	11	110	82	123	.337	.350
Sept/Oct	3.46	2	2	0	42	0	39.0	42	4	14	26	First 15 Pitches	.259	640	166	25	1	8	82	70	95	.336	.339
Starter	0.00	0	0	0	0	0	0.0	0	0	0	0	Pitch 16-30	.260	288	75	20	1	8	40	21	61	.309	.420
Reliever	3.48	16	12	3	261	0	263.2	263	16	98	166	Pitch 31-45	.277	65	18	3	0	0	7	7	10	.347	.323
0 Days Rest (Relief)	3.86	1	2	2	54	0	46.2	46	5	25	28	Pitch 46+	.364	11	4	0	0	0	2	0	0	.385	.364
1 or 2 Days Rest	2.64	10	6	0	119	0	119.1	103	6	40	78	First Pitch	.324	142	46	6	1	1	13	15	0	.385	.401
3+ Days Rest	4.33	5	4	1	88	0	97.2	114	5	33	60	Ahead in Count	.211	478	101	18	1	3	46	0	138	.220	.272
vs. AL	3.31	8	5	0	160	0	152.1	155	10	58	74	Behind in Count	.362	188	68	16	0	8	48	48	0	.481	.574
vs. NL	3.72	8	7	3	101	0	111.1	108	6	40	92	Two Strikes	.190	474	90	16	0	3	39	35	166	.249	.243
Pre-All Star	4.56	7	6	1	130	0	134.1	147	9	55	86	Pre-All Star	.281	523	147	27	1	9	85	55	86	.352	.388
Post-All Star	2.37	9	6	2	131	0	129.1	116	7	43	80	Post-All Star	.241	481	116	21	1	7	46	43	80	.304	.333

Chris Magruder — Rangers

Age 25 – Bats Both

	Avg	G	AB	R	H	2B	3B	HR	RBI	BB	SO	HBP	GDP	SB	CS	OBP	SLG	IBB	SH	SF	#Pit	#P/PA	GB	FB	G/F
2001 Season	.172	17	29	3	5	0	0	0	1	5	1	1	0	0	0	.226	.172	0	0	0	112	3.61	11	8	1.38

2001 Season

	Avg	AB	H	2B	3B	HR	RBI	BB	SO	OBP	SLG		Avg	AB	H	2B	3B	HR	RBI	BB	SO	OBP	SLG
vs. Left	.222	18	4	0	0	0	1	1	2	.263	.222	Scoring Posn	.200	5	1	0	0	0	1	0	1	.333	.200
vs. Right	.091	11	1	0	0	0	0	3	.167	.091	Close & Late	.250	4	1	0	0	0	0	0	2	.400	.250

Ron Mahay — Cubs

Age 31 – Pitches Left (flyball pitcher)

	ERA	W	L	Sv	G	GS	IP	BB	SO	Avg	H	2B	3B	HR	RBI	OBP	SLG	GF	IR	IRS	Hld	SvOp	SB	CS	GB	FB	G/F
2001 Season	2.61	0	0	0	17	0	20.2	15	24	.197	14	1	1	4	6	.337	.408	4	7	0	2	0	2	1	12	24	0.50
Last Five Years	4.08	7	2	2	103	3	132.1	69	107	.248	124	19	3	21	72	.339	.425	26	57	15	16	4	14	3	118	190	0.62

2001 Season

	ERA	W	L	Sv	G	GS	IP	H	HR	BB	SO		Avg	AB	H	2B	3B	HR	RBI	BB	SO	OBP	SLG
Home	3.27	0	0	0	10	0	11.0	10	2	7	12	vs. Left	.182	22	4	0	1	2	3	4	5	.308	.545
Away	1.86	0	0	0	7	0	9.2	4	2	8	12	vs. Right	.204	49	10	1	0	2	3	11	19	.350	.347

Last Five Years

	ERA	W	L	Sv	G	GS	IP	H	HR	BB	SO		Avg	AB	H	2B	3B	HR	RBI	BB	SO	OBP	SLG
Home	4.34	5	1	0	49	2	66.1	70	9	30	62	vs. Left	.222	162	36	5	1	6	23	27	45	.326	.377
Away	3.82	2	1	2	54	1	66.0	54	12	39	45	vs. Right	.261	337	88	14	2	15	49	42	62	.345	.448
Day	5.29	4	2	0	37	2	51.0	64	8	30	40	Inning 1-6	.273	216	59	12	1	10	44	32	42	.365	.477
Night	3.32	3	0	2	66	1	81.1	60	13	39	67	Inning 7+	.230	283	65	7	2	11	28	37	65	.318	.385
Grass	4.40	7	1	2	87	3	118.2	114	20	60	95	None on	.246	284	70	11	1	16	39	61	.340	.461
Turf	1.32	0	1	0	16	0	13.2	10	0	9	12	Runners on	.251	215	54	8	2	5	56	30	46	.337	.377
March/April	7.82	0	1	0	4	1	12.2	19	2	7	5	Scoring Posn	.271	118	32	4	1	5	53	24	26	.383	.449
May	6.94	2	0	0	15	1	23.1	29	5	13	17	Close & Late	.206	68	14	2	0	1	8	9	20	.295	.279
June	2.53	0	1	0	19	0	21.1	17	3	12	17	None on/out	.200	125	25	3	0	9	9	13	19	.281	.440
July	5.87	2	1	0	18	0	15.1	21	4	8	16	vs. 1st Batr (relief)	.138	87	12	3	0	4	10	11	20	.240	.310
August	3.21	0	0	0	15	0	14.0	14	1	5	9	1st Inning Pitched	.235	294	69	10	3	12	42	44	71	.334	.412
Sept/Oct	1.97	3	0	1	32	0	45.2	24	5	21	43	First 15 Pitches	.235	243	57	9	3	10	33	32	56	.325	.420
Starter	8.76	1	1	0	3	3	12.1	19	5	3	6	Pitch 16-30	.197	142	28	5	0	6	16	24	33	.310	.359
Reliever	3.60	6	1	2	100	0	120.0	105	18	63	100	Pitch 31-45	.316	57	18	2	0	1	7	5	10	.365	.404

Last Five Years

	ERA	W	L	Sv	G	GS	IP	H	HR	BB	SO
0 Days Rest (Relief)	3.66	1	1	1	20	0	19.2	19	4	8	24
1 or 2 Days Rest	3.14	2	0	1	42	0	48.2	35	4	24	37
3+ Days Rest	4.11	3	0	0	38	0	50.1	51	10	31	39
vs. AL	4.37	6	2	1	60	3	82.1	81	11	41	54
vs. NL	3.60	1	0	1	43	0	50.0	43	10	28	53
Pre-All Star	5.83	2	1	1	41	2	58.2	70	11	33	40
Post-All Star	2.69	5	1	1	62	1	73.2	54	10	36	67

	Avg	AB	H	2B	3B	HR	RBI	BB	SO	OBP	SLG
Pitch 46+	.368	57	21	3	0	4	16	8	8	.441	.632
First Pitch	.267	60	16	4	1	0	5	2	0	.286	.367
Ahead in Count	.163	245	40	7	1	8	21	0	95	.165	.298
Behind in Count	.356	87	31	5	1	8	27	35	0	.536	.713
Two Strikes	.192	261	50	4	1	7	28	32	107	.280	.295
Pre-All Star	.303	231	70	16	2	11	51	33	40	.386	.532
Post-All Star	.201	268	54	3	1	10	21	36	67	.296	.332

Pat Mahomes — Rangers

Age 31 – Pitches Right (flyball pitcher)

	ERA	W	L	Sv	G	GS	IP	BB	SO	Avg	H	2B	3B	HR	RBI	OBP	SLG	GF	IR	IRS	Hld	SvOp	SB	CS	GB	FB	G/F
2001 Season	5.70	7	6	0	56	4	107.1	55	61	.280	115	37	4	17	69	.359	.513	14	39	13	6	1	5	4	136	136	1.00
Last Five Years	5.24	21	9	0	158	9	275.0	168	193	.260	270	80	8	41	183	.362	.471	40	109	42	11	3	31	10	306	368	0.83

2001 Season

	ERA	W	L	Sv	G	GS	IP	H	HR	BB	SO
Home	4.50	3	2	0	28	2	58.0	44	5	26	36
Away	7.11	4	4	0	28	2	49.1	71	12	29	25
Starter	12.60	1	2	0	4	4	15.0	30	3	6	6
Reliever	4.58	6	4	0	52	0	92.1	85	14	49	55
0 Days Rest (Relief)	2.13	0	1	0	5	0	12.2	6	3	5	7
1 or 2 Days Rest	4.10	4	3	0	28	0	48.1	38	8	25	31
3+ Days Rest	6.32	2	0	0	19	0	31.1	41	3	19	17
Pre-All Star	6.50	5	4	0	28	4	63.2	75	8	31	39
Post-All Star	4.53	2	2	0	28	0	43.2	40	9	24	22

	Avg	AB	H	2B	3B	HR	RBI	BB	SO	OBP	SLG
vs. Left	.254	181	46	16	2	9	27	31	25	.358	.514
vs. Right	.300	230	69	21	2	8	42	24	36	.360	.513
Scoring Posn	.298	124	37	10	0	6	55	29	24	.413	.524
Close & Late	.250	92	23	6	0	4	14	14	10	.346	.446
None on/out	.296	98	29	12	3	2	2	6	11	.337	.541
First Pitch	.500	44	22	7	0	3	10	8	0	.577	.864
Ahead in Count	.178	157	28	9	0	2	17	0	48	.175	.274
Behind in Count	.348	112	39	14	1	6	21	24	0	.460	.652
Two Strikes	.193	176	34	7	1	5	22	23	61	.279	.330

Last Five Years

	ERA	W	L	Sv	G	GS	IP	H	HR	BB	SO
Home	4.24	10	2	0	78	6	153.0	115	12	84	114
Away	6.49	11	7	0	80	3	122.0	155	29	84	79
Day	5.10	8	1	0	52	5	100.2	92	17	62	75
Night	5.32	13	8	0	106	4	174.1	178	24	106	118
Grass	5.09	18	8	0	139	9	247.2	227	35	143	177
Turf	6.59	3	1	0	19	0	27.1	43	6	25	16
March/April	3.63	3	2	0	25	2	52.0	53	7	34	36
May	7.01	3	3	0	24	4	52.2	64	5	30	39
June	6.58	4	0	0	25	1	39.2	46	6	27	27
July	2.66	4	0	0	25	0	40.2	24	3	24	25
August	6.57	3	2	0	24	2	49.1	51	14	26	36
Sept/Oct	4.65	4	2	0	35	0	40.2	32	6	27	30
Starter	8.36	1	3	0	9	9	42.0	53	8	21	26
Reliever	4.67	20	6	0	149	0	233.0	217	33	147	167
0 Days Rest (Relief)	4.76	2	1	0	20	0	34.0	27	5	26	26
1 or 2 Days Rest	4.62	10	4	0	69	0	99.1	89	16	57	69
3+ Days Rest	4.70	8	1	0	60	0	99.2	101	12	64	72
vs. AL	5.34	11	6	0	73	4	124.2	125	21	78	74
vs. NL	5.15	10	3	0	85	5	150.1	145	20	90	119
Pre-All Star	5.35	11	5	0	82	7	158.0	172	19	100	113
Post-All Star	5.08	10	4	0	76	2	117.0	98	22	68	80

	Avg	AB	H	2B	3B	HR	RBI	BB	SO	OBP	SLG
vs. Left	.248	443	110	38	5	15	66	81	70	.363	.458
vs. Right	.268	596	160	42	3	26	117	87	123	.361	.480
Inning 1-6	.254	571	145	39	3	23	105	98	105	.363	.454
Inning 7+	.267	468	125	41	5	18	78	70	88	.361	.491
None on	.245	560	137	40	5	26	26	75	98	.336	.473
Runners on	.278	479	133	40	3	15	157	93	95	.390	.468
Scoring Posn	.278	320	89	28	2	11	144	73	67	.402	.481
Close & Late	.258	186	48	15	0	8	25	27	29	.350	.468
None on/out	.281	253	71	22	4	11	11	26	44	.348	.530
vs. 1st Batr (relief)	.297	128	38	14	1	9	35	18	26	.385	.633
1st Inning Pitched	.250	527	132	38	3	21	104	79	101	.347	.454
First 15 Pitches	.248	412	102	32	2	16	72	53	61	.334	.451
Pitch 16-30	.249	289	72	22	2	8	45	54	63	.365	.422
Pitch 31-45	.299	157	47	9	1	10	30	36	37	.431	.561
Pitch 46+	.271	181	49	17	3	7	36	25	32	.357	.514
First Pitch	.369	111	41	10	1	7	32	16	0	.450	.667
Ahead in Count	.223	440	98	28	1	14	59	0	152	.228	.386
Behind in Count	.300	247	74	23	2	11	42	80	0	.467	.543
Two Strikes	.215	511	110	31	3	16	73	72	193	.313	.382
Pre-All Star	.280	615	172	48	4	19	105	100	113	.380	.463
Post-All Star	.231	424	98	32	4	22	78	68	80	.337	.481

Jim Mann — Astros

Age 27 – Pitches Right

	ERA	W	L	Sv	G	GS	IP	BB	SO	Avg	H	2B	3B	HR	RBI	OBP	SLG	GF	IR	IRS	Hld	SvOp	SB	CS	GB	FB	G/F
2001 Season	3.38	0	0	0	4	0	5.1	4	5	.176	3	0	0	0	3	.391	.176	1	2	1	0	0	0	0	4	5	0.80
Career (2000-2001)	5.63	0	0	0	6	0	8.0	5	5	.290	9	2	0	1	6	.421	.452	3	2	1	0	0	1	0	5	13	0.38

2001 Season

	ERA	W	L	Sv	G	GS	IP	H	HR	BB	SO
Home	3.86	0	0	0	3	0	4.2	3	0	3	5
Away	0.00	0	0	0	1	0	0.2	0	0	1	0

	Avg	AB	H	2B	3B	HR	RBI	BB	SO	OBP	SLG
vs. Left	.000	6	0	0	0	0	0	3	1	.333	.000
vs. Right	.273	11	3	0	0	0	3	1	4	.429	.273

Matt Mantei — Diamondbacks

Age 28 – Pitches Right (flyball pitcher)

	ERA	W	L	Sv	G	GS	IP	BB	SO	Avg	H	2B	3B	HR	RBI	OBP	SLG	GF	IR	IRS	Hld	SvOp	SB	CS	GB	FB	G/F
2001 Season	2.57	0	0	2	8	0	7.0	4	12	.222	6	0	1	2	4	.323	.519	7	2	2	1	2	0	0	3	9	0.33
Last Five Years	3.29	5	8	60	162	0	172.1	106	227	.196	119	25	5	12	70	.326	.313	128	43	14	3	71	15	6	105	193	0.54

2001 Season

	ERA	W	L	Sv	G	GS	IP	H	HR	BB	SO
Home	2.45	0	0	0	4	0	3.2	3	1	2	6
Away	2.70	0	0	2	4	0	3.1	3	1	2	6

	Avg	AB	H	2B	3B	HR	RBI	BB	SO	OBP	SLG
vs. Left	.455	11	5	0	1	2	4	0	5	.455	1.182
vs. Right	.063	16	1	0	0	0	0	4	7	.250	.063

Last Five Years

	ERA	W	L	Sv	G	GS	IP	H	HR	BB	SO
Home	2.32	3	3	18	78	0	85.1	51	4	50	116
Away	4.24	2	5	42	84	0	87.0	68	8	56	111
Day	4.17	2	1	15	46	0	45.1	29	4	28	57
Night	2.98	3	7	45	116	0	127.0	90	8	78	170

	Avg	AB	H	2B	3B	HR	RBI	BB	SO	OBP	SLG
vs. Left	.189	270	51	12	2	9	40	59	109	.338	.348
vs. Right	.201	338	68	13	3	3	30	47	118	.316	.284
Inning 1-6	.200	25	5	0	1	0	5	1	8	.276	.280
Inning 7+	.196	583	114	25	4	12	65	105	219	.328	.314

Last Five Years

	ERA	W	L	Sv	G	GS	IP	H	HR	BB	SO		Avg	AB	H	2B	3B	HR	RBI	BB	SO	OBP	SLG
Grass	3.47	5	8	48	140	0	147.2	105	12	95	199	None on	.206	296	61	11	4	4	4	61	106	.360	.311
Turf	2.19	0	0	12	22	0	24.2	14	0	11	28	Runners on	.186	312	58	14	1	8	66	45	121	.292	.314
March/April	3.57	1	0	2	20	0	17.2	12	4	13	28	Scoring Posn	.198	177	35	8	1	4	55	26	69	.300	.322
May	1.69	1	1	6	22	0	26.2	15	1	15	31	Close & Late	.198	364	72	15	3	7	44	54	131	.311	.313
June	5.86	2	2	7	35	0	35.1	37	6	25	40	None on/out	.232	138	32	6	3	2	2	26	44	.361	.362
July	2.37	1	2	16	32	0	38.0	22	0	18	55	vs. 1st Batr (relief)	.197	137	27	6	2	3	7	23	48	.321	.336
August	2.96	0	2	14	28	0	27.1	15	0	20	40	1st Inning Pitched	.188	527	99	21	3	11	56	101	197	.327	.302
Sept/Oct	2.96	0	1	15	25	0	27.1	18	1	15	33	First 15 Pitches	.202	381	77	15	3	10	31	60	139	.325	.336
Starter	0.00	0	0	0	0	0	0.0	0	0	0	0	Pitch 16-30	.186	199	37	8	2	1	30	44	76	.337	.261
Reliever	3.29	5	8	60	162	0	172.1	119	12	106	227	Pitch 31-45	.179	28	5	2	0	1	9	2	12	.258	.357
0 Days Rest (Relief)	4.10	1	2	14	25	0	26.1	19	2	12	38	Pitch 46+	.000	0	0	0	0	0	0	0	0	.000	.000
1 or 2 Days Rest	2.18	3	4	35	89	0	95.0	66	6	49	124	First Pitch	.302	63	19	3	0	3	8	4	0	.400	.492
3+ Days Rest	4.94	1	2	11	48	0	51.0	34	4	45	65	Ahead in Count	.131	321	42	10	2	1	21	0	181	.136	.184
vs. AL	2.70	0	1	7	18	0	20.0	13	0	14	26	Behind in Count	.322	87	28	8	0	6	23	53	0	.577	.621
vs. NL	3.37	5	7	53	144	0	152.1	106	12	92	201	Two Strikes	.102	373	38	8	2	1	22	49	227	.212	.142
Pre-All Star	3.65	4	3	19	87	0	91.1	69	11	57	112	Pre-All Star	.212	325	69	13	2	11	43	57	112	.338	.366
Post-All Star	2.89	1	5	41	75	0	81.0	50	1	49	115	Post-All Star	.177	283	50	12	3	1	27	49	115	.313	.251

Josias Manzanillo — Pirates

Age 34 – Pitches Right (flyball pitcher)

	ERA	W	L	Sv	G	GS	IP	BB	SO	Avg	H	2B	3B	HR	RBI	OBP	SLG	GF	IR	IRS	Hld	SvOp	SB	CS	GB	FB	G/F
2001 Season	3.39	3	2	2	71	0	79.2	26	80	.211	60	13	4	4	46	.281	.326	25	59	23	9	7	4	0	86	88	0.98
Last Five Years	3.85	5	5	2	142	0	175.1	79	162	.233	148	24	7	18	109	.319	.379	41	115	47	16	10	9	5	190	199	0.95

2001 Season

	ERA	W	L	Sv	G	GS	IP	H	HR	BB	SO		Avg	AB	H	2B	3B	HR	RBI	BB	SO	OBP	SLG
Home	2.83	2	0	1	37	0	41.1	28	0	17	45	vs. Left	.283	106	30	8	2	2	16	14	23	.371	.453
Away	3.99	1	2	1	34	0	38.1	32	4	9	35	vs. Right	.168	179	30	5	2	2	30	12	57	.225	.251
Day	5.16	2	1	1	21	0	22.2	18	2	7	24	Inning 1-6	.263	38	10	1	0	1	11	4	9	.326	.368
Night	2.68	1	1	1	50	0	57.0	42	2	19	56	Inning 7+	.202	247	50	12	4	3	35	22	71	.274	.320
Grass	3.38	3	2	2	68	0	77.1	56	4	25	78	None on	.186	156	29	5	4	2	2	7	48	.230	.308
Turf	3.86	0	0	0	3	0	2.1	4	0	1	2	Runners on	.240	129	31	8	0	2	44	19	32	.333	.349
April	1.29	0	1	0	12	0	14.0	8	0	2	18	Scoring Posn	.281	89	25	7	0	2	44	13	24	.357	.427
May	6.43	1	0	0	13	0	14.0	19	1	2	16	Close & Late	.168	95	16	5	1	1	14	12	26	.273	.274
June	4.11	0	1	0	11	0	15.1	12	3	7	16	None on/out	.206	63	13	4	2	1	1	3	16	.254	.381
July	3.65	1	0	1	12	0	12.1	8	0	6	9	vs. 1st Batr (relief)	.281	64	18	6	1	0	12	3	17	.324	.406
August	1.80	1	0	0	11	0	10.0	5	0	4	9	1st Inning Pitched	.214	229	49	13	1	2	39	19	67	.278	.306
Sept/Oct	2.57	0	0	1	12	0	14.0	8	0	5	12	First 15 Pitches	.210	205	43	10	1	2	34	15	60	.270	.298
Starter	0.00	0	0	0	0	0	0.0	0	0	0	0	Pitch 16-30	.217	69	15	2	3	1	8	8	18	.300	.377
Reliever	3.39	3	2	2	71	0	79.2	60	4	26	80	Pitch 31-45	.182	11	2	1	0	1	4	3	2	.357	.545
0 Days Rest (Relief)	2.08	1	0	1	15	0	17.1	10	0	5	17	Pitch 46+	.000	0	0	0	0	0	0	0	0	.000	.000
1 or 2 Days Rest	3.45	1	1	1	40	0	44.1	35	2	15	51	First Pitch	.371	35	13	4	1	1	6	2	0	.421	.629
3+ Days Rest	4.50	1	1	0	16	0	18.0	15	2	6	12	Ahead in Count	.159	151	24	4	1	2	19	0	68	.174	.238
vs. AL	6.35	1	0	0	5	0	5.2	6	1	7	4	Behind in Count	.220	50	11	0	1	0	10	15	0	.394	.260
vs. NL	3.16	2	2	2	66	0	74.0	54	3	19	76	Two Strikes	.147	156	23	5	2	3	18	9	80	.199	.263
Pre-All Star	3.61	2	2	0	39	0	47.1	41	4	13	52	Pre-All Star	.230	178	41	7	3	4	27	13	52	.291	.371
Post-All Star	3.06	1	0	2	32	0	32.1	19	0	13	28	Post-All Star	.178	107	19	6	1	0	19	13	28	.266	.252

Last Five Years

	ERA	W	L	Sv	G	GS	IP	H	HR	BB	SO		Avg	AB	H	2B	3B	HR	RBI	BB	SO	OBP	SLG
Home	3.34	2	2	1	72	0	86.1	70	7	45	81	vs. Left	.272	232	63	12	3	6	36	47	50	.394	.427
Away	4.35	3	3	1	70	0	89.0	78	11	34	81	vs. Right	.211	402	85	12	4	12	73	32	112	.272	.351
Day	4.09	3	1	1	49	0	66.0	52	7	31	63	Inning 1-6	.249	185	46	3	2	9	38	27	50	.347	.432
Night	3.70	2	4	1	93	0	109.1	96	11	48	99	Inning 7+	.227	449	102	21	5	9	71	52	112	.308	.356
Grass	4.06	5	3	2	101	0	124.0	105	11	47	120	None on	.235	319	75	8	5	12	12	27	91	.301	.404
Turf	3.33	2	2	0	41	0	51.1	43	7	32	42	Runners on	.232	315	73	16	2	6	97	52	71	.336	.352
March/April	2.78	0	1	0	25	0	32.1	23	3	8	38	Scoring Posn	.241	199	48	11	1	5	93	37	46	.347	.382
May	6.49	1	1	0	28	0	34.2	45	6	17	31	Close & Late	.212	156	33	7	1	5	29	20	44	.306	.365
June	4.68	1	0	0	19	0	25.0	24	6	11	22	None on/out	.285	137	39	7	3	4	4	11	35	.347	.467
July	3.16	2	1	1	25	0	31.1	18	3	18	32	vs. 1st Batr (relief)	.285	123	35	9	1	2	19	11	32	.350	.423
August	1.71	2	0	0	24	0	26.1	15	0	12	19	1st Inning Pitched	.232	456	106	20	3	12	90	58	125	.319	.368
Sept/Oct	3.86	0	1	1	21	0	25.2	23	0	13	20	First 15 Pitches	.234	385	90	16	3	12	72	41	102	.310	.384
Starter	0.00	0	0	0	0	0	0.0	0	0	0	0	Pitch 16-30	.237	186	44	5	4	4	25	26	46	.330	.371
Reliever	3.85	5	5	2	142	0	175.1	148	18	79	162	Pitch 31-45	.235	51	12	3	0	2	11	12	11	.375	.412
0 Days Rest (Relief)	1.67	2	1	1	27	0	37.2	21	3	13	36	Pitch 46+	.167	12	2	0	0	0	1	0	3	.167	.167
1 or 2 Days Rest	4.29	2	3	1	76	0	86.0	78	8	36	89	First Pitch	.329	85	28	7	1	3	18	8	0	.385	.541
3+ Days Rest	4.70	1	1	0	39	0	51.2	49	7	30	40	Ahead in Count	.186	318	59	8	2	4	38	0	136	.195	.261
vs. AL	5.40	1	1	0	22	0	26.2	29	5	31	20	Behind in Count	.267	116	31	1	3	6	25	36	0	.439	.483
vs. NL	3.57	4	4	2	120	0	148.2	119	13	48	142	Two Strikes	.156	333	52	9	3	6	37	35	162	.239	.255
Pre-All Star	4.44	2	3	0	80	0	103.1	99	16	41	104	Pre-All Star	.253	392	99	15	5	16	69	41	104	.327	.439
Post-All Star	3.00	3	2	2	62	0	72.0	49	2	38	58	Post-All Star	.202	242	49	9	2	2	40	38	58	.307	.281

Jason Marquis — Braves
Age 23 – Pitches Right

	ERA	W	L	Sv	G	GS	IP	BB	SO	Avg	H	2B	3B	HR	RBI	OBP	SLG	GF	IR	IRS	Hld	SvOp	SB	CS	GB	FB	G/F
2001 Season	3.48	5	6	0	38	16	129.1	59	98	.234	113	23	2	14	55	.320	.378	9	8	4	2	2	2	4	186	134	1.39
Career (2000-2001)	3.71	6	6	0	53	16	152.2	71	115	.239	136	27	2	18	74	.325	.388	16	14	7	3	3	3	4	217	155	1.40

2001 Season

	ERA	W	L	Sv	G	GS	IP	H	HR	BB	SO		Avg	AB	H	2B	3B	HR	RBI	BB	SO	OBP	SLG
Home	4.66	1	5	0	18	7	56.0	52	6	30	29	vs. Left	.220	186	41	9	1	8	23	34	38	.342	.409
Away	2.58	4	1	0	20	9	73.1	61	8	29	69	vs. Right	.243	296	72	14	1	6	32	25	60	.305	.326
Starter	3.26	4	6	0	16	16	99.1	91	9	42	71	Scoring Posn	.243	111	27	3	1	2	39	16	20	.331	.342
Reliever	4.20	1	0	0	22	0	30.0	22	5	17	27	Close & Late	.128	39	5	0	0	2	2	4	12	.209	.282
0 Days Rest (Relief)	0.00	0	0	0	0	0	0.0	0	0	0	0	None on/out	.214	131	28	5	0	7	7	8	27	.259	.412
1 or 2 Days Rest	6.75	0	0	0	8	0	9.1	6	3	6	9	First Pitch	.247	73	18	4	0	1	7	3	0	.286	.342
3+ Days Rest	3.05	1	0	0	14	0	20.2	16	2	11	18	Ahead in Count	.179	229	41	11	1	3	18	0	80	.187	.275
Pre-All Star	4.42	2	3	0	25	5	59.0	49	7	28	51	Behind in Count	.319	94	30	2	1	7	19	31	0	.484	.585
Post-All Star	2.69	3	3	0	13	11	70.1	64	7	31	47	Two Strikes	.176	221	39	9	1	3	17	25	98	.265	.267

Eli Marrero — Cardinals
Age 28 – Bats Right

	Avg	G	AB	R	H	2B	3B	HR	RBI	BB	SO	HBP	GDP	SB	CS	OBP	SLG	IBB	SH	SF	#Pit	#P/PA	GB	FB	G/F
2001 Season	.266	86	203	37	54	11	3	6	23	15	36	0	4	6	3	.312	.438	2	3	3	753	3.36	82	51	1.61
Career (1997-2001)	.229	353	921	122	211	47	6	23	101	72	163	4	27	32	7	.285	.368	12	8	10	3599	3.55	332	276	1.20

2001 Season

	Avg	AB	H	2B	3B	HR	RBI	BB	SO	OBP	SLG		Avg	AB	H	2B	3B	HR	RBI	BB	SO	OBP	SLG
vs. Left	.256	43	11	2	0	2	2	1	7	.273	.442	Scoring Posn	.273	55	15	3	1	0	16	4	12	.306	.364
vs. Right	.269	160	43	9	3	4	21	14	29	.322	.438	Close & Late	.233	30	7	0	0	1	2	4	7	.314	.333
Home	.310	100	31	7	2	2	15	6	17	.339	.480	None on/out	.358	53	19	6	1	3	3	3	8	.393	.679
Away	.223	103	23	4	1	4	8	9	19	.286	.398	Batting #8	.280	161	45	7	3	5	18	13	24	.331	.453
First Pitch	.286	28	8	1	0	1	3	2	0	.323	.429	Batting #9	.150	20	3	1	0	1	2	1	6	.190	.350
Ahead in Count	.395	38	15	4	1	1	8	4	0	.452	.632	Other	.273	22	6	3	0	0	3	1	6	.280	.409
Behind in Count	.167	108	18	4	2	0	4	0	34	.165	.241	Pre-All Star	.280	93	26	3	1	3	8	4	20	.303	.430
Two Strikes	.129	93	12	2	1	1	3	9	36	.206	.204	Post-All Star	.255	110	28	8	2	3	15	11	16	.320	.445

Career (1997-2001)

	Avg	AB	H	2B	3B	HR	RBI	BB	SO	OBP	SLG		Avg	AB	H	2B	3B	HR	RBI	BB	SO	OBP	SLG
vs. Left	.243	239	58	16	1	6	25	19	44	.302	.393	First Pitch	.281	128	36	11	1	3	20	8	0	.312	.453
vs. Right	.224	682	153	31	5	17	76	53	119	.279	.359	Ahead in Count	.282	156	44	11	1	5	29	41	0	.427	.462
Home	.241	469	113	28	2	9	54	36	81	.296	.367	Behind in Count	.177	469	83	17	3	5	32	0	140	.183	.258
Away	.217	452	98	19	4	14	47	36	82	.274	.369	Two Strikes	.159	434	69	11	1	7	29	23	163	.206	.237
Day	.262	302	79	10	3	14	35	17	47	.307	.454	Batting #7	.224	268	60	15	2	6	18	20	43	.277	.362
Night	.213	619	132	37	3	9	66	55	116	.274	.326	Batting #8	.237	435	103	17	4	13	60	32	74	.290	.384
Grass	.237	805	191	43	4	21	91	63	131	.293	.379	Other	.220	218	48	15	0	4	23	20	46	.285	.344
Turf	.172	116	20	4	2	2	10	9	32	.230	.293	March/April	.288	146	42	10	2	6	23	6	30	.323	.507
Pre-All Star	.231	464	107	17	4	15	51	27	74	.273	.381	May	.198	167	33	2	2	5	12	11	19	.246	.323
Post-All Star	.228	457	104	30	2	8	50	45	89	.296	.354	June	.210	119	25	4	0	4	14	9	19	.262	.345
Inning 1-6	.251	561	141	29	6	13	61	49	96	.310	.394	July	.219	137	30	8	1	1	19	10	21	.275	.314
Inning 7+	.194	360	70	18	0	10	40	23	67	.246	.328	August	.237	169	40	12	0	3	14	34	.309	.361
Scoring Posn	.222	248	55	12	1	3	74	31	47	.302	.315	Sept/Oct	.224	183	41	11	1	4	19	18	40	.291	.361
Close & Late	.204	162	33	9	0	5	22	10	31	.249	.352	vs. AL	.259	85	22	8	0	2	12	3	9	.286	.424
None on/out	.268	231	62	16	2	8	8	12	40	.305	.459	vs. NL	.226	836	189	39	6	21	89	69	154	.285	.362

Damaso Marte — Pirates
Age 27 – Pitches Left (flyball pitcher)

	ERA	W	L	Sv	G	GS	IP	BB	SO	Avg	H	2B	3B	HR	RBI	OBP	SLG	GF	IR	IRS	Hld	SvOp	SB	CS	GB	FB	G/F
2001 Season	4.71	0	1	0	23	0	36.1	12	39	.250	34	11	0	5	21	.320	.441	4	15	8	0	0	3	0	32	45	0.71
Career (1999-2001)	5.60	0	2	0	28	0	45.0	18	42	.282	50	12	1	8	31	.355	.497	6	18	9	0	0	3	0	47	64	0.73

2001 Season

	ERA	W	L	Sv	G	GS	IP	H	HR	BB	SO		Avg	AB	H	2B	3B	HR	RBI	BB	SO	OBP	SLG
Home	2.55	0	0	0	10	0	17.2	12	0	5	16	vs. Left	.310	42	13	4	0	1	5	5	10	.396	.476
Away	6.75	0	1	0	13	0	18.2	22	5	7	23	vs. Right	.223	94	21	7	0	4	16	7	29	.286	.426

Al Martin — Mariners
Age 34 – Bats Left

	Avg	G	AB	R	H	2B	3B	HR	RBI	BB	SO	HBP	GDP	SB	CS	OBP	SLG	IBB	SH	SF	#Pit	#P/PA	GB	FB	G/F
2001 Season	.240	100	283	41	68	15	2	7	42	37	59	2	2	9	3	.330	.382	4	0	2	1218	3.76	98	80	1.23
Last Five Years	.269	616	2167	340	583	105	29	71	247	199	437	15	33	82	25	.333	.443	23	1	14	8448	3.53	778	597	1.30

2001 Season

	Avg	AB	H	2B	3B	HR	RBI	BB	SO	OBP	SLG		Avg	AB	H	2B	3B	HR	RBI	BB	SO	OBP	SLG
vs. Left	.100	10	1	0	1	0	1	4	.250	.300	Scoring Posn	.250	88	22	4	1	3	36	18	21	.376	.420
vs. Right	.245	273	67	15	1	7	41	36	55	.333	.385	Close & Late	.097	31	3	0	0	0	2	5	13	.243	.097
Home	.248	113	28	4	1	2	14	21	17	.370	.354	None on/out	.179	67	12	2	1	1	1	6	16	.247	.284
Away	.235	170	40	11	1	5	28	16	42	.301	.400	Batting #6	.251	195	49	11	1	5	33	29	35	.351	.395
First Pitch	.383	47	18	4	0	4	0	0	.431	.660	Batting #7	.205	44	9	1	0	1	5	14	.286	.273
Ahead in Count	.322	59	19	5	2	1	15	14	0	.440	.525	Other	.227	44	10	3	0	2	8	5	10	.277	.432
Behind in Count	.149	121	18	4	0	6	0	45	.156	.182	Pre-All Star	.213	155	33	9	1	4	25	23	37	.315	.361
Two Strikes	.136	125	17	4	0	2	11	19	59	.260	.216	Post-All Star	.273	128	35	6	1	3	17	14	22	.349	.406

266

Tom Martin — Mets
Age 32 – Pitches Left

Last Five Years

	Avg	AB	H	2B	3B	HR	RBI	BB	SO	OBP	SLG		Avg	AB	H	2B	3B	HR	RBI	BB	SO	OBP	SLG
vs. Left	.235	387	91	15	4	4	38	30	93	.301	.326	First Pitch	.376	439	165	31	9	17	55	13	0	.395	.604
vs. Right	.276	1780	492	90	25	67	209	169	344	.340	.468	Ahead in Count	.328	460	151	26	10	23	79	88	0	.429	.578
Home	.279	1020	285	51	17	37	115	110	207	.351	.472	Behind in Count	.176	890	157	33	6	12	55	0	356	.184	.267
Away	.260	1147	298	54	12	34	132	89	230	.316	.417	Two Strikes	.155	901	140	25	7	16	61	96	437	.245	.252
Day	.277	676	187	35	7	23	77	52	151	.332	.451	Batting #1	.287	670	192	40	11	29	68	49	145	.339	.509
Night	.266	1491	396	70	22	48	170	147	286	.333	.439	Batting #3	.281	481	135	24	7	13	61	47	96	.346	.441
Grass	.256	1193	306	50	17	37	135	115	228	.324	.420	Other	.252	1016	256	41	15	29	118	103	196	.322	.400
Turf	.284	974	277	55	12	34	112	84	209	.344	.470	March/April	.271	369	100	13	6	9	34	35	74	.338	.412
Pre-All Star	.276	1214	335	64	18	40	138	114	237	.340	.457	May	.283	368	104	19	5	13	50	42	65	.357	.467
Post-All Star	.260	953	248	41	11	31	109	85	200	.324	.424	June	.261	349	91	23	6	13	39	24	72	.310	.473
Inning 1-6	.290	1529	443	82	21	55	184	132	279	.348	.479	July	.276	434	120	25	2	16	58	42	80	.339	.454
Inning 7+	.219	638	140	23	8	16	63	67	158	.297	.356	August	.268	433	116	13	9	12	43	33	99	.327	.423
Scoring Posn	.229	525	120	20	4	14	169	96	114	.347	.362	Sept/Oct	.243	214	52	12	1	8	23	23	47	.315	.421
Close & Late	.211	304	64	12	2	4	19	41	80	.308	.303	vs. AL	.234	548	128	22	7	14	49	50	109	.300	.376
None on/out	.285	599	171	30	10	22	22	32	117	.323	.479	vs. NL	.281	1619	455	83	22	57	198	149	328	.344	.465

	ERA	W	L	Sv	G	GS	IP	BB	SO	Avg	H	2B	3B	HR	RBI	OBP	SLG	GF	IR	IRS	Hld	SvOp	SB	CS	GB	FB	G/F
2001 Season	10.06	1	0	0	14	0	17.0	10	12	.319	23	8	1	4	18	.405	.625	2	6	3	1	0	3	1	17	30	0.57
Career (1997-2001)	5.32	8	5	2	120	0	130.1	63	86	.290	149	32	3	14	95	.368	.446	28	82	32	11	3	10	3	181	139	1.30

2001 Season

	ERA	W	L	Sv	G	GS	IP	H	HR	BB	SO		Avg	AB	H	2B	3B	HR	RBI	BB	SO	OBP	SLG
Home	10.29	1	0	0	5	0	7.0	10	2	3	4	vs. Left	.250	32	8	4	0	0	7	3	6	.314	.375
Away	9.90	0	0	0	9	0	10.0	13	2	7	8	vs. Right	.375	40	15	4	1	4	11	7	6	.469	.825

Career (1997-2001)

	ERA	W	L	Sv	G	GS	IP	H	HR	BB	SO		Avg	AB	H	2B	3B	HR	RBI	BB	SO	OBP	SLG
Home	5.23	6	4	1	63	0	72.1	86	7	37	53	vs. Left	.293	191	56	12	1	1	33	22	37	.364	.382
Away	5.43	2	1	1	57	0	58.0	63	7	26	33	vs. Right	.288	323	93	20	2	13	62	41	49	.369	.483
Day	6.08	5	3	1	42	0	47.1	53	5	24	34	Inning 1-6	.296	152	45	15	1	8	34	19	30	.378	.566
Night	4.88	3	2	1	78	0	83.0	96	9	39	52	Inning 7+	.287	362	104	17	2	6	61	44	56	.363	.395
Grass	6.03	3	2	1	80	0	88.0	102	11	44	56	None on	.265	253	67	16	1	7	7	31	49	.345	.419
Turf	3.83	5	3	1	40	0	42.1	47	3	19	30	Runners on	.314	261	82	16	2	7	88	32	37	.389	.471
March/April	4.45	2	0	0	24	0	28.1	30	3	20	17	Scoring Posn	.295	156	46	12	0	3	75	24	22	.388	.429
May	7.03	2	1	0	26	0	32.0	38	5	21	20	Close & Late	.289	142	41	5	0	3	23	12	23	.344	.387
June	2.08	1	1	0	9	0	8.2	13	1	2	4	None on/out	.272	114	31	8	0	4	4	12	22	.341	.447
July	1.42	1	0	1	10	0	12.2	9	0	5	10	vs. 1st Batr (relief)	.340	103	35	6	0	3	24	14	18	.419	.485
August	6.59	2	2	1	28	0	28.2	39	4	10	21	1st Inning Pitched	.293	375	110	22	1	9	77	48	67	.374	.429
Sept/Oct	5.85	0	1	0	23	0	20.0	20	1	5	14	First 15 Pitches	.281	310	87	16	0	7	55	37	52	.357	.400
Starter	0.00	0	0	0	0	0	0.0	0	0	0	0	Pitch 16-30	.336	149	50	12	1	7	32	16	22	.400	.570
Reliever	5.32	8	5	2	120	0	130.1	149	14	63	86	Pitch 31-45	.171	35	6	2	0	0	4	7	9	.310	.229
0 Days Rest (Relief)	4.35	1	0	0	20	0	20.2	18	2	10	8	Pitch 46+	.300	20	6	2	2	0	4	3	3	.391	.600
1 or 2 Days Rest	5.91	2	2	2	51	0	56.1	59	7	31	44	First Pitch	.463	82	38	6	1	4	22	5	0	.500	.707
3+ Days Rest	5.06	5	1	0	49	0	53.1	72	5	22	34	Ahead in Count	.189	233	44	11	0	3	21	0	75	.194	.275
vs. AL	7.25	1	3	0	52	0	58.1	77	9	32	39	Behind in Count	.330	112	37	10	2	3	30	29	0	.462	.536
vs. NL	3.75	7	2	2	68	0	72.0	72	5	31	47	Two Strikes	.183	229	42	11	0	3	23	29	86	.278	.271
Pre-All Star	5.17	5	2	0	62	0	71.1	83	9	44	43	Pre-All Star	.293	283	83	15	1	9	54	44	43	.390	.449
Post-All Star	5.49	3	3	2	58	0	59.0	66	5	19	43	Post-All Star	.286	231	66	17	2	5	41	19	43	.339	.442

Dave Martinez — Braves
Age 37 – Bats Left

	Avg	G	AB	R	H	2B	3B	HR	RBI	BB	SO	HBP	GDP	SB	CS	OBP	SLG	IBB	SH	SF	#Pit	#P/PA	GB	FB	G/F
2001 Season	.287	120	237	33	68	11	3	2	20	21	44	1	10	3	3	.347	.384	0	0	0	1057	4.08	76	76	1.00
Last Five Years	.278	630	2021	281	562	82	19	28	208	221	314	13	37	44	29	.351	.379	17	16	15	9093	3.98	666	631	1.06

2001 Season

	Avg	AB	H	2B	3B	HR	RBI	BB	SO	OBP	SLG		Avg	AB	H	2B	3B	HR	RBI	BB	SO	OBP	SLG
vs. Left	.257	35	9	2	0	0	3	2	7	.314	.314	Scoring Posn	.203	59	12	2	0	1	18	9	9	.309	.288
vs. Right	.292	202	59	9	3	2	17	19	37	.353	.396	Close & Late	.391	64	25	3	0	1	6	17	.443	.469
Home	.260	104	27	8	1	0	8	8	19	.313	.356	None on/out	.286	56	16	2	2	1	1	4	10	.333	.446
Away	.308	133	41	3	2	2	12	13	25	.374	.406	Batting #5	.283	60	17	2	2	1	5	6	7	.348	.433
First Pitch	.278	18	5	0	0	0	2	0	0	.278	.278	Batting #9	.323	62	20	3	0	0	3	6	13	.382	.371
Ahead in Count	.383	47	18	5	1	0	2	17	0	.547	.532	Other	.270	115	31	6	1	1	12	9	24	.328	.365
Behind in Count	.221	131	29	4	1	2	12	0	40	.227	.288	Pre-All Star	.328	134	44	7	3	0	11	11	18	.384	.425
Two Strikes	.261	134	35	4	1	2	13	4	44	.288	.351	Post-All Star	.233	103	24	4	0	2	9	10	26	.301	.330

Last Five Years

	Avg	AB	H	2B	3B	HR	RBI	BB	SO	OBP	SLG		Avg	AB	H	2B	3B	HR	RBI	BB	SO	OBP	SLG
vs. Left	.258	364	94	12	1	5	39	35	78	.330	.338	First Pitch	.265	185	49	2	1	1	12	0	.308	.303
vs. Right	.282	1657	468	70	18	23	169	186	236	.355	.388	Ahead in Count	.328	515	169	32	5	10	64	129	0	.459	.468
Home	.273	947	259	47	10	12	90	111	134	.352	.382	Behind in Count	.239	915	219	28	5	9	76	0	256	.247	.310
Away	.282	1074	303	35	9	16	118	110	180	.349	.376	Two Strikes	.239	984	235	26	9	12	88	80	314	.302	.320
Day	.293	593	174	24	9	10	64	69	87	.365	.415	Batting #2	.286	959	274	47	9	14	100	102	140	.353	.399
Night	.272	1428	388	58	10	18	144	152	227	.343	.364	Batting #3	.278	237	66	9	3	2	27	30	34	.361	.371
Grass	.294	1267	372	49	14	19	142	136	197	.362	.399	Other	.269	825	222	26	7	11	81	89	140	.344	.358
Turf	.252	754	190	33	5	9	66	85	117	.332	.345	March/April	.285	351	100	17	4	5	45	40	48	.355	.399

267

Edgar Martinez — Mariners — Age 39 – Bats Right

Last Five Years

	Avg	AB	H	2B	3B	HR	RBI	BB	SO	OBP	SLG		Avg	AB	H	2B	3B	HR	RBI	BB	SO	OBP	SLG
Pre-All Star	.271	1190	323	47	15	21	137	139	195	.350	.389	May	.271	365	99	14	6	5	40	45	62	.349	.384
Post-All Star	.288	831	239	35	4	7	71	82	119	.352	.365	June	.269	386	104	13	3	10	41	45	64	.351	.396
Inning 1-6	.280	1355	379	61	13	23	165	143	183	.348	.395	July	.261	318	83	13	2	3	17	25	53	.321	.343
Inning 7+	.275	666	183	21	6	5	43	78	131	.355	.347	August	.306	310	95	12	2	4	31	33	53	.371	.397
Scoring Posn	.261	499	130	17	6	4	172	80	80	.358	.343	Sept/Oct	.278	291	81	13	2	1	34	33	34	.352	.347
Close & Late	.295	325	96	11	2	2	22	48	70	.389	.360	vs. AL	.278	1556	432	65	14	19	167	174	219	.351	.374
None on/out	.286	468	134	16	6	13	13	37	62	.341	.429	vs. NL	.280	465	130	17	5	9	41	47	95	.348	.396

	Avg	G	AB	R	H	2B	3B	HR	RBI	BB	SO	HBP	GDP	SB	CS	OBP	SLG	IBB	SH	SF	#Pit	#P/PA	GB	FB	G/F
2001 Season	.306	132	470	80	144	40	1	23	116	93	90	9	11	4	1	.423	.543	9	0	9	2399	4.13	151	159	0.95
Last Five Years	.324	736	2626	456	851	187	4	141	557	511	466	34	70	17	8	.436	.559	38	0	33	13236	4.13	889	812	1.09

2001 Season

	Avg	AB	H	2B	3B	HR	RBI	BB	SO	OBP	SLG		Avg	AB	H	2B	3B	HR	RBI	BB	SO	OBP	SLG
vs. Left	.246	126	31	12	0	5	25	31	17	.399	.460	First Pitch	.576	33	19	3	0	3	17	7	0	.644	.939
vs. Right	.328	344	113	28	1	18	91	62	73	.433	.573	Ahead in Count	.370	119	44	7	1	7	31	40	0	.519	.622
Home	.305	233	71	19	0	10	68	51	50	.425	.515	Behind in Count	.248	214	53	18	0	9	43	0	70	.258	.458
Away	.308	237	73	21	1	13	48	42	40	.422	.570	Two Strikes	.220	245	54	23	0	7	44	46	90	.346	.400
Day	.307	137	42	12	0	5	28	26	19	.425	.504	Batting #3	.314	401	126	34	0	20	100	83	73	.434	.549
Night	.306	333	102	28	1	18	88	67	71	.423	.559	Batting #4	.277	65	18	6	1	3	16	10	16	.380	.538
Grass	.294	436	128	37	1	21	110	91	85	.419	.528	Other	.000	4	0	0	0	0	0	0	1	.000	.000
Turf	.471	34	16	3	0	2	6	2	5	.486	.735	April	.303	89	27	9	0	3	17	23	14	.451	.506
Pre-All Star	.302	278	84	27	0	13	67	62	51	.433	.540	May	.313	96	30	8	0	4	25	23	19	.440	.521
Post-All Star	.313	192	60	13	1	10	49	31	39	.408	.547	June	.293	75	22	7	0	5	21	14	14	.418	.587
Inning 1-6	.323	331	107	31	0	18	86	70	62	.446	.580	July	.250	28	7	3	0	2	7	5	5	.368	.571
Inning 7+	.266	139	37	9	1	5	30	23	28	.367	.453	August	.353	102	36	7	0	6	30	15	20	.436	.598
Scoring Posn	.303	152	46	16	0	8	93	39	27	.428	.566	Sept/Oct	.275	80	22	6	1	3	16	13	18	.368	.488
Close & Late	.265	68	18	5	0	1	19	12	15	.378	.382	vs. AL	.308	442	136	39	1	20	108	88	84	.426	.536
None on/out	.344	93	32	7	1	5	5	13	16	.430	.602	vs. NL	.286	28	8	1	0	3	8	5	6	.382	.643

2001 By Position

Position	Avg	AB	H	2B	3B	HR	RBI	BB	SO	OBP	SLG	G	GS	Innings	PO	A	E	DP	Fld Pct	Rng Fctr	In Zone	Zone Outs	Zone Rtg	MLB Zone
As DH	.309	463	143	40	1	22	115	92	88	.426	.542	127	127	—	—	—	—	—	—	—	—	—	—	—

Last Five Years

	Avg	AB	H	2B	3B	HR	RBI	BB	SO	OBP	SLG		Avg	AB	H	2B	3B	HR	RBI	BB	SO	OBP	SLG
vs. Left	.307	564	173	45	0	30	109	136	96	.439	.546	First Pitch	.470	185	87	22	0	17	82	23	0	.531	.865
vs. Right	.329	2062	678	142	4	111	448	375	370	.435	.563	Ahead in Count	.422	689	291	49	3	63	207	282	0	.586	.776
Home	.323	1322	427	96	1	70	290	286	245	.443	.556	Behind in Count	.247	1146	283	69	1	34	156	0	346	.253	.398
Away	.325	1304	424	91	3	71	267	225	221	.428	.563	Two Strikes	.241	1303	314	84	1	37	177	204	466	.345	.392
Day	.313	825	258	57	2	43	165	158	142	.423	.543	Batting #3	.314	446	140	37	0	22	109	92	81	.432	.545
Night	.329	1801	593	130	2	98	392	353	324	.441	.567	Batting #4	.317	1676	531	111	4	87	336	345	304	.435	.544
Grass	.319	1676	535	111	2	88	362	313	301	.429	.545	Other	.357	504	180	39	0	32	112	74	81	.443	.625
Turf	.333	950	316	76	2	53	195	198	165	.447	.584	March/April	.288	434	125	34	0	17	85	81	72	.399	.484
Pre-All Star	.321	1420	456	111	0	81	322	283	242	.436	.570	May	.356	481	171	37	0	29	120	98	71	.465	.613
Post-All Star	.328	1206	395	76	4	60	235	228	224	.436	.546	June	.312	398	124	31	0	24	86	82	77	.434	.570
Inning 1-6	.330	1843	608	133	2	104	406	353	311	.440	.574	July	.321	377	121	22	0	21	81	77	75	.433	.546
Inning 7+	.310	783	243	54	2	37	151	158	155	.426	.526	August	.323	504	163	29	1	30	114	92	98	.431	.563
Scoring Posn	.309	763	236	52	0	40	404	210	144	.446	.535	Sept/Oct	.340	432	147	34	3	20	71	81	73	.441	.572
Close & Late	.298	325	97	23	0	9	53	71	74	.431	.452	vs. AL	.322	2399	772	171	4	124	506	467	422	.433	.551
None on/out	.349	599	209	47	1	33	33	84	99	.434	.596	vs. NL	.348	227	79	16	0	17	51	44	44	.459	.643

Felix Martinez — Devil Rays — Age 28 – Bats Both (groundball hitter)

	Avg	G	AB	R	H	2B	3B	HR	RBI	BB	SO	HBP	GDP	SB	CS	OBP	SLG	IBB	SH	SF	#Pit	#P/PA	GB	FB	G/F
2001 Season	.247	77	219	24	54	13	1	1	14	10	46	5	8	6	5	.294	.329	0	3	1	789	3.32	81	48	1.69
Career (1997-2001)	.214	239	641	77	137	26	7	3	39	53	143	14	15	18	9	.287	.290	0	20	3	2537	3.47	246	139	1.77

2001 Season

	Avg	AB	H	2B	3B	HR	RBI	BB	SO	OBP	SLG		Avg	AB	H	2B	3B	HR	RBI	BB	SO	OBP	SLG
vs. Left	.171	35	6	1	0	1	3	2	10	.216	.286	Scoring Posn	.170	47	8	1	1	0	12	2	8	.216	.234
vs. Right	.261	184	48	12	1	0	11	8	36	.308	.337	Close & Late	.240	25	6	2	0	0	1	2	5	.296	.320
Home	.280	107	30	9	1	0	9	6	21	.339	.383	None on/out	.224	49	11	3	0	0	0	2	16	.255	.286
Away	.214	112	24	4	0	1	5	4	25	.252	.277	Batting #8	.118	17	2	0	0	0	2	1	3	.211	.118
First Pitch	.280	50	14	5	1	0	6	0	0	.288	.420	Batting #9	.258	198	51	13	1	1	12	9	41	.302	.348
Ahead in Count	.357	28	10	5	0	0	2	4	0	.438	.536	Other	.250	4	1	0	0	0	0	0	2	.250	.250
Behind in Count	.204	98	20	3	0	0	4	0	37	.235	.235	Pre-All Star	.235	149	35	8	0	0	8	6	28	.281	.289
Two Strikes	.147	102	15	3	0	0	3	6	46	.223	.176	Post-All Star	.271	70	19	5	1	1	6	4	18	.320	.414

Career (1997-2001)

	Avg	AB	H	2B	3B	HR	RBI	BB	SO	OBP	SLG		Avg	AB	H	2B	3B	HR	RBI	BB	SO	OBP	SLG
vs. Left	.131	137	18	1	0	1	5	11	41	.217	.161	First Pitch	.260	131	34	10	4	0	11	0	0	.277	.397
vs. Right	.236	504	119	25	7	2	34	42	102	.306	.325	Ahead in Count	.296	115	34	8	0	1	11	31	0	.446	.383
Home	.237	334	79	17	5	0	24	33	62	.317	.317	Behind in Count	.149	288	43	4	1	2	11	0	127	.172	.191
Away	.189	307	58	9	2	3	15	20	81	.253	.261	Two Strikes	.121	298	36	5	1	2	9	22	143	.199	.164

Career (1997-2001)

	Avg	AB	H	2B	3B	HR	RBI	BB	SO	OBP	SLG		Avg	AB	H	2B	3B	HR	RBI	BB	SO	OBP	SLG
Day	.227	207	47	11	2	2	13	18	40	.304	.329	Batting #8	.205	44	9	1	0	1	6	6	15	.327	.295
Night	.207	434	90	15	5	1	26	35	103	.279	.272	Batting #9	.215	586	126	25	7	2	33	47	126	.285	.292
Grass	.200	315	63	9	4	2	21	21	78	.259	.273	Other	.182	11	2	0	0	0	0	0	2	.182	.182
Turf	.227	326	74	17	3	1	18	32	65	.313	.307	March/April	.234	145	34	5	1	0	10	6	32	.265	.283
Pre-All Star	.228	356	81	13	2	1	25	26	79	.290	.284	May	.181	83	15	2	0	0	6	6	14	.258	.205
Post-All Star	.196	285	56	13	5	2	14	27	64	.283	.298	June	.242	95	23	3	1	1	10	12	26	.330	.326
Inning 1-6	.205	425	87	17	5	2	26	34	98	.281	.282	July	.202	99	20	6	1	0	3	12	30	.310	.283
Inning 7+	.231	216	50	9	2	1	13	19	45	.300	.306	August	.165	91	15	2	0	2	4	6	14	.240	.253
Scoring Posn	.167	144	24	4	3	0	34	21	30	.281	.236	Sept/Oct	.234	128	30	8	4	0	8	11	27	.295	.359
Close & Late	.262	84	22	5	1	0	5	10	16	.347	.345	vs. AL	.210	562	118	22	6	2	32	43	119	.279	.281
None on/out	.222	153	34	5	1	1	1	8	37	.279	.288	vs. NL	.241	79	19	4	1	1	7	10	24	.337	.354

Pedro Martinez — Red Sox — Age 30 – Pitches Right

	ERA	W	L	Sv	G	GS	IP	BB	SO	Avg	H	2B	3B	HR	RBI	OBP	SLG	CG	ShO	Sup	QS	#P/S	SB	CS	GB	FB	G/F
2001 Season	2.39	7	3	0	18	18	116.2	25	163	.199	84	11	3	5	25	.253	.274	1	0	4.09	13	99	9	3	124	86	1.44
Last Five Years	2.18	84	28	0	142	140	1022.0	228	1316	.194	718	121	10	73	255	.249	.292	29	11	4.81	112	111	74	27	1048	825	1.27

2001 Season

	ERA	W	L	Sv	G	GS	IP	H	HR	BB	SO		Avg	AB	H	2B	3B	HR	RBI	BB	SO	OBP	SLG
Home	2.63	3	1	0	8	8	54.2	33	2	11	79	vs. Left	.216	236	51	7	1	4	19	14	91	.266	.305
Away	2.18	4	2	0	10	10	62.0	51	3	14	84	vs. Right	.176	187	33	4	2	1	6	11	72	.238	.235
Starter	2.39	7	3	0	18	18	116.2	84	5	25	163	Scoring Posn	.250	68	17	1	1	1	20	8	25	.338	.338
Reliever	0.00	0	0	0	0	0	0.0	0	0	0	0	Close & Late	.184	38	7	1	0	0	2	3	13	.262	.211
0-3 Days Rest (Start)	0.00	0	0	0	0	0	0.0	0	0	0	0	None on/out	.217	115	25	6	0	3	3	6	40	.262	.348
4 Days Rest	4.40	2	1	0	5	5	30.2	28	2	3	42	First Pitch	.396	48	19	2	1	2	10	0	0	.408	.604
5+ Days Rest	1.67	5	2	0	13	13	86.0	56	3	22	121	Ahead in Count	.133	241	32	6	0	1	7	0	136	.150	.170
Pre-All Star	2.26	7	2	0	15	15	103.2	72	4	22	150	Behind in Count	.345	58	20	2	1	2	5	12	0	.457	.517
Post-All Star	3.46	0	1	0	3	3	13.0	12	1	3	13	Two Strikes	.128	257	33	6	0	1	7	13	163	.185	.163

Last Five Years

	ERA	W	L	Sv	G	GS	IP	H	HR	BB	SO		Avg	AB	H	2B	3B	HR	RBI	BB	SO	OBP	SLG
Home	2.29	40	16	0	71	70	519.0	378	39	115	668	vs. Left	.198	1990	395	72	5	33	130	133	647	.253	.289
Away	2.08	44	12	0	71	70	503.0	340	34	113	648	vs. Right	.189	1706	323	49	5	40	125	95	669	.244	.294
Day	1.93	35	8	0	52	51	377.2	262	24	85	475	Inning 1-6	.191	2952	563	88	6	56	198	188	1055	.247	.286
Night	2.33	49	20	0	90	89	644.1	456	49	143	841	Inning 7+	.208	744	155	33	4	17	57	40	261	.257	.332
Grass	2.22	64	21	0	105	103	745.2	529	57	156	965	None on	.194	2379	461	82	7	58	58	138	844	.247	.307
Turf	2.08	20	7	0	37	37	276.1	189	16	72	351	Runners on	.195	1317	257	39	3	15	197	90	472	.252	.263
March/April	1.74	16	1	0	24	24	170.2	122	7	42	232	Scoring Posn	.193	696	134	18	1	12	182	63	278	.262	.273
May	1.72	23	5	0	29	29	220.1	158	11	44	285	Close & Late	.204	417	85	17	2	8	37	28	143	.263	.312
June	2.88	11	6	0	24	24	171.2	116	22	41	220	None on/out	.200	992	198	48	2	20	20	50	328	.249	.313
July	2.22	10	4	0	17	17	125.2	94	9	27	142	vs. 1st Batr (relief)	.000	1	0	0	0	0	0	0	0	.500	.000
August	2.15	15	4	0	25	24	176.0	118	12	38	219	1st Inning Pitched	.166	493	82	18	0	5	24	26	176	.219	.233
Sept/Oct	2.57	9	8	0	23	22	157.2	110	12	36	218	First 75 Pitches	.190	2404	456	77	5	43	141	147	881	.245	.280
Starter	2.19	83	28	0	140	140	1017.0	715	72	227	1309	Pitch 76-90	.191	460	88	14	1	10	36	28	129	.242	.291
Reliever	1.80	1	0	0	2	0	5.0	3	1	1	7	Pitch 91-105	.211	413	87	13	2	11	38	28	158	.264	.332
0-3 Days Rest (Start)	0.00	0	0	0	0	0	0.0	0	0	0	0	Pitch 106+	.208	419	87	17	2	9	40	25	148	.263	.322
4 Days Rest	2.37	42	16	0	71	71	525.0	376	39	122	682	First Pitch	.291	430	125	23	3	9	39	9	0	.310	.421
5+ Days Rest	1.99	41	12	0	69	69	492.0	339	33	105	627	Ahead in Count	.132	2108	279	45	1	25	98	0	1124	.143	.190
vs. AL	2.02	65	17	0	104	102	742.1	511	47	152	962	Behind in Count	.337	489	165	32	3	22	61	94	0	.449	.550
vs. NL	2.61	19	11	0	38	38	279.2	207	26	76	354	Two Strikes	.123	2208	271	42	2	24	96	125	1316	.177	.176
Pre-All Star	2.10	52	14	0	81	81	591.2	418	42	135	770	Pre-All Star	.196	2137	418	75	6	42	135	135	770	.252	.295
Post-All Star	2.30	32	14	0	61	59	430.1	300	31	93	546	Post-All Star	.192	1559	300	46	4	31	120	93	546	.244	.287

Ramon Martinez — Pirates — Age 34 – Pitches Right

	ERA	W	L	Sv	G	GS	IP	BB	SO	Avg	H	2B	3B	HR	RBI	OBP	SLG	CG	ShO	Sup	QS	#P/S	SB	CS	GB	FB	G/F
2001 Season	8.62	0	2	0	4	4	15.2	16	9	.276	16	3	1	4	14	.442	.569	0	0	4.02	0	77	3	0	19	20	0.95
Last Five Years	4.39	29	19	0	72	72	399.1	200	324	.246	372	5	4	44	187	.339	.401	2	0	5.70	32	96	37	20	513	422	1.22

2001 Season

	ERA	W	L	Sv	G	GS	IP	H	HR	BB	SO		Avg	AB	H	2B	3B	HR	RBI	BB	SO	OBP	SLG
Home	11.12	0	2	0	2	2	5.2	5	2	8	1	vs. Left	.364	22	8	1	1	2	7	9	2	.548	.773
Away	7.20	0	0	0	2	2	10.0	11	2	8	8	vs. Right	.222	36	8	2	0	2	7	7	7	.370	.444

Last Five Years

	ERA	W	L	Sv	G	GS	IP	H	HR	BB	SO		Avg	AB	H	2B	3B	HR	RBI	BB	SO	OBP	SLG
Home	4.08	17	12	0	40	40	227.0	219	23	111	197	vs. Left	.257	716	184	46	1	24	95	124	131	.365	.425
Away	4.80	12	7	0	32	32	172.1	153	21	89	127	vs. Right	.236	796	188	49	3	20	92	76	193	.315	.381
Day	4.09	9	7	0	26	26	143.0	136	15	66	115	Inning 1-6	.251	1399	351	91	4	41	182	193	296	.347	.410
Night	4.56	20	12	0	46	46	256.1	236	29	134	209	Inning 7+	.186	113	21	4	0	3	5	7	28	.240	.301
Grass	4.47	25	18	0	65	65	358.1	334	42	184	292	None on	.250	867	217	58	2	25	25	104	196	.337	.408
Turf	3.73	4	1	0	7	7	41.0	38	2	16	32	Runners on	.240	645	155	37	2	19	162	96	128	.343	.392
March/April	4.60	5	7	0	20	20	109.2	101	11	64	93	Scoring Posn	.230	383	88	23	1	15	148	68	90	.344	.413
May	3.36	9	3	0	17	17	107.0	92	10	41	84	Close & Late	.183	71	13	2	0	1	1	6	17	.247	.254
June	4.19	5	2	0	12	12	68.2	73	8	32	63	None on/out	.269	402	108	30	2	11	11	33	85	.326	.435
July	7.86	2	2	0	6	6	26.1	30	2	23	17	vs. 1st Batr (relief)	.000	0	0	0	0	0	0	0	0	.000	.000
August	1.64	2	0	0	3	3	11.0	8	1	3	12	1st Inning Pitched	.256	270	69	14	1	11	51	48	57	.375	.437

269

Ramon Martinez — Giants

Age 29 – Bats Right

Last Five Years

	ERA	W	L	Sv	G	GS	IP	H	HR	BB	SO		Avg	AB	H	2B	3B	HR	RBI	BB	SO	OBP	SLG
Sept/Oct	4.93	6	5	0	15	15	76.2	68	12	37	55	First 75 Pitches	.243	1107	269	68	3	34	135	144	229	.336	.402
Starter	4.39	29	19	0	72	72	399.1	372	44	200	324	Pitch 76-90	.307	189	58	18	0	4	28	31	37	.404	.466
Reliever	0.00	0	0	0	0	0	0.0	0	0	0	0	Pitch 91-105	.213	141	30	5	1	5	18	18	38	.313	.369
0-3 Days Rest (Start)	8.44	0	0	0	1	1	5.1	9	0	3	4	Pitch 106+	.200	75	15	4	0	1	6	7	20	.268	.293
4 Days Rest	4.16	17	11	0	38	38	231.1	207	25	105	200	First Pitch	.308	198	61	11	1	4	25	2	0	.332	.434
5+ Days Rest	4.59	12	8	0	33	33	162.2	156	19	92	120	Ahead in Count	.193	669	129	30	0	9	60	0	266	.199	.278
vs. AL	6.08	11	9	0	30	30	142.0	153	21	74	107	Behind in Count	.339	333	113	34	1	23	69	94	0	.484	.655
vs. NL	3.46	18	10	0	42	42	257.1	219	23	126	217	Two Strikes	.166	741	123	29	2	11	60	104	324	.273	.255
Pre-All Star	4.16	19	13	0	51	51	294.1	278	29	146	243	Pre-All Star	.249	1117	278	71	3	29	131	146	243	.338	.396
Post-All Star	5.06	10	6	0	21	21	105.0	94	15	54	81	Post-All Star	.238	395	94	24	1	15	56	54	81	.343	.418

	Avg	G	AB	R	H	2B	3B	HR	RBI	BB	SO	HBP	GDP	SB	CS	OBP	SLG	IBB	SH	SF	#Pit	#P/PA	GB	FB	G/F
2001 Season	.253	128	391	48	99	18	3	5	37	38	52	5	11	1	2	.323	.353	6	6	6	1606	3.60	150	129	1.16
Career (1998-2001)	.269	296	743	103	200	38	5	16	81	71	93	6	19	5	6	.335	.398	7	17	8	3035	3.59	282	259	1.09

2001 Season

	Avg	AB	H	2B	3B	HR	RBI	BB	SO	OBP	SLG		Avg	AB	H	2B	3B	HR	RBI	BB	SO	OBP	SLG
vs. Left	.293	82	24	6	1	0	6	10	8	.370	.390	First Pitch	.310	42	13	2	1	1	6	5	0	.388	.476
vs. Right	.243	309	75	12	2	5	31	28	44	.310	.343	Ahead in Count	.330	94	31	6	1	1	8	13	0	.404	.447
Home	.237	186	44	9	3	1	13	20	21	.316	.333	Behind in Count	.192	177	34	7	1	2	15	0	43	.200	.277
Away	.268	205	55	9	0	4	24	18	31	.329	.371	Two Strikes	.145	159	23	3	0	3	13	20	52	.242	.220
Day	.223	130	29	5	1	2	15	16	19	.306	.323	Batting #7	.176	85	15	1	1	2	9	6	8	.232	.282
Night	.268	261	70	13	2	3	22	22	33	.331	.368	Batting #8	.296	189	56	12	1	2	19	22	26	.376	.402
Grass	.253	375	95	16	3	5	35	38	49	.325	.352	Other	.239	117	28	5	1	1	9	10	18	.297	.325
Turf	.250	16	4	2	0	0	2	0	3	.250	.375	April	.269	26	7	0	1	0	1	4	4	.355	.346
Pre-All Star	.263	186	49	7	1	3	17	21	22	.338	.360	May	.235	51	12	2	0	1	6	5	5	.293	.333
Post-All Star	.244	205	50	11	2	2	20	17	30	.308	.346	June	.294	85	25	5	0	1	8	9	10	.365	.388
Inning 1-6	.280	254	71	10	2	3	24	23	34	.347	.370	July	.269	78	21	2	1	2	8	9	12	.348	.397
Inning 7+	.204	137	28	8	1	2	13	15	18	.277	.321	August	.153	85	13	6	0	0	6	4	15	.189	.224
Scoring Posn	.305	82	25	4	1	0	30	19	9	.422	.378	Sept/Oct	.318	66	21	3	1	1	8	7	6	.384	.439
Close & Late	.194	72	14	5	0	0	5	8	10	.272	.264	vs. AL	.310	42	13	3	0	0	2	5	7	.383	.381
None on/out	.250	88	22	4	2	2	8	9	.320	.409	vs. NL	.246	349	86	15	3	5	35	33	47	.316	.350

2001 By Position

Position	Avg	AB	H	2B	3B	HR	RBI	BB	SO	OBP	SLG	G	GS	Innings	PO	A	E	DP	Fld Pct	Rng Fctr	In Zone	Outs	Zone Rtg	MLB Zone
As 2b	.264	110	29	3	2	1	12	11	12	.333	.355	42	26	277.1	54	98	1	21	.993	4.93	118	97	.822	.824
As 3b	.260	215	56	14	0	3	20	19	29	.326	.367	70	63	537.1	44	105	4	7	.974	2.50	148	114	.770	.761
As ss	.233	60	14	1	1	1	5	7	10	.309	.333	24	16	141.1	25	58	3	16	.965	5.29	59	52	.881	.839

Career (1998-2001)

	Avg	AB	H	2B	3B	HR	RBI	BB	SO	OBP	SLG		Avg	AB	H	2B	3B	HR	RBI	BB	SO	OBP	SLG
vs. Left	.291	206	60	12	2	4	19	21	28	.357	.427	First Pitch	.319	91	29	6	1	1	11	6	0	.364	.440
vs. Right	.261	537	140	26	3	12	62	50	65	.326	.387	Ahead in Count	.353	190	67	14	2	7	25	29	0	.432	.558
Home	.277	343	95	18	3	8	32	38	33	.351	.417	Behind in Count	.212	312	66	12	2	6	28	0	72	.218	.321
Away	.263	400	105	20	2	8	49	33	60	.321	.383	Two Strikes	.176	295	52	9	1	7	25	36	93	.268	.285
Day	.299	304	91	17	3	8	42	40	42	.380	.454	Batting #2	.294	204	60	10	2	6	23	14	23	.336	.451
Night	.248	439	109	21	2	8	39	31	51	.301	.360	Batting #8	.303	234	71	15	1	4	25	29	0	.387	.427
Grass	.272	674	183	33	4	14	76	69	79	.341	.395	Other	.226	305	69	13	2	6	33	28	35	.292	.341
Turf	.246	69	17	5	1	2	5	2	14	.268	.435	March/April	.308	78	24	2	1	3	8	8	10	.368	.474
Pre-All Star	.275	356	98	16	2	10	42	39	43	.347	.416	May	.225	89	20	3	0	3	13	11	9	.304	.360
Post-All Star	.264	387	102	22	3	6	39	32	50	.323	.382	June	.306	144	44	11	1	2	16	16	18	.377	.438
Inning 1-6	.303	459	139	24	3	11	54	40	55	.363	.440	July	.259	116	30	3	1	4	12	13	15	.336	.405
Inning 7+	.215	284	61	14	2	5	27	31	38	.289	.331	August	.233	189	44	13	1	2	18	9	29	.265	.344
Scoring Posn	.304	168	51	11	1	3	65	30	19	.399	.435	Sept/Oct	.299	127	38	6	1	2	14	14	12	.366	.409
Close & Late	.189	122	23	6	1	1	11	13	17	.265	.279	vs. AL	.291	79	23	7	0	1	7	8	9	.356	.418
None on/out	.263	171	45	11	2	5	5	13	12	.319	.439	vs. NL	.267	664	177	31	5	15	74	63	84	.332	.396

Sandy Martinez — Expos

Age 29 – Bats Left (flyball hitter)

	Avg	G	AB	R	H	2B	3B	HR	RBI	BB	SO	HBP	GDP	SB	CS	OBP	SLG	IBB	SH	SF	#Pit	#P/PA	GB	FB	G/F
2001 Season	.000	1	1	0	0	0	0	0	0	0	0	0	1	0	0	.000	.000	0	0	0	4	4.00	1	0	0.00
Last Five Years	.232	76	138	10	32	11	1	1	8	14	41	1	4	1	0	.305	.348	0	0	1	582	3.78	27	42	0.64

2001 Season

	Avg	AB	H	2B	3B	HR	RBI	BB	SO	OBP	SLG		Avg	AB	H	2B	3B	HR	RBI	BB	SO	OBP	SLG
vs. Left	.000	1	0	0	0	0	0	0	0	.000	.000	Scoring Posn	.000	0	0	0	0	0	0	0	0	.000	.000
vs. Right	.000	0	0	0	0	0	0	0	0	.000	.000	Close & Late	.000	1	0	0	0	0	0	0	0	.000	.000

Tino Martinez — Yankees
Age 34 – Bats Left (flyball hitter)

	Avg	G	AB	R	H	2B	3B	HR	RBI	BB	SO	HBP	GDP	SB	CS	OBP	SLG	IBB	SH	SF	#Pit	P/PA	GB	FB	G/F
2001 Season	.280	154	589	89	165	24	2	34	113	42	89	2	12	1	2	.329	.501	2	0	2	2342	3.69	214	187	1.14
Last Five Years	.276	768	2872	441	792	152	11	150	573	299	407	22	75	13	9	.345	.493	35	0	32	12189	3.78	981	1002	0.98

2001 Season

	Avg	AB	H	2B	3B	HR	RBI	BB	SO	OBP	SLG		Avg	AB	H	2B	3B	HR	RBI	BB	SO	OBP	SLG
vs. Left	.257	175	45	10	0	10	32	9	31	.297	.486	First Pitch	.362	69	25	2	2	7	21	1	0	.380	.754
vs. Right	.290	414	120	14	2	24	81	33	58	.342	.507	Ahead in Count	.368	136	50	4	0	12	34	18	0	.439	.662
Home	.305	298	91	14	2	22	66	23	36	.357	.587	Behind in Count	.204	269	55	13	0	9	31	0	74	.204	.353
Away	.254	291	74	10	0	12	47	19	53	.300	.412	Two Strikes	.195	246	48	7	0	11	37	23	89	.266	.358
Day	.278	230	64	12	0	13	43	17	37	.332	.500	Batting #4	.278	313	87	10	0	21	61	20	53	.322	.511
Night	.281	359	101	12	2	21	70	25	52	.327	.501	Batting #5	.295	183	54	9	2	6	30	12	19	.342	.464
Grass	.288	496	143	20	2	31	99	37	74	.340	.524	Other	.258	93	24	5	0	7	22	10	17	.327	.538
Turf	.237	93	22	4	0	3	14	5	15	.270	.376	April	.290	100	29	7	0	5	18	8	20	.345	.510
Pre-All Star	.262	332	87	15	1	17	63	25	49	.314	.467	May	.277	101	28	3	0	2	18	10	13	.342	.366
Post-All Star	.304	257	78	9	1	17	50	17	40	.349	.545	June	.208	101	21	5	1	6	20	5	11	.243	.455
Inning 1-6	.270	400	108	16	2	22	78	27	54	.318	.485	July	.281	114	32	2	0	10	25	5	16	.311	.561
Inning 7+	.302	189	57	8	0	12	35	15	35	.353	.534	August	.305	95	29	3	0	6	15	6	14	.353	.526
Scoring Posn	.274	179	49	7	2	15	88	18	26	.337	.587	Sept/Oct	.333	78	26	4	1	5	17	8	15	.395	.603
Close & Late	.337	104	35	5	0	7	22	7	16	.378	.587	vs. AL	.298	516	154	24	2	31	102	39	78	.349	.533
None on/out	.263	133	35	7	0	4	4	5	28	.295	.406	vs. NL	.151	73	11	0	0	3	11	3	11	.184	.274

2001 By Position

Position	Avg	AB	H	2B	3B	HR	RBI	BB	SO	OBP	SLG	G	GS	Innings	PO	A	E	DP	Fld Pct	Rng Fctr	In Zone	Outs	Zone Rtg	MLB Zone
As 1b	.276	576	159	24	2	31	107	41	85	.324	.486	149	146	1293.1	1144	99	5	105	.996	—	202	178	.881	.850

Last Five Years

	Avg	AB	H	2B	3B	HR	RBI	BB	SO	OBP	SLG		Avg	AB	H	2B	3B	HR	RBI	BB	SO	OBP	SLG
vs. Left	.267	925	247	50	4	41	184	69	157	.322	.463	First Pitch	.331	272	90	18	2	22	71	23	0	.390	.654
vs. Right	.280	1947	545	102	7	109	389	230	250	.355	.507	Ahead in Count	.325	680	221	39	1	54	159	155	0	.447	.624
Home	.270	1405	380	72	6	71	276	152	183	.342	.482	Behind in Count	.223	1306	291	52	7	30	137	0	328	.224	.377
Away	.281	1467	412	80	5	79	297	147	224	.348	.504	Two Strikes	.205	1213	249	51	3	44	200	121	407	.279	.361
Day	.289	1047	303	73	3	55	218	112	159	.357	.522	Batting #4	.281	1101	309	50	4	66	238	121	151	.351	.513
Night	.268	1825	489	79	8	95	355	187	248	.338	.476	Batting #5	.276	1328	367	74	7	63	253	129	185	.343	.487
Grass	.277	2462	681	131	8	128	483	265	330	.348	.492	Other	.262	443	116	28	0	20	82	49	71	.336	.460
Turf	.271	410	111	21	3	22	90	34	77	.327	.498	March/April	.306	458	140	29	3	25	102	50	70	.376	.546
Pre-All Star	.276	1559	431	92	8	81	310	172	215	.350	.502	May	.261	486	127	24	2	20	80	54	71	.339	.442
Post-All Star	.275	1313	361	60	3	69	263	127	192	.339	.483	June	.254	473	120	30	3	27	99	52	50	.327	.501
Inning 1-6	.275	1978	543	100	7	109	409	204	272	.342	.497	July	.270	496	134	19	1	25	104	45	72	.332	.464
Inning 7+	.279	894	249	52	4	41	164	95	135	.352	.483	August	.304	523	159	32	1	28	100	60	85	.376	.530
Scoring Posn	.301	858	258	50	7	50	437	123	151	.380	.550	Sept/Oct	.257	440	112	18	1	25	88	38	59	.313	.475
Close & Late	.302	404	122	20	3	22	85	48	59	.374	.530	vs. AL	.281	2528	710	139	10	132	497	265	355	.350	.500
None on/out	.274	669	183	38	0	29	29	54	77	.331	.460	vs. NL	.238	344	82	13	1	18	76	34	52	.312	.439

Henry Mateo — Expos
Age 25 – Bats Both

	Avg	G	AB	R	H	2B	3B	HR	RBI	BB	SO	HBP	GDP	SB	CS	OBP	SLG	IBB	SH	SF	#Pit	P/PA	GB	FB	G/F
2001 Season	.333	5	9	1	3	1	0	0	0	1	0	0	0	0	0	.333	.444	0	0	0	33	3.67	5	0	0.00

2001 Season

	Avg	AB	H	2B	3B	HR	RBI	BB	SO	OBP	SLG		Avg	AB	H	2B	3B	HR	RBI	BB	SO	OBP	SLG
vs. Left	.500	4	2	0	0	0	0	0	0	.500	.500	Scoring Posn	.000	1	0	0	0	0	0	0	0	.000	.000
vs. Right	.200	5	1	1	0	0	0	0	1	.200	.400	Close & Late	.000	0	0	0	0	0	0	0	0	.000	.000

Ruben Mateo — Reds
Age 24 – Bats Right

	Avg	G	AB	R	H	2B	3B	HR	RBI	BB	SO	HBP	GDP	SB	CS	OBP	SLG	IBB	SH	SF	#Pit	P/PA	GB	FB	G/F
2001 Season	.248	40	129	18	32	5	2	1	13	9	28	6	4	1	0	.322	.341	0	1	2	550	3.74	50	34	1.47
Career (1999-2001)	.265	124	457	66	121	25	3	13	50	23	90	12	11	10	0	.316	.418	1	2	2	1825	3.68	156	135	1.16

2001 Season

	Avg	AB	H	2B	3B	HR	RBI	BB	SO	OBP	SLG		Avg	AB	H	2B	3B	HR	RBI	BB	SO	OBP	SLG
vs. Left	.412	34	14	1	1	1	5	3	10	.459	.588	Scoring Posn	.200	30	6	1	0	0	10	4	6	.297	.233
vs. Right	.189	95	18	4	1	0	8	6	18	.275	.253	Close & Late	.250	16	4	1	1	1	4	0	3	.333	.625
Home	.233	60	14	1	0	0	4	4	10	.309	.250	None on/out	.077	26	2	1	0	0	0	2	9	.172	.115
Away	.261	69	18	4	2	1	9	5	18	.333	.420	Batting #8	.283	46	13	2	1	0	3	5	10	.400	.370
First Pitch	.400	15	6	0	0	1	2	0	0	.438	.600	Batting #9	.215	65	14	3	1	0	8	4	13	.274	.292
Ahead in Count	.148	27	4	0	0	0	1	4	0	.258	.148	Other	.278	18	5	0	0	1	2	0	5	.278	.444
Behind in Count	.239	67	16	4	1	0	7	0	24	.282	.328	Pre-All Star	.248	129	32	5	2	1	13	9	28	.322	.341
Two Strikes	.175	63	11	2	1	0	2	5	28	.238	.238	Post-All Star	.000	0	0	0	0	0	0	0	0	.000	.000

Career (1999-2001)

	Avg	AB	H	2B	3B	HR	RBI	BB	SO	OBP	SLG		Avg	AB	H	2B	3B	HR	RBI	BB	SO	OBP	SLG
vs. Left	.357	98	35	5	2	5	14	8	20	.411	.602	First Pitch	.288	52	15	3	0	3	6	1	0	.315	.519
vs. Right	.240	359	86	20	1	8	36	15	70	.289	.368	Ahead in Count	.347	98	34	4	0	5	12	8	0	.402	.541
Home	.286	238	68	14	3	5	23	14	36	.345	.416	Behind in Count	.219	237	52	13	2	4	20	0	76	.245	.342
Away	.242	219	53	11	2	8	27	9	54	.283	.420	Two Strikes	.190	226	43	11	2	4	16	14	90	.259	.310
Day	.252	127	32	5	1	2	7	7	28	.301	.354	Batting #6	.270	148	40	8	0	6	10	7	28	.312	.446
Night	.270	330	89	20	2	11	43	16	62	.321	.442	Batting #8	.295	105	31	7	2	0	12	6	20	.362	.400

Mike Matheny — Cardinals

Age 31 – Bats Right

Career (1999-2001)

	Avg	AB	H	2B	3B	HR	RBI	BB	SO	OBP	SLG		Avg	AB	H	2B	3B	HR	RBI	BB	SO	OBP	SLG
Grass	.269	401	108	23	2	11	42	21	77	.320	.419	Other	.245	204	50	10	1	7	28	10	42	.294	.407
Turf	.232	56	13	2	1	2	8	2	13	.283	.411	March/April	.260	173	45	9	1	2	17	14	35	.333	.358
Pre-All Star	.263	380	100	20	2	11	38	21	78	.319	.413	May	.296	159	47	7	1	6	15	5	26	.337	.465
Post-All Star	.273	77	21	5	1	2	12	2	12	.300	.442	June	.167	36	6	4	0	1	3	2	11	.211	.361
Inning 1-6	.262	313	82	15	2	9	38	16	61	.309	.409	July	.257	74	19	4	1	3	13	2	16	.276	.459
Inning 7+	.271	144	39	10	1	4	12	7	29	.331	.438	August	.267	15	4	1	0	1	2	0	2	.313	.533
Scoring Posn	.225	120	27	5	1	3	36	9	28	.296	.358	Sept/Oct	.000	0	0	0	0	0	0	0	0	.000	.000
Close & Late	.227	66	15	3	1	3	8	3	16	.292	.439	vs. AL	.266	413	110	23	2	10	40	20	77	.318	.404
None on/out	.221	77	17	1	0	3	3	4	17	.277	.351	vs. NL	.250	44	11	2	1	3	10	3	13	.298	.545

	Avg	G	AB	R	H	2B	3B	HR	RBI	BB	SO	HBP	GDP	SB	CS	OBP	SLG	IBB	SH	SF	#Pit	#P/PA	GB	FB	G/F
2001 Season	.218	121	381	40	83	12	0	7	42	28	76	4	11	0	1	.276	.304	5	8	3	1531	3.61	126	113	1.12
Last Five Years	.238	537	1601	152	381	69	2	26	165	100	340	23	40	1	2	.290	.332	13	29	11	6143	3.48	547	430	1.27

2001 Season

	Avg	AB	H	2B	3B	HR	RBI	BB	SO	OBP	SLG		Avg	AB	H	2B	3B	HR	RBI	BB	SO	OBP	SLG
vs. Left	.184	76	14	2	0	4	14	8	18	.262	.368	First Pitch	.288	59	17	2	0	3	13	2	0	.306	.475
vs. Right	.226	305	69	10	0	3	28	20	58	.280	.289	Ahead in Count	.294	68	20	4	0	2	11	14	0	.410	.441
Home	.225	191	43	5	0	4	24	15	42	.291	.314	Behind in Count	.146	192	28	1	0	2	9	0	66	.162	.182
Away	.211	190	40	7	0	3	18	13	34	.261	.295	Two Strikes	.153	189	29	3	0	1	10	11	76	.216	.185
Day	.242	153	37	5	0	5	22	14	26	.306	.373	Batting #7	.292	48	14	2	0	2	8	3	11	.333	.458
Night	.202	228	46	7	0	2	20	14	50	.256	.259	Batting #8	.208	332	69	10	0	5	34	25	65	.269	.283
Grass	.223	367	82	11	0	7	41	27	74	.282	.311	Other	.000	1	0	0	0	0	0	0	0	.000	.000
Turf	.071	14	1	1	0	0	1	1	2	.133	.143	April	.254	67	17	2	0	2	9	5	18	.311	.373
Pre-All Star	.241	216	52	7	0	3	20	23	39	.321	.315	May	.148	54	8	1	0	0	2	11	9	.292	.167
Post-All Star	.188	165	31	5	0	4	22	5	37	.214	.291	June	.276	76	21	3	0	1	8	5	11	.337	.355
Inning 1-6	.213	263	56	7	0	5	33	20	49	.277	.297	July	.212	52	11	1	0	0	4	4	5	.276	.231
Inning 7+	.229	118	27	5	0	2	9	8	27	.276	.322	August	.179	67	12	2	0	3	10	2	17	.203	.343
Scoring Posn	.244	86	21	4	0	1	32	9	17	.320	.326	Sept/Oct	.215	65	14	3	0	1	9	1	16	.224	.308
Close & Late	.256	39	10	2	0	0	3	3	5	.310	.308	vs. AL	.152	33	5	0	0	0	1	1	6	.200	.152
None on/out	.213	89	19	3	0	2	6	22	.263	.315	vs. NL	.224	348	78	12	0	7	41	27	70	.283	.319

2001 By Position

Position	Avg	AB	H	2B	3B	HR	RBI	BB	SO	OBP	SLG	G	GS	Innings	PO	A	E	DP	Fld Pct	Rng Fctr	In Zone	Outs	Zone Rtg	MLB Zone
As c	.220	378	83	12	0	7	42	28	75	.278	.307	121	117	1002.0	772	69	4	9	.995	—	—	—	—

Last Five Years

	Avg	AB	H	2B	3B	HR	RBI	BB	SO	OBP	SLG		Avg	AB	H	2B	3B	HR	RBI	BB	SO	OBP	SLG
vs. Left	.232	448	104	14	1	13	57	28	82	.283	.355	First Pitch	.314	261	82	14	2	5	37	6	0	.337	.441
vs. Right	.240	1153	277	55	1	13	108	72	258	.293	.324	Ahead in Count	.336	298	100	21	0	4	41	49	0	.433	.446
Home	.249	780	194	34	1	13	90	57	167	.308	.345	Behind in Count	.159	790	126	9	0	12	61	0	305	.172	.229
Away	.228	821	187	35	1	13	75	43	173	.273	.320	Two Strikes	.157	752	118	21	0	10	57	44	340	.214	.225
Day	.265	570	151	22	0	15	67	35	110	.312	.382	Batting #8	.237	993	235	42	1	16	102	63	198	.289	.329
Night	.223	1031	230	47	2	11	98	65	230	.279	.305	Batting #9	.236	394	93	19	1	6	39	20	88	.283	.335
Grass	.245	1334	327	55	2	21	138	82	283	.297	.337	Other	.248	214	53	8	0	4	24	17	54	.312	.341
Turf	.202	267	54	14	0	5	27	18	57	.256	.311	March/April	.273	278	76	16	0	7	32	22	61	.331	.406
Pre-All Star	.239	919	220	43	0	15	88	65	205	.297	.335	May	.224	339	76	16	0	5	37	26	75	.288	.316
Post-All Star	.236	682	161	26	2	11	77	35	135	.281	.328	June	.213	244	52	9	0	2	13	15	60	.266	.275
Inning 1-6	.239	1112	266	49	1	21	129	67	221	.290	.342	July	.221	249	55	10	0	3	22	13	66	.266	.297
Inning 7+	.235	489	115	20	1	5	36	33	119	.291	.311	August	.246	285	70	7	2	6	38	11	59	.282	.347
Scoring Posn	.239	380	91	16	0	6	132	35	87	.309	.329	Sept/Oct	.252	206	52	11	0	3	23	13	40	.302	.350
Close & Late	.232	194	45	5	1	1	9	11	43	.280	.284	vs. AL	.230	540	124	22	1	7	48	28	116	.278	.313
None on/out	.217	368	80	17	1	7	7	29	72	.284	.326	vs. NL	.242	1061	257	47	1	19	117	72	224	.297	.342

T.J. Mathews — Cardinals

Age 32 – Pitches Right (flyball pitcher)

	ERA	W	L	Sv	G	GS	IP	BB	SO	Avg	H	2B	3B	HR	RBI	OBP	SLG	GF	IR	IRS	Hld	SvOp	SB	CS	GB	FB	G/F
2001 Season	4.30	1	1	1	30	0	37.2	12	29	.262	39	11	0	4	18	.315	.416	7	22	7	5	1	0	2	42	50	0.84
Last Five Years	4.30	29	19	8	260	0	303.2	116	236	.260	304	56	7	38	170	.328	.418	82	168	54	62	20	26	3	359	393	0.91

2001 Season

	ERA	W	L	Sv	G	GS	IP	H	HR	BB	SO		Avg	AB	H	2B	3B	HR	RBI	BB	SO	OBP	SLG
Home	2.21	1	1	0	17	0	20.1	18	2	6	15	vs. Left	.265	49	13	5	0	0	6	4	8	.315	.367
Away	6.75	0	0	1	13	0	17.1	21	2	6	14	vs. Right	.260	100	26	6	0	4	12	8	21	.315	.440
Starter	0.00	0	0	0	0	0	0.0	0	0	0	0	Scoring Posn	.211	38	8	2	0	1	13	4	8	.279	.342
Reliever	4.30	1	1	1	30	0	37.2	39	4	12	29	Close & Late	.429	14	6	2	0	0	1	4	2	.556	.571
0 Days Rest (Relief)	0.00	0	0	0	2	0	1.1	1	0	1	0	None on/out	.361	36	13	5	0	1	1	1	7	.378	.583
1 or 2 Days Rest	4.58	1	0	0	13	0	19.2	20	2	4	16	First Pitch	.417	24	10	2	0	1	6	3	0	.481	.625
3+ Days Rest	4.32	0	1	1	15	0	16.2	18	2	7	13	Ahead in Count	.194	72	14	4	0	2	7	0	27	.192	.333
Pre-All Star	5.09	0	1	1	20	0	23.0	28	2	11	19	Behind in Count	.355	31	11	2	0	1	5	1	0	.375	.516
Post-All Star	3.07	1	0	0	10	0	14.2	11	2	1	10	Two Strikes	.154	65	10	0	0	5	8	29	.243	.231

Last Five Years

	ERA	W	L	Sv	G	GS	IP	H	HR	BB	SO		Avg	AB	H	2B	3B	HR	RBI	BB	SO	OBP	SLG
Home	3.27	21	8	5	130	0	157.0	146	20	58	124	vs. Left	.295	474	140	25	4	16	81	71	72	.384	.466
Away	5.40	8	11	3	130	0	146.2	158	18	58	112	vs. Right	.237	693	164	31	3	22	89	45	164	.287	.385

	ERA	W	L	Sv	G	GS	IP	H	HR	BB	SO		Avg	AB	H	2B	3B	HR	RBI	BB	SO	OBP	SLG
Day	4.67	7	7	4	100	0	121.1	124	14	47	94	Inning 1-6	.218	147	32	6	0	6	24	9	30	.266	.381
Night	4.05	22	12	4	160	0	182.1	180	24	69	142	Inning 7+	.267	1020	272	50	7	32	146	107	206	.337	.424
Grass	4.11	26	18	7	225	0	267.0	266	33	104	206	None on	.245	595	146	29	3	21	21	57	128	.318	.410
Turf	5.65	3	1	1	35	0	36.2	38	5	12	30	Runners on	.276	572	158	27	4	17	149	59	108	.339	.427
March/April	4.19	7	4	1	47	0	58.0	55	9	30	38	Scoring Posn	.244	344	84	11	1	11	126	43	74	.317	.378
May	5.12	5	5	0	53	0	45.2	54	6	17	42	Close & Late	.265	456	121	19	1	14	65	57	105	.352	.404
June	4.26	3	4	1	47	0	57.0	57	5	25	47	None on/out	.271	258	70	13	3	8	8	17	59	.324	.438
July	5.00	1	1	0	31	0	36.0	37	5	13	30	vs. 1st Batr (relief)	.283	237	67	8	3	7	37	15	52	.326	.430
August	3.49	7	4	4	42	0	56.2	56	9	19	42	1st Inning Pitched	.258	833	215	41	6	29	134	70	174	.316	.426
Sept/Oct	4.11	6	1	2	40	0	50.1	45	4	12	37	First 15 Pitches	.260	732	190	32	5	27	109	56	154	.313	.428
Starter	0.00	0	0	0	0	0	0.0	0	0	0	0	Pitch 16-30	.241	344	83	18	2	8	43	45	64	.332	.375
Reliever	4.30	29	19	8	260	0	303.2	304	38	116	236	Pitch 31-45	.349	86	30	6	0	2	16	14	16	.441	.488
0 Days Rest (Relief)	5.65	5	3	1	39	0	43.0	50	6	16	25	Pitch 46+	.200	5	1	0	0	1	2	1	2	.333	.800
1 or 2 Days Rest	4.28	18	8	4	142	0	166.0	170	23	59	134	First Pitch	.320	178	57	6	0	13	46	15	0	.367	.573
3+ Days Rest	3.71	6	8	3	79	0	94.2	84	9	41	77	Ahead in Count	.214	589	126	25	3	12	63	0	207	.218	.328
vs. AL	4.71	22	14	7	191	0	221.2	228	30	85	165	Behind in Count	.325	197	64	15	2	6	31	45	0	.447	.513
vs. NL	3.18	7	5	1	69	0	82.0	76	8	31	71	Two Strikes	.206	573	118	25	3	11	58	55	236	.278	.318
Pre-All Star	4.28	15	13	2	153	0	170.1	172	20	75	134	Pre-All Star	.263	653	172	31	6	20	100	75	134	.341	.421
Post-All Star	4.32	14	6	6	107	0	133.1	132	18	41	102	Post-All Star	.257	514	132	25	1	18	70	41	102	.313	.414

Luis Matos — Orioles
Age 23 – Bats Right

	Avg	G	AB	R	H	2B	3B	HR	RBI	BB	SO	HBP	GDP	SB	CS	OBP	SLG	IBB	SH	SF	#Pit	#P/PA	GB	FB	G/F
2001 Season	.214	31	98	16	21	7	0	4	12	11	30	1	1	7	0	.300	.408	0	2	0	446	3.98	24	30	0.80
Career (2000-2001)	.221	103	280	37	62	13	3	5	29	23	60	4	8	20	4	.288	.343	0	4	2	1177	3.76	98	81	1.21

2001 Season

	Avg	AB	H	2B	3B	HR	RBI	BB	SO	OBP	SLG		Avg	AB	H	2B	3B	HR	RBI	BB	SO	OBP	SLG
vs. Left	.087	23	2	0	0	0	0	0	5	.087	.087	Scoring Posn	.182	22	4	3	0	1	8	5	8	.333	.455
vs. Right	.253	75	19	7	0	4	12	11	25	.356	.507	Close & Late	.154	13	2	1	0	0	2	3	3	.313	.231

Troy Mattes — Expos
Age 26 – Pitches Right

	ERA	W	L	Sv	G	GS	IP	BB	SO	Avg	H	2B	3B	HR	RBI	OBP	SLG	CG	ShO	Sup	QS	#P/S	SB	CS	GB	FB	G/F
2001 Season	6.00	3	3	0	8	8	45.0	21	26	.285	51	10	0	9	30	.371	.492	0	0	7.40	2	93	2	2	66	60	1.10

2001 Season

	ERA	W	L	Sv	G	GS	IP	H	HR	BB	SO		Avg	AB	H	2B	3B	HR	RBI	BB	SO	OBP	SLG
Home	6.83	2	2	0	5	5	27.2	34	8	17	17	vs. Left	.309	81	25	3	0	3	8	14	11	.412	.457
Away	4.67	1	1	0	3	3	17.1	17	1	4	9	vs. Right	.265	98	26	7	0	6	22	7	15	.333	.520

Mike Matthews — Cardinals
Age 28 – Pitches Left (flyball pitcher)

	ERA	W	L	Sv	G	GS	IP	BB	SO	Avg	H	2B	3B	HR	RBI	OBP	SLG	GF	IR	IRS	Hld	SvOp	SB	CS	GB	FB	G/F
2001 Season	3.24	3	4	1	51	0	89.0	34	72	.227	74	18	0	11	36	.305	.383	7	15	5	3	2	1	88	115	0.77
Career (2000-2001)	4.03	3	4	1	65	0	98.1	43	80	.241	89	22	0	13	53	.328	.407	11	28	11	5	3	1	100	129	0.78

2001 Season

	ERA	W	L	Sv	G	GS	IP	H	HR	BB	SO		Avg	AB	H	2B	3B	HR	RBI	BB	SO	OBP	SLG
Home	4.33	1	3	0	21	0	35.1	35	5	17	30	vs. Left	.133	98	13	3	0	1	9	9	27	.211	.194
Away	2.52	2	1	1	30	0	53.2	39	6	16	42	vs. Right	.268	228	61	15	0	10	27	24	45	.345	.465
Starter	5.13	2	4	0	10	10	47.1	51	9	13	38	Scoring Posn	.277	65	18	5	0	4	27	10	18	.368	.538
Reliever	1.08	1	0	1	41	0	41.2	23	2	20	34	Close & Late	.148	27	4	1	0	0	1	5	9	.273	.185
0 Days Rest (Relief)	0.77	0	0	0	13	0	11.2	9	0	6	10	None on/out	.188	85	16	4	0	2	2	8	19	.289	.306
1 or 2 Days Rest	0.00	0	0	1	13	0	14.1	7	0	5	10	First Pitch	.410	39	16	4	0	2	10	4	0	.477	.667
3+ Days Rest	2.30	1	0	0	15	0	15.2	7	2	9	14	Ahead in Count	.134	157	21	5	0	5	10	0	60	.145	.261
Pre-All Star	3.05	3	3	0	24	8	59.0	50	6	19	50	Behind in Count	.328	64	21	6	0	3	11	19	0	.482	.563
Post-All Star	3.60	0	1	1	27	2	30.0	24	5	14	22	Two Strikes	.117	171	20	3	0	6	10	10	72	.175	.240

Gary Matthews Jr. — Pirates
Age 27 – Bats Both (groundball hitter)

	Avg	G	AB	R	H	2B	3B	HR	RBI	BB	SO	HBP	GDP	SB	CS	OBP	SLG	IBB	SH	SF	#Pit	#P/PA	GB	FB	G/F
2001 Season	.227	152	405	63	92	15	2	14	44	60	100	1	8	8	5	.328	.378	2	5	1	1838	3.89	151	105	1.44
Career (1999-2001)	.217	255	599	91	130	16	4	18	65	84	137	2	11	13	5	.315	.347	3	6	1	2681	3.87	238	153	1.56

2001 Season

	Avg	AB	H	2B	3B	HR	RBI	BB	SO	OBP	SLG		Avg	AB	H	2B	3B	HR	RBI	BB	SO	OBP	SLG
vs. Left	.241	108	26	4	1	6	18	8	35	.291	.463	First Pitch	.277	47	13	2	0	3	9	1	0	.292	.511
vs. Right	.222	297	66	11	1	8	26	52	65	.340	.347	Ahead in Count	.300	90	27	7	0	2	11	36	0	.504	.444
Home	.214	201	43	8	0	4	20	26	49	.313	.313	Behind in Count	.194	196	38	6	2	6	17	0	86	.194	.337
Away	.240	204	49	7	2	10	24	34	51	.347	.441	Two Strikes	.147	197	29	4	1	2	11	23	100	.235	.208
Day	.265	181	48	7	2	4	20	28	41	.367	.392	Batting #7	.229	140	32	3	0	4	15	16	33	.312	.336
Night	.196	224	44	8	0	10	24	32	59	.366	.366	Batting #8	.184	87	16	3	0	3	8	20	19	.336	.322
Grass	.231	394	91	14	2	14	43	59	99	.332	.383	Other	.247	178	44	9	2	7	21	24	48	.335	.438
Turf	.091	11	1	1	0	0	1	1	1	.167	.182	April	.160	50	8	2	0	1	2	8	4	10	.222	.360
Pre-All Star	.245	216	53	8	1	9	28	34	43	.353	.417	May	.268	56	15	0	0	2	6	9	13	.369	.375
Post-All Star	.206	189	39	7	1	5	16	26	57	.301	.333	June	.258	89	23	5	0	4	12	19	15	.394	.449
Inning 1-6	.210	252	53	9	1	6	22	39	61	.317	.325	July	.164	55	9	2	0	1	4	6	16	.246	.255
Inning 7+	.255	153	39	6	1	8	22	21	39	.345	.464	August	.276	76	21	4	1	2	6	8	22	.345	.434

2001 Season

	Avg	AB	H	2B	3B	HR	RBI	BB	SO	OBP	SLG		Avg	AB	H	2B	3B	HR	RBI	BB	SO	OBP	SLG
Scoring Posn	.240	96	23	3	1	2	27	19	20	.362	.354	Sept/Oct	.203	79	16	2	0	3	8	14	24	.319	.342
Close & Late	.288	80	23	4	0	4	13	8	24	.352	.488	vs. AL	.200	45	9	1	0	0	3	6	5	.294	.222
None on/out	.250	112	28	8	0	4	4	13	28	.328	.429	vs. NL	.231	360	83	14	2	14	41	54	95	.332	.397

2001 By Position

Position	Avg	AB	H	2B	3B	HR	RBI	BB	SO	OBP	SLG	G	GS	Innings	PO	A	E	DP	Fld Pct	Rng Fctr	In Zone	Outs	Zone Rtg	MLB Zone
As Pinch Hitter	.412	17	7	0	0	1	6	3	5	.500	.588	20	0	—	—	—	—	—	—	—	—	—	—	—
As lf	.200	15	3	0	0	1	2	1	3	.250	.400	20	1	45.1	9	0	0	0	1.000	1.79	15	9	.600	.880
As cf	.220	373	82	15	2	12	36	56	92	.323	.367	132	104	956.1	250	4	7	0	.973	2.39	280	247	.882	.892

Dave Maurer — Athletics   Age 27 – Pitches Left (groundball pitcher)

	ERA	W	L	Sv	G	GS	IP	BB	SO	Avg	H	2B	3B	HR	RBI	OBP	SLG	GF	IR	IRS	Hld	SvOp	SB	CS	GB	FB	G/F
2001 Season	10.80	0	0	0	3	0	5.0	4	4	.348	8	1	0	1	6	.444	.522	1	1	1	0	0	2	0	10	4	2.50
Career (2000-2001)	5.49	1	0	0	17	0	19.2	9	17	.288	23	2	0	3	11	.374	.425	2	6	2	2	1	5	0	28	15	1.87

2001 Season

	ERA	W	L	Sv	G	GS	IP	H	HR	BB	SO		Avg	AB	H	2B	3B	HR	RBI	BB	SO	OBP	SLG
Home	9.00	0	0	0	1	0	3.0	4	0	2	2	vs. Left	.364	11	4	1	0	0	1	1	1	.417	.455
Away	13.50	0	0	0	2	0	2.0	4	1	2	2	vs. Right	.333	12	4	0	0	1	5	3	3	.467	.583

Jason Maxwell — Twins   Age 30 – Bats Right

	Avg	G	AB	R	H	2B	3B	HR	RBI	BB	SO	HBP	GDP	SB	CS	OBP	SLG	IBB	SH	SF	#Pit	#P/PA	GB	FB	G/F
2001 Season	.191	39	68	4	13	4	0	1	10	9	23	0	1	2	0	.286	.294	2	1	0	313	4.01	20	17	1.18
Career (1998-2001)	.225	110	182	20	41	10	0	3	23	18	57	1	3	4	1	.294	.330	2	2	3	849	4.12	53	50	1.06

2001 Season

	Avg	AB	H	2B	3B	HR	RBI	BB	SO	OBP	SLG		Avg	AB	H	2B	3B	HR	RBI	BB	SO	OBP	SLG
vs. Left	.063	16	1	0	0	0	0	5	9	.286	.063	Scoring Posn	.227	22	5	3	0	0	8	3	9	.320	.364
vs. Right	.231	52	12	4	0	1	10	4	14	.286	.365	Close & Late	.000	8	0	0	0	0	0	1	5	.111	.000

Brent Mayne — Royals   Age 34 – Bats Left (groundball hitter)

	Avg	G	AB	R	H	2B	3B	HR	RBI	BB	SO	HBP	GDP	SB	CS	OBP	SLG	IBB	SH	SF	#Pit	#P/PA	GB	FB	G/F
2001 Season	.285	100	326	28	93	11	1	2	40	26	41	1	12	1	2	.334	.344	5	0	6	1290	3.59	143	72	1.99
Last Five Years	.291	513	1514	158	440	91	1	19	197	171	234	12	54	7	8	.363	.390	27	9	21	6451	3.74	606	379	1.60

2001 Season

	Avg	AB	H	2B	3B	HR	RBI	BB	SO	OBP	SLG		Avg	AB	H	2B	3B	HR	RBI	BB	SO	OBP	SLG
vs. Left	.206	34	7	1	0	0	6	0	7	.229	.235	First Pitch	.367	49	18	2	1	1	13	3	0	.393	.510
vs. Right	.295	292	86	10	1	2	34	26	34	.346	.356	Ahead in Count	.342	79	27	4	0	0	12	17	0	.449	.367
Home	.324	173	56	7	1	1	25	11	18	.362	.393	Behind in Count	.236	144	34	4	0	0	10	0	38	.236	.264
Away	.242	153	37	4	0	1	15	15	23	.304	.288	Two Strikes	.217	143	31	4	0	0	9	6	41	.248	.245
Day	.307	127	39	6	0	1	14	10	16	.348	.378	Batting #8	.335	173	58	8	1	1	24	18	20	.392	.410
Night	.271	199	54	5	1	1	26	16	25	.326	.322	Batting #9	.252	103	26	2	0	0	12	4	11	.282	.272
Grass	.279	315	88	10	1	2	36	25	40	.329	.337	Other	.180	50	9	1	0	1	4	4	10	.236	.260
Turf	.455	11	5	1	0	0	4	1	1	.500	.545	April	.375	56	21	0	0	3	6	.387	.411
Pre-All Star	.328	198	65	9	0	2	28	18	31	.377	.404	May	.295	61	18	1	0	0	6	7	16	.368	.311
Post-All Star	.219	128	28	2	1	0	12	8	10	.266	.250	June	.322	59	19	5	0	0	11	6	6	.379	.407
Inning 1-6	.280	207	58	8	0	2	30	19	20	.335	.348	July	.306	62	19	1	1	2	5	6	5	.377	.452
Inning 7+	.294	119	35	3	1	0	10	7	21	.333	.336	August	.192	52	10	1	0	0	6	2	3	.222	.212
Scoring Posn	.340	94	32	4	0	0	37	11	17	.387	.383	Sept/Oct	.167	36	6	1	0	0	3	2	5	.200	.194
Close & Late	.320	50	16	3	1	0	5	5	9	.382	.420	vs. AL	.243	152	37	4	1	1	20	7	17	.276	.303
None on/out	.257	74	19	4	0	2	2	4	3	.295	.392	vs. NL	.322	174	56	7	0	1	20	19	24	.383	.379

2001 By Position

Position	Avg	AB	H	2B	3B	HR	RBI	BB	SO	OBP	SLG	G	GS	Innings	PO	A	E	DP	Fld Pct	Rng Fctr	In Zone	Outs	Zone Rtg	MLB Zone
As c	.278	316	88	11	0	2	40	26	39	.330	.332	93	90	785.1	586	38	3	6	.995	—	—	—	—	—

Last Five Years

	Avg	AB	H	2B	3B	HR	RBI	BB	SO	OBP	SLG		Avg	AB	H	2B	3B	HR	RBI	BB	SO	OBP	SLG
vs. Left	.256	215	55	15	0	1	30	17	47	.313	.340	First Pitch	.348	204	71	12	1	4	42	17	0	.388	.475
vs. Right	.296	1299	385	76	1	18	167	154	187	.371	.398	Ahead in Count	.373	383	143	31	0	2	57	111	0	.510	.470
Home	.313	748	234	54	1	9	108	89	112	.385	.424	Behind in Count	.233	664	155	32	0	8	62	0	208	.240	.318
Away	.269	766	206	37	0	10	89	82	122	.340	.356	Two Strikes	.222	670	149	33	0	10	64	43	234	.275	.316
Day	.296	628	186	40	0	5	74	69	97	.364	.384	Batting #7	.306	458	140	29	0	7	65	58	76	.383	.415
Night	.287	886	254	51	1	14	123	102	137	.362	.394	Batting #8	.296	716	212	46	1	6	92	89	109	.374	.388
Grass	.290	1350	392	79	1	17	175	155	205	.364	.388	Other	.259	340	88	16	0	6	40	24	49	.310	.359
Turf	.293	164	48	12	0	2	26	16	29	.353	.402	March/April	.323	198	64	11	0	2	22	21	29	.385	.409
Pre-All Star	.302	802	242	50	0	11	118	102	128	.379	.405	May	.300	283	85	14	0	3	48	35	51	.379	.382
Post-All Star	.278	712	198	41	1	8	79	69	106	.343	.372	June	.280	329	92	17	0	6	34	36	35	.369	.414
Inning 1-6	.289	954	276	58	0	14	128	117	134	.367	.394	July	.278	281	78	16	1	5	35	27	34	.344	.395
Inning 7+	.293	560	164	33	1	5	69	54	100	.354	.382	August	.273	289	79	18	0	2	26	22	41	.336	.356
Scoring Posn	.308	402	124	30	0	4	169	76	67	.401	.413	Sept/Oct	.299	224	67	12	0	3	30	28	44	.377	.393
Close & Late	.296	253	75	14	1	1	27	35	47	.381	.372	vs. AL	.268	426	114	21	1	6	45	27	55	.313	.364
None on/out	.284	348	99	17	0	5	31	44	.346	.376	vs. NL	.300	1088	326	70	0	13	152	144	179	.381	.400

Joe Mays — Twins — Age 26 – Pitches Right

	ERA	W	L	Sv	G	GS	IP	BB	SO	Avg	H	2B	3B	HR	RBI	OBP	SLG	CG	ShO	Sup	QS	#P/S	SB	CS	GB	FB	G/F
2001 Season	3.16	17	13	0	34	34	233.2	64	123	.235	205	28	5	25	79	.289	.365	4	2	4.85	20	101	9	5	349	272	1.28
Career (1999-2001)	4.21	30	39	0	114	82	565.0	198	340	.264	577	94	16	69	255	.326	.417	8	4	4.25	40	96	28	13	889	621	1.43

2001 Season

	ERA	W	L	Sv	G	GS	IP	H	HR	BB	SO		Avg	AB	H	2B	3B	HR	RBI	BB	SO	OBP	SLG
Home	3.34	7	7	0	15	15	107.2	101	14	23	62	vs. Left	.237	460	109	16	5	14	46	30	70	.283	.385
Away	3.00	10	6	0	19	19	126.0	104	11	41	61	vs. Right	.233	412	96	12	0	11	33	34	53	.295	.342
Day	3.16	3	2	0	8	8	51.1	51	3	21	26	Inning 1-6	.234	738	173	25	4	22	72	59	106	.291	.369
Night	3.16	14	11	0	26	26	182.1	154	22	43	97	Inning 7+	.239	134	32	3	1	3	7	5	17	.277	.343
Grass	3.00	10	4	0	17	17	111.0	87	10	38	53	None on	.247	534	132	20	5	12	12	38	70	.300	.371
Turf	3.30	7	9	0	17	17	122.2	118	15	26	70	Runners on	.216	338	73	8	0	13	67	26	53	.272	.355
April	2.80	3	1	0	5	5	35.1	23	5	10	16	Scoring Posn	.202	178	36	4	0	7	53	14	30	.254	.343
May	2.45	4	2	0	6	6	40.1	31	3	9	21	Close & Late	.218	55	12	0	0	3	6	4	5	.271	.382
June	3.83	3	2	0	6	6	40.0	45	8	9	16	None on/out	.233	232	54	8	5	4	4	12	30	.276	.362
July	3.48	2	3	0	5	5	33.2	34	2	9	16	vs. 1st Batr (relief)	.000	0	0	0	0	0	0	0	0	.000	.000
August	4.46	1	5	0	6	6	42.1	44	5	11	29	1st Inning Pitched	.227	128	29	4	1	4	11	12	19	.289	.367
Sept/Oct	1.93	4	0	0	6	6	42.0	28	2	16	25	First 75 Pitches	.242	616	149	21	4	19	58	46	87	.295	.381
Starter	3.16	17	13	0	34	34	233.2	205	25	64	123	Pitch 76-90	.194	129	25	4	0	2	11	9	17	.248	.271
Reliever	0.00	0	0	0	0	0	0.0	0	0	0	0	Pitch 91-105	.213	89	19	1	0	4	8	6	12	.271	.360
0-3 Days Rest (Start)	7.20	0	0	0	1	1	5.0	4	1	6	3	Pitch 106+	.316	38	12	2	1	0	2	3	7	.366	.421
4 Days Rest	3.04	14	8	0	24	24	168.2	141	22	41	85	First Pitch	.298	124	37	4	0	6	19	0	0	.295	.476
5+ Days Rest	3.15	3	5	0	9	9	60.0	60	2	17	35	Ahead in Count	.173	364	63	11	3	5	18	0	100	.179	.261
vs. AL	2.98	16	11	0	31	31	217.1	179	22	60	118	Behind in Count	.317	199	63	8	1	9	23	30	0	.403	.503
vs. NL	5.51	1	2	0	3	3	16.1	26	3	4	5	Two Strikes	.178	354	63	8	3	8	21	34	123	.251	.285
Pre-All Star	3.02	11	5	0	18	18	122.1	105	17	31	54	Pre-All Star	.231	454	105	16	4	17	40	31	54	.280	.396
Post-All Star	3.31	6	8	0	16	16	111.1	100	8	33	69	Post-All Star	.239	418	100	12	1	8	39	33	69	.298	.330

Career (1999-2001)

	ERA	W	L	Sv	G	GS	IP	H	HR	BB	SO		Avg	AB	H	2B	3B	HR	RBI	BB	SO	OBP	SLG
Home	4.35	15	20	0	60	40	289.1	301	36	95	182	vs. Left	.260	1092	284	49	9	39	133	101	178	.321	.429
Away	4.05	15	19	0	54	42	275.2	276	33	103	158	vs. Right	.269	1090	293	45	7	30	122	97	162	.331	.406
Day	4.41	8	14	0	36	27	173.1	185	18	69	105	Inning 1-6	.259	1792	465	69	14	60	218	169	277	.322	.414
Night	4.11	22	25	0	78	55	391.2	392	51	129	235	Inning 7+	.287	390	112	25	2	9	37	29	63	.340	.431
Grass	3.60	15	14	0	47	36	240.0	229	26	86	138	None on	.269	1277	343	57	12	40	40	105	184	.326	.426
Turf	4.65	15	25	0	67	46	325.0	348	43	112	202	Runners on	.259	905	234	37	4	29	215	93	156	.326	.404
March/April	5.08	3	4	0	20	10	85.0	84	16	30	44	Scoring Posn	.247	482	119	18	3	18	187	62	91	.326	.409
May	3.90	6	6	0	23	12	97.0	97	12	35	56	Close & Late	.310	145	45	6	0	4	13	17	22	.383	.434
June	3.91	6	6	0	21	14	94.1	105	14	36	50	None on/out	.261	560	146	25	10	14	14	47	75	.321	.416
July	3.91	7	7	0	17	17	103.2	108	5	40	63	vs. 1st Batr (relief)	.286	28	8	1	0	2	9	4	3	.375	.536
August	5.19	2	10	0	17	14	86.2	93	13	28	68	1st Inning Pitched	.275	436	120	26	2	16	74	58	76	.358	.454
Sept/Oct	3.48	6	6	0	16	15	98.1	90	9	29	59	First 75 Pitches	.267	1646	440	71	13	56	206	155	255	.330	.428
Starter	4.02	30	37	0	82	82	508.0	501	56	174	301	Pitch 76-90	.248	278	69	10	1	7	24	20	43	.297	.367
Reliever	5.84	0	2	0	32	0	57.0	76	13	24	39	Pitch 91-105	.268	179	48	7	0	5	22	13	31	.321	.391
0-3 Days Rest (Start)	5.81	1	1	0	5	5	26.1	32	3	15	14	Pitch 106+	.253	79	20	6	2	1	3	10	11	.337	.418
4 Days Rest	3.68	23	24	0	53	53	340.0	313	41	111	201	First Pitch	.304	313	95	12	4	9	40	1	0	.307	.454
5+ Days Rest	4.51	6	12	0	24	24	141.2	156	12	48	86	Ahead in Count	.216	934	202	38	5	22	88	0	277	.219	.338
vs. AL	4.05	27	33	0	100	73	508.1	501	61	176	307	Behind in Count	.337	504	170	25	5	26	81	103	0	.446	.562
vs. NL	5.56	3	6	0	14	9	56.2	76	8	22	33	Two Strikes	.201	916	184	34	5	24	87	93	340	.275	.328
Pre-All Star	4.40	16	18	0	70	42	304.2	325	43	118	161	Pre-All Star	.272	1194	325	59	11	43	146	118	161	.337	.448
Post-All Star	3.98	14	21	0	44	40	260.1	252	26	80	179	Post-All Star	.255	988	252	35	5	26	109	80	179	.312	.380

Dave McCarty — Royals — Age 32 – Bats Right

	Avg	G	AB	R	H	2B	3B	HR	RBI	BB	SO	HBP	GDP	SB	CS	OBP	SLG	IBB	SH	SF	#Pit	#P/PA	GB	FB	G/F
2001 Season	.250	98	200	26	50	10	0	7	26	24	45	1	8	0	0	.328	.405	1	1	4	886	3.85	81	49	1.65
Last Five Years	.266	209	488	61	130	24	2	20	81	51	117	1	14	1	0	.333	.447	2	1	7	2076	3.79	175	122	1.43

2001 Season

	Avg	AB	H	2B	3B	HR	RBI	BB	SO	OBP	SLG		Avg	AB	H	2B	3B	HR	RBI	BB	SO	OBP	SLG
vs. Left	.202	114	23	8	0	1	10	15	27	.290	.298	Scoring Posn	.200	55	11	4	0	0	17	8	16	.294	.273
vs. Right	.314	86	27	2	0	6	16	9	18	.378	.547	Close & Late	.211	38	8	1	0	3	7	2	10	.250	.474
Home	.267	116	31	6	0	5	16	16	26	.356	.448	None on/out	.267	45	12	2	0	2	2	7	10	.365	.444
Away	.226	84	19	4	0	2	10	8	19	.287	.345	Batting #7	.242	95	23	5	0	2	10	9	27	.308	.358
First Pitch	.267	30	8	0	0	3	8	1	0	.281	.567	Batting #8	.279	43	12	2	0	1	4	5	5	.340	.395
Ahead in Count	.311	45	14	3	0	1	4	5	0	.380	.467	Other	.242	62	15	3	0	4	12	10	13	.347	.484
Behind in Count	.235	85	20	6	0	2	9	0	34	.239	.376	Pre-All Star	.207	116	24	5	0	5	15	18	30	.314	.379
Two Strikes	.174	86	15	5	0	2	6	18	45	.318	.302	Post-All Star	.310	84	26	5	0	2	11	6	15	.348	.440

Quinton McCracken — Twins — Age 31 – Bats Both (groundball hitter)

	Avg	G	AB	R	H	2B	3B	HR	RBI	BB	SO	HBP	GDP	SB	CS	OBP	SLG	IBB	SH	SF	#Pit	#P/PA	GB	FB	G/F
2001 Season	.219	24	64	7	14	2	0	3	5	13	0	2	0	1	0	.275	.313	0	1	0	292	4.17	27	16	1.69
Last Five Years	.278	381	1182	178	329	57	11	11	118	108	209	5	30	53	28	.339	.373	1	17	10	5052	3.82	490	274	1.79

2001 Season

	Avg	AB	H	2B	3B	HR	RBI	BB	SO	OBP	SLG		Avg	AB	H	2B	3B	HR	RBI	BB	SO	OBP	SLG
vs. Left	.143	14	2	0	0	0	0	2	3	.250	.143	Scoring Posn	.143	14	2	0	0	0	2	0	4	.143	.143
vs. Right	.240	50	12	2	0	3	3	10	.283	.360		Close & Late	.222	9	2	0	0	0	0	1	2	.300	.222

275

Last Five Years

	Avg	AB	H	2B	3B	HR	RBI	BB	SO	OBP	SLG		Avg	AB	H	2B	3B	HR	RBI	BB	SO	OBP	SLG
vs. Left	.257	303	78	9	0	1	26	25	50	.314	.297	First Pitch	.374	147	55	8	0	0	25	1	0	.375	.429
vs. Right	.286	879	251	48	11	10	92	83	159	.347	.399	Ahead in Count	.324	219	71	10	4	2	23	49	0	.443	.434
Home	.298	598	178	33	8	7	71	53	102	.356	.415	Behind in Count	.216	583	126	25	6	6	42	0	178	.220	.310
Away	.259	584	151	24	3	4	47	55	107	.321	.330	Two Strikes	.221	583	129	27	6	4	39	58	209	.293	.309
Day	.305	413	126	19	3	6	41	50	69	.381	.409	Batting #1	.284	461	131	27	6	5	49	33	83	.331	.401
Night	.264	769	203	38	8	5	77	58	140	.315	.354	Batting #2	.276	373	103	16	1	5	30	52	61	.363	.365
Grass	.261	582	152	22	4	5	55	61	101	.330	.338	Other	.273	348	95	14	4	1	39	23	65	.320	.345
Turf	.295	600	177	35	7	6	63	47	108	.347	.407	March/April	.313	246	77	12	2	2	26	10	36	.342	.402
Pre-All Star	.268	761	204	33	7	11	78	65	129	.325	.373	May	.272	232	63	13	1	4	25	30	35	.348	.388
Post-All Star	.297	421	125	24	4	0	40	43	80	.363	.373	June	.241	228	55	8	4	5	23	23	46	.312	.377
Inning 1-6	.297	780	232	40	9	8	84	73	134	.356	.403	July	.230	209	48	6	3	0	15	20	43	.293	.325
Inning 7+	.241	402	97	17	2	3	34	35	75	.305	.316	August	.296	152	45	10	1	0	17	17	27	.371	.375
Scoring Posn	.284	285	81	17	1	3	105	21	59	.327	.382	Sept/Oct	.357	115	41	8	0	0	12	8	22	.405	.426
Close & Late	.225	178	40	7	0	1	14	20	37	.307	.281	vs. AL	.272	788	214	43	9	7	83	68	130	.329	.376
None on/out	.254	358	91	16	4	6	6	32	61	.317	.372	vs. NL	.292	394	115	14	2	4	35	40	79	.357	.368

Allen McDill — Red Sox   Age 30 – Pitches Left (flyball pitcher)

	ERA	W	L	Sv	G	GS	IP	BB	SO	Avg	H	2B	3B	HR	RBI	OBP	SLG	GF	IR	IRS	Hld	SvOp	SB	CS	GB	FB	G/F
2001 Season	5.52	0	0	0	15	0	14.2	7	16	.236	13	1	0	2	13	.328	.364	8	9	6	0	1	1	0	12	17	0.71
Career (1997-2001)	7.79	0	0	0	38	0	34.2	18	28	.277	38	9	0	8	36	.371	.518	11	27	11	2	1	3	0	34	44	0.77

2001 Season

	ERA	W	L	Sv	G	GS	IP	H	HR	BB	SO		Avg	AB	H	2B	3B	HR	RBI	BB	SO	OBP	SLG
Home	9.53	0	0	0	6	0	5.2	5	2	3	7	vs. Left	.233	30	7	0	0	0	7	2	9	.273	.233
Away	3.00	0	0	0	9	0	9.0	8	0	4	9	vs. Right	.240	25	6	1	0	2	6	5	7	.387	.520

Donzell McDonald — Yankees   Age 27 – Bats Both

	Avg	G	AB	R	H	2B	3B	HR	RBI	BB	SO	HBP	GDP	SB	CS	OBP	SLG	IBB	SH	SF	#Pit	#P/PA	GB	FB	G/F
2001 Season	.333	5	3	0	1	0	0	0	0	2	0	0	0	0	.333	.333	0	1	0	12	3.00	1	0	0.00

2001 Season

	Avg	AB	H	2B	3B	HR	RBI	BB	SO	OBP	SLG		Avg	AB	H	2B	3B	HR	RBI	BB	SO	OBP	SLG
vs. Left	.000	0	0	0	0	0	0	0	0	.000	.000	Scoring Posn	.000	1	0	0	0	0	0	0	1	.000	.000
vs. Right	.333	3	1	0	0	0	0	0	2	.333	.333	Close & Late	.500	2	1	0	0	0	0	0	1	.500	.500

John McDonald — Indians   Age 27 – Bats Right

	Avg	G	AB	R	H	2B	3B	HR	RBI	BB	SO	HBP	GDP	SB	CS	OBP	SLG	IBB	SH	SF	#Pit	#P/PA	GB	FB	G/F
2001 Season	.091	17	22	1	2	1	0	0	0	1	7	1	0	0	0	.167	.136	0	1	0	98	3.92	7	5	1.40
Career (1999-2001)	.250	44	52	3	13	1	0	0	1	1	11	1	2	0	1	.278	.269	0	1	0	208	3.78	17	16	1.06

2001 Season

	Avg	AB	H	2B	3B	HR	RBI	BB	SO	OBP	SLG		Avg	AB	H	2B	3B	HR	RBI	BB	SO	OBP	SLG
vs. Left	.000	0	0	0	0	0	0	0	0	.000	.000	Scoring Posn	.000	10	0	0	0	0	0	0	4	.000	.000
vs. Right	.091	22	2	1	0	0	0	1	7	.167	.136	Close & Late	.200	5	1	1	0	0	0	0	1	.200	.400

Keith McDonald — Cardinals   Age 29 – Bats Right

	Avg	G	AB	R	H	2B	3B	HR	RBI	BB	SO	HBP	GDP	SB	CS	OBP	SLG	IBB	SH	SF	#Pit	#P/PA	GB	FB	G/F
2001 Season	.000	2	2	0	0	0	0	0	0	0	1	0	1	0	0	.000	.000	0	0	0	6	3.00	1	0	0.00
Career (2000-2001)	.333	8	9	3	3	0	0	3	5	2	2	0	1	0	0	.455	1.333	0	0	0	49	4.45	3	4	0.75

2001 Season

	Avg	AB	H	2B	3B	HR	RBI	BB	SO	OBP	SLG		Avg	AB	H	2B	3B	HR	RBI	BB	SO	OBP	SLG
vs. Left	.000	0	0	0	0	0	0	0	0	.000	.000	Scoring Posn	.000	1	0	0	0	0	0	0	1	.000	.000
vs. Right	.000	2	0	0	0	0	0	0	1	.000	.000	Close & Late	.000	0	0	0	0	0	0	0	0	.000	.000

Chuck McElroy — Padres   Age 34 – Pitches Left

	ERA	W	L	Sv	G	GS	IP	BB	SO	Avg	H	2B	3B	HR	RBI	OBP	SLG	GF	IR	IRS	Hld	SvOp	SB	CS	GB	FB	G/F
2001 Season	5.28	2	3	0	49	5	75.0	46	47	.284	87	16	0	14	61	.379	.474	6	47	22	3	12	1	0	106	100	1.06
Last Five Years	4.40	15	11	3	287	7	335.2	162	264	.267	348	70	7	37	213	.348	.417	78	214	82	44	19	30	8	423	407	1.04

2001 Season

	ERA	W	L	Sv	G	GS	IP	H	HR	BB	SO		Avg	AB	H	2B	3B	HR	RBI	BB	SO	OBP	SLG
Home	6.75	1	2	0	25	3	36.0	49	7	19	24	vs. Left	.376	109	41	10	0	6	33	18	16	.473	.633
Away	3.92	1	1	0	24	2	39.0	38	7	27	23	vs. Right	.234	197	46	6	0	8	28	28	31	.326	.386
Starter	6.08	1	1	0	5	5	23.2	25	7	11	7	Scoring Posn	.280	93	26	6	0	0	40	21	12	.405	.344
Reliever	4.91	1	2	0	44	0	51.1	62	7	35	40	Close & Late	.346	26	9	3	0	0	4	4	4	.433	.462
0 Days Rest (Relief)	9.00	0	0	0	5	0	5.0	5	3	3	4	None on/out	.380	71	27	1	0	6	6	11	8	.463	.648
1 or 2 Days Rest	5.47	0	2	0	27	0	26.1	37	3	19	21	First Pitch	.361	36	13	1	0	2	10	4	0	.425	.556
3+ Days Rest	3.15	1	0	0	12	0	20.0	20	1	13	15	Ahead in Count	.248	153	38	5	0	6	26	0	41	.258	.399
Pre-All Star	5.36	1	2	0	18	5	45.1	49	8	28	22	Behind in Count	.371	70	26	8	0	6	14	23	0	.527	.743
Post-All Star	5.16	1	1	0	31	0	29.2	38	6	18	25	Two Strikes	.216	139	30	5	0	4	25	19	47	.315	.338

	ERA	W	L	Sv	G	GS	IP	H	HR	BB	SO		Avg	AB	H	2B	3B	HR	RBI	BB	SO	OBP	SLG
									Last Five Years														
Home	4.03	13	3	1	149	5	183.1	195	21	70	130	vs. Left	.277	499	138	37	1	17	101	54	94	.346	.457
Away	4.84	2	8	2	138	2	152.1	153	16	92	134	vs. Right	.261	804	210	33	6	20	112	108	170	.349	.392
Day	4.53	7	5	2	94	4	109.1	114	17	68	82	Inning 1-6	.264	485	128	21	2	16	87	60	75	.347	.414
Night	4.33	8	6	1	193	3	226.1	234	20	94	182	Inning 7+	.269	818	220	49	5	21	126	102	189	.348	.418
Grass	4.58	14	9	3	253	6	297.0	323	35	143	234	None on	.259	644	167	32	4	20	20	74	119	.339	.415
Turf	3.03	1	2	0	34	1	38.2	25	2	19	30	Runners on	.275	659	181	38	3	17	193	88	145	.356	.419
March/April	4.55	2	1	0	43	4	63.1	62	9	30	49	Scoring Posn	.289	384	111	28	2	6	163	68	90	.385	.419
May	4.56	2	1	0	44	1	47.1	50	8	23	38	Close & Late	.306	301	92	18	2	9	63	44	70	.393	.468
June	4.62	3	4	1	54	0	60.1	60	5	34	43	None on/out	.265	291	77	8	3	9	9	34	49	.346	.405
July	3.99	2	0	0	42	0	49.2	51	6	21	37	vs. 1st Batr (relief)	.267	236	63	14	3	7	53	36	56	.358	.441
August	4.31	1	3	1	59	0	62.2	64	4	34	51	1st Inning Pitched	.284	848	241	54	4	23	171	115	179	.367	.439
Sept/Oct	4.30	5	2	1	45	2	52.1	61	5	20	46	First 15 Pitches	.284	689	196	44	4	20	123	86	131	.361	.447
Starter	4.41	3	1	0	7	7	34.2	31	7	14	12	Pitch 16-30	.266	346	92	15	2	10	63	48	82	.358	.408
Reliever	4.40	12	10	3	280	0	301.0	317	30	148	252	Pitch 31-45	.201	149	30	5	0	2	12	15	32	.274	.275
0 Days Rest (Relief)	3.41	6	2	1	63	0	60.2	58	8	27	44	Pitch 46+	.252	119	30	6	1	5	15	13	19	.333	.445
1 or 2 Days Rest	5.32	4	7	1	125	0	132.0	146	16	66	122	First Pitch	.351	154	54	6	1	7	39	11	0	.393	.539
3+ Days Rest	3.82	2	1	1	92	0	108.1	113	6	55	86	Ahead in Count	.222	657	146	31	1	11	75	0	234	.227	.323
vs. AL	4.37	5	6	0	117	7	179.1	172	20	77	131	Behind in Count	.314	258	81	18	2	13	58	73	0	.461	.550
vs. NL	4.43	10	5	3	170	0	156.1	176	17	85	133	Two Strikes	.220	665	146	33	2	12	81	78	264	.304	.329
Pre-All Star	4.51	7	6	1	153	5	187.2	186	23	98	142	Pre-All Star	.257	725	186	36	6	23	111	98	142	.343	.418
Post-All Star	4.26	8	5	2	134	2	148.0	162	14	64	122	Post-All Star	.280	578	162	34	1	14	102	64	122	.354	.415

Joe McEwing — Mets

Age 29 – Bats Right

	Avg	G	AB	R	H	2B	3B	HR	RBI	BB	SO	HBP	GDP	SB	CS	OBP	SLG	IBB	SH	SF	#Pit	#P/PA	GB	FB	G/F
2001 Season	.283	116	283	41	80	17	3	8	30	17	57	10	2	8	5	.342	.449	0	6	3	1322	4.14	87	86	1.01
Career (1998-2001)	.267	365	969	131	259	60	8	19	94	64	176	18	7	18	11	.321	.405	8	24	10	4236	3.90	343	253	1.36

2001 Season

	Avg	AB	H	2B	3B	HR	RBI	BB	SO	OBP	SLG		Avg	AB	H	2B	3B	HR	RBI	BB	SO	OBP	SLG
vs. Left	.250	92	23	7	2	4	13	5	33	.311	.500	Scoring Posn	.164	55	9	2	1	0	18	6	17	.279	.236
vs. Right	.298	191	57	10	1	4	17	12	39	.357	.424	Close & Late	.276	58	16	2	1	4	8	4	15	.323	.552
Home	.252	135	34	8	1	3	14	8	24	.320	.393	None on/out	.311	103	32	10	1	2	2	5	21	.355	.485
Away	.311	148	46	9	2	5	16	9	33	.362	.500	Batting #1	.294	177	52	13	2	2	12	8	30	.344	.424
First Pitch	.300	10	3	0	0	0	1	0	0	.417	.300	Batting #7	.275	40	11	1	0	3	7	3	11	.333	.525
Ahead in Count	.356	45	16	3	0	3	8	6	0	.423	.622	Other	.258	66	17	3	1	3	11	6	16	.342	.470
Behind in Count	.260	177	46	11	2	2	9	0	50	.276	.379	Pre-All Star	.302	126	38	7	1	5	12	12	27	.371	.492
Two Strikes	.237	173	41	10	2	3	12	11	57	.285	.379	Post-All Star	.157	157	42	10	2	3	18	5	30	.318	.414

Career (1998-2001)

	Avg	AB	H	2B	3B	HR	RBI	BB	SO	OBP	SLG		Avg	AB	H	2B	3B	HR	RBI	BB	SO	OBP	SLG
vs. Left	.253	304	77	22	2	7	35	21	55	.307	.408	First Pitch	.306	62	19	3	2	1	13	7	0	.392	.468
vs. Right	.274	665	182	38	6	12	59	43	121	.328	.403	Ahead in Count	.310	200	62	16	2	7	30	29	0	.395	.515
Home	.260	461	120	27	4	9	37	28	77	.317	.395	Behind in Count	.229	516	118	29	2	5	23	0	155	.240	.322
Away	.274	508	139	33	4	10	57	36	99	.326	.413	Two Strikes	.221	512	113	25	2	7	27	28	176	.265	.318
Day	.264	364	96	22	4	9	36	19	71	.307	.420	Batting #1	.272	449	122	31	4	7	35	19	77	.311	.405
Night	.269	605	163	38	4	10	58	45	105	.330	.395	Batting #8	.267	262	70	12	3	4	37	25	44	.332	.382
Grass	.268	821	220	51	7	16	75	51	146	.319	.406	Other	.260	258	67	17	1	8	22	20	55	.328	.426
Turf	.264	148	39	9	1	3	19	13	30	.335	.399	March/April	.363	102	37	6	3	1	14	11	16	.425	.510
Pre-All Star	.295	529	156	37	5	10	49	38	94	.345	.440	May	.245	163	40	14	0	4	18	12	25	.304	.405
Post-All Star	.234	440	103	23	3	9	45	26	82	.293	.361	June	.315	184	58	12	2	4	13	10	35	.357	.467
Inning 1-6	.273	637	174	39	5	8	61	35	102	.319	.388	July	.266	244	65	13	1	2	12	11	43	.316	.377
Inning 7+	.256	332	85	21	3	11	33	29	74	.326	.437	August	.212	146	31	7	1	4	14	8	34	.258	.356
Scoring Posn	.226	212	48	7	4	0	67	31	42	.328	.297	Sept/Oct	.215	130	28	8	1	2	13	12	23	.281	.338
Close & Late	.282	174	49	9	2	8	20	16	38	.342	.494	vs. AL	.298	131	39	6	1	4	15	9	23	.370	.450
None on/out	.266	331	88	25	3	4	4	14	65	.304	.396	vs. NL	.263	838	220	54	7	15	79	55	153	.314	.397

Fred McGriff — Cubs

Age 38 – Bats Left

	Avg	G	AB	R	H	2B	3B	HR	RBI	BB	SO	HBP	GDP	SB	CS	OBP	SLG	IBB	SH	SF	#Pit	#P/PA	GB	FB	G/F
2001 Season	.306	146	513	67	157	25	2	31	102	66	106	3	13	1	2	.386	.544	13	0	4	2167	3.70	188	145	1.30
Last Five Years	.290	751	2736	374	794	131	4	131	490	390	563	10	77	16	4	.378	.485	47	0	24	11790	3.73	1010	724	1.40

2001 Season

	Avg	AB	H	2B	3B	HR	RBI	BB	SO	OBP	SLG		Avg	AB	H	2B	3B	HR	RBI	BB	SO	OBP	SLG
vs. Left	.295	149	44	3	1	11	37	15	33	.364	.550	First Pitch	.381	84	32	5	1	7	17	9	0	.441	.714
vs. Right	.310	364	113	22	1	20	65	51	73	.394	.541	Ahead in Count	.467	120	56	10	1	12	38	24	0	.555	.867
Home	.311	251	78	13	2	17	57	31	48	.385	.582	Behind in Count	.150	193	29	5	0	5	19	0	84	.157	.254
Away	.302	262	79	12	0	14	45	35	58	.386	.508	Two Strikes	.170	223	38	6	1	5	34	33	106	.280	.318
Day	.295	207	61	9	2	11	54	24	41	.369	.604	Batting #4	.299	452	135	19	2	28	90	60	95	.382	.535
Night	.314	306	96	16	0	14	48	42	65	.397	.503	Batting #5	.356	45	16	3	0	3	9	3	8	.388	.622
Grass	.298	315	94	11	2	19	63	43	66	.386	.527	Other	.375	16	6	3	0	0	3	3	3	.474	.563
Turf	.318	198	63	14	0	12	39	23	40	.386	.571	April	.266	94	25	5	0	3	11	6	15	.310	.415
Pre-All Star	.330	294	97	17	0	15	53	35	53	.399	.541	May	.370	92	34	5	0	5	22	7	16	.406	.587
Post-All Star	.274	219	60	8	2	16	49	31	53	.369	.548	June	.382	76	29	5	0	6	14	18	13	.500	.684
Inning 1-6	.310	364	113	17	2	20	74	43	69	.386	.533	July	.284	88	25	3	0	5	16	10	26	.357	.489
Inning 7+	.295	149	44	8	0	11	28	23	37	.385	.570	August	.274	95	26	3	1	7	15	15	23	.386	.484

277

2001 Season

	Avg	AB	H	2B	3B	HR	RBI	BB	SO	OBP	SLG		Avg	AB	H	2B	3B	HR	RBI	BB	SO	OBP	SLG
Scoring Posn	.309	136	42	8	0	8	70	31	27	.434	.544	Sept/Oct	.265	68	18	3	0	8	20	10	13	.354	.662
Close & Late	.322	59	19	2	0	4	10	10	17	.414	.559	vs. AL	.297	286	85	14	0	11	43	27	53	.356	.462
None on/out	.252	127	32	4	1	8	8	10	27	.312	.488	vs. NL	.317	227	72	11	2	20	59	39	53	.421	.648

2001 By Position

Position	Avg	AB	H	2B	3B	HR	RBI	BB	SO	OBP	SLG	G	GS	Innings	PO	A	E	DP	Fld Pct	Rng Fctr	In Zone	Zone Outs	Zone Rtg	MLB Zone
As DH	.284	67	19	6	0	2	8	7	15	.351	.463	17	17	—	—	—	—	—	—	—	—	—	—	—
As 1b	.313	441	138	19	2	29	94	58	89	.393	.562	123	123	1022.0	924	82	13	82	.987	—	204	170	.833	.850

Last Five Years

	Avg	AB	H	2B	3B	HR	RBI	BB	SO	OBP	SLG		Avg	AB	H	2B	3B	HR	RBI	BB	SO	OBP	SLG
vs. Left	.270	820	221	25	3	38	152	105	190	.354	.446	First Pitch	.350	480	168	27	1	27	96	32	0	.387	.579
vs. Right	.299	1916	573	106	1	93	338	285	373	.388	.501	Ahead in Count	.401	684	274	47	1	51	173	179	0	.523	.696
Home	.292	1346	393	65	3	67	254	191	269	.378	.494	Behind in Count	.184	1006	185	33	1	26	112	0	443	.188	.296
Away	.288	1390	401	66	1	64	236	199	294	.377	.476	Two Strikes	.176	1182	208	35	2	26	139	178	563	.284	.275
Day	.280	837	234	40	3	49	161	104	173	.359	.510	Batting #4	.289	2590	749	121	4	124	465	372	535	.378	.483
Night	.295	1899	560	91	1	82	329	286	390	.386	.473	Batting #5	.324	111	36	7	0	7	21	9	18	.369	.577
Grass	.285	1455	415	65	4	62	258	204	306	.373	.463	Other	.257	35	9	3	0	4	9	10	.409	.343
Turf	.296	1281	379	66	0	69	232	186	257	.383	.509	March/April	.293	461	135	26	0	21	83	50	92	.359	.486
Pre-All Star	.294	1544	454	79	2	70	263	213	305	.377	.484	May	.290	486	141	20	0	23	91	65	92	.369	.473
Post-All Star	.285	1192	340	52	2	61	227	177	258	.379	.486	June	.293	458	134	24	1	22	70	81	95	.399	.493
Inning 1-6	.298	1897	566	97	3	92	361	258	372	.381	.498	July	.323	430	139	23	1	22	83	63	84	.406	.535
Inning 7+	.272	839	228	34	1	39	129	132	191	.370	.454	August	.255	502	128	18	2	21	82	67	116	.347	.424
Scoring Posn	.288	771	222	39	2	31	347	158	165	.401	.464	Sept/Oct	.293	399	117	20	0	22	81	64	84	.391	.509
Close & Late	.262	390	102	11	1	19	58	61	102	.360	.441	vs. AL	.289	1797	520	84	0	83	308	254	372	.375	.475
None on/out	.292	685	200	39	1	41	41	80	135	.367	.531	vs. NL	.292	939	274	47	4	48	182	136	191	.383	.504

Ryan McGuire — Marlins Age 30 – Bats Left

	Avg	G	AB	R	H	2B	3B	HR	RBI	BB	SO	HBP	GDP	SB	CS	OBP	SLG	IBB	SH	SF	#Pit	#P/PA	GB	FB	G/F
2001 Season	.185	48	54	8	10	2	0	1	8	7	15	0	0	1	0	.270	.278	0	0	2	244	3.87	21	14	1.50
Career (1997-2001)	.217	351	605	64	131	33	4	7	53	86	137	0	22	3	5	.312	.319	1	7	4	2779	3.95	225	157	1.43

2001 Season

	Avg	AB	H	2B	3B	HR	RBI	BB	SO	OBP	SLG		Avg	AB	H	2B	3B	HR	RBI	BB	SO	OBP	SLG
vs. Left	.143	7	1	1	0	0	3	0	2	.111	.286	Scoring Posn	.154	13	2	1	0	1	8	6	4	.381	.462
vs. Right	.191	47	9	1	0	1	5	7	13	.296	.277	Close & Late	.286	14	4	0	0	1	5	2	3	.375	.500

Career (1997-2001)

	Avg	AB	H	2B	3B	HR	RBI	BB	SO	OBP	SLG		Avg	AB	H	2B	3B	HR	RBI	BB	SO	OBP	SLG
vs. Left	.201	134	27	7	1	1	8	17	31	.288	.291	First Pitch	.250	80	20	4	1	4	7	1	0	.259	.475
vs. Right	.221	471	104	26	3	6	45	69	106	.319	.326	Ahead in Count	.324	142	46	15	1	1	20	47	0	.487	.465
Home	.248	298	74	16	3	5	30	50	62	.354	.372	Behind in Count	.142	268	38	5	2	2	18	0	115	.141	.198
Away	.186	307	57	17	1	2	23	36	75	.270	.267	Two Strikes	.135	296	40	8	2	2	19	38	137	.233	.196
Day	.201	179	36	11	1	1	14	26	40	.300	.291	Batting #7	.205	117	24	1	1	1	11	15	21	.293	.256
Night	.223	426	95	22	3	6	39	60	97	.318	.331	Batting #8	.324	139	45	15	2	3	14	23	24	.417	.525
Grass	.199	231	46	14	1	2	23	29	49	.284	.294	Other	.178	349	62	17	1	3	28	48	92	.276	.258
Turf	.227	374	85	19	3	5	30	57	88	.329	.334	March/April	.250	32	8	2	0	0	1	2	5	.294	.313
Pre-All Star	.241	345	83	20	1	7	39	54	75	.341	.365	May	.282	117	33	6	0	4	21	21	26	.388	.436
Post-All Star	.185	260	48	13	3	0	14	32	62	.273	.258	June	.228	162	37	12	1	3	17	24	34	.324	.370
Inning 1-6	.213	329	70	19	4	3	27	47	65	.310	.322	July	.171	123	21	6	0	0	3	21	34	.292	.220
Inning 7+	.221	276	61	14	0	4	26	39	72	.314	.315	August	.169	83	14	2	2	0	7	9	18	.250	.241
Scoring Posn	.215	130	28	8	3	2	45	34	27	.369	.369	Sept/Oct	.205	88	18	5	1	0	4	9	20	.276	.284
Close & Late	.203	128	26	4	0	2	15	19	30	.306	.281	vs. AL	.255	94	24	8	1	1	9	16	18	.364	.394
None on/out	.212	151	32	10	0	2	2	15	39	.283	.318	vs. NL	.209	511	107	25	3	6	44	70	119	.303	.305

Mark McGwire — Cardinals Age 38 – Bats Right (flyball hitter)

	Avg	G	AB	R	H	2B	3B	HR	RBI	BB	SO	HBP	GDP	SB	CS	OBP	SLG	IBB	SH	SF	#Pit	#P/PA	GB	FB	G/F
2001 Season	.187	97	299	48	56	4	0	29	64	56	118	3	7	0	0	.316	.492	3	0	6	1460	4.01	43	113	0.38
Last Five Years	.272	650	2105	442	573	81	1	254	554	528	651	27	41	5	0	.420	.674	80	0	24	10217	3.81	401	768	0.52

2001 Season

	Avg	AB	H	2B	3B	HR	RBI	BB	SO	OBP	SLG		Avg	AB	H	2B	3B	HR	RBI	BB	SO	OBP	SLG
vs. Left	.167	60	10	1	0	7	16	15	24	.325	.533	First Pitch	.250	40	10	0	0	6	16	1	0	.273	.700
vs. Right	.192	239	46	3	0	22	48	41	94	.314	.481	Ahead in Count	.255	47	12	1	0	5	13	31	0	.543	.596
Home	.193	150	29	1	0	13	30	28	58	.315	.460	Behind in Count	.160	150	24	2	0	12	26	0	83	.163	.413
Away	.181	149	27	3	0	16	34	28	60	.317	.523	Two Strikes	.119	168	20	2	0	11	21	24	118	.232	.327
Day	.242	99	24	2	0	11	31	19	34	.366	.596	Batting #4	.194	175	34	3	0	19	39	33	71	.324	.537
Night	.160	200	32	2	0	18	33	37	84	.290	.440	Batting #6	.174	69	12	1	0	4	15	14	26	.314	.362
Grass	.190	294	56	4	0	29	64	56	114	.320	.500	Other	.182	55	10	0	0	6	10	9	21	.292	.509
Turf	.000	5	0	0	0	0	0	0	4	.000	.000	April	.095	21	2	0	0	1	1	2	7	.174	.238
Pre-All Star	.184	125	23	0	0	8	21	20	50	.297	.400	May	.286	7	2	0	0	1	1	0	3	.286	.714
Post-All Star	.190	174	33	1	0	21	43	36	68	.329	.557	June	.224	76	17	3	0	5	15	14	29	.337	.461
Inning 1-6	.186	204	38	2	0	21	47	41	78	.325	.505	July	.197	76	15	0	0	11	19	18	32	.365	.632
Inning 7+	.189	95	18	2	0	8	17	15	40	.295	.463	August	.173	52	9	1	0	4	14	5	21	.233	.423
Scoring Posn	.194	62	12	2	0	5	30	20	30	.378	.468	Sept/Oct	.164	67	11	0	0	7	14	17	26	.329	.478
Close & Late	.213	47	10	1	0	3	5	4	23	.269	.426	vs. AL	.302	43	13	1	0	6	14	9	16	.434	.744
None on/out	.198	96	19	0	0	9	9	11	35	.287	.479	vs. NL	.168	256	43	3	0	23	50	47	102	.296	.449

2001 By Position

Position	Avg	AB	H	2B	3B	HR	RBI	BB	SO	OBP	SLG	G	GS	Innings	PO	A	E	DP	Fld Pct	Rng Fctr	In Zone	Zone Outs	Zone Rtg	MLB Zone
As 1b	.188	292	55	4	0	29	64	55	116	.317	.500	90	87	724.2	686	33	4	60	.994	—	114	94	.825	.850

Last Five Years

	Avg	AB	H	2B	3B	HR	RBI	BB	SO	OBP	SLG		Avg	AB	H	2B	3B	HR	RBI	BB	SO	OBP	SLG
vs. Left	.257	482	124	23	0	58	113	153	153	.435	.666	First Pitch	.388	322	125	16	0	49	125	59	0	.485	.894
vs. Right	.277	1623	449	58	1	196	441	375	498	.416	.676	Ahead in Count	.387	445	172	27	1	80	178	252	0	.606	.991
Home	.293	1041	305	44	1	136	297	288	302	.448	.729	Behind in Count	.190	944	179	21	0	79	168	0	496	.197	.463
Away	.252	1064	268	37	0	118	257	240	349	.392	.619	Two Strikes	.139	1018	141	15	0	68	146	217	651	.292	.354
Day	.282	709	200	30	0	89	190	196	220	.440	.701	Batting #3	.283	1208	342	45	1	160	341	345	363	.444	.719
Night	.267	1396	373	51	1	165	364	332	431	.410	.660	Batting #4	.261	781	204	34	0	84	188	162	249	.390	.627
Grass	.275	1805	496	67	1	223	483	465	559	.426	.684	Other	.233	116	27	2	0	10	25	21	39	.364	.509
Turf	.257	300	77	14	0	31	71	63	92	.387	.613	March/April	.288	313	90	22	0	36	92	87	88	.441	.703
Pre-All Star	.280	1202	336	56	0	134	320	311	353	.429	.661	May	.289	363	105	12	0	48	107	99	96	.438	.719
Post-All Star	.262	903	237	25	1	120	234	217	298	.409	.691	June	.267	424	113	18	0	41	90	90	134	.401	.599
Inning 1-6	.274	1471	403	64	0	182	400	353	446	.418	.689	July	.259	344	89	10	0	41	87	91	104	.418	.645
Inning 7+	.268	634	170	17	1	72	154	175	205	.425	.639	August	.264	311	82	14	1	35	80	80	112	.414	.653
Scoring Posn	.280	518	145	28	0	64	300	195	166	.469	.705	Sept/Oct	.269	350	94	5	0	53	98	81	117	.407	.737
Close & Late	.261	329	86	6	0	36	76	97	122	.427	.608	vs. AL	.276	490	135	24	0	50	112	85	140	.385	.631
None on/out	.266	467	124	15	1	57	57	95	148	.394	.668	vs. NL	.271	1615	438	57	1	204	442	443	511	.430	.687

Tony McKnight — Pirates Age 25 – Pitches Right

	ERA	W	L	Sv	G	GS	IP	BB	SO	Avg	H	2B	3B	HR	RBI	OBP	SLG	CG	ShO	Sup	QS	#P/S	SB	CS	GB	FB	G/F
2001 Season	4.95	3	6	0	15	15	87.1	24	46	.303	109	14	3	19	46	.352	.517	0	0	4.23	6	89	11	2	139	122	1.14
Career (2000-2001)	4.63	7	7	0	21	21	122.1	33	69	.286	144	21	3	23	64	.336	.477	1	0	5.44	10	89	17	2	194	167	1.16

2001 Season

	ERA	W	L	Sv	G	GS	IP	H	HR	BB	SO		Avg	AB	H	2B	3B	HR	RBI	BB	SO	OBP	SLG
Home	4.17	2	2	0	8	8	49.2	55	9	12	24	vs. Left	.276	156	43	3	1	8	20	13	15	.343	.462
Away	5.97	1	4	0	7	7	37.2	54	10	12	22	vs. Right	.324	204	66	11	2	11	26	11	31	.359	.559
Starter	4.95	3	6	0	15	15	87.1	109	19	24	46	Scoring Posn	.202	104	21	2	1	5	30	10	19	.265	.385
Reliever	0.00	0	0	0	0	0	0.0	0	0	0	0	Close & Late	.200	15	3	1	0	0	0	1	2	.250	.267
0-3 Days Rest (Start)	0.00	0	0	0	0	0	0.0	0	0	0	0	None on/out	.368	95	35	7	1	8	8	3	7	.400	.716
4 Days Rest	5.17	1	3	0	9	9	54.0	73	12	13	29	First Pitch	.373	51	19	2	1	2	6	3	0	.404	.569
5+ Days Rest	4.59	2	3	0	6	6	33.1	36	7	11	17	Ahead in Count	.264	159	42	7	2	5	15	0	41	.282	.428
Pre-All Star	4.91	0	0	0	2	2	11.0	12	3	2	5	Behind in Count	.333	87	29	3	0	9	17	15	0	.427	.678
Post-All Star	4.95	3	6	0	13	13	76.1	97	16	22	41	Two Strikes	.226	137	31	4	0	5	13	6	46	.274	.365

Mark McLemore — Mariners Age 37 – Bats Both

	Avg	G	AB	R	H	2B	3B	HR	RBI	BB	SO	HBP	GDP	SB	CS	OBP	SLG	IBB	SH	SF	#Pit	#P/PA	GB	FB	G/F
2001 Season	.286	125	409	78	117	16	9	5	57	69	84	0	6	39	7	.384	.406	0	3	6	1950	4.00	145	114	1.27
Last Five Years	.263	622	2266	381	595	91	20	20	226	362	359	5	46	104	38	.362	.347	6	41	21	10664	3.96	875	592	1.48

2001 Season

	Avg	AB	H	2B	3B	HR	RBI	BB	SO	OBP	SLG		Avg	AB	H	2B	3B	HR	RBI	BB	SO	OBP	SLG
vs. Left	.169	71	12	2	0	1	9	15	12	.307	.239	First Pitch	.444	36	16	2	2	0	5	0	0	.410	.611
vs. Right	.311	338	105	14	9	4	48	54	72	.402	.441	Ahead in Count	.409	110	45	5	4	2	20	34	0	.545	.582
Home	.277	191	53	10	3	2	24	35	37	.386	.393	Behind in Count	.177	158	28	4	0	2	12	0	66	.176	.241
Away	.294	218	64	6	6	3	33	34	47	.383	.417	Two Strikes	.171	193	33	5	1	2	17	35	84	.296	.238
Day	.239	142	34	3	3	2	18	20	34	.329	.345	Batting #2	.282	316	89	10	9	3	41	61	65	.395	.399
Night	.311	267	83	13	6	3	39	49	50	.413	.438	Batting #9	.259	54	14	2	0	1	5	6	6	.323	.352
Grass	.283	367	104	16	6	5	47	64	76	.386	.401	Other	.359	39	14	4	0	1	11	2	9	.381	.538
Turf	.310	42	13	0	3	0	10	5	8	.367	.452	April	.298	47	14	2	0	3	7	4	9	.346	.532
Pre-All Star	.290	193	56	7	2	4	26	30	41	.382	.409	May	.324	74	24	1	2	1	12	12	16	.419	.432
Post-All Star	.282	216	61	9	7	1	31	39	43	.386	.403	June	.245	49	12	4	0	0	5	11	11	.383	.327
Inning 1-6	.289	277	80	12	8	3	36	46	55	.388	.422	July	.284	81	23	0	2	0	10	11	22	.358	.333
Inning 7+	.280	132	37	4	1	2	21	23	29	.377	.371	August	.247	89	22	1	2	1	11	24	16	.404	.371
Scoring Posn	.272	103	28	5	1	1	47	29	23	.413	.369	Sept/Oct	.319	69	22	8	3	0	12	7	10	.377	.522
Close & Late	.339	56	19	0	0	2	11	15	11	.459	.446	vs. AL	.301	359	108	13	9	5	52	62	71	.398	.429
None on/out	.301	73	22	3	1	1	6	17	.354	.411		vs. NL	.180	50	9	3	0	0	5	7	13	.281	.240

2001 By Position

Position	Avg	AB	H	2B	3B	HR	RBI	BB	SO	OBP	SLG	G	GS	Innings	PO	A	E	DP	Fld Pct	Rng Fctr	In Zone	Zone Outs	Zone Rtg	MLB Zone
As 3b	.277	112	31	5	3	2	15	21	21	.391	.429	36	32	245.0	25	48	7	3	.913	2.68	66	48	.727	.761
As ss	.291	117	34	7	4	0	18	14	24	.358	.419	35	30	262.0	41	79	2	20	.984	4.12	79	72	.911	.839
As lf	.274	106	29	2	1	1	10	22	21	.395	.340	63	22	286.1	68	2	1	1	.986	2.20	73	66	.904	.880

Last Five Years

	Avg	AB	H	2B	3B	HR	RBI	BB	SO	OBP	SLG		Avg	AB	H	2B	3B	HR	RBI	BB	SO	OBP	SLG
vs. Left	.232	475	110	22	0	3	34	79	78	.339	.297	First Pitch	.358	218	78	10	2	2	20	4	0	.362	.450
vs. Right	.271	1791	485	69	20	17	192	283	281	.369	.360	Ahead in Count	.316	630	199	29	7	5	77	196	0	.475	.408
Home	.262	1124	294	46	10	10	121	195	174	.369	.347	Behind in Count	.222	865	192	32	4	7	65	0	280	.223	.292
Away	.264	1142	301	45	10	10	105	167	185	.356	.347	Two Strikes	.192	990	190	27	6	8	78	162	359	.305	.256
Day	.206	618	127	21	5	4	50	92	110	.307	.275	Batting #1	.246	886	218	35	6	5	55	134	122	.344	.316
Night	.284	1648	468	70	15	16	176	270	249	.383	.374	Batting #2	.267	1044	279	37	13	11	121	179	175	.373	.359
Grass	.263	2005	527	80	16	18	191	318	317	.362	.346	Other	.292	336	98	19	1	4	50	49	62	.377	.390

279

	Avg	AB	H	2B	3B	HR	RBI	BB	SO	OBP	SLG		Avg	AB	H	2B	3B	HR	RBI	BB	SO	OBP	SLG
Turf	.261	261	68	11	4	2	35	44	42	.364	.356	March/April	.263	395	104	16	3	6	36	53	52	.351	.365
Pre-All Star	.266	1215	323	43	7	13	125	209	184	.372	.345	May	.287	363	104	13	3	4	50	68	59	.396	.372
Post-All Star	.259	1051	272	48	13	7	101	153	175	.351	.349	June	.249	338	84	13	1	2	28	66	53	.370	.311
Inning 1-6	.265	1586	420	67	17	13	151	244	242	.361	.353	July	.265	453	120	18	3	3	42	68	83	.357	.338
Inning 7+	.257	680	175	24	3	7	75	118	117	.366	.332	August	.252	397	100	10	5	3	34	58	65	.346	.325
Scoring Posn	.268	522	140	25	3	4	196	113	93	.388	.351	Sept/Oct	.259	320	83	21	5	2	36	49	47	.357	.375
Close & Late	.283	290	82	9	2	3	35	55	47	.392	.359	vs. AL	.263	1986	523	78	19	19	199	319	310	.364	.350
None on/out	.254	629	160	28	3	7	7	86	105	.344	.342	vs. NL	.257	280	72	13	1	1	27	43	49	.354	.321

Billy McMillon — Athletics Age 30 – Bats Left (flyball hitter)

	Avg	G	AB	R	H	2B	3B	HR	RBI	BB	SO	HBP	GDP	SB	CS	OBP	SLG	IBB	SH	SF	#Pit	#P/PA	GB	FB	G/F
2001 Season	.217	40	92	7	20	8	1	1	14	7	25	2	1	1	0	.284	.359	0	0	1	401	3.93	28	28	1.00
Last Five Years	.262	123	305	37	80	20	3	7	52	32	68	3	4	4	1	.330	.416	0	2	8	1338	3.81	89	93	0.96

2001 Season

	Avg	AB	H	2B	3B	HR	RBI	BB	SO	OBP	SLG		Avg	AB	H	2B	3B	HR	RBI	BB	SO	OBP	SLG
vs. Left	.250	12	3	1	0	0	1	3	2	.400	.333	Scoring Posn	.250	28	7	3	0	0	11	1	8	.267	.357
vs. Right	.213	80	17	7	1	1	13	4	23	.264	.363	Close & Late	.208	24	5	2	0	0	5	1	7	.296	.292

Rusty Meacham — Devil Rays Age 34 – Pitches Right (flyball pitcher)

	ERA	W	L	Sv	G	GS	IP	BB	SO	Avg	H	2B	3B	HR	RBI	OBP	SLG	GF	IR	IRS	Hld	SvOp	SB	CS	GB	FB	G/F
2001 Season	5.60	1	3	0	24	0	35.1	10	13	.277	39	14	2	3	28	.325	.468	5	16	7	3	0	2	0	41	59	0.69
Last Five Years	6.30	1	3	0	29	0	40.0	12	16	.290	47	14	2	6	35	.339	.512	7	19	8	3	0	2	0	52	65	0.80

2001 Season

	ERA	W	L	Sv	G	GS	IP	H	HR	BB	SO		Avg	AB	H	2B	3B	HR	RBI	BB	SO	OBP	SLG
Home	8.35	1	2	0	12	0	18.1	25	3	4	6	vs. Left	.270	63	17	4	2	2	16	4	5	.319	.492
Away	2.65	0	1	0	12	0	17.0	14	0	6	7	vs. Right	.282	78	22	10	0	1	12	6	8	.329	.449

Brian Meadows — Royals Age 26 – Pitches Right

	ERA	W	L	Sv	G	GS	IP	BB	SO	Avg	H	2B	3B	HR	RBI	OBP	SLG	CG	ShO	Sup	QS	#P/S	SB	CS	GB	FB	G/F
2001 Season	6.97	1	6	0	10	10	50.1	12	21	.351	73	11	1	12	37	.386	.587	0	0	4.83	2	79	7	3	71	69	1.03
Career (1998-2001)	5.45	36	44	0	105	104	599.1	179	260	.309	743	147	14	95	341	.358	.500	3	0	5.09	37	86	41	18	908	766	1.19

2001 Season

	ERA	W	L	Sv	G	GS	IP	H	HR	BB	SO		Avg	AB	H	2B	3B	HR	RBI	BB	SO	OBP	SLG
Home	8.04	0	5	0	6	6	28.0	49	7	6	12	vs. Left	.350	117	41	7	1	5	19	8	14	.394	.556
Away	5.64	1	1	0	4	4	22.1	24	5	6	9	vs. Right	.352	91	32	4	0	7	18	4	7	.375	.626

Career (1998-2001)

	ERA	W	L	Sv	G	GS	IP	H	HR	BB	SO		Avg	AB	H	2B	3B	HR	RBI	BB	SO	OBP	SLG
Home	4.80	18	24	0	54	54	311.0	375	47	86	146	vs. Left	.326	1209	394	79	9	54	179	102	124	.379	.540
Away	6.15	18	20	0	51	50	288.1	368	48	93	114	vs. Right	.291	1198	349	68	5	41	162	77	136	.337	.459
Day	6.38	6	12	0	27	26	141.0	182	32	44	59	Inning 1-6	.303	2183	661	128	11	85	306	161	239	.352	.488
Night	5.16	30	32	0	78	78	458.1	561	63	135	201	Inning 7+	.366	224	82	19	3	10	35	18	21	.415	.612
Grass	5.14	32	36	0	90	89	516.1	627	83	154	224	None on	.304	1399	425	85	8	60	60	86	158	.349	.505
Turf	7.37	4	8	0	15	15	83.0	116	12	25	36	Runners on	.315	1008	318	62	6	35	281	93	102	.370	.493
March/April	4.84	8	10	0	21	21	126.1	142	19	30	67	Scoring Posn	.288	566	163	35	2	20	234	72	61	.362	.463
May	5.37	5	10	0	22	22	120.2	156	22	48	53	Close & Late	.324	102	33	6	2	3	16	8	8	.381	.510
June	6.61	5	5	0	16	16	80.1	102	15	29	35	None on/out	.327	640	209	43	5	35	35	35	59	.367	.573
July	5.46	7	7	0	16	16	92.1	122	14	25	35	vs. 1st Batr (relief)	.000	0	0	0	0	0	1	0	0	.000	.000
August	5.02	5	7	0	14	13	84.1	110	8	18	22	1st Inning Pitched	.293	417	122	22	2	15	62	41	44	.361	.463
Sept/Oct	5.76	6	4	0	16	16	95.1	111	17	29	48	First 75 Pitches	.304	1971	600	113	11	81	277	135	208	.350	.496
Starter	5.50	35	44	0	104	104	592.2	737	95	178	260	Pitch 76-90	.305	279	85	20	2	7	34	28	38	.371	.466
Reliever	1.35	1	0	0	1	0	6.2	6	0	1	0	Pitch 91-105	.425	120	51	13	1	7	28	10	11	.474	.725
0-3 Days Rest (Start)	7.20	1	1	0	2	2	10.0	13	3	1	5	Pitch 106+	.189	37	7	1	0	0	2	6	3	.302	.216
4 Days Rest	5.60	18	24	0	56	56	320.0	405	57	96	144	First Pitch	.363	424	154	39	5	18	68	10	0	.380	.606
5+ Days Rest	5.31	16	19	0	46	46	262.2	319	35	81	111	Ahead in Count	.232	1045	242	39	3	29	102	0	228	.237	.358
vs. AL	5.70	10	11	0	29	28	165.2	210	26	37	66	Behind in Count	.384	539	207	41	3	33	108	119	0	.491	.655
vs. NL	5.35	26	33	0	76	76	433.2	533	69	142	194	Two Strikes	.216	937	202	40	1	20	78	50	260	.260	.324
Pre-All Star	5.30	21	28	0	64	64	358.0	439	61	112	165	Pre-All Star	.305	1439	439	85	9	61	200	112	165	.357	.504
Post-All Star	5.67	15	16	0	41	40	241.1	304	34	67	95	Post-All Star	.314	968	304	62	5	34	141	67	95	.359	.494

Pat Meares — Pirates Age 33 – Bats Right

	Avg	G	AB	R	H	2B	3B	HR	RBI	BB	SO	HBP	GDP	SB	CS	OBP	SLG	IBB	SH	SF	#Pit	#P/PA	GB	FB	G/F
2001 Season	.211	87	270	27	57	11	1	4	25	10	45	2	9	0	2	.244	.304	3	1	1	989	3.48	112	76	1.47
Last Five Years	.254	523	1805	216	458	86	9	36	209	97	328	34	44	15	13	.302	.371	10	14	16	6928	3.52	642	537	1.20

2001 Season

	Avg	AB	H	2B	3B	HR	RBI	BB	SO	OBP	SLG		Avg	AB	H	2B	3B	HR	RBI	BB	SO	OBP	SLG
vs. Left	.197	61	12	4	0	1	6	2	8	.231	.311	Scoring Posn	.216	74	16	3	1	3	23	6	13	.272	.405
vs. Right	.215	209	45	7	1	3	19	8	37	.248	.301	Close & Late	.154	39	6	0	0	1	5	2	8	.195	.231
Home	.226	133	30	7	1	2	16	2	22	.237	.338	None on/out	.161	62	10	2	0	0	1	5	11	.188	.194
Away	.197	137	27	4	0	2	9	8	23	.250	.270	Batting #7	.258	93	24	5	0	0	3	2	12	.281	.312

2001 Season

	Avg	AB	H	2B	3B	HR	RBI	BB	SO	OBP	SLG		Avg	AB	H	2B	3B	HR	RBI	BB	SO	OBP	SLG
First Pitch	.138	29	4	2	0	0	1	1	0	.167	.207	Batting #8	.207	140	29	6	1	4	20	7	25	.250	.350
Ahead in Count	.348	46	16	2	0	2	9	4	0	.400	.522	Other	.108	37	4	0	0	0	2	1	8	.128	.108
Behind in Count	.166	151	25	5	0	2	10	0	40	.175	.238	Pre-All Star	.234	188	44	7	1	3	16	7	29	.264	.330
Two Strikes	.173	127	22	4	1	0	8	4	45	.209	.220	Post-All Star	.159	82	13	4	0	1	9	3	16	.198	.244

Last Five Years

	Avg	AB	H	2B	3B	HR	RBI	BB	SO	OBP	SLG		Avg	AB	H	2B	3B	HR	RBI	BB	SO	OBP	SLG
vs. Left	.231	458	106	17	1	8	45	20	80	.285	.325	First Pitch	.286	213	61	11	2	4	22	6	0	.314	.413
vs. Right	.261	1347	352	69	8	28	164	77	248	.308	.387	Ahead in Count	.333	372	124	26	2	16	72	48	0	.412	.543
Home	.253	895	226	51	7	16	109	45	167	.299	.379	Behind in Count	.205	907	186	34	2	10	71	0	285	.224	.280
Away	.255	910	232	35	2	20	100	52	161	.304	.364	Two Strikes	.191	834	159	30	3	8	63	42	328	.248	.263
Day	.261	548	143	21	3	12	77	24	93	.302	.376	Batting #8	.244	554	135	30	2	15	64	34	92	.296	.386
Night	.251	1257	315	65	6	24	132	73	235	.302	.369	Batting #9	.282	560	158	29	3	12	78	27	100	.327	.409
Grass	.265	864	229	35	2	21	106	47	141	.310	.383	Other	.239	691	165	27	4	9	67	36	136	.286	.329
Turf	.243	941	229	51	7	15	103	50	187	.294	.360	March/April	.270	363	98	22	2	10	47	14	71	.309	.424
Pre-All Star	.256	1100	282	59	6	23	127	55	203	.302	.384	May	.267	378	101	19	2	6	47	25	70	.320	.376
Post-All Star	.250	705	176	27	3	13	82	42	125	.301	.352	June	.240	296	71	16	2	4	25	13	51	.287	.348
Inning 1-6	.254	1202	305	59	4	21	140	68	213	.305	.362	July	.238	261	62	9	0	7	32	12	53	.281	.352
Inning 7+	.254	603	153	27	5	15	69	29	115	.295	.390	August	.238	256	61	8	3	3	25	12	44	.282	.328
Scoring Posn	.265	441	117	23	4	12	173	44	98	.333	.417	Sept/Oct	.259	251	65	12	0	6	33	21	39	.316	.378
Close & Late	.304	289	88	10	4	7	37	11	60	.334	.439	vs. AL	.263	915	241	44	5	18	120	36	163	.302	.381
None on/out	.246	410	101	21	1	9	9	13	60	.281	.368	vs. NL	.244	890	217	42	4	18	89	61	165	.301	.361

Jim Mecir — Athletics

Age 32 – Pitches Right (groundball pitcher)

	ERA	W	L	Sv	G	GS	IP	BB	SO	Avg	H	2B	3B	HR	OBP	SLG	GF	IR	IRS	Hld	SvOp	SB	CS	GB	FB	G/F
2001 Season	3.43	2	8	3	54	0	63.0	26	61	.231	54	6	3	4	28	.310	.333	14	31	12	17	8	4	2	84	54	1.56
Last Five Years	3.43	19	18	8	227	0	286.1	119	248	.232	243	32	7	19	131	.313	.330	68	168	47	59	27	26	10	417	237	1.76

2001 Season

	ERA	W	L	Sv	G	GS	IP	H	HR	BB	SO		Avg	AB	H	2B	3B	HR	RBI	BB	SO	OBP	SLG
Home	3.73	0	3	2	26	0	31.1	25	3	10	31	vs. Left	.195	118	23	3	2	0	3	15	39	.286	.254
Away	3.13	2	5	1	28	0	31.2	29	1	16	30	vs. Right	.267	116	31	3	1	4	25	11	22	.336	.414
Starter	0.00	0	0	0	0	0	0.0	0	0	0	0	Scoring Posn	.239	67	16	2	0	1	23	12	14	.363	.313
Reliever	3.43	2	8	3	54	0	63.0	54	4	26	61	Close & Late	.268	142	38	3	3	3	23	16	31	.346	.394
0 Days Rest (Relief)	0.77	1	1	1	10	0	11.2	8	0	3	10	None on/out	.263	57	15	2	2	0	0	2	16	.288	.368
1 or 2 Days Rest	2.25	0	4	2	33	0	40.0	28	1	12	40	First Pitch	.370	27	10	1	2	3	9	6	0	.485	.889
3+ Days Rest	10.32	1	3	0	11	0	11.1	18	3	11	11	Ahead in Count	.178	129	23	2	0	1	11	0	54	.178	.217
Pre-All Star	3.54	2	6	2	32	0	40.2	32	3	14	40	Behind in Count	.211	38	8	1	1	0	3	8	0	.348	.289
Post-All Star	3.22	0	2	1	22	0	22.1	22	1	12	21	Two Strikes	.140	136	19	2	0	1	9	12	61	.209	.176

Last Five Years

	ERA	W	L	Sv	G	GS	IP	H	HR	BB	SO		Avg	AB	H	2B	3B	HR	RBI	BB	SO	OBP	SLG
Home	3.63	11	8	2	114	0	146.1	124	11	55	122	vs. Left	.207	488	101	12	3	8	50	65	129	.303	.293
Away	3.21	8	10	6	113	0	140.0	119	8	64	126	vs. Right	.253	561	142	20	4	11	81	54	119	.323	.362
Day	3.61	9	4	4	80	0	107.1	105	10	30	98	Inning 1-6	.200	80	16	2	0	2	12	4	21	.253	.300
Night	3.32	10	14	4	147	0	179.0	138	9	89	150	Inning 7+	.234	969	227	30	7	17	119	115	227	.318	.332
Grass	3.70	8	16	5	143	0	177.1	162	12	80	158	None on	.235	520	122	15	6	7	7	50	124	.304	.327
Turf	2.97	11	2	3	84	0	109.0	81	7	39	90	Runners on	.229	529	121	17	1	12	124	69	124	.322	.333
March/April	3.70	2	6	0	46	0	56.0	45	2	27	36	Scoring Posn	.230	322	74	12	1	7	113	54	77	.341	.339
May	3.75	5	2	1	42	0	57.2	53	5	18	54	Close & Late	.250	516	129	15	5	10	82	63	116	.334	.357
June	3.40	4	5	0	40	0	50.1	46	5	20	41	None on/out	.237	228	54	7	3	4	4	20	55	.298	.346
July	3.59	1	3	3	35	0	42.2	35	1	20	36	vs. 1st Batr (relief)	.266	203	54	9	4	2	22	21	44	.339	.379
August	4.34	5	2	1	31	0	37.1	37	3	17	34	1st Inning Pitched	.233	769	179	25	5	15	114	90	185	.317	.337
Sept/Oct	1.70	2	0	3	33	0	42.1	27	3	17	47	First 15 Pitches	.237	590	140	18	5	11	71	62	124	.314	.341
Starter	0.00	0	0	0	0	0	0.0	0	0	0	0	Pitch 16-30	.222	383	85	12	6	4	47	47	107	.311	.311
Reliever	3.43	19	18	8	227	0	286.1	243	19	119	248	Pitch 31-45	.231	65	15	1	0	2	12	10	13	.329	.338
0 Days Rest (Relief)	4.78	5	5	3	45	0	49.0	50	3	27	59	Pitch 46+	.273	11	3	1	0	0	1	0	4	.273	.364
1 or 2 Days Rest	2.56	11	7	5	131	0	172.1	127	7	60	152	First Pitch	.355	110	39	5	2	5	24	12	0	.413	.573
3+ Days Rest	4.71	3	6	0	51	0	65.0	66	9	32	57	Ahead in Count	.166	495	82	11	1	6	47	0	205	.177	.228
vs. AL	3.34	16	14	7	201	0	250.2	208	18	98	214	Behind in Count	.300	220	66	9	4	6	35	47	0	.420	.477
vs. NL	4.04	3	4	1	26	0	35.2	35	1	21	34	Two Strikes	.165	556	92	13	1	6	54	59	248	.253	.225
Pre-All Star	3.58	11	13	3	138	0	176.0	153	13	70	142	Pre-All Star	.239	640	153	21	3	13	79	70	142	.317	.342
Post-All Star	3.18	8	5	5	89	0	110.1	90	6	49	106	Post-All Star	.220	409	90	11	4	6	52	49	106	.308	.311

Adam Melhuse — Rockies

Age 30 – Bats Both (groundball hitter)

	Avg	G	AB	R	H	2B	3B	HR	RBI	BB	SO	HBP	GDP	SB	CS	OBP	SLG	IBB	SH	SF	#Pit	#P/PA	GB	FB	G/F
2001 Season	.183	40	71	5	13	2	0	1	8	6	18	0	3	1	0	.241	.254	0	0	2	301	3.81	29	15	1.93
Career (2000-2001)	.179	64	95	8	17	2	1	1	12	9	24	0	4	1	0	.245	.253	0	0	2	410	3.87	38	19	2.00

2001 Season

	Avg	AB	H	2B	3B	HR	RBI	BB	SO	OBP	SLG		Avg	AB	H	2B	3B	HR	RBI	BB	SO	OBP	SLG
vs. Left	.375	8	3	0	0	1	2	0	0	.375	.750	Scoring Posn	.167	18	3	1	0	0	6	2	6	.227	.222
vs. Right	.159	63	10	2	0	0	6	6	18	.225	.190	Close & Late	.300	10	3	1	0	1	2	0	2	.300	.700

281

Donaldo Mendez — Padres
Age 24 – Bats Right

	Avg	G	AB	R	H	2B	3B	HR	RBI	BB	SO	HBP	GDP	SB	CS	OBP	SLG	IBB	SH	SF	#Pit	#P/PA	GB	FB	G/F
2001 Season	.153	46	118	11	18	2	1	0	5	5	37	3	2	1	2	.206	.212	2	1	0	487	3.83	38	26	1.46

2001 Season

	Avg	AB	H	2B	3B	HR	RBI	BB	SO	OBP	SLG		Avg	AB	H	2B	3B	HR	RBI	BB	SO	OBP	SLG
vs. Left	.231	39	9	0	0	1	2	2	9	.286	.308	Scoring Posn	.135	37	5	0	0	0	4	2	13	.200	.135
vs. Right	.114	79	9	2	1	0	3	3	28	.167	.165	Close & Late	.091	11	1	0	0	0	0	0	3	.091	.091
Home	.130	54	7	0	1	0	3	4	13	.217	.167	None on/out	.208	24	5	1	0	0	0	1	6	.269	.250
Away	.172	64	11	2	0	1	2	1	24	.197	.250	Batting #8	.161	112	18	2	1	1	5	5	33	.217	.223
First Pitch	.286	7	2	1	0	0	0	1	0	.500	.429	Batting #9	.000	3	0	0	0	0	0	0	2	.000	.000
Ahead in Count	.250	20	5	0	0	1	2	3	0	.348	.400	Other	.000	3	0	0	0	0	0	0	2	.000	.000
Behind in Count	.096	73	7	0	1	0	3	0	33	.108	.123	Pre-All Star	.153	118	18	2	1	1	5	5	37	.206	.212
Two Strikes	.072	69	5	0	0	0	3	1	37	.099	.072	Post-All Star	.000	0	0	0	0	0	0	0	0	.000	.000

Ramiro Mendoza — Yankees
Age 30 – Pitches Right (groundball pitcher)

	ERA	W	L	Sv	G	GS	IP	BB	SO	Avg	H	2B	3B	HR	RBI	OBP	SLG	GF	IR	IRS	Hld	SvOp	SB	CS	GB	FB	G/F
2001 Season	3.75	8	4	6	56	2	100.2	23	70	.241	89	19	1	9	44	.287	.371	11	46	7	13	8	7	1	157	92	1.71
Last Five Years	3.93	42	25	12	203	46	554.0	128	318	.271	584	113	11	55	252	.316	.411	41	108	26	26	23	26	10	980	501	1.96

2001 Season

	ERA	W	L	Sv	G	GS	IP	H	HR	BB	SO		Avg	AB	H	2B	3B	HR	RBI	BB	SO	OBP	SLG
Home	3.35	2	2	3	27	2	51.0	43	6	11	41	vs. Left	.248	161	40	9	0	5	20	12	28	.299	.398
Away	4.17	6	2	3	29	0	49.2	46	3	12	29	vs. Right	.236	208	49	10	1	4	24	11	42	.278	.351
Starter	8.38	0	0	0	2	2	9.2	16	3	2	12	Scoring Posn	.269	93	25	6	1	1	31	9	16	.330	.387
Reliever	3.26	8	4	6	54	0	91.0	73	6	21	58	Close & Late	.160	125	20	3	0	2	7	8	24	.222	.232
0 Days Rest (Relief)	5.14	0	0	3	8	0	7.0	5	1	2	4	None on/out	.205	88	18	2	0	1	1	2	15	.222	.261
1 or 2 Days Rest	2.85	5	3	2	35	0	66.1	49	4	14	45	First Pitch	.274	62	17	4	0	3	11	3	0	.313	.484
3+ Days Rest	4.08	3	1	1	11	0	17.2	19	1	5	9	Ahead in Count	.209	191	40	10	0	2	16	0	62	.211	.293
Pre-All Star	4.08	6	2	3	26	2	57.1	55	5	14	44	Behind in Count	.294	68	20	2	1	2	12	7	0	.360	.441
Post-All Star	3.32	2	2	3	30	0	43.1	34	4	9	26	Two Strikes	.150	167	25	6	0	2	8	13	70	.209	.222

Last Five Years

	ERA	W	L	Sv	G	GS	IP	H	HR	BB	SO		Avg	AB	H	2B	3B	HR	RBI	BB	SO	OBP	SLG
Home	3.87	12	15	5	94	22	262.2	265	30	58	157	vs. Left	.286	1032	295	50	4	32	132	83	133	.338	.435
Away	3.99	30	10	7	109	24	291.1	319	25	70	161	vs. Right	.258	1120	289	63	7	23	120	45	185	.296	.388
Day	4.29	16	12	3	76	21	232.2	241	27	52	117	Inning 1-6	.272	1346	366	70	8	37	165	81	188	.317	.418
Night	3.67	26	13	9	127	25	321.1	343	28	76	201	Inning 7+	.270	806	218	43	3	18	87	47	130	.315	.398
Grass	3.72	37	20	8	172	39	474.0	490	46	109	267	None on	.263	1222	321	66	6	31	31	62	184	.306	.403
Turf	5.18	5	5	4	31	7	80.0	94	9	19	51	Runners on	.283	930	263	47	5	24	221	66	134	.329	.422
March/April	4.73	7	5	1	27	14	102.2	117	6	26	54	Scoring Posn	.258	515	133	25	3	9	180	44	82	.313	.371
May	4.56	10	6	1	28	16	124.1	148	14	29	64	Close & Late	.267	382	102	17	2	7	42	27	66	.324	.377
June	3.53	5	2	2	35	7	94.1	88	11	20	67	None on/out	.276	537	148	31	3	14	14	23	75	.313	.423
July	3.12	5	6	5	39	3	83.2	72	11	18	45	vs. 1st Batr (relief)	.275	142	39	8	0	4	17	9	28	.310	.415
August	3.50	7	3	2	40	2	82.1	85	6	19	41	1st Inning Pitched	.275	702	193	31	3	13	89	43	107	.318	.383
Sept/Oct	3.65	8	3	1	34	4	66.2	74	7	16	47	First 15 Pitches	.276	674	186	29	5	13	76	37	103	.314	.392
Starter	4.52	18	12	0	46	46	278.2	310	33	65	148	Pitch 16-30	.228	509	116	27	1	9	50	21	90	.265	.338
Reliever	3.33	24	13	12	157	0	275.1	274	22	63	170	Pitch 31-45	.295	322	95	22	1	12	39	19	49	.339	.481
0 Days Rest (Relief)	2.22	2	0	3	18	0	28.1	18	3	3	13	Pitch 46+	.289	647	187	35	4	21	87	51	76	.346	.453
1 or 2 Days Rest	3.46	14	9	6	89	0	164.0	159	10	33	104	First Pitch	.298	336	100	18	1	11	48	14	0	.335	.455
3+ Days Rest	3.47	8	4	3	50	0	83.0	97	9	27	53	Ahead in Count	.225	1003	226	46	4	17	92	0	280	.230	.330
vs. AL	4.04	38	21	10	180	43	494.0	537	49	118	283	Behind in Count	.342	444	152	29	4	18	73	60	0	.422	.547
vs. NL	3.00	4	4	2	23	3	60.0	47	6	10	35	Two Strikes	.201	896	180	42	5	15	70	54	318	.250	.309
Pre-All Star	4.23	24	16	6	100	39	351.0	376	34	82	202	Pre-All Star	.274	1373	376	68	8	34	163	82	202	.319	.409
Post-All Star	3.41	18	9	6	103	7	203.0	208	21	46	116	Post-All Star	.267	779	208	45	3	21	89	46	116	.311	.413

Frank Menechino — Athletics
Age 31 – Bats Right

	Avg	G	AB	R	H	2B	3B	HR	RBI	BB	SO	HBP	GDP	SB	CS	OBP	SLG	IBB	SH	SF	#Pit	#P/PA	GB	FB	G/F
2001 Season	.242	139	471	82	114	22	2	12	60	79	97	19	13	2	3	.369	.374	0	3	6	2314	4.00	155	152	1.02
Career (1999-2001)	.245	214	625	113	153	31	3	18	86	99	146	20	14	3	7	.362	.390	0	4	8	3022	4.00	196	193	1.02

2001 Season

	Avg	AB	H	2B	3B	HR	RBI	BB	SO	OBP	SLG		Avg	AB	H	2B	3B	HR	RBI	BB	SO	OBP	SLG
vs. Left	.317	161	51	9	2	4	22	25	29	.431	.472	First Pitch	.294	51	15	5	1	0	3	0	0	.315	.431
vs. Right	.203	310	63	13	0	8	38	54	68	.337	.323	Ahead in Count	.356	87	31	3	0	5	14	46	0	.591	.563
Home	.232	237	55	10	1	4	31	40	44	.352	.333	Behind in Count	.202	242	49	9	1	7	30	0	81	.228	.335
Away	.252	234	59	12	1	8	29	39	53	.385	.415	Two Strikes	.157	249	39	6	0	5	21	33	97	.273	.241
Day	.255	157	40	7	0	1	17	33	32	.405	.318	Batting #2	.250	360	90	15	2	11	49	56	71	.369	.394
Night	.236	314	74	15	2	11	43	46	65	.349	.401	Batting #9	.219	96	21	6	0	1	9	18	23	.364	.313
Grass	.239	439	105	21	2	11	56	67	87	.357	.371	Other	.200	15	3	1	0	0	2	5	3	.400	.267
Turf	.281	32	9	1	0	1	4	12	10	.500	.406	April	.268	56	15	1	0	1	4	12	10	.400	.589
Pre-All Star	.277	278	77	16	2	10	43	42	50	.389	.457	May	.267	90	24	5	0	3	14	15	19	.376	.422
Post-All Star	.192	193	37	6	0	2	17	37	47	.340	.254	June	.305	105	32	6	1	5	15	10	19	.392	.467
Inning 1-6	.251	327	82	17	2	10	42	50	60	.365	.407	July	.176	91	16	1	0	0	5	16	18	.325	.220
Inning 7+	.222	144	32	5	0	2	18	29	37	.377	.299	August	.209	67	14	3	0	0	5	16	15	.361	.254
Scoring Posn	.264	110	29	4	0	1	42	21	26	.383	.327	Sept/Oct	.210	62	13	3	0	1	5	13	16	.342	.306
Close & Late	.271	70	19	3	0	0	5	15	16	.420	.314	vs. AL	.235	404	95	18	2	10	53	68	88	.366	.364
None on/out	.245	102	25	9	1	2	2	9	21	.342	.412	vs. NL	.284	67	19	4	0	2	7	11	9	.388	.433

2001 By Position

Position	Avg	AB	H	2B	3B	HR	RBI	BB	SO	OBP	SLG	G	GS	Innings	PO	A	E	DP	Fld Pct	Rng Fctr	In Zone	Outs	Zone Rtg	MLB Zone
As 2b	.242	463	112	22	2	12	57	79	93	.370	.376	136	127	1160.2	253	406	15	90	.978	5.11	457	380	.832	.824

Hector Mercado — Reds   Age 28 – Pitches Left

	ERA	W	L	Sv	G	GS	IP	BB	SO	Avg	H	2B	3B	HR	RBI	OBP	SLG	GF	IR	IRS	Hld	SvOp	SB	CS	GB	FB	G/F
2001 Season	4.08	3	2	0	56	0	53.0	30	59	.267	55	8	3	6	30	.357	.422	10	34	12	5	2	2	1	56	55	1.02
Career (2000-2001)	4.16	3	2	0	68	0	67.0	38	72	.262	67	10	3	8	36	.354	.418	14	41	13	6	2	2	2	73	69	1.06

2001 Season

	ERA	W	L	Sv	G	GS	IP	H	HR	BB	SO		Avg	AB	H	2B	3B	HR	RBI	BB	SO	OBP	SLG
Home	3.90	1	0	0	26	0	27.2	25	3	15	37	vs. Left	.287	87	25	5	2	4	22	9	29	.347	.529
Away	4.26	2	2	0	30	0	25.1	30	3	15	22	vs. Right	.252	119	30	3	1	2	8	21	30	.364	.345
Starter	0.00	0	0	0	0	0	0.0	0	0	0	0	Scoring Posn	.262	61	16	4	2	3	25	11	19	.365	.541
Reliever	4.08	3	2	0	56	0	53.0	55	6	30	59	Close & Late	.323	31	10	1	2	1	5	2	9	.353	.581
0 Days Rest (Relief)	1.13	0	0	0	15	0	8.0	6	1	7	10	None on/out	.286	42	12	2	0	0	0	9	11	.412	.333
1 or 2 Days Rest	5.76	3	2	0	25	0	25.0	31	3	17	26	First Pitch	.235	17	4	1	0	0	3	1	0	.263	.294
3+ Days Rest	3.15	0	0	0	16	0	20.0	18	2	6	23	Ahead in Count	.189	106	20	4	3	2	13	0	45	.187	.340
Pre-All Star	3.73	2	2	0	35	0	31.1	33	3	15	36	Behind in Count	.441	34	15	2	0	1	7	11	0	.578	.588
Post-All Star	4.57	1	0	0	21	0	21.2	22	3	15	23	Two Strikes	.162	117	19	3	1	3	8	18	59	.272	.282

Orlando Merced — Astros   Age 35 – Bats Left

	Avg	G	AB	R	H	2B	3B	HR	RBI	BB	SO	HBP	GDP	SB	CS	OBP	SLG	IBB	SH	SF	#Pit	#P/PA	GB	FB	G/F
2001 Season	.263	94	137	19	36	6	1	6	29	14	32	1	3	5	1	.333	.453	1	0	1	571	3.73	54	40	1.35
Last Five Years	.269	369	922	113	248	53	4	29	135	107	155	5	20	15	9	.346	.430	5	0	7	3899	3.75	346	265	1.31

2001 Season

	Avg	AB	H	2B	3B	HR	RBI	BB	SO	OBP	SLG		Avg	AB	H	2B	3B	HR	RBI	BB	SO	OBP	SLG
vs. Left	.600	5	3	0	0	0	2	0	1	.600	.600	Scoring Posn	.326	43	14	1	1	2	23	4	9	.375	.535
vs. Right	.250	132	33	6	1	6	27	14	31	.324	.447	Close & Late	.250	36	9	1	0	2	9	4	11	.325	.444
Home	.254	59	15	4	1	3	16	3	15	.286	.508	None on/out	.189	37	7	1	0	1	1	1	12	.211	.297
Away	.269	78	21	2	0	3	13	11	17	.367	.410	Batting #6	.200	45	9	1	0	2	5	5	10	.294	.356
First Pitch	.071	14	1	0	0	1	0	0	0	.071	.071	Batting #9	.233	43	10	1	1	2	11	4	11	.292	.442
Ahead in Count	.370	27	10	0	0	2	8	9	0	.514	.593	Other	.347	49	17	4	0	2	13	5	11	.407	.551
Behind in Count	.230	74	17	5	0	4	16	0	29	.240	.459	Pre-All Star	.286	49	14	2	0	4	10	6	10	.357	.571
Two Strikes	.200	65	13	4	0	2	9	5	32	.257	.354	Post-All Star	.250	88	22	4	1	2	19	8	22	.320	.386

Last Five Years

	Avg	AB	H	2B	3B	HR	RBI	BB	SO	OBP	SLG		Avg	AB	H	2B	3B	HR	RBI	BB	SO	OBP	SLG
vs. Left	.232	151	35	6	0	5	23	17	36	.320	.371	First Pitch	.215	79	17	6	1	0	5	4	0	.264	.316
vs. Right	.276	771	213	47	4	24	112	90	119	.351	.441	Ahead in Count	.317	262	83	14	1	11	50	61	0	.444	.504
Home	.306	464	142	33	4	13	81	57	67	.381	.478	Behind in Count	.210	395	83	26	1	6	30	0	132	.214	.342
Away	.231	458	106	20	0	16	54	50	88	.309	.380	Two Strikes	.201	379	76	20	1	12	47	42	155	.279	.354
Day	.262	301	79	15	2	5	36	36	59	.337	.375	Batting #2	.272	301	82	17	1	9	33	43	43	.366	.425
Night	.272	621	169	38	2	24	99	71	96	.350	.456	Batting #3	.276	185	51	13	2	4	21	21	37	.348	.432
Grass	.230	409	94	19	1	16	65	41	79	.302	.399	Other	.264	436	115	23	1	16	81	43	75	.331	.431
Turf	.300	513	154	34	3	13	70	66	76	.380	.454	March/April	.259	170	44	9	1	9	30	19	37	.330	.482
Pre-All Star	.285	670	191	40	3	24	91	73	103	.355	.461	May	.240	229	55	12	0	6	27	19	39	.297	.371
Post-All Star	.226	252	57	13	1	5	44	34	52	.323	.345	June	.352	236	83	19	2	8	32	29	23	.425	.551
Inning 1-6	.276	598	165	37	4	20	82	66	89	.348	.452	July	.223	130	29	3	0	3	15	22	24	.342	.315
Inning 7+	.256	324	83	16	0	9	53	41	66	.341	.389	August	.229	96	22	5	0	1	14	11	17	.312	.313
Scoring Posn	.248	246	61	10	2	6	101	35	34	.336	.378	Sept/Oct	.246	61	15	5	1	2	17	7	15	.319	.459
Close & Late	.247	170	42	7	0	4	31	25	35	.337	.359	vs. AL	.284	503	143	35	2	16	80	59	75	.360	.457
None on/out	.250	200	50	10	1	6	6	12	42	.296	.400	vs. NL	.251	419	105	18	2	13	55	48	80	.328	.396

Jose Mercedes — Orioles   Age 31 – Pitches Right

	ERA	W	L	Sv	G	GS	IP	BB	SO	Avg	H	2B	3B	HR	RBI	OBP	SLG	CG	ShO	Sup	QS	#P/S	SB	CS	GB	FB	G/F
2001 Season	5.82	8	17	0	33	31	184.0	63	123	.294	219	48	4	20	111	.354	.450	2	0	5.14	13	96	21	3	254	238	1.07
Last Five Years	4.75	31	36	0	105	79	520.2	189	284	.276	557	110	14	64	273	.340	.439	5	1	5.24	35	95	38	16	702	682	1.03

2001 Season

	ERA	W	L	Sv	G	GS	IP	H	HR	BB	SO		Avg	AB	H	2B	3B	HR	RBI	BB	SO	OBP	SLG
Home	6.72	3	7	0	14	13	72.1	93	7	28	45	vs. Left	.299	374	112	24	3	10	58	36	61	.361	.460
Away	5.24	5	10	0	19	18	111.2	126	13	35	78	vs. Right	.288	371	107	24	1	10	53	27	62	.345	.439
Day	5.14	1	3	0	9	8	49.0	54	3	14	41	Inning 1-6	.292	678	198	45	4	18	106	56	113	.350	.450
Night	6.07	7	14	0	24	23	135.0	165	17	49	82	Inning 7+	.313	67	21	3	0	2	5	7	10	.390	.448
Grass	5.87	6	13	0	26	24	138.0	165	14	50	86	None on	.279	401	112	22	1	12	12	32	66	.343	.429
Turf	5.67	2	4	0	7	7	46.0	54	6	13	37	Runners on	.311	344	107	26	3	8	99	31	57	.365	.474
April	7.92	0	4	0	5	5	30.2	36	4	9	28	Scoring Posn	.305	190	58	14	2	4	83	23	33	.375	.463
May	4.15	1	3	0	7	6	39.0	49	3	13	25	Close & Late	.333	39	13	2	0	1	3	6	7	.426	.462
June	5.23	3	1	0	5	5	31.0	33	2	14	16	None on/out	.309	181	56	11	1	3	3	14	26	.365	.431
July	6.00	1	4	0	5	5	30.0	42	4	11	19	vs. 1st Batr (relief)	.500	2	1	0	0	0	0	0	0	.500	.500
August	6.33	2	3	0	5	5	27.0	31	3	9	16	1st Inning Pitched	.321	140	45	12	1	4	32	18	26	.395	.507
Sept/Oct	5.81	1	2	0	5	5	26.1	28	4	7	19	First 75 Pitches	.302	557	168	37	4	13	91	43	96	.354	.452
Starter	5.73	8	16	0	31	31	182.1	214	19	63	121	Pitch 76-90	.208	106	22	6	0	5	12	9	11	14	.294	.368
Reliever	16.20	0	1	0	2	0	1.2	5	1	0	2	Pitch 91-105	.356	59	21	7	0	1	9	7	10	.435	.525

283

2001 Season

	ERA	W	L	Sv	G	GS	IP	H	HR	BB	SO		Avg	AB	H	2B	3B	HR	RBI	BB	SO	OBP	SLG
0-3 Days Rest (Start)	2.45	1	1	0	2	2	14.2	14	1	3	10	Pitch 106+	.348	23	8	2	0	1	2	2	3	.400	.565
4 Days Rest	4.82	4	5	0	14	14	89.2	91	5	21	55	First Pitch	.373	102	38	10	2	6	21	2	0	.381	.686
5+ Days Rest	7.38	3	10	0	15	15	78.0	109	13	39	56	Ahead in Count	.261	357	93	18	0	7	41	0	94	.272	.370
vs. AL	5.95	7	15	0	29	27	160.1	190	19	51	106	Behind in Count	.346	162	56	11	2	7	35	32	0	.449	.568
vs. NL	4.94	1	2	0	4	4	23.2	29	1	12	17	Two Strikes	.217	332	72	14	0	4	34	29	123	.287	.295
Pre-All Star	5.65	4	9	0	19	18	113.0	137	12	40	79	Pre-All Star	.297	461	137	25	2	12	65	40	79	.361	.438
Post-All Star	6.08	4	8	0	14	13	71.0	82	8	23	44	Post-All Star	.289	284	82	23	2	8	46	23	44	.341	.468

Last Five Years

	ERA	W	L	Sv	G	GS	IP	H	HR	BB	SO		Avg	AB	H	2B	3B	HR	RBI	BB	SO	OBP	SLG
Home	4.72	16	16	0	51	36	247.2	265	26	90	128	vs. Left	.293	1011	296	64	9	32	135	111	134	.361	.469
Away	4.78	15	20	0	54	43	273.0	292	36	99	156	vs. Right	.258	1010	261	46	5	32	138	78	150	.318	.409
Day	3.49	12	7	0	34	25	170.1	159	16	60	94	Inning 1-6	.276	1725	476	96	12	51	234	169	246	.343	.434
Night	5.37	19	29	0	71	54	350.1	398	48	129	190	Inning 7+	.274	296	81	14	2	13	39	20	38	.325	.466
Grass	4.68	26	29	0	86	63	415.2	434	52	155	219	None on	.271	1161	315	64	6	40	40	102	155	.336	.440
Turf	5.06	5	7	0	19	16	105.0	123	12	34	65	Runners on	.281	860	242	46	8	24	233	87	129	.345	.437
March/April	6.02	5	6	0	20	13	89.2	104	13	34	54	Scoring Posn	.272	478	130	25	4	13	196	53	83	.340	.423
May	5.93	1	6	0	18	11	74.1	100	9	27	40	Close & Late	.306	111	34	6	0	4	12	9	19	.361	.468
June	4.62	6	4	0	19	10	74.0	75	10	29	35	None on/out	.285	516	147	33	4	15	15	39	67	.340	.452
July	4.40	5	8	0	17	14	90.0	98	8	26	44	vs. 1st Batr (relief)	.292	24	7	1	0	2	5	2	2	.346	.583
August	3.88	8	6	0	17	17	109.0	102	11	34	63	1st Inning Pitched	.292	401	117	28	4	13	74	58	66	.376	.479
Sept/Oct	3.98	6	6	0	14	14	83.2	78	13	39	48	First 75 Pitches	.279	1550	432	89	12	41	211	152	228	.344	.431
Starter	4.69	29	33	0	79	79	477.2	507	54	171	257	Pitch 76-90	.233	266	62	7	1	16	33	24	33	.302	.447
Reliever	5.44	2	3	0	26	0	43.0	50	10	18	27	Pitch 91-105	.301	153	46	11	1	5	24	10	14	.359	.484
0-3 Days Rest (Start)	1.56	3	1	0	5	5	34.2	26	1	11	21	Pitch 106+	.327	52	17	3	0	2	5	3	9	.364	.500
4 Days Rest	4.41	16	17	0	42	42	257.1	264	28	86	136	First Pitch	.344	285	98	23	2	16	50	5	0	.362	.607
5+ Days Rest	5.67	10	15	0	32	32	185.2	217	25	74	100	Ahead in Count	.227	921	209	36	4	21	97	0	238	.233	.343
vs. AL	4.56	27	28	0	86	65	434.0	449	55	158	240	Behind in Count	.316	437	138	31	6	18	78	98	0	.436	.538
vs. NL	5.71	4	8	0	19	14	86.2	108	9	31	44	Two Strikes	.202	861	174	31	5	13	77	86	284	.278	.295
Pre-All Star	5.63	12	19	0	62	38	264.0	310	36	99	147	Pre-All Star	.295	1052	310	59	9	36	162	99	147	.358	.471
Post-All Star	3.86	19	17	0	43	41	256.2	247	28	90	137	Post-All Star	.255	969	247	51	5	28	111	90	137	.321	.405

Lou Merloni — Red Sox
Age 31 – Bats Right (groundball hitter)

	Avg	G	AB	R	H	2B	3B	HR	RBI	BB	SO	HBP	GDP	SB	CS	OBP	SLG	IBB	SH	SF	#Pit	#P/PA	GB	FB	G/F
2001 Season	.267	52	146	21	39	10	0	3	13	6	31	3	6	2	1	.306	.397	0	2	2	587	3.69	52	41	1.27
Career (1998-2001)	.280	174	496	59	139	34	2	5	59	25	89	8	21	4	1	.322	.387	2	10	5	1945	3.58	193	119	1.62

2001 Season

	Avg	AB	H	2B	3B	HR	RBI	BB	SO	OBP	SLG		Avg	AB	H	2B	3B	HR	RBI	BB	SO	OBP	SLG
vs. Left	.303	33	10	4	0	2	4	2	5	.343	.606	Scoring Posn	.156	32	5	3	0	0	9	2	7	.216	.250
vs. Right	.257	113	29	6	0	1	9	4	26	.295	.336	Close & Late	.176	17	3	2	0	0	3	1	7	.211	.294
Home	.190	58	11	4	0	0	3	3	10	.250	.259	None on/out	.371	35	13	4	0	1	1	2	9	.405	.571
Away	.318	88	28	6	0	3	10	3	21	.344	.489	Batting #8	.319	47	15	2	0	2	4	1	11	.327	.489
First Pitch	.400	15	6	2	0	0	1	0	0	.438	.533	Batting #9	.217	60	13	5	0	0	4	3	14	.262	.300
Ahead in Count	.424	33	14	3	0	1	5	3	0	.472	.606	Other	.282	39	11	3	0	1	5	2	6	.349	.436
Behind in Count	.171	76	13	3	0	2	6	0	28	.188	.289	Pre-All Star	.279	68	19	5	0	0	6	5	11	.338	.353
Two Strikes	.181	72	13	3	0	2	6	3	31	.208	.306	Post-All Star	.256	78	20	5	0	3	7	1	20	.275	.436

Career (1998-2001)

	Avg	AB	H	2B	3B	HR	RBI	BB	SO	OBP	SLG		Avg	AB	H	2B	3B	HR	RBI	BB	SO	OBP	SLG
vs. Left	.253	150	38	13	0	4	21	11	25	.311	.420	First Pitch	.491	57	28	6	1	0	8	2	0	.525	.632
vs. Right	.292	346	101	21	2	1	38	14	64	.327	.373	Ahead in Count	.316	133	42	13	0	1	16	14	0	.385	.436
Home	.316	225	71	21	2	1	30	15	41	.368	.440	Behind in Count	.212	222	47	9	1	3	23	0	78	.221	.302
Away	.251	271	68	13	0	4	29	10	48	.282	.343	Two Strikes	.187	219	41	11	1	4	27	9	89	.225	.301
Day	.257	171	44	12	0	0	26	7	39	.290	.327	Batting #6	.242	120	29	6	1	1	11	5	19	.278	.333
Night	.292	325	95	22	2	5	33	18	50	.339	.418	Batting #8	.312	138	43	8	1	3	18	8	29	.347	.442
Grass	.276	399	110	28	2	3	47	20	75	.318	.378	Other	.282	238	67	19	1	1	30	12	41	.330	.382
Turf	.299	97	29	6	0	2	12	5	14	.340	.423	March/April	.382	34	13	4	0	0	3	0	7	.361	.500
Pre-All Star	.275	247	68	16	0	1	29	16	40	.332	.352	May	.264	53	14	3	0	1	8	5	11	.339	.377
Post-All Star	.285	249	71	18	2	4	30	9	49	.312	.422	June	.302	106	32	7	0	0	15	8	17	.373	.368
Inning 1-6	.279	323	90	23	2	3	39	16	47	.324	.390	July	.157	83	13	3	0	0	5	5	11	.211	.193
Inning 7+	.283	173	49	11	0	2	20	9	42	.319	.382	August	.333	57	19	3	1	0	9	2	6	.344	.421
Scoring Posn	.323	127	41	18	0	1	52	7	24	.355	.488	Sept/Oct	.294	163	48	14	1	4	19	5	37	.315	.466
Close & Late	.240	75	18	4	0	0	7	6	20	.289	.293	vs. AL	.295	455	134	33	2	5	56	22	81	.334	.409
None on/out	.236	106	25	6	0	1	1	6	18	.289	.321	vs. NL	.122	41	5	1	0	0	3	3	8	.196	.146

Jose Mesa — Phillies
Age 36 – Pitches Right

	ERA	W	L	Sv	G	GS	IP	BB	SO	Avg	H	2B	3B	HR	RBI	OBP	SLG	GF	IR	IRS	Hld	SvOp	SB	CS	FB	G/F
2001 Season	2.34	3	3	42	71	0	69.1	20	59	.246	65	10	1	4	20	.301	.337	59	5	3	1	46	0	3	91	70 1.30
Last Five Years	3.94	22	26	93	347	0	385.2	167	317	.273	412	58	4	41	204	.349	.398	222	157	56	35	112	14	10	520	428 1.21

2001 Season

	ERA	W	L	Sv	G	GS	IP	H	HR	BB	SO		Avg	AB	H	2B	3B	HR	RBI	BB	SO	OBP	SLG
Home	3.48	2	3	21	42	0	41.1	39	3	14	32	vs. Left	.236	127	30	5	1	1	8	10	22	.300	.315
Away	0.64	1	0	21	29	0	28.0	26	1	6	27	vs. Right	.255	137	35	5	0	3	12	10	37	.302	.358
Day	4.94	2	2	12	26	0	23.2	28	2	12	20	Inning 1-6	.000	0	0	0	0	0	0	0	0	.000	.000
Night	0.99	1	1	30	45	0	45.2	37	2	8	39	Inning 7+	.246	264	65	10	1	4	20	20	59	.301	.337

284

2001 Season

	ERA	W	L	Sv	G	GS	IP	H	HR	BB	SO		Avg	AB	H	2B	3B	HR	RBI	BB	SO	OBP	SLG
Grass	0.69	1	0	19	27	0	26.0	24	1	6	27	None on	.303	142	43	7	1	3	11	22	65	.357	.430
Turf	3.32	2	3	23	44	0	43.1	41	3	14	32	Runners on	.180	122	22	3	0	1	17	9	37	.237	.230
April	3.48	0	0	6	11	0	10.1	12	0	7	14	Scoring Posn	.193	57	11	1	0	1	16	7	19	.279	.263
May	3.29	1	0	10	13	0	13.2	9	2	6	9	Close & Late	.215	186	40	5	0	3	11	16	46	.279	.280
June	3.27	0	1	5	11	0	11.0	11	2	1	11	None on/out	.328	64	21	3	1	2	2	7	11	.403	.500
July	0.00	0	0	6	11	0	11.0	6	0	2	4	vs. 1st Batr (relief)	.339	62	21	3	1	2	2	8	10	.423	.516
August	0.00	0	0	7	11	0	10.2	9	0	1	11	1st Inning Pitched	.249	261	65	10	1	4	20	20	58	.304	.341
Sept/Oct	3.55	2	2	8	14	0	12.2	18	0	3	10	First 15 Pitches	.264	208	55	9	1	3	14	15	38	.316	.361
Starter	0.00	0	0	0	0	0	0.0	0	0	0	0	Pitch 16-30	.182	55	10	1	0	1	6	5	21	.254	.255
Reliever	2.34	3	3	42	71	0	69.1	65	4	20	59	Pitch 31-45	.000	1	0	0	0	0	0	0	0	.000	.000
0 Days Rest (Relief)	4.15	1	2	14	24	0	21.2	24	2	10	12	Pitch 46+	.000	0	0	0	0	0	0	0	0	.000	.000
1 or 2 Days Rest	0.36	2	0	18	25	0	25.0	13	0	7	20	First Pitch	.289	38	11	2	0	0	4	2	0	.325	.342
3+ Days Rest	2.78	0	1	10	22	0	22.2	28	2	3	27	Ahead in Count	.178	129	23	5	0	1	8	0	51	.189	.240
vs. AL	0.90	0	0	4	10	0	10.0	4	0	3	2	Behind in Count	.386	44	17	2	0	2	5	11	0	.509	.568
vs. NL	2.58	3	3	38	61	0	59.1	61	4	17	57	Two Strikes	.158	120	19	2	1	2	9	7	59	.215	.242
Pre-All Star	3.08	1	1	24	38	0	38.0	33	4	14	36	Pre-All Star	.236	140	33	6	1	4	13	14	36	.306	.379
Post-All Star	1.44	2	2	18	33	0	31.1	32	0	6	23	Post-All Star	.258	124	32	4	0	0	7	6	23	.295	.290

Last Five Years

	ERA	W	L	Sv	G	GS	IP	H	HR	BB	SO		Avg	AB	H	2B	3B	HR	RBI	BB	SO	OBP	SLG
Home	4.52	16	13	44	186	0	215.0	220	26	87	179	vs. Left	.297	724	215	27	2	19	101	77	115	.365	.419
Away	3.22	6	13	49	161	0	170.2	192	15	80	138	vs. Right	.250	787	197	31	2	22	103	90	202	.334	.379
Day	4.87	9	8	28	130	0	142.1	151	17	63	125	Inning 1-6	.315	108	34	6	0	1	18	8	24	.356	.398
Night	3.40	13	18	65	217	0	243.1	261	24	104	192	Inning 7+	.269	1403	378	52	4	40	186	159	293	.348	.398
Grass	3.62	17	20	53	248	0	283.2	298	30	124	243	None on	.294	752	221	31	2	23	23	76	154	.364	.432
Turf	4.85	5	6	40	99	0	102.0	114	11	43	74	Runners on	.252	759	191	27	2	18	181	91	163	.334	.364
March/April	5.62	3	3	15	51	0	57.2	74	9	25	53	Scoring Posn	.234	435	102	17	2	10	161	64	103	.331	.352
May	5.85	3	5	15	60	0	64.2	83	11	31	57	Close & Late	.258	768	198	23	0	22	104	88	168	.332	.374
June	4.14	1	8	13	52	0	58.2	61	10	22	49	None on/out	.311	344	107	17	2	14	14	27	63	.366	.494
July	3.17	4	3	10	58	0	71.0	67	3	30	55	vs. 1st Batr (relief)	.294	313	92	15	2	12	36	32	55	.360	.470
August	2.44	5	3	22	65	0	73.2	67	5	33	60	1st Inning Pitched	.265	1218	323	47	4	36	173	129	256	.339	.399
Sept/Oct	2.85	6	4	18	61	0	60.0	60	3	26	43	First 15 Pitches	.267	945	252	37	3	26	108	92	176	.335	.395
Starter	0.00	0	0	0	0	0	0.0	0	0	0	0	Pitch 16-30	.291	454	132	16	1	12	80	62	110	.378	.410
Reliever	3.94	22	26	93	347	0	385.2	412	41	167	317	Pitch 31-45	.239	92	22	4	0	3	15	10	22	.330	.380
0 Days Rest (Relief)	3.42	6	10	38	105	0	115.2	111	7	47	92	Pitch 46+	.300	20	6	1	0	0	1	3	9	.391	.350
1 or 2 Days Rest	4.15	12	6	41	149	0	162.2	173	22	72	140	First Pitch	.344	221	76	11	0	7	39	13	0	.382	.489
3+ Days Rest	4.19	4	10	14	93	0	107.1	128	12	48	85	Ahead in Count	.210	658	138	21	2	11	62	0	257	.214	.298
vs. AL	4.37	10	15	50	223	0	259.1	287	34	113	204	Behind in Count	.359	326	117	16	1	11	58	79	0	.488	.515
vs. NL	3.06	12	11	43	124	0	126.1	125	7	54	113	Two Strikes	.189	700	132	19	3	17	69	75	317	.270	.297
Pre-All Star	4.90	7	17	47	176	0	198.1	230	31	81	170	Pre-All Star	.291	791	230	35	1	31	125	81	170	.360	.455
Post-All Star	2.93	15	9	46	171	0	187.1	182	10	86	147	Post-All Star	.253	720	182	23	3	10	79	86	147	.336	.335

Chad Meyers — Cubs — Age 26 – Bats Right

	Avg	G	AB	R	H	2B	3B	HR	RBI	BB	SO	HBP	GDP	SB	CS	OBP	SLG	IBB	SH	SF	#Pit	#P/PA	GB	FB	G/F
2001 Season	.118	18	17	1	2	0	0	0	0	2	5	4	0	0	1	.348	.118	0	0	0	80	3.48	5	3	1.67
Career (1999-2001)	.209	97	211	26	44	11	0	0	9	14	43	8	5	5	3	.282	.261	1	2	1	861	3.65	70	55	1.27

2001 Season

	Avg	AB	H	2B	3B	HR	RBI	BB	SO	OBP	SLG		Avg	AB	H	2B	3B	HR	RBI	BB	SO	OBP	SLG
vs. Left	.111	9	1	0	0	0	0	2	4	.273	.111	Scoring Posn	.000	3	0	0	0	0	0	0	1	.000	.000
vs. Right	.125	8	1	0	0	0	0	0	1	.417	.125	Close & Late	.000	0	0	0	0	0	0	1	0	1.000	.000

Bart Miadich — Angels — Age 26 – Pitches Right

	ERA	W	L	Sv	G	GS	IP	BB	SO	Avg	H	2B	3B	HR	RBI	OBP	SLG	GF	IR	IRS	Hld	SvOp	SB	CS	GB	FB	G/F
2001 Season	4.50	0	0	0	11	0	10.0	8	11	.182	6	3	0	2	5	.341	.455	4	7	1	0	0	0	0	8	7	1.14

2001 Season

	ERA	W	L	Sv	G	GS	IP	H	HR	BB	SO		Avg	AB	H	2B	3B	HR	RBI	BB	SO	OBP	SLG
Home	6.14	0	0	0	7	0	7.1	5	2	7	7	vs. Left	.313	16	5	3	0	2	5	3	2	.421	.875
Away	0.00	0	0	0	4	0	2.2	1	0	1	4	vs. Right	.059	17	1	0	0	0	0	5	9	.273	.059

Dan Miceli — Rockies — Age 31 – Pitches Right

	ERA	W	L	Sv	G	GS	IP	BB	SO	Avg	H	2B	3B	HR	RBI	OBP	SLG	GF	IR	IRS	Hld	SvOp	SB	CS	GB	FB	G/F
2001 Season	4.80	2	5	9	51	0	45.0	16	48	.263	47	10	0	7	26	.320	.436	15	27	5	8	4	2	0	52	47	1.11
Last Five Years	4.33	25	21	8	300	0	317.2	135	296	.251	300	55	6	37	170	.327	.400	94	164	55	59	27	19	7	362	353	1.03

2001 Season

	ERA	W	L	Sv	G	GS	IP	H	HR	BB	SO		Avg	AB	H	2B	3B	HR	RBI	BB	SO	OBP	SLG
Home	4.13	1	1	8	26	0	24.0	24	4	7	26	vs. Left	.361	72	26	5	0	1	8	10	15	.434	.472
Away	5.57	1	4	0	25	0	21.0	23	3	9	22	vs. Right	.196	107	21	5	0	6	18	6	33	.237	.411
Starter	0.00	0	0	0	0	0	0.0	0	0	0	0	Scoring Posn	.300	50	15	3	0	1	17	8	12	.403	.420
Reliever	4.80	2	5	1	51	0	45.0	47	7	16	48	Close & Late	.308	65	20	4	0	2	11	10	20	.390	.462
0 Days Rest (Relief)	9.45	0	2	0	10	0	6.2	10	2	5	4	None on/out	.250	40	10	0	0	3	3	4	11	.318	.475
1 or 2 Days Rest	3.60	2	3	1	26	0	25.0	23	3	10	31	First Pitch	.280	25	7	2	0	1	8	2	0	.333	.480
3+ Days Rest	4.72	0	0	0	15	0	13.1	14	2	3	13	Ahead in Count	.133	90	12	2	0	2	3	0	43	.133	.222

285

2001 Season

	ERA	W	L	Sv	G	GS	IP	H	HR	BB	SO		Avg	AB	H	2B	3B	HR	RBI	BB	SO	OBP	SLG
Pre-All Star	6.66	0	5	0	30	0	25.2	29	5	11	31	Behind in Count	.471	34	16	3	0	4	9	7	0	.535	.912
Post-All Star	2.33	2	0	1	21	0	19.1	18	2	5	17	Two Strikes	.121	91	11	2	0	2	5	7	48	.184	.209

Last Five Years

	ERA	W	L	Sv	G	GS	IP	H	HR	BB	SO		Avg	AB	H	2B	3B	HR	RBI	BB	SO	OBP	SLG
Home	2.74	14	7	1	148	0	167.1	133	16	46	165	vs. Left	.292	493	144	26	3	12	69	65	95	.374	.430
Away	6.11	11	14	7	152	0	150.1	167	21	89	131	vs. Right	.222	703	156	29	3	25	101	70	201	.293	.378
Day	4.71	7	6	2	97	0	105.0	95	16	47	89	Inning 1-6	.271	85	23	5	1	2	19	16	18	.382	.424
Night	4.15	18	15	6	203	0	212.2	205	21	88	207	Inning 7+	.249	1111	277	50	5	35	151	119	278	.322	.398
Grass	4.04	22	18	8	260	0	285.0	257	30	109	272	None on	.226	673	152	29	1	19	19	60	183	.292	.357
Turf	6.89	3	3	0	40	0	32.2	43	7	26	24	Runners on	.283	523	148	26	5	18	151	75	113	.369	.455
March/April	4.85	5	5	2	64	0	68.2	64	10	29	69	Scoring Posn	.283	321	91	18	5	9	130	61	69	.388	.455
May	5.55	4	7	0	51	0	47.0	53	6	31	48	Close & Late	.267	580	155	24	3	13	81	65	152	.342	.386
June	2.38	4	1	2	36	0	41.2	29	5	19	45	None on/out	.224	272	61	9	0	10	9	29	78	.301	.368
July	5.44	5	2	1	47	0	49.2	58	5	17	38	vs. 1st Batr (relief)	.229	266	61	14	1	8	29	31	82	.311	.380
August	3.69	1	5	0	55	0	63.1	59	7	23	57	1st Inning Pitched	.247	941	232	39	3	33	149	111	234	.327	.400
Sept/Oct	3.80	2	3	2	47	0	47.1	37	4	16	39	First 15 Pitches	.242	790	191	34	1	29	97	82	197	.315	.397
Starter	0.00	0	0	0	0	0	0.0	0	0	0	0	Pitch 16-30	.278	352	98	18	5	8	67	43	83	.353	.426
Reliever	4.33	25	21	8	300	0	317.2	300	37	135	296	Pitch 31-45	.208	53	11	3	0	0	6	10	15	.328	.264
0 Days Rest (Relief)	6.04	6	5	2	53	0	44.2	46	13	20	35	Pitch 46+	.000	1	0	0	0	0	0	0	1	.000	.000
1 or 2 Days Rest	3.10	12	9	3	165	0	177.0	149	14	83	162	First Pitch	.333	150	50	9	0	7	33	14	0	.389	.533
3+ Days Rest	5.81	7	7	3	82	0	96.0	105	10	32	99	Ahead in Count	.179	588	105	17	0	10	41	0	257	.179	.259
vs. AL	4.40	6	3	4	76	0	86.0	78	12	45	85	Behind in Count	.372	242	90	16	3	16	67	56	0	.485	.661
vs. NL	4.31	19	18	4	224	0	231.2	222	25	90	211	Two Strikes	.150	594	89	17	1	7	38	65	296	.234	.217
Pre-All Star	4.46	15	13	4	161	0	167.1	156	22	82	166	Pre-All Star	.248	629	156	32	1	22	97	82	166	.333	.407
Post-All Star	4.19	10	8	4	139	0	150.1	144	15	53	130	Post-All Star	.254	567	144	23	5	15	73	53	130	.319	.392

Jason Michaels — Phillies — Age 26 – Bats Right

	Avg	G	AB	R	H	2B	3B	HR	RBI	BB	SO	HBP	GDP	SB	CS	OBP	SLG	IBB	SH	SF	#Pit	#P/PA	GB	FB	G/F
2001 Season	.167	6	6	0	1	0	0	0	1	0	2	0	0	0	0	.167	.167	0	0	0	25	4.17	3	0	0.00

2001 Season

	Avg	AB	H	2B	3B	HR	RBI	BB	SO	OBP	SLG		Avg	AB	H	2B	3B	HR	RBI	BB	SO	OBP	SLG
vs. Left	1.000	1	1	0	0	0	1	0	0	1.000	1.000	Scoring Posn	.333	3	1	0	0	0	1	0	1	.333	.333
vs. Right	.000	5	0	0	0	0	0	2	.000	.000	Close & Late	.250	4	1	0	0	0	1	0	1	.250	.250

Chris Michalak — Rangers — Age 31 – Pitches Left

	ERA	W	L	Sv	G	GS	IP	BB	SO	Avg	H	2B	3B	HR	RBI	OBP	SLG	CG	ShO	Sup	QS	#P/S	SB	CS	GB	FB	G/F
2001 Season	4.41	8	9	1	35	18	136.2	55	67	.293	157	39	2	19	74	.371	.480	0	0	4.81	5	91	5	5	218	154	1.42
Career (1998-2001)	4.69	8	9	1	40	18	142.0	59	72	.297	166	40	2	20	84	.374	.483	0	0	4.69	5	91	6	5	225	162	1.39

2001 Season

	ERA	W	L	Sv	G	GS	IP	H	HR	BB	SO		Avg	AB	H	2B	3B	HR	RBI	BB	SO	OBP	SLG
Home	5.19	4	5	1	19	9	69.1	81	10	35	34	vs. Left	.284	141	40	6	0	5	23	13	27	.354	.433
Away	3.61	4	4	0	16	9	67.1	76	9	20	33	vs. Right	.297	394	117	33	2	14	51	42	40	.376	.497
Starter	4.33	6	7	0	18	18	99.2	108	12	40	50	Scoring Posn	.264	140	37	13	0	0	47	19	16	.348	.357
Reliever	4.62	2	2	1	17	0	37.0	49	7	15	17	Close & Late	.321	28	9	2	0	2	2	1	3	.367	.607
0-3 Days Rest (Start)	0.00	0	0	0	0	0	0.0	0	0	0	0	None on/out	.292	137	40	8	1	6	6	7	17	.340	.496
4 Days Rest	4.98	2	3	0	8	8	43.1	54	4	20	22	First Pitch	.297	74	22	4	0	3	10	0	0	.316	.473
5+ Days Rest	3.83	4	4	0	10	10	56.1	54	6	20	28	Ahead in Count	.268	209	56	14	0	6	24	0	57	.287	.421
Pre-All Star	4.25	6	6	0	17	17	95.1	101	11	38	50	Behind in Count	.318	132	42	10	1	6	21	22	0	.414	.545
Post-All Star	4.79	2	3	1	18	1	41.1	56	8	17	17	Two Strikes	.242	219	53	12	0	6	26	33	67	.348	.379

Jason Middlebrook — Padres — Age 27 – Pitches Right

	ERA	W	L	Sv	G	GS	IP	BB	SO	Avg	H	2B	3B	HR	RBI	OBP	SLG	CG	ShO	Sup	QS	#P/S	SB	CS	GB	FB	G/F
2001 Season	5.12	2	1	0	4	3	19.1	10	10	.247	18	2	0	6	10	.345	.521	0	0	6.05	2	88	1	0	28	25	1.12

2001 Season

	ERA	W	L	Sv	G	GS	IP	H	HR	BB	SO		Avg	AB	H	2B	3B	HR	RBI	BB	SO	OBP	SLG
Home	5.79	1	0	0	2	1	9.1	10	3	3	5	vs. Left	.310	29	9	2	0	4	6	6	6	.429	.793
Away	4.50	1	1	0	2	2	10.0	8	3	7	5	vs. Right	.205	44	9	0	0	2	4	4	4	.286	.341

Doug Mientkiewicz — Twins — Age 28 – Bats Left (flyball hitter)

	Avg	G	AB	R	H	2B	3B	HR	RBI	BB	SO	HBP	GDP	SB	CS	OBP	SLG	IBB	SH	SF	#Pit	#P/PA	GB	FB	G/F
2001 Season	.306	151	543	77	166	39	1	15	74	67	92	9	10	2	6	.387	.464	6	0	7	2427	3.88	185	171	1.08
Career (1998-2001)	.277	280	909	112	252	61	4	17	112	114	146	13	24	4	8	.362	.409	9	3	10	4032	3.84	307	308	1.00

2001 Season

	Avg	AB	H	2B	3B	HR	RBI	BB	SO	OBP	SLG		Avg	AB	H	2B	3B	HR	RBI	BB	SO	OBP	SLG
vs. Left	.322	143	46	9	0	3	20	14	31	.409	.448	First Pitch	.333	51	17	4	1	2	6	3	0	.407	.569
vs. Right	.300	400	120	30	1	12	54	53	61	.379	.470	Ahead in Count	.363	135	49	16	0	6	30	42	0	.511	.615
Home	.301	266	80	18	0	11	45	27	45	.370	.492	Behind in Count	.246	248	61	12	0	5	22	0	78	.250	.355
Away	.310	277	86	21	1	4	29	40	47	.402	.437	Two Strikes	.232	250	58	11	0	4	19	22	92	.295	.324
Day	.240	175	42	6	1	2	15	22	34	.322	.320	Batting #3	.279	359	100	26	0	5	38	45	62	.365	.393
Night	.337	368	124	33	0	13	59	45	58	.417	.533	Batting #5	.327	98	32	6	0	4	14	13	15	.411	.510

2001 Season

	Avg	AB	H	2B	3B	HR	RBI	BB	SO	OBP	SLG		Avg	AB	H	2B	3B	HR	RBI	BB	SO	OBP	SLG
Grass	.312	250	78	19	1	3	28	37	42	.405	.432	Other	.395	86	34	7	1	6	22	9	15	.454	.709
Turf	.300	293	88	20	0	12	46	30	50	.370	.491	April	.380	79	30	6	1	6	21	6	14	.425	.709
Pre-All Star	.316	307	97	22	1	11	54	30	55	.382	.502	May	.330	100	33	7	0	3	16	14	11	.419	.490
Post-All Star	.292	236	69	17	0	4	20	37	37	.393	.415	June	.237	97	23	7	0	2	12	9	21	.315	.371
Inning 1-6	.288	382	110	30	1	11	50	48	66	.370	.458	July	.370	100	37	8	0	2	12	8	17	.416	.510
Inning 7+	.348	161	56	9	0	4	24	19	26	.427	.478	August	.305	105	32	9	0	2	9	17	15	.403	.448
Scoring Posn	.236	140	33	5	0	3	55	35	36	.384	.336	Sept/Oct	.177	62	11	2	0	0	4	13	14	.325	.210
Close & Late	.314	86	27	2	0	3	14	9	17	.388	.442	vs. AL	.303	485	147	35	1	13	63	61	85	.388	.460
None on/out	.374	107	40	8	1	5	5	4	14	.402	.607	vs. NL	.328	58	19	4	0	2	11	6	7	.379	.500

2001 By Position

Position	Avg	AB	H	2B	3B	HR	RBI	BB	SO	OBP	SLG	G	GS	Innings	PO	A	E	DP	Fld Pct	Rng Fctr	In Zone	Outs	Zone Rtg	MLB Zone
As 1b	.305	531	162	37	1	15	74	64	91	.385	.463	148	143	1269.1	1263	69	4	95	.997	—	212	184	.868	.850

Career (1998-2001)

	Avg	AB	H	2B	3B	HR	RBI	BB	SO	OBP	SLG		Avg	AB	H	2B	3B	HR	RBI	BB	SO	OBP	SLG
vs. Left	.312	186	58	12	0	3	31	19	41	.399	.425	First Pitch	.313	96	30	8	1	2	10	6	0	.367	.479
vs. Right	.268	723	194	49	4	14	81	95	105	.353	.405	Ahead in Count	.319	229	73	24	0	7	41	69	0	.475	.515
Home	.271	439	119	33	2	11	64	48	67	.347	.431	Behind in Count	.235	408	96	19	3	6	39	0	115	.245	.341
Away	.283	470	133	28	2	6	48	66	79	.376	.389	Two Strikes	.225	413	93	17	3	5	40	39	146	.295	.317
Day	.242	297	72	10	2	4	27	38	53	.329	.330	Batting #3	.279	366	102	26	0	5	40	46	63	.364	.391
Night	.294	612	180	51	2	13	85	76	93	.378	.448	Batting #7	.276	163	45	10	3	4	29	19	29	.364	.448
Grass	.273	406	111	24	1	4	39	58	68	.368	.367	Other	.276	380	105	25	1	8	43	49	54	.360	.411
Turf	.280	503	141	37	3	13	73	56	78	.357	.443	March/April	.331	154	51	16	2	6	29	17	23	.399	.578
Pre-All Star	.284	510	145	37	3	12	77	63	87	.368	.439	May	.278	169	47	8	0	4	24	28	24	.385	.396
Post-All Star	.268	399	107	24	1	5	35	51	59	.356	.371	June	.232	138	32	9	0	2	14	16	28	.325	.341
Inning 1-6	.262	614	161	41	4	13	78	75	103	.346	.406	July	.319	141	45	11	1	2	20	11	23	.371	.454
Inning 7+	.308	295	91	20	0	4	34	39	43	.397	.417	August	.269	145	39	11	0	3	13	19	23	.357	.407
Scoring Posn	.219	228	50	7	1	3	86	49	54	.356	.298	Sept/Oct	.235	162	38	6	1	0	12	23	25	.330	.284
Close & Late	.309	152	47	8	0	3	18	22	28	.404	.421	vs. AL	.280	820	230	57	4	15	97	103	133	.367	.415
None on/out	.323	195	63	16	2	6	6	13	22	.371	.518	vs. NL	.247	89	22	4	0	2	15	11	13	.320	.360

Kevin Millar — Marlins

Age 30 – Bats Right (flyball hitter)

	Avg	G	AB	R	H	2B	3B	HR	RBI	BB	SO	HBP	GDP	SB	CS	OBP	SLG	IBB	SH	SF	#Pit	#P/PA	GB	FB	G/F
2001 Season	.314	144	449	62	141	39	5	20	85	39	70	5	8	0	0	.374	.557	2	0	2	1897	3.83	121	172	0.70
Career (1998-2001)	.291	374	1061	147	309	70	12	43	194	116	181	20	20	1	0	.368	.501	4	1	12	4689	3.88	292	403	0.72

2001 Season

	Avg	AB	H	2B	3B	HR	RBI	BB	SO	OBP	SLG		Avg	AB	H	2B	3B	HR	RBI	BB	SO	OBP	SLG
vs. Left	.351	97	34	9	1	3	10	9	9	.407	.557	First Pitch	.349	63	22	9	1	3	20	2	0	.369	.667
vs. Right	.304	352	107	30	4	17	75	30	61	.364	.557	Ahead in Count	.390	77	30	11	0	6	24	21	0	.525	.766
Home	.355	228	81	22	5	13	57	22	31	.414	.667	Behind in Count	.262	214	56	13	1	3	21	0	64	.273	.374
Away	.271	221	60	17	0	7	28	17	39	.332	.443	Two Strikes	.242	215	52	11	4	4	21	16	70	.300	.386
Day	.357	115	41	8	1	5	17	14	10	.435	.574	Batting #5	.325	203	66	17	1	9	37	19	28	.382	.552
Night	.299	334	100	31	4	15	68	25	60	.352	.551	Batting #6	.320	153	49	13	4	10	35	15	25	.385	.654
Grass	.327	382	125	33	5	19	81	34	58	.385	.589	Other	.280	93	26	9	0	1	13	5	17	.337	.409
Turf	.239	67	16	6	0	1	4	5	12	.311	.373	April	.292	24	7	3	0	0	4	1	1	.320	.417
Pre-All Star	.306	196	60	21	1	7	37	9	36	.343	.531	May	.328	58	19	5	1	3	19	0	15	.339	.603
Post-All Star	.320	253	81	18	4	13	48	30	34	.396	.577	June	.315	92	29	11	0	3	17	6	18	.356	.533
Inning 1-6	.330	297	98	26	4	13	59	28	43	.387	.576	July	.313	80	25	6	1	3	13	10	9	.396	.525
Inning 7+	.283	152	43	13	1	7	26	11	27	.347	.520	August	.311	103	32	7	0	6	22	9	15	.372	.553
Scoring Posn	.368	106	39	14	1	5	60	16	15	.452	.660	Sept/Oct	.315	92	29	7	3	5	16	13	12	.400	.620
Close & Late	.315	73	23	6	0	6	18	5	13	.375	.644	vs. AL	.412	68	28	8	0	3	13	8	8	.474	.662
None on/out	.217	106	23	5	1	3	3	4	23	.259	.368	vs. NL	.297	381	113	31	5	17	72	31	62	.356	.538

2001 By Position

Position	Avg	AB	H	2B	3B	HR	RBI	BB	SO	OBP	SLG	G	GS	Innings	PO	A	E	DP	Fld Pct	Rng Fctr	In Zone	Outs	Zone Rtg	MLB Zone
As Pinch Hitter	.222	27	6	4	0	0	9	0	6	.250	.370	28	0	—	—	—	—	—	—	—	—	—	—	—
As 1b	.294	51	15	5	0	0	1	4	9	.345	.392	15	15	114.1	117	6	0	10	1.000	—	16	15	.938	.850
As 3b	.389	36	14	1	1	3	9	0	8	.405	.722	10	10	76.2	5	11	0	1	1.000	1.88	12	11	.917	.761
As lf	.280	75	21	3	1	2	7	8	9	.365	.427	27	20	184.0	50	0	0	0	1.000	2.45	60	48	.800	.880
As rf	.331	236	78	24	3	14	56	25	34	.394	.636	66	65	515.2	94	2	2	0	.980	1.68	106	92	.868	.884

Career (1998-2001)

	Avg	AB	H	2B	3B	HR	RBI	BB	SO	OBP	SLG		Avg	AB	H	2B	3B	HR	RBI	BB	SO	OBP	SLG
vs. Left	.303	261	79	15	2	12	43	36	43	.386	.513	First Pitch	.378	135	51	17	3	5	37	3	0	.397	.659
vs. Right	.288	800	230	55	10	31	151	80	138	.362	.498	Ahead in Count	.338	198	67	18	0	15	47	69	0	.506	.657
Home	.303	544	165	40	9	22	104	58	80	.375	.531	Behind in Count	.233	493	115	23	4	8	64	0	151	.250	.345
Away	.279	517	144	30	3	21	90	58	101	.361	.470	Two Strikes	.230	508	117	23	6	11	60	47	181	.303	.364
Day	.299	311	93	22	3	10	48	39	46	.380	.486	Batting #4	.278	331	92	15	4	8	61	42	62	.363	.420
Night	.288	750	216	48	9	33	146	77	135	.359	.508	Batting #5	.325	265	86	21	9	16	48	24	36	.383	.592
Grass	.296	871	258	60	9	40	169	94	137	.370	.524	Other	.282	465	131	34	7	19	85	50	83	.363	.508
Turf	.268	190	51	10	3	3	25	22	44	.357	.400	March/April	.275	91	25	5	1	2	15	12	10	.356	.418
Pre-All Star	.310	500	155	36	5	19	94	52	84	.385	.516	May	.313	144	45	9	2	8	27	13	25	.377	.569
Post-All Star	.275	561	154	34	7	24	100	64	97	.353	.488	June	.318	192	61	14	0	6	35	21	36	.395	.495

	Avg	AB	H	2B	3B	HR	RBI	BB	SO	OBP	SLG	Career (1998-2001)	Avg	AB	H	2B	3B	HR	RBI	BB	SO	OBP	SLG
Inning 1-6	.307	693	213	47	10	26	131	83	101	.384	.517	July	.328	229	75	18	2	10	48	23	36	.400	.555
Inning 7+	.261	368	96	23	2	17	63	33	80	.337	.473	August	.250	220	55	13	1	10	38	26	41	.340	.455
Scoring Posn	.344	291	100	26	4	8	140	47	45	.430	.543	Sept/Oct	.259	185	48	11	5	7	31	21	33	.327	.486
Close & Late	.274	175	48	9	0	10	35	17	36	.354	.497	vs. AL	.344	163	56	15	1	6	33	21	20	.440	.558
None on/out	.257	261	67	12	3	13	13	21	50	.319	.475	vs. NL	.282	898	253	55	11	37	161	95	161	.354	.491

Corky Miller — Reds
Age 26 – Bats Right

	Avg	G	AB	R	H	2B	3B	HR	RBI	BB	SO	HBP	GDP	SB	CS	OBP	SLG	IBB	SH	SF	#Pit	#P/PA	GB	FB	G/F
2001 Season	.184	17	49	5	9	2	0	3	7	4	16	2	1	1	0	.263	.408	0	0	2	192	3.37	12	17	0.71

2001 Season

	Avg	AB	H	2B	3B	HR	RBI	BB	SO	OBP	SLG		Avg	AB	H	2B	3B	HR	RBI	BB	SO	OBP	SLG
vs. Left	.091	11	1	0	0	0	1	4	.167	.091		Scoring Posn	.111	9	1	0	0	1	5	1	5	.167	.444
vs. Right	.211	38	8	2	0	3	7	3	12	.289	.500	Close & Late	.000	2	0	0	0	0	0	1	1	.500	.000

Damian Miller — Diamondbacks
Age 32 – Bats Right

	Avg	G	AB	R	H	2B	3B	HR	RBI	BB	SO	HBP	GDP	SB	CS	OBP	SLG	IBB	SH	SF	#Pit	#P/PA	GB	FB	G/F
2001 Season	.271	123	380	45	103	19	3	13	47	35	80	4	9	0	1	.337	.424	9	4	2	1557	3.66	121	109	1.11
Career (1997-2001)	.274	391	1234	145	338	77	2	39	165	103	287	9	25	3	3	.332	.434	18	7	10	4933	3.62	417	355	1.17

2001 Season

	Avg	AB	H	2B	3B	HR	RBI	BB	SO	OBP	SLG		Avg	AB	H	2B	3B	HR	RBI	BB	SO	OBP	SLG
vs. Left	.301	73	22	5	0	1	7	10	19	.381	.411	First Pitch	.271	48	13	2	0	0	2	8	0	.373	.313
vs. Right	.264	307	81	14	0	12	40	25	61	.326	.427	Ahead in Count	.467	75	35	8	0	5	17	13	0	.545	.773
Home	.305	174	53	9	0	9	31	16	35	.359	.511	Behind in Count	.168	184	31	2	0	4	13	0	70	.182	.245
Away	.243	206	50	10	0	4	16	19	45	.319	.350	Two Strikes	.167	186	31	4	0	5	10	14	80	.233	.269
Day	.333	93	31	7	0	3	13	13	14	.421	.505	Batting #7	.257	74	19	4	0	3	11	7	12	.329	.432
Night	.251	287	72	12	0	10	34	22	66	.309	.397	Batting #8	.275	269	74	12	0	10	35	25	60	.342	.431
Grass	.275	360	99	17	0	13	47	32	72	.339	.431	Other	.270	37	10	3	0	0	1	3	8	.317	.351
Turf	.200	20	4	2	0	0	0	3	8	.304	.300	April	.230	61	14	2	0	1	7	5	11	.288	.311
Pre-All Star	.263	205	54	10	0	5	21	18	36	.330	.385	May	.222	63	14	4	0	0	2	6	11	.296	.286
Post-All Star	.280	175	49	9	0	8	26	17	44	.345	.469	June	.338	65	22	3	0	4	12	6	11	.403	.569
Inning 1-6	.262	263	69	13	0	7	30	28	51	.337	.392	July	.323	65	21	6	0	3	7	5	12	.380	.554
Inning 7+	.291	117	34	6	0	6	17	7	29	.339	.496	August	.237	76	18	3	0	3	10	5	22	.289	.395
Scoring Posn	.210	100	21	4	0	4	34	20	28	.336	.370	Sept/Oct	.280	50	14	1	0	2	9	8	13	.379	.420
Close & Late	.291	55	16	2	0	2	8	1	14	.316	.436	vs. AL	.257	35	9	0	0	2	2	1	7	.297	.429
None on/out	.352	91	32	6	0	3	3	3	18	.392	.516	vs. NL	.272	345	94	19	0	11	45	34	73	.341	.423

2001 By Position

Position	Avg	AB	H	2B	3B	HR	RBI	BB	SO	OBP	SLG	G	GS	Innings	PO	A	E	DP	Fld Pct	Rng Fctr	In Zone	Zone Outs	Zone Rtg	MLB Zone
As c	.273	377	103	19	0	13	47	34	78	.338	.427	121	111	978.0	966	81	7	6	.993	—	—	—	—	—

Career (1997-2001)

	Avg	AB	H	2B	3B	HR	RBI	BB	SO	OBP	SLG		Avg	AB	H	2B	3B	HR	RBI	BB	SO	OBP	SLG
vs. Left	.290	369	107	30	1	11	41	29	78	.338	.466	First Pitch	.337	187	63	12	0	4	20	13	0	.379	.465
vs. Right	.267	865	231	47	1	28	124	74	209	.329	.421	Ahead in Count	.419	253	106	26	2	20	71	42	0	.502	.775
Home	.280	624	175	37	2	21	90	53	141	.336	.447	Behind in Count	.191	560	107	21	0	10	43	0	248	.194	.282
Away	.267	610	163	40	0	18	75	50	146	.327	.421	Two Strikes	.167	563	94	20	0	8	30	48	287	.234	.245
Day	.325	305	99	23	1	11	42	32	57	.395	.515	Batting #7	.274	497	136	31	1	21	82	33	118	.321	.467
Night	.257	929	239	54	1	28	123	71	230	.311	.408	Batting #8	.272	611	166	39	1	17	72	64	141	.344	.422
Grass	.279	1063	297	70	2	36	147	95	239	.342	.451	Other	.286	126	36	7	0	1	11	6	28	.313	.365
Turf	.240	171	41	7	0	3	18	8	48	.269	.421	March/April	.271	155	42	12	0	2	20	14	33	.331	.387
Pre-All Star	.272	610	166	41	0	19	83	48	133	.329	.433	May	.280	186	52	13	0	7	23	16	37	.338	.462
Post-All Star	.276	624	172	36	2	20	82	55	154	.334	.436	June	.265	204	54	11	0	7	30	12	44	.315	.422
Inning 1-6	.270	829	224	52	2	27	109	69	184	.327	.435	July	.288	205	59	16	1	7	22	20	51	.352	.478
Inning 7+	.281	405	114	25	0	12	56	34	103	.341	.432	August	.271	277	75	15	0	9	37	22	70	.328	.422
Scoring Posn	.243	337	82	17	1	13	122	53	99	.341	.415	Sept/Oct	.271	207	56	10	1	7	33	19	52	.328	.430
Close & Late	.253	186	47	13	0	4	24	12	57	.300	.387	vs. AL	.238	172	41	6	0	4	13	10	39	.283	.343
None on/out	.299	281	84	23	0	8	8	12	60	.339	.466	vs. NL	.280	1062	297	71	2	35	152	93	248	.340	.449

Matt Miller — Tigers
Age 27 – Pitches Left

	ERA	W	L	Sv	G	GS	IP	BB	SO	Avg	H	2B	3B	HR	RBI	OBP	SLG	GF	IR	IRS	Hld	SvOp	SB	CS	GB	FB	G/F
2001 Season	7.45	0	0	0	13	0	9.2	4	6	.372	16	5	1	0	7	.438	.535	5	14	2	3	0	0	0	20	7	2.86

2001 Season

	ERA	W	L	Sv	G	GS	IP	H	HR	BB	SO		Avg	AB	H	2B	3B	HR	RBI	BB	SO	OBP	SLG
Home	10.50	0	0	0	9	0	6.0	9	0	3	5	vs. Left	.222	18	4	1	1	0	4	1	3	.300	.389
Away	2.45	0	0	0	4	0	3.2	7	0	1	1	vs. Right	.480	25	12	4	0	0	3	3	3	.536	.640

Travis Miller — Twins
Age 29 – Pitches Left

	ERA	W	L	Sv	G	GS	IP	BB	SO	Avg	H	2B	3B	HR	RBI	OBP	SLG	GF	IR	IRS	Hld	SvOp	SB	CS	GB	FB	G/F
2001 Season	4.81	1	4	0	45	0	48.2	20	30	.283	54	17	0	5	29	.347	.450	14	27	8	5	0	2	0	73	61	1.20
Last Five Years	4.59	6	16	1	191	7	237.0	102	181	.294	281	63	3	20	135	.360	.429	41	125	39	23	6	13	6	346	267	1.30

2001 Season

	ERA	W	L	Sv	G	GS	IP	H	HR	BB	SO		Avg	AB	H	2B	3B	HR	RBI	BB	SO	OBP	SLG
Home	4.56	1	1	0	23	0	23.2	23	2	8	16	vs. Left	.275	69	19	4	0	1	8	5	15	.324	.377
Away	5.04	0	3	0	22	0	25.0	31	3	12	14	vs. Right	.287	122	35	13	0	4	21	15	15	.359	.492
Starter	0.00	0	0	0	0	0	0.0	0	0	0	0	Scoring Posn	.217	60	13	2	0	2	24	9	13	.301	.350
Reliever	4.81	1	4	0	45	0	48.2	54	5	20	30	Close & Late	.212	52	11	3	0	2	6	3	10	.250	.385
0 Days Rest (Relief)	9.00	0	1	0	6	0	3.0	3	0	4	2	None on/out	.318	44	14	5	0	1	1	3	2	.375	.500
1 or 2 Days Rest	4.03	1	2	0	17	0	22.1	21	1	6	16	First Pitch	.367	30	11	2	0	1	8	1	0	.364	.533
3+ Days Rest	5.01	0	1	0	22	0	23.1	30	4	10	12	Ahead in Count	.202	94	19	7	0	4	11	0	26	.206	.404
Pre-All Star	4.28	1	2	0	25	0	27.1	25	2	11	19	Behind in Count	.438	32	14	2	0	0	7	12	0	.591	.500
Post-All Star	5.48	0	2	0	20	0	21.1	29	3	9	11	Two Strikes	.195	82	16	6	0	4	7	7	30	.264	.415

Last Five Years

	ERA	W	L	Sv	G	GS	IP	H	HR	BB	SO		Avg	AB	H	2B	3B	HR	RBI	BB	SO	OBP	SLG
Home	4.88	3	8	1	98	4	120.0	144	8	59	100	vs. Left	.252	341	86	15	1	4	35	29	82	.309	.337
Away	4.31	3	8	0	93	3	117.0	137	12	43	81	vs. Right	.317	615	195	48	2	16	100	73	99	.387	.480
Day	6.22	0	5	0	55	3	63.2	89	9	26	47	Inning 1-6	.303	390	118	28	1	12	64	42	75	.367	.472
Night	4.00	6	11	1	136	4	173.1	192	11	76	134	Inning 7+	.288	566	163	35	2	8	71	60	106	.355	.399
Grass	4.28	3	7	0	83	3	107.1	120	12	41	76	None on	.302	473	143	34	2	9	9	46	84	.367	.440
Turf	4.86	3	9	1	108	4	129.2	161	8	61	105	Runners on	.286	483	138	29	1	11	126	56	97	.353	.418
March/April	7.36	0	2	0	17	0	14.2	24	2	9	13	Scoring Posn	.298	295	88	21	0	7	115	43	69	.374	.441
May	2.30	2	1	0	28	0	27.1	27	2	9	15	Close & Late	.285	165	47	13	0	4	27	21	31	.362	.436
June	2.14	1	1	0	35	0	33.2	28	2	19	34	None on/out	.309	217	67	15	0	6	6	20	35	.372	.461
July	5.54	0	3	0	33	1	39.0	50	3	16	36	vs. 1st Batr (relief)	.273	165	45	9	1	4	20	16	32	.333	.412
August	5.68	1	4	0	38	2	57.0	77	4	27	36	1st Inning Pitched	.279	584	163	36	3	9	77	67	116	.350	.397
Sept/Oct	4.68	2	5	0	40	4	65.1	75	7	22	47	First 15 Pitches	.294	510	150	35	3	10	63	51	85	.355	.433
Starter	7.15	1	5	0	7	7	34.0	43	6	16	18	Pitch 16-30	.280	279	78	17	0	2	30	27	68	.345	.362
Reliever	4.17	5	11	1	184	0	203.0	238	14	86	163	Pitch 31-45	.297	91	27	7	0	3	23	13	15	.377	.473
0 Days Rest (Relief)	4.93	0	4	0	47	0	38.1	58	3	17	31	Pitch 46+	.342	76	26	4	0	5	19	11	13	.420	.592
1 or 2 Days Rest	3.73	3	4	0	75	0	91.2	93	6	37	83	First Pitch	.424	132	56	9	0	3	33	7	0	.441	.561
3+ Days Rest	4.32	2	3	1	62	0	73.0	87	5	32	49	Ahead in Count	.200	434	87	20	0	6	36	0	156	.204	.288
vs. AL	4.62	5	14	1	166	6	208.1	252	17	85	152	Behind in Count	.420	212	89	22	2	8	48	56	0	.537	.656
vs. NL	4.40	1	2	0	25	1	28.2	29	3	17	29	Two Strikes	.188	426	80	17	0	8	34	39	181	.257	.284
Pre-All Star	3.26	3	4	1	90	0	91.0	101	6	39	78	Pre-All Star	.280	361	101	24	2	6	43	39	78	.349	.407
Post-All Star	5.42	3	12	0	101	7	146.0	180	14	63	103	Post-All Star	.303	595	180	39	1	14	92	63	103	.366	.442

Wade Miller — Astros
Age 25 – Pitches Right

	ERA	W	L	Sv	G	GS	IP	BB	SO	Avg	H	2B	3B	HR	RBI	OBP	SLG	CG	ShO	Sup	QS	#P/S	SB	CS	GB	FB	G/F
2001 Season	3.40	16	8	0	32	32	212.0	76	183	.234	183	34	1	31	86	.304	.399	1	0	5.39	21	104	10	13	288	210	1.37
Career (1999-2001)	4.15	22	15	0	53	49	327.1	123	280	.247	304	60	2	49	151	.317	.418	3	0	5.83	28	105	19	15	464	337	1.38

2001 Season

	ERA	W	L	Sv	G	GS	IP	H	HR	BB	SO		Avg	AB	H	2B	3B	HR	RBI	BB	SO	OBP	SLG
Home	4.08	8	3	0	14	14	90.1	81	20	33	84	vs. Left	.216	365	79	15	1	14	42	35	92	.281	.378
Away	2.88	8	5	0	18	18	121.2	102	11	43	99	vs. Right	.250	416	104	19	0	17	44	41	91	.323	.418
Day	2.19	3	2	0	8	8	49.1	38	4	21	43	Inning 1-6	.242	681	165	33	0	27	78	68	153	.313	.410
Night	3.76	13	6	0	24	24	162.2	145	27	55	140	Inning 7+	.180	100	18	1	1	4	8	8	30	.239	.330
Grass	3.50	15	7	0	30	30	198.0	174	31	72	173	None on	.239	502	120	23	1	21	0	46	125	.303	.414
Turf	1.93	1	1	0	2	2	14.0	9	0	4	10	Runners on	.226	279	63	11	0	10	65	30	58	.305	.373
April	2.15	4	1	0	5	5	37.2	22	4	13	44	Scoring Posn	.238	147	35	6	0	5	52	20	32	.328	.381
May	4.62	3	1	0	6	6	39.0	41	7	12	26	Close & Late	.132	53	7	0	1	1	2	5	16	.207	.226
June	5.12	2	1	0	5	5	31.2	33	7	12	19	None on/out	.217	212	46	10	1	8	8	11	52	.256	.387
July	4.20	3	3	0	6	6	40.2	33	6	17	30	vs. 1st Batr (relief)	.000	0	0	0	0	0	0	0	0	.000	.000
August	2.66	2	1	0	4	4	20.1	20	4	5	18	1st Inning Pitched	.225	111	25	6	0	4	0	8	23	.275	.387
Sept/Oct	1.69	2	1	0	6	6	42.2	34	3	17	46	First 75 Pitches	.215	544	117	25	0	21	51	48	126	.280	.377
Starter	3.40	16	8	0	32	32	212.0	183	31	76	183	Pitch 76-90	.354	99	35	4	1	7	20	14	24	.436	.626
Reliever	0.00	0	0	0	0	0	0.0	0	0	0	0	Pitch 91-105	.253	95	24	5	0	2	10	9	21	.314	.368
0-3 Days Rest (Start)	0.00	0	0	0	0	0	0.0	0	0	0	0	Pitch 106+	.163	43	7	0	0	1	5	5	12	.250	.233
4 Days Rest	3.03	8	4	0	18	18	119.0	102	15	48	96	First Pitch	.221	95	21	6	0	4	12	2	0	.248	.411
5+ Days Rest	3.87	8	4	0	14	14	93.0	81	16	28	87	Ahead in Count	.171	415	71	11	1	13	36	0	157	.175	.296
vs. AL	6.23	1	0	0	3	3	17.1	24	2	8	10	Behind in Count	.423	137	58	9	0	8	21	35	0	.534	.664
vs. NL	3.14	15	8	0	29	29	194.2	159	29	68	173	Two Strikes	.171	416	71	13	1	13	36	39	183	.245	.300
Pre-All Star	3.79	11	3	0	18	18	121.0	112	18	41	99	Pre-All Star	.247	453	112	23	0	18	52	41	99	.312	.417
Post-All Star	2.87	5	5	0	14	14	91.0	71	13	35	84	Post-All Star	.216	328	71	11	1	13	34	35	84	.292	.375

Alan Mills — Orioles
Age 35 – Pitches Right (flyball pitcher)

	ERA	W	L	Sv	G	GS	IP	BB	SO	Avg	H	2B	3B	HR	RBI	OBP	SLG	GF	IR	IRS	Hld	SvOp	SB	CS	GB	FB	G/F
2001 Season	9.64	1	1	0	15	0	14.0	11	9	.333	20	2	1	6	21	.452	.700	8	8	6	2	0	1	0	16	24	0.67
Last Five Years	4.55	13	13	4	235	0	251.1	172	183	.255	242	48	5	38	143	.373	.437	62	126	36	54	12	34	6	277	313	0.88

2001 Season

	ERA	W	L	Sv	G	GS	IP	H	HR	BB	SO		Avg	AB	H	2B	3B	HR	RBI	BB	SO	OBP	SLG
Home	15.88	1	1	0	7	0	5.2	11	4	3	6	vs. Left	.455	22	10	2	1	4	13	5	2	.571	1.182
Away	5.40	0	0	0	8	0	8.1	9	2	8	3	vs. Right	.263	38	10	0	0	2	8	6	7	.378	.421

Last Five Years

	ERA	W	L	Sv	G	GS	IP	H	HR	BB	SO		Avg	AB	H	2B	3B	HR	RBI	BB	SO	OBP	SLG
Home	5.40	7	8	3	107	0	103.1	97	17	70	77	vs. Left	.296	348	103	24	4	14	55	71	51	.422	.509
Away	3.95	6	5	1	128	0	148.0	145	21	102	106	vs. Right	.232	600	139	24	1	24	88	101	132	.343	.395
Day	4.84	5	2	4	70	0	74.1	76	14	44	53	Inning 1-6	.245	94	23	6	0	3	19	28	16	.418	.404
Night	4.42	8	11	0	165	0	177.0	166	24	128	130	Inning 7+	.256	854	219	42	5	35	124	144	167	.367	.440
Grass	4.82	11	11	3	199	0	203.2	203	34	137	151	None on	.291	485	141	32	3	18	18	67	94	.382	.480
Turf	3.40	2	2	1	36	0	47.2	39	4	35	32	Runners on	.218	463	101	16	2	20	125	105	89	.363	.391
March/April	3.40	2	1	1	36	0	39.2	31	3	21	25	Scoring Posn	.205	292	60	10	0	13	106	79	61	.372	.373
May	4.68	2	2	0	29	0	32.2	30	7	28	30	Close & Late	.234	381	89	18	3	12	53	77	75	.366	.391
June	3.95	2	2	0	37	0	43.1	44	6	29	36	None on/out	.251	211	53	8	1	10	10	26	46	.344	.441
July	3.74	2	5	2	49	0	53.0	52	7	35	37	vs. 1st Batr (relief)	.200	200	40	8	1	6	25	30	47	.315	.340
August	6.44	3	0	0	49	0	50.1	46	11	38	33	1st Inning Pitched	.246	712	175	38	3	24	113	140	134	.373	.409
Sept/Oct	5.01	2	3	1	35	0	32.1	39	4	21	22	First 15 Pitches	.243	569	138	30	3	22	79	94	113	.355	.422
Starter	0.00	0	0	0	0	0	0.0	0	0	0	0	Pitch 16-30	.274	281	77	16	1	9	45	60	55	.402	.434
Reliever	4.55	13	13	4	235	0	251.1	242	38	172	183	Pitch 31-45	.266	79	21	2	1	4	11	17	11	.392	.468
0 Days Rest (Relief)	3.64	3	2	1	42	0	47.0	45	6	28	24	Pitch 46+	.316	19	6	0	0	3	8	1	4	.350	.789
1 or 2 Days Rest	3.40	9	7	3	122	0	135.0	106	15	87	105	First Pitch	.259	139	36	5	2	5	28	13	0	.321	.432
3+ Days Rest	7.40	1	4	0	71	0	69.1	91	17	57	54	Ahead in Count	.221	394	87	15	2	14	53	0	145	.238	.376
vs. AL	4.83	6	9	3	134	0	138.0	121	22	98	110	Behind in Count	.335	212	71	18	1	14	44	79	0	.510	.627
vs. NL	4.21	7	4	1	101	0	113.1	121	16	74	73	Two Strikes	.175	435	76	13	1	13	46	80	183	.310	.299
Pre-All Star	4.08	7	6	2	114	0	130.0	121	19	92	101	Pre-All Star	.251	483	121	24	1	19	70	92	101	.373	.422
Post-All Star	5.04	6	7	2	121	0	121.1	121	19	80	82	Post-All Star	.260	465	121	24	4	19	73	80	82	.372	.452

Kevin Millwood — Braves
Age 27 – Pitches Right (flyball pitcher)

	ERA	W	L	Sv	G	GS	IP	BB	SO	Avg	H	2B	3B	HR	RBI	OBP	SLG	CG	ShO	Sup	QS	#P/S	SB	CS	GB	FB	G/F
2001 Season	4.31	7	7	0	21	21	121.0	40	84	.260	121	14	1	20	57	.319	.424	0	0	5.65	13	87	13	2	143	163	0.88
Career (1997-2001)	3.86	57	38	0	133	126	787.1	238	662	.244	732	136	14	89	337	.301	.388	5	1	5.70	77	97	54	20	862	980	0.88

2001 Season

	ERA	W	L	Sv	G	GS	IP	H	HR	BB	SO		Avg	AB	H	2B	3B	HR	RBI	BB	SO	OBP	SLG
Home	4.07	4	6	0	12	12	73.0	59	13	29	51	vs. Left	.282	195	55	10	0	7	20	25	39	.365	.441
Away	4.69	3	1	0	9	9	48.0	62	7	11	33	vs. Right	.244	270	66	4	1	13	37	15	45	.283	.411
Starter	4.31	7	7	0	21	21	121.0	121	20	40	84	Scoring Posn	.282	103	29	2	0	5	38	16	22	.372	.447
Reliever	0.00	0	0	0	0	0	0.0	0	0	0	0	Close & Late	.222	9	2	0	0	0	1	0	1	.222	.222
0-3 Days Rest (Start)	0.00	0	0	0	0	0	0.0	0	0	0	0	None on/out	.294	119	35	7	1	5	5	11	22	.354	.496
4 Days Rest	5.24	4	5	0	12	12	68.2	63	15	26	48	First Pitch	.289	76	22	2	0	3	11	3	0	.313	.434
5+ Days Rest	3.10	3	2	0	9	9	52.1	58	5	14	36	Ahead in Count	.193	223	43	2	0	6	20	0	73	.196	.283
Pre-All Star	4.93	1	3	0	7	7	38.1	40	8	12	23	Behind in Count	.349	83	29	5	0	6	12	17	0	.460	.627
Post-All Star	4.03	6	4	0	14	14	82.2	81	12	28	61	Two Strikes	.185	211	39	3	1	4	18	19	84	.254	.265

Career (1997-2001)

	ERA	W	L	Sv	G	GS	IP	H	HR	BB	SO		Avg	AB	H	2B	3B	HR	RBI	BB	SO	OBP	SLG
Home	3.53	33	21	0	65	60	397.1	350	49	109	335	vs. Left	.269	1376	370	68	10	42	161	146	277	.341	.424
Away	4.20	24	17	0	68	66	390.0	382	40	129	327	vs. Right	.224	1618	362	68	4	47	176	92	385	.266	.358
Day	4.29	14	11	0	43	38	239.1	217	30	83	201	Inning 1-6	.246	2641	649	122	14	81	304	214	587	.304	.395
Night	3.68	43	27	0	90	88	548.0	515	59	155	461	Inning 7+	.235	353	83	14	0	8	33	24	75	.283	.343
Grass	3.80	49	31	0	113	106	672.0	618	79	199	556	None on	.220	1851	408	75	9	56	56	130	440	.275	.361
Turf	4.21	8	7	0	20	20	115.1	114	10	39	106	Runners on	.283	1143	324	61	5	33	281	108	222	.342	.432
March/April	4.16	7	5	0	19	19	114.2	114	14	36	95	Scoring Posn	.268	642	172	28	4	17	230	75	141	.339	.403
May	3.96	11	6	0	21	21	125.0	116	17	43	91	Close & Late	.236	174	41	8	0	5	22	12	32	.282	.368
June	5.48	6	6	0	16	16	90.1	87	15	34	78	None on/out	.233	791	184	34	3	30	30	59	184	.283	.397
July	3.35	9	8	0	22	20	129.0	127	6	41	110	vs. 1st Batr (relief)	.286	7	2	0	0	0	1	0	2	.286	.286
August	3.96	10	9	0	28	26	172.2	146	18	43	144	1st Inning Pitched	.239	494	118	25	2	16	69	53	106	.313	.395
Sept/Oct	2.95	14	4	0	27	24	155.2	142	17	37	144	First 75 Pitches	.243	2168	526	93	12	67	232	183	494	.303	.389
Starter	3.89	56	38	0	126	126	777.0	721	89	234	652	Pitch 76-90	.282	426	120	25	1	14	60	34	79	.334	.444
Reliever	1.74	1	0	0	7	0	10.1	11	0	4	10	Pitch 91-105	.208	274	57	11	1	7	34	15	57	.253	.332
0-3 Days Rest (Start)	3.16	2	3	0	6	6	37.0	37	5	13	30	Pitch 106+	.230	126	29	7	0	1	11	6	32	.265	.310
4 Days Rest	4.23	30	23	0	72	72	440.2	415	50	132	383	First Pitch	.315	406	128	24	3	14	62	9	0	.330	.493
5+ Days Rest	3.49	24	12	0	48	48	299.1	269	34	89	239	Ahead in Count	.189	1520	288	51	5	28	130	0	556	.193	.285
vs. AL	6.75	2	6	0	10	10	58.2	64	11	27	38	Behind in Count	.341	502	171	32	2	29	86	109	0	.455	.586
vs. NL	3.63	55	32	0	123	116	728.2	668	78	211	624	Two Strikes	.176	1533	270	53	4	31	133	119	662	.239	.277
Pre-All Star	4.36	27	19	0	61	61	365.2	350	48	123	293	Pre-All Star	.249	1405	350	57	8	48	172	123	293	.312	.404
Post-All Star	3.44	30	19	0	72	65	421.2	382	41	115	369	Post-All Star	.240	1589	382	79	6	41	165	115	369	.292	.375

Eric Milton — Twins
Age 26 – Pitches Left (flyball pitcher)

	ERA	W	L	Sv	G	GS	IP	BB	SO	Avg	H	2B	3B	HR	RBI	OBP	SLG	CG	ShO	Sup	QS	#P/S	SB	CS	GB	FB	G/F
2001 Season	4.32	15	7	0	35	34	220.2	61	157	.257	222	50	4	35	105	.308	.446	2	1	5.18	20	103	3	4	211	356	0.59
Career (1998-2001)	4.79	43	42	0	134	133	799.1	238	587	.260	812	178	14	123	401	.313	.444	8	3	5.11	67	99	23	18	752	1296	0.58

2001 Season

	ERA	W	L	Sv	G	GS	IP	H	HR	BB	SO		Avg	AB	H	2B	3B	HR	RBI	BB	SO	OBP	SLG
Home	4.63	8	4	0	16	15	101.0	104	16	25	81	vs. Left	.246	142	35	5	0	11	21	13	33	.314	.514
Away	4.06	7	3	0	19	19	119.2	118	19	36	76	vs. Right	.259	722	187	45	4	24	84	48	124	.306	.432
Day	4.58	7	3	0	12	12	78.2	82	10	21	62	Inning 1-6	.253	754	191	43	4	30	92	57	138	.308	.440
Night	4.18	8	4	0	23	22	142.0	140	25	40	95	Inning 7+	.282	110	31	7	0	5	13	4	19	.307	.482
Grass	4.06	7	3	0	19	19	119.2	118	19	36	76	None on	.246	512	126	31	2	20	20	39	110	.301	.432
Turf	4.63	8	4	0	16	15	101.0	104	16	25	81	Runners on	.273	352	96	19	2	15	85	22	47	.318	.466
April	2.73	3	1	0	5	5	33.0	33	3	6	18	Scoring Posn	.237	190	45	11	2	5	59	13	24	.281	.395
May	3.96	2	2	0	6	6	38.2	43	4	12	23	Close & Late	.224	67	15	1	0	2	7	1	11	.235	.328
June	4.76	3	0	0	6	6	39.2	42	10	11	25	None on/out	.276	225	62	13	2	9	9	15	43	.321	.471
July	6.07	1	1	0	5	5	29.2	30	6	12	27	vs. 1st Batr (relief)	1.000	1	1	0	0	0	0	0	0	1.000	1.000
August	4.05	4	1	0	6	6	40.0	42	4	6	31	1st Inning Pitched	.241	133	32	6	0	5	15	14	28	.318	.398
Sept/Oct	4.54	2	2	0	7	6	39.2	32	8	14	33	First 75 Pitches	.248	588	146	29	4	25	74	44	113	.303	.439
Starter	4.25	15	7	0	34	34	218.0	218	34	61	155	Pitch 76-90	.264	125	33	12	0	5	12	7	18	.303	.480
Reliever	10.13	0	0	0	1	0	2.2	4	1	0	2	Pitch 91-105	.265	98	26	6	0	1	10	9	19	.330	.357
0-3 Days Rest (Start)	5.14	0	1	0	1	1	7.0	4	2	2	6	Pitch 106+	.321	53	17	3	0	4	9	1	7	.333	.604
4 Days Rest	4.62	12	5	0	24	24	150.0	159	23	49	111	First Pitch	.366	101	37	7	0	6	23	0	0	.356	.614
5+ Days Rest	3.25	3	1	0	9	9	61.0	55	9	10	38	Ahead in Count	.219	442	97	15	2	9	32	0	140	.224	.324
vs. AL	4.33	14	7	0	32	31	201.2	206	31	56	141	Behind in Count	.290	186	54	13	2	12	30	21	0	.359	.575
vs. NL	4.26	1	0	0	3	3	19.0	16	4	5	16	Two Strikes	.213	417	89	15	1	13	33	40	157	.284	.348
Pre-All Star	3.73	8	3	0	18	18	118.1	123	18	31	71	Pre-All Star	.261	471	123	30	0	18	48	31	71	.310	.439
Post-All Star	5.01	7	4	0	17	16	102.1	99	17	30	86	Post-All Star	.252	393	99	20	4	17	57	30	86	.305	.453

Career (1998-2001)

	ERA	W	L	Sv	G	GS	IP	H	HR	BB	SO		Avg	AB	H	2B	3B	HR	RBI	BB	SO	OBP	SLG
Home	4.98	18	24	0	63	62	383.1	405	61	114	303	vs. Left	.277	600	166	21	1	34	90	49	153	.330	.493
Away	4.61	25	18	0	71	71	416.0	407	62	124	284	vs. Right	.256	2526	646	152	13	89	311	189	454	.309	.432
Day	4.29	21	9	0	43	43	262.1	252	31	76	211	Inning 1-6	.262	2795	733	161	13	113	370	220	536	.317	.450
Night	5.03	22	33	0	91	90	537.0	560	92	162	376	Inning 7+	.239	331	79	17	1	10	31	18	51	.278	.387
Grass	4.43	22	14	0	59	59	349.1	340	54	99	236	None on	.241	1884	454	108	7	68	68	142	386	.297	.414
Turf	5.06	21	28	0	75	74	450.0	472	69	139	351	Runners on	.288	1242	358	70	7	55	333	96	201	.338	.489
March/April	4.42	7	4	0	21	21	128.1	132	16	30	78	Scoring Posn	.287	651	187	37	4	23	248	56	104	.336	.462
May	5.81	7	8	0	22	22	122.1	144	22	46	72	Close & Late	.206	155	32	5	1	5	17	8	21	.247	.348
June	4.11	9	7	0	24	24	155.1	149	24	39	111	None on/out	.265	826	219	48	5	36	36	60	158	.317	.466
July	4.59	6	6	0	21	21	127.1	117	22	41	99	vs. 1st Batr (relief)	1.000	1	1	0	0	0	0	0	0	1.000	1.000
August	4.80	9	8	0	21	21	122.0	130	13	31	102	1st Inning Pitched	.222	499	111	24	1	14	50	43	117	.286	.359
Sept/Oct	5.13	5	9	0	25	24	144.0	140	26	51	125	First 75 Pitches	.257	2220	571	123	10	92	282	175	460	.313	.446
Starter	4.77	43	42	0	133	133	796.2	808	122	238	585	Pitch 76-90	.276	431	119	31	2	17	62	27	56	.318	.476
Reliever	10.13	0	0	0	1	0	2.2	4	1	0	2	Pitch 91-105	.276	323	89	17	2	9	39	29	44	.337	.424
0-3 Days Rest (Start)	3.10	0	2	0	3	3	20.1	12	3	4	15	Pitch 106+	.217	152	33	7	0	5	18	7	27	.248	.362
4 Days Rest	4.55	27	25	0	82	82	504.0	491	73	151	377	First Pitch	.349	372	130	30	1	16	59	2	0	.354	.565
5+ Days Rest	5.29	16	15	0	48	48	272.1	305	46	83	193	Ahead in Count	.224	1598	358	61	7	38	155	0	490	.228	.342
vs. AL	4.82	41	38	0	121	120	724.1	742	112	211	542	Behind in Count	.318	613	195	51	4	45	110	109	0	.416	.635
vs. NL	4.44	2	4	0	13	13	75.0	70	11	27	45	Two Strikes	.194	1581	307	47	5	39	133	127	587	.257	.304
Pre-All Star	4.71	23	22	0	72	72	432.0	453	66	126	277	Pre-All Star	.266	1703	453	103	7	66	211	126	277	.317	.451
Post-All Star	4.88	20	20	0	62	61	367.1	359	57	112	310	Post-All Star	.252	1423	359	75	7	57	190	112	310	.309	.435

Damon Minor — Giants
Age 28 – Bats Left (flyball hitter)

	Avg	G	AB	R	H	2B	3B	HR	RBI	BB	SO	HBP	GDP	SB	CS	OBP	SLG	IBB	SH	SF	#Pit	#P/PA	GB	FB	G/F
2001 Season	.156	19	45	3	7	1	0	0	3	3	8	0	1	0	0	.208	.178	1	0	0	167	3.48	14	17	0.82
Career (2000-2001)	.204	29	54	6	11	1	0	3	9	5	11	0	1	0	0	.271	.389	1	0	0	216	3.66	14	24	0.58

2001 Season

	Avg	AB	H	2B	3B	HR	RBI	BB	SO	OBP	SLG		Avg	AB	H	2B	3B	HR	RBI	BB	SO	OBP	SLG
vs. Left	.000	2	0	0	0	0	0	0	1	.000	.000	Scoring Posn	.375	8	3	0	0	0	3	1	2	.444	.375
vs. Right	.163	43	7	1	0	0	3	3	7	.217	.186	Close & Late	.143	7	1	0	0	0	1	1	1	.250	.143

Ryan Minor — Expos
Age 28 – Bats Right

	Avg	G	AB	R	H	2B	3B	HR	RBI	BB	SO	HBP	GDP	SB	CS	OBP	SLG	IBB	SH	SF	#Pit	#P/PA	GB	FB	G/F
2001 Season	.158	55	95	10	15	2	0	2	13	9	31	1	3	0	1	.234	.242	0	0	2	412	3.85	30	27	1.11
Career (1998-2001)	.177	142	317	30	56	11	0	5	27	20	97	2	4	1	1	.228	.259	0	0	3	1300	3.80	98	90	1.09

2001 Season

	Avg	AB	H	2B	3B	HR	RBI	BB	SO	OBP	SLG		Avg	AB	H	2B	3B	HR	RBI	BB	SO	OBP	SLG
vs. Left	.143	35	5	2	0	0	6	6	10	.262	.200	Scoring Posn	.154	26	4	1	0	0	10	4	5	.250	.192
vs. Right	.167	60	10	0	0	2	7	3	21	.215	.267	Close & Late	.111	9	1	0	0	1	2	2	5	.273	.444

Doug Mirabelli — Red Sox
Age 31 – Bats Right (flyball hitter)

	Avg	G	AB	R	H	2B	3B	HR	RBI	BB	SO	HBP	GDP	SB	CS	OBP	SLG	IBB	SH	SF	#Pit	#P/PA	GB	FB	G/F
2001 Season	.226	77	190	20	43	10	0	11	29	27	57	4	3	0	0	.332	.453	2	1	2	938	4.19	50	59	0.85
Last Five Years	.232	208	531	55	123	28	2	19	71	75	148	7	10	1	0	.332	.399	5	4	5	2469	3.97	147	169	0.87

2001 Season

	Avg	AB	H	2B	3B	HR	RBI	BB	SO	OBP	SLG		Avg	AB	H	2B	3B	HR	RBI	BB	SO	OBP	SLG
vs. Left	.283	53	15	2	0	7	18	5	17	.367	.717	Scoring Posn	.170	47	8	3	0	2	18	11	16	.328	.362
vs. Right	.204	137	28	8	0	4	11	22	40	.319	.350	Close & Late	.125	32	4	0	0	2	5	4	10	.211	.313
Home	.223	94	21	6	0	5	14	10	31	.308	.447	None on/out	.231	39	9	0	0	3	3	8	14	.375	.462
Away	.229	96	22	4	0	6	15	17	26	.353	.458	Batting #8	.244	45	11	2	0	2	8	4	15	.333	.422
First Pitch	.222	9	2	0	0	1	2	1	0	.300	.556	Batting #9	.228	136	31	8	0	8	20	21	41	.335	.463
Ahead in Count	.355	31	11	2	0	3	10	7	0	.463	.710	Other	.111	9	1	0	0	1	1	2	1	.273	.444
Behind in Count	.185	108	20	7	0	3	10	0	51	.200	.333	Pre-All Star	.160	75	12	3	0	2	5	12	26	.289	.280
Two Strikes	.158	114	18	3	0	6	14	19	57	.284	.342	Post-All Star	.270	115	31	7	0	9	24	15	31	.361	.565

Last Five Years

	Avg	AB	H	2B	3B	HR	RBI	BB	SO	OBP	SLG		Avg	AB	H	2B	3B	HR	RBI	BB	SO	OBP	SLG
vs. Left	.263	133	35	8	0	10	29	24	35	.384	.549	First Pitch	.232	56	13	4	0	2	8	4	0	.295	.411
vs. Right	.221	398	88	20	2	9	42	51	113	.314	.349	Ahead in Count	.402	97	39	6	1	8	28	29	0	.531	.732
Home	.249	273	68	16	2	9	39	33	75	.334	.421	Behind in Count	.171	286	49	14	0	5	20	0	129	.182	.273
Away	.213	258	55	12	0	10	32	42	73	.329	.376	Two Strikes	.160	288	46	10	0	8	28	42	148	.217	.278
Day	.271	210	57	16	2	8	32	31	61	.369	.481	Batting #8	.237	350	83	19	2	8	44	45	97	.330	.371
Night	.206	321	66	12	0	11	39	44	87	.307	.346	Batting #9	.239	159	38	9	0	10	26	24	45	.342	.484
Grass	.231	481	111	26	2	17	68	68	136	.329	.399	Other	.091	22	2	0	0	1	1	6	6	.286	.227
Turf	.240	50	12	2	0	2	3	7	12	.356	.400	March/April	.164	61	10	0	1	5	9	11	19	.292	.443
Pre-All Star	.233	236	55	15	1	9	29	39	62	.346	.419	May	.192	73	14	5	0	1	7	17	18	.344	.301
Post-All Star	.231	295	68	13	1	10	42	36	86	.320	.383	June	.346	78	27	9	0	3	12	8	18	.418	.577
Inning 1-6	.247	356	88	22	2	11	52	51	94	.348	.413	July	.215	79	17	1	0	1	4	6	23	.271	.266
Inning 7+	.200	175	35	6	0	8	19	24	54	.299	.371	August	.237	131	31	9	1	4	21	21	40	.348	.412
Scoring Posn	.216	134	29	6	0	4	52	27	42	.341	.351	Sept/Oct	.220	109	24	4	0	5	18	12	30	.298	.394
Close & Late	.219	73	16	0	0	5	9	9	21	.294	.425	vs. AL	.244	197	48	11	0	11	29	26	56	.339	.467
None on/out	.252	123	31	4	1	7	7	15	33	.338	.472	vs. NL	.225	334	75	17	2	8	42	49	92	.327	.359

Dave Mlicki — Astros
Age 34 – Pitches Right

	ERA	W	L	Sv	G	GS	IP	BB	SO	Avg	H	2B	3B	HR	RBI	OBP	SLG	CG	ShO	Sup	QS	#P/S	SB	CS	GB	FB	G/F
2001 Season	6.17	11	11	0	34	29	167.2	74	97	.305	203	43	3	37	110	.382	.545	0	0	6.01	11	91	16	7	226	231	0.98
Last Five Years	4.90	47	54	0	153	143	861.0	329	548	.279	947	195	22	123	440	.346	.458	6	2	4.77	69	93	69	27	1253	1007	1.24

2001 Season

	ERA	W	L	Sv	G	GS	IP	H	HR	BB	SO		Avg	AB	H	2B	3B	HR	RBI	BB	SO	OBP	SLG
Home	4.50	5	3	0	14	11	68.0	73	12	27	36	vs. Left	.321	305	98	23	2	19	54	47	38	.413	.597
Away	7.31	6	8	0	20	18	99.2	130	25	47	61	vs. Right	.291	361	105	20	1	18	56	27	59	.355	.501
Day	10.70	2	4	0	8	7	35.1	53	17	16	27	Inning 1-6	.310	620	192	41	3	35	107	71	90	.389	.555
Night	4.96	9	7	0	26	22	132.1	150	20	58	70	Inning 7+	.239	46	11	2	0	2	3	3	7	.286	.413
Grass	5.85	11	9	0	32	27	158.1	187	32	63	92	None on	.313	390	122	30	1	24	24	36	51	.382	.579
Turf	11.57	0	2	0	2	2	9.1	16	5	11	5	Runners on	.293	276	81	13	2	13	86	38	46	.382	.496
April	6.11	1	2	0	5	5	28.0	37	8	18	11	Scoring Posn	.292	161	47	9	1	4	65	28	29	.391	.435
May	7.06	2	3	0	5	5	29.1	36	5	15	22	Close & Late	.105	19	2	0	0	0	0	2	5	.190	.105
June	9.53	1	3	0	5	5	28.1	55	7	10	18	None on/out	.320	175	56	14	1	13	14	21	.380	.634
July	3.38	2	1	0	8	5	26.2	26	4	8	11	vs. 1st Batr (relief)	.000	5	0	0	0	0	0	0	2	.000	.000
August	5.19	2	1	0	5	5	26.0	25	7	12	11	1st Inning Pitched	.294	136	40	8	0	11	27	10	21	.368	.596
Sept/Oct	5.52	3	2	0	5	5	29.1	24	6	11	24	First 75 Pitches	.312	532	166	41	3	28	91	59	74	.390	.558
Starter	6.34	10	11	0	29	29	159.0	196	35	74	93	Pitch 76-90	.351	77	27	1	0	7	16	8	13	.419	.636
Reliever	3.12	1	0	0	5	0	8.2	7	2	0	4	Pitch 91-105	.167	42	7	1	0	2	3	4	5	.234	.333
0-3 Days Rest (Start)	11.57	0	0	0	1	1	4.2	10	1	2	3	Pitch 106+	.200	15	3	0	0	0	0	3	5	.333	.200
4 Days Rest	6.83	7	6	0	16	16	85.2	107	23	40	52	First Pitch	.343	99	34	6	0	7	19	2	0	.361	.616
5+ Days Rest	5.37	3	5	0	12	12	68.2	79	11	32	38	Ahead in Count	.245	323	79	19	2	14	41	0	87	.263	.446
vs. AL	6.29	4	6	0	13	13	78.2	108	17	39	42	Behind in Count	.346	130	45	14	0	5	20	52	0	.522	.569
vs. NL	6.07	7	5	0	18	16	89.0	95	20	35	55	Two Strikes	.198	283	56	14	2	12	30	20	97	.268	.458
Pre-All Star	7.50	5	8	0	19	16	90.0	133	22	43	52	Pre-All Star	.352	378	133	26	3	20	70	43	52	.422	.611
Post-All Star	4.64	6	3	0	15	13	77.2	70	15	31	45	Post-All Star	.243	288	70	17	0	15	40	31	45	.330	.458

Last Five Years

	ERA	W	L	Sv	G	GS	IP	H	HR	BB	SO		Avg	AB	H	2B	3B	HR	RBI	BB	SO	OBP	SLG
Home	4.09	26	24	0	73	67	424.1	428	53	136	264	vs. Left	.283	1601	453	98	16	61	218	205	229	.365	.478
Away	5.69	21	30	0	80	76	436.2	519	70	193	284	vs. Right	.275	1796	494	97	6	62	222	124	319	.329	.439
Day	5.79	16	19	0	48	46	258.0	301	42	97	171	Inning 1-6	.279	3048	849	177	21	109	410	303	503	.348	.458
Night	4.52	31	35	0	105	97	603.0	646	81	232	377	Inning 7+	.281	349	98	18	1	14	30	26	45	.330	.458
Grass	4.73	44	42	0	132	122	745.2	797	106	276	467	None on	.287	1962	564	118	15	76	76	155	302	.348	.479
Turf	6.01	3	12	0	21	21	115.1	150	17	53	81	Runners on	.267	1435	383	77	7	47	364	174	246	.345	.429
March/April	5.63	2	14	0	25	23	136.0	154	22	68	73	Scoring Posn	.257	803	206	48	3	18	295	118	143	.343	.391
May	5.28	7	10	0	26	26	151.2	169	20	72	96	Close & Late	.234	205	48	8	0	6	15	17	27	.293	.361
June	5.56	7	11	0	27	25	147.1	196	19	45	100	None on/out	.278	882	245	53	10	38	38	63	135	.333	.490
July	5.03	9	6	0	28	22	137.2	161	17	50	75	vs. 1st Batr (relief)	.111	9	1	0	0	0	0	1	2	.200	.111
August	3.78	16	5	0	22	22	138.0	132	21	47	86	1st Inning Pitched	.273	604	165	29	4	25	82	44	100	.331	.459
Sept/Oct	4.13	11	8	0	25	25	150.1	135	24	47	118	First 75 Pitches	.277	2620	726	151	19	92	323	245	431	.343	.455
Starter	4.95	46	53	0	143	143	840.0	928	120	324	540	Pitch 76-90	.298	440	131	24	0	18	74	43	63	.365	.475
Reliever	3.00	1	1	0	10	0	21.0	19	3	5	8	Pitch 91-105	.258	252	65	17	3	8	33	30	39	.337	.444

	ERA	W	L	Sv	G	GS	IP	H	HR	BB	SO		Avg	AB	H	2B	3B	HR	RBI	BB	SO	OBP	SLG
0-3 Days Rest (Start)	11.57	0	0	0	1	1	4.2	10	1	2	3	Pitch 106+	.294	85	25	3	0	5	10	11	15	.371	.506
4 Days Rest	4.84	25	26	0	73	73	433.1	459	63	172	282	First Pitch	.323	539	174	33	2	22	80	11	0	.334	.514
5+ Days Rest	4.99	21	27	0	69	69	402.0	459	56	150	255	Ahead in Count	.221	1516	335	72	9	38	147	0	470	.233	.356
vs. AL	5.08	24	27	0	69	64	388.1	445	56	142	224	Behind in Count	.332	740	246	54	6	34	118	193	0	.467	.559
vs. NL	4.76	23	27	0	84	79	472.2	502	67	180	324	Two Strikes	.203	1426	290	58	12	38	123	125	548	.275	.341
Pre-All Star	5.51	20	37	0	87	79	469.0	566	67	197	280	Pre-All Star	.299	1890	566	121	14	67	267	197	280	.368	.485
Post-All Star	4.18	27	17	0	66	64	392.0	381	56	132	268	Post-All Star	.253	1507	381	74	8	56	173	132	268	.319	.424

Brian Moehler — Tigers   Age 30 – Pitches Right (groundball pitcher)

	ERA	W	L	Sv	G	GS	IP	BB	SO	Avg	H	2B	3B	HR	RBI	OBP	SLG	CG	ShO	Sup	QS	#P/S	SB	CS	GB	FB	G/F
2001 Season	3.38	0	0	0	1	1	8.0	1	2	.207	6	1	1	0	3	.233	.310	0	0	4.50	1	98	0	0	12	10	1.20
Last Five Years	4.49	47	50	0	126	126	779.0	217	431	.284	875	158	23	94	359	.333	.442	10	6	5.00	65	96	57	19	1261	776	1.63

2001 Season

	ERA	W	L	Sv	G	GS	IP	H	HR	BB	SO		Avg	AB	H	2B	3B	HR	RBI	BB	SO	OBP	SLG
Home	3.38	0	0	0	1	1	8.0	6	0	1	2	vs. Left	.217	23	5	1	1	0	2	1	2	.250	.348
Away	0.00	0	0	0	0	0	0.0	0	0	0	0	vs. Right	.167	6	1	0	0	0	1	0	0	.167	.167

Last Five Years

	ERA	W	L	Sv	G	GS	IP	H	HR	BB	SO		Avg	AB	H	2B	3B	HR	RBI	BB	SO	OBP	SLG
Home	4.27	29	22	0	68	68	428.1	470	54	113	231	vs. Left	.290	1571	456	95	17	56	201	128	233	.345	.479
Away	4.77	18	28	0	58	58	350.2	405	40	104	200	vs. Right	.278	1507	419	63	6	38	158	89	198	.319	.403
Day	4.47	13	15	0	43	43	260.0	300	30	86	148	Inning 1-6	.281	2698	759	145	20	76	318	189	391	.329	.434
Night	4.51	34	35	0	83	83	519.0	575	64	131	283	Inning 7+	.305	380	116	13	3	18	41	28	40	.357	.497
Grass	4.42	41	42	0	111	111	690.0	770	86	202	380	None on	.278	1854	515	86	13	68	109	672	.321	.448
Turf	5.06	6	8	0	15	15	89.0	105	8	15	51	Runners on	.294	1224	360	72	10	26	291	108	159	.350	.433
March/April	3.61	8	6	0	20	20	127.0	130	15	32	66	Scoring Posn	.285	681	194	44	6	13	250	69	96	.345	.424
May	4.54	6	10	0	18	18	115.0	120	19	28	71	Close & Late	.281	178	50	4	2	10	18	12	24	.333	.494
June	3.88	11	7	0	22	22	134.2	140	21	33	76	None on/out	.286	814	233	44	4	33	33	50	112	.331	.472
July	6.13	7	10	0	22	22	126.1	170	18	48	69	vs. 1st Batr (relief)	.000	0	0	0	0	0	0	0	0	.000	.000
August	3.91	8	9	0	22	22	145.0	150	8	39	91	1st Inning Pitched	.274	492	135	29	6	12	67	53	71	.347	.431
Sept/Oct	5.02	7	8	0	22	22	131.0	165	13	37	58	First 75 Pitches	.283	2268	641	119	18	65	253	155	329	.330	.437
Starter	4.49	47	50	0	126	126	779.0	875	94	217	431	Pitch 76-90	.289	425	123	26	1	18	62	25	57	.330	.482
Reliever	0.00	0	0	0	0	0	0.0	0	0	0	0	Pitch 91-105	.297	279	83	11	4	10	37	25	31	.356	.473
0-3 Days Rest (Start)	9.00	0	1	0	2	2	10.0	13	2	6	5	Pitch 106+	.264	106	28	2	0	1	7	12	14	.339	.311
4 Days Rest	4.92	26	30	0	71	71	431.1	498	61	133	213	First Pitch	.361	441	159	22	4	22	78	6	0	.365	.578
5+ Days Rest	3.81	21	19	0	53	53	337.2	364	31	80	213	Ahead in Count	.220	1321	290	54	9	23	97	0	347	.225	.326
vs. AL	4.54	40	43	0	108	108	671.2	751	82	193	373	Behind in Count	.345	689	238	45	5	26	107	107	0	.431	.538
vs. NL	4.19	7	7	0	18	18	107.1	124	12	24	58	Two Strikes	.219	1299	285	52	8	29	102	104	431	.281	.339
Pre-All Star	4.15	26	26	0	67	67	410.0	440	58	103	229	Pre-All Star	.272	1616	440	71	17	58	174	103	229	.318	.445
Post-All Star	4.88	21	24	0	59	59	369.0	435	36	114	202	Post-All Star	.298	1462	435	87	6	36	185	114	202	.349	.439

Chad Moeller — Diamondbacks   Age 27 – Bats Right (groundball hitter)

	Avg	G	AB	R	H	2B	3B	HR	RBI	BB	SO	HBP	GDP	SB	CS	OBP	SLG	IBB	SH	SF	#Pit	#P/PA	GB	FB	G/F
2001 Season	.232	25	56	6	13	0	1	2	6	12	0	2	0	0	.306	.321	1	1	0	231	3.67	29	10	2.90
Career (2000-2001)	.217	73	184	21	40	3	2	2	11	15	45	0	6	1	0	.275	.288	1	2	1	743	3.68	76	34	2.24

2001 Season

	Avg	AB	H	2B	3B	HR	RBI	BB	SO	OBP	SLG		Avg	AB	H	2B	3B	HR	RBI	BB	SO	OBP	SLG
vs. Left	.077	13	1	0	0	0	0	3	3	.250	.077	Scoring Posn	.000	17	0	0	0	0	1	4	3	.190	.000
vs. Right	.279	43	12	0	1	1	2	3	9	.326	.395	Close & Late	.000	8	0	0	0	0	0	2	.000	.000

Mike Mohler — Diamondbacks   Age 33 – Pitches Left

	ERA	W	L	Sv	G	GS	IP	BB	SO	Avg	H	2B	3B	HR	RBI	OBP	SLG	GF	IR	IRS	Hld	SvOp	SB	CS	GB	FB	G/F
2001 Season	7.24	0	0	0	13	0	13.2	9	7	.286	14	3	0	3	8	.390	.531	5	2	1	0	2	1	0	17	21	0.81
Last Five Years	5.42	6	16	2	204	10	245.2	127	156	.290	274	51	4	25	169	.378	.432	60	155	56	29	12	16	10	336	275	1.22

2001 Season

	ERA	W	L	Sv	G	GS	IP	H	HR	BB	SO		Avg	AB	H	2B	3B	HR	RBI	BB	SO	OBP	SLG
Home	4.05	0	0	0	6	0	6.2	4	1	4	5	vs. Left	.375	16	6	1	0	1	3	1	3	.389	.625
Away	10.29	0	0	0	7	0	7.0	10	2	5	2	vs. Right	.242	33	8	2	0	2	5	8	4	.390	.485

Last Five Years

	ERA	W	L	Sv	G	GS	IP	H	HR	BB	SO		Avg	AB	H	2B	3B	HR	RBI	BB	SO	OBP	SLG
Home	4.58	4	8	0	108	5	125.2	127	10	67	80	vs. Left	.320	325	104	19	1	7	72	41	56	.405	.449
Away	6.30	2	8	2	96	5	120.0	147	15	60	76	vs. Right	.274	620	170	32	3	18	97	86	100	.364	.423
Day	3.91	2	3	0	86	7	122.0	124	10	57	77	Inning 1-6	.309	376	116	22	1	9	83	49	64	.390	.444
Night	6.91	4	13	2	118	3	123.2	150	15	70	79	Inning 7+	.278	569	158	29	3	16	86	78	92	.371	.424
Grass	5.40	5	13	1	174	8	203.1	218	23	108	127	None on	.275	472	130	21	1	13	13	53	80	.358	.411
Turf	5.53	1	3	1	30	2	42.1	56	2	19	29	Runners on	.304	473	144	28	3	12	156	74	76	.397	.452
March/April	4.97	1	5	0	37	1	63.1	67	5	34	41	Scoring Posn	.314	287	90	13	3	6	142	53	49	.414	.443
May	8.21	0	6	1	40	5	57.0	81	9	37	29	Close & Late	.286	196	56	7	0	7	42	35	31	.403	.429
June	5.40	3	1	0	40	2	33.1	37	6	20	20	None on/out	.257	210	53	8	0	5	5	28	35	.351	.362
July	4.13	1	0	0	24	0	24.0	24	1	13	16	vs. 1st Batr (relief)	.275	160	44	4	1	4	34	25	29	.379	.388
August	5.34	1	3	1	31	0	32.0	35	3	13	23	1st Inning Pitched	.276	587	162	25	3	16	115	83	104	.366	.411
Sept/Oct	2.75	0	1	0	32	0	36.0	30	1	10	27	First 15 Pitches	.272	492	134	19	2	15	87	65	79	.360	.411

	ERA	W	L	Sv	G	GS	IP	H	HR	BB	SO		Avg	AB	H	2B	3B	HR	RBI	BB	SO	OBP	SLG
Starter	6.83	0	7	0	10	10	54.0	67	7	27	34	Pitch 16-30	.296	240	71	15	2	3	41	34	42	.389	.413
Reliever	5.02	6	9	2	194	0	191.2	207	18	100	122	Pitch 31-45	.268	82	22	5	0	2	8	10	12	.351	.402
0 Days Rest (Relief)	5.65	1	5	0	42	0	36.2	43	3	32	25	Pitch 46+	.359	131	47	12	0	5	33	18	23	.442	.565
1 or 2 Days Rest	4.80	4	3	2	89	0	86.1	87	9	36	48	First Pitch	.336	131	44	9	0	3	25	9	0	.382	.473
3+ Days Rest	4.98	1	1	0	63	0	68.2	77	6	32	49	Ahead in Count	.243	387	94	15	2	12	59	0	134	.247	.385
vs. AL	5.18	2	12	1	111	10	153.0	167	18	75	103	Behind in Count	.356	219	78	18	1	2	45	69	0	.515	.475
vs. NL	5.83	4	4	1	93	0	92.2	107	7	52	53	Two Strikes	.221	420	93	16	3	13	55	49	156	.305	.367
Pre-All Star	6.16	4	12	1	122	10	159.1	192	21	95	94	Pre-All Star	.308	623	192	40	2	21	123	95	94	.402	.480
Post-All Star	4.07	2	4	1	82	0	86.1	82	4	32	62	Post-All Star	.255	322	82	11	2	4	46	32	62	.332	.339

Dustan Mohr — Twins
Age 26 – Bats Right

	Avg	G	AB	R	H	2B	3B	HR	RBI	BB	SO	HBP	GDP	SB	CS	OBP	SLG	IBB	SH	SF	#Pit	#P/PA	GB	FB	G/F
2001 Season	.235	20	51	6	12	2	0	0	4	5	17	0	0	1	1	.298	.275	0	0	1	237	4.16	12	13	0.92

2001 Season
	Avg	AB	H	2B	3B	HR	RBI	BB	SO	OBP	SLG		Avg	AB	H	2B	3B	HR	RBI	BB	SO	OBP	SLG
vs. Left	.353	17	6	0	0	0	1	2	4	.421	.353	Scoring Posn	.143	14	2	0	0	0	4	2	7	.235	.143
vs. Right	.176	34	6	2	0	0	3	3	13	.237	.235	Close & Late	.000	5	0	0	0	0	0	0	1	.000	.000

Ben Molina — Angels
Age 27 – Bats Right

	Avg	G	AB	R	H	2B	3B	HR	RBI	BB	SO	HBP	GDP	SB	CS	OBP	SLG	IBB	SH	SF	#Pit	#P/PA	GB	FB	G/F
2001 Season	.262	96	325	31	85	11	0	6	40	16	51	8	8	0	1	.309	.351	3	2	4	1234	3.48	115	102	1.13
Career (1998-2001)	.271	259	900	98	244	36	2	21	121	45	90	16	30	1	2	.314	.386	3	6	11	3187	3.26	326	314	1.04

2001 Season
	Avg	AB	H	2B	3B	HR	RBI	BB	SO	OBP	SLG		Avg	AB	H	2B	3B	HR	RBI	BB	SO	OBP	SLG
vs. Left	.218	101	22	4	0	3	14	11	23	.298	.347	First Pitch	.346	52	18	4	0	1	12	1	0	.345	.481
vs. Right	.281	224	63	7	0	3	26	5	28	.314	.353	Ahead in Count	.339	59	20	2	0	2	9	8	0	.426	.475
Home	.315	162	51	3	0	6	21	7	22	.354	.444	Behind in Count	.244	164	40	4	0	2	14	0	45	.267	.305
Away	.209	163	34	8	0	0	19	9	29	.264	.258	Two Strikes	.228	145	33	3	0	2	13	7	51	.288	.290
Day	.235	81	19	6	0	1	10	3	14	.292	.346	Batting #7	.218	78	17	2	0	0	5	6	12	.282	.244
Night	.270	244	66	5	0	5	30	13	37	.314	.352	Batting #8	.285	214	61	8	0	5	32	8	35	.326	.393
Grass	.264	307	81	10	0	6	37	15	46	.312	.355	Other	.212	33	7	1	0	1	3	2	4	.257	.333
Turf	.222	18	4	1	0	0	3	1	5	.250	.278	April	.239	71	17	3	0	0	8	7	10	.316	.282
Pre-All Star	.246	118	29	3	0	0	12	10	18	.313	.271	May	.357	14	5	0	0	0	3	0	0	.375	.357
Post-All Star	.271	207	56	8	0	6	28	6	33	.306	.396	June	.286	7	2	0	0	0	1	1	4	.375	.286
Inning 1-6	.228	202	46	5	0	4	24	15	35	.296	.312	July	.247	77	19	2	0	2	6	5	11	.314	.351
Inning 7+	.317	123	39	6	0	2	16	1	16	.331	.415	August	.325	83	27	4	0	2	9	1	14	.329	.446
Scoring Posn	.300	90	27	2	0	0	30	8	17	.362	.322	Sept/Oct	.205	73	15	2	0	2	13	2	12	.224	.315
Close & Late	.387	62	24	2	0	2	12	0	7	.381	.516	vs. AL	.259	301	78	11	0	5	39	13	47	.302	.346
None on/out	.254	67	17	3	0	3	3	5	10	.315	.433	vs. NL	.292	24	7	0	0	1	1	3	4	.393	.417

2001 By Position
Position	Avg	AB	H	2B	3B	HR	RBI	BB	SO	OBP	SLG	G	GS	Innings	PO	A	E	DP	Fld Pct	Rng Fctr	In Zone	Zone Outs	Zone Rtg	MLB Zone
As c	.262	317	83	11	0	5	38	16	48	.310	.344	94	89	781.2	527	36	5	4	.991	—	—	—	—	—

Career (1998-2001)
	Avg	AB	H	2B	3B	HR	RBI	BB	SO	OBP	SLG		Avg	AB	H	2B	3B	HR	RBI	BB	SO	OBP	SLG
vs. Left	.258	244	63	11	0	12	47	17	30	.305	.451	First Pitch	.331	163	54	7	0	6	31	1	0	.329	.485
vs. Right	.276	656	181	25	2	9	74	28	60	.317	.361	Ahead in Count	.306	180	55	12	2	4	26	28	0	.398	.461
Home	.280	453	127	13	0	17	64	24	37	.322	.422	Behind in Count	.251	427	107	13	0	9	50	0	83	.271	.344
Away	.262	447	117	23	2	4	57	21	53	.306	.349	Two Strikes	.249	342	85	9	0	7	44	16	90	.298	.336
Day	.222	207	46	11	0	3	25	15	25	.293	.319	Batting #7	.246	349	86	12	1	11	47	18	29	.290	.381
Night	.286	693	198	25	2	18	96	30	65	.320	.405	Batting #8	.301	452	136	20	1	8	61	21	52	.341	.403
Grass	.262	817	214	30	2	19	105	41	81	.306	.373	Other	.222	99	22	4	0	2	13	6	9	.271	.323
Turf	.361	83	30	6	0	2	16	4	9	.389	.506	March/April	.235	136	32	7	0	0	13	10	17	.298	.287
Pre-All Star	.287	369	106	12	1	11	54	23	39	.332	.415	May	.444	90	40	3	1	2	21	2	6	.448	.567
Post-All Star	.260	531	138	24	1	10	67	22	51	.301	.365	June	.247	89	22	0	0	5	11	4	11	.280	.438
Inning 1-6	.250	581	145	23	1	16	81	36	55	.306	.375	July	.217	161	35	3	0	7	23	12	15	.283	.366
Inning 7+	.310	319	99	13	1	5	40	9	35	.328	.404	August	.278	223	62	12	0	3	23	5	23	.303	.372
Scoring Posn	.279	258	72	9	1	2	92	17	31	.328	.345	Sept/Oct	.264	201	53	9	1	4	30	12	18	.307	.378
Close & Late	.361	158	57	6	0	3	26	3	18	.364	.456	vs. AL	.273	818	223	35	2	18	107	40	81	.314	.386
None on/out	.250	188	47	10	0	6	6	12	16	.299	.399	vs. NL	.256	82	21	1	0	3	14	5	9	.311	.378

Jose Molina — Angels
Age 27 – Bats Right (groundball hitter)

	Avg	G	AB	R	H	2B	3B	HR	RBI	BB	SO	HBP	GDP	SB	CS	OBP	SLG	IBB	SH	SF	#Pit	#P/PA	GB	FB	G/F
2001 Season	.270	15	37	8	10	3	0	2	4	3	8	0	2	0	0	.325	.514	0	2	0	149	3.55	13	5	2.60
Career (1999-2001)	.268	25	56	11	15	4	0	2	5	5	12	0	2	0	0	.328	.446	1	2	0	219	3.48	23	8	2.88

2001 Season
	Avg	AB	H	2B	3B	HR	RBI	BB	SO	OBP	SLG		Avg	AB	H	2B	3B	HR	RBI	BB	SO	OBP	SLG
vs. Left	.500	12	6	2	0	1	2	1	3	.538	.917	Scoring Posn	.077	13	1	1	0	0	2	0	4	.077	.154
vs. Right	.160	25	4	1	0	1	2	2	5	.222	.320	Close & Late	.143	7	1	1	0	0	0	0	3	.143	.286

Raul Mondesi — Blue Jays
Age 31 – Bats Right

	Avg	G	AB	R	H	2B	3B	HR	RBI	BB	SO	HBP	GDP	SB	CS	OBP	SLG	IBB	SH	SF	#Pit	#P/PA	GB	FB	G/F
2001 Season	.252	149	572	88	144	26	4	27	84	73	128	6	13	30	11	.342	.453	3	0	2	2527	3.87	183	183	1.00
Last Five Years	.273	711	2757	444	754	145	21	144	427	250	552	21	43	136	51	.337	.498	20	1	17	10965	3.60	925	861	1.07

2001 Season

	Avg	AB	H	2B	3B	HR	RBI	BB	SO	OBP	SLG		Avg	AB	H	2B	3B	HR	RBI	BB	SO	OBP	SLG
vs. Left	.299	107	32	5	0	7	19	26	19	.453	.542	First Pitch	.433	90	39	9	1	10	20	2	0	.452	.889
vs. Right	.241	465	112	21	4	20	65	47	109	.312	.432	Ahead in Count	.315	127	40	4	1	7	22	29	0	.456	.528
Home	.245	274	67	15	2	10	39	36	61	.334	.423	Behind in Count	.155	251	39	5	0	7	27	0	105	.157	.259
Away	.258	298	77	11	2	17	45	37	67	.348	.480	Two Strikes	.146	288	42	7	1	9	32	42	128	.255	.271
Day	.269	193	52	10	1	4	21	29	36	.368	.394	Batting #3	.255	326	83	14	2	15	45	44	73	.344	.448
Night	.243	379	92	16	3	23	63	44	92	.328	.483	Batting #5	.258	194	50	9	0	12	34	22	42	.344	.490
Grass	.262	225	59	9	2	13	35	29	48	.354	.493	Other	.212	52	11	3	2	0	5	7	13	.317	.346
Turf	.245	347	85	17	2	14	49	44	80	.333	.427	April	.278	97	27	6	0	5	16	19	19	.393	.495
Pre-All Star	.282	340	96	21	4	16	53	49	80	.377	.509	May	.299	107	32	7	2	5	17	13	29	.385	.542
Post-All Star	.207	232	48	5	0	11	31	24	48	.288	.371	June	.291	103	30	7	1	6	14	12	23	.371	.553
Inning 1-6	.238	399	95	22	1	19	50	50	88	.329	.441	July	.172	99	17	2	1	2	12	8	26	.234	.273
Inning 7+	.283	173	49	4	3	8	34	23	40	.371	.480	August	.240	96	23	2	0	6	17	10	15	.321	.448
Scoring Posn	.253	170	43	10	0	10	60	16	40	.321	.488	Sept/Oct	.214	70	15	2	0	3	8	11	16	.321	.371
Close & Late	.307	88	27	2	2	3	15	15	17	.408	.477	vs. AL	.251	495	124	23	3	25	72	68	117	.346	.461
None on/out	.260	127	33	5	1	9	9	14	25	.343	.528	vs. NL	.260	77	20	3	1	2	12	5	11	.313	.403

2001 By Position

Position	Avg	AB	H	2B	3B	HR	RBI	BB	SO	OBP	SLG	G	GS	Innings	PO	A	E	DP	Fld Pct	Rng Fctr	In Zone	Outs	Zone Rtg	MLB Zone
As rf	.252	572	144	26	4	27	84	73	128	.342	.453	149	149	1318.2	263	19	8	2	.972	1.92	308	258	.838	.884

Last Five Years

	Avg	AB	H	2B	3B	HR	RBI	BB	SO	OBP	SLG		Avg	AB	H	2B	3B	HR	RBI	BB	SO	OBP	SLG
vs. Left	.279	584	163	29	2	30	87	83	98	.374	.490	First Pitch	.345	501	173	41	4	37	98	12	0	.365	.665
vs. Right	.272	2173	591	116	19	114	340	167	454	.326	.500	Ahead in Count	.342	620	212	33	4	48	136	113	0	.445	.640
Home	.268	1347	361	76	7	67	201	121	269	.329	.484	Behind in Count	.205	1125	231	40	8	41	125	0	441	.209	.364
Away	.279	1410	393	69	14	77	226	129	283	.344	.511	Two Strikes	.174	1202	209	40	6	33	115	125	552	.252	.300
Day	.263	816	215	46	4	35	123	79	168	.330	.458	Batting #3	.266	1130	301	50	9	59	173	97	238	.328	.483
Night	.278	1941	539	99	17	109	304	171	384	.339	.515	Batting #5	.293	1125	330	77	5	55	173	96	200	.351	.517
Grass	.285	1891	539	95	15	105	299	160	370	.344	.518	Other	.245	502	123	18	7	30	81	57	114	.324	.488
Turf	.248	866	215	50	6	39	128	90	182	.321	.455	March/April	.272	481	131	22	3	27	72	55	99	.349	.499
Pre-All Star	.280	1670	467	90	14	94	270	153	324	.344	.522	May	.286	553	158	37	4	36	101	41	110	.338	.562
Post-All Star	.264	1087	287	55	5	50	157	97	228	.326	.462	June	.277	484	134	25	6	23	65	42	84	.340	.496
Inning 1-6	.269	1904	513	105	16	93	281	170	372	.332	.488	July	.265	491	130	24	4	24	77	33	101	.311	.477
Inning 7+	.283	853	241	40	5	51	146	80	180	.347	.521	August	.272	416	113	18	2	19	62	40	83	.338	.454
Scoring Posn	.245	726	178	34	7	38	279	91	160	.325	.468	Sept/Oct	.265	332	88	19	2	16	50	39	75	.343	.479
Close & Late	.291	433	126	19	2	27	77	43	91	.354	.531	vs. AL	.265	982	260	53	9	50	143	105	203	.339	.490
None on/out	.323	634	205	46	4	43	43	45	114	.373	.612	vs. NL	.278	1775	494	92	12	94	284	145	349	.335	.503

Craig Monroe — Rangers
Age 25 – Bats Right

	Avg	G	AB	R	H	2B	3B	HR	RBI	BB	SO	HBP	GDP	SB	CS	OBP	SLG	IBB	SH	SF	#Pit	#P/PA	GB	FB	G/F
2001 Season	.212	27	52	8	11	1	0	2	5	6	18	0	1	2	0	.293	.346	0	0	0	216	3.72	19	11	1.73

2001 Season

	Avg	AB	H	2B	3B	HR	RBI	BB	SO	OBP	SLG		Avg	AB	H	2B	3B	HR	RBI	BB	SO	OBP	SLG
vs. Left	.212	33	7	1	0	2	4	3	10	.278	.424	Scoring Posn	.364	11	4	0	0	0	2	2	4	.462	.364
vs. Right	.211	19	4	0	0	0	1	3	8	.318	.211	Close & Late	.000	6	0	0	0	0	0	3	2	.333	.000

Trey Moore — Braves
Age 29 – Pitches Left

	ERA	W	L	Sv	G	GS	IP	BB	SO	Avg	H	2B	3B	HR	RBI	OBP	SLG	GF	IR	IRS	Hld	SvOp	SB	CS	GB	FB	G/F
2001 Season	11.25	0	0	0	2	0	4.0	2	1	.368	7	1	0	0	4	.429	.421	0	0	0	0	0	0	0	7	6	1.17
Career (1998-2001)	5.83	3	10	0	23	19	100.1	40	60	.329	140	26	0	12	71	.391	.475	1	3	3	0	0	15	5	139	126	1.10

2001 Season

	ERA	W	L	Sv	G	GS	IP	H	HR	BB	SO		Avg	AB	H	2B	3B	HR	RBI	BB	SO	OBP	SLG
Home	11.25	0	0	0	2	0	4.0	7	0	2	1	vs. Left	.500	2	1	0	0	0	0	0	0	.500	.500
Away	0.00	0	0	0	0	0	0.0	0	0	0	0	vs. Right	.353	17	6	1	0	0	4	2	1	.421	.412

Melvin Mora — Orioles
Age 30 – Bats Right (flyball hitter)

	Avg	G	AB	R	H	2B	3B	HR	RBI	BB	SO	HBP	GDP	SB	CS	OBP	SLG	IBB	SH	SF	#Pit	#P/PA	GB	FB	G/F
2001 Season	.250	128	436	49	109	28	0	7	48	41	91	14	6	11	4	.329	.362	2	5	7	1922	3.82	113	143	0.79
Career (1999-2001)	.259	326	881	115	228	50	5	15	96	80	178	21	11	25	16	.331	.378	5	12	12	3904	3.88	252	275	0.92

2001 Season

	Avg	AB	H	2B	3B	HR	RBI	BB	SO	OBP	SLG		Avg	AB	H	2B	3B	HR	RBI	BB	SO	OBP	SLG
vs. Left	.308	107	33	10	0	1	16	16	20	.395	.430	First Pitch	.286	49	14	2	0	1	4	1	0	.333	.388
vs. Right	.231	329	76	18	0	6	32	25	71	.307	.340	Ahead in Count	.291	86	25	9	0	1	14	24	0	.430	.430
Home	.207	217	45	17	0	6	26	21	45	.294	.336	Behind in Count	.204	206	42	10	0	3	17	0	74	.236	.296
Away	.292	219	64	18	0	1	22	20	46	.364	.388	Two Strikes	.201	219	44	9	0	3	20	16	91	.269	.283
Day	.216	139	30	9	0	2	12	11	29	.289	.324	Batting #2	.200	95	19	6	0	1	14	12	19	.307	.295
Night	.266	297	79	19	0	5	36	30	62	.348	.380	Batting #6	.270	122	33	9	0	2	11	12	26	.362	.393

295

2001 Season

	Avg	AB	H	2B	3B	HR	RBI	BB	SO	OBP	SLG		Avg	AB	H	2B	3B	HR	RBI	BB	SO	OBP	SLG
Grass	.231	372	86	21	0	7	37	34	79	.308	.344	Other	.260	219	57	13	0	4	23	17	46	.321	.374
Turf	.359	64	23	7	0	0	11	7	12	.443	.469	April	.213	75	16	5	0	1	5	5	20	.280	.320
Pre-All Star	.277	260	72	21	0	5	30	26	57	.360	.415	May	.333	66	22	5	0	0	9	8	16	.418	.409
Post-All Star	.210	176	37	7	0	2	18	15	34	.283	.284	June	.326	95	31	10	0	3	10	10	16	.404	.526
Inning 1-6	.272	290	79	16	0	6	31	29	56	.349	.390	July	.170	88	15	4	0	1	9	10	17	.267	.250
Inning 7+	.205	146	30	12	0	1	17	12	35	.289	.308	August	.220	100	22	4	0	2	12	8	21	.296	.320
Scoring Posn	.233	103	24	7	0	0	38	16	26	.323	.301	Sept/Oct	.250	12	3	0	0	0	0	0	1	.250	.250
Close & Late	.185	65	12	3	0	1	6	6	16	.289	.277	vs. AL	.255	373	95	25	0	5	40	37	79	.336	.362
None on/out	.264	106	28	7	0	3	8	8	20	.322	.415	vs. NL	.222	63	14	3	0	2	8	4	12	.286	.365

2001 By Position

Position	Avg	AB	H	2B	3B	HR	RBI	BB	SO	OBP	SLG	G	GS	Innings	PO	A	E	DP	Fld Pct	Rng Fctr	In Zone	Outs	Zone Rtg	MLB Zone
As ss	.231	143	33	9	0	4	15	11	34	.294	.378	43	38	333.1	69	125	7	21	.965	5.24	142	119	.838	.839
As cf	.257	288	74	19	0	3	33	29	56	.343	.354	88	80	706.2	218	4	3	1	.987	2.83	230	215	.935	.892

Career (1999-2001)

	Avg	AB	H	2B	3B	HR	RBI	BB	SO	OBP	SLG		Avg	AB	H	2B	3B	HR	RBI	BB	SO	OBP	SLG
vs. Left	.281	217	61	15	1	4	30	24	40	.348	.415	First Pitch	.329	85	28	3	0	4	8	2	0	.370	.506
vs. Right	.252	664	167	35	4	11	66	56	138	.325	.366	Ahead in Count	.260	169	44	14	0	1	18	44	0	.406	.361
Home	.248	455	113	23	2	11	50	43	92	.326	.380	Behind in Count	.223	435	97	20	3	7	47	0	149	.243	.331
Away	.270	426	115	27	3	4	46	37	86	.336	.376	Two Strikes	.208	447	93	20	3	8	48	33	178	.274	.320
Day	.240	283	68	16	2	6	31	24	59	.312	.375	Batting #1	.261	176	46	10	1	5	22	8	38	.293	.415
Night	.268	598	160	34	3	9	65	56	119	.340	.380	Batting #2	.256	246	63	15	2	3	28	26	39	.343	.370
Grass	.257	768	197	42	5	14	79	69	153	.326	.379	Other	.259	459	119	25	2	7	46	46	101	.338	.368
Turf	.274	113	31	8	0	1	17	11	25	.361	.372	March/April	.223	112	25	6	0	3	13	10	29	.294	.357
Pre-All Star	.272	449	122	32	2	10	56	42	104	.344	.419	May	.312	93	29	5	1	0	13	12	27	.396	.387
Post-All Star	.245	432	106	18	3	5	40	38	74	.317	.336	June	.309	178	55	17	0	6	25	16	32	.374	.506
Inning 1-6	.272	580	158	33	2	11	57	54	104	.345	.393	July	.193	192	37	10	1	2	18	17	37	.269	.286
Inning 7+	.233	301	70	17	3	4	39	26	74	.304	.349	August	.280	214	60	11	3	4	25	20	36	.354	.416
Scoring Posn	.235	200	47	13	1	1	72	30	51	.327	.325	Sept/Oct	.239	92	22	1	0	0	2	5	17	.278	.250
Close & Late	.187	139	26	3	2	2	17	15	40	.281	.281	vs. AL	.260	630	164	35	4	8	61	57	120	.334	.367
None on/out	.243	218	53	13	1	3	3	14	43	.295	.353	vs. NL	.255	251	64	15	1	7	35	23	58	.324	.406

Mike Mordecai — Expos
Age 34 – Bats Right

	Avg	G	AB	R	H	2B	3B	HR	RBI	BB	SO	HBP	GDP	SB	CS	OBP	SLG	IBB	SH	SF	#Pit	#P/PA	GB	FB	G/F
2001 Season	.280	96	254	28	71	17	2	3	32	19	53	1	6	2	2	.330	.398	1	1	2	1008	3.64	91	80	1.14
Last Five Years	.247	425	849	97	210	49	7	15	86	66	154	3	14	7	10	.302	.375	1	6	5	3348	3.60	306	262	1.17

2001 Season

	Avg	AB	H	2B	3B	HR	RBI	BB	SO	OBP	SLG		Avg	AB	H	2B	3B	HR	RBI	BB	SO	OBP	SLG
vs. Left	.313	115	36	7	1	3	20	10	19	.362	.470	Scoring Posn	.297	64	19	6	1	0	27	8	19	.373	.422
vs. Right	.252	139	35	10	1	0	12	9	34	.302	.338	Close & Late	.222	45	10	1	0	0	3	4	12	.286	.244
Home	.240	121	29	9	0	1	14	11	26	.304	.339	None on/out	.322	59	19	6	0	0	0	5	9	.375	.424
Away	.316	133	42	8	2	2	18	8	27	.355	.451	Batting #2	.367	79	29	6	1	2	7	3	13	.390	.544
First Pitch	.350	40	14	4	1	0	2	1	0	.366	.500	Batting #8	.238	63	15	3	0	1	11	7	14	.324	.333
Ahead in Count	.347	49	17	4	0	1	7	10	0	.458	.490	Other	.241	112	27	8	1	0	14	9	26	.293	.330
Behind in Count	.252	123	31	6	1	1	14	0	42	.256	.317	Pre-All Star	.260	123	32	8	1	2	18	10	27	.313	.390
Two Strikes	.219	128	28	5	1	0	14	8	53	.268	.273	Post-All Star	.298	131	39	9	1	1	14	9	26	.345	.405

Last Five Years

	Avg	AB	H	2B	3B	HR	RBI	BB	SO	OBP	SLG		Avg	AB	H	2B	3B	HR	RBI	BB	SO	OBP	SLG
vs. Left	.267	326	87	18	1	7	38	28	57	.321	.393	First Pitch	.321	140	45	12	1	4	18	1	0	.322	.507
vs. Right	.235	523	123	31	6	8	48	38	97	.290	.363	Ahead in Count	.339	183	62	14	4	6	25	33	0	.442	.557
Home	.232	422	98	24	3	8	44	34	79	.291	.360	Behind in Count	.176	369	65	12	2	3	26	0	132	.177	.244
Away	.262	427	112	25	4	7	42	32	75	.314	.389	Two Strikes	.171	392	67	16	1	2	24	32	154	.235	.232
Day	.285	249	71	17	5	7	33	17	46	.327	.478	Batting #2	.299	134	40	10	1	3	12	21	.356	.455
Night	.232	600	139	32	2	8	53	49	108	.292	.332	Batting #8	.243	251	61	10	2	4	27	18	37	.299	.347
Grass	.242	360	87	16	5	4	32	24	71	.288	.347	Other	.235	464	109	29	4	8	47	36	96	.289	.366
Turf	.252	489	123	33	2	11	54	42	83	.312	.395	March/April	.221	68	15	4	1	1	5	7	14	.293	.353
Pre-All Star	.242	446	108	27	3	10	50	40	81	.304	.383	May	.250	172	43	8	2	7	22	14	33	.305	.442
Post-All Star	.253	403	102	22	4	5	36	26	73	.300	.365	June	.234	175	41	13	0	1	17	16	30	.299	.326
Inning 1-6	.273	465	127	31	3	13	53	37	75	.328	.437	July	.234	111	26	3	0	2	14	10	24	.298	.315
Inning 7+	.216	384	83	18	4	2	33	29	79	.271	.299	August	.302	172	52	15	1	2	12	10	28	.348	.436
Scoring Posn	.217	207	45	8	3	2	61	30	56	.313	.314	Sept/Oct	.219	151	33	6	3	2	16	9	25	.259	.338
Close & Late	.211	166	35	6	1	0	13	15	36	.276	.259	vs. AL	.261	111	29	10	0	2	13	7	13	.306	.405
None on/out	.246	207	51	17	2	3	3	11	30	.284	.391	vs. NL	.245	738	181	39	7	13	73	59	141	.302	.370

Juan Moreno — Rangers
Age 27 – Pitches Left (flyball pitcher)

	ERA	W	L	Sv	G	GS	IP	BB	SO	Avg	H	2B	3B	HR	RBI	OBP	SLG	GF	IR	IRS	Hld	SvOp	SB	CS	GB	FB	G/F
2001 Season	3.92	3	3	0	45	0	41.1	28	36	.153	22	4	0	6	16	.291	.306	6	26	6	8	2	3	0	32	63	0.51

2001 Season

	ERA	W	L	Sv	G	GS	IP	H	HR	BB	SO		Avg	AB	H	2B	3B	HR	RBI	BB	SO	OBP	SLG
Home	2.19	1	1	0	26	0	24.2	10	4	17	20	vs. Left	.171	70	12	4	0	3	10	17	17	.333	.357
Away	6.48	2	2	0	19	0	16.2	12	2	11	16	vs. Right	.135	74	10	0	0	3	6	11	19	.247	.257
Starter	0.00	0	0	0	0	0	0.0	0	0	0	0	Scoring Posn	.167	30	5	1	0	2	11	10	9	.375	.400
Reliever	3.92	3	3	0	45	0	41.1	22	6	28	36	Close & Late	.120	50	6	0	0	3	4	10	11	.267	.300

	ERA	W	L	Sv	G	GS	IP	H	HR	BB	SO		Avg	AB	H	2B	3B	HR	RBI	BB	SO	OBP	SLG
0 Days Rest (Relief)	3.38	0	0	0	9	0	8.0	3	1	5	7	None on/out	.103	39	4	1	0	2	2	6	11	.222	.282
1 or 2 Days Rest	3.05	1	1	0	21	0	20.2	10	3	15	18	First Pitch	.143	14	2	0	0	0	1	0	.200	.143
3+ Days Rest	5.68	2	2	0	15	0	12.2	9	2	8	11	Ahead in Count	.071	70	5	1	0	1	4	0	33	.071	.129
Pre-All Star	2.79	1	0	0	19	0	19.1	10	1	16	17	Behind in Count	.314	35	11	2	0	3	9	11	0	.478	.629
Post-All Star	4.91	2	3	0	26	0	22.0	12	5	12	19	Two Strikes	.091	77	7	1	0	3	7	16	36	.247	.221

Mike Morgan — *Diamondbacks*   Age 42 – Pitches Right (groundball pitcher)

	ERA	W	L	Sv	G	GS	IP	BB	SO	Avg	H	2B	3B	HR	RBI	OBP	SLG	GF	IR	IRS	Hld	SvOp	SB	CS	GB	FB	G/F
2001 Season	4.26	1	0	0	31	1	38.0	17	24	.306	45	11	1	2	28	.373	.435	9	23	10	5	1	1	1	66	32	2.06
Last Five Years	4.99	32	30	5	179	82	562.1	193	304	.297	655	137	22	71	325	.358	.476	25	70	29	11	8	33	23	1065	473	2.25

2001 Season

	ERA	W	L	Sv	G	GS	IP	H	HR	BB	SO		Avg	AB	H	2B	3B	HR	RBI	BB	SO	OBP	SLG
Home	3.91	1	0	0	17	0	23.0	27	1	12	20	vs. Left	.208	48	10	2	0	2	8	11	10	.356	.375
Away	4.80	0	0	0	14	1	15.0	18	1	5	4	vs. Right	.354	99	35	9	1	0	20	6	14	.383	.465
Starter	11.25	0	0	0	1	1	4.0	8	1	0	1	Scoring Posn	.241	58	14	5	0	0	24	7	10	.313	.328
Reliever	3.44	1	0	0	30	0	34.0	37	1	17	23	Close & Late	.227	22	5	1	0	0	4	3	5	.308	.273
0 Days Rest (Relief)	6.23	1	0	0	6	0	4.1	6	0	0	4	None on/out	.310	29	9	2	0	0	0	2	4	.355	.379
1 or 2 Days Rest	4.34	0	0	0	16	0	18.2	21	1	14	10	First Pitch	.286	28	8	2	0	1	5	4	0	.375	.464
3+ Days Rest	0.82	0	0	0	8	0	11.0	10	0	3	9	Ahead in Count	.183	71	13	3	1	0	7	0	21	.181	.254
Pre-All Star	8.31	0	0	0	4	1	8.2	15	1	1	2	Behind in Count	.609	23	14	3	0	0	10	4	0	.667	.739
Post-All Star	3.07	1	0	0	27	0	29.1	30	1	16	22	Two Strikes	.186	59	11	3	0	1	4	9	24	.294	.288

Last Five Years

	ERA	W	L	Sv	G	GS	IP	H	HR	BB	SO		Avg	AB	H	2B	3B	HR	RBI	BB	SO	OBP	SLG
Home	4.93	17	13	1	86	38	272.0	333	37	89	154	vs. Left	.285	997	284	57	12	35	136	104	135	.355	.471
Away	5.05	15	17	4	93	44	290.1	322	34	104	150	vs. Right	.308	1206	371	80	10	36	189	89	169	.360	.480
Day	4.76	5	9	3	58	24	172.0	188	27	67	98	Inning 1-6	.303	1826	554	119	20	61	281	159	247	.364	.491
Night	5.10	27	21	2	121	58	390.1	467	44	126	206	Inning 7+	.268	377	101	18	2	10	44	34	57	.327	.406
Grass	5.46	19	21	5	135	46	354.1	436	51	136	180	None on	.283	1281	362	71	14	41	41	89	194	.334	.456
Turf	4.20	13	9	0	44	36	208.0	219	20	57	124	Runners on	.318	922	293	66	8	30	284	104	110	.389	.504
March/April	4.25	5	5	4	31	15	112.1	124	16	27	70	Scoring Posn	.290	562	163	38	4	15	241	84	84	.382	.452
May	5.70	6	5	1	28	17	102.2	127	15	32	48	Close & Late	.277	119	33	7	1	4	19	19	16	.371	.454
June	3.92	7	4	0	22	16	96.1	98	12	35	40	None on/out	.284	564	160	31	6	18	18	36	83	.331	.456
July	4.94	4	6	0	25	11	71.0	86	7	27	35	vs. 1st Batr (relief)	.326	92	30	4	0	3	23	4	13	.351	.467
August	7.00	4	4	0	31	14	91.1	125	10	40	58	1st Inning Pitched	.295	643	190	35	4	18	111	52	101	.349	.446
Sept/Oct	4.26	6	6	0	42	9	88.2	95	11	32	53	First 15 Pitches	.301	551	166	28	5	18	81	37	76	.346	.468
Starter	5.26	24	25	0	82	82	425.2	501	58	139	218	Pitch 16-30	.277	466	129	32	1	13	66	45	75	.344	.433
Reliever	4.15	8	5	5	97	0	136.2	154	13	54	86	Pitch 31-45	.290	373	108	17	2	13	52	33	55	.355	.450
0 Days Rest (Relief)	4.50	1	1	1	16	0	14.0	19	1	5	10	Pitch 46+	.310	813	252	60	14	27	126	78	98	.375	.518
1 or 2 Days Rest	7.02	3	4	2	47	0	59.0	82	9	31	35	First Pitch	.379	338	128	22	5	17	65	15	0	.414	.624
3+ Days Rest	1.41	4	0	2	34	0	63.2	53	3	18	41	Ahead in Count	.239	893	213	45	8	25	101	0	262	.250	.391
vs. AL	5.30	15	11	0	50	36	212.1	266	40	62	99	Behind in Count	.349	568	198	46	2	18	101	95	0	.437	.532
vs. NL	4.81	17	19	5	129	46	350.0	389	31	131	205	Two Strikes	.205	820	168	39	6	17	76	83	304	.286	.329
Pre-All Star	4.80	20	15	5	87	51	329.2	381	45	104	166	Pre-All Star	.296	1285	381	71	12	45	168	104	166	.354	.475
Post-All Star	5.26	12	15	0	92	31	232.2	274	26	89	138	Post-All Star	.298	918	274	66	10	26	157	89	138	.364	.477

Matt Morris — *Cardinals*   Age 27 – Pitches Right (groundball pitcher)

	ERA	W	L	Sv	G	GS	IP	BB	SO	Avg	H	2B	3B	HR	RBI	OBP	SLG	CG	ShO	Sup	QS	#P/S	SB	CS	GB	FB	G/F
2001 Season	3.16	22	8	0	34	34	216.1	54	185	.265	218	45	2	13	79	.318	.372	2	1	6.41	24	98	11	5	326	162	2.01
Career (1997-2001)	3.09	44	25	4	115	84	600.0	182	447	.258	580	112	9	36	213	.319	.364	7	2	5.03	59	99	33	18	907	496	1.83

2001 Season

	ERA	W	L	Sv	G	GS	IP	H	HR	BB	SO		Avg	AB	H	2B	3B	HR	RBI	BB	SO	OBP	SLG
Home	1.62	15	2	0	18	18	122.0	103	3	24	103	vs. Left	.237	358	85	17	1	7	29	30	89	.309	.349
Away	5.15	7	6	0	16	16	94.1	115	10	30	82	vs. Right	.286	465	133	28	1	6	50	24	96	.326	.389
Day	2.55	12	1	0	16	16	98.2	92	5	23	96	Inning 1-6	.260	701	182	38	1	11	68	51	162	.319	.364
Night	3.67	10	7	0	18	18	117.2	126	8	31	89	Inning 7+	.295	122	36	7	1	2	11	3	23	.315	.418
Grass	3.05	21	8	0	33	33	209.2	208	12	51	179	None on	.264	478	126	25	2	5	5	27	99	.311	.356
Turf	6.75	1	0	0	1	1	6.2	10	1	3	6	Runners on	.267	345	92	20	0	8	74	27	86	.328	.394
April	3.19	3	2	0	5	5	31.0	32	2	7	19	Scoring Posn	.255	188	48	12	0	5	64	20	53	.329	.399
May	1.93	4	1	0	6	6	42.0	35	4	11	39	Close & Late	.333	66	22	4	1	1	8	2	11	.348	.470
June	3.00	3	1	0	6	6	39.0	47	1	10	20	None on/out	.286	210	60	8	1	4	4	14	44	.342	.390
July	5.10	2	3	0	5	5	30.0	31	3	7	27	vs. 1st Batr (relief)	.000	0	0	0	0	0	0	0	0	.000	.000
August	3.76	6	0	0	6	6	40.2	44	1	11	38	1st Inning Pitched	.284	134	38	8	0	3	23	10	24	.351	.410
Sept/Oct	2.41	4	1	0	6	6	33.2	29	2	8	42	First 75 Pitches	.269	580	156	31	1	10	57	42	129	.328	.378
Starter	3.16	22	8	0	34	34	216.1	218	13	54	185	Pitch 76-90	.243	115	28	7	0	1	13	4	32	.267	.330
Reliever	0.00	0	0	0	0	0	0.0	0	0	0	0	Pitch 91-105	.226	97	21	5	0	2	5	7	16	.280	.344
0-3 Days Rest (Start)	0.00	0	0	0	0	0	0.0	0	0	0	0	Pitch 106+	.371	35	13	2	1	0	4	1	8	.421	.486
4 Days Rest	2.68	15	4	0	22	22	144.2	125	6	36	124	First Pitch	.305	118	36	10	0	3	16	3	0	.336	.466
5+ Days Rest	4.14	7	4	0	12	12	71.2	93	7	18	61	Ahead in Count	.203	400	81	15	1	3	30	0	154	.215	.268
vs. AL	7.31	1	2	0	3	3	16.0	24	2	4	14	Behind in Count	.387	155	60	13	0	6	19	29	0	.478	.587
vs. NL	2.83	21	6	0	31	31	200.1	194	11	50	171	Two Strikes	.184	407	75	10	2	4	31	22	185	.240	.248
Pre-All Star	3.23	10	5	0	18	18	114.1	121	9	29	79	Pre-All Star	.278	435	121	27	1	9	45	29	79	.333	.407
Post-All Star	3.09	12	3	0	16	16	102.0	97	4	25	106	Post-All Star	.250	388	97	18	1	4	34	25	106	.302	.332

297

Career (1997-2001)

	ERA	W	L	Sv	G	GS	IP	H	HR	BB	SO		Avg	AB	H	2B	3B	HR	RBI	BB	SO	OBP	SLG
Home	2.40	28	13	1	62	49	349.1	309	16	99	286	vs. Left	.247	1054	260	53	6	21	106	108	232	.320	.368
Away	4.06	16	12	3	53	35	250.2	271	20	83	161	vs. Right	.268	1194	320	59	3	15	107	74	215	.318	.360
Day	3.45	20	10	2	48	36	250.2	246	17	76	207	Inning 1-6	.254	1771	449	84	4	28	165	147	365	.316	.353
Night	2.83	24	15	2	67	48	349.1	334	19	106	240	Inning 7+	.275	477	131	28	5	8	48	35	82	.330	.405
Grass	2.99	43	23	4	106	78	559.0	529	34	166	430	None on	.253	1317	333	63	7	14	98	261		.310	.343
Turf	4.39	1	2	0	9	6	41.0	51	2	16	17	Runners on	.265	931	247	49	2	22	199	84	186	.330	.393
March/April	3.06	3	3	0	10	10	53.0	60	3	13	34	Scoring Posn	.255	526	134	29	0	12	169	64	120	.334	.378
May	2.20	6	3	1	13	12	86.0	72	6	23	69	Close & Late	.281	295	83	19	3	7	35	22	45	.335	.437
June	2.99	7	3	1	19	12	93.1	100	6	26	54	None on/out	.271	576	156	24	1	8	47	111		.332	.358
July	2.83	6	7	0	22	16	114.1	99	6	40	87	vs. 1st Batr (relief)	.133	30	4	1	0	0	0	0	8	.161	.167
August	3.89	11	6	0	26	16	122.2	125	6	43	90	1st Inning Pitched	.258	430	111	24	1	7	50	39	92	.328	.367
Sept/Oct	3.24	11	3	2	25	18	130.2	124	9	37	113	First 75 Pitches	.263	1657	436	85	5	29	160	139	327	.325	.373
Starter	3.04	41	22	0	84	84	547.0	527	33	165	413	Pitch 76-90	.229	284	65	13	0	2	25	15	62	.272	.296
Reliever	3.57	3	3	4	31	0	53.0	53	3	17	34	Pitch 91-105	.231	212	49	10	2	5	18	20	37	.300	.368
0-3 Days Rest (Start)	0.00	0	0	0	0	0	0.0	0	0	0	0	Pitch 106+	.316	95	30	4	2	0	10	8	21	.389	.400
4 Days Rest	2.92	29	9	0	54	54	357.1	312	18	116	262	First Pitch	.302	318	96	20	1	7	42	11	0	.330	.437
5+ Days Rest	3.27	12	13	0	30	30	189.2	215	15	49	151	Ahead in Count	.201	1064	214	42	4	8	64	0	389	.211	.271
vs. AL	3.55	3	3	0	9	6	45.2	47	4	11	32	Behind in Count	.350	457	160	30	3	13	58	87	0	.449	.514
vs. NL	3.05	41	22	4	106	78	554.1	533	32	171	415	Two Strikes	.179	1070	192	30	3	8	68	84	447	.249	.236
Pre-All Star	3.05	16	12	2	46	36	244.2	249	17	67	169	Pre-All Star	.271	920	249	48	1	17	89	67	169	.326	.380
Post-All Star	3.12	28	14	2	69	48	355.1	331	19	115	278	Post-All Star	.249	1328	331	64	8	19	124	115	278	.314	.352

Warren Morris — Pirates
Age 28 – Bats Left

	Avg	G	AB	R	H	2B	3B	HR	RBI	BB	SO	HBP	GDP	SB	CS	OBP	SLG	IBB	SH	SF	#Pit	#P/PA	GB	FB	G/F
2001 Season	.204	48	103	6	21	6	0	2	11	3	9	2	2	2	3	.239	.320	0	0	1	351	3.22	52	34	1.53
Career (1999-2001)	.267	339	1142	139	305	57	5	20	127	127	175	6	21	12	20	.341	.378	6	12	9	4539	3.50	437	344	1.27

2001 Season

	Avg	AB	H	2B	3B	HR	RBI	BB	SO	OBP	SLG		Avg	AB	H	2B	3B	HR	RBI	BB	SO	OBP	SLG
vs. Left	.300	10	3	1	0	0	0	0	2	.300	.400	Scoring Posn	.222	27	6	3	0	0	9	0	3	.214	.333
vs. Right	.194	93	18	5	0	2	11	3	7	.232	.312	Close & Late	.133	15	2	1	0	0	1	1	2	.235	.200

Career (1999-2001)

	Avg	AB	H	2B	3B	HR	RBI	BB	SO	OBP	SLG		Avg	AB	H	2B	3B	HR	RBI	BB	SO	OBP	SLG
vs. Left	.290	207	60	9	2	2	25	20	35	.354	.382	First Pitch	.367	196	72	12	1	1	23	4	0	.376	.454
vs. Right	.262	935	245	48	3	18	102	107	140	.338	.378	Ahead in Count	.323	294	95	11	0	12	49	62	0	.440	.483
Home	.270	578	156	32	2	14	67	62	87	.342	.405	Behind in Count	.172	460	79	17	0	4	38	0	151	.176	.235
Away	.264	564	149	25	3	6	60	65	88	.340	.351	Two Strikes	.159	435	69	13	1	3	26	61	175	.266	.214
Day	.277	350	97	16	0	3	42	37	47	.348	.349	Batting #1	.266	241	64	13	2	2	13	22	29	.326	.361
Night	.263	792	208	41	5	17	85	90	128	.338	.391	Batting #6	.282	517	146	28	2	8	73	58	78	.354	.391
Grass	.253	502	127	24	2	5	49	50	72	.322	.339	Other	.247	384	95	16	1	10	41	47	68	.333	.372
Turf	.278	640	178	33	3	15	78	77	103	.356	.409	March/April	.257	136	35	4	1	2	12	20	31	.352	.346
Pre-All Star	.273	582	159	27	1	11	69	68	91	.349	.380	May	.251	191	48	8	0	5	23	26	31	.345	.372
Post-All Star	.261	560	146	30	4	9	58	59	84	.333	.377	June	.299	187	56	9	0	3	24	17	25	.353	.396
Inning 1-6	.270	744	201	39	3	14	88	87	113	.347	.387	July	.274	201	55	13	2	3	24	21	20	.344	.403
Inning 7+	.261	398	104	18	2	6	39	40	62	.330	.362	August	.276	181	50	7	1	5	13	23	36	.361	.409
Scoring Posn	.261	280	73	16	0	6	109	33	47	.331	.382	Sept/Oct	.248	246	61	16	1	2	31	20	32	.302	.346
Close & Late	.269	201	54	12	1	2	22	19	36	.336	.368	vs. AL	.352	108	38	9	0	2	14	8	14	.397	.491
None on/out	.256	309	79	13	2	5	5	38	48	.341	.359	vs. NL	.258	1034	267	48	5	18	113	119	161	.336	.367

Damian Moss — Braves
Age 25 – Pitches Left

	ERA	W	L	Sv	G	GS	IP	BB	SO	Avg	H	2B	3B	HR	RBI	OBP	SLG	GF	IR	IRS	Hld	SvOp	SB	CS	GB	FB	G/F
2001 Season	3.00	0	0	0	5	1	9.0	9	8	.097	3	1	0	1	5	.300	.226	2	4	2	0	0	2	0	10	11	0.91

2001 Season

	ERA	W	L	Sv	G	GS	IP	H	HR	BB	SO		Avg	AB	H	2B	3B	HR	RBI	BB	SO	OBP	SLG
Home	2.25	0	0	0	3	1	8.0	2	0	9	8	vs. Left	.154	13	2	0	0	1	3	2	4	.267	.385
Away	9.00	0	0	0	2	0	1.0	1	1	0	0	vs. Right	.056	18	1	1	0	0	2	7	4	.320	.111

Guillermo Mota — Expos
Age 28 – Pitches Right

	ERA	W	L	Sv	G	GS	IP	BB	SO	Avg	H	2B	3B	HR	RBI	OBP	SLG	GF	IR	IRS	Hld	SvOp	SB	CS	GB	FB	G/F
2001 Season	5.26	1	3	0	53	0	49.2	18	31	.271	51	9	2	9	34	.335	.484	12	30	10	12	3	9	0	62	63	0.98
Career (1999-2001)	4.47	4	8	0	133	0	135.0	55	82	.260	132	27	3	17	76	.334	.425	37	75	24	20	4	15	2	179	164	1.09

2001 Season

	ERA	W	L	Sv	G	GS	IP	H	HR	BB	SO		Avg	AB	H	2B	3B	HR	RBI	BB	SO	OBP	SLG
Home	7.25	1	2	0	24	0	22.1	27	5	10	12	vs. Left	.310	71	22	3	1	4	11	12	15	.405	.549
Away	3.62	0	1	0	29	0	27.1	24	4	8	19	vs. Right	.248	117	29	6	1	5	23	6	16	.288	.444
Starter	0.00	0	0	0	0	0	0.0	0	0	0	0	Scoring Posn	.317	60	19	2	1	4	29	9	10	.403	.583
Reliever	5.26	1	3	0	53	0	49.2	51	9	18	31	Close & Late	.250	48	12	6	0	2	6	6	5	.333	.500
0 Days Rest (Relief)	2.16	1	0	0	11	0	8.1	3	2	6	6	None on/out	.273	44	12	2	1	1	1	3	8	.319	.432
1 or 2 Days Rest	4.70	0	1	0	29	0	30.2	32	5	6	17	First Pitch	.240	25	6	1	0	1	5	1	0	.259	.400
3+ Days Rest	9.28	0	2	0	13	0	10.2	16	2	6	8	Ahead in Count	.283	92	26	2	1	4	14	0	24	.287	.457
Pre-All Star	4.39	1	1	0	41	0	41.0	37	8	12	24	Behind in Count	.270	37	10	2	1	3	11	7	0	.386	.622
Post-All Star	9.35	0	2	0	12	0	8.2	14	1	6	7	Two Strikes	.239	92	22	2	1	2	13	10	31	.311	.348

Career (1999-2001)

	ERA	W	L	Sv	G	GS	IP	H	HR	BB	SO		Avg	AB	H	2B	3B	HR	RBI	BB	SO	OBP	SLG
Home	5.13	3	3	0	63	0	66.2	71	10	23	40	vs. Left	.270	200	54	11	1	10	25	27	39	.355	.485
Away	3.82	1	5	0	70	0	68.1	61	7	32	42	vs. Right	.253	308	78	16	2	7	51	28	43	.321	.386
Day	4.20	2	2	0	43	0	45.0	46	4	17	33	Inning 1-6	.284	95	27	2	3	5	21	9	19	.336	.526
Night	4.60	2	6	0	90	0	90.0	86	13	38	49	Inning 7+	.254	413	105	25	0	12	55	46	63	.334	.402
Grass	3.05	0	4	0	54	0	56.0	45	6	23	35	None on	.250	276	69	14	1	13	13	26	46	.317	.446
Turf	5.47	4	4	0	79	0	79.0	87	11	32	47	Runners on	.272	232	63	13	2	4	63	29	36	.354	.397
March/April	1.13	0	0	0	14	0	16.0	9	1	2	12	Scoring Posn	.248	157	39	5	2	4	59	22	28	.340	.382
May	4.97	1	0	0	27	0	25.1	23	7	11	13	Close & Late	.243	152	37	10	0	5	22	22	17	.339	.408
June	4.73	2	3	0	30	0	32.1	30	4	10	15	None on/out	.252	119	30	6	1	5	5	13	20	.331	.445
July	4.66	0	1	0	19	0	19.1	25	1	11	8	vs. 1st Batr (relief)	.288	118	34	7	1	4	21	11	21	.353	.466
August	13.50	1	0	0	7	0	6.2	13	1	6	8	1st Inning Pitched	.261	406	106	23	3	13	63	43	69	.336	.429
Sept/Oct	3.57	1	3	0	36	0	35.1	32	3	15	26	First 15 Pitches	.260	342	89	19	2	12	44	31	51	.326	.433
Starter	0.00	0	0	0	0	0	0.0	0	0	0	0	Pitch 16-30	.248	141	35	7	1	3	24	23	29	.353	.376
Reliever	4.47	4	8	0	133	0	135.0	132	17	55	82	Pitch 31-45	.333	24	8	1	0	2	7	1	1	.360	.625
0 Days Rest (Relief)	2.74	2	1	0	24	0	23.0	17	4	11	17	Pitch 46+	.000	1	0	0	0	0	1	0	1	.000	.000
1 or 2 Days Rest	4.91	2	2	0	73	0	77.0	79	9	26	45	First Pitch	.222	63	14	2	0	1	9	3	0	.250	.302
3+ Days Rest	4.63	0	5	0	36	0	35.0	36	4	18	20	Ahead in Count	.224	245	55	6	2	6	27	0	70	.232	.339
vs. AL	5.89	1	1	0	18	0	18.1	19	3	6	3	Behind in Count	.346	107	37	10	1	8	28	26	0	.471	.682
vs. NL	4.24	3	7	0	115	0	116.2	113	14	49	79	Two Strikes	.232	246	57	8	2	4	30	25	82	.307	.329
Pre-All Star	4.44	2	5	0	78	0	79.0	73	13	28	40	Pre-All Star	.250	292	73	16	2	13	42	28	40	.318	.452
Post-All Star	4.50	2	3	0	55	0	56.0	59	4	27	42	Post-All Star	.273	216	59	11	1	4	34	27	42	.356	.389

Chad Mottola — Marlins
Age 30 – Bats Right

	Avg	G	AB	R	H	2B	3B	HR	RBI	BB	SO	HBP	GDP	SB	CS	OBP	SLG	IBB	SH	SF	#Pit	#P/PA	GB	FB	G/F
2001 Season	.000	5	7	1	0	0	0	0	1	2	2	0	0	0	0	.200	.000	0	0	0	47	4.70	1	5	0.20
Last Five Years	.125	8	16	2	2	0	0	0	3	2	6	1	0	0	0	.250	.125	0	0	1	87	4.35	2	7	0.29

2001 Season

	Avg	AB	H	2B	3B	HR	RBI	BB	SO	OBP	SLG		Avg	AB	H	2B	3B	HR	RBI	BB	SO	OBP	SLG
vs. Left	.000	3	0	0	0	0	1	1	1	.200	.000	Scoring Posn	.000	2	0	0	0	0	1	0	2	.000	.000
vs. Right	.000	4	0	0	0	0	0	1	1	.200	.000	Close & Late	.000	1	0	0	0	0	1	0	1	.000	.000

James Mouton — Brewers
Age 33 – Bats Right (flyball hitter)

	Avg	G	AB	R	H	2B	3B	HR	RBI	BB	SO	HBP	GDP	SB	CS	OBP	SLG	IBB	SH	SF	#Pit	#P/PA	GB	FB	G/F
2001 Season	.246	75	138	20	34	8	0	2	10	11	40	6	1	7	3	.329	.348	0	3	0	658	4.16	38	38	1.00
Last Five Years	.231	398	662	98	153	31	4	9	70	84	155	13	14	39	19	.327	.331	2	12	5	2997	3.86	203	206	0.99

2001 Season

	Avg	AB	H	2B	3B	HR	RBI	BB	SO	OBP	SLG		Avg	AB	H	2B	3B	HR	RBI	BB	SO	OBP	SLG
vs. Left	.162	37	6	1	0	0	3	4	14	.279	.189	Scoring Posn	.250	28	7	1	0	0	7	2	8	.364	.286
vs. Right	.277	101	28	7	0	2	7	7	26	.348	.406	Close & Late	.263	19	5	2	0	0	1	1	8	.364	.368
Home	.295	78	23	6	0	1	5	5	20	.353	.410	None on/out	.184	49	9	3	0	0	0	2	14	.245	.245
Away	.183	60	11	2	0	1	5	6	20	.300	.267	Batting #1	.220	91	20	4	0	0	6	8	23	.311	.264
First Pitch	.286	14	4	1	0	1	4	0	0	.286	.571	Batting #9	.235	17	4	0	0	1	2	1	7	.316	.412
Ahead in Count	.381	21	8	2	0	1	3	6	0	.536	.619	Other	.333	30	10	4	0	1	2	2	10	.394	.567
Behind in Count	.213	80	17	4	0	0	3	0	34	.250	.263	Pre-All Star	.290	62	18	1	0	1	6	2	14	.333	.355
Two Strikes	.195	87	17	5	0	0	3	5	40	.271	.253	Post-All Star	.211	76	16	7	0	1	4	9	26	.326	.342

Last Five Years

	Avg	AB	H	2B	3B	HR	RBI	BB	SO	OBP	SLG		Avg	AB	H	2B	3B	HR	RBI	BB	SO	OBP	SLG
vs. Left	.241	294	71	17	2	4	33	41	65	.339	.354	First Pitch	.330	94	31	8	2	3	17	2	0	.357	.553
vs. Right	.223	368	82	14	2	5	37	43	90	.318	.313	Ahead in Count	.333	111	37	9	0	4	17	45	0	.525	.523
Home	.272	320	87	18	2	4	39	38	75	.358	.378	Behind in Count	.184	331	61	11	1	0	25	0	135	.202	.224
Away	.193	342	66	13	2	5	31	46	80	.299	.287	Two Strikes	.171	346	59	11	0	1	23	37	155	.259	.211
Day	.232	250	58	15	0	2	21	34	63	.340	.316	Batting #1	.200	235	47	10	2	2	20	29	65	.304	.285
Night	.231	412	95	16	4	7	49	50	92	.319	.340	Batting #2	.278	151	42	11	0	2	22	17	18	.353	.391
Grass	.220	446	98	19	3	7	44	57	111	.318	.323	Other	.232	276	64	10	2	5	28	38	72	.333	.337
Turf	.255	216	55	12	1	2	26	27	44	.345	.347	March/April	.250	100	25	8	0	2	17	12	16	.336	.390
Pre-All Star	.238	411	98	20	3	6	43	50	89	.326	.345	May	.218	170	37	5	3	2	10	26	47	.320	.329
Post-All Star	.219	251	55	11	1	3	27	34	66	.329	.307	June	.248	121	30	5	0	2	15	11	24	.326	.339
Inning 1-6	.217	374	81	15	2	7	33	39	80	.299	.324	July	.224	58	13	3	0	0	3	5	16	.297	.276
Inning 7+	.250	288	72	16	2	2	37	45	75	.363	.340	August	.231	156	36	7	1	3	21	18	34	.330	.346
Scoring Posn	.211	175	37	10	2	2	58	23	43	.322	.326	Sept/Oct	.211	57	12	3	0	0	4	12	18	.348	.263
Close & Late	.189	132	25	4	2	1	13	19	38	.314	.273	vs. AL	.173	52	9	1	0	0	0	4	10	.232	.192
None on/out	.245	184	45	10	1	1	16	44	.319	.315	vs. NL	.236	610	144	30	4	9	70	80	145	.335	.343

Lyle Mouton — Astros
Age 33 – Bats Right

	Avg	G	AB	R	H	2B	3B	HR	RBI	BB	SO	HBP	GDP	SB	CS	OBP	SLG	IBB	SH	SF	#Pit	#P/PA	GB	FB	G/F
2001 Season	.059	21	17	1	1	0	0	0	1	0	7	0	0	0	0	.059	.059	0	0	0	74	4.35	5	3	1.67
Last Five Years	.262	183	412	48	108	19	1	10	50	30	113	2	10	5	4	.313	.386	1	0	4	1683	3.76	137	103	1.33

2001 Season

	Avg	AB	H	2B	3B	HR	RBI	BB	SO	OBP	SLG		Avg	AB	H	2B	3B	HR	RBI	BB	SO	OBP	SLG
vs. Left	.000	5	0	0	0	0	0	0	0	.000	.000	Scoring Posn	.250	4	1	0	0	0	1	0	2	.250	.250
vs. Right	.083	12	1	0	0	0	0	7	.083	.083	Close & Late	.000	3	0	0	0	0	0	0	0	.000	.000

Jamie Moyer — Mariners

Age 39 – Pitches Left

Last Five Years

	Avg	AB	H	2B	3B	HR	RBI	BB	SO	OBP	SLG		Avg	AB	H	2B	3B	HR	RBI	BB	SO	OBP	SLG
vs. Left	.275	167	46	7	0	5	21	13	38	.326	.407	First Pitch	.422	64	27	7	1	2	16	1	0	.433	.656
vs. Right	.253	245	62	12	1	5	29	17	75	.303	.371	Ahead in Count	.343	70	24	3	0	3	9	13	0	.446	.514
Home	.244	217	53	11	1	7	26	10	56	.281	.401	Behind in Count	.173	208	36	3	0	3	16	0	98	.175	.231
Away	.282	195	55	8	0	3	24	20	57	.346	.369	Two Strikes	.162	216	35	5	0	4	18	16	113	.221	.241
Day	.271	129	35	8	0	4	21	8	32	.314	.426	Batting #5	.243	148	36	8	1	4	21	7	36	.274	.392
Night	.258	283	73	11	1	6	29	22	81	.312	.367	Batting #6	.328	122	40	5	0	4	12	12	29	.387	.467
Grass	.277	354	98	14	1	9	44	28	95	.330	.398	Other	.225	142	32	6	0	2	17	11	48	.286	.310
Turf	.172	58	10	5	0	1	6	2	18	.200	.310	March/April	.262	61	16	3	0	2	9	5	20	.309	.410
Pre-All Star	.265	268	71	12	1	6	36	17	74	.309	.384	May	.304	112	34	5	1	2	14	7	25	.352	.420
Post-All Star	.257	144	37	7	0	4	14	13	39	.318	.389	June	.214	84	18	4	0	2	11	5	26	.256	.333
Inning 1-6	.276	272	75	9	0	9	36	11	67	.303	.408	July	.269	52	14	2	0	0	2	1	15	.283	.308
Inning 7+	.236	140	33	10	1	1	14	19	46	.329	.343	August	.225	40	9	1	0	1	2	5	11	.311	.325
Scoring Posn	.304	102	31	10	1	3	42	13	32	.370	.510	Sept/Oct	.270	63	17	4	0	3	12	7	16	.343	.476
Close & Late	.271	59	16	2	1	0	6	7	20	.353	.339	vs. AL	.282	241	68	9	0	6	25	15	63	.323	.394
None on/out	.240	100	24	2	0	1	9	6	29	.283	.290	vs. NL	.234	171	40	10	1	4	25	15	50	.298	.374

	ERA	W	L	Sv	G	GS	IP	BB	SO	Avg	H	2B	3B	HR	RBI	OBP	SLG	CG	ShO	Sup	QS	#P/S	SB	CS	GB	FB	G/F
2001 Season	3.43	20	6	0	33	33	209.2	44	119	.239	187	34	3	24	78	.285	.383	1	0	6.01	20	93	12	7	258	286	0.90
Last Five Years	3.95	79	38	0	155	155	1014.2	230	625	.259	1016	205	12	113	423	.305	.404	11	3	5.85	94	100	70	28	1402	1242	1.13

2001 Season

	ERA	W	L	Sv	G	GS	IP	H	HR	BB	SO		Avg	AB	H	2B	3B	HR	RBI	BB	SO	OBP	SLG
Home	2.77	11	3	0	16	16	107.1	78	9	21	66	vs. Left	.252	214	54	8	0	9	24	11	24	.312	.416
Away	4.13	9	3	0	17	17	102.1	109	15	23	53	vs. Right	.235	567	133	26	3	15	54	33	95	.274	.370
Day	3.18	7	1	0	10	10	62.1	57	7	11	32	Inning 1-6	.250	709	177	30	3	24	75	38	109	.293	.402
Night	3.54	13	5	0	23	23	147.1	130	17	33	87	Inning 7+	.139	72	10	4	0	0	3	6	10	.205	.194
Grass	3.41	17	6	0	30	30	190.0	169	20	41	104	None on	.213	512	109	16	3	14	25	83	262	.338
Turf	3.66	3	0	0	3	3	19.2	18	4	3	15	Runners on	.290	269	78	18	0	10	64	19	36	.327	.468
April	3.86	4	0	0	5	5	28.0	31	4	9	13	Scoring Posn	.233	133	31	9	0	2	44	16	23	.294	.346
May	5.10	2	1	0	5	5	30.0	32	8	7	14	Close & Late	.081	37	3	1	0	0	1	3	4	.150	.108
June	4.71	3	2	0	6	6	36.1	28	4	9	24	None on/out	.222	216	48	7	2	4	4	30	.247	.329
July	3.00	2	2	0	5	5	33.0	37	3	5	16	vs. 1st Batr (relief)	.000	0	0	0	0	0	0	0	0	.000	.000
August	1.84	5	0	0	6	6	44.0	27	4	5	24	1st Inning Pitched	.238	122	29	7	1	1	11	6	16	.291	.336
Sept/Oct	2.82	4	1	0	6	6	38.1	32	1	9	28	First 75 Pitches	.237	633	150	27	2	17	61	28	91	.276	.367
Starter	3.43	20	6	0	33	33	209.2	187	24	44	119	Pitch 76-90	.250	88	22	3	1	6	11	10	14	.320	.511
Reliever	0.00	0	0	0	0	0	0.0	0	0	0	0	Pitch 91-105	.239	46	11	2	0	1	5	3	12	.286	.348
0-3 Days Rest (Start)	2.45	1	0	0	2	2	11.0	5	1	5	7	Pitch 106+	.286	14	4	2	0	0	1	3	2	.412	.429
4 Days Rest	3.68	12	4	0	18	18	117.1	105	17	25	75	First Pitch	.275	109	30	5	0	2	14	2	0	.284	.376
5+ Days Rest	3.21	7	2	0	13	13	81.1	77	6	14	37	Ahead in Count	.188	341	64	15	2	7	28	0	98	.202	.305
vs. AL	3.22	20	4	0	31	31	198.1	168	24	43	116	Behind in Count	.271	181	49	7	0	7	20	22	0	.346	.425
vs. NL	7.15	0	2	0	2	2	11.1	19	0	1	3	Two Strikes	.177	339	60	11	2	10	27	20	119	.229	.310
Pre-All Star	4.75	9	4	0	17	17	100.1	102	18	26	55	Pre-All Star	.262	389	102	19	0	18	52	26	55	.316	.450
Post-All Star	2.22	11	2	0	16	16	109.1	85	6	18	64	Post-All Star	.217	392	85	15	3	6	26	18	64	.254	.316

Last Five Years

	ERA	W	L	Sv	G	GS	IP	H	HR	BB	SO		Avg	AB	H	2B	3B	HR	RBI	BB	SO	OBP	SLG
Home	3.71	43	22	0	79	79	533.0	506	55	118	347	vs. Left	.268	1042	279	49	4	37	123	55	155	.319	.429
Away	4.20	36	16	0	76	76	481.2	510	58	112	278	vs. Right	.256	2880	737	156	8	76	300	175	470	.300	.395
Day	3.92	23	10	0	46	46	305.0	303	36	60	162	Inning 1-6	.260	3433	891	171	11	103	379	203	560	.306	.406
Night	3.96	56	28	0	109	109	709.2	713	77	170	463	Inning 7+	.256	489	125	34	1	10	44	27	65	.299	.391
Grass	4.08	44	27	0	99	99	630.1	629	71	151	364	None on	.241	2378	574	114	6	67	67	127	392	.288	.370
Turf	3.72	35	11	0	56	56	384.1	387	42	79	261	Runners on	.286	1544	442	91	6	46	356	103	233	.331	.442
March/April	4.76	8	7	0	20	20	126.2	142	18	28	82	Scoring Posn	.271	824	223	49	4	23	291	73	140	.327	.424
May	4.04	13	6	0	24	24	160.1	171	21	41	82	Close & Late	.248	222	55	14	0	5	21	13	27	.292	.378
June	4.11	14	5	0	28	28	179.2	171	20	34	108	None on/out	.241	1037	250	39	3	28	28	38	150	.277	.365
July	3.82	16	6	0	28	28	183.2	187	20	41	119	vs. 1st Batr (relief)	.000	0	0	0	0	0	0	0	0	.000	.000
August	4.02	13	7	0	29	29	192.1	197	23	53	119	1st Inning Pitched	.265	599	159	26	2	16	64	37	89	.314	.396
Sept/Oct	3.14	15	7	0	26	26	172.0	148	11	33	115	First 75 Pitches	.254	2837	720	129	8	83	291	146	456	.296	.393
Starter	3.95	79	38	0	155	155	1014.2	1016	113	230	625	Pitch 76-90	.260	531	138	35	3	14	59	46	83	.321	.416
Reliever	0.00	0	0	0	0	0	0.0	0	0	0	0	Pitch 91-105	.272	367	100	22	1	12	42	23	55	.319	.436
0-3 Days Rest (Start)	2.52	1	0	0	4	4	25.0	15	3	8	12	Pitch 106+	.310	187	58	19	0	4	31	15	31	.368	.476
4 Days Rest	4.25	57	25	0	102	102	678.0	694	85	156	425	First Pitch	.320	537	172	32	0	15	66	8	0	.331	.464
5+ Days Rest	3.41	21	13	0	49	49	311.2	307	25	66	188	Ahead in Count	.203	1693	343	60	4	41	154	0	514	.213	.315
vs. AL	4.07	70	33	0	137	137	893.1	905	104	209	547	Behind in Count	.318	888	282	60	3	33	124	109	0	.391	.603
vs. NL	3.04	9	5	0	18	18	121.1	111	9	21	78	Two Strikes	.185	1699	315	68	6	41	139	113	625	.242	.305
Pre-All Star	4.41	38	21	0	80	80	509.2	539	66	118	303	Pre-All Star	.268	2009	539	111	6	66	225	118	303	.316	.428
Post-All Star	3.48	41	17	0	75	75	505.0	477	47	112	322	Post-All Star	.249	1913	477	94	6	47	198	112	322	.294	.378

300

Bill Mueller — Cubs
Age 31 – Bats Both

	Avg	G	AB	R	H	2B	3B	HR	RBI	BB	SO	HBP	GDP	SB	CS	OBP	SLG	IBB	SH	SF	#Pit	#P/PA	GB	FB	G/F
2001 Season	.295	70	210	38	62	12	1	6	23	37	19	3	4	1	1	.403	.448	3	4	3	954	3.71	89	60	1.48
Last Five Years	.286	612	2108	340	603	118	8	34	217	281	287	16	53	16	11	.371	.398	6	28	22	9152	3.73	853	599	1.42

2001 Season

	Avg	AB	H	2B	3B	HR	RBI	BB	SO	OBP	SLG		Avg	AB	H	2B	3B	HR	RBI	BB	SO	OBP	SLG
vs. Left	.391	46	18	4	0	2	8	7	4	.455	.609	Scoring Posn	.245	49	12	3	1	0	14	14	6	.394	.347
vs. Right	.268	164	44	8	1	4	15	30	15	.389	.402	Close & Late	.355	31	11	2	0	1	2	8	1	.500	.516
Home	.347	95	33	6	0	3	12	20	8	.462	.505	None on/out	.318	44	14	1	0	1	1	8	4	.423	.409
Away	.252	115	29	6	1	3	11	17	11	.353	.391	Batting #2	.302	139	42	8	0	5	11	18	14	.388	.468
First Pitch	.323	31	10	1	0	0	4	2	0	.371	.355	Batting #7	.391	23	9	3	0	0	4	6	3	.500	.522
Ahead in Count	.340	50	17	3	0	2	4	25	0	.560	.520	Other	.229	48	11	1	1	1	8	13	2	.397	.354
Behind in Count	.258	89	23	5	1	3	8	0	16	.275	.438	Pre-All Star	.317	126	40	7	1	5	16	19	10	.409	.508
Two Strikes	.253	83	21	5	1	2	6	10	19	.337	.410	Post-All Star	.262	84	22	5	0	1	7	18	9	.394	.357

Last Five Years

	Avg	AB	H	2B	3B	HR	RBI	BB	SO	OBP	SLG		Avg	AB	H	2B	3B	HR	RBI	BB	SO	OBP	SLG
vs. Left	.294	473	139	29	0	13	65	70	66	.384	.471	First Pitch	.306	343	105	15	1	3	28	3	0	.313	.382
vs. Right	.284	1635	464	89	8	22	152	211	221	.367	.388	Ahead in Count	.347	525	182	33	2	12	57	169	0	.505	.486
Home	.274	1013	278	56	2	13	105	139	144	.361	.372	Behind in Count	.226	805	182	42	2	11	61	0	221	.232	.324
Away	.297	1095	325	62	6	21	112	142	143	.380	.422	Two Strikes	.220	871	192	40	2	17	83	109	287	.308	.330
Day	.285	940	268	51	2	16	101	128	135	.373	.395	Batting #2	.279	1553	434	82	5	25	152	204	211	.365	.387
Night	.287	1168	335	67	6	18	116	153	152	.369	.401	Batting #7	.281	263	74	18	1	5	31	38	44	.370	.414
Grass	.283	1843	522	102	6	30	185	246	247	.368	.394	Other	.325	292	95	18	2	4	34	39	32	.401	.442
Turf	.306	265	81	16	2	4	32	35	40	.388	.426	March/April	.301	322	97	20	1	8	28	37	42	.376	.444
Pre-All Star	.291	1115	324	58	4	20	121	145	139	.373	.404	May	.304	349	106	19	3	6	54	50	38	.389	.427
Post-All Star	.281	993	279	60	4	14	96	136	148	.369	.392	June	.277	364	101	16	0	5	34	45	47	.358	.363
Inning 1-6	.290	1413	410	80	5	23	139	176	176	.369	.403	July	.252	286	72	13	0	3	21	30	45	.326	.329
Inning 7+	.278	695	193	38	3	11	78	105	111	.374	.388	August	.310	381	118	26	3	9	44	75	49	.425	.465
Scoring Posn	.254	508	129	23	5	9	173	94	81	.361	.372	Sept/Oct	.268	406	109	24	1	3	36	44	66	.338	.355
Close & Late	.301	329	99	24	3	8	51	55	54	.403	.465	vs. AL	.281	203	57	14	0	3	22	21	30	.350	.394
None on/out	.295	454	134	28	1	2	2	55	57	.374	.374	vs. NL	.287	1905	546	104	8	31	195	260	257	.373	.398

Mark Mulder — Athletics
Age 24 – Pitches Left (groundball pitcher)

	ERA	W	L	Sv	G	GS	IP	BB	SO	Avg	H	2B	3B	HR	RBI	OBP	SLG	CG	ShO	Sup	QS	#P/S	SB	CS	GB	FB	G/F
2001 Season	3.45	21	8	0	34	34	229.1	51	153	.249	214	34	2	16	78	.294	.349	6	4	5.81	22	97	18	8	388	201	1.93
Career (2000-2001)	4.25	30	18	0	61	61	383.1	120	241	.273	405	74	4	38	173	.329	.406	6	4	5.42	37	95	26	14	663	365	1.82

2001 Season

	ERA	W	L	Sv	G	GS	IP	H	HR	BB	SO		Avg	AB	H	2B	3B	HR	RBI	BB	SO	OBP	SLG
Home	2.69	11	2	0	15	15	107.0	89	4	20	68	vs. Left	.242	198	48	2	1	5	18	7	50	.281	.338
Away	4.12	10	6	0	19	19	122.1	125	12	31	85	vs. Right	.251	662	166	32	1	11	60	44	103	.298	.352
Day	3.60	8	1	0	11	11	75.0	70	3	13	44	Inning 1-6	.248	718	178	26	1	12	66	47	133	.298	.337
Night	3.38	13	7	0	23	23	154.1	144	13	38	109	Inning 7+	.254	142	36	8	1	4	12	4	20	.272	.408
Grass	3.58	18	8	0	31	31	206.1	195	15	50	138	None on	.239	531	127	24	1	8	8	28	95	.279	.333
Turf	2.35	3	0	0	3	3	23.0	19	1	1	15	Runners on	.264	329	87	10	1	8	70	23	58	.318	.374
April	4.40	2	2	0	5	5	30.2	31	2	12	29	Scoring Posn	.259	170	44	4	0	4	57	20	33	.342	.353
May	2.47	5	0	0	6	6	43.2	36	2	7	23	Close & Late	.266	64	17	2	0	2	7	2	9	.284	.391
June	6.35	1	3	0	5	5	28.1	40	7	6	13	None out	.286	231	66	11	1	3	3	14	32	.329	.381
July	1.74	4	1	0	6	6	46.2	35	2	6	33	vs. 1st Batr (relief)	.000	0	0	0	0	0	0	0	0	.000	.000
August	4.50	4	1	0	6	6	38.0	39	2	9	28	1st Inning Pitched	.222	126	28	2	0	3	12	7	28	.269	.310
Sept/Oct	2.79	5	1	0	6	6	42.0	33	1	11	27	First 75 Pitches	.232	637	148	26	1	8	49	34	119	.276	.314
Starter	3.45	21	8	0	34	34	229.1	214	16	51	153	Pitch 76-90	.295	122	36	4	0	4	17	9	25	.341	.426
Reliever	0.00	0	0	0	0	0	0.0	0	0	0	0	Pitch 91-105	.333	81	27	3	1	4	11	6	9	.391	.543
0-3 Days Rest (Start)	0.00	0	0	0	0	0	0.0	0	0	0	0	Pitch 106+	.150	20	3	1	0	0	1	2	6	.227	.200
4 Days Rest	3.01	13	4	0	21	21	146.2	125	8	30	99	First Pitch	.343	108	37	5	1	1	10	4	0	.357	.435
5+ Days Rest	4.25	8	4	0	13	13	82.2	89	8	21	54	Ahead in Count	.175	394	69	9	1	7	31	0	132	.181	.256
vs. AL	3.82	17	7	0	29	29	190.2	189	14	48	129	Behind in Count	.319	216	69	15	0	5	24	16	0	.369	.458
vs. NL	1.63	4	1	0	5	5	38.2	25	2	3	24	Two Strikes	.153	378	58	9	0	6	27	31	153	.223	.225
Pre-All Star	3.77	9	6	0	18	18	119.1	114	12	25	80	Pre-All Star	.249	457	114	16	1	12	44	25	80	.290	.368
Post-All Star	3.11	12	2	0	16	16	110.0	100	4	26	73	Post-All Star	.248	403	100	18	1	4	34	26	73	.299	.328

Terry Mulholland — Dodgers
Age 39 – Pitches Left (groundball pitcher)

	ERA	W	L	Sv	G	GS	IP	BB	SO	Avg	H	2B	3B	HR	RBI	OBP	SLG	GF	IR	IRS	Hld	SvOp	SB	CS	GB	FB	G/F
2001 Season	4.66	1	1	0	41	4	65.2	17	42	.295	78	14	1	12	41	.342	.492	8	24	9	7	0	1	0	105	65	1.62
Last Five Years	4.30	32	36	5	247	81	691.1	193	374	.282	767	146	6	88	353	.333	.437	48	130	36	33	9	4	11	1180	660	1.79

2001 Season

	ERA	W	L	Sv	G	GS	IP	H	HR	BB	SO		Avg	AB	H	2B	3B	HR	RBI	BB	SO	OBP	SLG
Home	5.18	1	1	0	21	2	33.0	37	6	9	24	vs. Left	.266	79	21	3	0	3	10	6	12	.330	.418
Away	4.13	0	0	0	20	2	32.2	41	6	8	18	vs. Right	.308	185	57	11	1	9	31	11	30	.347	.524
Starter	4.34	0	1	0	4	4	18.2	22	4	5	13	Scoring Posn	.295	61	18	5	0	3	30	6	16	.362	.525
Reliever	4.79	1	0	0	37	0	47.0	56	8	12	29	Close & Late	.286	28	8	1	0	2	3	1	7	.333	.536
0 Days Rest (Relief)	0.00	0	0	0	7	0	5.1	4	0	1	6	None on/out	.344	61	21	3	1	2	2	2	5	.365	.525
1 or 2 Days Rest	4.85	0	0	0	20	0	29.2	32	5	9	14	First Pitch	.256	39	10	4	0	3	11	1	0	.275	.590
3+ Days Rest	6.75	1	0	0	10	0	12.0	20	3	2	9	Ahead in Count	.271	129	35	7	0	6	17	0	34	.282	.465

301

	ERA	W	L	Sv	G	GS	IP	H	HR	BB	SO	2001 Season	Avg	AB	H	2B	3B	HR	RBI	BB	SO	OBP	SLG
Pre-All Star	3.72	0	0	0	22	1	36.1	38	5	10	17	Behind in Count	.413	46	19	2	0	3	11	7	0	.481	.652
Post-All Star	5.83	1	1	0	19	3	29.1	40	7	7	25	Two Strikes	.228	127	29	7	0	3	10	9	42	.290	.354

Last Five Years

	ERA	W	L	Sv	G	GS	IP	H	HR	BB	SO		Avg	AB	H	2B	3B	HR	RBI	BB	SO	OBP	SLG
Home	4.47	14	16	3	120	36	316.1	347	43	96	181	vs. Left	.276	608	168	30	2	14	75	45	83	.329	.401
Away	4.15	18	20	2	127	45	375.0	420	45	97	193	vs. Right	.284	2111	599	116	4	74	278	148	291	.334	.448
Day	4.17	15	13	4	111	34	299.2	334	40	93	172	Inning 1-6	.285	1918	546	111	4	53	250	133	250	.334	.430
Night	4.39	17	23	1	136	47	391.2	433	48	100	202	Inning 7+	.276	801	221	35	2	35	103	60	124	.330	.456
Grass	4.27	26	27	4	214	65	564.1	616	74	153	312	None on	.291	1494	435	87	3	58	58	99	212	.341	.470
Turf	4.39	6	9	1	33	16	127.0	151	14	40	62	Runners on	.271	1225	332	59	3	30	295	94	162	.323	.398
March/April	3.12	7	5	0	34	15	118.1	126	16	33	56	Scoring Posn	.265	684	181	40	3	14	251	71	93	.331	.393
May	4.10	6	5	2	43	17	142.2	153	16	28	59	Close & Late	.309	353	109	19	1	17	51	36	57	.376	.513
June	5.97	6	11	1	35	16	120.2	157	19	34	57	None on/out	.324	678	220	35	3	31	31	44	85	.372	.522
July	4.93	5	7	1	29	15	98.2	117	14	31	48	vs. 1st Batr (relief)	.260	150	39	5	0	5	26	10	25	.303	.393
August	3.82	3	5	1	57	5	99.0	95	10	33	76	1st Inning Pitched	.282	854	241	36	1	29	142	62	123	.332	.429
Sept/Oct	3.86	5	3	0	49	13	112.0	119	13	34	78	First 15 Pitches	.283	731	207	31	0	25	91	49	100	.331	.428
Starter	4.38	27	30	0	81	81	495.2	579	66	123	253	Pitch 16-30	.268	555	149	31	2	18	84	41	85	.320	.429
Reliever	4.09	5	6	5	166	0	195.2	188	22	70	121	Pitch 31-45	.258	396	102	15	0	8	43	31	60	.312	.356
0 Days Rest (Relief)	1.96	0	2	0	41	0	41.1	32	1	16	27	Pitch 46+	.298	1037	309	69	4	37	135	72	129	.349	.479
1 or 2 Days Rest	5.00	1	3	3	62	0	99.0	101	12	37	56	First Pitch	.320	435	139	35	0	23	82	20	0	.349	.559
3+ Days Rest	4.07	4	1	2	43	0	55.1	55	9	17	38	Ahead in Count	.232	1231	285	63	2	27	122	0	323	.238	.352
vs. AL	4.37	3	4	0	21	7	59.2	68	8	19	27	Behind in Count	.355	603	214	35	2	29	94	94	0	.444	.564
vs. NL	4.29	29	32	5	226	74	631.2	699	80	174	347	Two Strikes	.202	1135	229	51	0	18	97	79	374	.261	.294
Pre-All Star	4.52	21	24	3	120	53	412.0	475	57	102	187	Pre-All Star	.290	1638	475	100	4	57	220	102	187	.335	.460
Post-All Star	3.96	11	12	2	127	28	279.1	292	31	91	187	Post-All Star	.270	1081	292	46	2	31	133	91	187	.329	.402

Scott Mullen — Royals
Age 27 – Pitches Left

	ERA	W	L	Sv	G	GS	IP	BB	SO	Avg	H	2B	3B	HR	RBI	OBP	SLG	GF	IR	IRS	Hld	SvOp	SB	CS	GB	FB	G/F
2001 Season	4.50	0	0	0	17	0	10.0	9	3	.310	13	3	1	0	7	.423	.429	2	14	4	1	0	1	0	14	12	1.17
Career (2000-2001)	4.43	0	0	0	28	0	20.1	12	10	.277	23	5	1	2	14	.365	.434	7	23	6	3	0	2	0	30	27	1.11

2001 Season

	ERA	W	L	Sv	G	GS	IP	H	HR	BB	SO		Avg	AB	H	2B	3B	HR	RBI	BB	SO	OBP	SLG
Home	6.75	0	0	0	8	0	5.1	10	0	6	2	vs. Left	.389	18	7	2	1	0	4	3	1	.455	.611
Away	1.93	0	0	0	9	0	4.2	3	0	3	1	vs. Right	.250	24	6	1	0	0	3	6	2	.400	.292

Bobby Munoz — Expos
Age 34 – Pitches Right

	ERA	W	L	Sv	G	GS	IP	BB	SO	Avg	H	2B	3B	HR	RBI	OBP	SLG	GF	IR	IRS	Hld	SvOp	SB	CS	GB	FB	G/F
2001 Season	5.14	0	4	0	15	7	42.0	21	21	.321	53	17	2	6	21	.404	.558	4	0	0	1	0	2	1	59	47	1.26
Last Five Years	7.21	1	9	0	32	15	87.1	42	47	.336	118	35	4	14	70	.408	.578	10	11	5	1	0	14	3	134	97	1.38

2001 Season

	ERA	W	L	Sv	G	GS	IP	H	HR	BB	SO		Avg	AB	H	2B	3B	HR	RBI	BB	SO	OBP	SLG
Home	7.29	0	2	0	8	4	21.0	28	2	14	15	vs. Left	.378	74	28	10	2	2	13	11	6	.465	.649
Away	3.00	0	2	0	7	3	21.0	25	4	7	6	vs. Right	.275	91	25	7	0	4	8	10	15	.353	.484

Eric Munson — Tigers
Age 24 – Bats Left (flyball hitter)

	Avg	G	AB	R	H	2B	3B	HR	RBI	BB	SO	HBP	GDP	SB	CS	OBP	SLG	IBB	SH	SF	#Pit	P/PA	GB	FB	G/F
2001 Season	.152	17	66	4	10	3	1	1	6	3	21	0	2	0	1	.188	.273	0	0	0	292	4.23	14	22	0.64
Career (2000-2001)	.141	20	71	4	10	3	1	1	7	3	22	0	2	0	1	.176	.254	0	0	0	307	4.15	16	22	0.73

2001 Season

	Avg	AB	H	2B	3B	HR	RBI	BB	SO	OBP	SLG		Avg	AB	H	2B	3B	HR	RBI	BB	SO	OBP	SLG
vs. Left	.154	13	2	0	0	1	2	0	5	.154	.385	Scoring Posn	.125	16	2	1	0	1	5	2	9	.222	.375
vs. Right	.151	53	8	3	1	0	4	3	16	.196	.245	Close & Late	.000	9	0	0	0	0	0	0	4	.000	.000

Calvin Murray — Giants
Age 30 – Bats Right

	Avg	G	AB	R	H	2B	3B	HR	RBI	BB	SO	HBP	GDP	SB	CS	OBP	SLG	IBB	SH	SF	#Pit	#P/PA	GB	FB	G/F
2001 Season	.245	106	326	54	80	14	2	6	25	32	57	3	5	8	8	.319	.356	0	3	0	1428	3.92	113	93	1.22
Career (1999-2001)	.245	229	539	90	132	28	3	8	52	63	94	6	5	18	11	.330	.353	0	5	1	2436	3.97	179	169	1.06

2001 Season

	Avg	AB	H	2B	3B	HR	RBI	BB	SO	OBP	SLG		Avg	AB	H	2B	3B	HR	RBI	BB	SO	OBP	SLG
vs. Left	.238	84	20	6	0	1	6	7	12	.297	.345	First Pitch	.435	46	20	2	1	1	4	0	0	.435	.587
vs. Right	.248	242	60	8	2	5	19	25	45	.326	.360	Ahead in Count	.258	66	17	3	1	4	12	13	0	.388	.515
Home	.214	140	30	2	0	3	10	16	24	.299	.293	Behind in Count	.211	142	30	4	0	1	7	0	42	.217	.261
Away	.269	186	50	12	2	3	15	16	33	.333	.403	Two Strikes	.186	156	29	5	0	1	8	19	57	.278	.237
Day	.236	106	25	4	0	2	7	13	21	.325	.330	Batting #1	.233	296	69	12	2	4	19	30	54	.310	.328
Night	.250	220	55	10	2	4	18	19	36	.315	.368	Batting #2	.538	13	7	1	0	1	2	1	2	.571	.846
Grass	.246	317	78	14	2	6	24	32	55	.321	.360	Other	.235	17	4	1	0	1	4	1	1	.278	.471
Turf	.222	9	2	0	0	0	1	0	2	.222	.222	April	.400	5	2	0	0	0	0	4	2	1	.571	1.000
Pre-All Star	.293	140	41	6	2	4	16	12	31	.357	.450	May	.000	0	0	0	0	0	0	0	0	.000	.000
Post-All Star	.210	186	39	8	0	2	9	20	26	.290	.285	June	.288	104	30	6	1	2	8	9	25	.357	.423

	Avg	AB	H	2B	3B	HR	RBI	BB	SO	OBP	SLG		Avg	AB	H	2B	3B	HR	RBI	BB	SO	OBP	SLG
Inning 1-6	.252	218	55	10	1	4	18	23	36	.332	.362	July	.244	90	22	3	1	2	7	7	10	.299	.367
Inning 7+	.231	108	25	4	1	2	7	9	21	.291	.343	August	.232	69	16	2	0	3	9	15	.329	.261
Scoring Posn	.278	72	20	2	0	3	22	7	12	.350	.431	Sept/Oct	.172	58	10	3	0	1	3	5	6	.238	.276
Close & Late	.196	51	10	2	1	1	2	2	13	.226	.333	vs. AL	.190	58	11	2	0	1	5	1	7	.203	.276
None on/out	.237	135	32	9	2	2	2	12	21	.304	.378	vs. NL	.257	268	69	12	2	5	20	31	50	.341	.373

2001 By Position

Position	Avg	AB	H	2B	3B	HR	RBI	BB	SO	OBP	SLG	G	GS	Innings	PO	A	E	DP	Fld Pct	Rng Fctr	In Zone	Outs	Zone Rtg	MLB Zone
As cf	.242	322	78	14	2	5	21	32	57	.317	.345	104	73	710.0	232	4	5	1	.979	2.99	248	226	.911	.892

Heath Murray — Tigers   Age 29 – Pitches Left (groundball pitcher)

	ERA	W	L	Sv	G	GS	IP	BB	SO	Avg	H	2B	3B	HR	RBI	OBP	SLG	GF	IR	IRS	Hld	SvOp	SB	CS	GB	FB	G/F
2001 Season	6.54	1	7	0	40	4	63.1	40	42	.322	82	13	2	11	48	.418	.518	10	32	11	2	2	4	3	95	63	1.51
Career (1997-2001)	6.32	2	13	0	79	15	146.2	87	83	.325	192	29	3	21	104	.417	.492	12	63	21	3	2	12	7	239	143	1.67

2001 Season

	ERA	W	L	Sv	G	GS	IP	H	HR	BB	SO		Avg	AB	H	2B	3B	HR	RBI	BB	SO	OBP	SLG
Home	5.40	1	3	0	19	2	30.0	34	3	21	18	vs. Left	.259	81	21	3	0	1	10	17	21	.390	.333
Away	7.56	0	4	0	21	2	33.1	48	8	19	24	vs. Right	.351	174	61	10	2	10	38	23	21	.432	.603
Starter	7.71	1	3	0	4	4	16.1	24	3	5	7	Scoring Posn	.308	78	24	5	1	3	34	15	12	.421	.513
Reliever	6.13	0	4	0	36	0	47.0	58	8	35	35	Close & Late	.379	29	11	1	0	3	6	6	7	.486	.724
0 Days Rest (Relief)	8.10	0	0	0	4	0	3.1	4	0	4	1	None on/out	.208	53	11	3	0	2	2	9	10	.323	.377
1 or 2 Days Rest	8.37	0	4	0	20	0	23.2	32	5	18	19	First Pitch	.414	29	12	3	0	1	7	2	0	.469	.621
3+ Days Rest	3.15	0	0	0	12	0	20.0	22	3	13	15	Ahead in Count	.254	122	31	4	0	5	16	0	37	.254	.410
Pre-All Star	5.23	0	3	0	24	0	32.2	35	5	26	25	Behind in Count	.426	68	29	5	1	3	18	23	0	.570	.662
Post-All Star	7.92	1	4	0	16	4	30.2	47	6	14	17	Two Strikes	.243	103	25	5	0	2	11	15	42	.339	.350

Mike Mussina — Yankees   Age 33 – Pitches Right

	ERA	W	L	Sv	G	GS	IP	BB	SO	Avg	H	2B	3B	HR	RBI	OBP	SLG	CG	ShO	Sup	QS	#P/S	SB	CS	GB	FB	G/F
2001 Season	3.15	17	11	0	34	34	228.2	42	214	.237	202	39	2	20	79	.274	.358	4	3	4.53	24	102	9	13	253	249	1.02
Last Five Years	3.43	74	51	0	161	161	1100.2	235	989	.247	1031	216	18	113	412	.288	.389	22	7	5.14	105	104	58	34	1458	1069	1.36

2001 Season

	ERA	W	L	Sv	G	GS	IP	H	HR	BB	SO		Avg	AB	H	2B	3B	HR	RBI	BB	SO	OBP	SLG
Home	3.11	11	5	0	17	17	113.0	105	11	22	109	vs. Left	.240	421	101	24	1	10	32	21	128	.281	.373
Away	3.19	6	6	0	17	17	115.2	97	9	20	105	vs. Right	.234	431	101	15	1	10	47	21	86	.268	.343
Day	2.80	8	4	0	15	15	96.1	85	11	16	84	Inning 1-6	.243	723	176	32	2	19	75	34	187	.279	.372
Night	3.40	9	7	0	19	19	132.1	117	9	26	130	Inning 7+	.202	129	26	7	0	1	4	8	27	.248	.279
Grass	3.47	14	10	0	28	28	186.2	170	17	35	182	None on	.213	558	119	24	2	14	14	26	161	.251	.339
Turf	1.71	3	1	0	6	6	42.0	32	3	7	32	Runners on	.282	294	83	15	0	6	65	16	53	.318	.395
April	4.78	1	3	0	5	5	32.0	37	2	7	31	Scoring Posn	.307	150	46	8	0	3	58	12	30	.353	.420
May	2.25	4	2	0	6	6	44.0	34	2	9	42	Close & Late	.271	70	19	5	0	0	3	3	12	.301	.343
June	4.54	3	2	0	5	5	33.2	35	4	7	23	None on out	.204	230	47	13	1	4	4	6	62	.225	.322
July	3.08	3	1	0	6	6	38.0	40	5	8	35	vs. 1st Batr (relief)	.000	0	0	0	0	0	0	0	0	.000	.000
August	3.60	2	3	0	6	6	40.0	35	5	12	38	1st Inning Pitched	.218	119	26	4	1	2	7	3	36	.236	.319
Sept/Oct	1.32	4	0	0	6	6	41.0	21	2	4	45	First 75 Pitches	.255	589	150	29	2	17	60	24	154	.286	.397
Starter	3.15	17	11	0	34	34	228.2	202	20	42	214	Pitch 76-90	.244	123	30	4	0	2	14	6	31	.271	.325
Reliever	0.00	0	0	0	0	0	0.0	0	0	0	0	Pitch 91-105	.144	97	14	3	0	1	2	6	21	.202	.206
0-3 Days Rest (Start)	0.00	0	0	0	1	1	4.0	1	0	0	4	Pitch 106+	.186	43	8	3	0	0	3	6	6	.286	.256
4 Days Rest	3.19	10	6	0	20	20	135.1	119	13	27	125	First Pitch	.319	119	38	7	0	9	23	2	0	.325	.605
5+ Days Rest	3.22	7	5	0	13	13	89.1	82	7	15	85	Ahead in Count	.193	462	89	15	1	6	33	0	187	.198	.268
vs. AL	3.06	16	9	0	29	29	197.0	166	18	36	192	Behind in Count	.331	145	48	11	0	1	15	18	0	.402	.428
vs. NL	3.69	1	2	0	5	5	31.2	36	2	6	22	Two Strikes	.163	455	74	14	0	6	22	92	214	.204	.203
Pre-All Star	3.35	9	7	0	18	18	123.2	120	9	21	111	Pre-All Star	.253	474	120	24	2	9	48	21	111	.287	.369
Post-All Star	2.91	8	4	0	16	16	105.0	82	11	21	103	Post-All Star	.217	378	82	15	0	11	31	21	103	.259	.344

Last Five Years

	ERA	W	L	Sv	G	GS	IP	H	HR	BB	SO		Avg	AB	H	2B	3B	HR	RBI	BB	SO	OBP	SLG
Home	3.08	43	24	0	83	83	569.0	512	59	116	524	vs. Left	.239	2012	481	113	7	49	193	132	532	.286	.375
Away	3.79	31	27	0	78	78	531.2	519	54	119	465	vs. Right	.255	2160	550	103	11	64	219	103	457	.290	.401
Day	3.45	24	19	0	58	58	381.0	359	42	72	346	Inning 1-6	.246	3498	861	176	14	96	354	198	837	.289	.387
Night	3.41	50	32	0	103	103	719.2	672	71	163	643	Inning 7+	.252	674	170	40	4	17	58	37	152	.292	.399
Grass	3.25	64	40	0	135	135	922.0	837	90	188	832	None on	.241	2583	623	123	14	72	72	145	648	.283	.383
Turf	4.33	10	11	0	26	26	178.2	194	23	47	157	Runners on	.257	1589	408	93	4	41	340	90	341	.296	.398
March/April	4.34	10	9	0	25	25	168.0	181	18	32	139	Scoring Posn	.251	869	218	51	2	23	288	60	207	.295	.394
May	2.98	15	7	0	27	27	190.1	167	20	43	156	Close & Late	.272	356	97	25	1	5	32	21	85	.315	.390
June	3.71	13	9	0	27	27	187.0	176	19	42	162	None on out	.256	1106	283	68	8	27	27	51	254	.290	.405
July	3.43	12	7	0	27	27	189.0	176	20	42	164	vs. 1st Batr (relief)	.000	0	0	0	0	0	0	0	0	.000	.000
August	3.36	11	13	0	30	30	201.0	193	21	45	201	1st Inning Pitched	.244	610	149	34	1	16	65	38	177	.288	.382
Sept/Oct	2.78	13	6	0	25	25	165.1	138	15	31	167	First 75 Pitches	.246	2836	698	147	9	74	275	162	692	.288	.388
Starter	3.43	74	51	0	161	161	1100.2	1031	113	235	989	Pitch 76-90	.257	583	150	27	3	18	57	26	124	.287	.407
Reliever	0.00	0	0	0	0	0	0.0	0	0	0	0	Pitch 91-105	.217	456	99	24	4	11	41	27	108	.265	.360
0-3 Days Rest (Start)	1.80	0	1	0	2	2	10.0	7	0	1	5	Pitch 106+	.283	297	84	18	2	10	39	20	65	.328	.458
4 Days Rest	3.55	45	31	0	101	101	686.2	675	79	156	591	First Pitch	.360	597	215	49	5	26	98	5	0	.358	.590
5+ Days Rest	3.25	29	19	0	58	58	404.0	349	34	77	393	Ahead in Count	.186	2148	400	79	5	37	130	0	854	.190	.279

303

	ERA	W	L	Sv	G	GS	IP	H	HR	BB	SO		Avg	AB	H	2B	3B	HR	RBI	BB	SO	OBP	SLG
vs. AL	3.42	63	44	0	138	138	942.0	890	101	204	837	Behind in Count	.330	703	232	45	4	36	119	100	0	.414	.559
vs. NL	3.46	11	7	0	23	23	158.2	141	12	31	152	Two Strikes	.166	2154	358	78	4	35	120	129	989	.216	.255
Pre-All Star	3.52	42	25	0	87	87	601.0	575	62	132	522	Pre-All Star	.251	2288	575	116	13	62	230	132	522	.291	.395
Post-All Star	3.31	32	26	0	74	74	499.2	456	51	103	467	Post-All Star	.242	1884	456	100	5	51	182	103	467	.284	.382

Greg Myers — Athletics   Age 36 – Bats Left

	Avg	G	AB	R	H	2B	3B	HR	RBI	BB	SO	HBP	GDP	SB	CS	OBP	SLG	IBB	SH	SF	#Pit	#P/PA	GB	FB	G/F
2001 Season	.224	58	161	24	36	3	0	11	31	21	38	0	5	0	0	.313	.447	1	0	0	714	3.92	59	50	1.18
Last Five Years	.245	325	831	95	204	36	1	28	116	89	165	0	28	0	1	.317	.392	8	1	4	3386	3.66	304	239	1.27

2001 Season

	Avg	AB	H	2B	3B	HR	RBI	BB	SO	OBP	SLG		Avg	AB	H	2B	3B	HR	RBI	BB	SO	OBP	SLG
vs. Left	.316	19	6	0	0	2	7	1	5	.350	.632	Scoring Posn	.311	45	14	2	0	3	21	9	11	.426	.556
vs. Right	.211	142	30	3	0	9	24	20	33	.309	.423	Close & Late	.281	32	9	1	0	1	6	2	7	.324	.406
Home	.250	76	19	1	0	5	17	14	18	.367	.461	None on/out	.265	34	9	1	0	2	2	5	4	.359	.471
Away	.200	85	17	2	0	6	14	7	20	.261	.435	Batting #6	.240	25	6	2	0	1	8	4	9	.345	.440
First Pitch	.211	19	4	0	0	2	4	1	0	.250	.526	Batting #8	.189	53	10	1	0	3	6	9	12	.306	.377
Ahead in Count	.317	41	13	2	0	3	11	13	0	.481	.585	Other	.241	83	20	0	0	7	17	8	17	.308	.494
Behind in Count	.211	76	16	1	0	5	11	0	32	.211	.421	Pre-All Star	.247	89	22	2	0	4	18	11	22	.330	.404
Two Strikes	.154	78	12	1	0	5	11	7	38	.224	.359	Post-All Star	.194	72	14	1	0	7	13	10	16	.293	.500

Last Five Years

	Avg	AB	H	2B	3B	HR	RBI	BB	SO	OBP	SLG		Avg	AB	H	2B	3B	HR	RBI	BB	SO	OBP	SLG
vs. Left	.256	90	23	4	0	3	14	5	21	.292	.400	First Pitch	.269	134	36	5	0	7	17	8	0	.310	.463
vs. Right	.244	741	181	32	1	25	102	84	144	.320	.391	Ahead in Count	.324	219	71	15	0	9	49	49	0	.446	.516
Home	.241	395	95	14	1	13	53	51	85	.327	.380	Behind in Count	.196	326	64	10	0	8	30	0	135	.196	.301
Away	.250	436	109	22	0	15	63	38	80	.308	.404	Two Strikes	.192	355	68	13	0	8	34	32	165	.257	.296
Day	.250	336	84	11	1	9	38	33	70	.317	.369	Batting #6	.224	183	41	6	0	5	25	20	35	.299	.339
Night	.242	495	120	25	0	19	78	56	95	.317	.408	Batting #7	.260	192	50	8	0	6	31	17	37	.319	.396
Grass	.233	647	151	24	0	20	80	68	132	.305	.363	Other	.248	456	113	22	1	17	60	52	93	.324	.412
Turf	.288	184	53	12	1	8	36	21	33	.357	.495	March/April	.302	149	45	8	0	3	23	16	29	.367	.416
Pre-All Star	.262	497	130	24	1	13	71	49	96	.326	.392	May	.281	199	56	7	1	8	33	18	37	.339	.447
Post-All Star	.222	334	74	12	0	15	45	40	69	.304	.392	June	.185	119	22	8	0	2	12	13	22	.263	.303
Inning 1-6	.239	515	123	26	1	23	84	53	92	.308	.427	July	.198	101	20	3	0	3	14	6	17	.243	.317
Inning 7+	.256	316	81	10	0	5	32	36	73	.332	.335	August	.252	147	37	7	0	7	17	20	29	.341	.442
Scoring Posn	.250	228	57	16	1	6	89	38	55	.352	.408	Sept/Oct	.207	116	24	3	0	5	17	16	31	.301	.362
Close & Late	.267	161	43	6	0	3	20	21	40	.352	.360	vs. AL	.231	394	91	15	1	16	60	43	85	.305	.396
None on/out	.265	189	50	9	0	8	8	13	28	.312	.439	vs. NL	.259	437	113	21	0	12	56	46	80	.328	.389

Mike Myers — Rockies   Age 33 – Pitches Left

	ERA	W	L	Sv	G	GS	IP	BB	SO	Avg	H	2B	3B	HR	RBI	OBP	SLG	GF	IR	IRS	Hld	SvOp	SB	CS	GB	FB	G/F
2001 Season	3.60	2	3	0	73	0	40.0	24	36	.225	32	9	0	2	16	.339	.331	14	65	14	10	2	9	1	53	27	1.96
Last Five Years	3.87	6	11	4	380	0	230.1	108	202	.243	204	34	6	28	137	.337	.398	87	334	78	80	15	24	7	298	210	1.42

2001 Season

	ERA	W	L	Sv	G	GS	IP	H	BB	SO		Avg	AB	H	2B	3B	HR	RBI	BB	SO	OBP	SLG
Home	3.65	2	3	0	39	0	24.2	19	2	15	vs. Left	.231	91	21	6	0	2	12	12	26	.317	.363
Away	3.52	0	0	0	34	0	15.1	13	0	9	vs. Right	.216	51	11	3	0	0	4	12	10	.375	.275
Day	1.29	1	1	0	28	0	14.0	6	1	7	Inning 1-6	.000	2	0	0	0	0	3	2	0	.400	.000
Night	4.85	1	2	0	45	0	26.0	26	1	17	Inning 7+	.229	140	32	9	0	2	13	22	36	.337	.336
Grass	3.40	2	3	0	71	0	39.2	31	2	23	None on	.235	68	16	4	0	2	2	8	18	.325	.382
Turf	27.00	0	0	0	2	0	0.1	1	0	1	Runners on	.216	74	16	5	0	0	14	16	18	.352	.284
April	3.24	1	2	0	13	0	8.1	5	1	3	Scoring Posn	.205	44	9	3	0	0	12	16	11	.410	.273
May	0.00	0	0	0	8	0	4.0	1	0	1	Close & Late	.268	56	15	4	0	0	7	13	12	.406	.339
June	1.80	0	0	0	16	0	10.0	9	0	5	None on/out	.267	30	8	2	0	1	1	5	5	.389	.433
July	5.63	0	0	0	13	0	8.0	5	0	10	vs. 1st Batr (relief)	.233	60	14	5	0	1	10	10	13	.347	.367
August	2.25	0	0	0	9	0	4.0	5	0	2	1st Inning Pitched	.232	138	32	9	0	2	16	24	33	.348	.341
Sept/Oct	7.94	1	1	0	14	0	5.2	7	1	8	First 15 Pitches	.244	123	30	9	0	2	16	20	25	.352	.366
Starter	0.00	0	0	0	0	0	0.0	0	0	0	Pitch 16-30	.105	19	2	0	0	0	0	4	11	.261	.105
Reliever	3.60	2	3	0	73	0	40.0	32	2	24	Pitch 31-45	.000	2	0	0	0	0	0	0	0	.000	.000
0 Days Rest (Relief)	2.63	1	1	0	27	0	13.2	12	0	9	Pitch 46+	.000	0	0	0	0	0	0	0	0	.000	.000
1 or 2 Days Rest	3.78	1	1	0	27	0	16.2	12	1	12	First Pitch	.438	16	7	2	0	0	1	6	0	.565	.563
3+ Days Rest	4.66	0	1	0	19	0	9.2	8	1	3	Ahead in Count	.186	70	13	4	0	2	9	0	30	.197	.329
vs. AL	1.69	0	0	0	7	0	5.1	3	0	1	Behind in Count	.077	26	2	1	0	0	8	0	0	.294	.115
vs. NL	3.89	2	3	0	66	0	34.2	29	2	23	Two Strikes	.184	76	14	2	0	2	7	9	36	.279	.289
Pre-All Star	3.16	1	2	0	42	0	25.2	18	1	12	Pre-All Star	.202	89	18	5	0	1	8	12	22	.297	.292
Post-All Star	4.40	1	1	0	31	0	14.1	14	1	12	Post-All Star	.264	53	14	4	0	1	8	12	14	.403	.396

Last Five Years

	ERA	W	L	Sv	G	GS	IP	H	HR	BB	SO		Avg	AB	H	2B	3B	HR	RBI	BB	SO	OBP	SLG
Home	3.56	4	7	1	192	0	129.0	107	15	58	124	vs. Left	.194	438	85	12	3	12	64	57	144	.291	.317
Away	4.26	2	4	3	188	0	101.1	97	13	50	78	vs. Right	.297	401	119	22	3	16	73	51	58	.386	.486
Day	2.90	3	7	1	133	0	83.2	63	11	35	75	Inning 1-6	.159	44	7	0	0	1	11	6	15	.269	.182
Night	4.42	3	4	3	247	0	146.2	141	17	73	127	Inning 7+	.248	795	197	33	6	28	126	102	187	.341	.410
Grass	3.68	6	11	4	339	0	208.0	182	24	97	186	None on	.247	392	97	13	2	12	12	40	96	.330	.390
Turf	5.64	0	0	0	41	0	22.1	22	4	11	16	Runners on	.239	447	107	18	4	16	125	68	106	.343	.405

304

Last Five Years

	ERA	W	L	Sv	G	GS	IP	H	HR	BB	SO		Avg	AB	H	2B	3B	HR	RBI	BB	SO	OBP	SLG
March/April	4.37	3	5	0	66	0	35.0	35	4	19	32	Scoring Posn	.236	271	64	13	4	8	106	57	68	.372	.402
May	1.32	1	0	3	54	0	34.0	20	3	8	26	Close & Late	.244	303	74	8	3	14	60	50	76	.355	.429
June	3.07	0	3	1	66	0	44.0	37	4	16	40	None on/out	.243	181	44	6	1	6	6	17	39	.325	.387
July	5.51	1	2	0	70	0	47.1	49	8	23	39	vs. 1st Batr (relief)	.250	320	80	13	5	12	63	43	75	.349	.434
August	4.33	0	0	0	62	0	35.1	37	4	19	27	1st Inning Pitched	.244	778	190	33	6	26	134	108	181	.344	.402
Sept/Oct	4.15	1	1	0	62	0	34.2	26	5	23	38	First 15 Pitches	.240	678	163	29	6	24	110	90	147	.338	.407
Starter	0.00	0	0	0	0	0	0.0	0	0	0	0	Pitch 16-30	.243	148	36	4	0	4	24	17	52	.327	.351
Reliever	3.87	6	11	4	380	0	230.1	204	28	108	202	Pitch 31-45	.364	11	4	1	0	0	2	1	3	.417	.455
0 Days Rest (Relief)	4.32	2	3	2	146	0	77.0	85	9	44	69	Pitch 46+	.500	2	1	0	0	0	1	0	0	.500	.500
1 or 2 Days Rest	3.29	3	7	1	150	0	98.1	74	11	46	78	First Pitch	.359	78	28	3	1	3	15	13	0	.457	.538
3+ Days Rest	4.25	1	1	1	84	0	55.0	45	8	18	55	Ahead in Count	.163	387	63	13	2	10	40	0	160	.175	.284
vs. AL	4.04	0	5	2	99	0	64.2	61	10	30	65	Behind in Count	.335	194	65	10	3	8	44	53	0	.484	.541
vs. NL	3.80	6	6	2	281	0	165.2	143	18	78	137	Two Strikes	.147	423	62	11	1	10	43	41	202	.227	.248
Pre-All Star	3.31	5	9	4	209	0	130.2	105	14	53	112	Pre-All Star	.225	466	105	16	3	14	62	53	112	.314	.363
Post-All Star	4.61	1	2	0	171	0	99.2	99	14	55	90	Post-All Star	.265	373	99	18	3	14	75	55	90	.365	.442

Rodney Myers — **Padres**   Age 33 – Pitches Right

	ERA	W	L	Sv	G	GS	IP	BB	SO	Avg	H	2B	3B	HR	RBI	OBP	SLG	GF	IR	IRS	Hld	SvOp	SB	CS	GB	FB	G/F
2001 Season	5.32	1	2	1	37	0	47.1	20	29	.291	53	10	0	6	31	.367	.445	16	12	8	3	2	0	1	67	50	1.34
Last Five Years	5.14	4	3	1	103	1	140.0	58	94	.299	164	27	3	20	91	.369	.469	27	58	24	11	4	3	3	191	150	1.27

2001 Season

	ERA	W	L	Sv	G	GS	IP	H	HR	BB	SO		Avg	AB	H	2B	3B	HR	RBI	BB	SO	OBP	SLG
Home	5.96	1	1	0	20	0	25.2	27	4	15	20	vs. Left	.286	77	22	5	0	4	17	7	14	.337	.506
Away	4.57	0	1	1	17	0	21.2	26	2	5	9	vs. Right	.295	105	31	5	0	2	14	13	15	.387	.400
Starter	0.00	0	0	0	0	0	0.0	0	0	0	0	Scoring Posn	.320	50	16	4	0	1	24	3	12	.367	.460
Reliever	5.32	1	2	1	37	0	47.1	53	6	20	29	Close & Late	.250	20	5	2	0	1	2	3	3	.375	.500
0 Days Rest (Relief)	5.87	0	1	1	7	0	7.2	8	2	2	5	None on/out	.381	42	16	1	0	0	0	3	6	.435	.405
1 or 2 Days Rest	4.56	0	1	0	18	0	25.2	27	2	9	19	First Pitch	.200	30	6	0	0	0	1	0	0	.219	.200
3+ Days Rest	6.43	1	0	0	12	0	14.0	18	2	9	5	Ahead in Count	.262	84	22	5	0	3	10	0	26	.271	.429
Pre-All Star	4.97	1	1	1	23	0	29.0	28	4	15	18	Behind in Count	.476	42	20	4	0	3	16	7	0	.551	.786
Post-All Star	5.89	0	1	0	14	0	18.1	25	2	5	11	Two Strikes	.238	80	19	5	0	2	10	13	29	.347	.375

Last Five Years

	ERA	W	L	Sv	G	GS	IP	H	HR	BB	SO		Avg	AB	H	2B	3B	HR	RBI	BB	SO	OBP	SLG
Home	6.95	3	2	0	53	0	67.1	89	16	29	53	vs. Left	.324	207	67	14	3	4	34	21	35	.383	.478
Away	3.47	1	1	1	50	1	72.2	75	4	29	41	vs. Right	.284	341	97	13	0	16	57	37	59	.361	.463
Day	6.16	3	3	1	53	1	64.1	75	10	31	48	Inning 1-6	.282	227	64	12	3	6	46	26	42	.357	.441
Night	4.28	1	0	0	50	0	75.2	89	10	27	46	Inning 7+	.312	321	100	15	0	14	45	32	52	.378	.489
Grass	5.40	4	3	1	91	1	123.1	146	19	49	86	None on	.287	268	77	10	2	10	10	28	44	.361	.451
Turf	3.24	0	0	0	12	0	16.2	18	1	9	8	Runners on	.311	280	87	17	1	10	81	30	50	.376	.486
March/April	6.30	1	1	1	18	0	20.0	25	5	9	14	Scoring Posn	.305	174	53	11	1	3	66	15	38	.359	.431
May	4.22	3	1	0	19	0	21.1	16	3	12	13	Close & Late	.241	58	14	3	0	3	6	9	10	.353	.448
June	5.24	0	0	0	15	0	22.1	31	4	7	18	None on/out	.317	123	39	3	0	5	5	8	15	.364	.463
July	5.47	0	0	0	19	0	26.1	40	2	9	17	vs. 1st Batr (relief)	.276	87	24	4	0	4	14	10	11	.350	.460
August	4.35	0	0	0	11	0	20.2	17	2	6	13	1st Inning Pitched	.310	358	111	21	0	15	67	36	65	.376	.494
Sept/Oct	5.22	0	0	0	21	1	29.1	35	4	15	19	First 15 Pitches	.331	299	99	18	0	15	55	29	39	.395	.542
Starter	27.00	0	0	0	1	1	1.1	5	0	3	1	Pitch 16-30	.262	183	48	7	0	5	28	21	46	.335	.383
Reliever	4.93	4	3	1	102	0	138.2	159	20	55	93	Pitch 31-45	.314	51	16	2	3	0	8	7	6	.407	.471
0 Days Rest (Relief)	4.50	2	1	1	21	0	28.0	31	4	10	14	Pitch 46+	.067	15	1	0	0	0	0	1	3	.125	.067
1 or 2 Days Rest	4.24	1	1	0	47	0	63.2	73	6	25	51	First Pitch	.372	94	35	7	1	0	18	3	0	.394	.468
3+ Days Rest	6.13	1	1	0	34	0	47.0	55	10	20	28	Ahead in Count	.245	233	57	10	0	8	26	0	80	.250	.391
vs. AL	1.35	0	0	0	6	0	6.2	5	0	2	8	Behind in Count	.393	122	48	8	1	7	28	28	0	.507	.648
vs. NL	5.33	4	3	1	97	1	133.1	159	20	56	86	Two Strikes	.230	239	55	10	1	8	28	27	94	.312	.381
Pre-All Star	5.25	4	2	1	58	0	70.1	81	12	33	48	Pre-All Star	.296	274	81	16	2	12	49	33	48	.373	.500
Post-All Star	5.04	0	1	0	45	1	69.2	83	8	25	46	Post-All Star	.303	274	83	11	1	8	42	25	46	.364	.438

Aaron Myette — **Rangers**   Age 24 – Pitches Right (flyball pitcher)

	ERA	W	L	Sv	G	GS	IP	BB	SO	Avg	H	2B	3B	HR	RBI	OBP	SLG	CG	ShO	Sup	QS	#P/S	SB	CS	GB	FB	G/F
2001 Season	7.14	4	5	0	19	15	80.2	37	67	.293	94	26	1	12	59	.381	.492	0	0	6.58	5	88	9	5	96	99	0.97
Career (1999-2001)	6.82	4	7	0	25	18	99.0	55	79	.282	111	32	1	14	69	.385	.476	0	0	5.55	6	88	12	5	107	137	0.78

2001 Season

	ERA	W	L	Sv	G	GS	IP	H	HR	BB	SO		Avg	AB	H	2B	3B	HR	RBI	BB	SO	OBP	SLG
Home	6.58	0	2	0	9	6	39.2	51	7	9	26	vs. Left	.316	174	55	16	0	6	30	18	33	.381	.511
Away	7.68	4	3	0	10	9	41.0	43	5	28	41	vs. Right	.265	147	39	10	1	6	29	19	34	.380	.469
Starter	7.32	4	5	0	15	15	71.1	82	11	36	61	Scoring Posn	.333	102	34	12	0	2	47	10	23	.390	.510
Reliever	5.79	0	0	0	4	0	9.1	12	1	1	6	Close & Late	.200	10	2	0	0	1	1	0	3	.273	.500
0-3 Days Rest (Start)	0.00	0	0	0	0	0	0.0	0	0	0	0	None on/out	.282	71	20	5	0	4	4	16	10	.440	.521
4 Days Rest	6.98	2	1	0	6	6	29.2	35	5	14	26	First Pitch	.433	30	13	3	0	3	8	0	0	.528	.833
5+ Days Rest	7.56	2	4	0	9	9	41.2	47	6	22	35	Ahead in Count	.269	175	47	11	0	4	31	0	53	.275	.400
Pre-All Star	9.00	1	0	0	6	3	18.0	24	2	10	11	Behind in Count	.322	59	19	5	1	3	10	21	0	.500	.593
Post-All Star	6.61	4	4	0	13	12	62.2	70	10	27	56	Two Strikes	.231	173	40	10	0	4	27	16	67	.309	.358

Charles Nagy — Indians
Age 35 – Pitches Right (groundball pitcher)

	ERA	W	L	Sv	G	GS	IP	BB	SO	Avg	H	2B	3B	HR	RBI	OBP	SLG	CG	ShO	Sup	QS	#P/S	SB	CS	GB	FB	G/F
2001 Season	6.40	5	6	0	15	13	70.1	20	29	.342	102	25	0	10	46	.379	.527	0	0	8.19	3	82	3	1	141	78	1.81
Last Five Years	5.20	54	45	0	126	123	766.2	243	465	.296	914	183	17	112	433	.350	.476	4	1	6.23	56	98	66	26	1358	714	1.90

2001 Season

	ERA	W	L	Sv	G	GS	IP	H	HR	BB	SO		Avg	AB	H	2B	3B	HR	RBI	BB	SO	OBP	SLG
Home	8.00	2	6	0	10	9	45.0	73	8	10	20	vs. Left	.293	147	43	10	0	4	27	6	18	.314	.442
Away	3.55	3	0	0	5	4	25.1	29	2	10	9	vs. Right	.391	151	59	15	0	6	19	14	11	.440	.609
Starter	6.31	4	5	0	13	13	67.0	98	10	18	26	Scoring Posn	.253	83	21	4	0	3	35	9	11	.313	.410
Reliever	8.10	1	1	0	2	0	3.1	4	0	2	3	Close & Late	.571	7	4	1	0	0	2	0	0	.571	.714
0-3 Days Rest (Start)	0.00	0	0	0	0	0	0.0	0	0	0	0	None on/out	.429	77	33	11	0	3	3	1	9	.436	.688
4 Days Rest	6.32	2	3	0	7	7	37.0	53	4	10	13	First Pitch	.395	43	17	5	0	1	6	1	0	.409	.581
5+ Days Rest	6.30	2	2	0	6	6	30.0	45	6	8	13	Ahead in Count	.260	127	33	11	0	3	14	0	25	.256	.417
Pre-All Star	6.25	3	3	0	7	6	31.2	46	5	8	15	Behind in Count	.412	34	14	4	0	3	13	7	4	.436	.688
Post-All Star	6.52	2	3	0	8	7	38.2	56	5	12	14	Two Strikes	.257	113	29	12	0	3	13	9	29	.306	.442

Last Five Years

	ERA	W	L	Sv	G	GS	IP	H	HR	BB	SO		Avg	AB	H	2B	3B	HR	RBI	BB	SO	OBP	SLG
Home	5.41	26	26	0	64	62	387.1	474	57	120	231	vs. Left	.292	1499	438	89	7	52	208	129	224	.351	.465
Away	4.98	28	19	0	62	61	379.1	440	55	123	234	vs. Right	.301	1584	476	94	10	60	225	114	241	.350	.486
Day	5.73	20	13	0	38	36	218.1	261	43	73	133	Inning 1-6	.297	2712	806	165	15	95	391	211	410	.350	.474
Night	4.99	34	32	0	88	87	548.1	653	69	170	332	Inning 7+	.291	371	108	18	2	17	42	32	55	.354	.488
Grass	5.16	45	41	0	108	105	659.0	775	93	215	397	None on	.290	1780	516	107	10	71	71	112	255	.337	.481
Turf	5.43	9	4	0	18	18	107.2	139	19	28	68	Runners on	.305	1303	398	76	7	41	362	131	210	.368	.469
March/April	4.94	11	7	0	21	21	138.1	153	26	44	95	Scoring Posn	.288	757	218	39	6	24	311	100	131	.368	.450
May	4.95	10	5	0	21	21	131.0	164	23	45	87	Close & Late	.323	161	52	10	1	8	24	13	25	.377	.547
June	4.56	8	6	0	20	19	118.1	136	15	36	54	None on/out	.305	799	244	52	4	30	30	34	119	.340	.493
July	6.21	8	9	0	21	21	121.2	162	19	41	69	vs. 1st Batr (relief)	.667	3	2	0	0	0	0	0	0	.667	.667
August	5.04	9	10	0	23	22	141.0	162	18	44	90	1st Inning Pitched	.282	504	142	27	2	20	75	40	79	.334	.462
Sept/Oct	5.57	8	8	0	20	19	116.1	137	11	33	70	First 75 Pitches	.290	2245	651	130	9	77	296	169	335	.341	.459
Starter	5.16	53	44	0	123	123	762.1	907	111	240	461	Pitch 76-90	.339	422	143	33	5	22	72	34	59	.391	.597
Reliever	12.46	1	1	0	3	0	4.1	7	1	3	4	Pitch 91-105	.288	281	81	16	3	7	47	24	47	.350	.441
0-3 Days Rest (Start)	0.00	0	0	0	0	0	0.0	0	0	0	0	Pitch 106+	.289	135	39	4	0	6	18	16	24	.377	.452
4 Days Rest	4.80	35	26	0	74	74	467.0	531	59	139	280	First Pitch	.356	466	166	35	2	22	87	16	0	.382	.582
5+ Days Rest	5.73	18	18	0	49	49	295.1	376	52	101	181	Ahead in Count	.232	1340	311	59	4	31	135	0	389	.238	.351
vs. AL	5.31	46	41	0	109	106	661.1	784	98	212	404	Behind in Count	.370	724	268	53	7	38	129	126	0	.463	.620
vs. NL	4.53	8	4	0	17	17	105.1	130	14	31	61	Two Strikes	.217	1297	281	41	4	31	126	101	465	.275	.338
Pre-All Star	5.04	32	20	0	68	67	418.0	500	71	138	254	Pre-All Star	.297	1682	500	88	9	71	233	138	254	.351	.487
Post-All Star	5.39	22	25	0	58	56	348.2	414	41	105	211	Post-All Star	.296	1401	414	95	8	41	200	105	211	.349	.463

Denny Neagle — Rockies
Age 33 – Pitches Left (flyball pitcher)

	ERA	W	L	Sv	G	GS	IP	BB	SO	Avg	H	2B	3B	HR	RBI	OBP	SLG	CG	ShO	Sup	QS	#P/S	SB	CS	GB	FB	G/F
2001 Season	5.38	9	8	0	30	30	170.2	60	139	.284	192	53	4	29	95	.344	.503	0	0	6.91	12	99	9	4	154	257	0.60
Last Five Years	4.04	69	38	0	150	147	935.0	290	698	.252	897	206	17	126	411	.311	.426	10	6	6.23	88	101	46	24	950	1274	0.75

2001 Season

	ERA	W	L	Sv	G	GS	IP	H	HR	BB	SO		Avg	AB	H	2B	3B	HR	RBI	BB	SO	OBP	SLG
Home	5.70	6	2	0	15	15	79.0	91	15	32	66	vs. Left	.300	170	51	17	0	5	21	23	32	.399	.488
Away	5.11	3	6	0	15	15	91.2	101	14	28	73	vs. Right	.279	506	141	36	4	24	74	37	107	.325	.508
Day	6.29	2	3	0	12	12	68.2	84	14	24	55	Inning 1-6	.278	650	181	48	4	28	90	59	134	.341	.494
Night	4.76	7	5	0	18	18	102.0	108	15	36	84	Inning 7+	.423	26	11	5	0	1	5	1	5	.444	.731
Grass	5.30	9	7	0	28	28	158.0	181	29	55	130	None on	.279	387	108	35	1	17	17	35	72	.345	.506
Turf	6.39	0	1	0	2	2	12.2	11	0	5	9	Runners on	.291	289	84	18	3	12	78	25	67	.344	.498
April	3.21	2	0	0	5	5	28.0	26	3	13	26	Scoring Posn	.299	164	49	11	2	5	61	15	40	.344	.482
May	5.45	2	2	0	6	6	38.0	37	6	10	30	Close & Late	.250	16	4	1	0	1	2	0	5	.250	.500
June	3.97	2	0	0	4	4	22.2	27	4	1	14	None on/out	.257	171	44	16	0	5	5	10	34	.306	.479
July	7.85	0	3	0	4	4	18.1	25	4	8	11	vs. 1st Batr (relief)	.000	0	0	0	0	0	0	0	0	.000	.000
August	6.00	2	2	0	6	6	36.0	46	9	15	31	1st Inning Pitched	.341	135	46	13	1	4	21	13	27	.404	.541
Sept/Oct	6.18	1	1	0	5	5	27.2	31	3	10	27	First 75 Pitches	.276	490	135	34	4	19	62	39	106	.334	.482
Starter	5.38	9	8	0	30	30	170.2	192	29	60	139	Pitch 76-90	.295	88	26	9	0	4	11	5	15	.326	.534
Reliever	0.00	0	0	0	0	0	0.0	0	0	0	0	Pitch 91-105	.329	82	27	6	0	5	17	14	13	.420	.610
0-3 Days Rest (Start)	0.00	0	0	0	0	0	0.0	0	0	0	0	Pitch 106+	.250	16	4	0	0	1	3	2	5	.333	.478
4 Days Rest	5.27	3	4	0	12	12	70.0	76	10	26	55	First Pitch	.309	94	29	6	0	5	15	3	0	.330	.532
5+ Days Rest	5.45	6	4	0	18	18	100.2	116	19	34	84	Ahead in Count	.243	329	80	22	2	6	30	0	116	.249	.377
vs. AL	6.14	1	0	0	2	2	7.1	9	2	3	4	Behind in Count	.385	122	47	14	1	11	28	28	0	.500	.787
vs. NL	5.34	9	7	0	28	28	163.1	183	27	57	135	Two Strikes	.235	349	82	26	2	7	38	29	139	.298	.378
Pre-All Star	4.32	6	2	0	16	16	89.2	91	13	28	71	Pre-All Star	.261	348	91	23	2	13	43	28	71	.319	.451
Post-All Star	6.56	3	6	0	14	14	81.0	101	16	32	68	Post-All Star	.308	328	101	30	2	16	52	32	68	.371	.558

Last Five Years

	ERA	W	L	Sv	G	GS	IP	H	HR	BB	SO		Avg	AB	H	2B	3B	HR	RBI	BB	SO	OBP	SLG
Home	4.28	41	14	0	81	79	498.0	496	73	157	377	vs. Left	.266	771	205	47	5	26	71	65	134	.331	.441
Away	3.77	28	24	0	69	68	437.0	401	53	133	321	vs. Right	.248	2785	692	159	12	100	340	225	564	.306	.422
Day	5.24	19	16	0	49	47	290.1	318	46	94	214	Inning 1-6	.251	3161	794	178	17	115	378	266	635	.312	.421
Night	3.50	50	22	0	101	100	644.2	579	80	196	484	Inning 7+	.261	395	103	28	0	11	33	25	63	.307	.415
Grass	4.21	48	29	0	107	105	662.0	657	88	196	493	None on	.241	2183	527	129	9	76	76	166	412	.299	.413
Turf	3.63	21	9	0	43	42	273.0	240	38	94	205	Runners on	.269	1373	370	77	8	50	335	124	286	.329	.446

Last Five Years

	ERA	W	L	Sv	G	GS	IP	H	HR	BB	SO		Avg	AB	H	2B	3B	HR	RBI	BB	SO	OBP	SLG
March/April	3.47	11	1	0	24	24	153.0	138	18	49	108	Scoring Posn	.253	770	195	44	5	23	265	77	171	.318	.413
May	4.31	11	7	0	28	28	169.1	178	21	48	131	Close & Late	.263	156	41	15	0	3	13	15	26	.329	.417
June	4.00	10	6	0	20	20	135.0	134	20	35	93	None on/out	.235	932	219	53	4	30	30	65	159	.290	.397
July	3.54	10	7	0	22	22	142.1	127	17	45	108	vs. 1st Batr (relief)	.000	2	0	0	0	0	1	1	0	.333	.000
August	4.39	13	11	0	29	29	184.1	184	28	67	139	1st Inning Pitched	.276	597	165	39	4	22	77	52	117	.339	.466
Sept/Oct	4.41	14	6	0	27	24	151.0	136	22	46	119	First 75 Pitches	.240	2455	589	138	12	81	256	197	526	.300	.405
Starter	4.04	68	38	0	147	147	930.0	892	124	286	693	Pitch 76-90	.302	497	150	31	1	22	70	39	68	.350	.501
Reliever	5.40	1	0	0	3	0	5.0	5	2	4	5	Pitch 91-105	.282	412	116	29	4	15	65	37	66	.341	.481
0-3 Days Rest (Start)	5.00	0	1	0	3	3	18.0	20	2	7	9	Pitch 106+	.219	192	42	8	0	8	20	17	38	.286	.385
4 Days Rest	4.05	44	25	0	87	87	559.1	540	68	174	416	First Pitch	.288	510	147	33	2	26	71	12	0	.303	.514
5+ Days Rest	3.96	24	12	0	57	57	352.2	332	54	105	268	Ahead in Count	.214	1720	368	85	7	34	136	0	586	.222	.331
vs. AL	4.95	12	12	0	27	26	163.2	163	28	55	107	Behind in Count	.328	612	201	49	2	41	103	141	0	.454	.616
vs. NL	3.85	57	26	0	123	121	771.1	734	98	235	591	Two Strikes	.198	1791	355	89	10	35	154	136	698	.260	.318
Pre-All Star	3.79	35	15	0	78	78	494.0	484	61	144	361	Pre-All Star	.256	1888	484	96	11	61	213	144	361	.312	.416
Post-All Star	4.33	34	23	0	72	69	441.0	413	65	146	337	Post-All Star	.248	1668	413	110	6	65	198	146	337	.310	.438

Blaine Neal — Marlins

Age 24 – Pitches Right

	ERA	W	L	Sv	G	GS	IP	BB	SO	Avg	H	2B	3B	HR	RBI	OBP	SLG	GF	IR	IRS	Hld	SvOp	SB	CS	GB	FB	G/F
2001 Season	6.75	0	0	0	4	0	5.1	5	3	.304	7	3	1	0	5	.429	.522	0	1	1	0	0	2	0	8	7	1.14

2001 Season

	ERA	W	L	Sv	G	GS	IP	H	HR	BB	SO		Avg	AB	H	2B	3B	HR	RBI	BB	SO	OBP	SLG
Home	10.80	0	0	0	3	0	3.1	6	0	5	1	vs. Left	.385	13	5	2	1	0	4	2	3	.467	.692
Away	0.00	0	0	0	1	0	2.0	1	0	0	2	vs. Right	.200	10	2	1	0	0	1	3	0	.385	.300

Jeff Nelson — Mariners

Age 35 – Pitches Right

	ERA	W	L	Sv	G	GS	IP	BB	SO	Avg	H	2B	3B	HR	RBI	OBP	SLG	GF	IR	IRS	Hld	SvOp	SB	CS	GB	FB	G/F
2001 Season	2.76	4	3	4	69	0	65.1	44	88	.136	30	5	0	3	17	.295	.199	16	38	5	26	5	2	0	56	58	0.97
Last Five Years	3.01	22	18	10	303	0	284.1	170	310	.197	198	44	5	15	110	.323	.295	72	199	41	83	25	40	5	308	255	1.21

2001 Season

	ERA	W	L	Sv	G	GS	IP	H	HR	BB	SO		Avg	AB	H	2B	3B	HR	RBI	BB	SO	OBP	SLG
Home	1.80	1	2	3	33	0	30.0	11	1	15	38	vs. Left	.167	78	13	1	0	1	8	16	29	.316	.218
Away	3.57	3	1	1	36	0	35.1	19	2	29	50	vs. Right	.119	143	17	4	0	2	9	28	59	.284	.189
Day	2.42	0	3	3	25	0	22.1	12	2	19	33	Inning 1-6	.000	15	0	0	0	0	2	3	6	.167	.000
Night	2.93	4	0	1	44	0	43.0	18	1	25	55	Inning 7+	.146	206	30	5	0	3	15	41	82	.304	.214
Grass	2.93	4	3	4	64	0	61.1	29	3	40	85	None on	.122	123	15	2	0	2	2	19	55	.270	.187
Turf	0.00	0	0	0	5	0	4.0	1	0	4	3	Runners on	.153	98	15	3	0	1	15	25	33	.325	.214
April	2.38	0	0	2	13	0	11.1	2	0	7	15	Scoring Posn	.148	54	8	2	0	1	15	15	21	.333	.241
May	0.00	2	0	1	12	0	11.0	5	0	7	15	Close & Late	.138	109	15	4	0	2	9	21	41	.293	.229
June	3.97	0	1	1	11	0	11.1	7	1	8	20	None on/out	.098	51	5	1	0	1	1	5	24	.233	.176
July	0.87	2	0	0	10	0	10.1	3	0	5	16	vs. 1st Batr (relief)	.107	56	6	2	0	1	2	11	22	.275	.196
August	7.71	0	1	0	12	0	9.1	8	0	8	9	1st Inning Pitched	.124	185	23	5	0	2	14	35	74	.274	.184
Sept/Oct	2.25	0	1	0	11	0	12.0	5	2	9	13	First 15 Pitches	.125	152	19	3	0	2	8	21	53	.244	.184
Starter	0.00	0	0	0	0	0	0.0	0	0	0	0	Pitch 16-30	.158	57	9	2	0	0	5	16	32	.368	.193
Reliever	2.76	4	3	4	69	0	65.1	30	3	44	88	Pitch 31-45	.167	12	2	0	0	1	4	6	3	.444	.417
0 Days Rest (Relief)	2.70	0	1	2	12	0	10.0	5	0	9	15	Pitch 46+	.000	0	0	0	0	0	0	1	0	1.000	.000
1 or 2 Days Rest	3.00	3	2	2	40	0	39.0	17	3	23	49	First Pitch	.353	17	6	2	0	0	2	1	0	.421	.471
3+ Days Rest	2.20	1	0	0	17	0	16.1	8	0	12	24	Ahead in Count	.092	120	11	2	0	2	4	0	72	.121	.158
vs. AL	2.30	4	2	4	63	0	58.2	27	2	35	74	Behind in Count	.179	39	7	0	0	0	0	19	0	.458	.179
vs. NL	6.75	0	1	0	6	0	6.2	3	1	9	14	Two Strikes	.073	137	10	2	0	1	10	24	88	.230	.109
Pre-All Star	2.19	3	1	4	39	0	37.0	15	1	25	58	Pre-All Star	.120	125	15	1	0	1	9	25	58	.276	.152
Post-All Star	3.49	1	2	0	30	0	28.1	15	2	19	30	Post-All Star	.156	96	15	4	0	2	8	19	30	.319	.260

Last Five Years

	ERA	W	L	Sv	G	GS	IP	H	HR	BB	SO		Avg	AB	H	2B	3B	HR	RBI	BB	SO	OBP	SLG
Home	2.38	14	5	5	152	0	143.2	89	6	63	158	vs. Left	.229	353	81	24	3	6	43	66	98	.366	.365
Away	3.65	8	13	5	151	0	140.2	109	9	107	152	vs. Right	.179	654	117	20	2	9	67	104	212	.300	.257
Day	2.98	8	8	5	111	0	102.2	72	4	65	114	Inning 1-6	.098	41	4	0	1	0	3	7	14	.245	.146
Night	3.02	14	10	5	192	0	181.2	126	11	105	196	Inning 7+	.201	966	194	44	4	15	107	163	296	.327	.301
Grass	3.02	22	15	7	269	0	256.0	183	15	145	281	None on	.187	530	99	23	4	9	9	69	170	.297	.296
Turf	2.86	0	3	3	34	0	28.1	15	0	25	29	Runners on	.208	477	99	21	1	6	101	101	140	.351	.294
March/April	3.09	7	4	3	66	0	64.0	53	1	35	66	Scoring Posn	.212	311	66	14	0	6	98	81	102	.380	.315
May	3.26	5	4	3	55	0	58.0	43	2	41	68	Close & Late	.209	465	97	27	3	8	74	82	147	.337	.331
June	3.13	4	4	1	44	0	46.0	36	3	29	49	None on/out	.172	221	38	11	1	3	3	23	72	.271	.271
July	1.57	3	0	0	37	0	34.1	9	1	14	42	vs. 1st Batr (relief)	.175	246	43	11	1	3	20	45	81	.311	.264
August	4.62	2	3	2	48	0	39.0	35	5	22	37	1st Inning Pitched	.194	819	159	37	4	12	90	136	258	.317	.293
Sept/Oct	2.09	1	3	1	53	0	43.0	22	3	29	48	First 15 Pitches	.197	687	135	31	3	10	64	92	193	.299	.294
Starter	0.00	0	0	0	0	0	0.0	0	0	0	0	Pitch 16-30	.189	270	51	9	2	4	36	63	101	.359	.281
Reliever	3.01	22	18	10	303	0	284.1	198	15	170	310	Pitch 31-45	.240	50	12	4	0	1	10	13	16	.406	.380
0 Days Rest (Relief)	2.54	6	4	3	83	0	74.1	50	2	48	86	Pitch 46+	.000	0	0	0	0	0	0	2	0	1.000	.000
1 or 2 Days Rest	3.29	13	12	6	148	0	142.1	97	10	89	159	First Pitch	.365	74	27	6	0	0	9	18	0	.505	.446
3+ Days Rest	2.93	3	2	1	72	0	67.2	51	3	33	65	Ahead in Count	.149	545	81	18	2	8	43	0	251	.167	.233
vs. AL	2.98	21	16	10	272	0	253.2	181	13	149	270	Behind in Count	.316	174	55	12	0	5	32	71	0	.520	.471
vs. NL	3.23	1	2	0	31	0	30.2	17	2	21	40	Two Strikes	.126	589	74	20	3	8	48	81	310	.242	.211

							Last Five Years										
	ERA	W	L	Sv	G	GS	IP	H	HR	BB	SO		Avg	AB	H	2B	3B	HR	RBI	BB	SO	OBP	SLG
Pre-All Star	3.02	17	12	7	176	0	179.0	133	6	110	198	Pre-All Star	.206	646	133	31	5	6	69	110	198	.327	.297
Post-All Star	2.99	5	6	3	127	0	105.1	65	9	60	112	Post-All Star	.180	361	65	13	0	9	41	60	112	.317	.291

Joe Nelson — Braves
Age 27 – Pitches Right

	ERA	W	L	Sv	G	GS	IP	BB	SO	Avg	H	2B	3B	HR	RBI	OBP	SLG	GF	IR	IRS	Hld	SvOp	SB	CS	GB	FB	G/F
2001 Season	36.00	0	0	0	2	0	2.0	2	0	.583	7	1	0	1	9	.625	.917	0	0	0	0	0	0	0	6	4	1.50

2001 Season

	ERA	W	L	Sv	G	GS	IP	H	HR	BB	SO		Avg	AB	H	2B	3B	HR	RBI	BB	SO	OBP	SLG
Home	45.00	0	0	0	1	0	1.0	4	1	1	0	vs. Left	.500	2	1	0	0	1	6	2	0	.600	2.000
Away	27.00	0	0	0	1	0	1.0	3	0	1	0	vs. Right	.600	10	6	1	0	0	3	0	0	.636	.700

Robb Nen — Giants
Age 32 – Pitches Right

	ERA	W	L	Sv	G	GS	IP	BB	SO	Avg	H	2B	3B	HR	RBI	OBP	SLG	GF	IR	IRS	Hld	SvOp	SB	CS	GB	FB	G/F
2001 Season	3.01	4	5	45	79	0	77.2	22	93	.203	58	8	2	6	28	.260	.308	71	17	5	0	52	17	1	86	80	1.08
Last Five Years	2.76	27	26	198	370	0	378.2	133	453	.215	305	46	6	29	150	.282	.318	330	91	33	0	231	54	2	447	364	1.23

2001 Season

	ERA	W	L	Sv	G	GS	IP	H	HR	BB	SO		Avg	AB	H	2B	3B	HR	RBI	BB	SO	OBP	SLG
Home	2.56	4	2	27	45	0	45.2	29	3	11	50	vs. Left	.240	150	36	7	1	2	16	12	43	.294	.340
Away	3.66	0	3	18	34	0	32.0	29	3	11	43	vs. Right	.162	136	22	1	1	4	12	10	50	.221	.272
Day	3.26	1	2	15	30	0	30.1	22	3	9	35	Inning 1-6	.000	0	0	0	0	0	0	0	0	.000	.000
Night	2.85	3	3	30	49	0	47.1	36	3	13	58	Inning 7+	.203	286	58	8	2	6	28	22	93	.260	.308
Grass	3.09	4	5	44	77	0	75.2	56	6	22	89	None on	.182	181	33	4	1	4	4	11	63	.233	.282
Turf	0.00	0	0	1	2	0	2.0	2	0	0	4	Runners on	.238	105	25	4	1	2	24	11	30	.303	.352
April	0.82	1	0	6	11	0	11.0	3	0	4	17	Scoring Posn	.216	74	16	2	0	2	22	11	21	.307	.324
May	4.63	1	1	5	12	0	11.2	11	2	4	13	Close & Late	.222	212	47	7	2	4	25	18	71	.279	.330
June	4.80	0	1	13	17	0	15.0	15	0	6	15	None on/out	.178	73	13	1	1	3	5	24	.231	.342
July	2.40	0	0	6	12	0	15.0	8	3	1	17	vs. 1st Batr (relief)	.192	73	14	1	1	3	5	6	23	.253	.356
August	1.80	1	1	7	11	0	10.0	10	0	2	15	1st Inning Pitched	.206	272	56	8	2	5	26	22	88	.265	.305
Sept/Oct	3.00	1	2	8	16	0	15.0	11	1	5	16	First 15 Pitches	.220	227	50	7	2	5	20	18	73	.279	.335
Starter	0.00	0	0	0	0	0	0.0	0	0	0	0	Pitch 16-30	.138	58	8	1	0	1	8	4	19	.188	.207
Reliever	3.01	4	5	45	79	0	77.2	58	6	22	93	Pitch 31-45	.000	1	0	0	0	0	0	1	.000	.000
0 Days Rest (Relief)	1.71	1	1	16	23	0	21.0	9	0	4	26	Pitch 46+	.000	0	0	0	0	0	0	0	0	.000	.000
1 or 2 Days Rest	3.57	2	2	22	40	0	40.1	34	4	17	45	First Pitch	.310	29	9	3	0	1	4	4	0	.394	.517
3+ Days Rest	3.31	1	2	7	16	0	16.1	15	2	1	22	Ahead in Count	.169	177	30	4	2	3	17	0	83	.171	.266
vs. AL	1.80	0	0	8	9	0	10.0	6	1	3	14	Behind in Count	.219	32	7	0	0	1	1	9	0	.390	.313
vs. NL	3.19	4	5	37	70	0	67.2	52	5	19	79	Two Strikes	.170	176	30	3	2	4	17	9	93	.209	.278
Pre-All Star	3.09	2	2	26	44	0	43.2	30	2	14	52	Pre-All Star	.186	161	30	4	1	2	16	14	52	.254	.261
Post-All Star	2.91	2	3	19	35	0	34.0	28	4	8	41	Post-All Star	.224	125	28	4	1	4	12	8	41	.267	.368

Last Five Years

	ERA	W	L	Sv	G	GS	IP	H	HR	BB	SO		Avg	AB	H	2B	3B	HR	RBI	BB	SO	OBP	SLG
Home	2.27	19	10	110	199	0	202.1	149	15	62	240	vs. Left	.247	712	176	27	3	15	82	70	210	.314	.357
Away	3.32	8	16	88	171	0	176.1	156	14	71	213	vs. Right	.183	704	129	19	3	14	68	63	243	.250	.278
Day	2.74	8	14	72	151	0	157.2	129	9	58	181	Inning 1-6	.000	0	0	0	0	0	0	0	0	.000	.000
Night	2.77	19	12	126	219	0	221.0	176	20	75	272	Inning 7+	.215	1416	305	46	6	29	150	133	453	.282	.318
Grass	2.78	23	23	177	329	0	334.0	266	23	123	403	None on	.219	780	171	27	3	17	17	62	263	.280	.327
Turf	2.62	4	3	21	41	0	44.2	39	6	10	50	Runners on	.211	636	134	19	3	12	133	71	190	.285	.307
March/April	2.65	5	1	30	56	0	57.2	39	1	21	78	Scoring Posn	.192	426	82	12	0	9	123	57	133	.281	.284
May	3.37	6	5	31	65	0	69.1	57	8	32	73	Close & Late	.214	1042	223	35	4	20	131	105	342	.284	.313
June	2.73	5	4	41	68	0	69.1	63	4	23	82	None on/out	.216	324	70	13	3	9	39	103	.304	.358
July	2.70	5	4	32	56	0	63.1	41	9	23	79	vs. 1st Batr (relief)	.226	332	75	15	3	12	29	36	110	.305	.398
August	2.18	4	6	30	61	0	57.2	53	3	12	68	1st Inning Pitched	.217	1301	282	43	6	27	139	118	419	.282	.321
Sept/Oct	2.79	2	6	34	64	0	61.1	52	4	22	73	First 15 Pitches	.230	1038	239	38	5	24	86	91	328	.294	.346
Starter	0.00	0	0	0	0	0	0.0	0	0	0	0	Pitch 16-30	.174	340	59	7	1	4	56	40	114	.256	.275
Reliever	2.76	27	26	198	370	0	378.2	305	29	133	453	Pitch 31-45	.167	36	6	1	0	0	6	2	10	.205	.194
0 Days Rest (Relief)	1.94	5	7	71	121	0	120.2	89	7	31	145	Pitch 46+	.500	2	1	0	0	1	2	0	1	.500	2.000
1 or 2 Days Rest	2.76	12	10	93	161	0	159.2	121	13	62	191	First Pitch	.346	130	45	10	0	3	16	0	3	.412	.492
3+ Days Rest	3.75	10	9	34	88	0	98.1	95	9	40	117	Ahead in Count	.168	861	145	20	4	18	80	0	422	.169	.264
vs. AL	2.95	3	2	18	38	0	39.2	28	4	14	53	Behind in Count	.290	200	58	10	2	5	24	63	0	.458	.435
vs. NL	2.73	24	24	180	332	0	339.0	277	25	119	400	Two Strikes	.139	827	115	18	4	13	65	53	453	.189	.218
Pre-All Star	2.65	19	10	113	206	0	217.1	165	13	82	261	Pre-All Star	.205	806	165	25	5	13	83	82	261	.278	.317
Post-All Star	2.90	8	16	85	164	0	161.1	140	16	51	192	Post-All Star	.230	610	140	21	1	16	67	51	192	.288	.346

Nick Neugebauer — Brewers
Age 21 – Pitches Right

	ERA	W	L	Sv	G	GS	IP	BB	SO	Avg	H	2B	3B	HR	RBI	OBP	SLG	CG	ShO	Sup	QS	#P/S	SB	CS	GB	FB	G/F
2001 Season	7.50	1	1	0	2	2	6.0	6	11	.250	6	1	0	1	5	.400	.417	0	0	10.50	0	68	2	0	4	8	0.50

2001 Season

	ERA	W	L	Sv	G	GS	IP	H	HR	BB	SO		Avg	AB	H	2B	3B	HR	RBI	BB	SO	OBP	SLG
Home	36.00	0	1	0	1	1	1.0	3	1	3	2	vs. Left	.357	14	5	1	0	1	5	3	6	.471	.643
Away	1.80	1	0	0	1	1	5.0	3	0	3	9	vs. Right	.100	10	1	0	0	0	3	5	.308	.100

308

Phil Nevin — Padres
Age 31 – Bats Right

	Avg	G	AB	R	H	2B	3B	HR	RBI	BB	SO	HBP	GDP	SB	CS	OBP	SLG	IBB	SH	SF	#Pit	#P/PA	GB	FB	G/F
2001 Season	.306	149	546	97	167	31	0	41	126	71	147	4	13	4	4	.388	.588	7	0	3	2535	4.06	168	137	1.23
Last Five Years	.279	588	1955	295	546	116	3	113	380	223	485	15	48	7	5	.355	.515	18	1	15	8676	3.93	640	510	1.25

2001 Season

	Avg	AB	H	2B	3B	HR	RBI	BB	SO	OBP	SLG		Avg	AB	H	2B	3B	HR	RBI	BB	SO	OBP	SLG
vs. Left	.329	155	51	12	0	9	27	23	40	.416	.581	First Pitch	.469	49	23	6	0	6	23	5	0	.527	.959
vs. Right	.297	391	116	19	0	32	99	48	107	.377	.591	Ahead in Count	.495	91	45	7	0	7	28	36	0	.641	.802
Home	.306	265	81	14	0	19	55	29	75	.378	.574	Behind in Count	.221	294	65	11	0	18	45	0	123	.226	.442
Away	.306	281	86	17	0	22	71	42	72	.396	.601	Two Strikes	.192	313	60	9	0	17	46	29	147	.261	.383
Day	.395	172	68	10	0	18	58	21	41	.462	.767	Batting #3	.296	27	8	2	0	1	4	1	9	.321	.481
Night	.265	374	99	21	0	23	68	50	106	.354	.505	Batting #4	.306	517	158	29	0	40	120	69	138	.390	.594
Grass	.308	522	161	30	0	39	123	68	142	.390	.590	Other	.500	2	1	0	0	0	2	1	0	.667	.500
Turf	.250	24	6	1	0	2	3	3	5	.333	.542	April	.344	93	32	12	0	6	22	8	21	.402	.667
Pre-All Star	.310	297	92	22	0	21	72	45	82	.400	.596	May	.308	78	24	5	0	5	15	11	23	.389	.564
Post-All Star	.301	249	75	9	0	20	54	26	65	.373	.578	June	.294	102	30	3	0	8	28	21	27	.411	.559
Inning 1-6	.320	388	124	25	0	30	95	45	102	.393	.616	July	.315	89	28	4	0	10	23	12	28	.413	.697
Inning 7+	.272	158	43	6	0	11	31	26	45	.376	.519	August	.302	96	29	4	0	4	15	11	27	.370	.469
Scoring Posn	.298	161	48	12	0	12	86	33	48	.414	.596	Sept/Oct	.273	88	24	3	0	8	23	8	21	.333	.580
Close & Late	.236	72	17	2	0	4	14	11	21	.341	.431	vs. AL	.404	57	23	2	0	8	18	8	18	.485	.860
None on/out	.301	136	41	5	0	12	12	8	40	.340	.603	vs. NL	.294	489	144	29	0	33	108	63	129	.376	.556

2001 By Position

Position	Avg	AB	H	2B	3B	HR	RBI	BB	SO	OBP	SLG	G	GS	Innings	PO	A	E	DP	Fld Pct	Rng Fctr	In Zone	Zone Outs	Zone Rtg	MLB Zone
As 3b	.305	541	165	31	0	41	124	69	145	.386	.590	145	144	1228.2	96	265	27	26	.930	2.64	377	285	.756	.761

Last Five Years

	Avg	AB	H	2B	3B	HR	RBI	BB	SO	OBP	SLG		Avg	AB	H	2B	3B	HR	RBI	BB	SO	OBP	SLG
vs. Left	.303	643	195	44	2	43	132	95	149	.392	.579	First Pitch	.401	207	83	21	0	19	62	12	0	.442	.778
vs. Right	.268	1312	351	72	1	70	248	128	336	.337	.484	Ahead in Count	.408	363	148	28	2	29	94	120	0	.553	.736
Home	.267	936	250	42	2	51	176	104	235	.344	.480	Behind in Count	.214	1001	214	48	1	39	139	0	397	.218	.381
Away	.290	1019	296	74	1	62	204	119	250	.365	.548	Two Strikes	.189	1054	199	42	1	40	141	90	485	.253	.344
Day	.328	591	194	33	1	45	138	71	138	.400	.616	Batting #4	.302	1327	401	82	1	89	292	167	316	.381	.567
Night	.258	1364	352	83	2	68	242	152	347	.335	.471	Batting #7	.209	196	41	5	1	5	17	20	52	.294	.321
Grass	.285	1739	496	102	3	102	353	204	425	.362	.523	Other	.241	432	104	29	1	19	71	36	117	.302	.444
Turf	.231	216	50	14	0	11	27	19	60	.297	.449	March/April	.309	275	85	23	0	18	54	23	57	.365	.589
Pre-All Star	.280	988	277	67	2	59	206	121	245	.361	.531	May	.269	286	77	16	2	14	54	38	72	.353	.486
Post-All Star	.278	967	269	49	1	54	174	102	240	.349	.498	June	.268	339	91	23	0	19	72	48	86	.363	.504
Inning 1-6	.297	1321	392	93	1	80	276	155	290	.371	.550	July	.278	327	91	14	0	22	61	36	89	.356	.523
Inning 7+	.243	634	154	23	2	33	104	68	195	.321	.442	August	.286	437	125	24	0	26	88	51	109	.358	.519
Scoring Posn	.275	560	154	39	1	33	259	94	135	.375	.525	Sept/Oct	.265	291	77	16	1	14	51	27	72	.327	.471
Close & Late	.252	313	79	10	0	15	54	33	93	.330	.428	vs. AL	.252	579	146	29	2	25	87	54	155	.322	.439
None on/out	.272	497	135	27	0	25	25	37	123	.322	.477	vs. NL	.291	1376	400	87	1	88	293	169	330	.369	.547

David Newhan — Phillies
Age 28 – Bats Left (groundball hitter)

	Avg	G	AB	R	H	2B	3B	HR	RBI	BB	SO	HBP	GDP	SB	CS	OBP	SLG	IBB	SH	SF	#Pit	#P/PA	GB	FB	G/F
2001 Season	.333	7	6	2	2	1	0	0	1	1	0	0	0	0	0	.375	.500	0	0	1	26	3.25	4	2	2.00
Career (1999-2001)	.163	63	86	17	14	3	0	3	9	10	24	0	2	2	1	.247	.302	1	0	1	357	3.68	29	18	1.61

2001 Season

	Avg	AB	H	2B	3B	HR	RBI	BB	SO	OBP	SLG		Avg	AB	H	2B	3B	HR	RBI	BB	SO	OBP	SLG
vs. Left	.000	0	0	0	0	0	0	0	0	.000	.000	Scoring Posn	.000	1	0	0	0	0	1	1	0	.333	.000
vs. Right	.333	6	2	1	0	0	1	1	0	.375	.500	Close & Late	.667	3	2	1	0	0	1	0	0	.500	1.000

Chris Nichting — Rockies
Age 36 – Pitches Right

	ERA	W	L	Sv	G	GS	IP	BB	SO	Avg	H	2B	3B	HR	RBI	OBP	SLG	GF	IR	IRS	Hld	SvOp	SB	CS	GB	FB	G/F
2001 Season	4.46	0	3	1	43	0	42.1	8	40	.313	55	13	3	8	24	.339	.557	11	26	6	4	3	1	2	53	48	1.10
Last Five Years	4.91	0	3	1	50	0	51.1	13	47	.318	68	18	3	8	33	.358	.542	12	30	8	4	4	2	2	68	55	1.24

2001 Season

	ERA	W	L	Sv	G	GS	IP	H	HR	BB	SO		Avg	AB	H	2B	3B	HR	RBI	BB	SO	OBP	SLG
Home	2.49	0	1	0	21	0	21.2	23	3	5	21	vs. Left	.408	71	29	7	1	4	14	2	13	.419	.704
Away	6.53	0	2	1	22	0	20.2	32	5	3	19	vs. Right	.248	105	26	6	2	4	10	6	27	.286	.457
Starter	0.00	0	0	0	0	0	0.0	0	0	0	0	Scoring Posn	.259	54	14	4	1	2	17	3	11	.288	.481
Reliever	4.46	0	3	1	43	0	42.1	55	8	8	40	Close & Late	.421	38	16	4	1	1	5	3	7	.463	.658
0 Days Rest (Relief)	5.40	0	1	0	12	0	10.0	18	2	3	11	None on/out	.318	44	14	2	1	4	4	0	14	.318	.682
1 or 2 Days Rest	4.15	0	2	1	22	0	21.2	26	3	2	17	First Pitch	.259	27	7	3	0	0	1	0	0	.259	.370
3+ Days Rest	4.22	0	0	0	9	0	10.2	11	3	3	12	Ahead in Count	.236	89	21	6	1	3	12	0	34	.233	.427
Pre-All Star	3.26	0	2	1	18	0	19.1	23	1	6	19	Behind in Count	.583	24	14	3	2	4	8	3	0	.607	1.375
Post-All Star	5.48	0	1	0	25	0	23.0	32	7	2	21	Two Strikes	.222	90	20	3	0	3	9	4	40	.255	.356

309

Doug Nickle — Phillies

Age 27 – Pitches Right

	ERA	W	L	Sv	G	GS	IP	BB	SO	Avg	H	2B	3B	HR	RBI	OBP	SLG	GF	IR	IRS	Hld	SvOp	SB	CS	GB	FB	G/F
2001 Season	0.00	0	0	0	2	0	2.0	0	1	.143	1	0	0	0	0	.143	.143	2	0	0	0	0	0	0	3	2	1.50
Career (2000-2001)	7.71	0	0	0	6	0	4.2	2	1	.316	6	0	0	0	2	.409	.316	5	0	0	0	0	0	0	11	3	3.67

2001 Season

	ERA	W	L	Sv	G	GS	IP	H	HR	BB	SO		Avg	AB	H	2B	3B	HR	RBI	BB	SO	OBP	SLG
Home	0.00	0	0	0	1	0	1.0	1	0	0	0	vs. Left	.000	2	0	0	0	0	0	0	1	.000	.000
Away	0.00	0	0	0	1	0	1.0	0	0	0	1	vs. Right	.200	5	1	0	0	0	0	0	0	.200	.200

Jose Nieves — Angels

Age 27 – Bats Right

	Avg	G	AB	R	H	2B	3B	HR	RBI	BB	SO	HBP	GDP	SB	CS	OBP	SLG	IBB	SH	SF	#Pit	#P/PA	GB	FB	G/F
2001 Season	.245	29	53	5	13	3	1	2	3	2	20	2	1	0	1	.298	.453	0	2	0	205	3.47	15	13	1.15
Career (1998-2001)	.231	167	433	38	100	18	5	9	45	21	88	6	14	1	4	.273	.358	1	8	5	1635	3.46	159	127	1.25

2001 Season

	Avg	AB	H	2B	3B	HR	RBI	BB	SO	OBP	SLG		Avg	AB	H	2B	3B	HR	RBI	BB	SO	OBP	SLG
vs. Left	.308	26	8	1	1	2	3	1	10	.333	.654	Scoring Posn	.000	5	0	0	0	0	0	0	2	.000	.000
vs. Right	.185	27	5	2	0	0	0	1	10	.267	.259	Close & Late	.286	7	2	0	0	0	0	0	4	.375	.286

Career (1998-2001)

	Avg	AB	H	2B	3B	HR	RBI	BB	SO	OBP	SLG		Avg	AB	H	2B	3B	HR	RBI	BB	SO	OBP	SLG
vs. Left	.258	151	39	8	2	4	19	8	35	.292	.417	First Pitch	.283	46	13	3	0	2	9	1	0	.320	.478
vs. Right	.216	282	61	10	3	5	26	13	53	.263	.326	Ahead in Count	.407	91	37	10	1	5	19	14	0	.477	.703
Home	.261	222	58	11	2	5	24	5	38	.284	.396	Behind in Count	.178	236	42	5	4	1	15	0	79	.188	.246
Away	.199	211	42	7	3	4	21	16	50	.262	.318	Two Strikes	.146	213	31	4	3	1	14	6	88	.176	.207
Day	.239	234	56	9	3	6	31	9	44	.274	.380	Batting #7	.226	190	43	5	1	5	22	2	36	.244	.342
Night	.221	199	44	9	2	3	14	12	44	.272	.332	Batting #8	.243	70	17	5	2	1	8	5	15	.286	.414
Grass	.233	361	84	16	4	8	38	14	70	.270	.366	Other	.231	173	40	8	2	3	15	14	37	.298	.353
Turf	.222	72	16	2	1	1	7	7	18	.288	.319	March/April	.200	25	5	1	0	0	3	1	3	.231	.240
Pre-All Star	.223	121	27	6	3	4	17	6	19	.256	.421	May	.196	46	9	1	0	1	3	1	11	.208	.283
Post-All Star	.234	312	73	12	2	5	28	15	69	.280	.333	June	.257	35	9	3	1	3	9	2	4	.289	.657
Inning 1-6	.235	260	61	9	4	6	29	12	54	.280	.369	July	.167	54	9	1	2	0	3	5	14	.237	.259
Inning 7+	.225	173	39	9	1	3	16	9	34	.263	.341	August	.264	121	32	7	0	1	9	4	23	.308	.347
Scoring Posn	.219	96	21	2	1	2	30	4	18	.238	.323	Sept/Oct	.237	152	36	5	2	4	18	8	33	.272	.375
Close & Late	.247	77	19	3	1	0	9	4	18	.286	.312	vs. AL	.226	62	14	3	1	2	3	4	22	.294	.403
None on/out	.181	105	19	3	1	1	1	8	21	.246	.257	vs. NL	.232	371	86	15	4	7	42	17	66	.270	.350

C.J. Nitkowski — Mets

Age 29 – Pitches Left (groundball pitcher)

	ERA	W	L	Sv	G	GS	IP	BB	SO	Avg	H	2B	3B	HR	RBI	OBP	SLG	GF	IR	IRS	Hld	SvOp	SB	CS	GB	FB	G/F
2001 Season	4.94	1	3	0	61	0	51.0	34	42	.274	54	8	1	7	42	.392	.431	14	45	21	6	6	6	1	71	45	1.58
Last Five Years	4.65	12	20	3	239	18	302.0	151	233	.254	290	53	4	35	179	.346	.400	39	197	69	40	13	20	12	455	283	1.61

2001 Season

	ERA	W	L	Sv	G	GS	IP	H	HR	BB	SO		Avg	AB	H	2B	3B	HR	RBI	BB	SO	OBP	SLG
Home	6.39	0	2	0	31	0	25.1	38	5	20	23	vs. Left	.293	82	24	4	0	5	27	11	18	.379	.524
Away	3.51	1	1	0	30	0	25.2	16	2	14	19	vs. Right	.261	115	30	4	1	2	15	23	24	.401	.365
Day	6.27	1	0	0	22	0	18.2	18	5	14	10	Inning 1-6	.400	30	12	2	0	1	17	3	4	.455	.567
Night	4.18	0	3	0	39	0	32.1	36	2	20	32	Inning 7+	.251	167	42	6	1	6	25	31	38	.382	.407
Grass	5.44	0	3	0	55	0	44.2	51	6	32	37	None on	.239	88	21	1	1	3	3	20	16	.391	.375
Turf	1.42	1	0	0	6	0	6.1	3	1	2	5	Runners on	.303	109	33	7	0	4	39	14	26	.394	.477
April	4.66	0	1	0	10	0	9.2	11	0	5	9	Scoring Posn	.359	64	23	3	0	2	32	12	14	.462	.500
May	4.22	0	0	0	16	0	10.2	9	4	9	10	Close & Late	.298	57	17	1	1	5	14	12	15	.438	.614
June	0.84	0	0	0	13	0	10.2	9	0	7	8	None on/out	.195	41	8	0	1	2	2	8	9	.340	.390
July	11.70	0	1	0	10	0	10.0	16	2	6	8	vs. 1st Batr (relief)	.314	51	16	1	0	4	16	7	8	.400	.569
August	8.31	0	1	0	7	0	4.1	6	1	4	3	1st Inning Pitched	.283	159	45	6	1	7	41	28	34	.398	.465
Sept/Oct	0.00	1	0	0	5	0	5.2	3	0	3	4	First 15 Pitches	.288	132	38	4	1	6	34	24	24	.403	.470
Starter	0.00	0	0	0	0	0	0.0	0	0	0	0	Pitch 16-30	.269	52	14	4	0	1	8	8	16	.387	.404
Reliever	4.94	1	3	0	61	0	51.0	54	7	34	42	Pitch 31-45	.154	13	2	0	0	0	2	2	2	.313	.154
0 Days Rest (Relief)	6.43	0	0	0	20	0	14.0	19	5	11	16	Pitch 46+	.000	0	0	0	0	0	0	0	0	.000	.000
1 or 2 Days Rest	4.88	0	3	0	24	0	24.0	22	2	16	17	First Pitch	.391	23	9	3	0	1	7	6	0	.576	.652
3+ Days Rest	3.46	1	0	0	17	0	13.0	13	0	7	9	Ahead in Count	.253	91	23	3	1	2	14	0	32	.253	.374
vs. AL	4.85	0	2	0	48	0	39.0	36	7	26	29	Behind in Count	.244	41	10	1	0	3	12	13	0	.418	.488
vs. NL	5.25	1	1	0	13	0	12.0	18	0	8	13	Two Strikes	.224	98	22	3	1	2	13	14	42	.327	.337
Pre-All Star	3.93	0	2	0	42	0	34.1	38	4	22	31	Pre-All Star	.281	135	38	6	1	4	27	22	31	.399	.430
Post-All Star	7.02	1	1	0	19	0	16.2	16	3	12	11	Post-All Star	.258	62	16	2	0	3	15	12	11	.378	.435

Last Five Years

	ERA	W	L	Sv	G	GS	IP	H	HR	BB	SO		Avg	AB	H	2B	3B	HR	RBI	BB	SO	OBP	SLG
Home	4.48	5	8	0	115	7	138.2	140	14	71	123	vs. Left	.226	393	89	16	0	15	85	47	107	.316	.382
Away	4.79	7	12	3	124	11	163.1	150	21	80	110	vs. Right	.269	748	201	37	4	20	94	104	126	.362	.409
Day	5.66	4	6	1	82	4	89.0	82	10	47	74	Inning 1-6	.286	555	159	27	3	15	96	64	102	.357	.427
Night	4.23	8	14	2	157	14	213.0	208	25	104	159	Inning 7+	.224	586	131	26	1	20	83	87	131	.337	.374
Grass	4.92	7	14	3	184	15	223.1	225	28	115	179	None on	.239	582	139	27	3	21	21	76	121	.335	.404
Turf	3.89	5	6	0	55	3	78.2	65	7	36	54	Runners on	.270	559	151	26	1	14	158	75	112	.358	.395
March/April	5.57	2	7	1	39	5	63.0	69	6	31	45	Scoring Posn	.288	344	99	11	1	10	146	52	74	.378	.422
May	5.58	2	4	1	51	6	61.1	70	14	32	37	Close & Late	.246	244	60	10	1	9	41	40	55	.362	.406
June	2.40	4	1	1	45	0	48.2	41	3	20	47	None on/out	.260	262	68	14	1	7	7	34	47	.353	.401

	ERA	W	L	Sv	G	GS	IP	H	HR	BB	SO		Avg	AB	H	2B	3B	HR	RBI	BB	SO	OBP	SLG
July	6.28	1	3	0	38	0	38.2	37	7	22	36	vs. 1st Batr (relief)	.243	181	44	8	0	5	36	28	38	.347	.370
August	3.93	0	3	0	38	1	34.1	26	2	17	29	1st Inning Pitched	.241	623	150	24	2	23	119	83	134	.332	.396
Sept/Oct	3.86	3	2	0	28	6	56.0	47	3	29	39	First 15 Pitches	.243	539	131	22	2	18	97	74	111	.337	.391
Starter	5.88	4	9	0	18	18	90.1	107	11	44	61	Pitch 16-30	.257	280	72	15	0	10	41	36	58	.354	.418
Reliever	4.12	8	11	3	221	0	211.2	183	24	107	172	Pitch 31-45	.194	124	24	4	2	1	5	8	24	.254	.282
0 Days Rest (Relief)	5.56	2	2	0	69	0	55.0	63	13	29	52	Pitch 46+	.318	198	63	12	0	6	36	33	40	.414	.470
1 or 2 Days Rest	3.23	3	6	3	100	0	103.0	71	7	49	87	First Pitch	.267	146	39	10	0	3	19	11	0	.341	.397
3+ Days Rest	4.36	3	3	0	52	0	53.2	49	4	29	33	Ahead in Count	.217	503	109	19	1	11	60	0	184	.225	.324
vs. AL	5.04	6	15	1	168	18	219.2	217	30	116	166	Behind in Count	.311	257	80	11	2	12	56	76	0	.462	.510
vs. NL	3.61	6	5	2	71	0	82.1	73	5	35	67	Two Strikes	.199	548	109	18	2	14	63	63	233	.287	.316
Pre-All Star	4.71	8	14	3	148	11	185.1	195	24	88	143	Pre-All Star	.271	719	195	33	4	24	112	88	143	.356	.428
Post-All Star	4.55	4	6	0	91	7	116.2	95	11	63	90	Post-All Star	.225	422	95	20	0	11	67	63	90	.330	.351

Trot Nixon — Red Sox

Age 28 – Bats Left (flyball hitter)

	Avg	G	AB	R	H	2B	3B	HR	RBI	BB	SO	HBP	GDP	SB	CS	OBP	SLG	IBB	SH	SF	#Pit	#P/PA	GB	FB	G/F
2001 Season	.280	148	535	100	150	31	4	27	88	79	113	7	8	7	4	.376	.505	1	6	6	2620	4.14	152	170	0.89
Last Five Years	.276	408	1370	236	378	81	17	54	200	196	276	12	26	18	6	.367	.478	4	13	19	6433	4.00	424	428	0.99

2001 Season

	Avg	AB	H	2B	3B	HR	RBI	BB	SO	OBP	SLG		Avg	AB	H	2B	3B	HR	RBI	BB	SO	OBP	SLG
vs. Left	.210	105	22	2	2	1	14	14	30	.309	.295	First Pitch	.292	24	7	3	0	0	4	0	0	.346	.417
vs. Right	.298	430	128	29	2	26	74	65	83	.393	.556	Ahead in Count	.385	130	50	9	2	13	36	43	0	.531	.785
Home	.299	268	80	16	4	14	45	43	50	.401	.545	Behind in Count	.227	260	59	15	2	10	32	0	96	.234	.415
Away	.262	267	70	15	0	13	43	36	63	.352	.464	Two Strikes	.219	283	62	15	2	11	33	36	113	.308	.403
Day	.255	137	35	7	1	8	23	18	33	.350	.496	Batting #2	.316	155	49	10	2	10	28	26	29	.416	.600
Night	.289	398	115	24	3	19	65	61	80	.385	.508	Batting #3	.308	201	62	11	1	10	39	30	47	.397	.522
Grass	.279	451	126	23	4	23	71	62	97	.369	.501	Other	.218	179	39	10	1	7	21	23	37	.317	.402
Turf	.286	84	24	8	0	4	17	17	16	.415	.524	April	.240	75	18	5	0	2	11	11	11	.356	.387
Pre-All Star	.271	266	72	15	0	15	46	42	49	.376	.496	May	.258	66	17	8	0	3	6	7	14	.333	.515
Post-All Star	.290	269	78	16	4	12	42	37	64	.377	.513	June	.290	93	27	1	0	7	21	19	17	.410	.527
Inning 1-6	.298	379	113	27	4	18	55	53	71	.385	.533	July	.312	93	29	7	0	4	14	13	24	.393	.516
Inning 7+	.237	156	37	4	0	9	33	26	42	.355	.436	August	.241	108	26	4	3	4	15	14	27	.328	.444
Scoring Posn	.258	124	32	7	1	5	58	18	31	.342	.452	Sept/Oct	.330	100	33	6	1	7	21	15	20	.417	.620
Close & Late	.269	78	21	2	0	7	24	12	22	.372	.564	vs. AL	.271	479	130	29	4	24	80	74	101	.374	.499
None on/out	.285	130	37	11	0	6	6	11	24	.350	.508	vs. NL	.357	56	20	2	0	3	8	5	12	.397	.554

2001 By Position

Position	Avg	AB	H	2B	3B	HR	RBI	BB	SO	OBP	SLG	G	GS	Innings	PO	A	E	DP	Fld Pct	Rng Fctr	In Zone	Outs	Zone Rtg	MLB Zone
As cf	.301	259	78	12	2	15	48	42	61	.401	.537	70	67	591.1	139	4	3	1	.979	2.18	153	138	.902	.892
As rf	.262	275	72	19	2	12	39	37	51	.350	.476	83	70	657.0	141	3	5	3	.966	1.97	148	137	.926	.884

Last Five Years

	Avg	AB	H	2B	3B	HR	RBI	BB	SO	OBP	SLG		Avg	AB	H	2B	3B	HR	RBI	BB	SO	OBP	SLG
vs. Left	.203	202	41	6	3	3	22	26	57	.302	.307	First Pitch	.326	89	29	11	1	1	16	1	0	.351	.506
vs. Right	.289	1168	337	75	14	51	178	170	219	.378	.508	Ahead in Count	.343	347	119	26	8	22	73	106	0	.491	.654
Home	.285	663	189	41	10	21	83	101	118	.472	.484	Behind in Count	.218	628	137	27	4	19	72	0	227	.221	.365
Away	.267	707	189	40	7	33	117	95	158	.353	.484	Two Strikes	.196	659	129	26	4	21	72	89	276	.290	.343
Day	.263	407	107	23	5	20	61	65	95	.366	.491	Batting #2	.311	322	100	26	5	16	55	48	61	.401	.571
Night	.281	963	271	58	12	34	139	131	181	.367	.472	Batting #9	.281	334	94	22	5	15	49	49	59	.372	.512
Grass	.277	1177	326	64	16	45	164	167	240	.367	.473	Other	.258	714	184	33	7	23	96	99	156	.349	.420
Turf	.269	193	52	17	1	9	36	29	36	.368	.508	March/April	.239	184	44	11	1	8	26	25	39	.336	.440
Pre-All Star	.271	694	188	44	6	26	104	97	136	.362	.464	May	.307	238	73	24	2	6	33	29	44	.382	.500
Post-All Star	.281	676	190	37	11	28	96	99	140	.372	.493	June	.254	224	57	6	3	9	36	35	42	.356	.429
Inning 1-6	.282	937	264	60	9	36	128	136	167	.372	.480	July	.337	163	55	15	1	8	25	25	39	.421	.589
Inning 7+	.263	433	114	21	8	18	72	60	109	.357	.473	August	.254	272	69	11	8	7	35	32	50	.329	.430
Scoring Posn	.259	321	83	19	3	8	135	59	72	.345	.411	Sept/Oct	.277	289	80	14	2	16	45	50	65	.381	.505
Close & Late	.285	200	57	11	3	11	41	25	45	.362	.535	vs. AL	.271	1250	339	76	16	51	186	182	252	.365	.480
None on/out	.280	346	97	24	5	14	14	45	71	.366	.500	vs. NL	.325	120	39	5	1	3	14	14	24	.391	.458

Hideo Nomo — Red Sox

Age 33 – Pitches Right (flyball pitcher)

	ERA	W	L	Sv	G	GS	IP	BB	SO	Avg	H	2B	3B	HR	RBI	OBP	SLG	CG	ShO	Sup	QS	#P/S	SB	CS	GB	FB	G/F
2001 Season	4.50	13	10	0	33	33	198.0	96	220	.231	171	31	5	26	88	.320	.392	2	2	5.27	16	98	52	11	209	194	1.08
Last Five Years	4.57	53	54	0	155	153	929.0	449	962	.244	858	154	29	26	427	.332	.412	7	2	5.23	81	99	149	52	971	1026	0.95

2001 Season

	ERA	W	L	Sv	G	GS	IP	H	HR	BB	SO		Avg	AB	H	2B	3B	HR	RBI	BB	SO	OBP	SLG
Home	4.38	8	3	0	19	19	115.0	101	16	49	138	vs. Left	.222	388	86	13	3	13	47	47	125	.305	.371
Away	4.66	5	7	0	14	14	83.0	70	10	47	82	vs. Right	.242	351	85	18	2	13	41	49	95	.336	.416
Day	6.92	3	2	0	8	8	40.1	46	8	24	45	Inning 1-6	.234	680	159	28	5	26	85	91	198	.324	.404
Night	3.88	10	8	0	25	25	157.2	125	18	72	175	Inning 7+	.203	59	12	3	0	0	3	5	22	.266	.254
Grass	4.50	11	10	0	30	30	182.0	158	23	86	203	None on/out	.221	438	97	19	3	15	15	59	125	.314	.381
Turf	4.50	2	0	0	3	3	16.0	13	3	10	17	Runners on	.246	301	74	12	2	11	73	37	95	.328	.409
April	2.40	1	0	0	5	5	30.0	11	3	17	30	Scoring Posn	.225	187	42	6	0	6	69	23	61	.300	.364
May	4.63	2	2	0	6	6	35.0	27	4	16	38	Close & Late	.229	35	8	2	0	0	2	3	17	.289	.286
June	5.13	1	1	0	5	5	33.1	35	5	12	37	None on/out	.254	193	49	10	2	6	25	45	138	.339	.420

311

2001 Season

Pitching splits

	ERA	W	L	Sv	G	GS	IP	H	HR	BB	SO
July	3.00	5	0	0	5	5	30.0	24	4	21	34
August	5.35	0	2	0	6	6	35.1	36	5	14	41
Sept/Oct	6.03	2	4	0	6	6	34.1	38	5	16	40
Starter	4.50	13	10	0	33	33	198.0	171	26	96	220
Reliever	0.00	0	0	0	0	0	0.0	0	0	0	0
0-3 Days Rest (Start)	0.00	0	0	0	0	0	0.0	0	0	0	0
4 Days Rest	6.25	4	5	0	16	16	85.0	91	16	50	92
5+ Days Rest	3.19	9	5	0	17	17	113.0	80	10	46	128
vs. AL	4.43	10	9	0	29	29	174.2	148	23	83	198
vs. NL	5.01	3	1	0	4	4	23.1	23	3	13	22
Pre-All Star	3.83	8	4	0	18	18	110.1	82	12	52	115
Post-All Star	5.34	5	6	0	15	15	87.2	89	14	44	105

Batting splits vs pitcher

	Avg	AB	H	2B	3B	HR	RBI	BB	SO	OBP	SLG
vs. 1st Batr (relief)	.000	0	0	0	0	0	0	0	0	.000	.000
1st Inning Pitched	.175	114	20	0	0	4	14	24	41	.317	.281
First 75 Pitches	.231	546	126	21	5	21	65	70	160	.319	.403
Pitch 76-90	.250	100	25	4	0	3	15	12	31	.325	.380
Pitch 91-105	.236	72	17	5	0	2	7	11	24	.337	.389
Pitch 106+	.143	21	3	1	0	0	1	3	5	.250	.190
First Pitch	.407	91	37	7	2	5	12	2	0	.415	.692
Ahead in Count	.140	394	55	11	1	6	29	0	191	.143	.218
Behind in Count	.353	136	48	9	2	10	27	58	0	.544	.669
Two Strikes	.118	399	47	11	0	5	27	36	220	.191	.183
Pre-All Star	.206	399	82	15	4	12	43	52	115	.298	.353
Post-All Star	.262	340	89	16	1	14	45	44	105	.344	.438

Last Five Years

Pitching

	ERA	W	L	Sv	G	GS	IP	H	HR	BB	SO
Home	4.13	26	26	0	77	77	483.2	437	66	200	511
Away	5.05	27	28	0	78	76	445.1	421	60	249	451
Day	5.19	13	14	0	44	43	248.0	250	32	129	246
Night	4.35	40	40	0	111	110	681.0	608	94	320	716
Grass	4.46	46	49	0	134	132	809.0	744	107	377	834
Turf	5.32	7	5	0	21	21	120.0	114	19	72	128
March/April	3.31	9	7	0	23	23	138.2	87	20	69	146
May	4.67	7	11	0	27	27	163.2	158	14	76	164
June	5.03	7	9	0	27	26	166.1	160	25	81	174
July	3.70	15	6	0	27	27	158.0	150	18	84	167
August	5.19	8	11	0	26	26	154.1	157	23	77	165
Sept/Oct	5.41	7	10	0	25	24	148.0	146	26	62	146
Starter	4.60	53	54	0	153	153	924.0	855	126	449	958
Reliever	0.00	0	0	0	2	0	5.0	3	0	0	4
0-3 Days Rest (Start)	5.06	0	0	0	1	1	5.1	9	0	5	3
4 Days Rest	4.58	28	30	0	86	86	522.1	486	66	252	520
5+ Days Rest	4.61	25	24	0	66	66	396.1	360	60	192	435
vs. AL	4.55	23	19	0	68	67	407.2	366	56	200	424
vs. NL	4.59	30	35	0	87	86	521.1	492	70	249	538
Pre-All Star	4.25	28	28	0	86	85	519.1	450	61	255	539
Post-All Star	4.99	25	26	0	69	68	409.2	408	65	194	423

Batting

	Avg	AB	H	2B	3B	HR	RBI	BB	SO	OBP	SLG
vs. Left	.242	1747	422	70	16	60	208	222	504	.329	.403
vs. Right	.247	1766	436	84	13	66	219	227	458	.334	.421
Inning 1-6	.238	3143	749	139	27	113	385	409	874	.328	.408
Inning 7+	.295	370	109	15	2	13	42	40	88	.367	.451
None on	.248	2062	512	98	16	79	79	239	506	.329	.426
Runners on	.238	1451	346	56	13	47	348	210	456	.335	.392
Scoring Posn	.223	880	196	35	8	24	286	144	307	.330	.363
Close & Late	.297	182	54	4	1	7	21	21	48	.373	.445
None on/out	.271	911	247	55	10	34	34	100	195	.346	.465
vs. 1st Batr (relief)	.500	2	1	0	0	0	0	0	1	.500	.500
1st Inning Pitched	.238	581	138	18	6	16	77	91	181	.342	.372
First 75 Pitches	.237	2559	607	109	23	92	290	313	708	.322	.406
Pitch 76-90	.282	464	131	22	4	18	73	61	122	.368	.463
Pitch 91-105	.233	330	77	18	1	9	36	54	95	.344	.376
Pitch 106+	.269	160	43	5	1	7	28	21	37	.354	.444
First Pitch	.364	473	172	36	5	25	64	8	0	.377	.619
Ahead in Count	.156	1642	256	36	6	27	107	0	795	.160	.234
Behind in Count	.344	777	267	52	14	45	154	255	0	.505	.620
Two Strikes	.127	1704	217	36	1	28	114	186	962	.216	.199
Pre-All Star	.233	1934	450	77	18	61	228	255	539	.325	.386
Post-All Star	.258	1579	408	77	11	65	199	194	423	.340	.445

Greg Norton — Rockies
Age 29 – Bats Both

	Avg	G	AB	R	H	2B	3B	HR	RBI	BB	SO	HBP	GDP	SB	CS	OBP	SLG	IBB	SH	SF	#Pit	#P/PA	GB	FB	G/F
2001 Season	.267	117	225	30	60	13	2	13	40	19	65	0	6	1	0	.321	.516	2	0	2	997	4.05	65	64	1.02
Last Five Years	.251	443	1195	160	300	64	7	44	155	142	290	6	30	9	7	.332	.427	6	3	8	5393	3.98	399	321	1.24

2001 Season

	Avg	AB	H	2B	3B	HR	RBI	BB	SO	OBP	SLG
vs. Left	.271	59	16	2	0	0	4	4	19	.313	.305
vs. Right	.265	166	44	11	2	13	36	15	46	.324	.590
Home	.306	108	33	8	0	7	21	6	27	.339	.574
Away	.231	117	27	5	2	6	19	13	38	.305	.462
First Pitch	.385	26	10	0	0	2	6	2	0	.429	.615
Ahead in Count	.360	50	18	4	0	4	12	9	0	.450	.680
Behind in Count	.177	96	17	5	1	4	13	0	50	.175	.375
Two Strikes	.155	116	18	5	0	5	15	8	65	.208	.328
Scoring Posn	.239	71	17	8	0	3	27	7	22	.300	.479
Close & Late	.218	55	12	3	0	1	5	6	20	.290	.327
None on/out	.174	46	8	0	1	3	3	3	16	.224	.413
Batting #5	.256	86	22	4	0	5	21	9	19	.323	.477
Batting #9	.256	43	11	1	1	3	7	1	15	.267	.535
Other	.281	96	27	8	1	5	12	9	31	.343	.542
Pre-All Star	.246	134	33	8	1	7	22	12	40	.306	.478
Post-All Star	.297	91	27	5	1	6	18	7	25	.343	.571

Last Five Years

	Avg	AB	H	2B	3B	HR	RBI	BB	SO	OBP	SLG
vs. Left	.222	189	42	8	1	3	16	18	58	.292	.323
vs. Right	.256	1006	258	56	6	41	139	124	232	.339	.446
Home	.257	595	153	31	2	22	80	71	137	.339	.427
Away	.245	600	147	33	5	22	75	71	153	.324	.427
Day	.238	433	103	24	0	11	51	49	111	.318	.370
Night	.259	762	197	40	7	33	104	93	179	.340	.459
Grass	.255	1049	268	56	7	41	142	129	257	.338	.439
Turf	.219	146	32	8	0	3	13	13	33	.281	.336
Pre-All Star	.243	692	168	36	4	28	90	87	168	.328	.428
Post-All Star	.262	503	132	28	3	16	65	55	122	.338	.425
Inning 1-6	.255	741	189	46	2	23	101	87	168	.335	.416
Inning 7+	.244	454	111	18	5	21	54	55	122	.327	.445
Scoring Posn	.207	328	68	16	1	7	102	56	93	.318	.326
Close & Late	.234	192	45	9	1	6	20	29	53	.336	.385
None on/out	.279	276	77	13	3	15	15	26	63	.348	.511
First Pitch	.346	136	47	9	1	6	23	6	0	.375	.559
Ahead in Count	.314	264	83	18	2	16	48	61	0	.441	.580
Behind in Count	.180	528	95	18	3	12	43	0	232	.184	.253
Two Strikes	.160	599	96	21	2	15	51	75	290	.254	.277
Batting #6	.264	326	86	17	2	11	42	48	91	.361	.429
Batting #7	.253	356	90	25	0	18	49	39	76	.326	.475
Other	.242	513	124	22	5	15	64	55	123	.316	.392
March/April	.276	192	53	12	2	4	28	31	45	.374	.422
May	.278	252	70	17	2	14	39	24	56	.342	.528
June	.203	207	42	7	0	8	21	28	55	.297	.353
July	.199	141	28	5	1	5	16	18	35	.296	.355
August	.287	174	50	11	0	8	26	16	48	.349	.489
Sept/Oct	.249	229	57	12	2	5	25	25	51	.322	.384
vs. AL	.254	887	225	44	5	32	110	114	205	.340	.423
vs. NL	.244	308	75	20	2	12	45	28	85	.307	.438

Abraham Nunez — Pirates
Age 26 – Bats Both (groundball hitter)

	Avg	G	AB	R	H	2B	3B	HR	RBI	BB	SO	HBP	GDP	SB	CS	OBP	SLG	IBB	SH	SF	#Pit	#P/PA	GB	FB	G/F
2001 Season	.262	115	301	30	79	11	4	1	21	28	53	1	0	8	2	.326	.336	1	4	1	1138	3.40	135	48	2.81
Career (1997-2001)	.236	288	743	74	175	24	6	3	54	79	145	3	7	22	5	.311	.296	2	20	2	2994	3.53	331	123	2.69

2001 Season

	Avg	AB	H	2B	3B	HR	RBI	BB	SO	OBP	SLG		Avg	AB	H	2B	3B	HR	RBI	BB	SO	OBP	SLG
vs. Left	.297	37	11	1	0	0	3	6	7	.395	.324	First Pitch	.386	57	22	2	1	0	5	1	0	.390	.456
vs. Right	.258	264	68	10	4	1	18	22	46	.316	.337	Ahead in Count	.246	61	15	3	1	0	1	17	0	.410	.328
Home	.231	134	31	3	1	0	5	17	23	.318	.269	Behind in Count	.220	127	28	5	1	1	10	0	49	.220	.299
Away	.287	167	48	8	3	1	16	11	30	.333	.389	Two Strikes	.129	116	15	1	1	0	6	10	53	.198	.155
Day	.395	86	34	5	0	0	7	9	9	.448	.453	Batting #1	.234	154	36	1	2	0	7	16	22	.310	.266
Night	.209	215	45	6	4	1	14	19	44	.277	.288	Batting #8	.280	75	21	4	1	0	3	5	16	.325	.360
Grass	.264	269	71	10	4	1	19	27	47	.332	.342	Other	.306	72	22	6	1	1	11	7	15	.363	.458
Turf	.250	32	8	1	0	0	2	1	6	.273	.281	April	.321	28	9	3	0	0	4	1	3	.333	.429
Pre-All Star	.257	183	47	9	1	0	16	16	30	.318	.317	May	.244	41	10	3	0	0	1	2	9	.279	.317
Post-All Star	.271	118	32	2	3	1	5	12	23	.338	.364	June	.266	79	21	3	1	0	9	11	13	.356	.329
Inning 1-6	.264	182	48	5	2	0	10	14	34	.320	.313	July	.274	73	20	2	0	1	4	8	13	.354	.342
Inning 7+	.261	119	31	6	2	1	11	14	19	.336	.370	August	.265	68	18	0	3	0	3	1	14	.275	.353
Scoring Posn	.200	65	13	2	2	0	20	10	16	.303	.292	Sept/Oct	.083	12	1	0	0	0	0	5	1	.353	.083
Close & Late	.260	50	13	3	1	0	9	7	10	.345	.360	vs. AL	.189	37	7	1	1	0	8	6	5	.318	.270
None on/out	.294	109	32	4	1	1	8	14	.342	.376	vs. NL	.273	264	72	10	3	1	13	22	48	.328	.345

2001 By Position

Position	Avg	AB	H	2B	3B	HR	RBI	BB	SO	OBP	SLG	G	GS	Innings	PO	A	E	DP	Fld Pct	Rng Fctr	In Zone	Zone Outs	Zone Rtg	MLB Zone
As Pinch Hitter	.143	35	5	2	0	1	5	0	5	.143	.286	35	0	—										
As 2b	.271	129	35	1	2	0	5	14	23	.347	.310	48	31	302.2	93	103	2	27	.990	5.83	112	95	.848	.824
As ss	.287	136	39	8	2	0	11	14	25	.351	.375	48	33	309.0	51	131	2	24	.989	5.30	143	120	.839	.839

Career (1997-2001)

	Avg	AB	H	2B	3B	HR	RBI	BB	SO	OBP	SLG		Avg	AB	H	2B	3B	HR	RBI	BB	SO	OBP	SLG
vs. Left	.241	145	35	3	2	0	11	15	35	.313	.290	First Pitch	.326	132	43	7	2	0	11	1	0	.328	.409
vs. Right	.234	598	140	21	4	3	43	64	110	.310	.298	Ahead in Count	.250	128	32	3	1	0	8	53	0	.470	.289
Home	.202	347	70	11	2	0	16	41	68	.287	.245	Behind in Count	.196	341	67	11	2	2	21	0	133	.201	.258
Away	.265	396	105	13	4	3	38	38	77	.332	.341	Two Strikes	.155	336	52	6	1	2	18	25	145	.215	.196
Day	.292	240	70	13	2	1	19	23	43	.353	.375	Batting #2	.230	183	42	7	1	0	14	27	44	.329	.295
Night	.209	503	105	11	4	2	35	56	102	.291	.258	Batting #8	.225	267	60	12	1	1	18	27	49	.297	.288
Grass	.251	422	106	14	4	2	32	45	82	.324	.318	Other	.249	293	73	5	4	1	22	25	52	.312	.304
Turf	.215	321	69	10	2	1	22	34	63	.293	.268	March/April	.304	46	14	5	0	0	7	3	8	.340	.413
Pre-All Star	.239	326	78	13	1	0	26	28	50	.303	.285	May	.208	77	16	5	0	2	6	14	.265	.273
Post-All Star	.233	417	97	11	5	3	28	51	95	.317	.305	June	.242	157	38	3	1	0	15	16	21	.316	.274
Inning 1-6	.247	470	116	16	3	1	33	50	84	.323	.300	July	.254	130	33	2	3	0	1	6	14	23	.331	.292
Inning 7+	.216	273	59	8	3	2	21	29	61	.290	.289	August	.236	148	35	1	4	0	10	12	33	.294	.297
Scoring Posn	.203	158	32	3	3	0	46	17	33	.281	.259	Sept/Oct	.211	185	39	8	1	2	14	28	46	.316	.297
Close & Late	.230	126	29	3	1	0	13	14	27	.305	.270	vs. AL	.176	74	13	1	1	0	12	7	12	.253	.216
None on/out	.242	231	56	7	1	1	26	41	.319	.294	vs. NL	.242	669	162	23	5	3	42	72	133	.317	.305

Jose Antonio Nunez — Padres
Age 23 – Pitches Left

	ERA	W	L	Sv	G	GS	IP	BB	SO	Avg	H	2B	3B	HR	RBI	OBP	SLG	GF	IR	IRS	Hld	SvOp	SB	CS	GB	FB	G/F
2001 Season	4.58	4	2	0	62	0	59.0	25	60	.267	62	12	2	7	32	.346	.427	10	44	15	11	2	8	1	81	55	1.47

2001 Season

	ERA	W	L	Sv	G	GS	IP	H	HR	BB	SO		Avg	AB	H	2B	3B	HR	RBI	BB	SO	OBP	SLG
Home	5.27	2	2	0	26	0	27.1	36	5	7	23	vs. Left	.241	116	28	6	2	4	12	11	31	.315	.431
Away	3.98	2	0	0	36	0	31.2	26	2	18	37	vs. Right	.293	116	34	6	0	3	20	14	29	.376	.422
Day	4.95	0	0	0	18	0	20.0	21	1	12	23	Inning 1-6	.189	53	10	0	1	0	4	8	15	.302	.226
Night	4.38	4	2	0	44	0	39.0	41	6	13	37	Inning 7+	.291	179	52	12	1	7	28	17	45	.360	.486
Grass	4.58	4	2	0	59	0	57.0	61	7	23	57	None on	.262	126	33	8	1	3	3	6	33	.311	.413
Turf	4.50	0	0	0	3	0	2.0	1	0	2	3	Runners on	.274	106	29	4	1	4	29	19	27	.383	.443
April	9.00	0	1	0	4	0	5.0	7	3	0	5	Scoring Posn	.217	69	15	2	0	2	24	15	22	.349	.333
May	11.57	0	0	0	7	0	7.0	13	1	7	12	Close & Late	.261	69	18	6	0	1	6	3	16	.320	.391
June	6.89	0	1	0	15	0	15.2	17	1	7	12	None on/out	.291	55	16	3	0	3	3	3	14	.339	.509
July	1.69	1	0	0	12	0	10.2	11	1	4	11	vs. 1st Batr (relief)	.308	52	16	3	0	3	9	8	12	.403	.538
August	0.00	2	0	0	11	0	10.2	5	0	5	14	1st Inning Pitched	.251	175	44	8	0	6	25	18	51	.328	.400
Sept/Oct	1.80	1	0	0	13	0	10.0	9	1	2	6	First 15 Pitches	.281	153	43	7	0	6	24	16	37	.356	.444
Starter	0.00	0	0	0	0	0	0.0	0	0	0	0	Pitch 16-30	.210	62	13	5	1	1	2	3	20	.246	.371
Reliever	4.58	4	2	0	62	0	59.0	62	7	25	60	Pitch 31-45	.231	13	3	0	1	0	1	2	3	.375	.385
0 Days Rest (Relief)	4.70	0	0	0	16	0	15.1	13	2	5	12	Pitch 46+	.750	4	3	0	0	0	5	4	0	.875	.750
1 or 2 Days Rest	3.38	2	1	0	27	0	21.1	19	2	9	13	First Pitch	.529	34	18	2	1	2	10	2	0	.553	.735
3+ Days Rest	5.64	2	1	0	19	0	22.1	30	3	11	33	Ahead in Count	.145	117	17	2	0	2	7	0	51	.160	.214
vs. AL	4.32	0	1	0	7	0	8.1	9	3	2	7	Behind in Count	.447	38	17	3	1	3	11	17	0	.616	.816
vs. NL	4.62	4	1	0	55	0	50.2	53	7	22	53	Two Strikes	.112	116	13	0	2	0	8	6	60	.169	.190
Pre-All Star	7.80	1	2	0	29	0	30.0	40	5	15	30	Pre-All Star	.317	126	40	5	1	5	23	15	30	.392	.492
Post-All Star	1.24	3	0	0	33	0	29.0	22	2	10	30	Post-All Star	.208	106	22	7	1	2	9	10	30	.292	.349

313

Vladimir Nunez — Marlins

Age 27 – Pitches Right

	ERA	W	L	Sv	G	GS	IP	BB	SO	Avg	H	2B	3B	HR	RBI	OBP	SLG	GF	IR	IRS	Hld	SvOp	SB	CS	GB	FB	G/F
2001 Season	2.74	4	5	0	52	3	92.0	30	64	.234	79	12	5	9	38	.302	.379	13	29	13	4	1	2	4	115	112	1.03
Career (1998-2001)	4.69	11	21	1	117	27	274.1	120	197	.262	269	52	9	32	147	.340	.423	30	47	14	9	4	28	15	339	330	1.03

2001 Season

	ERA	W	L	Sv	G	GS	IP	H	HR	BB	SO		Avg	AB	H	2B	3B	HR	RBI	BB	SO	OBP	SLG
Home	3.30	1	3	0	26	1	46.1	40	4	14	36	vs. Left	.213	160	34	5	3	4	16	17	39	.290	.356
Away	2.17	3	2	0	26	2	45.2	39	5	16	28	vs. Right	.253	178	45	7	2	5	22	13	25	.313	.399
Starter	4.08	1	1	0	3	3	17.2	16	3	6	10	Scoring Posn	.225	71	16	1	2	0	23	13	8	.333	.296
Reliever	2.42	3	4	0	49	0	74.1	63	6	24	54	Close & Late	.190	84	16	4	0	2	9	9	17	.269	.310
0 Days Rest (Relief)	3.00	0	0	0	4	0	6.0	6	0	0	3	None on/out	.241	87	21	4	1	4	4	7	17	.313	.448
1 or 2 Days Rest	3.00	1	2	0	23	0	33.0	38	4	12	24	First Pitch	.277	47	13	2	0	0	4	5	0	.352	.319
3+ Days Rest	1.78	2	2	0	22	0	35.1	19	2	12	27	Ahead in Count	.162	167	27	7	2	2	11	0	49	.162	.263
Pre-All Star	2.91	2	2	0	26	3	52.2	44	6	21	36	Behind in Count	.349	63	22	1	1	4	16	14	0	.457	.587
Post-All Star	2.52	2	3	0	26	0	39.1	35	3	9	28	Two Strikes	.152	164	25	5	3	5	12	11	64	.215	.311

Career (1998-2001)

	ERA	W	L	Sv	G	GS	IP	H	HR	BB	SO		Avg	AB	H	2B	3B	HR	RBI	BB	SO	OBP	SLG
Home	4.81	4	11	1	62	12	136.2	131	13	61	101	vs. Left	.265	430	114	24	4	16	59	72	91	.370	.451
Away	4.58	7	10	0	55	15	137.2	138	19	59	96	vs. Right	.259	598	155	28	5	16	88	48	106	.317	.403
Day	6.30	1	7	0	31	8	74.1	88	8	29	56	Inning 1-6	.281	658	185	34	5	27	111	74	114	.356	.471
Night	4.09	10	14	1	86	19	200.0	181	24	91	141	Inning 7+	.227	370	84	18	4	5	36	46	83	.311	.338
Grass	4.68	10	17	1	96	21	221.0	220	26	96	156	None on	.248	600	149	31	4	19	55	55	122	.320	.408
Turf	4.72	1	4	0	21	6	53.1	49	6	24	41	Runners on	.280	428	120	21	5	13	128	65	75	.366	.444
March/April	5.96	1	4	0	17	8	54.1	58	9	25	33	Scoring Posn	.278	259	72	9	3	10	113	51	42	.382	.452
May	4.99	1	3	0	19	6	52.1	59	9	23	34	Close & Late	.236	148	35	8	2	3	19	23	33	.333	.378
June	4.80	3	1	0	23	1	30.0	28	2	16	25	None on/out	.256	266	68	13	1	11	20	44	.320	.466
July	2.83	1	3	0	16	2	28.2	20	1	12	31	vs. 1st Batr (relief)	.241	83	20	3	1	3	11	7	13	.300	.410
August	4.57	4	3	0	17	5	43.1	44	7	22	29	1st Inning Pitched	.249	401	100	17	2	10	55	50	73	.333	.377
Sept/Oct	4.25	1	5	0	25	5	65.2	60	4	22	45	First 15 Pitches	.256	347	89	13	2	8	33	37	56	.332	.375
Starter	6.10	4	14	0	27	27	146.0	160	24	64	98	Pitch 16-30	.222	234	52	11	4	7	34	33	59	.319	.393
Reliever	3.09	7	7	1	90	0	128.1	109	8	56	99	Pitch 31-45	.273	150	41	8	1	2	20	15	36	.337	.380
0 Days Rest (Relief)	2.63	2	0	0	10	0	13.2	12	0	5	10	Pitch 46+	.293	297	87	20	2	15	60	35	46	.368	.525
1 or 2 Days Rest	3.55	2	5	1	41	0	58.1	57	6	27	42	First Pitch	.342	149	51	9	1	8	32	9	0	.383	.577
3+ Days Rest	2.72	3	2	0	39	0	56.1	40	2	24	47	Ahead in Count	.207	479	99	27	2	8	48	0	156	.206	.322
vs. AL	3.86	1	2	0	11	1	18.2	16	1	3	23	Behind in Count	.346	214	74	9	3	10	48	63	0	.486	.556
vs. NL	4.75	10	19	1	106	26	255.2	253	31	117	174	Two Strikes	.177	491	87	22	3	10	40	48	197	.253	.295
Pre-All Star	5.11	5	10	1	66	15	148.0	156	20	68	103	Pre-All Star	.278	562	156	30	6	20	91	68	103	.357	.459
Post-All Star	4.20	6	11	0	51	12	126.1	113	12	52	94	Post-All Star	.242	466	113	22	3	12	56	52	94	.319	.380

Alex Ochoa — Rockies

Age 30 – Bats Right (groundball hitter)

	Avg	G	AB	R	H	2B	3B	HR	RBI	BB	SO	HBP	GDP	SB	CS	OBP	SLG	IBB	SH	SF	#Pit	#P/PA	GB	FB	G/F
2001 Season	.276	148	536	73	148	30	7	8	52	45	76	4	10	17	13	.334	.403	0	4	4	2063	3.48	231	143	1.62
Last Five Years	.278	592	1544	236	430	95	16	34	197	142	213	15	35	41	28	.343	.427	5	6	12	6151	3.58	680	417	1.63

2001 Season

	Avg	AB	H	2B	3B	HR	RBI	BB	SO	OBP	SLG		Avg	AB	H	2B	3B	HR	RBI	BB	SO	OBP	SLG
vs. Left	.308	120	37	8	2	0	10	17	15	.388	.408	First Pitch	.265	83	22	5	0	1	9	0	0	.259	.361
vs. Right	.267	416	111	22	5	8	42	28	61	.318	.401	Ahead in Count	.308	117	36	10	2	2	12	20	0	.409	.479
Home	.270	282	76	11	4	5	22	21	37	.321	.390	Behind in Count	.232	254	59	7	4	3	20	0	66	.243	.327
Away	.283	254	72	19	3	3	30	24	39	.349	.417	Two Strikes	.229	218	50	6	3	1	14	25	76	.314	.298
Day	.224	165	37	9	3	0	8	17	27	.301	.315	Batting #1	.283	120	34	7	2	5	10	8	15	.326	.500
Night	.299	371	111	21	4	8	44	28	49	.350	.442	Batting #5	.258	163	42	11	3	1	21	13	22	.315	.380
Grass	.283	520	147	30	7	7	49	44	73	.341	.408	Other	.285	253	72	12	2	2	21	24	39	.351	.372
Turf	.063	16	1	0	0	1	3	1	3	.118	.250	April	.318	88	28	4	2	0	10	6	14	.368	.409
Pre-All Star	.297	327	97	18	4	7	35	21	48	.341	.440	May	.263	99	26	3	1	3	11	6	19	.302	.404
Post-All Star	.244	209	51	12	3	1	17	24	28	.325	.344	June	.368	114	42	11	1	4	14	6	11	.402	.587
Inning 1-6	.259	359	93	19	5	6	26	33	49	.323	.390	July	.200	90	18	6	1	0	7	10	12	.280	.289
Inning 7+	.311	177	55	11	2	2	26	12	27	.358	.429	August	.222	72	16	2	1	0	2	9	14	.352	.278
Scoring Posn	.224	134	30	4	2	1	42	21	20	.329	.306	Sept/Oct	.247	73	18	4	1	1	6	3	9	.273	.370
Close & Late	.337	95	32	5	1	1	15	8	17	.387	.442	vs. AL	.255	51	13	6	0	0	4	5	7	.321	.373
None on/out	.303	142	43	9	4	3	5	7	22	.340	.486	vs. NL	.278	485	135	24	7	8	48	40	69	.336	.406

2001 By Position

Position	Avg	AB	H	2B	3B	HR	RBI	BB	SO	OBP	SLG	G	GS	Innings	PO	A	E	DP	Fld Pct	Rng Fctr	In Zone	Zone Outs	Zone Rtg	MLB Zone
As lf	.231	117	27	3	2	1	11	12	19	.308	.316	36	30	275.0	65	3	1	2	.986	2.23	65	62	.954	.880
As rf	.286	399	114	25	4	7	39	30	55	.337	.421	106	99	872.1	200	9	2	3	.991	2.16	223	187	.839	.884

Last Five Years

	Avg	AB	H	2B	3B	HR	RBI	BB	SO	OBP	SLG		Avg	AB	H	2B	3B	HR	RBI	BB	SO	OBP	SLG
vs. Left	.282	561	158	33	5	12	84	66	73	.355	.422	First Pitch	.302	225	68	20	3	4	34	3	0	.316	.471
vs. Right	.277	983	272	62	11	22	113	76	140	.335	.429	Ahead in Count	.347	340	118	31	4	15	60	88	0	.481	.594
Home	.273	806	220	42	8	24	102	78	100	.339	.434	Behind in Count	.212	695	147	21	7	7	61	0	180	.223	.292
Away	.285	738	210	53	8	10	95	64	113	.347	.419	Two Strikes	.211	626	132	25	6	3	48	51	213	.277	.284
Day	.254	563	143	35	4	7	68	45	83	.313	.368	Batting #5	.282	393	111	26	5	7	58	30	53	.334	.427
Night	.293	981	287	60	12	27	129	97	130	.360	.461	Batting #6	.240	334	80	19	6	4	40	33	50	.309	.368
Grass	.283	1132	320	66	13	21	130	106	154	.348	.420	Other	.293	817	239	50	8	21	99	79	110	.360	.450
Turf	.267	412	110	29	3	13	67	36	59	.327	.447	March/April	.274	263	72	16	2	4	32	16	37	.314	.395

Jose Offerman — Red Sox
Age 33 – Bats Both

Last Five Years

	Avg	AB	H	2B	3B	HR	RBI	BB	SO	OBP	SLG		Avg	AB	H	2B	3B	HR	RBI	BB	SO	OBP	SLG
Pre-All Star	.281	825	232	51	7	17	98	68	118	.337	.422	May	.263	259	68	11	2	6	30	26	43	.330	.390
Post-All Star	.275	719	198	44	9	17	99	74	95	.349	.433	June	.310	229	71	20	3	6	24	18	31	.367	.502
Inning 1-6	.278	951	264	62	9	20	113	83	120	.337	.425	July	.280	250	70	17	1	6	35	23	25	.343	.428
Inning 7+	.280	593	166	33	7	14	84	59	93	.351	.430	August	.240	258	62	14	2	2	24	25	39	.315	.333
Scoring Posn	.268	406	109	19	5	9	160	66	55	.368	.406	Sept/Oct	.305	285	87	17	6	10	52	34	38	.375	.512
Close & Late	.286	304	87	13	3	7	45	33	58	.359	.418	vs. AL	.276	351	97	25	3	7	39	21	46	.319	.425
None on/out	.286	405	116	25	7	6	6	22	65	.326	.427	vs. NL	.279	1193	333	70	13	27	158	121	167	.349	.427

Jose Offerman — Red Sox
Age 33 – Bats Both

	Avg	G	AB	R	H	2B	3B	HR	RBI	BB	SO	HBP	GDP	SB	CS	OBP	SLG	IBB	SH	SF	#Pit	#P/PA	GB	FB	G/F
2001 Season	.267	128	524	76	140	23	3	9	49	61	97	1	9	5	2	.342	.374	2	3	5	2279	3.84	180	154	1.17
Last Five Years	.287	657	2592	417	744	125	36	35	264	357	406	9	41	77	44	.373	.404	11	15	21	11815	3.95	1009	682	1.48

2001 Season

	Avg	AB	H	2B	3B	HR	RBI	BB	SO	OBP	SLG		Avg	AB	H	2B	3B	HR	RBI	BB	SO	OBP	SLG
vs. Left	.217	129	28	7	2	1	12	25	30	.340	.326	First Pitch	.303	66	20	3	2	2	6	2	0	.329	.500
vs. Right	.284	395	112	16	1	8	37	36	67	.343	.390	Ahead in Count	.368	117	43	9	1	3	18	27	0	.479	.538
Home	.265	253	67	12	2	4	18	34	48	.352	.375	Behind in Count	.206	238	49	8	0	1	10	0	77	.206	.252
Away	.269	271	73	11	1	5	31	27	49	.332	.373	Two Strikes	.178	241	43	8	0	1	8	32	97	.275	.224
Day	.265	136	36	9	2	1	11	14	29	.331	.382	Batting #1	.249	345	86	12	2	3	28	37	61	.322	.322
Night	.268	388	104	14	1	8	38	47	68	.345	.371	Batting #2	.309	165	51	11	1	5	18	20	29	.378	.479
Grass	.265	430	114	18	3	9	43	49	90	.340	.384	Other	.214	14	3	0	0	1	3	4	7	.389	.429
Turf	.277	94	26	5	0	0	6	12	7	.352	.330	April	.286	77	22	6	0	1	6	13	18	.385	.403
Pre-All Star	.272	313	85	16	2	4	25	36	61	.347	.374	May	.300	100	30	4	1	3	11	7	17	.346	.450
Post-All Star	.261	211	55	7	1	5	24	25	36	.335	.374	June	.241	108	26	6	1	0	4	12	19	.320	.315
Inning 1-6	.279	373	104	15	1	8	34	34	64	.338	.389	July	.191	94	18	1	0	1	14	8	16	.252	.234
Inning 7+	.238	151	36	8	2	1	15	27	33	.350	.338	August	.227	66	15	0	0	2	8	8	18	.303	.318
Scoring Posn	.278	108	30	5	0	3	40	16	24	.357	.407	Sept/Oct	.367	79	29	6	1	2	6	13	9	.457	.544
Close & Late	.203	64	13	0	1	0	6	14	16	.346	.234	vs. AL	.276	450	124	20	2	9	47	59	80	.357	.389
None on/out	.237	173	41	8	3	2	2	18	29	.313	.353	vs. NL	.216	74	16	3	1	0	2	2	17	.237	.284

2001 By Position

Position	Avg	AB	H	2B	3B	HR	RBI	BB	SO	OBP	SLG	G	GS	Innings	PO	A	E	DP	Fld Pct	Rng Fctr	In Zone	Outs	Zone Rtg	MLB Zone
As 1b	.272	147	40	7	1	5	16	19	33	.351	.435	43	38	335.2	297	39	3	26	.991		88	80	.909	.850
As 2b	.267	375	100	16	2	4	33	42	64	.340	.352	91	88	787.0	161	249	11	44	.974	4.69	283	226	.799	.824

Last Five Years

	Avg	AB	H	2B	3B	HR	RBI	BB	SO	OBP	SLG		Avg	AB	H	2B	3B	HR	RBI	BB	SO	OBP	SLG
vs. Left	.302	725	219	38	11	9	75	101	122	.388	.422	First Pitch	.354	297	105	20	9	6	45	7	0	.368	.542
vs. Right	.281	1867	525	87	25	26	189	256	284	.367	.396	Ahead in Count	.361	587	212	49	12	13	88	175	0	.506	.552
Home	.303	1269	384	66	22	18	132	205	195	.398	.432	Behind in Count	.221	1165	258	32	8	8	79	0	344	.223	.283
Away	.272	1323	360	59	14	17	132	152	211	.374	.376	Two Strikes	.210	1208	254	35	7	5	70	175	406	.311	.263
Day	.297	785	233	39	17	9	92	120	136	.387	.424	Batting #1	.280	1589	445	79	21	16	151	212	231	.364	.386
Night	.283	1807	511	86	19	26	172	237	270	.366	.383	Batting #2	.282	699	197	34	10	15	82	93	114	.367	.423
Grass	.286	2211	633	103	29	32	232	311	355	.374	.403	Other	.336	304	102	12	5	4	31	52	61	.429	.447
Turf	.291	381	111	22	7	3	32	46	51	.367	.409	March/April	.288	378	109	26	7	5	43	51	70	.372	.434
Pre-All Star	.278	1513	420	77	23	18	148	186	239	.357	.395	May	.296	486	144	24	7	5	52	68	67	.381	.418
Post-All Star	.300	1079	324	48	13	17	116	171	167	.395	.416	June	.267	510	136	25	8	4	42	54	77	.337	.371
Inning 1-6	.286	1834	525	88	23	28	190	241	266	.368	.405	July	.251	415	104	10	4	5	38	55	61	.340	.330
Inning 7+	.289	758	219	37	13	7	74	116	140	.383	.400	August	.307	391	120	17	5	5	44	63	67	.398	.414
Scoring Posn	.286	576	165	22	11	7	222	98	96	.373	.399	Sept/Oct	.318	412	131	23	5	9	45	66	64	.410	.464
Close & Late	.282	344	97	15	7	1	37	64	69	.395	.375	vs. AL	.293	2286	669	112	29	32	244	326	355	.380	.409
None on/out	.304	830	252	46	15	11	11	108	113	.389	.435	vs. NL	.245	306	75	13	7	3	20	31	51	.315	.363

Tomokazu Ohka — Expos
Age 26 – Pitches Right

	ERA	W	L	Sv	G	GS	IP	BB	SO	Avg	H	2B	3B	HR	RBI	OBP	SLG	CG	ShO	Sup	QS	#P/S	SB	CS	GB	FB	G/F
2001 Season	5.47	3	9	0	22	21	107.0	29	68	.309	134	31	0	15	61	.355	.485	0	0	4.88	5	81	9	6	177	120	1.48
Career (1999-2001)	4.66	7	17	0	43	35	189.1	61	116	.297	225	52	0	24	99	.351	.461	0	0	4.37	11	83	17	11	299	212	1.41

2001 Season

	ERA	W	L	Sv	G	GS	IP	H	HR	BB	SO		Avg	AB	H	2B	3B	HR	RBI	BB	SO	OBP	SLG
Home	6.09	1	6	0	12	11	57.2	77	9	12	32	vs. Left	.303	178	54	14	0	3	23	8	24	.337	.433
Away	4.74	2	3	0	10	10	49.1	57	6	17	36	vs. Right	.314	255	80	17	0	12	38	21	44	.368	.522
Starter	5.35	3	9	0	21	21	106.0	131	15	29	67	Scoring Posn	.304	102	31	11	0	3	46	15	14	.397	.500
Reliever	18.00	0	0	0	1	0	1.0	3	0	0	1	Close & Late	.750	4	3	1	0	0	1	0	0	.750	1.000
0-3 Days Rest (Start)	7.20	0	1	0	1	1	5.0	6	1	1	3	None on/out	.370	119	44	5	0	10	10	6	20	.400	.664
4 Days Rest	6.60	1	4	0	6	6	30.0	46	6	8	20	First Pitch	.446	65	29	8	0	3	9	0	0	.455	.708
5+ Days Rest	4.69	2	4	0	14	14	71.0	79	8	20	44	Behind in Count	.231	212	49	4	0	4	22	0	59	.237	.307
Pre-All Star	4.95	2	4	0	9	9	43.2	56	6	12	28	Behind in Count	.260	77	20	7	0	1	10	17	0	.389	.390
Post-All Star	5.83	1	5	0	13	12	63.1	78	9	17	40	Two Strikes	.250	208	52	7	0	6	19	12	68	.296	.370

315

Will Ohman — Cubs
Age 24 – Pitches Left

	ERA	W	L	Sv	G	GS	IP	BB	SO	Avg	H	2B	3B	HR	RBI	OBP	SLG	GF	IR	IRS	Hld	SvOp	SB	CS	GB	FB	G/F
2001 Season	7.71	0	1	0	11	0	11.2	6	12	.292	14	3	0	2	8	.370	.479	0	5	2	1	0	0	0	13	10	1.30
Career (2000-2001)	7.80	1	1	0	17	0	15.0	10	14	.295	18	3	0	2	8	.394	.443	2	10	3	2	0	0	1	19	13	1.46

2001 Season

	ERA	W	L	Sv	G	GS	IP	H	HR	BB	SO		Avg	AB	H	2B	3B	HR	RBI	BB	SO	OBP	SLG
Home	7.50	0	0	0	5	0	6.0	5	2	2	8	vs. Left	.273	22	6	2	0	0	3	1	6	.304	.364
Away	7.94	0	1	0	6	0	5.2	9	0	4	4	vs. Right	.308	26	8	1	0	2	5	5	6	.419	.577

Augie Ojeda — Cubs
Age 27 – Bats Both

	Avg	G	AB	R	H	2B	3B	HR	RBI	BB	SO	HBP	GDP	SB	CS	OBP	SLG	IBB	SH	SF	#Pit	#P/PA	GB	FB	G/F
2001 Season	.201	78	144	16	29	5	1	1	12	12	20	2	2	1	0	.269	.271	1	2	2	634	3.91	58	42	1.38
Career (2000-2001)	.208	106	221	26	46	8	2	3	20	22	29	2	3	1	1	.282	.303	2	3	3	954	3.80	85	68	1.25

2001 Season

	Avg	AB	H	2B	3B	HR	RBI	BB	SO	OBP	SLG		Avg	AB	H	2B	3B	HR	RBI	BB	SO	OBP	SLG
vs. Left	.205	39	8	0	0	0	3	0	4	.200	.205	Scoring Posn	.222	36	8	2	1	0	10	3	4	.286	.333
vs. Right	.200	105	21	5	1	1	9	12	16	.292	.295	Close & Late	.150	20	3	0	0	0	1	1	3	.261	.150
Home	.182	66	12	2	0	1	4	8	12	.267	.258	None on/out	.206	34	7	0	0	0	0	4	9	.289	.206
Away	.218	78	17	3	1	0	8	4	8	.271	.282	Batting #8	.217	92	20	3	1	1	11	7	9	.267	.304
First Pitch	.250	8	2	0	0	0	1	0		.333	.250	Batting #9	.259	27	7	1	0	0	0	3	5	.375	.296
Ahead in Count	.194	31	6	0	0	2	0		.286	.194	Other	.080	25	2	1	0	0	1	2	6	.148	.120
Behind in Count	.160	75	12	1	1	1	6	0	20	.169	.240	Pre-All Star	.195	82	16	2	0	1	5	3	12	.239	.256
Two Strikes	.174	69	12	3	0	1	6	7	20	.244	.261	Post-All Star	.210	62	13	3	1	0	7	9	8	.306	.290

Troy O'Leary — Red Sox
Age 32 – Bats Left

	Avg	G	AB	R	H	2B	3B	HR	RBI	BB	SO	HBP	GDP	SB	CS	OBP	SLG	IBB	SH	SF	#Pit	#P/PA	GB	FB	G/F
2001 Season	.240	104	341	50	82	16	6	13	50	25	73	5	9	1	3	.298	.437	2	0	5	1338	3.56	121	103	1.17
Last Five Years	.274	701	2560	362	702	150	26	92	386	200	418	18	72	4	14	.328	.461	18	1	23	10075	3.60	912	764	1.19

2001 Season

	Avg	AB	H	2B	3B	HR	RBI	BB	SO	OBP	SLG		Avg	AB	H	2B	3B	HR	RBI	BB	SO	OBP	SLG
vs. Left	.154	65	10	3	1	0	6	1	20	.164	.231	First Pitch	.224	49	11	2	1	2	8	2	0	.278	.429
vs. Right	.261	276	72	13	5	13	44	24	53	.327	.486	Ahead in Count	.400	55	22	7	2	4	17	12	0	.486	.818
Home	.269	171	46	7	5	9	27	9	33	.311	.526	Behind in Count	.166	181	30	5	2	4	16	0	63	.174	.282
Away	.212	170	36	9	1	4	23	16	40	.285	.347	Two Strikes	.113	159	18	5	3	2	8	11	73	.174	.220
Day	.231	91	21	5	2	4	15	7	19	.294	.462	Batting #5	.233	172	40	7	3	7	26	6	39	.260	.430
Night	.244	250	61	11	4	9	35	18	54	.299	.428	Batting #6	.272	81	22	4	2	2	11	11	17	.375	.444
Grass	.243	296	72	13	6	12	42	20	63	.299	.449	Other	.227	88	20	5	1	4	13	8	17	.293	.443
Turf	.222	45	10	3	0	1	8	5	10	.288	.356	April	.195	77	15	2	1	1	9	3	16	.222	.286
Pre-All Star	.256	207	53	11	3	7	32	15	50	.308	.440	May	.315	54	17	4	2	2	8	3	15	.362	.574
Post-All Star	.216	134	29	5	3	6	18	10	23	.283	.433	June	.302	53	16	2	0	4	10	5	13	.362	.566
Inning 1-6	.268	220	59	11	5	11	40	18	40	.325	.514	July	.209	67	14	5	0	2	11	7	15	.276	.373
Inning 7+	.190	121	23	5	1	2	10	7	33	.248	.298	August	.286	56	16	2	3	2	8	5	6	.359	.536
Scoring Posn	.242	95	23	5	1	2	32	10	13	.313	.379	Sept/Oct	.118	34	4	1	0	2	4	2	8	.162	.324
Close & Late	.203	59	12	2	0	1	5	2	16	.250	.288	vs. AL	.246	313	77	15	6	12	45	24	67	.305	.447
None on/out	.163	80	13	2	3	1	1	5	22	.230	.300	vs. NL	.179	28	5	1	0	1	5	1	6	.207	.321

2001 By Position

Position	Avg	AB	H	2B	3B	HR	RBI	BB	SO	OBP	SLG	G	GS	Innings	PO	A	E	DP	Fld Pct	Rng Fctr	In Zone	Outs	Zone Rtg	MLB Zone
As lf	.236	182	43	7	3	8	25	8	39	.275	.440	52	45	414.1	91	3	1	0	.989	2.04	98	85	.867	.880
As rf	.252	135	34	9	3	4	23	15	27	.327	.452	41	38	336.1	72	0	0	0	1.000	1.93	78	71	.910	.884

Last Five Years

	Avg	AB	H	2B	3B	HR	RBI	BB	SO	OBP	SLG		Avg	AB	H	2B	3B	HR	RBI	BB	SO	OBP	SLG
vs. Left	.278	666	185	38	7	13	107	47	122	.326	.414	First Pitch	.296	358	106	25	4	15	61	15	0	.328	.514
vs. Right	.273	1894	517	112	19	79	279	153	296	.329	.477	Ahead in Count	.365	605	221	61	8	34	130	111	0	.462	.661
Home	.298	1285	383	85	20	46	218	92	194	.347	.503	Behind in Count	.208	1092	227	38	9	21	120	0	343	.212	.317
Away	.250	1275	319	65	6	46	168	108	224	.310	.419	Two Strikes	.188	1071	201	39	11	22	105	74	418	.243	.269
Day	.274	818	224	52	5	30	129	73	121	.333	.460	Batting #5	.260	1540	400	87	14	65	238	114	253	.311	.461
Night	.274	1742	478	98	21	62	257	127	297	.326	.462	Batting #6	.306	690	211	44	8	16	106	52	104	.358	.462
Grass	.279	2235	623	134	24	78	340	173	357	.332	.465	Other	.276	330	91	19	4	11	42	34	61	.344	.458
Turf	.243	325	79	16	2	14	46	27	61	.301	.434	March/April	.260	407	106	25	3	18	59	34	59	.315	.469
Pre-All Star	.279	1349	376	85	10	53	198	104	216	.331	.474	May	.269	424	114	20	4	16	45	29	72	.320	.448
Post-All Star	.269	1211	326	65	16	39	188	96	202	.326	.446	June	.302	388	117	26	3	16	68	31	60	.353	.508
Inning 1-6	.272	1723	469	105	16	64	258	140	269	.329	.463	July	.273	447	122	31	4	14	75	28	78	.317	.454
Inning 7+	.278	837	233	45	10	28	128	60	149	.328	.456	August	.296	470	139	26	11	17	85	45	80	.359	.506
Scoring Posn	.298	712	212	55	10	19	286	83	104	.363	.483	Sept/Oct	.245	424	104	22	1	11	54	33	69	.297	.380
Close & Late	.273	384	105	25	5	9	67	29	77	.325	.435	vs. AL	.273	2276	621	130	26	83	336	180	373	.328	.462
None on/out	.255	609	155	29	8	26	26	38	109	.302	.456	vs. NL	.285	284	81	20	0	9	50	20	45	.332	.451

316

John Olerud — Mariners
Age 33 – Bats Left

	Avg	G	AB	R	H	2B	3B	HR	RBI	BB	SO	HBP	GDP	SB	CS	OBP	SLG	IBB	SH	SF	#Pit	#P/PA	GB	FB	G/F
2001 Season	.302	159	572	91	173	32	1	21	95	94	70	5	21	3	1	.401	.472	19	1	7	2491	3.67	218	180	1.21
Last Five Years	.307	794	2799	463	858	186	6	98	489	502	372	37	94	8	5	.414	.482	51	4	38	12878	3.81	1072	806	1.33

2001 Season

	Avg	AB	H	2B	3B	HR	RBI	BB	SO	OBP	SLG		Avg	AB	H	2B	3B	HR	RBI	BB	SO	OBP	SLG
vs. Left	.246	142	35	4	0	3	23	20	16	.343	.338	First Pitch	.322	59	19	4	0	1	10	17	0	.481	.441
vs. Right	.321	430	138	28	1	18	72	74	54	.420	.516	Ahead in Count	.390	136	53	12	1	6	22	55	0	.562	.625
Home	.285	277	79	13	0	15	55	46	36	.382	.495	Behind in Count	.261	230	60	7	0	11	42	0	58	.263	.435
Away	.319	295	94	19	1	6	40	48	34	.420	.451	Two Strikes	.225	231	52	9	0	7	35	22	70	.296	.355
Day	.274	157	43	6	0	6	25	37	19	.408	.427	Batting #4	.301	498	150	26	1	17	77	88	65	.406	.460
Night	.313	415	130	26	1	15	70	57	51	.398	.489	Batting #5	.328	61	20	5	0	4	16	5	4	.382	.607
Grass	.297	528	157	30	1	21	89	88	68	.398	.477	Other	.231	13	3	1	0	0	2	1	1	.286	.308
Turf	.364	44	16	2	0	0	6	6	2	.440	.409	April	.337	92	31	4	0	4	21	14	13	.409	.511
Pre-All Star	.316	304	96	16	1	11	58	59	36	.429	.484	May	.354	96	34	5	0	2	18	22	9	.483	.469
Post-All Star	.287	268	77	16	0	10	37	35	34	.368	.459	June	.264	91	24	6	1	4	15	17	13	.385	.484
Inning 1-6	.311	402	125	20	1	17	66	62	46	.406	.493	July	.302	96	29	5	0	4	11	16	7	.407	.479
Inning 7+	.282	170	48	12	0	4	29	32	24	.390	.424	August	.259	108	28	7	0	3	12	12	20	.328	.407
Scoring Posn	.262	183	48	12	0	6	73	56	24	.427	.426	Sept/Oct	.303	89	27	5	0	4	18	13	8	.388	.494
Close & Late	.280	75	21	7	0	1	13	13	15	.378	.413	vs. AL	.303	505	153	30	0	14	80	84	60	.402	.446
None on/out	.315	127	40	7	1	6	18	13	.408	.528		vs. NL	.299	67	20	2	1	7	15	10	10	.397	.672

2001 By Position

Position	Avg	AB	H	2B	3B	HR	RBI	BB	SO	OBP	SLG	G	GS	Innings	PO	A	E	DP	Fld Pct	Rng Fctr	In Zone	Zone Outs	Zone Rtg	MLB Zone
As 1b	.303	567	172	31	1	21	93	94	69	.403	.473	158	149	1347.2	1211	121	9	116	.993	—	257	218	.848	.850

Last Five Years

	Avg	AB	H	2B	3B	HR	RBI	BB	SO	OBP	SLG		Avg	AB	H	2B	3B	HR	RBI	BB	SO	OBP	SLG
vs. Left	.278	729	203	35	1	16	126	123	106	.394	.395	First Pitch	.298	309	92	17	1	12	57	36	0	.377	.476
vs. Right	.316	2070	655	151	5	82	363	379	266	.421	.513	Ahead in Count	.380	750	285	73	3	29	156	297	0	.553	.601
Home	.294	1369	402	81	2	60	262	249	185	.403	.487	Behind in Count	.261	1105	288	59	0	39	158	0	290	.269	.420
Away	.319	1430	456	105	4	38	227	253	187	.424	.478	Two Strikes	.229	1153	264	57	0	30	152	169	372	.330	.356
Day	.318	952	303	68	1	43	178	190	131	.432	.527	Batting #3	.314	1391	437	91	3	56	247	252	162	.423	.505
Night	.300	1847	555	118	5	55	311	312	241	.404	.459	Batting #4	.310	872	270	56	3	26	151	175	125	.424	.470
Grass	.300	2404	720	151	3	86	408	433	330	.408	.472	Other	.282	536	151	39	0	16	91	75	85	.372	.444
Turf	.349	395	138	35	3	12	81	69	42	.449	.544	March/April	.358	427	153	38	0	17	85	89	62	.464	.567
Pre-All Star	.312	1499	468	110	4	52	277	294	201	.427	.495	May	.321	468	150	30	0	15	88	100	55	.447	.481
Post-All Star	.300	1300	390	76	2	46	212	208	171	.398	.468	June	.271	472	128	33	1	9	78	69	73	.370	.456
Inning 1-6	.314	1964	617	141	5	68	339	331	244	.415	.495	July	.284	462	131	24	2	19	79	93	50	.401	.468
Inning 7+	.289	835	241	45	1	30	150	171	128	.410	.453	August	.298	517	154	32	0	11	70	75	80	.389	.424
Scoring Posn	.310	762	236	60	1	29	376	218	101	.453	.526	Sept/Oct	.313	453	142	29	1	20	89	76	52	.410	.514
Close & Late	.281	409	115	23	1	15	76	79	62	.397	.452	vs. AL	.286	1184	339	77	2	30	190	201	167	.390	.431
None on/out	.318	548	174	40	2	19	19	76	59	.408	.502	vs. NL	.321	1615	519	109	4	68	299	301	205	.431	.520

Omar Olivares — Pirates
Age 34 – Pitches Right (groundball pitcher)

	ERA	W	L	Sv	G	GS	IP	BB	SO	Avg	H	2B	3B	HR	RBI	OBP	SLG	GF	IR	IRS	Hld	SvOp	SB	CS	GB	FB	G/F
2001 Season	6.55	6	9	1	45	12	110.0	42	69	.283	123	28	4	17	85	.356	.483	15	23	6	3	2	2	4	174	126	1.38
Last Five Years	5.01	40	47	1	167	117	784.0	355	426	.281	854	174	17	83	433	.361	.431	22	33	8	3	2	31	24	1306	776	1.68

2001 Season

	ERA	W	L	Sv	G	GS	IP	H	BB	SO		Avg	AB	H	2B	3B	HR	RBI	BB	SO	OBP	SLG
Home	6.51	5	5	1	26	6	55.1	64	8	33	vs. Left	.293	184	54	14	3	5	25	24	35	.382	.484
Away	6.59	1	4	0	19	6	54.2	59	9	19	vs. Right	.275	251	69	14	1	12	60	18	34	.337	.482
Starter	7.21	2	7	0	12	12	63.2	76	9	24	Scoring Posn	.325	120	39	11	0	5	66	17	22	.401	.542
Reliever	5.63	4	2	1	33	0	46.1	47	8	18	Close & Late	.295	44	13	1	1	4	9	5	8	.380	.636
0 Days Rest (Relief)	2.79	0	0	0	7	0	9.2	7	0	2	None on/out	.264	106	28	7	1	3	3	6	18	.316	.434
1 or 2 Days Rest	8.64	2	1	0	14	0	16.2	20	3	11	First Pitch	.423	71	30	6	1	2	20	5	0	.469	.620
3+ Days Rest	4.50	2	1	1	12	0	20.0	20	5	11	Ahead in Count	.204	181	37	4	1	5	24	0	52	.225	.320
Pre-All Star	7.04	3	7	0	22	12	78.0	93	10	29	Behind in Count	.293	99	29	9	1	6	22	20	0	.413	.586
Post-All Star	5.34	3	2	1	23	0	32.0	30	7	13	Two Strikes	.208	178	37	4	2	2	18	17	69	.290	.287

Last Five Years

	ERA	W	L	Sv	G	GS	IP	H	HR	BB	SO		Avg	AB	H	2B	3B	HR	RBI	BB	SO	OBP	SLG
Home	4.50	23	20	1	85	56	394.0	393	33	177	209	vs. Left	.287	1486	426	87	10	47	211	216	212	.381	.454
Away	5.52	17	27	0	82	61	390.0	461	50	178	217	vs. Right	.275	1558	428	87	7	36	222	139	214	.340	.409
Day	4.31	15	10	0	49	37	255.0	248	25	104	128	Inning 1-6	.284	2564	727	145	12	69	382	305	369	.365	.430
Night	5.34	25	37	1	118	80	529.0	606	58	251	298	Inning 7+	.265	480	127	29	5	14	51	50	57	.339	.433
Grass	4.87	37	38	1	145	99	670.2	711	70	308	357	None on	.277	1630	451	87	10	49	49	202	233	.365	.433
Turf	5.80	3	9	0	22	18	113.1	143	13	47	69	Runners on	.285	1414	403	87	7	34	384	153	193	.356	.429
March/April	4.45	6	9	0	26	19	123.1	113	13	52	68	Scoring Posn	.286	774	221	47	3	19	333	108	108	.367	.428
May	3.98	11	10	0	29	29	194.2	181	15	92	97	Close & Late	.259	185	48	7	1	7	21	19	23	.335	.422
June	5.66	5	10	0	28	21	133.2	163	16	53	84	None on/out	.287	753	216	40	2	17	17	79	98	.364	.413
July	6.79	6	9	0	25	17	102.0	131	9	59	54	vs. 1st Batr (relief)	.156	45	7	1	0	2	4	5	8	.240	.311
August	4.64	6	3	0	31	15	126.0	146	10	53	61	1st Inning Pitched	.268	624	167	37	5	17	106	71	60	.347	.425
Sept/Oct	5.43	6	6	1	28	16	104.1	120	20	46	62	First 15 Pitches	.281	499	140	27	5	17	17	59	47	.349	.457
Starter	4.93	34	45	0	117	117	696.0	765	73	310	379	Pitch 16-30	.252	488	123	31	1	13	70	77	60	.352	.400
Reliever	5.56	6	2	1	50	0	87.1	89	10	45	47	Pitch 31-45	.258	488	126	18	2	7	48	44	70	.323	.346

317

	ERA	W	L	Sv	G	GS	IP	H	HR	BB	SO	Last Five Years	Avg	AB	H	2B	3B	HR	RBI	BB	SO	OBP	SLG
0 Days Rest (Relief)	2.35	1	0	0	9	0	15.1	11	1	3	10	Pitch 46+	.296	1569	465	98	9	46	255	194	219	.379	.458
1 or 2 Days Rest	7.78	2	1	0	17	0	19.2	23	3	12	7	First Pitch	.355	498	177	37	3	15	91	8	0	.377	.532
3+ Days Rest	5.68	3	1	0	24	0	52.1	55	6	30	30	Ahead in Count	.214	1181	253	43	7	17	115	0	337	.226	.306
vs. AL	4.82	31	31	0	111	92	586.1	634	54	290	307	Behind in Count	.331	761	252	53	3	33	146	190	0	.463	.539
vs. NL	5.55	9	16	1	56	25	197.2	220	29	65	119	Two Strikes	.208	1205	251	39	9	17	125	157	426	.305	.298
Pre-All Star	4.76	24	30	0	90	73	478.1	486	45	208	264	Pre-All Star	.267	1819	486	100	8	45	251	208	264	.348	.405
Post-All Star	5.39	16	17	1	77	44	305.2	368	38	147	162	Post-All Star	.300	1225	368	74	9	38	182	147	162	.380	.469

Darren Oliver — Rangers   Age 31 – Pitches Left

	ERA	W	L	Sv	G	GS	IP	BB	SO	Avg	H	2B	3B	HR	RBI	OBP	SLG	CG	ShO	Sup	QS	#P/S	SB	CS	GB	FB	G/F
2001 Season	6.02	11	11	0	28	28	154.0	65	104	.306	189	41	7	23	95	.375	.506	1	0	6.66	10	91	12	10	218	176	1.24
Last Five Years	5.28	45	52	0	140	140	820.0	329	463	.294	954	218	23	102	456	.363	.469	8	2	5.74	58	96	58	49	1205	953	1.26

2001 Season

	ERA	W	L	Sv	G	GS	IP	H	HR	BB	SO		Avg	AB	H	2B	3B	HR	RBI	BB	SO	OBP	SLG
Home	6.59	4	5	0	11	11	56.0	73	9	24	37	vs. Left	.315	162	51	10	3	4	24	11	29	.367	.488
Away	5.69	7	6	0	17	17	98.0	116	14	41	67	vs. Right	.303	456	138	31	4	19	71	54	75	.377	.513
Starter	6.02	11	11	0	28	28	154.0	189	23	65	104	Scoring Posn	.351	154	54	14	1	3	67	19	30	.417	.513
Reliever	0.00	0	0	0	0	0	0.0	0	0	0	0	Close & Late	.150	20	3	0	0	1	2	0	6	.150	.300
0-3 Days Rest (Start)	0.00	0	0	0	0	0	0.0	0	0	0	0	None on/out	.247	154	38	10	0	5	5	13	27	.310	.409
4 Days Rest	6.19	7	4	0	14	14	72.2	91	14	33	42	First Pitch	.368	95	35	6	0	9	22	0	0	.374	.716
5+ Days Rest	5.86	4	7	0	14	14	81.1	98	9	32	62	Ahead in Count	.277	285	79	21	5	7	35	0	91	.287	.460
Pre-All Star	6.20	7	4	0	14	14	69.2	91	13	33	50	Behind in Count	.338	136	46	8	2	4	14	38	0	.483	.515
Post-All Star	5.87	4	7	0	14	14	84.1	98	10	32	54	Two Strikes	.251	267	67	17	3	7	33	27	104	.329	.416

Last Five Years

	ERA	W	L	Sv	G	GS	IP	H	HR	BB	SO		Avg	AB	H	2B	3B	HR	RBI	BB	SO	OBP	SLG
Home	5.30	20	24	0	67	67	395.1	460	56	153	221	vs. Left	.306	651	199	41	5	16	84	75	91	.387	.458
Away	5.26	25	28	0	73	73	424.2	494	46	176	242	vs. Right	.290	2599	755	177	18	86	372	254	372	.357	.472
Day	5.09	11	18	0	46	46	259.2	284	30	116	171	Inning 1-6	.294	2940	865	201	21	86	412	297	418	.364	.465
Night	5.36	34	34	0	94	94	560.1	670	72	213	292	Inning 7+	.287	310	89	17	2	16	44	32	45	.361	.510
Grass	5.27	41	43	0	124	124	726.1	852	91	289	401	None on	.299	1793	537	124	15	61	61	167	252	.365	.487
Turf	5.38	4	9	0	16	16	93.2	102	11	40	62	Runners on	.286	1457	417	94	8	41	395	162	211	.362	.446
March/April	5.04	8	8	0	23	23	128.2	143	12	46	60	Scoring Posn	.289	861	249	62	4	19	334	108	138	.370	.437
May	5.86	7	9	0	26	26	141.1	180	22	65	75	Close & Late	.283	159	45	8	1	8	25	21	24	.375	.497
June	5.74	6	8	0	21	21	122.1	143	16	55	81	None on/out	.313	830	260	62	6	34	34	79	109	.379	.525
July	5.23	9	11	0	24	24	144.2	168	22	48	87	vs. 1st Batr (relief)	.000	0	0	0	0	0	0	0	0	.000	.000
August	3.98	9	5	0	22	22	144.2	140	19	58	88	1st Inning Pitched	.344	579	199	46	3	19	113	74	72	.419	.532
Sept/Oct	5.92	6	11	0	24	24	138.1	180	11	57	72	First 75 Pitches	.296	2376	703	165	14	63	319	230	334	.363	.457
Starter	5.28	45	52	0	140	140	820.0	954	102	329	463	Pitch 76-90	.277	440	122	25	4	17	54	46	62	.348	.468
Reliever	0.00	0	0	0	0	0	0.0	0	0	0	0	Pitch 91-105	.308	308	95	22	4	14	57	37	50	.390	.542
0-3 Days Rest (Start)	0.00	0	0	0	0	0	0.0	0	0	0	0	Pitch 106+	.270	126	34	6	1	8	26	16	17	.361	.524
4 Days Rest	5.36	25	30	0	74	74	428.1	505	58	177	239	First Pitch	.376	503	189	41	1	24	98	9	0	.393	.604
5+ Days Rest	5.19	20	22	0	66	66	391.2	449	44	152	224	Ahead in Count	.238	1337	318	76	13	24	116	0	386	.249	.368
vs. AL	5.72	27	36	0	87	87	494.1	597	67	207	271	Behind in Count	.354	755	267	60	8	38	137	190	0	.484	.605
vs. NL	4.62	18	16	0	53	53	325.2	357	35	122	192	Two Strikes	.218	1364	298	63	9	23	126	130	463	.293	.328
Pre-All Star	5.63	22	29	0	76	76	427.0	510	56	183	232	Pre-All Star	.301	1692	510	120	10	56	259	183	232	.375	.483
Post-All Star	4.90	23	23	0	64	64	393.0	444	46	146	231	Post-All Star	.285	1558	444	98	13	46	197	146	231	.350	.453

Joe Oliver — Red Sox   Age 36 – Bats Right (flyball hitter)

	Avg	G	AB	R	H	2B	3B	HR	RBI	BB	SO	HBP	GDP	SB	CS	OBP	SLG	IBB	SH	SF	#Pit	#P/PA	GB	FB	G/F
2001 Season	.250	17	48	4	12	2	0	1	3	2	15	0	0	0	0	.275	.354	0	2	1	201	3.79	11	12	0.92
Last Five Years	.243	321	971	95	236	47	1	32	126	68	192	5	25	6	5	.293	.392	2	11	12	3862	3.62	310	316	0.98

2001 Season

	Avg	AB	H	2B	3B	HR	RBI	BB	SO	OBP	SLG		Avg	AB	H	2B	3B	HR	RBI	BB	SO	OBP	SLG
vs. Left	.200	10	2	0	0	0	0	0	0	.200	.200	Scoring Posn	.250	8	2	0	0	0	1	0	3	.222	.250
vs. Right	.263	38	10	2	0	1	3	2	15	.293	.395	Close & Late	.000	4	0	0	0	0	0	1	4	.200	.000

Last Five Years

	Avg	AB	H	2B	3B	HR	RBI	BB	SO	OBP	SLG		Avg	AB	H	2B	3B	HR	RBI	BB	SO	OBP	SLG
vs. Left	.231	264	61	14	0	5	32	24	51	.296	.341	First Pitch	.329	149	49	4	0	9	37	2	0	.333	.537
vs. Right	.248	707	175	33	1	27	94	44	141	.292	.412	Ahead in Count	.298	171	51	12	0	7	24	28	0	.398	.491
Home	.247	482	119	25	0	18	66	34	86	.300	.411	Behind in Count	.187	481	90	19	1	10	42	0	169	.189	.293
Away	.239	489	117	22	1	14	60	34	106	.285	.374	Two Strikes	.160	457	73	16	0	12	40	38	192	.222	.274
Day	.243	313	76	15	1	10	40	23	58	.295	.393	Batting #7	.243	247	60	8	0	12	37	20	52	.303	.421
Night	.243	658	160	32	0	22	86	45	134	.292	.392	Batting #8	.241	547	132	33	1	15	64	33	112	.282	.388
Grass	.250	541	135	26	1	22	70	35	115	.295	.423	Other	.249	177	44	6	0	5	25	15	28	.309	.367
Turf	.235	430	101	21	0	10	56	31	77	.290	.353	March/April	.268	71	19	3	0	2	9	3	16	.293	.394
Pre-All Star	.269	402	108	18	0	15	56	22	81	.303	.425	May	.293	123	36	8	0	4	16	6	20	.321	.455
Post-All Star	.225	569	128	29	1	17	70	46	111	.285	.369	June	.236	157	37	4	0	5	20	11	39	.285	.357
Inning 1-6	.254	642	163	29	0	24	97	44	117	.302	.411	July	.249	185	46	11	0	9	31	14	25	.302	.454
Inning 7+	.222	329	73	18	1	8	29	24	75	.275	.356	August	.247	243	60	14	0	9	27	17	47	.302	.379
Scoring Posn	.275	236	65	7	1	8	94	17	50	.315	.415	Sept/Oct	.198	192	38	7	1	6	24	17	45	.261	.339
Close & Late	.179	140	25	4	0	4	11	10	39	.235	.293	vs. AL	.249	470	117	27	1	13	58	31	93	.293	.394
None on/out	.257	253	65	15	0	9	9	16	49	.304	.423	vs. NL	.238	501	119	20	0	19	68	37	99	.292	.391

Kevin Olsen — Marlins
Age 25 – Pitches Right

	ERA	W	L	Sv	G	GS	IP	BB	SO	Avg	H	2B	3B	HR	RBI	OBP	SLG	CG	ShO	Sup	QS	#P/S	SB	CS	GB	FB	G/F
2001 Season	1.20	0	0	0	4	2	15.0	2	13	.204	11	4	0	0	2	.232	.278	0	0	1.80	1	98	1	0	17	15	1.13

2001 Season

	ERA	W	L	Sv	G	GS	IP	H	HR	BB	SO		Avg	AB	H	2B	3B	HR	RBI	BB	SO	OBP	SLG
Home	1.20	0	0	0	4	2	15.0	11	0	2	13	vs. Left	.148	27	4	2	0	0	0	1	6	.179	.222
Away	0.00	0	0	0	0	0	0.0	0	0	0	0	vs. Right	.259	27	7	2	0	0	2	1	7	.286	.333

Gregg Olson — Dodgers
Age 35 – Pitches Right

	ERA	W	L	Sv	G	GS	IP	BB	SO	Avg	H	2B	3B	HR	RBI	OBP	SLG	GF	IR	IRS	Hld	SvOp	SB	CS	GB	FB	G/F
2001 Season	8.03	0	1	0	28	0	24.2	20	24	.268	26	6	1	4	25	.383	.474	10	10	5	4	1	2	0	30	33	0.91
Last Five Years	4.51	16	13	45	211	0	221.2	105	173	.256	215	36	5	24	134	.340	.397	122	81	28	18	63	23	12	317	234	1.35

2001 Season

	ERA	W	L	Sv	G	GS	IP	H	HR	BB	SO		Avg	AB	H	2B	3B	HR	RBI	BB	SO	OBP	SLG
Home	9.82	0	0	0	16	0	14.2	16	3	12	14	vs. Left	.277	47	13	6	0	3	14	9	13	.386	.596
Away	5.40	0	1	0	12	0	10.0	10	1	8	10	vs. Right	.260	50	13	0	1	1	11	11	11	.381	.360
Starter	0.00	0	0	0	0	0	0.0	0	0	0	0	Scoring Posn	.351	37	13	2	0	2	23	6	12	.413	.568
Reliever	8.03	0	1	0	28	0	24.2	26	4	20	24	Close & Late	.267	30	8	3	0	1	6	8	8	.410	.467
0 Days Rest (Relief)	9.53	0	1	0	6	0	5.2	6	2	3	4	None on/out	.158	19	3	1	1	0	0	5	5	.333	.316
1 or 2 Days Rest	10.13	0	0	0	12	0	10.2	14	2	9	11	First Pitch	.333	12	4	2	0	0	2	1	0	.357	.500
3+ Days Rest	4.32	0	0	0	10	0	8.1	6	0	8	9	Ahead in Count	.167	48	8	1	0	1	6	0	23	.163	.250
Pre-All Star	8.03	0	1	0	28	0	24.2	26	4	20	24	Behind in Count	.263	19	5	2	1	0	5	8	0	.464	.474
Post-All Star	0.00	0	0	0	0	0	0.0	0	0	0	0	Two Strikes	.264	53	14	2	0	4	15	11	24	.385	.528

Last Five Years

	ERA	W	L	Sv	G	GS	IP	H	HR	BB	SO		Avg	AB	H	2B	3B	HR	RBI	BB	SO	OBP	SLG
Home	4.47	9	4	18	106	0	112.2	109	9	40	89	vs. Left	.225	373	84	21	2	10	55	44	94	.306	.373
Away	4.54	7	9	27	105	0	109.0	106	15	65	84	vs. Right	.281	466	131	15	3	14	79	61	79	.366	.416
Day	5.90	5	6	13	60	0	58.0	70	11	24	47	Inning 1-6	.254	59	15	2	1	1	10	7	13	.333	.373
Night	4.01	11	7	32	151	0	163.2	145	13	81	126	Inning 7+	.256	780	200	34	4	23	124	98	160	.340	.399
Grass	4.52	15	12	38	179	0	187.0	179	22	83	154	None on	.234	444	104	21	3	15	41	89	.302	.396
Turf	4.41	1	1	7	32	0	34.2	36	2	22	19	Runners on	.281	395	111	15	2	9	119	64	84	.379	.397
March/April	8.03	0	3	3	38	0	37.0	39	2	23	33	Scoring Posn	.286	245	70	10	1	8	113	50	54	.402	.433
May	4.24	4	3	10	34	0	34.0	33	3	27	29	Close & Late	.252	397	100	16	2	14	64	55	81	.344	.408
June	7.20	0	2	9	28	0	25.0	32	5	11	25	None on/out	.266	199	53	10	2	8	8	18	34	.327	.457
July	2.12	3	0	6	26	0	29.2	20	2	14	20	vs. 1st Batr (relief)	.298	188	56	11	2	5	18	21	29	.371	.457
August	3.07	0	3	9	47	0	55.2	49	7	20	35	1st Inning Pitched	.258	716	185	32	5	21	117	86	144	.339	.405
Sept/Oct	3.57	9	2	8	38	0	40.1	42	5	10	31	First 15 Pitches	.265	566	150	26	5	13	70	64	107	.341	.398
Starter	0.00	0	0	0	0	0	0.0	0	0	0	0	Pitch 16-30	.236	233	55	7	0	11	53	32	57	.330	.408
Reliever	4.51	16	13	45	211	0	221.2	215	24	105	173	Pitch 31-45	.243	37	9	2	0	0	10	9	8	.383	.297
0 Days Rest (Relief)	3.13	3	3	12	34	0	31.2	25	3	9	22	Pitch 46+	.333	3	1	1	0	0	1	0	1	.333	.667
1 or 2 Days Rest	4.54	8	9	23	105	0	113.0	116	13	58	81	First Pitch	.339	109	37	8	1	3	21	6	0	.373	.514
3+ Days Rest	5.03	5	1	10	72	0	77.0	74	8	38	70	Ahead in Count	.207	386	80	11	2	5	39	0	155	.210	.285
vs. AL	6.33	4	2	3	50	0	54.0	63	5	33	36	Behind in Count	.281	178	50	10	2	6	36	42	0	.415	.461
vs. NL	3.92	12	11	42	161	0	167.2	152	19	72	137	Two Strikes	.196	409	80	9	1	11	51	57	173	.294	.303
Pre-All Star	6.46	5	8	22	105	0	100.1	110	11	65	89	Pre-All Star	.275	400	110	20	2	11	86	65	89	.376	.418
Post-All Star	2.89	11	5	23	106	0	121.1	105	13	40	84	Post-All Star	.239	439	105	16	3	13	48	40	84	.305	.378

Paul O'Neill — Yankees
Age 39 – Bats Left (groundball hitter)

	Avg	G	AB	R	H	2B	3B	HR	RBI	BB	SO	HBP	GDP	SB	CS	OBP	SLG	IBB	SH	SF	#Pit	#P/PA	GB	FB	G/F
2001 Season	.267	137	510	77	136	33	1	21	70	48	59	2	20	22	3	.330	.459	4	0	3	1981	3.52	209	149	1.40
Last Five Years	.296	733	2828	410	836	180	7	103	513	297	433	6	99	72	29	.359	.473	17	0	44	11682	3.68	1159	729	1.59

2001 Season

	Avg	AB	H	2B	3B	HR	RBI	BB	SO	OBP	SLG		Avg	AB	H	2B	3B	HR	RBI	BB	SO	OBP	SLG
vs. Left	.244	127	31	11	1	2	12	16	17	.338	.394	First Pitch	.296	81	24	6	0	3	13	2	0	.313	.481
vs. Right	.274	383	105	22	0	19	58	32	42	.328	.480	Ahead in Count	.311	132	41	5	1	10	23	21	0	.403	.591
Home	.291	251	73	16	0	13	40	24	29	.355	.510	Behind in Count	.218	220	48	14	0	6	23	0	51	.220	.364
Away	.243	259	63	17	1	8	30	24	30	.307	.409	Two Strikes	.185	195	36	12	0	4	21	25	59	.278	.308
Day	.259	197	51	12	0	10	32	20	21	.330	.472	Batting #3	.246	244	60	11	1	11	38	20	30	.306	.434
Night	.272	313	85	21	1	11	38	28	38	.330	.450	Batting #6	.282	170	48	13	0	7	18	13	17	.328	.482
Grass	.263	438	115	27	1	21	65	41	50	.327	.473	Other	.292	96	28	8	0	3	14	15	12	.393	.479
Turf	.292	72	21	6	0	0	5	7	9	.350	.375	April	.261	111	29	5	0	8	19	9	18	.322	.523
Pre-All Star	.260	319	83	18	1	12	44	30	41	.324	.436	May	.268	97	26	5	1	2	13	8	7	.324	.402
Post-All Star	.277	191	53	15	0	9	26	18	18	.341	.497	June	.233	86	20	5	0	1	8	10	12	.306	.326
Inning 1-6	.278	360	100	28	0	15	57	29	39	.332	.481	July	.375	96	36	14	0	4	14	8	7	.419	.646
Inning 7+	.240	150	36	5	1	6	13	19	20	.325	.407	August	.213	94	20	4	0	5	13	9	8	.288	.415
Scoring Posn	.241	133	32	8	0	6	47	19	17	.329	.436	Sept/Oct	.192	26	5	0	0	1	3	4	7	.300	.308
Close & Late	.224	85	19	2	1	3	7	13	12	.327	.376	vs. AL	.263	448	118	28	1	21	67	42	53	.328	.471
None on/out	.330	106	35	9	1	6	5	13	.366	.604	vs. NL	.290	62	18	5	0	0	3	6	6	.348	.371

2001 By Position

Position	Avg	AB	H	2B	3B	HR	RBI	BB	SO	OBP	SLG	G	GS	Innings	PO	A	E	DP	Fld Pct	Rng Fctr	In Zone	Outs	Zone Rtg	MLB Zone
As rf	.268	488	131	32	1	19	65	44	57	.330	.455	130	127	1094.1	210	1	4	0	.981	1.74	243	209	.860	.884

319

Last Five Years

	Avg	AB	H	2B	3B	HR	RBI	BB	SO	OBP	SLG		Avg	AB	H	2B	3B	HR	RBI	BB	SO	OBP	SLG
vs. Left	.271	812	220	49	3	18	138	69	175	.324	.405	First Pitch	.366	481	176	34	2	14	102	9	0	.373	.532
vs. Right	.306	2016	616	131	4	85	375	228	258	.373	.501	Ahead in Count	.355	625	222	45	1	41	164	157	0	.475	.627
Home	.292	1375	402	84	3	52	246	168	212	.366	.471	Behind in Count	.237	1219	289	62	2	29	160	0	358	.237	.363
Away	.299	1453	434	96	4	51	267	129	221	.352	.476	Two Strikes	.207	1241	257	61	4	24	158	131	433	.281	.321
Day	.293	996	292	61	2	34	179	120	141	.365	.461	Batting #3	.293	2136	626	122	6	79	392	216	333	.355	.467
Night	.297	1832	544	119	5	69	334	177	292	.355	.480	Batting #6	.304	342	104	31	0	13	52	30	45	.354	.509
Grass	.296	2449	726	154	6	99	452	263	365	.361	.486	Other	.303	350	106	27	1	11	69	51	55	.386	.480
Turf	.290	379	110	26	1	4	61	34	68	.345	.396	March/April	.302	447	135	36	1	17	84	57	63	.379	.501
Pre-All Star	.296	1571	465	104	6	54	270	175	234	.364	.473	May	.279	520	145	27	3	17	87	48	77	.336	.440
Post-All Star	.295	1257	371	76	1	49	243	122	199	.353	.474	June	.312	458	143	30	2	14	73	57	66	.384	.478
Inning 1-6	.305	2021	617	136	6	77	371	197	281	.364	.493	July	.332	506	168	43	1	21	106	45	74	.381	.545
Inning 7+	.271	807	219	44	1	26	142	100	152	.346	.425	August	.270	512	138	25	0	17	87	51	81	.332	.418
Scoring Posn	.312	830	259	64	4	32	405	111	122	.378	.514	Sept/Oct	.278	385	107	19	0	17	76	39	72	.341	.460
Close & Late	.247	389	96	14	1	12	72	51	77	.328	.380	vs. AL	.292	2479	725	156	5	91	456	260	385	.356	.470
None on/out	.302	514	155	35	2	18	18	38	87	.351	.482	vs. NL	.318	349	111	24	2	12	57	37	48	.379	.501

Luis Ordaz — Royals
Age 26 – Bats Right (groundball hitter)

	Avg	G	AB	R	H	2B	3B	HR	RBI	BB	SO	HBP	GDP	SB	CS	OBP	SLG	IBB	SH	SF	#Pit	#P/PA	GB	FB	G/F
2001 Season	.250	28	56	8	14	3	0	0	4	3	8	1	1	0	0	.295	.304	0	2	1	219	3.48	33	7	4.71
Career (1997-2001)	.218	172	344	40	75	11	0	0	26	22	40	2	10	10	2	.266	.250	1	11	4	1273	3.32	180	78	2.31

2001 Season

	Avg	AB	H	2B	3B	HR	RBI	BB	SO	OBP	SLG		Avg	AB	H	2B	3B	HR	RBI	BB	SO	OBP	SLG
vs. Left	.313	16	5	2	0	0	0	1	.313	.438	Scoring Posn	.154	13	2	0	0	0	4	1	4	.200	.154
vs. Right	.225	40	9	1	0	0	4	3	7	.289	.250	Close & Late	1.000	2	2	1	0	0	0	0	0	1.000	1.500

Magglio Ordonez — White Sox
Age 28 – Bats Right

	Avg	G	AB	R	H	2B	3B	HR	RBI	BB	SO	HBP	GDP	SB	CS	OBP	SLG	IBB	SH	SF	#Pit	#P/PA	GB	FB	G/F
2001 Season	.305	160	593	97	181	40	1	31	113	70	70	5	14	25	7	.382	.533	7	0	3	2455	3.66	241	176	1.37
Career (1997-2001)	.302	636	2409	381	727	139	9	111	432	207	259	17	86	66	26	.358	.505	15	3	27	9305	3.49	1033	714	1.45

2001 Season

	Avg	AB	H	2B	3B	HR	RBI	BB	SO	OBP	SLG		Avg	AB	H	2B	3B	HR	RBI	BB	SO	OBP	SLG
vs. Left	.325	117	38	7	1	12	32	15	17	.403	.709	First Pitch	.317	104	33	7	0	7	21	5	0	.355	.587
vs. Right	.300	476	143	33	0	19	81	55	53	.376	.489	Ahead in Count	.375	136	51	13	1	9	26	34	0	.497	.684
Home	.262	301	79	16	1	17	60	31	38	.338	.492	Behind in Count	.252	246	62	11	0	9	41	0	57	.259	.407
Away	.349	292	102	24	0	14	53	39	32	.425	.575	Two Strikes	.243	255	62	16	0	11	41	31	70	.331	.435
Day	.304	184	56	13	0	7	39	22	22	.378	.489	Batting #3	.315	251	79	18	1	15	57	25	24	.380	.574
Night	.306	409	125	27	1	24	74	48	48	.383	.553	Batting #4	.302	338	102	22	0	16	55	45	44	.388	.509
Grass	.302	540	163	36	1	28	104	64	58	.379	.528	Other	.000	4	0	0	0	0	1	0	2	.000	.000
Turf	.340	53	18	4	0	3	9	6	12	.407	.585	April	.250	84	21	4	0	4	12	6	14	.315	.440
Pre-All Star	.297	306	91	16	0	19	54	36	43	.375	.536	May	.266	94	25	6	0	6	23	14	16	.361	.521
Post-All Star	.314	287	90	24	1	12	59	34	27	.388	.530	June	.373	102	38	5	0	8	18	14	11	.448	.657
Inning 1-6	.304	405	123	26	1	25	82	47	45	.379	.558	July	.281	89	25	9	0	1	12	15	9	.377	.416
Inning 7+	.309	188	58	14	0	6	31	23	25	.387	.479	August	.297	118	35	6	1	7	20	8	11	.346	.542
Scoring Posn	.318	154	49	14	0	7	79	36	18	.446	.545	Sept/Oct	.349	106	37	10	0	5	28	13	9	.417	.585
Close & Late	.284	81	23	8	0	1	17	10	14	.363	.420	vs. AL	.311	537	167	39	1	26	101	62	61	.387	.533
None on/out	.278	144	40	9	1	6	12	11	.338	.479	vs. NL	.250	56	14	1	0	5	12	8	9	.333	.536

2001 By Position

Position	Avg	AB	H	2B	3B	HR	RBI	BB	SO	OBP	SLG	G	GS	Innings	PO	A	E	DP	Fld Pct	Rng Fctr	In Zone	Zone Outs	Zone Rtg	MLB Zone
As rf	.308	578	178	40	1	31	112	69	68	.385	.542	155	151	1328.1	285	11	5	0	.983	2.01	321	277	.863	.884

Career (1997-2001)

	Avg	AB	H	2B	3B	HR	RBI	BB	SO	OBP	SLG		Avg	AB	H	2B	3B	HR	RBI	BB	SO	OBP	SLG
vs. Left	.310	455	141	27	2	27	90	42	46	.368	.556	First Pitch	.361	421	152	23	1	29	92	12	0	.381	.627
vs. Right	.300	1954	586	112	7	84	342	165	213	.355	.493	Ahead in Count	.337	561	189	34	4	33	117	109	0	.440	.588
Home	.297	1190	354	66	5	64	217	107	114	.358	.523	Behind in Count	.255	969	247	45	3	30	139	0	210	.258	.400
Away	.306	1219	373	73	4	47	215	100	145	.357	.488	Two Strikes	.247	953	235	50	2	30	128	86	259	.311	.398
Day	.303	763	231	46	6	39	156	67	90	.358	.532	Batting #3	.313	256	80	18	1	15	59	28	25	.382	.566
Night	.301	1646	496	93	3	72	276	140	169	.357	.493	Batting #4	.308	1503	463	88	6	77	291	145	166	.367	.528
Grass	.306	2111	645	126	9	101	378	184	215	.362	.517	Other	.283	650	184	33	2	19	82	34	68	.325	.428
Turf	.275	298	82	13	0	10	54	23	44	.326	.419	March/April	.257	342	88	14	1	17	55	36	54	.328	.453
Pre-All Star	.310	1233	382	67	6	67	235	119	145	.370	.537	May	.295	373	110	23	2	17	67	27	49	.342	.504
Post-All Star	.293	1176	345	72	3	44	197	88	114	.344	.472	June	.367	403	148	21	3	27	91	45	36	.429	.635
Inning 1-6	.303	1659	502	93	9	82	315	141	172	.357	.518	July	.284	387	110	26	1	16	68	40	31	.352	.481
Inning 7+	.300	750	225	46	0	29	117	66	87	.359	.477	August	.301	452	136	29	2	19	78	21	44	.336	.467
Scoring Posn	.320	659	211	41	2	28	322	100	69	.401	.516	Sept/Oct	.299	452	135	26	0	20	73	38	45	.352	.489
Close & Late	.290	321	93	17	0	10	56	26	40	.347	.436	vs. AL	.299	2138	640	127	7	91	366	182	232	.355	.493
None on/out	.283	600	170	33	2	33	33	35	53	.326	.510	vs. NL	.321	271	87	12	2	20	66	25	27	.377	.601

Rey Ordonez — Mets
Age 29 – Bats Right (groundball hitter)

	Avg	G	AB	R	H	2B	3B	HR	RBI	BB	SO	HBP	GDP	SB	CS	OBP	SLG	IBB	SH	SF	#Pit	#P/PA	GB	FB	G/F
2001 Season	.247	149	461	31	114	24	4	3	44	34	43	1	17	3	2	.299	.336	17	7	2	1662	3.29	234	109	2.15
Last Five Years	.240	621	1975	171	474	78	11	6	188	141	214	4	58	25	17	.290	.300	41	51	16	6961	3.18	931	491	1.90

2001 Season

	Avg	AB	H	2B	3B	HR	RBI	BB	SO	OBP	SLG		Avg	AB	H	2B	3B	HR	RBI	BB	SO	OBP	SLG
vs. Left	.261	88	23	4	0	1	7	11	5	.347	.341	First Pitch	.273	66	18	5	0	0	2	15	0	.407	.348
vs. Right	.244	373	91	20	4	2	37	23	38	.287	.335	Ahead in Count	.170	88	15	3	0	1	5	13	0	.277	.239
Home	.261	226	59	13	3	0	25	17	22	.314	.345	Behind in Count	.256	215	55	9	3	1	26	0	38	.257	.340
Away	.234	235	55	11	1	3	19	17	21	.285	.328	Two Strikes	.218	188	41	9	1	1	23	6	43	.244	.293
Day	.225	138	31	9	2	0	8	12	12	.285	.319	Batting #8	.248	427	106	23	4	3	43	34	40	.304	.342
Night	.257	323	83	15	2	3	36	22	31	.305	.344	Batting #9	.250	32	8	1	0	0	1	0	1	.250	.281
Grass	.249	401	100	21	4	2	41	29	36	.301	.337	Other	.000	2	0	0	0	0	0	0	2	.000	.000
Turf	.233	60	14	3	0	1	3	5	7	.288	.333	April	.250	80	20	5	1	0	8	6	10	.302	.338
Pre-All Star	.220	254	56	12	2	0	23	18	24	.270	.283	May	.185	81	15	6	0	0	8	3	7	.209	.259
Post-All Star	.280	207	58	12	2	3	21	16	19	.335	.401	June	.233	73	17	0	0	0	6	9	6	.317	.233
Inning 1-6	.268	321	86	22	4	2	31	27	26	.326	.380	July	.290	69	20	5	2	1	4	3	2	.329	.464
Inning 7+	.200	140	28	2	0	1	13	7	17	.236	.236	August	.259	81	21	4	1	1	11	7	8	.318	.370
Scoring Posn	.241	137	33	4	0	0	37	26	9	.358	.270	Sept/Oct	.273	77	21	4	0	1	7	6	10	.325	.364
Close & Late	.258	66	17	2	0	0	6	4	6	.300	.288	vs. AL	.193	57	11	1	0	0	2	3	2	.233	.211
None on/out	.125	120	15	4	0	1	1	2	20	.139	.183	vs. NL	.255	404	103	23	4	3	42	31	41	.308	.354

2001 By Position

Position	Avg	AB	H	2B	3B	HR	RBI	BB	SO	OBP	SLG	G	GS	Innings	PO	A	E	DP	Fld Pct	Rng Fctr	In Zone	Zone Outs	Zone Rtg	MLB Zone
As ss	.246	460	113	24	4	3	44	34	43	.298	.335	148	140	1226.1	215	385	12	80	.980	4.40	436	372	.853	.839

Last Five Years

	Avg	AB	H	2B	3B	HR	RBI	BB	SO	OBP	SLG		Avg	AB	H	2B	3B	HR	RBI	BB	SO	OBP	SLG
vs. Left	.249	481	120	19	1	1	50	44	45	.313	.299	First Pitch	.269	323	87	17	1	1	44	29	0	.326	.337
vs. Right	.237	1494	354	59	10	5	138	97	169	.282	.300	Ahead in Count	.269	413	111	12	1	1	38	78	0	.383	.310
Home	.238	944	225	41	7	2	90	71	89	.290	.303	Behind in Count	.204	882	180	28	7	2	69	0	192	.205	.259
Away	.242	1031	249	37	4	4	98	70	125	.290	.297	Two Strikes	.189	725	137	22	5	3	65	32	214	.224	.246
Day	.251	666	167	30	4	1	65	57	62	.307	.312	Batting #8	.242	1881	456	76	11	6	181	136	200	.293	.304
Night	.235	1309	307	48	7	5	123	84	152	.281	.293	Batting #9	.179	56	10	1	0	0	2	2	7	.207	.196
Grass	.242	1643	398	65	9	4	159	112	170	.290	.300	Other	.211	38	8	1	0	0	5	3	7	.262	.237
Turf	.229	332	76	13	2	2	29	29	44	.290	.298	March/April	.235	387	91	16	2	0	35	32	42	.292	.287
Pre-All Star	.237	1071	254	42	8	4	98	71	121	.282	.291	May	.226	368	83	14	3	0	27	15	42	.253	.280
Post-All Star	.243	904	220	36	3	6	90	70	93	.298	.310	June	.273	242	66	8	2	0	28	22	31	.332	.322
Inning 1-6	.240	1372	329	63	10	4	127	94	138	.287	.309	July	.253	285	72	12	3	1	30	15	22	.289	.326
Inning 7+	.240	603	145	15	1	2	61	47	76	.296	.279	August	.239	360	86	15	1	1	36	29	40	.296	.294
Scoring Posn	.249	543	135	19	3	1	171	81	52	.340	.300	Sept/Oct	.228	333	76	13	0	4	32	28	37	.289	.303
Close & Late	.207	295	61	8	0	0	28	22	41	.263	.234	vs. AL	.229	179	41	5	1	1	20	10	17	.267	.285
None on/out	.209	494	103	16	1	1	25	69	.248	.251	vs. NL	.241	1796	433	73	10	5	168	131	197	.292	.301

Eddie Oropesa — Phillies
Age 30 – Pitches Left (groundball pitcher)

	ERA	W	L	Sv	G	GS	IP	BB	SO	Avg	H	2B	3B	HR	RBI	OBP	SLG	GF	IR	IRS	Hld	SvOp	SB	CS	GB	FB	G/F
2001 Season	4.74	1	0	0	30	0	19.0	17	15	.232	16	2	0	1	14	.384	.304	4	34	7	6	1	0	2	33	11	3.00

2001 Season

	ERA	W	L	Sv	G	GS	IP	H	HR	BB	SO		Avg	AB	H	2B	3B	HR	RBI	BB	SO	OBP	SLG
Home	3.65	1	0	0	16	0	12.1	10	0	10	9	vs. Left	.156	32	5	0	0	1	11	8	10	.325	.250
Away	6.75	0	0	0	14	0	6.2	6	1	7	6	vs. Right	.297	37	11	2	0	0	3	9	5	.435	.351
Starter	0.00	0	0	0	0	0	0.0	0	0	0	0	Scoring Posn	.207	29	6	0	0	1	14	9	5	.395	.310
Reliever	4.74	1	0	0	30	0	19.0	16	1	17	15	Close & Late	.286	21	6	1	0	0	8	10	4	.516	.333
0 Days Rest (Relief)	0.00	0	0	0	5	0	2.2	0	0	1	3	None on/out	.385	13	5	2	0	0	0	1	3	.429	.538
1 or 2 Days Rest	2.84	0	0	0	9	0	6.1	5	1	6	3	First Pitch	.429	7	3	0	0	0	1	5	0	.667	.429
3+ Days Rest	7.20	1	0	0	16	0	10.0	11	0	10	9	Ahead in Count	.211	38	8	1	0	0	5	0	12	.211	.237
Pre-All Star	6.14	1	0	0	20	0	14.2	13	1	14	13	Behind in Count	.286	14	4	0	0	1	8	6	0	.500	.500
Post-All Star	0.00	0	0	0	10	0	4.1	3	0	3	2	Two Strikes	.200	35	7	2	0	0	5	6	15	.317	.257

Jesse Orosco — Dodgers
Age 45 – Pitches Left (flyball pitcher)

	ERA	W	L	Sv	G	GS	IP	BB	SO	Avg	H	2B	3B	HR	RBI	OBP	SLG	GF	IR	IRS	Hld	SvOp	SB	CS	GB	FB	G/F
2001 Season	3.94	0	1	0	35	0	16.0	7	21	.279	17	1	0	3	15	.348	.443	7	32	12	10	2	4	1	16	13	1.23
Last Five Years	3.43	10	7	8	246	0	157.1	88	156	.216	123	19	1	21	95	.322	.364	57	228	60	55	19	23	4	172	178	0.97

2001 Season

	ERA	W	L	Sv	G	GS	IP	H	HR	BB	SO		Avg	AB	H	2B	3B	HR	RBI	BB	SO	OBP	SLG
Home	4.00	0	1	0	18	0	9.0	10	2	3	9	vs. Left	.275	51	14	1	0	2	12	6	18	.345	.412
Away	3.86	0	0	0	17	0	7.0	7	1	4	12	vs. Right	.300	10	3	0	0	1	3	1	3	.364	.600
Starter	0.00	0	0	0	0	0	0.0	0	0	0	0	Scoring Posn	.348	23	8	0	0	1	12	2	8	.385	.478
Reliever	3.94	0	1	0	35	0	16.0	17	3	7	21	Close & Late	.345	29	10	1	0	1	7	3	10	.406	.483
0 Days Rest (Relief)	6.75	0	0	0	6	0	2.2	2	1	1	5	None on/out	.333	9	3	0	0	0	0	0	3	.333	.333
1 or 2 Days Rest	1.93	0	0	0	17	0	9.1	7	2	2	10	First Pitch	.333	6	2	0	0	0	3	1	0	.429	.333
3+ Days Rest	6.75	0	1	0	12	0	4.0	4	0	2	9	Ahead in Count	.222	36	8	0	0	0	17	0	17	.216	.222
Pre-All Star	2.16	0	0	0	15	0	8.1	9	2	3	11	Behind in Count	.714	7	5	1	0	2	6	5	0	.833	1.714
Post-All Star	5.87	0	1	0	20	0	7.2	8	1	4	10	Two Strikes	.257	35	9	0	0	1	5	1	21	.270	.343

Last Five Years

	ERA	W	L	Sv	G	GS	IP	H	HR	BB	SO		Avg	AB	H	2B	3B	HR	RBI	BB	SO	OBP	SLG
Home	3.11	4	3	5	130	0	84.0	64	8	38	78	vs. Left	.209	282	59	10	0	9	44	37	92	.299	.340
Away	3.80	6	4	3	116	0	73.1	59	13	50	78	vs. Right	.223	287	64	9	1	12	51	51	64	.345	.387
Day	3.00	4	1	3	70	0	48.0	28	4	25	49	Inning 1-6	.111	18	2	0	0	1	5	3	6	.273	.278
Night	3.62	6	6	5	176	0	109.1	95	17	63	107	Inning 7+	.220	551	121	19	1	20	90	85	150	.324	.367
Grass	3.47	7	6	6	215	0	137.1	110	18	79	139	None on	.194	278	54	11	1	6	6	38	68	.293	.306
Turf	3.15	3	1	2	31	0	20.0	13	3	9	17	Runners on	.237	291	69	8	0	15	89	50	88	.348	.419
March/April	7.71	0	1	2	31	0	18.2	23	6	17	19	Scoring Posn	.200	200	40	2	0	12	83	37	67	.323	.390
May	1.69	2	0	1	35	0	26.2	14	1	16	22	Close & Late	.233	279	65	7	1	9	46	39	82	.331	.362
June	3.24	1	1	2	51	0	33.1	32	7	21	37	None on/out	.198	121	24	1	0	3	3	15	26	.292	.281
July	2.76	4	4	1	42	0	29.1	16	2	8	24	vs. 1st Batr (relief)	.191	209	40	2	0	8	39	29	69	.289	.316
August	2.57	2	1	1	40	0	21.0	14	0	15	24	1st Inning Pitched	.221	525	116	18	1	21	94	86	144	.332	.379
Sept/Oct	3.81	1	0	1	47	0	28.1	24	5	11	30	First 15 Pitches	.226	469	106	16	1	19	83	75	124	.332	.386
Starter	0.00	0	0	0	0	0	0.0	0	0	0	0	Pitch 16-30	.173	98	17	3	0	2	12	13	32	.281	.265
Reliever	3.43	10	7	8	246	0	157.1	123	21	88	156	Pitch 31-45	.000	2	0	0	0	0	0	0	0	.000	.000
0 Days Rest (Relief)	4.58	3	2	2	61	0	35.1	38	9	21	34	Pitch 46+	.000	0	0	0	0	0	0	0	0	.000	.000
1 or 2 Days Rest	3.64	6	3	4	120	0	81.2	59	10	42	75	First Pitch	.290	69	20	3	0	3	19	7	0	.354	.464
3+ Days Rest	2.01	1	2	2	65	0	40.1	26	2	25	47	Ahead in Count	.139	266	37	4	1	2	20	0	120	.138	.184
vs. AL	3.65	9	6	7	189	0	123.1	97	16	68	117	Behind in Count	.364	110	40	7	0	10	33	42	0	.545	.700
vs. NL	2.65	1	1	1	57	0	34.0	26	5	20	39	Two Strikes	.141	297	42	7	1	4	27	39	156	.241	.212
Pre-All Star	3.84	3	4	5	127	0	84.1	73	15	56	82	Pre-All Star	.234	312	73	14	1	15	54	56	82	.354	.429
Post-All Star	2.96	7	3	3	119	0	73.0	50	6	32	74	Post-All Star	.195	257	50	5	0	6	41	32	74	.282	.284

Bill Ortega — Cardinals
Age 26 – Bats Right

	Avg	G	AB	R	H	2B	3B	HR	RBI	BB	SO	HBP	GDP	SB	CS	OBP	SLG	IBB	SH	SF	#Pit	#P/PA	GB	FB	G/F
2001 Season	.200	5	5	0	1	0	0	0	0	0	1	0	0	0	0	.200	.200	0	0	0	14	2.80	1	1	1.00

2001 Season

	Avg	AB	H	2B	3B	HR	RBI	BB	SO	OBP	SLG		Avg	AB	H	2B	3B	HR	RBI	BB	SO	OBP	SLG
vs. Left	.000	2	0	0	0	0	0	0	0	.000	.000	Scoring Posn	.000	2	0	0	0	0	0	0	1	.000	.000
vs. Right	.333	3	1	0	0	0	0	0	1	.333	.333	Close & Late	.000	0	0	0	0	0	0	0	0	.000	.000

David Ortiz — Twins
Age 26 – Bats Left (flyball hitter)

	Avg	G	AB	R	H	2B	3B	HR	RBI	BB	SO	HBP	GDP	SB	CS	OBP	SLG	IBB	SH	SF	#Pit	#P/PA	GB	FB	G/F
2001 Season	.234	89	303	46	71	17	1	18	48	40	68	1	6	1	0	.324	.475	8	1	2	1363	3.93	83	112	0.74
Career (1997-2001)	.264	330	1065	163	281	76	2	38	163	143	252	6	30	3	0	.351	.446	13	1	12	4953	4.04	331	340	0.97

2001 Season

	Avg	AB	H	2B	3B	HR	RBI	BB	SO	OBP	SLG		Avg	AB	H	2B	3B	HR	RBI	BB	SO	OBP	SLG
vs. Left	.221	86	19	6	1	4	12	8	22	.284	.453	First Pitch	.257	35	9	2	0	3	9	6	0	.349	.571
vs. Right	.240	217	52	11	0	14	36	32	46	.339	.484	Ahead in Count	.276	58	16	4	0	5	12	14	0	.417	.603
Home	.216	153	33	11	0	6	28	19	29	.305	.405	Behind in Count	.207	150	31	6	1	7	18	0	58	.212	.400
Away	.253	150	38	6	1	12	20	21	39	.343	.547	Two Strikes	.170	159	27	4	0	4	13	20	68	.267	.270
Day	.181	105	19	2	0	8	15	14	26	.275	.429	Batting #5	.271	166	45	9	1	11	28	22	36	.358	.536
Night	.263	198	52	15	1	10	33	26	42	.350	.500	Batting #6	.190	63	12	4	0	1	5	8	15	.279	.302
Grass	.262	126	33	5	1	9	16	15	34	.338	.532	Other	.189	74	14	4	0	6	15	10	17	.286	.486
Turf	.215	177	38	12	0	9	32	25	34	.314	.435	April	.309	81	25	7	1	5	16	10	17	.385	.605
Pre-All Star	.311	90	28	7	1	6	18	11	19	.386	.611	May	.333	9	3	0	0	1	2	1	2	.400	.667
Post-All Star	.202	213	43	10	0	12	30	29	49	.298	.418	June	.000	0	0	0	0	0	0	0	0	.000	.000
Inning 1-6	.263	205	54	11	1	14	35	30	40	.357	.532	July	.235	34	8	1	0	1	4	6	8	.350	.353
Inning 7+	.173	98	17	6	0	4	13	10	28	.250	.357	August	.196	102	20	6	0	5	15	15	20	.305	.402
Scoring Posn	.237	93	22	6	0	5	33	23	18	.381	.462	Sept/Oct	.195	77	15	3	0	6	11	8	21	.264	.468
Close & Late	.229	35	8	4	0	3	7	6	13	.341	.600	vs. AL	.234	303	71	17	1	18	48	40	68	.324	.475
None on/out	.179	84	15	1	1	6	6	6	23	.233	.429	vs. NL	.000	0	0	0	0	0	0	0	0	.000	.000

2001 By Position

Position	Avg	AB	H	2B	3B	HR	RBI	BB	SO	OBP	SLG	G	GS	Innings	PO	A	E	DP	Fld Pct	Rng Fctr	In Zone	Outs	Zone Rtg	MLB Zone
As DH	.230	278	64	14	1	15	40	34	63	.315	.450	80	75	—	—	—	—	—	—	—	—	—	—	—

Career (1997-2001)

	Avg	AB	H	2B	3B	HR	RBI	BB	SO	OBP	SLG		Avg	AB	H	2B	3B	HR	RBI	BB	SO	OBP	SLG
vs. Left	.294	228	67	25	2	6	37	28	49	.374	.500	First Pitch	.336	122	41	14	0	5	25	10	0	.385	.574
vs. Right	.256	837	214	51	0	32	126	115	203	.344	.431	Ahead in Count	.389	229	89	26	0	11	45	64	0	.513	.646
Home	.273	571	156	44	1	15	95	73	115	.353	.433	Behind in Count	.185	496	92	21	2	15	55	0	207	.191	.327
Away	.253	494	125	32	1	23	68	70	137	.348	.462	Two Strikes	.185	551	102	21	1	13	60	69	252	.276	.298
Day	.218	317	69	17	0	14	48	51	83	.327	.404	Batting #4	.217	327	71	24	0	10	47	45	83	.315	.382
Night	.283	748	212	59	2	24	115	92	169	.361	.464	Batting #5	.297	519	154	38	2	22	78	70	112	.378	.499
Grass	.257	413	106	38	1	17	57	52	114	.339	.453	Other	.256	219	56	17	0	6	38	28	57	.340	.416
Turf	.268	652	175	48	1	21	106	91	138	.358	.442	March/April	.296	199	59	20	1	9	38	27	42	.384	.543
Pre-All Star	.288	351	101	32	2	15	66	50	76	.375	.519	May	.273	66	18	4	0	1	11	6	16	.329	.379
Post-All Star	.252	714	180	44	0	23	97	93	176	.339	.410	June	.250	72	18	5	1	3	8	12	18	.353	.542
Inning 1-6	.284	705	200	45	1	29	119	100	158	.370	.474	July	.321	168	54	13	0	6	34	24	36	.437	.506
Inning 7+	.225	360	81	31	1	9	44	43	94	.311	.392	August	.221	267	59	16	0	8	35	34	70	.310	.371
Scoring Posn	.260	315	82	24	0	9	127	58	74	.364	.422	Sept/Oct	.249	293	73	18	0	11	37	30	82	.315	.423
Close & Late	.234	154	36	14	0	3	20	21	45	.331	.383	vs. AL	.265	1011	268	71	2	37	159	134	243	.351	.449
None on/out	.244	271	66	22	1	11	11	31	65	.326	.454	vs. NL	.241	54	13	5	0	1	4	9	9	.349	.389

Hector Ortiz — Royals

Age 32 – Bats Right (groundball hitter)

	Avg	G	AB	R	H	2B	3B	HR	RBI	BB	SO	HBP	GDP	SB	CS	OBP	SLG	IBB	SH	SF	#Pit	#P/PA	GB	FB	G/F
2001 Season	.247	56	154	12	38	6	1	0	11	9	24	1	5	1	3	.293	.299	0	2	0	622	3.75	65	35	1.86
Career (1998-2001)	.293	86	246	28	72	12	1	0	16	17	32	2	5	1	3	.343	.350	1	4	0	997	3.71	99	59	1.68

2001 Season

	Avg	AB	H	2B	3B	HR	RBI	BB	SO	OBP	SLG		Avg	AB	H	2B	3B	HR	RBI	BB	SO	OBP	SLG
vs. Left	.250	60	15	2	0	0	4	2	8	.274	.283	Scoring Posn	.257	35	9	2	0	0	10	1	6	.278	.314
vs. Right	.245	94	23	4	1	0	7	7	16	.304	.309	Close & Late	.214	14	3	1	0	0	0	0	1	.214	.286
Home	.333	63	21	5	1	0	7	6	10	.391	.444	None on/out	.129	31	4	0	0	0	0	2	7	.206	.129
Away	.187	91	17	1	0	0	4	3	14	.221	.198	Batting #8	.262	107	28	4	0	0	8	8	13	.319	.299
First Pitch	.250	16	4	1	0	0	2	0	0	.294	.313	Batting #9	.222	45	10	2	1	0	3	1	10	.239	.311
Ahead in Count	.219	32	7	1	1	0	2	5	0	.324	.313	Other	.000	2	0	0	0	0	0	0	1	.000	.000
Behind in Count	.195	77	15	4	0	0	6	0	21	.195	.247	Pre-All Star	.248	133	33	6	1	0	11	9	23	.301	.308
Two Strikes	.216	74	16	3	0	0	4	4	24	.256	.257	Post-All Star	.238	21	5	0	0	0	0	0	1	.238	.238

Jose Ortiz — Rockies

Age 25 – Bats Right

	Avg	G	AB	R	H	2B	3B	HR	RBI	BB	SO	HBP	GDP	SB	CS	OBP	SLG	IBB	SH	SF	#Pit	#P/PA	GB	FB	G/F
2001 Season	.240	64	246	42	59	8	1	13	38	17	41	4	9	4	1	.297	.439	0	1	2	1026	3.80	93	78	1.19
Career (2000-2001)	.237	71	257	46	61	8	1	13	39	19	44	4	9	4	1	.298	.428	0	1	2	1081	3.82	95	80	1.19

2001 Season

	Avg	AB	H	2B	3B	HR	RBI	BB	SO	OBP	SLG		Avg	AB	H	2B	3B	HR	RBI	BB	SO	OBP	SLG
vs. Left	.225	71	16	3	1	4	10	6	9	.286	.465	Scoring Posn	.250	68	17	3	1	3	25	7	16	.321	.456
vs. Right	.246	175	43	5	0	9	28	11	32	.302	.429	Close & Late	.238	42	10	1	0	3	8	0	11	.238	.476
Home	.235	132	31	4	0	9	20	8	17	.279	.470	None on/out	.240	50	12	1	0	3	3	6	7	.321	.440
Away	.246	114	28	4	1	4	18	9	24	.318	.404	Batting #2	.250	212	53	8	0	11	35	14	34	.306	.443
First Pitch	.429	21	9	2	0	4	11	0	0	.478	1.095	Batting #7	.214	14	3	0	0	2	2	0	3	.214	.643
Ahead in Count	.286	63	18	1	1	5	13	9	0	.370	.571	Other	.150	20	3	0	1	0	1	3	4	.261	.250
Behind in Count	.164	122	20	2	0	2	6	0	34	.169	.230	Pre-All Star	.167	42	7	0	0	0	3	3	5	.217	.167
Two Strikes	.161	112	18	5	0	2	8	8	41	.215	.259	Post-All Star	.255	204	52	8	1	13	35	14	36	.314	.495

Ramon Ortiz — Angels

Age 26 – Pitches Right

	ERA	W	L	Sv	G	GS	IP	BB	SO	Avg	H	2B	3B	HR	RBI	OBP	SLG	CG	ShO	Sup	QS	#P/S	SB	CS	GB	FB	G/F
2001 Season	4.36	13	11	0	32	32	208.2	76	135	.274	223	52	5	25	99	.343	.443	2	0	5.13	18	99	10	8	314	239	1.31
Career (1999-2001)	4.86	23	20	0	59	59	368.1	156	252	.262	369	74	9	50	190	.340	.434	4	0	5.45	28	97	23	16	541	402	1.35

2001 Season

	ERA	W	L	Sv	G	GS	IP	H	HR	BB	SO		Avg	AB	H	2B	3B	HR	RBI	BB	SO	OBP	SLG
Home	4.66	6	6	0	16	16	100.1	108	12	39	63	vs. Left	.285	425	121	26	1	11	54	55	51	.372	.428
Away	4.07	7	5	0	16	16	108.1	115	13	37	72	vs. Right	.263	388	102	26	4	14	45	21	84	.309	.459
Day	3.93	3	3	0	8	8	50.1	56	7	20	34	Inning 1-6	.264	705	186	42	4	21	83	67	123	.334	.424
Night	4.49	10	8	0	24	24	158.1	167	18	56	101	Inning 7+	.343	108	37	10	4	16	9	12	.400	.565	
Grass	4.45	12	11	0	30	30	196.0	213	23	71	128	None on	.284	447	127	23	3	19	19	45	67	.359	.477
Turf	2.84	1	0	0	2	2	12.2	10	2	5	7	Runners on	.262	366	96	29	2	6	80	31	68	.324	.402
April	3.86	3	2	0	5	5	32.2	31	2	12	25	Scoring Posn	.232	211	49	13	1	3	68	20	41	.297	.346
May	5.46	0	2	0	5	5	31.1	36	4	14	22	Close & Late	.390	41	16	2	0	3	8	4	4	.458	.659
June	3.35	3	2	0	6	6	40.1	49	4	13	18	None on out	.300	207	62	8	2	8	0	18	26	.361	.473
July	3.63	3	1	0	5	5	34.2	30	3	9	28	vs. 1st Batr (relief)	.000	0	0	0	0	0	0	0	0	.000	.000
August	5.87	2	1	0	5	5	30.2	34	6	9	18	1st Inning Pitched	.220	118	26	8	0	1	12	10	27	.295	.314
Sept/Oct	4.38	2	3	0	6	6	39.0	43	6	19	24	First 75 Pitches	.270	586	158	35	2	17	62	52	106	.335	.423
Starter	4.36	13	11	0	32	32	208.2	223	25	76	135	Pitch 76-90	.279	122	34	7	3	4	17	9	14	.333	.484
Reliever	0.00	0	0	0	0	0	0.0	0	0	0	0	Pitch 91-105	.279	86	24	8	0	3	17	13	13	.386	.477
0-3 Days Rest (Start)	0.00	0	0	0	0	0	0.0	0	0	0	0	Pitch 106+	.368	19	7	2	0	1	3	2	2	.429	.632
4 Days Rest	4.25	7	3	0	13	13	82.2	86	11	33	51	First Pitch	.279	122	34	7	1	3	17	2	0	.305	.426
5+ Days Rest	4.43	6	8	0	19	19	126.0	137	14	43	84	Ahead in Count	.200	380	76	17	3	8	29	0	126	.214	.324
vs. AL	4.42	12	9	0	28	28	183.1	190	23	67	113	Behind in Count	.389	185	72	14	1	10	34	36	0	.482	.638
vs. NL	3.91	1	2	0	4	4	25.1	33	2	9	22	Two Strikes	.181	349	63	15	1	7	26	38	135	.266	.289
Pre-All Star	4.14	7	6	0	17	17	111.0	123	10	41	73	Pre-All Star	.280	440	123	28	4	10	52	41	73	.348	.430
Post-All Star	4.61	6	5	0	15	15	97.2	100	15	35	62	Post-All Star	.268	373	100	24	1	15	47	35	62	.337	.458

Russ Ortiz — Giants

Age 28 – Pitches Right

	ERA	W	L	Sv	G	GS	IP	BB	SO	Avg	H	2B	3B	HR	RBI	OBP	SLG	CG	ShO	Sup	QS	#P/S	SB	CS	GB	FB	G/F
2001 Season	3.29	17	9	0	33	33	218.2	91	169	.232	187	34	2	13	77	.309	.328	1	1	5.72	21	107	6	6	276	228	1.21
Career (1998-2001)	4.13	53	34	0	121	111	710.1	374	575	.248	658	126	9	76	312	.343	.389	4	1	5.87	61	107	63	26	908	746	1.22

2001 Season

	ERA	W	L	Sv	G	GS	IP	H	HR	BB	SO		Avg	AB	H	2B	3B	HR	RBI	BB	SO	OBP	SLG
Home	2.49	8	3	0	16	16	108.1	87	1	40	76	vs. Left	.276	395	109	17	1	7	45	46	71	.351	.377
Away	4.08	9	6	0	17	17	110.1	100	12	51	93	vs. Right	.190	411	78	17	1	6	32	45	98	.268	.280
Day	3.52	5	2	0	10	10	61.1	59	2	22	54	Inning 1-6	.229	691	158	28	2	9	63	84	142	.311	.314
Night	3.20	12	7	0	23	23	157.1	128	11	69	115	Inning 7+	.252	115	29	6	0	4	14	7	27	.295	.409
Grass	3.38	16	9	0	32	32	210.2	185	13	87	166	None on	.229	462	106	17	2	7	7	47	97	.301	.320
Turf	1.13	1	0	0	1	1	8.0	2	0	4	3	Runners on	.235	344	81	17	0	6	70	44	72	.319	.337
April	2.73	3	1	0	5	5	33.0	26	1	12	30	Scoring Posn	.237	177	42	10	0	4	59	31	41	.344	.362
May	3.89	4	2	0	6	6	37.0	41	2	19	28	Close & Late	.264	72	19	3	0	0	9	4	18	.303	.431
June	3.41	1	2	0	6	6	34.1	30	0	24	21	None on/out	.279	208	58	11	2	3	3	20	43	.342	.394

323

2001 Season

	ERA	W	L	Sv	G	GS	IP	H	HR	BB	SO		Avg	AB	H	2B	3B	HR	RBI	BB	SO	OBP	SLG
July	3.58	4	1	0	5	5	37.2	33	4	8	27	vs. 1st Batr (relief)	.000	0	0	0	0	0	0	0	0	.000	.000
August	3.63	2	2	0	6	6	44.2	30	5	17	33	1st Inning Pitched	.207	116	24	4	2	1	13	17	23	.304	.302
Sept/Oct	2.25	3	1	0	5	5	32.0	27	1	11	30	First 75 Pitches	.225	546	123	23	2	8	50	61	107	.302	.319
Starter	3.29	17	9	0	33	33	218.2	187	13	91	169	Pitch 76-90	.265	102	27	4	0	1	9	14	28	.350	.333
Reliever	0.00	0	0	0	0	0	0.0	0	0	0	0	Pitch 91-105	.243	103	25	3	0	3	12	11	20	.316	.359
0-3 Days Rest (Start)	0.00	0	0	0	0	0	0.0	0	0	0	0	Pitch 106+	.218	55	12	4	0	1	6	5	14	.283	.345
4 Days Rest	4.14	10	9	0	19	19	119.2	110	5	54	98	First Pitch	.373	110	41	8	0	3	18	1	0	.378	.527
5+ Days Rest	2.27	7	0	0	14	14	99.0	77	8	37	71	Ahead in Count	.159	383	61	7	0	2	21	0	141	.159	.193
vs. AL	1.72	2	0	0	2	2	15.2	12	2	4	11	Behind in Count	.265	162	43	10	0	5	21	49	0	.432	.420
vs. NL	3.41	15	9	0	31	31	203.0	175	11	87	158	Two Strikes	.157	394	62	8	1	3	25	41	169	.237	.206
Pre-All Star	3.28	9	5	0	18	18	112.1	100	3	55	82	Pre-All Star	.242	414	100	19	2	3	39	55	82	.328	.319
Post-All Star	3.30	8	4	0	15	15	106.1	87	10	36	87	Post-All Star	.222	392	87	15	0	10	38	36	87	.287	.337

Career (1998-2001)

	ERA	W	L	Sv	G	GS	IP	H	HR	BB	SO		Avg	AB	H	2B	3B	HR	RBI	BB	SO	OBP	SLG
Home	3.42	28	14	0	63	57	373.2	321	37	172	278	vs. Left	.267	1294	346	66	4	33	140	187	245	.360	.401
Away	4.92	25	20	0	58	54	336.2	337	39	202	297	vs. Right	.230	1357	312	60	5	43	172	187	330	.326	.377
Day	4.96	17	13	0	43	40	239.1	233	21	128	196	Inning 1-6	.243	2308	560	108	9	60	266	333	505	.339	.375
Night	3.71	36	21	0	78	71	471.0	425	55	246	379	Inning 7+	.286	343	98	18	0	16	46	41	70	.365	.478
Grass	4.15	46	31	0	106	98	629.2	585	73	316	501	None on	.256	1505	385	66	7	46	46	189	329	.341	.401
Turf	4.02	7	3	0	15	13	80.2	73	3	58	74	Runners on	.238	1146	273	60	2	30	266	185	246	.344	.373
March/April	3.12	8	6	0	19	15	104.0	86	10	58	83	Scoring Posn	.230	627	144	32	1	18	223	136	150	.362	.370
May	4.50	8	5	0	17	16	98.0	102	11	52	81	Close & Late	.303	175	53	9	0	10	29	22	34	.384	.526
June	5.59	5	7	0	20	18	104.2	113	12	66	74	None on/out	.269	694	187	32	2	24	24	77	144	.346	.425
July	4.06	8	5	0	19	17	115.1	106	14	57	96	vs. 1st Batr (relief)	.000	8	0	0	0	0	0	2	4	.200	.000
August	4.08	13	7	0	24	24	154.1	131	16	74	130	1st Inning Pitched	.236	436	103	18	4	10	52	67	102	.340	.365
Sept/Oct	3.63	11	4	0	22	21	134.0	120	13	67	111	First 75 Pitches	.235	1795	421	87	6	44	185	246	387	.328	.363
Starter	4.23	52	34	0	111	111	691.2	645	76	363	560	Pitch 76-90	.301	332	100	16	2	6	37	49	71	.391	.416
Reliever	0.48	1	0	0	10	0	18.2	13	0	11	15	Pitch 91-105	.290	310	90	13	1	16	52	49	66	.392	.445
0-3 Days Rest (Start)	0.00	0	0	0	0	0	0.0	0	0	0	0	Pitch 106+	.220	214	47	10	0	10	38	30	51	.314	.407
4 Days Rest	4.38	32	20	0	61	61	377.2	352	42	190	326	First Pitch	.341	343	117	23	2	15	58	5	0	.350	.551
5+ Days Rest	4.04	20	14	0	50	50	314.0	293	34	173	234	Ahead in Count	.169	1196	202	39	0	17	87	0	469	.175	.244
vs. AL	4.07	4	2	0	10	8	59.2	57	8	25	44	Behind in Count	.325	569	185	33	3	26	89	185	0	.488	.531
vs. NL	4.14	49	32	0	111	103	650.2	601	68	349	531	Two Strikes	.161	1303	210	36	1	22	103	184	575	.269	.241
Pre-All Star	4.24	24	18	0	60	53	337.2	317	35	186	265	Pre-All Star	.250	1266	317	60	6	35	150	186	265	.347	.390
Post-All Star	4.03	29	16	0	61	58	372.2	341	41	188	310	Post-All Star	.246	1385	341	66	3	41	162	188	310	.339	.387

Keith Osik — Pirates

Age 33 – Bats Right

	Avg	G	AB	R	H	2B	3B	HR	RBI	BB	SO	HBP	GDP	SB	CS	OBP	SLG	IBB	SH	SF	#Pit	#P/PA	GB	FB	G/F
2001 Season	.208	56	120	9	25	4	0	2	13	13	24	3	1	1	0	.299	.292	0	0	1	524	3.82	40	41	0.98
Last Five Years	.228	256	613	50	140	26	3	8	62	60	102	12	16	5	3	.308	.320	3	6	3	2565	3.70	230	191	1.20

2001 Season

	Avg	AB	H	2B	3B	HR	RBI	BB	SO	OBP	SLG		Avg	AB	H	2B	3B	HR	RBI	BB	SO	OBP	SLG
vs. Left	.119	42	5	1	0	2	6	4	6	.208	.286	Scoring Posn	.212	33	7	1	0	0	10	5	6	.308	.242
vs. Right	.256	78	20	3	0	0	7	9	18	.348	.295	Close & Late	.313	16	5	1	0	1	3	1	2	.389	.563
Home	.265	49	13	3	0	0	8	4	10	.339	.327	None on/out	.233	30	7	2	0	1	1	1	6	.324	.400
Away	.169	71	12	1	0	2	5	9	14	.272	.268	Batting #7	.192	26	5	1	0	1	2	2	4	.250	.346
First Pitch	.375	16	6	1	0	1	6	0	0	.353	.625	Batting #8	.250	56	14	2	0	1	9	7	14	.358	.339
Ahead in Count	.333	24	8	2	0	1	4	4	0	.429	.542	Other	.158	38	6	1	0	0	2	4	6	.238	.184
Behind in Count	.115	61	7	0	0	0	2	0	21	.156	.115	Pre-All Star	.159	63	10	1	0	2	4	6	14	.260	.270
Two Strikes	.136	59	8	0	0	0	2	9	24	.271	.136	Post-All Star	.263	57	15	3	0	0	9	7	10	.344	.316

Last Five Years

	Avg	AB	H	2B	3B	HR	RBI	BB	SO	OBP	SLG		Avg	AB	H	2B	3B	HR	RBI	BB	SO	OBP	SLG
vs. Left	.244	176	43	8	0	5	22	13	20	.304	.375	First Pitch	.275	109	30	6	1	3	17	1	0	.286	.431
vs. Right	.222	437	97	18	3	3	40	47	82	.310	.297	Ahead in Count	.291	127	37	8	1	3	20	30	0	.424	.441
Home	.252	270	68	18	3	2	32	34	43	.349	.363	Behind in Count	.163	270	44	4	1	2	14	0	85	.195	.207
Away	.210	343	72	8	0	6	30	26	59	.274	.286	Two Strikes	.190	284	54	9	1	1	21	29	102	.285	.239
Day	.208	260	54	12	3	1	25	22	46	.278	.288	Batting #7	.227	163	37	5	0	3	13	12	30	.291	.313
Night	.244	353	86	14	0	7	37	38	56	.330	.343	Batting #8	.223	269	60	15	1	3	25	30	42	.314	.320
Grass	.225	307	69	10	0	4	36	28	54	.299	.296	Other	.238	181	43	6	2	2	24	18	30	.315	.326
Turf	.232	306	71	16	3	4	26	32	48	.317	.343	March/April	.148	54	8	1	0	1	4	8	13	.258	.222
Pre-All Star	.214	243	52	8	3	5	24	24	41	.293	.333	May	.327	55	18	5	0	3	7	5	10	.393	.582
Post-All Star	.238	370	88	18	0	3	38	36	61	.318	.311	June	.213	89	19	0	3	1	12	6	12	.283	.315
Inning 1-6	.227	353	80	17	2	2	35	41	52	.318	.303	July	.217	143	31	6	0	1	5	12	22	.289	.259
Inning 7+	.231	260	60	9	1	6	27	19	50	.295	.342	August	.272	103	28	8	0	1	17	12	13	.353	.379
Scoring Posn	.235	149	35	7	2	0	48	22	21	.343	.309	Sept/Oct	.213	169	36	6	0	2	17	17	32	.283	.284
Close & Late	.225	111	25	4	1	1	9	9	20	.301	.306	vs. AL	.241	58	14	0	1	0	4	4	5	.290	.276
None on/out	.205	156	32	6	0	4	4	8	33	.262	.321	vs. NL	.227	555	126	26	2	8	58	56	97	.310	.324

Jimmy Osting — Padres
Age 25 – Pitches Left

	ERA	W	L	Sv	G	GS	IP	BB	SO	Avg	H	2B	3B	HR	RBI	OBP	SLG	GF	IR	IRS	Hld	SvOp	SB	CS	GB	FB	G/F
2001 Season	0.00	0	0	0	3	0	2.0	2	3	.143	1	1	0	0	1	.333	.286	1	3	1	0	0	0	0	2	1	2.00

2001 Season

	ERA	W	L	Sv	G	GS	IP	H	HR	BB	SO		Avg	AB	H	2B	3B	HR	RBI	BB	SO	OBP	SLG
Home	0.00	0	0	0	1	0	0.0	0	0	1	0	vs. Left	.333	3	1	1	0	0	1	1	0	.500	.667
Away	0.00	0	0	0	2	0	2.0	1	0	1	3	vs. Right	.000	4	0	0	0	0	0	1	3	.200	.000

Antonio Osuna — White Sox
Age 29 – Pitches Right (flyball pitcher)

	ERA	W	L	Sv	G	GS	IP	BB	SO	Avg	H	2B	3B	HR	RBI	OBP	SLG	GF	IR	IRS	Hld	SvOp	SB	CS	GB	FB	G/F
2001 Season	20.77	0	0	0	4	0	4.1	2	6	.421	8	1	0	3	10	.478	.947	0	1	1	0	1	1	0	3	8	0.38
Last Five Years	3.51	13	11	6	157	0	202.2	91	221	.223	165	41	1	24	88	.311	.378	60	80	17	28	15	10	6	175	220	0.80

2001 Season

	ERA	W	L	Sv	G	GS	IP	H	HR	BB	SO		Avg	AB	H	2B	3B	HR	RBI	BB	SO	OBP	SLG
Home	30.86	0	0	0	3	0	2.1	5	2	2	4	vs. Left	.500	8	4	0	0	1	6	2	2	.545	.875
Away	9.00	0	0	0	1	0	2.0	3	1	0	2	vs. Right	.364	11	4	1	0	2	4	0	4	.417	1.000

Last Five Years

	ERA	W	L	Sv	G	GS	IP	H	HR	BB	SO		Avg	AB	H	2B	3B	HR	RBI	BB	SO	OBP	SLG
Home	4.25	6	7	1	75	0	97.1	82	15	44	108	vs. Left	.202	326	66	17	0	5	30	57	100	.320	.301
Away	2.82	7	4	5	82	0	105.1	83	9	47	113	vs. Right	.239	414	99	24	1	19	58	34	121	.303	.440
Day	3.53	2	5	3	48	0	63.2	48	8	20	75	Inning 1-6	.208	96	20	5	1	2	13	9	29	.287	.344
Night	3.50	11	6	3	109	0	139.0	117	16	71	146	Inning 7+	.225	644	145	36	0	22	75	82	192	.315	.384
Grass	3.86	12	10	4	136	0	174.2	148	21	78	190	None on	.231	394	91	26	1	14	14	43	117	.308	.409
Turf	1.29	1	1	2	21	0	28.0	17	3	13	31	Runners on	.214	346	74	15	0	10	74	48	104	.314	.344
March/April	7.53	2	0	0	14	0	14.1	15	4	3	15	Scoring Posn	.192	214	41	10	0	4	61	37	64	.316	.294
May	2.59	1	2	1	32	0	41.2	38	1	20	50	Close & Late	.216	329	71	18	0	10	41	50	102	.323	.362
June	3.12	2	5	4	35	0	43.1	21	5	25	50	None on/out	.241	174	42	13	1	6	6	15	54	.305	.431
July	3.89	4	0	1	27	0	37.0	31	6	19	37	vs. 1st Batr (relief)	.213	141	30	12	1	5	12	13	41	.288	.418
August	2.85	4	2	0	31	0	47.1	41	7	18	50	1st Inning Pitched	.239	524	125	38	1	18	74	71	150	.334	.418
Sept/Oct	4.26	0	2	0	18	0	19.0	19	1	6	19	Pitch 1-15	.241	399	96	27	1	15	43	39	108	.315	.426
Starter	0.00	0	0	0	0	0	0.0	0	0	0	0	Pitch 16-30	.230	257	59	12	0	7	38	40	88	.333	.358
Reliever	3.51	13	11	6	157	0	202.2	165	24	91	221	Pitch 31-45	.101	69	7	2	0	1	6	12	20	.229	.174
0 Days Rest (Relief)	1.53	2	1	2	24	0	29.1	19	3	11	38	Pitch 46+	.200	15	3	0	0	1	1	0	5	.200	.400
1 or 2 Days Rest	4.32	3	8	2	79	0	102.0	87	12	56	112	First Pitch	.355	76	27	9	0	1	12	4	0	.393	.513
3+ Days Rest	3.15	8	2	2	54	0	71.1	59	9	24	71	Ahead in Count	.179	379	68	14	1	9	34	0	178	.188	.293
vs. AL	7.20	3	3	4	24	0	25.0	24	6	19	24	Behind in Count	.268	123	33	8	0	4	15	35	0	.420	.417
vs. NL	2.99	10	8	2	133	0	177.2	141	18	72	197	Two Strikes	.168	423	71	15	0	12	38	52	221	.265	.288
Pre-All Star	3.45	6	7	6	87	0	107.0	82	12	52	123	Pre-All Star	.212	387	82	21	0	12	45	52	123	.308	.359
Post-All Star	3.57	7	4	0	70	0	95.2	83	12	39	98	Post-All Star	.235	353	83	20	1	12	43	39	98	.315	.399

Roy Oswalt — Astros
Age 24 – Pitches Right

	ERA	W	L	Sv	G	GS	IP	BB	SO	Avg	H	2B	3B	HR	RBI	OBP	SLG	CG	ShO	Sup	QS	#P/S	SB	CS	GB	FB	G/F
2001 Season	2.73	14	3	0	28	20	141.2	24	144	.235	126	25	2	13	45	.273	.361	3	1	7.12	14	93	2	1	183	125	1.46

2001 Season

	ERA	W	L	Sv	G	GS	IP	H	HR	BB	SO		Avg	AB	H	2B	3B	HR	RBI	BB	SO	OBP	SLG
Home	2.15	8	1	0	14	11	83.2	62	7	14	90	vs. Left	.241	274	66	9	2	5	18	15	70	.283	.343
Away	3.57	6	2	0	14	9	58.0	64	6	10	54	vs. Right	.228	263	60	16	0	8	27	9	74	.263	.380
Starter	2.82	12	2	0	20	20	127.2	115	13	17	130	Scoring Posn	.200	100	20	3	0	3	29	9	31	.263	.320
Reliever	1.93	2	1	0	8	0	14.0	11	0	7	14	Close & Late	.200	30	6	2	0	0	4	5	3	.297	.267
0-3 Days Rest (Start)	1.50	1	0	0	1	1	6.0	2	1	0	4	None on/out	.250	144	36	4	0	4	4	5	42	.285	.361
4 Days Rest	2.77	6	1	0	11	11	74.2	71	7	11	82	First Pitch	.250	60	15	3	0	1	6	1	0	.281	.350
5+ Days Rest	3.06	5	1	0	8	8	47.0	42	5	6	44	Ahead in Count	.177	316	56	9	1	3	16	0	135	.187	.241
Pre-All Star	2.26	7	1	0	14	6	51.2	41	4	13	50	Behind in Count	.375	88	33	9	1	5	12	7	0	.417	.670
Post-All Star	3.00	7	2	0	14	14	90.0	85	9	11	94	Two Strikes	.164	287	47	7	0	3	13	16	144	.207	.220

Lyle Overbay — Diamondbacks
Age 25 – Bats Left

	Avg	G	AB	R	H	2B	3B	HR	RBI	BB	SO	HBP	GDP	SB	CS	OBP	SLG	IBB	SH	SF	#Pit	#P/PA	GB	FB	G/F
2001 Season	.500	2	2	0	1	0	0	0	0	0	0	0	0	0	0	.500	.500	0	0	0	5	2.50	0	1	0.00

2001 Season

	Avg	AB	H	2B	3B	HR	RBI	BB	SO	OBP	SLG		Avg	AB	H	2B	3B	HR	RBI	BB	SO	OBP	SLG
vs. Left	.000	0	0	0	0	0	0	0	0	.000	.000	Scoring Posn	.000	0	0	0	0	0	0	0	0	.000	.000
vs. Right	.500	2	1	0	0	0	0	0	1	.500	.500	Close & Late	.000	0	0	0	0	0	0	0	0	.000	.000

Eric Owens — Marlins
Age 31 – Bats Right (groundball hitter)

	Avg	G	AB	R	H	2B	3B	HR	RBI	BB	SO	HBP	GDP	SB	CS	OBP	SLG	IBB	SH	SF	#Pit	#P/PA	GB	FB	G/F
2001 Season	.253	119	400	51	101	16	1	5	28	29	59	0	13	8	6	.302	.335	2	4	1	1575	3.63	195	77	2.53
Last Five Years	.269	474	1520	206	409	59	11	21	147	118	189	7	46	73	29	.323	.364	8	7	7	5894	3.55	768	311	2.47

2001 Season

	Avg	AB	H	2B	3B	HR	RBI	BB	SO	OBP	SLG		Avg	AB	H	2B	3B	HR	RBI	BB	SO	OBP	SLG
vs. Left	.274	113	31	6	1	4	7	4	16	.299	.451	First Pitch	.322	59	19	5	0	0	10	1	0	.333	.407
vs. Right	.244	287	70	10	0	1	21	25	43	.304	.289	Ahead in Count	.302	86	26	4	0	0	4	15	0	.406	.349

2001 Season

	Avg	AB	H	2B	3B	HR	RBI	BB	SO	OBP	SLG		Avg	AB	H	2B	3B	HR	RBI	BB	SO	OBP	SLG
Home	.263	190	50	3	1	4	17	18	27	.325	.353	Behind in Count	.215	177	38	5	0	3	7	0	50	.215	.294
Away	.243	210	51	13	0	1	11	11	32	.281	.319	Two Strikes	.185	168	31	4	0	4	12	13	59	.242	.280
Day	.245	102	25	6	1	1	6	4	17	.274	.353	Batting #1	.350	20	7	1	0	0	1	4	2	.458	.400
Night	.255	298	76	10	0	4	22	25	42	.312	.329	Batting #2	.252	322	81	12	1	5	22	22	48	.299	.342
Grass	.257	339	87	9	1	5	24	28	51	.313	.333	Other	.224	58	13	3	0	0	5	3	9	.258	.276
Turf	.230	61	14	7	0	0	4	1	8	.242	.344	April	.268	97	26	3	0	3	5	10	17	.336	.392
Pre-All Star	.248	294	73	13	1	4	18	21	43	.298	.340	May	.229	109	25	4	1	1	5	9	13	.288	.312
Post-All Star	.264	106	28	3	0	1	10	8	16	.313	.321	June	.288	59	17	5	0	0	7	2	10	.311	.373
Inning 1-6	.281	274	77	12	1	3	16	17	36	.323	.365	July	.244	86	21	4	0	1	8	3	11	.270	.326
Inning 7+	.190	126	24	4	0	2	12	12	23	.259	.270	August	.158	19	3	0	0	0	0	4	5	.158	.158
Scoring Posn	.258	93	24	4	0	0	21	18	13	.375	.301	Sept/Oct	.300	30	9	0	0	0	3	5	4	.389	.300
Close & Late	.224	58	13	1	0	2	6	7	13	.303	.345	vs. AL	.269	52	14	0	0	0	3	3	5	.309	.269
None on/out	.239	88	21	4	1	1	1	2	18	.256	.341	vs. NL	.250	348	87	16	1	5	25	26	54	.301	.345

2001 By Position

Position	Avg	AB	H	2B	3B	HR	RBI	BB	SO	OBP	SLG	G	GS	Innings	PO	A	E	DP	Fld Pct	Rng Fctr	In Zone	Zone Outs	Zone Rtg	MLB Zone
As cf	.273	139	38	7	0	4	14	4	17	.294	.345	37	31	288.1	70	1	1	0	.986	2.22	80	69	.863	.892
As rf	.245	249	61	8	1	4	14	23	39	.308	.333	72	60	551.0	110	5	2	1	.983	1.88	112	106	.946	.884

Last Five Years

	Avg	AB	H	2B	3B	HR	RBI	BB	SO	OBP	SLG		Avg	AB	H	2B	3B	HR	RBI	BB	SO	OBP	SLG
vs. Left	.267	464	124	24	3	12	41	37	60	.323	.409	First Pitch	.320	219	70	12	0	3	33	7	0	.338	.416
vs. Right	.270	1056	285	35	8	9	106	81	129	.323	.344	Ahead in Count	.296	358	106	19	3	4	29	69	0	.410	.399
Home	.273	739	202	19	7	10	72	66	91	.334	.359	Behind in Count	.238	659	157	16	3	11	55	0	160	.242	.322
Away	.265	781	207	40	4	11	75	52	98	.313	.369	Two Strikes	.207	608	126	14	3	9	52	42	189	.260	.285
Day	.267	475	127	19	5	7	48	31	56	.314	.373	Batting #1	.263	463	122	17	4	5	30	41	50	.324	.350
Night	.270	1045	282	40	6	14	99	87	133	.327	.360	Batting #2	.268	664	178	30	5	10	72	43	90	.314	.373
Grass	.274	1290	353	47	10	19	132	106	164	.330	.370	Other	.277	393	109	12	2	6	45	34	49	.338	.364
Turf	.243	230	56	12	1	2	15	12	25	.287	.330	March/April	.303	254	77	6	2	5	27	20	35	.359	.402
Pre-All Star	.281	910	256	41	5	15	94	66	117	.332	.387	May	.253	304	77	14	2	6	24	19	38	.299	.372
Post-All Star	.251	610	153	18	6	6	53	52	72	.310	.330	June	.308	263	81	15	1	3	33	20	34	.359	.407
Inning 1-6	.284	1018	289	43	7	17	91	77	124	.335	.390	July	.259	294	76	13	3	2	25	27	35	.318	.344
Inning 7+	.239	502	120	16	4	4	56	41	65	.299	.311	August	.239	238	57	7	2	3	15	18	31	.293	.324
Scoring Posn	.294	354	104	16	2	4	119	47	41	.373	.384	Sept/Oct	.246	167	41	4	1	2	23	14	16	.304	.317
Close & Late	.238	256	61	8	1	3	36	24	40	.305	.313	vs. AL	.302	159	48	5	0	0	14	17	17	.363	.358
None on/out	.245	383	94	14	1	3	3	25	46	.297	.311	vs. NL	.265	1361	361	54	9	21	133	101	172	.318	.364

Vicente Padilla — Phillies

Age 24 – Pitches Right (groundball pitcher)

	ERA	W	L	Sv	G	GS	IP	BB	SO	Avg	H	2B	3B	HR	OBP	SLG	GF	IR	IRS	Hld	SvOp	SB	CS	GB	FB	G/F
2001 Season	4.24	3	1	0	23	0	34.0	12	29	.273	36	10	2	1	23	.333	.402	5	21	9	1	3	0	0	60	24	2.50
Career (1999-2001)	4.24	7	9	2	83	0	102.0	43	80	.287	115	27	4	5	65	.355	.411	23	60	22	17	11	4	2	177	81	2.19

2001 Season

	ERA	W	L	Sv	G	GS	IP	H	HR	BB	SO		Avg	AB	H	2B	3B	HR	RBI	BB	SO	OBP	SLG
Home	3.31	1	1	0	8	0	16.1	13	1	4	18	vs. Left	.308	39	12	3	1	1	10	3	8	.357	.513
Away	5.09	2	0	0	15	0	17.2	23	0	8	11	vs. Right	.258	93	24	7	1	0	13	9	21	.324	.355

Career (1999-2001)

	ERA	W	L	Sv	G	GS	IP	H	HR	BB	SO		Avg	AB	H	2B	3B	HR	RBI	BB	SO	OBP	SLG
Home	3.73	3	6	0	36	0	50.2	56	2	16	45	vs. Left	.333	138	46	13	2	3	31	19	23	.409	.522
Away	4.73	4	3	2	47	0	51.1	59	3	27	35	vs. Right	.262	263	69	14	2	2	34	24	57	.325	.354
Day	2.45	2	2	1	23	0	29.1	21	0	14	25	Inning 1-6	.277	83	23	6	2	2	20	7	19	.333	.470
Night	4.95	5	7	1	60	0	72.2	94	5	29	55	Inning 7+	.289	318	92	21	2	3	45	36	61	.360	.396
Grass	3.69	5	3	1	52	0	61.0	64	3	30	46	None on	.267	202	54	10	1	2	2	11	40	.305	.356
Turf	5.05	2	6	1	31	0	41.0	51	2	13	34	Runners on	.307	199	61	17	3	3	63	32	40	.400	.467
March/April	4.35	1	1	0	9	0	10.1	11	0	5	8	Scoring Posn	.311	122	38	11	3	2	59	28	28	.435	.508
May	0.90	2	0	0	6	0	10.0	8	0	2	11	Close & Late	.287	171	49	13	1	2	33	22	30	.367	.409
June	4.40	2	1	0	23	0	28.2	36	0	7	26	None on/out	.224	85	19	3	1	0	0	5	15	.267	.282
July	4.91	0	2	0	16	0	18.1	21	1	11	10	vs. 1st Batr (relief)	.250	72	18	5	0	0	10	11	18	.349	.319
August	3.45	1	1	1	13	0	15.2	19	0	8	9	1st Inning Pitched	.311	283	88	19	2	4	52	34	56	.384	.435
Sept/Oct	5.68	1	4	1	16	0	19.0	20	4	10	16	First 15 Pitches	.310	245	76	17	2	4	39	24	47	.370	.445
Starter	0.00	0	0	0	0	0	0.0	0	0	0	0	Pitch 16-30	.230	113	26	7	0	0	16	14	24	.318	.292
Reliever	4.24	7	9	2	83	0	102.0	115	5	43	80	Pitch 31-45	.300	30	9	2	2	0	7	4	7	.371	.500
0 Days Rest (Relief)	8.31	0	2	1	15	0	17.1	24	2	12	14	Pitch 46+	.308	13	4	1	0	1	3	1	2	.357	.615
1 or 2 Days Rest	2.95	4	5	1	48	0	58.0	65	2	21	50	First Pitch	.386	57	22	3	1	2	15	6	0	.438	.579
3+ Days Rest	4.39	3	2	0	20	0	26.2	26	1	10	16	Ahead in Count	.279	201	56	16	3	1	23	0	71	.279	.403
vs. AL	8.00	1	1	0	9	0	9.0	14	1	6	8	Behind in Count	.333	84	28	7	0	1	16	19	0	.448	.452
vs. NL	3.87	6	8	2	74	0	93.0	101	4	37	72	Two Strikes	.227	185	42	10	2	1	21	18	80	.299	.319
Pre-All Star	3.65	5	2	0	47	0	56.2	62	0	18	48	Pre-All Star	.279	222	62	14	2	0	30	18	48	.332	.360
Post-All Star	4.96	2	7	2	36	0	45.1	53	5	25	32	Post-All Star	.296	179	53	13	2	5	35	25	32	.382	.475

Lance Painter — Brewers
Age 34 – Pitches Left

	ERA	W	L	Sv	G	GS	IP	BB	SO	Avg	H	2B	3B	HR	RBI	OBP	SLG	GF	IR	IRS	Hld	SvOp	SB	CS	GB	FB	G/F
2001 Season	6.52	1	1	0	23	0	29.0	18	20	.317	38	4	1	7	24	.410	.542	7	15	5	0	0	0	2	46	31	1.48
Last Five Years	4.84	12	7	2	200	6	223.1	101	179	.267	225	36	5	28	125	.349	.421	41	152	36	39	6	8	9	298	210	1.42

2001 Season

	ERA	W	L	Sv	G	GS	IP	H	HR	BB	SO		Avg	AB	H	2B	3B	HR	RBI	BB	SO	OBP	SLG
Home	4.76	1	1	0	14	0	17.0	19	2	10	13	vs. Left	.360	50	18	3	0	5	15	6	8	.439	.720
Away	9.00	0	0	0	9	0	12.0	19	5	8	7	vs. Right	.286	70	20	1	1	2	9	12	12	.390	.414

Last Five Years

	ERA	W	L	Sv	G	GS	IP	H	HR	BB	SO		Avg	AB	H	2B	3B	HR	RBI	BB	SO	OBP	SLG
Home	4.34	8	2	1	100	3	112.0	103	10	57	91	vs. Left	.262	340	89	19	1	15	65	40	75	.345	.456
Away	5.34	4	5	1	100	3	111.1	122	18	44	88	vs. Right	.270	503	136	17	4	13	60	61	104	.353	.398
Day	3.78	5	5	1	71	2	81.0	67	9	35	72	Inning 1-6	.276	384	106	16	3	9	68	37	81	.339	.404
Night	5.44	7	2	1	129	4	142.1	158	19	66	107	Inning 7+	.259	459	119	20	2	19	57	64	98	.358	.436
Grass	4.79	10	5	2	147	6	159.2	162	19	75	128	None on	.249	445	111	20	4	15	15	39	104	.314	.413
Turf	4.95	2	2	0	53	2	63.2	63	9	26	51	Runners on	.286	398	114	16	1	13	110	62	75	.386	.430
March/April	5.63	0	2	0	34	0	38.1	38	10	12	32	Scoring Posn	.247	263	65	7	0	5	87	50	54	.368	.372
May	6.91	2	2	0	28	3	41.2	45	8	24	36	Close & Late	.256	195	50	8	0	7	22	37	38	.387	.405
June	4.54	1	1	0	25	3	39.2	49	2	18	28	None on/out	.272	195	53	12	4	7	7	19	37	.336	.482
July	2.30	1	0	1	40	0	31.1	27	2	18	21	vs. 1st Batr (relief)	.218	170	37	7	1	6	26	19	28	.307	.376
August	4.70	2	1	0	36	0	30.2	29	4	15	24	1st Inning Pitched	.249	534	133	22	4	17	79	63	111	.335	.401
Sept/Oct	4.32	3	1	1	37	0	41.2	37	2	14	38	First 15 Pitches	.255	459	117	20	3	18	66	54	85	.342	.429
Starter	4.33	1	2	0	6	6	27.0	29	2	7	23	Pitch 16-30	.263	232	61	7	2	5	31	23	65	.331	.375
Reliever	4.90	11	5	2	194	0	196.1	196	26	94	156	Pitch 31-45	.309	94	29	4	0	5	18	14	21	.398	.511
0 Days Rest (Relief)	5.40	2	2	0	46	0	36.2	34	8	22	30	Pitch 46+	.310	58	18	5	0	0	10	10	8	.400	.397
1 or 2 Days Rest	5.45	4	0	2	77	0	77.2	78	13	36	60	First Pitch	.326	95	31	8	1	6	22	8	0	.385	.621
3+ Days Rest	4.17	5	3	0	71	0	82.0	84	5	36	66	Ahead in Count	.214	383	82	8	2	8	37	0	139	.224	.308
vs. AL	4.64	3	1	0	54	4	95.0	96	13	40	76	Behind in Count	.369	176	65	11	2	7	29	50	0	.507	.574
vs. NL	4.98	9	6	2	146	2	128.1	129	15	61	103	Two Strikes	.194	438	85	11	1	11	51	43	179	.273	.299
Pre-All Star	5.64	4	5	0	99	6	127.2	142	22	60	104	Pre-All Star	.286	497	142	23	4	22	79	60	104	.366	.481
Post-All Star	3.76	8	2	2	101	0	95.2	83	6	41	75	Post-All Star	.240	346	83	13	1	6	46	41	75	.326	.335

Orlando Palmeiro — Angels
Age 33 – Bats Left

	Avg	G	AB	R	H	2B	3B	HR	RBI	BB	SO	HBP	GDP	SB	CS	OBP	SLG	IBB	SH	SF	#Pit	#P/PA	GB	FB	G/F
2001 Season	.243	104	230	29	56	10	1	2	23	26	17	3	3	6	6	.319	.322	2	7	5	1116	4.13	96	67	1.43
Last Five Years	.275	470	1089	160	299	48	8	3	100	139	96	12	17	22	18	.359	.344	5	33	12	5418	4.21	463	315	1.47

2001 Season

	Avg	AB	H	2B	3B	HR	RBI	BB	SO	OBP	SLG		Avg	AB	H	2B	3B	HR	RBI	BB	SO	OBP	SLG
vs. Left	.067	15	1	0	0	0	0	2	3	.263	.067	Scoring Posn	.327	49	16	3	0	1	22	10	3	.415	.449
vs. Right	.256	215	55	10	1	2	23	23	21	.324	.340	Close & Late	.250	44	11	2	0	0	2	3	7	.298	.295
Home	.206	107	22	4	1	0	10	13	13	.282	.262	None on/out	.176	74	13	4	0	0	0	5	11	.238	.230
Away	.276	123	34	6	0	2	13	12	11	.353	.374	Batting #7	.184	38	7	1	1	0	0	4	6	.262	.263
First Pitch	.250	16	4	0	0	2	0	0	0	.333	.250	Batting #9	.247	93	23	4	0	0	11	11	10	.321	.290
Ahead in Count	.194	31	6	3	0	1	4	18	0	.481	.387	Other	.263	99	26	5	0	2	12	10	8	.339	.374
Behind in Count	.248	125	31	5	1	0	13	0	20	.254	.304	Pre-All Star	.288	111	32	4	1	2	13	9	15	.355	.396
Two Strikes	.223	139	31	7	1	1	14	5	24	.257	.309	Post-All Star	.202	119	24	6	0	0	10	16	9	.288	.252

Last Five Years

	Avg	AB	H	2B	3B	HR	RBI	BB	SO	OBP	SLG		Avg	AB	H	2B	3B	HR	RBI	BB	SO	OBP	SLG
vs. Left	.244	131	32	5	0	0	13	17	17	.333	.282	First Pitch	.269	67	18	3	0	0	6	4	0	.310	.313
vs. Right	.279	958	267	46	8	3	91	126	79	.363	.353	Ahead in Count	.272	151	41	12	0	1	23	93	0	.546	.371
Home	.251	510	128	20	5	0	46	76	48	.353	.310	Behind in Count	.277	585	162	21	5	0	43	0	80	.283	.330
Away	.295	579	171	31	3	3	54	63	48	.366	.375	Two Strikes	.273	638	174	33	4	2	55	42	96	.323	.346
Day	.270	322	87	16	3	0	26	40	30	.359	.339	Batting #1	.270	400	108	16	2	1	33	46	32	.351	.328
Night	.276	767	212	35	5	3	74	99	66	.359	.347	Batting #2	.266	192	51	10	3	1	19	27	19	.353	.365
Grass	.272	960	261	45	6	3	88	129	86	.361	.341	Other	.282	497	140	25	3	1	48	66	45	.369	.350
Turf	.295	129	38	6	2	0	12	10	10	.345	.372	March/April	.265	166	44	6	0	2	17	13	11	.330	.337
Pre-All Star	.283	533	151	21	4	3	50	69	50	.372	.355	May	.273	139	38	2	0	1	9	27	13	.402	.309
Post-All Star	.266	556	148	30	4	0	50	70	46	.347	.335	June	.311	164	51	9	4	0	17	19	17	.387	.415
Inning 1-6	.288	667	192	35	6	2	68	91	55	.376	.367	July	.332	199	66	12	2	0	18	19	16	.383	.412
Inning 7+	.254	422	107	16	2	1	32	48	41	.333	.308	August	.233	270	63	15	1	0	26	37	27	.326	.285
Scoring Posn	.276	250	69	14	2	1	94	36	16	.357	.360	Sept/Oct	.245	151	37	10	1	0	13	24	12	.350	.325
Close & Late	.255	204	52	8	1	0	19	25	18	.339	.304	vs. AL	.267	977	261	40	8	3	91	120	84	.351	.334
None on/out	.265	344	91	14	3	1	1	41	39	.348	.331	vs. NL	.339	112	38	11	0	0	9	19	12	.433	.438

Rafael Palmeiro — Rangers
Age 37 – Bats Left (flyball hitter)

	Avg	G	AB	R	H	2B	3B	HR	RBI	BB	SO	HBP	GDP	SB	CS	OBP	SLG	IBB	SH	SF	#Pit	#P/PA	GB	FB	G/F
2001 Season	.273	160	600	98	164	33	0	47	123	101	90	7	8	1	1	.381	.563	8	0	6	2679	3.75	161	251	0.64
Last Five Years	.287	796	2963	489	849	152	7	214	622	447	436	25	63	21	15	.381	.559	54	0	32	12769	3.68	796	1194	0.67

2001 Season

	Avg	AB	H	2B	3B	HR	RBI	BB	SO	OBP	SLG		Avg	AB	H	2B	3B	HR	RBI	BB	SO	OBP	SLG
vs. Left	.272	151	41	10	0	12	32	18	33	.362	.576	First Pitch	.280	100	28	8	0	5	20	4	0	.302	.510
vs. Right	.274	449	123	23	0	35	91	83	57	.387	.559	Ahead in Count	.347	150	52	10	0	20	40	43	0	.495	.813
Home	.253	296	75	19	0	23	56	53	50	.368	.551	Behind in Count	.217	230	50	9	0	13	30	0	76	.227	.426
Away	.293	304	89	14	0	24	67	48	40	.393	.576	Two Strikes	.191	235	45	3	0	15	30	53	90	.341	.396

327

2001 Season

	Avg	AB	H	2B	3B	HR	RBI	BB	SO	OBP	SLG		Avg	AB	H	2B	3B	HR	RBI	BB	SO	OBP	SLG
Day	.267	131	35	5	0	12	33	24	21	.388	.580	Batting #4	.276	595	164	33	0	47	123	101	88	.384	.568
Night	.275	469	129	28	0	35	90	77	69	.379	.559	Batting #5	.000	4	0	0	0	0	0	0	1	.000	.000
Grass	.279	544	152	30	0	44	109	91	83	.384	.577	Other	.000	1	0	0	0	0	0	0	1	.000	.000
Turf	.214	56	12	3	0	3	14	10	7	.348	.429	April	.244	90	22	5	0	5	22	15	13	.355	.467
Pre-All Star	.270	319	86	20	0	25	67	55	50	.378	.567	May	.255	102	26	6	0	8	21	17	14	.358	.549
Post-All Star	.278	281	78	13	0	22	56	46	40	.384	.559	June	.293	99	29	6	0	8	17	19	15	.407	.596
Inning 1-6	.302	414	125	27	0	37	94	69	60	.405	.567	July	.278	97	27	6	0	7	16	16	21	.388	.557
Inning 7+	.210	186	39	6	0	10	29	32	30	.327	.403	August	.239	109	26	4	0	8	23	21	18	.373	.495
Scoring Posn	.273	161	44	9	0	8	69	44	29	.420	.478	Sept/Oct	.330	103	34	6	0	11	24	13	9	.398	.709
Close & Late	.221	86	19	3	0	5	20	14	17	.327	.430	vs. AL	.272	533	145	29	0	42	112	89	78	.380	.563
None on/out	.299	147	44	9	0	14	14	19	21	.383	.646	vs. NL	.284	67	19	4	0	5	11	12	12	.392	.567

2001 By Position

Position	Avg	AB	H	2B	3B	HR	RBI	BB	SO	OBP	SLG	G	GS	Innings	PO	A	E	DP	Fld Pct	Rng Fctr	In Zone	Outs	Zone Rtg	MLB Zone
As DH	.286	175	50	13	0	18	38	20	22	.365	.669	46	46	—	—	—	—	—	—	—	—	—	—	—
As 1b	.269	424	114	20	0	29	85	81	67	.388	.521	113	113	996.1	906	83	8	112	.992	—	176	151	.858	.850

Last Five Years

	Avg	AB	H	2B	3B	HR	RBI	BB	SO	OBP	SLG		Avg	AB	H	2B	3B	HR	RBI	BB	SO	OBP	SLG
vs. Left	.278	896	249	45	1	63	190	98	157	.353	.541	First Pitch	.343	508	174	28	3	42	120	38	0	.388	.657
vs. Right	.290	2067	600	107	6	151	432	349	279	.392	.567	Ahead in Count	.344	776	267	49	1	78	221	217	0	.485	.711
Home	.278	1452	403	65	4	122	322	245	225	.383	.580	Behind in Count	.230	1106	254	50	1	52	161	0	347	.236	.418
Away	.295	1511	446	87	3	92	300	202	211	.379	.539	Two Strikes	.196	1159	227	44	2	50	142	191	436	.312	.367
Day	.288	771	222	37	4	51	155	121	111	.385	.545	Batting #3	.267	641	171	32	3	41	132	73	110	.338	.518
Night	.286	2192	627	115	3	163	467	326	325	.379	.564	Batting #4	.277	1713	474	87	4	117	316	270	250	.379	.537
Grass	.286	2584	739	129	7	194	540	401	378	.383	.567	Other	.335	609	204	33	0	56	174	104	76	.429	.665
Turf	.290	379	110	23	0	20	82	46	58	.370	.509	March/April	.278	439	122	22	1	26	91	74	64	.382	.510
Pre-All Star	.294	1613	475	81	4	112	340	236	242	.386	.558	May	.287	519	149	26	0	38	110	71	78	.377	.557
Post-All Star	.277	1350	374	71	3	102	282	211	194	.375	.561	June	.310	516	160	29	2	35	108	70	80	.393	.578
Inning 1-6	.297	2045	607	112	7	153	443	312	288	.391	.583	July	.283	474	134	19	1	38	97	81	75	.390	.568
Inning 7+	.264	918	242	40	0	61	179	135	148	.359	.507	August	.269	546	147	24	1	45	125	76	80	.339	.564
Scoring Posn	.284	803	228	39	0	48	388	193	131	.414	.512	Sept/Oct	.292	469	137	32	2	32	91	75	59	.385	.574
Close & Late	.286	416	119	17	0	33	104	70	73	.391	.565	vs. AL	.288	2623	755	143	7	187	559	397	376	.382	.562
None on/out	.269	718	193	32	2	55	55	78	100	.343	.549	vs. NL	.276	340	94	9	0	27	63	50	60	.372	.541

Dean Palmer — Tigers

Age 33 – Bats Right (flyball hitter)

	Avg	G	AB	R	H	2B	3B	HR	RBI	BB	SO	HBP	GDP	SB	CS	OBP	SLG	IBB	SH	SF	#Pit	#P/PA	GB	FB	G/F
2001 Season	.222	57	216	34	48	11	0	11	40	27	59	3	3	4	1	.317	.426	0	0	0	1004	4.08	55	72	0.76
Last Five Years	.260	647	2414	353	627	116	7	135	447	239	626	26	49	21	10	.329	.481	10	1	32	10556	3.89	676	768	0.88

2001 Season

	Avg	AB	H	2B	3B	HR	RBI	BB	SO	OBP	SLG		Avg	AB	H	2B	3B	HR	RBI	BB	SO	OBP	SLG
vs. Left	.340	53	18	4	0	6	14	7	10	.417	.755	Scoring Posn	.242	62	15	5	0	4	28	7	14	.338	.516
vs. Right	.184	163	30	7	0	5	26	20	49	.285	.319	Close & Late	.179	28	5	0	0	1	5	5	11	.324	.179
Home	.220	100	22	6	0	5	24	13	28	.316	.430	None on/out	.160	50	8	2	0	1	1	5	16	.236	.260
Away	.224	116	26	5	0	6	16	14	31	.318	.422	Batting #5	.270	126	34	8	0	9	30	15	35	.361	.548
First Pitch	.238	21	5	0	0	3	7	0	0	.304	.667	Batting #6	.132	53	7	1	0	2	7	10	13	.270	.264
Ahead in Count	.378	45	17	6	0	5	14	10	0	.491	.844	Other	.189	37	7	2	0	0	3	2	11	.231	.243
Behind in Count	.179	95	17	2	0	2	12	0	44	.188	.263	Pre-All Star	.222	216	48	11	0	11	40	27	59	.317	.426
Two Strikes	.133	113	15	1	0	2	7	17	59	.252	.195	Post-All Star	.000	0	0	0	0	0	0	0	0	.000	.000

Last Five Years

	Avg	AB	H	2B	3B	HR	RBI	BB	SO	OBP	SLG		Avg	AB	H	2B	3B	HR	RBI	BB	SO	OBP	SLG
vs. Left	.292	561	164	29	0	36	107	52	120	.351	.537	First Pitch	.380	274	104	19	3	25	78	8	0	.406	.745
vs. Right	.250	1853	463	87	7	99	340	187	506	.322	.465	Ahead in Count	.359	471	169	33	1	45	127	94	0	.458	.720
Home	.254	1172	298	44	2	75	232	122	308	.327	.487	Behind in Count	.193	1190	230	45	2	42	160	0	503	.200	.340
Away	.265	1242	329	72	5	60	215	117	318	.331	.476	Two Strikes	.164	1243	204	35	3	36	133	137	626	.251	.284
Day	.254	692	176	29	2	39	134	64	178	.322	.471	Batting #4	.260	1015	264	45	5	56	193	104	278	.332	.480
Night	.262	1722	451	87	5	96	313	175	448	.332	.485	Batting #5	.263	814	214	40	2	45	152	85	204	.333	.483
Grass	.251	2051	514	82	6	116	382	204	528	.322	.466	Other	.255	585	149	31	0	34	102	50	144	.318	.482
Turf	.311	363	113	34	1	19	65	35	98	.372	.567	March/April	.289	360	104	18	1	23	72	34	93	.352	.536
Pre-All Star	.259	1383	358	70	3	76	234	129	355	.327	.479	May	.239	451	108	24	1	24	78	45	122	.314	.457
Post-All Star	.261	1031	269	46	4	59	213	110	271	.331	.485	June	.262	474	124	26	1	23	63	42	115	.328	.466
Inning 1-6	.265	1653	438	87	6	99	338	162	409	.331	.505	July	.265	381	101	16	2	24	84	33	94	.326	.507
Inning 7+	.248	761	189	29	1	36	109	77	217	.325	.431	August	.254	394	100	14	0	21	85	38	109	.319	.449
Scoring Posn	.256	684	175	35	0	27	296	87	186	.335	.425	Sept/Oct	.254	354	90	18	2	20	65	47	100	.337	.486
Close & Late	.242	331	80	8	1	17	54	37	98	.324	.426	vs. AL	.256	2114	542	101	4	116	392	217	541	.328	.473
None on/out	.269	595	160	28	1	40	40	46	148	.326	.521	vs. NL	.283	300	85	15	3	19	55	22	85	.337	.543

Jose Paniagua — Mariners
Age 28 – Pitches Right

	ERA	W	L	Sv	G	GS	IP	BB	SO	Avg	H	2B	3B	HR	RBI	OBP	SLG	GF	IR	IRS	Hld	SvOp	SB	CS	GB	FB	G/F
2001 Season	4.36	4	3	3	60	0	66.0	38	46	.233	59	11	1	7	41	.341	.368	24	41	11	16	4	4	0	71	107	0.66
Last Five Years	4.33	16	16	12	215	3	264.0	149	215	.251	246	51	3	23	162	.361	.379	68	177	58	52	26	20	4	311	303	1.03

2001 Season

	ERA	W	L	Sv	G	GS	IP	H	HR	BB	SO		Avg	AB	H	2B	3B	HR	RBI	BB	SO	OBP	SLG
Home	6.83	1	0	2	27	0	29.0	35	3	19	20	vs. Left	.257	105	27	6	0	0	15	22	18	.383	.314
Away	2.43	3	3	1	33	0	37.0	24	4	19	26	vs. Right	.216	148	32	5	1	7	26	16	28	.310	.405
Day	2.74	2	2	0	18	0	23.0	12	4	6	16	Inning 1-6	.118	17	2	0	0	0	1	5	3	.318	.118
Night	5.23	2	1	3	42	0	43.0	47	3	32	30	Inning 7+	.242	236	57	11	1	7	40	33	43	.343	.386
Grass	4.60	4	3	3	55	0	60.2	57	7	33	44	None on	.191	115	22	2	1	4	4	24	24	.345	.330
Turf	1.69	0	0	0	5	0	5.1	2	0	5	2	Runners on	.268	138	37	9	0	3	37	14	22	.338	.399
April	2.87	1	1	0	11	0	15.2	6	2	5	10	Scoring Posn	.271	70	19	6	0	1	32	10	13	.358	.400
May	3.48	0	0	2	11	0	10.1	7	0	10	9	Close & Late	.246	114	28	4	0	2	18	10	20	.320	.333
June	5.74	2	0	0	13	0	15.2	16	2	14	9	None on/out	.146	48	7	1	0	1	1	13	14	.359	.229
July	2.08	0	1	0	8	0	8.2	7	1	3	5	vs. 1st Batr (relief)	.146	48	7	0	0	2	8	8	10	.300	.271
August	6.14	1	1	1	8	0	7.1	10	1	4	5	1st Inning Pitched	.234	197	46	7	1	5	34	29	33	.342	.355
Sept/Oct	6.48	0	0	0	9	0	8.1	13	1	2	8	First 15 Pitches	.236	157	37	3	1	5	25	21	28	.339	.363
Starter	0.00	0	0	0	0	0	0.0	0	0	0	0	Pitch 16-30	.225	80	18	7	0	2	15	16	16	.354	.388
Reliever	4.36	4	3	3	60	0	66.0	59	7	38	46	Pitch 31-45	.214	14	3	1	0	0	1	1	2	.267	.286
0 Days Rest (Relief)	8.38	0	2	1	10	0	9.2	11	3	7	6	Pitch 46+	.500	2	1	0	0	0	0	0	0	.500	.500
1 or 2 Days Rest	5.01	3	1	1	30	0	32.1	28	3	18	27	First Pitch	.297	37	11	1	0	2	12	2	0	.333	.486
3+ Days Rest	1.88	1	0	0	20	0	24.0	20	1	13	13	Ahead in Count	.190	126	24	5	0	4	13	0	39	.215	.325
vs. AL	4.32	4	2	3	54	0	58.1	47	6	33	40	Behind in Count	.375	40	15	4	1	1	9	18	0	.559	.600
vs. NL	4.70	0	1	0	6	0	7.2	12	1	5	6	Two Strikes	.177	124	22	5	0	3	12	18	46	.301	.290
Pre-All Star	4.15	3	2	2	37	0	43.1	30	5	29	30	Pre-All Star	.186	161	30	6	0	5	24	29	30	.320	.317
Post-All Star	4.76	1	1	1	23	0	22.2	29	2	9	16	Post-All Star	.315	92	29	5	1	2	17	9	16	.382	.457

Last Five Years

	ERA	W	L	Sv	G	GS	IP	H	HR	BB	SO		Avg	AB	H	2B	3B	HR	RBI	BB	SO	OBP	SLG
Home	4.88	6	4	6	106	0	121.2	120	12	82	107	vs. Left	.254	426	108	23	0	7	71	87	94	.383	.357
Away	3.86	10	12	6	109	3	142.1	126	11	67	108	vs. Right	.249	555	138	28	3	16	91	62	121	.343	.396
Day	5.10	5	8	5	66	2	77.2	74	8	39	63	Inning 1-6	.270	122	33	7	1	2	35	25	16	.404	.393
Night	4.01	11	8	7	149	1	186.1	172	15	110	152	Inning 7+	.248	859	213	44	2	21	127	124	199	.354	.377
Grass	4.61	10	12	8	163	3	195.1	193	17	111	157	None on	.242	467	113	24	3	13	13	64	114	.343	.390
Turf	3.54	6	4	4	52	0	68.2	53	6	38	58	Runners on	.259	514	133	27	0	10	149	85	101	.375	.370
March/April	3.16	3	3	1	32	0	42.2	25	3	22	25	Scoring Posn	.271	310	84	12	0	8	140	60	59	.395	.387
May	4.32	0	2	2	35	0	41.2	39	4	25	40	Close & Late	.227	396	90	14	0	6	60	64	95	.344	.308
June	4.14	6	2	1	36	0	41.1	36	2	30	33	None on/out	.256	211	54	13	2	3	3	30	49	.359	.379
July	3.57	1	4	1	30	0	35.1	33	2	21	27	vs. 1st Batr (relief)	.229	179	41	10	4	33	23	36	.329	.363
August	5.71	3	4	5	41	3	52.0	61	3	32	39	1st Inning Pitched	.242	689	167	35	1	15	126	109	148	.358	.361
Sept/Oct	4.59	3	1	2	41	0	51.0	52	9	19	46	First 15 Pitches	.242	558	135	24	1	13	84	74	121	.344	.358
Starter	20.86	0	2	0	3	3	7.1	18	2	7	4	Pitch 16-30	.250	312	78	20	0	8	60	56	70	.369	.391
Reliever	3.86	16	14	12	212	0	256.2	228	21	142	211	Pitch 31-45	.264	91	24	5	1	1	13	14	21	.380	.374
0 Days Rest (Relief)	4.07	2	4	5	43	0	48.2	45	8	23	46	Pitch 46+	.450	20	9	2	1	1	5	5	3	.577	.800
1 or 2 Days Rest	3.91	11	6	5	107	0	129.0	108	4	79	99	First Pitch	.339	124	42	8	0	7	43	10	0	.408	.573
3+ Days Rest	3.65	3	4	2	62	0	79.0	75	9	40	69	Ahead in Count	.191	481	92	17	0	9	43	0	181	.213	.283
vs. AL	3.77	15	10	11	185	0	219.2	191	19	112	184	Behind in Count	.351	185	65	16	2	5	47	70	0	.523	.541
vs. NL	7.11	1	6	1	30	3	44.1	55	4	37	31	Two Strikes	.184	478	88	20	0	8	46	69	215	.304	.276
Pre-All Star	4.01	10	10	4	113	0	137.0	112	10	86	113	Pre-All Star	.227	493	112	23	0	10	75	86	113	.350	.335
Post-All Star	4.68	6	6	8	102	3	127.0	134	13	63	102	Post-All Star	.275	488	134	28	3	13	87	63	102	.371	.424

Craig Paquette — Cardinals
Age 33 – Bats Right

	Avg	G	AB	R	H	2B	3B	HR	RBI	BB	SO	HBP	GDP	SB	CS	OBP	SLG	IBB	SH	SF	#Pit	#P/PA	GB	FB	G/F
2001 Season	.282	123	340	47	96	17	0	15	64	18	67	5	11	3	1	.326	.465	1	5	2	1236	3.34	121	96	1.26
Last Five Years	.259	389	1152	144	298	64	3	48	195	61	251	9	38	11	6	.298	.444	2	8	12	4284	3.45	407	327	1.24

2001 Season

	Avg	AB	H	2B	3B	HR	RBI	BB	SO	OBP	SLG		Avg	AB	H	2B	3B	HR	RBI	BB	SO	OBP	SLG
vs. Left	.312	93	29	3	0	3	16	5	14	.360	.441	First Pitch	.359	64	23	6	0	3	14	1	0	.364	.594
vs. Right	.271	247	67	14	0	12	48	13	53	.313	.474	Ahead in Count	.328	67	22	4	0	6	15	7	0	.400	.657
Home	.315	168	53	8	0	8	32	9	32	.352	.506	Behind in Count	.234	154	36	4	0	5	28	0	59	.242	.357
Away	.250	172	43	9	0	7	32	9	35	.301	.424	Two Strikes	.216	148	32	2	0	5	22	10	67	.275	.331
Day	.301	143	43	7	0	6	26	8	26	.340	.476	Batting #6	.290	176	51	7	0	9	39	9	33	.330	.483
Night	.269	197	53	10	0	9	38	10	41	.316	.457	Batting #9	.286	35	10	2	0	2	6	2	7	.359	.514
Grass	.287	324	93	16	0	15	59	17	63	.330	.475	Other	.271	129	35	8	0	4	19	7	27	.312	.426
Turf	.188	16	3	1	0	0	5	1	4	.250	.250	April	.263	38	10	3	0	2	5	2	8	.300	.500
Pre-All Star	.242	153	37	6	0	7	24	7	31	.282	.418	May	.245	49	12	2	0	2	9	2	11	.275	.408
Post-All Star	.316	187	59	11	0	8	40	11	36	.361	.503	June	.240	50	12	1	0	2	8	2	8	.278	.380
Inning 1-6	.298	228	68	7	0	12	47	12	39	.335	.487	July	.291	55	16	3	0	3	10	2	13	.328	.509
Inning 7+	.250	112	28	10	0	3	17	6	28	.309	.420	August	.287	87	25	3	0	5	23	8	19	.351	.494
Scoring Posn	.372	94	35	8	0	2	44	8	15	.435	.521	Sept/Oct	.344	61	21	5	0	1	9	2	8	.365	.475
Close & Late	.244	41	10	4	0	2	10	2	12	.304	.488	vs. AL	.273	33	9	1	0	2	7	1	7	.314	.485
None on/out	.177	62	11	0	0	4	4	2	16	.203	.387	vs. NL	.283	307	87	16	0	13	57	17	60	.327	.463

329

2001 By Position

Position	Avg	AB	H	2B	3B	HR	RBI	BB	SO	OBP	SLG	G	GS	Innings	PO	A	E	DP	Fld Pct	Rng Fctr	In Zone	Outs	Zone Rtg	MLB Zone
As Pinch Hitter	.304	23	7	1	0	2	5	1	4	.360	.609	25	0	—	—	—	—	—	—	—	—	—	—	—
As 1b	.224	49	11	3	0	2	8	6	7	.316	.408	23	13	123.1	125	10	3	17	.978	—	31	28	.903	.850
As 3b	.313	83	26	5	0	3	12	3	17	.345	.482	33	17	189.0	20	35	2	5	.965	2.62	46	36	.783	.761
As lf	.333	105	35	5	0	5	22	4	19	.358	.524	33	27	216.1	38	0	0	0	1.000	1.58	42	37	.881	.853
As rf	.205	73	15	1	0	3	16	4	16	.263	.342	26	21	179.2	32	2	0	1	1.000	1.70	35	30	.857	.884

Last Five Years

	Avg	AB	H	2B	3B	HR	RBI	BB	SO	OBP	SLG		Avg	AB	H	2B	3B	HR	RBI	BB	SO	OBP	SLG
vs. Left	.247	368	91	19	0	13	61	21	73	.288	.405	First Pitch	.383	206	79	20	1	11	50	1	0	.377	.650
vs. Right	.264	784	207	45	3	35	134	40	178	.303	.463	Ahead in Count	.329	219	72	21	2	17	52	25	0	.395	.676
Home	.279	580	162	23	0	35	110	36	117	.322	.500	Behind in Count	.204	544	111	18	0	14	69	0	213	.210	.314
Away	.238	572	136	41	3	13	85	25	134	.274	.388	Two Strikes	.163	520	85	10	0	12	51	35	251	.221	.252
Day	.270	430	116	19	1	17	70	24	95	.310	.437	Batting #6	.272	523	142	32	2	27	114	35	107	.317	.495
Night	.252	722	182	45	2	31	125	37	156	.291	.449	Batting #7	.235	226	53	15	0	6	21	12	49	.282	.381
Grass	.256	975	250	43	1	46	167	49	213	.296	.444	Other	.256	403	103	17	1	15	60	14	95	.282	.414
Turf	.271	177	48	21	2	2	28	12	38	.313	.446	March/April	.254	189	48	17	2	7	25	12	37	.297	.476
Pre-All Star	.239	645	154	41	3	24	92	40	140	.286	.423	May	.238	227	54	15	1	7	34	15	54	.290	.405
Post-All Star	.284	507	144	23	0	24	103	21	111	.314	.471	June	.229	175	40	6	0	6	25	10	34	.274	.366
Inning 1-6	.266	753	200	41	2	36	135	46	149	.307	.469	July	.264	148	39	8	0	6	25	5	36	.288	.439
Inning 7+	.246	399	98	23	1	12	60	15	102	.281	.398	August	.272	206	56	7	0	11	46	9	50	.303	.466
Scoring Posn	.284	338	96	20	1	14	141	19	70	.321	.453	Sept/Oct	.295	207	61	11	0	11	40	10	40	.326	.507
Close & Late	.280	168	47	11	0	6	33	8	40	.322	.452	vs. AL	.218	275	60	13	1	8	36	13	65	.259	.360
None on/out	.222	252	56	9	2	9	9	11	55	.258	.381	vs. NL	.271	877	238	51	2	40	159	48	186	.311	.471

Chan Ho Park — Dodgers
Age 29 – Pitches Right

	ERA	W	L	Sv	G	GS	IP	BB	SO	Avg	H	2B	3B	HR	RBI	OBP	SLG	CG	ShO	Sup	QS	#P/S	SB	CS	GB	FB	G/F
2001 Season	3.50	15	11	0	36	35	234.0	91	218	.216	183	35	8	23	85	.305	.358	2	1	4.35	26	105	9	8	256	255	1.00
Last Five Years	3.79	75	49	0	169	165	1067.0	482	966	.232	912	180	22	115	424	.324	.377	9	2	5.04	108	104	44	48	1252	1073	1.17

2001 Season

	ERA	W	L	Sv	G	GS	IP	H	HR	BB	SO		Avg	AB	H	2B	3B	HR	RBI	BB	SO	OBP	SLG
Home	2.36	10	4	0	19	18	126.0	87	10	56	112	vs. Left	.230	392	90	17	6	16	45	44	81	.319	.426
Away	4.83	5	7	0	17	17	108.0	96	13	35	106	vs. Right	.204	455	93	18	2	7	40	47	137	.292	.299
Day	3.02	4	3	0	9	9	56.2	55	6	17	55	Inning 1-6	.208	718	149	28	7	20	72	76	185	.295	.350
Night	3.65	11	8	0	27	26	177.1	128	17	74	163	Inning 7+	.264	129	34	7	1	3	13	15	33	.358	.403
Grass	3.53	15	10	0	35	34	227.0	177	23	89	210	None on	.218	514	112	18	4	16	16	52	132	.303	.362
Turf	2.57	0	1	0	1	1	7.0	6	0	2	8	Runners on	.213	333	71	17	4	7	69	39	86	.307	.351
April	3.63	3	2	0	6	6	39.2	27	5	17	35	Scoring Posn	.197	173	34	8	3	5	62	24	52	.301	.364
May	1.96	3	2	0	6	6	41.1	30	1	13	49	Close & Late	.273	77	21	5	1	2	9	11	23	.376	.442
June	3.16	2	1	0	6	6	42.2	27	5	19	44	None on/out	.200	225	45	5	2	8	8	21	54	.283	.347
July	2.65	3	1	0	5	5	34.0	29	2	8	35	vs. 1st Batr (relief)	.000	0	0	0	0	0	0	0	1	1.000	.000
August	3.79	2	3	0	6	6	40.1	34	5	18	29	1st Inning Pitched	.226	133	30	2	1	4	12	19	20	.320	.346
Sept/Oct	6.00	2	2	0	7	6	36.0	36	5	16	26	First 75 Pitches	.199	587	117	24	5	15	49	66	156	.291	.334
Starter	3.35	15	10	0	35	35	234.0	181	23	88	218	Pitch 76-90	.275	131	36	7	2	4	19	9	22	.340	.450
Reliever	—	0	1	0	1	0	0.0	2	0	3	0	Pitch 91-105	.238	84	20	2	0	3	12	8	19	.333	.369
0-3 Days Rest (Start)	5.91	0	1	0	2	2	10.2	13	2	3	14	Pitch 106+	.222	45	10	2	1	1	5	8	21	.327	.378
4 Days Rest	2.77	12	4	0	23	23	159.1	113	15	53	147	First Pitch	.260	123	32	7	3	6	17	1	0	.290	.512
5+ Days Rest	4.36	3	5	0	10	10	64.0	55	6	32	57	Ahead in Count	.173	375	65	12	1	3	21	0	178	.192	.235
vs. AL	5.09	1	1	0	3	3	17.2	20	1	13	21	Behind in Count	.327	168	55	10	3	11	37	49	0	.478	.619
vs. NL	3.37	14	10	0	33	32	216.1	163	22	78	197	Two Strikes	.145	407	59	15	1	2	18	41	218	.230	.201
Pre-All Star	2.80	8	5	0	19	19	131.2	89	11	52	137	Pre-All Star	.191	465	89	19	3	11	38	52	137	.288	.316
Post-All Star	4.40	7	6	0	17	16	102.1	94	12	39	81	Post-All Star	.246	382	94	16	5	12	47	39	81	.325	.408

Last Five Years

	ERA	W	L	Sv	G	GS	IP	H	HR	BB	SO		Avg	AB	H	2B	3B	HR	RBI	BB	SO	OBP	SLG
Home	3.04	40	21	0	86	84	574.2	458	65	247	499	vs. Left	.259	1907	493	95	13	68	228	270	380	.354	.429
Away	4.66	35	28	0	83	81	492.1	454	50	235	467	vs. Right	.207	2020	419	85	9	47	196	212	586	.294	.328
Day	3.89	28	15	0	53	53	321.2	301	35	163	295	Inning 1-6	.232	3438	797	158	21	103	387	425	861	.323	.380
Night	3.74	47	34	0	116	112	745.1	611	80	319	671	Inning 7+	.235	489	115	22	1	12	37	57	105	.329	.358
Grass	3.77	68	43	0	152	148	962.1	819	108	430	879	None on	.233	2309	538	103	16	76	76	272	562	.322	.390
Turf	3.96	7	6	0	17	17	104.2	93	7	52	87	Runners on	.231	1618	374	77	6	39	348	210	404	.326	.358
March/April	4.29	11	7	0	28	25	149.0	135	22	69	121	Scoring Posn	.206	889	183	41	4	16	285	127	249	.309	.315
May	3.70	11	9	0	29	29	180.0	145	21	86	169	Close & Late	.226	301	68	15	1	9	28	39	67	.328	.372
June	4.48	10	9	0	27	27	178.2	162	24	75	166	None on/out	.241	1025	256	51	7	33	33	104	225	.327	.410
July	3.14	16	7	0	28	28	183.2	155	12	79	159	vs. 1st Batr (relief)	.000	3	0	0	0	0	0	1	0	.250	.000
August	3.50	11	9	0	28	28	192.2	160	19	79	177	1st Inning Pitched	.247	640	158	25	3	21	83	83	136	.339	.394
Sept/Oct	3.74	16	8	0	29	28	183.2	155	17	94	174	First 75 Pitches	.225	2774	624	125	16	81	274	321	705	.312	.369
Starter	3.76	75	48	0	165	165	1062.2	908	114	479	962	Pitch 76-90	.266	531	141	24	4	17	73	70	116	.360	.422
Reliever	10.38	0	1	0	4	0	4.1	4	1	3	4	Pitch 91-105	.250	400	100	23	1	11	53	50	78	.343	.395
0-3 Days Rest (Start)	3.03	1	2	0	5	5	29.2	17	5	16	28	Pitch 106+	.212	222	47	8	1	6	24	41	67	.342	.338
4 Days Rest	3.37	52	25	0	105	105	694.1	561	70	310	642	First Pitch	.298	531	158	40	4	22	74	9	0	.320	.512
5+ Days Rest	4.62	22	21	0	55	55	338.2	326	39	159	292	Ahead in Count	.155	1778	275	47	7	20	97	0	823	.167	.223
vs. AL	3.21	5	3	0	12	12	75.2	69	5	39	66	Behind in Count	.348	842	293	64	8	47	162	256	0	.500	.610
vs. NL	3.83	70	46	0	157	153	991.1	843	110	443	900	Two Strikes	.141	1871	264	45	8	20	105	216	966	.237	.206
Pre-All Star	4.21	34	28	0	91	88	551.2	485	73	250	493	Pre-All Star	.238	2040	485	99	10	73	244	250	493	.330	.403
Post-All Star	3.34	41	21	0	78	77	515.1	427	42	232	473	Post-All Star	.226	1887	427	81	12	42	180	232	473	.317	.349

Christian Parker — Yankees
Age 26 – Pitches Right

	ERA	W	L	Sv	G	GS	IP	BB	SO	Avg	H	2B	3B	HR	RBI	OBP	SLG	CG	ShO	Sup	QS	#P/S	SB	CS	GB	FB	G/F
2001 Season	21.00	0	1	0	1	1	3.0	1	1	.471	8	1	0	2	6	.500	.882	0	0	0.00	0	55	2	0	5	7	0.71

2001 Season

	ERA	W	L	Sv	G	GS	IP	H	HR	BB	SO		Avg	AB	H	2B	3B	HR	RBI	BB	SO	OBP	SLG
Home	21.00	0	1	0	1	1	3.0	8	2	1	1	vs. Left	.571	7	4	0	0	2	5	1	0	.625	1.429
Away	0.00	0	0	0	0	0	0.0	0	0	0	0	vs. Right	.400	10	4	1	0	0	1	0	1	.400	.500

Chad Paronto — Orioles
Age 26 – Pitches Right (groundball pitcher)

	ERA	W	L	Sv	G	GS	IP	BB	SO	Avg	H	2B	3B	HR	RBI	OBP	SLG	GF	IR	IRS	Hld	SvOp	SB	CS	GB	FB	G/F
2001 Season	5.00	1	3	0	24	0	27.0	11	16	.289	33	7	0	5	25	.354	.482	9	11	7	5	1	5	1	51	25	2.04

2001 Season

	ERA	W	L	Sv	G	GS	IP	H	HR	BB	SO		Avg	AB	H	2B	3B	HR	RBI	BB	SO	OBP	SLG
Home	5.68	0	3	0	14	0	19.0	19	3	7	11	vs. Left	.186	43	8	1	0	0	2	1	6	.205	.209
Away	3.38	1	0	0	10	0	8.0	14	2	4	5	vs. Right	.352	71	25	6	0	5	23	10	10	.434	.648

Jim Parque — White Sox
Age 26 – Pitches Left (groundball pitcher)

	ERA	W	L	Sv	G	GS	IP	BB	SO	Avg	H	2B	3B	HR	RBI	OBP	SLG	CG	ShO	Sup	QS	#P/S	SB	CS	GB	FB	G/F
2001 Season	8.04	0	3	0	5	5	28.0	10	15	.308	36	9	1	7	21	.369	.581	1	0	4.82	0	1	0	0	54	29	1.86
Career (1998-2001)	4.97	29	29	0	90	88	501.2	209	314	.294	589	96	10	65	272	.366	.449	2	0	5.67	35	98	30	23	809	523	1.55

2001 Season

	ERA	W	L	Sv	G	GS	IP	H	HR	BB	SO		Avg	AB	H	2B	3B	HR	RBI	BB	SO	OBP	SLG
Home	8.59	0	2	0	4	4	22.0	28	7	5	11	vs. Left	.362	47	17	5	1	4	11	3	8	.423	.766
Away	6.00	0	1	0	1	1	6.0	8	0	5	4	vs. Right	.271	70	19	4	0	3	10	7	7	.333	.457

Career (1998-2001)

	ERA	W	L	Sv	G	GS	IP	H	HR	BB	SO		Avg	AB	H	2B	3B	HR	RBI	BB	SO	OBP	SLG
Home	4.71	18	14	0	48	47	269.1	311	37	105	170	vs. Left	.320	491	157	28	2	17	75	44	84	.386	.489
Away	5.27	11	15	0	42	41	232.1	278	28	104	144	vs. Right	.285	1515	432	68	8	48	197	165	230	.360	.436
Day	5.30	6	9	0	24	24	137.2	173	20	58	79	Inning 1-6	.288	1881	541	89	10	58	259	202	299	.362	.438
Night	4.85	23	20	0	66	64	364.0	416	45	151	235	Inning 7+	.384	125	48	7	0	7	13	7	15	.434	.608
Grass	4.91	25	24	0	75	73	418.1	490	55	174	260	None on	.307	1103	339	52	7	39	39	98	169	.370	.473
Turf	5.29	4	5	0	15	15	83.1	99	10	35	54	Runners on	.277	903	250	44	3	26	233	111	145	.362	.419
March/April	5.78	6	5	0	14	14	81.0	92	14	30	35	Scoring Posn	.266	511	136	26	1	12	198	72	82	.359	.391
May	3.60	4	5	0	14	14	75.0	82	7	36	45	Close & Late	.487	39	19	4	0	2	4	2	4	.524	.744
June	4.26	8	1	0	15	15	86.2	98	9	37	61	None on/out	.299	515	154	20	4	18	18	32	63	.347	.458
July	4.45	2	7	0	16	15	91.0	116	11	26	63	vs. 1st Batr (relief)	.000	2	0	0	0	0	0	0	0	.000	.000
August	6.32	3	7	0	15	15	78.1	95	10	47	51	1st Inning Pitched	.287	356	102	22	5	6	45	36	62	.356	.427
Sept/Oct	5.42	6	4	0	16	16	89.2	106	14	29	59	First 75 Pitches	.288	1473	424	69	9	42	184	150	247	.360	.432
Starter	5.00	29	29	0	88	88	496.2	586	64	207	307	Pitch 76-90	.288	257	74	15	0	11	45	38	24	.382	.475
Reliever	1.80	0	0	0	2	0	5.0	3	1	2	7	Pitch 91-105	.312	199	62	9	1	9	37	16	33	.372	.503
0-3 Days Rest (Start)	9.64	0	1	0	2	2	9.1	14	3	4	4	Pitch 106+	.377	77	29	3	0	3	6	5	10	.429	.532
4 Days Rest	4.82	14	16	0	45	45	260.0	314	36	95	157	First Pitch	.331	266	88	14	1	8	48	3	0	.342	.481
5+ Days Rest	5.02	15	12	0	41	41	222.1	258	25	108	146	Ahead in Count	.232	784	182	21	3	16	65	0	249	.250	.328
vs. AL	4.82	24	27	0	79	78	450.0	523	59	181	266	Behind in Count	.359	499	179	34	4	25	84	106	0	.471	.593
vs. NL	6.27	5	2	0	11	10	51.2	66	6	28	48	Two Strikes	.242	897	217	30	2	20	89	100	314	.328	.347
Pre-All Star	4.60	19	13	0	48	46	268.0	306	31	115	163	Pre-All Star	.286	1070	306	53	4	31	135	115	163	.360	.430
Post-All Star	5.39	10	16	0	42	42	233.2	283	34	94	151	Post-All Star	.302	936	283	43	6	34	137	94	151	.373	.470

Steve Parris — Blue Jays
Age 34 – Pitches Right

	ERA	W	L	Sv	G	GS	IP	BB	SO	Avg	H	2B	3B	HR	RBI	OBP	SLG	CG	ShO	Sup	QS	#P/S	SB	CS	GB	FB	G/F
2001 Season	4.60	4	6	0	19	19	105.2	41	49	.299	126	27	3	18	52	.362	.505	1	0	4.51	9	93	4	4	149	134	1.11
Last Five Years	4.24	33	32	0	92	89	526.0	196	329	.276	566	129	14	73	243	.343	.460	4	2	4.88	45	97	31	13	710	617	1.15

2001 Season

	ERA	W	L	Sv	G	GS	IP	H	HR	BB	SO		Avg	AB	H	2B	3B	HR	RBI	BB	SO	OBP	SLG
Home	3.92	2	1	0	8	8	43.2	51	7	21	16	vs. Left	.361	230	83	18	3	14	32	25	20	.424	.648
Away	5.08	2	5	0	11	11	62.0	75	11	20	33	vs. Right	.224	192	43	9	0	4	20	16	29	.286	.333
Starter	4.60	4	6	0	19	19	105.2	126	18	41	49	Scoring Posn	.216	97	21	2	0	5	33	15	15	.322	.392
Reliever	0.00	0	0	0	0	0	0.0	0	0	0	0	Close & Late	.500	10	5	1	0	1	1	0	.583	.600
0-3 Days Rest (Start)	0.00	0	0	0	0	0	0.0	0	0	0	0	None on/out	.289	114	33	7	1	4	4	7	9	.331	.474
4 Days Rest	4.78	3	3	0	9	9	52.2	59	12	21	25	First Pitch	.404	57	23	4	0	4	8	4	0	.443	.684
5+ Days Rest	4.42	1	3	0	10	10	53.0	67	6	20	24	Ahead in Count	.216	199	43	11	2	5	15	0	39	.223	.367
Pre-All Star	4.47	4	5	0	16	16	86.2	110	13	39	41	Behind in Count	.337	86	29	4	1	2	9	20	0	.458	.477
Post-All Star	5.21	0	1	0	3	3	19.0	16	5	2	8	Two Strikes	.248	202	50	14	2	4	21	17	49	.305	.396

Last Five Years

	ERA	W	L	Sv	G	GS	IP	H	HR	BB	SO		Avg	AB	H	2B	3B	HR	RBI	BB	SO	OBP	SLG
Home	4.19	18	12	0	42	41	240.2	261	37	92	144	vs. Left	.317	997	316	79	9	39	121	96	114	.378	.532
Away	4.29	15	20	0	50	48	285.1	305	36	104	185	vs. Right	.238	1051	250	50	5	34	122	100	215	.310	.392
Day	3.81	17	11	0	36	34	212.1	222	29	67	148	Inning 1-6	.274	1873	513	118	13	69	223	185	301	.361	.461
Night	4.53	16	21	0	56	55	313.2	344	44	129	181	Inning 7+	.303	175	53	11	1	4	20	11	28	.351	.446
Grass	4.91	10	15	0	38	37	214.1	247	36	80	135	None on	.297	1175	349	84	11	44	44	98	172	.357	.500
Turf	3.78	23	17	0	54	52	311.2	319	39	116	194	Runners on	.249	873	217	45	3	29	199	98	157	.325	.407

331

	ERA	W	L	Sv	G	GS	IP	H	HR	BB	SO		Avg	AB	H	2B	3B	HR	RBI	BB	SO	OBP	SLG
March/April	6.31	2	5	0	9	9	41.1	57	6	18	16	Scoring Posn	.215	511	110	25	1	19	169	67	106	.306	.380
May	4.69	6	6	0	16	15	88.1	95	13	33	56	Close & Late	.333	60	20	2	0	0	6	6	13	.403	.367
June	4.20	4	6	0	19	17	105.0	115	20	50	64	None on/out	.293	529	155	36	7	24	24	44	72	.353	.524
July	4.51	5	5	0	19	19	115.2	119	22	34	73	vs. 1st Batr (relief)	.000	2	0	0	0	0	0	0	1	.333	.000
August	2.40	7	2	0	11	11	75.0	75	3	20	45	1st Inning Pitched	.284	366	104	25	2	14	53	39	67	.358	.478
Sept/Oct	4.11	9	8	0	18	18	100.2	105	9	41	75	First 75 Pitches	.267	1488	398	90	11	49	164	150	245	.337	.442
Starter	4.25	32	32	0	89	89	518.2	561	72	193	327	Pitch 76-90	.281	288	81	20	2	10	30	20	39	.330	.469
Reliever	3.68	0	0	0	3	0	7.1	5	1	3	2	Pitch 91-105	.333	189	63	12	1	9	34	17	30	.397	.550
0-3 Days Rest (Start)	11.12	0	1	0	1	1	5.2	8	1	5	3	Pitch 106+	.289	83	24	7	0	5	15	9	15	.366	.554
4 Days Rest	4.33	15	18	0	44	44	255.2	277	42	94	165	First Pitch	.432	243	105	17	2	17	45	12	0	.463	.728
5+ Days Rest	4.02	17	13	0	44	44	257.1	276	29	94	159	Ahead in Count	.199	973	194	55	6	18	71	0	276	.207	.324
vs. AL	4.92	8	8	0	26	25	146.1	174	35	50	78	Behind in Count	.330	482	159	34	4	19	73	105	0	.446	.535
vs. NL	3.98	25	24	0	66	64	379.2	392	38	146	251	Two Strikes	.202	999	202	60	4	17	77	79	329	.265	.321
Pre-All Star	4.51	15	17	0	50	47	273.1	306	44	115	162	Pre-All Star	.287	1068	306	67	8	44	134	115	162	.360	.488
Post-All Star	3.95	18	15	0	42	42	252.2	260	29	81	167	Post-All Star	.265	980	260	62	6	29	109	81	167	.324	.430

John Parrish — Orioles
Age 24 – Pitches Left

	ERA	W	L	Sv	G	GS	IP	BB	SO	Avg	H	2B	3B	HR	RBI	OBP	SLG	GF	IR	IRS	Hld	SvOp	SB	CS	GB	FB	G/F
2001 Season	6.14	1	2	0	16	1	22.0	17	20	.256	22	7	0	5	16	.396	.512	7	11	1	2	0	0	0	29	24	1.21
Career (2000-2001)	6.79	3	6	0	24	9	58.1	52	48	.276	62	15	0	11	47	.414	.489	7	11	1	2	0	2	3	81	68	1.19

2001 Season

	ERA	W	L	Sv	G	GS	IP	H	HR	BB	SO		Avg	AB	H	2B	3B	HR	RBI	BB	SO	OBP	SLG
Home	3.68	0	1	0	7	0	7.1	6	1	7	7	vs. Left	.227	22	5	2	0	0	1	1	8	.292	.318
Away	7.36	1	1	0	9	1	14.2	16	4	10	13	vs. Right	.266	64	17	5	0	5	15	16	12	.427	.578

Corey Patterson — Cubs
Age 22 – Bats Left (flyball hitter)

	Avg	G	AB	R	H	2B	3B	HR	RBI	BB	SO	HBP	GDP	SB	CS	OBP	SLG	IBB	SH	SF	#Pit	#P/PA	GB	FB	G/F
2001 Season	.221	59	131	26	29	3	0	4	14	6	33	3	1	4	0	.266	.336	0	2	3	541	3.73	39	43	0.91
Career (2000-2001)	.208	70	173	35	36	4	0	6	16	9	47	4	1	5	1	.259	.335	0	3	3	699	3.64	52	53	0.98

2001 Season

	Avg	AB	H	2B	3B	HR	RBI	BB	SO	OBP	SLG		Avg	AB	H	2B	3B	HR	RBI	BB	SO	OBP	SLG
vs. Left	.267	30	8	1	0	1	2	1	6	.303	.400	Scoring Posn	.273	33	9	1	0	0	8	2	11	.289	.303
vs. Right	.208	101	21	2	0	3	12	5	27	.255	.317	Close & Late	.208	24	5	3	0	1	3	0	6	.231	.458
Home	.212	66	14	0	0	1	6	4	19	.264	.258	None on/out	.195	41	8	1	0	1	1	1	12	.214	.293
Away	.231	65	15	3	0	3	8	2	14	.268	.415	Batting #2	.273	44	12	0	0	1	4	3	7	.360	.341
First Pitch	.333	15	5	0	0	2	5	0	0	.353	.733	Batting #7	.200	35	7	1	0	1	4	1	10	.211	.314
Ahead in Count	.320	25	8	1	0	1	2	5	0	.433	.480	Other	.192	52	10	2	0	2	6	2	16	.218	.346
Behind in Count	.171	70	12	2	0	1	5	0	28	.192	.243	Pre-All Star	.227	22	5	1	0	0	2	1	4	.250	.273
Two Strikes	.119	67	8	1	0	0	2	1	33	.143	.134	Post-All Star	.220	109	24	2	0	4	12	5	29	.269	.349

Danny Patterson — Tigers
Age 31 – Pitches Right (groundball pitcher)

	ERA	W	L	Sv	G	GS	IP	BB	SO	Avg	H	2B	3B	HR	RBI	OBP	SLG	GF	IR	IRS	Hld	SvOp	SB	CS	GB	FB	G/F
2001 Season	3.06	5	4	1	60	0	64.2	12	27	.274	64	12	0	4	29	.316	.376	16	62	10	16	5	1	3	131	40	3.28
Last Five Years	4.08	24	16	4	281	0	313.1	87	201	.284	344	69	9	27	170	.334	.423	84	229	71	60	18	7	11	576	235	2.45

2001 Season

	ERA	W	L	Sv	G	GS	IP	H	HR	BB	SO		Avg	AB	H	2B	3B	HR	RBI	BB	SO	OBP	SLG
Home	4.76	2	3	0	33	0	34.0	44	2	7	12	vs. Left	.327	104	34	5	0	3	19	6	7	.368	.462
Away	1.17	3	1	1	27	0	30.2	20	2	5	15	vs. Right	.231	130	30	7	0	1	10	6	20	.273	.308
Day	2.01	2	2	1	19	0	22.1	18	1	5	7	Inning 1-6	.000	3	0	0	0	0	0	0	0	.000	.000
Night	3.61	3	2	0	41	0	42.1	46	3	7	20	Inning 7+	.277	231	64	12	0	4	29	12	27	.320	.381
Grass	3.16	5	4	0	58	0	62.2	63	4	12	27	None on	.315	108	34	8	0	2	2	5	12	.351	.444
Turf	0.00	0	0	1	2	0	2.0	1	0	0	0	Runners on	.238	126	30	4	0	2	27	7	15	.288	.317
April	0.00	1	0	0	8	0	11.0	3	0	2	3	Scoring Posn	.266	79	21	2	0	2	26	7	11	.337	.367
May	1.93	2	2	0	11	0	14.0	14	1	3	2	Close & Late	.324	142	46	9	0	4	23	8	12	.369	.472
June	4.50	0	0	0	11	0	12.0	19	0	0	10	None on/out	.383	47	18	2	0	1	1	3	3	.431	.489
July	4.35	0	0	0	11	0	10.1	8	0	5	9	vs. 1st Batr (relief)	.241	54	13	2	0	1	9	3	6	.283	.333
August	4.50	1	2	0	11	0	12.0	15	2	1	1	1st Inning Pitched	.234	175	41	9	0	2	20	9	22	.280	.320
Sept/Oct	3.38	0	0	0	8	0	5.1	5	1	1	2	First 15 Pitches	.244	172	42	8	0	2	15	9	20	.290	.326
Starter	0.00	0	0	0	0	0	0.0	0	0	0	0	Pitch 16-30	.356	59	21	4	0	2	10	3	7	.391	.525
Reliever	3.06	5	4	0	60	0	64.2	64	4	12	27	Pitch 31-45	.333	3	1	0	0	0	0	0	1	.333	.333
0 Days Rest (Relief)	2.84	2	0	0	13	0	12.2	11	1	2	6	Pitch 46+	.000	0	0	0	0	0	0	0	0	.000	.000
1 or 2 Days Rest	3.03	2	3	1	28	0	32.2	31	2	9	11	First Pitch	.300	30	9	0	0	3	4	0	0	.400	.300
3+ Days Rest	3.26	1	1	0	19	0	19.1	22	1	1	10	Ahead in Count	.204	108	22	4	0	2	9	0	23	.218	.296
vs. AL	2.40	5	4	0	51	0	56.1	54	4	10	21	Behind in Count	.333	60	20	6	0	1	12	7	0	.406	.483
vs. NL	7.56	0	0	0	9	0	8.1	10	0	2	6	Two Strikes	.205	83	17	5	0	0	4	17	7	.233	.265
Pre-All Star	2.85	4	2	0	34	0	41.0	40	1	9	18	Pre-All Star	.268	149	40	6	0	1	17	9	18	.319	.329
Post-All Star	3.42	1	2	0	26	0	23.2	24	3	3	9	Post-All Star	.282	85	24	6	0	3	12	3	9	.311	.459

Last Five Years

	ERA	W	L	Sv	G	GS	IP	H	HR	BB	SO		Avg	AB	H	2B	3B	HR	RBI	BB	SO	OBP	SLG
Home	4.91	11	11	2	140	0	157.2	183	8	46	107	vs. Left	.304	487	148	30	5	9	70	44	67	.362	.441
Away	3.24	13	5	2	141	0	155.2	161	19	41	94	vs. Right	.271	723	196	39	4	18	100	43	134	.315	.411

Last Five Years

	ERA	W	L	Sv	G	GS	IP	H	HR	BB	SO		Avg	AB	H	2B	3B	HR	RBI	BB	SO	OBP	SLG
Day	3.97	7	5	2	70	0	79.1	83	6	22	52	Inning 1-6	.257	105	27	7	2	1	9	6	21	.304	.390
Night	4.12	17	11	2	211	0	234.0	261	21	65	149	Inning 7+	.287	1105	317	62	7	26	151	81	180	.337	.426
Grass	4.06	19	15	3	255	0	285.2	311	25	82	181	None on	.289	606	175	41	4	18	18	32	106	.329	.459
Turf	4.23	5	1	1	26	0	27.2	33	2	5	20	Runners on	.280	604	169	28	5	9	152	55	95	.339	.387
March/April	2.45	3	2	0	42	0	40.1	41	0	10	27	Scoring Posn	.270	381	103	19	4	7	145	42	62	.342	.396
May	2.95	8	4	3	50	0	64.0	64	4	15	37	Close & Late	.303	519	157	29	2	11	82	44	82	.360	.430
June	3.71	2	3	0	47	0	53.1	65	3	17	38	None on/out	.270	259	70	15	2	9	9	13	41	.308	.448
July	4.20	4	2	0	47	0	55.2	54	5	18	42	vs. 1st Batr (relief)	.294	262	77	14	1	10	51	11	43	.318	.469
August	5.37	4	4	1	54	0	60.1	72	8	13	27	1st Inning Pitched	.285	908	259	50	8	23	147	62	154	.332	.434
Sept/Oct	5.90	3	1	0	41	0	39.2	48	7	14	30	First 15 Pitches	.296	849	251	49	6	22	118	51	129	.336	.445
Starter	0.00	0	0	0	0	0	0.0	0	0	0	0	Pitch 16-30	.257	319	82	20	1	5	44	31	62	.328	.373
Reliever	4.08	24	16	4	281	0	313.1	344	27	87	201	Pitch 31-45	.268	41	11	0	2	0	8	5	10	.348	.366
0 Days Rest (Relief)	4.04	4	2	1	49	0	49.0	57	4	9	29	Pitch 46+	.000	1	0	0	0	0	0	0	0	.000	.000
1 or 2 Days Rest	3.64	16	11	3	145	0	168.0	166	14	53	99	First Pitch	.326	227	74	12	4	4	37	13	0	.366	.467
3+ Days Rest	4.86	4	3	0	87	0	96.1	121	9	25	73	Ahead in Count	.211	517	109	19	3	5	47	0	177	.214	.288
vs. AL	4.21	21	14	4	244	0	273.2	303	26	71	176	Behind in Count	.372	266	99	24	2	9	55	44	0	.462	.579
vs. NL	3.18	3	2	0	37	0	39.2	41	1	16	25	Two Strikes	.196	470	92	18	2	7	34	30	201	.249	.287
Pre-All Star	3.36	14	9	3	157	0	176.2	187	8	49	121	Pre-All Star	.276	678	187	33	5	8	82	49	121	.326	.375
Post-All Star	5.00	10	7	1	124	0	136.2	157	19	38	80	Post-All Star	.295	532	157	36	4	19	88	38	80	.344	.485

Jarrod Patterson — Tigers   Age 28 – Bats Left

	Avg	G	AB	R	H	2B	3B	HR	RBI	BB	SO	HBP	GDP	SB	CS	OBP	SLG	IBB	SH	SF	#Pit	#P/PA	GB	FB	G/F
2001 Season	.268	13	41	6	11	1	1	2	4	0	4	2	2	0	1	.302	.488	0	0	0	147	3.42	19	12	1.58

2001 Season

	Avg	AB	H	2B	3B	HR	RBI	BB	SO	OBP	SLG		Avg	AB	H	2B	3B	HR	RBI	BB	SO	OBP	SLG
vs. Left	.250	8	2	0	0	0	1	0	0	.250	.250	Scoring Posn	.167	12	2	1	0	0	2	0	3	.231	.250
vs. Right	.273	33	9	1	1	2	3	0	4	.314	.545	Close & Late	.333	6	2	0	1	0	0	0	2	.333	.667

Josh Paul — White Sox   Age 27 – Bats Right (groundball hitter)

	Avg	G	AB	R	H	2B	3B	HR	RBI	BB	SO	HBP	GDP	SB	CS	OBP	SLG	IBB	SH	SF	#Pit	#P/PA	GB	FB	G/F
2001 Season	.266	57	139	20	37	11	0	3	18	13	25	0	3	6	2	.327	.410	0	1	1	568	3.69	51	38	1.34
Career (1999-2001)	.268	99	228	37	61	15	2	4	27	18	46	1	6	7	2	.323	.404	0	3	1	919	3.66	89	49	1.82

2001 Season

	Avg	AB	H	2B	3B	HR	RBI	BB	SO	OBP	SLG		Avg	AB	H	2B	3B	HR	RBI	BB	SO	OBP	SLG
vs. Left	.209	43	9	5	0	2	12	5	7	.292	.465	Scoring Posn	.256	39	10	3	0	2	16	2	9	.286	.487
vs. Right	.292	96	28	6	0	1	6	8	18	.343	.385	Close & Late	.143	14	2	2	0	0	1	4	3	.333	.286
Home	.277	65	18	5	0	0	6	10	8	.368	.354	None on/out	.233	30	7	4	0	0	0	4	5	.324	.367
Away	.257	74	19	6	0	3	12	3	17	.286	.459	Batting #8	.211	19	4	1	0	0	0	1	4	.250	.263
First Pitch	.250	24	6	1	0	0	1	0	0	.250	.292	Batting #9	.278	115	32	9	0	3	18	12	21	.344	.435
Ahead in Count	.400	20	8	3	0	3	9	7	0	.556	1.000	Other	.200	5	1	1	0	0	0	0	0	.200	.400
Behind in Count	.250	72	18	4	0	0	4	0	21	.247	.306	Pre-All Star	.207	87	18	5	0	0	3	5	18	.247	.264
Two Strikes	.224	67	15	6	0	0	7	6	25	.284	.313	Post-All Star	.365	52	19	6	0	3	15	8	7	.450	.654

Carl Pavano — Expos   Age 26 – Pitches Right (groundball pitcher)

	ERA	W	L	Sv	G	GS	IP	BB	SO	Avg	H	2B	3B	HR	RBI	OBP	SLG	CG	ShO	Sup	QS	#P/S	SB	CS	GB	FB	G/F
2001 Season	6.33	1	6	0	8	8	42.2	16	36	.331	59	7	0	7	29	.391	.494	0	0	2.11	5	88	4	3	59	47	1.26
Career (1998-2001)	4.54	21	27	0	66	64	378.1	128	253	.269	395	69	12	41	176	.335	.417	1	1	4.16	37	93	44	19	587	386	1.52

2001 Season

	ERA	W	L	Sv	G	GS	IP	H	HR	BB	SO		Avg	AB	H	2B	3B	HR	RBI	BB	SO	OBP	SLG
Home	5.48	1	3	0	4	4	23.0	22	3	10	19	vs. Left	.384	73	28	5	0	3	14	9	12	.446	.575
Away	7.32	0	3	0	4	4	19.2	37	4	6	17	vs. Right	.295	105	31	3	0	4	15	7	24	.351	.438

Career (1998-2001)

	ERA	W	L	Sv	G	GS	IP	H	HR	BB	SO		Avg	AB	H	2B	3B	HR	RBI	BB	SO	OBP	SLG
Home	3.63	15	11	0	35	35	223.1	198	20	66	150	vs. Left	.295	684	202	38	5	22	86	68	98	.363	.462
Away	5.86	6	16	0	31	29	155.0	197	21	62	103	vs. Right	.247	782	193	31	7	19	90	60	155	.309	.377
Day	4.10	2	7	0	13	12	74.2	64	4	36	55	Inning 1-6	.269	1325	356	63	10	33	160	112	231	.333	.406
Night	4.65	19	20	0	53	52	303.2	331	37	92	198	Inning 7+	.277	141	39	6	2	8	16	16	22	.354	.518
Grass	5.22	3	10	0	21	19	108.2	130	15	46	66	None on	.266	849	226	41	6	27	27	67	141	.327	.424
Turf	4.27	18	17	0	45	45	269.2	265	26	82	187	Runners on	.274	617	169	28	6	14	149	61	112	.345	.407
March/April	5.24	4	5	0	10	10	55.0	66	4	23	36	Scoring Posn	.273	359	98	16	2	10	130	41	67	.350	.412
May	3.94	5	3	0	12	12	75.1	68	7	20	59	Close & Late	.284	88	25	4	1	7	14	9	10	.357	.591
June	3.77	8	4	0	16	16	100.1	93	10	28	62	None on/out	.245	376	92	15	3	10	10	30	64	.307	.380
July	6.31	1	6	0	8	8	45.2	51	8	19	21	vs. 1st Batr (relief)	.500	2	1	0	0	0	0	0	0	.500	.500
August	6.69	1	4	0	8	8	36.1	56	6	20	25	1st Inning Pitched	.317	271	86	14	4	8	50	31	51	.397	.487
Sept/Oct	3.43	2	6	0	12	10	65.2	61	6	18	50	First 75 Pitches	.271	1119	303	48	8	29	139	95	195	.336	.406
Starter	4.48	21	26	0	64	64	375.1	390	40	126	250	Pitch 76-90	.284	204	58	13	2	8	23	19	35	.345	.485
Reliever	12.00	0	1	0	2	0	3.0	5	1	2	3	Pitch 91-105	.233	116	27	7	2	3	11	7	19	.283	.405
0-3 Days Rest (Start)	0.00	0	0	0	1	0	0.0	0	0	1	0	Pitch 106+	.259	27	7	1	0	1	3	7	4	.412	.407
4 Days Rest	3.82	9	13	0	31	31	188.1	182	20	69	118	First Pitch	.354	226	80	19	2	10	40	4	0	.361	.588
5+ Days Rest	5.15	12	13	0	33	33	187.0	208	20	57	132	Ahead in Count	.201	666	134	22	5	7	48	0	209	.221	.281

	ERA	W	L	Sv	G	GS	IP	H	HR	BB	SO		Avg	AB	H	2B	3B	HR	RBI	BB	SO	OBP	SLG
vs. AL	3.64	4	4	0	9	9	54.1	49	6	13	35	Behind in Count	.382	283	108	16	4	15	62	56	0	.474	.625
vs. NL	4.69	17	23	0	57	55	324.0	346	35	115	218	Two Strikes	.185	654	121	21	4	10	48	68	253	.272	.275
Pre-All Star	4.40	16	14	0	41	41	245.2	246	23	75	166	Pre-All Star	.262	940	246	41	8	23	108	75	166	.324	.396
Post-All Star	4.82	5	13	0	25	23	132.2	149	18	53	87	Post-All Star	.283	526	149	28	4	18	68	53	87	.354	.454

Jay Payton — Mets   Age 29 – Bats Right

	Avg	G	AB	R	H	2B	3B	HR	RBI	BB	SO	HBP	GDP	SB	CS	OBP	SLG	IBB	SH	SF	#Pit	#P/PA	GB	FB	G/F
2001 Season	.255	104	361	44	92	16	1	8	34	18	52	5	11	4	3	.298	.371	1	0	2	1225	3.17	148	93	1.59
Career (1998-2001)	.276	281	879	110	243	41	2	25	97	49	118	9	20	10	16	.318	.413	0	10	3113	3.29	364	254	1.43

2001 Season

	Avg	AB	H	2B	3B	HR	RBI	BB	SO	OBP	SLG		Avg	AB	H	2B	3B	HR	RBI	BB	SO	OBP	SLG
vs. Left	.261	69	18	2	0	2	7	5	11	.307	.377	First Pitch	.359	78	28	6	0	4	9	1	0	.390	.590
vs. Right	.253	292	74	14	1	6	27	13	41	.296	.370	Ahead in Count	.177	62	11	2	0	1	7	12	0	.307	.258
Home	.240	167	40	7	0	6	15	10	19	.293	.389	Behind in Count	.247	178	44	5	1	3	15	0	47	.256	.337
Away	.268	194	52	9	1	2	19	8	33	.302	.356	Two Strikes	.185	146	27	3	1	0	9	5	52	.211	.219
Day	.257	140	36	3	0	0	9	5	17	.283	.279	Batting #6	.305	128	39	7	0	3	14	8	12	.360	.430
Night	.253	221	56	13	1	8	25	13	35	.307	.430	Batting #7	.238	151	36	6	1	4	14	9	26	.284	.371
Grass	.252	329	83	13	1	7	29	18	45	.297	.362	Other	.207	82	17	3	0	1	6	1	14	.224	.280
Turf	.281	32	9	3	0	1	5	0	7	.303	.469	April	.264	91	24	3	1	1	9	1	9	.277	.352
Pre-All Star	.261	161	42	8	1	3	13	6	20	.294	.379	May	.550	20	11	3	0	2	3	2	3	.609	1.000
Post-All Star	.250	200	50	8	0	5	21	12	32	.301	.365	June	.167	24	4	2	0	1	0	0	3	.167	.250
Inning 1-6	.260	231	60	11	1	4	24	11	29	.304	.368	July	.167	72	12	1	0	1	4	6	16	.238	.222
Inning 7+	.246	130	32	5	0	4	10	7	23	.288	.377	August	.234	64	15	1	0	2	7	7	10	.310	.344
Scoring Posn	.184	103	19	1	0	2	24	9	17	.265	.194	Sept/Oct	.289	90	26	6	0	2	10	2	11	.304	.422
Close & Late	.279	68	19	1	0	1	7	4	8	.315	.338	vs. AL	.083	24	2	0	0	0	0	1	6	.120	.083
None on/out	.325	77	25	1	0	5	5	0	11	.333	.532	vs. NL	.267	337	90	16	1	8	34	17	46	.310	.392

2001 By Position

Position	Avg	AB	H	2B	3B	HR	RBI	BB	SO	OBP	SLG	G	GS	Innings	PO	A	E	DP	Fld Pct	Rng Fctr	In Zone	Outs	Zone Rtg	MLB Zone
As cf	.256	359	92	16	1	8	34	17	51	.298	.373	103	90	825.2	236	6	4	1	.984	2.64	262	235	.897	.892

Career (1998-2001)

	Avg	AB	H	2B	3B	HR	RBI	BB	SO	OBP	SLG		Avg	AB	H	2B	3B	HR	RBI	BB	SO	OBP	SLG
vs. Left	.314	194	61	9	0	7	22	17	29	.364	.469	First Pitch	.337	172	58	12	0	6	19	1	0	.350	.512
vs. Right	.266	685	182	32	2	18	75	32	89	.304	.397	Ahead in Count	.268	168	45	6	1	9	32	31	0	.376	.476
Home	.255	423	108	17	0	15	49	24	58	.300	.402	Behind in Count	.251	418	105	15	1	7	29	0	109	.259	.342
Away	.296	456	135	24	2	10	48	25	60	.334	.423	Two Strikes	.220	350	77	13	1	5	25	17	118	.259	.306
Day	.263	319	84	11	1	5	30	16	43	.298	.351	Batting #6	.313	243	76	12	1	6	27	17	28	.364	.444
Night	.284	560	159	30	1	20	67	33	75	.329	.448	Batting #7	.278	439	122	21	1	16	53	26	57	.319	.440
Grass	.276	757	209	33	2	21	83	43	102	.319	.408	Other	.228	197	45	8	0	3	17	6	33	.257	.315
Turf	.279	122	34	8	0	4	14	6	16	.313	.443	March/April	.257	152	39	6	2	3	17	5	20	.281	.382
Pre-All Star	.275	382	105	19	2	11	40	23	49	.316	.421	May	.290	62	18	5	0	2	6	7	10	.361	.468
Post-All Star	.278	497	138	22	0	14	57	26	69	.320	.406	June	.357	115	41	8	0	6	17	5	12	.379	.583
Inning 1-6	.282	563	159	29	2	15	68	32	66	.325	.421	July	.214	168	36	5	0	2	12	13	23	.273	.280
Inning 7+	.266	316	84	12	0	10	29	17	52	.304	.399	August	.280	164	46	5	0	5	16	12	25	.333	.402
Scoring Posn	.216	236	51	8	0	4	70	22	38	.283	.301	Sept/Oct	.289	218	63	12	0	7	29	7	28	.308	.440
Close & Late	.256	160	41	4	0	4	15	6	23	.280	.356	vs. AL	.261	92	24	3	0	5	10	6	12	.303	.457
None on/out	.312	215	67	8	0	10	10	4	30	.330	.488	vs. NL	.278	787	219	38	2	20	87	43	106	.320	.408

Angel Pena — Dodgers   Age 27 – Bats Right

	Avg	G	AB	R	H	2B	3B	HR	RBI	BB	SO	HBP	GDP	SB	CS	OBP	SLG	IBB	SH	SF	#Pit	#P/PA	GB	FB	G/F
2001 Season	.204	22	54	3	11	1	0	1	2	1	17	0	0	0	0	.214	.278	0	2	1	185	3.19	13	19	0.68
Career (1998-2001)	.209	71	187	18	39	7	0	5	23	13	47	0	6	0	1	.256	.326	0	3	3	762	3.70	59	58	1.02

2001 Season

	Avg	AB	H	2B	3B	HR	RBI	BB	SO	OBP	SLG		Avg	AB	H	2B	3B	HR	RBI	BB	SO	OBP	SLG
vs. Left	.167	12	2	0	0	0	0	0	5	.167	.167	Scoring Posn	.125	16	2	0	0	0	1	0	9	.118	.125
vs. Right	.214	42	9	1	0	1	2	1	12	.227	.310	Close & Late	.444	9	4	0	0	1	1	0	4	.444	.778

Carlos Pena — Rangers   Age 24 – Bats Left

	Avg	G	AB	R	H	2B	3B	HR	RBI	BB	SO	HBP	GDP	SB	CS	OBP	SLG	IBB	SH	SF	#Pit	#P/PA	GB	FB	G/F
2001 Season	.258	22	62	6	16	4	1	3	12	10	17	0	1	0	0	.361	.500	0	0	1	302	4.19	20	14	1.43

2001 Season

	Avg	AB	H	2B	3B	HR	RBI	BB	SO	OBP	SLG		Avg	AB	H	2B	3B	HR	RBI	BB	SO	OBP	SLG
vs. Left	.091	11	1	0	0	0	1	0	5	.091	.091	Scoring Posn	.316	19	6	1	1	1	8	4	3	.435	.632
vs. Right	.294	51	15	4	1	3	11	10	12	.410	.588	Close & Late	.125	8	1	1	0	0	1	2	4	.300	.250

Elvis Pena — Brewers
Age 25 – Bats Both (groundball hitter)

	Avg	G	AB	R	H	2B	3B	HR	RBI	BB	SO	HBP	GDP	SB	CS	OBP	SLG	IBB	SH	SF	#Pit	#P/PA	GB	FB	G/F
2001 Season	.225	15	40	5	9	2	0	0	6	6	6	1	3	2	0	.333	.275	0	0	1	166	3.46	20	5	4.00
Career (2000-2001)	.245	25	49	6	12	3	0	0	7	7	7	1	6	3	0	.345	.306	0	0	1	192	3.31	25	6	4.17

2001 Season

	Avg	AB	H	2B	3B	HR	RBI	BB	SO	OBP	SLG		Avg	AB	H	2B	3B	HR	RBI	BB	SO	OBP	SLG
vs. Left	.417	12	5	2	0	0	4	1	1	.429	.583	Scoring Posn	.300	10	3	1	0	0	6	0	1	.273	.400
vs. Right	.143	28	4	0	0	0	2	5	5	.294	.143	Close & Late	.000	3	0	0	0	0	0	1	1	.250	.000

Brad Penny — Marlins
Age 24 – Pitches Right

	ERA	W	L	Sv	G	GS	IP	BB	SO	Avg	H	2B	3B	HR	RBI	OBP	SLG	CG	ShO	Sup	QS	#P/S	SB	CS	GB	FB	G/F
2001 Season	3.69	10	10	0	31	31	205.0	54	154	.240	183	37	6	15	83	.296	.364	1	1	3.69	18	94	12	7	293	195	1.50
Career (2000-2001)	4.10	18	17	0	54	53	324.2	114	234	.249	303	62	10	28	145	.318	.385	1	1	4.68	26	94	20	11	462	328	1.41

2001 Season

	ERA	W	L	Sv	G	GS	IP	H	HR	BB	SO		Avg	AB	H	2B	3B	HR	RBI	BB	SO	OBP	SLG
Home	2.27	6	5	0	15	15	107.0	78	4	23	87	vs. Left	.236	369	87	19	2	5	34	39	70	.312	.339
Away	5.23	4	5	0	16	16	98.0	105	11	31	67	vs. Right	.244	393	96	18	4	10	49	15	84	.280	.387
Day	3.78	3	3	0	8	8	47.2	41	3	18	35	Inning 1-6	.232	667	155	33	4	12	70	48	136	.289	.348
Night	3.66	7	7	0	23	23	157.1	142	12	36	119	Inning 7+	.295	95	28	4	2	3	13	6	18	.340	.474
Grass	3.70	8	8	0	26	26	175.1	151	13	48	130	None on	.208	480	100	22	3	7	31	102	.264	.310
Turf	3.64	2	2	0	5	5	29.2	32	2	6	24	Runners on	.294	282	83	15	3	8	76	23	52	.350	.454
April	4.28	1	0	0	5	5	33.2	33	4	10	22	Scoring Posn	.311	148	46	8	1	5	67	16	24	.377	.480
May	3.89	3	0	0	6	6	39.1	39	4	12	34	Close & Late	.297	74	22	4	1	3	10	4	14	.338	.500
June	1.93	3	1	0	5	5	32.2	17	1	7	29	None on/out	.204	201	41	9	1	3	12	41	.256	.303
July	5.92	0	4	0	4	4	24.1	26	3	8	24	vs. 1st Batr (relief)	.000	0	0	0	0	0	0	0	0	.000	.000
August	4.65	0	3	0	6	6	40.2	38	1	12	28	1st Inning Pitched	.198	111	22	5	0	1	5	9	27	.264	.270
Sept/Oct	1.83	3	2	0	5	5	34.1	30	2	5	17	First 75 Pitches	.220	577	127	29	2	8	48	39	119	.275	.319
Starter	3.69	10	10	0	31	31	205.0	183	15	54	154	Pitch 76-90	.321	106	34	8	1	2	16	10	19	.376	.472
Reliever	0.00	0	0	0	0	0	0.0	0	0	0	0	Pitch 91-105	.317	60	19	0	2	5	18	5	10	.388	.633
0-3 Days Rest (Start)	0.00	0	0	0	0	0	0.0	0	0	0	0	Pitch 106+	.158	19	3	0	1	0	1	0	6	.158	.263
4 Days Rest	3.84	5	4	0	13	13	84.1	74	5	24	66	First Pitch	.318	110	35	6	0	4	24	2	0	.342	.482
5+ Days Rest	3.58	5	6	0	18	18	120.2	109	10	30	88	Ahead in Count	.207	367	76	13	5	5	29	0	132	.215	.311
vs. AL	2.55	2	1	0	3	3	17.2	15	1	3	13	Behind in Count	.221	145	32	7	1	2	10	23	0	.331	.324
vs. NL	3.80	8	9	0	28	28	187.1	168	14	51	141	Two Strikes	.164	347	57	14	5	2	23	29	154	.234	.251
Pre-All Star	3.63	7	3	0	18	18	116.2	104	10	31	93	Pre-All Star	.241	431	104	19	2	10	44	31	93	.298	.364
Post-All Star	3.77	3	7	0	13	13	88.1	79	5	23	61	Post-All Star	.239	331	79	18	4	5	39	23	61	.292	.363

Troy Percival — Angels
Age 32 – Pitches Right (flyball pitcher)

	ERA	W	L	Sv	G	GS	IP	BB	SO	Avg	H	2B	3B	HR	RBI	OBP	SLG	GF	IR	IRS	Hld	SvOp	SB	CS	GB	FB	G/F
2001 Season	2.65	4	2	39	57	0	57.2	18	71	.187	39	6	0	3	18	.258	.258	50	14	1	0	42	14	1	50	62	0.81
Last Five Years	3.59	20	25	171	293	0	283.1	129	337	.197	204	46	2	30	135	.293	.333	251	93	24	0	202	46	7	216	353	0.61

2001 Season

	ERA	W	L	Sv	G	GS	IP	H	HR	BB	SO		Avg	AB	H	2B	3B	HR	RBI	BB	SO	OBP	SLG
Home	3.64	3	2	18	31	0	29.2	20	3	12	33	vs. Left	.176	125	22	3	0	2	10	10	45	.237	.248
Away	1.61	1	0	21	26	0	28.0	19	0	6	38	vs. Right	.202	84	17	3	0	1	8	8	26	.287	.274
Starter	0.00	0	0	0	0	0	0.0	0	0	0	0	Scoring Posn	.245	49	12	3	0	2	15	7	16	.339	.429
Reliever	2.65	4	2	39	57	0	57.2	39	3	18	71	Close & Late	.188	176	33	6	0	3	18	15	60	.255	.273
0 Days Rest (Relief)	3.38	0	0	11	14	0	13.1	10	2	4	15	None on/out	.157	51	8	0	0	0	0	3	17	.218	.157
1 or 2 Days Rest	3.52	0	2	16	22	0	23.0	20	0	10	23	First Pitch	.200	15	3	1	0	0	0	1	0	.294	.267
3+ Days Rest	1.27	4	0	12	21	0	21.1	9	1	4	33	Ahead in Count	.154	130	20	4	0	1	0	10	0	55	.160	.208
Pre-All Star	0.84	3	1	21	31	0	32.0	14	1	7	34	Behind in Count	.385	26	10	0	0	1	5	6	0	.500	.500
Post-All Star	4.91	1	1	18	26	0	25.2	25	2	11	37	Two Strikes	.118	136	16	4	0	1	8	11	71	.189	.169

Last Five Years

	ERA	W	L	Sv	G	GS	IP	H	HR	BB	SO		Avg	AB	H	2B	3B	HR	RBI	BB	SO	OBP	SLG
Home	3.75	15	14	80	157	0	151.1	112	17	68	165	vs. Left	.211	558	118	32	1	14	76	76	186	.311	.348
Away	3.41	5	11	91	136	0	132.0	92	13	61	172	vs. Right	.181	476	86	14	1	16	59	53	151	.272	.315
Day	3.46	1	9	48	82	0	80.2	64	10	41	108	Inning 1-6	.000	0	0	0	0	0	0	0	0	.000	.000
Night	3.64	19	16	123	211	0	202.2	140	20	88	229	Inning 7+	.197	1034	204	46	2	30	135	129	337	.293	.333
Grass	3.92	18	24	146	260	0	252.2	193	28	120	296	None on	.186	574	107	26	1	12	12	62	190	.275	.298
Turf	0.88	2	1	25	33	0	30.2	11	2	9	41	Runners on	.211	460	97	20	1	18	123	67	147	.315	.376
March/April	3.32	2	5	21	39	0	38.0	21	5	19	41	Scoring Posn	.234	295	69	15	1	10	104	53	94	.349	.393
May	2.68	5	4	37	55	0	53.2	37	3	21	61	Close & Late	.205	824	169	36	2	27	55	101	263	.298	.352
June	2.35	5	3	36	55	0	53.2	34	5	21	49	None on/out	.162	235	38	9	1	3	3	29	81	.259	.247
July	4.53	3	5	25	53	0	51.2	37	5	31	62	vs. 1st Batr (relief)	.171	258	44	11	1	6	20	34	87	.270	.291
August	4.74	2	4	29	46	0	43.2	38	8	15	55	1st Inning Pitched	.199	987	196	45	2	27	123	123	318	.293	.330
Sept/Oct	4.22	3	4	23	45	0	42.2	37	4	20	69	First 15 Pitches	.191	724	138	31	1	21	67	71	223	.270	.322
Starter	0.00	0	0	0	0	0	0.0	0	0	0	0	Pitch 16-30	.221	290	64	16	1	8	60	50	105	.340	.366
Reliever	3.59	20	25	171	293	0	283.1	204	30	129	337	Pitch 31-45	.100	20	2	0	0	1	8	8	9	.379	.250
0 Days Rest (Relief)	3.95	3	6	54	81	0	75.0	63	12	25	79	Pitch 46+	.000	0	0	0	0	0	0	0	0	.000	.000
1 or 2 Days Rest	4.21	5	13	70	116	0	113.1	88	11	59	130	First Pitch	.269	93	25	8	0	2	13	10	0	.346	.419
3+ Days Rest	2.60	12	6	47	96	0	97.0	53	7	47	128	Ahead in Count	.149	596	89	15	0	15	53	0	273	.161	.250
vs. AL	3.77	15	22	149	252	0	241.1	175	25	111	294	Behind in Count	.309	136	42	10	1	6	30	56	0	.508	.529
vs. NL	2.57	5	3	22	41	0	42.0	29	5	18	43	Two Strikes	.142	646	92	20	1	15	64	63	337	.226	.246

	\multicolumn{9}{c	}{Last Five Years}										
	ERA	W	L	Sv	G	GS	IP	H	HR	BB	SO		Avg	AB	H	2B	3B	HR	RBI	BB	SO	OBP	SLG
Pre-All Star	2.65	13	14	99	159	0	156.0	98	14	65	161	Pre-All Star	.176	558	98	20	1	14	56	65	161	.269	.290
Post-All Star	4.74	7	11	72	134	0	127.1	106	16	64	176	Post-All Star	.223	476	106	26	1	16	79	64	176	.321	.382

Eddie Perez — Braves

Age 34 – Bats Right

	Avg	G	AB	R	H	2B	3B	HR	RBI	BB	SO	HBP	GDP	SB	CS	OBP	SLG	IBB	SH	SF	#Pit	#P/PA	GB	FB	G/F
2001 Season	.300	5	10	0	3	0	0	0	0	0	2	0	0	0	0	.300	.300	0	0	0	29	2.90	4	3	1.33
Last Five Years	.257	250	681	68	175	35	0	19	83	42	107	10	20	1	3	.308	.392	4	6	5	2587	3.48	256	203	1.26

2001 Season

	Avg	AB	H	2B	3B	HR	RBI	BB	SO	OBP	SLG		Avg	AB	H	2B	3B	HR	RBI	BB	SO	OBP	SLG
vs. Left	.000	2	0	0	0	0	0	0	1	.000	.000	Scoring Posn	.000	4	0	0	0	0	0	0	1	.000	.000
vs. Right	.375	8	3	0	0	0	0	0	1	.375	.375	Close & Late	.500	2	1	0	0	0	0	0	1	.500	.500

Last Five Years

	Avg	AB	H	2B	3B	HR	RBI	BB	SO	OBP	SLG		Avg	AB	H	2B	3B	HR	RBI	BB	SO	OBP	SLG
vs. Left	.243	210	51	11	0	4	19	15	31	.298	.352	First Pitch	.293	116	34	5	0	2	21	3	0	.325	.388
vs. Right	.263	471	124	24	0	15	64	27	76	.312	.410	Ahead in Count	.298	124	37	7	0	3	18	27	0	.426	.427
Home	.251	335	84	19	0	7	39	17	61	.295	.370	Behind in Count	.219	343	75	13	0	10	30	0	99	.225	.344
Away	.263	346	91	16	0	12	44	25	46	.319	.413	Two Strikes	.191	298	57	15	0	9	22	12	107	.228	.332
Day	.298	218	65	16	0	4	32	12	38	.343	.427	Batting #7	.268	355	95	17	0	11	45	19	58	.310	.408
Night	.238	463	110	19	0	15	51	30	69	.291	.376	Batting #8	.247	235	58	12	0	6	27	16	34	.304	.374
Grass	.263	559	147	28	0	13	63	32	89	.311	.383	Other	.242	91	22	6	0	2	11	7	15	.310	.374
Turf	.230	122	28	7	0	6	20	10	18	.294	.434	March/April	.279	86	24	3	0	0	8	1	15	.287	.314
Pre-All Star	.248	355	88	17	0	8	38	19	52	.290	.363	May	.234	94	22	4	0	3	8	3	12	.258	.372
Post-All Star	.267	326	87	18	0	11	45	23	55	.326	.423	June	.233	116	27	5	0	4	16	9	15	.283	.379
Inning 1-6	.267	457	122	21	0	13	58	23	70	.310	.398	July	.263	156	41	10	0	3	18	12	27	.343	.385
Inning 7+	.237	224	53	14	0	6	25	19	37	.302	.379	August	.248	105	26	6	0	4	16	11	17	.325	.419
Scoring Posn	.222	171	38	4	0	5	61	15	22	.296	.333	Sept/Oct	.282	124	35	7	0	5	17	6	21	.313	.460
Close & Late	.192	99	19	4	0	3	7	14	16	.298	.323	vs. AL	.203	64	13	3	0	1	6	8	.288	.297
None on/out	.279	179	50	16	0	4	4	10	27	.325	.436	vs. NL	.263	617	162	32	0	18	77	36	99	.310	.402

Neifi Perez — Royals

Age 27 – Bats Both (flyball hitter)

	Avg	G	AB	R	H	2B	3B	HR	RBI	BB	SO	HBP	GDP	SB	CS	OBP	SLG	IBB	SH	SF	#Pit	#P/PA	GB	FB	G/F
2001 Season	.279	136	581	83	162	26	9	8	59	26	68	1	10	9	6	.309	.396	1	11	4	2133	3.42	171	207	0.83
Last Five Years	.281	700	2882	409	810	130	50	44	290	143	298	4	34	34	26	.313	.407	11	54	27	10329	3.32	977	993	0.98

2001 Season

	Avg	AB	H	2B	3B	HR	RBI	BB	SO	OBP	SLG		Avg	AB	H	2B	3B	HR	RBI	BB	SO	OBP	SLG
vs. Left	.266	169	45	9	3	3	18	4	28	.283	.408	First Pitch	.344	96	33	4	1	3	11	1	0	.347	.500
vs. Right	.284	412	117	17	6	5	41	22	40	.319	.374	Ahead in Count	.284	116	33	3	3	4	15	8	0	.325	.466
Home	.317	300	95	13	8	7	42	10	34	.339	.483	Behind in Count	.259	263	68	12	1	0	17	0	58	.260	.312
Away	.238	281	67	13	1	1	17	16	34	.278	.302	Two Strikes	.232	237	55	10	3	1	17	17	68	.285	.312
Day	.295	176	52	7	3	2	24	6	22	.317	.403	Batting #1	.200	45	9	3	0	0	2	3	9	.250	.267
Night	.272	405	110	19	6	6	35	20	46	.305	.393	Batting #2	.285	494	141	19	7	7	52	20	57	.312	.395
Grass	.280	557	156	23	9	8	58	23	66	.308	.397	Other	.286	42	12	4	2	1	5	3	2	.333	.548
Turf	.250	24	6	3	0	0	1	3	2	.333	.375	April	.447	47	21	3	2	1	11	3	2	.480	.660
Pre-All Star	.309	330	102	18	8	6	41	13	41	.334	.467	May	.286	126	36	9	3	1	14	7	19	.321	.429
Post-All Star	.239	251	60	8	1	2	18	13	27	.276	.303	June	.320	125	40	5	3	4	13	3	14	.336	.504
Inning 1-6	.295	414	122	24	6	7	46	18	44	.322	.432	July	.193	109	21	4	0	1	11	4	18	.221	.257
Inning 7+	.240	167	40	2	3	1	13	8	24	.277	.305	August	.259	116	30	5	1	1	8	5	9	.290	.345
Scoring Posn	.315	124	39	7	2	1	48	7	22	.346	.427	Sept/Oct	.241	58	14	0	0	0	2	4	6	.286	.241
Close & Late	.270	74	20	1	3	0	7	4	10	.316	.365	vs. AL	.239	251	60	8	1	2	17	12	29	.273	.303
None on/out	.269	130	35	6	3	3	8	18	.316	.431	vs. NL	.309	330	102	18	8	6	42	14	39	.336	.467

2001 By Position

Position	Avg	AB	H	2B	3B	HR	RBI	BB	SO	OBP	SLG	G	GS	Innings	PO	A	E	DP	Fld Pct	Rng Fctr	In Zone	Outs	Zone Rtg	MLB Zone
As ss	.281	565	159	24	9	8	58	25	66	.311	.398	133	132	1159.1	241	395	15	102	.977	4.94	428	361	.843	.839

Last Five Years

	Avg	AB	H	2B	3B	HR	RBI	BB	SO	OBP	SLG		Avg	AB	H	2B	3B	HR	RBI	BB	SO	OBP	SLG
vs. Left	.288	824	237	40	11	24	97	29	98	.310	.450	First Pitch	.327	508	166	21	14	8	61	6	0	.332	.470
vs. Right	.278	2058	573	90	39	20	193	114	200	.314	.389	Ahead in Count	.324	602	195	35	12	17	84	77	0	.394	.507
Home	.314	1500	471	72	33	31	192	61	137	.339	.468	Behind in Count	.236	1277	301	47	13	10	91	0	265	.236	.316
Away	.245	1382	339	58	17	13	98	82	161	.286	.340	Two Strikes	.219	1114	244	47	11	9	84	60	298	.258	.301
Day	.289	1037	300	52	14	19	117	52	120	.321	.421	Batting #1	.278	796	221	34	10	16	77	45	83	.315	.406
Night	.276	1845	510	78	36	25	173	91	178	.308	.398	Batting #2	.286	1327	379	55	15	20	123	57	134	.315	.395
Grass	.281	2530	710	108	48	39	259	118	260	.311	.404	Other	.277	759	210	41	25	8	90	41	81	.309	.428
Turf	.284	352	100	22	6	5	31	25	38	.330	.423	March/April	.275	327	90	20	8	3	33	17	32	.307	.413
Pre-All Star	.288	1378	397	66	27	24	156	71	153	.321	.427	May	.301	429	129	23	9	7	48	24	51	.335	.445
Post-All Star	.275	1504	413	64	23	20	134	72	145	.306	.388	June	.298	473	141	16	9	7	56	23	50	.329	.446
Inning 1-6	.285	2002	570	98	32	31	202	93	202	.314	.412	July	.272	540	147	26	4	9	50	26	60	.306	.385
Inning 7+	.273	880	240	32	18	13	88	50	96	.311	.394	August	.277	607	168	27	9	7	43	35	54	.315	.386
Scoring Posn	.275	668	184	31	10	6	229	42	82	.309	.379	Sept/Oct	.267	506	135	18	11	6	51	18	51	.288	.381
Close & Late	.260	420	109	15	10	5	45	21	45	.296	.379	vs. AL	.256	422	108	18	4	3	33	23	43	.294	.346
None on/out	.277	721	200	34	14	15	43	77	.319	.426	vs. NL	.285	2460	702	112	46	40	257	120	255	.317	.417

Odalis Perez — Braves
Age 24 – Pitches Left (groundball pitcher)

	ERA	W	L	Sv	G	GS	IP	BB	SO	Avg	H	2B	3B	HR	RBI	OBP	SLG	CG	ShO	Sup	QS	#P/S	SB	CS	GB	FB	G/F
2001 Season	4.91	7	8	0	24	16	95.1	39	71	.290	108	21	0	7	44	.357	.403	0	0	4.72	6	92	5	4	147	92	1.60
Career (1998-2001)	5.38	11	15	0	52	33	199.0	96	158	.281	218	43	1	20	99	.359	.416	0	0	4.93	11	95	21	8	327	173	1.89

2001 Season

	ERA	W	L	Sv	G	GS	IP	H	HR	BB	SO		Avg	AB	H	2B	3B	HR	RBI	BB	SO	OBP	SLG
Home	5.15	3	4	0	12	9	50.2	62	5	18	42	vs. Left	.342	73	25	3	0	5	14	6	11	.400	.589
Away	4.63	4	4	0	12	7	44.2	46	2	21	29	vs. Right	.278	299	83	18	0	2	30	33	60	.346	.358
Starter	4.57	6	6	0	16	16	86.2	96	7	34	66	Scoring Posn	.315	89	28	4	0	2	34	15	17	.402	.427
Reliever	8.31	1	2	0	8	0	8.2	12	0	5	5	Close & Late	.316	19	6	1	0	0	1	6	2	.480	.368
0-3 Days Rest (Start)	5.06	1	1	0	3	3	16.0	21	1	9	10	None on/out	.271	96	26	6	0	2	2	10	17	.340	.396
4 Days Rest	3.54	3	2	0	5	5	28.0	28	2	10	19	First Pitch	.393	56	22	4	0	2	9	0	0	.386	.571
5+ Days Rest	5.06	2	3	0	8	8	42.2	47	4	15	37	Ahead in Count	.249	173	43	7	0	1	14	0	58	.253	.306
Pre-All Star	4.48	6	6	0	17	14	80.1	90	5	35	60	Behind in Count	.354	65	23	3	0	3	12	18	0	.488	.538
Post-All Star	7.20	1	2	0	7	2	15.0	18	2	4	11	Two Strikes	.224	192	43	7	0	2	19	21	71	.302	.292

Robert Perez — Brewers
Age 33 – Bats Right

	Avg	G	AB	R	H	2B	3B	HR	RBI	BB	SO	HBP	GDP	SB	CS	OBP	SLG	IBB	SH	SF	#Pit	#P/PA	GB	FB	G/F
2001 Season	.200	8	20	1	4	1	0	0	0	1	7	0	0	0	1	.238	.250	0	0	0	89	4.24	7	4	1.75
Last Five Years	.209	114	239	17	50	7	1	5	20	3	51	1	7	0	1	.221	.310	0	0	1	810	3.32	86	70	1.23

2001 Season

	Avg	AB	H	2B	3B	HR	RBI	BB	SO	OBP	SLG		Avg	AB	H	2B	3B	HR	RBI	BB	SO	OBP	SLG
vs. Left	.000	3	0	0	0	0	0	1		.000	.000	Scoring Posn	.143	7	1	0	0	0	0	1	3	.250	.143
vs. Right	.235	17	4	1	0	0	0	1	6	.278	.294	Close & Late	.250	4	1	0	0	0	0	0	3	.250	.250

Santiago Perez — Padres
Age 26 – Bats Both

	Avg	G	AB	R	H	2B	3B	HR	RBI	BB	SO	HBP	GDP	SB	CS	OBP	SLG	IBB	SH	SF	#Pit	#P/PA	GB	FB	G/F
2001 Season	.198	43	81	13	16	1	0	0	4	15	29	0	0	5	1	.320	.210	0	0	1	415	4.28	24	20	1.20
Career (2000-2001)	.188	67	133	21	25	3	0	0	6	23	38	1	1	9	1	.308	.211	2	1	2	636	3.97	39	34	1.15

2001 Season

	Avg	AB	H	2B	3B	HR	RBI	BB	SO	OBP	SLG		Avg	AB	H	2B	3B	HR	RBI	BB	SO	OBP	SLG
vs. Left	.286	14	4	0	0	0	1	6		.333	.286	Scoring Posn	.267	15	4	1	0	0	4	2	5	.333	.333
vs. Right	.179	67	12	1	0	0	4	14	23	.317	.194	Close & Late	.000	14	0	0	0	0	0	5	5	.263	.000

Timo Perez — Mets
Age 25 – Bats Left

	Avg	G	AB	R	H	2B	3B	HR	RBI	BB	SO	HBP	GDP	SB	CS	OBP	SLG	IBB	SH	SF	#Pit	#P/PA	GB	FB	G/F
2001 Season	.247	85	239	26	59	9	1	5	22	12	25	2	1	1	6	.287	.356	0	6	1	905	3.48	81	71	1.14
Career (2000-2001)	.253	109	288	37	73	13	2	6	25	15	30	3	1	2	7	.295	.375	0	6	2	1092	3.48	99	88	1.13

2001 Season

	Avg	AB	H	2B	3B	HR	RBI	BB	SO	OBP	SLG		Avg	AB	H	2B	3B	HR	RBI	BB	SO	OBP	SLG
vs. Left	.154	26	4	0	0	0	3	1	2	.185	.154	Scoring Posn	.280	50	14	3	0	0	16	5	4	.339	.340
vs. Right	.258	213	55	9	1	5	19	11	23	.300	.380	Close & Late	.306	36	11	3	0	1	8	3	2	.350	.472
Home	.229	118	27	4	0	2	12	6	10	.278	.314	None on/out	.273	77	21	5	0	2	2	3	8	.309	.416
Away	.264	121	32	5	1	3	10	6	15	.297	.397	Batting #1	.255	106	27	4	1	2	8	6	10	.295	.368
First Pitch	.205	39	8	1	1	1	5	0	0			Batting #2	.246	65	16	3	0	0	5	2	7	.359	.292
Ahead in Count	.250	40	10	1	0	0	4	9	0	.388	.275	Other	.235	68	16	2	0	3	9	4	8	.284	.397
Behind in Count	.235	115	27	6	0	4	9	0	19	.246	.391	Pre-All Star	.253	190	48	8	1	2	19	12	21	.302	.337
Two Strikes	.257	109	28	3	0	4	10	3	25	.287	.394	Post-All Star	.224	49	11	1	0	3	3	0	4	.224	.429

Tomas Perez — Phillies
Age 28 – Bats Both

	Avg	G	AB	R	H	2B	3B	HR	RBI	BB	SO	HBP	GDP	SB	CS	OBP	SLG	IBB	SH	SF	#Pit	#P/PA	GB	FB	G/F
2001 Season	.304	62	135	11	41	7	1	3	19	7	22	2	2	0	1	.347	.437	1	1	0	504	3.48	45	41	1.10
Last Five Years	.238	153	407	38	97	17	4	4	41	30	83	3	8	2	3	.295	.329	3	6	0	1631	3.66	145	106	1.37

2001 Season

	Avg	AB	H	2B	3B	HR	RBI	BB	SO	OBP	SLG		Avg	AB	H	2B	3B	HR	RBI	BB	SO	OBP	SLG
vs. Left	.354	48	17	1	0	2	7	0	8	.354	.500	Scoring Posn	.343	35	12	2	0	0	15	4	7	.410	.400
vs. Right	.276	87	24	6	1	1	12	7	14	.344	.402	Close & Late	.273	33	9	2	1	0	2	2	6	.333	.394
Home	.184	49	9	1	0	2	7	3	9	.259	.327	None on/out	.206	34	7	2	0	0	0	1	7	.270	.265
Away	.372	86	32	6	1	1	12	4	13	.400	.500	Batting #7	.345	55	19	4	0	3	10	1	11	.357	.582
First Pitch	.333	21	7	2	0	1	2	1	0	.364	.571	Batting #8	.306	36	11	2	1	0	6	3	5	.359	.417
Ahead in Count	.435	23	10	2	1	1	6	2	0	.480	.739	Other	.250	44	11	1	0	0	3	3	6	.327	.273
Behind in Count	.277	65	18	2	0	1	10	0	19	.288	.354	Pre-All Star	.259	58	15	3	1	0	7	2	9	.306	.345
Two Strikes	.224	58	13	1	0	0	5	4	22	.297	.241	Post-All Star	.338	77	26	4	0	3	12	5	13	.378	.506

Matt Perisho — Tigers
Age 27 – Pitches Left

	ERA	W	L	Sv	G	GS	IP	BB	SO	Avg	H	2B	3B	HR	RBI	OBP	SLG	GF	IR	IRS	Hld	SvOp	SB	CS	GB	FB	G/F
2001 Season	5.72	2	3	0	30	4	39.1	14	19	.327	54	13	1	5	31	.391	.509	5	30	12	4	2	2	3	68	49	1.39
Career (1997-2001)	6.99	4	14	0	81	28	204.2	119	147	.322	272	51	3	33	162	.411	.506	14	47	19	4	3	15	8	294	233	1.26

2001 Season

	ERA	W	L	Sv	G	GS	IP	H	HR	BB	SO		Avg	AB	H	2B	3B	HR	RBI	BB	SO	OBP	SLG
Home	4.50	1	1	0	17	1	18.0	22	2	7	9	vs. Left	.339	62	21	7	0	2	16	4	9	.382	.548
Away	6.75	1	2	0	13	3	21.1	32	3	7	10	vs. Right	.320	103	33	6	1	3	15	10	10	.397	.485
Starter	10.57	0	2	0	4	4	15.1	23	2	6	3	Scoring Posn	.345	58	20	4	0	2	27	5	6	.400	.517
Reliever	2.63	2	1	0	26	0	24.0	31	3	8	16	Close & Late	.381	21	8	1	0	0	6	2	4	.480	.429
0 Days Rest (Relief)	5.40	1	1	0	7	0	5.0	7	0	3	2	None on/out	.306	36	11	2	0	1	1	4	5	.375	.444
1 or 2 Days Rest	2.16	0	0	0	10	0	8.1	12	1	1	6	First Pitch	.278	18	5	1	0	1	6	0	0	.278	.500
3+ Days Rest	1.69	1	0	0	9	0	10.2	12	2	4	8	Ahead in Count	.355	76	27	4	0	4	17	0	16	.383	.566
Pre-All Star	10.26	0	2	0	7	4	16.2	26	2	8	3	Behind in Count	.316	38	12	5	1	0	5	6	0	.409	.500
Post-All Star	2.38	2	1	0	23	0	22.2	28	3	6	16	Two Strikes	.319	72	23	3	0	4	15	8	19	.410	.528

Career (1997-2001)

	ERA	W	L	Sv	G	GS	IP	H	HR	BB	SO		Avg	AB	H	2B	3B	HR	RBI	BB	SO	OBP	SLG
Home	5.72	2	4	0	46	11	107.0	125	23	60	71	vs. Left	.342	243	83	18	0	9	56	33	51	.425	.527
Away	8.39	2	10	0	35	17	97.2	147	10	59	76	vs. Right	.313	603	189	33	3	24	106	86	96	.405	.498
Day	9.22	1	5	0	23	10	55.2	83	7	39	44	Inning 1-6	.315	670	211	34	2	28	138	95	117	.406	.497
Night	6.16	3	9	0	58	18	149.0	189	26	80	103	Inning 7+	.347	176	61	17	1	5	24	24	30	.431	.540
Grass	7.27	3	12	0	73	24	177.0	234	30	109	129	None on	.326	396	129	24	3	16	16	65	80	.429	.523
Turf	5.20	1	2	0	8	4	27.2	38	3	10	18	Runners on	.318	450	143	27	0	17	146	54	67	.394	.491
March/April	7.29	0	2	0	11	3	21.0	29	4	13	6	Scoring Posn	.333	267	89	17	0	8	127	42	42	.421	.487
May	11.34	0	1	0	6	2	16.2	32	4	11	14	Close & Late	.467	30	14	3	0	0	6	8	5	.600	.567
June	6.28	2	4	0	15	10	61.2	78	10	36	48	None on/out	.340	191	65	14	2	7	7	33	45	.445	.545
July	6.87	0	2	0	10	7	38.0	41	5	29	21	vs. 1st Batr (relief)	.405	42	17	5	0	2	8	10	6	.528	.667
August	7.75	2	5	0	19	5	40.2	57	6	23	35	1st Inning Pitched	.307	280	86	15	2	9	55	49	46	.421	.471
Sept/Oct	4.72	0	0	0	20	1	26.2	35	4	7	23	First 15 Pitches	.324	213	69	15	1	7	30	33	26	.427	.502
Starter	8.35	1	13	0	28	28	128.1	172	20	83	94	Pitch 16-30	.292	171	50	4	1	5	27	21	39	.374	.415
Reliever	4.72	3	1	0	53	0	76.1	100	13	36	53	Pitch 31-45	.312	138	43	10	0	5	24	18	25	.396	.493
0 Days Rest (Relief)	10.13	1	1	0	9	0	8.0	14	2	4	4	Pitch 46+	.340	324	110	22	1	16	81	47	57	.425	.562
1 or 2 Days Rest	1.76	0	0	0	15	0	15.1	18	1	4	8	First Pitch	.412	97	40	12	1	4	30	4	0	.438	.680
3+ Days Rest	4.75	2	0	0	29	0	53.0	68	10	28	41	Ahead in Count	.258	391	101	15	0	11	61	0	117	.275	.381
vs. AL	7.51	3	14	0	73	25	173.2	240	27	105	124	Behind in Count	.428	180	77	15	2	12	46	62	0	.576	.733
vs. NL	4.06	1	0	0	8	3	31.0	32	6	14	23	Two Strikes	.246	410	101	15	0	14	63	53	147	.342	.385
Pre-All Star	6.93	2	8	0	35	18	115.2	155	20	72	75	Pre-All Star	.322	481	155	26	1	20	92	72	75	.417	.505
Post-All Star	7.08	2	6	0	46	10	89.0	117	13	47	72	Post-All Star	.321	365	117	25	2	13	70	47	72	.403	.507

Herbert Perry — White Sox
Age 32 – Bats Right

	Avg	G	AB	R	H	2B	3B	HR	RBI	BB	SO	HBP	GDP	SB	CS	OBP	SLG	IBB	SH	SF	#Pit	#P/PA	GB	FB	G/F
2001 Season	.256	92	285	38	73	21	1	7	32	23	55	7	11	2	2	.326	.411	1	0	1	1129	3.57	104	77	1.35
Last Five Years	.276	274	905	138	250	61	3	25	126	63	172	26	37	6	3	.338	.433	3	2	9	3567	3.55	332	239	1.39

2001 Season

	Avg	AB	H	2B	3B	HR	RBI	BB	SO	OBP	SLG		Avg	AB	H	2B	3B	HR	RBI	BB	SO	OBP	SLG
vs. Left	.256	90	23	6	1	3	13	8	25	.330	.444	Scoring Posn	.308	65	20	7	0	1	24	7	12	.395	.462
vs. Right	.256	195	50	15	0	4	19	15	30	.324	.395	Close & Late	.333	42	14	5	0	2	9	6	5	.429	.595
Home	.238	147	35	11	0	5	20	10	27	.302	.415	None on/out	.169	65	11	2	0	1	1	5	13	.239	.246
Away	.275	138	38	10	1	2	12	13	28	.351	.406	Batting #6	.239	88	21	5	1	2	7	11	22	.337	.386
First Pitch	.306	49	15	5	0	0	11	1	0	.314	.408	Batting #7	.254	126	32	10	0	4	15	7	21	.301	.429
Ahead in Count	.375	64	24	3	0	5	11	9	0	.459	.656	Other	.282	71	20	6	0	1	10	5	12	.354	.408
Behind in Count	.156	128	20	7	0	1	5	0	49	.188	.234	Pre-All Star	.270	189	51	16	0	4	21	10	30	.319	.418
Two Strikes	.169	118	20	5	1	2	5	13	55	.263	.280	Post-All Star	.229	96	22	5	1	3	11	13	25	.339	.396

Last Five Years

	Avg	AB	H	2B	3B	HR	RBI	BB	SO	OBP	SLG		Avg	AB	H	2B	3B	HR	RBI	BB	SO	OBP	SLG
vs. Left	.266	233	62	13	1	5	26	19	65	.333	.395	First Pitch	.365	159	58	20	0	5	42	5	0	.382	.585
vs. Right	.280	672	188	48	2	20	100	44	107	.340	.446	Ahead in Count	.369	195	72	15	0	9	33	25	0	.446	.585
Home	.280	472	132	29	2	17	67	34	93	.343	.458	Behind in Count	.179	390	70	16	2	5	26	0	144	.213	.269
Away	.273	433	118	32	1	8	59	29	79	.333	.406	Two Strikes	.180	377	68	14	2	6	28	35	172	.263	.276
Day	.262	282	74	15	1	8	41	19	55	.330	.408	Batting #6	.266	237	63	14	2	4	22	20	50	.336	.392
Night	.283	623	176	46	2	17	85	44	117	.342	.445	Batting #8	.318	217	69	21	0	7	30	12	42	.371	.512
Grass	.283	678	192	48	2	16	94	51	122	.345	.431	Other	.262	451	118	26	1	14	74	31	80	.323	.417
Turf	.256	227	58	13	1	9	32	12	50	.317	.441	March/April	.280	93	26	7	0	2	12	3	16	.313	.419
Pre-All Star	.289	461	133	35	1	11	61	32	79	.350	.440	May	.282	174	49	14	1	5	21	16	35	.359	.460
Post-All Star	.264	444	117	26	2	14	65	31	93	.325	.426	June	.304	138	42	11	0	2	17	8	25	.362	.428
Inning 1-6	.276	597	165	40	1	14	85	38	109	.329	.417	July	.290	176	51	12	0	6	28	11	21	.352	.460
Inning 7+	.276	308	85	21	2	11	41	25	63	.355	.464	August	.261	138	36	5	1	4	20	13	27	.333	.399
Scoring Posn	.311	251	78	23	1	5	99	22	51	.383	.470	Sept/Oct	.247	186	46	12	1	6	28	12	48	.289	.419
Close & Late	.271	133	36	9	1	7	23	13	27	.370	.511	vs. AL	.273	799	218	54	3	23	109	55	156	.334	.434
None on/out	.276	196	54	12	0	6	6	11	31	.321	.429	vs. NL	.302	106	32	7	0	2	17	8	16	.370	.425

Robert Person — Phillies
Age 32 – Pitches Right (flyball pitcher)

	ERA	W	L	Sv	G	GS	IP	BB	SO	Avg	H	2B	3B	HR	RBI	OBP	SLG	CG	ShO	Sup	QS	#P/S	SB	CS	GB	FB	G/F
2001 Season	4.19	15	7	0	33	33	208.1	80	183	.234	179	41	2	34	87	.311	.426	3	1	4.84	18	100	14	6	170	290	0.59
Last Five Years	4.58	42	32	8	153	105	696.1	342	616	.244	632	152	17	99	333	.334	.430	4	2	4.60	52	103	41	20	625	952	0.66

2001 Season

	ERA	W	L	Sv	G	GS	IP	H	HR	BB	SO		Avg	AB	H	2B	3B	HR	RBI	BB	SO	OBP	SLG
Home	3.69	12	2	0	17	17	114.2	92	17	36	111	vs. Left	.235	340	80	20	1	17	37	45	86	.332	.471
Away	4.80	3	5	0	16	16	93.2	87	17	44	72	vs. Right	.233	425	99	21	1	17	50	35	97	.293	.407
Day	5.71	4	4	0	11	11	63.0	60	13	32	54	Inning 1-6	.239	674	161	39	2	31	82	71	156	.315	.441
Night	3.53	11	3	0	22	22	145.1	119	21	48	129	Inning 7+	.198	91	18	2	0	3	5	9	27	.277	.319
Grass	5.21	2	5	0	15	15	86.1	84	17	41	67	None on	.236	483	114	26	2	21	21	53	118	.314	.429
Turf	3.47	13	2	0	18	18	122.0	95	17	39	116	Runners on	.230	282	65	15	0	13	66	27	65	.305	.422
April	4.80	2	2	0	5	5	30.0	26	7	17	26	Scoring Posn	.217	152	33	8	0	7	52	16	35	.294	.408
May	2.98	2	2	0	6	6	42.1	31	4	14	38	Close & Late	.214	56	12	0	0	2	4	5	20	.290	.321
June	8.17	2	1	0	5	5	25.1	31	7	10	21	None on/out	.210	210	44	11	0	8	8	21	55	.281	.376
July	3.93	3	0	0	6	6	36.2	29	8	18	26	vs. 1st Batr (relief)	.000	0	0	0	0	0	0	0	0	.000	.000
August	3.58	3	1	0	5	5	32.2	30	2	6	35	1st Inning Pitched	.256	125	32	7	0	7	14	10	28	.316	.480
Sept/Oct	3.27	3	1	0	6	6	41.1	32	6	15	37	First 75 Pitches	.227	550	125	29	1	25	57	55	137	.303	.420
Starter	4.19	15	7	0	33	33	208.1	179	34	80	183	Pitch 76-90	.265	98	26	7	1	4	16	15	17	.359	.480
Reliever	0.00	0	0	0	0	0	0.0	0	0	0	0	Pitch 91-105	.282	85	24	4	0	4	13	6	16	.337	.471
0-3 Days Rest (Start)	0.00	0	0	0	0	0	0.0	0	0	0	0	Pitch 106+	.125	32	4	0	1	0	1	4	13	.222	.250
4 Days Rest	4.07	9	3	0	17	17	108.1	83	16	42	101	First Pitch	.298	104	31	4	1	6	19	2	0	.318	.529
5+ Days Rest	4.32	6	4	0	16	16	100.0	96	18	38	82	Ahead in Count	.156	371	58	16	0	8	21	0	161	.163	.264
vs. AL	7.08	1	0	0	4	4	20.1	21	7	14	18	Behind in Count	.351	171	60	13	1	18	38	41	0	.479	.754
vs. NL	3.88	14	7	0	29	29	188.0	158	27	66	165	Two Strikes	.145	380	55	17	0	3	16	37	183	.225	.213
Pre-All Star	4.92	6	5	0	18	18	108.0	97	20	47	91	Pre-All Star	.243	400	97	23	1	20	53	47	91	.323	.455
Post-All Star	3.41	9	2	0	15	15	100.1	82	14	33	92	Post-All Star	.225	365	82	18	1	14	34	33	92	.297	.395

Last Five Years

	ERA	W	L	Sv	G	GS	IP	H	HR	BB	SO		Avg	AB	H	2B	3B	HR	RBI	BB	SO	OBP	SLG
Home	3.93	27	10	4	75	52	364.1	302	42	165	357	vs. Left	.236	1201	283	66	5	51	154	182	298	.339	.426
Away	5.29	15	22	4	78	53	332.0	330	57	177	259	vs. Right	.251	1392	349	86	12	48	179	160	318	.330	.433
Day	4.83	14	12	3	45	30	197.1	184	33	101	172	Inning 1-6	.240	2203	529	129	16	84	281	278	530	.326	.428
Night	4.47	28	20	5	108	75	499.0	448	66	241	444	Inning 7+	.264	390	103	23	1	15	52	64	86	.380	.444
Grass	5.58	10	19	4	63	44	263.0	270	50	140	208	None on	.242	1534	371	86	10	63	63	188	372	.329	.434
Turf	3.97	32	13	4	90	61	433.1	362	49	202	408	Runners on	.246	1059	261	66	7	36	270	154	244	.341	.424
March/April	4.96	3	6	2	24	12	85.1	77	12	56	77	Scoring Posn	.228	597	136	38	6	21	231	99	151	.332	.417
May	4.36	6	5	0	21	14	99.0	80	11	41	95	Close & Late	.262	221	58	7	1	7	27	41	53	.395	.398
June	4.63	8	4	0	26	18	114.2	111	15	52	91	None on/out	.252	678	171	37	3	29	29	76	149	.332	.444
July	4.73	8	5	0	28	19	129.1	127	26	56	111	vs. 1st Batr (relief)	.216	37	8	2	0	1	4	8	8	.396	.351
August	4.25	9	5	0	23	22	137.2	121	16	66	124	1st Inning Pitched	.274	559	153	32	3	29	93	81	123	.368	.497
Sept/Oct	4.63	8	7	6	31	20	130.1	116	19	71	118	First 75 Pitches	.239	1869	447	105	13	80	231	251	455	.331	.438
Starter	4.31	39	29	0	105	105	635.0	567	87	295	563	Pitch 76-90	.244	315	77	20	3	8	46	46	70	.341	.403
Reliever	7.34	3	3	8	48	0	61.1	65	12	47	53	Pitch 91-105	.283	279	79	20	0	9	42	22	55	.340	.452
0-3 Days Rest (Start)	2.25	0	1	0	1	1	4.0	5	0	2	1	Pitch 106+	.223	130	29	7	1	2	14	23	36	.348	.338
4 Days Rest	4.48	23	13	0	60	60	363.2	322	50	178	326	First Pitch	.329	316	104	21	3	19	50	6	0	.348	.595
5+ Days Rest	4.11	16	15	0	44	44	267.1	240	37	115	236	Ahead in Count	.171	1180	202	51	4	21	89	0	506	.179	.275
vs. AL	6.25	4	8	8	62	26	191.2	191	34	110	161	Behind in Count	.332	560	186	42	5	40	116	179	0	.491	.639
vs. NL	3.94	34	20	0	91	79	504.2	441	65	232	455	Two Strikes	.169	1313	222	61	9	20	101	157	616	.260	.275
Pre-All Star	4.77	18	16	2	79	49	332.1	300	46	161	295	Pre-All Star	.244	1232	300	73	7	46	163	161	295	.334	.426
Post-All Star	4.40	24	16	6	74	56	364.0	332	53	181	321	Post-All Star	.244	1361	332	79	10	53	170	181	321	.335	.434

Chris Peters — Yankees
Age 30 – Pitches Left (groundball pitcher)

	ERA	W	L	Sv	G	GS	IP	BB	SO	Avg	H	2B	3B	HR	RBI	OBP	SLG	GF	IR	IRS	Hld	SvOp	SB	CS	GB	FB	G/F
2001 Season	7.55	2	4	0	13	6	31.0	15	14	.367	47	5	1	7	24	.435	.586	1	3	2	0	1	4	3	46	40	1.15
Last Five Years	4.65	17	21	2	120	39	315.2	132	196	.282	348	58	5	45	171	.354	.446	19	57	16	6	4	22	10	514	297	1.73

2001 Season

	ERA	W	L	Sv	G	GS	IP	H	HR	BB	SO		Avg	AB	H	2B	3B	HR	RBI	BB	SO	OBP	SLG
Home	6.08	1	1	0	8	2	13.1	21	2	8	4	vs. Left	.407	27	11	1	0	2	5	3	5	.452	.667
Away	8.66	1	3	0	5	4	17.2	26	5	7	10	vs. Right	.356	101	36	4	1	5	19	12	9	.431	.564

Last Five Years

	ERA	W	L	Sv	G	GS	IP	H	HR	BB	SO		Avg	AB	H	2B	3B	HR	RBI	BB	SO	OBP	SLG
Home	4.30	7	10	1	59	18	155.0	163	18	58	96	vs. Left	.258	298	77	8	1	13	43	22	54	.315	.423
Away	4.99	10	11	1	61	21	160.2	185	27	74	100	vs. Right	.289	938	271	50	4	32	128	110	142	.366	.453
Day	4.17	6	7	0	35	11	95.0	95	14	38	60	Inning 1-6	.283	967	274	46	2	33	134	96	160	.350	.437
Night	4.85	11	14	2	85	28	220.2	253	31	94	136	Inning 7+	.275	269	74	12	3	12	37	36	36	.369	.476
Grass	5.55	8	11	0	46	18	129.2	155	24	61	81	None on	.310	662	205	35	3	23	23	59	88	.371	.476
Turf	4.02	9	10	2	74	21	186.0	193	21	71	115	Runners on	.249	574	143	23	2	22	148	73	108	.335	.411
March/April	4.43	2	6	0	28	7	63.0	69	6	31	42	Scoring Posn	.250	312	78	13	0	14	126	53	68	.356	.426
May	7.63	3	3	1	30	4	46.0	66	10	22	24	Close & Late	.288	80	23	4	1	5	17	15	10	.412	.550
June	5.21	3	4	1	21	5	48.1	55	10	18	25	None on/out	.316	310	98	16	3	11	11	22	41	.367	.494
July	3.15	2	3	0	10	5	40.0	34	2	13	32	vs. 1st Batr (relief)	.290	69	20	2	0	4	10	9	11	.388	.493
August	3.00	4	0	0	12	8	54.0	50	6	21	30	1st Inning Pitched	.279	398	111	16	2	13	67	63	68	.386	.472
Sept/Oct	4.62	3	5	0	19	10	64.1	74	11	27	43	First 15 Pitches	.282	340	96	15	2	11	44	43	49	.373	.435
Starter	4.73	14	15	0	39	39	215.0	241	31	77	138	Pitch 16-30	.258	256	66	10	0	9	39	32	40	.339	.402
Reliever	4.47	3	6	2	81	0	100.2	107	14	55	58	Pitch 31-45	.294	180	53	6	2	5	19	20	34	.366	.433

Last Five Years	ERA	W	L	Sv	G	GS	IP	H	HR	BB	SO		Avg	AB	H	2B	3B	HR	RBI	BB	SO	OBP	SLG
0 Days Rest (Relief)	2.70	0	1	0	10	0	13.1	10	0	9	12	Pitch 46+	.289	460	133	27	1	20	69	37	73	.343	.483
1 or 2 Days Rest	4.33	1	2	2	43	0	52.0	56	7	28	27	First Pitch	.357	185	66	13	1	7	26	9	0	.391	.551
3+ Days Rest	5.35	2	3	0	28	0	35.1	41	7	18	19	Ahead in Count	.182	479	87	12	0	7	32	0	165	.192	.251
vs. AL	5.66	1	2	0	8	3	20.2	28	2	6	15	Behind in Count	.350	314	110	21	3	20	68	71	0	.469	.627
vs. NL	4.58	16	19	2	112	36	295.0	320	43	126	181	Two Strikes	.180	501	90	9	1	11	43	52	196	.262	.267
Pre-All Star	5.62	8	14	2	81	17	163.1	197	26	73	96	Pre-All Star	.304	648	197	34	4	26	105	73	96	.375	.489
Post-All Star	3.60	9	7	0	39	22	152.1	151	19	59	100	Post-All Star	.257	588	151	24	1	19	66	59	100	.330	.398

Kyle Peterson — Brewers

Age 26 – Pitches Right (groundball pitcher)

	ERA	W	L	Sv	G	GS	IP	BB	SO	Avg	H	2B	3B	HR	RBI	OBP	SLG	CG	ShO	Sup	QS	#P/S	SB	CS	GB	FB	G/F
2001 Season	5.52	1	2	0	3	2	14.2	4	12	.302	19	5	0	3	9	.343	.524	0	0	4.30	0	77	1	0	16	21	0.76
Career (1999-2001)	4.71	5	9	0	20	14	91.2	29	46	.288	106	18	3	6	47	.344	.402	0	0	4.71	6	87	12	2	158	85	1.86

2001 Season	ERA	W	L	Sv	G	GS	IP	H	HR	BB	SO		Avg	AB	H	2B	3B	HR	RBI	BB	SO	OBP	SLG
Home	6.52	0	2	0	2	1	9.2	14	2	2	9	vs. Left	.448	29	13	3	0	3	8	3	2	.500	.862
Away	3.60	1	0	0	1	1	5.0	5	1	2	3	vs. Right	.176	34	6	2	0	0	1	1	10	.200	.235

Mark Petkovsek — Rangers

Age 36 – Pitches Right (groundball pitcher)

	ERA	W	L	Sv	G	GS	IP	BB	SO	Avg	H	2B	3B	HR	RBI	OBP	SLG	GF	IR	IRS	Hld	SvOp	SB	CS	GB	FB	G/F
2001 Season	6.69	1	2	0	55	0	76.2	28	42	.323	103	21	1	14	75	.379	.527	19	53	30	6	4	1	1	132	85	1.55
Last Five Years	4.84	26	19	5	286	13	442.1	139	222	.296	514	91	12	51	294	.353	.450	84	202	91	45	19	17	16	795	390	2.04

2001 Season	ERA	W	L	Sv	G	GS	IP	H	HR	BB	SO		Avg	AB	H	2B	3B	HR	RBI	BB	SO	OBP	SLG
Home	6.41	1	1	0	29	0	39.1	53	8	15	20	vs. Left	.324	136	44	8	1	5	30	12	19	.381	.507
Away	6.99	0	1	0	26	0	37.1	50	6	13	22	vs. Right	.322	183	59	13	0	9	45	16	23	.377	.541
Starter	0.00	0	0	0	0	0	0.0	0	0	0	0	Scoring Posn	.333	96	32	6	0	7	61	18	11	.427	.615
Reliever	6.69	1	2	0	55	0	76.2	103	14	28	42	Close & Late	.391	64	25	5	0	4	20	9	7	.461	.656
0 Days Rest (Relief)	10.80	0	0	0	6	0	6.2	10	3	2	6	None on/out	.338	65	22	6	0	2	2	4	8	.394	.523
1 or 2 Days Rest	6.39	1	2	0	24	0	31.0	40	6	13	16	First Pitch	.261	46	12	2	0	3	13	4	0	.315	.500
3+ Days Rest	6.23	0	0	0	25	0	39.0	53	5	13	20	Ahead in Count	.286	126	36	6	0	1	15	0	31	.298	.357
Pre-All Star	6.56	0	1	0	30	0	46.2	60	8	21	23	Behind in Count	.382	68	26	6	1	3	22	13	0	.476	.632
Post-All Star	6.90	1	1	0	25	0	30.0	43	6	7	19	Two Strikes	.226	124	28	5	0	3	15	11	42	.302	.339

Last Five Years	ERA	W	L	Sv	G	GS	IP	H	HR	BB	SO		Avg	AB	H	2B	3B	HR	RBI	BB	SO	OBP	SLG
Home	3.73	15	7	1	149	5	229.1	250	19	61	112	vs. Left	.281	761	214	38	4	12	106	57	91	.338	.389
Away	6.04	11	12	4	137	8	213.0	264	32	78	110	vs. Right	.307	977	300	53	8	39	188	82	131	.364	.497
Day	5.32	3	5	1	72	3	106.2	115	13	32	48	Inning 1-6	.301	579	174	32	7	19	113	49	72	.359	.478
Night	4.69	23	14	4	214	10	335.2	399	38	107	174	Inning 7+	.293	1159	340	59	5	32	181	90	150	.350	.436
Grass	4.79	20	17	4	246	11	377.2	437	44	122	187	None on	.276	931	257	46	4	22	22	52	118	.322	.405
Turf	5.15	6	2	1	40	2	64.2	77	7	17	35	Runners on	.318	807	257	45	8	29	272	87	104	.386	.502
March/April	5.25	6	6	0	46	2	73.2	76	7	26	43	Scoring Posn	.314	493	155	26	6	20	245	69	65	.397	.513
May	3.25	5	2	0	40	4	83.0	81	9	25	39	Close & Late	.295	533	157	23	2	15	91	52	72	.358	.430
June	4.94	5	4	3	42	5	74.2	82	11	31	37	None on/out	.269	398	107	25	1	12	12	20	49	.314	.427
July	4.88	7	2	0	50	1	72.0	93	5	20	30	vs. 1st Batr (relief)	.297	249	74	18	0	10	58	14	34	.338	.490
August	5.97	2	3	0	57	0	72.1	100	12	16	40	1st Inning Pitched	.307	991	304	58	7	29	205	81	126	.363	.467
Sept/Oct	5.00	1	2	2	51	1	66.2	82	7	21	33	First 15 Pitches	.317	841	267	50	6	22	149	62	96	.369	.470
Starter	5.95	3	5	0	13	13	62.0	76	7	23	29	Pitch 16-30	.261	547	143	24	1	13	86	41	77	.316	.380
Reliever	4.66	23	14	5	273	0	380.1	438	44	116	193	Pitch 31-45	.296	199	59	10	2	9	28	22	31	.375	.503
0 Days Rest (Relief)	3.93	4	4	1	48	0	55.0	58	7	17	28	Pitch 46+	.298	151	45	7	3	7	31	14	18	.365	.523
1 or 2 Days Rest	4.34	12	8	2	132	0	191.0	219	25	52	92	First Pitch	.335	266	89	11	1	9	58	15	0	.372	.485
3+ Days Rest	5.43	7	2	2	93	0	134.1	161	12	47	73	Ahead in Count	.252	702	177	35	6	8	88	0	186	.265	.353
vs. AL	5.79	14	8	3	167	3	225.1	271	33	74	106	Behind in Count	.329	407	134	23	3	16	80	74	0	.432	.518
vs. NL	3.86	12	11	2	119	10	217.0	243	18	65	116	Two Strikes	.247	689	170	33	2	11	85	49	222	.303	.348
Pre-All Star	4.51	20	13	3	144	11	253.2	266	28	88	126	Pre-All Star	.275	966	266	48	6	28	146	88	126	.340	.424
Post-All Star	5.30	6	6	2	142	2	188.2	248	23	51	96	Post-All Star	.321	772	248	43	6	23	148	51	96	.368	.482

Ben Petrick — Rockies

Age 25 – Bats Right

	Avg	G	AB	R	H	2B	3B	HR	RBI	BB	SO	HBP	GDP	SB	CS	OBP	SLG	IBB	SH	SF	#Pit	#P/PA	GB	FB	G/F
2001 Season	.238	85	244	41	58	15	3	11	39	31	67	3	5	3	3	.327	.459	3	1	3	1090	3.87	71	73	0.97
Career (1999-2001)	.277	156	452	86	125	28	4	18	71	61	113	5	7	5	5	.364	.476	5	2	7	2060	3.91	139	131	1.06

2001 Season	Avg	AB	H	2B	3B	HR	RBI	BB	SO	OBP	SLG		Avg	AB	H	2B	3B	HR	RBI	BB	SO	OBP	SLG
vs. Left	.213	80	17	6	1	3	13	6	19	.270	.425	Scoring Posn	.235	68	16	3	1	2	26	17	22	.389	.397
vs. Right	.250	164	41	9	2	8	26	25	48	.354	.476	Close & Late	.108	37	4	1	0	0	4	4	12	.195	.135
Home	.244	127	31	6	2	7	23	17	38	.340	.488	None on/out	.315	54	17	6	0	4	4	3	9	.351	.648
Away	.231	117	27	9	1	4	16	14	29	.313	.427	Batting #7	.176	68	12	3	0	4	9	6	21	.250	.397
First Pitch	.320	25	8	1	1	4	8	1	0	.346	.920	Batting #8	.263	152	40	10	3	6	26	20	36	.354	.487
Ahead in Count	.277	47	13	5	0	0	4	15	0	.453	.383	Other	.250	24	6	2	0	1	4	5	10	.367	.458
Behind in Count	.198	126	25	5	2	4	18	0	60	.209	.365	Pre-All Star	.229	153	35	9	1	9	28	16	45	.305	.477
Two Strikes	.121	124	15	4	1	5	21	15	67	.218	.290	Post-All Star	.253	91	23	6	2	2	11	15	22	.364	.429

Andy Pettitte — Yankees

Age 30 – Pitches Left (groundball pitcher)

	ERA	W	L	Sv	G	GS	IP	BB	SO	Avg	H	2B	3B	HR	RBI	OBP	SLG	CG	ShO	Sup	QS	#P/S	SB	CS	GB	FB	G/F
2001 Season	3.99	15	10	0	31	31	200.2	41	164	.281	224	36	7	14	91	.319	.397	2	0	6.46	19	101	11	5	299	199	1.50
Last Five Years	3.99	82	48	0	162	161	1053.2	362	722	.274	1118	209	22	78	440	.334	.393	14	2	6.45	91	104	65	28	1716	904	1.90

2001 Season

	ERA	W	L	Sv	G	GS	IP	H	HR	BB	SO		Avg	AB	H	2B	3B	HR	RBI	BB	SO	OBP	SLG
Home	3.16	10	3	0	16	16	108.1	107	7	22	86	vs. Left	.251	167	42	7	0	3	22	6	32	.284	.347
Away	4.97	5	7	0	15	15	92.1	117	7	19	78	vs. Right	.289	629	182	29	7	11	69	35	132	.328	.410
Day	3.71	4	4	0	10	10	68.0	81	4	14	47	Inning 1-6	.265	665	176	25	6	10	72	31	144	.301	.365
Night	4.14	11	6	0	21	21	132.2	143	10	27	117	Inning 7+	.366	131	48	11	1	4	19	10	20	.408	.557
Grass	4.04	13	7	0	25	25	164.2	183	12	35	136	None on	.281	449	126	18	3	11	11	17	92	.311	.408
Turf	3.75	2	3	0	6	6	36.0	41	2	6	28	Runners on	.282	347	98	18	4	3	80	24	72	.328	.383
April	3.05	3	3	0	6	6	44.1	48	3	7	30	Scoring Posn	.291	206	60	11	2	2	73	17	45	.341	.393
May	3.03	3	0	0	5	5	38.2	37	1	11	36	Close & Late	.380	71	27	5	1	2	12	6	12	.423	.563
June	3.24	1	1	0	3	3	16.2	14	3	4	14	None on/out	.316	206	65	12	2	3	3	8	41	.344	.437
July	4.38	4	2	0	6	6	37.0	44	2	2	31	vs. 1st Batr (relief)	.000	0	0	0	0	0	0	0	0	.000	.000
August	4.89	3	2	0	6	6	42.1	54	3	8	34	1st Inning Pitched	.244	119	29	3	1	4	17	5	33	.295	.387
Sept/Oct	5.82	1	2	0	5	5	21.2	27	2	9	19	First 75 Pitches	.272	548	149	21	5	8	57	23	125	.305	.372
Starter	3.99	15	10	0	31	31	200.2	224	14	41	164	Pitch 76-90	.262	107	28	3	1	1	9	5	14	.301	.336
Reliever	0.00	0	0	0	0	0	0.0	0	0	0	0	Pitch 91-105	.322	87	28	6	1	3	12	6	14	.366	.517
0-3 Days Rest (Start)	15.75	0	1	0	1	1	4.0	10	0	0	5	Pitch 106+	.352	54	19	6	0	2	13	7	11	.413	.574
4 Days Rest	3.58	11	5	0	17	17	115.2	128	6	23	103	First Pitch	.361	108	39	7	3	2	22	3	0	.374	.537
5+ Days Rest	4.00	4	4	0	13	13	81.0	86	8	18	56	Ahead in Count	.217	401	87	12	3	6	34	0	148	.223	.327
vs. AL	4.02	13	9	0	27	27	179.0	204	11	37	144	Behind in Count	.370	138	51	10	1	4	16	20	0	.450	.543
vs. NL	3.74	2	1	0	4	4	21.2	20	3	4	20	Two Strikes	.211	388	82	12	2	4	38	18	164	.252	.284
Pre-All Star	3.04	9	4	0	16	16	112.2	111	8	22	92	Pre-All Star	.259	428	111	18	3	8	39	22	92	.296	.371
Post-All Star	5.22	6	6	0	15	15	88.0	113	6	19	72	Post-All Star	.307	368	113	18	4	6	52	19	72	.345	.427

Last Five Years

	ERA	W	L	Sv	G	GS	IP	H	HR	BB	SO		Avg	AB	H	2B	3B	HR	RBI	BB	SO	OBP	SLG
Home	3.62	45	18	0	79	78	527.0	538	40	155	371	vs. Left	.278	869	242	41	2	21	118	59	161	.330	.403
Away	4.36	37	30	0	83	83	526.2	580	38	207	351	vs. Right	.272	3218	876	168	20	57	322	303	561	.335	.390
Day	4.43	25	14	0	53	53	343.0	380	25	120	245	Inning 1-6	.261	3458	902	170	17	60	364	310	633	.323	.372
Night	3.77	57	34	0	109	108	710.2	738	53	242	477	Inning 7+	.343	629	216	39	5	18	76	52	89	.393	.507
Grass	3.96	70	38	0	136	135	883.0	942	66	294	589	None on	.271	2311	627	108	9	46	46	175	375	.326	.385
Turf	4.11	12	10	0	26	26	170.2	176	12	68	133	Runners on	.276	1776	491	101	14	32	394	187	347	.344	.403
March/April	3.05	12	7	0	23	23	153.2	157	11	47	108	Scoring Posn	.269	991	267	55	8	19	349	118	218	.343	.399
May	4.48	14	8	0	28	28	185.0	196	15	74	138	Close & Late	.345	284	98	18	4	3	38	26	43	.399	.468
June	4.28	11	9	0	26	26	166.0	171	16	60	105	None on/out	.270	1050	284	54	4	18	18	77	161	.322	.381
July	3.68	17	8	0	28	28	183.1	196	9	63	125	vs. 1st Batr (relief)	.000	1	0	0	0	0	0	0	0	.000	.000
August	3.53	19	7	0	30	30	219.1	232	16	59	143	1st Inning Pitched	.251	621	156	32	4	10	62	54	132	.316	.364
Sept/Oct	5.10	9	9	0	27	26	146.1	166	11	59	103	First 75 Pitches	.260	2780	722	131	15	41	270	253	511	.323	.362
Starter	4.00	82	48	0	161	161	1050.2	1116	78	362	720	Pitch 76-90	.299	548	164	37	2	11	58	29	92	.336	.434
Reliever	0.00	0	0	0	1	0	3.0	2	0	0	2	Pitch 91-105	.305	465	142	28	3	17	73	45	67	.368	.488
0-3 Days Rest (Start)	3.91	1	3	0	7	7	46.0	49	2	16	36	Pitch 106+	.306	294	90	13	2	9	39	35	52	.377	.456
4 Days Rest	3.82	55	24	0	92	92	615.2	642	42	206	431	First Pitch	.349	582	203	42	5	12	94	11	0	.360	.500
5+ Days Rest	4.30	26	21	0	62	62	389.0	425	34	140	253	Ahead in Count	.212	1800	381	65	10	21	126	0	603	.216	.294
vs. AL	3.96	72	43	0	140	139	917.2	977	64	320	630	Behind in Count	.343	907	311	64	4	34	140	190	0	.458	.535
vs. NL	4.17	10	5	0	22	22	136.0	141	14	42	92	Two Strikes	.200	1823	365	68	9	14	124	161	722	.268	.270
Pre-All Star	3.90	42	26	0	85	85	560.1	570	45	206	388	Pre-All Star	.267	2133	570	103	11	45	228	206	388	.334	.389
Post-All Star	4.09	40	22	0	77	76	493.1	548	33	156	334	Post-All Star	.280	1954	548	106	11	33	212	156	334	.334	.397

Adam Pettyjohn — Tigers

Age 25 – Pitches Left

	ERA	W	L	Sv	G	GS	IP	BB	SO	Avg	H	2B	3B	HR	RBI	OBP	SLG	CG	ShO	Sup	QS	#P/S	SB	CS	GB	FB	G/F
2001 Season	5.82	1	6	0	16	9	65.0	21	40	.309	81	22	2	10	42	.366	.523	0	0	3.74	3	94	7	2	99	68	1.46

2001 Season

	ERA	W	L	Sv	G	GS	IP	H	HR	BB	SO		Avg	AB	H	2B	3B	HR	RBI	BB	SO	OBP	SLG
Home	3.10	0	2	0	6	4	29.0	32	3	7	19	vs. Left	.289	38	11	2	0	2	6	5	9	.400	.500
Away	8.00	1	4	0	10	5	36.0	49	7	14	21	vs. Right	.313	224	70	20	2	8	36	16	31	.359	.527
Starter	4.86	0	4	0	9	9	53.2	62	8	16	32	Scoring Posn	.276	76	21	5	1	1	29	10	15	.356	.408
Reliever	10.32	1	0	0	7	0	11.1	19	2	5	8	Close & Late	.300	10	3	0	0	1	1	2	0	.417	.600
0-3 Days Rest (Start)	3.65	0	1	0	2	2	12.1	15	2	4	8	None on/out	.313	64	20	7	0	3	3	6	10	.380	.563
4 Days Rest	6.88	0	2	0	3	3	17.0	19	2	5	7	First Pitch	.400	35	14	4	0	2	5	2	0	.447	.686
5+ Days Rest	4.07	0	3	0	4	4	24.1	28	4	7	15	Ahead in Count	.241	116	28	9	0	3	19	0	34	.258	.397
Pre-All Star	0.00	0	0	0	0	0	0.0	0	0	0	0	Behind in Count	.355	62	22	7	0	3	6	12	0	.453	.613
Post-All Star	5.82	1	6	0	16	9	65.0	81	10	21	40	Two Strikes	.196	112	22	6	0	4	16	7	40	.256	.357

Josh Phelps — Blue Jays

Age 24 – Bats Right

	Avg	G	AB	R	H	2B	3B	HR	RBI	BB	SO	HBP	GDP	SB	CS	OBP	SLG	IBB	SH	SF	#Pit	#P/PA	GB	FB	G/F
2001 Season	.000	8	12	3	0	0	0	0	1	2	5	0	1	1	0	.143	.000	0	0	0	59	4.21	6	1	6.00

2001 Season

	Avg	AB	H	2B	3B	HR	RBI	BB	SO	OBP	SLG		Avg	AB	H	2B	3B	HR	RBI	BB	SO	OBP	SLG
vs. Left	.000	8	0	0	0	0	1	0	4	.000	.000	Scoring Posn	.000	5	0	0	0	0	1	0	1	.000	.000
vs. Right	.000	4	0	0	0	0	2	1	.333	.000	.000	Close & Late	.000	3	0	0	0	0	0	1	0	.250	.000

341

Travis Phelps — Devil Rays
Age 24 – Pitches Right

	ERA	W	L	Sv	G	GS	IP	BB	SO	Avg	H	2B	3B	HR	RBI	OBP	SLG	GF	IR	IRS	Hld	SvOp	SB	CS	GB	FB	G/F
2001 Season	3.48	2	2	5	49	0	62.0	24	54	.226	53	7	2	6	33	.301	.349	15	25	12	13	6	3	0	77	77	1.00

2001 Season

	ERA	W	L	Sv	G	GS	IP	H	HR	BB	SO		Avg	AB	H	2B	3B	HR	RBI	BB	SO	OBP	SLG
Home	2.64	2	0	4	27	0	30.2	25	2	14	30	vs. Left	.223	103	23	1	0	1	13	12	18	.305	.262
Away	4.31	0	2	1	22	0	31.1	28	4	10	24	vs. Right	.227	132	30	6	2	5	20	12	36	.297	.417
Starter	0.00	0	0	0	0	0	0.0	0	0	0	0	Scoring Posn	.237	59	14	2	0	3	28	10	10	.338	.424
Reliever	3.48	2	2	5	49	0	62.0	53	6	24	54	Close & Late	.250	68	17	2	1	2	10	8	17	.329	.397
0 Days Rest (Relief)	4.91	1	0	1	5	0	7.1	8	1	2	3	None on/out	.193	57	11	1	2	1	1	3	19	.233	.333
1 or 2 Days Rest	3.41	0	1	4	27	0	31.2	29	3	16	32	First Pitch	.379	29	11	2	0	1	7	1	0	.406	.552
3+ Days Rest	3.13	1	1	0	17	0	23.0	16	2	6	19	Ahead in Count	.122	98	12	2	2	1	5	0	41	.121	.214
Pre-All Star	3.19	1	1	4	23	0	31.0	19	2	13	26	Behind in Count	.250	52	13	2	0	0	5	11	0	.391	.288
Post-All Star	3.77	1	1	1	26	0	31.0	34	4	11	28	Two Strikes	.145	117	17	1	2	1	7	12	54	.223	.214

Jason Phillips — Mets
Age 25 – Bats Right

	Avg	G	AB	R	H	2B	3B	HR	RBI	BB	SO	HBP	GDP	SB	CS	OBP	SLG	IBB	SH	SF	#Pit	#P/PA	GB	FB	G/F
2001 Season	.143	6	7	2	1	1	0	0	0	0	1	0	0	0	0	.143	.286	0	0	0	16	2.29	3	2	1.50

2001 Season

	Avg	AB	H	2B	3B	HR	RBI	BB	SO	OBP	SLG		Avg	AB	H	2B	3B	HR	RBI	BB	SO	OBP	SLG
vs. Left	.000	1	0	0	0	0	0	0	0	.000	.000	Scoring Posn	.000	2	0	0	0	0	0	0	1	.000	.000
vs. Right	.167	6	1	1	0	0	0	1	.167	.333	Close & Late	.000	2	0	0	0	0	0	0	0	.000	.000

Adam Piatt — Athletics
Age 26 – Bats Right

	Avg	G	AB	R	H	2B	3B	HR	RBI	BB	SO	HBP	GDP	SB	CS	OBP	SLG	IBB	SH	SF	#Pit	#P/PA	GB	FB	G/F
2001 Season	.211	36	95	9	20	5	1	0	6	13	26	0	5	0	0	.300	.284	0	1	2	457	4.12	31	25	1.24
Career (2000-2001)	.266	96	252	33	67	10	6	5	29	36	70	1	6	0	1	.357	.413	0	2	2	1184	4.04	74	64	1.16

2001 Season

	Avg	AB	H	2B	3B	HR	RBI	BB	SO	OBP	SLG		Avg	AB	H	2B	3B	HR	RBI	BB	SO	OBP	SLG
vs. Left	.245	53	13	4	0	0	2	7	12	.328	.321	Scoring Posn	.211	19	4	0	0	0	6	1	7	.227	.211
vs. Right	.167	42	7	1	1	0	4	6	14	.265	.238	Close & Late	.364	11	4	1	0	0	2	1	3	.417	.455

Mike Piazza — Mets
Age 33 – Bats Right

	Avg	G	AB	R	H	2B	3B	HR	RBI	BB	SO	HBP	GDP	SB	CS	OBP	SLG	IBB	SH	SF	#Pit	#P/PA	GB	FB	G/F
2001 Season	.300	141	503	81	151	29	0	36	94	67	87	2	20	0	2	.384	.573	19	0	1	2125	3.71	171	162	1.06
Last Five Years	.324	721	2636	463	854	150	2	186	566	303	383	11	96	12	7	.393	.594	65	0	20	10563	3.56	973	808	1.20

2001 Season

	Avg	AB	H	2B	3B	HR	RBI	BB	SO	OBP	SLG		Avg	AB	H	2B	3B	HR	RBI	BB	SO	OBP	SLG
vs. Left	.323	99	32	6	0	8	24	23	18	.451	.626	First Pitch	.353	68	24	6	0	3	11	12	0	.450	.574
vs. Right	.295	404	119	23	0	28	70	44	69	.366	.559	Ahead in Count	.396	101	40	7	0	9	27	34	15	.548	.733
Home	.304	230	70	12	0	16	41	36	30	.399	.565	Behind in Count	.241	232	56	8	0	16	39	0	75	.247	.483
Away	.297	273	81	17	0	20	53	31	57	.370	.579	Two Strikes	.202	228	46	10	0	9	24	21	87	.275	.364
Day	.351	174	61	12	0	17	36	16	34	.405	.713	Batting #3	.316	297	94	20	0	23	53	42	53	.404	.616
Night	.274	329	90	17	0	19	58	51	53	.373	.498	Batting #4	.281	199	56	8	0	13	37	23	33	.356	.518
Grass	.300	437	131	24	0	31	78	58	74	.384	.568	Other	.143	7	1	1	0	0	4	2	1	.333	.286
Turf	.303	66	20	5	0	5	16	9	13	.387	.606	April	.329	79	26	3	0	8	18	14	11	.430	.671
Pre-All Star	.276	279	77	11	0	21	48	32	49	.350	.541	May	.204	93	19	2	0	6	13	5	18	.245	.419
Post-All Star	.330	224	74	18	0	15	46	35	38	.424	.612	June	.281	96	27	5	0	6	14	11	17	.355	.521
Inning 1-6	.301	352	106	22	0	23	65	41	55	.376	.560	July	.397	63	25	5	0	6	18	13	11	.506	.762
Inning 7+	.298	151	45	7	0	13	29	26	32	.401	.603	August	.274	84	23	4	0	3	12	17	13	.396	.464
Scoring Posn	.258	124	32	7	0	5	51	34	20	.419	.435	Sept/Oct	.352	88	31	10	0	6	19	7	17	.396	.670
Close & Late	.313	80	25	4	0	6	15	17	16	.433	.588	vs. AL	.375	64	24	4	0	6	16	8	11	.444	.719
None on/out	.354	96	34	6	0	8	8	8	16	.404	.667	vs. NL	.289	439	127	25	0	30	78	59	76	.375	.551

2001 By Position

Position	Avg	AB	H	2B	3B	HR	RBI	BB	SO	OBP	SLG	G	GS	Innings	PO	A	E	DP	Fld Pct	Rng Fctr	In Zone	Zone Outs	Zone Rtg	MLB Zone
As c	.297	478	142	27	0	34	85	63	81	.381	.567	131	127	1085.1	919	58	9	5	.991	—	—	—	—	—

Last Five Years

	Avg	AB	H	2B	3B	HR	RBI	BB	SO	OBP	SLG		Avg	AB	H	2B	3B	HR	RBI	BB	SO	OBP	SLG
vs. Left	.330	563	186	34	1	45	126	91	82	.421	.634	First Pitch	.383	355	136	29	1	25	93	47	0	.455	.682
vs. Right	.322	2073	668	116	1	141	440	212	301	.385	.583	Ahead in Count	.400	618	247	39	0	57	177	170	0	.527	.739
Home	.304	1242	378	59	0	88	263	150	176	.378	.564	Behind in Count	.251	1127	283	50	1	60	169	0	319	.253	.457
Away	.341	1394	476	91	2	98	303	153	207	.407	.621	Two Strikes	.241	1102	266	46	1	50	163	86	383	.298	.421
Day	.335	829	278	53	1	55	166	84	138	.395	.601	Batting #3	.337	1078	363	63	1	74	211	118	163	.402	.603
Night	.319	1807	576	97	1	131	400	219	245	.392	.591	Batting #4	.315	1529	482	83	1	110	340	179	216	.387	.587
Grass	.319	2187	698	112	2	153	461	243	321	.386	.582	Other	.310	29	9	4	0	2	15	6	4	.417	.655
Turf	.347	449	156	38	0	33	105	60	62	.426	.653	March/April	.331	363	120	23	0	28	83	48	56	.410	.625
Pre-All Star	.321	1416	455	78	1	94	276	145	208	.383	.577	May	.303	469	142	19	1	25	74	42	62	.355	.536
Post-All Star	.327	1220	399	72	1	92	290	158	175	.405	.614	June	.336	473	159	29	0	34	93	45	69	.392	.613
Inning 1-6	.322	1875	603	110	1	130	396	194	256	.385	.589	July	.334	422	141	26	0	29	95	51	66	.407	.602
Inning 7+	.330	761	251	40	1	56	170	109	127	.413	.606	August	.322	457	147	23	0	37	118	64	62	.405	.615
Scoring Posn	.299	736	220	37	1	46	360	143	109	.405	.539	Sept/Oct	.321	452	145	30	1	33	103	53	68	.390	.611

342

	Avg	AB	H	2B	3B	HR	RBI	BB	SO	OBP	SLG		Avg	AB	H	2B	3B	HR	RBI	BB	SO	OBP	SLG
									Last Five Years														
Close & Late	.300	400	120	20	0	25	87	71	79	.404	.538	vs. AL	.371	310	115	22	1	23	69	32	45	.429	.671
None on/out	.335	546	183	31	0	40	40	47	76	.392	.612	vs. NL	.318	2326	739	128	1	163	497	271	338	.388	.584

Hipolito Pichardo — Red Sox   Age 32 – Pitches Right (groundball pitcher)

	ERA	W	L	Sv	G	GS	IP	BB	SO	Avg	H	2B	3B	HR	RBI	OBP	SLG	GF	IR	IRS	Hld	SvOp	SB	CS	GB	FB	G/F
2001 Season	4.93	2	1	0	30	0	34.2	10	17	.300	42	11	1	3	25	.363	.457	5	19	10	2	3	3	0	64	38	1.68
Last Five Years	4.52	18	17	13	142	19	261.0	103	143	.277	282	52	5	22	133	.349	.402	38	79	27	12	19	23	6	482	225	2.14

2001 Season

	ERA	W	L	Sv	G	GS	IP	H	HR	BB	SO		Avg	AB	H	2B	3B	HR	RBI	BB	SO	OBP	SLG
Home	6.32	0	1	0	13	0	15.2	21	1	4	8	vs. Left	.339	62	21	8	1	2	13	5	5	.382	.597
Away	3.79	2	0	0	17	0	19.0	21	2	6	9	vs. Right	.269	78	21	3	0	1	12	5	12	.348	.346
Starter	0.00	0	0	0	0	0	0.0	0	0	0	0	Scoring Posn	.273	55	15	4	0	0	22	6	4	.364	.345
Reliever	4.93	2	1	0	30	0	34.2	42	3	10	17	Close & Late	.273	33	9	1	0	1	5	4	5	.385	.394
0 Days Rest (Relief)	3.86	0	0	0	8	0	9.1	12	1	3	6	None on/out	.367	30	11	3	0	0	0	2	4	.406	.467
1 or 2 Days Rest	2.63	1	0	0	14	0	13.2	18	0	5	3	First Pitch	.318	22	7	2	0	0	2	3	0	.400	.409
3+ Days Rest	8.49	1	1	0	8	0	11.2	12	2	2	8	Ahead in Count	.224	58	13	2	0	1	9	0	12	.242	.310
Pre-All Star	2.70	1	0	0	19	0	23.1	22	2	7	11	Behind in Count	.371	35	13	2	1	1	12	4	0	.436	.571
Post-All Star	9.53	1	1	0	11	0	11.1	20	1	3	6	Two Strikes	.217	60	13	2	0	2	9	3	17	.258	.350

Last Five Years

	ERA	W	L	Sv	G	GS	IP	H	HR	BB	SO		Avg	AB	H	2B	3B	HR	RBI	BB	SO	OBP	SLG
Home	5.01	7	10	2	65	7	116.2	136	11	44	56	vs. Left	.303	472	143	31	4	11	69	56	52	.379	.456
Away	4.12	11	7	11	77	12	144.1	146	11	59	87	vs. Right	.254	547	139	21	1	11	64	47	91	.322	.356
Day	4.63	5	2	3	45	4	68.0	68	9	22	33	Inning 1-6	.263	579	152	32	3	10	82	56	83	.332	.380
Night	4.48	13	15	10	97	15	193.0	214	13	81	110	Inning 7+	.295	440	130	20	2	12	51	47	60	.370	.432
Grass	4.64	13	15	8	119	14	209.1	217	20	83	118	None on	.264	537	142	23	5	15	15	49	85	.331	.410
Turf	4.01	5	2	5	23	5	51.2	65	2	20	25	Runners on	.290	482	140	29	0	7	118	54	58	.368	.394
March/April	2.90	2	2	4	16	5	40.1	40	3	18	20	Scoring Posn	.253	288	73	16	0	3	105	46	36	.362	.340
May	7.30	1	2	5	20	1	24.2	32	5	15	14	Close & Late	.293	256	75	8	0	7	33	30	33	.374	.406
June	5.24	6	6	1	38	6	68.2	74	8	24	32	None on/out	.267	236	63	11	1	3	3	21	29	.329	.360
July	3.57	4	4	1	30	5	63.0	64	2	24	33	vs. 1st Batr (relief)	.254	118	30	7	0	1	13	2	29	.279	.339
August	5.12	3	2	0	20	4	45.2	54	2	12	29	1st Inning Pitched	.304	503	153	22	3	11	84	52	78	.373	.425
Sept/Oct	3.38	2	1	2	18	0	18.2	18	2	10	15	First 15 Pitches	.302	414	125	19	3	8	55	39	64	.367	.420
Starter	4.56	7	6	0	19	19	106.2	112	11	40	53	Pitch 16-30	.282	248	70	12	1	3	37	31	36	.366	.375
Reliever	4.49	11	11	13	123	0	154.1	170	11	63	90	Pitch 31-45	.183	115	21	6	0	2	11	11	15	.271	.287
0 Days Rest (Relief)	5.20	0	3	7	24	0	27.2	39	2	10	13	Pitch 46+	.273	242	66	15	1	9	30	22	28	.335	.455
1 or 2 Days Rest	4.25	7	7	4	68	0	84.2	91	5	36	50	First Pitch	.306	144	44	7	0	5	25	13	0	.369	.458
3+ Days Rest	4.50	4	1	2	31	0	42.0	40	4	17	27	Ahead in Count	.237	425	97	12	2	6	37	0	110	.237	.308
vs. AL	4.81	14	15	11	112	17	211.1	239	20	85	114	Behind in Count	.369	241	89	15	3	5	44	45	0	.467	.519
vs. NL	3.26	4	2	2	30	2	49.2	43	2	18	29	Two Strikes	.204	442	90	16	2	8	39	45	143	.280	.303
Pre-All Star	4.57	10	12	10	83	11	153.2	160	16	69	77	Pre-All Star	.270	593	160	28	3	16	76	69	77	.351	.408
Post-All Star	4.44	8	5	3	59	8	107.1	122	6	34	66	Post-All Star	.286	426	122	24	2	6	57	34	66	.345	.394

Calvin Pickering — Red Sox   Age 25 – Bats Left (groundball hitter)

	Avg	G	AB	R	H	2B	3B	HR	RBI	BB	SO	HBP	GDP	SB	CS	OBP	SLG	IBB	SH	SF	#Pit	#P/PA	GB	FB	G/F
2001 Season	.278	21	54	4	15	1	0	3	8	8	15	0	4	0	0	.371	.463	0	0	0	231	3.73	26	3	8.67
Career (1998-2001)	.217	53	115	12	25	2	0	6	16	22	35	0	7	1	0	.343	.391	0	0	0	531	3.88	52	11	4.73

2001 Season

	Avg	AB	H	2B	3B	HR	RBI	BB	SO	OBP	SLG		Avg	AB	H	2B	3B	HR	RBI	BB	SO	OBP	SLG
vs. Left	.417	12	5	1	0	0	1	1	4	.462	.500	Scoring Posn	.214	14	3	0	0	1	6	2	3	.313	.429
vs. Right	.238	42	10	0	0	3	7	7	11	.347	.452	Close & Late	.500	6	3	0	0	1	4	0	2	.500	1.000

Juan Pierre — Rockies   Age 24 – Bats Left (groundball hitter)

	Avg	G	AB	R	H	2B	3B	HR	RBI	BB	SO	HBP	GDP	SB	CS	OBP	SLG	IBB	SH	SF	#Pit	#P/PA	GB	FB	G/F
2001 Season	.327	156	617	108	202	26	11	2	55	41	29	10	6	46	17	.378	.415	1	14	1	2177	3.19	316	114	2.77
Career (2000-2001)	.323	207	817	134	264	28	11	2	75	54	44	11	8	53	23	.372	.392	1	18	2	2892	3.21	419	148	2.83

2001 Season

	Avg	AB	H	2B	3B	HR	RBI	BB	SO	OBP	SLG		Avg	AB	H	2B	3B	HR	RBI	BB	SO	OBP	SLG
vs. Left	.289	121	35	1	2	0	9	9	7	.360	.331	First Pitch	.333	102	34	4	0	1	9	1	0	.340	.402
vs. Right	.337	496	167	25	9	2	46	32	22	.383	.439	Ahead in Count	.388	121	47	6	4	1	18	30	0	.510	.529
Home	.334	299	100	16	3	0	23	22	12	.391	.408	Behind in Count	.279	276	77	10	5	0	13	0	28	.299	.351
Away	.321	318	102	10	8	2	32	19	17	.365	.421	Two Strikes	.325	203	66	8	2	0	9	10	29	.377	.384
Day	.370	216	80	8	5	1	19	7	12	.429	.468	Batting #1	.323	591	191	26	8	2	46	39	28	.373	.404
Night	.304	401	122	18	6	1	34	22	22	.350	.387	Batting #9	.500	14	7	0	3	0	4	0	1	.529	.929
Grass	.328	588	193	26	10	2	53	40	26	.380	.417	Other	.333	12	4	0	0	0	5	2	0	.429	.333
Turf	.310	29	9	0	1	0	2	1	3	.333	.379	April	.344	64	22	2	1	0	7	6	1	.408	.406
Pre-All Star	.326	313	102	10	3	1	24	23	10	.381	.387	May	.305	105	32	4	1	0	9	9	7	.376	.362
Post-All Star	.329	304	100	16	8	1	31	18	19	.375	.444	June	.315	111	35	3	0	1	9	6	2	.367	.369
Inning 1-6	.329	441	145	19	8	1	39	22	18	.369	.415	July	.393	107	42	4	4	0	10	4	5	.421	.505
Inning 7+	.324	176	57	7	3	1	16	19	11	.399	.415	August	.282	110	31	6	2	0	11	5	7	.319	.373
Scoring Posn	.346	136	47	8	3	2	53	13	7	.412	.478	Sept/Oct	.333	120	40	7	3	1	12	9	9	.380	.467
Close & Late	.367	79	29	3	2	0	7	13	5	.468	.443	vs. AL	.271	48	13	1	3	0	5	0	5	.294	.417
None on/out	.364	253	92	5	5	0	16	11	5	.406	.423	vs. NL	.332	569	189	25	8	2	50	41	29	.385	.415

2001 By Position

Position	Avg	AB	H	2B	3B	HR	RBI	BB	SO	OBP	SLG	G	GS	Innings	PO	A	E	DP	Fld Pct	Rng Fctr	In Zone	Zone Outs	Zone Rtg	MLB Zone
As cf	.330	612	202	26	11	2	55	41	29	.380	.418	154	140	1257.2	362	4	8	1	.979	2.62	402	353	.878	.892

Chris Piersoll — Reds
Age 24 – Pitches Right

	ERA	W	L	Sv	G	GS	IP	BB	SO	Avg	H	2B	3B	HR	RBI	OBP	SLG	GF	IR	IRS	Hld	SvOp	SB	CS	GB	FB	G/F
2001 Season	2.38	0	0	0	11	0	11.1	6	7	.267	12	2	2	0	5	.365	.400	3	8	2	0	0	1	0	16	13	1.23

2001 Season

	ERA	W	L	Sv	G	GS	IP	H	HR	BB	SO		Avg	AB	H	2B	3B	HR	RBI	BB	SO	OBP	SLG
Home	1.42	0	0	0	7	0	6.1	7	0	3	3	vs. Left	.235	17	4	0	2	0	2	1	2	.278	.471
Away	3.60	0	0	0	4	0	5.0	5	0	3	4	vs. Right	.286	28	8	2	0	0	3	5	5	.412	.357

A.J. Pierzynski — Twins
Age 25 – Bats Left

	Avg	G	AB	R	H	2B	3B	HR	RBI	BB	SO	HBP	GDP	SB	CS	OBP	SLG	IBB	SH	SF	#Pit	#P/PA	GB	FB	G/F
2001 Season	.289	114	381	51	110	33	2	7	55	16	57	4	7	1	7	.322	.441	4	1	3	1346	3.31	136	113	1.20
Career (1998-2001)	.291	163	501	67	146	40	3	9	70	23	77	8	8	2	7	.330	.437	4	1	5	1853	3.43	188	141	1.33

2001 Season

	Avg	AB	H	2B	3B	HR	RBI	BB	SO	OBP	SLG		Avg	AB	H	2B	3B	HR	RBI	BB	SO	OBP	SLG
vs. Left	.167	60	10	0	0	0	4	0	11	.177	.167	First Pitch	.370	81	30	13	0	1	11	3	0	.402	.568
vs. Right	.312	321	100	33	2	7	51	16	46	.348	.492	Ahead in Count	.338	71	24	9	0	1	8	9	0	.420	.507
Home	.313	179	56	16	1	3	25	9	23	.349	.464	Behind in Count	.250	184	46	9	2	3	26	0	51	.253	.370
Away	.267	202	54	17	1	4	30	7	34	.297	.421	Two Strikes	.212	165	35	8	1	3	22	4	57	.234	.327
Day	.257	105	27	6	1	0	10	3	23	.291	.333	Batting #8	.336	110	37	10	0	1	18	3	15	.351	.455
Night	.301	276	83	27	1	7	45	13	34	.333	.482	Batting #9	.244	168	41	11	2	1	17	5	30	.273	.351
Grass	.282	188	53	17	1	4	30	7	30	.313	.447	Other	.311	103	32	12	0	5	20	8	12	.368	.573
Turf	.295	193	57	16	1	3	25	9	27	.330	.435	April	.280	50	14	6	1	0	4	0	10	.294	.440
Pre-All Star	.318	211	67	19	1	2	31	5	38	.336	.445	May	.226	62	14	3	0	0	7	1	11	.238	.274
Post-All Star	.253	170	43	14	1	5	24	11	19	.304	.435	June	.372	78	29	7	0	2	15	4	14	.405	.538
Inning 1-6	.292	243	71	22	0	7	40	11	36	.328	.469	July	.270	74	20	5	0	2	10	2	9	.304	.419
Inning 7+	.283	138	39	11	2	0	15	5	21	.310	.391	August	.310	58	18	4	1	2	9	5	6	.365	.517
Scoring Posn	.306	111	34	10	1	3	46	5	23	.350	.495	Sept/Oct	.254	59	15	8	0	1	10	4	7	.297	.441
Close & Late	.311	61	19	8	2	0	10	2	12	.338	.508	vs. AL	.280	332	93	31	2	6	49	15	51	.315	.440
None on/out	.384	86	33	10	0	2	2	3	7	.404	.570	vs. NL	.347	49	17	2	0	1	6	1	6	.365	.429

2001 By Position

Position	Avg	AB	H	2B	3B	HR	RBI	BB	SO	OBP	SLG	G	GS	Innings	PO	A	E	DP	Fld Pct	Rng Fctr	In Zone	Zone Outs	Zone Rtg	MLB Zone
As c	.292	367	107	33	2	7	52	16	51	.326	.450	110	102	901.2	611	44	10	7	.985	—	—	—	—	—

Luis Pineda — Tigers
Age 24 – Pitches Right (flyball pitcher)

	ERA	W	L	Sv	G	GS	IP	BB	SO	Avg	H	2B	3B	HR	RBI	OBP	SLG	GF	IR	IRS	Hld	SvOp	SB	CS	GB	FB	G/F
2001 Season	4.91	0	1	0	16	0	18.1	14	13	.239	16	2	2	2	6	.366	.418	4	12	0	2	0	2	1	17	28	0.61

2001 Season

	ERA	W	L	Sv	G	GS	IP	H	HR	BB	SO		Avg	AB	H	2B	3B	HR	RBI	BB	SO	OBP	SLG
Home	3.86	0	1	0	9	0	9.1	8	0	7	7	vs. Left	.367	30	11	0	1	1	4	6	6	.472	.533
Away	6.00	0	0	0	7	0	9.0	8	2	7	6	vs. Right	.135	37	5	2	1	1	2	8	7	.283	.324

Joel Pineiro — Mariners
Age 23 – Pitches Right

	ERA	W	L	Sv	G	GS	IP	BB	SO	Avg	H	2B	3B	HR	RBI	OBP	SLG	CG	ShO	Sup	QS	#P/S	SB	CS	GB	FB	G/F
2001 Season	2.03	6	2	0	17	11	75.1	21	56	.191	50	13	0	2	19	.257	.263	0	0	4.42	9	85	4	4	83	83	1.00
Career (2000-2001)	2.76	7	2	0	25	12	94.2	34	66	.220	75	17	0	5	34	.293	.314	0	0	5.13	7	86	6	4	113	112	1.01

2001 Season

	ERA	W	L	Sv	G	GS	IP	H	HR	BB	SO		Avg	AB	H	2B	3B	HR	RBI	BB	SO	OBP	SLG
Home	0.64	4	0	0	8	5	42.0	15	0	10	38	vs. Left	.230	135	31	10	0	1	13	14	33	.298	.326
Away	3.78	2	2	0	9	6	33.1	35	2	11	18	vs. Right	.150	127	19	3	0	1	6	7	23	.212	.197
Starter	2.36	5	2	0	11	11	61.0	47	2	16	43	Scoring Posn	.310	42	13	5	0	0	16	6	7	.380	.429
Reliever	0.63	1	0	0	6	0	14.1	3	0	5	13	Close & Late	.000	16	0	0	0	0	0	0	6	.000	.000
0-3 Days Rest (Start)	0.00	0	0	0	0	0	0.0	0	0	0	0	None on/out	.183	71	13	2	0	1	1	6	17	.266	.254
4 Days Rest	1.82	3	1	0	7	7	39.2	25	0	10	29	First Pitch	.182	22	4	1	0	0	1	0	0	.182	.227
5+ Days Rest	3.38	2	1	0	4	4	21.1	22	2	6	14	Ahead in Count	.152	132	20	5	0	1	6	0	50	.164	.212
Pre-All Star	0.00	0	0	0	1	0	2.1	0	0	2	1	Behind in Count	.224	58	13	3	0	0	7	12	0	.356	.276
Post-All Star	2.10	6	2	0	16	11	73.0	50	2	19	55	Two Strikes	.149	134	20	3	0	1	6	0	56	.208	.194

Dan Plesac — Blue Jays
Age 40 – Pitches Left (flyball pitcher)

	ERA	W	L	Sv	G	GS	IP	BB	SO	Avg	H	2B	3B	HR	RBI	OBP	SLG	GF	IR	IRS	Hld	SvOp	SB	CS	GB	FB	G/F
2001 Season	3.57	4	5	1	62	0	45.1	24	68	.207	34	10	0	4	19	.311	.341	5	46	9	16	2	6	4	33	38	0.87
Last Five Years	3.99	17	17	7	339	0	230.0	102	282	.238	206	40	3	27	130	.318	.385	64	295	69	94	19	25	8	228	244	0.93

2001 Season

	ERA	W	L	Sv	G	GS	IP	H	HR	BB	SO		Avg	AB	H	2B	3B	HR	RBI	BB	SO	OBP	SLG
Home	3.09	2	1	1	32	0	23.1	15	2	12	32	vs. Left	.184	87	16	3	0	3	10	10	47	.268	.322
Away	4.09	2	4	0	30	0	22.0	19	2	12	36	vs. Right	.234	77	18	7	0	1	9	14	21	.355	.364

344

2001 Season

	ERA	W	L	Sv	G	GS	IP	H	HR	BB	SO		Avg	AB	H	2B	3B	HR	RBI	BB	SO	OBP	SLG
Day	2.50	2	1	1	24	0	18.0	12	2	8	25	Inning 1-6	.333	3	1	0	0	0	0	0	1	.333	.333
Night	4.28	2	4	0	38	0	27.1	22	2	16	43	Inning 7+	.205	161	33	10	0	4	19	24	67	.310	.342
Grass	4.32	2	3	0	20	0	16.2	10	1	11	26	None on	.210	81	17	2	0	3	3	9	35	.297	.346
Turf	3.14	2	2	1	42	0	28.2	24	3	13	42	Runners on	.205	83	17	8	0	1	16	15	33	.323	.337
April	2.70	0	1	0	9	0	6.2	6	0	3	5	Scoring Posn	.209	43	9	4	0	0	13	12	21	.375	.302
May	4.05	0	0	0	11	0	6.2	3	0	3	12	Close & Late	.216	102	22	7	0	2	10	15	44	.322	.343
June	3.68	1	1	0	11	0	7.1	10	1	3	15	None on/out	.222	36	8	1	0	1	1	4	14	.300	.333
July	4.35	1	1	0	12	0	10.1	6	2	4	14	vs. 1st Batr (relief)	.214	56	12	2	0	0	6	6	25	.290	.250
August	2.00	1	1	0	12	0	9.0	5	1	7	13	1st Inning Pitched	.219	146	32	9	0	4	18	20	61	.315	.363
Sept/Oct	5.06	1	1	1	7	0	5.1	4	0	4	9	First 15 Pitches	.220	127	28	6	0	4	13	17	52	.317	.362
Starter	0.00	0	0	0	0	0	0.0	0	0	0	0	Pitch 16-30	.152	33	5	3	0	0	5	6	14	.275	.242
Reliever	3.57	4	5	1	62	0	45.1	34	4	24	68	Pitch 31-45	.250	4	1	1	0	0	1	1	2	.400	.500
0 Days Rest (Relief)	4.85	0	3	0	19	0	13.0	14	3	7	17	Pitch 46+	.000	0	0	0	0	0	0	0	0	.000	.000
1 or 2 Days Rest	4.32	1	1	1	21	0	16.2	11	1	10	26	First Pitch	.389	18	7	1	0	1	5	4	0	.478	.611
3+ Days Rest	1.72	3	1	0	22	0	15.2	9	0	7	25	Ahead in Count	.126	95	12	2	0	2	6	0	58	.135	.211
vs. AL	3.86	3	4	1	54	0	39.2	27	4	19	62	Behind in Count	.350	20	7	3	0	0	5	7	0	.519	.500
vs. NL	1.59	1	1	0	8	0	5.2	7	0	5	6	Two Strikes	.111	108	12	4	0	3	5	13	68	.213	.231
Pre-All Star	3.91	2	2	0	36	0	25.1	23	3	11	37	Pre-All Star	.242	95	23	7	0	3	11	11	37	.324	.411
Post-All Star	3.15	2	3	1	26	0	20.0	11	1	13	31	Post-All Star	.159	69	11	3	0	1	8	13	31	.293	.246

Last Five Years

	ERA	W	L	Sv	G	GS	IP	H	HR	BB	SO		Avg	AB	H	2B	3B	HR	RBI	BB	SO	OBP	SLG
Home	3.85	9	6	4	160	0	110.0	93	13	47	125	vs. Left	.207	468	97	17	0	13	59	39	178	.267	.327
Away	4.13	8	11	3	179	0	120.0	113	14	55	157	vs. Right	.275	397	109	23	3	14	71	63	104	.373	.453
Day	3.27	8	6	1	112	0	74.1	62	9	32	94	Inning 1-6	.250	52	13	1	0	0	7	11	19	.381	.269
Night	4.34	9	11	6	227	0	155.2	144	18	70	188	Inning 7+	.237	813	193	39	3	27	123	91	263	.313	.392
Grass	3.45	8	8	3	186	0	127.2	111	15	64	164	None on	.247	413	102	21	1	12	12	34	122	.306	.390
Turf	4.66	9	9	4	153	0	102.1	95	12	38	118	Runners on	.230	452	104	19	2	15	118	68	160	.328	.381
March/April	5.06	0	6	1	60	0	42.2	45	4	18	45	Scoring Posn	.237	287	68	11	1	12	109	50	106	.345	.408
May	4.42	2	2	0	56	0	36.2	34	6	14	44	Close & Late	.253	470	119	21	3	17	82	52	161	.328	.419
June	3.86	2	2	0	56	0	39.2	40	2	16	56	None on/out	.286	192	55	13	1	4	4	14	53	.335	.427
July	4.19	3	3	1	55	0	34.1	26	7	21	42	vs. 1st Batr (relief)	.228	307	70	14	1	5	45	28	112	.293	.329
August	3.13	6	1	3	56	0	37.1	32	3	21	41	1st Inning Pitched	.238	803	191	35	3	26	127	95	260	.318	.386
Sept/Oct	3.20	4	3	2	57	0	39.1	29	5	12	54	First 15 Pitches	.248	702	174	31	3	24	106	77	220	.321	.403
Starter	0.00	0	0	0	0	0	0.0	0	0	0	0	Pitch 16-30	.193	150	29	8	0	3	21	24	57	.303	.307
Reliever	3.99	17	17	7	339	0	230.0	206	27	102	282	Pitch 31-45	.231	13	3	1	0	0	3	1	5	.286	.308
0 Days Rest (Relief)	4.12	2	5	1	105	0	63.1	54	9	29	82	Pitch 46+	.000	0	0	0	0	0	0	0	0	.000	.000
1 or 2 Days Rest	4.35	11	9	3	142	0	99.1	87	12	45	123	First Pitch	.417	96	40	7	0	4	21	10	0	.459	.615
3+ Days Rest	3.34	4	3	3	92	0	67.1	65	6	28	77	Ahead in Count	.181	492	89	12	2	12	51	0	231	.184	.287
vs. AL	4.51	10	14	6	227	0	151.2	133	22	68	194	Behind in Count	.317	126	40	12	0	4	32	50	0	.506	.516
vs. NL	2.99	7	3	1	112	0	78.1	73	5	34	88	Two Strikes	.147	524	77	12	1	14	49	42	282	.213	.254
Pre-All Star	4.52	6	11	1	192	0	131.1	130	16	55	158	Pre-All Star	.257	505	130	29	3	16	81	55	158	.329	.422
Post-All Star	3.28	11	6	6	147	0	98.2	76	11	47	124	Post-All Star	.211	360	76	11	0	11	49	47	124	.302	.333

Scott Podsednik — Mariners Age 26 – Bats Left

	Avg	G	AB	R	H	2B	3B	HR	RBI	BB	SO	HBP	GDP	SB	CS	OBP	SLG	IBB	SH	SF	#Pit	#P/PA	GB	FB	G/F
2001 Season	.167	5	6	1	1	0	1	0	3	0	1	0	1	0	0	.167	.500	0	0	0	13	2.17	2	1	2.00

2001 Season

	Avg	AB	H	2B	3B	HR	RBI	BB	SO	OBP	SLG		Avg	AB	H	2B	3B	HR	RBI	BB	SO	OBP	SLG
vs. Left	.000	0	0	0	0	0	0	0	0	.000	.000	Scoring Posn	.333	3	1	0	1	0	3	0	0	.333	1.000
vs. Right	.167	6	1	0	1	0	3	0	1	.167	.500	Close & Late	.000	2	0	0	0	0	0	0	0	.000	.000

Placido Polanco — Cardinals Age 26 – Bats Right (groundball hitter)

	Avg	G	AB	R	H	2B	3B	HR	RBI	BB	SO	HBP	GDP	SB	CS	OBP	SLG	IBB	SH	SF	#Pit	#P/PA	GB	FB	G/F
2001 Season	.307	144	564	87	173	26	4	3	38	25	43	6	22	12	3	.342	.383	0	14	1	1957	3.21	277	120	2.31
Career (1998-2001)	.299	395	1221	171	365	50	12	10	107	61	102	8	38	19	10	.335	.384	1	26	6	4279	3.24	576	279	2.06

2001 Season

	Avg	AB	H	2B	3B	HR	RBI	BB	SO	OBP	SLG		Avg	AB	H	2B	3B	HR	RBI	BB	SO	OBP	SLG
vs. Left	.350	143	50	8	0	0	10	8	15	.384	.406	First Pitch	.408	98	40	7	1	0	13	0	0	.420	.500
vs. Right	.292	421	123	18	4	3	28	17	28	.328	.375	Ahead in Count	.338	151	51	9	2	0	7	17	0	.405	.424
Home	.324	293	95	14	3	1	20	18	22	.368	.403	Behind in Count	.243	230	56	6	0	2	13	0	39	.255	.296
Away	.288	271	78	12	1	2	18	7	21	.313	.362	Two Strikes	.218	197	43	3	1	2	10	8	43	.251	.274
Day	.317	202	64	11	1	2	15	15	13	.376	.411	Batting #2	.296	514	152	23	3	3	34	19	37	.327	.370
Night	.301	362	109	15	3	1	23	10	30	.323	.367	Batting #3	.579	19	11	0	1	0	1	3	0	.652	.684
Grass	.307	540	166	25	4	3	37	25	41	.344	.385	Other	.323	31	10	3	0	0	3	3	6	.382	.419
Turf	.292	24	7	1	0	0	1	0	2	.292	.333	April	.348	66	23	3	0	0	3	8	6	.427	.394
Pre-All Star	.336	268	90	9	3	0	17	15	22	.375	.392	May	.295	95	28	3	2	0	6	3	9	.323	.368
Post-All Star	.280	296	83	17	1	3	21	10	21	.312	.375	June	.340	94	32	2	1	0	6	4	3	.367	.383
Inning 1-6	.309	395	122	16	2	3	24	16	28	.345	.382	July	.333	84	28	3	0	3	10	4	5	.378	.476
Inning 7+	.302	169	51	10	2	0	14	9	15	.335	.385	August	.291	117	34	9	1	0	5	2	9	.306	.385
Scoring Posn	.252	119	30	2	1	2	32	7	11	.302	.311	Sept/Oct	.259	108	28	6	0	0	8	4	8	.286	.315
Close & Late	.286	63	18	5	0	0	3	7	.313	.365	vs. AL	.286	49	14	1	0	1	6	2	1	.327	.367
None on/out	.263	95	25	5	0	0	9	8	.327	.316	vs. NL	.309	515	159	25	4	2	32	23	42	.344	.384

345

2001 By Position

Position	Avg	AB	H	2B	3B	HR	RBI	BB	SO	OBP	SLG	G	GS	Innings	PO	A	E	DP	Fld Pct	Rng Fctr	In Zone	Zone Outs	Zone Rtg	MLB Zone
As 2b	.326	43	14	3	0	0	3	2	4	.356	.395	15	10	93.0	22	36	0	10	1.000	5.61	36	31	.861	.824
As 3b	.309	382	118	16	3	3	27	18	26	.346	.390	103	93	810.0	60	199	4	16	.985	2.88	252	214	.849	.761
As ss	.302	129	39	5	1	0	7	5	12	.338	.357	42	29	281.0	51	109	0	16	1.000	5.12	110	103	.936	.839

Career (1998-2001)

	Avg	AB	H	2B	3B	HR	RBI	BB	SO	OBP	SLG		Avg	AB	H	2B	3B	HR	RBI	BB	SO	OBP	SLG
vs. Left	.329	343	113	20	3	5	37	19	31	.363	.449	First Pitch	.390	210	82	12	2	2	30	1	0	.395	.495
vs. Right	.287	878	252	30	9	5	70	42	71	.324	.359	Ahead in Count	.328	311	102	17	4	4	28	40	0	.404	.447
Home	.295	616	182	23	6	4	52	33	51	.333	.372	Behind in Count	.242	501	121	14	3	3	30	0	95	.249	.299
Away	.302	605	183	27	6	6	55	28	51	.336	.397	Two Strikes	.198	435	86	8	3	2	23	20	102	.235	.244
Day	.335	451	151	23	4	6	56	30	33	.380	.443	Batting #2	.292	633	185	27	4	4	44	25	50	.325	.363
Night	.278	770	214	27	8	4	51	31	69	.307	.349	Batting #8	.319	163	52	6	3	0	14	8	16	.349	.393
Grass	.297	1071	318	44	10	10	95	55	88	.334	.385	Other	.301	425	128	17	6	6	49	28	36	.344	.412
Turf	.313	150	47	6	2	0	12	6	14	.342	.380	March/April	.333	150	50	6	1	3	16	16	18	.401	.447
Pre-All Star	.314	598	188	21	6	3	48	34	57	.351	.385	May	.292	178	52	7	3	0	14	6	21	.317	.365
Post-All Star	.284	623	177	29	6	7	59	27	45	.319	.364	June	.316	237	75	6	2	0	15	11	15	.344	.359
Inning 1-6	.305	799	244	28	8	9	68	38	54	.342	.394	July	.296	169	50	7	1	3	16	8	12	.333	.402
Inning 7+	.287	422	121	22	4	1	39	23	48	.321	.365	August	.297	232	69	14	3	1	20	7	16	.318	.397
Scoring Posn	.278	284	79	11	3	4	96	15	24	.313	.380	Sept/Oct	.271	255	69	10	2	3	26	13	20	.309	.361
Close & Late	.273	176	48	10	0	1	18	11	25	.314	.347	vs. AL	.314	102	32	1	0	1	9	4	2	.355	.353
None on/out	.289	270	78	11	2	2	2	20	20	.338	.367	vs. NL	.298	1119	333	49	12	9	98	55	98	.333	.387

Cliff Politte — Phillies
Age 28 – Pitches Right

	ERA	W	L	Sv	G	GS	IP	BB	SO	Avg	H	2B	3B	HR	RBI	OBP	SLG	GF	IR	IRS	Hld	SvOp	SB	CS	GB	FB	G/F
2001 Season	2.42	2	3	0	23	0	26.0	8	23	.250	24	3	1	2	10	.306	.365	7	17	8	1	0	2	1	34	20	1.70
Career (1998-2001)	4.58	9	9	0	56	16	139.2	68	110	.267	143	31	5	18	67	.349	.445	8	21	9	2	0	8	4	175	152	1.15

2001 Season

	ERA	W	L	Sv	G	GS	IP	H	HR	BB	SO		Avg	AB	H	2B	3B	HR	RBI	BB	SO	OBP	SLG
Home	1.42	0	1	0	10	0	12.2	12	1	2	12	vs. Left	.231	26	6	0	0	0	2	4	5	.355	.231
Away	3.38	2	2	0	13	0	13.1	12	1	6	11	vs. Right	.257	70	18	3	1	2	8	4	18	.286	.414

Sidney Ponson — Orioles
Age 25 – Pitches Right

	ERA	W	L	Sv	G	GS	IP	BB	SO	Avg	H	2B	3B	HR	RBI	OBP	SLG	CG	ShO	Sup	QS	#P/S	SB	CS	GB	FB	G/F
2001 Season	4.94	5	10	0	23	23	138.1	37	84	.289	161	43	2	21	76	.339	.487	3	1	4.49	7	94	13	5	212	165	1.28
Career (1998-2001)	4.90	34	44	1	118	107	705.1	242	433	.278	768	144	13	105	367	.337	.454	15	2	5.14	47	101	61	28	998	882	1.13

2001 Season

	ERA	W	L	Sv	G	GS	IP	H	HR	BB	SO		Avg	AB	H	2B	3B	HR	RBI	BB	SO	OBP	SLG
Home	4.60	3	5	0	12	12	72.1	86	11	22	48	vs. Left	.321	274	88	26	0	14	43	24	33	.377	.569
Away	5.32	2	5	0	11	11	66.0	75	10	15	36	vs. Right	.258	283	73	17	2	7	33	13	51	.300	.406
Starter	4.94	5	10	0	23	23	138.1	161	21	37	84	Scoring Posn	.277	141	39	7	0	6	54	17	25	.362	.454
Reliever	0.00	0	0	0	0	0	0.0	0	0	0	0	Close & Late	.323	31	10	3	0	1	7	1	2	.364	.516
0-3 Days Rest (Start)	0.00	0	0	0	0	0	0.0	0	0	0	0	None on/out	.305	151	46	15	1	6	6	3	21	.323	.536
4 Days Rest	4.17	3	5	0	9	9	58.1	62	8	13	34	First Pitch	.299	97	29	8	1	7	21	0	0	.317	.619
5+ Days Rest	5.51	2	5	0	14	14	80.0	99	13	24	50	Ahead in Count	.246	248	61	21	1	4	27	0	65	.252	.427
Pre-All Star	3.93	5	5	0	14	14	84.2	89	11	23	61	Behind in Count	.379	116	44	10	0	6	18	20	0	.471	.621
Post-All Star	6.54	0	5	0	9	9	53.2	72	10	14	23	Two Strikes	.212	236	50	15	1	3	24	17	84	.271	.322

Career (1998-2001)

	ERA	W	L	Sv	G	GS	IP	H	HR	BB	SO		Avg	AB	H	2B	3B	HR	RBI	BB	SO	OBP	SLG
Home	4.50	18	22	0	60	56	374.1	397	60	111	227	vs. Left	.281	1359	382	71	7	52	169	150	192	.352	.458
Away	5.36	16	22	1	58	51	331.0	371	45	131	206	vs. Right	.275	1402	386	73	6	53	198	92	241	.322	.449
Day	4.63	10	18	1	41	36	241.0	259	38	85	165	Inning 1-6	.280	2325	650	118	10	86	312	204	370	.338	.450
Night	5.04	24	26	0	77	71	464.1	509	67	157	268	Inning 7+	.271	436	118	26	3	19	55	38	63	.330	.475
Grass	5.19	29	37	1	101	91	595.1	660	95	208	351	None on	.287	1639	470	100	11	59	59	111	257	.334	.469
Turf	3.35	5	7	0	17	16	110.0	108	10	34	82	Runners on	.266	1122	298	44	2	46	308	131	176	.342	.431
March/April	5.38	3	7	0	16	13	82.0	78	17	35	53	Scoring Posn	.267	649	173	22	0	25	256	82	111	.346	.416
May	4.81	7	4	0	24	16	118.0	134	18	43	75	Close & Late	.255	216	55	11	2	9	29	21	32	.322	.449
June	3.92	7	9	0	21	21	144.2	138	19	48	95	None on/out	.292	726	212	47	9	27	27	41	99	.332	.493
July	5.89	7	6	0	22	22	131.1	156	22	45	78	vs. 1st Batr (relief)	.182	11	2	1	0	0	0	0	5	.182	.273
August	4.84	6	11	0	21	21	137.2	162	17	40	74	1st Inning Pitched	.288	455	131	15	2	17	62	41	80	.351	.442
Sept/Oct	4.81	4	7	0	14	14	91.2	100	12	31	58	First 75 Pitches	.279	1981	552	101	8	69	246	163	323	.334	.442
Starter	4.87	34	43	0	107	107	683.1	745	101	232	419	Pitch 76-90	.302	351	106	22	3	16	54	33	46	.352	.519
Reliever	5.73	0	1	1	11	0	22.0	23	4	10	14	Pitch 91-105	.253	273	69	16	1	14	50	35	40	.340	.473
0-3 Days Rest (Start)	0.00	0	0	0	0	0	0.0	0	0	0	0	Pitch 106+	.263	156	41	5	1	6	17	11	24	.311	.423
4 Days Rest	5.23	19	29	0	59	59	370.0	412	61	137	232	First Pitch	.365	416	152	28	5	27	80	3	0	.374	.652
5+ Days Rest	4.45	15	14	0	48	48	311.2	333	44	95	187	Ahead in Count	.232	1298	301	65	3	33	134	0	354	.252	.363
vs. AL	5.07	29	39	1	105	94	614.1	681	93	209	375	Behind in Count	.311	557	173	35	4	24	77	122	0	.434	.517
vs. NL	3.76	5	5	0	13	13	91.0	87	12	33	58	Two Strikes	.200	1232	246	43	3	28	120	117	433	.269	.308
Pre-All Star	4.75	19	21	1	67	56	375.0	387	60	137	239	Pre-All Star	.266	1454	387	84	5	60	194	137	239	.329	.452
Post-All Star	5.07	15	23	0	51	51	330.1	381	45	105	194	Post-All Star	.292	1307	381	60	10	45	173	105	194	.345	.456

Bo Porter — Rangers
Age 29 – Bats Right

	Avg	G	AB	R	H	2B	3B	HR	RBI	BB	SO	HBP	GDP	SB	CS	OBP	SLG	IBB	SH	SF	#Pit	#P/PA	GB	FB	G/F
2001 Season	.230	48	87	18	20	4	2	1	6	9	34	0	1	3	2	.296	.356	0	0	2	391	3.99	22	18	1.22
Career (1999-2001)	.214	89	126	23	27	5	2	2	8	13	52	0	2	3	2	.284	.333	0	1	2	576	4.06	32	27	1.19

2001 Season

	Avg	AB	H	2B	3B	HR	RBI	BB	SO	OBP	SLG		Avg	AB	H	2B	3B	HR	RBI	BB	SO	OBP	SLG
vs. Left	.261	46	12	2	1	1	4	3	16	.306	.413	Scoring Posn	.231	13	3	1	0	1	6	1	7	.250	.538
vs. Right	.195	41	8	2	1	0	2	6	18	.286	.293	Close & Late	.286	7	2	0	0	1	3	0	4	.286	.714

Jorge Posada — Yankees
Age 30 – Bats Both

	Avg	G	AB	R	H	2B	3B	HR	RBI	BB	SO	HBP	GDP	SB	CS	OBP	SLG	IBB	SH	SF	#Pit	#P/PA	GB	FB	G/F
2001 Season	.277	138	484	59	134	28	1	22	95	62	132	6	10	2	6	.363	.475	10	0	5	2191	3.93	144	129	1.12
Last Five Years	.269	572	1914	286	515	117	4	85	326	299	499	20	46	6	11	.371	.468	31	1	17	8854	3.93	621	497	1.25

2001 Season

	Avg	AB	H	2B	3B	HR	RBI	BB	SO	OBP	SLG		Avg	AB	H	2B	3B	HR	RBI	BB	SO	OBP	SLG
vs. Left	.272	147	40	12	0	5	26	24	31	.383	.456	First Pitch	.412	51	21	6	0	3	14	6	0	.492	.706
vs. Right	.279	337	94	16	1	17	69	38	101	.353	.484	Ahead in Count	.409	115	47	7	0	10	37	21	0	.493	.730
Home	.278	216	60	13	1	14	53	29	49	.365	.542	Behind in Count	.204	230	47	9	1	7	30	0	110	.213	.343
Away	.276	268	74	15	0	8	42	33	83	.360	.422	Two Strikes	.175	251	44	8	1	5	26	34	132	.278	.275
Day	.269	182	49	11	0	11	37	28	55	.366	.511	Batting #5	.307	274	84	16	0	10	48	36	76	.392	.474
Night	.281	302	85	17	1	11	58	34	77	.360	.454	Batting #6	.238	122	29	5	1	5	21	15	36	.321	.418
Grass	.277	390	108	25	1	19	80	53	103	.364	.492	Other	.239	88	21	7	0	7	26	11	20	.327	.557
Turf	.277	94	26	3	0	3	15	9	29	.355	.404	April	.278	79	22	5	0	6	18	10	14	.367	.570
Pre-All Star	.304	260	79	16	1	13	62	41	64	.402	.523	May	.258	89	23	5	0	2	16	9	28	.330	.382
Post-All Star	.246	224	55	12	0	9	33	21	68	.315	.420	June	.406	69	28	3	1	5	25	17	18	.523	.696
Inning 1-6	.280	328	92	16	1	16	62	39	81	.358	.482	July	.308	91	28	6	0	6	15	11	26	.394	.593
Inning 7+	.269	156	42	12	0	6	33	23	51	.372	.462	August	.233	90	21	4	0	1	13	7	22	.290	.311
Scoring Posn	.341	132	45	11	1	7	74	20	35	.414	.598	Sept/Oct	.182	66	12	3	0	2	8	8	24	.267	.318
Close & Late	.267	86	23	5	0	4	18	13	22	.360	.453	vs. AL	.272	423	115	25	0	18	79	50	111	.352	.459
None on/out	.256	125	32	3	0	7	7	10	34	.321	.448	vs. NL	.311	61	19	3	1	4	16	12	21	.432	.590

2001 By Position

Position	Avg	AB	H	2B	3B	HR	RBI	BB	SO	OBP	SLG	G	GS	Innings	PO	A	E	DP	Fld Pct	Rng Fctr	In Zone	Zone Outs	Zone Rtg	MLB Zone
As c	.280	453	127	27	1	20	86	57	122	.363	.477	131	126	1111.2	996	52	11	11	.990	—	—	—	—	—

Last Five Years

	Avg	AB	H	2B	3B	HR	RBI	BB	SO	OBP	SLG		Avg	AB	H	2B	3B	HR	RBI	BB	SO	OBP	SLG
vs. Left	.311	559	174	46	2	21	100	62	122	.383	.513	First Pitch	.364	225	82	16	0	16	56	23	0	.432	.649
vs. Right	.252	1355	341	71	2	64	226	237	377	.366	.449	Ahead in Count	.391	460	180	45	1	34	120	145	0	.532	.715
Home	.279	879	245	60	2	44	166	148	207	.386	.502	Behind in Count	.186	824	153	35	3	20	87	0	400	.194	.308
Away	.261	1035	270	57	2	41	160	151	292	.358	.439	Two Strikes	.177	953	169	36	4	27	106	130	499	.280	.304
Day	.282	667	188	44	1	37	123	115	183	.390	.517	Batting #6	.293	423	124	22	1	22	75	78	119	.406	.506
Night	.262	1247	327	73	3	48	203	184	316	.360	.441	Batting #7	.246	566	139	40	2	30	113	84	144	.346	.482
Grass	.265	1636	433	105	2	71	279	266	426	.370	.461	Other	.272	925	252	55	3	33	138	137	236	.369	.441
Turf	.295	278	82	12	2	14	47	33	73	.373	.504	March/April	.264	277	73	13	1	17	50	37	58	.358	.502
Pre-All Star	.275	977	269	50	3	45	171	162	243	.383	.471	May	.267	344	92	18	0	13	53	49	94	.363	.433
Post-All Star	.263	937	246	67	1	40	155	137	256	.358	.464	June	.308	263	81	14	2	12	57	56	68	.430	.513
Inning 1-6	.275	1231	338	74	4	58	219	193	306	.375	.483	July	.279	308	86	21	0	18	51	51	80	.385	.523
Inning 7+	.259	683	177	43	0	27	107	106	193	.363	.441	August	.274	351	96	28	1	13	71	61	83	.380	.470
Scoring Posn	.290	538	156	31	3	20	227	112	143	.407	.487	Sept/Oct	.235	371	87	23	0	12	44	45	116	.317	.394
Close & Late	.284	310	88	18	0	17	59	49	78	.380	.506	vs. AL	.268	1715	459	105	3	75	287	259	448	.366	.464
None on/out	.267	450	120	22	0	21	21	45	117	.340	.456	vs. NL	.281	199	56	12	1	10	39	40	51	.407	.503

Lou Pote — Angels
Age 30 – Pitches Right (groundball pitcher)

	ERA	W	L	Sv	G	GS	IP	BB	SO	Avg	H	2B	3B	HR	RBI	OBP	SLG	GF	IR	IRS	Hld	SvOp	SB	CS	GB	FB	G/F
2001 Season	4.15	2	0	2	44	1	86.2	32	66	.258	88	16	1	11	49	.325	.408	15	35	16	0	3	8	2	159	71	2.24
Career (1999-2001)	3.57	4	2	6	96	2	166.1	61	130	.254	163	25	4	16	84	.320	.381	37	73	29	5	7	19	6	293	126	2.33

2001 Season

	ERA	W	L	Sv	G	GS	IP	H	BB	SO		Avg	AB	H	2B	3B	HR	RBI	BB	SO	OBP	SLG
Home	4.82	1	0	0	22	0	46.2	49	16	37	vs. Left	.268	157	42	7	0	7	23	13	29	.324	.446
Away	3.38	1	0	2	22	1	40.0	39	16	29	vs. Right	.250	184	46	9	1	4	26	19	37	.325	.375
Starter	1.80	1	0	0	1	1	5.0	4	1	1	Scoring Posn	.229	105	24	8	0	1	36	13	22	.317	.333
Reliever	4.30	1	0	2	43	0	81.2	84	10	31	Close & Late	.348	23	8	1	1	1	3	2	3	.400	.609
0 Days Rest (Relief)	0.00	0	0	0	5	0	8.1	5	0	9	None on/out	.181	72	13	2	1	1	1	6	13	.244	.278
1 or 2 Days Rest	4.21	1	0	0	14	0	25.2	24	3	25	First Pitch	.360	25	9	0	0	1	4	4	0	.448	.480
3+ Days Rest	5.10	0	0	2	24	0	47.2	55	7	21	Ahead in Count	.169	183	31	6	1	4	20	0	57	.176	.279
Pre-All Star	3.57	1	0	1	23	0	45.1	43	8	17	Behind in Count	.346	81	28	7	0	6	17	19	0	.465	.654
Post-All Star	4.79	1	0	1	21	1	41.1	45	3	15	Two Strikes	.169	177	30	5	1	3	18	9	66	.212	.260

347

Brian Powell — Astros
Age 28 – Pitches Right (flyball pitcher)

	ERA	W	L	Sv	G	GS	IP	BB	SO	Avg	H	2B	3B	HR	RBI	OBP	SLG	CG	ShO	Sup	QS	#P/S	SB	CS	GB	FB	G/F
2001 Season	18.00	0	1	0	1	1	3.0	3	3	.357	5	3	0	1	6	.471	.786	0	0	9.00	0	70	0	0	2	6	0.33
Career (1998-2001)	6.48	5	10	0	28	22	118.0	52	63	.292	140	31	4	26	87	.363	.537	0	0	5.64	5	87	5	4	155	160	0.97

2001 Season

	ERA	W	L	Sv	G	GS	IP	H	HR	BB	SO		Avg	AB	H	2B	3B	HR	RBI	BB	SO	OBP	SLG
Home	0.00	0	0	0	0	0	0.0	0	0	0	0	vs. Left	.333	3	1	1	0	0	0	1	0	.500	.667
Away	18.00	0	1	0	1	1	3.0	5	1	3	3	vs. Right	.364	11	4	2	0	1	6	2	3	.462	.818

Dante Powell — Giants
Age 28 – Bats Right

	Avg	G	AB	R	H	2B	3B	HR	RBI	BB	SO	HBP	GDP	SB	CS	OBP	SLG	IBB	SH	SF	#Pit	#P/PA	GB	FB	G/F
2001 Season	.333	13	6	5	2	0	0	0	0	0	0	0	0	0	0	.333	.333	0	0	0	20	3.33	4	1	4.00
Career (1997-2001)	.270	70	74	19	20	4	0	2	5	9	17	0	0	3	2	.349	.405	0	2	0	327	3.85	22	19	1.16

2001 Season

	Avg	AB	H	2B	3B	HR	RBI	BB	SO	OBP	SLG		Avg	AB	H	2B	3B	HR	RBI	BB	SO	OBP	SLG
vs. Left	.000	0	0	0	0	0	0	0	0	.000	.000	Scoring Posn	.000	1	0	0	0	0	0	0	0	.000	.000
vs. Right	.333	6	2	0	0	0	0	0	0	.333	.333	Close & Late	1.000	1	1	0	0	0	0	0	0	1.000	1.000

Jay Powell — Rockies
Age 30 – Pitches Right (groundball pitcher)

	ERA	W	L	Sv	G	GS	IP	BB	SO	Avg	H	2B	3B	HR	RBI	OBP	SLG	GF	IR	IRS	Hld	SvOp	SB	CS	GB	FB	G/F
2001 Season	3.24	5	3	7	74	0	75.0	31	54	.260	75	15	1	9	47	.335	.413	20	39	19	8	13	4	1	135	54	2.50
Last Five Years	3.72	25	17	20	306	0	327.0	157	274	.255	315	54	9	22	176	.342	.366	114	158	58	56	35	27	8	513	267	1.92

2001 Season

	ERA	W	L	Sv	G	GS	IP	H	HR	BB	SO		Avg	AB	H	2B	3B	HR	RBI	BB	SO	OBP	SLG
Home	3.93	2	1	2	35	0	36.2	39	7	16	22	vs. Left	.296	125	37	7	0	5	24	16	24	.373	.472
Away	2.58	3	2	5	39	0	38.1	36	2	15	32	vs. Right	.233	163	38	8	1	4	23	15	30	.306	.306
Day	2.08	1	1	2	19	0	21.2	20	4	7	20	Inning 1-6	.286	7	2	0	0	1	1	0	0	.286	.714
Night	3.71	4	2	5	55	0	53.1	55	5	24	34	Inning 7+	.260	281	73	15	1	8	46	31	54	.337	.406
Grass	3.28	5	2	7	70	0	71.1	67	9	28	53	None on	.262	145	38	7	0	6	6	16	28	.335	.434
Turf	2.45	0	1	0	4	0	3.2	8	0	3	1	Runners on	.259	143	37	8	1	3	41	16	26	.335	.392
April	5.65	1	1	0	10	0	14.1	16	2	9	10	Scoring Posn	.272	92	25	7	1	3	41	13	20	.370	.467
May	3.00	0	0	0	12	0	12.0	10	2	4	15	Close & Late	.277	137	38	9	0	2	29	16	30	.359	.387
June	3.38	1	1	0	14	0	10.2	17	0	6	3	None on/out	.318	66	21	4	0	2	2	4	13	.357	.470
July	0.00	1	0	0	11	0	11.2	7	0	2	6	vs. 1st Batr (relief)	.333	69	23	4	1	3	13	5	15	.378	.551
August	3.21	1	0	5	14	0	14.0	10	2	2	14	1st Inning Pitched	.259	247	64	12	1	8	40	24	45	.328	.413
Sept/Oct	3.65	1	1	2	13	0	12.1	15	3	8	6	First 15 Pitches	.282	220	62	11	1	8	35	21	36	.348	.450
Starter	0.00	0	0	0	0	0	0.0	0	0	0	0	Pitch 16-30	.210	62	13	4	0	1	12	8	16	.300	.323
Reliever	3.24	5	3	7	74	0	75.0	75	9	31	54	Pitch 31-45	.000	6	0	0	0	0	0	2	2	.250	.000
0 Days Rest (Relief)	5.94	2	2	3	20	0	16.2	21	7	6	11	Pitch 46+	.000	0	0	0	0	0	0	0	0	.000	.000
1 or 2 Days Rest	1.96	3	1	3	38	0	41.1	42	1	21	28	First Pitch	.347	49	17	2	0	2	10	2	0	.377	.510
3+ Days Rest	3.71	0	0	1	16	0	17.0	12	1	4	15	Ahead in Count	.192	146	28	4	0	1	13	0	46	.192	.240
vs. AL	1.69	1	1	0	10	0	10.2	13	0	3	2	Behind in Count	.348	46	16	3	1	3	11	15	0	.508	.652
vs. NL	3.50	4	2	7	64	0	64.1	62	9	28	52	Two Strikes	.207	135	28	4	0	4	19	13	54	.273	.326
Pre-All Star	3.67	2	2	0	40	0	41.2	46	4	21	30	Pre-All Star	.275	167	46	8	0	4	30	21	30	.354	.395
Post-All Star	2.70	3	1	7	34	0	33.1	29	5	10	24	Post-All Star	.240	121	29	7	1	5	17	10	24	.308	.438

Last Five Years

	ERA	W	L	Sv	G	GS	IP	H	HR	BB	SO		Avg	AB	H	2B	3B	HR	RBI	BB	SO	OBP	SLG
Home	4.41	14	11	5	152	0	167.1	169	13	77	153	vs. Left	.275	498	137	27	4	12	77	70	123	.371	.418
Away	2.99	11	6	15	154	0	159.2	146	9	80	121	vs. Right	.241	739	178	27	5	10	99	87	151	.323	.332
Day	3.12	7	7	5	88	0	95.1	82	9	39	89	Inning 1-6	.143	14	2	0	0	1	2	0	3	.133	.357
Night	3.96	18	10	15	218	0	231.2	233	13	118	185	Inning 7+	.256	1223	313	54	9	21	174	157	271	.345	.366
Grass	3.70	19	10	17	220	0	233.2	224	18	106	186	None on	.249	599	149	24	4	16	16	72	141	.333	.382
Turf	3.76	6	7	3	86	0	93.1	91	4	51	88	Runners on	.260	638	166	30	5	6	160	85	133	.350	.351
March/April	4.55	4	4	1	51	0	59.1	64	5	36	41	Scoring Posn	.261	414	108	23	4	4	153	63	88	.357	.365
May	2.74	5	3	3	58	0	65.2	52	5	29	60	Close & Late	.254	658	167	34	3	9	97	88	155	.348	.356
June	3.61	2	2	0	48	0	42.1	52	1	22	28	None on/out	.292	267	78	11	4	5	5	34	67	.374	.419
July	4.20	2	2	3	47	0	49.1	42	4	19	44	vs. 1st Batr (relief)	.330	264	87	14	4	4	30	40	55	.416	.473
August	3.21	5	3	9	54	0	61.2	54	4	28	64	1st Inning Pitched	.265	1005	266	44	9	17	156	127	205	.350	.371
Sept/Oct	4.25	7	3	4	48	0	48.2	51	3	23	37	First 15 Pitches	.274	849	233	35	9	18	115	107	162	.357	.400
Starter	0.00	0	0	0	0	0	0.0	0	0	0	0	Pitch 16-30	.223	336	75	17	0	4	54	42	95	.318	.310
Reliever	3.72	25	17	20	306	0	327.0	315	22	157	274	Pitch 31-45	.137	51	7	2	0	0	7	8	17	.267	.176
0 Days Rest (Relief)	3.22	10	8	3	67	0	67.0	66	8	30	53	Pitch 46+	.000	1	0	0	0	0	0	0	0	.000	.000
1 or 2 Days Rest	3.54	10	10	11	168	0	185.1	180	9	92	156	First Pitch	.315	197	62	10	0	3	25	15	0	.361	.411
3+ Days Rest	4.58	5	4	5	71	0	74.2	69	5	35	65	Ahead in Count	.171	584	100	13	1	1	56	0	228	.182	.202
vs. AL	3.06	2	2	3	42	0	47.0	33	2	13	24	Behind in Count	.411	241	99	17	7	11	56	72	0	.546	.676
vs. NL	3.79	23	15	18	272	0	294.2	282	20	144	250	Two Strikes	.159	566	90	14	1	4	58	69	274	.260	.208
Pre-All Star	3.52	12	9	6	172	0	184.0	182	12	93	141	Pre-All Star	.258	706	182	25	5	12	103	93	141	.347	.358
Post-All Star	3.97	13	8	14	134	0	143.0	133	10	64	133	Post-All Star	.250	531	133	29	4	10	73	64	133	.336	.377

Todd Pratt — Phillies
Age 35 – Bats Right

	Avg	G	AB	R	H	2B	3B	HR	RBI	BB	SO	HBP	GDP	SB	CS	OBP	SLG	IBB	SH	SF	#Pit	#P/PA	GB	FB	G/F
2001 Season	.185	80	173	18	32	8	0	4	11	34	61	3	6	1	0	.327	.301	3	1	1	900	4.25	47	48	0.98
Last Five Years	.256	311	648	90	166	33	1	19	94	86	176	13	13	3	1	.353	.398	4	3	4	3017	4.00	200	183	1.09

2001 Season

	Avg	AB	H	2B	3B	HR	RBI	BB	SO	OBP	SLG		Avg	AB	H	2B	3B	HR	RBI	BB	SO	OBP	SLG
vs. Left	.250	40	10	2	0	2	7	9	12	.388	.450	Scoring Posn	.130	46	6	2	0	2	9	18	18	.388	.304
vs. Right	.165	133	22	6	0	2	4	25	49	.309	.256	Close & Late	.065	31	2	1	0	0	0	9	11	.275	.097
Home	.141	78	11	3	0	0	2	14	31	.277	.179	None on/out	.162	37	6	1	0	0	0	3	17	.225	.189
Away	.221	95	21	5	0	4	9	20	30	.368	.400	Batting #7	.250	52	13	7	0	1	4	6	18	.333	.442
First Pitch	.000	16	0	0	0	0	0	2	0	.111	.000	Batting #8	.189	95	18	1	0	2	6	20	29	.336	.263
Ahead in Count	.406	32	13	5	0	3	8	14	0	.574	.844	Other	.038	26	1	0	0	1	1	8	14	.286	.154
Behind in Count	.163	92	15	3	0	0	0	0	48	.181	.196	Pre-All Star	.160	75	12	5	0	1	3	12	34	.289	.267
Two Strikes	.140	100	14	0	0	1	3	18	61	.283	.170	Post-All Star	.204	98	20	3	0	3	8	22	27	.355	.327

Last Five Years

	Avg	AB	H	2B	3B	HR	RBI	BB	SO	OBP	SLG		Avg	AB	H	2B	3B	HR	RBI	BB	SO	OBP	SLG
vs. Left	.299	194	58	14	0	7	41	28	48	.396	.479	First Pitch	.269	67	18	4	0	1	11	3	0	.319	.373
vs. Right	.238	454	108	19	1	12	53	58	128	.334	.363	Ahead in Count	.368	136	50	17	0	7	34	36	0	.500	.647
Home	.227	299	68	11	1	5	43	41	89	.333	.321	Behind in Count	.200	310	62	6	0	9	30	0	145	.212	.306
Away	.281	349	98	22	0	14	51	45	87	.370	.464	Two Strikes	.169	343	58	4	1	11	36	47	176	.278	.283
Day	.262	271	71	13	0	5	31	37	63	.362	.365	Batting #7	.271	280	76	17	0	5	35	31	72	.353	.386
Night	.252	377	95	20	1	14	63	49	113	.346	.422	Batting #8	.237	152	36	4	0	4	14	28	41	.363	.342
Grass	.265	498	132	27	1	12	80	67	134	.363	.396	Other	.250	216	54	12	1	10	45	27	63	.345	.454
Turf	.227	150	34	6	0	7	14	19	42	.318	.407	March/April	.298	94	28	4	0	5	18	11	18	.391	.500
Pre-All Star	.246	301	74	13	1	13	51	32	78	.330	.425	May	.256	78	20	4	1	5	17	9	24	.333	.526
Post-All Star	.265	347	92	20	0	6	43	54	98	.372	.375	June	.183	71	13	5	0	1	5	5	23	.263	.296
Inning 1-6	.287	366	105	22	0	13	54	50	91	.381	.454	July	.295	129	38	5	0	5	24	20	36	.393	.450
Inning 7+	.216	282	61	11	1	6	40	36	85	.316	.326	August	.281	146	41	9	0	2	15	22	32	.379	.384
Scoring Posn	.225	191	43	6	1	6	73	40	53	.369	.361	Sept/Oct	.200	130	26	6	0	1	15	19	43	.311	.269
Close & Late	.159	126	20	4	0	1	11	20	41	.284	.214	vs. AL	.224	76	17	7	0	3	9	8	25	.322	.434
None on/out	.240	146	35	10	0	3	3	11	42	.302	.370	vs. NL	.260	572	149	26	1	16	85	78	151	.357	.393

Curtis Pride — Expos
Age 33 – Bats Left (groundball hitter)

	Avg	G	AB	R	H	2B	3B	HR	RBI	BB	SO	HBP	GDP	SB	CS	OBP	SLG	IBB	SH	SF	#Pit	#P/PA	GB	FB	G/F
2001 Season	.250	36	76	8	19	3	1	1	9	9	22	2	4	3	2	.345	.355	0	0	0	304	3.49	27	16	1.69
Last Five Years	.234	196	367	53	86	14	6	7	38	43	104	6	10	13	6	.323	.362	1	3	2	1598	3.80	144	67	2.15

2001 Season

	Avg	AB	H	2B	3B	HR	RBI	BB	SO	OBP	SLG		Avg	AB	H	2B	3B	HR	RBI	BB	SO	OBP	SLG
vs. Left	.111	9	1	0	0	0	0	2	3	.273	.111	Scoring Posn	.273	22	6	1	0	1	8	2	6	.360	.455
vs. Right	.269	67	18	3	1	1	9	7	19	.355	.388	Close & Late	.214	14	3	0	1	1	3	0	6	.214	.571

Last Five Years

	Avg	AB	H	2B	3B	HR	RBI	BB	SO	OBP	SLG		Avg	AB	H	2B	3B	HR	RBI	BB	SO	OBP	SLG
vs. Left	.233	30	7	0	0	0	6	3	12	.324	.233	First Pitch	.268	56	15	2	1	1	7	1	0	.276	.393
vs. Right	.234	337	79	14	6	7	32	40	92	.323	.374	Ahead in Count	.275	69	19	1	1	4	10	21	0	.440	.493
Home	.239	201	48	6	4	4	25	27	59	.339	.368	Behind in Count	.190	168	32	7	1	2	12	0	86	.214	.280
Away	.229	166	38	8	2	3	13	16	45	.303	.355	Two Strikes	.175	189	33	5	3	1	15	21	104	.268	.249
Day	.283	138	39	7	1	3	19	16	38	.367	.413	Batting #2	.274	84	23	4	3	1	7	10	20	.371	.429
Night	.205	229	47	7	5	4	19	27	66	.296	.332	Batting #7	.242	95	23	4	1	4	17	11	23	.330	.432
Grass	.230	265	61	9	5	5	32	30	68	.316	.358	Other	.213	188	40	6	2	2	14	21	61	.297	.298
Turf	.245	102	25	5	1	2	6	13	36	.342	.373	March/April	.228	79	18	2	2	0	5	6	21	.291	.304
Pre-All Star	.247	292	72	11	6	4	31	32	84	.329	.366	May	.310	100	31	6	1	2	19	23	.375	.450
Post-All Star	.187	75	14	3	0	3	7	11	20	.299	.347	June	.200	100	20	3	3	1	10	13	35	.302	.320
Inning 1-6	.229	214	49	9	1	4	24	30	55	.333	.336	July	.240	50	12	1	0	3	6	12	15	.397	.440
Inning 7+	.242	153	37	5	5	3	14	13	49	.308	.399	August	.105	19	2	1	0	0	0	1	3	.150	.158
Scoring Posn	.215	93	20	1	2	2	30	10	20	.292	.333	Sept/Oct	.158	19	3	1	0	1	3	2	7	.238	.368
Close & Late	.174	69	12	0	4	2	8	6	25	.247	.377	vs. AL	.223	179	40	6	3	2	17	20	52	.307	.324
None on/out	.207	92	19	4	1	2	2	6	35	.255	.337	vs. NL	.245	188	46	8	3	5	21	52	.338	.399

Ariel Prieto — Devil Rays
Age 32 – Pitches Right

	ERA	W	L	Sv	G	GS	IP	BB	SO	Avg	H	2B	3B	HR	RBI	OBP	SLG	GF	IR	IRS	Hld	SvOp	SB	CS	GB	FB	G/F
2001 Season	2.45	0	0	0	3	0	3.2	2	2	.375	6	1	0	0	2	.474	.438	2	1	1	0	0	0	0	4	5	0.80
Last Five Years	5.34	7	11	0	35	30	168.2	90	119	.317	220	35	12	21	104	.399	.493	4	1	1	0	0	18	7	254	172	1.48

2001 Season

	ERA	W	L	Sv	G	GS	IP	H	HR	BB	SO		Avg	AB	H	2B	3B	HR	RBI	BB	SO	OBP	SLG
Home	0.00	0	0	0	2	0	2.2	3	0	2	1	vs. Left	.429	7	3	0	0	0	1	0	1	.500	.429
Away	9.00	0	0	0	1	0	1.0	3	0	0	1	vs. Right	.333	9	3	1	0	0	1	2	1	.455	.444

Last Five Years

	ERA	W	L	Sv	G	GS	IP	H	HR	BB	SO		Avg	AB	H	2B	3B	HR	RBI	BB	SO	OBP	SLG
Home	3.82	6	3	0	15	12	70.2	89	5	36	55	vs. Left	.307	361	111	15	4	12	50	48	65	.393	.471
Away	6.43	1	8	0	20	18	98.0	131	16	54	64	vs. Right	.327	333	109	20	8	9	54	42	54	.405	.517
Day	6.10	2	5	0	11	10	51.2	77	4	28	36	Inning 1-6	.311	636	198	32	11	20	95	83	108	.395	.491
Night	5.00	5	6	0	24	20	117.0	143	17	62	83	Inning 7+	.379	58	22	3	1	1	9	7	11	.448	.517

Tom Prince — Twins
Age 37 – Bats Right (flyball hitter)

Last Five Years

	ERA	W	L	Sv	G	GS	IP	H	HR	BB	SO		Avg	AB	H	2B	3B	HR	RBI	BB	SO	OBP	SLG
Grass	5.50	7	11	0	29	27	147.1	192	18	80	100	None on	.321	336	108	16	5	16	16	48	64	.411	.542
Turf	4.22	0	0	0	6	3	21.1	28	3	10	19	Runners on	.313	358	112	19	7	5	88	42	55	.388	.447
March/April	5.08	2	2	0	10	8	44.1	64	8	25	29	Scoring Posn	.285	207	59	14	3	2	76	29	29	.376	.411
May	6.02	2	2	0	8	7	40.1	54	5	16	29	Close & Late	.400	15	6	1	1	1	4	2	4	.471	.800
June	3.38	3	2	0	6	6	37.1	38	4	20	29	None on/out	.327	165	54	7	3	9	9	25	34	.419	.570
July	7.27	0	2	0	7	5	26.0	36	1	20	23	vs. 1st Batr (relief)	.500	4	2	1	0	0	0	1	1	.600	.750
August	5.73	0	2	0	2	2	11.0	13	2	5	5	1st Inning Pitched	.329	143	47	10	2	2	25	29	25	.446	.469
Sept/Oct	5.59	0	1	0	2	2	9.2	15	1	4	4	First 15 Pitches	.318	88	28	6	0	2	8	16	18	.434	.455
Starter	5.44	7	11	0	30	30	162.0	211	21	86	114	Pitch 16-30	.314	118	37	5	2	2	21	18	20	.410	.441
Reliever	2.70	0	0	0	5	0	6.2	9	0	4	5	Pitch 31-45	.333	99	33	6	3	3	18	15	22	.422	.545
0 Days Rest (Relief)	0.00	0	0	0	0	0	0.0	0	0	0	0	Pitch 46+	.314	389	122	18	7	14	57	41	59	.381	.504
1 or 2 Days Rest	0.00	0	0	0	0	0	0.0	0	0	0	0	First Pitch	.411	107	44	8	2	4	19	2	0	.427	.636
3+ Days Rest	2.70	0	0	0	5	0	6.2	9	0	4	5	Ahead in Count	.240	287	69	13	6	5	30	0	96	.248	.380
vs. AL	5.53	5	10	0	30	25	140.0	187	19	78	90	Behind in Count	.429	168	72	8	3	10	40	51	0	.557	.690
vs. NL	4.40	2	1	0	5	5	28.2	33	2	12	29	Two Strikes	.217	295	64	13	4	5	29	37	119	.306	.339
Pre-All Star	5.25	7	7	0	27	24	135.1	179	18	76	98	Pre-All Star	.320	559	179	28	10	18	83	76	98	.406	.503
Post-All Star	5.67	0	4	0	8	6	33.1	41	3	14	21	Post-All Star	.304	135	41	7	2	3	21	14	21	.371	.452

	Avg	G	AB	R	H	2B	3B	HR	RBI	BB	SO	HBP	GDP	SB	CS	OBP	SLG	IBB	SH	SF	#Pit	#P/PA	GB	FB	G/F
2001 Season	.219	64	196	19	43	4	1	7	23	12	39	6	5	3	1	.284	.357	0	0	1	815	3.79	61	71	0.86
Last Five Years	.218	198	505	58	110	23	2	12	58	38	110	13	14	4	1	.289	.343	1	9	2	2147	3.79	148	175	0.85

2001 Season

	Avg	AB	H	2B	3B	HR	RBI	BB	SO	OBP	SLG		Avg	AB	H	2B	3B	HR	RBI	BB	SO	OBP	SLG
vs. Left	.203	74	15	4	0	2	6	5	18	.268	.338	Scoring Posn	.220	50	11	2	0	1	17	4	11	.286	.320
vs. Right	.230	122	28	0	1	5	17	7	21	.293	.369	Close & Late	.080	25	2	0	0	0	1	1	6	.115	.120
Home	.247	97	24	3	1	3	10	6	17	.295	.392	None on/out	.213	47	10	0	1	3	3	4	11	.302	.447
Away	.192	99	19	1	0	4	13	6	22	.273	.323	Batting #8	.167	48	8	2	0	1	3	6	15	.273	.271
First Pitch	.400	25	10	1	0	2	4	0	0	.423	.680	Batting #9	.236	148	35	2	1	6	20	6	24	.288	.385
Ahead in Count	.200	40	8	1	0	2	6	7	0	.319	.375	Other	.000	0	0	0	0	0	0	0	0	.000	.000
Behind in Count	.188	96	18	0	1	3	10	0	35	.218	.302	Pre-All Star	.204	103	21	3	0	4	10	8	20	.293	.350
Two Strikes	.163	98	16	1	1	1	8	5	39	.234	.224	Post-All Star	.237	93	22	1	1	3	13	4	19	.273	.366

Last Five Years

	Avg	AB	H	2B	3B	HR	RBI	BB	SO	OBP	SLG		Avg	AB	H	2B	3B	HR	RBI	BB	SO	OBP	SLG
vs. Left	.203	153	31	12	0	3	15	17	31	.299	.340	First Pitch	.339	62	21	5	0	3	10	0	0	.359	.565
vs. Right	.224	352	79	11	2	9	43	21	79	.283	.344	Ahead in Count	.310	100	31	5	0	5	15	23	0	.444	.510
Home	.232	220	51	13	2	5	27	20	43	.308	.377	Behind in Count	.161	255	41	10	2	3	24	0	92	.188	.251
Away	.207	285	59	10	0	7	31	18	67	.273	.316	Two Strikes	.158	265	42	9	1	2	22	15	110	.220	.223
Day	.149	194	29	4	0	6	18	17	47	.240	.263	Batting #8	.220	218	48	12	1	4	26	20	60	.295	.339
Night	.260	311	81	19	2	6	40	21	63	.320	.392	Batting #9	.248	161	40	3	1	6	21	7	24	.299	.391
Grass	.221	276	61	12	1	7	33	18	58	.289	.348	Other	.175	126	22	8	0	2	11	26	.266	.286
Turf	.214	229	49	11	1	5	25	20	52	.287	.336	March/April	.200	70	14	1	1	3	7	7	12	.309	.371
Pre-All Star	.206	228	47	8	1	4	19	20	54	.295	.303	May	.132	68	9	2	0	0	4	7	22	.259	.162
Post-All Star	.227	277	63	15	1	8	39	18	56	.283	.375	June	.243	70	17	5	0	0	6	5	18	.293	.314
Inning 1-6	.209	330	69	11	2	10	42	24	71	.280	.339	July	.303	99	30	5	1	7	21	6	11	.352	.586
Inning 7+	.234	175	41	12	1	2	16	14	39	.304	.349	August	.172	99	17	4	0	1	9	8	27	.241	.242
Scoring Posn	.214	131	28	7	0	3	45	7	31	.266	.336	Sept/Oct	.232	99	23	6	0	1	11	5	20	.276	.323
Close & Late	.136	66	9	2	0	0	8	5	18	.205	.167	vs. AL	.236	220	52	5	1	8	28	13	42	.296	.377
None on/out	.196	102	20	2	2	4	4	9	23	.274	.373	vs. NL	.204	285	58	18	1	4	30	25	68	.283	.316

Bret Prinz — Diamondbacks
Age 25 – Pitches Right (flyball pitcher)

	ERA	W	L	Sv	G	GS	IP	BB	SO	Avg	H	2B	3B	HR	RBI	OBP	SLG	GF	IR	IRS	Hld	SvOp	SB	CS	GB	FB	G/F
2001 Season	2.63	4	1	9	46	0	41.0	19	27	.220	33	4	0	4	16	.310	.327	26	17	5	6	12	4	2	52	55	0.95

2001 Season

	ERA	W	L	Sv	G	GS	IP	BB	SO		Avg	AB	H	2B	3B	HR	RBI	BB	SO	OBP	SLG
Home	2.53	3	0	4	25	0	21.1	19	2	12	vs. Left	.293	58	17	3	0	3	8	12	10	.423	.500
Away	2.75	1	1	5	21	0	19.2	14	2	7	vs. Right	.174	92	16	1	0	1	8	7	17	.230	.217
Starter	0.00	0	0	0	0	0	0.0	0	0	0	Scoring Posn	.178	45	8	3	0	0	11	7	7	.283	.244
Reliever	2.63	4	1	9	46	0	41.0	33	4	19	Close & Late	.241	83	20	0	0	3	10	12	15	.340	.349
0 Days Rest (Relief)	4.32	1	1	2	9	0	8.1	10	2	4	None on/out	.250	32	8	0	0	1	1	5	0	.351	.344
1 or 2 Days Rest	2.20	2	0	5	18	0	16.1	11	1	8	First Pitch	.200	20	4	1	0	1	4	1	0	.238	.400
3+ Days Rest	2.20	1	0	2	19	0	16.1	12	1	7	Ahead in Count	.224	76	17	1	0	2	9	0	25	.224	.316
Pre-All Star	1.13	3	0	8	26	0	24.0	18	2	11	Behind in Count	.208	24	5	2	0	1	2	6	0	.367	.417
Post-All Star	4.76	1	1	1	20	0	17.0	15	2	8	Two Strikes	.216	74	16	1	0	0	7	12	27	.330	.230

Luke Prokopec — Dodgers
Age 24 – Pitches Right (flyball pitcher)

	ERA	W	L	Sv	G	GS	IP	BB	SO	Avg	H	2B	3B	HR	RBI	OBP	SLG	CG	ShO	Sup	QS	#P/S	SB	CS	GB	FB	G/F
2001 Season	4.88	8	7	0	29	22	138.1	40	91	.268	146	31	2	27	73	.321	.481	0	0	5.20	11	95	8	3	151	209	0.72
Career (2000-2001)	4.63	9	8	0	34	25	159.1	49	103	.266	165	36	2	29	81	.324	.471	0	0	5.14	12	94	9	3	170	240	0.71

2001 Season

	ERA	W	L	Sv	G	GS	IP	H	HR	BB	SO		Avg	AB	H	2B	3B	HR	RBI	BB	SO	OBP	SLG
Home	5.05	5	4	0	14	10	66.0	68	15	13	44	vs. Left	.234	248	58	13	1	14	30	15	36	.278	.464
Away	4.73	3	3	0	15	12	72.1	78	12	27	47	vs. Right	.296	297	88	18	1	13	43	25	55	.356	.495
Starter	4.61	7	7	0	22	22	130.2	136	27	35	89	Scoring Posn	.277	119	33	8	0	0	39	11	22	.336	.345
Reliever	9.39	1	0	0	7	0	7.2	10	0	5	2	Close & Late	.269	26	7	1	0	3	5	1	5	.296	.654
0-3 Days Rest (Start)	0.00	0	0	0	0	0	0.0	0	0	0	0	None on/out	.245	143	35	8	0	8	8	9	23	.294	.469
4 Days Rest	6.13	1	3	0	7	7	39.2	50	14	10	28	First Pitch	.269	78	21	7	0	1	8	1	0	.278	.397
5+ Days Rest	3.96	6	4	0	15	15	91.0	86	13	25	61	Ahead in Count	.193	249	48	12	0	6	19	0	79	.201	.313
Pre-All Star	4.18	6	4	0	15	15	90.1	91	18	20	59	Behind in Count	.391	115	45	8	0	12	23	20	0	.482	.774
Post-All Star	6.19	2	3	0	14	7	48.0	55	9	20	32	Two Strikes	.188	256	48	13	1	8	23	19	91	.248	.340

Albert Pujols — Cardinals
Age 22 – Bats Right

	Avg	G	AB	R	H	2B	3B	HR	RBI	BB	SO	HBP	GDP	SB	CS	OBP	SLG	IBB	SH	SF	#Pit	#P/PA	GB	FB	G/F
2001 Season	.329	161	590	112	194	47	4	37	130	69	93	9	21	1	3	.403	.610	6	1	7	2716	4.02	209	191	1.09

2001 Season

	Avg	AB	H	2B	3B	HR	RBI	BB	SO	OBP	SLG		Avg	AB	H	2B	3B	HR	RBI	BB	SO	OBP	SLG
vs. Left	.279	122	34	8	1	8	22	20	22	.386	.557	First Pitch	.339	59	20	4	0	1	9	6	0	.403	.458
vs. Right	.342	468	160	39	3	29	108	49	71	.408	.624	Ahead in Count	.414	128	53	12	1	10	30	37	0	.548	.758
Home	.354	291	103	25	3	18	64	35	35	.431	.646	Behind in Count	.264	277	73	15	1	15	49	0	78	.277	.487
Away	.304	299	91	22	1	19	66	34	58	.375	.575	Two Strikes	.268	314	84	20	2	17	58	26	93	.325	.506
Day	.333	222	74	23	1	17	50	27	39	.409	.676	Batting #4	.324	358	116	30	2	21	89	42	60	.399	.595
Night	.326	368	120	24	3	20	80	42	54	.400	.571	Batting #5	.308	143	44	10	1	8	27	19	19	.399	.559
Grass	.330	567	187	44	4	36	127	66	88	.404	.612	Other	.382	89	34	7	1	8	14	5	14	.427	.753
Turf	.304	23	7	3	0	1	3	3	5	.385	.565	April	.370	92	34	8	1	8	27	7	18	.431	.739
Pre-All Star	.323	313	101	18	2	21	66	33	50	.391	.594	May	.333	99	33	2	0	8	24	12	16	.402	.596
Post-All Star	.336	277	93	29	2	16	64	36	43	.416	.628	June	.330	97	32	8	1	5	15	12	9	.402	.567
Inning 1-6	.347	409	142	36	4	25	93	45	65	.415	.638	July	.241	87	21	7	0	4	12	10	17	.333	.460
Inning 7+	.287	181	52	11	0	12	37	24	28	.376	.547	August	.375	112	42	16	1	6	25	14	14	.441	.696
Scoring Posn	.310	174	54	22	1	10	93	23	28	.386	.621	Sept/Oct	.311	103	32	8	1	6	27	14	19	.393	.583
Close & Late	.304	79	24	7	0	4	16	11	10	.394	.544	vs. AL	.309	55	17	4	0	2	6	4	8	.356	.491
None on/out	.344	128	44	7	2	8	8	9	23	.396	.617	vs. NL	.331	535	177	43	4	35	124	65	85	.407	.622

2001 By Position

Position	Avg	AB	H	2B	3B	HR	RBI	BB	SO	OBP	SLG	G	GS	Innings	PO	A	E	DP	Fld Pct	Rng Fctr	In Zone	Outs	Zone Rtg	MLB Zone
As 1b	.328	125	41	16	0	5	32	14	12	.399	.576	42	32	287.0	283	19	5	27	.984	—	52	48	.923	.850
As 3b	.340	188	64	8	1	15	44	22	30	.406	.633	55	52	431.2	40	111	10	17	.938	3.15	159	119	.748	.761
As lf	.353	136	48	10	2	11	29	16	29	.425	.699	39	37	309.0	72	3	1	0	.987	2.18	78	71	.910	.880
As rf	.292	130	38	12	1	6	25	17	19	.391	.538	39	33	302.2	56	3	4	0	.937	1.75	62	58	.935	.884

Bill Pulsipher — White Sox
Age 28 – Pitches Left (groundball pitcher)

	ERA	W	L	Sv	G	GS	IP	BB	SO	Avg	H	2B	3B	HR	RBI	OBP	SLG	GF	IR	IRS	Hld	SvOp	SB	CS	GB	FB	G/F
2001 Season	6.00	0	0	0	37	0	30.0	21	20	.300	36	8	1	5	27	.411	.508	8	30	12	6	0	2	2	49	34	1.44
Last Five Years	5.87	8	12	0	84	29	196.1	94	120	.300	234	37	7	33	134	.376	.492	11	42	16	8	1	13	4	324	199	1.63

2001 Season

	ERA	W	L	Sv	G	GS	IP	H	HR	BB	SO		Avg	AB	H	2B	3B	HR	RBI	BB	SO	OBP	SLG
Home	7.90	0	0	0	20	0	13.2	20	2	14	9	vs. Left	.255	55	14	5	0	3	14	8	13	.364	.509
Away	4.41	0	0	0	17	0	16.1	16	3	7	11	vs. Right	.338	65	22	3	1	2	13	13	7	.450	.508
Starter	0.00	0	0	0	0	0	0.0	0	0	0	0	Scoring Posn	.349	43	15	4	0	3	23	9	6	.455	.651
Reliever	6.00	0	0	0	37	0	30.0	36	5	21	20	Close & Late	.273	22	6	2	0	0	2	6	1	.429	.364
0 Days Rest (Relief)	6.75	0	0	0	9	0	5.1	8	2	2	5	None on/out	.174	23	4	1	0	1	1	5	4	.367	.348
1 or 2 Days Rest	8.25	0	0	0	17	0	12.0	13	3	14	6	First Pitch	.643	14	9	3	0	3	10	0	0	.625	1.500
3+ Days Rest	3.55	0	0	0	11	0	12.2	15	0	5	9	Ahead in Count	.153	59	9	1	0	1	11	0	12	.164	.220
Pre-All Star	0.00	0	0	0	5	0	6.0	3	0	5	8	Behind in Count	.667	21	14	4	1	1	5	9	0	.774	1.095
Post-All Star	7.50	0	0	0	32	0	24.0	33	5	16	12	Two Strikes	.138	58	8	1	0	0	7	12	20	.292	.155

Last Five Years

	ERA	W	L	Sv	G	GS	IP	H	HR	BB	SO		Avg	AB	H	2B	3B	HR	RBI	BB	SO	OBP	SLG
Home	6.47	2	6	0	45	12	87.2	114	13	42	54	vs. Left	.307	189	58	14	2	10	41	21	33	.381	.561
Away	5.38	6	6	0	39	17	108.2	120	20	52	66	vs. Right	.298	591	176	23	5	23	93	73	87	.374	.470
Day	6.36	2	2	0	28	9	63.2	83	12	28	42	Inning 1-6	.297	613	182	26	4	26	104	72	95	.371	.480
Night	5.63	6	10	0	56	20	132.2	151	21	66	78	Inning 7+	.311	167	52	11	3	7	30	22	25	.396	.539
Grass	6.49	5	12	0	71	25	166.1	205	29	80	106	None on	.296	398	118	22	1	18	18	55	64	.386	.492
Turf	2.40	3	0	0	13	4	30.0	29	4	14	14	Runners on	.304	382	116	15	6	15	116	39	56	.366	.492
March/April	6.75	1	1	0	2	2	8.0	10	3	5	5	Scoring Posn	.293	222	65	8	1	10	98	29	40	.367	.473
May	12.15	0	2	0	2	2	6.2	12	1	6	5	Close & Late	.319	47	15	4	2	0	5	7	3	.407	.489
June	2.57	0	0	0	7	0	7.0	7	1	2	7	None on/out	.278	180	50	10	0	9	9	31	35	.387	.483
July	4.22	2	0	0	27	5	42.2	51	4	18	25	vs. 1st Batr (relief)	.319	47	15	5	0	3	13	7	7	.418	.617
August	5.68	2	5	0	22	10	69.2	79	10	33	31	1st Inning Pitched	.337	276	93	13	3	13	61	37	43	.423	.554
Sept/Oct	6.79	3	4	0	24	10	62.1	75	14	30	45	First 15 Pitches	.340	212	72	14	2	9	37	27	35	.426	.552

351

	ERA	W	L	Sv	G	GS	IP	H	HR	BB	SO		Avg	AB	H	2B	3B	HR	RBI	BB	SO	OBP	SLG
												Last Five Years											
Starter	6.04	8	12	0	29	29	149.0	175	25	68	85	Pitch 16-30	.271	155	42	3	1	7	32	24	26	.361	.439
Reliever	5.32	0	0	0	55	0	47.1	59	8	26	35	Pitch 31-45	.238	101	24	7	1	2	9	13	22	.328	.386
0 Days Rest (Relief)	8.22	0	0	0	14	0	7.2	14	3	3	8	Pitch 46+	.308	312	96	13	3	15	56	30	43	.365	.513
1 or 2 Days Rest	7.47	0	0	0	21	0	15.2	17	4	15	9	First Pitch	.369	111	41	5	0	13	40	5	0	.388	.766
3+ Days Rest	3.00	0	0	0	20	0	24.0	28	1	8	18	Ahead in Count	.208	342	71	10	3	7	46	0	98	.217	.316
vs. AL	6.08	0	0	0	39	1	37.0	50	5	20	21	Behind in Count	.456	169	77	16	3	8	28	43	0	.568	.728
vs. NL	5.82	8	12	0	45	28	159.1	184	28	74	99	Two Strikes	.205	336	69	11	4	5	40	46	120	.307	.307
Pre-All Star	5.57	2	3	0	18	5	32.1	40	6	20	26	Pre-All Star	.299	134	40	8	0	6	22	20	26	.394	.493
Post-All Star	5.93	6	9	0	66	24	164.0	194	27	74	94	Post-All Star	.300	646	194	29	7	27	112	74	94	.372	.492

Nick Punto — Phillies   Age 24 – Bats Both

	Avg	G	AB	R	H	2B	3B	HR	RBI	BB	SO	HBP	GDP	SB	CS	OBP	SLG	IBB	SH	SF	#Pit	#P/PA	GB	FB	G/F
2001 Season	.400	4	5	0	2	0	0	0	0	0	0	0	0	0	0	.400	.400	0	0	0	24	4.80	4	1	4.00

2001 Season

	Avg	AB	H	2B	3B	HR	RBI	BB	SO	OBP	SLG		Avg	AB	H	2B	3B	HR	RBI	BB	SO	OBP	SLG
vs. Left	.500	2	1	0	0	0	0	0	0	.500	.500	Scoring Posn	.000	1	0	0	0	0	0	0	0	.000	.000
vs. Right	.333	3	1	0	0	0	0	0	0	.333	.333	Close & Late	.000	0	0	0	0	0	0	0	0	.000	.000

Paul Quantrill — Blue Jays   Age 33 – Pitches Right (groundball pitcher)

	ERA	W	L	Sv	G	GS	IP	BB	SO	Avg	H	2B	3B	HR	RBI	OBP	SLG	GF	IR	IRS	Hld	SvOp	SB	CS	GB	FB	G/F
2001 Season	3.04	11	2	2	80	0	83.0	12	58	.274	86	23	1	6	40	.311	.411	20	55	17	21	9	7	2	134	65	2.06
Last Five Years	3.05	25	20	15	348	0	383.1	93	248	.288	430	82	8	28	200	.333	.410	118	269	96	85	40	30	10	662	308	2.15

2001 Season

	ERA	W	L	Sv	G	GS	IP	H	HR	BB	SO		Avg	AB	H	2B	3B	HR	RBI	BB	SO	OBP	SLG
Home	5.06	3	1	2	40	0	37.1	50	3	7	27	vs. Left	.355	107	38	11	0	2	19	6	22	.398	.514
Away	1.38	8	1	0	40	0	45.2	36	3	5	31	vs. Right	.232	207	48	12	1	4	21	6	36	.264	.357
Day	3.41	2	1	1	27	0	29.0	30	2	7	16	Inning 1-6	.400	15	6	2	0	0	5	0	0	.400	.733
Night	2.83	9	1	1	53	0	54.0	56	4	5	42	Inning 7+	.268	299	80	21	1	5	35	12	58	.307	.395
Grass	0.50	6	0	0	30	0	36.1	25	1	3	27	None on	.310	168	52	12	0	3	3	1	26	.329	.435
Turf	5.01	5	2	2	50	0	46.2	61	5	9	31	Runners on	.233	146	34	11	1	3	37	11	32	.292	.384
April	0.00	3	0	0	13	0	18.0	9	0	0	9	Scoring Posn	.202	94	19	6	1	2	34	10	20	.287	.351
May	2.45	2	0	0	14	0	14.2	18	1	2	14	Close & Late	.264	174	46	14	0	3	25	10	29	.317	.397
June	4.05	2	1	0	13	0	13.1	16	2	4	12	None on/out	.310	71	22	4	0	1	1	0	8	.329	.408
July	6.55	2	1	1	12	0	11.0	18	1	1	6	vs. 1st Batr (relief)	.237	76	18	3	0	1	9	1	13	.263	.316
August	0.66	1	0	0	14	0	13.2	12	0	2	9	1st Inning Pitched	.265	249	66	19	1	6	36	11	46	.308	.422
Sept/Oct	6.57	1	0	1	14	0	12.1	13	2	3	8	First 15 Pitches	.287	230	66	17	1	5	29	10	40	.332	.435
Starter	0.00	0	0	0	0	0	0.0	0	0	0	0	Pitch 16-30	.257	74	19	6	0	1	11	2	16	.273	.378
Reliever	3.04	11	2	2	80	0	83.0	86	6	12	58	Pitch 31-45	.111	9	1	0	0	0	0	0	2	.111	.111
0 Days Rest (Relief)	3.95	4	1	1	25	0	27.1	32	2	4	22	Pitch 46+	.000	1	0	0	0	0	0	0	0	.000	.000
1 or 2 Days Rest	2.70	4	1	0	39	0	40.0	40	3	5	27	First Pitch	.455	33	15	3	0	1	9	6	0	.548	.636
3+ Days Rest	2.30	3	0	1	16	0	15.2	14	1	3	9	Ahead in Count	.212	165	35	8	1	1	12	0	53	.225	.291
vs. AL	2.52	11	0	1	72	0	75.0	74	4	10	54	Behind in Count	.288	52	15	3	0	3	9	3	0	.339	.519
vs. NL	7.88	0	2	1	8	0	8.0	12	2	2	4	Two Strikes	.216	167	36	10	1	2	18	3	58	.233	.323
Pre-All Star	2.13	7	2	1	44	0	50.2	49	3	6	36	Pre-All Star	.259	189	49	12	0	3	23	6	36	.286	.370
Post-All Star	4.45	4	0	1	36	0	32.1	37	3	6	22	Post-All Star	.296	125	37	11	1	3	17	6	22	.348	.472

Last Five Years

	ERA	W	L	Sv	G	GS	IP	H	HR	BB	SO		Avg	AB	H	2B	3B	HR	RBI	BB	SO	OBP	SLG
Home	3.33	6	6	8	171	0	192.0	220	12	51	128	vs. Left	.299	575	172	32	2	16	85	45	110	.355	.445
Away	2.78	12	14	7	177	0	191.1	210	16	42	120	vs. Right	.281	919	258	50	6	12	115	48	138	.319	.387
Day	2.99	9	7	4	118	0	135.2	144	11	35	103	Inning 1-6	.314	159	50	11	1	5	31	16	22	.378	.491
Night	3.09	16	13	11	230	0	247.2	286	17	58	145	Inning 7+	.285	1335	380	71	7	23	169	77	226	.328	.400
Grass	2.72	9	11	6	142	0	158.2	170	14	34	101	None on	.328	753	247	44	3	12	12	29	105	.359	.442
Turf	3.28	16	9	9	206	0	224.2	260	14	59	147	Runners on	.247	741	183	38	5	16	188	64	143	.308	.377
March/April	2.34	6	3	1	48	0	61.2	56	3	13	44	Scoring Posn	.236	453	107	20	3	10	168	56	87	.322	.360
May	2.59	3	2	2	48	0	59.0	62	5	10	43	Close & Late	.303	714	216	38	2	14	107	53	120	.355	.420
June	2.45	2	4	3	60	0	66.0	70	3	16	42	None on/out	.282	316	89	16	1	4	4	10	42	.312	.377
July	4.41	5	6	2	64	0	63.1	90	6	24	37	vs. 1st Batr (relief)	.302	318	96	19	1	6	55	18	44	.341	.425
August	2.42	5	2	3	65	0	70.2	78	4	16	41	1st Inning Pitched	.281	1084	305	58	5	20	172	69	172	.327	.399
Sept/Oct	4.16	4	3	4	63	0	62.2	74	7	14	41	First 15 Pitches	.305	950	290	53	6	16	141	58	128	.349	.424
Starter	0.00	0	0	0	0	0	0.0	0	0	0	0	Pitch 16-30	.264	436	115	26	2	10	51	24	95	.304	.401
Reliever	3.05	25	20	15	348	0	383.1	430	28	93	248	Pitch 31-45	.215	93	20	2	0	1	5	9	21	.298	.269
0 Days Rest (Relief)	3.59	7	7	9	102	0	107.2	135	8	31	74	Pitch 46+	.333	15	5	1	0	1	3	2	4	.412	.600
1 or 2 Days Rest	2.89	12	11	4	173	0	193.1	209	12	43	123	First Pitch	.374	187	70	18	2	4	39	16	0	.437	.556
3+ Days Rest	2.73	6	2	2	73	0	82.1	86	8	19	51	Ahead in Count	.220	717	158	24	4	8	58	0	217	.225	.298
vs. AL	3.01	24	15	13	310	0	343.2	376	26	79	229	Behind in Count	.364	258	94	14	1	11	51	33	0	.436	.554
vs. NL	3.40	1	5	2	38	0	39.2	54	2	14	19	Two Strikes	.220	738	162	24	3	10	71	44	248	.264	.301
Pre-All Star	2.77	13	13	7	173	0	205.0	215	14	43	136	Pre-All Star	.276	780	215	40	2	14	100	43	136	.317	.386
Post-All Star	3.38	12	7	8	175	0	178.1	215	14	50	112	Post-All Star	.301	714	215	42	6	14	100	50	112	.351	.436

Ruben Quevedo — Brewers
Age 23 – Pitches Right (flyball pitcher)

	ERA	W	L	Sv	G	GS	IP	BB	SO	Avg	H	2B	3B	HR	RBI	OBP	SLG	CG	ShO	Sup	QS	#P/S	SB	CS	GB	FB	G/F
2001 Season	4.61	4	5	0	10	10	56.2	30	60	.257	56	21	0	9	28	.344	.477	0	0	3.97	6	100	3	3	47	79	0.59
Career (2000-2001)	6.35	7	15	0	31	25	144.2	84	125	.266	152	40	2	30	103	.360	.500	1	0	3.92	13	100	5	6	140	210	0.67

2001 Season

	ERA	W	L	Sv	G	GS	IP	H	HR	BB	SO		Avg	AB	H	2B	3B	HR	RBI	BB	SO	OBP	SLG
Home	6.75	1	3	0	4	4	20.0	22	6	8	22	vs. Left	.275	102	28	11	0	6	17	11	31	.339	.559
Away	3.44	3	2	0	6	6	36.2	34	3	22	38	vs. Right	.241	116	28	10	0	3	11	19	29	.348	.405

Mark Quinn — Royals
Age 28 – Bats Right

	Avg	G	AB	R	H	2B	3B	HR	RBI	BB	SO	HBP	GDP	SB	CS	OBP	SLG	IBB	SH	SF	#Pit	#P/PA	GB	FB	G/F
2001 Season	.269	118	453	57	122	31	2	17	60	12	69	7	16	9	5	.298	.459	1	0	1	1621	3.43	187	121	1.55
Career (1999-2001)	.285	270	1013	144	289	68	5	43	156	51	171	11	28	15	7	.325	.490	2	3	4	3770	3.48	392	273	1.44

2001 Season

	Avg	AB	H	2B	3B	HR	RBI	BB	SO	OBP	SLG		Avg	AB	H	2B	3B	HR	RBI	BB	SO	OBP	SLG
vs. Left	.288	125	36	10	1	6	11	5	19	.315	.528	First Pitch	.286	77	22	5	1	4	10	1	0	.304	.532
vs. Right	.262	328	86	21	1	11	49	7	50	.292	.433	Ahead in Count	.308	78	24	7	1	4	21	6	0	.360	.577
Home	.268	224	60	14	0	10	28	8	40	.305	.464	Behind in Count	.233	215	50	13	0	4	16	0	63	.243	.349
Away	.271	229	62	17	2	7	32	4	29	.291	.454	Two Strikes	.186	194	36	6	0	4	10	5	69	.222	.278
Day	.307	140	43	10	2	7	29	7	16	.351	.557	Batting #6	.271	166	45	10	0	9	24	4	25	.297	.494
Night	.252	313	79	21	0	10	31	5	53	.273	.415	Batting #8	.280	93	26	5	0	2	11	3	17	.323	.398
Grass	.264	379	100	24	1	15	50	11	61	.296	.451	Other	.263	194	51	16	2	6	25	5	27	.287	.459
Turf	.297	74	22	7	1	2	10	1	8	.307	.500	April	.324	105	34	6	1	9	24	4	13	.345	.657
Pre-All Star	.300	200	60	15	1	11	31	6	30	.319	.550	May	.237	76	18	5	0	1	4	2	14	.256	.342
Post-All Star	.245	253	62	16	1	6	29	6	39	.282	.387	June	.333	6	2	2	0	0	1	0	0	.333	.667
Inning 1-6	.266	289	77	20	1	11	29	9	44	.299	.457	July	.235	85	20	5	1	2	9	0	13	.244	.388
Inning 7+	.274	164	45	11	1	6	31	3	25	.296	.463	August	.281	89	25	5	0	3	13	2	17	.326	.438
Scoring Posn	.241	108	26	7	1	1	35	4	24	.278	.352	Sept/Oct	.250	92	23	8	0	2	9	4	12	.281	.402
Close & Late	.240	75	18	4	0	1	10	0	14	.240	.333	vs. AL	.269	417	112	27	1	16	57	12	64	.298	.453
None on/out	.328	116	38	8	1	6	6	3	15	.355	.569	vs. NL	.278	36	10	4	1	1	3	0	5	.297	.528

2001 By Position

Position	Avg	AB	H	2B	3B	HR	RBI	BB	SO	OBP	SLG	G	GS	Innings	PO	A	E	DP	Fld Pct	Rng Fctr	In Zone	Zone Outs	Zone Rtg	MLB Zone
As DH	.320	75	24	6	1	2	8	1	10	.325	.507	18	18	—	—	—	—	—	—	—	—	—	—	—
As lf	.259	189	49	13	1	10	26	5	31	.282	.497	49	47	418.1	88	4	2	0	.979	1.98	96	88	.917	.880
As rf	.265	185	49	12	0	5	25	6	28	.310	.411	50	49	434.2	109	4	3	1	.974	2.34	116	109	.940	.884

Career (1999-2001)

	Avg	AB	H	2B	3B	HR	RBI	BB	SO	OBP	SLG		Avg	AB	H	2B	3B	HR	RBI	BB	SO	OBP	SLG
vs. Left	.321	237	76	15	1	13	31	15	37	.364	.557	First Pitch	.311	177	55	9	3	10	34	2	0	.328	.565
vs. Right	.274	776	213	53	4	30	125	36	134	.314	.469	Ahead in Count	.357	207	74	18	1	11	44	22	0	.421	.614
Home	.295	495	146	39	2	24	76	29	82	.338	.527	Behind in Count	.234	444	104	25	1	13	48	0	145	.241	.383
Away	.276	518	143	29	3	19	80	22	89	.313	.454	Two Strikes	.194	413	80	13	1	13	41	27	171	.249	.324
Day	.296	314	93	24	3	16	65	24	49	.355	.545	Batting #6	.291	327	95	22	1	15	45	14	61	.329	.502
Night	.280	699	196	44	2	27	91	27	122	.312	.465	Batting #7	.286	262	75	19	1	11	42	15	43	.326	.492
Grass	.279	876	244	58	4	36	137	45	155	.319	.477	Other	.281	424	119	27	3	17	69	22	67	.322	.479
Turf	.328	137	45	10	1	7	19	6	16	.366	.569	March/April	.310	187	58	12	1	13	33	11	27	.347	.594
Pre-All Star	.282	429	121	27	2	22	69	26	72	.321	.508	May	.256	164	42	9	0	4	21	10	30	.297	.384
Post-All Star	.288	584	168	41	3	21	87	25	99	.329	.476	June	.212	33	7	3	0	1	7	2	4	.250	.394
Inning 1-6	.288	660	190	41	3	28	93	42	113	.338	.486	July	.285	193	55	14	2	8	25	9	35	.324	.503
Inning 7+	.280	353	99	27	2	15	63	9	58	.301	.496	August	.310	200	62	13	1	8	28	8	37	.355	.505
Scoring Posn	.273	271	74	17	2	3	97	10	54	.300	.384	Sept/Oct	.275	236	65	17	1	9	42	11	38	.306	.470
Close & Late	.265	170	45	11	0	5	26	3	29	.276	.418	vs. AL	.284	943	268	61	4	40	147	45	161	.322	.485
None on/out	.306	245	75	14	1	14	14	10	36	.341	.543	vs. NL	.300	70	21	7	1	3	9	6	10	.364	.557

Scott Radinsky — Indians
Age 34 – Pitches Left

	ERA	W	L	Sv	G	GS	IP	BB	SO	Avg	H	2B	3B	HR	RBI	OBP	SLG	GF	IR	IRS	Hld	SvOp	SB	CS	GB	FB	G/F
2001 Season	27.00	0	0	0	2	0	2.0	3	3	.400	4	1	0	2	6	.538	1.100	0	2	0	0	0	0	0	3	2	1.50
Last Five Years	3.46	13	8	19	183	0	153.2	63	109	.259	148	24	3	13	93	.333	.380	57	138	46	45	32	4	5	207	153	1.35

2001 Season

	ERA	W	L	Sv	G	GS	IP	H	HR	BB	SO		Avg	AB	H	2B	3B	HR	RBI	BB	SO	OBP	SLG
Home	0.00	0	0	0	0	0	0.0	0	0	0	0	vs. Left	.333	3	1	0	0	1	2	0	1	.333	1.333
Away	27.00	0	0	0	2	0	2.0	4	2	3	3	vs. Right	.429	7	3	1	0	1	4	3	2	.600	1.000

Last Five Years

	ERA	W	L	Sv	G	GS	IP	H	HR	BB	SO		Avg	AB	H	2B	3B	HR	RBI	BB	SO	OBP	SLG
Home	1.93	7	4	8	89	0	74.2	59	4	24	46	vs. Left	.253	198	50	10	1	7	40	19	46	.323	.419
Away	4.90	6	4	11	94	0	79.0	89	9	39	63	vs. Right	.263	373	98	14	2	6	53	44	63	.339	.359
Day	3.56	3	3	7	51	0	48.0	45	7	22	44	Inning 1-6	.333	15	5	3	0	0	4	0	2	.333	.533
Night	3.41	10	5	12	132	0	105.2	103	6	41	65	Inning 7+	.257	556	143	21	3	13	89	63	107	.333	.376
Grass	3.54	12	7	14	156	0	132.1	122	12	54	89	None on	.262	282	74	13	3	8	8	28	51	.329	.415
Turf	2.95	1	1	5	27	0	21.1	26	1	9	20	Runners on	.256	289	74	11	0	5	85	35	58	.337	.346
March/April	3.64	1	0	5	33	0	29.2	29	2	8	15	Scoring Posn	.299	164	49	7	0	2	75	26	27	.385	.378
May	3.68	3	2	8	35	0	29.1	22	3	14	20	Close & Late	.252	330	83	10	1	8	59	45	65	.339	.361
June	4.33	2	4	1	39	0	27.0	32	1	15	17	None on/out	.276	127	35	7	2	4	4	11	24	.333	.457

Last Five Years	ERA	W	L	Sv	G	GS	IP	H	HR	BB	SO		Avg	AB	H	2B	3B	HR	RBI	BB	SO	OBP	SLG
July	1.45	4	1	2	34	0	31.0	22	1	14	21	vs. 1st Batr (relief)	.248	165	41	6	2	3	24	14	28	.308	.364
August	2.35	2	0	2	26	0	23.0	26	3	4	20	1st Inning Pitched	.268	514	138	23	3	12	88	52	98	.335	.395
Sept/Oct	7.24	1	1	1	16	0	13.2	17	3	8	16	First 15 Pitches	.282	439	124	21	3	11	76	43	76	.345	.419
Starter	0.00	0	0	0	0	0	0.0	0	0	0	0	Pitch 16-30	.154	117	18	2	0	1	11	17	31	.261	.197
Reliever	3.46	13	8	19	183	0	153.2	148	13	63	109	Pitch 31-45	.462	13	6	1	0	1	6	3	0	.588	.769
0 Days Rest (Relief)	2.41	6	0	4	43	0	37.1	29	4	16	28	Pitch 46+	.000	2	0	0	0	0	0	0	2	.000	.000
1 or 2 Days Rest	4.24	4	6	10	92	0	74.1	77	6	29	49	First Pitch	.236	89	21	4	0	3	16	8	0	.320	.382
3+ Days Rest	3.00	3	2	5	48	0	42.0	42	3	18	32	Ahead in Count	.257	257	66	9	1	5	34	0	88	.256	.358
vs. AL	11.66	3	1	1	23	0	14.2	21	3	12	10	Behind in Count	.298	114	34	6	2	1	23	26	0	.417	.412
vs. NL	2.59	10	7	18	160	0	139.0	127	10	51	99	Two Strikes	.220	268	59	7	1	6	37	28	109	.294	.321
Pre-All Star	3.61	8	6	15	118	0	94.2	86	6	41	54	Pre-All Star	.251	342	86	15	2	6	56	41	54	.329	.360
Post-All Star	3.20	5	2	4	65	0	59.0	62	7	22	55	Post-All Star	.271	229	62	9	1	7	37	22	55	.340	.410

Brad Radke — Twins

Age 29 – Pitches Right

	ERA	W	L	Sv	G	GS	IP	BB	SO	Avg	H	2B	3B	HR	RBI	OBP	SLG	CG	ShO	Sup	QS	#P/S	SB	CS	GB	FB	G/F
2001 Season	3.94	15	11	0	33	33	226.0	26	137	.271	235	47	9	24	101	.298	.429	6	2	5.38	20	96	15	11	311	279	1.11
Last Five Years	4.06	71	65	0	167	167	1124.2	212	719	.275	1211	247	31	130	508	.311	.434	23	5	4.97	97	101	75	42	1654	1323	1.25

2001 Season	ERA	W	L	Sv	G	GS	IP	H	HR	BB	SO		Avg	AB	H	2B	3B	HR	RBI	BB	SO	OBP	SLG
Home	3.99	9	6	0	19	19	130.2	131	15	14	93	vs. Left	.271	442	120	27	4	12	48	14	63	.300	.432
Away	3.87	6	5	0	14	14	95.1	104	9	12	44	vs. Right	.271	425	115	20	5	12	53	12	74	.296	.426
Day	3.62	6	6	0	13	13	92.0	86	9	8	55	Inning 1-6	.274	711	195	41	6	20	91	26	113	.307	.433
Night	4.16	9	5	0	20	20	134.0	149	15	18	82	Inning 7+	.256	156	40	6	3	4	10	0	24	.255	.410
Grass	3.87	6	5	0	14	14	95.1	104	9	12	44	None on	.254	556	141	30	5	14	14	11	94	.274	.401
Turf	3.99	9	6	0	19	19	130.2	131	15	14	93	Runners on	.302	311	94	17	4	10	87	15	43	.338	.479
April	2.23	5	0	0	6	6	48.1	44	4	4	25	Scoring Posn	.281	185	52	8	2	5	72	6	28	.308	.427
May	5.13	2	1	0	5	5	33.1	41	4	1	23	Close & Late	.277	83	23	2	0	1	4	0	12	.274	.337
June	4.35	1	3	0	6	6	41.1	42	4	7	25	None on/out	.251	227	57	12	4	2	2	7	36	.286	.366
July	4.39	2	4	0	6	6	41.0	52	4	3	26	vs. 1st Batr (relief)	.000	0	0	0	0	0	0	0	0	.000	.000
August	4.09	2	0	0	4	4	22.0	22	1	4	17	1st Inning Pitched	.351	134	47	9	2	6	23	6	16	.373	.582
Sept/Oct	4.05	3	3	0	6	6	40.0	34	7	7	21	First 75 Pitches	.267	640	171	30	6	19	73	21	101	.299	.422
Starter	3.94	15	11	0	33	33	226.0	235	24	26	137	Pitch 76-90	.297	128	38	9	2	2	19	4	21	.316	.445
Reliever	0.00	0	0	0	0	0	0.0	0	0	0	0	Pitch 91-105	.213	75	16	7	0	3	6	0	13	.213	.427
0-3 Days Rest (Start)	7.20	0	1	0	1	1	5.0	8	1	1	4	Pitch 106+	.417	24	10	1	1	0	3	1	2	.440	.542
4 Days Rest	3.68	10	8	0	21	21	149.1	148	15	16	89	First Pitch	.296	152	45	13	0	7	19	0	0	.301	.520
5+ Days Rest	4.27	5	2	0	11	11	71.2	79	8	9	44	Ahead in Count	.218	445	97	16	4	6	36	0	118	.226	.312
vs. AL	4.13	13	9	0	29	29	196.0	212	20	24	115	Behind in Count	.380	129	49	9	2	7	32	12	0	.427	.643
vs. NL	2.70	2	2	0	4	4	30.0	23	4	2	22	Two Strikes	.208	403	84	10	4	8	34	14	137	.242	.313
Pre-All Star	3.58	10	4	0	19	19	138.1	141	14	12	81	Pre-All Star	.268	526	141	23	6	14	56	12	81	.289	.414
Post-All Star	4.52	5	7	0	14	14	87.2	94	10	14	56	Post-All Star	.276	341	94	24	3	10	45	14	56	.311	.452

Last Five Years	ERA	W	L	Sv	G	GS	IP	H	HR	BB	SO		Avg	AB	H	2B	3B	HR	RBI	BB	SO	OBP	SLG
Home	4.02	38	33	0	88	88	593.0	631	73	113	405	vs. Left	.292	2325	680	141	14	72	280	125	331	.331	.458
Away	4.10	33	32	0	79	79	531.2	580	57	99	314	vs. Right	.256	2075	531	106	17	58	228	87	388	.289	.407
Day	4.25	24	24	0	55	55	366.0	407	34	60	233	Inning 1-6	.277	3695	1023	207	27	118	446	189	600	.314	.443
Night	3.96	47	41	0	112	112	758.2	804	96	152	486	Inning 7+	.267	705	188	40	4	12	62	23	119	.293	.386
Grass	4.33	24	28	0	66	66	438.1	491	52	84	246	None on	.266	2661	709	148	15	70	70	134	456	.305	.412
Turf	3.88	47	37	0	101	101	686.1	720	78	128	473	Runners on	.289	1739	502	99	16	60	438	78	263	.319	.468
March/April	3.67	13	7	0	28	28	184.0	199	16	36	123	Scoring Posn	.277	946	262	52	12	34	364	48	159	.310	.465
May	3.89	12	11	0	29	29	206.0	211	25	32	130	Close & Late	.275	357	98	15	1	5	33	6	57	.293	.364
June	3.60	10	13	0	28	28	195.0	206	21	35	125	None on/out	.263	1159	305	56	10	31	31	43	197	.293	.409
July	3.47	15	10	0	28	28	197.1	208	17	36	126	vs. 1st Batr (relief)	.000	0	0	0	0	0	0	0	0	.000	.000
August	6.01	11	12	0	27	27	155.2	197	20	39	98	1st Inning Pitched	.277	653	181	40	5	31	95	43	107	.321	.496
Sept/Oct	4.10	10	12	0	27	27	186.2	190	31	34	117	First 75 Pitches	.272	3161	860	170	26	97	346	145	511	.307	.434
Starter	4.06	71	65	0	167	167	1124.2	1211	130	212	719	Pitch 76-90	.303	581	176	33	3	20	88	38	92	.343	.473
Reliever	0.00	0	0	0	0	0	0.0	0	0	0	0	Pitch 91-105	.243	423	103	28	1	9	43	16	72	.275	.378
0-3 Days Rest (Start)	4.15	0	1	0	2	2	13.0	15	1	2	10	Pitch 106+	.306	235	72	16	1	4	31	13	44	.344	.434
4 Days Rest	3.90	49	41	0	108	108	750.0	788	76	142	484	First Pitch	.350	701	245	57	5	38	123	2	0	.353	.608
5+ Days Rest	4.38	22	23	0	57	57	361.2	408	53	68	225	Ahead in Count	.226	2173	492	95	10	37	177	0	606	.230	.330
vs. AL	4.28	56	59	0	146	146	974.1	1074	117	194	620	Behind in Count	.336	717	241	49	6	32	114	105	0	.422	.555
vs. NL	2.63	15	6	0	21	21	150.1	137	13	18	99	Two Strikes	.216	2042	441	90	7	35	154	105	719	.258	.318
Pre-All Star	3.70	40	32	0	92	92	635.1	662	67	111	409	Pre-All Star	.269	2462	662	141	18	67	262	111	409	.301	.422
Post-All Star	4.52	31	33	0	75	75	489.1	549	63	101	310	Post-All Star	.283	1938	549	106	13	63	246	101	310	.323	.449

Tim Raines — Orioles

Age 42 – Bats Both

	Avg	G	AB	R	H	2B	3B	HR	RBI	BB	SO	HBP	GDP	SB	CS	OBP	SLG	IBB	SH	SF	#Pit	#P/PA	GB	FB	G/F
2001 Season	.303	51	89	14	27	8	1	1	9	18	9	0	2	1	0	.413	.449	0	0	2	417	3.83	33	28	1.18
Last Five Years	.289	292	816	143	236	46	4	14	111	140	109	3	16	21	9	.390	.407	2	1	13	3850	3.96	314	218	1.44

2001 Season	Avg	AB	H	2B	3B	HR	RBI	BB	SO	OBP	SLG		Avg	AB	H	2B	3B	HR	RBI	BB	SO	OBP	SLG
vs. Left	.278	18	5	1	0	0	1	5	4	.417	.333	Scoring Posn	.294	17	5	1	0	0	7	6	3	.440	.353
vs. Right	.310	71	22	7	1	1	8	13	5	.412	.479	Close & Late	.346	26	9	2	0	1	5	4	2	.406	.538

	Avg	AB	H	2B	3B	HR	RBI	BB	SO	OBP	SLG	Last Five Years	Avg	AB	H	2B	3B	HR	RBI	BB	SO	OBP	SLG
vs. Left	.295	268	79	10	0	4	34	53	32	.405	.377	First Pitch	.276	98	27	5	0	1	11	2	0	.291	.357
vs. Right	.286	548	157	36	4	10	77	87	77	.382	.422	Ahead in Count	.382	238	91	17	3	8	49	67	0	.513	.580
Home	.308	406	125	23	2	8	62	73	51	.409	.433	Behind in Count	.210	291	61	13	0	3	26	0	85	.211	.285
Away	.271	410	111	23	2	6	49	67	58	.371	.380	Two Strikes	.214	341	73	12	1	2	30	71	109	.347	.273
Day	.295	281	83	17	2	4	39	51	36	.402	.413	Batting #1	.328	274	90	22	3	5	29	42	31	.411	.485
Night	.286	535	153	29	2	10	72	89	73	.384	.404	Batting #6	.259	185	48	7	1	6	32	33	26	.368	.405
Grass	.289	667	193	35	3	13	94	111	93	.387	.409	Other	.275	357	98	17	0	3	50	65	52	.385	.347
Turf	.289	149	43	11	1	1	17	29	16	.401	.396	March/April	.258	159	41	9	0	2	18	31	23	.367	.352
Pre-All Star	.274	486	133	25	2	8	59	87	70	.381	.383	May	.302	212	64	10	2	4	30	32	28	.393	.425
Post-All Star	.312	330	103	21	2	6	52	53	39	.404	.442	June	.242	91	22	6	0	1	9	15	13	.349	.341
Inning 1-6	.283	533	151	26	4	8	62	87	67	.380	.392	July	.225	89	20	2	0	2	10	22	16	.389	.315
Inning 7+	.300	283	85	20	0	6	49	53	42	.409	.435	August	.318	129	41	8	0	1	20	21	15	.411	.403
Scoring Posn	.274	219	60	12	1	2	94	52	30	.394	.365	Sept/Oct	.353	136	48	11	2	4	24	19	14	.421	.551
Close & Late	.294	126	37	9	0	3	17	24	20	.400	.437	vs. AL	.292	657	192	34	3	13	98	108	88	.388	.412
None on/out	.353	235	83	17	2	4	4	23	32	.413	.494	vs. NL	.277	159	44	12	1	1	13	32	21	.396	.384

Tim Raines Jr. — Orioles
Age 22 – Bats Both

	Avg	G	AB	R	H	2B	3B	HR	RBI	BB	SO	HBP	GDP	SB	CS	OBP	SLG	IBB	SH	SF	#Pit	#P/PA	GB	FB	G/F
2001 Season	.174	7	23	6	4	2	0	0	0	3	8	0	0	3	0	.269	.261	0	1	0	106	3.93	4	5	0.80

2001 Season

	Avg	AB	H	2B	3B	HR	RBI	BB	SO	OBP	SLG		Avg	AB	H	2B	3B	HR	RBI	BB	SO	OBP	SLG
vs. Left	.000	0	0	0	0	0	0	0	0	.000	.000	Scoring Posn	.000	4	0	0	0	0	0	0	1	.000	.000
vs. Right	.174	23	4	2	0	0	0	3	8	.269	.261	Close & Late	.167	6	1	1	0	0	0	1	3	.286	.333

Aramis Ramirez — Pirates
Age 24 – Bats Right (flyball hitter)

	Avg	G	AB	R	H	2B	3B	HR	RBI	BB	SO	HBP	GDP	SB	CS	OBP	SLG	IBB	SH	SF	#Pit	#P/PA	GB	FB	G/F
2001 Season	.300	158	603	83	181	40	0	34	112	40	100	8	9	5	4	.350	.536	4	0	4	2434	3.72	196	222	0.88
Career (1998-2001)	.271	321	1164	127	315	66	4	46	178	74	217	17	21	5	5	.321	.453	4	3	10	4749	3.75	383	386	0.99

2001 Season

	Avg	AB	H	2B	3B	HR	RBI	BB	SO	OBP	SLG		Avg	AB	H	2B	3B	HR	RBI	BB	SO	OBP	SLG
vs. Left	.297	111	33	9	0	4	19	11	23	.373	.486	First Pitch	.253	83	21	6	0	3	9	4	0	.303	.434
vs. Right	.301	492	148	31	0	30	93	29	77	.344	.547	Ahead in Count	.417	120	50	8	0	10	32	21	0	.503	.733
Home	.275	298	82	15	0	16	55	21	42	.332	.487	Behind in Count	.267	285	76	18	0	13	47	0	82	.276	.467
Away	.325	305	99	25	0	18	57	19	58	.367	.584	Two Strikes	.224	286	64	17	0	13	37	15	100	.270	.420
Day	.276	170	47	14	0	9	28	9	30	.326	.518	Batting #4	.248	238	59	14	0	12	40	19	47	.318	.458
Night	.309	433	134	26	0	25	84	31	70	.359	.543	Batting #5	.331	245	81	21	0	18	53	12	31	.365	.637
Grass	.304	566	172	38	0	34	108	40	92	.357	.551	Other	.342	120	41	5	0	4	19	9	22	.382	.483
Turf	.243	37	9	2	0	0	4	0	8	.237	.297	April	.256	78	20	3	0	6	18	6	15	.310	.526
Pre-All Star	.295	322	95	25	0	16	59	25	53	.356	.522	May	.282	103	29	8	0	5	17	11	22	.370	.505
Post-All Star	.306	281	86	15	0	18	53	15	47	.342	.552	June	.308	107	33	9	0	3	14	6	13	.357	.477
Inning 1-6	.301	408	123	35	0	23	85	28	60	.351	.556	July	.323	99	32	7	0	7	22	4	10	.350	.606
Inning 7+	.297	195	58	5	0	11	27	12	40	.348	.492	August	.330	103	34	6	0	10	24	9	17	.383	.680
Scoring Posn	.379	145	55	13	0	9	76	14	17	.427	.655	Sept/Oct	.292	113	33	7	0	3	17	4	23	.314	.434
Close & Late	.292	89	26	2	0	6	17	4	21	.330	.517	vs. AL	.267	60	16	4	0	2	7	4	9	.313	.433
None on/out	.253	174	44	8	0	10	10	5	34	.282	.471	vs. NL	.304	543	165	36	0	32	105	36	91	.354	.547

2001 By Position

Position	Avg	AB	H	2B	3B	HR	RBI	BB	SO	OBP	SLG	G	GS	Innings	PO	A	E	DP	Fld Pct	Rng Fctr	In Zone	Zone Outs	Zone Rtg	MLB Zone
As 3b	.300	601	180	40	0	34	110	40	100	.349	.536	157	155	1345.1	92	335	25	33	.945	2.86	486	362	.745	.761

Career (1998-2001)

	Avg	AB	H	2B	3B	HR	RBI	BB	SO	OBP	SLG		Avg	AB	H	2B	3B	HR	RBI	BB	SO	OBP	SLG
vs. Left	.268	235	63	15	1	7	29	18	50	.331	.430	First Pitch	.268	164	44	10	0	5	20	4	0	.292	.421
vs. Right	.271	929	252	51	3	39	149	56	167	.318	.459	Ahead in Count	.359	206	74	12	1	13	42	32	0	.443	.617
Home	.268	556	149	26	2	23	93	38	97	.323	.446	Behind in Count	.242	574	139	31	3	18	80	0	180	.255	.401
Away	.273	608	166	40	2	23	85	36	120	.319	.459	Two Strikes	.213	573	122	31	2	18	66	38	217	.270	.368
Day	.234	342	80	20	0	12	40	17	70	.281	.398	Batting #5	.326	291	95	24	1	19	64	15	39	.362	.612
Night	.286	822	235	46	4	34	138	57	147	.337	.476	Batting #7	.204	357	73	13	3	6	35	19	87	.255	.308
Grass	.276	813	224	48	2	38	125	53	144	.326	.480	Other	.285	516	147	29	0	21	77	40	91	.343	.463
Turf	.259	351	91	18	2	8	53	21	73	.302	.450	March/April	.217	138	30	5	0	7	22	10	25	.270	.406
Pre-All Star	.265	567	150	35	2	22	89	43	98	.324	.450	May	.238	122	29	8	0	5	18	12	26	.324	.426
Post-All Star	.276	597	165	31	2	24	89	31	119	.318	.456	June	.311	225	70	15	1	7	32	17	36	.367	.480
Inning 1-6	.269	781	210	53	2	33	132	47	135	.324	.469	July	.268	261	70	13	1	12	44	12	47	.306	.464
Inning 7+	.274	383	105	13	2	13	46	27	82	.331	.420	August	.317	199	63	13	0	12	37	11	34	.359	.573
Scoring Posn	.297	290	86	18	2	14	130	27	49	.352	.517	Sept/Oct	.242	219	53	12	1	3	25	12	49	.282	.347
Close & Late	.272	180	49	7	2	7	30	10	47	.314	.450	vs. AL	.281	128	36	7	2	3	17	11	19	.338	.438
None on/out	.262	313	82	13	0	13	13	12	65	.302	.428	vs. NL	.269	1036	279	59	2	43	161	63	198	.319	.455

Julio Ramirez — White Sox
Age 24 – Bats Right (flyball hitter)

	Avg	G	AB	R	H	2B	3B	HR	RBI	BB	SO	HBP	GDP	SB	CS	OBP	SLG	IBB	SH	SF	#Pit	#P/PA	GB	FB	G/F
2001 Season	.081	22	37	2	3	0	0	0	1	2	15	0	0	2	0	.128	.081	0	0	0	134	3.44	7	9	0.78
Career (1999-2001)	.103	37	58	5	6	1	0	0	3	3	21	0	0	2	1	.148	.121	0	0	0	212	3.48	7	20	0.35

2001 Season

	Avg	AB	H	2B	3B	HR	RBI	BB	SO	OBP	SLG		Avg	AB	H	2B	3B	HR	RBI	BB	SO	OBP	SLG
vs. Left	.087	23	2	0	0	0	1	2	11	.160	.087	Scoring Posn	.143	7	1	0	0	0	1	0	1	.143	.143
vs. Right	.071	14	1	0	0	0	0	0	4	.071	.071	Close & Late	.000	5	0	0	0	0	0	0	3	.000	.000

Manny Ramirez — Red Sox
Age 30 – Bats Right (flyball hitter)

	Avg	G	AB	R	H	2B	3B	HR	RBI	BB	SO	HBP	GDP	SB	CS	OBP	SLG	IBB	SH	SF	#Pit	#P/PA	GB	FB	G/F
2001 Season	.306	142	529	93	162	33	2	41	125	81	147	8	9	0	1	.405	.609	25	0	2	2381	3.84	131	151	0.87
Last Five Years	.321	707	2622	523	842	176	9	194	645	418	631	37	67	10	12	.418	.617	54	0	29	12518	4.03	735	803	0.92

2001 Season

	Avg	AB	H	2B	3B	HR	RBI	BB	SO	OBP	SLG		Avg	AB	H	2B	3B	HR	RBI	BB	SO	OBP	SLG
vs. Left	.342	117	40	6	0	10	25	25	16	.462	.650	First Pitch	.418	67	28	5	0	7	19	21	0	.557	.806
vs. Right	.296	412	122	27	2	31	100	56	131	.387	.597	Ahead in Count	.389	90	35	8	2	9	28	31	0	.549	.822
Home	.295	281	83	14	1	21	73	51	82	.408	.577	Behind in Count	.271	280	76	16	0	18	57	0	113	.289	.521
Away	.319	248	79	19	1	20	52	30	65	.401	.645	Two Strikes	.231	295	68	10	0	17	49	26	147	.306	.437
Day	.374	155	58	9	0	17	38	21	40	.456	.761	Batting #3	.333	18	6	0	0	2	6	3	3	.435	.667
Night	.278	374	104	24	2	24	87	60	107	.384	.545	Batting #4	.305	511	156	33	2	39	119	78	144	.404	.607
Grass	.307	440	135	28	2	32	98	68	115	.405	.598	Other	.000	0	0	0	0	0	0	0	0	.000	.000
Turf	.303	89	27	5	0	9	27	13	32	.404	.663	April	.408	98	40	5	0	9	31	13	28	.482	.735
Pre-All Star	.335	328	110	21	2	26	84	53	88	.432	.649	May	.347	98	34	6	2	7	27	15	21	.439	.663
Post-All Star	.259	201	52	12	0	15	41	28	59	.360	.542	June	.245	102	25	6	0	8	20	20	30	.374	.539
Inning 1-6	.307	365	112	21	2	31	91	50	99	.397	.630	July	.280	93	26	9	0	8	18	16	33	.387	.634
Inning 7+	.305	164	50	12	0	10	34	31	48	.421	.561	August	.234	77	18	4	0	7	15	10	18	.337	.558
Scoring Posn	.314	159	50	10	2	8	77	33	42	.437	.553	Sept/Oct	.311	61	19	3	0	2	14	7	17	.394	.459
Close & Late	.321	78	25	7	0	5	23	18	15	.454	.603	vs. AL	.321	473	152	30	2	37	118	70	132	.415	.628
None on/out	.324	136	44	12	0	13	13	15	42	.395	.699	vs. NL	.179	56	10	3	0	4	7	11	15	.324	.446

2001 By Position

Position	Avg	AB	H	2B	3B	HR	RBI	BB	SO	OBP	SLG	G	GS	Innings	PO	A	E	DP	Fld Pct	Rng Fctr	In Zone	Zone Outs	Zone Rtg	MLB Zone
As DH	.333	327	109	17	2	23	80	43	86	.421	.609	87	87	—	—	—	—	—	—	—	—	—	—	—
As lf	.262	202	53	16	0	18	45	38	61	.380	.609	55	55	482.0	98	1	0	0	1.000	1.85	106	93	.877	.880

Last Five Years

	Avg	AB	H	2B	3B	HR	RBI	BB	SO	OBP	SLG		Avg	AB	H	2B	3B	HR	RBI	BB	SO	OBP	SLG
vs. Left	.359	610	219	47	2	49	167	111	111	.458	.684	First Pitch	.394	287	113	23	0	29	94	43	0	.472	.777
vs. Right	.310	2012	623	129	7	145	478	307	520	.405	.597	Ahead in Count	.422	566	239	46	4	59	193	191	0	.564	.830
Home	.319	1300	415	78	5	103	341	203	321	.415	.625	Behind in Count	.256	1230	315	66	4	64	230	0	487	.269	.472
Away	.323	1322	427	98	4	91	304	215	310	.420	.610	Two Strikes	.238	1380	328	63	6	78	239	181	631	.332	.459
Day	.337	830	280	55	2	68	207	130	208	.430	.654	Batting #3	.322	311	100	17	0	23	73	44	63	.406	.598
Night	.314	1792	562	121	7	126	438	288	423	.415	.600	Batting #4	.323	1898	614	133	7	150	495	311	485	.423	.638
Grass	.325	2191	712	145	9	160	530	361	517	.424	.618	Other	.310	413	128	26	2	21	77	63	83	.401	.535
Turf	.302	431	130	31	0	34	115	57	114	.386	.610	March/April	.321	470	151	27	2	33	118	47	105	.382	.598
Pre-All Star	.327	1375	450	86	7	97	347	200	324	.414	.612	May	.348	451	157	27	4	27	116	80	114	.446	.605
Post-All Star	.314	1247	392	90	2	97	298	218	307	.421	.623	June	.304	342	104	23	1	22	79	56	78	.403	.570
Inning 1-6	.326	1826	595	122	7	146	482	279	435	.419	.640	July	.291	453	132	33	1	37	102	69	112	.393	.614
Inning 7+	.310	796	247	54	2	48	163	139	196	.415	.564	August	.323	461	149	33	0	39	109	88	116	.434	.649
Scoring Posn	.323	812	262	54	6	54	445	179	185	.441	.603	Sept/Oct	.335	445	149	33	1	36	121	78	106	.433	.656
Close & Late	.307	358	110	27	0	19	81	82	85	.435	.542	vs. AL	.322	2342	755	156	9	173	592	373	573	.419	.618
None on/out	.324	636	206	43	3	47	47	65	164	.394	.623	vs. NL	.311	280	87	20	0	21	53	45	58	.408	.607

Joe Randa — Royals
Age 32 – Bats Right

	Avg	G	AB	R	H	2B	3B	HR	RBI	BB	SO	HBP	GDP	SB	CS	OBP	SLG	IBB	SH	SF	#Pit	#P/PA	GB	FB	G/F
2001 Season	.253	151	581	59	147	34	2	13	83	42	80	6	15	3	2	.307	.386	2	1	6	2353	3.70	219	173	1.27
Last Five Years	.287	729	2724	353	781	147	25	60	383	210	360	28	68	26	18	.340	.425	11	10	31	10771	3.59	1017	812	1.25

2001 Season

	Avg	AB	H	2B	3B	HR	RBI	BB	SO	OBP	SLG		Avg	AB	H	2B	3B	HR	RBI	BB	SO	OBP	SLG
vs. Left	.261	161	42	9	1	2	23	9	20	.298	.366	First Pitch	.226	84	19	3	0	2	12	1	0	.239	.333
vs. Right	.250	420	105	25	1	11	60	33	60	.310	.393	Ahead in Count	.278	126	35	7	0	2	17	22	0	.389	.381
Home	.250	292	73	16	1	8	45	16	39	.293	.394	Behind in Count	.263	270	71	18	1	7	38	0	66	.272	.415
Away	.256	289	74	18	1	5	38	26	41	.321	.377	Two Strikes	.208	259	54	14	2	3	28	19	80	.269	.313
Day	.213	174	37	10	0	6	25	17	22	.284	.374	Batting #5	.249	221	55	15	1	5	37	20	31	.313	.394
Night	.270	407	110	24	2	7	58	25	58	.317	.391	Batting #6	.250	180	45	7	1	5	21	14	27	.310	.383
Grass	.247	522	129	29	1	13	76	39	71	.301	.381	Other	.261	180	47	12	0	3	25	8	22	.296	.378
Turf	.305	59	18	5	1	0	7	3	9	.359	.424	April	.186	97	18	1	0	3	13	8	17	.262	.289
Pre-All Star	.253	324	82	20	1	6	51	24	41	.311	.377	May	.358	106	38	13	1	1	20	5	13	.386	.528
Post-All Star	.253	257	65	14	1	7	32	18	39	.302	.397	June	.228	92	21	5	0	2	15	9	8	.305	.348
Inning 1-6	.249	389	97	27	2	9	59	27	57	.300	.398	July	.214	98	21	4	0	0	9	7	11	.264	.316
Inning 7+	.260	192	50	7	0	4	24	15	23	.321	.359	August	.234	94	22	6	1	2	16	4	16	.263	.383
Scoring Posn	.315	168	53	11	1	6	72	17	28	.370	.500	Sept/Oct	.287	94	27	5	0	5	10	9	15	.350	.500
Close & Late	.225	80	18	2	0	3	14	10	11	.315	.363	vs. AL	.260	515	134	32	2	12	75	39	73	.316	.400
None on/out	.254	122	31	7	1	4	4	9	10	.316	.426	vs. NL	.197	66	13	2	0	1	8	3	7	.236	.273

2001 By Position

Position	Avg	AB	H	2B	3B	HR	RBI	BB	SO	OBP	SLG		G	GS	Innings	PO	A	E	DP	Fld Pct	Rng Fctr	In Zone	Outs	Zone Rtg	MLB Zone
As DH	.259	54	14	4	0	3	15	7	5	.339	.500		14	14	—	—	—	—	—	—	—	—	—	—	—
As 3b	.253	525	133	30	2	10	68	35	74	.305	.375		137	137	1195.2	111	255	13	31	.966	2.75	352	264	.750	.761

Last Five Years

	Avg	AB	H	2B	3B	HR	RBI	BB	SO	OBP	SLG		Avg	AB	H	2B	3B	HR	RBI	BB	SO	OBP	SLG
vs. Left	.280	617	173	38	9	7	82	52	74	.335	.405	First Pitch	.313	377	118	18	4	8	65	6	0	.326	.446
vs. Right	.289	2107	608	109	16	53	301	158	286	.342	.431	Ahead in Count	.360	681	245	43	5	16	118	124	0	.459	.508
Home	.291	1352	394	70	17	32	208	94	164	.341	.439	Behind in Count	.232	1178	273	59	8	28	138	0	311	.239	.367
Away	.282	1372	387	77	8	28	175	116	196	.340	.411	Two Strikes	.211	1115	235	49	13	22	115	80	360	.268	.337
Day	.282	813	229	48	6	23	122	69	121	.342	.440	Batting #5	.286	766	219	48	9	14	130	56	96	.337	.427
Night	.289	1911	552	99	19	37	261	141	239	.340	.419	Batting #6	.297	824	245	37	5	22	124	60	102	.346	.434
Grass	.286	2144	614	112	14	47	298	153	269	.336	.417	Other	.280	1134	317	62	11	24	129	94	162	.339	.417
Turf	.288	580	167	35	11	13	85	57	91	.355	.453	March/April	.238	445	106	20	1	12	56	34	76	.299	.369
Pre-All Star	.285	1509	430	78	18	33	210	128	197	.345	.426	May	.313	508	159	32	7	8	68	50	69	.378	.451
Post-All Star	.289	1215	351	69	7	27	173	82	163	.334	.424	June	.283	442	125	22	9	10	72	36	41	.341	.441
Inning 1-6	.274	1834	502	103	18	39	255	130	240	.325	.413	July	.316	376	119	20	2	9	45	25	39	.354	.452
Inning 7+	.313	890	279	44	7	21	128	80	120	.372	.449	August	.257	478	123	25	5	8	70	33	78	.307	.381
Scoring Posn	.309	767	237	37	7	18	321	86	113	.370	.446	Sept/Oct	.314	475	149	28	1	13	72	32	57	.354	.459
Close & Late	.316	418	132	19	4	11	69	40	60	.374	.459	vs. AL	.279	2065	577	105	14	46	289	148	276	.330	.411
None on/out	.288	600	173	38	10	14	14	39	69	.338	.455	vs. NL	.310	659	204	42	11	14	94	62	84	.372	.470

Cody Ransom — Giants
Age 26 — Bats Right

	Avg	G	AB	R	H	2B	3B	HR	RBI	BB	SO	HBP	GDP	SB	CS	OBP	SLG	IBB	SH	SF	#Pit	#P/PA	GB	FB	G/F
2001 Season	.000	9	7	1	0	0	0	0	0	0	5	0	0	0	0	.000	.000	0	0	0	28	4.00	0	1	0.00

2001 Season

	Avg	AB	H	2B	3B	HR	RBI	BB	SO	OBP	SLG		Avg	AB	H	2B	3B	HR	RBI	BB	SO	OBP	SLG
vs. Left	.000	0	0	0	0	0	0	0	0	.000	.000	Scoring Posn	.000	5	0	0	0	0	0	0	4	.000	.000
vs. Right	.000	7	0	0	0	0	0	0	5	.000	.000	Close & Late	.000	3	0	0	0	0	0	0	2	.000	.000

Pat Rapp — Angels
Age 34 – Pitches Right

	ERA	W	L	Sv	G	GS	IP	BB	SO	Avg	H	2B	3B	HR	RBI	OBP	SLG	CG	ShO	Sup	QS	#P/S	SB	CS	GB	FB	G/F
2001 Season	4.76	5	12	0	31	28	170.0	71	82	.261	169	28	2	20	90	.333	.403	1	0	4.61	10	96	12	6	238	207	1.15
Last Five Years	5.02	37	52	0	158	141	820.1	402	502	.278	885	170	19	91	435	.361	.429	3	2	5.57	62	96	63	32	1242	850	1.46

2001 Season

	ERA	W	L	Sv	G	GS	IP	H	HR	BB	SO		Avg	AB	H	2B	3B	HR	RBI	BB	SO	OBP	SLG
Home	4.45	2	6	0	16	15	89.0	92	9	34	50	vs. Left	.267	344	92	17	1	9	46	55	51	.365	.401
Away	5.11	3	6	0	15	13	81.0	77	11	37	32	vs. Right	.254	303	77	11	1	11	44	16	31	.293	.406
Day	3.27	1	1	0	8	6	41.1	35	4	18	24	Inning 1-6	.260	597	155	24	1	18	84	68	76	.334	.394
Night	5.25	4	11	0	23	22	128.2	134	16	53	58	Inning 7+	.280	50	14	4	1	2	6	3	6	.315	.520
Grass	4.68	5	12	0	30	27	165.1	161	20	70	80	None on	.241	378	91	18	2	10	10	45	64	.322	.378
Turf	7.71	0	0	0	1	1	4.2	8	0	1	2	Runners on	.290	269	78	10	0	10	80	26	38	.349	.439
April	6.60	0	3	0	5	5	30.0	27	4	12	12	Scoring Posn	.305	151	46	7	0	6	71	18	23	.364	.470
May	3.34	1	2	0	6	6	35.0	36	2	12	24	Close & Late	.467	15	7	1	0	0	2	1	2	.500	.533
June	3.66	1	3	0	5	5	32.0	32	3	12	11	None on/out	.275	171	47	7	1	7	7	13	17	.326	.450
July	5.20	1	1	0	5	5	27.2	29	3	15	11	vs. 1st Batr (relief)	.667	3	2	1	0	1	2	0	0	.667	2.000
August	4.42	2	2	0	6	6	36.2	33	5	13	18	1st Inning Pitched	.218	110	24	6	0	5	22	17	18	.321	.409
Sept/Oct	8.31	0	1	0	4	1	8.2	12	3	7	6	First 75 Pitches	.270	474	128	21	2	15	70	53	64	.343	.418
Starter	4.80	5	12	0	28	28	165.0	164	19	69	78	Pitch 76-90	.284	95	27	3	0	2	11	10	7	.346	.379
Reliever	3.60	0	0	0	3	0	5.0	5	1	2	4	Pitch 91-105	.178	73	13	3	0	3	9	7	11	.250	.342
0-3 Days Rest (Start)	0.00	0	0	0	0	0	0.0	0	0	0	0	Pitch 106+	.200	5	1	1	0	0	0	1	0	.333	.400
4 Days Rest	3.78	4	4	0	13	13	83.1	72	8	28	41	First Pitch	.338	71	24	5	1	1	9	2	0	.351	.479
5+ Days Rest	5.84	1	8	0	15	15	81.2	92	11	41	37	Ahead in Count	.203	300	61	11	0	5	33	0	66	.207	.290
vs. AL	4.71	4	11	0	27	24	147.0	143	16	61	75	Behind in Count	.321	162	52	7	1	10	36	37	0	.443	.562
vs. NL	5.09	1	1	0	4	4	23.0	26	4	10	7	Two Strikes	.190	295	56	11	0	4	26	32	82	.269	.268
Pre-All Star	4.62	3	9	0	18	18	109.0	105	11	43	51	Pre-All Star	.256	410	105	19	1	11	57	43	51	.326	.388
Post-All Star	5.02	2	3	0	13	10	61.0	64	9	28	31	Post-All Star	.270	237	64	9	1	9	33	28	31	.345	.430

Last Five Years

	ERA	W	L	Sv	G	GS	IP	H	HR	BB	SO		Avg	AB	H	2B	3B	HR	RBI	BB	SO	OBP	SLG
Home	5.41	14	27	0	82	73	411.0	454	47	204	273	vs. Left	.279	1630	455	87	11	34	200	238	267	.370	.409
Away	4.64	23	25	0	76	68	409.1	431	44	198	229	vs. Right	.277	1554	430	83	8	57	235	164	235	.352	.450
Day	4.67	13	15	0	50	42	250.1	276	27	119	160	Inning 1-6	.278	2962	824	157	17	83	414	380	470	.363	.427
Night	5.18	24	37	0	108	99	570.0	609	64	283	342	Inning 7+	.275	222	61	13	2	8	21	22	32	.341	.459
Grass	5.29	27	49	0	140	125	716.1	776	82	365	437	None on	.280	1747	490	95	10	53	53	207	256	.361	.437
Turf	3.20	10	3	0	18	16	104.0	109	9	37	65	Runners on	.275	1437	395	75	9	38	382	195	246	.362	.419
March/April	5.48	7	8	0	24	24	136.1	140	17	66	68	Scoring Posn	.273	836	228	49	4	21	333	133	152	.368	.416
May	3.55	7	8	0	29	28	164.2	159	11	67	117	Close & Late	.324	102	33	6	1	4	13	13	14	.405	.520
June	5.58	6	14	0	28	26	148.1	184	14	78	92	None on/out	.306	823	252	41	2	35	35	81	114	.373	.488
July	5.33	5	7	0	28	19	125.0	138	15	66	65	vs. 1st Batr (relief)	.313	16	5	3	0	1	3	1	3	.353	.688
August	5.14	8	8	0	25	25	143.2	144	18	73	92	1st Inning Pitched	.277	600	166	37	3	17	108	95	123	.376	.433
Sept/Oct	5.45	4	7	0	24	19	102.1	120	16	52	68	First 75 Pitches	.277	2349	650	125	13	59	311	298	378	.361	.416
Starter	5.08	37	52	0	141	141	786.1	852	89	384	473	Pitch 76-90	.281	398	112	23	5	16	62	59	51	.346	.451
Reliever	3.71	0	0	0	17	0	34.0	33	2	18	29	Pitch 91-105	.273	308	84	16	0	13	48	51	1	.370	.485

	ERA	W	L	Sv	G	GS	IP	H	HR	BB	SO		Avg	AB	H	2B	3B	HR	RBI	BB	SO	OBP	SLG
0-3 Days Rest (Start)	5.28	0	1	0	4	4	15.1	20	1	7	10	Pitch 106+	.302	129	39	6	1	3	14	16	23	.377	.434
4 Days Rest	5.50	22	26	0	71	71	388.0	443	45	201	245	First Pitch	.321	396	127	19	3	18	73	9	0	.338	.520
5+ Days Rest	4.65	15	25	0	66	66	383.0	389	43	176	218	Ahead in Count	.226	1336	302	53	5	25	128	0	396	.233	.329
vs. AL	5.04	29	40	0	115	106	607.2	638	64	304	374	Behind in Count	.318	799	254	55	8	30	141	203	0	.456	.519
vs. NL	4.99	8	12	0	43	35	212.2	247	27	98	128	Two Strikes	.215	1439	310	60	5	21	134	190	502	.309	.308
Pre-All Star	4.84	22	33	0	92	84	491.0	528	46	239	294	Pre-All Star	.279	1890	528	102	11	46	245	239	294	.362	.418
Post-All Star	5.30	15	19	0	66	57	329.1	357	45	163	208	Post-All Star	.276	1294	357	68	8	45	190	163	208	.360	.445

Britt Reames — Expos

Age 28 – Pitches Right

	ERA	W	L	Sv	G	GS	IP	BB	SO	Avg	H	2B	3B	HR	RBI	OBP	SLG	GF	IR	IRS	Hld	SvOp	SB	CS	GB	FB	G/F
2001 Season	5.59	4	8	0	41	13	95.0	48	86	.273	101	25	1	16	64	.362	.476	3	14	3	6	1	8	2	137	83	1.65
Career (2000-2001)	4.78	6	9	0	49	20	135.2	71	117	.254	131	34	2	20	78	.350	.445	3	14	3	6	1	10	4	188	126	1.49

2001 Season

	ERA	W	L	Sv	G	GS	IP	H	HR	BB	SO		Avg	AB	H	2B	3B	HR	RBI	BB	SO	OBP	SLG
Home	7.46	1	5	0	24	7	50.2	61	11	26	46	vs. Left	.297	145	43	8	1	5	24	22	27	.391	.469
Away	3.45	3	3	0	17	6	44.1	40	5	22	40	vs. Right	.258	225	58	17	0	11	40	26	59	.344	.480
Starter	5.77	3	8	0	13	13	64.0	69	11	40	50	Scoring Posn	.312	93	29	9	0	4	47	21	15	.450	.538
Reliever	5.23	1	0	0	28	0	31.0	32	5	8	36	Close & Late	.245	53	13	4	0	3	7	6	15	.328	.491
0 Days Rest (Relief)	7.50	0	0	0	6	0	6.0	8	2	2	7	None on/out	.217	92	20	4	0	4	9	25	.287	.391
1 or 2 Days Rest	3.77	1	0	0	13	0	14.1	12	3	4	16	First Pitch	.357	42	15	4	1	2	12	2	0	.417	.643
3+ Days Rest	5.91	0	0	0	9	0	10.2	12	0	2	13	Ahead in Count	.183	164	30	6	0	4	12	0	77	.182	.293
Pre-All Star	6.33	2	8	0	12	12	58.1	67	11	38	43	Behind in Count	.370	100	37	11	0	7	24	26	0	.508	.690
Post-All Star	4.42	2	0	0	29	1	36.2	34	5	10	43	Two Strikes	.180	172	31	5	0	5	18	20	86	.264	.297

Jeff Reboulet — Dodgers

Age 38 – Bats Right (groundball hitter)

	Avg	G	AB	R	H	2B	3B	HR	RBI	BB	SO	HBP	GDP	SB	CS	OBP	SLG	IBB	SH	SF	#Pit	#P/PA	GB	FB	G/F
2001 Season	.266	94	214	35	57	15	2	3	22	33	48	1	3	0	1	.367	.397	1	5	0	1133	4.48	72	54	1.33
Last Five Years	.233	437	904	135	211	41	2	8	75	131	187	6	18	7	3	.333	.310	1	32	4	4522	4.20	339	225	1.51

2001 Season

	Avg	AB	H	2B	3B	HR	RBI	BB	SO	OBP	SLG		Avg	AB	H	2B	3B	HR	RBI	BB	SO	OBP	SLG
vs. Left	.290	100	29	11	2	1	13	16	20	.393	.470	Scoring Posn	.368	38	14	4	0	2	19	8	12	.478	.632
vs. Right	.246	114	28	4	0	2	9	17	28	.344	.333	Close & Late	.235	34	8	1	0	1	7	8	8	.381	.353
Home	.267	101	27	9	1	3	13	17	26	.378	.465	None on/out	.258	66	17	3	1	0	0	7	14	.329	.333
Away	.265	113	30	6	1	0	9	16	22	.357	.336	Batting #2	.311	74	23	6	0	1	7	15	14	.427	.432
First Pitch	.214	14	3	0	0	0	1	0	0	.267	.214	Batting #8	.216	74	16	4	1	0	3	11	20	.318	.297
Ahead in Count	.259	27	7	0	0	2	8	16	0	.535	.481	Other	.273	66	18	5	1	2	12	7	14	.351	.470
Behind in Count	.200	115	23	5	2	0	2	0	37	.200	.278	Pre-All Star	.252	107	27	9	0	2	16	21	26	.380	.393
Two Strikes	.239	138	33	14	2	0	9	16	48	.323	.370	Post-All Star	.280	107	30	6	2	1	6	12	22	.353	.402

Last Five Years

	Avg	AB	H	2B	3B	HR	RBI	BB	SO	OBP	SLG		Avg	AB	H	2B	3B	HR	RBI	BB	SO	OBP	SLG
vs. Left	.253	340	86	23	7	4	46	54	.345	.368	First Pitch	.322	87	28	4	0	0	9	1	0	.337	.368
vs. Right	.222	564	125	18	0	4	44	85	133	.326	.275	Ahead in Count	.207	121	25	6	0	3	16	71	0	.500	.331
Home	.225	417	94	18	1	6	38	53	91	.319	.317	Behind in Count	.201	472	95	11	2	3	21	0	151	.205	.252
Away	.240	487	117	23	1	2	37	78	96	.345	.304	Two Strikes	.197	533	105	22	2	0	34	59	187	.281	.246
Day	.242	310	75	19	1	4	34	38	61	.328	.348	Batting #2	.269	390	105	22	0	4	41	56	72	.362	.356
Night	.229	594	136	22	1	4	41	93	126	.336	.290	Batting #9	.203	217	44	7	0	1	20	36	48	.318	.249
Grass	.234	826	193	38	2	8	70	115	173	.331	.314	Other	.209	297	62	12	2	3	14	39	67	.306	.293
Turf	.231	78	18	3	0	0	5	16	14	.358	.269	March/April	.311	103	32	5	0	3	15	23	17	.445	.447
Pre-All Star	.238	480	114	23	0	4	48	76	93	.344	.310	May	.198	126	25	3	0	0	6	26	23	.333	.222
Post-All Star	.229	424	97	18	2	4	27	55	94	.320	.309	June	.249	205	51	12	0	0	19	19	37	.314	.307
Inning 1-6	.248	572	142	28	2	4	47	91	114	.352	.325	July	.230	178	41	13	1	3	22	22	48	.320	.365
Inning 7+	.208	332	69	13	0	4	28	40	73	.299	.283	August	.210	200	42	5	1	2	11	26	40	.300	.275
Scoring Posn	.227	198	45	9	0	2	65	42	50	.362	.303	Sept/Oct	.217	92	20	3	0	0	1	15	22	.327	.250
Close & Late	.245	139	34	5	0	2	18	18	31	.340	.324	vs. AL	.221	606	134	22	0	5	42	87	120	.321	.282
None on/out	.245	241	59	10	1	3	3	24	44	.316	.332	vs. NL	.258	298	77	19	2	3	33	44	67	.357	.366

Tim Redding — Astros

Age 24 – Pitches Right (flyball pitcher)

	ERA	W	L	Sv	G	GS	IP	BB	SO	Avg	H	2B	3B	HR	RBI	OBP	SLG	CG	ShO	Sup	QS	#P/S	SB	CS	GB	FB	G/F
2001 Season	5.50	3	1	0	13	9	55.2	24	55	.286	62	11	2	11	34	.360	.507	0	0	5.98	1	94	4	1	64	65	0.98

2001 Season

	ERA	W	L	Sv	G	GS	IP	H	HR	BB	SO		Avg	AB	H	2B	3B	HR	RBI	BB	SO	OBP	SLG
Home	5.51	2	0	0	7	6	32.2	34	8	15	35	vs. Left	.247	85	21	3	0	3	13	17	19	.365	.388
Away	5.48	1	1	0	6	3	23.0	28	3	9	20	vs. Right	.311	132	41	8	2	8	21	7	36	.357	.583

Mark Redman — Tigers
Age 28 – Pitches Left (flyball pitcher)

	ERA	W	L	Sv	G	GS	IP	BB	SO	Avg	H	2B	3B	HR	RBI	OBP	SLG	CG	ShO	Sup	QS	#P/S	SB	CS	GB	FB	G/F
2001 Season	4.50	2	6	0	11	11	58.0	23	33	.289	68	10	1	7	28	.355	.430	0	0	4.19	3	94	4	1	78	84	0.93
Career (1999-2001)	4.91	15	15	0	48	36	222.0	75	161	.284	253	52	2	32	124	.343	.455	0	0	5.47	17	94	7	7	263	320	0.82

2001 Season

	ERA	W	L	Sv	G	GS	IP	H	HR	BB	SO		Avg	AB	H	2B	3B	HR	RBI	BB	SO	OBP	SLG
Home	4.55	1	3	0	5	5	29.2	38	4	11	17	vs. Left	.333	21	7	3	0	0	1	3	2	.417	.476
Away	4.45	1	3	0	6	6	28.1	30	3	12	16	vs. Right	.285	214	61	7	1	7	27	20	31	.349	.425

Career (1999-2001)

	ERA	W	L	Sv	G	GS	IP	H	HR	BB	SO		Avg	AB	H	2B	3B	HR	RBI	BB	SO	OBP	SLG
Home	4.66	8	8	0	25	18	114.0	134	14	35	79	vs. Left	.295	183	54	15	0	5	23	18	39	.360	.459
Away	5.17	7	7	0	23	18	108.0	119	18	40	82	vs. Right	.281	707	199	37	2	27	101	57	122	.338	.454
Day	4.45	3	5	0	15	10	62.2	73	5	17	50	Inning 1-6	.295	800	236	48	2	27	114	67	143	.352	.461
Night	5.08	12	10	0	33	26	159.1	180	27	58	111	Inning 7+	.189	90	17	4	0	5	10	8	18	.263	.400
Grass	6.51	4	8	0	20	15	83.0	106	17	36	57	None on	.277	502	139	30	1	16	16	33	88	.324	.436
Turf	3.95	11	7	0	28	21	139.0	147	15	39	104	Runners on	.294	388	114	22	1	16	108	42	73	.366	.479
March/April	4.64	2	3	0	13	6	42.2	52	7	15	27	Scoring Posn	.277	231	64	7	1	8	85	26	44	.350	.420
May	3.33	4	1	0	9	9	54.0	54	6	14	39	Close & Late	.200	35	7	1	0	3	5	4	4	.282	.486
June	6.14	1	3	0	6	6	29.1	42	6	14	28	None on/out	.295	227	67	15	0	9	9	17	36	.347	.480
July	4.11	4	1	0	6	6	35.0	31	4	11	24	vs. 1st Batr (relief)	.417	12	5	2	0	0	4	0	3	.417	.583
August	6.15	3	5	0	8	8	41.0	47	5	15	29	1st Inning Pitched	.262	183	48	11	0	4	25	14	43	.317	.388
Sept/Oct	6.75	1	2	0	6	2	20.0	27	4	6	14	First 75 Pitches	.290	699	203	44	2	24	94	50	125	.341	.462
Starter	4.76	13	15	0	36	36	198.2	225	27	67	143	Pitch 76-90	.280	107	30	6	0	5	17	16	16	.371	.477
Reliever	6.17	2	0	0	12	0	23.1	28	5	8	18	Pitch 91-105	.206	63	13	1	0	3	9	8	14	.296	.365
0-3 Days Rest (Start)	1.93	1	1	0	2	2	14.0	13	2	4	7	Pitch 106+	.333	21	7	1	0	0	4	1	6	.391	.381
4 Days Rest	5.93	4	8	0	16	16	82.0	106	13	31	55	First Pitch	.364	99	36	6	0	5	18	0	0	.366	.576
5+ Days Rest	4.21	8	6	0	18	18	102.2	106	12	32	81	Ahead in Count	.238	395	94	20	0	13	43	0	132	.246	.387
vs. AL	5.22	13	14	0	44	32	195.0	229	29	70	133	Behind in Count	.344	218	75	14	2	7	31	31	0	.424	.523
vs. NL	2.67	2	1	0	4	4	27.0	24	3	5	28	Two Strikes	.227	415	94	21	0	12	45	44	161	.302	.364
Pre-All Star	4.60	8	8	0	30	22	135.0	158	21	47	99	Pre-All Star	.288	548	158	31	0	21	73	47	99	.346	.460
Post-All Star	5.38	7	7	0	18	14	87.0	95	11	28	62	Post-All Star	.278	342	95	21	2	11	51	28	62	.337	.447

Tike Redman — Pirates
Age 25 – Bats Left (flyball hitter)

	Avg	G	AB	R	H	2B	3B	HR	RBI	BB	SO	HBP	GDP	SB	CS	OBP	SLG	IBB	SH	SF	#Pit	#P/PA	GB	FB	G/F
2001 Season	.224	37	125	8	28	4	1	1	4	4	25	0	2	3	5	.246	.296	0	0	1	462	3.55	41	41	1.00
Career (2000-2001)	.238	46	143	10	34	5	1	2	5	5	32	0	2	4	5	.262	.329	0	0	1	538	3.61	44	47	0.94

2001 Season

	Avg	AB	H	2B	3B	HR	RBI	BB	SO	OBP	SLG		Avg	AB	H	2B	3B	HR	RBI	BB	SO	OBP	SLG
vs. Left	.083	12	1	0	0	0	0	1	2	.154	.083	Scoring Posn	.160	25	4	1	0	0	3	0	2	.154	.200
vs. Right	.239	113	27	4	1	1	4	3	23	.256	.319	Close & Late	.250	28	7	0	0	1	2	0	7	.250	.357
Home	.257	70	18	3	0	1	2	3	10	.288	.343	None on/out	.261	46	12	1	1	1	1	2	9	.292	.391
Away	.182	55	10	1	1	0	2	1	15	.193	.236	Batting #1	.233	86	20	2	1	1	4	4	16	.267	.314
First Pitch	.261	23	6	1	1	0	0	0	0	.261	.391	Batting #8	.250	20	5	1	0	0	2	0	0	.250	.300
Ahead in Count	.176	17	3	1	0	0	0	3	0	.300	.235	Other	.158	19	3	1	0	0	0	0	9	.150	.211
Behind in Count	.224	58	13	0	0	1	3	0	21	.220	.276	Pre-All Star	.000	8	0	0	0	0	0	0	7	.000	.000
Two Strikes	.186	59	11	1	0	1	3	1	25	.200	.254	Post-All Star	.239	117	28	4	1	1	4	4	18	.262	.316

Mike Redmond — Marlins
Age 31 – Bats Right (groundball hitter)

	Avg	G	AB	R	H	2B	3B	HR	RBI	BB	SO	HBP	GDP	SB	CS	OBP	SLG	IBB	SH	SF	#Pit	#P/PA	GB	FB	G/F
2001 Season	.312	48	141	19	44	4	0	4	14	13	13	2	6	0	0	.376	.426	4	1	1	534	3.38	64	38	1.68
Career (1998-2001)	.294	256	711	68	209	30	1	7	68	57	82	17	25	0	0	.359	.368	11	11	4	2804	3.51	283	185	1.53

2001 Season

	Avg	AB	H	2B	3B	HR	RBI	BB	SO	OBP	SLG		Avg	AB	H	2B	3B	HR	RBI	BB	SO	OBP	SLG
vs. Left	.375	56	21	2	0	3	7	6	3	.435	.571	Scoring Posn	.310	29	9	2	0	1	9	8	4	.447	.483
vs. Right	.271	85	23	2	0	1	7	7	10	.337	.329	Close & Late	.385	13	5	0	0	0	1	4	3	.556	.385
Home	.347	75	26	2	0	3	9	2	6	.372	.493	None on/out	.306	36	11	0	0	2	2	3	2	.359	.472
Away	.273	66	18	2	0	1	5	11	7	.380	.348	Batting #7	.283	60	17	2	0	2	6	5	6	.333	.417
First Pitch	.476	21	10	2	0	1	5	3	0	.560	.714	Batting #8	.325	80	26	2	0	2	8	8	7	.400	.425
Ahead in Count	.276	29	8	1	0	0	2	5	0	.382	.310	Other	1.000	1	1	0	0	0	0	0	0	1.000	1.000
Behind in Count	.306	62	19	0	0	3	6	0	7	.313	.452	Pre-All Star	.362	69	25	3	0	3	9	6	5	.413	.536
Two Strikes	.340	50	17	1	0	4	5	13	11	.411	.420	Post-All Star	.264	72	19	1	0	1	5	7	8	.341	.319

Career (1998-2001)

	Avg	AB	H	2B	3B	HR	RBI	BB	SO	OBP	SLG		Avg	AB	H	2B	3B	HR	RBI	BB	SO	OBP	SLG
vs. Left	.346	292	101	14	1	6	30	28	31	.409	.462	First Pitch	.354	96	34	6	0	1	16	9	0	.413	.448
vs. Right	.258	419	108	16	0	1	38	29	51	.324	.303	Ahead in Count	.367	147	54	8	0	2	20	27	0	.469	.463
Home	.296	362	107	13	0	4	36	28	42	.361	.370	Behind in Count	.249	341	85	8	0	3	23	0	68	.272	.299
Away	.292	349	102	17	0	3	32	29	40	.357	.367	Two Strikes	.231	308	71	9	0	2	16	21	82	.297	.279
Day	.323	322	104	16	0	4	34	22	37	.377	.410	Batting #7	.289	90	26	4	0	3	9	6	6	.337	.433
Night	.270	389	105	14	1	3	34	35	45	.343	.334	Batting #8	.294	586	172	25	1	4	57	49	68	.358	.360
Grass	.299	585	175	22	1	6	56	45	70	.363	.371	Other	.314	35	11	1	0	0	2	2	8	.415	.343
Turf	.270	126	34	8	0	1	12	12	12	.338	.357	March/April	.274	84	23	3	0	1	7	8	7	.340	.369
Pre-All Star	.303	350	106	14	1	4	32	26	42	.365	.383	May	.340	103	35	3	0	2	8	5	12	.382	.417
Post-All Star	.285	361	103	16	0	3	36	31	40	.352	.355	June	.298	124	37	8	0	1	13	9	14	.360	.387

359

Rick Reed — Twins
Age 36 – Pitches Right

Career (1998-2001)

	Avg	AB	H	2B	3B	HR	RBI	BB	SO	OBP	SLG		Avg	AB	H	2B	3B	HR	RBI	BB	SO	OBP	SLG
Inning 1-6	.308	494	152	21	1	7	56	37	44	.366	.397	July	.289	149	43	8	0	0	12	11	22	.355	.342
Inning 7+	.263	217	57	9	0	0	12	20	38	.342	.304	August	.314	140	44	7	0	2	19	15	10	.388	.407
Scoring Posn	.309	175	54	9	0	2	59	23	27	.390	.394	Sept/Oct	.243	111	27	2	0	1	9	9	14	.298	.288
Close & Late	.278	90	25	4	0	0	4	9	18	.356	.322	vs. AL	.271	70	19	3	0	0	8	6	9	.378	.314
None on/out	.267	161	43	8	1	3	3	13	54	.337	.385	vs. NL	.296	641	190	27	1	7	60	51	73	.356	.374

	ERA	W	L	Sv	G	GS	IP	BB	SO	Avg	H	2B	3B	HR	RBI	OBP	SLG	CG	ShO	Sup	QS	#P/S	SB	CS	GB	FB	G/F
2001 Season	4.05	12	12	0	32	32	202.1	31	142	.268	211	44	3	28	90	.299	.438	3	1	4.27	22	93	14	9	261	245	1.07
Last Five Years	3.76	63	42	0	152	150	956.1	172	633	.262	960	179	23	128	389	.298	.428	8	3	4.91	95	93	41	38	1344	1009	1.33

2001 Season

	ERA	W	L	Sv	G	GS	IP	H	HR	BB	SO		Avg	AB	H	2B	3B	HR	RBI	BB	SO	OBP	SLG
Home	3.86	6	8	0	19	19	126.0	123	16	15	95	vs. Left	.276	398	110	20	2	15	47	19	78	.309	.450
Away	4.36	6	4	0	13	13	76.1	88	12	16	47	vs. Right	.260	389	101	24	1	13	43	12	64	.289	.427
Day	3.43	3	1	0	10	10	60.1	68	10	7	43	Inning 1-6	.267	673	180	37	3	22	76	26	126	.297	.429
Night	4.31	9	11	0	22	22	142.0	143	18	24	99	Inning 7+	.272	114	31	7	0	6	14	5	16	.308	.491
Grass	3.53	8	7	0	21	21	140.1	133	15	19	105	None on	.250	512	128	31	2	15	15	16	95	.275	.406
Turf	5.23	4	5	0	11	11	62.0	78	13	12	37	Runners on	.302	275	83	13	1	13	75	15	47	.341	.498
April	2.15	3	1	0	5	5	37.2	25	3	1	22	Scoring Posn	.264	163	43	8	1	7	63	12	30	.320	.454
May	3.30	2	1	0	6	6	43.2	42	4	4	37	Close & Late	.317	41	13	3	0	2	6	2	9	.364	.537
June	4.40	2	1	0	5	5	30.2	28	5	8	21	None on/out	.256	211	54	17	2	7	7	6	29	.280	.455
July	4.76	1	3	0	4	4	22.2	24	4	4	19	vs. 1st Batr (relief)	.000	0	0	0	0	0	0	0	0	.000	.000
August	6.75	2	3	0	6	6	29.1	51	7	3	19	1st Inning Pitched	.248	125	31	5	1	8	21	8	29	.296	.496
Sept/Oct	3.99	2	3	0	6	6	38.1	41	5	11	24	First 75 Pitches	.256	589	151	32	3	21	66	21	107	.285	.428
Starter	4.05	12	12	0	32	32	202.1	211	28	31	142	Pitch 76-90	.292	106	31	4	0	2	8	7	19	.336	.387
Reliever	0.00	0	0	0	0	0	0.0	0	0	0	0	Pitch 91-105	.324	71	23	8	0	2	10	2	13	.351	.521
0-3 Days Rest (Start)	6.75	0	1	0	1	1	4.0	6	1	2	3	Pitch 106+	.286	21	6	0	0	3	6	1	3	.318	.714
4 Days Rest	5.83	2	7	0	16	16	92.2	113	17	15	72	First Pitch	.369	122	45	4	2	7	18	3	0	.389	.607
5+ Days Rest	2.38	10	4	0	15	15	105.2	92	10	14	67	Ahead in Count	.225	426	96	23	0	9	36	0	126	.230	.343
vs. AL	5.09	6	6	0	15	15	86.2	109	15	18	63	Behind in Count	.324	111	36	12	0	6	19	7	0	.358	.595
vs. NL	3.27	6	6	0	17	17	115.2	102	13	13	79	Two Strikes	.206	393	81	16	1	10	36	21	142	.250	.328
Pre-All Star	3.10	7	4	0	17	17	119.0	115	17	15	88	Pre-All Star	.226	439	99	22	1	13	40	15	88	.252	.369
Post-All Star	5.40	5	8	0	15	15	83.1	112	15	16	54	Post-All Star	.322	348	112	22	2	15	50	16	54	.357	.526

Last Five Years

	ERA	W	L	Sv	G	GS	IP	H	HR	BB	SO		Avg	AB	H	2B	3B	HR	RBI	BB	SO	OBP	SLG
Home	3.32	32	22	0	76	76	502.0	467	55	77	369	vs. Left	.263	1735	456	87	9	64	186	113	324	.308	.434
Away	4.26	31	20	0	76	74	454.1	493	73	95	264	vs. Right	.261	1928	504	92	14	64	203	59	309	.288	.423
Day	3.93	16	12	0	48	47	281.2	287	42	47	181	Inning 1-6	.260	3180	827	152	21	113	343	153	555	.297	.428
Night	3.70	47	30	0	104	103	674.2	673	86	125	452	Inning 7+	.275	483	133	27	2	15	46	19	78	.306	.433
Grass	3.56	53	30	0	118	116	758.0	734	93	132	522	None on	.255	2367	603	119	15	77	77	100	435	.288	.415
Turf	4.55	10	12	0	34	34	198.0	226	35	40	111	Runners on	.275	1296	357	60	8	51	312	72	198	.315	.452
March/April	2.25	10	4	0	22	21	152.0	118	14	23	93	Scoring Posn	.254	705	179	31	5	25	243	53	120	.306	.418
May	3.82	10	5	0	28	27	176.2	173	15	30	124	Close & Late	.261	257	67	12	0	5	21	14	47	.304	.366
June	4.56	11	8	0	28	28	171.2	189	29	37	111	None on/out	.241	988	238	55	8	33	33	28	168	.264	.413
July	3.53	11	5	0	22	22	140.1	142	22	30	89	vs. 1st Batr (relief)	.000	2	0	0	0	0	0	0	1	.000	.000
August	4.66	14	11	0	26	26	152.2	179	23	19	96	1st Inning Pitched	.231	568	131	20	5	24	68	33	121	.276	.410
Sept/Oct	3.64	7	9	0	26	26	163.0	159	25	33	120	First 75 Pitches	.256	2797	717	128	21	103	291	120	484	.289	.428
Starter	3.79	63	42	0	150	150	950.2	957	128	172	626	Pitch 76-90	.267	479	128	25	1	12	46	31	80	.317	.399
Reliever	0.00	0	0	0	2	0	5.2	3	0	0	7	Pitch 91-105	.300	297	89	21	1	9	35	18	54	.346	.468
0-3 Days Rest (Start)	3.79	1	1	0	4	4	19.0	22	3	4	10	Pitch 106+	.289	90	26	5	0	4	17	3	15	.312	.478
4 Days Rest	4.12	25	22	0	64	64	402.1	413	55	72	276	First Pitch	.347	556	193	29	6	32	87	12	0	.364	.594
5+ Days Rest	3.54	37	19	0	82	82	529.1	522	70	96	340	Ahead in Count	.209	1792	375	72	6	38	131	0	559	.213	.320
vs. AL	4.92	10	9	0	27	27	159.0	186	35	39	106	Behind in Count	.319	661	211	40	4	35	90	67	0	.380	.551
vs. NL	3.53	53	33	0	125	123	797.1	774	93	133	527	Two Strikes	.201	1685	338	67	9	39	127	93	633	.245	.320
Pre-All Star	3.56	32	18	0	83	83	531.1	508	64	95	355	Pre-All Star	.253	2010	508	97	15	64	205	95	355	.289	.411
Post-All Star	4.02	31	24	0	69	69	425.0	452	64	77	278	Post-All Star	.273	1653	452	82	8	64	184	77	278	.308	.449

Steve Reed — Braves
Age 36 – Pitches Right

	ERA	W	L	Sv	G	GS	IP	BB	SO	Avg	H	2B	3B	HR	RBI	OBP	SLG	GF	IR	IRS	Hld	SvOp	SB	CS	GB	FB	G/F
2001 Season	3.55	3	3	1	70	0	58.1	23	46	.236	52	8	3	6	24	.316	.382	14	49	9	11	2	5	3	66	76	0.87
Last Five Years	3.81	16	14	8	323	0	318.2	118	245	.239	284	47	3	41	169	.314	.387	87	214	56	59	25	16	12	400	362	1.10

2001 Season

	ERA	W	L	Sv	G	GS	IP	H	HR	BB	SO		Avg	AB	H	2B	3B	HR	RBI	BB	SO	OBP	SLG
Home	3.30	2	1	0	35	0	30.0	26	3	18	24	vs. Left	.519	52	27	3	1	5	13	14	4	.629	.904
Away	3.81	1	2	1	35	0	28.1	26	3	5	22	vs. Right	.149	168	25	5	2	1	11	9	42	.192	.220
Day	2.81	2	1	0	19	0	16.0	15	1	7	10	Inning 1-6	.190	58	11	0	1	4	8	2	14	.230	.431
Night	3.83	1	2	1	51	0	42.1	37	5	16	36	Inning 7+	.253	162	41	8	2	2	16	21	32	.344	.364
Grass	3.36	3	3	1	64	0	56.1	46	6	23	44	None on	.226	115	26	4	2	4	4	11	25	.305	.400
Turf	9.00	0	0	0	6	0	2.0	6	0	0	2	Runners on	.248	105	26	4	1	2	20	12	21	.328	.362
April	1.59	1	1	0	9	0	11.1	4	0	4	7	Scoring Posn	.191	68	13	3	0	0	15	11	13	.300	.235
May	6.52	0	0	0	14	0	9.2	15	1	4	10	Close & Late	.302	43	13	2	1	0	5	8	10	.412	.395
June	1.86	2	0	0	12	0	9.2	6	2	3	7	None on/out	.264	53	14	0	2	4	4	1	10	.278	.566

2001 Season

	ERA	W	L	Sv	G	GS	IP	H	HR	BB	SO		Avg	AB	H	2B	3B	HR	RBI	BB	SO	OBP	SLG
July	5.73	0	2	1	13	0	11.0	13	1	6	9	vs. 1st Batr (relief)	.254	67	17	1	2	3	6	3	11	.286	.463
August	3.86	0	0	0	13	0	9.1	9	1	5	10	1st Inning Pitched	.242	194	47	6	3	5	23	19	40	.318	.381
Sept/Oct	1.23	0	0	0	9	0	7.1	5	1	1	3	First 15 Pitches	.231	169	39	4	3	4	16	14	33	.296	.361
Starter	0.00	0	0	0	0	0	0.0	0	0	0	0	Pitch 16-30	.283	46	13	4	0	2	8	9	12	.411	.500
Reliever	3.55	3	3	1	70	0	58.1	52	6	23	46	Pitch 31-45	.000	5	0	0	0	0	0	0	1	.000	.000
0 Days Rest (Relief)	2.87	1	1	0	17	0	15.2	11	2	6	11	Pitch 46+	.000	0	0	0	0	0	0	0	0	.000	.000
1 or 2 Days Rest	2.25	2	0	1	38	0	32.0	24	3	10	26	First Pitch	.273	22	6	0	0	2	4	0	0	.393	.273
3+ Days Rest	8.44	0	2	0	15	0	10.2	17	1	7	9	Ahead in Count	.171	129	22	5	0	3	10	0	40	.183	.279
vs. AL	3.67	1	1	0	31	0	27.0	21	3	9	22	Behind in Count	.406	32	13	2	2	2	8	7	0	.513	.781
vs. NL	3.45	2	2	1	39	0	31.1	31	3	14	24	Two Strikes	.152	125	19	4	0	3	7	12	46	.232	.256
Pre-All Star	2.80	3	1	0	39	0	35.1	25	3	14	29	Pre-All Star	.195	128	25	4	2	3	14	14	29	.285	.328
Post-All Star	4.70	0	2	1	31	0	23.0	27	3	9	17	Post-All Star	.293	92	27	4	1	3	10	9	17	.359	.457

Last Five Years

	ERA	W	L	Sv	G	GS	IP	H	HR	BB	SO		Avg	AB	H	2B	3B	HR	RBI	BB	SO	OBP	SLG
Home	3.94	10	6	4	159	0	155.1	138	24	55	116	vs. Left	.276	402	111	17	1	26	73	66	62	.387	.517
Away	3.69	6	8	4	164	0	163.1	146	17	63	129	vs. Right	.220	788	173	30	2	15	96	52	183	.274	.320
Day	3.29	7	3	5	112	0	109.1	89	11	45	93	Inning 1-6	.215	158	34	3	1	7	25	14	34	.283	.380
Night	4.08	9	11	3	211	0	209.1	195	30	73	152	Inning 7+	.242	1032	250	44	2	34	144	104	211	.319	.388
Grass	3.53	13	9	8	273	0	270.0	234	37	92	205	None on	.230	626	144	17	2	21	21	60	133	.306	.364
Turf	5.36	3	5	0	50	0	48.2	50	4	26	4	Runners on	.248	564	140	30	1	20	148	58	112	.323	.411
March/April	2.44	3	1	0	51	0	55.1	41	5	21	37	Scoring Posn	.246	334	82	25	0	10	126	42	64	.330	.410
May	4.20	2	2	7	62	0	55.2	51	9	24	50	Close & Late	.260	435	113	21	1	15	69	48	86	.341	.416
June	4.08	5	2	0	55	0	53.0	55	10	19	41	None on/out	.216	268	58	4	2	12	12	24	49	.283	.381
July	3.30	2	4	1	60	0	60.0	50	6	21	49	vs. 1st Batr (relief)	.259	293	76	7	2	12	42	23	47	.317	.420
August	4.63	3	3	0	56	0	58.1	51	6	22	47	1st Inning Pitched	.250	979	245	39	3	33	150	95	196	.324	.397
Sept/Oct	4.46	1	2	0	39	0	36.1	36	5	11	21	First 15 Pitches	.246	835	205	30	3	27	112	81	158	.318	.386
Starter	0.00	0	0	0	0	0	0.0	0	0	0	0	Pitch 16-30	.230	322	74	16	0	13	49	35	79	.315	.401
Reliever	3.81	16	14	8	323	0	318.2	284	41	118	245	Pitch 31-45	.156	32	5	1	0	1	8	2	8	.206	.281
0 Days Rest (Relief)	3.82	4	3	2	75	0	73.0	71	10	26	49	Pitch 46+	.000	1	0	0	0	0	0	0	0	.000	.000
1 or 2 Days Rest	3.08	9	5	6	168	0	166.1	133	16	64	141	First Pitch	.303	155	47	5	0	6	30	16	0	.380	.452
3+ Days Rest	5.33	3	6	0	80	0	79.1	80	15	28	55	Ahead in Count	.183	616	113	20	0	13	64	0	215	.193	.279
vs. AL	4.59	8	6	0	166	0	166.2	166	25	57	122	Behind in Count	.317	202	64	10	2	11	37	50	0	.453	.550
vs. NL	2.96	8	8	8	157	0	152.0	118	16	61	123	Two Strikes	.167	594	99	23	0	13	58	52	245	.242	.271
Pre-All Star	3.57	10	6	7	188	0	181.1	161	26	73	142	Pre-All Star	.237	680	161	28	2	26	100	73	142	.318	.399
Post-All Star	4.13	6	8	1	135	0	137.1	123	15	45	103	Post-All Star	.241	510	123	19	1	15	69	45	103	.309	.371

Pokey Reese — Reds

Age 29 – Bats Right (flyball hitter)

	Avg	G	AB	R	H	2B	3B	HR	RBI	BB	SO	HBP	GDP	SB	CS	OBP	SLG	IBB	SH	SF	#Pit	#P/PA	GB	FB	G/F
2001 Season	.224	133	428	50	96	20	2	9	40	34	82	3	7	25	4	.284	.343	4	5	4	1886	3.98	130	151	0.86
Career (1997-2001)	.250	604	2061	279	516	94	15	36	180	159	359	20	28	120	23	.308	.363	15	19	16	8897	3.91	679	687	0.99

2001 Season

	Avg	AB	H	2B	3B	HR	RBI	BB	SO	OBP	SLG		Avg	AB	H	2B	3B	HR	RBI	BB	SO	OBP	SLG
vs. Left	.226	93	21	4	0	3	11	6	18	.273	.366	First Pitch	.276	29	8	2	0	2	5	2	0	.344	.552
vs. Right	.224	335	75	16	2	6	29	28	64	.286	.337	Ahead in Count	.378	82	31	5	1	2	15	19	0	.485	.537
Home	.251	211	53	9	0	4	17	16	28	.304	.351	Behind in Count	.162	228	37	8	1	3	12	0	71	.165	.246
Away	.198	217	43	11	2	5	23	18	54	.264	.336	Two Strikes	.142	232	33	7	1	3	11	13	82	.190	.220
Day	.298	131	39	7	0	2	15	8	23	.343	.397	Batting #7	.252	147	37	7	0	1	13	8	23	.289	.320
Night	.192	297	57	13	2	7	25	26	59	.258	.320	Batting #8	.231	121	28	5	2	4	14	17	26	.329	.405
Grass	.226	412	93	20	2	9	40	34	79	.287	.350	Other	.194	160	31	8	0	4	13	9	33	.241	.319
Turf	.188	16	3	0	0	0	0	0	3	.188	.188	April	.286	77	22	6	0	1	8	3	15	.325	.403
Pre-All Star	.224	255	57	8	2	6	24	23	53	.290	.341	May	.234	64	15	2	0	1	5	7	12	.306	.313
Post-All Star	.225	173	39	12	0	3	16	11	29	.274	.347	June	.176	91	16	0	2	4	11	12	21	.269	.352
Inning 1-6	.221	280	62	14	2	7	33	18	44	.273	.361	July	.205	83	17	5	0	0	5	7	18	.267	.265
Inning 7+	.230	148	34	6	0	2	7	16	38	.303	.311	August	.244	78	19	6	0	3	9	4	14	.289	.436
Scoring Posn	.212	85	18	4	1	3	33	20	18	.349	.388	Sept/Oct	.200	35	7	1	0	0	2	1	2	.216	.229
Close & Late	.213	75	16	2	0	0	3	20	.244	.240	vs. AL	.204	54	11	1	0	0	3	12	.246	.222
None on/out	.169	136	23	6	1	2	2	6	.210	.272	vs. NL	.227	374	85	19	2	9	37	31	70	.289	.361

2001 By Position

Position	Avg	AB	H	2B	3B	HR	RBI	BB	SO	OBP	SLG	G	GS	Innings	PO	A	E	DP	Fld Pct	Rng Fctr	In Zone	Zone Outs	Zone Rtg	MLB Zone
As 2b	.246	167	41	6	2	4	16	11	36	.297	.377	51	46	406.2	101	141	5	28	.980	5.36	159	138	.868	.824
As ss	.211	256	54	13	0	5	24	23	44	.277	.320	78	70	621.1	117	224	10	34	.972	4.94	259	220	.849	.839

Career (1997-2001)

	Avg	AB	H	2B	3B	HR	RBI	BB	SO	OBP	SLG		Avg	AB	H	2B	3B	HR	RBI	BB	SO	OBP	SLG
vs. Left	.239	465	111	23	3	8	40	45	90	.311	.353	First Pitch	.372	148	55	7	1	5	20	12	0	.424	.534
vs. Right	.254	1596	405	71	12	28	140	114	269	.307	.366	Ahead in Count	.294	452	133	22	3	14	59	89	0	.409	.449
Home	.261	979	256	35	6	15	92	76	140	.317	.355	Behind in Count	.213	1033	220	45	7	10	64	0	302	.219	.299
Away	.240	1082	260	59	9	21	88	83	219	.300	.370	Two Strikes	.180	1023	184	35	8	12	64	58	359	.229	.265
Day	.270	748	202	42	4	11	70	44	143	.316	.381	Batting #1	.255	964	246	49	10	17	71	75	159	.313	.380
Night	.239	1313	314	52	11	25	110	115	216	.304	.353	Batting #8	.265	630	167	22	4	10	69	55	111	.330	.379
Grass	.236	1058	250	55	7	23	87	78	198	.294	.367	Other	.221	467	103	23	1	5	40	29	89	.267	.306
Turf	.265	1003	266	39	8	13	93	81	161	.323	.359	March/April	.296	277	82	16	1	4	26	17	55	.349	.404

	Career (1997-2001)

	Avg	AB	H	2B	3B	HR	RBI	BB	SO	OBP	SLG		Avg	AB	H	2B	3B	HR	RBI	BB	SO	OBP	SLG
Pre-All Star	.261	1135	296	49	13	20	107	85	210	.315	.380	May	.258	330	85	15	5	4	29	28	57	.313	.370
Post-All Star	.238	926	220	45	2	16	73	74	149	.299	.342	June	.235	396	93	10	6	11	38	33	75	.294	.374
Inning 1-6	.253	1390	351	73	10	25	119	98	201	.306	.373	July	.241	395	95	18	2	5	37	29	68	.296	.334
Inning 7+	.246	671	165	21	5	11	61	61	158	.313	.341	August	.246	346	85	23	0	6	30	21	53	.292	.364
Scoring Posn	.219	452	99	18	3	9	146	63	81	.308	.332	Sept/Oct	.240	317	76	12	1	6	20	31	51	.313	.341
Close & Late	.226	336	76	7	1	6	27	23	84	.280	.307	vs. AL	.254	240	61	10	0	5	33	18	35	.305	.358
None on/out	.239	662	158	29	8	11	11	40	111	.289	.356	vs. NL	.250	1821	455	84	15	31	147	141	324	.308	.364

Dan Reichert — Royals
Age 25 – Pitches Right (groundball pitcher)

	ERA	W	L	Sv	G	GS	IP	BB	SO	Avg	H	2B	3B	HR	RBI	OBP	SLG	CG	ShO	Sup	QS	#P/S	SB	CS	GB	FB	G/F
2001 Season	5.63	8	8	0	27	19	123.0	67	77	.278	131	19	4	14	74	.374	.424	0	0	6.44	8	91	8	2	226	94	2.40
Career (1999-2001)	5.58	18	20	2	79	45	313.0	190	191	.280	336	46	8	31	179	.383	.410	1	1	5.72	18	94	23	6	577	229	2.52

2001 Season

	ERA	W	L	Sv	G	GS	IP	H	HR	BB	SO		Avg	AB	H	2B	3B	HR	RBI	BB	SO	OBP	SLG
Home	6.79	3	5	0	14	10	63.2	67	7	32	42	vs. Left	.309	246	76	16	3	9	44	38	30	.404	.508
Away	4.40	5	3	0	13	9	59.1	64	7	35	35	vs. Right	.243	226	55	3	1	5	30	29	47	.341	.332
Starter	5.66	8	8	0	19	19	109.2	121	13	58	67	Scoring Posn	.288	132	38	8	1	5	62	16	16	.364	.477
Reliever	5.40	0	0	0	8	0	13.1	10	1	9	10	Close & Late	.238	21	5	1	0	0	2	0	5	.238	.286
0-3 Days Rest (Start)	0.00	0	0	0	0	0	0.0	0	0	0	0	None on/out	.313	112	35	4	1	5	5	19	18	.425	.500
4 Days Rest	7.61	2	5	0	9	9	47.1	63	5	29	25	First Pitch	.224	76	17	3	0	3	10	2	0	.244	.382
5+ Days Rest	4.19	6	3	0	10	10	62.1	58	8	29	42	Ahead in Count	.224	196	44	3	2	4	19	0	67	.234	.321
Pre-All Star	5.16	7	7	0	18	17	103.0	110	13	54	61	Behind in Count	.364	132	48	9	1	6	37	42	0	.525	.583
Post-All Star	8.10	1	1	0	9	2	20.0	21	1	13	16	Two Strikes	.201	179	36	3	0	2	9	23	77	.291	.251

Career (1999-2001)

	ERA	W	L	Sv	G	GS	IP	H	HR	BB	SO		Avg	AB	H	2B	3B	HR	RBI	BB	SO	OBP	SLG
Home	6.27	7	12	0	37	21	146.1	149	15	80	96	vs. Left	.296	614	182	35	7	16	100	103	84	.401	.454
Away	4.97	11	8	2	42	24	166.2	187	16	110	95	vs. Right	.263	585	154	11	1	15	79	87	107	.364	.362
Day	5.27	6	4	0	27	14	95.2	105	8	61	54	Inning 1-6	.290	960	278	42	7	24	149	153	133	.391	.423
Night	5.71	12	16	1	52	31	217.1	231	23	129	137	Inning 7+	.243	239	58	4	1	7	30	37	58	.352	.356
Grass	5.80	16	19	1	70	40	274.2	298	26	167	171	None on	.286	587	168	26	3	15	15	105	97	.402	.417
Turf	3.99	2	1	1	9	5	38.1	38	3	23	20	Runners on	.275	612	168	20	5	16	164	85	94	.364	.402
March/April	3.09	4	1	0	14	5	46.2	35	3	23	35	Scoring Posn	.294	340	100	14	3	11	149	51	52	.382	.450
May	4.63	4	6	0	16	6	56.1	60	5	35	34	Close & Late	.258	132	34	2	0	4	21	21	34	.363	.364
June	5.28	2	4	2	13	6	44.1	46	7	23	27	None on/out	.287	272	78	12	1	8	8	57	45	.421	.426
July	9.41	3	3	0	13	12	58.1	78	6	46	35	vs. 1st Batr (relief)	.111	27	3	0	0	0	2	4	9	.265	.111
August	3.98	5	2	0	10	10	63.1	63	4	32	38	1st Inning Pitched	.254	283	72	6	0	10	41	53	53	.380	.382
Sept/Oct	6.95	0	4	0	13	6	44.0	54	6	31	22	First 75 Pitches	.283	959	271	38	7	23	147	157	146	.390	.409
Starter	5.79	15	16	0	45	45	255.0	284	27	153	146	Pitch 76-90	.295	132	39	6	1	4	17	15	17	.362	.447
Reliever	4.66	3	4	2	34	0	58.0	52	4	37	45	Pitch 91-105	.260	77	20	2	0	2	12	9	20	.333	.364
0-3 Days Rest (Start)	10.38	0	0	0	1	1	4.1	6	0	4	5	Pitch 106+	.194	31	6	0	0	2	3	9	8	.375	.387
4 Days Rest	5.49	6	8	0	21	21	121.1	139	10	74	70	First Pitch	.257	175	45	4	0	6	30	3	0	.276	.383
5+ Days Rest	5.91	9	8	0	23	23	129.1	139	17	75	71	Ahead in Count	.235	506	119	13	4	7	51	0	159	.238	.318
vs. AL	5.20	16	17	1	67	38	275.0	287	26	158	163	Behind in Count	.363	306	111	17	2	10	66	136	0	.564	.529
vs. NL	8.29	2	3	1	12	7	38.0	49	5	32	28	Two Strikes	.229	503	115	14	1	11	57	51	191	.298	.326
Pre-All Star	4.78	10	12	2	47	20	165.2	167	18	88	108	Pre-All Star	.266	628	167	16	4	18	91	88	108	.362	.390
Post-All Star	6.48	8	8	0	32	25	147.1	169	13	102	83	Post-All Star	.296	571	169	30	4	13	88	102	83	.405	.431

Brian Reith — Reds
Age 24 – Pitches Right (flyball pitcher)

	ERA	W	L	Sv	G	GS	IP	BB	SO	Avg	H	2B	3B	HR	RBI	OBP	SLG	CG	ShO	Sup	QS	#P/S	SB	CS	GB	FB	G/F
2001 Season	7.81	0	7	0	9	8	40.1	16	22	.333	56	15	0	13	32	.394	.655	0	0	2.68	1	86	6	3	57	70	0.81

2001 Season

	ERA	W	L	Sv	G	GS	IP	H	HR	BB	SO		Avg	AB	H	2B	3B	HR	RBI	BB	SO	OBP	SLG
Home	5.65	0	5	0	6	5	28.2	37	8	9	12	vs. Left	.324	71	23	6	0	5	14	10	8	.422	.620
Away	13.11	0	2	0	3	3	11.2	19	5	7	10	vs. Right	.340	97	33	9	0	8	18	6	14	.371	.680

Chris Reitsma — Reds
Age 24 – Pitches Right

	ERA	W	L	Sv	G	GS	IP	BB	SO	Avg	H	2B	3B	HR	RBI	OBP	SLG	CG	ShO	Sup	QS	#P/S	SB	CS	GB	FB	G/F
2001 Season	5.29	7	15	0	36	29	182.0	49	96	.288	209	54	4	23	110	.334	.469	0	0	5.14	16	91	7	5	255	243	1.05

2001 Season

	ERA	W	L	Sv	G	GS	IP	H	HR	BB	SO		Avg	AB	H	2B	3B	HR	RBI	BB	SO	OBP	SLG
Home	5.15	3	10	0	19	15	94.1	101	11	31	49	vs. Left	.279	330	92	25	3	10	45	25	53	.328	.464
Away	5.44	4	5	0	17	14	87.2	108	12	18	47	vs. Right	.296	395	117	29	1	13	65	24	43	.340	.473
Day	3.35	5	3	0	13	7	51.0	54	5	13	30	Inning 1-6	.282	625	176	49	4	17	96	43	83	.327	.454
Night	6.05	2	12	0	23	22	131.0	155	18	36	66	Inning 7+	.330	100	33	5	0	6	14	6	13	.380	.560
Grass	5.50	6	15	0	34	27	167.0	197	22	47	90	None on	.266	428	114	27	4	14	14	22	52	.310	.446
Turf	3.00	1	0	0	2	2	15.0	12	1	2	6	Runners on	.320	297	95	27	0	9	96	27	44	.367	.502
April	3.00	2	1	0	5	5	30.0	30	1	7	17	Scoring Posn	.330	179	59	15	0	6	84	18	28	.376	.514
May	5.06	0	4	0	6	6	37.1	43	4	13	19	Close & Late	.343	35	12	3	0	2	5	5	4	.425	.600
June	4.55	2	1	0	5	5	31.2	35	6	7	13	None on/out	.283	184	52	14	1	7	7	11	24	.327	.484
July	6.11	1	4	0	6	5	28.0	38	2	9	15	vs. 1st Batr (relief)	.000	6	0	0	0	0	0	1	2	.143	.000
August	4.95	2	3	0	6	6	40.0	40	7	6	19	1st Inning Pitched	.283	138	39	7	0	5	22	7	20	.315	.442

2001 Season

	ERA	W	L	Sv	G	GS	IP	H	HR	BB	SO		Avg	AB	H	2B	3B	HR	RBI	BB	SO	OBP	SLG
Sept/Oct	11.40	0	2	0	8	2	15.0	23	3	7	13	First 75 Pitches	.279	578	161	41	3	18	88	40	84	.323	.453
Starter	5.25	6	15	0	29	29	173.0	201	21	46	85	Pitch 76-90	.359	78	28	7	1	1	11	3	6	.390	.513
Reliever	6.00	1	0	0	7	0	9.0	8	2	3	11	Pitch 91-105	.283	53	15	4	0	2	6	4	6	.356	.472
0-3 Days Rest (Start)	0.00	0	0	0	0	0	0.0	0	0	0	0	Pitch 106+	.313	16	5	2	0	2	5	2	0	.389	.813
4 Days Rest	4.82	5	9	0	17	17	102.2	119	11	23	45	First Pitch	.384	125	48	13	0	9	35	3	0	.395	.704
5+ Days Rest	5.89	1	6	0	12	12	70.1	82	10	23	40	Ahead in Count	.234	346	81	16	1	8	34	0	84	.244	.355
vs. AL	5.19	1	2	0	4	4	26.0	32	4	8	8	Behind in Count	.341	129	44	12	1	5	27	28	0	.447	.566
vs. NL	5.31	6	13	0	32	25	156.0	177	19	41	88	Two Strikes	.241	319	77	19	0	8	39	18	96	.287	.376
Pre-All Star	4.20	4	7	0	18	18	111.1	122	11	31	54	Pre-All Star	.281	434	122	36	4	11	56	31	54	.329	.459
Post-All Star	7.00	3	8	0	18	11	70.2	87	12	18	42	Post-All Star	.299	291	87	18	0	12	54	18	42	.342	.485

Bryan Rekar — Devil Rays   Age 30 – Pitches Right

	ERA	W	L	Sv	G	GS	IP	BB	SO	Avg	H	2B	3B	HR	RBI	OBP	SLG	CG	ShO	Sup	QS	#P/S	SB	CS	GB	FB	G/F
2001 Season	5.89	3	13	0	25	25	140.2	45	87	.294	167	44	4	21	94	.348	.496	0	0	3.39	9	95	8	4	212	181	1.17
Last Five Years	5.21	19	37	0	100	81	504.2	152	296	.295	594	120	15	76	298	.345	.482	3	0	5.06	31	94	21	16	782	603	1.30

2001 Season

	ERA	W	L	Sv	G	GS	IP	H	HR	BB	SO		Avg	AB	H	2B	3B	HR	RBI	BB	SO	OBP	SLG
Home	4.92	2	7	0	14	14	78.2	87	8	19	47	vs. Left	.298	312	93	26	2	9	52	24	40	.348	.481
Away	7.11	1	6	0	11	11	62.0	80	13	26	40	vs. Right	.289	256	74	18	2	12	42	21	47	.349	.516
Starter	5.89	3	13	0	25	25	140.2	167	21	45	87	Scoring Posn	.290	155	45	14	0	4	68	12	21	.331	.458
Reliever	0.00	0	0	0	0	0	0.0	0	0	0	0	Close & Late	.310	29	9	3	1	1	4	2	4	.382	.586
0-3 Days Rest (Start)	0.00	0	0	0	0	0	0.0	0	0	0	0	None on/out	.289	142	41	13	2	4	4	10	22	.340	.493
4 Days Rest	6.04	0	7	0	14	14	76.0	94	10	24	51	First Pitch	.315	73	23	9	0	4	19	2	0	.329	.603
5+ Days Rest	5.71	3	6	0	11	11	64.2	73	11	21	36	Ahead in Count	.250	252	63	13	0	6	34	0	67	.264	.373
Pre-All Star	5.53	1	10	0	18	18	107.1	127	11	30	73	Behind in Count	.398	118	47	14	0	9	23	21	0	.486	.746
Post-All Star	7.02	2	3	0	7	7	33.1	40	10	15	14	Two Strikes	.184	244	45	8	1	3	26	22	87	.262	.262

Last Five Years

	ERA	W	L	Sv	G	GS	IP	H	HR	BB	SO		Avg	AB	H	2B	3B	HR	RBI	BB	SO	OBP	SLG
Home	4.56	10	18	0	53	44	280.1	321	39	66	148	vs. Left	.300	1046	314	65	10	31	151	86	133	.352	.470
Away	6.02	9	19	0	47	37	224.1	273	37	86	148	vs. Right	.289	970	280	55	5	45	147	66	163	.338	.495
Day	5.51	2	12	0	35	27	150.1	185	20	50	87	Inning 1-6	.293	1813	531	107	11	70	273	139	268	.345	.480
Night	5.08	17	25	0	65	54	354.1	409	56	102	209	Inning 7+	.310	203	63	13	4	6	25	13	28	.348	.502
Grass	6.50	6	16	0	36	27	160.2	201	33	65	113	None on	.294	1137	334	66	9	43	43	91	170	.351	.481
Turf	4.60	13	21	0	64	54	344.0	393	43	87	183	Runners on	.296	879	260	54	6	33	255	61	126	.337	.484
March/April	5.12	2	4	0	9	8	45.2	53	7	16	28	Scoring Posn	.297	495	147	27	5	18	219	38	77	.333	.481
May	5.12	3	6	0	21	11	84.1	106	10	32	52	Close & Late	.386	88	34	5	3	4	16	4	10	.417	.648
June	4.97	4	6	0	20	19	116.0	134	16	28	66	None on/out	.277	505	140	32	6	16	16	32	73	.324	.459
July	6.26	4	9	0	19	15	83.1	103	13	26	44	vs. 1st Batr (relief)	.267	15	4	2	0	0	3	2	2	.353	.400
August	5.59	1	9	0	16	14	93.1	122	21	21	57	1st Inning Pitched	.273	377	103	15	4	11	55	29	53	.326	.422
Sept/Oct	4.17	5	3	0	15	14	82.0	76	9	29	49	First 75 Pitches	.295	1527	450	89	11	55	214	112	216	.345	.475
Starter	5.25	17	36	0	81	81	464.1	553	70	130	267	Pitch 76-90	.299	271	81	21	1	13	51	26	43	.359	.528
Reliever	4.69	2	1	0	19	0	40.1	41	6	22	29	Pitch 91-105	.275	171	47	7	2	6	27	8	31	.305	.444
0-3 Days Rest (Start)	8.31	0	3	0	4	4	13.0	22	4	7	7	Pitch 106+	.340	47	16	3	1	2	6	6	6	.400	.574
4 Days Rest	4.90	9	20	0	48	48	283.0	326	34	76	161	First Pitch	.349	275	96	20	1	12	55	3	0	.352	.560
5+ Days Rest	5.61	8	13	0	29	29	168.1	205	32	47	99	Ahead in Count	.265	864	229	41	4	24	108	0	230	.276	.405
vs. AL	5.00	16	33	0	87	70	443.0	515	65	133	254	Behind in Count	.327	446	146	38	3	26	82	70	0	.412	.601
vs. NL	6.71	3	4	0	13	11	61.2	79	11	19	42	Two Strikes	.241	873	210	34	5	21	96	79	296	.308	.363
Pre-All Star	5.08	11	18	0	54	42	266.0	321	35	79	157	Pre-All Star	.297	1081	321	72	9	35	154	79	157	.347	.477
Post-All Star	5.35	8	19	0	46	39	238.2	273	41	73	139	Post-All Star	.292	935	273	48	6	41	144	73	139	.343	.488

Desi Relaford — Mets   Age 28 – Bats Both

	Avg	G	AB	R	H	2B	3B	HR	RBI	BB	SO	HBP	GDP	SB	CS	OBP	SLG	IBB	SH	SF	#Pit	#P/PA	GB	FB	G/F
2001 Season	.302	120	301	43	91	27	0	8	36	27	65	5	4	13	5	.364	.472	1	2	5	1315	3.87	93	92	1.01
Last Five Years	.246	470	1454	177	358	78	10	19	155	159	263	26	28	42	13	.329	.353	14	22	13	6232	3.72	498	409	1.22

2001 Season

	Avg	AB	H	2B	3B	HR	RBI	BB	SO	OBP	SLG		Avg	AB	H	2B	3B	HR	RBI	BB	SO	OBP	SLG
vs. Left	.240	50	12	4	0	1	3	5	13	.309	.380	First Pitch	.439	41	18	4	0	0	5	0	0	.432	.537
vs. Right	.315	251	79	23	0	7	33	22	52	.375	.490	Ahead in Count	.370	54	20	7	0	2	6	14	0	.486	.611
Home	.270	141	38	12	0	4	12	14	30	.348	.440	Behind in Count	.227	141	32	9	0	4	13	10	53	.241	.376
Away	.331	160	53	15	0	4	24	13	35	.378	.500	Two Strikes	.190	147	28	10	0	3	15	13	65	.268	.320
Day	.275	138	38	10	0	3	9	11	29	.346	.413	Batting #2	.293	133	39	8	0	2	7	12	27	.352	.398
Night	.325	163	53	17	0	5	27	16	36	.397	.521	Batting #7	.317	82	26	7	0	3	14	4	14	.360	.512
Grass	.291	268	78	22	0	7	28	26	59	.359	.451	Other	.302	86	26	12	0	3	15	11	24	.385	.547
Turf	.394	33	13	5	0	1	8	1	6	.405	.636	April	.357	28	10	1	0	1	2	6	5	.419	.500
Pre-All Star	.295	176	52	13	0	4	17	16	43	.360	.438	May	.260	50	13	4	0	2	6	6	14	.351	.460
Post-All Star	.312	125	39	14	0	4	19	11	22	.369	.520	June	.280	82	23	6	0	1	9	4	19	.315	.390
Inning 1-6	.283	184	52	18	0	6	25	16	34	.341	.478	July	.380	50	19	6	0	0	2	6	9	.446	.500
Inning 7+	.333	117	39	9	0	2	11	11	31	.398	.462	August	.268	41	11	5	0	1	4	7	6	.367	.463
Scoring Posn	.254	63	16	8	0	2	24	8	16	.333	.381	Sept/Oct	.300	50	15	3	0	3	13	2	12	.315	.580
Close & Late	.359	64	23	4	0	2	6	5	15	.417	.516	vs. AL	.324	34	11	2	0	2	4	6	6	.395	.382
None on/out	.254	67	17	6	0	1	1	7	11	.333	.388	vs. NL	.300	267	80	25	0	8	34	23	59	.360	.483

363

2001 By Position

Position	Avg	AB	H	2B	3B	HR	RBI	BB	SO	OBP	SLG	G	GS	Innings	PO	A	E	DP	Fld Pct	Rng Fctr	In Zone	Zone Outs	Zone Rtg	MLB Zone
As Pinch Hitter	.160	25	4	1	0	0	0	3	9	.323	.200	31	0	—										
As 2b	.318	170	54	12	0	3	18	13	33	.366	.441	54	42	400.1	85	105	6	24	.969	4.27	119	95	.798	.824
As 3b	.383	47	18	5	0	2	6	8	7	.474	.617	20	13	120.0	10	21	2	0	.939	2.33	30	21	.700	.761
As ss	.241	58	14	9	0	3	12	3	16	.270	.552	25	14	134.0	20	48	3	7	.958	4.57	61	51	.836	.839

Last Five Years

	Avg	AB	H	2B	3B	HR	RBI	BB	SO	OBP	SLG		Avg	AB	H	2B	3B	HR	RBI	BB	SO	OBP	SLG
vs. Left	.230	330	76	15	3	4	30	44	66	.324	.330	First Pitch	.326	184	60	11	1	1	33	12	0	.366	.413
vs. Right	.251	1124	282	63	7	15	125	115	197	.330	.359	Ahead in Count	.337	270	91	21	5	6	39	82	0	.488	.519
Home	.243	728	177	35	5	8	75	76	140	.327	.338	Behind in Count	.166	682	113	23	1	8	40	0	217	.189	.238
Away	.249	726	181	43	5	11	80	83	123	.331	.368	Two Strikes	.160	675	108	25	3	7	48	65	263	.246	.237
Day	.253	446	113	28	3	5	46	39	76	.319	.363	Batting #2	.215	325	70	10	0	4	22	30	59	.289	.283
Night	.243	1008	245	50	7	14	109	120	187	.333	.348	Batting #8	.247	898	222	47	10	11	98	103	155	.332	.359
Grass	.237	775	184	43	4	12	80	92	143	.326	.350	Other	.286	231	66	21	0	4	35	26	49	.368	.429
Turf	.256	679	174	35	6	7	75	67	120	.332	.356	March/April	.289	194	56	10	1	4	23	25	29	.379	.412
Pre-All Star	.272	809	220	47	6	12	93	94	156	.360	.389	May	.269	301	81	18	3	6	40	31	57	.347	.409
Post-All Star	.214	645	138	31	4	7	62	65	107	.289	.307	June	.265	257	68	15	2	1	26	30	55	.357	.350
Inning 1-6	.245	933	229	48	4	14	112	92	159	.322	.350	July	.227	198	45	12	0	1	13	18	40	.300	.303
Inning 7+	.248	521	129	30	6	5	43	67	104	.341	.357	August	.234	201	47	9	0	2	16	28	32	.323	.308
Scoring Posn	.271	340	92	22	5	1	126	47	61	.359	.374	Sept/Oct	.201	303	61	14	4	5	37	27	50	.270	.323
Close & Late	.268	276	74	14	5	3	25	31	56	.349	.388	vs. AL	.273	150	41	7	1	0	10	18	28	.363	.333
None on/out	.241	332	80	18	1	3	3	36	55	.328	.328	vs. NL	.243	1304	317	71	9	19	145	141	235	.325	.355

Mike Remlinger — Braves
Age 36 – Pitches Left

	ERA	W	L	Sv	G	GS	IP	BB	SO	Avg	H	2B	3B	HR	RBI	OBP	SLG	GF	IR	IRS	Hld	SvOp	SB	CS	GB	FB	G/F
2001 Season	2.76	3	3	1	74	0	75.0	23	93	.234	67	8	3	9	30	.296	.378	6	36	13	31	5	1	2	71	78	0.91
Last Five Years	3.78	34	30	16	322	40	519.2	242	535	.235	452	97	5	58	214	.324	.381	48	158	41	89	26	32	17	580	502	1.16

2001 Season

	ERA	W	L	Sv	G	GS	IP	H	HR	BB	SO		Avg	AB	H	2B	3B	HR	RBI	BB	SO	OBP	SLG
Home	3.34	2	2	1	34	0	35.0	34	4	10	46	vs. Left	.322	90	29	5	2	4	17	4	27	.358	.556
Away	2.25	1	1	0	40	0	40.0	33	5	13	47	vs. Right	.194	196	38	3	1	5	13	19	66	.269	.296
Day	1.85	0	2	0	21	0	24.1	23	3	6	30	Inning 1-6	.318	22	7	0	0	2	9	2	8	.375	.591
Night	3.20	3	1	1	53	0	50.2	44	6	17	63	Inning 7+	.227	264	60	8	3	7	21	21	85	.290	.360
Grass	2.62	2	3	1	64	0	65.1	61	8	19	80	None on	.256	168	43	6	0	7	11	57		.309	.417
Turf	3.72	1	0	0	10	0	9.2	6	1	4	13	Runners on	.203	118	24	2	3	2	23	12	36	.277	.322
April	1.84	0	0	0	12	0	14.2	11	2	2	17	Scoring Posn	.233	60	14	1	2	2	21	8	21	.324	.417
May	4.40	2	1	0	13	0	14.1	12	4	7	22	Close & Late	.231	173	40	6	3	4	17	18	56	.307	.370
June	3.38	1	0	0	13	0	16.0	16	2	3	23	None on/out	.183	71	13	2	0	3	3	2	30	.205	.338
July	2.08	0	1	0	15	0	13.0	13	0	5	16	vs. 1st Batr (relief)	.197	71	14	3	1	3	13	3	32	.230	.394
August	2.61	0	1	1	13	0	10.1	11	0	3	10	1st Inning Pitched	.228	246	56	8	2	7	25	18	81	.283	.362
Sept/Oct	1.35	0	0	0	8	0	6.2	4	1	3	5	First 15 Pitches	.246	195	48	8	2	7	24	13	60	.297	.415
Starter	0.00	0	0	0	0	0	0.0	0	0	0	0	Pitch 16-30	.211	76	16	0	0	1	3	9	27	.302	.250
Reliever	2.76	3	3	1	74	0	75.0	67	9	23	93	Pitch 31-45	.200	15	3	0	1	1	3	1	6	.250	.533
0 Days Rest (Relief)	2.57	1	2	1	21	0	21.0	16	3	6	29	Pitch 46+	.000	0	0	0	0	0	0	0	0	.000	.000
1 or 2 Days Rest	3.52	2	1	0	39	0	38.1	38	5	13	49	First Pitch	.172	29	5	1	1	1	3	0		.273	.379
3+ Days Rest	1.15	0	0	0	14	0	15.2	13	1	3	15	Ahead in Count	.179	168	30	3	1	3	5	0	78	.183	.262
vs. AL	4.00	0	0	0	8	0	9.0	8	0	4	16	Behind in Count	.442	43	19	3	0	3	14	9	0	.538	.721
vs. NL	2.59	3	3	1	66	0	66.0	59	9	19	77	Two Strikes	.149	174	26	4	1	2	6	11	93	.204	.218
Pre-All Star	2.88	3	1	0	43	0	50.0	42	8	12	68	Pre-All Star	.222	189	42	3	1	8	21	12	68	.272	.376
Post-All Star	2.52	0	2	1	31	0	25.0	25	1	11	25	Post-All Star	.258	97	25	5	2	1	9	11	25	.339	.381

Last Five Years

	ERA	W	L	Sv	G	GS	IP	H	HR	BB	SO		Avg	AB	H	2B	3B	HR	RBI	BB	SO	OBP	SLG
Home	3.67	19	18	6	167	23	277.1	231	35	126	304	vs. Left	.250	484	121	19	2	14	67	46	116	.327	.384
Away	3.90	15	12	10	155	17	242.1	221	23	116	231	vs. Right	.230	1439	331	78	3	44	147	196	419	.323	.380
Day	3.97	6	13	5	93	11	154.0	139	16	64	157	Inning 1-6	.263	896	236	59	0	31	128	125	234	.333	.433
Night	3.69	28	17	11	229	29	365.2	313	42	178	378	Inning 7+	.210	1027	216	38	5	27	86	117	301	.297	.336
Grass	3.28	20	13	12	217	14	293.1	258	29	129	297	None on	.237	1081	256	58	2	39	39	141	298	.333	.402
Turf	4.41	14	17	4	105	26	226.1	194	29	113	238	Runners on	.233	842	196	39	3	19	175	101	237	.313	.354
March/April	2.34	3	4	4	50	6	80.2	54	4	37	83	Scoring Posn	.246	460	113	22	2	11	151	70	135	.339	.374
May	3.83	4	8	3	64	6	89.1	76	17	47	92	Close & Late	.195	621	121	21	4	14	53	78	195	.291	.309
June	4.04	7	4	2	56	4	84.2	81	10	33	93	None on/out	.203	478	97	25	1	17	17	55	142	.292	.366
July	3.60	2	4	2	47	4	75.0	76	7	38	77	vs. 1st Batr (relief)	.191	262	50	11	1	7	33	16	93	.243	.321
August	4.32	11	7	4	57	9	102.0	96	9	49	104	1st Inning Pitched	.218	1013	221	45	3	28	115	128	303	.311	.351
Sept/Oct	4.30	7	3	1	45	9	88.0	69	11	38	86	First 15 Pitches	.223	816	182	34	3	21	72	88	230	.305	.349
Starter	4.64	13	19	0	40	40	229.0	221	30	111	218	Pitch 16-30	.231	425	98	21	0	16	62	67	128	.339	.393
Reliever	3.10	21	11	16	282	0	290.2	231	28	131	317	Pitch 31-45	.211	190	40	8	2	5	17	31	60	.321	.353
0 Days Rest (Relief)	3.17	6	6	7	88	0	88.0	60	8	43	93	Pitch 46+	.268	492	132	34	0	16	63	56	117	.343	.435
1 or 2 Days Rest	2.88	10	4	8	145	0	146.2	122	15	61	172	First Pitch	.289	211	61	9	1	8	25	14	0	.346	.455
3+ Days Rest	3.54	5	1	1	49	0	56.0	49	5	27	52	Ahead in Count	.192	964	185	35	1	18	73	0	436	.196	.286
vs. AL	4.92	3	3	0	29	5	53.0	53	7	28	53	Behind in Count	.325	338	110	29	2	20	68	117	0	.498	.601
vs. NL	3.65	31	27	16	293	35	466.2	399	51	214	482	Two Strikes	.167	1052	176	35	1	20	85	111	535	.250	.260
Pre-All Star	3.35	15	17	9	180	18	271.1	224	31	120	282	Pre-All Star	.226	993	224	47	2	31	105	120	282	.313	.371
Post-All Star	4.24	19	13	7	142	22	248.1	228	27	122	253	Post-All Star	.245	930	228	50	3	27	109	122	253	.336	.392

Edgar Renteria — Cardinals   Age 26 – Bats Right (groundball hitter)

	Avg	G	AB	R	H	2B	3B	HR	RBI	BB	SO	HBP	GDP	SB	CS	OBP	SLG	IBB	SH	SF	#Pit	#P/PA	GB	FB	G/F
2001 Season	.260	141	493	54	128	19	3	10	57	39	73	3	15	17	4	.314	.371	4	8	6	1940	3.53	194	142	1.37
Last Five Years	.275	732	2774	409	762	126	11	44	279	248	418	14	80	148	62	.334	.376	9	50	30	11204	3.60	1119	716	1.56

2001 Season

	Avg	AB	H	2B	3B	HR	RBI	BB	SO	OBP	SLG		Avg	AB	H	2B	3B	HR	RBI	BB	SO	OBP	SLG
vs. Left	.327	98	32	3	0	3	17	13	14	.398	.449	First Pitch	.265	68	18	3	1	2	12	3	0	.301	.426
vs. Right	.243	395	96	16	3	7	40	26	59	.292	.352	Ahead in Count	.320	100	32	5	1	4	14	21	0	.439	.510
Home	.269	234	63	10	2	3	24	23	26	.332	.368	Behind in Count	.245	245	60	8	1	2	28	0	62	.245	.310
Away	.251	259	65	9	1	7	33	16	47	.298	.375	Two Strikes	.195	220	43	2	1	3	23	15	73	.247	.255
Day	.247	182	45	6	2	4	17	11	34	.289	.368	Batting #6	.319	69	22	1	0	3	11	4	13	.351	.464
Night	.267	311	83	13	1	6	40	28	39	.329	.373	Batting #7	.254	342	87	17	3	5	35	27	49	.311	.365
Grass	.260	473	123	18	3	9	53	37	71	.315	.368	Other	.232	82	19	1	0	2	11	8	11	.297	.317
Turf	.250	20	5	1	0	1	4	2	2	.304	.450	April	.235	81	19	1	0	3	6	5	12	.279	.358
Pre-All Star	.236	246	58	6	1	5	28	18	37	.287	.329	May	.224	67	15	2	0	1	9	4	12	.268	.299
Post-All Star	.283	247	70	13	2	5	29	21	36	.341	.413	June	.218	78	17	3	1	1	9	9	10	.299	.321
Inning 1-6	.257	335	86	13	0	7	36	25	44	.307	.358	July	.276	76	21	2	0	2	9	5	11	.325	.382
Inning 7+	.266	158	42	6	3	3	21	14	29	.330	.399	August	.321	106	34	8	0	3	13	8	18	.371	.481
Scoring Posn	.263	114	30	5	0	3	49	13	18	.323	.386	Sept/Oct	.259	85	22	3	2	0	11	8	10	.309	.341
Close & Late	.286	63	18	3	1	0	7	8	10	.375	.365	vs. AL	.308	52	16	1	0	2	7	4	4	.351	.442
None on/out	.233	116	27	5	0	2	2	9	15	.288	.328	vs. NL	.254	441	112	18	3	8	50	35	69	.310	.363

2001 By Position

Position	Avg	AB	H	2B	3B	HR	RBI	BB	SO	OBP	SLG	G	GS	Innings	PO	A	E	DP	Fld Pct	Rng Fctr	In Zone	Outs	Zone Rtg	MLB Zone
As ss	.257	487	125	19	3	10	55	39	71	.312	.370	137	133	1153.1	207	390	24	85	.961	4.66	449	380	.846	.839

Last Five Years

	Avg	AB	H	2B	3B	HR	RBI	BB	SO	OBP	SLG		Avg	AB	H	2B	3B	HR	RBI	BB	SO	OBP	SLG
vs. Left	.263	596	157	34	4	11	59	88	83	.358	.383	First Pitch	.325	378	123	23	3	9	49	7	0	.338	.474
vs. Right	.278	2178	605	92	9	33	220	160	335	.327	.374	Ahead in Count	.341	583	199	32	4	16	73	140	0	.467	.492
Home	.271	1381	374	60	4	18	123	131	180	.334	.359	Behind in Count	.224	1314	294	44	3	11	111	0	364	.225	.287
Away	.279	1393	388	66	7	26	156	117	238	.334	.392	Two Strikes	.204	1240	253	34	2	10	94	101	418	.264	.259
Day	.272	883	240	41	4	13	80	79	150	.333	.371	Batting #2	.278	1760	490	71	5	26	153	149	271	.335	.369
Night	.276	1891	522	85	7	31	199	169	268	.335	.378	Batting #7	.270	519	140	29	4	8	70	49	71	.333	.387
Grass	.276	2371	655	102	9	40	237	214	344	.337	.377	Other	.267	495	132	26	2	10	56	50	76	.303	.388
Turf	.266	403	107	24	2	4	42	34	74	.319	.365	March/April	.247	433	107	19	1	9	38	38	70	.308	.358
Pre-All Star	.277	1550	429	78	7	22	154	126	226	.331	.372	May	.283	505	143	22	8	8	50	32	79	.326	.382
Post-All Star	.272	1224	333	58	4	22	125	122	192	.338	.380	June	.288	479	138	22	3	5	50	47	64	.351	.378
Inning 1-6	.277	1918	532	89	5	32	186	171	280	.336	.379	July	.280	468	131	20	2	7	42	38	78	.335	.376
Inning 7+	.269	856	230	37	6	12	97	77	138	.329	.368	August	.287	492	141	26	0	9	56	47	76	.346	.394
Scoring Posn	.275	640	176	31	3	10	231	66	90	.330	.380	Sept/Oct	.257	397	102	17	3	6	43	46	51	.330	.360
Close & Late	.239	426	102	18	3	2	44	41	71	.306	.310	vs. AL	.324	293	95	11	1	4	30	25	34	.378	.410
None on/out	.262	591	155	30	2	13	13	50	90	.323	.386	vs. NL	.269	2481	667	115	10	40	249	223	384	.329	.372

Al Reyes — Dodgers   Age 31 – Pitches Right (flyball pitcher)

	ERA	W	L	Sv	G	GS	IP	BB	SO	Avg	H	2B	3B	HR	RBI	OBP	SLG	GF	IR	IRS	Hld	SvOp	SB	CS	GB	FB	G/F
2001 Season	3.86	2	1	1	19	0	25.2	13	23	.269	24	5	1	3	14	.350	.423	9	6	1	0	2	0	0	34	31	1.10
Last Five Years	4.42	13	7	2	160	0	197.2	106	194	.243	180	39	6	27	133	.344	.421	47	114	41	20	9	8	5	181	253	0.72

2001 Season

	ERA	W	L	Sv	G	GS	IP	H	HR	BB	SO		Avg	AB	H	2B	3B	HR	RBI	BB	SO	OBP	SLG
Home	3.86	0	1	0	8	0	9.1	13	2	3	8	vs. Left	.292	48	14	3	1	1	7	7	13	.368	.458
Away	3.86	2	0	1	11	0	16.1	15	1	10	15	vs. Right	.250	56	14	2	0	2	7	6	10	.333	.393

Last Five Years

	ERA	W	L	Sv	G	GS	IP	H	HR	BB	SO		Avg	AB	H	2B	3B	HR	RBI	BB	SO	OBP	SLG
Home	3.85	6	5	0	86	0	110.0	101	11	57	101	vs. Left	.229	292	67	15	4	12	54	55	73	.360	.432
Away	5.13	7	2	2	74	0	87.2	79	16	49	93	vs. Right	.252	449	113	24	2	15	79	51	121	.333	.414
Day	3.63	5	4	2	48	0	57.0	45	6	32	55	Inning 1-6	.235	132	31	9	2	2	33	17	35	.325	.379
Night	4.73	8	3	0	112	0	140.2	135	21	74	139	Inning 7+	.245	609	149	30	4	25	100	89	159	.348	.430
Grass	4.38	11	5	2	139	0	172.2	158	23	94	163	None on	.246	366	90	16	2	15	15	54	92	.349	.423
Turf	4.68	2	2	0	21	0	25.0	22	4	12	31	Runners on	.240	375	90	23	4	12	118	52	102	.339	.419
March/April	4.63	5	0	0	20	0	23.1	21	4	13	22	Scoring Posn	.260	231	61	15	4	8	107	38	71	.364	.459
May	5.03	0	0	0	24	0	34.0	28	2	20	34	Close & Late	.229	258	59	10	1	12	39	29	68	.313	.415
June	5.13	2	0	0	30	0	33.1	34	7	26	38	None on/out	.195	159	31	4	1	6	6	25	41	.312	.346
July	2.80	3	1	2	27	0	35.1	26	3	16	31	vs. 1st Batr (relief)	.248	133	33	8	1	5	39	12	39	.369	.504
August	4.60	1	0	3	21	0	29.1	35	4	11	21	1st Inning Pitched	.250	523	131	31	6	20	111	80	142	.353	.447
Sept/Oct	4.46	3	3	0	38	0	42.1	36	7	18	48	First 15 Pitches	.246	410	101	24	4	19	57	57	98	.343	.463
Starter	0.00	0	0	0	0	0	0.0	0	0	0	0	Pitch 16-30	.239	243	58	9	2	6	42	33	75	.336	.366
Reliever	4.42	13	7	2	160	0	197.2	180	27	106	194	Pitch 31-45	.221	68	15	8	0	3	12	18	18	.354	.382
0 Days Rest (Relief)	3.16	2	0	0	24	0	25.2	24	3	15	23	Pitch 46+	.300	20	6	1	0	0	3	3	3	.417	.350
1 or 2 Days Rest	5.25	8	6	0	74	0	85.2	83	15	49	90	First Pitch	.310	84	26	3	0	2	7	5	0	.366	.643
3+ Days Rest	3.96	3	1	2	62	0	86.1	73	9	42	81	Ahead in Count	.180	384	69	10	5	7	35	48	0	.196	.260
vs. AL	5.31	5	5	1	67	0	83.0	76	15	43	76	Behind in Count	.309	136	42	15	1	9	36	54	0	.497	.632
vs. NL	3.77	8	2	1	93	0	114.2	104	12	63	118	Two Strikes	.163	400	65	11	3	6	48	47	194	.259	.243
Pre-All Star	4.68	7	1	0	81	0	100.0	90	14	64	108	Pre-All Star	.239	377	90	22	3	14	74	64	108	.354	.424
Post-All Star	4.15	6	6	2	79	0	97.2	90	13	42	86	Post-All Star	.247	364	90	17	3	13	59	42	86	.333	.418

365

Dennys Reyes — Reds
Age 25 – Pitches Left

	ERA	W	L	Sv	G	GS	IP	BB	SO	Avg	H	2B	3B	HR	RBI	OBP	SLG	GF	IR	IRS	Hld	SvOp	SB	CS	GB	FB	G/F
2001 Season	4.92	2	6	0	35	6	53.0	35	52	.248	51	10	2	5	31	.357	.388	2	18	4	6	0	4	3	71	56	1.27
Career (1997-2001)	4.32	11	17	2	195	22	272.2	168	273	.254	260	52	5	22	145	.360	.379	33	127	34	30	4	27	9	357	251	1.42

2001 Season

	ERA	W	L	Sv	G	GS	IP	H	HR	BB	SO		Avg	AB	H	2B	3B	HR	RBI	BB	SO	OBP	SLG
Home	8.00	0	3	0	17	2	18.0	27	2	19	15	vs. Left	.167	54	9	2	0	0	3	10	17	.297	.204
Away	3.34	2	3	0	18	4	35.0	24	3	16	37	vs. Right	.276	152	42	8	2	5	28	25	35	.378	.454
Starter	6.51	1	4	0	6	6	27.2	35	2	17	22	Scoring Posn	.300	50	15	1	2	1	25	15	12	.448	.460
Reliever	3.20	1	2	0	29	0	25.1	16	3	18	30	Close & Late	.103	39	4	0	0	2	4	8	16	.250	.256
0 Days Rest (Relief)	0.00	0	0	0	9	0	8.0	5	0	4	9	None on/out	.157	51	8	1	0	0	0	6	12	.246	.176
1 or 2 Days Rest	3.18	0	1	0	12	0	11.1	4	2	5	13	First Pitch	.333	33	11	2	0	1	5	0	0	.333	.485
3+ Days Rest	7.50	1	1	0	8	0	6.0	7	1	9	8	Ahead in Count	.170	88	15	4	1	1	10	0	41	.178	.273
Pre-All Star	2.57	1	2	0	20	0	21.0	10	3	16	24	Behind in Count	.348	46	16	2	1	2	10	21	0	.552	.565
Post-All Star	6.47	1	4	0	15	6	32.0	41	2	19	28	Two Strikes	.158	95	15	5	0	2	11	14	52	.268	.274

Career (1997-2001)

	ERA	W	L	Sv	G	GS	IP	H	HR	BB	SO		Avg	AB	H	2B	3B	HR	RBI	BB	SO	OBP	SLG
Home	4.02	5	7	2	103	9	127.2	115	7	87	116	vs. Left	.223	337	75	14	1	6	42	58	120	.340	.323
Away	4.59	6	10	0	92	13	145.0	145	15	81	157	vs. Right	.270	686	185	38	4	16	103	110	153	.370	.407
Day	5.02	7	7	1	73	8	100.1	100	10	62	95	Inning 1-6	.258	589	152	37	4	11	90	101	156	.366	.390
Night	3.92	4	10	1	122	14	172.1	160	12	106	178	Inning 7+	.249	434	108	15	1	11	55	67	117	.351	.364
Grass	4.98	6	16	0	98	14	153.2	157	17	90	158	None on	.226	548	124	28	1	11	11	80	138	.330	.341
Turf	3.48	5	1	2	97	8	119.0	103	5	78	115	Runners on	.286	475	136	24	4	11	134	88	135	.392	.423
March/April	3.41	1	3	0	35	0	29.0	25	3	24	30	Scoring Posn	.284	285	81	15	3	6	120	63	88	.403	.421
May	3.15	2	1	0	33	0	34.1	22	4	25	47	Close & Late	.237	186	44	4	1	4	24	33	53	.351	.333
June	4.71	2	4	0	25	2	36.1	28	3	26	39	None on/out	.204	245	50	12	1	4	4	36	53	.313	.310
July	5.02	1	3	1	26	5	43.0	52	6	26	35	vs. 1st Batr (relief)	.268	138	37	8	0	3	24	30	41	.401	.391
August	4.42	4	3	0	30	12	77.1	70	3	44	76	1st Inning Pitched	.236	517	122	27	0	10	70	91	140	.350	.346
Sept/Oct	4.61	1	3	1	46	3	52.2	63	3	23	46	First 15 Pitches	.252	460	116	24	0	9	52	66	111	.345	.363
Starter	5.53	6	10	0	22	22	114.0	122	9	67	106	Pitch 16-30	.188	218	41	9	1	7	29	46	64	.330	.335
Reliever	3.54	5	7	2	173	0	158.2	138	13	101	167	Pitch 31-45	.327	113	37	7	2	2	21	14	30	.395	.478
0 Days Rest (Relief)	2.76	2	0	1	41	0	32.2	24	2	24	31	Pitch 46+	.284	232	66	12	2	4	43	42	68	.400	.405
1 or 2 Days Rest	3.13	2	4	1	78	0	74.2	61	4	39	74	First Pitch	.359	131	47	5	2	2	18	8	0	.399	.473
3+ Days Rest	4.38	1	3	0	54	0	51.1	53	7	38	62	Ahead in Count	.165	443	73	20	2	8	49	0	215	.167	.273
vs. AL	4.18	0	1	0	16	2	28.0	25	0	18	23	Behind in Count	.385	247	95	17	1	9	56	106	0	.563	.571
vs. NL	4.34	11	16	2	179	20	244.2	235	22	150	250	Two Strikes	.146	487	71	18	1	8	50	54	273	.233	.236
Pre-All Star	3.70	5	8	1	102	3	114.1	88	11	84	130	Pre-All Star	.215	410	88	15	1	11	58	84	130	.346	.337
Post-All Star	4.77	6	9	1	93	19	158.1	172	11	84	143	Post-All Star	.281	613	172	37	4	11	87	84	143	.370	.408

Shane Reynolds — Astros
Age 34 – Pitches Right (groundball pitcher)

	ERA	W	L	Sv	G	GS	IP	BB	SO	Avg	H	2B	3B	HR	RBI	OBP	SLG	CG	ShO	Sup	QS	#P/S	SB	CS	GB	FB	G/F
2001 Season	4.34	14	11	0	28	28	182.2	36	102	.290	208	36	7	24	85	.327	.460	3	0	5.57	18	91	6	4	327	176	1.86
Last Five Years	4.12	65	51	0	150	150	959.2	218	753	.279	1054	201	29	111	433	.319	.436	12	3	5.66	90	96	39	29	1578	845	1.87

2001 Season

	ERA	W	L	Sv	G	GS	IP	H	HR	BB	SO		Avg	AB	H	2B	3B	HR	RBI	BB	SO	OBP	SLG
Home	5.44	7	6	0	14	14	89.1	109	14	17	54	vs. Left	.303	327	99	16	3	11	40	23	50	.353	.471
Away	3.28	7	5	0	14	14	93.1	99	10	19	48	vs. Right	.279	390	109	20	4	13	45	13	52	.304	.451
Day	4.40	3	2	0	5	5	30.2	34	5	2	10	Inning 1-6	.296	628	186	35	7	20	79	33	87	.334	.470
Night	4.32	11	9	0	23	23	152.0	174	19	34	92	Inning 7+	.247	89	22	1	0	4	6	3	15	.272	.393
Grass	4.40	13	10	0	26	26	167.2	193	24	33	94	None on	.273	429	117	19	5	16	16	24	59	.313	.452
Turf	3.60	1	1	0	2	2	15.0	15	0	3	8	Runners on	.316	288	91	17	2	8	69	12	43	.348	.472
April	10.54	1	2	0	3	3	13.2	26	5	4	6	Scoring Posn	.318	151	48	10	2	3	57	6	21	.344	.470
May	4.10	4	2	0	6	6	41.2	43	4	8	24	Close & Late	.333	33	11	0	0	1	2	1	6	.353	.424
June	3.11	3	2	0	5	5	37.2	38	4	9	23	None on/out	.268	190	51	4	2	5	5	6	23	.294	.389
July	6.37	1	4	0	5	5	29.2	43	3	6	14	vs. 1st Batr (relief)	.000	0	0	0	0	0	0	0	0	.000	.000
August	1.66	2	0	0	3	3	21.2	21	2	3	10	1st Inning Pitched	.367	120	44	8	1	8	21	3	12	.394	.650
Sept/Oct	3.52	3	1	0	6	6	38.1	37	6	7	25	First 75 Pitches	.294	558	164	32	6	17	70	28	80	.330	.464
Starter	4.34	14	11	0	28	28	182.2	208	24	36	102	Pitch 76-90	.287	101	29	3	1	3	7	3	13	.308	.426
Reliever	0.00	0	0	0	0	0	0.0	0	0	0	0	Pitch 91-105	.220	50	11	1	0	3	7	5	8	.291	.420
0-3 Days Rest (Start)	1.29	1	0	0	1	1	7.0	5	1	1	4	Pitch 106+	.500	8	4	0	0	1	0	0	2	.556	.875
4 Days Rest	4.57	7	7	0	16	16	104.1	122	14	19	60	First Pitch	.369	130	48	6	1	6	16	1	0	.371	.569
5+ Days Rest	4.29	6	4	0	11	11	71.1	81	9	16	38	Ahead in Count	.261	345	90	15	4	10	34	0	87	.266	.414
vs. AL	7.43	0	2	0	2	2	13.1	20	1	3	6	Behind in Count	.355	110	39	7	2	4	18	23	0	.466	.564
vs. NL	4.09	14	9	0	26	26	169.1	188	23	33	96	Two Strikes	.230	304	70	15	2	9	33	12	102	.263	.382
Pre-All Star	4.59	8	7	0	15	15	100.0	113	14	22	56	Pre-All Star	.293	386	113	17	4	14	48	22	56	.332	.466
Post-All Star	4.03	6	4	0	13	13	82.2	95	10	14	46	Post-All Star	.287	331	95	19	3	10	37	14	46	.321	.453

Last Five Years

	ERA	W	L	Sv	G	GS	IP	H	HR	BB	SO		Avg	AB	H	2B	3B	HR	RBI	BB	SO	OBP	SLG
Home	4.11	35	22	0	74	74	488.1	524	58	85	431	vs. Left	.275	1813	498	91	14	46	206	136	380	.325	.416
Away	4.12	30	29	0	76	76	471.1	530	53	133	322	vs. Right	.283	1964	556	110	15	65	227	82	373	.316	.454
Day	3.24	21	13	0	47	47	305.1	318	32	58	239	Inning 1-6	.277	3285	910	181	25	93	384	203	654	.320	.432
Night	4.53	44	38	0	103	103	654.1	736	79	160	514	Inning 7+	.293	492	144	20	4	18	49	15	99	.313	.459
Grass	4.57	30	32	0	79	79	486.2	572	63	130	327	None on	.280	2201	616	106	18	64	119	431	.320	.432
Turf	3.65	35	19	0	71	71	473.0	482	48	88	426	Runners on	.278	1576	438	95	11	47	369	99	322	.318	.442

(Curt Schilling — Diamondbacks) Age 32 – Pitches Right

	ERA	W	L	Sv	G	GS	IP	H	HR	BB	SO		Avg	AB	H	2B	3B	HR	RBI	BB	SO	OBP	SLG
March/April	3.88	13	7	0	26	26	169.1	183	23	47	136	Scoring Posn	.272	821	223	45	6	25	306	67	175	.318	.432
May	3.95	13	10	0	30	30	200.2	207	17	46	152	Close & Late	.319	229	73	11	1	8	28	5	42	.333	.480
June	3.72	11	11	0	25	25	164.1	180	24	36	118	None on/out	.283	975	276	54	8	29	29	45	190	.319	.444
July	5.87	10	10	0	26	26	151.2	190	16	37	114	vs. 1st Batr (relief)	.000	0	0	0	0	0	0	0	0	.000	.000
August	4.00	8	8	0	21	21	135.0	145	17	24	127	1st Inning Pitched	.293	598	175	31	2	25	84	48	114	.347	.477
Sept/Oct	3.31	10	5	0	22	22	138.2	149	14	28	106	First 75 Pitches	.276	2801	774	157	21	82	322	162	561	.317	.435
Starter	4.12	65	51	0	150	150	959.2	1054	111	218	753	Pitch 76-90	.302	504	152	27	4	9	48	26	93	.335	.425
Reliever	0.00	0	0	0	0	0	0.0	0	0	0	0	Pitch 91-105	.267	341	91	16	0	14	44	22	61	.311	.437
0-3 Days Rest (Start)	2.14	1	0	0	3	3	21.0	20	3	2	19	Pitch 106+	.282	131	37	1	4	6	19	8	38	.322	.489
4 Days Rest	3.75	44	38	0	101	101	665.2	705	72	142	531	First Pitch	.397	577	229	37	4	26	98	2	0	.394	.610
5+ Days Rest	5.18	20	13	0	46	46	273.0	329	36	74	203	Ahead in Count	.208	1861	387	76	12	30	143	0	651	.212	.310
vs. AL	5.36	3	9	0	14	14	89.0	110	9	20	63	Behind in Count	.383	660	253	50	8	36	118	125	0	.480	.647
vs. NL	3.99	62	42	0	136	136	870.2	944	102	198	690	Two Strikes	.183	1792	328	65	10	30	135	91	753	.225	.281
Pre-All Star	3.89	39	29	0	86	86	566.2	616	67	134	430	Pre-All Star	.279	2208	616	117	16	67	242	134	430	.321	.438
Post-All Star	4.44	26	22	0	64	64	393.0	438	44	84	323	Post-All Star	.279	1569	438	84	13	44	191	84	323	.316	.433

Armando Reynoso — Diamondbacks Age 36 – Pitches Right

	ERA	W	L	Sv	G	GS	IP	BB	SO	Avg	H	2B	3B	HR	RBI	OBP	SLG	CG	ShO	Sup	QS	#P/S	SB	CS	GB	FB	G/F
2001 Season	5.98	1	6	0	9	9	46.2	13	15	.312	58	8	1	13	30	.366	.575	0	0	4.24	3	78	1	0	73	76	0.96
Last Five Years	4.75	35	30	0	98	93	544.0	193	270	.276	574	113	13	66	264	.342	.438	3	1	5.38	51	90	18	14	777	672	1.16

2001 Season

	ERA	W	L	Sv	G	GS	IP	H	HR	BB	SO		Avg	AB	H	2B	3B	HR	RBI	BB	SO	OBP	SLG
Home	8.51	0	5	0	5	5	24.1	39	10	6	4	vs. Left	.301	83	25	3	1	5	17	8	6	.381	.542
Away	3.22	1	1	0	4	4	22.1	19	3	7	11	vs. Right	.320	103	33	5	0	8	13	5	9	.352	.602

Last Five Years

	ERA	W	L	Sv	G	GS	IP	H	HR	BB	SO		Avg	AB	H	2B	3B	HR	RBI	BB	SO	OBP	SLG
Home	4.70	16	15	0	46	45	264.0	277	38	91	114	vs. Left	.265	993	263	53	9	31	126	85	119	.337	.430
Away	4.79	19	15	0	52	48	280.0	297	28	102	156	vs. Right	.286	1089	311	60	4	35	138	108	151	.355	.444
Day	4.77	11	7	0	30	29	168.0	175	19	67	78	Inning 1-6	.277	1874	520	103	11	60	246	180	245	.345	.440
Night	4.74	24	23	0	68	64	376.0	399	47	126	192	Inning 7+	.260	208	54	10	2	6	18	13	25	.314	.413
Grass	4.86	27	28	0	85	80	463.0	496	59	171	217	None on	.275	1238	341	59	7	39	39	96	157	.334	.429
Turf	4.11	8	2	0	13	13	81.0	78	7	22	53	Runners on	.276	844	233	54	6	27	225	97	113	.353	.450
March/April	5.34	4	8	0	19	16	91.0	101	14	28	40	Scoring Posn	.286	455	130	33	4	14	191	69	68	.379	.468
May	3.93	7	1	0	17	17	103.0	97	11	41	53	Close & Late	.214	103	22	6	1	3	10	10	14	.299	.379
June	3.97	6	5	0	16	16	90.2	102	11	21	40	None on/out	.288	555	160	31	3	17	17	30	63	.333	.447
July	5.95	4	3	0	14	14	78.2	86	8	31	41	vs. 1st Batr (relief)	.200	5	1	0	0	1	3	0	0	.200	.800
August	3.68	11	4	0	16	16	100.1	100	9	42	58	1st Inning Pitched	.310	390	121	27	1	12	58	33	44	.367	.477
Sept/Oct	6.16	3	9	0	16	14	80.1	88	13	30	40	First 75 Pitches	.271	1632	443	84	10	48	187	147	212	.336	.423
Starter	4.71	35	30	0	93	93	537.0	565	65	190	267	Pitch 76-90	.315	257	81	21	2	8	49	28	25	.390	.506
Reliever	7.71	0	0	0	5	0	7.0	9	1	3	3	Pitch 91-105	.248	145	36	6	1	6	20	11	23	.306	.428
0-3 Days Rest (Start)	1.29	0	0	0	1	1	7.0	5	1	1	6	Pitch 106+	.292	48	14	2	0	4	8	7	10	.404	.583
4 Days Rest	4.77	14	13	0	37	37	213.0	220	26	73	101	First Pitch	.310	306	95	12	2	7	37	15	0	.346	.431
5+ Days Rest	4.74	21	17	0	55	55	317.0	340	38	116	162	Ahead in Count	.211	809	171	27	3	15	61	0	214	.225	.308
vs. AL	4.17	2	2	0	8	8	45.1	48	6	16	24	Behind in Count	.323	517	167	37	2	29	91	104	0	.438	.571
vs. NL	4.80	33	28	0	90	85	498.2	526	60	177	246	Two Strikes	.212	853	181	32	6	17	77	74	270	.286	.324
Pre-All Star	4.58	17	15	0	57	54	308.2	324	41	100	145	Pre-All Star	.275	1178	324	62	10	41	145	100	145	.338	.449
Post-All Star	4.97	18	15	0	41	39	235.1	250	25	93	125	Post-All Star	.277	904	250	51	3	25	119	93	125	.347	.423

Arthur Rhodes — Mariners Age 32 – Pitches Left

	ERA	W	L	Sv	G	GS	IP	BB	SO	Avg	H	2B	3B	HR	RBI	OBP	SLG	GF	IR	IRS	Hld	SvOp	SB	CS	GB	FB	G/F
2001 Season	1.72	8	0	3	71	0	68.0	12	83	.189	46	7	0	5	22	.230	.279	16	58	10	32	7	1	0	71	58	1.22
Last Five Years	3.47	30	19	11	284	0	362.2	146	404	.214	280	47	4	37	155	.293	.340	52	201	53	80	29	33	9	392	356	1.10

2001 Season

	ERA	W	L	Sv	G	GS	IP	H	HR	BB	SO		Avg	AB	H	2B	3B	HR	RBI	BB	SO	OBP	SLG
Home	1.03	4	0	0	37	0	35.0	25	2	3	41	vs. Left	.198	121	24	2	0	2	13	7	40	.242	.264
Away	2.45	4	0	3	34	0	33.0	21	3	9	42	vs. Right	.179	123	22	5	0	3	9	5	43	.217	.293
Day	1.40	3	0	2	27	0	25.2	19	2	5	36	Inning 1-6	.286	7	2	0	0	0	0	0	2	.286	.286
Night	1.91	5	0	1	44	0	42.1	27	3	7	47	Inning 7+	.186	237	44	7	0	5	22	12	81	.228	.278
Grass	1.93	7	0	3	63	0	60.2	43	5	10	70	None on	.174	138	24	6	0	3	3	5	44	.208	.283
Turf	0.00	1	0	0	8	0	7.1	3	0	2	13	Runners on	.208	106	22	1	0	2	19	7	39	.257	.274
April	0.87	2	0	1	12	0	10.1	8	1	2	9	Scoring Posn	.212	66	14	0	0	2	19	5	26	.268	.303
May	1.54	2	0	1	12	0	11.2	10	1	3	14	Close & Late	.191	136	26	5	0	2	14	8	49	.236	.272
June	3.29	1	0	1	12	0	13.2	9	1	5	21	None on/out	.145	55	8	3	0	1	1	3	19	.190	.255
July	0.00	1	0	0	10	0	9.1	3	0	0	14	vs. 1st Batr (relief)	.143	70	10	1	0	1	11	1	28	.155	.200
August	0.82	2	0	1	13	0	11.0	4	1	2	16	1st Inning Pitched	.176	210	37	5	0	4	4	18	74	.210	.257
Sept/Oct	3.00	0	0	0	12	0	12.0	12	1	0	9	First 15 Pitches	.151	186	28	4	0	4	14	6	63	.177	.368
Starter	0.00	0	0	0	0	0	0.0	0	0	0	0	Pitch 16-30	.321	53	17	3	0	1	5	3	19	.368	.434
Reliever	1.72	8	0	3	71	0	68.0	46	5	12	83	Pitch 31-45	.200	5	1	0	0	0	2	3	1	.500	.200
0 Days Rest (Relief)	0.82	0	0	2	14	0	11.0	6	0	1	14	Pitch 46+	.000	0	0	0	0	0	0	0	0	.000	.000
1 or 2 Days Rest	1.88	4	0	1	39	0	38.1	31	4	5	45	First Pitch	.364	22	8	1	0	1	4	0	0	.364	.545
3+ Days Rest	1.93	4	0	0	18	0	18.2	9	1	4	24	Ahead in Count	.142	148	21	6	0	0	7	0	78	.148	.196

2001 Season

	ERA	W	L	Sv	G	GS	IP	H	HR	BB	SO		Avg	AB	H	2B	3B	HR	RBI	BB	SO	OBP	SLG
vs. AL	1.48	7	0	3	63	0	61.0	44	4	11	76	Behind in Count	.355	31	11	1	0	3	6	4	0	.429	.677
vs. NL	3.86	1	0	0	8	0	7.0	2	1	1	7	Two Strikes	.128	149	19	3	0	1	10	8	83	.177	.168
Pre-All Star	1.95	5	0	2	38	0	37.0	27	3	10	45	Pre-All Star	.200	135	27	5	0	3	12	10	45	.260	.304
Post-All Star	1.45	3	0	1	33	0	31.0	19	2	2	38	Post-All Star	.174	109	19	2	0	2	10	2	38	.189	.248

Last Five Years

	ERA	W	L	Sv	G	GS	IP	H	HR	BB	SO		Avg	AB	H	2B	3B	HR	RBI	BB	SO	OBP	SLG
Home	3.57	13	9	2	150	0	194.1	160	23	74	211	vs. Left	.204	510	104	14	0	10	60	46	152	.273	.290
Away	3.37	17	10	9	134	0	168.1	120	14	72	193	vs. Right	.220	801	176	33	4	27	95	100	252	.305	.372
Day	3.60	9	6	3	107	0	125.0	100	15	54	148	Inning 1-6	.218	284	62	15	1	10	40	32	84	.294	.384
Night	3.41	21	13	8	177	0	237.2	180	22	92	256	Inning 7+	.212	1027	218	32	3	27	115	114	320	.292	.328
Grass	3.55	26	17	10	252	0	322.0	249	35	126	356	None on	.209	729	152	26	2	22	74	237	.286	.340
Turf	2.88	4	2	1	32	0	40.2	31	2	20	48	Runners on	.220	582	128	21	2	15	133	72	167	.301	.340
March/April	3.68	7	4	1	48	0	66.0	53	7	29	73	Scoring Posn	.233	343	80	13	2	9	118	57	102	.332	.362
May	3.14	3	4	3	50	0	63.0	55	10	34	66	Close & Late	.214	599	128	18	3	11	70	62	191	.287	.309
June	2.69	7	2	5	52	0	73.2	50	2	23	94	None on/out	.202	317	64	12	2	8	8	29	104	.271	.328
July	4.03	5	4	0	44	0	58.0	48	11	18	68	vs. 1st Batr (relief)	.199	261	52	9	0	7	43	18	89	.248	.314
August	3.91	5	4	1	49	0	50.2	32	4	28	55	1st Inning Pitched	.199	868	173	29	3	20	112	103	269	.281	.309
Sept/Oct	3.68	3	1	1	41	0	51.1	42	3	14	48	First 15 Pitches	.184	712	131	21	2	15	77	71	214	.255	.282
Starter	0.00	0	0	0	0	0	0.0	0	0	0	0	Pitch 16-30	.263	419	110	20	2	17	55	57	138	.357	.442
Reliever	3.47	30	19	11	284	0	362.2	280	37	146	404	Pitch 31-45	.196	148	29	3	0	4	18	13	46	.259	.297
0 Days Rest (Relief)	3.43	1	2	3	42	0	39.1	32	2	15	45	Pitch 46+	.313	32	10	3	0	1	5	5	6	.405	.500
1 or 2 Days Rest	3.32	19	11	5	158	0	209.0	149	22	73	220	First Pitch	.301	143	43	13	0	4	20	12	0	.361	.476
3+ Days Rest	3.78	10	6	3	84	0	114.1	99	13	58	139	Ahead in Count	.165	717	118	20	1	14	57	0	348	.166	.254
vs. AL	3.46	24	17	9	249	0	314.2	248	31	136	347	Behind in Count	.327	199	65	9	2	7	37	68	0	.493	.497
vs. NL	3.56	6	2	2	35	0	48.0	32	6	10	57	Two Strikes	.142	772	110	12	2	18	68	66	404	.211	.233
Pre-All Star	3.24	19	12	9	165	0	222.1	171	24	95	255	Pre-All Star	.213	803	171	28	2	24	94	95	255	.296	.342
Post-All Star	3.85	11	7	2	119	0	140.1	109	13	51	149	Post-All Star	.215	508	109	19	2	13	61	51	149	.287	.337

Chris Richard — Orioles   Age 28 – Bats Left

	Avg	G	AB	R	H	2B	3B	HR	RBI	BB	SO	HBP	GDP	SB	CS	OBP	SLG	IBB	SH	SF	#Pit	P/PA	GB	FB	G/F
2001 Season	.265	136	483	74	128	31	3	15	61	45	100	8	15	11	9	.335	.435	4	2	4	1920	3.54	174	146	1.19
Career (2000-2001)	.265	198	698	113	185	45	5	29	98	62	140	12	20	18	14	.332	.468	7	2	7	2786	3.56	249	227	1.10

2001 Season

	Avg	AB	H	2B	3B	HR	RBI	BB	SO	OBP	SLG		Avg	AB	H	2B	3B	HR	RBI	BB	SO	OBP	SLG
vs. Left	.208	106	22	1	0	1	8	4	19	.263	.245	First Pitch	.381	63	24	5	1	3	12	3	0	.412	.635
vs. Right	.281	377	106	30	3	14	53	41	81	.354	.488	Ahead in Count	.333	105	35	14	0	5	22	25	0	.462	.610
Home	.224	237	53	11	2	6	20	24	50	.303	.363	Behind in Count	.204	230	47	9	2	5	15	0	83	.218	.326
Away	.305	246	75	20	1	9	41	21	50	.366	.504	Two Strikes	.166	211	35	6	0	4	13	17	100	.241	.246
Day	.254	142	36	6	1	5	22	11	33	.312	.415	Batting #3	.216	190	41	13	1	3	22	18	40	.289	.342
Night	.270	341	92	25	2	10	39	34	67	.345	.443	Batting #5	.320	97	31	9	0	4	14	12	16	.396	.536
Grass	.243	416	101	23	2	12	48	36	85	.309	.394	Other	.286	196	56	9	2	8	25	15	44	.349	.474
Turf	.403	67	27	8	1	3	13	9	15	.488	.687	April	.288	73	21	3	1	2	8	6	22	.354	.438
Pre-All Star	.274	215	59	11	1	10	28	21	42	.352	.474	May	.253	87	22	4	0	4	10	13	10	.363	.437
Post-All Star	.257	268	69	20	2	5	33	24	58	.321	.403	June	.256	43	11	4	0	3	9	1	9	.298	.558
Inning 1-6	.272	327	89	21	3	14	44	29	64	.341	.483	July	.271	85	23	0	3	7	5	9	10	.340	.412
Inning 7+	.250	156	39	10	0	1	17	16	36	.324	.333	August	.271	96	26	8	1	1	12	9	21	.336	.406
Scoring Posn	.239	113	27	9	0	2	41	13	30	.333	.372	Sept/Oct	.253	99	25	9	1	2	15	7	28	.299	.424
Close & Late	.203	69	14	2	0	1	7	10	15	.321	.275	vs. AL	.260	439	114	28	3	12	53	42	96	.332	.419
None on/out	.328	116	38	7	1	6	6	9	25	.376	.560	vs. NL	.318	44	14	3	0	3	8	3	4	.367	.591

2001 By Position

Position	Avg	AB	H	2B	3B	HR	RBI	BB	SO	OBP	SLG	G	GS	Innings	PO	A	E	DP	Fld Pct	Rng Fctr	In Zone	Zone Outs	Zone Rtg	MLB Zone
As DH	.280	75	21	7	1	2	12	7	23	.345	.480	20	19	—	—	—	—	—	—	—	—	—	—	—
As 1b	.364	55	20	1	0	3	5	5	16	.419	.545	18	14	132.0	127	9	0	10	1.000	—	28	25	.893	.850
As cf	.302	116	35	9	0	5	19	13	14	.374	.509	36	31	266.1	73	1	0	1	1.000	2.50	86	73	.849	.892
As rf	.222	234	52	14	2	5	25	20	47	.296	.363	69	61	538.1	155	5	0	1	1.000	2.67	182	150	.824	.884

John Riedling — Reds   Age 26 – Pitches Right (groundball pitcher)

	ERA	W	L	Sv	G	GS	IP	BB	SO	Avg	H	2B	3B	HR	RBI	OBP	SLG	GF	IR	IRS	Hld	SvOp	SB	CS	GB	FB	G/F
2001 Season	2.41	1	1	1	29	0	33.2	14	23	.186	22	8	0	1	7	.284	.280	14	22	3	5	3	1	1	54	24	2.25
Career (2000-2001)	2.39	4	2	2	42	0	49.0	22	41	.193	33	11	1	2	12	.296	.304	19	22	3	7	5	1	1	76	30	2.53

2001 Season

	ERA	W	L	Sv	G	GS	IP	H	HR	BB	SO		Avg	AB	H	2B	3B	HR	RBI	BB	SO	OBP	SLG
Home	1.00	1	0	1	13	0	18.0	10	0	8	11	vs. Left	.185	54	10	3	0	1	5	7	9	.279	.296
Away	4.02	0	1	0	16	0	15.2	12	1	6	12	vs. Right	.188	64	12	5	0	0	2	7	14	.288	.266
Starter	0.00	0	0	0	0	0	0.0	0	0	0	0	Scoring Posn	.163	43	7	1	0	1	7	4	6	.234	.256
Reliever	2.41	1	1	1	29	0	33.2	22	1	14	23	Close & Late	.206	34	7	2	0	1	5	4	9	.308	.353
0 Days Rest (Relief)	5.68	0	0	0	7	0	6.1	4	1	4	4	None on/out	.296	27	8	5	0	0	0	2	5	.345	.481
1 or 2 Days Rest	1.98	1	1	1	13	0	13.2	10	0	3	12	First Pitch	.214	14	3	2	0	0	7	0	0	.357	.357
3+ Days Rest	1.32	0	0	0	9	0	13.2	8	0	7	7	Ahead in Count	.132	53	7	3	0	0	0	18	.148	.189
Pre-All Star	2.89	0	1	0	23	0	28.0	19	1	14	20	Behind in Count	.267	30	8	2	0	1	5	5	0	.436	.433
Post-All Star	0.00	1	0	0	6	0	5.2	3	0	0	3	Two Strikes	.115	52	6	2	0	0	5	23	.207	.154

Paul Rigdon — Brewers
Age 26 – Pitches Right (flyball pitcher)

	ERA	W	L	Sv	G	GS	IP	BB	SO	Avg	H	2B	3B	HR	RBI	OBP	SLG	CG	ShO	Sup	QS	#P/S	SB	CS	GB	FB	G/F
2001 Season	5.79	3	5	0	15	15	79.1	46	49	.287	86	16	1	13	45	.385	.477	0	0	4.20	6	91	7	4	94	102	0.92
Career (2000-2001)	5.45	8	10	0	32	31	166.2	81	112	.275	175	33	2	31	94	.357	.479	0	0	5.24	14	91	12	8	209	210	1.00

2001 Season

	ERA	W	L	Sv	G	GS	IP	H	HR	BB	SO		Avg	AB	H	2B	3B	HR	RBI	BB	SO	OBP	SLG
Home	6.57	2	2	0	8	8	38.1	44	6	27	25	vs. Left	.234	111	26	6	0	4	12	29	16	.392	.396
Away	5.05	1	3	0	7	7	41.0	42	7	19	24	vs. Right	.317	189	60	10	1	9	33	17	33	.380	.524
Starter	5.79	3	5	0	15	15	79.1	86	13	46	49	Scoring Posn	.205	73	15	3	0	3	32	21	17	.388	.370
Reliever	0.00	0	0	0	0	0	0.0	0	0	0	0	Close & Late	.182	11	2	0	0	0	0	1	4	.250	.182
0-3 Days Rest (Start)	0.00	0	0	0	0	0	0.0	0	0	0	0	None on/out	.282	78	22	2	1	3	3	8	11	.349	.449
4 Days Rest	6.93	1	3	0	8	8	37.2	46	8	25	21	First Pitch	.429	42	18	2	1	1	9	3	0	.489	.595
5+ Days Rest	4.75	2	2	0	7	7	41.2	40	5	21	28	Ahead in Count	.235	149	35	4	0	11	29	0	43	.240	.483
Pre-All Star	5.79	3	5	0	15	15	79.1	86	13	46	49	Behind in Count	.387	62	24	7	0	1	5	23	0	.547	.548
Post-All Star	0.00	0	0	0	0	0	0.0	0	0	0	0	Two Strikes	.177	141	25	4	0	5	16	20	49	.284	.312

Jerrod Riggan — Mets
Age 28 – Pitches Right

	ERA	W	L	Sv	G	GS	IP	BB	SO	Avg	H	2B	3B	HR	RBI	OBP	SLG	GF	IR	IRS	Hld	SvOp	SB	CS	GB	FB	G/F
2001 Season	3.40	3	3	0	35	0	47.2	24	41	.243	42	8	0	5	24	.330	.376	12	18	8	4	1	7	2	61	51	1.20
Career (2000-2001)	3.26	3	3	0	36	0	49.2	24	42	.246	45	8	0	5	26	.329	.372	12	18	8	4	1	7	2	64	55	1.16

2001 Season

	ERA	W	L	Sv	G	GS	IP	H	HR	BB	SO		Avg	AB	H	2B	3B	HR	RBI	BB	SO	OBP	SLG
Home	2.70	1	1	0	15	0	20.0	16	2	9	17	vs. Left	.276	76	21	5	0	2	9	13	12	.378	.421
Away	3.90	2	2	0	20	0	27.2	26	3	15	24	vs. Right	.216	97	21	3	0	3	15	11	29	.291	.340
Starter	0.00	0	0	0	0	0	0.0	0	0	0	0	Scoring Posn	.216	51	11	3	0	1	19	14	13	.368	.333
Reliever	3.40	3	3	0	35	0	47.2	42	5	24	41	Close & Late	.230	61	14	3	0	4	10	10	11	.329	.475
0 Days Rest (Relief)	0.00	0	0	0	3	0	3.1	0	0	3	3	None on/out	.304	46	14	2	0	1	1	3	12	.347	.413
1 or 2 Days Rest	3.74	1	2	0	17	0	21.2	22	1	14	19	First Pitch	.318	22	7	1	0	2	7	7	0	.467	.636
3+ Days Rest	3.57	2	1	0	15	0	22.2	20	4	7	19	Ahead in Count	.244	78	19	3	0	2	7	0	28	.241	.359
Pre-All Star	4.71	0	0	0	12	0	21.0	26	2	13	22	Behind in Count	.393	28	11	3	0	1	9	8	0	.514	.607
Post-All Star	2.36	3	3	0	23	0	26.2	16	3	11	19	Two Strikes	.176	85	15	2	0	1	3	9	41	.253	.235

Adam Riggs — Padres
Age 29 – Bats Right (groundball hitter)

	Avg	G	AB	R	H	2B	3B	HR	RBI	BB	SO	HBP	GDP	SB	CS	OBP	SLG	IBB	SH	SF	#Pit	#P/PA	GB	FB	G/F
2001 Season	.194	12	36	2	7	1	0	0	1	2	8	0	1	1	1	.237	.222	0	0	0	130	3.42	16	6	2.67
Career (1997-2001)	.196	21	56	5	11	2	0	0	2	6	11	0	1	2	1	.274	.232	1	0	0	226	3.65	22	13	1.69

2001 Season

	Avg	AB	H	2B	3B	HR	RBI	BB	SO	OBP	SLG		Avg	AB	H	2B	3B	HR	RBI	BB	SO	OBP	SLG
vs. Left	.333	6	2	0	0	0	0	0	0	.333	.333	Scoring Posn	.000	7	0	0	0	0	1	1	1	.125	.000
vs. Right	.167	30	5	1	0	0	1	2	8	.219	.200	Close & Late	.333	3	1	0	0	0	0	0	1	.333	.333

Jose Rijo — Reds
Age 37 – Pitches Right (flyball pitcher)

	ERA	W	L	Sv	G	GS	IP	BB	SO	Avg	H	2B	3B	HR	RBI	OBP	SLG	GF	IR	IRS	Hld	SvOp	SB	CS	GB	FB	G/F
2001 Season	2.12	0	0	0	13	0	17.0	9	12	.271	19	2	0	2	5	.354	.386	4	4	2	2	0	5	0	23	28	0.82

2001 Season

	ERA	W	L	Sv	G	GS	IP	H	HR	BB	SO		Avg	AB	H	2B	3B	HR	RBI	BB	SO	OBP	SLG
Home	2.31	0	0	0	7	0	11.2	11	1	4	10	vs. Left	.143	21	3	0	0	2	3	6	2	.333	.429
Away	1.69	0	0	0	6	0	5.1	8	1	5	2	vs. Right	.327	49	16	2	0	0	2	3	10	.365	.367

Juan Rincon — Twins
Age 23 – Pitches Right

	ERA	W	L	Sv	G	GS	IP	BB	SO	Avg	H	2B	3B	HR	RBI	OBP	SLG	GF	IR	IRS	Hld	SvOp	SB	CS	GB	FB	G/F
2001 Season	6.35	0	0	0	4	0	5.2	5	4	.318	7	1	0	1	2	.444	.500	1	1	0	0	1	0	4	10	0.40

2001 Season

	ERA	W	L	Sv	G	GS	IP	H	HR	BB	SO		Avg	AB	H	2B	3B	HR	RBI	BB	SO	OBP	SLG
Home	11.57	0	0	0	3	0	2.1	4	0	2	3	vs. Left	.500	6	3	0	0	0	0	0	0	.500	.500
Away	2.70	0	0	0	1	0	3.1	3	1	3	1	vs. Right	.250	16	4	1	0	1	2	5	4	.429	.500

Ricardo Rincon — Indians
Age 32 – Pitches Left

	ERA	W	L	Sv	G	GS	IP	BB	SO	Avg	H	2B	3B	HR	RBI	OBP	SLG	GF	IR	IRS	Hld	SvOp	SB	CS	GB	FB	G/F
2001 Season	2.83	2	1	2	67	0	54.0	21	50	.223	44	8	1	3	21	.294	.320	19	45	8	12	4	1	1	68	57	1.19
Career (1997-2001)	3.29	10	14	20	283	0	243.2	111	235	.226	203	44	3	21	96	.311	.351	87	181	32	62	29	8	6	281	250	1.12

2001 Season

	ERA	W	L	Sv	G	GS	IP	H	HR	BB	SO		Avg	AB	H	2B	3B	HR	RBI	BB	SO	OBP	SLG
Home	2.56	1	0	1	36	0	31.2	24	2	10	34	vs. Left	.213	94	20	3	1	2	12	6	25	.255	.330
Away	3.22	1	1	1	31	0	22.1	20	1	11	16	vs. Right	.233	103	24	5	0	1	9	15	25	.328	.311
Day	1.98	1	0	0	16	0	13.2	9	0	7	9	Inning 1-6	.111	27	3	0	0	0	0	1	12	.143	.111
Night	3.12	1	1	2	51	0	40.1	35	3	14	41	Inning 7+	.241	170	41	8	1	3	21	20	38	.316	.353
Grass	2.47	1	1	2	60	0	47.1	36	3	19	44	None on	.269	104	28	5	1	2	2	7	25	.315	.394
Turf	5.40	1	0	0	7	0	6.2	8	0	2	6	Runners on	.172	93	16	3	0	1	19	14	25	.273	.237

2001 Season

	ERA	W	L	Sv	G	GS	IP	H	HR	BB	SO		Avg	AB	H	2B	3B	HR	RBI	BB	SO	OBP	SLG
April	4.15	1	0	0	9	0	4.1	5	0	4	4	Scoring Posn	.182	55	10	1	0	1	18	11	16	.304	.255
May	3.86	0	0	0	7	0	7.0	7	0	6	6	Close & Late	.260	50	13	2	0	1	10	9	9	.361	.360
June	2.08	0	1	2	15	0	13.0	12	2	2	13	None on/out	.250	44	11	3	0	0	0	2	8	.283	.318
July	3.00	0	0	0	10	0	9.0	7	0	2	5	vs. 1st Batr (relief)	.186	59	11	3	0	1	6	5	16	.242	.288
August	4.91	0	0	0	13	0	11.0	10	1	5	10	1st Inning Pitched	.210	181	38	8	1	2	20	21	47	.288	.298
Sept/Oct	0.00	1	0	0	11	0	9.2	3	0	2	12	First 15 Pitches	.224	152	34	7	1	2	15	15	44	.288	.322
Starter	0.00	0	0	0	0	0	0.0	0	0	0	0	Pitch 16-30	.222	45	10	1	0	1	6	6	6	.314	.311
Reliever	2.83	2	1	2	67	0	54.0	44	3	21	50	Pitch 31-45	.000	0	0	0	0	0	0	0	0	.000	.000
0 Days Rest (Relief)	1.59	0	0	1	21	0	17.0	12	1	8	17	Pitch 46+	.000	0	0	0	0	0	0	0	0	.000	.000
1 or 2 Days Rest	4.35	1	0	1	26	0	20.2	22	1	10	20	First Pitch	.333	24	8	3	0	0	4	4	0	.429	.458
3+ Days Rest	2.20	1	1	0	20	0	16.1	10	1	3	13	Ahead in Count	.179	95	17	1	1	1	7	0	43	.179	.242
vs. AL	2.83	2	1	2	59	0	47.2	38	2	20	46	Behind in Count	.268	41	11	2	0	1	5	9	0	.400	.390
vs. NL	2.84	0	0	0	8	0	6.1	6	1	1	4	Two Strikes	.168	107	18	2	1	2	8	8	50	.224	.262
Pre-All Star	3.33	1	1	2	36	0	27.0	28	2	12	24	Pre-All Star	.267	105	28	6	0	2	12	12	24	.336	.381
Post-All Star	2.33	1	0	0	31	0	27.0	16	1	9	26	Post-All Star	.174	92	16	2	1	1	9	9	26	.245	.250

Career (1997-2001)

	ERA	W	L	Sv	G	GS	IP	H	HR	BB	SO		Avg	AB	H	2B	3B	HR	RBI	BB	SO	OBP	SLG
Home	2.62	6	5	7	154	0	137.2	114	13	57	143	vs. Left	.204	383	78	21	2	7	37	31	109	.261	.324
Away	4.16	4	9	13	129	0	106.0	89	8	54	92	vs. Right	.242	517	125	23	1	14	59	80	126	.345	.371
Day	3.50	3	5	2	76	0	69.1	65	6	32	62	Inning 1-6	.259	54	14	3	0	0	6	4	15	.310	.315
Night	3.20	7	9	18	207	0	174.1	138	15	79	173	Inning 7+	.223	846	189	41	3	21	90	107	220	.311	.353
Grass	3.34	3	9	11	183	0	151.0	120	13	71	140	None on	.247	481	119	24	2	14	14	45	130	.313	.393
Turf	3.21	7	5	9	100	0	92.2	83	8	40	95	Runners on	.200	419	84	20	1	7	82	66	115	.309	.303
March/April	1.80	3	2	1	35	0	30.0	16	0	14	37	Scoring Posn	.184	244	45	7	0	2	65	54	76	.329	.238
May	1.62	2	2	6	47	0	44.1	36	0	14	43	Close & Late	.212	416	88	15	1	8	48	63	115	.316	.310
June	5.73	0	4	8	48	0	37.2	42	9	19	37	None on/out	.261	211	55	13	1	4	4	17	48	.316	.389
July	2.87	2	1	2	40	0	37.2	31	3	17	36	vs. 1st Batr (relief)	.210	252	53	14	1	5	24	26	68	.284	.333
August	5.07	2	4	3	56	0	49.2	46	7	29	36	1st Inning Pitched	.219	782	171	38	3	16	87	102	208	.309	.346
Sept/Oct	2.23	1	1	0	57	0	44.1	32	2	18	46	First 15 Pitches	.226	674	152	30	3	15	64	83	171	.312	.346
Starter	0.00	0	0	0	0	0	0.0	0	0	0	0	Pitch 16-30	.223	215	48	14	0	5	29	28	61	.310	.358
Reliever	3.29	10	14	20	283	0	243.2	203	21	111	235	Pitch 31-45	.273	11	3	0	0	1	3	0	3	.273	.545
0 Days Rest (Relief)	2.59	2	4	5	76	0	62.2	49	4	35	56	Pitch 46+	.000	0	0	0	0	0	0	0	0	.000	.000
1 or 2 Days Rest	3.94	6	8	10	128	0	107.1	101	13	45	103	First Pitch	.269	119	32	9	0	2	11	17	0	.358	.395
3+ Days Rest	2.93	2	2	5	79	0	73.2	53	4	31	76	Ahead in Count	.152	427	65	9	1	7	25	0	198	.156	.227
vs. AL	3.60	6	4	3	151	0	115.0	100	12	54	101	Behind in Count	.330	185	61	18	1	6	33	50	0	.475	.535
vs. NL	3.01	4	10	17	132	0	128.2	103	9	57	134	Two Strikes	.144	450	65	10	1	7	33	44	235	.220	.218
Pre-All Star	3.22	5	8	15	143	0	123.0	107	9	53	126	Pre-All Star	.234	458	107	26	2	9	48	53	126	.311	.358
Post-All Star	3.36	5	6	5	140	0	120.2	96	12	58	109	Post-All Star	.217	442	96	18	1	12	48	58	109	.311	.344

Armando Rios — Pirates   Age 30 – Bats Left

	Avg	G	AB	R	H	2B	3B	HR	RBI	BB	SO	HBP	GDP	SB	CS	OBP	SLG	IBB	SH	SF	#Pit	#P/PA	GB	FB	G/F
2001 Season	.260	95	319	38	83	17	3	14	50	36	74	0	3	3	2	.332	.464	6	1	3	1355	3.77	96	102	0.94
Career (1998-2001)	.279	294	709	111	198	41	8	33	132	94	154	1	15	13	8	.361	.499	11	3	8	3104	3.81	232	223	1.04

2001 Season

	Avg	AB	H	2B	3B	HR	RBI	BB	SO	OBP	SLG		Avg	AB	H	2B	3B	HR	RBI	BB	SO	OBP	SLG
vs. Left	.326	46	15	3	0	3	7	4	12	.373	.587	First Pitch	.362	47	17	4	2	0	7	6	0	.434	.532
vs. Right	.249	273	68	14	3	11	43	32	62	.326	.443	Ahead in Count	.403	62	25	5	1	3	13	24	0	.557	.661
Home	.218	170	37	6	3	3	15	16	42	.285	.341	Behind in Count	.166	145	24	4	0	8	21	0	63	.164	.359
Away	.309	149	46	11	0	11	35	20	32	.384	.604	Two Strikes	.161	161	26	4	0	8	21	6	74	.190	.335
Day	.266	109	29	4	2	4	17	8	23	.314	.450	Batting #5	.250	144	36	7	1	6	23	13	40	.310	.438
Night	.257	210	54	13	1	10	33	28	51	.342	.471	Batting #7	.225	89	20	3	2	4	10	9	21	.293	.438
Grass	.259	313	81	17	3	14	48	36	74	.333	.466	Other	.314	86	27	7	0	4	17	14	13	.406	.535
Turf	.333	6	2	0	0	0	2	0	0	.286	.333	April	.247	73	18	4	0	2	7	7	15	.313	.384
Pre-All Star	.258	275	71	16	3	12	45	27	60	.322	.469	May	.226	93	21	4	2	5	16	7	17	.275	.473
Post-All Star	.273	44	12	1	0	2	5	9	14	.389	.432	June	.291	86	25	6	1	3	19	10	23	.365	.488
Inning 1-6	.260	219	57	12	1	12	38	21	45	.322	.489	July	.288	66	19	3	0	4	8	12	19	.392	.515
Inning 7+	.260	100	26	5	2	2	12	15	29	.353	.410	August	.000	1	0	0	0	0	0	0	0	.000	.000
Scoring Posn	.266	94	25	6	0	4	36	13	18	.345	.457	Sept/Oct	.000	0	0	0	0	0	0	0	0	.000	.000
Close & Late	.244	45	11	3	1	1	7	8	18	.352	.422	vs. AL	.257	35	9	1	1	1	3	6	11	.366	.429
None on/out	.231	78	18	5	0	4	4	7	19	.294	.449	vs. NL	.261	284	74	16	2	13	47	30	63	.328	.468

2001 By Position

Position	Avg	AB	H	2B	3B	HR	RBI	BB	SO	OBP	SLG	G	GS	Innings	PO	A	E	DP	Fld Pct	Rng Fctr	In Zone	Zone Outs	Zone Rtg	MLB Zone
As lf	.233	30	7	1	0	0	4	3	5	.294	.267	13	7	78.0	17	0	0	0	1.000	1.96	18	17	.944	.880
As rf	.275	269	74	14	3	14	43	29	63	.343	.506	78	74	624.0	169	7	6	2	.967	2.54	179	160	.894	.884

Career (1998-2001)

	Avg	AB	H	2B	3B	HR	RBI	BB	SO	OBP	SLG		Avg	AB	H	2B	3B	HR	RBI	BB	SO	OBP	SLG
vs. Left	.265	117	31	6	0	7	25	12	23	.336	.496	First Pitch	.350	100	35	6	4	4	25	11	0	.407	.610
vs. Right	.282	592	167	35	8	26	107	82	131	.365	.500	Ahead in Count	.433	150	65	15	4	10	45	52	0	.573	.787
Home	.247	352	87	16	6	9	49	41	78	.324	.403	Behind in Count	.160	319	51	9	0	12	38	0	130	.159	.270
Away	.311	357	111	25	2	24	83	53	76	.396	.594	Two Strikes	.157	337	53	7	0	13	37	31	154	.227	.294
Day	.286	280	80	12	5	12	51	37	59	.366	.493	Batting #5	.257	175	45	8	1	6	26	23	45	.342	.417
Night	.275	429	118	29	3	21	81	57	95	.358	.503	Batting #7	.257	183	47	7	5	9	29	21	43	.332	.497

370

Career (1998-2001)

	Avg	AB	H	2B	3B	HR	RBI	BB	SO	OBP	SLG		Avg	AB	H	2B	3B	HR	RBI	BB	SO	OBP	SLG
Grass	.277	649	180	36	8	31	119	83	142	.356	.501	Other	.302	351	106	26	2	18	77	50	66	.385	.541
Turf	.300	60	18	5	0	2	13	11	12	.411	.483	March/April	.265	117	31	8	1	4	15	12	23	.338	.453
Pre-All Star	.268	519	139	32	5	20	96	59	114	.340	.464	May	.254	201	51	12	2	9	41	20	40	.317	.468
Post-All Star	.311	190	59	9	3	13	36	35	40	.414	.595	June	.294	170	50	10	2	5	35	21	44	.370	.465
Inning 1-6	.266	432	115	21	4	20	75	53	91	.344	.472	July	.263	99	26	5	0	7	16	19	23	.372	.525
Inning 7+	.300	277	83	20	4	13	57	41	63	.387	.542	August	.265	34	9	2	2	2	10	4	5	.333	.618
Scoring Posn	.325	203	66	17	3	8	94	29	36	.398	.522	Sept/Oct	.352	88	31	4	1	6	15	18	19	.462	.625
Close & Late	.296	115	34	9	2	6	24	21	28	.400	.565	vs. AL	.273	77	21	3	1	3	14	12	18	.371	.455
None on/out	.226	168	38	10	0	7	7	23	39	.319	.411	vs. NL	.280	632	177	38	7	30	118	82	136	.360	.505

Cal Ripken Jr. — Orioles
Age 41 – Bats Right (groundball hitter)

	Avg	G	AB	R	H	2B	3B	HR	RBI	BB	SO	HBP	GDP	SB	CS	OBP	SLG	IBB	SH	SF	#Pit	#P/PA	GB	FB	G/F
2001 Season	.239	128	477	43	114	16	0	14	68	26	63	2	15	0	2	.276	.361	1	2	9	1821	3.53	189	155	1.22
Last Five Years	.272	620	2334	281	635	116	1	78	326	169	272	17	67	1	5	.322	.423	7	6	28	8926	3.49	1012	672	1.51

2001 Season

	Avg	AB	H	2B	3B	HR	RBI	BB	SO	OBP	SLG		Avg	AB	H	2B	3B	HR	RBI	BB	SO	OBP	SLG
vs. Left	.288	111	32	3	0	2	11	8	8	.328	.369	First Pitch	.257	70	18	2	0	6	15	1	0	.274	.543
vs. Right	.224	366	82	13	0	12	57	18	55	.260	.358	Ahead in Count	.266	109	29	5	0	5	22	15	0	.344	.450
Home	.252	238	60	4	0	3	31	11	29	.283	.307	Behind in Count	.182	209	38	4	0	1	21	0	53	.182	.215
Away	.226	239	54	12	0	11	37	15	34	.269	.414	Two Strikes	.190	200	38	6	0	1	20	10	63	.230	.235
Day	.266	143	38	4	0	0	18	9	20	.303	.294	Batting #5	.221	172	38	8	0	5	23	9	31	.259	.355
Night	.228	334	76	12	0	14	50	17	43	.265	.389	Batting #7	.250	156	39	3	0	4	19	9	19	.287	.346
Grass	.231	398	92	11	0	11	57	23	51	.271	.342	Other	.248	149	37	5	0	5	26	8	13	.284	.383
Turf	.278	79	22	5	0	3	11	3	12	.305	.456	April	.176	68	12	2	0	2	10	2	7	.197	.294
Pre-All Star	.240	225	54	7	0	4	28	10	22	.270	.324	May	.267	75	20	5	0	1	9	2	6	.288	.373
Post-All Star	.238	252	60	9	0	10	40	16	41	.282	.393	June	.203	64	13	0	0	1	6	5	8	.257	.250
Inning 1-6	.234	320	75	10	0	8	46	16	36	.268	.341	July	.368	76	28	2	0	5	16	5	6	.402	.592
Inning 7+	.248	157	39	6	0	6	22	10	27	.292	.401	August	.284	88	25	3	0	3	17	6	14	.320	.420
Scoring Posn	.316	117	37	5	0	2	52	10	14	.350	.410	Sept/Oct	.151	106	16	4	0	2	10	6	22	.195	.245
Close & Late	.232	69	16	1	0	2	7	5	17	.289	.333	vs. AL	.238	433	103	15	0	10	57	22	60	.273	.342
None on/out	.238	105	25	4	0	5	5	2	17	.252	.419	vs. NL	.250	44	11	1	0	4	11	4	3	.313	.545

2001 By Position

Position	Avg	AB	H	2B	3B	HR	RBI	BB	SO	OBP	SLG	G	GS	Innings	PO	A	E	DP	Fld Pct	Rng Fctr	In Zone	Zone Outs	Zone Rtg	MLB Zone
As DH	.241	54	13	1	0	0	4	4	8	.293	.259	14	14	—	—	—	—	—	—	—	—	—	—	—
As 3b	.236	420	99	14	0	14	64	22	55	.272	.369	111	111	981.2	97	209	14	23	.956	2.81	312	229	.734	.761

Last Five Years

	Avg	AB	H	2B	3B	HR	RBI	BB	SO	OBP	SLG		Avg	AB	H	2B	3B	HR	RBI	BB	SO	OBP	SLG
vs. Left	.270	599	162	30	0	16	74	56	55	.334	.401	First Pitch	.309	366	113	27	0	12	56	6	0	.324	.481
vs. Right	.273	1735	473	86	1	62	252	113	217	.318	.431	Ahead in Count	.322	594	191	31	0	38	116	75	0	.396	.569
Home	.278	1097	305	43	0	41	161	84	123	.331	.429	Behind in Count	.206	911	188	26	0	13	84	0	225	.212	.278
Away	.267	1237	330	73	1	37	165	85	149	.314	.417	Two Strikes	.195	880	172	24	0	13	77	88	272	.269	.267
Day	.268	695	186	33	0	18	94	59	84	.327	.393	Batting #5	.270	736	199	34	0	22	107	52	99	.319	.406
Night	.274	1639	449	83	1	60	232	110	188	.320	.436	Batting #6	.271	872	236	42	1	29	119	72	102	.326	.421
Grass	.272	1976	537	93	1	69	279	145	225	.322	.425	Other	.275	726	200	40	0	27	100	45	71	.320	.442
Turf	.274	358	98	23	0	9	47	24	47	.323	.413	March/April	.256	375	96	14	0	13	63	23	43	.296	.397
Pre-All Star	.271	1359	368	67	0	47	202	85	141	.315	.424	May	.258	422	109	27	0	17	67	26	50	.319	.443
Post-All Star	.274	975	267	49	1	31	124	84	131	.332	.422	June	.274	457	125	17	0	15	55	23	40	.312	.409
Inning 1-6	.273	1597	436	87	1	52	232	117	176	.322	.426	July	.315	356	112	25	1	12	52	23	30	.358	.492
Inning 7+	.270	737	199	29	0	26	94	52	96	.323	.415	August	.315	295	93	12	0	10	44	27	39	.369	.458
Scoring Posn	.287	599	172	35	1	16	238	71	77	.353	.429	Sept/Oct	.233	429	100	21	0	11	45	37	70	.293	.359
Close & Late	.276	351	97	9	0	13	42	27	48	.332	.413	vs. AL	.267	2065	551	103	1	64	283	148	249	.316	.411
None on/out	.278	543	151	28	0	21	21	24	58	.313	.446	vs. NL	.312	269	84	13	0	14	43	21	23	.368	.517

David Riske — Indians
Age 25 – Pitches Right (flyball pitcher)

	ERA	W	L	Sv	G	GS	IP	BB	SO	Avg	H	2B	3B	HR	RBI	OBP	SLG	GF	IR	IRS	Hld	SvOp	SB	CS	GB	FB	G/F
2001 Season	1.98	2	0	1	26	0	27.1	18	29	.206	20	3	0	3	14	.339	.330	6	20	9	3	1	1	3	26	28	0.93
Career (1999-2001)	4.14	3	1	1	38	0	41.1	24	45	.255	40	8	0	5	29	.357	.401	9	26	13	3	2	1	3	41	45	0.91

2001 Season

	ERA	W	L	Sv	G	GS	IP	H	HR	BB	SO		Avg	AB	H	2B	3B	HR	RBI	BB	SO	OBP	SLG
Home	1.84	1	0	1	11	0	14.2	13	1	9	17	vs. Left	.143	28	4	2	0	0	3	14	9	.442	.214
Away	2.13	1	0	0	15	0	12.2	7	2	9	12	vs. Right	.232	69	16	1	0	3	11	4	20	.280	.377
Starter	0.00	0	0	0	0	0	0.0	0	0	0	0	Scoring Posn	.161	31	5	1	0	1	10	9	7	.357	.290
Reliever	1.98	2	0	1	26	0	27.1	20	3	18	29	Close & Late	.333	15	5	1	0	1	5	3	4	.444	.600
0 Days Rest (Relief)	6.75	1	0	0	5	0	1.1	3	1	1	1	None on/out	.188	16	3	0	0	0	0	3	8	.350	.188
1 or 2 Days Rest	1.42	1	0	1	10	0	12.2	9	1	9	15	First Pitch	.333	6	2	1	0	0	0	3	0	.556	.500
3+ Days Rest	2.03	1	0	0	11	0	13.1	8	1	8	13	Ahead in Count	.204	49	10	1	0	1	4	0	20	.220	.286
Pre-All Star	0.00	0	0	0	1	0	2.2	0	0	1	3	Behind in Count	.294	17	5	1	0	1	4	9	4	.429	.529
Post-All Star	2.19	2	0	1	25	0	24.2	20	3	17	26	Two Strikes	.140	57	8	1	0	1	5	11	29	.286	.193

371

Todd Ritchie — Pirates
Age 30 – Pitches Right

	ERA	W	L	Sv	G	GS	IP	BB	SO	Avg	H	2B	3B	HR	RBI	OBP	SLG	CG	ShO	Sup	QS	#P/S	SB	CS	GB	FB	G/F
2001 Season	4.47	11	15	0	33	33	207.1	52	124	.259	211	40	7	23	104	.308	.410	4	2	3.69	16	91	11	4	322	238	1.35
Career (1997-2001)	4.37	37	35	0	149	90	665.1	194	420	.270	705	142	21	78	335	.323	.431	7	3	4.71	50	92	28	14	1016	720	1.41

2001 Season

	ERA	W	L	Sv	G	GS	IP	H	HR	BB	SO		Avg	AB	H	2B	3B	HR	RBI	BB	SO	OBP	SLG
Home	3.47	8	4	0	16	16	109.0	96	9	15	70	vs. Left	.286	378	108	25	4	13	60	28	53	.340	.476
Away	5.58	3	11	0	17	17	98.1	115	14	37	54	vs. Right	.236	436	103	15	3	10	44	24	71	.279	.353
Day	3.22	3	3	0	8	8	50.1	49	7	9	32	Inning 1-6	.252	707	178	32	6	19	91	49	107	.305	.395
Night	4.87	8	12	0	25	25	157.0	162	16	43	92	Inning 7+	.308	107	33	8	1	4	13	3	17	.321	.514
Grass	4.47	11	15	0	33	33	207.1	211	23	52	124	None on	.239	497	119	21	3	11	11	26	89	.283	.360
Turf	0.00	0	0	0	0	0	0.0	0	0	0	0	Runners on	.290	317	92	19	4	12	93	26	35	.345	.489
Scoring Posn													.277	177	49	11	3	4	70	19	23	.348	.471
April	4.60	0	3	0	5	5	29.1	29	3	12	17	Close & Late	.271	48	13	5	0	1	5	1	10	.280	.438
May	4.65	3	3	0	5	5	31.0	31	5	10	17	None on/out	.248	214	53	7	3	5	5	10	37	.281	.379
June	3.27	4	2	0	6	6	41.1	33	3	6	28	vs. 1st Batr (relief)	.000	0	0	0	0	0	0	0	0	.000	.000
July	3.98	3	2	0	6	6	40.2	41	4	5	21	1st Inning Pitched	.189	122	23	4	0	4	13	7	25	.250	.320
August	6.68	3	2	0	6	6	33.2	50	5	12	20	First 75 Pitches	.238	625	149	24	5	17	73	43	95	.294	.374
Sept/Oct	4.02	1	3	0	5	5	31.1	27	3	7	21	Pitch 76-90	.344	125	43	12	1	3	22	6	18	.368	.528
Starter	4.47	11	15	0	33	33	207.1	211	23	52	124	Pitch 91-105	.255	51	13	2	1	3	6	2	10	.278	.510
Reliever	0.00	0	0	0	0	0	0.0	0	0	0	0	Pitch 106+	.462	13	6	2	0	0	3	1	1	.500	.615
0-3 Days Rest (Start)	0.00	0	0	0	0	0	0.0	0	0	0	0	First Pitch	.328	134	44	10	3	4	21	7	0	.354	.537
4 Days Rest	4.07	7	8	0	18	18	119.1	114	14	24	72	Ahead in Count	.209	350	73	16	1	6	40	0	106	.215	.311
5+ Days Rest	5.01	4	7	0	15	15	88.0	97	9	28	52	Behind in Count	.287	188	54	9	1	8	29	22	0	.372	.473
vs. AL	1.64	3	1	0	4	4	33.0	22	3	4	23	Two Strikes	.189	328	62	12	1	7	29	23	124	.249	.296
vs. NL	5.01	8	14	0	29	29	174.1	189	20	48	101	Pre-All Star	.242	446	108	24	4	14	58	30	68	.294	.408
Pre-All Star	4.07	5	9	0	18	18	115.0	108	14	30	68	Post-All Star	.280	368	103	16	3	9	46	22	56	.324	.413
Post-All Star	4.97	6	6	0	15	15	92.1	103	9	22	56												

Career (1997-2001)

	ERA	W	L	Sv	G	GS	IP	H	HR	BB	SO		Avg	AB	H	2B	3B	HR	RBI	BB	SO	OBP	SLG
Home	3.74	23	11	0	75	45	356.0	343	39	81	239	vs. Left	.284	1144	325	69	13	42	170	113	187	.350	.477
Away	5.09	14	24	0	74	45	309.1	362	39	113	181	vs. Right	.260	1463	380	73	8	36	165	81	233	.302	.394
Day	5.15	9	13	0	46	24	183.2	214	29	62	116	Inning 1-6	.269	2083	560	114	19	60	282	165	343	.325	.428
Night	4.07	28	22	0	103	66	481.2	491	49	132	304	Inning 7+	.277	524	145	28	2	18	53	29	77	.318	.441
Grass	4.54	19	21	0	76	51	355.0	378	41	108	212	None on	.269	1523	410	83	9	41	41	108	250	.320	.416
Turf	4.18	18	14	0	73	39	310.1	327	37	86	208	Runners on	.272	1084	295	59	12	37	294	86	170	.328	.451
Scoring Posn													.265	622	165	32	9	20	244	58	115	.330	.442
March/April	3.32	3	7	0	23	11	86.2	86	5	29	55	Close & Late	.250	164	41	12	0	3	14	6	29	.283	.378
May	5.42	5	8	0	23	16	103.0	112	17	48	59	None on/out	.265	667	177	33	5	14	14	38	101	.306	.393
June	4.06	9	6	0	21	17	119.2	115	15	27	77	vs. 1st Batr (relief)	.354	48	17	1	0	0	3	10	6	.458	.375
July	4.34	6	5	0	23	17	118.1	129	16	26	74	1st Inning Pitched	.272	584	159	29	3	18	82	46	93	.328	.425
August	5.23	7	4	0	26	14	117.0	140	12	34	69	First 75 Pitches	.268	2088	560	100	16	63	265	158	340	.322	.422
Sept/Oct	3.73	7	5	0	33	15	120.2	123	13	30	86	Pitch 76-90	.307	309	95	28	2	7	44	24	48	.360	.479
Starter	4.30	35	31	0	90	90	565.0	586	66	157	354	Pitch 91-105	.238	164	39	11	3	7	21	9	29	.280	.470
Reliever	4.75	2	4	0	59	0	100.1	119	12	37	66	Pitch 106+	.239	46	11	3	0	1	5	3	3	.286	.370
0-3 Days Rest (Start)	3.00	1	0	0	1	1	6.0	4	1	3	1	First Pitch	.329	410	135	33	6	15	73	10	0	.343	.549
4 Days Rest	4.50	19	19	0	49	49	310.1	321	40	84	197	Ahead in Count	.211	1146	242	50	6	19	125	0	360	.214	.305
5+ Days Rest	4.09	15	12	0	40	40	248.2	261	25	70	156	Behind in Count	.326	605	197	34	5	32	94	107	0	.430	.557
vs. AL	3.98	8	5	0	61	10	160.2	159	20	49	112	Two Strikes	.203	1097	223	48	3	23	104	77	420	.258	.315
vs. NL	4.49	29	30	0	88	80	504.2	546	58	145	308	Post-All Star	.278	1231	342	68	12	35	154	78	203	.322	.438
Pre-All Star	4.23	21	23	0	75	51	355.2	363	43	116	217	Pre-All Star	.264	1376	363	74	9	43	181	116	217	.325	.424
Post-All Star	4.53	16	12	0	74	39	309.2	342	35	78	203												

Luis Rivas — Twins
Age 22 – Bats Right (groundball hitter)

	Avg	G	AB	R	H	2B	3B	HR	RBI	BB	SO	HBP	GDP	SB	CS	OBP	SLG	IBB	SH	SF	#Pit	#P/PA	GB	FB	G/F
2001 Season	.266	153	563	70	150	21	6	7	47	40	99	6	15	31	11	.319	.362	0	5	5	2314	3.74	240	129	1.86
Career (2000-2001)	.271	169	621	78	168	25	7	7	53	42	103	6	17	33	11	.320	.367	0	7	7	2535	3.71	268	146	1.84

2001 Season

	Avg	AB	H	2B	3B	HR	RBI	BB	SO	OBP	SLG		Avg	AB	H	2B	3B	HR	RBI	BB	SO	OBP	SLG
vs. Left	.241	137	33	6	2	2	7	12	27	.307	.358	First Pitch	.276	76	21	6	1	0	5	0	0	.288	.382
vs. Right	.275	426	117	15	4	5	40	28	72	.323	.364	Ahead in Count	.300	120	36	6	3	2	11	22	0	.403	.450
Home	.268	276	74	11	4	3	25	22	50	.327	.370	Behind in Count	.260	265	69	6	1	3	24	0	81	.270	.325
Away	.265	287	76	10	2	4	22	18	49	.312	.355	Two Strikes	.221	263	58	5	0	5	24	18	99	.275	.297
Day	.249	181	45	6	1	2	16	9	31	.294	.326	Batting #1	.340	162	55	5	2	4	12	12	23	.392	.469
Night	.275	382	105	15	5	5	31	31	68	.331	.380	Batting #2	.207	164	34	7	2	3	15	7	35	.241	.329
Grass	.270	256	69	9	2	4	21	18	44	.321	.367	Other	.257	237	61	9	2	0	20	21	41	.322	.312
Turf	.264	307	81	12	4	3	26	22	55	.318	.358	April	.200	85	17	2	1	2	9	3	13	.225	.318
Pre-All Star	.247	279	69	10	3	4	29	23	50	.306	.348	May	.231	91	21	6	1	2	14	9	19	.301	.385
Post-All Star	.285	284	81	11	3	3	18	17	49	.332	.377	June	.299	77	23	0	1	0	4	7	15	.364	.325
Inning 1-6	.256	379	97	14	5	5	31	19	67	.317	.359	July	.277	101	28	4	1	1	6	5	18	.311	.366
Inning 7+	.288	184	53	7	1	2	20	9	30	.323	.370	August	.241	108	26	4	1	2	8	12	17	.322	.352
Scoring Posn	.265	132	35	4	0	2	39	9	26	.315	.295	Sept/Oct	.347	101	35	5	1	0	6	4	17	.371	.416
Close & Late	.300	80	24	3	1	1	7	4	17	.329	.400	vs. AL	.270	496	134	20	5	6	44	39	90	.328	.367
None on/out	.287	157	45	5	2	2	15	26	.353	.420	vs. NL	.239	67	16	1	1	1	3	1	9	.246	.328

											2001 By Position										
Position	Avg	AB	H	2B	3B	HR	RBI	BB	SO	OBP	SLG	G	GS	Innings	PO	A	E	DP	Fld Pct	Rng Fctr	In Zone	Outs	Zone Rtg	MLB Zone
As 2b	.266	560	149	21	6	7	47	39	99	.318	.363	150	148	1304.1	230	335	15	65	.974	3.90	401	313	.781	.824

Juan Rivera — Yankees   Age 23 – Bats Right

	Avg	G	AB	R	H	2B	3B	HR	RBI	BB	SO	HBP	GDP	SB	CS	OBP	SLG	IBB	SH	SF	#Pit	#P/PA	GB	FB	G/F
2001 Season	.000	3	4	0	0	0	0	0	0	0	0	0	0	0	0	.000	.000	0	0	0	17	4.25	1	3	0.33

2001 Season

	Avg	AB	H	2B	3B	HR	RBI	BB	SO	OBP	SLG		Avg	AB	H	2B	3B	HR	RBI	BB	SO	OBP	SLG
vs. Left	.000	1	0	0	0	0	0	0	0	.000	.000	Scoring Posn	.000	2	0	0	0	0	0	0	0	.000	.000
vs. Right	.000	3	0	0	0	0	0	0	0	.000	.000	Close & Late	.000	2	0	0	0	0	0	0	0	.000	.000

Mariano Rivera — Yankees   Age 32 – Pitches Right (groundball pitcher)

	ERA	W	L	Sv	G	GS	IP	BB	SO	Avg	H	2B	3B	HR	RBI	OBP	SLG	GF	IR	IRS	Hld	SvOp	SB	CS	GB	FB	G/F
2001 Season	2.34	4	6	50	71	0	80.2	12	83	.209	61	4	0	5	28	.242	.274	66	25	5	0	57	3	3	117	55	2.13
Last Five Years	2.19	24	17	210	323	0	358.1	92	297	.209	275	42	4	19	116	.262	.291	295	117	28	0	240	16	5	516	315	1.64

2001 Season

	ERA	W	L	Sv	G	GS	IP	H	HR	BB	SO		Avg	AB	H	2B	3B	HR	RBI	BB	SO	OBP	SLG
Home	3.48	3	4	24	36	0	41.1	29	5	7	40	vs. Left	.187	139	26	3	0	0	4	7	33	.226	.209
Away	1.14	1	2	26	35	0	39.1	32	0	5	43	vs. Right	.229	153	35	1	0	5	24	5	50	.256	.333
Day	3.69	3	3	19	28	0	31.2	28	3	8	36	Inning 1-6	.000	0	0	0	0	0	0	0	0	.000	.000
Night	1.47	1	3	31	43	0	49.0	33	2	4	47	Inning 7+	.209	292	61	4	0	5	28	12	83	.242	.274
Grass	2.58	4	6	43	62	0	69.2	54	5	12	66	None on	.191	173	33	3	0	1	1	5	56	.218	.225
Turf	0.82	0	0	7	9	0	11.0	7	0	0	17	Runners on	.235	119	28	1	0	4	27	7	27	.276	.345
April	2.19	1	1	6	11	0	12.1	9	1	1	13	Scoring Posn	.258	62	16	0	0	1	21	5	13	.309	.306
May	3.14	0	2	9	12	0	14.1	10	1	4	14	Close & Late	.202	238	48	4	0	4	24	10	64	.233	.269
June	1.69	1	0	11	14	0	16.0	9	2	2	19	None on/out	.138	65	9	0	0	0	0	2	21	.176	.138
July	3.29	1	2	8	12	0	13.2	11	0	2	16	vs. 1st Batr (relief)	.164	67	11	0	0	1	6	2	23	.197	.209
August	1.32	1	0	8	12	0	13.2	13	1	3	9	1st Inning Pitched	.202	242	49	2	0	4	24	11	72	.236	.260
Sept/Oct	2.53	0	1	8	10	0	10.2	9	0	0	12	First 15 Pitches	.200	210	42	3	0	3	12	7	62	.228	.257
Starter	0.00	0	0	0	0	0	0.0	0	0	0	0	Pitch 16-30	.238	80	19	1	0	2	16	5	20	.282	.325
Reliever	2.34	4	6	50	71	0	80.2	61	5	12	83	Pitch 31-45	.000	2	0	0	0	0	0	1	.000	.000
0 Days Rest (Relief)	2.73	1	2	20	25	0	26.1	22	3	2	23	Pitch 46+	.000	0	0	0	0	0	0	0	0	.000	.000
1 or 2 Days Rest	3.62	2	4	17	25	0	27.1	24	1	9	28	First Pitch	.375	24	9	1	0	0	3	2	0	.423	.417
3+ Days Rest	0.67	1	0	13	21	0	27.0	15	1	4	32	Ahead in Count	.181	177	32	3	0	4	17	0	75	.184	.266
vs. AL	2.18	3	5	43	61	0	70.1	52	4	9	70	Behind in Count	.250	40	10	0	0	1	6	4	0	.318	.325
vs. NL	3.48	1	1	7	10	0	10.1	9	1	3	13	Two Strikes	.145	152	22	2	0	3	12	6	83	.181	.217
Pre-All Star	2.66	2	4	29	41	0	47.1	32	4	8	50	Pre-All Star	.187	171	32	1	0	4	17	8	50	.222	.263
Post-All Star	1.89	2	2	21	30	0	33.1	29	1	4	33	Post-All Star	.240	121	29	3	0	1	11	4	33	.270	.289

Last Five Years

	ERA	W	L	Sv	G	GS	IP	H	HR	BB	SO		Avg	AB	H	2B	3B	HR	RBI	BB	SO	OBP	SLG
Home	2.58	16	11	101	170	0	184.2	138	13	46	149	vs. Left	.203	689	140	19	1	3	44	50	125	.257	.247
Away	1.76	8	6	109	153	0	173.2	137	6	46	148	vs. Right	.216	624	135	23	3	16	72	42	172	.267	.340
Day	2.87	11	7	69	116	0	128.2	109	9	37	125	Inning 1-6	.000	0	0	0	0	0	0	0	0	.000	.000
Night	1.80	13	10	141	207	0	229.2	166	10	55	172	Inning 7+	.209	1313	275	42	4	19	116	92	297	.262	.291
Grass	2.30	22	17	187	290	0	320.1	249	16	81	258	None on	.202	748	151	24	2	11	11	42	175	.248	.283
Turf	1.18	2	0	23	33	0	38.0	26	3	11	39	Runners on	.219	565	124	18	2	8	105	50	122	.279	.301
March/April	2.40	4	3	30	48	0	56.1	49	4	10	45	Scoring Posn	.216	328	71	9	1	5	96	38	77	.290	.296
May	2.10	2	3	35	49	0	55.2	45	1	17	43	Close & Late	.218	979	213	33	2	15	103	68	211	.287	.301
June	2.02	2	3	43	57	0	62.1	43	4	13	50	None on/out	.182	307	56	7	0	5	0	10	69	.211	.254
July	3.10	5	5	37	54	0	58.0	44	6	14	53	vs. 1st Batr (relief)	.162	308	50	7	0	5	17	10	78	.192	.234
August	1.57	8	1	38	62	0	69.0	50	4	23	54	1st Inning Pitched	.205	1139	234	37	4	16	100	77	255	.257	.287
Sept/Oct	2.05	3	2	27	53	0	57.0	44	0	15	52	First 15 Pitches	.204	932	190	30	3	12	64	55	197	.250	.281
Starter	0.00	0	0	0	0	0	0.0	0	0	0	0	Pitch 16-30	.223	345	77	11	1	7	50	34	92	.290	.322
Reliever	2.19	24	17	210	323	0	358.1	275	19	92	297	Pitch 31-45	.242	33	8	1	0	0	2	3	7	.306	.273
0 Days Rest (Relief)	2.10	5	4	76	102	0	107.1	82	4	19	86	Pitch 46+	.000	3	0	0	0	0	0	1	.000	.000
1 or 2 Days Rest	2.76	12	11	72	119	0	130.1	117	8	40	96	First Pitch	.255	145	37	5	0	4	18	12	0	.312	.372
3+ Days Rest	1.64	7	2	62	102	0	120.2	76	7	33	115	Ahead in Count	.174	764	133	21	2	8	55	0	265	.177	.238
vs. AL	2.09	22	12	180	284	0	318.1	248	16	83	261	Behind in Count	.309	181	56	9	2	5	17	43	0	.441	.464
vs. NL	2.93	2	5	30	39	0	40.0	27	3	9	36	Two Strikes	.165	701	116	15	2	7	52	36	297	.206	.223
Pre-All Star	2.26	9	11	122	173	0	195.1	150	10	44	156	Pre-All Star	.208	721	150	25	2	10	64	44	156	.254	.290
Post-All Star	2.10	15	6	88	150	0	163.0	125	9	48	141	Post-All Star	.211	592	125	17	2	9	52	48	141	.270	.292

Mike Rivera — Tigers   Age 25 – Bats Right

	Avg	G	AB	R	H	2B	3B	HR	RBI	BB	SO	HBP	GDP	SB	CS	OBP	SLG	IBB	SH	SF	#Pit	#P/PA	GB	FB	G/F
2001 Season	.333	4	12	2	4	2	0	0	1	0	2	0	0	0	0	.333	.500	0	0	0	45	3.75	4	4	1.00

2001 Season

	Avg	AB	H	2B	3B	HR	RBI	BB	SO	OBP	SLG		Avg	AB	H	2B	3B	HR	RBI	BB	SO	OBP	SLG
vs. Left	.500	2	1	1	0	0	0	0	0	.500	1.000	Scoring Posn	.500	2	1	1	0	0	1	0	1	.500	1.000
vs. Right	.300	10	3	1	0	0	1	0	2	.300	.400	Close & Late	.333	3	1	0	0	0	0	0	0	.333	.333

373

Ruben Rivera — Reds
Age 28 – Bats Right

	Avg	G	AB	R	H	2B	3B	HR	RBI	BB	SO	HBP	GDP	SB	CS	OBP	SLG	IBB	SH	SF	#Pit	#P/PA	GB	FB	G/F
2001 Season	.255	117	263	37	67	13	1	10	34	21	83	5	7	6	3	.321	.426	1	0	1	1065	3.67	87	65	1.34
Last Five Years	.214	511	1289	197	276	55	10	56	169	150	424	22	25	39	16	.305	.403	3	1	8	5909	4.02	378	339	1.12

2001 Season

	Avg	AB	H	2B	3B	HR	RBI	BB	SO	OBP	SLG		Avg	AB	H	2B	3B	HR	RBI	BB	SO	OBP	SLG
vs. Left	.241	79	19	2	0	4	11	10	25	.330	.418	Scoring Posn	.218	78	17	3	1	0	20	11	27	.326	.282
vs. Right	.261	184	48	11	1	6	23	11	58	.317	.429	Close & Late	.196	56	11	4	0	3	10	6	24	.281	.429
Home	.235	132	31	6	1	6	14	10	38	.297	.432	None on/out	.211	57	12	2	0	4	4	4	17	.286	.456
Away	.275	131	36	7	0	4	20	11	45	.345	.420	Batting #5	.264	72	19	3	0	1	7	5	23	.321	.347
First Pitch	.438	48	21	4	0	6	10	1	0	.460	.896	Batting #6	.296	115	34	5	1	6	18	11	28	.367	.513
Ahead in Count	.425	40	17	2	1	3	15	9	0	.540	.750	Other	.184	76	14	5	0	3	9	5	32	.250	.368
Behind in Count	.162	130	21	6	0	1	7	0	68	.179	.231	Pre-All Star	.260	173	45	7	0	7	24	12	51	.316	.422
Two Strikes	.138	145	20	6	0	1	8	11	83	.197	.200	Post-All Star	.244	90	22	6	1	3	10	9	32	.330	.433

Last Five Years

	Avg	AB	H	2B	3B	HR	RBI	BB	SO	OBP	SLG		Avg	AB	H	2B	3B	HR	RBI	BB	SO	OBP	SLG
vs. Left	.218	477	104	22	5	22	66	54	147	.302	.423	First Pitch	.321	159	51	7	2	16	29	2	0	.337	.692
vs. Right	.212	812	172	33	5	34	103	96	277	.307	.390	Ahead in Count	.351	231	81	18	4	17	60	53	0	.472	.684
Home	.209	608	127	26	5	26	68	66	198	.295	.396	Behind in Count	.148	635	94	20	2	15	47	0	340	.162	.257
Away	.219	681	149	29	5	30	101	84	226	.314	.408	Two Strikes	.137	723	99	20	3	16	53	95	424	.244	.239
Day	.196	460	90	13	3	20	55	49	155	.285	.367	Batting #6	.216	361	78	14	2	17	50	46	108	.314	.407
Night	.224	829	186	42	7	36	114	101	269	.316	.422	Batting #7	.203	482	98	24	4	25	68	55	151	.295	.425
Grass	.209	1127	235	47	9	45	132	126	380	.296	.386	Other	.224	446	100	17	4	14	51	49	165	.309	.374
Turf	.253	162	41	8	1	11	37	24	44	.365	.519	March/April	.230	126	29	9	1	4	18	6	38	.271	.413
Pre-All Star	.244	667	163	33	6	35	101	67	203	.320	.469	May	.245	220	54	9	3	8	32	16	58	.310	.423
Post-All Star	.182	622	113	22	4	21	68	83	221	.289	.331	June	.235	234	55	7	2	18	39	39	77	.348	.513
Inning 1-6	.217	794	172	36	5	33	98	82	246	.299	.399	July	.248	230	57	14	0	13	39	22	78	.326	.478
Inning 7+	.210	495	104	19	5	23	71	68	178	.314	.408	August	.158	260	41	7	2	4	22	37	91	.276	.246
Scoring Posn	.205	342	70	14	5	8	106	51	109	.322	.345	Sept/Oct	.183	219	40	9	2	9	19	30	82	.281	.365
Close & Late	.211	246	52	11	1	14	42	35	90	.322	.435	vs. AL	.162	142	23	5	0	6	16	23	52	.294	.324
None on/out	.224	299	67	12	3	20	20	39	102	.328	.485	vs. NL	.221	1147	253	50	10	50	153	127	372	.306	.412

Brian Roberts — Orioles
Age 24 – Bats Both

	Avg	G	AB	R	H	2B	3B	HR	RBI	BB	SO	HBP	GDP	SB	CS	OBP	SLG	IBB	SH	SF	#Pit	#P/PA	GB	FB	G/F
2001 Season	.253	75	273	42	69	12	3	2	17	13	36	0	3	12	3	.284	.341	0	3	3	1116	3.82	98	78	1.26

2001 Season

	Avg	AB	H	2B	3B	HR	RBI	BB	SO	OBP	SLG		Avg	AB	H	2B	3B	HR	RBI	BB	SO	OBP	SLG
vs. Left	.247	81	20	2	2	1	8	3	12	.271	.358	Scoring Posn	.189	53	10	1	0	0	15	4	10	.233	.208
vs. Right	.255	192	49	10	1	1	9	10	24	.289	.333	Close & Late	.200	40	8	1	1	1	6	0	6	.195	.350
Home	.250	120	30	2	3	0	4	9	14	.302	.317	None on/out	.296	71	21	5	1	1	1	5	9	.342	.437
Away	.255	153	39	10	0	2	13	4	22	.269	.359	Batting #1	.182	44	8	1	0	0	3	6	6	.280	.275
First Pitch	.261	46	12	3	0	0	1	0	0	.261	.326	Batting #2	.264	216	57	11	3	2	14	6	27	.280	.370
Ahead in Count	.327	52	17	4	1	0	4	5	0	.386	.442	Other	.308	13	4	0	0	0	0	1	3	.357	.308
Behind in Count	.180	122	22	4	0	0	5	0	31	.176	.213	Pre-All Star	.277	94	26	4	2	0	5	3	10	.296	.362
Two Strikes	.241	133	32	5	2	2	11	8	36	.278	.353	Post-All Star	.240	179	43	8	1	2	12	10	26	.277	.330

Dave Roberts — Indians
Age 30 – Bats Left (groundball hitter)

	Avg	G	AB	R	H	2B	3B	HR	RBI	BB	SO	HBP	GDP	SB	CS	OBP	SLG	IBB	SH	SF	#Pit	#P/PA	GB	FB	G/F
2001 Season	.333	15	12	3	4	1	0	0	2	1	2	0	0	0	1	.385	.417	0	0	0	45	3.46	4	2	2.00
Career (1999-2001)	.242	75	165	30	40	5	0	2	14	12	20	0	0	12	5	.292	.309	0	4	1	685	3.76	75	38	1.97

2001 Season

	Avg	AB	H	2B	3B	HR	RBI	BB	SO	OBP	SLG		Avg	AB	H	2B	3B	HR	RBI	BB	SO	OBP	SLG
vs. Left	.000	1	0	0	0	0	0	0	1	.000	.000	Scoring Posn	.333	3	1	0	0	0	2	1	0	.500	.333
vs. Right	.364	11	4	1	0	0	2	1	1	.417	.455	Close & Late	.250	4	1	0	0	0	2	1	1	.400	.250

Grant Roberts — Mets
Age 24 – Pitches Right

	ERA	W	L	Sv	G	GS	IP	BB	SO	Avg	H	2B	3B	HR	RBI	OBP	SLG	GF	IR	IRS	Hld	SvOp	SB	CS	GB	FB	G/F
2001 Season	3.81	1	0	0	16	0	26.0	8	29	.240	24	5	0	2	13	.294	.350	2	13	3	1	1	2	1	32	24	1.33
Career (2000-2001)	5.45	1	0	0	20	1	33.0	12	35	.265	35	9	0	2	22	.320	.379	2	14	4	1	1	3	1	45	32	1.41

2001 Season

	ERA	W	L	Sv	G	GS	IP	H	HR	BB	SO		Avg	AB	H	2B	3B	HR	RBI	BB	SO	OBP	SLG
Home	3.00	1	0	0	6	0	12.0	10	0	2	15	vs. Left	.303	33	10	2	0	1	4	3	6	.361	.455
Away	4.50	0	0	0	10	0	14.0	14	2	6	14	vs. Right	.209	67	14	3	0	1	9	5	23	.260	.299

Willis Roberts — Orioles
Age 27 – Pitches Right (groundball pitcher)

	ERA	W	L	Sv	G	GS	IP	BB	SO	Avg	H	2B	3B	HR	RBI	OBP	SLG	GF	IR	IRS	Hld	SvOp	SB	CS	GB	FB	G/F
2001 Season	4.91	9	10	6	46	18	132.0	55	95	.274	142	34	1	15	69	.354	.431	20	12	4	1	10	8	3	201	136	1.48
Career (1999-2001)	5.00	9	10	6	47	18	133.1	55	95	.277	145	34	1	15	73	.356	.431	20	13	4	1	10	8	3	205	136	1.51

2001 Season

	ERA	W	L	Sv	G	GS	IP	H	HR	BB	SO		Avg	AB	H	2B	3B	HR	RBI	BB	SO	OBP	SLG
Home	5.09	4	4	3	22	8	63.2	66	6	27	45	vs. Left	.264	261	69	20	0	9	35	25	50	.330	.444
Away	4.74	5	6	3	24	10	68.1	76	9	28	50	vs. Right	.284	257	73	14	1	6	34	30	45	.377	.416

2001 Season

	ERA	W	L	Sv	G	GS	IP	H	HR	BB	SO		Avg	AB	H	2B	3B	HR	RBI	BB	SO	OBP	SLG
Starter	5.45	6	8	0	18	18	102.1	111	10	44	68	Scoring Posn	.236	144	34	12	0	2	50	20	34	.333	.361
Reliever	3.03	3	2	6	28	0	29.2	31	5	11	27	Close & Late	.280	82	23	6	0	5	14	10	21	.362	.537
0 Days Rest (Relief)	8.44	1	1	3	6	0	5.1	7	3	1	4	None on/out	.267	131	35	8	0	8	8	10	20	.333	.511
1 or 2 Days Rest	2.20	1	1	2	14	0	16.1	15	2	8	16	First Pitch	.301	73	22	3	0	2	13	1	0	.342	.425
3+ Days Rest	1.13	1	0	1	8	0	8.0	9	0	2	7	Ahead in Count	.225	222	50	13	0	4	18	0	77	.231	.338
Pre-All Star	5.24	6	7	0	21	15	92.2	98	8	39	67	Behind in Count	.344	125	43	7	1	8	26	24	0	.451	.608
Post-All Star	4.12	3	3	6	25	3	39.1	44	7	16	28	Two Strikes	.187	225	42	13	0	4	19	30	95	.285	.298

Kerry Robinson — Cardinals
Age 28 – Bats Left (groundball hitter)

	Avg	G	AB	R	H	2B	3B	HR	RBI	BB	SO	HBP	GDP	SB	CS	OBP	SLG	IBB	SH	SF	#Pit	#P/PA	GB	FB	G/F
2001 Season	.285	114	186	34	53	6	1	1	15	12	20	2	1	11	2	.330	.344	0	4	3	677	3.27	86	40	2.15
Career (1998-2001)	.279	125	190	38	53	6	1	1	15	12	22	2	1	11	3	.324	.337	0	4	3	696	3.30	88	40	2.20

2001 Season

	Avg	AB	H	2B	3B	HR	RBI	BB	SO	OBP	SLG		Avg	AB	H	2B	3B	HR	RBI	BB	SO	OBP	SLG
vs. Left	.267	15	4	0	0	1	2	0	2	.267	.467	Scoring Posn	.222	36	8	0	0	0	13	2	4	.262	.222
vs. Right	.287	171	49	6	1	0	13	12	18	.335	.333	Close & Late	.282	39	11	1	0	0	1	2	5	.326	.308
Home	.303	76	23	2	0	1	10	4	6	.337	.368	None on/out	.229	48	11	1	0	0	0	5	4	.315	.250
Away	.273	110	30	4	1	0	5	8	14	.325	.327	Batting #8	.212	33	7	0	0	0	3	0	5	.229	.212
First Pitch	.452	31	14	0	0	0	6	0	0	.455	.452	Batting #9	.283	53	15	2	0	0	1	3	5	.321	.321
Ahead in Count	.300	40	12	3	0	0	5	9	0	.412	.375	Other	.310	100	31	4	1	1	11	9	10	.366	.400
Behind in Count	.195	82	16	3	1	1	3	0	18	.205	.293	Pre-All Star	.309	94	29	3	0	1	7	6	9	.343	.372
Two Strikes	.194	67	13	0	1	4	3	20	.229	.284	Post-All Star	.261	92	24	3	1	0	8	6	11	.317	.315

John Rocker — Indians
Age 27 – Pitches Left

	ERA	W	L	Sv	G	GS	IP	BB	SO	Avg	H	2B	3B	HR	RBI	OBP	SLG	GF	IR	IRS	Hld	SvOp	SB	CS	GB	FB	G/F
2001 Season	4.32	5	9	23	68	0	66.2	41	79	.234	58	7	1	4	29	.351	.319	48	18	4	7	30	7	1	74	63	1.17
Career (1998-2001)	3.05	11	19	87	248	0	230.0	148	302	.202	169	20	3	18	93	.329	.297	166	95	22	26	106	18	2	223	192	1.16

2001 Season

	ERA	W	L	Sv	G	GS	IP	H	HR	BB	SO		Avg	AB	H	2B	3B	HR	RBI	BB	SO	OBP	SLG
Home	3.97	5	4	9	35	0	34.0	28	3	18	38	vs. Left	.239	46	11	1	0	1	6	15	15	.429	.326
Away	4.68	0	5	14	33	0	32.2	30	1	23	41	vs. Right	.233	202	47	6	1	3	23	26	64	.330	.317
Day	3.38	1	4	7	21	0	21.1	15	3	10	22	Inning 1-6	.000	0	0	0	0	0	0	0	0	.000	.000
Night	4.76	4	5	16	47	0	45.1	43	1	31	57	Inning 7+	.234	248	58	7	1	4	29	41	79	.351	.319
Grass	4.80	5	9	19	62	0	60.0	52	4	38	72	None on	.230	122	28	1	1	1	1	18	39	.343	.279
Turf	0.00	0	0	4	6	0	6.2	6	0	3	7	Runners on	.238	126	30	6	0	3	28	23	40	.359	.357
April	3.97	2	0	6	10	0	11.1	10	1	5	12	Scoring Posn	.234	77	18	4	0	2	26	12	26	.344	.364
May	2.61	0	0	8	10	0	10.1	11	0	6	14	Close & Late	.247	166	41	6	1	4	27	30	53	.368	.367
June	2.19	0	2	7	12	0	12.1	4	1	5	14	None on/out	.231	52	12	0	1	0	0	10	18	.375	.269
July	5.68	2	4	0	13	0	12.2	13	0	9	15	vs. 1st Batr (relief)	.211	57	12	1	1	1	3	8	19	.328	.316
August	5.23	1	2	0	12	0	10.1	11	0	11	13	1st Inning Pitched	.231	234	54	7	1	4	28	38	74	.347	.321
Sept/Oct	6.52	0	1	2	11	0	9.2	9	2	5	11	First 15 Pitches	.226	168	38	6	1	2	10	29	55	.348	.310
Starter	0.00	0	0	0	0	0	0.0	0	0	0	0	Pitch 16-30	.253	79	20	1	0	2	18	12	26	.366	.342
Reliever	4.32	5	9	23	68	0	66.2	58	4	41	79	Pitch 31-45	.000	1	0	0	0	0	1	0	0	.000	.000
0 Days Rest (Relief)	2.70	4	2	7	19	0	20.0	14	1	13	23	Pitch 46+	.000	0	0	0	0	0	0	0	0	.000	.000
1 or 2 Days Rest	4.91	1	5	10	31	0	29.1	29	1	16	35	First Pitch	.379	29	11	2	1	2	5	4	0	.486	.724
3+ Days Rest	5.19	0	2	6	18	0	17.1	15	2	12	21	Ahead in Count	.190	142	27	3	0	1	11	0	69	.200	.232
vs. AL	4.08	2	4	7	38	0	35.1	27	2	19	40	Behind in Count	.371	35	13	0	0	1	6	19	0	.582	.457
vs. NL	4.60	3	5	16	30	0	31.1	31	2	22	39	Two Strikes	.164	146	24	3	0	1	14	18	79	.268	.205
Pre-All Star	3.23	4	4	21	37	0	39.0	30	2	20	47	Pre-All Star	.213	141	30	3	1	2	16	20	47	.317	.291
Post-All Star	5.86	1	5	2	31	0	27.2	28	2	21	32	Post-All Star	.262	107	28	4	0	2	13	21	32	.394	.355

Career (1998-2001)

	ERA	W	L	Sv	G	GS	IP	H	HR	BB	SO		Avg	AB	H	2B	3B	HR	RBI	BB	SO	OBP	SLG
Home	2.18	8	6	45	129	0	123.2	79	7	72	162	vs. Left	.190	195	37	1	0	7	30	36	81	.329	.303
Away	4.06	3	13	42	119	0	106.1	90	11	76	140	vs. Right	.206	642	132	19	3	11	63	112	221	.329	.296
Day	2.65	4	10	23	72	0	68.0	41	8	48	91	Inning 1-6	.294	17	5	0	1	0	2	2	5	.368	.412
Night	3.22	7	9	64	176	0	162.0	128	10	100	211	Inning 7+	.200	820	164	20	2	18	91	146	297	.328	.295
Grass	2.87	10	17	74	219	0	201.0	138	13	133	263	None on	.197	422	83	6	1	9	9	71	156	.319	.280
Turf	4.34	1	2	13	29	0	29.0	31	5	15	39	Runners on	.207	415	86	14	2	9	84	77	146	.338	.316
March/April	3.12	3	1	12	25	0	26.0	19	1	18	34	Scoring Posn	.198	262	52	10	1	7	79	54	95	.344	.324
May	2.89	2	2	12	45	0	43.2	34	2	36	56	Close & Late	.205	541	111	14	2	13	78	95	202	.328	.311
June	3.99	1	3	15	42	0	38.1	24	3	21	51	None on/out	.194	186	36	2	1	5	5	34	73	.324	.296
July	2.68	3	4	8	43	0	40.1	31	2	26	51	vs. 1st Batr (relief)	.176	205	36	4	1	7	19	39	81	.316	.307
August	3.10	2	4	12	48	0	40.2	28	3	30	53	1st Inning Pitched	.201	782	157	19	3	17	90	139	283	.328	.298
Sept/Oct	2.63	0	5	18	45	0	41.0	33	7	17	57	First 15 Pitches	.194	581	113	13	3	11	42	101	210	.320	.284
Starter	0.00	0	0	0	0	0	0.0	0	0	0	0	Pitch 16-30	.221	244	54	7	0	6	47	44	87	.349	.324
Reliever	3.05	11	19	87	248	0	230.0	169	18	148	302	Pitch 31-45	.167	12	2	0	0	1	5	0	6	.313	.417
0 Days Rest (Relief)	1.51	5	5	33	68	0	65.2	44	3	37	80	Pitch 46+	.000	0	0	0	0	0	0	0	0	.000	.000
1 or 2 Days Rest	3.96	4	9	34	106	0	97.2	75	7	61	133	First Pitch	.329	79	26	5	1	3	11	11	0	.424	.532
3+ Days Rest	3.24	2	5	20	74	0	66.2	50	8	50	89	Ahead in Count	.149	497	74	8	1	7	34	0	252	.160	.211
vs. AL	2.96	2	4	11	58	0	51.2	36	3	25	60	Behind in Count	.330	115	38	3	1	5	28	74	0	.592	.504
vs. NL	3.08	9	15	76	190	0	178.1	133	15	123	242	Two Strikes	.131	525	69	8	0	7	41	61	302	.229	.187
Pre-All Star	3.28	8	8	50	126	0	120.2	86	6	84	157	Pre-All Star	.198	434	86	10	2	6	48	84	157	.335	.272
Post-All Star	2.80	3	11	37	122	0	109.1	83	12	64	145	Post-All Star	.206	403	83	10	1	12	45	64	145	.321	.325

Alex Rodriguez — Rangers
Age 26 – Bats Right

	Avg	G	AB	R	H	2B	3B	HR	RBI	BB	SO	HBP	GDP	SB	CS	OBP	SLG	IBB	SH	SF	#Pit	#P/PA	GB	FB	G/F
2001 Season	.318	162	632	133	201	34	1	52	135	75	131	16	17	18	3	.399	.622	6	0	9	2881	3.94	200	200	1.00
Last Five Years	.307	741	2961	600	908	168	11	200	586	317	581	43	65	129	33	.378	.573	14	8	33	13383	3.98	1059	909	1.17

2001 Season

	Avg	AB	H	2B	3B	HR	RBI	BB	SO	OBP	SLG		Avg	AB	H	2B	3B	HR	RBI	BB	SO	OBP	SLG
vs. Left	.295	132	39	5	0	12	31	13	34	.369	.606	First Pitch	.460	63	29	5	0	9	26	4	0	.507	.968
vs. Right	.324	500	162	29	1	40	104	62	97	.407	.626	Ahead in Count	.395	129	51	9	0	13	36	38	0	.532	.767
Home	.361	313	113	19	1	26	65	36	59	.439	.677	Behind in Count	.241	315	76	13	1	17	43	0	105	.255	.451
Away	.276	319	88	15	0	26	70	39	72	.359	.567	Two Strikes	.236	326	77	11	1	16	43	33	131	.316	.423
Day	.329	146	48	7	0	12	35	16	34	.402	.623	Total	.318	632	201	34	1	52	135	75	131	.399	.622
Night	.315	486	153	27	1	40	100	59	97	.398	.621	Batting #3	.318	632	201	34	1	52	135	75	131	.399	.622
Grass	.308	574	177	26	1	45	121	67	116	.388	.592	Other	.000	0	0	0	0	0	0	0	0	.000	.000
Turf	.414	58	24	8	0	7	14	8	15	.500	.914	April	.312	93	29	6	0	7	21	18	21	.426	.602
Pre-All Star	.310	339	105	20	1	25	73	46	66	.397	.596	May	.321	109	35	8	1	10	28	12	22	.395	.688
Post-All Star	.328	293	96	14	0	27	62	29	65	.401	.652	June	.330	106	35	5	0	6	18	11	17	.400	.547
Inning 1-6	.328	457	150	25	1	44	105	47	93	.399	.676	July	.320	103	33	5	0	6	21	11	20	.387	.544
Inning 7+	.291	175	51	9	0	8	30	28	38	.399	.480	August	.301	113	34	7	0	11	26	16	29	.400	.655
Scoring Posn	.307	150	46	6	0	15	82	26	38	.402	.647	Sept/Oct	.324	108	35	3	0	12	21	7	22	.365	.685
Close & Late	.289	90	26	5	0	4	19	14	21	.398	.478	vs. AL	.316	561	177	29	1	50	123	68	121	.398	.638
None on/out	.265	113	30	6	1	9	15	17	21	.381	.575	vs. NL	.338	71	24	5	0	2	12	7	10	.405	.493

2001 By Position

Position	Avg	AB	H	2B	3B	HR	RBI	BB	SO	OBP	SLG	G	GS	Innings	PO	A	E	DP	Fld Pct	Rng Fctr	In Zone	Zone Outs	Zone Rtg	MLB Zone
As ss	.320	628	201	34	1	52	135	75	129	.401	.626	161	161	1395.1	279	452	18	118	.976	4.72	489	417	.853	.839

Last Five Years

	Avg	AB	H	2B	3B	HR	RBI	BB	SO	OBP	SLG		Avg	AB	H	2B	3B	HR	RBI	BB	SO	OBP	SLG
vs. Left	.307	638	196	33	2	50	134	61	124	.368	.600	First Pitch	.371	302	112	18	1	29	74	9	0	.404	.725
vs. Right	.307	2323	712	135	9	150	452	256	457	.381	.566	Ahead in Count	.391	622	243	40	1	62	168	171	0	.521	.757
Home	.304	1460	444	83	6	93	280	155	289	.377	.560	Behind in Count	.256	1448	370	67	7	65	217	0	473	.263	.446
Away	.309	1501	464	85	5	107	306	162	292	.379	.586	Two Strikes	.235	1541	362	67	7	62	210	137	581	.302	.408
Day	.324	904	293	59	5	60	187	98	183	.393	.600	Batting #2	.303	1348	409	82	7	74	235	112	232	.362	.539
Night	.299	2057	615	109	6	140	399	219	398	.372	.562	Batting #3	.316	1198	378	68	3	95	270	176	254	.407	.615
Grass	.300	1957	588	107	6	131	387	231	400	.379	.562	Other	.292	415	121	18	1	31	81	29	95	.340	.564
Turf	.319	1004	320	61	5	69	199	86	181	.377	.596	March/April	.323	418	135	31	3	28	85	56	82	.405	.612
Pre-All Star	.318	1558	496	95	7	106	311	174	289	.391	.592	May	.316	507	160	28	2	39	97	57	101	.389	.609
Post-All Star	.294	1403	412	73	4	94	275	143	292	.364	.552	June	.321	489	157	30	2	27	96	48	78	.385	.556
Inning 1-6	.316	2109	666	130	6	152	428	221	401	.384	.599	July	.301	475	143	23	1	31	99	45	86	.365	.549
Inning 7+	.284	852	242	38	5	48	158	96	180	.362	.509	August	.309	569	176	34	1	42	120	58	115	.377	.594
Scoring Posn	.308	734	226	44	3	46	364	104	150	.391	.564	Sept/Oct	.272	503	137	22	2	33	90	53	119	.339	.527
Close & Late	.279	365	102	19	0	25	77	47	87	.370	.537	vs. AL	.304	2629	800	151	10	185	521	286	532	.376	.580
None on/out	.307	583	179	24	4	44	44	50	120	.369	.588	vs. NL	.325	332	108	17	1	15	65	31	49	.392	.518

Felix Rodriguez — Giants
Age 29 – Pitches Right (flyball pitcher)

	ERA	W	L	Sv	G	GS	IP	BB	SO	Avg	H	2B	3B	HR	RBI	OBP	SLG	GF	IR	IRS	Hld	SvOp	SB	CS	GB	FB	G/F
2001 Season	1.68	9	1	0	80	0	80.1	27	91	.188	53	7	2	5	21	.259	.280	13	25	7	32	3	3	2	64	99	0.65
Last Five Years	3.36	15	8	8	272	1	318.1	155	311	.235	277	48	5	23	167	.327	.342	94	142	60	65	20	23	11	335	370	0.91

2001 Season

	ERA	W	L	Sv	G	GS	IP	H	HR	BB	SO		Avg	AB	H	2B	3B	HR	RBI	BB	SO	OBP	SLG
Home	0.91	5	0	0	40	0	39.2	25	1	16	52	vs. Left	.150	113	17	2	0	2	8	15	48	.246	.221
Away	2.43	4	1	0	40	0	40.2	28	4	11	39	vs. Right	.213	169	36	5	2	3	13	12	43	.268	.320
Day	1.29	2	0	0	27	0	28.0	14	2	13	37	Inning 1-6	.000	0	0	0	0	0	0	0	0	.000	.000
Night	1.89	7	1	0	53	0	52.1	39	3	14	54	Inning 7+	.188	282	53	7	2	5	21	27	91	.259	.280
Grass	1.74	8	1	0	77	0	77.2	52	5	24	88	None on	.199	166	33	5	1	3	3	13	59	.257	.295
Turf	0.00	1	0	0	3	0	2.2	1	0	3	3	Runners on	.172	116	20	2	1	2	18	14	32	.261	.259
April	3.09	1	0	0	10	0	11.2	11	1	6	16	Scoring Posn	.213	47	10	1	1	1	16	7	10	.310	.319
May	0.68	0	0	0	14	0	13.1	6	0	4	17	Close & Late	.183	218	40	3	0	4	13	21	71	.256	.239
June	1.29	1	0	0	14	0	14.0	7	0	4	18	None on/out	.217	69	15	4	0	2	2	6	22	.280	.362
July	2.31	1	0	0	12	0	11.2	8	3	2	16	vs. 1st Batr (relief)	.264	72	19	5	1	1	7	7	22	.325	.403
August	2.25	3	0	0	12	0	12.0	9	1	4	10	1st Inning Pitched	.183	251	46	7	2	5	20	22	80	.249	.287
Sept/Oct	1.02	1	0	0	18	0	17.2	12	0	7	14	First 15 Pitches	.189	196	37	7	1	3	13	14	65	.239	.281
Starter	0.00	0	0	0	0	0	0.0	0	0	0	0	Pitch 16-30	.188	80	15	0	1	2	8	12	25	.301	.288
Reliever	1.68	9	1	0	80	0	80.1	53	5	27	91	Pitch 31-45	.167	6	1	0	0	0	0	1	1	.286	.167
0 Days Rest (Relief)	2.11	1	1	0	24	0	21.1	13	1	7	21	Pitch 46+	.000	0	0	0	0	0	0	0	0	.000	.000
1 or 2 Days Rest	2.27	4	0	0	39	0	39.2	30	4	13	48	First Pitch	.129	31	4	0	0	1	2	1	0	.152	.226
3+ Days Rest	0.00	4	0	0	17	0	19.1	10	0	7	22	Ahead in Count	.153	137	21	0	1	1	6	0	68	.158	.190
vs. AL	0.00	1	0	0	6	0	5.2	4	0	2	8	Behind in Count	.237	38	9	4	1	0	5	13	0	.431	.395
vs. NL	1.81	8	1	0	74	0	74.2	49	5	25	83	Two Strikes	.137	175	24	1	1	3	8	12	91	.191	.206
Pre-All Star	1.87	4	1	0	43	0	43.1	28	3	15	58	Pre-All Star	.183	153	28	3	1	3	12	15	58	.254	.288
Post-All Star	1.46	5	0	0	37	0	37.0	25	2	12	33	Post-All Star	.194	129	25	2	1	2	9	12	33	.264	.271

Last Five Years

	ERA	W	L	Sv	G	GS	IP	H	HR	BB	SO		Avg	AB	H	2B	3B	HR	RBI	BB	SO	OBP	SLG
Home	3.11	10	2	5	129	0	153.1	124	6	72	155	vs. Left	.203	502	102	21	2	9	69	76	173	.305	.307
Away	3.60	5	6	3	143	0	165.0	153	17	83	156	vs. Right	.258	679	175	27	3	14	98	79	138	.343	.368

	ERA	W	L	Sv	G	GS	IP	H	HR	BB	SO		Avg	AB	H	2B	3B	HR	RBI	BB	SO	OBP	SLG
Day	3.08	5	0	4	94	1	114.0	109	9	57	132	Inning 1-6	.279	201	56	9	1	4	30	30	38	.376	.393
Night	3.52	10	8	4	178	0	204.1	168	14	98	179	Inning 7+	.226	980	221	39	4	19	134	125	273	.316	.332
Grass	3.38	14	7	7	230	1	266.0	224	20	121	260	None on	.229	593	136	22	3	11	11	73	156	.319	.332
Turf	3.27	1	1	1	42	0	52.1	53	3	34	51	Runners on	.240	588	141	26	2	12	156	82	155	.334	.352
March/April	4.17	1	1	5	37	0	45.1	41	5	24	52	Scoring Posn	.264	348	92	20	2	9	149	53	96	.361	.411
May	2.54	3	3	0	45	0	49.2	38	2	25	52	Close & Late	.210	499	105	12	1	9	53	60	156	.300	.293
June	4.12	3	0	1	47	0	54.2	48	4	30	62	None on/out	.232	254	59	12	0	5	5	27	69	.316	.339
July	3.25	4	2	1	39	0	52.2	50	6	17	54	vs. 1st Batr (relief)	.259	232	60	14	1	3	30	30	65	.351	.366
August	3.25	3	2	1	51	1	63.2	60	4	33	52	1st Inning Pitched	.241	906	218	41	5	20	140	112	239	.327	.363
Sept/Oct	2.92	1	0	0	53	0	52.1	40	2	26	48	First 15 Pitches	.245	661	162	32	3	14	86	70	170	.322	.366
Starter	3.86	0	0	0	1	1	4.2	5	0	2	0	Pitch 16-30	.206	360	74	13	2	6	50	59	101	.320	.303
Reliever	3.36	15	8	8	271	0	313.2	272	23	153	311	Pitch 31-45	.211	109	23	0	0	3	21	20	30	.333	.294
0 Days Rest (Relief)	3.47	4	1	4	61	0	62.1	48	5	34	63	Pitch 46+	.353	51	18	3	0	0	10	6	10	.421	.412
1 or 2 Days Rest	3.79	6	5	4	126	0	135.1	118	11	58	146	First Pitch	.207	135	28	6	0	3	21	6	0	.275	.319
3+ Days Rest	2.79	5	2	0	84	0	116.0	106	7	61	102	Ahead in Count	.182	539	98	11	1	6	52	0	233	.187	.239
vs. AL	4.23	1	0	0	26	0	27.2	28	2	13	32	Behind in Count	.343	213	73	19	2	9	51	67	0	.497	.577
vs. NL	3.28	14	8	8	246	1	290.2	249	21	142	279	Two Strikes	.164	659	108	13	2	8	60	81	311	.255	.226
Pre-All Star	3.51	8	5	7	144	0	164.1	138	13	85	174	Pre-All Star	.228	605	138	23	3	13	84	85	174	.323	.340
Post-All Star	3.21	7	3	1	128	1	154.0	139	10	70	137	Post-All Star	.241	576	139	25	2	10	83	70	137	.331	.344

Frank Rodriguez — Reds   Age 29 – Pitches Right

	ERA	W	L	Sv	G	GS	IP	BB	SO	Avg	H	2B	3B	HR	RBI	OBP	SLG	GF	IR	IRS	Hld	SvOp	SB	CS	GB	FB	G/F
2001 Season	11.42	0	0	0	7	0	8.2	5	9	.400	16	3	0	1	11	.457	.550	2	0	0	0	0	0	1	15	8	1.88
Last Five Years	5.64	11	17	3	121	31	341.2	147	202	.298	405	78	9	38	220	.368	.452	26	70	29	9	6	15	10	529	386	1.37

2001 Season

	ERA	W	L	Sv	G	GS	IP	H	HR	BB	SO		Avg	AB	H	2B	3B	HR	RBI	BB	SO	OBP	SLG
Home	13.50	0	0	0	4	0	4.2	10	1	3	4	vs. Left	.429	14	6	0	0	0	1	3	0	.529	.429
Away	9.00	0	0	0	3	0	4.0	6	0	2	5	vs. Right	.385	26	10	3	0	1	10	2	9	.414	.615

Last Five Years

	ERA	W	L	Sv	G	GS	IP	H	HR	BB	SO		Avg	AB	H	2B	3B	HR	RBI	BB	SO	OBP	SLG
Home	4.04	4	5	2	63	10	171.1	176	17	63	106	vs. Left	.310	620	192	28	6	19	101	102	79	.405	.466
Away	7.24	7	12	1	58	21	170.1	229	21	84	96	vs. Right	.287	741	213	50	3	19	119	45	123	.333	.440
Day	6.72	2	5	0	33	9	81.2	107	12	36	52	Inning 1-6	.284	915	260	50	6	23	155	101	136	.357	.427
Night	5.30	9	12	3	88	22	260.0	298	26	111	150	Inning 7+	.325	446	145	28	3	15	65	46	66	.391	.502
Grass	6.89	5	10	2	66	19	180.1	242	24	95	100	None on	.280	715	200	42	4	22	22	71	110	.351	.442
Turf	4.24	6	7	1	55	12	161.1	163	14	52	102	Runners on	.317	646	205	36	5	16	198	76	92	.386	.463
March/April	7.01	3	2	0	17	5	43.2	59	9	19	19	Scoring Posn	.321	380	122	22	2	10	179	50	58	.393	.468
May	4.01	0	2	0	13	4	42.2	44	4	20	20	Close & Late	.365	115	42	9	1	4	18	15	19	.443	.565
June	6.64	2	2	1	27	3	59.2	74	7	29	29	None on/out	.299	321	96	15	1	10	10	29	40	.361	.445
July	7.30	2	2	0	25	5	61.2	78	7	31	41	vs. 1st Batr (relief)	.333	78	26	5	0	2	20	10	6	.411	.474
August	4.16	3	4	1	18	9	84.1	88	8	27	63	1st Inning Pitched	.304	438	133	28	1	13	92	51	58	.376	.461
Sept/Oct	5.07	1	5	1	21	5	49.2	62	3	21	30	First 15 Pitches	.306	366	112	22	1	13	53	35	45	.368	.478
Starter	5.91	8	13	0	31	31	163.0	190	18	76	107	Pitch 16-30	.273	319	87	20	3	5	49	40	47	.359	.401
Reliever	5.39	3	4	3	90	0	178.2	215	20	71	95	Pitch 31-45	.314	236	74	14	0	8	50	31	31	.398	.475
0 Days Rest (Relief)	3.24	0	0	0	6	0	16.2	13	1	10	9	Pitch 46+	.300	440	132	22	5	12	68	41	79	.358	.455
1 or 2 Days Rest	6.00	1	1	2	35	0	63.0	83	10	25	40	First Pitch	.347	167	58	16	2	5	40	9	0	.380	.557
3+ Days Rest	5.36	2	3	1	49	0	99.0	119	9	36	46	Ahead in Count	.236	577	136	19	4	9	62	0	171	.243	.329
vs. AL	5.57	10	15	3	100	26	287.2	336	32	115	165	Behind in Count	.361	341	123	23	3	15	71	87	0	.490	.578
vs. NL	6.00	1	2	0	21	5	54.0	69	6	32	37	Two Strikes	.210	558	117	22	4	11	70	51	202	.278	.323
Pre-All Star	6.49	5	7	1	65	13	163.2	204	23	80	83	Pre-All Star	.311	655	204	41	3	23	115	80	83	.388	.489
Post-All Star	4.85	6	10	2	56	18	178.0	201	15	67	119	Post-All Star	.285	706	201	37	6	15	105	67	119	.348	.418

Henry Rodriguez — Yankees   Age 34 – Bats Left (flyball hitter)

	Avg	G	AB	R	H	2B	3B	HR	RBI	BB	SO	HBP	GDP	SB	CS	OBP	SLG	IBB	SH	SF	#Pit	#P/PA	GB	FB	G/F
2001 Season	.000	5	8	0	0	0	0	0	0	0	6	0	0	0	0	.000	.000	0	0	0	39	4.88	5	0	0.00
Last Five Years	.263	507	1713	230	450	99	5	103	316	188	480	6	26	7	12	.336	.507	20	0	11	7447	3.88	425	554	0.77

2001 Season

	Avg	AB	H	2B	3B	HR	RBI	BB	SO	OBP	SLG		Avg	AB	H	2B	3B	HR	RBI	BB	SO	OBP	SLG
vs. Left	.000	0	0	0	0	0	0	0	0	.000	.000	Scoring Posn	.000	3	0	0	0	0	0	0	2	.000	.000
vs. Right	.000	8	0	0	0	0	0	0	6	.000	.000	Close & Late	.000	2	0	0	0	0	0	0	2	.000	.000

Last Five Years

	Avg	AB	H	2B	3B	HR	RBI	BB	SO	OBP	SLG		Avg	AB	H	2B	3B	HR	RBI	BB	SO	OBP	SLG
vs. Left	.235	421	99	19	0	18	53	47	140	.316	.409	First Pitch	.364	220	80	18	1	18	47	13	0	.402	.700
vs. Right	.272	1292	351	80	5	85	263	141	340	.342	.539	Ahead in Count	.372	347	129	24	0	32	102	83	0	.491	.718
Home	.271	864	234	60	3	51	156	101	236	.347	.524	Behind in Count	.189	784	148	32	2	35	92	0	377	.192	.369
Away	.254	849	216	39	2	52	160	87	244	.325	.489	Two Strikes	.163	883	144	34	2	31	105	90	480	.241	.311
Day	.271	804	218	49	0	53	163	94	221	.347	.530	Batting #5	.277	1122	311	68	2	68	214	120	298	.346	.523
Night	.255	909	232	50	5	50	153	94	259	.325	.486	Batting #6	.246	260	64	13	0	21	52	30	76	.325	.538
Grass	.275	1170	322	67	1	76	225	147	307	.356	.529	Other	.227	331	75	18	3	14	50	38	106	.309	.426
Turf	.236	543	128	32	4	27	91	41	173	.290	.459	March/April	.281	292	82	22	1	21	56	30	77	.369	.579
Pre-All Star	.273	1048	286	67	3	67	206	117	299	.345	.534	May	.299	348	104	28	1	21	69	38	97	.365	.566
Post-All Star	.247	665	164	32	2	36	110	71	181	.321	.463	June	.238	324	77	12	1	19	58	42	101	.323	.457

Ivan Rodriguez — Rangers
Last Five Years

	Avg	AB	H	2B	3B	HR	RBI	BB	SO	OBP	SLG		Avg	AB	H	2B	3B	HR	RBI	BB	SO	OBP	SLG
Inning 1-6	.266	1189	316	71	5	67	225	129	314	.336	.503	July	.251	307	77	13	1	24	78	29	86	.312	.534
Inning 7+	.256	524	134	28	0	36	91	59	166	.335	.515	August	.258	267	69	14	0	14	40	32	63	.341	.468
Scoring Posn	.278	414	115	26	1	32	215	75	126	.381	.577	Sept/Oct	.234	175	41	10	1	4	15	17	56	.306	.371
Close & Late	.228	267	61	14	0	16	45	35	93	.321	.461	vs. AL	.273	172	47	8	1	14	44	27	47	.370	.576
None on/out	.251	418	105	29	2	21	21	40	109	.320	.481	vs. NL	.262	1541	403	91	4	89	272	161	433	.332	.499

Age 30 – Bats Right (groundball hitter)

	Avg	G	AB	R	H	2B	3B	HR	RBI	BB	SO	HBP	GDP	SB	CS	OBP	SLG	IBB	SH	SF	#Pit	#P/PA	GB	FB	G/F
2001 Season	.308	111	442	70	136	24	2	25	65	23	73	4	13	10	3	.347	.541	3	0	1	1596	3.40	158	133	1.19
Last Five Years	.323	641	2581	438	834	154	15	128	429	136	362	17	97	56	23	.359	.543	21	1	19	9208	3.34	1071	654	1.64

2001 Season

	Avg	AB	H	2B	3B	HR	RBI	BB	SO	OBP	SLG		Avg	AB	H	2B	3B	HR	RBI	BB	SO	OBP	SLG
vs. Left	.289	83	24	6	0	5	11	5	14	.326	.542	First Pitch	.410	83	34	4	0	5	15	3	0	.437	.639
vs. Right	.312	359	112	18	2	20	54	18	59	.352	.540	Ahead in Count	.438	89	39	10	0	8	17	11	0	.505	.820
Home	.316	206	65	8	2	16	32	11	29	.355	.607	Behind in Count	.220	214	47	7	2	6	16	0	65	.223	.355
Away	.301	236	71	16	0	9	33	12	44	.340	.483	Two Strikes	.204	191	39	6	1	7	17	9	73	.244	.356
Day	.310	84	26	6	0	4	14	6	17	.366	.524	Batting #2	.307	150	46	7	1	11	25	8	26	.342	.587
Night	.307	358	110	18	2	21	51	17	56	.342	.545	Batting #5	.313	275	86	17	1	14	40	15	42	.356	.535
Grass	.305	383	117	16	2	20	52	19	60	.344	.514	Other	.235	17	4	0	0	0	0	0	5	.235	.235
Turf	.322	59	19	8	0	5	13	4	13	.365	.712	April	.301	93	28	5	1	6	11	6	11	.350	.570
Pre-All Star	.297	283	84	15	2	17	42	15	44	.339	.544	May	.255	55	14	4	0	1	7	4	12	.300	.327
Post-All Star	.327	159	52	9	0	8	23	8	29	.367	.535	June	.294	109	32	3	0	10	23	4	18	.319	.596
Inning 1-6	.307	300	92	17	2	16	43	18	53	.349	.537	July	.352	88	31	7	1	5	9	5	16	.394	.625
Inning 7+	.310	142	44	7	0	9	22	5	20	.342	.549	August	.320	97	31	5	0	4	15	4	16	.359	.495
Scoring Posn	.286	112	32	5	0	4	42	11	20	.347	.438	Sept/Oct	.000	0	0	0	0	0	0	0	0	.000	.000
Close & Late	.302	63	19	3	0	5	12	0	9	.302	.587	vs. AL	.308	370	114	20	2	19	53	22	60	.351	.527
None on/out	.454	97	44	9	1	9	9	5	10	.490	.845	vs. NL	.306	72	22	4	0	6	12	1	13	.324	.611

2001 By Position

Position	Avg	AB	H	2B	3B	HR	RBI	BB	SO	OBP	SLG	G	GS	Innings	PO	A	E	DP	Fld Pct	Rng Fctr	In Zone	Zone Outs	Zone Rtg	MLB Zone
As c	.307	420	129	23	2	24	63	23	67	.348	.543	106	101	855.1	631	52	7	11	.990	—	—	—	—	—

Last Five Years

	Avg	AB	H	2B	3B	HR	RBI	BB	SO	OBP	SLG		Avg	AB	H	2B	3B	HR	RBI	BB	SO	OBP	SLG
vs. Left	.319	577	184	28	2	29	96	42	81	.365	.525	First Pitch	.376	484	182	24	4	32	101	18	0	.399	.640
vs. Right	.324	2004	650	126	13	99	333	94	281	.357	.548	Ahead in Count	.398	502	200	41	4	27	92	51	0	.454	.657
Home	.338	1285	434	66	7	68	238	57	164	.366	.559	Behind in Count	.257	1208	310	67	6	44	150	0	320	.261	.431
Away	.309	1296	400	88	8	60	191	79	198	.351	.528	Two Strikes	.229	1052	241	48	3	34	124	67	362	.279	.377
Day	.327	517	169	36	2	28	89	36	83	.376	.567	Batting #2	.335	1058	354	59	6	55	175	51	128	.367	.558
Night	.322	2064	665	118	13	100	340	100	279	.354	.537	Batting #6	.298	692	206	38	3	28	105	41	106	.341	.483
Grass	.321	2270	728	125	13	108	366	109	310	.354	.530	Other	.330	831	274	57	6	45	149	44	128	.363	.575
Turf	.341	311	106	29	2	20	63	27	52	.391	.640	March/April	.340	459	156	28	2	25	86	25	56	.375	.573
Pre-All Star	.331	1560	516	107	12	79	259	84	209	.366	.547	May	.352	463	163	44	4	22	69	28	68	.389	.607
Post-All Star	.311	1021	318	47	3	49	170	52	153	.348	.507	June	.311	502	156	23	4	25	80	25	71	.342	.522
Inning 1-6	.327	1806	591	113	11	84	288	85	232	.359	.542	July	.312	445	139	29	4	17	64	20	65	.346	.497
Inning 7+	.314	775	243	41	4	44	141	51	130	.358	.547	August	.297	435	129	16	0	23	70	19	77	.330	.492
Scoring Posn	.305	655	200	35	3	28	290	62	104	.359	.496	Sept/Oct	.329	277	91	14	1	18	60	18	25	.369	.581
Close & Late	.336	354	119	18	2	20	78	25	65	.377	.568	vs. AL	.328	2204	722	135	14	112	375	121	301	.364	.554
None on/out	.347	519	180	38	6	31	31	14	60	.368	.622	vs. NL	.297	377	112	19	1	16	54	15	61	.325	.480

Rich Rodriguez — Indians

Age 39 – Pitches Left (groundball pitcher)

	ERA	W	L	Sv	G	GS	IP	BB	SO	Avg	H	2B	3B	HR	RBI	OBP	SLG	GF	IR	IRS	Hld	SvOp	SB	CS	GB	FB	G/F
2001 Season	4.15	2	2	0	53	0	39.0	17	31	.270	41	6	2	2	24	.349	.375	6	33	7	8	1	2	72	26	2.77
Last Five Years	4.54	13	6	3	286	0	263.2	101	169	.285	294	51	9	31	179	.349	.441	53	227	67	55	15	11	8	421	280	1.50

2001 Season

	ERA	W	L	Sv	G	GS	IP	H	HR	BB	SO		Avg	AB	H	2B	3B	HR	RBI	BB	SO	OBP	SLG
Home	4.35	2	1	0	29	0	20.2	18	0	8	21	vs. Left	.189	74	14	2	0	1	10	4	17	.247	.257
Away	3.93	0	1	0	24	0	18.1	23	2	9	10	vs. Right	.346	78	27	4	2	1	14	13	14	.440	.487
Starter	0.00	0	0	0	0	0	0	0	0	0	0	Scoring Posn	.319	47	15	2	2	0	21	7	10	.400	.447
Reliever	4.15	2	2	0	53	0	39.0	41	2	17	31	Close & Late	.250	24	6	2	0	0	1	1	4	.280	.333
0 Days Rest (Relief)	6.60	2	1	0	18	0	15.0	23	0	5	15	None on/out	.161	31	5	2	0	0	0	3	5	.235	.226
1 or 2 Days Rest	3.55	0	1	0	19	0	12.2	11	1	8	8	First Pitch	.167	12	2	1	0	0	2	2	0	.375	.250
3+ Days Rest	1.59	0	0	0	16	0	11.1	7	1	4	8	Ahead in Count	.257	74	19	5	1	0	9	0	27	.257	.351
Pre-All Star	4.15	2	1	0	29	0	21.2	21	1	10	22	Behind in Count	.390	41	16	0	1	2	11	10	0	.500	.585
Post-All Star	4.15	0	1	0	24	0	17.1	20	1	7	9	Two Strikes	.211	76	16	5	0	0	7	5	31	.259	.276

Last Five Years

	ERA	W	L	Sv	G	GS	IP	H	HR	BB	SO		Avg	AB	H	2B	3B	HR	RBI	BB	SO	OBP	SLG
Home	3.79	8	3	1	140	0	130.2	142	15	48	93	vs. Left	.246	426	105	15	4	14	69	40	82	.314	.399
Away	5.28	5	3	2	146	0	133.0	152	16	53	76	vs. Right	.311	607	189	36	5	17	110	61	87	.384	.471
Day	4.42	3	2	0	122	0	116.0	125	14	38	75	Inning 1-6	.293	198	58	7	2	6	45	31	38	.386	.439
Night	4.63	10	4	3	164	0	147.2	169	17	63	94	Inning 7+	.283	835	236	44	7	25	134	70	131	.340	.442
Grass	4.59	13	5	1	242	0	225.1	247	28	86	145	None on	.278	511	142	30	4	17	17	43	82	.339	.452
Turf	4.23	0	1	2	44	0	38.1	47	3	15	24	Runners on	.291	522	152	21	5	14	162	58	87	.359	.431

	ERA	W	L	Sv	G	GS	IP	H	HR	BB	SO		Avg	AB	H	2B	3B	HR	RBI	BB	SO	OBP	SLG
March/April	4.79	2	2	0	39	0	41.1	50	5	12	32	Scoring Posn	.301	326	98	13	4	9	147	48	54	.383	.448
May	3.71	2	2	1	56	0	53.1	48	4	26	31	Close & Late	.245	306	75	11	2	5	38	30	55	.312	.343
June	4.50	2	2	1	54	0	52.0	66	9	18	34	None on/out	.250	224	56	12	3	5	5	14	33	.300	.397
July	6.17	1	0	0	41	0	35.0	38	5	17	19	vs. 1st Batr (relief)	.278	255	71	9	5	5	38	24	43	.339	.412
August	3.59	4	0	0	49	0	47.2	58	6	16	32	1st Inning Pitched	.289	821	237	39	8	24	152	80	134	.351	.443
Sept/Oct	5.24	2	0	0	47	0	34.1	34	2	12	21	First 15 Pitches	.294	718	211	35	8	21	122	66	112	.353	.453
Starter	0.00	0	0	0	0	0	0.0	0	0	0	0	Pitch 16-30	.264	250	66	13	0	7	44	29	44	.342	.400
Reliever	4.54	13	6	3	286	0	263.2	294	31	101	169	Pitch 31-45	.241	54	13	2	1	3	10	5	11	.317	.481
0 Days Rest (Relief)	4.71	7	1	1	86	0	80.1	98	12	26	58	Pitch 46+	.364	11	4	1	0	0	3	1	2	.417	.455
1 or 2 Days Rest	4.38	6	2	2	119	0	117.0	125	13	45	66	First Pitch	.374	115	43	7	3	4	23	13	0	.447	.591
3+ Days Rest	4.61	0	3	0	81	0	66.1	71	6	30	45	Ahead in Count	.220	450	99	18	3	6	57	0	137	.224	.313
vs. AL	4.34	3	2	1	70	0	56.0	68	6	21	38	Behind in Count	.392	250	98	17	2	15	69	55	0	.492	.656
vs. NL	4.59	10	4	2	216	0	207.2	226	25	80	131	Two Strikes	.195	457	89	16	2	7	50	32	169	.249	.284
Pre-All Star	4.42	6	6	2	159	0	154.2	171	19	60	101	Pre-All Star	.282	606	171	29	4	19	100	60	101	.348	.437
Post-All Star	4.71	7	0	1	127	0	109.0	123	12	41	68	Post-All Star	.288	427	123	22	5	12	79	41	68	.352	.447

Wilfredo Rodriguez — Astros   Age 23 – Pitches Left

	ERA	W	L	Sv	G	GS	IP	BB	SO	Avg	H	2B	3B	HR	RBI	OBP	SLG	GF	IR	IRS	Hld	SvOp	SB	CS	GB	FB	G/F
2001 Season	15.00	0	0	0	2	0	3.0	1	3	.429	6	2	1	2	6	.438	1.143	1	1	1	0	0	0	0	2	7	0.29

2001 Season

	ERA	W	L	Sv	G	GS	IP	H	BB	SO		Avg	AB	H	2B	3B	HR	RBI	BB	SO	OBP	SLG
Home	15.00	0	0	0	2	0	3.0	6	2	1	3 vs. Left	.800	5	4	0	1	2	5	0	1	.800	2.400
Away	0.00	0	0	0	0	0	0.0	0	0	0	0 vs. Right	.222	9	2	2	0	0	1	1	2	.273	.444

Kenny Rogers — Rangers   Age 37 – Pitches Left (groundball pitcher)

	ERA	W	L	Sv	G	GS	IP	BB	SO	Avg	H	2B	3B	HR	RBI	OBP	SLG	CG	ShO	Sup	QS	#P/S	SB	CS	GB	FB	G/F
2001 Season	6.19	5	7	0	20	20	120.2	49	74	.307	150	33	3	18	72	.376	.498	0	0	5.82	9	98	4	4	182	124	1.47
Last Five Years	4.50	50	39	0	150	141	927.0	325	543	.275	989	200	17	91	438	.340	.415	15	2	5.46	67	100	24	33	1482	872	1.70

2001 Season

	ERA	W	L	Sv	G	GS	IP	H	HR	BB	SO		Avg	AB	H	2B	3B	HR	RBI	BB	SO	OBP	SLG
Home	5.97	4	5	0	13	13	78.1	99	10	29	42	vs. Left	.323	124	40	10	0	6	26	17	22	.407	.548
Away	6.59	1	2	0	7	7	42.1	51	8	20	32	vs. Right	.302	364	110	23	3	12	46	32	52	.365	.481
Starter	6.19	5	7	0	20	20	120.2	150	18	49	74	Scoring Posn	.305	128	39	7	0	7	57	24	18	.406	.523
Reliever	0.00	0	0	0	0	0	0.0	0	0	0	0	Close & Late	.419	31	13	1	1	0	4	4	2	.500	.516
0-3 Days Rest (Start)	0.00	0	0	0	0	0	0.0	0	0	0	0	None on/out	.314	121	38	11	2	1	1	7	15	.366	.463
4 Days Rest	6.97	2	5	0	11	11	60.2	82	13	30	33	First Pitch	.385	65	25	3	2	3	14	0	0	.394	.631
5+ Days Rest	5.40	3	2	0	9	9	60.0	68	5	19	41	Ahead in Count	.185	195	36	9	1	4	14	0	59	.200	.303
Pre-All Star	6.05	4	6	0	18	18	108.2	135	16	42	70	Behind in Count	.408	147	60	15	0	6	31	28	0	.500	.633
Post-All Star	7.50	1	1	0	2	2	12.0	15	2	7	4	Two Strikes	.179	179	32	7	1	4	12	21	74	.278	.296

Last Five Years

	ERA	W	L	Sv	G	GS	IP	H	HR	BB	SO		Avg	AB	H	2B	3B	HR	RBI	BB	SO	OBP	SLG
Home	4.13	33	15	0	79	74	498.2	506	42	180	284	vs. Left	.276	804	222	49	5	25	104	89	174	.355	.443
Away	4.94	17	24	0	71	67	428.1	483	49	145	259	vs. Right	.274	2798	767	151	12	66	334	236	369	.336	.407
Day	4.20	19	7	0	47	43	278.1	283	27	97	150	Inning 1-6	.272	3074	836	165	15	76	394	279	470	.338	.410
Night	4.63	31	32	0	103	98	648.2	706	64	228	393	Inning 7+	.290	528	153	35	2	15	44	46	73	.349	.449
Grass	4.51	47	32	0	137	128	847.1	915	85	291	486	None on	.261	2100	549	114	10	49	49	160	352	.320	.395
Turf	4.41	3	7	0	13	13	79.2	74	6	34	57	Runners on	.293	1502	440	86	7	42	389	165	191	.366	.443
March/April	4.87	10	9	0	27	27	179.1	189	21	61	98	Scoring Posn	.280	814	228	47	4	23	336	108	114	.365	.432
May	4.09	8	6	0	25	25	160.2	167	15	47	80	Close & Late	.311	235	73	14	1	5	26	26	36	.383	.443
June	4.89	8	6	0	30	27	171.0	192	15	69	113	None on/out	.276	941	260	47	5	20	20	59	151	.326	.401
July	3.88	9	5	0	23	20	141.2	142	14	49	77	vs. 1st Batr (relief)	.000	9	0	0	0	0	0	0	2	.000	.000
August	4.60	6	8	0	23	21	139.0	165	11	50	92	1st Inning Pitched	.274	576	158	21	5	15	83	60	92	.345	.406
Sept/Oct	4.59	9	5	0	22	21	135.1	134	15	49	83	First 75 Pitches	.273	2578	705	136	13	64	315	230	402	.339	.411
Starter	4.56	50	38	0	141	141	902.2	966	90	312	525	Pitch 76-90	.258	477	123	27	0	10	48	42	67	.322	.377
Reliever	2.59	0	1	0	9	0	24.1	23	1	13	18	Pitch 91-105	.294	371	109	19	4	11	49	31	49	.355	.456
0-3 Days Rest (Start)	5.79	2	2	0	5	5	28.0	34	1	13	18	Pitch 106+	.295	176	52	18	0	6	26	22	25	.375	.500
4 Days Rest	4.65	30	23	0	84	84	542.0	609	57	183	313	First Pitch	.314	532	167	32	4	13	76	4	0	.326	.462
5+ Days Rest	4.30	18	13	0	52	52	332.2	323	32	116	194	Ahead in Count	.205	1384	284	56	11	23	97	0	438	.221	.311
vs. AL	4.54	38	33	0	115	108	715.0	785	71	246	404	Behind in Count	.338	993	336	70	2	30	163	179	0	.438	.504
vs. NL	4.37	12	6	0	35	33	212.0	204	20	79	139	Two Strikes	.188	1430	269	56	7	25	104	142	543	.271	.290
Pre-All Star	4.58	29	22	0	88	85	552.1	595	53	189	313	Pre-All Star	.278	2144	595	122	10	53	256	189	313	.341	.418
Post-All Star	4.40	21	17	0	62	56	374.2	394	38	136	230	Post-All Star	.270	1458	394	78	7	38	182	136	230	.338	.412

Scott Rolen — Phillies   Age 27 – Bats Right (flyball hitter)

	Avg	G	AB	R	H	2B	3B	HR	RBI	BB	SO	HBP	GDP	SB	CS	OBP	SLG	IBB	SH	SF	#Pit	#P/PA	GB	FB	G/F
2001 Season	.289	151	554	96	160	39	1	25	107	74	127	13	6	16	6	.378	.498	6	0	12	2549	3.90	130	190	0.68
Last Five Years| .286	707	2620	471	750	179	15	129	475	361	619	45	34	66	21	.378	.514	27	0	33	12236	4.00	711	848	0.84

2001 Season

	Avg	AB	H	2B	3B	HR	RBI	BB	SO	OBP	SLG		Avg	AB	H	2B	3B	HR	RBI	BB	SO	OBP	SLG
vs. Left	.283	113	32	6	0	4	21	32	27	.458	.442	First Pitch	.400	80	32	10	0	5	29	5	0	.429	.713
vs. Right	.290	441	128	33	1	21	86	42	100	.354	.512	Ahead in Count	.346	104	36	9	0	6	27	32	0	.500	.606

379

2001 Season

	Avg	AB	H	2B	3B	HR	RBI	BB	SO	OBP	SLG		Avg	AB	H	2B	3B	HR	RBI	BB	SO	OBP	SLG
Home	.300	277	83	20	1	12	58	44	60	.395	.509	Behind in Count	.212	260	55	12	0	6	28	0	101	.225	.327
Away	.278	277	77	19	0	13	49	30	67	.361	.487	Two Strikes	.199	287	57	10	0	8	27	37	127	.299	.317
Day	.263	160	42	9	0	6	27	27	44	.372	.431	Batting #3	.283	180	51	14	1	11	35	20	44	.364	.556
Night	.299	394	118	30	1	19	80	47	83	.381	.525	Batting #4	.291	374	109	25	0	14	72	54	83	.385	.471
Grass	.276	228	63	18	0	11	37	29	52	.370	.500	Other	.000	0	0	0	0	0	0	0	0	.000	.000
Turf	.298	326	97	21	1	14	70	45	75	.384	.497	April	.205	88	18	4	0	3	10	14	16	.308	.352
Pre-All Star	.278	309	86	23	0	8	52	43	68	.366	.430	May	.324	108	35	14	0	1	17	13	27	.411	.481
Post-All Star	.302	245	74	16	1	17	55	31	59	.393	.584	June	.284	88	25	4	0	4	21	13	20	.362	.466
Inning 1-6	.288	385	111	24	1	17	73	53	88	.381	.488	July	.323	96	31	4	0	2	17	11	24	.395	.427
Inning 7+	.290	169	49	15	0	8	34	21	39	.372	.521	August	.287	94	27	8	1	9	21	7	25	.352	.681
Scoring Posn	.350	157	55	14	1	4	79	34	41	.449	.529	Sept/Oct	.300	80	24	5	0	6	21	16	15	.412	.588
Close & Late	.298	94	28	7	0	6	20	14	22	.393	.564	vs. AL	.206	68	14	1	0	2	10	9	14	.305	.309
None on/out	.244	119	29	8	0	6	6	12	24	.338	.462	vs. NL	.300	486	146	38	1	23	97	65	113	.389	.525

2001 By Position

Position	Avg	AB	H	2B	3B	HR	RBI	BB	SO	OBP	SLG	G	GS	Innings	PO	A	E	DP	Fld Pct	Rng Fctr	In Zone	Zone Outs	Zone Rtg	MLB Zone
As 3b	.289	554	160	39	1	25	107	74	127	.378	.498	151	151	1329.1	104	325	12	22	.973	2.90	425	350	.824	.761

Last Five Years

	Avg	AB	H	2B	3B	HR	RBI	BB	SO	OBP	SLG		Avg	AB	H	2B	3B	HR	RBI	BB	SO	OBP	SLG
vs. Left	.290	573	166	36	3	35	113	124	141	.419	.546	First Pitch	.389	350	136	39	3	20	105	21	0	.423	.689
vs. Right	.285	2047	584	143	12	94	362	237	478	.365	.505	Ahead in Count	.370	527	195	47	4	38	126	163	0	.521	.691
Home	.300	1251	375	94	10	63	262	187	282	.396	.542	Behind in Count	.214	1173	251	59	5	35	138	0	498	.276	.362
Away	.274	1369	375	85	5	66	213	174	337	.362	.488	Two Strikes	.205	1330	273	60	5	42	164	177	619	.304	.353
Day	.287	734	211	46	4	31	118	104	191	.378	.488	Batting #3	.285	1251	357	86	8	62	215	176	313	.378	.516
Night	.286	1886	539	133	11	98	357	257	428	.378	.524	Batting #4	.288	1276	368	90	7	66	250	175	287	.379	.525
Grass	.270	1033	279	64	3	49	150	143	243	.363	.480	Other	.269	93	25	3	0	1	10	10	19	.358	.333
Turf	.297	1587	471	115	12	80	325	218	376	.387	.536	March/April	.261	445	116	30	0	22	62	62	97	.353	.476
Pre-All Star	.285	1517	432	106	4	70	267	189	340	.367	.490	May	.308	491	151	33	2	20	81	54	106	.384	.505
Post-All Star	.288	1103	318	73	11	59	208	172	279	.392	.535	June	.257	447	115	31	2	19	91	55	107	.338	.463
Inning 1-6	.289	1816	524	130	11	84	329	253	426	.382	.511	July	.317	451	143	33	0	25	93	77	103	.418	.557
Inning 7+	.281	804	226	49	4	45	146	108	193	.369	.508	August	.285	442	126	30	6	23	84	55	122	.375	.536
Scoring Posn	.301	780	235	58	8	29	337	147	202	.406	.530	Sept/Oct	.288	344	99	22	5	20	64	58	84	.394	.555
Close & Late	.298	410	122	28	2	27	90	66	92	.398	.573	vs. AL	.278	291	81	15	1	18	54	42	65	.374	.522
None on/out	.280	578	162	34	5	29	29	65	119	.362	.507	vs. NL	.287	2329	669	164	14	111	421	319	554	.378	.513

Jimmy Rollins — Phillies

Age 23 – Bats Both

	Avg	G	AB	R	H	2B	3B	HR	RBI	BB	SO	HBP	GDP	SB	CS	OBP	SLG	IBB	SH	SF	#Pit	#P/PA	GB	FB	G/F
2001 Season	.274	158	656	97	180	29	12	14	54	48	108	2	5	46	8	.323	.419	2	9	5	2611	3.63	206	194	1.06
Career (2000-2001)	.278	172	709	102	197	30	13	14	59	50	115	2	5	49	8	.325	.416	2	9	5	2807	3.62	225	210	1.07

2001 Season

	Avg	AB	H	2B	3B	HR	RBI	BB	SO	OBP	SLG		Avg	AB	H	2B	3B	HR	RBI	BB	SO	OBP	SLG
vs. Left	.318	148	47	10	4	3	12	17	22	.392	.500	First Pitch	.318	110	35	6	2	1	10	1	0	.319	.436
vs. Right	.262	508	133	19	8	11	42	31	86	.303	.396	Ahead in Count	.324	136	44	5	2	7	18	24	0	.425	.544
Home	.266	327	87	13	7	8	32	21	53	.309	.422	Behind in Count	.232	280	65	14	4	5	21	0	85	.236	.364
Away	.283	329	93	16	5	6	22	27	55	.338	.416	Two Strikes	.221	290	64	8	5	3	16	23	108	.281	.314
Day	.278	209	58	10	4	3	16	17	38	.332	.407	Batting #1	.276	261	72	14	5	7	17	27	45	.346	.448
Night	.273	447	122	19	8	11	38	31	70	.320	.425	Batting #2	.266	379	101	15	7	7	33	21	60	.303	.398
Grass	.269	279	75	13	4	4	19	21	47	.321	.387	Other	.438	16	7	0	0	0	4	0	3	.438	.438
Turf	.279	377	105	16	8	10	35	27	61	.325	.443	April	.250	92	23	1	1	0	5	7	11	.307	.283
Pre-All Star	.272	360	98	13	8	8	38	20	57	.309	.419	May	.299	117	35	4	2	5	13	5	23	.325	.496
Post-All Star	.277	296	82	16	4	6	16	28	51	.340	.419	June	.283	120	34	7	5	2	16	6	19	.313	.475
Inning 1-6	.269	461	124	23	6	10	30	35	69	.320	.410	July	.257	105	27	6	1	1	8	6	18	.295	.362
Inning 7+	.287	195	56	6	6	4	24	13	39	.332	.441	August	.278	115	32	7	1	3	7	13	24	.357	.435
Scoring Posn	.260	123	32	2	2	2	36	12	26	.314	.398	Sept/Oct	.271	107	29	4	2	3	6	11	13	.339	.430
Close & Late	.304	102	31	3	3	2	11	5	22	.336	.451	vs. AL	.234	77	18	5	1	3	10	7	14	.294	.442
None on/out	.250	192	48	9	1	6	6	8	34	.284	.401	vs. NL	.280	579	162	24	11	11	44	41	94	.327	.416

2001 By Position

Position	Avg	AB	H	2B	3B	HR	RBI	BB	SO	OBP	SLG	G	GS	Innings	PO	A	E	DP	Fld Pct	Rng Fctr	In Zone	Zone Outs	Zone Rtg	MLB Zone
As ss	.275	655	180	29	12	14	54	48	108	.324	.420	157	156	1388.1	216	426	14	99	.979	4.16	465	396	.852	.839

Damian Rolls — Devil Rays

Age 24 – Bats Right

	Avg	G	AB	R	H	2B	3B	HR	RBI	BB	SO	HBP	GDP	SB	CS	OBP	SLG	IBB	SH	SF	#Pit	#P/PA	GB	FB	G/F
2001 Season	.262	81	237	33	62	11	1	2	12	10	47	0	5	12	4	.291	.342	0	2	0	825	3.31	82	79	1.04
Career (2000-2001)	.263	85	240	33	63	11	1	2	10	48	0	5	12	4	.292	.342	0	2	0	835	3.31	84	79	1.06

2001 Season

	Avg	AB	H	2B	3B	HR	RBI	BB	SO	OBP	SLG		Avg	AB	H	2B	3B	HR	RBI	BB	SO	OBP	SLG
vs. Left	.225	80	18	3	0	1	1	6	17	.279	.300	Scoring Posn	.192	52	10	3	0	0	10	1	10	.208	.212
vs. Right	.280	157	44	8	1	1	11	4	30	.298	.363	Close & Late	.242	33	8	1	0	1	3	1	8	.265	.364
Home	.277	141	39	10	1	2	7	6	29	.306	.404	None on/out	.254	71	18	4	1	0	0	6	14	.312	.338
Away	.240	96	23	1	0	0	5	4	18	.270	.250	Batting #1	.246	69	17	1	0	1	2	5	22	.297	.304

	Avg	AB	H	2B	3B	HR	RBI	BB	SO	OBP	SLG		Avg	AB	H	2B	3B	HR	RBI	BB	SO	OBP	SLG
First Pitch	.308	39	12	3	0	0	2	0	0	.308	.385	Batting #2	.284	74	21	3	0	0	4	3	8	.312	.324
Ahead in Count	.265	34	9	0	1	1	3	9	0	.419	.412	Other	.255	94	24	7	1	1	6	2	17	.271	.383
Behind in Count	.234	137	32	6	0	1	6	0	45	.234	.299	Pre-All Star	.275	160	44	8	1	1	9	7	29	.305	.356
Two Strikes	.200	110	22	5	0	0	3	1	47	.207	.245	Post-All Star	.234	77	18	3	0	1	3	3	18	.263	.312

J.C. Romero — Twins
Age 26 – Pitches Left (groundball pitcher)

	ERA	W	L	Sv	G	GS	IP	BB	SO	Avg	H	2B	3B	HR	RBI	OBP	SLG	CG	ShO	Sup	QS	#P/S	SB	CS	GB	FB	G/F
2001 Season	6.23	1	4	0	14	11	65.0	24	39	.277	71	23	2	10	42	.339	.500	0	0	5.12	5	83	1	3	104	72	1.44
Career (1999-2001)	6.39	3	11	0	31	22	132.1	54	93	.297	156	38	2	18	89	.362	.479	0	0	4.90	9	85	5	5	217	132	1.64

2001 Season

	ERA	W	L	Sv	G	GS	IP	H	HR	BB	SO		Avg	AB	H	2B	3B	HR	RBI	BB	SO	OBP	SLG
Home	4.14	1	1	0	9	7	45.2	41	4	14	32	vs. Left	.286	35	10	3	0	1	3	4	8	.359	.457
Away	11.17	0	3	0	5	4	19.1	30	6	10	7	vs. Right	.276	221	61	20	2	9	39	20	31	.336	.507
Starter	6.71	1	4	0	11	11	56.1	65	8	22	35	Scoring Posn	.333	63	21	6	0	2	31	5	9	.371	.524
Reliever	3.12	0	0	0	3	0	8.2	6	2	2	4	Close & Late	.000	4	0	0	0	0	0	0	2	.000	.000
0-3 Days Rest (Start)	0.00	0	0	0	0	0	0.0	0	0	0	0	None on/out	.281	64	18	6	2	0	0	5	7	.343	.438
4 Days Rest	3.65	1	1	0	4	4	24.2	21	5	9	21	First Pitch	.344	32	11	2	0	1	5	1	0	.364	.500
5+ Days Rest	9.09	0	3	0	7	7	31.2	44	3	13	14	Ahead in Count	.227	110	25	7	0	4	14	0	32	.232	.400
Pre-All Star	6.23	1	4	0	14	11	65.0	71	10	24	39	Behind in Count	.350	60	21	7	0	4	16	12	0	.458	.667
Post-All Star	0.00	0	0	0	0	0	0.0	0	0	0	0	Two Strikes	.215	107	23	5	2	4	12	11	39	.294	.411

Brian Rose — Devil Rays
Age 26 – Pitches Right (flyball pitcher)

	ERA	W	L	Sv	G	GS	IP	BB	SO	Avg	H	2B	3B	HR	RBI	OBP	SLG	GF	IR	IRS	Hld	SvOp	SB	CS	GB	FB	G/F
2001 Season	7.45	0	3	0	10	3	29.0	14	15	.336	41	10	1	7	22	.399	.607	2	2	1	0	0	2	1	44	33	1.33
Career (1997-2001)	5.86	15	23	0	68	54	284.1	110	151	.287	331	63	8	56	187	.352	.501	4	3	1	0	0	28	8	362	385	0.94

2001 Season

	ERA	W	L	Sv	G	GS	IP	H	HR	BB	SO		Avg	AB	H	2B	3B	HR	RBI	BB	SO	OBP	SLG
Home	5.06	0	0	0	4	1	10.2	13	0	5	8	vs. Left	.408	49	20	4	1	2	8	9	8	.492	.653
Away	8.84	0	3	0	6	2	18.1	28	7	9	7	vs. Right	.288	73	21	6	0	5	14	5	7	.329	.575

Career (1997-2001)

	ERA	W	L	Sv	G	GS	IP	H	HR	BB	SO		Avg	AB	H	2B	3B	HR	RBI	BB	SO	OBP	SLG
Home	6.13	7	7	0	32	26	133.2	166	26	58	82	vs. Left	.287	557	160	23	4	24	79	65	73	.366	.472
Away	5.62	8	16	0	36	28	150.2	165	30	52	69	vs. Right	.286	597	171	40	4	32	108	45	78	.338	.528
Day	5.91	4	6	0	25	17	102.0	115	20	32	62	Inning 1-6	.291	1069	311	61	8	52	178	106	140	.357	.509
Night	5.82	11	17	0	43	37	182.1	216	36	78	89	Inning 7+	.235	85	20	2	0	4	9	4	11	.283	.400
Grass	5.79	14	19	0	57	47	245.2	288	48	94	131	None on	.265	664	176	28	6	29	29	55	84	.328	.456
Turf	6.28	1	4	0	11	7	38.2	43	8	16	20	Runners on	.316	490	155	35	2	27	158	55	67	.384	.561
March/April	5.71	2	4	0	15	8	52.0	57	11	23	26	Scoring Posn	.300	303	91	20	1	18	134	44	49	.385	.551
May	5.85	5	5	0	17	13	67.2	78	13	20	36	Close & Late	.174	23	4	0	0	1	1	0	4	.208	.304
June	4.50	1	3	0	10	10	50.0	47	10	17	30	None on/out	.275	291	80	13	4	13	13	26	36	.336	.481
July	7.75	2	3	0	7	7	33.2	50	7	12	18	vs. 1st Batr (relief)	.308	13	4	1	0	1	2	0	0	.286	.615
August	6.02	2	4	0	10	10	46.1	60	8	22	25	1st Inning Pitched	.235	260	61	14	2	14	40	26	44	.308	.465
Sept/Oct	5.97	3	4	0	9	6	34.2	39	7	16	23	First 15 Pitches	.255	220	56	11	3	12	24	14	30	.307	.495
Starter	6.06	14	21	0	54	54	257.0	303	50	102	137	Pitch 16-30	.251	223	56	13	2	6	30	30	38	.345	.408
Reliever	3.95	1	2	0	14	0	27.1	28	6	8	14	Pitch 31-45	.294	204	60	10	0	14	44	21	19	.361	.549
0 Days Rest (Relief)	0.00	0	0	0	0	0	0.0	0	0	0	0	Pitch 46+	.314	507	159	29	3	24	89	45	64	.371	.525
1 or 2 Days Rest	1.08	1	0	0	5	0	8.1	8	0	2	4	First Pitch	.324	176	57	10	3	10	29	10	0	.356	.585
3+ Days Rest	5.21	0	2	0	9	0	19.0	20	6	6	10	Ahead in Count	.241	486	117	22	1	20	70	0	125	.250	.414
vs. AL	6.61	9	16	0	47	36	177.0	226	39	65	89	Behind in Count	.372	269	100	19	3	16	55	64	0	.490	.643
vs. NL	4.61	6	7	0	21	18	107.1	105	17	45	66	Two Strikes	.193	491	95	18	1	15	59	36	151	.255	.326
Pre-All Star	5.72	8	14	0	44	33	179.1	199	35	63	89	Pre-All Star	.275	724	199	42	6	35	118	63	89	.336	.494
Post-All Star	6.09	7	9	0	24	21	105.0	132	21	47	62	Post-All Star	.307	430	132	21	2	21	69	47	62	.379	.512

Aaron Rowand — White Sox
Age 24 – Bats Right

	Avg	G	AB	R	H	2B	3B	HR	RBI	BB	SO	HBP	GDP	SB	CS	OBP	SLG	IBB	SH	SF	#Pit	#P/PA	GB	FB	G/F
2001 Season	.293	63	123	21	36	5	0	4	20	15	28	4	2	5	1	.385	.431	0	5	1	530	3.58	49	23	2.13

2001 Season

	Avg	AB	H	2B	3B	HR	RBI	BB	SO	OBP	SLG		Avg	AB	H	2B	3B	HR	RBI	BB	SO	OBP	SLG
vs. Left	.309	55	17	2	0	2	8	6	14	.377	.455	Scoring Posn	.294	34	10	1	0	1	16	4	4	.359	.412
vs. Right	.279	68	19	3	0	2	12	9	14	.390	.412	Close & Late	.250	12	3	0	0	0	1	2	5	.400	.250
Home	.294	68	20	2	0	3	15	10	15	.402	.456	None on/out	.179	28	5	1	0	1	1	2	6	.324	.321
Away	.291	55	16	3	0	1	5	5	13	.361	.400	Batting #2	.344	32	11	0	0	0	6	7	7	.475	.344
First Pitch	.444	18	8	1	0	2	3	0	0	.444	.833	Batting #7	.288	66	19	4	0	3	12	5	14	.342	.485
Ahead in Count	.364	22	8	1	0	1	3	8	0	.533	.545	Other	.240	25	6	1	0	1	2	3	7	.367	.400
Behind in Count	.197	66	13	1	0	1	8	0	26	.232	.258	Pre-All Star	.333	12	4	0	0	1	1	1	2	.385	.583
Two Strikes	.125	56	7	0	0	1	6	7	28	.246	.179	Post-All Star	.288	111	32	5	0	3	19	14	26	.385	.414

Kirk Rueter — Giants
Age 31 – Pitches Left

	ERA	W	L	Sv	G	GS	IP	BB	SO	Avg	H	2B	3B	HR	RBI	OBP	SLG	CG	ShO	Sup	QS	#P/S	SB	CS	GB	FB	G/F
2001 Season	4.42	14	12	0	34	34	195.1	66	83	.283	213	48	7	25	92	.341	.465	0	0	5.62	16	94	3	9	265	261	1.02
Last Five Years	4.32	69	46	0	164	163	942.1	291	465	.280	1024	197	26	120	442	.333	.446	2	0	6.35	88	95	17	33	1350	1191	1.13

2001 Season

	ERA	W	L	Sv	G	GS	IP	H	HR	BB	SO		Avg	AB	H	2B	3B	HR	RBI	BB	SO	OBP	SLG
Home	4.33	5	6	0	15	15	87.1	94	6	25	34	vs. Left	.283	173	49	9	1	6	22	14	28	.342	.451
Away	4.50	9	6	0	19	19	108.0	119	19	41	49	vs. Right	.283	580	164	39	6	19	70	52	55	.341	.469
Day	4.31	5	5	0	12	12	64.2	71	4	21	20	Inning 1-6	.282	710	200	45	6	24	88	62	80	.340	.463
Night	4.48	9	7	0	22	22	130.2	142	21	45	63	Inning 7+	.302	43	13	3	1	1	4	4	3	.362	.488
Grass	4.12	14	11	0	33	33	194.1	207	24	62	83	None on	.302	440	133	31	3	19	19	29	41	.350	.516
Turf	63.00	0	1	0	1	1	1.0	6	1	4	0	Runners on	.256	313	80	17	4	6	73	37	42	.331	.393
April	7.36	2	2	0	5	5	25.2	34	4	10	12	Scoring Posn	.259	170	44	10	1	2	57	24	24	.340	.365
May	5.35	2	4	0	6	6	33.2	37	7	16	18	Close & Late	.333	15	5	0	0	1	2	2	1	.412	.533
June	3.23	4	0	0	6	6	39.0	33	5	12	18	None on/out	.345	200	69	21	1	8	8	11	15	.382	.580
July	4.88	2	1	0	5	5	27.2	39	3	10	11	vs. 1st Batr (relief)	.000	0	0	0	0	0	0	0	0	.000	.000
August	2.57	2	3	0	6	6	35.0	34	3	10	14	1st Inning Pitched	.244	127	31	9	0	5	15	16	20	.342	.433
Sept/Oct	4.19	2	2	0	6	6	34.1	36	3	8	10	First 75 Pitches	.282	577	163	36	4	20	67	49	70	.340	.463
Starter	4.42	14	12	0	34	34	195.1	213	25	66	83	Pitch 76-90	.286	105	30	7	1	4	17	9	7	.342	.486
Reliever	0.00	0	0	0	0	0	0.0	0	0	0	0	Pitch 91-105	.286	63	18	5	2	1	8	6	4	.348	.476
0-3 Days Rest (Start)	1.88	2	0	0	2	2	14.1	12	1	2	2	Pitch 106+	.250	8	2	0	0	0	0	2	2	.400	.250
4 Days Rest	4.56	7	7	0	17	17	92.2	104	11	33	45	First Pitch	.315	92	29	7	1	3	21	3	0	.333	.511
5+ Days Rest	4.69	5	5	0	15	15	88.1	97	13	31	36	Ahead in Count	.234	252	59	12	2	7	17	0	70	.240	.381
vs. AL	1.40	3	0	0	4	4	25.2	21	2	5	8	Behind in Count	.311	244	76	19	1	12	31	32	0	.389	.545
vs. NL	4.88	11	12	0	30	30	169.2	192	23	61	75	Two Strikes	.252	294	74	15	4	9	29	31	83	.326	.422
Pre-All Star	4.88	8	6	0	18	18	103.1	110	17	40	51	Pre-All Star	.278	395	110	25	3	17	55	40	51	.348	.486
Post-All Star	3.91	6	6	0	16	16	92.0	103	8	26	32	Post-All Star	.288	358	103	23	4	8	37	26	32	.334	.441

Last Five Years

	ERA	W	L	Sv	G	GS	IP	H	HR	BB	SO		Avg	AB	H	2B	3B	HR	RBI	BB	SO	OBP	SLG
Home	3.76	32	25	0	79	79	464.1	488	51	150	231	vs. Left	.257	740	190	30	5	20	78	47	126	.303	.392
Away	4.86	37	21	0	85	84	478.0	536	69	141	234	vs. Right	.286	2920	834	167	21	100	364	244	339	.340	.460
Day	3.95	34	22	0	74	74	428.0	447	45	142	205	Inning 1-6	.279	3399	949	183	24	113	419	275	437	.333	.447
Night	4.62	35	24	0	90	89	514.1	577	75	149	260	Inning 7+	.287	261	75	14	2	7	23	16	28	.331	.437
Grass	4.02	61	40	0	143	143	835.2	887	102	264	415	None on	.286	2166	620	126	14	72	72	135	255	.330	.457
Turf	6.67	8	6	0	21	20	106.2	137	18	27	50	Runners on	.270	1494	404	71	12	48	370	156	210	.336	.430
March/April	5.08	9	5	0	25	24	131.0	140	18	53	68	Scoring Posn	.254	781	198	42	7	17	287	105	115	.335	.391
May	4.20	10	11	0	29	29	173.2	174	24	51	93	Close & Late	.264	106	28	4	1	2	9	8	15	.316	.377
June	4.09	15	2	0	27	27	154.0	166	16	58	79	None on/out	.294	963	283	65	5	31	31	56	116	.335	.468
July	4.18	10	12	0	27	27	157.1	188	20	42	81	vs. 1st Batr (relief)	.000	1	0	0	0	0	0	0	0	.000	.000
August	4.19	12	11	0	29	29	167.2	187	25	41	69	1st Inning Pitched	.286	644	184	41	4	25	98	62	86	.349	.478
Sept/Oct	4.31	13	5	0	27	27	158.2	169	17	46	75	First 75 Pitches	.277	2747	761	147	18	94	326	215	371	.330	.446
Starter	4.33	68	46	0	163	163	940.0	1022	120	291	464	Pitch 76-90	.282	504	142	30	5	14	63	40	43	.335	.444
Reliever	0.00	1	0	0	1	0	2.1	2	0	0	1	Pitch 91-105	.310	323	100	17	3	11	47	25	36	.356	.483
0-3 Days Rest (Start)	2.95	3	0	0	3	3	21.1	16	3	4	8	Pitch 106+	.244	86	21	3	0	1	6	11	15	.337	.314
4 Days Rest	4.32	38	27	0	90	90	504.1	558	66	159	262	First Pitch	.324	432	140	24	4	16	75	15	0	.344	.509
5+ Days Rest	4.41	27	19	0	70	70	414.1	448	51	128	194	Ahead in Count	.207	1333	276	54	6	21	90	0	386	.211	.301
vs. AL	4.07	11	2	0	16	16	90.2	111	11	25	45	Behind in Count	.345	1082	373	75	10	55	172	155	0	.423	.585
vs. NL	4.34	58	44	0	148	147	851.2	913	109	266	420	Two Strikes	.220	1520	334	74	6	32	133	121	465	.278	.339
Pre-All Star	4.43	36	20	0	88	87	493.2	532	63	172	261	Pre-All Star	.278	1912	532	99	14	63	242	172	261	.338	.444
Post-All Star	4.19	33	26	0	76	76	448.2	492	57	119	204	Post-All Star	.281	1748	492	98	12	57	200	119	204	.327	.449

Johnny Ruffin — Reds
Age 30 – Pitches Right (groundball pitcher)

	ERA	W	L	Sv	G	GS	IP	BB	SO	Avg	H	2B	3B	HR	RBI	OBP	SLG	GF	IR	IRS	Hld	SvOp	SB	CS	GB	FB	G/F
2001 Season	4.91	0	0	0	3	0	3.2	4	4	.313	5	2	0	0	6	.476	.438	1	4	3	0	0	0	0	6	3	2.00
Last Five Years	7.82	0	0	0	8	0	12.2	7	9	.339	19	4	1	4	17	.422	.661	3	9	5	0	0	0	1	23	15	1.53

2001 Season

	ERA	W	L	Sv	G	GS	IP	H	HR	BB	SO		Avg	AB	H	2B	3B	HR	RBI	BB	SO	OBP	SLG
Home	0.00	0	0	0	1	0	0.2	1	0	1	2	vs. Left	.500	8	4	2	0	0	4	1	2	.556	.750
Away	6.00	0	0	0	2	0	3.0	4	0	3	2	vs. Right	.125	8	1	0	0	0	2	3	2	.417	.125

Ryan Rupe — Devil Rays
Age 27 – Pitches Right (flyball pitcher)

	ERA	W	L	Sv	G	GS	IP	BB	SO	Avg	H	2B	3B	HR	RBI	OBP	SLG	CG	ShO	Sup	QS	#P/S	SB	CS	GB	FB	G/F
2001 Season	6.59	5	12	0	28	26	143.1	48	123	.283	161	30	4	30	103	.348	.509	0	0	4.52	9	92	4	3	164	197	0.83
Career (1999-2001)	5.90	18	27	0	70	68	376.2	136	281	.282	418	85	15	66	244	.351	.493	0	0	4.95	27	93	34	11	485	508	0.95

2001 Season

	ERA	W	L	Sv	G	GS	IP	H	HR	BB	SO		Avg	AB	H	2B	3B	HR	RBI	BB	SO	OBP	SLG
Home	5.14	4	5	0	14	12	77.0	79	11	16	71	vs. Left	.294	289	85	15	4	17	55	31	64	.374	.526
Away	8.28	1	7	0	14	14	66.1	82	19	32	52	vs. Right	.272	279	76	15	0	13	48	17	59	.320	.466
Starter	5.91	5	11	0	26	26	141.2	151	30	46	122	Scoring Posn	.352	125	44	10	3	6	73	16	29	.430	.624
Reliever	64.80	0	1	0	2	0	1.2	10	0	2	1	Close & Late	.350	20	7	1	0	1	7	3	4	.480	.550
0-3 Days Rest (Start)	0.00	0	0	0	0	0	0.0	0	0	0	0	None on/out	.376	157	59	12	0	15	15	10	24	.420	.739
4 Days Rest	7.85	2	6	0	11	11	55.0	70	14	18	54	First Pitch	.338	68	23	2	0	8	14	0	0	.357	.721
5+ Days Rest	4.67	3	5	0	15	15	86.2	81	16	28	68	Ahead in Count	.210	281	59	13	2	11	47	0	110	.227	.388

2001 Season	ERA	W	L	Sv	G	GS	IP	H	HR	BB	SO		Avg	AB	H	2B	3B	HR	RBI	BB	SO	OBP	SLG
Pre-All Star	7.18	4	8	0	16	14	79.0	88	14	27	74	Behind in Count	.385	96	37	8	0	6	24	22	0	.492	.656
Post-All Star	5.88	1	4	0	12	12	64.1	73	16	21	49	Two Strikes	.223	287	64	14	2	7	42	26	123	.292	.359

Career (1999-2001)	ERA	W	L	Sv	G	GS	IP	H	HR	BB	SO		Avg	AB	H	2B	3B	HR	RBI	BB	SO	OBP	SLG
Home	5.50	9	14	0	35	33	193.0	206	31	63	158	vs. Left	.288	735	212	50	10	34	126	84	146	.365	.522
Away	6.32	9	13	0	35	35	183.2	212	35	73	123	vs. Right	.276	747	206	35	5	32	118	52	135	.337	.465
Day	5.27	6	6	0	19	18	109.1	112	21	28	88	Inning 1-6	.280	1390	389	84	14	64	225	123	262	.346	.499
Night	6.16	12	21	0	51	50	267.1	306	45	108	193	Inning 7+	.315	92	29	1	1	2	19	13	19	.423	.413
Grass	6.66	7	12	0	29	29	148.2	177	32	61	98	None on	.276	863	238	44	10	41	41	69	166	.342	.492
Turf	5.41	11	15	0	41	39	228.0	241	34	75	183	Runners on	.291	619	180	41	5	25	203	67	115	.364	.494
March/April	8.47	1	6	0	10	10	51.0	68	11	24	38	Scoring Posn	.304	355	108	29	5	15	179	43	74	.376	.541
May	6.18	2	4	0	10	8	51.0	42	9	18	38	Close & Late	.268	71	19	1	1	1	10	8	16	.354	.352
June	5.06	5	4	0	11	11	64.0	64	7	21	55	None on/out	.322	394	127	27	5	22	22	31	65	.381	.584
July	6.17	4	4	0	13	13	65.2	87	16	23	44	vs. 1st Batr (relief)	1.000	2	2	1	0	0	2	0	0	1.000	1.500
August	4.98	6	5	0	17	17	99.1	110	16	34	74	1st Inning Pitched	.268	272	73	9	2	11	50	28	59	.355	.438
Sept/Oct	5.52	0	4	0	9	9	45.2	47	7	16	32	First 75 Pitches	.285	1144	326	64	12	46	182	94	219	.351	.483
Starter	5.64	18	26	0	68	68	375.0	408	66	134	280	Pitch 76-90	.255	200	51	13	2	15	38	17	35	.313	.565
Reliever	64.80	0	1	0	2	0	1.2	10	0	2	1	Pitch 91-105	.301	113	34	7	1	5	20	20	21	.404	.513
0-3 Days Rest (Start)	0.00	0	0	0	0	0	0.0	0	0	0	0	Pitch 106+	.280	25	7	1	0	0	4	5	6	.400	.320
4 Days Rest	6.08	8	13	0	30	30	161.1	201	29	46	118	First Pitch	.325	203	66	12	0	17	37	4	0	.352	.635
5+ Days Rest	5.31	10	13	0	38	38	213.2	207	37	88	162	Ahead in Count	.221	691	153	36	7	21	95	0	241	.242	.385
vs. AL	6.02	15	25	0	61	59	330.1	371	56	113	243	Behind in Count	.342	275	94	18	2	15	65	60	0	.453	.585
vs. NL	5.05	3	2	0	9	9	46.1	47	10	23	38	Two Strikes	.226	709	160	36	6	14	83	72	281	.303	.353
Pre-All Star	6.75	8	16	0	35	33	184.0	204	32	72	146	Pre-All Star	.284	718	204	43	7	32	138	72	146	.362	.497
Post-All Star	5.09	10	11	0	35	35	192.2	214	34	64	135	Post-All Star	.280	764	214	42	8	34	106	64	135	.340	.490

Glendon Rusch — Mets

Age 27 – Pitches Left

	ERA	W	L	Sv	G	GS	IP	BB	SO	Avg	H	2B	3B	HR	RBI	OBP	SLG	CG	ShO	Sup	QS	#P/S	SB	CS	GB	FB	G/F
2001 Season	4.63	8	12	0	33	33	179.0	43	156	.301	216	36	4	23	91	.344	.458	1	0	3.27	14	94	13	3	220	199	1.11
Career (1997-2001)	5.00	31	48	1	127	114	699.2	192	527	.293	817	140	14	92	373	.342	.452	5	1	3.85	52	99	39	14	911	790	1.15

2001 Season	ERA	W	L	Sv	G	GS	IP	H	HR	BB	SO		Avg	AB	H	2B	3B	HR	RBI	BB	SO	OBP	SLG
Home	3.80	4	8	0	16	16	92.1	96	11	23	84	vs. Left	.299	117	35	7	0	3	13	8	18	.354	.436
Away	5.50	4	4	0	17	17	86.2	120	12	20	72	vs. Right	.301	601	181	29	4	20	78	35	138	.342	.463
Day	4.93	3	7	0	13	13	73.0	88	13	6	70	Inning 1-6	.298	658	196	32	4	20	86	42	138	.343	.450
Night	4.42	5	5	0	20	20	106.0	128	10	37	86	Inning 7+	.333	60	20	4	0	3	5	1	18	.355	.550
Grass	4.46	6	11	0	29	29	157.1	188	22	36	140	None on	.303	422	128	22	3	14	14	16	89	.330	.469
Turf	5.82	2	1	0	4	4	21.2	28	1	7	16	Runners on	.297	296	88	14	1	9	77	27	67	.362	.443
April	6.17	1	1	0	5	5	23.1	34	2	7	24	Scoring Posn	.314	159	50	10	1	3	64	18	39	.387	.447
May	5.40	2	3	0	6	6	31.2	45	7	7	25	Close & Late	.345	29	10	1	0	2	4	1	8	.387	.586
June	5.19	0	1	0	5	5	26.0	35	2	9	24	None on/out	.340	188	64	12	1	5	5	7	36	.367	.495
July	2.58	3	1	0	6	6	38.1	28	4	6	28	vs. 1st Batr (relief)	.000	0	0	0	0	0	0	0	0	.000	.000
August	6.45	0	3	0	5	5	22.1	35	4	10	23	1st Inning Pitched	.269	134	36	6	1	2	17	11	28	.327	.373
Sept/Oct	3.62	2	3	0	6	6	37.1	39	4	4	32	First 75 Pitches	.284	528	150	28	2	11	70	36	113	.333	.407
Starter	4.63	8	12	0	33	33	179.0	216	23	43	156	Pitch 76-90	.429	98	42	4	2	9	13	4	16	.456	.786
Reliever	0.00	0	0	0	0	0	0.0	0	0	0	0	Pitch 91-105	.270	63	17	1	0	2	6	2	16	.299	.381
0-3 Days Rest (Start)	1.59	0	0	0	1	1	5.2	3	1	2	4	Pitch 106+	.241	29	7	3	0	1	2	1	11	.267	.448
4 Days Rest	4.67	3	6	0	15	15	86.2	110	14	16	79	First Pitch	.400	85	34	4	0	3	12	2	0	.416	.553
5+ Days Rest	4.78	5	6	0	17	17	86.2	103	8	25	73	Ahead in Count	.233	352	82	14	1	4	28	0	128	.242	.313
vs. AL	3.71	1	0	0	3	3	17.0	13	1	7	15	Behind in Count	.402	122	49	9	1	8	25	15	0	.467	.689
vs. NL	4.72	7	12	0	30	30	162.0	203	22	36	141	Two Strikes	.221	375	83	14	2	6	35	26	156	.276	.317
Pre-All Star	5.00	4	5	0	18	18	93.2	122	12	26	81	Pre-All Star	.318	384	122	20	1	12	46	26	81	.365	.469
Post-All Star	4.22	4	7	0	15	15	85.1	94	11	17	75	Post-All Star	.281	334	94	16	3	11	45	17	75	.319	.446

Career (1997-2001)	ERA	W	L	Sv	G	GS	IP	H	HR	BB	SO		Avg	AB	H	2B	3B	HR	RBI	BB	SO	OBP	SLG
Home	4.99	14	27	1	64	57	355.2	424	48	93	272	vs. Left	.302	582	176	23	2	16	74	42	117	.359	.431
Away	5.02	17	21	0	63	57	344.0	393	44	99	255	vs. Right	.291	2206	641	117	12	76	299	150	410	.337	.458
Day	4.76	12	21	0	44	41	257.0	282	40	51	201	Inning 1-6	.298	2483	740	128	14	80	352	178	464	.348	.458
Night	5.14	19	27	1	83	73	442.2	535	52	141	326	Inning 7+	.252	305	77	12	0	12	21	14	63	.288	.410
Grass	5.04	24	44	1	111	100	608.2	721	85	167	462	None on	.274	1649	452	77	8	58	58	99	314	.319	.436
Turf	4.75	7	4	0	16	14	91.0	96	7	25	65	Runners on	.320	1139	365	63	6	34	315	93	213	.373	.476
March/April	4.97	7	6	0	19	18	108.2	127	14	25	82	Scoring Posn	.348	595	207	41	4	19	276	61	115	.405	.526
May	4.90	4	11	0	22	22	130.1	158	18	42	96	Close & Late	.253	146	37	3	0	6	13	10	28	.306	.397
June	5.26	7	6	0	20	18	114.2	142	11	34	79	None on/out	.278	726	202	36	3	29	29	35	128	.317	.456
July	5.44	4	11	0	25	22	134.0	153	17	31	93	vs. 1st Batr (relief)	.462	13	6	2	0	2	2	0	1	.462	1.077
August	5.92	4	9	0	18	18	100.1	123	20	39	88	1st Inning Pitched	.311	515	160	30	5	11	80	43	97	.363	.452
Sept/Oct	3.55	5	5	1	23	16	111.2	114	12	21	89	First 75 Pitches	.286	2021	578	106	11	62	269	140	383	.336	.441
Starter	4.97	30	47	0	114	114	674.0	788	87	187	506	Pitch 76-90	.341	372	127	14	3	19	53	27	64	.391	.548
Reliever	5.96	1	1	1	13	0	25.2	29	5	5	21	Pitch 91-105	.305	298	91	15	0	9	41	16	52	.342	.446
0-3 Days Rest (Start)	2.21	0	1	0	3	3	20.1	11	3	8	12	Pitch 106+	.216	97	21	5	0	2	10	9	28	.280	.330
4 Days Rest	5.45	14	26	0	57	57	340.0	425	47	90	263	First Pitch	.390	385	150	23	1	16	65	4	0	.395	.579
5+ Days Rest	4.62	16	20	0	54	54	313.2	352	37	89	231	Ahead in Count	.218	1317	287	46	4	26	122	0	447	.228	.318
vs. AL	6.01	12	24	1	61	51	319.0	396	50	105	226	Behind in Count	.361	537	194	39	5	25	89	73	0	.436	.592
vs. NL	4.16	19	24	0	66	63	380.2	421	42	87	301	Two Strikes	.213	1359	290	48	5	31	143	115	527	.279	.325

	ERA	W	L	Sv	G	GS	IP	H	HR	BB	SO	Career (1997-2001)	Avg	AB	H	2B	3B	HR	RBI	BB	SO	OBP	SLG
Pre-All Star	5.16	19	27	0	67	64	390.1	471	49	106	288	Pre-All Star	.301	1563	471	89	5	49	205	106	288	.347	.459
Post-All Star	4.80	12	21	1	60	50	309.1	346	43	86	239	Post-All Star	.282	1225	346	51	9	43	168	86	239	.334	.444

B.J. Ryan — Orioles
Age 26 – Pitches Left

	ERA	W	L	Sv	G	GS	IP	BB	SO	Avg	H	2B	3B	HR	RBI	OBP	SLG	GF	IR	IRS	Hld	SvOp	SB	CS	GB	FB	G/F
2001 Season	4.25	2	4	2	61	0	53.0	30	54	.233	47	4	0	6	28	.335	.342	9	46	12	14	4	11	0	64	55	1.16
Career (1999-2001)	4.66	5	7	2	117	0	116.0	74	124	.223	96	12	1	13	70	.337	.347	21	96	32	21	7	14	1	131	119	1.10

2001 Season

	ERA	W	L	Sv	G	GS	IP	H	HR	BB	SO		Avg	AB	H	2B	3B	HR	RBI	BB	SO	OBP	SLG
Home	5.00	0	2	2	30	0	27.0	28	4	15	30	vs. Left	.198	91	18	0	0	2	14	13	37	.298	.264
Away	3.46	2	2	0	31	0	26.0	19	2	15	24	vs. Right	.261	111	29	4	0	4	14	17	17	.364	.405
Day	4.41	1	0	0	15	0	16.1	12	2	8	19	Inning 1-6	.293	41	12	1	0	4	13	6	6	.375	.610
Night	4.17	1	4	2	46	0	36.2	35	4	22	35	Inning 7+	.217	161	35	3	0	2	15	24	48	.324	.273
Grass	3.88	1	3	2	53	0	46.1	41	4	26	47	None on	.194	103	20	2	0	5	5	13	31	.284	.359
Turf	6.75	1	1	0	8	0	6.2	6	2	4	7	Runners on	.273	99	27	2	0	1	23	17	23	.383	.323
April	3.55	0	0	0	9	0	12.2	5	2	10	9	Scoring Posn	.310	58	18	2	0	1	23	13	9	.425	.397
May	4.35	2	1	2	10	0	10.1	13	1	5	13	Close & Late	.217	83	18	2	0	0	9	13	23	.320	.241
June	9.45	0	2	0	6	0	6.2	10	2	6	6	None on/out	.186	43	8	1	0	3	3	9	13	.327	.419
July	5.87	0	1	0	13	0	7.2	6	1	5	9	vs. 1st Batr (relief)	.151	53	8	0	0	1	6	8	18	.262	.208
August	1.23	0	0	0	11	0	7.1	6	0	1	6	1st Inning Pitched	.219	151	33	2	0	6	23	27	44	.337	.351
Sept/Oct	2.16	0	0	0	12	0	8.1	7	0	3	11	First 15 Pitches	.203	118	24	2	0	4	19	23	34	.333	.322
Starter	0.00	0	0	0	0	0	0.0	0	0	0	0	Pitch 16-30	.222	63	14	2	0	2	6	4	18	.279	.349
Reliever	4.25	2	4	2	61	0	53.0	47	6	30	54	Pitch 31-45	.444	18	8	0	0	0	2	2	1	.500	.444
0 Days Rest (Relief)	4.26	0	0	1	12	0	6.1	8	1	3	7	Pitch 46+	.333	3	1	0	0	0	1	1	1	.500	.333
1 or 2 Days Rest	5.00	1	2	1	29	0	27.0	30	3	13	32	First Pitch	.345	29	10	1	0	2	4	3	0	.406	.586
3+ Days Rest	3.20	1	2	0	20	0	19.2	9	2	14	15	Ahead in Count	.194	108	21	2	0	0	8	0	45	.202	.213
vs. AL	2.70	2	1	2	54	0	46.2	36	4	23	47	Behind in Count	.304	23	7	1	0	1	7	13	0	.541	.478
vs. NL	15.63	0	3	0	7	0	6.1	11	2	7	7	Two Strikes	.209	115	24	2	0	3	15	14	54	.298	.304
Pre-All Star	5.57	2	3	2	28	0	32.1	30	6	24	31	Pre-All Star	.242	124	30	3	0	6	21	24	31	.368	.411
Post-All Star	2.18	0	1	0	33	0	20.2	17	0	6	23	Post-All Star	.218	78	17	1	0	0	7	6	23	.274	.231

Rob Ryan — Athletics
Age 29 – Bats Left (flyball hitter)

	Avg	G	AB	R	H	2B	3B	HR	RBI	BB	SO	HBP	GDP	SB	CS	OBP	SLG	IBB	SH	SF	#Pit	#P/PA	GB	FB	G/F
2001 Season	.000	8	8	0	0	0	0	0	0	6	6	0	0	0	0	.000	.000	0	0	0	39	4.88	1	1	1.00
Career (1999-2001)	.234	55	64	8	15	2	1	2	7	5	21	1	0	0	0	.300	.391	0	0	0	275	3.93	11	19	0.58

2001 Season

	Avg	AB	H	2B	3B	HR	RBI	BB	SO	OBP	SLG		Avg	AB	H	2B	3B	HR	RBI	BB	SO	OBP	SLG
vs. Left	.000	0	0	0	0	0	0	0	0	.000	.000	Scoring Posn	.000	1	0	0	0	0	0	1	.000	.000
vs. Right	.000	8	0	0	0	0	0	6	6	.000	.000	Close & Late	.000	0	0	0	0	0	0	0	0	.000	.000

C.C. Sabathia — Indians
Age 21 – Pitches Left (flyball pitcher)

	ERA	W	L	Sv	G	GS	IP	BB	SO	Avg	H	2B	3B	HR	RBI	OBP	SLG	CG	ShO	Sup	QS	#P/S	SB	CS	GB	FB	G/F
2001 Season	4.39	17	5	0	33	33	180.1	95	171	.228	149	32	2	19	79	.330	.371	0	0	5.69	14	96	27	15	170	216	0.79

2001 Season

	ERA	W	L	Sv	G	GS	IP	H	HR	BB	SO		Avg	AB	H	2B	3B	HR	RBI	BB	SO	OBP	SLG
Home	4.30	4	3	0	13	13	73.1	63	10	36	69	vs. Left	.254	114	29	4	0	1	12	13	16	.351	.316
Away	4.46	13	2	0	20	20	107.0	86	9	59	102	vs. Right	.223	539	120	28	2	18	67	82	155	.326	.382
Day	5.59	3	2	0	10	10	48.1	38	5	26	44	Inning 1-6	.234	624	146	31	2	18	78	90	159	.334	.377
Night	3.95	14	3	0	23	23	132.0	111	14	69	127	Inning 7+	.103	29	3	1	0	1	1	5	12	.257	.241
Grass	4.42	15	4	0	29	29	156.2	133	15	81	151	None on	.200	410	82	18	1	11	11	53	108	.299	.329
Turf	4.18	2	1	0	4	4	23.2	16	4	14	20	Runners on	.276	243	67	14	1	8	68	42	63	.380	.440
April	4.57	2	1	0	4	4	21.2	19	1	10	9	Scoring Posn	.255	149	38	11	0	7	64	28	46	.370	.470
May	5.84	3	1	0	5	5	24.2	31	4	12	19	Close & Late	.048	21	1	0	0	0	0	3	9	.200	.048
June	4.11	2	1	0	6	6	30.2	21	2	18	28	None on/out	.226	177	40	7	0	8	8	19	34	.302	.401
July	2.83	3	0	0	6	6	35.0	22	1	22	42	vs. 1st Batr (relief)	.000	0	0	0	0	0	0	0	0	.000	.000
August	5.23	4	1	0	6	6	32.2	27	7	15	38	1st Inning Pitched	.200	115	23	5	0	2	13	17	33	.306	.296
Sept/Oct	4.29	3	1	0	6	6	35.2	29	4	18	35	First 75 Pitches	.241	485	117	22	2	16	65	70	128	.340	.394
Starter	4.39	17	5	0	33	33	180.1	149	19	95	171	Pitch 76-90	.202	89	18	5	0	0	6	10	15	.283	.258
Reliever	0.00	0	0	0	0	0	0.0	0	0	0	0	Pitch 91-105	.207	58	12	5	0	3	8	11	20	.347	.448
0-3 Days Rest (Start)	1.80	1	0	0	1	1	5.0	1	0	2	5	Pitch 106+	.095	21	2	0	0	0	0	4	8	.240	.095
4 Days Rest	5.25	8	2	0	18	18	94.1	83	10	52	92	First Pitch	.465	71	33	10	1	2	16	1	0	.467	.718
5+ Days Rest	3.56	8	3	0	14	14	81.0	65	9	41	74	Ahead in Count	.160	307	49	6	0	6	25	0	134	.172	.238
vs. AL	4.62	16	5	0	29	29	156.0	135	19	86	141	Behind in Count	.346	130	45	9	1	8	28	52	0	.533	.615
vs. NL	2.96	1	0	0	4	4	24.1	14	0	9	30	Two Strikes	.136	345	47	6	0	8	24	42	171	.239	.223
Pre-All Star	4.72	7	3	0	17	17	87.2	80	7	46	68	Pre-All Star	.245	327	80	18	1	7	39	46	68	.343	.370
Post-All Star	4.08	10	2	0	16	16	92.2	69	12	49	103	Post-All Star	.212	326	69	14	1	12	40	49	103	.318	.371

Erik Sabel — Diamondbacks — Age 27 – Pitches Right

	ERA	W	L	Sv	G	GS	IP	BB	SO	Avg	H	2B	3B	HR	RBI	OBP	SLG	GF	IR	IRS	Hld	SvOp	SB	CS	GB	FB	G/F
2001 Season	4.38	3	2	0	42	0	51.1	12	25	.282	57	3	2	8	30	.332	.436	11	14	7	4	0	2	1	86	59	1.46
Career (1999-2001)	4.72	3	2	0	49	0	61.0	18	31	.285	69	6	2	9	34	.347	.438	12	18	7	4	0	2	1	100	72	1.39

2001 Season

	ERA	W	L	Sv	G	GS	IP	H	HR	BB	SO		Avg	AB	H	2B	3B	HR	RBI	BB	SO	OBP	SLG
Home	4.39	1	0	0	18	0	26.2	26	6	3	15	vs. Left	.292	72	21	1	1	3	14	6	12	.346	.458
Away	4.38	2	2	0	24	0	24.2	31	2	9	10	vs. Right	.277	130	36	2	1	5	16	6	13	.324	.423
Starter	0.00	0	0	0	0	0	0.0	0	0	0	0	Scoring Posn	.407	27	11	0	1	2	18	5	1	.515	.704
Reliever	4.38	3	2	0	42	0	51.1	57	8	12	25	Close & Late	.296	27	8	0	0	0	2	6	0	.441	.296
0 Days Rest (Relief)	6.75	1	0	0	11	0	13.1	18	5	4	7	None on/out	.259	54	14	0	0	0	0	5	5	.259	.259
1 or 2 Days Rest	2.10	2	0	0	17	0	25.2	21	1	4	14	First Pitch	.364	33	12	0	0	2	5	2	0	.400	.545
3+ Days Rest	6.57	1	1	0	14	0	12.1	18	2	4	4	Ahead in Count	.186	86	16	1	0	3	10	0	24	.205	.302
Pre-All Star	3.24	3	1	0	25	0	33.1	31	5	5	15	Behind in Count	.354	48	17	0	2	2	8	5	0	.426	.563
Post-All Star	6.50	0	1	0	17	0	18.0	26	3	7	10	Two Strikes	.178	73	13	1	0	3	9	4	25	.241	.315

Bret Saberhagen — Red Sox — Age 38 – Pitches Right (flyball pitcher)

	ERA	W	L	Sv	G	GS	IP	BB	SO	Avg	H	2B	3B	HR	RBI	OBP	SLG	CG	ShO	Sup	QS	#P/S	SB	CS	GB	FB	G/F
2001 Season	6.00	1	2	0	3	3	15.0	0	10	.302	19	4	0	3	8	.313	.508	0	0	9.00	1	80	3	1	12	25	0.48
Last Five Years	3.90	26	17	0	62	62	335.0	50	205	.268	352	78	8	41	143	.299	.433	0	0	6.15	29	83	16	13	406	449	0.90

2001 Season

	ERA	W	L	Sv	G	GS	IP	H	HR	BB	SO		Avg	AB	H	2B	3B	HR	RBI	BB	SO	OBP	SLG
Home	5.73	1	1	0	2	2	11.0	12	3	0	5	vs. Left	.343	35	12	3	0	2	3	0	5	.343	.600
Away	6.75	0	1	0	1	1	4.0	7	0	0	5	vs. Right	.250	28	7	1	0	1	5	0	5	.276	.393

Last Five Years

	ERA	W	L	Sv	G	GS	IP	H	HR	BB	SO		Avg	AB	H	2B	3B	HR	RBI	BB	SO	OBP	SLG
Home	3.40	12	9	0	31	31	169.1	172	16	19	112	vs. Left	.297	673	200	47	4	21	76	30	92	.328	.473
Away	4.40	14	8	0	31	31	165.2	180	25	31	93	vs. Right	.238	640	152	31	4	20	67	20	113	.268	.392
Day	3.16	8	4	0	19	19	108.1	98	15	19	70	Inning 1-6	.266	1248	332	76	8	39	137	49	200	.298	.433
Night	4.25	18	13	0	43	43	226.2	254	26	31	135	Inning 7+	.308	65	20	2	0	2	6	1	5	.318	.431
Grass	3.31	24	13	0	52	52	288.1	283	29	39	186	None on	.270	799	216	53	5	26	26	26	121	.299	.447
Turf	7.52	2	4	0	10	10	46.2	69	12	11	19	Runners on	.265	514	136	25	3	15	117	24	84	.298	.412
March/April	1.97	6	1	0	8	8	45.2	36	3	14	36	Scoring Posn	.280	293	82	17	3	8	102	17	51	.318	.440
May	8.16	2	3	0	7	7	28.2	43	4	5	19	Close & Late	.357	28	10	1	0	0	4	1	4	.379	.393
June	3.27	5	3	0	9	9	52.1	60	4	4	23	None on/out	.302	348	105	30	1	9	9	10	50	.323	.471
July	3.61	5	2	0	12	12	72.1	73	11	4	43	vs. 1st Batr (relief)	.000	0	0	0	0	0	0	0	0	.000	.000
August	4.74	4	5	0	13	13	68.1	78	8	12	45	1st Inning Pitched	.230	230	53	14	3	7	19	12	42	.273	.409
Sept/Oct	3.33	4	3	0	13	13	67.2	62	11	11	40	First 75 Pitches	.268	1120	300	67	8	36	113	41	178	.298	.438
Starter	3.90	26	17	0	62	62	335.0	352	41	50	205	Pitch 76-90	.276	134	37	8	0	3	25	6	19	.313	.403
Reliever	0.00	0	0	0	0	0	0.0	0	0	0	0	Pitch 91-105	.241	54	13	3	0	1	3	3	8	.281	.352
0-3 Days Rest (Start)	0.00	0	0	0	0	0	0.0	0	0	0	0	Pitch 106+	.400	5	2	0	0	1	2	0	0	.400	1.000
4 Days Rest	3.77	11	7	0	23	23	129.0	139	18	15	71	First Pitch	.362	199	72	13	1	8	23	1	0	.366	.558
5+ Days Rest	3.98	15	10	0	39	39	206.0	213	23	35	134	Ahead in Count	.190	620	118	26	2	12	40	0	174	.201	.297
vs. AL	3.80	22	15	0	55	55	293.2	305	33	48	177	Behind in Count	.349	238	83	16	2	15	44	19	0	.398	.622
vs. NL	4.57	4	2	0	7	7	41.1	47	8	2	28	Two Strikes	.211	608	128	30	2	11	44	30	205	.251	.321
Pre-All Star	3.73	16	7	0	27	27	147.0	154	14	24	90	Pre-All Star	.270	571	154	30	4	14	58	24	90	.301	.410
Post-All Star	4.02	10	10	0	35	35	188.0	198	27	26	115	Post-All Star	.267	742	198	48	4	27	85	26	115	.297	.451

Donnie Sadler — Royals — Age 27 – Bats Right

	Avg	G	AB	R	H	2B	3B	HR	RBI	BB	SO	HBP	GDP	SB	CS	OBP	SLG	IBB	SH	SF	#Pit	#P/PA	GB	FB	G/F
2001 Season	.162	93	185	28	30	6	0	1	5	18	37	2	3	7	4	.243	.211	0	5	1	744	3.53	72	53	1.36
Career (1998-2001)	.214	249	515	81	110	20	5	5	34	34	103	6	16	6	.268	.301	0	18	4	2065	3.58	195	135	1.44

2001 Season

	Avg	AB	H	2B	3B	HR	RBI	BB	SO	OBP	SLG		Avg	AB	H	2B	3B	HR	RBI	BB	SO	OBP	SLG
vs. Left	.088	57	5	2	0	0	1	5	12	.161	.123	Scoring Posn	.026	38	1	0	0	0	3	6	10	.191	.026
vs. Right	.195	128	25	4	0	1	4	13	25	.278	.250	Close & Late	.103	29	3	1	0	0	0	5	11	.133	.138
Home	.151	93	14	3	0	0	3	4	19	.200	.183	None on/out	.172	58	10	3	0	0	3	13	.213	.224
Away	.174	92	16	3	0	1	2	14	18	.283	.239	Batting #1	.204	49	10	2	0	1	3	3	11	.245	.306
First Pitch	.242	33	8	1	0	0	0	0	0	.242	.333	Batting #9	.143	77	11	2	0	0	1	6	16	.214	.169
Ahead in Count	.214	28	6	0	0	0	0	7	0	.371	.214	Other	.153	59	9	3	0	0	1	9	10	.275	.186
Behind in Count	.143	91	13	3	0	1	4	0	29	.143	.209	Pre-All Star	.205	117	24	5	0	1	3	11	25	.279	.274
Two Strikes	.107	84	9	2	0	0	2	11	37	.227	.131	Post-All Star	.088	68	6	1	0	0	2	7	12	.182	.103

Career (1998-2001)

	Avg	AB	H	2B	3B	HR	RBI	BB	SO	OBP	SLG		Avg	AB	H	2B	3B	HR	RBI	BB	SO	OBP	SLG
vs. Left	.150	140	21	4	1	0	7	11	32	.209	.193	First Pitch	.260	77	20	4	0	1	4	0	0	.266	.351
vs. Right	.237	375	89	16	4	5	27	23	71	.291	.341	Ahead in Count	.275	91	25	1	2	0	1	7	18	0	.393	.330
Home	.202	228	46	8	2	0	13	13	50	.255	.254	Behind in Count	.178	247	44	5	5	1	11	0	86	.188	.251
Away	.223	287	64	12	3	5	21	21	53	.285	.338	Two Strikes	.167	245	41	8	3	2	16	16	103	.224	.249
Day	.232	168	39	7	1	2	11	12	41	.290	.321	Batting #8	.248	113	28	4	2	4	9	19	.301	.319
Night	.205	347	71	13	4	3	23	22	62	.258	.291	Batting #9	.222	266	59	12	3	4	24	14	56	.269	.335
Grass	.211	440	93	17	5	5	31	31	85	.270	.307	Other	.169	136	23	4	0	1	6	11	28	.240	.221
Turf	.227	75	17	3	0	0	3	3	18	.256	.267	March/April	.157	70	11	1	1	3	4	16	.211	.243
Pre-All Star	.199	236	47	11	2	2	13	16	50	.260	.288	May	.227	97	22	6	0	1	6	19	.279	.320
Post-All Star	.226	279	63	9	3	3	21	18	53	.276	.312	June	.156	45	7	2	0	0	0	4	12	.235	.200

Career (1998-2001)

	Avg	AB	H	2B	3B	HR	RBI	BB	SO	OBP	SLG		Avg	AB	H	2B	3B	HR	RBI	BB	SO	OBP	SLG
Inning 1-6	.198	333	66	14	4	2	21	28	66	.262	.282	July	.208	72	15	3	2	1	4	3	15	.250	.347
Inning 7+	.242	182	44	6	1	3	13	6	37	.281	.335	August	.262	122	32	7	0	2	12	11	19	.331	.377
Scoring Posn	.174	132	23	3	1	2	28	12	24	.266	.258	Sept/Oct	.211	109	23	1	0	1	6	6	22	.250	.248
Close & Late	.232	69	16	1	1	1	4	3	19	.293	.319	vs. AL	.224	416	93	17	5	4	30	24	75	.274	.317
None on/out	.227	141	32	7	2	1	1	7	28	.264	.326	vs. NL	.172	99	17	3	0	1	4	10	28	.245	.232

Olmedo Saenz — Athletics   Age 31 – Bats Right

	Avg	G	AB	R	H	2B	3B	HR	RBI	BB	SO	HBP	GDP	SB	CS	OBP	SLG	IBB	SH	SF	#Pit	#P/PA	GB	FB	G/F
2001 Season	.220	106	305	33	67	21	1	9	32	19	64	13	9	0	1	.291	.384	1	1	3	1231	3.61	100	103	0.97
Last Five Years	.264	279	774	114	204	51	3	29	106	66	151	35	21	2	2	.346	.450	4	1	7	3183	3.60	265	256	1.04

2001 Season

	Avg	AB	H	2B	3B	HR	RBI	BB	SO	OBP	SLG		Avg	AB	H	2B	3B	HR	RBI	BB	SO	OBP	SLG
vs. Left	.237	139	33	11	1	4	17	13	27	.305	.417	First Pitch	.389	36	14	4	0	1	2	1	0	.439	.583
vs. Right	.205	166	34	10	0	5	15	6	37	.280	.355	Ahead in Count	.333	72	24	4	1	5	18	9	0	.402	.625
Home	.219	151	33	5	1	6	18	14	26	.312	.384	Behind in Count	.127	150	19	7	0	2	9	0	60	.180	.213
Away	.221	154	34	16	0	3	14	5	38	.269	.383	Two Strikes	.128	141	18	10	0	1	8	9	64	.215	.220
Day	.221	136	30	9	0	5	13	8	29	.298	.397	Batting #4	.198	101	20	5	0	2	7	7	21	.287	.307
Night	.219	169	37	12	1	4	19	11	35	.286	.373	Batting #7	.250	60	15	4	1	2	8	0	10	.274	.450
Grass	.210	271	57	15	1	8	28	18	54	.289	.362	Other	.222	144	32	12	0	5	17	12	33	.301	.410
Turf	.294	34	10	6	0	1	4	1	10	.314	.559	April	.200	70	14	4	0	2	6	4	18	.260	.343
Pre-All Star	.229	192	44	15	0	4	14	12	41	.311	.370	May	.274	62	17	7	0	0	4	4	13	.378	.387
Post-All Star	.204	113	23	6	1	5	18	7	23	.256	.407	June	.227	44	10	2	0	2	4	2	6	.300	.409
Inning 1-6	.230	187	43	14	1	4	18	16	44	.311	.380	July	.180	50	9	2	0	1	4	3	6	.226	.280
Inning 7+	.203	118	24	7	0	5	14	3	20	.258	.390	August	.344	32	11	3	1	3	11	4	5	.417	.781
Scoring Posn	.110	73	8	3	1	0	18	10	16	.277	.178	Sept/Oct	.128	47	6	3	0	1	3	2	15	.163	.255
Close & Late	.240	50	12	1	0	4	9	2	6	.304	.500	vs. AL	.223	278	62	20	1	8	28	18	60	.298	.388
None on/out	.269	78	21	7	0	2	2	5	15	.313	.436	vs. NL	.185	27	5	1	0	1	4	1	4	.214	.333

2001 By Position

Position	Avg	AB	H	2B	3B	HR	RBI	BB	SO	OBP	SLG	G	GS	Innings	PO	A	E	DP	Fld Pct	Rng Fctr	In Zone	Zone Outs	Zone Rtg	MLB Zone
As DH	.227	181	41	13	0	5	16	10	43	.302	.381	58	47	—	—	—	—	—	—	—	—	—	—	—
As Pinch Hitter	.240	25	6	1	0	1	4	1	7	.269	.400	26	0	—	—	—	—	—	—	—	—	—	—	—
As 1b	.194	67	13	6	0	2	6	6	12	.280	.373	28	14	167.0	196	16	3	13	.986	—	39	36	.923	.850
As 3b	.256	43	11	2	1	2	8	2	5	.289	.488	14	11	95.2	5	19	2	3	.923	2.26	27	21	.778	.761

Last Five Years

	Avg	AB	H	2B	3B	HR	RBI	BB	SO	OBP	SLG		Avg	AB	H	2B	3B	HR	RBI	BB	SO	OBP	SLG
vs. Left	.279	344	96	25	1	9	43	38	66	.364	.436	First Pitch	.417	84	35	7	0	8	12	3	0	.474	.786
vs. Right	.251	430	108	26	2	20	63	28	85	.331	.460	Ahead in Count	.322	183	59	11	2	10	38	38	0	.438	.568
Home	.259	363	94	15	1	17	55	35	57	.351	.446	Behind in Count	.172	367	63	18	0	7	27	0	136	.211	.278
Away	.268	411	110	36	2	12	51	31	94	.341	.453	Two Strikes	.155	336	52	19	0	2	25	25	151	.243	.229
Day	.250	296	74	21	0	12	36	24	59	.335	.443	Batting #4	.261	284	74	14	1	10	30	32	56	.356	.423
Night	.272	478	130	30	3	17	70	42	92	.352	.454	Batting #5	.281	178	50	13	1	4	26	13	31	.353	.433
Grass	.257	685	176	42	2	26	92	62	130	.346	.438	Other	.256	312	80	24	1	15	50	21	64	.332	.484
Turf	.315	89	28	9	1	3	14	4	21	.347	.539	March/April	.270	152	41	12	1	5	19	10	34	.339	.461
Pre-All Star	.232	508	133	37	2	13	59	38	99	.345	.419	May	.258	182	47	14	1	2	23	16	31	.360	.379
Post-All Star	.267	266	71	14	1	16	47	28	52	.348	.508	June	.261	119	31	7	0	5	13	8	22	.333	.445
Inning 1-6	.277	476	132	34	3	16	63	47	93	.365	.462	July	.279	147	41	9	0	6	23	11	29	.344	.463
Inning 7+	.242	298	72	17	0	13	43	19	58	.313	.430	August	.340	53	18	4	1	6	15	8	12	.435	.792
Scoring Posn	.200	220	44	11	3	3	72	28	52	.318	.318	Sept/Oct	.215	121	26	5	0	5	13	13	30	.291	.380
Close & Late	.274	117	32	4	0	9	27	12	22	.360	.538	vs. AL	.253	659	167	43	3	22	83	59	128	.343	.428
None on/out	.302	192	58	15	0	9	9	12	31	.356	.521	vs. NL	.322	115	37	8	0	7	23	7	23	.365	.574

Tim Salmon — Angels   Age 33 – Bats Right (flyball hitter)

	Avg	G	AB	R	H	2B	3B	HR	RBI	BB	SO	HBP	GDP	SB	CS	OBP	SLG	IBB	SH	SF	#Pit	#P/PA	GB	FB	G/F
2001 Season	.227	137	475	63	108	21	1	17	49	96	121	8	11	9	3	.365	.383	4	0	2	2377	4.09	117	161	0.73
Last Five Years	.278	686	2441	410	678	137	7	127	432	448	584	24	43	22	19	.391	.496	21	0	31	11816	4.01	668	784	0.85

2001 Season

	Avg	AB	H	2B	3B	HR	RBI	BB	SO	OBP	SLG		Avg	AB	H	2B	3B	HR	RBI	BB	SO	OBP	SLG
vs. Left	.232	125	29	8	0	4	15	30	23	.385	.392	First Pitch	.283	53	15	3	0	6	15	3	0	.316	.679
vs. Right	.226	350	79	13	1	13	34	66	98	.358	.380	Ahead in Count	.333	99	33	6	0	2	8	30	0	.489	.455
Home	.214	224	48	6	0	11	25	53	54	.357	.388	Behind in Count	.151	225	34	7	1	4	13	0	103	.170	.244
Away	.239	251	60	15	1	6	24	43	67	.358	.378	Two Strikes	.138	232	32	8	0	4	10	63	121	.336	.224
Day	.276	127	35	7	0	4	11	14	34	.350	.425	Batting #3	.200	130	26	7	0	4	14	32	35	.360	.346
Night	.210	348	73	14	1	13	38	82	87	.353	.368	Batting #6	.255	235	60	10	0	8	23	34	58	.359	.409
Grass	.218	441	96	15	1	17	47	88	114	.356	.372	Other	.200	110	22	2	1	5	12	30	28	.382	.373
Turf	.353	34	12	6	0	0	2	8	7	.477	.529	April	.233	86	20	6	0	3	10	16	21	.356	.407
Pre-All Star	.206	252	52	12	0	9	26	58	70	.363	.361	May	.188	80	15	4	0	2	6	26	22	.394	.313
Post-All Star	.251	223	56	9	1	8	23	38	51	.357	.408	June	.198	86	17	2	0	4	10	16	27	.337	.360
Inning 1-6	.231	325	75	11	1	13	42	63	82	.360	.391	July	.194	31	6	0	0	1	2	10	10	.405	.290
Inning 7+	.220	150	33	10	0	4	7	33	39	.374	.367	August	.265	102	27	6	1	3	10	13	25	.353	.431
Scoring Posn	.171	129	22	6	0	5	30	56	42	.363	.302	Sept/Oct	.256	90	23	3	0	4	11	15	16	.362	.422
Close & Late	.233	73	17	5	0	2	4	14	19	.371	.384	vs. AL	.232	448	104	20	1	17	49	93	109	.372	.395
None on/out	.208	120	25	3	0	3	3	15	30	.301	.325	vs. NL	.148	27	4	1	0	0	0	3	12	.233	.185

2001 By Position

Position	Avg	AB	H	2B	3B	HR	RBI	BB	SO	OBP	SLG	G	GS	Innings	PO	A	E	DP	Fld Pct	Rng Fctr	In Zone	Zone Outs	Rtg	MLB Zone
As DH	.222	45	10	2	0	3	7	7	13	.327	.467	12	12	—	—	—	—	—	—	—	—	—	—	—
As rf	.228	430	98	19	1	14	42	89	108	.369	.374	125	124	1087.1	253	13	3	5	.989	2.20	281	246	.875	.884

Last Five Years

	Avg	AB	H	2B	3B	HR	RBI	BB	SO	OBP	SLG		Avg	AB	H	2B	3B	HR	RBI	BB	SO	OBP	SLG
vs. Left	.260	620	161	30	0	31	90	139	138	.395	.458	First Pitch	.386	319	123	21	0	32	99	17	0	.414	.752
vs. Right	.284	1821	517	107	7	96	342	309	446	.389	.509	Ahead in Count	.371	531	197	36	4	33	126	190	0	.528	.640
Home	.262	1212	317	55	3	65	209	240	299	.386	.473	Behind in Count	.202	1074	217	50	2	36	125	0	461	.211	.353
Away	.294	1229	361	82	4	62	223	208	285	.395	.518	Two Strikes	.185	1173	217	46	1	31	116	241	584	.328	.305
Day	.279	675	188	37	2	35	120	107	158	.376	.495	Batting #3	.241	402	97	14	0	17	62	83	92	.373	.403
Night	.277	1766	490	100	5	92	312	341	426	.396	.496	Batting #4	.285	1475	421	95	6	86	271	267	360	.395	.533
Grass	.277	2194	607	118	7	121	398	395	533	.388	.502	Other	.284	564	160	28	1	24	99	98	132	.391	.465
Turf	.287	247	71	19	0	6	34	53	51	.414	.437	March/April	.263	415	109	22	0	25	72	75	103	.379	.496
Pre-All Star	.264	1157	305	63	0	64	202	239	290	.392	.484	May	.258	341	88	18	0	15	53	75	80	.392	.443
Post-All Star	.290	1284	373	74	7	63	230	209	294	.389	.506	June	.274	336	92	17	0	20	64	72	89	.404	.503
Inning 1-6	.278	1682	467	93	5	87	302	315	385	.392	.494	July	.283	360	102	23	1	17	68	75	89	.408	.494
Inning 7+	.278	759	211	44	2	40	130	133	199	.388	.499	August	.311	512	159	35	5	27	91	71	126	.393	.557
Scoring Posn	.275	676	186	33	2	35	302	175	166	.417	.485	Sept/Oct	.268	477	128	22	1	23	84	80	97	.373	.463
Close & Late	.259	378	98	18	1	20	77	64	104	.370	.471	vs. AL	.281	2218	624	121	7	122	410	406	525	.393	.507
None on/out	.306	635	194	38	2	33	33	87	132	.393	.528	vs. NL	.242	223	54	16	0	5	22	42	59	.370	.381

Alex Sanchez — Brewers

Age 25 – Bats Left

	Avg	G	AB	R	H	2B	3B	HR	RBI	BB	SO	HBP	GDP	SB	CS	OBP	SLG	IBB	SH	SF	#Pit	#P/PA	GB	FB	G/F
2001 Season	.206	30	68	7	14	3	2	0	4	5	13	0	0	6	2	.260	.309	0	0	0	245	3.36	29	12	2.42

2001 Season

	Avg	AB	H	2B	3B	HR	RBI	BB	SO	OBP	SLG		Avg	AB	H	2B	3B	HR	RBI	BB	SO	OBP	SLG
vs. Left	.200	5	1	1	0	0	0	0	1	.200	.400	Scoring Posn	.250	8	2	1	0	0	3	0	0	.250	.375
vs. Right	.206	63	13	2	2	0	4	5	12	.265	.302	Close & Late	.286	7	2	1	0	0	2	1	2	.375	.429

Jesus Sanchez — Marlins

Age 27 – Pitches Left (flyball pitcher)

	ERA	W	L	Sv	G	GS	IP	BB	SO	Avg	H	2B	3B	HR	RBI	OBP	SLG	CG	ShO	Sup	QS	#P/S	SB	CS	GB	FB	G/F
2001 Season	4.74	2	4	0	16	9	62.2	31	46	.256	61	15	4	7	31	.346	.441	0	0	4.45	4	97	3	1	60	97	0.62
Career (1998-2001)	5.06	23	32	0	142	80	494.0	258	368	.276	520	109	17	73	291	.363	.468	2	2	5.14	33	92	24	21	564	649	0.87

2001 Season

	ERA	W	L	Sv	G	GS	IP	H	HR	BB	SO		Avg	AB	H	2B	3B	HR	RBI	BB	SO	OBP	SLG
Home	3.03	2	2	0	7	5	35.2	24	1	17	32	vs. Left	.204	49	10	2	1	1	3	15	13	.400	.347
Away	7.00	0	2	0	9	4	27.0	37	6	14	14	vs. Right	.270	189	51	13	3	6	28	16	33	.329	.466
Starter	4.85	2	4	0	9	9	52.0	53	6	26	41	Scoring Posn	.211	57	12	3	0	0	19	10	9	.333	.263
Reliever	4.22	0	0	0	7	0	10.2	8	1	5	5	Close & Late	.333	3	1	1	0	0	1	1	1	.500	.667
0-3 Days Rest (Start)	0.00	0	0	0	0	0	0.0	0	0	0	0	None on/out	.203	59	12	3	2	2	7	11	.299	.424
4 Days Rest	5.32	0	2	0	4	4	22.0	27	4	8	18	First Pitch	.316	38	12	3	1	2	5	1	0	.366	.605
5+ Days Rest	4.50	2	2	0	5	5	30.0	26	2	18	23	Ahead in Count	.168	113	19	6	1	1	7	0	40	.167	.265
Pre-All Star	1.32	1	0	0	3	1	13.2	8	1	5	5	Behind in Count	.386	44	17	2	1	2	10	17	0	.557	.614
Post-All Star	5.69	1	4	0	13	8	49.0	53	6	26	41	Two Strikes	.165	109	18	7	2	3	11	13	46	.252	.349

Career (1998-2001)

	ERA	W	L	Sv	G	GS	IP	H	HR	BB	SO		Avg	AB	H	2B	3B	HR	RBI	BB	SO	OBP	SLG
Home	4.31	14	15	0	69	40	255.0	246	37	119	195	vs. Left	.249	329	82	14	2	8	45	63	64	.372	.377
Away	5.87	9	17	0	73	40	239.0	274	36	139	173	vs. Right	.281	1556	438	95	15	65	246	195	304	.361	.487
Day	5.21	9	10	0	49	24	152.0	185	24	84	112	Inning 1-6	.281	1596	448	89	16	64	249	209	312	.364	.477
Night	5.00	14	22	0	93	56	342.0	335	49	174	256	Inning 7+	.249	289	72	20	1	9	42	49	56	.359	.419
Grass	4.91	23	27	0	116	70	431.0	444	63	216	318	None on	.265	1043	276	52	11	39	39	144	212	.357	.448
Turf	6.14	0	5	0	26	10	63.0	76	10	42	50	Runners on	.290	842	244	57	6	34	252	114	156	.370	.493
March/April	5.95	3	4	0	18	12	65.0	77	14	44	48	Scoring Posn	.262	469	123	33	3	12	194	80	79	.359	.422
May	4.93	5	5	0	19	17	98.2	93	18	55	73	Close & Late	.238	147	35	9	1	6	28	28	29	.358	.435
June	4.69	1	7	0	23	11	78.2	81	7	37	59	None on/out	.276	479	132	25	7	18	18	54	82	.351	.470
July	3.39	5	2	0	29	12	87.2	85	10	37	58	vs. 1st Batr (relief)	.245	53	13	5	1	0	17	6	12	.323	.377
August	5.03	6	8	0	26	16	91.1	104	14	49	64	1st Inning Pitched	.281	455	128	25	1	23	100	89	97	.396	.492
Sept/Oct	6.94	3	6	0	27	12	72.2	80	10	36	66	First 75 Pitches	.286	1471	421	88	13	59	246	207	278	.373	.484
Starter	5.12	19	28	0	80	80	442.2	472	66	220	330	Pitch 76-90	.241	199	48	11	3	8	23	22	43	.320	.447
Reliever	4.56	4	4	0	62	0	51.1	48	7	38	38	Pitch 91-105	.233	133	31	7	1	5	19	20	28	.338	.414
0-3 Days Rest (Start)	0.00	0	0	0	0	0	0.0	0	0	0	0	Pitch 106+	.244	82	20	3	0	1	3	9	19	.326	.317
4 Days Rest	5.71	9	14	0	40	40	216.0	248	36	116	161	First Pitch	.350	254	89	22	2	11	52	13	0	.378	.583
5+ Days Rest	4.57	10	14	0	40	40	226.2	224	30	104	169	Ahead in Count	.192	819	157	24	7	17	80	0	308	.197	.300
vs. AL	5.57	3	3	0	15	8	51.2	65	7	26	35	Behind in Count	.386	430	166	37	5	29	101	154	0	.548	.698
vs. NL	5.01	20	29	0	127	72	442.1	455	66	232	333	Two Strikes	.170	845	144	28	7	19	74	91	368	.253	.288
Pre-All Star	5.06	10	17	0	67	43	265.0	275	43	147	193	Pre-All Star	.274	1005	275	56	8	43	155	147	193	.367	.474
Post-All Star	5.07	13	15	0	75	37	229.0	245	30	111	175	Post-All Star	.278	880	245	53	9	30	136	111	175	.358	.461

387

Rey Sanchez — Braves
Age 34 – Bats Right (groundball hitter)

	Avg	G	AB	R	H	2B	3B	HR	RBI	BB	SO	HBP	GDP	SB	CS	OBP	SLG	IBB	SH	SF	#Pit	#P/PA	GB	FB	G/F
2001 Season	.281	149	544	56	153	18	6	0	37	15	49	2	20	11	1	.300	.336	1	13	5	1746	3.02	275	98	2.81
Last Five Years	.282	670	2191	269	617	89	16	7	188	97	246	15	70	33	15	.315	.346	5	44	14	7571	3.21	1039	422	2.46

2001 Season

	Avg	AB	H	2B	3B	HR	RBI	BB	SO	OBP	SLG		Avg	AB	H	2B	3B	HR	RBI	BB	SO	OBP	SLG
vs. Left	.256	133	34	4	2	0	9	3	10	.270	.316	First Pitch	.348	112	39	1	1	0	5	1	0	.351	.375
vs. Right	.290	411	119	14	4	0	28	12	39	.310	.343	Ahead in Count	.390	105	41	3	1	0	7	10	0	.444	.438
Home	.296	260	77	7	3	0	23	9	18	.319	.346	Behind in Count	.223	238	53	12	3	0	16	0	44	.225	.298
Away	.268	284	76	11	3	0	14	6	31	.283	.327	Two Strikes	.182	181	33	6	1	0	9	4	49	.204	.227
Day	.284	162	46	4	3	0	14	3	21	.299	.346	Batting #2	.320	328	105	14	3	0	24	10	27	.339	.381
Night	.280	382	107	14	3	0	23	12	28	.301	.332	Batting #8	.202	89	18	1	0	0	4	4	9	.237	.213
Grass	.281	470	132	17	4	0	30	12	43	.300	.334	Other	.236	127	30	3	3	0	9	1	13	.244	.307
Turf	.284	74	21	1	2	0	7	3	6	.304	.351	April	.232	82	19	1	2	0	6	2	6	.247	.293
Pre-All Star	.290	331	96	10	4	0	22	10	30	.310	.344	May	.348	115	40	3	2	0	10	5	4	.369	.409
Post-All Star	.268	213	57	8	2	0	15	5	19	.285	.324	June	.290	100	29	4	0	0	3	2	13	.304	.330
Inning 1-6	.295	383	113	12	4	0	30	10	32	.313	.347	July	.323	93	30	6	1	0	9	2	8	.347	.409
Inning 7+	.248	161	40	6	2	0	7	5	17	.269	.311	August	.243	74	18	3	0	0	1	3	7	.269	.284
Scoring Posn	.272	114	31	2	0	0	34	4	11	.285	.289	Sept/Oct	.213	80	17	1	1	0	8	1	8	.222	.250
Close & Late	.197	76	15	0	0	0	5	2	12	.215	.197	vs. AL	.309	327	101	10	5	0	27	9	28	.324	.370
None on/out	.291	134	39	5	0	0	4	1	9	.300	.328	vs. NL	.240	217	52	8	1	0	10	6	21	.265	.286

2001 By Position

Position	Avg	AB	H	2B	3B	HR	RBI	BB	SO	OBP	SLG	G	GS	Innings	PO	A	E	DP	Fld Pct	Rng Fctr	In Zone	Zone Outs	Zone Rtg	MLB Zone
As ss	.282	543	153	18	6	0	37	15	49	.301	.337	148	143	1242.1	217	479	6	130	.991	5.04	484	431	.890	.839

Last Five Years

	Avg	AB	H	2B	3B	HR	RBI	BB	SO	OBP	SLG		Avg	AB	H	2B	3B	HR	RBI	BB	SO	OBP	SLG
vs. Left	.302	493	149	21	4	3	44	23	50	.333	.379	First Pitch	.336	441	148	12	2	2	36	3	0	.339	.385
vs. Right	.276	1698	468	68	12	4	144	74	196	.309	.337	Ahead in Count	.337	499	168	24	4	1	42	57	0	.407	.407
Home	.286	1044	299	38	10	3	90	50	114	.320	.351	Behind in Count	.229	890	204	41	6	3	74	0	221	.236	.299
Away	.277	1147	318	51	6	4	98	47	132	.309	.343	Two Strikes	.203	768	156	22	5	2	59	37	246	.244	.253
Day	.281	709	199	31	8	2	64	36	99	.316	.355	Batting #2	.311	810	252	33	6	0	66	42	66	.346	.367
Night	.282	1482	418	58	8	5	124	61	147	.314	.342	Batting #9	.278	711	198	31	6	4	70	24	82	.306	.356
Grass	.278	1889	525	71	12	7	159	81	215	.310	.339	Other	.249	670	167	25	4	3	52	31	98	.286	.312
Turf	.305	302	92	18	4	0	29	16	31	.343	.391	March/April	.283	311	88	14	5	2	36	13	35	.310	.379
Pre-All Star	.272	1226	333	42	10	6	109	52	149	.304	.337	May	.270	403	109	11	3	1	35	19	45	.304	.320
Post-All Star	.294	965	284	47	6	1	79	45	97	.328	.359	June	.256	394	101	14	0	3	25	17	54	.291	.315
Inning 1-6	.291	1480	430	63	12	3	133	65	157	.323	.355	July	.308	390	120	15	5	0	33	13	36	.334	.372
Inning 7+	.263	711	187	26	4	4	55	32	89	.297	.328	August	.299	351	105	17	1	1	27	20	36	.338	.362
Scoring Posn	.274	541	148	16	5	4	176	33	75	.311	.344	Sept/Oct	.275	342	94	18	2	0	32	15	40	.308	.339
Close & Late	.253	336	85	10	1	1	28	16	52	.289	.298	vs. AL	.294	1371	403	52	12	5	135	55	137	.323	.360
None on/out	.273	498	136	25	1	0	0	20	50	.307	.327	vs. NL	.261	820	214	37	4	2	53	42	109	.301	.323

Jared Sandberg — Devil Rays
Age 24 – Bats Right

	Avg	G	AB	R	H	2B	3B	HR	RBI	BB	SO	HBP	GDP	SB	CS	OBP	SLG	IBB	SH	SF	#Pit	#P/PA	GB	FB	G/F
2001 Season	.206	39	136	13	28	7	0	1	15	10	45	1	2	1	0	.265	.279	0	2	0	555	3.72	47	25	1.88

2001 Season

	Avg	AB	H	2B	3B	HR	RBI	BB	SO	OBP	SLG		Avg	AB	H	2B	3B	HR	RBI	BB	SO	OBP	SLG
vs. Left	.195	41	8	1	0	1	5	2	13	.233	.293	Scoring Posn	.273	33	9	2	0	0	12	6	11	.385	.333
vs. Right	.211	95	20	6	0	0	10	8	32	.279	.274	Close & Late	.286	21	6	2	0	0	5	3	6	.375	.381
Home	.250	80	20	5	0	1	11	8	22	.326	.350	None on/out	.171	35	6	0	0	0	0	2	8	.216	.171
Away	.143	56	8	2	0	0	4	2	23	.172	.179	Batting #7	.143	28	4	0	0	0	1	2	9	.200	.143
First Pitch	.250	16	4	2	0	0	3	0	0	.250	.375	Batting #8	.256	86	22	7	0	0	12	4	29	.297	.337
Ahead in Count	.478	23	11	3	0	1	6	4	0	.556	.739	Other	.091	22	2	0	0	1	2	4	7	.231	.227
Behind in Count	.125	72	9	2	0	0	4	0	36	.137	.153	Pre-All Star	.000	0	0	0	0	0	0	0	0	.000	.000
Two Strikes	.079	76	6	1	0	0	1	6	45	.146	.079	Post-All Star	.206	136	28	7	0	1	15	10	45	.265	.279

Anthony Sanders — Mariners
Age 28 – Bats Right

	Avg	G	AB	R	H	2B	3B	HR	RBI	BB	SO	HBP	GDP	SB	CS	OBP	SLG	IBB	SH	SF	#Pit	#P/PA	GB	FB	G/F
2001 Season	.176	9	17	1	3	2	0	0	2	2	3	0	0	0	0	.263	.294	0	0	0	64	3.37	4	7	0.57
Career (1999-2001)	.240	13	25	3	6	3	0	0	4	2	5	0	1	0	0	.296	.360	0	0	0	91	3.37	8	8	1.00

2001 Season

	Avg	AB	H	2B	3B	HR	RBI	BB	SO	OBP	SLG		Avg	AB	H	2B	3B	HR	RBI	BB	SO	OBP	SLG
vs. Left	.176	17	3	2	0	0	2	2	3	.263	.294	Scoring Posn	.200	5	1	1	0	0	2	0	2	.200	.400
vs. Right	.000	0	0	0	0	0	0	0	0	.000	.000	Close & Late	.000	1	0	0	0	0	0	0	0	.000	.000

Deion Sanders — Blue Jays

Age 34 – Bats Left

	Avg	G	AB	R	H	2B	3B	HR	RBI	BB	SO	HBP	GDP	SB	CS	OBP	SLG	IBB	SH	SF	#Pit	#P/PA	GB	FB	G/F
2001 Season	.173	32	75	6	13	2	0	1	4	4	10	2	2	3	4	.235	.240	0	2	0	258	3.11	25	27	0.93
Last Five Years	.259	147	540	59	140	15	7	6	27	38	77	8	6	59	17	.316	.346	2	4	2	2036	3.44	198	154	1.29

2001 Season

	Avg	AB	H	2B	3B	HR	RBI	BB	SO	OBP	SLG		Avg	AB	H	2B	3B	HR	RBI	BB	SO	OBP	SLG
vs. Left	.273	11	3	0	0	0	0	0	3	.333	.273	Scoring Posn	.231	13	3	1	0	1	4	0	2	.231	.538
vs. Right	.156	64	10	2	0	1	4	4	7	.217	.234	Close & Late	.143	14	2	0	0	0	0	0	7	.143	.143

Last Five Years

	Avg	AB	H	2B	3B	HR	RBI	BB	SO	OBP	SLG		Avg	AB	H	2B	3B	HR	RBI	BB	SO	OBP	SLG
vs. Left	.299	137	41	2	1	1	8	6	25	.347	.350	First Pitch	.280	93	26	4	3	2	8	2	0	.289	.452
vs. Right	.246	403	99	13	6	5	19	32	52	.306	.345	Ahead in Count	.343	105	36	6	1	1	6	26	0	.481	.448
Home	.265	275	73	10	3	1	14	16	38	.319	.335	Behind in Count	.210	248	52	3	1	2	7	0	68	.228	.254
Away	.253	265	67	5	4	5	13	22	39	.314	.358	Two Strikes	.197	233	46	4	2	2	10	10	77	.240	.258
Day	.249	181	45	5	4	1	9	14	25	.315	.337	Batting #1	.267	486	130	14	7	5	23	35	66	.325	.356
Night	.265	359	95	10	3	5	18	24	52	.317	.351	Batting #2	.194	36	7	1	0	1	4	0	4	.216	.306
Grass	.227	242	55	6	3	4	15	18	35	.285	.326	Other	.167	18	3	0	0	0	0	3	7	.286	.167
Turf	.285	298	85	9	4	2	12	20	42	.342	.362	March/April	.383	107	41	3	4	1	8	7	7	.426	.514
Pre-All Star	.275	411	113	13	7	5	23	29	51	.330	.377	May	.229	175	40	9	2	2	10	12	25	.288	.337
Post-All Star	.209	129	27	2	0	1	4	9	26	.275	.248	June	.229	105	24	1	0	1	3	8	15	.283	.267
Inning 1-6	.269	376	101	12	4	6	22	24	44	.323	.370	July	.207	87	18	1	1	1	3	9	16	.296	.276
Inning 7+	.238	164	39	3	3	0	5	14	33	.302	.293	August	.286	56	16	1	0	1	2	2	13	.328	.357
Scoring Posn	.208	101	21	2	0	1	22	10	19	.281	.257	Sept/Oct	.100	10	1	0	0	0	1	0	1	.100	.100
Close & Late	.220	82	18	2	0	0	3	9	20	.297	.244	vs. AL	.222	36	8	0	0	0	3	3	6	.282	.222
None on/out	.291	223	65	6	4	1	1	13	27	.342	.368	vs. NL	.262	504	132	15	7	6	24	35	71	.319	.355

Reggie Sanders — Diamondbacks

Age 34 – Bats Right

	Avg	G	AB	R	H	2B	3B	HR	RBI	BB	SO	HBP	GDP	SB	CS	OBP	SLG	IBB	SH	SF	#Pit	#P/PA	GB	FB	G/F
2001 Season	.263	126	441	84	116	21	3	33	90	46	126	5	2	14	10	.337	.549	7	1	3	1860	3.75	132	139	0.95
Last Five Years	.263	583	2052	354	539	105	19	103	314	236	542	23	40	104	43	.344	.483	15	9	6	8841	3.80	665	563	1.18

2001 Season

	Avg	AB	H	2B	3B	HR	RBI	BB	SO	OBP	SLG		Avg	AB	H	2B	3B	HR	RBI	BB	SO	OBP	SLG
vs. Left	.256	129	33	6	1	14	25	18	35	.351	.643	First Pitch	.373	59	22	5	0	3	14	7	0	.441	.610
vs. Right	.266	312	83	15	2	19	65	28	91	.331	.510	Ahead in Count	.385	78	30	4	1	9	23	17	0	.490	.808
Home	.296	223	66	12	1	19	47	17	58	.348	.614	Behind in Count	.183	218	40	7	2	13	32	0	98	.191	.413
Away	.229	218	50	9	2	14	43	29	68	.327	.482	Two Strikes	.153	222	34	7	1	12	29	22	126	.230	.356
Day	.275	120	33	6	1	9	26	19	43	.385	.567	Batting #5	.237	76	18	3	0	2	7	23	.302	.355
Night	.259	321	83	15	2	24	64	27	83	.318	.542	Batting #6	.274	215	59	10	1	24	57	30	58	.345	.665
Grass	.258	418	108	21	3	29	82	44	117	.334	.531	Other	.260	150	39	8	2	7	21	19	45	.345	.480
Turf	.348	23	8	0	0	4	8	2	9	.400	.870	April	.344	64	22	4	0	8	19	6	20	.408	.781
Pre-All Star	.257	237	61	10	1	19	57	20	75	.307	.549	May	.181	94	17	3	0	7	19	6	30	.250	.436
Post-All Star	.270	204	55	11	2	14	33	26	51	.349	.549	June	.288	73	21	3	1	3	18	7	22	.350	.479
Inning 1-6	.268	298	80	15	3	21	67	30	76	.340	.550	July	.115	52	6	2	0	2	5	6	16	.220	.269
Inning 7+	.252	143	36	6	0	12	23	16	50	.331	.545	August	.322	87	28	4	0	10	17	8	18	.375	.713
Scoring Posn	.221	136	30	5	1	8	54	20	45	.319	.449	Sept/Oct	.310	71	22	5	2	3	12	13	20	.412	.563
Close & Late	.225	71	16	1	0	8	15	5	28	.276	.577	vs. AL	.120	25	3	0	0	1	3	2	10	.185	.240
None on/out	.280	100	28	6	0	7	7	6	31	.321	.550	vs. NL	.272	416	113	21	3	32	87	44	116	.346	.567

2001 By Position

Position	Avg	AB	H	2B	3B	HR	RBI	BB	SO	OBP	SLG	G	GS	Innings	PO	A	E	DP	Fld Pct	Rng Fctr	In Zone	Zone Outs	Zone Rtg	MLB Zone
As rf	.266	433	115	20	3	33	89	45	121	.340	.554	119	117	1019.2	231	5	1	3	.996	2.08	248	220	.887	.884

Last Five Years

	Avg	AB	H	2B	3B	HR	RBI	BB	SO	OBP	SLG		Avg	AB	H	2B	3B	HR	RBI	BB	SO	OBP	SLG
vs. Left	.275	524	144	31	3	32	78	75	122	.369	.529	First Pitch	.300	283	85	22	0	9	54	14	0	.345	.473
vs. Right	.259	1528	395	74	16	71	236	161	420	.334	.467	Ahead in Count	.395	395	156	27	6	32	82	112	0	.529	.737
Home	.278	975	271	49	12	52	156	129	245	.366	.513	Behind in Count	.194	973	189	35	8	35	102	0	439	.201	.355
Away	.249	1077	268	56	7	51	158	107	297	.324	.456	Two Strikes	.161	1036	167	37	5	38	108	110	542	.246	.317
Day	.266	665	177	37	6	34	88	76	185	.350	.493	Batting #1	.283	364	103	16	5	13	44	37	102	.355	.462
Night	.261	1387	362	68	13	69	226	160	357	.342	.478	Batting #3	.291	378	110	21	6	22	63	50	80	.380	.553
Grass	.259	1417	367	70	13	73	207	159	373	.340	.481	Other	.249	1310	326	68	8	68	207	149	360	.331	.469
Turf	.271	635	172	35	6	30	107	77	169	.355	.487	March/April	.232	315	73	12	1	17	47	44	91	.333	.438
Pre-All Star	.251	1035	260	45	9	53	165	105	270	.330	.466	May	.241	340	82	18	2	17	50	31	87	.317	.456
Post-All Star	.274	1017	279	60	10	50	149	131	272	.359	.500	June	.246	293	72	8	3	13	49	22	70	.302	.427
Inning 1-6	.266	1395	371	72	13	71	213	157	347	.346	.489	July	.262	309	81	17	5	16	43	37	92	.348	.505
Inning 7+	.256	657	168	33	6	32	101	79	195	.341	.470	August	.307	411	126	21	4	28	72	46	91	.377	.582
Scoring Posn	.246	517	127	21	8	26	207	97	136	.368	.468	Sept/Oct	.273	384	105	29	4	12	53	56	111	.365	.464
Close & Late	.241	307	74	9	3	18	60	35	102	.323	.466	vs. AL	.253	174	44	8	1	5	26	20	51	.333	.397
None on/out	.268	557	149	28	7	28	28	39	156	.321	.494	vs. NL	.264	1878	495	97	18	98	288	216	491	.345	.491

Johan Santana — Twins
Age 23 – Pitches Left (flyball pitcher)

	ERA	W	L	Sv	G	GS	IP	BB	SO	Avg	H	2B	3B	HR	RBI	OBP	SLG	GF	IR	IRS	Hld	SvOp	SB	CS	GB	FB	G/F
2001 Season	4.74	1	0	0	15	4	43.2	16	28	.292	50	7	0	6	23	.358	.439	5	9	2	0	0	1	1	60	51	1.18
Career (2000-2001)	5.90	3	3	0	45	9	129.2	70	92	.299	152	28	4	17	75	.385	.470	14	11	2	0	0	1	2	160	165	0.97

2001 Season

	ERA	W	L	Sv	G	GS	IP	H	HR	BB	SO		Avg	AB	H	2B	3B	HR	RBI	BB	SO	OBP	SLG
Home	4.82	1	0	0	8	3	28.0	32	4	9	17	vs. Left	.290	31	9	2	0	0	4	2	6	.343	.355
Away	4.60	0	0	0	7	1	15.2	18	2	7	11	vs. Right	.293	140	41	5	0	6	19	14	22	.361	.457

F.P. Santangelo — Athletics
Age 34 – Bats Both

	Avg	G	AB	R	H	2B	3B	HR	RBI	BB	SO	HBP	GDP	SB	CS	OBP	SLG	IBB	SH	SF	#Pit	#P/PA	GB	FB	G/F
2001 Season	.197	32	71	16	14	4	0	0	8	11	17	5	1	1	1	.341	.254	0	1	1	344	3.87	21	20	1.05
Last Five Years	.231	478	1200	193	277	62	8	13	97	179	249	70	13	31	15	.361	.328	2	35	9	5716	3.82	396	357	1.11

2001 Season

	Avg	AB	H	2B	3B	HR	RBI	BB	SO	OBP	SLG		Avg	AB	H	2B	3B	HR	RBI	BB	SO	OBP	SLG
vs. Left	.263	19	5	2	0	0	3	1	5	.375	.368	Scoring Posn	.333	15	5	0	0	0	7	3	4	.450	.333
vs. Right	.173	52	9	2	0	0	5	10	12	.328	.212	Close & Late	.000	5	0	0	0	0	0	0	1	.000	.000

Last Five Years

	Avg	AB	H	2B	3B	HR	RBI	BB	SO	OBP	SLG		Avg	AB	H	2B	3B	HR	RBI	BB	SO	OBP	SLG
vs. Left	.253	371	94	18	1	5	33	55	81	.386	.348	First Pitch	.341	164	56	11	3	3	22	2	0	.387	.500
vs. Right	.221	829	183	44	7	8	64	124	168	.349	.320	Ahead in Count	.289	256	74	24	1	5	32	82	0	.459	.449
Home	.229	559	128	33	2	9	52	94	123	.373	.343	Behind in Count	.168	549	92	13	3	2	23	0	201	.232	.213
Away	.232	641	149	29	6	4	45	85	126	.350	.315	Two Strikes	.165	575	95	14	4	5	30	95	249	.326	.230
Day	.224	406	91	21	4	2	37	62	92	.358	.310	Batting #1	.246	566	139	32	5	9	42	73	123	.363	.367
Night	.234	794	186	41	4	11	60	117	157	.362	.338	Batting #2	.234	192	45	8	2	0	12	39	35	.393	.297
Grass	.222	666	148	33	4	5	57	102	138	.349	.311	Other	.210	442	93	22	1	4	43	67	91	.343	.292
Turf	.242	534	129	29	4	7	40	77	111	.375	.350	March/April	.237	198	47	13	2	2	19	36	41	.388	.354
Pre-All Star	.254	737	187	42	3	9	56	119	146	.383	.355	May	.218	206	45	9	0	2	10	29	39	.349	.291
Post-All Star	.194	463	90	20	5	4	41	60	103	.324	.285	June	.295	275	81	17	1	5	23	45	52	.416	.418
Inning 1-6	.240	774	186	43	6	8	65	114	156	.362	.342	July	.194	175	34	9	1	2	17	30	39	.348	.291
Inning 7+	.214	426	91	19	2	5	32	65	93	.358	.303	August	.213	225	48	6	4	2	17	22	47	.302	.302
Scoring Posn	.220	264	58	16	1	2	79	49	55	.371	.311	Sept/Oct	.182	121	22	8	0	0	11	17	31	.303	.248
Close & Late	.191	188	36	4	1	0	9	26	44	.346	.223	vs. AL	.226	234	53	14	1	2	20	41	50	.368	.321
None on/out	.234	380	89	20	0	6	6	52	80	.356	.334	vs. NL	.232	966	224	48	7	11	77	138	199	.359	.330

Benito Santiago — Giants
Age 37 – Bats Right

	Avg	G	AB	R	H	2B	3B	HR	RBI	BB	SO	HBP	GDP	SB	CS	OBP	SLG	IBB	SH	SF	#Pit	#P/PA	GB	FB	G/F
2001 Season	.262	133	477	39	125	25	4	6	45	23	78	2	19	5	4	.295	.369	0	7	6	1704	3.31	183	134	1.37
Last Five Years	.255	443	1449	123	370	69	8	34	172	92	280	7	49	9	7	.299	.384	15	8	18	5423	3.45	510	426	1.20

2001 Season

	Avg	AB	H	2B	3B	HR	RBI	BB	SO	OBP	SLG		Avg	AB	H	2B	3B	HR	RBI	BB	SO	OBP	SLG
vs. Left	.256	117	30	7	2	1	7	6	15	.288	.376	First Pitch	.333	102	34	6	1	3	13	0	0	.327	.500
vs. Right	.264	360	95	18	2	5	38	17	63	.298	.367	Ahead in Count	.345	84	29	5	0	1	9	9	0	.411	.440
Home	.246	228	56	10	2	3	21	12	31	.283	.346	Behind in Count	.194	216	42	9	2	2	13	0	64	.196	.282
Away	.277	249	69	15	2	3	24	11	47	.307	.390	Two Strikes	.153	196	30	10	2	2	13	14	78	.211	.255
Day	.255	141	36	9	1	3	12	8	27	.298	.397	Batting #6	.221	136	30	4	0	2	13	9	25	.273	.294
Night	.265	336	89	16	3	3	33	15	51	.294	.357	Batting #7	.256	199	51	16	1	3	19	7	25	.279	.392
Grass	.251	459	115	25	4	6	42	22	75	.284	.362	Other	.310	142	44	5	3	1	13	7	28	.340	.408
Turf	.556	18	10	0	0	0	3	1	3	.579	.556	April	.318	44	14	3	1	1	5	3	9	.354	.500
Pre-All Star	.287	237	68	10	3	3	26	15	50	.331	.392	May	.319	72	23	1	1	1	8	9	11	.398	.403
Post-All Star	.238	240	57	15	1	3	19	8	28	.259	.346	June	.267	90	24	5	1	1	13	3	23	.295	.378
Inning 1-6	.254	315	80	16	4	4	29	13	52	.282	.368	July	.212	99	21	4	0	1	4	2	15	.225	.283
Inning 7+	.278	162	45	9	0	2	16	10	26	.320	.370	August	.278	90	25	8	1	0	6	3	9	.298	.389
Scoring Posn	.254	118	30	8	0	0	38	9	16	.299	.322	Sept/Oct	.220	82	18	4	0	2	9	3	11	.244	.341
Close & Late	.247	81	20	4	0	0	6	5	16	.295	.296	vs. AL	.224	49	11	2	0	0	5	1	8	.231	.265
None on/out	.307	127	39	7	0	4	4	4	22	.328	.457	vs. NL	.266	428	114	23	4	6	40	22	70	.303	.381

2001 By Position

Position	Avg	AB	H	2B	3B	HR	RBI	BB	SO	OBP	SLG	G	GS	Innings	PO	A	E	DP	Fld Pct	Rng Fctr	In Zone	Zone Outs	Zone Rtg	MLB Zone
As c	.261	472	123	25	4	6	42	21	77	.291	.369	130	119	1080.0	830	62	5	12	.994	—	—	—	—

Last Five Years

	Avg	AB	H	2B	3B	HR	RBI	BB	SO	OBP	SLG		Avg	AB	H	2B	3B	HR	RBI	BB	SO	OBP	SLG
vs. Left	.272	438	119	22	2	14	55	29	79	.314	.427	First Pitch	.360	267	96	16	1	11	44	12	0	.380	.551
vs. Right	.248	1011	251	47	6	20	117	63	201	.293	.366	Ahead in Count	.307	251	77	12	0	8	43	37	0	.399	.450
Home	.260	741	193	37	5	19	99	53	130	.307	.401	Behind in Count	.203	691	140	29	6	13	56	0	235	.204	.318
Away	.250	708	177	32	3	15	73	39	150	.292	.367	Two Strikes	.167	648	108	27	6	9	55	43	280	.219	.269
Day	.254	540	137	28	5	14	66	47	106	.314	.402	Batting #7	.245	683	167	38	2	16	83	35	120	.280	.376
Night	.256	909	233	41	3	20	106	45	174	.291	.374	Batting #8	.270	348	94	15	3	9	39	31	68	.328	.408
Grass	.243	971	236	48	6	14	84	65	184	.291	.348	Other	.261	418	109	16	3	9	50	26	92	.307	.378
Turf	.280	478	134	21	2	20	88	27	96	.317	.458	March/April	.243	169	41	9	5	23	15	32	.306	.420
Pre-All Star	.238	798	190	31	6	14	86	52	161	.287	.345	May	.256	277	71	10	1	6	35	20	58	.307	.365
Post-All Star	.276	651	180	38	2	20	86	40	119	.315	.433	June	.225	275	62	11	2	3	24	15	57	.269	.313
Inning 1-6	.245	938	230	46	7	16	100	62	167	.292	.360	July	.243	226	55	8	0	4	17	8	39	.267	.332
Inning 7+	.274	511	140	23	1	18	72	30	113	.313	.429	August	.277	235	65	16	2	5	27	21	37	.333	.426

Last Five Years

	Avg	AB	H	2B	3B	HR	RBI	BB	SO	OBP	SLG		Avg	AB	H	2B	3B	HR	RBI	BB	SO	OBP	SLG
Scoring Posn	.244	369	90	14	1	10	139	51	72	.323	.369	Sept/Oct	.285	267	76	15	0	11	46	13	57	.315	.464
Close & Late	.219	237	52	6	0	6	29	19	63	.280	.321	vs. AL	.251	410	103	15	1	13	51	19	87	.281	.388
None on/out	.272	357	97	21	3	9	9	12	65	.297	.423	vs. NL	.257	1039	267	54	7	21	121	73	193	.306	.383

Jose Santiago — Phillies   Age 27 – Pitches Right (groundball pitcher)

	ERA	W	L	Sv	G	GS	IP	BB	SO	Avg	H	2B	3B	HR	RBI	OBP	SLG	GF	IR	IRS	Hld	SvOp	SB	CS	GB	FB	G/F
2001 Season	4.61	4	6	0	73	0	91.2	22	43	.292	106	19	2	5	55	.333	.397	11	56	16	9	2	5	2	191	65	2.94
Career (1997-2001)	4.11	15	16	4	158	0	214.2	64	105	.276	233	38	3	19	141	.329	.395	51	128	56	18	13	7	6	433	173	2.50

2001 Season

	ERA	W	L	Sv	G	GS	IP	H	HR	BB	SO		Avg	AB	H	2B	3B	HR	RBI	BB	SO	OBP	SLG
Home	4.97	2	4	0	40	0	54.1	66	1	13	26	vs. Left	.352	145	51	10	1	3	26	10	13	.386	.497
Away	4.10	2	2	0	33	0	37.1	40	4	9	17	vs. Right	.252	218	55	9	1	2	29	12	30	.298	.330
Day	4.05	2	1	0	25	0	33.1	36	3	7	15	Inning 1-6	.322	87	28	9	0	2	23	5	15	.362	.494
Night	4.94	2	5	0	48	0	58.1	70	2	15	28	Inning 7+	.283	276	78	10	2	3	32	17	28	.324	.366
Grass	5.33	3	2	0	39	0	54.0	62	3	18	26	None on	.279	183	51	9	1	3	3	8	19	.313	.388
Turf	3.58	1	4	0	34	0	37.2	44	2	4	17	Runners on	.306	180	55	10	1	2	52	14	24	.353	.406
April	6.39	1	0	0	11	0	12.2	15	1	1	4	Scoring Posn	.321	112	36	6	1	2	48	13	14	.382	.446
May	7.53	1	2	0	8	0	14.1	22	0	8	10	Close & Late	.297	138	41	6	0	2	19	7	15	.329	.384
June	2.18	0	0	0	14	0	20.2	21	2	1	10	None on/out	.300	80	24	5	0	3	5	9	9	.349	.475
July	6.62	2	2	0	14	0	17.2	23	2	1	9	vs. 1st Batr (relief)	.250	68	17	1	0	0	6	3	13	.288	.265
August	2.76	0	1	0	14	0	16.1	16	0	7	6	1st Inning Pitched	.300	243	73	13	2	3	45	15	29	.338	.407
Sept/Oct	2.70	0	1	0	12	0	10.0	9	0	4	4	First 15 Pitches	.299	211	63	10	2	4	30	10	25	.329	.422
Starter	0.00	0	0	0	0	0	0.0	0	0	0	0	Pitch 16-30	.252	115	29	6	0	1	19	9	15	.310	.330
Reliever	4.61	4	6	0	73	0	91.2	106	5	22	43	Pitch 31-45	.400	30	12	2	0	0	5	2	2	.424	.467
0 Days Rest (Relief)	4.20	2	0	0	24	0	30.0	31	3	9	16	Pitch 46+	.286	7	2	1	0	0	1	1	1	.444	.429
1 or 2 Days Rest	4.98	1	4	0	33	0	43.1	50	1	9	20	First Pitch	.342	38	13	0	0	1	10	2	0	.381	.421
3+ Days Rest	4.42	1	2	0	16	0	18.1	25	1	4	7	Ahead in Count	.260	150	39	6	1	2	18	0	34	.268	.353
vs. AL	5.36	2	3	0	29	0	40.1	48	2	10	19	Behind in Count	.351	97	34	9	1	2	19	8	9	.394	.526
vs. NL	4.03	2	3	0	44	0	51.1	58	3	12	24	Two Strikes	.235	153	36	8	1	2	19	11	43	.295	.340
Pre-All Star	5.65	2	3	0	36	0	51.0	65	3	11	24	Pre-All Star	.316	206	65	13	0	3	33	11	24	.351	.422
Post-All Star	3.32	2	3	0	37	0	40.2	41	2	11	19	Post-All Star	.261	157	41	6	2	2	22	11	19	.310	.363

Career (1997-2001)

	ERA	W	L	Sv	G	GS	IP	H	HR	BB	SO		Avg	AB	H	2B	3B	HR	RBI	BB	SO	OBP	SLG
Home	4.37	6	9	1	82	0	113.1	131	6	29	55	vs. Left	.273	385	105	22	2	7	61	28	44	.317	.395
Away	3.82	9	7	3	76	0	101.1	102	13	35	50	vs. Right	.278	460	128	16	1	12	80	36	61	.339	.396
Day	3.31	5	3	1	48	0	73.1	67	6	17	46	Inning 1-6	.324	170	55	13	0	7	52	14	24	.374	.524
Night	4.52	10	13	3	110	0	141.1	166	13	47	59	Inning 7+	.264	675	178	25	3	12	89	50	81	.318	.363
Grass	4.21	12	10	3	109	0	158.1	168	14	55	78	None on	.261	421	110	16	2	9	9	25	58	.307	.373
Turf	3.83	3	6	1	49	0	56.1	65	5	9	27	Runners on	.290	424	123	22	1	10	132	39	47	.350	.417
March/April	3.26	4	2	2	30	0	47.0	38	3	10	25	Scoring Posn	.287	268	77	12	1	7	120	34	27	.361	.418
May	5.36	4	5	1	30	0	45.1	51	6	17	24	Close & Late	.289	311	90	14	1	8	56	27	38	.348	.418
June	3.74	2	0	0	33	0	43.1	59	4	13	18	None on/out	.261	180	47	7	0	5	5	11	22	.311	.383
July	6.85	2	3	0	19	0	23.2	30	3	3	13	vs. 1st Batr (relief)	.276	145	40	4	0	3	26	9	19	.323	.366
August	3.92	0	2	0	18	0	20.2	22	2	7	8	1st Inning Pitched	.293	542	159	26	3	14	118	40	63	.343	.430
Sept/Oct	2.34	3	4	1	28	0	34.2	33	1	14	17	First 15 Pitches	.293	478	140	21	3	15	89	29	50	.337	.444
Starter	0.00	0	0	0	0	0	0.0	0	0	0	0	Pitch 16-30	.262	279	73	14	0	3	42	26	36	.324	.344
Reliever	4.11	15	16	4	158	0	214.2	233	19	64	105	Pitch 31-45	.247	73	18	2	0	1	8	8	14	.325	.315
0 Days Rest (Relief)	4.17	5	2	0	34	0	41.0	45	4	16	19	Pitch 46+	.133	15	2	1	0	0	2	1	5	.235	.200
1 or 2 Days Rest	4.24	5	8	3	69	0	97.2	103	6	30	44	First Pitch	.336	119	40	1	0	3	26	7	0	.386	.420
3+ Days Rest	3.91	5	6	1	55	0	76.0	85	9	18	42	Ahead in Count	.236	364	86	12	1	9	52	0	85	.243	.349
vs. AL	3.97	13	13	4	102	0	149.2	154	13	48	76	Behind in Count	.351	194	68	18	2	6	39	25	0	.415	.557
vs. NL	4.43	2	3	0	56	0	65.0	79	6	16	29	Two Strikes	.221	344	76	15	1	7	49	32	105	.293	.331
Pre-All Star	4.49	10	9	3	99	0	142.1	159	13	43	70	Pre-All Star	.283	561	159	26	1	13	99	43	70	.339	.403
Post-All Star	3.36	5	7	1	59	0	72.1	74	6	21	35	Post-All Star	.261	284	74	12	2	6	42	21	35	.310	.380

Angel Santos — Red Sox   Age 22 – Bats Both

	Avg	G	AB	R	H	2B	3B	HR	RBI	BB	SO	HBP	GDP	SB	CS	OBP	SLG	IBB	SH	SF	#Pit	#P/PA	GB	FB	G/F
2001 Season	.125	9	16	2	2	1	0	0	1	2	7	0	2	0	0	.211	.188	0	0	1	75	3.95	5	3	1.67

2001 Season

	Avg	AB	H	2B	3B	HR	RBI	BB	SO	OBP	SLG		Avg	AB	H	2B	3B	HR	RBI	BB	SO	OBP	SLG
vs. Left	.000	0	0	0	0	0	0	0	0	.000	.000	Scoring Posn	.000	2	0	0	0	0	1	0	1	.000	.000
vs. Right	.125	16	2	1	0	0	1	2	7	.211	.188	Close & Late	.000	1	0	0	0	0	0	0	1	.000	.000

Victor Santos — Tigers   Age 25 – Pitches Right (flyball pitcher)

	ERA	W	L	Sv	G	GS	IP	BB	SO	Avg	H	2B	3B	HR	RBI	OBP	SLG	GF	IR	IRS	Hld	SvOp	SB	CS	GB	FB	G/F
2001 Season	3.30	2	2	0	33	7	76.1	49	52	.222	62	13	3	9	37	.341	.387	6	27	12	2	0	5	7	75	105	0.71

2001 Season

	ERA	W	L	Sv	G	GS	IP	H	HR	BB	SO		Avg	AB	H	2B	3B	HR	RBI	BB	SO	OBP	SLG
Home	1.51	1	0	0	18	4	41.2	29	2	24	25	vs. Left	.254	126	32	6	2	4	17	23	25	.373	.429
Away	5.45	1	2	0	15	3	34.2	33	7	25	27	vs. Right	.196	153	30	7	1	5	20	26	27	.315	.353
Starter	5.50	2	2	0	7	7	36.0	35	7	25	27	Scoring Posn	.186	70	13	8	0	1	27	20	12	.355	.343
Reliever	1.34	0	0	0	26	0	40.1	27	2	24	25	Close & Late	.267	15	4	0	0	0	3	4	.389	.267

391

Kazuhiro Sasaki — Mariners
Age 34 – Pitches Right (flyball pitcher)

	ERA	W	L	Sv	G	GS	IP	H	HR	BB	SO		Avg	AB	H	2B	3B	HR	RBI	BB	SO	OBP	SLG
												2001 Season											
0 Days Rest (Relief)	0.00	0	0	0	1	0	2.2	2	0	2	2	None on/out	.233	73	17	3	0	5	5	6	12	.291	.479
1 or 2 Days Rest	0.00	0	0	0	9	0	13.1	8	0	3	11	First Pitch	.361	36	13	4	1	2	8	3	0	.425	.694
3+ Days Rest	2.22	0	0	0	16	0	24.1	17	2	19	12	Ahead in Count	.182	121	22	5	0	2	19	0	38	.190	.273
Pre-All Star	3.92	1	2	0	14	5	43.2	33	7	30	31	Behind in Count	.271	70	19	4	1	4	8	28	0	.480	.529
Post-All Star	2.48	1	0	0	19	2	32.2	29	2	19	21	Two Strikes	.141	128	18	3	1	2	14	18	52	.242	.227

	ERA	W	L	Sv	G	GS	IP	BB	SO	Avg	H	2B	3B	HR	RBI	OBP	SLG	GF	IR	IRS	Hld	SvOp	SB	CS	GB	FB	G/F
2001 Season	3.24	0	4	45	69	0	66.2	11	62	.195	48	16	1	6	27	.241	.341	63	24	3	0	52	3	0	65	85	0.76
Career (2000-2001)	3.20	2	9	82	132	0	129.1	42	140	.190	90	24	2	16	56	.263	.350	121	49	8	0	92	11	0	122	150	0.81

	ERA	W	L	Sv	G	GS	IP	H	HR	BB	SO		Avg	AB	H	2B	3B	HR	RBI	BB	SO	OBP	SLG
												2001 Season											
Home	3.26	0	2	16	30	0	30.1	19	3	5	26	vs. Left	.218	133	29	8	1	4	17	6	39	.252	.383
Away	3.22	0	2	29	39	0	36.1	29	3	6	36	vs. Right	.168	113	19	8	0	2	10	5	23	.230	.292
Day	2.74	0	1	13	23	0	23.0	15	2	5	23	Inning 1-6	.000	0	0	0	0	0	0	0	0	.000	.000
Night	3.50	0	3	32	46	0	43.2	33	4	6	39	Inning 7+	.195	246	48	16	1	6	27	11	62	.241	.341
Grass	3.47	0	4	41	63	0	59.2	45	6	11	58	None on	.187	150	28	10	0	3	3	5	41	.218	.313
Turf	1.29	0	0	4	6	0	7.0	3	0	0	4	Runners on	.208	96	20	6	1	3	24	6	21	.276	.385
April	4.05	0	1	13	15	0	13.1	10	3	3	13	Scoring Posn	.206	63	13	4	1	2	21	6	16	.306	.397
May	2.03	0	1	8	12	0	13.1	7	1	2	13	Close & Late	.211	171	36	12	1	4	23	9	42	.258	.363
June	3.60	0	1	7	12	0	10.0	7	2	1	11	None on/out	.188	64	12	4	0	1	1	0	18	.200	.297
July	0.00	0	0	5	8	0	8.2	3	0	0	7	vs. 1st Batr (relief)	.176	68	12	3	0	1	1	1	22	.188	.265
August	7.20	0	1	6	11	0	10.0	12	0	2	10	1st Inning Pitched	.199	236	47	15	1	6	26	9	60	.238	.347
Sept/Oct	2.38	0	0	6	11	0	11.1	9	0	3	8	First 15 Pitches	.195	195	38	9	1	5	11	7	52	.227	.328
Starter	0.00	0	0	0	0	0	0.0	0	0	0	0	Pitch 16-30	.213	47	10	7	0	1	15	4	8	.302	.426
Reliever	3.24	0	4	45	69	0	66.2	48	6	11	62	Pitch 31-45	.000	4	0	0	0	0	1	0	2	.200	.000
0 Days Rest (Relief)	3.38	0	1	14	15	0	13.1	11	1	3	11	Pitch 46+	.000	0	0	0	0	0	0	0	0	.000	.000
1 or 2 Days Rest	1.99	0	1	22	33	0	31.2	15	4	3	30	First Pitch	.219	32	7	1	0	1	1	2	0	.265	.344
3+ Days Rest	4.98	0	2	9	21	0	21.2	22	1	5	21	Ahead in Count	.167	150	25	10	0	1	9	0	56	.188	.253
vs. AL	3.39	0	4	43	63	0	61.0	46	5	10	56	Behind in Count	.278	36	10	4	0	3	11	4	0	.350	.639
vs. NL	1.59	0	0	2	6	0	5.2	2	1	1	6	Two Strikes	.159	145	23	8	1	0	10	5	62	.197	.228
Pre-All Star	3.03	0	3	29	41	0	38.2	24	6	6	39	Pre-All Star	.173	139	24	7	0	6	14	6	39	.218	.353
Post-All Star	3.54	0	1	16	28	0	28.0	24	0	5	23	Post-All Star	.224	107	24	9	1	0	13	5	23	.272	.327
												Career (2000-2001)											
Home	2.39	2	3	34	63	0	64.0	37	6	18	69	vs. Left	.209	249	52	9	1	12	37	23	75	.275	.398
Away	3.99	0	6	48	69	0	65.1	53	10	24	71	vs. Right	.169	225	38	15	1	4	19	19	65	.251	.298
Day	3.64	1	4	25	46	0	47.0	35	7	20	51	Inning 1-6	.000	0	0	0	0	0	0	0	0	.000	.000
Night	2.95	1	5	57	86	0	82.1	55	9	22	89	Inning 7+	.190	474	90	24	2	16	56	42	140	.263	.350
Grass	3.33	2	9	74	120	0	116.1	84	14	40	130	None on	.191	277	53	15	0	8	8	19	87	.248	.332
Turf	2.08	0	0	8	12	0	13.0	6	2	2	10	Runners on	.188	197	37	9	2	8	48	23	53	.283	.376
March/April	4.22	0	1	16	23	0	21.1	19	6	4	24	Scoring Posn	.188	138	26	7	2	5	41	19	41	.301	.377
May	3.09	1	5	12	23	0	23.1	14	3	10	28	Close & Late	.181	320	58	15	2	8	43	35	91	.269	.316
June	3.38	0	2	15	24	0	21.1	16	3	7	22	None on/out	.195	118	23	6	0	3	3	6	39	.240	.322
July	1.77	0	0	15	20	0	20.1	8	2	1	23	vs. 1st Batr (relief)	.195	123	24	4	0	4	7	9	46	.250	.325
August	5.59	1	1	11	22	0	19.1	21	2	4	23	1st Inning Pitched	.196	453	89	23	2	16	54	35	136	.259	.362
Sept/Oct	1.52	0	0	13	20	0	23.2	12	0	10	20	First 15 Pitches	.203	355	72	16	2	13	31	31	101	.271	.369
Starter	0.00	0	0	0	0	0	0.0	0	0	0	0	Pitch 16-30	.158	114	18	8	0	3	23	10	37	.240	.307
Reliever	3.20	2	9	82	132	0	129.1	90	16	42	140	Pitch 31-45	.000	5	0	0	0	0	2	1	2	.286	.000
0 Days Rest (Relief)	2.45	1	1	21	24	0	22.0	14	2	6	24	Pitch 46+	.000	0	0	0	0	0	0	0	0	.000	.000
1 or 2 Days Rest	2.60	0	5	40	65	0	62.1	40	8	19	63	First Pitch	.193	57	11	3	0	2	5	6	0	.270	.351
3+ Days Rest	4.40	1	3	21	43	0	45.0	36	6	17	53	Ahead in Count	.152	277	42	13	1	3	18	0	123	.166	.238
vs. AL	3.26	2	9	74	118	0	116.1	83	13	39	128	Behind in Count	.293	75	22	6	0	6	17	13	0	.404	.613
vs. NL	2.70	0	0	8	14	0	13.1	7	3	3	12	Two Strikes	.140	271	38	10	2	3	20	23	140	.214	.225
Pre-All Star	3.24	1	8	48	76	0	72.1	50	12	25	79	Pre-All Star	.189	264	50	11	1	12	31	25	79	.263	.375
Post-All Star	3.16	1	1	34	56	0	57.0	40	4	17	61	Post-All Star	.190	210	40	13	1	4	25	17	61	.264	.319

Luis Saturria — Cardinals
Age 25 – Bats Right

	Avg	G	AB	R	H	2B	3B	HR	RBI	BB	SO	HBP	GDP	SB	CS	OBP	SLG	IBB	SH	SF	#Pit	#P/PA	GB	FB	G/F
2001 Season	.200	13	5	0	1	1	0	0	1	0	1	0	0	0	0	.200	.400	0	0	0	13	2.60	2	1	2.00
Career (2000-2001)	.100	25	10	1	1	1	0	0	1	1	4	0	0	0	1	0	.182	.200	0	0	0	36	3.27	2	3	0.67

	Avg	AB	H	2B	3B	HR	RBI	BB	SO	OBP	SLG		Avg	AB	H	2B	3B	HR	RBI	BB	SO	OBP	SLG
												2001 Season											
vs. Left	.000	0	0	0	0	0	0	0	0	.000	.000	Scoring Posn	.500	2	1	1	0	0	1	0	0	.500	1.000
vs. Right	.200	5	1	1	0	0	1	0	1	.200	.400	Close & Late	.000	0	0	0	0	0	0	0	0	.000	.000

392

Scott Sauerbeck — Pirates
Age 30 – Pitches Left (groundball pitcher)

	ERA	W	L	Sv	G	GS	IP	BB	SO	Avg	H	2B	3B	HR	RBI	OBP	SLG	GF	IR	IRS	Hld	SvOp	SB	CS	GB	FB	G/F
2001 Season	5.60	2	2	2	70	0	62.2	40	79	.257	61	12	1	4	34	.369	.367	14	43	12	19	4	0	1	67	48	1.40
Career (1999-2001)	3.84	11	7	5	210	0	206.0	139	217	.250	190	40	3	14	99	.370	.366	43	149	44	42	13	10	6	288	143	2.01

2001 Season

	ERA	W	L	Sv	G	GS	IP	H	HR	BB	SO		Avg	AB	H	2B	3B	HR	RBI	BB	SO	OBP	SLG
Home	4.24	0	0	1	36	0	34.0	24	2	23	44	vs. Left	.272	92	25	5	0	2	15	10	32	.356	.391
Away	7.22	2	2	1	34	0	28.2	37	2	17	35	vs. Right	.248	145	36	7	1	2	19	30	47	.377	.352
Day	11.85	1	1	0	17	0	13.2	26	1	13	15	Inning 1-6	.429	7	3	1	0	0	3	0	2	.429	.571
Night	3.86	1	1	2	53	0	49.0	35	3	27	64	Inning 7+	.252	230	58	11	1	4	31	40	77	.368	.361
Grass	5.49	1	1	2	65	0	59.0	56	4	36	76	None on	.208	120	25	4	0	0	0	16	43	.307	.242
Turf	7.36	1	1	0	5	0	3.2	5	0	4	3	Runners on	.308	117	36	8	1	4	34	24	36	.430	.496
April	6.23	0	1	0	12	0	8.2	2	0	6	10	Scoring Posn	.289	76	22	3	1	3	32	18	22	.432	.474
May	9.28	0	1	0	13	0	10.2	18	2	8	11	Close & Late	.222	99	22	5	1	0	9	16	38	.342	.293
June	3.75	1	0	1	11	0	12.0	9	1	9	13	None on/out	.231	52	12	2	0	0	0	9	17	.344	.269
July	7.00	0	0	0	10	0	9.0	10	0	5	18	vs. 1st Batr (relief)	.164	61	10	3	0	0	4	9	23	.271	.213
August	0.00	1	0	0	8	0	9.1	8	0	6	12	1st Inning Pitched	.256	211	54	11	1	4	34	36	66	.369	.374
Sept/Oct	6.92	0	0	1	16	0	13.0	14	1	6	15	First 15 Pitches	.241	170	41	8	1	2	19	28	56	.355	.335
Starter	0.00	0	0	0	0	0	0.0	0	0	0	0	Pitch 16-30	.328	61	20	4	0	2	15	10	22	.423	.492
Reliever	5.60	2	2	2	70	0	62.2	61	4	40	79	Pitch 31-45	.000	5	0	0	0	0	0	2	1	.286	.000
0 Days Rest (Relief)	8.50	0	2	0	22	0	18.0	26	1	9	21	Pitch 46+	.000	1	0	0	0	0	0	0	0	.000	.000
1 or 2 Days Rest	5.40	1	0	1	32	0	28.1	26	3	21	37	First Pitch	.500	26	13	6	0	1	5	6	0	.606	.846
3+ Days Rest	2.76	1	0	1	16	0	16.1	9	0	10	21	Ahead in Count	.138	116	16	0	1	2	13	0	66	.145	.207
vs. AL	0.00	1	0	0	6	0	6.1	4	0	1	7	Behind in Count	.377	53	20	4	0	1	10	20	0	.548	.509
vs. NL	6.23	1	2	2	64	0	56.1	57	4	39	72	Two Strikes	.139	122	17	0	1	2	16	14	79	.228	.205
Pre-All Star	5.82	1	2	1	39	0	34.0	31	3	24	39	Pre-All Star	.242	128	31	8	0	3	19	24	39	.366	.375
Post-All Star	5.34	1	0	1	31	0	28.2	30	1	16	40	Post-All Star	.275	109	30	4	1	1	15	16	40	.373	.358

Career (1999-2001)

	ERA	W	L	Sv	G	GS	IP	H	HR	BB	SO		Avg	AB	H	2B	3B	HR	RBI	BB	SO	OBP	SLG
Home	3.69	5	2	2	105	0	105.0	87	7	67	112	vs. Left	.221	299	66	10	1	9	47	33	106	.310	.351
Away	4.01	6	5	3	105	0	101.0	103	7	72	105	vs. Right	.270	460	124	30	2	5	52	106	117	.406	.376
Day	4.00	5	2	0	64	0	69.2	74	5	45	68	Inning 1-6	.208	96	20	3	0	2	10	20	27	.342	.302
Night	3.76	6	5	5	146	0	136.1	116	9	94	149	Inning 7+	.256	663	170	37	3	12	89	119	190	.374	.376
Grass	3.93	5	4	4	120	0	116.2	110	8	78	135	None on	.250	356	89	19	1	4	4	58	106	.360	.343
Turf	3.73	6	3	1	90	0	89.1	80	6	61	82	Runners on	.251	403	101	21	2	10	95	81	111	.379	.387
March/April	4.15	2	1	0	35	0	34.2	22	1	23	40	Scoring Posn	.232	246	57	12	1	5	83	60	69	.385	.350
May	4.23	1	1	0	40	0	38.1	42	3	34	36	Close & Late	.245	278	68	15	2	5	39	50	86	.363	.367
June	3.60	2	0	1	24	0	25.0	19	2	19	23	None on/out	.241	170	41	9	0	2	2	22	48	.332	.329
July	3.96	1	1	0	36	0	36.1	43	3	24	42	vs. 1st Batr (relief)	.220	182	40	8	0	3	26	23	58	.311	.313
August	2.36	3	1	0	31	0	34.1	27	4	16	39	1st Inning Pitched	.250	615	154	32	3	13	90	116	175	.372	.376
Sept/Oct	4.58	2	3	4	44	0	37.1	37	1	23	37	First 15 Pitches	.252	511	129	25	3	9	60	82	140	.359	.366
Starter	0.00	0	0	0	0	0	0.0	0	0	0	0	Pitch 16-30	.259	212	55	14	0	4	33	48	71	.401	.382
Reliever	3.84	11	7	5	210	0	206.0	190	14	139	217	Pitch 31-45	.171	35	6	1	0	1	6	9	6	.341	.286
0 Days Rest (Relief)	5.21	2	4	0	58	0	57.0	66	2	29	60	Pitch 46+	.000	1	0	0	0	0	0	0	0	.000	.000
1 or 2 Days Rest	3.82	5	2	2	104	0	94.1	89	11	72	101	First Pitch	.400	85	34	8	0	1	11	17	0	.519	.529
3+ Days Rest	2.47	4	1	3	48	0	54.2	35	1	38	56	Ahead in Count	.144	362	52	10	1	4	28	0	181	.148	.210
vs. AL	2.14	2	1	0	19	0	21.0	19	2	11	22	Behind in Count	.356	191	68	14	0	7	39	76	0	.539	.539
vs. NL	4.04	9	6	5	191	0	185.0	171	12	128	195	Two Strikes	.139	368	51	12	1	6	36	46	217	.233	.226
Pre-All Star	3.64	5	2	1	112	0	113.2	98	6	86	117	Pre-All Star	.238	411	98	26	1	6	47	86	117	.374	.350
Post-All Star	4.09	6	5	4	98	0	92.1	92	8	53	100	Post-All Star	.264	348	92	14	2	8	52	53	100	.365	.385

Bob Scanlan — Expos
Age 35 – Pitches Right (groundball pitcher)

	ERA	W	L	Sv	G	GS	IP	BB	SO	Avg	H	2B	3B	HR	RBI	OBP	SLG	GF	IR	IRS	Hld	SvOp	SB	CS	GB	FB	G/F
2001 Season	7.86	0	0	0	18	0	26.1	14	5	.339	37	6	0	0	22	.419	.394	6	7	3	0	0	6	0	68	17	4.00
Last Five Years	6.13	0	1	0	47	0	54.1	27	15	.309	67	10	2	4	41	.386	.429	16	16	7	3	0	9	2	120	45	2.67

2001 Season

	ERA	W	L	Sv	G	GS	IP	H	HR	BB	SO		Avg	AB	H	2B	3B	HR	RBI	BB	SO	OBP	SLG
Home	10.80	0	0	0	8	0	10.0	16	0	6	1	vs. Left	.378	45	17	1	0	0	9	11	1	.509	.400
Away	6.06	0	0	0	10	0	16.1	21	0	8	4	vs. Right	.313	64	20	5	0	0	13	3	4	.343	.391

Curt Schilling — Diamondbacks
Age 35 – Pitches Right

	ERA	W	L	Sv	G	GS	IP	BB	SO	Avg	H	2B	3B	HR	RBI	OBP	SLG	CG	ShO	Sup	QS	#P/S	SB	CS	GB	FB	G/F
2001 Season	2.98	22	6	0	35	35	256.2	39	293	.245	237	39	1	37	84	.273	.402	6	1	5.40	27	106	4	9	282	256	1.10
Last Five Years	3.28	80	49	0	158	158	1170.1	247	1232	.239	1044	215	19	137	431	.281	.391	44	8	4.60	107	113	27	31	1376	1074	1.28

2001 Season

	ERA	W	L	Sv	G	GS	IP	H	HR	BB	SO		Avg	AB	H	2B	3B	HR	RBI	BB	SO	OBP	SLG
Home	3.13	11	4	0	17	17	132.1	123	24	17	152	vs. Left	.248	448	111	18	0	20	42	23	139	.282	.422
Away	2.82	11	2	0	18	18	124.1	114	13	22	141	vs. Right	.242	520	126	21	1	17	42	16	154	.266	.385
Day	2.48	5	1	0	8	8	58.0	47	8	9	84	Inning 1-6	.242	765	185	30	1	30	72	30	235	.273	.401
Night	3.13	17	5	0	27	27	198.2	190	29	30	209	Inning 7+	.256	203	52	9	0	7	12	6	58	.276	.404
Grass	2.92	21	6	0	33	33	243.2	224	35	36	285	None on	.253	648	164	31	1	31	31	26	201	.283	.448
Turf	4.15	1	0	0	2	2	13.0	13	2	3	8	Runners on	.228	320	73	8	0	6	53	13	92	.254	.309

393

2001 Season

	ERA	W	L	Sv	G	GS	IP	H	HR	BB	SO		Avg	AB	H	2B	3B	HR	RBI	BB	SO	OBP	SLG
April	3.29	3	0	0	5	5	38.1	34	8	3	50	Scoring Posn	.237	156	37	4	0	3	44	6	46	.257	.321
May	2.35	5	1	0	6	6	46.0	37	7	8	43	Close & Late	.234	111	26	2	0	3	6	5	29	.265	.333
June	3.40	4	1	0	6	6	45.0	49	8	7	48	None on/out	.250	272	68	13	0	14	14	6	80	.266	.452
July	3.38	3	3	0	7	7	45.1	43	6	10	51	vs. 1st Batr (relief)	.000	0	0	0	0	0	0	0	0	.000	.000
August	2.20	4	1	0	6	6	45.0	38	4	6	53	1st Inning Pitched	.221	122	27	4	0	1	6	4	34	.244	.279
Sept/Oct	3.41	3	0	0	5	5	37.0	36	4	5	48	First 75 Pitches	.238	650	155	27	1	24	56	28	201	.270	.394
Starter	2.98	22	6	0	35	35	256.2	237	37	39	293	Pitch 76-90	.274	124	34	5	0	6	15	4	37	.292	.460
Reliever	0.00	0	0	0	0	0	0.0	0	0	0	0	Pitch 91-105	.232	112	26	5	0	0	3	5	32	.265	.277
0-3 Days Rest (Start)	0.00	1	0	0	1	1	7.0	1	0	2	12	Pitch 106+	.268	82	22	2	0	7	10	2	23	.282	.549
4 Days Rest	2.78	17	3	0	26	26	194.0	175	31	27	224	First Pitch	.429	154	66	8	1	8	27	0	0	.424	.649
5+ Days Rest	4.04	4	3	0	8	8	55.2	61	6	10	57	Ahead in Count	.165	557	92	17	0	10	26	0	253	.165	.250
vs. AL	2.70	2	1	0	3	3	23.1	23	4	1	30	Behind in Count	.407	108	44	9	0	10	16	14	0	.475	.769
vs. NL	3.01	20	5	0	32	32	233.1	214	33	38	263	Two Strikes	.139	540	75	14	0	12	22	25	293	.177	.231
Pre-All Star	3.20	12	4	0	19	19	143.1	137	24	22	160	Pre-All Star	.250	548	137	23	0	24	51	22	160	.278	.423
Post-All Star	2.70	10	2	0	16	16	113.1	100	13	17	133	Post-All Star	.238	420	100	16	1	13	33	17	133	.267	.374

Last Five Years

	ERA	W	L	Sv	G	GS	IP	H	HR	BB	SO		Avg	AB	H	2B	3B	HR	RBI	BB	SO	OBP	SLG
Home	3.21	39	27	0	82	82	608.0	536	71	127	677	vs. Left	.244	2165	529	107	14	70	224	138	616	.289	.390
Away	3.34	41	22	0	76	76	562.1	508	66	120	555	vs. Right	.233	2206	515	108	5	67	207	109	616	.272	.378
Day	3.53	24	17	0	48	48	359.1	316	46	72	415	Inning 1-6	.238	3458	823	170	13	114	341	193	984	.279	.394
Night	3.16	56	32	0	110	110	811.0	728	91	175	817	Inning 7+	.242	913	221	45	6	23	90	54	248	.285	.380
Grass	3.40	41	24	0	80	80	591.0	553	82	113	601	None on	.230	2813	648	133	11	93	93	141	806	.269	.385
Turf	3.15	39	25	0	78	78	579.1	491	55	134	631	Runners on	.254	1558	396	82	8	44	338	106	426	.301	.402
March/April	3.00	12	6	0	23	23	174.0	139	24	36	197	Scoring Posn	.241	846	204	42	7	20	273	70	264	.295	.378
May	2.98	17	9	0	29	29	214.2	197	25	53	217	Close & Late	.242	563	136	31	3	11	66	42	147	.295	.366
June	4.11	13	10	0	29	29	210.0	211	30	52	234	None on/out	.238	1185	282	66	7	41	41	50	327	.271	.409
July	3.03	15	10	0	29	29	217.0	182	23	42	212	vs. 1st Batr (relief)	.000	0	0	0	0	0	0	0	0	.000	.000
August	2.91	12	7	0	24	24	182.2	154	16	35	188	1st Inning Pitched	.256	582	149	32	2	20	71	39	158	.303	.421
Sept/Oct	3.61	11	7	0	24	24	172.0	161	19	29	184	First 75 Pitches	.242	2832	684	139	13	86	259	142	784	.279	.391
Starter	3.28	80	49	0	158	158	1170.1	1044	137	247	1232	Pitch 76-90	.230	551	127	29	2	21	62	34	164	.278	.405
Reliever	0.00	0	0	0	0	0	0.0	0	0	0	0	Pitch 91-105	.230	521	120	27	1	13	49	33	146	.277	.361
0-3 Days Rest (Start)	0.00	1	0	0	1	1	7.0	1	0	2	12	Pitch 106+	.242	467	113	20	3	17	61	38	138	.300	.407
4 Days Rest	3.23	59	37	0	116	116	867.2	777	101	176	916	First Pitch	.367	649	238	47	4	28	95	6	0	.372	.581
5+ Days Rest	3.50	20	12	0	41	41	295.2	266	36	69	304	Ahead in Count	.168	2339	393	82	8	41	149	0	1042	.170	.263
vs. AL	4.34	6	8	0	18	18	134.2	139	17	27	134	Behind in Count	.334	644	215	47	4	34	97	108	0	.428	.578
vs. NL	3.14	74	41	0	140	140	1035.2	905	120	220	1098	Two Strikes	.153	2363	362	75	6	38	132	133	1232	.199	.238
Pre-All Star	3.34	46	29	0	89	89	659.2	606	82	152	716	Pre-All Star	.244	2487	606	124	10	82	252	152	716	.288	.400
Post-All Star	3.19	34	20	0	69	69	510.2	438	55	95	516	Post-All Star	.232	1884	438	91	9	55	179	95	516	.272	.378

Jason Schmidt — Giants
Age 29 – Pitches Right

	ERA	W	L	Sv	G	GS	IP	BB	SO	Avg	H	2B	3B	HR	RBI	OBP	SLG	CG	ShO	Sup	QS	#P/S	SB	CS	GB	FB	G/F
2001 Season	4.07	13	7	0	25	25	150.1	61	142	.244	138	27	2	13	63	.324	.368	1	0	5.33	15	100	10	6	160	151	1.06
Last Five Years	4.32	49	46	0	134	134	828.1	334	635	.265	849	172	30	83	379	.337	.415	5	0	4.57	71	103	47	29	1151	849	1.36

2001 Season

	ERA	W	L	Sv	G	GS	IP	H	HR	BB	SO		Avg	AB	H	2B	3B	HR	RBI	BB	SO	OBP	SLG
Home	3.95	6	4	0	11	11	70.2	64	6	22	70	vs. Left	.282	238	67	11	2	8	29	31	67	.370	.454
Away	4.18	7	3	0	14	14	79.2	74	7	39	72	vs. Right	.217	327	71	16	0	5	34	30	75	.289	.312
Starter	4.07	13	7	0	25	25	150.1	138	13	61	142	Scoring Posn	.295	132	39	6	1	2	46	19	29	.392	.402
Reliever	0.00	0	0	0	0	0	0.0	0	0	0	0	Close & Late	.333	18	6	0	0	1	2	0	5	.368	.500
0-3 Days Rest (Start)	0.00	0	0	0	0	0	0.0	0	0	0	0	None on/out	.237	139	33	5	0	3	3	20	36	.338	.338
4 Days Rest	3.95	6	2	0	11	11	68.1	55	6	33	69	First Pitch	.319	72	23	5	1	1	4	3	0	.355	.458
5+ Days Rest	4.17	7	5	0	14	14	82.0	83	7	28	73	Ahead in Count	.199	277	55	11	0	6	32	0	124	.209	.303
Pre-All Star	5.52	5	4	0	11	11	62.0	67	9	24	60	Behind in Count	.330	94	31	7	0	4	15	33	0	.500	.532
Post-All Star	3.06	8	3	0	14	14	88.1	71	4	37	82	Two Strikes	.192	307	59	10	0	5	28	25	142	.262	.room

Last Five Years

	ERA	W	L	Sv	G	GS	IP	H	HR	BB	SO		Avg	AB	H	2B	3B	HR	RBI	BB	SO	OBP	SLG
Home	4.26	30	24	0	67	67	427.0	425	43	169	331	vs. Left	.278	1441	401	72	18	47	178	181	312	.358	.451
Away	4.40	19	22	0	67	67	401.1	424	40	165	304	vs. Right	.254	1764	448	100	12	36	201	153	323	.320	.385
Day	4.89	10	13	0	36	36	215.1	230	28	103	158	Inning 1-6	.262	2847	746	154	28	69	340	303	564	.336	.409
Night	4.13	39	33	0	98	98	613.0	619	55	231	477	Inning 7+	.288	358	103	18	2	14	39	31	71	.347	.466
Grass	3.83	21	18	0	59	59	361.2	363	36	137	292	None on	.265	1801	478	100	18	52	52	177	366	.335	.428
Turf	4.71	28	28	0	75	75	466.2	486	47	197	343	Runners on	.264	1404	371	72	12	31	327	157	269	.340	.399
March/April	4.45	7	5	0	18	18	109.1	108	10	46	78	Scoring Posn	.253	782	198	39	6	17	276	112	154	.336	.384
May	4.77	8	8	0	26	26	145.1	162	12	63	112	Close & Late	.296	189	56	12	1	7	22	18	36	.359	.481
June	4.68	10	8	0	24	24	146.0	153	15	56	113	None on/out	.268	802	215	39	9	20	20	86	156	.341	.414
July	3.14	7	11	0	22	22	149.0	136	11	48	116	vs. 1st Batr (relief)	.000	0	0	0	0	0	0	0	0	.000	.000
August	4.51	10	6	0	23	23	147.2	158	17	61	116	1st Inning Pitched	.267	524	140	33	4	21	87	63	109	.348	.466
Sept/Oct	4.47	7	8	0	21	21	131.0	132	18	60	100	First 75 Pitches	.258	2194	565	117	19	55	247	231	430	.332	.403
Starter	4.32	49	46	0	134	134	828.1	849	83	334	635	Pitch 76-90	.271	432	117	25	5	10	38	85	133	.330	.421
Reliever	0.00	0	0	0	0	0	0.0	0	0	0	0	Pitch 91-105	.296	334	99	18	5	8	48	38	62	.369	.452
0-3 Days Rest (Start)	0.00	0	0	0	0	0	0.0	0	0	0	0	Pitch 106+	.278	245	68	12	1	10	37	27	58	.353	.457
4 Days Rest	4.81	24	25	0	70	70	423.0	445	46	177	328	First Pitch	.335	463	155	40	5	10	57	9	0	.348	.508
5+ Days Rest	3.82	25	21	0	64	64	405.1	404	37	157	307	Ahead in Count	.200	1467	293	54	11	23	116	0	524	.207	.299

	ERA	W	L	Sv	G	GS	IP	H	HR	BB	SO	Last Five Years	Avg	AB	H	2B	3B	HR	RBI	BB	SO	OBP	SLG
vs. AL	5.29	4	6	0	13	13	81.2	93	9	31	71	Behind in Count	.343	645	221	41	6	33	119	167	0	.477	.578
vs. NL	4.22	45	40	0	121	121	746.2	756	74	303	564	Two Strikes	.195	1562	305	54	13	23	115	158	635	.273	.291
Pre-All Star	4.57	27	24	0	74	74	441.0	465	42	177	345	Pre-All Star	.270	1724	465	100	19	42	209	177	345	.340	.423
Post-All Star	4.04	22	22	0	60	60	387.1	384	41	157	290	Post-All Star	.259	1481	384	72	11	41	170	157	290	.333	.406

Brian Schneider — Expos
Age 25 – Bats Left

	Avg	G	AB	R	H	2B	3B	HR	RBI	BB	SO	HBP	GDP	SB	CS	OBP	SLG	IBB	SH	SF	#Pit	#P/PA	GB	FB	G/F
2001 Season	.317	27	41	4	13	3	0	1	6	6	3	0	0	0	0	.396	.463	1	0	1	164	3.42	14	15	0.93
Career (2000-2001)	.256	72	156	10	40	9	0	1	17	13	27	0	1	0	1	.310	.333	3	0	2	592	3.46	60	44	1.36

2001 Season

	Avg	AB	H	2B	3B	HR	RBI	BB	SO	OBP	SLG		Avg	AB	H	2B	3B	HR	RBI	BB	SO	OBP	SLG
vs. Left	.500	6	3	1	0	0	0	0	1	.500	.667	Scoring Posn	.222	9	2	0	0	0	3	2	0	.333	.222
vs. Right	.286	35	10	2	0	1	6	6	2	.381	.429	Close & Late	.444	9	4	2	0	0	2	2	0	.545	.667

Scott Schoeneweis — Angels
Age 28 – Pitches Left (groundball pitcher)

	ERA	W	L	Sv	G	GS	IP	BB	SO	Avg	H	2B	3B	HR	RBI	OBP	SLG	CG	ShO	Sup	QS	#P/S	SB	CS	GB	FB	G/F
2001 Season	5.08	10	11	0	32	32	205.1	77	104	.281	227	41	2	21	105	.351	.415	1	0	4.82	18	99	20	9	364	198	1.84
Career (1999-2001)	5.27	18	22	0	90	59	414.2	158	204	.280	457	88	5	46	228	.349	.425	2	1	4.88	29	97	40	15	777	374	2.08

2001 Season

	ERA	W	L	Sv	G	GS	IP	H	HR	BB	SO		Avg	AB	H	2B	3B	HR	RBI	BB	SO	OBP	SLG
Home	5.40	5	3	0	16	16	105.0	120	11	32	50	vs. Left	.209	196	41	7	0	0	18	14	31	.273	.245
Away	4.75	5	8	0	16	16	100.1	107	10	45	54	vs. Right	.304	612	186	34	2	21	87	63	73	.375	.469
Day	5.86	3	6	0	12	12	73.2	87	8	35	31	Inning 1-6	.283	695	197	36	1	18	92	68	91	.355	.416
Night	4.65	7	5	0	20	20	131.2	140	13	42	73	Inning 7+	.265	113	30	5	1	3	13	9	13	.320	.407
Grass	5.31	9	10	0	29	29	186.1	209	18	68	92	None on	.265	441	117	18	2	13	43	63	.339	.404
Turf	2.84	1	1	0	3	3	19.0	18	3	9	12	Runners on	.300	367	110	23	0	8	92	34	41	.365	.428
April	2.91	2	2	0	6	6	43.1	40	2	19	23	Scoring Posn	.296	199	59	13	0	4	78	23	26	.373	.422
May	6.00	2	1	0	4	4	24.0	31	0	12	10	Close & Late	.276	76	21	4	1	2	10	5	7	.313	.434
June	7.32	2	4	0	6	6	35.2	44	8	15	22	None on/out	.251	203	51	9	1	8	8	19	26	.324	.424
July	4.28	1	1	0	5	5	33.2	37	2	9	11	vs. 1st Batr (relief)	.000	0	0	0	0	0	0	0	0	.000	.000
August	5.51	3	1	0	5	5	32.2	32	3	9	17	1st Inning Pitched	.331	133	44	11	0	2	22	17	23	.414	.459
Sept/Oct	5.25	0	2	0	6	6	36.0	43	6	13	21	First 75 Pitches	.286	580	166	32	1	12	73	55	79	.358	.407
Starter	5.08	10	11	0	32	32	205.1	227	21	77	104	Pitch 76-90	.215	121	26	4	1	3	11	9	11	.273	.339
Reliever	0.00	0	0	0	0	0	0.0	0	0	0	0	Pitch 91-105	.354	82	29	5	0	4	16	9	10	.413	.561
0-3 Days Rest (Start)	0.00	0	0	0	0	0	0.0	0	0	0	0	Pitch 106+	.240	25	6	0	0	2	5	4	4	.333	.480
4 Days Rest	5.32	5	5	0	19	19	120.0	134	14	44	54	First Pitch	.336	128	43	6	0	6	16	2	0	.351	.523
5+ Days Rest	4.75	5	6	0	13	13	85.1	93	7	33	50	Ahead in Count	.201	334	67	9	1	6	31	0	94	.215	.287
vs. AL	5.26	9	10	0	29	29	184.2	211	20	68	95	Behind in Count	.352	216	76	18	0	8	40	33	0	.441	.546
vs. NL	3.48	1	1	0	3	3	20.2	16	1	9	9	Two Strikes	.205	303	62	8	1	6	32	42	104	.311	.297
Pre-All Star	4.95	6	8	0	17	17	111.0	124	10	46	60	Pre-All Star	.285	435	124	27	0	10	54	46	60	.359	.416
Post-All Star	5.25	4	3	0	15	15	94.1	103	11	31	44	Post-All Star	.276	373	103	14	2	11	51	31	44	.341	.413

Career (1999-2001)

	ERA	W	L	Sv	G	GS	IP	H	HR	BB	SO		Avg	AB	H	2B	3B	HR	RBI	BB	SO	OBP	SLG
Home	5.46	9	6	0	39	26	196.0	223	25	60	97	vs. Left	.249	413	103	14	0	5	38	66	.320	.320
Away	5.10	9	16	0	51	33	218.2	234	21	98	107	vs. Right	.291	1217	354	74	5	41	175	120	138	.358	.461
Day	5.13	5	9	0	28	18	131.2	144	14	58	54	Inning 1-6	.283	1344	380	75	4	37	196	127	168	.350	.427
Night	5.34	13	13	0	62	41	283.0	313	32	100	150	Inning 7+	.269	286	77	13	1	9	32	31	36	.341	.416
Grass	5.34	15	20	0	78	52	371.0	410	42	135	181	None on	.260	890	231	40	4	27	85	118	.331	.404
Turf	4.74	3	2	0	12	7	43.2	47	4	23	23	Runners on	.305	740	226	48	1	19	201	73	86	.369	.450
March/April	3.40	6	2	0	19	11	90.0	78	7	35	40	Scoring Posn	.305	410	125	29	1	9	172	51	53	.380	.446
May	5.33	3	4	0	19	10	76.0	86	5	31	30	Close & Late	.265	189	50	6	1	7	24	16	25	.319	.418
June	7.50	3	7	0	19	9	60.0	80	13	26	38	None on/out	.271	409	111	23	3	12	12	30	43	.330	.430
July	4.88	1	1	0	11	7	55.1	66	6	14	20	vs. 1st Batr (relief)	.179	28	5	1	0	1	4	3	8	.258	.321
August	5.45	4	1	0	10	10	67.2	72	6	24	35	1st Inning Pitched	.300	333	100	23	1	6	60	43	54	.381	.429
Sept/Oct	5.89	1	5	0	12	12	65.2	75	9	28	41	First 75 Pitches	.286	1245	356	74	4	31	174	113	159	.351	.427
Starter	5.25	17	21	0	59	59	375.1	410	42	144	182	Pitch 76-90	.232	203	47	7	1	8	27	22	22	.310	.394
Reliever	5.49	1	1	0	31	0	39.1	47	4	14	22	Pitch 91-105	.314	140	44	6	0	4	19	16	16	.382	.443
0-3 Days Rest (Start)	0.00	0	0	0	0	0	0.0	0	0	0	0	Pitch 106+	.238	42	10	1	0	3	8	7	7	.340	.476
4 Days Rest	5.78	8	14	0	37	37	227.1	253	27	97	95	First Pitch	.335	260	87	17	1	11	35	5	0	.348	.535
5+ Days Rest	4.44	9	7	0	22	22	148.0	157	15	47	87	Ahead in Count	.210	620	130	16	1	7	49	0	179	.224	.273
vs. AL	5.31	17	20	0	79	54	374.2	417	42	142	181	Behind in Count	.349	467	163	43	2	21	96	73	0	.436	.585
vs. NL	4.95	1	2	0	11	5	40.0	40	4	16	23	Two Strikes	.206	572	118	15	1	9	56	80	204	.312	.283
Pre-All Star	5.01	12	14	0	60	31	237.0	257	25	92	115	Pre-All Star	.278	926	257	56	1	25	127	92	115	.345	.421
Post-All Star	5.62	6	8	0	30	28	177.2	200	21	66	89	Post-All Star	.284	704	200	32	4	21	101	66	89	.353	.430

Pete Schourek — Red Sox
Age 33 – Pitches Left

	ERA	W	L	Sv	G	GS	IP	BB	SO	Avg	H	2B	3B	HR	RBI	OBP	SLG	GF	IR	IRS	Hld	SvOp	SB	CS	GB	FB	G/F
2001 Season	4.45	1	5	0	33	0	30.1	15	20	.292	35	12	0	4	20	.375	.492	9	15	6	5	1	2	0	45	33	1.36
Last Five Years	5.00	21	39	0	127	78	459.1	190	331	.272	484	112	9	76	249	.345	.474	11	19	7	6	1	43	20	567	566	1.00

2001 Season

	ERA	W	L	Sv	G	GS	IP	H	HR	BB	SO		Avg	AB	H	2B	3B	HR	RBI	BB	SO	OBP	SLG
Home	5.00	0	4	0	19	0	18.0	14	3	8	12	vs. Left	.250	56	14	5	0	2	9	9	12	.354	.446
Away	3.65	1	1	0	14	0	12.1	21	1	7	8	vs. Right	.328	64	21	7	0	2	11	6	8	.394	.531
Starter	0.00	0	0	0	0	0	0.0	0	0	0	0	Scoring Posn	.371	35	13	2	0	0	16	9	4	.511	.429
Reliever	4.45	1	5	0	33	0	30.1	35	4	15	20	Close & Late	.333	39	13	4	0	3	6	6	7	.422	.667
0 Days Rest (Relief)	1.80	1	1	0	8	0	5.0	3	1	1	8	None on/out	.375	32	12	7	0	4	4	2	5	.412	.969
1 or 2 Days Rest	7.59	0	4	0	13	0	10.2	14	3	6	6	First Pitch	.357	14	5	1	0	2	3	2	0	.438	.857
3+ Days Rest	3.07	0	0	0	12	0	14.2	18	0	8	6	Ahead in Count	.281	57	16	5	0	1	9	0	16	.293	.421
Pre-All Star	3.94	1	5	0	31	0	29.2	32	4	14	19	Behind in Count	.280	25	7	5	0	0	4	0	0	.455	.480
Post-All Star	27.00	0	0	0	2	0	0.2	3	0	1	1	Two Strikes	.224	58	13	3	0	2	8	5	20	.286	.379

Last Five Years

	ERA	W	L	Sv	G	GS	IP	H	HR	BB	SO		Avg	AB	H	2B	3B	HR	RBI	BB	SO	OBP	SLG
Home	5.10	11	22	0	75	46	273.1	287	47	108	201	vs. Left	.278	378	105	26	3	16	58	37	85	.353	.489
Away	4.84	10	17	0	52	32	186.0	197	29	82	130	vs. Right	.271	1400	379	86	6	60	191	153	246	.343	.469
Day	5.20	7	8	0	39	22	123.0	122	27	56	91	Inning 1-6	.268	1558	418	94	9	65	216	163	287	.341	.463
Night	4.92	14	31	0	88	56	336.1	362	49	134	240	Inning 7+	.300	220	66	18	0	11	33	27	44	.377	.532
Grass	4.62	9	23	0	78	42	255.1	261	37	95	173	None on	.270	1056	285	69	5	50	50	92	200	.336	.487
Turf	5.47	12	16	0	49	36	204.0	223	39	95	158	Runners on	.276	722	199	43	4	26	199	98	131	.358	.454
March/April	4.58	3	7	0	22	13	76.2	69	12	34	61	Scoring Posn	.295	397	117	24	3	13	165	67	75	.388	.469
May	4.67	7	13	0	30	22	125.1	134	21	52	79	Close & Late	.326	89	29	8	0	5	12	12	14	.398	.584
June	4.21	4	6	0	31	12	83.1	86	9	37	63	None on/out	.300	470	141	36	3	29	29	33	84	.355	.574
July	6.56	4	6	0	20	15	83.2	102	21	34	54	vs. 1st Batr (relief)	.295	44	13	6	1	2	5	4	13	.367	.614
August	9.55	0	5	0	7	5	21.2	34	4	11	23	1st Inning Pitched	.270	459	124	28	1	21	68	50	86	.346	.473
Sept/Oct	3.67	3	2	0	17	11	68.2	59	9	22	51	First 15 Pitches	.286	388	111	27	1	16	43	33	63	.351	.485
Starter	5.01	19	33	0	78	78	397.0	415	68	159	276	Pitch 16-30	.211	337	71	14	1	12	37	42	71	.297	.365
Reliever	4.91	2	6	0	49	0	62.1	69	8	31	55	Pitch 31-45	.286	294	84	17	2	13	47	36	57	.371	.490
0 Days Rest (Relief)	1.80	1	1	0	8	0	5.0	3	1	1	8	Pitch 46+	.287	759	218	54	5	35	122	79	140	.354	.510
1 or 2 Days Rest	5.40	0	5	0	19	0	23.1	25	4	10	20	First Pitch	.336	244	82	15	1	18	42	7	0	.364	.627
3+ Days Rest	5.03	1	0	0	22	0	34.0	41	3	20	27	Ahead in Count	.212	808	171	40	5	19	84	0	286	.222	.344
vs. AL	4.22	7	18	0	64	30	200.2	197	28	77	142	Behind in Count	.337	398	134	34	2	26	77	99	0	.463	.628
vs. NL	5.60	14	21	0	63	48	258.2	287	48	113	189	Two Strikes	.212	833	177	42	6	20	80	84	331	.287	.349
Pre-All Star	4.66	15	28	0	89	51	307.0	319	49	132	215	Pre-All Star	.270	1180	319	75	3	49	160	132	215	.348	.464
Post-All Star	5.67	6	11	0	38	27	152.1	165	27	58	116	Post-All Star	.276	598	165	37	6	27	89	58	116	.341	.493

Scott Seabol — Yankees
Age 27 – Bats Right

	Avg	G	AB	R	H	2B	3B	HR	RBI	BB	SO	HBP	GDP	SB	CS	OBP	SLG	IBB	SH	SF	#Pit	#P/PA	GB	FB	G/F
2001 Season	.000	1	1	0	0	0	0	0	0	0	0	0	0	0	0	.000	.000	0	0	0	7	7.00	0	0	0.00

2001 Season

	Avg	AB	H	2B	3B	HR	RBI	BB	SO	OBP	SLG		Avg	AB	H	2B	3B	HR	RBI	BB	SO	OBP	SLG
vs. Left	.000	1	0	0	0	0	0	0	0	.000	.000	Scoring Posn	.000	1	0	0	0	0	0	0	0	.000	.000
vs. Right	.000	0	0	0	0	0	0	0	0	.000	.000	Close & Late	.000	0	0	0	0	0	0	0	0	.000	.000

Rudy Seanez — Braves
Age 33 – Pitches Right (flyball pitcher)

	ERA	W	L	Sv	G	GS	IP	BB	SO	Avg	H	2B	3B	HR	RBI	OBP	SLG	GF	IR	IRS	Hld	SvOp	SB	CS	GB	FB	G/F
2001 Season	2.75	0	2	1	38	0	36.0	19	41	.178	23	3	0	4	16	.287	.295	8	16	7	9	3	5	0	34	41	0.83
Last Five Years	3.19	12	8	8	151	0	146.2	65	152	.205	110	13	0	12	56	.293	.297	37	62	18	41	18	12	2	154	160	0.96

2001 Season

	ERA	W	L	Sv	G	GS	IP	H	HR	BB	SO		Avg	AB	H	2B	3B	HR	RBI	BB	SO	OBP	SLG
Home	2.35	0	2	0	15	0	15.1	7	3	6	16	vs. Left	.151	53	8	1	0	2	8	5	14	.233	.283
Away	3.05	0	0	1	23	0	20.2	16	1	13	25	vs. Right	.197	76	15	2	0	2	8	14	27	.322	.303
Starter	0.00	0	0	0	0	0	0.0	0	0	0	0	Scoring Posn	.216	37	8	1	0	0	11	5	12	.302	.243
Reliever	2.75	0	2	1	38	0	36.0	23	4	19	41	Close & Late	.224	58	13	2	0	2	10	8	18	.324	.362
0 Days Rest (Relief)	7.50	0	1	0	7	0	6.0	7	3	3	8	None on/out	.214	28	6	0	0	2	2	5	7	.353	.429
1 or 2 Days Rest	1.56	0	1	0	18	0	17.1	10	0	10	19	First Pitch	.235	17	4	0	0	2	4	0	0	.263	.588
3+ Days Rest	2.13	0	0	1	13	0	12.2	6	1	6	14	Ahead in Count	.136	66	9	2	0	1	4	0	31	.136	.212
Pre-All Star	3.00	0	1	1	9	0	9.0	7	3	5	10	Behind in Count	.143	21	3	1	0	0	3	12	0	.455	.190
Post-All Star	2.67	0	1	0	29	0	27.0	16	1	14	31	Two Strikes	.103	68	7	1	0	0	4	7	41	.187	.118

Last Five Years

	ERA	W	L	Sv	G	GS	IP	H	HR	BB	SO		Avg	AB	H	2B	3B	HR	RBI	BB	SO	OBP	SLG
Home	2.54	5	3	3	67	0	67.1	45	5	23	67	vs. Left	.238	231	55	6	0	9	29	20	98	.302	.381
Away	3.74	7	5	5	84	0	79.5	65	7	42	85	vs. Right	.180	305	55	7	0	3	27	45	104	.287	.233
Day	3.18	4	4	3	50	0	51.0	34	4	24	49	Inning 1-6	.207	29	6	1	0	0	6	8	8	.368	.241
Night	3.20	8	4	5	101	0	95.2	76	8	41	103	Inning 7+	.205	507	104	12	0	12	50	57	144	.288	.300
Grass	3.24	9	7	6	129	0	125.0	95	10	50	121	None on	.219	279	61	4	0	8	8	40	73	.321	.319
Turf	2.91	3	1	2	22	0	21.2	15	2	15	31	Runners on	.191	257	49	9	0	4	48	25	79	.263	.272
March/April	0.75	1	0	1	12	0	12.0	7	1	4	11	Scoring Posn	.184	141	26	5	0	1	41	16	51	.268	.241
May	4.18	1	2	1	29	0	28.0	23	4	12	21	Close & Late	.210	300	63	10	0	9	38	34	79	.294	.323
June	2.94	1	3	2	32	0	33.2	28	4	12	36	None on/out	.200	125	25	2	0	4	4	16	29	.296	.312

396

Last Five Years

	ERA	W	L	Sv	G	GS	IP	H	HR	BB	SO		Avg	AB	H	2B	3B	HR	RBI	BB	SO	OBP	SLG
July	2.08	4	1	1	28	0	26.0	13	1	18	33	vs. 1st Batr (relief)	.218	133	29	4	0	3	10	16	36	.305	.316
August	4.34	2	1	1	32	0	29.0	26	0	10	27	1st Inning Pitched	.208	499	104	13	0	12	56	59	143	.295	.307
Sept/Oct	3.50	0	1	0	18	0	18.0	13	2	9	24	First 15 Pitches	.213	404	86	10	0	12	42	48	110	.300	.327
Starter	0.00	0	0	0	0	0	0.0	0	0	0	0	Pitch 16-30	.195	123	24	3	0	0	14	16	35	.286	.220
Reliever	3.19	12	8	8	151	0	146.2	110	12	65	152	Pitch 31-45	.000	8	0	0	0	0	1	6	.111	.000
0 Days Rest (Relief)	3.55	2	4	5	38	0	33.0	32	5	16	32	Pitch 46+	.000	1	0	0	0	0	0	1	.000	.000
1 or 2 Days Rest	2.79	5	2	3	70	0	71.0	45	4	34	79	First Pitch	.317	82	26	3	0	5	18	2	0	.337	.537
3+ Days Rest	3.59	5	2	0	43	0	42.2	33	3	15	41	Ahead in Count	.165	278	46	5	0	2	13	0	127	.171	.205
vs. AL	3.26	2	1	1	19	0	19.1	17	2	9	22	Behind in Count	.184	87	16	4	0	2	13	31	0	.395	.299
vs. NL	3.18	10	7	7	132	0	127.1	93	10	56	130	Two Strikes	.126	285	36	4	0	1	16	32	152	.217	.151
Pre-All Star	2.81	8	5	6	79	0	80.0	59	9	30	76	Pre-All Star	.203	291	59	7	0	9	32	30	76	.283	.320
Post-All Star	3.65	4	3	2	72	0	66.2	51	3	35	76	Post-All Star	.208	245	51	6	0	3	24	35	76	.305	.269

Bobby Seay — Devil Rays — Age 24 – Pitches Left (flyball pitcher)

	ERA	W	L	Sv	G	GS	IP	H	BB	SO	Avg	H	2B	3B	HR	RBI	OBP	SLG	GF	IR	IRS	Hld	SvOp	SB	CS	GB	FB	G/F
2001 Season	6.23	1	1	0	12	0	13.0	5	12	.260	13	3	0	3	8	.339	.500	4	3	1	0	0	1	1	14	18	0.78

2001 Season

	ERA	W	L	Sv	G	GS	IP	H	HR	BB	SO		Avg	AB	H	2B	3B	HR	RBI	BB	SO	OBP	SLG
Home	1.93	1	1	0	8	0	9.1	5	1	1	8	vs. Left	.350	20	7	1	0	1	5	2	3	.435	.550
Away	17.18	0	0	0	4	0	3.2	8	2	4	4	vs. Right	.200	30	6	2	0	2	3	3	9	.273	.467

Chris Seelbach — Braves — Age 29 – Pitches Right

	ERA	W	L	Sv	G	GS	IP	BB	SO	Avg	H	2B	3B	HR	RBI	OBP	SLG	GF	IR	IRS	Hld	SvOp	SB	CS	GB	FB	G/F
2001 Season	7.88	0	0	0	5	0	8.0	5	8	.273	9	1	0	3	7	.368	.576	1	0	0	1	0	0	0	8	13	0.62
Career (2000-2001)	8.38	0	1	0	7	0	9.2	5	9	.308	12	1	0	3	9	.378	.564	3	1	0	0	1	1	10	15	0.67

2001 Season

	ERA	W	L	Sv	G	GS	IP	H	HR	BB	SO		Avg	AB	H	2B	3B	HR	RBI	BB	SO	OBP	SLG
Home	7.20	0	0	0	3	0	5.0	6	2	3	5	vs. Left	.417	12	5	0	0	1	3	2	4	.500	.667
Away	9.00	0	0	0	2	0	3.0	3	1	2	3	vs. Right	.190	21	4	1	0	2	4	3	4	.292	.524

Kevin Sefcik — Indians — Age 31 – Bats Right (groundball hitter)

	Avg	G	AB	R	H	2B	3B	HR	RBI	BB	SO	HBP	GDP	SB	CS	OBP	SLG	IBB	SH	SF	#Pit	#P/PA	GB	FB	G/F
2001 Season	.000	1	1	0	0	0	0	0	0	0	0	0	0	0	0	.000	.000	0	0	0	2	2.00	0	0	0.00
Last Five Years	.275	376	651	81	179	31	7	6	47	71	84	11	15	18	10	.355	.372	0	14	3	2844	3.79	267	176	1.52

2001 Season

	Avg	AB	H	2B	3B	HR	RBI	BB	SO	OBP	SLG		Avg	AB	H	2B	3B	HR	RBI	BB	SO	OBP	SLG
vs. Left	.000	1	0	0	0	0	0	0	0	.000	.000	Scoring Posn	.000	0	0	0	0	0	0	0	0	.000	.000
vs. Right	.000	0	0	0	0	0	0	0	0	.000	.000	Close & Late	.000	0	0	0	0	0	0	0	0	.000	.000

Last Five Years

	Avg	AB	H	2B	3B	HR	RBI	BB	SO	OBP	SLG		Avg	AB	H	2B	3B	HR	RBI	BB	SO	OBP	SLG
vs. Left	.295	258	76	15	2	4	20	31	32	.375	.415	First Pitch	.262	84	22	5	2	0	7	0	0	.279	.369
vs. Right	.262	393	103	16	5	2	27	40	52	.341	.344	Ahead in Count	.340	156	53	9	0	1	11	51	0	.500	.417
Home	.306	324	99	18	5	5	31	38	41	.385	.438	Behind in Count	.241	291	70	13	2	3	14	0	69	.260	.330
Away	.245	327	80	13	2	1	16	33	43	.323	.306	Two Strikes	.212	293	62	10	3	3	18	0	84	.276	.297
Day	.254	244	62	10	2	4	23	24	28	.332	.361	Batting #2	.262	214	56	7	0	4	12	21	29	.331	.350
Night	.287	407	117	21	5	2	24	47	56	.368	.378	Batting #9	.221	145	32	9	2	0	5	18	26	.323	.310
Grass	.237	253	60	9	0	1	11	25	32	.316	.285	Other	.312	292	91	15	5	2	30	32	29	.388	.418
Turf	.299	398	119	22	7	5	36	46	52	.379	.427	March/April	.188	69	13	3	1	0	3	3	11	.222	.261
Pre-All Star	.258	291	75	16	4	2	21	30	33	.335	.361	May	.269	78	21	6	1	1	7	12	12	.389	.410
Post-All Star	.289	360	104	15	3	4	26	41	51	.370	.381	June	.316	114	36	5	2	0	8	10	9	.368	.395
Inning 1-6	.290	376	109	17	5	6	29	31	49	.351	.410	July	.252	115	29	5	0	2	8	11	18	.341	.374
Inning 7+	.255	275	70	14	2	0	18	40	35	.359	.320	August	.276	123	34	7	1	1	8	11	18	.341	.374
Scoring Posn	.218	147	32	5	1	1	37	13	20	.285	.286	Sept/Oct	.303	152	46	5	2	2	13	20	16	.385	.401
Close & Late	.310	129	40	7	1	0	11	17	20	.395	.380	vs. AL	.381	63	24	3	1	0	5	7	7	.437	.460
None on/out	.282	188	53	11	1	1	20	17	.363	.367	vs. NL	.264	588	155	28	6	6	42	64	77	.346	.362

David Segui — Orioles — Age 35 – Bats Both

	Avg	G	AB	R	H	2B	3B	HR	RBI	BB	SO	HBP	GDP	SB	CS	OBP	SLG	IBB	SH	SF	#Pit	#P/PA	GB	FB	G/F
2001 Season	.301	82	292	48	88	18	1	10	46	49	61	4	4	1	0	.406	.473	5	0	2	1288	3.71	91	75	1.21
Last Five Years	.311	621	2287	352	711	145	9	83	353	248	351	7	55	6	5	.376	.491	27	1	27	9349	3.64	879	627	1.40

2001 Season

	Avg	AB	H	2B	3B	HR	RBI	BB	SO	OBP	SLG		Avg	AB	H	2B	3B	HR	RBI	BB	SO	OBP	SLG
vs. Left	.338	77	26	5	0	2	14	13	12	.452	.481	First Pitch	.352	54	19	5	0	4	9	3	0	.397	.667
vs. Right	.288	215	62	13	1	8	32	36	49	.390	.470	Ahead in Count	.508	59	30	8	0	4	15	28	0	.667	.847
Home	.270	126	34	8	0	5	23	28	31	.411	.452	Behind in Count	.171	117	20	0	2	13	0	44	.190	.239
Away	.325	166	54	10	1	5	23	21	30	.402	.488	Two Strikes	.163	129	21	4	0	1	16	17	61	.267	.217
Day	.374	99	37	7	0	3	14	14	20	.451	.535	Batting #3	.335	179	60	11	1	7	29	29	35	.433	.525
Night	.264	193	51	11	1	7	32	35	41	.385	.440	Batting #5	.254	67	17	4	0	3	12	11	16	.370	.448

397

2001 Season

	Avg	AB	H	2B	3B	HR	RBI	BB	SO	OBP	SLG		Avg	AB	H	2B	3B	HR	RBI	BB	SO	OBP	SLG
Grass	.282	227	64	13	1	7	37	43	52	.400	.441	Other	.239	46	11	3	0	0	5	9	10	.357	.304
Turf	.369	65	24	5	0	3	9	6	9	.431	.585	April	.271	48	13	3	0	1	5	10	14	.390	.396
Pre-All Star	.296	226	67	11	0	8	36	42	48	.412	.451	May	.283	46	13	3	0	1	10	8	9	.404	.413
Post-All Star	.318	66	21	7	1	2	10	7	13	.384	.545	June	.321	106	34	5	0	5	16	18	16	.429	.509
Inning 1-6	.305	203	62	14	1	7	37	32	46	.402	.488	July	.257	35	9	0	0	1	6	6	10	.366	.343
Inning 7+	.292	89	26	4	0	3	9	17	15	.417	.438	August	.345	55	19	7	1	2	9	7	12	.419	.618
Scoring Posn	.373	67	25	6	0	2	35	20	19	.516	.552	Sept/Oct	.000	2	0	0	0	0	0	0	0	.000	.000
Close & Late	.206	34	7	2	0	0	3	10	7	.386	.265	vs. AL	.300	237	71	17	1	7	40	41	54	.408	.468
None on/out	.231	65	15	4	0	4	4	6	10	.306	.477	vs. NL	.309	55	17	1	0	3	6	8	7	.397	.491

2001 By Position

Position	Avg	AB	H	2B	3B	HR	RBI	BB	SO	OBP	SLG	G	GS	Innings	PO	A	E	DP	Fld Pct	Rng Fctr	In Zone	Outs	Zone Rtg	MLB Zone
As DH	.278	54	15	3	1	1	8	10	16	.400	.426	16	16	—	—	—	—	—	—	—	—	—	—	—
As 1b	.308	237	73	15	0	9	38	39	44	.409	.485	65	65	546.2	487	33	9	49	.983	—	105	85	.810	.850

Last Five Years

	Avg	AB	H	2B	3B	HR	RBI	BB	SO	OBP	SLG		Avg	AB	H	2B	3B	HR	RBI	BB	SO	OBP	SLG
vs. Left	.303	542	164	26	0	18	69	65	75	.380	.450	First Pitch	.389	368	143	30	2	20	77	19	0	.414	.644
vs. Right	.313	1745	547	119	9	65	284	183	276	.375	.504	Ahead in Count	.417	535	223	51	2	34	127	139	0	.531	.710
Home	.320	1100	352	81	2	38	178	138	162	.393	.501	Behind in Count	.222	926	206	39	0	18	89	0	284	.224	.323
Away	.302	1187	359	64	7	45	175	110	189	.359	.482	Two Strikes	.197	942	186	32	3	18	93	89	351	.267	.295
Day	.345	690	238	45	2	17	106	81	107	.409	.490	Batting #4	.315	807	254	41	3	34	124	96	117	.384	.499
Night	.296	1597	473	100	7	66	247	167	244	.361	.492	Batting #5	.299	942	282	64	3	28	136	90	146	.358	.463
Grass	.304	1388	422	82	5	46	213	146	221	.368	.470	Other	.325	538	175	40	3	21	93	62	88	.395	.528
Turf	.321	899	289	63	4	37	140	102	130	.388	.524	March/April	.337	410	138	36	2	16	62	47	65	.402	.551
Pre-All Star	.317	1355	429	95	5	48	217	170	219	.391	.500	May	.288	423	122	27	1	14	69	52	75	.366	.456
Post-All Star	.303	932	282	50	4	35	136	78	132	.353	.477	June	.334	386	129	24	2	11	62	55	57	.417	.492
Inning 1-6	.308	1576	486	104	6	66	272	173	229	.374	.508	July	.305	393	120	19	2	14	59	33	52	.353	.471
Inning 7+	.316	711	225	41	3	17	81	75	122	.381	.454	August	.298	379	113	19	1	12	50	40	55	.365	.449
Scoring Posn	.293	614	180	33	4	17	264	111	107	.391	.443	Sept/Oct	.301	296	89	20	1	16	51	21	47	.342	.537
Close & Late	.305	321	98	17	2	7	44	35	59	.370	.436	vs. AL	.311	1656	515	116	6	56	259	171	264	.374	.490
None on/out	.295	594	175	40	3	26	26	35	81	.335	.503	vs. NL	.311	631	196	29	3	27	94	77	87	.382	.494

Fernando Seguignol — Expos
Age 27 – Bats Both

	Avg	G	AB	R	H	2B	3B	HR	RBI	BB	SO	HBP	GDP	SB	CS	OBP	SLG	IBB	SH	SF	#Pit	#P/PA	GB	FB	G/F
2001 Season	.140	46	50	0	7	2	0	0	5	2	17	1	4	0	0	.185	.180	1	0	1	187	3.46	18	14	1.29
Career (1998-2001)	.251	173	359	42	90	23	0	17	40	19	111	11	11	0	1	.305	.457	2	0	5	1458	3.70	121	88	1.38

2001 Season

	Avg	AB	H	2B	3B	HR	RBI	BB	SO	OBP	SLG		Avg	AB	H	2B	3B	HR	RBI	BB	SO	OBP	SLG
vs. Left	.125	16	2	1	0	0	2	1	3	.222	.188	Scoring Posn	.176	17	3	2	0	0	5	2	7	.286	.294
vs. Right	.147	34	5	1	0	0	3	1	14	.167	.176	Close & Late	.000	8	0	0	0	0	0	0	4	.111	.000

Career (1998-2001)

	Avg	AB	H	2B	3B	HR	RBI	BB	SO	OBP	SLG		Avg	AB	H	2B	3B	HR	RBI	BB	SO	OBP	SLG
vs. Left	.298	131	39	9	0	7	17	5	32	.333	.527	First Pitch	.326	46	15	5	0	2	8	1	0	.385	.565
vs. Right	.224	228	51	14	0	10	23	14	79	.289	.417	Ahead in Count	.378	74	28	9	0	10	18	8	0	.430	.905
Home	.255	149	38	11	0	6	18	10	45	.320	.450	Behind in Count	.178	180	32	8	0	3	6	0	94	.200	.272
Away	.248	210	52	12	0	11	22	9	66	.293	.462	Two Strikes	.132	182	24	4	0	0	4	10	111	.190	.154
Day	.242	124	30	5	0	6	12	6	37	.304	.427	Batting #3	.204	98	20	7	0	0	3	4	37	.240	.276
Night	.255	235	60	18	0	11	28	13	74	.305	.472	Batting #6	.198	86	17	1	0	5	10	6	27	.265	.384
Grass	.250	180	45	10	0	10	18	8	58	.299	.472	Other	.303	175	53	15	0	12	27	9	47	.359	.594
Turf	.251	179	45	13	0	7	22	11	53	.310	.441	March/April	.118	17	2	1	0	0	1	1	6	.211	.176
Pre-All Star	.218	110	24	7	0	3	8	6	40	.287	.364	May	.154	13	2	0	0	0	2	1	6	.200	.154
Post-All Star	.265	249	66	16	0	14	32	13	71	.313	.498	June	.222	36	8	3	0	2	4	15	.333	.306
Inning 1-6	.267	236	63	16	0	11	23	10	67	.308	.475	July	.289	90	26	5	0	6	11	4	20	.333	.544
Inning 7+	.220	123	27	7	0	6	17	9	44	.280	.423	August	.200	45	9	2	0	2	4	0	18	.229	.378
Scoring Posn	.153	85	13	5	0	1	22	9	34	.252	.247	Sept/Oct	.272	158	43	12	0	9	20	9	46	.306	.519
Close & Late	.155	58	9	3	0	4	9	4	24	.215	.414	vs. AL	.375	24	9	1	0	4	5	0	8	.400	.917
None on/out	.294	85	25	6	0	5	5	2	19	.341	.541	vs. NL	.242	335	81	22	0	13	35	19	103	.298	.424

Bill Selby — Reds
Age 32 – Bats Left

	Avg	G	AB	R	H	2B	3B	HR	RBI	BB	SO	HBP	GDP	SB	CS	OBP	SLG	IBB	SH	SF	#Pit	#P/PA	GB	FB	G/F
2001 Season	.228	36	92	7	21	7	1	2	12	5	13	1	1	0	0	.273	.391	1	1	1	402	4.02	33	31	1.06
Last Five Years	.232	66	138	15	32	8	1	2	16	6	22	2	2	0	0	.272	.348	1	1	1	581	3.93	47	43	1.09

2001 Season

	Avg	AB	H	2B	3B	HR	RBI	BB	SO	OBP	SLG		Avg	AB	H	2B	3B	HR	RBI	BB	SO	OBP	SLG
vs. Left	.000	1	0	0	0	0	0	0	0	.000	.000	Scoring Posn	.167	24	4	3	0	0	9	3	4	.276	.292
vs. Right	.231	91	21	7	1	2	12	5	13	.276	.396	Close & Late	.353	17	6	2	0	1	2	3	2	.429	.647

Aaron Sele — Mariners
Age 32 – Pitches Right

	ERA	W	L	Sv	G	GS	IP	BB	SO	Avg	H	2B	3B	HR	RBI	OBP	SLG	CG	ShO	Sup	QS	#P/S	SB	CS	GB	FB	G/F
2001 Season	3.60	15	5	0	34	33	215.0	51	114	.261	216	38	6	25	90	.306	.412	2	1	6.57	21	98	7	3	290	287	1.01
Last Five Years	4.47	82	47	0	167	166	1021.2	359	726	.277	1116	222	29	102	488	.342	.423	10	7	6.76	85	100	53	36	1487	1091	1.36

2001 Season

	ERA	W	L	Sv	G	GS	IP	H	HR	BB	SO		Avg	AB	H	2B	3B	HR	RBI	BB	SO	OBP	SLG
Home	3.37	8	2	0	20	19	123.0	121	11	26	68	vs. Left	.231	438	101	14	4	15	50	36	68	.290	.384
Away	3.91	7	3	0	14	14	92.0	95	14	25	46	vs. Right	.296	389	115	24	2	10	40	15	46	.325	.445
Day	3.22	5	0	0	10	10	64.1	64	5	19	28	Inning 1-6	.261	719	188	29	5	21	80	44	101	.306	.403
Night	3.76	10	5	0	24	23	150.2	152	20	32	86	Inning 7+	.259	108	28	9	1	4	10	7	13	.310	.472
Grass	3.72	14	5	0	33	32	208.0	212	25	50	109	None on	.267	513	137	28	4	17	22	71	.299	.437
Turf	0.00	1	0	0	1	1	7.0	4	0	1	5	Runners on	.252	314	79	10	2	8	73	29	43	.318	.373
April	2.61	4	0	0	6	5	31.0	32	2	5	12	Scoring Posn	.296	159	47	7	1	4	62	19	23	.363	.428
May	2.68	4	0	0	6	6	40.1	39	6	6	17	Close & Late	.295	44	13	4	0	3	6	4	11	.367	.591
June	6.04	0	1	0	5	5	28.1	38	5	6	13	None on/out	.273	227	62	15	2	10	10	9	29	.301	.489
July	2.93	4	2	0	6	6	43.0	35	2	9	21	vs. 1st Batr (relief)	.000	1	0	0	0	0	0	0	0	.000	.000
August	3.77	1	2	0	6	6	43.0	40	8	9	29	1st Inning Pitched	.244	131	32	3	2	4	13	12	18	.310	.389
Sept/Oct	4.30	2	0	0	5	5	29.1	32	2	9	20	First 75 Pitches	.266	629	167	27	4	20	71	34	84	.306	.417
Starter	3.63	15	5	0	33	33	213.0	215	25	51	111	Pitch 76-90	.224	98	22	5	0	2	9	8	18	.280	.337
Reliever	0.00	0	0	0	1	0	2.0	1	0	0	3	Pitch 91-105	.295	78	23	5	2	2	6	4	8	.325	.487
0-3 Days Rest (Start)	0.00	1	0	0	1	1	6.0	5	0	0	5	Pitch 106+	.182	22	4	1	0	1	0	1	4	.357	.364
4 Days Rest	3.82	10	3	0	20	20	127.1	133	12	26	77	First Pitch	.306	134	41	5	3	5	23	2	0	.317	.500
5+ Days Rest	3.62	4	2	0	12	12	79.2	77	13	25	34	Ahead in Count	.195	365	71	11	1	3	22	0	102	.201	.255
vs. AL	3.58	13	5	0	30	29	188.2	193	22	43	104	Behind in Count	.312	173	54	12	1	9	25	19	0	.379	.549
vs. NL	3.76	2	0	0	4	4	26.1	23	3	8	10	Two Strikes	.220	354	78	14	2	6	30	30	114	.285	.322
Pre-All Star	3.54	10	1	0	19	18	114.1	120	15	28	51	Pre-All Star	.271	443	120	17	3	15	49	28	51	.320	.424
Post-All Star	3.67	5	4	0	15	15	100.2	96	10	23	63	Post-All Star	.250	384	96	21	3	10	41	23	63	.291	.398

Last Five Years

	ERA	W	L	Sv	G	GS	IP	H	HR	BB	SO		Avg	AB	H	2B	3B	HR	RBI	BB	SO	OBP	SLG
Home	4.03	49	23	0	92	91	575.2	608	47	179	417	vs. Left	.281	2091	588	112	19	59	247	215	389	.351	.438
Away	5.02	33	24	0	75	75	446.0	508	55	180	309	vs. Right	.273	1934	528	110	10	43	241	144	337	.332	.407
Day	4.60	20	13	0	50	50	293.2	321	34	116	205	Inning 1-6	.277	3563	988	193	25	90	441	328	649	.343	.421
Night	4.41	62	34	0	117	116	728.0	795	68	243	521	Inning 7+	.277	462	128	29	4	12	47	31	77	.329	.435
Grass	4.37	73	42	0	151	150	934.0	1009	92	314	664	None on	.280	2286	640	132	17	56	56	166	411	.335	.426
Turf	5.54	9	5	0	16	16	87.2	107	10	45	62	Runners on	.274	1739	476	90	12	46	432	193	315	.350	.419
March/April	3.27	17	3	0	26	25	151.1	157	15	55	91	Scoring Posn	.279	943	263	44	7	23	362	134	186	.367	.414
May	4.81	14	9	0	29	29	177.2	194	20	59	122	Close & Late	.286	147	42	9	1	6	20	15	22	.367	.483
June	5.57	13	9	0	28	28	163.1	199	15	78	123	None on/out	.268	1037	278	51	9	34	34	70	176	.321	.433
July	4.76	12	9	0	27	27	174.0	180	17	56	126	vs. 1st Batr (relief)	.000	1	0	0	0	0	0	0	0	.000	.000
August	5.02	13	13	0	30	30	188.1	213	26	53	139	1st Inning Pitched	.307	665	204	40	5	16	105	78	129	.383	.454
Sept/Oct	3.18	13	4	0	27	27	167.0	173	9	58	125	First 75 Pitches	.280	2893	810	160	23	76	358	251	532	.343	.430
Starter	4.47	82	47	0	166	166	1019.2	1115	102	359	723	Pitch 76-90	.261	528	138	28	2	11	55	47	92	.323	.384
Reliever	0.00	0	0	0	1	0	2.0	1	0	0	3	Pitch 91-105	.296	409	121	21	3	10	53	31	56	.355	.435
0-3 Days Rest (Start)	3.38	1	1	0	2	2	10.2	11	1	1	4	Pitch 106+	.241	195	47	13	1	5	22	30	46	.345	.395
4 Days Rest	4.67	50	29	0	100	100	612.1	692	57	206	446	First Pitch	.369	594	219	45	11	20	109	15	0	.386	.582
5+ Days Rest	4.20	31	17	0	64	64	396.2	412	44	152	273	Ahead in Count	.206	1762	363	64	8	21	131	0	600	.219	.287
vs. AL	4.54	72	42	0	149	148	908.1	1010	95	318	638	Behind in Count	.370	847	313	68	7	42	156	175	0	.475	.615
vs. NL	3.89	10	5	0	18	18	113.1	106	7	41	88	Two Strikes	.191	1819	348	58	6	18	129	169	726	.269	.259
Pre-All Star	4.39	51	21	0	91	90	547.2	598	53	208	373	Pre-All Star	.279	2147	598	101	15	53	257	208	373	.347	.414
Post-All Star	4.56	31	26	0	76	76	474.0	518	49	151	353	Post-All Star	.276	1878	518	121	14	49	231	151	353	.335	.433

Wascar Serrano — Padres
Age 24 – Pitches Right (groundball pitcher)

	ERA	W	L	Sv	G	GS	IP	BB	SO	Avg	H	2B	3B	HR	RBI	OBP	SLG	GF	IR	IRS	Hld	SvOp	SB	CS	GB	FB	G/F
2001 Season	6.56	3	3	0	20	5	46.2	21	39	.313	60	13	2	7	32	.382	.510	8	9	1	1	0	1	4	74	45	1.64

2001 Season

	ERA	W	L	Sv	G	GS	IP	H	HR	BB	SO		Avg	AB	H	2B	3B	HR	RBI	BB	SO	OBP	SLG
Home	4.41	2	2	0	12	3	32.2	32	3	14	29	vs. Left	.333	75	25	7	1	2	12	9	17	.400	.533
Away	11.57	1	1	0	8	2	14.0	28	4	7	10	vs. Right	.299	117	35	6	1	5	20	12	22	.371	.496

Scott Servais — Astros
Age 35 – Bats Right

	Avg	G	AB	R	H	2B	3B	HR	RBI	BB	SO	HBP	GDP	SB	CS	OBP	SLG	IBB	SH	SF	#Pit	#P/PA	GB	FB	G/F
2001 Season	.375	11	16	1	6	0	0	0	2	3	0	0	0	0	0	.444	.375	0	0	0	63	3.50	6	4	1.50
Last Five Years	.248	355	1033	100	256	50	1	19	115	74	158	15	27	1	2	.306	.353	18	13	5	3793	3.33	387	306	1.26

2001 Season

	Avg	AB	H	2B	3B	HR	RBI	BB	SO	OBP	SLG		Avg	AB	H	2B	3B	HR	RBI	BB	SO	OBP	SLG
vs. Left	.000	1	0	0	0	0	0	0	0	.000	.000	Scoring Posn	.000	2	0	0	0	0	0	1	0	.333	.000
vs. Right	.400	15	6	0	0	0	2	3	0	.471	.400	Close & Late	.000	1	0	0	0	0	0	0	1	.000	.000

Last Five Years

	Avg	AB	H	2B	3B	HR	RBI	BB	SO	OBP	SLG		Avg	AB	H	2B	3B	HR	RBI	BB	SO	OBP	SLG
vs. Left	.285	362	103	20	0	12	54	30	44	.340	.439	First Pitch	.287	178	51	12	1	5	21	14	0	.350	.449
vs. Right	.228	671	153	30	1	7	61	44	114	.288	.307	Ahead in Count	.323	257	83	16	0	8	48	33	0	.398	.479
Home	.256	503	129	28	1	10	59	30	76	.304	.376	Behind in Count	.171	427	73	13	0	5	29	0	134	.186	.237
Away	.240	530	127	22	0	9	56	44	82	.308	.332	Two Strikes	.152	407	62	11	0	5	22	27	158	.214	.216

Last Five Years

	Avg	AB	H	2B	3B	HR	RBI	BB	SO	OBP	SLG		Avg	AB	H	2B	3B	HR	RBI	BB	SO	OBP	SLG
Day	.248	525	130	25	1	13	61	34	68	.303	.373	Batting #7	.245	229	56	14	0	2	25	15	33	.300	.332
Night	.248	508	126	25	0	6	54	40	90	.309	.333	Batting #8	.245	691	169	28	1	13	74	56	102	.309	.344
Grass	.254	855	217	41	1	15	95	56	124	.308	.357	Other	.274	113	31	8	0	4	16	3	23	.299	.451
Turf	.219	178	39	9	0	4	20	18	34	.296	.337	March/April	.225	191	43	6	0	5	26	22	29	.315	.335
Pre-All Star	.237	632	150	26	1	13	74	53	100	.304	.343	May	.263	209	55	9	1	6	25	16	31	.326	.402
Post-All Star	.264	401	106	24	0	6	41	21	58	.310	.369	June	.216	199	43	10	0	2	20	12	35	.261	.296
Inning 1-6	.257	672	173	35	0	11	81	48	89	.311	.359	July	.247	166	41	8	0	2	19	11	23	.300	.331
Inning 7+	.230	361	83	15	1	8	34	26	69	.298	.343	August	.275	149	41	8	0	1	12	6	19	.310	.349
Scoring Posn	.228	276	63	15	0	2	89	43	49	.337	.304	Sept/Oct	.277	119	33	9	0	3	13	7	21	.333	.429
Close & Late	.199	156	31	5	1	4	16	11	33	.273	.321	vs. AL	.296	108	32	5	0	0	12	5	15	.327	.343
None on/out	.238	252	60	11	0	5	5	14	34	.281	.341	vs. NL	.242	925	224	45	1	19	103	69	143	.304	.355

Richie Sexson — Brewers
Age 27 – Bats Right

	Avg	G	AB	R	H	2B	3B	HR	RBI	BB	SO	HBP	GDP	SB	CS	OBP	SLG	IBB	SH	SF	#Pit	#P/PA	GB	FB	G/F
2001 Season	.271	158	598	94	162	24	3	45	125	60	178	6	20	2	4	.342	.547	5	0	3	2608	3.91	183	159	1.15
Career (1997-2001)	.271	494	1799	284	487	85	12	117	367	159	498	20	55	8	8	.334	.526	7	0	15	7685	3.86	589	468	1.26

2001 Season

	Avg	AB	H	2B	3B	HR	RBI	BB	SO	OBP	SLG		Avg	AB	H	2B	3B	HR	RBI	BB	SO	OBP	SLG
vs. Left	.295	139	41	5	1	11	28	19	33	.384	.583	First Pitch	.385	78	30	5	1	5	19	1	0	.402	.667
vs. Right	.264	459	121	19	2	34	97	41	145	.329	.536	Ahead in Count	.447	103	46	6	2	12	33	27	0	.553	.893
Home	.266	289	77	5	1	28	68	32	86	.342	.581	Behind in Count	.191	283	54	9	0	16	39	0	143	.199	.392
Away	.275	309	85	19	2	17	57	28	92	.342	.515	Two Strikes	.191	314	60	10	0	18	45	32	178	.268	.395
Day	.270	204	55	8	1	14	41	27	64	.362	.525	Batting #4	.274	446	122	15	2	36	95	50	132	.351	.558
Night	.272	394	107	16	2	31	84	33	114	.331	.558	Batting #5	.258	151	39	9	1	9	30	10	46	.309	.510
Grass	.267	574	153	19	3	43	121	56	168	.336	.535	Other	1.000	1	1	0	0	0	0	0	0	1.000	1.000
Turf	.375	24	9	5	0	2	4	4	10	.464	.833	April	.241	87	21	2	1	4	17	7	29	.316	.425
Pre-All Star	.251	315	79	13	2	18	56	26	102	.316	.476	May	.242	95	23	3	1	6	19	7	32	.298	.484
Post-All Star	.293	283	83	11	1	27	69	34	76	.370	.625	June	.311	103	32	7	0	7	17	7	30	.355	.583
Inning 1-6	.272	416	113	10	2	37	98	41	119	.343	.572	July	.214	98	21	1	0	9	18	9	30	.284	.500
Inning 7+	.269	182	49	14	1	8	27	19	59	.338	.489	August	.280	107	30	7	1	7	22	18	28	.384	.561
Scoring Posn	.270	148	40	5	3	10	73	21	46	.366	.547	Sept/Oct	.324	108	35	4	0	12	32	12	29	.392	.694
Close & Late	.289	76	22	5	1	2	10	8	21	.357	.461	vs. AL	.304	56	17	0	0	6	12	5	20	.361	.625
None on/out	.252	143	36	6	0	9	9	18	39	.344	.483	vs. NL	.268	542	145	24	3	39	113	55	158	.340	.539

2001 By Position

Position	Avg	AB	H	2B	3B	HR	RBI	BB	SO	OBP	SLG	G	GS	Innings	PO	A	E	DP	Fld Pct	Rng Fctr	In Zone	Zone Outs	Zone Rtg	MLB Zone
As 1b	.271	598	162	24	3	45	125	60	178	.342	.547	158	157	1372.2	1356	129	8	126	.995	—	253	225	.889	.850

Career (1997-2001)

	Avg	AB	H	2B	3B	HR	RBI	BB	SO	OBP	SLG		Avg	AB	H	2B	3B	HR	RBI	BB	SO	OBP	SLG
vs. Left	.264	462	122	18	4	30	89	49	111	.337	.575	First Pitch	.367	215	79	19	1	18	57	3	0	.383	.716
vs. Right	.273	1337	365	67	8	87	278	110	387	.333	.530	Ahead in Count	.404	344	139	15	5	34	109	62	0	.493	.773
Home	.278	902	251	33	7	70	196	82	234	.343	.563	Behind in Count	.190	865	164	35	4	38	111	0	405	.200	.371
Away	.263	897	236	52	5	47	171	77	264	.326	.489	Two Strikes	.180	922	166	36	3	50	116	94	498	.260	.346
Day	.272	570	155	34	5	29	111	49	172	.337	.546	Batting #4	.280	682	191	30	2	52	144	86	205	.366	.559
Night	.270	1229	332	51	7	88	256	110	326	.333	.538	Batting #6	.275	342	94	16	1	18	64	23	89	.327	.485
Grass	.265	1597	424	66	11	109	328	143	434	.330	.525	Other	.261	775	202	39	9	47	159	50	204	.307	.516
Turf	.312	202	63	19	1	8	39	16	64	.371	.535	March/April	.232	211	49	9	2	8	30	17	61	.303	.408
Pre-All Star	.249	869	216	34	7	48	147	70	255	.309	.470	May	.257	276	71	10	1	17	52	17	84	.302	.486
Post-All Star	.291	930	271	51	5	69	220	89	243	.357	.580	June	.283	293	83	13	3	21	56	26	79	.342	.563
Inning 1-6	.278	1203	334	50	10	85	264	107	318	.342	.548	July	.224	245	55	6	1	17	44	20	69	.283	.465
Inning 7+	.257	596	153	35	2	32	103	52	180	.319	.483	August	.318	384	122	28	3	25	96	43	101	.393	.602
Scoring Posn	.270	488	132	21	8	27	237	56	131	.343	.512	Sept/Oct	.274	390	107	19	2	29	89	36	104	.336	.556
Close & Late	.288	285	82	16	2	19	55	24	87	.347	.558	vs. AL	.266	949	252	44	9	54	188	67	249	.318	.502
None on/out	.279	448	125	23	1	32	32	35	107	.338	.549	vs. NL	.276	850	235	41	3	63	179	92	249	.352	.554

Jeff Shaw — Dodgers
Age 35 – Pitches Right

	ERA	W	L	Sv	G	GS	IP	BB	SO	Avg	H	2B	3B	HR	RBI	OBP	SLG	GF	IR	IRS	Hld	SvOp	SB	CS	GB	FB	G/F
2001 Season	3.62	3	5	43	77	0	74.2	18	58	.227	63	14	2	10	32	.277	.399	66	12	2	0	52	2	1	81	95	0.85
Last Five Years	2.92	15	23	194	352	0	379.2	80	269	.239	342	60	5	38	144	.280	.367	304	90	23	5	231	22	3	496	429	1.16

2001 Season

	ERA	W	L	Sv	G	GS	IP	H	HR	BB	SO		Avg	AB	H	2B	3B	HR	RBI	BB	SO	OBP	SLG
Home	3.09	3	4	23	48	0	46.2	37	4	10	31	vs. Left	.192	130	25	6	1	1	7	11	31	.255	.277
Away	4.50	0	1	20	29	0	28.0	26	6	8	27	vs. Right	.257	148	38	8	1	9	25	7	27	.296	.507
Day	3.86	1	2	12	24	0	23.1	19	3	5	21	Inning 1-6	.000	0	0	0	0	0	0	0	0	.000	.000
Night	3.51	2	3	31	53	0	51.1	44	7	13	37	Inning 7+	.227	278	63	14	2	10	32	18	58	.277	.399
Grass	3.62	3	5	43	77	0	74.2	63	10	18	58	None on	.244	168	41	7	2	6	6	36	.278	.417
Turf	0.00	0	0	0	0	0	0.0	0	0	0	0	Runners on	.200	110	22	7	0	4	26	12	22	.274	.373
April	4.15	0	1	8	13	0	13.0	10	2	5	19	Scoring Posn	.217	60	13	5	0	3	23	11	16	.329	.450
May	1.35	1	0	8	13	0	13.1	7	1	1	11	Close & Late	.218	202	44	12	0	6	25	17	40	.279	.366
June	4.63	2	1	9	13	0	11.2	15	2	3	6	None on/out	.270	74	20	4	0	5	5	4	13	.308	.527
July	2.19	0	0	11	13	0	12.1	14	1	2	3	vs. 1st Batr (relief)	.257	74	19	3	0	6	3	12	.286	.541
August	7.59	0	2	6	11	0	10.2	14	3	4	10	1st Inning Pitched	.231	273	63	14	2	10	32	18	58	.281	.407

2001 Season

	ERA	W	L	Sv	G	GS	IP	H	HR	BB	SO		Avg	AB	H	2B	3B	HR	RBI	BB	SO	OBP	SLG
Sept/Oct	2.63	0	1	5	14	0	13.2	8	1	3	9	First 15 Pitches	.230	222	51	11	2	8	20	11	42	.269	.405
Starter	0.00	0	0	0	0	0	0.0	0	0	0	0	Pitch 16-30	.222	54	12	3	0	2	12	7	15	.313	.389
Reliever	3.62	3	5	43	77	0	74.2	63	10	18	58	Pitch 31-45	.000	2	0	0	0	0	0	0	1	.000	.000
0 Days Rest (Relief)	4.07	1	3	16	26	0	24.1	24	3	9	18	Pitch 46+	.000	0	0	0	0	0	0	0	0	.000	.000
1 or 2 Days Rest	1.06	2	0	19	34	0	34.0	18	2	5	27	First Pitch	.364	44	16	5	0	3	8	7	0	.451	.682
3+ Days Rest	8.27	0	2	8	17	0	16.1	21	5	4	13	Ahead in Count	.182	154	28	7	1	4	15	0	52	.186	.318
vs. AL	7.94	1	1	1	7	0	5.2	8	1	3	4	Behind in Count	.189	37	7	1	1	1	4	8	0	.326	.351
vs. NL	3.26	2	4	42	70	0	69.0	55	9	15	54	Two Strikes	.177	141	25	6	1	3	11	3	58	.199	.298
Pre-All Star	3.07	3	2	24	42	0	41.0	31	5	10	36	Pre-All Star	.205	151	31	7	1	5	16	10	36	.262	.364
Post-All Star	4.28	0	3	19	35	0	33.2	32	5	8	22	Post-All Star	.252	127	32	7	1	5	16	8	22	.294	.441

Last Five Years

	ERA	W	L	Sv	G	GS	IP	H	HR	BB	SO		Avg	AB	H	2B	3B	HR	RBI	BB	SO	OBP	SLG
Home	2.78	12	13	102	197	0	214.0	170	19	40	144	vs. Left	.232	703	163	32	3	12	60	48	134	.282	.337
Away	3.10	3	10	92	155	0	165.2	172	19	40	125	vs. Right	.245	730	179	28	2	26	84	32	135	.278	.396
Day	3.26	4	9	51	105	0	116.0	99	12	24	86	Inning 1-6	.000	2	0	0	0	0	0	0	1	.000	.000
Night	2.76	11	14	143	247	0	263.2	243	26	56	183	Inning 7+	.239	1431	342	60	5	38	144	80	268	.280	.368
Grass	3.27	11	20	139	255	0	267.1	251	33	64	189	None on	.234	847	198	32	4	26	26	33	165	.267	.373
Turf	2.08	4	3	55	97	0	112.1	91	5	16	80	Runners on	.246	586	144	28	1	12	118	47	104	.299	.358
March/April	2.52	2	4	31	57	0	64.1	49	7	17	63	Scoring Posn	.221	344	76	21	0	8	106	37	63	.292	.352
May	2.69	4	4	31	65	0	77.0	59	6	18	48	Close & Late	.240	1026	246	47	1	25	114	70	184	.288	.361
June	3.71	3	4	27	57	0	60.2	71	8	12	34	None on/out	.239	360	86	14	0	15	15	12	67	.267	.403
July	2.65	3	2	33	51	0	54.1	41	5	7	37	vs. 1st Batr (relief)	.256	336	86	15	0	16	30	11	56	.283	.443
August	4.22	2	8	33	61	0	64.0	73	8	19	43	1st Inning Pitched	.242	1263	306	57	4	35	130	72	237	.284	.377
Sept/Oct	1.67	1	1	39	61	0	59.1	49	4	7	44	First 15 Pitches	.241	1085	261	47	5	32	91	55	191	.279	.382
Starter	0.00	0	0	0	0	0	0.0	0	0	0	0	Pitch 16-30	.233	309	72	12	0	5	47	24	66	.289	.320
Reliever	2.92	15	23	194	352	0	379.2	342	38	80	269	Pitch 31-45	.235	34	8	1	0	1	6	1	10	.243	.353
0 Days Rest (Relief)	3.38	3	11	74	113	0	114.2	101	11	33	78	Pitch 46+	.200	5	1	0	0	0	0	0	2	.200	.200
1 or 2 Days Rest	2.60	7	6	75	145	0	159.1	151	14	35	102	First Pitch	.324	225	73	15	0	13	36	17	0	.371	.564
3+ Days Rest	2.90	5	6	45	94	0	105.2	90	13	12	89	Ahead in Count	.190	769	146	26	2	10	58	0	239	.192	.268
vs. AL	2.56	3	1	12	30	0	31.2	34	2	6	22	Behind in Count	.312	202	63	11	1	9	30	36	0	.417	.510
vs. NL	2.95	12	22	182	322	0	348.0	308	36	74	247	Two Strikes	.184	692	127	23	1	9	41	27	269	.215	.259
Pre-All Star	2.84	11	12	96	189	0	212.0	185	22	49	148	Pre-All Star	.235	788	185	33	2	22	81	49	148	.282	.365
Post-All Star	3.01	4	11	98	163	0	167.2	157	16	31	121	Post-All Star	.243	645	157	27	3	16	63	31	121	.278	.369

Andy Sheets — Devil Rays
Age 30 – Bats Right

	Avg	G	AB	R	H	2B	3B	HR	RBI	BB	SO	HBP	GDP	SB	CS	OBP	SLG	IBB	SH	SF	#Pit	#P/PA	GB	FB	G/F
2001 Season	.196	49	153	10	30	8	0	1	14	12	35	0	0	2	0	.251	.268	0	7	2	670	3.85	50	45	1.11
Last Five Years	.213	268	701	82	149	26	3	15	82	54	193	1	12	12	4	.267	.322	3	20	9	2838	3.62	219	180	1.22

2001 Season

	Avg	AB	H	2B	3B	HR	RBI	BB	SO	OBP	SLG		Avg	AB	H	2B	3B	HR	RBI	BB	SO	OBP	SLG
vs. Left	.163	43	7	4	0	0	4	6	11	.260	.256	Scoring Posn	.229	48	11	2	0	0	13	3	14	.264	.271
vs. Right	.209	110	23	4	0	1	10	6	24	.248	.273	Close & Late	.222	18	4	0	0	0	1	1	4	.250	.222
Home	.229	83	19	4	0	1	10	5	21	.267	.313	None on/out	.214	42	9	4	0	1	1	4	9	.283	.381
Away	.157	70	11	4	0	0	4	7	14	.234	.214	Batting #8	.200	75	15	7	0	0	7	6	22	.256	.293
First Pitch	.294	17	5	2	0	1	2	0	0	.294	.588	Batting #9	.200	70	14	1	0	1	7	6	11	.260	.257
Ahead in Count	.111	18	2	0	0	0	2	6	0	.333	.111	Other	.125	8	1	0	0	0	0	0	2	.125	.125
Behind in Count	.176	85	15	6	0	0	8	0	26	.172	.247	Pre-All Star	.205	122	25	7	0	1	10	11	27	.267	.287
Two Strikes	.174	86	15	6	0	0	6	6	35	.223	.244	Post-All Star	.161	31	5	1	0	0	4	1	8	.188	.194

Last Five Years

	Avg	AB	H	2B	3B	HR	RBI	BB	SO	OBP	SLG		Avg	AB	H	2B	3B	HR	RBI	BB	SO	OBP	SLG
vs. Left	.219	224	49	9	2	2	24	25	57	.294	.304	First Pitch	.253	95	24	3	0	2	15	3	0	.265	.347
vs. Right	.210	477	100	17	1	13	58	29	136	.253	.331	Ahead in Count	.378	119	45	10	1	7	21	27	0	.497	.655
Home	.207	347	72	13	3	8	48	27	91	.262	.331	Behind in Count	.140	358	50	11	1	3	30	0	163	.138	.201
Away	.218	354	77	13	0	7	34	27	102	.271	.314	Two Strikes	.126	356	45	9	1	4	29	24	193	.180	.191
Day	.197	249	49	8	0	6	26	21	64	.255	.301	Batting #8	.223	193	43	10	0	5	27	19	55	.288	.352
Night	.221	452	100	18	3	9	56	33	129	.273	.334	Batting #9	.205	381	78	13	0	6	37	25	98	.250	.286
Grass	.194	479	93	15	3	9	57	38	125	.252	.294	Other	.220	127	28	3	3	4	18	10	40	.283	.386
Turf	.252	222	56	11	0	6	25	16	68	.298	.383	March/April	.245	106	26	6	0	5	15	7	28	.289	.443
Pre-All Star	.202	461	93	20	1	8	53	37	119	.257	.302	May	.210	200	42	5	0	3	26	14	52	.258	.280
Post-All Star	.233	240	56	6	2	7	29	17	74	.285	.363	June	.170	135	23	8	1	0	11	16	34	.253	.244
Inning 1-6	.216	459	99	18	2	11	58	32	129	.266	.336	July	.167	72	12	3	0	0	7	1	18	.178	.208
Inning 7+	.207	242	50	8	1	4	24	22	64	.268	.298	August	.254	67	17	0	0	3	9	7	20	.324	.388
Scoring Posn	.237	173	41	4	0	4	67	17	47	.295	.329	Sept/Oct	.240	121	29	4	2	4	14	9	41	.293	.405
Close & Late	.196	107	21	3	1	1	9	10	28	.261	.271	vs. AL	.203	438	89	18	0	7	47	29	111	.249	.292
None on/out	.259	185	48	9	2	5	4	17	45	.322	.411	vs. NL	.228	263	60	8	3	8	35	25	82	.296	.373

401

Ben Sheets — Brewers
Age 23 – Pitches Right (groundball pitcher)

	ERA	W	L	Sv	G	GS	IP	BB	SO	Avg	H	2B	3B	HR	RBI	OBP	SLG	CG	ShO	Sup	QS	#P/S	SB	CS	GB	FB	G/F
2001 Season	4.76	11	10	0	25	25	151.1	48	94	.283	166	33	3	23	80	.340	.467	1	1	5.83	12	94	7	4	235	148	1.59

2001 Season

	ERA	W	L	Sv	G	GS	IP	H	HR	BB	SO		Avg	AB	H	2B	3B	HR	RBI	BB	SO	OBP	SLG
Home	4.63	6	7	0	15	15	93.1	97	15	27	59	vs. Left	.324	256	83	14	2	16	47	24	28	.385	.582
Away	4.97	5	3	0	10	10	58.0	69	8	21	35	vs. Right	.251	331	83	19	1	7	33	24	66	.304	.378
Starter	4.76	11	10	0	25	25	151.1	166	23	48	94	Scoring Posn	.336	113	38	8	0	3	50	15	19	.403	.487
Reliever	0.00	0	0	0	0	0	0.0	0	0	0	0	Close & Late	.211	19	4	0	0	1	2	1	7	.238	.368
0-3 Days Rest (Start)	0.00	0	0	0	0	0	0.0	0	0	0	0	None on/out	.241	158	38	4	1	7	7	9	25	.286	.411
4 Days Rest	4.64	10	4	0	16	16	97.0	106	17	32	56	First Pitch	.374	91	34	3	0	4	23	5	0	.400	.538
5+ Days Rest	4.97	1	6	0	9	9	54.1	60	6	16	38	Ahead in Count	.246	272	67	19	2	7	28	0	86	.255	.408
Pre-All Star	3.59	10	5	0	16	16	100.1	100	13	36	60	Behind in Count	.313	131	41	8	0	7	20	25	0	.424	.534
Post-All Star	7.06	1	5	0	9	9	51.0	66	10	12	34	Two Strikes	.219	251	55	14	3	7	21	17	94	.270	.382

Gary Sheffield — Dodgers
Age 33 – Bats Right (flyball hitter)

	Avg	G	AB	R	H	2B	3B	HR	RBI	BB	SO	HBP	GDP	SB	CS	OBP	SLG	IBB	SH	SF	#Pit	#P/PA	GB	FB	G/F
2001 Season	.311	143	515	98	160	28	2	36	100	94	67	4	12	10	4	.417	.583	13	0	5	2225	3.60	170	186	0.91
Last Five Years	.299	701	2446	465	731	121	8	156	466	512	327	35	49	58	29	.423	.546	47	0	31	11448	3.79	816	900	0.91

2001 Season

	Avg	AB	H	2B	3B	HR	RBI	BB	SO	OBP	SLG		Avg	AB	H	2B	3B	HR	RBI	BB	SO	OBP	SLG
vs. Left	.374	107	40	5	1	10	27	18	10	.457	.720	First Pitch	.329	76	25	3	0	5	17	8	0	.388	.566
vs. Right	.294	408	120	23	1	26	73	76	57	.407	.547	Ahead in Count	.371	124	46	8	0	10	29	53	0	.559	.677
Home	.313	243	76	14	0	16	39	44	28	.419	.568	Behind in Count	.284	211	60	11	2	13	34	0	48	.285	.540
Away	.309	272	84	14	2	20	61	50	39	.416	.596	Two Strikes	.225	204	46	11	2	8	25	33	67	.335	.417
Day	.299	134	40	9	1	11	26	24	19	.406	.627	Batting #3	.295	275	81	14	0	20	46	47	39	.398	.564
Night	.315	381	120	19	1	25	74	70	48	.421	.567	Batting #4	.329	240	79	14	2	16	54	47	28	.439	.604
Grass	.322	491	158	27	2	36	99	92	60	.429	.605	Other	.000	0	0	0	0	0	0	0	0	.000	.000
Turf	.083	24	2	1	0	0	1	2	7	.154	.125	April	.279	68	19	1	0	7	15	19	8	.422	.603
Pre-All Star	.286	248	71	7	0	18	44	52	35	.410	.532	May	.304	79	24	4	0	4	11	14	16	.421	.506
Post-All Star	.333	267	89	21	2	18	56	42	32	.424	.629	June	.282	71	20	1	0	5	14	17	9	.427	.507
Inning 1-6	.300	360	108	19	2	24	68	65	42	.406	.564	July	.310	100	31	7	0	9	17	14	13	.397	.650
Inning 7+	.335	155	52	9	0	12	32	29	25	.444	.626	August	.392	102	40	9	1	8	27	14	11	.466	.735
Scoring Posn	.304	125	38	4	1	7	61	35	26	.446	.520	Sept/Oct	.274	95	26	6	1	3	16	16	10	.375	.453
Close & Late	.349	83	29	4	0	9	19	19	15	.476	.723	vs. AL	.226	53	12	1	0	3	9	11	9	.359	.415
None on/out	.327	98	32	6	0	9	9	11	10	.440	.663	vs. NL	.320	462	148	27	2	33	91	83	58	.424	.602

2001 By Position

Position	Avg	AB	H	2B	3B	HR	RBI	BB	SO	OBP	SLG	G	GS	Innings	PO	A	E	DP	Fld Pct	Rng Fctr	In Zone	Zone Outs	Zone Rtg	MLB Zone
As lf	.313	504	158	27	2	36	100	92	66	.420	.589	141	141	1195.0	195	17	6	0	.972	1.60	227	194	.855	.880

Last Five Years

	Avg	AB	H	2B	3B	HR	RBI	BB	SO	OBP	SLG		Avg	AB	H	2B	3B	HR	RBI	BB	SO	OBP	SLG
vs. Left	.329	520	171	24	1	36	109	116	53	.449	.587	First Pitch	.368	321	118	17	1	34	94	33	0	.440	.745
vs. Right	.291	1926	560	97	7	120	357	396	274	.415	.535	Ahead in Count	.337	602	203	35	1	39	115	287	0	.551	.593
Home	.298	1186	353	56	1	78	212	259	139	.427	.544	Behind in Count	.254	986	250	40	5	42	139	0	244	.258	.432
Away	.300	1260	378	65	7	78	254	253	188	.418	.548	Two Strikes	.229	1025	235	46	3	48	146	192	327	.352	.406
Day	.298	660	197	36	2	51	138	163	94	.442	.591	Batting #3	.303	1613	489	70	4	112	307	322	216	.420	.560
Night	.299	1786	534	85	6	105	328	349	233	.415	.530	Batting #4	.290	825	239	51	4	44	155	190	111	.429	.521
Grass	.303	2142	648	103	6	142	408	451	283	.427	.555	Other	.375	8	3	0	0	0	4	0	0	.333	.375
Turf	.273	304	83	18	2	14	58	61	44	.394	.484	March/April	.280	397	111	19	3	29	77	96	59	.423	.562
Pre-All Star	.294	1369	403	61	5	84	259	297	186	.423	.530	May	.302	431	130	23	0	20	76	81	48	.418	.494
Post-All Star	.305	1077	328	60	3	72	207	215	141	.422	.566	June	.303	406	123	17	1	31	91	102	60	.443	.579
Inning 1-6	.310	1716	532	91	8	120	361	353	206	.429	.582	July	.324	442	143	23	2	24	77	84	57	.437	.575
Inning 7+	.273	730	199	30	0	36	105	159	121	.409	.462	August	.301	448	135	24	1	25	83	79	63	.406	.527
Scoring Posn	.302	623	188	26	3	37	302	179	94	.449	.531	Sept/Oct	.276	322	89	15	1	23	65	70	40	.402	.543
Close & Late	.247	372	92	13	0	21	55	98	71	.409	.452	vs. AL	.277	249	69	8	0	16	46	61	34	.416	.502
None on/out	.286	510	146	33	1	36	36	83	57	.391	.567	vs. NL	.301	2197	662	113	8	140	420	451	293	.423	.551

Scott Sheldon — Rangers
Age 33 – Bats Right (flyball hitter)

	Avg	G	AB	R	H	2B	3B	HR	RBI	BB	SO	HBP	GDP	SB	CS	OBP	SLG	IBB	SH	SF	#Pit	#P/PA	GB	FB	G/F
2001 Season	.200	61	120	11	24	5	0	3	11	3	35	0	2	1	1	.216	.317	0	2	2	446	3.51	32	36	0.89
Career (1997-2001)	.235	141	285	34	67	16	0	8	33	15	84	2	5	1	1	.275	.375	0	4	4	1129	3.64	77	83	0.93

2001 Season

	Avg	AB	H	2B	3B	HR	RBI	BB	SO	OBP	SLG		Avg	AB	H	2B	3B	HR	RBI	BB	SO	OBP	SLG
vs. Left	.283	60	17	5	0	2	7	1	16	.290	.467	Scoring Posn	.167	30	5	1	0	0	7	1	11	.182	.267
vs. Right	.117	60	7	0	0	1	4	2	19	.143	.167	Close & Late	.118	17	2	1	0	1	2	0	8	.111	.353
Home	.161	62	10	3	0	1	6	1	19	.172	.258	None on/out	.143	28	4	1	0	0	0	2	7	.200	.179
Away	.241	58	14	2	0	2	5	2	16	.262	.379	Batting #8	.136	44	6	2	0	0	1	3	15	.191	.182
First Pitch	.357	14	5	1	0	0	2	0	0	.357	.429	Batting #9	.267	45	12	1	0	1	7	0	11	.255	.378
Ahead in Count	.211	19	4	1	0	1	3	1	0	.238	.421	Other	.194	31	6	1	0	2	3	0	9	.194	.419
Behind in Count	.159	69	11	2	0	2	4	0	33	.159	.275	Pre-All Star	.283	53	15	3	0	1	8	1	16	.291	.396
Two Strikes	.131	61	8	1	0	1	2	2	35	.159	.197	Post-All Star	.134	67	9	2	0	2	3	2	19	.157	.254

Scot Shields — Angels
Age 26 – Pitches Right

	ERA	W	L	Sv	G	GS	IP	BB	SO	Avg	H	2B	3B	HR	RBI	OBP	SLG	GF	IR	IRS	Hld	SvOp	SB	CS	GB	FB	G/F
2001 Season	0.00	0	0	0	8	0	11.0	7	7	.200	8	1	0	0	0	.333	.225	6	1	0	0	0	0	0	12	17	0.71

2001 Season

	ERA	W	L	Sv	G	GS	IP	H	HR	BB	SO		Avg	AB	H	2B	3B	HR	RBI	BB	SO	OBP	SLG
Home	0.00	0	0	0	6	0	7.2	5	0	5	5	vs. Left	.292	24	7	1	0	0	0	4	3	.393	.333
Away	0.00	0	0	0	2	0	3.1	3	0	2	2	vs. Right	.063	16	1	0	0	0	0	3	4	.250	.063

Tsuyoshi Shinjo — Mets
Age 30 – Bats Right

	Avg	G	AB	R	H	2B	3B	HR	RBI	BB	SO	HBP	GDP	SB	CS	OBP	SLG	IBB	SH	SF	#Pit	#P/PA	GB	FB	G/F
2001 Season	.268	123	400	46	107	23	1	10	56	25	70	7	8	4	5	.320	.405	3	4	2	1565	3.57	131	127	1.03

2001 Season

	Avg	AB	H	2B	3B	HR	RBI	BB	SO	OBP	SLG		Avg	AB	H	2B	3B	HR	RBI	BB	SO	OBP	SLG
vs. Left	.305	82	25	1	0	1	8	6	14	.352	.354	First Pitch	.344	61	21	5	0	3	11	2	0	.385	.574
vs. Right	.258	318	82	22	1	9	48	19	56	.312	.418	Ahead in Count	.333	87	29	7	1	3	17	13	0	.416	.540
Home	.242	178	43	7	1	4	16	14	35	.312	.360	Behind in Count	.212	189	40	7	0	2	19	0	64	.232	.280
Away	.288	222	64	16	0	6	40	11	35	.328	.441	Two Strikes	.216	176	38	8	0	2	18	10	70	.270	.295
Day	.325	120	39	7	0	5	15	8	18	.369	.508	Batting #6	.331	124	41	8	0	2	11	6	22	.368	.444
Night	.243	280	68	16	1	5	41	17	52	.299	.361	Batting #7	.238	80	19	7	0	4	17	9	7	.315	.475
Grass	.247	320	79	16	1	8	41	21	64	.306	.378	Other	.240	196	47	8	1	4	28	10	41	.292	.352
Turf	.350	80	28	7	0	2	15	4	6	.381	.513	April	.246	61	15	4	0	2	4	4	9	.303	.410
Pre-All Star	.281	196	55	15	0	5	32	10	30	.321	.434	May	.300	80	24	5	0	2	16	4	14	.337	.438
Post-All Star	.255	204	52	8	1	5	24	15	40	.320	.377	June	.291	55	16	6	0	1	12	2	7	.316	.455
Inning 1-6	.280	261	73	14	1	6	37	17	43	.329	.410	July	.256	43	11	3	0	1	3	3	6	.319	.395
Inning 7+	.245	139	34	9	0	4	19	8	27	.305	.396	August	.261	69	18	3	1	3	8	7	16	.354	.464
Scoring Posn	.260	100	26	9	0	3	46	9	21	.321	.440	Sept/Oct	.250	92	23	2	0	1	13	5	18	.286	.304
Close & Late	.274	73	20	6	0	3	14	4	15	.346	.479	vs. AL	.211	38	8	1	0	0	4	3	6	.268	.237
None on/out	.316	98	31	3	0	5	5	3	13	.350	.500	vs. NL	.273	362	99	22	1	10	52	22	64	.326	.423

2001 By Position

Position	Avg	AB	H	2B	3B	HR	RBI	BB	SO	OBP	SLG	G	GS	Innings	PO	A	E	DP	Fld Pct	Rng Fctr	In Zone	Zone Outs	Zone Rtg	MLB Zone
As lf	.300	110	33	6	1	2	17	3	19	.333	.427	46	24	261.0	68	8	2	3	.974	2.62	79	66	.835	.880
As cf	.285	172	49	10	0	5	24	14	28	.346	.430	53	47	397.2	123	3	0	0	1.000	2.85	131	120	.916	.892
As rf	.225	111	25	7	0	3	15	7	20	.275	.369	39	28	258.0	65	1	1	0	.985	2.30	68	62	.912	.884

Paul Shuey — Indians
Age 31 – Pitches Right (groundball pitcher)

	ERA	W	L	Sv	G	GS	IP	BB	SO	Avg	H	2B	3B	HR	RBI	OBP	SLG	GF	IR	IRS	Hld	SvOp	SB	CS	GB	FB	G/F
2001 Season	2.82	5	3	2	47	0	54.1	26	70	.251	53	12	0	1	29	.333	.322	11	28	10	9	5	12	1	74	30	2.47
Last Five Years	3.68	26	16	12	259	0	295.2	149	346	.240	268	55	2	24	153	.332	.357	83	135	52	72	30	41	8	403	211	1.91

2001 Season

	ERA	W	L	Sv	G	GS	IP	H	HR	BB	SO		Avg	AB	H	2B	3B	HR	RBI	BB	SO	OBP	SLG
Home	2.48	1	1	0	24	0	29.0	27	1	18	40	vs. Left	.280	100	28	5	0	0	12	7	31	.324	.330
Away	3.20	4	2	2	23	0	25.1	26	0	8	30	vs. Right	.225	111	25	7	0	1	17	19	39	.341	.315
Starter	0.00	0	0	0	0	0	0.0	0	0	0	0	Scoring Posn	.212	85	18	6	0	0	28	18	28	.343	.282
Reliever	2.82	5	3	2	47	0	54.1	53	1	26	70	Close & Late	.237	118	28	5	0	0	17	16	41	.326	.280
0 Days Rest (Relief)	2.70	1	0	1	8	0	6.2	9	0	2	6	None on/out	.364	44	16	4	0	0	0	3	15	.404	.455
1 or 2 Days Rest	2.55	3	2	1	28	0	35.1	31	1	18	50	First Pitch	.571	21	12	2	0	1	3	3	0	.625	.810
3+ Days Rest	3.65	1	1	0	11	0	12.1	13	0	6	14	Ahead in Count	.118	119	14	3	0	0	7	0	58	.124	.143
Pre-All Star	2.20	5	3	2	33	0	41.0	37	1	18	57	Behind in Count	.548	31	17	5	0	0	11	17	0	.694	.710
Post-All Star	4.72	0	0	0	14	0	13.1	16	0	8	13	Two Strikes	.125	128	16	4	0	0	10	6	70	.163	.156

Last Five Years

	ERA	W	L	Sv	G	GS	IP	H	HR	BB	SO		Avg	AB	H	2B	3B	HR	RBI	BB	SO	OBP	SLG
Home	3.89	12	8	6	138	0	164.1	156	12	77	197	vs. Left	.232	512	119	24	0	8	65	71	141	.329	.326
Away	3.43	14	8	6	121	0	131.1	112	12	72	149	vs. Right	.246	606	149	31	2	16	88	78	205	.334	.383
Day	3.47	13	4	1	83	0	96.0	85	8	45	108	Inning 1-6	.227	44	10	3	0	1	8	7	15	.333	.364
Night	3.79	13	12	11	176	0	199.2	183	16	104	238	Inning 7+	.240	1074	258	52	2	23	145	142	331	.332	.357
Grass	3.82	21	13	11	219	0	249.2	225	19	129	284	None on	.247	586	145	31	1	11	11	56	190	.318	.360
Turf	2.93	5	3	1	40	0	46.0	43	5	20	62	Runners on	.231	532	123	24	1	13	142	93	156	.345	.353
March/April	3.40	4	3	2	42	0	47.2	42	3	26	59	Scoring Posn	.234	329	77	19	1	4	122	71	104	.369	.334
May	3.00	7	2	4	35	0	42.0	35	5	16	42	Close & Late	.251	606	152	26	1	14	97	82	194	.344	.366
June	2.47	4	2	1	37	0	40.0	41	1	15	44	None on/out	.259	263	68	14	1	4	4	20	88	.313	.365
July	3.53	4	1	3	46	0	51.0	44	5	25	60	vs. 1st Batr (relief)	.270	259	70	5	1	4	29	25	77	.348	.389
August	4.99	4	1	1	47	0	57.2	55	8	29	73	1st Inning Pitched	.221	857	189	48	1	15	123	116	279	.317	.331
Sept/Oct	4.08	3	5	3	52	0	57.1	51	2	38	68	First 15 Pitches	.259	679	176	46	1	12	97	83	197	.345	.383
Starter	0.00	0	0	0	0	0	0.0	0	0	0	0	Pitch 16-30	.195	359	70	9	1	10	43	50	130	.294	.309
Reliever	3.68	26	16	12	259	0	295.2	268	24	149	346	Pitch 31-45	.257	70	18	0	0	2	10	11	16	.358	.343
0 Days Rest (Relief)	2.48	9	2	6	60	0	58.0	57	2	31	64	Pitch 46+	.400	10	4	0	0	0	3	5	3	.563	.400
1 or 2 Days Rest	3.87	12	9	5	135	0	158.1	142	18	79	205	First Pitch	.398	103	41	8	0	5	29	16	0	.496	.621
3+ Days Rest	4.20	5	5	2	64	0	79.1	69	4	39	77	Ahead in Count	.142	564	80	12	1	4	42	0	283	.145	.188
vs. AL	3.66	25	14	11	222	0	253.0	218	20	131	301	Behind in Count	.378	222	84	19	1	9	42	71	0	.527	.595
vs. NL	3.80	1	2	1	37	0	42.2	50	4	18	45	Two Strikes	.132	621	82	13	1	5	47	61	346	.209	.180
Pre-All Star	3.14	16	9	8	129	0	146.0	136	12	66	166	Pre-All Star	.244	557	136	23	1	12	68	66	166	.328	.354
Post-All Star	4.21	10	7	4	130	0	149.2	132	12	83	180	Post-All Star	.235	561	132	32	1	12	85	83	180	.336	.360

Terry Shumpert — Rockies
Age 35 – Bats Right (flyball hitter)

	Avg	G	AB	R	H	2B	3B	HR	RBI	BB	SO	HBP	GDP	SB	CS	OBP	SLG	IBB	SH	SF	#Pit	#P/PA	GB	FB	G/F
2001 Season	.289	114	242	37	70	14	5	4	24	15	44	3	2	14	3	.337	.438	2	4	1	995	3.75	81	69	1.17
Last Five Years	.295	357	826	154	244	55	15	25	109	79	137	11	8	36	7	.361	.489	5	8	10	3508	3.76	253	284	0.89

2001 Season

	Avg	AB	H	2B	3B	HR	RBI	BB	SO	OBP	SLG		Avg	AB	H	2B	3B	HR	RBI	BB	SO	OBP	SLG
vs. Left	.233	90	21	6	0	1	8	4	17	.271	.333	Scoring Posn	.304	56	17	4	1	0	18	6	11	.385	.411
vs. Right	.322	152	49	8	5	3	16	11	27	.376	.500	Close & Late	.218	55	12	1	1	1	8	2	14	.254	.327
Home	.333	117	39	8	3	3	20	10	19	.392	.530	None on/out	.242	62	15	2	1	2	2	2	12	.266	.403
Away	.248	125	31	6	2	1	4	5	25	.282	.352	Batting #2	.333	48	16	4	1	1	6	6	14	.407	.521
First Pitch	.344	32	11	2	1	0	6	1	0	.371	.469	Batting #6	.368	57	21	5	3	1	7	3	10	.419	.614
Ahead in Count	.386	44	17	4	1	3	6	6	0	.471	.727	Other	.241	137	33	5	1	2	11	6	20	.276	.336
Behind in Count	.250	120	30	4	1	1	7	0	42	.250	.325	Pre-All Star	.225	120	27	5	1	3	8	9	23	.282	.358
Two Strikes	.212	118	25	4	0	0	3	8	44	.268	.246	Post-All Star	.352	122	43	9	4	1	16	6	21	.392	.516

Last Five Years

	Avg	AB	H	2B	3B	HR	RBI	BB	SO	OBP	SLG		Avg	AB	H	2B	3B	HR	RBI	BB	SO	OBP	SLG
vs. Left	.308	286	88	18	6	9	36	29	46	.375	.507	First Pitch	.303	99	30	10	2	2	21	3	0	.336	.505
vs. Right	.289	540	156	37	9	16	73	50	91	.353	.480	Ahead in Count	.375	168	63	13	3	9	29	41	0	.498	.649
Home	.342	433	148	30	9	18	78	48	66	.410	.577	Behind in Count	.265	400	106	19	6	9	36	0	119	.268	.410
Away	.244	393	96	25	6	7	31	31	71	.305	.392	Two Strikes	.222	397	88	17	4	6	28	34	137	.283	.330
Day	.302	318	96	19	5	9	39	38	48	.381	.478	Batting #2	.345	206	71	21	6	6	30	25	37	.416	.592
Night	.291	508	148	36	10	16	70	41	89	.348	.496	Batting #7	.300	150	45	10	1	5	20	18	27	.372	.480
Grass	.300	751	225	52	15	22	105	66	127	.360	.497	Other	.272	470	128	24	8	14	59	36	73	.331	.447
Turf	.253	75	19	3	0	3	4	13	10	.364	.413	March/April	.231	78	18	3	3	1	13	8	14	.310	.385
Pre-All Star	.274	350	96	22	8	13	54	36	51	.348	.494	May	.262	107	28	4	0	2	12	11	15	.322	.355
Post-All Star	.311	476	148	33	7	12	55	43	86	.370	.485	June	.291	127	37	12	4	8	23	11	21	.366	.638
Inning 1-6	.301	488	147	36	13	15	67	43	80	.364	.520	July	.321	159	51	11	2	3	15	15	20	.382	.472
Inning 7+	.287	338	97	19	2	10	42	36	57	.356	.444	August	.291	182	53	13	3	3	17	17	40	.351	.445
Scoring Posn	.254	209	53	13	6	3	77	31	44	.352	.416	Sept/Oct	.329	173	57	12	3	8	29	17	27	.387	.572
Close & Late	.294	153	45	6	1	4	23	19	34	.371	.425	vs. AL	.318	66	21	7	2	3	10	5	8	.378	.621
None on/out	.311	196	61	12	3	7	17	29	37	.372	.510	vs. NL	.293	760	223	48	13	22	99	74	129	.359	.478

Ruben Sierra — Rangers
Age 36 – Bats Both

	Avg	G	AB	R	H	2B	3B	HR	RBI	BB	SO	HBP	GDP	SB	CS	OBP	SLG	IBB	SH	SF	#Pit	#P/PA	GB	FB	G/F
2001 Season	.291	94	344	55	100	22	1	23	67	19	52	0	13	2	0	.322	.561	0	0	6	1328	3.60	119	124	0.96
Last Five Years	.263	180	616	77	162	31	5	31	97	35	106	0	17	5	0	.299	.481	2	0	7	2360	3.59	216	210	1.03

2001 Season

	Avg	AB	H	2B	3B	HR	RBI	BB	SO	OBP	SLG		Avg	AB	H	2B	3B	HR	RBI	BB	SO	OBP	SLG
vs. Left	.321	84	27	8	0	4	17	3	10	.337	.560	First Pitch	.275	40	11	3	0	2	13	0	0	.250	.500
vs. Right	.281	260	73	14	1	19	50	16	42	.318	.562	Ahead in Count	.333	90	30	6	1	8	21	13	0	.413	.689
Home	.310	187	58	12	1	13	35	8	24	.332	.594	Behind in Count	.261	157	41	8	0	9	20	0	42	.261	.484
Away	.268	157	42	10	0	10	32	11	28	.312	.522	Two Strikes	.235	153	36	8	0	8	22	6	52	.264	.444
Day	.260	73	19	4	0	5	11	3	9	.286	.521	Batting #5	.295	190	56	11	0	16	39	11	36	.327	.605
Night	.299	271	81	18	1	18	56	16	43	.332	.572	Batting #6	.255	102	26	6	0	4	12	6	11	.294	.431
Grass	.279	319	89	19	1	22	61	17	50	.310	.552	Other	.346	52	18	5	1	3	16	2	5	.364	.654
Turf	.440	25	11	3	0	1	6	2	2	.481	.680	April	.000	0	0	0	0	0	0	0	0	.000	.000
Pre-All Star	.313	147	46	11	1	13	38	3	25	.320	.667	May	.350	20	7	0	0	1	5	0	3	.333	.500
Post-All Star	.274	197	54	11	0	10	29	16	27	.324	.482	June	.314	102	32	8	1	10	28	2	17	.321	.706
Inning 1-6	.274	223	61	9	1	15	41	10	34	.297	.525	July	.304	79	24	7	0	3	9	4	8	.333	.506
Inning 7+	.322	121	39	13	0	8	26	9	18	.369	.628	August	.233	60	14	4	0	3	11	3	11	.270	.450
Scoring Posn	.212	99	21	5	0	1	36	5	11	.236	.293	Sept/Oct	.277	83	23	3	0	6	13	10	13	.347	.530
Close & Late	.297	64	19	8	0	4	14	5	9	.348	.609	vs. AL	.293	280	82	16	0	20	52	16	45	.327	.564
None on/out	.284	81	23	4	1	6	6	2	15	.301	.580	vs. NL	.281	64	18	6	1	3	15	3	7	.304	.547

2001 By Position

Position	Avg	AB	H	2B	3B	HR	RBI	BB	SO	OBP	SLG	G	GS	Innings	PO	A	E	DP	Fld Pct	Rng Fctr	In Zone	Zone Outs	MLB Zone Rtg
As DH	.273	205	56	10	1	15	34	12	34	.311	.551	50	49	—	—	—	—	—	—	—	—	—	—
As rf	.320	125	40	12	0	6	27	7	16	.346	.560	35	32	272.0	58	0	4	0	.935	1.92	65	56	.862	.884

Jose Silva — Pirates
Age 28 – Pitches Right

	ERA	W	L	Sv	G	GS	IP	BB	SO	Avg	H	2B	3B	HR	RBI	OBP	SLG	GF	IR	IRS	Hld	SvOp	SB	CS	GB	FB	G/F
2001 Season	6.75	3	3	0	26	0	32.0	9	23	.271	35	3	0	6	25	.319	.434	10	12	6	2	2	1	0	46	46	1.00
Last Five Years	5.44	24	28	4	140	53	402.0	144	292	.296	497	90	7	43	246	.354	.441	31	44	17	5	9	21	11	596	430	1.39

2001 Season

	ERA	W	L	Sv	G	GS	IP	H	HR	BB	SO		Avg	AB	H	2B	3B	HR	RBI	BB	SO	OBP	SLG
Home	3.38	3	1	0	14	0	16.0	11	2	1	8	vs. Left	.302	43	13	1	0	4	13	4	7	.362	.605
Away	10.13	0	2	0	12	0	16.0	24	4	8	15	vs. Right	.256	86	22	2	0	2	12	5	16	.297	.349
Starter	0.00	0	0	0	0	0	0.0	0	0	0	0	Scoring Posn	.393	28	11	0	0	2	16	6	5	.433	.607
Reliever	6.75	3	3	0	26	0	32.0	35	6	9	23	Close & Late	.271	48	13	1	0	2	7	4	9	.327	.417
0 Days Rest (Relief)	5.68	2	0	0	6	0	6.1	9	1	2	5	None on/out	.265	34	9	1	0	1	1	5	.286	.382
1 or 2 Days Rest	8.10	1	3	0	14	0	16.2	20	3	5	12	First Pitch	.240	25	6	0	0	1	1	0	0	.269	.520
3+ Days Rest	5.00	0	0	0	6	0	9.0	6	2	2	6	Ahead in Count	.267	60	16	3	0	5	16	0	22	.267	.550
Pre-All Star	6.75	3	3	0	26	0	32.0	35	6	9	23	Behind in Count	.217	23	5	0	0	2	5	0	.357	.217
Post-All Star	0.00	0	0	0	0	0	0.0	0	0	0	0	Two Strikes	.283	60	17	2	0	4	17	3	23	.317	.517

404

Last Five Years

	ERA	W	L	Sv	G	GS	IP	H	HR	BB	SO		Avg	AB	H	2B	3B	HR	RBI	BB	SO	OBP	SLG
Home	4.58	17	10	2	70	23	192.2	215	17	63	150	vs. Left	.313	678	212	42	5	26	113	74	136	.380	.504
Away	6.23	7	18	2	70	30	209.1	262	26	81	142	vs. Right	.284	932	265	48	2	17	133	70	156	.336	.395
Day	7.22	3	13	0	42	19	124.2	172	17	55	92	Inning 1-6	.302	1178	356	70	6	30	188	111	211	.363	.448
Night	4.64	21	15	4	98	34	277.1	305	26	89	200	Inning 7+	.280	432	121	20	1	13	58	33	81	.331	.421
Grass	6.64	7	15	2	68	22	170.2	219	22	68	105	None on	.277	839	232	37	3	19	19	77	157	.341	.396
Turf	4.55	17	13	2	72	31	231.1	258	21	76	187	Runners on	.318	771	245	53	4	24	227	67	135	.369	.490
March/April	4.57	5	5	0	30	6	69.0	85	6	21	57	Scoring Posn	.327	434	142	32	4	17	204	45	71	.380	.537
May	5.57	9	4	0	39	10	93.2	103	12	32	65	Close & Late	.293	225	66	12	0	6	23	19	45	.350	.427
June	4.42	2	5	0	21	11	73.1	79	6	19	61	None on/out	.303	379	115	19	2	6	6	36	74	.370	.412
July	4.94	2	4	0	13	8	51.0	58	6	21	40	vs. 1st Batr (relief)	.163	80	13	0	0	1	6	4	23	.198	.200
August	8.16	1	5	2	18	7	46.1	75	5	22	29	1st Inning Pitched	.306	527	161	28	1	14	90	46	106	.357	.442
Sept/Oct	5.77	5	5	2	19	11	68.2	77	8	29	40	First 15 Pitches	.294	422	124	20	1	10	44	32	87	.344	.417
Starter	5.89	14	22	0	53	53	284.1	352	29	107	192	Pitch 16-30	.321	330	106	21	0	12	67	33	61	.380	.494
Reliever	4.36	10	6	4	87	0	117.2	125	14	37	100	Pitch 31-45	.312	247	77	10	3	7	45	20	40	.359	.462
0 Days Rest (Relief)	3.49	3	2	1	21	0	28.1	33	2	8	20	Pitch 46+	.278	611	170	39	3	14	90	59	104	.346	.421
1 or 2 Days Rest	4.56	3	3	1	38	0	47.1	52	8	16	42	First Pitch	.291	254	74	11	0	5	45	10	0	.318	.394
3+ Days Rest	4.71	4	1	1	28	0	42.0	40	4	13	38	Ahead in Count	.242	710	172	29	1	14	73	0	253	.243	.345
vs. AL	4.13	2	5	0	13	8	52.1	63	5	15	37	Behind in Count	.341	349	119	20	2	17	73	63	0	.442	.556
vs. NL	5.64	22	23	4	127	45	349.2	414	38	129	255	Two Strikes	.236	712	168	35	0	14	76	70	292	.304	.344
Pre-All Star	4.89	16	16	0	93	30	254.0	287	27	79	195	Pre-All Star	.286	1004	287	51	4	27	140	79	195	.338	.425
Post-All Star	6.39	8	12	4	47	23	148.0	190	16	65	97	Post-All Star	.314	606	190	39	3	16	106	65	97	.381	.467

Brian Simmons — Blue Jays   Age 28 – Bats Both

	Avg	G	AB	R	H	2B	3B	HR	RBI	BB	SO	HBP	GDP	SB	CS	OBP	SLG	IBB	SH	SF	#Pit	#P/PA	GB	FB	G/F
2001 Season	.178	60	107	8	19	5	0	2	8	8	26	1	0	1	0	.239	.280	0	0	1	447	3.82	37	28	1.32
Career (1998-2001)	.218	119	252	26	55	8	3	3	31	17	58	1	3	5	1	.269	.369	0	0	1	1043	3.85	93	62	1.50

2001 Season

	Avg	AB	H	2B	3B	HR	RBI	BB	SO	OBP	SLG		Avg	AB	H	2B	3B	HR	RBI	BB	SO	OBP	SLG
vs. Left	.250	20	5	2	0	1	3	2	1	.318	.500	Scoring Posn	.182	22	4	2	0	1	6	6	6	.367	.409
vs. Right	.161	87	14	3	0	1	5	6	25	.221	.230	Close & Late	.225	40	9	4	0	0	3	3	11	.289	.325

Randall Simon — Tigers   Age 27 – Bats Left (groundball hitter)

	Avg	G	AB	R	H	2B	3B	HR	RBI	BB	SO	HBP	GDP	SB	CS	OBP	SLG	IBB	SH	SF	#Pit	#P/PA	GB	FB	G/F
2001 Season	.305	81	256	28	78	14	2	6	37	15	28	0	9	0	1	.341	.445	2	1	2	861	3.14	123	58	2.12
Career (1997-2001)	.310	191	504	58	156	31	2	11	67	33	56	1	20	2	3	.351	.444	8	1	4	1655	3.05	246	110	2.24

2001 Season

	Avg	AB	H	2B	3B	HR	RBI	BB	SO	OBP	SLG		Avg	AB	H	2B	3B	HR	RBI	BB	SO	OBP	SLG
vs. Left	.233	43	10	1	2	2	9	4	5	.292	.488	Scoring Posn	.397	58	23	5	2	1	31	6	6	.439	.603
vs. Right	.319	213	68	13	0	4	28	11	23	.351	.437	Close & Late	.167	30	5	0	2	1	9	4	3	.250	.400
Home	.289	128	37	6	0	1	14	8	17	.326	.359	None on/out	.299	67	20	2	0	3	3	4	4	.338	.463
Away	.320	128	41	8	2	5	23	7	11	.356	.531	Batting #4	.270	89	24	2	1	4	19	7	7	.316	.449
First Pitch	.468	47	22	5	1	2	14	1	0	.469	.745	Batting #5	.246	61	15	3	1	2	10	1	5	.258	.426
Ahead in Count	.333	54	18	4	1	1	8	0	1	.419	.500	Other	.368	106	39	9	0	0	8	7	16	.407	.453
Behind in Count	.239	113	27	3	0	1	8	0	23	.237	.283	Pre-All Star	.342	38	13	2	0	0	4	4	6	.405	.395
Two Strikes	.237	97	23	2	0	2	8	6	28	.282	.320	Post-All Star	.298	218	65	12	2	6	33	11	22	.329	.454

Chris Singleton — White Sox   Age 29 – Bats Left

	Avg	G	AB	R	H	2B	3B	HR	RBI	BB	SO	HBP	GDP	SB	CS	OBP	SLG	IBB	SH	SF	#Pit	#P/PA	GB	FB	G/F
2001 Season	.298	140	392	57	117	21	5	7	45	20	61	1	5	12	11	.331	.431	2	14	4	1537	3.56	134	101	1.33
Career (1999-2001)	.283	420	1399	212	396	74	16	35	179	77	191	3	21	54	23	.319	.434	5	30	14	5259	3.44	526	397	1.32

2001 Season

	Avg	AB	H	2B	3B	HR	RBI	BB	SO	OBP	SLG		Avg	AB	H	2B	3B	HR	RBI	BB	SO	OBP	SLG
vs. Left	.300	40	12	1	1	1	2	6	10	.404	.450	First Pitch	.408	49	20	2	1	2	5	2	0	.431	.612
vs. Right	.298	352	105	20	4	6	43	14	51	.322	.429	Ahead in Count	.434	53	23	4	0	3	14	11	0	.515	.679
Home	.316	187	59	12	2	4	21	9	24	.345	.465	Behind in Count	.259	232	60	11	3	1	21	0	58	.258	.345
Away	.283	205	58	9	3	3	24	11	37	.318	.391	Two Strikes	.235	204	48	7	4	0	16	7	61	.259	.309
Day	.279	122	34	7	1	2	16	7	11	.323	.402	Batting #2	.319	135	43	4	1	2	11	8	21	.354	.407
Night	.307	270	83	14	4	5	29	13	50	.334	.444	Batting #7	.304	184	56	11	3	5	28	12	29	.347	.478
Grass	.306	353	108	20	4	7	43	19	53	.338	.445	Other	.247	73	18	6	1	0	6	0	11	.243	.356
Turf	.231	39	9	1	1	0	2	1	8	.268	.308	April	.192	52	10	2	0	1	4	0	7	.192	.288
Pre-All Star	.283	219	62	11	1	3	16	9	33	.310	.384	May	.355	62	22	5	1	0	4	2	10	.369	.468
Post-All Star	.318	173	55	10	4	4	29	11	28	.356	.491	June	.287	87	25	3	0	1	6	6	13	.333	.356
Inning 1-6	.306	265	81	15	3	5	31	15	38	.342	.442	July	.231	65	15	2	1	1	7	3	12	.261	.338
Inning 7+	.283	127	36	6	2	2	14	5	23	.308	.409	August	.417	48	20	3	2	3	12	2	9	.442	.750
Scoring Posn	.337	86	29	6	1	0	34	9	13	.384	.430	Sept/Oct	.321	78	25	6	1	1	12	7	10	.372	.462
Close & Late	.267	45	12	2	0	0	5	3	8	.306	.311	vs. AL	.305	328	100	19	5	5	40	16	49	.335	.439
None on/out	.252	103	26	4	0	1	1	4	14	.280	.320	vs. NL	.266	64	17	2	0	2	5	4	12	.309	.391

2001 By Position

Position	Avg	AB	H	2B	3B	HR	RBI	BB	SO	OBP	SLG	G	GS	Innings	PO	A	E	DP	Fld Pct	Rng Fctr	In Zone	Outs	Zone Rtg	MLB Zone
As lf	.000	7	0	0	0	0	0	0	0	.000	.000	19	1	38.2	11	0	0	0	1.000	2.56	11	11	1.000	.880
As cf	.311	370	115	21	5	7	45	20	60	.344	.451	121	102	894.1	292	8	3	2	.990	3.02	307	281	.915	.892

Career (1999-2001)

	Avg	AB	H	2B	3B	HR	RBI	BB	SO	OBP	SLG		Avg	AB	H	2B	3B	HR	RBI	BB	SO	OBP	SLG
vs. Left	.310	184	57	7	3	4	24	16	26	.366	.446	First Pitch	.308	214	66	15	2	7	31	4	0	.321	.495
vs. Right	.279	1215	339	67	13	31	155	61	165	.311	.432	Ahead in Count	.319	235	75	15	2	12	45	42	0	.415	.553
Home	.293	658	193	38	9	14	84	38	85	.330	.442	Behind in Count	.247	722	178	30	9	12	72	0	173	.246	.363
Away	.274	741	203	36	7	21	95	39	106	.309	.426	Two Strikes	.216	620	134	20	8	7	57	31	191	.253	.308
Day	.272	456	124	25	5	10	49	30	59	.318	.414	Batting #2	.315	298	94	14	4	8	43	14	33	.343	.470
Night	.288	943	272	49	11	25	130	47	132	.319	.443	Batting #6	.275	498	137	23	5	14	59	31	69	.315	.426
Grass	.285	1254	357	64	15	32	165	68	170	.319	.436	Other	.274	603	165	37	7	13	77	32	89	.310	.423
Turf	.269	145	39	10	1	3	14	9	21	.314	.414	March/April	.245	163	40	8	2	4	26	8	23	.283	.393
Pre-All Star	.283	761	215	45	11	16	91	37	105	.316	.434	May	.278	223	62	13	5	3	22	8	33	.303	.422
Post-All Star	.284	638	181	29	5	19	88	40	86	.322	.434	June	.307	283	87	17	2	6	31	16	38	.343	.445
Inning 1-6	.293	941	276	54	11	26	134	55	113	.330	.457	July	.290	259	75	11	4	8	41	16	33	.326	.456
Inning 7+	.262	458	120	20	5	9	45	22	78	.295	.386	August	.277	231	64	12	2	6	31	9	37	.303	.424
Scoring Posn	.320	322	103	19	3	5	133	23	41	.355	.444	Sept/Oct	.283	240	68	13	1	8	28	20	27	.335	.446
Close & Late	.239	184	44	8	1	1	16	11	29	.283	.310	vs. AL	.287	1201	345	66	16	28	153	63	162	.321	.439
None on/out	.252	337	85	22	3	10	10	22	46	.298	.424	vs. NL	.258	198	51	8	0	7	26	14	29	.304	.404

Joe Slusarski — Astros
Age 35 – Pitches Right

	ERA	W	L	Sv	G	GS	IP	BB	SO	Avg	H	2B	3B	HR	RBI	OBP	SLG	GF	IR	IRS	Hld	SvOp	SB	CS	FB	G/F
2001 Season	9.00	0	1	0	12	0	16.0	4	11	.357	25	4	0	4	18	.387	.586	5	5	3	0	1	0	26	16	1.63
Last Five Years	4.84	2	8	3	69	0	96.2	29	68	.279	106	18	5	12	69	.333	.447	22	52	25	7	4	10	3	150	112	1.34

2001 Season

	ERA	W	L	Sv	G	GS	IP	H	HR	BB	SO		Avg	AB	H	2B	3B	HR	RBI	BB	SO	OBP	SLG
Home	6.35	0	1	0	5	0	5.2	10	0	1	3	vs. Left	.393	28	11	2	0	2	11	3	5	.452	.679
Away	10.45	0	0	0	7	0	10.1	15	4	3	8	vs. Right	.333	42	14	2	0	2	7	1	6	.341	.524

J.D. Smart — Rangers
Age 28 – Pitches Right (groundball pitcher)

	ERA	W	L	Sv	G	GS	IP	BB	SO	Avg	H	2B	3B	HR	RBI	OBP	SLG	GF	IR	IRS	Hld	SvOp	SB	CS	FB	G/F
2001 Season	6.46	1	2	0	15	0	15.1	4	10	.306	19	8	0	3	14	.338	.581	4	8	5	2	0	0	27	15	1.80
Career (1999-2001)	5.35	1	3	0	44	0	67.1	21	31	.283	75	22	1	7	53	.332	.453	10	29	16	2	2	3	0	120	70	1.71

2001 Season

	ERA	W	L	Sv	G	GS	IP	H	HR	BB	SO		Avg	AB	H	2B	3B	HR	RBI	BB	SO	OBP	SLG
Home	5.14	0	0	0	5	0	7.0	8	1	2	4	vs. Left	.368	19	7	4	0	1	5	2	4	.409	.737
Away	7.56	1	2	0	10	0	8.1	11	2	2	6	vs. Right	.279	43	12	4	0	2	9	2	6	.304	.512

Bobby Smith — Devil Rays
Age 28 – Bats Right (groundball hitter)

	Avg	AB	R	H	2B	3B	HR	RBI	BB	SO	HBP	GDP	SB	CS	OBP	SLG	IBB	SH	SF	#Pit	#P/PA	GB	FB	G/F
2001 Season	.105	6	19	1	2	0	0	0	1	3	10	0	1	0	0	.227	.105	0	0	0	98	4.45	4	2	2.00
Career (1998-2001)	.237	240	763	84	181	27	4	20	101	67	243	8	24	11	9	.303	.362	1	4	6	3205	3.78	267	144	1.85

2001 Season

	Avg	AB	H	2B	3B	HR	RBI	BB	SO	OBP	SLG		Avg	AB	H	2B	3B	HR	RBI	BB	SO	OBP	SLG
vs. Left	.000	0	0	0	0	0	0	0	0	.000	.000	Scoring Posn	.143	7	1	0	0	0	1	0	2	.143	.143
vs. Right	.105	19	2	0	0	0	1	3	10	.227	.105	Close & Late	.000	4	0	0	0	0	0	0	3	.000	.000

Career (1998-2001)

	Avg	AB	H	2B	3B	HR	RBI	BB	SO	OBP	SLG		Avg	AB	H	2B	3B	HR	RBI	BB	SO	OBP	SLG
vs. Left	.245	220	54	10	1	6	28	24	67	.321	.382	First Pitch	.364	121	44	5	1	5	22	0	0	.363	.545
vs. Right	.234	543	127	17	3	14	73	43	176	.296	.354	Ahead in Count	.373	118	44	8	3	5	27	31	0	.507	.619
Home	.230	396	91	14	1	7	46	37	127	.302	.323	Behind in Count	.130	391	51	6	0	4	28	0	218	.132	.176
Away	.245	367	90	13	3	13	55	30	116	.305	.403	Two Strikes	.119	405	48	6	0	6	29	36	243	.191	.178
Day	.237	236	56	8	0	8	28	21	80	.305	.373	Batting #2	.254	228	58	8	2	6	34	20	74	.317	.386
Night	.237	527	125	19	4	12	73	46	163	.302	.357	Batting #7	.228	127	29	3	0	4	17	17	43	.317	.299
Grass	.260	308	80	11	3	12	53	24	98	.315	.432	Other	.230	408	94	16	2	12	53	30	126	.291	.368
Turf	.222	455	101	16	1	8	48	43	145	.296	.314	March/April	.227	141	32	4	0	5	16	22	44	.331	.362
Pre-All Star	.251	335	84	14	2	10	42	34	101	.323	.394	May	.257	70	18	4	1	1	7	4	18	.293	.386
Post-All Star	.227	428	97	13	2	10	59	33	142	.288	.336	June	.300	100	30	6	1	3	16	8	30	.351	.470
Inning 1-6	.220	510	112	16	3	11	60	44	166	.289	.327	July	.212	85	18	1	0	2	15	4	27	.269	.294
Inning 7+	.273	253	69	11	1	9	41	23	77	.332	.431	August	.257	187	48	7	1	5	30	12	54	.307	.385
Scoring Posn	.267	210	56	10	1	1	73	24	68	.342	.338	Sept/Oct	.194	180	35	5	1	4	17	17	70	.266	.300
Close & Late	.261	115	30	4	0	3	17	12	36	.333	.374	vs. AL	.238	740	176	27	3	20	100	63	231	.303	.364
None on/out	.222	171	38	3	1	5	5	7	50	.265	.339	vs. NL	.217	23	5	0	1	0	1	4	12	.321	.304

Bud Smith — Cardinals
Age 22 – Pitches Left

	ERA	W	L	Sv	G	GS	IP	BB	SO	Avg	H	2B	3B	HR	RBI	OBP	SLG	CG	ShO	Sup	QS	#P/S	SB	CS	GB	FB	G/F
2001 Season	3.83	6	3	0	16	14	84.2	24	59	.250	79	16	1	12	38	.304	.421	1	1	5.53	8	90	5	1	107	92	1.16

2001 Season

	ERA	W	L	Sv	G	GS	IP	H	HR	BB	SO		Avg	AB	H	2B	3B	HR	RBI	BB	SO	OBP	SLG
Home	3.64	3	1	0	8	8	47.0	47	6	14	36	vs. Left	.295	78	23	8	0	1	10	6	15	.345	.436
Away	4.06	3	2	0	8	6	37.2	32	6	10	23	vs. Right	.235	238	56	8	1	11	28	18	44	.291	.416
Starter	3.92	6	3	0	14	14	82.2	79	12	23	59	Scoring Posn	.206	68	14	3	1	1	20	6	14	.267	.324
Reliever	0.00	0	0	0	2	0	2.0	0	0	1	0	Close & Late	.100	10	1	0	0	1	1	0	1	.100	.400
0-3 Days Rest (Start)	0.00	0	0	0	0	0	0.0	0	0	0	0	None on/out	.259	85	22	4	0	1	1	3	17	.292	.341
4 Days Rest	3.22	5	1	0	8	8	50.1	51	3	14	36	First Pitch	.235	34	8	1	1	2	7	5	0	.333	.500
5+ Days Rest	5.01	1	2	0	6	6	32.1	28	9	9	23	Ahead in Count	.187	139	26	5	0	2	7	0	50	.193	.266
Pre-All Star	3.52	1	0	0	3	1	7.2	7	1	3	4	Behind in Count	.347	72	25	6	0	4	12	9	0	.415	.597
Post-All Star	3.86	5	3	0	13	13	77.0	72	11	21	55	Two Strikes	.162	142	23	4	0	2	9	10	59	.222	.232

Chuck Smith — Marlins
Age 32 – Pitches Right

	ERA	W	L	Sv	G	GS	IP	BB	SO	Avg	H	2B	3B	HR	RBI	OBP	SLG	CG	ShO	Sup	QS	#P/S	SB	CS	GB	FB	G/F
2001 Season	4.70	5	5	0	15	15	88.0	35	71	.265	89	19	4	10	45	.341	.435	0	0	5.83	7	97	4	3	113	97	1.16
Career (2000-2001)	3.84	11	11	0	34	34	210.2	89	189	.255	200	42	9	16	92	.335	.393	1	0	4.74	18	99	12	11	277	193	1.44

2001 Season

	ERA	W	L	Sv	G	GS	IP	H	HR	BB	SO		Avg	AB	H	2B	3B	HR	RBI	BB	SO	OBP	SLG
Home	3.16	4	2	0	7	7	42.2	34	3	14	39	vs. Left	.304	158	48	9	3	8	31	17	38	.376	.551
Away	6.15	1	3	0	8	8	45.1	55	7	21	32	vs. Right	.230	178	41	10	1	2	14	18	33	.310	.331
Starter	4.70	5	5	0	15	15	88.0	89	10	35	71	Scoring Posn	.263	80	21	6	0	5	37	12	19	.357	.525
Reliever	0.00	0	0	0	0	0	0.0	0	0	0	0	Close & Late	.250	8	2	1	0	0	2	0	0	.222	.375
0-3 Days Rest (Start)	0.00	0	0	0	0	0	0.0	0	0	0	0	None on/out	.291	86	25	6	2	2	2	8	15	.365	.477
4 Days Rest	4.43	2	3	0	7	7	40.2	38	3	22	29	First Pitch	.316	38	12	4	0	0	4	3	0	.386	.421
5+ Days Rest	4.94	3	2	0	8	8	47.1	51	7	13	42	Ahead in Count	.208	154	32	6	0	5	18	0	56	.226	.344
Pre-All Star	5.20	4	5	0	12	12	71.0	69	9	30	57	Behind in Count	.375	80	30	5	3	4	14	18	0	.485	.663
Post-All Star	2.65	1	0	0	3	3	17.0	20	1	5	14	Two Strikes	.181	155	28	7	1	3	17	14	71	.260	.297

Jason Smith — Devil Rays
Age 24 – Bats Left

	Avg	G	AB	R	H	2B	3B	HR	RBI	BB	SO	HBP	GDP	SB	CS	OBP	SLG	IBB	SH	SF	#Pit	#P/PA	GB	FB	G/F
2001 Season	.000	2	1	0	0	0	0	0	0	1	0	0	0	0	0	.000	.000	0	0	0	4	4.00	0	0	0.00

2001 Season

	Avg	AB	H	2B	3B	HR	RBI	BB	SO	OBP	SLG		Avg	AB	H	2B	3B	HR	RBI	BB	SO	OBP	SLG
vs. Left	.000	0	0	0	0	0	0	0	0	.000	.000	Scoring Posn	.000	0	0	0	0	0	0	0	0	.000	.000
vs. Right	.000	1	0	0	0	0	0	1	.000	.000		Close & Late	.000	0	0	0	0	0	0	0	0	.000	.000

Mark Smith — Expos
Age 32 – Bats Right

	Avg	G	AB	R	H	2B	3B	HR	RBI	BB	SO	HBP	GDP	SB	CS	OBP	SLG	IBB	SH	SF	#Pit	#P/PA	GB	FB	G/F
2001 Season	.242	80	194	28	47	13	1	6	18	23	38	2	3	0	2	.326	.412	0	1	2	858	3.86	70	60	1.17
Last Five Years	.246	314	707	97	174	40	3	22	93	78	154	7	9	12	3	.324	.405	2	1	8	3119	3.89	234	222	1.05

2001 Season

	Avg	AB	H	2B	3B	HR	RBI	BB	SO	OBP	SLG		Avg	AB	H	2B	3B	HR	RBI	BB	SO	OBP	SLG
vs. Left	.275	91	25	7	1	3	12	14	13	.370	.473	Scoring Posn	.184	49	9	1	0	1	12	10	8	.333	.265
vs. Right	.214	103	22	6	0	3	6	9	25	.283	.359	Close & Late	.310	29	9	4	0	1	4	8	.394	.552
Home	.289	97	28	7	0	3	11	14	20	.381	.454	None on/out	.220	41	9	4	0	1	5	10	.304	.390
Away	.196	97	19	6	1	3	7	9	18	.269	.371	Batting #6	.242	62	15	3	0	1	3	6	12	.309	.339
First Pitch	.414	29	12	3	0	1	4	0	0	.400	.621	Batting #7	.310	58	18	8	0	1	6	6	11	.388	.500
Ahead in Count	.300	50	15	3	0	2	3	11	0	.435	.480	Other	.189	74	14	2	1	4	9	11	15	.291	.405
Behind in Count	.125	88	11	4	0	1	6	0	31	.135	.205	Pre-All Star	.284	81	23	6	0	2	6	8	16	.359	.432
Two Strikes	.163	92	15	6	0	1	7	12	38	.267	.261	Post-All Star	.212	113	24	7	1	4	12	15	22	.302	.398

Last Five Years

	Avg	AB	H	2B	3B	HR	RBI	BB	SO	OBP	SLG		Avg	AB	H	2B	3B	HR	RBI	BB	SO	OBP	SLG
vs. Left	.214	276	59	10	2	10	31	34	58	.302	.373	First Pitch	.395	86	34	7	1	4	17	1	0	.393	.640
vs. Right	.267	431	115	30	1	12	62	44	96	.338	.425	Ahead in Count	.297	158	47	14	0	8	24	40	0	.441	.538
Home	.270	333	90	19	1	12	47	43	68	.352	.441	Behind in Count	.164	323	53	9	0	6	35	0	136	.173	.248
Away	.225	374	84	21	2	10	46	35	86	.297	.372	Two Strikes	.168	345	58	12	0	6	36	37	154	.256	.255
Day	.238	223	53	13	2	7	34	26	54	.319	.408	Batting #3	.243	136	33	8	1	5	24	15	34	.323	.426
Night	.250	484	121	27	1	15	59	52	100	.326	.403	Batting #6	.241	158	38	5	0	6	17	18	38	.324	.386
Grass	.234	338	79	17	2	8	46	37	77	.315	.367	Other	.249	413	103	27	2	11	52	45	82	.324	.404
Turf	.257	369	95	23	1	14	47	41	77	.332	.439	March/April	.160	50	8	0	0	0	6	8	14	.290	.160
Pre-All Star	.266	290	77	18	0	10	43	27	62	.333	.431	May	.200	30	6	2	0	1	5	3	8	.257	.367
Post-All Star	.233	417	97	22	3	12	50	51	92	.318	.386	June	.274	157	43	11	0	5	24	12	32	.333	.439
Inning 1-6	.231	407	94	18	1	13	55	45	94	.308	.376	July	.246	179	44	13	1	8	24	16	32	.311	.464
Inning 7+	.267	300	80	22	2	9	38	33	60	.345	.443	August	.262	164	43	8	1	6	21	19	35	.341	.433
Scoring Posn	.250	204	51	10	0	7	73	27	48	.337	.402	Sept/Oct	.236	127	30	6	2	3	13	20	33	.338	.346
Close & Late	.267	150	40	7	1	6	21	19	33	.349	.447	vs. AL	.274	95	26	3	0	6	13	10	20	.340	.495
None on/out	.253	150	38	11	1	5	5	16	31	.333	.440	vs. NL	.242	612	148	37	3	16	80	68	134	.321	.391

Roy Smith — Indians
Age 26 – Pitches Right (groundball pitcher)

	ERA	W	L	Sv	G	GS	IP	BB	SO	Avg	H	2B	3B	HR	RBI	OBP	SLG	GF	IR	IRS	Hld	SvOp	SB	CS	GB	FB	G/F
2001 Season	6.06	0	0	0	9	0	16.1	13	17	.246	16	4	1	3	12	.388	.477	2	6	1	1	0	4	1	24	14	1.71

2001 Season

	ERA	W	L	Sv	G	GS	IP	H	HR	BB	SO		Avg	AB	H	2B	3B	HR	RBI	BB	SO	OBP	SLG
Home	12.79	0	0	0	3	0	6.1	8	2	11	4	vs. Left	.261	23	6	1	1	1	9	6	9	.414	.522
Away	1.80	0	0	0	6	0	10.0	8	1	2	13	vs. Right	.238	42	10	3	0	2	3	7	8	.373	.452

John Smoltz — Braves
Age 35 – Pitches Right

	ERA	W	L	Sv	G	GS	IP	BB	SO	Avg	H	2B	3B	HR	RBI	OBP	SLG	GF	IR	IRS	Hld	SvOp	SB	CS	GB	FB	G/F
2001 Season	3.36	3	3	10	36	5	59.0	10	57	.238	53	9	2	7	24	.274	.390	20	9	0	5	11	1	1	76	63	1.21
Last Five Years	3.07	46	26	10	126	95	669.0	157	627	.240	600	112	17	52	232	.286	.360	20	9	0	5	11	32	21	851	620	1.37

2001 Season

	ERA	W	L	Sv	G	GS	IP	H	HR	BB	SO		Avg	AB	H	2B	3B	HR	RBI	BB	SO	OBP	SLG
Home	3.80	1	1	4	15	2	23.2	24	5	4	21	vs. Left	.263	114	30	8	1	4	12	7	32	.311	.456
Away	3.06	2	2	6	21	3	35.1	29	2	6	36	vs. Right	.211	109	23	1	1	3	12	3	25	.235	.321
Starter	5.76	2	2	0	5	5	25.0	33	4	5	20	Scoring Posn	.229	48	11	0	0	1	16	7	14	.339	.292
Reliever	1.59	1	1	10	31	0	34.0	20	3	5	37	Close & Late	.157	70	11	3	0	2	4	2	22	.189	.286
0 Days Rest (Relief)	0.00	0	0	2	8	0	6.1	3	0	1	5	None on/out	.246	57	14	2	0	1	1	1	16	.259	.333
1 or 2 Days Rest	0.84	1	0	7	17	0	21.1	9	1	2	27	First Pitch	.400	25	10	0	0	0	5	2	0	.444	.400
3+ Days Rest	5.68	0	1	1	6	0	6.1	8	2	2	5	Ahead in Count	.168	137	23	4	0	5	9	0	49	.174	.307
Pre-All Star	5.76	2	2	0	5	5	25.0	33	4	5	20	Behind in Count	.400	35	14	5	1	1	5	3	0	.425	.686
Post-All Star	1.59	1	1	10	31	0	34.0	20	3	5	37	Two Strikes	.176	131	23	3	1	5	11	5	57	.212	.328

Last Five Years

	ERA	W	L	Sv	G	GS	IP	H	HR	BB	SO		Avg	AB	H	2B	3B	HR	RBI	BB	SO	OBP	SLG
Home	3.26	22	13	4	59	46	323.0	301	25	75	293	vs. Left	.253	1286	325	56	10	28	120	98	254	.307	.377
Away	2.89	24	13	6	67	49	346.0	299	27	82	334	vs. Right	.226	1217	275	56	7	24	112	59	373	.264	.343
Day	3.53	13	6	3	35	26	183.2	173	16	41	189	Inning 1-6	.242	2011	486	93	14	37	191	130	508	.290	.357
Night	2.89	33	20	7	91	69	485.1	427	36	116	438	Inning 7+	.232	492	114	19	3	15	41	27	119	.272	.374
Grass	3.21	35	21	9	100	75	527.1	490	46	125	497	None on	.237	1559	370	76	10	30	76	400	.275	.357
Turf	2.54	11	5	1	26	20	141.2	110	6	32	130	Runners on	.244	944	230	36	7	22	202	81	227	.303	.367
March/April	2.16	8	3	0	14	14	96.0	84	5	24	85	Scoring Posn	.232	544	126	22	5	15	181	55	146	.301	.373
May	4.21	8	5	0	17	17	107.0	109	10	27	87	Close & Late	.258	306	79	13	2	10	32	16	70	.296	.412
June	3.73	6	5	0	16	16	101.1	97	13	23	91	None on/out	.247	669	165	31	3	10	10	28	159	.277	.347
July	3.73	6	4	0	20	15	101.1	100	6	27	91	vs. 1st Batr (relief)	.097	31	3	1	0	0	0	0	10	.097	.129
August	2.44	9	4	3	30	18	144.0	115	8	32	149	1st Inning Pitched	.249	470	117	26	3	8	52	40	130	.308	.368
Sept/Oct	2.41	9	5	7	29	15	119.1	95	10	24	124	First 15 Pitches	.268	385	103	22	3	7	25	25	86	.312	.395
Starter	3.15	45	25	0	95	95	635.0	580	49	152	590	Pitch 16-30	.208	365	76	13	1	7	48	38	111	.285	.307
Reliever	1.59	1	1	10	31	0	34.0	20	3	5	37	Pitch 31-45	.221	375	83	17	3	3	20	21	110	.263	.307
0 Days Rest (Relief)	0.00	0	0	2	8	0	6.1	3	0	1	5	Pitch 46+	.245	1378	338	60	10	35	139	73	320	.286	.380
1 or 2 Days Rest	0.84	1	0	7	17	0	21.1	9	1	2	27	First Pitch	.330	388	128	25	4	10	56	10	0	.348	.492
3+ Days Rest	5.68	0	1	1	6	0	6.1	8	2	2	5	Ahead in Count	.171	1372	234	47	4	17	74	0	548	.175	.248
vs. AL	7.21	2	4	0	9	9	48.2	64	9	14	55	Behind in Count	.394	376	148	30	5	16	59	72	0	.487	.625
vs. NL	2.74	44	22	10	117	86	620.1	536	43	143	572	Two Strikes	.144	1301	187	31	7	16	79	75	627	.194	.215
Pre-All Star	3.50	23	14	0	50	50	321.2	311	29	78	277	Pre-All Star	.257	1210	311	54	11	29	126	78	277	.304	.392
Post-All Star	2.67	23	12	10	76	45	347.1	289	23	79	350	Post-All Star	.224	1293	289	58	6	23	106	79	350	.270	.331

J.T. Snow — Giants
Age 34 – Bats Left (flyball hitter)

	Avg	G	AB	R	H	2B	3B	HR	RBI	BB	SO	HBP	GDP	SB	CS	OBP	SLG	IBB	SH	SF	#Pit	#P/PA	GB	FB	G/F
2001 Season	.246	101	285	43	70	12	1	8	34	55	81	4	2	0	0	.371	.379	10	0	4	1431	4.11	82	75	1.09
Last Five Years	.269	712	2357	364	635	135	7	94	411	361	539	21	58	8	13	.366	.452	39	3	38	11166	4.02	696	772	0.90

2001 Season

	Avg	AB	H	2B	3B	HR	RBI	BB	SO	OBP	SLG		Avg	AB	H	2B	3B	HR	RBI	BB	SO	OBP	SLG
vs. Left	.306	49	15	1	0	1	7	6	16	.386	.388	First Pitch	.324	37	12	2	0	2	8	7	0	.432	.541
vs. Right	.233	236	55	11	1	7	27	49	65	.368	.377	Ahead in Count	.339	62	21	5	0	3	12	22	0	.500	.565
Home	.183	142	26	4	1	3	13	30	42	.331	.289	Behind in Count	.186	118	22	3	1	2	10	0	58	.205	.231
Away	.308	143	44	8	0	5	21	25	39	.410	.469	Two Strikes	.167	156	26	5	1	4	26	81	.296	.231
Day	.238	101	24	3	1	3	18	22	26	.379	.376	Batting #5	.208	149	31	6	0	4	16	27	45	.331	.329
Night	.250	184	46	9	0	5	16	33	55	.366	.380	Batting #6	.246	61	15	3	0	2	10	19	18	.343	.393
Grass	.255	271	69	11	1	8	33	52	76	.379	.391	Other	.320	75	24	3	1	2	10	19	18	.464	.467
Turf	.071	14	1	1	0	0	1	3	5	.222	.143	April	.230	74	17	3	0	2	6	20	22	.400	.351
Pre-All Star	.201	164	33	4	1	5	15	35	53	.348	.329	May	.209	67	14	1	1	3	8	11	24	.321	.388
Post-All Star	.306	121	37	8	0	3	19	20	28	.403	.446	June	.087	23	2	0	0	0	1	4	7	.250	.087
Inning 1-6	.238	189	45	7	1	4	23	33	52	.357	.365	July	.364	22	8	1	0	0	4	4	.464	.409
Inning 7+	.260	96	25	5	0	3	11	22	29	.398	.406	August	.321	53	17	4	0	2	8	11	11	.431	.509
Scoring Posn	.169	77	13	2	0	1	25	29	25	.387	.234	Sept/Oct	.261	46	12	3	0	1	10	5	13	.333	.391
Close & Late	.250	36	9	1	0	2	6	14	5	.460	.444	vs. AL	.217	23	5	1	0	1	0	2	3	.333	.261
None on/out	.306	72	22	1	0	2	2	10	16	.390	.403	vs. NL	.248	262	65	11	1	8	33	53	78	.374	.389

2001 By Position

Position	Avg	AB	H	2B	3B	HR	RBI	BB	SO	OBP	SLG	G	GS	Innings	PO	A	E	DP	Fld Pct	Rng Fctr	In Zone	Zone Outs	Zone Rtg	MLB Zone
As 1b	.239	276	66	12	1	8	30	49	81	.357	.377	92	80	695.0	659	46	1	76	.999	—	112	99	.884	.850

	Avg	AB	H	2B	3B	HR	RBI	BB	SO	OBP	SLG		Avg	AB	H	2B	3B	HR	RBI	BB	SO	OBP	SLG
vs. Left	.224	553	124	22	1	10	79	68	161	.319	.322	First Pitch	.319	232	74	19	1	16	54	27	0	.392	.616
vs. Right	.283	1804	511	113	6	84	332	293	378	.380	.492	Ahead in Count	.336	607	204	42	3	34	150	154	0	.464	.583
Home	.265	1129	299	62	3	43	191	187	272	.368	.439	Behind in Count	.207	1034	214	42	3	23	124	0	425	.213	.320
Away	.274	1228	336	73	4	51	220	174	267	.365	.464	Two Strikes	.201	1176	236	54	2	26	140	180	539	.308	.316
Day	.257	973	250	52	2	30	161	153	231	.356	.407	Batting #5	.279	1180	329	59	4	50	217	186	279	.375	.463
Night	.278	1384	385	83	5	64	250	208	308	.373	.484	Batting #6	.272	558	152	40	1	19	97	80	115	.361	.450
Grass	.271	2058	557	113	5	84	344	306	462	.366	.453	Other	.249	619	154	36	2	25	97	95	145	.353	.435
Turf	.261	299	78	22	2	10	67	55	77	.371	.448	March/April	.244	410	100	20	1	4	43	70	94	.354	.327
Pre-All Star	.272	1304	355	73	4	48	210	200	295	.369	.445	May	.284	423	120	23	3	12	67	55	98	.367	.437
Post-All Star	.266	1053	280	62	3	46	201	161	244	.362	.462	June	.293	358	105	24	0	21	75	63	77	.402	.536
Inning 1-6	.286	1583	452	96	4	70	300	246	343	.382	.484	July	.295	386	114	20	0	21	76	55	86	.377	.510
Inning 7+	.236	774	183	39	3	24	111	115	196	.333	.388	August	.240	383	92	19	0	21	83	63	99	.345	.454
Scoring Posn	.255	667	170	44	1	23	313	154	170	.382	.427	Sept/Oct	.262	397	104	29	3	15	67	55	85	.352	.463
Close & Late	.219	347	76	16	2	11	50	62	78	.334	.372	vs. AL	.343	230	79	20	0	21	69	31	36	.422	.704
None on/out	.286	594	170	29	0	28	28	70	110	.366	.476	vs. NL	.261	2127	556	115	7	73	342	330	503	.360	.425

Scott Sobkowiak — Braves Age 24 – Pitches Right

	ERA	W	L	Sv	G	GS	IP	BB	SO	Avg	H	2B	3B	HR	RBI	OBP	SLG	GF	IR	IRS	Hld	SvOp	SB	CS	GB	FB	G/F
2001 Season	9.00	0	0	0	1	0	1.0	0	0	.400	2	1	0	0	1	.400	.600	1	0	0	0	0	0	0	3	1	3.00

2001 Season

	ERA	W	L	Sv	G	GS	IP	H	HR	BB	SO		Avg	AB	H	2B	3B	HR	RBI	BB	SO	OBP	SLG
Home	9.00	0	0	0	1	0	1.0	2	0	0	0	vs. Left	1.000	1	1	1	0	0	0	0	0	1.000	2.000
Away	0.00	0	0	0	0	0	0.0	0	0	0	0	vs. Right	.250	4	1	0	0	0	1	0	0	.250	.250

Luis Sojo — Yankees Age 36 – Bats Right

	Avg	G	AB	R	H	2B	3B	HR	RBI	BB	SO	HBP	GDP	SB	CS	OBP	SLG	IBB	SH	SF	#Pit	P/PA	GB	FB	G/F
2001 Season	.165	39	79	5	13	2	0	0	9	4	12	1	0	1	0	.214	.190	0	0	0	278	3.31	29	28	1.04
Last Five Years	.266	314	869	101	231	35	3	11	101	45	80	3	25	8	1	.303	.351	3	11	4	3279	3.52	377	255	1.48

2001 Season

	Avg	AB	H	2B	3B	HR	RBI	BB	SO	OBP	SLG		Avg	AB	H	2B	3B	HR	RBI	BB	SO	OBP	SLG
vs. Left	.100	20	2	0	0	0	1	1	3	.143	.100	Scoring Posn	.250	28	7	2	0	0	9	1	3	.276	.321
vs. Right	.186	59	11	2	0	0	8	3	9	.238	.220	Close & Late	.235	17	4	1	0	0	5	1	4	.278	.294

Last Five Years

	Avg	AB	H	2B	3B	HR	RBI	BB	SO	OBP	SLG		Avg	AB	H	2B	3B	HR	RBI	BB	SO	OBP	SLG
vs. Left	.252	242	61	10	0	4	28	15	18	.293	.343	First Pitch	.252	123	31	5	1	2	16	2	0	.268	.358
vs. Right	.271	627	170	25	3	7	73	30	62	.307	.354	Ahead in Count	.232	198	46	8	1	2	21	26	0	.319	.313
Home	.245	465	114	15	3	7	59	23	43	.283	.335	Behind in Count	.274	391	107	18	0	4	44	0	69	.277	.350
Away	.290	404	117	20	0	4	42	22	37	.326	.369	Two Strikes	.274	347	95	12	0	5	36	17	80	.310	.352
Day	.265	291	77	7	2	4	40	14	28	.299	.375	Batting #2	.319	257	82	13	2	3	30	14	17	.357	.420
Night	.266	578	154	28	1	4	61	31	52	.305	.339	Batting #8	.266	263	70	10	1	7	36	17	24	.313	.392
Grass	.267	677	181	24	3	9	81	39	66	.307	.353	Other	.226	349	79	12	0	1	35	14	39	.255	.269
Turf	.260	192	50	11	0	2	20	6	14	.286	.349	March/April	.172	93	16	1	0	0	4	6	10	.220	.183
Pre-All Star	.254	477	121	15	0	7	49	27	48	.295	.329	May	.270	163	44	6	0	4	21	7	18	.302	.380
Post-All Star	.281	392	110	20	3	4	52	18	32	.313	.378	June	.275	189	52	8	0	3	20	12	18	.317	.365
Inning 1-6	.276	554	153	21	2	7	70	28	52	.311	.359	July	.306	108	33	4	1	1	13	8	7	.359	.389
Inning 7+	.248	315	78	14	1	4	31	17	28	.290	.337	August	.305	210	64	14	1	3	30	8	16	.333	.424
Scoring Posn	.278	248	69	10	2	1	81	17	19	.322	.347	Sept/Oct	.208	106	22	2	1	0	13	4	11	.234	.245
Close & Late	.174	132	23	4	0	1	12	7	18	.221	.227	vs. AL	.265	648	172	23	3	7	76	30	59	.299	.343
None on/out	.255	184	47	5	0	2	2	6	18	.283	.315	vs. NL	.267	221	59	12	0	4	25	15	21	.314	.376

Alfonso Soriano — Yankees Age 24 – Bats Right (flyball hitter)

	Avg	G	AB	R	H	2B	3B	HR	RBI	BB	SO	HBP	GDP	SB	CS	OBP	SLG	IBB	SH	SF	#Pit	#P/PA	GB	FB	G/F
2001 Season	.268	158	574	77	154	34	3	18	73	29	125	3	7	43	14	.304	.432	0	3	5	2360	3.84	173	178	0.97
Career (1999-2001)	.259	189	632	84	164	37	3	21	77	30	143	3	7	45	15	.294	.427	0	5	5	2578	3.82	189	197	0.96

2001 Season

	Avg	AB	H	2B	3B	HR	RBI	BB	SO	OBP	SLG		Avg	AB	H	2B	3B	HR	RBI	BB	SO	OBP	SLG
vs. Left	.255	98	25	5	0	3	11	8	22	.312	.398	First Pitch	.325	40	13	2	0	2	11	0	0	.310	.525
vs. Right	.271	476	129	29	3	15	62	21	103	.303	.439	Ahead in Count	.358	109	39	5	0	5	17	18	0	.442	.541
Home	.248	286	71	17	1	8	29	12	57	.275	.399	Behind in Count	.236	335	79	17	1	8	29	0	111	.242	.364
Away	.288	288	83	17	2	10	44	17	68	.333	.465	Two Strikes	.194	310	60	10	2	5	17	11	125	.228	.287
Day	.239	226	54	13	1	6	23	9	45	.267	.385	Batting #8	.308	208	64	13	0	5	24	7	40	.333	.442
Night	.287	348	100	21	2	12	50	20	80	.328	.463	Batting #9	.251	243	61	10	3	11	35	18	54	.299	.453
Grass	.265	483	128	30	2	14	56	24	105	.300	.422	Other	.236	123	29	11	0	2	14	4	31	.266	.374
Turf	.286	91	26	4	1	4	17	5	20	.327	.462	April	.274	106	29	7	0	9	1	16	.278	.396
Pre-All Star	.262	313	82	21	2	6	33	13	59	.294	.399	May	.270	89	24	8	0	0	9	2	27	.290	.360
Post-All Star	.276	261	72	13	1	12	40	16	66	.317	.471	June	.273	88	24	5	1	2	21	9	13	.347	.420
Inning 1-6	.260	377	98	22	2	10	37	20	87	.296	.408	July	.272	103	28	5	2	5	15	19	.300	.505
Inning 7+	.284	197	56	12	1	8	36	9	38	.321	.477	August	.263	99	26	6	0	5	7	14	5	20	.305	.505
Scoring Posn	.226	133	30	5	3	3	49	4	32	.245	.376	Sept/Oct	.258	89	23	6	0	2	11	7	30	.309	.393
Close & Late	.234	94	22	5	1	3	11	6	24	.282	.404	vs. AL	.270	511	138	32	2	16	65	24	112	.303	.434
None on/out	.311	132	41	9	0	5	5	8	22	.359	.492	vs. NL	.254	63	16	2	1	2	8	5	13	.314	.413

409

																			Fld	Rng	In		Zone	MLB
									2001 By Position															
Position	Avg	AB	H	2B	3B	HR	RBI	BB	SO	OBP	SLG	G	GS	Innings	PO	A	E	DP	Pct	Fctr	Zone	Outs	Rtg	Zone
As 2b	.267	569	152	33	3	18	73	29	123	.304	.431	156	156	1384.1	318	366	19	93	.973	4.45	412	328	.796	.824

Juan Sosa — Diamondbacks   Age 26 – Bats Right

	Avg	G	AB	R	H	2B	3B	HR	RBI	BB	SO	HBP	GDP	SB	CS	OBP	SLG	IBB	SH	SF	#Pit	#P/PA	GB	FB	G/F
2001 Season	.000	2	1	0	0	0	0	0	0	0	1	0	0	0	0	.000	.000	0	0	0	3	3.00	0	0	0.00
Career (1999-2001)	.200	13	10	3	2	0	0	0	0	2	3	0	0	0	0	.333	.200	0	0	0	46	3.83	3	3	1.00

2001 Season

	Avg	AB	H	2B	3B	HR	RBI	BB	SO	OBP	SLG		Avg	AB	H	2B	3B	HR	RBI	BB	SO	OBP	SLG
vs. Left	.000	0	0	0	0	0	0	0	0	.000	.000	Scoring Posn	.000	1	0	0	0	0	0	0	1	.000	.000
vs. Right	.000	1	0	0	0	0	0	0	1	.000	.000	Close & Late	.000	0	0	0	0	0	0	0	0	.000	.000

Sammy Sosa — Cubs   Age 33 – Bats Right

	Avg	G	AB	R	H	2B	3B	HR	RBI	BB	SO	HBP	GDP	SB	CS	OBP	SLG	IBB	SH	SF	#Pit	#P/PA	GB	FB	G/F
2001 Season	.328	160	577	146	189	34	5	64	160	116	153	6	6	0	2	.437	.737	37	0	12	2732	3.84	171	186	0.92
Last Five Years	.298	799	3091	590	921	147	12	279	716	403	837	14	71	54	35	.378	.624	87	0	36	13988	3.95	915	898	1.02

2001 Season

	Avg	AB	H	2B	3B	HR	RBI	BB	SO	OBP	SLG		Avg	AB	H	2B	3B	HR	RBI	BB	SO	OBP	SLG
vs. Left	.387	93	36	5	1	13	30	41	30	.569	.882	First Pitch	.324	71	23	4	0	10	24	31	0	.528	.803
vs. Right	.316	484	153	29	4	51	130	75	123	.406	.709	Ahead in Count	.484	124	60	11	2	19	52	46	0	.606	1.065
Home	.335	281	94	13	3	34	85	54	76	.431	.765	Behind in Count	.277	264	73	12	3	21	52	0	113	.279	.583
Away	.321	296	95	21	2	30	75	62	77	.444	.709	Two Strikes	.247	296	73	14	3	21	64	39	153	.331	.527
Day	.309	324	100	17	3	36	88	69	86	.424	.713	Batting #3	.340	509	173	31	5	59	142	102	129	.447	.768
Night	.352	253	89	17	2	28	72	47	67	.455	.767	Batting #4	.235	68	16	3	0	5	18	14	24	.361	.500
Grass	.328	558	183	33	5	60	153	109	147	.435	.728	Other	.000	0	0	0	0	0	0	0	0	.000	.000
Turf	.316	19	6	1	0	4	7	7	6	.500	1.000	April	.256	78	20	4	0	7	21	26	27	.449	.577
Pre-All Star	.312	298	93	22	2	29	83	67	85	.435	.691	May	.323	93	30	4	1	8	26	16	29	.414	.645
Post-All Star	.344	279	96	12	3	35	77	49	68	.440	.785	June	.327	107	35	12	0	11	28	15	22	.405	.748
Inning 1-6	.323	402	130	23	3	49	113	80	95	.431	.761	July	.276	87	24	7	1	9	24	23	28	.416	.690
Inning 7+	.337	175	59	11	2	15	47	36	58	.452	.680	August	.385	109	42	3	3	17	36	16	24	.469	.936
Scoring Posn	.324	139	45	5	2	14	89	63	37	.512	.691	Sept/Oct	.369	103	38	4	0	12	25	20	23	.468	.757
Close & Late	.318	85	27	5	0	8	21	18	31	.443	.659	vs. AL	.380	50	19	4	1	6	20	13	11	.485	.860
None on/out	.294	109	32	7	0	12	12	15	35	.384	.688	vs. NL	.323	527	170	30	4	58	140	103	142	.432	.725

2001 By Position

Position	Avg	AB	H	2B	3B	HR	RBI	BB	SO	OBP	SLG	G	GS	Innings	PO	A	E	DP	Fld Pct	Rng Fctr	In Zone	Outs	Zone Rtg	MLB Zone
As rf	.328	577	189	34	5	64	160	116	153	.437	.737	160	160	1385.0	326	8	6	1	.982	2.17	352	316	.898	.884

Last Five Years

	Avg	AB	H	2B	3B	HR	RBI	BB	SO	OBP	SLG		Avg	AB	H	2B	3B	HR	RBI	BB	SO	OBP	SLG
vs. Left	.314	685	215	33	2	63	159	144	199	.431	.644	First Pitch	.349	307	107	19	1	37	90	74	0	.472	.779
vs. Right	.293	2406	706	114	10	216	557	259	638	.361	.618	Ahead in Count	.417	714	298	47	4	90	238	146	0	.511	.873
Home	.306	1502	460	64	7	149	377	209	390	.387	.656	Behind in Count	.240	1403	337	53	6	91	236	0	633	.240	.481
Away	.290	1589	461	83	5	130	339	194	447	.368	.594	Two Strikes	.205	1591	326	48	5	93	246	182	837	.285	.417
Day	.302	1734	523	78	8	159	410	241	460	.385	.631	Batting #3	.299	1807	540	84	7	173	420	247	486	.383	.640
Night	.293	1357	398	69	4	120	306	162	377	.368	.615	Batting #4	.297	1283	381	63	5	106	296	156	350	.370	.602
Grass	.302	2630	793	122	12	245	623	351	692	.382	.637	Other	.000	1	0	0	0	0	0	0	1	.000	.000
Turf	.278	461	128	25	0	34	93	52	145	.350	.553	March/April	.275	466	128	26	0	28	83	72	130	.372	.511
Pre-All Star	.296	1654	489	93	6	134	374	207	443	.372	.602	May	.333	510	170	28	3	46	132	69	130	.406	.671
Post-All Star	.301	1437	432	54	6	145	342	196	394	.384	.637	June	.287	540	155	29	2	52	130	49	140	.345	.637
Inning 1-6	.297	2133	634	104	8	196	495	272	577	.375	.629	July	.290	507	147	29	2	44	125	72	136	.376	.615
Inning 7+	.300	958	287	43	4	83	221	131	260	.383	.613	August	.306	562	172	20	5	67	146	75	163	.389	.717
Scoring Posn	.296	786	233	36	6	67	420	177	209	.412	.613	Sept/Oct	.294	506	149	15	0	42	100	66	138	.374	.573
Close & Late	.288	480	138	22	0	41	116	71	136	.378	.590	vs. AL	.339	277	94	20	1	26	75	32	73	.402	.700
None on/out	.302	620	187	34	1	56	56	65	152	.370	.631	vs. NL	.294	2814	827	127	11	253	641	371	764	.375	.617

Steve Sparks — Tigers   Age 36 – Pitches Right

	ERA	W	L	Sv	G	GS	IP	BB	SO	Avg	H	2B	3B	HR	RBI	OBP	SLG	CG	ShO	Sup	QS	#P/S	SB	CS	GB	FB	G/F
2001 Season	3.65	14	9	0	35	32	232.0	64	116	.271	244	55	4	22	100	.321	.415	8	1	4.77	20	107	9	8	380	249	1.53
Last Five Years	4.29	35	29	1	105	94	612.1	233	332	.271	647	142	11	64	291	.339	.419	9	2	5.19	50	104	33	18	950	695	1.37

2001 Season

	ERA	W	L	Sv	G	GS	IP	H	HR	BB	SO		Avg	AB	H	2B	3B	HR	RBI	BB	SO	OBP	SLG
Home	3.65	8	4	0	17	16	113.1	112	12	32	57	vs. Left	.278	468	130	28	3	12	51	35	58	.332	.427
Away	3.64	6	5	0	18	17	118.2	132	10	32	59	vs. Right	.265	431	114	27	1	10	49	29	58	.309	.401
Day	3.56	4	3	0	11	9	68.1	65	8	15	33	Inning 1-6	.278	752	209	49	3	20	89	51	93	.326	.431
Night	3.68	10	6	0	24	24	163.2	179	14	49	83	Inning 7+	.238	147	35	6	1	2	11	13	23	.298	.333
Grass	3.74	12	8	0	31	29	202.0	211	18	59	98	None on	.290	534	155	34	3	14	14	36	66	.339	.444
Turf	3.00	2	1	0	4	4	30.0	33	4	5	18	Runners on	.244	365	89	21	1	8	86	28	50	.296	.373
April	3.46	1	2	0	4	4	26.0	24	3	16	12	Scoring Posn	.233	227	53	17	1	5	78	20	31	.292	.365
May	5.06	2	0	0	7	6	37.1	47	5	10	13	Close & Late	.253	75	19	3	1	2	4	11	14	.349	.400
June	3.32	2	1	0	7	6	43.1	44	3	8	22	None out	.283	233	66	13	2	5	5	14	32	.324	.421
July	3.11	3	2	0	5	5	37.2	39	5	7	18	vs. 1st Batr (relief)	1.000	2	2	1	0	0	3	0	0	1.000	1.500
August	4.91	2	3	0	6	6	40.1	46	6	12	27	1st Inning Pitched	.275	131	36	8	0	2	16	5	22	.299	.382

2001 Season

	ERA	W	L	Sv	G	GS	IP	H	HR	BB	SO		Avg	AB	H	2B	3B	HR	RBI	BB	SO	OBP	SLG
Sept/Oct	2.28	4	1	0	6	6	47.1	44	2	13	24	First 75 Pitches	.271	621	168	40	3	12	69	39	79	.317	.403
Starter	3.67	14	9	0	33	33	230.2	242	22	64	116	Pitch 76-90	.265	113	30	4	0	6	13	11	12	.325	.460
Reliever	0.00	0	0	0	2	0	1.1	2	0	0	0	Pitch 91-105	.305	105	32	6	1	3	16	8	13	.348	.467
0-3 Days Rest (Start)	3.68	2	0	0	2	2	14.2	11	1	3	1	Pitch 106+	.233	60	14	5	0	1	2	6	12	.303	.367
4 Days Rest	4.15	7	6	0	17	17	117.0	126	10	37	66	First Pitch	.389	113	44	6	1	5	12	1	0	.403	.593
5+ Days Rest	3.09	5	3	0	14	14	99.0	105	11	24	49	Ahead in Count	.191	434	83	21	1	2	28	0	97	.192	.258
vs. AL	3.83	12	9	0	31	30	209.0	221	20	59	105	Behind in Count	.398	181	72	23	1	8	36	39	0	.500	.669
vs. NL	1.96	2	0	0	4	3	23.0	23	2	5	11	Two Strikes	.173	381	66	13	1	4	31	24	116	.222	.244
Pre-All Star	3.77	6	3	0	19	17	114.2	120	11	35	50	Pre-All Star	.269	446	120	28	3	11	54	35	50	.327	.419
Post-All Star	3.53	8	6	0	16	16	117.1	124	11	29	66	Post-All Star	.274	453	124	27	1	11	46	29	66	.315	.411

Last Five Years

	ERA	W	L	Sv	G	GS	IP	H	HR	BB	SO		Avg	AB	H	2B	3B	HR	RBI	BB	SO	OBP	SLG
Home	4.60	21	16	0	51	46	297.2	324	39	104	153	vs. Left	.281	1210	340	75	10	33	142	129	162	.353	.441
Away	4.00	14	13	0	54	48	314.2	323	25	129	179	vs. Right	.260	1181	307	67	1	31	149	104	170	.324	.397
Day	4.52	8	11	0	32	25	171.1	169	20	70	93	Inning 1-6	.273	2046	559	123	10	60	267	202	290	.342	.431
Night	4.20	27	18	1	73	69	441.0	478	44	163	239	Inning 7+	.255	345	88	19	1	4	24	31	42	.317	.351
Grass	4.42	32	26	1	91	82	533.0	573	60	202	278	None on	.268	1422	381	81	6	39	39	119	201	.330	.416
Turf	3.40	3	3	0	14	12	79.1	74	4	31	54	Runners on	.275	969	266	61	5	25	252	114	131	.351	.425
March/April	4.36	1	5	0	9	9	53.2	56	6	31	32	Scoring Posn	.251	573	143	36	2	14	213	80	93	.339	.395
May	5.48	4	1	0	12	11	65.2	74	8	27	27	Close & Late	.254	142	36	3	1	2	7	18	17	.335	.331
June	3.94	6	3	1	17	14	93.2	91	8	37	42	None on/out	.237	619	147	28	3	17	17	47	94	.292	.375
July	4.83	5	7	0	22	17	113.2	129	16	33	76	vs. 1st Batr (relief)	.364	11	4	1	0	1	4	0	0	.364	.727
August	3.67	12	6	0	24	23	154.2	146	18	54	90	1st Inning Pitched	.258	396	102	15	1	10	56	43	64	.330	.376
Sept/Oct	4.19	7	7	0	21	20	131.0	151	8	51	65	First 75 Pitches	.263	1676	441	93	7	45	208	152	240	.330	.408
Starter	4.25	35	29	0	94	94	594.2	631	63	226	324	Pitch 76-90	.285	309	88	23	1	11	39	29	37	.344	.472
Reliever	5.60	0	0	1	11	0	17.2	16	1	7	8	Pitch 91-105	.315	257	81	15	2	6	37	27	31	.380	.459
0-3 Days Rest (Start)	4.50	5	5	0	12	12	78.0	79	10	23	40	Pitch 106+	.248	149	37	11	1	2	7	25	24	.356	.376
4 Days Rest	4.46	18	16	0	45	45	278.1	313	30	109	156	First Pitch	.359	284	102	18	1	15	44	1	0	.374	.588
5+ Days Rest	3.93	12	8	0	37	37	238.1	239	23	94	128	Ahead in Count	.194	1050	204	50	1	13	82	0	269	.198	.281
vs. AL	4.37	32	27	1	96	87	564.0	596	58	218	303	Behind in Count	.356	571	203	51	5	25	107	137	0	.480	.594
vs. NL	3.35	3	2	0	9	7	48.1	51	6	15	29	Two Strikes	.196	1033	202	47	4	12	93	95	332	.264	.284
Pre-All Star	4.37	13	9	1	45	38	247.0	256	26	103	123	Pre-All Star	.267	960	256	52	7	26	119	103	123	.343	.417
Post-All Star	4.24	22	20	0	60	56	365.1	391	38	130	209	Post-All Star	.273	1431	391	90	4	38	172	130	209	.335	.421

Justin Speier — Rockies

Age 28 – Pitches Right (flyball pitcher)

	ERA	W	L	Sv	G	GS	IP	BB	SO	Avg	H	2B	3B	HR	RBI	OBP	SLG	GF	IR	IRS	Hld	SvOp	SB	CS	GB	FB	G/F
2001 Season	4.58	6	3	0	54	0	76.2	20	62	.247	71	18	1	13	47	.307	.453	10	38	12	4	1	5	1	70	108	0.65
Career (1998-2001)	4.72	11	8	0	139	0	194.1	74	170	.249	183	40	2	37	124	.323	.460	40	99	33	11	3	25	2	184	271	0.68

2001 Season

	ERA	W	L	Sv	G	GS	IP	H	HR	BB	SO		Avg	AB	H	2B	3B	HR	RBI	BB	SO	OBP	SLG
Home	4.34	4	1	0	29	0	45.2	39	8	15	39	vs. Left	.247	93	23	5	1	4	18	8	21	.302	.452
Away	4.94	2	2	0	25	0	31.0	32	5	5	23	vs. Right	.247	194	48	13	0	9	29	12	41	.310	.454
Starter	0.00	0	0	0	0	0	0.0	0	0	0	0	Scoring Posn	.247	73	18	3	1	5	36	6	19	.295	.521
Reliever	4.58	6	3	0	54	0	76.2	71	13	20	62	Close & Late	.309	55	17	4	0	2	7	2	12	.333	.491
0 Days Rest (Relief)	2.50	1	0	0	11	0	18.0	15	2	3	12	None on/out	.271	70	19	6	0	4	4	2	20	.320	.529
1 or 2 Days Rest	6.75	3	3	0	26	0	28.0	37	7	9	25	First Pitch	.378	37	14	2	0	2	5	2	0	.405	.595
3+ Days Rest	3.82	2	0	0	17	0	30.2	19	4	8	25	Ahead in Count	.205	146	30	10	0	3	16	0	49	.227	.336
Pre-All Star	7.36	2	0	0	21	0	33.0	37	8	11	26	Behind in Count	.367	49	18	4	1	6	19	9	0	.458	.857
Post-All Star	2.47	4	3	0	33	0	43.2	34	5	9	36	Two Strikes	.170	153	26	7	0	3	14	9	62	.229	.275

Career (1998-2001)

	ERA	W	L	Sv	G	GS	IP	H	HR	BB	SO		Avg	AB	H	2B	3B	HR	RBI	BB	SO	OBP	SLG
Home	4.98	7	3	0	74	0	112.0	105	22	44	98	vs. Left	.220	286	63	14	1	12	50	30	71	.298	.402
Away	4.37	4	5	0	65	0	82.1	78	15	30	72	vs. Right	.267	449	120	26	1	25	74	44	99	.339	.497
Day	3.54	7	2	0	41	0	61.0	47	9	27	48	Inning 1-6	.260	265	69	18	1	11	53	27	60	.331	.460
Night	5.27	4	6	0	98	0	133.1	136	28	47	122	Inning 7+	.243	470	114	22	1	26	71	47	110	.318	.460
Grass	4.96	9	8	0	131	0	185.0	180	37	71	162	None on	.243	407	99	20	1	21	21	35	96	.314	.452
Turf	0.00	2	0	0	8	0	9.1	3	0	3	8	Runners on	.256	328	84	20	1	16	103	39	74	.332	.470
March/April	5.74	1	0	0	11	0	15.2	12	5	8	17	Scoring Posn	.266	188	50	9	1	14	93	29	46	.352	.548
May	4.55	1	0	0	19	0	27.2	27	5	9	20	Close & Late	.344	131	45	8	1	9	31	14	31	.412	.626
June	5.70	1	1	0	26	0	42.2	39	9	13	45	None on/out	.287	174	50	11	1	9	9	9	46	.337	.517
July	4.50	0	0	0	14	0	22.0	23	3	6	15	vs. 1st Batr (relief)	.328	125	41	12	0	12	34	9	31	.374	.712
August	4.87	4	3	0	35	0	44.1	47	8	22	42	1st Inning Pitched	.240	458	110	25	2	26	94	47	114	.313	.474
Sept/Oct	3.43	4	4	0	34	0	42.0	35	7	16	31	First 15 Pitches	.254	382	97	22	2	25	74	35	85	.323	.518
Starter	0.00	0	0	0	0	0	0.0	0	0	0	0	Pitch 16-30	.211	327	50	9	0	6	32	29	64	.294	.325
Reliever	4.72	11	8	0	139	0	194.1	183	37	74	170	Pitch 31-45	.333	90	30	7	0	4	13	5	16	.388	.544
0 Days Rest (Relief)	4.33	2	0	0	22	0	35.1	34	4	12	27	Pitch 46+	.231	26	6	2	0	2	5	5	5	.355	.538
1 or 2 Days Rest	5.90	3	8	0	70	0	79.1	91	20	35	73	First Pitch	.269	93	25	7	0	4	13	7	0	.318	.473
3+ Days Rest	3.73	6	0	0	47	0	79.2	58	13	27	70	Ahead in Count	.191	361	69	19	1	9	40	0	142	.206	.324
vs. AL	4.90	7	2	0	58	0	86.1	86	15	35	76	Behind in Count	.415	142	59	8	1	19	50	30	0	.509	.887
vs. NL	4.58	4	6	0	81	0	108.0	97	22	39	94	Two Strikes	.155	388	60	13	0	8	34	37	170	.237	.250
Pre-All Star	5.30	3	1	0	58	0	90.0	81	19	31	84	Pre-All Star	.238	341	81	17	0	19	64	31	84	.311	.455
Post-All Star	4.23	8	7	0	81	0	104.1	102	18	43	86	Post-All Star	.259	394	102	23	2	18	60	43	86	.333	.464

Shane Spencer — Yankees
Age 30 – Bats Right (flyball hitter)

	Avg	G	AB	R	H	2B	3B	HR	RBI	BB	SO	HBP	GDP	SB	CS	OBP	SLG	IBB	SH	SF	#Pit	#P/PA	GB	FB	G/F
2001 Season	.258	80	283	40	73	14	2	10	46	21	58	4	4	4	1	.315	.428	0	0	3	1194	3.84	90	87	1.03
Career (1998-2001)	.269	251	803	116	216	39	5	37	133	63	166	8	9	5	8	.324	.468	0	0	12	3378	3.81	235	289	0.81

2001 Season

	Avg	AB	H	2B	3B	HR	RBI	BB	SO	OBP	SLG		Avg	AB	H	2B	3B	HR	RBI	BB	SO	OBP	SLG
vs. Left	.313	64	20	4	0	4	19	4	6	.348	.563	Scoring Posn	.253	79	20	7	1	1	30	7	20	.319	.405
vs. Right	.242	219	53	10	2	6	27	17	52	.306	.388	Close & Late	.243	37	9	3	0	0	1	4	13	.349	.324
Home	.289	135	39	10	1	6	28	10	24	.336	.511	None on/out	.243	70	17	1	0	2	2	2	11	.274	.343
Away	.230	148	34	4	1	4	18	11	34	.297	.351	Batting #6	.341	88	30	6	0	4	19	6	19	.383	.545
First Pitch	.364	33	12	1	0	3	8	0	0	.382	.667	Batting #7	.196	148	29	7	2	3	14	12	32	.264	.331
Ahead in Count	.343	67	23	2	0	5	17	11	0	.425	.597	Other	.298	47	14	1	0	3	13	3	7	.352	.511
Behind in Count	.170	141	24	7	1	2	16	0	51	.176	.277	Pre-All Star	.205	78	16	1	1	4	12	5	16	.250	.397
Two Strikes	.156	135	21	8	1	0	12	10	58	.218	.230	Post-All Star	.278	205	57	13	1	6	34	16	42	.339	.439

Career (1998-2001)

	Avg	AB	H	2B	3B	HR	RBI	BB	SO	OBP	SLG		Avg	AB	H	2B	3B	HR	RBI	BB	SO	OBP	SLG
vs. Left	.330	267	88	16	0	19	59	14	49	.358	.603	First Pitch	.368	114	42	8	1	10	30	0	0	.381	.719
vs. Right	.239	536	128	23	5	18	74	49	117	.308	.401	Ahead in Count	.343	181	62	10	1	13	38	27	0	.421	.624
Home	.286	381	109	23	2	20	71	27	83	.332	.514	Behind in Count	.188	361	68	14	1	6	37	0	137	.189	.283
Away	.254	422	107	16	3	17	62	36	83	.317	.427	Two Strikes	.155	367	57	13	2	4	32	0	166	.232	.234
Day	.277	292	81	14	1	12	53	16	62	.322	.455	Batting #6	.342	155	53	10	0	7	32	13	31	.393	.542
Night	.264	511	135	25	4	25	80	47	104	.325	.476	Batting #7	.249	386	96	19	5	15	48	30	89	.307	.440
Grass	.274	682	187	31	4	34	119	53	148	.326	.481	Other	.256	262	67	10	0	15	53	20	46	.309	.466
Turf	.240	121	29	8	1	3	14	10	18	.314	.397	March/April	.207	87	18	1	0	5	15	5	20	.245	.391
Pre-All Star	.255	439	112	15	4	19	65	37	92	.311	.437	May	.268	112	30	4	2	5	14	11	20	.325	.473
Post-All Star	.286	364	104	24	1	18	68	26	74	.339	.505	June	.284	183	52	8	2	9	33	17	39	.348	.497
Inning 1-6	.280	518	145	24	2	22	83	41	99	.332	.461	July	.269	145	39	7	1	2	20	13	23	.325	.372
Inning 7+	.249	285	71	15	3	15	50	22	67	.310	.481	August	.256	129	33	9	0	4	16	4	27	.287	.419
Scoring Posn	.268	209	56	17	1	9	96	22	43	.332	.488	Sept/Oct	.299	147	44	10	0	12	35	13	37	.356	.612
Close & Late	.265	102	27	7	2	2	8	6	27	.318	.431	vs. AL	.272	739	201	38	5	35	125	56	152	.326	.479
None on/out	.243	206	50	3	1	9	9	14	44	.297	.398	vs. NL	.234	64	15	1	0	2	8	7	14	.306	.344

Bill Spiers — Astros
Age 36 – Bats Left

	Avg	G	AB	R	H	2B	3B	HR	RBI	BB	SO	HBP	GDP	SB	CS	OBP	SLG	IBB	SH	SF	#Pit	#P/PA	GB	FB	G/F
2001 Season	.333	4	3	0	1	0	0	0	0	1	0	0	0	0	0	.500	.333	1	0	0	13	3.25	2	1	2.00
Last Five Years	.294	510	1426	214	419	89	16	15	173	203	187	7	31	38	16	.383	.410	12	7	6	6182	3.75	554	406	1.36

2001 Season

	Avg	AB	H	2B	3B	HR	RBI	BB	SO	OBP	SLG		Avg	AB	H	2B	3B	HR	RBI	BB	SO	OBP	SLG
vs. Left	.000	0	0	0	0	0	0	0	0	.000	.000	Scoring Posn	.000	0	0	0	0	0	0	1	0	1.000	.000
vs. Right	.333	3	1	0	0	0	0	1	0	.500	.333	Close & Late	.000	0	0	0	0	0	0	0	0	.000	.000

Last Five Years

	Avg	AB	H	2B	3B	HR	RBI	BB	SO	OBP	SLG		Avg	AB	H	2B	3B	HR	RBI	BB	SO	OBP	SLG
vs. Left	.277	148	41	8	2	0	25	25	29	.381	.358	First Pitch	.323	189	61	11	3	2	29	7	0	.350	.444
vs. Right	.296	1278	378	81	14	15	148	178	158	.383	.416	Ahead in Count	.331	356	118	34	5	3	46	127	0	.503	.430
Home	.290	701	203	47	8	4	79	94	92	.375	.397	Behind in Count	.248	585	145	21	5	6	51	0	160	.251	.332
Away	.298	725	216	42	8	11	94	109	95	.391	.423	Two Strikes	.251	585	147	26	8	7	55	69	187	.332	.359
Day	.305	442	135	23	3	7	55	74	70	.408	.419	Batting #2	.294	632	186	34	8	2	51	80	78	.376	.383
Night	.289	984	284	66	13	8	118	129	117	.371	.407	Batting #6	.282	181	51	10	2	3	25	31	24	.385	.409
Grass	.314	678	213	37	9	10	88	110	91	.410	.440	Other	.297	613	182	45	6	10	97	92	85	.390	.439
Turf	.275	748	206	52	7	5	85	93	96	.358	.384	March/April	.268	179	48	12	1	3	26	37	28	.392	.397
Pre-All Star	.298	754	225	53	7	7	91	124	102	.399	.415	May	.305	236	72	18	3	2	29	27	31	.377	.432
Post-All Star	.289	672	194	36	9	8	82	79	85	.365	.405	June	.300	270	81	17	2	2	25	46	36	.408	.400
Inning 1-6	.299	909	272	56	9	10	100	117	111	.380	.414	July	.274	281	77	18	2	3	32	33	36	.350	.384
Inning 7+	.284	517	147	33	7	5	73	86	76	.389	.404	August	.318	255	81	15	4	3	28	26	32	.384	.443
Scoring Posn	.346	353	122	27	7	8	159	67	48	.449	.530	Sept/Oct	.293	205	60	9	4	2	33	34	24	.392	.405
Close & Late	.322	276	89	21	4	3	43	45	49	.417	.460	vs. AL	.317	164	52	10	2	0	11	24	24	.404	.402
None on/out	.311	347	108	23	2	5	5	48	45	.396	.432	vs. NL	.291	1262	367	79	14	15	162	179	163	.380	.411

Scott Spiezio — Angels
Age 29 – Bats Both (flyball hitter)

	Avg	G	AB	R	H	2B	3B	HR	RBI	BB	SO	HBP	GDP	SB	CS	OBP	SLG	IBB	SH	SF	#Pit	#P/PA	GB	FB	G/F
2001 Season	.271	139	457	57	124	29	4	13	54	34	65	5	6	5	2	.326	.438	4	3	4	1724	3.43	125	193	0.65
Last Five Years	.253	612	1945	247	492	111	11	61	251	191	288	13	39	16	10	.321	.415	14	15	17	7702	3.53	567	763	0.74

2001 Season

	Avg	AB	H	2B	3B	HR	RBI	BB	SO	OBP	SLG		Avg	AB	H	2B	3B	HR	RBI	BB	SO	OBP	SLG
vs. Left	.239	109	26	8	0	0	6	11	22	.320	.312	First Pitch	.287	87	25	6	0	2	6	3	0	.319	.425
vs. Right	.282	348	98	21	4	13	48	23	43	.328	.477	Ahead in Count	.358	95	34	8	3	6	17	18	0	.465	.695
Home	.286	224	64	14	0	8	29	17	31	.336	.455	Behind in Count	.204	191	39	8	1	1	14	0	57	.206	.272
Away	.258	233	60	15	4	5	25	17	34	.316	.421	Two Strikes	.188	191	36	6	0	1	15	13	65	.245	.236
Day	.227	132	30	6	3	3	15	9	17	.286	.386	Batting #5	.286	182	52	10	0	7	25	13	24	.338	.456
Night	.289	325	94	23	1	10	39	25	48	.343	.458	Batting #6	.309	110	34	7	3	1	18	6	12	.361	.564
Grass	.266	410	109	28	3	12	49	33	59	.326	.437	Other	.230	165	38	12	1	5	13	13	29	.290	.333
Turf	.319	47	15	1	1	1	5	1	6	.333	.447	April	.205	44	9	4	0	1	5	5	9	.280	.295
Pre-All Star	.235	187	44	12	2	4	21	16	27	.300	.385	May	.264	72	19	5	1	0	5	10	5	.312	.403
Post-All Star	.296	270	80	17	2	9	33	18	38	.345	.474	June	.241	54	13	3	1	0	7	4	6	.311	.352

412

2001 Season

	Avg	AB	H	2B	3B	HR	RBI	BB	SO	OBP	SLG		Avg	AB	H	2B	3B	HR	RBI	BB	SO	OBP	SLG
Inning 1-6	.271	299	81	23	0	11	39	22	45	.324	.458	July	.307	88	27	3	3	6	12	6	18	.358	.614
Inning 7+	.272	158	43	6	4	2	15	12	20	.330	.399	August	.327	104	34	9	0	3	16	9	9	.388	.500
Scoring Posn	.245	102	25	7	1	2	40	13	20	.325	.392	Sept/Oct	.232	95	22	5	0	2	8	5	13	.267	.347
Close & Late	.301	73	22	2	3	2	9	6	12	.350	.493	vs. AL	.262	413	108	27	4	9	48	31	61	.318	.412
None on/out	.364	118	43	13	0	5	5	5	12	.395	.602	vs. NL	.364	44	16	2	0	4	6	3	4	.404	.682

2001 By Position

Position	Avg	AB	H	2B	3B	HR	RBI	BB	SO	OBP	SLG	G	GS	Innings	PO	A	E	DP	Fld Pct	Rng Fctr	In Zone	Zone Outs	Zone Rtg	MLB Zone
As DH	.164	55	9	2	0	0	5	5	8	.242	.200	20	13	—	—	—	—	—	—	—	—	—	—	—
As 1b	.286	343	98	24	3	10	39	23	45	.336	.461	105	88	791.2	819	74	1	64	.999	—	190	170	.895	.850
As 3b	.200	15	3	0	0	1	2	3	3	.333	.400	10	4	40.0	2	9	1	1	.917	2.47	15	9	.600	.761
As lf	.333	18	6	1	0	2	3	2	2	.381	.722	10	5	44.0	13	0	0	0	1.000	2.66	15	13	.867	.880

Last Five Years

	Avg	AB	H	2B	3B	HR	RBI	BB	SO	OBP	SLG		Avg	AB	H	2B	3B	HR	RBI	BB	SO	OBP	SLG
vs. Left	.244	505	123	28	1	11	59	54	93	.319	.368	First Pitch	.287	342	98	25	1	9	44	11	0	.315	.444
vs. Right	.256	1440	369	83	10	50	192	137	195	.322	.432	Ahead in Count	.310	420	130	27	7	23	71	97	0	.439	.571
Home	.262	980	257	55	5	33	136	100	141	.330	.430	Behind in Count	.200	795	159	30	3	17	77	0	242	.202	.309
Away	.244	965	235	56	6	28	115	91	147	.312	.401	Two Strikes	.185	788	146	34	2	12	71	83	288	.265	.279
Day	.255	715	182	42	6	22	99	71	101	.323	.422	Batting #6	.269	599	161	38	5	16	69	60	80	.340	.429
Night	.252	1230	310	69	5	39	152	120	187	.320	.411	Batting #7	.229	616	141	31	4	20	80	59	95	.296	.390
Grass	.253	1720	435	96	10	54	229	167	254	.320	.415	Other	.260	730	190	42	2	25	102	69	113	.327	.426
Turf	.253	225	57	15	1	7	22	24	34	.331	.422	March/April	.249	358	89	29	0	10	43	50	55	.340	.413
Pre-All Star	.239	1022	244	57	5	29	130	108	151	.312	.389	May	.254	390	99	23	3	11	53	33	56	.312	.413
Post-All Star	.269	923	248	54	6	32	121	83	137	.332	.444	June	.218	220	48	5	1	5	25	19	31	.285	.318
Inning 1-6	.257	1279	329	77	6	46	177	106	186	.316	.435	July	.282	241	68	7	4	12	36	15	41	.330	.494
Inning 7+	.245	666	163	34	5	15	74	85	102	.332	.378	August	.250	392	98	23	0	11	51	35	56	.316	.393
Scoring Posn	.235	472	111	28	6	14	185	71	75	.332	.409	Sept/Oct	.262	344	90	24	3	12	43	39	49	.334	.453
Close & Late	.245	310	76	14	3	7	37	39	50	.325	.377	vs. AL	.252	1760	444	105	10	56	232	176	263	.322	.419
None on/out	.291	440	128	29	1	16	16	29	61	.339	.470	vs. NL	.259	185	48	6	1	5	19	15	25	.318	.384

Junior Spivey — Diamondbacks   Age 27 – Bats Right

	Avg	G	AB	R	H	2B	3B	HR	RBI	BB	SO	HBP	GDP	SB	CS	OBP	SLG	IBB	SH	SF	#Pit	#P/PA	GB	FB	G/F
2001 Season	.258	72	163	33	42	6	3	5	21	23	47	2	3	3	0	.354	.423	0	6	1	759	3.89	56	36	1.56

2001 Season

	Avg	AB	H	2B	3B	HR	RBI	BB	SO	OBP	SLG		Avg	AB	H	2B	3B	HR	RBI	BB	SO	OBP	SLG
vs. Left	.323	65	21	6	1	3	14	11	19	.416	.585	Scoring Posn	.326	43	14	2	0	0	14	6	12	.400	.372
vs. Right	.214	98	21	0	2	2	7	12	28	.313	.316	Close & Late	.133	15	2	0	0	1	2	2	5	.235	.333
Home	.281	64	18	3	1	4	11	10	14	.387	.547	None on/out	.158	38	6	3	0	1	1	5	15	.256	.316
Away	.242	99	24	3	2	1	10	13	33	.333	.343	Batting #1	.179	28	5	2	0	0	3	5	11	.303	.250
First Pitch	.294	17	5	1	0	0	3	0	0	.294	.353	Batting #2	.287	108	31	2	2	5	17	16	25	.386	.481
Ahead in Count	.351	37	13	2	0	2	5	12	0	.520	.568	Other	.222	27	6	2	1	0	1	2	11	.276	.370
Behind in Count	.225	80	18	2	2	2	9	0	37	.235	.375	Pre-All Star	.292	48	14	1	2	1	7	5	15	.370	.458
Two Strikes	.177	79	14	2	1	2	10	11	47	.283	.304	Post-All Star	.243	115	28	5	1	4	14	18	32	.348	.409

Tim Spooneybarger — Braves   Age 22 – Pitches Right

	ERA	W	L	Sv	G	GS	IP	BB	SO	Avg	H	2B	3B	HR	RBI	OBP	SLG	GF	IR	IRS	Hld	SvOp	SB	CS	GB	FB	G/F
2001 Season	2.25	0	1	0	4	0	4.0	2	3	.313	5	1	0	0	1	.368	.375	3	0	0	0	0	0	0	7	4	1.75

2001 Season

	ERA	W	L	Sv	G	GS	IP	H	HR	BB	SO		Avg	AB	H	2B	3B	HR	BB	SO	OBP	SLG
Home	3.00	0	1	0	3	0	3.0	4	0	1	3	vs. Left	.750	4	3	0	0	0	1	2	1	.714	.750
Away	0.00	0	0	0	1	0	1.0	1	0	1	0	vs. Right	.167	12	2	1	0	0	0	0	0	.167	.250

Ed Sprague — Mariners   Age 34 – Bats Right (flyball hitter)

	Avg	G	AB	R	H	2B	3B	HR	RBI	BB	SO	HBP	GDP	SB	CS	OBP	SLG	IBB	SH	SF	#Pit	#P/PA	GB	FB	G/F
2001 Season	.298	45	94	9	28	7	0	2	16	11	18	1	3	0	0	.374	.436	1	0	1	380	3.55	29	35	0.83
Last Five Years	.243	558	1825	230	443	104	6	70	239	163	361	40	44	4	9	.317	.421	11	1	12	7401	3.63	529	672	0.79

2001 Season

	Avg	AB	H	2B	3B	HR	RBI	BB	SO	OBP	SLG		Avg	AB	H	2B	3B	HR	RBI	BB	SO	OBP	SLG
vs. Left	.318	66	21	6	0	1	13	6	8	.378	.455	Scoring Posn	.296	27	8	3	0	0	12	2	7	.333	.407
vs. Right	.250	28	7	1	0	1	3	5	10	.364	.393	Close & Late	.000	7	0	0	0	0	0	1	2	.125	.000

Last Five Years

	Avg	AB	H	2B	3B	HR	RBI	BB	SO	OBP	SLG		Avg	AB	H	2B	3B	HR	RBI	BB	SO	OBP	SLG
vs. Left	.247	594	147	38	2	26	87	63	115	.323	.449	First Pitch	.291	265	77	21	1	14	32	7	0	.326	.536
vs. Right	.240	1231	296	66	4	44	152	100	246	.314	.408	Ahead in Count	.314	405	127	31	1	23	75	86	0	.437	.565
Home	.243	863	210	48	3	30	117	74	172	.318	.410	Behind in Count	.187	829	155	29	3	23	80	0	297	.204	.312
Away	.242	962	233	56	3	40	122	89	189	.316	.431	Two Strikes	.163	828	135	26	2	19	71	70	361	.242	.268
Day	.259	568	147	38	1	27	90	49	118	.325	.472	Batting #5	.229	594	136	37	1	19	77	46	134	.294	.391
Night	.235	1257	296	66	5	43	149	114	243	.313	.399	Batting #6	.241	403	97	18	1	12	48	41	73	.318	.380
Grass	.247	951	235	50	3	43	124	87	190	.319	.442	Other	.254	828	210	49	4	39	120	76	154	.332	.464
Turf	.238	874	208	54	3	27	115	76	171	.315	.399	March/April	.300	280	84	28	1	13	46	25	53	.366	.546
Pre-All Star	.256	1081	277	74	5	48	162	111	213	.338	.467	May	.253	324	82	21	1	15	41	45	72	.355	.466
Post-All Star	.223	744	166	30	1	22	77	52	148	.284	.355	June	.251	355	89	21	3	17	60	27	61	.320	.470

413

Dennis Springer — Dodgers

Age 37 – Pitches Right (flyball pitcher)

	Avg	AB	H	2B	3B	HR	RBI	BB	SO	OBP	SLG		Avg	AB	H	2B	3B	HR	RBI	BB	SO	OBP	SLG
Inning 1-6	.253	1221	309	79	4	45	169	99	223	.321	.435	July	.220	410	90	13	0	14	42	23	85	.275	.354
Inning 7+	.222	604	134	25	2	25	70	64	138	.309	.394	August	.222	316	70	13	1	9	34	26	54	.284	.354
Scoring Posn	.240	459	110	28	1	14	165	52	110	.334	.397	Sept/Oct	.200	140	28	7	0	2	16	17	36	.300	.293
Close & Late	.222	293	65	11	1	8	27	27	68	.304	.348	vs. AL	.239	1068	255	57	3	41	128	99	194	.312	.413
None on/out	.293	433	127	29	2	25	25	36	72	.356	.543	vs. NL	.248	757	188	47	3	29	111	64	167	.323	.433

	ERA	W	L	Sv	G	GS	IP	BB	SO	Avg	H	2B	3B	HR	RBI	OBP	SLG	CG	ShO	Sup	QS	#P/S	SB	CS	GB	FB	G/F
2001 Season	3.32	1	1	0	4	3	19.0	2	7	.275	19	2	0	3	7	.324	.435	0	0	7.11	2	84	0	3	19	30	0.63
Last Five Years	5.13	19	38	1	105	79	537.0	204	216	.284	589	121	11	81	315	.354	.471	7	3	4.79	29	95	51	35	702	794	0.88

2001 Season

	ERA	W	L	Sv	G	GS	IP	H	HR	BB	SO		Avg	AB	H	2B	3B	HR	RBI	BB	SO	OBP	SLG
Home	9.00	0	0	0	1	1	4.0	7	1	0	2	vs. Left	.353	17	6	1	0	1	1	2	2	.450	.588
Away	1.80	1	1	0	3	2	15.0	12	2	2	5	vs. Right	.250	52	13	1	0	2	6	0	5	.278	.385

Last Five Years

	ERA	W	L	Sv	G	GS	IP	H	HR	BB	SO		Avg	AB	H	2B	3B	HR	RBI	BB	SO	OBP	SLG
Home	5.05	8	16	0	53	36	269.1	291	45	94	116	vs. Left	.304	943	287	64	7	43	163	114	91	.380	.524
Away	5.21	11	22	1	52	43	267.2	298	36	110	100	vs. Right	.267	1129	302	57	4	38	152	90	125	.332	.426
Day	5.07	6	8	0	31	23	151.0	167	15	61	54	Inning 1-6	.289	1752	506	103	10	62	276	184	178	.362	.465
Night	5.15	13	30	1	74	56	386.0	422	66	143	162	Inning 7+	.259	320	83	18	1	19	39	20	38	.309	.500
Grass	5.33	12	28	0	74	56	379.2	424	63	132	152	None on	.275	1200	330	70	4	47	47	106	125	.344	.458
Turf	4.63	7	10	0	31	23	157.1	165	18	72	64	Runners on	.297	872	259	51	7	34	268	98	91	.367	.489
March/April	5.68	1	7	0	17	11	77.2	97	10	28	42	Scoring Posn	.304	514	156	32	7	18	231	71	63	.381	.498
May	4.93	5	9	0	19	14	95.0	103	16	48	39	Close & Late	.284	141	40	9	1	12	25	7	17	.320	.617
June	5.09	3	6	0	18	16	97.1	106	15	35	42	None on/out	.284	532	151	37	1	19	19	46	50	.349	.464
July	5.25	5	4	0	14	14	85.2	99	8	33	40	vs. 1st Batr (relief)	.238	21	5	1	0	0	3	3	2	.346	.286
August	4.72	3	6	1	19	13	97.1	97	16	26	27	1st Inning Pitched	.268	380	102	13	2	13	63	47	59	.355	.416
Sept/Oct	5.25	2	6	0	18	11	84.0	87	16	34	26	First 75 Pitches	.284	1583	449	94	10	54	245	165	161	.357	.458
Starter	5.26	18	36	0	79	79	478.2	532	77	180	188	Pitch 76-90	.339	242	82	15	0	16	45	24	26	.407	.599
Reliever	4.01	1	2	1	26	0	58.1	57	4	24	28	Pitch 91-105	.250	156	39	8	0	8	18	9	22	.289	.455
0-3 Days Rest (Start)	4.69	3	9	0	17	17	103.2	108	18	30	46	Pitch 106+	.209	91	19	4	1	3	7	6	7	.263	.374
4 Days Rest	5.39	8	13	0	32	32	200.1	215	34	79	73	First Pitch	.298	326	97	25	1	12	49	3	0	.319	.491
5+ Days Rest	5.46	7	14	0	30	30	174.2	209	25	71	69	Ahead in Count	.222	825	183	38	3	17	77	0	177	.233	.337
vs. AL	5.13	12	20	0	55	41	294.2	309	46	126	124	Behind in Count	.379	523	198	38	6	37	130	118	0	.492	.686
vs. NL	5.13	7	18	1	50	38	242.1	280	35	78	92	Two Strikes	.204	788	161	28	0	17	69	83	216	.286	.305
Pre-All Star	5.43	9	25	0	58	45	290.0	334	43	123	132	Pre-All Star	.292	1145	334	74	6	43	183	123	132	.366	.479
Post-All Star	4.77	10	13	1	47	34	247.0	255	38	81	84	Post-All Star	.275	927	255	47	5	38	132	81	84	.338	.460

Russ Springer — Diamondbacks

Age 33 – Pitches Right (flyball pitcher)

	ERA	W	L	Sv	G	GS	IP	BB	SO	Avg	H	2B	3B	HR	RBI	OBP	SLG	GF	IR	IRS	Hld	SvOp	SB	CS	GB	FB	G/F
2001 Season	7.13	0	0	1	18	0	17.2	4	12	.274	20	1	1	5	14	.308	.521	9	6	2	2	1	2	0	17	35	0.49
Last Five Years	4.48	12	12	5	221	0	235.0	117	250	.240	213	43	4	29	145	.332	.396	54	125	41	29	15	35	4	196	309	0.63

2001 Season

	ERA	W	L	Sv	G	GS	IP	H	HR	BB	SO		Avg	AB	H	2B	3B	HR	RBI	BB	SO	OBP	SLG
Home	11.74	0	0	1	9	0	7.2	14	4	4	5	vs. Left	.357	28	10	0	1	3	6	0	4	.345	.750
Away	3.60	0	0	0	9	0	10.0	6	1	0	7	vs. Right	.222	45	10	1	0	2	8	4	8	.286	.378

Last Five Years

	ERA	W	L	Sv	G	GS	IP	H	HR	BB	SO		Avg	AB	H	2B	3B	HR	RBI	BB	SO	OBP	SLG
Home	5.37	7	4	3	113	0	119.0	117	19	65	130	vs. Left	.238	345	82	13	1	12	56	55	94	.354	.386
Away	3.57	5	8	2	108	0	116.0	96	10	52	120	vs. Right	.242	542	131	30	3	17	89	62	156	.317	.402
Day	4.36	3	4	1	64	0	74.1	66	9	32	77	Inning 1-6	.236	208	49	8	1	6	44	21	60	.309	.370
Night	4.54	9	8	4	157	0	160.2	147	20	85	173	Inning 7+	.242	679	164	35	3	23	101	96	190	.338	.404
Grass	4.37	9	9	4	163	0	177.0	154	22	95	178	None on	.219	456	100	20	3	15	15	53	130	.311	.375
Turf	4.81	3	3	1	58	0	58.0	59	7	22	72	Runners on	.262	431	113	23	1	14	130	64	120	.352	.418
March/April	4.57	3	3	1	37	0	43.1	38	6	21	42	Scoring Posn	.282	262	74	17	1	6	112	50	73	.388	.424
May	3.08	2	3	0	47	0	49.2	35	7	16	59	Close & Late	.234	282	66	10	1	12	50	42	75	.337	.404
June	8.74	1	2	0	33	0	34.0	45	6	28	32	None on/out	.237	194	46	9	2	6	6	26	56	.339	.397
July	4.38	3	2	1	37	0	37.0	36	3	19	43	vs. 1st Batr (relief)	.254	189	48	9	1	4	28	26	52	.348	.376
August	4.03	2	1	2	32	0	38.0	34	4	15	37	1st Inning Pitched	.237	704	167	32	2	23	116	82	195	.318	.386
Sept/Oct	2.73	1	1	1	35	0	33.0	25	3	18	37	First 15 Pitches	.249	538	134	22	2	20	82	57	138	.323	.409
Starter	0.00	0	0	0	0	0	0.0	0	0	0	0	Pitch 16-30	.223	273	61	16	1	6	43	45	87	.336	.355
Reliever	4.48	12	12	5	221	0	235.0	213	29	117	250	Pitch 31-45	.239	67	16	5	1	1	15	14	21	.378	.388
0 Days Rest (Relief)	3.32	3	2	1	37	0	40.2	35	2	18	47	Pitch 46+	.222	9	2	0	0	2	5	1	4	.300	.889
1 or 2 Days Rest	5.45	4	5	3	109	0	107.1	107	21	56	103	First Pitch	.272	92	25	6	0	4	25	10	0	.339	.467
3+ Days Rest	3.83	5	5	1	75	0	87.0	71	6	43	100	Ahead in Count	.212	485	103	16	3	8	49	0	207	.220	.311
vs. AL	8.53	2	2	0	19	0	19.0	23	3	12	15	Behind in Count	.328	122	40	11	0	8	33	36	0	.481	.615
vs. NL	4.13	10	10	5	202	0	216.0	190	26	105	235	Two Strikes	.203	536	109	23	3	12	67	71	250	.300	.325
Pre-All Star	5.05	8	8	1	125	0	135.1	127	19	68	142	Pre-All Star	.245	518	127	30	2	19	91	68	142	.333	.421
Post-All Star	3.70	4	4	4	96	0	99.2	86	10	49	108	Post-All Star	.233	369	86	13	2	10	54	49	108	.330	.360

Matt Stairs — Cubs
Age 34 – Bats Left (flyball hitter)

	Avg	G	AB	R	H	2B	3B	HR	RBI	BB	SO	HBP	GDP	SB	CS	OBP	SLG	IBB	SH	SF	#Pit	#P/PA	GB	FB	G/F
2001 Season	.250	128	340	48	85	21	0	17	61	52	76	7	4	2	3	.358	.462	7	1	3	1577	3.91	104	112	0.93
Last Five Years	.265	699	2222	366	589	125	4	129	423	328	475	19	38	20	17	.362	.499	22	4	18	10478	4.04	697	748	0.93

2001 Season

	Avg	AB	H	2B	3B	HR	RBI	BB	SO	OBP	SLG		Avg	AB	H	2B	3B	HR	RBI	BB	SO	OBP	SLG
vs. Left	.172	29	5	3	0	0	7	3	12	.242	.276	First Pitch	.390	41	16	4	0	4	9	6	0	.479	.780
vs. Right	.257	311	80	18	0	17	54	49	64	.369	.479	Ahead in Count	.369	84	31	9	0	3	16	27	0	.518	.583
Home	.224	170	38	8	0	5	18	20	41	.318	.359	Behind in Count	.201	144	29	5	0	8	31	0	58	.218	.403
Away	.276	170	47	13	0	12	43	32	35	.396	.565	Two Strikes	.152	165	25	5	0	8	23	19	76	.251	.327
Day	.218	188	41	9	0	8	25	25	50	.323	.394	Batting #4	.267	161	43	12	0	8	33	27	31	.390	.491
Night	.289	152	44	12	0	9	36	27	26	.401	.546	Batting #5	.231	65	15	3	0	5	14	4	17	.268	.508
Grass	.255	329	84	21	0	17	61	49	75	.361	.474	Other	.237	114	27	6	0	4	14	21	28	.360	.395
Turf	.091	11	1	0	0	0	0	3	1	.286	.091	April	.262	42	11	4	0	2	6	10	.367	.357
Pre-All Star	.260	200	52	14	0	10	37	35	46	.379	.480	May	.239	71	17	3	0	4	12	12	16	.349	.451
Post-All Star	.236	140	33	7	0	7	24	17	30	.327	.436	June	.303	66	20	6	0	6	18	16	18	.453	.667
Inning 1-6	.279	247	69	16	0	16	56	33	49	.374	.538	July	.222	72	16	4	0	0	10	7	8	.309	.278
Inning 7+	.172	93	16	5	0	1	5	19	27	.319	.258	August	.196	51	10	1	0	3	7	7	14	.300	.392
Scoring Posn	.250	92	23	5	0	5	43	24	21	.405	.467	Sept/Oct	.289	38	11	3	0	4	12	4	10	.349	.684
Close & Late	.136	44	6	3	0	0	3	8	13	.278	.205	vs. AL	.135	37	5	1	0	0	6	4	6	.250	.162
None on/out	.319	91	29	8	0	5	5	11	16	.404	.571	vs. NL	.264	303	80	20	0	17	55	48	70	.372	.498

2001 By Position

Position	Avg	AB	H	2B	3B	HR	RBI	BB	SO	OBP	SLG	G	GS	Innings	PO	A	E	DP	Fld Pct	Rng Fctr	In Zone	Outs	Zone Rtg	MLB Zone
As 1b	.254	260	66	17	0	13	44	40	57	.368	.469	89	74	636.2	516	51	4	38	.993	—	117	95	.812	.850
As lf	.271	59	16	3	0	4	15	6	15	.328	.525	22	19	141.2	31	1	0	0	1.000	2.03	34	29	.853	.880

Last Five Years

	Avg	AB	H	2B	3B	HR	RBI	BB	SO	OBP	SLG		Avg	AB	H	2B	3B	HR	RBI	BB	SO	OBP	SLG
vs. Left	.242	557	135	28	0	29	99	72	152	.331	.449	First Pitch	.328	235	77	16	0	20	52	15	0	.377	.651
vs. Right	.273	1665	454	97	4	100	324	256	323	.372	.516	Ahead in Count	.343	557	191	40	1	51	142	182	0	.501	.693
Home	.266	1127	300	65	2	65	205	166	231	.360	.500	Behind in Count	.207	938	194	38	2	24	133	0	363	.212	.328
Away	.264	1095	289	60	2	64	218	162	244	.364	.498	Two Strikes	.188	1115	210	39	3	37	155	131	475	.277	.328
Day	.270	927	250	58	3	51	177	137	186	.366	.504	Batting #4	.248	1011	251	62	2	46	183	138	205	.343	.450
Night	.262	1295	339	67	1	78	246	191	289	.358	.496	Batting #5	.264	651	172	32	1	41	109	94	153	.358	.519
Grass	.266	1960	521	109	4	114	372	296	422	.364	.500	Other	.296	560	166	31	1	39	131	96	117	.398	.564
Turf	.260	262	68	16	0	15	51	32	53	.347	.492	March/April	.277	296	82	21	1	16	52	46	71	.375	.520
Pre-All Star	.274	1144	313	73	3	64	225	176	257	.371	.510	May	.259	367	95	22	1	22	74	59	76	.364	.504
Post-All Star	.256	1078	276	52	1	65	198	152	218	.349	.487	June	.302	387	117	24	1	23	83	54	84	.395	.548
Inning 1-6	.276	1509	417	89	3	89	305	221	301	.371	.516	July	.259	355	92	18	0	21	68	63	74	.373	.487
Inning 7+	.241	713	172	36	1	40	118	107	174	.342	.463	August	.254	448	114	18	0	29	88	53	85	.335	.489
Scoring Posn	.258	636	164	35	2	38	298	113	146	.369	.495	Sept/Oct	.241	369	89	21	1	18	58	53	85	.336	.450
Close & Late	.245	323	79	15	0	17	59	47	89	.344	.449	vs. AL	.260	1675	436	91	4	97	313	244	356	.356	.493
None on/out	.288	511	147	33	2	35	35	75	102	.381	.566	vs. NL	.280	547	153	34	0	32	110	84	119	.380	.517

Jason Standridge — Devil Rays
Age 23 – Pitches Right

	ERA	W	L	Sv	G	GS	IP	BB	SO	Avg	H	2B	3B	HR	RBI	OBP	SLG	GF	IR	IRS	Hld	SvOp	SB	CS	GB	FB	G/F
2001 Season	4.66	0	0	0	9	1	19.1	14	9	.260	19	2	0	5	10	.379	.493	6	3	0	0	0	1	1	26	24	1.08

2001 Season

	ERA	W	L	Sv	G	GS	IP	H	HR	BB	SO		Avg	AB	H	2B	3B	HR	RBI	BB	SO	OBP	SLG
Home	5.06	0	0	0	4	1	10.2	10	3	5	7	vs. Left	.276	29	8	0	0	1	2	9	3	.447	.379
Away	4.15	0	0	0	5	0	8.2	9	2	9	2	vs. Right	.250	44	11	2	0	4	8	5	6	.327	.568

Mike Stanton — Yankees
Age 35 – Pitches Left

	ERA	W	L	Sv	G	GS	IP	BB	SO	Avg	H	2B	3B	HR	RBI	OBP	SLG	GF	IR	IRS	Hld	SvOp	SB	CS	GB	FB	G/F
2001 Season	2.58	9	4	0	76	0	80.1	29	78	.263	80	15	2	4	29	.332	.365	16	44	12	23	1	2	2	86	90	0.96
Last Five Years	3.81	23	11	9	349	1	356.1	131	351	.252	340	59	5	30	159	.322	.370	87	244	60	103	25	9	8	408	371	1.10

2001 Season

	ERA	W	L	Sv	G	GS	IP	BB	SO	H	HR		Avg	AB	H	2B	3B	HR	RBI	BB	SO	OBP	SLG
Home	0.89	3	1	0	38	0	40.2	38	1	14	42	vs. Left	.283	113	32	6	2	2	15	11	28	.359	.425
Away	4.31	6	3	0	38	0	39.2	42	3	15	36	vs. Right	.251	191	48	9	0	2	14	18	50	.316	.330
Day	2.78	4	2	0	29	0	32.1	29	2	9	34	Inning 1-6	.200	5	1	0	0	0	2	1	2	.333	.200
Night	2.44	5	2	0	47	0	48.0	51	2	20	44	Inning 7+	.264	299	79	15	2	4	27	28	76	.332	.368
Grass	2.91	8	3	0	63	0	65.0	66	3	23	65	None on	.260	169	44	8	1	3	3	13	49	.324	.373
Turf	1.17	1	1	0	13	0	15.1	14	1	6	13	Runners on	.267	135	36	7	1	1	26	16	29	.342	.356
April	0.60	1	0	0	12	0	15.0	13	0	5	13	Scoring Posn	.286	70	20	5	0	0	22	12	11	.384	.357
May	2.51	3	0	0	13	0	14.1	11	0	5	15	Close & Late	.255	184	47	12	2	2	15	16	54	.324	.375
June	2.70	2	1	0	16	0	16.2	20	2	7	20	None out	.186	70	13	3	0	0	4	25	.260	.229
July	0.77	1	0	0	11	0	11.2	7	0	4	13	vs. 1st Batr (relief)	.203	69	14	3	0	1	10	3	22	.263	.290
August	7.84	1	2	0	13	0	10.1	16	1	9	8	1st Inning Pitched	.249	229	57	12	0	3	27	20	59	.316	.341
Sept/Oct	2.19	1	0	0	11	0	12.1	13	1	9	First 15 Pitches	.239	209	50	8	0	3	21	15	52	.299	.321
Starter	0.00	0	0	0	0	0	0.0	0	0	0	0	Pitch 16-30	.329	85	28	7	2	1	8	14	21	.424	.494
Reliever	2.58	9	4	0	76	0	80.1	80	4	29	78	Pitch 31-45	.200	10	2	0	0	0	0	5	.200	.200
0 Days Rest (Relief)	2.42	2	2	0	22	0	22.1	18	3	9	23	Pitch 46+	.000	0	0	0	0	0	0	0	.000	.000

	ERA	W	L	Sv	G	GS	IP	H	HR	BB	SO	2001 Season	Avg	AB	H	2B	3B	HR	RBI	BB	SO	OBP	SLG
1 or 2 Days Rest	2.51	5	1	0	38	0	43.0	46	0	17	39	First Pitch	.341	41	14	1	1	0	5	8	0	.462	.415
3+ Days Rest	3.00	2	1	0	16	0	15.0	16	1	3	16	Ahead in Count	.210	162	34	9	1	1	10	0	71	.213	.296
vs. AL	2.65	8	4	0	66	0	68.0	71	3	25	68	Behind in Count	.286	49	14	2	0	2	6	14	0	.438	.449
vs. NL	2.19	1	0	0	10	0	12.1	9	1	4	10	Two Strikes	.196	163	32	7	0	2	10	7	78	.228	.276
Pre-All Star	1.89	6	2	0	43	0	47.2	46	2	16	50	Pre-All Star	.258	178	46	7	1	2	14	16	50	.322	.343
Post-All Star	3.58	3	2	0	33	0	32.2	34	2	13	28	Post-All Star	.270	126	34	8	1	2	15	13	28	.348	.397

	ERA	W	L	Sv	G	GS	IP	H	HR	BB	SO	Last Five Years	Avg	AB	H	2B	3B	HR	RBI	BB	SO	OBP	SLG
Home	2.92	10	4	3	174	1	179.0	176	14	62	172	vs. Left	.263	510	134	27	3	13	76	39	145	.320	.404
Away	4.72	13	7	6	175	0	177.1	164	16	69	179	vs. Right	.245	840	206	32	2	17	83	92	206	.323	.349
Day	2.80	10	2	5	120	1	128.2	116	8	49	122	Inning 1-6	.231	65	15	0	0	8	10	7	342	.277	
Night	4.39	13	9	4	229	0	227.2	224	22	82	229	Inning 7+	.253	1285	325	56	5	30	151	121	334	.321	.374
Grass	3.98	20	9	6	299	1	303.0	296	27	108	299	None on	.247	734	181	34	3	17	17	56	193	.304	.371
Turf	2.87	3	2	3	50	0	53.1	44	3	23	52	Runners on	.258	616	159	25	2	13	142	75	158	.343	.369
March/April	3.69	3	3	4	62	0	53.2	51	3	15	47	Scoring Posn	.249	378	94	18	1	10	132	48	96	.334	.381
May	2.28	6	0	1	54	1	59.1	50	1	18	54	Close & Late	.262	683	179	28	4	19	96	72	183	.338	.398
June	4.55	2	2	0	61	0	65.1	59	7	28	69	None on/out	.231	321	74	12	2	5	5	23	87	.288	.327
July	2.94	3	0	1	49	0	49.0	36	3	26	55	vs. 1st Batr (relief)	.199	312	62	12	1	4	31	26	87	.269	.282
August	5.59	2	4	2	64	0	66.0	80	10	29	63	1st Inning Pitched	.252	1022	258	47	3	26	142	95	272	.321	.381
Sept/Oct	3.43	2	2	1	59	0	63.0	64	6	15	63	First 15 Pitches	.245	883	216	41	3	16	97	72	221	.307	.352
Starter	0.00	0	0	0	1	1	4.0	2	0	1	3	Pitch 16-30	.273	381	104	15	2	13	56	43	110	.348	.425
Reliever	3.86	23	11	9	348	0	352.1	338	30	130	348	Pitch 31-45	.269	67	18	3	0	1	6	10	16	.364	.358
0 Days Rest (Relief)	3.65	8	5	2	105	0	106.0	93	11	38	90	Pitch 46+	.105	19	2	0	0	0	0	6	4	.320	.105
1 or 2 Days Rest	3.98	8	4	5	156	0	158.1	159	11	68	158	First Pitch	.336	137	46	4	2	6	15	14	0	.411	.526
3+ Days Rest	3.89	7	2	2	87	0	88.0	86	8	24	100	Ahead in Count	.174	731	127	22	1	8	58	0	317	.180	.239
vs. AL	3.89	19	10	8	310	1	315.0	310	27	113	310	Behind in Count	.364	247	90	23	1	9	52	70	0	.500	.575
vs. NL	3.27	4	1	1	39	0	41.1	30	3	18	41	Two Strikes	.181	742	134	17	1	10	64	47	351	.231	.247
Pre-All Star	3.47	17	5	5	191	1	192.0	173	12	70	184	Pre-All Star	.241	718	173	26	2	12	74	70	184	.314	.333
Post-All Star	4.22	6	6	4	158	0	164.1	167	18	61	167	Post-All Star	.264	632	167	33	3	18	85	61	167	.331	.411

Denny Stark — Mariners   Age 27 – Pitches Right (flyball pitcher)

	ERA	W	L	Sv	G	GS	IP	BB	SO	Avg	H	2B	3B	HR	RBI	OBP	SLG	CG	ShO	Sup	QS	#P/S	SB	CS	GB	FB	G/F
2001 Season	9.20	1	1	0	4	3	14.2	4	12	.333	21	3	2	5	13	.368	.683	0	0	4.91	0	69	0	1	16	27	0.59
Career (1999-2001)	9.43	1	1	0	9	3	21.0	8	16	.344	31	5	2	5	16	.394	.611	0	0	3.43	0	69	1	0	27	33	0.82

	ERA	W	L	Sv	G	GS	IP	H	HR	BB	SO	2001 Season	Avg	AB	H	2B	3B	HR	RBI	BB	SO	OBP	SLG
Home	0.00	0	0	0	1	1	3.0	1	0	1	2	vs. Left	.342	38	13	2	2	3	8	4	6	.395	.737
Away	11.57	1	1	0	3	2	11.2	20	5	3	10	vs. Right	.320	25	8	1	0	2	5	0	6	.320	.600

Gene Stechschulte — Cardinals   Age 28 – Pitches Right

	ERA	W	L	Sv	G	GS	IP	BB	SO	Avg	H	2B	3B	HR	RBI	OBP	SLG	GF	IR	IRS	Hld	SvOp	SB	CS	GB	FB	G/F
2001 Season	3.86	1	5	6	67	0	70.0	30	51	.273	71	15	1	10	39	.354	.454	18	35	9	13	8	5	3	101	75	1.35
Career (2000-2001)	4.52	2	5	6	87	0	95.2	47	63	.266	95	21	2	16	61	.354	.471	25	45	14	16	9	5	3	142	104	1.37

	ERA	W	L	Sv	G	GS	IP	H	HR	BB	SO	2001 Season	Avg	AB	H	2B	3B	HR	RBI	BB	SO	OBP	SLG
Home	3.03	1	2	5	34	0	35.2	34	5	13	33	vs. Left	.275	80	22	5	0	1	5	11	11	.370	.375
Away	4.72	0	3	1	33	0	34.1	37	5	17	18	vs. Right	.272	180	49	10	1	9	34	19	40	.346	.489
Day	3.18	0	1	3	26	0	28.1	28	5	13	21	Inning 1-6	.286	56	16	4	1	2	10	6	10	.355	.500
Night	4.32	1	4	3	41	0	41.2	43	5	17	30	Inning 7+	.270	204	55	11	0	8	29	24	41	.353	.441
Grass	3.93	1	5	6	64	0	66.1	70	10	28	48	None on	.286	133	38	5	0	6	6	18	29	.379	.459
Turf	2.45	0	0	0	3	0	3.2	1	0	2	3	Runners on	.260	127	33	10	1	4	33	12	22	.326	.449
April	2.84	0	1	1	10	0	12.2	10	2	7	8	Scoring Posn	.323	62	20	6	0	3	29	10	8	.416	.565
May	2.92	0	1	0	12	0	12.1	12	0	5	11	Close & Late	.228	101	23	6	0	3	14	14	23	.325	.376
June	6.17	0	2	1	12	0	11.2	20	4	3	10	None on/out	.230	61	14	3	0	2	2	6	14	.309	.377
July	6.30	0	0	0	9	0	10.0	13	2	5	4	vs. 1st Batr (relief)	.250	60	15	3	0	3	8	5	14	.303	.450
August	1.84	1	0	1	12	0	14.2	8	2	6	11	1st Inning Pitched	.280	207	58	12	1	6	33	22	39	.353	.435
Sept/Oct	4.15	0	1	3	12	0	8.2	8	0	6	7	First 15 Pitches	.272	184	50	12	1	5	25	18	34	.341	.429
Starter	0.00	0	0	0	0	0	0.0	0	0	0	0	Pitch 16-30	.296	71	21	3	0	5	14	12	17	.405	.549
Reliever	3.86	1	5	6	67	0	70.0	71	10	30	51	Pitch 31-45	.000	5	0	0	0	0	0	0	0	.000	.000
0 Days Rest (Relief)	2.45	0	3	4	16	0	18.1	11	1	8	15	Pitch 46+	.000	0	0	0	0	0	0	0	0	.000	.000
1 or 2 Days Rest	5.83	0	2	1	32	0	29.1	44	6	13	19	First Pitch	.270	37	10	3	0	2	4	2	0	.325	.514
3+ Days Rest	2.42	1	0	1	19	0	22.1	16	3	9	17	Ahead in Count	.223	130	29	8	1	1	14	0	45	.237	.323
vs. AL	5.14	0	1	0	7	0	7.0	6	3	2	6	Behind in Count	.447	47	21	3	0	6	16	14	0	.565	.894
vs. NL	3.71	1	4	6	60	0	63.0	65	7	28	45	Two Strikes	.194	124	24	6	0	2	11	14	51	.284	.290
Pre-All Star	3.61	0	4	2	38	0	42.1	47	6	17	32	Pre-All Star	.292	161	47	9	1	6	21	17	32	.359	.472
Post-All Star	4.23	1	1	4	29	0	27.2	24	4	13	19	Post-All Star	.242	99	24	6	0	4	18	13	19	.345	.424

Blake Stein — Royals
Age 28 – Pitches Right (flyball pitcher)

	ERA	W	L	Sv	G	GS	IP	BB	SO	Avg	H	2B	3B	HR	RBI	OBP	SLG	GF	IR	IRS	Hld	SvOp	SB	CS	GB	FB	G/F
2001 Season	4.74	7	8	1	36	15	131.0	79	113	.233	112	16	1	20	73	.342	.395	5	12	9	1	2	14	6	137	147	0.93
Career (1998-2001)	5.14	21	24	1	90	64	429.0	254	327	.244	392	69	4	72	241	.351	.426	5	16	11	1	2	38	18	448	555	0.81

2001 Season

	ERA	W	L	Sv	G	GS	IP	H	HR	BB	SO		Avg	AB	H	2B	3B	HR	RBI	BB	SO	OBP	SLG
Home	4.48	3	4	1	18	8	72.1	64	11	39	61	vs. Left	.229	249	57	6	0	13	47	49	55	.355	.426
Away	5.06	4	4	0	18	7	58.2	48	9	40	52	vs. Right	.237	232	55	10	1	7	26	30	58	.327	.379
Starter	5.04	6	6	0	15	15	75.0	65	12	51	69	Scoring Posn	.291	103	30	3	0	8	55	23	24	.412	.553
Reliever	4.34	1	2	1	21	0	56.0	47	8	28	44	Close & Late	.267	15	4	0	0	1	3	2	0	.333	.467
0 Days Rest (Relief)	0.00	0	1	0	1	0	0.1	0	0	0	0	None on/out	.204	113	23	4	0	4	23	30	.343	.345
1 or 2 Days Rest	5.91	0	0	0	5	0	10.2	11	0	5	11	First Pitch	.313	48	15	0	0	1	7	0	0	.327	.375
3+ Days Rest	4.00	1	1	0	15	0	45.0	36	8	23	33	Ahead in Count	.188	234	44	4	0	8	34	0	89	.194	.308
Pre-All Star	5.78	4	6	0	20	10	71.2	64	13	48	67	Behind in Count	.305	105	32	6	0	9	19	44	0	.507	.619
Post-All Star	3.49	3	2	1	16	5	59.1	48	7	31	46	Two Strikes	.165	243	40	5	0	8	33	35	113	.274	.284

Career (1998-2001)

	ERA	W	L	Sv	G	GS	IP	H	HR	BB	SO		Avg	AB	H	2B	3B	HR	RBI	BB	SO	OBP	SLG
Home	4.19	12	10	1	45	32	232.0	200	34	118	172	vs. Left	.231	789	182	28	2	37	120	152	146	.356	.412
Away	6.26	9	14	0	45	32	197.0	192	38	136	155	vs. Right	.257	818	210	41	2	35	121	102	181	.346	.440
Day	4.04	10	6	0	27	22	144.2	95	17	95	102	Inning 1-6	.247	1394	344	64	3	60	211	214	291	.352	.426
Night	5.70	11	18	1	63	42	284.1	297	55	159	225	Inning 7+	.225	213	48	5	1	12	30	40	36	.347	.427
Grass	5.00	19	21	1	81	57	389.0	354	64	220	298	None on	.235	885	208	37	4	33	33	151	191	.353	.398
Turf	6.53	2	3	0	9	7	40.0	38	8	34	29	Runners on	.255	722	184	32	0	39	208	103	136	.350	.461
March/April	8.10	1	3	0	5	5	23.1	24	6	19	19	Scoring Posn	.270	370	100	20	0	23	170	70	88	.384	.511
May	4.22	2	2	0	12	6	49.0	48	8	24	45	Close & Late	.192	73	14	2	0	4	10	10	12	.291	.384
June	6.44	3	4	0	9	8	43.1	39	11	23	42	None on/out	.238	403	96	11	1	20	20	70	82	.355	.419
July	6.27	3	5	1	10	8	47.1	79.0	78	13	50	64	vs. 1st Batr (relief)	.273	22	6	1	0	2	6	3	7	.346	.591
August	4.98	6	4	1	24	19	124.2	109	17	73	82	1st Inning Pitched	.248	335	83	18	0	17	63	51	79	.351	.454
Sept/Oct	3.78	6	5	0	23	15	109.2	94	17	65	75	First 15 Pitches	.258	233	60	14	0	13	34	26	49	.340	.485
Starter	5.20	20	21	0	64	64	361.2	331	63	216	270	Pitch 16-30	.217	272	59	11	2	10	37	43	67	.327	.382
Reliever	4.81	1	3	1	26	0	67.1	61	9	38	57	Pitch 31-45	.216	245	53	10	0	2	26	44	58	.347	.282
0 Days Rest (Relief)	0.00	0	1	0	1	0	0.1	0	0	0	0	Pitch 46+	.257	857	220	34	2	47	144	141	153	.363	.466
1 or 2 Days Rest	5.40	0	0	0	6	0	11.2	12	0	6	13	First Pitch	.318	201	64	10	1	11	45	3	0	.333	.542
3+ Days Rest	4.72	1	2	1	19	0	55.1	49	9	32	44	Ahead in Count	.202	738	149	22	1	24	77	0	263	.212	.332
vs. AL	5.04	18	20	1	79	55	374.2	345	62	230	276	Behind in Count	.293	341	100	21	1	21	59	146	0	.504	.545
vs. NL	5.80	3	4	0	11	9	54.1	47	10	24	51	Two Strikes	.186	796	148	20	0	29	90	105	327	.284	.320
Pre-All Star	6.28	7	12	0	31	21	134.2	129	28	78	120	Pre-All Star	.248	521	129	24	2	28	86	78	120	.348	.463
Post-All Star	4.62	14	12	1	59	43	294.1	263	44	176	207	Post-All Star	.242	1086	263	45	2	44	155	176	207	.353	.409

Lee Stevens — Expos
Age 34 – Bats Left

	Avg	G	AB	R	H	2B	3B	HR	RBI	BB	SO	HBP	GDP	SB	CS	OBP	SLG	IBB	SH	SF	#Pit	#P/PA	GB	FB	G/F
2001 Season	.245	152	542	77	133	35	1	25	95	74	157	5	17	2	1	.338	.452	12	0	7	2430	3.87	190	130	1.46
Last Five Years	.271	678	2278	323	617	134	10	112	384	228	570	49	5	9	.337	.486	34	1	20	9262	3.65	810	576	1.41

2001 Season

	Avg	AB	H	2B	3B	HR	RBI	BB	SO	OBP	SLG		Avg	AB	H	2B	3B	HR	RBI	BB	SO	OBP	SLG
vs. Left	.243	152	37	9	1	5	28	16	46	.318	.414	First Pitch	.333	90	30	8	0	6	22	9	0	.379	.622
vs. Right	.246	390	96	26	0	20	67	58	111	.345	.467	Ahead in Count	.317	104	33	8	1	9	29	35	0	.489	.673
Home	.254	256	65	17	0	12	48	35	75	.343	.461	Behind in Count	.176	245	43	14	0	5	19	0	125	.184	.294
Away	.238	286	68	18	1	13	47	39	82	.325	.444	Two Strikes	.162	284	46	14	0	6	28	30	157	.247	.275
Day	.235	166	39	11	0	6	30	15	51	.299	.410	Batting #4	.240	192	46	14	1	6	29	33	61	.357	.417
Night	.250	376	94	24	1	19	65	59	106	.354	.471	Batting #5	.242	198	48	10	0	11	42	22	53	.316	.460
Grass	.217	244	53	13	1	10	39	31	68	.310	.402	Other	.257	152	39	11	0	8	24	19	43	.341	.487
Turf	.268	298	80	22	0	15	56	43	89	.360	.493	April	.253	95	24	9	0	5	24	6	22	.288	.505
Pre-All Star	.248	319	79	18	0	14	59	31	84	.316	.436	May	.257	105	27	5	0	5	17	7	29	.307	.448
Post-All Star	.242	223	54	17	1	11	36	43	73	.367	.475	June	.226	93	21	3	0	2	11	11	23	.318	.323
Inning 1-6	.259	363	94	22	0	19	70	43	110	.339	.477	July	.259	81	21	6	0	4	19	22	33	.419	.481
Inning 7+	.218	179	39	13	1	6	25	31	47	.335	.402	August	.221	86	19	4	1	4	11	9	27	.302	.430
Scoring Posn	.279	147	41	14	0	6	72	38	42	.411	.497	Sept/Oct	.256	82	21	8	0	5	21	23	28	.392	.537
Close & Late	.241	79	19	8	0	3	14	20	17	.394	.456	vs. AL	.230	61	14	3	0	3	12	12	16	.365	.426
None on/out	.242	161	39	9	0	7	10	48	.299	.429	vs. NL	.247	481	119	32	1	22	83	62	141	.334	.455

2001 By Position

Position	Avg	AB	H	2B	3B	HR	RBI	BB	SO	OBP	SLG	G	GS	Innings	PO	A	E	DP	Fld Pct	Rng Fctr	In Zone	Zone Outs	Zone Rtg	MLB Zone
As 1b	.246	541	133	35	1	25	95	74	157	.338	.453	152	149	1304.0	1287	92	19	113	.986	—	254	200	.787	.850

Last Five Years

	Avg	AB	H	2B	3B	HR	RBI	BB	SO	OBP	SLG		Avg	AB	H	2B	3B	HR	RBI	BB	SO	OBP	SLG
vs. Left	.267	465	124	24	2	21	95	47	136	.337	.462	First Pitch	.361	396	143	36	0	25	81	27	0	.396	.641
vs. Right	.272	1813	493	110	8	91	289	181	434	.336	.492	Ahead in Count	.346	439	152	23	4	38	102	104	0	.471	.677
Home	.285	1147	327	70	4	61	209	114	289	.353	.513	Behind in Count	.190	1025	195	45	3	33	122	0	465	.193	.337
Away	.256	1131	290	64	6	51	175	114	281	.324	.459	Two Strikes	.165	1089	180	39	5	28	114	97	570	.235	.287
Day	.247	576	142	30	1	26	90	60	150	.317	.438	Batting #5	.279	764	213	36	2	41	144	74	174	.342	.492
Night	.279	1702	475	104	9	86	294	168	420	.343	.502	Batting #7	.283	664	182	36	5	37	106	74	146	.344	.528
Grass	.268	1495	400	80	8	66	237	126	368	.324	.464	Other	.255	872	222	62	3	34	134	92	250	.327	.450
Turf	.277	783	217	54	2	46	147	102	202	.360	.527	March/April	.276	409	113	22	1	30	101	41	99	.340	.555

417

	Avg	AB	H	2B	3B	HR	RBI	BB	SO	OBP	SLG		Avg	AB	H	2B	3B	HR	RBI	BB	SO	OBP	SLG
												Last Five Years											
Pre-All Star	.265	1292	343	74	4	68	239	137	321	.335	.487	May	.267	438	117	33	1	20	69	45	111	.333	.484
Post-All Star	.278	986	274	60	6	44	145	91	249	.339	.485	June	.240	341	82	16	0	15	48	40	81	.321	.419
Inning 1-6	.269	1529	411	89	8	76	258	142	377	.331	.487	July	.269	346	93	16	3	11	51	45	92	.354	.428
Inning 7+	.275	749	206	45	2	36	126	86	193	.348	.485	August	.289	384	111	20	3	17	57	22	102	.327	.490
Scoring Posn	.268	609	163	34	3	23	257	106	146	.366	.447	Sept/Oct	.281	360	101	27	2	19	58	35	85	.344	.525
Close & Late	.269	309	83	18	1	13	54	42	76	.351	.460	vs. AL	.279	1282	358	75	7	67	220	113	311	.337	.505
None on/out	.282	575	162	37	0	31	31	28	132	.318	.508	vs. NL	.260	996	259	59	3	45	164	115	259	.337	.461

Scott Stewart — Expos
Age 26 – Pitches Left

	ERA	W	L	Sv	G	GS	IP	BB	SO	Avg	H	2B	3B	HR	RBI	OBP	SLG	GF	IR	IRS	Hld	SvOp	SB	CS	GB	FB	G/F
2001 Season	3.78	3	1	3	62	0	47.2	13	39	.243	43	8	0	5	24	.299	.373	9	41	12	8	4	0	2	61	57	1.07

2001 Season

	ERA	W	L	Sv	G	GS	IP	H	HR	BB	SO		Avg	AB	H	2B	3B	HR	RBI	BB	SO	OBP	SLG
Home	4.18	1	1	1	31	0	23.2	23	2	5	20	vs. Left	.286	70	20	2	0	4	15	4	20	.325	.486
Away	3.38	2	0	2	31	0	24.0	20	3	8	19	vs. Right	.215	107	23	6	0	1	9	9	19	.283	.299
Day	5.73	0	1	1	27	0	22.0	19	4	7	15	Inning 1-6	.273	44	12	3	0	2	14	2	7	.327	.477
Night	2.10	3	0	2	35	0	25.2	24	1	6	24	Inning 7+	.233	133	31	5	0	3	10	11	32	.290	.338
Grass	3.32	2	0	2	28	0	21.2	19	2	6	18	None on	.236	89	21	5	0	2	2	9	21	.306	.360
Turf	4.15	1	1	1	34	0	26.0	24	3	5	21	Runners on	.250	88	22	3	0	3	22	4	18	.293	.386
April	3.00	0	0	0	12	0	9.0	7	1	3	7	Scoring Posn	.300	50	15	1	0	1	18	2	10	.339	.380
May	15.19	0	0	0	5	0	5.1	12	0	1	0	Close & Late	.250	48	12	2	0	2	4	3	13	.294	.417
June	1.08	0	0	0	10	0	8.1	6	1	2	6	None on/out	.350	40	14	4	0	1	1	5	4	.422	.525
July	3.38	0	0	0	13	0	8.0	3	1	2	6	vs. 1st Batr (relief)	.236	55	13	4	0	2	8	5	11	.323	.418
August	0.00	1	0	2	8	0	7.1	6	0	3	9	1st Inning Pitched	.203	153	31	7	0	3	20	13	35	.272	.307
Sept/Oct	3.72	2	1	1	14	0	9.2	9	2	2	11	First 15 Pitches	.215	144	31	7	0	3	18	10	30	.275	.326
Starter	0.00	0	0	0	0	0	0.0	0	0	0	0	Pitch 16-30	.344	32	11	1	0	2	6	3	9	.389	.563
Reliever	3.78	3	1	3	62	0	47.2	43	5	13	39	Pitch 31-45	1.000	1	1	0	0	0	0	0	0	1.000	1.000
0 Days Rest (Relief)	2.45	1	0	1	20	0	14.2	10	2	5	12	Pitch 46+	.000	0	0	0	0	0	0	0	0	.000	.000
1 or 2 Days Rest	6.14	1	1	2	27	0	22.0	25	3	6	14	First Pitch	.400	25	10	2	0	1	5	0	0	.370	.600
3+ Days Rest	0.82	1	0	0	15	0	11.0	8	0	2	13	Ahead in Count	.191	89	17	1	0	3	12	0	33	.204	.303
vs. AL	3.18	0	0	0	10	0	5.2	5	2	1	1	Behind in Count	.257	35	9	2	0	1	4	7	0	.395	.400
vs. NL	3.86	3	1	3	52	0	42.0	38	3	12	38	Two Strikes	.195	82	16	3	0	3	10	6	39	.256	.341
Pre-All Star	5.19	0	0	0	32	0	26.0	27	3	7	16	Pre-All Star	.273	99	27	7	0	3	17	7	16	.324	.434
Post-All Star	2.08	3	1	3	30	0	21.2	16	2	6	23	Post-All Star	.205	78	16	1	0	2	7	6	23	.267	.295

Shannon Stewart — Blue Jays
Age 28 – Bats Right (groundball hitter)

	Avg	G	AB	R	H	2B	3B	HR	RBI	BB	SO	HBP	GDP	SB	CS	OBP	SLG	IBB	SH	SF	#Pit	#P/PA	GB	FB	G/F
2001 Season	.316	155	640	103	202	44	7	12	60	46	72	11	9	27	10	.371	.463	2	0	1	2535	3.63	261	167	1.56
Last Five Years	.304	624	2515	427	765	157	24	56	273	228	335	44	41	145	50	.370	.452	4	10	12	10389	3.70	1027	657	1.56

2001 Season

	Avg	AB	H	2B	3B	HR	RBI	BB	SO	OBP	SLG		Avg	AB	H	2B	3B	HR	RBI	BB	SO	OBP	SLG
vs. Left	.333	117	39	8	3	1	9	13	12	.397	.479	First Pitch	.386	83	32	6	0	0	10	0	0	.420	.458
vs. Right	.312	523	163	36	4	11	51	33	60	.365	.459	Ahead in Count	.352	122	43	8	2	5	18	19	0	.444	.574
Home	.351	325	114	26	3	6	35	28	35	.409	.505	Behind in Count	.267	303	81	16	2	2	19	0	62	.272	.353
Away	.279	315	88	18	4	6	25	18	37	.331	.419	Two Strikes	.270	281	76	18	2	3	18	27	72	.337	.381
Day	.259	228	59	12	2	4	19	12	25	.307	.382	Batting #1	.317	429	136	33	6	8	38	31	55	.370	.478
Night	.347	412	143	32	5	8	41	34	47	.405	.507	Batting #3	.314	210	66	11	1	4	22	14	17	.372	.433
Grass	.272	228	62	11	2	2	20	14	32	.327	.364	Other	.000	1	0	0	0	0	0	1	0	.500	.000
Turf	.340	412	140	33	5	10	40	32	40	.396	.517	April	.390	100	39	9	1	3	10	11	0	.455	.590
Pre-All Star	.323	365	118	26	6	6	35	31	45	.383	.477	May	.277	119	33	7	1	1	11	8	16	.328	.378
Post-All Star	.305	275	84	18	1	6	25	15	27	.356	.444	June	.315	111	35	6	4	2	14	9	17	.377	.495
Inning 1-6	.330	455	150	34	6	10	39	32	48	.382	.497	July	.296	98	29	9	0	0	1	5	15	.330	.388
Inning 7+	.281	185	52	10	1	2	21	14	24	.345	.378	August	.340	106	36	7	0	3	11	7	7	.407	.491
Scoring Posn	.288	139	40	11	1	1	46	8	18	.308	.403	Sept/Oct	.283	106	30	6	1	3	13	6	7	.319	.443
Close & Late	.287	94	27	6	1	1	14	9	14	.350	.404	vs. AL	.323	561	181	38	5	11	52	41	58	.378	.467
None on/out	.287	223	64	15	3	3	3	17	26	.348	.422	vs. NL	.266	79	21	6	2	1	8	5	14	.318	.430

2001 By Position

Position	Avg	AB	H	2B	3B	HR	RBI	BB	SO	OBP	SLG		G	GS	Innings	PO	A	E	DP	Fld Pct	Rng Fctr	In Zone	Zone Outs	Zone Rtg	MLB Zone
As DH	.306	49	15	2	1	2	6	4	4	.352	.510		13	11	—	—	—	—	—	—	—	—	—	—	—
As lf	.316	591	187	42	6	10	54	42	68	.373	.459		142	142	1216.1	257	7	5	0	.981	1.95	296	252	.851	.880

Last Five Years

	Avg	AB	H	2B	3B	HR	RBI	BB	SO	OBP	SLG		Avg	AB	H	2B	3B	HR	RBI	BB	SO	OBP	SLG
vs. Left	.325	529	172	35	5	7	49	64	75	.402	.454	First Pitch	.384	284	109	29	1	7	51	2	0	.411	.567
vs. Right	.299	1986	593	120	19	49	224	164	260	.362	.452	Ahead in Count	.372	524	195	37	4	23	84	102	0	.474	.590
Home	.304	1219	370	84	9	28	140	126	160	.379	.454	Behind in Count	.246	1183	291	55	10	14	73	0	284	.256	.337
Away	.305	1296	395	73	16	28	133	102	175	.363	.451	Two Strikes	.222	1097	244	44	9	8	65	123	335	.308	.301
Day	.271	826	224	51	7	17	79	66	104	.335	.412	Batting #1	.306	2243	687	145	23	50	241	204	304	.372	.458
Night	.320	1689	541	106	17	39	194	162	231	.388	.472	Batting #3	.305	233	71	11	1	5	26	15	21	.359	.425
Grass	.304	986	300	51	13	19	106	81	156	.364	.440	Other	.179	39	7	1	0	1	6	9	10	.340	.282
Turf	.304	1529	465	106	11	37	167	147	199	.374	.460	March/April	.343	324	111	18	3	10	33	41	38	.425	.509
Pre-All Star	.310	1258	390	71	13	27	129	114	169	.374	.452	May	.279	387	108	18	3	6	38	30	50	.334	.388
Post-All Star	.298	1257	375	86	11	29	144	114	166	.367	.453	June	.306	405	124	23	7	8	46	33	67	.365	.457

418

Kelly Stinnett — Reds
Age 32 – Bats Right

Last Five Years

	Avg	AB	H	2B	3B	HR	RBI	BB	SO	OBP	SLG		Avg	AB	H	2B	3B	HR	RBI	BB	SO	OBP	SLG
Inning 1-6	.315	1755	552	118	19	49	180	161	222	.381	.487	July	.303	389	118	30	1	8	36	37	54	.372	.447
Inning 7+	.280	760	213	39	5	7	93	67	113	.347	.372	August	.325	517	168	37	3	12	62	49	58	.396	.478
Scoring Posn	.306	546	167	39	1	12	212	47	75	.363	.447	Sept/Oct	.276	493	136	31	7	12	58	38	68	.333	.440
Close & Late	.298	362	108	20	1	3	54	37	57	.369	.384	vs. AL	.307	2225	684	132	21	51	246	202	281	.373	.454
None on/out	.305	993	303	69	11	21	21	80	136	.369	.460	vs. NL	.279	290	81	25	3	5	27	26	54	.348	.438

	Avg	G	AB	R	H	2B	3B	HR	RBI	BB	SO	HBP	GDP	SB	CS	OBP	SLG	IBB	SH	SF	#Pit	#P/PA	GB	FB	G/F
2001 Season	.257	63	187	27	48	11	0	9	25	17	61	5	5	2	2	.333	.460	3	1	1	775	3.67	46	55	0.84
Last Five Years	.241	349	1021	122	246	49	1	42	133	98	283	22	23	4	5	.319	.414	12	4	5	4346	3.78	310	309	1.00

2001 Season

	Avg	AB	H	2B	3B	HR	RBI	BB	SO	OBP	SLG		Avg	AB	H	2B	3B	HR	RBI	BB	SO	OBP	SLG
vs. Left	.325	40	13	4	0	1	6	3	13	.378	.500	Scoring Posn	.227	44	10	2	0	1	16	6	15	.340	.341
vs. Right	.238	147	35	7	0	8	19	14	48	.321	.449	Close & Late	.184	38	7	1	0	2	4	5	11	.279	.368
Home	.301	103	31	9	0	6	16	7	32	.354	.563	None on/out	.313	48	15	4	0	3	3	3	11	.377	.583
Away	.202	84	17	2	0	3	9	10	29	.309	.333	Batting #7	.227	75	17	6	0	5	13	7	24	.322	.507
First Pitch	.375	32	12	2	0	5	7	3	0	.444	.906	Batting #8	.275	102	28	5	0	4	11	8	33	.333	.441
Ahead in Count	.346	26	9	1	0	1	4	6	0	.455	.500	Other	.300	10	3	0	0	0	1	2	4	.417	.300
Behind in Count	.187	107	20	6	0	2	7	0	51	.216	.299	Pre-All Star	.264	140	37	8	0	6	17	13	44	.335	.450
Two Strikes	.176	102	18	5	0	3	5	8	61	.250	.314	Post-All Star	.234	47	11	3	0	3	8	4	17	.327	.489

Last Five Years

	Avg	AB	H	2B	3B	HR	RBI	BB	SO	OBP	SLG		Avg	AB	H	2B	3B	HR	RBI	BB	SO	OBP	SLG
vs. Left	.281	256	72	14	0	7	28	23	71	.344	.418	First Pitch	.335	161	54	12	0	14	34	8	0	.378	.671
vs. Right	.227	765	174	35	1	35	105	75	212	.311	.413	Ahead in Count	.355	166	59	11	1	13	33	39	0	.476	.669
Home	.251	502	126	24	1	16	59	45	142	.323	.398	Behind in Count	.172	517	89	16	0	7	38	0	234	.198	.244
Away	.231	519	120	25	0	26	74	53	141	.306	.430	Two Strikes	.148	521	77	14	0	9	39	51	283	.238	.226
Day	.245	306	75	12	0	10	38	36	84	.337	.382	Batting #7	.231	416	96	18	0	18	53	38	116	.308	.404
Night	.239	715	171	37	1	32	95	62	199	.311	.428	Batting #8	.237	465	110	25	1	16	59	48	130	.316	.398
Grass	.248	903	224	41	1	38	118	87	255	.326	.422	Other	.286	140	40	6	0	8	21	12	37	.365	.500
Turf	.186	118	22	8	0	4	15	11	28	.267	.356	March/April	.231	160	37	3	0	10	25	18	38	.317	.438
Pre-All Star	.237	608	144	30	0	28	81	52	175	.309	.424	May	.227	211	48	8	0	10	28	14	66	.287	.408
Post-All Star	.247	413	102	19	1	14	52	46	108	.335	.400	June	.265	185	49	16	0	7	25	18	52	.335	.465
Inning 1-6	.228	636	145	33	1	22	77	64	164	.313	.387	July	.231	147	34	7	0	8	21	12	46	.325	.442
Inning 7+	.262	385	101	16	0	20	56	34	119	.329	.460	August	.220	150	33	7	0	3	17	17	46	.304	.327
Scoring Posn	.247	259	64	15	1	5	86	43	81	.365	.371	Sept/Oct	.268	168	45	8	1	4	17	19	35	.349	.399
Close & Late	.228	167	38	4	0	9	27	19	53	.310	.413	vs. AL	.231	130	30	9	0	5	15	7	35	.289	.415
None on/out	.252	258	65	15	0	15	15	16	58	.318	.484	vs. NL	.242	891	216	40	1	37	118	91	248	.324	.414

Ricky Stone — Astros
Age 27 – Pitches Right

	ERA	W	L	Sv	G	GS	IP	BB	SO	Avg	H	2B	3B	HR	RBI	OBP	SLG	GF	IR	IRS	Hld	SvOp	SB	CS	GB	FB	G/F
2001 Season	2.35	0	0	0	6	0	7.2	2	4	.258	8	2	0	1	2	.303	.419	3	3	0	0	0	0	0	17	6	2.83

2001 Season

	ERA	W	L	Sv	G	GS	IP	H	HR	BB	SO		Avg	AB	H	2B	3B	HR	RBI	BB	SO	OBP	SLG
Home	4.15	0	0	0	4	0	4.1	4	1	1	2	vs. Left	.250	16	4	1	0	1	2	2	2	.333	.500
Away	0.00	0	0	0	2	0	3.1	4	0	1	2	vs. Right	.267	15	4	1	0	0	0	0	2	.267	.333

Scott Strickland — Expos
Age 26 – Pitches Right

	ERA	W	L	Sv	G	GS	IP	BB	SO	Avg	H	2B	3B	HR	RBI	OBP	SLG	GF	IR	IRS	Hld	SvOp	SB	CS	GB	FB	G/F
2001 Season	3.21	2	6	9	77	0	81.1	41	85	.222	67	9	3	9	32	.322	.361	31	38	8	12	15	3	87	90	0.97
Career (1999-2001)	3.30	6	10	18	143	0	147.1	68	156	.221	120	13	7	15	62	.311	.353	56	74	19	20	25	4	167	154	1.08

2001 Season

	ERA	W	L	Sv	G	GS	IP	H	HR	BB	SO		Avg	AB	H	2B	3B	HR	RBI	BB	SO	OBP	SLG
Home	4.58	1	4	3	41	0	39.1	36	8	20	41	vs. Left	.274	117	32	4	2	3	15	23	12	.406	.419
Away	1.93	1	2	6	36	0	42.0	31	1	21	44	vs. Right	.189	185	35	5	1	6	17	18	73	.263	.324
Day	2.20	1	1	1	26	0	28.2	20	3	14	35	Inning 1-6	.000	0	0	0	0	0	0	0	0	.000	.000
Night	3.76	1	5	8	51	0	52.2	47	6	27	50	Inning 7+	.222	302	67	9	3	9	32	41	85	.322	.361
Grass	2.04	1	1	5	30	0	35.1	28	1	18	34	None on	.230	152	35	7	3	5	5	17	47	.324	.414
Turf	4.11	1	5	4	47	0	46.0	39	8	23	51	Runners on	.213	150	32	2	0	4	27	24	38	.320	.307
April	2.76	0	1	0	11	0	16.1	18	0	7	18	Scoring Posn	.176	102	18	2	0	2	23	20	24	.309	.255
May	5.84	0	1	0	14	0	12.1	11	2	8	10	Close & Late	.231	143	33	4	1	3	16	25	45	.357	.336
June	2.77	1	0	1	11	0	13.0	10	2	6	11	None on out	.290	69	20	5	1	4	4	8	16	.380	.565
July	3.86	1	0	1	13	0	9.1	10	1	5	7	vs. 1st Batr (relief)	.246	69	17	2	1	3	6	17	.325	.435
August	2.16	0	0	4	15	0	16.2	11	1	8	16	1st Inning Pitched	.221	249	55	6	2	9	31	41	70	.313	.369
Sept/Oct	2.63	0	2	5	13	0	13.2	7	3	5	19	First 15 Pitches	.256	199	51	5	2	8	22	20	52	.333	.422
Starter	0.00	0	0	0	0	0	0.0	0	0	0	0	Pitch 16-30	.181	83	15	4	1	1	0	16	24	.317	.289
Reliever	3.21	2	6	9	77	0	81.1	67	9	41	85	Pitch 31-45	.053	19	1	0	0	0	0	4	8	.217	.053
0 Days Rest (Relief)	2.89	1	1	5	20	0	18.2	12	1	9	20	Pitch 46+	.000	1	0	0	0	0	0	1	1	.500	.000
1 or 2 Days Rest	3.63	0	4	3	42	0	44.2	42	5	24	40	First Pitch	.290	31	9	2	1	1	7	4	0	.378	.516
3+ Days Rest	2.50	1	1	1	15	0	18.0	13	3	8	25	Ahead in Count	.097	154	15	3	0	1	6	0	71	.115	.136
vs. AL	1.00	1	0	1	7	0	9.0	5	0	5	7	Behind in Count	.357	56	20	1	1	4	8	19	0	.520	.625
vs. NL	3.48	1	5	9	70	0	72.1	62	9	34	78	Two Strikes	.110	163	18	3	1	2	9	18	85	.208	.178

2001 Season

	ERA	W	L	Sv	G	GS	IP	H	HR	BB	SO		Avg	AB	H	2B	3B	HR	RBI	BB	SO	OBP	SLG
Pre-All Star	3.57	1	4	0	40	0	45.1	44	4	26	43	Pre-All Star	.254	173	44	7	3	4	20	26	43	.356	.399
Post-All Star	2.75	1	2	9	37	0	36.0	23	5	15	42	Post-All Star	.178	129	23	2	0	5	12	15	42	.274	.310

Career (1999-2001)

	ERA	W	L	Sv	G	GS	IP	H	HR	BB	SO		Avg	AB	H	2B	3B	HR	RBI	BB	SO	OBP	SLG
Home	4.18	2	6	7	73	0	71.0	65	11	32	70	vs. Left	.291	199	58	5	1	8	31	36	20	.404	.487
Away	2.48	4	4	11	70	0	76.1	55	4	36	86	vs. Right	.180	345	62	8	2	7	31	32	136	.252	.275
Day	3.19	2	4	3	46	0	48.0	33	4	24	57	Inning 1-6	.174	23	4	1	0	1	1	1	8	.208	.348
Night	3.35	4	6	15	97	0	99.1	87	11	44	99	Inning 7+	.223	521	116	12	7	14	61	67	148	.315	.353
Grass	2.76	4	2	8	56	0	62.0	49	4	32	65	None on	.227	286	65	10	6	6	6	27	85	.303	.367
Turf	3.69	2	8	10	87	0	85.1	71	11	36	91	Runners on	.213	258	55	3	1	9	56	41	71	.319	.337
March/April	2.73	2	1	0	25	0	29.2	30	1	8	30	Scoring Posn	.175	166	29	3	0	3	43	37	47	.322	.247
May	7.62	0	1	0	15	0	13.0	15	3	9	10	Close & Late	.217	253	55	7	2	5	30	38	76	.325	.320
June	2.77	1	1	0	11	0	13.0	10	2	6	11	None on/out	.240	125	30	6	1	4	4	11	33	.312	.400
July	3.20	1	2	2	24	0	19.2	19	1	11	24	vs. 1st Batr (relief)	.211	128	27	3	1	4	10	10	39	.279	.344
August	4.50	2	6	7	27	0	30.0	27	4	12	31	1st Inning Pitched	.223	443	99	9	6	14	59	55	131	.312	.366
Sept/Oct	1.71	0	3	10	41	0	42.0	19	4	22	50	First 15 Pitches	.250	356	89	8	6	12	41	37	102	.327	.407
Starter	0.00	0	0	0	0	0	0.0	0	0	0	0	Pitch 16-30	.182	159	29	5	1	3	21	25	41	.293	.283
Reliever	3.30	6	10	18	143	0	147.1	120	15	68	156	Pitch 31-45	.071	28	2	0	0	0	0	5	12	.212	.071
0 Days Rest (Relief)	4.82	1	2	8	34	0	28.0	28	3	15	26	Pitch 46+	.000	1	0	0	0	0	0	1	1	.500	.000
1 or 2 Days Rest	2.64	3	5	9	76	0	81.2	59	6	41	80	First Pitch	.283	60	17	2	1	2	8	5	0	.343	.450
3+ Days Rest	3.58	2	3	1	33	0	37.2	33	6	12	50	Ahead in Count	.130	270	35	5	0	2	14	0	126	.142	.170
vs. AL	1.54	1	1	0	11	0	11.2	9	0	4	10	Behind in Count	.299	107	32	1	4	6	15	32	0	.460	.551
vs. NL	3.45	5	9	18	132	0	135.2	111	15	60	146	Two Strikes	.137	299	41	5	2	4	19	31	156	.225	.207
Pre-All Star	3.75	3	4	0	59	0	62.1	63	6	28	58	Pre-All Star	.258	244	63	7	6	6	31	28	58	.338	.410
Post-All Star	2.96	3	6	18	84	0	85.0	57	9	40	98	Post-All Star	.190	300	57	6	1	9	31	40	98	.289	.307

Joe Strong — *Marlins*   Age 39 – Pitches Right (groundball pitcher)

	ERA	W	L	Sv	G	GS	IP	BB	SO	Avg	H	2B	3B	HR	RBI	OBP	SLG	GF	IR	IRS	Hld	SvOp	SB	CS	GB	FB	G/F
2001 Season	1.35	0	0	0	5	0	6.2	3	4	.136	3	0	0	1	4	.240	.273	2	5	3	0	0	1	0	10	3	3.33
Career (2000-2001)	5.81	1	1	1	23	0	26.1	15	22	.284	29	4	1	4	25	.387	.461	7	24	11	2	2	4	1	40	22	1.82

2001 Season

	ERA	W	L	Sv	G	GS	IP	H	HR	BB	SO		Avg	AB	H	2B	3B	HR	RBI	BB	SO	OBP	SLG
Home	0.00	0	0	0	2	0	1.2	0	0	0	0	vs. Left	.200	10	2	0	0	0	0	1	0	.273	.200
Away	1.80	0	0	0	3	0	5.0	3	1	3	4	vs. Right	.083	12	1	0	0	1	4	2	4	.214	.333

Tanyon Sturtze — *Devil Rays*   Age 31 – Pitches Right

	ERA	W	L	Sv	G	GS	IP	BB	SO	Avg	H	2B	3B	HR	RBI	OBP	SLG	CG	ShO	Sup	QS	#P/S	SB	CS	GB	FB	G/F
2001 Season	4.42	11	12	1	39	27	195.1	79	110	.271	200	36	2	23	92	.345	.419	0	0	4.70	15	107	20	9	249	262	0.95
Last Five Years	4.82	17	15	1	78	39	302.1	128	174	.278	321	58	5	37	159	.352	.433	0	0	5.21	19	101	26	11	395	389	1.02

2001 Season

	ERA	W	L	Sv	G	GS	IP	H	HR	BB	SO		Avg	AB	H	2B	3B	HR	RBI	BB	SO	OBP	SLG
Home	5.04	5	5	0	19	13	94.2	102	16	29	48	vs. Left	.283	361	102	18	1	7	45	51	46	.368	.396
Away	3.84	6	7	1	20	14	100.2	98	7	50	62	vs. Right	.261	376	98	18	1	16	47	28	64	.321	.441
Day	3.53	5	2	0	13	8	58.2	58	8	27	36	Inning 1-6	.278	605	168	32	2	19	76	63	94	.348	.431
Night	4.81	6	10	1	26	19	136.2	142	15	52	74	Inning 7+	.242	132	32	4	0	4	16	16	16	.331	.364
Grass	4.38	4	6	1	17	12	84.1	88	6	45	51	None on	.285	418	119	26	0	15	15	36	65	.346	.455
Turf	4.46	7	6	0	22	15	111.0	112	17	34	59	Runners on	.254	319	81	10	2	8	77	43	45	.344	.373
April	6.91	0	2	0	11	0	14.1	15	2	7	10	Scoring Posn	.228	193	44	7	2	4	69	28	28	.321	.347
May	4.96	2	2	1	6	5	32.2	34	2	12	21	Close & Late	.203	69	14	2	0	3	11	7	9	.280	.362
June	4.45	1	2	0	5	5	32.1	32	4	19	20	None on/out	.247	190	47	9	0	6	6	13	27	.299	.389
July	5.63	2	3	0	6	6	38.1	45	7	13	21	vs. 1st Batr (relief)	.250	12	3	1	0	0	0	0	1	.250	.333
August	3.20	3	2	0	6	6	45.0	38	5	16	24	1st Inning Pitched	.274	146	40	9	0	4	4	20	25	.368	.418
Sept/Oct	3.03	3	1	0	5	5	32.2	36	3	12	14	First 75 Pitches	.267	514	137	30	1	13	56	51	84	.339	.405
Starter	4.32	11	10	0	27	27	177.0	183	21	72	97	Pitch 76-90	.340	97	33	4	1	4	19	15	9	.422	.526
Reliever	5.40	0	2	1	12	0	18.1	17	2	7	13	Pitch 91-105	.256	78	20	1	0	4	12	8	11	.318	.423
0-3 Days Rest (Start)	0.00	0	0	0	0	0	0.0	0	0	0	0	Pitch 106+	.208	48	10	1	0	2	5	5	6	.283	.354
4 Days Rest	4.78	6	6	0	15	15	98.0	102	14	41	54	First Pitch	.252	103	26	4	0	3	10	0	0	.269	.379
5+ Days Rest	3.76	5	4	0	12	12	79.0	81	7	31	43	Ahead in Count	.218	293	64	11	1	6	25	0	88	.225	.324
vs. AL	4.49	9	10	1	34	22	162.1	166	18	67	89	Behind in Count	.327	196	64	12	1	9	42	41	0	.440	.536
vs. NL	4.09	2	2	0	5	5	33.0	34	5	12	21	Two Strikes	.210	315	66	15	0	8	26	38	110	.298	.333
Pre-All Star	5.24	3	7	1	24	12	92.2	97	10	40	58	Pre-All Star	.271	358	97	24	2	10	50	40	58	.345	.433
Post-All Star	3.68	8	5	0	15	15	102.2	103	13	39	52	Post-All Star	.272	379	103	12	0	13	42	39	52	.345	.406

Chris Stynes — *Red Sox*   Age 29 – Bats Right (groundball hitter)

	Avg	G	AB	R	H	2B	3B	HR	RBI	BB	SO	HBP	GDP	SB	CS	OBP	SLG	IBB	SH	SF	#Pit	#P/PA	GB	FB	G/F
2001 Season	.280	96	361	52	101	19	2	8	33	20	56	3	12	4	5	.322	.410	0	1	1	1312	3.40	157	79	1.99
Last Five Years	.294	460	1399	224	412	61	5	34	142	107	172	13	29	40	12	.349	.418	5	13	6	5273	3.43	645	345	1.87

2001 Season

	Avg	AB	H	2B	3B	HR	RBI	BB	SO	OBP	SLG		Avg	AB	H	2B	3B	HR	RBI	BB	SO	OBP	SLG
vs. Left	.349	106	37	8	0	3	8	6	15	.384	.509	First Pitch	.328	61	20	5	0	1	5	0	0	.339	.459
vs. Right	.251	255	64	11	2	5	25	14	41	.297	.369	Ahead in Count	.405	74	30	7	0	3	12	14	0	.500	.622

2001 Season

	Avg	AB	H	2B	3B	HR	RBI	BB	SO	OBP	SLG		Avg	AB	H	2B	3B	HR	RBI	BB	SO	OBP	SLG
Home	.327	156	51	13	0	3	14	9	19	.369	.468	Behind in Count	.197	173	34	5	1	2	10	0	53	.205	.272
Away	.244	205	50	6	2	5	19	11	37	.286	.366	Two Strikes	.178	152	27	2	1	3	5	6	56	.214	.263
Day	.206	97	20	2	0	3	9	7	11	.260	.320	Batting #1	.292	120	35	6	0	3	10	7	16	.331	.417
Night	.307	264	81	17	2	5	24	13	45	.345	.443	Batting #7	.240	96	23	7	0	0	9	8	18	.302	.313
Grass	.271	317	86	18	2	5	24	12	48	.303	.388	Other	.297	145	43	6	2	5	14	5	22	.329	.469
Turf	.341	44	15	1	0	3	9	8	8	.442	.568	April	.300	30	9	2	0	0	0	0	2	.300	.367
Pre-All Star	.309	149	46	11	1	4	14	9	18	.354	.477	May	.269	26	7	2	0	2	4	1	5	.321	.577
Post-All Star	.259	212	55	8	1	4	19	11	38	.299	.363	June	.284	67	19	4	1	2	6	6	10	.342	.463
Inning 1-6	.260	242	63	10	2	5	20	14	40	.302	.380	July	.321	84	27	5	0	2	13	9	12	.389	.452
Inning 7+	.319	119	38	9	0	3	13	6	16	.362	.471	August	.265	98	26	5	1	0	4	0	17	.265	.337
Scoring Posn	.309	81	25	3	0	2	25	6	7	.352	.420	Sept/Oct	.232	56	13	1	0	2	6	4	10	.283	.357
Close & Late	.327	55	18	6	0	2	10	1	10	.351	.545	vs. AL	.269	305	82	14	1	5	23	15	50	.310	.370
None on/out	.265	98	26	4	1	2	2	2	14	.280	.388	vs. NL	.339	56	19	5	1	3	10	5	6	.387	.625

2001 By Position

Position	Avg	AB	H	2B	3B	HR	RBI	BB	SO	OBP	SLG	G	GS	Innings	PO	A	E	DP	Fld Pct	Rng Fctr	In Zone	Zone Outs	Zone Rtg	MLB Zone
As 2b	.308	172	53	9	1	4	12	10	7	.350	.442	43	40	359.0	73	116	1	18	.995	4.74	136	116	.853	.824
As 3b	.257	171	44	10	1	3	18	8	30	.293	.380	46	44	379.0	31	63	5	5	.949	2.23	94	68	.723	.761

Last Five Years

	Avg	AB	H	2B	3B	HR	RBI	BB	SO	OBP	SLG		Avg	AB	H	2B	3B	HR	RBI	BB	SO	OBP	SLG
vs. Left	.317	378	120	22	1	7	34	29	49	.370	.437	First Pitch	.315	219	69	12	1	6	30	4	0	.335	.461
vs. Right	.286	1021	292	39	4	27	108	78	123	.341	.411	Ahead in Count	.344	340	117	17	0	9	40	67	0	.454	.474
Home	.316	624	197	32	2	17	69	53	76	.372	.455	Behind in Count	.239	614	147	22	2	10	42	0	152	.246	.331
Away	.277	775	215	29	3	17	73	54	96	.330	.388	Two Strikes	.232	538	125	13	2	13	35	36	172	.287	.336
Day	.296	503	149	26	1	11	51	46	57	.357	.417	Batting #1	.310	532	165	26	0	13	39	40	68	.363	.432
Night	.294	896	263	35	4	23	91	61	115	.344	.419	Batting #3	.338	213	72	8	2	6	32	12	15	.384	.479
Grass	.296	749	222	37	3	14	67	43	93	.338	.410	Other	.268	654	175	27	3	15	71	55	89	.326	.387
Turf	.292	650	190	24	2	20	75	64	79	.360	.428	March/April	.296	162	48	5	0	4	9	18	20	.365	.401
Pre-All Star	.291	546	159	25	1	16	51	44	64	.347	.429	May	.228	136	31	7	0	3	14	8	14	.284	.346
Post-All Star	.297	853	253	36	4	18	91	63	108	.350	.411	June	.298	168	50	7	1	5	17	12	22	.343	.440
Inning 1-6	.291	925	269	39	4	25	81	65	116	.341	.423	July	.318	258	82	13	0	7	29	26	34	.383	.450
Inning 7+	.302	474	143	22	1	9	61	42	56	.363	.409	August	.307	362	111	17	2	5	31	14	45	.333	.406
Scoring Posn	.283	322	91	11	1	8	107	33	33	.349	.398	Sept/Oct	.288	313	90	12	2	10	42	29	37	.354	.435
Close & Late	.274	215	59	11	1	6	37	18	30	.335	.419	vs. AL	.280	411	115	20	1	10	34	23	65	.322	.406
None on/out	.312	394	123	19	1	10	10	22	49	.350	.442	vs. NL	.301	988	297	41	4	24	108	84	107	.360	.423

Scott Sullivan — Reds

Age 31 – Pitches Right (flyball pitcher)

	ERA	W	L	Sv	G	GS	IP	BB	SO	Avg	H	2B	3B	HR	RBI	OBP	SLG	GF	IR	IRS	Hld	SvOp	SB	CS	FB	FB%
2001 Season	3.31	7	1	0	79	0	103.1	36	82	.243	94	25	2	10	45	.317	.395	16	42	10	20	3	4	1	127	126	1.01
Last Five Years	3.63	25	19	8	363	0	522.2	187	438	.232	446	99	8	60	234	.310	.385	82	217	67	73	20	30	14	571	612	0.93

2001 Season

	ERA	W	L	Sv	G	GS	IP	H	HR	BB	SO		Avg	AB	H	2B	3B	HR	RBI	BB	SO	OBP	SLG
Home	3.27	4	1	0	42	0	52.1	52	4	19	38	vs. Left	.252	163	41	7	1	6	16	13	30	.307	.417
Away	3.35	3	0	0	37	0	51.0	42	6	17	44	vs. Right	.237	224	53	18	1	4	29	23	52	.323	.379
Day	4.21	3	0	0	26	0	36.1	35	4	10	32	Inning 1-6	.203	69	14	5	0	1	7	5	16	.253	.319
Night	2.82	4	1	0	53	0	67.0	59	6	26	50	Inning 7+	.252	318	80	20	2	9	38	31	66	.330	.412
Grass	3.41	7	1	0	77	0	100.1	94	10	36	82	None on	.237	215	51	11	1	8	8	17	54	.305	.409
Turf	0.00	0	0	0	2	0	3.0	0	0	0	0	Runners on	.250	172	43	14	1	2	37	19	28	.330	.378
April	7.30	1	1	0	12	0	12.1	20	4	5	10	Scoring Posn	.185	108	20	10	0	1	32	18	16	.301	.306
May	1.96	0	0	0	14	0	23.0	20	3	5	19	Close & Late	.225	191	43	10	0	5	20	14	49	.294	.356
June	3.29	1	0	0	12	0	13.2	14	1	6	7	None on/out	.202	89	18	3	0	4	4	9	26	.290	.371
July	2.00	1	0	0	13	0	18.0	10	1	4	17	vs. 1st Batr (relief)	.125	72	9	4	0	1	6	6	19	.203	.222
August	5.51	0	0	0	13	0	16.1	17	0	10	11	1st Inning Pitched	.230	261	60	20	2	6	30	18	47	.288	.391
Sept/Oct	1.80	4	0	0	15	0	20.0	13	1	6	18	First 15 Pitches	.232	233	54	17	1	6	24	14	46	.285	.391
Starter	0.00	0	0	0	0	0	0.0	0	0	0	0	Pitch 16-30	.273	121	33	6	1	2	15	13	25	.350	.388
Reliever	3.31	7	1	0	79	0	103.1	94	10	36	82	Pitch 31-45	.194	31	6	2	0	1	5	9	11	.390	.355
0 Days Rest (Relief)	3.30	2	0	0	23	0	30.0	29	3	5	20	Pitch 46+	.500	2	1	0	0	1	1	0	0	.500	2.000
1 or 2 Days Rest	3.05	4	1	0	40	0	56.0	45	6	23	48	First Pitch	.386	44	17	6	0	1	7	6	0	.481	.591
3+ Days Rest	4.15	1	0	0	16	0	17.1	20	1	8	14	Ahead in Count	.198	207	41	10	2	4	18	0	72	.210	.324
vs. AL	0.82	0	0	0	7	0	11.0	7	0	4	7	Behind in Count	.309	68	21	6	0	2	14	16	0	.442	.485
vs. NL	3.61	7	1	0	72	0	92.1	87	10	32	75	Two Strikes	.185	200	37	8	2	5	16	14	82	.243	.320
Pre-All Star	3.29	2	1	0	42	0	54.2	54	8	18	41	Pre-All Star	.262	206	54	14	0	8	24	18	41	.329	.447
Post-All Star	3.33	5	0	0	37	0	48.2	40	2	18	41	Post-All Star	.221	181	40	11	2	2	21	18	41	.302	.337

Last Five Years

	ERA	W	L	Sv	G	GS	IP	H	HR	BB	SO		Avg	AB	H	2B	3B	HR	RBI	BB	SO	OBP	SLG
Home	3.78	16	10	1	194	0	267.0	239	33	97	223	vs. Left	.248	783	194	48	3	23	87	83	141	.324	.405
Away	3.49	9	9	7	169	0	255.2	207	27	90	215	vs. Right	.221	1142	252	51	5	37	147	104	297	.300	.371
Day	4.30	9	3	3	120	0	163.1	144	21	63	153	Inning 1-6	.222	595	132	28	2	16	91	60	142	.300	.389
Night	3.33	16	16	5	243	0	359.1	302	39	122	285	Inning 7+	.236	1330	314	71	6	44	143	127	296	.315	.398
Grass	3.58	13	8	5	177	0	258.2	222	29	90	218	None on	.228	1099	251	51	4	41	41	91	247	.297	.394
Turf	3.68	12	11	3	166	0	264.0	224	31	97	220	Runners on	.236	826	195	48	4	19	193	96	191	.326	.373
March/April	5.90	3	4	2	46	0	58.0	65	9	34	39	Scoring Posn	.221	498	110	24	2	14	170	75	121	.326	.361
May	2.86	2	3	1	61	0	97.2	79	11	31	81	Close & Late	.246	634	156	30	2	19	74	67	147	.333	.390
June	3.42	3	2	1	64	0	100.0	86	9	34	88	None on/out	.204	457	93	19	2	16	16	39	107	.276	.359

421

	ERA	W	L	Sv	G	GS	IP	H	HR	BB	SO		Avg	AB	H	2B	3B	HR	RBI	BB	SO	OBP	SLG
July	2.67	3	5	1	66	0	94.1	71	10	22	87	vs. 1st Batr (relief)	.167	324	54	10	3	5	28	31	71	.245	.262
August	4.40	3	3	2	64	0	88.0	81	9	41	74	1st Inning Pitched	.219	1162	254	54	6	33	153	111	259	.297	.361
Sept/Oct	3.51	11	2	1	62	0	84.2	64	12	25	69	First 15 Pitches	.228	1011	231	43	6	33	123	90	207	.301	.381
Starter	0.00	0	0	0	0	0	0.0	0	0	0	0	Pitch 16-30	.238	650	155	41	1	16	73	68	161	.322	.378
Reliever	3.63	25	19	8	363	0	522.2	446	60	187	438	Pitch 31-45	.230	200	46	11	0	8	24	22	50	.320	.405
0 Days Rest (Relief)	3.30	8	7	3	115	0	155.2	133	15	48	136	Pitch 46+	.219	64	14	4	1	3	14	7	20	.301	.453
1 or 2 Days Rest	3.57	13	9	4	172	0	257.0	216	31	90	214	First Pitch	.339	230	78	18	1	13	41	28	0	.429	.596
3+ Days Rest	4.25	4	3	1	76	0	110.0	97	14	49	88	Ahead in Count	.181	1015	184	43	5	24	87	0	381	.194	.304
vs. AL	2.48	1	2	0	36	0	58.0	49	4	14	64	Behind in Count	.338	340	115	25	2	16	68	83	0	.471	.565
vs. NL	3.78	24	17	8	327	0	464.2	397	56	173	374	Two Strikes	.169	988	167	34	4	21	88	76	438	.236	.275
Pre-All Star	3.67	8	10	5	191	0	284.1	249	31	107	230	Pre-All Star	.239	1042	249	60	2	31	129	107	230	.316	.390
Post-All Star	3.59	17	9	3	172	0	238.1	197	29	80	208	Post-All Star	.223	883	197	39	6	29	105	80	208	.303	.379

Jeff Suppan — *Royals*   Age 27 – Pitches Right

	ERA	W	L	Sv	G	GS	IP	BB	SO	Avg	H	2B	3B	HR	RBI	OBP	SLG	CG	ShO	Sup	QS	#P/S	SB	CS	GB	FB	G/F
2001 Season	4.37	10	14	0	34	34	218.1	74	120	.267	227	37	9	26	105	.333	.424	1	0	4.70	15	105	15	6	338	248	1.36
Last Five Years	4.86	38	45	0	141	135	835.0	278	469	.280	920	167	26	115	423	.339	.452	9	2	5.00	60	99	73	23	1269	930	1.36

2001 Season

	ERA	W	L	Sv	G	GS	IP	H	HR	BB	SO		Avg	AB	H	2B	3B	HR	RBI	BB	SO	OBP	SLG
Home	4.80	4	6	0	15	15	95.2	112	12	30	54	vs. Left	.235	460	108	17	4	13	45	34	69	.293	.374
Away	4.04	6	8	0	19	19	122.2	115	14	44	66	vs. Right	.306	389	119	20	5	13	60	40	51	.378	.483
Day	4.13	4	3	0	12	12	76.1	82	8	28	46	Inning 1-6	.245	743	182	30	8	17	87	68	108	.316	.376
Night	4.50	6	11	0	22	22	142.0	145	18	46	74	Inning 7+	.425	106	45	7	1	9	18	6	12	.451	.764
Grass	4.56	9	12	0	29	29	185.1	195	25	57	97	None on	.257	494	127	19	5	14	14	40	73	.323	.401
Turf	3.27	1	2	0	5	5	33.0	32	1	17	23	Runners on	.282	355	100	18	4	12	91	34	47	.346	.456
April	4.58	2	3	0	6	6	37.1	40	5	18	29	Scoring Posn	.225	191	43	8	0	5	66	26	31	.316	.346
May	4.26	0	1	0	5	5	31.2	39	2	10	16	Close & Late	.453	53	24	3	1	3	7	2	6	.464	.717
June	5.03	2	3	0	6	6	39.1	40	5	15	25	None on/out	.274	223	61	13	2	6	6	10	33	.319	.430
July	4.09	0	2	0	5	5	33.0	30	4	7	20	vs. 1st Batr (relief)	.000	0	0	0	0	0	0	0	0	.000	.000
August	5.35	4	2	0	6	6	38.2	41	6	11	11	1st Inning Pitched	.200	120	24	3	0	1	7	14	23	.279	.250
Sept/Oct	2.82	2	3	0	6	6	38.1	37	4	13	19	First 75 Pitches	.241	586	141	22	5	12	64	49	90	.309	.357
Starter	4.37	10	14	0	34	34	218.1	227	26	74	120	Pitch 76-90	.339	124	42	8	3	5	22	12	10	.400	.573
Reliever	0.00	0	0	0	0	0	0.0	0	0	0	0	Pitch 91-105	.289	90	26	4	1	4	10	8	14	.343	.489
0-3 Days Rest (Start)	0.00	0	0	0	0	0	0.0	0	0	0	0	Pitch 106+	.367	49	18	3	0	5	9	5	6	.426	.735
4 Days Rest	4.80	5	8	0	21	21	133.0	150	18	49	81	First Pitch	.278	133	37	4	0	3	13	2	0	.287	.376
5+ Days Rest	3.69	5	6	0	13	13	85.1	77	8	25	39	Ahead in Count	.229	328	75	13	4	7	29	0	97	.250	.357
vs. AL	4.48	10	13	0	31	31	197.0	211	25	70	108	Behind in Count	.265	204	54	11	1	7	27	32	0	.366	.431
vs. NL	3.38	0	1	0	3	3	21.1	16	1	4	12	Two Strikes	.228	359	82	9	5	12	33	40	120	.317	.382
Pre-All Star	4.64	4	7	0	18	18	114.1	126	14	44	72	Pre-All Star	.282	447	126	19	4	14	56	44	72	.350	.436
Post-All Star	4.07	6	7	0	16	16	104.0	101	12	30	48	Post-All Star	.251	402	101	18	5	12	49	30	48	.313	.410

Last Five Years

	ERA	W	L	Sv	G	GS	IP	H	HR	BB	SO		Avg	AB	H	2B	3B	HR	RBI	BB	SO	OBP	SLG
Home	4.68	23	21	0	65	64	404.0	451	47	124	226	vs. Left	.260	1707	443	84	15	56	188	149	253	.320	.425
Away	5.03	15	24	0	76	71	431.0	469	68	154	243	vs. Right	.303	1574	477	83	11	59	235	129	216	.360	.482
Day	5.07	10	11	0	44	41	250.1	279	33	99	148	Inning 1-6	.276	2889	796	143	24	98	381	249	425	.336	.443
Night	4.77	28	34	0	97	94	584.2	641	82	179	321	Inning 7+	.316	392	124	24	2	17	42	29	44	.363	.518
Grass	4.84	36	39	0	121	116	721.2	793	96	233	403	None on	.274	1919	525	86	16	64	64	151	294	.332	.435
Turf	5.00	2	6	0	20	19	113.1	127	19	45	66	Runners on	.290	1362	395	81	10	51	359	127	175	.350	.477
March/April	5.50	4	11	0	22	22	127.2	140	23	48	81	Scoring Posn	.276	731	202	40	3	27	288	89	98	.351	.450
May	4.09	4	8	0	25	25	152.0	165	17	43	81	Close & Late	.344	180	62	12	2	5	19	14	19	.388	.517
June	5.28	5	4	0	23	23	134.2	145	25	49	77	None on/out	.269	856	230	47	4	30	30	54	134	.319	.438
July	5.07	7	5	0	22	20	131.1	147	16	44	78	vs. 1st Batr (relief)	.200	5	1	0	0	0	1	1	1	.333	.400
August	4.56	10	7	0	23	23	150.0	160	16	43	68	1st Inning Pitched	.273	539	147	28	5	18	72	55	101	.342	.443
Sept/Oct	4.84	8	10	0	26	22	139.1	163	18	51	84	First 75 Pitches	.268	2380	638	114	18	77	286	199	357	.328	.428
Starter	4.82	38	45	0	135	135	823.0	903	113	274	461	Pitch 76-90	.327	447	146	28	5	20	80	36	52	.380	.546
Reliever	7.50	0	0	0	6	0	12.0	17	2	4	8	Pitch 91-105	.300	317	95	14	3	13	40	26	45	.351	.486
0-3 Days Rest (Start)	5.40	0	1	0	1	1	5.0	6	0	1	5	Pitch 106+	.299	137	41	11	0	5	17	15	15	.381	.489
4 Days Rest	4.51	24	22	0	81	81	510.1	547	67	180	294	First Pitch	.294	479	141	24	4	13	60	7	0	.307	.443
5+ Days Rest	5.32	14	22	0	53	53	307.2	350	46	93	162	Ahead in Count	.235	1356	319	60	8	35	132	0	399	.245	.369
vs. AL	4.70	32	35	0	113	108	681.1	748	91	235	378	Behind in Count	.333	798	266	51	4	41	138	134	0	.427	.561
vs. NL	5.56	6	10	0	28	27	153.2	172	24	43	91	Two Strikes	.214	1403	300	56	11	42	136	137	469	.290	.359
Pre-All Star	5.12	13	25	0	78	76	453.1	503	70	157	254	Pre-All Star	.281	1791	503	83	13	70	239	157	254	.340	.459
Post-All Star	4.55	25	20	0	63	59	381.2	417	45	121	215	Post-All Star	.280	1490	417	84	13	45	184	121	215	.338	.444

B.J. Surhoff — *Braves*   Age 37 – Bats Left

	Avg	G	AB	R	H	2B	3B	HR	RBI	BB	SO	HBP	GDP	SB	CS	OBP	SLG	IBB	SH	SF	#Pit	#P/PA	GB	FB	G/F
2001 Season	.271	141	484	68	131	33	1	10	58	38	48	1	5	9	3	.321	.405	5	1	7	1841	3.47	187	170	1.10
Last Five Years	.288	759	2797	400	805	171	9	92	413	220	325	12	50	34	14	.338	.454	32	8	37	10967	3.57	1005	988	1.02

2001 Season

	Avg	AB	H	2B	3B	HR	RBI	BB	SO	OBP	SLG		Avg	AB	H	2B	3B	HR	RBI	BB	SO	OBP	SLG
vs. Left	.219	73	16	6	0	0	10	7	10	.284	.301	First Pitch	.303	76	23	3	0	1	12	5	0	.337	.382
vs. Right	.280	411	115	27	1	10	48	31	38	.327	.423	Ahead in Count	.288	104	30	13	1	4	17	16	0	.379	.548

2001 Season

	Avg	AB	H	2B	3B	HR	RBI	BB	SO	OBP	SLG		Avg	AB	H	2B	3B	HR	RBI	BB	SO	OBP	SLG
Home	.256	246	63	15	1	5	25	19	24	.306	.386	Behind in Count	.247	223	55	9	0	3	17	0	40	.247	.327
Away	.286	238	68	18	0	5	33	19	24	.336	.424	Two Strikes	.216	190	41	8	0	4	20	17	48	.279	.321
Day	.287	136	39	9	0	2	17	4	17	.303	.397	Batting #2	.273	194	53	13	0	4	22	14	16	.316	.402
Night	.264	348	92	24	1	8	41	34	31	.327	.408	Batting #5	.262	141	37	11	0	3	13	11	15	.314	.404
Grass	.269	420	113	29	1	10	55	31	41	.316	.414	Other	.275	149	41	9	1	3	23	13	17	.333	.409
Turf	.281	64	18	4	0	0	3	7	7	.352	.344	April	.175	80	14	3	0	2	10	10	12	.272	.288
Pre-All Star	.281	253	71	19	1	5	38	22	24	.336	.423	May	.317	63	20	4	1	2	7	4	7	.358	.508
Post-All Star	.260	231	60	14	0	5	20	16	24	.304	.385	June	.288	80	23	7	0	1	12	5	5	.318	.413
Inning 1-6	.280	336	94	27	1	9	37	21	30	.317	.446	July	.301	93	28	7	0	1	14	5	5	.333	.409
Inning 7+	.250	148	37	6	0	1	21	17	18	.329	.311	August	.256	86	22	6	0	3	5	7	9	.309	.430
Scoring Posn	.270	115	31	7	0	1	43	14	11	.331	.357	Sept/Oct	.293	82	24	6	0	1	10	7	10	.344	.402
Close & Late	.268	71	19	0	0	0	13	8	9	.350	.268	vs. AL	.328	61	20	7	0	1	10	5	4	.379	.492
None on/out	.248	113	28	6	0	2	2	6	10	.286	.354	vs. NL	.262	423	111	26	1	9	48	33	44	.313	.392

2001 By Position

Position	Avg	AB	H	2B	3B	HR	RBI	BB	SO	OBP	SLG	G	GS	Innings	PO	A	E	DP	Fld Pct	Rng Fctr	In Zone	Zone Outs	Zone Rtg	MLB Zone
As lf	.266	463	123	31	1	10	51	36	45	.316	.402	129	120	1055.0	200	8	3	0	.986	1.77	210	194	.924	.880

Last Five Years

	Avg	AB	H	2B	3B	HR	RBI	BB	SO	OBP	SLG		Avg	AB	H	2B	3B	HR	RBI	BB	SO	OBP	SLG
vs. Left	.283	718	203	37	1	23	119	45	101	.326	.433	First Pitch	.341	367	125	27	1	14	66	27	0	.384	.534
vs. Right	.290	2079	602	134	8	69	294	175	224	.342	.461	Ahead in Count	.324	667	216	57	3	26	135	99	0	.405	.535
Home	.282	1333	376	67	6	40	175	115	166	.339	.431	Behind in Count	.249	1254	312	59	3	37	132	0	275	.250	.389
Away	.293	1464	429	104	3	52	238	105	159	.338	.475	Two Strikes	.221	1156	256	50	2	29	124	93	325	.279	.343
Day	.285	850	242	42	5	27	139	70	114	.336	.441	Batting #3	.290	927	269	54	2	32	140	65	110	.335	.456
Night	.289	1947	563	129	4	65	274	150	211	.339	.460	Batting #6	.286	573	164	33	3	23	93	50	60	.345	.475
Grass	.283	2384	675	146	9	74	343	190	285	.334	.445	Other	.287	1297	372	84	4	37	180	105	155	.337	.443
Turf	.315	413	130	25	0	18	70	30	40	.360	.506	March/April	.287	411	118	28	1	10	59	45	68	.355	.433
Pre-All Star	.298	1553	463	102	6	59	267	129	185	.351	.486	May	.300	484	145	27	4	23	87	30	62	.339	.514
Post-All Star	.275	1244	342	69	3	33	146	91	140	.323	.415	June	.294	504	148	30	1	24	86	38	47	.339	.500
Inning 1-6	.290	1902	552	132	7	58	267	155	213	.347	.458	July	.308	494	152	32	0	12	77	35	39	.354	.445
Inning 7+	.283	895	253	39	2	34	146	65	112	.330	.445	August	.259	506	131	33	2	12	55	43	56	.317	.403
Scoring Posn	.276	740	204	43	3	20	308	77	98	.331	.423	Sept/Oct	.279	398	111	21	1	11	49	29	53	.324	.420
Close & Late	.259	417	108	13	1	11	65	36	63	.317	.374	vs. AL	.294	1956	575	117	6	69	319	155	242	.344	.466
None on/out	.286	598	171	41	1	22	22	46	67	.341	.468	vs. NL	.273	841	230	54	3	23	94	65	83	.325	.427

Larry Sutton — Twins   Age 32 – Bats Left (flyball hitter)

	Avg	G	AB	R	H	2B	3B	HR	RBI	BB	SO	HBP	GDP	SB	CS	OBP	SLG	IBB	SH	SF	#Pit	#P/PA	GB	FB	G/F
2001 Season	.119	33	42	3	5	1	0	1	3	1	10	0	1	0	0	.140	.214	0	1	0	175	3.98	12	17	0.71
Career (1997-2001)	.241	237	548	60	132	23	2	11	74	53	92	3	10	4	3	.307	.350	3	8	9	2377	3.83	180	185	0.97

2001 Season

	Avg	AB	H	2B	3B	HR	RBI	BB	SO	OBP	SLG		Avg	AB	H	2B	3B	HR	RBI	BB	SO	OBP	SLG
vs. Left	.000	5	0	0	0	0	0	0	3	.000	.000	Scoring Posn	.167	12	2	0	0	0	2	1	2	.231	.167
vs. Right	.135	37	5	1	0	1	3	1	7	.158	.243	Close & Late	.125	8	1	0	0	0	1	0	1	.125	.125

Career (1997-2001)

	Avg	AB	H	2B	3B	HR	RBI	BB	SO	OBP	SLG		Avg	AB	H	2B	3B	HR	RBI	BB	SO	OBP	SLG
vs. Left	.132	38	5	1	0	1	7	3	7	.195	.237	First Pitch	.239	67	16	3	1	0	12	1	0	.254	.313
vs. Right	.249	510	127	22	2	10	67	50	85	.315	.359	Ahead in Count	.307	137	42	4	1	5	28	27	0	.419	.460
Home	.242	265	64	11	2	7	39	25	41	.304	.377	Behind in Count	.175	223	39	13	0	2	18	0	73	.176	.260
Away	.240	283	68	12	0	4	35	28	51	.309	.325	Two Strikes	.166	247	41	8	0	4	22	25	92	.239	.247
Day	.256	164	42	6	1	5	28	15	16	.324	.396	Batting #5	.266	139	37	7	0	3	18	19	17	.354	.381
Night	.234	384	90	17	1	6	46	38	76	.299	.331	Batting #7	.224	143	32	3	1	1	22	12	21	.288	.280
Grass	.241	473	114	17	2	11	63	41	78	.300	.355	Other	.237	266	63	13	1	7	34	22	54	.291	.372
Turf	.240	75	18	6	0	0	11	12	14	.344	.320	March/April	.216	116	25	6	1	1	19	10	22	.273	.310
Pre-All Star	.224	326	73	14	2	7	52	36	56	.298	.344	May	.202	124	25	6	0	4	17	17	22	.292	.347
Post-All Star	.266	222	59	9	0	4	22	17	36	.320	.360	June	.297	74	22	2	1	2	16	9	10	.360	.432
Inning 1-6	.278	320	89	16	2	8	49	31	52	.340	.416	July	.182	44	8	0	0	0	2	1	3	.200	.182
Inning 7+	.189	228	43	7	0	3	25	22	40	.260	.259	August	.260	104	27	6	0	4	15	10	19	.328	.433
Scoring Posn	.317	145	46	9	0	5	66	23	23	.390	.483	Sept/Oct	.291	86	25	3	0	0	5	6	16	.337	.326
Close & Late	.198	96	19	1	0	1	11	11	18	.275	.240	vs. AL	.238	441	105	20	2	8	60	44	69	.307	.347
None on/out	.217	120	26	4	0	0	7	19	.260	.250	vs. NL	.252	107	27	3	0	3	14	9	23	.305	.364

Ichiro Suzuki — Mariners   Age 28 – Bats Left

	Avg	G	AB	R	H	2B	3B	HR	RBI	BB	SO	HBP	GDP	SB	CS	OBP	SLG	IBB	SH	SF	#Pit	#P/PA	GB	FB	G/F
2001 Season	.350	157	692	127	242	34	8	8	69	30	53	8	3	56	14	.381	.457	10	4	4	2504	3.39	379	144	2.63

2001 Season

	Avg	AB	H	2B	3B	HR	RBI	BB	SO	OBP	SLG		Avg	AB	H	2B	3B	HR	RBI	BB	SO	OBP	SLG
vs. Left	.318	192	61	6	3	1	23	7	19	.343	.396	First Pitch	.442	95	42	8	2	2	14	10	0	.491	.632
vs. Right	.362	500	181	28	5	7	46	23	34	.396	.480	Ahead in Count	.382	191	73	16	2	4	26	14	0	.425	.550
Home	.343	332	114	17	3	5	34	17	20	.379	.458	Behind in Count	.310	297	92	6	3	2	21	0	48	.318	.370
Away	.356	360	128	17	5	3	35	13	33	.384	.456	Two Strikes	.258	264	68	7	3	0	16	6	53	.279	.307
Day	.353	207	73	12	4	2	19	8	13	.389	.478	Batting #1	.350	685	240	34	8	7	67	29	52	.382	.454
Night	.348	485	169	22	4	6	50	22	40	.378	.447	Batting #9	.333	3	1	0	0	0	1	0	0	.333	.333

2001 Season

	Avg	AB	H	2B	3B	HR	RBI	BB	SO	OBP	SLG		Avg	AB	H	2B	3B	HR	RBI	BB	SO	OBP	SLG
Grass	.343	638	219	31	5	8	65	30	47	.375	.445	Other	.250	4	1	0	0	1	2	1	1	.400	1.000
Turf	.426	54	23	3	3	0	4	0	6	.458	.593	April	.336	116	39	3	1	2	11	4	8	.358	.431
Pre-All Star	.345	386	133	20	7	5	41	16	23	.377	.472	May	.379	124	47	11	4	0	14	3	6	.409	.532
Post-All Star	.356	306	109	14	1	3	28	14	30	.388	.438	June	.330	115	38	4	1	1	11	6	4	.361	.409
Inning 1-6	.344	489	168	26	5	5	47	16	33	.370	.448	July	.268	112	30	6	2	3	12	5	11	.308	.438
Inning 7+	.365	203	74	8	3	3	22	14	20	.409	.478	August	.429	119	51	7	3	0	17	6	12	.461	.487
Scoring Posn	.449	136	61	6	2	1	55	17	11	.509	.544	Sept/Oct	.349	106	37	3	0	2	4	6	12	.384	.434
Close & Late	.400	95	38	2	2	2	12	7	8	.442	.526	vs. AL	.362	618	224	32	7	6	62	25	49	.392	.466
None on/out	.293	290	85	11	0	2	4	28		.307	.352	vs. NL	.243	74	18	2	1	2	7	5	4	.296	.378

2001 By Position

Position	Avg	AB	H	2B	3B	HR	RBI	BB	SO	OBP	SLG	G	GS	Innings	PO	A	E	DP	Fld Pct	Rng Fctr	In Zone	Outs	Zone Rtg	MLB Zone
As rf	.350	671	235	33	8	8	68	29	51	.382	.459	152	148	1313.2	335	8	1	2	.997	2.35	367	322	.877	.884

Mac Suzuki — Brewers Age 27 – Pitches Right

	ERA	W	L	Sv	G	GS	IP	BB	SO	Avg	H	2B	3B	HR	RBI	OBP	SLG	CG	ShO	Sup	QS	#P/S	SB	CS	GB	FB	G/F
2001 Season	5.86	5	12	0	33	19	118.1	73	89	.269	122	26	1	20	69	.377	.463	0	0	5.32	7	87	12	5	156	120	1.30
Last Five Years	5.52	16	29	0	109	66	443.1	246	311	.273	475	103	8	65	260	.368	.454	1	1	4.97	24	92	56	13	608	500	1.22

2001 Season

	ERA	W	L	Sv	G	GS	IP	H	HR	BB	SO		Avg	AB	H	2B	3B	HR	RBI	BB	SO	OBP	SLG
Home	6.89	1	5	0	17	6	49.2	56	12	27	33	vs. Left	.281	221	62	12	0	12	44	38	38	.389	.498
Away	5.11	4	7	0	16	13	68.2	66	8	46	56	vs. Right	.258	233	60	14	1	8	25	35	51	.366	.429
Starter	4.99	4	10	0	19	19	92.0	93	12	56	70	Scoring Posn	.299	107	32	7	1	5	48	25	23	.422	.523
Reliever	8.89	1	2	0	14	0	26.1	29	8	17	19	Close & Late	.333	21	7	2	0	0	1	1	2	.364	.429
0-3 Days Rest (Start)	0.00	0	0	0	0	0	0	0	0	0	0	None on/out	.302	116	35	8	0	3	3	15	18	.396	.448
4 Days Rest	8.04	0	6	0	7	7	28.0	35	3	20	26	First Pitch	.293	58	17	4	0	4	9	0	0	.293	.569
5+ Days Rest	3.66	4	4	0	12	12	64.0	58	9	36	44	Ahead in Count	.226	195	44	8	1	6	25	0	67	.250	.369
Pre-All Star	6.35	2	7	0	18	10	62.1	70	15	36	42	Behind in Count	.327	101	33	9	0	5	17	38	0	.507	.564
Post-All Star	5.30	3	5	0	15	9	56.0	52	5	37	47	Two Strikes	.204	211	43	5	1	6	25	35	89	.325	.322

Last Five Years

	ERA	W	L	Sv	G	GS	IP	H	HR	BB	SO		Avg	AB	H	2B	3B	HR	RBI	BB	SO	OBP	SLG
Home	6.27	4	15	0	59	31	226.2	261	36	125	160	vs. Left	.283	905	256	52	6	40	148	135	146	.380	.486
Away	4.74	12	14	0	50	35	216.2	214	29	121	151	vs. Right	.263	832	219	51	2	25	112	111	165	.354	.419
Day	5.68	7	7	0	28	17	107.2	116	19	48	81	Inning 1-6	.272	1478	402	86	7	52	218	220	274	.365	.445
Night	5.47	9	22	0	81	49	335.2	359	46	198	230	Inning 7+	.282	259	73	17	1	13	42	36	37	.369	.506
Grass	5.23	13	26	0	86	55	366.1	387	54	203	245	None on	.276	970	268	52	2	36	36	110	160	.356	.445
Turf	6.90	3	3	0	23	11	77.0	88	11	43	66	Runners on	.270	767	207	51	6	29	224	136	151	.382	.465
March/April	4.22	2	1	0	14	7	59.2	62	7	21	46	Scoring Posn	.258	466	120	25	5	16	188	92	103	.375	.436
May	6.19	2	5	0	19	12	72.2	76	15	44	58	Close & Late	.316	76	24	5	0	5	15	8	5	.384	.579
June	7.02	1	3	0	15	6	50.0	48	8	35	31	None on/out	.274	425	115	29	1	13	13	58	57	.367	.435
July	5.68	2	8	0	18	12	77.2	86	17	40	48	vs. 1st Batr (relief)	.303	33	10	4	1	2	8	10	5	.465	.667
August	4.36	6	3	0	22	11	86.2	92	9	41	51	1st Inning Pitched	.229	398	91	21	1	14	69	70	70	.342	.392
Sept/Oct	5.96	3	9	0	21	18	96.2	111	9	61	77	First 75 Pitches	.264	1406	371	77	5	54	205	197	263	.358	.441
Starter	5.04	14	26	0	66	66	355.1	377	49	192	253	Pitch 76-90	.352	176	62	14	2	5	33	29	24	.452	.540
Reliever	7.47	2	3	0	43	0	88.0	98	16	54	58	Pitch 91-105	.243	103	25	7	0	3	10	15	15	.336	.398
0-3 Days Rest (Start)	20.25	0	0	0	1	1	2.2	8	1	2	2	Pitch 106+	.327	52	17	5	1	3	12	5	6	.390	.635
4 Days Rest	5.88	4	17	0	33	33	171.1	189	25	99	119	First Pitch	.351	251	88	17	0	15	57	4	0	.361	.598
5+ Days Rest	4.02	10	9	0	32	32	181.1	180	23	91	132	Ahead in Count	.213	710	151	27	3	17	81	0	250	.227	.331
vs. AL	5.43	11	22	0	80	53	351.1	377	56	182	239	Behind in Count	.336	423	142	39	4	19	64	152	0	.508	.582
vs. NL	5.87	5	7	0	29	13	92.0	98	9	64	72	Two Strikes	.188	744	140	20	4	16	75	90	311	.283	.290
Pre-All Star	5.68	6	13	0	54	30	214.0	218	37	120	155	Pre-All Star	.263	830	218	42	5	37	135	120	155	.360	.459
Post-All Star	5.38	10	16	0	55	36	229.1	257	28	126	156	Post-All Star	.283	907	257	61	3	28	125	126	156	.375	.450

Mark Sweeney — Brewers Age 32 – Bats Left

	Avg	G	AB	R	H	2B	3B	HR	RBI	BB	SO	HBP	GDP	SB	CS	OBP	SLG	IBB	SH	SF	#Pit	#P/PA	GB	FB	G/F
2001 Season	.258	48	89	9	23	3	1	3	11	12	23	0	0	2	1	.347	.416	0	2	0	412	4.00	23	25	0.92
Last Five Years	.257	393	549	57	141	27	4	10	62	74	119	3	11	5	6	.345	.375	3	4	5	2423	3.82	175	147	1.19

2001 Season

	Avg	AB	H	2B	3B	HR	RBI	BB	SO	OBP	SLG		Avg	AB	H	2B	3B	HR	RBI	BB	SO	OBP	SLG
vs. Left	.200	5	1	0	0	0	2	2	.429	.200		Scoring Posn	.174	23	4	1	0	0	7	3	8	.269	.217
vs. Right	.262	84	22	3	1	3	11	10	21	.340	.429	Close & Late	.438	16	7	1	0	2	3	4		.526	.875

Last Five Years

	Avg	AB	H	2B	3B	HR	RBI	BB	SO	OBP	SLG		Avg	AB	H	2B	3B	HR	RBI	BB	SO	OBP	SLG
vs. Left	.130	23	3	0	0	1	6	8	.310	.130		First Pitch	.345	84	29	7	3	2	17	3	0	.374	.571
vs. Right	.262	526	138	27	4	10	61	68	111	.347	.386	Ahead in Count	.396	111	44	9	1	3	13	37	0	.544	.577
Home	.203	251	51	9	1	5	30	39	55	.311	.307	Behind in Count	.175	251	44	6	0	3	20	0	103	.178	.235
Away	.302	298	90	18	3	5	32	35	64	.376	.433	Two Strikes	.152	269	41	6	0	3	19	34	119	.249	.208
Day	.271	192	52	7	2	4	33	30	43	.369	.391	Batting #6	.229	118	27	6	2	0	11	14	23	.308	.314
Night	.249	357	89	20	2	6	29	44	76	.333	.367	Batting #9	.259	185	48	9	0	6	25	27	50	.355	.405
Grass	.252	436	110	20	4	7	50	59	85	.343	.356	Other	.268	246	66	12	4	26	33	46		.356	.382
Turf	.274	113	31	7	2	3	12	15	34	.357	.451	March/April	.227	66	15	0	0	3	9	7	18	.311	.394

424

	Avg	AB	H	2B	3B	HR	RBI	BB	SO	OBP	SLG		Avg	AB	H	2B	3B	HR	RBI	BB	SO	OBP	SLG
							Last Five Years																
Pre-All Star	.233	219	51	12	0	3	24	30	57	.328	.329	May	.233	73	17	6	0	0	6	15	17	.360	.315
Post-All Star	.273	330	90	15	4	7	38	44	62	.357	.406	June	.243	70	17	3	0	0	9	5	20	.282	.286
Inning 1-6	.250	252	63	12	3	5	33	34	46	.339	.381	July	.292	48	14	2	0	1	5	9	9	.414	.396
Inning 7+	.263	297	78	15	1	5	29	40	73	.351	.370	August	.291	172	50	8	4	5	22	22	31	.371	.471
Scoring Posn	.265	147	39	4	0	1	49	30	39	.386	.313	Sept/Oct	.233	120	28	6	0	1	11	16	24	.321	.308
Close & Late	.265	147	39	4	0	3	14	23	37	.368	.354	vs. AL	.275	51	14	4	0	0	6	6	13	.351	.353
None on/out	.245	139	34	6	3	4	4	9	28	.295	.417	vs. NL	.255	498	127	23	4	10	56	68	106	.345	.378

Mike Sweeney — Royals
Age 28 – Bats Right

	Avg	AB	H	2B	3B	HR	RBI	BB	SO	HBP	GDP	SB	CS	OBP	SLG	IBB	SH	SF	#Pit	#P/PA	GB	FB	G/F
2001 Season	.304	147	559	97	170	46	0	29	99	64	64	2	13	10	3	.374	.542	13	1	6	2288	3.62	196	188	1.04
Last Five Years	.304	632	2274	365	692	146	2	95	411	230	250	35	64	29	12	.373	.496	19	4	26	9238	3.60	869	723	1.20

2001 Season

	Avg	AB	H	2B	3B	HR	RBI	BB	SO	OBP	SLG		Avg	AB	H	2B	3B	HR	RBI	BB	SO	OBP	SLG
vs. Left	.268	142	38	9	0	6	24	16	23	.338	.458	First Pitch	.486	70	34	11	0	6	16	10	0	.550	.900
vs. Right	.317	417	132	37	0	23	75	48	41	.386	.571	Ahead in Count	.293	140	41	10	0	9	26	27	0	.402	.557
Home	.300	280	84	23	0	14	53	27	31	.361	.532	Behind in Count	.278	245	68	18	0	10	42	0	51	.279	.473
Away	.308	279	86	23	0	15	46	37	33	.387	.552	Two Strikes	.249	221	55	13	0	7	31	27	64	.336	.403
Day	.305	177	54	14	0	11	34	13	19	.358	.571	Batting #3	.301	239	72	22	0	9	38	21	34	.355	.506
Night	.304	382	116	32	0	18	65	51	45	.381	.529	Batting #4	.298	252	75	14	0	14	48	33	23	.381	.520
Grass	.297	492	146	35	0	23	83	57	54	.369	.508	Other	.338	68	23	10	0	6	13	10	7	.413	.750
Turf	.358	67	24	11	0	6	16	7	10	.413	.791	April	.292	96	28	10	0	6	16	13	10	.373	.583
Pre-All Star	.333	342	114	35	0	21	65	35	43	.391	.620	May	.313	115	36	17	0	3	15	8	15	.352	.539
Post-All Star	.258	217	56	11	0	8	34	29	21	.348	.419	June	.392	97	38	6	0	11	29	11	14	.450	.794
Inning 1-6	.287	390	112	30	0	17	59	42	42	.356	.495	July	.248	101	25	4	0	3	13	8	13	.300	.376
Inning 7+	.343	169	58	16	0	12	40	22	22	.413	.651	August	.327	52	17	5	0	3	13	7	1	.400	.596
Scoring Posn	.309	149	46	14	0	9	71	33	12	.423	.584	Sept/Oct	.265	98	26	4	0	3	13	17	11	.374	.398
Close & Late	.250	72	18	4	0	4	13	10	14	.329	.472	vs. AL	.318	491	156	44	0	27	91	58	55	.388	.572
None on/out	.303	119	36	10	0	7	7	7	21	.346	.563	vs. NL	.206	68	14	2	0	2	8	6	9	.267	.324

2001 By Position

Position	Avg	AB	H	2B	3B	HR	RBI	BB	SO	OBP	SLG	G	GS	Innings	PO	A	E	DP	Fld Pct	Rng Fctr	In Zone	Zone Outs	Zone Rtg	MLB Zone
As DH	.225	142	32	9	0	5	21	17	15	.302	.394	38	38											
As 1b	.332	416	138	37	0	24	78	47	49	.400	.594	108	108	931.1	945	88	12	124	.989	—	215	181	.842	.850

Last Five Years

	Avg	AB	H	2B	3B	HR	RBI	BB	SO	OBP	SLG		Avg	AB	H	2B	3B	HR	RBI	BB	SO	OBP	SLG
vs. Left	.304	510	155	33	1	20	92	60	57	.378	.490	First Pitch	.393	308	121	25	0	12	47	14	0	.432	.591
vs. Right	.304	1764	537	113	1	75	319	170	193	.372	.497	Ahead in Count	.333	568	189	36	2	30	134	127	0	.451	.562
Home	.300	1140	342	75	0	52	214	117	116	.371	.503	Behind in Count	.255	994	253	54	0	33	131	0	204	.264	.408
Away	.309	1134	350	71	2	43	197	113	134	.375	.489	Two Strikes	.243	918	223	47	0	33	130	89	250	.319	.402
Day	.304	670	204	49	0	32	138	56	71	.365	.521	Batting #3	.325	778	253	49	0	31	164	88	89	.396	.508
Night	.304	1604	488	97	2	63	273	174	179	.376	.485	Batting #4	.317	647	205	46	1	31	131	65	50	.384	.535
Grass	.304	1960	596	124	2	79	348	201	210	.375	.490	Other	.276	849	234	51	1	33	116	77	111	.344	.455
Turf	.306	314	96	22	0	16	63	29	40	.364	.501	March/April	.282	351	99	17	0	20	53	34	40	.350	.501
Pre-All Star	.320	1193	382	84	0	55	225	104	136	.381	.529	May	.321	390	125	37	0	14	73	40	47	.393	.523
Post-All Star	.287	1081	310	62	2	40	186	126	114	.365	.459	June	.353	334	118	25	0	17	77	23	34	.399	.581
Inning 1-6	.306	1536	470	96	2	67	281	162	162	.379	.502	July	.309	405	125	24	1	15	71	39	46	.372	.484
Inning 7+	.301	738	222	50	0	28	130	68	88	.361	.482	August	.279	391	109	23	0	15	77	36	32	.346	.453
Scoring Posn	.323	665	215	44	0	31	323	90	65	.403	.529	Sept/Oct	.288	403	116	20	1	14	58	58	51	.374	.447
Close & Late	.266	353	94	19	0	11	65	37	50	.337	.414	vs. AL	.304	2010	611	133	2	87	363	216	222	.376	.502
None on/out	.308	471	145	27	2	22	22	34	52	.363	.514	vs. NL	.307	264	81	13	0	8	48	14	28	.346	.447

Greg Swindell — Diamondbacks
Age 37 – Pitches Left (flyball pitcher)

	ERA	W	L	Sv	G	GS	IP	BB	SO	Avg	H	2B	3B	HR	RBI	OBP	SLG	GF	IR	IRS	Hld	SvOp	SB	CS	GB	FB	G/F
2001 Season	4.53	2	6	2	64	0	53.2	8	42	.250	51	12	3	12	30	.277	.515	18	32	9	11	5	5	1	45	95	0.47
Last Five Years	3.46	20	22	7	337	1	400.1	105	295	.247	370	78	13	52	177	.297	.420	81	203	46	75	20	15	17	440	550	0.80

2001 Season

	ERA	W	L	Sv	G	GS	IP	H	HR	BB	SO		Avg	AB	H	2B	3B	HR	RBI	BB	SO	OBP	SLG
Home	5.00	0	3	1	36	0	27.0	29	6	6	19	vs. Left	.259	81	21	4	1	6	11	3	19	.286	.556
Away	4.05	2	3	1	28	0	26.2	22	6	2	23	vs. Right	.244	123	30	8	2	6	19	5	23	.271	.488
Day	3.86	1	2	1	25	0	18.2	14	3	5	18	Inning 1-6	.154	26	4	0	1	1	4	1	8	.185	.346
Night	4.89	1	4	1	39	0	35.0	37	9	3	24	Inning 7+	.264	178	47	12	2	11	26	7	34	.290	.539
Grass	4.67	2	6	2	62	0	52.0	50	12	8	40	None on	.260	131	34	6	3	8	8	4	29	.281	.534
Turf	0.00	0	0	0	2	0	1.2	1	0	0	2	Runners on	.233	73	17	6	0	4	22	4	13	.269	.479
April	2.45	0	0	0	12	0	11.0	6	2	1	7	Scoring Posn	.300	40	12	4	0	2	18	4	7	.356	.550
May	5.14	1	1	1	10	0	7.0	9	2	2	4	Close & Late	.250	76	19	6	2	5	12	4	18	.288	.579
June	6.48	1	0	0	11	0	8.1	12	3	1	6	None on/out	.235	51	12	1	2	3	3	3	9	.278	.510
July	4.91	0	0	0	10	0	11.0	8	3	1	12	vs. 1st Batr (relief)	.250	60	15	3	2	4	7	3	10	.286	.567
August	4.05	0	1	0	10	0	6.2	9	0	1	5	1st Inning Pitched	.242	182	44	10	3	11	29	8	34	.272	.511
Sept/Oct	4.66	0	4	0	11	0	9.2	7	2	3	8	First 15 Pitches	.254	173	44	10	3	10	24	8	32	.287	.520
Starter	0.00	0	0	0	0	0	0.0	0	0	0	0	Pitch 16-30	.226	31	7	2	0	2	6	0	10	.219	.484
Reliever	4.53	2	6	2	64	0	53.2	51	12	8	42	Pitch 31-45	.000	0	0	0	0	0	0	0	0	.000	.000

2001 Season

	ERA	W	L	Sv	G	GS	IP	H	HR	BB	SO		Avg	AB	H	2B	3B	HR	RBI	BB	SO	OBP	SLG
0 Days Rest (Relief)	3.93	1	0	1	22	0	18.1	14	4	4	13	Pitch 46+	.000	0	0	0	0	0	0	0	0	.000	.000
1 or 2 Days Rest	5.91	1	5	0	25	0	21.1	22	6	3	14	First Pitch	.313	32	10	1	0	2	5	1	0	.324	.531
3+ Days Rest	3.21	0	1	1	17	0	14.0	15	2	1	15	Ahead in Count	.190	100	19	5	1	4	9	0	38	.190	.380
vs. AL	0.00	0	0	0	3	0	3.0	0	0	0	3	Behind in Count	.293	41	12	5	2	2	6	2	0	.326	.659
vs. NL	4.80	2	6	2	61	0	50.2	51	12	8	39	Two Strikes	.174	92	16	1	1	3	12	5	42	.216	.315
Pre-All Star	3.94	2	1	2	35	0	29.2	28	7	4	20	Pre-All Star	.248	113	28	6	1	7	15	4	20	.274	.504
Post-All Star	5.25	0	5	0	29	0	24.0	23	5	4	22	Post-All Star	.253	91	23	6	2	5	15	4	22	.281	.527

Last Five Years

	ERA	W	L	Sv	G	GS	IP	H	HR	BB	SO		Avg	AB	H	2B	3B	HR	RBI	BB	SO	OBP	SLG
Home	3.65	11	13	3	177	1	202.1	195	28	57	124	vs. Left	.221	588	130	22	3	17	61	25	110	.256	.355
Away	3.27	9	9	4	160	0	198.0	175	24	48	171	vs. Right	.263	912	240	56	10	35	116	80	185	.323	.462
Day	2.83	9	6	2	109	0	136.2	127	13	32	100	Inning 1-6	.246	333	82	21	5	8	46	22	67	.295	.411
Night	3.79	11	16	5	228	1	263.2	243	39	73	195	Inning 7+	.247	1167	288	57	8	44	131	83	228	.298	.422
Grass	3.69	13	17	6	243	0	268.1	253	38	71	208	None on	.250	872	218	49	7	29	29	49	164	.292	.422
Turf	3.00	7	5	1	94	1	132.0	117	14	34	87	Runners on	.242	628	152	29	6	23	148	56	131	.304	.417
March/April	3.41	3	2	2	48	0	60.2	57	7	14	45	Scoring Posn	.235	366	86	18	4	12	121	38	70	.304	.404
May	3.86	2	4	2	59	1	74.2	77	10	19	46	Close & Late	.243	563	137	25	5	19	64	47	111	.301	.407
June	2.59	5	0	2	49	0	59.0	45	6	15	42	None on/out	.246	374	92	23	4	11	11	19	60	.284	.417
July	3.61	4	3	0	57	0	72.1	56	10	16	55	vs. 1st Batr (relief)	.253	316	80	16	4	11	40	14	52	.286	.434
August	3.63	3	5	0	61	0	67.0	72	7	19	54	1st Inning Pitched	.241	1020	246	53	10	36	133	75	194	.294	.419
Sept/Oct	3.51	3	8	1	63	0	66.2	63	12	22	53	First 15 Pitches	.243	941	229	53	10	28	104	60	160	.290	.410
Starter	12.27	0	1	0	1	1	3.2	6	2	1	3	Pitch 16-30	.268	414	111	21	2	21	59	33	104	.323	.481
Reliever	3.38	20	21	7	336	0	396.2	364	50	104	292	Pitch 31-45	.200	115	23	3	0	2	10	11	24	.276	.278
0 Days Rest (Relief)	3.38	3	6	2	92	0	98.2	90	14	24	68	Pitch 46+	.233	30	7	1	1	1	4	1	7	.258	.433
1 or 2 Days Rest	3.65	15	11	3	168	0	194.2	183	27	54	139	First Pitch	.298	228	68	15	2	11	37	13	0	.333	.526
3+ Days Rest	2.87	2	4	2	76	0	103.1	91	9	26	85	Ahead in Count	.210	773	162	23	5	19	65	0	264	.213	.326
vs. AL	3.84	11	12	7	140	1	192.0	187	25	52	126	Behind in Count	.294	245	72	23	4	9	35	50	0	.416	.531
vs. NL	3.11	9	10	5	197	0	208.1	183	27	53	169	Two Strikes	.186	742	138	20	5	16	66	42	295	.232	.291
Pre-All Star	3.34	10	7	6	173	1	215.1	193	25	56	147	Pre-All Star	.239	808	193	41	5	25	87	56	147	.291	.395
Post-All Star	3.60	10	15	1	164	0	185.0	177	27	49	148	Post-All Star	.256	692	177	37	8	27	90	49	148	.304	.449

Jeff Tabaka — Cardinals

Age 38 – Pitches Left

	ERA	W	L	Sv	G	GS	IP	BB	SO	Avg	H	2B	3B	HR	RBI	OBP	SLG	GF	IR	IRS	Hld	SvOp	SB	CS	GB	FB	G/F
2001 Season	7.36	0	0	0	8	0	3.2	1	3	.375	6	0	0	1	1	.412	.563	0	1	0	1	0	0	0	6	5	1.20
Last Five Years	3.36	2	2	0	48	0	56.1	24	44	.216	44	7	1	8	24	.316	.377	10	26	8	2	1	1	1	68	54	1.26

2001 Season

	ERA	W	L	Sv	G	GS	IP	H	HR	BB	SO		Avg	AB	H	2B	3B	HR	RBI	BB	SO	OBP	SLG
Home	13.50	0	0	0	5	0	2.0	5	1	0	2	vs. Left	.500	6	3	0	0	0	0	1	1	.571	.500
Away	0.00	0	0	0	3	0	1.2	1	0	1	1	vs. Right	.300	10	3	0	0	1	1	0	2	.300	.600

Jeff Tam — Athletics

Age 31 – Pitches Right (groundball pitcher)

	ERA	W	L	Sv	G	GS	IP	BB	SO	Avg	H	2B	3B	HR	RBI	OBP	SLG	GF	IR	IRS	Hld	SvOp	SB	CS	GB	FB	G/F
2001 Season	3.01	2	4	3	70	0	74.2	29	44	.250	68	16	2	3	27	.326	.357	15	38	10	25	6	6	2	123	59	2.08
Career (1998-2001)	3.24	6	8	6	167	0	186.1	60	106	.254	175	35	6	11	70	.316	.370	46	106	27	45	13	8	4	331	146	2.27

2001 Season

	ERA	W	L	Sv	G	GS	IP	H	HR	BB	SO		Avg	AB	H	2B	3B	HR	RBI	BB	SO	OBP	SLG
Home	1.83	2	1	1	32	0	39.1	32	0	18	24	vs. Left	.247	85	21	5	1	1	6	21	12	.398	.365
Away	4.33	0	3	2	38	0	35.1	36	3	11	20	vs. Right	.251	187	47	11	1	2	21	8	32	.286	.353
Day	6.43	1	4	0	24	0	21.0	26	2	7	14	Inning 1-6	.280	25	7	2	0	0	6	2	2	.333	.360
Night	1.68	1	0	3	46	0	53.2	42	1	22	30	Inning 7+	.247	247	61	14	2	3	21	27	42	.325	.356
Grass	2.67	2	3	3	61	0	67.1	57	2	28	38	None on	.257	152	39	9	1	3	3	7	25	.294	.388
Turf	6.14	0	1	0	9	0	7.1	11	1	1	6	Runners on	.242	120	29	7	1	0	24	22	19	.361	.317
April	6.08	0	1	0	12	0	13.1	17	1	11	11	Scoring Posn	.228	79	18	5	0	0	23	18	13	.366	.291
May	1.98	0	1	2	13	0	13.2	10	2	3	7	Close & Late	.234	128	30	7	1	3	12	14	28	.315	.375
June	4.50	0	2	1	10	0	12.0	12	0	7	8	None on/out	.231	65	15	3	1	3	3	15	.265	.446
July	1.23	1	0	0	12	0	14.2	10	0	3	7	vs. 1st Batr (relief)	.200	65	13	3	1	6	3	13	.246	.323
August	0.73	1	0	0	14	0	12.1	11	0	3	7	1st Inning Pitched	.245	200	49	11	2	2	23	21	36	.322	.350
Sept/Oct	4.15	0	1	0	9	0	8.2	8	0	2	4	First 15 Pitches	.253	198	50	12	2	2	19	14	30	.312	.364
Starter	0.00	0	0	0	0	0	0.0	0	0	0	0	Pitch 16-30	.186	59	11	2	0	1	7	14	12	.329	.271
Reliever	3.01	2	4	3	70	0	74.2	68	3	29	44	Pitch 31-45	.333	9	3	1	0	0	0	0	2	.333	.444
0 Days Rest (Relief)	4.70	0	1	2	16	0	15.1	17	0	6	5	Pitch 46+	.667	6	4	1	0	0	1	1	0	.714	.833
1 or 2 Days Rest	2.75	1	3	0	36	0	39.1	39	3	15	29	First Pitch	.327	52	17	2	1	1	7	8	0	.410	.481
3+ Days Rest	2.25	1	0	1	18	0	20.0	12	0	8	10	Ahead in Count	.162	117	19	3	1	1	4	0	34	.174	.231
vs. AL	3.17	2	3	2	61	0	65.1	63	3	26	37	Behind in Count	.321	53	17	5	0	0	10	13	0	.463	.415
vs. NL	1.93	0	1	1	9	0	9.1	5	0	3	7	Two Strikes	.186	113	21	3	1	2	5	8	44	.238	.292
Pre-All Star	3.74	1	3	3	38	0	43.1	40	3	22	27	Pre-All Star	.250	160	40	10	1	3	20	22	27	.341	.381
Post-All Star	2.01	1	1	0	32	0	31.1	28	0	7	17	Post-All Star	.250	112	28	6	1	0	7	7	17	.303	.321

Career (1998-2001)

	ERA	W	L	Sv	G	GS	IP	H	HR	BB	SO		Avg	AB	H	2B	3B	HR	RBI	BB	SO	OBP	SLG
Home	3.16	5	3	1	78	0	94.0	89	5	31	57	vs. Left	.305	239	73	15	2	4	27	39	38	.402	.435
Away	3.31	1	5	5	89	0	92.1	86	6	29	49	vs. Right	.227	450	102	20	4	7	43	21	68	.266	.336
Day	4.61	2	5	1	55	0	54.2	52	6	14	34	Inning 1-6	.229	48	11	2	0	0	8	4	5	.288	.271
Night	2.67	4	3	5	112	0	131.2	123	5	46	72	Inning 7+	.256	641	164	33	6	11	62	56	101	.318	.378

Career (1998-2001)

	ERA	W	L	Sv	G	GS	IP	H	HR	BB	SO		Avg	AB	H	2B	3B	HR	RBI	BB	SO	OBP	SLG
Grass	2.98	6	6	5	144	0	166.1	152	8	53	91	None on	.265	374	99	17	5	10	10	15	59	.300	.417
Turf	5.40	0	2	1	23	0	20.0	23	3	7	15	Runners on	.241	315	76	18	1	1	60	45	47	.333	.314
March/April	4.03	0	1	0	22	0	29.0	31	1	13	19	Scoring Posn	.213	197	42	10	0	0	55	37	32	.331	.264
May	2.06	0	2	3	28	0	35.0	28	2	11	18	Close & Late	.262	302	79	17	3	4	34	32	55	.335	.377
June	3.56	2	2	2	21	0	30.1	33	1	12	22	None on/out	.293	164	48	7	2	8	8	6	28	.326	.506
July	4.14	3	1	0	34	0	37.0	35	0	6	16	vs. 1st Batr (relief)	.273	154	42	6	2	4	18	8	23	.315	.416
August	1.44	1	0	1	31	0	31.1	25	5	9	16	1st Inning Pitched	.251	495	124	24	5	7	58	48	82	.321	.362
Sept/Oct	4.56	0	2	0	31	0	23.2	23	2	9	15	First 15 Pitches	.261	463	121	24	4	8	48	38	63	.324	.382
Starter	0.00	0	0	0	0	0	0.0	0	0	0	0	Pitch 16-30	.232	185	43	9	1	2	19	20	38	.303	.324
Reliever	3.24	6	8	6	167	0	186.1	175	11	60	106	Pitch 31-45	.200	35	7	1	1	1	2	1	5	.216	.371
0 Days Rest (Relief)	4.50	0	2	3	36	0	34.0	34	2	10	19	Pitch 46+	.667	6	4	1	0	0	1	0	0	.714	.833
1 or 2 Days Rest	2.73	4	6	1	84	0	95.2	93	6	33	54	First Pitch	.336	119	40	11	1	2	13	17	0	.413	.496
3+ Days Rest	3.34	2	0	2	47	0	56.2	48	3	17	33	Ahead in Count	.169	296	50	7	2	2	12	0	88	.176	.226
vs. AL	3.14	3	6	5	127	0	143.1	142	6	48	74	Behind in Count	.324	145	47	10	2	4	27	22	0	.415	.503
vs. NL	3.56	3	2	1	40	0	43.0	33	5	12	32	Two Strikes	.164	305	50	6	3	4	18	21	106	.219	.243
Pre-All Star	3.06	4	5	5	83	0	108.2	101	4	38	64	Pre-All Star	.256	395	101	18	4	4	40	38	64	.320	.352
Post-All Star	3.48	2	3	1	84	0	77.2	74	7	22	42	Post-All Star	.252	294	74	17	2	7	30	22	42	.311	.395

Kevin Tapani — Cubs
Age 38 – Pitches Right

	ERA	W	L	Sv	G	GS	IP	BB	SO	Avg	H	2B	3B	HR	RBI	OBP	SLG	CG	ShO	Sup	QS	#P/S	SB	CS	GB	FB	G/F
2001 Season	4.49	9	14	0	29	29	168.1	40	149	.279	186	36	3	24	85	.325	.450	0	0	4.65	14	93	7	8	234	160	1.46
Last Five Years	4.66	51	50	0	130	129	804.0	205	563	.275	866	180	17	108	408	.322	.446	6	3	5.05	65	98	47	27	1137	870	1.31

2001 Season

	ERA	W	L	Sv	G	GS	IP	H	HR	BB	SO		Avg	AB	H	2B	3B	HR	RBI	BB	SO	OBP	SLG
Home	3.06	6	6	0	16	16	100.0	91	10	21	86	vs. Left	.229	266	61	12	1	9	36	15	64	.277	.383
Away	6.59	3	8	0	13	13	68.1	95	14	19	63	vs. Right	.312	401	125	24	2	15	49	25	85	.356	.494
Day	2.70	6	6	0	13	13	83.1	76	9	18	73	Inning 1-6	.281	627	176	35	3	23	83	37	146	.326	.456
Night	6.25	3	8	0	16	16	85.0	110	15	22	76	Inning 7+	.250	40	10	1	0	1	2	3	3	.302	.350
Grass	4.60	8	14	0	28	28	162.1	180	23	38	144	None on	.281	402	113	21	2	10	10	15	100	.312	.418
Turf	1.50	1	0	0	1	1	6.0	6	1	2	5	Runners on	.275	265	73	15	1	14	75	25	49	.343	.498
April	4.91	3	1	0	4	4	22.0	28	5	6	21	Scoring Posn	.260	154	40	9	1	8	63	16	32	.339	.487
May	2.70	4	0	0	5	5	30.0	27	2	7	22	Close & Late	.241	29	7	0	0	1	2	2	2	.290	.345
June	6.46	1	4	0	6	6	30.2	43	4	9	27	None on/out	.277	173	48	9	2	5	5	5	40	.302	.439
July	2.45	0	3	0	4	4	25.2	23	3	5	29	vs. 1st Batr (relief)	.000	0	0	0	0	0	0	0	0	.000	.000
August	2.79	1	2	0	6	6	38.2	36	6	5	31	1st Inning Pitched	.229	109	25	8	0	2	10	3	35	.267	.358
Sept/Oct	9.28	0	4	0	4	4	21.1	29	4	7	19	First 75 Pitches	.290	524	152	26	3	19	71	24	123	.327	.460
Starter	4.49	9	14	0	29	29	168.1	186	24	40	149	Pitch 76-90	.211	90	19	7	0	4	10	8	19	.283	.422
Reliever	0.00	0	0	0	0	0	0.0	0	0	0	0	Pitch 91-105	.302	43	13	3	0	1	4	7	6	.400	.442
0-3 Days Rest (Start)	0.00	0	0	0	0	0	0.0	0	0	0	0	Pitch 106+	.200	10	2	0	0	0	0	1	1	.273	.200
4 Days Rest	4.13	4	8	0	14	14	85.0	86	17	22	73	First Pitch	.398	103	41	5	0	5	21	4	0	.417	.592
5+ Days Rest	4.86	5	6	0	15	15	83.1	100	7	18	76	Ahead in Count	.199	312	62	13	1	7	20	0	125	.210	.314
vs. AL	1.59	0	1	0	1	1	5.2	6	0	3	6	Behind in Count	.355	124	44	10	0	7	27	23	0	.456	.605
vs. NL	4.59	9	13	0	28	28	162.2	180	24	37	143	Two Strikes	.199	326	65	16	1	8	17	13	149	.241	.328
Pre-All Star	4.52	8	6	0	16	16	89.2	106	11	23	77	Pre-All Star	.295	359	106	19	1	11	42	23	77	.342	.446
Post-All Star	4.46	1	8	0	13	13	78.2	80	13	17	72	Post-All Star	.260	308	80	17	2	13	43	17	72	.305	.455

Last Five Years

	ERA	W	L	Sv	G	GS	IP	H	HR	BB	SO		Avg	AB	H	2B	3B	HR	RBI	BB	SO	OBP	SLG
Home	3.77	30	22	0	67	66	434.0	413	54	110	323	vs. Left	.257	1386	356	77	11	42	166	92	250	.305	.419
Away	5.69	21	28	0	63	63	370.0	453	54	95	240	vs. Right	.289	1763	510	103	6	66	242	113	313	.335	.467
Day	4.57	29	24	0	64	64	400.0	433	58	102	308	Inning 1-6	.275	2771	761	160	15	94	372	179	513	.321	.445
Night	4.75	22	26	0	66	65	404.0	433	50	103	255	Inning 7+	.278	378	105	20	2	14	36	26	50	.328	.452
Grass	4.72	44	45	0	112	111	684.2	735	95	171	496	None on	.264	1887	499	100	9	56	56	101	360	.307	.416
Turf	4.30	7	5	0	18	18	119.1	131	13	34	67	Runners on	.291	1262	367	80	8	52	352	104	203	.344	.490
March/April	4.85	9	6	0	18	18	104.0	111	17	31	69	Scoring Posn	.288	690	199	44	6	32	295	79	113	.358	.509
May	3.20	11	6	0	22	22	154.2	146	15	34	111	Close & Late	.269	197	53	9	1	9	23	15	31	.326	.462
June	5.39	6	10	0	23	23	132.0	152	18	37	100	None on/out	.289	819	237	46	7	30	30	42	147	.330	.473
July	4.94	8	10	0	23	23	144.0	161	21	32	109	vs. 1st Batr (relief)	.000	1	0	0	0	0	0	0	0	.000	.000
August	4.84	9	11	0	28	28	171.0	196	25	42	115	1st Inning Pitched	.257	499	128	31	3	13	68	31	112	.308	.409
Sept/Oct	5.03	8	7	0	16	15	98.1	100	12	29	59	First 75 Pitches	.275	2293	630	125	15	74	292	135	427	.319	.439
Starter	4.64	51	50	0	129	129	803.0	863	108	205	563	Pitch 76-90	.283	413	117	30	0	15	60	32	63	.334	.465
Reliever	18.00	0	0	0	1	0	1.0	3	0	0	0	Pitch 91-105	.254	303	77	14	2	11	32	23	57	.310	.422
0-3 Days Rest (Start)	2.57	0	0	0	1	1	7.0	5	2	1	9	Pitch 106+	.300	140	42	11	0	8	24	15	16	.369	.550
4 Days Rest	4.26	28	31	0	74	74	469.0	492	61	116	316	First Pitch	.321	502	161	20	2	19	86	6	0	.327	.482
5+ Days Rest	5.23	23	19	0	54	54	327.0	366	45	88	238	Ahead in Count	.203	1431	291	59	8	28	111	0	481	.210	.314
vs. AL	4.99	4	3	0	10	10	57.2	69	10	14	45	Behind in Count	.336	595	200	46	3	34	105	89	0	.422	.595
vs. NL	4.63	47	47	0	120	119	746.1	797	98	191	518	Two Strikes	.198	1432	283	60	6	32	121	110	563	.260	.315
Pre-All Star	4.44	28	24	0	69	69	427.2	458	54	109	307	Pre-All Star	.275	1667	458	91	9	54	208	109	307	.321	.437
Post-All Star	4.90	23	26	0	61	60	376.1	408	54	96	256	Post-All Star	.275	1482	408	89	8	54	200	96	256	.323	.455

Fernando Tatis — Expos

Age 27 – Bats Right (flyball hitter)

	Avg	G	AB	R	H	2B	3B	HR	RBI	BB	SO	HBP	GDP	SB	CS	OBP	SLG	IBB	SH	SF	#Pit	#P/PA	GB	FB	G/F
2001 Season	.255	41	145	20	37	9	0	2	11	16	43	4	5	0	0	.339	.359	0	0	3	637	3.79	46	37	1.24
Career (1997-2001)	.274	496	1761	281	483	103	7	73	269	205	430	36	51	39	17	.359	.465	8	7	12	8035	3.98	494	552	0.89

2001 Season

	Avg	AB	H	2B	3B	HR	RBI	BB	SO	OBP	SLG		Avg	AB	H	2B	3B	HR	RBI	BB	SO	OBP	SLG
vs. Left	.235	34	8	3	0	1	4	6	14	.333	.412	Scoring Posn	.250	32	8	1	0	0	9	7	12	.357	.281
vs. Right	.261	111	29	6	0	1	7	10	29	.341	.342	Close & Late	.400	15	6	1	0	0	0	3	6	.500	.467
Home	.254	59	15	4	0	0	6	7	16	.348	.322	None on/out	.419	31	13	3	0	0	0	3	6	.500	.516
Away	.256	86	22	5	0	2	5	9	27	.333	.384	Batting #3	.250	104	26	5	0	2	8	12	31	.342	.356
First Pitch	.478	23	11	3	0	2	4	0	0	.462	.870	Batting #6	.212	33	7	3	0	0	3	2	10	.263	.303
Ahead in Count	.500	20	10	0	0	0	4	8	0	.633	.500	Other	.500	8	4	1	0	0	0	2	2	.600	.625
Behind in Count	.156	77	12	4	0	0	1	0	34	.167	.208	Pre-All Star	.255	145	37	9	0	2	11	16	43	.339	.359
Two Strikes	.131	84	11	5	0	0	2	8	43	.223	.190	Post-All Star	.000	0	0	0	0	0	0	0	0	.000	.000

Career (1997-2001)

	Avg	AB	H	2B	3B	HR	RBI	BB	SO	OBP	SLG		Avg	AB	H	2B	3B	HR	RBI	BB	SO	OBP	SLG
vs. Left	.272	471	128	29	1	20	69	54	126	.352	.465	First Pitch	.389	221	86	16	3	12	45	6	0	.409	.652
vs. Right	.275	1290	355	74	6	53	200	151	304	.362	.465	Ahead in Count	.382	327	125	24	2	29	93	97	0	.524	.734
Home	.274	877	240	41	5	39	131	114	207	.362	.465	Behind in Count	.214	844	181	48	2	16	83	0	340	.236	.333
Away	.275	884	243	62	2	34	138	91	223	.357	.465	Two Strikes	.197	947	187	49	1	20	85	102	430	.292	.315
Day	.258	538	139	26	2	18	80	67	136	.353	.414	Batting #5	.275	484	133	33	2	23	77	78	122	.388	.494
Night	.281	1223	344	77	5	55	189	138	294	.362	.487	Batting #6	.274	383	105	24	1	20	64	55	102	.371	.499
Grass	.267	1461	390	75	6	60	217	179	362	.356	.450	Other	.274	894	245	46	4	30	128	72	206	.338	.435
Turf	.310	300	93	28	1	13	52	26	68	.378	.540	March/April	.273	308	84	17	1	15	66	38	84	.367	.481
Pre-All Star	.286	803	230	51	3	31	132	93	193	.373	.473	May	.296	216	64	13	2	8	30	28	57	.386	.486
Post-All Star	.264	958	253	52	4	42	137	112	237	.348	.458	June	.286	192	55	13	0	5	25	14	41	.347	.432
Inning 1-6	.269	1211	326	78	4	52	208	138	300	.353	.469	July	.277	296	82	18	1	16	49	31	54	.354	.507
Inning 7+	.285	550	157	25	3	21	61	67	130	.373	.456	August	.272	394	107	24	3	10	49	56	103	.368	.424
Scoring Posn	.264	469	124	28	1	15	193	86	125	.386	.424	Sept/Oct	.256	355	91	18	0	19	50	38	91	.329	.468
Close & Late	.273	253	69	10	2	7	25	27	66	.352	.411	vs. AL	.271	535	145	28	2	17	63	23	109	.314	.426
None on/out	.300	416	125	23	3	22	22	48	96	.383	.529	vs. NL	.276	1226	338	75	5	56	206	182	321	.377	.482

Eddie Taubensee — Indians

Age 33 – Bats Left

	Avg	G	AB	R	H	2B	3B	HR	RBI	BB	SO	HBP	GDP	SB	CS	OBP	SLG	IBB	SH	SF	#Pit	#P/PA	GB	FB	G/F
2001 Season	.250	52	116	16	29	2	1	3	11	10	19	1	3	0	0	.315	.362	1	1	0	453	3.54	43	30	1.43
Last Five Years	.282	497	1491	190	420	81	3	51	228	135	289	5	28	1	3	.340	.443	11	6	17	5928	3.58	513	438	1.17

2001 Season

	Avg	AB	H	2B	3B	HR	RBI	BB	SO	OBP	SLG		Avg	AB	H	2B	3B	HR	RBI	BB	SO	OBP	SLG
vs. Left	.238	21	5	0	0	0	2	2	10	.304	.238	Scoring Posn	.214	28	6	0	0	1	9	1	5	.267	.321
vs. Right	.253	95	24	2	1	3	11	8	9	.317	.389	Close & Late	.308	13	4	1	0	1	1	0	5	.308	.615
Home	.292	65	19	0	1	2	7	5	14	.352	.415	None on/out	.231	26	6	1	1	0	0	2	6	.286	.346
Away	.196	51	10	2	0	1	4	5	5	.268	.294	Batting #4	.500	6	3	0	0	1	1	0	1	.500	1.000
First Pitch	.267	15	4	1	0	1	2	0	0	.313	.533	Batting #9	.220	100	22	2	1	1	8	9	18	.291	.290
Ahead in Count	.375	32	12	1	0	2	8	4	0	.444	.594	Other	.400	10	4	0	0	1	2	1	0	.455	.700
Behind in Count	.196	51	10	0	1	0	0	0	6	.196	.235	Pre-All Star	.250	72	18	1	1	0	3	8	4	.299	.389
Two Strikes	.167	48	8	0	0	1	6	19	.259	.167	Post-All Star	.250	44	11	1	0	3	8	2	15	.340	.477

Last Five Years

	Avg	AB	H	2B	3B	HR	RBI	BB	SO	OBP	SLG		Avg	AB	H	2B	3B	HR	RBI	BB	SO	OBP	SLG
vs. Left	.271	225	61	13	0	6	30	11	56	.304	.409	First Pitch	.360	222	80	13	0	8	40	8	0	.380	.527
vs. Right	.284	1266	359	68	3	45	198	124	233	.346	.449	Ahead in Count	.360	381	137	26	0	22	89	59	0	.441	.601
Home	.274	694	190	33	2	25	103	71	146	.341	.435	Behind in Count	.207	613	127	22	2	8	54	0	225	.207	.289
Away	.289	797	230	48	1	26	125	64	143	.338	.454	Two Strikes	.184	630	116	23	2	10	58	68	289	.264	.275
Day	.277	537	149	24	1	19	83	47	108	.336	.432	Batting #4	.303	320	97	20	0	12	58	33	57	.361	.478
Night	.284	954	271	57	2	32	145	88	181	.342	.449	Batting #6	.316	487	154	26	1	24	86	36	82	.360	.522
Grass	.287	645	185	35	1	18	101	54	107	.340	.428	Other	.247	684	169	35	2	15	84	66	150	.315	.370
Turf	.278	846	235	46	2	33	127	81	182	.340	.454	March/April	.304	276	84	17	0	12	48	38	43	.388	.496
Pre-All Star	.284	923	262	50	1	28	129	80	157	.339	.431	May	.315	321	101	18	0	6	39	21	52	.352	.427
Post-All Star	.278	568	158	31	2	23	99	55	132	.341	.461	June	.226	265	60	13	1	9	32	14	54	.264	.385
Inning 1-6	.274	946	259	51	2	30	150	89	174	.334	.427	July	.264	235	62	15	0	7	37	24	44	.333	.417
Inning 7+	.295	545	161	30	1	21	78	46	115	.351	.470	August	.250	212	53	8	1	7	31	24	57	.321	.396
Scoring Posn	.297	384	114	24	1	12	173	53	68	.371	.458	Sept/Oct	.330	182	60	10	1	10	41	14	39	.377	.560
Close & Late	.263	251	66	13	0	12	42	26	56	.330	.458	vs. AL	.264	235	62	7	1	8	28	20	40	.329	.404
None on/out	.271	354	96	19	2	12	27	67	.323	.438	vs. NL	.285	1256	358	74	2	43	200	115	249	.342	.450

Julian Tavarez — Cubs

Age 29 – Pitches Right (groundball pitcher)

	ERA	W	L	Sv	G	GS	IP	BB	SO	Avg	H	2B	3B	HR	RBI	OBP	SLG	CG	ShO	Sup	QS	#P/S	SB	CS	GB	FB	G/F
2001 Season	4.52	10	9	0	34	28	161.1	69	107	.277	172	35	3	13	87	.358	.406	0	0	6.02	12	92	10	6	309	108	2.86
Last Five Years	4.41	34	21	2	281	40	509.2	217	292	.280	548	111	9	42	284	.360	.411	1	0	6.30	19	92	36	15	1003	368	2.73

2001 Season

	ERA	W	L	Sv	G	GS	IP	H	HR	BB	SO		Avg	AB	H	2B	3B	HR	RBI	BB	SO	OBP	SLG
Home	4.40	6	4	0	15	12	73.2	69	5	28	52	vs. Left	.320	250	80	15	0	6	47	40	31	.416	.452
Away	4.62	4	5	0	19	16	87.2	103	8	41	55	vs. Right	.249	370	92	20	3	7	40	29	76	.316	.376
Starter	4.27	10	9	0	28	28	154.0	162	12	66	101	Scoring Posn	.286	161	46	14	0	3	70	27	25	.387	.429
Reliever	9.82	0	0	0	6	0	7.1	10	1	3	6	Close & Late	.375	24	9	1	0	2	6	3	6	.464	.667

428

2001 Season

	ERA	W	L	Sv	G	GS	IP	H	HR	BB	SO		Avg	AB	H	2B	3B	HR	RBI	BB	SO	OBP	SLG
0-3 Days Rest (Start)	135.00	0	1	0	1	1	0.1	7	0	0	0	None on/out	.284	155	44	6	3	5	5	17	23	.366	.458
4 Days Rest	4.22	5	3	0	12	12	64.0	67	8	28	42	First Pitch	.329	79	26	3	0	1	17	3	0	.345	.405
5+ Days Rest	3.81	5	5	0	15	15	89.2	88	4	38	59	Ahead in Count	.218	243	53	11	2	5	26	0	84	.239	.342
Pre-All Star	3.87	6	5	0	17	17	100.0	103	8	42	70	Behind in Count	.327	165	54	10	1	5	28	38	0	.456	.491
Post-All Star	5.58	4	4	0	17	11	61.1	69	5	27	37	Two Strikes	.179	268	48	16	1	3	26	28	107	.278	.280

Last Five Years

	ERA	W	L	Sv	G	GS	IP	H	HR	BB	SO		Avg	AB	H	2B	3B	HR	RBI	BB	SO	OBP	SLG
Home	4.20	17	6	2	139	18	263.1	274	25	97	160	vs. Left	.300	779	234	48	3	14	124	114	92	.388	.424
Away	4.64	17	15	0	142	22	246.1	274	17	120	132	vs. Right	.267	1175	314	63	6	28	160	103	200	.341	.403
Day	4.69	11	11	2	132	19	232.0	253	21	108	149	Inning 1-6	.274	1066	292	64	6	22	172	121	159	.356	.407
Night	4.18	23	10	0	149	21	277.2	295	21	109	143	Inning 7+	.288	888	256	47	3	20	112	96	133	.365	.416
Grass	4.55	26	19	2	243	35	443.0	477	39	188	258	None on	.279	1030	287	53	5	22	22	84	165	.343	.404
Turf	3.51	8	2	0	38	5	66.2	71	3	29	34	Runners on	.282	924	261	58	4	20	262	133	127	.378	.419
March/April	4.24	6	3	1	56	5	85.0	105	7	35	58	Scoring Posn	.271	572	155	35	2	13	238	99	79	.381	.407
May	5.71	4	7	1	41	5	75.2	78	8	39	42	Close & Late	.290	410	119	17	0	10	56	51	58	.374	.405
June	3.19	7	2	0	52	6	98.2	94	11	35	61	None on/out	.282	465	131	22	5	10	10	35	77	.341	.415
July	2.84	5	2	0	46	6	85.2	85	6	28	49	vs. 1st Batr (relief)	.338	216	73	13	1	6	49	14	30	.378	.491
August	5.63	5	4	0	42	11	88.0	108	4	47	32	1st Inning Pitched	.298	930	277	51	6	23	170	105	126	.377	.440
Sept/Oct	5.28	7	3	0	44	7	76.2	78	6	33	50	First 75 Pitches	.277	1759	488	99	7	37	243	190	259	.356	.405
Starter	4.12	15	12	0	40	40	222.2	228	15	97	129	Pitch 76-90	.350	103	36	6	2	3	22	13	14	.435	.534
Reliever	4.64	19	9	2	241	0	287.0	320	27	122	163	Pitch 91-105	.282	71	20	5	0	1	12	9	13	.363	.394
0-3 Days Rest (Start)	7.94	1	1	0	2	2	5.2	11	0	1	3	Pitch 106+	.190	21	4	1	0	1	7	5	6	.346	.381
4 Days Rest	4.14	6	4	0	18	18	100.0	98	10	43	57	First Pitch	.250	256	64	10	0	7	48	30	0	.342	.371
5+ Days Rest	3.92	8	7	0	20	20	117.0	119	5	51	69	Ahead in Count	.229	765	175	33	4	9	89	0	232	.244	.318
vs. AL	3.30	3	1	0	29	4	62.2	72	5	24	26	Behind in Count	.345	531	183	40	3	16	94	105	0	.451	.522
vs. NL	4.57	31	20	2	252	36	447.0	476	37	193	266	Two Strikes	.217	833	181	40	1	14	96	82	292	.298	.318
Pre-All Star	4.11	18	12	2	163	17	280.0	301	27	118	172	Pre-All Star	.280	1074	301	64	5	27	141	118	172	.356	.425
Post-All Star	4.78	16	9	0	118	23	229.2	247	15	99	120	Post-All Star	.281	880	247	47	4	15	143	99	120	.365	.394

Billy Taylor — Pirates

Age 40 – Pitches Right (groundball pitcher)

	ERA	W	L	Sv	G	GS	IP	BB	SO	Avg	H	2B	3B	HR	RBI	OBP	SLG	GF	IR	IRS	Hld	SvOp	SB	CS	GB	FB	G/F
2001 Season	4.50	0	0	0	1	0	2.0	0	3	.250	2	0	0	1	1	.250	.625	0	0	0	0	0	0	0	3	0	0.00
Last Five Years	4.33	9	22	82	221	0	218.0	90	192	.267	224	44	7	18	124	.344	.401	153	116	35	10	103	30	8	319	203	1.57

2001 Season

	ERA	W	L	Sv	G	GS	IP	H	HR	BB	SO		Avg	AB	H	2B	3B	HR	RBI	BB	SO	OBP	SLG
Home	0.00	0	0	0	0	0	0.0	0	0	0	0	vs. Left	.333	3	1	0	0	0	0	0	0	.333	.333
Away	4.50	0	0	0	1	0	2.0	2	1	0	3	vs. Right	.200	5	1	0	0	1	1	0	3	.200	.800

Last Five Years

	ERA	W	L	Sv	G	GS	IP	H	HR	BB	SO		Avg	AB	H	2B	3B	HR	RBI	BB	SO	OBP	SLG
Home	4.73	5	8	40	112	0	110.1	114	8	37	102	vs. Left	.322	398	128	29	6	8	64	47	64	.396	.485
Away	3.93	4	14	42	109	0	107.2	110	10	53	90	vs. Right	.218	440	96	15	1	10	60	43	128	.297	.325
Day	4.47	4	3	32	88	0	86.2	81	6	34	77	Inning 1-6	.158	19	3	1	1	0	1	0	7	.158	.316
Night	4.25	5	19	50	133	0	131.1	143	12	56	115	Inning 7+	.270	819	221	43	6	18	123	90	185	.347	.403
Grass	4.39	8	18	71	186	0	184.1	187	15	77	160	None on	.268	441	118	22	6	10	10	28	101	.321	.413
Turf	4.01	1	4	11	35	0	33.2	37	3	13	32	Runners on	.267	397	106	22	1	8	114	62	91	.366	.388
March/April	5.02	1	5	16	36	0	37.2	42	5	14	23	Scoring Posn	.259	263	68	17	1	6	109	50	55	.374	.399
May	2.77	2	6	13	38	0	39.0	35	4	18	36	Close & Late	.249	523	130	29	2	12	93	71	128	.345	.380
June	4.06	2	3	20	38	0	37.2	29	2	16	44	None on/out	.257	183	47	11	4	6	6	12	45	.313	.459
July	5.14	1	4	18	35	0	35.0	41	2	15	27	vs. 1st Batr (relief)	.257	206	53	16	2	7	25	11	49	.303	.456
August	7.08	3	4	8	46	0	40.2	46	4	21	39	1st Inning Pitched	.269	729	196	40	7	17	116	71	155	.340	.413
Sept/Oct	0.96	0	0	7	28	0	28.0	31	1	6	23	First 15 Pitches	.268	594	159	30	7	13	69	52	121	.334	.407
Starter	0.00	0	0	0	0	0	0.0	0	0	0	0	Pitch 16-30	.263	224	59	13	0	5	51	31	65	.354	.388
Reliever	4.33	9	22	82	221	0	218.0	224	18	90	192	Pitch 31-45	.300	20	6	1	0	0	4	6	6	.462	.350
0 Days Rest (Relief)	2.36	1	4	27	48	0	45.2	34	0	13	39	Pitch 46+	.000	0	0	0	0	0	0	1	0	1.000	.000
1 or 2 Days Rest	4.09	5	14	43	116	0	114.1	112	12	52	98	First Pitch	.400	100	40	9	3	2	20	17	0	.492	.610
3+ Days Rest	6.36	3	7	12	57	0	58.0	78	6	25	55	Ahead in Count	.217	428	93	17	3	7	43	0	160	.224	.320
vs. AL	3.75	7	20	66	171	0	172.2	172	12	64	146	Behind in Count	.345	145	50	6	1	3	31	32	0	.464	.462
vs. NL	6.55	2	2	16	50	0	45.1	52	6	26	46	Two Strikes	.193	429	83	17	1	11	51	39	192	.266	.315
Pre-All Star	3.72	6	14	56	122	0	125.2	112	11	49	111	Pre-All Star	.241	464	112	18	5	11	55	49	111	.318	.373
Post-All Star	5.17	3	8	26	99	0	92.1	112	7	41	81	Post-All Star	.299	374	112	26	2	7	69	41	81	.375	.436

Reggie Taylor — Phillies

Age 25 – Bats Left

	Avg	G	AB	R	H	2B	3B	HR	RBI	BB	SO	HBP	GDP	SB	CS	OBP	SLG	IBB	SH	SF	#Pit	#P/PA	GB	FB	G/F
2001 Season	.000	5	7	1	0	0	0	0	1	0	0	0	0	0	1	.125	.000	0	0	0	45	5.63	2	4	0.50
Career (2000-2001)	.056	14	18	2	1	0	0	0	1	9	0	0	1	0	.105	.056	0	0	0	90	4.74	4	4	1.00

2001 Season

	Avg	AB	H	2B	3B	HR	RBI	BB	SO		Avg	AB	H	2B	3B	HR	RBI	BB	SO	OBP	SLG
vs. Left	.000	1	0	0	0	0	0	0	0	Scoring Posn	.000	1	0	0	0	0	0	0	0	.000	.000
vs. Right	.000	6	0	0	0	0	0	1	1	Close & Late	.000	0	0	0	0	0	0	0	0	.000	.000

Miguel Tejada — Athletics
Age 26 – Bats Right

	Avg	G	AB	R	H	2B	3B	HR	RBI	BB	SO	HBP	GDP	SB	CS	OBP	SLG	IBB	SH	SF	#Pit	#P/PA	GB	FB	G/F
2001 Season	.267	162	622	107	166	31	3	31	113	43	89	13	14	11	5	.326	.476	5	1	4	2451	3.59	218	218	1.00
Career (1997-2001)	.257	612	2286	368	587	119	11	95	367	196	393	37	51	32	18	.324	.443	14	16	14	9536	3.74	846	728	1.16

2001 Season

	Avg	AB	H	2B	3B	HR	RBI	BB	SO	OBP	SLG		Avg	AB	H	2B	3B	HR	RBI	BB	SO	OBP	SLG
vs. Left	.273	187	51	9	2	8	35	19	27	.352	.471	First Pitch	.300	70	21	3	0	7	22	4	0	.372	.643
vs. Right	.264	435	115	22	1	23	78	24	62	.314	.478	Ahead in Count	.329	140	46	9	1	5	32	22	0	.421	.514
Home	.262	302	79	12	2	17	59	21	48	.323	.483	Behind in Count	.218	303	66	14	2	8	36	0	80	.231	.356
Away	.272	320	87	19	1	14	54	22	41	.328	.469	Two Strikes	.185	271	50	8	2	9	33	17	89	.236	.328
Day	.284	232	66	15	1	12	38	14	34	.337	.513	Batting #5	.306	144	44	9	0	11	28	7	19	.355	.597
Night	.256	390	100	16	2	19	75	29	55	.319	.454	Batting #6	.234	248	58	11	0	8	34	20	38	.301	.375
Grass	.268	564	151	26	3	27	99	38	80	.322	.468	Other	.278	230	64	11	3	12	51	16	32	.335	.509
Turf	.259	58	15	5	0	4	14	5	9	.358	.552	April	.237	97	23	5	0	5	10	9	11	.308	.443
Pre-All Star	.271	340	92	18	0	19	55	20	46	.324	.491	May	.295	105	31	5	0	8	25	10	12	.373	.571
Post-All Star	.262	282	74	13	3	12	58	23	43	.327	.457	June	.274	106	29	7	0	3	14	1	18	.294	.425
Inning 1-6	.276	424	117	20	3	23	81	28	57	.332	.500	July	.267	105	28	6	2	4	20	7	15	.333	.476
Inning 7+	.247	198	49	11	0	8	32	15	32	.312	.424	August	.216	116	25	3	0	5	18	3	18	.238	.371
Scoring Posn	.305	164	50	7	1	11	83	13	23	.362	.561	Sept/Oct	.323	93	30	5	1	6	26	13	15	.402	.591
Close & Late	.267	90	24	4	0	1	6	8	17	.340	.344	vs. AL	.271	550	149	29	3	29	107	41	77	.332	.493
None on/out	.242	157	38	7	0	3	3	12	23	.304	.344	vs. NL	.236	72	17	2	0	2	6	2	12	.276	.347

2001 By Position

Position	Avg	AB	H	2B	3B	HR	RBI	BB	SO	OBP	SLG	G	GS	Innings	PO	A	E	DP	Fld Pct	Rng Fctr	In Zone	Outs	Zone Rtg	MLB Zone
As ss	.267	622	166	31	3	31	113	43	89	.326	.476	162	160	1431.1	256	473	20	93	.973	4.58	532	451	.848	.839

Career (1997-2001)

	Avg	AB	H	2B	3B	HR	RBI	BB	SO	OBP	SLG		Avg	AB	H	2B	3B	HR	RBI	BB	SO	OBP	SLG
vs. Left	.247	623	154	34	2	28	94	71	103	.330	.443	First Pitch	.283	237	67	11	0	11	49	10	0	.332	.468
vs. Right	.260	1663	433	85	9	67	273	125	290	.321	.443	Ahead in Count	.363	487	177	38	4	28	122	112	0	.482	.630
Home	.251	1120	281	46	6	51	182	95	212	.315	.439	Behind in Count	.197	1119	221	48	6	25	116	0	329	.212	.318
Away	.262	1166	306	73	5	44	185	101	181	.332	.447	Two Strikes	.186	1084	202	43	5	34	117	74	393	.246	.329
Day	.239	858	205	40	2	28	112	77	172	.310	.388	Batting #7	.263	600	158	28	3	32	124	52	95	.325	.480
Night	.268	1428	382	79	9	67	255	119	221	.332	.476	Batting #8	.247	425	105	27	2	15	56	39	92	.322	.426
Grass	.257	2028	521	100	11	82	325	172	347	.322	.438	Other	.257	1261	324	64	6	48	187	105	206	.324	.431
Turf	.256	258	66	19	0	13	42	24	46	.340	.481	March/April	.255	267	68	14	1	7	27	26	39	.329	.393
Pre-All Star	.259	1114	289	65	4	45	169	88	175	.323	.446	May	.268	325	87	21	1	17	62	20	44	.316	.495
Post-All Star	.254	1172	298	54	7	50	198	108	218	.324	.440	June	.263	407	107	23	1	13	60	31	66	.327	.420
Inning 1-6	.266	1566	417	85	8	64	267	131	264	.330	.453	July	.241	386	93	18	4	17	62	40	79	.324	.440
Inning 7+	.236	720	170	34	3	31	100	65	129	.310	.421	August	.254	433	110	26	2	18	76	42	74	.324	.448
Scoring Posn	.268	586	157	33	3	27	258	51	92	.331	.473	Sept/Oct	.261	468	122	17	2	23	80	37	91	.317	.453
Close & Late	.249	277	69	12	1	13	37	29	52	.324	.440	vs. AL	.259	2003	518	109	10	82	332	167	344	.323	.446
None on/out	.246	562	138	35	2	14	14	43	95	.306	.390	vs. NL	.244	283	69	10	1	13	35	29	49	.328	.424

Amaury Telemaco — Phillies
Age 28 – Pitches Right

	ERA	W	L	Sv	G	GS	IP	BB	SO	Avg	H	2B	3B	HR	RBI	OBP	SLG	CG	ShO	Sup	QS	#P/S	SB	CS	GB	FB	G/F
2001 Season	5.54	5	5	0	24	14	89.1	32	59	.274	93	23	2	15	51	.350	.485	1	0	3.73	6	85	4	3	124	97	1.28
Last Five Years	5.04	17	21	0	137	39	353.1	129	231	.270	367	86	9	53	208	.337	.463	1	0	4.48	19	87	20	8	457	439	1.04

2001 Season

	ERA	W	L	Sv	G	GS	IP	H	HR	BB	SO		Avg	AB	H	2B	3B	HR	RBI	BB	SO	OBP	SLG
Home	5.77	3	3	0	14	8	48.1	56	9	17	33	vs. Left	.289	173	50	15	1	6	25	15	34	.353	.491
Away	5.27	2	2	0	10	6	41.0	37	6	15	26	vs. Right	.257	167	43	8	1	9	26	17	25	.347	.479
Starter	5.67	4	4	0	14	14	74.2	83	13	25	48	Scoring Posn	.297	91	27	5	1	8	43	10	15	.371	.637
Reliever	4.91	1	1	0	10	0	14.2	10	2	7	11	Close & Late	.212	33	7	1	0	2	4	3	7	.316	.424
0-3 Days Rest (Start)	9.00	0	0	0	1	1	4.0	7	1	1	1	None on/out	.261	88	23	6	1	2	2	5	16	.316	.420
4 Days Rest	3.82	2	2	0	6	6	35.1	23	6	11	25	First Pitch	.388	49	19	3	0	5	10	1	0	.444	.755
5+ Days Rest	7.13	2	2	0	7	7	35.1	43	6	13	22	Ahead in Count	.233	159	37	9	1	3	15	0	42	.238	.358
Pre-All Star	5.38	5	4	0	22	14	87.0	90	15	31	56	Behind in Count	.305	59	18	5	1	5	17	22	0	.500	.678
Post-All Star	11.57	0	1	0	2	0	2.1	3	0	1	3	Two Strikes	.201	149	30	9	1	1	8	9	59	.247	.295

Last Five Years

	ERA	W	L	Sv	G	GS	IP	H	HR	BB	SO		Avg	AB	H	2B	3B	HR	RBI	BB	SO	OBP	SLG
Home	5.45	10	14	0	78	24	199.2	205	37	69	130	vs. Left	.296	642	190	53	3	23	94	66	102	.364	.495
Away	4.51	7	7	0	59	15	153.2	162	16	60	101	vs. Right	.247	718	177	33	6	30	114	63	129	.313	.435
Day	3.88	7	9	0	46	13	127.2	122	16	48	88	Inning 1-6	.275	974	268	67	8	34	148	84	163	.336	.465
Night	5.70	10	12	0	91	26	225.2	245	37	81	143	Inning 7+	.256	386	99	19	1	19	60	45	68	.340	.459
Grass	4.56	12	14	0	80	27	239.0	244	30	80	146	None on	.257	770	198	51	4	28	72	135	.326	.443
Turf	6.06	5	7	0	57	12	114.1	123	23	49	85	Runners on	.286	590	169	35	5	25	180	57	96	.351	.490
March/April	4.34	3	2	0	25	5	66.1	61	10	29	52	Scoring Posn	.285	369	105	21	4	18	160	40	68	.349	.509
May	5.24	5	3	0	21	9	68.2	71	10	23	45	Close & Late	.237	131	31	5	1	5	24	21	25	.348	.405
June	4.09	1	4	0	21	6	50.2	46	8	18	29	None on/out	.265	343	91	22	4	16	16	30	64	.328	.493
July	4.99	2	4	0	26	6	57.2	64	7	18	29	vs. 1st Batr (relief)	.321	84	27	4	1	9	24	12	16	.398	.714
August	5.93	3	4	0	25	6	54.2	68	8	21	35	1st Inning Pitched	.258	472	122	27	2	23	81	48	88	.333	.470
Sept/Oct	5.69	3	5	0	19	7	55.1	57	10	20	41	First 75 Pitches	.275	1187	326	79	6	44	179	114	198	.343	.463
Starter	4.82	9	18	0	39	39	220.1	242	29	65	139	Pitch 76-90	.250	104	26	5	3	3	11	9	16	.310	.500
Reliever	5.41	8	3	0	98	0	133.0	125	24	64	92	Pitch 91-105	.232	56	13	1	0	4	16	6	11	.306	.464

	ERA	W	L	Sv	G	GS	IP	H	HR	BB	SO		Avg	AB	H	2B	3B	HR	RBI	BB	SO	OBP	SLG
0-3 Days Rest (Start)	9.00	0	0	0	1	1	4.0	7	1	1		Pitch 106+	.154	13	2	1	0	0	1	0	0	.154	.231
4 Days Rest	4.47	4	4	0	17	17	98.2	110	14	30	58	First Pitch	.335	188	63	10	2	12	34	5	0	.364	.601
5+ Days Rest	4.97	5	9	0	21	21	117.2	125	14	34	80	Ahead in Count	.213	595	127	29	4	8	51	0	181	.219	.316
vs. AL	4.55	0	4	0	14	3	29.2	30	5	10	21	Behind in Count	.333	315	105	30	1	20	81	69	0	.452	.625
vs. NL	5.09	17	17	0	123	36	323.2	337	48	119	210	Two Strikes	.202	583	118	25	5	10	47	55	231	.273	.314
Pre-All Star	4.60	9	10	0	75	21	199.2	190	30	75	133	Pre-All Star	.253	751	190	49	5	30	110	75	133	.328	.451
Post-All Star	5.62	8	11	0	62	18	153.2	177	23	54	98	Post-All Star	.291	609	177	37	4	23	98	54	98	.348	.478

Anthony Telford — Expos
Age 36 – Pitches Right (groundball pitcher)

	ERA	W	L	Sv	G	GS	IP	BB	SO	Avg	H	2B	3B	HR	RBI	OBP	SLG	GF	IR	IRS	Hld	SvOp	SB	CS	GB	FB	G/F
2001 Season	10.29	0	1	0	8	0	7.0	5	5	.412	14	3	1	2	17	.500	.735	0	5	5	1	0	0	0	12	14	0.86
Last Five Years	3.84	17	21	7	293	0	361.1	135	262	.264	364	53	9	35	194	.334	.391	80	171	54	49	24	17	8	553	330	1.68

2001 Season

	ERA	W	L	Sv	G	GS	IP	H	HR	BB	SO		Avg	AB	H	2B	3B	HR	RBI	BB	SO	OBP	SLG
Home	10.13	0	1	0	3	0	2.2	8	1	1	2	vs. Left	.429	14	6	1	1	1	9	0	2	.429	.857
Away	10.38	0	0	0	5	0	4.1	6	1	4	3	vs. Right	.400	20	8	2	0	1	8	5	3	.538	.650

Last Five Years

	ERA	W	L	Sv	G	GS	IP	H	HR	BB	SO		Avg	AB	H	2B	3B	HR	RBI	BB	SO	OBP	SLG
Home	3.74	7	10	4	144	0	180.1	173	21	64	130	vs. Left	.276	584	161	25	4	17	83	68	101	.352	.420
Away	3.93	10	11	3	149	0	181.0	191	14	71	132	vs. Right	.255	796	203	28	5	18	111	67	161	.321	.371
Day	4.58	6	9	1	79	0	94.1	101	10	38	62	Inning 1-6	.265	321	85	19	1	8	67	34	57	.341	.405
Night	3.57	11	12	6	214	0	267.0	263	25	97	200	Inning 7+	.263	1059	279	34	8	27	127	101	205	.332	.387
Grass	4.14	8	7	2	117	0	137.0	137	12	51	101	None on	.260	719	187	29	5	27	27	51	134	.318	.427
Turf	3.65	9	14	5	176	0	224.1	227	23	84	161	Runners on	.268	661	177	24	4	8	167	84	128	.351	.352
March/April	4.03	5	3	0	46	0	58.0	58	7	26	32	Scoring Posn	.260	412	107	13	1	6	153	63	77	.357	.340
May	4.62	3	4	1	55	0	64.1	65	9	31	40	Close & Late	.274	507	139	16	5	18	71	57	94	.351	.432
June	2.26	4	1	1	46	0	59.2	50	4	19	43	None on/out	.277	318	88	13	4	10	10	24	56	.333	.437
July	4.55	1	6	0	50	0	61.1	67	4	20	34	vs. 1st Batr (relief)	.253	265	67	11	0	11	32	20	46	.318	.419
August	2.82	3	2	3	56	0	70.1	65	6	21	71	1st Inning Pitched	.260	949	247	35	7	24	152	96	175	.331	.388
Sept/Oct	5.10	1	5	2	40	0	47.2	59	5	18	42	First 15 Pitches	.263	818	215	33	6	20	103	70	135	.328	.391
Starter	0.00	0	0	0	0	0	0.0	0	0	0	0	Pitch 16-30	.274	424	116	13	3	11	73	49	95	.350	.396
Reliever	3.84	17	21	7	293	0	361.1	364	35	135	262	Pitch 31-45	.243	115	28	5	0	4	13	13	25	.323	.391
0 Days Rest (Relief)	3.12	3	6	2	81	0	98.0	86	7	34	67	Pitch 46+	.217	23	5	2	0	0	5	3	7	.308	.304
1 or 2 Days Rest	3.90	9	9	4	153	0	189.1	199	23	67	142	First Pitch	.343	201	69	12	3	6	35	9	0	.378	.522
3+ Days Rest	4.62	5	6	1	59	0	74.0	79	5	34	53	Ahead in Count	.207	673	139	15	3	12	77	0	223	.213	.291
vs. AL	3.15	2	3	0	29	0	34.1	32	1	16	27	Behind in Count	.321	268	86	13	2	10	45	76	0	.468	.496
vs. NL	3.91	15	18	7	264	0	327.0	332	34	119	235	Two Strikes	.199	662	132	18	3	12	75	50	262	.259	.290
Pre-All Star	3.51	12	10	2	163	0	205.0	193	23	83	126	Pre-All Star	.254	761	193	29	5	23	115	83	126	.333	.396
Post-All Star	4.26	5	11	5	130	0	156.1	171	12	52	136	Post-All Star	.276	619	171	24	4	12	79	52	136	.336	.386

Brad Thomas — Twins
Age 24 – Pitches Left (groundball pitcher)

	ERA	W	L	Sv	G	GS	IP	BB	SO	Avg	H	2B	3B	HR	RBI	OBP	SLG	CG	ShO	Sup	QS	#P/S	SB	CS	GB	FB	G/F
2001 Season	9.37	0	2	0	5	5	16.1	14	6	.303	20	4	0	6	15	.432	.636	0	0	3.31	1	69	0	0	29	19	1.53

2001 Season

	ERA	W	L	Sv	G	GS	IP	H	HR	BB	SO		Avg	AB	H	2B	3B	HR	RBI	BB	SO	OBP	SLG
Home	7.04	0	0	0	2	2	7.2	8	0	7	3	vs. Left	.400	15	6	0	0	0	2	2	0	.500	.400
Away	11.42	0	2	0	3	3	8.2	12	6	7	3	vs. Right	.275	51	14	4	0	6	13	12	6	.413	.706

Frank Thomas — White Sox
Age 34 – Bats Right (flyball hitter)

	Avg	G	AB	R	H	2B	3B	HR	RBI	BB	SO	HBP	GDP	SB	CS	OBP	SLG	IBB	SH	SF	#Pit	#P/PA	GB	FB	G/F
2001 Season	.221	20	68	4	15	3	0	4	10	10	12	0	0	0	0	.316	.441	2	0	1	291	3.68	17	29	0.59
Last Five Years	.308	620	2251	416	693	153	2	126	464	428	334	23	57	12	7	.418	.546	44	0	35	10855	3.97	673	841	0.80

2001 Season

	Avg	AB	H	2B	3B	HR	RBI	BB	SO	OBP	SLG		Avg	AB	H	2B	3B	HR	RBI	BB	SO	OBP	SLG
vs. Left	.313	16	5	1	0	2	4	3	4	.421	.750	Scoring Posn	.167	18	3	0	0	1	5	3	4	.273	.333
vs. Right	.192	52	10	2	0	2	6	7	8	.283	.346	Close & Late	.111	9	1	0	0	0	1	2	2	.250	.111

Last Five Years

	Avg	AB	H	2B	3B	HR	RBI	BB	SO	OBP	SLG		Avg	AB	H	2B	3B	HR	RBI	BB	SO	OBP	SLG
vs. Left	.306	425	130	29	0	32	92	85	64	.420	.600	First Pitch	.302	255	77	18	0	15	53	28	0	.373	.549
vs. Right	.308	1826	563	124	2	94	372	343	270	.418	.533	Ahead in Count	.402	625	251	53	0	51	183	228	0	.554	.731
Home	.312	1123	350	82	1	72	242	211	160	.420	.579	Behind in Count	.232	882	205	48	2	32	120	0	257	.236	.400
Away	.304	1128	343	71	1	54	222	217	174	.416	.512	Two Strikes	.216	1009	218	47	0	36	124	171	334	.330	.374
Day	.296	757	224	52	1	36	142	131	123	.397	.510	Batting #3	.310	2222	688	153	2	125	460	425	328	.420	.549
Night	.314	1494	469	101	1	90	322	297	211	.428	.564	Batting #4	.174	23	4	0	0	1	3	4	2	.250	.174
Grass	.310	1962	609	130	1	110	400	370	285	.420	.546	Other	.167	6	1	0	0	1	2	0	2	.167	.667
Turf	.291	289	84	23	1	16	64	58	49	.405	.543	March/April	.311	409	127	30	0	19	81	87	56	.424	.523
Pre-All Star	.317	1273	404	84	0	73	260	241	206	.423	.555	May	.322	388	125	24	0	20	82	75	66	.420	.605
Post-All Star	.296	978	289	69	2	53	204	187	128	.412	.533	June	.319	367	117	21	0	28	79	63	60	.420	.605
Inning 1-6	.315	1604	505	115	2	104	342	288	222	.419	.584	July	.298	383	114	26	0	22	84	69	60	.405	.538
Inning 7+	.291	647	188	38	0	22	122	140	112	.415	.451	August	.289	418	121	29	2	23	76	85	63	.412	.533
Scoring Posn	.338	615	208	57	1	40	344	173	93	.467	.629	Sept/Oct	.311	286	89	23	0	14	62	49	29	.416	.538

Jim Thome — Indians
Age 31 – Bats Left

Last Five Years

	Avg	AB	H	2B	3B	HR	RBI	BB	SO	OBP	SLG		Avg	AB	H	2B	3B	HR	RBI	BB	SO	OBP	SLG
Close & Late	.279	290	81	17	0	7	54	76	50	.424	.410	vs. AL	.303	2004	608	138	2	110	408	385	291	.415	.539
None on/out	.305	430	131	30	0	26	26	59	63	.394	.556	vs. NL	.344	247	85	15	0	16	56	43	43	.444	.599

	Avg	G	AB	R	H	2B	3B	HR	RBI	BB	SO	HBP	GDP	SB	CS	OBP	SLG	IBB	SH	SF	#Pit	#P/PA	GB	FB	G/F
2001 Season	.291	156	526	101	153	26	1	49	124	111	185	4	9	0	1	.416	.624	14	0	3	2678	4.16	124	128	0.97
Last Five Years	.283	730	2513	501	711	145	6	189	525	565	814	19	39	3	2	.415	.571	48	0	24	13253	4.25	668	637	1.05

2001 Season

	Avg	AB	H	2B	3B	HR	RBI	BB	SO	OBP	SLG		Avg	AB	H	2B	3B	HR	RBI	BB	SO	OBP	SLG
vs. Left	.232	142	33	8	0	4	22	21	67	.333	.373	First Pitch	.431	51	22	3	0	8	10	0	.532	.667
vs. Right	.313	384	120	18	1	45	102	90	118	.445	.716	Ahead in Count	.413	104	43	9	0	13	41	52	0	.609	.875
Home	.300	253	76	11	0	30	81	60	83	.437	.700	Behind in Count	.177	249	44	7	0	14	34	0	143	.185	.373
Away	.282	273	77	15	1	19	43	51	102	.396	.553	Two Strikes	.188	304	57	12	1	17	40	49	185	.301	.401
Day	.270	159	43	9	1	11	30	31	55	.393	.547	Batting #5	.287	334	96	15	0	35	88	80	115	.426	.647
Night	.300	367	110	17	0	38	94	80	130	.426	.657	Batting #6	.280	118	33	6	1	8	19	17	42	.372	.551
Grass	.290	465	135	22	1	46	115	103	156	.421	.639	Other	.324	74	24	5	0	6	17	14	28	.438	.635
Turf	.295	61	18	4	0	3	9	8	29	.377	.508	April	.182	66	12	1	1	3	10	13	22	.333	.364
Pre-All Star	.290	272	79	15	1	26	64	55	88	.412	.640	May	.298	84	25	0	0	8	20	22	28	.433	.655
Post-All Star	.291	254	74	11	0	23	60	56	97	.420	.606	June	.315	92	29	6	0	10	19	15	28	.407	.707
Inning 1-6	.305	344	105	20	1	34	88	85	101	.446	.666	July	.381	97	37	5	0	12	39	25	37	.516	.804
Inning 7+	.264	182	48	6	0	15	36	26	84	.354	.544	August	.280	100	28	4	0	10	20	15	38	.374	.620
Scoring Posn	.331	148	49	7	0	13	77	43	51	.480	.642	Sept/Oct	.253	87	22	4	0	6	16	23	32	.402	.506
Close & Late	.322	87	28	4	0	8	19	12	38	.404	.644	vs. AL	.281	463	130	23	1	39	99	96	166	.407	.587
None on/out	.311	119	37	6	0	14	14	25	43	.438	.714	vs. NL	.365	63	23	3	0	15	25	15	19	.481	.889

2001 By Position

Position	Avg	AB	H	2B	3B	HR	RBI	BB	SO	OBP	SLG	G	GS	Innings	PO	A	E	DP	Fld Pct	Rng Fctr	In Zone	Outs	Zone Rtg	MLB Zone
As 1b	.289	505	146	25	1	48	122	105	178	.412	.628	148	144	1280.2	1177	78	10	105	.992	—	236	190	.805	.850

Last Five Years

	Avg	AB	H	2B	3B	HR	RBI	BB	SO	OBP	SLG		Avg	AB	H	2B	3B	HR	RBI	BB	SO	OBP	SLG
vs. Left	.257	701	180	36	0	27	116	105	257	.358	.424	First Pitch	.435	230	100	15	0	26	55	29	0	.502	.839
vs. Right	.293	1812	531	109	6	162	409	460	557	.435	.628	Ahead in Count	.451	539	243	53	3	67	194	257	0	.625	.933
Home	.301	1204	363	72	2	105	305	292	372	.437	.626	Behind in Count	.172	1129	194	36	1	48	148	0	619	.177	.303
Away	.266	1309	348	73	4	84	220	273	442	.394	.520	Two Strikes	.160	1393	223	51	1	54	160	279	814	.302	.314
Day	.268	809	217	52	2	49	165	180	257	.402	.519	Batting #4	.285	614	175	41	3	46	118	132	199	.411	.586
Night	.290	1704	494	93	4	140	360	385	557	.421	.596	Batting #5	.281	1073	301	59	2	89	238	237	354	.412	.588
Grass	.284	2159	614	125	5	166	463	505	689	.419	.578	Other	.285	826	235	45	1	54	169	196	261	.421	.538
Turf	.274	354	97	20	1	23	62	60	125	.387	.531	March/April	.289	388	112	26	2	22	73	84	116	.416	.536
Pre-All Star	.293	1388	406	91	5	110	305	306	434	.419	.603	May	.277	437	121	28	1	33	93	97	141	.404	.572
Post-All Star	.271	1125	305	54	1	79	220	259	380	.410	.532	June	.295	440	130	29	2	43	100	92	137	.417	.664
Inning 1-6	.284	1710	486	104	6	133	381	389	527	.418	.585	July	.307	423	130	25	1	35	100	112	150	.454	.619
Inning 7+	.280	803	225	41	0	56	144	176	287	.408	.540	August	.286	405	116	20	0	33	86	91	129	.419	.580
Scoring Posn	.294	703	207	53	0	41	333	218	226	.455	.545	Sept/Oct	.243	420	102	17	0	23	73	89	141	.373	.448
Close & Late	.264	356	94	14	0	24	67	92	136	.416	.506	vs. AL	.282	2206	622	126	5	164	451	478	720	.410	.567
None on/out	.290	556	161	39	2	47	47	108	177	.410	.621	vs. NL	.290	307	89	19	1	25	74	87	94	.446	.603

Ryan Thompson — Expos
Age 34 – Bats Right (flyball hitter)

	Avg	G	AB	R	H	2B	3B	HR	RBI	BB	SO	HBP	GDP	SB	CS	OBP	SLG	IBB	SH	SF	#Pit	#P/PA	GB	FB	G/F
2001 Season	.290	18	31	6	9	5	0	0	2	1	8	0	2	0	0	.313	.452	0	0	0	121	3.78	9	8	1.13
Last Five Years	.257	63	101	20	26	9	0	4	21	8	27	1	3	0	1	.318	.465	0	0	0	452	4.11	29	32	0.91

2001 Season

	Avg	AB	H	2B	3B	HR	RBI	BB	SO	OBP	SLG		Avg	AB	H	2B	3B	HR	RBI	BB	SO	OBP	SLG
vs. Left	.300	10	3	0	0	0	1	0	1	.300	.300	Scoring Posn	.222	9	2	1	0	0	2	0	2	.222	.333
vs. Right	.286	21	6	5	0	0	1	1	7	.318	.524	Close & Late	.111	9	1	1	0	0	0	0	4	.111	.222

John Thomson — Rockies
Age 28 – Pitches Right

	ERA	W	L	Sv	G	GS	IP	BB	SO	Avg	H	2B	3B	HR	RBI	OBP	SLG	CG	ShO	Sup	QS	#P/S	SB	CS	GB	FB	G/F
2001 Season	4.04	4	5	0	14	14	93.2	25	68	.239	84	17	3	15	41	.295	.433	1	1	5.86	8	99	6	0	119	103	1.16
Career (1997-2001)	5.04	20	35	0	81	80	483.2	161	314	.285	536	96	15	62	261	.343	.473	6	2	5.12	39	93	38	13	705	501	1.41

2001 Season

	ERA	W	L	Sv	G	GS	IP	H	HR	BB	SO		Avg	AB	H	2B	3B	HR	RBI	BB	SO	OBP	SLG
Home	4.64	2	2	0	8	8	54.1	48	8	14	39	vs. Left	.177	164	29	6	1	7	19	14	38	.244	.354
Away	3.20	2	3	0	6	6	39.1	36	7	11	29	vs. Right	.294	187	55	11	2	8	22	11	30	.340	.503
Starter	4.04	4	5	0	14	14	93.2	84	15	25	68	Scoring Posn	.265	68	18	2	1	3	25	8	15	.329	.456
Reliever	0.00	0	0	0	0	0	0.0	0	0	0	0	Close & Late	.313	16	5	1	0	2	5	2	3	.421	.750
0-3 Days Rest (Start)	0.00	0	0	0	0	0	0.0	0	0	0	0	None on/out	.245	94	23	8	1	4	4	6	15	.297	.479
4 Days Rest	3.80	1	1	0	3	3	21.1	15	4	3	14	First Pitch	.213	47	10	4	0	4	12	0	0	.240	.298
5+ Days Rest	4.11	3	4	0	11	11	72.1	69	11	22	54	Ahead in Count	.189	185	35	7	1	4	14	0	58	.198	.303
Pre-All Star	5.68	0	3	0	3	3	19.0	17	7	5	7	Behind in Count	.375	56	21	6	1	5	12	10	0	.471	.732
Post-All Star	3.62	4	2	0	11	11	74.2	67	8	20	61	Two Strikes	.169	172	29	2	1	6	13	13	68	.234	.297

Career (1997-2001)

	ERA	W	L	Sv	G	GS	IP	H	HR	BB	SO		Avg	AB	H	2B	3B	HR	RBI	BB	SO	OBP	SLG
Home	6.06	10	14	0	39	39	222.2	276	38	73	144	vs. Left	.283	950	269	40	7	32	122	91	141	.346	.441
Away	4.17	10	21	0	42	41	261.0	260	24	88	170	vs. Right	.287	930	267	56	8	30	139	70	173	.340	.461
Day	5.48	13	15	0	32	32	193.2	220	24	59	136	Inning 1-6	.291	1680	489	85	13	56	242	135	280	.345	.457
Night	4.75	7	20	0	49	48	290.0	316	38	102	178	Inning 7+	.235	200	47	11	2	6	19	26	34	.326	.400
Grass	5.04	17	29	0	70	69	412.2	462	57	138	267	None on	.274	1087	298	50	8	32	32	95	194	.336	.423
Turf	5.07	3	6	0	11	11	71.0	74	5	23	47	Runners on	.300	793	238	46	7	30	229	66	120	.352	.489
March/April	7.79	1	4	0	8	7	34.2	50	3	14	22	Scoring Posn	.309	424	131	24	5	14	186	40	66	.361	.488
May	6.11	3	13	0	16	16	88.1	105	15	39	57	Close & Late	.262	84	22	6	1	4	12	12	13	.361	.500
June	4.69	3	2	0	9	9	55.2	61	7	15	43	None on/out	.282	476	134	24	3	13	13	43	73	.342	.426
July	2.93	1	2	0	6	6	40.0	37	2	8	27	vs. 1st Batr (relief)	.000	1	0	0	0	0	0	0	0	.000	.000
August	4.19	9	7	0	21	21	135.1	141	16	40	75	1st Inning Pitched	.309	324	100	16	2	9	56	30	54	.364	.454
Sept/Oct	5.28	3	7	0	21	21	129.2	142	19	45	90	First 75 Pitches	.285	1454	414	75	12	44	198	115	242	.338	.444
Starter	5.06	20	35	0	80	80	481.2	535	62	160	313	Pitch 76-90	.303	241	73	12	2	9	36	25	37	.371	.477
Reliever	0.00	0	0	0	1	0	2.0	1	0	1	1	Pitch 91-105	.261	138	36	6	0	6	18	15	24	.338	.435
0-3 Days Rest (Start)	9.35	1	1	0	2	2	8.2	14	3	5	5	Pitch 106+	.277	47	13	3	1	3	9	6	11	.358	.574
4 Days Rest	5.66	12	16	0	38	38	235.1	274	32	71	146	First Pitch	.304	283	86	18	0	8	50	3	0	.313	.452
5+ Days Rest	4.32	7	18	0	40	40	237.2	247	27	84	162	Ahead in Count	.243	897	218	37	6	18	82	0	270	.276	.358
vs. AL	8.38	1	2	0	4	4	19.1	35	2	8	14	Behind in Count	.364	382	139	22	3	24	85	91	0	.485	.626
vs. NL	4.90	19	33	0	77	76	464.1	501	60	153	300	Two Strikes	.204	825	168	26	3	21	73	67	314	.266	.319
Pre-All Star	6.13	7	20	0	34	33	183.2	223	25	71	125	Pre-All Star	.306	729	223	41	4	25	117	71	125	.369	.476
Post-All Star	4.38	13	15	0	47	47	300.0	313	37	90	189	Post-All Star	.272	1151	313	55	11	37	144	90	189	.326	.435

Mike Thurman — Expos

Age 28 – Pitches Right

	ERA	W	L	Sv	G	GS	IP	BB	SO	Avg	H	2B	3B	HR	RBI	OBP	SLG	CG	ShO	Sup	QS	#P/S	SB	CS	GB	FB	G/F
2001 Season	5.33	9	11	0	28	26	147.0	50	96	.294	172	37	3	21	81	.351	.475	0	0	5.20	10	90	17	0	220	181	1.22
Career (1997-2001)	5.04	25	36	0	93	85	460.2	178	273	.275	492	95	12	57	247	.343	.436	0	0	5.00	32	86	71	16	685	546	1.25

2001 Season

	ERA	W	L	Sv	G	GS	IP	H	HR	BB	SO		Avg	AB	H	2B	3B	HR	RBI	BB	SO	OBP	SLG
Home	4.30	4	5	0	12	12	67.0	73	8	18	46	vs. Left	.343	254	87	20	2	11	39	31	25	.408	.567
Away	6.19	5	6	0	16	14	80.0	99	13	32	50	vs. Right	.257	331	85	17	1	10	42	19	71	.304	.405
Starter	5.38	9	11	0	26	26	145.2	170	21	47	95	Scoring Posn	.265	166	44	8	0	4	61	26	36	.355	.386
Reliever	0.00	0	0	0	2	0	1.1	2	0	3	1	Close & Late	.167	18	3	1	0	0	1	0	3	.167	.222
0-3 Days Rest (Start)	6.35	0	1	0	1	1	5.2	7	2	1	4	None on/out	.342	149	51	18	2	5	5	7	18	.380	.591
4 Days Rest	6.32	4	6	0	15	15	78.1	98	10	31	49	First Pitch	.366	93	34	8	2	4	15	3	0	.402	.624
5+ Days Rest	4.09	5	4	0	10	10	61.2	65	9	15	42	Ahead in Count	.210	262	55	13	1	4	25	0	85	.213	.313
Pre-All Star	5.68	4	5	0	13	13	71.1	79	7	26	37	Behind in Count	.402	117	47	10	0	10	30	22	0	.486	.744
Post-All Star	5.00	5	6	0	15	13	75.2	93	14	24	59	Two Strikes	.206	253	52	13	0	3	22	25	96	.277	.292

Career (1997-2001)

	ERA	W	L	Sv	G	GS	IP	H	HR	BB	SO		Avg	AB	H	2B	3B	HR	RBI	BB	SO	OBP	SLG
Home	5.01	11	18	0	43	40	222.2	237	31	81	133	vs. Left	.304	770	234	46	5	24	96	93	78	.376	.470
Away	5.07	14	18	0	50	45	238.0	255	26	97	140	vs. Right	.252	1022	258	49	7	33	151	85	195	.317	.411
Day	5.65	2	8	0	23	21	108.1	131	12	54	70	Inning 1-6	.274	1667	456	86	11	52	231	165	256	.341	.432
Night	4.85	23	28	0	70	64	352.1	361	45	124	203	Inning 7+	.288	125	36	9	1	5	16	13	17	.366	.496
Grass	4.62	13	14	0	44	39	208.1	211	20	83	121	None on	.274	1066	292	56	7	34	74	160	163	.327	.436
Turf	5.39	12	22	0	49	46	252.1	281	37	95	152	Runners on	.275	726	200	39	5	23	213	104	113	.364	.438
March/April	6.13	2	4	0	8	7	39.2	40	5	15	20	Scoring Posn	.281	449	126	24	4	15	189	82	83	.382	.452
May	6.15	3	4	0	14	13	60.0	69	7	27	31	Close & Late	.313	64	20	4	1	2	9	6	10	.380	.500
June	2.61	2	3	0	6	6	38.0	32	1	10	19	None on/out	.286	462	131	31	3	10	10	33	56	.341	.429
July	5.53	5	5	0	16	16	84.2	93	11	34	42	vs. 1st Batr (relief)	.286	7	2	0	0	1	3	1	1	.375	.714
August	4.05	7	11	0	25	22	129.0	130	15	47	83	1st Inning Pitched	.243	337	82	17	2	8	49	37	52	.320	.377
Sept/Oct	5.68	6	9	0	24	21	109.1	128	18	45	78	First 75 Pitches	.273	1447	395	82	10	41	189	138	225	.340	.428
Starter	5.06	25	36	0	85	85	453.2	487	56	173	268	Pitch 76-90	.259	216	56	5	1	9	32	21	31	.326	.417
Reliever	3.86	0	0	0	8	0	7.0	5	1	5	5	Pitch 91-105	.325	114	37	8	0	7	25	17	14	.410	.579
0-3 Days Rest (Start)	5.11	1	3	0	4	4	24.2	24	7	5	13	Pitch 106+	.267	15	4	0	1	0	1	2	3	.353	.400
4 Days Rest	5.11	11	18	0	40	40	225.1	242	23	90	141	First Pitch	.339	274	93	16	6	8	40	9	0	.373	.529
5+ Days Rest	5.00	13	15	0	41	41	205.1	221	26	78	114	Ahead in Count	.224	789	177	30	3	14	75	0	237	.232	.323
vs. AL	5.97	1	3	0	7	7	37.2	42	6	14	16	Behind in Count	.343	370	127	34	3	25	96	96	0	.474	.654
vs. NL	4.96	24	33	0	86	78	423.0	450	51	164	257	Two Strikes	.208	773	161	27	1	16	69	73	273	.281	.308
Pre-All Star	5.25	8	11	0	32	30	156.0	159	17	60	80	Pre-All Star	.267	596	159	38	6	17	84	60	80	.336	.436
Post-All Star	4.93	17	25	0	61	55	304.2	333	40	118	193	Post-All Star	.278	1196	333	57	6	40	163	118	193	.346	.436

Mike Timlin — Cardinals

Age 36 – Pitches Right (groundball pitcher)

	ERA	W	L	Sv	G	GS	IP	BB	SO	Avg	H	2B	3B	HR	RBI	OBP	SLG	GF	IR	IRS	Hld	SvOp	SB	CS	GB	FB	G/F
2001 Season	4.09	4	5	3	67	0	72.2	19	47	.277	78	13	2	6	29	.327	.401	19	29	7	12	7	1	1	139	49	2.84
Last Five Years	3.58	21	25	71	325	0	352.1	113	254	.259	343	43	7	36	175	.323	.383	182	166	57	33	103	14	5	607	275	2.21

2001 Season

	ERA	W	L	Sv	G	GS	IP	H	HR	BB	SO		Avg	AB	H	2B	3B	HR	RBI	BB	SO	OBP	SLG
Home	1.87	3	1	0	39	0	43.1	35	2	9	28	vs. Left	.319	91	29	5	1	4	17	8	15	.366	.527
Away	7.36	1	4	3	28	0	29.1	43	4	10	19	vs. Right	.257	191	49	8	1	2	12	11	32	.307	.340
Day	4.81	3	3	3	33	0	33.2	44	2	11	18	Inning 1-6	.340	50	17	3	1	2	10	5	7	.393	.560
Night	3.46	1	2	0	34	0	39.0	34	4	8	29	Inning 7+	.263	232	61	10	1	4	19	14	40	.312	.366
Grass	3.77	4	4	3	66	0	71.2	75	5	17	46	None on	.247	162	40	5	2	3	3	11	35	.299	.358
Turf	27.00	0	1	0	1	0	1.0	3	1	2	1	Runners on	.317	120	38	8	0	3	26	8	12	.364	.458

433

2001 Season

	ERA	W	L	Sv	G	GS	IP	H	HR	BB	SO		Avg	AB	H	2B	3B	HR	RBI	BB	SO	OBP	SLG
April	2.38	1	0	1	11	0	11.1	17	0	3	6	Scoring Posn	.271	59	16	4	0	0	19	5	8	.338	.339
May	4.11	0	2	0	12	0	15.1	12	3	3	14	Close & Late	.265	117	31	7	0	2	12	10	22	.328	.376
June	4.67	1	2	0	15	0	17.1	14	1	5	8	None on/out	.294	68	20	3	0	1	1	3	16	.333	.382
July	1.64	1	1	2	10	0	11.0	8	1	3	9	vs. 1st Batr (relief)	.188	64	12	2	0	1	2	2	15	.224	.266
August	10.29	0	0	0	7	0	7.0	14	0	1	4	1st Inning Pitched	.275	222	61	9	2	4	24	10	34	.312	.387
Sept/Oct	3.38	1	0	0	12	0	10.2	13	1	4	6	First 15 Pitches	.248	202	50	4	2	3	15	8	33	.285	.332
Starter	0.00	0	0	0	0	0	0.0	0	0	0	0	Pitch 16-30	.382	68	26	8	0	3	11	8	9	.442	.632
Reliever	4.09	4	5	3	67	0	72.2	78	6	19	47	Pitch 31-45	.167	12	2	1	0	0	3	3	5	.333	.250
0 Days Rest (Relief)	4.67	3	1	1	19	0	17.1	17	1	3	17	Pitch 46+	.000	0	0	0	0	0	0	0	0	.000	.000
1 or 2 Days Rest	3.92	1	3	1	34	0	39.0	45	3	12	17	First Pitch	.333	48	16	2	1	2	7	4	0	.385	.542
3+ Days Rest	3.86	0	1	1	14	0	16.1	16	2	4	13	Ahead in Count	.214	145	31	5	1	1	11	0	39	.216	.283
vs. AL	0.79	1	0	0	9	0	11.1	4	1	1	9	Behind in Count	.388	49	19	3	0	1	6	5	0	.455	.510
vs. NL	4.70	3	5	3	58	0	61.1	74	5	18	38	Two Strikes	.212	137	29	7	1	0	8	10	47	.272	.277
Pre-All Star	3.51	3	4	2	41	0	48.2	43	4	12	33	Pre-All Star	.243	177	43	6	2	4	16	12	33	.295	.367
Post-All Star	5.25	1	1	1	26	0	24.0	35	2	7	14	Post-All Star	.333	105	35	7	0	2	13	7	14	.381	.457

Last Five Years

	ERA	W	L	Sv	G	GS	IP	H	HR	BB	SO		Avg	AB	H	2B	3B	HR	RBI	BB	SO	OBP	SLG
Home	3.17	16	9	35	171	0	190.0	171	18	54	129	vs. Left	.267	561	150	18	2	18	92	48	101	.325	.403
Away	4.05	5	16	36	154	0	162.1	172	18	59	125	vs. Right	.253	764	193	25	5	18	83	65	153	.322	.369
Day	4.02	9	10	24	118	0	130.0	137	13	45	96	Inning 1-6	.296	71	21	3	1	3	14	5	12	.338	.493
Night	3.32	12	15	47	207	0	222.1	206	23	68	158	Inning 7+	.257	1254	322	40	6	33	161	108	242	.322	.377
Grass	3.73	15	21	46	222	0	236.2	233	24	81	179	None on/out	.233	724	169	25	5	15	15	54	169	.290	.344
Turf	3.27	6	4	25	103	0	115.2	110	12	32	75	Runners on	.290	601	174	18	2	21	160	59	85	.360	.431
March/April	4.27	2	3	9	49	0	52.2	59	8	20	40	Scoring Posn	.280	350	98	12	1	11	138	46	48	.372	.414
May	3.71	3	7	9	55	0	63.0	53	7	20	51	Close & Late	.277	730	202	25	3	18	108	70	141	.346	.393
June	3.94	4	6	9	57	0	61.2	61	8	19	39	None on/out	.279	308	86	15	1	7	7	21	66	.327	.403
July	2.77	3	5	13	49	0	55.1	45	4	14	44	vs. 1st Batr (relief)	.241	299	72	14	0	7	25	22	62	.296	.358
August	4.65	4	2	13	55	0	62.0	73	7	14	38	1st Inning Pitched	.257	1075	276	35	4	31	153	85	202	.318	.383
Sept/Oct	2.03	5	2	18	60	0	57.2	52	2	26	42	First 15 Pitches	.250	944	236	29	5	26	115	61	182	.303	.374
Starter	0.00	0	0	0	0	0	0.0	0	0	0	0	Pitch 16-30	.299	344	103	13	2	10	56	42	55	.376	.436
Reliever	3.58	21	25	71	325	0	352.1	343	36	113	254	Pitch 31-45	.114	35	4	1	0	0	4	10	15	.326	.143
0 Days Rest (Relief)	3.21	8	4	25	83	0	81.1	70	5	17	65	Pitch 46+	.000	2	0	0	0	0	0	0	2	.000	.000
1 or 2 Days Rest	3.94	9	15	28	158	0	180.1	188	17	64	116	First Pitch	.367	196	72	8	3	10	33	19	0	.431	.592
3+ Days Rest	3.23	4	6	18	85	0	92.0	88	14	34	73	Ahead in Count	.204	671	137	18	3	13	67	0	220	.208	.272
vs. AL	3.42	12	16	61	211	0	224.0	212	25	67	164	Behind in Count	.344	227	78	11	1	8	49	45	0	.462	.507
vs. NL	3.86	9	9	10	114	0	128.1	131	11	46	90	Two Strikes	.177	600	106	19	2	9	49	49	254	.244	.260
Pre-All Star	3.83	11	18	30	175	0	195.0	186	24	62	145	Pre-All Star	.258	722	186	25	4	24	110	62	145	.322	.403
Post-All Star	3.26	10	7	41	150	0	157.1	157	12	51	109	Post-All Star	.260	603	157	18	3	12	65	51	109	.324	.360

Jorge Toca — Mets Age 27 – Bats Right

	Avg	G	AB	R	H	2B	3B	HR	RBI	BB	SO	HBP	GDP	SB	CS	OBP	SLG	IBB	SH	SF	#Pit	#P/PA	GB	FB	G/F
2001 Season	.176	13	17	3	3	0	0	0	1	0	8	0	0	0	0	.176	.176	0	0	0	73	4.29	3	4	0.75
Career (1999-2001)	.259	25	27	4	7	1	0	0	5	0	11	0	0	0	0	.259	.296	0	0	0	109	4.04	4	7	0.57

2001 Season

	Avg	AB	H	2B	3B	HR	RBI	BB	SO		Avg	AB	H	2B	3B	HR	RBI	BB	SO	OBP	SLG
vs. Left	.222	9	2	0	0	0	1	0	5	.222	.222	Scoring Posn	.333	3	1	0	0	0	1	0	2	.333	.333
vs. Right	.125	8	1	0	0	0	0	0	3	.125	.125	Close & Late	.333	6	2	0	0	0	0	0	3	.333	.333

Kevin Tolar — Tigers Age 31 – Pitches Left (groundball pitcher)

	ERA	W	L	Sv	G	GS	IP	BB	SO	Avg	H	2B	3B	HR	RBI	OBP	SLG	GF	IR	IRS	Hld	SvOp	SB	CS	GB	FB	G/F
2001 Season	6.75	0	0	0	9	0	10.2	13	11	.189	7	1	0	0	3	.400	.216	1	4	0	0	0	0	0	12	8	1.50
Career (2000-2001)	5.93	0	0	0	14	0	13.2	14	14	.167	8	1	0	0	4	.355	.188	2	9	1	0	0	0	0	17	9	1.89

2001 Season

	ERA	W	L	Sv	G	GS	IP	H	HR	BB	SO		Avg	AB	H	2B	3B	HR	RBI	BB	SO	OBP	SLG
Home	8.22	0	0	0	7	0	7.2	4	0	9	7	vs. Left	.231	13	3	0	0	0	0	5	6	.444	.231
Away	3.00	0	0	0	2	0	3.0	3	0	4	4	vs. Right	.167	24	4	1	0	0	3	8	5	.375	.208

Brian Tollberg — Padres Age 29 – Pitches Right

	ERA	W	L	Sv	G	GS	IP	BB	SO	Avg	H	2B	3B	HR	RBI	OBP	SLG	CG	ShO	Sup	QS	#P/S	SB	CS	GB	FB	G/F
2001 Season	4.30	10	4	0	19	19	117.1	25	71	.287	133	30	1	15	52	.321	.453	0	0	6.90	7	88	4	4	172	128	1.34
Career (2000-2001)	3.94	14	9	0	38	38	235.1	60	147	.280	259	45	4	28	101	.327	.439	1	0	5.24	17	89	12	12	329	262	1.26

2001 Season

	ERA	W	L	Sv	G	GS	IP	H	HR	BB	SO		Avg	AB	H	2B	3B	HR	RBI	BB	SO	OBP	SLG
Home	4.37	6	1	0	7	7	45.1	48	7	6	23	vs. Left	.282	195	55	15	0	7	20	19	31	.343	.467
Away	4.25	4	3	0	12	12	72.0	85	8	19	48	vs. Right	.290	269	78	15	1	8	32	6	40	.305	.442
Starter	4.30	10	4	0	19	19	117.1	133	15	25	71	Scoring Posn	.254	114	29	4	0	3	36	9	19	.292	.368
Reliever	0.00	0	0	0	0	0	0.0	0	0	0	0	Close & Late	.455	22	10	4	0	0	3	0	3	.435	.636
0-3 Days Rest (Start)	0.00	0	0	0	0	0	0.0	0	0	0	0	None on/out	.360	125	45	12	1	3	3	3	17	.375	.544
4 Days Rest	4.17	4	1	0	6	6	36.2	37	5	11	20	First Pitch	.421	76	32	6	0	5	14	3	0	.443	.697
5+ Days Rest	4.35	6	3	0	13	13	80.2	96	10	14	51	Ahead in Count	.214	210	45	8	0	5	17	0	62	.215	.324
Pre-All Star	3.32	3	2	0	6	6	38.0	34	4	10	22	Behind in Count	.324	102	33	9	0	5	13	15	0	.405	.490
Post-All Star	4.76	7	2	0	13	13	79.1	99	11	15	49	Two Strikes	.168	185	31	8	0	1	10	7	71	.199	.227

Brett Tomko — Mariners
Age 29 – Pitches Right (flyball pitcher)

	ERA	W	L	Sv	G	GS	IP	BB	SO	Avg	H	2B	3B	HR	RBI	OBP	SLG	GF	IR	IRS	Hld	SvOp	SB	CS	GB	FB	G/F
2001 Season	5.19	3	1	0	11	4	34.2	15	22	.288	42	10	1	9	25	.350	.555	1	6	3	0	1	3	0	44	55	0.80
Career (1997-2001)	4.45	39	32	1	132	91	635.2	226	470	.254	613	156	11	88	318	.320	.437	13	32	11	4	3	44	19	732	806	0.91

2001 Season

	ERA	W	L	Sv	G	GS	IP	H	HR	BB	SO		Avg	AB	H	2B	3B	HR	RBI	BB	SO	OBP	SLG
Home	4.82	1	1	0	5	2	18.2	22	4	9	14	vs. Left	.365	63	23	5	1	4	13	6	9	.420	.667
Away	5.63	2	0	0	6	2	16.0	20	5	6	8	vs. Right	.229	83	19	5	0	5	12	9	13	.298	.470

Career (1997-2001)

	ERA	W	L	Sv	G	GS	IP	H	HR	BB	SO		Avg	AB	H	2B	3B	HR	RBI	BB	SO	OBP	SLG
Home	3.74	22	16	0	65	44	322.2	275	39	106	257	vs. Left	.248	1128	280	80	5	36	123	130	224	.328	.424
Away	5.18	17	16	1	67	47	313.0	338	49	120	213	vs. Right	.259	1287	333	76	6	52	195	96	246	.312	.448
Day	4.07	16	11	0	47	32	234.1	206	25	84	177	Inning 1-6	.257	2025	520	138	10	73	278	185	407	.321	.443
Night	4.66	23	21	1	85	59	401.1	407	63	142	293	Inning 7+	.238	390	93	18	1	15	40	41	63	.314	.405
Grass	4.50	15	18	0	72	40	300.0	311	39	119	202	None on	.241	1482	357	97	5	54	54	115	306	.299	.425
Turf	4.40	24	14	0	60	51	335.2	302	49	107	268	Runners on	.274	933	256	59	4	34	264	111	164	.350	.456
March/April	5.00	5	4	0	17	15	95.1	91	12	38	67	Scoring Posn	.267	535	143	34	3	19	227	82	103	.359	.449
May	5.13	6	6	0	20	16	98.1	110	20	26	78	Close & Late	.241	203	49	10	1	7	21	21	35	.314	.404
June	4.63	9	4	0	20	16	101.0	101	15	42	76	None on/out	.244	626	153	42	5	25	25	55	116	.309	.447
July	3.42	5	5	0	26	14	115.2	94	13	37	79	vs. 1st Batr (relief)	.324	34	11	1	0	3	7	7	6	.439	.618
August	5.21	8	9	1	27	18	126.0	134	20	49	87	1st Inning Pitched	.237	489	116	31	2	24	75	52	85	.314	.456
Sept/Oct	3.26	6	4	0	22	12	99.1	83	8	34	83	First 15 Pitches	.240	367	88	24	1	16	38	38	58	.315	.441
Starter	4.52	34	28	0	91	91	546.0	533	73	187	419	Pitch 16-30	.273	444	121	29	3	22	74	39	86	.331	.500
Reliever	4.01	5	4	1	41	0	89.2	80	15	39	51	Pitch 31-45	.227	397	90	24	3	10	42	30	80	.284	.378
0 Days Rest (Relief)	0.00	0	0	0	0	0	0.0	0	0	0	0	Pitch 46+	.260	1207	314	79	4	40	164	119	246	.328	.432
1 or 2 Days Rest	2.12	1	0	1	13	0	29.2	18	4	8	16	First Pitch	.312	321	100	28	2	13	56	13	0	.344	.533
3+ Days Rest	4.95	4	4	0	28	0	60.0	62	11	31	35	Ahead in Count	.195	1150	224	55	3	26	104	0	411	.201	.316
vs. AL	4.45	15	5	1	46	18	163.2	170	24	67	109	Behind in Count	.321	502	161	46	6	30	97	113	0	.441	.616
vs. NL	4.44	24	27	0	86	73	472.0	443	64	159	361	Two Strikes	.178	1147	204	51	2	22	87	100	470	.248	.283
Pre-All Star	4.75	22	15	0	65	52	329.2	335	50	118	242	Pre-All Star	.265	1266	335	84	7	50	170	118	242	.329	.461
Post-All Star	4.12	17	17	1	67	39	306.0	278	38	108	228	Post-All Star	.242	1149	278	72	4	38	148	108	228	.309	.411

Steve Torrealba — Braves
Age 24 – Bats Right

	Avg	G	AB	R	H	2B	3B	HR	RBI	BB	SO	HBP	GDP	SB	CS	OBP	SLG	IBB	SH	SF	#Pit	#P/PA	GB	FB	G/F
2001 Season	.500	2	2	0	1	0	0	0	0	0	0	0	1	0	0	.500	.500	0	0	0	12	6.00	1	0	0.00

2001 Season

	Avg	AB	H	2B	3B	HR	RBI	BB	SO	OBP	SLG		Avg	AB	H	2B	3B	HR	RBI	BB	SO	OBP	SLG
vs. Left	.000	0	0	0	0	0	0	0	0	.000	.000	Scoring Posn	.000	1	0	0	0	0	0	0	0	.000	.000
vs. Right	.500	2	1	0	0	0	0	0	0	.500	.500	Close & Late	.000	1	0	0	0	0	0	0	0	.000	.000

Yorvit Torrealba — Giants
Age 23 – Bats Right

	Avg	G	AB	R	H	2B	3B	HR	RBI	BB	SO	HBP	GDP	SB	CS	OBP	SLG	IBB	SH	SF	#Pit	#P/PA	GB	FB	G/F
2001 Season	.500	3	4	0	2	0	1	0	2	0	0	0	0	0	0	.500	1.000	0	0	0	11	2.75	0	2	0.00

2001 Season

	Avg	AB	H	2B	3B	HR	RBI	BB	SO	OBP	SLG		Avg	AB	H	2B	3B	HR	RBI	BB	SO	OBP	SLG
vs. Left	.000	0	0	0	0	0	0	0	0	.000	.000	Scoring Posn	1.000	1	1	0	0	0	1	0	0	1.000	1.000
vs. Right	.500	4	2	0	1	0	2	0	0	.500	1.000	Close & Late	1.000	1	1	0	0	0	1	0	0	1.000	1.000

Josh Towers — Orioles
Age 25 – Pitches Right (flyball pitcher)

	ERA	W	L	Sv	G	GS	IP	BB	SO	Avg	H	2B	3B	HR	RBI	OBP	SLG	CG	ShO	Sup	QS	#P/S	SB	CS	GB	FB	G/F
2001 Season	4.49	8	10	0	24	20	140.1	16	58	.297	156	35	3	21	67	.321	.484	1	1	3.98	9	92	10	6	175	222	0.79

2001 Season

	ERA	W	L	Sv	G	GS	IP	H	HR	BB	SO		Avg	AB	H	2B	3B	HR	RBI	BB	SO	OBP	SLG
Home	3.28	4	4	0	12	10	71.1	79	11	4	32	vs. Left	.307	257	79	17	2	9	30	13	24	.341	.494
Away	5.74	4	6	0	12	10	69.0	86	10	12	26	vs. Right	.288	299	86	18	1	12	37	3	34	.304	.475
Starter	4.44	7	9	0	20	20	131.2	156	20	15	55	Scoring Posn	.281	114	32	5	1	5	44	5	14	.317	.474
Reliever	5.19	1	1	0	4	0	8.2	9	1	1	3	Close & Late	.432	37	16	3	1	5	11	2	1	.450	.973
0-3 Days Rest (Start)	0.00	0	0	0	0	0	0.0	0	0	0	0	None on/out	.320	147	47	10	1	5	5	5	11	.342	.503
4 Days Rest	4.62	3	5	0	8	8	50.2	64	6	7	18	First Pitch	.310	84	26	6	1	2	10	0	0	.310	.476
5+ Days Rest	4.33	4	4	0	12	12	81.0	92	14	8	37	Ahead in Count	.253	281	71	15	0	4	20	0	52	.265	.349
Pre-All Star	2.22	6	3	0	12	8	65.0	66	6	8	23	Behind in Count	.381	105	40	5	1	10	19	9	0	.422	.733
Post-All Star	6.45	2	7	0	12	12	75.1	99	15	8	35	Two Strikes	.228	219	50	8	0	2	13	7	58	.268	.292

Steve Trachsel — Mets
Age 31 – Pitches Right

	ERA	W	L	Sv	G	GS	IP	BB	SO	Avg	H	2B	3B	HR	RBI	OBP	SLG	CG	ShO	Sup	QS	#P/S	SB	CS	GB	FB	G/F
2001 Season	4.46	11	13	0	28	28	173.2	47	144	.254	168	32	5	28	80	.304	.445	1	1	3.78	17	97	22	3	229	175	1.31
Last Five Years	4.77	50	66	0	163	163	989.1	338	712	.276	1055	205	25	145	502	.335	.456	9	2	4.61	75	99	86	36	1349	1084	1.24

2001 Season

	ERA	W	L	Sv	G	GS	IP	H	HR	BB	SO		Avg	AB	H	2B	3B	HR	RBI	BB	SO	OBP	SLG
Home	4.00	7	6	0	15	15	92.1	84	16	25	82	vs. Left	.232	302	70	11	1	12	33	28	57	.299	.394
Away	4.98	4	7	0	13	13	81.1	84	12	22	62	vs. Right	.273	359	98	21	4	16	47	19	87	.307	.487

435

2001 Season

	ERA	W	L	Sv	G	GS	IP	H	HR	BB	SO		Avg	AB	H	2B	3B	HR	RBI	BB	SO	OBP	SLG
Day	8.91	1	5	0	6	6	33.1	51	9	11	21	Inning 1-6	.254	583	148	25	5	25	71	39	134	.298	.443
Night	3.40	10	8	0	22	22	140.1	117	19	36	123	Inning 7+	.256	78	20	7	0	3	9	8	10	.341	.462
Grass	4.01	9	11	0	24	24	148.0	139	23	39	122	None on	.265	415	110	22	3	17	17	28	89	.313	.455
Turf	7.01	2	2	0	4	4	25.2	29	5	8	22	Runners on	.236	246	58	10	2	11	63	19	55	.288	.427
April	8.28	1	4	0	5	5	25.0	36	6	8	19	Scoring Posn	.250	132	33	7	2	8	57	13	31	.307	.515
May	8.16	0	2	0	3	3	14.1	20	7	5	9	Close & Late	.297	37	11	5	0	1	5	7	2	.409	.514
June	3.55	1	3	0	5	5	33.0	34	2	8	25	None on/out	.238	181	43	9	1	6	6	9	44	.274	.398
July	3.51	3	1	0	4	4	25.2	22	2	4	20	vs. 1st Batr (relief)	.000	0	0	0	0	0	0	0	0	.000	.000
August	3.69	3	1	0	6	6	39.0	29	7	10	46	1st Inning Pitched	.146	96	14	2	1	1	4	5	30	.184	.219
Sept/Oct	2.70	3	2	0	5	5	36.2	27	4	12	25	First 75 Pitches	.254	484	123	21	4	18	58	33	117	.300	.426
Starter	4.46	11	13	0	28	28	173.2	168	28	47	144	Pitch 76-90	.222	90	20	5	1	6	10	7	15	.276	.500
Reliever	0.00	0	0	0	0	0	0.0	0	0	0	0	Pitch 91-105	.323	62	20	3	0	3	10	6	6	.391	.516
0-3 Days Rest (Start)	0.00	0	0	0	0	0	0.0	0	0	0	0	Pitch 106+	.200	25	5	3	0	1	2	1	6	.259	.440
4 Days Rest	3.53	7	3	0	12	12	79.0	75	11	13	57	First Pitch	.396	96	38	5	0	7	17	3	0	.406	.667
5+ Days Rest	5.23	4	10	0	16	16	94.2	93	17	34	87	Ahead in Count	.169	319	54	10	2	5	21	0	123	.173	.260
vs. AL	2.61	1	2	0	3	3	20.2	17	0	5	16	Behind in Count	.327	107	35	8	0	9	21	27	0	.456	.654
vs. NL	4.71	10	11	0	25	25	153.0	151	28	42	128	Two Strikes	.194	341	66	15	4	10	31	17	144	.235	.349
Pre-All Star	6.72	2	10	0	14	14	75.0	97	15	24	56	Pre-All Star	.316	307	97	19	3	15	51	24	56	.362	.544
Post-All Star	2.74	9	3	0	14	14	98.2	71	13	23	88	Post-All Star	.201	354	71	13	2	13	29	23	88	.252	.359

Last Five Years

	ERA	W	L	Sv	G	GS	IP	H	HR	BB	SO		Avg	AB	H	2B	3B	HR	RBI	BB	SO	OBP	SLG
Home	4.47	31	29	0	85	85	526.0	543	74	183	394	vs. Left	.264	1791	473	81	8	58	208	176	324	.329	.415
Away	5.11	19	37	0	78	78	463.1	512	71	155	318	vs. Right	.286	2038	582	124	17	87	294	162	388	.339	.471
Day	5.25	19	32	0	76	76	456.1	534	74	161	339	Inning 1-6	.277	3415	946	176	22	133	465	299	635	.335	.458
Night	4.36	31	34	0	87	87	533.0	521	71	177	373	Inning 7+	.263	414	109	29	3	12	37	39	77	.331	.435
Grass	4.67	41	49	0	129	129	782.0	815	114	277	589	None on	.276	2286	632	121	16	96	96	182	418	.334	.469
Turf	5.12	9	17	0	34	34	207.1	240	31	61	123	Runners on	.274	1543	423	84	9	49	406	156	294	.336	.436
March/April	5.82	7	12	0	27	27	153.0	176	24	57	114	Scoring Posn	.286	838	240	50	7	31	360	104	170	.354	.474
May	4.41	8	9	0	26	26	157.0	167	27	59	101	Close & Late	.277	191	53	18	1	4	18	23	32	.353	.445
June	5.15	5	16	0	27	27	164.1	188	21	51	119	None on/out	.279	1018	284	58	4	43	43	69	193	.328	.471
July	4.80	9	11	0	26	26	161.1	170	21	51	114	vs. 1st Batr (relief)	.000	0	0	0	0	0	0	0	0	.000	.000
August	4.56	10	7	0	27	27	165.2	172	25	56	132	1st Inning Pitched	.294	636	187	37	7	22	100	59	135	.352	.479
Sept/Oct	4.02	11	11	0	30	30	188.0	182	27	64	132	First 75 Pitches	.280	2771	777	146	19	100	348	225	527	.335	.455
Starter	4.77	50	66	0	163	163	989.1	1055	145	338	712	Pitch 76-90	.246	532	131	21	3	24	73	52	93	.314	.432
Reliever	0.00	0	0	0	0	0	0.0	0	0	0	0	Pitch 91-105	.288	379	109	28	2	15	63	49	64	.369	.491
0-3 Days Rest (Start)	5.34	1	3	0	5	5	30.1	26	8	10	18	Pitch 106+	.259	147	38	10	1	6	18	12	26	.319	.463
4 Days Rest	4.71	25	34	0	88	88	538.1	579	79	186	367	First Pitch	.362	556	201	40	3	29	94	12	0	.373	.601
5+ Days Rest	4.79	24	29	0	70	70	420.2	450	58	142	327	Ahead in Count	.212	1714	363	75	11	39	161	0	580	.218	.337
vs. AL	5.24	9	20	0	42	42	252.1	293	34	96	153	Behind in Count	.354	765	271	56	7	49	142	175	0	.469	.683
vs. NL	4.60	41	46	0	121	121	737.0	762	111	242	559	Two Strikes	.204	1827	372	79	11	40	156	150	712	.268	.325
Pre-All Star	5.31	22	41	0	88	88	516.2	591	77	181	362	Pre-All Star	.290	2040	591	120	15	77	291	181	362	.348	.476
Post-All Star	4.17	28	25	0	75	75	472.5	464	68	157	350	Post-All Star	.259	1789	464	85	10	68	211	157	350	.319	.432

Andy Tracy — Expos
Age 28 – Bats Left

	Avg	G	AB	R	H	2B	3B	HR	RBI	BB	SO	HBP	GDP	SB	CS	OBP	SLG	IBB	SH	SF	#Pit	#P/PA	GB	FB	G/F
2001 Season	.109	38	55	4	6	1	0	2	8	6	26	0	1	0	0	.190	.236	0	0	2	240	3.81	15	13	1.15
Career (2000-2001)	.227	121	247	33	56	9	1	13	40	28	87	2	4	1	0	.306	.429	1	0	4	1117	3.98	72	60	1.20

2001 Season

	Avg	AB	H	2B	3B	HR	RBI	BB	SO	OBP	SLG		Avg	AB	H	2B	3B	HR	RBI	BB	SO	OBP	SLG
vs. Left	.125	8	1	0	0	1	1	0	5	.125	.500	Scoring Posn	.111	18	2	1	0	0	6	1	9	.143	.167
vs. Right	.106	47	5	1	0	1	7	6	21	.200	.191	Close & Late	.067	15	1	0	0	1	1	2	6	.176	.267

Bubba Trammell — Padres
Age 30 – Bats Right (flyball hitter)

	Avg	G	AB	R	H	2B	3B	HR	RBI	BB	SO	HBP	GDP	SB	CS	OBP	SLG	IBB	SH	SF	#Pit	#P/PA	GB	FB	G/F
2001 Season	.261	142	490	66	128	20	3	25	92	48	78	4	10	2	2	.330	.467	2	0	4	1948	3.57	150	179	0.84
Career (1997-2001)	.269	429	1340	185	360	75	6	65	224	151	244	7	31	9	7	.344	.479	3	0	10	5544	3.68	399	497	0.80

2001 Season

	Avg	AB	H	2B	3B	HR	RBI	BB	SO	OBP	SLG		Avg	AB	H	2B	3B	HR	RBI	BB	SO	OBP	SLG
vs. Left	.279	129	36	6	0	4	20	13	25	.354	.419	First Pitch	.237	76	18	3	0	4	17	1	0	.272	.434
vs. Right	.255	361	92	14	3	21	72	35	53	.321	.485	Ahead in Count	.306	121	37	7	0	8	29	23	0	.417	.562
Home	.218	243	53	7	1	11	35	23	44	.285	.391	Behind in Count	.250	204	51	7	3	9	33	0	68	.250	.446
Away	.304	247	75	13	2	14	57	25	34	.373	.543	Two Strikes	.204	191	39	6	1	6	25	24	78	.292	.340
Day	.309	165	51	10	0	11	37	18	23	.375	.570	Batting #5	.284	204	58	10	2	9	36	21	32	.350	.485
Night	.237	325	77	10	3	14	55	30	55	.307	.415	Batting #6	.222	230	51	9	1	11	44	21	34	.293	.413
Grass	.262	470	123	19	3	24	86	45	74	.326	.468	Other	.339	56	19	1	0	5	12	6	12	.406	.625
Turf	.250	20	5	1	0	1	6	3	4	.400	.450	April	.276	76	21	5	1	3	14	10	13	.356	.487
Pre-All Star	.245	245	60	9	1	14	53	28	37	.326	.461	May	.250	84	21	3	0	6	24	10	7	.344	.500
Post-All Star	.278	245	68	11	2	11	39	20	41	.333	.473	June	.246	69	17	1	0	4	11	5	10	.297	.435
Inning 1-6	.272	331	90	13	2	13	56	30	55	.334	.441	July	.275	69	19	1	0	5	14	9	18	.354	.507
Inning 7+	.239	159	38	7	1	12	36	18	23	.320	.522	August	.289	90	26	8	1	2	14	8	17	.343	.467
Scoring Posn	.294	143	42	10	1	8	68	18	24	.364	.545	Sept/Oct	.235	102	24	2	1	5	15	6	16	.275	.422
Close & Late	.264	72	19	3	0	6	17	5	8	.316	.556	vs. AL	.189	37	7	0	0	3	5	2	7	.231	.432
None on/out	.252	107	27	2	1	5	5	9	11	.333	.430	vs. NL	.267	453	121	20	3	22	87	46	71	.337	.470

2001 By Position

Position	Avg	AB	H	2B	3B	HR	RBI	BB	SO	OBP	SLG	G	GS	Innings	PO	A	E	DP	Fld Pct	Rng Fctr	In Zone	Zone Outs	Zone Rtg	MLB Zone
As lf	.260	104	27	2	1	8	24	12	18	.333	.529	34	27	251.2	56	2	0	0	1.000	2.07	61	54	.885	.880
As rf	.260	369	96	17	2	17	66	34	56	.328	.455	102	97	821.2	205	3	4	0	.981	2.28	227	203	.894	.884

Career (1997-2001)

	Avg	AB	H	2B	3B	HR	RBI	BB	SO	OBP	SLG		Avg	AB	H	2B	3B	HR	RBI	BB	SO	OBP	SLG
vs. Left	.282	397	112	30	1	18	66	48	81	.362	.499	First Pitch	.305	203	62	17	1	8	36	2	0	.319	.517
vs. Right	.263	943	248	45	5	47	158	103	163	.336	.471	Ahead in Count	.327	297	97	20	0	21	60	72	0	.458	.606
Home	.256	702	180	35	3	31	100	79	138	.332	.447	Behind in Count	.221	575	127	25	4	20	82	0	204	.223	.383
Away	.282	638	180	40	3	34	124	72	106	.356	.514	Two Strikes	.188	563	106	18	1	19	70	77	244	.285	.325
Day	.302	420	127	25	1	30	94	46	80	.368	.581	Batting #5	.287	565	162	41	4	28	93	62	91	.356	.522
Night	.253	920	233	50	5	35	130	105	164	.332	.433	Batting #6	.237	325	77	13	1	17	63	31	56	.305	.440
Grass	.264	895	236	45	4	46	157	97	166	.335	.477	Other	.269	450	121	21	1	20	68	58	97	.356	.453
Turf	.279	445	124	30	2	19	67	54	78	.361	.483	March/April	.266	184	49	8	1	10	29	31	42	.370	.484
Pre-All Star	.252	572	144	26	3	30	100	74	95	.342	.465	May	.240	129	31	3	0	8	30	14	13	.322	.450
Post-All Star	.281	768	216	49	3	35	124	77	149	.345	.490	June	.277	184	51	11	0	9	28	21	24	.357	.484
Inning 1-6	.266	901	240	50	4	39	139	95	165	.337	.461	July	.283	265	75	15	2	15	54	30	47	.356	.525
Inning 7+	.273	439	120	25	2	26	85	56	79	.357	.517	August	.277	267	74	22	2	11	37	27	55	.341	.498
Scoring Posn	.259	378	98	23	2	20	161	44	69	.330	.489	Sept/Oct	.257	311	80	16	1	12	46	28	63	.315	.431
Close & Late	.273	187	51	7	0	15	42	24	32	.360	.551	vs. AL	.273	755	206	50	2	35	105	87	139	.349	.483
None on/out	.250	276	69	13	1	11	11	28	44	.330	.424	vs. NL	.263	585	154	25	4	30	119	64	105	.337	.474

Mike Trombley — Dodgers   Age 35 – Pitches Right

	ERA	W	L	Sv	G	GS	IP	BB	SO	Avg	H	2B	3B	HR	RBI	OBP	SLG	GF	IR	IRS	Hld	SvOp	SB	CS	GB	FB	G/F
2001 Season	4.38	3	8	6	69	0	78.0	37	72	.230	65	13	0	9	40	.319	.371	31	34	7	13	9	8	1	90	86	1.05
Last Five Years	4.15	17	29	36	363	1	416.1	175	389	.250	392	68	6	62	218	.328	.419	157	229	67	68	55	24	8	493	478	1.03

2001 Season

	ERA	W	L	Sv	G	GS	IP	H	HR	BB	SO		Avg	AB	H	2B	3B	HR	RBI	BB	SO	OBP	SLG
Home	4.85	1	6	3	37	0	42.2	36	5	24	41	vs. Left	.230	113	26	3	0	3	17	14	23	.313	.336
Away	3.82	2	2	3	32	0	35.1	29	4	13	31	vs. Right	.229	170	39	10	0	6	23	23	49	.323	.394
Day	6.35	2	2	1	20	0	22.2	24	4	6	22	Inning 1-6	.375	8	3	1	0	0	3	4	2	.583	.500
Night	3.58	1	6	5	49	0	55.1	41	5	31	50	Inning 7+	.225	275	62	12	0	9	37	33	70	.309	.367
Grass	4.18	3	8	4	60	0	66.2	51	8	34	62	None on	.244	160	39	9	0	8	8	15	38	.313	.456
Turf	5.56	0	0	2	9	0	11.1	14	1	3	10	Runners on	.211	123	26	4	0	1	32	22	34	.327	.268
April	2.25	1	0	1	12	0	16.0	11	0	4	16	Scoring Posn	.284	81	23	4	0	1	32	20	21	.410	.370
May	1.53	1	1	3	14	0	17.2	9	2	11	14	Close & Late	.267	131	35	4	0	6	25	21	29	.368	.435
June	8.10	0	0	2	11	0	10.0	11	1	6	7	None on/out	.333	72	24	7	0	4	4	14	14	.377	.597
July	4.09	1	3	0	13	0	11.0	7	1	6	8	vs. 1st Batr (relief)	.316	57	18	4	0	3	7	7	15	.397	.544
August	4.60	0	2	0	12	0	15.2	13	2	5	17	1st Inning Pitched	.250	208	52	9	0	8	36	31	55	.348	.409
Sept/Oct	10.57	0	2	0	7	0	7.2	14	3	5	10	First 15 Pitches	.240	179	43	8	0	8	21	22	43	.325	.419
Starter	0.00	0	0	0	0	0	0.0	0	0	0	0	Pitch 16-30	.186	86	16	4	0	1	14	12	25	.283	.267
Reliever	4.38	3	8	6	69	0	78.0	65	9	37	72	Pitch 31-45	.333	15	5	1	0	0	5	3	3	.444	.400
0 Days Rest (Relief)	4.50	0	2	2	19	0	18.0	14	1	13	17	Pitch 46+	.333	3	1	0	0	0	0	0	1	.333	.333
1 or 2 Days Rest	2.79	3	3	3	34	0	42.0	29	5	13	36	First Pitch	.444	27	12	1	0	3	7	5	0	.531	.815
3+ Days Rest	8.00	0	3	1	16	0	18.0	22	3	11	19	Ahead in Count	.129	163	21	5	0	3	10	0	66	.139	.215
vs. AL	2.44	3	3	6	41	0	48.0	29	3	23	40	Behind in Count	.404	47	19	3	0	2	13	17	0	.537	.596
vs. NL	7.50	0	5	0	28	0	30.0	36	6	14	32	Two Strikes	.132	151	20	4	0	2	13	15	72	.220	.199
Pre-All Star	3.40	2	2	6	41	0	47.2	33	4	23	41	Pre-All Star	.200	165	33	7	0	4	21	23	41	.297	.315
Post-All Star	5.93	1	6	0	28	0	30.1	32	5	14	31	Post-All Star	.271	118	32	6	0	5	19	14	31	.351	.449

Last Five Years

	ERA	W	L	Sv	G	GS	IP	H	HR	BB	SO		Avg	AB	H	2B	3B	HR	RBI	BB	SO	OBP	SLG
Home	4.19	9	13	16	188	0	217.0	202	33	91	206	vs. Left	.237	624	148	21	3	23	74	77	137	.321	.391
Away	4.11	8	16	20	175	1	199.1	190	29	84	183	vs. Right	.258	946	244	47	3	39	144	98	252	.333	.438
Day	5.05	6	9	12	117	0	137.1	150	23	56	126	Inning 1-6	.235	162	38	7	0	3	25	24	34	.335	.333
Night	3.71	11	20	24	246	0	279.0	242	39	119	263	Inning 7+	.251	1408	354	61	6	59	193	151	355	.327	.429
Grass	3.75	12	20	21	208	1	237.1	211	34	104	220	None on	.266	826	220	41	3	39	39	70	199	.332	.465
Turf	4.68	5	9	15	155	0	179.0	181	28	71	169	Runners on	.231	744	172	27	3	23	179	105	190	.324	.368
March/April	2.11	3	2	3	61	0	81.0	67	7	28	84	Scoring Posn	.234	461	108	15	2	13	152	86	118	.350	.360
May	4.30	5	4	5	61	0	73.1	63	14	32	57	Close & Late	.246	739	182	29	4	31	114	93	189	.331	.422
June	4.74	2	5	11	61	0	68.1	60	11	29	63	None on/out	.306	366	112	20	2	21	21	26	80	.363	.544
July	4.73	3	5	6	61	1	66.2	67	11	25	51	vs. 1st Batr (relief)	.296	318	94	11	3	19	56	34	87	.363	.528
August	4.85	1	6	8	63	0	68.2	75	10	36	72	1st Inning Pitched	.250	1136	284	43	6	51	188	136	303	.333	.433
Sept/Oct	4.63	3	7	3	56	0	58.1	60	9	25	62	First 15 Pitches	.253	970	245	37	5	44	140	99	243	.325	.437
Starter	3.86	0	0	0	1	1	4.2	5	1	1	2	Pitch 16-30	.227	462	105	23	1	12	60	64	127	.324	.359
Reliever	4.15	17	29	36	362	0	411.2	387	61	174	387	Pitch 31-45	.340	103	35	8	0	4	15	11	16	.409	.534
0 Days Rest (Relief)	4.60	2	9	14	100	0	105.2	112	17	59	105	Pitch 46+	.200	35	7	0	0	2	0	3	1	.222	.371
1 or 2 Days Rest	3.50	10	12	20	186	0	228.2	183	34	79	216	First Pitch	.324	170	55	6	2	10	27	0	0	.398	.559
3+ Days Rest	5.47	5	8	2	76	0	77.1	92	8	36	68	Ahead in Count	.172	818	141	23	2	15	69	0	338	.179	.260
vs. AL	3.82	15	22	30	290	1	336.2	311	44	146	316	Behind in Count	.394	325	128	26	1	23	82	74	0	.499	.642
vs. NL	5.54	2	7	6	73	0	79.2	81	18	29	73	Two Strikes	.157	803	126	21	1	21	71	84	389	.243	.264
Pre-All Star	3.65	12	12	21	201	0	241.1	210	34	94	220	Pre-All Star	.235	892	210	39	2	34	115	94	220	.311	.398
Post-All Star	4.83	5	17	15	162	1	175.0	182	28	81	169	Post-All Star	.268	678	182	29	4	28	103	81	169	.351	.447

437

Chris Truby — Astros

Age 28 – Bats Right (flyball hitter)

	Avg	G	AB	R	H	2B	3B	HR	RBI	BB	SO	HBP	GDP	SB	CS	OBP	SLG	IBB	SH	SF	#Pit	#P/PA	GB	FB	G/F
2001 Season	.206	48	136	11	28	6	1	8	23	13	38	1	1	1	2	.276	.441	2	0	2	601	3.95	40	50	0.80
Career (2000-2001)	.241	126	394	39	95	21	5	19	82	23	94	6	5	3	3	.288	.464	3	1	7	1576	3.66	108	145	0.74

2001 Season

	Avg	AB	H	2B	3B	HR	RBI	BB	SO	OBP	SLG		Avg	AB	H	2B	3B	HR	RBI	BB	SO	OBP	SLG
vs. Left	.265	34	9	0	0	4	7	4	8	.325	.618	Scoring Posn	.205	39	8	2	1	2	15	5	8	.298	.462
vs. Right	.186	102	19	6	1	4	16	9	30	.259	.382	Close & Late	.154	13	2	0	0	1	3	3	5	.313	.385
Home	.200	60	12	0	1	4	10	5	15	.254	.433	None on/out	.233	30	7	1	0	1	1	2	10	.281	.367
Away	.211	76	16	6	0	4	13	8	23	.294	.447	Batting #7	.212	33	7	4	1	0	6	2	9	.278	.394
First Pitch	.200	15	3	0	0	0	3	1	0	.222	.200	Batting #8	.213	80	17	1	0	5	12	8	22	.278	.413
Ahead in Count	.364	22	8	2	1	4	15	9	0	.548	1.091	Other	.174	23	4	1	0	3	5	3	7	.269	.609
Behind in Count	.173	75	13	4	0	3	4	0	31	.184	.347	Pre-All Star	.217	120	26	5	1	7	22	12	33	.289	.450
Two Strikes	.163	80	13	4	0	4	5	2	38	.193	.363	Post-All Star	.125	16	2	1	0	1	1	1	5	.176	.375

Michael Tucker — Cubs

Age 31 – Bats Left

	Avg	G	AB	R	H	2B	3B	HR	RBI	BB	SO	HBP	GDP	SB	CS	OBP	SLG	IBB	SH	SF	#Pit	#P/PA	GB	FB	G/F
2001 Season	.252	149	436	62	110	19	8	12	61	46	102	2	8	16	8	.322	.415	4	10	6	1932	3.86	149	114	1.31
Last Five Years	.261	698	1915	306	499	92	27	65	243	220	475	21	30	60	28	.341	.439	18	15	15	8516	3.90	587	527	1.11

2001 Season

	Avg	AB	H	2B	3B	HR	RBI	BB	SO	OBP	SLG		Avg	AB	H	2B	3B	HR	RBI	BB	SO	OBP	SLG
vs. Left	.211	90	19	3	2	3	15	3	29	.245	.389	First Pitch	.339	62	21	3	1	2	10	3	0	.373	.516
vs. Right	.263	346	91	16	6	9	46	43	73	.341	.422	Ahead in Count	.373	67	25	5	3	3	10	21	0	.511	.672
Home	.220	214	47	7	3	4	24	25	55	.299	.336	Behind in Count	.167	216	36	5	2	3	25	0	85	.165	.250
Away	.284	222	63	12	5	8	37	21	47	.346	.491	Two Strikes	.168	226	38	9	3	2	25	22	102	.240	.261
Day	.275	200	55	10	3	7	29	22	50	.345	.460	Batting #2	.254	181	46	9	4	4	26	22	36	.335	.414
Night	.233	236	55	9	5	5	32	24	52	.303	.377	Batting #6	.257	74	19	3	2	5	13	7	20	.329	.554
Grass	.253	430	109	19	8	12	61	46	101	.324	.419	Other	.249	181	45	7	2	3	22	17	46	.307	.359
Turf	.167	6	1	0	0	0	0	0	1	.167	.167	April	.324	71	23	6	1	1	10	4	13	.360	.479
Pre-All Star	.256	219	56	10	1	7	29	20	51	.316	.406	May	.203	69	14	3	0	2	8	6	15	.260	.333
Post-All Star	.249	217	54	9	7	5	32	26	51	.329	.424	June	.258	66	17	1	0	4	11	10	20	.354	.455
Inning 1-6	.246	289	71	16	5	9	40	29	60	.314	.429	July	.178	45	8	2	0	2	4	6	11	.283	.356
Inning 7+	.265	147	39	3	3	3	21	17	42	.339	.388	August	.242	95	23	3	2	1	15	12	23	.324	.347
Scoring Posn	.290	107	31	7	3	0	42	17	28	.369	.411	Sept/Oct	.278	90	25	4	5	2	13	8	20	.337	.500
Close & Late	.236	72	17	2	0	2	7	6	20	.288	.347	vs. AL	.125	32	4	1	0	0	1	4	8	.216	.156
None on/out	.264	87	23	6	2	5	5	8	16	.333	.552	vs. NL	.262	404	106	18	8	12	60	42	94	.331	.436

2001 By Position

Position	Avg	AB	H	2B	3B	HR	RBI	BB	SO	OBP	SLG	G	GS	Innings	PO	A	E	DP	Fld Pct	Rng Fctr	In Zone	Zone Outs	Zone Rtg	MLB Zone
As Pinch Hitter	.053	19	1	0	0	0	4	4	6	.192	.053	27	0											
As lf	.254	122	31	3	2	6	20	13	34	.328	.459	75	22	310.2	71	0	3	0	.959	2.06	73	66	.904	.880
As cf	.274	237	65	15	5	6	33	26	44	.347	.456	76	71	528.0	142	5	0	0	1.000	2.51	152	138	.908	.903
As rf	.196	46	9	1	0	0	3	3	16	.240	.217	25	10	112.1	24	4	1	0	.966	2.24	28	24	.857	.884

Last Five Years

	Avg	AB	H	2B	3B	HR	RBI	BB	SO	OBP	SLG		Avg	AB	H	2B	3B	HR	RBI	BB	SO	OBP	SLG
vs. Left	.234	304	71	15	4	8	43	24	97	.312	.388	First Pitch	.363	278	101	15	5	10	36	16	0	.407	.561
vs. Right	.266	1611	428	77	23	57	200	196	378	.346	.448	Ahead in Count	.358	341	122	24	5	19	59	111	0	.513	.625
Home	.263	913	240	44	10	31	116	111	214	.346	.435	Behind in Count	.181	915	166	28	8	18	87	0	383	.189	.270
Away	.258	1002	259	48	17	34	127	109	261	.336	.442	Two Strikes	.161	987	159	27	11	16	89	93	475	.237	.259
Day	.249	692	172	32	8	26	91	86	176	.337	.431	Batting #2	.269	867	233	38	17	25	113	90	196	.343	.438
Night	.267	1223	327	60	19	39	152	134	299	.343	.443	Batting #7	.272	305	83	20	3	15	48	49	80	.372	.505
Grass	.261	1393	364	66	23	43	177	148	350	.337	.434	Other	.246	743	183	34	7	25	82	81	199	.325	.412
Turf	.259	522	135	26	4	22	66	72	125	.351	.450	March/April	.303	284	86	13	3	9	51	33	59	.373	.465
Pre-All Star	.278	1117	311	58	12	42	161	116	258	.351	.465	May	.281	359	101	28	5	17	51	38	86	.355	.529
Post-All Star	.236	798	188	34	15	23	82	104	217	.327	.402	June	.271	373	101	13	2	15	40	31	90	.336	.437
Inning 1-6	.268	1266	339	68	15	45	162	145	287	.346	.452	July	.195	298	58	14	4	7	26	40	80	.297	.339
Inning 7+	.247	649	160	24	12	20	81	75	188	.332	.413	August	.238	294	70	12	6	12	29	48	91	.348	.381
Scoring Posn	.256	493	126	24	11	7	158	75	113	.346	.391	Sept/Oct	.270	307	83	12	7	11	38	30	69	.333	.463
Close & Late	.229	301	69	10	3	10	31	37	82	.320	.382	vs. AL	.248	202	50	5	0	3	12	20	45	.317	.317
None on/out	.255	376	96	25	5	20	20	41	91	.335	.508	vs. NL	.262	1713	449	87	27	62	231	200	430	.344	.453

Jason Tyner — Devil Rays

Age 25 – Bats Left (groundball hitter)

	Avg	G	AB	R	H	2B	3B	HR	RBI	BB	SO	HBP	GDP	SB	CS	OBP	SLG	IBB	SH	SF	#Pit	#P/PA	GB	FB	G/F
2001 Season	.280	105	396	51	111	8	5	0	21	15	42	3	6	31	6	.311	.326	0	5	1	1383	3.29	188	70	2.69
Career (2000-2001)	.267	155	520	60	139	12	5	0	34	20	58	5	8	38	8	.299	.310	0	13	4	1833	3.26	245	91	2.69

2001 Season

	Avg	AB	H	2B	3B	HR	RBI	BB	SO	OBP	SLG		Avg	AB	H	2B	3B	HR	RBI	BB	SO	OBP	SLG
vs. Left	.321	81	26	1	0	0	4	2	10	.345	.333	First Pitch	.350	60	21	0	2	0	5	0	0	.361	.417
vs. Right	.270	315	85	7	5	0	17	13	32	.302	.324	Ahead in Count	.338	77	26	2	0	0	4	9	0	.407	.364
Home	.286	210	60	5	3	0	10	6	19	.315	.338	Behind in Count	.235	204	48	5	2	0	10	0	41	.238	.279
Away	.274	186	51	3	2	0	11	9	23	.306	.312	Two Strikes	.210	162	34	4	2	0	6	6	42	.238	.259
Day	.309	152	47	4	2	0	7	8	15	.348	.362	Batting #1	.281	359	101	8	5	0	20	15	39	.315	.331
Night	.262	244	64	4	3	0	14	7	27	.287	.303	Batting #9	.321	28	9	0	0	0	1	0	2	.321	.321

2001 Season

	Avg	AB	H	2B	3B	HR	RBI	BB	SO	OBP	SLG		Avg	AB	H	2B	3B	HR	RBI	BB	SO	OBP	SLG
Grass	.274	146	40	3	2	0	8	5	20	.296	.322	Other	.111	9	1	0	0	0	0	0	1	.111	.111
Turf	.284	250	71	5	3	0	13	10	22	.319	.328	April	.000	0	0	0	0	0	0	0	0	.000	.000
Pre-All Star	.328	125	41	3	1	0	5	5	17	.354	.368	May	.154	13	2	0	0	0	0	1	1	.214	.154
Post-All Star	.258	271	70	5	4	0	16	10	25	.291	.306	June	.295	78	23	1	0	0	4	3	14	.321	.308
Inning 1-6	.267	266	71	7	2	0	11	10	25	.300	.308	July	.323	99	32	2	2	0	4	3	8	.340	.384
Inning 7+	.308	130	40	1	3	0	10	5	17	.333	.362	August	.283	113	32	2	2	0	7	4	9	.314	.336
Scoring Posn	.276	87	24	3	0	0	18	3	10	.297	.310	Sept/Oct	.237	93	22	3	1	0	6	4	10	.268	.290
Close & Late	.375	64	24	1	1	0	7	4	10	.412	.422	vs. AL	.273	344	94	8	4	0	18	15	38	.309	.320
None on/out	.305	164	50	2	1	0	0	5	13	.325	.329	vs. NL	.327	52	17	0	1	0	3	0	4	.327	.365

2001 By Position

Position	Avg	AB	H	2B	3B	HR	RBI	BB	SO	OBP	SLG	G	GS	Innings	PO	A	E	DP	Fld Pct	Rng Fctr	In Zone	Outs	Zone Rtg	MLB Zone
As lf	.302	179	54	5	3	0	12	7	14	.333	.363	57	39	395.2	102	3	3	0	.972	2.39	112	100	.893	.880
As cf	.251	199	50	2	2	0	9	7	27	.280	.281	47	47	388.1	113	4	0	1	1.000	2.71	121	110	.909	.892

Ugueth Urbina — Red Sox
Age 28 – Pitches Right (flyball pitcher)

	ERA	W	L	Sv	G	GS	IP	BB	SO	Avg	H	2B	3B	HR	RBI	OBP	SLG	GF	IR	IRS	Hld	SvOp	SB	CS	GB	FB	G/F
2001 Season	3.65	2	2	24	64	0	66.2	24	89	.231	58	10	1	9	33	.297	.386	53	13	6	3	28	10	2	59	71	0.83
Last Five Years	3.14	19	20	134	275	0	289.1	127	389	.204	217	39	4	27	124	.289	.325	235	107	30	4	158	45	3	242	295	0.82

2001 Season

	ERA	W	L	Sv	G	GS	IP	H	HR	BB	SO		Avg	AB	H	2B	3B	HR	RBI	BB	SO	OBP	SLG
Home	3.25	2	1	12	34	0	36.0	33	5	13	46	vs. Left	.278	108	30	7	0	5	20	13	36	.355	.481
Away	4.11	0	1	12	30	0	30.2	25	6	11	43	vs. Right	.196	143	28	3	1	4	13	11	53	.252	.315
Day	3.15	0	1	7	19	0	20.0	19	3	6	27	Inning 1-6	.000	0	0	0	0	0	0	0	0	.000	.000
Night	3.86	2	1	17	45	0	46.2	39	6	18	62	Inning 7+	.231	251	58	10	1	9	33	24	89	.297	.386
Grass	3.05	0	1	15	37	0	38.1	30	6	11	54	None on	.212	146	31	7	1	6	6	15	52	.286	.397
Turf	4.45	2	1	9	27	0	28.1	28	3	13	35	Runners on	.257	105	27	3	0	3	27	9	37	.313	.371
April	2.19	0	0	4	12	0	12.1	5	2	3	14	Scoring Posn	.257	74	19	3	0	2	25	4	28	.291	.378
May	9.26	0	1	4	13	0	11.2	17	4	9	17	Close & Late	.234	128	30	5	1	3	22	14	42	.308	.359
June	0.79	0	0	2	10	0	11.1	7	1	5	13	None on/out	.213	61	13	4	1	2	2	4	27	.262	.410
July	4.76	2	0	5	10	0	11.1	13	1	4	13	vs. 1st Batr (relief)	.228	57	13	4	1	1	3	6	21	.297	.386
August	1.50	0	0	4	12	0	12.0	8	0	3	16	1st Inning Pitched	.242	231	56	10	1	8	32	23	81	.310	.398
Sept/Oct	3.38	0	1	5	7	0	8.0	8	1	0	16	First 15 Pitches	.242	165	40	7	1	5	15	18	54	.315	.388
Starter	0.00	0	0	0	0	0	0.0	0	0	0	0	Pitch 1-15	.217	83	18	3	0	4	18	6	33	.270	.398
Reliever	3.65	2	2	24	64	0	66.2	58	9	24	89	Pitch 16-30	.000	3	0	0	0	0	0	0	2	.000	.000
0 Days Rest (Relief)	3.24	1	0	8	15	0	16.2	10	1	5	21	Pitch 31-45	.000	0	0	0	0	0	0	0	0	.000	.000
1 or 2 Days Rest	5.22	0	1	8	31	0	29.1	32	7	14	36	Pitch 46+	.000	0	0	0	0	0	0	0	0	.000	.000
3+ Days Rest	1.74	1	1	8	18	0	20.2	16	1	5	32	First Pitch	.333	24	8	0	0	3	4	0	0	.333	.708
vs. AL	2.83	0	1	11	27	0	28.2	28	2	13	44	Ahead in Count	.191	152	29	5	0	3	14	0	71	.191	.283
vs. NL	4.26	2	1	13	37	0	38.0	30	7	11	45	Behind in Count	.308	26	8	3	1	1	6	11	0	.500	.615
Pre-All Star	3.72	0	1	13	38	0	38.2	31	7	11	47	Two Strikes	.159	164	26	6	0	4	13	13	89	.220	.268
Post-All Star	3.54	2	1	11	26	0	28.0	27	2	13	42	Post-All Star	.250	108	27	5	1	2	12	6	42	.289	.370

Last Five Years

	ERA	W	L	Sv	G	GS	IP	H	HR	BB	SO		Avg	AB	H	2B	3B	HR	RBI	BB	SO	OBP	SLG
Home	2.81	15	11	68	145	0	154.0	105	12	58	208	vs. Left	.229	471	108	25	3	14	66	71	145	.328	.384
Away	3.52	4	9	66	130	0	135.1	112	15	69	181	vs. Right	.184	591	109	14	1	13	58	56	244	.256	.277
Day	3.51	5	7	34	86	0	89.2	76	8	39	126	Inning 1-6	.000	0	0	0	0	0	0	0	0	.000	.000
Night	2.97	14	13	100	189	0	199.2	141	19	88	263	Inning 7+	.204	1062	217	39	4	27	124	127	389	.289	.325
Grass	2.88	2	5	54	106	0	109.1	84	11	53	145	None on	.194	577	112	26	3	16	16	64	213	.275	.333
Turf	3.30	17	15	80	169	0	180.0	133	16	74	244	Runners on	.216	485	105	13	1	11	108	63	176	.306	.315
March/April	2.37	4	5	21	56	0	60.2	35	5	20	78	Scoring Posn	.225	324	73	11	1	8	102	46	120	.320	.340
May	5.37	4	7	22	56	0	55.1	51	7	40	75	Close & Late	.203	729	148	24	3	16	97	99	262	.298	.310
June	2.89	2	1	22	40	0	43.2	34	6	18	52	None on/out	.194	247	48	12	1	7	7	24	89	.266	.336
July	3.46	4	3	16	37	0	39.0	37	4	13	60	vs. 1st Batr (relief)	.221	244	54	13	1	6	20	30	82	.305	.357
August	1.65	1	3	26	50	0	49.0	29	4	19	59	1st Inning Pitched	.209	940	196	33	3	23	113	116	333	.296	.323
Sept/Oct	3.02	4	2	23	36	0	41.2	31	3	17	65	First 15 Pitches	.207	726	150	26	3	16	64	89	240	.294	.317
Starter	0.00	0	0	0	0	0	0.0	0	0	0	0	Pitch 1-15	.200	310	62	12	1	9	55	36	135	.282	.332
Reliever	3.14	19	20	134	275	0	289.1	217	27	127	389	Pitch 31-45	.192	26	5	1	0	2	5	2	14	.241	.462
0 Days Rest (Relief)	2.58	5	4	48	70	0	69.2	41	5	30	90	Pitch 46+	.000	0	0	0	0	0	0	0	0	.000	.000
1 or 2 Days Rest	3.75	6	11	55	118	0	122.1	102	13	55	164	First Pitch	.362	105	38	5	2	7	23	8	0	.407	.648
3+ Days Rest	2.77	8	5	31	87	0	97.1	74	9	42	135	Ahead in Count	.142	618	88	14	0	9	41	0	330	.144	.209
vs. AL	1.99	2	1	22	47	0	49.2	36	3	11	77	Behind in Count	.313	147	46	13	2	6	30	53	0	.490	.551
vs. NL	3.38	17	19	112	228	0	239.2	181	24	116	312	Two Strikes	.124	647	80	17	0	9	42	66	389	.206	.192
Pre-All Star	3.59	11	14	75	164	0	170.2	130	19	82	221	Pre-All Star	.208	626	130	22	3	19	81	82	221	.299	.343
Post-All Star	2.50	8	6	59	111	0	118.2	87	8	45	168	Post-All Star	.200	436	87	17	1	8	43	45	168	.274	.298

439

Juan Uribe — Rockies
Age 21 – Bats Right

	Avg	G	AB	R	H	2B	3B	HR	RBI	BB	SO	HBP	GDP	SB	CS	OBP	SLG	IBB	SH	SF	#Pit	#P/PA	GB	FB	G/F
2001 Season	.300	72	273	32	82	15	11	8	53	8	55	2	6	3	0	.325	.524	1	0	0	967	3.42	86	86	1.00

2001 Season

	Avg	AB	H	2B	3B	HR	RBI	BB	SO	OBP	SLG		Avg	AB	H	2B	3B	HR	RBI	BB	SO	OBP	SLG
vs. Left	.311	45	14	1	2	2	14	2	8	.340	.556	Scoring Posn	.329	82	27	7	4	2	41	2	16	.345	.585
vs. Right	.298	228	68	14	9	6	39	6	47	.322	.518	Close & Late	.256	43	11	4	0	0	3	1	13	.273	.349
Home	.336	128	43	7	8	3	25	3	21	.356	.586	None on/out	.261	69	18	2	3	1	1	1	17	.271	.420
Away	.269	145	39	8	3	5	28	5	34	.298	.469	Batting #6	.265	68	18	1	4	2	8	2	22	.286	.485
First Pitch	.382	55	21	5	4	3	16	0	0	.382	.782	Batting #7	.333	129	43	10	5	4	32	3	19	.353	.581
Ahead in Count	.407	54	22	5	2	2	15	6	0	.475	.685	Other	.276	76	21	4	2	2	13	3	14	.313	.461
Behind in Count	.237	131	31	4	3	2	19	0	49	.237	.359	Pre-All Star	.275	40	11	1	1	0	6	2	8	.310	.350
Two Strikes	.221	122	27	3	3	1	17	2	55	.234	.320	Post-All Star	.305	233	71	14	10	8	47	6	47	.328	.554

Ismael Valdes — Angels
Age 28 – Pitches Right (flyball pitcher)

	ERA	W	L	Sv	G	GS	IP	BB	SO	Avg	H	2B	3B	HR	RBI	OBP	SLG	CG	ShO	Sup	QS	#P/S	SB	CS	GB	FB	G/F
2001 Season	4.45	9	13	0	27	27	163.2	50	100	.277	177	34	2	20	70	.338	.431	1	0	3.35	15	97	9	9	208	192	1.08
Last Five Years	3.97	41	55	0	137	136	844.2	261	579	.263	856	156	18	107	357	.321	.421	5	3	4.04	75	98	64	33	1011	1019	0.99

2001 Season

	ERA	W	L	Sv	G	GS	IP	H	HR	BB	SO		Avg	AB	H	2B	3B	HR	RBI	BB	SO	OBP	SLG
Home	4.48	4	9	0	14	14	88.1	95	12	29	52	vs. Left	.294	320	94	19	1	9	35	36	49	.370	.444
Away	4.42	5	4	0	13	13	75.1	82	8	21	48	vs. Right	.261	318	83	15	1	11	35	14	51	.303	.418
Day	6.90	2	2	0	6	6	30.0	36	5	16	23	Inning 1-6	.276	577	159	29	2	17	66	47	96	.339	.421
Night	3.91	7	11	0	21	21	133.2	141	15	34	77	Inning 7+	.295	61	18	5	0	3	4	3	4	.328	.525
Grass	4.63	8	12	0	24	24	144.0	163	18	46	88	None on	.287	387	111	20	0	17	17	27	63	.341	.470
Turf	3.20	1	1	0	3	3	19.2	14	2	4	12	Runners on	.263	251	66	14	2	3	53	23	37	.332	.371
April	2.89	1	2	0	3	3	18.2	16	0	6	12	Scoring Posn	.248	141	35	9	2	1	46	15	28	.325	.362
May	5.29	1	1	0	5	5	32.1	37	5	5	13	Close & Late	.282	39	11	4	0	0	1	0	2	.282	.385
June	4.26	2	1	0	3	3	19.0	18	1	5	13	None on/out	.294	170	50	8	0	8	8	30	.337	.482
July	2.27	3	2	0	5	5	31.2	26	3	8	25	vs. 1st Batr (relief)	.000	0	0	0	0	0	0	0	0	.000	.000
August	5.19	1	3	0	6	6	34.2	40	7	11	21	1st Inning Pitched	.278	97	27	0	0	1	5	8	14	.340	.309
Sept/Oct	6.26	1	4	0	5	5	27.1	40	4	15	16	First 75 Pitches	.266	478	127	20	1	11	43	33	84	.320	.381
Starter	4.45	9	13	0	27	27	163.2	177	20	50	100	Pitch 76-90	.373	75	28	9	1	5	18	9	.460	.720
Reliever	0.00	0	0	0	0	0	0.0	0	0	0	0	Pitch 91-105	.304	56	17	4	0	4	6	4	.371	.589
0-3 Days Rest (Start)	0.00	0	0	0	0	0	0.0	0	0	0	0	Pitch 106+	.172	29	5	1	0	0	2	3	.226	.207
4 Days Rest	3.84	5	4	0	10	10	63.1	64	7	19	34	First Pitch	.310	87	27	6	0	5	12	2	0	.326	.552
5+ Days Rest	4.84	4	9	0	17	17	100.1	113	13	31	66	Ahead in Count	.226	292	66	0	0	8	0	78	.239	.329
vs. AL	4.30	8	11	0	24	24	146.2	158	17	46	89	Behind in Count	.373	126	47	13	2	5	31	26	0	.480	.627
vs. NL	5.82	1	2	0	3	3	17.0	19	3	4	11	Two Strikes	.180	289	52	7	0	7	18	22	100	.252	.277
Pre-All Star	4.32	5	4	0	12	12	75.0	75	7	19	44	Pre-All Star	.256	293	75	15	1	7	31	19	44	.308	.386
Post-All Star	4.57	4	9	0	15	15	88.2	102	13	31	56	Post-All Star	.296	345	102	19	1	13	39	31	56	.362	.470

Last Five Years

	ERA	W	L	Sv	G	GS	IP	H	HR	BB	SO		Avg	AB	H	2B	3B	HR	RBI	BB	SO	OBP	SLG
Home	3.10	25	27	0	67	67	447.1	404	40	120	297	vs. Left	.277	1533	424	83	9	52	174	153	241	.344	.444
Away	4.96	16	28	0	70	69	397.1	452	67	141	282	vs. Right	.252	1717	432	73	9	55	183	108	338	.299	.401
Day	4.65	12	14	0	38	38	222.2	223	40	96	161	Inning 1-6	.264	2886	762	140	15	97	332	235	521	.322	.424
Night	3.73	29	41	0	99	98	622.0	633	67	165	418	Inning 7+	.258	364	94	16	3	10	25	26	58	.311	.401
Grass	3.81	37	44	0	117	116	726.2	739	89	209	493	None on	.273	1981	541	99	12	76	76	134	308	.323	.450
Turf	4.96	4	11	0	20	20	118.0	117	18	52	86	Runners on	.248	1269	315	57	6	31	281	127	241	.317	.376
March/April	3.77	7	8	0	19	19	119.1	127	15	31	81	Scoring Posn	.248	721	179	35	6	16	242	87	164	.328	.380
May	4.71	8	10	0	27	27	164.1	169	24	59	110	Close & Late	.248	230	57	9	2	5	11	14	38	.294	.370
June	3.24	5	11	0	23	23	152.2	131	21	45	110	None on/out	.276	865	239	49	5	33	43	126	.316	.459
July	2.99	12	9	0	22	22	138.2	135	11	31	99	vs. 1st Batr (relief)	.000	1	0	0	0	0	0	0	1	.000	.000
August	4.05	5	8	0	24	23	140.0	144	20	39	88	1st Inning Pitched	.257	509	131	19	2	10	48	49	81	.325	.361
Sept/Oct	5.07	4	10	0	22	22	129.2	150	16	56	91	First 75 Pitches	.260	2400	624	110	13	74	239	170	440	.312	.409
Starter	3.98	41	55	0	136	136	843.2	855	107	261	577	Pitch 76-90	.285	411	117	31	3	17	61	49	67	.366	.458
Reliever	0.00	0	0	0	1	0	1.0	1	0	0	2	Pitch 91-105	.261	291	76	10	1	10	41	27	42	.323	.405
0-3 Days Rest (Start)	1.80	0	0	0	1	1	5.0	7	0	2	1	Pitch 106+	.264	148	39	5	1	6	16	15	30	.329	.432
4 Days Rest	4.06	24	30	0	73	73	465.0	448	60	140	309	First Pitch	.326	436	142	27	3	21	63	6	0	.335	.546
5+ Days Rest	3.90	17	25	0	62	62	373.2	400	47	120	266	Ahead in Count	.198	1578	313	45	3	29	104	0	490	.203	.286
vs. AL	4.12	11	18	0	38	38	238.0	248	34	73	160	Behind in Count	.370	617	228	51	7	33	121	134	0	.480	.635
vs. NL	3.92	30	37	0	99	98	606.2	608	73	188	419	Two Strikes	.181	1542	279	40	4	31	103	121	579	.244	.272
Pre-All Star	3.78	24	30	0	75	75	473.1	460	62	143	324	Pre-All Star	.254	1809	460	75	11	62	188	143	324	.311	.411
Post-All Star	4.22	17	25	0	62	61	371.1	396	45	118	255	Post-All Star	.275	1441	396	81	7	45	169	118	255	.333	.434

Marc Valdes — Braves
Age 30 – Pitches Right (groundball pitcher)

	ERA	W	L	Sv	G	GS	IP	BB	SO	Avg	H	2B	3B	HR	RBI	OBP	SLG	GF	IR	IRS	Hld	SvOp	SB	CS	GB	FB	G/F
2001 Season	7.71	1	0	0	9	0	7.0	1	3	.259	7	0	0	4	13	.286	.704	3	10	7	3	0	0	0	8	12	0.67
Last Five Years	4.66	11	12	4	130	11	195.0	86	120	.268	201	30	6	15	124	.350	.384	35	86	38	13	8	20	3	342	167	2.05

2001 Season

	ERA	W	L	Sv	G	GS	IP	H	HR	BB	SO		Avg	AB	H	2B	3B	HR	RBI	BB	SO	OBP	SLG
Home	0.00	0	0	0	2	0	2.0	2	0	0	0	vs. Left	.333	3	1	0	0	0	1	0	.500	.333
Away	10.80	1	0	0	7	0	5.0	5	4	1	3	vs. Right	.250	24	6	0	0	4	13	0	3	.250	.750

440

Last Five Years

	ERA	W	L	Sv	G	GS	IP	H	HR	BB	SO		Avg	AB	H	2B	3B	HR	RBI	BB	SO	OBP	SLG
Home	5.44	6	8	2	61	5	86.0	98	7	31	48	vs. Left	.282	277	78	14	2	4	41	46	39	.384	.390
Away	4.05	5	4	2	69	6	109.0	103	8	55	72	vs. Right	.260	473	123	16	4	11	83	40	81	.330	.381
Day	4.76	3	2	2	41	2	58.2	63	3	27	34	Inning 1-6	.254	335	85	18	1	8	45	40	54	.340	.385
Night	4.62	8	10	2	89	9	136.1	138	12	59	86	Inning 7+	.280	415	116	12	5	7	79	46	66	.359	.383
Grass	4.02	6	6	3	79	3	103.0	108	7	41	62	None on	.260	393	102	13	1	6	6	28	66	.319	.344
Turf	5.38	5	6	1	51	8	92.0	93	8	45	58	Runners on	.277	357	99	17	5	9	118	58	54	.382	.429
March/April	8.84	1	5	0	20	6	37.2	45	9	21	21	Scoring Posn	.286	224	64	13	3	6	110	43	36	.396	.451
May	4.50	3	1	1	24	0	26.0	24	1	11	19	Close & Late	.274	164	45	4	3	1	31	22	26	.359	.354
June	1.76	2	0	1	23	0	30.2	28	1	13	21	None on/out	.269	171	46	7	1	2	2	12	24	.335	.357
July	2.78	1	1	2	24	0	32.1	30	0	16	20	vs. 1st Batr (relief)	.267	105	28	4	1	1	19	11	22	.339	.352
August	6.43	3	3	0	22	0	28.0	40	1	9	13	1st Inning Pitched	.268	421	113	16	4	11	93	49	72	.351	.404
Sept/Oct	3.35	1	2	0	17	5	40.1	34	3	16	26	First 15 Pitches	.273	359	98	14	3	8	64	41	60	.354	.396
Starter	5.63	0	4	0	11	11	48.0	48	4	29	28	Pitch 16-30	.271	210	57	10	2	2	34	24	33	.357	.367
Reliever	4.35	11	6	4	119	0	147.0	153	11	57	92	Pitch 31-45	.216	88	19	2	0	3	12	7	12	.278	.341
0 Days Rest (Relief)	6.98	2	1	2	15	0	19.1	26	4	7	12	Pitch 46+	.290	93	27	4	1	2	14	14	15	.385	.419
1 or 2 Days Rest	4.48	6	5	2	78	0	92.1	101	6	40	58	First Pitch	.356	101	36	7	0	2	17	8	0	.402	.485
3+ Days Rest	2.55	3	0	0	26	0	35.1	26	1	10	22	Ahead in Count	.174	321	56	5	1	4	29	0	106	.193	.234
vs. AL	1.77	1	0	0	12	1	20.1	16	1	5	13	Behind in Count	.303	188	57	12	2	6	49	51	0	.449	.484
vs. NL	5.00	10	12	4	118	10	174.2	185	14	81	107	Two Strikes	.197	330	65	8	4	3	34	27	120	.271	.273
Pre-All Star	5.12	6	7	3	74	6	103.2	107	11	54	69	Pre-All Star	.264	406	107	18	2	11	78	54	69	.356	.399
Post-All Star	4.14	5	5	1	56	5	91.1	94	4	32	51	Post-All Star	.273	344	94	12	4	4	46	32	51	.344	.366

Mario Valdez — Athletics
Age 27 – Bats Left

	Avg	G	AB	R	H	2B	3B	HR	RBI	BB	SO	HBP	GDP	SB	CS	OBP	SLG	IBB	SH	SF	#Pit	#P/PA	GB	FB	G/F
2001 Season	.278	32	54	7	15	1	0	1	8	12	18	1	0	0	0	.418	.352	1	0	0	301	4.49	18	9	2.00
Career (1997-2001)	.238	91	181	18	43	8	0	2	21	29	60	4	3	1	0	.352	.315	1	0	2	907	4.20	52	45	1.16

2001 Season

	Avg	AB	H	2B	3B	HR	RBI	BB	SO	OBP	SLG		Avg	AB	H	2B	3B	HR	RBI	BB	SO	OBP	SLG
vs. Left	.385	13	5	0	0	0	0	3	2	.529	.385	Scoring Posn	.286	14	4	1	0	0	6	2	4	.375	.357
vs. Right	.244	41	10	1	0	1	8	9	16	.380	.341	Close & Late	.250	16	4	0	0	0	2	4	8	.400	.250

Eric Valent — Phillies
Age 25 – Bats Left

	Avg	G	AB	R	H	2B	3B	HR	RBI	BB	SO	HBP	GDP	SB	CS	OBP	SLG	IBB	SH	SF	#Pit	#P/PA	GB	FB	G/F
2001 Season	.098	22	41	3	4	2	0	0	1	4	11	1	0	0	0	.196	.146	0	0	0	167	3.63	17	11	1.55

2001 Season

	Avg	AB	H	2B	3B	HR	RBI	BB	SO	OBP	SLG		Avg	AB	H	2B	3B	HR	RBI	BB	SO	OBP	SLG
vs. Left	.000	2	0	0	0	0	0	0	0	.000	.000	Scoring Posn	.000	12	0	0	0	0	1	1	4	.077	.000
vs. Right	.103	39	4	2	0	0	1	4	11	.205	.154	Close & Late	.200	15	3	1	0	0	1	0	4	.250	.267

John Valentin — Red Sox
Age 35 – Bats Right (flyball hitter)

	Avg	G	AB	R	H	2B	3B	HR	RBI	BB	SO	HBP	GDP	SB	CS	OBP	SLG	IBB	SH	SF	#Pit	#P/PA	GB	FB	G/F
2001 Season	.200	20	60	8	12	2	0	1	5	9	8	1	4	0	0	.314	.283	0	0	0	252	3.60	23	19	1.21
Last Five Years	.267	439	1708	280	456	121	7	56	227	186	229	19	46	11	11	.342	.444	10	5	18	7324	3.78	571	604	0.95

2001 Season

	Avg	AB	H	2B	3B	HR	RBI	BB	SO	OBP	SLG		Avg	AB	H	2B	3B	HR	RBI	BB	SO	OBP	SLG
vs. Left	.176	17	3	2	0	0	5	0	.391	.294	Scoring Posn	.364	11	4	0	0	0	4	1	0	.417	.364
vs. Right	.209	43	9	0	0	1	5	4	8	.277	.279	Close & Late	.143	14	2	0	0	0	1	3	0	.294	.143

Last Five Years

	Avg	AB	H	2B	3B	HR	RBI	BB	SO	OBP	SLG		Avg	AB	H	2B	3B	HR	RBI	BB	SO	OBP	SLG
vs. Left	.244	430	105	29	1	14	44	66	54	.343	.414	First Pitch	.264	231	61	18	3	9	27	6	0	.288	.485
vs. Right	.275	1278	351	92	6	42	183	120	175	.342	.455	Ahead in Count	.333	427	142	41	3	24	92	98	0	.455	.611
Home	.266	857	228	69	4	27	128	98	109	.345	.450	Behind in Count	.219	734	161	36	1	15	63	0	190	.227	.332
Away	.268	851	228	52	3	29	99	88	120	.340	.438	Two Strikes	.216	731	158	42	0	14	72	81	229	.299	.331
Day	.260	580	151	38	1	22	72	61	69	.338	.443	Batting #2	.254	1183	300	79	4	40	156	130	163	.333	.429
Night	.270	1128	305	83	6	34	155	125	160	.344	.445	Batting #6	.307	189	58	21	1	6	20	18	25	.370	.534
Grass	.268	1482	397	101	6	49	200	162	203	.343	.443	Other	.292	336	98	21	1	10	51	38	41	.361	.449
Turf	.261	226	59	20	1	7	27	24	26	.336	.451	March/April	.215	289	62	16	0	8	29	28	37	.287	.353
Pre-All Star	.263	985	259	70	3	26	126	99	126	.333	.419	May	.261	341	89	26	1	8	47	37	46	.334	.413
Post-All Star	.272	723	197	51	4	30	101	87	103	.355	.479	June	.303	304	92	21	1	10	46	31	37	.369	.477
Inning 1-6	.261	1179	308	84	4	42	156	126	150	.336	.446	July	.318	280	89	29	2	12	43	29	35	.385	.564
Inning 7+	.280	529	148	37	3	14	71	60	79	.350	.440	August	.281	306	86	21	3	9	41	38	40	.361	.461
Scoring Posn	.279	416	116	34	3	12	162	72	61	.378	.462	Sept/Oct	.202	188	38	7	0	9	21	23	34	.290	.383
Close & Late	.282	259	73	18	2	4	34	27	41	.356	.413	vs. AL	.258	1505	388	99	6	46	190	162	204	.334	.423
None on/out	.253	352	89	21	1	15	15	32	40	.322	.446	vs. NL	.335	203	68	22	1	10	37	24	25	.402	.601

Jose Valentin — White Sox
Age 32 – Bats Both (flyball hitter)

	Avg	G	AB	R	H	2B	3B	HR	RBI	BB	SO	HBP	GDP	SB	CS	OBP	SLG	IBB	SH	SF	#Pit	#P/PA	GB	FB	G/F
2001 Season	.258	124	438	74	113	22	2	28	68	50	114	3	7	9	6	.336	.509	2	8	3	2079	4.14	110	149	0.74
Last Five Years	.250	644	2184	349	547	115	14	96	305	259	486	14	28	60	25	.331	.448	22	29	20	9751	3.89	547	806	0.68

2001 Season

	Avg	AB	H	2B	3B	HR	RBI	BB	SO	OBP	SLG		Avg	AB	H	2B	3B	HR	RBI	BB	SO	OBP	SLG
vs. Left	.203	64	13	3	0	3	7	8	15	.292	.391	First Pitch	.333	36	12	3	0	1	5	0	0	.333	.500
vs. Right	.267	374	100	19	2	25	61	42	99	.344	.529	Ahead in Count	.337	92	31	7	0	10	25	22	0	.457	.739
Home	.266	207	55	11	1	14	35	27	49	.359	.531	Behind in Count	.205	205	42	8	1	8	20	0	89	.213	.371
Away	.251	231	58	11	1	14	33	23	65	.315	.489	Two Strikes	.203	241	49	9	1	12	29	28	114	.288	.398
Day	.237	114	27	8	1	5	14	20	30	.353	.456	Batting #1	.278	97	27	4	1	5	16	9	26	.339	.495
Night	.265	324	86	14	1	23	54	30	84	.330	.528	Batting #2	.260	312	81	17	1	22	50	39	76	.345	.532
Grass	.265	388	103	21	2	25	62	48	98	.350	.523	Other	.172	29	5	1	0	1	2	2	12	.226	.310
Turf	.200	50	10	1	0	3	6	2	16	.222	.400	April	.274	73	20	7	1	5	14	7	20	.346	.603
Pre-All Star	.282	238	67	16	2	14	36	22	59	.342	.542	May	.282	103	29	6	1	7	14	9	23	.339	.563
Post-All Star	.230	200	46	6	0	14	32	28	55	.329	.470	June	.293	41	12	2	0	1	6	4	11	.340	.415
Inning 1-6	.268	299	80	12	2	21	46	34	70	.345	.532	July	.224	58	13	2	0	3	7	10	16	.338	.414
Inning 7+	.237	139	33	10	0	7	22	16	44	.316	.460	August	.284	88	25	2	0	8	16	5	23	.330	.580
Scoring Posn	.302	86	26	8	1	5	39	17	21	.411	.593	Sept/Oct	.187	75	14	3	0	4	11	15	21	.319	.387
Close & Late	.278	72	20	6	0	4	13	10	18	.366	.528	vs. AL	.256	429	110	22	2	27	67	44	112	.328	.506
None on/out	.288	111	32	5	1	9	9	10	26	.347	.595	vs. NL	.333	9	3	0	0	1	1	6	2	.600	.667

2001 By Position

Position	Avg	AB	H	2B	3B	HR	RBI	BB	SO	OBP	SLG	G	GS	Innings	PO	A	E	DP	Fld Pct	Rng Fctr	In Zone	Zone Outs	Zone Rtg	MLB Zone
As 3b	.225	218	49	8	1	15	39	24	57	.308	.477	66	57	481.2	49	113	13	9	.926	3.03	164	119	.726	.761
As ss	.312	141	44	9	1	10	20	17	32	.384	.603	43	36	310.0	64	118	9	34	.953	5.28	129	108	.837	.839
As cf	.271	70	19	5	0	3	9	8	19	.346	.477	41	24	165.2	46	3	0	1	1.000	2.66	47	44	.936	.892

Last Five Years

	Avg	AB	H	2B	3B	HR	RBI	BB	SO	OBP	SLG		Avg	AB	H	2B	3B	HR	RBI	BB	SO	OBP	SLG
vs. Left	.237	481	114	20	1	7	43	49	107	.311	.326	First Pitch	.307	261	80	23	3	5	26	1	0	.349	.475
vs. Right	.254	1703	433	95	13	89	262	210	379	.337	.482	Ahead in Count	.321	499	160	39	4	36	121	121	0	.449	.631
Home	.250	1015	254	54	11	44	156	145	218	.347	.455	Behind in Count	.198	972	192	31	2	34	90	0	389	.205	.338
Away	.251	1169	293	61	3	52	149	114	268	.316	.441	Two Strikes	.177	1048	186	34	4	39	107	121	486	.265	.329
Day	.247	740	183	44	5	26	107	95	167	.335	.426	Batting #2	.265	1080	286	68	7	54	158	110	226	.336	.491
Night	.252	1444	364	71	9	70	198	164	319	.329	.459	Batting #7	.213	300	64	16	0	14	40	34	62	.296	.407
Grass	.260	1879	489	100	13	84	278	231	400	.343	.461	Other	.245	804	197	31	7	28	107	115	198	.338	.405
Turf	.190	305	58	15	1	12	27	28	86	.256	.364	March/April	.245	277	68	16	3	14	40	63	46	.341	.477
Pre-All Star	.262	1125	295	64	11	51	163	124	252	.335	.475	May	.247	369	91	23	4	13	45	35	83	.314	.436
Post-All Star	.238	1059	252	51	3	45	142	135	234	.326	.419	June	.292	356	104	18	3	19	55	34	84	.353	.520
Inning 1-6	.267	1475	394	84	13	71	211	172	309	.344	.486	July	.251	415	104	24	1	17	51	50	75	.335	.436
Inning 7+	.216	709	153	31	1	25	94	87	177	.304	.368	August	.261	399	104	20	1	19	61	44	92	.333	.459
Scoring Posn	.283	498	141	33	7	20	203	95	113	.389	.498	Sept/Oct	.207	368	76	14	2	14	46	56	89	.311	.370
Close & Late	.227	352	80	15	0	10	46	47	88	.320	.355	vs. AL	.265	1442	382	81	9	65	209	149	325	.335	.469
None on/out	.228	500	114	20	4	25	25	48	104	.302	.430	vs. NL	.222	742	165	34	5	31	96	110	161	.324	.407

John Vander Wal — Giants
Age 36 – Bats Left

	Avg	G	AB	R	H	2B	3B	HR	RBI	BB	SO	HBP	GDP	SB	CS	OBP	SLG	IBB	SH	SF	#Pit	#P/PA	GB	FB	G/F
2001 Season	.270	146	452	58	122	28	4	14	70	68	122	1	10	8	6	.364	.442	9	2	4	2136	4.05	126	134	0.94
Last Five Years	.273	597	1303	186	356	90	5	50	236	209	340	5	26	22	10	.373	.465	15	2	11	6132	4.01	407	364	1.12

2001 Season

	Avg	AB	H	2B	3B	HR	RBI	BB	SO	OBP	SLG		Avg	AB	H	2B	3B	HR	RBI	BB	SO	OBP	SLG
vs. Left	.296	54	16	5	0	0	4	16	.389	First Pitch	.452	42	19	7	0	1	13	9	0	.538	.690
vs. Right	.266	398	106	23	4	14	55	64	106	.366	.450	Ahead in Count	.410	78	32	5	1	5	14	26	0	.552	.692
Home	.225	222	50	11	3	6	32	28	51	.312	.383	Behind in Count	.188	223	42	9	3	6	27	0	94	.191	.336
Away	.313	230	72	17	1	8	38	40	71	.412	.500	Two Strikes	.190	248	47	11	3	5	27	33	122	.285	.319
Day	.240	154	37	8	2	2	18	19	40	.357	Batting #5	.226	168	38	10	2	3	24	24	51	.323	.495
Night	.285	298	85	20	2	12	52	49	82	.383	.487	Batting #6	.263	167	44	6	1	5	22	31	44	.374	.401
Grass	.264	420	111	24	4	14	63	61	112	.357	.440	Other	.342	117	40	12	1	6	13	27	.408	.615
Turf	.344	32	11	4	0	0	7	7	10	.469	April	.356	73	26	7	1	4	13	10	18	.434	.644
Pre-All Star	.280	257	72	18	3	10	48	40	67	.374	.490	May	.259	85	22	6	2	3	19	14	26	.364	.482
Post-All Star	.256	195	50	10	1	4	22	28	55	.350	.379	June	.225	80	18	5	0	1	11	9	17	.304	.325
Inning 1-6	.262	313	82	14	3	12	53	45	78	.353	.441	July	.273	77	21	4	0	3	7	9	24	.341	.442
Inning 7+	.288	139	40	14	1	2	17	23	44	.389	.446	August	.266	79	21	5	0	3	11	8	23	.333	.443
Scoring Posn	.262	126	33	11	1	2	53	24	28	.374	.413	Sept/Oct	.241	58	14	1	1	0	9	18	14	.421	.293
Close & Late	.316	57	18	5	1	0	8	10	20	.418	.439	vs. AL	.286	42	12	0	1	5	7	10	.388	.357
None on/out	.307	101	31	6	0	5	5	13	27	.386	.515	vs. NL	.268	410	110	28	4	13	65	61	112	.361	.451

2001 By Position

Position	Avg	AB	H	2B	3B	HR	RBI	BB	SO	OBP	SLG	G	GS	Innings	PO	A	E	DP	Fld Pct	Rng Fctr	In Zone	Zone Outs	Zone Rtg	MLB Zone
As 1b	.216	37	8	1	0	0	7	6	12	.318	.297	14	11	93.1	113	4	1	13	.992	—	18	13	.722	.850
As lf	.338	71	24	8	0	4	16	8	15	.395	.620	23	21	154.1	27	0	0	0	1.000	1.57	31	27	.871	.880
As rf	.266	305	81	19	3	8	40	46	83	.363	.426	94	59	722.1	161	3	3	0	.982	2.04	178	155	.871	.884

	Avg	AB	H	2B	3B	HR	RBI	BB	SO	OBP	SLG		Avg	AB	H	2B	3B	HR	RBI	BB	SO	OBP	SLG
vs. Left	.215	135	29	6	0	2	24	16	44	.303	.304	First Pitch	.424	139	59	17	0	6	39	14	0	.471	.676
vs. Right	.280	1168	327	84	5	48	212	193	296	.381	.484	Ahead in Count	.386	251	97	16	2	16	70	102	0	.562	.657
Home	.272	639	174	51	4	24	129	110	153	.377	.477	Behind in Count	.198	617	122	30	3	19	81	0	269	.200	.348
Away	.274	664	182	39	1	26	107	99	187	.369	.453	Two Strikes	.164	675	111	33	3	17	72	93	340	.267	.298
Day	.252	473	119	27	2	12	76	69	121	.348	.393	Batting #5	.241	336	81	21	2	6	49	52	91	.343	.369
Night	.286	830	237	63	3	38	160	140	219	.387	.506	Batting #6	.262	309	81	14	1	13	46	55	77	.373	.440
Grass	.266	970	258	59	5	33	162	155	257	.368	.439	Other	.295	658	194	55	2	31	141	102	172	.388	.526
Turf	.294	333	98	31	0	17	74	54	83	.389	.541	March/April	.318	179	57	18	1	9	39	25	41	.402	.581
Pre-All Star	.275	709	195	53	3	29	148	113	181	.372	.481	May	.251	211	53	13	2	5	44	41	57	.372	.403
Post-All Star	.271	594	161	37	2	21	88	96	159	.374	.446	June	.269	249	67	17	0	10	50	36	69	.356	.458
Inning 1-6	.296	800	237	53	4	39	174	132	181	.394	.519	July	.264	231	61	14	0	12	34	25	63	.338	.481
Inning 7+	.237	503	119	37	1	11	62	77	159	.339	.380	August	.266	214	57	14	1	8	28	29	56	.357	.453
Scoring Posn	.291	375	109	31	2	17	184	80	99	.408	.529	Sept/Oct	.279	219	61	14	1	6	41	53	54	.416	.434
Close & Late	.221	244	54	15	1	3	33	45	87	.345	.328	vs. AL	.243	140	34	7	0	5	20	27	42	.363	.400
None on/out	.279	297	83	18	0	13	13	31	71	.352	.471	vs. NL	.277	1163	322	83	5	45	216	182	298	.374	.473

Todd Van Poppel — Cubs

Age 30 – Pitches Right (flyball pitcher)

	ERA	W	L	Sv	G	GS	IP	BB	SO	Avg	H	2B	3B	HR	RBI	OBP	SLG	GF	IR	IRS	Hld	SvOp	SB	CS	GB	FB	G/F
2001 Season	2.52	4	1	0	59	0	75.0	38	90	.223	63	16	2	9	26	.316	.390	18	36	8	5	0	7	2	72	82	0.88
Last Five Years	4.11	10	10	2	132	13	227.2	114	209	.255	222	49	8	28	110	.341	.426	34	63	19	12	5	35	10	236	280	0.84

2001 Season

	ERA	W	L	Sv	G	GS	IP	H	HR	BB	SO		Avg	AB	H	2B	3B	HR	RBI	BB	SO	OBP	SLG
Home	1.60	2	1	0	26	0	39.1	30	5	17	42	vs. Left	.281	96	27	8	1	4	11	20	29	.405	.510
Away	3.53	2	0	0	33	0	35.2	33	4	21	48	vs. Right	.194	186	36	8	1	5	15	18	61	.265	.328
Starter	0.00	0	0	0	0	0	0.0	0	0	0	0	Scoring Posn	.114	88	10	3	0	2	15	11	36	.212	.216
Reliever	2.52	4	1	0	59	0	75.0	63	9	38	90	Close & Late	.257	74	19	6	2	3	8	9	24	.337	.514
0 Days Rest (Relief)	2.61	0	0	0	9	0	10.1	10	1	4	9	None on/out	.300	70	21	8	1	2	2	5	16	.347	.529
1 or 2 Days Rest	2.68	2	1	0	27	0	37.0	32	6	19	46	First Pitch	.355	31	11	2	0	2	2	3	0	.412	.613
3+ Days Rest	2.28	2	0	0	23	0	27.2	21	2	15	35	Ahead in Count	.190	168	32	8	2	1	12	0	74	.190	.280
Pre-All Star	3.25	3	1	0	31	0	36.0	34	5	20	46	Behind in Count	.375	32	12	3	0	3	8	20	0	.615	.750
Post-All Star	1.85	1	0	0	28	0	39.0	29	4	18	44	Two Strikes	.158	184	29	8	1	3	14	15	90	.221	.261

Last Five Years

	ERA	W	L	Sv	G	GS	IP	H	HR	BB	SO		Avg	AB	H	2B	3B	HR	RBI	BB	SO	OBP	SLG
Home	3.88	5	4	2	59	6	109.0	103	12	55	94	vs. Left	.289	342	99	22	5	10	43	61	75	.398	.471
Away	4.32	5	6	0	73	7	118.2	119	16	59	115	vs. Right	.233	529	123	27	3	18	67	53	134	.302	.397
Day	3.69	7	4	2	75	4	112.1	96	13	67	104	Inning 1-6	.275	462	127	31	5	15	69	54	96	.351	.461
Night	4.53	3	6	0	57	9	115.1	126	15	47	105	Inning 7+	.232	409	95	18	3	13	41	60	113	.331	.386
Grass	3.59	9	9	2	107	7	175.1	168	24	83	167	None on	.279	488	136	32	2	15	15	54	105	.353	.445
Turf	5.85	1	1	0	25	6	52.1	54	4	31	42	Runners on	.225	383	86	17	6	13	95	60	104	.327	.402
March/April	9.82	0	0	0	9	0	7.1	13	3	4	13	Scoring Posn	.222	257	57	12	3	8	78	40	68	.320	.385
May	1.00	2	1	1	16	0	27.0	16	2	15	32	Close & Late	.266	184	49	9	3	7	25	29	53	.363	.462
June	3.56	4	3	1	26	2	43.0	40	6	20	36	None on	.250	212	53	15	1	6	6	22	47	.326	.415
July	5.44	1	2	0	26	4	46.1	52	9	23	35	vs. 1st Batr (relief)	.314	102	32	9	0	2	14	14	23	.398	.461
August	4.52	0	2	0	26	5	61.2	59	5	34	49	1st Inning Pitched	.259	441	114	26	3	14	59	59	117	.347	.426
Sept/Oct	3.61	3	2	0	29	2	42.1	42	3	18	44	First 15 Pitches	.273	330	90	20	2	10	38	43	78	.359	.436
Starter	6.62	3	4	0	13	13	68.0	83	10	28	42	Pitch 16-30	.171	234	40	6	2	6	22	31	79	.269	.291
Reliever	3.04	7	6	2	119	0	159.2	139	16	86	167	Pitch 31-45	.284	134	38	8	3	8	25	14	27	.349	.567
0 Days Rest (Relief)	2.53	0	1	0	18	0	21.1	19	1	12	21	Pitch 46+	.312	173	54	15	1	4	25	26	25	.398	.480
1 or 2 Days Rest	3.45	4	5	2	66	0	91.1	85	11	51	90	First Pitch	.330	109	36	7	0	5	11	8	0	.376	.532
3+ Days Rest	2.49	3	0	0	35	0	47.0	35	4	23	56	Ahead in Count	.193	456	88	20	5	6	44	0	174	.193	.298
vs. AL	5.84	2	5	0	16	2	24.2	28	3	16	23	Behind in Count	.385	148	57	13	0	9	32	60	0	.559	.655
vs. NL	3.90	8	5	2	116	11	203.0	194	25	98	186	Two Strikes	.178	477	85	20	4	10	54	46	209	.252	.300
Pre-All Star	3.55	6	5	2	59	8	88.2	82	12	46	89	Pre-All Star	.248	331	82	17	3	12	35	46	89	.344	.426
Post-All Star	4.47	4	5	0	73	10	139.0	140	16	68	120	Post-All Star	.259	540	140	32	5	16	75	68	120	.339	.426

Jason Varitek — Red Sox

Age 30 – Bats Both

	Avg	G	AB	R	H	2B	3B	HR	RBI	BB	SO	HBP	GDP	SB	CS	OBP	SLG	IBB	SH	SF	#Pit	#P/PA	GB	FB	G/F
2001 Season	.293	51	174	19	51	11	1	7	25	21	35	1	6	0	0	.371	.489	3	1	1	777	3.92	68	46	1.48
Career (1997-2001)	.263	421	1327	175	349	94	4	44	199	144	249	11	43	4	5	.336	.439	9	11	16	5502	3.65	475	394	1.21

2001 Season

	Avg	AB	H	2B	3B	HR	RBI	BB	SO	OBP	SLG		Avg	AB	H	2B	3B	HR	RBI	BB	SO	OBP	SLG
vs. Left	.283	53	15	2	1	1	4	6	10	.350	.415	Scoring Posn	.289	38	11	2	0	2	19	7	9	.391	.500
vs. Right	.298	121	36	9	0	6	21	15	25	.380	.521	Close & Late	.364	33	12	0	0	1	6	4	6	.432	.455
Home	.276	87	24	6	1	2	8	15	16	.382	.437	None on/out	.339	56	19	6	0	2	2	1	9	.362	.554
Away	.310	87	27	5	0	5	17	6	19	.358	.540	Batting #6	.257	109	28	4	1	5	18	14	23	.341	.367
First Pitch	.389	18	7	0	0	1	6	2	0	.450	.556	Batting #7	.379	29	11	1	0	1	3	1	5	.424	.586
Ahead in Count	.306	36	11	1	0	2	6	10	0	.447	.500	Other	.333	36	12	1	0	5	14	4	7	.415	.778
Behind in Count	.268	82	22	7	1	2	7	0	28	.277	.451	Pre-All Star	.293	174	51	11	1	7	25	21	35	.371	.489
Two Strikes	.268	97	26	7	1	4	13	9	35	.336	.485	Post-All Star	.000	0	0	0	0	0	0	0	0	.000	.000

443

Career (1997-2001)

	Avg	AB	H	2B	3B	HR	RBI	BB	SO	OBP	SLG		Avg	AB	H	2B	3B	HR	RBI	BB	SO	OBP	SLG
vs. Left	.272	419	114	29	1	10	57	41	78	.335	.418	First Pitch	.326	230	75	18	1	11	51	5	0	.335	.557
vs. Right	.259	908	235	65	3	34	142	103	171	.337	.449	Ahead in Count	.272	272	74	20	0	9	43	87	0	.444	.445
Home	.296	656	194	58	4	17	96	72	120	.366	.474	Behind in Count	.213	573	122	32	1	14	60	0	210	.223	.346
Away	.231	671	155	36	0	27	103	72	129	.307	.405	Two Strikes	.202	599	121	35	2	14	60	52	249	.275	.337
Day	.290	427	124	38	1	17	75	42	76	.356	.504	Batting #7	.268	488	131	38	3	16	68	55	88	.344	.457
Night	.250	900	225	56	3	27	124	102	173	.327	.409	Batting #8	.300	380	114	28	1	16	72	43	65	.373	.505
Grass	.263	1174	309	82	4	39	175	124	217	.335	.440	Other	.227	459	104	28	0	12	59	46	96	.297	.366
Turf	.261	153	40	12	0	5	24	20	32	.345	.438	March/April	.279	229	64	17	0	2	28	32	37	.367	.380
Pre-All Star	.265	791	210	56	4	24	105	94	159	.347	.437	May	.290	272	79	18	2	13	40	27	65	.362	.515
Post-All Star	.259	536	139	38	0	20	94	50	90	.321	.442	June	.222	225	50	15	2	8	30	25	46	.304	.413
Inning 1-6	.255	862	220	58	4	33	121	92	158	.329	.447	July	.267	180	48	14	0	10	37	19	31	.333	.511
Inning 7+	.277	465	129	36	0	11	78	52	91	.350	.426	August	.268	209	56	15	0	1	27	27	35	.351	.354
Scoring Posn	.237	346	82	25	1	9	144	41	73	.312	.393	Sept/Oct	.245	212	52	15	0	10	37	14	35	.291	.458
Close & Late	.262	233	61	13	0	6	45	25	51	.330	.395	vs. AL	.270	1193	322	87	3	39	179	132	220	.344	.446
None on/out	.294	303	89	25	1	13	13	26	53	.355	.512	vs. NL	.201	134	27	7	1	5	20	12	29	.264	.381

Greg Vaughn — Devil Rays
Age 36 – Bats Right (flyball hitter)

	Avg	G	AB	R	H	2B	3B	HR	RBI	BB	SO	HBP	GDP	SB	CS	OBP	SLG	IBB	SH	SF	#Pit	#P/PA	GB	FB	G/F
2001 Season	.233	136	485	74	113	25	0	24	82	71	130	3	10	11	5	.333	.433	7	0	3	2133	3.80	150	150	1.00
Last Five Years	.247	694	2430	433	599	110	7	165	450	371	626	15	43	52	16	.348	.501	20	0	17	11068	3.91	720	783	0.92

2001 Season

	Avg	AB	H	2B	3B	HR	RBI	BB	SO	OBP	SLG		Avg	AB	H	2B	3B	HR	RBI	BB	SO	OBP	SLG
vs. Left	.192	104	20	7	0	3	12	22	25	.331	.346	First Pitch	.267	90	24	4	0	4	13	4	0	.298	.444
vs. Right	.244	381	93	18	0	21	70	49	105	.333	.457	Ahead in Count	.330	106	35	6	0	8	29	32	0	.479	.613
Home	.248	238	59	15	0	12	43	35	58	.343	.462	Behind in Count	.153	196	30	7	0	7	19	0	100	.153	.296
Away	.219	247	54	10	0	12	39	36	72	.323	.405	Two Strikes	.132	220	29	8	0	7	24	35	130	.254	.264
Day	.244	172	42	9	0	8	26	33	43	.364	.436	Batting #3	.247	316	78	20	0	14	57	44	91	.341	.443
Night	.227	313	71	16	0	16	56	38	87	.315	.431	Batting #4	.180	111	20	5	0	3	12	21	26	.313	.306
Grass	.210	205	43	8	0	12	32	31	61	.317	.424	Other	.259	58	15	0	0	7	13	6	13	.328	.621
Turf	.250	280	70	17	0	12	50	40	69	.345	.439	April	.223	94	21	2	0	5	12	15	34	.327	.404
Pre-All Star	.244	316	77	17	0	21	60	41	86	.330	.497	May	.258	97	25	4	0	8	17	8	22	.311	.546
Post-All Star	.213	169	36	8	0	3	22	30	44	.338	.314	June	.278	97	27	9	0	7	27	13	23	.366	.526
Inning 1-6	.243	341	83	20	0	17	57	50	90	.342	.452	July	.200	90	18	5	0	3	13	15	26	.314	.356
Inning 7+	.208	144	30	5	0	7	25	21	40	.311	.389	August	.204	98	20	5	0	1	13	16	22	.328	.286
Scoring Posn	.287	143	41	10	0	10	62	25	41	.386	.566	Sept/Oct	.222	9	2	0	0	0	0	4	3	.462	.222
Close & Late	.224	67	15	4	0	4	11	9	14	.316	.463	vs. AL	.226	424	96	20	0	20	68	64	114	.331	.415
None on/out	.227	97	22	6	0	3	3	15	27	.330	.381	vs. NL	.279	61	17	5	0	4	14	7	16	.348	.557

2001 By Position

Position	Avg	AB	H	2B	3B	HR	RBI	BB	SO	OBP	SLG	G	GS	Innings	PO	A	E	DP	Fld Pct	Rng Fctr	In Zone	Zone Outs	Zone Rtg	MLB Zone
As DH	.216	283	61	13	0	9	37	40	75	.317	.357	76	76	—	—	—	—	—	—	—	—	—	—	—
As lf	.260	200	52	12	0	15	45	30	54	.355	.545	57	57	459.0	127	4	3	2	.978	2.57	145	125	.862	.880

Last Five Years

	Avg	AB	H	2B	3B	HR	RBI	BB	SO	OBP	SLG		Avg	AB	H	2B	3B	HR	RBI	BB	SO	OBP	SLG
vs. Left	.249	599	149	28	1	40	113	135	143	.386	.499	First Pitch	.309	405	125	19	2	33	73	12	0	.331	.610
vs. Right	.246	1831	450	82	6	125	337	236	483	.334	.502	Ahead in Count	.358	553	198	40	3	58	166	168	0	.506	.756
Home	.248	1153	286	56	3	79	204	188	301	.354	.507	Behind in Count	.179	973	174	33	2	47	121	0	461	.181	.362
Away	.245	1277	313	54	4	86	246	183	325	.341	.496	Two Strikes	.151	1147	173	33	2	46	136	191	626	.272	.303
Day	.241	822	198	39	2	52	148	125	212	.339	.483	Batting #3	.249	854	213	50	1	43	137	133	242	.352	.461
Night	.249	1608	401	71	5	113	302	246	414	.352	.511	Batting #4	.245	828	203	34	3	67	166	138	197	.355	.536
Grass	.244	1389	339	54	6	105	270	205	356	.342	.518	Other	.245	748	183	26	3	55	147	100	187	.335	.508
Turf	.250	1041	260	56	1	60	180	166	270	.355	.478	March/April	.234	441	103	12	2	27	61	61	108	.324	.454
Pre-All Star	.259	1339	347	60	7	95	249	183	316	.349	.527	May	.278	417	116	22	2	33	89	48	99	.356	.578
Post-All Star	.231	1091	252	50	0	70	201	188	310	.346	.469	June	.257	370	95	21	2	26	77	62	87	.367	.535
Inning 1-6	.248	1679	417	86	4	123	327	252	416	.348	.524	July	.264	397	105	23	1	28	71	55	95	.355	.539
Inning 7+	.242	751	182	24	3	42	123	119	210	.347	.450	August	.207	458	95	22	0	21	72	90	143	.340	.393
Scoring Posn	.261	663	173	32	2	44	279	126	184	.374	.514	Sept/Oct	.245	347	85	10	0	30	80	55	94	.347	.533
Close & Late	.262	393	103	12	0	27	67	71	114	.374	.499	vs. AL	.248	979	243	49	1	60	174	150	259	.350	.484
None on/out	.254	562	143	29	0	45	45	73	131	.341	.546	vs. NL	.245	1451	356	61	6	105	276	221	367	.346	.513

Javier Vazquez — Expos
Age 25 – Pitches Right

	ERA	W	L	Sv	G	GS	IP	BB	SO	Avg	H	2B	3B	HR	RBI	OBP	SLG	CG	ShO	Sup	QS	#P/S	SB	CS	GB	FB	G/F
2001 Season	3.42	16	11	0	32	32	223.2	44	208	.235	197	43	1	24	81	.274	.374	5	3	5.11	19	105	8	1	280	219	1.28
Career (1998-2001)	4.51	41	43	0	124	123	768.1	225	656	.266	794	164	12	99	364	.321	.429	10	5	4.81	61	99	40	21	1037	798	1.30

2001 Season

	ERA	W	L	Sv	G	GS	IP	H	HR	BB	SO		Avg	AB	H	2B	3B	HR	RBI	BB	SO	OBP	SLG
Home	3.90	7	7	0	17	17	120.0	108	18	23	110	vs. Left	.220	368	81	15	1	14	38	20	106	.264	.326
Away	2.86	9	4	0	15	15	103.2	89	6	21	98	vs. Right	.246	472	116	28	0	10	43	24	102	.283	.369
Day	3.36	7	3	0	11	11	75.0	59	5	13	75	Inning 1-6	.245	695	170	36	1	18	69	37	171	.284	.377
Night	3.45	9	8	0	21	21	148.2	138	19	31	133	Inning 7+	.186	145	27	7	0	6	12	7	37	.229	.359
Grass	2.90	7	4	0	12	12	80.2	70	4	16	76	None on	.229	547	125	26	1	15	15	21	133	.258	.362
Turf	3.71	9	7	0	20	20	143.0	127	20	28	132	Runners on	.246	293	72	17	0	9	66	23	75	.303	.396

2001 Season

	ERA	W	L	Sv	G	GS	IP	H	HR	BB	SO		Avg	AB	H	2B	3B	HR	RBI	BB	SO	OBP	SLG
April	6.60	2	3	0	6	6	30.0	38	2	11	35	Scoring Posn	.291	148	43	12	0	4	53	17	40	.367	.453
May	3.30	3	2	0	6	6	43.2	32	6	9	39	Close & Late	.194	67	13	4	0	2	5	4	20	.250	.343
June	5.14	1	4	0	6	6	42.0	52	7	9	32	None on/out	.218	229	50	11	0	6	6	7	49	.242	.345
July	3.79	3	1	0	5	5	38.0	36	5	4	39	vs. 1st Batr (relief)	.000	0	0	0	0	0	0	0	0	.000	.000
August	0.55	5	1	0	6	6	49.0	26	2	8	45	1st Inning Pitched	.223	121	27	7	0	3	9	4	37	.248	.355
Sept/Oct	1.71	2	0	0	3	3	21.0	13	2	3	18	First 75 Pitches	.235	579	136	25	1	13	43	34	141	.278	.349
Starter	3.42	16	11	0	32	32	223.2	197	24	44	208	Pitch 76-90	.297	111	33	9	0	5	19	4	30	.333	.514
Reliever	0.00	0	0	0	0	0	0.0	0	0	0	0	Pitch 91-105	.248	105	26	9	0	4	15	3	22	.266	.448
0-3 Days Rest (Start)	0.00	0	0	0	0	0	0.0	0	0	0	0	Pitch 106+	.044	45	2	0	0	2	4	3	15	.104	.178
4 Days Rest	3.46	13	8	0	24	24	171.2	150	22	32	161	First Pitch	.361	119	43	10	0	5	23	3	0	.377	.571
5+ Days Rest	3.29	3	3	0	8	8	52.0	47	2	12	47	Ahead in Count	.162	489	79	15	0	5	23	0	181	.166	.223
vs. AL	5.32	1	2	0	3	3	22.0	21	3	4	18	Behind in Count	.353	119	42	14	0	7	17	14	0	.418	.647
vs. NL	3.21	15	9	0	29	29	201.2	176	21	40	190	Two Strikes	.169	472	80	14	0	8	31	26	208	.218	.250
Pre-All Star	4.93	7	9	0	19	19	122.1	132	16	29	114	Pre-All Star	.275	480	132	31	0	16	63	29	114	.319	.440
Post-All Star	1.60	9	2	0	13	13	101.1	65	8	15	94	Post-All Star	.181	360	65	12	1	8	18	15	94	.213	.286

Career (1998-2001)

	ERA	W	L	Sv	G	GS	IP	H	HR	BB	SO		Avg	AB	H	2B	3B	HR	RBI	BB	SO	OBP	SLG
Home	4.42	19	22	0	60	60	389.0	395	53	107	336	vs. Left	.254	1388	352	67	5	51	179	113	306	.312	.419
Away	4.60	22	21	0	64	63	379.1	399	46	118	320	vs. Right	.277	1594	442	97	7	48	185	112	350	.330	.437
Day	4.90	13	16	0	40	39	237.0	244	27	76	200	Inning 1-6	.271	2628	713	142	12	85	326	201	582	.327	.432
Night	4.34	28	27	0	84	84	531.1	550	72	149	456	Inning 7+	.229	354	81	22	0	14	38	24	74	.278	.410
Grass	4.54	16	20	0	50	49	297.1	308	37	93	248	None on	.263	1765	464	100	6	57	57	117	402	.313	.423
Turf	4.49	25	23	0	74	74	471.0	486	62	132	408	Runners on	.271	1217	330	64	6	42	307	108	254	.333	.437
March/April	5.32	5	6	0	21	21	113.1	123	12	45	93	Scoring Posn	.281	670	188	41	4	20	249	74	143	.353	.443
May	4.41	8	9	0	22	22	140.2	130	21	44	112	Close & Late	.242	182	44	13	0	6	20	16	40	.303	.412
June	5.77	3	8	0	19	19	112.1	150	20	26	95	None on/out	.289	774	224	56	4	27	27	55	165	.340	.477
July	4.02	8	6	0	18	18	125.1	126	13	27	109	vs. 1st Batr (relief)	.000	1	0	0	0	0	0	0	0	.000	.000
August	4.35	9	7	0	24	24	151.0	148	24	45	134	1st Inning Pitched	.270	482	130	31	1	18	73	37	116	.328	.450
Sept/Oct	3.44	8	7	0	20	19	125.2	117	9	38	113	First 75 Pitches	.266	2169	577	115	11	66	246	167	481	.323	.420
Starter	4.50	41	43	0	123	123	767.1	793	98	225	655	Pitch 76-90	.285	389	111	23	1	19	63	34	83	.343	.496
Reliever	9.00	0	0	0	1	0	1.0	1	1	0	1	Pitch 91-105	.268	287	77	19	0	8	34	16	59	.314	.418
0-3 Days Rest (Start)	4.50	0	1	0	1	1	6.0	8	0	3	2	Pitch 106+	.212	137	29	7	0	6	21	8	33	.252	.394
4 Days Rest	4.74	27	30	0	74	74	465.1	481	64	132	411	First Pitch	.390	439	171	28	5	25	86	18	0	.420	.647
5+ Days Rest	4.14	14	12	0	48	48	296.0	304	34	90	242	Ahead in Count	.197	1517	299	59	5	31	119	0	554	.203	.304
vs. AL	5.09	2	5	0	10	10	63.2	72	10	17	53	Behind in Count	.338	538	182	53	0	24	93	94	0	.437	.571
vs. NL	4.46	39	38	0	114	113	704.2	722	89	208	603	Two Strikes	.184	1531	281	55	2	34	125	112	656	.243	.289
Pre-All Star	5.13	19	23	0	65	65	385.2	427	56	120	317	Pre-All Star	.281	1518	427	93	9	56	203	120	317	.337	.465
Post-All Star	3.88	22	20	0	59	58	382.2	367	43	105	339	Post-All Star	.251	1464	367	71	3	43	161	105	339	.305	.391

Ramon Vazquez — Mariners

Age 25 – Bats Left

	Avg	G	AB	R	H	2B	3B	HR	RBI	BB	SO	HBP	GDP	SB	CS	OBP	SLG	IBB	SH	SF	#Pit	#P/PA	GB	FB	G/F
2001 Season	.229	17	35	5	8	0	0	0	4	0	3	0	0	0	0	.222	.229	0	1	1	132	3.57	18	11	1.64

2001 Season

	Avg	AB	H	2B	3B	HR	RBI	BB	SO	OBP	SLG		Avg	AB	H	2B	3B	HR	RBI	BB	SO	OBP	SLG
vs. Left	.143	7	1	0	0	0	1	0	0	.125	.143	Scoring Posn	.250	8	2	0	0	0	4	0	0	.222	.250
vs. Right	.250	28	7	0	0	0	3	0	3	.250	.250	Close & Late	.000	3	0	0	0	0	0	0	0	.000	.000

Jorge Velandia — Mets

Age 27 – Bats Right (flyball hitter)

	Avg	G	AB	R	H	2B	3B	HR	RBI	BB	SO	HBP	GDP	SB	CS	OBP	SLG	IBB	SH	SF	#Pit	#P/PA	GB	FB	G/F
2001 Season	.000	9	9	1	0	0	0	0	0	2	1	0	0	0	0	.182	.000	0	0	0	44	4.00	6	2	3.00
Career (1997-2001)	.132	127	121	7	16	4	0	0	4	7	30	2	0	2	0	.192	.165	0	0	0	471	3.62	32	38	0.84

2001 Season

	Avg	AB	H	2B	3B	HR	RBI	BB	SO	OBP	SLG		Avg	AB	H	2B	3B	HR	RBI	BB	SO	OBP	SLG
vs. Left	.000	3	0	0	0	0	0	1	0	.250	.000	Scoring Posn	.000	2	0	0	0	0	0	2	0	.500	.000
vs. Right	.000	6	0	0	0	0	0	1	1	.143	.000	Close & Late	.000	0	0	0	0	0	0	0	0	.000	.000

Randy Velarde — Yankees

Age 39 – Bats Right

	Avg	G	AB	R	H	2B	3B	HR	RBI	BB	SO	HBP	GDP	SB	CS	OBP	SLG	IBB	SH	SF	#Pit	#P/PA	GB	FB	G/F
2001 Season	.278	93	342	50	95	19	2	9	32	34	86	8	8	6	2	.356	.424	0	4	1	1561	4.01	102	82	1.24
Last Five Years	.291	423	1646	266	479	80	10	41	175	192	321	18	50	46	15	.371	.426	2	11	3	7446	3.98	615	418	1.47

2001 Season

	Avg	AB	H	2B	3B	HR	RBI	BB	SO	OBP	SLG		Avg	AB	H	2B	3B	HR	RBI	BB	SO	OBP	SLG
vs. Left	.297	91	27	6	0	3	13	11	21	.379	.462	First Pitch	.400	20	8	4	0	0	3	0	0	.435	.600
vs. Right	.271	251	68	13	2	6	19	23	65	.348	.410	Ahead in Count	.313	67	21	6	1	2	10	18	0	.459	.522
Home	.300	160	48	12	2	3	15	18	38	.385	.456	Behind in Count	.232	177	41	5	0	3	12	0	71	.249	.311
Away	.258	182	47	7	0	6	17	16	48	.330	.396	Two Strikes	.185	184	34	6	1	3	9	16	86	.257	.277
Day	.267	90	24	3	0	1	3	9	27	.340	.422	Batting #2	.295	298	88	17	2	9	31	31	74	.374	.456
Night	.282	252	71	16	2	8	29	25	59	.361	.456	Batting #7	.059	17	1	1	0	0	0	1	6	.111	.118
Grass	.298	282	84	18	2	8	29	28	71	.373	.461	Other	.222	27	6	1	0	0	1	2	6	.300	.259
Turf	.183	60	11	1	0	1	3	6	15	.275	.250	April	.330	94	31	9	0	4	10	10	25	.400	.553
Pre-All Star	.331	169	56	11	1	5	14	17	36	.402	.497	May	.333	75	25	2	1	4	7	11	.405	.427
Post-All Star	.225	173	39	8	1	4	18	17	50	.311	.353	June	.000	0	0	0	0	0	0	0	0	.000	.000

2001 Season

	Avg	AB	H	2B	3B	HR	RBI	BB	SO	OBP	SLG		Avg	AB	H	2B	3B	HR	RBI	BB	SO	OBP	SLG
Inning 1-6	.282	241	68	11	2	6	22	19	60	.348	.419	July	.217	46	10	2	0	1	6	5	11	.308	.326
Inning 7+	.267	101	27	8	0	3	10	15	26	.373	.436	August	.272	81	22	3	1	3	11	7	26	.333	.444
Scoring Posn	.224	76	17	5	0	0	21	15	24	.362	.289	Sept/Oct	.152	46	7	3	0	0	1	5	13	.235	.217
Close & Late	.238	42	10	2	0	1	2	7	11	.360	.357	vs. AL	.280	329	92	19	2	9	28	33	83	.358	.432
None on/out	.169	71	12	2	1	3	3	4	18	.224	.352	vs. NL	.231	13	3	0	0	0	4	1	3	.286	.231

2001 By Position

Position	Avg	AB	H	2B	3B	HR	RBI	BB	SO	OBP	SLG	G	GS	Innings	PO	A	E	DP	Fld Pct	Rng Fctr	In Zone	Zone Outs	Zone Rtg	MLB Zone
As DH	.231	39	9	2	0	1	3	5	12	.318	.359	11	8	—	—	—	—	—	—	—	—	—	—	—
As 1b	.225	40	9	1	0	1	2	2	12	.273	.325	10	9	79.0	79	4	0	5	1.000	—	19	18	.947	.850
As 2b	.320	206	66	13	2	5	21	18	47	.386	.476	52	49	434.0	111	135	3	38	.988	5.10	153	129	.843	.824
As 3b	.244	41	10	2	0	2	5	4	9	.340	.439	14	11	100.0	8	25	2	3	.943	2.97	31	25	.806	.761

Last Five Years

	Avg	AB	H	2B	3B	HR	RBI	BB	SO	OBP	SLG		Avg	AB	H	2B	3B	HR	RBI	BB	SO	OBP	SLG
vs. Left	.302	410	124	24	1	11	47	63	63	.397	.446	First Pitch	.391	92	36	11	1	2	12	2	0	.414	.598
vs. Right	.287	1236	355	56	9	30	128	129	258	.362	.420	Ahead in Count	.359	415	149	28	5	18	61	93	0	.477	.581
Home	.295	796	235	43	5	23	81	103	147	.381	.448	Behind in Count	.226	788	178	25	1	11	55	0	267	.236	.302
Away	.287	850	244	37	5	18	94	89	174	.361	.406	Two Strikes	.195	796	155	20	2	12	65	97	321	.287	.270
Day	.303	535	162	28	4	13	46	60	104	.375	.443	Batting #1	.230	61	14	3	0	0	4	3	8	.299	.279
Night	.285	1111	317	52	6	28	129	132	217	.369	.419	Batting #2	.296	1529	452	74	10	38	164	179	300	.374	.432
Grass	.293	1425	418	72	9	35	149	166	276	.373	.430	Other	.232	56	13	3	0	3	7	10	13	.348	.446
Turf	.276	221	61	8	1	6	26	26	45	.357	.403	March/April	.328	189	62	14	1	5	20	16	41	.389	.492
Pre-All Star	.314	701	220	32	4	21	80	86	122	.395	.461	May	.320	241	77	5	1	10	27	42	41	.425	.473
Post-All Star	.274	945	259	48	6	20	95	106	199	.352	.401	June	.267	195	52	10	1	5	23	22	30	.347	.405
Inning 1-6	.292	1188	347	55	6	29	122	125	223	.365	.422	July	.297	269	80	16	2	5	27	25	46	.361	.428
Inning 7+	.288	458	132	25	4	12	53	67	98	.384	.439	August	.275	393	108	12	4	9	41	43	85	.351	.394
Scoring Posn	.269	346	93	19	3	6	120	56	72	.377	.393	Sept/Oct	.279	359	100	23	1	7	37	44	78	.356	.407
Close & Late	.294	201	59	9	2	6	28	28	44	.391	.448	vs. AL	.295	1483	437	68	9	38	161	179	294	.376	.430
None on/out	.252	313	79	13	4	12	12	29	62	.322	.435	vs. NL	.258	163	42	12	1	3	13	14	27	.320	.399

Mike Venafro — Rangers

Age 28 – Pitches Left (groundball pitcher)

	ERA	W	L	Sv	G	GS	IP	BB	SO	Avg	H	2B	3B	HR	RBI	OBP	SLG	GF	IR	IRS	Hld	SvOp	SB	CS	GB	FB	G/F
2001 Season	4.80	5	5	4	70	0	60.0	28	29	.240	54	16	2	2	38	.337	.356	20	59	21	21	8	2	0	105	51	2.06
Career (1999-2001)	3.95	11	8	5	212	0	184.2	71	98	.261	181	37	4	8	113	.338	.361	52	203	65	57	11	7	2	365	126	2.90

2001 Season

	ERA	W	L	Sv	G	GS	IP	H	HR	BB	SO		Avg	AB	H	2B	3B	HR	RBI	BB	SO	OBP	SLG
Home	6.21	5	3	2	34	0	33.1	34	1	13	16	vs. Left	.258	97	25	6	1	0	19	8	19	.330	.340
Away	3.04	0	2	2	36	0	26.2	20	1	15	13	vs. Right	.227	128	29	10	1	2	19	20	10	.342	.367
Day	1.38	1	0	1	16	0	13.0	6	1	2	5	Inning 1-6	.133	15	2	0	0	0	4	2	5	.235	.133
Night	5.74	4	5	3	54	0	47.0	48	1	26	24	Inning 7+	.248	210	52	16	2	2	34	26	24	.344	.371
Grass	4.85	5	5	4	63	0	55.2	50	2	24	28	None on	.194	108	21	8	0	1	1	12	19	.298	.296
Turf	4.15	0	0	0	7	0	4.1	4	0	4	1	Runners on	.282	117	33	8	2	1	37	16	10	.371	.410
April	3.86	1	0	1	12	0	7.0	11	1	4	4	Scoring Posn	.286	77	22	6	1	0	33	11	7	.372	.390
May	3.38	0	1	0	11	0	8.0	4	1	4	3	Close & Late	.280	125	35	9	1	2	21	16	14	.367	.416
June	2.40	0	1	1	15	0	15.0	7	0	5	13	None on/out	.204	49	10	4	0	0	0	4	6	.278	.286
July	1.74	3	0	2	11	0	10.1	9	0	3	2	vs. 1st Batr (relief)	.295	61	18	6	0	1	16	6	8	.362	.443
August	12.10	0	2	0	13	0	9.2	14	0	6	3	1st Inning Pitched	.243	189	46	13	2	1	36	22	25	.335	.349
Sept/Oct	6.30	1	1	0	8	0	10.0	9	0	4	4	First 15 Pitches	.266	169	45	14	2	1	31	20	20	.354	.391
Starter	0.00	0	0	0	0	0	0.0	0	0	0	0	Pitch 16-30	.160	50	8	1	0	1	7	7	9	.290	.240
Reliever	4.80	5	5	4	70	0	60.0	54	2	28	29	Pitch 31-45	.167	6	1	1	0	0	0	1	0	.286	.333
0 Days Rest (Relief)	8.44	2	2	2	17	0	10.2	12	0	7	5	Pitch 46+	.000	0	0	0	0	0	0	0	0	.000	.000
1 or 2 Days Rest	4.54	3	2	1	38	0	35.2	30	2	13	17	First Pitch	.360	25	9	3	1	0	6	3	0	.448	.560
3+ Days Rest	2.63	0	1	0	15	0	13.2	12	0	8	7	Ahead in Count	.186	113	21	6	0	1	12	0	27	.203	.265
vs. AL	5.20	5	5	4	63	0	53.2	53	2	25	26	Behind in Count	.256	43	11	3	0	0	13	15	0	.452	.326
vs. NL	1.42	0	0	0	7	0	6.1	1	0	3	3	Two Strikes	.167	102	17	4	0	2	9	10	29	.259	.265
Pre-All Star	2.76	2	2	3	41	0	32.2	24	2	14	21	Pre-All Star	.209	115	24	3	0	2	18	14	21	.295	.287
Post-All Star	7.24	3	3	1	29	0	27.1	30	0	14	8	Post-All Star	.273	110	30	13	2	0	20	14	8	.379	.427

Career (1999-2001)

	ERA	W	L	Sv	G	GS	IP	H	HR	BB	SO		Avg	AB	H	2B	3B	HR	RBI	BB	SO	OBP	SLG
Home	4.23	9	4	2	102	0	100.0	100	6	36	48	vs. Left	.234	334	78	12	1	2	54	29	63	.304	.293
Away	3.61	2	4	3	110	0	84.2	81	2	35	50	vs. Right	.287	359	103	25	3	6	59	42	35	.368	.423
Day	2.67	1	1	0	48	0	33.2	27	2	12	17	Inning 1-6	.172	93	16	0	0	1	21	12	14	.278	.204
Night	4.23	10	7	5	164	0	151.0	154	6	59	81	Inning 7+	.275	600	165	37	4	7	92	59	84	.347	.385
Grass	3.99	10	6	4	186	0	160.1	161	6	58	86	None on	.229	332	76	20	2	3	3	30	56	.302	.328
Turf	3.70	1	2	1	26	0	24.1	20	0	13	12	Runners on	.291	361	105	17	2	5	110	41	42	.368	.391
March/April	3.79	1	0	1	24	0	19.0	25	2	8	11	Scoring Posn	.311	241	75	14	1	4	106	30	29	.387	.427
May	2.75	2	1	0	39	0	36.0	28	2	13	13	Close & Late	.308	289	89	21	1	3	51	31	41	.381	.419
June	3.38	1	2	1	42	0	40.0	26	0	15	22	None on/out	.224	147	33	11	0	0	0	13	22	.296	.313
July	2.48	4	0	2	37	0	32.2	31	0	7	20	vs. 1st Batr (relief)	.274	186	51	12	1	2	43	18	26	.340	.382
August	7.11	2	4	0	39	0	31.2	47	2	13	19	1st Inning Pitched	.263	552	145	28	4	6	105	56	82	.335	.361
Sept/Oct	4.62	1	1	0	31	0	25.1	24	2	15	13	First 15 Pitches	.269	505	136	30	4	5	90	47	71	.336	.374
Starter	0.00	0	0	0	0	0	0.0	0	0	0	0	Pitch 16-30	.240	175	42	6	0	3	23	23	27	.346	.326
Reliever	3.95	11	8	5	212	0	184.2	181	8	71	98	Pitch 31-45	.231	13	3	1	0	0	0	1	0	.286	.308

446

Career (1999-2001)

	ERA	W	L	Sv	G	GS	IP	H	HR	BB	SO		Avg	AB	H	2B	3B	HR	RBI	BB	SO	OBP	SLG
0 Days Rest (Relief)	5.74	6	3	2	60	0	42.1	59	0	19	23	Pitch 46+	.000	0	0	0	0	0	0	0	0	.000	.000
1 or 2 Days Rest	3.53	4	3	3	105	0	97.0	87	4	32	53	First Pitch	.316	98	31	6	1	0	15	5	0	.364	.398
3+ Days Rest	3.18	1	2	0	47	0	45.1	35	4	20	22	Ahead in Count	.213	320	68	14	1	5	45	0	84	.227	.309
vs. AL	3.90	9	8	5	182	0	161.2	162	8	63	86	Behind in Count	.333	147	49	8	0	2	32	35	0	.457	.429
vs. NL	4.30	2	0	0	30	0	23.0	19	0	8	12	Two Strikes	.175	292	51	10	2	5	33	31	98	.266	.274
Pre-All Star	3.33	5	3	3	117	0	102.2	91	4	37	55	Pre-All Star	.247	368	91	15	1	4	56	37	55	.320	.326
Post-All Star	4.72	6	5	2	95	0	82.0	90	4	34	43	Post-All Star	.277	325	90	22	3	4	57	34	43	.358	.400

Robin Ventura — Mets
Age 34 – Bats Left (flyball hitter)

	Avg	G	AB	R	H	2B	3B	HR	RBI	BB	SO	HBP	GDP	SB	CS	OBP	SLG	IBB	SH	SF	#Pit	#P/PA	GB	FB	G/F
2001 Season	.237	142	456	70	108	20	0	21	61	88	101	1	13	2	5	.359	.419	10	0	4	2123	3.87	143	150	0.95
Last Five Years	.261	659	2286	330	597	122	6	104	382	350	433	7	54	7	12	.358	.456	52	3	19	10339	3.88	724	751	0.96

2001 Season

	Avg	AB	H	2B	3B	HR	RBI	BB	SO	OBP	SLG		Avg	AB	H	2B	3B	HR	RBI	BB	SO	OBP	SLG
vs. Left	.271	96	26	8	0	2	15	18	20	.383	.417	First Pitch	.452	62	28	4	0	7	18	8	0	.500	.855
vs. Right	.228	360	82	12	0	19	46	70	81	.353	.419	Ahead in Count	.265	117	31	10	0	4	15	44	0	.466	.453
Home	.246	236	58	11	0	9	32	40	54	.352	.407	Behind in Count	.164	195	32	4	0	7	19	0	82	.167	.282
Away	.227	220	50	9	0	12	29	48	47	.366	.432	Two Strikes	.156	211	33	4	0	7	22	36	101	.280	.275
Day	.214	159	34	7	0	9	17	25	36	.317	.428	Batting #4	.220	186	41	5	0	8	27	40	42	.354	.376
Night	.249	297	74	13	0	12	44	63	65	.380	.414	Batting #5	.228	136	31	8	0	7	17	28	28	.361	.441
Grass	.219	392	86	15	0	17	51	78	88	.347	.388	Other	.269	134	36	7	0	6	17	20	31	.364	.455
Turf	.344	64	22	5	0	4	10	10	13	.432	.609	April	.274	62	17	2	0	3	7	15	13	.416	.452
Pre-All Star	.259	274	71	10	0	17	41	53	52	.376	.482	May	.306	98	30	5	0	5	17	18	16	.407	.510
Post-All Star	.203	182	37	10	0	4	20	35	49	.333	.324	June	.212	99	21	2	0	8	14	19	17	.339	.475
Inning 1-6	.245	326	80	16	0	12	37	58	66	.360	.405	July	.175	63	11	2	0	2	7	13	22	.321	.302
Inning 7+	.215	130	28	4	0	9	24	30	35	.356	.434	August	.147	68	10	2	0	0	4	10	18	.253	.176
Scoring Posn	.236	123	29	6	0	3	39	34	26	.391	.358	Sept/Oct	.288	66	19	7	0	3	12	13	15	.405	.530
Close & Late	.224	67	15	1	0	5	16	14	18	.354	.463	vs. AL	.156	45	7	1	0	4	7	13	8	.356	.444
None on/out	.222	117	26	4	0	6	6	13	30	.305	.410	vs. NL	.246	411	101	19	0	17	54	75	93	.359	.416

2001 By Position

	Avg	AB	H	2B	3B	HR	RBI	BB	SO	OBP	SLG	G	GS	Innings	PO	A	E	DP	Fld Pct	Rng Fctr	In Zone	Zone Outs	Zone Rtg	MLB Zone
As 3b	.233	454	106	20	0	21	60	86	101	.354	.416	139	130	1141.1	91	264	16	24	.957	2.80	361	285	.789	.761

Last Five Years

	Avg	AB	H	2B	3B	HR	RBI	BB	SO	OBP	SLG		Avg	AB	H	2B	3B	HR	RBI	BB	SO	OBP	SLG
vs. Left	.264	573	151	31	2	23	113	83	122	.356	.445	First Pitch	.362	304	110	16	1	19	66	42	0	.438	.609
vs. Right	.260	1713	446	91	4	81	269	267	311	.359	.460	Ahead in Count	.320	563	180	40	2	36	116	162	0	.468	.590
Home	.269	1122	302	60	4	51	186	158	201	.357	.466	Behind in Count	.203	926	188	35	2	28	118	0	338	.205	.336
Away	.253	1164	295	62	2	53	196	192	232	.359	.447	Two Strikes	.180	1049	189	40	1	32	135	145	433	.281	.312
Day	.247	762	188	44	2	36	130	95	145	.328	.451	Batting #4	.235	345	81	13	1	15	53	59	77	.344	.409
Night	.268	1524	409	78	4	68	252	255	288	.373	.459	Batting #5	.268	1636	438	92	5	78	287	246	297	.363	.473
Grass	.260	1931	503	101	6	85	316	295	366	.357	.451	Other	.256	305	78	17	0	11	42	45	59	.351	.420
Turf	.265	355	94	21	0	19	66	55	67	.365	.485	March/April	.287	335	96	21	3	17	61	48	54	.372	.519
Pre-All Star	.262	1194	313	64	5	58	204	182	224	.359	.470	May	.259	379	98	21	0	17	67	66	75	.368	.454
Post-All Star	.260	1092	284	58	1	46	178	168	209	.357	.441	June	.257	382	98	15	1	23	66	62	72	.360	.482
Inning 1-6	.269	1601	430	89	3	72	261	227	278	.358	.463	July	.245	319	78	19	0	12	44	44	64	.338	.417
Inning 7+	.244	685	167	33	3	32	121	123	155	.359	.441	August	.251	442	111	22	1	16	67	62	89	.341	.414
Scoring Posn	.269	621	167	39	2	19	267	148	120	.401	.430	Sept/Oct	.270	429	116	24	0	19	77	68	79	.369	.459
Close & Late	.238	324	77	15	1	17	63	54	79	.349	.448	vs. AL	.254	845	215	46	3	31	121	122	145	.348	.426
None on/out	.256	570	146	36	1	25	25	63	117	.333	.454	vs. NL	.265	1441	382	76	3	73	261	228	288	.364	.474

Quilvio Veras — Red Sox
Age 31 – Bats Both (groundball hitter)

	Avg	G	AB	R	H	2B	3B	HR	RBI	BB	SO	HBP	GDP	SB	CS	OBP	SLG	IBB	SH	SF	#Pit	#P/PA	GB	FB	G/F
2001 Season	.252	71	258	39	65	14	2	3	25	24	52	7	4	7	4	.330	.357	1	4	2	1078	3.65	93	70	1.33
Last Five Years	.274	570	2087	343	571	101	7	23	193	296	352	27	34	119	54	.369	.362	3	21	16	9665	3.95	867	449	1.93

2001 Season

	Avg	AB	H	2B	3B	HR	RBI	BB	SO	OBP	SLG		Avg	AB	H	2B	3B	HR	RBI	BB	SO	OBP	SLG
vs. Left	.313	64	20	6	0	1	6	3	9	.353	.453	Scoring Posn	.222	63	14	4	0	0	21	7	17	.320	.286
vs. Right	.232	194	45	8	2	2	19	21	43	.323	.325	Close & Late	.235	34	8	2	0	1	7	4	6	.349	.382
Home	.265	98	26	4	0	0	6	10	19	.345	.306	None on/out	.310	87	27	4	1	1	1	10	13	.388	.414
Away	.244	160	39	10	2	3	19	14	33	.320	.388	Batting #1	.296	159	47	10	2	2	15	13	30	.356	.384
First Pitch	.325	40	13	2	0	1	8	0	0	.325	.450	Batting #8	.216	37	8	1	0	2	5	5	10	.310	.405
Ahead in Count	.381	63	24	7	1	2	9	7	0	.437	.619	Other	.161	62	10	3	0	1	5	6	12	.278	.258
Behind in Count	.175	103	18	5	1	0	7	0	38	.225	.223	Pre-All Star	.252	254	64	14	2	3	25	23	51	.326	.358
Two Strikes	.124	105	13	3	0	0	4	17	52	.273	.152	Post-All Star	.250	4	1	0	0	0	0	1	1	.500	.250

Last Five Years

	Avg	AB	H	2B	3B	HR	RBI	BB	SO	OBP	SLG		Avg	AB	H	2B	3B	HR	RBI	BB	SO	OBP	SLG
vs. Left	.276	550	152	36	1	8	57	67	66	.359	.389	First Pitch	.318	201	64	11	2	2	25	1	0	.325	.423
vs. Right	.273	1537	419	65	6	15	136	229	286	.372	.352	Ahead in Count	.362	528	191	46	1	11	75	138	0	.489	.515
Home	.287	1010	290	45	3	14	100	143	178	.378	.379	Behind in Count	.212	905	192	25	4	5	45	0	280	.230	.265
Away	.261	1077	281	56	4	9	93	153	174	.360	.344	Two Strikes	.197	934	184	21	3	8	59	156	352	.319	.252
Day	.253	644	163	39	0	8	66	82	110	.338	.351	Batting #1	.276	1627	449	81	6	19	153	243	278	.374	.368
Night	.283	1443	408	62	7	15	127	214	242	.382	.367	Batting #2	.279	308	86	15	0	1	26	40	47	.374	.338

447

	Avg	AB	H	2B	3B	HR	RBI	BB	SO	OBP	SLG		Avg	AB	H	2B	3B	HR	RBI	BB	SO	OBP	SLG
										Last Five Years													
Grass	.281	1749	492	86	6	21	175	235	289	.370	.373	Other	.237	152	36	5	1	3	14	13	27	.300	.342
Turf	.234	338	79	15	1	2	18	61	63	.362	.302	March/April	.249	418	104	16	1	6	44	60	58	.350	.335
Pre-All Star	.280	1371	384	69	5	16	140	187	221	.372	.373	May	.279	390	109	22	1	3	33	48	72	.362	.364
Post-All Star	.261	716	187	32	2	7	53	109	131	.362	.341	June	.303	439	133	24	2	4	49	58	67	.387	.394
Inning 1-6	.285	1462	417	70	6	17	159	197	245	.374	.376	July	.295	339	100	17	1	4	32	52	66	.395	.386
Inning 7+	.246	625	154	31	1	6	64	99	107	.355	.328	August	.243	255	62	14	0	2	16	44	45	.360	.322
Scoring Posn	.259	451	117	17	1	1	160	83	85	.372	.308	Sept/Oct	.256	246	63	8	2	4	19	34	44	.346	.354
Close & Late	.248	314	78	16	0	2	39	64	56	.382	.318	vs. AL	.257	226	58	11	1	0	17	32	42	.365	.314
None on/out	.286	766	219	42	2	14	14	111	121	.382	.401	vs. NL	.276	1861	513	90	6	23	176	264	310	.369	.368

Dave Veres — Cardinals Age 35 – Pitches Right

	ERA	W	L	Sv	G	GS	IP	BB	SO	Avg	H	2B	3B	HR	RBI	OBP	SLG	GF	IR	IRS	Hld	SvOp	SB	CS	GB	FB	G/F
2001 Season	3.70	3	2	15	71	0	65.2	28	61	.232	57	13	0	12	26	.314	.431	44	28	4	8	19	1	0	86	65	1.32
Last Five Years	3.61	15	19	84	331	0	356.2	144	320	.255	345	67	4	43	174	.331	.405	205	164	50	27	111	20	12	488	349	1.40

2001 Season

	ERA	W	L	Sv	G	GS	IP	H	HR	BB	SO		Avg	AB	H	2B	3B	HR	RBI	BB	SO	OBP	SLG
Home	4.50	1	1	8	39	0	34.0	33	6	16	33	vs. Left	.237	93	22	6	0	7	10	12	21	.324	.527
Away	2.84	2	1	7	32	0	31.2	24	6	12	28	vs. Right	.229	153	35	7	0	5	16	16	40	.308	.373
Day	3.24	1	1	5	29	0	25.0	17	2	18	20	Inning 1-6	.000	6	0	0	0	0	0	0	1	.000	.000
Night	3.98	2	1	10	42	0	40.2	40	10	10	41	Inning 7+	.238	240	57	13	0	12	26	28	60	.321	.442
Grass	3.53	3	2	14	69	0	63.2	55	11	28	58	None on	.241	141	34	10	0	8	8	16	34	.318	.482
Turf	9.00	0	0	1	2	0	2.0	2	1	0	3	Runners on	.219	105	23	3	0	4	18	12	27	.308	.362
April	3.38	0	0	1	9	0	8.0	5	2	6	8	Scoring Posn	.172	64	11	1	0	3	16	8	17	.280	.328
May	0.77	0	0	6	11	0	11.2	8	0	2	17	Close & Late	.235	119	28	7	0	5	14	10	29	.305	.420
June	4.61	0	0	4	14	0	13.2	12	1	8	9	None on/out	.211	57	12	4	0	3	3	9	11	.318	.439
July	4.35	1	1	0	13	0	10.1	10	3	6	9	vs. 1st Batr (relief)	.238	63	15	4	0	3	4	7	16	.324	.444
August	4.80	2	1	4	16	0	15.0	16	4	3	10	1st Inning Pitched	.224	219	49	12	0	11	25	19	54	.288	.429
Sept/Oct	3.86	0	0	0	8	0	7.0	6	2	3	8	First 15 Pitches	.240	183	44	11	0	9	18	16	41	.305	.448
Starter	0.00	0	0	0	0	0	0.0	0	0	0	0	Pitch 16-30	.228	57	13	2	0	3	8	10	16	.348	.421
Reliever	3.70	3	2	15	71	0	65.2	57	12	28	61	Pitch 31-45	.000	6	0	0	0	0	0	2	4	.250	.000
0 Days Rest (Relief)	1.54	2	1	8	24	0	23.1	16	2	9	19	Pitch 46+	.000	0	0	0	0	0	0	0	0	.000	.000
1 or 2 Days Rest	3.96	1	1	6	29	0	25.0	21	5	14	26	First Pitch	.226	31	7	2	0	1	1	0	0	.273	.387
3+ Days Rest	6.23	0	0	1	18	0	17.1	20	5	5	16	Ahead in Count	.160	119	19	5	0	4	8	0	48	.167	.303
vs. AL	3.86	0	1	0	7	0	7.0	7	1	5	2	Behind in Count	.366	41	15	2	0	3	9	11	0	.491	.634
vs. NL	3.68	3	1	15	64	0	58.2	50	11	23	59	Two Strikes	.165	127	21	4	0	5	9	16	61	.264	.315
Pre-All Star	3.31	0	1	11	37	0	35.1	28	5	17	35	Pre-All Star	.215	130	28	7	0	5	17	11	35	.309	.385
Post-All Star	4.15	3	1	4	34	0	30.1	29	7	11	26	Post-All Star	.250	116	29	6	0	7	11	11	26	.320	.483

Last Five Years

	ERA	W	L	Sv	G	GS	IP	H	HR	BB	SO		Avg	AB	H	2B	3B	HR	RBI	BB	SO	OBP	SLG
Home	4.32	10	11	39	174	0	187.2	189	30	89	173	vs. Left	.263	563	148	34	2	19	62	84	125	.360	.432
Away	2.82	5	8	45	157	0	169.0	156	13	55	147	vs. Right	.249	791	197	33	2	24	112	60	195	.309	.387
Day	3.25	3	6	38	121	0	127.1	105	16	59	119	Inning 1-6	.261	88	23	5	1	2	9	6	15	.305	.409
Night	3.81	12	13	46	210	0	229.1	240	27	85	201	Inning 7+	.254	1266	322	62	3	41	165	138	305	.333	.405
Grass	3.56	13	16	71	265	0	280.2	260	37	117	251	None on	.264	726	192	38	3	27	27	64	160	.327	.437
Turf	3.79	2	3	13	66	0	76.0	85	6	27	69	Runners on	.244	628	153	29	1	16	147	80	160	.335	.369
March/April	4.29	1	1	11	54	0	63.0	65	8	26	64	Scoring Posn	.223	408	91	18	1	10	132	60	108	.327	.346
May	3.47	1	4	13	55	0	62.1	54	9	20	62	Close & Late	.264	693	183	31	1	24	108	79	167	.346	.416
June	2.62	3	1	17	59	0	68.2	63	6	24	53	None on/out	.241	316	76	17	2	10	10	24	69	.296	.402
July	3.54	1	5	13	58	0	56.0	51	8	23	58	vs. 1st Batr (relief)	.256	297	76	17	0	7	32	27	71	.326	.397
August	3.52	5	3	17	57	0	61.1	63	8	26	50	1st Inning Pitched	.249	1084	270	48	2	35	147	115	257	.324	.394
Sept/Oct	4.57	4	5	13	48	0	45.1	49	4	25	33	First 15 Pitches	.266	866	230	44	2	28	106	84	189	.334	.418
Starter	0.00	0	0	0	0	0	0.0	0	0	0	0	Pitch 16-30	.243	408	99	19	1	12	57	51	108	.333	.382
Reliever	3.61	15	19	84	331	0	356.2	345	43	144	320	Pitch 31-45	.205	73	15	4	1	3	11	6	22	.266	.411
0 Days Rest (Relief)	4.05	7	8	32	88	0	91.0	91	8	49	81	Pitch 46+	.143	7	1	0	0	0	0	3	1	.400	.143
1 or 2 Days Rest	3.20	4	6	40	151	0	160.1	143	18	60	145	First Pitch	.290	162	47	16	0	5	28	14	0	.359	.481
3+ Days Rest	3.84	4	5	12	92	0	105.1	111	17	35	94	Ahead in Count	.193	668	129	20	2	12	56	0	258	.220	.283
vs. AL	1.88	0	1	4	27	0	28.2	21	3	11	22	Behind in Count	.371	272	101	19	1	14	56	64	0	.488	.603
vs. NL	3.76	15	18	80	304	0	328.0	324	40	133	298	Two Strikes	.178	709	126	20	3	13	56	66	320	.253	.269
Pre-All Star	3.38	5	7	47	185	0	210.2	196	26	76	199	Pre-All Star	.246	797	196	36	2	26	105	76	199	.318	.394
Post-All Star	3.95	10	12	37	146	0	146.0	149	17	68	121	Post-All Star	.268	557	149	31	2	17	69	68	121	.350	.422

Jose Vidro — Expos Age 27 – Bats Both (groundball hitter)

	Avg	G	AB	R	H	2B	3B	HR	RBI	BB	SO	HBP	GDP	SB	CS	OBP	SLG	IBB	SH	SF	#Pit	#P/PA	GB	FB	G/F
2001 Season	.319	124	486	82	155	34	1	15	59	31	49	10	18	4	1	.371	.486	2	2	16	1913	3.60	209	145	1.44
Career (1997-2001)	.302	567	1960	293	592	154	6	53	250	147	222	22	53	12	11	.355	.468	8	10	16	7677	3.56	844	540	1.56

2001 Season

	Avg	AB	H	2B	3B	HR	RBI	BB	SO	OBP	SLG		Avg	AB	H	2B	3B	HR	RBI	BB	SO	OBP	SLG
vs. Left	.348	135	47	10	1	3	16	6	15	.379	.504	First Pitch	.295	78	23	4	0	6	15	2	0	.325	.577
vs. Right	.308	351	108	24	0	12	43	25	34	.367	.479	Ahead in Count	.465	99	46	10	1	3	17	15	0	.539	.677
Home	.341	246	84	20	1	6	28	15	20	.387	.504	Behind in Count	.286	206	59	17	0	5	17	0	36	.302	.442
Away	.296	240	71	14	0	9	31	16	29	.354	.467	Two Strikes	.261	207	54	16	0	5	20	14	49	.313	.411
Day	.348	135	47	5	0	8	20	17	15	.425	.563	Batting #2	.341	413	141	28	1	13	52	23	37	.388	.508
Night	.308	351	108	29	1	7	39	14	34	.348	.456	Batting #5	.203	69	14	6	0	2	7	7	12	.276	.377

448

2001 Season

	Avg	AB	H	2B	3B	HR	RBI	BB	SO	OBP	SLG		Avg	AB	H	2B	3B	HR	RBI	BB	SO	OBP	SLG
Grass	.287	209	60	10	0	8	24	14	27	.346	.450	Other	.000	4	0	0	0	0	0	1	0	.200	.000
Turf	.343	277	95	24	1	7	35	17	22	.389	.513	April	.317	101	32	4	1	5	13	8	15	.378	.525
Pre-All Star	.325	268	87	18	1	11	36	19	33	.386	.522	May	.235	68	16	6	0	2	7	5	10	.288	.412
Post-All Star	.312	218	68	16	0	4	23	12	16	.350	.440	June	.371	70	26	5	0	2	10	2	8	.421	.529
Inning 1-6	.277	343	95	21	1	11	42	23	37	.336	.440	July	.443	79	35	7	0	5	17	9	4	.505	.722
Inning 7+	.420	143	60	13	0	4	17	8	12	.455	.594	August	.242	62	15	4	0	1	5	1	3	.266	.355
Scoring Posn	.319	113	36	10	1	4	40	7	10	.378	.531	Sept/Oct	.292	106	31	8	0	0	7	6	9	.330	.368
Close & Late	.471	68	32	8	0	2	7	6	5	.514	.676	vs. AL	.456	57	26	5	0	5	16	4	5	.500	.807
None on/out	.345	84	29	3	0	5	5	5	8	.382	.560	vs. NL	.301	429	129	29	1	10	43	27	44	.353	.443

2001 By Position

Position	Avg	AB	H	2B	3B	HR	RBI	BB	SO	OBP	SLG	G	GS	Innings	PO	A	E	DP	Fld Pct	Rng Fctr	In Zone	Outs	Zone Rtg	MLB Zone
As 2b	.319	477	152	33	1	14	56	30	47	.370	.480	121	121	1035.1	204	315	9	63	.983	4.51	382	300	.785	.824

Career (1997-2001)

	Avg	AB	H	2B	3B	HR	RBI	BB	SO	OBP	SLG		Avg	AB	H	2B	3B	HR	RBI	BB	SO	OBP	SLG
vs. Left	.309	475	147	38	3	11	56	34	66	.358	.472	First Pitch	.318	318	101	28	0	14	55	7	0	.332	.538
vs. Right	.300	1485	445	116	3	42	194	113	156	.354	.467	Ahead in Count	.366	435	159	42	1	15	73	87	0	.470	.570
Home	.322	975	314	86	4	22	126	70	101	.373	.486	Behind in Count	.258	827	213	61	2	22	87	0	187	.271	.416
Away	.282	985	278	68	2	31	124	77	121	.337	.450	Two Strikes	.238	826	197	51	2	18	81	53	222	.290	.370
Day	.269	561	151	27	2	16	64	49	68	.333	.410	Batting #2	.358	907	325	78	5	30	128	53	92	.399	.555
Night	.315	1399	441	127	4	37	186	98	154	.364	.491	Batting #3	.249	410	102	24	1	11	44	24	44	.292	.393
Grass	.273	735	201	40	2	24	90	62	96	.333	.431	Other	.257	643	165	52	0	12	78	70	86	.333	.393
Turf	.319	1225	391	114	4	29	160	85	126	.368	.490	March/April	.298	302	90	21	1	10	45	29	38	.362	.474
Pre-All Star	.316	1046	331	86	2	34	146	82	129	.372	.500	May	.300	300	90	26	1	11	44	23	39	.352	.503
Post-All Star	.286	914	261	68	4	19	104	65	93	.335	.431	June	.337	344	116	32	0	9	44	19	40	.382	.509
Inning 1-6	.290	1348	391	103	5	36	166	102	143	.344	.454	July	.320	303	97	22	1	8	39	26	37	.376	.479
Inning 7+	.328	612	201	51	1	17	84	45	79	.379	.498	August	.307	348	107	21	1	11	45	21	30	.349	.468
Scoring Posn	.279	458	128	37	1	17	188	45	57	.345	.476	Sept/Oct	.253	363	92	32	2	4	33	29	38	.310	.386
Close & Late	.327	300	98	20	0	10	46	30	42	.393	.493	vs. AL	.315	241	76	20	0	5	32	18	30	.368	.461
None on/out	.317	388	123	33	1	11	11	30	48	.371	.492	vs. NL	.300	1719	516	134	6	48	218	129	192	.353	.469

Brandon Villafuerte — Rangers — Age 26 – Pitches Right

	ERA	W	L	Sv	G	GS	IP	BB	SO	Avg	H	2B	3B	HR	RBI	OBP	SLG	GF	IR	IRS	Hld	SvOp	SB	CS	GB	FB	G/F
2001 Season	14.29	0	0	0	6	0	5.2	4	4	.414	12	4	0	3	12	.486	.862	4	5	3	0	0	0	0	12	11	1.09
Career (2000-2001)	12.60	0	0	0	9	0	10.0	8	5	.356	16	6	0	3	17	.455	.689	6	6	4	0	0	0	0	21	14	1.50

2001 Season

	ERA	W	L	Sv	G	GS	IP	H	HR	BB	SO		Avg	AB	H	2B	3B	HR	RBI	BB	SO	OBP	SLG
Home	23.63	0	0	0	4	0	2.2	7	2	3	4	vs. Left	.429	14	6	1	0	1	3	2	1	.529	.714
Away	6.00	0	0	0	2	0	3.0	5	1	1	0	vs. Right	.400	15	6	3	0	2	9	2	3	.444	1.000

Ron Villone — Astros — Age 32 – Pitches Left

	ERA	W	L	Sv	G	GS	IP	BB	SO	Avg	H	2B	3B	HR	RBI	OBP	SLG	GF	IR	IRS	Hld	SvOp	SB	CS	GB	FB	G/F
2001 Season	5.89	6	10	0	53	12	114.2	53	113	.287	133	27	3	18	78	.366	.475	12	29	9	6	0	7	4	159	110	1.45
Last Five Years	4.99	26	27	2	192	57	478.0	262	342	.266	485	103	10	55	272	.363	.424	40	93	27	16	4	24	15	633	515	1.23

2001 Season

	ERA	W	L	Sv	G	GS	IP	H	HR	BB	SO		Avg	AB	H	2B	3B	HR	RBI	BB	SO	OBP	SLG
Home	5.55	3	5	0	28	6	60.0	71	9	27	59	vs. Left	.250	120	30	5	0	3	19	19	34	.359	.367
Away	6.26	3	5	0	25	6	54.2	62	9	26	54	vs. Right	.300	343	103	22	3	15	59	34	79	.368	.513
Starter	6.91	2	6	0	12	12	57.1	78	9	32	63	Scoring Posn	.305	141	43	12	1	3	57	15	27	.377	.468
Reliever	4.87	4	4	0	41	0	57.1	55	9	21	50	Close & Late	.237	38	9	0	0	2	6	2	11	.275	.395
0 Days Rest (Relief)	11.00	0	3	0	10	0	9.0	16	2	10	7	None on/out	.295	105	31	8	0	3	3	13	25	.373	.457
1 or 2 Days Rest	4.26	2	1	0	19	0	31.2	25	4	8	32	First Pitch	.369	65	24	8	0	7	20	4	0	.406	.815
3+ Days Rest	2.70	2	0	0	12	0	16.2	14	3	3	11	Ahead in Count	.193	238	46	8	2	4	29	0	99	.199	.294
Pre-All Star	6.13	2	3	0	26	6	54.1	60	7	30	53	Behind in Count	.430	79	34	8	1	4	14	20	0	.559	.709
Post-All Star	5.67	4	7	0	27	6	60.1	73	11	23	60	Two Strikes	.162	235	38	4	1	2	22	29	113	.258	.213

Last Five Years

	ERA	W	L	Sv	G	GS	IP	H	HR	BB	SO		Avg	AB	H	2B	3B	HR	RBI	BB	SO	OBP	SLG
Home	5.86	12	16	0	90	31	236.1	263	37	131	159	vs. Left	.267	430	115	16	2	13	64	64	88	.375	.405
Away	4.13	14	11	2	102	26	241.2	222	18	131	183	vs. Right	.266	1391	370	87	8	42	208	198	254	.359	.431
Day	4.45	8	8	2	73	20	176.0	196	18	93	127	Inning 1-6	.263	1321	347	83	9	40	199	180	248	.355	.430
Night	5.30	18	19	0	119	37	302.0	289	37	169	215	Inning 7+	.276	500	138	20	1	15	73	82	94	.384	.410
Grass	4.64	14	13	2	138	25	283.0	284	30	161	232	None on	.246	973	239	50	5	28	28	140	194	.348	.394
Turf	5.49	12	14	0	54	32	195.0	201	25	101	110	Runners on	.290	848	246	53	5	27	244	122	148	.380	.460
March/April	6.97	2	2	0	17	9	50.1	71	10	31	37	Scoring Posn	.291	499	145	34	4	13	209	80	74	.388	.453
May	2.03	5	1	1	39	5	80.0	52	7	48	56	Close & Late	.275	153	42	2	0	6	19	24	27	.376	.405
June	7.19	4	7	0	31	13	76.1	87	10	53	48	None on out	.238	428	102	25	3	11	11	73	74	.306	.388
July	6.58	6	5	0	41	8	79.1	100	12	38	53	vs. 1st Batr (relief)	.241	116	28	4	1	1	16	17	21	.336	.319
August	2.84	5	1	0	33	7	85.2	74	7	30	62	1st Inning Pitched	.265	623	165	35	4	2	18	111	98	119	.373	.414
Sept/Oct	5.25	4	11	1	31	15	106.1	101	9	62	86	First 15 Pitches	.268	471	126	26	3	12	63	61	85	.364	.412
Starter	5.48	20	22	0	57	57	309.1	325	38	170	208	Pitch 16-30	.279	355	99	25	9	50	58	69	.382	.420
Reliever	4.10	6	5	2	135	0	169.0	160	17	92	134	Pitch 31-45	.250	272	68	9	2	10	46	29	54	.325	.408
0 Days Rest (Relief)	7.15	0	3	2	32	0	34.0	41	5	7	28	27	Pitch 46+	.266	723	192	45	5	24	113	114	134	.367	.441

449

	ERA	W	L	Sv	G	GS	IP	H	HR	BB	SO		Avg	AB	H	2B	3B	HR	RBI	BB	SO	OBP	SLG
1 or 2 Days Rest	3.91	3	2	0	51	0	71.1	61	6	33	65	First Pitch	.315	248	78	19	2	12	44	11	0	.346	.552
3+ Days Rest	2.69	3	0	0	52	0	63.2	58	4	31	42	Ahead in Count	.180	832	150	29	4	10	83	0	283	.192	.268
vs. AL	5.02	2	2	0	78	4	98.2	111	9	68	71	Behind in Count	.387	406	157	36	4	20	87	140	0	.544	.643
vs. NL	4.98	24	25	2	114	53	379.1	374	46	194	271	Two Strikes	.163	872	142	27	3	11	84	111	342	.264	.239
Pre-All Star	5.19	13	11	1	96	30	229.0	241	30	142	155	Pre-All Star	.274	879	241	48	3	30	132	142	155	.377	.438
Post-All Star	4.81	13	16	1	96	27	249.0	244	25	120	187	Post-All Star	.259	942	244	55	7	25	140	120	187	.349	.412

Fernando Vina — *Cardinals*   Age 33 – Bats Left

	Avg	G	AB	R	H	2B	3B	HR	RBI	BB	SO	HBP	GDP	SB	CS	OBP	SLG	IBB	SH	SF	#Pit	#P/PA	GB	FB	G/F
2001 Season	.303	154	631	95	191	30	8	9	56	32	35	22	7	17	7	.357	.418	3	3	2	2192	3.18	260	182	1.43
Last Five Years	.298	552	2233	331	665	112	23	25	176	148	146	86	24	62	40	.363	.402	6	15	9	7947	3.19	896	636	1.41

2001 Season

	Avg	AB	H	2B	3B	HR	RBI	BB	SO	OBP	SLG		Avg	AB	H	2B	3B	HR	RBI	BB	SO	OBP	SLG
vs. Left	.315	130	41	5	1	2	16	8	8	.390	.415	First Pitch	.333	129	43	3	1	3	12	2	0	.379	.442
vs. Right	.299	501	150	25	7	7	40	24	27	.348	.419	Ahead in Count	.324	136	44	14	2	1	11	18	0	.410	.478
Home	.287	314	90	15	6	5	35	17	18	.347	.420	Behind in Count	.273	267	73	8	4	2	24	0	33	.305	.356
Away	.319	317	101	15	2	4	21	15	17	.366	.416	Two Strikes	.266	214	57	9	3	2	15	11	35	.329	.364
Day	.345	232	80	15	2	6	23	10	12	.400	.504	Batting #1	.303	630	191	30	8	9	56	31	35	.356	.419
Night	.278	399	111	15	6	3	33	22	23	.331	.368	Batting #6	.000	0	0	0	0	0	0	1	0	1.000	.000
Grass	.299	603	180	30	8	8	52	32	34	.355	.415	Other	.000	1	0	0	0	0	0	0	0	.000	.000
Turf	.393	28	11	0	0	1	4	0	1	.393	.500	April	.278	97	27	2	3	0	6	2	8	.333	.361
Pre-All Star	.301	339	102	17	7	3	33	19	18	.362	.419	May	.333	108	36	7	2	1	11	9	5	.405	.463
Post-All Star	.305	292	89	13	1	6	23	13	17	.350	.418	June	.279	104	29	6	2	1	11	8	4	.342	.404
Inning 1-6	.309	456	141	27	5	7	35	20	22	.361	.436	July	.314	102	32	7	1	1	8	2	5	.336	.431
Inning 7+	.286	175	50	3	3	2	21	12	13	.346	.371	August	.333	126	42	7	0	1	11	4	5	.370	.413
Scoring Posn	.311	119	37	7	4	2	46	8	6	.373	.487	Sept/Oct	.266	94	25	1	0	5	9	8	8	.324	.479
Close & Late	.315	73	23	1	2	1	11	6	6	.390	.425	vs. AL	.300	60	18	3	1	0	1	2	3	.354	.383
None on/out	.343	277	95	15	3	4	4	17	12	.397	.462	vs. NL	.303	571	173	27	7	9	55	30	32	.357	.422

2001 By Position

Position	Avg	AB	H	2B	3B	HR	RBI	BB	SO	OBP	SLG	G	GS	Innings	PO	A	E	DP	Fld Pct	Rng Fctr	In Zone	Zone Outs	Zone Rtg	MLB Zone
As 2b	.303	630	191	30	8	9	56	32	35	.357	.419	151	149	1299.1	313	383	9	100	.987	4.82	417	353	.847	.824

Last Five Years

	Avg	AB	H	2B	3B	HR	RBI	BB	SO	OBP	SLG		Avg	AB	H	2B	3B	HR	RBI	BB	SO	OBP	SLG
vs. Left	.300	570	171	25	7	2	48	39	46	.378	.379	First Pitch	.323	452	146	26	3	6	38	5	0	.365	.434
vs. Right	.297	1663	494	87	16	23	128	109	100	.358	.410	Ahead in Count	.331	478	158	30	7	5	42	104	0	.457	.474
Home	.281	1104	310	48	16	9	91	83	67	.357	.378	Behind in Count	.258	892	230	37	10	6	61	0	130	.289	.342
Away	.314	1129	355	64	7	16	85	65	79	.369	.426	Two Strikes	.247	724	179	36	8	7	48	38	146	.310	.348
Day	.316	816	258	51	8	9	72	47	44	.374	.431	Batting #1	.298	2225	664	112	23	25	176	146	145	.363	.403
Night	.287	1417	407	61	15	16	104	101	102	.357	.385	Batting #9	.000	3	0	0	0	0	0	0	0	.000	.000
Grass	.295	1966	580	96	21	22	159	132	118	.361	.399	Other	.200	5	1	0	0	0	0	2	1	.429	.200
Turf	.318	267	85	16	2	3	17	16	28	.380	.427	March/April	.320	450	144	20	10	4	39	38	26	.388	.436
Pre-All Star	.297	1157	344	63	16	12	100	88	75	.367	.411	May	.286	364	104	25	4	3	32	30	29	.369	.418
Post-All Star	.298	1076	321	49	7	13	76	60	71	.358	.393	June	.258	271	70	13	2	2	22	17	17	.320	.343
Inning 1-6	.306	1613	493	94	15	20	120	99	99	.369	.420	July	.298	342	102	21	3	4	22	25	21	.369	.412
Inning 7+	.277	620	172	18	8	5	56	49	47	.348	.356	August	.333	453	151	19	1	4	35	22	23	.389	.406
Scoring Posn	.320	415	133	17	8	6	152	31	38	.382	.443	Sept/Oct	.266	353	94	14	3	6	26	16	30	.301	.374
Close & Late	.293	297	87	8	5	3	34	23	21	.358	.384	vs. AL	.279	459	128	19	3	5	36	20	33	.328	.366
None on/out	.289	966	279	60	10	8	8	60	52	.354	.396	vs. NL	.303	1774	537	93	20	20	140	128	113	.372	.411

Ken Vining — *White Sox*   Age 27 – Pitches Left

	ERA	W	L	Sv	G	GS	IP	BB	SO	Avg	H	2B	3B	HR	RBI	OBP	SLG	GF	IR	IRS	Hld	SvOp	SB	CS	GB	FB	G/F
2001 Season	17.55	0	0	0	8	0	6.2	7	3	.441	15	2	0	3	10	.548	.765	2	5	1	0	0	0	0	13	10	1.30

2001 Season

	ERA	W	L	Sv	G	GS	IP	H	HR	BB	SO		Avg	AB	H	2B	3B	HR	RBI	BB	SO	OBP	SLG
Home	24.30	0	0	0	4	0	3.1	11	1	6	2	vs. Left	.385	13	5	1	0	2	4	3	0	.500	.923
Away	10.80	0	0	0	4	0	3.1	4	2	1	1	vs. Right	.476	21	10	1	0	1	6	4	3	.577	.667

Jose Vizcaino — *Astros*   Age 34 – Bats Both (groundball hitter)

	Avg	G	AB	R	H	2B	3B	HR	RBI	BB	SO	HBP	GDP	SB	CS	OBP	SLG	IBB	SH	SF	#Pit	#P/PA	GB	FB	G/F
2001 Season	.277	107	256	38	71	8	3	1	14	15	33	2	6	3	2	.322	.344	0	9	0	942	3.34	104	69	1.51
Last Five Years	.262	532	1594	204	418	55	12	10	136	122	221	5	38	26	21	.315	.331	4	46	7	6170	3.48	702	358	1.96

2001 Season

	Avg	AB	H	2B	3B	HR	RBI	BB	SO	OBP	SLG		Avg	AB	H	2B	3B	HR	RBI	BB	SO	OBP	SLG
vs. Left	.250	36	9	0	0	0	3	3	2	.308	.250	Scoring Posn	.292	48	14	1	0	0	11	1	7	.306	.313
vs. Right	.282	220	62	8	3	1	11	12	31	.325	.359	Close & Late	.333	51	17	1	0	0	1	1	11	.346	.353
Home	.297	111	33	2	3	1	6	6	14	.345	.396	None on/out	.284	81	23	4	0	1	1	4	11	.318	.370
Away	.262	145	38	6	0	0	8	9	19	.305	.303	Batting #2	.327	153	50	5	2	1	11	9	13	.372	.405
First Pitch	.429	42	18	3	0	0	5	0	0	.429	.500	Batting #9	.196	51	10	2	0	0	1	5	17	.268	.216
Ahead in Count	.321	56	18	3	1	1	3	10	0	.433	.464	Other	.212	52	11	2	1	0	2	1	3	.226	.288
Behind in Count	.219	128	28	2	1	0	3	0	31	.225	.250	Pre-All Star	.268	127	34	1	1	1	5	10	15	.326	.315
Two Strikes	.140	107	15	1	0	0	2	5	33	.179	.150	Post-All Star	.287	129	37	7	2	0	9	5	18	.319	.372

450

	Avg	AB	H	2B	3B	HR	RBI	BB	SO	OBP	SLG		Avg	AB	H	2B	3B	HR	RBI	BB	SO	OBP	SLG
vs. Left	.277	354	98	16	1	1	34	37	52	.346	.336	First Pitch	.367	278	102	15	1	3	39	4	0	.373	.460
vs. Right	.258	1240	320	39	11	9	102	85	169	.306	.329	Ahead in Count	.306	310	95	18	1	3	26	69	0	.433	.400
Home	.244	745	182	23	8	3	55	56	100	.299	.309	Behind in Count	.207	730	151	15	6	3	40	0	204	.209	.256
Away	.278	849	236	32	4	7	81	66	121	.330	.350	Two Strikes	.189	671	127	15	3	3	41	49	221	.247	.234
Day	.265	604	160	23	9	5	64	46	102	.317	.358	Batting #2	.272	894	243	31	6	7	78	66	115	.323	.343
Night	.261	990	258	32	3	5	72	76	119	.315	.314	Batting #8	.231	242	56	4	1	1	21	31	37	.320	.269
Grass	.258	1361	351	47	11	7	112	96	183	.308	.324	Other	.260	458	119	20	5	2	37	25	69	.298	.338
Turf	.288	233	67	8	1	3	24	26	38	.359	.369	March/April	.239	247	59	4	2	1	19	30	31	.323	.283
Pre-All Star	.253	982	248	26	5	7	84	84	134	.312	.311	May	.268	313	84	13	2	3	30	25	39	.323	.351
Post-All Star	.278	612	170	29	7	3	52	38	87	.321	.363	June	.249	357	89	5	0	3	31	25	51	.299	.289
Inning 1-6	.268	1016	272	37	8	7	86	77	138	.319	.341	July	.255	251	64	11	2	0	16	13	37	.288	.315
Inning 7+	.253	578	146	18	4	3	50	45	83	.308	.313	August	.289	242	70	7	4	3	24	19	38	.346	.388
Scoring Posn	.290	373	108	15	0	1	116	31	39	.341	.338	Sept/Oct	.283	184	52	15	2	0	16	10	25	.320	.386
Close & Late	.288	274	79	9	1	1	22	19	45	.334	.339	vs. AL	.269	335	90	12	1	3	24	20	50	.308	.337
None on/out	.243	362	88	11	2	4	4	27	56	.296	.318	vs. NL	.261	1259	328	43	11	7	112	102	171	.317	.329

Luis Vizcaino — Athletics   Age 25 – Pitches Right

	ERA	W	L	Sv	G	GS	IP	BB	SO	Avg	H	2B	3B	HR	RBI	OBP	SLG	GF	IR	IRS	Hld	SvOp	SB	CS	GB	FB	G/F
2001 Season	4.66	2	1	1	36	0	36.2	12	31	.266	38	4	0	8	20	.321	.462	15	15	3	3	1	0	1	50	46	1.09
Career (1999-2001)	5.61	2	2	1	49	0	59.1	26	51	.277	66	8	0	11	36	.351	.450	17	28	8	3	1	3	1	82	77	1.06

2001 Season

	ERA	W	L	Sv	G	GS	IP	H	HR	BB	SO		Avg	AB	H	2B	3B	HR	RBI	BB	SO	OBP	SLG
Home	1.59	1	1	1	16	0	17.0	9	1	7	14	vs. Left	.241	58	14	4	0	4	9	5	12	.302	.517
Away	7.32	1	0	0	20	0	19.2	29	7	5	17	vs. Right	.282	85	24	0	0	4	11	7	19	.333	.424
Starter	0.00	0	0	0	0	0	0.0	0	0	0	0	Scoring Posn	.243	37	9	1	0	0	10	3	10	.293	.270
Reliever	4.66	2	1	1	36	0	36.2	38	8	12	31	Close & Late	.211	19	4	0	0	1	2	2	6	.286	.368
0 Days Rest (Relief)	5.11	1	1	0	11	0	12.1	16	4	3	9	None on/out	.257	35	9	0	0	6	6	2	5	.297	.771
1 or 2 Days Rest	2.13	0	0	0	14	0	12.2	8	1	7	10	First Pitch	.313	16	5	1	0	1	3	1	0	.353	.563
3+ Days Rest	6.94	1	0	1	11	0	11.2	14	3	2	12	Ahead in Count	.235	81	19	0	0	4	12	0	30	.232	.383
Pre-All Star	6.00	0	0	0	5	0	6.0	6	1	2	6	Behind in Count	.385	26	10	1	0	3	4	5	0	.484	.769
Post-All Star	4.40	2	1	1	31	0	30.2	32	7	10	25	Two Strikes	.243	74	18	2	0	4	11	6	31	.296	.432

Omar Vizquel — Indians   Age 35 – Bats Both

	Avg	G	AB	R	H	2B	3B	HR	RBI	BB	SO	HBP	GDP	SB	CS	OBP	SLG	IBB	SH	SF	#Pit	#P/PA	GB	FB	G/F
2001 Season	.255	155	611	84	156	26	8	2	50	61	72	2	14	13	9	.323	.334	0	15	4	2623	3.78	229	180	1.27
Last Five Years	.288	759	2939	472	847	142	27	21	281	332	316	14	61	157	52	.361	.376	2	67	24	12914	3.83	1049	890	1.18

2001 Season

	Avg	AB	H	2B	3B	HR	RBI	BB	SO	OBP	SLG		Avg	AB	H	2B	3B	HR	RBI	BB	SO	OBP	SLG
vs. Left	.228	171	39	6	0	1	11	12	23	.277	.281	First Pitch	.379	58	22	2	0	0	6	0	0	.379	.414
vs. Right	.266	440	117	20	8	1	39	49	49	.340	.355	Ahead in Count	.308	130	40	7	3	1	18	35	0	.452	.431
Home	.257	304	78	13	1	2	29	32	35	.327	.326	Behind in Count	.220	287	63	13	4	0	18	0	65	.223	.293
Away	.254	307	78	13	7	0	21	29	37	.319	.342	Two Strikes	.196	276	54	9	5	1	15	26	72	.270	.275
Day	.195	185	36	11	2	1	15	12	22	.246	.292	Batting #1	.260	50	13	2	0	0	2	4	5	.315	.300
Night	.282	426	120	15	6	1	35	49	50	.355	.352	Batting #2	.256	546	140	23	8	2	48	55	66	.325	.339
Grass	.256	551	141	26	2	48	55	63	.322	.328	Other	.200	15	3	1	0	0	0	2	1	.294	.267
Turf	.250	60	15	4	2	0	2	6	9	.328	.383	April	.202	89	18	3	0	0	7	10	10	.287	.236
Pre-All Star	.272	324	88	13	2	1	22	38	37	.347	.333	May	.326	95	31	4	1	1	9	16	10	.416	.421
Post-All Star	.237	287	68	13	6	1	28	23	35	.295	.334	June	.261	111	29	3	1	0	3	9	13	.317	.306
Inning 1-6	.264	432	114	17	3	0	30	47	51	.335	.317	July	.272	103	28	7	1	0	12	8	13	.321	.359
Inning 7+	.235	179	42	9	5	2	20	14	21	.292	.374	August	.279	122	34	8	4	0	16	7	11	.323	.410
Scoring Posn	.254	126	32	7	1	0	44	13	12	.315	.325	Sept/Oct	.176	91	16	1	1	1	3	11	15	.265	.242
Close & Late	.213	80	17	4	2	2	10	10	11	.308	.388	vs. AL	.252	540	136	22	8	2	46	54	64	.320	.333
None on/out	.253	146	37	8	3	0	15	19	.327	.349	vs. NL	.282	71	20	4	0	0	4	7	8	.346	.338

2001 By Position

Position	Avg	AB	H	2B	3B	HR	RBI	BB	SO	OBP	SLG	G	GS	Innings	PO	A	E	DP	Fld Pct	Rng Fctr	In Zone	Zone Outs	Zone Rtg	MLB Zone
As ss	.256	609	156	26	8	2	50	61	71	.324	.335	154	152	1320.2	219	414	7	88	.989	4.31	456	383	.840	.839

Last Five Years

	Avg	AB	H	2B	3B	HR	RBI	BB	SO	OBP	SLG		Avg	AB	H	2B	3B	HR	RBI	BB	SO	OBP	SLG
vs. Left	.262	793	208	44	2	6	69	82	88	.330	.346	First Pitch	.336	265	89	11	0	2	27	1	0	.343	.400
vs. Right	.298	2146	639	98	25	15	212	250	228	.372	.388	Ahead in Count	.335	632	212	47	10	8	109	202	0	.494	.479
Home	.290	1454	422	66	9	9	139	160	154	.360	.367	Behind in Count	.250	1413	353	54	12	7	85	0	286	.253	.320
Away	.286	1485	425	76	18	12	142	172	162	.361	.386	Two Strikes	.233	1336	311	49	13	7	79	129	316	.301	.305
Day	.288	897	258	47	6	11	89	94	98	.358	.390	Batting #2	.282	2294	647	106	21	13	216	266	251	.356	.364
Night	.288	2042	589	95	21	10	192	238	218	.362	.380	Batting #9	.323	344	111	21	3	4	31	35	33	.384	.436
Grass	.287	2516	721	114	22	14	244	281	267	.358	.366	Other	.296	301	89	15	3	4	34	35	30	.366	.405
Turf	.298	423	126	28	5	7	37	51	49	.376	.437	March/April	.270	411	111	16	4	3	51	50	48	.348	.350
Pre-All Star	.291	1549	450	73	17	11	154	173	167	.361	.381	May	.289	491	142	20	7	3	47	62	54	.367	.377
Post-All Star	.286	1390	397	69	10	10	127	159	149	.360	.371	June	.291	519	151	27	6	1	38	46	52	.349	.372
Inning 1-6	.289	2073	599	94	16	13	182	239	227	.363	.369	July	.302	487	147	28	3	5	51	50	45	.363	.402
Inning 7+	.286	866	248	48	11	8	99	93	89	.355	.395	August	.292	558	163	31	6	2	48	58	59	.361	.380
Scoring Posn	.278	697	194	42	6	6	246	85	85	.351	.382	Sept/Oct	.281	473	133	20	1	7	46	66	56	.366	.372

	Avg	AB	H	2B	3B	HR	RBI	BB	SO	OBP	SLG		Avg	AB	H	2B	3B	HR	RBI	BB	SO	OBP	SLG
												Last Five Years
Close & Late	.291	385	112	22	4	5	45	48	41	.372	.408	vs. AL	.290	2566	743	121	23	15	244	291	279	.362	.372
None on/out	.288	663	191	30	4	3	3	69	69	.356	.359	vs. NL	.279	373	104	21	4	6	37	41	37	.348	.405

Ryan Vogelsong — Pirates   Age 24 – Pitches Right (flyball pitcher)

	ERA	W	L	Sv	G	GS	IP	BB	SO	Avg	H	2B	3B	HR	RBI	OBP	SLG	GF	IR	IRS	Hld	SvOp	SB	CS	GB	FB	G/F
2001 Season	6.75	0	5	0	15	2	34.2	20	24	.277	39	9	0	6	25	.372	.468	8	5	0	1	0	4	1	42	56	0.75
Career (2000-2001)	5.75	0	5	0	19	2	40.2	22	30	.264	45	9	0	6	25	.356	.429	11	5	0	1	0	4	1	47	63	0.75

2001 Season

	ERA	W	L	Sv	G	GS	IP	H	HR	BB	SO		Avg	AB	H	2B	3B	HR	RBI	BB	SO	OBP	SLG
Home	9.97	0	3	0	9	2	21.2	27	6	15	15	vs. Left	.270	63	17	5	0	2	12	14	14	.405	.444
Away	1.38	0	2	0	6	0	13.0	12	0	5	9	vs. Right	.282	78	22	4	0	4	13	6	10	.341	.487

Ed Vosberg — Phillies   Age 40 – Pitches Left

	ERA	W	L	Sv	G	GS	IP	BB	SO	Avg	H	2B	3B	HR	RBI	OBP	SLG	GF	IR	IRS	Hld	SvOp	SB	CS	GB	FB	G/F
2001 Season	2.84	0	0	0	18	0	12.2	3	11	.186	8	1	0	0	7	.239	.209	4	24	4	0	0	0	0	18	8	2.25
Last Five Years	4.56	3	5	1	127	0	100.2	45	79	.284	110	21	3	8	63	.363	.415	34	104	27	23	5	0	1	140	112	1.25

2001 Season

	ERA	W	L	Sv	G	GS	IP	H	HR	BB	SO		Avg	AB	H	2B	3B	HR	RBI	BB	SO	OBP	SLG
Home	0.00	0	0	0	10	0	8.1	1	0	1	6	vs. Left	.231	13	3	1	0	0	6	2	1	.333	.308
Away	8.31	0	0	0	8	0	4.1	7	0	2	5	vs. Right	.167	30	5	0	0	0	1	1	10	.194	.167

Last Five Years

	ERA	W	L	Sv	G	GS	IP	H	HR	BB	SO		Avg	AB	H	2B	3B	HR	RBI	BB	SO	OBP	SLG
Home	3.42	3	3	0	63	0	52.2	51	4	21	40	vs. Left	.285	158	45	6	0	6	31	20	45	.376	.437
Away	5.81	0	2	1	64	0	48.0	59	4	24	39	vs. Right	.283	230	65	15	3	2	32	25	34	.354	.400
Day	2.60	1	0	0	36	0	27.2	31	0	11	24	Inning 1-6	.284	67	19	5	2	1	11	5	13	.342	.463
Night	5.30	2	5	1	91	0	73.0	79	8	34	55	Inning 7+	.283	321	91	16	1	7	52	40	66	.367	.405
Grass	5.59	2	5	0	89	0	66.0	84	7	25	51	None on	.276	185	51	10	2	5	5	9	46	.320	.432
Turf	2.60	1	0	1	38	0	34.2	26	1	20	28	Runners on	.291	203	59	11	1	3	58	36	33	.398	.399
March/April	8.31	0	1	0	9	0	8.2	13	1	3	4	Scoring Posn	.275	138	38	6	1	2	54	25	32	.376	.377
May	5.40	1	0	0	21	0	13.1	21	1	5	10	Close & Late	.308	107	33	6	1	4	25	24	23	.439	.495
June	6.48	0	2	0	24	0	16.2	18	1	7	19	None on/out	.330	88	29	7	2	2	2	2	19	.359	.523
July	1.32	0	0	0	32	0	27.1	20	1	10	16	vs. 1st Batr (relief)	.342	114	39	8	2	1	13	9	16	.405	.474
August	4.01	1	0	0	22	0	24.2	25	2	14	23	1st Inning Pitched	.305	328	100	19	3	7	59	38	66	.382	.445
Sept/Oct	7.20	1	2	1	19	0	10.0	13	2	6	7	First 15 Pitches	.308	279	86	16	3	6	47	32	49	.388	.452
Starter	0.00	0	0	0	0	0	0.0	0	0	0	0	Pitch 16-30	.225	89	20	4	0	2	14	11	24	.311	.337
Reliever	4.56	3	5	1	127	0	100.2	110	8	45	79	Pitch 31-45	.222	18	4	1	0	0	2	2	6	.286	.278
0 Days Rest (Relief)	4.34	0	2	0	32	0	29.0	34	5	10	23	Pitch 46+	.000	2	0	0	0	0	0	0	0	.000	.000
1 or 2 Days Rest	4.57	1	3	1	54	0	41.1	44	2	19	38	First Pitch	.346	52	18	4	2	2	17	5	0	.407	.615
3+ Days Rest	4.75	2	0	0	41	0	30.1	32	1	16	18	Ahead in Count	.210	157	33	1	0	2	12	0	65	.220	.255
vs. AL	4.08	2	2	0	52	0	46.1	46	4	17	34	Behind in Count	.315	92	29	7	0	1	18	23	0	.450	.424
vs. NL	4.97	1	3	1	75	0	54.1	64	4	28	45	Two Strikes	.217	175	38	5	1	4	17	17	79	.289	.326
Pre-All Star	6.05	1	3	0	61	0	41.2	54	3	15	34	Pre-All Star	.320	169	54	12	2	3	35	15	34	.382	.467
Post-All Star	3.51	2	2	1	66	0	59.0	56	5	30	45	Post-All Star	.256	219	56	9	1	5	28	30	45	.349	.374

Brad Voyles — Royals   Age 25 – Pitches Right

	ERA	W	L	Sv	G	GS	IP	BB	SO	Avg	H	2B	3B	HR	RBI	OBP	SLG	GF	IR	IRS	Hld	SvOp	SB	CS	GB	FB	G/F
2001 Season	3.86	0	0	0	7	0	9.1	8	6	.161	5	3	0	1	6	.350	.355	3	3	2	1	0	0	0	8	12	0.67

2001 Season

	ERA	W	L	Sv	G	GS	IP	H	HR	BB	SO		Avg	AB	H	2B	3B	HR	RBI	BB	SO	OBP	SLG
Home	1.80	0	0	0	3	0	5.0	3	1	2	5	vs. Left	.133	15	2	0	0	1	3	5	2	.350	.333
Away	6.23	0	0	0	4	0	4.1	2	0	6	1	vs. Right	.188	16	3	3	0	0	3	3	4	.350	.375

Billy Wagner — Astros   Age 30 – Pitches Left

	ERA	W	L	Sv	G	GS	IP	BB	SO	Avg	H	2B	3B	HR	RBI	OBP	SLG	GF	IR	IRS	Hld	SvOp	SB	CS	GB	FB	G/F
2001 Season	2.73	2	5	39	64	0	62.2	20	79	.198	44	13	0	5	22	.278	.324	58	9	3	0	41	2	2	63	53	1.19
Last Five Years	2.78	19	21	137	278	0	291.1	116	434	.193	202	37	1	27	109	.278	.307	231	85	27	3	162	15	4	254	233	1.09

2001 Season

	ERA	W	L	Sv	G	GS	IP	H	HR	BB	SO		Avg	AB	H	2B	3B	HR	RBI	BB	SO	OBP	SLG
Home	3.71	1	4	16	35	0	34.0	25	4	10	41	vs. Left	.261	46	12	2	0	1	8	3	14	.300	.370
Away	1.57	1	1	23	29	0	28.2	19	1	10	38	vs. Right	.182	176	32	11	0	4	14	17	65	.273	.313
Day	3.06	0	2	11	19	0	17.2	11	1	5	23	Inning 1-6	.000	0	0	0	0	0	0	0	0	.000	.000
Night	2.60	2	3	28	45	0	45.0	33	4	15	56	Inning 7+	.198	222	44	13	0	5	22	20	79	.278	.324
Grass	2.87	2	5	37	61	0	59.2	41	5	20	73	None on	.182	137	25	8	0	1	1	10	46	.243	.263
Turf	0.00	0	0	2	3	0	3.0	3	0	0	6	Runners on	.224	85	19	5	0	4	21	10	33	.330	.424
April	4.09	0	1	5	11	0	11.0	9	2	4	13	Scoring Posn	.191	47	9	1	0	1	12	7	21	.328	.277
May	2.13	2	1	7	12	0	12.2	8	0	7	19	Close & Late	.185	162	30	8	0	3	16	19	58	.289	.290
June	2.84	0	1	4	7	0	6.1	6	0	0	10	None on/out	.161	56	9	3	0	0	0	5	19	.230	.214
July	4.09	0	0	8	12	0	11.0	8	2	5	13	vs. 1st Batr (relief)	.138	58	8	3	0	0	0	5	21	.219	.190
August	1.64	0	0	8	11	0	11.0	6	1	2	11	1st Inning Pitched	.197	218	43	13	0	5	21	18	76	.274	.326

2001 Season

	ERA	W	L	Sv	G	GS	IP	H	HR	BB	SO		Avg	AB	H	2B	3B	HR	RBI	BB	SO	OBP	SLG
Sept/Oct	1.69	0	1	7	11	0	10.2	7	0	2	13	First 15 Pitches	.207	174	36	12	0	4	17	10	55	.266	.345
Starter	0.00	0	0	0	1	0	0.0	0	0	0	0	Pitch 16-30	.182	44	8	1	0	1	4	9	20	.333	.273
Reliever	2.73	2	5	39	64	0	62.2	44	5	20	79	Pitch 31-45	.000	2	0	0	0	0	1	1	2	.250	.000
0 Days Rest (Relief)	7.15	1	1	7	13	0	11.1	13	2	8	19	Pitch 46+	.000	2	0	0	0	0	0	0	2	.000	.000
1 or 2 Days Rest	1.69	0	2	24	33	0	32.0	19	3	6	37	First Pitch	.250	20	5	4	0	0	2	0	0	.286	.450
3+ Days Rest	1.86	1	2	8	18	0	19.1	12	0	6	23	Ahead in Count	.143	133	19	5	0	3	9	0	74	.148	.248
vs. AL	6.00	0	0	2	3	0	3.0	3	1	3	5	Behind in Count	.297	37	11	1	0	1	6	9	0	.447	.405
vs. NL	2.56	2	5	37	61	0	59.2	41	4	17	74	Two Strikes	.129	132	17	3	0	3	7	11	79	.194	.220
Pre-All Star	3.00	2	3	19	33	0	33.0	26	2	12	46	Pre-All Star	.215	121	26	9	0	2	11	12	46	.284	.339
Post-All Star	2.43	0	2	20	31	0	29.2	18	3	8	33	Post-All Star	.178	101	18	4	0	3	11	8	33	.272	.307

Last Five Years

	ERA	W	L	Sv	G	GS	IP	H	HR	BB	SO		Avg	AB	H	2B	3B	HR	RBI	BB	SO	OBP	SLG
Home	3.25	8	12	64	143	0	146.2	111	15	45	212	vs. Left	.251	203	51	7	0	5	30	23	65	.332	.360
Away	2.30	11	9	73	135	0	144.2	91	12	71	222	vs. Right	.178	846	151	30	1	22	79	93	369	.266	.294
Day	3.25	7	12	39	89	0	88.2	63	9	38	143	Inning 1-6	.000	0	0	0	0	0	2	4	0	1.000	.000
Night	2.58	12	9	98	189	0	202.2	139	18	78	291	Inning 7+	.193	1049	202	37	1	27	107	112	434	.276	.307
Grass	3.28	11	16	71	151	0	159.1	119	16	73	214	None on	.180	568	102	22	0	12	12	65	254	.268	.282
Turf	2.18	8	5	66	127	0	132.0	83	11	43	220	Runners on	.208	481	100	15	1	15	97	51	180	.290	.337
March/April	3.04	2	6	26	51	0	53.1	36	5	21	84	Scoring Posn	.194	278	54	7	1	6	73	38	108	.297	.291
May	3.09	4	4	26	57	0	64.0	44	7	25	96	Close & Late	.200	765	153	25	1	20	91	85	314	.286	.314
June	2.79	5	3	21	42	0	42.0	31	3	20	66	None on/out	.187	251	47	8	0	5	5	22	108	.258	.279
July	2.76	4	2	25	42	0	45.2	34	5	17	62	vs. 1st Batr (relief)	.190	247	47	7	0	6	15	28	99	.281	.291
August	2.59	2	3	18	40	0	41.2	29	4	13	59	1st Inning Pitched	.183	921	169	31	0	22	92	101	370	.270	.289
Sept/Oct	2.22	2	3	21	46	0	44.2	28	3	20	67	First 15 Pitches	.191	685	131	27	0	16	58	63	263	.266	.301
Starter	0.00	0	0	0	1	0	0.0	0	0	0	0	Pitch 16-30	.192	312	60	9	1	10	44	46	138	.302	.324
Reliever	2.78	19	21	137	278	0	291.1	202	27	116	434	Pitch 31-45	.244	45	11	1	0	1	7	7	28	.340	.333
0 Days Rest (Relief)	3.78	4	4	36	57	0	52.1	44	5	19	90	Pitch 46+	.000	7	0	0	0	0	0	5	.000	.000
1 or 2 Days Rest	2.93	9	12	68	135	0	150.2	107	17	59	218	First Pitch	.349	83	29	6	0	3	11	3	0	.393	.530
3+ Days Rest	1.94	6	5	33	86	0	88.1	51	5	38	136	Ahead in Count	.147	681	100	15	1	16	56	0	373	.149	.242
vs. AL	1.04	3	0	7	17	0	17.1	7	1	9	28	Behind in Count	.340	106	36	5	0	6	26	53	0	.564	.557
vs. NL	2.89	16	21	130	261	0	274.0	195	26	107	406	Two Strikes	.135	732	99	14	1	14	54	60	434	.202	.214
Pre-All Star	2.92	12	13	83	164	0	175.2	123	16	71	270	Pre-All Star	.193	638	123	27	1	18	63	71	270	.276	.313
Post-All Star	2.57	7	8	54	114	0	115.2	79	11	45	164	Post-All Star	.192	411	79	10	0	11	46	45	164	.282	.297

Tim Wakefield — Red Sox
Age 35 – Pitches Right (flyball pitcher)

	ERA	W	L	Sv	G	GS	IP	BB	SO	Avg	H	2B	3B	HR	RBI	OBP	SLG	GF	IR	IRS	Hld	SvOp	SB	CS	GB	FB	G/F
2001 Season	3.90	9	12	3	45	17	168.2	73	148	.248	156	31	3	13	80	.339	.369	5	14	8	3	5	32	11	219	176	1.24
Last Five Years	4.62	50	56	18	216	113	885.1	376	651	.258	876	186	17	117	450	.339	.427	49	42	15	7	24	147	45	1072	1107	0.97

2001 Season

	ERA	W	L	Sv	G	GS	IP	H	HR	BB	SO		Avg	AB	H	2B	3B	HR	RBI	BB	SO	OBP	SLG
Home	3.63	5	6	2	24	7	79.1	76	4	28	65	vs. Left	.226	266	60	13	1	5	30	35	56	.316	.338
Away	4.13	4	6	1	21	10	89.1	80	9	45	83	vs. Right	.264	363	96	18	2	8	50	38	92	.355	.391
Day	4.09	4	3	0	13	6	55.0	49	5	19	51	Inning 1-6	.246	468	115	23	2	8	58	57	110	.339	.355
Night	3.80	5	9	3	32	11	113.2	107	8	54	97	Inning 7+	.255	161	41	8	1	5	22	16	38	.339	.410
Grass	4.04	8	11	2	39	12	133.2	130	10	55	111	None on	.255	329	84	14	1	9	9	47	84	.357	.386
Turf	3.34	1	1	1	6	5	35.0	26	3	18	37	Runners on	.240	300	72	17	2	4	71	26	64	.319	.350
April	2.95	1	0	2	6	0	18.1	21	2	1	15	Scoring Posn	.238	181	43	9	2	2	63	20	41	.335	.343
May	1.98	1	0	0	9	2	27.1	17	2	10	25	Close & Late	.311	61	19	3	1	1	9	11	9	.440	.443
June	2.40	3	2	0	7	6	41.1	30	1	19	42	None on/out	.285	151	43	7	1	6	6	23	37	.390	.464
July	6.51	1	4	0	6	5	27.2	32	3	24	19	vs. 1st Batr (relief)	.250	24	6	0	0	0	2	3	6	.321	.250
August	4.86	2	4	0	8	4	33.1	34	3	12	26	1st Inning Pitched	.201	154	31	6	1	3	25	23	39	.317	.312
Sept/Oct	5.23	1	2	1	9	0	20.2	22	2	7	21	First 15 Pitches	.213	127	27	4	1	2	16	14	29	.304	.307
Starter	4.30	5	9	0	17	17	104.2	95	8	56	91	Pitch 16-30	.297	128	38	5	0	4	20	18	28	.387	.430
Reliever	3.23	4	3	3	28	0	64.0	61	5	17	57	Pitch 31-45	.207	116	24	5	0	1	14	13	31	.313	.276
0 Days Rest (Relief)	1.50	0	1	0	2	0	6.0	7	0	1	3	Pitch 46+	.260	258	67	17	2	6	30	28	60	.343	.411
1 or 2 Days Rest	4.18	3	2	1	15	0	32.1	29	2	12	33	First Pitch	.310	71	22	7	0	1	5	1	0	.354	.451
3+ Days Rest	2.45	1	0	2	11	0	25.2	25	3	4	21	Ahead in Count	.192	343	66	11	1	4	39	0	124	.207	.265
vs. AL	3.71	9	9	3	41	14	150.1	132	11	59	133	Behind in Count	.376	101	38	8	1	3	19	43	0	.566	.564
vs. NL	5.40	0	3	0	4	3	18.1	24	2	14	15	Two Strikes	.176	324	57	12	0	5	35	29	148	.256	.259
Pre-All Star	2.58	6	2	2	24	9	94.1	77	5	33	86	Pre-All Star	.225	342	77	13	2	5	32	33	86	.302	.319
Post-All Star	5.57	3	10	1	21	8	74.1	79	8	40	62	Post-All Star	.275	287	79	18	1	8	48	40	62	.381	.429

Last Five Years

	ERA	W	L	Sv	G	GS	IP	H	HR	BB	SO		Avg	AB	H	2B	3B	HR	RBI	BB	SO	OBP	SLG
Home	4.50	23	28	11	109	52	432.0	452	58	153	294	vs. Left	.265	1513	401	87	11	47	200	170	263	.339	.430
Away	4.72	27	28	7	107	61	453.1	424	59	223	357	vs. Right	.253	1879	475	99	6	70	250	206	388	.338	.424
Day	3.89	16	18	6	67	36	284.2	256	37	112	217	Inning 1-6	.262	2631	689	147	13	87	358	284	498	.341	.427
Night	4.96	34	38	12	149	77	600.2	620	80	264	434	Inning 7+	.246	761	187	39	4	30	92	92	153	.332	.426
Grass	4.62	46	51	15	191	98	775.2	785	106	316	562	None on	.260	1896	493	94	11	66	66	220	343	.347	.426
Turf	4.60	4	5	3	25	15	109.2	91	11	60	89	Runners on	.256	1496	383	92	6	51	384	156	308	.329	.428
March/April	4.77	6	6	3	28	13	111.1	115	15	39	71	Scoring Posn	.245	893	219	45	5	30	328	111	202	.328	.408
May	4.44	7	7	2	38	19	146.0	149	16	63	102	Close & Late	.237	334	79	17	3	11	33	46	61	.336	.404
June	4.19	10	12	5	39	22	165.1	147	17	76	126	None on/out	.258	846	218	44	5	29	29	97	152	.346	.424

453

	ERA	W	L	Sv	G	GS	IP	H	HR	BB	SO	Last Five Years	Avg	AB	H	2B	3B	HR	RBI	BB	SO	OBP	SLG
July	3.83	9	10	6	35	19	152.2	138	22	71	118	vs. 1st Batr (relief)	.242	91	22	3	0	3	10	8	21	.301	.374
August	6.02	10	14	1	38	25	175.0	199	28	73	122	1st Inning Pitched	.228	767	175	30	3	25	99	99	175	.320	.373
Sept/Oct	4.27	8	7	2	38	15	135.0	128	19	55	112	First 15 Pitches	.252	608	153	22	4	20	58	68	127	.332	.400
Starter	4.80	43	45	0	113	113	691.1	701	91	296	479	Pitch 16-30	.245	628	154	26	1	27	93	75	126	.331	.419
Reliever	3.94	7	11	18	103	0	194.0	175	26	80	172	Pitch 31-45	.244	532	130	29	2	13	77	60	105	.329	.380
0 Days Rest (Relief)	1.88	0	2	5	18	0	28.2	25	3	8	22	Pitch 46+	.270	1624	439	109	10	57	222	173	293	.347	.455
1 or 2 Days Rest	5.42	4	6	5	48	0	84.2	78	13	41	75	First Pitch	.375	451	169	30	3	32	91	7	0	.397	.667
3+ Days Rest	3.12	3	3	8	37	0	80.2	72	10	31	75	Ahead in Count	.213	1782	379	89	9	36	182	0	548	.221	.333
vs. AL	4.74	43	47	15	188	96	759.2	756	104	307	566	Behind in Count	.321	579	186	36	4	29	104	208	0	.501	.547
vs. NL	3.87	7	9	3	28	17	125.2	120	13	69	85	Two Strikes	.182	1634	297	70	6	32	150	161	651	.263	.291
Pre-All Star	4.33	27	26	12	117	58	463.2	441	50	192	334	Pre-All Star	.251	1756	441	98	8	50	208	192	334	.330	.401
Post-All Star	4.93	23	30	6	99	55	421.2	435	67	184	317	Post-All Star	.266	1636	435	88	9	67	242	184	317	.348	.454

Chris Wakeland — Tigers

Age 28 – Bats Left

	Avg	G	AB	R	H	2B	3B	HR	RBI	BB	SO	HBP	GDP	SB	CS	OBP	SLG	IBB	SH	SF	#Pit	#P/PA	GB	FB	G/F
2001 Season	.250	10	36	5	9	2	0	2	6	0	13	0	0	0	0	.250	.472	0	0	0	127	3.53	10	11	0.91

2001 Season

	Avg	AB	H	2B	3B	HR	RBI	BB	SO	OBP	SLG		Avg	AB	H	2B	3B	HR	RBI	BB	SO	OBP	SLG
vs. Left	.000	3	0	0	0	0	0	0	0	.000	.000	Scoring Posn	.375	8	3	1	0	1	5	0	3	.375	.875
vs. Right	.273	33	9	2	0	2	6	0	13	.273	.515	Close & Late	.200	5	1	0	0	0	0	0	2	.200	.200

Matt Walbeck — Phillies

Age 32 – Bats Both

	Avg	G	AB	R	H	2B	3B	HR	RBI	BB	SO	HBP	GDP	SB	CS	OBP	SLG	IBB	SH	SF	#Pit	#P/PA	GB	FB	G/F
2001 Season	1.000	1	1	0	1	0	0	0	0	0	0	0	0	0	0	1.000	1.000	0	0	0	6	6.00	0	0	0.00
Last Five Years	.246	310	910	102	224	31	3	18	90	75	155	6	27	6	8	.305	.346	1	9	8	3670	3.64	337	251	1.34

2001 Season

	Avg	AB	H	2B	3B	HR	RBI	BB	SO	OBP	SLG		Avg	AB	H	2B	3B	HR	RBI	BB	SO	OBP	SLG
vs. Left	.000	0	0	0	0	0	0	0	0	.000	.000	Scoring Posn	.000	0	0	0	0	0	0	0	0	.000	.000
vs. Right	1.000	1	1	0	0	0	0	0	0	1.000	1.000	Close & Late	.000	0	0	0	0	0	0	0	0	.000	.000

Last Five Years

	Avg	AB	H	2B	3B	HR	RBI	BB	SO	OBP	SLG		Avg	AB	H	2B	3B	HR	RBI	BB	SO	OBP	SLG
vs. Left	.280	189	53	9	1	2	18	12	23	.323	.370	First Pitch	.271	170	46	5	1	3	20	1	0	.275	.365
vs. Right	.237	721	171	22	2	16	72	63	132	.301	.340	Ahead in Count	.323	195	63	12	0	7	35	43	0	.436	.492
Home	.227	427	97	12	1	7	41	36	78	.289	.309	Behind in Count	.201	368	74	7	1	5	24	0	137	.211	.266
Away	.263	483	127	19	2	11	49	39	77	.320	.379	Two Strikes	.201	398	80	9	0	5	22	31	155	.262	.261
Day	.230	291	67	10	0	6	28	30	54	.301	.326	Batting #7	.272	261	71	13	1	4	34	14	45	.312	.375
Night	.254	619	157	21	3	12	62	45	101	.308	.355	Batting #8	.235	524	123	14	2	11	41	50	87	.303	.332
Grass	.247	797	197	24	3	14	81	65	141	.306	.338	Other	.240	125	30	4	0	3	15	11	23	.302	.344
Turf	.239	113	27	7	0	4	9	10	14	.301	.407	March/April	.268	168	45	3	1	4	15	13	23	.324	.369
Pre-All Star	.253	495	125	17	3	11	50	37	75	.307	.366	May	.221	145	32	5	1	4	13	7	25	.257	.352
Post-All Star	.239	415	99	14	0	7	40	38	80	.304	.323	June	.259	147	38	8	0	2	19	10	20	.308	.354
Inning 1-6	.244	581	142	22	2	12	67	41	100	.296	.351	July	.225	160	36	5	1	5	16	17	29	.302	.363
Inning 7+	.249	329	82	9	1	6	23	34	55	.322	.337	August	.240	154	37	4	0	2	19	18	30	.318	.305
Scoring Posn	.246	244	60	10	2	4	73	20	44	.297	.352	Sept/Oct	.265	136	36	6	0	1	8	10	28	.313	.331
Close & Late	.259	162	42	3	0	3	11	15	33	.330	.333	vs. AL	.242	776	188	29	2	15	70	68	136	.305	.343
None on/out	.307	202	62	9	0	7	7	23	26	.383	.455	vs. NL	.269	134	36	2	1	3	20	7	19	.308	.366

Kevin Walker — Padres

Age 25 – Pitches Left

	ERA	W	L	Sv	G	GS	IP	BB	SO	Avg	H	2B	3B	HR	RBI	OBP	SLG	GF	IR	IRS	Hld	SvOp	SB	CS	GB	FB	G/F
2001 Season	3.00	0	0	0	16	0	12.0	8	17	.122	5	2	1	0	1	.265	.220	5	6	1	4	1	0	0	10	10	1.00
Career (2000-2001)	4.00	7	1	0	86	0	78.2	46	73	.194	54	8	1	5	35	.316	.283	19	54	15	23	1	2	1	105	70	1.50

2001 Season

	ERA	W	L	Sv	G	GS	IP	H	HR	BB	SO		Avg	AB	H	2B	3B	HR	RBI	BB	SO	OBP	SLG
Home	1.50	0	0	0	8	0	6.0	2	0	4	7	vs. Left	.150	20	3	1	0	0	0	3	8	.261	.200
Away	4.50	0	0	0	8	0	6.0	3	0	4	10	vs. Right	.095	21	2	1	1	0	1	5	9	.269	.238

Career (2000-2001)

	ERA	W	L	Sv	G	GS	IP	H	HR	BB	SO		Avg	AB	H	2B	3B	HR	RBI	BB	SO	OBP	SLG
Home	2.80	5	0	0	40	0	35.1	19	1	19	30	vs. Left	.240	125	30	3	0	1	9	12	41	.317	.288
Away	4.98	2	1	0	46	0	43.1	35	4	27	43	vs. Right	.156	154	24	5	1	4	26	34	32	.316	.279
Day	5.81	5	0	0	35	0	31.0	26	3	19	27	Inning 1-6	.186	43	8	0	0	2	10	7	9	.308	.326
Night	2.83	2	0	0	51	0	47.2	28	2	27	46	Inning 7+	.195	236	46	8	1	3	25	39	64	.318	.275
Grass	3.52	7	1	0	76	0	69.0	45	3	41	64	None on	.136	162	22	2	0	2	2	19	50	.235	.185
Turf	7.45	0	0	0	10	0	9.2	9	2	5	9	Runners on	.274	117	32	6	1	3	33	27	23	.416	.419
March/April	5.27	0	0	0	16	0	13.2	8	1	12	18	Scoring Posn	.234	77	18	2	0	3	30	21	18	.408	.377
May	4.26	1	0	0	19	0	19.0	12	2	10	14	Close & Late	.184	136	25	5	1	1	11	24	42	.317	.257
June	3.18	2	0	0	14	0	11.1	7	0	1	8	None on/out	.104	67	7	0	0	0	0	7	22	.189	.104
July	1.35	0	0	0	13	0	13.1	9	1	6	11	vs. 1st Batr (relief)	.125	72	9	0	0	0	5	12	24	.259	.153
August	6.39	4	1	0	13	0	12.2	9	1	11	14	1st Inning Pitched	.203	236	48	8	1	4	32	39	60	.325	.297
Sept/Oct	3.12	0	0	0	11	0	8.2	3	0	6	8	First 15 Pitches	.184	190	35	5	1	2	20	30	51	.304	.253
Starter	0.00	0	0	0	0	0	0.0	0	0	0	0	Pitch 16-30	.228	79	18	3	0	2	9	14	19	.351	.342
Reliever	4.00	7	1	0	86	0	78.2	54	5	46	73	Pitch 31-45	.100	10	1	0	0	1	6	2	3	.286	.400

Career (2000-2001)

	ERA	W	L	Sv	G	GS	IP	H	HR	BB	SO		Avg	AB	H	2B	3B	HR	RBI	BB	SO	OBP	SLG
0 Days Rest (Relief)	2.00	3	0	0	22	0	18.0	16	0	12	22	Pitch 46+	.000	0	0	0	0	0	0	0	0	.000	.000
1 or 2 Days Rest	4.34	3	1	0	48	0	45.2	26	3	25	41	First Pitch	.192	26	5	2	0	0	6	4	0	.344	.269
3+ Days Rest	5.40	1	0	0	16	0	15.0	12	2	9	10	Ahead in Count	.138	138	19	1	0	4	16	0	61	.143	.232
vs. AL	0.00	0	0	0	7	0	8.1	3	0	2	10	Behind in Count	.286	56	16	2	0	1	8	25	0	.506	.375
vs. NL	4.48	7	1	0	79	0	70.1	51	5	44	63	Two Strikes	.158	152	24	4	1	4	19	17	73	.246	.276
Pre-All Star	4.07	3	0	0	53	0	48.2	36	3	27	43	Pre-All Star	.201	179	36	6	1	3	26	27	43	.311	.296
Post-All Star	3.90	4	1	0	33	0	30.0	18	2	19	30	Post-All Star	.180	100	18	2	0	2	9	19	30	.325	.260

Larry Walker — Rockies   Age 35 – Bats Left (groundball hitter)

	Avg	G	AB	R	H	2B	3B	HR	RBI	BB	SO	HBP	GDP	SB	CS	OBP	SLG	IBB	SH	SF	#Pit	#P/PA	GB	FB	G/F
2001 Season	.350	142	497	107	174	35	3	38	123	82	103	14	9	14	5	.449	.662	6	0	8	2182	3.63	190	118	1.61
Last Five Years	.357	639	2271	535	810	174	21	156	486	327	346	53	59	77	26	.445	.658	34	0	23	9203	3.44	911	593	1.54

2001 Season

	Avg	AB	H	2B	3B	HR	RBI	BB	SO	OBP	SLG		Avg	AB	H	2B	3B	HR	RBI	BB	SO	OBP	SLG
vs. Left	.378	148	56	13	0	14	52	15	33	.443	.750	First Pitch	.414	99	41	9	1	9	35	6	0	.464	.798
vs. Right	.338	349	118	22	3	24	71	67	70	.452	.625	Ahead in Count	.516	93	48	10	1	13	33	37	0	.652	1.065
Home	.406	251	102	26	3	20	74	33	41	.483	.773	Behind in Count	.257	210	54	10	0	10	34	0	82	.277	.448
Away	.293	246	72	9	0	18	49	49	62	.416	.549	Two Strikes	.215	219	47	10	1	9	34	39	103	.345	.393
Day	.353	173	61	11	1	16	55	38	41	.470	.705	Batting #3	.350	489	171	34	3	38	120	76	101	.445	.665
Night	.349	324	113	24	2	22	68	44	69	.438	.639	Batting #9	.400	5	2	0	0	0	2	3	1	.625	.400
Grass	.349	479	167	34	3	37	122	71	99	.441	.664	Other	.333	3	1	1	0	0	1	3	1	.667	.667
Turf	.389	18	7	1	0	1	1	11	4	.621	.611	April	.375	88	33	7	1	11	30	9	18	.446	.852
Pre-All Star	.343	297	102	19	1	27	83	46	62	.439	.687	May	.293	92	27	5	0	5	20	20	21	.432	.511
Post-All Star	.360	200	72	16	2	11	40	36	41	.463	.625	June	.374	99	37	6	0	9	28	16	19	.462	.707
Inning 1-6	.361	352	127	26	2	27	91	49	69	.447	.676	July	.276	58	16	6	0	3	10	7	13	.354	.534
Inning 7+	.324	145	47	9	1	11	32	33	34	.454	.628	August	.386	88	34	6	2	5	20	11	15	.447	.670
Scoring Posn	.379	124	47	19	0	11	85	31	29	.491	.798	Sept/Oct	.375	72	27	5	0	5	15	19	17	.500	.653
Close & Late	.318	66	21	3	1	6	15	23	14	.511	.667	vs. AL	.294	34	10	5	0	2	7	6	7	.400	.618
None on/out	.358	81	29	5	1	5	5	12	10	.453	.630	vs. NL	.354	463	164	30	3	36	116	76	96	.453	.665

2001 By Position

Position	Avg	AB	H	2B	3B	HR	RBI	BB	SO	OBP	SLG	G	GS	Innings	PO	A	E	DP	Fld Pct	Rng Fctr	In Outs	Zone Rtg	MLB Zone
As rf	.355	473	168	31	3	37	118	76	98	.452	.668	129	126	1097.0	243	8	4	4	.984	2.06	257	230	.895	.884

Last Five Years

	Avg	AB	H	2B	3B	HR	RBI	BB	SO	OBP	SLG		Avg	AB	H	2B	3B	HR	RBI	BB	SO	OBP	SLG
vs. Left	.337	650	219	51	6	34	145	80	101	.423	.591	First Pitch	.415	499	207	42	7	37	127	30	0	.457	.749
vs. Right	.365	1621	591	123	15	122	341	247	245	.454	.685	Ahead in Count	.437	487	213	49	6	49	126	171	0	.586	.864
Home	.408	1180	481	108	15	90	292	152	139	.482	.753	Behind in Count	.286	892	255	57	6	43	148	0	266	.300	.508
Away	.302	1091	329	66	6	66	194	175	207	.406	.555	Two Strikes	.246	885	218	47	5	34	131	126	346	.348	.426
Day	.386	873	337	75	7	67	209	130	118	.472	.718	Batting #3	.360	2037	734	157	20	145	446	293	305	.448	.671
Night	.338	1398	473	99	14	89	277	197	228	.428	.620	Batting #4	.356	177	63	14	1	9	26	23	26	.436	.599
Grass	.363	1994	723	152	19	136	435	288	291	.450	.662	Other	.228	57	13	3	0	2	14	11	15	.371	.386
Turf	.314	277	87	22	2	20	51	39	55	.407	.625	March/April	.384	404	155	28	4	30	101	50	58	.458	.696
Pre-All Star	.359	1329	477	104	14	90	289	183	198	.447	.661	May	.339	431	146	39	5	21	79	60	65	.429	.599
Post-All Star	.354	942	333	70	7	66	197	144	148	.443	.653	June	.381	391	149	33	5	32	95	60	56	.478	.737
Inning 1-6	.369	1614	596	131	15	109	353	219	236	.452	.672	July	.300	404	121	26	2	26	75	54	62	.386	.567
Inning 7+	.326	657	214	43	6	47	133	108	110	.427	.624	August	.354	401	142	29	5	26	78	50	61	.428	.646
Scoring Posn	.362	566	205	43	7	33	313	123	89	.475	.638	Sept/Oct	.404	240	97	19	0	21	58	53	44	.508	.746
Close & Late	.323	319	103	16	3	23	59	68	57	.448	.608	vs. AL	.309	162	50	13	0	13	35	27	22	.420	.630
None on/out	.369	447	165	44	9	30	30	45	58	.435	.691	vs. NL	.360	2109	760	161	21	143	451	300	324	.447	.660

Pete Walker — Mets   Age 33 – Pitches Right (groundball pitcher)

	ERA	W	L	Sv	G	GS	IP	BB	SO	Avg	H	2B	3B	HR	RBI	OBP	SLG	GF	IR	IRS	Hld	SvOp	SB	CS	GB	FB	G/F
2001 Season	2.70	0	0	0	2	0	6.2	0	4	.240	6	2	0	0	2	.240	.320	1	3	0	0	0	0	0	12	6	2.00
Last Five Years	8.74	0	0	0	5	0	11.1	4	6	.333	16	4	1	1	11	.385	.521	2	3	0	0	1	0	23	12	1.92

2001 Season

	ERA	W	L	Sv	G	GS	IP	H	HR	BB	SO		Avg	AB	H	2B	3B	HR	RBI	BB	SO	OBP	SLG
Home	4.50	0	0	0	1	0	2.0	2	0	0	2	vs. Left	.250	8	2	1	0	0	1	0	2	.250	.375
Away	1.93	0	0	0	1	0	4.2	4	0	0	2	vs. Right	.235	17	4	1	0	0	1	0	2	.235	.294

Todd Walker — Reds   Age 29 – Bats Left

	Avg	G	AB	R	H	2B	3B	HR	RBI	BB	SO	HBP	GDP	SB	CS	OBP	SLG	IBB	SH	SF	#Pit	#P/PA	GB	FB	G/F
2001 Season	.296	151	551	93	163	35	2	17	75	51	82	1	14	1	8	.355	.459	1	4	3	2434	3.99	192	167	1.15
Last Five Years	.291	569	2014	297	587	131	14	47	243	188	289	6	52	52	26	.351	.440	16	6	17	8476	3.80	796	568	1.40

2001 Season

	Avg	AB	H	2B	3B	HR	RBI	BB	SO	OBP	SLG		Avg	AB	H	2B	3B	HR	RBI	BB	SO	OBP	SLG
vs. Left	.269	108	29	9	0	2	12	2	16	.288	.407	First Pitch	.397	68	27	8	0	3	19	1	0	.406	.647
vs. Right	.302	443	134	26	2	15	63	49	66	.370	.472	Ahead in Count	.373	102	38	9	1	5	19	20	0	.475	.627
Home	.350	274	96	25	1	13	51	24	31	.402	.591	Behind in Count	.255	255	65	11	0	6	22	0	65	.252	.376
Away	.242	277	67	10	1	4	24	27	51	.308	.329	Two Strikes	.209	263	55	9	1	4	21	30	82	.289	.297

455

2001 Season

	Avg	AB	H	2B	3B	HR	RBI	BB	SO	OBP	SLG		Avg	AB	H	2B	3B	HR	RBI	BB	SO	OBP	SLG
Day	.297	202	60	14	0	6	24	19	27	.357	.455	Batting #1	.299	231	69	15	0	5	25	24	35	.367	.429
Night	.295	349	103	21	2	11	51	32	55	.353	.461	Batting #6	.271	140	38	8	1	4	17	14	19	.333	.429
Grass	.308	516	159	35	2	17	72	51	72	.370	.483	Other	.311	180	56	12	1	8	33	13	28	.356	.522
Turf	.114	35	4	0	0	0	3	0	10	.114	.114	April	.344	93	32	7	1	5	9	6	12	.384	.602
Pre-All Star	.302	275	83	18	1	11	42	22	39	.350	.495	May	.322	90	29	8	0	2	17	10	9	.390	.478
Post-All Star	.290	276	80	17	1	6	33	29	43	.359	.424	June	.260	73	19	3	0	3	11	4	13	.288	.425
Inning 1-6	.305	371	113	24	2	11	48	43	45	.376	.439	July	.253	75	19	3	1	3	15	10	16	.341	.440
Inning 7+	.278	180	50	11	0	6	27	8	37	.309	.439	August	.295	112	33	6	0	2	14	11	20	.363	.402
Scoring Posn	.273	128	35	8	0	2	56	13	26	.338	.383	Sept/Oct	.287	108	31	8	0	2	9	10	12	.347	.417
Close & Late	.197	76	15	5	0	2	9	4	18	.238	.342	vs. AL	.148	27	4	0	1	2	4	3	2	.233	.444
None on/out	.247	166	41	10	0	3	3	18	27	.321	.361	vs. NL	.303	524	159	35	1	15	71	48	80	.361	.460

2001 By Position

Position	Avg	AB	H	2B	3B	HR	RBI	BB	SO	OBP	SLG	G	GS	Innings	PO	A	E	DP	Fld Pct	Rng Fctr	In Zone	Outs	Zone Rtg	MLB Zone
As 2b	.300	536	161	35	2	17	73	48	78	.357	.468	142	134	1165.1	293	366	11	82	.984	5.09	394	324	.822	.824

Last Five Years

	Avg	AB	H	2B	3B	HR	RBI	BB	SO	OBP	SLG		Avg	AB	H	2B	3B	HR	RBI	BB	SO	OBP	SLG
vs. Left	.249	333	83	19	0	4	34	14	52	.285	.342	First Pitch	.358	282	101	16	4	5	42	14	0	.389	.496
vs. Right	.300	1681	504	112	14	43	209	174	237	.363	.460	Ahead in Count	.366	423	155	46	4	19	78	98	0	.483	.629
Home	.309	1006	311	76	9	30	146	96	124	.367	.492	Behind in Count	.248	938	233	46	4	13	68	0	239	.248	.348
Away	.274	1008	276	55	5	17	97	92	165	.335	.389	Two Strikes	.226	930	210	45	5	12	80	76	289	.283	.324
Day	.300	677	203	42	5	20	87	65	91	.360	.465	Batting #1	.285	565	161	34	0	12	56	51	82	.346	.409
Night	.287	1337	384	89	9	27	156	123	198	.346	.428	Batting #6	.243	412	100	26	2	8	43	46	55	.318	.374
Grass	.309	1185	366	73	10	31	151	116	165	.370	.466	Other	.314	1037	326	71	12	27	144	91	152	.367	.484
Turf	.267	829	221	58	4	16	92	72	124	.323	.404	March/April	.286	391	112	23	2	10	37	33	51	.340	.432
Pre-All Star	.286	1041	298	67	5	25	116	85	148	.338	.432	May	.298	319	95	26	1	6	41	27	38	.350	.442
Post-All Star	.297	973	289	64	9	22	127	103	141	.365	.449	June	.279	258	72	12	2	6	28	18	47	.323	.411
Inning 1-6	.296	1367	405	94	10	31	157	134	188	.358	.448	July	.332	271	90	23	4	8	39	27	44	.393	.535
Inning 7+	.281	647	182	37	4	16	86	54	101	.336	.425	August	.277	365	101	23	2	8	45	42	57	.354	.416
Scoring Posn	.252	492	124	29	2	8	185	57	68	.325	.368	Sept/Oct	.285	410	117	24	3	9	53	41	52	.349	.424
Close & Late	.262	317	83	17	1	8	47	29	52	.323	.397	vs. AL	.288	1213	349	82	7	23	127	111	168	.347	.424
None on/out	.281	576	162	34	4	13	13	48	84	.337	.422	vs. NL	.297	801	238	49	7	24	116	77	121	.358	.466

Donne Wall — Mets

Age 34 – Pitches Right

	ERA	W	L	Sv	G	GS	IP	BB	SO	Avg	H	2B	3B	HR	RBI	OBP	SLG	GF	IR	IRS	Hld	SvOp	SB	CS	GB	FB	G/F
2001 Season	4.85	0	4	0	32	0	42.2	17	31	.300	51	11	1	8	25	.363	.518	14	3	0	0	1	50	59	0.85
Last Five Years	3.71	19	19	2	185	9	278.2	109	194	.239	248	42	4	37	127	.313	.394	54	70	19	46	15	10	12	368	306	1.20

2001 Season

	ERA	W	L	Sv	G	GS	IP	H	HR	BB	SO		Avg	AB	H	2B	3B	HR	RBI	BB	SO	OBP	SLG
Home	4.03	0	1	0	16	0	22.1	28	6	4	20	vs. Left	.273	66	18	2	0	3	9	10	10	.364	.439
Away	5.75	0	3	0	16	0	20.1	23	2	13	11	vs. Right	.317	104	33	9	1	5	16	7	21	.363	.567
Starter	0.00	0	0	0	0	0	0.0	0	0	0	0	Scoring Posn	.270	37	10	4	0	1	14	10	7	.408	.459
Reliever	4.85	0	4	0	32	0	42.2	51	8	17	31	Close & Late	.278	18	5	0	0	3	4	4	5	.409	.778
0 Days Rest (Relief)	0.00	0	0	0	5	0	5.0	3	0	2	1	None on/out	.304	46	14	0	0	4	5	9	.373	.565
1 or 2 Days Rest	5.68	0	1	0	10	0	12.2	18	2	7	9	First Pitch	.360	25	9	1	0	1	3	5	0	.467	.520
3+ Days Rest	5.40	0	3	0	17	0	25.0	30	6	8	21	Ahead in Count	.277	83	23	4	1	1	6	0	28	.274	.386
Pre-All Star	5.92	0	3	0	20	0	24.1	31	4	16	17	Behind in Count	.250	32	8	2	0	3	6	7	0	.375	.594
Post-All Star	3.44	0	1	0	12	0	18.1	20	4	1	14	Two Strikes	.256	82	21	4	1	1	8	5	31	.303	.366

Last Five Years

	ERA	W	L	Sv	G	GS	IP	H	HR	BB	SO		Avg	AB	H	2B	3B	HR	RBI	BB	SO	OBP	SLG
Home	1.99	14	4	1	90	5	145.0	106	15	32	108	vs. Left	.226	434	98	14	0	15	46	53	81	.308	.362
Away	5.59	5	15	1	95	4	133.2	142	22	77	86	vs. Right	.249	603	150	28	4	22	81	56	113	.316	.418
Day	3.94	8	6	2	68	3	93.2	85	10	46	55	Inning 1-6	.290	293	85	15	2	14	54	29	45	.360	.498
Night	3.60	11	13	0	117	6	185.0	163	27	63	139	Inning 7+	.219	744	163	27	2	23	73	80	149	.294	.353
Grass	3.20	15	14	2	158	5	227.2	186	29	87	154	None on	.239	616	147	28	1	23	23	53	112	.301	.399
Turf	6.00	4	5	0	27	4	51.0	62	8	22	40	Runners on	.240	421	101	14	3	14	104	56	82	.329	.387
March/April	3.43	2	4	0	28	1	44.2	35	4	29	Scoring Posn	.255	235	60	9	2	6	84	43	46	.364	.387
May	5.12	5	4	0	40	3	65.0	58	9	28	36	Close & Late	.233	421	98	16	1	16	53	57	75	.322	.390
June	4.12	4	1	1	23	5	54.2	59	8	19	38	None on/out	.240	267	64	14	0	12	19	42	.293	.427
July	2.61	6	2	1	31	0	38.0	36	5	12	26	vs. 1st Batr (relief)	.211	161	34	6	0	7	13	11	25	.260	.379
August	3.63	2	2	0	41	0	52.0	47	10	19	43	1st Inning Pitched	.229	634	145	26	2	24	85	65	130	.299	.390
Sept/Oct	1.48	0	0	0	22	0	24.1	13	1	11	22	First 15 Pitches	.223	538	120	21	2	18	54	43	99	.280	.370
Starter	5.79	3	5	0	9	9	46.2	57	4	17	26	Pitch 16-30	.252	318	80	14	1	14	46	42	68	.339	.434
Reliever	3.30	16	14	2	176	0	232.0	191	29	92	168	Pitch 31-45	.247	81	20	3	0	2	12	13	14	.351	.358
0 Days Rest (Relief)	3.38	5	2	0	27	0	32.0	20	5	17	23	Pitch 46+	.280	100	28	4	1	3	15	11	13	.363	.430
1 or 2 Days Rest	3.25	8	5	1	78	0	105.1	94	9	45	70	First Pitch	.241	137	33	2	0	6	16	9	0	.288	.387
3+ Days Rest	3.33	3	7	1	71	0	94.2	77	15	30	75	Ahead in Count	.198	481	95	15	4	9	39	0	159	.202	.301
vs. AL	3.90	4	3	1	18	2	30.0	28	2	16	15	Behind in Count	.332	208	69	13	0	15	41	57	0	.470	.611
vs. NL	3.69	15	16	1	167	7	248.2	220	35	93	179	Two Strikes	.192	504	97	15	4	9	43	43	194	.261	.292
Pre-All Star	4.23	12	13	1	100	9	174.2	160	23	72	110	Pre-All Star	.245	653	160	31	3	23	86	72	110	.322	.407
Post-All Star	2.86	7	6	1	85	0	104.0	88	14	37	84	Post-All Star	.229	384	88	11	1	14	41	37	84	.296	.372

Jeff Wallace — Devil Rays
Age 26 – Pitches Left

	ERA	W	L	Sv	G	GS	IP	BB	SO	Avg	H	2B	3B	HR	RBI	OBP	SLG	GF	IR	IRS	Hld	SvOp	SB	CS	GB	FB	G/F
2001 Season	3.40	0	3	0	29	1	50.1	37	38	.232	43	12	0	4	22	.363	.362	9	10	3	1	0	7	3	73	44	1.66
Career (1997-2001)	4.20	3	3	0	119	1	137.0	117	120	.237	119	25	0	11	75	.383	.352	23	63	15	14	2	14	6	184	126	1.46

2001 Season

	ERA	W	L	Sv	G	GS	IP	H	HR	BB	SO		Avg	AB	H	2B	3B	HR	RBI	BB	SO	OBP	SLG
Home	4.84	0	2	0	16	0	22.1	24	2	14	21	vs. Left	.161	62	10	2	0	0	5	10	11	.278	.194
Away	2.25	0	1	0	13	1	28.0	19	2	23	17	vs. Right	.268	123	33	10	0	4	17	27	27	.404	.447
Starter	9.00	0	1	0	1	1	5.0	5	2	6	7	Scoring Posn	.260	50	13	3	0	1	18	11	10	.393	.380
Reliever	2.78	0	2	0	28	0	45.1	38	2	31	31	Close & Late	.375	8	3	1	0	0	2	1	2	.444	.500
0 Days Rest (Relief)	0.00	0	0	0	3	0	2.0	2	0	0	2	None on/out	.217	46	10	4	0	2	2	7	7	.321	.435
1 or 2 Days Rest	2.45	0	1	0	9	0	11.0	6	0	13	4	First Pitch	.294	17	5	0	0	0	3	0	0	.333	.529
3+ Days Rest	3.06	0	1	0	16	0	32.1	30	2	18	25	Ahead in Count	.196	92	18	4	0	2	7	0	31	.196	.304
Pre-All Star	2.73	0	1	0	20	0	26.1	28	1	10	19	Behind in Count	.306	36	11	2	0	2	8	20	0	.554	.472
Post-All Star	4.13	0	2	0	9	1	24.0	15	3	21	19	Two Strikes	.204	98	20	5	0	2	8	17	38	.322	.316

Career (1997-2001)

	ERA	W	L	Sv	G	GS	IP	H	HR	BB	SO		Avg	AB	H	2B	3B	HR	RBI	BB	SO	OBP	SLG
Home	4.81	0	2	0	61	0	67.1	64	6	60	68	vs. Left	.220	173	38	6	0	4	27	40	42	.369	.324
Away	3.62	3	1	0	58	1	69.2	55	5	57	52	vs. Right	.245	330	81	19	0	7	48	77	78	.391	.367
Day	3.34	2	3	0	44	1	56.2	46	2	35	58	Inning 1-6	.213	174	37	10	0	4	23	33	43	.341	.339
Night	4.82	1	0	0	75	0	80.1	73	9	82	62	Inning 7+	.249	329	82	15	0	7	52	84	77	.404	.359
Grass	3.32	3	1	0	43	1	57.0	42	5	50	46	None on	.245	237	58	15	0	7	7	60	56	.401	.397
Turf	4.84	0	2	0	76	0	80.0	77	6	67	74	Runners on	.229	266	61	10	0	4	68	57	64	.367	.312
March/April	1.62	0	0	0	15	0	16.2	11	1	12	16	Scoring Posn	.262	164	43	6	0	3	65	37	41	.399	.354
May	2.16	3	0	0	31	0	33.1	28	2	23	34	Close & Late	.189	74	14	4	0	1	11	19	22	.347	.284
June	5.56	0	1	0	21	0	22.2	24	2	25	12	None on/out	.191	115	22	6	0	5	5	25	24	.340	.374
July	4.95	0	1	0	11	0	20.0	16	0	17	12	vs. 1st Batr (relief)	.213	94	20	1	0	4	9	20	22	.368	.351
August	6.05	0	1	0	14	0	19.1	23	3	16	23	1st Inning Pitched	.261	348	91	11	0	8	60	90	83	.416	.362
Sept/Oct	5.40	0	0	0	27	0	25.0	17	3	24	23	First 15 Pitches	.262	260	68	9	0	8	33	51	61	.386	.388
Starter	9.00	0	1	0	1	1	5.0	5	2	6	7	Pitch 16-30	.188	138	26	6	0	1	23	47	33	.398	.254
Reliever	4.02	3	2	0	118	0	132.0	114	9	111	113	Pitch 31-45	.238	63	15	4	0	1	10	10	14	.342	.349
0 Days Rest (Relief)	2.57	0	0	0	17	0	14.0	10	1	11	9	Pitch 46+	.238	42	10	6	0	1	9	9	12	.373	.452
1 or 2 Days Rest	2.45	2	1	0	51	0	55.0	38	2	49	50	First Pitch	.319	47	15	8	0	0	9	2	0	.373	.489
3+ Days Rest	5.71	1	1	0	50	0	63.0	66	6	51	54	Ahead in Count	.209	268	56	9	0	6	29	0	99	.214	.310
vs. AL	4.39	0	3	0	34	1	55.1	48	6	44	43	Behind in Count	.318	88	28	4	0	4	20	67	0	.608	.500
vs. NL	4.08	3	0	0	85	0	81.2	71	5	73	77	Two Strikes	.186	279	52	7	0	7	33	48	120	.305	.287
Pre-All Star	3.43	2	1	0	73	0	78.2	70	5	67	64	Pre-All Star	.238	294	70	11	0	5	42	67	64	.380	.327
Post-All Star	5.25	1	2	0	46	1	58.1	49	6	50	56	Post-All Star	.234	209	49	8	0	6	33	50	56	.387	.388

Daryle Ward — Astros
Age 27 – Bats Left (flyball hitter)

	Avg	G	AB	R	H	2B	3B	HR	RBI	BB	SO	HBP	GDP	SB	CS	OBP	SLG	IBB	SH	SF	#Pit	#P/PA	GB	FB	G/F
2001 Season	.263	95	213	21	56	15	0	9	39	19	42	1	3	0	0	.323	.460	4	0	2	869	3.70	70	64	1.09
Career (1998-2001)	.263	282	630	69	166	31	2	37	116	44	142	1	12	0	0	.310	.495	6	0	6	2490	3.66	194	211	0.92

2001 Season

	Avg	AB	H	2B	3B	HR	RBI	BB	SO	OBP	SLG		Avg	AB	H	2B	3B	HR	RBI	BB	SO	OBP	SLG
vs. Left	.308	26	8	1	0	4	8	2	5	.357	.808	Scoring Posn	.257	74	19	3	0	3	30	12	14	.360	.419
vs. Right	.257	187	48	14	0	5	31	17	43	.319	.412	Close & Late	.294	34	10	2	0	3	4	7	12	.415	.618
Home	.303	99	30	8	0	5	22	4	23	.330	.535	None on/out	.250	36	9	1	0	2	2	0	5	.250	.444
Away	.228	114	26	7	0	4	17	15	25	.318	.395	Batting #6	.286	119	34	10	0	8	25	8	22	.336	.571
First Pitch	.387	31	12	3	0	2	10	4	0	.444	.677	Batting #9	.250	28	7	2	0	1	5	5	10	.364	.429
Ahead in Count	.279	43	12	2	0	3	10	10	0	.415	.535	Other	.227	66	15	3	0	0	9	6	16	.284	.273
Behind in Count	.210	105	22	10	0	3	13	0	41	.217	.390	Pre-All Star	.252	139	35	10	0	7	26	12	33	.314	.475
Two Strikes	.217	106	23	7	0	4	17	5	48	.250	.396	Post-All Star	.284	74	21	5	0	2	13	7	15	.341	.432

Career (1998-2001)

	Avg	AB	H	2B	3B	HR	RBI	BB	SO	OBP	SLG		Avg	AB	H	2B	3B	HR	RBI	BB	SO	OBP	SLG
vs. Left	.295	61	18	4	0	7	19	7	14	.368	.705	First Pitch	.367	90	33	10	0	6	21	5	0	.392	.678
vs. Right	.260	569	148	27	2	30	97	37	128	.303	.473	Ahead in Count	.320	103	33	3	1	8	28	21	0	.429	.602
Home	.285	277	79	18	1	20	61	14	62	.317	.574	Behind in Count	.222	351	78	16	1	18	50	0	126	.224	.427
Away	.246	353	87	13	1	17	55	30	80	.304	.433	Two Strikes	.203	325	66	12	0	17	50	18	142	.243	.397
Day	.271	214	58	13	1	13	45	14	43	.314	.523	Batting #6	.256	270	69	15	1	14	47	18	48	.300	.474
Night	.260	416	108	18	1	24	71	30	99	.308	.481	Batting #9	.253	91	23	5	1	3	11	10	32	.327	.429
Grass	.261	482	126	26	2	29	90	33	106	.307	.504	Other	.275	269	74	11	0	20	58	16	62	.314	.539
Turf	.270	148	40	5	0	8	26	11	36	.319	.466	March/April	.283	92	26	5	0	6	24	9	17	.350	.576
Pre-All Star	.236	330	78	16	0	19	56	27	85	.294	.458	May	.250	108	27	5	0	9	17	12	21	.322	.546
Post-All Star	.293	300	88	15	2	18	60	17	57	.328	.537	June	.177	113	20	5	0	4	14	5	42	.210	.327
Inning 1-6	.271	384	104	19	2	23	85	23	75	.309	.510	July	.329	85	28	4	1	4	14	5	16	.362	.541
Inning 7+	.252	246	62	12	0	14	31	21	67	.311	.472	August	.255	106	27	5	0	8	20	6	16	.292	.528
Scoring Posn	.222	189	42	7	0	9	74	26	45	.311	.402	Sept/Oct	.302	126	38	7	1	6	27	7	30	.333	.516
Close & Late	.237	114	27	4	0	6	11	11	39	.304	.430	vs. AL	.301	83	25	3	0	4	15	4	14	.330	.482
None on/out	.252	131	33	4	0	9	9	0	27	.252	.489	vs. NL	.258	547	141	28	2	33	101	40	128	.307	.497

Turner Ward — Phillies
Age 37 – Bats Both

	Avg	G	AB	R	H	2B	3B	HR	RBI	BB	SO	HBP	GDP	SB	CS	OBP	SLG	IBB	SH	SF	#Pit	#P/PA	GB	FB	G/F
2001 Season	.267	17	15	1	4	1	0	0	2	1	6	1	1	0	0	.353	.333	1	0	0	71	4.18	6	2	3.00
Last Five Years	.275	285	630	80	173	37	4	18	100	66	85	8	11	12	8	.345	.432	4	11	11	2685	3.69	244	197	1.24

2001 Season

	Avg	AB	H	2B	3B	HR	RBI	BB	SO	OBP	SLG		Avg	AB	H	2B	3B	HR	RBI	BB	SO	OBP	SLG
vs. Left	.250	4	1	0	0	0	2	0	0	.250	.250	Scoring Posn	.111	9	1	0	0	0	2	1	4	.200	.111
vs. Right	.273	11	3	1	0	0	0	1	6	.385	.364	Close & Late	.333	3	1	0	0	0	2	1	2	.500	.333

Last Five Years

	Avg	AB	H	2B	3B	HR	RBI	BB	SO	OBP	SLG		Avg	AB	H	2B	3B	HR	RBI	BB	SO	OBP	SLG
vs. Left	.284	109	31	6	1	1	21	15	14	.373	.385	First Pitch	.278	90	25	6	1	0	11	4	0	.309	.367
vs. Right	.273	521	142	31	3	17	79	51	71	.340	.441	Ahead in Count	.358	137	49	14	1	4	33	36	0	.480	.562
Home	.319	310	99	22	4	13	62	35	40	.389	.542	Behind in Count	.224	272	61	12	1	8	31	0	69	.236	.364
Away	.231	320	74	15	0	5	38	31	45	.302	.325	Two Strikes	.201	273	55	8	1	7	26	26	85	.279	.315
Day	.307	202	62	13	1	8	38	27	29	.390	.500	Batting #2	.338	136	46	10	1	4	22	14	18	.396	.515
Night	.259	428	111	24	3	10	62	39	56	.324	.400	Batting #5	.308	107	33	6	2	3	24	10	9	.352	.486
Grass	.215	298	64	12	0	5	36	29	47	.285	.305	Other	.243	387	94	21	1	11	54	42	58	.326	.388
Turf	.328	332	109	25	4	13	64	37	38	.398	.545	March/April	.240	75	18	4	1	0	12	12	6	.348	.320
Pre-All Star	.227	317	72	15	2	3	40	35	44	.304	.315	May	.223	103	23	4	1	1	17	8	15	.280	.311
Post-All Star	.323	313	101	22	2	15	60	31	41	.388	.550	June	.196	112	22	6	0	1	9	14	16	.283	.277
Inning 1-6	.282	354	100	25	4	11	66	37	35	.352	.469	July	.328	131	43	8	1	4	17	11	18	.384	.496
Inning 7+	.264	276	73	12	0	7	34	29	50	.337	.384	August	.348	69	24	10	0	3	18	8	9	.416	.623
Scoring Posn	.301	183	55	14	0	7	83	26	26	.374	.492	Sept/Oct	.307	140	43	5	1	9	27	13	21	.373	.550
Close & Late	.255	141	36	5	0	4	19	10	25	.305	.376	vs. AL	.180	61	11	2	0	1	5	10	8	.315	.262
None on/out	.208	130	27	6	1	4	4	9	18	.264	.362	vs. NL	.285	569	162	35	4	17	95	56	77	.349	.450

John Wasdin — Orioles
Age 29 – Pitches Right (flyball pitcher)

	ERA	W	L	Sv	G	GS	IP	BB	SO	Avg	H	2B	3B	HR	RBI	OBP	SLG	GF	IR	IRS	Hld	SvOp	SB	CS	GB	FB	G/F
2001 Season	5.11	3	2	0	44	0	74.0	24	64	.292	86	20	2	11	55	.352	.485	7	34	16	4	5	12	2	93	95	0.98
Last Five Years	4.83	22	21	3	228	19	449.1	131	335	.270	474	108	9	71	293	.321	.462	59	151	66	21	15	63	8	514	580	0.89

2001 Season

	ERA	W	L	Sv	G	GS	IP	H	HR	BB	SO		Avg	AB	H	2B	3B	HR	RBI	BB	SO	OBP	SLG
Home	5.26	1	1	0	24	0	39.1	47	8	10	34	vs. Left	.299	107	32	4	1	6	18	16	14	.397	.523
Away	4.93	2	1	0	20	0	34.2	39	3	14	30	vs. Right	.287	188	54	16	1	5	37	8	50	.324	.463
Starter	0.00	0	0	0	0	0	0.0	0	0	0	0	Scoring Posn	.281	96	27	5	1	6	45	13	16	.351	.542
Reliever	5.11	3	2	0	44	0	74.0	86	11	24	64	Close & Late	.278	54	15	2	0	4	14	3	15	.339	.537
0 Days Rest (Relief)	6.94	0	1	0	6	0	11.2	13	4	3	12	None on/out	.288	66	19	4	1	2	2	3	13	.329	.470
1 or 2 Days Rest	4.65	2	1	0	20	0	31.0	39	4	10	26	First Pitch	.449	49	22	6	0	2	14	5	0	.492	.694
3+ Days Rest	4.88	1	0	0	18	0	31.1	34	3	11	26	Ahead in Count	.192	146	28	8	0	0	8	0	58	.208	.247
Pre-All Star	6.93	2	1	0	19	0	24.2	33	7	9	17	Behind in Count	.423	52	22	4	2	5	19	9	0	.508	.865
Post-All Star	4.20	1	1	0	25	0	49.1	53	4	15	47	Two Strikes	.159	138	22	7	0	0	9	10	64	.227	.210

Last Five Years

	ERA	W	L	Sv	G	GS	IP	H	HR	BB	SO		Avg	AB	H	2B	3B	HR	RBI	BB	SO	OBP	SLG
Home	4.45	11	8	2	117	8	230.2	248	32	60	186	vs. Left	.277	775	215	41	4	37	125	86	113	.349	.484
Away	5.23	11	13	1	111	11	218.2	226	39	71	149	vs. Right	.263	983	259	67	5	34	168	45	222	.299	.446
Day	5.17	9	8	2	93	7	170.2	176	26	54	143	Inning 1-6	.272	1049	285	65	4	40	171	79	189	.322	.456
Night	4.62	13	13	1	135	12	278.2	298	45	77	192	Inning 7+	.267	709	189	43	5	31	122	52	146	.320	.472
Grass	4.76	16	16	3	196	15	382.1	406	58	112	288	None on	.254	1010	257	57	5	33	33	55	194	.297	.419
Turf	5.24	6	5	0	32	4	67.0	68	13	19	47	Runners on	.290	748	217	51	4	38	260	76	141	.352	.521
March/April	5.14	4	0	0	29	5	63.0	58	13	23	55	Scoring Posn	.278	489	136	31	4	21	219	58	100	.343	.487
May	5.60	5	7	0	44	3	88.1	107	16	30	59	Close & Late	.296	274	81	18	1	17	57	21	69	.354	.555
June	4.68	7	4	2	36	1	57.2	59	11	17	36	None on/out	.275	429	118	24	4	18	18	77	.307	.476
July	4.55	2	4	1	31	2	63.1	69	9	16	40	vs. 1st Batr (relief)	.332	193	64	12	1	15	56	12	26	.373	.637
August	4.61	3	2	0	41	5	95.2	94	12	21	74	1st Inning Pitched	.279	791	221	44	7	33	167	63	160	.332	.478
Sept/Oct	4.32	1	4	0	47	3	81.1	87	10	24	78	First 15 Pitches	.288	680	196	36	6	34	139	45	124	.331	.509
Starter	5.77	1	6	0	19	19	101.1	117	16	32	78	Pitch 16-30	.253	505	128	28	2	19	70	40	107	.309	.430
Reliever	4.55	21	15	3	209	0	348.0	357	55	99	257	Pitch 31-45	.220	259	57	12	1	8	33	18	50	.275	.367
0 Days Rest (Relief)	6.81	2	3	0	27	0	37.0	46	10	11	32	Pitch 46+	.296	314	93	32	0	10	57	28	54	.357	.494
1 or 2 Days Rest	4.90	9	8	1	96	0	158.1	164	23	41	117	First Pitch	.375	251	94	22	1	12	59	17	0	.404	.614
3+ Days Rest	3.95	10	4	2	86	0	152.2	147	22	47	108	Ahead in Count	.212	872	185	38	4	19	105	0	284	.217	.330
vs. AL	4.34	19	14	1	168	16	350.1	347	52	100	261	Behind in Count	.343	329	113	28	3	21	65	52	0	.429	.638
vs. NL	6.55	3	7	2	60	3	99.0	127	19	31	74	Two Strikes	.196	858	168	40	2	23	110	62	335	.255	.328
Pre-All Star	5.02	17	13	2	121	9	229.2	239	42	75	163	Pre-All Star	.268	892	239	65	7	42	162	75	163	.324	.498
Post-All Star	4.63	5	8	1	107	10	219.2	235	29	56	172	Post-All Star	.271	866	235	43	2	29	131	56	172	.319	.426

Jarrod Washburn — Angels
Age 27 – Pitches Left (flyball pitcher)

	ERA	W	L	Sv	G	GS	IP	BB	SO	Avg	H	2B	3B	HR	RBI	OBP	SLG	CG	ShO	Sup	QS	#P/S	SB	CS	GB	FB	G/F
2001 Season	3.77	11	10	0	30	30	193.1	54	126	.263	196	44	3	25	84	.318	.431	1	0	4.89	20	102	13	12	192	295	0.65
Career (1998-2001)	4.14	28	20	0	75	65	413.1	144	262	.251	391	85	9	58	186	.317	.429	1	0	5.44	36	98	32	21	409	604	0.68

2001 Season

	ERA	W	L	Sv	G	GS	IP	H	HR	BB	SO		Avg	AB	H	2B	3B	HR	RBI	BB	SO	OBP	SLG
Home	4.65	4	5	0	14	14	89.0	109	13	19	56	vs. Left	.287	157	45	3	1	6	18	14	23	.356	.433
Away	3.02	7	5	0	16	16	104.1	87	12	35	70	vs. Right	.257	587	151	41	2	19	66	40	103	.307	.431

458

2001 Season

	ERA	W	L	Sv	G	GS	IP	H	HR	BB	SO		Avg	AB	H	2B	3B	HR	RBI	BB	SO	OBP	SLG
Day	3.55	4	2	0	8	8	50.2	45	6	15	39	Inning 1-6	.255	650	166	36	3	18	69	47	113	.311	.403
Night	3.85	7	8	0	22	22	142.2	151	19	39	87	Inning 7+	.319	94	30	8	0	7	15	7	13	.366	.628
Grass	3.70	9	9	0	27	27	175.1	175	23	45	113	None on	.253	447	113	20	2	13	13	31	76	.310	.394
Turf	4.50	2	1	0	3	3	18.0	21	2	9	13	Runners on	.279	297	83	24	1	12	71	23	50	.329	.488
April	7.56	0	3	0	3	3	16.2	26	2	11	6	Scoring Posn	.290	155	45	14	1	6	59	17	34	.356	.510
May	3.73	3	1	0	6	6	41.0	37	4	13	30	Close & Late	.306	36	11	5	0	3	8	4	6	.375	.694
June	2.27	3	0	0	5	5	35.2	29	4	9	21	None on/out	.238	193	46	10	1	7	7	12	27	.290	.409
July	2.18	3	0	0	5	5	33.0	35	2	8	32	vs. 1st Batr (relief)	.000	0	0	0	0	0	0	0	0	.000	.000
August	3.38	2	2	0	6	6	37.1	39	6	4	21	1st Inning Pitched	.248	113	28	5	0	2	13	12	20	.328	.345
Sept/Oct	5.76	0	4	0	5	5	29.2	30	7	9	16	First 75 Pitches	.251	522	131	27	3	16	52	36	91	.306	.406
Starter	3.77	11	10	0	30	30	193.1	196	25	54	126	Pitch 76-90	.295	105	31	7	0	4	14	6	16	.333	.476
Reliever	0.00	0	0	0	0	0	0.0	0	0	0	0	Pitch 91-105	.241	87	21	7	0	1	9	8	15	.302	.356
0-3 Days Rest (Start)	0.00	0	0	0	0	0	0.0	0	0	0	0	Pitch 106+	.433	30	13	3	0	4	9	4	4	.500	.933
4 Days Rest	3.41	8	4	0	16	16	103.0	103	11	27	82	First Pitch	.295	105	31	10	0	8	14	3	0	.315	.619
5+ Days Rest	4.18	3	6	0	14	14	90.1	93	14	27	44	Ahead in Count	.189	344	65	10	1	4	23	0	113	.203	.259
vs. AL	3.77	10	10	0	26	26	169.1	172	22	49	109	Behind in Count	.394	160	63	14	1	12	37	21	0	.464	.719
vs. NL	3.75	1	0	0	4	4	24.0	24	3	5	17	Two Strikes	.176	347	61	13	1	2	20	30	126	.249	.236
Pre-All Star	3.52	7	4	0	16	16	107.1	100	10	39	70	Pre-All Star	.246	407	100	24	1	10	41	39	70	.316	.383
Post-All Star	4.08	4	6	0	14	14	86.0	96	15	15	56	Post-All Star	.285	337	96	20	2	15	43	15	56	.320	.490

Career (1998-2001)

	ERA	W	L	Sv	G	GS	IP	H	HR	BB	SO		Avg	AB	H	2B	3B	HR	RBI	BB	SO	OBP	SLG
Home	4.90	14	11	0	39	33	207.2	229	33	67	125	vs. Left	.260	331	86	14	2	15	44	31	55	.331	.450
Away	3.37	14	9	0	36	32	205.2	162	25	77	137	vs. Right	.249	1227	305	71	7	43	142	113	207	.313	.423
Day	3.95	10	4	0	23	19	127.2	111	17	32	93	Inning 1-6	.240	1368	328	69	8	44	152	127	239	.308	.398
Night	4.22	18	16	0	52	46	285.2	280	41	112	169	Inning 7+	.332	190	63	16	1	14	34	17	23	.383	.647
Grass	4.27	25	19	0	69	59	373.1	360	55	127	234	None on	.242	943	228	40	5	39	39	85	151	.311	.419
Turf	2.93	3	1	0	6	6	40.0	31	3	17	28	Runners on	.265	615	163	45	4	19	147	59	111	.327	.444
March/April	7.56	0	3	0	3	3	16.2	26	2	11	6	Scoring Posn	.281	313	88	24	4	10	125	42	68	.359	.479
May	3.72	4	2	0	10	10	65.1	56	8	23	46	Close & Late	.310	71	22	8	0	3	12	8	10	.375	.549
June	3.46	9	1	0	16	16	106.2	95	14	36	61	None on/out	.239	414	99	18	1	22	22	38	62	.308	.447
July	3.80	7	2	0	19	13	85.1	79	14	35	69	vs. 1st Batr (relief)	.250	8	2	0	0	1	4	1	2	.300	.625
August	3.98	3	4	0	10	10	54.1	57	7	13	27	1st Inning Pitched	.208	264	55	12	1	7	33	35	59	.304	.341
Sept/Oct	5.08	5	8	0	17	13	85.0	78	13	26	53	First 75 Pitches	.244	1140	278	58	7	37	125	108	199	.313	.404
Starter	4.00	28	19	0	65	65	400.2	378	53	137	253	Pitch 76-90	.236	212	50	13	0	8	27	12	31	.276	.410
Reliever	8.53	0	1	0	10	0	12.2	13	5	7	9	Pitch 91-105	.267	161	43	9	2	6	21	17	26	.335	.460
0-3 Days Rest (Start)	0.00	0	0	0	0	0	0.0	0	0	0	0	Pitch 106+	.444	45	20	5	0	7	13	7	6	.519	1.022
4 Days Rest	3.71	18	8	0	35	35	215.2	202	22	72	152	First Pitch	.327	214	70	15	1	14	31	3	0	.339	.603
5+ Days Rest	4.33	10	11	0	30	30	185.0	176	31	65	101	Ahead in Count	.185	681	126	23	4	13	58	0	224	.196	.288
vs. AL	4.07	25	20	0	62	55	349.2	321	48	129	220	Behind in Count	.335	346	116	27	3	26	71	74	0	.448	.656
vs. NL	4.52	3	0	0	13	10	63.2	70	10	15	42	Two Strikes	.172	704	121	23	3	10	53	67	262	.251	.256
Pre-All Star	3.71	16	7	0	37	34	223.0	200	28	90	140	Pre-All Star	.240	833	200	43	2	28	91	90	140	.316	.397
Post-All Star	4.63	12	13	0	38	31	190.1	191	30	54	122	Post-All Star	.263	725	191	42	7	30	95	54	122	.318	.465

Dave Weathers — Cubs

Age 32 – Pitches Right

	ERA	W	L	Sv	G	GS	IP	BB	SO	Avg	H	2B	3B	HR	RBI	OBP	SLG	GF	IR	IRS	Hld	SvOp	SB	CS	GB	FB	G/F
2001 Season	2.41	4	5	4	80	0	86.0	34	66	.216	65	15	1	6	26	.299	.332	25	44	8	16	10	1	1	102	92	1.11
Last Five Years	4.17	21	22	7	275	10	391.0	160	302	.273	408	69	14	36	196	.345	.410	76	152	36	42	25	36	11	548	375	1.46

2001 Season

	ERA	W	L	Sv	G	GS	IP	H	HR	BB	SO		Avg	AB	H	2B	3B	HR	RBI	BB	SO	OBP	SLG
Home	3.24	2	2	2	42	0	50.0	45	4	17	42	vs. Left	.213	108	23	4	1	4	7	20	29	.346	.380
Away	1.25	2	3	2	38	0	36.0	20	2	17	24	vs. Right	.218	193	42	11	0	2	19	14	37	.270	.306
Day	3.12	2	3	2	34	0	34.2	31	4	8	27	Inning 1-6	.133	15	2	2	0	0	2	1	1	.188	.267
Night	1.93	2	2	2	46	0	51.1	34	2	26	39	Inning 7+	.220	286	63	13	1	6	24	33	65	.305	.336
Grass	2.47	4	5	4	77	0	83.2	64	6	33	65	None on	.291	148	43	8	1	4	4	14	30	.364	.439
Turf	0.00	0	0	0	3	0	2.1	1	0	1	1	Runners on	.144	153	22	7	0	2	22	20	36	.239	.229
April	1.29	1	0	3	14	0	14.0	5	1	6	10	Scoring Posn	.161	87	14	5	0	1	20	14	19	.269	.253
May	2.70	0	2	0	12	0	13.1	11	0	6	8	Close & Late	.208	168	35	8	1	4	14	19	37	.296	.339
June	1.76	1	0	0	13	0	15.1	12	0	7	13	None on/out	.348	69	24	4	1	3	3	6	11	.416	.565
July	2.35	1	2	1	14	0	15.1	9	2	6	15	vs. 1st Batr (relief)	.239	71	17	3	1	3	7	4	10	.299	.437
August	4.42	1	0	0	17	0	18.1	19	2	6	15	1st Inning Pitched	.219	247	54	13	1	6	26	29	52	.305	.352
Sept/Oct	0.93	0	1	0	10	0	9.2	9	1	3	5	First 15 Pitches	.222	216	48	12	1	5	14	22	41	.303	.356
Starter	0.00	0	0	0	0	0	0.0	0	0	0	0	Pitch 16-30	.183	71	13	2	0	1	9	11	23	.286	.254
Reliever	2.41	4	5	4	80	0	86.0	65	6	34	66	Pitch 31-45	.286	14	4	1	0	0	3	1	2	.313	.357
0 Days Rest (Relief)	1.80	0	1	3	17	0	20.0	12	2	8	18	Pitch 46+	.000	0	0	0	0	0	0	0	0	.000	.000
1 or 2 Days Rest	2.67	3	3	1	51	0	54.0	46	3	21	41	First Pitch	.372	43	16	4	0	2	8	0	0	.481	.465
3+ Days Rest	2.25	1	1	0	12	0	12.0	7	1	5	7	Ahead in Count	.130	123	16	2	1	1	9	0	57	.143	.187
vs. AL	3.72	0	1	0	7	0	9.2	8	2	3	10	Behind in Count	.212	66	14	4	0	3	8	12	0	.325	.409
vs. NL	2.24	4	4	4	73	0	76.1	57	4	31	56	Two Strikes	.127	126	16	3	1	0	8	14	66	.218	.175
Pre-All Star	1.71	2	2	4	44	0	47.1	30	1	22	34	Pre-All Star	.189	159	30	6	0	1	11	22	34	.290	.245
Post-All Star	3.26	2	3	0	36	0	38.2	35	5	12	32	Post-All Star	.246	142	35	9	1	5	15	12	32	.310	.430

459

Last Five Years

	ERA	W	L	Sv	G	GS	IP	H	HR	BB	SO		Avg	AB	H	2B	3B	HR	RBI	BB	SO	OBP	SLG
Home	4.42	12	12	2	142	5	211.2	246	16	80	155	vs. Left	.281	551	155	24	6	18	78	87	113	.380	.445
Away	3.86	9	10	5	133	5	179.1	162	20	80	147	vs. Right	.268	944	253	45	8	18	118	73	189	.323	.390
Day	3.22	12	8	2	105	3	151.0	141	15	49	126	Inning 1-6	.294	477	140	21	4	7	69	50	97	.362	.398
Night	4.76	9	14	5	170	7	240.0	267	21	111	176	Inning 7+	.263	1018	268	48	10	29	127	110	205	.337	.416
Grass	4.04	17	18	5	237	6	316.2	331	31	128	233	None on	.289	786	227	39	5	23	23	65	160	.348	.439
Turf	4.72	4	4	2	38	6	74.1	77	5	32	69	Runners on	.255	709	181	30	9	13	173	95	142	.343	.378
March/April	3.08	6	2	4	51	4	84.2	77	4	28	65	Scoring Posn	.273	418	114	23	8	3	150	67	84	.370	.388
May	5.26	4	8	2	42	5	75.1	84	7	32	59	Close & Late	.269	513	138	22	4	16	63	50	100	.336	.421
June	5.23	2	3	0	37	0	51.2	64	9	26	38	None on/out	.270	352	95	22	3	10	10	27	67	.329	.435
July	2.94	5	5	1	52	0	67.1	61	7	18	58	vs. 1st Batr (relief)	.255	243	62	14	2	8	31	13	50	.303	.428
August	5.00	2	2	0	44	0	54.0	61	4	23	47	1st Inning Pitched	.265	910	241	41	9	27	136	106	187	.343	.419
Sept/Oct	4.03	2	2	0	49	1	58.0	61	5	33	35	First 15 Pitches	.276	754	208	37	8	20	80	74	141	.346	.426
Starter	6.54	2	5	0	10	10	53.2	74	3	26	43	Pitch 16-30	.265	415	110	17	2	12	67	55	91	.348	.402
Reliever	3.79	19	17	7	265	0	337.1	334	33	134	259	Pitch 31-45	.236	161	38	9	3	1	24	14	36	.292	.348
0 Days Rest (Relief)	3.69	2	1	4	53	0	63.1	60	2	19	53	Pitch 46+	.315	165	52	6	1	3	25	17	34	.386	.418
1 or 2 Days Rest	3.89	12	12	2	147	0	169.0	172	21	82	135	First Pitch	.394	216	85	12	1	5	30	18	0	.445	.528
3+ Days Rest	3.69	5	4	1	65	0	105.0	102	10	34	71	Ahead in Count	.202	663	134	22	6	11	68	0	244	.206	.303
vs. AL	5.53	1	5	0	41	1	57.0	67	8	24	46	Behind in Count	.301	302	91	13	3	8	41	73	0	.438	.444
vs. NL	3.93	20	17	7	234	9	334.0	341	28	136	256	Two Strikes	.202	707	143	31	3	13	75	68	302	.274	.310
Pre-All Star	4.25	13	13	7	145	9	224.2	235	20	96	176	Pre-All Star	.274	857	235	39	8	20	107	96	176	.349	.408
Post-All Star	4.06	8	9	0	130	1	166.1	173	16	64	126	Post-All Star	.271	638	173	30	6	16	89	64	126	.340	.412

Jeff Weaver — Tigers
Age 25 – Pitches Right

	ERA	W	L	Sv	G	GS	IP	BB	SO	Avg	H	2B	3B	HR	RBI	OBP	SLG	CG	ShO	Sup	QS	#P/S	SB	CS	GB	FB	G/F
2001 Season	4.08	13	16	0	33	33	229.1	68	152	.266	235	51	9	19	106	.326	.409	5	0	4.83	21	110	17	8	319	264	1.21
Career (1999-2001)	4.57	33	43	0	94	92	593.0	176	402	.269	616	128	18	72	296	.331	.436	7	0	4.83	50	103	26	24	835	643	1.30

2001 Season

	ERA	W	L	Sv	G	GS	IP	H	HR	BB	SO		Avg	AB	H	2B	3B	HR	RBI	BB	SO	OBP	SLG
Home	4.03	6	8	0	17	17	120.2	126	9	36	77	vs. Left	.278	472	131	27	8	13	58	49	77	.353	.451
Away	4.14	7	8	0	16	16	108.2	109	10	32	75	vs. Right	.253	411	104	24	1	6	48	19	75	.293	.360
Day	3.83	5	6	0	13	13	91.2	90	6	20	56	Inning 1-6	.264	749	198	42	8	15	89	58	130	.324	.402
Night	4.25	8	10	0	20	20	137.2	145	9	43	96	Inning 7+	.276	134	37	9	1	4	17	10	22	.336	.448
Grass	3.90	13	14	0	31	31	216.2	215	18	66	144	None on	.256	511	131	31	5	11	11	34	85	.310	.401
Turf	7.11	0	2	0	2	2	12.2	20	1	2	8	Runners on	.280	372	104	20	4	8	95	34	67	.347	.419
April	4.36	2	4	0	6	6	43.1	50	3	14	24	Scoring Posn	.273	216	59	14	3	3	80	26	45	.357	.407
May	1.64	2	1	0	5	5	38.1	28	1	14	31	Close & Late	.250	52	13	5	0	1	7	3	11	.310	.404
June	6.81	2	3	0	6	6	38.1	50	7	13	33	None on/out	.272	228	62	10	5	6	6	15	35	.320	.439
July	2.97	4	1	0	5	5	33.1	25	2	14	14	vs. 1st Batr (relief)	.000	0	0	0	0	0	0	0	0	.000	.000
August	4.15	0	4	0	5	5	34.2	36	3	4	17	1st Inning Pitched	.298	124	37	6	3	1	19	15	26	.382	.419
Sept/Oct	4.35	3	3	0	6	6	41.1	46	3	9	33	First 75 Pitches	.261	586	153	31	8	14	69	48	99	.325	.413
Starter	4.08	13	16	0	33	33	229.1	235	19	68	152	Pitch 76-90	.229	118	27	6	0	1	11	6	27	.266	.305
Reliever	0.00	0	0	0	0	0	0.0	0	0	0	0	Pitch 91-105	.318	110	35	7	1	3	14	8	16	.368	.482
0-3 Days Rest (Start)	0.00	0	0	0	0	0	0.0	0	0	0	0	Pitch 106+	.290	69	20	7	0	1	12	6	10	.364	.435
4 Days Rest	4.67	7	6	0	17	17	113.2	125	13	36	73	First Pitch	.449	118	53	19	2	1	20	3	0	.476	.669
5+ Days Rest	3.50	6	10	0	16	16	115.2	110	6	32	79	Ahead in Count	.230	426	98	15	3	9	39	0	121	.240	.343
vs. AL	4.30	9	16	0	29	29	203.0	216	17	56	135	Behind in Count	.299	164	49	11	2	7	36	30	0	.400	.518
vs. NL	2.39	4	0	0	4	4	26.1	19	2	12	17	Two Strikes	.178	400	71	13	1	7	27	35	152	.250	.268
Pre-All Star	4.04	7	8	0	18	18	127.0	133	11	42	91	Pre-All Star	.271	491	133	31	3	11	59	42	91	.330	.413
Post-All Star	4.13	6	8	0	15	15	102.1	102	8	26	61	Post-All Star	.260	392	102	20	6	8	47	26	61	.321	.403

Career (1999-2001)

	ERA	W	L	Sv	G	GS	IP	H	HR	BB	SO		Avg	AB	H	2B	3B	HR	RBI	BB	SO	OBP	SLG
Home	4.42	15	25	0	49	48	315.1	323	33	86	207	vs. Left	.284	1232	350	69	15	52	188	110	199	.352	.491
Away	4.73	18	18	0	45	44	277.2	293	39	90	195	vs. Right	.252	1054	266	59	3	20	108	66	203	.305	.371
Day	5.21	11	15	0	31	29	178.0	209	23	58	107	Inning 1-6	.266	1970	525	111	15	59	260	159	349	.331	.428
Night	4.29	22	28	0	63	63	415.0	407	49	118	295	Inning 7+	.288	316	91	17	3	13	36	17	53	.334	.484
Grass	4.36	31	37	0	85	83	539.0	545	64	157	362	None on	.248	1389	345	81	11	39	39	90	242	.305	.407
Turf	6.67	2	6	0	9	9	54.0	71	8	19	40	Runners on	.302	897	271	47	7	33	257	86	160	.369	.480
March/April	4.27	5	8	0	13	13	86.1	85	7	25	56	Scoring Posn	.291	502	146	31	3	11	202	64	100	.375	.430
May	2.85	6	5	0	15	15	104.1	85	9	33	75	Close & Late	.276	163	45	9	1	5	13	8	29	.324	.436
June	4.98	6	5	0	18	18	112.0	122	16	35	79	None on/out	.255	601	153	36	7	14	14	34	105	.302	.408
July	5.14	5	7	0	16	15	96.1	109	13	34	59	vs. 1st Batr (relief)	.000	2	0	0	0	0	0	0	0	.000	.000
August	5.67	5	8	0	14	14	85.2	93	13	17	61	1st Inning Pitched	.243	341	83	19	6	5	42	37	63	.330	.378
Sept/Oct	4.65	6	10	0	18	17	108.1	122	14	32	72	First 75 Pitches	.259	1597	413	88	13	51	204	151	284	.324	.426
Starter	4.52	33	43	0	92	92	591.0	612	70	176	400	Pitch 76-90	.267	303	81	17	1	11	40	19	61	.317	.439
Reliever	18.00	0	0	0	2	0	2.0	4	2	0	2	Pitch 91-105	.320	259	83	12	4	6	30	17	34	.374	.467
0-3 Days Rest (Start)	0.00	0	0	0	0	0	0.0	0	0	0	0	Pitch 106+	.307	127	39	11	0	4	22	9	23	.367	.488
4 Days Rest	4.27	19	20	0	51	51	330.2	336	45	92	227	First Pitch	.380	297	113	35	3	10	49	5	0	.401	.620
5+ Days Rest	4.84	14	23	0	41	41	260.1	276	25	84	173	Ahead in Count	.210	1059	222	36	7	27	94	0	331	.227	.333
vs. AL	4.70	26	43	0	83	82	528.1	558	67	150	361	Behind in Count	.339	475	161	31	5	26	104	84	0	.434	.589
vs. NL	3.48	7	0	0	11	10	64.2	58	5	26	41	Two Strikes	.180	1041	187	35	6	22	79	87	402	.253	.288
Pre-All Star	4.16	18	20	0	51	50	329.0	325	35	101	225	Pre-All Star	.260	1248	325	71	7	35	149	101	225	.324	.413
Post-All Star	5.08	15	23	0	43	42	264.0	291	37	75	177	Post-All Star	.280	1038	291	57	11	37	147	75	177	.341	.463

Ben Weber — Angels
Age 32 – Pitches Right (groundball pitcher)

	ERA	W	L	Sv	G	GS	IP	BB	SO	Avg	H	2B	3B	HR	RBI	OBP	SLG	GF	IR	IRS	Hld	SvOp	SB	CS	GB	FB	G/F
2001 Season	3.42	6	2	0	56	0	68.1	31	40	.251	66	12	1	4	27	.341	.350	19	35	7	6	1	6	4	130	49	2.65
Career (2000-2001)	4.15	7	3	0	75	0	91.0	37	54	.262	94	17	3	4	41	.338	.359	22	55	10	8	3	10	4	175	70	2.50

2001 Season

	ERA	W	L	Sv	G	GS	IP	H	HR	BB	SO		Avg	AB	H	2B	3B	HR	RBI	BB	SO	OBP	SLG
Home	5.05	4	1	0	28	0	35.2	40	2	20	18	vs. Left	.210	105	22	4	1	1	12	19	16	.331	.295
Away	1.65	2	1	0	28	0	32.2	26	2	11	22	vs. Right	.278	158	44	8	0	3	15	12	24	.349	.386
Starter	0.00	0	0	0	0	0	0.0	0	0	0	0	Scoring Posn	.212	85	18	2	0	1	20	14	17	.350	.271
Reliever	3.42	6	2	0	56	0	68.1	66	4	31	40	Close & Late	.303	76	23	5	0	1	9	13	14	.404	.408
0 Days Rest (Relief)	3.27	2	0	0	11	0	11.0	9	1	8	5	None on/out	.300	60	18	5	0	1	1	3	8	.333	.433
1 or 2 Days Rest	3.44	3	2	0	29	0	34.0	38	1	10	16	First Pitch	.270	37	10	2	0	0	3	8	0	.413	.324
3+ Days Rest	3.47	1	0	0	16	0	23.1	19	2	13	14	Ahead in Count	.209	115	24	7	1	0	11	0	33	.222	.287
Pre-All Star	3.00	3	1	0	33	0	39.0	37	4	22	27	Behind in Count	.259	54	14	1	0	3	7	17	0	.444	.444
Post-All Star	3.99	3	1	0	23	0	29.1	29	0	9	13	Two Strikes	.170	112	19	5	0	0	8	6	40	.225	.214

John Wehner — Pirates
Age 35 – Bats Right (groundball hitter)

	Avg	G	AB	R	H	2B	3B	HR	RBI	BB	SO	HBP	GDP	SB	CS	OBP	SLG	IBB	SH	SF	#Pit	#P/PA	GB	FB	G/F
2001 Season	.196	43	51	3	10	1	0	0	2	10	12	0	2	2	1	.328	.216	0	1	0	240	3.87	25	6	4.17
Last Five Years	.231	200	290	37	67	10	0	2	22	30	47	1	9	5	1	.304	.286	0	6	1	1176	3.59	139	59	2.36

2001 Season

	Avg	AB	H	2B	3B	HR	RBI	BB	SO	OBP	SLG		Avg	AB	H	2B	3B	HR	RBI	BB	SO	OBP	SLG
vs. Left	.176	17	3	1	0	0	1	5	5	.364	.235	Scoring Posn	.167	12	2	0	0	0	2	2	5	.286	.167
vs. Right	.206	34	7	0	0	0	1	5	7	.308	.206	Close & Late	.100	10	1	0	0	0	1	0	2	.100	.100

Bob Wells — Twins
Age 35 – Pitches Right (flyball pitcher)

	ERA	W	L	Sv	G	GS	IP	BB	SO	Avg	H	2B	3B	HR	RBI	OBP	SLG	GF	IR	IRS	Hld	SvOp	SB	CS	GB	FB	G/F
2001 Season	5.11	8	5	2	65	0	68.2	18	49	.273	72	14	4	12	38	.338	.492	18	34	16	4	1	3	55	116	0.47
Last Five Years	4.71	20	17	15	293	1	361.1	95	249	.267	373	86	7	57	228	.321	.461	84	209	69	50	34	9	18	351	588	0.60

2001 Season

	ERA	W	L	Sv	G	GS	IP	H	HR	BB	SO		Avg	AB	H	2B	3B	HR	RBI	BB	SO	OBP	SLG
Home	6.25	5	2	0	32	0	31.2	39	4	10	27	vs. Left	.264	87	23	6	4	4	18	11	16	.333	.563
Away	4.14	3	3	2	33	0	37.0	33	8	8	22	vs. Right	.277	177	49	8	0	8	20	7	33	.340	.458
Day	4.03	0	2	2	27	0	29.0	27	2	9	23	Inning 1-6	.154	13	2	0	0	0	2	2	4	.250	.154
Night	5.90	8	3	0	38	0	39.2	45	10	9	26	Inning 7+	.279	251	70	14	4	12	36	16	45	.343	.510
Grass	3.97	3	3	2	31	0	34.0	29	8	8	19	None on	.278	162	45	7	3	9	9	7	28	.328	.525
Turf	6.23	5	2	0	34	0	34.2	43	4	10	30	Runners on	.265	102	27	7	1	3	29	11	21	.352	.441
April	3.97	2	0	1	11	0	11.1	11	3	2	9	Scoring Posn	.267	60	16	4	1	1	25	9	11	.368	.417
May	4.08	2	2	0	14	0	17.2	14	3	5	13	Close & Late	.237	135	32	6	3	8	21	10	23	.318	.504
June	5.40	2	1	0	11	0	11.2	14	4	4	8	None on/out	.209	67	14	2	3	1	1	3	16	.243	.373
July	4.38	2	0	1	13	0	12.1	10	2	0	9	vs. 1st Batr (relief)	.183	60	11	2	1	0	4	3	16	.231	.250
August	10.97	0	2	0	10	0	10.2	21	0	5	7	1st Inning Pitched	.286	206	59	13	2	10	33	12	39	.339	.515
Sept/Oct	0.00	0	0	1	6	0	5.0	2	0	2	3	First 15 Pitches	.278	176	49	9	4	10	29	9	29	.325	.545
Starter	0.00	0	0	0	0	0	0.0	0	0	0	0	Pitch 16-30	.309	68	21	5	0	1	8	7	18	.405	.426
Reliever	5.11	8	5	2	65	0	68.2	72	12	18	49	Pitch 31-45	.056	18	1	0	0	1	1	2	5	.150	.222
0 Days Rest (Relief)	9.00	0	2	0	12	0	11.0	19	3	4	5	Pitch 46+	.500	2	1	0	0	0	0	1	0	.667	.500
1 or 2 Days Rest	3.59	6	2	1	36	0	42.2	39	8	10	35	First Pitch	.308	39	12	2	2	2	7	2	0	.349	.615
3+ Days Rest	6.60	2	1	1	17	0	15.0	14	1	4	9	Ahead in Count	.190	126	24	3	0	3	10	0	40	.231	.286
vs. AL	4.86	6	5	2	59	0	63.0	65	10	16	45	Behind in Count	.419	43	18	4	0	6	10	7	0	.500	.930
vs. NL	7.94	2	0	0	6	0	5.2	7	2	2	4	Two Strikes	.192	130	25	4	2	10	9	49	0	.269	.285
Pre-All Star	4.70	7	3	1	41	0	46.0	44	12	11	34	Pre-All Star	.251	175	44	7	2	12	27	11	34	.311	.520
Post-All Star	5.96	1	2	1	24	0	22.2	28	0	7	15	Post-All Star	.315	89	28	7	2	0	11	7	15	.390	.438

Last Five Years

	ERA	W	L	Sv	G	GS	IP	H	HR	BB	SO		Avg	AB	H	2B	3B	HR	RBI	BB	SO	OBP	SLG
Home	4.02	11	10	7	150	1	195.0	186	23	56	146	vs. Left	.276	525	145	31	5	17	81	51	92	.339	.451
Away	5.52	9	7	8	143	0	166.1	187	34	45	103	vs. Right	.261	873	228	55	2	40	147	44	157	.310	.466
Day	4.83	3	4	7	96	0	108.0	111	15	31	77	Inning 1-6	.287	359	103	22	2	14	82	20	68	.338	.476
Night	4.65	17	13	8	197	1	253.1	262	42	64	172	Inning 7+	.260	1039	270	64	5	43	146	68	181	.315	.455
Grass	5.56	9	6	8	125	0	145.2	164	30	38	87	None on	.264	753	199	45	5	28	28	43	139	.314	.449
Turf	4.13	11	11	7	168	1	215.2	209	27	57	162	Runners on	.270	645	174	41	2	29	200	52	110	.329	.474
March/April	5.82	4	2	4	45	1	55.2	68	12	28	37	Scoring Posn	.259	405	105	23	2	16	167	35	69	.318	.444
May	4.68	3	6	2	52	0	67.1	68	11	16	51	Close & Late	.260	485	126	29	3	25	80	31	79	.316	.487
June	3.80	5	2	2	54	0	64.0	57	12	13	49	None on/out	.259	321	83	18	3	10	10	17	64	.304	.427
July	3.84	3	2	4	48	0	65.2	62	9	10	52	vs. 1st Batr (relief)	.245	273	67	16	1	8	42	11	59	.279	.399
August	6.31	5	2	0	53	0	61.1	75	8	17	34	1st Inning Pitched	.271	951	258	66	4	37	173	68	171	.327	.466
Sept/Oct	3.80	0	3	1	41	0	47.1	43	5	11	26	First 15 Pitches	.266	797	212	50	6	34	136	47	134	.314	.472
Starter	9.00	0	0	0	1	1	3.0	4	0	3	3	Pitch 16-30	.276	428	118	29	0	14	63	35	82	.341	.442
Reliever	4.67	20	17	15	292	0	358.1	369	57	101	246	Pitch 31-45	.233	129	30	6	0	4	19	7	23	.275	.372
0 Days Rest (Relief)	5.54	4	6	3	67	0	76.1	94	13	18	44	Pitch 46+	.295	44	13	1	1	5	10	7	6	.380	.705
1 or 2 Days Rest	4.16	12	6	8	138	0	160.0	163	27	39	116	First Pitch	.288	184	53	12	2	8	25	10	0	.327	.505
3+ Days Rest	4.80	4	5	4	87	0	122.0	112	17	35	86	Ahead in Count	.220	676	149	34	1	18	80	0	203	.236	.354
vs. AL	4.59	16	15	15	256	1	314.0	320	45	85	210	Behind in Count	.328	256	84	24	1	21	61	32	0	.403	.676
vs. NL	5.51	4	2	0	37	0	47.1	53	12	10	39	Two Strikes	.205	673	138	37	2	15	80	53	249	.272	.333

	ERA	W	L	Sv	G	GS	IP	H	HR	BB	SO	Last Five Years	Avg	AB	H	2B	3B	HR	RBI	BB	SO	OBP	SLG
Pre-All Star	4.85	13	11	7	170	1	211.2	223	40	63	156	Pre-All Star	.268	833	223	48	5	40	141	63	156	.328	.481
Post-All Star	4.51	7	6	8	123	0	149.2	150	17	32	93	Post-All Star	.265	565	150	38	2	17	87	32	93	.311	.430

David Wells — White Sox   Age 39 – Pitches Left

	ERA	W	L	Sv	G	GS	IP	BB	SO	Avg	H	2B	3B	HR	RBI	OBP	SLG	CG	ShO	Sup	QS	#P/S	SB	CS	GB	FB	G/F
2001 Season	4.47	5	7	0	16	16	100.2	21	59	.297	120	23	2	12	48	.335	.453	1	0	4.92	5	90	17	2	137	122	1.12
Last Five Years	4.20	76	39	0	147	147	994.1	188	713	.273	1066	212	18	120	446	.309	.428	30	9	5.99	74	100	96	33	1341	1134	1.18

2001 Season

	ERA	W	L	Sv	G	GS	IP	H	HR	BB	SO		Avg	AB	H	2B	3B	HR	RBI	BB	SO	OBP	SLG
Home	3.49	2	1	0	6	6	38.2	44	7	11	26	vs. Left	.206	102	21	2	0	3	9	7	16	.270	.314
Away	5.08	3	6	0	10	10	62.0	76	5	10	33	vs. Right	.328	302	99	21	2	9	39	14	43	.357	.500
Starter	4.47	5	7	0	16	16	100.2	120	12	21	59	Scoring Posn	.305	95	29	9	0	1	32	7	18	.358	.432
Reliever	0.00	0	0	0	0	0	0.0	0	0	0	0	Close & Late	.293	41	12	2	0	1	6	1	8	.310	.415
0-3 Days Rest (Start)	0.00	1	0	0	1	1	7.0	7	0	2	6	None on/out	.284	102	29	4	1	3	3	3	12	.311	.431
4 Days Rest	4.06	2	2	0	5	5	37.2	44	4	0	25	First Pitch	.294	68	20	3	0	3	8	0	0	.304	.471
5+ Days Rest	5.30	2	5	0	10	10	56.0	69	8	19	28	Ahead in Count	.260	200	52	11	1	5	21	0	55	.262	.400
Pre-All Star	4.47	5	7	0	16	16	100.2	120	12	21	59	Behind in Count	.388	80	31	7	1	3	13	8	0	.444	.613
Post-All Star	0.00	0	0	0	0	0	0.0	0	0	0	0	Two Strikes	.235	166	39	9	0	2	13	13	59	.294	.325

Last Five Years

	ERA	W	L	Sv	G	GS	IP	H	HR	BB	SO		Avg	AB	H	2B	3B	HR	RBI	BB	SO	OBP	SLG
Home	3.99	38	18	0	75	75	518.2	541	68	96	416	vs. Left	.277	798	221	43	3	24	102	34	122	.314	.429
Away	4.43	38	21	0	72	72	475.2	525	52	92	297	vs. Right	.272	3111	845	169	15	96	344	154	591	.307	.428
Day	4.41	26	16	0	52	52	343.0	368	43	63	263	Inning 1-6	.271	3188	863	175	15	98	367	161	593	.309	.427
Night	4.09	50	23	0	95	95	651.1	698	77	125	450	Inning 7+	.282	721	203	37	3	22	79	27	120	.307	.433
Grass	4.04	47	24	0	93	93	628.1	685	72	107	430	None on	.268	2338	626	120	13	66	66	110	409	.304	.415
Turf	4.48	29	15	0	54	54	366.0	381	48	81	283	Runners on	.280	1571	440	92	5	54	380	78	304	.315	.448
March/April	3.96	14	6	0	28	28	182.0	189	23	47	132	Scoring Posn	.265	846	224	46	4	22	296	60	191	.313	.407
May	4.95	15	10	0	27	27	187.1	206	26	38	137	Close & Late	.282	358	101	18	1	12	47	13	65	.307	.439
June	3.86	15	5	0	26	26	167.2	184	21	20	126	None on	.274	1018	279	45	8	33	33	50	163	.311	.431
July	3.56	11	3	0	20	20	136.2	130	14	33	103	vs. 1st Batr (relief)	.000	0	0	0	0	0	0	0	0	.000	.000
August	4.76	11	7	0	23	23	160.2	181	23	25	105	1st Inning Pitched	.275	561	154	31	3	10	63	36	111	.324	.394
Sept/Oct	3.94	10	8	0	23	23	160.0	176	13	25	110	First 75 Pitches	.267	2755	735	158	12	86	297	130	517	.303	.426
Starter	4.20	76	39	0	147	147	994.1	1066	120	188	713	Pitch 76-90	.310	535	166	32	4	18	80	23	78	.337	.486
Reliever	0.00	0	0	0	0	0	0.0	0	0	0	0	Pitch 91-105	.286	388	111	15	2	12	46	22	74	.323	.428
0-3 Days Rest (Start)	0.00	2	0	0	2	2	16.0	11	0	2	10	Pitch 106+	.234	231	54	7	0	4	23	13	44	.282	.316
4 Days Rest	4.16	50	19	0	86	86	588.0	637	72	106	414	First Pitch	.357	645	230	49	1	28	92	2	0	.362	.566
5+ Days Rest	4.43	24	20	0	59	59	390.1	418	48	80	289	Ahead in Count	.213	1946	415	74	9	48	181	0	646	.219	.335
vs. AL	4.46	65	36	0	130	130	870.2	960	112	175	617	Behind in Count	.353	744	263	52	4	26	106	97	0	.426	.539
vs. NL	2.40	11	3	0	17	17	123.2	106	8	13	96	Two Strikes	.185	1810	334	60	5	39	142	89	713	.227	.289
Pre-All Star	4.12	49	21	0	87	87	579.1	612	72	115	420	Pre-All Star	.269	2272	612	111	10	72	252	115	420	.307	.422
Post-All Star	4.32	27	18	0	60	60	415.0	454	48	73	293	Post-All Star	.277	1637	454	101	8	48	194	73	293	.311	.437

Kip Wells — White Sox   Age 25 – Pitches Right

	ERA	W	L	Sv	G	GS	IP	BB	SO	Avg	H	2B	3B	HR	RBI	OBP	SLG	CG	ShO	Sup	QS	#P/S	SB	CS	GB	FB	G/F
2001 Season	4.79	10	11	0	40	20	133.1	61	99	.281	145	38	0	14	70	.366	.436	0	0	4.52	8	89	13	4	194	128	1.52
Career (1999-2001)	5.14	20	21	0	67	47	267.2	134	199	.289	304	67	3	31	151	.374	.446	0	0	5.68	14	89	26	12	383	283	1.35

2001 Season

	ERA	W	L	Sv	G	GS	IP	H	HR	BB	SO		Avg	AB	H	2B	3B	HR	RBI	BB	SO	OBP	SLG
Home	3.63	5	3	0	17	8	57.0	54	6	26	39	vs. Left	.267	247	66	15	0	7	29	34	46	.366	.413
Away	5.66	5	8	0	23	12	76.1	91	8	35	60	vs. Right	.294	269	79	23	0	7	41	27	53	.367	.457
Starter	5.42	7	10	0	20	20	104.2	118	14	48	78	Scoring Posn	.261	157	41	13	0	2	55	22	41	.365	.382
Reliever	2.51	3	1	0	20	0	28.2	27	0	13	21	Close & Late	.200	40	8	2	0	0	4	5	8	.289	.250
0-3 Days Rest (Start)	0.00	0	0	0	0	0	0.0	0	0	0	0	None on/out	.268	127	34	9	0	2	2	13	21	.336	.386
4 Days Rest	5.04	4	5	0	11	11	60.2	63	8	29	49	First Pitch	.358	81	29	5	0	5	15	3	0	.391	.605
5+ Days Rest	5.93	3	5	0	9	9	44.0	55	6	19	29	Ahead in Count	.208	221	46	10	0	3	17	0	84	.235	.294
Pre-All Star	2.49	5	5	0	15	10	72.1	61	8	26	49	Behind in Count	.340	103	35	12	0	4	22	36	0	.500	.573
Post-All Star	7.52	5	6	0	25	10	61.0	84	6	35	50	Two Strikes	.202	233	47	10	0	2	14	22	99	.286	.270

Vernon Wells — Blue Jays   Age 23 – Bats Right

	Avg	G	AB	R	H	2B	3B	HR	RBI	BB	SO	HBP	GDP	SB	CS	OBP	SLG	IBB	SH	SF		#Pit	#P/PA	GB	FB	G/F
2001 Season	.313	30	96	14	30	8	0	1	6	5	15	0	1	5	0	.350	.427	0	0	1		339	3.29	35	27	1.30
Career (1999-2001)	.285	57	186	22	53	13	0	2	14	9	33	1	6	6	1	.320	.387	0	0	1		666	3.38	65	56	1.16

2001 Season

	Avg	AB	H	2B	3B	HR	RBI	BB	SO		Avg	AB	H	2B	3B	HR	RBI	BB	SO	OBP	SLG
vs. Left	.372	43	16	3	0	1	6	1	5	Scoring Posn	.188	16	3	1	0	0	4	1	3	.222	.250
vs. Right	.264	53	14	5	0	0	0	4	10	Close & Late	.188	16	3	0	0	0	0	3	4	.316	.188

462

Turk Wendell — Phillies
Age 35 – Pitches Right (flyball pitcher)

	ERA	W	L	Sv	G	GS	IP	BB	SO	Avg	H	2B	3B	HR	RBI	OBP	SLG	GF	IR	IRS	Hld	SvOp	SB	CS	GB	FB	G/F
2001 Season	4.43	4	5	1	70	0	67.0	34	56	.249	63	12	2	12	45	.342	.455	22	47	18	8	3	5	1	74	97	0.76
Last Five Years	3.64	25	21	14	358	0	388.1	198	328	.232	333	75	13	41	177	.329	.388	91	181	52	58	29	29	12	413	468	0.88

2001 Season

	ERA	W	L	Sv	G	GS	IP	H	HR	BB	SO		Avg	AB	H	2B	3B	HR	RBI	BB	SO	OBP	SLG
Home	3.89	4	0	1	31	0	34.2	27	6	15	24	vs. Left	.295	95	28	6	1	6	17	19	12	.417	.568
Away	5.01	0	5	0	39	0	32.1	36	6	19	32	vs. Right	.222	158	35	6	1	6	28	15	44	.294	.386
Day	2.95	1	2	0	25	0	21.1	22	3	11	16	Inning 1-6	.250	24	6	0	0	2	5	1	2	.280	.500
Night	5.12	3	3	1	45	0	45.2	41	9	23	40	Inning 7+	.249	229	57	12	2	10	40	33	54	.348	.450
Grass	4.76	4	5	1	54	0	51.0	52	10	26	45	None on	.222	135	30	6	0	7	7	11	30	.300	.422
Turf	3.38	0	0	0	16	0	16.0	11	2	8	11	Runners on	.280	118	33	6	2	5	38	23	26	.386	.492
April	2.08	0	0	0	12	0	13.0	11	2	7	9	Scoring Posn	.224	76	17	4	1	2	30	21	21	.376	.382
May	2.87	1	1	0	14	0	15.2	9	4	4	12	Close & Late	.284	88	25	5	1	6	20	14	20	.387	.568
June	5.91	2	1	0	12	0	10.2	13	0	7	13	None on/out	.262	61	16	2	0	4	4	3	14	.328	.492
July	6.23	1	2	0	13	0	13.0	12	3	5	7	vs. 1st Batr (relief)	.266	64	17	2	0	2	10	3	14	.319	.391
August	7.84	0	1	0	14	0	10.1	16	3	8	11	1st Inning Pitched	.261	218	57	9	2	9	42	30	49	.353	.445
Sept/Oct	0.00	0	0	0	5	0	4.1	2	0	3	4	First 15 Pitches	.270	178	48	7	1	9	32	22	37	.359	.472
Starter	0.00	0	0	0	0	0	0.0	0	0	0	0	Pitch 16-30	.179	67	12	4	1	2	12	10	18	.278	.358
Reliever	4.43	4	5	1	70	0	67.0	63	12	34	56	Pitch 31-45	.375	8	3	1	0	1	1	2	1	.500	.875
0 Days Rest (Relief)	4.50	2	1	0	19	0	16.0	14	2	10	18	Pitch 46+	.000	0	0	0	0	0	0	0	0	.000	.000
1 or 2 Days Rest	4.42	2	4	1	39	0	38.2	40	8	17	31	First Pitch	.440	25	11	3	0	1	8	6	0	.531	.680
3+ Days Rest	4.38	0	0	0	12	0	12.1	9	2	7	7	Ahead in Count	.205	146	30	3	1	5	21	0	49	.207	.342
vs. AL	5.68	1	1	0	8	0	6.1	9	1	2	4	Behind in Count	.341	44	15	3	0	6	13	14	0	.500	.818
vs. NL	4.30	3	4	1	62	0	60.2	54	11	32	52	Two Strikes	.148	135	20	4	1	3	16	13	56	.234	.259
Pre-All Star	4.19	3	3	1	42	0	43.0	38	8	19	36	Pre-All Star	.238	160	38	6	2	8	30	19	36	.324	.450
Post-All Star	4.88	1	2	0	28	0	24.0	25	4	15	20	Post-All Star	.269	93	25	6	0	4	15	15	20	.373	.462

Last Five Years

	ERA	W	L	Sv	G	GS	IP	H	HR	BB	SO		Avg	AB	H	2B	3B	HR	RBI	BB	SO	OBP	SLG
Home	3.10	19	8	10	176	0	203.0	158	18	91	168	vs. Left	.268	534	143	30	6	19	69	95	80	.381	.453
Away	4.22	6	13	4	182	0	185.1	175	23	107	160	vs. Right	.211	901	190	45	7	22	108	103	248	.297	.350
Day	3.70	13	7	5	133	0	150.2	131	13	78	128	Inning 1-6	.258	198	51	14	3	9	42	20	47	.324	.495
Night	3.60	12	14	9	225	0	237.2	202	28	120	200	Inning 7+	.228	1237	282	61	10	32	135	178	281	.330	.371
Grass	3.56	24	18	12	287	0	311.0	266	31	156	267	None on	.233	771	180	38	6	19	19	84	182	.318	.372
Turf	3.96	1	3	2	71	0	77.1	67	10	42	61	Runners on	.230	664	153	37	7	22	158	114	146	.341	.407
March/April	3.58	6	2	2	63	0	73.0	54	7	44	65	Scoring Posn	.221	385	85	22	6	15	137	88	92	.362	.426
May	4.21	5	5	1	54	0	57.2	60	10	26	40	Close & Late	.230	625	144	26	5	18	74	93	140	.333	.374
June	3.20	2	1	4	59	0	70.1	61	7	34	65	None on/out	.222	342	76	18	2	9	9	40	87	.311	.365
July	3.20	3	6	1	66	0	64.2	49	7	34	48	vs. 1st Batr (relief)	.199	311	62	15	2	6	32	38	77	.295	.318
August	3.45	4	2	3	67	0	70.1	58	6	40	63	1st Inning Pitched	.225	1093	246	58	11	30	147	153	264	.325	.381
Sept/Oct	4.47	5	5	3	49	0	52.1	51	4	20	47	First 15 Pitches	.229	905	207	46	7	27	110	127	206	.331	.385
Starter	0.00	0	0	0	0	0	0.0	0	0	0	0	Pitch 16-30	.229	436	100	24	6	10	55	59	104	.319	.381
Reliever	3.64	25	21	14	358	0	388.1	333	41	198	328	Pitch 31-45	.267	86	23	4	0	3	9	12	17	.357	.419
0 Days Rest (Relief)	4.48	6	4	5	96	0	88.1	85	11	58	82	Pitch 46+	.375	8	3	1	0	1	3	0	1	.375	.875
1 or 2 Days Rest	3.07	14	11	5	188	0	217.0	177	18	95	181	First Pitch	.248	137	34	6	1	5	25	30	0	.385	.416
3+ Days Rest	4.23	5	6	4	74	0	83.0	71	12	45	65	Ahead in Count	.178	799	142	31	6	13	66	0	276	.183	.280
vs. AL	3.37	1	1	2	36	0	34.2	33	4	19	26	Behind in Count	.346	228	79	21	2	14	39	99	0	.544	.640
vs. NL	3.66	24	20	12	322	0	353.2	300	37	179	302	Two Strikes	.169	783	132	27	6	11	61	68	328	.239	.261
Pre-All Star	3.90	14	11	7	195	0	219.1	194	29	113	187	Pre-All Star	.237	817	194	43	9	29	114	113	187	.335	.419
Post-All Star	3.30	11	10	7	163	0	169.0	139	12	85	141	Post-All Star	.225	618	139	32	4	12	63	85	141	.321	.348

Don Wengert — Pirates
Age 32 – Pitches Right (groundball pitcher)

	ERA	W	L	Sv	G	GS	IP	BB	SO	Avg	H	2B	3B	HR	RBI	OBP	SLG	CG	ShO	Sup	QS	#P/S	SB	CS	GB	FB	G/F
2001 Season	12.38	0	2	0	4	4	16.0	6	4	.429	33	6	1	2	16	.470	.610	0	0	5.06	0	67	1	0	33	22	1.50
Last Five Years	6.61	6	20	3	105	23	247.2	85	135	.328	339	65	6	41	187	.382	.521	1	0	4.65	2	81	10	7	419	268	1.56

2001 Season

	ERA	W	L	Sv	G	GS	IP	H	HR	BB	SO		Avg	AB	H	2B	3B	HR	RBI	BB	SO	OBP	SLG
Home	8.31	0	0	0	2	2	8.2	16	0	4	1	vs. Left	.378	45	17	3	1	1	8	4	3	.429	.556
Away	17.18	0	2	0	2	2	7.1	17	2	2	3	vs. Right	.500	32	16	3	0	1	8	2	1	.529	.688

Last Five Years

	ERA	W	L	Sv	G	GS	IP	H	HR	BB	SO		Avg	AB	H	2B	3B	HR	RBI	BB	SO	OBP	SLG
Home	6.50	3	11	0	51	12	119.0	171	19	34	57	vs. Left	.347	490	170	36	3	17	87	45	54	.404	.537
Away	6.72	3	9	3	54	11	128.2	168	22	51	78	vs. Right	.310	545	169	29	3	24	100	40	81	.361	.506
Day	6.81	2	8	0	51	13	115.0	159	18	43	58	Inning 1-6	.328	677	222	47	4	31	138	61	90	.388	.547
Night	6.44	4	12	3	54	10	132.2	180	23	42	77	Inning 7+	.327	358	117	18	2	10	49	24	45	.369	.472
Grass	6.72	5	18	3	91	21	217.0	305	36	72	115	None on	.317	549	174	38	4	19	19	28	77	.357	.505
Turf	5.87	1	2	0	14	2	30.2	34	5	13	20	Runners on	.340	486	165	27	2	22	168	57	58	.408	.539
March/April	6.20	1	2	1	25	2	40.2	54	7	14	17	Scoring Posn	.321	299	96	15	1	14	146	42	34	.396	.518
May	7.52	1	3	1	20	5	58.2	101	8	19	28	Close & Late	.402	92	37	6	1	4	20	9	7	.451	.620
June	7.62	1	5	0	15	5	39.0	46	10	15	19	None on/out	.319	248	79	19	1	10	10	10	37	.345	.524
July	5.22	3	3	0	18	5	50.0	55	6	14	36	vs. 1st Batr (relief)	.368	76	28	5	0	5	18	7	5	.422	.632
August	6.53	0	4	0	14	6	41.1	56	6	18	26	1st Inning Pitched	.311	222	69	12	2	13	78	30	50	.366	.484
Sept/Oct	6.50	0	3	1	13	1	18.0	27	4	5	9	First 75 Pitches	.329	964	317	62	6	36	171	75	126	.380	.518
Starter	8.03	3	13	0	23	23	108.2	145	22	37	60	Pitch 76-90	.292	48	14	1	0	4	13	6	6	.386	.563
Reliever	5.50	3	7	3	82	0	139.0	194	19	48	75	Pitch 91-105	.300	20	6	2	0	0	2	3	3	.375	.400

463

	ERA	W	L	Sv	G	GS	IP	H	HR	BB	SO	Last Five Years	Avg	AB	H	2B	3B	HR	RBI	BB	SO	OBP	SLG
0-3 Days Rest (Start)	10.13	0	2	0	3	3	10.2	19	4	2	5	Pitch 106+	.667	3	2	0	0	1	1	1	0	.750	1.667
4 Days Rest	8.86	2	5	0	9	9	42.2	54	9	15	32	First Pitch	.422	161	68	12	2	7	41	5	0	.445	.652
5+ Days Rest	7.51	0	6	0	10	10	50.1	65	8	18	20	Ahead in Count	.238	407	97	18	3	8	52	0	114	.246	.356
vs. AL	6.19	4	10	2	56	9	139.2	192	23	39	75	Behind in Count	.426	237	101	17	1	16	54	47	0	.521	.709
vs. NL	7.17	2	10	1	49	14	108.0	147	18	46	60	Two Strikes	.251	415	104	22	2	12	49	33	135	.311	.400
Pre-All Star	7.42	3	12	2	64	13	150.1	218	29	53	74	Pre-All Star	.340	641	218	42	4	29	130	53	74	.391	.554
Post-All Star	5.36	3	8	1	41	10	97.1	121	12	32	61	Post-All Star	.307	394	121	23	2	12	57	32	61	.366	.467

Jake Westbrook — Indians   Age 24 – Pitches Right (groundball pitcher)

	ERA	W	L	Sv	G	GS	IP	BB	SO	Avg	H	2B	3B	HR	RBI	OBP	SLG	GF	IR	IRS	Hld	SvOp	SB	CS	GB	FB	G/F
2001 Season	5.85	4	4	0	23	6	64.2	22	48	.306	79	16	1	6	36	.363	.446	3	11	3	5	0	7	2	117	59	1.98
Career (2000-2001)	6.56	4	6	0	26	8	71.1	26	49	.324	94	22	1	7	46	.379	.479	4	14	3	5	0	7	2	129	70	1.84

2001 Season

	ERA	W	L	Sv	G	GS	IP	H	HR	BB	SO		Avg	AB	H	2B	3B	HR	RBI	BB	SO	OBP	SLG
Home	6.82	4	2	0	10	5	34.1	47	4	10	23	vs. Left	.298	114	34	10	1	3	23	9	20	.339	.482
Away	4.75	0	2	0	13	1	30.1	32	2	12	25	vs. Right	.313	144	45	6	0	3	13	13	28	.383	.417
Starter	7.22	2	3	0	6	6	28.2	38	4	11	22	Scoring Posn	.333	69	23	2	1	2	31	6	9	.370	.478
Reliever	4.75	2	1	0	17	0	36.0	41	2	11	26	Close & Late	.323	31	10	2	0	0	1	3	9	.382	.387
0 Days Rest (Relief)	7.71	0	0	0	2	0	2.1	3	0	0	2	None on/out	.226	62	14	6	0	1	1	6	15	.314	.371
1 or 2 Days Rest	4.50	0	0	0	4	0	6.0	7	0	2	3	First Pitch	.353	34	12	1	0	2	2	0	0	.378	.382
3+ Days Rest	4.55	2	1	0	11	0	27.2	31	2	9	21	Ahead in Count	.248	117	29	8	0	2	9	0	37	.258	.368
Pre-All Star	2.93	2	0	0	12	2	30.2	31	3	8	20	Behind in Count	.400	60	24	5	0	3	15	10	0	.486	.633
Post-All Star	8.47	2	4	0	11	4	34.0	48	3	14	28	Two Strikes	.222	126	28	8	0	2	12	10	48	.281	.333

Dan Wheeler — Devil Rays   Age 24 – Pitches Right (flyball pitcher)

	ERA	W	L	Sv	G	GS	IP	BB	SO	Avg	H	2B	3B	HR	RBI	OBP	SLG	GF	IR	IRS	Hld	SvOp	SB	CS	GB	FB	G/F
2001 Season	8.66	1	0	0	13	0	17.2	5	12	.375	30	6	1	3	19	.402	.588	3	5	2	0	0	1	0	23	29	0.79
Career (1999-2001)	6.43	2	5	0	30	8	71.1	29	61	.315	94	19	4	12	52	.377	.527	9	8	3	1	1	1	2	83	105	0.79

2001 Season

	ERA	W	L	Sv	G	GS	IP	H	HR	BB	SO		Avg	AB	H	2B	3B	HR	RBI	BB	SO	OBP	SLG
Home	9.35	1	0	0	8	0	8.2	15	1	5	8	vs. Left	.364	44	16	3	1	2	14	3	3	.396	.614
Away	8.00	0	0	0	5	0	9.0	15	2	0	4	vs. Right	.389	36	14	3	0	1	5	2	9	.410	.556

Devon White — Brewers   Age 39 – Bats Both

	Avg	G	AB	R	H	2B	3B	HR	RBI	BB	SO	HBP	GDP	SB	CS	OBP	SLG	IBB	SH	SF	#Pit	#P/PA	GB	FB	G/F
2001 Season	.277	126	390	52	108	25	2	14	47	28	95	12	6	18	3	.343	.459	1	1	1	1668	3.86	128	101	1.27
Last Five Years	.270	527	1850	259	499	95	7	60	247	150	380	40	31	75	27	.336	.426	9	8	13	7896	3.83	704	471	1.49

2001 Season

	Avg	AB	H	2B	3B	HR	RBI	BB	SO	OBP	SLG		Avg	AB	H	2B	3B	HR	RBI	BB	SO	OBP	SLG
vs. Left	.273	88	24	8	1	2	16	6	20	.319	.455	First Pitch	.317	41	13	6	0	2	10	1	0	.349	.610
vs. Right	.278	302	84	17	1	12	31	22	75	.350	.460	Ahead in Count	.376	93	35	8	1	5	15	14	0	.458	.645
Home	.298	178	53	13	0	6	23	14	49	.364	.472	Behind in Count	.208	178	37	7	1	7	15	0	81	.249	.376
Away	.259	212	55	12	2	8	24	14	46	.326	.448	Two Strikes	.171	193	33	8	1	4	12	14	95	.251	.285
Day	.260	127	33	7	0	3	15	7	31	.324	.408	Batting #1	.299	231	69	16	1	9	26	16	47	.365	.494
Night	.285	263	75	18	2	11	32	21	64	.353	.494	Batting #3	.229	70	16	5	0	2	10	4	22	.289	.386
Grass	.274	372	102	23	2	13	41	28	89	.342	.452	Other	.258	89	23	4	1	3	11	8	26	.330	.427
Turf	.333	18	6	2	0	1	6	0	6	.368	.611	April	.476	21	10	3	0	1	4	2	6	.500	.762
Pre-All Star	.283	184	52	14	0	9	32	16	46	.357	.505	May	.208	77	16	4	0	4	16	4	21	.265	.416
Post-All Star	.272	206	56	11	2	5	15	12	49	.330	.417	June	.314	70	22	5	0	4	12	8	14	.395	.557
Inning 1-6	.278	255	71	16	1	10	37	21	57	.358	.467	July	.238	80	19	5	0	2	4	4	20	.291	.475
Inning 7+	.274	135	37	9	1	4	10	7	38	.315	.444	August	.354	65	23	6	0	2	7	6	12	.417	.538
Scoring Posn	.250	72	18	5	0	4	36	9	17	.345	.486	Sept/Oct	.234	77	18	2	1	4	22	4	22	.272	.351
Close & Late	.194	67	13	1	0	1	3	5	23	.250	.254	vs. AL	.315	54	17	4	0	3	6	5	16	.383	.556
None on/out	.312	138	43	8	1	6	28	9	36	.358	.514	vs. NL	.271	336	91	21	2	11	41	23	79	.337	.443

2001 By Position

Position	Avg	AB	H	2B	3B	HR	RBI	BB	SO	OBP	SLG	G	GS	Innings	PO	A	E	DP	Fld Pct	Rng Fctr	In Zone	Outs	Zone Rtg	MLB Zone
As Pinch Hitter	.185	27	5	0	0	0	2	3	11	.258	.185	31	0	—										
As lf	.200	45	9	4	0	2	9	3	16	.265	.422	13	11	97.2	28	0	0	0	1.000	2.58	28	26	.929	.880
As cf	.297	310	92	19	2	12	35	22	66	.364	.487	86	78	668.1	160	3	0	1	1.000	2.20	175	158	.903	.892

Last Five Years

	Avg	AB	H	2B	3B	HR	RBI	BB	SO	OBP	SLG		Avg	AB	H	2B	3B	HR	RBI	BB	SO	OBP	SLG
vs. Left	.279	505	141	26	4	15	74	43	86	.339	.436	First Pitch	.336	211	71	17	0	8	51	7	0	.368	.531
vs. Right	.266	1345	358	69	3	45	172	107	294	.334	.422	Ahead in Count	.365	400	146	29	2	22	75	81	0	.471	.613
Home	.286	885	253	44	2	31	126	79	174	.353	.445	Behind in Count	.199	883	176	29	3	19	73	0	327	.224	.304
Away	.255	965	246	51	5	29	121	71	206	.320	.408	Two Strikes	.189	936	177	31	4	20	76	62	380	.258	.295
Day	.283	519	147	29	1	20	90	42	109	.346	.459	Batting #1	.266	819	218	36	4	26	91	56	184	.325	.415
Night	.264	1331	352	66	6	40	157	108	271	.332	.413	Batting #6	.269	275	74	20	1	7	42	34	51	.358	.425
Grass	.273	1586	433	78	7	53	210	127	316	.338	.431	Other	.274	756	207	39	6	27	114	60	145	.339	.438
Turf	.250	264	66	17	0	7	37	23	64	.320	.394	March/April	.304	336	102	19	1	9	40	31	74	.367	.446
Pre-All Star	.282	923	260	59	2	32	131	73	179	.344	.454	May	.246	281	69	19	1	11	41	16	58	.296	.431
Post-All Star	.258	927	239	36	5	28	116	77	201	.327	.398	June	.283	237	67	15	0	11	42	20	35	.348	.485

Last Five Years

	Avg	AB	H	2B	3B	HR	RBI	BB	SO	OBP	SLG		Avg	AB	H	2B	3B	HR	RBI	BB	SO	OBP	SLG
Inning 1-6	.270	1270	343	63	5	43	176	107	240	.339	.429	July	.276	304	84	17	1	8	35	24	58	.347	.418
Inning 7+	.269	580	156	32	2	17	71	43	140	.328	.419	August	.263	372	98	18	2	10	50	36	82	.339	.403
Scoring Posn	.262	424	111	19	1	18	192	54	92	.348	.439	Sept/Oct	.247	320	79	7	3	11	39	23	73	.298	.391
Close & Late	.213	291	62	6	0	6	29	25	77	.287	.296	vs. AL	.331	166	55	11	0	9	38	15	37	.398	.560
None on/out	.290	566	164	29	3	20	20	36	110	.346	.458	vs. NL	.264	1684	444	84	7	51	209	135	343	.329	.413

Gabe White — Rockies   Age 30 – Pitches Left (flyball pitcher)

	ERA	W	L	Sv	G	GS	IP	BB	SO	Avg	H	2B	3B	HR	RBI	OBP	SLG	GF	IR	IRS	Hld	SvOp	SB	CS	GB	FB	G/F
2001 Season	6.25	1	7	0	69	0	67.2	26	47	.270	70	13	1	18	43	.337	.537	16	24	8	8	2	8	1	63	101	0.62
Last Five Years	4.16	20	18	15	268	9	352.1	90	300	.246	327	65	4	60	192	.295	.436	82	157	59	39	26	19	7	307	510	0.60

2001 Season

	ERA	W	L	Sv	G	GS	IP	H	HR	BB	SO		Avg	AB	H	2B	3B	HR	RBI	BB	SO	OBP	SLG
Home	7.43	1	2	0	38	0	36.1	42	8	18	19	vs. Left	.269	93	25	4	0	6	20	10	19	.333	.505
Away	4.88	0	5	0	31	0	31.1	28	10	8	28	vs. Right	.271	166	45	9	1	12	23	16	28	.339	.554
Day	6.99	0	4	0	28	0	28.1	33	6	9	21	Inning 1-6	.212	52	11	2	0	4	8	2	10	.236	.481
Night	5.72	1	3	0	41	0	39.1	37	12	17	26	Inning 7+	.285	207	59	11	1	14	35	24	37	.361	.551
Grass	5.83	1	7	0	67	0	66.1	64	16	25	45	None on	.249	177	44	7	1	11	11	11	32	.293	.486
Turf	27.00	0	0	0	2	0	1.1	6	2	1	2	Runners on	.317	82	26	6	0	7	32	15	15	.420	.646
April	6.35	0	2	0	10	0	11.1	15	2	1	11	Scoring Posn	.354	48	17	4	0	5	27	12	9	.476	.750
May	5.40	1	1	0	11	0	11.2	11	3	5	8	Close & Late	.315	89	28	4	1	7	15	11	22	.386	.618
June	13.50	0	2	0	12	0	10.2	18	4	11	8	None on/out	.292	72	21	3	1	4	4	2	9	.311	.528
July	3.00	0	1	0	10	0	12.0	7	3	3	8	vs. 1st Batr (relief)	.262	65	17	1	0	6	11	3	12	.290	.554
August	3.29	0	1	0	14	0	13.2	11	4	1	8	1st Inning Pitched	.268	213	57	10	0	15	37	21	38	.333	.526
Sept/Oct	7.56	0	0	0	12	0	8.1	8	2	5	4	First 15 Pitches	.262	187	49	9	0	15	30	14	35	.310	.551
Starter	0.00	0	0	0	0	0	0.0	0	0	0	0	Pitch 16-30	.293	58	17	2	1	3	12	9	9	.397	.517
Reliever	6.25	1	7	0	69	0	67.2	70	18	26	47	Pitch 31-45	.286	14	4	2	0	0	1	3	3	.412	.429
0 Days Rest (Relief)	3.24	1	3	0	19	0	16.2	15	6	5	9	Pitch 46+	.000	0	0	0	0	0	0	0	0	.000	.000
1 or 2 Days Rest	6.83	0	4	0	28	0	29.0	30	7	10	26	First Pitch	.390	41	16	3	0	5	7	5	0	.457	.829
3+ Days Rest	7.77	0	0	0	22	0	22.0	25	5	11	12	Ahead in Count	.230	135	31	7	1	6	22	0	45	.235	.430
vs. AL	3.18	0	0	0	4	0	5.2	4	2	4	3	Behind in Count	.282	39	11	2	0	5	9	7	0	.375	.718
vs. NL	6.53	1	7	0	65	0	62.0	66	16	22	44	Two Strikes	.210	138	29	6	1	5	20	14	47	.288	.377
Pre-All Star	7.98	1	6	0	37	0	38.1	49	12	19	32	Pre-All Star	.310	158	49	8	1	12	29	19	32	.384	.601
Post-All Star	3.99	0	1	0	32	0	29.1	21	6	7	15	Post-All Star	.208	101	21	5	0	6	14	7	15	.261	.436

Last Five Years

	ERA	W	L	Sv	G	GS	IP	H	HR	BB	SO		Avg	AB	H	2B	3B	HR	RBI	BB	SO	OBP	SLG
Home	4.30	13	7	7	146	4	184.1	182	29	50	157	vs. Left	.268	411	110	18	2	17	78	33	108	.320	.445
Away	4.02	7	11	8	122	5	168.0	145	31	40	143	vs. Right	.236	919	217	47	2	43	114	57	192	.283	.432
Day	5.23	7	11	6	92	4	124.0	132	21	29	103	Inning 1-6	.257	378	97	22	0	18	59	18	73	.291	.458
Night	3.59	13	7	9	176	5	228.1	195	39	61	197	Inning 7+	.242	952	230	43	4	42	133	72	227	.296	.428
Grass	4.09	17	12	9	173	4	218.0	198	37	62	175	None on	.235	835	196	38	2	34	38	180	47	.270	.407
Turf	4.29	3	6	6	95	5	134.1	129	23	28	125	Runners on	.265	495	131	27	2	26	158	52	120	.334	.485
March/April	5.46	0	7	1	39	3	59.1	70	10	12	58	Scoring Posn	.284	299	85	18	1	17	136	37	74	.359	.522
May	4.15	8	1	0	46	0	47.2	41	13	13	43	Close & Late	.228	457	104	21	3	19	70	41	128	.292	.411
June	4.62	2	2	0	41	0	50.2	49	8	21	50	None on/out	.208	332	69	12	2	11	11	12	70	.235	.355
July	2.91	3	2	1	46	0	52.2	45	6	12	46	vs. 1st Batr (relief)	.229	236	54	7	0	12	47	16	63	.275	.411
August	3.19	5	3	6	46	0	79.0	58	10	14	65	1st Inning Pitched	.249	859	214	38	1	42	151	62	197	.300	.442
Sept/Oct	4.86	2	3	7	50	1	63.0	64	13	18	37	First 15 Pitches	.249	727	181	31	2	38	118	50	166	.297	.454
Starter	5.40	2	4	0	9	9	51.2	58	4	19	33	Pitch 16-30	.227	383	87	18	1	14	49	23	92	.277	.389
Reliever	3.95	18	14	15	259	0	300.2	269	52	81	267	Pitch 31-45	.265	117	31	10	1	4	15	9	25	.317	.470
0 Days Rest (Relief)	2.89	4	5	4	66	0	65.1	59	12	21	62	Pitch 46+	.272	103	28	6	0	4	10	8	17	.324	.447
1 or 2 Days Rest	3.42	12	8	8	113	0	144.2	112	21	32	126	First Pitch	.327	196	64	13	1	13	32	14	0	.377	.602
3+ Days Rest	5.56	2	1	3	80	0	90.2	98	19	28	79	Ahead in Count	.176	720	127	26	3	18	79	0	273	.182	.296
vs. AL	4.58	1	2	0	22	1	35.1	35	4	10	34	Behind in Count	.374	187	70	12	0	14	39	27	0	.443	.663
vs. NL	4.12	19	16	15	246	8	317.0	292	56	80	266	Two Strikes	.150	702	105	20	3	17	76	49	300	.210	.259
Pre-All Star	4.64	10	11	1	143	3	172.2	171	35	53	167	Pre-All Star	.257	665	171	29	3	35	111	53	167	.313	.468
Post-All Star	3.71	10	7	14	125	6	179.2	156	25	37	133	Post-All Star	.235	665	156	36	1	25	81	37	133	.277	.405

Rick White — Mets   Age 33 – Pitches Right

	ERA	W	L	Sv	G	GS	IP	BB	SO	Avg	H	2B	3B	HR	RBI	OBP	SLG	GF	IR	IRS	Hld	SvOp	SB	CS	GB	FB	G/F
2001 Season	3.88	4	5	2	55	0	69.2	17	51	.257	71	13	2	7	39	.303	.395	15	24	9	10	4	0	1	112	70	1.60
Last Five Years	3.82	16	23	5	222	4	346.0	116	238	.262	352	74	2	32	189	.324	.392	52	164	59	20	13	6	13	528	361	1.46

2001 Season

	ERA	W	L	Sv	G	GS	IP	H	HR	BB	SO		Avg	AB	H	2B	3B	HR	RBI	BB	SO	OBP	SLG
Home	4.00	1	3	1	28	0	36.0	39	5	10	24	vs. Left	.271	107	29	6	0	4	16	9	21	.336	.439
Away	3.74	3	2	1	27	0	33.2	32	6	7	27	vs. Right	.249	169	42	7	2	3	23	8	30	.281	.367
Starter	0.00	0	0	0	0	0	0.0	0	0	0	0	Scoring Posn	.253	75	19	3	1	2	30	10	15	.333	.400
Reliever	3.88	4	5	2	55	0	69.2	71	5	17	51	Close & Late	.290	107	31	4	2	4	19	4	19	.319	.477
0 Days Rest (Relief)	3.44	2	1	1	15	0	18.1	16	2	5	13	None on/out	.210	62	13	0	0	1	1	0	13	.234	.258
1 or 2 Days Rest	6.23	1	2	0	23	0	26.0	34	3	9	14	First Pitch	.256	43	11	2	0	2	9	4	0	.313	.442
3+ Days Rest	1.78	1	2	1	17	0	25.1	21	2	3	24	Ahead in Count	.232	142	33	6	1	3	14	0	44	.243	.352
Pre-All Star	4.32	2	1	1	25	0	33.1	37	2	12	13	Behind in Count	.409	44	18	3	1	1	7	3	0	.447	.591
Post-All Star	3.47	2	4	1	30	0	36.1	34	5	5	38	Two Strikes	.208	130	27	6	1	2	11	10	51	.264	.315

Last Five Years

	ERA	W	L	Sv	G	GS	IP	H	HR	BB	SO		Avg	AB	H	2B	3B	HR	RBI	BB	SO	OBP	SLG
Home	3.54	10	7	1	113	2	175.2	164	10	56	132	vs. Left	.277	574	159	32	0	17	78	54	103	.342	.422
Away	4.12	6	16	4	109	2	170.1	188	22	60	106	vs. Right	.251	768	193	42	2	15	111	62	135	.310	.370
Day	4.37	5	12	1	66	3	105.0	105	12	40	70	Inning 1-6	.250	541	135	18	0	12	87	43	95	.308	.349
Night	3.59	11	11	4	156	1	241.0	247	20	76	168	Inning 7+	.271	801	217	56	2	20	102	73	143	.334	.421
Grass	4.00	6	14	3	121	2	184.1	182	16	67	112	None on	.271	713	193	41	1	16	16	40	121	.316	.398
Turf	3.62	10	9	2	101	2	161.2	170	16	49	126	Runners on	.253	629	159	33	1	16	173	76	117	.332	.385
March/April	2.83	2	1	0	27	0	41.1	39	3	13	31	Scoring Posn	.249	374	93	15	1	8	149	50	74	.333	.358
May	5.19	3	3	0	33	1	52.0	56	7	26	33	Close & Late	.305	256	78	19	2	9	43	26	44	.369	.500
June	3.64	5	5	3	45	2	76.2	80	8	23	43	None on/out	.260	311	81	17	0	7	7	12	54	.294	.383
July	3.05	1	4	0	39	1	59.0	59	5	20	40	vs. 1st Batr (relief)	.287	202	58	9	0	5	36	10	43	.330	.426
August	4.41	3	5	2	41	0	69.1	70	5	17	45	1st Inning Pitched	.251	772	194	37	1	16	131	68	149	.315	.364
Sept/Oct	3.59	2	5	0	37	0	47.2	48	4	17	46	First 15 Pitches	.251	666	167	32	1	13	91	48	112	.306	.360
Starter	7.02	0	3	0	4	4	16.2	22	5	10	7	Pitch 16-30	.283	428	121	22	1	12	63	46	75	.353	.423
Reliever	3.66	16	20	5	218	0	329.1	330	27	106	231	Pitch 31-45	.234	171	40	17	0	4	20	15	41	.300	.404
0 Days Rest (Relief)	3.13	5	4	3	42	0	63.1	62	4	18	45	Pitch 46+	.312	77	24	3	0	3	15	7	10	.360	.468
1 or 2 Days Rest	4.28	9	11	0	118	0	168.1	170	16	63	110	First Pitch	.284	183	52	9	0	4	25	14	0	.333	.399
3+ Days Rest	2.95	2	5	2	58	0	97.2	98	7	25	76	Ahead in Count	.203	635	129	25	1	9	56	0	193	.216	.288
vs. AL	3.69	10	10	1	127	2	217.1	220	20	66	148	Behind in Count	.362	271	98	23	1	11	62	55	0	.462	.576
vs. NL	4.06	6	13	4	95	2	128.2	132	12	50	90	Two Strikes	.186	609	113	23	1	8	44	47	238	.251	.266
Pre-All Star	3.82	10	12	3	115	3	188.1	193	19	68	119	Pre-All Star	.265	729	193	40	1	19	104	68	119	.333	.401
Post-All Star	3.82	6	11	2	107	1	157.2	159	13	48	119	Post-All Star	.259	613	159	34	1	13	85	48	119	.313	.382

Rondell White — Cubs — Age 30 – Bats Right (groundball hitter)

	Avg	G	AB	R	H	2B	3B	HR	RBI	BB	SO	HBP	GDP	SB	CS	OBP	SLG	IBB	SH	SF	#Pit	#P/PA	GB	FB	G/F
2001 Season	.307	95	323	43	99	19	1	17	50	26	56	7	14	1	0	.371	.529	4	1	0	1293	3.62	129	88	1.47
Last Five Years	.298	575	2168	323	645	121	14	97	315	152	388	39	60	48	24	.352	.500	11	2	15	8380	3.53	913	531	1.72

2001 Season

	Avg	AB	H	2B	3B	HR	RBI	BB	SO	OBP	SLG		Avg	AB	H	2B	3B	HR	RBI	BB	SO	OBP	SLG
vs. Left	.268	71	19	4	1	1	8	4	8	.307	.394	First Pitch	.333	39	13	1	0	4	11	4	0	.395	.667
vs. Right	.317	252	80	15	0	16	42	22	48	.388	.567	Ahead in Count	.355	62	22	4	1	4	9	14	0	.481	.645
Home	.255	141	36	3	1	7	15	15	25	.340	.440	Behind in Count	.314	159	50	13	0	6	21	0	49	.335	.509
Away	.346	182	63	16	0	10	35	11	31	.396	.599	Two Strikes	.230	152	35	9	0	5	16	8	56	.287	.388
Day	.323	189	61	10	1	9	24	15	35	.385	.529	Batting #4	.222	45	10	3	0	1	7	4	9	.300	.356
Night	.284	134	38	9	0	8	26	11	21	.351	.530	Batting #5	.335	224	75	13	0	15	39	19	38	.397	.594
Grass	.310	303	94	18	1	16	49	25	50	.376	.535	Other	.259	54	14	3	1	1	4	3	9	.322	.407
Turf	.250	20	5	1	0	1	1	1	6	.286	.450	April	.310	84	26	4	0	4	12	5	14	.363	.524
Pre-All Star	.302	255	77	16	1	13	36	17	43	.355	.525	May	.228	92	21	6	0	2	8	5	20	.283	.359
Post-All Star	.324	68	22	3	0	4	14	9	13	.425	.544	June	.380	79	30	6	0	7	16	7	9	.430	.722
Inning 1-6	.308	234	72	11	1	15	38	13	38	.362	.556	July	.333	3	1	0	0	0	0	1	0	.600	.333
Inning 7+	.303	89	27	8	0	2	12	13	18	.392	.461	August	.000	0	0	0	0	0	0	0	0	.000	.000
Scoring Posn	.358	81	29	5	0	3	34	9	14	.441	.531	Sept/Oct	.323	65	21	3	0	4	14	8	13	.397	.554
Close & Late	.348	46	16	5	0	2	10	10	13	.464	.587	vs. AL	.429	21	9	1	0	2	3	5	4	.556	.762
None on/out	.256	82	21	0	0	5	5	5	15	.307	.500	vs. NL	.298	302	90	18	1	15	47	21	52	.356	.513

2001 By Position

Position	Avg	AB	H	2B	3B	HR	RBI	BB	SO	OBP	SLG	G	GS	Innings	PO	A	E	DP	Fld Pct	Rng Fctr	In Zone	Zone Outs	Zone Rtg	MLB Zone
As lf	.307	319	98	18	1	17	49	25	55	.370	.530	90	88	688.0	133	4	3	0	.979	1.79	144	127	.882	.880

Last Five Years

	Avg	AB	H	2B	3B	HR	RBI	BB	SO	OBP	SLG		Avg	AB	H	2B	3B	HR	RBI	BB	SO	OBP	SLG
vs. Left	.315	483	152	27	6	28	82	33	75	.361	.569	First Pitch	.384	318	122	20	2	21	58	9	0	.405	.657
vs. Right	.293	1685	493	94	8	69	233	119	313	.350	.481	Ahead in Count	.404	446	180	35	5	35	93	73	0	.491	.740
Home	.282	1062	299	58	8	38	139	93	202	.350	.459	Behind in Count	.232	990	230	47	4	24	99	0	325	.247	.361
Away	.313	1106	346	63	6	59	176	59	186	.355	.541	Two Strikes	.196	955	187	35	3	21	87	70	388	.262	.305
Day	.306	731	224	38	3	31	100	56	129	.366	.494	Batting #3	.301	946	285	57	8	38	139	59	184	.352	.499
Night	.293	1437	421	83	11	66	215	96	259	.345	.504	Batting #5	.321	574	184	30	2	34	96	42	105	.376	.557
Grass	.319	984	314	53	5	51	158	61	166	.368	.539	Other	.272	648	176	34	4	25	80	51	99	.331	.452
Turf	.280	1184	331	68	9	46	157	91	222	.339	.469	March/April	.291	436	127	28	5	15	68	30	91	.344	.482
Pre-All Star	.296	1408	417	87	7	62	209	96	255	.351	.498	May	.307	512	157	31	2	25	76	35	85	.364	.521
Post-All Star	.300	760	228	37	7	35	106	56	133	.355	.505	June	.298	389	116	24	0	18	55	29	65	.354	.499
Inning 1-6	.303	1516	459	86	11	74	229	103	263	.357	.520	July	.282	238	67	14	1	11	35	13	40	.328	.487
Inning 7+	.285	652	186	35	3	23	86	49	125	.340	.454	August	.309	307	95	10	3	15	41	25	55	.369	.508
Scoring Posn	.284	538	153	38	5	12	202	53	101	.359	.441	Sept/Oct	.290	286	83	14	3	13	40	20	52	.336	.479
Close & Late	.272	338	92	20	2	14	57	26	80	.328	.467	vs. AL	.321	215	69	11	0	8	28	16	42	.376	.484
None on/out	.287	540	155	31	4	27	27	32	95	.334	.509	vs. NL	.295	1953	576	110	14	89	287	136	346	.350	.502

Matt Whiteside — Braves — Age 34 – Pitches Right

	ERA	W	L	Sv	G	GS	IP	BB	SO	Avg	H	2B	3B	HR	RBI	OBP	SLG	GF	IR	IRS	Hld	SvOp	SB	CS	GB	FB	G/F
2001 Season	7.16	0	1	0	13	0	16.1	7	10	.319	23	5	0	5	12	.383	.597	8	0	0	0	3	0	24	23	1.04
Last Five Years	6.10	8	6	0	103	1	155.0	60	104	.298	186	42	1	22	120	.360	.474	30	78	29	9	4	6	8	237	165	1.44

2001 Season

	ERA	W	L	Sv	G	GS	IP	H	HR	BB	SO		Avg	AB	H	2B	3B	HR	RBI	BB	SO	OBP	SLG
Home	2.00	0	0	0	6	0	9.0	9	1	2	4	vs. Left	.371	35	13	3	0	2	9	4	4	.425	.629
Away	13.50	0	1	0	7	0	7.1	14	4	5	6	vs. Right	.270	37	10	2	0	3	3	3	6	.341	.568

Last Five Years

	ERA	W	L	Sv	G	GS	IP	H	HR	BB	SO		Avg	AB	H	2B	3B	HR	RBI	BB	SO	OBP	SLG
Home	4.91	5	2	0	48	1	80.2	88	9	25	49	vs. Left	.324	259	84	18	0	8	52	24	36	.379	.486
Away	7.39	3	4	0	55	0	74.1	98	13	35	55	vs. Right	.279	366	102	24	1	14	68	36	68	.346	.464
Day	3.42	1	0	0	19	0	23.2	17	1	13	16	Inning 1-6	.322	273	88	18	1	12	68	21	51	.370	.527
Night	6.58	7	6	0	84	1	131.1	169	21	47	88	Inning 7+	.278	352	98	24	0	10	52	39	53	.352	.432
Grass	4.82	7	6	0	84	1	127.0	130	14	46	85	None on	.273	319	87	20	0	10	0	25	49	.328	.429
Turf	11.89	1	0	0	19	0	28.0	56	8	14	19	Runners on	.324	306	99	22	1	12	110	35	55	.391	.520
March/April	8.44	1	1	0	7	0	10.2	15	4	4	9	Scoring Posn	.295	210	62	14	1	5	90	28	41	.371	.443
May	5.23	2	1	0	27	0	41.1	51	6	11	27	Close & Late	.289	97	28	4	0	2	14	15	10	.381	.392
June	5.67	1	1	0	26	0	33.1	34	6	16	27	None on/out	.243	140	34	6	0	7	7	7	19	.279	.436
July	6.56	0	3	0	13	1	23.1	29	4	9	9	vs. 1st Batr (relief)	.322	90	29	6	0	5	17	10	14	.386	.556
August	7.85	3	0	0	15	0	28.2	40	2	14	19	1st Inning Pitched	.313	368	115	28	1	16	86	40	63	.375	.524
Sept/Oct	4.08	1	0	0	15	0	17.2	17	0	6	13	First 15 Pitches	.326	316	103	23	1	12	64	32	45	.385	.519
Starter	11.25	0	0	0	1	1	4.0	6	0	0	1	Pitch 16-30	.240	183	44	10	0	7	34	18	41	.306	.410
Reliever	5.96	8	6	0	102	0	151.0	180	22	60	103	Pitch 31-45	.276	76	21	5	0	2	10	7	15	.353	.421
0 Days Rest (Relief)	11.34	2	2	0	14	0	16.2	32	3	10	14	Pitch 46+	.360	50	18	4	0	1	12	3	3	.407	.500
1 or 2 Days Rest	3.98	3	1	0	38	0	61.0	56	8	20	43	First Pitch	.314	102	32	5	0	5	23	5	0	.342	.510
3+ Days Rest	6.38	3	3	0	50	0	73.1	92	11	30	46	Ahead in Count	.230	265	61	12	1	6	38	0	87	.234	.351
vs. AL	5.96	2	2	0	43	1	68.0	82	7	28	48	Behind in Count	.393	145	57	18	0	7	37	21	0	.467	.662
vs. NL	6.21	6	4	0	60	0	87.0	104	15	32	56	Two Strikes	.195	246	48	7	0	3	29	34	104	.294	.260
Pre-All Star	6.03	4	6	0	65	0	91.0	110	19	34	64	Pre-All Star	.293	376	110	22	0	19	70	34	64	.354	.503
Post-All Star	6.19	4	0	0	38	1	64.0	76	3	26	40	Post-All Star	.305	249	76	20	1	3	50	26	40	.367	.430

Bob Wickman — Indians

Age 33 – Pitches Right (groundball pitcher)

	ERA	W	L	Sv	G	GS	IP	BB	SO	Avg	H	2B	3B	HR	RBI	OBP	SLG	GF	IR	IRS	Hld	SvOp	SB	CS	GB	FB	G/F
2001 Season	2.39	5	0	32	70	0	67.2	14	66	.240	61	8	2	4	21	.285	.335	56	14	4	4	35	2	3	110	47	2.34
Last Five Years	3.07	24	28	125	356	0	392.2	164	330	.251	368	55	5	24	158	.330	.344	250	118	33	41	154	37	9	666	262	2.54

2001 Season

	ERA	W	L	Sv	G	GS	IP	H	HR	BB	SO		Avg	AB	H	2B	3B	HR	RBI	BB	SO	OBP	SLG
Home	2.57	4	0	12	36	0	35.0	35	2	8	39	vs. Left	.279	122	34	3	2	2	13	12	38	.348	.385
Away	2.20	1	0	20	34	0	32.2	26	2	6	27	vs. Right	.205	132	27	5	0	2	8	2	28	.222	.288
Day	2.45	1	0	8	21	0	22.0	23	1	3	16	Inning 1-6	.000	0	0	0	0	0	0	0	0	.000	.000
Night	2.36	4	0	24	49	0	45.2	38	3	11	50	Inning 7+	.240	254	61	8	2	4	21	14	66	.285	.335
Grass	2.59	5	0	29	65	0	62.2	58	4	14	62	None on	.265	147	39	5	1	3	3	7	34	.299	.374
Turf	0.00	0	0	3	5	0	5.0	3	0	0	4	Runners on	.206	107	22	3	1	1	18	7	32	.267	.280
April	2.70	1	0	4	11	0	10.0	7	2	5	9	Scoring Posn	.222	63	14	1	1	0	14	5	18	.290	.270
May	1.35	1	0	7	14	0	13.1	8	0	2	18	Close & Late	.239	163	39	5	2	3	16	12	43	.299	.350
June	6.14	1	0	4	9	0	7.1	7	1	3	8	None on/out	.270	63	17	1	0	2	2	2	16	.292	.381
July	2.57	0	0	4	14	0	14.0	14	0	0	13	vs. 1st Batr (relief)	.235	68	16	1	0	2	3	2	18	.257	.338
August	2.25	1	0	7	11	0	12.0	14	1	3	10	1st Inning Pitched	.243	247	60	8	2	4	21	14	64	.289	.340
Sept/Oct	0.82	1	0	6	11	0	11.0	11	0	1	8	First 15 Pitches	.252	206	52	5	2	3	12	9	49	.290	.340
Starter	0.00	0	0	0	0	0	0.0	0	0	0	0	Pitch 16-30	.191	47	9	3	0	1	9	4	16	.255	.319
Reliever	2.39	5	0	32	70	0	67.2	61	4	14	66	Pitch 31-45	.000	1	0	0	0	0	0	1	1	.500	.000
0 Days Rest (Relief)	1.80	1	0	12	21	0	20.0	19	1	1	22	Pitch 46+	.000	0	0	0	0	0	0	0	0	.000	.000
1 or 2 Days Rest	1.91	1	0	14	28	0	28.1	21	1	5	26	First Pitch	.267	30	8	2	0	0	2	1	0	.313	.333
3+ Days Rest	3.72	3	0	6	21	0	19.1	21	2	8	18	Ahead in Count	.187	134	25	3	2	0	7	0	55	.193	.239
vs. AL	2.63	4	0	32	64	0	61.2	58	4	14	62	Behind in Count	.425	40	17	2	0	2	6	7	0	.511	.625
vs. NL	0.00	1	0	0	6	0	6.0	3	0	0	4	Two Strikes	.146	130	19	4	1	0	6	5	66	.184	.192
Pre-All Star	2.75	3	0	15	39	0	36.0	27	3	10	39	Pre-All Star	.211	128	27	5	1	3	10	10	39	.273	.336
Post-All Star	1.99	2	0	17	31	0	31.2	34	1	4	27	Post-All Star	.270	126	34	3	1	1	11	4	27	.298	.333

Last Five Years

	ERA	W	L	Sv	G	GS	IP	H	HR	BB	SO		Avg	AB	H	2B	3B	HR	RBI	BB	SO	OBP	SLG
Home	3.30	17	11	54	176	0	191.0	187	13	66	154	vs. Left	.253	664	168	25	3	6	75	99	159	.351	.327
Away	2.86	7	17	71	180	0	201.2	181	11	98	176	vs. Right	.249	802	200	30	2	18	83	65	171	.311	.359
Day	3.14	7	11	42	127	0	146.0	136	9	69	120	Inning 1-6	.182	22	4	2	0	1	6	4	8	.296	.409
Night	3.03	17	17	83	229	0	246.2	232	15	95	210	Inning 7+	.252	1444	364	53	5	23	152	160	322	.330	.343
Grass	3.21	23	24	103	304	0	333.2	318	21	135	274	None on	.257	763	196	32	3	13	73	169	.328	.358
Turf	2.29	1	4	22	52	0	59.0	50	3	29	56	Runners on	.245	703	172	23	2	11	145	91	161	.331	.330
March/April	2.74	4	6	10	55	0	62.1	53	5	25	53	Scoring Posn	.210	434	91	16	2	6	129	76	112	.326	.297
May	2.23	6	3	18	64	0	76.2	63	5	34	69	Close & Late	.259	995	258	37	3	16	123	135	221	.349	.351
June	3.04	5	2	23	50	0	53.1	46	6	21	50	None on/out	.251	343	86	7	1	8	33	68	138	.347	.347
July	3.19	3	5	23	66	0	67.2	64	2	23	55	vs. 1st Batr (relief)	.222	324	72	8	1	6	22	29	73	.287	.309
August	4.24	4	9	25	64	0	70.0	82	3	29	52	1st Inning Pitched	.245	1242	304	47	5	21	139	130	291	.319	.341
Sept/Oct	3.02	2	3	26	57	0	62.2	60	3	32	51	First 15 Pitches	.246	1012	249	31	3	16	79	93	223	.314	.330
Starter	0.00	0	0	0	0	0	0.0	0	0	0	0	Pitch 16-30	.264	386	102	21	2	7	66	59	93	.364	.383
Reliever	3.07	24	28	125	356	0	392.2	368	24	164	330	Pitch 31-45	.246	61	15	3	0	0	10	11	12	.361	.295
0 Days Rest (Relief)	3.04	5	8	40	96	0	103.2	92	5	43	92	Pitch 46+	.286	7	2	0	0	1	3	1	2	.333	.714
1 or 2 Days Rest	2.69	10	13	63	169	0	194.1	174	9	75	156	First Pitch	.282	209	59	6	1	2	22	14	0	.327	.349
3+ Days Rest	3.90	7	7	22	91	0	94.2	102	10	46	82	Ahead in Count	.176	672	118	18	4	4	48	0	262	.186	.232
vs. AL	2.83	12	9	60	177	0	200.1	190	13	75	171	Behind in Count	.401	297	119	21	0	12	56	75	0	.519	.593
vs. NL	3.32	12	19	65	179	0	192.1	178	11	89	159	Two Strikes	.141	672	95	17	2	4	44	74	330	.213	.190
Pre-All Star	2.73	15	14	58	190	0	214.1	182	17	88	194	Pre-All Star	.232	786	182	25	2	17	73	88	194	.313	.333
Post-All Star	3.48	9	14	67	166	0	178.1	186	7	76	136	Post-All Star	.274	680	186	30	3	7	85	76	136	.349	.357

Brad Wilkerson — Expos
Age 25 – Bats Left

	Avg	G	AB	R	H	2B	3B	HR	RBI	BB	SO	HBP	GDP	SB	CS	OBP	SLG	IBB	SH	SF	#Pit	#P/PA	GB	FB	G/F
2001 Season	.205	47	117	11	24	7	2	1	5	17	41	0	2	2	1	.304	.325	1	1	1	572	4.21	30	37	0.81

2001 Season

	Avg	AB	H	2B	3B	HR	RBI	BB	SO	OBP	SLG		Avg	AB	H	2B	3B	HR	RBI	BB	SO	OBP	SLG
vs. Left	.125	8	1	0	0	0	0	0	3	.125	.125	Scoring Posn	.048	21	1	0	0	0	3	3	9	.160	.048
vs. Right	.211	109	23	7	2	1	5	17	38	.315	.339	Close & Late	.353	17	6	1	0	0	1	3	7	.450	.412
Home	.200	65	13	4	1	1	3	10	26	.307	.338	None on/out	.306	36	11	4	1	1	1	2	15	.342	.556
Away	.212	52	11	3	1	0	2	7	15	.300	.308	Batting #7	.185	27	5	2	1	0	2	4	8	.290	.333
First Pitch	.200	5	1	1	0	0	0	0	0	.200	.400	Batting #8	.198	81	16	4	1	1	3	12	28	.298	.309
Ahead in Count	.280	25	7	1	1	1	2	8	0	.455	.520	Other	.333	9	3	1	0	0	0	1	5	.400	.444
Behind in Count	.182	66	12	3	0	0	1	0	36	.179	.227	Pre-All Star	.000	0	0	0	0	0	0	0	0	.000	.000
Two Strikes	.162	68	11	4	0	0	2	9	41	.256	.221	Post-All Star	.205	117	24	7	2	1	5	17	41	.304	.325

Marc Wilkins — Pirates
Age 31 – Pitches Right

	ERA	W	L	Sv	G	GS	IP	BB	SO	Avg	H	2B	3B	HR	RBI	OBP	SLG	GF	IR	IRS	Hld	SvOp	SB	CS	GB	FB	G/F
2001 Season	6.75	0	1	0	14	0	17.1	8	11	.319	22	5	0	2	15	.397	.478	6	10	4	1	0	2	0	22	22	1.00
Last Five Years	4.42	15	11	2	198	0	219.2	119	156	.253	203	46	3	17	108	.358	.382	55	97	28	37	5	18	9	295	228	1.29

2001 Season

	ERA	W	L	Sv	G	GS	IP	H	BB	SO		Avg	AB	H	2B	3B	HR	RBI	BB	SO	OBP	SLG
Home	10.61	0	0	0	7	0	9.1	17	1	6	vs. Left	.333	21	7	3	0	1	6	3	1	.417	.619
Away	2.25	0	1	0	7	0	8.0	5	1	2	vs. Right	.313	48	15	2	0	1	9	5	10	.389	.417

Last Five Years

	ERA	W	L	Sv	G	GS	IP	H	BB	SO		Avg	AB	H	2B	3B	HR	RBI	BB	SO	OBP	SLG
Home	5.07	9	3	1	101	0	113.2	113	9	59	vs. Left	.249	305	76	22	1	4	34	56	70	.366	.367
Away	3.74	6	8	1	97	0	106.0	90	8	60	vs. Right	.256	497	127	24	2	13	74	63	86	.352	.390
Day	4.46	5	7	2	69	0	74.2	74	8	44	Inning 1-6	.243	152	37	10	0	4	28	30	31	.372	.388
Night	4.41	10	4	0	129	0	145.0	129	9	75	Inning 7+	.255	650	166	36	3	13	80	89	125	.354	.380
Grass	5.11	4	7	1	81	0	86.1	91	7	62	None on	.258	415	107	24	1	9	9	53	69	.354	.386
Turf	3.98	11	4	1	117	0	133.1	112	10	57	Runners on	.248	387	96	22	2	8	99	66	87	.361	.377
March/April	6.56	1	0	0	34	0	35.2	38	3	29	Scoring Posn	.247	235	58	17	2	7	97	45	53	.366	.426
May	4.86	4	0	0	29	0	33.1	37	4	11	Close & Late	.238	256	61	14	0	5	31	41	48	.342	.352
June	4.84	3	1	0	23	0	22.1	22	3	8	None on/out	.251	187	47	8	0	3	3	20	25	.333	.342
July	3.38	2	4	1	35	0	37.1	28	3	23	vs. 1st Batr (relief)	.223	166	37	10	0	3	18	24	25	.333	.337
August	3.64	2	3	1	43	0	54.1	46	3	27	1st Inning Pitched	.250	597	149	34	3	15	89	97	107	.363	.392
Sept/Oct	3.93	3	3	0	34	0	36.2	32	1	21	First 15 Pitches	.267	516	138	32	3	13	66	74	79	.370	.417
Starter	0.00	0	0	0	0	0	0.0	0	0	0	Pitch 16-30	.203	231	47	7	0	2	26	32	65	.304	.260
Reliever	4.42	15	11	2	198	0	219.2	203	17	119	Pitch 31-45	.298	47	14	6	0	1	12	11	10	.433	.489
0 Days Rest (Relief)	3.82	5	3	2	39	0	37.2	29	3	14	Pitch 46+	.500	8	4	1	0	1	4	2	2	.600	1.000
1 or 2 Days Rest	4.68	7	5	0	111	0	132.2	129	11	70	First Pitch	.315	124	39	13	1	4	27	7	0	.315	.532
3+ Days Rest	4.20	3	3	0	48	0	49.1	45	3	35	Ahead in Count	.170	342	58	10	0	6	24	0	128	.190	.251
vs. AL	5.00	1	0	0	11	0	9.0	7	2	10	Behind in Count	.337	187	63	12	1	3	33	56	0	.484	.600
vs. NL	4.40	14	11	2	187	0	210.2	196	15	109	Two Strikes	.161	342	55	8	0	8	29	56	156	.286	.254
Pre-All Star	5.08	10	1	1	95	0	101.0	98	10	53	Pre-All Star	.266	368	98	19	2	10	62	53	71	.363	.410
Post-All Star	3.87	5	10	1	103	0	118.2	105	7	66	Post-All Star	.242	434	105	27	1	7	46	66	85	.353	.357

Rick Wilkins — Padres
Age 35 – Bats Left (flyball hitter)

	Avg	G	AB	R	H	2B	3B	HR	RBI	BB	SO	HBP	GDP	SB	CS	OBP	SLG	IBB	SH	SF	#Pit	#P/PA	GB	FB	G/F
2001 Season	.182	12	22	3	4	1	0	1	8	2	8	0	1	0	0	.250	.364	0	0	0	107	4.46	9	4	2.25
Last Five Years	.193	114	295	34	57	8	1	9	41	28	95	0	2	0	0	.259	.319	0	0	5	1244	3.79	82	85	0.96

2001 Season

	Avg	AB	H	2B	3B	HR	RBI	BB	SO	OBP	SLG		Avg	AB	H	2B	3B	HR	RBI	BB	SO	OBP	SLG
vs. Left	.000	0	0	0	0	0	0	0	0	.000	.000	Scoring Posn	.600	5	3	1	0	0	7	0	1	.600	.800
vs. Right	.182	22	4	1	0	1	8	2	8	.250	.364	Close & Late	.250	4	1	0	0	0	2	0	1	.250	.250

Bernie Williams — Yankees
Age 33 – Bats Both (groundball hitter)

	Avg	G	AB	R	H	2B	3B	HR	RBI	BB	SO	HBP	GDP	SB	CS	OBP	SLG	IBB	SH	SF	#Pit	#P/PA	GB	FB	G/F
2001 Season	.307	146	540	102	166	38	0	26	94	78	67	6	15	11	5	.395	.522	11	0	9	2418	3.82	224	169	1.33
Last Five Years	.325	702	2676	534	869	168	23	128	527	396	407	14	70	63	37	.411	.548	55	0	29	11673	3.75	1154	678	1.70

2001 Season

	Avg	AB	H	2B	3B	HR	RBI	BB	SO	OBP	SLG		Avg	AB	H	2B	3B	HR	RBI	BB	SO	OBP	SLG
vs. Left	.311	151	47	9	0	5	22	26	21	.411	.470	First Pitch	.397	63	25	2	0	5	16	7	0	.452	.667
vs. Right	.306	389	119	29	0	21	72	52	46	.389	.542	Ahead in Count	.346	156	54	16	0	9	32	39	0	.470	.622
Home	.314	290	91	23	0	14	58	42	33	.399	.538	Behind in Count	.234	218	51	13	0	7	27	0	51	.241	.390
Away	.300	250	75	15	0	12	36	36	34	.390	.504	Two Strikes	.250	224	56	12	0	7	32	31	67	.342	.397
Day	.310	203	63	16	0	14	45	30	29	.390	.596	Batting #3	.299	298	89	23	0	15	55	50	35	.399	.527
Night	.306	337	103	22	0	12	49	48	38	.398	.478	Batting #4	.320	231	74	15	0	11	37	28	32	.395	.528
Grass	.305	459	140	34	0	22	83	70	55	.396	.523	Other	.273	11	3	0	0	0	2	0	0	.273	.273
Turf	.321	81	26	4	0	4	11	8	12	.389	.519	April	.200	55	11	2	0	2	8	7	8	.299	.345
Pre-All Star	.321	268	86	15	0	15	50	42	31	.414	.545	May	.264	87	23	1	0	4	12	10	15	.343	.414
Post-All Star	.294	272	80	23	0	11	44	36	36	.376	.500	June	.450	100	45	9	0	8	25	15	6	.530	.800
Inning 1-6	.319	382	122	25	0	22	77	48	47	.395	.558	July	.250	108	27	5	0	4	20	19	11	.357	.407
Inning 7+	.278	158	44	13	0	4	17	30	20	.396	.437	August	.355	110	39	14	0	2	16	14	13	.425	.536

2001 Season

	Avg	AB	H	2B	3B	HR	RBI	BB	SO	OBP	SLG		Avg	AB	H	2B	3B	HR	RBI	BB	SO	OBP	SLG
Scoring Posn	.246	142	35	7	0	1	54	29	13	.370	.317	Sept/Oct	.263	80	21	5	0	6	13	12	15	.355	.550
Close & Late	.333	75	25	5	0	3	12	19	12	.464	.520	vs. AL	.303	469	142	32	0	22	78	65	57	.388	.512
None on/out	.315	124	39	12	0	7	7	10	14	.366	.581	vs. NL	.338	71	24	6	0	4	16	13	10	.440	.592

2001 By Position

Position	Avg	AB	H	2B	3B	HR	RBI	BB	SO	OBP	SLG	G	GS	Innings	PO	A	E	DP	Fld Pct	Rng Fctr	In Zone	Zone Outs	Zone Rtg	MLB Zone
As cf	.308	535	165	38	0	26	94	77	67	.396	.525	144	143	1266.2	348	3	2	1	.994	2.49	388	343	.884	.892

Last Five Years

	Avg	AB	H	2B	3B	HR	RBI	BB	SO	OBP	SLG		Avg	AB	H	2B	3B	HR	RBI	BB	SO	OBP	SLG
vs. Left	.314	786	247	41	5	37	152	136	114	.414	.520	First Pitch	.380	368	140	25	2	21	77	42	0	.441	.630
vs. Right	.329	1890	622	127	18	91	375	260	293	.409	.560	Ahead in Count	.389	773	301	72	8	52	214	185	0	.504	.705
Home	.324	1310	424	85	8	67	259	207	207	.415	.554	Behind in Count	.260	1018	265	46	7	38	145	0	320	.262	.431
Away	.326	1366	445	83	15	61	268	189	200	.406	.542	Two Strikes	.250	1108	277	47	6	35	154	167	407	.348	.398
Day	.348	981	341	63	3	54	201	127	139	.420	.583	Batting #3	.310	843	261	54	4	35	155	142	118	.407	.508
Night	.312	1695	528	105	20	74	326	269	268	.405	.528	Batting #4	.325	1617	525	96	15	81	332	226	266	.407	.553
Grass	.327	2272	743	140	22	109	459	347	341	.414	.552	Other	.384	216	83	18	4	12	40	28	23	.451	.671
Turf	.312	404	126	28	1	19	68	49	66	.388	.527	March/April	.293	426	125	25	4	11	68	63	59	.382	.448
Pre-All Star	.328	1431	470	88	11	67	277	220	210	.417	.546	May	.325	510	166	26	6	27	97	71	77	.408	.559
Post-All Star	.320	1245	399	80	12	61	250	176	197	.403	.551	June	.382	382	146	33	1	27	99	63	56	.470	.686
Inning 1-6	.327	1871	612	121	12	91	378	268	287	.410	.551	July	.289	381	110	19	3	13	64	66	55	.391	.457
Inning 7+	.319	805	257	47	11	37	149	128	120	.411	.543	August	.347	544	189	40	4	29	116	73	78	.420	.596
Scoring Posn	.319	815	260	42	8	35	388	165	133	.426	.519	Sept/Oct	.307	433	133	25	5	21	83	60	82	.392	.533
Close & Late	.320	356	114	18	8	21	81	66	51	.425	.593	vs. AL	.324	2395	777	148	21	115	468	344	364	.408	.548
None on/out	.317	597	189	42	4	32	32	66	86	.386	.561	vs. NL	.327	281	92	20	2	13	59	52	43	.432	.552

Dave Williams — Pirates Age 23 – Pitches Left

	ERA	W	L	Sv	G	GS	IP	BB	SO	Avg	H	2B	3B	HR	RBI	OBP	SLG	CG	ShO	Sup	QS	#P/S	SB	CS	GB	FB	G/F
2001 Season	3.71	3	7	0	22	18	114.0	45	57	.244	100	22	5	15	54	.324	.433	0	0	4.18	8	87	3	9	150	150	1.00

2001 Season

	ERA	W	L	Sv	G	GS	IP	H	HR	BB	SO		Avg	AB	H	2B	3B	HR	RBI	BB	SO	OBP	SLG
Home	4.06	2	3	0	10	9	51.0	45	7	27	21	vs. Left	.255	106	27	8	0	2	15	6	14	.299	.387
Away	3.43	1	4	0	12	9	63.0	55	8	18	36	vs. Right	.241	303	73	14	5	13	39	39	43	.332	.449
Starter	3.81	3	7	0	18	18	104.0	92	14	40	53	Scoring Posn	.310	71	22	2	0	3	36	13	5	.400	.465
Reliever	2.70	0	0	0	4	0	10.0	8	1	5	4	Close & Late	.333	9	3	1	0	1	2	1	1	.364	.778
0-3 Days Rest (Start)	0.00	0	0	0	0	0	0.0	0	0	0	0	None on/out	.263	118	31	10	2	4	4	6	15	.298	.483
4 Days Rest	3.38	1	4	0	9	9	50.2	47	7	22	23	First Pitch	.222	54	12	3	2	1	3	4	0	.283	.407
5+ Days Rest	4.22	2	3	0	9	9	53.1	45	7	18	30	Ahead in Count	.207	174	36	6	2	6	17	0	43	.228	.368
Pre-All Star	3.58	1	1	0	7	3	27.2	25	4	11	14	Behind in Count	.257	101	26	9	0	3	21	24	0	.391	.436
Post-All Star	3.75	2	6	0	15	15	86.1	75	11	34	43	Two Strikes	.228	162	37	6	1	9	23	17	57	.314	.444

Gerald Williams — Yankees Age 35 – Bats Right

	Avg	G	AB	R	H	2B	3B	HR	RBI	BB	SO	HBP	GDP	SB	CS	OBP	SLG	IBB	SH	SF	#Pit	#P/PA	GB	FB	G/F
2001 Season	.201	100	279	42	56	18	0	4	19	18	55	5	9	13	5	.262	.308	0	4	0	1158	3.78	103	85	1.21
Last Five Years	.263	673	2165	324	569	123	7	62	261	121	363	23	36	78	42	.307	.412	3	24	12	8496	3.62	767	676	1.13

2001 Season

	Avg	AB	H	2B	3B	HR	RBI	BB	SO	OBP	SLG		Avg	AB	H	2B	3B	HR	RBI	BB	SO	OBP	SLG
vs. Left	.184	38	7	2	0	1	2	6	7	.311	.316	Scoring Posn	.143	63	9	2	0	0	13	4	15	.206	.175
vs. Right	.203	241	49	16	0	3	17	12	48	.253	.307	Close & Late	.135	37	5	1	0	0	2	4	8	.256	.162
Home	.183	131	24	6	0	3	10	7	27	.241	.298	None on/out	.318	85	27	12	0	1	1	3	9	.348	.494
Away	.216	148	32	12	0	1	9	11	28	.280	.318	Batting #1	.224	161	36	11	0	2	12	11	33	.277	.329
First Pitch	.225	40	9	3	0	1	4	0	0	.225	.375	Batting #2	.130	54	7	5	0	0	2	4	9	.230	.222
Ahead in Count	.256	39	10	2	0	2	3	10	0	.408	.462	Other	.203	64	13	2	0	2	5	3	13	.250	.328
Behind in Count	.182	159	29	11	0	0	9	0	46	.202	.252	Pre-All Star	.203	236	48	17	0	4	17	14	43	.260	.326
Two Strikes	.159	157	25	10	0	5	8	55	.271	.209	Post-All Star	.186	43	8	1	0	0	2	4	12	.271	.209

Last Five Years

	Avg	AB	H	2B	3B	HR	RBI	BB	SO	OBP	SLG		Avg	AB	H	2B	3B	HR	RBI	BB	SO	OBP	SLG
vs. Left	.289	646	187	47	1	28	96	44	96	.336	.495	First Pitch	.354	350	124	32	0	12	55	2	0	.361	.549
vs. Right	.251	1519	382	76	6	34	165	77	267	.295	.375	Ahead in Count	.345	351	121	29	0	21	73	66	0	.443	.607
Home	.269	1033	278	59	4	24	123	56	166	.312	.404	Behind in Count	.210	1147	241	42	5	16	96	0	323	.220	.297
Away	.257	1132	291	64	3	38	138	65	197	.303	.420	Two Strikes	.185	1097	203	41	5	12	65	53	363	.231	.264
Day	.271	700	190	46	3	20	97	45	127	.319	.431	Batting #1	.263	1235	325	63	4	41	165	74	200	.309	.420
Night	.259	1465	379	77	4	42	164	76	236	.302	.403	Batting #8	.240	233	56	13	2	3	22	14	41	.289	.352
Grass	.271	1461	396	89	6	45	199	82	235	.315	.433	Other	.270	697	188	47	1	18	74	33	122	.310	.418
Turf	.246	704	173	34	1	17	62	39	128	.290	.369	March/April	.263	338	89	20	1	9	40	23	60	.314	.408
Pre-All Star	.260	1159	301	64	2	28	145	71	185	.306	.391	May	.252	448	113	21	1	10	47	30	71	.302	.371
Post-All Star	.266	1006	268	59	5	34	116	50	178	.308	.436	June	.269	294	79	21	0	7	45	14	41	.307	.412
Inning 1-6	.275	1442	397	89	6	44	164	68	243	.315	.437	July	.276	330	91	19	0	16	51	15	54	.305	.479
Inning 7+	.238	723	172	34	1	18	97	53	120	.292	.362	August	.249	413	103	20	3	9	43	20	79	.295	.378
Scoring Posn	.256	532	136	28	2	16	197	35	96	.300	.406	Sept/Oct	.275	342	94	22	2	11	35	19	58	.314	.447
Close & Late	.198	343	68	13	1	6	46	28	62	.260	.294	vs. AL	.254	1383	351	78	4	31	136	66	240	.294	.383
None on/out	.272	694	189	45	3	19	19	35	114	.316	.428	vs. NL	.279	782	218	45	3	31	125	55	123	.331	.463

469

Jeff Williams — Dodgers
Age 30 – Pitches Left

	ERA	W	L	Sv	G	GS	IP	BB	SO	Avg	H	2B	3B	HR	RBI	OBP	SLG	GF	IR	IRS	Hld	SvOp	SB	CS	GB	FB	G/F
2001 Season	6.29	2	1	0	15	1	24.1	17	9	.295	26	6	1	5	15	.407	.557	2	5	2	1	0	1	2	38	27	1.41
Career (1999-2001)	6.61	4	1	0	27	4	47.2	34	19	.282	50	11	2	8	30	.395	.503	3	8	3	2	1	3	6	76	52	1.46

2001 Season

	ERA	W	L	Sv	G	GS	IP	H	HR	BB	SO		Avg	AB	H	2B	3B	HR	RBI	BB	SO	OBP	SLG
Home	5.93	1	1	0	7	1	13.2	13	3	11	3	vs. Left	.294	34	10	2	0	2	4	6	3	.405	.529
Away	6.75	1	0	0	8	0	10.2	13	2	6	6	vs. Right	.296	54	16	4	1	3	11	11	6	.409	.574

Matt Williams — Diamondbacks
Age 36 – Bats Right

	Avg	G	AB	R	H	2B	3B	HR	RBI	BB	SO	HBP	GDP	SB	CS	OBP	SLG	IBB	SH	SF	#Pit	#P/PA	GB	FB	G/F
2001 Season	.275	106	408	58	112	30	0	16	65	22	70	3	15	1	0	.314	.466	3	0	3	1493	3.42	133	157	0.85
Last Five Years	.277	642	2512	357	697	143	8	115	430	160	424	15	76	21	7	.322	.478	25	0	17	8939	3.31	853	846	1.01

2001 Season

	Avg	AB	H	2B	3B	HR	RBI	BB	SO	OBP	SLG		Avg	AB	H	2B	3B	HR	RBI	BB	SO	OBP	SLG
vs. Left	.313	115	36	8	0	8	28	6	13	.344	.591	First Pitch	.346	78	27	7	0	3	9	3	0	.373	.551
vs. Right	.259	293	76	22	0	8	37	16	57	.303	.416	Ahead in Count	.423	97	41	6	0	7	27	11	0	.477	.701
Home	.254	201	51	11	0	7	25	12	33	.301	.413	Behind in Count	.185	173	32	11	0	5	17	0	58	.185	.335
Away	.295	207	61	19	0	9	40	10	37	.327	.517	Two Strikes	.144	167	24	8	0	3	11	8	70	.188	.246
Day	.295	122	36	9	0	8	25	4	19	.313	.566	Batting #4	.275	247	68	20	0	6	35	13	40	.314	.429
Night	.266	286	76	21	0	8	40	18	51	.315	.423	Batting #5	.265	102	27	6	0	6	18	4	24	.292	.500
Grass	.272	382	104	29	0	14	61	21	66	.311	.458	Other	.288	59	17	4	0	4	12	5	6	.348	.559
Turf	.308	26	8	1	0	2	4	1	4	.357	.577	April	.245	94	23	8	0	3	16	6	16	.294	.426
Pre-All Star	.266	143	38	11	0	5	21	8	23	.312	.448	May	.306	49	15	3	0	2	5	2	7	.346	.490
Post-All Star	.279	265	74	19	0	11	44	14	47	.316	.475	June	.000	0	0	0	0	0	0	0	0	.000	.000
Inning 1-6	.233	275	64	21	0	8	45	16	48	.279	.396	July	.306	72	22	6	0	2	10	3	10	.329	.472
Inning 7+	.361	133	48	9	0	8	20	6	22	.388	.609	August	.273	99	27	5	0	6	19	4	24	.301	.505
Scoring Posn	.284	109	31	8	0	5	44	10	17	.347	.495	Sept/Oct	.266	94	25	8	0	3	15	7	13	.314	.447
Close & Late	.419	62	26	4	0	2	9	3	7	.446	.581	vs. AL	.333	21	7	2	0	0	3	0	3	.333	.429
None on/out	.269	93	25	6	0	1	1	6	21	.313	.366	vs. NL	.271	387	105	28	0	16	62	22	67	.313	.468

2001 By Position

Position	Avg	AB	H	2B	3B	HR	RBI	BB	SO	OBP	SLG	G	GS	Innings	PO	A	E	DP	Fld Pct	Rng Fctr	In Zone	Zone Outs	Zone Rtg	MLB Zone
As 3b	.276	398	110	29	0	16	64	20	67	.314	.470	102	99	852.1	57	177	9	17	.963	2.47	238	177	.744	.761

Last Five Years

	Avg	AB	H	2B	3B	HR	RBI	BB	SO	OBP	SLG		Avg	AB	H	2B	3B	HR	RBI	BB	SO	OBP	SLG
vs. Left	.309	667	206	36	2	43	137	58	95	.363	.562	First Pitch	.328	516	169	47	1	25	89	24	0	.359	.568
vs. Right	.266	1845	491	107	6	72	293	102	329	.307	.448	Ahead in Count	.382	552	211	41	1	40	143	71	0	.449	.678
Home	.267	1223	327	60	5	47	180	89	209	.318	.440	Behind in Count	.204	1036	211	35	4	33	129	0	355	.208	.341
Away	.287	1289	370	83	3	68	250	71	215	.327	.514	Two Strikes	.176	970	171	25	3	27	110	65	424	.231	.292
Day	.300	739	222	42	1	42	142	33	115	.331	.530	Batting #4	.283	1755	497	112	4	79	309	114	301	.328	.487
Night	.268	1773	475	101	7	73	288	127	309	.319	.456	Batting #6	.300	397	119	16	3	21	71	21	53	.340	.514
Grass	.282	2192	618	127	7	100	378	141	364	.327	.483	Other	.225	360	81	15	1	15	50	25	70	.277	.397
Turf	.247	320	79	16	1	15	52	19	60	.294	.444	March/April	.299	402	120	34	0	24	82	30	60	.350	.562
Pre-All Star	.277	1220	338	72	3	64	202	80	217	.323	.498	May	.249	369	92	18	2	19	54	23	76	.297	.463
Post-All Star	.278	1292	359	71	5	51	228	80	207	.322	.459	June	.279	377	105	16	1	18	50	21	68	.315	.469
Inning 1-6	.273	1709	466	105	4	78	303	105	288	.317	.476	July	.268	369	99	20	2	10	53	28	52	.317	.415
Inning 7+	.288	803	231	38	4	37	127	55	136	.334	.483	August	.274	508	139	31	0	25	106	31	96	.319	.482
Scoring Posn	.274	686	188	39	1	34	306	75	117	.342	.483	Sept/Oct	.292	487	142	24	3	19	85	27	72	.328	.470
Close & Late	.299	375	112	14	3	18	73	24	64	.342	.496	vs. AL	.284	668	190	39	3	29	110	40	117	.328	.482
None on/out	.295	628	185	32	4	32	32	32	103	.331	.511	vs. NL	.275	1844	507	104	5	86	320	120	307	.321	.477

Mike Williams — Astros
Age 33 – Pitches Right (groundball pitcher)

	ERA	W	L	Sv	G	GS	IP	BB	SO	Avg	H	2B	3B	HR	RBI	OBP	SLG	GF	IR	IRS	Hld	SvOp	SB	CS	GB	FB	G/F
2001 Season	3.80	6	4	22	65	0	64.0	35	59	.244	60	16	3	9	27	.337	.443	48	13	2	3	25	7	0	94	67	1.40
Last Five Years	3.78	16	16	70	242	1	259.1	136	275	.244	238	49	5	28	131	.337	.390	174	84	29	12	84	31	8	343	227	1.51

2001 Season

	ERA	W	L	Sv	G	GS	IP	H	HR	BB	SO		Avg	AB	H	2B	3B	HR	RBI	BB	SO	OBP	SLG
Home	5.08	3	3	14	34	0	33.2	34	7	19	33	vs. Left	.256	117	30	5	2	8	15	19	27	.360	.538
Away	2.37	3	1	8	31	0	30.1	26	2	16	26	vs. Right	.233	129	30	11	1	1	12	16	32	.315	.357
Day	2.33	2	1	7	19	0	19.1	15	3	8	21	Inning 1-6	.000	0	0	0	0	0	0	0	0	.000	.000
Night	4.43	4	3	15	46	0	44.2	45	6	27	38	Inning 7+	.244	246	60	16	3	9	27	35	59	.337	.443
Grass	3.62	6	3	21	61	0	59.2	53	9	33	55	None on	.283	120	34	9	3	8	8	16	30	.368	.608
Turf	6.23	0	1	1	4	0	4.1	7	0	2	4	Runners on	.206	126	26	7	0	1	19	19	29	.308	.286
April	2.70	1	1	4	8	0	10.0	15	2	3	9	Scoring Posn	.183	82	15	4	0	1	18	16	19	.313	.305
May	3.65	0	1	5	12	0	12.1	6	2	9	14	Close & Late	.263	156	41	11	2	5	18	25	35	.363	.455
June	5.06	0	1	7	11	0	10.2	12	2	5	11	None out/on	.367	60	22	6	2	5	5	5	16	.415	.783
July	3.12	0	1	6	9	0	8.2	6	5	4	7	vs. 1st Batr (relief)	.397	58	23	6	2	4	7	15	.462	.776
August	2.13	2	0	0	13	0	12.2	11	2	6	11	1st Inning Pitched	.240	229	55	15	3	8	26	33	56	.335	.437
Sept/Oct	6.52	2	0	0	12	0	9.2	10	1	8	5	First 15 Pitches	.269	182	49	14	3	9	21	23	45	.350	.527
Starter	0.00	0	0	0	0	0	0.0	0	0	0	0	Pitch 16-30	.169	59	10	2	0	0	6	12	12	.310	.203
Reliever	3.80	6	4	22	65	0	64.0	60	9	35	59	Pitch 31-45	.200	5	1	2	0	0	0	0	2	.200	.200
0 Days Rest (Relief)	5.09	2	1	6	17	0	17.2	18	5	9	12	Pitch 46+	.000	0	0	0	0	0	0	0	0	.000	.000

2001 Season

	ERA	W	L	Sv	G	GS	IP	H	HR	BB	SO		Avg	AB	H	2B	3B	HR	RBI	BB	SO	OBP	SLG
1 or 2 Days Rest	4.56	2	2	10	28	0	23.2	22	1	20	25	First Pitch	.293	41	12	2	0	1	5	2	0	.326	.415
3+ Days Rest	1.99	2	1	6	20	0	22.2	20	3	6	22	Ahead in Count	.198	131	26	6	2	3	11	0	49	.197	.344
vs. AL	1.59	0	0	4	5	0	5.2	3	0	1	5	Behind in Count	.306	36	11	3	1	2	5	25	0	.590	.611
vs. NL	4.01	6	4	18	60	0	58.1	57	9	34	54	Two Strikes	.177	130	23	10	0	3	10	8	59	.225	.323
Pre-All Star	3.86	2	3	17	33	0	35.0	35	6	18	34	Pre-All Star	.257	136	35	11	0	6	15	18	34	.344	.471
Post-All Star	3.72	4	1	5	32	0	29.0	25	3	22	25	Post-All Star	.227	110	25	5	3	3	12	17	25	.328	.409

Last Five Years

	ERA	W	L	Sv	G	GS	IP	H	HR	BB	SO		Avg	AB	H	2B	3B	HR	RBI	BB	SO	OBP	SLG
Home	3.75	8	7	40	122	0	132.0	123	15	73	148	vs. Left	.239	381	91	15	4	18	52	76	109	.368	.441
Away	3.82	8	9	30	120	1	127.1	115	13	63	127	vs. Right	.247	595	147	34	1	10	79	60	166	.316	.358
Day	2.89	3	5	23	69	0	71.2	59	9	35	84	Inning 1-6	.302	63	19	5	0	1	15	6	17	.362	.429
Night	4.12	13	11	47	173	1	187.2	179	19	101	191	Inning 7+	.240	913	219	44	5	27	116	130	258	.336	.388
Grass	4.24	10	9	35	131	0	140.0	130	17	73	136	None on	.240	492	118	27	3	21	61	62	142	.331	.415
Turf	3.24	6	7	35	111	1	119.1	108	11	63	139	Runners on	.248	484	120	22	2	7	110	74	133	.343	.345
March/April	1.89	4	2	10	30	0	33.1	26	6	17	41	Scoring Posn	.256	316	81	15	2	4	101	57	88	.363	.354
May	2.62	1	3	17	40	0	44.2	30	3	26	56	Close & Late	.232	509	118	27	3	10	68	80	139	.335	.356
June	3.78	1	2	13	40	0	47.2	52	6	18	41	None on/out	.243	222	54	15	2	8	8	24	64	.323	.437
July	4.93	1	3	13	34	1	38.1	42	2	16	37	vs. 1st Batr (relief)	.249	213	53	12	2	8	19	24	67	.329	.437
August	3.67	5	4	9	53	0	54.0	51	6	29	60	1st Inning Pitched	.240	822	197	40	4	25	119	120	236	.338	.389
Sept/Oct	5.66	4	2	8	45	0	41.1	37	5	30	40	First 15 Pitches	.255	650	166	38	4	23	81	86	185	.345	.432
Starter	1.80	1	0	0	1	1	5.0	5	0	1	4	Pitch 16-30	.221	262	58	9	0	5	41	45	71	.333	.313
Reliever	3.82	15	16	70	241	0	254.1	233	28	135	271	Pitch 31-45	.235	51	12	1	1	0	9	5	16	.293	.294
0 Days Rest (Relief)	5.63	7	6	20	58	0	56.0	65	8	38	46	Pitch 46+	.154	13	2	1	0	0	0	0	3	.154	.231
1 or 2 Days Rest	3.36	4	6	38	109	0	109.2	89	9	64	131	First Pitch	.355	124	44	6	0	6	25	15	0	.427	.548
3+ Days Rest	3.25	4	4	12	74	0	88.2	79	11	33	94	Ahead in Count	.182	516	94	15	2	9	42	0	233	.183	.271
vs. AL	4.93	0	2	10	27	0	34.2	44	2	13	30	Behind in Count	.294	160	47	16	1	7	30	84	0	.532	.538
vs. NL	3.61	16	14	60	215	1	224.2	194	26	123	245	Two Strikes	.153	524	80	17	0	9	38	37	275	.211	.237
Pre-All Star	3.21	6	8	43	119	0	134.2	123	15	66	144	Pre-All Star	.246	501	123	21	1	15	60	66	144	.334	.381
Post-All Star	4.40	10	8	27	123	1	124.2	115	13	70	131	Post-All Star	.242	475	115	28	4	13	71	70	131	.340	.400

Todd Williams — Yankees

Age 31 – Pitches Right (groundball pitcher)

	ERA	W	L	Sv	G	GS	IP	BB	SO	Avg	H	2B	3B	HR	RBI	OBP	SLG	GF	IR	IRS	Hld	SvOp	SB	CS	GB	FB	G/F
2001 Season	4.70	1	0	0	15	0	15.1	9	13	.324	22	7	1	1	15	.402	.500	6	12	8	1	0	0	0	35	12	2.92
Last Five Years	5.50	1	1	0	34	0	34.1	22	24	.320	48	11	1	3	32	.410	.467	15	26	16	1	0	1	1	80	26	3.08

2001 Season

	ERA	W	L	Sv	G	GS	IP	H	HR	BB	SO		Avg	AB	H	2B	3B	HR	RBI	BB	SO	OBP	SLG
Home	2.70	0	0	0	9	0	6.2	7	0	8	6	vs. Left	.444	18	8	1	1	0	6	6	3	.538	.611
Away	6.23	1	0	0	6	0	8.2	15	1	1	7	vs. Right	.280	50	14	6	0	1	9	3	10	.339	.460

Woody Williams — Cardinals

Age 35 – Pitches Right (flyball pitcher)

	ERA	W	L	Sv	G	GS	IP	BB	SO	Avg	H	2B	3B	HR	RBI	OBP	SLG	CG	ShO	Sup	QS	#P/S	SB	CS	GB	FB	G/F
2001 Season	4.05	15	9	0	34	34	220.0	56	154	.268	224	49	3	35	100	.317	.459	3	1	5.97	19	103	14	7	272	272	1.00
Last Five Years	4.22	56	52	0	153	153	1000.2	330	677	.258	986	213	25	158	465	.318	.452	8	2	4.67	89	106	54	33	1119	1347	0.83

2001 Season

	ERA	W	L	Sv	G	GS	IP	H	HR	BB	SO		Avg	AB	H	2B	3B	HR	RBI	BB	SO	OBP	SLG
Home	3.59	5	4	0	15	15	95.1	95	13	26	80	vs. Left	.251	374	94	20	1	16	47	26	70	.301	.439
Away	4.40	10	5	0	19	19	124.2	129	22	30	74	vs. Right	.281	463	130	29	2	19	53	30	84	.329	.475
Day	4.29	5	3	0	10	10	65.0	64	11	13	56	Inning 1-6	.267	738	197	45	3	32	92	51	140	.318	.466
Night	3.95	10	6	0	24	24	155.0	160	24	43	98	Inning 7+	.273	99	27	4	0	3	8	5	14	.311	.404
Grass	4.05	15	9	0	34	34	220.0	224	35	56	154	None on	.277	523	145	32	1	24	24	24	96	.314	.480
Turf	0.00	0	0	0	0	0	0.0	0	0	0	0	Runners on	.252	314	79	17	2	11	76	32	58	.321	.424
April	5.45	2	3	0	6	6	36.1	48	7	13	29	Scoring Posn	.267	161	43	11	1	6	63	23	29	.354	.460
May	3.09	3	0	0	5	5	35.0	31	6	4	25	Close & Late	.292	48	14	0	0	2	4	1	7	.314	.417
June	6.28	0	3	0	6	6	38.2	48	9	10	20	None on/out	.302	235	71	15	1	9	9	4	35	.322	.489
July	4.89	3	2	0	6	6	35.0	43	6	10	23	vs. 1st Batr (relief)	.000	0	0	0	0	0	0	0	0	.000	.000
August	3.75	3	1	0	6	6	36.0	38	5	9	20	1st Inning Pitched	.321	134	43	13	2	3	23	13	27	.387	.515
Sept/Oct	0.92	4	0	0	5	5	39.0	16	2	10	32	First 75 Pitches	.272	596	162	41	3	23	70	36	109	.316	.466
Starter	4.05	15	9	0	34	34	220.0	224	35	56	154	Pitch 76-90	.266	124	33	5	0	9	18	8	21	.316	.524
Reliever	0.00	0	0	0	0	0	0.0	0	0	0	0	Pitch 91-105	.299	87	26	3	0	3	12	6	17	.347	.437
0-3 Days Rest (Start)	0.00	0	0	0	0	0	0.0	0	0	0	0	Pitch 106+	.100	30	3	0	0	0	0	6	7	.250	.100
4 Days Rest	4.35	10	6	0	22	22	142.2	146	23	32	103	First Pitch	.321	106	34	6	0	9	19	2	0	.330	.632
5+ Days Rest	3.49	5	3	0	12	12	77.1	78	12	24	51	Ahead in Count	.211	407	86	19	2	9	31	0	129	.218	.334
vs. AL	4.19	1	1	0	3	3	19.1	17	2	2	19	Behind in Count	.348	158	55	12	0	11	31	17	0	.408	.633
vs. NL	4.04	14	8	0	31	31	200.2	207	33	54	135	Two Strikes	.223	413	92	21	1	9	30	37	154	.291	.346
Pre-All Star	5.04	6	8	0	19	19	121.2	144	22	32	89	Pre-All Star	.299	482	144	26	2	22	67	32	89	.345	.498
Post-All Star	2.83	9	1	0	15	15	98.2	80	13	24	65	Post-All Star	.225	355	80	23	1	13	33	24	65	.279	.406

Last Five Years

	ERA	W	L	Sv	G	GS	IP	H	HR	BB	SO		Avg	AB	H	2B	3B	HR	RBI	BB	SO	OBP	SLG
Home	3.83	28	22	0	74	74	496.0	473	64	157	340	vs. Left	.257	1836	472	98	16	64	198	178	330	.323	.432
Away	4.60	28	30	0	79	79	504.2	513	94	173	337	vs. Right	.260	1979	514	115	9	94	267	152	347	.314	.469
Day	5.41	14	24	0	49	49	308.0	325	67	108	222	Inning 1-6	.258	3342	861	191	22	140	416	302	616	.320	.454
Night	3.69	42	28	0	104	104	692.2	661	91	222	455	Inning 7+	.264	473	125	22	3	18	49	28	61	.308	.438

471

	ERA	W	L	Sv	G	GS	IP	H	HR	BB	SO		Last Five Years	Avg	AB	H	2B	3B	HR	RBI	BB	SO	OBP	SLG
Grass	4.15	41	34	0	105	105	686.2	689	110	218	459	None on	.265	2336	620	143	18	99	99	169	425	.317	.469
Turf	4.36	15	18	0	48	48	314.0	297	48	112	218	Runners on	.247	1479	366	70	7	59	366	161	252	.319	.424
March/April	4.02	8	6	0	25	25	154.2	156	26	56	107	Scoring Posn	.244	790	193	38	4	33	296	114	142	.332	.428
May	3.60	9	9	0	24	24	162.2	136	19	41	118	Close & Late	.264	261	69	12	1	11	34	12	33	.301	.444
June	5.15	6	8	0	21	21	136.1	158	30	41	80	None on/out	.280	1034	290	63	6	46	46	54	166	.319	.486
July	5.20	11	11	0	28	28	176.2	193	34	60	118	vs. 1st Batr (relief)	.000	0	0	0	0	0	0	0	0	.000	.000
August	5.01	9	13	0	28	28	176.0	193	26	68	110	1st Inning Pitched	.280	589	165	41	6	23	92	61	108	.348	.487
Sept/Oct	2.64	13	5	0	27	27	194.1	150	23	64	144	First 75 Pitches	.257	2611	670	152	15	107	301	225	485	.316	.449
Starter	4.22	56	52	0	153	153	1000.2	986	158	330	677	Pitch 76-90	.275	539	148	29	4	28	82	46	81	.331	.499
Reliever	0.00	0	0	0	0	0	0.0	0	0	0	0	Pitch 91-105	.263	434	114	23	3	18	62	35	74	.320	.454
0-3 Days Rest (Start)	0.00	0	0	0	0	0	0.0	0	0	0	0	Pitch 106+	.234	231	54	9	3	5	20	24	37	.308	.364
4 Days Rest	4.62	34	32	0	90	90	586.1	599	94	184	394	First Pitch	.333	507	169	39	4	34	92	12	0	.345	.627
5+ Days Rest	3.65	22	20	0	63	63	414.1	387	64	146	283	Ahead in Count	.198	1799	357	66	13	43	139	0	554	.203	.321
vs. AL	4.52	18	23	0	62	62	394.0	398	68	145	268	Behind in Count	.336	766	257	61	2	52	147	153	0	.443	.624
vs. NL	4.02	38	29	0	91	91	606.2	588	90	185	409	Two Strikes	.194	1857	360	71	15	40	127	165	677	.263	.313
Pre-All Star	4.48	24	26	0	78	78	500.2	518	85	156	346	Pre-All Star	.266	1950	518	106	13	85	246	156	346	.322	.464
Post-All Star	3.96	32	26	0	75	75	500.0	468	73	174	331	Post-All Star	.251	1865	468	107	12	73	219	174	331	.315	.439

Scott Williamson — Reds   Age 26 – Pitches Right

	ERA	W	L	Sv	G	GS	IP	BB	SO	Avg	H	2B	3B	HR	RBI	OBP	SLG	GF	IR	IRS	Hld	SvOp	SB	CS	GB	FB	G/F
2001 Season	0.00	0	0	0	2	0	0.2	2	0	.333	1	0	0	0	1	.667	.333	0	3	2	1	0	0	0	1	1	1.00
Career (1999-2001)	2.88	17	15	25	112	10	206.0	120	243	.202	147	32	6	15	76	.317	.324	53	52	20	12	34	18	4	196	190	1.03

2001 Season

	ERA	W	L	Sv	G	GS	IP	H	HR	BB	SO		Avg	AB	H	2B	3B	HR	RBI	BB	SO	OBP	SLG
Home	0.00	0	0	0	2	0	0.2	1	0	2	0	vs. Left	.500	2	1	0	0	0	1	0	.667	.500
Away	0.00	0	0	0	0	0	0.0	0	0	0	0	vs. Right	.000	1	0	0	0	0	1	1	0	.667	.000

Career (1999-2001)

	ERA	W	L	Sv	G	GS	IP	H	HR	BB	SO		Avg	AB	H	2B	3B	HR	RBI	BB	SO	OBP	SLG
Home	3.12	8	7	12	62	5	112.2	83	9	55	134	vs. Left	.216	319	69	15	2	10	37	65	102	.351	.370
Away	2.60	9	8	13	50	5	93.1	64	6	65	109	vs. Right	.190	410	78	17	4	5	39	55	141	.290	.288
Day	2.65	7	3	8	45	4	88.1	56	9	49	104	Inning 1-6	.231	242	56	15	3	5	29	41	67	.344	.380
Night	3.06	10	12	17	67	6	117.2	91	6	71	139	Inning 7+	.187	487	91	17	3	10	47	79	176	.304	.296
Grass	2.36	7	5	8	40	4	72.1	51	3	58	82	None on	.201	383	77	15	2	7	7	66	117	.322	.305
Turf	3.16	10	10	17	72	6	133.2	96	12	62	161	Runners on	.202	346	70	17	4	8	69	54	126	.312	.344
March/April	3.24	3	3	2	26	0	33.1	28	2	26	47	Scoring Posn	.159	214	34	8	3	4	57	42	81	.300	.280
May	0.85	2	1	10	25	0	42.1	18	0	18	59	Close & Late	.192	354	68	13	3	10	45	69	121	.326	.331
June	3.45	3	3	4	20	0	31.1	26	3	17	37	None on/out	.213	169	36	7	1	3	3	27	51	.325	.320
July	2.87	5	4	5	19	5	47.0	33	6	23	43	vs. 1st Batr (relief)	.134	82	11	3	0	1	5	19	34	.297	.207
August	2.89	3	2	3	13	4	37.1	25	3	20	42	1st Inning Pitched	.181	343	62	12	1	7	43	69	121	.321	.283
Sept/Oct	6.75	1	2	1	9	1	14.2	17	1	16	15	First 15 Pitches	.181	277	50	11	0	6	31	52	86	.311	.285
Starter	2.93	3	3	0	10	10	55.1	47	4	29	53	Pitch 16-30	.182	220	40	4	2	3	16	40	93	.313	.259
Reliever	2.87	14	12	25	102	0	150.2	100	11	91	190	Pitch 31-45	.262	103	27	8	3	2	14	12	32	.339	.456
0 Days Rest (Relief)	2.05	2	2	6	17	0	22.0	13	2	13	24	Pitch 46+	.233	129	30	9	1	4	15	16	32	.320	.411
1 or 2 Days Rest	2.44	8	6	15	60	0	92.1	58	7	52	110	First Pitch	.236	72	17	1	0	1	11	9	0	.325	.292
3+ Days Rest	4.46	4	4	4	25	0	36.1	29	2	26	56	Ahead in Count	.134	367	49	8	1	6	22	0	204	.141	.210
vs. AL	4.34	1	3	1	11	1	18.2	16	4	9	18	Behind in Count	.377	151	57	17	4	6	32	60	0	.549	.662
vs. NL	2.74	16	12	24	101	9	187.1	131	11	111	225	Two Strikes	.113	399	45	9	1	6	23	51	243	.216	.185
Pre-All Star	2.64	9	10	17	78	1	122.2	82	9	70	160	Pre-All Star	.193	425	82	13	4	9	47	70	160	.309	.306
Post-All Star	3.24	8	5	8	34	9	83.1	65	6	50	83	Post-All Star	.214	304	65	19	2	6	29	50	83	.328	.349

Craig Wilson — Pirates   Age 25 – Bats Right

	Avg	G	AB	R	H	2B	3B	HR	RBI	BB	SO	HBP	GDP	SB	CS	OBP	SLG	IBB	SH	SF	#Pit	#P/PA	GB	FB	G/F
2001 Season	.310	88	158	27	49	3	1	13	32	15	53	7	4	3	1	.390	.589	1	1	2	661	3.61	49	40	1.23

2001 Season

	Avg	AB	H	2B	3B	HR	RBI	BB	SO	OBP	SLG		Avg	AB	H	2B	3B	HR	RBI	BB	SO	OBP	SLG
vs. Left	.378	45	17	0	0	4	8	5	18	.462	.644	Scoring Posn	.357	42	15	1	1	3	20	4	16	.396	.643
vs. Right	.283	113	32	3	1	9	24	10	35	.362	.566	Close & Late	.243	37	9	1	0	3	5	4	13	.364	.514
Home	.284	81	23	3	0	8	18	7	27	.368	.617	None on/out	.300	40	12	1	0	1	1	4	11	.378	.600
Away	.338	77	26	0	1	5	14	8	26	.414	.558	Batting #6	.111	36	4	0	0	3	7	4	17	.214	.361
First Pitch	.536	28	15	1	1	6	12	0	0	.552	1.286	Batting #7	.333	48	16	2	1	0	8	1	13	.365	.417
Ahead in Count	.423	26	11	2	0	4	9	6	0	.531	.962	Other	.392	74	29	1	0	10	17	10	23	.489	.811
Behind in Count	.176	74	13	0	0	3	6	0	44	.225	.297	Pre-All Star	.313	48	15	1	0	6	9	7	21	.400	.708
Two Strikes	.173	81	14	0	0	2	5	9	53	.272	.247	Post-All Star	.309	110	34	2	1	7	23	8	32	.386	.536

Dan Wilson — Mariners
Age 33 – Bats Right (flyball hitter)

	Avg	G	AB	R	H	2B	3B	HR	RBI	BB	SO	HBP	GDP	SB	CS	OBP	SLG	IBB	SH	SF	#Pit	#P/PA	GB	FB	G/F
2001 Season	.265	123	377	44	100	20	1	10	42	20	69	2	6	3	2	.305	.403	0	8	1	1489	3.65	115	138	0.83
Last Five Years	.260	578	1892	226	492	103	5	46	225	134	331	14	42	18	7	.312	.393	5	45	14	7824	3.73	616	636	0.97

2001 Season

	Avg	AB	H	2B	3B	HR	RBI	BB	SO	OBP	SLG		Avg	AB	H	2B	3B	HR	RBI	BB	SO	OBP	SLG
vs. Left	.290	131	38	5	0	8	18	5	17	.319	.511	First Pitch	.263	38	10	2	0	0	5	0	0	.256	.316
vs. Right	.252	246	62	15	1	2	24	15	52	.298	.346	Ahead in Count	.324	71	23	10	0	4	13	10	0	.415	.634
Home	.259	174	45	11	0	4	16	9	28	.293	.391	Behind in Count	.191	188	36	2	1	2	10	0	60	.191	.245
Away	.271	203	55	9	1	6	26	11	41	.315	.414	Two Strikes	.199	176	35	5	0	6	14	10	69	.246	.330
Day	.236	110	26	2	0	8	13	8	17	.300	.473	Batting #8	.269	182	49	9	1	5	24	10	38	.314	.412
Night	.277	267	74	18	1	2	29	12	52	.307	.375	Batting #9	.272	169	46	11	0	4	16	10	28	.311	.408
Grass	.266	346	92	20	0	10	40	19	64	.307	.410	Other	.192	26	5	0	0	1	2	0	3	.192	.308
Turf	.258	31	8	0	1	0	2	1	5	.281	.323	April	.213	47	10	1	0	0	3	3	14	.275	.234
Pre-All Star	.275	193	53	10	0	6	24	14	39	.330	.420	May	.279	61	17	3	0	2	10	4	8	.323	.426
Post-All Star	.255	184	47	10	1	4	18	6	30	.277	.386	June	.305	59	18	5	0	2	8	6	12	.379	.492
Inning 1-6	.262	248	65	10	0	5	31	16	43	.308	.363	July	.213	75	16	2	1	2	6	1	15	.224	.347
Inning 7+	.271	129	35	10	1	5	11	4	26	.299	.481	August	.301	73	22	2	0	1	4	4	9	.333	.370
Scoring Posn	.297	101	30	8	0	2	32	6	17	.333	.436	Sept/Oct	.274	62	17	7	0	3	11	2	11	.297	.532
Close & Late	.205	44	9	3	0	2	4	2	13	.255	.409	vs. AL	.264	333	88	18	1	8	37	17	59	.301	.396
None on/out	.258	89	23	5	1	3	3	5	18	.305	.438	vs. NL	.273	44	12	2	0	2	5	3	10	.333	.455

2001 By Position

Position	Avg	AB	H	2B	3B	HR	RBI	BB	SO	OBP	SLG	G	GS	Innings	PO	A	E	DP	Fld Pct	Rng Fctr	In Zone	Outs	Zone Rtg	MLB Zone
As c	.266	369	98	20	1	9	41	20	68	.306	.398	122	105	941.0	711	32	1	1	.999	—	—	—	—	—

Last Five Years

	Avg	AB	H	2B	3B	HR	RBI	BB	SO	OBP	SLG		Avg	AB	H	2B	3B	HR	RBI	BB	SO	OBP	SLG
vs. Left	.297	489	145	27	1	21	67	38	62	.345	.485	First Pitch	.212	170	36	7	0	3	26	4	0	.232	.306
vs. Right	.247	1403	347	76	4	25	158	96	269	.300	.361	Ahead in Count	.316	411	130	33	1	10	56	66	0	.410	.474
Home	.264	924	244	49	2	24	118	78	158	.325	.399	Behind in Count	.220	932	205	37	3	21	92	0	284	.224	.334
Away	.256	968	248	54	3	22	107	56	173	.299	.386	Two Strikes	.215	882	190	37	0	25	87	64	331	.273	.342
Day	.261	551	144	24	1	20	60	30	95	.304	.417	Batting #7	.269	499	134	30	0	14	66	40	78	.327	.413
Night	.260	1341	348	79	4	26	165	104	236	.314	.383	Batting #8	.253	842	213	41	2	16	95	54	151	.300	.363
Grass	.247	1197	296	65	1	27	117	74	226	.292	.371	Other	.263	551	145	32	3	16	64	40	102	.315	.419
Turf	.282	695	196	38	4	19	108	60	105	.345	.430	March/April	.280	328	92	21	2	2	34	33	71	.348	.375
Pre-All Star	.266	1111	295	61	4	24	127	79	195	.317	.392	May	.253	368	93	17	2	9	45	25	59	.300	.383
Post-All Star	.252	781	197	42	1	22	98	55	136	.303	.393	June	.266	319	85	19	0	11	41	16	52	.307	.429
Inning 1-6	.266	1263	336	64	4	27	153	92	213	.318	.387	July	.259	309	80	14	1	7	38	24	48	.315	.379
Inning 7+	.248	629	156	39	1	19	72	42	118	.299	.404	August	.238	273	65	14	0	6	31	16	61	.280	.355
Scoring Posn	.284	476	135	22	2	14	185	42	89	.339	.426	Sept/Oct	.261	295	77	18	0	11	36	20	54	.311	.434
Close & Late	.237	245	58	18	0	8	26	16	49	.293	.408	vs. AL	.261	1646	430	91	5	40	189	125	285	.315	.396
None on/out	.251	435	109	21	2	15	15	42	72	.318	.411	vs. NL	.252	246	62	12	0	6	36	9	46	.286	.374

Enrique Wilson — Yankees
Age 26 – Bats Both (groundball hitter)

	Avg	G	AB	R	H	2B	3B	HR	RBI	BB	SO	HBP	GDP	SB	CS	OBP	SLG	IBB	SH	SF	#Pit	#P/PA	GB	FB	G/F
2001 Season	.211	94	228	17	48	8	1	2	20	9	37	0	10	0	5	.238	.281	0	2	2	873	3.62	109	52	2.10
Career (1997-2001)	.264	324	904	100	239	51	3	11	84	56	112	4	29	9	15	.305	.364	3	11	11	3688	3.75	408	239	1.71

2001 Season

	Avg	AB	H	2B	3B	HR	RBI	BB	SO	OBP	SLG		Avg	AB	H	2B	3B	HR	RBI	BB	SO	OBP	SLG
vs. Left	.188	48	9	3	0	0	2	0	7	.184	.250	Scoring Posn	.185	65	12	5	1	1	19	1	15	.191	.338
vs. Right	.217	180	39	5	1	2	18	9	30	.253	.289	Close & Late	.229	48	11	2	0	1	5	2	9	.260	.333
Home	.223	94	21	3	1	1	6	3	16	.247	.309	None on/out	.204	49	10	2	0	1	1	3	9	.250	.306
Away	.201	134	27	5	0	1	14	6	21	.232	.261	Batting #7	.259	54	14	1	0	1	3	1	8	.261	.333
First Pitch	.220	41	9	3	0	0	6	0	0	.220	.293	Batting #9	.205	73	15	2	1	1	6	8	11	.263	.301
Ahead in Count	.267	60	16	3	1	2	9	7	0	.338	.450	Other	.188	101	19	5	0	0	9	2	18	.202	.238
Behind in Count	.120	92	11	1	0	0	3	0	31	.118	.152	Pre-All Star	.182	137	25	4	0	1	9	3	25	.199	.234
Two Strikes	.183	93	17	1	0	0	1	2	37	.200	.194	Post-All Star	.253	91	23	4	1	1	11	6	12	.296	.352

Career (1997-2001)

	Avg	AB	H	2B	3B	HR	RBI	BB	SO	OBP	SLG		Avg	AB	H	2B	3B	HR	RBI	BB	SO	OBP	SLG
vs. Left	.293	276	81	22	0	5	26	9	26	.314	.428	First Pitch	.313	131	41	7	1	3	17	3	0	.326	.450
vs. Right	.252	628	158	29	3	6	58	47	86	.302	.336	Ahead in Count	.311	225	70	14	2	6	33	31	0	.385	.471
Home	.277	426	118	28	3	6	41	33	57	.327	.399	Behind in Count	.209	382	80	19	0	0	22	0	88	.212	.259
Away	.253	478	121	23	0	5	43	23	55	.286	.332	Two Strikes	.215	404	87	19	0	2	33	22	112	.256	.277
Day	.253	312	79	17	1	5	28	27	45	.312	.362	Batting #2	.331	239	79	18	0	5	27	17	20	.376	.469
Night	.270	592	160	34	2	6	56	29	67	.302	.365	Batting #8	.257	202	52	11	1	1	13	19	29	.314	.337
Grass	.266	695	185	36	2	10	65	45	84	.309	.367	Other	.233	463	108	22	2	5	44	20	63	.264	.322
Turf	.258	209	54	15	1	1	19	11	28	.291	.354	March/April	.263	99	26	6	0	1	3	4	11	.291	.354
Pre-All Star	.277	426	118	30	1	4	36	24	55	.312	.380	May	.283	152	43	12	0	2	15	10	17	.323	.401
Post-All Star	.253	478	121	21	2	7	48	32	57	.299	.349	June	.258	128	33	7	1	1	13	7	19	.292	.352
Inning 1-6	.273	539	147	27	2	7	57	34	59	.313	.369	July	.245	110	27	8	0	0	9	5	16	.276	.318
Inning 7+	.252	365	92	24	1	4	27	22	53	.294	.356	August	.249	233	58	10	1	4	24	19	29	.302	.352
Scoring Posn	.234	239	56	10	2	3	72	20	38	.281	.331	Sept/Oct	.286	182	52	8	1	3	20	11	20	.325	.390
Close & Late	.228	158	36	8	1	4	14	8	25	.265	.367	vs. AL	.290	580	168	41	2	7	55	38	68	.331	.403
None on/out	.250	188	47	13	0	4	4	15	24	.305	.383	vs. NL	.219	324	71	10	1	4	29	18	44	.258	.293

473

Jack Wilson — Pirates
Age 24 – Bats Right

	Avg	G	AB	R	H	2B	3B	HR	RBI	BB	SO	HBP	GDP	SB	CS	OBP	SLG	IBB	SH	SF	#Pit	#P/PA	GB	FB	G/F
2001 Season	.223	108	390	44	87	17	1	3	25	16	70	1	4	1	3	.255	.295	2	17	1	1527	3.59	141	115	1.23

2001 Season

	Avg	AB	H	2B	3B	HR	RBI	BB	SO	OBP	SLG		Avg	AB	H	2B	3B	HR	RBI	BB	SO	OBP	SLG
vs. Left	.220	59	13	3	0	0	2	3	10	.258	.271	First Pitch	.154	52	8	0	0	1	3	0	0	.154	.212
vs. Right	.224	331	74	14	1	3	23	13	60	.254	.299	Ahead in Count	.358	53	19	7	0	0	4	12	0	.485	.491
Home	.220	191	42	6	0	0	15	14	28	.275	.251	Behind in Count	.198	207	41	6	1	0	10	0	64	.197	.237
Away	.226	199	45	11	1	3	10	2	42	.234	.337	Two Strikes	.206	194	40	6	0	2	9	4	70	.221	.268
Day	.227	110	25	4	0	1	4	3	23	.254	.291	Batting #2	.234	304	71	11	0	3	22	9	53	.255	.299
Night	.221	280	62	13	1	2	21	13	47	.255	.296	Batting #8	.172	64	11	4	1	0	3	7	13	.264	.266
Grass	.220	381	84	16	1	3	25	16	68	.253	.291	Other	.227	22	5	2	0	0	0	4	.227	.318
Turf	.333	9	3	1	0	0	0	0	2	.333	.444	April	.164	55	9	3	1	0	1	2	16	.193	.255
Pre-All Star	.267	135	36	8	1	2	14	7	24	.303	.385	May	.000	3	0	0	0	0	0	2	0	.400	.000
Post-All Star	.200	255	51	9	0	1	11	9	46	.229	.247	June	.341	41	14	3	0	1	8	3	2	.386	.488
Inning 1-6	.230	282	65	13	1	2	18	15	49	.268	.305	July	.260	100	26	3	0	1	6	1	18	.267	.320
Inning 7+	.204	108	22	4	0	1	7	1	21	.218	.293	August	.196	97	19	5	0	1	4	0	19	.196	.278
Scoring Posn	.257	70	18	3	0	0	20	10	14	.346	.300	Sept/Oct	.202	94	19	3	0	0	6	8	15	.262	.234
Close & Late	.277	47	13	3	0	1	6	1	4	.292	.404	vs. AL	.381	42	16	2	0	1	5	1	3	.395	.500
None on/out	.175	97	17	3	1	0	0	1	15	.192	.227	vs. NL	.204	348	71	15	1	2	20	15	67	.238	.270

2001 By Position

Position	Avg	AB	H	2B	3B	HR	RBI	BB	SO	OBP	SLG	G	GS	Innings	PO	A	E	DP	Fld Pct	Rng Fctr	In Zone	Zone Outs	Zone Rtg	MLB Zone
As ss	.221	389	86	17	1	3	25	16	70	.253	.293	107	105	883.2	136	342	16	67	.968	4.87	385	323	.839	.839

Kris Wilson — Royals
Age 25 – Pitches Right

	ERA	W	L	Sv	G	GS	IP	BB	SO	Avg	H	2B	3B	HR	RBI	OBP	SLG	CG	ShO	Sup	QS	#P/S	SB	CS	GB	FB	G/F
2001 Season	5.19	6	5	1	29	15	109.1	32	67	.297	132	22	6	26	74	.352	.550	0	0	5.35	6	92	2	2	169	137	1.23
Career (2001-2001)	4.95	6	6	1	49	15	143.2	43	84	.295	170	29	7	29	92	.349	.521	0	0	5.20	6	92	2	3	221	174	1.27

2001 Season

	ERA	W	L	Sv	G	GS	IP	H	HR	BB	SO		Avg	AB	H	2B	3B	HR	RBI	BB	SO	OBP	SLG
Home	4.79	3	1	0	13	5	41.1	57	12	11	26	vs. Left	.346	217	75	16	4	16	38	20	38	.407	.677
Away	5.43	3	4	1	16	10	68.0	75	14	21	41	vs. Right	.251	227	57	6	2	10	36	12	29	.296	.427
Starter	5.42	6	5	0	15	15	84.2	100	21	28	46	Scoring Posn	.375	88	33	4	2	6	48	4	13	.396	.670
Reliever	4.38	0	0	1	14	0	24.2	32	5	4	21	Close & Late	.200	15	3	1	0	0	1	3	3	.368	.267
0-3 Days Rest (Start)	3.00	1	1	0	2	2	12.0	18	2	2	4	None on/out	.230	113	26	7	1	8	8	8	19	.287	.522
4 Days Rest	4.11	3	1	0	5	5	30.2	33	5	10	20	First Pitch	.286	63	18	4	1	4	8	0	0	.292	.571
5+ Days Rest	7.07	2	3	0	8	8	42.0	49	14	16	22	Ahead in Count	.208	192	40	4	2	5	29	0	58	.230	.328
Pre-All Star	4.53	2	1	1	17	4	47.2	62	9	12	31	Behind in Count	.444	108	48	12	2	8	20	15	0	.512	.815
Post-All Star	5.69	4	4	0	12	11	61.2	70	17	20	36	Two Strikes	.202	193	39	5	3	10	35	17	67	.281	.415

Paul Wilson — Devil Rays
Age 29 – Pitches Right

	ERA	W	L	Sv	G	GS	IP	BB	SO	Avg	H	2B	3B	HR	RBI	OBP	SLG	CG	ShO	Sup	QS	#P/S	SB	CS	GB	FB	G/F
2001 Season	4.88	8	9	0	37	24	151.1	52	119	.278	165	27	0	21	94	.343	.429	0	0	5.83	8	94	11	4	200	177	1.13
Last Five Years	4.49	9	13	0	48	31	202.1	68	159	.262	203	37	0	22	108	.329	.394	0	0	5.20	12	92	17	5	267	228	1.17

2001 Season

	ERA	W	L	Sv	G	GS	IP	H	HR	BB	SO		Avg	AB	H	2B	3B	HR	RBI	BB	SO	OBP	SLG
Home	4.78	5	3	0	18	12	79.0	83	9	23	68	vs. Left	.286	294	84	15	0	13	42	35	61	.364	.469
Away	4.98	3	6	0	19	12	72.1	82	12	29	51	vs. Right	.270	300	81	12	0	8	52	17	58	.321	.390
Starter	5.13	8	9	0	24	24	131.2	145	18	47	101	Scoring Posn	.277	148	41	12	0	4	70	19	34	.367	.439
Reliever	3.20	0	0	0	13	0	19.2	20	3	5	18	Close & Late	.412	17	7	2	0	0	2	2	2	.474	.529
0-3 Days Rest (Start)	0.00	0	0	0	0	0	0.0	0	0	0	0	None on/out	.324	148	48	10	0	8	8	13	24	.379	.554
4 Days Rest	6.29	2	7	0	13	13	68.2	77	10	30	45	First Pitch	.434	76	33	8	0	6	14	2	0	.458	.697
5+ Days Rest	3.86	6	2	0	11	11	63.0	68	8	17	56	Ahead in Count	.223	291	65	9	0	8	38	0	92	.243	.337
Pre-All Star	7.59	2	7	0	21	12	72.1	94	14	31	50	Behind in Count	.351	111	39	6	0	4	15	26	0	.471	.514
Post-All Star	2.39	6	2	0	16	12	79.0	71	7	21	69	Two Strikes	.170	300	51	9	0	8	34	24	119	.244	.280

Preston Wilson — Marlins
Age 27 – Bats Right

	Avg	G	AB	R	H	2B	3B	HR	RBI	BB	SO	HBP	GDP	SB	CS	OBP	SLG	IBB	SH	SF	#Pit	#P/PA	GB	FB	G/F
2001 Season	.274	123	468	70	128	30	2	23	71	36	107	6	4	20	8	.331	.494	2	0	3	1750	3.41	149	150	0.99
Career (1998-2001)	.268	455	1606	238	431	88	9	81	266	143	471	24	40	68	27	.334	.486	6	2	15	6817	3.81	500	428	1.17

2001 Season

	Avg	AB	H	2B	3B	HR	RBI	BB	SO	OBP	SLG		Avg	AB	H	2B	3B	HR	RBI	BB	SO	OBP	SLG
vs. Left	.208	106	22	4	0	5	11	12	31	.286	.387	First Pitch	.391	92	36	10	0	4	19	2	0	.412	.630
vs. Right	.293	362	106	26	2	18	60	24	76	.345	.525	Ahead in Count	.365	74	27	5	0	5	14	19	0	.495	.635
Home	.260	223	58	13	1	9	36	25	48	.341	.448	Behind in Count	.200	225	45	10	2	7	20	0	92	.212	.356
Away	.286	245	70	17	1	14	35	11	59	.322	.535	Two Strikes	.161	217	35	5	1	7	17	15	107	.224	.290
Day	.345	113	39	11	1	9	20	11	23	.408	.699	Batting #4	.289	395	114	23	1	20	64	31	83	.346	.504
Night	.251	355	89	19	1	14	51	25	84	.307	.428	Batting #6	.190	42	8	4	1	2	5	1	15	.227	.476
Grass	.278	395	110	24	2	20	63	33	93	.339	.501	Other	.194	31	6	3	0	1	2	4	9	.286	.484
Turf	.247	73	18	6	0	3	8	3	14	.286	.452	April	.323	96	31	8	0	5	17	9	24	.383	.563
Pre-All Star	.268	287	77	20	0	9	40	21	62	.321	.432	May	.346	104	36	9	0	3	14	6	17	.384	.519
Post-All Star	.282	181	51	10	2	14	31	15	45	.348	.591	June	.118	85	10	3	0	1	9	6	20	.176	.188

2001 Season

	Avg	AB	H	2B	3B	HR	RBI	BB	SO	OBP	SLG		Avg	AB	H	2B	3B	HR	RBI	BB	SO	OBP	SLG
Inning 1-6	.294	323	95	23	0	17	55	21	70	.346	.523	July	.000	2	0	0	0	0	0	0	1	.000	.000
Inning 7+	.228	145	33	7	2	6	16	15	37	.300	.428	August	.234	77	18	6	1	6	12	6	25	.314	.571
Scoring Posn	.209	139	29	8	0	4	45	17	41	.294	.353	Sept/Oct	.317	104	33	4	1	8	19	9	20	.368	.606
Close & Late	.197	76	15	4	1	3	9	6	23	.256	.395	vs. AL	.087	23	2	1	0	0	1	1	8	.125	.130
None on/out	.274	124	34	10	1	7	7	5	29	.313	.540	vs. NL	.283	445	126	29	2	23	70	35	99	.342	.512

2001 By Position

Position	Avg	AB	H	2B	3B	HR	RBI	BB	SO	OBP	SLG	G	GS	Innings	PO	A	E	DP	Fld Pct	Rng Fctr	In Zone	Outs	Zone Rtg	MLB Zone
As cf	.274	467	128	30	2	23	71	35	106	.331	.495	121	120	1049.1	286	12	2	4	.993	2.56	329	284	.863	.892

Career (1998-2001)

	Avg	AB	H	2B	3B	HR	RBI	BB	SO	OBP	SLG		Avg	AB	H	2B	3B	HR	RBI	BB	SO	OBP	SLG
vs. Left	.239	398	95	18	2	23	66	43	136	.313	.467	First Pitch	.407	214	87	18	1	15	44	5	0	.422	.710
vs. Right	.278	1208	336	70	7	58	200	100	335	.342	.492	Ahead in Count	.332	250	83	17	1	18	59	72	0	.480	.624
Home	.263	776	204	43	6	30	132	86	217	.344	.450	Behind in Count	.210	852	179	40	5	28	101	0	389	.222	.467
Away	.273	830	227	45	3	51	134	57	254	.326	.519	Two Strikes	.175	870	152	28	4	27	92	66	471	.241	.309
Day	.294	419	123	31	3	26	70	44	131	.363	.568	Batting #4	.273	1076	294	59	5	53	191	91	297	.336	.485
Night	.259	1187	308	57	6	55	196	99	340	.324	.457	Batting #6	.272	268	73	11	3	18	47	26	81	.342	.537
Grass	.273	1357	370	77	7	66	238	121	390	.338	.486	Other	.244	262	64	18	1	10	28	26	93	.321	.405
Turf	.245	249	61	11	2	15	28	22	81	.316	.486	March/April	.259	263	68	15	1	12	40	28	85	.329	.460
Pre-All Star	.264	894	236	51	5	45	150	79	266	.329	.483	May	.318	296	94	21	0	18	57	26	77	.379	.571
Post-All Star	.274	712	195	37	4	36	116	64	205	.341	.489	June	.196	276	54	11	4	11	40	16	87	.248	.384
Inning 1-6	.276	1089	301	65	7	55	191	93	297	.339	.500	July	.325	166	54	14	0	8	37	20	40	.398	.554
Inning 7+	.251	517	130	23	2	26	75	50	174	.325	.455	August	.239	264	63	12	2	9	36	22	85	.303	.402
Scoring Posn	.232	462	107	22	3	19	179	67	151	.326	.416	Sept/Oct	.287	341	98	15	2	23	56	31	97	.347	.545
Close & Late	.235	264	62	10	1	12	39	24	97	.311	.417	vs. AL	.257	144	37	9	1	6	31	11	43	.314	.458
None on/out	.260	400	104	25	4	26	26	22	112	.308	.538	vs. NL	.269	1462	394	79	8	75	235	132	428	.336	.488

Tom Wilson — Athletics

Age 31 – Bats Right

	Avg	G	AB	R	H	2B	3B	HR	RBI	BB	SO	HBP	GDP	SB	CS	OBP	SLG	IBB	SH	SF	#Pit	#P/PA	GB	FB	G/F
2001 Season	.190	9	21	4	4	0	0	2	4	1	5	1	0	0	0	.250	.476	0	0	1	94	3.92	4	10	0.40

2001 Season

	Avg	AB	H	2B	3B	HR	RBI	BB	SO	OBP	SLG		Avg	AB	H	2B	3B	HR	RBI	BB	SO	OBP	SLG
vs. Left	.000	3	0	0	0	0	0	1	0	.250	.000	Scoring Posn	.167	6	1	0	0	0	2	1	1	.333	.167
vs. Right	.222	18	4	0	0	2	4	0	5	.250	.556	Close & Late	.000	1	0	0	0	0	0	0	0	.000	.000

Vance Wilson — Mets

Age 29 – Bats Right

	Avg	G	AB	R	H	2B	3B	HR	RBI	BB	SO	HBP	GDP	SB	CS	OBP	SLG	IBB	SH	SF	#Pit	#P/PA	GB	FB	G/F
2001 Season	.298	32	57	3	17	3	0	0	6	2	16	2	1	0	1	.339	.351	0	0	1	256	4.13	17	13	1.31
Career (1999-2001)	.279	37	61	3	17	3	0	0	6	2	18	2	1	0	1	.318	.328	0	0	1	273	4.14	19	13	1.46

2001 Season

	Avg	AB	H	2B	3B	HR	RBI	BB	SO	OBP	SLG		Avg	AB	H	2B	3B	HR	RBI	BB	SO	OBP	SLG
vs. Left	.286	7	2	0	0	0	0	1	0	.444	.286	Scoring Posn	.308	13	4	1	0	0	6	1	2	.333	.385
vs. Right	.300	50	15	3	0	0	6	1	16	.321	.360	Close & Late	.222	9	2	1	0	0	1	1	5	.300	.333

Scott Winchester — Reds

Age 29 – Pitches Right (groundball pitcher)

	ERA	W	L	Sv	G	GS	IP	BB	SO	Avg	H	2B	3B	HR	RBI	OBP	SLG	GF	IR	IRS	Hld	SvOp	SB	CS	GB	FB	G/F
2001 Season	4.50	0	2	0	12	1	24.0	4	9	.315	29	4	2	7	19	.353	.630	6	10	3	1	0	1	3	46	25	1.84
Career (1997-2001)	5.42	3	8	0	38	17	116.1	35	55	.315	149	30	7	21	78	.368	.541	13	12	3	1	0	15	5	210	120	1.75

2001 Season

	ERA	W	L	Sv	G	GS	IP	H	HR	BB	SO		Avg	AB	H	2B	3B	HR	RBI	BB	SO	OBP	SLG
Home	2.84	0	2	0	6	1	12.2	12	5	1	6	vs. Left	.273	33	9	1	2	5	9	2	4	.316	.879
Away	6.35	0	0	0	6	0	11.1	17	2	3	3	vs. Right	.339	59	20	3	0	2	10	2	5	.375	.492

Randy Winn — Devil Rays

Age 28 – Bats Both (groundball hitter)

	Avg	G	AB	R	H	2B	3B	HR	RBI	BB	SO	HBP	GDP	SB	CS	OBP	SLG	IBB	SH	SF	#Pit	#P/PA	GB	FB	G/F
2001 Season	.273	128	429	54	117	25	6	6	50	38	81	6	10	12	10	.339	.401	0	5	2	1930	4.02	181	95	1.91
Career (1998-2001)	.270	367	1229	177	332	55	19	10	107	110	238	10	17	53	38	.334	.370	0	19	5	5372	3.91	544	241	2.26

2001 Season

	Avg	AB	H	2B	3B	HR	RBI	BB	SO	OBP	SLG		Avg	AB	H	2B	3B	HR	RBI	BB	SO	OBP	SLG
vs. Left	.306	124	38	8	3	0	13	13	11	.386	.419	First Pitch	.417	36	15	4	1	0	5	0	0	.421	.583
vs. Right	.259	305	79	17	3	6	37	25	70	.319	.393	Ahead in Count	.368	87	32	9	0	3	18	18	0	.476	.575
Home	.295	227	67	12	6	3	30	22	40	.361	.441	Behind in Count	.207	232	48	10	3	0	16	0	62	.224	.276
Away	.248	202	50	13	0	3	20	16	41	.314	.356	Two Strikes	.197	234	46	8	2	2	15	20	81	.267	.274
Day	.268	157	42	9	3	2	19	21	26	.359	.401	Batting #5	.206	102	21	6	2	0	9	7	21	.261	.304
Night	.276	272	75	16	3	4	31	17	55	.327	.401	Batting #6	.281	114	32	3	2	2	10	12	21	.354	.395
Grass	.248	165	41	11	0	3	19	14	33	.309	.370	Other	.300	213	64	16	2	4	31	19	39	.367	.451
Turf	.288	264	76	14	6	3	31	24	48	.357	.420	April	.353	17	6	1	0	2	3	2	3	.450	.765
Pre-All Star	.291	179	52	11	3	4	25	20	38	.373	.453	May	.327	55	18	4	1	0	6	14	11	.471	.436
Post-All Star	.260	250	65	14	3	2	25	18	43	.314	.364	June	.238	84	20	5	2	1	9	3	18	.278	.381

2001 Season

	Avg	AB	H	2B	3B	HR	RBI	BB	SO	OBP	SLG		Avg	AB	H	2B	3B	HR	RBI	BB	SO	OBP	SLG
Inning 1-6	.268	295	79	13	4	4	32	19	54	.324	.380	July	.329	82	27	6	0	2	6	3	17	.353	.476
Inning 7+	.284	134	38	12	2	2	18	19	27	.370	.448	August	.271	96	26	3	3	1	15	9	16	.343	.396
Scoring Posn	.286	112	32	7	1	0	39	9	24	.349	.366	Sept/Oct	.211	95	20	6	0	0	6	7	16	.265	.274
Close & Late	.271	59	16	5	1	1	8	6	9	.333	.441	vs. AL	.267	375	100	22	4	4	42	34	73	.336	.379
None on/out	.315	108	34	9	1	3	3	10	16	.378	.500	vs. NL	.315	54	17	3	2	2	8	4	8	.362	.556

2001 By Position

Position	Avg	AB	H	2B	3B	HR	RBI	BB	SO	OBP	SLG	G	GS	Innings	PO	A	E	DP	Fld Pct	Rng Fctr	In Zone	Zone Outs	Zone Rtg	MLB Zone
As cf	.220	177	39	9	2	4	21	17	40	.296	.362	48	46	414.1	134	4	1	0	.993	3.00	144	134	.931	.892
As rf	.303	234	71	16	4	0	26	21	38	.368	.406	62	60	536.1	107	8	4	0	.966	1.93	123	106	.862	.884

Career (1998-2001)

	Avg	AB	H	2B	3B	HR	RBI	BB	SO	OBP	SLG		Avg	AB	H	2B	3B	HR	RBI	BB	SO	OBP	SLG
vs. Left	.279	337	94	14	9	3	27	28	40	.339	.401	First Pitch	.345	119	41	5	2	0	15	0	0	.350	.420
vs. Right	.267	892	238	41	10	7	80	82	198	.332	.359	Ahead in Count	.398	256	102	22	6	5	40	61	0	.516	.590
Home	.263	609	160	25	10	6	63	60	113	.332	.366	Behind in Count	.207	637	132	15	4	2	28	0	201	.213	.253
Away	.277	620	172	30	9	4	44	50	125	.336	.374	Two Strikes	.187	641	120	13	4	4	33	49	238	.247	.239
Day	.259	390	101	21	4	3	36	45	70	.338	.356	Batting #1	.269	750	202	35	12	5	56	72	146	.339	.368
Night	.275	839	231	34	15	7	71	65	168	.332	.377	Batting #6	.271	118	32	3	2	2	11	12	22	.344	.381
Grass	.267	445	119	19	8	4	35	31	85	.317	.373	Other	.271	361	98	17	5	3	40	26	70	.321	.371
Turf	.272	784	213	36	11	6	72	79	153	.343	.369	March/April	.292	106	31	7	1	3	11	6	23	.336	.462
Pre-All Star	.276	667	184	29	8	5	56	64	133	.344	.366	May	.315	149	47	9	2	0	15	26	29	.416	.403
Post-All Star	.263	562	148	26	11	5	51	46	105	.321	.375	June	.257	323	83	12	4	1	27	27	61	.319	.328
Inning 1-6	.277	841	233	33	13	7	70	60	152	.330	.372	July	.289	218	63	7	3	3	12	9	42	.323	.390
Inning 7+	.255	388	99	22	6	3	37	50	86	.341	.366	August	.257	206	53	8	6	1	21	16	39	.319	.369
Scoring Posn	.238	302	72	15	3	1	90	28	66	.305	.318	Sept/Oct	.242	227	55	12	3	2	21	26	44	.319	.348
Close & Late	.253	186	47	12	1	2	19	22	40	.332	.360	vs. AL	.269	1070	288	51	15	8	96	93	204	.331	.367
None on/out	.288	400	115	18	6	3	3	38	77	.354	.385	vs. NL	.277	159	44	4	4	2	11	17	34	.350	.390

Matt Wise — Angels
Age 26 – Pitches Right (flyball pitcher)

	ERA	W	L	Sv	G	GS	IP	BB	SO	Avg	H	2B	3B	HR	RBI	OBP	SLG	CG	ShO	Sup	QS	#P/S	SB	CS	GB	FB	G/F
2001 Season	4.38	1	4	0	11	9	49.1	18	50	.250	47	7	0	11	26	.321	.463	0	0	3.47	1	90	5	1	55	57	0.96
Career (2000-2001)	4.88	4	7	0	19	15	86.2	31	70	.260	87	12	0	18	46	.325	.457	0	0	4.05	5	93	8	2	106	110	0.96

2001 Season

	ERA	W	L	Sv	G	GS	IP	H	BB	SO		Avg	AB	H	2B	3B	HR	RBI	BB	SO	OBP	SLG
Home	3.00	0	2	0	7	5	27.0	25	3	12	25	vs. Left	.259	108	28	2	0	7	18	9	23	.322	.472
Away	6.04	1	2	0	4	4	22.1	22	8	6	25	vs. Right	.238	80	19	5	0	4	8	9	27	.319	.450

Jay Witasick — Yankees
Age 29 – Pitches Right

	ERA	W	L	Sv	G	GS	IP	BB	SO	Avg	H	2B	3B	HR	RBI	OBP	SLG	GF	IR	IRS	Hld	SvOp	SB	CS	GB	FB	G/F
2001 Season	3.30	8	2	1	63	0	79.0	33	106	.253	78	10	1	8	51	.335	.370	17	42	18	10	4	6	0	88	62	1.42
Last Five Years	5.29	24	27	1	143	56	425.1	210	366	.292	497	78	7	66	274	.374	.462	23	57	26	11	4	38	7	582	447	1.30

2001 Season

	ERA	W	L	Sv	G	GS	IP	H	HR	BB	SO		Avg	AB	H	2B	3B	HR	RBI	BB	SO	OBP	SLG
Home	2.82	5	1	0	33	0	38.1	36	4	17	54	vs. Left	.288	111	32	4	1	3	22	17	38	.394	.423
Away	3.76	3	1	1	30	0	40.2	42	4	16	52	vs. Right	.234	197	46	6	0	5	29	16	68	.300	.340
Day	2.54	3	1	0	23	0	28.1	26	4	14	39	Inning 1-6	.298	57	17	4	0	1	13	9	20	.394	.421
Night	3.73	5	1	1	40	0	50.2	52	4	19	67	Inning 7+	.243	251	61	6	1	7	38	24	86	.322	.359
Grass	3.69	8	2	1	55	0	70.2	69	8	30	97	None on	.229	140	32	4	0	2	2	17	57	.325	.300
Turf	0.00	0	0	0	8	0	8.1	9	0	3	9	Runners on	.274	168	46	6	1	6	49	16	49	.344	.429
April	0.61	1	1	0	12	0	14.2	8	0	5	22	Scoring Posn	.274	106	29	4	1	6	48	13	33	.347	.500
May	1.88	2	1	1	11	0	14.1	15	2	4	15	Close & Late	.263	114	30	2	0	2	18	14	36	.364	.333
June	4.15	3	0	0	11	0	13.0	13	1	8	23	None on/out	.250	64	16	1	0	1	1	6	25	.324	.313
July	4.80	1	0	0	12	0	15.0	22	2	5	19	vs. 1st Batr (relief)	.246	57	14	2	0	2	12	6	17	.317	.386
August	7.62	1	0	0	8	0	13.0	15	3	9	16	1st Inning Pitched	.250	224	56	7	0	5	37	22	75	.332	.348
Sept/Oct	0.00	0	0	0	9	0	9.0	5	0	2	11	First 15 Pitches	.276	174	48	7	0	5	33	18	58	.359	.402
Starter	0.00	0	0	0	0	0	0.0	0	0	0	0	Pitch 16-30	.260	100	26	2	1	2	14	9	32	.327	.360
Reliever	3.30	8	2	1	63	0	79.0	78	8	33	106	Pitch 31-45	.040	25	1	0	0	0	3	6	12	.143	.040
0 Days Rest (Relief)	2.61	2	0	0	9	0	10.1	11	1	5	11	Pitch 46+	.333	9	3	1	0	1	4	3	4	.462	.778
1 or 2 Days Rest	3.13	5	2	1	34	0	46.0	48	5	21	58	First Pitch	.321	28	9	3	0	0	4	3	0	.424	.429
3+ Days Rest	3.97	1	0	0	20	0	22.2	19	2	7	37	Ahead in Count	.195	154	30	5	0	2	21	0	88	.215	.266
vs. AL	4.82	3	0	0	32	0	37.1	43	5	20	50	Behind in Count	.338	77	26	2	1	4	18	15	0	.441	.545
vs. NL	1.94	5	2	1	31	0	41.2	35	3	13	56	Two Strikes	.174	161	28	3	0	4	25	14	106	.249	.267
Pre-All Star	2.15	6	2	1	37	0	46.0	39	3	19	66	Pre-All Star	.225	173	39	3	1	3	25	19	66	.318	.306
Post-All Star	4.91	2	0	0	26	0	33.0	39	5	14	40	Post-All Star	.289	135	39	3	0	5	26	14	40	.358	.452

Last Five Years

	ERA	W	L	Sv	G	GS	IP	H	HR	BB	SO		Avg	AB	H	2B	3B	HR	RBI	BB	SO	OBP	SLG
Home	5.09	12	11	0	74	27	215.2	259	32	106	183	vs. Left	.310	793	246	44	6	36	145	127	166	.406	.517
Away	5.49	12	16	1	69	29	209.2	238	34	104	183	vs. Right	.276	911	251	34	1	30	129	83	200	.343	.414
Day	6.21	8	9	0	53	18	140.2	184	29	61	129	Inning 1-6	.296	1273	377	60	5	49	204	164	252	.380	.467
Night	4.84	16	18	1	90	38	284.2	313	37	149	237	Inning 7+	.278	431	120	18	2	17	70	46	114	.353	.448
Grass	5.33	20	23	1	124	46	363.0	426	52	184	323	None on	.287	857	246	42	2	26	26	113	183	.378	.432
Turf	5.05	4	4	0	19	10	62.1	71	14	26	43	Runners on	.296	847	251	36	5	40	248	97	183	.369	.492

	ERA	W	L	Sv	G	GS	IP	H	HR	BB	SO		Avg	AB	H	2B	3B	HR	RBI	BB	SO	OBP	SLG
March/April	5.33	1	6	0	22	6	49.0	54	7	31	43	Scoring Posn	.289	478	138	18	5	24	210	58	113	.360	.498
May	6.29	3	4	1	22	6	48.2	62	14	21	32	Close & Late	.273	176	48	8	0	3	27	26	45	.375	.369
June	4.73	7	5	0	25	11	83.2	95	11	31	78	None on/out	.309	404	125	19	0	14	50	81	.393	.460
July	6.71	3	3	0	22	8	61.2	77	7	30	56	vs. 1st Batr (relief)	.304	79	24	3	1	4	21	7	21	.360	.519
August	5.64	4	5	0	21	13	83.0	101	11	50	60	1st Inning Pitched	.276	543	150	17	4	18	87	56	133	.350	.422
Sept/Oct	4.08	6	4	0	31	12	99.1	108	16	47	97	First 15 Pitches	.310	403	125	13	3	12	56	37	96	.376	.447
Starter	5.79	15	23	0	56	56	301.2	364	50	152	225	Pitch 16-30	.281	349	98	15	2	15	65	45	81	.367	.464
Reliever	4.08	9	4	1	87	0	123.2	133	16	58	141	Pitch 31-45	.275	244	67	14	1	11	40	34	57	.365	.475
0 Days Rest (Relief)	6.19	2	0	0	12	0	16.0	20	5	8	17	Pitch 46+	.292	708	207	36	1	28	113	94	132	.378	.465
1 or 2 Days Rest	3.72	5	4	1	40	0	55.2	61	6	26	65	First Pitch	.343	210	72	17	0	9	39	7	0	.378	.552
3+ Days Rest	3.81	2	0	0	35	0	52.0	52	5	24	59	Ahead in Count	.211	787	166	23	1	10	86	0	317	.218	.281
vs. AL	5.48	14	20	0	90	38	280.2	336	46	148	219	Behind in Count	.420	405	170	30	3	35	106	118	0	.549	.768
vs. NL	4.91	10	7	1	53	18	144.2	161	20	62	147	Two Strikes	.191	810	155	23	1	15	83	84	366	.270	.278
Pre-All Star	5.75	11	16	1	76	27	203.1	240	36	94	174	Pre-All Star	.294	816	240	37	2	36	142	94	174	.374	.477
Post-All Star	4.86	13	11	0	67	29	222.0	257	30	116	192	Post-All Star	.289	888	257	41	5	30	132	116	192	.374	.448

Bobby Witt — Diamondbacks   Age 38 – Pitches Right

	ERA	W	L	Sv	G	GS	IP	BB	SO	Avg	H	2B	3B	HR	RBI	OBP	SLG	CG	ShO	Sup	QS	#P/S	SB	CS	GB	FB	G/F
2001 Season	4.78	4	1	0	14	7	43.1	25	31	.222	36	6	1	6	22	.333	.383	0	0	5.82	2	90	6	1	66	56	1.18
Last Five Years	5.58	30	38	0	118	91	564.2	254	339	.299	672	135	14	87	342	.370	.488	6	2	5.20	35	96	52	27	768	696	1.10

2001 Season

	ERA	W	L	Sv	G	GS	IP	H	HR	BB	SO		Avg	AB	H	2B	3B	HR	RBI	BB	SO	OBP	SLG
Home	5.06	4	1	0	7	5	26.2	24	3	16	16	vs. Left	.292	65	19	0	1	3	11	12	14	.405	.462
Away	4.32	0	0	0	7	2	16.2	12	3	9	15	vs. Right	.175	97	17	6	0	3	11	13	17	.283	.330

Last Five Years

	ERA	W	L	Sv	G	GS	IP	H	HR	BB	SO		Avg	AB	H	2B	3B	HR	RBI	BB	SO	OBP	SLG
Home	5.19	17	19	0	60	47	295.0	342	42	129	155	vs. Left	.320	1116	357	72	10	46	171	161	159	.407	.526
Away	6.01	13	19	0	58	44	269.2	330	45	125	184	vs. Right	.279	1131	315	63	4	41	171	93	180	.331	.450
Day	6.40	8	10	0	34	25	149.0	194	26	72	93	Inning 1-6	.300	1928	579	118	14	74	311	228	296	.374	.491
Night	5.28	22	28	0	84	66	415.2	478	61	182	246	Inning 7+	.292	319	93	17	0	13	31	26	43	.343	.467
Grass	5.23	24	26	0	87	66	426.2	490	67	182	236	None on	.301	1262	380	78	3	48	132	184	370	.370	.462
Turf	6.65	6	12	0	31	25	138.0	182	20	72	103	Runners on	.296	985	292	57	11	39	294	122	155	.369	.495
March/April	4.30	10	2	0	22	14	98.1	124	13	38	54	Scoring Posn	.266	561	149	26	5	21	240	79	101	.348	.442
May	7.36	4	7	0	19	19	104.0	128	22	45	62	Close & Late	.252	127	32	5	0	4	12	12	22	.314	.386
June	4.98	4	5	0	15	14	85.0	95	11	38	50	None on/out	.287	565	162	33	3	18	18	61	78	.358	.451
July	3.98	4	6	0	15	12	86.0	87	9	32	55	vs. 1st Batr (relief)	.308	26	8	0	0	1	2	1	2	.333	.423
August	6.08	5	10	0	27	15	97.2	124	14	50	51	1st Inning Pitched	.315	457	144	26	4	18	81	66	65	.399	.508
Sept/Oct	6.44	3	8	0	20	17	93.2	114	18	51	67	First 75 Pitches	.293	1648	483	96	12	56	242	211	247	.373	.468
Starter	5.76	27	37	0	91	91	520.1	623	82	238	316	Pitch 76-90	.325	280	91	14	2	12	44	22	39	.372	.518
Reliever	3.45	3	1	0	27	0	44.1	49	5	16	23	Pitch 91-105	.318	195	62	17	0	10	37	16	30	.370	.559
0-3 Days Rest (Start)	6.00	1	2	0	4	4	18.0	26	0	8	11	Pitch 106+	.290	124	36	8	0	9	19	5	23	.318	.573
4 Days Rest	5.01	16	21	0	47	47	300.0	337	45	128	188	First Pitch	.358	335	120	16	1	14	51	7	0	.371	.537
5+ Days Rest	6.85	10	14	0	40	40	202.1	260	37	102	117	Ahead in Count	.267	951	254	52	3	34	118	0	262	.269	.435
vs. AL	5.97	21	31	0	79	70	417.1	527	70	187	244	Behind in Count	.335	529	177	44	6	25	102	135	0	.464	.582
vs. NL	4.46	9	7	0	39	21	147.1	145	17	67	95	Two Strikes	.231	963	222	49	6	28	108	112	339	.311	.371
Pre-All Star	5.43	20	15	0	60	50	310.0	368	47	130	181	Pre-All Star	.298	1235	368	76	9	47	183	130	181	.364	.488
Post-All Star	5.76	10	23	0	58	41	254.2	304	40	124	158	Post-All Star	.300	1012	304	59	5	40	159	124	158	.376	.487

Kevin Witt — Padres   Age 26 – Bats Left (groundball hitter)

	Avg	G	AB	R	H	2B	3B	HR	RBI	BB	SO	HBP	GDP	SB	CS	OBP	SLG	IBB	SH	SF	#Pit	#P/PA	GB	FB	G/F
2001 Season	.185	14	27	5	5	0	0	2	5	2	7	0	0	0	0	.233	.407	0	0	1	121	4.03	13	6	2.17
Career (1998-2001)	.191	34	68	8	13	1	0	3	10	4	19	0	0	0	0	.233	.338	0	1	2	274	3.70	28	15	1.87

2001 Season

	Avg	AB	H	2B	3B	HR	RBI	BB	SO	OBP	SLG		Avg	AB	H	2B	3B	HR	RBI	BB	SO	OBP	SLG
vs. Left	.000	1	0	0	0	0	0	0	1	.000	.000	Scoring Posn	.286	7	2	0	0	1	4	0	1	.250	.714
vs. Right	.192	26	5	0	0	2	5	2	6	.241	.423	Close & Late	.167	6	1	0	0	0	1	0	2	.167	.167

Mark Wohlers — Yankees   Age 32 – Pitches Right

	ERA	W	L	Sv	G	GS	IP	BB	SO	Avg	H	2B	3B	HR	RBI	OBP	SLG	GF	IR	IRS	Hld	SvOp	SB	CS	GB	FB	G/F
2001 Season	4.26	4	1	0	61	0	67.2	25	54	.262	69	9	0	8	36	.328	.388	25	27	9	13	1	8	1	97	76	1.28
Last Five Years	4.74	10	11	41	181	0	186.0	119	188	.235	164	28	2	17	88	.346	.354	104	47	13	14	49	31	3	231	186	1.24

2001 Season

	ERA	W	L	Sv	G	GS	IP	H	HR	BB	SO		Avg	AB	H	2B	3B	HR	RBI	BB	SO	OBP	SLG
Home	3.12	1	1	0	31	0	34.2	33	6	12	33	vs. Left	.236	106	25	3	0	7	19	11	26	.303	.462
Away	5.45	3	0	0	30	0	33.0	36	2	13	21	vs. Right	.280	157	44	6	0	1	17	14	28	.345	.338
Day	5.17	1	0	0	28	0	31.1	33	2	16	26	Inning 1-6	.250	16	4	1	0	0	4	1	0	.333	.500
Night	3.47	3	1	0	33	0	36.1	36	6	9	28	Inning 7+	.263	247	65	8	0	7	32	24	54	.327	.381
Grass	4.09	3	1	0	56	0	61.2	64	8	23	51	None on	.285	144	41	5	0	6	6	14	26	.348	.444
Turf	6.00	1	0	0	5	0	6.0	5	0	2	3	Runners on	.235	119	28	4	0	2	30	11	28	.304	.319
April	4.91	0	0	0	10	0	11.0	12	1	3	7	Scoring Posn	.254	71	18	2	0	1	27	9	16	.325	.324
May	5.73	1	1	0	10	0	11.0	17	1	5	10	Close & Late	.256	82	21	4	0	1	11	10	12	.333	.341
June	0.90	2	0	0	10	0	10.0	7	0	2	4	None on/out	.266	64	17	2	0	2	2	8	9	.347	.391

2001 Season

	ERA	W	L	Sv	G	GS	IP	H	HR	BB	SO		Avg	AB	H	2B	3B	HR	RBI	BB	SO	OBP	SLG
July	7.11	0	0	0	13	0	12.2	15	1	7	9	vs. 1st Batr (relief)	.250	52	13	2	0	0	4	7	7	.339	.288
August	4.38	0	0	0	9	0	12.1	12	2	6	11	1st Inning Pitched	.280	207	58	7	0	5	31	22	43	.352	.386
Sept/Oct	1.69	1	0	0	9	0	10.2	6	0	5	13	First 15 Pitches	.287	171	49	6	0	6	24	18	31	.354	.427
Starter	0.00	0	0	0	0	0	0.0	0	0	0	0	Pitch 16-30	.226	84	19	3	0	1	11	7	22	.290	.298
Reliever	4.26	4	1	0	61	0	67.2	69	8	25	54	Pitch 31-45	.143	7	1	0	0	1	1	0	1	.143	.571
0 Days Rest (Relief)	4.97	1	0	0	13	0	12.2	16	0	6	12	Pitch 46+	.000	1	0	0	0	0	0	0	0	.000	.000
1 or 2 Days Rest	5.17	2	1	0	28	0	31.1	35	7	14	24	First Pitch	.250	28	7	0	0	2	2	0	0	.300	.250
3+ Days Rest	2.66	1	0	0	20	0	23.2	18	1	5	18	Ahead in Count	.214	126	27	8	0	2	12	0	47	.219	.325
vs. AL	3.63	1	0	0	28	0	34.2	28	3	17	31	Behind in Count	.322	59	19	1	0	4	11	11	0	.423	.542
vs. NL	4.91	3	1	0	33	0	33.0	41	5	8	23	Two Strikes	.174	132	23	6	0	4	10	12	54	.245	.311
Pre-All Star	4.11	3	1	0	34	0	35.0	41	5	9	24	Pre-All Star	.291	141	41	6	0	5	21	9	24	.336	.440
Post-All Star	4.41	1	0	0	27	0	32.2	28	3	16	30	Post-All Star	.230	122	28	3	0	3	15	16	30	.319	.328

Last Five Years

	ERA	W	L	Sv	G	GS	IP	H	HR	BB	SO		Avg	AB	H	2B	3B	HR	RBI	BB	SO	OBP	SLG
Home	4.84	5	7	18	96	0	96.2	87	13	31	68	vs. Left	.222	329	73	11	1	12	45	62	104	.343	.371
Away	4.63	5	4	23	85	0	89.1	77	4	51	94	vs. Right	.247	368	91	17	1	5	43	57	84	.348	.340
Day	4.88	2	3	15	68	0	75.2	70	6	49	70	Inning 1-6	.321	28	9	1	1	1	6	1	0	.367	.536
Night	4.65	8	8	26	113	0	110.1	94	11	70	118	Inning 7+	.232	669	155	27	1	16	82	118	188	.345	.347
Grass	4.78	9	9	30	146	0	143.0	134	15	87	153	None on	.241	377	91	16	1	11	11	62	103	.350	.377
Turf	4.60	1	2	11	35	0	43.0	30	2	32	35	Runners on	.228	320	73	12	1	6	77	57	85	.341	.328
March/April	4.06	1	0	13	33	0	31.0	25	3	27	36	Scoring Posn	.210	205	43	8	0	3	67	45	57	.341	.293
May	4.05	2	2	5	27	0	26.2	28	5	12	32	Close & Late	.234	346	81	15	1	4	41	65	102	.351	.318
June	3.24	2	3	7	26	0	25.0	17	1	13	20	None on/out	.253	170	43	9	1	4	4	32	36	.374	.388
July	6.44	0	1	8	35	0	36.1	34	2	27	27	vs. 1st Batr (relief)	.264	148	39	7	1	3	11	30	32	.391	.385
August	4.54	3	3	7	35	0	37.2	36	4	24	41	1st Inning Pitched	.243	597	145	23	2	13	78	106	165	.357	.353
Sept/Oct	5.52	2	2	1	25	0	29.1	24	2	16	32	First 15 Pitches	.251	486	122	17	2	13	51	78	128	.354	.374
Starter	0.00	0	0	0	0	0	0.0	0	0	0	0	Pitch 16-30	.201	194	39	10	0	2	34	37	58	.326	.284
Reliever	4.74	10	11	41	181	0	186.0	164	17	119	187	Pitch 31-45	.188	16	3	1	0	2	3	4	2	.350	.625
0 Days Rest (Relief)	6.47	2	2	14	36	0	32.0	38	3	24	42	Pitch 46+	.000	1	0	0	0	0	0	0	0	.000	.000
1 or 2 Days Rest	4.78	4	7	19	86	0	86.2	74	10	52	80	First Pitch	.288	104	30	3	2	0	15	2	0	.296	.356
3+ Days Rest	3.88	4	2	8	59	0	67.1	52	4	43	66	Ahead in Count	.155	329	51	13	0	3	21	0	162	.157	.222
vs. AL	3.86	1	1	2	35	0	42.0	32	4	23	38	Behind in Count	.347	150	52	10	0	10	33	73	0	.555	.613
vs. NL	5.00	9	10	39	146	0	144.0	132	13	96	150	Two Strikes	.140	343	48	11	0	6	23	44	188	.238	.224
Pre-All Star	3.74	5	5	28	93	0	89.0	77	9	57	95	Pre-All Star	.232	332	77	14	0	9	41	57	95	.346	.355
Post-All Star	5.66	5	6	13	88	0	97.0	87	8	62	93	Post-All Star	.238	365	87	14	2	8	47	62	93	.346	.353

Randy Wolf — Phillies

Age 25 – Pitches Left (flyball pitcher)

	ERA	W	L	Sv	G	GS	IP	BB	SO	Avg	H	2B	3B	HR	RBI	OBP	SLG	CG	ShO	Sup	QS	#P/S	SB	CS	GB	FB	G/F
2001 Season	3.70	10	11	0	28	25	163.0	51	152	.248	150	37	4	15	73	.314	.397	4	2	4.64	13	99	4	2	157	200	0.79
Career (1999-2001)	4.44	27	29	0	82	78	491.0	201	428	.261	486	121	11	60	247	.338	.435	5	2	4.77	41	106	7	10	482	617	0.78

2001 Season

	ERA	W	L	Sv	G	GS	IP	H	HR	BB	SO		Avg	AB	H	2B	3B	HR	RBI	BB	SO	OBP	SLG
Home	3.30	3	4	0	10	10	62.2	50	6	23	65	vs. Left	.171	123	21	7	1	2	10	12	46	.250	.293
Away	3.95	7	7	0	18	15	100.1	100	9	28	87	vs. Right	.268	482	129	30	3	13	63	39	106	.330	.423
Day	4.72	2	5	0	9	8	47.2	53	6	20	40	Inning 1-6	.256	516	132	29	4	14	66	47	128	.325	.409
Night	3.28	8	6	0	19	17	115.1	97	9	31	112	Inning 7+	.202	89	18	8	0	1	7	4	24	.245	.326
Grass	3.70	6	5	0	15	12	80.1	78	8	21	73	None on	.238	357	85	17	2	12	12	26	88	.303	.395
Turf	3.70	4	6	0	13	13	82.2	72	7	30	79	Runners on	.262	248	65	20	2	3	61	25	64	.329	.395
April	6.46	1	4	0	5	5	23.2	32	4	11	24	Scoring Posn	.262	130	34	11	1	0	51	18	37	.344	.362
May	1.53	3	0	0	5	5	35.1	25	1	17	45	Close & Late	.118	17	2	1	0	0	0	1	4	.167	.176
June	7.71	0	5	0	5	5	28.0	39	6	8	20	None on/out	.247	158	39	8	1	6	6	14	41	.316	.424
July	3.96	1	1	0	6	3	25.0	19	2	4	23	vs. 1st Batr (relief)	.000	2	0	0	0	0	0	1	1	.333	.000
August	1.50	1	0	0	1	1	6.0	4	0	1	4	1st Inning Pitched	.204	98	20	7	0	2	16	14	26	.301	.337
Sept/Oct	1.60	4	1	0	6	6	45.0	31	2	10	36	First 75 Pitches	.265	441	117	26	3	13	58	35	113	.323	.426
Starter	3.67	9	11	0	25	25	157.0	145	15	49	143	Pitch 76-90	.254	71	18	5	1	1	11	10	13	.361	.394
Reliever	4.50	1	0	0	3	0	6.0	5	0	2	9	Pitch 91-105	.158	57	9	5	0	0	2	3	17	.213	.246
0-3 Days Rest (Start)	0.00	0	0	0	0	0	0.0	0	0	0	0	Pitch 106+	.167	36	6	1	0	1	2	3	9	.250	.278
4 Days Rest	3.93	2	5	0	9	9	55.0	56	5	16	45	First Pitch	.378	82	31	8	0	1	11	3	0	.391	.512
5+ Days Rest	3.53	7	6	0	16	16	102.0	89	10	33	98	Ahead in Count	.188	308	58	13	2	6	20	0	124	.206	.302
vs. AL	4.70	1	2	0	4	3	23.0	20	5	5	19	Behind in Count	.283	113	32	8	2	4	23	17	0	.376	.496
vs. NL	3.54	9	9	0	24	22	140.0	130	10	46	133	Two Strikes	.162	303	49	13	2	7	22	31	152	.254	.287
Pre-All Star	4.84	5	9	0	18	15	93.0	101	11	38	98	Pre-All Star	.282	358	101	26	3	11	55	38	98	.356	.464
Post-All Star	2.19	5	2	0	10	10	70.0	49	4	13	54	Post-All Star	.198	247	49	11	1	4	18	13	54	.250	.300

Career (1999-2001)

	ERA	W	L	Sv	G	GS	IP	H	HR	BB	SO		Avg	AB	H	2B	3B	HR	RBI	BB	SO	OBP	SLG
Home	4.59	11	12	0	37	36	225.1	219	25	105	214	vs. Left	.201	319	64	20	3	7	33	35	114	.283	.348
Away	4.30	16	17	0	45	42	265.2	267	35	96	214	vs. Right	.274	1540	422	101	8	53	214	166	314	.350	.453
Day	5.37	7	7	0	20	18	105.2	120	17	52	74	Inning 1-6	.264	1635	431	108	8	54	220	186	381	.344	.439
Night	4.18	20	22	0	62	60	385.1	366	43	149	354	Inning 7+	.246	224	55	13	3	6	27	15	47	.296	.411
Grass	4.20	13	14	0	38	35	222.2	216	32	81	181	None on	.259	1059	274	65	5	36	36	102	246	.332	.432
Turf	4.63	14	15	0	44	43	268.1	270	28	120	247	Runners on	.265	800	212	56	6	24	211	99	182	.346	.440
March/April	4.53	2	6	0	10	10	57.2	59	8	23	49	Scoring Posn	.261	440	115	31	4	10	173	58	108	.345	.418
May	3.07	6	1	0	10	10	67.1	58	6	30	70	Close & Late	.240	96	23	3	2	3	15	8	17	.292	.406
June	4.90	6	7	0	15	15	93.2	100	16	31	78	None on/out	.263	476	125	28	3	18	18	42	105	.331	.447

478

Career (1999-2001)

	ERA	W	L	Sv	G	GS	IP	H	HR	BB	SO		Avg	AB	H	2B	3B	HR	RBI	BB	SO	OBP	SLG
July	3.97	5	3	0	17	13	90.2	83	5	33	75	vs. 1st Batr (relief)	.333	3	1	0	0	0	0	1	1	.500	.333
August	6.75	2	6	0	12	12	66.2	87	14	37	55	1st Inning Pitched	.239	305	73	24	0	6	45	50	87	.349	.377
Sept/Oct	3.83	6	6	0	18	18	115.0	99	11	47	101	First 75 Pitches	.265	1260	334	85	5	38	159	141	305	.342	.431
Starter	4.41	26	29	0	78	78	484.0	479	60	198	418	Pitch 76-90	.290	245	71	16	2	11	39	23	42	.358	.506
Reliever	6.43	1	0	0	4	0	7.0	7	0	3	10	Pitch 91-105	.251	215	54	14	3	8	35	23	49	.332	.456
0-3 Days Rest (Start)	0.00	0	0	0	0	0	0.0	0	0	0	0	Pitch 106+	.194	139	27	6	1	3	14	14	32	.317	
4 Days Rest	4.51	9	16	0	39	39	243.1	250	31	100	192	First Pitch	.390	236	92	24	1	11	51	4	0	.396	.640
5+ Days Rest	4.30	17	13	0	39	39	240.2	229	29	98	226	Ahead in Count	.195	896	175	43	4	16	82	0	346	.210	.306
vs. AL	3.75	5	2	0	10	8	57.2	53	10	22	47	Behind in Count	.314	363	114	34	5	17	69	106	0	.466	.576
vs. NL	4.53	22	27	0	72	70	433.1	433	50	179	381	Two Strikes	.178	967	172	43	3	21	85	91	428	.258	.294
Pre-All Star	4.09	17	14	0	42	38	246.2	240	31	90	230	Pre-All Star	.257	935	240	55	4	31	116	90	230	.325	.424
Post-All Star	4.79	10	15	0	40	40	244.1	246	29	111	198	Post-All Star	.266	924	246	66	7	29	131	111	198	.351	.447

Tony Womack — *Diamondbacks*   Age 32 – Bats Left (groundball hitter)

	Avg	G	AB	R	H	2B	3B	HR	RBI	BB	SO	HBP	GDP	SB	CS	OBP	SLG	IBB	SH	SF	#Pit	#P/PA	GB	FB	G/F
2001 Season	.266	125	481	66	128	19	5	3	30	23	54	6	4	28	7	.307	.345	2	7	1	1923	3.71	211	127	1.66
Last Five Years	.275	729	3008	442	828	117	45	23	223	186	399	16	24	263	46	.319	.367	5	26	18	12097	3.72	1250	781	1.60

2001 Season

	Avg	AB	H	2B	3B	HR	RBI	BB	SO	OBP	SLG		Avg	AB	H	2B	3B	HR	RBI	BB	SO	OBP	SLG
vs. Left	.188	96	18	3	1	0	2	4	16	.235	.240	First Pitch	.292	48	14	3	0	0	3	2	0	.320	.354
vs. Right	.286	385	110	16	4	3	28	19	38	.325	.371	Ahead in Count	.337	98	33	4	3	0	4	13	0	.420	.439
Home	.273	209	57	10	2	2	16	13	21	.330	.368	Behind in Count	.226	234	53	8	1	3	17	0	52	.232	.308
Away	.261	272	71	9	3	1	14	10	33	.289	.327	Two Strikes	.198	222	44	8	1	2	13	8	54	.228	.270
Day	.257	152	39	4	2	1	8	7	23	.298	.329	Batting #1	.254	323	82	14	4	2	18	15	34	.297	.341
Night	.271	329	89	15	3	2	22	16	31	.311	.353	Batting #8	.282	78	22	4	0	1	6	2	10	.300	.372
Grass	.268	467	125	19	5	3	30	22	53	.308	.349	Other	.300	80	24	1	1	0	6	6	10	.356	.338
Turf	.214	14	3	0	0	0	1	1	1	.267	.214	April	.250	76	19	5	1	0	3	6	8	.321	.342
Pre-All Star	.232	310	72	12	4	1	17	14	35	.272	.306	May	.220	109	24	3	2	0	6	5	12	.254	.284
Post-All Star	.327	171	56	7	1	2	13	9	19	.370	.415	June	.238	105	25	4	1	1	8	3	11	.259	.324
Inning 1-6	.248	330	82	15	4	3	22	16	38	.293	.345	July	.234	47	11	0	0	0	1	1	6	.265	.234
Inning 7+	.305	151	46	4	1	0	8	7	16	.338	.344	August	.313	48	15	3	0	0	0	2	10	.346	.375
Scoring Posn	.258	93	24	1	0	1	28	2	9	.278	.301	Sept/Oct	.354	96	34	4	1	2	10	6	7	.392	.479
Close & Late	.333	78	26	2	0	0	5	3	9	.358	.359	vs. AL	.279	43	12	2	0	1	5	1	2	.295	.395
None on/out	.226	164	37	9	3	1	13	20		.294	.335	vs. NL	.265	438	116	17	5	2	25	22	52	.308	.340

2001 By Position

Position	Avg	AB	H	2B	3B	HR	RBI	BB	SO	OBP	SLG	G	GS	Innings	PO	A	E	DP	Fld Pct	Rng Fctr	In Zone	Zone Outs	Zone Rtg	MLB Zone
As ss	.268	474	127	19	5	3	30	22	53	.308	.348	118	114	1013.2	151	312	22	74	.955	4.11	370	296	.800	.839

Last Five Years

	Avg	AB	H	2B	3B	HR	RBI	BB	SO	OBP	SLG		Avg	AB	H	2B	3B	HR	RBI	BB	SO	OBP	SLG
vs. Left	.266	681	181	19	6	3	67	53	117	.320	.325	First Pitch	.365	329	120	18	5	5	47	4	0	.370	.495
vs. Right	.278	2327	647	98	39	20	156	133	282	.319	.379	Ahead in Count	.350	551	193	36	13	1	41	114	0	.461	.468
Home	.274	1472	403	52	29	14	118	99	194	.322	.377	Behind in Count	.216	1587	343	38	16	12	93	0	367	.220	.283
Away	.277	1536	425	65	16	9	105	87	205	.316	.357	Two Strikes	.199	1457	290	33	14	10	79	68	399	.237	.261
Day	.296	850	252	38	12	6	73	59	120	.342	.391	Batting #1	.275	2837	779	111	44	22	211	178	377	.319	.368
Night	.267	2158	576	79	33	17	150	127	279	.310	.358	Batting #8	.278	79	22	4	0	1	6	2	10	.296	.367
Grass	.272	2010	547	78	26	12	148	115	250	.313	.355	Other	.293	92	27	2	1	0	6	6	12	.343	.337
Turf	.282	998	281	39	19	11	75	71	149	.331	.392	March/April	.229	458	105	13	10	2	28	27	60	.276	.314
Pre-All Star	.262	1705	447	55	27	12	126	100	217	.305	.347	May	.288	546	157	16	8	4	40	40	74	.336	.368
Post-All Star	.292	1303	381	62	18	11	97	86	182	.338	.393	June	.256	551	141	20	8	6	48	20	70	.281	.354
Inning 1-6	.271	2112	572	86	33	17	134	143	280	.319	.367	July	.303	499	151	22	5	4	39	34	55	.350	.391
Inning 7+	.286	896	256	31	12	6	89	43	119	.319	.367	August	.294	472	139	25	6	4	35	31	74	.340	.398
Scoring Posn	.275	621	171	19	9	5	197	38	78	.316	.359	Sept/Oct	.280	482	135	21	8	3	33	34	66	.327	.376
Close & Late	.280	439	123	18	4	3	52	24	62	.318	.360	vs. AL	.272	272	74	15	4	2	24	15	23	.308	.379
None on/out	.268	1194	320	45	22	10	10	101	177	.328	.368	vs. NL	.276	2736	754	102	41	21	199	171	376	.320	.366

Kerry Wood — *Cubs*   Age 25 – Pitches Right (flyball pitcher)

	ERA	W	L	Sv	G	GS	IP	BB	SO	Avg	H	2B	3B	HR	RBI	OBP	SLG	CG	ShO	Sup	QS	#P/S	SB	CS	GB	FB	G/F
2001 Season	3.36	12	6	0	28	28	174.1	92	217	.202	127	17	3	16	64	.311	.315	1	4	4.59	20	108	22	6	147	171	0.86
Career (1998-2001)	3.78	33	19	0	77	77	478.0	264	582	.207	356	64	4	47	193	.320	.338	3	2	5.10	51	107	46	26	427	451	0.95

2001 Season

	ERA	W	L	Sv	G	GS	IP	H	BB	SO		Avg	AB	H	2B	3B	HR	RBI	BB	SO	OBP	SLG
Home	2.67	5	4	0	14	14	91.0	59	5	110	vs. Left	.201	294	59	11	3	7	31	57	96	.338	.330
Away	4.10	7	2	0	14	14	83.1	68	11	107	vs. Right	.203	335	68	6	0	9	33	35	121	.286	.301
Day	3.42	5	5	0	17	17	108.0	78	10	64	Inning 1-6	.198	580	115	15	3	14	60	82	201	.306	.307
Night	3.26	7	1	0	11	11	66.1	49	6	88	Inning 7+	.245	49	12	2	0	2	4	10	16	.373	.408
Grass	3.26	12	6	0	27	27	171.1	122	16	213	None on	.174	379	66	11	0	10	10	56	129	.284	.282
Turf	9.00	0	0	0	1	1	3.0	5	0	4	Runners on	.244	250	61	6	3	6	54	36	88	.351	.364
April	3.72	1	1	0	5	5	29.0	23	3	46	Scoring Posn	.240	154	37	4	2	2	44	20	57	.341	.351
May	4.65	2	1	0	5	5	31.0	18	4	23	46	Close & Late	.286	42	12	2	0	2	4	9	13	.412	.476
June	2.70	4	1	0	6	6	40.0	23	3	25	41	None on/out	.186	161	30	6	0	5	5	23	50	.292	.273
July	3.75	2	1	0	6	6	36.0	38	4	22	41	vs. 1st Batr (relief)	.000	0	0	0	0	0	0	0	0	.000	.000
August	1.13	1	0	0	1	1	8.0	3	1	2	9	1st Inning Pitched	.156	96	15	1	0	1	7	10	39	.239	.198

2001 Season

	ERA	W	L	Sv	G	GS	IP	H	HR	BB	SO		Avg	AB	H	2B	3B	HR	RBI	BB	SO	OBP	SLG
Sept/Oct	2.67	2	0	0	5	5	30.1	22	1	8	34	First 75 Pitches	.198	425	84	9	2	9	44	60	143	.304	.292
Starter	3.36	12	6	0	28	28	174.1	127	16	92	217	Pitch 76-90	.241	79	19	2	0	3	8	14	29	.368	.380
Reliever	0.00	0	0	0	0	0	0.0	0	0	0	0	Pitch 91-105	.175	80	14	4	0	3	8	7	28	.239	.338
0-3 Days Rest (Start)	0.00	0	0	0	0	0	0.0	0	0	0	0	Pitch 106+	.222	45	10	2	1	1	4	11	17	.386	.378
4 Days Rest	4.45	4	4	0	15	15	89.0	73	10	55	103	First Pitch	.154	78	12	1	0	3	8	2	0	.185	.282
5+ Days Rest	2.21	8	2	0	13	13	85.1	54	6	37	114	Ahead in Count	.162	321	52	6	3	4	22	0	168	.174	.237
vs. AL	5.00	1	1	0	3	3	18.0	14	1	14	18	Behind in Count	.323	93	30	5	0	4	13	45	0	.542	.505
vs. NL	3.17	11	5	0	25	25	156.1	113	15	78	199	Two Strikes	.132	370	49	7	3	4	24	45	217	.235	.200
Pre-All Star	3.61	8	5	0	18	18	112.1	78	11	68	142	Pre-All Star	.195	399	78	6	3	11	43	68	142	.320	.308
Post-All Star	2.90	4	1	0	10	10	62.0	49	5	24	75	Post-All Star	.213	230	49	11	0	5	21	24	75	.295	.326

Career (1998-2001)

	ERA	W	L	Sv	G	GS	IP	H	HR	BB	SO		Avg	AB	H	2B	3B	HR	RBI	BB	SO	OBP	SLG
Home	3.12	15	7	0	37	37	242.0	170	18	134	290	vs. Left	.216	790	171	35	7	18	90	160	251	.355	.347
Away	4.46	15	12	0	40	40	236.0	186	29	130	292	vs. Right	.199	931	185	29	3	29	103	104	331	.289	.330
Day	3.40	16	11	0	44	44	280.2	191	24	166	334	Inning 1-6	.206	1542	317	58	9	42	179	226	508	.315	.337
Night	4.33	17	8	0	33	33	197.1	165	23	98	248	Inning 7+	.218	179	39	6	1	5	14	38	74	.365	.346
Grass	3.74	30	14	0	67	67	421.1	314	42	232	504	None on	.189	995	188	38	1	27	27	151	336	.304	.311
Turf	4.13	3	5	0	10	10	56.2	42	5	32	78	Runners on	.231	726	168	26	9	20	166	113	246	.343	.375
March/April	4.56	3	3	0	9	9	47.1	38	4	24	71	Scoring Posn	.214	426	91	14	6	11	138	71	160	.329	.352
May	3.88	7	5	0	15	15	95.0	63	12	59	135	Close & Late	.214	131	28	3	0	3	10	23	50	.346	.305
June	4.10	7	5	0	16	16	101.0	70	9	62	110	None on/out	.205	430	88	17	1	9	9	70	131	.325	.312
July	3.13	9	4	0	17	17	112.0	93	7	66	117	vs. 1st Batr (relief)	.000	0	0	0	0	0	0	0	0	.000	.000
August	4.42	3	1	0	9	9	57.0	42	10	23	82	1st Inning Pitched	.211	279	59	6	1	9	39	39	88	.311	.337
Sept/Oct	3.15	4	1	0	11	11	65.2	50	5	30	67	First 75 Pitches	.212	1187	252	43	8	33	142	170	375	.317	.345
Starter	3.78	33	19	0	77	77	478.0	356	47	264	582	Pitch 76-90	.202	208	42	6	1	7	22	37	74	.332	.341
Reliever	0.00	0	0	0	0	0	0.0	0	0	0	0	Pitch 91-105	.177	198	35	11	0	6	20	32	75	.302	.323
0-3 Days Rest (Start)	0.00	0	0	0	0	0	0.0	0	0	0	0	Pitch 106+	.211	128	27	4	1	1	9	25	58	.354	.281
4 Days Rest	3.94	15	10	0	40	40	251.0	201	27	140	285	First Pitch	.278	198	55	9	3	11	33	2	0	.300	.520
5+ Days Rest	3.61	18	9	0	37	37	227.0	155	20	124	297	Ahead in Count	.154	881	136	21	6	9	71	0	461	.169	.222
vs. AL	5.06	2	4	0	9	9	53.1	48	5	38	52	Behind in Count	.347	303	105	25	0	18	55	150	0	.564	.607
vs. NL	3.62	31	15	0	68	68	424.2	308	42	226	530	Two Strikes	.121	987	119	20	6	7	65	112	582	.219	.174
Pre-All Star	3.96	19	14	0	45	45	279.1	200	26	164	350	Pre-All Star	.201	994	200	37	8	26	117	164	350	.322	.333
Post-All Star	3.53	14	5	0	32	32	198.2	156	21	100	232	Post-All Star	.215	727	156	27	2	21	76	100	232	.318	.344

Steve Woodard — Indians
Age 27 – Pitches Right

	ERA	W	L	Sv	G	GS	IP	BB	SO	Avg	H	2B	3B	HR	RBI	OBP	SLG	GF	IR	IRS	Hld	SvOp	SB	CS	GB	FB	G/F
2001 Season	5.20	3	3	0	29	10	97.0	17	52	.325	129	24	5	10	60	.358	.486	2	16	12	1	0	11	3	155	117	1.32
Career (1997-2001)	4.88	31	36	0	141	94	632.0	136	438	.292	739	164	18	83	349	.333	.470	11	27	18	1	0	57	16	922	714	1.29

2001 Season

	ERA	W	L	Sv	G	GS	IP	H	HR	BB	SO		Avg	AB	H	2B	3B	HR	RBI	BB	SO	OBP	SLG
Home	3.40	2	0	0	16	3	42.1	50	4	9	26	vs. Left	.320	194	62	12	3	5	27	9	26	.351	.490
Away	6.59	1	3	0	13	7	54.2	79	6	8	26	vs. Right	.330	203	67	12	2	5	33	8	26	.364	.483
Starter	6.34	2	3	0	10	10	49.2	69	5	9	25	Scoring Posn	.349	109	38	7	1	5	53	5	24	.373	.569
Reliever	3.99	1	0	0	19	0	47.1	60	5	8	27	Close & Late	.333	12	4	1	0	2	4	2	2	.429	.917
0 Days Rest (Relief)	0.00	0	0	0	2	0	2.0	2	0	0	1	None on/out	.312	93	29	7	3	2	2	5	10	.366	.516
1 or 2 Days Rest	3.33	1	0	0	9	0	24.1	30	2	2	17	First Pitch	.446	56	25	7	1	0	13	1	0	.450	.607
3+ Days Rest	5.14	0	0	0	8	0	21.0	28	3	6	9	Ahead in Count	.249	193	48	8	2	7	23	0	46	.259	.420
Pre-All Star	3.90	1	0	0	12	0	32.1	41	3	6	17	Behind in Count	.388	85	33	6	2	2	14	6	0	.429	.576
Post-All Star	5.85	2	3	0	17	10	64.2	88	7	11	36	Two Strikes	.256	172	44	6	1	5	18	10	52	.306	.390

Career (1997-2001)

	ERA	W	L	Sv	G	GS	IP	H	HR	BB	SO		Avg	AB	H	2B	3B	HR	RBI	BB	SO	OBP	SLG
Home	5.08	13	21	0	75	48	317.0	391	38	71	229	vs. Left	.279	1153	322	76	14	35	165	63	175	.317	.461
Away	4.69	18	15	0	66	46	315.0	348	45	65	209	vs. Right	.303	1376	417	88	4	48	184	73	263	.347	.477
Day	5.30	9	10	0	50	33	215.2	269	32	42	162	Inning 1-6	.296	2195	650	141	17	74	324	121	383	.338	.477
Night	4.67	22	26	0	91	61	416.1	470	51	94	276	Inning 7+	.266	334	89	23	1	9	25	15	55	.306	.422
Grass	4.98	25	32	0	124	80	541.2	643	69	116	373	None on	.275	1492	411	83	12	52	52	66	257	.313	.452
Turf	4.28	6	4	0	17	14	90.1	96	14	20	65	Runners on	.316	1037	328	81	6	31	297	70	181	.362	.496
March/April	4.04	4	5	0	17	11	82.1	92	11	24	49	Scoring Posn	.321	599	192	50	5	19	259	59	129	.378	.516
May	5.75	4	6	0	20	14	92.1	117	8	22	60	Close & Late	.287	143	41	9	1	5	11	12	27	.350	.448
June	4.70	8	5	0	28	13	111.0	141	18	24	76	None on/out	.292	650	190	36	10	25	25	28	90	.328	.494
July	2.49	6	3	0	29	14	123.0	114	10	17	97	vs. 1st Batr (relief)	.244	41	10	1	0	2	11	5	9	.326	.415
August	6.30	6	11	0	27	25	131.1	165	19	33	90	1st Inning Pitched	.294	558	164	33	3	17	90	28	100	.333	.455
Sept/Oct	6.16	3	6	0	20	17	92.0	110	17	16	66	First 15 Pitches	.293	457	134	26	2	16	55	25	68	.337	.464
Starter	5.15	28	35	0	94	94	531.0	636	74	111	374	Pitch 16-30	.278	478	133	26	2	12	62	23	103	.317	.416
Reliever	3.48	3	1	0	47	0	101.0	103	9	25	64	Pitch 31-45	.282	454	128	31	5	17	67	24	83	.317	.485
0 Days Rest (Relief)	0.00	0	0	0	2	0	2.0	2	0	0	1	Pitch 46+	.302	1140	344	81	9	38	165	64	184	.345	.489
1 or 2 Days Rest	3.05	2	0	0	24	0	56.0	55	5	10	44	First Pitch	.360	350	126	32	5	14	69	15	0	.391	.600
3+ Days Rest	4.19	1	1	0	21	0	43.0	45	4	15	19	Ahead in Count	.236	1198	283	60	6	27	114	0	378	.243	.364
vs. AL	4.64	12	10	0	54	34	223.0	245	29	43	146	Behind in Count	.351	521	183	44	4	24	101	64	0	.428	.589
vs. NL	5.02	19	26	0	87	60	409.0	494	54	93	292	Two Strikes	.223	1127	251	54	6	22	104	57	438	.265	.340
Pre-All Star	4.62	17	16	0	74	41	315.1	374	40	77	211	Pre-All Star	.298	1254	374	82	8	40	174	77	211	.345	.472
Post-All Star	5.14	14	20	0	67	53	316.2	365	43	59	227	Post-All Star	.286	1275	365	82	10	43	175	59	227	.322	.467

480

Chris Woodward — Blue Jays
Age 26 – Bats Right

	Avg	G	AB	R	H	2B	3B	HR	RBI	BB	SO	HBP	GDP	SB	CS	OBP	SLG	IBB	SH	SF	#Pit	#P/PA	GB	FB	G/F
2001 Season	.190	37	63	9	12	3	2	2	5	1	14	0	1	0	1	.203	.397	0	2	0	237	3.59	20	17	1.18
Career (1999-2001)	.192	88	193	26	37	11	2	5	21	13	48	0	3	1	1	.242	.347	3	3	1	775	3.69	56	53	1.06

2001 Season

	Avg	AB	H	2B	3B	HR	RBI	BB	SO	OBP	SLG		Avg	AB	H	2B	3B	HR	RBI	BB	SO	OBP	SLG
vs. Left	.077	13	1	0	0	1	1	1	2	.143	.308	Scoring Posn	.125	16	2	0	1	0	3	0	4	.125	.250
vs. Right	.220	50	11	3	2	1	4	0	12	.220	.420	Close & Late	.167	6	1	0	1	0	0	1	2	.286	.500

Shawn Wooten — Angels
Age 29 – Bats Right (flyball hitter)

	Avg	G	AB	R	H	2B	3B	HR	RBI	BB	SO	HBP	GDP	SB	CS	OBP	SLG	IBB	SH	SF	#Pit	#P/PA	GB	FB	G/F
2001 Season	.312	79	221	24	69	8	1	8	32	5	42	3	5	2	0	.332	.466	0	0	3	855	3.69	56	83	0.67
Career (2000-2001)	.322	86	230	26	74	9	1	8	33	5	42	3	5	2	0	.340	.474	0	0	3	880	3.65	56	86	0.65

2001 Season

	Avg	AB	H	2B	3B	HR	RBI	BB	SO	OBP	SLG		Avg	AB	H	2B	3B	HR	RBI	BB	SO	OBP	SLG
vs. Left	.304	115	35	6	1	6	18	3	21	.322	.530	Scoring Posn	.333	54	18	1	0	0	21	2	15	.350	.352
vs. Right	.321	106	34	2	0	2	14	2	21	.342	.396	Close & Late	.407	27	11	0	0	1	4	2	3	.467	.519
Home	.345	116	40	3	1	3	15	2	18	.347	.466	None on/out	.237	59	14	1	0	2	2	0	12	.237	.356
Away	.276	105	29	5	0	5	17	3	24	.315	.467	Batting #6	.224	58	13	2	0	1	10	0	8	.220	.310
First Pitch	.281	32	9	0	0	3	6	0	0	.281	.563	Batting #7	.323	62	20	2	0	3	8	2	13	.354	.500
Ahead in Count	.405	37	15	2	0	3	11	4	0	.442	.703	Other	.356	101	36	4	1	4	14	3	21	.380	.535
Behind in Count	.324	108	35	5	1	2	11	0	33	.327	.444	Pre-All Star	.328	128	42	4	1	7	23	4	25	.348	.539
Two Strikes	.257	109	28	5	1	1	9	1	42	.268	.349	Post-All Star	.290	93	27	4	0	1	9	1	17	.309	.366

Tim Worrell — Giants
Age 34 – Pitches Right

	ERA	W	L	Sv	G	GS	IP	BB	SO	Avg	H	2B	3B	HR	RBI	OBP	SLG	GF	IR	IRS	Hld	SvOp	SB	CS	GB	FB	G/F
2001 Season	3.45	2	5	0	73	0	78.1	33	63	.240	71	13	4	4	44	.318	.351	12	43	20	13	3	2	8	89	95	0.94
Last Five Years	4.35	15	28	6	288	19	426.1	175	345	.262	434	92	12	50	252	.335	.422	77	173	75	52	24	40	14	526	518	1.02

2001 Season

	ERA	W	L	Sv	G	GS	IP	H	HR	BB	SO		Avg	AB	H	2B	3B	HR	RBI	BB	SO	OBP	SLG
Home	2.75	1	4	0	33	0	36.0	35	3	15	26	vs. Left	.248	125	31	6	3	2	17	8	23	.294	.392
Away	4.04	1	1	0	40	0	42.1	36	1	18	37	vs. Right	.234	171	40	7	1	2	27	25	40	.335	.322
Day	2.33	1	2	0	25	0	27.0	25	2	14	21	Inning 1-6	.182	44	8	1	0	1	10	3	12	.229	.273
Night	4.03	1	3	0	48	0	51.1	46	2	19	42	Inning 7+	.250	252	63	12	4	3	34	30	51	.333	.365
Grass	3.48	2	5	0	69	0	75.0	69	4	32	61	None on	.255	157	40	8	1	4	4	12	32	.312	.395
Turf	2.70	0	0	0	4	0	3.1	2	0	1	2	Runners on	.223	139	31	5	3	0	40	21	31	.325	.302
April	2.00	0	0	0	14	0	18.0	13	1	6	19	Scoring Posn	.261	88	23	5	2	0	39	18	18	.378	.364
May	6.00	1	1	0	12	0	15.0	17	2	8	9	Close & Late	.239	117	28	5	1	2	17	16	14	.331	.359
June	4.50	0	1	0	12	0	10.0	12	0	4	8	None on/out	.191	68	13	3	0	2	2	5	14	.247	.324
July	0.00	0	0	0	8	0	8.2	6	0	2	4	vs. 1st Batr (relief)	.242	66	16	4	1	3	16	5	11	.301	.470
August	3.77	1	0	0	12	0	14.1	14	0	9	15	1st Inning Pitched	.229	240	55	12	4	3	40	22	46	.295	.350
Sept/Oct	3.65	0	3	0	15	0	12.1	9	1	4	8	First 15 Pitches	.264	201	53	11	3	3	33	17	37	.324	.393
Starter	0.00	0	0	0	0	0	0.0	0	0	0	0	Pitch 16-30	.179	84	15	2	1	1	10	11	21	.274	.262
Reliever	3.45	2	5	0	73	0	78.1	71	4	33	63	Pitch 31-45	.273	11	3	0	0	0	1	5	5	.500	.273
0 Days Rest (Relief)	1.96	0	1	0	21	0	23.0	17	0	6	15	Pitch 46+	.000	0	0	0	0	0	0	0	0	.000	.000
1 or 2 Days Rest	3.89	2	3	0	40	0	44.0	44	3	23	39	First Pitch	.349	43	15	5	2	0	9	3	0	.383	.558
3+ Days Rest	4.76	0	1	0	12	0	11.1	10	1	4	9	Ahead in Count	.209	163	34	6	1	0	17	0	48	.218	.258
vs. AL	3.86	0	0	0	3	0	2.1	2	0	0	1	Behind in Count	.282	39	11	2	1	3	11	15	0	.464	.615
vs. NL	3.43	2	5	0	70	0	76.0	69	4	33	62	Two Strikes	.189	159	30	6	0	0	15	15	63	.267	.226
Pre-All Star	3.51	1	2	0	43	0	48.2	47	3	19	38	Pre-All Star	.251	187	47	7	4	3	32	19	38	.319	.380
Post-All Star	3.34	1	3	0	30	0	29.2	24	1	14	25	Post-All Star	.220	109	24	6	0	1	12	14	25	.317	.303

Last Five Years

	ERA	W	L	Sv	G	GS	IP	H	HR	BB	SO		Avg	AB	H	2B	3B	HR	RBI	BB	SO	OBP	SLG
Home	3.87	10	15	3	144	10	225.2	214	29	80	179	vs. Left	.263	757	199	42	9	15	102	77	122	.332	.402
Away	4.89	5	13	3	144	9	200.2	220	21	95	166	vs. Right	.261	900	235	50	3	35	150	98	223	.338	.440
Day	4.55	3	9	1	114	5	150.1	162	20	69	130	Inning 1-6	.276	565	156	36	3	20	101	53	105	.339	.457
Night	4.24	12	19	5	174	14	276.0	272	30	106	215	Inning 7+	.255	1092	278	56	9	30	151	122	240	.333	.405
Grass	4.61	12	25	5	253	14	363.0	376	45	158	291	None on	.252	925	233	54	6	30	30	74	194	.310	.421
Turf	2.84	3	3	1	35	5	63.1	58	5	17	54	Runners on	.275	732	201	38	6	20	222	101	151	.364	.425
March/April	4.90	4	8	0	38	8	86.1	78	13	37	57	Scoring Posn	.265	476	126	29	3	6	187	84	98	.373	.376
May	5.79	4	7	1	37	11	93.1	118	14	36	69	Close & Late	.249	539	134	27	5	12	80	79	115	.347	.384
June	3.80	1	3	1	54	0	66.1	66	4	30	53	None on/out	.233	399	93	23	3	14	14	29	81	.290	.411
July	1.42	0	2	2	46	0	50.2	34	3	16	49	vs. 1st Batr (relief)	.257	237	61	15	2	7	45	22	46	.327	.426
August	4.33	3	2	0	56	0	72.2	80	10	27	69	1st Inning Pitched	.254	966	245	54	7	26	168	107	197	.330	.405
Sept/Oct	4.42	1	6	2	57	0	57.0	58	6	29	46	First 15 Pitches	.270	804	217	46	4	22	125	73	154	.334	.419
Starter	5.89	4	11	0	19	19	99.1	113	16	37	64	Pitch 16-30	.228	452	103	26	5	13	67	58	108	.319	.394
Reliever	3.88	11	17	6	269	0	327.0	321	34	137	281	Pitch 31-45	.260	177	46	4	1	6	25	25	46	.351	.395
0 Days Rest (Relief)	3.57	1	6	1	58	0	58.0	54	4	30	39	Pitch 46+	.304	224	68	16	2	9	35	19	37	.360	.513
1 or 2 Days Rest	3.60	6	2	2	136	0	167.2	164	17	70	151	First Pitch	.343	233	80	14	5	12	50	16	0	.391	.558
3+ Days Rest	4.53	4	4	3	75	0	101.1	103	13	37	91	Ahead in Count	.205	844	173	39	5	14	79	0	291	.212	.313
vs. AL	4.81	5	11	2	111	9	189.0	191	27	71	156	Behind in Count	.349	289	101	22	2	18	72	68	0	.466	.626
vs. NL	3.98	10	17	4	177	10	237.1	243	23	104	189	Two Strikes	.187	806	151	41	5	10	78	91	345	.277	.288
Pre-All Star	4.65	9	18	3	148	19	265.1	275	31	110	194	Pre-All Star	.265	1036	275	57	10	31	169	110	194	.338	.430
Post-All Star	3.86	6	10	3	140	0	161.0	159	19	65	151	Post-All Star	.256	621	159	35	2	19	83	65	151	.330	.411

481

Dan Wright — White Sox
Age 24 – Pitches Right (groundball pitcher)

	ERA	W	L	Sv	G	GS	IP	BB	SO	Avg	H	2B	3B	HR	RBI	OBP	SLG	CG	ShO	Sup	QS	#P/S	SB	CS	GB	FB	G/F
2001 Season	5.70	5	3	0	13	12	66.1	39	36	.300	78	17	2	12	43	.389	.519	0	0	7.87	3	93	9	2	112	69	1.62

2001 Season

	ERA	W	L	Sv	G	GS	IP	H	HR	BB	SO		Avg	AB	H	2B	3B	HR	RBI	BB	SO	OBP	SLG
Home	5.03	4	1	0	7	7	39.1	42	8	25	23	vs. Left	.264	140	37	7	2	8	21	24	23	.367	.514
Away	6.67	1	2	0	6	5	27.0	36	4	14	13	vs. Right	.342	120	41	10	0	4	22	15	13	.414	.525
Starter	5.83	5	3	0	12	12	63.1	77	11	38	35	Scoring Posn	.344	64	22	5	1	1	29	13	10	.440	.500
Reliever	3.00	0	0	0	1	0	3.0	1	1	1	1	Close & Late	.200	10	2	0	0	0	0	2	1	.333	.200
0-3 Days Rest (Start)	9.64	0	1	0	1	1	4.2	7	0	4	4	None on/out	.343	70	24	4	1	6	6	7	8	.403	.686
4 Days Rest	5.20	4	1	0	7	7	36.1	41	6	21	18	First Pitch	.457	35	16	5	0	2	8	1	0	.459	.771
5+ Days Rest	6.04	1	1	0	4	4	22.1	29	5	13	13	Ahead in Count	.192	99	19	2	0	5	7	0	31	.200	.364
Pre-All Star	0.00	0	0	0	0	0	0.0	0	0	0	0	Behind in Count	.422	83	35	9	2	3	23	19	0	.524	.687
Post-All Star	5.70	5	3	0	13	12	66.1	78	12	39	36	Two Strikes	.140	100	14	2	0	2	5	19	36	.281	.220

Jamey Wright — Brewers
Age 27 – Pitches Right (groundball pitcher)

	ERA	W	L	Sv	G	GS	IP	BB	SO	Avg	H	2B	3B	HR	RBI	OBP	SLG	CG	ShO	Sup	QS	#P/S	SB	CS	GB	FB	G/F
2001 Season	4.90	11	12	0	33	33	194.2	98	129	.272	201	35	6	26	99	.370	.442	1	1	5.73	16	97	11	8	326	172	1.90
Last Five Years	5.18	39	50	0	135	134	809.2	406	419	.291	901	171	21	91	437	.381	.447	3	1	4.94	61	97	54	39	1423	739	1.93

2001 Season

	ERA	W	L	Sv	G	GS	IP	H	HR	BB	SO		Avg	AB	H	2B	3B	HR	RBI	BB	SO	OBP	SLG
Home	5.53	7	7	0	19	19	107.1	116	17	65	74	vs. Left	.260	312	81	14	0	11	40	45	66	.363	.410
Away	4.12	4	5	0	14	14	87.1	85	9	33	55	vs. Right	.282	426	120	21	6	15	59	53	63	.376	.465
Day	3.38	8	3	0	15	15	98.2	84	11	44	55	Inning 1-6	.269	662	178	28	6	22	91	88	117	.367	.429
Night	6.47	3	9	0	18	18	96.0	117	15	54	74	Inning 7+	.303	76	23	7	0	4	8	10	12	.398	.553
Grass	4.90	11	12	0	33	33	194.2	201	26	98	129	None on	.279	419	117	17	4	15	15	46	81	.368	.446
Turf	0.00	0	0	0	0	0	0.0	0	0	0	0	Runners on	.263	319	84	18	2	11	84	52	48	.373	.436
April	3.32	3	2	0	6	6	38.0	30	4	20	24	Scoring Posn	.225	182	41	9	2	5	67	35	31	.357	.379
May	6.55	1	2	0	4	4	22.0	27	5	12	19	Close & Late	.273	44	12	4	0	1	4	8	6	.407	.432
June	1.67	3	1	0	5	5	27.0	26	3	11	11	None on/out	.249	193	48	8	1	7	7	16	31	.326	.409
July	5.30	1	2	0	6	6	37.1	38	6	18	23	vs. 1st Batr (relief)	.000	0	0	0	0	0	0	0	0	.000	.000
August	4.24	1	2	0	6	6	40.1	42	4	21	32	1st Inning Pitched	.221	122	27	7	1	7	17	16	30	.321	.467
Sept/Oct	9.00	2	3	0	6	6	30.0	38	4	16	20	First 75 Pitches	.255	537	137	19	5	17	67	64	100	.348	.404
Starter	4.90	11	12	0	33	33	194.2	201	26	98	129	Pitch 76-90	.315	108	34	8	0	5	17	17	13	.427	.528
Reliever	0.00	0	0	0	0	0	0.0	0	0	0	0	Pitch 91-105	.357	70	25	8	1	2	12	10	11	.438	.586
0-3 Days Rest (Start)	2.84	1	0	0	1	1	6.1	9	2	1	3	Pitch 106+	.217	23	5	0	0	2	3	7	5	.400	.478
4 Days Rest	5.08	8	7	0	21	21	124.0	123	17	65	82	First Pitch	.376	93	35	3	1	4	18	8	0	.435	.559
5+ Days Rest	4.76	2	5	0	11	11	64.1	69	7	32	44	Ahead in Count	.183	311	57	10	4	6	29	0	104	.204	.299
vs. AL	1.89	2	0	0	4	4	19.0	17	3	9	14	Behind in Count	.350	200	70	14	1	12	35	50	0	.484	.610
vs. NL	5.23	9	12	0	29	29	175.2	184	23	89	115	Two Strikes	.159	315	50	9	3	3	20	40	129	.265	.235
Pre-All Star	3.26	8	5	0	17	17	102.0	93	12	50	61	Pre-All Star	.247	377	93	23	3	12	37	50	61	.343	.419
Post-All Star	6.70	3	7	0	16	16	92.2	108	14	48	68	Post-All Star	.299	361	108	12	3	14	62	48	68	.399	.465

Last Five Years

	ERA	W	L	Sv	G	GS	IP	H	HR	BB	SO		Avg	AB	H	2B	3B	HR	RBI	BB	SO	OBP	SLG
Home	6.03	22	25	0	71	70	416.2	496	60	218	203	vs. Left	.299	1343	401	81	6	37	200	207	171	.397	.450
Away	4.28	17	25	0	64	64	393.0	405	31	188	216	vs. Right	.284	1758	500	90	15	54	237	199	248	.369	.445
Day	5.29	18	17	0	55	54	330.1	358	34	168	153	Inning 1-6	.289	2775	802	150	20	78	397	369	378	.381	.442
Night	5.11	21	33	0	80	80	479.1	543	57	238	266	Inning 7+	.304	326	99	21	1	13	40	37	41	.385	.494
Grass	5.22	35	41	0	116	115	702.1	782	83	348	364	None on	.291	1709	498	89	15	54	54	201	232	.378	.456
Turf	4.95	4	9	0	19	19	107.1	119	8	58	55	Runners on	.290	1392	403	82	6	37	383	205	187	.385	.437
March/April	6.12	8	5	0	19	19	107.1	137	15	58	60	Scoring Posn	.281	811	228	4	2	21	331	142	114	.391	.420
May	6.10	5	7	0	16	16	90.0	97	8	59	61	Close & Late	.279	165	46	8	1	4	15	26	25	.390	.412
June	4.33	7	7	0	20	20	122.2	116	13	61	66	None on/out	.281	786	221	43	3	29	29	78	95	.359	.454
July	5.28	4	10	0	23	22	136.1	158	16	75	53	vs. 1st Batr (relief)	1.000	1	1	0	0	0	0	0	0	1.000	1.000
August	4.67	5	11	0	29	29	181.0	194	17	84	87	1st Inning Pitched	.275	517	142	23	3	19	84	71	66	.372	.441
Sept/Oct	5.17	10	10	0	28	28	172.1	199	22	69	92	First 75 Pitches	.287	2292	658	116	15	67	314	290	323	.375	.438
Starter	5.18	39	50	0	134	134	808.2	899	91	405	419	Pitch 76-90	.318	422	134	32	3	12	69	56	46	.412	.493
Reliever	9.00	0	0	0	1	0	1.0	2	0	1	0	Pitch 91-105	.286	273	78	19	2	9	42	38	32	.379	.469
0-3 Days Rest (Start)	3.91	2	1	0	4	4	23.0	32	3	11	10	Pitch 106+	.272	114	31	4	1	3	12	22	18	.396	.404
4 Days Rest	4.75	24	27	0	76	76	475.1	488	42	229	244	First Pitch	.358	472	169	30	2	22	97	18	0	.405	.570
5+ Days Rest	5.92	13	22	0	54	54	310.1	379	46	165	165	Ahead in Count	.237	1183	280	54	10	20	121	0	330	.252	.350
vs. AL	4.86	3	3	0	13	12	70.1	79	6	39	34	Behind in Count	.339	832	282	51	6	33	144	239	0	.488	.534
vs. NL	5.21	36	47	0	122	122	739.1	822	85	367	385	Two Strikes	.219	1213	266	54	6	22	121	149	419	.313	.328
Pre-All Star	5.25	21	21	0	61	60	351.2	382	40	199	197	Pre-All Star	.284	1344	382	82	9	40	189	199	197	.383	.448
Post-All Star	5.13	18	29	0	74	74	458.0	519	51	207	222	Post-All Star	.295	1757	519	89	12	51	248	207	222	.380	.447

Jaret Wright — Indians
Age 26 – Pitches Right

	ERA	W	L	Sv	G	GS	IP	BB	SO	Avg	H	2B	3B	HR	RBI	OBP	SLG	CG	ShO	Sup	QS	#P/S	SB	CS	GB	FB	G/F
2001 Season	6.52	2	2	0	7	7	29.0	22	18	.313	36	10	0	2	19	.420	.452	0	0	8.38	1	76	1	4	40	39	1.03
Career (1997-2001)	5.12	33	29	0	90	90	497.1	249	348	.268	512	109	10	57	260	.357	.425	2	2	6.68	39	96	51	19	676	546	1.24

2001 Season

	ERA	W	L	Sv	G	GS	IP	H	HR	BB	SO		Avg	AB	H	2B	3B	HR	RBI	BB	SO	OBP	SLG
Home	15.75	0	1	0	3	3	8.0	17	2	8	5	vs. Left	.281	64	18	5	0	1	9	14	10	.405	.406
Away	3.00	2	1	0	4	4	21.0	19	0	14	13	vs. Right	.353	51	18	5	0	1	10	8	8	.441	.510

Career (1997-2001)

	ERA	W	L	Sv	G	GS	IP	H	HR	BB	SO		Avg	AB	H	2B	3B	HR	RBI	BB	SO	OBP	SLG
Home	5.37	13	14	0	39	39	212.2	246	30	119	151	vs. Left	.295	984	290	67	9	32	145	128	160	.380	.479
Away	4.93	20	15	0	51	51	284.2	266	27	130	197	vs. Right	.240	925	222	42	1	25	115	121	188	.333	.369
Day	5.99	6	11	0	25	25	135.1	150	15	61	97	Inning 1-6	.268	1777	476	106	7	54	249	235	321	.358	.427
Night	4.80	27	18	0	65	65	362.0	362	42	188	251	Inning 7+	.273	132	36	3	3	3	11	14	27	.342	.409
Grass	5.25	26	25	0	74	74	408.0	430	46	203	291	None on	.270	1023	276	52	5	31	31	147	187	.369	.421
Turf	4.53	7	4	0	16	16	89.1	82	11	46	57	Runners on	.266	886	236	57	5	26	229	102	161	.344	.430
March/April	5.29	5	3	0	15	15	83.1	80	13	37	59	Scoring Posn	.275	484	133	30	4	18	203	70	113	.363	.465
May	5.13	6	6	0	17	17	100.0	113	8	50	68	Close & Late	.295	61	18	1	0	3	6	9	10	.394	.459
June	5.42	8	7	0	18	18	96.1	100	12	60	69	None on/out	.287	471	135	25	1	14	14	66	77	.379	.433
July	4.10	5	3	0	12	12	68.0	66	4	35	44	vs. 1st Batr (relief)	.000	0	0	0	0	0	0	0	0	.000	.000
August	5.85	4	4	0	13	13	67.2	73	8	32	36	1st Inning Pitched	.269	349	94	26	1	7	44	50	69	.367	.410
Sept/Oct	4.83	5	6	0	15	15	82.0	80	12	35	72	First 75 Pitches	.272	1393	379	85	6	47	197	183	249	.361	.443
Starter	5.12	33	29	0	90	90	497.1	512	57	249	348	Pitch 76-90	.218	229	50	12	0	4	23	32	38	.316	.323
Reliever	0.00	0	0	0	0	0	0.0	0	0	0	0	Pitch 91-105	.308	185	57	9	1	5	28	23	38	.394	.449
0-3 Days Rest (Start)	23.14	0	1	0	1	1	2.1	7	3	2	1	Pitch 106+	.255	102	26	3	3	1	12	11	23	.328	.373
4 Days Rest	4.77	21	12	0	43	43	243.1	248	21	121	172	First Pitch	.354	268	95	18	2	10	54	4	0	.377	.549
5+ Days Rest	5.29	12	16	0	46	46	251.2	257	33	126	175	Ahead in Count	.193	783	151	33	1	15	65	0	274	.202	.295
vs. AL	5.11	30	23	0	78	78	433.1	454	51	217	307	Behind in Count	.330	446	147	31	3	24	91	134	0	.485	.531
vs. NL	5.20	3	6	0	12	12	64.0	58	6	32	41	Two Strikes	.182	866	158	33	4	13	62	111	348	.280	.275
Pre-All Star	5.13	21	16	0	54	54	301.2	307	35	159	211	Pre-All Star	.267	1148	307	58	8	35	156	159	211	.362	.423
Post-All Star	5.11	12	13	0	36	36	195.2	205	22	90	137	Post-All Star	.269	761	205	51	2	22	104	90	137	.351	.428

Kelly Wunsch — White Sox
Age 29 – Pitches Left (groundball pitcher)

	ERA	W	L	Sv	G	GS	IP	BB	SO	Avg	H	2B	3B	HR	RBI	OBP	SLG	GF	IR	IRS	Hld	SvOp	SB	CS	GB	FB	G/F
2001 Season	7.66	2	1	0	33	0	22.1	9	16	.247	21	2	0	4	19	.353	.412	2	26	9	3	2	1	0	43	21	2.05
Career (2000-2001)	4.20	8	4	1	116	0	83.2	38	67	.228	71	9	2	8	49	.324	.347	14	96	26	28	7	2	3	156	54	2.89

2001 Season

	ERA	W	L	Sv	G	GS	IP	H	HR	BB	SO		Avg	AB	H	2B	3B	HR	RBI	BB	SO	OBP	SLG
Home	3.38	2	0	0	19	0	16.0	10	1	2	10	vs. Left	.262	42	11	2	0	1	8	5	11	.373	.381
Away	18.47	0	1	0	14	0	6.1	11	3	7	6	vs. Right	.233	43	10	0	0	3	11	4	5	.333	.442
Starter	0.00	0	0	0	0	0	0.0	0	0	0	0	Scoring Posn	.318	22	7	2	0	1	13	4	4	.393	.545
Reliever	7.66	2	1	0	33	0	22.1	21	4	9	16	Close & Late	.306	36	11	1	0	3	11	3	8	.422	.583
0 Days Rest (Relief)	9.00	0	0	0	10	0	6.0	7	1	2	7	None on/out	.235	17	4	0	0	0	0	2	5	.381	.235
1 or 2 Days Rest	9.53	1	1	0	17	0	11.1	12	3	4	8	First Pitch	.231	13	3	0	0	1	1	0	0	.375	.231
3+ Days Rest	1.80	1	0	0	6	0	5.0	2	0	3	1	Ahead in Count	.179	39	7	0	0	1	4	0	14	.214	.256
Pre-All Star	7.66	2	1	0	33	0	22.1	21	4	9	16	Behind in Count	.400	15	6	1	0	1	5	3	0	.526	.667
Post-All Star	0.00	0	0	0	0	0	0.0	0	0	0	0	Two Strikes	.184	38	7	0	0	2	9	5	16	.313	.342

Career (2000-2001)

	ERA	W	L	Sv	G	GS	IP	H	HR	BB	SO		Avg	AB	H	2B	3B	HR	RBI	BB	SO	OBP	SLG
Home	2.28	7	2	1	59	0	51.1	29	2	14	42	vs. Left	.189	148	28	5	1	2	20	15	46	.276	.277
Away	7.24	1	2	0	57	0	32.1	42	6	24	25	vs. Right	.264	163	43	4	1	6	29	23	21	.366	.411
Day	3.94	2	1	0	37	0	29.2	25	3	11	19	Inning 1-6	.313	32	10	2	0	1	12	5	7	.395	.469
Night	4.33	6	3	0	79	0	54.0	46	5	27	48	Inning 7+	.219	279	61	7	2	7	37	33	60	.316	.333
Grass	3.74	8	4	1	101	0	77.0	57	8	33	62	None on	.195	159	31	3	1	2	2	21	39	.312	.264
Turf	9.45	0	0	0	15	0	6.2	14	0	5	5	Runners on	.263	152	40	6	1	6	47	17	28	.337	.434
March/April	4.43	0	1	0	26	0	22.1	23	1	6	18	Scoring Posn	.238	84	20	5	0	1	35	11	17	.320	.333
May	5.29	3	2	0	29	0	17.0	12	2	8	14	Close & Late	.290	138	40	4	2	4	25	19	29	.398	.435
June	4.61	1	0	0	19	0	13.2	12	2	7	12	None on/out	.182	66	12	2	1	1	1	7	19	.289	.288
July	2.84	2	1	0	15	0	12.2	12	1	3	12	vs. 1st Batr (relief)	.222	99	22	5	1	3	21	11	24	.302	.384
August	4.26	0	0	0	12	0	6.1	5	0	6	4	1st Inning Pitched	.232	271	63	9	2	8	49	33	58	.329	.369
Sept/Oct	3.09	2	0	0	15	0	11.2	7	2	8	7	First 15 Pitches	.238	252	60	9	1	8	45	30	53	.331	.377
Starter	0.00	0	0	0	0	0	0.0	0	0	0	0	Pitch 16-30	.196	56	11	0	1	0	4	7	13	.297	.232
Reliever	4.20	8	4	1	116	0	83.2	71	8	38	67	Pitch 31-45	.000	3	0	0	0	0	0	1	1	.250	.000
0 Days Rest (Relief)	6.39	3	2	1	38	0	25.1	24	3	15	25	Pitch 46+	.000	0	0	0	0	0	0	0	0	.000	.000
1 or 2 Days Rest	3.76	3	2	0	59	0	40.2	37	4	17	30	First Pitch	.206	34	7	2	0	0	4	2	0	.308	.265
3+ Days Rest	2.04	2	0	0	19	0	17.2	10	1	6	12	Ahead in Count	.209	153	32	1	1	3	17	0	58	.222	.288
vs. AL	3.68	7	3	0	98	0	73.1	57	5	33	57	Behind in Count	.344	64	22	4	1	3	17	21	0	.526	.578
vs. NL	7.84	1	1	1	18	0	10.1	14	3	5	10	Two Strikes	.172	151	26	1	1	2	19	15	67	.260	.232
Pre-All Star	4.45	5	3	0	79	0	58.2	51	6	22	48	Pre-All Star	.231	221	51	6	0	6	39	22	48	.313	.339
Post-All Star	3.60	3	1	1	37	0	25.0	20	2	16	19	Post-All Star	.222	90	20	3	2	2	10	16	19	.349	.367

Esteban Yan — Devil Rays
Age 28 – Pitches Right

	ERA	W	L	Sv	G	GS	IP	BB	SO	Avg	H	2B	3B	HR	RBI	OBP	SLG	GF	IR	IRS	Hld	SvOp	SB	CS	GB	FB	G/F
2001 Season	3.90	4	6	22	54	0	62.1	11	64	.262	64	8	3	7	35	.307	.406	51	6	2	0	31	8	0	88	62	1.42
Last Five Years	5.44	19	23	23	214	23	359.1	133	302	.281	397	75	7	55	229	.353	.460	92	98	32	18	41	37	10	491	415	1.18

2001 Season

	ERA	W	L	Sv	G	GS	IP	H	HR	BB	SO		Avg	AB	H	2B	3B	HR	RBI	BB	SO	OBP	SLG
Home	3.53	2	3	15	31	0	35.2	37	3	6	33	vs. Left	.272	125	34	3	2	2	15	6	31	.303	.376
Away	4.39	2	3	7	23	0	26.2	27	4	5	31	vs. Right	.252	119	30	5	1	5	20	5	33	.310	.437
Starter	0.00	0	0	0	0	0	0.0	0	0	0	0	Scoring Posn	.242	66	16	2	0	1	26	6	18	.320	.318
Reliever	3.90	4	6	22	54	0	62.1	64	7	11	64	Close & Late	.315	146	46	4	2	6	29	8	37	.361	.493
0 Days Rest (Relief)	4.76	1	2	4	9	0	11.1	15	3	2	11	None on/out	.290	62	18	2	1	2	2	0	18	.323	.452
1 or 2 Days Rest	3.68	2	3	14	25	0	29.1	33	3	6	27	First Pitch	.545	22	12	3	0	2	10	1	0	.600	.955
3+ Days Rest	3.74	1	1	4	20	0	21.2	16	1	3	26	Ahead in Count	.177	141	25	3	1	3	13	0	52	.183	.277
Pre-All Star	5.14	2	3	8	26	0	28.0	29	1	6	27	Behind in Count	.378	37	14	1	2	2	7	5	0	.477	.676
Post-All Star	2.88	2	3	14	28	0	34.1	35	6	5	37	Two Strikes	.139	122	17	2	0	2	4	5	64	.173	.205

Last Five Years

	ERA	W	L	Sv	G	GS	IP	H	HR	BB	SO		Avg	AB	H	2B	3B	HR	RBI	BB	SO	OBP	SLG
Home	5.04	9	13	16	117	12	198.1	213	31	61	168	vs. Left	.289	651	188	41	3	19	98	72	128	.360	.449
Away	5.93	10	10	7	97	11	161.0	184	24	72	134	vs. Right	.274	763	209	34	4	36	131	61	174	.347	.471
Day	5.81	6	3	12	71	9	122.1	142	21	48	115	Inning 1-6	.294	575	169	42	4	27	107	52	101	.362	.522
Night	5.24	13	20	11	143	14	237.0	255	34	85	187	Inning 7+	.272	839	228	33	3	28	122	81	201	.347	.418
Grass	6.72	7	9	5	76	11	134.0	158	23	66	102	None on	.294	761	224	43	5	33	33	57	156	.355	.494
Turf	4.67	12	14	18	138	12	225.1	239	32	67	200	Runners on	.265	653	173	32	2	22	196	76	146	.350	.421
March/April	4.43	4	2	4	34	5	67.0	62	6	19	53	Scoring Posn	.246	427	105	20	1	11	168	46	101	.327	.375
May	5.56	5	4	1	38	7	81.0	93	16	27	66	Close & Late	.298	419	125	12	2	16	79	36	98	.362	.451
June	7.09	3	6	3	30	5	47.0	60	6	26	35	None on/out	.310	339	105	19	4	16	16	28	70	.376	.531
July	6.34	2	3	6	30	4	49.2	57	9	18	41	vs. 1st Batr (relief)	.279	172	48	6	1	7	23	12	49	.333	.448
August	5.74	3	6	3	43	1	58.0	66	12	22	52	1st Inning Pitched	.268	758	203	34	3	27	124	71	178	.342	.427
Sept/Oct	3.97	2	2	6	39	1	56.2	59	6	21	55	First 15 Pitches	.282	617	174	30	2	20	77	52	131	.350	.434
Starter	6.94	5	8	0	23	23	120.2	153	25	44	86	Pitch 16-30	.281	370	104	14	1	20	81	44	91	.368	.486
Reliever	4.68	14	15	23	191	0	238.2	244	30	89	216	Pitch 31-45	.233	146	34	9	2	2	19	14	28	.307	.363
0 Days Rest (Relief)	6.21	2	4	4	35	0	42.0	55	11	16	44	Pitch 46+	.302	281	85	22	2	13	52	23	52	.363	.534
1 or 2 Days Rest	3.48	8	7	14	96	0	126.2	118	12	45	114	First Pitch	.411	158	65	15	0	12	45	6	0	.458	.734
3+ Days Rest	5.91	4	3	5	60	0	70.0	71	11	28	58	Ahead in Count	.199	709	141	23	2	17	80	0	252	.213	.309
vs. AL	5.27	18	21	19	191	20	323.0	352	47	117	269	Behind in Count	.387	287	111	25	5	18	69	75	0	.516	.697
vs. NL	6.94	1	2	4	23	3	36.1	45	8	16	33	Two Strikes	.173	698	121	19	1	16	66	52	302	.237	.272
Pre-All Star	5.69	12	13	8	107	18	204.0	229	30	74	164	Pre-All Star	.283	810	229	52	5	30	134	74	164	.356	.470
Post-All Star	5.10	7	10	15	107	5	155.1	168	25	59	138	Post-All Star	.278	604	168	23	2	25	95	59	138	.349	.447

Masato Yoshii — Expos
Age 37 – Pitches Right

	ERA	W	L	Sv	G	GS	IP	BB	SO	Avg	H	2B	3B	HR	RBI	OBP	SLG	GF	IR	IRS	Hld	SvOp	SB	CS	GB	FB	G/F
2001 Season	4.78	4	7	0	42	11	113.0	26	63	.279	127	18	3	18	65	.323	.451	4	15	4	0	0	13	0	170	147	1.16
Career (1998-2001)	4.73	28	38	0	131	98	626.0	190	373	.275	662	143	19	97	309	.330	.471	5	17	6	0	0	52	13	810	784	1.03

2001 Season

	ERA	W	L	Sv	G	GS	IP	H	HR	BB	SO		Avg	AB	H	2B	3B	HR	RBI	BB	SO	OBP	SLG
Home	4.53	3	1	0	20	3	47.2	47	13	8	22	vs. Left	.278	194	54	10	2	7	32	10	27	.316	.459
Away	4.96	1	6	0	22	8	65.1	80	5	18	41	vs. Right	.280	261	73	8	1	11	33	16	36	.329	.444
Starter	5.56	2	7	0	11	11	55.0	70	7	16	27	Scoring Posn	.321	112	36	6	1	5	49	11	13	.378	.527
Reliever	4.03	2	0	0	31	0	58.0	57	11	10	36	Close & Late	.323	31	10	2	0	2	4	2	5	.364	.581
0 Days Rest (Relief)	0.00	0	0	0	0	0	0.0	0	0	0	0	None on/out	.272	114	31	2	0	4	4	3	13	.303	.395
1 or 2 Days Rest	2.96	1	0	0	15	0	27.1	25	4	6	18	First Pitch	.341	82	28	3	0	5	15	2	0	.360	.561
3+ Days Rest	4.99	1	0	0	16	0	30.2	32	7	4	18	Ahead in Count	.265	189	50	6	1	5	21	0	55	.273	.386
Pre-All Star	4.27	2	5	0	23	8	65.1	69	8	21	32	Behind in Count	.295	105	31	8	1	5	20	12	0	.368	.533
Post-All Star	5.48	2	2	0	19	3	47.2	58	10	5	31	Two Strikes	.213	174	37	4	1	4	18	12	63	.277	.316

Career (1998-2001)

	ERA	W	L	Sv	G	GS	IP	H	HR	BB	SO		Avg	AB	H	2B	3B	HR	RBI	BB	SO	OBP	SLG
Home	4.51	13	12	0	61	43	295.2	314	49	90	181	vs. Left	.276	1079	298	67	8	44	131	107	148	.342	.475
Away	4.93	15	26	0	70	55	330.1	348	48	100	192	vs. Right	.274	1328	364	76	11	53	178	83	225	.321	.468
Day	5.72	9	15	0	46	35	210.2	251	38	63	118	Inning 1-6	.274	2155	590	127	18	86	287	172	335	.330	.469
Night	4.23	19	23	0	85	63	415.1	411	59	127	255	Inning 7+	.286	252	72	16	1	11	22	18	38	.338	.488
Grass	4.81	19	33	0	94	80	490.1	535	69	159	294	None on	.276	1455	401	93	11	64	64	98	233	.326	.487
Turf	4.44	9	5	0	37	18	135.2	127	28	31	79	Runners on	.274	952	261	50	8	33	245	92	140	.337	.447
March/April	4.75	4	6	0	19	13	83.1	87	8	34	49	Scoring Posn	.274	554	152	26	6	20	207	70	87	.350	.451
May	3.57	7	7	0	25	19	128.2	120	24	33	76	Close & Late	.304	112	34	1	0	7	15	12	16	.376	.589
June	5.03	5	8	0	21	20	107.1	123	15	38	56	None on/out	.290	632	183	48	3	22	22	39	84	.335	.479
July	6.24	1	9	0	26	18	111.0	132	25	33	64	vs. 1st Batr (relief)	.344	32	11	1	0	1	7	1	2	.364	.469
August	4.89	5	5	0	22	14	101.1	119	18	25	69	1st Inning Pitched	.280	514	144	32	6	18	81	46	74	.338	.471
Sept/Oct	3.90	6	3	0	18	14	85.1	81	12	27	59	First 15 Pitches	.302	421	127	31	5	22	62	31	46	.350	.556
Starter	4.76	26	38	0	98	98	564.0	601	85	178	336	Pitch 16-30	.265	442	117	22	2	18	63	35	77	.320	.446
Reliever	4.50	2	0	0	33	0	62.0	61	12	12	37	Pitch 31-45	.249	402	100	17	4	10	38	24	59	.297	.386
0 Days Rest (Relief)	0.00	0	0	0	0	0	0.0	0	0	0	0	Pitch 46+	.278	1142	318	73	8	47	146	100	191	.339	.480
1 or 2 Days Rest	2.96	1	0	0	15	0	27.1	25	4	6	18	First Pitch	.322	410	132	24	1	26	71	13	0	.344	.576
3+ Days Rest	5.71	1	0	0	18	0	34.2	36	8	6	19	Ahead in Count	.222	1011	224	46	6	23	75	0	315	.228	.350
vs. AL	7.42	1	5	0	14	11	57.0	83	10	22	27	Behind in Count	.343	566	194	47	7	40	114	91	0	.433	.663
vs. NL	4.46	27	33	0	117	87	569.0	579	87	168	346	Two Strikes	.186	1006	187	34	6	19	68	86	373	.255	.285

	ERA	W	L	Sv	G	GS	IP	H	HR	BB	SO	Career (1998-2001)	Avg	AB	H	2B	3B	HR	RBI	BB	SO	OBP	SLG
Pre-All Star	4.61	16	25	0	73	58	351.1	371	51	117	199	Pre-All Star	.276	1346	371	81	11	51	169	117	199	.338	.466
Post-All Star	4.88	12	13	0	58	40	274.2	291	46	73	174	Post-All Star	.274	1061	291	62	8	46	140	73	174	.321	.478

Dmitri Young — Reds
Age 28 – Bats Both (groundball hitter)

	Avg	G	AB	R	H	2B	3B	HR	RBI	BB	SO	HBP	GDP	SB	CS	OBP	SLG	IBB	SH	SF	#Pit	#P/PA	GB	FB	G/F
2001 Season	.302	142	540	68	163	28	3	21	69	37	77	5	22	8	5	.350	.481	10	1	3	1870	3.19	242	150	1.61
Last Five Years	.297	675	2330	318	693	157	15	72	330	188	385	14	73	19	18	.351	.470	24	3	20	8713	3.41	1002	583	1.72

2001 Season

	Avg	AB	H	2B	3B	HR	RBI	BB	SO	OBP	SLG		Avg	AB	H	2B	3B	HR	RBI	BB	SO	OBP	SLG
vs. Left	.280	157	44	6	1	3	17	6	21	.307	.389	First Pitch	.374	115	43	6	2	4	13	9	0	.422	.565
vs. Right	.311	383	119	22	2	18	52	31	56	.367	.520	Ahead in Count	.285	123	35	7	1	4	15	12	0	.350	.455
Home	.314	280	88	19	1	8	37	18	36	.353	.475	Behind in Count	.272	217	59	10	0	9	29	0	66	.279	.442
Away	.288	260	75	9	2	13	32	19	41	.347	.488	Two Strikes	.233	193	45	9	0	8	24	16	77	.295	.404
Day	.230	152	35	6	0	2	15	12	28	.299	.309	Batting #3	.284	141	40	7	0	3	16	12	19	.340	.397
Night	.330	388	128	22	3	19	54	25	49	.371	.549	Batting #6	.259	108	28	2	3	7	22	11	22	.339	.528
Grass	.299	518	155	27	3	20	67	35	73	.348	.479	Other	.326	291	95	19	0	11	31	14	36	.360	.505
Turf	.364	22	8	1	0	1	2	2	4	.417	.545	April	.278	97	27	3	0	4	15	7	8	.333	.433
Pre-All Star	.328	296	97	19	1	8	32	19	28	.367	.480	May	.319	72	23	6	0	1	8	4	8	.351	.444
Post-All Star	.270	244	66	9	2	13	37	18	49	.331	.484	June	.358	95	34	8	1	2	7	6	10	.388	.526
Inning 1-6	.309	369	114	19	2	16	50	22	44	.352	.501	July	.274	95	26	4	1	4	11	9	14	.337	.463
Inning 7+	.287	171	49	9	1	5	19	15	33	.348	.439	August	.312	93	29	4	1	6	15	6	18	.366	.570
Scoring Posn	.272	125	34	6	1	3	45	18	21	.356	.408	Sept/Oct	.273	88	24	3	0	4	13	5	19	.312	.443
Close & Late	.289	83	24	6	1	4	15	10	22	.372	.530	vs. AL	.375	56	21	5	0	2	5	4	7	.417	.571
None on/out	.317	120	38	4	0	6	6	5	17	.354	.500	vs. NL	.293	484	142	23	3	19	64	33	70	.343	.471

2001 By Position

Position	Avg	AB	H	2B	3B	HR	RBI	BB	SO	OBP	SLG	G	GS	Innings	PO	A	E	DP	Fld Pct	Rng Fctr	In Zone	Zone Outs	Zone Rtg	MLB Zone
As 1b	.275	80	22	5	0	2	6	8	13	.348	.413	38	17	197.2	219	19	0	16	1.000	—	47	41	.872	.850
As 3b	.338	136	46	8	0	7	16	5	25	.366	.551	36	33	281.0	16	57	9	9	.890	2.34	85	59	.694	.761
As lf	.300	313	94	15	3	12	47	23	38	.351	.482	86	84	669.0	145	8	7	1	.956	2.06	162	139	.858	.880

Last Five Years

	Avg	AB	H	2B	3B	HR	RBI	BB	SO	OBP	SLG		Avg	AB	H	2B	3B	HR	RBI	BB	SO	OBP	SLG
vs. Left	.297	637	189	41	3	13	84	43	95	.342	.432	First Pitch	.387	483	187	46	7	21	91	21	0	.410	.642
vs. Right	.298	1693	504	116	12	59	246	145	290	.354	.485	Ahead in Count	.336	482	162	37	1	18	80	91	0	.439	.529
Home	.296	1159	343	83	6	28	161	101	182	.350	.450	Behind in Count	.234	1002	234	53	4	23	97	0	312	.239	.363
Away	.299	1171	350	74	9	44	169	87	203	.352	.490	Two Strikes	.198	955	189	47	6	16	88	76	385	.261	.310
Day	.268	811	217	53	5	20	112	54	160	.315	.419	Batting #4	.273	553	151	36	2	15	76	51	105	.332	.427
Night	.313	1519	476	104	10	52	218	134	225	.370	.498	Batting #5	.301	564	170	38	1	19	79	43	76	.354	.473
Grass	.288	1346	388	81	8	44	183	108	225	.344	.458	Other	.307	1213	372	83	12	38	175	94	194	.358	.489
Turf	.310	984	305	76	7	28	147	80	160	.360	.487	March/April	.276	381	105	25	2	9	49	28	57	.326	.423
Pre-All Star	.296	1243	368	81	8	31	149	88	193	.343	.449	May	.296	372	110	23	2	10	45	28	58	.346	.449
Post-All Star	.299	1087	325	76	7	41	181	100	192	.359	.495	June	.306	405	124	30	4	10	48	24	63	.345	.474
Inning 1-6	.309	1573	486	105	12	56	242	119	222	.359	.498	July	.290	365	106	26	4	12	50	30	66	.344	.482
Inning 7+	.273	757	207	52	3	16	88	69	163	.333	.413	August	.302	384	116	29	1	15	73	40	69	.369	.500
Scoring Posn	.296	635	188	49	5	12	247	75	119	.365	.446	Sept/Oct	.312	423	132	24	2	16	65	38	72	.366	.492
Close & Late	.282	397	112	28	1	10	58	38	98	.344	.433	vs. AL	.308	185	57	15	0	5	23	16	32	.363	.470
None on/out	.315	536	169	33	4	23	23	29	79	.356	.521	vs. NL	.297	2145	636	142	15	67	307	172	353	.350	.470

Eric Young — Cubs
Age 35 – Bats Right

	Avg	G	AB	R	H	2B	3B	HR	RBI	BB	SO	HBP	GDP	SB	CS	OBP	SLG	IBB	SH	SF	#Pit	#P/PA	GB	FB	G/F
2001 Season	.279	149	603	98	168	43	4	6	42	42	45	9	15	31	14	.333	.393	1	15	3	2364	3.52	242	191	1.27
Last Five Years	.284	693	2740	453	779	164	17	30	234	284	196	36	61	223	70	.357	.389	3	47	20	11148	3.57	1150	824	1.40

2001 Season

	Avg	AB	H	2B	3B	HR	RBI	BB	SO	OBP	SLG		Avg	AB	H	2B	3B	HR	RBI	BB	SO	OBP	SLG
vs. Left	.308	120	37	14	1	2	9	9	13	.366	.492	First Pitch	.400	70	28	3	0	2	7	1	0	.427	.529
vs. Right	.271	483	131	29	3	4	33	33	32	.325	.369	Ahead in Count	.287	143	41	9	1	3	15	33	0	.425	.427
Home	.309	278	86	21	2	4	19	24	24	.360	.442	Behind in Count	.237	245	58	20	1	0	11	0	40	.248	.327
Away	.252	325	82	22	2	2	23	21	21	.311	.351	Two Strikes	.239	226	54	17	3	0	9	8	45	.276	.341
Day	.286	332	95	25	1	3	22	27	24	.351	.395	Batting #1	.279	598	167	42	4	6	42	42	45	.334	.393
Night	.269	271	73	18	3	3	20	15	21	.310	.391	Batting #9	.000	3	0	0	0	0	0	0	0	.000	.000
Grass	.277	577	160	40	4	6	39	41	45	.333	.392	Other	.500	2	1	1	0	0	0	0	0	.500	1.000
Turf	.308	26	8	3	0	0	3	1	0	.345	.423	April	.271	96	26	6	1	1	8	9	3	.336	.385
Pre-All Star	.269	331	89	21	3	6	27	24	26	.325	.405	May	.265	98	26	6	1	2	8	3	12	.288	.408
Post-All Star	.290	272	79	22	1	0	15	18	19	.344	.379	June	.243	111	27	7	0	3	8	9	7	.311	.387
Inning 1-6	.285	431	123	31	3	5	25	27	35	.333	.406	July	.315	92	29	7	1	0	6	10	7	.388	.413
Inning 7+	.262	172	45	12	1	1	17	15	10	.333	.360	August	.304	115	35	9	0	0	6	5	8	.333	.383
Scoring Posn	.262	122	32	5	0	2	37	12	10	.342	.352	Sept/Oct	.275	91	25	8	1	0	6	8	6	.320	.385
Close & Late	.244	90	22	9	1	0	9	7	7	.310	.367	vs. AL	.393	61	24	6	0	2	8	7	5	.479	.590
None on/out	.276	257	71	22	4	2	2	17	22	.331	.416	vs. NL	.266	542	144	37	4	4	34	35	40	.316	.371

485

2001 By Position

Position	Avg	AB	H	2B	3B	HR	RBI	BB	SO	OBP	SLG	G	GS	Innings	PO	A	E	DP	Fld Pct	Rng Fctr	In Zone	Outs	Zone Rtg	MLB Zone
As 2b	.278	600	167	42	4	6	42	42	45	.333	.392	147	145	1244.2	263	366	12	67	.981	4.55	425	352	.828	.824

Last Five Years

	Avg	AB	H	2B	3B	HR	RBI	BB	SO	OBP	SLG		Avg	AB	H	2B	3B	HR	RBI	BB	SO	OBP	SLG
vs. Left	.298	640	191	50	3	10	50	77	53	.381	.433	First Pitch	.311	341	106	13	1	3	30	2	0	.318	.381
vs. Right	.280	2100	588	114	14	20	184	207	143	.349	.376	Ahead in Count	.334	692	231	57	3	13	83	198	0	.482	.481
Home	.297	1317	391	72	8	20	128	149	87	.374	.409	Behind in Count	.245	1136	278	58	10	4	75	0	161	.258	.324
Away	.273	1423	388	92	9	10	106	135	109	.341	.371	Two Strikes	.238	1031	245	57	10	8	82	84	196	.305	.336
Day	.285	1227	350	79	9	14	111	128	83	.357	.399	Batting #1	.286	2639	756	159	17	29	224	276	189	.359	.393
Night	.284	1513	429	85	8	16	123	156	113	.356	.382	Batting #2	.222	81	18	3	0	1	8	7	4	.300	.296
Grass	.281	2339	657	132	14	27	199	249	162	.355	.384	Other	.250	20	5	2	0	0	2	1	3	.286	.350
Turf	.304	401	122	32	3	3	35	35	34	.369	.421	March/April	.312	504	157	35	5	4	43	58	31	.384	.425
Pre-All Star	.285	1570	447	96	12	20	127	173	102	.361	.399	May	.262	477	125	35	2	7	40	53	37	.339	.388
Post-All Star	.284	1170	332	68	5	10	107	111	94	.351	.376	June	.290	479	139	21	3	8	39	45	28	.359	.397
Inning 1-6	.291	1954	568	120	15	22	154	190	139	.360	.401	July	.260	369	96	24	2	3	28	47	28	.351	.360
Inning 7+	.268	786	211	44	2	8	80	94	57	.349	.360	August	.291	505	147	35	1	5	47	41	39	.345	.394
Scoring Posn	.270	548	148	27	3	2	191	66	35	.347	.341	Sept/Oct	.283	406	115	14	4	3	37	40	33	.349	.360
Close & Late	.260	408	106	28	1	5	50	50	36	.345	.370	vs. AL	.302	265	80	16	1	5	29	26	19	.379	.426
None on/out	.281	1125	316	75	10	16	16	113	84	.354	.408	vs. NL	.282	2475	699	148	16	25	205	258	177	.354	.385

Kevin Young — Pirates
Age 33 – Bats Right (flyball hitter)

	Avg	G	AB	R	H	2B	3B	HR	RBI	BB	SO	HBP	GDP	SB	CS	OBP	SLG	IBB	SH	SF	#Pit	#P/PA	GB	FB	G/F
2001 Season	.232	142	449	53	104	33	0	14	65	42	119	11	17	15	11	.310	.399	3	0	5	2086	4.11	110	164	0.67
Last Five Years	.271	686	2454	380	666	159	11	105	441	209	555	46	71	71	33	.336	.474	11	1	31	10636	3.88	687	828	0.83

2001 Season

	Avg	AB	H	2B	3B	HR	RBI	BB	SO	OBP	SLG		Avg	AB	H	2B	3B	HR	RBI	BB	SO	OBP	SLG
vs. Left	.270	74	20	7	0	3	9	14	25	.386	.486	First Pitch	.340	53	18	10	0	1	12	2	0	.379	.585
vs. Right	.224	375	84	26	0	11	56	28	94	.294	.381	Ahead in Count	.214	70	15	7	0	2	11	15	0	.348	.400
Home	.284	222	63	23	0	7	35	20	52	.348	.482	Behind in Count	.180	228	41	10	0	6	24	0	94	.207	.303
Away	.181	227	41	10	0	7	30	22	67	.272	.317	Two Strikes	.180	267	48	12	0	5	22	25	119	.268	.281
Day	.248	109	27	9	0	4	13	10	35	.314	.440	Batting #6	.231	225	52	15	0	6	28	18	63	.306	.378
Night	.226	340	77	24	0	10	52	32	84	.308	.385	Batting #7	.244	156	38	13	0	4	26	15	34	.318	.404
Grass	.241	427	103	33	0	13	63	36	112	.313	.410	Other	.206	68	14	5	0	4	11	9	22	.304	.456
Turf	.045	22	1	0	0	1	2	6	7	.250	.182	April	.290	62	18	4	0	4	10	1	21	.338	.548
Pre-All Star	.219	237	52	19	0	7	31	25	67	.307	.388	May	.145	76	11	3	0	0	6	6	20	.207	.184
Post-All Star	.245	212	52	14	0	7	34	17	52	.312	.410	June	.263	76	20	10	0	3	13	16	19	.394	.513
Inning 1-6	.238	286	68	18	0	9	41	32	77	.323	.395	July	.200	80	16	7	0	3	15	3	16	.253	.400
Inning 7+	.221	163	36	15	0	5	24	10	42	.285	.405	August	.263	80	21	4	0	2	11	7	26	.330	.388
Scoring Posn	.209	110	23	9	0	1	36	11	22	.292	.318	Sept/Oct	.240	75	18	5	0	2	10	9	17	.314	.387
Close & Late	.263	80	21	9	0	4	16	3	15	.310	.525	vs. AL	.152	46	7	3	0	1	5	8	13	.286	.283
None on/out	.269	93	25	0	0	2	2	10	26	.346	.387	vs. NL	.241	403	97	30	0	13	60	34	106	.313	.412

2001 By Position

Position	Avg	AB	H	2B	3B	HR	RBI	BB	SO	OBP	SLG	G	GS	Innings	PO	A	E	DP	Fld Pct	Rng Fctr	In Zone	Outs	Zone Rtg	MLB Zone
As 1b	.232	440	102	33	0	13	64	42	116	.311	.395	137	125	1079.0	1154	70	7	118	.994	—	214	192	.897	.850

Last Five Years

	Avg	AB	H	2B	3B	HR	RBI	BB	SO	OBP	SLG		Avg	AB	H	2B	3B	HR	RBI	BB	SO	OBP	SLG
vs. Left	.287	585	168	45	6	25	89	56	126	.349	.513	First Pitch	.356	340	121	32	1	25	79	9	0	.383	.676
vs. Right	.266	1869	498	114	5	80	352	153	429	.332	.461	Ahead in Count	.382	440	168	47	6	27	130	91	0	.483	.700
Home	.288	1193	343	91	9	60	243	113	274	.353	.530	Behind in Count	.211	1205	254	54	4	30	152	0	452	.226	.337
Away	.256	1261	323	68	2	45	198	96	281	.320	.420	Two Strikes	.190	1279	243	55	2	31	158	109	555	.262	.309
Day	.272	703	191	47	0	30	136	60	173	.332	.467	Batting #4	.282	1625	459	105	10	72	300	147	360	.349	.492
Night	.271	1751	475	112	11	75	305	149	382	.338	.476	Batting #5	.249	369	92	22	1	16	69	27	78	.307	.444
Grass	.261	1185	309	72	1	40	182	94	267	.326	.424	Other	.250	460	115	32	0	17	72	35	117	.314	.430
Turf	.281	1269	357	87	10	65	259	115	288	.345	.519	March/April	.261	356	93	20	2	13	54	23	90	.317	.438
Pre-All Star	.275	1409	387	97	8	57	234	127	314	.342	.476	May	.280	447	125	34	4	17	83	46	98	.352	.488
Post-All Star	.267	1045	279	62	3	48	207	82	241	.328	.470	June	.279	473	132	31	1	21	81	50	107	.357	.488
Inning 1-6	.275	1629	448	100	5	70	294	153	357	.343	.471	July	.304	464	141	32	1	26	98	27	98	.346	.545
Inning 7+	.264	825	218	59	6	35	147	56	198	.322	.478	August	.261	371	97	26	2	13	64	27	82	.322	.447
Scoring Posn	.271	728	197	50	3	21	312	70	157	.336	.434	Sept/Oct	.227	343	78	13	1	15	61	36	91	.297	.402
Close & Late	.251	411	103	29	3	18	80	33	104	.317	.467	vs. AL	.283	254	72	15	0	15	40	23	58	.346	.520
None on/out	.301	582	175	41	2	33	33	60	122	.372	.548	vs. NL	.270	2200	594	144	11	90	401	186	497	.335	.468

Michael Young — Rangers
Age 25 – Bats Right

	Avg	G	AB	R	H	2B	3B	HR	RBI	BB	SO	HBP	GDP	SB	CS	OBP	SLG	IBB	SH	SF	#Pit	#P/PA	GB	FB	G/F
2001 Season	.249	106	386	57	96	18	4	11	49	26	91	3	9	3	1	.298	.402	0	9	5	1571	3.66	147	102	1.44
Career (2000-2001)	.247	108	388	57	96	18	4	11	49	26	92	3	9	3	1	.296	.399	0	9	5	1580	3.67	147	103	1.43

2001 Season

	Avg	AB	H	2B	3B	HR	RBI	BB	SO	OBP	SLG		Avg	AB	H	2B	3B	HR	RBI	BB	SO	OBP	SLG
vs. Left	.255	98	25	6	2	5	14	8	22	.308	.510	First Pitch	.280	50	14	1	0	1	12	0	0	.283	.360
vs. Right	.247	288	71	12	2	6	35	18	69	.294	.365	Ahead in Count	.365	85	31	10	0	6	14	13	0	.441	.694
Home	.271	192	52	9	3	7	26	17	41	.330	.458	Behind in Count	.165	194	32	3	2	14	0	81	.169	.253
Away	.227	194	44	9	1	4	23	9	50	.263	.345	Two Strikes	.173	191	33	6	3	1	13	13	91	.229	.251

2001 Season

	Avg	AB	H	2B	3B	HR	RBI	BB	SO	OBP	SLG		Avg	AB	H	2B	3B	HR	RBI	BB	SO	OBP	SLG
Day	.256	82	21	5	0	0	8	5	16	.295	.317	Batting #2	.245	98	24	2	2	3	9	5	25	.282	.398
Night	.247	304	75	13	4	11	41	21	75	.298	.424	Batting #9	.235	230	54	14	2	2	26	17	53	.287	.339
Grass	.249	358	89	14	4	11	47	25	84	.299	.402	Other	.310	58	18	2	0	6	14	4	13	.365	.655
Turf	.250	28	7	4	0	0	2	1	7	.276	.393	April	.000	0	0	0	0	0	0	0	0	.000	.000
Pre-All Star	.224	125	28	5	0	2	14	7	30	.263	.312	May	.211	19	4	1	0	0	1	0	3	.200	.263
Post-All Star	.261	261	68	13	4	9	35	19	61	.314	.444	June	.224	76	17	2	0	1	8	6	18	.279	.289
Inning 1-6	.266	248	66	12	4	8	37	18	54	.315	.444	July	.284	95	27	7	2	4	19	7	19	.333	.526
Inning 7+	.217	138	30	6	0	3	12	8	37	.265	.326	August	.250	84	21	5	1	3	9	6	24	.304	.440
Scoring Posn	.263	95	25	5	0	1	35	7	20	.306	.347	Sept/Oct	.241	112	27	3	1	3	12	7	27	.286	.366
Close & Late	.207	58	12	2	0	1	3	3	19	.246	.293	vs. AL	.237	337	80	16	4	7	37	23	83	.287	.371
None on/out	.286	84	24	9	2	3	3	8	22	.348	.548	vs. NL	.327	49	16	2	0	4	12	3	8	.370	.612

2001 By Position

Position	Avg	AB	H	2B	3B	HR	RBI	BB	SO	OBP	SLG	G	GS	Innings	PO	A	E	DP	Fld Pct	Rng Fctr	In Zone	Zone Outs	Zone Rtg	MLB Zone
As 2b	.247	384	95	18	4	11	49	26	91	.297	.401	104	102	915.1	212	284	8	79	.984	4.88	303	258	.851	.824

Carlos Zambrano — Cubs   Age 21 – Pitches Right

	ERA	W	L	Sv	G	GS	IP	BB	SO	Avg	H	2B	3B	HR	RBI	OBP	SLG	GF	IR	IRS	Hld	SvOp	SB	CS	GB	FB	G/F
2001 Season	15.26	1	2	0	6	1	7.2	8	4	.355	11	2	1	2	11	.488	.677	1	6	0	0	1	1	0	11	9	1.22

2001 Season

	ERA	W	L	Sv	G	GS	IP	H	HR	BB	SO		Avg	AB	H	2B	3B	HR	RBI	BB	SO	OBP	SLG
Home	22.50	0	2	0	2	1	4.0	7	2	4	3	vs. Left	.455	11	5	2	1	0	2	6	1	.647	.818
Away	7.36	1	0	0	4	0	3.2	4	0	4	1	vs. Right	.300	20	6	0	0	2	9	2	3	.375	.600

Victor Zambrano — Devil Rays   Age 27 – Pitches Right

	ERA	W	L	Sv	G	GS	IP	BB	SO	Avg	H	2B	3B	HR	RBI	OBP	SLG	GF	IR	IRS	Hld	SvOp	SB	CS	GB	FB	G/F
2001 Season	3.16	6	2	2	36	0	51.1	18	58	.201	38	8	2	6	20	.281	.360	19	11	4	5	6	8	0	57	51	1.12

2001 Season

	ERA	W	L	Sv	G	GS	IP	H	HR	BB	SO		Avg	AB	H	2B	3B	HR	RBI	BB	SO	OBP	SLG
Home	4.50	3	1	1	17	0	26.0	20	3	10	23	vs. Left	.205	78	16	2	1	3	13	9	24	.287	.372
Away	1.78	3	1	1	19	0	25.1	18	3	8	35	vs. Right	.198	111	22	6	1	3	7	9	34	.276	.351
Starter	0.00	0	0	0	0	0	0.0	0	0	0	0	Scoring Posn	.113	53	6	2	1	1	12	10	20	.254	.245
Reliever	3.16	6	2	2	36	0	51.1	38	6	18	58	Close & Late	.206	107	22	6	2	4	14	10	36	.286	.411
0 Days Rest (Relief)	0.96	3	0	1	6	0	9.1	8	2	3	10	None on/out	.213	47	10	0	1	0	0	1	17	.245	.255
1 or 2 Days Rest	5.11	3	2	0	18	0	24.2	17	3	9	27	First Pitch	.235	34	8	3	0	1	5	0	0	.235	.412
3+ Days Rest	1.56	0	0	1	12	0	17.1	13	1	6	21	Ahead in Count	.091	88	8	2	0	1	3	0	55	.101	.148
Pre-All Star	5.19	1	1	0	6	0	8.2	9	2	4	11	Behind in Count	.364	44	16	1	1	4	10	15	0	.541	.705
Post-All Star	2.74	5	1	2	30	0	42.2	29	4	14	47	Two Strikes	.133	90	12	4	1	1	5	3	58	.161	.233

Gregg Zaun — Royals   Age 31 – Bats Both

	Avg	G	AB	R	H	2B	3B	HR	RBI	BB	SO	HBP	GDP	SB	CS	OBP	SLG	IBB	SH	SF	#Pit	#P/PA	GB	FB	G/F
2001 Season	.320	39	125	15	40	9	0	6	18	12	16	0	2	1	2	.377	.536	0	0	1	556	4.03	48	40	1.20
Last Five Years	.253	329	893	103	226	44	5	21	112	126	127	6	18	15	7	.347	.384	9	4	7	3877	3.74	315	283	1.11

2001 Season

	Avg	AB	H	2B	3B	HR	RBI	BB	SO	OBP	SLG		Avg	AB	H	2B	3B	HR	RBI	BB	SO	OBP	SLG
vs. Left	.264	53	14	4	0	2	6	4	5	.316	.453	Scoring Posn	.270	37	10	2	0	1	11	5	3	.349	.405
vs. Right	.361	72	26	5	0	4	12	8	11	.420	.597	Close & Late	.385	26	10	2	0	2	4	3	3	.448	.692
Home	.373	59	22	4	0	1	7	7	7	.439	.492	None on/out	.200	20	4	2	0	1	1	2	6	.273	.450
Away	.273	66	18	5	0	5	11	5	9	.319	.576	Batting #7	.243	37	9	4	0	1	5	1	2	.263	.432
First Pitch	.615	13	8	2	0	1	5	0	0	.615	1.000	Batting #9	.350	60	21	4	0	5	9	6	8	.409	.667
Ahead in Count	.333	39	13	3	0	4	11	8	0	.438	.718	Other	.357	28	10	1	0	0	4	5	6	.441	.393
Behind in Count	.188	48	9	2	0	0	0	12	1	.188	.229	Pre-All Star	.000	0	0	0	0	0	0	0	0	.000	.000
Two Strikes	.246	57	14	4	0	1	1	4	16	.295	.368	Post-All Star	.320	125	40	9	0	6	18	12	16	.377	.536

Last Five Years

	Avg	AB	H	2B	3B	HR	RBI	BB	SO	OBP	SLG		Avg	AB	H	2B	3B	HR	RBI	BB	SO	OBP	SLG
vs. Left	.222	167	37	5	0	4	15	27	26	.332	.323	First Pitch	.293	150	44	6	1	6	25	5	0	.323	.467
vs. Right	.260	726	189	39	5	17	97	99	101	.350	.398	Ahead in Count	.303	234	71	19	1	7	35	68	0	.461	.483
Home	.244	418	102	19	4	5	44	56	57	.339	.344	Behind in Count	.202	362	73	11	2	3	30	0	109	.204	.268
Away	.261	475	124	25	1	16	68	70	70	.354	.419	Two Strikes	.197	376	74	15	2	6	34	53	127	.297	.295
Day	.258	279	72	14	2	5	34	41	30	.356	.376	Batting #7	.224	335	75	17	2	8	35	39	53	.305	.358
Night	.251	614	154	30	3	16	78	85	97	.343	.388	Batting #8	.257	369	95	17	1	6	51	60	48	.366	.358
Grass	.249	754	188	37	4	18	95	98	107	.337	.381	Other	.296	189	56	10	2	7	26	27	26	.381	.481
Turf	.273	139	38	7	1	3	17	28	20	.396	.403	March/April	.243	70	17	3	1	2	12	17	10	.398	.400
Pre-All Star	.225	395	89	16	1	9	49	58	57	.324	.339	May	.237	114	27	6	0	3	16	9	16	.293	.368
Post-All Star	.275	498	137	28	4	12	63	68	70	.365	.420	June	.198	182	36	4	0	4	19	25	26	.292	.286
Inning 1-6	.253	533	135	30	4	11	73	70	80	.345	.381	July	.230	152	35	8	1	2	16	24	20	.339	.336
Inning 7+	.253	360	91	14	1	10	39	56	47	.350	.381	August	.289	201	58	13	1	7	28	26	32	.367	.393
Scoring Posn	.271	251	68	13	0	3	85	51	34	.389	.359	Sept/Oct	.305	174	53	10	2	8	21	25	23	.399	.523
Close & Late	.251	187	47	8	0	5	19	36	25	.371	.374	vs. AL	.278	468	130	25	1	15	65	64	63	.365	.432
None on/out	.212	208	44	11	2	6	6	23	37	.293	.370	vs. NL	.226	425	96	19	4	6	47	62	64	.327	.332

487

Todd Zeile — Mets
Age 36 – Bats Right

	Avg	G	AB	R	H	2B	3B	HR	RBI	BB	SO	HBP	GDP	SB	CS	OBP	SLG	IBB	SH	SF	#Pit	#P/PA	GB	FB	G/F
2001 Season	.266	151	531	66	141	25	1	10	62	73	102	6	15	1	0	.359	.373	3	0	2	2556	4.18	192	139	1.38
Last Five Years	.273	778	2810	387	768	151	8	106	423	357	483	22	80	17	17	.357	.446	19	2	25	13169	4.09	1019	852	1.20

2001 Season

	Avg	AB	H	2B	3B	HR	RBI	BB	SO	OBP	SLG		Avg	AB	H	2B	3B	HR	RBI	BB	SO	OBP	SLG
vs. Left	.288	104	30	6	0	5	13	15	13	.378	.490	First Pitch	.394	33	13	4	0	1	6	2	0	.444	.606
vs. Right	.260	427	111	19	1	5	49	58	89	.355	.344	Ahead in Count	.287	108	31	5	0	5	18	32	0	.447	.472
Home	.273	253	69	11	0	4	31	40	43	.372	.364	Behind in Count	.222	275	61	11	1	2	29	0	90	.235	.291
Away	.259	278	72	14	1	6	31	33	59	.348	.381	Two Strikes	.220	277	61	12	1	1	24	39	102	.326	.282
Day	.277	173	48	10	0	2	23	23	40	.372	.370	Batting #5	.237	249	59	10	1	2	29	37	48	.340	.309
Night	.260	358	93	15	1	8	39	50	62	.354	.374	Batting #6	.286	147	42	10	0	3	19	22	30	.380	.374
Grass	.265	460	122	22	1	10	56	66	86	.363	.383	Other	.296	135	40	5	0	5	14	14	24	.373	.444
Turf	.268	71	19	3	0	0	6	7	16	.333	.310	April	.253	87	22	7	0	1	13	8	15	.330	.368
Pre-All Star	.275	309	85	16	1	6	40	41	56	.363	.392	May	.277	101	28	4	0	1	11	14	21	.362	.347
Post-All Star	.252	222	56	9	0	4	22	32	46	.354	.347	June	.302	96	29	5	1	3	13	15	14	.398	.469
Inning 1-6	.283	364	103	19	1	6	40	47	63	.372	.390	July	.215	79	17	3	0	1	4	10	16	.311	.291
Inning 7+	.228	167	38	6	0	4	22	26	39	.333	.335	August	.259	85	22	2	0	1	10	14	18	.376	.318
Scoring Posn	.317	142	45	6	1	3	53	20	19	.400	.437	Sept/Oct	.277	83	23	4	0	3	11	12	18	.368	.434
Close & Late	.267	90	24	3	0	4	12	9	21	.337	.433	vs. AL	.328	58	19	4	0	2	5	8	11	.409	.500
None on/out	.275	120	33	7	0	2	2	18	24	.383	.383	vs. NL	.258	473	122	21	1	8	57	65	91	.353	.357

2001 By Position

Position	Avg	AB	H	2B	3B	HR	RBI	BB	SO	OBP	SLG	G	GS	Innings	PO	A	E	DP	Fld Pct	Rng Fctr	In Zone	Zone Outs	Zone Rtg	MLB Zone
As 1b	.266	527	140	25	1	10	60	73	101	.361	.374	149	145	1273.1	1184	112	11	105	.992	—	228	189	.829	.850

Last Five Years

	Avg	AB	H	2B	3B	HR	RBI	BB	SO	OBP	SLG		Avg	AB	H	2B	3B	HR	RBI	BB	SO	OBP	SLG
vs. Left	.272	607	165	36	2	29	95	91	78	.367	.481	First Pitch	.373	204	76	17	1	10	35	12	0	.416	.613
vs. Right	.274	2203	603	115	6	77	328	266	405	.354	.436	Ahead in Count	.341	621	212	34	1	43	135	186	0	.489	.607
Home	.281	1353	380	74	4	49	207	176	221	.363	.450	Behind in Count	.217	1350	293	68	5	27	156	0	396	.223	.335
Away	.266	1457	388	77	4	57	216	181	262	.351	.442	Two Strikes	.204	1404	287	68	5	25	147	159	483	.289	.313
Day	.261	806	210	47	3	35	123	92	154	.340	.457	Batting #5	.260	631	164	25	2	23	92	88	113	.353	.415
Night	.278	2004	558	104	5	71	300	265	329	.363	.442	Batting #6	.287	1199	344	69	1	50	193	160	204	.372	.471
Grass	.272	2349	639	126	7	87	347	290	399	.354	.443	Other	.265	980	260	57	5	33	138	109	166	.341	.435
Turf	.280	461	129	25	1	19	76	67	84	.372	.462	March/April	.253	443	112	30	2	12	67	48	79	.329	.411
Pre-All Star	.272	1554	423	87	4	57	230	181	266	.350	.443	May	.266	489	130	25	0	24	74	62	81	.348	.464
Post-All Star	.275	1256	345	64	4	49	193	176	217	.366	.439	June	.284	496	141	26	2	17	74	55	84	.355	.448
Inning 1-6	.280	1910	535	111	7	75	311	227	319	.358	.463	July	.296	449	133	24	2	17	70	65	71	.385	.472
Inning 7+	.259	900	233	40	1	31	112	130	164	.354	.409	August	.267	499	133	24	1	12	69	66	82	.355	.391
Scoring Posn	.284	763	217	39	2	25	317	137	121	.387	.439	Sept/Oct	.274	434	119	22	1	24	69	61	86	.365	.495
Close & Late	.275	461	127	19	1	20	64	60	79	.360	.451	vs. AL	.286	949	271	62	3	38	158	107	164	.359	.477
None on/out	.287	689	198	37	3	29	29	71	119	.360	.476	vs. NL	.267	1861	497	89	5	68	265	250	319	.356	.430

Chad Zerbe — Giants
Age 30 – Pitches Left (groundball pitcher)

	ERA	W	L	Sv	G	GS	IP	BB	SO	Avg	H	2B	3B	HR	RBI	OBP	SLG	GF	IR	IRS	Hld	SvOp	SB	CS	GB	FB	G/F
2001 Season	3.92	3	0	0	27	1	39.0	10	22	.281	41	7	3	3	25	.327	.432	9	26	11	0	0	1	1	65	38	1.71
Career (2000-2001)	4.00	3	0	0	31	1	45.0	11	27	.280	47	8	3	4	28	.324	.435	11	26	11	0	0	1	1	77	40	1.93

2001 Season

	ERA	W	L	Sv	G	GS	IP	H	HR	BB	SO		Avg	AB	H	2B	3B	HR	RBI	BB	SO	OBP	SLG
Home	2.32	3	0	0	18	1	31.0	22	2	7	16	vs. Left	.396	53	21	3	0	1	13	2	8	.421	.509
Away	10.13	0	0	0	9	0	8.0	19	1	3	6	vs. Right	.215	93	20	4	3	2	12	8	14	.275	.387
Starter	0.00	1	0	0	1	1	5.0	2	0	3	2	Scoring Posn	.271	48	13	2	0	1	20	4	7	.315	.375
Reliever	4.50	2	0	0	26	0	34.0	39	3	7	20	Close & Late	.294	17	5	2	0	1	3	1	2	.368	.588
0 Days Rest (Relief)	7.59	0	0	0	6	0	10.2	19	2	0	4	None on/out	.313	32	10	3	1	0	0	4	5	.405	.469
1 or 2 Days Rest	3.52	0	0	0	7	0	7.2	6	1	2	2	First Pitch	.478	23	11	2	1	0	4	0	0	.480	.652
3+ Days Rest	2.87	2	0	0	13	0	15.2	14	0	3	14	Ahead in Count	.158	76	12	2	1	1	9	0	20	.158	.250
Pre-All Star	3.78	3	0	0	20	1	33.1	36	1	9	19	Behind in Count	.458	24	11	1	0	2	8	5	0	.533	.750
Post-All Star	4.76	0	0	0	7	0	5.2	5	0	1	3	Two Strikes	.188	64	12	2	1	1	11	5	22	.246	.297

Jeff Zimmerman — Rangers
Age 29 – Pitches Right (flyball pitcher)

	ERA	W	L	Sv	G	GS	IP	BB	SO	Avg	H	2B	3B	HR	RBI	OBP	SLG	GF	IR	IRS	Hld	SvOp	SB	CS	GB	FB	G/F
2001 Season	2.40	4	4	28	66	0	71.1	16	72	.192	48	8	0	10	26	.251	.344	53	37	8	5	31	4	6	56	86	0.65
Career (1999-2001)	3.27	17	12	32	196	0	228.2	73	213	.214	178	31	2	29	100	.280	.358	84	143	37	50	41	15	8	220	287	0.77

2001 Season

	ERA	W	L	Sv	G	GS	IP	H	HR	BB	SO		Avg	AB	H	2B	3B	HR	RBI	BB	SO	OBP	SLG
Home	3.02	2	3	16	36	0	41.2	33	6	13	42	vs. Left	.220	127	28	5	0	8	14	7	41	.270	.449
Away	1.52	2	1	12	30	0	29.2	15	4	3	30	vs. Right	.163	123	20	3	0	2	12	9	31	.231	.236
Day	2.20	2	1	5	17	0	16.1	8	3	5	15	Inning 1-6	.000	0	0	0	0	0	0	0	0	.000	.000
Night	2.45	2	3	23	49	0	55.0	40	7	11	57	Inning 7+	.192	250	48	8	0	10	26	16	72	.251	.344
Grass	2.62	4	4	27	59	0	65.1	44	10	15	65	None on	.193	150	29	5	0	6	6	9	39	.239	.347
Turf	0.00	0	0	1	7	0	6.0	4	0	1	7	Runners on	.190	100	19	3	0	4	20	10	33	.268	.340
April	2.19	1	1	2	12	0	12.1	7	1	3	9	Scoring Posn	.164	67	11	2	0	3	18	7	23	.250	.328
May	4.63	0	2	10	13	0	11.2	13	4	1	11	Close & Late	.198	167	33	4	0	6	17	15	51	.274	.329
June	3.07	2	1	6	13	0	14.2	11	1	5	17	None on/out	.211	57	12	2	0	3	3	3	15	.274	.404

2001 Season

	ERA	W	L	Sv	G	GS	IP	H	HR	BB	SO		Avg	AB	H	2B	3B	HR	RBI	BB	SO	OBP	SLG
July	1.54	0	0	11	13	0	11.2	8	1	3	16	vs. 1st Batr (relief)	.230	61	14	3	0	3	9	3	15	.288	.426
August	1.86	0	0	2	9	0	9.2	4	2	2	10	1st Inning Pitched	.185	211	39	7	0	8	21	12	61	.241	.332
Sept/Oct	0.79	1	0	5	9	0	11.1	5	1	5	9	First 15 Pitches	.215	172	37	8	0	7	18	9	41	.269	.384
Starter	0.00	0	0	0	0	0	0.0	0	0	0	0	Pitch 16-30	.138	65	9	0	0	1	3	7	25	.222	.185
Reliever	2.40	4	4	28	66	0	71.1	48	10	16	72	Pitch 31-45	.154	13	2	0	0	2	5	0	6	.154	.615
0 Days Rest (Relief)	1.59	2	0	8	12	0	11.1	6	1	1	15	Pitch 46+	.000	0	0	0	0	0	0	0	0	.000	.000
1 or 2 Days Rest	2.70	1	3	11	30	0	36.2	27	6	9	34	First Pitch	.238	21	5	0	0	2	3	1	0	.273	.524
3+ Days Rest	2.31	1	1	9	24	0	23.1	15	3	6	23	Ahead in Count	.153	150	23	5	0	2	10	0	59	.158	.227
vs. AL	2.25	4	3	24	59	0	64.0	45	9	14	59	Behind in Count	.393	28	11	2	0	4	11	8	0	.541	.893
vs. NL	3.68	0	1	4	7	0	7.1	3	1	2	13	Two Strikes	.155	155	24	5	0	2	10	7	72	.190	.226
Pre-All Star	3.38	3	4	12	39	0	42.2	37	7	6	45	Pre-All Star	.236	157	37	7	0	7	20	6	45	.273	.414
Post-All Star	0.94	1	0	16	27	0	28.2	11	3	10	27	Post-All Star	.118	93	11	1	0	3	6	10	27	.217	.226

Career (1999-2001)

	ERA	W	L	Sv	G	GS	IP	H	HR	BB	SO		Avg	AB	H	2B	3B	HR	RBI	BB	SO	OBP	SLG
Home	3.40	8	6	19	103	0	121.2	101	20	33	122	vs. Left	.219	384	84	14	1	20	48	41	112	.298	.417
Away	3.11	9	6	13	93	0	107.0	77	9	40	91	vs. Right	.210	448	94	17	0	9	52	32	101	.265	.308
Day	3.76	6	4	5	48	0	55.0	45	9	20	60	Inning 1-6	.188	32	6	1	0	2	10	3	8	.270	.406
Night	3.11	11	8	27	148	0	173.2	133	20	53	153	Inning 7+	.215	800	172	30	1	27	90	70	205	.280	.356
Grass	3.41	16	11	31	177	0	205.2	161	27	66	188	None on	.210	428	90	17	1	17	32	106	.275	.374
Turf	1.96	1	1	1	19	0	23.0	17	2	5	25	Runners on	.218	404	88	14	0	12	83	41	107	.285	.342
March/April	2.61	2	4	2	30	0	38.0	24	5	7	35	Scoring Posn	.190	248	47	9	0	5	66	24	76	.255	.286
May	3.92	4	3	2	34	0	41.1	33	7	12	44	Close & Late	.208	475	99	18	0	15	52	46	130	.278	.341
June	3.38	5	1	7	34	0	37.1	25	2	11	35	None on/out	.253	174	44	8	0	8	17	40	.330	.437
July	1.14	3	0	14	38	0	39.1	22	1	17	45	vs. 1st Batr (relief)	.211	175	37	8	0	6	29	15	42	.276	.360
August	5.00	1	2	2	31	0	36.0	35	6	15	25	1st Inning Pitched	.205	624	128	27	1	20	75	47	162	.265	.348
Sept/Oct	3.68	2	2	5	29	0	36.2	39	8	11	29	First 15 Pitches	.222	514	114	23	1	20	65	36	115	.279	.387
Starter	0.00	0	0	0	0	0	0.0	0	0	0	0	Pitch 16-30	.198	268	53	8	0	6	23	31	79	.279	.295
Reliever	3.27	17	12	32	196	0	228.2	178	29	73	213	Pitch 31-45	.208	48	10	0	0	3	11	5	18	.278	.396
0 Days Rest (Relief)	2.41	6	1	11	38	0	41.0	17	3	15	42	Pitch 46+	.500	2	1	0	0	0	1	1	1	.667	.500
1 or 2 Days Rest	4.31	7	9	12	99	0	125.1	116	20	39	119	First Pitch	.325	80	26	3	0	9	22	3	0	.357	.700
3+ Days Rest	1.73	4	2	9	59	0	62.1	45	6	19	52	Ahead in Count	.174	454	79	12	0	11	42	0	170	.175	.273
vs. AL	3.52	13	11	28	172	0	202.0	165	28	58	184	Behind in Count	.314	140	44	12	1	4	25	31	0	.429	.500
vs. NL	1.35	4	1	4	24	0	26.2	13	1	15	29	Two Strikes	.146	458	67	12	0	8	36	39	213	.213	.225
Pre-All Star	3.16	12	8	13	111	0	131.0	91	15	35	133	Pre-All Star	.195	467	91	17	0	15	49	35	133	.254	.328
Post-All Star	3.41	5	4	19	85	0	97.2	87	14	38	80	Post-All Star	.238	365	87	14	1	14	51	38	80	.312	.397

Barry Zito — Athletics — Age 24 – Pitches Left (flyball pitcher)

	ERA	W	L	Sv	G	GS	IP	BB	SO	Avg	H	2B	3B	HR	RBI	OBP	SLG	CG	ShO	Sup	QS	#P/S	SB	CS	GB	FB	G/F
2001 Season	3.49	17	8	0	35	35	214.1	80	205	.230	184	30	4	18	79	.309	.345	3	2	5.67	24	102	23	11	214	253	0.85
Career (2000-2001)	3.25	24	12	0	49	49	307.0	125	283	.220	248	42	8	24	107	.305	.335	4	3	6.54	35	102	26	15	304	363	0.84

2001 Season

	ERA	W	L	Sv	G	GS	IP	H	HR	BB	SO		Avg	AB	H	2B	3B	HR	RBI	BB	SO	OBP	SLG
Home	3.71	9	3	0	18	18	111.2	93	8	35	106	vs. Left	.234	137	32	6	1	3	18	13	31	.346	.358
Away	3.24	8	5	0	17	17	102.2	91	10	45	99	vs. Right	.229	663	152	24	3	15	61	67	174	.301	.342
Day	3.98	4	5	0	14	14	86.0	80	7	24	83	Inning 1-6	.229	728	167	27	4	13	70	67	188	.302	.331
Night	3.16	13	3	0	21	21	128.1	104	11	56	122	Inning 7+	.236	72	17	3	0	5	9	13	17	.368	.486
Grass	3.03	17	5	0	31	31	193.1	156	15	70	182	None on	.209	479	100	15	3	12	42	130	.284	.328
Turf	7.71	0	3	0	4	4	21.0	28	3	10	23	Runners on	.262	321	84	15	1	6	67	38	75	.345	.371
April	4.58	3	2	0	6	6	37.1	37	3	14	44	Scoring Posn	.296	162	48	10	1	2	56	24	41	.392	.407
May	5.74	0	2	0	5	5	26.2	30	4	11	29	Close & Late	.304	23	7	2	0	2	5	6	6	.484	.652
June	4.38	1	2	0	6	6	37.0	36	4	11	20	None on/out	.198	207	41	7	2	6	20	56	.281	.338
July	4.65	2	1	0	6	6	31.0	28	1	11	38	vs. 1st Batr (relief)	.000	0	0	0	0	0	0	0	0	.000	.000
August	1.02	5	1	0	6	6	44.1	25	2	14	37	1st Inning Pitched	.182	121	22	2	1	0	10	16	31	.289	.215
Sept/Oct	1.89	6	0	0	6	6	38.0	28	4	19	37	First 75 Pitches	.229	582	133	24	3	9	56	54	144	.301	.326
Starter	3.49	17	8	0	35	35	214.1	184	18	80	205	Pitch 76-90	.262	103	27	1	1	4	9	13	31	.347	.408
Reliever	0.00	0	0	0	0	0	0.0	0	0	0	0	Pitch 91-105	.211	90	19	5	0	4	10	8	23	.290	.400
0-3 Days Rest (Start)	0.00	0	0	0	0	0	0.0	0	0	0	0	Pitch 106+	.200	25	5	0	0	1	4	5	7	.375	.320
4 Days Rest	3.53	11	5	0	21	21	125.0	108	8	46	123	First Pitch	.345	87	30	6	1	2	16	0	0	.376	.506
5+ Days Rest	3.43	6	3	0	14	14	89.1	76	10	34	82	Ahead in Count	.149	409	61	11	2	4	21	0	182	.156	.215
vs. AL	3.60	16	8	0	32	32	195.0	170	17	74	187	Behind in Count	.316	158	50	7	1	9	26	40	0	.455	.544
vs. NL	2.33	1	0	0	3	3	19.1	14	1	6	18	Two Strikes	.145	429	62	11	2	6	26	40	205	.223	.221
Pre-All Star	4.58	6	6	0	19	19	112.0	112	12	39	108	Pre-All Star	.259	433	112	14	3	12	54	39	108	.330	.388
Post-All Star	2.29	11	2	0	16	16	102.1	72	6	41	97	Post-All Star	.196	367	72	16	1	6	25	41	97	.284	.294

Julio Zuleta — Cubs — Age 27 – Bats Right

	Avg	G	AB	R	H	2B	3B	HR	RBI	BB	SO	HBP	GDP	SB	CS	OBP	SLG	IBB	SH	SF	#Pit	#P/PA	GB	FB	G/F
2001 Season	.217	49	106	11	23	3	0	6	24	8	32	3	3	0	1	.288	.415	1	0	1	426	3.61	35	31	1.13
Career (2000-2001)	.247	79	174	24	43	11	0	9	36	10	51	6	5	0	2	.309	.466	1	0	1	707	3.70	62	44	1.41

2001 Season

	Avg	AB	H	2B	3B	HR	RBI	BB	SO	OBP	SLG		Avg	AB	H	2B	3B	HR	RBI	BB	SO	OBP	SLG
vs. Left	.256	39	10	1	0	1	8	5	10	.356	.359	Scoring Posn	.188	32	6	1	0	2	18	4	12	.308	.406
vs. Right	.194	67	13	2	0	5	16	3	22	.247	.448	Close & Late	.167	24	4	0	0	0	4	0	7	.200	.167

489

Team/League Profiles

Here are our statistical splits for all of Major League Baseball, the American and National leagues, and each of the 30 big league teams. They offer a revealing look at each league and each team that is missed when studying individual player stats.

For instance, the 2001 Cleveland Indians appear to be shining examples of the old adage that slow and steady wins the race. The Cleveland pitching staff posted a 4.64 ERA and a .576 winning percentage prior to the All-Star break. The Tribe's numbers after the break? An eerily similar 4.64 and .545. Compare those figures to those of the Minnesota Twins, who jumped out of the gate with the spring of a hare (4.21 team ERA, .632 winning percentage before the break), but finished more like a tortoise with one bad leg (4.86 ERA, .400 winning percentage after the break).

The categories and abbreviations throughout this section are similar to those found in the individual player profiles. One note: the Games (G) column in this section refers to the number of team games when appearing on the 2001 season total line, and the sum of individual player games when appearing within the 2001 breakdowns.

Major League Baseball

2001	Avg	G	AB	R	H	2B	3B	HR	RBI	BB	SO	HBP	GDP	SB	CS	OBP	SLG	IBB	SH	SF	#Pit	#P/PA	GB	FB	G/F
2001	.264	4858	166234	23199	43879	8813	928	5458	22088	15806	32404	1890	3653	3103	1408	.332	.427	1384	1607	1424	692729	3.70	58402	48371	1.21

2001 Batting

	Avg	AB	H	2B	3B	HR	RBI	BB	SO	OBP	SLG		Avg	AB	H	2B	3B	HR	RBI	BB	SO	OBP	SLG
vs. Left	.266	39891	10605	2180	229	1287	5355	3934	7814	.336	.429	First Pitch	.339	22783	7720	1556	150	992	3998	1066	0	.373	.551
vs. Right	.263	126343	33274	6633	699	4171	16733	11872	24590	.331	.426	Ahead in Count	.344	33427	11510	2411	256	1770	6392	7687	0	.465	.591
Home	.268	81200	21740	4360	486	2700	11060	7959	15479	.337	.433	Behind in Count	.205	79209	16203	3119	332	1616	7256	0	27282	.213	.314
Away	.260	85034	22139	4453	442	2758	11028	7847	16925	.327	.420	Two Strikes	.185	78532	14556	2862	319	1597	6955	7027	32404	.258	.291
Day	.262	54067	14170	2801	292	1783	7198	5257	10817	.332	.424	Leadoff	.269	20567	5524	1038	187	384	1818	1737	3144	.331	.393
Night	.265	112167	29709	6012	636	3675	14890	10549	21587	.332	.428	Batting #2	.271	19952	5411	979	139	463	2135	1709	3327	.334	.404
Grass	.263	138352	36446	7115	772	4621	18405	13292	26944	.332	.426	Batting #3	.296	18703	5540	1177	107	1012	3346	2618	3521	.386	.533
Turf	.267	27882	7433	1698	156	837	3683	2514	5460	.332	.429	April	.260	25108	6528	1272	141	860	3373	2495	5008	.331	.425
Pre-All Star	.265	89491	23723	4742	484	2983	12091	8662	17438	.334	.429	May	.264	28339	7472	1557	153	881	3736	2725	5596	.332	.423
Post-All Star	.263	76743	20156	4071	444	2475	9997	7144	14966	.330	.424	June	.270	28124	7590	1484	142	997	3901	2710	5322	.339	.439
Inning 1-6	.268	112184	30100	6085	648	3800	15330	10330	20838	.334	.436	July	.264	27133	7174	1423	156	867	3531	2398	5215	.329	.424
Inning 7+	.255	54050	13779	2728	280	1658	6758	5476	11566	.328	.408	August	.266	29255	7784	1553	177	956	3838	2690	5585	.332	.429
Scoring Posn	.266	41290	10987	2334	237	1199	15950	5824	8568	.354	.421	Sept/Oct	.259	28275	7331	1524	159	897	3709	2788	5678	.324	.420
Close & Late	.255	24749	6307	1189	128	738	3285	2704	5567	.333	.403	vs. AL	.267	78058	20842	4194	421	2483	10502	7269	14474	.334	.427
None on/out	.266	41770	11111	2273	269	1398	1398	3102	7675	.323	.434	vs. NL	.261	88176	23037	4619	507	2975	11586	8537	17930	.331	.426

2001	ERA	W	L	Sv	Opp	G	IP	BB	SO	Avg	H	2B	3B	HR	RBI	OBP	SLG	CG	ShO	Sup	QS	#P/S	SB	CS	GB	FB	G/F
2001	4.41	2428	2428	1210	1789	4858	43287.1	15806	32404	.264	43879	8813	928	5458	22088	.332	.427	199	227	4.82	2342	95	3103	1408	58402	48371	1.21

2001 Pitching

	ERA	W	L	Sv	G	GS	IP	H	HR	BB	SO		Avg	AB	H	2B	3B	HR	RBI	BB	SO	OBP	SLG
Home	4.28	1273	1155	601	8977	2429	22244.2	22139	2758	7847	16925	vs. Left	.270	68946	18605	3732	443	2378	9485	7497	13051	.345	.440
Away	4.55	1155	1273	609	8647	2429	21042.2	21740	2700	7959	15479	vs. Right	.260	97288	25274	5081	485	3080	12603	8309	19353	.323	.417
Day	4.42	788	788	393	5917	1578	14077.2	14170	1783	5257	10817	Inning 1-6	.268	112184	30100	6085	648	3800	15330	10330	20838	.334	.436
Night	4.41	1640	1640	817	11707	3280	29209.2	29709	3675	10549	21587	Inning 7+	.255	54050	13779	2728	280	1658	6758	5476	11566	.328	.408
Grass	4.41	2022	2022	1017	14626	4046	36056.0	36446	4621	13292	26944	None on	.259	95107	24594	4922	533	3212	3212	7751	18662	.321	.423
Turf	4.41	406	406	193	2998	812	7231.1	7433	837	2514	5460	Runners on	.271	71127	19285	3891	395	2246	18876	8055	13742	.347	.432
April	4.45	368	368	186	2660	736	6558.2	6528	860	2495	5008	Scoring Posn	.266	41290	10987	2334	237	1199	15950	5824	8568	.354	.421
May	4.35	412	412	199	2920	824	7380.1	7472	881	2725	5596	Close & Late	.255	24749	6307	1189	128	738	3285	2704	5567	.333	.403
June	4.63	409	409	216	2980	818	7272.1	7590	997	2710	5322	None on/out	.266	41770	11111	2273	269	1398	1398	3102	7675	.323	.434
July	4.32	397	397	200	2802	794	7072.2	7174	867	2398	5215	vs. 1st Batr (relief)	.251	11428	2873	574	71	396	1606	1037	2566	.318	.418
August	4.35	428	428	212	3037	856	7615.0	7784	956	2690	5585	1st Inning Pitched	.255	59288	15147	3028	337	1866	9010	6283	12652	.331	.412
Sept/Oct	4.36	414	414	197	3225	830	7388.1	7331	897	2788	5678	First 75 Pits (SP)	.268	17294	4636	956	105	565	2274	1384	3213	.327	.434
Starters	4.57	1716	1735	0	4858	4858	28774.1	30008	3760	9917	20371	Pitch 76-90	.280	14568	4086	795	95	570	2001	1341	2466	.345	.465
Relievers	4.10	712	693	1210	12766	0	14513.0	13871	1698	5889	12033	Pitch 91-105	.270	9497	2567	546	39	323	1239	911	1760	.338	.438
0-3 Days Rest (SP)	4.39	44	44	0	127	127	683.1	704	83	234	448	Pitch 106+	.255	3490	891	181	24	113	431	421	783	.339	.418
4 Days Rest	4.57	890	865	0	2414	2414	14498.1	15145	1913	4897	10283	First Pitch	.339	22783	7720	1556	150	992	3998	1066	0	.373	.551
5+ Days Rest	4.58	782	826	0	2317	2317	13592.2	14159	1764	4786	9640	Ahead in Count	.205	79209	16203	3119	332	1616	7256	0	27282	.213	.314
vs. AL	4.47	1126	1138	572	7953	2266	20209.2	20852	2506	7239	14496	Behind in Count	.344	33427	11510	2411	256	1770	6392	7687	0	.465	.591
vs. NL	4.35	1302	1290	638	9671	2592	23077.2	23027	2952	8567	17908	Two Strikes	.185	78532	14556	2862	319	1597	6955	7027	32404	.258	.291
Pre-All Star	4.49	1303	1303	658	9386	2606	23256.0	23723	2983	8662	17438	Pre-All Star	.265	89491	23723	4742	484	2983	12091	8662	17438	.334	.429
Post-All Star	4.32	1125	1125	552	8238	2252	20031.1	20156	2475	7144	14966	Post-All Star	.263	76743	20156	4071	444	2475	9997	7144	14966	.330	.424

Games Finished: 4659   Inherited Runners: 7006   Inherited Runners Scored: 2274   Holds: 1815

American League League

2001	Avg	G	AB	R	H	2B	3B	HR	RBI	BB	SO	HBP	GDP	SB	CS	OBP	SLG	IBB	SH	SF	#Pit	#P/PA	GB	FB	G/F
	.267	2266	78134	11013	20852	4200	440	2506	10508	7239	14496	921	1728	1647	673	.334	.428	519	533	685	326282	3.73	27662	23008	1.20

2001 Batting

	Avg	AB	H	2B	3B	HR	RBI	BB	SO	OBP	SLG		Avg	AB	H	2B	3B	HR	RBI	BB	SO	OBP	SLG
vs. Left	.263	19885	5238	1055	115	614	2595	1904	3721	.332	.421	First Pitch	.342	10266	3513	691	69	435	1750	391	0	.371	.550
vs. Right	.268	58249	15614	3145	325	1892	7913	5335	10775	.334	.431	Ahead in Count	.344	16168	5557	1182	118	846	3167	3536	0	.460	.588
Home	.270	38219	10333	2045	228	1254	5290	3708	6889	.339	.434	Behind in Count	.209	37113	7739	1498	164	715	3448	0	12198	.218	.316
Away	.264	39915	10519	2155	212	1252	5218	3531	7607	.328	.422	Two Strikes	.189	36658	6935	1368	156	725	3293	3303	14496	.262	.294
Day	.260	24712	6423	1301	133	771	3250	2346	4656	.329	.417	Leadoff	.270	9658	2606	495	85	187	871	797	1438	.331	.397
Night	.270	53422	14429	2899	307	1735	7258	4893	9840	.336	.433	Batting #2	.266	9298	2476	449	78	208	1056	861	1625	.334	.398
Grass	.266	61542	16351	3195	337	2011	8283	5795	11310	.333	.427	Batting #3	.289	8832	2549	564	48	383	1486	1160	1600	.375	.493
Turf	.271	16592	4501	1005	103	495	2225	1444	3186	.335	.434	April	.260	11948	3111	630	62	375	1590	1159	2235	.330	.418
Pre-All Star	.268	41949	11242	2268	236	1363	5708	3961	7741	.335	.431	May	.273	13164	3590	748	73	389	1786	1225	2399	.339	.429
Post-All Star	.266	36185	9610	1932	204	1143	4800	3278	6755	.331	.425	June	.268	13020	3484	669	72	466	1779	1216	2435	.335	.437
Inning 1-6	.272	52761	14332	2909	302	1778	7317	4747	9257	.336	.439	July	.268	13004	3481	699	85	408	1720	1147	2392	.331	.429
Inning 7+	.257	25373	6520	1291	138	728	3191	2492	5239	.329	.405	August	.271	13861	3752	726	85	448	1883	1248	2456	.336	.432
Scoring Posn	.268	19782	5300	1128	113	557	7666	2600	3905	.351	.421	Sept/Oct	.261	13137	3434	728	63	420	1750	1244	2579	.323	.422
Close & Late	.257	11485	2956	546	67	323	1541	1221	2508	.334	.401	vs. AL	.267	69504	18583	3783	386	2201	9379	6462	12832	.334	.428
None on/out	.267	19482	5196	1102	140	629	629	1449	3400	.324	.435	vs. NL	.263	8630	2269	417	54	305	1129	777	1664	.328	.430

	ERA	W	L	Sv	Opp	G	IP	BB	SO	Avg	H	2B	3B	HR	RBI	OBP	SLG	CG	ShO	Sup	QS	#P/S	SB	CS	GB	FB	G/F
2001	4.47	1138	1126	589	862	2266	20213.0	7269	14474	.267	20842	4194	421	2483	10502	.334	.427	103	89	4.90	1058	95	1653	685	27705	22993	1.20

2001 Pitching

	ERA	W	L	Sv	G	GS	IP	H	HR	BB	SO		Avg	AB	H	2B	3B	HR	RBI	BB	SO	OBP	SLG
Home	4.36	598	534	289	4062	1133	10394.1	10602	1235	3552	7497	vs. Left	.271	34089	9235	1843	221	1114	4653	3536	6202	.343	.436
Away	4.60	540	592	300	3902	1133	9818.2	10240	1248	3717	6977	vs. Right	.264	43969	11607	2351	200	1369	5849	3733	8272	.327	.420
Day	4.43	353	363	183	2561	718	6420.2	6458	786	2362	4641	Inning 1-6	.271	52684	14285	2874	287	1752	7244	4714	9234	.335	.436
Night	4.49	785	763	406	5403	1548	13792.1	14384	1697	4907	9833	Inning 7+	.258	25374	6557	1320	134	731	3258	2555	5240	.332	.407
Grass	4.47	893	892	467	6239	1787	15939.0	16357	1984	5820	11278	None on	.262	44147	11570	2335	245	1438	3607	8240	.325	.424
Turf	4.48	245	234	122	1725	479	4274.0	4485	499	1449	3196	Runners on	.273	33911	9272	1859	176	1045	9064	3662	6234	.346	.431
April	4.41	173	173	95	1196	346	3100.2	3111	375	1159	2235	Scoring Posn	.267	19836	5300	1145	106	552	7678	2643	3924	.351	.419
May	4.54	188	188	90	1319	376	3379.1	3590	389	1225	2399	Close & Late	.259	11605	3005	566	66	328	1605	1255	2496	.337	.404
June	4.59	191	189	108	1341	380	3369.1	3532	469	1247	2435	None on/out	.269	19447	5234	1100	134	624	624	1468	3361	.327	.436
July	4.34	194	184	105	1289	378	3364.2	3423	382	1146	2370	vs. 1st Batr (relief)	.253	5072	1281	273	29	171	787	477	1147	.322	.419
August	4.51	201	201	98	1404	402	3586.0	3752	448	1248	2456	1st Inning Pitched	.256	26791	6855	1344	143	803	4172	2832	5609	.332	.407
Sept/Oct	4.45	191	191	93	1415	384	3413.0	3434	420	1244	2579	First 75 Pits (SP)	.278	8198	2277	488	55	274	1134	612	1389	.332	.451
Starters	4.67	799	798	0	2266	2266	13405.2	14312	1741	4515	8993	Pitch 76-90	.275	6919	1906	361	42	275	931	634	1132	.340	.459
Relievers	4.10	339	328	589	5698	0	6807.1	6530	742	2754	5481	Pitch 91-105	.273	4638	1268	272	18	149	584	433	824	.339	.436
0-3 Days Rest (SP)	4.32	26	21	0	66	66	352.1	359	38	119	217	Pitch 106+	.276	1674	462	102	12	56	224	197	320	.355	.452
4 Days Rest	4.71	412	387	0	1111	1111	6648.2	7124	852	2193	4448	First Pitch	.341	10355	3527	706	59	452	1788	405	0	.370	.551
5+ Days Rest	4.64	361	390	0	1089	1089	6404.2	6829	851	2203	4328	Ahead in Count	.209	36954	7714	1496	151	714	3491	0	12151	.218	.315
vs. AL	4.50	1006	1006	512	7062	2014	17964.0	18583	2201	6462	12832	Behind in Count	.345	16121	5562	1175	120	831	3131	3532	0	.461	.587
vs. NL	4.29	132	120	77	902	252	2249.0	2259	282	807	1642	Two Strikes	.188	36504	6881	1343	142	706	3282	3324	14474	.262	.291
Pre-All Star	4.52	611	601	321	4234	1212	10838.0	11268	1345	3979	7758	Pre-All Star	.268	41986	11268	2265	215	1345	5701	3979	7758	.336	.429
Post-All Star	4.42	527	525	268	3730	1054	9375.0	9574	1138	3290	6716	Post-All Star	.265	36072	9574	1929	206	1138	4801	3290	6716	.332	.425

Games Finished: 2163 Inherited Runners: 3474 Inherited Runners Scored: 1132 Holds: 861

National League League

2001	Avg	G	AB	R	H	2B	3B	HR	RBI	BB	SO	HBP	GDP	SB	CS	OBP	SLG	IBB	SH	SF	#Pit	#P/PA	GB	FB	G/F
	.261	2592	88100	12186	23027	4613	488	2952	11580	8567	17908	969	1925	1456	735	.331	.425	865	1074	739	366447	3.68	30740	25363	1.21

2001 Batting

	Avg	AB	H	2B	3B	HR	RBI	BB	SO	OBP	SLG		Avg	AB	H	2B	3B	HR	RBI	BB	SO	OBP	SLG
vs. Left	.268	20006	5367	1125	114	673	2760	2030	4093	.339	.437	First Pitch	.336	12517	4207	865	81	557	2248	675	0	.375	.552
vs. Right	.259	68094	17660	3488	374	2279	8820	6537	13815	.329	.422	Ahead in Count	.345	17259	5953	1229	138	924	3225	4151	0	.470	.593
Home	.265	42981	11407	2315	258	1446	5770	4251	8590	.336	.432	Behind in Count	.201	42096	8464	1621	168	901	3808	0	15084	.210	.312
Away	.258	45119	11620	2298	230	1506	5810	4316	9318	.327	.419	Two Strikes	.182	41874	7621	1494	163	872	3662	3724	17908	.254	.288
Day	.264	29355	7747	1500	159	1012	3948	2911	6161	.335	.429	Leadoff	.267	10909	2918	543	102	197	947	940	1706	.332	.390
Night	.260	58745	15280	3113	329	1940	7632	5656	11747	.329	.423	Batting #2	.275	10654	2935	530	61	255	1079	848	1702	.334	.408
Grass	.262	76810	20095	3920	435	2610	10122	7497	15634	.332	.426	Batting #3	.303	9871	2991	613	59	629	1860	1458	1921	.396	.568
Turf	.260	11290	2932	693	53	342	1458	1070	2274	.328	.421	April	.260	13160	3417	642	79	485	1783	1336	2773	.333	.431
Pre-All Star	.263	47542	12481	2474	248	1620	6383	4701	9697	.333	.427	May	.256	15175	3882	809	80	492	1950	1500	3197	.326	.417
Post-All Star	.260	40558	10546	2139	240	1332	5197	3866	8211	.329	.423	June	.272	15104	4106	815	70	531	2122	1494	2887	.341	.441
Inning 1-6	.265	59423	15768	3176	346	2022	8013	5583	11581	.333	.433	July	.261	14129	3693	724	71	459	1811	1251	2823	.326	.420
Inning 7+	.253	28677	7259	1437	142	930	3567	2984	6327	.328	.410	August	.262	15394	4032	827	92	508	1955	1442	3129	.329	.427
Scoring Posn	.264	21508	5687	1206	124	642	8284	3224	4663	.357	.422	Sept/Oct	.257	15138	3897	796	96	477	1959	1544	3099	.324	.417
Close & Late	.253	13264	3351	643	61	415	1744	1483	3059	.332	.404	vs. AL	.264	8554	2259	411	35	282	1123	807	1642	.332	.419
None on/out	.265	22288	5915	1171	129	769	769	1653	4275	.323	.433	vs. NL	.261	79546	20768	4202	453	2670	10457	7760	16266	.331	.426

2001	ERA	W	L	Sv	Opp	G	IP	BB	SO	Avg	H	2B	3B	HR	RBI	OBP	SLG	CG	ShO	Sup	QS	#P/S	SB	CS	GB	FB	G/F
	4.36	1290	1302	621	927	2592	23074.1	8537	17930	.261	23037	4619	507	2975	11586	.331	.426	96	138	4.75	1284	94	1450	723	30697	25378	1.21

2001 Pitching

	ERA	W	L	Sv	G	GS	IP	H	HR	BB	SO		Avg	AB	H	2B	3B	HR	RBI	BB	SO	OBP	SLG
Home	4.21	675	621	312	4915	1296	11850.1	11537	1523	4295	9428	vs. Left	.269	34857	9370	1889	222	1264	4832	3961	6849	.346	.445
Away	4.51	615	681	309	4745	1296	11224.0	11500	1452	4242	8502	vs. Right	.256	53319	13667	2730	285	1711	6754	4576	11081	.320	.414
Day	4.41	435	425	210	3356	860	7657.0	7712	997	2895	6176	Inning 1-6	.266	59500	15815	3211	361	2048	8086	5616	11604	.333	.435
Night	4.33	855	877	411	6304	1732	15417.1	15325	1978	5642	11754	Inning 7+	.252	28676	7222	1408	146	927	3500	2921	6326	.325	.408
Grass	4.36	1129	1130	550	8387	2259	20117.0	20089	2637	7472	15666	None on	.256	50960	13024	2587	288	1774	1774	4144	10422	.318	.422
Turf	4.32	161	172	71	1273	333	2957.1	2948	338	1065	2264	Runners on	.269	37216	10013	2032	219	1201	9812	4393	7508	.347	.432
April	4.49	195	195	91	1464	390	3458.0	3417	485	1336	2773	Scoring Posn	.265	21454	5687	1189	131	647	8272	3181	4644	.357	.423
May	4.19	224	224	109	1601	448	4001.0	3882	492	1500	3197	Close & Late	.251	13144	3302	623	62	410	1680	1449	3071	.330	.402
June	4.67	218	220	108	1639	438	3903.0	4058	528	1463	2887	None on/out	.263	22323	5877	1173	135	774	774	1634	4314	.320	.432
July	4.31	203	213	95	1513	416	3708.0	3751	485	1252	2845	vs. 1st Batr (relief)	.250	6356	1592	301	42	225	823	560	1419	.315	.417
August	4.20	227	227	114	1633	454	4029.0	4032	508	1442	3129	1st Inning Pitched	.255	32497	8292	1684	194	1063	4838	3451	7043	.331	.417
Sept/Oct	4.29	223	223	104	1810	446	3975.1	3897	477	1544	3099	First 75 Pits (SP)	.259	9096	2359	468	50	291	1140	772	1824	.322	.418
Starters	4.49	917	937	0	2592	2592	15368.2	15696	2019	5402	11378	Pitch 76-90	.285	7649	2180	434	53	295	1070	707	1334	.349	.471
Relievers	4.10	373	365	621	7068	0	7705.2	7341	956	3135	6552	Pitch 91-105	.267	4859	1299	274	21	174	655	478	936	.337	.440
0-3 Days Rest (SP)	4.46	18	23	0	61	61	331.0	345	45	115	231	Pitch 106+	.236	1816	429	79	12	57	207	224	463	.324	.387
4 Days Rest	4.46	478	478	0	1303	1303	7849.2	8021	1061	2704	5835	First Pitch	.337	12428	4193	850	91	540	2210	661	0	.375	.551
5+ Days Rest	4.52	421	436	0	1228	1228	7188.0	7330	913	2583	5312	Ahead in Count	.201	42255	8489	1623	181	902	3765	0	15131	.209	.312
vs. AL	4.30	120	132	60	891	252	2245.2	2269	305	777	1664	Behind in Count	.344	17306	5948	1236	136	939	3261	4155	0	.469	.594
vs. NL	4.36	1170	1170	561	8769	2340	20828.2	20768	2670	7760	16266	Two Strikes	.183	42028	7675	1519	177	891	3673	3703	17930	.254	.291
Pre-All Star	4.46	692	702	337	5152	1394	12418.0	12455	1638	4683	9680	Pre-All Star	.262	47505	12455	2477	269	1638	6390	4683	9680	.332	.429
Post-All Star	4.24	598	600	284	4508	1198	10656.1	10582	1337	3854	8250	Post-All Star	.260	40671	10582	2142	238	1337	5196	3854	8250	.328	.423

Games Finished: 2496 Inherited Runners: 3532 Inherited Runners Scored: 1142 Holds: 954

Anaheim Angels

2001 Record: 75 – 87

2001	Avg	G	AB	R	H	2B	3B	HR	RBI	BB	SO	HBP	GDP	SB	CS	OBP	SLG	IBB	SH	SF	#Pit	#P/PA	GB	FB	G/F
	.261	162	5551	691	1447	275	26	158	662	494	1001	77	109	116	52	.327	.405	34	46	53	23215	3.73	1845	1753	1.05

2001 Batting

	Avg	AB	H	2B	3B	HR	RBI	BB	SO	OBP	SLG		Avg	AB	H	2B	3B	HR	RBI	BB	SO	OBP	SLG
vs. Left	.254	1566	397	77	7	43	175	154	279	.327	.394	First Pitch	.336	700	235	41	2	29	128	25	0	.365	.524
vs. Right	.263	3985	1050	198	19	115	487	340	722	.327	.409	Ahead in Count	.340	1040	354	77	8	45	181	244	0	.466	.560
Home	.267	2736	731	122	12	86	346	251	469	.332	.415	Behind in Count	.217	2726	591	108	14	46	220	0	844	.226	.317
Away	.254	2815	716	153	14	72	316	243	532	.322	.395	Two Strikes	.186	2649	494	87	11	44	195	225	1001	.258	.277
Day	.252	1506	379	81	7	37	176	125	274	.315	.388	Leadoff	.276	673	186	39	1	5	48	55	81	.343	.360
Night	.264	4045	1068	194	19	121	486	369	727	.331	.411	Batting #2	.279	657	183	30	4	12	69	57	103	.345	.391
Grass	.259	5135	1328	246	24	149	614	457	924	.325	.403	Batting #3	.239	623	149	43	2	28	95	97	152	.345	.449
Turf	.286	416	119	29	2	9	48	37	77	.343	.430	April	.243	836	203	38	6	24	96	68	169	.304	.389
Pre-All Star	.260	3002	780	134	12	89	358	281	529	.329	.401	May	.279	963	269	51	3	24	125	104	137	.354	.413
Post-All Star	.262	2549	667	141	14	69	304	213	472	.324	.409	June	.257	914	235	38	2	28	104	87	170	.329	.395
Inning 1-6	.263	3746	984	197	13	114	465	334	653	.328	.414	July	.262	934	245	38	6	33	113	70	180	.320	.422
Inning 7+	.257	1805	463	78	13	44	197	160	348	.324	.387	August	.274	992	272	58	4	26	125	79	169	.331	.419
Scoring Posn	.242	1387	336	68	4	33	475	169	302	.323	.368	Sept/Oct	.245	912	223	52	5	23	99	86	176	.307	.388
Close & Late	.274	860	236	35	8	21	106	82	171	.342	.407	vs. AL	.258	4922	1271	247	25	135	585	440	881	.325	.401
None on/out	.259	1388	359	74	7	32	32	92	222	.313	.391	vs. NL	.280	629	176	28	1	23	77	54	120	.341	.437

2001	ERA	W	L	Sv	Opp	G	IP	BB	SO	Avg	H	2B	3B	HR	RBI	OBP	SLG	CG	ShO	Sup	QS	#P/S	SB	CS	GB	FB	G/F
	4.20	75	87	43	60	162	1437.2	525	947	.263	1452	285	19	168	697	.331	.412	6	1	4.33	83	98	109	59	2022	1609	1.26

2001 Pitching

	ERA	W	L	Sv	G	GS	IP	H	HR	BB	SO		Avg	AB	H	2B	3B	HR	RBI	BB	SO	OBP	SLG
Home	4.43	39	42	19	284	81	742.0	772	86	259	484	vs. Left	.264	2366	624	115	8	65	292	276	387	.344	.402
Away	3.96	36	45	24	262	81	695.2	680	82	266	463	vs. Right	.262	3163	828	170	11	103	405	249	560	.322	.420
Day	3.97	20	24	13	155	44	383.0	358	39	167	257	Inning 1-6	.266	3739	996	190	11	112	474	349	614	.334	.413
Night	4.28	55	63	30	391	118	1054.2	1094	129	358	690	Inning 7+	.255	1790	456	95	8	56	223	176	333	.326	.411
Grass	4.23	68	82	37	501	150	1333.0	1353	156	483	873	None on	.256	3145	804	138	13	105	105	278	542	.322	.408
Turf	3.87	7	5	6	45	12	104.2	99	12	42	74	Runners on	.272	2384	648	147	6	63	592	247	405	.344	.418
April	4.06	10	15	4	77	25	215.0	211	16	91	146	Scoring Posn	.260	1388	361	88	5	30	502	178	265	.344	.396
May	4.25	14	13	8	90	27	248.0	249	25	86	169	Close & Late	.271	871	236	48	5	25	121	94	168	.345	.424
June	3.84	14	13	7	91	27	239.1	237	31	83	151	None on/out	.261	1386	362	56	7	55	55	106	219	.319	.431
July	3.24	16	9	12	89	27	244.2	225	21	84	167	vs. 1st Batr (relief)	.269	338	91	18	1	17	55	37	75	.347	.479
August	4.40	15	14	9	98	29	255.2	259	37	73	156	1st Inning Pitched	.252	1820	458	94	5	44	256	203	370	.332	.381
Sept/Oct	5.44	6	21	3	101	27	235.0	271	38	108	158	First 75 Pits (SP)	.254	587	149	31	4	19	73	51	92	.316	.417
Starters	4.49	50	62	0	162	162	1000.1	1049	125	352	600	Pitch 76-90	.276	544	150	30	5	20	73	47	67	.338	.460
Relievers	3.54	25	25	43	384	0	437.1	403	43	173	347	Pitch 91-105	.277	405	112	28	0	18	67	47	60	.353	.479
0-3 Days Rest (SP)	4.15	1	1	0	3	3	13.0	11	4	3	6	Pitch 106+	.296	108	32	7	0	7	17	13	13	.369	.556
4 Days Rest	4.19	29	22	0	74	74	468.0	471	53	158	280	First Pitch	.302	712	215	42	2	34	103	36	0	.341	.510
5+ Days Rest	4.77	20	39	0	85	85	519.1	567	68	191	314	Ahead in Count	.194	2581	502	91	8	41	216	0	804	.205	.284
vs. AL	4.23	65	79	37	483	144	1278.1	1293	148	464	845	Behind in Count	.358	1232	441	88	5	73	254	250	0	.464	.615
vs. NL	3.95	10	8	6	63	18	159.1	159	20	61	102	Two Strikes	.178	2538	452	90	6	37	206	238	947	.255	.262
Pre-All Star	3.93	42	45	22	282	87	775.0	753	78	290	526	Pre-All Star	.254	2962	753	157	10	78	349	290	526	.325	.393
Post-All Star	4.52	33	42	21	264	75	662.2	699	90	235	421	Post-All Star	.272	2567	699	128	9	90	348	235	421	.339	.434

Games Finished: 156 Inherited Runners: 226 Inherited Runners Scored: 74 Holds: 50

Baltimore Orioles

2001 Record: 63 – 98 – 1

2001	Avg	G	AB	R	H	2B	3B	HR	RBI	BB	SO	HBP	GDP	SB	CS	OBP	SLG	IBB	SH	SF	#Pit	#P/PA	GB	FB	G/F
	.248	162	5472	687	1359	262	24	136	663	514	989	77	121	133	53	.319	.380	26	38	49	22881	3.72	1887	1699	1.11

2001 Batting

	Avg	AB	H	2B	3B	HR	RBI	BB	SO	OBP	SLG		Avg	AB	H	2B	3B	HR	RBI	BB	SO	OBP	SLG
vs. Left	.271	1294	351	70	6	28	173	116	211	.335	.400	First Pitch	.326	777	253	37	4	30	107	21	0	.352	.499
vs. Right	.241	4178	1008	192	18	108	490	398	778	.314	.373	Ahead in Count	.309	1118	345	81	7	38	167	254	0	.436	.496
Home	.242	2602	630	109	13	58	288	251	471	.316	.361	Behind in Count	.189	2554	482	86	7	42	221	0	833	.199	.277
Away	.254	2870	729	153	11	78	375	263	518	.322	.397	Two Strikes	.177	2523	447	85	7	42	225	238	989	.254	.266
Day	.255	1665	424	76	8	30	198	156	308	.323	.364	Leadoff	.192	650	125	25	3	13	61	77	120	.287	.300
Night	.246	3807	935	186	16	106	465	358	681	.317	.386	Batting #2	.250	653	163	39	3	14	65	54	111	.316	.383
Grass	.244	4582	1119	211	19	108	528	428	828	.314	.369	Batting #3	.254	626	159	36	4	12	85	79	119	.340	.382
Turf	.270	890	240	51	5	28	135	86	161	.344	.433	April	.228	863	197	40	3	16	91	91	161	.308	.337
Pre-All Star	.254	2933	745	130	11	79	373	286	511	.328	.387	May	.257	864	222	45	2	21	125	84	137	.333	.387
Post-All Star	.242	2539	614	132	13	57	290	228	478	.309	.371	June	.276	971	268	41	4	35	124	83	169	.340	.435
Inning 1-6	.253	3679	932	177	19	96	463	343	644	.323	.390	July	.244	917	224	35	3	27	104	81	151	.309	.371
Inning 7+	.238	1793	427	85	5	40	200	171	345	.312	.358	August	.256	906	232	46	8	20	111	93	165	.330	.391
Scoring Posn	.254	1307	332	70	3	30	509	185	258	.348	.381	Sept/Oct	.227	951	216	55	4	17	108	82	206	.287	.347
Close & Late	.225	795	179	30	3	16	94	83	153	.310	.331	vs. AL	.250	4873	1219	243	21	113	594	456	872	.321	.378
None on/out	.252	1384	349	62	11	38	38	108	240	.311	.395	vs. NL	.234	599	140	19	3	23	69	58	117	.304	.391

495

Baltimore Orioles

	ERA	W	L	Sv	Opp	G	IP	BB	SO	Avg	H	2B	3B	HR	RBI	OBP	SLG	CG	ShO	Sup	QS	#P/S	SB	CS	GB	FB	G/F
2001	4.67	63	98	31	50	162	1432.1	528	938	.269	1504	316	29	194	794	.337	.439	10	6	4.32	72	95	157	51	1979	1770	1.12

2001 Pitching

	ERA	W	L	Sv	G	GS	IP	H	HR	BB	SO
Home	4.27	30	50	17	277	80	728.2	733	94	256	477
Away	5.09	33	48	14	277	82	703.2	771	100	272	461
Day	4.55	17	30	5	162	48	435.0	439	66	151	301
Night	4.73	46	68	26	392	114	997.1	1065	128	377	637
Grass	4.50	52	84	27	474	137	1218.2	1258	160	453	796
Turf	5.64	11	14	4	80	25	213.2	246	34	75	142
April	4.54	12	14	7	87	26	232.0	213	32	88	178
May	4.50	12	14	6	89	26	230.0	246	28	88	153
June	4.35	14	14	6	83	28	246.0	257	31	91	130
July	4.80	6	21	5	94	27	238.0	262	28	89	147
August	5.03	11	16	6	94	27	236.1	262	32	78	125
Sept/Oct	4.82	8	19	1	107	28	250.0	264	43	94	205
Starters	4.83	46	71	0	162	162	969.2	1041	132	315	560
Relievers	4.36	17	27	31	392	0	462.2	463	62	213	378
0-3 Days Rest (SP)	2.54	3	2	0	6	6	39.0	35	4	14	23
4 Days Rest	4.62	22	32	0	72	72	438.2	454	51	134	236
5+ Days Rest	5.20	21	37	0	84	84	492.0	552	77	167	301
vs. AL	4.60	57	86	27	491	144	1275.1	1323	170	454	841
vs. NL	5.27	6	12	4	63	18	157.0	181	24	74	97
Pre-All Star	4.43	40	47	20	285	87	772.0	785	100	296	500
Post-All Star	4.96	23	51	11	269	75	660.1	719	94	232	438

	Avg	AB	H	2B	3B	HR	RBI	BB	SO	OBP	SLG
vs. Left	.274	2606	714	150	15	101	377	259	420	.342	.459
vs. Right	.264	2992	790	166	14	93	417	269	518	.334	.422
Inning 1-6	.268	3786	1014	219	15	127	526	330	576	.332	.434
Inning 7+	.270	1812	490	97	14	67	268	198	362	.348	.450
None on	.268	3125	839	180	15	105	105	244	510	.330	.436
Runners on	.269	2473	665	136	14	89	689	284	428	.347	.443
Scoring Posn	.266	1472	391	85	10	43	572	204	277	.353	.425
Close & Late	.268	826	221	37	7	36	139	95	165	.347	.460
None on/out	.280	1390	389	82	8	55	55	106	213	.339	.469
vs. 1st Batr (relief)	.262	344	90	18	3	15	61	37	79	.338	.462
1st Inning Pitched	.266	1874	498	93	14	69	319	213	381	.345	.441
First 75 Pits (SP)	.290	634	184	37	2	20	88	44	93	.345	.450
Pitch 76-90	.266	508	135	29	3	24	72	55	59	.347	.476
Pitch 91-105	.309	324	100	24	2	12	55	37	48	.390	.506
Pitch 106+	.323	99	32	10	0	2	16	6	21	.362	.485
First Pitch	.318	793	252	48	5	38	146	21	0	.341	.535
Ahead in Count	.226	2687	608	134	9	51	263	0	774	.238	.340
Behind in Count	.330	1156	382	77	11	68	235	257	0	.449	.593
Two Strikes	.201	2560	515	108	10	48	249	250	938	.280	.307
Pre-All Star	.263	2987	785	170	13	100	405	296	500	.335	.429
Post-All Star	.275	2611	719	146	16	94	389	232	438	.340	.452

Games Finished: 152 Inherited Runners: 279 Inherited Runners Scored: 84 Holds: 65

Boston Red Sox

2001 Record: 82 – 79

	Avg	G	AB	R	H	2B	3B	HR	RBI	BB	SO	HBP	GDP	SB	CS	OBP	SLG	IBB	SH	SF	#Pit	#P/PA	GB	FB	G/F
2001	.266	161	5605	772	1493	316	29	198	739	520	1131	70	132	46	35	.334	.439	50	28	41	23289	3.72	1920	1570	1.22

2001 Batting

	Avg	AB	H	2B	3B	HR	RBI	BB	SO	OBP	SLG
vs. Left	.256	1401	358	76	8	37	152	129	278	.325	.400
vs. Right	.270	4204	1135	240	21	161	587	391	853	.337	.452
Home	.274	2772	759	166	19	97	379	268	547	.343	.452
Away	.259	2833	734	150	10	101	360	252	584	.325	.426
Day	.265	1568	415	86	10	66	213	148	310	.332	.459
Night	.267	4037	1078	230	19	132	526	372	821	.335	.432
Grass	.259	4699	1219	258	27	159	587	427	977	.326	.427
Turf	.302	906	274	58	2	39	152	93	154	.374	.500
Pre-All Star	.275	3059	840	187	20	105	423	284	609	.340	.452
Post-All Star	.256	2546	653	129	9	93	316	236	522	.326	.424
Inning 1-6	.269	3763	1014	216	22	141	508	335	723	.334	.451
Inning 7+	.260	1842	479	100	7	57	231	185	408	.334	.415
Scoring Posn	.259	1383	358	83	7	43	516	175	288	.341	.422
Close & Late	.252	853	215	47	3	27	131	96	205	.332	.409
None on/out	.262	1406	368	92	11	54	54	100	283	.317	.458

	Avg	AB	H	2B	3B	HR	RBI	BB	SO	OBP	SLG
First Pitch	.332	734	244	52	5	33	127	39	0	.372	.552
Ahead in Count	.356	1077	383	88	9	59	217	245	0	.472	.618
Behind in Count	.211	2791	588	132	11	63	254	0	962	.222	.334
Two Strikes	.190	2719	516	107	10	65	225	233	1131	.261	.308
Leadoff	.243	683	166	31	3	13	59	68	114	.312	.354
Batting #2	.298	654	195	39	3	21	72	71	99	.369	.463
Batting #3	.286	653	187	34	6	25	100	64	149	.358	.472
April	.277	889	246	55	5	30	130	79	178	.340	.451
May	.273	906	247	56	9	28	114	63	179	.325	.447
June	.274	988	271	58	6	38	133	110	206	.351	.461
July	.262	887	232	53	0	34	126	93	172	.337	.436
August	.257	984	253	49	7	35	120	85	193	.324	.428
Sept/Oct	.257	951	244	45	2	33	116	90	203	.321	.412
vs. AL	.268	5008	1344	285	26	180	671	469	998	.337	.443
vs. NL	.250	597	149	31	3	18	68	51	133	.312	.402

	ERA	W	L	Sv	Opp	G	IP	BB	SO	Avg	H	2B	3B	HR	RBI	OBP	SLG	CG	ShO	Sup	QS	#P/S	SB	CS	GB	FB	G/F
2001	4.15	82	79	48	70	161	1448.0	544	1259	.254	1412	280	27	146	709	.329	.393	3	9	4.80	75	92	223	51	1925	1435	1.34

2001 Pitching

	ERA	W	L	Sv	G	GS	IP	H	HR	BB	SO
Home	4.16	41	40	28	303	81	748.0	725	77	260	667
Away	4.13	41	39	20	282	80	700.0	687	69	284	592
Day	4.26	24	21	13	170	45	401.2	380	49	152	375
Night	4.10	58	58	35	415	116	1046.1	1032	97	392	884
Grass	4.19	64	72	39	495	136	1227.1	1199	126	462	1073
Turf	3.87	18	7	9	90	25	220.2	213	20	82	186
April	2.71	16	9	9	78	25	229.1	189	16	69	204
May	3.87	13	13	4	86	26	228.0	203	22	82	214
June	4.06	17	11	12	113	28	261.1	252	29	92	217
July	4.39	14	12	8	107	26	229.2	232	28	119	188
August	4.86	11	17	7	109	28	253.2	281	32	95	226
Sept/Oct	4.87	11	17	8	92	28	246.0	255	19	87	210
Starters	4.17	55	49	0	161	161	901.1	856	89	337	825
Relievers	4.10	27	30	48	424	0	546.2	556	57	207	434
0-3 Days Rest (SP)	2.51	2	0	0	5	5	28.2	20	1	11	20
4 Days Rest	4.61	23	19	0	67	67	368.2	383	46	142	326
5+ Days Rest	3.95	30	30	0	89	89	504.0	453	42	184	479
vs. AL	4.15	72	71	39	509	143	1288.0	1257	127	476	1136
vs. NL	4.11	10	8	9	76	18	160.0	155	19	68	123
Pre-All Star	3.57	51	36	26	307	87	790.2	718	73	277	689
Post-All Star	4.83	31	43	22	278	74	657.1	694	73	267	570

	Avg	AB	H	2B	3B	HR	RBI	BB	SO	OBP	SLG
vs. Left	.250	2680	670	135	11	68	329	281	594	.327	.385
vs. Right	.258	2871	742	145	16	78	380	263	665	.331	.402
Inning 1-6	.250	3680	919	174	17	95	463	361	846	.324	.384
Inning 7+	.263	1871	493	106	10	51	246	183	413	.338	.413
None on	.256	3106	794	149	16	89	89	271	716	.323	.400
Runners on	.253	2445	618	131	11	57	620	273	543	.336	.385
Scoring Posn	.252	1499	377	80	7	32	543	218	354	.352	.378
Close & Late	.271	916	248	46	5	29	129	109	195	.360	.427
None on/out	.267	1382	369	76	5	44	44	114	288	.328	.425
vs. 1st Batr (relief)	.273	384	105	34	2	12	58	27	78	.332	.466
1st Inning Pitched	.252	2036	514	112	9	53	320	212	439	.330	.394
First 75 Pits (SP)	.260	573	149	34	6	19	77	39	139	.315	.440
Pitch 76-90	.273	447	122	23	1	13	56	44	107	.344	.416
Pitch 91-105	.250	256	64	11	0	8	29	27	77	.329	.387
Pitch 106+	.211	76	16	3	1	0	5	12	20	.333	.276
First Pitch	.362	688	249	54	4	25	111	38	0	.405	.561
Ahead in Count	.187	2802	523	100	5	41	237	0	1054	.197	.270
Behind in Count	.346	1038	359	70	11	47	206	264	0	.480	.570
Two Strikes	.174	2828	493	92	4	45	234	242	1259	.247	.257
Pre-All Star	.240	2989	718	137	14	73	337	277	689	.312	.369
Post-All Star	.271	2562	694	143	13	73	372	267	570	.348	.422

Games Finished: 158 Inherited Runners: 226 Inherited Runners Scored: 97 Holds: 57

Chicago White Sox
2001 Record: 83 – 79

	Avg	G	AB	R	H	2B	3B	HR	RBI	BB	SO	HBP	GDP	SB	CS	OBP	SLG	IBB	SH	SF	#Pit	#P/PA	GB	FB	G/F
2001	.268	162	5464	798	1463	300	29	214	770	520	998	52	128	123	59	.334	.451	31	63	51	22983	3.74	1919	1652	1.16

2001 Batting

	Avg	AB	H	2B	3B	HR	RBI	BB	SO	OBP	SLG		Avg	AB	H	2B	3B	HR	RBI	BB	SO	OBP	SLG
vs. Left	.270	1142	308	65	10	52	182	126	234	.343	.481	First Pitch	.337	725	244	47	3	30	113	20	0	.355	.534
vs. Right	.267	4322	1155	235	19	162	588	394	764	.332	.443	Ahead in Count	.355	1145	406	89	9	78	236	254	0	.468	.652
Home	.270	2705	731	142	13	114	405	281	486	.343	.459	Behind in Count	.203	2630	535	105	10	60	255	0	845	.212	.319
Away	.265	2759	732	158	16	100	365	239	512	.325	.443	Two Strikes	.189	2578	488	98	12	63	256	245	998	.264	.310
Day	.261	1672	437	92	8	65	258	173	300	.336	.443	Leadoff	.265	672	178	44	11	21	71	64	126	.330	.457
Night	.271	3792	1026	208	21	149	512	347	698	.334	.454	Batting #2	.259	636	165	26	3	25	85	71	143	.334	.428
Grass	.269	4960	1335	268	26	190	706	485	887	.337	.449	Batting #3	.288	646	186	47	2	40	127	58	103	.351	.553
Turf	.254	504	128	32	3	24	64	35	111	.308	.472	April	.256	801	205	44	6	25	98	61	144	.311	.419
Pre-All Star	.259	2877	746	155	12	109	362	223	501	.316	.435	May	.240	894	215	52	2	31	105	75	169	.300	.407
Post-All Star	.277	2587	717	145	17	105	408	297	497	.354	.468	June	.270	909	245	47	3	39	124	68	151	.327	.457
Inning 1-6	.276	3716	1024	206	24	159	551	343	637	.339	.472	July	.268	906	243	47	5	34	116	102	183	.346	.444
Inning 7+	.251	1748	439	94	5	55	219	177	361	.323	.405	August	.288	982	283	52	8	51	159	98	174	.356	.513
Scoring Posn	.281	1308	367	80	11	48	540	184	238	.365	.469	Sept/Oct	.280	972	272	58	5	34	168	116	177	.351	.455
Close & Late	.251	764	192	42	2	21	113	89	167	.331	.394	vs. AL	.270	4875	1316	274	25	186	688	466	879	.337	.451
None on/out	.256	1388	355	74	7	54	54	110	235	.315	.436	vs. NL	.250	589	147	26	4	28	82	54	119	.315	.450

	ERA	W	L	Sv	Opp	G	IP	BB	SO	Avg	H	2B	3B	HR	RBI	OBP	SLG	CG	ShO	Sup	QS	#P/S	SB	CS	GB	FB	G/F
2001	4.55	83	79	51	71	162	1433.1	500	921	.266	1465	289	27	181	758	.334	.427	8	7	5.01	67	93	107	40	1968	1642	1.20

2001 Pitching

	ERA	W	L	Sv	G	GS	IP	H	HR	BB	SO		Avg	AB	H	2B	3B	HR	RBI	BB	SO	OBP	SLG
Home	4.48	46	35	27	295	81	744.0	750	106	256	475	vs. Left	.261	2421	633	126	15	80	348	243	424	.335	.425
Away	4.63	37	44	24	273	81	689.1	715	75	244	446	vs. Right	.270	3087	832	163	12	101	410	257	497	.333	.428
Day	4.34	26	23	16	167	49	437.1	416	54	166	287	Inning 1-6	.269	3749	1008	198	17	123	517	339	586	.336	.429
Night	4.64	57	56	35	401	113	996.0	1049	127	334	634	Inning 7+	.260	1759	457	91	10	58	241	161	335	.329	.422
Grass	4.45	78	69	47	511	147	1307.2	1308	173	451	824	None on	.261	3108	810	155	17	111	111	252	496	.324	.429
Turf	5.59	5	10	4	57	15	125.2	157	8	49	97	Runners on	.273	2400	655	134	10	70	647	248	425	.346	.425
April	5.19	8	15	4	80	23	210.0	220	30	80	144	Scoring Posn	.268	1423	381	85	5	38	556	176	289	.350	.415
May	4.52	12	15	7	94	27	235.0	244	29	79	140	Close & Late	.257	821	211	41	5	24	120	82	165	.332	.407
June	3.64	18	9	11	95	27	239.2	229	24	70	152	None on/out	.276	1375	380	78	14	44	44	102	194	.335	.449
July	4.82	13	14	9	86	27	239.0	236	35	91	175	vs. 1st Batr (relief)	.237	358	85	17	3	14	58	32	69	.301	.419
August	4.45	17	12	13	99	29	254.2	273	23	95	133	1st Inning Pitched	.256	1898	486	87	14	58	318	192	380	.331	.408
Sept/Oct	4.76	15	14	7	114	29	255.0	263	40	85	177	First 75 Pits (SP)	.292	579	169	40	3	21	81	44	75	.341	.480
Starters	4.71	54	58	0	162	162	936.1	1007	127	317	554	Pitch 76-90	.243	481	117	28	1	20	60	39	70	.307	.430
Relievers	4.26	29	21	51	406	0	497.0	458	54	183	367	Pitch 91-105	.284	328	93	17	1	14	44	27	45	.337	.470
0-3 Days Rest (SP)	4.30	3	1	0	6	6	29.1	34	2	10	23	Pitch 106+	.253	95	24	3	0	4	7	11	14	.336	.411
4 Days Rest	4.73	31	26	0	79	79	476.0	500	66	162	288	First Pitch	.324	790	256	45	4	34	129	28	0	.360	.520
5+ Days Rest	4.72	20	31	0	77	77	431.0	473	59	145	243	Ahead in Count	.205	2500	513	88	8	56	233	0	780	.219	.314
vs. AL	4.66	71	73	43	505	144	1273.1	1319	163	450	801	Behind in Count	.345	1134	391	81	9	55	239	262	0	.464	.578
vs. NL	3.66	12	6	8	63	18	160.0	146	18	50	120	Two Strikes	.194	2539	493	87	11	56	229	210	921	.264	.303
Pre-All Star	4.57	41	44	23	295	85	756.2	775	91	256	485	Pre-All Star	.266	2918	775	149	16	91	398	256	485	.333	.421
Post-All Star	4.54	42	35	28	273	77	676.2	690	90	244	436	Post-All Star	.266	2590	690	140	11	90	360	244	436	.335	.433

Games Finished: 154   Inherited Runners: 263   Inherited Runners Scored: 89   Holds: 57

Cleveland Indians
2001 Record: 91 – 71

	Avg	G	AB	R	H	2B	3B	HR	RBI	BB	SO	HBP	GDP	SB	CS	OBP	SLG	IBB	SH	SF	#Pit	#P/PA	GB	FB	G/F
2001	.278	162	5600	897	1559	294	37	212	868	577	1076	69	126	79	41	.350	.458	32	49	62	23936	3.77	1864	1659	1.12

2001 Batting

	Avg	AB	H	2B	3B	HR	RBI	BB	SO	OBP	SLG		Avg	AB	H	2B	3B	HR	RBI	BB	SO	OBP	SLG
vs. Left	.264	1396	369	63	6	48	192	129	294	.331	.421	First Pitch	.360	702	253	39	2	27	126	23	0	.380	.537
vs. Right	.283	4204	1190	231	31	164	676	448	782	.356	.470	Ahead in Count	.369	1155	426	96	7	72	287	288	0	.494	.651
Home	.282	2715	765	149	12	116	427	290	523	.356	.474	Behind in Count	.211	2611	551	104	16	57	269	0	886	.222	.329
Away	.275	2885	794	145	25	96	441	287	553	.343	.443	Two Strikes	.195	2623	512	87	18	72	267	266	1076	.275	.324
Day	.271	1688	457	90	9	60	254	163	341	.338	.441	Leadoff	.267	708	189	33	5	16	77	56	100	.322	.395
Night	.282	3912	1102	204	28	152	614	414	735	.354	.465	Batting #2	.254	670	170	30	9	6	59	67	98	.323	.352
Grass	.280	4994	1396	256	30	195	779	527	942	.352	.460	Batting #3	.331	628	208	36	12	22	109	87	80	.412	.532
Turf	.269	606	163	38	7	17	89	50	134	.328	.439	April	.283	798	226	45	3	24	124	84	136	.358	.437
Pre-All Star	.292	2945	861	159	18	120	476	321	522	.365	.481	May	.310	941	292	59	6	44	169	99	172	.376	.526
Post-All Star	.263	2655	698	135	19	92	392	256	554	.332	.432	June	.283	928	263	37	7	42	131	102	158	.357	.474
Inning 1-6	.285	3808	1087	197	21	151	608	382	659	.354	.467	July	.276	972	268	58	7	32	155	99	198	.348	.449
Inning 7+	.263	1792	472	97	16	61	260	195	417	.341	.438	August	.272	1005	273	46	11	30	146	89	203	.333	.429
Scoring Posn	.298	1398	416	82	7	47	627	186	274	.376	.467	Sept/Oct	.248	956	237	49	3	40	143	104	209	.318	.431
Close & Late	.261	806	210	42	6	26	124	90	189	.343	.424	vs. AL	.279	4968	1387	262	33	187	772	507	955	.350	.458
None on/out	.274	1384	379	74	11	48	48	123	253	.339	.447	vs. NL	.272	632	172	32	4	25	96	70	121	.349	.454

497

Cleveland Indians

2001	ERA	W	L	Sv	Opp	G	IP	BB	SO	Avg	H	2B	3B	HR	RBI	OBP	SLG	CG	ShO	Sup	QS	#P/S	SB	CS	GB	FB	G/F
	4.64	91	71	42	57	162	1446.2	573	1218	.270	1512	320	27	148	770	.341	.417	3	4	5.58	63	91	128	60	1986	1538	1.29

2001 Pitching

	ERA	W	L	Sv	G	GS	IP	H	HR	BB	SO		Avg	AB	H	2B	3B	HR	RBI	BB	SO	OBP	SLG
Home	4.62	44	36	13	321	80	733.2	775	84	280	625	vs. Left	.284	2233	635	130	16	60	331	244	471	.355	.438
Away	4.66	47	35	29	324	82	713.0	737	64	293	593	vs. Right	.261	3358	877	190	11	88	439	329	747	.331	.403
Day	5.27	23	25	11	191	48	430.0	449	53	191	342	Inning 1-6	.281	3784	1062	226	19	116	570	376	776	.348	.442
Night	4.37	68	46	31	454	114	1016.2	1063	95	382	876	Inning 7+	.249	1807	450	94	8	32	200	197	442	.326	.363
Grass	4.81	80	65	36	581	145	1295.2	1372	137	514	1072	None on	.259	3108	804	188	17	72	72	287	682	.327	.400
Turf	3.22	11	6	6	64	17	151.0	140	11	59	146	Runners on	.285	2483	708	132	10	76	698	286	536	.357	.438
April	4.13	14	9	5	83	23	207.0	178	22	82	166	Scoring Posn	.279	1483	414	85	8	45	614	214	348	.365	.438
May	4.61	19	8	9	113	27	242.0	284	23	89	215	Close & Late	.245	815	200	40	3	15	104	105	233	.334	.373
June	5.05	12	15	8	108	27	233.2	257	35	87	202	None on/out	.272	1377	375	87	9	34	34	110	276	.332	.423
July	4.42	15	13	4	111	28	252.1	263	19	105	205	vs. 1st Batr (relief)	.235	434	102	18	1	16	57	36	119	.294	.392
August	4.72	16	13	8	112	29	263.0	273	27	109	205	1st Inning Pitched	.248	2168	537	105	11	42	310	235	554	.325	.364
Sept/Oct	4.85	15	13	8	118	28	248.2	257	22	101	225	First 75 Pits (SP)	.297	535	159	39	5	18	72	44	114	.352	.490
Starters	5.26	60	50	0	162	162	877.2	976	104	349	691	Pitch 76-90	.243	420	102	22	1	9	39	46	83	.323	.364
Relievers	3.69	31	21	42	483	0	569.0	536	44	224	527	Pitch 91-105	.248	286	71	19	1	8	31	36	60	.332	.406
0-3 Days Rest (SP)	5.57	3	3	0	9	9	42.0	47	3	13	28	Pitch 106+	.267	131	35	2	1	3	13	14	27	.336	.366
4 Days Rest	5.88	30	23	0	76	76	401.0	478	43	159	321	First Pitch	.389	676	263	63	3	19	124	36	0	.421	.575
5+ Days Rest	4.66	27	24	0	77	77	434.2	451	58	177	342	Ahead in Count	.204	2629	536	112	13	48	268	0	986	.211	.311
vs. AL	4.68	84	60	42	573	144	1283.2	1346	134	513	1079	Behind in Count	.372	1169	435	85	8	54	239	271	0	.488	.597
vs. NL	4.36	7	11	0	72	18	163.0	166	14	60	139	Two Strikes	.176	2731	482	106	8	47	241	265	1218	.254	.273
Pre-All Star	4.64	49	36	22	338	85	755.2	801	88	293	637	Pre-All Star	.272	2943	801	172	14	88	413	293	637	.339	.430
Post-All Star	4.64	42	35	20	307	77	691.0	711	60	280	581	Post-All Star	.269	2648	711	148	13	60	357	280	581	.342	.402

Games Finished: 159   Inherited Runners: 265   Inherited Runners Scored: 79   Holds: 78

Detroit Tigers

2001 Record: 66 – 96

2001	Avg	G	AB	R	H	2B	3B	HR	RBI	BB	SO	HBP	GDP	SB	CS	OBP	SLG	IBB	SH	SF	#Pit	#P/PA	GB	FB	G/F
	.260	162	5537	724	1439	291	60	139	691	466	972	51	120	133	61	.320	.409	26	41	49	22544	3.67	2045	1575	1.30

2001 Batting

	Avg	AB	H	2B	3B	HR	RBI	BB	SO	OBP	SLG		Avg	AB	H	2B	3B	HR	RBI	BB	SO	OBP	SLG
vs. Left	.259	1496	388	86	19	45	185	125	258	.318	.432	First Pitch	.332	794	264	58	10	27	131	20	0	.351	.533
vs. Right	.260	4041	1051	205	41	94	506	341	714	.321	.401	Ahead in Count	.323	1143	380	84	15	51	216	234	0	.444	.506
Home	.267	2706	722	134	44	58	346	243	423	.329	.413	Behind in Count	.199	2535	505	88	24	32	211	0	808	.207	.291
Away	.253	2831	717	157	16	81	345	223	549	.312	.406	Two Strikes	.181	2542	460	89	24	37	197	212	972	.249	.279
Day	.253	1869	473	97	17	44	231	177	313	.321	.394	Leadoff	.291	695	202	26	13	10	60	45	98	.334	.409
Night	.263	3668	966	194	43	95	460	289	659	.320	.417	Batting #2	.227	664	151	29	11	6	72	53	96	.294	.331
Grass	.262	5024	1316	269	55	125	634	433	870	.324	.412	Batting #3	.276	617	170	32	7	22	83	85	78	.361	.457
Turf	.240	513	123	22	5	14	57	33	102	.288	.384	April	.257	777	200	40	9	21	97	77	131	.328	.413
Pre-All Star	.272	2936	799	161	31	81	392	271	520	.336	.431	May	.283	979	277	58	11	25	140	88	185	.344	.441
Post-All Star	.246	2601	640	130	29	58	299	195	452	.303	.385	June	.261	938	245	50	8	28	109	83	165	.324	.421
Inning 1-6	.265	3739	990	198	41	100	492	318	592	.325	.420	July	.291	936	272	52	15	54	149	72	158	.345	.465
Inning 7+	.250	1798	449	93	19	39	199	148	380	.310	.388	August	.231	956	221	48	10	15	93	66	196	.286	.349
Scoring Posn	.261	1430	373	80	20	36	538	182	287	.340	.420	Sept/Oct	.236	951	224	43	7	23	103	80	164	.291	.368
Close & Late	.259	767	199	28	9	18	93	80	164	.333	.390	vs. AL	.258	4914	1266	259	55	119	604	411	852	.318	.405
None on/out	.271	1385	375	73	19	35	35	96	226	.325	.427	vs. NL	.278	623	173	32	5	20	87	55	120	.339	.441

	ERA	W	L	Sv	Opp	G	IP	BB	SO	Avg	H	2B	3B	HR	RBI	OBP	SLG	CG	ShO	Sup	QS	#P/S	SB	CS	GB	FB	G/F
2001	5.01	66	96	34	56	162	1429.1	553	859	.289	1624	333	49	180	825	.357	.461	16	2	4.56	73	98	104	50	2132	1597	1.34

2001 Pitching

	ERA	W	L	Sv	G	GS	IP	H	HR	BB	SO		Avg	AB	H	2B	3B	HR	RBI	BB	SO	OBP	SLG
Home	4.70	37	44	17	287	81	734.0	807	71	290	418	vs. Left	.297	2630	780	157	32	102	443	283	390	.369	.497
Away	5.33	29	52	17	266	81	695.1	817	109	263	441	vs. Right	.281	2999	844	176	17	78	382	270	469	.346	.429
Day	5.50	19	36	9	182	55	483.0	529	71	184	274	Inning 1-6	.293	3856	1130	244	36	133	585	355	545	.357	.478
Night	4.76	47	60	25	371	107	946.1	1095	109	369	585	Inning 7+	.279	1773	494	89	13	47	240	198	314	.355	.423
Grass	4.94	62	85	32	508	147	1305.1	1475	158	511	775	None on	.290	3078	892	178	27	111	111	266	465	.353	.473
Turf	5.66	4	11	2	45	15	124.0	149	22	42	84	Runners on	.287	2551	732	155	22	69	714	287	394	.361	.446
April	4.98	8	15	5	77	23	206.0	227	21	95	97	Scoring Posn	.280	1533	430	104	12	39	614	214	256	.366	.440
May	4.77	14	13	7	103	27	243.2	263	31	109	166	Close & Late	.284	744	211	32	7	26	111	86	133	.362	.450
June	5.76	10	17	6	95	27	242.0	296	32	92	171	None on/out	.295	1378	407	82	16	53	53	115	195	.354	.493
July	5.06	14	13	7	88	27	235.0	265	31	87	140	vs. 1st Batr (relief)	.286	343	98	20	3	12	61	39	67	.360	.466
August	4.86	9	20	4	91	29	252.0	289	30	80	127	1st Inning Pitched	.279	1825	510	105	15	52	311	211	327	.358	.439
Sept/Oct	4.63	11	18	5	99	29	251.0	284	35	90	158	First 75 Pits (SP)	.290	582	169	35	7	22	93	51	79	.350	.488
Starters	5.14	50	75	0	162	162	978.2	1134	133	335	535	Pitch 76-90	.291	499	145	18	4	23	65	41	63	.347	.431
Relievers	4.71	16	21	34	391	0	450.2	490	47	218	324	Pitch 91-105	.304	365	111	21	3	8	45	27	55	.353	.444
0-3 Days Rest (SP)	4.87	4	5	0	12	12	68.1	67	6	25	27	Pitch 106+	.267	176	47	14	0	2	17	17	29	.338	.381
4 Days Rest	5.59	14	23	0	70	70	415.1	505	58	156	233	First Pitch	.383	710	272	62	9	31	138	39	0	.424	.627
5+ Days Rest	4.80	23	36	0	80	80	495.0	562	69	154	275	Ahead in Count	.231	2664	616	113	14	57	290	0	717	.240	.348
vs. AL	4.91	56	88	27	485	144	1271.1	1435	154	489	747	Behind in Count	.356	1213	432	107	15	58	240	290	0	.477	.613
vs. NL	5.75	10	8	7	68	18	158.0	189	26	64	112	Two Strikes	.204	2457	500	92	12	44	229	220	859	.275	.304
Pre-All Star	5.26	36	48	20	302	84	753.1	862	91	323	474	Pre-All Star	.290	2975	862	180	21	91	457	323	474	.364	.456
Post-All Star	4.73	30	48	14	251	78	676.0	762	89	230	385	Post-All Star	.287	2654	762	153	28	89	368	230	385	.348	.466

Games Finished: 146   Inherited Runners: 304   Inherited Runners Scored: 94   Holds: 48

Kansas City Royals

2001 Record: 65 – 97

2001	Avg	G	AB	R	H	2B	3B	HR	RBI	BB	SO	HBP	GDP	SB	CS	OBP	SLG	IBB	SH	SF	#Pit	#P/PA	GB	FB	G/F
	.266	162	5643	729	1503	277	37	152	691	406	898	44	134	100	42	.318	.409	31	36	47	22310	3.61	2200	1524	1.44

2001 Batting

	Avg	AB	H	2B	3B	HR	RBI	BB	SO	OBP	SLG		Avg	AB	H	2B	3B	HR	RBI	BB	SO	OBP	SLG
vs. Left	.259	1511	391	76	8	31	153	109	233	.310	.381	First Pitch	.328	790	259	49	7	26	122	23	0	.351	.506
vs. Right	.269	4132	1112	201	29	121	538	297	665	.321	.420	Ahead in Count	.327	1214	397	66	11	54	198	201	0	.422	.533
Home	.274	2804	767	134	20	75	358	206	415	.326	.416	Behind in Count	.223	2614	584	116	13	46	243	0	760	.229	.331
Away	.259	2839	736	143	17	77	333	200	483	.310	.403	Two Strikes	.193	2456	475	88	9	37	188	182	898	.255	.282
Day	.262	1722	451	77	14	52	225	139	267	.320	.413	Leadoff	.234	692	162	21	5	12	60	42	111	.282	.331
Night	.268	3921	1052	200	23	100	466	267	631	.317	.408	Batting #2	.289	675	195	24	4	4	48	36	74	.325	.354
Grass	.265	5032	1335	239	31	139	615	366	790	.318	.408	Batting #3	.318	651	207	51	9	27	117	55	104	.373	.548
Turf	.275	611	168	38	6	13	76	40	108	.319	.421	April	.249	876	218	37	5	27	109	69	159	.306	.395
Pre-All Star	.268	3059	820	147	17	86	381	222	517	.319	.412	May	.289	1009	292	61	11	16	126	60	164	.328	.419
Post-All Star	.264	2584	683	130	20	66	310	184	381	.317	.407	June	.264	889	235	37	0	34	108	64	151	.315	.421
Inning 1-6	.270	3775	1021	195	25	98	462	255	577	.319	.413	July	.247	914	226	39	6	15	94	68	136	.305	.352
Inning 7+	.258	1868	482	82	12	54	229	151	321	.316	.401	August	.278	1004	279	53	8	27	138	70	125	.329	.427
Scoring Posn	.282	1387	391	68	10	35	520	147	240	.345	.421	Sept/Oct	.266	951	253	50	7	33	116	75	163	.318	.437
Close & Late	.232	776	180	32	5	23	97	64	157	.294	.375	vs. AL	.268	5027	1345	248	36	135	628	359	798	.319	.412
None on/out	.259	1407	365	70	9	38	38	84	221	.307	.403	vs. NL	.256	616	158	29	1	17	63	47	100	.314	.390

	ERA	W	L	Sv	Opp	G	IP	BB	SO	Avg	H	2B	3B	HR	RBI	OBP	SLG	CG	ShO	Sup	QS	#P/S	SB	CS	GB	FB	G/F
2001	4.87	65	97	30	50	162	1440.0	576	911	.276	1537	261	39	209	817	.348	.450	5	1	4.56	70	94	105	45	2109	1547	1.36

2001 Pitching

	ERA	W	L	Sv	G	GS	IP	H	HR	BB	SO		Avg	AB	H	2B	3B	HR	RBI	BB	SO	OBP	SLG
Home	5.13	35	46	15	287	81	745.0	852	112	280	480	vs. Left	.278	2809	780	148	19	106	393	308	432	.351	.457
Away	4.58	30	51	15	271	81	695.0	685	97	296	431	vs. Right	.275	2757	757	113	20	103	424	268	479	.344	.442
Day	4.70	19	30	10	168	49	432.2	455	56	171	267	Inning 1-6	.278	3751	1043	186	30	144	573	376	557	.348	.459
Night	4.94	46	67	20	390	113	1007.1	1082	153	405	644	Inning 7+	.272	1815	494	75	9	65	244	200	354	.346	.431
Grass	4.94	59	86	27	498	145	1292.2	1380	194	517	821	None on	.273	3077	841	146	20	115	115	301	508	.344	.446
Turf	4.21	6	11	3	60	17	147.1	157	15	59	90	Runners on	.280	2489	696	115	19	94	702	275	403	.352	.454
April	5.11	10	15	6	95	25	222.0	235	33	89	142	Scoring Posn	.277	1414	392	66	11	61	600	182	249	.355	.469
May	4.93	10	18	3	91	28	253.2	293	37	115	170	Close & Late	.286	762	218	32	3	19	99	85	143	.360	.411
June	4.36	13	13	6	84	26	231.0	238	43	79	148	None on/out	.280	1381	386	77	11	51	51	123	219	.345	.462
July	5.17	9	18	4	86	27	235.0	247	21	91	154	vs. 1st Batr (relief)	.265	347	92	12	1	14	53	42	75	.347	.427
August	4.61	12	17	6	96	29	255.2	275	36	88	154	1st Inning Pitched	.266	1925	513	81	9	74	332	231	357	.348	.433
Sept/Oct	5.04	11	16	5	106	27	242.2	249	39	114	154	First 75 Pits (SP)	.273	597	163	27	4	23	90	53	91	.341	.447
Starters	5.01	52	75	0	162	162	938.0	1041	146	342	528	Pitch 76-90	.298	449	134	24	5	22	75	51	52	.373	.521
Relievers	4.61	13	22	30	396	0	502.0	496	63	234	383	Pitch 91-105	.292	301	88	14	1	10	33	26	43	.345	.445
0-3 Days Rest (SP)	4.23	3	2	0	5	5	27.2	33	4	11	26	Pitch 106+	.315	124	39	7	1	8	18	12	21	.372	.581
4 Days Rest	5.29	22	40	0	80	80	466.1	554	70	160	263	First Pitch	.311	793	247	40	5	35	126	17	0	.327	.507
5+ Days Rest	4.76	27	33	0	77	77	444.0	454	72	171	239	Ahead in Count	.230	2448	563	87	16	65	287	0	740	.241	.358
vs. AL	4.91	57	87	24	490	144	1278.2	1371	188	518	794	Behind in Count	.338	1244	421	92	8	65	243	304	0	.466	.582
vs. NL	4.52	8	10	6	68	18	161.1	166	21	58	117	Two Strikes	.210	2477	520	72	17	69	278	255	911	.291	.336
Pre-All Star	5.05	34	53	16	302	87	775.1	862	122	316	500	Pre-All Star	.284	3030	862	127	22	122	452	316	500	.355	.462
Post-All Star	4.66	31	44	14	256	75	664.2	675	87	260	411	Post-All Star	.266	2536	675	134	17	87	365	260	411	.338	.435

Games Finished: 157 Inherited Runners: 216 Inherited Runners Scored: 80 Holds: 52

Minnesota Twins

2001 Record: 85 – 77

2001	Avg	G	AB	R	H	2B	3B	HR	RBI	BB	SO	HBP	GDP	SB	CS	OBP	SLG	IBB	SH	SF	#Pit	#P/PA	GB	FB	G/F
	.272	162	5560	771	1514	328	38	164	717	495	1083	64	124	146	67	.337	.433	42	25	38	22949	3.71	2079	1529	1.36

2001 Batting

	Avg	AB	H	2B	3B	HR	RBI	BB	SO	OBP	SLG		Avg	AB	H	2B	3B	HR	RBI	BB	SO	OBP	SLG
vs. Left	.257	1415	364	85	11	38	162	125	322	.328	.413	First Pitch	.367	793	291	66	10	32	126	30	0	.396	.596
vs. Right	.277	4145	1150	243	27	126	555	370	761	.340	.440	Ahead in Count	.332	1137	378	93	8	53	208	254	0	.453	.568
Home	.275	2700	743	167	18	76	367	248	521	.342	.435	Behind in Count	.217	2599	565	105	13	51	246	0	905	.227	.327
Away	.270	2860	771	161	20	88	350	247	562	.332	.432	Two Strikes	.199	2616	520	103	11	45	240	210	1083	.264	.298
Day	.254	1818	462	107	12	50	221	169	363	.323	.409	Leadoff	.280	678	190	39	11	16	49	63	108	.348	.441
Night	.281	3742	1052	221	26	114	496	326	720	.343	.443	Batting #2	.262	687	180	37	9	11	72	38	130	.305	.390
Grass	.273	2617	715	150	20	80	334	228	505	.335	.438	Batting #3	.274	610	167	37	0	11	69	88	103	.370	.389
Turf	.271	2943	799	178	18	84	383	267	578	.338	.430	April	.265	804	213	49	11	28	118	77	137	.332	.458
Pre-All Star	.280	3004	840	193	28	84	419	270	560	.344	.446	May	.266	955	254	54	6	22	112	90	181	.336	.404
Post-All Star	.264	2556	674	135	10	80	298	225	523	.328	.418	June	.288	971	280	62	6	23	137	81	198	.348	.436
Inning 1-6	.270	3752	1013	227	25	119	500	343	692	.337	.439	July	.283	927	262	60	8	33	121	75	176	.343	.471
Inning 7+	.277	1808	501	101	13	45	217	152	391	.337	.422	August	.253	985	249	49	2	29	111	98	202	.325	.395
Scoring Posn	.252	1495	376	90	7	34	533	195	341	.340	.389	Sept/Oct	.279	918	256	54	5	29	118	74	189	.331	.443
Close & Late	.305	829	253	48	9	25	117	73	196	.360	.475	vs. AL	.271	4955	1341	293	34	139	633	453	974	.337	.428
None on/out	.271	1380	374	74	20	46	46	108	246	.331	.454	vs. NL	.286	605	173	35	4	25	84	42	109	.337	.481

499

Minnesota Twins

	ERA	W	L	Sv	Opp	G	IP	BB	SO	Avg	H	2B	3B	HR	RBI	OBP	SLG	CG	ShO	Sup	QS	#P/S	SB	CS	GB	FB	G/F
2001	4.51	85	77	45	64	162	1441.1	445	965	.268	1494	302	33	192	745	.325	.437	12	8	4.81	80	95	73	43	1849	1892	0.98

2001 Pitching

	ERA	W	L	Sv	G	GS	IP	H	HR	BB	SO		Avg	AB	H	2B	3B	HR	RBI	BB	SO	OBP	SLG
Home	4.46	47	34	23	284	81	735.0	766	89	203	545	vs. Left	.279	2109	588	104	19	76	289	167	384	.333	.454
Away	4.56	38	43	22	280	81	706.1	728	103	242	420	vs. Right	.261	3467	906	198	14	116	456	278	581	.320	.427
Day	4.37	27	27	13	194	54	478.1	486	56	159	323	Inning 1-6	.268	3756	1007	202	23	139	497	283	609	.323	.445
Night	4.58	58	50	32	370	108	963.0	1008	136	286	642	Inning 7+	.268	1820	487	100	10	53	248	162	356	.330	.421
Grass	4.65	37	37	22	261	74	646.1	661	94	220	391	None on	.259	3203	829	174	20	103	103	241	568	.317	.422
Turf	4.39	48	40	23	303	88	795.0	833	98	225	574	Runners on	.280	2373	665	128	13	89	642	204	397	.337	.458
April	3.62	18	6	9	73	24	214.0	197	25	67	129	Scoring Posn	.263	1368	360	72	6	39	513	131	235	.322	.410
May	3.93	16	11	7	92	27	252.0	255	19	74	162	Close & Late	.259	834	216	41	4	28	132	74	163	.323	.418
June	5.22	14	14	8	97	28	246.2	265	49	87	166	None on/out	.259	1385	359	73	19	32	32	100	228	.315	.409
July	4.79	12	15	7	92	27	233.0	248	29	64	155	vs. 1st Batr (relief)	.245	355	87	19	1	6	50	37	73	.318	.355
August	5.05	11	18	5	108	29	260.0	301	36	77	183	1st Inning Pitched	.274	1884	517	106	8	68	306	187	361	.341	.447
Sept/Oct	4.32	14	13	9	102	27	235.2	228	34	76	170	First 75 Pits (SP)	.297	590	175	32	3	20	84	27	91	.334	.463
Starters	4.46	60	56	0	162	162	991.0	1037	142	261	612	Pitch 76-90	.265	559	148	34	5	18	70	34	89	.307	.440
Relievers	4.62	25	21	45	402	0	450.1	457	50	184	353	Pitch 91-105	.249	350	87	21	0	10	38	24	63	.300	.394
0-3 Days Rest (SP)	6.29	1	0	4	0	6	6	30.2	37	7	15	23	Pitch 106+	.359	128	46	8	2	6	19	9	18	.401	.594
4 Days Rest	4.16	44	34	0	100	100	642.2	641	89	162	397	First Pitch	.335	755	253	48	3	36	141	12	0	.344	.550
5+ Days Rest	4.90	16	68	0	56	56	317.2	359	46	84	192	Ahead in Count	.215	2672	575	109	14	50	243	0	805	.223	.323
vs. AL	4.46	76	68	40	505	144	1286.1	1331	162	400	852	Behind in Count	.346	1091	377	81	5	66	211	214	0	.450	.610
vs. NL	4.94	9	9	5	59	18	155.0	163	30	45	113	Two Strikes	.202	2600	524	89	16	62	236	219	965	.269	.320
Pre-All Star	4.21	55	32	28	289	87	783.2	782	104	241	493	Pre-All Star	.260	3012	782	160	16	104	372	241	493	.318	.427
Post-All Star	4.86	30	45	17	275	75	657.2	712	88	204	472	Post-All Star	.278	2564	712	142	17	88	373	204	472	.335	.449

Games Finished: 150   Inherited Runners: 248   Inherited Runners Scored: 81   Holds: 49

New York Yankees

2001 Record: 95 – 65 – 1

	Avg	G	AB	R	H	2B	3B	HR	RBI	BB	SO	HBP	GDP	SB	CS	OBP	SLG	IBB	SH	SF	#Pit	#P/PA	GB	FB	G/F
2001	.267	161	5577	804	1488	289	20	203	774	519	1035	64	119	161	53	.334	.435	38	30	43	23542	3.78	1993	1636	1.22

2001 Batting

	Avg	AB	H	2B	3B	HR	RBI	BB	SO	OBP	SLG		Avg	AB	H	2B	3B	HR	RBI	BB	SO	OBP	SLG
vs. Left	.261	1321	345	71	4	52	192	149	248	.338	.439	First Pitch	.345	681	235	44	3	43	139	24	0	.378	.608
vs. Right	.269	4256	1143	218	16	151	582	370	787	.332	.434	Ahead in Count	.350	1238	433	73	4	75	245	248	0	.455	.597
Home	.272	2685	729	150	9	116	410	258	464	.340	.464	Behind in Count	.208	2667	554	116	8	55	252	0	863	.216	.319
Away	.262	2892	759	139	11	87	364	261	571	.328	.408	Two Strikes	.183	2607	478	96	6	50	232	245	1035	.258	.282
Day	.264	2106	555	114	4	83	297	199	407	.333	.440	Leadoff	.254	677	172	28	3	15	59	68	110	.334	.371
Night	.269	3471	933	175	16	120	477	320	628	.335	.432	Batting #2	.282	671	189	38	3	18	79	62	70	.353	.428
Grass	.269	4668	1258	242	18	177	661	436	861	.336	.443	Batting #3	.271	639	173	39	1	31	102	83	84	.357	.480
Turf	.253	909	230	47	2	26	113	83	174	.321	.395	April	.278	935	260	44	2	32	126	78	159	.334	.432
Pre-All Star	.269	2989	804	152	13	103	422	291	544	.337	.432	May	.261	888	232	46	2	22	110	82	180	.329	.392
Post-All Star	.264	2588	684	137	7	100	352	228	491	.331	.439	June	.266	898	239	47	7	37	142	105	161	.346	.458
Inning 1-6	.270	3750	1011	184	13	142	521	329	655	.332	.439	July	.290	993	288	59	5	39	154	87	157	.351	.477
Inning 7+	.261	1827	477	105	7	61	253	190	380	.338	.426	August	.268	986	264	47	2	45	138	85	175	.332	.456
Scoring Posn	.255	1398	357	70	13	41	537	175	273	.337	.412	Sept/Oct	.234	877	205	46	2	28	104	82	203	.298	.387
Close & Late	.260	911	237	46	3	32	124	117	207	.349	.423	vs. AL	.270	4948	1337	266	16	184	695	443	909	.335	.442
None on/out	.268	1407	377	84	2	53	53	94	253	.320	.431	vs. NL	.240	629	151	23	4	19	79	76	126	.327	.380

	ERA	W	L	Sv	Opp	G	IP	BB	SO	Avg	H	2B	3B	HR	RBI	OBP	SLG	CG	ShO	Sup	QS	#P/S	SB	CS	GB	FB	G/F
2001	4.02	95	65	57	70	161	1451.1	465	1266	.257	1429	266	25	158	683	.318	.398	7	9	4.99	84	99	146	45	1844	1607	1.15

2001 Pitching

	ERA	W	L	Sv	G	GS	IP	H	HR	BB	SO		Avg	AB	H	2B	3B	HR	RBI	BB	SO	OBP	SLG
Home	3.68	51	28	27	265	80	733.0	688	82	230	634	vs. Left	.251	2164	544	103	9	69	258	203	528	.320	.403
Away	4.37	44	37	30	258	81	718.1	741	76	235	632	vs. Right	.260	3406	885	163	16	89	425	262	738	.316	.395
Day	3.89	38	22	22	208	61	554.2	540	54	191	486	Inning 1-6	.259	3726	964	173	19	122	481	308	824	.319	.414
Night	4.11	57	43	35	315	100	896.2	889	104	274	780	Inning 7+	.252	1844	465	93	6	36	202	157	442	.315	.368
Grass	4.11	81	54	48	439	136	1222.1	1213	137	388	1067	None on	.245	3204	784	141	14	99	99	246	750	.305	.390
Turf	3.58	14	11	9	84	25	229.0	216	21	77	199	Runners on	.273	2366	645	125	11	59	584	219	516	.334	.410
April	3.81	14	12	7	88	26	238.2	235	25	81	211	Scoring Posn	.274	1353	371	75	7	26	495	157	319	.346	.398
May	3.45	15	10	11	67	25	226.2	214	16	64	215	Close & Late	.240	917	220	39	4	15	86	69	226	.300	.340
June	4.29	16	11	11	93	27	239.0	243	35	83	226	None on/out	.244	1393	340	63	6	37	37	100	312	.300	.378
July	4.08	19	9	10	99	28	256.0	261	37	68	204	vs. 1st Batr (relief)	.237	321	76	13	0	6	46	27	89	.304	.333
August	4.77	15	14	9	91	29	256.2	276	27	95	203	1st Inning Pitched	.239	1760	421	69	4	47	243	162	443	.308	.363
Sept/Oct	3.65	16	9	9	85	26	234.1	200	18	74	207	First 75 Pits (SP)	.290	565	164	27	2	21	92	50	110	.350	.457
Starters	4.34	64	48	0	161	161	974.1	992	120	306	843	Pitch 76-90	.287	516	148	22	3	17	69	36	104	.335	.440
Relievers	3.38	31	17	57	362	0	477.0	437	38	159	423	Pitch 91-105	.237	397	94	21	2	12	40	28	91	.291	.390
0-3 Days Rest (SP)	6.86	1	2	0	4	4	19.2	24	4	13	Pitch 106+	.255	200	51	12	1	5	27	23	44	.335	.400
4 Days Rest	3.99	33	21	0	78	78	491.2	488	54	150	424	First Pitch	.338	719	243	43	5	31	114	27	0	.367	.541
5+ Days Rest	4.61	30	25	0	79	79	463.0	480	62	152	406	Ahead in Count	.201	2846	572	109	11	42	247	0	1093	.209	.291
vs. AL	4.02	85	57	48	457	143	1281.1	1261	138	412	1130	Behind in Count	.341	1005	343	68	6	45	176	211	0	.454	.555
vs. NL	4.08	10	8	9	66	18	170.0	168	20	53	136	Two Strikes	.175	2823	495	96	8	47	227	1266	241	.265
Pre-All Star	3.73	52	34	33	274	86	777.1	753	82	248	710	Pre-All Star	.252	2985	753	135	13	82	343	248	710	.314	.389
Post-All Star	4.37	43	31	24	249	75	674.0	676	76	217	556	Post-All Star	.262	2585	676	131	12	76	340	217	556	.322	.410

Games Finished: 154   Inherited Runners: 215   Inherited Runners Scored: 72   Holds: 51

Oakland Athletics
2001 Record: 102 – 60

	Avg	G	AB	R	H	2B	3B	HR	RBI	BB	SO	HBP	GDP	SB	CS	OBP	SLG	IBB	SH	SF	#Pit	#P/PA	GB	FB	G/F
2001	.264	162	5573	884	1469	334	22	199	835	640	1021	88	131	68	29	.345	.439	57	25	59	24678	3.86	1900	1771	1.07

2001 Batting

	Avg	AB	H	2B	3B	HR	RBI	BB	SO	OBP	SLG		Avg	AB	H	2B	3B	HR	RBI	BB	SO	OBP	SLG
vs. Left	.268	1868	500	97	9	58	272	209	348	.349	.422	First Pitch	.320	565	181	40	3	35	97	47	0	.382	.588
vs. Right	.262	3705	969	237	13	141	563	431	673	.343	.447	Ahead in Count	.349	1165	407	95	7	67	279	324	0	.487	.615
Home	.259	2723	705	146	8	101	399	334	506	.346	.430	Behind in Count	.209	2748	574	120	10	61	289	0	869	.221	.326
Away	.268	2850	764	188	14	98	436	306	515	.345	.447	Two Strikes	.190	2746	521	118	9	59	277	269	1021	.268	.304
Day	.247	2074	512	106	5	72	287	242	397	.333	.407	Leadoff	.249	695	173	36	4	10	53	68	80	.320	.355
Night	.274	3499	957	228	17	127	548	398	624	.353	.457	Batting #2	.253	648	164	33	5	21	88	90	125	.357	.417
Grass	.261	5035	1312	291	18	185	747	579	924	.343	.436	Batting #3	.343	583	200	50	1	41	139	143	95	.473	.643
Turf	.292	538	157	43	4	14	88	61	97	.366	.465	April	.247	861	213	49	2	28	103	102	161	.333	.407
Pre-All Star	.250	2980	746	170	8	92	384	324	553	.332	.405	May	.270	954	258	59	2	28	139	112	167	.354	.425
Post-All Star	.279	2593	723	164	14	107	451	316	468	.361	.477	June	.239	900	215	44	3	31	122	86	165	.317	.398
Inning 1-6	.270	3783	1020	233	17	145	596	414	632	.346	.455	July	.265	936	248	64	6	26	136	98	177	.340	.429
Inning 7+	.251	1790	449	101	5	54	239	226	389	.344	.403	August	.278	1002	279	58	5	43	178	121	155	.360	.475
Scoring Posn	.273	1398	382	84	3	46	600	218	271	.369	.436	Sept/Oct	.278	920	256	60	4	43	157	121	196	.359	.492
Close & Late	.266	808	215	44	4	20	105	99	178	.357	.405	vs. AL	.266	4964	1320	303	19	178	762	587	900	.350	.442
None on/out	.263	1371	360	92	8	41	41	122	236	.330	.431	vs. NL	.245	609	149	31	3	21	73	53	121	.310	.409

	ERA	W	L	Sv	Opp	G	IP	BB	SO	Avg	H	2B	3B	HR	RBI	OBP	SLG	CG	ShO	Sup	QS	#P/S	SB	CS	GB	FB	G/F
2001	3.59	102	60	44	67	162	1463.1	440	1117	.249	1384	223	22	153	605	.308	.380	13	9	5.44	98	96	124	55	2140	1472	1.45

2001 Pitching

	ERA	W	L	Sv	G	GS	IP	H	HR	BB	SO		Avg	AB	H	2B	3B	HR	RBI	BB	SO	OBP	SLG
Home	3.35	53	28	22	284	81	758.0	678	75	212	574	vs. Left	.243	2229	542	96	11	57	209	194	424	.310	.373
Away	3.84	49	32	22	294	81	705.1	706	78	228	543	vs. Right	.253	3322	842	127	11	96	396	246	693	.307	.385
Day	3.97	36	25	18	227	61	557.0	543	57	150	420	Inning 1-6	.252	3690	930	143	12	104	415	276	729	.308	.382
Night	3.35	66	35	26	351	101	906.1	841	96	290	697	Inning 7+	.244	1861	454	80	10	49	190	164	388	.308	.377
Grass	3.45	93	54	40	516	147	1331.2	1234	134	401	1011	None on	.246	3290	810	130	14	96	96	211	655	.296	.382
Turf	4.92	9	6	4	62	15	131.2	150	19	39	106	Runners on	.254	2261	574	93	8	57	509	229	462	.324	.378
April	5.38	8	17	5	88	25	219.0	242	32	92	186	Scoring Posn	.255	1257	320	53	4	32	432	170	275	.343	.379
May	3.66	18	9	9	106	27	253.0	248	28	74	192	Close & Late	.239	850	203	34	7	21	106	88	194	.315	.369
June	4.01	12	15	8	93	27	238.0	230	36	72	171	vs. 1st Batr (relief)	.256	1421	364	66	8	43	89	262	304	.304	.405
July	2.81	19	8	7	89	27	249.2	218	15	60	187	vs. 1st Batr (relief)	.251	378	95	19	4	13	59	32	76	.311	.426
August	2.87	22	7	7	103	29	260.2	225	18	68	189	1st Inning Pitched	.231	1858	429	65	10	49	226	158	379	.294	.356
Sept/Oct	3.04	23	4	8	97	27	243.0	221	24	74	192	First 75 Pits (SP)	.260	600	156	29	1	17	78	44	114	.312	.397
Starters	3.72	80	39	0	162	162	1022.1	977	108	295	754	Pitch 76-90	.279	505	141	19	4	20	59	51	103	.346	.451
Relievers	3.27	22	21	44	416	0	441.0	407	45	145	363	Pitch 91-105	.243	345	84	15	1	9	36	26	63	.305	.371
0-3 Days Rest (SP)	0.00	0	0	0	0	0	0.0	0	0	0	0	Pitch 106+	.192	78	15	2	0	1	9	12	21	.315	.256
4 Days Rest	3.55	44	23	0	87	87	558.1	508	52	150	412	First Pitch	.334	761	254	42	6	35	117	40	0	.368	.543
5+ Days Rest	3.94	36	16	0	75	75	464.0	469	56	145	342	Ahead in Count	.188	2633	496	75	8	43	209	0	957	.193	.272
vs. AL	3.75	90	54	36	518	144	1297.1	1267	141	393	989	Behind in Count	.320	1157	370	65	6	51	179	190	0	.417	.519
vs. NL	2.28	12	6	8	60	18	166.0	117	12	47	128	Two Strikes	.168	2599	437	74	7	46	201	210	1117	.233	.255
Pre-All Star	4.01	44	43	25	309	87	784.0	766	99	245	613	Pre-All Star	.256	2998	766	125	11	99	359	245	613	.315	.404
Post-All Star	3.10	58	17	19	269	75	679.1	618	54	195	504	Post-All Star	.242	2553	618	98	11	54	246	195	504	.300	.353

Games Finished: 149   Inherited Runners: 247   Inherited Runners Scored: 71   Holds: 84

Seattle Mariners
2001 Record: 116 – 46

	Avg	G	AB	R	H	2B	3B	HR	RBI	BB	SO	HBP	GDP	SB	CS	OBP	SLG	IBB	SH	SF	#Pit	#P/PA	GB	FB	G/F
2001	.288	162	5680	927	1637	310	38	169	881	614	989	62	112	174	42	.360	.445	54	48	70	24365	3.76	2082	1755	1.19

2001 Batting

	Avg	AB	H	2B	3B	HR	RBI	BB	SO	OBP	SLG		Avg	AB	H	2B	3B	HR	RBI	BB	SO	OBP	SLG
vs. Left	.285	1484	423	81	9	42	222	172	214	.360	.437	First Pitch	.353	672	237	41	7	23	128	47	0	.393	.537
vs. Right	.289	4196	1214	229	29	127	659	442	775	.360	.449	Ahead in Count	.363	1268	460	90	15	57	272	293	0	.480	.592
Home	.283	2715	769	150	14	79	422	303	471	.355	.433	Behind in Count	.235	2592	610	106	9	54	291	0	815	.242	.346
Away	.293	2965	868	160	24	90	459	311	518	.365	.454	Two Strikes	.209	2620	548	112	9	50	283	274	989	.288	.316
Day	.284	1743	495	92	15	61	263	177	310	.353	.459	Leadoff	.353	739	261	39	9	8	75	33	60	.385	.463
Night	.290	3937	1142	218	23	108	618	437	679	.363	.439	Batting #2	.278	650	181	23	12	15	92	109	129	.382	.420
Grass	.287	5243	1506	291	31	157	817	583	911	.361	.444	Batting #3	.324	630	204	53	0	30	154	97	117	.415	.551
Turf	.300	437	131	19	7	12	64	31	78	.352	.458	April	.275	870	239	44	3	23	131	109	150	.353	.411
Pre-All Star	.283	3046	862	171	19	102	501	354	525	.360	.452	May	.288	963	277	54	6	26	162	114	166	.365	.437
Post-All Star	.294	2634	775	139	19	67	380	260	464	.360	.437	June	.286	926	265	53	7	40	162	103	163	.363	.488
Inning 1-6	.294	3892	1146	219	27	118	614	404	648	.363	.456	July	.272	925	252	49	9	27	130	80	160	.332	.432
Inning 7+	.275	1788	491	91	11	51	267	210	341	.353	.423	August	.296	1036	307	48	6	25	143	107	184	.365	.427
Scoring Posn	.296	1596	472	98	9	46	689	263	280	.386	.453	Sept/Oct	.309	960	297	62	7	28	153	101	165	.372	.476
Close & Late	.279	763	213	35	3	22	116	89	163	.361	.419	vs. AL	.289	5053	1460	284	32	139	775	554	875	.361	.440
None on/out	.279	1367	382	73	9	34	34	99	223	.334	.421	vs. NL	.282	627	177	26	6	30	106	60	114	.348	.486

501

Seattle Mariners

2001	ERA	W	L	Sv	Opp	G	IP	BB	SO	Avg	H	2B	3B	HR	RBI	OBP	SLG	CG	ShO	Sup	QS	#P/S	SB	CS	GB	FB	G/F
	3.54	116	46	56	73	162	1465.0	465	1051	.236	1293	259	22	160	607	.301	.378	8	14	5.69	88		95	73	29	1816	1836	0.99

2001 Pitching

	ERA	W	L	Sv	G	GS	IP	H	HR	BB	SO		Avg	AB	H	2B	3B	HR	RBI	BB	SO	OBP	SLG
Home	3.04	57	24	22	268	81	742.0	612	68	215	524	vs. Left	.245	2486	608	116	14	74	283	269	458	.323	.392
Away	4.05	59	22	34	285	81	723.0	681	92	250	527	vs. Right	.228	3004	685	143	8	86	324	196	593	.281	.367
Day	3.33	37	13	18	177	50	454.0	408	55	155	330	Inning 1-6	.251	3683	924	181	18	122	433	298	626	.311	.409
Night	3.63	79	33	38	376	112	1011.0	885	105	310	721	Inning 7+	.204	1807	369	78	4	38	174	167	425	.280	.315
Grass	3.53	106	44	52	508	150	1359.0	1195	152	429	976	None on	.225	3304	743	144	14	96	96	237	640	.284	.364
Turf	3.65	10	2	4	45	12	106.0	98	8	36	75	Runners on	.252	2186	550	115	8	64	511	228	411	.324	.399
April	3.38	20	5	16	94	25	228.2	199	25	76	159	Scoring Posn	.245	1182	289	71	4	31	422	156	250	.330	.390
May	3.98	20	7	11	96	27	244.0	242	36	76	162	Close & Late	.202	860	174	39	2	16	94	85	215	.282	.308
June	4.47	18	9	9	92	27	239.2	223	31	92	188	None on/out	.229	1417	324	63	5	45	92	259	285	.285	.375
July	3.05	18	9	5	80	27	242.1	203	21	58	151	vs. 1st Batr (relief)	.169	350	59	10	1	10	38	32	105	.248	.289
August	3.30	20	9	9	95	29	267.1	230	27	82	202	1st Inning Pitched	.212	1850	392	75	7	46	226	175	432	.287	.335
Sept/Oct	3.07	20	7	6	96	27	243.0	196	20	81	189	First 75 Pits (SP)	.254	611	155	39	3	16	69	36	104	.299	.406
Starters	3.77	83	31	0	162	162	994.1	946	113	297	618	Pitch 76-90	.234	449	105	17	2	14	51	44	79	.301	.374
Relievers	3.04	33	15	56	391	0	470.2	347	47	168	433	Pitch 91-105	.257	307	79	19	2	5	25	24	50	.310	.381
0-3 Days Rest (SP)	1.61	3	0	0	4	4	22.1	13	1	7	10	Pitch 106+	.252	111	28	11	1	2	16	22	28	.381	.423
4 Days Rest	3.74	46	16	0	88	88	553.2	528	63	152	356	First Pitch	.325	738	240	51	5	20	108	20	0	.345	.489
5+ Days Rest	3.94	34	15	0	70	70	418.1	405	49	138	252	Ahead in Count	.183	2603	476	93	8	53	191	0	902	.194	.286
vs. AL	3.58	104	40	54	499	144	1303.2	1157	142	415	937	Behind in Count	.288	1122	323	64	5	54	182	212	0	.400	.498
vs. NL	3.18	12	6	2	54	18	161.1	134	18	50	114	Two Strikes	.173	2577	445	86	10	49	196	233	1051	.248	.271
Pre-All Star	4.00	63	24	37	304	87	782.2	731	103	266	553	Pre-All Star	.245	2980	731	145	8	103	371	266	553	.312	.403
Post-All Star	3.01	53	22	19	249	75	682.1	562	57	199	498	Post-All Star	.224	2510	562	114	14	57	236	199	498	.286	.349

Games Finished: 154   Inherited Runners: 229   Inherited Runners Scored: 52   Holds: 95

Tampa Bay Devil Rays

2001 Record: 62 – 100

2001	Avg	G	AB	R	H	2B	3B	HR	RBI	BB	SO	HBP	GDP	SB	CS	OBP	SLG	IBB	SH	SF	#Pit	#P/PA	GB	FB	G/F
	.258	162	5524	672	1426	311	21	121	645	456	1116	54	130	115	52	.320	.388	24	45	25	22370	3.66	2067	1478	1.40

2001 Batting

	Avg	AB	H	2B	3B	HR	RBI	BB	SO	OBP	SLG		Avg	AB	H	2B	3B	HR	RBI	BB	SO	OBP	SLG
vs. Left	.253	1293	327	70	7	26	147	126	273	.325	.378	First Pitch	.336	780	262	61	6	25	120	18	0	.353	.526
vs. Right	.260	4231	1099	241	14	95	498	330	843	.318	.391	Ahead in Count	.348	1083	377	83	3	47	189	219	0	.458	.560
Home	.267	2727	727	176	16	60	331	235	538	.329	.409	Behind in Count	.193	2680	516	109	7	24	204	0	936	.201	.265
Away	.250	2797	699	135	5	61	314	221	578	.310	.367	Two Strikes	.174	2626	456	101	6	29	201	219	1116	.243	.250
Day	.252	2030	512	111	7	46	216	186	423	.319	.382	Leadoff	.268	693	186	31	7	5	47	45	110	.320	.355
Night	.262	3494	914	200	14	75	429	270	693	.320	.391	Batting #2	.262	661	173	36	2	11	80	54	120	.326	.372
Grass	.249	2274	566	103	5	51	248	178	468	.308	.366	Batting #3	.268	623	167	43	0	21	95	81	156	.358	.438
Turf	.265	3250	860	208	16	70	397	278	648	.328	.403	April	.231	864	200	44	1	20	85	71	196	.294	.354
Pre-All Star	.253	2986	756	160	11	72	331	256	640	.316	.386	May	.277	932	258	48	3	23	106	82	180	.338	.409
Post-All Star	.264	2538	670	151	10	49	314	200	476	.324	.389	June	.249	908	226	52	6	25	117	80	208	.314	.402
Inning 1-6	.261	3745	976	218	12	80	439	285	731	.319	.389	July	.251	898	225	43	3	22	94	72	189	.309	.379
Inning 7+	.253	1779	450	93	9	41	206	171	385	.321	.384	August	.270	971	262	55	5	13	120	88	159	.337	.377
Scoring Posn	.264	1426	376	81	7	30	500	153	300	.338	.393	Sept/Oct	.268	951	255	69	3	18	123	63	184	.313	.404
Close & Late	.253	775	196	38	5	19	97	76	172	.321	.388	vs. AL	.259	4913	1271	280	16	104	570	404	982	.320	.386
None on/out	.273	1390	380	93	4	30	91	259	.321	.411		vs. NL	.254	611	155	31	5	17	75	52	134	.312	.404

2001	ERA	W	L	Sv	Opp	G	IP	BB	SO	Avg	H	2B	3B	HR	RBI	OBP	SLG	CG	ShO	Sup	QS	#P/S	SB	CS	GB	FB	G/F
	4.94	62	100	30	52	162	1423.2	569	1030	.273	1513	312	29	207	854	.345	.452	1	6	4.25	66	97	113	44	1852	1791	1.03

2001 Pitching

	ERA	W	L	Sv	G	GS	IP	H	HR	BB	SO		Avg	AB	H	2B	3B	HR	RBI	BB	SO	OBP	SLG
Home	4.67	37	44	20	284	81	740.0	775	98	255	554	vs. Left	.278	2451	681	129	15	83	383	290	422	.355	.444
Away	5.23	25	56	10	248	81	683.2	738	109	314	476	vs. Right	.269	3093	832	183	14	124	471	279	608	.337	.457
Day	4.69	24	36	14	207	60	535.1	563	68	206	412	Inning 1-6	.281	3812	1071	223	17	145	589	367	670	.347	.462
Night	5.09	38	64	16	325	102	888.1	950	139	363	618	Inning 7+	.255	1732	442	89	12	62	265	202	360	.341	.428
Grass	5.41	18	48	8	200	66	555.1	609	91	267	382	None on	.275	3077	845	175	17	114	114	280	571	.341	.454
Turf	4.63	44	52	22	332	96	868.1	904	116	302	648	Runners on	.271	2467	668	137	12	93	740	289	459	.350	.449
April	4.71	6	18	4	86	26	227.1	243	33	87	149	Scoring Posn	.269	1459	392	91	10	50	631	196	270	.353	.448
May	6.51	7	20	3	93	27	236.1	288	32	99	148	Close & Late	.263	678	178	38	8	25	112	75	154	.344	.453
June	5.81	9	18	4	85	27	231.0	255	30	104	181	None on/out	.281	1367	384	92	10	48	48	113	245	.341	.468
July	4.38	11	15	7	84	26	228.0	240	33	73	164	vs. 1st Batr (relief)	.272	327	89	16	5	9	50	34	72	.347	.434
August	4.56	13	16	4	97	29	256.1	254	46	111	206	1st Inning Pitched	.264	1848	487	89	12	59	318	222	394	.347	.420
Sept/Oct	3.72	14	13	8	87	27	244.2	233	33	95	182	First 75 Pits (SP)	.266	578	154	40	6	18	76	41	89	.323	.450
Starters	5.20	43	72	0	162	162	932.2	1045	145	345	631	Pitch 76-90	.313	543	170	31	1	37	113	48	86	.368	.586
Relievers	4.44	19	28	30	370	0	491.0	458	62	224	399	Pitch 91-105	.250	328	82	16	0	13	44	37	64	.328	.418
0-3 Days Rest (SP)	0.00	0	0	0	0	0	0.0	0	0	0	0	Pitch 106+	.280	125	35	9	1	5	24	18	22	.372	.488
4 Days Rest	5.64	17	41	0	82	82	465.2	536	69	174	314	First Pitch	.342	729	249	61	1	35	133	16	0	.364	.572
5+ Days Rest	4.76	26	31	0	80	80	467.0	509	76	171	317	Ahead in Count	.214	2548	544	115	10	66	305	0	851	.224	.344
vs. AL	5.01	52	92	24	475	144	1265.2	1350	186	522	915	Behind in Count	.352	1180	415	81	10	69	246	290	0	.479	.613
vs. NL	4.33	10	8	6	57	18	158.0	163	21	47	115	Two Strikes	.192	2603	500	103	8	59	279	261	1030	.270	.306
Pre-All Star	5.63	27	61	13	289	88	766.2	868	102	308	526	Pre-All Star	.286	3034	868	196	19	102	529	308	526	.356	.464
Post-All Star	4.12	35	39	17	243	74	657.0	645	105	261	504	Post-All Star	.257	2510	645	116	10	105	325	261	504	.332	.437

Games Finished: 161   Inherited Runners: 189   Inherited Runners Scored: 78   Holds: 46

Texas Rangers — 2001 Record: 73 – 89

2001	Avg	G	AB	R	H	2B	3B	HR	RBI	BB	SO	HBP	GDP	SB	CS	OBP	SLG	IBB	SH	SF	#Pit	#P/PA	GB	FB	G/F
	.275	162	5685	890	1566	326	23	246	844	548	1093	75	131	97	32	.344	.471	27	25	55	24050	3.76	1892	1739	1.09

2001 Batting

	Avg	AB	H	2B	3B	HR	RBI	BB	SO	OBP	SLG		Avg	AB	H	2B	3B	HR	RBI	BB	SO	OBP	SLG
vs. Left	.275	1360	374	76	5	69	217	113	292	.334	.490	First Pitch	.345	742	256	53	3	35	146	21	0	.366	.566
vs. Right	.276	4325	1192	250	18	177	627	435	801	.347	.465	Ahead in Count	.354	1216	430	103	4	89	256	265	1	.469	.664
Home	.283	2820	798	154	16	124	420	284	518	.353	.481	Behind in Count	.209	2721	570	105	10	72	253	0	931	.220	.335
Away	.268	2865	768	172	7	122	424	264	575	.335	.461	Two Strikes	.196	2700	529	99	11	71	255	261	1093	.273	.320
Day	.278	1291	359	79	3	52	183	118	266	.345	.465	Leadoff	.304	691	210	50	4	19	86	63	98	.367	.470
Night	.275	4394	1207	247	20	194	661	430	827	.344	.472	Batting #2	.276	693	191	33	6	25	85	52	142	.330	.449
Grass	.274	5146	1412	279	21	221	760	492	989	.342	.466	Batting #3	.311	649	202	34	1	52	135	75	134	.391	.607
Turf	.286	539	154	47	2	25	84	56	104	.362	.519	April	.288	879	253	62	2	41	145	93	188	.362	.503
Pre-All Star	.271	3041	824	182	14	137	460	304	605	.341	.475	May	.267	928	248	55	6	40	126	103	167	.345	.469
Post-All Star	.281	2644	742	144	9	109	384	244	488	.347	.466	June	.258	957	247	42	4	44	147	86	193	.321	.448
Inning 1-6	.287	3847	1104	234	20	181	606	358	704	.352	.499	July	.286	938	268	62	4	34	133	77	165	.343	.469
Inning 7+	.251	1838	462	92	3	65	238	190	389	.328	.411	August	.287	1043	299	65	4	44	170	105	212	.360	.483
Scoring Posn	.273	1441	394	90	2	43	563	199	286	.356	.428	Sept/Oct	.267	940	251	40	3	43	123	84	168	.326	.453
Close & Late	.241	831	200	41	1	29	115	89	177	.322	.397	vs. AL	.275	5045	1387	293	20	220	748	496	973	.345	.472
None on/out	.276	1401	387	83	13	72	72	120	245	.341	.508	vs. NL	.280	640	179	33	3	26	96	52	120	.338	.463

	ERA	W	L	Sv	Opp	G	IP	BB	SO	Avg	H	2B	3B	HR	RBI	OBP	SLG	CG	ShO	Sup	QS	#P/S	SB	CS	GB	FB	G/F
2001	5.71	73	89	37	56	162	1438.1	596	951	.293	1670	391	47	222	924	.362	.494	4	3	5.57	61	96	79	66	1907	1754	1.09

2001 Pitching

	ERA	W	L	Sv	G	GS	IP	H	HR	BB	SO		Avg	AB	H	2B	3B	HR	RBI	BB	SO	OBP	SLG
Home	5.46	41	41	21	296	82	757.0	869	109	292	488	vs. Left	.298	2344	699	167	24	97	390	261	400	.369	.514
Away	6.00	32	48	16	276	80	681.1	801	113	304	463	vs. Right	.289	3362	971	224	23	125	534	335	551	.357	.481
Day	5.28	18	19	9	133	37	324.0	347	51	135	207	Inning 1-6	.299	3879	1158	268	33	151	635	391	640	.364	.501
Night	5.84	55	70	28	439	125	1114.1	1323	171	461	744	Inning 7+	.280	1827	512	123	14	71	289	205	311	.356	.479
Grass	5.74	66	81	36	522	147	1311.1	1533	204	542	849	None on	.282	3132	884	230	27	125	273	530	.347	.493
Turf	5.39	7	8	1	50	15	127.0	137	18	54	102	Runners on	.305	2574	786	161	20	97	799	323	421	.379	.497
April	6.72	11	14	7	89	25	217.0	280	43	94	150	Scoring Posn	.295	1550	458	100	9	52	667	244	275	.381	.472
May	5.60	8	19	2	96	27	238.0	289	27	96	122	Close & Late	.274	815	223	45	4	29	121	99	143	.357	.445
June	5.25	12	15	7	105	27	240.0	273	32	124	174	None on/out	.293	1373	402	117	10	42	44	114	211	.356	.484
July	4.56	17	10	13	81	27	243.0	251	31	82	159	vs. 1st Batr (relief)	.296	365	108	32	2	18	86	33	69	.357	.542
August	5.85	13	16	2	106	29	260.0	288	50	106	187	1st Inning Pitched	.279	2002	558	131	16	83	387	229	364	.354	.485
Sept/Oct	6.40	12	15	6	95	27	240.1	299	39	94	159	First 75 Pits (SP)	.287	574	165	32	5	22	84	45	90	.339	.476
Starters	6.00	51	58	0	162	162	926.2	1138	142	368	605	Pitch 76-90	.283	498	141	32	3	17	71	50	83	.352	.462
Relievers	5.19	22	31	37	410	0	511.2	532	80	228	346	Pitch 91-105	.336	345	116	30	3	13	61	42	52	.416	.554
0-3 Days Rest (SP)	6.30	1	0	0	2	2	10.0	14	1	3	5	Pitch 106+	.254	130	33	7	4	6	20	16	25	.333	.508
4 Days Rest	6.16	25	26	0	77	77	429.1	547	74	181	261	First Pitch	.369	732	270	55	5	49	159	26	0	.395	.658
5+ Days Rest	5.85	25	32	0	83	83	487.1	577	67	184	339	Ahead in Count	.236	2601	613	146	16	53	287	0	795	.243	.365
vs. AL	5.75	65	79	33	511	144	1279.1	1493	198	526	828	Behind in Count	.368	1268	467	110	13	73	276	301	0	.486	.648
vs. NL	5.43	8	10	4	61	18	159.0	177	24	70	123	Two Strikes	.209	2530	529	131	15	57	266	269	951	.290	.340
Pre-All Star	5.80	35	52	19	316	87	766.0	926	113	342	495	Pre-All Star	.303	3061	926	213	18	113	502	342	495	.373	.495
Post-All Star	5.61	38	37	18	256	75	672.1	744	109	254	456	Post-All Star	.281	2645	744	178	29	109	422	254	456	.348	.494

Games Finished: 158   Inherited Runners: 279   Inherited Runners Scored: 106   Holds: 56

Toronto Blue Jays — 2001 Record: 80 – 82

2001	Avg	G	AB	R	H	2B	3B	HR	RBI	BB	SO	HBP	GDP	SB	CS	OBP	SLG	IBB	SH	SF	#Pit	#P/PA	GB	FB	G/F
	.263	162	5663	767	1489	287	36	195	728	470	1094	74	111	156	55	.325	.430	47	34	43	23170	3.69	1969	1668	1.18

2001 Batting

	Avg	AB	H	2B	3B	HR	RBI	BB	SO	OBP	SLG		Avg	AB	H	2B	3B	HR	RBI	BB	SO	OBP	SLG
vs. Left	.256	1338	343	62	6	45	171	122	237	.323	.413	First Pitch	.369	811	299	63	4	40	140	33	0	.398	.604
vs. Right	.265	4325	1146	225	30	150	557	348	857	.326	.435	Ahead in Count	.326	1169	381	64	11	61	196	213	0	.433	.556
Home	.269	2809	757	146	14	94	392	256	537	.335	.427	Behind in Count	.194	2645	514	98	12	52	240	0	941	.204	.299
Away	.256	2854	732	141	22	101	336	214	557	.315	.427	Two Strikes	.185	2653	491	98	13	61	252	224	1094	.254	.301
Day	.251	1960	492	93	14	53	228	174	377	.316	.394	Leadoff	.289	712	206	53	6	24	66	50	122	.340	.482
Night	.269	3703	997	194	22	142	500	296	717	.330	.449	Batting #2	.259	679	176	32	4	19	90	47	148	.314	.402
Grass	.250	2133	534	92	12	75	253	176	434	.314	.412	Batting #3	.260	654	170	29	3	21	76	68	126	.337	.410
Turf	.271	3530	955	195	24	120	475	294	660	.332	.441	April	.266	895	238	39	4	36	137	100	166	.345	.439
Pre-All Star	.265	3092	819	167	22	104	426	274	605	.331	.434	May	.252	988	249	50	4	39	127	69	215	.307	.429
Post-All Star	.261	2571	670	120	14	91	302	196	489	.319	.424	June	.271	923	250	61	9	22	119	78	176	.335	.428
Inning 1-6	.268	3766	1010	208	23	134	492	304	710	.328	.442	July	.248	921	228	40	8	25	95	73	190	.307	.390
Inning 7+	.253	1897	479	79	13	61	236	166	384	.320	.404	August	.277	1009	279	52	5	45	131	64	171	.327	.472
Scoring Posn	.259	1428	370	84	10	45	519	166	267	.341	.406	Sept/Oct	.264	927	245	45	6	28	119	86	176	.324	.416
Close & Late	.244	947	231	38	6	24	109	94	209	.322	.373	vs. AL	.262	5039	1319	246	28	182	654	417	984	.324	.430
None on/out	.271	1424	386	84	9	54	54	102	258	.327	.456	vs. NL	.272	624	170	41	8	13	74	53	110	.337	.426

503

Toronto Blue Jays

2001	ERA	W	L	Sv	Opp	G	IP	BB	SO	Avg	H	2B	3B	HR	RBI	OBP	SLG	CG	ShO	Sup	QS	#P/S	SB	CS	GB	FB	G/F
2001	4.28	80	82	41	66	162	1462.2	490	1041	.275	1553	357	26	165	714	.339	.435	7	10	4.72	78	93	112	47	2176	1503	1.45

2001 Pitching

	ERA	W	L	Sv	G	GS	IP	H	HR	BB	SO		Avg	AB	H	2B	3B	HR	RBI	BB	SO	OBP	SLG
Home	4.52	40	42	18	327	82	754.0	800	84	264	552	vs. Left	.288	2561	737	167	13	76	328	258	468	.357	.452
Away	4.03	40	40	23	306	80	708.2	753	81	226	489	vs. Right	.264	3088	816	190	13	89	386	232	573	.323	.421
Day	4.28	25	32	12	220	57	514.2	545	57	184	360	Inning 1-6	.279	3793	1059	247	20	119	486	305	636	.337	.449
Night	4.28	55	50	29	413	105	948.0	1008	108	306	681	Inning 7+	.266	1856	494	110	6	46	228	185	405	.342	.406
Grass	4.06	29	31	16	225	60	532.2	567	68	182	368	None on	.279	3190	891	207	14	97	97	220	607	.335	.444
Turf	4.41	51	51	25	408	102	930.0	986	97	308	673	Runners on	.269	2459	662	150	12	68	617	270	434	.344	.423
April	3.61	16	9	7	101	25	234.2	242	22	68	174	Scoring Posn	.250	1455	364	90	8	34	517	203	262	.340	.393
May	4.95	10	18	3	103	28	249.1	272	36	94	171	Close & Late	.275	896	246	54	2	20	131	109	199	.362	.406
June	4.28	12	15	5	107	27	242.0	277	31	91	158	None on/out	.276	1422	393	88	6	41	41	84	240	.326	.433
July	5.31	11	16	7	103	27	239.0	272	33	75	174	vs. 1st Batr (relief)	.243	428	104	27	2	9	51	32	105	.308	.379
August	3.93	16	12	9	105	28	254.0	266	27	91	171	1st Inning Pitched	.262	2043	535	132	9	59	300	202	428	.337	.422
Sept/Oct	3.62	15	12	10	114	27	243.2	224	16	71	193	First 75 Pits (SP)	.280	593	166	46	4	18	77	43	108	.332	.462
Starters	4.40	51	54	0	162	162	962.1	1073	115	296	637	Pitch 76-90	.295	501	148	32	2	21	63	48	87	.364	.493
Relievers	4.07	29	28	41	471	0	500.1	480	50	194	404	Pitch 91-105	.289	301	87	16	2	9	33	25	53	.353	.445
0-3 Days Rest (SP)	2.91	2	1	0	4	4	21.2	24	1	3	13	Pitch 106+	.312	93	29	7	0	5	16	12	17	.393	.548
4 Days Rest	4.73	23	30	0	81	81	473.1	531	64	153	337	First Pitch	.348	759	264	52	2	30	139	49	0	.387	.540
5+ Days Rest	4.12	26	23	0	77	77	467.1	518	50	140	287	Ahead in Count	.211	2740	577	124	11	48	215	0	893	.221	.316
vs. AL	4.27	72	72	38	561	144	1301.2	1380	150	430	938	Behind in Count	.365	1112	406	106	8	53	205	216	0	.470	.618
vs. NL	4.36	8	10	3	72	18	161.0	173	15	60	103	Two Strikes	.188	2642	496	117	10	40	201	225	1041	.256	.285
Pre-All Star	4.48	42	46	17	342	88	799.0	886	99	278	557	Pre-All Star	.285	3112	886	199	20	99	414	278	557	.349	.457
Post-All Star	4.04	38	36	24	291	74	663.2	667	66	212	484	Post-All Star	.263	2537	667	158	6	66	300	212	484	.325	.408

Games Finished: 155 Inherited Runners: 288 Inherited Runners Scored: 75 Holds: 73

Arizona Diamondbacks

2001 Record: 92 – 70

2001	Avg	G	AB	R	H	2B	3B	HR	RBI	BB	SO	HBP	GDP	SB	CS	OBP	SLG	IBB	SH	SF	#Pit	#P/PA	GB	FB	G/F
2001	.267	162	5595	818	1494	284	35	208	776	587	1052	57	105	71	38	.341	.442	73	71	36	23681	3.73	2002	1714	1.17

2001 Batting

	Avg	AB	H	2B	3B	HR	RBI	BB	SO	OBP	SLG		Avg	AB	H	2B	3B	HR	RBI	BB	SO	OBP	SLG
vs. Left	.263	1441	379	86	7	50	204	152	285	.337	.437	First Pitch	.330	691	228	43	1	28	125	63	0	.390	.517
vs. Right	.268	4154	1115	198	28	158	572	435	767	.342	.444	Ahead in Count	.355	1203	427	82	17	72	234	281	0	.475	.631
Home	.279	2709	757	142	17	107	402	279	495	.352	.463	Behind in Count	.210	2683	563	105	11	71	260	0	895	.217	.337
Away	.255	2886	737	142	18	101	374	308	557	.331	.422	Two Strikes	.191	2636	503	97	8	71	250	242	1052	.264	.314
Day	.262	1666	437	78	11	64	230	182	334	.341	.438	Leadoff	.262	686	180	35	8	4	45	61	98	.328	.354
Night	.269	3929	1057	206	24	144	546	405	718	.341	.444	Batting #2	.265	649	172	26	3	20	83	75	117	.344	.407
Grass	.269	5362	1440	276	34	198	751	565	1004	.342	.443	Batting #3	.326	620	202	36	7	59	146	101	83	.428	.692
Turf	.232	233	54	8	1	10	25	22	48	.306	.403	April	.268	839	225	39	6	44	140	89	157	.347	.486
Pre-All Star	.265	3011	798	135	19	118	428	303	551	.338	.440	May	.242	998	242	47	4	33	112	92	171	.311	.397
Post-All Star	.269	2584	696	149	16	90	348	284	501	.344	.444	June	.300	938	281	43	9	37	160	107	166	.373	.483
Inning 1-6	.266	3730	992	196	27	129	517	395	672	.341	.437	July	.250	877	219	40	5	28	98	80	167	.316	.403
Inning 7+	.269	1865	502	88	8	79	259	192	380	.340	.452	August	.260	962	250	47	2	38	119	103	205	.334	.431
Scoring Posn	.264	1396	369	69	8	54	540	215	277	.361	.441	Sept/Oct	.282	981	277	68	9	28	147	116	186	.356	.456
Close & Late	.263	881	232	38	1	34	117	82	191	.328	.425	vs. AL	.259	498	129	21	1	17	58	45	102	.324	.408
None on/out	.276	1389	384	80	7	43	43	118	267	.341	.437	vs. NL	.268	5097	1365	263	34	191	718	542	950	.342	.445

	ERA	W	L	Sv	Opp	G	IP	BB	SO	Avg	H	2B	3B	HR	RBI	OBP	SLG	CG	ShO	Sup	QS	#P/S	SB	CS	GB	FB	G/F
2001	3.87	92	70	34	50	162	1459.2	461	1297	.247	1352	228	22	195	647	.311	.404	12	13	5.04	90	95	107	55	1800	1623	1.11

2001 Pitching

	ERA	W	L	Sv	G	GS	IP	H	HR	BB	SO		Avg	AB	H	2B	3B	HR	RBI	BB	SO	OBP	SLG
Home	4.29	48	33	19	297	81	741.0	720	121	224	648	vs. Left	.258	1935	500	72	9	82	248	192	411	.330	.432
Away	3.43	44	37	15	286	81	718.2	632	74	237	649	vs. Right	.241	3530	852	156	13	113	399	269	886	.300	.389
Day	3.77	26	22	8	191	48	434.2	382	49	151	420	Inning 1-6	.252	3666	923	158	12	132	448	285	875	.310	.409
Night	3.91	66	48	26	392	114	1025.0	970	146	310	877	Inning 7+	.238	1799	429	70	10	63	199	176	422	.311	.394
Grass	3.90	88	67	32	556	155	1398.2	1309	191	435	1246	None on	.243	3309	803	132	11	132	132	249	813	.304	.409
Turf	3.10	4	3	2	27	7	61.0	43	4	26	51	Runners on	.255	2156	549	96	11	63	515	212	484	.321	.397
April	5.09	13	12	5	85	25	222.2	226	40	65	188	Scoring Posn	.253	1169	296	56	6	28	426	141	287	.330	.383
May	2.75	18	10	7	106	28	262.0	212	21	95	210	Close & Late	.230	866	199	30	3	35	99	102	222	.318	.393
June	4.25	18	9	6	93	27	241.1	249	42	77	213	None on/out	.255	1426	364	60	5	60	60	95	344	.309	.431
July	4.29	11	15	4	87	26	231.0	208	37	70	221	vs. 1st Batr (relief)	.251	379	95	15	4	14	49	33	69	.316	.422
August	2.88	18	11	8	99	29	256.0	223	20	58	227	1st Inning Pitched	.246	1902	468	77	13	65	266	195	402	.321	.403
Sept/Oct	4.20	14	13	4	113	27	246.2	234	35	96	238	First 75 Pits (SP)	.245	548	134	21	1	14	54	49	134	.311	.363
Starters	3.88	67	49	0	162	162	1002.2	952	136	285	933	Pitch 76-90	.269	450	121	23	3	14	57	24	120	.306	.427
Relievers	3.84	25	21	34	421	0	457.0	400	59	176	364	Pitch 91-105	.250	304	76	17	1	6	32	26	84	.312	.424
0-3 Days Rest (SP)	3.73	3	4	0	11	11	60.1	49	5	16	42	Pitch 106+	.243	218	53	5	0	11	27	17	76	.304	.417
4 Days Rest	3.55	46	26	0	96	96	633.2	575	89	159	655	First Pitch	.345	785	271	44	3	43	137	26	0	.370	.573
5+ Days Rest	4.58	18	19	0	55	55	308.2	328	42	110	236	Ahead in Count	.180	2757	495	79	6	56	212	0	1104	.189	.273
vs. AL	3.78	7	8	3	43	15	131.0	130	20	28	115	Behind in Count	.350	954	334	62	9	45	165	201	0	.464	.604
vs. NL	3.87	85	62	31	540	147	1328.2	1222	175	433	1182	Two Strikes	.161	2712	437	77	5	53	203	233	1297	.235	.252
Pre-All Star	3.95	51	36	19	308	87	791.0	741	113	253	681	Pre-All Star	.251	2958	741	117	11	113	348	253	681	.314	.412
Post-All Star	3.77	41	34	15	275	75	668.2	611	82	208	616	Post-All Star	.244	2507	611	111	11	82	299	208	616	.307	.395

Games Finished: 150 Inherited Runners: 164 Inherited Runners Scored: 60 Holds: 58

Atlanta Braves
2001 Record: 88 – 74

2001	Avg	G	AB	R	H	2B	3B	HR	RBI	BB	SO	HBP	GDP	SB	CS	OBP	SLG	IBB	SH	SF	#Pit	#P/PA	GB	FB	G/F
	.260	162	5498	729	1432	263	24	174	696	493	1039	45	132	85	46	.324	.412	51	64	52	22089	3.59	2053	1601	1.28

2001 Batting

	Avg	AB	H	2B	3B	HR	RBI	BB	SO	OBP	SLG		Avg	AB	H	2B	3B	HR	RBI	BB	SO	OBP	SLG
vs. Left	.269	1087	292	60	3	42	163	101	220	.334	.445	First Pitch	.294	853	251	42	3	36	132	36	0	.325	.477
vs. Right	.258	4411	1140	203	21	132	533	392	819	.321	.404	Ahead in Count	.350	1121	392	77	7	60	198	244	0	.464	.591
Home	.262	2682	702	126	11	87	340	217	482	.320	.414	Behind in Count	.201	2555	514	94	8	47	220	0	879	.208	.299
Away	.259	2816	730	137	13	87	356	276	557	.327	.410	Two Strikes	.178	2485	442	81	7	49	222	212	1039	.246	.275
Day	.287	1623	466	86	5	62	249	131	318	.342	.461	Leadoff	.256	671	172	30	4	13	68	61	116	.320	.371
Night	.249	3875	966	177	19	112	447	362	721	.316	.391	Batting #2	.262	668	175	37	1	20	72	47	109	.314	.410
Grass	.261	4698	1225	220	20	152	602	410	884	.322	.413	Batting #3	.302	623	188	35	3	31	100	81	109	.381	.517
Turf	.259	800	207	43	4	22	94	83	155	.333	.405	April	.237	860	204	38	2	27	98	89	150	.310	.380
Pre-All Star	.266	2972	792	155	14	90	386	265	543	.329	.419	May	.263	862	227	49	4	30	99	64	178	.314	.434
Post-All Star	.253	2526	640	108	10	84	310	228	496	.317	.404	June	.291	1003	292	55	7	25	150	89	168	.352	.435
Inning 1-6	.260	3692	960	182	17	119	461	310	668	.319	.415	July	.264	888	234	41	3	34	122	66	150	.317	.431
Inning 7+	.261	1806	472	81	7	55	235	183	371	.332	.405	August	.237	939	223	40	2	26	97	87	189	.305	.367
Scoring Posn	.261	1291	337	63	4	38	503	193	258	.352	.404	Sept/Oct	.266	946	252	40	6	32	130	98	204	.335	.423
Close & Late	.263	852	224	38	4	23	113	92	189	.339	.398	vs. AL	.276	615	170	29	3	18	77	66	97	.351	.421
None on/out	.269	1413	380	66	6	51	51	91	249	.317	.432	vs. NL	.258	4883	1262	234	21	156	619	429	942	.320	.411

2001	ERA	W	L	Sv	Opp	G	IP	BB	SO	Avg	H	2B	3B	HR	RBI	OBP	SLG	CG	ShO	Sup	QS	#P/S	SB	CS	GB	FB	G/F
	3.59	88	74	41	63	162	1447.1	499	1133	.250	1363	228	22	153	600	.314	.384	5	13	4.53	99	92	102	50	1901	1584	1.20

2001 Pitching

	ERA	W	L	Sv	G	GS	IP	H	HR	BB	SO		Avg	AB	H	2B	3B	HR	RBI	BB	SO	OBP	SLG
Home	3.66	40	41	17	279	81	736.0	704	77	264	579	vs. Left	.264	2012	532	99	11	70	246	215	440	.335	.429
Away	3.53	48	33	24	294	81	711.1	659	76	235	554	vs. Right	.242	3438	831	129	11	83	354	284	693	.301	.358
Day	3.67	29	17	11	168	46	414.0	372	54	150	347	Inning 1-6	.256	3665	937	159	13	106	414	324	709	.317	.393
Night	3.56	59	57	30	405	116	1033.1	991	99	349	786	Inning 7+	.239	1785	426	69	9	47	186	175	424	.308	.366
Grass	3.64	75	64	35	493	139	1244.2	1185	140	427	967	None on	.243	3272	795	136	11	97	97	238	693	.298	.380
Turf	3.29	13	10	6	80	23	202.2	178	13	72	166	Runners on	.261	2178	568	92	11	56	503	261	440	.337	.390
April	4.29	12	14	6	88	26	226.1	203	31	81	170	Scoring Posn	.241	1242	299	44	5	27	420	201	275	.339	.349
May	3.79	14	12	8	87	26	228.0	234	29	85	203	Close & Late	.242	839	203	26	5	23	90	89	205	.314	.367
June	3.26	19	9	8	93	28	257.0	233	22	92	221	None on/out	.246	1402	345	61	6	42	42	99	290	.299	.388
July	3.29	15	11	4	96	26	232.1	225	19	81	176	vs. 1st Batr (relief)	.209	378	79	10	3	13	43	24	94	.261	.354
August	3.45	12	16	8	99	28	255.1	243	23	71	192	1st Inning Pitched	.246	1989	489	86	9	61	272	213	474	.319	.390
Sept/Oct	3.55	16	12	7	110	28	248.1	225	29	89	171	First 75 Pits (SP)	.240	604	145	25	1	16	50	40	122	.293	.364
Starters	3.54	64	51	0	162	162	1007.2	962	101	321	720	Pitch 76-90	.251	499	125	23	1	10	56	39	84	.307	.361
Relievers	3.73	24	23	41	411	0	439.2	401	52	178	413	Pitch 91-105	.254	287	73	7	1	9	27	27	56	.316	.380
0-3 Days Rest (SP)	4.75	1	3	0	6	6	36.0	35	4	15	35	Pitch 106+	.215	79	17	3	0	2	8	9	19	.295	.329
4 Days Rest	3.45	42	33	0	97	97	612.2	571	59	194	431	First Pitch	.335	834	279	55	4	27	129	56	0	.374	.507
5+ Days Rest	3.56	21	15	0	59	59	359.0	356	38	112	254	Ahead in Count	.182	2610	474	77	4	41	175	0	969	.187	.261
vs. AL	3.94	9	9	5	58	18	160.0	150	18	67	136	Behind in Count	.347	1069	371	58	9	55	177	230	0	.459	.572
vs. NL	3.55	79	65	36	515	144	1287.1	1213	135	432	997	Two Strikes	.165	2577	425	72	6	38	169	211	1133	.231	.242
Pre-All Star	3.75	49	38	23	297	87	774.1	728	87	278	643	Pre-All Star	.250	2916	728	116	9	87	334	278	643	.316	.385
Post-All Star	3.41	39	36	18	276	75	673.0	635	66	221	490	Post-All Star	.251	2534	635	112	13	66	266	221	490	.312	.383

Games Finished: 157   Inherited Runners: 162   Inherited Runners Scored: 53   Holds: 61

Chicago Cubs
2001 Record: 88 – 74

2001	Avg	G	AB	R	H	2B	3B	HR	RBI	BB	SO	HBP	GDP	SB	CS	OBP	SLG	IBB	SH	SF	#Pit	#P/PA	GB	FB	G/F
	.261	162	5406	777	1409	268	32	194	748	577	1077	66	132	67	36	.336	.430	72	117	53	23035	3.70	1997	1473	1.36

2001 Batting

	Avg	AB	H	2B	3B	HR	RBI	BB	SO	OBP	SLG		Avg	AB	H	2B	3B	HR	RBI	BB	SO	OBP	SLG
vs. Left	.277	1196	331	65	10	41	181	130	249	.350	.451	First Pitch	.320	715	229	38	5	42	142	57	0	.382	.564
vs. Right	.256	4210	1078	203	22	153	567	447	828	.332	.424	Ahead in Count	.350	1099	385	71	11	58	215	301	0	.485	.593
Home	.267	2613	698	124	15	95	371	295	538	.344	.435	Behind in Count	.208	2539	529	109	11	61	254	0	903	.217	.332
Away	.255	2793	711	144	17	99	377	282	539	.329	.425	Two Strikes	.182	2567	468	101	13	51	238	218	1077	.251	.291
Day	.255	3020	770	136	16	107	397	325	634	.331	.417	Leadoff	.271	679	184	43	5	7	50	53	67	.330	.380
Night	.268	2386	639	132	16	87	351	252	443	.342	.446	Batting #2	.287	634	182	27	8	15	68	67	97	.363	.426
Grass	.262	5207	1364	257	32	186	723	555	1043	.337	.431	Batting #3	.335	591	198	36	7	61	157	113	140	.442	.729
Turf	.226	199	45	11	0	8	25	22	34	.307	.402	April	.246	785	193	37	3	26	105	87	152	.325	.400
Pre-All Star	.258	2861	737	146	11	104	388	308	567	.334	.425	May	.257	890	229	39	3	30	118	92	189	.332	.409
Post-All Star	.264	2545	672	122	21	90	360	269	510	.339	.435	June	.255	936	239	51	1	39	116	105	180	.335	.437
Inning 1-6	.265	3684	976	182	24	141	498	385	687	.339	.442	July	.265	868	230	54	7	25	124	85	170	.331	.430
Inning 7+	.251	1722	433	86	8	53	250	192	390	.331	.403	August	.261	988	258	42	10	32	127	108	203	.342	.421
Scoring Posn	.269	1350	363	62	10	42	532	229	295	.370	.423	Sept/Oct	.277	939	260	45	8	42	158	100	183	.343	.476
Close & Late	.249	830	207	49	2	24	122	89	201	.328	.400	vs. AL	.274	500	137	28	2	18	78	55	96	.351	.446
None on/out	.258	1362	351	78	8	50	50	122	261	.326	.437	vs. NL	.259	4906	1272	240	30	176	670	522	981	.335	.428

505

Chicago Cubs

	ERA	W	L	Sv	Opp	G	IP	BB	SO	Avg	H	2B	3B	HR	RBI	OBP	SLG	CG	ShO	Sup	QS	#P/S	SB	CS	GB	FB	G/F
2001	4.03	88	74	41	60	162	1437.0	550	1344	.249	1357	276	25	164	661	.321	.398	8	6	4.87	90	95	106	46	1796	1449	1.24

2001 Pitching

	ERA	W	L	Sv	G	GS	IP	H	HR	BB	SO		Avg	AB	H	2B	3B	HR	RBI	BB	SO	OBP	SLG
Home	3.61	48	33	23	312	81	737.1	636	75	277	705	vs. Left	.267	2234	597	132	11	75	309	277	488	.352	.437
Away	4.46	40	41	18	302	81	699.2	721	89	273	639	vs. Right	.236	3224	760	144	14	89	352	273	856	.299	.372
Day	3.75	50	43	26	355	93	825.2	757	90	337	805	Inning 1-6	.251	3690	927	186	21	110	468	351	862	.320	.402
Night	4.40	38	31	15	259	69	611.1	600	74	213	539	Inning 7+	.243	1768	430	90	4	54	193	199	482	.323	.390
Grass	4.07	84	72	38	589	156	1385.0	1315	159	527	1301	None on	.247	3161	782	159	15	87	87	269	776	.311	.390
Turf	2.77	4	2	3	25	6	52.0	42	5	23	43	Runners on	.250	2297	575	117	10	77	574	281	568	.334	.411
April	3.46	15	9	9	100	24	213.0	198	23	86	215	Scoring Posn	.246	1315	323	70	5	43	482	192	340	.340	.405
May	4.08	16	11	7	100	27	245.0	192	28	106	253	Close & Late	.246	878	216	42	4	32	119	100	249	.325	.412
June	3.90	15	13	8	105	28	246.2	249	23	93	226	None on/out	.248	1377	342	72	10	37	37	107	314	.307	.396
July	3.42	16	10	8	97	26	229.0	214	23	76	205	vs. 1st Batr (relief)	.229	401	92	24	1	11	43	38	102	.298	.377
August	4.33	13	16	5	102	29	259.2	258	30	80	224	1st Inning Pitched	.247	2022	499	109	11	56	251	208	555	.320	.395
Sept/Oct	4.84	13	15	4	110	28	243.2	246	37	109	221	First 75 Pits (SP)	.261	548	143	29	4	18	93	54	130	.330	.427
Starters	4.07	66	49	0	162	162	972.1	924	108	341	837	Pitch 76-90	.265	486	129	23	2	18	66	45	91	.338	.432
Relievers	3.93	22	25	41	452	0	464.2	433	56	209	507	Pitch 91-105	.247	304	75	24	0	10	38	30	78	.318	.424
0-3 Days Rest (SP)	99.99	1	0	0	1	1	0.1	7	0	0	0	Pitch 106+	.228	92	21	3	1	3	13	24	30	.393	.380
4 Days Rest	4.15	31	26	0	81	81	492.0	464	73	179	406	First Pitch	.347	759	263	49	1	33	126	35	0	.374	.544
5+ Days Rest	3.90	35	22	0	80	80	480.0	453	35	162	431	Ahead in Count	.185	2690	498	93	16	43	203	0	1120	.195	.280
vs. AL	3.74	9	6	5	55	15	134.2	131	11	47	108	Behind in Count	.333	993	331	73	4	47	177	268	0	.473	.557
vs. NL	4.06	79	68	36	559	147	1302.1	1226	153	503	1236	Two Strikes	.167	2779	464	101	11	46	206	247	1344	.242	.261
Pre-All Star	3.81	51	35	26	331	86	765.2	701	77	308	748	Pre-All Star	.242	2892	701	140	13	77	329	308	748	.318	.380
Post-All Star	4.28	37	39	15	283	76	671.1	656	87	242	596	Post-All Star	.256	2566	656	136	12	87	332	242	596	.324	.420

Games Finished: 154   Inherited Runners: 214   Inherited Runners Scored: 57   Holds: 88

Cincinnati Reds

2001 Record: 66 – 96

	Avg	G	AB	R	H	2B	3B	HR	RBI	BB	SO	HBP	GDP	SB	CS	OBP	SLG	IBB	SH	SF	#Pit	#P/PA	GB	FB	G/F
2001	.262	162	5583	735	1464	304	22	176	690	468	1172	65	130	103	54	.324	.419	47	66	40	22701	3.65	1972	1576	1.25

2001 Batting

	Avg	AB	H	2B	3B	HR	RBI	BB	SO	OBP	SLG		Avg	AB	H	2B	3B	HR	RBI	BB	SO	OBP	SLG
vs. Left	.262	1410	369	71	5	36	171	113	289	.322	.396	First Pitch	.373	802	299	65	4	38	136	38	0	.403	.606
vs. Right	.262	4173	1095	233	17	140	519	355	883	.325	.427	Ahead in Count	.345	1081	373	74	10	54	218	212	0	.451	.582
Home	.263	2761	726	162	5	83	328	235	546	.326	.415	Behind in Count	.197	2725	537	111	5	51	218	0	1003	.208	.298
Away	.262	2822	738	142	17	93	362	233	626	.323	.423	Two Strikes	.168	2658	447	88	6	52	192	217	1172	.238	.264
Day	.261	1857	485	99	7	61	233	167	424	.328	.421	Leadoff	.272	681	185	42	2	16	66	66	100	.339	.410
Night	.263	3726	979	205	15	115	457	301	748	.323	.418	Batting #2	.253	661	167	36	2	20	78	66	132	.326	.404
Grass	.263	5268	1383	285	20	165	645	447	1102	.325	.418	Batting #3	.304	647	197	34	3	30	102	66	118	.371	.505
Turf	.257	315	81	19	2	11	45	21	70	.308	.435	April	.293	845	248	42	6	20	122	74	172	.357	.428
Pre-All Star	.260	3000	780	155	12	83	360	242	612	.320	.403	May	.222	929	206	50	1	19	87	64	205	.275	.339
Post-All Star	.265	2583	684	149	10	93	330	226	560	.330	.438	June	.278	965	268	52	5	37	123	87	193	.338	.457
Inning 1-6	.264	3717	982	211	16	117	462	297	714	.325	.424	July	.249	875	218	48	3	24	107	88	172	.325	.393
Inning 7+	.258	1866	482	93	6	59	228	171	458	.323	.409	August	.281	1035	291	62	6	50	158	83	226	.341	.498
Scoring Posn	.247	1338	330	80	6	31	485	193	329	.340	.385	Sept/Oct	.249	934	233	50	1	26	93	72	204	.304	.389
Close & Late	.261	879	229	46	5	23	111	83	239	.327	.403	vs. AL	.244	504	123	27	1	13	54	44	105	.310	.379
None on/out	.270	1420	384	71	7	52	52	291	271	.324	.421	vs. NL	.265	5079	1341	277	21	163	636	424	1067	.326	.423

	ERA	W	L	Sv	Opp	G	IP	BB	SO	Avg	H	2B	3B	HR	RBI	OBP	SLG	CG	ShO	Sup	QS	#P/S	SB	CS	GB	FB	G/F
2001	4.77	66	96	35	56	162	1442.2	515	943	.279	1572	344	28	198	794	.341	.455	2	2	4.59	66	87	75	62	2069	1695	1.22

2001 Pitching

	ERA	W	L	Sv	G	GS	IP	H	HR	BB	SO		Avg	AB	H	2B	3B	HR	RBI	BB	SO	OBP	SLG
Home	4.74	27	54	12	320	81	744.0	815	107	260	488	vs. Left	.284	2308	656	129	16	95	353	233	355	.350	.477
Away	4.80	39	42	23	303	81	698.2	757	91	255	455	vs. Right	.275	3333	916	215	12	103	441	282	588	.335	.439
Day	4.77	21	33	10	217	54	479.0	561	55	176	330	Inning 1-6	.282	3805	1073	238	16	142	564	339	603	.342	.465
Night	4.77	45	63	25	406	108	963.2	1011	143	339	613	Inning 7+	.272	1836	499	106	12	56	230	176	340	.340	.434
Grass	4.83	62	91	33	593	153	1366.2	1494	189	490	899	None on	.268	3208	861	187	14	121	121	260	541	.329	.449
Turf	3.79	4	5	2	30	9	76.0	78	9	25	44	Runners on	.292	2433	711	157	14	77	673	255	402	.357	.463
April	4.46	14	10	10	97	24	212.0	219	23	78	131	Scoring Posn	.290	1452	421	104	8	47	589	184	246	.363	.470
May	4.65	6	22	3	100	28	253.2	281	36	94	167	Close & Late	.284	793	225	48	5	27	116	80	145	.353	.459
June	4.87	12	15	6	113	27	244.0	256	47	86	158	None on/out	.274	1408	386	79	4	55	55	95	233	.325	.453
July	4.87	10	16	2	92	26	233.0	263	32	64	161	vs. 1st Batr (relief)	.211	408	86	20	1	6	39	41	94	.293	.309
August	5.10	12	17	4	102	29	256.0	286	38	93	155	1st Inning Pitched	.261	2127	556	123	11	61	292	201	383	.330	.416
Sept/Oct	4.65	12	16	10	119	28	244.0	267	22	100	171	First 75 Pits (SP)	.277	585	162	29	2	22	81	41	90	.324	.446
Starters	5.47	41	72	0	162	162	875.0	1026	141	300	500	Pitch 76-90	.352	406	143	32	2	17	63	30	50	.396	.567
Relievers	3.69	25	24	35	461	0	567.2	546	57	215	443	Pitch 91-105	.264	201	53	13	1	5	26	18	26	.330	.413
0-3 Days Rest (SP)	7.04	1	1	0	3	3	15.1	19	4	6	2	Pitch 106+	.341	41	14	4	0	3	10	5	4	.426	.659
4 Days Rest	6.18	21	39	0	84	84	438.0	554	73	151	237	First Pitch	.352	818	288	62	2	37	157	33	0	.382	.568
5+ Days Rest	4.67	19	32	0	75	75	421.2	453	64	143	261	Ahead in Count	.224	2635	589	141	15	64	264	0	797	.230	.361
vs. AL	5.05	4	11	4	52	15	132.0	154	24	38	71	Behind in Count	.348	1134	395	79	7	55	223	268	0	.468	.576
vs. NL	4.74	62	85	34	571	147	1310.2	1418	174	477	872	Two Strikes	.200	2584	516	117	10	68	254	212	943	.265	.332
Pre-All Star	4.82	33	54	15	341	87	778.2	851	117	280	506	Pre-All Star	.281	3033	851	202	12	117	435	280	506	.344	.471
Post-All Star	4.72	33	42	16	282	75	664.0	721	81	235	437	Post-All Star	.276	2608	721	142	16	81	359	235	437	.338	.436

Games Finished: 160   Inherited Runners: 260   Inherited Runners Scored: 69   Holds: 58

Colorado Rockies
2001 Record: 73 – 89

	Avg	G	AB	R	H	2B	3B	HR	RBI	BB	SO	HBP	GDP	SB	CS	OBP	SLG	IBB	SH	SF	#Pit	#P/PA	GB	FB	G/F
2001	.292	162	5690	923	1663	324	61	213	874	511	1027	61	116	132	54	.354	.483	50	81	50	23019	3.60	2052	1523	1.35

2001 Batting

	Avg	AB	H	2B	3B	HR	RBI	BB	SO	OBP	SLG		Avg	AB	H	2B	3B	HR	RBI	BB	SO	OBP	SLG
vs. Left	.273	1394	380	73	13	46	209	116	275	.334	.443	First Pitch	.378	868	328	62	12	49	201	34	0	.404	.646
vs. Right	.299	4296	1283	251	48	167	665	395	752	.361	.496	Ahead in Count	.363	1119	406	79	15	65	247	266	0	.483	.634
Home	.331	2866	948	191	39	124	518	243	469	.387	.554	Behind in Count	.235	2651	624	118	20	64	271	0	862	.244	.367
Away	.253	2824	715	133	22	89	356	268	558	.321	.410	Two Strikes	.217	2549	552	109	17	59	255	210	1027	.281	.342
Day	.299	2054	614	115	20	81	328	204	374	.364	.493	Leadoff	.320	718	230	32	9	4	55	43	49	.366	.407
Night	.289	3636	1049	209	41	132	546	307	653	.348	.477	Batting #2	.294	700	206	39	8	25	100	40	106	.335	.480
Grass	.294	5439	1598	309	60	206	843	489	973	.356	.486	Batting #3	.341	619	211	46	3	46	146	99	126	.437	.648
Turf	.259	251	65	15	1	7	31	22	54	.319	.410	April	.309	841	260	53	8	41	154	80	158	.370	.537
Pre-All Star	.293	3068	898	174	23	128	500	285	559	.356	.490	May	.286	1031	295	69	8	32	165	107	190	.360	.462
Post-All Star	.292	2622	765	150	38	85	374	226	468	.352	.475	June	.302	948	286	42	5	48	154	80	160	.357	.508
Inning 1-6	.301	3862	1163	234	45	148	641	340	629	.362	.500	July	.258	894	231	43	10	25	105	75	161	.318	.413
Inning 7+	.274	1828	500	90	16	65	233	171	398	.338	.447	August	.297	945	281	57	12	30	142	81	179	.357	.478
Scoring Posn	.292	1510	441	97	12	56	648	205	319	.373	.483	Sept/Oct	.301	1031	310	60	18	37	154	88	179	.353	.501
Close & Late	.274	829	227	33	8	30	114	93	192	.350	.441	vs. AL	.243	403	98	19	7	10	50	35	67	.308	.400
None on/out	.293	1411	413	75	21	47	47	93	226	.341	.476	vs. NL	.296	5287	1565	305	54	203	824	476	960	.358	.489

	ERA	W	L	Sv	Opp	G	IP	BB	SO	Avg	H	2B	3B	HR	RBI	OBP	SLG	CG	ShO	Sup	QS	#P/S	SB	CS	GB	FB	G/F
2001	5.29	73	89	26	50	162	1430.0	598	1058	.275	1522	351	35	239	860	.350	.480	8	8	5.81	69	98	100	36	1898	1583	1.20

2001 Pitching

	ERA	W	L	Sv	G	GS	IP	H	HR	BB	SO		Avg	AB	H	2B	3B	HR	RBI	BB	SO	OBP	SLG
Home	6.12	41	40	12	344	81	734.0	834	144	332	537	vs. Left	.275	1964	540	124	12	82	323	252	387	.361	.476
Away	4.42	32	49	14	293	81	696.0	688	95	266	521	vs. Right	.275	3577	982	227	23	157	537	346	671	.343	.483
Day	5.48	28	30	12	240	58	519.0	568	91	187	402	Inning 1-6	.280	3783	1059	244	30	169	602	414	719	.355	.494
Night	5.19	45	59	14	397	104	911.0	954	148	411	656	Inning 7+	.263	1758	463	107	5	70	258	184	339	.338	.449
Grass	5.31	70	85	24	608	155	1369.0	1461	235	572	1017	None on	.269	3124	841	192	19	141	141	298	582	.341	.478
Turf	4.87	3	4	2	29	7	61.0	61	4	26	41	Runners on	.282	2417	681	159	16	98	719	300	476	.361	.482
April	5.26	13	11	6	96	24	214.0	225	31	90	184	Scoring Posn	.285	1427	406	103	11	52	596	225	304	.378	.481
May	4.80	13	16	3	97	29	253.0	256	37	89	176	Close & Late	.283	669	189	33	2	26	112	78	138	.362	.454
June	5.84	12	15	4	118	27	242.0	270	38	119	170	None on/out	.277	1369	379	92	10	60	60	120	247	.347	.490
July	6.22	7	19	2	99	26	225.2	272	48	100	154	vs. 1st Batr (relief)	.273	428	117	28	3	27	57	36	90	.329	.542
August	4.45	14	9	3	101	27	234.2	247	43	85	191	1st Inning Pitched	.272	2110	574	137	11	93	373	231	411	.347	.480
Sept/Oct	5.25	14	15	4	126	29	260.2	252	42	115	183	First 75 Pits (SP)	.246	545	134	26	3	18	59	67	119	.339	.404
Starters	5.48	49	63	0	162	162	958.1	1053	158	407	706	Pitch 76-90	.290	521	151	33	3	27	93	48	86	.353	.520
Relievers	4.90	24	26	26	475	0	471.2	469	81	191	352	Pitch 91-105	.283	367	104	19	1	20	60	46	56	.368	.504
0-3 Days Rest (SP)	6.35	1	1	0	2	2	11.1	12	0	6	8	Pitch 106+	.302	129	39	9	1	4	22	23	31	.409	.481
4 Days Rest	5.54	19	27	0	63	63	381.2	429	63	156	286	First Pitch	.350	789	276	67	3	48	163	57	0	.397	.625
5+ Days Rest	5.43	29	35	0	97	97	565.1	612	95	245	412	Ahead in Count	.215	2628	565	122	16	70	282	0	881	.223	.354
vs. AL	6.38	2	10	0	45	12	103.0	126	28	41	72	Behind in Count	.355	1130	401	95	7	76	246	283	0	.483	.653
vs. NL	5.21	71	79	26	592	150	1327.0	1396	211	557	986	Two Strikes	.193	2580	499	109	19	68	282	256	1058	.271	.329
Pre-All Star	5.38	39	48	13	341	87	773.0	823	120	336	583	Pre-All Star	.274	3001	823	188	21	120	477	336	583	.353	.471
Post-All Star	5.19	34	41	13	296	75	657.0	699	119	262	475	Post-All Star	.275	2540	699	163	14	119	383	262	475	.346	.491

Games Finished: 154   Inherited Runners: 266   Inherited Runners Scored: 93   Holds: 39

Florida Marlins
2001 Record: 76 – 86

	Avg	G	AB	R	H	2B	3B	HR	RBI	BB	SO	HBP	GDP	SB	CS	OBP	SLG	IBB	SH	SF	#Pit	#P/PA	GB	FB	G/F
2001	.264	162	5542	742	1461	325	30	166	713	470	1145	67	118	89	40	.326	.423	43	60	45	22540	3.64	1833	1665	1.10

2001 Batting

	Avg	AB	H	2B	3B	HR	RBI	BB	SO	OBP	SLG		Avg	AB	H	2B	3B	HR	RBI	BB	SO	OBP	SLG
vs. Left	.265	1246	330	70	8	39	142	102	263	.323	.428	First Pitch	.377	839	316	87	8	29	160	37	0	.416	.603
vs. Right	.263	4296	1131	255	22	127	571	368	882	.327	.422	Ahead in Count	.335	1030	345	72	8	53	191	215	0	.447	.575
Home	.269	2651	714	150	21	84	365	246	550	.336	.437	Behind in Count	.196	2670	522	107	9	46	217	0	978	.205	.294
Away	.258	2891	747	175	9	82	348	224	595	.317	.410	Two Strikes	.185	2641	488	95	10	51	221	217	1145	.251	.286
Day	.269	1489	401	95	11	44	192	125	291	.333	.437	Leadoff	.267	667	178	23	12	5	54	81	104	.346	.360
Night	.262	4053	1060	230	19	122	521	345	854	.324	.418	Batting #2	.267	678	181	37	1	13	54	45	122	.320	.382
Grass	.264	4668	1232	257	25	141	600	395	975	.326	.420	Batting #3	.304	631	192	48	3	33	109	66	119	.378	.547
Turf	.262	874	229	68	5	25	113	75	170	.325	.437	April	.261	827	216	51	2	35	114	86	189	.334	.455
Pre-All Star	.265	3001	794	182	13	95	409	263	634	.329	.429	May	.265	952	252	46	6	27	117	74	216	.325	.411
Post-All Star	.262	2541	667	143	17	71	304	207	511	.323	.416	June	.264	970	256	69	4	28	147	87	184	.330	.430
Inning 1-6	.268	3730	1000	232	15	112	510	296	741	.326	.428	July	.287	844	242	52	4	24	124	53	168	.332	.443
Inning 7+	.254	1812	461	93	15	54	203	174	404	.320	.412	August	.261	1012	264	68	4	27	108	75	207	.316	.416
Scoring Posn	.285	1347	384	96	7	43	537	193	298	.372	.463	Sept/Oct	.247	937	231	39	10	25	103	95	181	.313	.390
Close & Late	.249	891	222	40	5	30	109	91	216	.325	.406	vs. AL	.290	630	183	39	6	19	107	53	123	.351	.462
None on/out	.250	1393	348	79	10	42	42	89	278	.303	.411	vs. NL	.260	4912	1278	286	24	147	606	417	1022	.323	.418

507

Florida Marlins

2001	ERA	W	L	Sv	Opp	G	IP	BB	SO	Avg	H	2B	3B	HR	RBI	OBP	SLG	CG	ShO	Sup	QS	#P/S	SB	CS	GB	FB	G/F
	4.32	76	86	32	49	162	1438.0	617	1119	.257	1397	289	46	151	712	.338	.411	5	11	4.64	84	97	75	51	1883	1573	1.20

2001 Pitching

	ERA	W	L	Sv	G	GS	IP	H	HR	BB	SO		Avg	AB	H	2B	3B	HR	RBI	BB	SO	OBP	SLG
Home	3.74	46	34	19	292	80	730.0	653	69	294	634	vs. Left	.264	2534	668	141	24	65	312	327	488	.350	.415
Away	4.93	30	52	13	300	82	708.0	744	82	323	485	vs. Right	.251	2899	729	148	22	86	400	290	631	.327	.407
Day	4.13	23	20	8	156	43	381.1	368	40	143	291	Inning 1-6	.253	3642	922	197	34	100	482	430	774	.339	.408
Night	4.39	53	66	24	436	119	1056.2	1029	111	474	828	Inning 7+	.265	1791	475	92	12	51	230	187	345	.337	.415
Grass	4.25	67	70	29	501	137	1224.1	1158	127	526	980	None on	.242	3117	755	151	22	86	86	304	637	.317	.388
Turf	4.76	9	16	3	91	25	213.2	239	24	91	139	Runners on	.277	2316	642	138	24	65	626	313	482	.365	.442
April	4.54	10	14	3	89	24	212.1	203	23	99	147	Scoring Posn	.274	1342	368	74	16	36	539	216	276	.374	.434
May	3.89	15	13	9	104	28	250.0	215	29	117	217	Close & Late	.281	837	235	51	4	23	108	91	163	.353	.434
June	3.86	16	13	6	97	29	254.0	234	19	85	170	None on/out	.244	1365	333	68	11	39	39	122	264	.312	.396
July	3.98	12	12	3	86	24	212.2	213	17	92	179	vs. 1st Batr (relief)	.295	397	117	19	4	17	60	30	73	.347	.491
August	5.73	9	20	5	109	29	256.0	289	40	123	210	1st Inning Pitched	.269	1999	537	99	14	63	310	233	416	.348	.427
Sept/Oct	3.91	14	14	6	107	28	253.0	243	23	101	196	First 75 Pits (SP)	.275	553	152	37	4	15	81	50	108	.344	.438
Starters	4.42	57	59	0	162	162	983.1	936	100	426	769	Pitch 76-90	.290	486	141	36	6	13	67	68	92	.385	.469
Relievers	4.12	19	27	32	430	0	454.2	461	51	191	350	Pitch 91-105	.284	328	93	19	6	13	56	39	61	.361	.497
0-3 Days Rest (SP)	3.60	0	0	0	1	1	5.0	6	2	2	2	Pitch 106+	.225	142	32	7	1	3	13	18	38	.315	.352
4 Days Rest	4.30	25	28	0	73	73	443.1	426	46	191	340	First Pitch	.312	773	241	47	10	25	130	42	0	.365	.495
5+ Days Rest	4.53	32	31	0	88	88	535.0	504	52	233	427	Ahead in Count	.202	2548	515	109	14	45	225	0	937	.210	.309
vs. AL	2.79	12	6	3	56	18	161.1	140	8	42	128	Behind in Count	.332	1113	369	74	13	54	209	318	0	.478	.567
vs. NL	4.52	64	80	29	536	144	1276.2	1257	143	575	991	Two Strikes	.175	2565	450	104	19	45	230	257	1119	.255	.283
Pre-All Star	4.16	43	45	18	313	88	776.2	727	78	329	577	Pre-All Star	.251	2894	727	142	22	78	364	329	577	.333	.396
Post-All Star	4.52	33	41	14	279	74	661.1	670	73	288	542	Post-All Star	.264	2539	670	147	24	73	348	288	542	.344	.427

Games Finished: 157   Inherited Runners: 208   Inherited Runners Scored: 77   Holds: 58

Houston Astros

2001 Record: 93 – 69

2001	Avg	G	AB	R	H	2B	3B	HR	RBI	BB	SO	HBP	GDP	SB	CS	OBP	SLG	IBB	SH	SF	#Pit	#P/PA	GB	FB	G/F
	.271	162	5528	847	1500	313	29	208	805	581	1119	89	128	64	49	.347	.451	52	71	56	22810	3.61	1894	1694	1.12

2001 Batting

	Avg	AB	H	2B	3B	HR	RBI	BB	SO	OBP	SLG		Avg	AB	H	2B	3B	HR	RBI	BB	SO	OBP	SLG
vs. Left	.277	1001	277	54	3	36	135	120	166	.359	.445	First Pitch	.352	908	320	62	5	50	174	37	0	.383	.597
vs. Right	.270	4527	1223	259	26	172	670	461	953	.344	.453	Ahead in Count	.348	1102	383	78	8	65	227	292	0	.484	.610
Home	.278	2713	753	163	19	108	415	288	553	.353	.471	Behind in Count	.206	2567	529	116	8	61	267	0	946	.218	.329
Away	.265	2815	747	150	10	100	390	293	566	.341	.432	Two Strikes	.185	2520	465	96	8	58	240	250	1119	.266	.298
Day	.262	1513	397	79	9	54	225	184	329	.353	.434	Leadoff	.287	680	195	35	6	26	78	60	122	.360	.471
Night	.275	4015	1103	234	20	154	580	397	790	.345	.458	Batting #2	.275	652	179	29	3	7	48	63	87	.347	.360
Grass	.272	5219	1422	295	27	198	761	556	1065	.349	.453	Batting #3	.285	620	177	43	4	39	134	106	138	.392	.556
Turf	.252	309	78	18	2	10	44	25	54	.316	.421	April	.274	821	225	40	5	38	124	98	169	.360	.474
Pre-All Star	.276	2981	824	160	13	134	452	308	608	.352	.474	May	.260	941	245	47	4	37	128	98	192	.334	.437
Post-All Star	.265	2547	676	153	16	74	353	273	511	.341	.424	June	.286	936	268	58	2	49	146	80	184	.352	.510
Inning 1-6	.279	3741	1044	227	21	143	572	381	749	.352	.466	July	.287	957	275	57	4	36	153	87	217	.354	.468
Inning 7+	.255	1787	456	86	8	65	233	200	370	.337	.421	August	.266	945	251	46	9	26	126	98	157	.341	.416
Scoring Posn	.277	1410	390	82	10	48	578	214	265	.371	.451	Sept/Oct	.254	928	236	65	5	22	128	120	200	.337	.406
Close & Late	.238	790	188	32	3	28	109	105	177	.332	.392	vs. AL	.299	519	155	30	0	21	83	48	104	.362	.478
None on/out	.282	1376	388	82	7	61	115	268	.350	.449		vs. NL	.269	5009	1345	283	29	187	722	533	1015	.345	.449

	ERA	W	L	Sv	Opp	G	IP	BB	SO	Avg	H	2B	3B	HR	RBI	OBP	SLG	CG	ShO	Sup	QS	#P/S	SB	CS	GB	FB	G/F
2001	4.37	93	69	48	65	162	1454.2	486	1228	.261	1453	262	28	221	747	.325	.437	7	6	5.24	76	94	66	49	1926	1620	1.19

2001 Pitching

	ERA	W	L	Sv	G	GS	IP	H	HR	BB	SO		Avg	AB	H	2B	3B	HR	RBI	BB	SO	OBP	SLG
Home	4.57	44	37	20	291	81	741.0	733	122	240	669	vs. Left	.269	2429	653	102	14	97	323	260	518	.341	.442
Away	4.17	49	32	28	276	81	713.2	720	99	246	559	vs. Right	.254	3145	800	160	14	124	424	226	710	.313	.432
Day	4.23	24	21	13	166	45	400.0	398	66	134	350	Inning 1-6	.272	3748	1019	184	18	162	528	316	757	.334	.460
Night	4.43	69	48	35	401	117	1054.2	1055	155	352	878	Inning 7+	.238	1826	434	78	10	59	219	170	471	.308	.388
Grass	4.43	87	66	46	539	153	1374.2	1372	218	465	1166	None on	.253	3278	828	147	21	124	124	259	740	.314	.424
Turf	3.38	6	3	2	28	9	80.0	81	3	21	62	Runners on	.272	2296	625	115	7	97	623	227	488	.340	.455
April	5.23	12	12	6	85	24	215.0	225	40	90	182	Scoring Posn	.265	1275	338	61	6	53	508	157	292	.345	.447
May	4.19	14	13	8	93	27	245.0	248	35	82	196	Close & Late	.231	831	192	32	5	19	100	89	231	.312	.350
June	5.28	15	12	9	96	27	242.0	265	46	68	185	None on/out	.257	1419	364	63	11	54	54	100	315	.311	.431
July	4.58	17	11	9	95	28	249.2	250	35	82	210	vs. 1st Batr (relief)	.260	366	95	20	3	16	47	34	93	.326	.462
August	2.86	21	7	9	93	28	255.0	223	30	68	218	1st Inning Pitched	.246	2003	492	96	11	84	298	186	487	.318	.430
Sept/Oct	4.28	14	14	7	105	28	248.0	242	35	96	237	First 75 Pits (SP)	.258	566	146	36	2	21	74	50	130	.321	.440
Starters	4.67	64	48	0	162	162	961.0	1012	156	303	741	Pitch 76-90	.331	504	167	24	5	29	89	43	79	.384	.571
Relievers	3.79	29	21	48	405	0	493.2	441	65	183	487	Pitch 91-105	.260	304	79	13	0	17	50	25	56	.318	.470
0-3 Days Rest (SP)	4.60	3	1	0	8	8	45.0	51	9	17	32	Pitch 106+	.267	105	28	3	0	3	12	6	15	.361	.381
4 Days Rest	4.80	27	27	0	81	81	484.0	519	81	148	374	First Pitch	.320	759	243	47	2	39	135	12	0	.335	.542
5+ Days Rest	4.54	34	20	0	73	73	432.0	442	66	138	335	Ahead in Count	.197	2908	573	100	15	66	256	0	1084	.207	.310
vs. AL	5.98	9	6	6	57	15	134.0	148	23	50	97	Behind in Count	.386	970	374	64	8	70	204	255	0	.512	.645
vs. NL	4.21	84	63	42	510	147	1320.2	1305	198	436	1131	Two Strikes	.183	2815	516	88	8	71	245	219	1228	.248	.296
Pre-All Star	4.78	48	38	27	302	86	774.0	805	130	263	622	Pre-All Star	.270	2983	805	137	13	130	434	263	622	.333	.455
Post-All Star	3.91	45	31	21	265	76	680.2	648	91	223	606	Post-All Star	.250	2591	648	125	15	91	313	223	606	.317	.415

Games Finished: 155   Inherited Runners: 168   Inherited Runners Scored: 62   Holds: 56

Los Angeles Dodgers — 2001 Record: 86 – 76

2001	Avg	G	AB	R	H	2B	3B	HR	RBI	BB	SO	HBP	GDP	SB	CS	OBP	SLG	IBB	SH	SF	#Pit	#P/PA	GB	FB	G/F
	.255	162	5493	758	1399	264	27	206	714	519	1062	56	115	89	42	.323	.425	45	57	44	22855	3.70	1935	1586	1.22

2001 Batting

	Avg	AB	H	2B	3B	HR	RBI	BB	SO	OBP	SLG		Avg	AB	H	2B	3B	HR	RBI	BB	SO	OBP	SLG
vs. Left	.287	1262	362	75	9	61	195	115	248	.349	.506	First Pitch	.324	706	229	45	8	33	123	30	0	.360	.551
vs. Right	.245	4231	1037	189	18	145	519	404	814	.315	.401	Ahead in Count	.328	1087	356	76	4	67	200	251	0	.452	.590
Home	.248	2645	655	127	11	94	312	270	526	.321	.411	Behind in Count	.201	2721	547	88	11	63	239	0	898	.209	.311
Away	.261	2848	744	137	16	112	402	249	536	.325	.439	Two Strikes	.174	2642	461	88	11	52	212	236	1062	.248	.275
Day	.239	1558	372	78	8	50	194	146	319	.310	.395	Leadoff	.268	701	188	27	5	26	84	37	110	.306	.432
Night	.261	3935	1027	186	19	156	520	373	743	.328	.437	Batting #2	.263	668	176	30	2	14	57	46	112	.320	.377
Grass	.257	5296	1359	255	27	203	697	501	1007	.325	.430	Batting #3	.314	630	198	34	3	43	117	80	91	.393	.583
Turf	.203	197	40	9	0	3	17	18	55	.279	.294	April	.248	825	205	41	7	34	111	77	180	.316	.439
Pre-All Star	.257	2952	759	140	15	112	391	278	586	.324	.429	May	.245	922	226	38	5	29	112	96	195	.318	.392
Post-All Star	.252	2541	640	124	12	94	323	241	476	.322	.421	June	.282	952	268	50	2	41	139	88	171	.348	.467
Inning 1-6	.259	3694	956	180	21	145	479	335	696	.323	.437	July	.252	912	230	45	4	39	124	78	168	.318	.439
Inning 7+	.246	1799	443	84	6	61	235	184	366	.323	.401	August	.260	951	247	49	4	36	117	81	173	.321	.433
Scoring Posn	.273	1231	336	53	6	40	483	179	269	.361	.423	Sept/Oct	.240	931	223	41	5	27	111	99	175	.310	.381
Close & Late	.245	916	224	42	3	32	129	112	205	.334	.402	vs. AL	.242	521	126	22	0	16	55	48	94	.310	.376
None on/out	.268	1427	382	77	8	57	57	87	258	.316	.453	vs. NL	.256	4972	1273	242	27	190	659	471	968	.324	.430

	ERA	W	L	Sv	Opp	G	IP	BB	SO	Avg	H	2B	3B	HR	RBI	OBP	SLG	CG	ShO	Sup	QS	#P/S	SB	CS	GB	FB	G/F
2001	4.25	86	76	46	73	162	1450.2	524	1212	.252	1387	268	26	184	714	.323	.411	3	5	4.70	88	97	82	51	1838	1561	1.18

2001 Pitching

	ERA	W	L	Sv	G	GS	IP	H	HR	BB	SO		Avg	AB	H	2B	3B	HR	RBI	BB	SO	OBP	SLG
Home	3.78	44	37	23	289	81	747.0	675	89	271	624	vs. Left	.254	2511	637	125	12	97	347	270	528	.331	.429
Away	4.75	42	39	23	281	81	703.2	712	95	253	588	vs. Right	.251	2985	750	143	14	87	367	254	684	.317	.396
Day	4.33	22	23	13	166	45	407.2	400	52	155	351	Inning 1-6	.242	3626	876	173	17	114	435	327	798	.312	.393
Night	4.22	64	53	33	404	117	1043.0	987	132	369	861	Inning 7+	.273	1870	511	95	9	70	279	197	414	.346	.446
Grass	4.23	85	71	46	551	156	1401.2	1344	175	511	1158	None on	.247	3199	790	146	18	112	112	265	693	.311	.409
Turf	4.78	1	5	0	19	6	49.0	43	9	13	54	Runners on	.260	2297	597	122	8	72	602	259	519	.340	.414
April	3.46	15	10	8	79	25	224.0	179	27	61	215	Scoring Posn	.267	1287	343	73	5	35	506	184	330	.360	.413
May	4.11	15	13	8	91	28	247.2	217	24	94	225	Close & Late	.259	1012	262	49	3	32	136	105	237	.333	.408
June	5.08	13	14	6	106	27	239.0	246	36	99	202	None on/out	.255	1406	358	66	6	54	109	281	.315	.425
July	4.00	18	9	13	93	27	247.2	249	32	76	174	vs. 1st Batr (relief)	.276	366	101	15	3	20	46	34	82	.342	.497
August	4.66	12	16	6	95	28	247.0	260	36	90	208	1st Inning Pitched	.258	1944	501	91	9	68	283	211	428	.332	.419
Sept/Oct	4.15	13	14	5	106	27	245.1	236	29	104	188	First 75 Pits (SP)	.240	599	144	31	3	15	61	43	145	.303	.377
Starters	4.04	58	50	0	162	162	993.1	924	120	336	822	Pitch 76-90	.255	506	129	23	4	17	63	48	96	.328	.421
Relievers	4.70	28	26	46	408	0	457.1	463	64	188	390	Pitch 91-105	.278	334	93	23	0	15	56	33	68	.359	.482
0-3 Days Rest (SP)	5.10	1	4	0	8	8	42.1	51	7	9	33	Pitch 106+	.270	111	30	4	1	3	16	13	40	.341	.405
4 Days Rest	3.77	36	23	0	84	84	531.2	489	58	185	435	First Pitch	.320	718	230	51	5	26	128	32	0	.359	.514
5+ Days Rest	4.27	21	23	0	70	70	419.1	384	55	142	354	Ahead in Count	.198	2668	528	102	6	50	219	0	1021	.205	.297
vs. AL	5.05	6	9	2	60	15	139.0	152	20	59	110	Behind in Count	.335	1059	355	65	8	66	207	261	0	.468	.599
vs. NL	4.16	80	67	44	510	147	1311.2	1235	164	465	1102	Two Strikes	.186	2682	499	96	8	55	229	231	1212	.254	.289
Pre-All Star	4.23	48	40	26	301	88	782.2	716	97	280	690	Pre-All Star	.242	2955	716	139	13	97	392	280	690	.315	.397
Post-All Star	4.27	38	36	20	269	74	668.0	671	87	244	522	Post-All Star	.264	2541	671	129	13	87	322	244	522	.334	.428

Games Finished: 159   Inherited Runners: 173   Inherited Runners Scored: 57   Holds: 63

Milwaukee Brewers — 2001 Record: 68 – 94

2001	Avg	G	AB	R	H	2B	3B	HR	RBI	BB	SO	HBP	GDP	SB	CS	OBP	SLG	IBB	SH	SF	#Pit	#P/PA	GB	FB	G/F
	.251	162	5488	740	1378	273	30	209	712	488	1399	72	102	66	36	.319	.426	44	65	35	23066	3.75	1702	1489	1.14

2001 Batting

	Avg	AB	H	2B	3B	HR	RBI	BB	SO	OBP	SLG		Avg	AB	H	2B	3B	HR	RBI	BB	SO	OBP	SLG
vs. Left	.265	1252	332	74	9	54	198	114	312	.333	.468	First Pitch	.328	781	256	55	4	36	144	30	0	.359	.547
vs. Right	.247	4236	1046	199	21	155	514	374	1087	.314	.414	Ahead in Count	.369	961	355	73	11	59	188	242	0	.497	.652
Home	.254	2688	684	128	14	107	359	234	693	.319	.424	Behind in Count	.180	2722	490	90	10	65	222	0	1178	.191	.292
Away	.248	2800	694	145	16	102	353	254	706	.318	.420	Two Strikes	.171	2828	484	97	11	73	251	215	1399	.237	.291
Day	.254	1959	497	100	10	71	262	178	507	.325	.424	Leadoff	.276	677	187	47	6	21	69	56	134	.345	.456
Night	.250	3529	881	173	20	138	450	310	892	.315	.427	Batting #2	.278	652	181	25	4	8	57	59	91	.344	.365
Grass	.249	5263	1313	248	29	200	681	470	1340	.317	.422	Batting #3	.235	635	149	31	1	28	90	63	186	.311	.419
Turf	.289	225	65	25	1	9	31	18	59	.350	.529	April	.275	793	218	30	6	39	121	84	195	.349	.475
Pre-All Star	.256	2937	751	144	13	114	397	262	738	.323	.430	May	.244	938	229	52	5	32	138	81	248	.310	.413
Post-All Star	.246	2551	627	129	17	95	315	226	661	.314	.421	June	.258	910	235	42	2	36	108	76	214	.324	.427
Inning 1-6	.260	3713	966	186	22	148	529	326	911	.326	.442	July	.232	884	205	39	2	31	87	53	219	.283	.386
Inning 7+	.232	1775	412	87	8	61	183	162	488	.303	.393	August	.254	977	248	61	9	35	131	103	246	.329	.442
Scoring Posn	.264	1251	330	74	8	44	488	155	331	.347	.441	Sept/Oct	.246	986	243	49	6	36	127	91	231	.318	.418
Close & Late	.215	734	158	34	2	18	66	65	193	.288	.341	vs. AL	.263	513	135	19	1	24	64	37	127	.320	.444
None on/out	.255	1409	359	66	7	58	58	103	321	.312	.435	vs. NL	.250	4975	1243	254	29	185	648	451	1272	.318	.424

509

Milwaukee Brewers

	ERA	W	L	Sv	Opp	G	IP	BB	SO	Avg	H	2B	3B	HR	RBI	OBP	SLG	CG	ShO	Sup	QS	#P/S	SB	CS	GB	FB	G/F
2001	4.64	68	94	28	45	162	1436.1	667	1057	.265	1452	293	38	197	760	.350	.440	3	8	4.64	69	91	93	47	1953	1562	1.25

2001 Pitching

	ERA	W	L	Sv	G	GS	IP	H	HR	BB	SO		Avg	AB	H	2B	3B	HR	RBI	BB	SO	OBP	SLG
Home	4.58	36	45	16	333	81	739.0	743	115	335	538	vs. Left	.262	2260	593	128	11	90	327	335	431	.361	.448
Away	4.70	32	49	12	318	81	697.1	709	82	332	519	vs. Right	.267	3217	859	165	27	107	433	332	626	.343	.435
Day	4.83	28	30	15	230	58	507.0	504	71	230	384	Inning 1-6	.274	3713	1018	206	28	140	565	457	676	.359	.458
Night	4.53	40	64	13	421	104	929.1	948	126	437	673	Inning 7+	.246	1764	434	87	10	57	195	210	381	.332	.404
Grass	4.73	64	92	28	628	156	1380.0	1400	193	649	1001	None on	.269	3088	830	159	17	114	114	288	583	.339	.442
Turf	2.40	4	2	0	23	6	56.1	52	4	18	56	Runners on	.260	2389	622	134	21	83	646	379	474	.364	.436
April	4.37	13	11	5	94	24	212.1	201	36	98	149	Scoring Posn	.241	1381	333	69	14	44	533	284	298	.370	.407
May	3.40	15	13	4	102	28	246.1	226	24	97	184	Close & Late	.249	732	182	42	5	19	89	97	160	.340	.398
June	4.37	11	15	7	104	26	235.0	244	36	108	160	None on/out	.269	1372	369	70	5	43	43	117	225	.334	.421
July	4.84	6	20	2	111	26	234.1	235	39	104	182	vs. 1st Batr (relief)	.231	441	102	17	2	15	52	40	83	.298	.381
August	4.85	14	15	7	115	29	258.0	263	28	138	214	1st Inning Pitched	.242	2152	520	112	15	61	311	279	465	.335	.393
Sept/Oct	5.93	9	20	3	125	29	250.1	283	34	122	168	First 75 Pits (SP)	.278	564	157	27	4	25	85	59	93	.352	.473
Starters	5.12	50	70	0	162	162	893.1	954	131	409	619	Pitch 76-90	.322	444	143	27	2	23	76	58	63	.406	.547
Relievers	3.85	18	24	28	489	0	543.0	498	66	258	438	Pitch 91-105	.301	256	77	21	2	9	35	39	49	.393	.504
0-3 Days Rest (SP)	3.44	1	1	0	3	3	18.1	19	2	11	17	Pitch 106+	.235	81	19	1	0	4	9	12	22	.333	.395
4 Days Rest	5.35	31	42	0	93	93	503.0	550	81	241	333	First Pitch	.341	756	258	45	7	34	150	82	0	.414	.554
5+ Days Rest	4.89	18	27	0	66	66	372.0	385	48	157	269	Ahead in Count	.215	2577	553	110	18	78	282	0	895	.226	.362
vs. AL	4.58	5	10	2	60	15	133.2	134	27	54	104	Behind in Count	.332	1158	384	81	6	56	195	322	0	.475	.557
vs. NL	4.64	63	84	26	591	147	1302.2	1318	170	613	953	Two Strikes	.186	2580	480	98	17	65	243	259	1057	.265	.313
Pre-All Star	3.98	42	44	18	336	86	771.0	747	100	343	544	Pre-All Star	.257	2901	747	140	15	100	348	343	544	.341	.420
Post-All Star	5.40	26	50	10	315	76	665.1	705	97	324	513	Post-All Star	.274	2576	705	153	23	97	412	324	513	.360	.464

Games Finished: 159   Inherited Runners: 246   Inherited Runners Scored: 78   Holds: 64

Montreal Expos

2001 Record: 68 – 94

	Avg	G	AB	R	H	2B	3B	HR	RBI	BB	SO	HBP	GDP	SB	CS	OBP	SLG	IBB	SH	SF	#Pit	#P/PA	GB	FB	G/F
2001	.253	162	5379	670	1361	320	28	131	622	478	1071	60	151	101	51	.319	.396	59	64	45	21924	3.64	2083	1452	1.43

2001 Batting

	Avg	AB	H	2B	3B	HR	RBI	BB	SO	OBP	SLG		Avg	AB	H	2B	3B	HR	RBI	BB	SO	OBP	SLG
vs. Left	.259	1423	368	93	13	34	174	143	289	.326	.414	First Pitch	.327	836	273	66	5	34	133	49	0	.370	.539
vs. Right	.251	3956	993	227	15	97	448	335	782	.316	.390	Ahead in Count	.340	1018	346	78	8	40	168	227	0	.462	.550
Home	.262	2647	693	179	14	68	335	249	524	.329	.415	Behind in Count	.196	2604	510	126	7	38	214	0	914	.202	.293
Away	.245	2732	668	141	14	63	287	229	547	.308	.378	Two Strikes	.177	2567	455	113	9	32	190	202	1071	.242	.266
Day	.274	1606	440	85	11	44	208	134	310	.333	.423	Leadoff	.252	655	165	34	7	6	49	55	117	.312	.353
Night	.244	3773	921	235	17	87	414	344	761	.312	.385	Batting #2	.317	650	206	46	3	17	69	44	87	.373	.475
Grass	.235	2310	543	109	14	49	231	190	465	.298	.358	Batting #3	.281	630	177	38	2	29	98	59	133	.350	.486
Turf	.267	3069	818	211	14	82	391	288	606	.334	.425	April	.237	835	198	36	5	24	89	81	182	.312	.378
Pre-All Star	.257	2935	754	171	14	78	359	267	612	.325	.404	May	.255	945	241	64	6	25	108	81	208	.317	.415
Post-All Star	.248	2444	607	149	14	53	263	211	459	.311	.386	June	.254	905	230	54	3	18	115	77	183	.319	.380
Inning 1-6	.250	3589	897	203	21	94	435	300	723	.313	.397	July	.282	879	248	54	4	30	123	92	160	.356	.455
Inning 7+	.259	1790	464	117	7	37	187	178	348	.330	.394	August	.239	883	211	50	3	19	89	65	156	.297	.367
Scoring Posn	.256	1305	334	85	9	27	473	198	259	.351	.397	Sept/Oct	.250	932	233	62	7	15	98	82	182	.308	.380
Close & Late	.261	773	202	59	1	18	90	90	159	.338	.410	vs. AL	.277	607	168	33	3	22	84	60	115	.348	.450
None on/out	.264	1385	366	85	6	32	32	94	275	.317	.404	vs. NL	.250	4772	1193	287	25	109	538	418	956	.315	.389

	ERA	W	L	Sv	Opp	G	IP	BB	SO	Avg	H	2B	3B	HR	RBI	OBP	SLG	CG	ShO	Sup	QS	#P/S	SB	CS	GB	FB	G/F
2001	4.68	68	94	28	46	162	1431.1	525	1103	.272	1509	306	30	190	773	.339	.441	5	11	4.21	66	93	128	33	1990	1600	1.24

2001 Pitching

	ERA	W	L	Sv	G	GS	IP	H	HR	BB	SO		Avg	AB	H	2B	3B	HR	RBI	BB	SO	OBP	SLG
Home	4.82	34	47	13	343	81	736.0	785	104	256	568	vs. Left	.290	2255	655	127	20	81	337	253	411	.364	.472
Away	4.54	34	47	15	310	81	695.1	724	86	269	535	vs. Right	.259	3292	854	179	10	109	436	272	692	.322	.419
Day	4.58	24	23	8	200	47	418.1	448	42	153	359	Inning 1-6	.282	3787	1069	213	24	133	561	355	730	.348	.457
Night	4.73	44	71	20	453	115	1013.0	1061	148	372	744	Inning 7+	.250	1760	440	93	6	57	212	170	373	.320	.407
Grass	4.34	29	40	13	265	69	591.1	610	71	227	447	None on	.269	3127	842	175	21	110	110	244	641	.328	.444
Turf	4.93	39	54	15	388	93	840.0	899	119	298	656	Runners on	.276	2420	667	131	9	80	663	281	462	.353	.436
April	3.93	11	14	4	105	25	222.0	211	24	85	174	Scoring Posn	.280	1444	405	87	4	48	578	211	294	.373	.466
May	5.73	10	19	5	123	29	253.0	275	40	109	190	Close & Late	.252	687	173	39	1	25	91	75	161	.329	.421
June	4.24	12	15	2	99	27	238.0	240	27	94	148	None on/out	.275	1384	380	84	11	47	47	97	245	.328	.453
July	5.45	12	14	5	105	26	231.1	270	33	82	180	vs. 1st Batr (relief)	.283	435	123	19	4	14	46	44	79	.356	.441
August	4.33	13	14	6	97	27	239.0	248	37	70	202	1st Inning Pitched	.269	2209	595	109	14	72	353	230	453	.342	.429
Sept/Oct	4.35	10	18	6	124	28	248.0	265	29	85	209	First 75 Pits (SP)	.297	575	171	35	6	21	82	58	113	.365	.489
Starters	4.76	48	75	0	162	162	926.1	989	125	329	705	Pitch 76-90	.305	452	138	33	2	24	85	35	85	.361	.546
Relievers	4.54	20	19	28	491	0	505.0	520	65	196	398	Pitch 91-105	.277	288	81	24	0	9	48	26	55	.345	.458
0-3 Days Rest (SP)	4.31	0	5	0	6	6	31.1	37	4	13	19	Pitch 106+	.160	100	16	4	2	2	9	7	28	.215	.300
4 Days Rest	4.91	30	41	0	93	93	541.0	570	72	198	432	First Pitch	.355	809	287	57	8	41	166	29	0	.383	.597
5+ Days Rest	4.58	18	29	0	63	63	354.0	382	49	118	254	Ahead in Count	.203	2621	533	92	22	58	221	0	930	.212	.297
vs. AL	5.47	8	10	2	71	18	161.1	193	24	68	106	Behind in Count	.353	1102	389	94	10	56	206	250	0	.472	.609
vs. NL	4.59	60	84	26	582	144	1270.0	1316	166	457	997	Two Strikes	.195	2655	519	99	7	56	251	245	1103	.269	.301
Pre-All Star	4.80	37	51	14	359	88	776.1	802	98	314	556	Pre-All Star	.269	2982	802	167	19	98	433	314	556	.343	.436
Post-All Star	4.55	31	43	14	294	74	655.0	707	92	211	547	Post-All Star	.276	2565	707	139	11	92	340	211	547	.334	.446

Games Finished: 157   Inherited Runners: 228   Inherited Runners Scored: 74   Holds: 57

510

New York Mets
2001 Record: 82 – 80

2001	Avg	G	AB	R	H	2B	3B	HR	RBI	BB	SO	HBP	GDP	SB	CS	OBP	SLG	IBB	SH	SF	#Pit	#P/PA	GB	FB	G/F
	.249	162	5459	642	1361	273	18	147	608	545	1062	65	124	66	48	.323	.387	59	52	35	23332	3.79	1919	1587	1.21

2001 Batting

	Avg	AB	H	2B	3B	HR	RBI	BB	SO	OBP	SLG		Avg	AB	H	2B	3B	HR	RBI	BB	SO	OBP	SLG
vs. Left	.251	1053	264	50	4	31	116	123	211	.333	.394	First Pitch	.305	655	200	42	1	25	89	44	0	.357	.487
vs. Right	.249	4406	1097	223	14	116	492	422	851	.320	.385	Ahead in Count	.295	1089	321	70	3	44	158	255	0	.427	.486
Home	.242	2645	640	127	9	65	281	272	511	.319	.371	Behind in Count	.209	2675	558	100	9	53	232	0	907	.220	.312
Away	.256	2814	721	146	9	82	327	273	551	.327	.402	Two Strikes	.188	2668	502	93	8	38	213	246	1062	.264	.272
Day	.247	1906	470	90	2	56	196	181	396	.315	.384	Leadoff	.261	682	178	44	6	7	49	53	130	.328	.374
Night	.251	3553	891	183	16	91	412	364	666	.327	.388	Batting #2	.262	667	175	30	0	18	56	54	97	.323	.388
Grass	.244	4713	1152	226	16	125	513	479	918	.320	.379	Batting #3	.285	615	175	36	0	35	88	90	121	.378	.514
Turf	.280	746	209	47	2	22	95	66	144	.344	.437	April	.240	840	202	39	4	24	86	81	148	.313	.382
Pre-All Star	.246	3004	740	146	9	81	324	301	587	.318	.382	May	.246	967	238	56	2	23	112	96	200	.318	.380
Post-All Star	.253	2455	621	127	9	66	284	244	475	.329	.393	June	.260	963	250	43	2	31	112	102	175	.332	.405
Inning 1-6	.254	3697	940	189	14	93	395	351	679	.324	.388	July	.240	828	199	40	3	16	71	83	164	.319	.354
Inning 7+	.239	1762	421	84	4	54	213	194	383	.320	.383	August	.243	921	224	42	5	23	103	106	195	.329	.375
Scoring Posn	.238	1360	323	65	5	22	440	216	265	.343	.341	Sept/Oct	.264	940	248	53	2	30	124	77	178	.317	.420
Close & Late	.271	890	241	43	2	29	129	102	182	.351	.421	vs. AL	.253	609	154	27	1	19	69	63	112	.329	.394
None on/out	.248	1385	344	64	4	43	43	97	267	.306	.394	vs. NL	.249	4850	1207	246	17	128	539	482	950	.322	.386

	ERA	W	L	Sv	Opp	G	IP	BB	SO	Avg	H	2B	3B	HR	RBI	OBP	SLG	CG	ShO	Sup	QS	#P/S	SB	CS	GB	FB	G/F
2001	4.07	82	80	48	64	162	1445.2	438	1191	.257	1418	266	33	186	689	.314	.419	6	14	4.00	98	97	131	40	1827	1604	1.14

2001 Pitching

	ERA	W	L	Sv	G	GS	IP	H	HR	BB	SO		Avg	AB	H	2B	3B	HR	RBI	BB	SO	OBP	SLG
Home	3.70	44	37	24	271	81	746.0	698	91	214	655	vs. Left	.255	1932	492	103	10	66	251	185	365	.324	.421
Away	4.46	38	43	24	288	81	699.2	720	95	224	536	vs. Right	.259	3580	926	163	23	120	438	253	826	.309	.418
Day	4.53	22	34	12	197	56	498.1	530	79	150	395	Inning 1-6	.260	3700	963	186	24	116	459	255	773	.310	.418
Night	3.83	60	46	36	362	106	947.1	888	107	288	796	Inning 7+	.251	1812	455	80	9	70	230	183	418	.323	.421
Grass	4.04	70	71	41	488	141	1265.2	1246	161	380	1054	None on	.251	3319	833	142	19	115	115	209	735	.300	.409
Turf	4.30	12	9	7	71	21	180.0	172	25	58	137	Runners on	.267	2193	585	124	14	71	574	229	456	.335	.433
April	4.72	10	15	3	90	25	219.1	238	31	65	172	Scoring Posn	.258	1277	330	80	11	41	499	178	288	.342	.435
May	5.17	12	17	7	107	29	257.2	302	42	82	214	Close & Late	.245	907	222	36	5	38	127	108	223	.328	.421
June	3.88	13	15	9	96	28	248.0	231	23	80	190	None on	.250	1430	358	58	5	48	48	76	313	.294	.399
July	3.02	14	11	9	81	25	223.1	192	26	48	189	vs. 1st Batr (relief)	.228	359	82	11	0	10	36	28	91	.289	.343
August	3.95	15	13	11	90	28	252.2	231	39	87	222	1st Inning Pitched	.247	1959	483	85	9	60	289	195	464	.316	.391
Sept/Oct	3.60	18	9	9	95	27	244.2	224	25	76	204	First 75 Pits (SP)	.247	535	132	23	4	15	59	43	120	.304	.389
Starters	4.11	54	57	0	162	162	981.2	976	122	258	778	Pitch 76-90	.286	497	142	24	8	24	63	43	93	.342	.511
Relievers	4.00	28	23	48	397	0	464.0	442	64	180	413	Pitch 91-105	.257	354	91	14	0	11	39	26	72	.316	.390
0-3 Days Rest (SP)	1.59	0	0	0	1	1	5.2	3	1	2	4	Pitch 106+	.236	157	37	14	2	6	19	10	40	.286	.465
4 Days Rest	4.25	25	22	0	72	72	444.1	457	63	105	352	First Pitch	.359	727	261	40	5	35	131	48	0	.396	.572
5+ Days Rest	4.01	29	35	0	89	89	531.2	516	58	151	422	Ahead in Count	.198	2734	541	94	10	56	226	0	1007	.205	.301
vs. AL	2.66	10	8	6	56	18	159.0	125	14	50	137	Behind in Count	.335	970	325	76	9	56	194	195	0	.442	.605
vs. NL	4.25	72	72	40	503	144	1286.2	1293	172	388	1054	Two Strikes	.187	2773	518	97	14	58	225	194	1101	.245	.295
Pre-All Star	4.51	38	51	22	316	89	787.0	822	104	248	620	Pre-All Star	.268	3066	822	161	17	104	416	248	620	.326	.433
Post-All Star	3.55	44	29	26	243	73	658.2	596	82	190	571	Post-All Star	.244	2446	596	105	16	82	273	190	571	.299	.400

Games Finished: 156 Inherited Runners: 173 Inherited Runners Scored: 58 Holds: 46

Philadelphia Phillies
2001 Record: 86 – 76

2001	Avg	G	AB	R	H	2B	3B	HR	RBI	BB	SO	HBP	GDP	SB	CS	OBP	SLG	IBB	SH	SF	#Pit	#P/PA	GB	FB	G/F
	.260	162	5497	746	1431	295	29	164	708	551	1125	43	104	153	47	.329	.414	52	67	61	23211	3.73	1834	1563	1.17

2001 Batting

	Avg	AB	H	2B	3B	HR	RBI	BB	SO	OBP	SLG		Avg	AB	H	2B	3B	HR	RBI	BB	SO	OBP	SLG
vs. Left	.279	1264	353	73	6	38	181	154	249	.359	.437	First Pitch	.338	717	242	58	4	21	117	46	0	.373	.517
vs. Right	.255	4233	1078	222	23	126	527	397	876	.320	.407	Ahead in Count	.351	1043	366	77	7	65	216	257	0	.475	.625
Home	.257	2677	689	151	16	83	357	283	543	.329	.419	Behind in Count	.198	2678	531	100	9	43	224	0	943	.204	.291
Away	.263	2820	742	144	13	81	351	268	582	.329	.410	Two Strikes	.184	2686	493	93	10	49	220	247	1125	.256	.280
Day	.255	1806	460	92	9	47	220	181	388	.324	.394	Leadoff	.264	700	185	33	7	17	53	44	110	.309	.404
Night	.263	3691	971	203	20	117	488	370	737	.332	.424	Batting #2	.270	678	183	24	9	10	51	44	100	.314	.376
Grass	.266	2373	632	120	12	68	288	224	489	.332	.415	Batting #3	.293	604	177	46	4	37	114	102	135	.396	.566
Turf	.256	3124	799	175	17	96	420	327	636	.327	.413	April	.244	802	196	35	2	22	94	87	185	.320	.375
Pre-All Star	.264	2965	783	166	16	84	408	313	598	.334	.416	May	.275	953	262	60	5	31	130	107	190	.349	.446
Post-All Star	.256	2532	648	129	13	80	300	238	527	.323	.412	June	.266	959	255	62	9	26	150	94	177	.330	.431
Inning 1-6	.262	3719	973	202	18	112	472	348	719	.326	.416	July	.272	917	249	43	9	25	111	72	182	.326	.407
Inning 7+	.258	1778	458	93	11	52	236	203	406	.336	.410	August	.261	947	247	58	5	30	122	94	220	.331	.428
Scoring Posn	.265	1373	364	79	6	33	518	202	305	.349	.403	Sept/Oct	.242	919	222	37	5	30	101	97	171	.312	.391
Close & Late	.260	917	238	45	6	26	120	118	207	.344	.407	vs. AL	.257	642	165	38	2	21	86	62	127	.325	.421
None on/out	.259	1381	358	73	8	45	45	110	261	.321	.421	vs. NL	.261	4855	1266	257	27	143	622	489	998	.330	.413

511

Philadelphia Phillies

	ERA	W	L	Sv	Opp	G	IP	BB	SO	Avg	H	2B	3B	HR	RBI	OBP	SLG	CG	ShO	Sup	QS	#P/S	SB	CS	GB	FB	G/F
2001	4.15	86	76	47	71	162	1445.1	527	1086	.259	1417	322	38	170	685	.329	.424	8	7	4.65	81	94	57	32	1855	1622	1.14

2001 Pitching

	ERA	W	L	Sv	G	GS	IP	H	HR	BB	SO		Avg	AB	H	2B	3B	HR	RBI	BB	SO	OBP	SLG
Home	3.84	47	34	23	322	81	748.0	698	81	265	578	vs. Left	.268	1838	492	114	13	55	234	223	370	.354	.434
Away	4.49	39	42	24	313	81	697.1	719	89	262	508	vs. Right	.254	3641	925	208	25	115	451	304	716	.316	.420
Day	4.30	25	28	14	228	53	468.1	476	57	188	354	Inning 1-6	.260	3682	956	224	28	124	479	350	723	.329	.424
Night	4.08	61	48	33	407	109	977.0	941	113	339	732	Inning 7+	.257	1797	461	98	10	46	206	177	363	.329	.399
Grass	4.38	34	34	22	268	68	588.0	604	74	227	428	None on	.256	3157	808	179	26	109	109	260	617	.319	.433
Turf	4.00	52	42	25	367	94	857.1	813	96	300	658	Runners on	.262	2322	609	143	12	61	576	267	469	.341	.413
April	3.77	14	10	8	98	24	212.2	206	27	88	176	Scoring Posn	.259	1324	343	79	9	36	493	194	285	.351	.414
May	3.97	20	8	12	98	28	256.0	229	29	96	215	Close & Late	.256	973	249	49	4	27	124	98	211	.329	.398
June	5.79	12	16	5	118	28	244.0	288	42	87	186	None on/out	.255	1394	356	84	10	46	102	258	.312	.429
July	4.08	11	15	6	103	26	236.0	229	30	75	139	vs. 1st Batr (relief)	.259	424	110	27	4	6	57	35	92	.320	.384
August	4.11	14	14	8	113	28	247.1	251	23	96	184	1st Inning Pitched	.255	2042	521	116	14	52	285	199	412	.328	.402
Sept/Oct	3.18	15	13	8	107	28	249.1	214	19	85	186	First 75 Pits (SP)	.252	579	146	37	4	23	74	44	129	.310	.449
Starters	4.30	58	49	0	162	162	960.2	941	125	345	714	Pitch 76-90	.262	470	123	32	6	11	57	56	76	.344	.426
Relievers	3.86	28	27	47	473	0	484.2	476	45	182	372	Pitch 91-105	.277	296	82	17	2	11	35	31	55	.352	.459
0-3 Days Rest (SP)	9.00	0	0	0	1	1	4.0	7	1	1	1	Pitch 106+	.215	107	23	4	0	4	7	2	13	.306	.364
4 Days Rest	4.33	25	22	0	72	72	426.0	434	53	154	297	First Pitch	.356	751	267	53	8	35	126	49	0	.403	.587
5+ Days Rest	4.24	33	27	0	89	89	530.2	500	71	190	416	Ahead in Count	.199	2645	526	130	15	47	231	0	915	.209	.313
vs. AL	4.12	7	11	4	76	18	166.0	157	26	63	113	Behind in Count	.339	1093	371	81	12	57	199	249	0	.463	.592
vs. NL	4.16	79	65	43	559	144	1279.1	1260	144	464	973	Two Strikes	.173	2554	442	112	14	41	214	229	1086	.248	.276
Pre-All Star	4.55	50	37	28	341	87	773.2	783	107	294	622	Pre-All Star	.264	2961	783	185	22	107	406	294	622	.335	.450
Post-All Star	3.70	36	39	19	294	75	671.2	634	63	233	464	Post-All Star	.252	2518	634	137	16	63	279	233	464	.322	.394

Games Finished: 154   Inherited Runners: 298   Inherited Runners Scored: 92   Holds: 69

Pittsburgh Pirates

2001 Record: 62 – 100

	Avg	G	AB	R	H	2B	3B	HR	RBI	BB	SO	HBP	GDP	SB	CS	OBP	SLG	IBB	SH	SF	#Pit	#P/PA	GB	FB	G/F
2001	.247	162	5398	657	1333	256	25	161	618	467	1106	67	114	93	73	.313	.393	51	60	35	22146	3.67	1903	1647	1.16

2001 Batting

	Avg	AB	H	2B	3B	HR	RBI	BB	SO	OBP	SLG		Avg	AB	H	2B	3B	HR	RBI	BB	SO	OBP	SLG
vs. Left	.240	1017	244	54	3	30	121	95	215	.309	.387	First Pitch	.299	777	232	47	4	33	109	42	0	.339	.497
vs. Right	.249	4381	1089	202	22	131	497	372	891	.314	.394	Ahead in Count	.347	974	338	70	7	42	159	228	0	.470	.563
Home	.256	2670	683	139	11	75	321	225	502	.320	.400	Behind in Count	.192	2625	504	91	10	57	228	0	939	.204	.300
Away	.238	2728	650	117	14	86	297	242	604	.306	.386	Two Strikes	.176	2586	455	87	10	51	202	195	1106	.242	.276
Day	.245	1581	387	69	7	40	167	125	333	.307	.373	Leadoff	.231	674	156	20	6	6	35	60	111	.300	.306
Night	.248	3817	946	187	18	121	451	342	773	.315	.401	Batting #2	.215	659	142	30	1	8	48	34	126	.258	.300
Grass	.248	5087	1261	244	23	148	583	439	1037	.314	.392	Batting #3	.318	619	197	32	4	30	93	72	83	.394	.528
Turf	.232	311	72	12	2	13	35	28	69	.299	.408	April	.235	765	180	34	3	24	80	57	174	.295	.382
Pre-All Star	.250	2911	729	156	13	90	354	275	586	.322	.406	May	.239	946	226	49	7	27	105	96	193	.315	.391
Post-All Star	.243	2487	604	100	12	71	264	192	520	.303	.378	June	.267	917	245	58	3	29	127	96	162	.345	.432
Inning 1-6	.248	3646	906	173	16	104	428	313	727	.312	.390	July	.261	913	238	42	2	10	104	64	174	.314	.406
Inning 7+	.244	1752	427	83	9	57	190	154	379	.311	.399	August	.241	906	218	33	8	29	93	59	202	.292	.391
Scoring Posn	.246	1242	306	68	8	36	436	174	259	.339	.401	Sept/Oct	.238	951	226	40	2	23	109	95	201	.304	.356
Close & Late	.254	777	197	34	6	29	114	64	162	.322	.425	vs. AL	.263	501	132	20	3	15	67	44	89	.326	.405
None on/out	.249	1391	347	63	6	34	34	85	272	.300	.377	vs. NL	.245	4897	1201	236	22	146	551	423	1017	.312	.392

	ERA	W	L	Sv	Opp	G	IP	BB	SO	Avg	H	2B	3B	HR	RBI	OBP	SLG	CG	ShO	Sup	QS	#P/S	SB	CS	GB	FB	G/F
2001	5.05	62	100	36	51	162	1416.1	549	908	.272	1493	310	36	167	812	.344	.433	8	9	4.17	59	87	37	2161	1569	1.38

2001 Pitching

	ERA	W	L	Sv	G	GS	IP	H	HR	BB	SO		Avg	AB	H	2B	3B	HR	RBI	BB	SO	OBP	SLG
Home	4.63	38	43	22	297	81	736.0	737	75	277	466	vs. Left	.290	1974	573	132	15	69	314	224	327	.369	.477
Away	5.49	24	57	14	275	81	680.1	756	92	272	442	vs. Right	.262	3511	920	178	21	98	498	325	581	.330	.408
Day	5.36	18	29	11	158	47	406.0	452	57	135	249	Inning 1-6	.280	3791	1062	215	24	122	592	370	554	.350	.446
Night	4.92	44	71	25	404	115	1010.1	1041	110	414	659	Inning 7+	.254	1694	431	95	12	45	220	179	354	.331	.404
Grass	4.92	61	92	35	541	153	1343.0	1395	160	514	863	None on	.260	3080	802	167	23	91	91	243	520	.323	.418
Turf	7.36	1	8	1	31	9	73.1	98	7	35	45	Runners on	.287	2405	691	143	13	76	721	306	388	.370	.452
April	4.66	9	14	4	85	23	199.0	200	23	80	152	Scoring Posn	.296	1424	421	92	8	42	623	225	249	.389	.460
May	5.71	8	20	5	105	28	246.0	278	34	100	163	Close & Late	.257	669	172	42	5	19	89	79	153	.342	.420
June	5.59	12	15	6	91	28	238.1	263	21	93	149	None on/out	.280	1366	382	80	11	41	41	92	218	.333	.444
July	4.73	12	15	7	87	27	237.2	237	27	75	152	vs. 1st Batr (relief)	.266	372	99	22	2	13	63	33	79	.327	.441
August	4.87	8	20	5	96	28	240.1	265	32	110	134	1st Inning Pitched	.252	1998	504	116	11	66	344	231	390	.337	.420
Sept/Oct	4.66	13	16	7	108	29	255.0	250	30	91	158	First 75 Pits (SP)	.280	535	150	31	4	15	87	50	80	.348	.437
Starters	5.29	41	81	0	162	162	914.2	1016	114	338	503	Pitch 76-90	.309	433	134	20	4	16	68	27	57	.357	.485
Relievers	4.59	21	19	36	410	0	501.2	477	53	211	405	Pitch 91-105	.265	204	54	8	2	5	28	25	34	.349	.397
0-3 Days Rest (SP)	3.46	1	1	0	3	3	13.0	14	1	4	9	Pitch 106+	.241	58	14	2	0	1	6	8	8	.333	.328
4 Days Rest	5.04	18	38	0	75	75	442.2	482	57	156	240	First Pitch	.331	894	296	71	12	22	130	57	0	.376	.511
5+ Days Rest	5.59	22	42	0	84	84	459.0	520	56	178	254	Ahead in Count	.214	2845	507	91	10	58	282	0	747	.228	.335
vs. AL	4.40	8	7	4	40	15	129.0	133	15	40	77	Behind in Count	.328	1199	393	85	6	54	244	272	0	.452	.544
vs. NL	5.11	54	93	32	532	147	1287.1	1360	152	509	831	Two Strikes	.205	2305	472	87	11	59	265	218	908	.281	.329
Pre-All Star	5.35	33	53	18	308	86	751.1	817	90	294	503	Pre-All Star	.277	2946	817	164	20	90	453	294	503	.348	.438
Post-All Star	4.70	29	47	18	264	76	665.0	676	77	255	405	Post-All Star	.266	2539	676	146	16	77	359	255	405	.340	.427

Games Finished: 154   Inherited Runners: 242   Inherited Runners Scored: 91   Holds: 48

San Diego Padres — 2001 Record: 79 – 83

2001	Avg	G	AB	R	H	2B	3B	HR	RBI	BB	SO	HBP	GDP	SB	CS	OBP	SLG	IBB	SH	SF	#Pit	#P/PA	GB	FB	G/F
	.252	162	5482	789	1379	273	26	161	753	678	1273	41	121	129	44	.336	.399	37	29	48	24468	3.90	1809	1496	1.21

2001 Batting

	Avg	AB	H	2B	3B	HR	RBI	BB	SO	OBP	SLG		Avg	AB	H	2B	3B	HR	RBI	BB	SO	OBP	SLG
vs. Left	.265	1505	399	88	3	36	202	193	346	.351	.399	First Pitch	.330	696	230	46	2	27	135	30	0	.365	.519
vs. Right	.246	3977	980	185	23	125	551	485	927	.330	.399	Ahead in Count	.329	1064	350	71	2	49	189	314	0	.479	.538
Home	.233	2634	614	116	15	69	310	330	643	.320	.367	Behind in Count	.196	2642	517	98	14	52	268	0	1047	.201	.302
Away	.269	2848	765	157	11	92	443	348	630	.350	.428	Two Strikes	.179	2789	500	97	11	56	286	333	1273	.269	.282
Day	.268	1776	476	82	7	63	283	226	400	.352	.428	Leadoff	.231	644	149	31	5	11	69	112	168	.349	.346
Night	.244	3706	903	191	19	98	470	452	873	.328	.385	Batting #2	.286	667	191	42	5	13	80	72	124	.357	.423
Grass	.251	5273	1323	266	26	153	719	654	1240	.335	.398	Batting #3	.291	625	182	41	6	33	127	97	104	.384	.534
Turf	.268	209	56	7	0	8	34	24	33	.347	.416	April	.261	863	225	48	7	18	121	110	198	.348	.395
Pre-All Star	.257	3010	774	154	16	84	432	401	683	.346	.403	May	.258	955	246	47	4	36	146	123	217	.345	.428
Post-All Star	.245	2472	605	119	10	77	321	277	590	.323	.394	June	.252	971	245	49	3	24	131	132	208	.342	.383
Inning 1-6	.256	3702	948	178	20	109	519	445	833	.337	.403	July	.251	816	205	38	4	24	107	107	207	.340	.396
Inning 7+	.242	1780	431	95	6	52	234	233	440	.332	.390	August	.258	971	251	49	5	28	124	115	219	.336	.406
Scoring Posn	.267	1407	375	82	8	42	573	242	338	.385	.426	Sept/Oct	.228	906	207	42	3	31	107	91	224	.297	.384
Close & Late	.234	769	180	33	2	20	103	111	195	.334	.360	vs. AL	.264	503	133	19	1	16	72	61	103	.346	.402
None on/out	.262	1356	355	63	6	42	42	133	302	.335	.410	vs. NL	.250	4979	1246	254	25	145	681	617	1170	.335	.399

2001	ERA	W	L	Sv	Opp	G	IP	BB	SO	Avg	H	2B	3B	HR	RBI	OBP	SLG	CG	ShO	Sup	QS	#P/S	SB	CS	GB	FB	G/F
	4.52	79	83	46	66	162	1440.2	476	1088	.269	1519	294	34	219	768	.330	.450	5	6	4.93	77	94	94	52	1979	1563	1.27

2001 Pitching

	ERA	W	L	Sv	G	GS	IP	H	HR	BB	SO		Avg	AB	H	2B	3B	HR	RBI	BB	SO	OBP	SLG
Home	4.09	35	46	19	284	81	742.0	728	109	241	588	vs. Left	.270	2400	648	142	17	104	342	241	463	.339	.473
Away	4.99	44	37	27	300	81	698.2	791	110	235	500	vs. Right	.269	3241	871	152	17	115	426	235	625	.323	.433
Day	4.89	29	23	16	201	52	466.0	481	80	173	359	Inning 1-6	.279	3841	1070	220	27	163	564	295	685	.332	.477
Night	4.35	50	60	30	383	110	974.2	1038	139	303	729	Inning 7+	.249	1800	449	74	7	56	204	181	403	.324	.392
Grass	4.53	76	80	45	564	156	1389.2	1464	214	464	1040	None on/out	.271	3233	875	178	21	126	126	214	618	.322	.456
Turf	4.41	3	3	1	20	6	51.0	55	5	12	48	Runners on	.267	2408	644	116	13	93	642	262	470	.340	.442
April	4.59	10	15	3	86	25	223.1	220	36	81	195	Scoring Posn	.262	1402	367	65	9	49	528	186	297	.344	.426
May	3.53	17	11	10	91	28	250.0	241	27	70	198	Close & Late	.250	713	178	34	3	21	89	73	170	.329	.394
June	5.34	10	18	6	99	28	249.1	290	47	86	193	None on/out	.287	1435	412	77	14	53	53	71	261	.327	.471
July	4.51	14	11	8	90	25	219.2	246	33	55	162	vs. 1st Batr (relief)	.265	374	99	15	2	15	54	38	98	.333	.436
August	3.82	16	13	10	103	29	254.1	236	33	78	174	1st Inning Pitched	.258	1962	507	97	11	72	307	221	442	.340	.429
Sept/Oct	5.39	12	15	9	115	27	244.0	286	43	106	162	First 75 Pits (SP)	.251	610	153	29	4	18	67	31	100	.287	.400
Starters	4.67	59	64	0	162	162	982.2	1079	161	269	662	Pitch 76-90	.288	504	145	28	2	27	67	41	76	.342	.512
Relievers	4.21	20	19	46	422	0	458.0	440	58	207	426	Pitch 91-105	.266	327	87	14	0	11	40	19	61	.308	.410
0-3 Days Rest (SP)	2.45	1	0	0	1	1	7.1	4	1	1	7	Pitch 106+	.198	96	19	3	1	2	4	12	17	.294	.313
4 Days Rest	5.01	28	29	0	75	75	458.0	519	83	114	302	First Pitch	.335	785	263	58	6	39	147	39	0	.370	.573
5+ Days Rest	4.40	30	35	0	86	86	517.1	556	77	154	353	Ahead in Count	.209	2724	568	89	12	71	246	0	927	.214	.328
vs. AL	5.13	6	9	4	53	15	131.2	150	19	37	105	Behind in Count	.364	1160	422	88	12	72	232	227	0	.469	.647
vs. NL	4.46	73	74	42	531	147	1309.0	1369	200	439	983	Two Strikes	.180	2636	474	90	8	58	217	209	1088	.245	.286
Pre-All Star	4.41	41	47	21	300	88	785.2	814	116	252	641	Pre-All Star	.265	3071	814	156	18	116	418	252	641	.324	.441
Post-All Star	4.66	38	36	25	284	74	655.0	705	103	224	447	Post-All Star	.274	2570	705	138	16	103	350	224	447	.337	.461

Games Finished: 157   Inherited Runners: 254   Inherited Runners Scored: 79   Holds: 53

San Francisco Giants — 2001 Record: 90 – 72

2001	Avg	G	AB	R	H	2B	3B	HR	RBI	BB	SO	HBP	GDP	SB	CS	OBP	SLG	IBB	SH	SF	#Pit	#P/PA	GB	FB	G/F
	.266	162	5612	799	1493	304	40	235	775	625	1090	50	108	57	42	.342	.460	79	67	54	23240	3.63	1847	1777	1.04

2001 Batting

	Avg	AB	H	2B	3B	HR	RBI	BB	SO	OBP	SLG		Avg	AB	H	2B	3B	HR	RBI	BB	SO	OBP	SLG
vs. Left	.291	1272	370	84	13	55	193	139	229	.361	.507	First Pitch	.348	847	295	58	10	44	160	64	0	.392	.596
vs. Right	.259	4340	1123	220	27	180	582	486	861	.336	.446	Ahead in Count	.365	1189	434	95	13	77	243	286	0	.486	.661
Home	.256	2705	692	148	25	97	343	321	507	.338	.437	Behind in Count	.192	2481	476	94	14	64	214	0	889	.198	.318
Away	.276	2907	801	156	15	138	432	304	583	.345	.482	Two Strikes	.168	2498	420	84	10	64	210	275	1090	.254	.287
Day	.265	1920	509	109	14	83	267	214	391	.341	.466	Leadoff	.253	708	179	33	6	18	69	59	123	.315	.393
Night	.267	3692	984	195	26	152	508	411	699	.342	.457	Batting #2	.319	698	223	41	9	37	104	55	94	.367	.554
Grass	.265	5399	1432	293	38	225	741	605	1049	.341	.459	Batting #3	.312	554	173	37	4	66	134	177	101	.484	.751
Turf	.286	213	61	11	2	10	34	20	41	.351	.498	April	.246	796	196	43	6	32	105	83	164	.320	.436
Pre-All Star	.261	3035	793	159	26	118	403	338	616	.337	.447	May	.263	1014	267	52	10	45	140	122	206	.343	.467
Post-All Star	.272	2577	700	145	14	117	372	287	474	.347	.475	June	.274	930	255	49	6	33	130	103	193	.349	.446
Inning 1-6	.275	3766	1034	205	27	169	553	409	707	.347	.478	July	.267	953	254	50	9	42	130	96	173	.337	.470
Inning 7+	.249	1846	459	99	13	66	222	216	383	.331	.424	August	.280	975	273	54	5	41	137	104	170	.350	.472
Scoring Posn	.252	1374	346	75	6	43	512	235	302	.355	.409	Sept/Oct	.263	944	248	56	4	42	133	117	184	.343	.464
Close & Late	.241	869	209	47	6	33	108	111	209	.331	.422	vs. AL	.233	489	114	21	2	16	55	45	91	.300	.382
None on/out	.268	1416	380	78	12	61	61	117	258	.328	.470	vs. NL	.269	5123	1379	283	38	219	720	580	999	.346	.467

513

San Francisco Giants

	ERA	W	L	Sv	Opp	G	IP	BB	SO	Avg	H	2B	3B	HR	RBI	OBP	SLG	CG	ShO	Sup	QS	#P/S	SB	CS	GB	FB	G/F
2001	4.18	90	72	47	63	162	1463.1	579	1080	.258	1437	286	43	145	710	.329	.404	3	8	4.91	80	100	86	45	1888	1672	1.13

2001 Pitching

	ERA	W	L	Sv	G	GS	IP	H	HR	BB	SO		Avg	AB	H	2B	3B	HR	RBI	BB	SO	OBP	SLG
Home	3.79	49	32	28	304	81	751.0	710	49	273	559	vs. Left	.272	2216	602	105	19	51	299	256	440	.347	.405
Away	4.60	41	40	19	297	81	712.1	727	96	306	521	vs. Right	.250	3345	835	181	24	94	411	323	640	.316	.402
Day	4.46	30	26	15	220	56	505.0	522	46	216	372	Inning 1-6	.269	3706	998	202	28	89	475	397	624	.340	.411
Night	4.04	60	46	32	381	106	958.1	915	97	363	708	Inning 7+	.237	1855	439	84	15	56	235	182	456	.306	.389
Grass	4.16	87	69	46	580	156	1412.1	1389	142	551	1051	None on	.251	3118	783	166	17	94	94	272	601	.315	.406
Turf	4.76	3	3	1	21	6	51.0	48	3	28	29	Runners on	.268	2443	654	120	26	51	616	307	479	.345	.401
April	5.46	12	12	6	87	24	211.0	238	31	82	176	Scoring Posn	.276	1418	391	62	8	29	524	217	292	.362	.392
May	3.90	14	15	6	96	29	265.2	246	30	106	181	Close & Late	.214	953	204	30	6	19	102	96	244	.286	.318
June	4.29	17	10	13	96	27	245.1	241	21	99	168	None on/out	.281	1393	391	90	10	45	45	118	240	.342	.457
July	3.99	15	12	6	95	27	245.2	247	26	97	175	vs. 1st Batr (relief)	.244	732	235	44	7	24	129	32	0	.301	.399
August	3.91	16	12	7	101	28	248.1	231	21	105	188	1st Inning Pitched	.257	2052	528	119	18	51	320	205	456	.325	.407
Sept/Oct	3.75	16	11	9	126	27	247.1	234	16	90	192	First 75 Pits (SP)	.245	580	142	30	3	12	64	52	91	.309	.369
Starters	4.26	66	52	0	162	162	987.0	991	95	405	630	Pitch 76-90	.266	497	132	28	2	8	50	60	90	.342	.378
Relievers	4.02	24	20	47	439	0	476.1	446	52	174	450	Pitch 91-105	.253	379	96	19	5	9	48	35	61	.317	.401
0-3 Days Rest (SP)	3.72	4	1	0	5	5	29.0	28	4	11	12	Pitch 106+	.222	180	40	9	2	4	21	28	35	.325	.361
4 Days Rest	4.19	30	31	0	78	78	483.0	473	44	202	320	First Pitch	.321	732	235	44	7	24	129	32	0	.348	.499
5+ Days Rest	4.36	32	20	0	79	79	475.0	490	45	192	298	Ahead in Count	.203	2580	523	87	13	48	232	0	899	.208	.302
vs. AL	2.61	10	5	8	46	15	134.2	114	11	43	88	Behind in Count	.317	1120	355	90	11	45	191	297	0	.455	.538
vs. NL	4.34	80	67	39	555	147	1328.2	1323	134	536	992	Two Strikes	.193	2665	514	90	14	53	249	249	1080	.265	.297
Pre-All Star	4.48	46	42	27	311	88	797.0	800	90	310	583	Pre-All Star	.262	3052	800	157	26	90	418	310	583	.330	.412
Post-All Star	3.82	44	30	20	290	74	666.1	637	55	269	497	Post-All Star	.254	2509	637	129	17	55	292	269	497	.327	.385

Games Finished: 159   Inherited Runners: 219   Inherited Runners Scored: 78   Holds: 68

St. Louis Cardinals

2001 Record: 93 – 69

	Avg	G	AB	R	H	2B	3B	HR	RBI	BB	SO	HBP	GDP	SB	CS	OBP	SLG	IBB	SH	SF	#Pit	#P/PA	GB	FB	G/F
2001	.270	162	5450	814	1469	274	32	199	768	529	1089	65	125	91	35	.339	.441	51	83	50	22330	3.62	1905	1520	1.25

2001 Batting

	Avg	AB	H	2B	3B	HR	RBI	BB	SO	OBP	SLG		Avg	AB	H	2B	3B	HR	RBI	BB	SO	OBP	SLG
vs. Left	.268	1183	317	55	5	44	175	120	247	.340	.434	First Pitch	.338	826	279	49	5	32	168	38	0	.373	.525
vs. Right	.270	4267	1152	219	27	155	593	409	842	.338	.443	Ahead in Count	.348	1079	376	86	7	54	174	280	0	.482	.591
Home	.284	2675	759	142	19	100	413	264	508	.352	.463	Behind in Count	.200	2559	513	74	12	65	260	0	903	.210	.315
Away	.256	2775	710	132	13	99	355	265	581	.325	.420	Two Strikes	.190	2554	486	75	14	66	260	209	1089	.257	.308
Day	.280	2021	566	107	12	85	297	208	413	.352	.471	Leadoff	.302	686	207	34	8	10	63	39	47	.357	.418
Night	.263	3429	903	167	20	114	471	321	676	.331	.423	Batting #2	.291	673	196	31	5	10	54	38	66	.333	.397
Grass	.270	5235	1416	266	32	193	744	518	1043	.341	.443	Batting #3	.326	608	198	40	5	29	105	86	134	.409	.551
Turf	.247	215	53	14	0	6	24	11	46	.282	.395	April	.275	823	226	36	7	37	119	73	200	.341	.470
Pre-All Star	.267	2899	775	131	21	107	392	292	617	.339	.438	May	.269	932	251	44	6	36	133	107	199	.348	.445
Post-All Star	.272	2551	694	143	11	92	376	237	472	.338	.443	June	.259	901	233	38	7	30	114	91	167	.331	.416
Inning 1-6	.276	3741	1031	196	22	139	542	352	726	.343	.451	July	.262	824	216	38	4	27	104	72	171	.327	.416
Inning 7+	.256	1709	438	78	10	60	226	177	363	.329	.419	August	.284	1037	295	69	3	38	162	80	182	.339	.467
Scoring Posn	.271	1323	359	76	11	43	538	181	294	.356	.443	Sept/Oct	.266	933	248	49	5	31	136	106	170	.338	.429
Close & Late	.259	667	173	30	5	18	90	75	142	.339	.400	vs. AL	.274	500	137	19	2	17	64	43	90	.339	.422
None on/out	.274	1374	376	71	6	51	51	108	261	.333	.445	vs. NL	.269	4950	1332	255	30	182	704	486	999	.338	.443

	ERA	W	L	Sv	Opp	G	IP	BB	SO	Avg	H	2B	3B	HR	RBI	OBP	SLG	CG	ShO	Sup	QS	#P/S	SB	CS	GB	FB	G/F
2001	3.93	93	69	38	55	162	1435.1	526	1083	.256	1389	296	23	196	654	.328	.428	8	11	5.10	92	95	51	37	1933	1498	1.29

2001 Pitching

	ERA	W	L	Sv	G	GS	IP	H	HR	BB	SO		Avg	AB	H	2B	3B	HR	RBI	BB	SO	OBP	SLG
Home	3.43	54	28	22	337	82	742.0	668	95	272	592	vs. Left	.259	2055	532	114	8	85	267	218	427	.335	.446
Away	4.47	39	41	16	309	80	693.1	721	101	254	491	vs. Right	.255	3361	857	182	15	111	387	308	656	.325	.417
Day	3.74	36	23	18	253	59	526.2	493	66	217	408	Inning 1-6	.258	3655	943	206	17	126	450	351	742	.329	.427
Night	4.04	57	46	20	393	103	908.2	896	130	309	675	Inning 7+	.253	1761	446	90	6	70	204	175	341	.328	.430
Grass	3.94	90	66	37	623	156	1382.1	1343	188	507	1048	None on	.251	3170	796	171	13	115	115	272	632	.317	.422
Turf	3.74	3	3	1	23	6	53.0	46	8	19	35	Runners on	.264	2246	593	125	10	81	539	254	451	.344	.437
April	4.68	12	12	5	100	24	219.0	225	39	107	147	Scoring Posn	.238	1275	303	70	6	37	428	186	291	.338	.389
May	3.42	17	11	7	101	28	242.0	230	27	78	205	Close & Late	.256	785	201	40	2	25	89	89	159	.339	.408
June	4.97	11	16	5	117	27	239.0	259	38	97	148	None on/out	.260	1377	358	69	6	50	50	114	266	.327	.428
July	3.66	13	12	7	96	25	219.0	201	28	75	186	vs. 1st Batr (relief)	.228	430	98	11	4	17	47	39	103	.296	.398
August	3.94	20	10	8	118	30	269.1	278	35	90	182	1st Inning Pitched	.256	2027	518	112	13	78	284	213	405	.332	.439
Sept/Oct	2.99	20	8	6	114	28	247.0	196	29	79	215	First 75 Pits (SP)	.260	570	148	22	1	23	69	41	120	.312	.423
Starters	3.97	75	48	0	162	162	968.2	961	128	330	739	Pitch 76-90	.237	494	117	25	1	17	50	40	96	.298	.395
Relievers	3.86	18	21	38	484	0	466.2	428	68	196	344	Pitch 91-105	.261	326	85	22	0	14	37	33	64	.329	.457
0-3 Days Rest (SP)	0.00	1	0	0	1	1	6.2	3	0	1	8	Pitch 106+	.225	120	27	4	1	2	11	10	26	.306	.325
4 Days Rest	3.55	44	24	0	86	86	534.2	509	66	171	395	First Pitch	.318	739	235	60	8	32	126	32	0	.355	.551
5+ Days Rest	4.55	30	24	0	75	75	427.1	449	62	158	336	Ahead in Count	.195	2565	501	107	6	91	209	0	898	.205	.313
vs. AL	4.12	8	7	3	63	15	135.1	132	17	50	97	Behind in Count	.350	1082	379	71	5	66	192	259	0	.476	.608
vs. NL	3.91	85	62	35	583	147	1300.0	1257	179	476	986	Two Strikes	.175	2566	450	83	6	57	191	234	1083	.251	.279
Pre-All Star	4.41	43	43	18	347	86	760.0	778	114	301	561	Pre-All Star	.269	2894	778	166	18	114	385	301	561	.344	.457
Post-All Star	3.40	50	26	20	299	76	675.1	611	82	225	522	Post-All Star	.242	2522	611	130	5	82	269	225	522	.310	.395

Games Finished: 154   Inherited Runners: 257   Inherited Runners Scored: 64   Holds: 68

Leader Boards

On the pages that follow, we provide top 10 lists in a variety of statistical categories, for both 2001 and the last five years as a whole. We'll tell you who the top hitter was with two strikes last year (Juan Pierre, .325), and which pitcher was the toughest to face with runners in scoring position (Randy Johnson, .178). In addition, it is the perfect time to introduce our new OPS (on-base plus slugging) leader boards, as Barry Bonds set a major league record last year with a 1.379 overall OPS.

As you might expect, "Batting #9" includes only American League players. Mike Hampton, the Rockies' great-hitting pitcher, might raise a protest about that. His .291 average and .891 OPS last year would have looked good in the ninth spot of most AL lineups.

2001 Batting Leaders

Overall
(minimum 502 PA)

Player, Team	AB	H	AVG
L Walker, Col	**497**	**174**	**.350**
I Suzuki, Sea	692	242	.350
J Giambi, Oak	520	178	.342
R Alomar, Cle	575	193	.336
T Helton, Col	587	197	.336
M Alou, Hou	513	170	.331
L Berkman, Hou	577	191	.331
B Boone, Sea	623	206	.331
F Catalanotto, Tex	463	153	.330
C Jones, Atl	572	189	.330

vs. LHP
(minimum 125 PA)

Player, Team	AB	H	AVG
B Boone, Sea	**144**	**64**	**.444**
P Lo Duca, LA	112	46	.411
S Sosa, ChC	93	36	.387
L Walker, Col	148	56	.378
C Jones, Atl	109	41	.376
J Conine, Bal	125	47	.376
G Sheffield, LA	107	40	.374
J Gonzalez, Cle	117	43	.368
P Polanco, StL	143	50	.350
J Vidro, Mon	135	47	.348

vs. RHP
(minimum 377 PA)

Player, Team	AB	H	AVG
I Suzuki, Sea	**500**	**181**	**.362**
R Alomar, Cle	421	150	.356
T Helton, Col	418	148	.354
J Giambi, Oak	331	115	.347
A Pujols, StL	468	160	.342
L Walker, Col	349	118	.338
L Berkman, Hou	457	154	.337
J Pierre, Col	496	167	.337
B Bonds, SF	335	112	.334
L Gonzalez, Ari	423	140	.331

Home
(minimum 251 PA)

Player, Team	AB	H	AVG
L Walker, Col	**251**	**102**	**.406**
T Helton, Col	297	114	.384
J Cirillo, Col	254	92	.362
A Rodriguez, Tex	313	113	.361
K Millar, Fla	228	81	.355
A Pujols, StL	291	103	.354
R Aurilia, SF	305	107	.351
S Stewart, Tor	325	114	.351
T Walker, Col-Cin	274	96	.350
J Giambi, Oak	258	90	.349

Away
(minimum 251 PA)

Player, Team	AB	H	AVG
I Suzuki, Sea	**360**	**128**	**.356**
M Ordonez, CWS	292	102	.349
C Jones, Atl	295	103	.349
R Alomar, Cle	287	99	.345
S Casey, Cin	289	98	.339
B Boone, Sea	316	107	.339
J Giambi, Oak	262	88	.336
L Berkman, Hou	300	98	.327
R Klesko, SD	282	92	.326
A Ramirez, Pit	305	99	.325

Innings 1-6
(minimum 300 PA)

Player, Team	AB	H	AVG
L Walker, Col	**352**	**127**	**.361**
A Pujols, StL	409	142	.347
J Giambi, Oak	368	127	.345
R Alomar, Cle	424	146	.344
I Suzuki, Sea	489	168	.344
R Aurilia, SF	440	151	.343
F Catalanotto, Tex	315	108	.343
B Bonds, SF	327	112	.343
L Gonzalez, Ari	424	144	.340
L Berkman, Hou	387	130	.336

Grass
(minimum 150 PA)

Player, Team	AB	H	AVG
L Walker, Col	**479**	**167**	**.349**
I Suzuki, Sea	638	219	.343
M Alou, Hou	475	163	.343
F Catalanotto, Tex	409	140	.342
J Giambi, Oak	463	155	.335
R Alomar, Cle	521	174	.334
T Helton, Col	560	187	.334
B Boone, Sea	575	191	.332
J Gonzalez, Cle	477	158	.331
A Pujols, StL	567	187	.330

Turf
(minimum 150 PA)

Player, Team	AB	H	AVG
R Johnson, TB	**147**	**54**	**.367**
H Bush, Tor	162	56	.346
J Vidro, Mon	277	95	.343
S Stewart, Tor	412	140	.340
V Guerrero, Mon	343	115	.335
F McGriff, TB-ChC	198	63	.318
M Lawton, Min-NYM	199	61	.307
D Mientkiewicz, Min	293	88	.300
S Rolen, Phi	326	97	.298
A Pierzynski, Min	193	57	.295

Innings 7+
(minimum 150 PA)

Player, Team	AB	H	AVG
J Vidro, Mon	**143**	**60**	**.420**
J Cirillo, Col	154	57	.370
C Guzman, Min	142	52	.366
I Suzuki, Sea	203	74	.365
C Jones, Atl	174	62	.356
M Alou, Hou	170	60	.353
C Floyd, Fla	158	55	.348
D Mientkiewicz, Min	161	56	.348
M Sweeney, KC	169	58	.343
E Diaz, Cle	154	52	.338

Day
(minimum 150 PA)

Player, Team	AB	H	AVG
J Gonzalez, Cle	**151**	**60**	**.397**
P Nevin, SD	172	68	.395
M Ramirez, Bos	155	58	.374
J Drew, StL	126	47	.373
J Pierre, Col	216	80	.370
R Aurilia, SF	205	73	.356
I Suzuki, Sea	207	73	.353
L Walker, Col	173	61	.353
M Piazza, NYM	174	61	.351
J Vidro, Mon	135	47	.348

Night
(minimum 200 PA)

Player, Team	AB	H	AVG
J Giambi, Oak	**321**	**115**	**.358**
R Alomar, Cle	412	147	.357
S Sosa, ChC	253	89	.352
L Walker, Col	324	113	.349
I Suzuki, Sea	485	169	.348
S Stewart, Tor	412	143	.347
C Floyd, Fla	414	141	.341
T Helton, Col	365	124	.340
D Mientkiewicz, Min	368	124	.337
L Berkman, Hou	431	144	.334

Scoring Position
(minimum 100 PA)

Player, Team	AB	H	AVG
I Suzuki, Sea	**136**	**61**	**.449**
R Alomar, Cle	132	56	.424
J Conine, Bal	140	56	.400
C Biggio, Hou	98	38	.388
C Beltran, KC	142	55	.387
B Bonds, SF	89	34	.382
A Ramirez, Pit	145	55	.379
L Walker, Col	124	47	.379
P Lo Duca, LA	103	39	.379
C Paquette, StL	94	35	.372

2001 Batting Leaders

Overall
(minimum 502 PA)

Player, Team	OBP	Slg	OPS
B Bonds, SF	**.515**	**.863**	**1.379**
S Sosa, ChC	.437	.737	1.174
J Giambi, Oak	.477	.660	1.137
L Gonzalez, Ari	.429	.688	1.117
T Helton, Col	.432	.685	1.116
L Walker, Col	.449	.662	1.111
L Berkman, Hou	.430	.620	1.051
J Thome, Cle	.416	.624	1.040
C Jones, Atl	.427	.605	1.032
A Rodriguez, Tex	.399	.622	1.021

vs. LHP
(minimum 125 PA)

Player, Team	OBP	Slg	OPS
S Sosa, ChC	**.569**	**.882**	**1.451**
B Bonds, SF	.487	.752	1.239
B Boone, Sea	.497	.715	1.212
L Walker, Col	.443	.750	1.193
G Sheffield, LA	.457	.720	1.176
C Jones, Atl	.462	.679	1.141
P Lo Duca, LA	.437	.679	1.115
M Ordonez, CWS	.403	.709	1.112
M Ramirez, Bos	.462	.650	1.112
J Gonzalez, Cle	.417	.675	1.092

vs. RHP
(minimum 377 PA)

Player, Team	OBP	Slg	OPS
B Bonds, SF	**.526**	**.910**	**1.437**
T Helton, Col	.453	.758	1.211
J Giambi, Oak	.491	.707	1.198
J Thome, Cle	.445	.716	1.161
L Gonzalez, Ari	.435	.716	1.151
S Sosa, ChC	.406	.709	1.115
L Berkman, Hou	.438	.661	1.099
L Walker, Col	.452	.625	1.077
B Giles, Pit	.419	.642	1.061
J Edmonds, StL	.428	.622	1.050

Home
(minimum 251 PA)

Player, Team	OBP	Slg	OPS
B Bonds, SF	**.516**	**.915**	**1.431**
L Walker, Col	.483	.773	1.256
T Helton, Col	.478	.774	1.252
J Giambi, Oak	.474	.729	1.202
S Sosa, ChC	.431	.765	1.196
J Thome, Cle	.437	.700	1.137
A Rodriguez, Tex	.439	.677	1.117
L Gonzalez, Ari	.434	.674	1.108
K Millar, Fla	.414	.667	1.081
A Pujols, StL	.431	.646	1.077

Away
(minimum 251 PA)

Player, Team	OBP	Slg	OPS
B Bonds, SF	**.514**	**.817**	**1.332**
S Sosa, ChC	.444	.709	1.153
L Gonzalez, Ari	.424	.701	1.125
C Jones, Atl	.450	.634	1.084
J Giambi, Oak	.480	.592	1.071
C Delgado, Tor	.428	.635	1.063
L Berkman, Hou	.424	.637	1.061
M Ramirez, Bos	.401	.645	1.046
G Sheffield, LA	.416	.596	1.011
R Alomar, Cle	.425	.585	1.010

Innings 1-6
(minimum 300 PA)

Player, Team	OBP	Slg	OPS
B Bonds, SF	**.530**	**.914**	**1.445**
S Sosa, ChC	.431	.761	1.192
J Giambi, Oak	.480	.666	1.146
T Helton, Col	.429	.708	1.137
L Gonzalez, Ari	.433	.696	1.129
L Walker, Col	.447	.676	1.123
J Thome, Cle	.446	.666	1.112
A Rodriguez, Tex	.399	.676	1.075
L Berkman, Hou	.433	.628	1.061
A Pujols, StL	.415	.638	1.053

Grass
(minimum 150 PA)

Player, Team	OBP	Slg	OPS
B Bonds, SF	**.512**	**.865**	**1.377**
S Sosa, ChC	.435	.728	1.163
J Giambi, Oak	.475	.667	1.142
T Helton, Col	.431	.700	1.131
L Gonzalez, Ari	.431	.687	1.118
L Walker, Col	.441	.664	1.104
C Delgado, Tor	.434	.648	1.082
J Thome, Cle	.421	.639	1.060
L Berkman, Hou	.429	.614	1.043
G Sheffield, LA	.429	.605	1.034

Turf
(minimum 150 PA)

Player, Team	OBP	Slg	OPS
V Guerrero, Mon	**.415**	**.647**	**1.062**
R Johnson, TB	.447	.531	.978
F McGriff, TB-ChC	.386	.571	.956
B Abreu, Phi	.401	.555	.956
S Stewart, Tor	.396	.517	.913
J Vidro, Mon	.389	.513	.901
S Rolen, Phi	.384	.497	.881
Lawton, Min-NYM	.433	.442	.875
J Cruz, Tor	.336	.536	.872
C Koskie, Min	.390	.481	.871

Innings 7+
(minimum 150 PA)

Player, Team	OBP	Slg	OPS
B Bonds, SF	**.480**	**.752**	**1.232**
S Sosa, ChC	.452	.680	1.132
J Giambi, Oak	.469	.645	1.113
B Giles, Pit	.444	.662	1.106
C Jones, Atl	.460	.644	1.103
L Gonzalez, Ari	.419	.670	1.089
L Walker, Col	.454	.628	1.081
G Sheffield, LA	.444	.626	1.070
C Floyd, Fla	.429	.639	1.068
T Helton, Col	.437	.630	1.067

Day
(minimum 150 PA)

Player, Team	OBP	Slg	OPS
B Bonds, SF	**.472**	**.928**	**1.400**
J Drew, StL	.487	.770	1.257
P Nevin, SD	.462	.767	1.229
M Ramirez, Bos	.456	.761	1.217
L Walker, Col	.470	.705	1.175
S Sosa, ChC	.424	.713	1.137
J Gonzalez, Cle	.439	.689	1.128
M Piazza, NYM	.405	.713	1.118
J Bagwell, Hou	.458	.638	1.096
J Giambi, Oak	.426	.663	1.090

Night
(minimum 200 PA)

Player, Team	OBP	Slg	OPS
B Bonds, SF	**.533**	**.833**	**1.366**
S Sosa, ChC	.455	.767	1.221
J Giambi, Oak	.506	.657	1.163
L Gonzalez, Ari	.427	.734	1.161
T Helton, Col	.436	.712	1.149
J Thome, Cle	.426	.657	1.083
L Walker, Col	.438	.639	1.076
L Berkman, Hou	.424	.643	1.067
C Jones, Atl	.436	.603	1.039
C Floyd, Fla	.399	.628	1.027

Scoring Position
(minimum 100 PA)

Player, Team	OBP	Slg	OPS
B Bonds, SF	**.650**	**.944**	**1.594**
L Walker, Col	.491	.798	1.289
L Gonzalez, Ari	.497	.757	1.255
T Helton, Col	.477	.727	1.204
S Sosa, ChC	.512	.691	1.202
J Giambi, Oak	.531	.646	1.177
J Bagwell, Hou	.461	.715	1.176
C Floyd, Fla	.451	.704	1.155
J Conine, Bal	.486	.664	1.150
J Thome, Cle	.480	.642	1.121

2001 Batting Leaders

April
(minimum 100 PA)

Player, Team	AB	H	AVG
M Ramirez, Bos	98	40	.408
S Stewart, Tor	100	39	.390
J Gonzalez, Cle	93	36	.387
L Walker, Col	88	33	.375
A Pujols, StL	92	34	.370
C Jones, Atl	90	32	.356
J Giambi, Oak	80	28	.350
G Jenkins, Mil	89	31	.348
P Nevin, SD	93	32	.344
T Walker, Col-Cin	93	32	.344

May
(minimum 100 PA)

Player, Team	AB	H	AVG
J Giambi, Oak	99	38	.384
I Suzuki, Sea	124	47	.379
L Berkman, Hou	90	34	.378
T Helton, Col	108	40	.370
R Alomar, Cle	100	37	.370
F McGriff, TB-ChC	92	34	.370
B Bonds, SF	84	31	.369
J Drew, StL	101	37	.366
B Giles, Pit	105	38	.362
J Randa, KC	106	38	.358

June
(minimum 100 PA)

Player, Team	AB	H	AVG
B Williams, NYY	100	45	.450
L Gonzalez, Ari	103	43	.417
M Sweeney, KC	97	38	.392
J Cirillo, Col	104	40	.385
R Alomar, Cle	97	37	.381
V Guerrero, Mon	105	40	.381
L Walker, Col	99	37	.374
M Ordonez, CWS	102	38	.373
M Alou, Hou	103	38	.369
A Ochoa, Cin-Col	114	42	.368

July
(minimum 100 PA)

Player, Team	AB	H	AVG
J Pierre, Col	107	42	.393
J Thome, Cle	97	37	.381
P O'Neill, NYY	96	36	.375
R Alomar, Cle	102	38	.373
C Floyd, Fla	89	33	.371
D Mientkiewicz, Min	100	37	.370
A Boone, Cin	91	33	.363
V Guerrero, Mon	100	36	.360
M Alou, Hou	101	36	.356
R Cedeno, Det	107	38	.355

August
(minimum 100 PA)

Player, Team	AB	H	AVG
F Catalanotto, Tex	109	47	.431
I Suzuki, Sea	119	51	.429
G Sheffield, LA	102	40	.392
T Helton, Col	108	42	.389
L Walker, Col	88	34	.386
S Sosa, ChC	109	42	.385
A Pujols, StL	112	42	.375
C Delgado, Tor	107	40	.374
C Beltran, KC	110	41	.373
J Giambi, Oak	92	34	.370

September/October
(minimum 100 PA)

Player, Team	AB	H	AVG
C Jones, Atl	93	39	.419
B Bonds, SF	77	31	.403
E Chavez, Oak	103	39	.379
B Boone, Sea	94	35	.372
S Sosa, ChC	103	38	.369
J Edmonds, StL	87	32	.368
C Beltran, KC	113	41	.363
T Womack, Ari	96	34	.354
O Cabrera, Mon	111	39	.351
B Grieve, TB	100	35	.350

1st Pitch
(minimum 100 PA)

Player, Team	AB	H	AVG
C Koskie, Min	95	43	.453
I Suzuki, Sea	95	42	.442
C Floyd, Fla	118	52	.441
J Cirillo, Col	96	42	.438
B Jordan, Atl	102	44	.431
G Anderson, Ana	120	51	.425
R Aurilia, SF	114	48	.421
M Alou, Hou	119	50	.420
L Walker, Col	99	41	.414
P Polanco, StL	98	40	.408

Ahead in Count
(minimum 150 PA)

Player, Team	AB	H	AVG
J Gonzalez, Cle	130	63	.485
S Sosa, ChC	124	60	.484
L Berkman, Hou	125	60	.480
C Beltran, KC	144	67	.465
B Grieve, TB	137	58	.423
J Kent, SF	148	62	.419
T Helton, Col	141	59	.418
B Abreu, Phi	128	53	.414
A Pujols, StL	128	53	.414
J Thome, Cle	104	43	.413

Behind in Count
(minimum 150 PA)

Player, Team	AB	H	AVG
R White, ChC	159	50	.314
I Suzuki, Sea	297	92	.310
L Gonzalez, Ari	275	81	.295
B Boone, Sea	309	91	.294
C Jones, Atl	203	59	.291
J Vidro, Mon	206	59	.286
G Sheffield, LA	211	60	.284
J Pierre, Col	276	77	.279
J Cirillo, Col	237	66	.278
J Giambi, Oak	241	67	.278

Two Strikes
(minimum 150 PA)

Player, Team	AB	H	AVG
J Pierre, Col	203	66	.325
M Grace, Ari	177	52	.294
T Helton, Col	286	78	.273
B Boone, Sea	303	82	.271
J Giambi, Oak	255	69	.271
S Stewart, Tor	281	76	.270
A Pujols, StL	314	84	.268
F Vina, StL	214	57	.266
F Catalanotto, Tex	225	59	.262
J Vidro, Mon	207	54	.261

Full Count
(minimum 40 PA)

Player, Team	AB	H	AVG
J Reboulet, LA	35	14	.400
F Catalanotto, Tex	35	14	.400
M Grace, Ari	46	18	.391
R Hernandez, Oak	36	13	.361
S Stewart, Tor	57	20	.351
J Cruz, Tor	52	18	.346
R Klesko, SD	58	20	.345
A Ochoa, Cin-Col	35	12	.343
D Bell, Sea	41	14	.341
B Williams, NYY	47	16	.340

Close & Late
(minimum 50 PA)

Player, Team	AB	H	AVG
J Vidro, Mon	68	32	.471
C Guzman, Min	75	35	.467
J Jones, Min	71	30	.423
M Williams, Ari	62	26	.419
I Suzuki, Sea	95	38	.400
M Alou, Hou	76	30	.395
D Martinez, Atl	64	25	.391
J Encarnacion, Det	64	25	.391
B Molina, Ana	62	24	.387
J Tyner, TB	64	24	.375

2001 Batting Leaders

Batting #1
(minimum 175 PA)

Player, Team	AB	H	AVG
I Suzuki, Sea	**685**	**240**	**.350**
L Rivas, Min	162	55	.340
F Catalanotto, Tex	332	112	.337
P Lo Duca, LA	189	62	.328
J Pierre, Col	591	191	.323
S Stewart, Tor	429	136	.317
F Vina, StL	630	191	.303
C Counsell, Ari	237	71	.300
D White, Mil	231	69	.299
T Walker, Col-Cin	231	69	.299

Batting #2
(minimum 175 PA)

Player, Team	AB	H	AVG
J Vidro, Mon	**413**	**141**	**.341**
R Aurilia, SF	573	188	.328
R Gutierrez, ChC	230	74	.322
R Sanchez, KC-Atl	328	105	.320
R Guzman, Min	294	94	.320
T Nixon, Bos	155	49	.316
J Offerman, Bos	165	51	.309
D Jeter, NYY	484	146	.302
P Polanco, StL	514	152	.296
R Velarde, Tex-NYY	298	88	.295

Batting #3
(minimum 175 PA)

Player, Team	AB	H	AVG
J Drew, StL	**204**	**75**	**.368**
J Giambi, Oak	455	160	.352
L Walker, Col	489	171	.350
C Jones, Atl	334	116	.347
C Beltran, KC	331	113	.341
S Sosa, ChC	509	173	.340
B Boone, Sea	201	68	.338
D Segui, Bal	179	60	.335
R Alomar, Cle	570	191	.335
B Giles, Pit	244	80	.328

Batting #4
(minimum 150 PA)

Player, Team	AB	H	AVG
T Helton, Col	**435**	**151**	**.347**
J Cirillo, Col	143	49	.343
G Sheffield, LA	240	79	.329
J Gonzalez, Cle	532	173	.325
A Pujols, StL	358	116	.324
L Berkman, Hou	533	172	.323
B Williams, NYY	231	74	.320
S Casey, Cin	452	144	.319
J Conine, Bal	431	137	.318
M Grace, Ari	161	51	.317

Batting #5
(minimum 150 PA)

Player, Team	AB	H	AVG
R White, ChC	**224**	**75**	**.335**
J Edmonds, StL	224	75	.335
A Ramirez, Pit	245	81	.331
M Alou, Hou	512	169	.330
K Millar, Fla	203	66	.325
B Boone, Sea	373	120	.322
I Rodriguez, Tex	275	86	.313
A Pujols, StL	143	44	.308
A Boone, Cin	280	86	.307
J Posada, NYY	274	84	.307

Batting #6
(minimum 150 PA)

Player, Team	AB	H	AVG
T Long, Oak	**172**	**60**	**.349**
S Finley, Ari	195	67	.344
E Burks, Cle	191	63	.330
K Millar, Fla	153	49	.320
D Lee, Fla	164	52	.317
T Lee, Phi	199	63	.317
M Cordova, Cle	155	47	.303
C Paquette, StL	176	51	.290
G Kapler, Tex	212	61	.288
T Zeile, NYM	147	42	.286

Batting #7
(minimum 100 PA)

Player, Team	AB	H	AVG
J Uribe, Col	**129**	**43**	**.333**
L Lopez, Mil	116	37	.319
C Singleton, CWS	184	56	.304
M Tejada, Oak	122	37	.303
M Cordova, Cle	189	57	.302
M Mora, Bal	90	27	.300
S Hillenbrand, Bos	268	79	.295
J Jones, Min	183	53	.290
E Chavez, Oak	177	51	.288
T Fryman, Cle	165	46	.279

Batting #8
(minimum 100 PA)

Player, Team	AB	H	AVG
A Pierzynski, Min	**110**	**37**	**.336**
B Mayne, Col-KC	173	58	.335
E Chavez, Oak	144	45	.313
A Soriano, NYY	208	64	.308
R Martinez, SF	189	56	.296
J Girardi, ChC	164	47	.287
B Molina, Ana	214	61	.285
M Anderson, Phi	148	42	.284
M Derosa, Atl	107	30	.280
E Marrero, StL	161	45	.280

Batting #9
(minimum 100 PA)

Player, Team	AB	H	AVG
B Gil, Ana	**143**	**46**	**.322**
S Brosius, NYY	131	41	.313
C Guillen, Sea	135	41	.304
C Izturis, Tor	99	28	.283
J Paul, CWS	115	32	.278
H Bush, Tor	173	48	.277
E Diaz, Cle	333	91	.273
D Wilson, Sea	169	46	.272
R Clayton, CWS	150	40	.267
M Johnson, CWS	131	34	.260

None On/None Out
(minimum 100 PA)

Player, Team	AB	H	AVG
I Rodriguez, Tex	**97**	**44**	**.454**
B Higginson, Det	102	40	.392
D Mientkiewicz, Min	107	40	.374
S Casey, Cin	109	40	.367
S Spiezio, Ana	118	43	.364
C Floyd, Fla	99	36	.364
J Pierre, Col	253	92	.364
B Giles, Pit	135	49	.363
E Burks, Cle	97	35	.361
M Piazza, NYM	96	34	.354

Pre-All Star
(minimum 175 PA)

Player, Team	AB	H	AVG
L Berkman, Hou	**315**	**115**	**.365**
M Alou, Hou	287	104	.362
R Alomar, Cle	310	111	.358
R Aurilia, SF	337	120	.356
L Gonzalez, Ari	330	117	.355
J Gonzalez, Cle	308	107	.347
P Lo Duca, LA	205	71	.346
I Suzuki, Sea	386	133	.345
L Walker, Col	297	102	.343
C Floyd, Fla	313	107	.342

Post-All Star
(minimum 175 PA)

Player, Team	AB	H	AVG
J Giambi, Oak	**237**	**87**	**.367**
T Helton, Col	272	98	.360
L Walker, Col	200	72	.360
F Catalanotto, Tex	254	91	.358
C Beltran, KC	282	101	.358
I Suzuki, Sea	306	109	.356
C Jones, Atl	267	95	.356
B Bonds, SF	217	77	.355
S Sosa, ChC	279	96	.344
E Chavez, Oak	250	85	.340

5-Year Batting Leaders

Overall
(minimum 1500 PA)

Player	AB	H	AVG
L Walker	**2271**	**810**	**.357**
T Gwynn	1693	581	.343
N Garciaparra	2432	815	.335
T Helton	2368	791	.334
B Williams	2676	869	.325
E Martinez	2626	851	.324
M Piazza	2636	854	.324
I Rodriguez	2581	834	.323
D Jeter	3114	1004	.322
M Ramirez	2622	842	.321

vs. LHP
(minimum 375 PA)

Player	AB	H	AVG
M Ramirez	**610**	**219**	**.359**
T Fernandez	435	154	.354
M Alou	421	148	.352
T Gwynn	524	181	.345
J Gonzalez	648	222	.343
B Jordan	535	182	.340
L Walker	650	219	.337
M Cairo	342	114	.333
N Garciaparra	604	201	.333
J Bagwell	567	188	.332

vs. RHP
(minimum 1150 PA)

Player	AB	H	AVG
L Walker	**1621**	**591**	**.365**
T Helton	1771	619	.350
T Gwynn	1169	400	.342
N Garciaparra	1828	614	.336
B Williams	1890	622	.329
E Martinez	2062	678	.329
S Casey	1442	472	.327
I Rodriguez	2004	650	.324
J Giambi	1808	585	.324
M Piazza	2073	668	.322

Home
(minimum 750 PA)

Player	AB	H	AVG
L Walker	**1180**	**481**	**.408**
T Helton	1220	458	.375
T Gwynn	816	282	.346
J Cirillo	1463	503	.344
N Garciaparra	1244	423	.340
I Rodriguez	1285	434	.338
D Bichette	1442	480	.333
T Fernandez	722	238	.330
V Guerrero	1391	458	.329
J Giambi	1324	435	.329

Away
(minimum 750 PA)

Player	AB	H	AVG
M Piazza	**1394**	**476**	**.341**
T Gwynn	877	299	.341
N Garciaparra	1188	392	.330
B Williams	1366	445	.326
E Martinez	1304	424	.325
S Casey	981	318	.324
M Ramirez	1322	427	.323
D Jeter	1589	512	.322
M Alou	1066	343	.322
J Olerud	1430	456	.319

Innings 1-6
(minimum 900 PA)

Player	AB	H	AVG
L Walker	**1614**	**596**	**.369**
T Helton	1604	558	.348
T Gwynn	1212	416	.343
D Jeter	2225	744	.334
M Alou	1417	468	.330
E Martinez	1843	608	.330
N Garciaparra	1693	556	.328
I Rodriguez	1806	591	.327
B Williams	1871	612	.327
M Ramirez	1826	595	.326

Grass
(minimum 450 PA)

Player	AB	H	AVG
L Walker	**1994**	**723**	**.363**
I Suzuki	638	219	.343
T Gwynn	1403	477	.340
N Garciaparra	2128	715	.336
T Helton	2086	695	.333
A Pujols	567	187	.330
B Williams	2272	743	.327
D Jeter	2666	871	.327
M Alou	1497	488	.326
M Ramirez	2191	712	.325

Turf
(minimum 450 PA)

Player	AB	H	AVG
J Olerud	**395**	**138**	**.349**
M Piazza	449	156	.347
T Fernandez	712	237	.333
E Martinez	950	316	.333
V Guerrero	1698	564	.332
D Segui	899	289	.321
J Vidro	1225	391	.319
A Rodriguez	1004	320	.319
K Caminiti	431	137	.318
J Kendall	1216	382	.314

Innings 7+
(minimum 450 PA)

Player	AB	H	AVG
N Garciaparra	**739**	**259**	**.350**
T Gwynn	481	165	.343
M Piazza	761	251	.330
J Vidro	612	201	.328
L Walker	657	214	.326
C Lee	511	164	.321
C Jones	873	280	.321
B Williams	805	257	.319
E Alfonzo	799	255	.319
D Segui	711	225	.316

Day
(minimum 450 PA)

Player	AB	H	AVG
L Walker	**873**	**337**	**.386**
T Fernandez	433	157	.363
B Williams	981	341	.348
D Segui	690	238	.345
T Gwynn	562	192	.342
M Ramirez	830	280	.337
T Helton	902	303	.336
M Piazza	829	278	.335
P Polanco	451	151	.335
N Garciaparra	782	258	.330

Night
(minimum 600 PA)

Player	AB	H	AVG
T Gwynn	**1131**	**389**	**.344**
L Walker	1398	473	.338
N Garciaparra	1650	557	.338
T Helton	1466	488	.333
E Martinez	1801	593	.329
V Guerrero	1930	632	.327
D Jeter	2000	652	.326
R Alomar	1947	628	.323
I Rodriguez	2064	665	.322
S Stewart	1689	541	.320

Scoring Position
(minimum 300 PA)

Player	AB	H	AVG
T Gwynn	**409**	**160**	**.391**
L Walker	566	205	.362
T Fernandez	396	142	.359
T Helton	641	228	.356
S Casey	493	172	.349
B Spiers	353	122	.346
N Garciaparra	612	211	.345
K Millar	291	100	.344
C Biggio	562	193	.343
W Joyner	444	151	.340

5-Year Batting Leaders

Overall
(minimum 1500 PA)

Player	OBP	Slg	OPS
B Bonds	**.450**	**.671**	**1.121**
L Walker	.445	.658	1.103
M McGwire	.420	.674	1.094
T Helton	.416	.622	1.038
M Ramirez	.418	.617	1.035
J Bagwell	.425	.585	1.010
S Sosa	.378	.624	1.002
E Martinez	.436	.559	.995
J Giambi	.426	.567	.993
M Piazza	.393	.594	.987

vs. LHP
(minimum 375 PA)

Player	OBP	Slg	OPS
M Ramirez	**.458**	**.684**	**1.142**
M McGwire	.435	.666	1.101
S Sosa	.431	.644	1.075
J Bagwell	.476	.596	1.072
M Piazza	.421	.634	1.056
M Alou	.435	.615	1.050
J Gonzalez	.402	.639	1.041
G Sheffield	.449	.587	1.036
F Thomas	.420	.600	1.020
L Walker	.423	.591	1.013

vs. RHP
(minimum 1150 PA)

Player	OBP	Slg	OPS
B Bonds	**.467**	**.710**	**1.177**
L Walker	.454	.685	1.139
T Helton	.428	.669	1.097
M McGwire	.416	.676	1.092
J Thome	.435	.628	1.063
J Giambi	.437	.603	1.040
C Delgado	.408	.612	1.020
K Griffey Jr	.394	.618	1.012
B Giles	.413	.591	1.004
M Ramirez	.405	.597	1.002

Home
(minimum 750 PA)

Player	OBP	Slg	OPS
L Walker	**.482**	**.753**	**1.235**
B Bonds	.460	.721	1.181
M McGwire	.448	.729	1.177
T Helton	.456	.705	1.161
J Thome	.437	.626	1.063
J Bagwell	.434	.610	1.044
J Giambi	.438	.605	1.043
S Sosa	.387	.656	1.043
M Ramirez	.415	.625	1.040
K Griffey Jr	.386	.626	1.012

Away
(minimum 750 PA)

Player	OBP	Slg	OPS
B Bonds	**.441**	**.625**	**1.065**
M Ramirez	.420	.610	1.030
M Piazza	.407	.621	1.028
M McGwire	.392	.619	1.011
E Martinez	.428	.563	.991
J Bagwell	.417	.561	.978
G Sheffield	.418	.548	.967
A Rodriguez	.379	.586	.965
S Sosa	.368	.594	.962
C Delgado	.398	.564	.962

Innings 1-6
(minimum 900 PA)

Player	OBP	Slg	OPS
B Bonds	**.451**	**.703**	**1.154**
L Walker	.452	.672	1.124
M McGwire	.418	.689	1.107
T Helton	.424	.653	1.078
M Ramirez	.419	.640	1.059
J Bagwell	.428	.612	1.040
E Martinez	.440	.574	1.013
G Sheffield	.429	.582	1.011
J Giambi	.423	.582	1.005
S Sosa	.375	.629	1.004

Grass
(minimum 450 PA)

Player	OBP	Slg	OPS
B Bonds	**.447**	**.675**	**1.122**
L Walker	.450	.662	1.113
M McGwire	.426	.684	1.109
M Ramirez	.424	.618	1.042
T Helton	.415	.622	1.037
S Sosa	.382	.637	1.019
J Bagwell	.422	.595	1.017
A Pujols	.404	.612	1.016
L Berkman	.410	.589	.999
J Thome	.419	.578	.997

Turf
(minimum 450 PA)

Player	OBP	Slg	OPS
M Piazza	**.426**	**.653**	**1.079**
E Martinez	.447	.584	1.031
B Giles	.425	.596	1.021
V Guerrero	.390	.628	1.018
K Griffey Jr	.380	.639	1.018
C Delgado	.402	.599	1.002
J Bagwell	.429	.571	1.000
M Ramirez	.386	.610	.997
J Olerud	.449	.544	.993
C Jones	.412	.574	.986

Innings 7+
(minimum 450 PA)

Player	OBP	Slg	OPS
M McGwire	**.425**	**.639**	**1.064**
L Walker	.427	.624	1.051
B Bonds	.447	.592	1.039
M Piazza	.413	.606	1.019
S Sosa	.383	.613	.996
C Jones	.419	.564	.983
M Ramirez	.415	.564	.979
C Delgado	.399	.579	.978
N Garciaparra	.399	.571	.970
J Giambi	.432	.531	.963

Day
(minimum 450 PA)

Player	OBP	Slg	OPS
L Walker	**.472**	**.718**	**1.190**
M McGwire	.440	.701	1.141
M Ramirez	.430	.654	1.084
B Bonds	.422	.650	1.072
T Helton	.418	.624	1.042
G Sheffield	.442	.591	1.033
J Giambi	.418	.602	1.020
P Nevin	.400	.616	1.016
S Sosa	.385	.631	1.016
J Bagwell	.436	.579	1.015

Night
(minimum 600 PA)

Player	OBP	Slg	OPS
B Bonds	**.468**	**.685**	**1.154**
M McGwire	.410	.660	1.069
L Walker	.428	.620	1.048
T Helton	.416	.620	1.036
J Thome	.421	.596	1.017
M Ramirez	.412	.600	1.012
E Martinez	.441	.567	1.008
J Bagwell	.420	.587	1.008
L Berkman	.411	.596	1.008
V Guerrero	.385	.612	.997

Scoring Position
(minimum 300 PA)

Player	OBP	Slg	OPS
M McGwire	**.469**	**.705**	**1.174**
T Helton	.462	.690	1.151
B Bonds	.510	.607	1.116
L Walker	.475	.638	1.113
J Bagwell	.476	.631	1.107
F Thomas	.467	.629	1.097
T Gwynn	.439	.614	1.053
J Giambi	.450	.598	1.048
M Ramirez	.441	.603	1.044
K Griffey Jr	.410	.618	1.029

5-Year Batting Leaders

March/April
(minimum 300 PA)

Player	AB	H	AVG
L Walker	**404**	**155**	**.384**
M Alou	260	97	.373
J Olerud	427	153	.358
T Gwynn	362	127	.351
S Stewart	324	111	.343
I Rodriguez	459	156	.340
J Edmonds	324	110	.340
D Segui	410	138	.337
K Lofton	420	139	.331
M Piazza	363	120	.331

May
(minimum 300 PA)

Player	AB	H	AVG
T Helton	**375**	**139**	**.371**
T Gwynn	293	107	.365
E Martinez	481	171	.356
I Rodriguez	463	163	.352
M Ramirez	451	157	.348
J Kendall	498	170	.341
B Bonds	349	119	.341
L Walker	431	146	.339
L Gonzalez	515	173	.336
S Sosa	510	170	.333

June
(minimum 300 PA)

Player	AB	H	AVG
B Williams	**382**	**146**	**.382**
L Walker	391	149	.381
N Garciaparra	440	163	.370
M Ordonez	403	148	.367
J Cirillo	507	180	.355
M Sweeney	334	118	.353
D Bichette	511	176	.344
J Kent	427	147	.344
V Guerrero	462	159	.344
M Loretta	350	119	.340

July
(minimum 300 PA)

Player	AB	H	AVG
C Jones	**476**	**166**	**.349**
N Garciaparra	412	143	.347
V Guerrero	431	146	.339
C Biggio	530	179	.338
M Piazza	422	141	.334
G Anderson	529	176	.333
P O'Neill	506	168	.332
D Jeter	563	186	.330
L Castillo	314	102	.325
G Sheffield	442	143	.324

August
(minimum 300 PA)

Player	AB	H	AVG
T Helton	**500**	**197**	**.394**
L Walker	401	142	.354
R Greer	453	159	.351
B Williams	544	189	.347
F Catalanotto	325	111	.342
J Kent	474	159	.335
F Vina	453	151	.333
B Abreu	399	133	.333
D Bichette	499	165	.331
K Lofton	452	149	.330

September/October
(minimum 300 PA)

Player	AB	H	AVG
R Hidalgo	**295**	**108**	**.366**
J Giambi	456	160	.351
R Alomar	492	169	.343
E Martinez	432	147	.340
M Ramirez	445	149	.335
N Garciaparra	417	139	.333
J Cirillo	526	173	.329
J Gonzalez	442	145	.328
C Jones	446	145	.325
R Clayton	427	138	.323

1st Pitch
(minimum 300 PA)

Player	AB	H	AVG
J Giambi	**286**	**120**	**.420**
M Alou	427	178	.417
J Bagwell	354	147	.415
L Walker	499	207	.415
T Clark	311	129	.415
N Garciaparra	518	213	.411
B Jordan	463	188	.406
D Jeter	461	186	.403
C Delgado	270	107	.396
C Biggio	390	154	.395

Ahead in Count
(minimum 450 PA)

Player	AB	H	AVG
J Thome	**539**	**243**	**.451**
B Abreu	544	244	.449
L Walker	487	213	.437
C Everett	388	169	.436
S Casey	490	207	.422
E Martinez	689	291	.422
M Ramirez	566	239	.422
T Clark	454	191	.421
S Sosa	714	298	.417
A Galarraga	458	191	.417

Behind in Count
(minimum 450 PA)

Player	AB	H	AVG
T Gwynn	**631**	**202**	**.320**
N Garciaparra	945	272	.288
T Helton	992	285	.287
L Walker	892	255	.286
O Palmeiro	585	162	.277
D Jeter	1342	367	.273
J Cirillo	1298	350	.270
V Guerrero	1239	332	.268
D Bichette	1367	365	.267
J Kendall	1173	313	.267

Two Strikes
(minimum 450 PA)

Player	AB	H	AVG
T Gwynn	**506**	**158**	**.312**
O Palmeiro	638	174	.273
N Garciaparra	825	225	.273
T Helton	1097	298	.272
J Cirillo	1241	319	.257
R Greer	1104	279	.253
B Spiers	585	147	.251
R Alomar	1380	346	.251
B Williams	1108	277	.250
M Grace	953	236	.248

Full Count
(minimum 120 PA)

Player	AB	H	AVG
M Lieberthal	**166**	**65**	**.392**
B Spiers	133	45	.338
Q Mccracken	125	42	.336
J Frye	114	38	.333
F Catalanotto	96	32	.333
D Hansen	91	30	.330
M Loretta	218	70	.321
J Cirillo	264	83	.314
D Hamilton	162	50	.309
R Fick	91	28	.308

Close & Late
(minimum 150 PA)

Player	AB	H	AVG
B Molina	**158**	**57**	**.361**
N Garciaparra	358	128	.358
T Gwynn	265	92	.347
J Jones	196	68	.347
J Encarnacion	231	80	.346
C Guzman	198	67	.338
I Rodriguez	354	119	.336
D Bautista	192	63	.328
J Vidro	300	98	.327
T Fernandez	240	78	.325

522

5-Year Batting Leaders

Batting #1
(minimum 525 PA)

Player	AB	H	AVG
I Suzuki	685	240	.350
D Jeter	628	210	.334
F Catalanotto	478	152	.318
J Pierre	778	247	.317
C Stynes	532	165	.310
D Erstad	1799	553	.307
S Stewart	2243	687	.306
N Garciaparra	839	255	.304
C Biggio	2496	757	.303
F Vina	2225	664	.298

Batting #2
(minimum 525 PA)

Player	AB	H	AVG
J Vidro	907	325	.358
T Gwynn	536	184	.343
I Rodriguez	1058	354	.335
D Jeter	2283	733	.321
D DeShields	582	183	.314
R Aurilia	806	252	.313
R Sanchez	810	252	.311
J Kendall	632	195	.309
B Larkin	794	244	.307
J Cirillo	550	169	.307

Batting #3
(minimum 525 PA)

Player	AB	H	AVG
L Walker	2037	734	.360
T Gwynn	1070	371	.347
M Piazza	1078	363	.337
J Giambi	1651	539	.326
M Sweeney	778	253	.325
R Alomar	1658	538	.324
S Casey	697	226	.324
L Gonzalez	1775	571	.322
B Giles	1040	334	.321
E Alfonzo	646	207	.320

Batting #4
(minimum 450 PA)

Player	AB	H	AVG
T Helton	695	254	.365
N Garciaparra	1082	389	.360
J Cirillo	546	182	.333
L Berkman	709	231	.326
B Williams	1617	525	.325
V Guerrero	1589	515	.324
M Ramirez	1898	614	.324
S Casey	596	192	.322
M Grace	1208	384	.318
M Sweeney	647	205	.317

Batting #5
(minimum 450 PA)

Player	AB	H	AVG
E Martinez	455	170	.374
T Helton	583	204	.350
R Palmeiro	594	196	.330
T Fernandez	442	144	.326
M Alou	1766	575	.326
J Edmonds	493	159	.323
R White	574	184	.321
D Justice	950	304	.320
B Surhoff	533	166	.311
C Everett	468	145	.310

Batting #6
(minimum 450 PA)

Player	AB	H	AVG
E Burks	505	169	.335
T Helton	696	221	.318
G Anderson	796	252	.317
E Taubensee	487	154	.316
C Everett	591	186	.315
B Abreu	476	146	.307
T O'Leary	690	211	.306
J Hammonds	422	129	.306
S Finley	486	147	.302
I Rodriguez	692	206	.298

Batting #7
(minimum 300 PA)

Player	AB	H	AVG
J Jones	309	98	.317
C Lee	481	150	.312
J Randa	346	106	.306
B Mayne	458	140	.306
S Alomar Jr	374	114	.305
M Lieberthal	280	85	.304
T Fryman	631	191	.303
B Surhoff	270	81	.300
D Easley	277	83	.300
C Curtis	470	139	.296

Batting #8
(minimum 300 PA)

Player	AB	H	AVG
B Molina	452	136	.301
J Valentin	270	81	.300
J Varitek	380	114	.300
N Perez	411	122	.297
B Mayne	716	212	.296
E Chavez	679	201	.296
M Redmond	586	172	.294
B Petrick	302	88	.291
J Girardi	580	167	.288
D Cruz	314	89	.283

Batting #9
(minimum 300 PA)

Player	AB	H	AVG
O Vizquel	344	111	.323
C Johnson	433	132	.305
B Fordyce	362	108	.298
S Alomar Jr	451	133	.295
H Bush	509	148	.291
M McLemore	279	81	.290
P Meares	540	154	.285
M Cairo	296	84	.284
R Sanchez	632	178	.282
T Nixon	334	94	.281

None On/None Out
(minimum 300 PA)

Player	AB	H	AVG
L Walker	447	165	.369
T Gwynn	308	108	.351
E Martinez	599	209	.349
I Rodriguez	519	180	.347
J Pierre	330	114	.345
N Garciaparra	727	251	.345
D Jeter	724	246	.340
E Burks	442	150	.339
M Piazza	546	183	.335
B Agbayani	264	88	.333

Pre-All Star
(minimum 575 PA)

Player	AB	H	AVG
L Walker	1329	477	.359
T Gwynn	956	338	.354
N Garciaparra	1184	398	.336
I Rodriguez	1560	516	.331
M Alou	1094	360	.329
B Williams	1431	470	.328
M Ramirez	1375	450	.327
V Guerrero	1456	472	.324
L Gonzalez	1587	512	.323
M Piazza	1416	455	.321

Post-All Star
(minimum 575 PA)

Player	AB	H	AVG
L Walker	942	333	.354
T Helton	1184	415	.351
N Garciaparra	1248	417	.334
J Giambi	1248	412	.330
T Gwynn	737	243	.330
D Jeter	1492	489	.328
E Martinez	1206	395	.328
M Piazza	1220	399	.327
R Alomar	1184	384	.324
R Greer	1026	332	.324

2001 Pitching Leaders

Overall
(minimum 162 IP)

Pitcher, Team	IP	ER	ERA
R Johnson, Ari	249.2	69	2.49
C Schilling, Ari	256.2	85	2.98
J Burkett, Atl	219.1	74	3.04
G Maddux, Atl	233.0	79	3.05
F Garcia, Sea	238.2	81	3.05
D Kile, StL	227.1	78	3.09
M Mussina, NYY	228.2	80	3.15
J Mays, Min	233.2	82	3.16
M Morris, StL	216.1	76	3.16
R Ortiz, SF	218.2	80	3.29

Home
(minimum 75 IP)

Pitcher, Team	IP	ER	ERA
M Morris, StL	122.0	22	1.62
R Oswalt, Hou	83.2	20	2.15
B Penny, Fla	107.0	27	2.27
C Park, LA	126.0	33	2.36
R Ortiz, SF	108.1	30	2.49
R Johnson, Ari	131.1	37	2.54
K Wood, ChC	91.0	27	2.67
D Kile, StL	104.0	31	2.68
M Mulder, Oak	107.0	32	2.69
A Leiter, NYM	96.0	29	2.72

Away
(minimum 75 IP)

Pitcher, Team	IP	ER	ERA
R Johnson, Ari	118.1	32	2.43
J Burkett, Atl	118.2	34	2.58
C Schilling, Ari	124.1	39	2.82
J Vazquez, Mon	103.2	33	2.86
W Miller, Hou	121.2	39	2.88
J Mays, Min	126.0	42	3.00
J Washburn, Ana	104.1	35	3.02
F Garcia, Sea	119.1	41	3.09
M Buehrle, CWS	108.2	38	3.15
M Mussina, NYY	115.2	41	3.19

April
(minimum 25 IP)

Pitcher, Team	IP	ER	ERA
K Brown, LA	26.1	3	1.03
J Tavarez, ChC	29.1	5	1.53
P Martinez, Bos	35.0	7	1.80
W Roberts, Bal	27.2	6	1.95
R Reed, NYM-Min	37.2	9	2.15
W Miller, Hou	37.2	9	2.15
Suzuki, KC -Col-Mil	25.0	6	2.16
B Radke, Min	48.1	12	2.23
T Ohka, Bos-Mon	27.2	7	2.28
H Nomo, Bos	30.0	8	2.40

May
(minimum 25 IP)

Pitcher, Team	IP	ER	ERA
P Martinez, Bos	46.0	6	1.17
S Estes, SF	30.0	5	1.50
R Wolf, Phi	35.1	6	1.53
R Johnson, Ari	41.0	7	1.54
J Weaver, Det	38.1	7	1.64
M Gardner, SF	32.0	6	1.69
M Morris, StL	42.0	9	1.93
C Park, LA	41.1	9	1.96
T Wakefield, Bos	27.1	6	1.98
K Wells, CWS	26.0	6	2.08

June
(minimum 25 IP)

Pitcher, Team	IP	ER	ERA
J Burkett, Atl	42.1	6	1.28
J Towers, Bal	42.1	7	1.49
J Wright, Mil	27.0	5	1.67
B Penny, Fla	32.2	7	1.93
T Hudson, Oak	34.2	8	2.08
M Buehrle, CWS	43.1	10	2.08
G Maddux, Atl	42.1	10	2.13
J Washburn, Ana	35.2	9	2.27
O Perez, Atl	30.2	8	2.35
R Clemens, NYY	41.2	11	2.38

July
(minimum 25 IP)

Pitcher, Team	IP	ER	ERA
R Dempster, Fla	44.2	8	1.61
M Mulder, Oak	46.2	9	1.74
J Johnson, Bal	33.0	7	1.91
T Glavine, Atl	37.2	8	1.91
D Hermanson, StL	41.0	9	1.98
R Johnson, Ari	35.1	8	2.04
R Arrojo, Bos	35.1	8	2.04
D Kile, StL	33.2	8	2.14
J Washburn, Ana	33.0	8	2.18
I Valdes, Ana	31.2	8	2.27

August
(minimum 25 IP)

Pitcher, Team	IP	ER	ERA
J Vazquez, Mon	49.0	3	0.55
B Zito, Oak	44.1	5	1.02
K Escobar, Tor	42.0	8	1.71
R Johnson, Ari	44.2	9	1.81
J Moyer, Sea	44.0	9	1.84
R Oswalt, Hou	45.1	10	1.99
J Garland, CWS	30.1	7	2.08
D Kile, StL	42.0	10	2.14
A Lopez, TB-Ari	42.0	10	2.14
C Schilling, Ari	45.0	11	2.20

September/October
(minimum 25 IP)

Pitcher, Team	IP	ER	ERA
Williams, SD -StL	39.0	4	0.92
M Mussina, NYY	41.0	6	1.32
R Wolf, Phi	45.0	8	1.60
R Halladay, Tor	38.2	7	1.63
W Miller, Hou	42.2	8	1.69
B Penny, Fla	34.1	7	1.83
P Wilson, TB	34.0	7	1.85
K Appier, NYM	43.1	9	1.87
B Zito, Oak	38.0	8	1.89
J Mays, Min	42.0	9	1.93

Grass
(minimum 75 IP)

Pitcher, Team	IP	ER	ERA
F Rodriguez, SF	77.2	15	1.74
P Martinez, Bos	105.2	28	2.38
Weathers, Mil-ChC	83.2	23	2.47
R Johnson, Ari	242.2	68	2.52
R Oswalt, Hou	134.2	39	2.61
K Brown, LA	115.2	34	2.65
S Karsay, Cle-Atl	76.0	23	2.72
K Farnsworth, ChC	79.0	24	2.73
M Dejean, Mil	81.0	25	2.78
O Dotel, Hou	100.1	31	2.78

Turf
(minimum 75 IP)

Pitcher, Team	IP	ER	ERA
J Kennedy, TB	79.1	29	3.29
J Mays, Min	122.2	45	3.30
K Escobar, Tor	95.0	36	3.41
R Person, Phi	122.0	47	3.47
R Wolf, Phi	82.2	34	3.70
J Vazquez, Mon	143.0	59	3.71
T Armas Jr., Mon	125.0	52	3.74
B Radke, Min	130.2	58	3.99
C Carpenter, Tor	142.0	68	4.31
T Sturtze, TB	111.0	55	4.46

1st Batter
(minimum 50 BFP)

Pitcher, Team	AB	H	AVG
J Nelson, Sea	56	6	.107
A Benitez, NYM	65	8	.123
S Sullivan, Cin	72	9	.125
K Foulke, CWS	66	9	.136
B Wagner, Hou	58	8	.138
A Rhodes, Sea	70	10	.143
E Guardado, Min	56	8	.143
J Paniagua, Sea	48	7	.146
B Ryan, Bal	53	8	.151
M Guthrie, Oak	45	7	.156

2001 Pitching Leaders

Overall
(minimum 162 IP)

Pitcher, Team	AB	H	AVG
K Wood, ChC	**629**	**127**	**.202**
R Johnson, Ari	890	181	.203
C Park, LA	847	183	.216
F Garcia, Sea	884	199	.225
C Sabathia, Cle	653	149	.228
B Zito, Oak	800	184	.230
J Burkett, Atl	813	187	.230
M Buehrle, CWS	816	188	.230
A Burnett, Fla	629	145	.231
H Nomo, Bos	739	171	.231

vs. LHB
(minimum 125 BFP)

Pitcher, Team	AB	H	AVG
F Rodriguez, SF	**113**	**17**	**.150**
C Bailey, KC	116	19	.164
R Wolf, Phi	123	21	.171
T Percival, Ana	125	22	.176
J Thomson, Col	164	29	.177
P Hentgen, Bal	129	23	.178
M Rivera, NYY	139	26	.187
J Shaw, LA	130	25	.192
J Mecir, Oak	118	23	.195
R Johnson, Ari	107	21	.196

vs. RHB
(minimum 225 BFP)

Pitcher, Team	AB	H	AVG
O Dotel, Hou	**213**	**38**	**.178**
K Brown, LA	207	38	.184
R Ortiz, SF	411	78	.190
K Wood, ChC	335	68	.203
R Johnson, Ari	783	160	.204
C Park, LA	455	93	.204
F Garcia, Sea	409	84	.205
K Escobar, Tor	238	49	.206
J Bere, ChC	430	90	.209
A Burnett, Fla	305	65	.213

None On/None Out
(minimum 150 BFP)

Pitcher, Team	AB	H	AVG
P Abbott, Sea	**150**	**27**	**.180**
K Wood, ChC	161	30	.186
A Leiter, NYM	182	35	.192
B Zito, Oak	207	41	.198
J Bere, ChC	186	37	.199
C Park, LA	225	45	.200
B Penny, Fla	201	41	.204
M Mussina, NYY	230	47	.204
R Johnson, Ari	239	49	.205
T Armas Jr., Mon	179	37	.207

None On
(minimum 250 BFP)

Pitcher, Team	AB	H	AVG
K Wood, ChC	**379**	**66**	**.174**
C Sabathia, Cle	410	82	.200
R Johnson, Ari	555	112	.202
J Marquis, Atl	291	59	.203
P Martinez, Bos	271	55	.203
B Penny, Fla	480	100	.208
K Escobar, Tor	278	58	.209
B Zito, Oak	479	100	.209
J Moyer, Sea	512	109	.213
M Mussina, NYY	558	119	.213

Runners On
(minimum 250 BFP)

Pitcher, Team	AB	H	AVG
R Johnson, Ari	**335**	**69**	**.206**
C Park, LA	333	71	.213
M Buehrle, CWS	289	62	.215
J Mays, Min	338	73	.216
W Miller, Hou	279	63	.226
C Schilling, Ari	320	73	.228
R Person, Phi	282	65	.230
F Garcia, Sea	325	76	.234
R Ortiz, SF	344	81	.235
S Trachsel, NYM	246	58	.236

1st Pitch
(minimum 100 BFP)

Pitcher, Team	AB	H	AVG
W Miller, Hou	**95**	**21**	**.221**
A Burnett, Fla	90	20	.222
C Carpenter, Tor	135	33	.244
M Buehrle, CWS	115	29	.252
T Sturtze, TB	103	26	.252
C Park, LA	123	32	.260
J Moyer, Sea	109	30	.275
J Suppan, KC	133	37	.278
R Ortiz, Ana	122	34	.279
T Hudson, Oak	124	35	.282

Two Strikes
(minimum 150 BFP)

Pitcher, Team	AB	H	AVG
J Nelson, Sea	**137**	**10**	**.073**
B Kim, Ari	196	18	.092
C Fox, Mil	145	15	.103
S Strickland, Mon	163	18	.110
B Lawrence, SD	188	21	.112
M Matthews, StL	171	20	.117
H Nomo, Bos	399	47	.118
K Escobar, Tor	236	28	.119
O Dotel, Hou	240	29	.121
K Foulke, CWS	153	19	.124

Scoring Position
(minimum 125 BFP)

Pitcher, Team	AB	H	AVG
R Johnson, Ari	**180**	**32**	**.178**
S Sullivan, Cin	108	20	.185
C Park, LA	173	34	.197
M Dejean, Mil	95	19	.200
J Mays, Min	178	36	.202
K Escobar, Tor	98	20	.204
D Kile, StL	186	39	.210
A Burnett, Fla	137	29	.212
J Kennedy, TB	112	24	.214
F Garcia, Sea	199	43	.216

Ahead in Count
(minimum 150 BFP)

Pitcher, Team	AB	H	AVG
S Strickland, Mon	**154**	**15**	**.097**
B Kim, Ari	177	20	.113
Trombley, Bal-LA	163	21	.129
P Martinez, Bos	241	32	.133
M Matthews, StL	157	21	.134
H Nomo, Bos	394	55	.140
A Rhodes, Sea	148	21	.142
J Burkett, Atl	366	52	.142
R Johnson, Ari	526	75	.143
O Dotel, Hou	235	35	.149

Behind in Count
(minimum 150 BFP)

Pitcher, Team	AB	H	AVG
B Penny, Fla	**145**	**32**	**.221**
P Abbott, Sea	134	30	.224
J Suppan, KC	204	54	.265
R Ortiz, SF	162	43	.265
J Johnson, Bal	170	46	.271
J Moyer, Sea	181	49	.271
F Garcia, Sea	180	50	.278
M Clement, Fla	146	41	.281
M Buehrle, CWS	167	47	.281
C Lidle, Oak	151	43	.285

Close & Late
(minimum 50 BFP)

Pitcher, Team	AB	H	AVG
J Moreno, Tex	**50**	**6**	**.120**
W Miller, Hou	53	7	.132
J Colome, TB	59	8	.136
J Nelson, Sea	109	15	.138
J Baldwin, CWS-LA	48	7	.146
J Smoltz, Atl	70	11	.157
R Mendoza, NYY	125	20	.160
D Baez, Cle	92	15	.163
C Fox, Mil	116	19	.164
G Maddux, Atl	67	11	.164

5-Year Pitching Leaders

Overall
(minimum 500 IP)

Pitcher	IP	ER	ERA
P Martinez	**1022.0**	**248**	**2.18**
R Johnson	1227.1	360	2.64
K Brown	1092.1	323	2.66
G Maddux	1185.1	368	2.79
J Smoltz	669.0	228	3.07
M Morris	600.0	206	3.09
R Clemens	1111.0	395	3.20
C Schilling	1170.1	426	3.28
T Glavine	1163.2	427	3.30
M Mussina	1100.2	419	3.43

Home
(minimum 250 IP)

Pitcher	IP	ER	ERA
K Brown	**560.0**	**132**	**2.12**
P Martinez	519.0	132	2.29
M Morris	349.1	93	2.40
G Maddux	669.0	189	2.54
R Johnson	635.1	183	2.59
R Clemens	635.2	204	2.89
A Leiter	481.2	155	2.90
S Estes	474.0	160	3.04
C Park	574.2	194	3.04
M Mussina	569.0	195	3.08

Away
(minimum 250 IP)

Pitcher	IP	ER	ERA
P Martinez	**503.0**	**116**	**2.08**
R Johnson	592.0	177	2.69
J Smoltz	346.0	111	2.89
G Maddux	516.1	179	3.12
K Brown	532.1	191	3.23
C Schilling	562.1	209	3.34
T Glavine	605.0	233	3.47
S Sullivan	255.2	99	3.49
F Garcia	278.0	111	3.59
R Clemens	475.1	191	3.62

March/April
(minimum 75 IP)

Pitcher	IP	ER	ERA
P Martinez	**170.2**	**33**	**1.74**
M Trombley	81.0	19	2.11
K Brown	167.2	40	2.15
J Smoltz	96.0	23	2.16
R Reed	152.0	38	2.25
G Maddux	186.0	47	2.27
M Remlinger	80.2	21	2.34
T Glavine	196.1	56	2.57
C Schilling	174.0	58	3.00
A Pettitte	153.2	52	3.05

May
(minimum 75 IP)

Pitcher	IP	ER	ERA
P Martinez	**220.1**	**42**	**1.72**
R Villone	80.0	18	2.03
M Morris	86.0	21	2.20
B Wickman	76.2	19	2.23
M Hampton	200.2	57	2.56
G Maddux	214.1	63	2.65
J Shaw	77.0	23	2.69
R Johnson	218.0	67	2.77
T Hudson	77.2	24	2.78
J Weaver	104.1	33	2.85

June
(minimum 75 IP)

Pitcher	IP	ER	ERA
R Johnson	**215.2**	**61**	**2.55**
A Leiter	176.2	54	2.75
P Martinez	171.2	55	2.88
M Dejean	78.0	25	2.88
G Maddux	205.1	66	2.89
S Hitchcock	77.2	25	2.90
E Dessens	80.2	26	2.90
A Eaton	77.1	25	2.91
T Hudson	100.0	33	2.97
P Byrd	87.1	29	2.99

July
(minimum 75 IP)

Pitcher	IP	ER	ERA
P Martinez	**125.2**	**31**	**2.22**
S Woodard	123.1	34	2.49
R Clemens	197.0	55	2.51
G Maddux	203.2	58	2.56
R Johnson	204.1	60	2.64
S Sullivan	94.1	28	2.67
S Hasegawa	76.1	23	2.71
M Morris	114.1	36	2.83
J Tavarez	85.2	27	2.84
M Mulder	79.0	25	2.85

August
(minimum 75 IP)

Pitcher	IP	ER	ERA
R Johnson	**204.2**	**43**	**1.89**
K Brown	177.1	41	2.08
P Martinez	176.0	42	2.15
B Zito	83.1	21	2.27
S Parris	75.0	20	2.40
J Smoltz	144.0	39	2.44
R Clemens	216.1	61	2.54
R Villone	85.2	27	2.84
C Schilling	182.2	59	2.91
A Lopez	116.1	39	3.02

September/October
(minimum 75 IP)

Pitcher	IP	ER	ERA
B Zito	**79.2**	**16**	**1.81**
K Brown	185.1	43	2.09
D Lowe	86.1	21	2.19
T Glavine	189.2	49	2.33
R Halladay	85.0	22	2.33
J Smoltz	119.1	32	2.41
T Hudson	116.0	32	2.48
P Martinez	157.2	45	2.57
J Fassero	118.2	34	2.58
W Williams	194.1	57	2.64

Grass
(minimum 225 IP)

Pitcher	IP	ER	ERA
P Martinez	**745.2**	**184**	**2.22**
M Rivera	320.1	82	2.30
T Hoffman	311.2	90	2.60
K Brown	981.0	286	2.62
R Nen	334.0	103	2.78
R Johnson	870.2	270	2.79
G Maddux	1019.2	326	2.88
A Benitez	317.2	105	2.97
M Morris	559.0	186	2.99
B Zito	273.1	91	3.00

Turf
(minimum 225 IP)

Pitcher	IP	ER	ERA
P Martinez	**276.1**	**64**	**2.08**
R Johnson	356.2	90	2.27
R Clemens	409.1	118	2.59
M Hampton	460.0	153	2.99
C Schilling	579.1	203	3.15
D Kile	276.2	106	3.45
J Lima	394.1	157	3.58
D Neagle	273.0	110	3.63
S Reynolds	473.0	192	3.65
S Sullivan	264.0	108	3.68

1st Batter
(minimum 120 BFP)

Pitcher	AB	H	AVG
F Gordon	**143**	**19**	**.133**
M Rivera	308	50	.162
S Sullivan	324	54	.167
T Percival	258	44	.171
J Nelson	246	43	.175
J Rocker	205	36	.176
K Ligtenberg	183	33	.180
A Benitez	308	56	.182
B Wagner	247	47	.190
M Remlinger	262	50	.191

526

5-Year Pitching Leaders

Overall
(minimum 500 IP)

Pitcher	AB	H	AVG
P Martinez	**3696**	**718**	**.194**
R Johnson	4448	940	.211
K Brown	4059	924	.228
R Clemens	4134	947	.229
S Sullivan	1925	446	.232
C Park	3927	912	.232
M Remlinger	1923	452	.235
T Hudson	2140	506	.236
O Hernandez	2426	576	.237
C Schilling	4371	1044	.239

vs. LHB
(minimum 375 BFP)

Pitcher	AB	H	AVG
A Benitez	**542**	**97**	**.179**
R Johnson	437	84	.192
M Myers	438	85	.194
T Hoffman	615	120	.195
P Martinez	1990	395	.198
A Osuna	326	66	.202
F Rodriguez	502	102	.203
M Rivera	689	140	.203
R Rincon	383	78	.204
A Rhodes	510	104	.204

vs. RHB
(minimum 675 BFP)

Pitcher	AB	H	AVG
B Wagner	**846**	**151**	**.178**
J Nelson	654	117	.179
A Benitez	766	138	.180
R Nen	704	129	.183
P Martinez	1706	323	.189
O Hernandez	1123	217	.193
K Wood	931	185	.199
K Foulke	786	159	.202
T Hoffman	667	137	.205
J Rocker	642	132	.206

None On/None Out
(minimum 450 BFP)

Pitcher	AB	H	AVG
P Martinez	**992**	**198**	**.200**
M Remlinger	478	97	.203
S Sullivan	457	93	.204
K Wood	430	88	.205
R Johnson	1167	240	.206
P Abbott	404	92	.228
T Hudson	576	133	.231
K Millwood	791	184	.233
R Clemens	1073	250	.233
A Leiter	891	209	.235

None On
(minimum 750 BFP)

Pitcher	AB	H	AVG
K Wood	**995**	**188**	**.189**
A Benitez	693	131	.189
P Martinez	2379	461	.194
T Hoffman	773	153	.198
B Zito	672	134	.199
M Rivera	748	151	.202
K Foulke	903	188	.208
A Rhodes	729	152	.208
R Johnson	2754	583	.212
R Nen	780	171	.219

Runners On
(minimum 750 BFP)

Pitcher	AB	H	AVG
P Martinez	**1317**	**257**	**.195**
R Johnson	1694	357	.211
R Hernandez	689	154	.224
F Garcia	914	209	.229
T Wendell	664	153	.230
C Park	1618	374	.231
M Trombley	744	172	.231
K Wood	726	168	.231
R Clemens	1692	393	.232
M Remlinger	842	196	.233

1st Pitch
(minimum 300 BFP)

Pitcher	AB	H	AVG
J Tavarez	**256**	**64**	**.250**
P Harnisch	365	105	.288
K Brown	576	166	.288
D Neagle	510	147	.288
P Martinez	430	125	.291
J Halama	279	82	.294
J Suppan	479	141	.294
W Blair	402	119	.296
D Springer	326	97	.298
C Park	531	158	.298

Two Strikes
(minimum 450 BFP)

Pitcher	AB	H	AVG
B Kim	**413**	**38**	**.092**
S Williamson	399	45	.113
K Wood	987	119	.121
P Martinez	2208	271	.123
U Urbina	647	80	.124
J Nelson	589	74	.126
H Nomo	1704	217	.127
J Rocker	525	69	.131
F Gordon	652	86	.132
P Shuey	621	82	.132

Scoring Position
(minimum 375 BFP)

Pitcher	AB	H	AVG
A Benitez	**366**	**67**	**.183**
R Nen	426	82	.192
P Martinez	696	134	.193
R Johnson	942	188	.200
A Mills	292	60	.205
C Park	889	183	.206
B Wickman	434	91	.210
J Nelson	311	66	.212
F Garcia	541	115	.213
K Wood	426	91	.214

Ahead in Count
(minimum 450 BFP)

Pitcher	AB	H	AVG
P Martinez	**2108**	**279**	**.132**
F Gordon	634	85	.134
P Shuey	564	80	.142
U Urbina	618	88	.142
R Johnson	2587	374	.145
B Wagner	681	100	.147
J Nelson	545	81	.149
J Rocker	497	74	.149
B Zito	564	84	.149
T Percival	596	89	.149

Behind in Count
(minimum 450 BFP)

Pitcher	AB	H	AVG
P Abbott	**373**	**102**	**.273**
A Leiter	740	212	.286
B Stein	341	100	.293
O Hernandez	468	139	.297
F Garcia	492	150	.305
J Johnson	435	133	.306
S Elarton	368	113	.307
G Heredia	448	139	.310
S Ponson	557	173	.311
K Brown	751	234	.312

Close & Late
(minimum 150 BFP)

Pitcher	AB	H	AVG
A Benitez	**828**	**146**	**.176**
S Estes	186	33	.177
K Sasaki	320	58	.181
K Walker	136	25	.184
S Elarton	206	38	.184
T Hudson	148	28	.189
T Hoffman	1005	192	.191
S Williamson	354	68	.192
B Kim	406	79	.195
M Remlinger	621	121	.195

Glossary

There are quite a few abbreviations in this book, most of which you probably are already familiar with. But for the sake of completeness, here is a rundown of all of the abbreviations, plus descriptions of many of the categories for the stat breakdowns and some of the formulas used.

For Hitters:

Avg = batting average, **G** = games played, **AB** = at-bats, **R** = runs scored, **H** = hits, **2B** = doubles, **3B** = triples, **HR** = home runs, **RBI** = runs batted in, **BB** = walks, **SO** = strikeouts, **HBP** = times hit by pitch, **GDP** = times grounded into double play, **SB** = stolen bases, **CS** = caught stealing, **OBP** = on-base percentage, **SLG** = slugging percentage, **IBB** = intentional walks received, **SH** = sacrifice hits, **SF** = sacrifice flies, **#Pit** = number of pitches offered to the hitter, **#P/PA** = average number of pitches per plate appearance, **GB** = number of fair groundballs hit (hits, outs and errors), **FB** = number of flyballs hit (excludes line drives), **G/F** = ratio of groundballs to flyballs. A player is designated as a groundball hitter if his G/F ratio < 1.0 over the past five years (or his entire career, whichever is shorter), and a flyball hitter if his G/F ratio > 1.5.

For Fielders:

G = number of games the player appeared at that position, **GS** = number of starts the player made, **Innings** = number of innings played at that position, **PO** = putouts, **A** = assists, **E** = errors, **DP** = double plays turned, **Fld Pct** = fielding percentage, **Rng Fctr** = Range Factor, **In Zone** = balls hit in the player's area, **Outs** = number of outs resulting from a ball hit to a player, **Zone Rtg** = Zone Rating (see below), **MLB Zone** = major league average zone rating for that position for the 2001 season.

For Pitchers:

ERA = earned run average, **W** = wins, **L** = losses, **Sv** = saves, **G** = games pitched, **GS** = games started, **IP** = innings pitched, **BB** = walks issued, **SO** = strikeouts, **Avg** = opposition batting average against the pitcher, **H** = hits allowed, **2B** = doubles allowed, **3B** = triples allowed, **HR** = homers allowed, **RBI** = RBI allowed, **OBP** = on-base percentage against the pitcher, **SLG** = slugging percentage against the pitcher, **CG** = complete games, **ShO** = shutouts, **Sup** = run support per nine innings, **GF** = games finished, **IR** = inherited runners, **IRS** = inherited runners who scored, **QS** = quality starts, **Hld** = holds, **SvOp** = save opportunities, **SB** = stolen bases against the pitcher, **CS** = times runners were caught stealing while the pitcher was on the mound, **GB** = groundballs hit against the pitcher (hits, outs and errors), **FB** = flyballs hit against the pitcher (excludes line drives), **G/F** = ratio of groundballs to flyballs. A player is designated as a groundball pitcher if his G/F ratio < 1.0 over the past five years (or his entire career, whichever is shorter), and a flyball pitcher if his G/F ratio > 1.5.

Formulas and Definitions

OBP = (H + BB + HBP) / (AB + BB + HBP + SF); **SLG** = Total Bases / At-Bats; **OPS** = OBP + SLG; **Fld Pct** = (PO + A) / (PO + A + E); **Rng Fctr** = (PO + A) * 9 / defensive innings played, or the average number of plays a fielder makes over a nine-inning game. **Zone Rating** = The Zone Rating is an estimate of a player's efficiency in fielding balls hit into his typical defensive zone, as measured by STATS reporters. An infielder's Zone Rating is equal to the number of outs made divided by the number of balls hit into his zone. Only groundballs are considered. Furthermore, if an infielder turns a groundball outside his zone into an out, it is counted as both an out and a ball in zone toward his Zone Rating. An outfielder's Zone Rating also is equal to the number of outs made divided by the number of balls hit into his zone, though unlike infielders, outfielders have two separate zones for flyballs and line drives. Other types of plays aren't considered. As with infielders, an outfielder who catches a ball outside his zone is credited with both an out and a ball in zone. The MLB averages listed with the profiles are based on data for 2001. **GF** = games in which the pitcher was the last reliever in the game. **Hold** = A pitcher gets a hold when he enters the game in a save situation, records at least one out, and leaves the game having never relinquished the lead. A player cannot finish the game and get a hold, nor can he get credit for a hold and a save in the same game.

Player Breakdowns

There are three styles of player breakdowns in this book. The first is for all the *Regulars*, the second is for *Subs* and the final type is for the "cup-of-coffee" players. We defined Regulars as being any batters with 325 or more plate appearances last season or pitchers with either 162+ innings or 60+ appearances. Subs are hitters with between 126 and 324 plate appearances or pitchers who threw between 60 and 161.2 innings last year or appeared in 25 to 59 games. The final type of player includes everyone else who appeared in a game in 2001. What this means is that the Regulars have stat splits in every category, the Subs have splits in most categories and the fringe players have just a couple of listings. Regulars alone have 2001 batting and fielding splits broken down by all defensive positions at which they played 10 or more games.

The multi-year section (career or five-year) is shown for any hitter whose career exceeds his 2001 playing time by 325+ appearances or for any pitcher whose career exceeds his 2001 playing time by 162 innings or 60 games.

Starting pitchers have slightly different formats than relief pitchers. In the top section, starters have stats for CG, ShO, Sup, QS and #P/S. For relievers, defined as pitchers with more games relieved than started, we show GF, IR, IRS, Hld and SvOp. In the stat breakdowns, starters have statistics based on longer rest between starts and higher pitch levels per outing.

Breakdown Categories

Most of the categories are fairly straightforward, but below is some information that could make a few of them a little less ambiguous.

The "2001 Season" label refers to his total stats for last year, even if he was traded midway through the season. So Woody Williams' line is for both the Padres and the Cardinals. The next line is either the hitter's or pitcher's performance since the start of the 1997 season, or his entire career if he debuted since 1997. The team listed after each player's name is the club that a given player was with at the end of the 2001 regular season.

AGE indicates how old the player will be on June 30, 2002, or midway through the 2002 season.

DAY/NIGHT designations are the same for both leagues. Officially, night games are those that start after 5:00 p.m. However, any twi-night doubleheader scheduled to start after 4:00 p.m. is considered two night games, while any twi-night doubleheader that begins before 4:00 p.m. is considered two day games.

GRASS is grass and TURF is artificial turf.

FIRST PITCH refers to the first pitch of a given at-bat, and any walks listed here are intentional walks. For hitters, AHEAD IN COUNT includes 1-0, 2-0, 3-0, 2-1, and 3-1. BEHIND IN COUNT includes 0-1, 0-2, 1-2, and 2-2. For pitchers, it's the opposite.

SCORING POSITION is having at least one runner at either second or third base. CLOSE AND LATE occurs when a) the game is in the seventh inning or later and b) the batting team is either leading by one run, tied, or has the potential tying run on base, at bat or on deck. NONE ON/OUT is when there are no outs and the bases are empty (generally leadoff situations).

INNING 1-6 and INNING 7+ refer to the actual innings in which a pitcher worked. NONE ON/RUNNERS ON is the status of the baserunners.

VS. 1ST BATR (RELIEF) is what happened to the first batter a reliever faced. FIRST INNING PITCHED is the result of the pitcher's work until he recorded three outs.

Vs. AL/NL is the numbers a player produced facing AL teams and NL teams.

The NUMBER OF PITCHES section shows the results of balls put into play while his pitch count was in that range.

All of the above is the same for the multi-year data as well.

About STATS, Inc.

STATS, Inc., a News Corporation company, is affiliated with, and the official statistics provider to FOX Sports. STATS collects and disseminates most, if not all, of the information found within these pages, in addition to the statistics you might find on your favorite web site. STATS, Inc. is the nation's leading sports information and statistical analysis company, providing detailed sports services for a wide array of consumer and commercial clients.

As one of the elite companies in sports, STATS provides the most detailed, up-to-the-minute sports information to professional teams, print and broadcast media, software developers and interactive service providers around the country. STATS' network of trained sports reporters records the details of more than 3,800 sporting events across the four major sports annually. Some of our major clients include FOX Sports, the Associated Press, Lycos, *The Sporting News*, ESPN.com, Yahoo!, Electronic Arts, MSNBC, SONY and Topps.

STATS Publishing, a division of STATS, Inc., produces 10 pro sports annuals, including the *Major League Handbook*, *The Scouting Notebook*, the *Pro Football Handbook*, the *Pro Basketball Handbook* and the *Hockey Handbook*. The annuals now are available in an e-book format, as well as the traditional book form. In 1998, we introduced two baseball encyclopedias, the *All-Time Major League Handbook* (second edition updated through 1999) and the *All-Time Baseball Sourcebook*. Together they combine for more than 5,000 pages of baseball history. We added the *Pro Football Sourcebook* as an annual in 2000. Also, original articles by STATS authors appear three times per week in the Insider section of ESPN.com. All of our publications and additional editorial content deliver STATS' expertise to fans, scouts, general managers and media across the country.

In addition, STATS Fantasy Sports is at the forefront of the fantasy sports industry. We develop fantasy baseball, football, basketball, hockey, golf and auto racing games for a host of sites. We also feature the first historical baseball simulation game created specifically for the Internet—Diamond Legends. No matter what time of year, STATS Fantasy Sports has a fantasy game to keep even the most passionate sports fan satisfied.

Information technology has grown by leaps and bounds in the last decade. STATS will continue to be at the forefront as a supplier of the most up-to-date, in-depth sports information available.

For more information on our products, or on joining our reporter network, contact us via:

Internet — www.stats.com
 http://biz.stats.com

Toll Free in the USA at 1-800-63-STATS (1-800-637-8287)

Outside the USA at 1-847-470-8798

Or write to:

STATS, Inc.
8130 Lehigh Ave.
Morton Grove, IL 60053

Notes

Full Coverage of America's Pastime

STATS Major League Handbook 2002
- Amazing statistical coverage of the 2001 season
- Exclusive projections give you a sneak peek at the 2002 season
Item #HB02, $19.95, Available Now!

STATS Minor League Handbook 2002
- Complete look at the minor leagues in 2001
- Only available directly from STATS
Item #MH02, $19.95, Available Now!

The Scouting Notebook 2002
- Scouting reports on every MLB player from the experts
- Includes reports on top minor league prospects for each team
Item #SN02, $19.95, Available in January

STATS Minor League Scouting Notebook 2002
- Scouting reports and grades for more than 1,400 minor leaguers
- Only available directly from STATS
Item #MN02, $19.95, Available in February

STATS Baseball Scoreboard 2002
- Baseball Q&A in exciting and fun-to-read essay form
- Only available directly from STATS
Item #SB02, $19.95, Available in March

STATS Player Projections Update 2002
- Projections featuring players in new ballparks
- Forecasts to account for spring and winter trades
- Updated playing-time projections
Item #PJUP, $9.95, Available in March
Disk version contains updated projections through the date of your order!
Item # PJUD, $19.95, Available in March

Order From STATS, Inc. Today!
1-800-63-STATS www.stats.com

Covering All the Bases

STATS All-Time Major League Handbook

-Second Edition features year-by-year career stats for EVERY major league batter, pitcher and fielder through the 1999 season
Item #ATHB, $79.95, Available Now!

STATS Ballpark Sourcebook: Diamond Diagrams

- Analytical essays and summaries for more than 100 parks
- Extensive playing characteristics, anecdotes and accounts

Item #BSDD, $24.95, Available Now!

From Abba Dabba to Zorro:
The World of Baseball Nicknames

- Baseball monikers and their origins
- The All-Food Team, All-Body Parts Team and many more

Item #ABBA, $9.95, Available Now!

STATS 2002 Sports Calendar
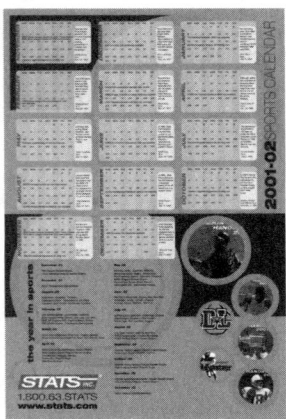
Now you can have the entire year in sports right in front of you! Every month has a unique STATS-Fact to test your sports knowledge. And the best part about the calendar is...*IT'S FREE!*

Go to www.stats.com or call 1-800-63-STATS and order your calendar today!

Order From STATS, Inc. Today!
1-800-63-STATS   www.stats.com

Hot Coverage of the Winter Sports

STATS Pro Basketball Handbook 2001-02
- Career regular-season and playoff stats for all active players
- Year-by-year college stats for all active NBA players
- Team game logs outline the entire 2000-01 season
- Extensive profiles break down individual and team performances

Item #BH02, $19.95, Available Now!

STATS Hockey Handbook 2001-02
- Complete career register for every active player
- Skater and goalie breakdowns that tell the real story
- New: time on ice, faceoffs won, hits, blocked shots and more
- Team game logs detailing the entire 2000-01 season

Item #HH02, $19.95, Available Now!

STATS Pro Football Handbook 2001
- Career registers for every active 2000 NFL player
- Cutting-edge active and historical leader boards
- Exclusive analysis of offensive linemen
- Extensive player, team and league statistics and breakdowns

Item #FH01, $9.95, Available Now!

STATS Pro Football Sourcebook 2001
- Team rosters and depth charts for skill positions
- Informative essays covering all 31 teams
- Exclusive fantasy rankings and 3-year weighted averages
- Five-year game logs for key fantasy players

Item #PF01, $9.95, Available Now!

Order From STATS, Inc. Today!
1-800-63-STATS   **www.stats.com**

Diamond Legends
BASEBALL SIMULATION GAME

Enter the timeless realm of Diamond Legends baseball simulation game where baseball's eternal mystery of greatness is contested 365 days a year. Surrender to a wonderous journey of baseball realism where the stars of the past century return to compete under your direction on the World Wide Web.

Diamond Legends creates the ultimate second chance for greatness that nature has previously denied. Relive some of the game's most treasured players and place your yourself in the middle of baseball's illustrious history with Diamond Legends at www.diamondlegends.com.

www.diamondlegends.com

POWERED BY